★ 庆祝中华人民共和国成立60周年 ★

# 神農之魂 大地長歌

何康

——中国工业化进程中的当代农业（1949—2009）

主 编

郭书田

副主编

唐运新 冯开文

金盾出版社

## 内 容 提 要

本书由90余名来自中国农业大学、农业部等单位的农业专家、学者共同编著。内容包括：引论，农业帝国的工业化尝试；上篇，制度变革；中篇，经济增长；下篇，社会发展；共41章。该书还汇编有新中国农村60年变革回顾、新中国农业60年统计资料、新中国农业60年大事记、新中国60年农业部机构沿革及领导人名录、新中国60年"三农"模范人物名录等5个附录。编著者坚持以历史唯物主义观点看待新中国成立60年的农业、农村和农民，运用自然科学以及人文社会科学的最新理论和方法，从当代农业60年的长历史视角，全面、系统、客观地展示了"三农"的发展历程和成就，实事求是地总结了"三农"的历史经验，是一部非常实用和值得珍藏的农书、史书和辞书。

**图书在版编目(CIP)数据**

神农之魂 大地长歌：中国工业化进程中的当代农业(1949—2009)/郭书田主编.—北京：金盾出版社，2009.10

ISBN 978-7-5082-5973-4

Ⅰ.神… Ⅱ.郭… Ⅲ.农业经济—经济史—中国—1949～2009 Ⅳ.F329.7

中国版本图书馆CIP数据核字(2009)第151674号

**金盾出版社出版、总发行**

北京太平路5号(地铁万寿路站往南)

邮政编码：100036 电话：68214039 83219215

传真：68276683 网址：www.jdcbs.cn

北京金盾印刷厂印刷

万龙印装有限公司装订

各地新华书店经销

开本：787×1092 1/16 印张：71 字数：1700千字

2009年10月第1版第1次印刷

印数：1～6 000册 定价：168.00元

# 《神农之魂　大地长歌》编委会

## 《神农之魂 大地长歌》各章编著人员

| | |
|---|---|
| 第一章 | 黄英伟　冯开文 |
| 第二章 | 冯开文 |
| 第三章 | 许　篛　冯开文 |
| 第四章 | 焦红波　郑有贵 |
| 第五章 | 张雪莲　郭建强　冯开文 |
| 第六章 | 赵　勇　孙　芳　冯开文 |
| 第七章 | 冯开文　张晋华　赵保住 |
| 第八章 | 雷锡禄 |
| 第九章 | 黄英伟　张晋华　冯开文 |
| 第十章 | 邸俊刚　张晋华　冯开文 |
| 第十一章 | 张　毅 |
| 第十二章 | 李　桦　宗成峰 |
| 第十三章 | 冯开文 |
| 第十四章 | 骆友生　李　生　龚介民　陈朱勇 |
| 第十五章 | 滕明雨　奉　公 |
| 第十六章 | 胡跃高　林叶春　褚庆全　刘巽浩 |
| 第十七章 | 杜相革　齐俊生 |
| 第十八章 | 沈火林　刘　军　张　文　代　菇　义鸣放　连青龙 |
| 第十九章 | 徐　勤 |
| 第二十章 | 赵广永　王连纯　张晋华　戎易萍　刘少伯　李　鹏 |
| 第二十一章 | 李振雄　吴万夫 |
| 第二十二章 | 许人俊 |
| 第二十三章 | 李全宏　李　娟　蔡同一 |

第二十四章　黄佩民

第二十五章　杨宝玲

第二十六章　杨培林

第二十七章　高万林　耿光飞　苏　娟　张莲瑛

第二十八章　高万林　王　库　位耀先　孙　明　张　漫
王建平

第二十九章　李道亮

第 三 十 章　朱道林　林　培　陈伦寿　孙振钧　张元思
杜相革

第三十一章　郑大伟　魏淑秋

第三十二章　张仲威

第三十三章　朱丕荣

第三十四章　王佳楠　冯开文

第三十五章　林　干

第三十六章　郭智奇　齐　国　李方红　万　蕾　常　青
孟　凡　王泰群　文承辉　杨珺　林家栋

第三十七章　刘　春　冯开文

第三十八章　刘福合

第三十九章　张晋华　吴　萍　李　琪　冯开文

第 四 十 章　张大勇　武友政　李灵毓

第四十一章　李　桦　张　晖　陈东琼

结　　语　郭书田

附　录　一　郭书田

附　录　二　雷锡禄

附　录　三　何秀荣　李雪原　孙会军　李　平

附　录　四　王玉玺

附　录　五　冯开文

后　　记　唐运新

# 坚持走中国特色农业现代化道路

（代序）

回良玉

我国农业伴随新中国 60 年发展走过了光辉历程。作为在我国经济社会发展中居于基础地位的农业，作为有着 13 亿人口大国的农业，作为面临激烈国际竞争的农业，走什么样的发展道路，始终是事关中国特色社会主义事业全局的重大问题。

## （一）

新中国成立 60 年，特别是改革开放 30 年来，我们党带领亿万农民坚定不移地推进农村改革与发展，取得举世瞩目的成就。农村改革发展的伟大实践和巨大成果，为实现人民生活从温饱不足到总体小康的历史性跨越作出了重大贡献，为保持国民经济较快发展和社会稳定提供了基础支撑，为成功开辟中国特色社会主义道路积累了宝贵经验，为建立和完善我国社会主义初级阶段基本经济制度进行了创造性探索。

新时期农村改革发展的一个重大战略思想和战略举措就是坚持走中国特色农业现代化道路，这是党的十七大作出的决策。十七届三中全会又进一步指出，要把走中国特色农业现代化道路作为基本方向。这是中央从全局出发，立足于我国国情，针对农业农村发展的新情况、新变化、新形势、新任务，顺势而为作出的重大战略部署，是邓小平理论和“三个代表”重要思想在“三农”工作中的具体运用和体现，是科学发展观在农村改革与发展中的深入贯彻和实践，是新形势下“三农”理论的丰富和发展，为制定新时期农业农村发展战略和政策措施奠定了坚实的思想理论基础。

走中国特色农业现代化道路，就是要立足于我国农业生产条件比较落后、基础设施薄弱的现实，着力提高农业物质装备水平；立足于我国农业科技不发达、农民科技文化素质较低的情况，着力推进农业科技进步；立足于我国农户众多、经营规模小的特点，着力推动农业经营方式转变；立足于我国农业结构尚不合理，生产、加工、流通有所脱节的情况，着力构筑现代农业产业体系；立足于我国农业市场体系还不健全、流通基础设施不完善的实际，着力完善农业市场机制；立足于我国地域辽阔、农业生产力发展不平衡的状况，着力优化农业生产力布局；立足于利用国内外两种资源、两个市场，着力提高我国农业的国际竞争力；立足于我国农业生态较为脆弱、环境污染问题突出的形势，着力加强农业生态建设和环境保护；立足于我国农业支持保护水平较低的情况，着力构建适应市场经济发展要求、符合国际惯例的支持保护体系；立足于我国农业法律法规不完善的情况，着力健全农业法律保障体系，依法促进农业又好又快发展。

党的十七届三中全会指出，我国已进入加快改造传统农业、走中国特色农业现代化道路的关键时刻，正处在工业化、城镇化加速推进时期，迫切要求加快推进农业现代化，实现工业化、城镇化与农业现代化协调推进。随着我国农产品消费需求的增长和农业国际化进程加快，经济社会发展对农业的要求越来越高，农业面临的国际竞争压力越来越大，只有加快建设现代农业，才能保障国家粮食安全和社会长治久安。应对当前金融危机，更需要加强现代农业建设，加快提高我国农业竞争力。

## （二）

走中国特色农业现代化道路，是我国现代化建设和全面建设小康社会进程中的宏伟任务。加强现代农业建设，对于加快新阶段农业发展，促进农民收入持续增长，推进社会主义新农村建设，实现经济社会又好又快发展，意义尤为重大。

**加强现代农业建设，是国家粮食安全和主要农产品基本供给的有力保证。**粮食安全是经济发展、社会稳定和国家自立的基础，始终是关系全局的重大战略问题。目前，我国粮食供求基本平衡，粮食安全总体形势是好的。但粮食安全仍面临巨大压力：随着工业化、城镇化的推进，耕地和淡水等资源制约不断加大，而粮食需求刚性增长，结构性矛盾突出;种粮比较效益下滑;自然灾害和市场风险加剧等。确保国家粮食安全,必须加快农业科技进步和自主创新,提高物质技术水平和农业经营者整体素质,依靠科技提高单产、增加总产、确保安全。

**加强现代农业建设,是促进农民收入持续增加的有效途径。**促进农民收入持续增长,这是农业农村经济工作的中心任务。近几年,我国农民收入保持良好增长势头,但从发展趋势看,传统农业对农民增收的约束越来越大;农业生产技术落后,农业集约化、规模化程度低,农民参与市场经济的能力和组织化程度不高等,都对农民增收形成严重制约。因此,只有加快发展现代农业,大力转变农业发展方式,才能提高土地产出率、资源利用率和劳动生产率,才能拓展农民增收渠道,提高农业比较效益,促进农民收入持续增加。

**加强现代农业建设,是推进社会主义新农村建设的重要基础。**建设社会主义新农村,首要任务是发展生产。脱离了生产发展,农村其他各项建设就缺乏坚实的物质基础。这些年来,我国农业农村发展势头良好,但农业基础设施依然薄弱,农村社会事业发展依然滞后,城乡经济社会发展失衡、差距拉大的基本状况没有得到根本改变。因此,大力发展现代农业,是社会主义新农村建设的重要着力点,也是统筹推进新型工业化、城镇化和农业现代化的基本前提和物质保障。

**加强现代农业建设,是提高我国农业国际竞争力的战略举措。**随着经济全球化进程加快,我国农业与世界农业的关联度日益增强,农业发展面临的内外环境日趋复杂。特别是国际金融危机发生后,农产品贸易争端增多,农产品进出口壁垒增强,国际农产品市场波动传导加快,我国农业发展面临严峻挑战。只有加快现代农业建设,不断提高我国农业的综合素质,才能进一步增强农业抗风险能力、国际竞争力和可持续发展能力,才能在激烈的农业国际竞争中不断发展壮大我国农业产业。

## (三)

综观世界各国现代农业发展实践,都是依托自己的资源优势,从满足经济社会需要出发,从参与国际农业竞争着眼,明确建设现代农业的目标、重点和任务。我国的现代农业建设,也必须从国情出发,深入贯彻落实科学发展观，处理好现代农业建设中的重大关系，创新农业发展模式，促进农业又好又快发展。

**一是正确处理农村基本经营制度与农业规模化、组织化的关系，坚持农村基本经营制度不动摇。**以家庭承包经营为基础、统分结合的双层经营体制，是适应社会主义市场经济体制、符合农业生产特点的农村基本经营制度，也是走中国特色农业现代化道路的根本保障。提高农业规模化、组织化程度与稳定和完善农村基本经营制度是一致的，互为促进的。只有稳定农村土地承包关系，提高农业规模化、组织化水平才有基础和保证。既要按照依法自愿有偿原则，允许农民以转包、出租、互换、转让、股份合作等形式流转土地承包经营权，发展多种形式的适度规模经营，又要坚持土地流转不得改变土地集体所有性质、不得改变土地用途、不得损害农民土地承包权益。

**二是正确处理农业发展与农村经济社会发展的关系，坚持把农业放在重中之重的战略地位。**要加强政府对农业的支持和保护，加大农业投入力度，不断增强农业政策的反哺性和普惠性；在宏观调控中大力加强农业，调整和优化财政支出结构、基础设施建设投资结构、信贷资金投放结构，以促进农业发展；加大对农业市场风险的防范力度，通过有效调控，稳定市场，积极防范国外农产品对我国农业的冲击；稳妥实施农业“走出去”战略，充分合理利用两个市场和两种资源。

**三是正确处理发展粮食生产与发展农村二、三产业的关系，坚持把粮食生产放在现代农业建设首位。**发展粮食生产不仅是确保国家粮食安全的需要，也是发展农产品加工业、推进农业产业化经营、促进农村二、三产业发展的重要基础。要毫不放松地抓好粮食生产，坚持粮食总量平衡和结构性平衡并重，缓解粮食供求的结构性矛盾；建立健全粮食主产区与主销区的利益联结机制，充分调动主产区和主销区密切协作、共同发展粮食生产的积极性；坚持实行粮食省长负责制和“菜篮子”市长负责制。

**四是正确处理工业化、城镇化与农业现代化的关系，坚持实施统筹城乡发展的基本方略。**要按照党的十七届三中全会提出的统筹工业化、城镇化、农业现代化建设的要求，坚持工业反哺农业、城市支持农村的方针，不断加大强农惠农政策力度；建立资源在城乡之间合理配置的市场体系，形成现代农业与工业化、城镇化协调发展的运行机制，切实保护耕地和水资源。要加快建立城乡平等的就业体制，改善农民进城务工环境，消除农村劳动力转移就业的制度障碍；引导各类资源和要素向农业和农村流动，促进农村产业结构调整优化，实现农业和农村经济全面发展。

**五是正确处理农业数量增长与质量提升的关系，坚持加快农业科技进步和自主创新。**走中国特色农业现代化道路，必须依靠科技进步，大力提高农业发展质量。要着眼于建设现代农业，大力推进农业科技自主创新，加强原始创新、集成创新和引进消化吸收再创新，不断促进农业技术集成化、劳动过程机械化、生产经营信息化。加大农业科技投入，支持农业基础性、前沿性科学研究。加强农业技术研发和集成。加快农业信息化建设，用信息技术装备农业。深化科技体制改革，加快农业科技创新体系和现代农业产业技术体系建设，加强对公益性农业科研机构和农业院校的支持。

**六是正确处理农业资源开发利用与保护生态环境的关系，坚持发展资源节约型、环境友好型农业。**实现农业的可持续发展，必须节约和保护耕地和淡水资源，提高农业资源的利用率和产出率。要坚持减量化、再利用、资源化的原则，大力发展循环农业。实行最严格的耕地保护制度和最严格的节约用地制度，利用好每一寸耕地。积极应对气候变化，大力实施农业节能减排，发展绿色、安全、生态、优质、高效农业。要采取有效措施，切实防止农业面源污染，保护生态环境。

## （四）

建设现代农业，是一项长期而艰巨的历史任务。当前，应针对我国农业发展的客观实际，明确目标，突出重点，制定规划，加大投入，集中解决制约农业发展的突出问题，扎实推进现代农业建设。

**大力加强农业综合生产能力建设。**要继续大力开展农业基础设施建设，集中力量加强高标准农田、农田水利、流通基础设施和农业生态环境建设，大规模实施土地整治，加大粮食主产区中低产田、盐碱和渍害治理力度，提高土地产出率。要支持农用工业发展，大力提升农机装备水平。按照现代化水平高、覆盖范围广的要求，加强良种繁育体系和农产品批发市场网络建设，加快建设现代粮食物流体系和鲜活农产品冷链物流系统。

**继续深化农业结构战略性调整。**要以市场需求为导向、科技创新为手段、质量效益为目标，构建现代农业产业体系。增加紧缺农产品供给，稳定生猪、棉花等产业发展。加快实施新一轮优势农产品区域布局规划，推动大宗作物区域化布局、园艺产品集约化生产、畜牧水产规模化养殖和农业产业化经营。

**切实加快农业科技进步与成果转化。**加快建立以政府为主导，社会力量广泛参与的多元化农业科研投入体系，形成稳定的农业科研投入增长机制，重点支持关键领域、重要产品、核心技术的科学研究。加快推进转基因生物新品种培育科技重大专项，整合科研资源，加大研发力度，尽快培育一批抗病虫、抗逆、高产、优质、高效的转基因新品种。实施主要农作物强杂交优势技术研发重大项目。加强农业科技推广工作，切实解决“最后一公里”问题。加强和完善现代农业产业技术体系。开展农业科技培训，培养新型农民。

**建立健全农业社会化服务体系。**要着力构建适应新阶段农业发展需要的新型农业社会化服务体系，加强农业公共服务能力建设，力争三年内在全国普遍健全乡镇或区域性农业技术推广、动植物疫病防控、农产品质量监管等公共服务机构。支持龙头企业、农业科技人员、农村能人以及各类社会化服务组织，创办各类中介服务组织，构建起覆盖全程、综合配套、便捷高效的社会化服务体系，为农民提供全方位的服务。

**积极发展农民专业合作社。**农民专业合作社是引领农民参与国内外市场竞争的现代农业经营组织。要认真贯彻实施农民专业合作社法等法律法规，促进农民专业合作社健康发展。加强政府的指导、扶持和服务，不断完善产业、财政、金融、税收等方面对农民专业合作社的支持政策。努力培养造就一支善经营、会管理、懂技术、有奉献精神、能带领群众致富的农民专业合作社经营管理人才队伍。

# 目　录

## 引论　农业帝国的工业化尝试



## 上篇　制度变革

## 中篇　经济增长(下部)

## 下篇　社会发展



## 结语　总结历史经验，改变二元结构

## 附 录

**For the 60th anniversity of the Founding of the People's Republic of China**

# Odes to the Contribution Made by Shen Nong's Successors

**History of the Present Agriculture in the Process of China's Industrilization**

**Shutian Guo, YunxinTang and Feng Kaiwen**

## Catalogue

# 引　论

## 农业帝国的工业化尝试

# 第一章　辉煌的农业文明与帝国的日渐衰落

## 第一节　世界农业文明的发源地之一

大约1万年前，人类的祖先在狩猎和采集食物的过程中，逐渐学会了动物的驯化和植物的栽培，于是便拉开了原始农业的序幕，从此人类走上了农业文明的光辉道路。农业在我们今天经济生活中的比例已经大大下降，但重要性依然存在，即人类离不开食物，从现在的技术角度讲食物还主要来源于农业。让我们超越时空的回望，万余年前的人类先祖正进行着人类历史上的伟大创举——动、植物的驯养和栽培。正是这次创举引导人类文明发展至今。那我们不禁要问：农业起源时间如何？什么原因使人类选择了农业？农业最初起源的地点在哪？是单中心还是多中心？这也是学术界最为关心的问题。

### 一、农业起源时间

世界农业起源于旧石器时代晚期与新石器时代早期的交替阶段，至今已有1万多年的历史。在旧石器时期，人类虽然已有语言，会制造和使用工具并能利用天然火，但仍然是一个食物采集过程，仍然依赖于大自然的恩赐，这时的农业尚没有出现。新石器世代的主要标志是打磨石器的出现和使用。这时伴随出现的是动物的驯养和植物的栽培。

从考古研究发现的人类遗存来看，支持了这一观点。在位于西亚约旦河谷的耶利哥遗址，考古学家发现在新石器时代文化层中发现了农作物遗存，其中有西亚代表性的农作物大麦和小麦，据测算距今已有9 000多年。在美洲中部墨西哥高原发现距今5 000～7 000多年前的栽培作物，并有与玉米加工有关的磨盘和磨棒。在中国河北磁山发现的粟粒和猪骨，距今已有8 000多年。此外，中国的广西桂林甑皮岩和浙江余姚河姆渡出土的稻粒，时间都在8 000年以上。

对于农业起源的时间学术界没有太多的争议，而争论的焦点集中在起源的原因及地点等问题上。

### 二、农业起源原因和方式

农业起源的原因早在19世纪就开始有人关注，但至今众说纷纭，莫衷一是。著名的学说如自然发生说、气候灾变说、人口压力说、周缘地带说等，各有特色（陈文华，2002；游修龄，2008）。

每种学说都有自己的道理，也有自己的不足。之所以学说众多，是因为农业的起源确实是一个非常复杂的问题，这其中有内因也有外因，还有很多偶然因素。我们通过这些学说确实可以解释很多问题，但同样也带来许多的不解。相信随着现代科技的不断进步和新的更好的证据的出现，对这个问题的解答会更趋接近历史的真实。

农业起源的原因在学术界争论不休，农业起源的方式同样也是多种多样。主要的推测有几种（杨直民，2006）：妇女发明说、游牧民创始种植说、废物堆发生说、同步进化说等。

## 三、农业起源地点

农业起源地点也是学术界讨论的热点。在20世纪中叶，“一元论”的观点非常流行。这种观点认为，在大约1万年前，最近一次冰川世代结束，近东一带逐渐变得干燥，居住在这里的人类开始面临食物短缺的问题，于是根据多年的经验开始种植本地的典型禾本科植物，即小麦和大麦得以种植。由于技术的问题人们的认识还有限，20世纪中叶发现最早的农业遗址是在近东，所以当时考古学家就判定这一地区是世界文化的“摇篮”，这里是唯一的起源中心，然后扩散到世界各地。但后来随着考古发掘工作的进展，在欧洲、东亚、东南亚、美洲、非洲发现了很多古农物遗存，因此推翻了“一元论”说，取而代之的是“多中心”说。目前，“多中心”说已经得到学术界的公认。下面介绍几个典型的农业起源地。

**（一）西亚**　西亚的原始农业最早出现在两河流域地区（底格里斯河和幼发拉底河），即美索不达米亚平原及其邻近地区，这一地区也是一般所称的“新月沃地”。在这里发现了新石器早期文化遗址，出土了100多件炭化谷物、豆类和水果标本，其中的谷物为野生型和栽培型之间的中间型小麦和栽培六棱大麦。同时还出土了石斧、石镰、石臼等经过打磨的石器。羊在当时已经被驯养。两河流域的苏美尔人在6 000多年前就懂得了农业灌溉。其农业技术在《汉穆拉比法典》中得到总结。

**（二）埃及**　埃及是迄今为止发现最早的世界上的农耕文化遗址，遗址在南埃及阿斯旺附近的瓦迪库巴亚的干涸山涧中。此遗址距今已有1万年以上，遗址上有明显的尼罗河水在不同季节留下的痕迹。在遗址中发现了磨石、石器和小麦、裸麦炭化壳粒，后者被认为是人类栽培种属。这一遗址的发现曾经打破了西亚农业起源的“一元论”说法。埃及得益于尼罗河水的定期泛滥，泛滥使沿岸的土地得到灌溉，沉积下来的淤泥含有多种肥料，非常有利于农作物生长。埃及到公元前2 000多年的古王国时期，已经开始使用牛作为役畜，已经出现木犁、碎土的木耙和金属制作的镰刀等。农作物除了大麦、小麦和亚麻外，还种植橄榄、葡萄及各种蔬菜。

**（三）印度**　印度也是世界农业文明发源地之一。根据考古发掘所得的材料说明，在公元前2 300年至公元前1 700年间的哈拉帕文化时期农业已经达到相当高的水平，在这里曾经发现100多处遗址。从遗址出土情况看，主要种植作物有大麦、小麦、豌豆和棉花等。其中棉花栽培是世界上最早的亚洲棉花。水稻栽培也已经很普及。家畜有牛、羊、猪、鸡等，后期还有马。农具方面除了木制、石制的以外，还有青铜制的，其中青铜制的锄和镰已有广泛应用。

**（四）美洲**　美洲新大陆的印第安人，早在欧洲移民到来之前，已独立地形成了原始农业。近些年的考古发现证明，中美洲和中央安第斯地区农业较为发达。从墨西哥的特瓦坎和瓦哈卡谷地的遗址中，发现了最早的驯化植物——玉米。印第安人除了种植玉米外，还培育了甘薯、马铃薯、花生、向日葵等作物，这些作物后来被全世界广泛种植和利用。印第安人虽然也驯化了羊、骆驼和火鸡，但从未使用役畜，也不会冶铁，更没有犁。

## 五、中国是世界农业文明的发源地之一

除了西亚、印度、埃及和美洲外，中国也是世界上农业文明的起源地之一，与其他农业文明一起为世界的农业文明作出了应有的贡献。中国的原始农业有近1万年的历史。中国幅员辽

阔，南北地区有明显的差别，因此农业的结构也有明显的地域特点。随着考古研究的进展，现在学术界比较同意中国本土农业起源"非单一起源地"。最显著的差异如北方黄河流域的粟、黍，南方长江流域的水稻，这是明显的地域性的种植作物。

**(一)黄河流域农业起源**　北方黄河流域的黄土地带属于春季干旱少雨的气候特点，因此种植作物以抗旱耐贫瘠的粟为主。中国的农业起源可以追溯到没有文字记载的史前时代。在我国古代传说系统中，继制作网罟和耒耜、教民农作的是神农氏。《庄子·盗跖》记载说："神农之氏……与麋鹿共处，耕而食，织而衣，无有相害之心。此至德之隆也。""神农乃始教民播种五谷"。神农是古代传说中的一位人物，被尊为农业的始祖。据《尔雅·释诂》所解："神，治也。""神农"二字也可以解释为"治田"，即对农业的治理。先民们在长期的采集生活中，对各种野生植物的利用价值和栽培方法进行了广泛的试验，逐渐培养出适合人类需要的栽培植物来。神农氏的传说，反映了中国农业这一时期的特点。

在黄河流域极其附近地区发掘了多处新石器时期的文化遗址，遗址中发现许多谷物遗迹和数量众多的动物骨骼。

裴李岗文化(开封地区文管会等，1978)，属新石器时代早期文化层，在河南中部地区。所发现的石器有扁平椭圆形铲、扁平长方形铲、扁圆体双面刃斧等。有的遗址中出现炭化粟粒，还有牛、羊、猪、狗等动物骨骼。

磁山文化(河北省文物管理处等，1981)，遗址距今 7 000～8 000 年。在此遗址中发现了大量粮食作物的遗存，经检验为粟。并发现有猪、狗等家养动物。在该遗址中发现的石器有：磨盘、磨棒、铲、镰、斧、凿、锤和敲砸器等。石器的制作以打制后经过砥磨光者最多，多数还保留着打击时留下的疤痕，如斧、铲、镰等；另一种是琢制的，如石磨盘和石棒等；还有打制的石器，如石锤。这些石器都是从事农业耕作与粮食加工的农具(阎万英，1992)。

中国新石器时期遗址中出土有黍和粟的遗存的，据报道有 49 处(游修龄，2008)。

黄河流域起源的主要农作物有：

1. *粟*　粟的种植很早，而且面积很广。在河北武安磁山遗址、河南新郑裴李岗遗址、山东滕县北新遗址、陕西西安半坡遗址等新石器时期的遗址中，都发现了距今六七千年的粟粒和粟壳。

2. *黍*　又称黄米。在以黄河流域为中心，东至黑龙江，西至新疆的新石器时代遗址中，发现多处黍的遗迹。目前，经过科学鉴定且年代最早的黍粒，是甘肃秦安县大地湾遗址一期文化层中出土的炭化黍粒，经过 $^{14}C$ 检验距今已有 8 000 多年的历史。

3. *麻*　古代的麻指的是大麻，是新石器时代重要的纤维作物和使用作物。甘肃东乡林家遗址曾出土过新石器时代的大麻籽，说明作为食用的大麻种植历史至少在 5 000 年以上。

**(二)长江流域农业起源**　长江流域以南多是遍布沼泽的水乡，作物以性喜高温的水稻为主。

以 1976 年发现的浙江余姚河姆渡文化为典型代表。河姆渡文化至今已有 7 000 多年的历史，在此遗址中出土了大量的炭化稻谷、稻壳、稻秆等，其中堆积最厚的达 1 米多深，有的遗址中还发现有稻谷壳粒。有关稻谷遗存保存数量之多和保存之好，都是已发掘的新石器时代文化遗址中少有的。河姆渡遗址出土的稻谷经鉴定属于栽培稻的籼亚种晚稻型水稻。遗址中出土的生产工具中，以兽骨制造的竟达 600 多件，占生产工具的 70%以上。骨器是当时重要的生产工具，有耜、凿、锥、针、哨、匕、管状针、"织网器"、"蝶形器"、"锯形器"、"靴形器"和大量箭头。大量的动植物和家养动物，为当时的人类提供了食物和衣着。石制工具较少，制作粗糙简单。木制工具较多，有刀、匕、矛、器把、小棒和蝶形器等，这些工具可能与纺织有关。在遗址中还发现了大量的陶片，说明当时已经用陶器作为器物使用。

水稻是长江流域及广大华南地区最主要的粮食作物，在长江流域发现有稻作遗址的遗址有 80 多处(游修龄，2008)。

从以上的分析可以看出，中国无疑是世界农业文明的起源地之一。中国的作物栽培和动物驯养有 1 万多年的历史，在世界上也是属于比较早的。中国北方的粟、黍等及南方的稻，是起源最早的种植作物，并一直延续至今天。已有的证据已经证明，这些作物应为中国本土起源。中国境内发现的新石器石器遗址众多，并各有特色，说明中国农业起源并非一地，应为多地点独立起源的。

有关新石器时期动物驯养情况，目前学术界研究的力度比较大，对于动物的起源争议还比较大，但可以证明的是：在中国新石器时代的遗址中，已经发现多处存在家养动物的骨骼，有的甚至数量众多。

## 第二节 悠久绵长的农业文明史

中国有非常悠久辉煌的农业文明史，时间长达 1 万年之久，且世代相传延续至今，中间没有中断，这在世界文明史上是绝无仅有的。

原始农业阶段，中国从农业起源到有阶级社会产生之前，这一段长达几千年的农业阶段被称为原始农业。古代传说中反映了原始农业的一些特点。在原始氏族和部落中，传说北方最著名的氏族是分布在中部的炎帝和分布在西北的黄帝族。炎帝神农氏，姓姜，又名列山氏。“姜”姓说明的是本族属于西戍羌族的一支。“列山”则反映了原始农业焚林开荒和刀耕火种的情形。早期的著作如《易经》、《淮南子》和《史记》等，都记载了神农发明耒耜和播种五谷的故事。原始社会的后期相传是后稷时代，也是种植能手。原始农业以黄河流域的粟和长江流域的水稻为典型代表，所发现的遗址情况可参见第一节。

先秦时期，农业生产力的提高导致农产品剩余增加，促使私有制的产生，从而阶级社会开始出现，即奴隶制社会。此时开始出现青铜农具，但数量有限，主要还是以木器和石器为主。在《夏小正》和《诗经》中记载的农具明显增多，其中提到了钱和镈两种除草工具和一种碎土平田的木质榔头，即耨。可见当时在农田操作中，整地、中耕、除草和壅土已经是常规内容了。在土地占有和利用方式上出现了井田制，即国家拥有土地所有权，然后由国王将土地层层下分给各级贵族。田分为九区，中为公田，周围为私田，公田先耕然后私田耕。农业种植多实行有计划的休闲制。此时“五谷”“六畜”已经齐全。畜牧业上出现了淘汰劣马和公马去势的技术。

随着社会的进步，奴隶开始自己拥有少量的土地，变身为自耕农。鲁国最早开始对土地进行征税，说明土地已实行私有制，从而封建土地所有制逐渐形成。春秋、战国时期，农业获得了巨大的发展动力，成为中国农业发展史上的一个重要转折点。

农业生产巨大发展的重要标志，就是铁制农具的出现和冶铁技术的发明。这时农具如耒耜、铫、镈、镰等已经有了铁刃。同时铁犁开始出现，与铁犁相匹配的牛耕应运而生。牛耕、犁和铁制农具的出现，大大改变了农业生产面貌，使农业生产力得到巨大提高。生产工具的改变

促进了作物栽培方法的变化。《吕氏春秋·任地》中记载了保土、养墒、施肥等重要农作方法，说明中国精耕细作的传统农业开始了。

畜牧方面出现了相畜术，其中以伯乐和宁戚最为大家熟悉。伯乐著有《伯乐相马经》，宁戚著有《相牛经》，但都已经失传。据《后汉书·马援传》载："援好骑，善别名马，于交趾得骆越铜鼓乃铸为马式。"意思是汉时马援将骆越铜鼓铸成良马标准模型，马高三尺五寸，围四尺四寸。马援利用相马术中对马各个部位要求的最佳形态，制成的铜马模型，相当于马匹外形学上的良马标准型。类似的铜马模型在西方直到18世纪才问世，比我国晚了1 800年之久。我国的相畜术在世界畜牧技术发展史上占有重要位置。

铁农具在汉代已经普及，并且种类大增，到北魏时有记载的从整地、播种、除草、灌溉到收获、脱粒和加工的各种农具达30多种。最为明显的农具变化，为犁的革新、耧车和提水工具的使用。以牛为主要动力的畜力的应用，在进一步改良后，出现了二牛三人的耦耕和用牛牵引的耧车。

耕作方面开始推广代田法。这种耕作方法适于气候干燥、雨量分布不均的北方黄河流域，提高了单位面积产量。同时西汉时期还出现了区田法，对提高产量和防旱保墒都有明显作用。这些技术都记录在《氾胜之书》中。

农业作物方面除了粟以外，小麦的地位得到提升，成为重要食物。畜牧业方面由于国防需要大量的马匹，致使养马业大为发展，自然推动畜牧技术的发展，此时出现了鉴别马匹优劣的《相马经》。

这一时期中国北方农业的辉煌成就，被系统完整的记录在了北魏贾思勰的农书《齐民要术》当中。

隋唐、宋元时期，这一时期中国农业历史上重要的进展是南方农业的发展和繁荣。因北方战乱不断，环境恶化和人口增加，北方已经不能承载那么多的人口，因此北方人口大量南迁。南迁的人口给南方带去了先进的农业生产技术和农业生产工具，从而为中国南方的农业开发创造了基础。唐时长江下游地区发明了曲辕犁，大大提高了劳动生产率和耕地质量。

这一时期土地的复种、土地利用率和单位面积产量都有较大提高。经济作物生产也有重大发展，最为重要的就是茶。棉花的引进和改种对改善衣着方面起了很大的作用。关于宋代以前江南农业生产的技术成就，总结性的农书是《陈旉农书》。

明、清以后这一时期农业继续向前发展，由于人口的增多，耕地面积增长赶不上人口的增长，所以只能要求农业技术的提高。复种指数的提高是最主要的方式，北方实行多种多样的间作、套作，南方实行双季间作稻和连作稻，通过复种指数的提高增加了农业产量。另外，从美洲引进了甘薯、玉米等高产作物，在各地广泛种植。

随着西方文化的侵入，中国原有的发展模式受到很大影响，农业生产中也夹杂着很多西方因素。随着社会的发展，中国的资本主义萌芽开始产生，农村中出现了资本主义经济因素。

明清两代的农学著作多达300多种，从数量和质量上来说都超过前代，可见中国传统农业发展到了一个鼎盛时期，最著名的农书有徐光启的《农政全书》。高潮也就意味着下滑的开始，此后中国农业便落后于世界了。

# 第三节　辉煌的农业文明成就

中国传统农业在世界上曾取得过非常辉煌的成就，董恺忱(1983)①提到了传统农业的部分成就，如中国是世界栽培植物起源中心之一、中国框形犁是世界上最发达的传统犁之一、中国是历史上有着较高土地利用率的国家之一、在世界农业发展较早的国家中中国是没有出现地力衰竭的几个仅有国家之一、中国传统农业曾一度处于世界领先地位等，对比世界农业的发展显出中国传统农业的非凡成就。当然，这也只是众多成就中的一部分。

## 一、古农书——农业精华集成

中国农书，一般指受近代试验科学影响以前的有关农业技术、思想等方面的著作。中国农书种类丰富，内容精深。农书是我国劳动人民实践经验的结晶，反映了我国劳动人民的智慧和辛勤的汗水。早在战国时期的诸子百家学说中，就有农家及其著作。从《汉书·艺文志》中可知，战国时期至少有《神农》、《野老》两部专门农书，但早已失传了，所以无法知道其内容。同时《汉书·艺文志》子部列有农家九家，是中国历史文献上著录农书的开始。

**(一)农书数量和分类**　中国农书数量随着历史时代的发展，逐渐增多丰富。伴随着宋代雕版印刷术的提高，著名的古农书、农业专著开始普及，使其流传和保存都极其方便。《宋史·艺文志》所载农家类著作已达107种，《元史·新编艺文志》所载农书增加8种，到《明史·艺文志》又增加明朝新撰农书23种，共138种。清代《四库全书》入编农书10种，存目农书9种。历代公私数目中，因对农书的含义和范围理解不同，故所收的农书种类和数目不太一致。但中国农书的数量之多、范围之广在世界上都是绝无仅有的。王毓瑚(1964)在《中国农学书录》中记载，中国农书有542种，其中流传至今的大约有300多种。北京图书馆(1959)主编的《中国古农书联合目录》收集的古农书数目有643种。日本农史学者天野元之助在《中国古农书考》中论述了243种，该书索引所列的农书目录大约有600多种。虽然各家整理研究的数目不尽相同，但数量之大是显而易见的，反映了中国古农书的丰富。

农书包含的面非常广，有大田作物、果树、蔬菜、花卉、林木、蚕桑、畜牧、兽医、水产、农具、农田水利、农副产品加工储藏等各个方面。不同的学者对农书有不同的分类方法。

金陵大学图书馆的毛邕等(1924)所编撰的《中国农书目录汇编》，是第一部对古代农书进行系统编目的著作，书中将农书分为21类。北京图书馆(1959)主编的《中国古农书联合目录》将农书划分为13类，在分类时更多的考虑了农书的内容特点和体系结构，类目名称和次序简明合理。上海图书馆(1961)在《中国丛书综录》里首次将子部农家类表立三级目录，下分农书为11个属。

王毓瑚(1963)根据农书的内容将农书归纳为9大系统，其在1964年出版的《中国农学书录》后所附的分类索引又将农书分为14大类。石声汉(1980)在《中国古代农书评介》中，根据农书所涉及的内容范围将农书划分为整体性农书和专业性农书两大基本类型，同时阐述了各

① 本文最早为董恺忱，1983年《农业考古》第二期，后《新华文摘》1984年(10)转载，现参考于《东亚与西欧农法比较研究》，2007年，378-385页。

自的产生和演变情况。中国农业遗产研究室(1996)编《中国古农书目》的分类方法与北京图书馆的基本相同。

每种分类方法各有所长,伴随着理解和取舍不同而各有所异,但基本内容是相同的。分类方法众多也说明中国古农书的种类繁多。农书的分类有逐步走向统一的趋势。无论何种分法,都是为了今后研究的方便。

**(二)重要农书介绍** 中国古农书总结、记述和传承了中国古代辉煌灿烂的农业文明,是中国传统农业发展的见证和结晶。我们根据农书的内容将中国农书分为综合性农书和专业性农书两大类,分别介绍。

1. 综合性农书 综合性农书也相当于广义的农书,内容包括农、林、牧、副、渔等多方面。这里按其涉及的地域范围的大小和编写体例的不同又可分为全国性农书、地方性农书和月令类农书。

(1)全国性农书 这类农书反映的面非常广,有点可以达到整个国家的情况。

《吕氏春秋》是战国时期的作品,书中有《上农》、《任地》、《辩土》和《审时》四篇是有关农业生产的论文。这是我国现存最古老的农学论文。《上农》篇提出了重农理论和政策,重点指出如何以政治措施保证农民能够及时地从事农业生产,推行以农为本、工商为末的"崇本抑末"、"重农抑商"的政策思想。《任地》讲述土地利用的十个原则。《辩土》论述以人力改变土壤的性质,对不同性质的土壤在耕作时间上做不同的安排。《审时》则论述了耕作及时与否对作物各方面特别是籽粒性质、形状的影响。这四篇论文精炼而切合实际地总结了当时农业生产的技术知识,反映了中国精耕细作农业传统的发端。

《氾胜之书》成书于西汉时期,由氾胜之所作,《汉书·艺文志》中记载了18篇有关内容,但此书早已遗失,现在可以看到的内容是从《齐民要术》等几部书中辑出来的。书中包括了耕作总原则和12种作物的栽培技术。其中"溲种法"和"区种法"很有创见,都是很符合科学道理的处理种子方法和耕作方法。在耕作方面提出要"趣时,和土,务粪泽",即耕作要选择好的时间、根据不同的土壤选择不同的耕作方法、要保持土壤水分和肥力。《氾胜之书》反映了2000多年前以关中地区为代表的黄河领域发达的农业生产技术。

《齐民要术》是最为重要的一部农书,由北魏贾思勰著,是我国现存最早、最为完整的一部大型农书,也是世界上第一部涉及多方面知识且被完整保存下来的农业巨著。所谓"齐民"即为平民,"要术"就是谋生的重要方法。全书共10卷,92篇。全书系统地总结了公元6世纪以前,我国历代劳动人民积累的宝贵农业生产技术经验,体现了很高的技术水平。在耕作方面,系统总结了黄河流域精耕细作抗旱保墒的经验和理论,总结了先进的绿肥轮作制的种植制度,实现了土地连续使用,用养结合。在种子处理方面,总结了一套比较完善的选种、留种和良种繁育制度。在果树嫁接、林木培育、蔬菜栽培等方面都有见地。在畜养方面从外形鉴定、饲养管理、选种、育种到畜产品加工等都提出了宝贵的经验。阉割术、直肠掏结术、中兽医辩证法方面的经验,是中国及世界兽医学史上最早的成就。该书的经验管理思想、农业辩证思想等农业思想对后世产生了很大的影响。

此外,元大司农司编的《农桑辑要》、元代的《王祯农书》、明徐光启撰的《农政全书》和清乾隆官修的《授时通考》,都属于全国性的综合类农书,有共同点又各具特色。

(2)地方性农书 地方性农书与全国性农书的区别在于,所描述的农业背景有明显的地方特色,所叙述的生产经验有较强的针对性和实用性,而且还有一个特点是很少引用前人的文献资料。地方性农书所叙述的内容一般为当地农民经验或者是作者自己的体会，理论分析和概括都有独到之处。

典型的代表是南宋时期的《陈旉农书》。此书论述了江南水稻种植和养蚕技术等。全书1万多字，分上、中、下三卷。上卷14篇，约占全书的2/3，概括地讨论了以水稻为主的作物种植。中卷3篇，主谈水牛这种适用于江南水稻耕作的役畜。下卷5篇，专谈蚕桑。该书提出的"地力常新壮"论点是中国传统农业有关土壤改良的高度概括。此外，"用粪得理"、"用粪如用药"等合理施肥的思想，为我国肥料学的发展作出了重大贡献。

明末的《沈氏农书》记述的是浙北的农业生产技术，其中水稻施肥理论和实际操作很合乎现代植物生理学原理。

(3)月令类农书　月令类农书是指用月令、时令和岁时等时间体例记载所写成的农书。月令体裁的最早起源可追溯到先秦时期的《夏小正》，该书虽无月令之名，但内容是按照全年12个月分别记载天象、物候、农耕、狩猎、蚕桑、政事等。汉代以后，月令类农书在内容和体裁上有所发展和演变，内容逐渐扩大到社会生活的各个领域。在历史的发展中，月令体裁的农书大约有20多种，其中影响最大的是东汉崔寔的《四民月令》。此外，还有唐韩鄂的《四时纂要》、元鲁明善的《农桑衣食撮要》等。在明《农政全书》、清《授时通考》、清张宗法撰《三农纪》等中都专辟月令体例的内容。这类农书适用性强，农民可以根据时令严格按照不违农时的原则安排农事。

《四民月令》将一年12个月应该进行的农业生产操作、手工业及商业经营等按月份作了较为合理细致的安排。其中的"四民"指士、农、工、商四种行业的人，"月令"是借用《礼记·月令》中每月应做事项之说法。崔寔是从小农经济出发，利用自己在地主田庄里的实际经验写成的此书，所以对农业生产经济管理有很强的指导作用。

2. 专业性农书　即只涉及农、林、牧、副、渔其中某一方面的农书，内容为专门论述一种或一类作物栽培、动物饲养或农业技术的农书。这类农书门类多，数量大，占中国农书的绝大多数。

(1)花卉类　此类农书总数有150多种，现存的有85种，以明、清两代居多。如北宋周师厚的《洛阳花木记》、南宋陈景沂的《全芳备祖》、明王路的《花史左编》、明王象晋的《群芳谱》、清陈淏子的《花镜》等，此外还有《芍药谱》、《菊谱》等专谱。

(2)畜牧、兽医类　畜牧类农书以"相畜"为多，其次是马政。如两汉后流传的《伯乐相马经》、《宁戚相牛经》，《隋书》中的《相鸭经》、《相鸡经》、《相鹅经》等。马政是历代王朝为培育和饲养战马而颁布的政令，如明杨时乔的《马政纪》是现存较为完整的马政书。

兽医类书对中国古代养畜的发展起到了很大的推动作用，其中许多方法是领先于世界的。如唐李石的《司牧安骥集》，明喻仁、喻杰兄弟编著的《元亨疗马集》等，其中很多中兽医的方剂至今仍然发挥着重要的作用。

(3)治蝗类　中国人民在与蝗灾作斗争的过程中积累了大量的宝贵经验，如明徐光启的《屯田疏稿·除蝗第三》、明陈经纶的《治蝗笔记》、清顾彦的《治蝗全法》等。

(4)蔬菜类　蔬菜类专书较少，有北宋赞宁的《笋谱》、南宋陈仁玉的《菌谱》、明黄省曾的《芋经》等。

(5)果树类　最早在《诗经》里已有关于果树的记载。专著如南宋韩彦直的《橘录》、清赵古农的《龙眼谱》、北宋蔡襄的《荔枝谱》。其中蔡襄的《荔枝谱》是世界最早的一部荔枝专著。

## 二、古农具——农业先进科技的体现

生产工具是社会生产力中的主要因素之一，它决定着社会发展的水平，因此在社会发展中起着决定性的作用。农业生产工具，简称农具，它的发展变化和农业的发展变化是同步的和相互促进的，农具的改进提高农业生产效率，农业的进步要求改进农具的形式。中国古代的农具在世界上一直处于领先水平，例如中国的应用犁耕地、使用耕牛、铁农具的使用等都比世界上其他文明早几百年甚至上千年。中国古农具的种类非常丰富，总结起来大概可分为3类，即耕作用、收割用和加工用。中国古农具在历史上曾起了非常大的作用，是推动社会进步的主要因素之一，有些生产工具至今还在发挥着重要的作用。

夏、商、西周时期的农具具备很多原始时期的因素，制造农具的材料主要以木、石和骨为主。青铜虽然已经出现，但应用于农具上的并不多，主要应用于武器、餐器和礼器上。在后期，青铜少量的应用于农具上，如中耕的镈和收割用的铚。由于青铜硬度不够，所以在农业上并不好用，特别是像耕地、锄地等这种对农具硬度要求比较高的农业生产。商代已经开始有农业上重要的汲水和灌溉工具即桔槔，西周时有戽桶和吊桶，这些工具可以很好地从池塘或井中提水灌溉，对农业生产有一定的控制作用。

春秋战国时期是中国农具史上一个大的飞跃时期，即铁制农具的普及进而代替木、石和骨制农具。铁农具的使用大大提高了农业生产率，是中国乃至世界农具史的巨大进步。当时所使用的犁是“V”字形的铁犁头，此时的犁头还不是纯铁的，而是在木犁外面包了一层铁皮。这种铁犁可以减少耕地时的阻力，提高农业生产的效率。同时铁犁的出现也为在较为坚硬的土地上开垦耕地提供了便利。随着人口的增加，需要的耕地数量也在增加，早期能开垦的松软的土地已经基本开垦完毕，所以只能向相对来说较为坚硬的土地上去开垦，铁犁的出现正好符合这个要求。除铁犁以外，还有其他的铁农具如可深翻土壤的铁锸，可用于松土、除草的铁耨。

汉朝是冶铁技术开始发展的时期，随着冶铁技术的发展，铁制农具普及速度加快，原一些由铁和木共同构成的农具能改成全铁的已经基本变为全铁构造。从而使农具的质量大为加强，种类也比前代增加很多，使农业产量有所增加。最为重要的农具代表——犁，此时除犁铧是全铁外，还创造了犁壁，这个装置有利于深耕和碎土。从记载可知，东汉时的巨型铧是为开沟所用，重量可达15 kg，长超过40 cm。至唐代《耒耜经》所记载的曲辕犁，其结构已经相当复杂，其功能也很完备。此曲辕犁由犁底、犁壁、犁铧等11个部件组成。此犁可以根据需要调节耕地的深浅，也可以调节耕地的宽窄，操作起来十分灵活便利。这一时期新增的农具如碎土保墒、平整土地所用的耙和碎土用的耖，都非常有特点。

这一时期，农具史上另一个大的进步就是耧车的发明。耧车下面有3个角，可以同时开3个沟，耧车的上面有1个可以盛种子的漏斗，前端有辕可以使用耕牛。这种农具在播种时前面由耕牛拉动，边开沟边播种，速度快而且种子播撒比较均匀，在中国农具史上有重要意义。

宋元时期是中国农具发展史上最为活跃的时期，无论在数量和质量上都超过了前代。在农具的动力利用、机械构造的改进和使用范围等方面都有很大程度的提高。从数量上来说，据北魏的农业集大成之著作《齐民要术》记载的农具有30多种，而到了元代的《王祯农书》所记载的农具已达105种，是北魏以前的3倍之多。这时已经出现了绳套和挂钩，绳套和挂钩的利用是对原始力学的充分利用，是简单的杠杆原理和力学原理的应用。绳索可使牛耕的牵引力加大，利用绳套服牛，可使犁身大大缩短，使耕牛和犁回转方便，有利于在丘陵山区和小块土地上使用，这样就扩大了可利用土地的范围。挂钩可以将动力机与工作机分开。

这一时期由于农业重心的南移，适合南方水田耕作的农具大量出现并完善。如平土用的刮板和中耕农具耘荡的应用。稻田中插秧所用的秧马，这种工具可减轻稻田生产中插秧的劳动强度。秧马的腹面像船，头尾两端翘起，背面像盖着瓦一样，便于骑坐其上，可用双腿在泥中划动，在船头放秧苗，随着秧马的滑动在空地上插秧，这样减轻了插秧的弯腰之苦。除了人力和畜力的利用外，这一时期对风力、水力的利用也达到一定的高度，大大提高了生产效率。

明清时期的农具没有太多的种类增加，但对原有农具的改进和改造方面取得很多进步。如明末出现的由绳索牵引的代耕架，就是将辘轳的绞关用于犁的牵引，使耕地变得较为方便。另外由于与西方文化的交流，此时的农具也有所反映，如机械动力的应用，农具部件质地对钢的应用等。

### 三、其他农业成就

中国古代近万年的农业发展过程中取得了非常多的文明成就，除了上述的农业精华集成的古农书和农业先进生产力代表的古农具以外，还有其他一些成就。

第一是农田耕作技术和土地利用方式，这也是古农书记述的主要内容。农田耕作和土地利用方式是农业生产的根本与基础。从战国开始，中国便逐渐形成了以土壤耕作与土地利用为中心的，兼及各项生产技术措施的精耕细作体系。

中国是世界上土地利用率最高的国家之一。美国经济学家帕金斯认为，从明代迄今这600年，中国人口增加的速度超过了耕地的垦辟。中国人民为了维持温饱，在农业生产中作出了异乎寻常的成就。他说："14世纪到19世纪的中国，人口和粮食产量估计增加近5倍，到了20世纪中期又增加了近50％。所增加的产量中，只有近一半是由扩大耕种面积得到的，另外一半则是因为主要是粮食的单位面积产量翻了一番。"（董恺忱，2007）

第二，是植物保护方面的成就。中国古代的以虫治虫、生态杀虫、篝火诱杀、深耕除草等方法，是非常有效环保的除虫治草方法，在世界上处于领先地位。

第三是农业历法和农业气象。古人根据日地关系，创制了二十四节气，至今仍在发挥着作用。古代气象知识最早出现在甲骨文上，古人利用气象知识指导农业生产，防范农业灾害的发生。如人工防雹、熏烟防霜、拉绳去露等，在世界农业史上都是最早提出的。

第四是农田水利事业成就。水利是农业的命脉，中国自古就重视水利兴修，在大河整治、沟渠修建、洪水防范等方面有不朽的成就。如关中地区灌溉系统的兴建，白渠、漕渠、龙首渠等，惠泽关中几百万亩土地。最为著名的都江堰水利工程，建于公元前256年，是世界迄今为止年代最久、唯一留存、以无坝引水为特征的宏大水利工程，至今仍在发挥作用，灌溉范围达到40多个县。

第五是畜牧兽医技术成就。相畜术和去势术一直都出于世界领先水平，畜种选育方面已经有了近现代的科学育种的萌芽。

# 第四节 博大精深的农业思想

## 一、三才理论

三才理论是中国传统农业思想的主要内容，也是中国传统哲学的一种宇宙模式，它的主要构成是天、地、人三大要素。这三大要素的功能和本质，人们习惯用天时、地利、人和来表达（李根蟠）。三才论也即天、地、人宇宙系统论，是一种直观的普遍联系的整体思维方式，是中国有机自然观的突出体现。这种整体思维取向，影响和渗透至中国传统文化的各个层面，是最能体现中国传统思维特色的主要内容之一（胡火金，2007）。

我国现存最早的农学论文《吕氏春秋》中的《上农》、《任地》、《辩土》、《审时》等四篇，已经体现了三才理论对中国传统农学的指导地位。在《任地》、《辩土》、《审时》中讲农业技术，主要是怎样发挥人的主观能动性，改善土壤环境，把握农时、建立合理的农业种植结构，以取得最大的农业生产。《审时》篇指出天、地（分别指气候、土壤等）、人等要素是相互联系的整体，很完整地论述了三才理论的核心内容。

"三才"一词最早见于《易传》。如《说卦》云："昔圣人之作《易》也，将以顺性命之理，是以立天之道曰阴与阳，立地之道曰刚与柔，立人之道曰仁与义，兼三才而两之，故《易》以六爻以成卦。"可见，此时三才理论的具体内容为：第一，"三才"就是指天、地、人三者；第二，天、地、人又各有属性，并遵循一定的原则。战国时期，孟子用三才理论研究战争的胜负条件，提出"天时不如地利，地利不如人和"的思想。荀子对三才理论的阐释为"天有其时，地有其财，人有其治"。将三才理论应用于农业上的是战国时的《管子》一派的学者（程遥，1991）。如"天时不祥，则有水旱；地道不宜，则有饥馑；人道不顺，则有祸乱。""力地而动于时，国必富"。"乃以其天才地利之所生，养其人，以育六畜。"这些思想已经开始应用在农业上。明确地用三才理论阐述农学思想的是战国末期的农家，其中比较有影响的为"夫稼，为之者人也；生之者地也；养之者天也"。这里所说的意思是，种庄稼的主要行为者是人类，庄稼生长则要靠土壤、水分等基础条件，还要考虑气象条件的变化等，非常准确地阐明了影响农业的三大因素，即"天"、"地"、"人"的关系。

三才理论是和中国传统农业同步发展的，在农业发展过程中不断完善和丰富其内容。秦汉时明确把农作物旺盛生长、五谷丰登的功绩归于人们充分利用天时发掘地利的结果。晋代思想家束晰论述了客观规律与人的主观能动性之间的辩证关系，尊重客观规律是农业生产丰收的保证，是获得最佳经济效益的唯一途径，发挥人的主观能动性必须尊重客观规律。元代的《王桢农书》有"顺天之时，因地之宜，存乎其人"。清代时进一步提出，"盖禾，生之者地，养之者天，而成之者人，日进其功，所获无穷。"传统农业阶段都将天、地、人和谐统一看成是农业获得丰收的主要前提条件。

三才理论具有一定的科学性，它正确地指出了农业生产系统中的气候条件、土壤条件和人的主观因素之间的关系。科学性地指出了农业生产是自然生产过程有一定的周期性，同时也是人为干预的结果，有一定的人为性。所以在农业生产中，必须要按照自然规律办事，同时必须发挥主观能动性。三才理论除了在理论上自成系统以外还有很大的指导实践的意义。三才理论是从实践中总结出来的又返回到实践中去指导实践，所以对中国传统农业的生产有直接的指导意义。

三才理论将自然界看作一个运动变化过程，把农业生产看作是生物、人和客观环境相互联系、相互作用的过程，具有朴素的辩证法思想。这种辩证法思想对古代人们的生产生活有极大的积极意义，它推动了中国古代农业科学技术和农业生长的发展。例如，“以洼为突”、“美田欲稀”、“弱土而强之”等都是这种思想的延伸。三才理论还提醒人们，自然界是可以认识、可以利用的，因此人们在掌握自然规律的同时可以对自然加以改造。三才理论也是一个系统的科学思想，把天、地、人和农作物作为一个系统来考虑，对农业与社会的和谐发展有巨大的积极作用。

## 二、精耕细作的农业思想体系

精耕细作的农业思想是中国古代农业思想中最为突出的，在世界农业思想史上占有重要地位，体现了中国传统农业的优良特色。以精耕细作为主的农业特色是中国农业的特点，体现了中国传统时期劳动人民的智慧和辛勤劳动的结晶。“精耕细作”这个词，人们在谈论中国农业和农业史时经常使用，出现的频率很高。但在古书中只有“深耕疾耨”、“深耕熟耘”等提法，这虽是精耕细作内容之一，但并不等同于精耕细作。精耕细作一词出现于晚清。新中国成立前后，这一概念日益广泛地被人们使用。所以，它是现代人对中国传统农业精华的一种概括，指的是传统农业的一个综合技术体系。这一技术体系以集约的土地利用方式为基础，包括改善农业环境和提高农业生物生产能力的一系列技术措施，并以“三才”理论为其指导思想(李根蟠，2005)。大体按地域分可以分为北方旱地精耕细作体系和南方水田精耕细作体系。

**(一)北方旱地精耕细作体系**　中国北方的气候特点是“春多风旱”。北方处在干旱、半干旱地带，气候干燥少雨。华北、西北、东北一些地区，年降水量在500 mm左右，且集中在6～9月份。春季干燥多风，这个时节正是种子萌发、出苗的关键时期，如何保墒是一年丰歉的决定因素，因此春季保墒是远古时代一直比较关注的问题。如《管子·水地》记载公元前4—5世纪的观点，“地者，万物之本原，诸生之根苑也”，“水者，地之血气，如筋脉之流通者也”。中国人民在长期实践中积累起了成套的防旱保收的措施。这也是中国传统精耕细作的初始阶段。

1. 精耕细作的开始

(1)深耕、易耨、熟耰　深耕、易耨等耕作方式正是在长期的生产实践中总结出来的保墒经验。在先秦的典籍中也多有记录。如《国语·齐语》曰，“深耕而疾耰之，以待时雨”。《孟子·梁惠王上》有“深耕易耨”等内容。

深耕就是耕的深度要够，要多耕几遍。《吕氏春秋·任地》篇说：“五耕五耨必审以尽，其深殖之度，阴土必得。”也就是说，当耕地深度达到一定程度时，可以达到有底墒的地方，这个土层的土壤松且厚，还可以保持水分，有利于作物萌芽、扎根。同时，多遍耕作有利于除草，起到防治病虫害的作用。

易耨就是整治杂草，要求尽量按时将田间杂草处理干净，这样杂草就不会跟作物抢水分了，从而有利于农作物的生长。

熟耰是要求将耕后的土块打碎。耰是一种农具，跟木榔头有些接近。每年春季在春耕的时候，土壤耕过之后就会变得空隙增大，裸露部分面积增大，水分容易蒸发，所以在耕过之后及时将土块打碎，这样就可以减少水分蒸发，保持土壤水分，达到保墒抗旱的目的。

(2)垄作法　原始农业期间还没有发明垄作法，而是点种法。春秋战国时期，随着牛拉铁

犁的推广，垄作法也开始推广起来。《孟子·告子下》曰："舜发于畎亩之中。"《韩非子·说疑》："又亲操耒耨，以修畎亩。"这里的畎亩就是垄作的意思。垄作法的优点是可以防旱保墒，因垄有高低之分，在高旱的土地上可以把庄稼种在沟里，在低湿的土地上可以把庄稼种在垄背上，这样都可以防涝保墒。同时因垄作法基本都是条播的，还可以为透光提供便利条件。

2. 精耕细作的形成　中国北方精耕细作体系的形成，其主要表现形式都记录在贾思勰的《齐民要术》里，这本著作里充分阐明了北方精耕细作体系的特点和内容。

(1)耕、耙、耱的配套使用　耕、耙、耱配套使用说明精耕细作体系以趋于形成。这些耕作农具的配套使用最早记载于《齐民要术》中，但从考古发现来看时间要比其早。考古所发现的证据表明，早在魏晋时期就已经有配套使用耕作农具的情况。1972 年在甘肃嘉峪关发现的魏晋墓室壁画上，有双套耕地牛和改进了犁铧的单套牛，壁画中还有耙和耱，这个壁画所记载的时间比《齐民要术》要早 100 多年。

《齐民要术·耕田第一》的记载为："耕荒毕，以铁齿再遍耙之，漫掷黍穄，劳亦再遍。""乃至冬初，常得耕劳，不患枯旱。"耕、耙、耱是耕地的三道工序，耕即为耕田，耙是将土块打碎，耱是将土地磨平，这些都是减少土壤水分流失的方式。

《齐民要术》指出适耕期："春冻解，地气始通，土一和解。夏至，天气始暑，阴气始盛，土复解。夏至后九十日，昼夜分，天地气和。以此时耕田，一而当五，名曰膏泽，皆得时功。""春气未通，则土历适不保泽，终岁不宜稼，非粪不解。"耕田一定要选择合适的时节，还要在合适的时间耕作。耕田一般选择干燥的时候耕，有利于保墒，深度在不同时间耕作也有不同的要求。

耙的作用是将耕后的大块土块破碎，这样一方面可以熟化土壤，另一方面可以减少土壤中的缝隙，减少水分蒸发。耱的作用除了可以将土块打碎以外还可以磨细土块，平整土地，使土壤细熟，上虚下实，减少水分蒸发。耱还可以在播种后覆土镇压，苗期松土除草以及冬季"耢雪"等。

(2)代田与区田法　代田法和区田法都是汉代的耕作技术内容。代田法是汉武帝时期搜粟都尉赵过在关中地区试验、推广的一种新式田法。代田法继承了垄作法开沟做垄的耕作方式，用耦犁耕地。一亩地分为 3 个畎，即 3 个沟、3 个垄。代田的关键技术是垄、沟每年易位。"代"就是易的意思，田地的垄与沟每年易位，所以称为代田法。代田法可以使土地轮番使用，即可连种又可使地力得到恢复。代田法还有利于作物培根的田间管理。当幼苗生长起来以后，要及时中耕除草，中耕过程中一来可以除草，二来可以将垄上的土锄下培在苗根上，这样可以使根扎得深，可便于吸收水分，还可以防止倒伏，进而使产量提高。这是充分利用地力的很好的耕作方法。

区田法是西汉农学家氾胜之倡导和推广的。区田法也叫区种法，以现有的文件研究分为两种形式，一种是宽幅点播区种法，另一种是方形点播区种法。宽幅点播区种法一般适用于地形比较平坦的田地上，方形点播区种法则多用于山地、坡地和不易连片种植的土地上。区种法是以小区为单位，各种管理措施如深挖、点播、密植、施肥、灌溉等都集中在一个小区内，因此可以集中人力物力，有利于提高单位面积产量。另外，还可以利用那些不易利用的山地、小块土地进行种植，所以可以增加产量。

(3)强调秋耕　《齐民要术》所引《氾胜之书》内容称，耕后"辄平摩其块"，麦田要一耕、再耕然后"馑摩平以待时种"，秋末以棘柴耧壅麦根。《齐民要术》中强调秋耕时指出："春若遇旱，秋耕之地，得仰垄待雨，春耕者，不中也。"在秋耕时要"待白背劳"。若来不及秋耕，就要迅速锋地，以取得"润泽而不坚硬"、"不患枯旱"的效果。秋耕的重要作用是可以保存秋季的水分以待春季使用，所以秋耕要深，深则容纳水分多和土壤熟化。

(4)建立轮作换茬体系 《齐民要术》中记载了轮作换茬的重要性。在讲谷田时说："凡谷田，绿豆、小豆底为上，麻、黍、胡麻次之，芜菁、大豆为下。""常见瓜底，不减绿豆。"作物种植的前后关系已经提到了相当重要的地位。在麦区冬麦收获以后，可把麦田残茬灭尽，6月初可种葵或芜菁。这样从种植的时间上来计算，就可以形成冬麦与禾、冬麦与蔬菜作物轮作复种的二年三熟制。

中国古代轮作换茬的思想很好地利用了各种作物对各种养料有不同程度的需要，作物与作物之间、作物与土壤之间，有着非常复杂的关系。发挥互利的作用，充分利用时间、空间，安排间、混、套作，避开不利因素，这样可以提高复种指数，既可以增加地力又能获得丰产。

(5)肥料施用 中国古代连作制之所以可以实行是与施肥的作用分不开的，施肥的效果保证了"地力常新壮"。施肥就是给作物提供必要的养料，这是作物生长不可或缺的。施基肥的作用在于满足作物前期生长所需要的养料，为培养壮苗创造条件。基肥一般在播种前先施于土壤中。种肥是用肥料拌种或浸种，在播种时与种子一起播种到耕地中。种肥的施用保证了种子发芽出苗时对养分的需要。最为著名的就是《氾胜之书》中记载的溲种法。其做法是先将种子和骨粪肥拌在一起，然后播在田地中。这样做可以促使植物根系发达，可吸收土壤中更多的水分，可增强光合作用，同时可以杀死害虫。在作物生长期间还可以施以追肥。追肥是供作物生长中、后期对养分的需求，有利于作物茎秆结实、果实丰厚。

对施肥作用的深刻认识是中国传统农业精耕细作体系发展的重要内容，也是传统农业能够保证连作和间、套作必不可少的条件，肥料的使用对农业生产产量和节约利用土地作出了巨大的贡献。

**(二)南方水田精耕细作体系** 关于中国南方农业起源的认识，早先认为起源较晚，是由北方传过去的，但随着浙江余姚河姆渡等遗址的发现，人们改变了这种看法。从考古发掘看，中国南方的农业起源距今已有上万年的历史，也积累了自己的一套精耕细作体系。当然，由于历史的发展，中国南方的农业耕作方式受中国北方的影响较大。至迟在隋唐时期，中国南方已形成了以水田稻作为主的精耕细作农业思想体系。中国南方水田精耕细作农学思想体系形成的标志是宋代的陈旉《农书》的出现。

1. 耕、耙、耖等工具的配套使用 唐代陆龟蒙的《耒耜经》所记载的江东犁(也称曲辕犁)来看，当时中国南方的水田技术已经达到一个相当的高度。江东犁由11个部件组成，构成之复杂前所未有，与近代犁已十分接近。曲辕犁将直辕改为曲辕，辕前装有犁盘，同时装有犁建和犁评，使其操作起来省力、灵巧，还可以调节深浅。耙的功用和北方旱地基本相同，也是将土块弄碎。

耖是在犁耕、耙以后耖平田面、疏通田泥、拌匀肥料、熟化土壤的农具。耖是比耙更能使土块松碎、田面平整。《王桢农书》中记载了耖的内容："耖，疏通田泥器也。高可三尺，广可四尺，上有横柄，下有列齿。其齿比耙齿倍长且密。人以两手按之，前用畜力挽行，一耖用一人一牛。有作'连耖'，二人二牛，特用于大田，见功又速。"耕、耙、耖的配合使用，说明中国南方在土地耕作方面已经达到精细的程度了。

水田整地作业也趋于精细，根据需要的不同，可分为秧田整治、冬作田整治、冬闲田整治等不同类型。秧田整治强调秋冬再三深耕，使土壤经过冬季冰冻和翌年春季的反复晾晒翻动，可

变得更加细碎，促使有效养分分解。秧田整治过程中，施用当时取得的腐枝败叶作为肥料，以使肥土相融、增高土温，土壤质地疏爽。《陈旉农书》强调要把秧田整治精熟、田面平整以后才可以播撒种子。这些论断在中国农史上有重要的地位，也是世界农史上关于水田秧田整治的最早记录。

2. 秧苗培育 《陈旉农书·善其根苗篇》中记载，凡种植先治其根苗，以善其本，本不善而末善者鲜矣。认为根苗培育是极其重要的，是水稻生产的关键环节。首先，对种子的浸种要因品种而异，有的要时间长，有的则一夕即可。其次，播种要掌握恰当的时间。播种时间要根据一年中具体的气候条件、季节早晚来决定，即"又先看其年气候早晚、寒暖之宜乃下种，即万不失一。"再次要灵活调整秧田的水层，要供给活水。水稻生长期需要大量水分，且其根部要从水中吸取养分，所以喜欢活水。秧田田面水层要保持深浅均匀，可在田间做埂。水层深浅均匀有利于秧田管理。在遇有急风时，要紧急避风，以免种子被大风吹荡积聚在一起，这时要急速放水。要根据天气冷暖情况调控水层深浅。水有保温之作用，所以水量多少可以控制温度高低，天气热时要放水，冷时要加水保温。

3. 插秧、耘田等技术 插秧、耘田等技术这时也已经非常成熟。元代的《农桑衣食撮要》中有详细的记载。其中包括(杨直民，2005)：拔秧要特轻，注重手感，尽量少伤秧根；拔秧后随手洗根去泥，汰除幼草，便于齐秧分丛；要小捆束扎，便于运输、插栽；每兜株数、行距、穴距要有具体规定。

4. 合理施肥的思想 《陈旉农书》将施肥改土技术系统深化，提高了理论的高度，这一技术有很大的贡献。这时所记载的肥料的种类和收集方法明显增多。如人粪尿要腐熟才能施用，杂肥要沤得烂透，饼肥要发酵后使用，以及河中的泥肥收集等。《陈旉农书》提出用粪犹如用药的思想，都是非常难能可贵的。

**(三)精耕细作的发展** 精耕细作的农业体系在《齐民要术》中已经达到相当的高度。后期随着社会的发展、人口的增加和科技的进步，对精耕细作又有一定的补充和改善。到明清时期中国传统精耕细作体系达到完善，发展到最高境地。

首先土壤耕作不能一味地强调深耕，要根据实际情况深浅搭配得当。在北方旱地中耕技术中《知本提纲》总结了中耕的四道工序，对每道工序都有详细记载，四次中耕功用各不同。第一次在于除草，第二次在于间苗，第三次和第四次主要用于除草、培根和防倒伏。

关于南方水田中耕《知本提纲》提到要三挞、三荡、三掘，水田中耕共九道程序，精细程度远大于前代。

## 三、重农思想

农业的重要性是不言而喻的，特别是在古代，"农业是古代世界的一个决定性的生产部门"。重农思想是中国古代经济思想中最重要的思想体系之一，在古代历史的发展过程中，"重农抑商"构成了中国古代政府的基本国策。从农业起源开始就已经有了重农思想的雏形。在最早的甲骨文中有很多关于农事的记载，如"王大令众人曰协田"、"若农服田力穑，乃亦有秋"等，关于卜雨、问年的则为更多。西周时期认为"夫民之大事在农"，因为祭神所用的祭品出于农业，人口的繁衍基于农业，物资的供应来自农业，社会和谐赖于农业，财货增殖始于农业，国家的强固系于农业。到了春秋战国时期，人们已普遍关心农业，并将农业提高到了理论高度上，从而形成了我国历史上的重农思想。

彭治富、王潮生(1990)认为,春秋战国时期重农的主要原因有:因为春秋战国时期是我国历史上大动荡、大变革的时期,在战争频仍的年代,从事工商业者有的逃亡、有的投靠私家豪门,农民也不愿意从事农业生产,所以出现了耕者少而食者众的局面。这一时期各学派的思想家都阐述过农业的重要性,大致有:农业是人的衣食之源,农业是国家财富的源泉,农业是社会安定的物质基础,农业是战争胜利的必要条件等。

农业是人类的衣食之源,是人类社会存在的基础。如管仲说:"一农不耕,民有饥者;一女不织,民有寒者。"农业是国家财富的主要来源。如荀况所说:"田野县鄙者财之本也,垣窌仓廪者财之末也。"这一观点与中国古代的实际情况是相符合的,只有农业发展了,社会财富才会增加。农业是社会安定的物质基础。西汉贾谊总结秦朝灭亡的教训时指出:"民非足也,而可治之者,自古及今,未之常闻。""天下富足,资财有余,人及十年之食",才能"以攻则取,以守则固,以战则胜"。就是说,只有国家富足,农业发展,人民生活相对稳定,社会才能太平、才能稳定。只有农业发展了,才能带来精神文明发展,协调社会发展,国家才会强大。管仲曾指出:"仓廪实而知礼节,衣食足而知荣辱。"只有农业发展才能做到"仓廪实"和"衣食足",才能带来"知礼节"和"知荣辱"(吴运生 1994)。这样社会才能稳定。所有这些的基础都是农业发展,所以农业是基础。任继周(2005)将整个华夏农耕文化的重农思想分为 3 个阶段:秦代的草创阶段、汉代的奠基阶段和共和国建国初期至 20 世纪末的盛极而衰阶段。

石涛和李军(2008)提出 2 000 多年来在农业与工商业的关系问题上,人们的思想和政府的政策经历了从农本工商末、农末俱利,到重本轻末、禁末,再到三者皆本、并重的二次重大转变。战国以前产生了农本工商末和农末俱利的思想与政策。轻末、禁末的思想春秋末期已有萌芽,战国初期产生,曾在魏、齐、秦等国实施。三者皆本并重的思想在北宋时产生。

由于农业是古代社会决定性的生产部门,农业生产状况直接关系到民生和国家兴亡,所以历朝历代统治者都把发展农业当作大事来抓,努力督促和组织农业生产。从技术推广、水利建设、农业气象、农时、土地分配、皇帝亲耕示范等各方面对农业生产提供保障,很长时间内对工商业进行抑制。重农抑商政策在封建社会初期对当时农业以及社会经济的发展,对新兴地主阶级政权的巩固,起到了积极作用。中国古代农业取得的辉煌成就跟这也有一定的关系。但事物总是两方面的。也有一些学者提出,正是这种重农抑商政策阻碍了中国工商业的发展,也抑制了中国资本主义萌芽的诞生,甚至还有人认为中国的"李约瑟之谜"很大程度上跟这一思想有关系。但不管争议如何,中国古代重农思想取得的成绩是有目共睹的。现在已有学者提出,中国古代的重农思想是法国重农学派的渊源所在。

## 四、其他农业思想精华

传统中国的农业思想于哲学思想本出于一源,哲学思想脱胎于农业之中。除了最为核心的三才理论、精耕细作思想以外,还有众多可以值得称道的思想。如气论、阴阳说、五行说、尚中观、圜道观、天人合一的生态观、系统论、有机论等,对世界的哲学理论和农业生产与自然环境保护等方面都有很好的借鉴作用。

当然,中国农业思想体系博大精深,非一篇小文章可以概括的,这里只介绍了几种重要的思想。

# 第五节　帝国日渐衰落的农业

中华帝国走到明清朝时已经走到了辉煌的顶峰并开始日渐衰落，中国的传统农业跟帝国一样逐渐失去了领先的地位开始被世界其他国家落在后面。

## 一、明清时期农业遭受到的挑战

**(一)人口增加过快、耕地相对不足**　明清时期前后500余年，期间战事相对整个王朝来说较少，因此有利于人口的增长，明清两朝是中国人口快速增长的时期之一。中国传统农业发展的顶峰使农业产量快速增加，这也为人口增加创造了条件。全国人口从明洪武十四年(1381年)的约5 987万人，增加到清道光十四年(1834年)的4.01亿人，增加了近5.7倍，可见人口增加之迅速(游修龄，1993)。

与快速增加的人口相比耕地面积的增加要慢得多。从明洪武十四年至清光绪十四年的500多年中，耕地面积从77 398万亩增至82 614万亩，仅增加11%。人均耕地面积下降极为快速，明洪武十四年(1381年)时全国人均耕地为14.56亩，到清康熙时(1662—1722年)降至5.5亩，到乾隆十八年(1753年)又减少到3.86亩，到道光(1821—1850年)只有1.65亩了。

此时耕地的潜力已有限："人多之害，山顶已植黍稷，江中已有洲田，川中已辟老林，苗洞已开深菁，犹不足养，开地之力穷矣！"也就是说，能开垦田地的地方已经所剩无几，从宋元以来跟山要田的梯田、跟湖要田的围湖造田、围海造田、大量的山林、草地已经开垦为耕田。在清朝，因为东北是满清的发源地，所以起初是禁止汉人对东北开发的，但后来由于人均土地减少的压力，不得已清中期时开始对汉人开禁，而且汉人移民数量越来越大，可见人口压力已经非常大了。

**(二)西方文化的入侵**　西方在16—18世纪地理大发现之后，与世界的交流开始加速。在明清时期，中西文化交流呈大规模实质性的进展。西方文化的入侵首先是传教士的进入，他们数量之众、国别之多都是前所未有的。西方传教士的到来首先是对中国博大精深的文化的倾慕，另一个主要的目的是"他们一手拿着十字架，一手拿着宝剑"，也就是掠夺我们的资源。对我们资源的掠夺自鸦片战争后开始加剧，特别是对农产品的掠夺是这一时期的主要目标。例如猪鬃、蚕丝、棉花等。

西方文化的进入同时带来了他们的先进的生产工具，因为此时西方已经逐渐完成了以蒸汽机和其他机械工具的加工和使用为主要标志的工业革命。

**(三)资本主义萌芽的产生**　明清时期是中国封建社会的后期。到明清时期中国封建社会最根本的变化是：封建社会的母体中已孕育着一种新的生产关系，即资本主义生产关系萌芽(李文治，江太新，2005)。关于中国资本主义萌芽的问题论述很多，曾经是中国史研究中的"五朵金花"，如(中国人民大学中国历史教研室，1957、1960)、(南京大学历史系明清史研究室编，1981)、(中国资本主义萌芽问题论文集，1983)等。近些年对资本主义萌芽问题的讨论趋于冷清，因为这是一个很有争议的问题，关于这个问题的标准、比较对象、研究方法、主要因素等都是很难把握的，所以研究了多年之后现在处于停滞状态。

无论资本主义萌芽是否有，或者说是否叫资本主义萌芽或者是其他名字，这些研究对我们理解中国传统社会后期的社会经济状况提供了很好资料。同时在农业和手工业中出现的经济因素确实是不能忽略的。这种经济因素的发展对传统农业的冲击是很大的，农户的作物种植结构中开始加大经济作物的种植比例。在相当广大地区农业生产衰退的同时，经济作物的种植和粮食生产的商品化，却呈现扩大的趋势(严中平，2001)。

## 二、中国传统农业后期的衰落

生产工具简陋①。这是中国传统社会后期农业生产力远落后于世界先进水平的主要表现。鸦片战争以后随着西方文明的进入，中国虽然也引进和推广了一些先进的新式农具，但这些农具和农机具不太符合中国的现实情况，首先是经济因素，中国农民大多没有多少财产所以根本买不起那些价格昂贵的新式农具，其次中国的国情是人多地少，人均只有几亩土地，而且劳动力的价格不高，所以用大型的农机具不如使用劳动力划算，这为新式农具的推广带来了极大的阻力。中国很多地方的农具技术含量很低，比几千年前的水平没提高多少。如1872年《余千县志》记载，在浙江余千县主要农具为："耕田为犁；平田为耙，为荡，为碌碡；起土为锹；挖土为锄，为铁耙；芸禾为芸禾耙；灌田为水车；灌坪田为牛车，巨轮旋转，一车可灌数十亩；打稻为禾斛；刈禾为镰；扇谷为风车，晒谷为堵簟；簸米为筛；舂米为碓；砻米为木砻、土砻。"可见这些常用的农具都是几千年前的农具。

经营方式落后。中国农业一直延续着一家一户的小农经济，农户就是农业生产的经营单位。这种自给、半自给的农业经营方式带有很大的封建性质，所以经营方式落后，不利于近现代农业先进经营管理方式的运营。

农业技术水平严重落后。农业技术水平落后表现在各个方面，如选种、育种、耕作、农具、肥料、病虫害防治等。在耕作技术上大多数农户依然沿用传统的耕作方法，使用犁、锄等旧式的农具，耕作方法也和汉代没有太大的差别。曾经在江南一代广泛推广的双季稻，到清中后期以后几乎在江苏境内绝迹。

西方社会于16～17世纪已发展为资本主义社会，并爆发了以机器工业为主的工业革命，农业领域在应用了先进的生产工具、现代的科技和新的种子、肥料等之后，农业领域取得了巨大的成功。相反，我国在鸦片战争以前还是一个封建的、自给自足的自然经济占统治地位的社会。这个社会自诩"天朝大国、无所不有，原不借外夷货物以通有无"，也为了防止外国来侵，采取了闭关锁国的政策，至鸦片战争前，很长时间与外边世界失去了联系，结果西方的先进技术、先进思想和先进的科学没有及时引进我国，科技革命的爆发也没有影响到我们，19世纪后半期以后，西方世界各个领域都有突飞猛进的发展，而中国被远远地抛在了后面，中国的崛起是近代以后的事了。

## 参考文献

[1]　北京图书馆主编．中国古农书联合目录．1959.

[2]　陈文华．农业考古．文物出版社，2002.

[3]　程遥．中国古代三才农学理论新探．学术交流，1991(1).

[4]　董恺忱，范楚玉．中国科学技术史(农学卷)．科学出版社，1999.

① 本部分参考黄进华，2007。

［5］ 费正清．中国:传统与变迁．世界知识出版社,2001.

［6］ 郭文韬．中国传统农业思想研究．北京:中国农业科技出版社,2001.

［7］ 河北省文物管理处,等．河北武安磁山遗址．考古学报,1981(3).

［8］ 胡火金．天人合一——中国古代农业思想的精髓．农业考古,2007(1).

［9］ 黄进华．农业与工业化．冯开文,李军主编．中国农业经济史纲要．北京:中国农业大学出版社,2007.

［10］ 开封地区文管会,等．河南新郑斐李岗新石器时代遗址．考古,1978(2).

［11］ 李根蟠．农业实践与"三才"理论的形成．农业考古,1997(1).

［12］ 李根蟠．"人力"、"人和"及其他——农业实践与"三才"理论的形成之二．农业考古,1998(3).

［13］ 李根蟠．精耕细作的传统农业的形成和发展．国学网——中国经济史论坛．(http://economy.guoxue.com/article.php/6246/3).

［14］ 李文治,江太新．中国地主制经济论——封建土地关系发展与变化．中国社会科学出版社,2005.

［15］ 毛邕,等．中国农书目录汇编．1924.

［16］ 南京大学历史系明清史研究室．明清资本主义萌芽研究论文集．上海:上海人民出版社,1981.

［17］ 南京大学历史系明清史研究室．中国资本主义萌芽问题论文集．南京:江苏人民出版社,1983.

［18］ 彭林,齐吉祥,范楚玉总纂．中华文明史(第1卷)．河北教育出版社,1989.

［19］ 彭治富,王潮生．中国古代的重农思想与重农政策．古今农业,1990(2).

［20］ 任继周．论华夏农耕文化发展过程及其重农思想的演替．中国农史,2005(2).

［21］ 上海图书馆．中国丛书综录．中华书局,1961.

［22］ 石声汉．中国古代农书评介．北京:中国农业出版社,1980.

［23］ 唐启宇．中国农史稿．北京:中国农业出版社,1985.

［24］ 天野元之助．中国古农书考．北京:中国农业出版社,1992.

［25］ 王红谊,章凯,王思明．中国近代农业改进史略．北京:中国农业科技出版社,2001.

［26］ 王璐,乔志强．张之洞发展农业的思想及实践．陕西行政学院、陕西省经济管理干部学院学报,2001(3).

［27］ 王天奖．太平天国革命后浙江农业的恢复问题．浙江学刊,1983(4).

［28］ 王毓瑚．关于中国农书．图书馆,1963(1).

［29］ 王毓瑚．中国农学录．北京:中国农业出版社,1964.

［30］ 吴存浩．中国农业史．警官教育出版社,1996.

［31］ 吴运生．论中国古代的重农思想．

［32］ 严中平．中国近代经济史:1840—1894. 北京:人民出版社,2001.

［33］ 阎万英,尹英华．中国农业发展史．天津:天津科学技术出版社,1992.

［34］ 杨直民．农学思想史．长沙:湖南教育出版社,2006.

［35］ 游修龄．传统农业向现代农业转化的历史启发——中国与日本的比较．古今农

业,1993(1).

[36] 游修龄．中国农业通史·原始社会卷．北京:中国农业出版社,2008.

[37] 曾雄生．中国农学史．福州:福建人民出版社,2008.

[38] 章有义．明清及近代农业史论集．北京:中国农业出版社,1997.

[39] 郑庆平,岳琛．中国近代农业经济史概论．北京:中国人民大学出版社,1987.

[40] 中国农业百科全书总编辑委员会．中国农业百科全书——农业历史卷．北京:中国农业出版社,1995.

[41] 中国农业遗产研究室编．中国古农书目．1996.

[42] 中国人民大学中国历史教研室．中国资本主义萌芽问题讨论集(续编)．三联书局出版,1957.

[43] 中国人民大学中国历史教研室．中国资本主义萌芽问题讨论集．三联书局出版,1957.

(作者:黄英伟 中国农业大学博士生,冯开文 中国农业大学教授、农经系主任)

# 第二章 世界工业化背景下中国的工业化

在中华文明由辉煌走向衰落的过程中,中国也一步步地融入世界大家庭,不过这一次不是以强者和主动的姿态访问世界,而是在落后的现实下,被动地接受西方列强的破门而入。而导致这种局面的,除了中华农业文明的衰落,就是外部世界已经通过各种形式的工业化,领先于中华帝国,并且有了蚕食分割中华帝国的潜能。

## 第一节 世界各国的工业化

### 一、李约瑟之谜

古代的世界史,虽然有张骞、班超先后出使西域以及郑和五下西洋等蜚声国际的中西交流,但中西文明主要是在自己的疆域里各自成长的。对于这两个文明的差异,特别是西方文明在近代以后领先中国的原因,虽然人们众说纷纭,但基本上一致的看法是:中国错过了以工业化提升自身的机会,导致了文明的停滞甚至是长期的停滞。为什么中国会错过发展工业化的机会?为什么工业化没有发生在古代中国?这就是非常有名的“尼德汉之谜”,也称为“李约瑟之谜”。

尼德汉的研究表明,在宋代,中国的科学技术已经达到了相当高的水平。公元1050—1126年间,中国已经处在了用煤炼铁的高峰期,而用煤炼铁在欧洲18世纪才出现。在1078年,中国的铁产量大幅上升,总量达到了欧洲和俄国铁产量的总和(151 000~185 000 t),欧洲直到公元1700年才达到了这一产量。这一产量也高于英国在1788年的产量。并且中国以粮食计算的铁价很快下降,从997年的632∶100,下降至1080年的177∶100。这个比价欧洲很晚才达到。1600年英国的比价是223∶100,1700年才达到160∶100,略低于中国,直到18世纪晚期工业革命的飞跃式技术进步之后,才降低到54∶100。这从另一方面说明了中国铁的稀缺性也很快得以缓解(叶静怡,2007)。还有西方学者指出,在11世纪初,中国政府的兵工厂一年能生产1 600万个完全相同的铁箭头。换句话说,中国已经实现了大规模生产。到13世纪,在中国的北部,以水车带动的传输装置作为动力的机器可以把粗糙的麻纤维变成细纱。这种机器可以使32个纱锭同时旋转,使用的技术与现代的环锭纺纱机相似。还有类似的装置把单丝变成双丝。换句话说,就是使用木制和金属制的部件模仿人手的动作,然后由无生命的动力将一系列完全相同的部件开动起来,从这个意义上讲,(中国那时)实现了机械化(马克·埃尔文,2001)。李约瑟在他杰出的《中国科学技术史》中,详细系统地记载了中国取得的各种科学技术成就,发现中国明代的科学技术水平,已经达到和超过了英国工业革命爆发前的程度。用林毅夫的话说,“那些被经济学家和历史学家们认作是产生了18世纪末工业革命所有主要条件,在14世纪的中国几乎都已存在了”(林毅夫,1991)。于是不能不非常疑惑地提问道:为什么这样高的科学技术没有能够转化成为工业生产力?没有成为撬动工业革命的基石?没有带来古老文明的飞跃？

可以作为这个问题答案的，就是明清时期出现的资本主义萌芽的命运。在江南一些地区，包买商通过契约的形式向农户家庭下达纺织品的生产任务，自己负责产品销售的形式，经营形式已经接近近代的资本主义企业，并且对农业和手工业相结合、自给自足的自然经济产生了强有力的分解作用。只可惜，受当时的重农抑商政策、尤其是中央集权和地主制相结合的高度稳定的制度结构的制约，资本主义萌芽一直处在“萌芽”状态。

林毅夫(1991)对“李约瑟之谜”的解释，同样以制度为基准。他论证道，在科学技术进步或者发明创造以经验为基础的古代世界，中国或许可以依靠人口优势形成科技的领先态势，但不断强化的科举制等制度安排，却并没有为古老的中国准备科技飞跃式发展的潜能，一旦科学技术的进步转变为以科学原理为依据，加上旧制度的惯性作用，中国的落后就是难以避免的，更遑论中国的工业化以及崛起了。

上文的分析表明，工业革命背后，或者准确地说，工业革命之前必须准备的，是一整套促进工业革命水到渠成的制度变革。科学技术进步只是工业革命的结果而不是原因，这一与马克思主义生产力决定论截然不同的观点，就是诺贝尔经济学奖获得者道格拉斯·诺思(1994，中译本)对西方世界崛起的经典概括。诺思坚持认为，一整套新的制度体系，才是西方世界通过工业革命崛起的关键前提。工业革命实质上来源于一整套的制度准备。

## 二、工业革命前的经济制度创新

这种制度准备不是一蹴而就的，它经历了若干个世纪的风雨洗礼，甚至是浴火而生。而这些制度的集中形成，正是在英、法、德、俄、美、日等国资产阶级革命的大潮中。而这一制度创新过程以英国最为典型。

在资产阶级革命以前，英国同样处在漫长的封建社会。同东方封建社会不同的是，西方的封建制具有更明显的分封制＋兵役制＋庄园制的特征，贵族制而不是地主制成了封建社会最主要的制度特征。国王会把自己的土地分封给公、侯、伯、子、男等各级贵族和平民，由他们役使农奴耕种或者自己耕种。作为回馈，贵族和平民要为国王承担兵役，或者直接提供国王需要的骑士。由农奴对庄园主高度人身依附关系为基本特征的庄园，而不是地主与佃户较为松散的联系，成了基本的社会经济单位。据记载，来自法国诺曼底的英国国王威廉一世在公元1069年和1071年两次镇压当地反抗后，对英国贵族的土地实行了一次大没收，并把全国1/7的土地留给自己，1/4分封给教会，其余分封给贵族，并由贵族向他提供的5 000名骑士组成一支强大的军队，确保了自己对国家的统治。

在城市，虽然出现了一些自治度很高的城市，形成了商业的繁荣，但由于城市中国王、贵族和僧侣拥有较多的财产权，城市商业基本上处于被压制、排挤的地位；加之商业中盛行的行会制度规定，行会有对原料数量和质量、作坊的规模和劳动时间、生产工具以及劳动工具、产品的质量和数量的绝对垄断权；行会中还执行严格的等级制度，在师傅、帮工和学徒之间形成了权利和地位差距明显、难以逾越的等级，并且劳动阶级越来越受到歧视，被称为“黑指甲”，他们与贵族等级之间的对立现象日趋明显；更可怕的是，师傅拥有对学徒产品的完全所有权，学徒的产品都是师傅的，行会贵族侵吞帮工、学徒劳动成果的现象比比皆是，学徒实际上是师傅的无报酬劳动力，而学徒的时间越来越长，只有完成一件“杰作”才有可能成为师傅，而“杰作”的难度越来越大，学徒的出头之日也就越来越漫长。14世纪后，行会已经成了一个剥削和垄断团

体。这就对科技发明创造和经济发展,尤其是对知识产权、专利发明的创新产生了严重的阻碍作用。

但是,这种封建制度的禁锢,在英国资产阶级革命前就已经开始松动了。在英国,这种对于封建制度的冲击来得更早也更全面。加上最早进行的资产阶级革命,新的政治经济制度体系,就为英国率先实施工业化奠定了良好的制度基础。

这些制度变革主要表现在以下方面:

第一,圈地运动与土地私有权制度的建立。受人口增长、商业兴盛、疫病盛行、市场扩张等因素的影响,英国的庄园经济在14世纪已经逐渐瓦解,农奴制的土地制度演变为混乱复杂的土地制度,往往一块土地,国王、领主、承租人、次承租人、农民都拥有部分所有权,也都能够分享这块土地的收入。当时主要有这样一些土地占有状况:①份地。归领主所有,但佃册持有农依据庄园法庭发给的佃册副本,可以世袭自己承租的份地,领主无权加租、夺佃和驱逐他们。②自由持有农地。农奴制时代的自由人,通过斗争获得了无须通过领主就可以自己持有和转让土地的权利,不过他们的土地只占很少一部分。③公有地。属于庄园中所有居民的土地。虽然领主一直想圈占,但农民的反抗也一直没有停止。

15世纪末以后,海外殖民和贸易导致英国的财富剧增,商业革命发生。1430—1540年,羊毛的价格上涨了2倍,英国也从羊毛出口国变成了进口国。面对旺盛的需求,在商业革命中不断崛起的资产阶级和新贵族,纷纷积极要求土地的明晰私有权,以及通过排他私有实现更多土地收益的权益。于是,圈地运动兴起了。他们用栅栏、篱笆、壕沟将公有土地、农民世袭耕种的份地圈占起来,变成私有的大农场和大牧场,失去土地的农民或成为雇工、或迁往城市。这场绵延几个世纪的圈地运动,大约经过了两个阶段:15世纪末至17世纪40年代,主要是自主圈占公有地和份地。1455—1607年,英格兰东、中部24郡共圈地516 676英亩,占当地土地面积的2.76%,驱逐农民5万人左右。17世纪40年代至19世纪中叶,进入了议会圈地时代。这时发生的英国资产阶级革命,使新兴的新贵族和资产阶级掌握了政权,他们不仅将国王和保皇党人的土地按照20年地租收入的价格大块售出,而且颁布法律,规定申请圈地者只要得到本地4/5的土地所有者同意就可以向国王提出申请(实际上只要一两个大地主同意即可)。因此,后一时期,圈地的成效远远大于前期。据记载,1760—1844年共圈地631万英亩,是前期的13倍。结果,英国的公有地和份地都变成了私有土地,私有土地制度成为英国唯一的土地制度。

私有土地制度的建立,不仅通过明晰产权使新贵族和资产阶级能够排他性地享有土地带来的收益,这些收益就成了资本原始积累的重要源泉;而且,失去份地和耕种公有地的农民也转变为农村雇工和城市工人,为资本主义准备了必须的劳动力——他们也是为资本主义创造财富的源泉;还有,由于土地的规模经济收益不断累积,农业取得了显著的发展,1700年后,英国谷物和面粉的出口大幅增长,1750年达到20万t,人均出口30 kg,成了“欧洲的粮仓”。同时,1700—1750年,人口增加5%~7%,而人均消耗量也显著增加。农业技术也在迅速升级,由休耕转向连续轮种,新作物和新品种不断推广,农具也不断改进,用马耕种不断扩大。所有这些,就为工业革命准备了条件,并起到了一定的示范作用。

第二,市场的扩张。市场的扩张体现在两个方面,一是国际市场的扩张。自从地理大发现之后,美洲、亚洲和欧洲越来越紧密地连接在一起,一个国际市场也在逐渐形成。长期以来,西方国家对东方的香料、丝绸、茶叶等一直非常羡慕和渴求,地理大发现和新航道的开辟,不仅解

决了陆路贸易受阻于奥斯曼帝国的问题,也大大拉进了东西方世界的距离。东方、美洲的财富得以源源不断地运送到欧洲,掠夺和不公平的贸易成为资本原始积累的源泉。而英国、荷兰正处在航道的枢纽位置,处于国际市场的中心。国际市场的扩大,还催生了现代企业组织,如1601年的荷兰东印度公司、1604年的英国东印度公司,就是最早的股份有限责任公司。

国内市场的发展,英国也占尽了先机。在英国的经济发展过程中,很早就出现了地区之间的劳动分工。16世纪各地的经济发展已经显出不同的特色,各地市场逐渐通过贸易相统一的民族市场发展。到了17—18世纪,在工商业和国际贸易的推动下,市场进一步发展,其中一个表现就是城市的发展。17世纪末,城市人口已占全国人口的1/4,伦敦的人口也已达到50万,其他的中小城市以及围绕它的小城镇,形成了一个个繁荣的工商业中心。另外,比其他欧洲国家更突出的是,英国"由于水运的方便,对各种工业就开辟了一个比单靠陆运所能开辟的更为广大的市场,所以各种工业都在海滨和通航河流沿岸开始专业地进一步划分和得到改进"。亚当·斯密实际上在说,工业革命的发生与这种市场的扩张之间有着不可分割的联系,因为正是由于市场扩张,"近代工业的大都市才会增大起来"(保尔·芒图,1983,中译本)。

第三,新型企业等经济组织的创新。著名的经济史学家诺斯说过,有效率的经济组织是经济增长的关键(道格拉斯·诺斯、罗伯斯·托马斯,1999,中译本)。同理,市场的扩大,工商业和城市的发展,也要求有效率经济组织的创新,来进一步实现潜在的利润。因此,在工业革命之前,尤其是在16—17世纪,经济组织的创新主要表现在:

①合伙制的盛行和推广。合伙制是意大利商人为了保护和增加商业资本,方便和确保长途间的联系、分摊贸易风险而发明的。后来流行于商业发达的荷兰,特别是flute大船被建造出来之后,船舶的所有权被分成几份,由几位商人或者商人和船主共同拥有。航运、贸易、租借船只等环节也都纷纷采用了这种新的组织形式。在陆路航运中,为了减少风险,成帮结伙或者分段护送货物的合伙制也开始盛行起来。一次合伙、多次合伙的形式都不断出现了。当然,这种制度也很快传到了英国,同样起到了分散风险、聚集资金、明晰权利等作用。

②特权公司。也就是国家将特权出卖给私人企业的制度形式。也称为代理行。主要是本国与东道国之间协商而建立的拥有特权的经济组织形式。一般地,代理行都拥有自己的房地产,既是货栈又是市场,还是军事基地和关卡,以保证本国在新地区的商业活动顺畅进行。它起初是葡萄牙商业组织的主要形式,后来西班牙、荷兰、英国与法国在海外扩张中都采用了这种制度。后来,商人之间、政府与商人、甚至国王的国内外有关事物都交给商人代理,并有不少代理行采用合伙制。

③特许公司。这是16—17世纪英国和荷兰对外扩张中最重要的组织形式。政府授予特许公司对外贸易垄断权,有的还给予自治权、军事力量和自行铸币权,政府则按约定分享公司的利润。特许公司包括契约公司和早期的股份公司两种。契约公司由一些拥有自有资金、独立经营、自担风险的商人组成,这些商人在公司的严格规定下进行经营,接受公司的支持和保护。北欧的汉萨同盟就是最早的契约公司。最有名的契约公司是1564年获得特许权的英国的商人冒险家公司,它拥有垄断英国与尼德兰和汉堡进行布匹贸易的特权。至17世纪中叶,该公司已经拥有7 200个成员。

④股份公司。作为特许公司的一种,股份公司与契约公司的主要区别在于它以股份制的形式筹集到更多的资金,股东可以是包括商人在内的任何人,公司的规模也更加巨大。1550年以后,第一批股份公司在英国成立起来,此后入股集资的股份公司在英国和尼德兰迅速发展

起来,英国和荷兰的东印度公司就是其中的典型。英国东印度公司1600年得到国王的特许,此后共有100名商人入股,原始资本68 373英镑,每年可以运出价值3万英镑的白银、黄金和外国货币,垄断了英国与印度、中国及亚洲区其他国家的贸易。公司在垄断贸易中获得了巨大的利润,如胡椒在印度的收购价为2便士/磅,在欧洲出售时就达到20便士/磅。因此,仅仅17年后,股东达到了594人,股金达到了162万英镑。1708年更达到初创时的50倍,计316.3万英镑。

这些组织形式大大提高了贸易的绩效,也为其他行业的组织制度创新提供了范例,从而为工业革命的全面爆发准备了重要的制度条件。

第四,行会制度的废除与专利制度的建立。如前所述,行会制度是一个不利于激励的非良性制度安排,相当不公平的收益分配是其最主要的特征。至14世纪末,劳动者群起反对,行会制度逐渐走向解体。至1700年后,行会的权利已经大为下降。这就使手工业甚至商业中的收益分配得到改善,从而促进了手工业的发展。此后,手工业中出现了包买商组织生产销售的分料到户制,并出现了集中的工场手工业,大大带动了手工业发展和技术进步,为工业革命的发生准备了经济、组织和技术条件。

如果行会制度的废除是对不良制度的"删除",那么专利制度则是旨在增强激励、改善收益分配的制度建设的代表。历史证明,西方在中世纪时期发明数量很少,而工业革命时期发明创造厚积薄发,一个个新的科技成果成为工业和经济发展的一次次强劲推动力。这充分说明了专利制度的重要。从经济学的角度看,专利制度的建立,就使外部性得到很大程度的化解,原先的专利发明收益被其他人和社会、国家随意侵占的现象,也被专利制度大大减少,而为科学技术发明创造的发明者,则可以获得应有的报酬并且使自己的这些收益得到有效的保护。一句话,专利制度通过化解外部性,对发明者形成了正向激励,有力地促进了科学技术的飞跃。英国是最早建立专利制度的国家,1642年,第一部专利法《独占法》颁布。法律规定,科学技术发明创新的收益和报偿,不再受王室的偏爱所左右;专利发明者可以依据习惯法获得发明物的所有权;由此获得的报偿也可以依据习惯法获得保护。正是因为专利制度的建立和法制化,英国的工业革命才能率先发生。正如诺斯所说:"改进技术的持续努力只有通过提高私人收益率才会出现。"(道格拉斯·诺斯、罗伯斯·托马斯,1999,中译本)

第五,新式银行等金融制度的建立。金融制度就是包括银行制度、结算制度和证券交易市场制度的资金融通制度。经过14世纪以来的长期积淀,17世纪末至十八世纪初,这些制度逐渐建立起来,成为资金融通的重要保障。

随着市场和贸易的扩张,人们对货币的需求、对金融业务的需求都在迅速增长。商业银行逐渐发展起来。但直到1685年荷兰国会下令取消对银行家及其雇员参加圣餐礼的限制之后,银行业才不被歧视,银行贷款才大大增加,以至于导致了利率全面下调的"利率革命"。银行业的市场化和业务的增加,导致各种银行制度规则纷纷建立健全起来。

12世纪起源于热那亚的汇票制度,14世纪在欧洲广泛使用和流行,16世纪70年代后,已经出现了可转让的背书汇票。

16世纪70年代转让支票在意大利已很普遍,但17世纪以前在其他地方还不多见,17世纪60年代后支票在英国开始出现,但因商业银行总难摆脱破产风险,英国的法律在1704年以前,只允许阿姆斯特丹银行的支票和汇票完全转让。

结算制度在16世纪前,主要表现为国际集市的票据交换。在香槟集市、贝桑松集市中,银行家为交易者提供票据，将商人所有的承付款项都记录在簿，在集市结束后汇总借款和贷款，差额部分才用现金结算。这就为商人大大提供了便利。16 世纪以后，由于贸易中心逐渐由地中海以及陆路转向了海岸港口，集市的金融作用逐渐淡化，大型的、信用良好的、管理高效的银行就成了新的结算中心。国家开始创建“公共银行”，而真正成为世界贸易结算中心的就是 1609 年成立的阿姆斯特丹银行。1721 年该银行共有 2 918 个账户，价值 28 886 000 佛罗林，成了世界上第一个多边支付体系的中心。1713 年以后，该银行的地位受到来自英格兰银行的有力挑战，后者并逐渐取代了前者的国际结算中心地位。

1694 年以股份公司形式成立的英格兰银行，也是世界上第一家典型的中央银行。早期它只是威廉三世为了筹措英法战争的经费，特许政府债权人们，以 120 万英镑股本组建的一个私人股份银行。银行早期的业务主要是向政府贷款、接受政府存款、发行银行卷、代理国库等，但不久就承担起了接受存款、进行金银贸易、发行货币、代理税收、为政府转移海外财富等业务，初步具备了中央银行的性质。

此外，伴随着银行制度体系的建立，股票市场和债券市场也逐渐建立起来。在股份公司不断建立、公司股票不断转让的基础上，17 世纪 30 年代，英国伦敦出现了专门的股票交易所。差不多同时，阿姆斯特丹也出现了正式的股票市场。虽然早期股票市场充斥着投机和欺诈，但对资金的大量流转起到了相当重要的作用。当时，公司债券和国家债券都以多种形式发行和回收。

总体来看，虽然金融制度存在这样那样的缺陷，例如股市中曾经出现“南海泡沫事件”，但这些制度一个个地克服了资金融通的难题，为经济的持续增长以及工业革命的发生发挥了应有的“通经活络”、“充电注血”的作用。英国在这些方面的长足进展，也是工业革命得以在英国率先发生的重要原因。

第六，资产阶级革命。17 世纪以后在英、法、德、日、俄等国掀起的资产阶级革命，是上述经济制度建立健全的关键。这一场场波澜壮阔的政治制度变革，对这些经济制度的发生、演变、实施等，都起着重要的决定作用。具体表现在：①对经济制度的地位和合法性进行法律硬化。把经济制度上升到法律，是国家的重要职能，也是新的资产阶级政权对工业革命作出的重要贡献。英国的《独占法》就是这方面的代表。②直接参与和主导经济制度变革。国家也是制度的重要供给者，而且国家在提供制度时存在规模经济。所以，国家推行的制度，如果符合时代和经济发展的需要，成效会更显著。这方面，英国资产阶级夺取政权后主动推动实施的圈地运动，就是典型。在圈地运动的后期，由于政府的直接实施，圈地的规模和转移劳动力的数量，全都远远超过前期。国家力量的强大可见一斑。③放弃权利与调节社会分配。革命本身就是一个权利重新分配的过程，是一个剥夺和获取交错的过程。英国王室虽然是被动地被卷入革命，但他们放弃了的那些权利客观上改善了整个社会的收益分配格局，这在专利法和经济组织的发展中都能得到体现。专利法本身还是一个社会收益分配改善的例证。提高个人收益率，使个人收益接近社会收益的制度结构，正是工业革命首先在英国发生的关键因素。

正是由于上述制度因素的综合作用，在资产阶级革命之后不久，一场前所未有的经济革命在英国展开了。这不是巧合，而是水到渠成的必然。

### 三、英国的工业革命

在工业革命的制度都已经准备好了之后，工业革命就主要表现为技术的突发式进步、经济

的飞跃式增长和由此带来的社会经济变革。

技术进步集中体现为一系列的发明创造。因为纺织业的率先发展，发明创造也首先出现在这一行业中。1733 年，约翰·凯伊发明了飞梭，使织布效率提高了 1 倍。1764 年，J·哈格里夫斯发明了后来以他的名字命名的"珍妮"纺纱机，又称多轴纺纱机。一人手摇可带动 8 枚纱锭，后来改进到 16 枚、80 枚、130 枚，再一次提高了纺纱的效率。1769 年，R·阿克莱特发明了水力纺纱机，一机可带动几十枚纱锭，而且纱线质量大大提高。但这种机器体积较大，而且只能安装在水流有落差的地方，有一定局限性。此后，S·克朗普顿在 1774—1779 年发明了走锭精纺机，又称"螺机"，可带动 300～400 枚纱锭，而且纱线精致。此后，棉布价格大幅下降。

伴随纺纱机的不断发明改进，对纺织的要求也随之提高。1787 年和 1792 年，E·卡特莱特发明了两种织布机，此后，织布机加快实现了机械化和自动化。

纺织行业的飞速发展，对动力提出了越来越高的要求，人力、自然力、畜力越来越有局限，1782 年瓦特在前人的基础上，对以前仅仅用作抽水的蒸汽机进行了再发明，研制成了复动式蒸汽机，并在 1785 年成为纺织业的动力来源。此后，蒸汽机还形成了包括工具机、转动机和动力机的机械体系。瓦特蒸汽机的发明，是技术史上的革命性标志。此后，工厂不再受自然条件的限制，蒸汽机成了经济增长的巨大推动力；机器的发明带动了更高程度的分工和专业化，对经济组织的创新也提出新的要求，进一步带动了经济和社会的革命性变革。仅就技术发明对经济增长的作用来看，1771—1775 年英国年进口皮棉 500 万磅，1841 年进口 5.28 亿磅；1760—1827 年，英国棉纺织业生产增长了 20 倍，1834 年出口的棉布达到 5.56 亿磅、棉纱 7 650万磅、棉织刺绣品 120 万磅，成了世界上最大的棉纺织品出口国。

此后，技术发明创造在冶金业、采矿业、制造业、交通运输业等领域全面展开。全方位的技术创新，势必带来经济的飞跃式增长。18 世纪 10—80 年代，世界工业指数(以 1913 年为 100)从 0.55 上升到 1.8，而 1802—1812 年到 1870 年间提高更快，从 3.18 上升到 19.5。在英国，1850—1870 年的工业增长速度也高到惊人：采煤量从 5 000 万 t 增加至 1.12 亿 t，生铁产量从 200 万 t 增加至 600 万 t，棉花消费量从 26 万 t 增加至 48 万 t，铁路从 1 万多 km 增加至 2 万多 km。革命导师马克思、恩格斯对此也大加赞扬："资产阶级在他的不到一百年阶级统治中所创造的生产力，比过去一切世代创造的全部生产力还要多，还要大。自然力的征服，机器的采用，化学在工业和农业中的应用，轮船的行驶，铁路的通行，电报的使用……河川的通航，仿佛用法术从地下呼唤出来的大量人口，——过去哪一个世纪料想到社会劳动中蕴藏着这样的生产力呢?"(马克思恩格斯，1972，中译本)

## 四、西方世界的崛起

英国的工业革命，为西方各国提供了良好的榜样和示范作用。法、德、俄、美等国纷纷把自己绑架上了工业革命的战车，并通过完成工业化而崛起于世界。

法国在国王时期就开始通过重商主义政策、财政改革等手段推进工业化，但工业化步履真正得到加快是在拿破仑时代(1799—1815 年)。当时拿破仑凭借军事威势实施了大陆封锁政策，避免了与英国的竞争，使法国的技术发明不断涌现，工业增长不断加快，尤其是棉纺织业，1806—1812 年，棉纺织机就从 13 000 台增加至 25 000 台(刘军大、刘湘予，2001)。拿破仑帝国之后，法国的工业化历程同法国的政局一样跌宕起伏，在渐进的工业化进程中，铁路、机械制造业、电力和汽车业得到大力发展。1913 年，法国的汽车产量仅次于美国，出口量位居世界第

一。不过，由于政治制度和经济制度的变革不够全面彻底、资源的限制、错误的大陆战略、追求“属灵”精神境界而非“属世”现实成就的天主教占据主流等因素的综合作用，法国的工业化不仅进程迟缓，而且成效也因为“迟到”而大打折扣，使法国虽然得以借助工业化而且崛起于西方世界，但却没能拥有超过英国的基础和实力。

在四分五裂的德国，工业化一开始就有税收政策明显的推动作用。1818 年的比洛改革规定：对普鲁士：废除国内关税，免除进口原料税，进口工业品平均征税 10%，等等。目的显然是为了降低税率，营造自由贸易的环境。此后，北部、中部、南部关税同盟的建立，同样是为了减免关税、打击走私、保护当地工商业和自由贸易。1834 年还形成了全国性的关税同盟。在此背景下，被保护的德国工业化不断地向前推进。1871 年，德国统一、“铁血宰相”俾斯麦上台后，统一了度量衡和货币，消除国内的贸易障碍，促进了统一市场的形成，进一步改革了关税制度，保护和刺激工农业发展，工业化的进程进一步加快，工业出现了跳跃式发展，不仅赶上了英、法，成了欧洲大陆上最发达的国家，而且在一些领域处于领先地位。19 世纪的后 25 年，德国在钢铁、化学、电气、内燃机等方面都走在世界前列，成了开拓者。

俄国在 1861 年的农奴制改革之后，工业化也在商品生产进一步发展、出现了资本主义工场手工业的基础上，一步步展开。一些资本主义大工业开始建立起来。19 世纪 90 年代，俄国工业进入了一个高速增长的高潮期。1890—1900 年，企业数由 32 254 个增加至 38 141 个，工人数由 1 424 700 人增加至 2 373 400 人，工业总产值由 15 亿卢布增加至 30 亿卢布左右。纺织业、制造业、铁路都得到较快发展。至 20 世纪初，俄国已经以大机器生产的方式建立起自己的工业体系，初步实现了工业化。由于大量依赖外国资本、国家干预、农奴制残余大量存在并施加影响等问题，加之起步晚进程快使一些问题累积了下来，俄国的工业化远不如其他国家成功。苏维埃建立后，特别是第二次世界大战后，苏联通过新一轮工业化，才真正跻身世界强国。

美国的工业化也被看成是英国模式在美洲的延伸。除了大张旗鼓地对外扩张，美国的工业化同样是一个内生的过程。在 1860 年以前，美国已经为工业化准备了一系列的制度安排，包括崇尚自由主义的宪法、鼓励技术创新的制度、关税等保护制度、鼓励移民和发展教育的政策等。工业化也在逐渐推进中，纺织业同样得到率先发展，钢铁业、机器制造业、通信业、交通运输业都取得了一些重大进展。南北战争结束后，美国的工业化进入了新的快速发展阶段，农业得到充分发展，为工业准备了原料和劳动力以及很有实力的农村市场；铁路的铺展导致大规模西进，不仅促进了平衡发展，而且极大地降低了经济运行的成本；电力、通讯和汽车业，在美国的大规模工业化中发展突出，成为重要的产业特点；资本市场的发达，也是美国工业化中呈现出的显著特征；工业化和城市化的互动互进，也是美国工业化的重要成就和特色。显然，创新是美国工业化较之英国更鲜明的特征，这些新特征还表现在大型企业组织的出现和发展、管理者等拥有的人力资本作用的不断增强、标准化生产的采用和普及等。总之，凭借富有创新的工业化，美国很快震撼了世界。至 1880 年，美国的工业产值超过英、德，成为世界第一工业强国。1894 年，美国的制造业总产值达到了英国的 2 倍、欧洲的 1/2。截至 1913 年，美国的工业生产产量相当于英、法、德、日四国的总和，占全世界的 1/3（赫伯特・C・菲特、吉姆・E・里斯，1981 年，中译本）。

总之，世界各国都通过工业化崛起于世界。而对英国的集中分析表明，工业化的关键在于为之扫清障碍的制度体系的建立健全，在此基础上发生的英国工业革命，就不能不是一个“水到渠成”的必然。这些结论，同样可以通过对世界各国工业化进程及其成败得失的分析而轻易

得出。比如,俄国的工业化成效不足就与其制度建设不充分直接相关;而美国在短期就以骄人的成绩完成工业化,很明显源于贯彻始终的创新。

统一的世界市场早已形成,一个个西方国家已经通过工业化崛起于世界民族之林。等待中国的将会是怎样的局面?中国准备好了吗?中国该怎样应对列强的挑战?

## 第二节 中国的工业化实践

### 一、晚清的工业化试验

**(一)晚清的经世派与洋务派** 在西方国家已经通过工业化崛起于世界之际,中国依然沉浸在“老大帝国”的残梦之中,保持着长久以来“中央帝国”的优越感。一些显然应该引起警惕的事件却未给予足够的重视,更没能唤醒国人。1637 年,英军到达广东占领虎门炮台,被赶走。1793 年,英国使团前来为乾隆庆祝八十大寿,团长马嘎尔尼却坚持只行鞠躬礼,不按中国礼节行跪拜礼,惹得龙颜大怒;加上该使团提出开放商埠、割让土地、减轻税率等要求,导致被驱逐出境。这些并没有让中国人得出英国军队强大、贸易观念浓厚、文化制度自成一统、不惧怕中国等认识。到了 19 世纪英国人再度前来时,一些中国人还在固执地认为,洋人的膝盖不能打弯,如果能以长钩钩倒他们,他们就再也站不起来了。所以,直到 1840 年鸦片战争爆发,对西方略有所知的,只是极少数“睁眼看世界”的人们,林则徐、魏源、龚自珍就是这些人的代表。他们提出的“民心可用”、“师夷之长技以制夷”、“不拘一格降人才”等主张,开启了中国人学习西方的新时代。可惜,他们的主张未能被当局采纳,相应的实践也没能实施下去。

直到 1860 年第二次鸦片战争结束后,北京失守、大量领土被迫割让、大量商埠被迫开放、被迫允许邪恶的鸦片贸易等残酷的败局,以及在剿灭太平天国(1851—1864 年)中对西方坚船利炮卓著功效的耳闻目睹,进一步深化了清政府中精英人士的危机感,也使他们认识到:要挽救“数千年未有之变局”,唯有“师夷之长技以制夷”。曾国藩最早提出的购买西方船炮,进而自行仿造,使轮船枪炮成为“中外官民通行之物”的主张,很快得到了奕䜣等中央权贵的支持。以奕䜣等中央权臣和曾国藩、左宗棠、李鸿章等地方大员为核心组成的洋务派,就成了中国历史上第一次工业化试验——洋务运动(1861—1895 年)的实施者。

洋务派的观点可以简单地概括为:学习西方的坚船利炮等军事技术,以求自强;学习西方的投资设厂等经济发展战略、政策、办法等,以求富民,并“稍分洋人之利”。自强和求富,也是洋务运动最基本的目标。1861 年,冯桂芬在他的《校邠庐抗议》中较为系统地总结了洋务派的主张。他指出,中国“人无弃才不如夷,地无遗利不如夷,君民不隔不如夷,名实必符不如夷”,问题来自政治、经济、文化、制度等方面。中国只有“采西学”、“制洋器”,全面开展洋务运动,才有可能对西方国家“始则师而法之,继则比而肩之,终则驾而上之。”他同时指出,洋务运动的指导思想应该是“以中国之伦常名教为原本,辅以诸国富强之术”,后来这一思想被张之洞概括为“中学为体,西学为用”。

洋务派的观点是在与倭仁等顽固派的论战中逐渐深入人心的。顽固派认为,洋务派的主张,虽然是为了维护清朝的统治,但是他们的做法却明显违背“祖宗成法”和“圣人古训”,甚至是难以理解的荒谬之举。在他们看来,中国的封建制度已经尽善尽美,无须任何变革;自然也就对洋务派提出的学习西方先进科学技术、采用机器生产、训练组建新式军队等主张，深恶痛绝。双方第一场论争，发生于同文馆添设天文算学馆之中，也就是要不要招收科甲正途人员研习天文算学？顽固派视西方科学技术为“奇计淫巧”，只能有伤“明体达用”的根本；况且即便要学，也只需要“内寻”，大可不必“师事夷人”。争论的结果是，天文算学得以添设，但报名的学子却大为减少，一个两败俱伤的结局。此后，在是否修建铁路等事件中，争论还在继续。整体争论过程表明，顽固派的势力一点也不容忽视，而洋务派也没有失去清政府的重用，甚至后来所谓的“清流派”还有了与洋务派合流、交融的趋势。洋务派的主张得到了越来越多人的注意和支持，洋务运动也因此得以不断展开和深化。

（二）兴建军事工业　鉴于对“坚船利炮”的深刻认识，举办中国的近代军事工业，就成了洋务派认为最急的急务。还在镇压太平天国的过程中，曾国藩就在1861年在安庆设立了内军械所，翌年，李鸿章就在上海设立了三所洋炮局。但这些场所规模都很小。真正开启近代军事工业的，是1865年曾国藩、李鸿章在丁日昌的积极建议下，在上海创办的江南制造总局。此后，直至1890年，洋务派主持兴建的大规模军事工业还有：金陵机器局、福州船政局、天津机器局、湖北枪炮厂等。中等规模的还有：广州机器局、山东机器局、四川机器局、兰州机器局、神机营机器局等。小规模的还有10所军事工业。

建于1865年的江南制造总局，前身是上海虹口的美商旗记铁厂，李鸿章将其购买，并与丁日昌、韩殿甲主持的两所炮局合并组成江南制造总局。主要生产枪支、大炮、弹药、钢铁和轮船。枪支中前膛枪、后膛枪以及新式快枪都制造过，产品不断更新。大炮也从旧式山炮升级到各种口径的新式大炮。轮船在1867—1885年制造了十余艘，此后则成为水师轮船的维修厂。江南制造局的创办经费达54.3万两白银，常年经费每月1万两，后来还不断得到增加。由于前清政府的大力支持，不论生产设备和技术力量都是当时最大的兵工厂。

左宗棠创建的福州船政局，是当时最大的轮船修造厂。

后期的代表则是1893年在汉阳初步建成的湖北枪炮厂。该厂真正投入使用是在1894年甲午战争之后，是洋务派举办的军事工业中规模最大、设备最新的。

通过这些军事工业的创办，清军实现了装备从冷到热的转变，改变了大刀长矛、木船土炮的落后状态，也在一定程度上增强了国防力量；这些军事工业中虽然仍然大量采用手工劳动，但已开始使用大机器生产，雇工劳动，付给工人工资，这些近代工业的生产方式也起到了很好的开通风气、先行示范等作用。后来的民用工业的创建和兴起，都是由此滥觞开来的。这是近代工业化的重要成就之一。官办的军事工业产品，虽然不通过出售获利，但也不能不受到生产成本和国际市场价格的影响，在自然经济中进一步添加了市场的因素。

但这些近代工业都采用了官办的形式，经费主要来自关税、厘金和军饷，产品也不作为商品出卖，从投资到再生产各环节完全掌握在官僚及政府手中，生产的控制、命令特征明显；所有的厂局都是一个政府衙门，也按衙门运作，于是人浮于事、机构臃肿、腐败贪婪这些官场恶习盛行，极大地制约了军事工业的效率发挥。福州船政局每月的经费定额为6万两白银，而洋员薪酬、监工员绅薪水以及工人、杂役的伙食、口粮等，就用去3.9万两白银。

在创建军事工业的同时，洋务派还组建了新式的陆海军，尤其是海军，成了晚清工业化中又一个标志性成果。1874年日本侵略台湾，清政府被迫赔款保地，海防之议顿起，筹建海军开始提上议事日程。丁日昌提出筹建北洋、东洋、南洋三支海军，屏卫海疆的建议受到重视。翌年，清政府命令李鸿章、沈葆桢督办北、南海防，重点建设北洋水师。至1894年，通过购买、自

建分别建成北洋水师、南洋水师和福建水师，拥有大小船舰六七十艘。其中，北洋水师的主力战舰主要购自德国，拥有大小20余艘战舰(不包括鱼雷艇和辅助船只)，先后在旅顺口、大连湾、威海卫设立炮台、修建船坞、建立军事基地，定编定员，经常训练，属于当时实力较强的近代海军。但自1888年海军军费被李鸿章挪给慈禧用作颐和园的筹建经费后，北洋海军船舰再无新添。1895年，李鸿章最得意、用钱最多的北洋水师，更在对日甲午战争中全军覆没。福建水师也在1884年的中法战争中几乎灭顶。

### (三)近代民用工业的创办

1. 民用工业兴办的原因　官办军事工业的创办，刺激了民办的近代工商业的产生和发展。在洋务运动期间，这样的民用工商业主要包括官督商办和商办两种形式。

官督商办等民用企业的出现，首先缘于洋务派在兴办近代军事工业中面临的财政困难。两次鸦片战争的赔款，镇压太平天国的巨大开支和战争带来的经济重建代价，以及兴办军事工业和近代海军所需要的巨额经费，都使清政府面临着前所未有的巨大财政困难，必须通过举办工商业来加以化解。其次，军事工业要求相应的上、下游产业建设，以形成最基本的产业链；海军的运转，也需要近代的交通运输与电报通讯等项建设与之相配合。这就在技术上决定了兴办民用工商业的必要性。再次，随着洋务运动的深入，求富目标日益凸现和重要，洋务派也逐渐认识到西方除了坚船利炮之外，更有雄厚的经济实力作后盾。而“中国积弱，在于患贫。西洋方圆千里、数百里之国，岁入财赋以数万万计，无非取资于煤铁五金之矿，铁路、电报、信局、丁口等税。酌度时势，若不早图变计，择其至要者逐渐仿行，以贫交富，以弱敌强，未有不终受其弊者”(《李文忠公全书·朋僚函稿》)。最后，不仅洋务派，而且当时很多仁人志士都注意到西方资本主义对中国经济侵略的日趋严重性。“稍分洋商之利”成了洋务运动追求富强目标的又一个重要的组成部分，一个不可或缺的经济强国、发展御外目标。

在第二次鸦片战争之后，西方国家不仅通过控制中国海关对清政府不断施加压力和影响，而且还通过引领使外团体直接侵犯中国主权。英国人赫德曾在1863—1885年长期担任中国海关总税务司，曾向清政府递呈了《局外旁观论》，要求使海关成为改革国家内政的核心和各工业部门的核心。后来又要求任命他担任中国总海防司。1868年离任的美国驻华公使蒲安臣，竟然使自己成了清政府访美代表团的团长，更在率团访美期间擅自代表清政府签订了允许美国人掠夺华工和在通商口岸建立学校的《中美续增条约》(《蒲安臣条约》)。蒲安臣就是导致千万华工像猪仔一样被贩卖到美洲、像奴隶一样去开发美国西部的始作俑者。由此可见，当时外国人在华势力多么强大，抵御西方列强已经是一个不可回避的政治目标。

西方对中国的经济侵略更到了令人触目惊心的程度。西方国家继续向中国倾销商品，进口货值从1864年的4 600万海关两，增加到1871年的7 010万海关两，1881年的9 190万海关两(里默，1958，中译本)。自1876年以后，中国由自给自足的自然经济模式构筑的，以低需求、低购买力为主要特征的抗倾销围墙，已经很难发挥作用，入超成了此后中国对外贸易的一致结局。在各种进口商品中，鸦片最为重要，其次为棉纺织品、毛织品、金属制品等。1867年，外国对华进口鸦片价值3 199万海关两，棉纺织品1 461万海关两，毛织品739万海关两，金属制品163万海关两，其中鸦片占了46%。这种格局一直到1885年才有所改变，棉织品升居第一。其中棉纱又超过了棉布(严中平，1959)。这在一定程度上也反映了英国工业革命的进程，尤其印证了英国棉纺织业的发展历程。受棉纱大量进口的影响，中国自给自足的自然经济开始解体，通商口岸附近的许多地区大量出现了农民停止纺纱和用洋纱织布的现象。与此同时，中国

的农产品原料大量出口西方,中国正在一步步地变成西方各国的原料供给地。出口产品中,茶叶占据第一位,生丝和丝织品居次,草帽缏、皮革等也大量出口。而出口贸易全程控制在外国洋行手中,中国商人直接受到外国商人和商行的盘剥。

外国人为了倾销商品和输出原料的便利,还在中国经营轮船航运。1862 年,以经营鸦片走私著称的美国旗昌洋行设立了第一家专业轮船公司——旗昌轮船公司,垄断中国长江中下游轮船航运近十年之久。19 世纪 70—80 年代,英国太古、怡和两家轮船公司先后建立,实力雄厚,又受不平等条约的庇护,逐渐侵占了我国沿海和长江中下游的大部分航运权益。

外国资本还争相在华设厂,最早是在广州、香港、上海等地开设服务于贸易的轮船修造厂;19 世纪 70 年代后逐渐扩展到服务于进出口的加工业和若干轻工业,主要有砖茶、缫丝、制糖、制革、扎花、打包厂等;19 世纪 80 年代后投资重点转向了公用事业;到 19 世纪 90 年代,外资设厂达到 192 家,资本额达到近 2 000 万元。外国工厂的设立、不断获利和迅速发展,给了中国民用工业最直接的刺激。

此外,外国人还在中国陆续设立了一些银行,经营国际汇兑,发行纸币,对清政府贷款,并操纵中国金融市场,成为经济控制中国的又一利器。1848 年,英国就在上海设立了东方银行(又称丽如银行、金宝银行),1854 年和 1857 年又先后设立了有利、麦加利银行的上海分行。19 世纪 60 年代,外国在华设立的银行剧增。1865 年在香港、上海两地同时开业的英国汇丰银行,1890 年资本已经增至港洋 1 000 万元,并在汉口、天津、北京设立分行,逐渐成了资本和实力最雄厚的金融机构。19 世纪 90 年代初,德国的德华银行、日本横滨银行、法国东方汇理银行纷纷在上海开设,成为一个个操控中国金融和经济命脉的巨奸大鳄。

中国历史上第一批民用工商业,正是本着致强尤其是求富的宗旨,在外国资本步步深入、中国经济逐渐解体走向半殖民地化的背景下兴起的。

2. 官督商办企业　官督商办工商业采用官僚机构总管、吸引商人投资、商人协助管理、商人自主经营的运作模式。洋务派在 19 世纪 70—90 年代共举办民用企业 20 多个,除了几个官办、个别一度商办外,大多数采用的都是官督商办的方式建立起来的、资本主义性质的近代企业。其中,最重要的是轮船招商局、开平矿务局、电报局和上海织布局。规模最大的民用企业轮船招商局,1872 年成立,翌年唐廷枢接任总办后,规定股东不能是洋人,也不能转让给洋人;由股东推举各级商总和商董主持总局和各分局,但必须到海关道、北洋大臣处备案,更换也需要"禀请大宪"。1885 年盛宣怀接任督办后,章程规定专派大员一人督办,"用人理财悉听调度"。官督的权利大大加强。轮船招商局兴办起来后,外国轮船公司利用低价运输等方式对其反复挤压,金融危机又导致其资金紧张,清政府多次借款帮助其渡过难关。

轮船招商局的这种"习惯性动作",显示出官督商办企业不能不始终与政府保持密切的联系,这成为其鲜明的性格特征之一。究其原因,就是在外资已经入主中国、封建经济逐渐解体的背景下,官督商办企业要追求"稍分洋人之利"的目的,就只能在官僚资本和外国资本的夹缝中求生存,更多时候只能倒向官僚资本。从轮船招商局的规则变革中可以看出,官督的权利加大,从另一个角度显示了企业中商人的软弱性和发挥作用的有限性。轮船招商局督办盛宣怀就自作主张,利用招商局资金,为自己建立了一个包括轮船、电报、纺织等行业的庞大的垄断集团。难以节制、不受约束的官方权利,实际上主宰着官督商办企业的命运。

性格特征之二就是较为鲜明的资本主义企业性质。主要表现在:与官办军事工业不同,企业的产品不是被直接调拨,而是投入市场销售;生产的目的也不是为了满足官方的需要,而是

为了满足市场的需求；资本采用股份制的方式筹集，按股份分配，官方不入股而是借款给企业，产权较为明晰；员工采用雇用制和工资制；实施大机器生产，至少近代大生产方式使用越来越多……这些特征及其重要性，在一个封建王国里，其实是怎么放大都不过分的。

但问题的关键在于，当这些“底气不足”的资本主义性质遭遇无节制的官方权利时，就变得十分脆弱了，甚至成了相当缺乏可比性的两个主体。历史也证明，“在外国经济势力和洋务派的封建官僚势力双重制约之下，官督商办企业很难甚至不能按照资本主义市场经济的法则获得自由发展和竞争的能力。这也就是经营了20余年，声势不小但收效不大的原因所在。”（李侃等，2009）

3. 商办企业　商办企业的出现，是洋务运动时期社会经济变化的另一个重要标志。商办企业主要是由一些官僚、地主、买办和商人投资兴建的，也有一些从手工业工场、作坊采用大机器生产转化而来的。由于实行商建、商管、商营，企业化而非官僚化运作，这种企业被看成是最早的近代资本主义企业。从1869—1894年，商办企业只有50多个，资本500余万元，说明这还是一支较为弱小的社会新生力量。

商办企业中，比较有名的是1869年在上海设立的发昌机器厂。它由铁匠作坊主方举赞采用车床转变而成，主要为外商船厂制造修配零件。到1877年已能生产轮船机器和车床、汽锤等，还兼营进口五金，成了上海民族机器工业中最大的一家。

1872年，华侨商人陈启源在广东南海设立的继昌隆缫丝厂，以蒸汽机为动力，雇工600～700人，产丝精美，行销海外。到19世纪90年代，丝厂多达35家。

此外，1878年轮船招商局会办朱其昂在天津设立的贻来牟机器磨房，1881年黄佐卿在上海设立的公和永缫丝厂，1882年徐鸿复、徐润在上海设立的同文书局，1886年官绅杨宗濂、买办吴懋鼎、淮军将领周盛波在天津合资开设的“自来火公司”，等等，都是较为著名的商办企业。

虽然这些企业处于外资、官僚资本和封建经济的多重压力之下，投资和规模都很小，设备简陋，技术落后，并且主要生产日用轻化工产品，发展缓慢，但毕竟是第一批近代民族资本主义企业。中国的民族资产阶级就是由此诞生出来的。

**（四）文化教育事业与社会变迁**　兴办新式文化教育事业，是洋务运动不可缺少的重要内容。从1862年奕䜣请求创办北京同文馆和1863年李鸿章在上海创办广方言馆，到1894年在烟台创办烟台海军学堂，30多年间，洋务派共创办新式学堂24所，其中培养外语人才的7所，培育工程、兵器、轮船人才的11所，电报、通讯方面的3所，培养陆军、矿务、军医人才的各1所。虽然存在师资、经费、制度、学员等多方面的问题，但新式学校为新型人才的培养、为开通新风发挥了不可磨灭的作用。

派遣留学生就是当时的另一项壮举。耶鲁大学毕业生容闳，矢志“教育救国”，在中国因为《蒲安臣条约》有了派遣学子赴美留学的可能性之后，主动上书江苏巡抚丁日昌，提出了自己的幼童留美计划。经与李鸿章商议、曾国藩同意、清政府批准后，1872年陈兰彬、容闳率第一批幼童30人赴美留学。1873年、1874年、1875年又接连派出三批，共120人。这些学生在美国成绩优良、品行端正，深得美国各界称赞。但陈兰彬等以学生荒废中学、沾染外洋风俗、加入基督教等为由，1881年将学生撤回，其中只有两人获得学位，其中一人就是后来中国人首次自己设计制造的京张铁路总工程师——詹天佑。1873年，福州船政大臣沈葆桢也请求派船政学堂学生赴欧留学。1877年，在李凤苞、日意格的率领下，35人踏上了赴欧的征途，其中12人留英、14人留法，均取得了骄人的成绩。其中就包括后来的启蒙思想家严复，海军将领刘步蟾、林泰曾等。后来，1881年和1886年又派出两批船政学生赴欧。留美和留欧的实现，不仅有助于国人实现改变落后国家的愿望，也为学习西方开辟了一条重要路径。在当时条件下，这是相当艰难的，也实属难能可贵。

翻译西书和创办报刊，是洋务运动时期文化教育方面的又一建树。北京同文馆、上海广方言馆，特别是江南制造总局附设的翻译馆，是洋务运动期间主要的翻译机构。北京同文馆1888年以前共译辑各种书籍22种，上海广方言馆也培养了一些翻译人才，而江南制造总局的翻译馆成绩最卓著。1871—1880年间，该馆刊印翻译书籍98种，235册，译成未印的45种，140余册，还有13种没有译完。这些书籍成了当时人们和后来维新派重要的理论武器。在自然科学的译介中，李善兰、华蘅芳、徐寿做出了很大贡献。

创办报刊也是在洋务运动时期蔚然成风的。1858年，伍廷芳在香港创办了《中外新报》。1872年广州的《羊城采新实录》、1873年汉口的《昭文新报》，1874年、1876年上海创办的《汇报》、《新报》，是中国人最早的新闻事业。虽不足以与外国人办的《申报》、《新闻报》抗衡，但也为后来以解读时局、传达民意、发表政见、团结爱国为宗旨的新闻事业开了先河。

洋务运动带来的社会变迁，主要包括观念的变化：中国从“中央帝国”降落成世界大家庭中落后的一员；西方的制造品、科学技术文化等从“奇计淫巧”上升到“制造之精”。更重要的社会变迁是，商人的地位上升，不再位列“士农工商”之末，长期以来的“重农抑商”铁幕逐渐松动。最重要的是，近代社会的新阶级诞生了：在外国人开设的船坞、商行中，诞生了第一批中国无产阶级，后来在官办军事工业、官督商办和商办企业中，他们的队伍逐渐扩大；而在洋务运动中，官办企业中开始产生官僚资产阶级，官督商办企业尤其是商办企业，则是近代民族资产阶级的诞生地。

由此看来，作为工业化试验的洋务运动，带来的成果绝不仅仅是一些工业制成品。

**(五)晚清工业化的结局**　洋务运动时期，史称“同光中兴”。洋务运动后，民族工业发展的步伐一直没有停止，不断成长的民族工业还成了戊戌维新、辛亥革命的经济基础。清政府在谢幕前，甚至还想通过更大范围、更深刻的“新政”，挽救经济和政治各方面的颓势。但不少历史学家认为，1895年中日甲午战争的失败，特别是北洋水师的全军覆没，似乎已经对这次工业化的成绩进行了总体否定性的检验。洋务运动就此失败、洋务运动不能拯救中国的观点一直处在主流地位。

但我坚持认为，洋务运动不应简单“盖棺论定”。从世界各国通过工业化崛起的轨迹来看，难道中国能够绕开工业化吗？历史学和经济学的答案都只能是否定的。在发展经济学关于工业化是否就是发展中国家必由之路的讨论中，虽然最后农业的发展受到了足够的重视，但工业化的重要性地位几乎无法撼动。如前所述，西方国家的兴起，实质上是在一系列制度铺垫上实现工业化的过程。中国后来的历史也证明，中华民族同样矢志不渝地通过工业化实现自己的伟大复兴，在洋务运动的试验之后，1927年新建的国民政府、1949年创建的新中国政府都把实现国家的工业化作为自己责无旁贷的使命。新中国的工业化还走过了重工业偏斜的工业化以及改革开放后新一轮工业化两个持续不断的发展阶段。这说明，从国际经验、中国的现实以及更长久的历史发展过程来看，工业化的道路，是任何国家走向富强的必由之路。因此，追求“致强”和“求富”目标的洋务运动开启的道路，通过实现工业化实现民族富强的道路，绝对是中华民族振兴的必由之路。

洋务运动的“失败”，不在于它所代表的工业化大方向，而在于完成工业化所需的条件没有

完全具备，在于工业化必备的内涵没有充分实现。在一个自我陶醉的“中央帝国”骤然沦为落后国家的特殊时期，完成工业化要具备的前提，不仅包括民族的独立（或者免除灭亡的危险）、封建势力的铲除、先进有效的政治经济制度（应该包括资产阶级“民主”政治经济制度和无产阶级“专政”的政治经济制度），以及大量资源、丰富的人才、良好的商业传统和市场经营基础等。这么众多、如此繁重的任务，怎么可能希望通过洋务运动一蹴而就？就是后面几项条件，当时也是百废待兴，从零开始。洋务派能够在猝不及防的情况下，在几乎所有条件都不具备的条件下，从军事工业、民用工业和文化教育等内涵丰富的诸多方面，颇有建树地完成第一次工业化试验，无论如何都是难能可贵的，是不论怎样褒扬都不过分的。

在后来漫长的探索过程中，中国人经过百日维新的君主立宪试验，辛亥革命的民主共和尝试，一直到1949年才选定了适合中国的政治制度；也直到新中国成立后，才初步全面废除了封建制度，才最终铲除了落后的封建势力对中国前途命运的影响；也同样经过百余年的前赴后继，浴血牺牲，才解除了民族存亡的危机；而工业化，我们花费的时间和精力更长，经过新中国建立前的两次工业化尝试，以及新中国成立后以1978年为界标的两阶段工业化努力，直到21世纪，中国才进入了工业化的中期阶段，至今中国的工业化尚未完成。站在历史的背后，我们不能不深刻地感悟到，一个落后国家的工业化是多么的艰难。在一个骤然落后的“老大帝国”中实施工业化，还被附加上了自强以避免瓜分、改革革命以废除封建、建立新制度等无可辩驳的先决条件。在一个从领先转向落后的旧国家中，及时开启工业化的新路并毅然决然付诸实施，需要何等过人的胆魄？而在如此艰难险阻下，能够成就震慑当世、震惊后人的“多样化”成就，又需要何等超凡的才华和努力？我们怎能再忍心去指责那些勇开风气、艰难前行的先驱者？怎能不给予他们足够的尊敬和追慕呢？

## 二、民国时期的工业化实践

同洋务运动的首功相比，民国时期的工业化地位自然略逊，但成绩却绝对是有过之而无不及。当然，这种发展不是一蹴而就的。

**（一）1927年以前的持续发展** 1912年，辞去临时大总统职务、专任铁路督办的孙中山就充满希望地说过，未来几十年，中国实业必定获得大发展，中国将会有几十个上海。同样，孙中山和他的同盟会（1905—1912年）、国民党（1912年—），始终把通过发展实业振兴中华作为自己的重要目标之一。孙中山首倡的同盟会的总政治纲领“三民主义”，除民族独立（民族主义）、民主政治（民权主义）之外的一个重要内容就是民生主义。民生主义作为同盟会的经济纲领，就是主张通过平均地权（也就是平均化地占有和使用土地）、核定地价、涨价归公、土地私有者收租而不缴税的政策，避免西方因国贫民困引发巨大社会矛盾的困境。其实，民生主义的重要性，不仅仅在于通过改变土地等财富过度集中的状况，为东方式的公平兼顾效率的发展模式铺平道路；还在于土地“涨价归公”背后的国家工业化目的，即走一条借鉴德国、日本等国家通过税收实现资本积累并完成工业化的道路。从这个意义上讲，孙中山的主张，既有发展经济学家中重视工业化的特质，也有兼顾农业发展、通过农业发展帮助工业化更快实现的亮点。

只可惜，主张通过经济振兴实现中华崛起的同盟会、国民党，在辛亥革命成功后轻易地将政权转交给袁世凯后，过了十几年才有了巩固的广州政权。在那里，孙中山把“三民主义”精进到了“联俄、联共、扶助农工”的层次，又通过北伐才在1927年拥有了国民党的全国政权。

国民党政府大规模的工业化努力，实际上是此后正式全面展开的，并在1936年左右达到了高峰。

此前，民族工业经历了第一次世界大战时期的黄金发展时段，在北伐战争前也获得了继续发展的机会。在1920—1927年间，资本额在10 000元以上的企业达到了1 109家，资本总额达27 883万元。而1912—1919年间、同类企业数仅为875家，资本18 016万元（杜恂诚，1991）。另外，主要工矿业部门的机器设备和产量都在增长。以最重要的棉纺织业为例，1921—1930年的纱锭、布机、棉纱产量、棉布产量的年平均增长率分别为7.58%、10.4%、2.37%、6.21%（许涤新、吴承明等，1993）。当然，这一时期的发展属于一种“惯性”表现，第一次世界大战时期民族工业的获利吸引了进一步的投资，抵制外货运动也为民族工业的发展提供了推动力。

**（二）1927年后工业化的全面展开**　新中国建立前的第二次工业化实践，是以一系列重大的改革为基础的，同样为道格拉斯·诺斯的制度先决于经济发展理论提供了支持。

1. 经济改革　经济改革主要包括金融体系的建立和法币改革。

为了统一全国的货币金融，统制全国的财政经济，国民党政府建立了以“四行二局”为中心的金融体系。其中，“四行”就是中央、中国、交通、中国农民四大银行，“二局”就是邮政储金汇业局和中央信托局。这些金融机构都是由中央政府控制的，也是官僚资本的核心组成部分。中央银行1927年筹建，翌年被定位为国家银行，由政府设置经营；资本国币2 000万元，政府一次拨出；可召集商股，但不能超过49%；拥有发行兑换券、经理国库、募集或者整理公债事务、铸造和发行国币的特权；后来又被赋予了统一货币、调剂金融的职权。1928年11月中央银行在上海设立。组织结构实行理事会、监事会、总裁“三权分立”制，宋子文、孔祥熙等先后担任过中央银行总裁职务。中央银行建立后的业务迅速扩张。1933年底，钞票发行增加7倍，存款增加15倍，放款增加35倍，纯收益增加70倍以上。到抗日战争爆发前，已在全国设有26个分行、20个办事处，在纽约、伦敦也设立了分行。资本超过1亿元，成了全国银行之首。中国银行和交通银行原来是民族资本集团江浙财团设立的，国民党政府通过给予特许权力、增资控股、安置人员、发行公债等手段，逐渐把它们变成了国有银行。到1935年，官股分别占到了两行的50%和55%。农业银行则是在1932年“农村金融救济处”、1933年鄂豫皖赣四省农民银行的基础上，于1935年扩大改组而成。此外，通过兼并和控制包括“小四行”和“北四行”在内的其他中小银行，国民党政府建立起了一个自己占据绝对优势地位的银行体系。1937年，全国164家银行4.343亿元资本、1 627处分支行、28 878位行员中，国民政府和地方政府占据了55%、59%和51%（魏宏运等，2007）。

法币改革则分两步走。首先针对1929—1931年世界经济危机导致银元大量涌入上海的契机，从1932年开始准备、1933年正式实施废两改元，停止白银流通，由政府统一铸造发行新银元。差不多同时，世界各国纷纷放弃金本位制，高价收购白银，导致1933—1934年间银价腾贵，出现世界性的“白银风潮”。在此背景下，中国因为白银价格低廉出现大量白银外流的现象。1934年6～10月，上海输出的白银高达2.229亿元，是整个1933年的3倍（魏宏运等，2007）。白银外流导致国内银根奇紧，通货紧缩，物价猛跌，商品滞销，银行、钱庄、商店、工厂纷纷倒闭，工人大量失业，外贸严重入超。为了切断世界银价对中国的影响，振兴经济，1935年，国民政府实施法币改革，规定全国统一使用有中央、中国和交通银行发行的钞票——法币；持有银本位币的，限期兑换为法币；以上三银行可以无限制地买卖外汇。经过改革，币制统一了，大量白银国有了，成了稳定法币的外汇准备金；通过买卖外汇，升降币值，也可以通过货币政策

调节经济了;货币对经济的约束力、融通力都大大增强了,国家的经济垄断和控制也变得越发便利了。

此外,国民党政府还颁发了一些促进经济发展的政策,鼓励投资创办新型工业,政府给予税收、贷款等方面的优惠;通过建立之初的“改订新约”,重新收回了关税自主权,可以通过提高关税,保护国内民族工商业的发展。抵制洋货、提倡国货的运动,也在强化着民族工业自主发展的环境保护。

2. *产业发展* 交通运输业是这时期发展较快的产业之一。1932—1937 年,共建筑铁路 6 797 km,全国的铁路总长度达到了 21 036 km(严中平等,1955)。其中,粤汉路直到抗战前都是大动脉,陇海路也西延到了宝鸡。阎锡山在山西境内修建的 1 000 余 km 的窄轨铁路也很有名。公路的修建在中央和地方都很受重视,京陕、京黔、汴粤、京川等主干线纷纷建成。水运业中,外资控制的局面逐渐在松动,民族资本投资的步伐在加快,1926 年成立时只有 50 万元资本、70 t 小船 1 艘的民生实业股份有限公司,10 年后资本达到 140 万元,资产 1 900 万元,轮船 46 艘、2.2 万 t。航空业也从无到有,中外合办的中国航空公司、欧亚航空公司,中国自办的西南航空公司,都是一时之选。

民族工业的发展,集中在棉纺织、面粉、水泥、橡胶、火柴等行业中。1927 年,全国民营纱厂 73 家、纱锭 209.9 万余枚,1931 年就增加到 84 家、纱锭 273 万枚(严中平等,1955)。荣家申新纺织系统企业就是当时最大的民营企业集团。

面粉业是仅次于棉纺织业的行业。1930 年,荣家福茂系统面粉厂的日产量达到了 2.9 万包。仅次于它的孙多森创办的上海阜新面粉厂,1932 年日产达到了 2.6 万包。

1932—1935 年,受“白银风潮”、东北原料和产地的丢失、以及战争和自然灾害的影响,民族工业和经济发展陷入了停滞。但到 1936 年,世界经济危机的影响消退,法币改革完成,工业生产则很快进入恢复和增长。同 1935 年相比,棉纱、棉布、火柴、卷烟产出的增长率分别为 65.63%、17.7%、300%、70.23%(严中平等,1955),形成了新中国建立前的经济增长高峰。

此后,不仅经济增长放缓,工业化的努力也受到越来越多的限制。1949 年更正式从中国大陆谢幕。

两次工业化尝试,是中国现代工业一个从无到有的过程。新中国建立之初 10%左右的现代工业,就是它的成就之一。

两次工业化中累积的经验,尤其是第一次工业化试验中近乎壮美的全面展开,为新中国完成工业化使命提供了难能可贵的借鉴,并扫除了很多前进道路上的障碍。自主开放、引进外资、市场经济、国家示范、关税保护、学习国外、注重人才、改革先行等,都直接来自前人。

两次工业化的实践更充分证明:在一个落后的国家中,尤其是在中国这样一个由领先骤然陷入落后的国度里实现工业化,不是仅仅建立一系列制度安排就可以使工业化水到渠成,还需要完成国家独立自强、废除封建旧势力等一系列先决任务,是一个兼具“自强”和“求富”内涵的更加任重道远的使命。因此,中国的工业化就是用浓墨重彩的历史书写的沉重的辉煌。

# 第三节　传统农业的改造之路

在实施国家工业化的同时,改造传统农业的路径也在不断开辟。在1840—1949年的百余年间,先驱者们开创的农业改造之路主要包括:农业中的资本主义道路;乡村建设道路(中间道路)、土地革命道路。

## 一、农业中的资本主义

农业中的资本主义,主要包括有地主、富农直接经营的土地上产生的经营地主、富农经济方式,以及更多现代资本主义色彩的垦殖公司等三种形式。

经营地主和富农经济,或者称地主、富农直接经营土地的方式,在鸦片战争以前就已经出现了。鸦片战争后有了一定程度的发展,在20世纪20—30年代发展较快。当时总体上讲,北方经营地主多于南方,东北地区最多,地主自己经营的面积占当地的25%,而全国总体上仅仅占5%。当地经营地主一般雇工劳动,在土地上投入的资本较多于一般农户,劳动生产率得到较大程度提高,农产品的商品率也远高于其他地区。鉴于较发展地区尚且如此,经营地主这种形式的资本主义因素也较为有限。

富农经济则基本属于资本主义性质。这种鸦片战争后发展起来的新的经营形式,在20世纪20年代已经很引人注目。据调查,1928年,在陕西、河南、江苏、浙江、广东、广西6省17县113村,富农户数占总户数的6.31%,富农经济的经营面积也达到了20%左右。生产中富农一般参加劳动,雇工劳动的面积一般只占其经营面积的1/4左右。富农对土地的资本等投入明显多于普通农户,劳动生产率和产出率都较高。富农的种植结构除粮食外,还包括棉花、水果、桑、茶等经济作物;产品的商品率较高,绝大部分用于销售。这些综合起来,除了使用机器耕作等因素外,富农经济很像近代化的资本主义农场。

农业垦殖公司则具有较为完整的资本主义形态。清末至民国初年,农牧垦殖公司很快进入发展高峰。到1919年,在北京政府注册的各种新式农牧企业已经达到了83家,资本达到了41 145万元。20世纪20年代,继续保持着这种发展势头。可惜,到了20世纪20年代末期,农牧垦殖公司的兴办进入了衰落期。农牧垦殖公司多为工商资本家投资兴办,规模较大,大多使用雇工经营,有的将土地出租,形成类似今天公司加农户的经营模式,公司通过合同组织生产并对农产品进行统一加工和销售。在这些公司中,拖拉机、化肥、电力、抽水机、播种机等先进的现代生产工具得到了率先使用,劳动生产率和产出率都很高。公司的产品主要用于销售,商品化率很高。但是,面对小农经济的汪洋大海来说,最具近现代色彩的农牧垦殖公司只能算是凤毛麟角。

农业中的这些资本主义经营形式,本身就存在着资金短缺、农业比较利益低下等现实困难,加上中国存在的战乱频仍、灾害频繁、苛捐杂税多如牛毛的苛政、国内外强势(外国资本、官僚资本、封建势力)的打压等,农业中的资本主义注定不会、也不可能成为封建经济的替代形式。

## 二、乡村建设运动

在20世纪20—30年代农村问题成为中国最敏感、最危险的社会问题之后，各种改革方案纷纷出笼。主张通过平抑社会分配、强化教化功能建设乡村的乡村建设学派，带着自己的观点走上了历史舞台，掀起了一场通过乡村建设挽救农村危局的社会运动。乡村建设运动的主要代表人物包括主张乡村自治的梁漱溟，主张职业教育、平民教育的的陶行知、黄炎培、晏阳初等人。

梁漱溟认为，中国是一个“伦理本位，职业分立”的社会，近代以来的内忧外患导致了“极为严重的文化失调”。但中国的根在农村，在于“伦理本位”，要恢复被破坏到根的中国，必须从伦理本位出发，开创出一个新文化来，救活古老民族。土地、财富的分配不公，不是问题的要害。

梁漱溟的办法就是：农民自觉和乡村组织化。他们认为，中国落后的原因在于组织程度低、科学技术落后，因此必须使农民组织起来接受科学技术以求从知识和财产两方面致富。具体来讲，就是建立行政教育合一的基层组织乡学和村学，来推动乡村建设、科技普及和运用，发展农业进而发展工业和城市，推动经济繁荣，增加农民收入，提高他们的生活水平。

从1927年起，梁漱溟就开始推行村治计划，1929年参与主持河南村治学院，1931年参与创建山东邹平乡村建设研究院，1933年任院长。至1937年培养学生数千人，并在邹平、菏泽等多县进行乡村建设试验。

晏阳初推动的平民教育运动，在1920年就开始了。1924年起担任张伯苓、陶行知等人于1923年创立的中华平民教育促进会总干事。1926年以河北定县为试验区，开展平民教育。1933年在河北定县建立县政研究院，实施县政改革试验，把县政改革和平民教育结合了起来。

晏阳初之所以这样做，是因为他认为：中国农村最基本的问题是愚、穷、弱、私四大病症，解决之道就是针对性地大力提倡文化教育、生计教育、卫生教育和公民教育。而开展教育的方式可以是学校式、社会式、家庭式等形式。四大教育、三大方式以及调查统计，构成了了晏阳初平民教育实践的主要内容。

各种形式的乡村建设运动，在1937年抗日战争爆发后嘎然而止。但不关注中国农村突出的社会财富分配问题，尤其是土地的不公平占有，才是乡村建设运动失败的必然因素。

## 三、土地革命

能够根本解决、并且历史证明具有可持续性的传统农业改造之路，就是中国共产党人开辟的土地革命道路。

在《湖南农民运动考察报告》中毛泽东就指出，国民革命的中心问题是农民问题。第一次国内革命战争时期(1927—1937年)伊始，中国共产党人就在“八·七”会议上决议通过革命的手段，解决农民的土地问题。毛泽东也通过亲身调查，雄辩地指出，中国农村存在着严重的土地不公平占有现象。自己不耕种的地主、富农占有绝大部分土地，而耕种土地的农民只占有20%～30%的土地。这是中国农村社会矛盾的根源。

基于这样的认识，1928年，在刚刚建立起的井冈山革命根据地，中国共产党人就制定了第一部土地法——《井冈山土地法》。规定：没收一些土地归苏维埃政府所有，分给农民耕种，不得买卖；分地按人口平均分配，劳动力多的可多分；分地主要以乡为单位。1929年制定的《兴国土地法》，又改为没收公共土地和地主阶级的土地。此后，分地方法又增加了“抽多补少”、

"抽肥补瘦"等具体方法。土地革命极大地激发了根据地农民群众的积极性,土地革命、武装斗争和革命根据地合在一起,构成了中国共产党改造农村、改造中国的根本武器。

在抗日战争(1937—1945 年)中,中国共产党人适时地把土地革命的纲领调整为减租减息政策。

到了解放战争时期(1946—1949 年),中国共产党人再一次掀起土地革命运动。1947 年,在西柏坡召开的全国土地会议制定了《土地法大纲》,规定废除封建土地制度,实现耕者有其田;废除地主土地所有权,平均分配给农民。以前的"抽多补少"、"抽肥补瘦"等方法,也得以继承下来。但也有了一些政策上的调整,如规定富农的多余土地没收,地主也会分得一份土地维持生活。解放战争时期的土地革命在解放区如火如荼地进行,成了"小米加步枪"打败美式装备的蒋家王朝的关键性保障。因为土地革命,解放区欣欣向荣、蓬勃向上的经济形势,与国民党统治区物价飞涨、物资奇缺、民不聊生的经济状况形成了鲜明的对比,甚至明显成了中国前途与命运的象征。

新中国建立后,《中华人民共和国土地法》的颁布,新解放地区土地改革的全面实施,最终给数千年的封建制度画上了句号,也为农村经济发展以及后来通过农业剩余实现国家工业化,奠定了制度基础。

历史其实已经证明,中国农村问题的根本解决之道,就是土地革命。

在经历了两次工业化尝试之后,中国仅仅拥有的只是占 10%左右的近现代工业;而连绵不断的战争,拼装出的是一个国库空虚、哀鸿遍野、经济满目疮痍的图景,这就不能不更张显出列强环伺下的积弱态势;在未被充分现代化的农村大地上,虽然经过了土地革命、土地改革的洗礼,呈现在人们面前的依然是小农经济的汪洋大海,连续战争的硝烟尚在弥漫,持续的贫困深深写在每一个农民的脸上。这就是历史遗留的残局。

历史同样证明,作为一个国家崛起的必由之路,新中国同样会开启自己的工业化征途。然而面对历史,重视农业剩余、集中使用有限的资源,势必是新国家实施工业化的方向性选择。

## 参考文献

[1] 叶静怡. 发展经济学. 北京:北京大学出版社,2007.

[2] 马克·埃尔文. 中国历史上为什么没有实现工业革命?. http://www.chinanews.com.cn/2001-07-27/26/108959.html.

[3] 林毅夫. 李约瑟之谜:工业革命为什么没有发源于中国. 载于《制度、技术与中国农业的发展》. 上海三联书店,1991.

[4] 道格拉斯·诺思. 中译本:经济史上的结构与变迁. 上海三联书店、上海人民出版社,1994.

[5] 保尔·芒图. 中译本:十八世纪产业革命. 北京:商务印书馆,1983.

[6] 道格拉斯·诺斯,罗伯斯·托马斯. 中译本:西方世界的兴起. 华夏出版社,1999.

[7] 马克思恩格斯. 中译本:马克思恩格斯选集. 北京:人民出版社,1972.

[8] 刘军大,刘湘予. 拿破仑与大陆封锁:从拿破仑的经济政策看拿破仑帝国的覆灭. 华夏出版社,2001.

[9] 赫伯特·C·菲特,吉姆·E·里斯. 中译本:美国经济史. 沈阳:辽宁人民出版社,1981.

[10] 《李文忠公全书·朋僚函稿》卷16,第25页.
[11] 里默.中译本:中国对外贸易.三联书店,1958.
[12] 严中平.近代棉纺织史稿.北京:商务印书馆,1959.
[13] 李侃,等.中国近代史.中华书局,2009.
[14] 杜恂诚.民族资本主义与旧中国政府.上海:上海社会科学院出版社,1991.
[15] 许涤新,吴承明,等.新民主主义时期的中国资本主义.北京:人民出版社,1993.
[16] 魏宏运,等.中国现代史.高等教育出版社,2007.
[17] 严中平,等.中国近代经济史统计资料选辑.科学出版社,1955.

(作者:冯开文 中国农业大学教授、农经系主任)

# 第三章　新中国成立以来的工业化以及农业的贡献

工业化是指传统的农业社会向现代化工业社会转变的过程。在这个转变过程中，一个国家选择什么样的工业化道路，不仅决定着自身的工业化进程，而且也决定着整个社会的现代化进程。中国自新中国成立以来的工业化建设已经进行了60周年，取得了非凡的成就，我们不仅应注意关心工业化的最新动态，而且应不时地回过头去，审视过去留下的足迹。因为历史是割不断的，今天是昨天的继续，理解昨天是把握今天的一把钥匙，昨天的经验和教训是避免今天重蹈覆辙的最好借鉴。

新中国成立以来，中国共产党始终致力于探索适合中国国情的工业化道路，经历了一个长期的曲折发展过程。20世纪50年代，以毛泽东为核心的党的第一代领导集体，从中国的国情出发，选择了在计划经济体制下优先发展重工业的工业化道路，在我国这样一个一穷二白的国家建立起一个初具规模、门类齐全的工业体系，为中国的工业化发展奠定了坚实的基础。党的十一届三中全会以后，以邓小平为核心的党的第二代领导集体，运用马克思主义理论总结了中国工业化建设实践正反两方面的经验，对我国的工业化道路进行了全面改革，逐步打破了计划经济体制对工业发展的束缚，使中国工业获得了持续高速发展。此后在党的十六大会议上，江泽民总书记提出要在新环境下选择新型工业化道路。接下来，胡锦涛主席在党的十七大会议上对这种道路的选择进行了深化。因此，本章将把我国工业化发展的这60年分为两个阶段，即改革前和改革后两个时期进行讨论。从不同时期工业化的进程来探讨不同时期工业化的特色以及农业为工业化所作的贡献。

## 第一节　中国工业化进程概述

### 一、改革开放前的中国工业化

（一）新中国工业化实施的驱动因素和所具备的历史条件　19世纪70年代末，马克思、恩格斯对俄国革命问题进行研究后认为，“控制着世界市场的西方生产同时存在，使俄国可以不通过资本主义制度的卡夫丁峡谷，而把资本主义制度的一切肯定的成就用到公社中来”，这是因为“和它同时并存的资本主义生产在给它提供集体劳动的一切条件”（《马克思恩格斯选集》第3卷，1972）。马克思的这一东方社会理论，为中国社会主义制度的选择提供了理论上的准备。虽然社会主义工业化的道路在中国是否走得通还得由中国国情决定，但当时中国的社会历史条件使中国选择社会主义工业化道路成为必然。

1. 改变国家贫穷落后面貌和发展社会主义工业化的需要　重工业意味着现代化大工业，较高的重工业比重标志着国家经济发展水平和经济实力。而我国本身是一个经济基础薄弱的农业大国，再加上长期连绵战争的破坏，重工业基础极为薄弱。当时突出的问题是：煤、电、油供应紧张；钢铁、有色金属、基本化学、建筑材料等产品数量和品种都不多；地质工作薄

弱;机械工业尚处在由修配到独立制造的转变过程中,还谈不上以最新技术装备国民经济各部门。毛泽东对此深有感触,他曾形象地说:"现在我们能造什么？能造桌子椅子,能造茶碗茶壶,能种粮食,还能磨成面粉,还能造纸,但是,一辆汽车、一架飞机、一辆坦克、一辆拖拉机都不能造。"因此,如果不优先发展重工业,这种落后的经济面貌是无法进行改观的。而这种与大国地位极不相称的经济落后状况,是导致新中国选择优先发展重工业的赶超战略的基本原因。

2. *巩固人民民主专政政权的需要* 1950年6月朝鲜战争爆发,10月美军把战火烧到鸭绿江边,并侵犯中国领空,严重威胁着中国大陆的安全,中国出兵参战。同时,大陆又处于与台湾国民党政权的军队对峙状态。而以美国为代表的西方资本主义国家对中国又实行了政治上孤立、经济上封锁制裁的措施,切断了正常的国际经济交往和贸易。这种国际政治、经济、军事环境,要求新中国必须拥有迅速提高国防实力和国民经济的战争动员能力,迅速建立比较完备、自成体系的工业结构,尤其是发展重工业,以巩固新生的国家政权。

而毛泽东早在1944年就指出中国最根本的问题是生产力向上发展的问题。他说:"政治是上层建筑,经济是基础。"在1949年党的七届二中全会上,毛泽东再一次提出:"在革命胜利以后,迅速恢复和发展生产,对付国外的帝国主义,使中国稳步地由农业国转变为工业国,把中国建设成一个伟大的社会主义国家。"新中国成立后,随着国民经济的恢复,党又适时地提出国家工业化的战略决策,这是生产力发展的必然要求。毛泽东谈到党的历史使命时说:"消灭日本侵略者,实行土地改革,解放农民,发展现代工业,建立独立、自由、民主、统一和富强的新中国,只有这一切,才能使中国社会生产力获得解放,才是中国人民所欢迎的。"中国共产党提出"一化三改"(工业化,对农业、手工业、资本主义工商业的社会主义改造)过渡时期的总路线,实行工业化建设和社会主义改造同时并举,这也是党在特定历史条件下的必然选择。

3. *苏联榜样的作用* 作为世界上第一个社会主义国家,苏联通过优先发展重工业,成功地实现了工业化,并为以后的发展打下了坚实的基础。苏联工业化道路的突出特点是:①坚持了社会主义方向。苏联工业化是在本国内部靠农业、人民节衣缩食和改善经营管理等方法来积累资金,主要经济形式是社会主义公有制,是靠逐步排挤工业中的私人部分迅速增长的。②工业增长速度很高。1917年苏联的国民生产总值在世界上占第六位,而到1936年则仅次于美国。③苏联的工业化极大地增强了苏联国力。第二次世界大战之前苏联就已经实现了国家的工业化,在世界工业总产值中所占的比重上升到10%,居世界第二位。这为后来20世纪40年代胜利抵抗德国法西斯侵略奠定了强大的物质基础。第二次世界大战使苏联遭受了巨大损失,然而,苏联人民仅用3年时间,就使国民经济恢复并超过了战前水平。无疑,对于同样是社会主义国家的中国来说,苏联榜样的感召力是巨大的。

新中国成立后的头几年,党的工作重点还必须放在保卫国家安全、解决民主革命的遗留问题和社会主义的改造方面。对如何开展社会主义建设、实现社会主义工业化,还没有自己的经验,也没有时间和精力去研究和探索。因此,中国在工业化起步时,基本上仿照苏联的社会主义工业化模式。而对于苏联经验,毛泽东多次表示应当采取辩证分析的态度,提出教条主义地照抄苏联是不行的。中国共产党人应该运用理论与实践相结合的方法,亦即矛盾的普遍性和特殊性相结合的矛盾分析方法,去探索适合中国国情的社会主义工业化道路。

4. *发展轻工业同国内市场有效需求不足的矛盾* 一个处在工业化起步阶段的大国,民族工业能否迅速地成长,很大程度上取决于国内市场。中国国内市场的最大份额在拥有全国人口80%的广大农村。而市场容量的大小,不仅取决于消费者的多寡,更取决于消费者购买力的大小。如果如此庞大的消费群体的购买力始终处于低下的状态，那么，他们只能永远是潜在的消费者。因此，广大的农村市场充其量也不过是一个潜在市场。在这种情况下，若从发展轻工业和消费品工业开始发展工业化，遇到的第一个问题就是有效的市场需求严重不足。而市场狭小、有效的需求不足，就难以达到通过启动消费来积累工业化资金的目的。这也是林毅夫所提到的工业化积累方式的约束上的问题。

5. *农业社会化的必然要求*　在新中国成立的1949年，我国农业和手工业的产值达到90%左右，并且其基本形态是个体分散的。社会主义制度不可能建立在个体的农业和手工业经济之上，农业的社会化必须有赖于国家的工业化，使工业化能够为农民提供大量的农业机器。工业化对农业的社会化是重要的，而农业社会化也是社会主义工业化的重要内容。但从当时生产力的实际情况出发，为适应当时工业发展的需要，党中央探索了农民走合作化的道路。因为单有国营经济而没有合作社经济，我们就不可能领导劳动人民的个体经济逐步地走向集体化，就不可能由新民主主义发展到将来的社会主义社会，就不可能巩固无产阶级在国家政权中的领导权。

当时，陈云提出农业增产的方法问题，即开荒、修水利、合作化，但见效最快的是合作化，因为其他两项需要国家大量的资金和机器投入，事实上是不可能的。如果"一五"期间多开垦5 000万亩荒地，国家就要进口3万台拖拉机，组织70万劳动移民，而兴修水利也要大型机械，这是国力无法办到的(范守信，1989)。因此，当时实现国家工业化是很迫切的。1953年8月，毛泽东指出："实现国家的社会工业化，就可以促进农业和交通运输业的现代化，就可以巩固现代化的国防，就可以保证逐步完成我国社会主义经济成分的改造。"(《建国以来重要文献选编·第4卷》)。总之，农业和工业相互联系、相互制约，社会主义工业化离不开农业生产，而农业社会化有赖于工业，如果在国营工业和农业经济之间没有牢固的经济联系，就不可能有社会主义国营工业的强大发展，也不可能把小农经济纳入社会主义大生产的轨道(冯和法，1956)。

6. *具备了传统社会的震荡和逐渐解体的历史条件*　中国共产党把马克思主义与中国革命的实践相结合，提出反帝反封建的革命斗争纲领，强调平等，也提倡现代化，因而渐得人心。它以土地革命和其他有效的方法组织起农民和军队，并赢得全社会的广泛支持，最后于1949年推翻国民党统治，在全国范围内夺取了政权，按照马克思列宁主义国家学说建立起一个崭新的人民民主专政的国家。这个新政权不久就被证明是能够有效地调动社会力量和资源的现代国家组织。

而从总体上看，中国近代社会决定性的变化发生在政治领域，其中最有决定意义的是在反帝反封建斗争中建立起新中国。现代国家组织的建立和传统社会的有相当深度的改造是任何一个社会进入工业化发动阶段的必不可少的重要条件。也正是只有在具备了这个条件以后，中国才能实施如此深刻的工业化战略。

**(二)改革开放前的工业化进程**　综述以上的原因，1949年，在中国共产党取得了政权以后，就在全国进行了工业化运动。当时，全国工农业总产值只有466亿元，人均国民收入为66.1元，在工农业总产值中，农业总产值比重为70%，工业总产值比重为30%，而重工业产值占工农业总产值的比重仅为7.9%(表3-1)(林毅夫，1994)。因此，在这样的经济条件下，中国并没有沿用其他国家一般采用的轻纺工业起步的工业化道路，而是实行了"优先发展重工业"的战略，选择了重化工业起步的超常规道路。为了尽快实现"赶超"目标，我国采取了比前苏联更强的强制性积累方式，试图在远比前苏联落后的基础上跨越轻纺工业阶段而建立重工业化

体系。在经济体制上，建立了高度集中的计划管理体制和大量的国有企业，以保证能够通过高积累的方式集中大量建设资金，进行大规模的重化工业投资和建设。工业高度集中的计划管理体制迅速延伸到整个经济系统，从而形成了在中国执行了30多年的计划经济体制。这一战略的贯彻和实施，取得了明显的效果(翟书斌，2006)。

**表3-1 1949年的国民收入部门结构**

| 项 目 | 合 计 | 农 业 | 工 业 | 建筑业 | 运输业 | 商 业 |
|---|---|---|---|---|---|---|
| 绝对数(亿元) | 358 | | 45 | | | |
| 比重(%) | 100 | 68.4 | 12.6 | 0.3 | 3.3 | 15.4 |

资料来源:《中国工业的发展》,中国统计出版社1985年版，第1,6页

从1949年中华人民共和国建立到1952年，经历了为期三年的国民经济恢复时期，工农业生产基本恢复到战前水平(表3-2)。此后，中国工业化迈入了它的正常发展时期。

**表3-2 1952年的社会总产值及国民收入部门结构 (%)**

| 项 目 | 社会总产值 | 国民收入 |
|---|---|---|
| 工 业 | 34.38 | 19.52 |
| 农 业 | 45.42 | 57.72 |
| 建筑业 | 5.62 | 3.57 |
| 运输业 | 3.45 | 4.24 |
| 商 业 | 11.13 | 14.94 |

资料来源:《中国工业的发展》,中国统计出版社，1985年版

1.“一五”计划 第一个五年计划的计划执行期是1953—1957年。第一个五年计划的基本任务是:集中主要力量进行以苏联帮助设计的156个建设项目为中心、由694个重要建设项目组成的工业建设，建立中国社会主义工业化的初步基础;发展部分集体所有制的农业生产合作社和手工业生产合作社，建立对农业和手工业的社会主义改造的初步基础;基本上把资本主义工商业分别纳入各种形式的国家资本主义轨道，建立对私营工商业的社会主义改造的基础。并以此为中心，进行财政、信贷、物资三大平衡和安排人民生活(林毅夫，1994)。

在“一五”计划中，重工业获得了中心的战略位置。在第一个五年计划期间，中国建立了自己独立的工业体系，奠定了中国工业化的初步基础。电力工业、生产资料工业、各种机器制造业、化学工业和建筑材料工业都有了较大的发展。工业总产值年均增长18%,重工业、轻工业和手工业发展的比例比较协调，全国农民的收入增长了将近30%。

2.“二五”计划 1958年5月，在中共“八大”二次会议上正式通过了“鼓足干劲，力争上游，多快好省地建设社会主义的总路线”,要求争取7年赶上英国，15～17年赶上美国(吴敏一、郭占恒，1991)。由此，在全国范围内开始了“以钢为纲，全面跃进”的时代，钢产量猛增，如1958年1～8月份平均产量为100,9月份为178,10月份为341,11月份为440。工业总产值达1083亿元，比1957年增长54.8%,其中重工业总产值为580亿元，比上年增长78.8%(《新华半月刊》,1959)。

但同时，许多轻工产品的产量如棉纱、棉布、食糖、卷烟等比上年大幅度减产。工业结构内

部的矛盾在日趋加深。到 1961 年,终于导致了严重的经济衰退,工业总产值比上年下降了 38.2%,其中轻工业为 21.6%,重工业为 46.5%(吴敏一、郭占恒,1991)。总的来说,在1958—1962 年的第二个五年计划期间,国民收入呈负增长状态。由此,国民经济开始了新中国建立以来的第一次大调整。

3. 国民经济第一次大调整　从 1962 年开始,中央开始贯彻"调整、巩固、充实、提高"的八字方针,通过缩小基本建设规模,调整农、轻、重的比例关系,有计划有组织地淘汰了一大批在经济上缺乏生命力的企业,使工业战线的比例关系重新趋向正常。通过制定和贯彻《工业企业七十条》和《手工业三十五条》,使整个工业和各类企业的管理水平都有所提高,工业生产每年平均递增 18.7%,各种技术经济指标都达到和超过历史最高水平,效果极为显著(戎文佐,1982)。经过三年的调整,到 1965 年,国民经济的比例逐步趋于协调,工农业比例由 1960 年的 3.6∶1 调整为 1965 年的 1.7∶1;轻重工业比例由 33∶67 调整为 51∶49;其他一些国民经济结构的比例也都趋于平衡(吴敏一、郭占恒,1991)。

4. "三五"计划　1966—1970 年是我国发展国民经济的第三个五年计划时期。依据中共中央提出的"备战、备荒、为人民"的战略方针,1965 年 9 月初国家计委草拟了《关于第三个五年计划安排情况的汇报提纲》,明确提出:"三五"计划必须立足于战争,从准备大打、早打出发,积极备战,把国防建设放在第一位,加快"三线"建设。按照《汇报提纲》的要求,"三五"计划期间各主要经济指标都完成了计划。

5. "四五"计划　1970 年 2 月 15 日至 3 月 21 日,国务院召开全国计划工作会议,会上制定了《第四个五年计划纲要(草案)》。其规定了第四个五年计划期间的主要经济指标:工农业总产值每年平均增长速度达到 12.5%,五年合计国家预算内基本建设投资 1 300 亿元,1975 年粮食产量达到 3 000 万～3 250 亿 kg,棉花 325 万～350 万 t,钢 3 500 万～4 000 万 t,原煤 4 亿～4.3 亿 t,发电量 2 000 亿～2 200 亿 kW·h,铁路货运量 9 亿～10 亿 t。

1973 年 7 月,国家计委拟订了《第四个五年计划纲要(修正草案)》,对主要经济指标进行了调整,不少指标有所压缩。1975 年是"四五"计划的最后一年,按照《修正草案》规定的 1975 年指标要求来检查计划执行的结果是:工农业总产值完成计划的 101.7%,其中农业完成 104.5%,工业完成 100.6%。虽然在 1966—1976 年这十年期间工业产值平均增长速度为 8.4%,但是各项技术经济指标却全面下降。亏损企业面扩大至 1/3 以上,亏损金额巨大,经济效果极差,整个工业已经面临崩溃的边缘(戎文佐,1982),由此中国又对国民经济进行了为时三年的调整。

6. "1976—1978"的调整时期　在"文化大革命"结束后,在党中央的正确领导下,工业生产恢复和发展得比较快,企业管理也有所改进。因此,1977 年至 1978 年的工业经济得到了很快的发展。1977 年的工业总产值比 1976 年增长了 14.3%,1978 年又比 1977 年增长了 13.4%。但是同时,国民经济和工业内部比例关系失调严重,工业管理体制也亟待改革。这就成为中国改革后所面对的主要形势和任务。

## 二、改革开放后的中国工业化

改革开放以后,中国的工业化有了较快的发展。从 1978 年改革开放至今,我国的工业化可以分为两个阶段,即 1978—1992 年的市场取向改革时期的中国的工业化道路,以及 1992 年至今的发展社会主义市场经济时期的中国工业化道路。

### (一)市场取向改革时期的中国的工业化道路

1. *改革开放起步阶段的中国工业化道路的调整* 1979—1982年,是国民经济结构的调整和改革时期。1979年5月,国务院正式下达了经过调整的1979年国民经济计划。其中,工业总产值由原定计划增长10%~12%降为8%,轻工业产值计划增长8.3%,重工业产值增长7.6%;在主要工业品产量计划中,煤炭由6.58亿t降为6.2亿t,钢由3 400万t降为3 200万t。同年6月,华国锋在五届人大二次会议上所作的《政府工作报告》中,具体提出了近期发展国民经济必须做好的10项工作。其中涉及工业发展的有:加快轻纺工业发展;加强煤炭、石油等国民经济中的薄弱环节;坚决缩短基本建设战线,努力提高投资效果;努力扩大出口;认真做好经济体制改革工作(赵德馨,1998)。1980年1月,国务院又进一步决定对轻纺工业实行"六个优先"的原则,即原材料、燃料、电力供应优先,挖潜、革新、改造措施优先,基本建设优先,银行信贷优先,外汇和引进技术优先,交通运输优先。

经过调整后,经济得到了比较平稳的发展,轻、重工业的结构也趋于协调。在工业总产值中,1982年轻、重工业所占的比重分别为50.2%和49.8%,而1978年二者的比重分别为43.1%和56.9%(吴敏一、郭占恒,1991)。

2. *深化改革时期的中国工业化道路的再次调整* 从1983年起,中国工业发展进入了一个新局面。作为整个国民经济体制改革的一部分,推进工业管理体制改革成为中国工业发展的首要任务。1982年12月,在五届人大五次会议上批准的"六五"计划中,对工业发展的具体安排是:其一,在提高经济效益的前提下,工业总产值平均每年递增4%~5%。其二,大力增加适合社会现实需要的农产品、轻纺产品和其他日用品的生产,争取消费品供应的数量和质量同社会购买力的增长和消费结构的变化大体相适应,保持物价的基本稳定。其三,努力调整重工业服务方向和产品结构,大力降低物质消耗,使生产资料生产同消费资料生产的发展保持大体协调。其四,有计划、有重点地对现有企业进行技术改造,广泛地开展以节能为主要目的的技术革新活动;同时,集中必要的资金,加强能源、交通等部门的重点建设。其五,至1985年,主要工业产品产量计划是:棉纱359万t,比1980年增长22.8%;布153亿m,比1980年增长13.6%;原煤7亿t,比1980年增长12.9%;原油1亿t,与1980年持平;发电量3 620亿kW·h,比1980年增长20.4%;钢3 900万t,比1980年增长5%;水泥9 800万t,比1980年增长23%(赵士刚,1997)。

1986年3月六届人大四次会议通过的"七五"计划中,又对1986—1990年国民经济和工业发展的方针和任务作了具体的规定。包括:其一,"七五"时期国民经济发展的主要任务是:进一步为经济体制改革创造良好的经济环境和社会环境,努力保持社会总需求和总供给的基本平衡,使改革更加顺利地展开,力争在5年或更长一些的时间内,基本奠定有中国特色的社会主义经济体制基础;保持经济的持续稳定增长,在控制固定资产投资总额的前提下大力加强重点建设、技术改造和智力开发,在物资技术和人才方面为90年代经济和社会的继续发展准备必要的后继能力。其二,至1990年,工业总产值达到13 240亿元,比1985年增长43.4%,平均每年增长7.5%。其中轻、重工业产值分别达到6 610亿元和6 630亿元,平均每年各增长7.5%。其三,至1990年,主要工业产品产量计划是:棉纱2 150万t,比1985年增长9.2%;布162亿m,比1985年增长10.4%;发电量5 500亿kW·h,比1985年增长33.9%;钢5 500万~5 800万t,比1985年增长17.5%~24.0%;水泥1.8亿t,比1985年增长23.3%(孙大志,2007)。

**(二)社会主义市场经济时期中国工业化道路的历史演进**　1992年至今,是中国工业化发展的第三个时期,同时也是中国新型工业化道路探索和形成的阶段。新型工业化道路的具体表述,就是党的十六大报告所说的:"坚持以信息化带动工业化,以工业化促进信息化,走出一条科技含量高、经济效益好、资源消耗低、环境污染少、人力资源优势得到充分发挥的新型工业化路子。"这一时期经济改革不同于初期的改革,不再是保持原有经济体制不变仅引入市场因素,而是开始了工业化的多角度转型。

1. 社会主义市场经济体制初步确立时期新型工业化道路的萌生(1992—2002年)

(1) 由计划经济向市场经济的转型　1992年10月,中国共产党召开了第十四次全国代表大会。此次会议明确了我国经济体制改革的目标是建立社会主义市场经济体制。大会着重指出:我国经济体制改革确定什么样的目标模式,是关系整个社会主义现代化建设全局的一个重大问题。依据经济改革实践的发展和认识的深化,特别是依据邓小平1992年初南巡讲话精神,提出:我国经济体制改革目标是建立社会主义市场经济体制,以利于进一步解放和发展生产力(孙大志,2007)。

1996年3月,全国人大八届四次会议经过认真讨论和审议,通过了《关于国民经济和社会发展"九五"计划和2010年远景目标建议》中拟定的《中华人民共和国国民经济和社会发展"九五"计划和2010年远景目标纲要》。"九五"时期工业发展的计划重点是:其一,继续加强能源工业和原材料工业。其二,振兴机械、电子、石油化工、汽车和建筑材料等五大支柱产业。其三,调整、提高轻纺工业。其四,加快发展以化肥为重点的农用工业。其五,加大改革力度,使大多数国有大中型骨干企业在本世纪末初步建立现代企业制度,成为自主经营、自负盈亏、自我发展、自我约束的法人和市场竞争主体(孙大志,2007)。

2001年3月,全国人大九届四次会议通过了"十五"计划纲要,将实施科教兴国和可持续发展战略置于重要地位,完成了全面推进新型工业化道路的部署。在优化产业结构方面,"十五"计划纲要提出:工业改组改造要遵循市场经济规律,正确引导投资方向,依靠现有基础,防止盲目扩大规模和重复建设。坚持引进技术与自主创新相结合,先进技术与适用技术相结合。重点强化对传统产业的改造升级,进一步发挥劳动密集型产业的比较优势。积极发展高新技术产业和新兴产业,形成新的比较优势。以信息化带动工业化,发挥后发优势,实现社会生产力的跨越式发展(孙大志,2007)。

随着市场经济的进一步发展,非国有经济以更快的速度壮大起来。而由于非国有经济具有天生的市场导向性质,因此,非国有经济的壮大反过来又会成为推动计划经济向市场经济转化的强大力量,加速经济体制转换的步伐。随着经济体制从计划经济向市场经济过渡,工业化过程的宏观环境发生了实质性变化,从而使整个工业发展的运行条件和运行机制也发生了或将要发生深刻的变化。

(2) 由封闭转向开放　在经济全球化的背景下,一国只有采取开放政策,充分利用全球化才能有效促进经济发展,推进工业化进程。我国是有着庞大人口的发展中大国,国内市场潜力很大,经济增长主要还依靠国内资源,但是我国的发展还是要顺应全球化的趋势,在世界范围内"吸取"我国实现新型工业化所需的营养,大力发展对外贸易和扩大利用外资,从而有利于国内的发展和新型工业化的实现。

外贸结构可以反映在经济全球化条件下产品和服务进出口的结构和地位,也可以表明一个国家在国际分工中的地位。而工业化发展在外贸结构方面的主要表现是出口结构:一是由

初级产品出口为主转向制成品出口为主；二是出口额中服务业出口逐渐增加。2001 年，我国初级产品出口占出口总额的比重为 16.79%，制成品占 82.21%，基本达到新型工业化相关指标。同期，外资企业高新技术产品出口所占比重由 70%上升至 85%。加工贸易出口占出口的比例已经从 1994 年的 47%上升到了 2003 年的 55.1%，加工贸易在高新技术产品中所占的比例在 2002 年时已达到了 88.6%（林跃勤，2005）。

此外，开放的经济也使外资成为推动我国工业化和经济增长的主要力量之一。2001 年中国使用外资金额占 GDP 的比重为 4.0%，2002 年为 4.3%，2003 年为 3.8%。外资占我国全社会固定资产投资的比重，1993 年为 12.1%，2002 年为 10.1%（表 3-3）。1993～2002 年，直接外资占我国全部固定资产投资的比例平均每年为 12.5%。外资的增加，提高了投资总量，弥补了我国建设资金的不足，促进了我国的工业化。

**表 3-3 1992—2002 年使用外资金额占全社会固定资产投资比重率**

| 年 度 | 全社会固定资产投资 | | 实际使用外资金额（亿美元） | 占固定资产投资比重（%） |
|---|---|---|---|---|
| | 亿元人民币 | 折合亿美元 | | |
| 1991 | 5594.5 | 1050.97 | 43.66 | 4.15 |
| 1992 | 8080.1 | 1465.22 | 110.08 | 7.51 |
| 1993 | 13072.3 | 2268.71 | 275.15 | 12.13 |
| 1994 | 17042.3 | 1977.34 | 337.67 | 17.08 |
| 1995 | 200419.3 | 2397.23 | 375.21 | 15.65 |
| 1996 | 22974.0 | 2763.22 | 417.26 | 15.10 |
| 1997 | 25300.0 | 3059.97 | 452.57 | 14.79 |
| 1998 | 28457.0 | 3437.29 | 454.62 | 13.23 |
| 1999 | 29876.0 | 3608 | 403.18 | 11.17 |
| 2000 | 32619.0 | 3944.26 | 407.15 | 10.32 |
| 2001 | 36898.0 | 4458.11 | 468.46 | 10.51 |
| 2002 | 43202.0 | 5223.94 | 527.43 | 10.10 |

资料来源：中华人民共和国商务部

外资的投资，促进了我国工业总产值和工业增加值的快速增长。外资企业的工业产值占我国工业总产值的比重从 1993 年的 9.2%增加到了 2003 年的 35.9%，外资企业的工业增加值占我国工业增加值的比例从 1994 年的 11.0%增加到了 2002 年的 25.7%。

（3）由单一国有经济转向多元化经济　邓小平根据我国社会主义初级阶段生产的多样性和多层性的特点，提出了以公有制为主体，允许和鼓励个体、私营、外资经济等多种所有制经济共同发展的思想。党的十五大阐述了社会主义初级阶段所有制理论，并把公有制为主体、多种所有制经济共同发展确立为我国社会主义初级阶段的一项基本制度。在党的政策鼓励和支持下，个体、私营、外资、港澳台资等各种非公有经济迅速发展。1984～1995 年，国营工业占工业总产值比重由 69.1%下降至 34%，集体工业由 29.71%上升至 36.6%，个体工业由 0.19%上升至 12.9%，主要由“三资”企业组成的其他经济类型工业由 1.01%上升至 16.5%（表 3-4）。

表 3-4　各种经济类型工业总产值所占比重　(%)

| 年　份 | 国有控股 | 集体经济 | 城乡个体经济 | 其他经济 |
|---|---|---|---|---|
| 1992 | 51.52 | 35.07 | 5.80 | 7.61 |
| 1993 | 46.95 | 34.02 | 7.98 | 11.05 |
| 1994 | 37.34 | 37.72 | 10.09 | 14.85 |
| 1995 | 33.97 | 36.59 | 12.86 | 16.58 |
| 1996 | 36.32 | 39.39 | 15.48 | 16.65 |
| 1997 | 31.62 | 38.11 | 17.92 | 16.45 |
| 1998 | 28.24 | 38.41 | 17.11 | 22.91 |
| 1999 | 28.21 | 35.37 | 18.18 | 26.14 |
| 2000 | 47.33 | 13.9 | — | 64.07 |
| 2001 | 44.41 | 10.52 | — | 71.46 |
| 2002 | 40.78 | 8.65 | — | 75.73 |

注:本表按当年价格计算

资料来源:中国工业经济统计年鉴 2003,国家统计局工业交通统计司编

从表 3-4 可以看出,中国工业化的类型正在逐步走向多样化,国有控股所占的比例正在逐渐减少以及趋于稳定化,其他的经济形式所占的比重在逐步增加,已经超过了国有控股的形式,这也是这一阶段的一个较为明显的特征和工业化发展趋向(表 3-5)。

表 3-5　中国工业化与市场化进程的深化　(%)

| 年　份 | 中国工业资产总值构成 | | 工业产品销售收入 | | 中国工业利润构成 | |
|---|---|---|---|---|---|---|
| | 国有及国有控股工业企业所占百分比 | 其他所有制形式工业企业所占百分比 | 国有及国有控股工业企业所占百分比 | 其他所有制形式工业企业所占百分比 | 国有及国有控股工业企业所占百分比 | 其他所有制形式工业企业所占百分比 |
| 1985 | 90.00 | — | 64.86 | 3.06 | 78.20 | — |
| 1993 | 73.80 | — | 46.95 | 19.03 | 51.00 | — |
| 2003 | 57.07 | 42.97 | 41.30 | 58.70 | 46.41 | 53.59 |

注:1985—1993 年的工业资产总值为固定资产原值,工业产品销售收入为工业总产值

资料来源:《中国工业交通能源 50 年统计资料汇编》,中国统计出版社 2000 年版,第 20-23 页;《中国工业经济统计年鉴(2004)》,中国统计出版社 2004 年版,第 22-26 页

从表 3-5 可以看出,在 1985—2003 年,中国工业国有以及国有控股企业所占的比重绝对而持续地下降,其中工业资产总值的构成从 1985—2003 年下降超过 30 个百分点;工业产品销售收入的构成比重从 1985—2003 年下降近 30 个百分点;工业利润的构成比重从 1985—2003 年下降超过 30 个百分点。这种趋势表明,中国的工业化已经由单一的国有经济转向了多元化经济。这样,我国逐步消除了所有制结构不合理对生产力的羁绊,产生了以实现多样化的公有制为主体、多种经济成分共同推动工业化的新局面。

*2. 发展社会主义市场经济时期新型工业化道路的确立(2002 年至今)*　2002 年 12 月,江泽民在中国共产党第十六次全国代表大会上指出我国必须要走新型工业化道路,大力实施科教兴国战略和可持续发展战略。他说:“实现工业化仍然是我国现代化进程中艰巨的历史性任

务。信息化是我国加快实现工业化和现代化的必然选择。要坚持以信息化带动工业化，以工业化促进信息化，走出一条科技含量高、经济效益好、资源消耗低、环境污染少、人力资源优势得到充分发挥的新型工业化路子。"(《江泽民文选》第三卷)

我国新型工业化的内容有：第一，以信息化带动工业化。在新型工业化的建设中，我国可以借鉴发达国家工业化的经验和教训，以信息和技术为动力，以信息化带动工业化，从而发挥后发优势来实现生产力的跨越式发展。第二，以可持续发展理论指导工业化。我国在实现新型工业化的进程中要特别强调生态建设、环境保护和资源的有效利用，强调处理好经济发展与人口、资源、环境之间的关系，以此来降低工业化的社会成本和经济代价。最后，实现城乡充分就业。在新型工业化进程中，应该以充分就业为先导，要处理好资本密集型与劳动密集型产业的关系，处理好高新技术产业与传统产业的关系，在推进工业化的同时也要扩大就业，实现劳动力资源的充分利用。

此外，经济结构调整与优化升级也贯穿着我国新型工业化发展的整个脉络，我国经济结构调整和优化的主要内容包括以下几方面：一是确定结构调整和优化的基本目标。通过技术创新和产业升级培育出一批新的高增长产业，从整体上提升我国经济的国际竞争力，使我国经济获得在较长时期能够保持较高发展速度的动力。二是在新型工业化的推进中，结构调整与优化的重点是解决产业结构、地区结构和城乡结构三个基本矛盾以及它们与整个经济结构系统其他结构矛盾之间形成错综复杂的联系。这一时期，我国通过引进技术和对引进技术消化吸收的基础上进行再创新，进行产业升级，缩小了我国与发达国家的差距。例如，现代化大型钢铁企业成套装备、大型船用曲轴、高性能数控机床、电子程控交换机、大型计算机等高新技术产品和工程的突破，标志着我国工业研发和生产技术水平登上了新的台阶。此外，这一阶段我国的出口产品结构也在逐步升级。在出口商品总量增长125倍的情况下，工业制成品的出口由1978年的30%上升至2007年的95%。这种结构升级导致了我国单位工业产出消耗能源的大幅度下降(中国工业发展报告，2008)。

此后，在2007年10月15日，胡锦涛总书记在党的十七大会议上提出要加快转变经济发展方式，推动产业结构优化升级，坚持走中国特色新型工业化道路。这既是对我国几十年来特别是改革开放以来工业化进程的经验总结，也是今后转变经济发展方式的必然选择。同时在十七大报告中，总书记提出了要深入贯彻"科学发展观"和走可持续发展道路，还把"工业化、城镇化、市场化、国际化"扩展为"工业化、信息化、城镇化、市场化、国际化"，这种提法深化了新型工业化道路的主要内容，更为深刻明确地指出了当前条件下我国应该如何去走这条新型的工业化道路。

## 三、总　结

经过上文对新中国建立以来工业化进程的分析，我们能看出工业化是一个经济增长和结构变迁的历史过程。实践证明，在这一动态的历史过程中，伴随着政治经济条件、历史文化因素和自然环境在不同时期或不同阶段的变化，工业化道路也随之发生深刻变化。中国共产党执政后，一方面学习苏联的经验，在工业化上也采取优先发展重工业的方针，用重工业推动整个工业经济的快速发展，用重工产品装备轻工业和农业，用重工业作为基础来构筑完整的国民经济体系；另一方面，也汲取苏联片面和过分强调优先发展重工业的教训，提出在优先发展工业的前提下，农业、轻工业、重工业同时并举和以农业为基础、以工业为主导的发展方针。但是，由于当时对社会主义社会的认识没有取得重大突破，至改革开放前夕，我国走的一直都是一条传统社会主义工业化道路。党的十一届三中全会后，随着经济建设方面"拨乱反正"的展开，在解放思想、实事求是的气氛下，以邓小平为中心的党的第二代领导集体吸取了过去的经验教训，走上了改革开放的道路。随着市场取向改革的不断深入，逐步改变了过去单一公有制、计划经济和对外封闭的状态，形成了多种经济成分共同发展、以市场为导向的工业化道路。党的十六大以后，我国开始走向新型工业化的道路，十七大又深化了新型工业化的内容，而我国至今仍在这个道路上进行探索和求证。在我国的工业化发展的同时，也同时注意到了要发展的"科学"这个要求，包括可持续发展、信息化与工业化互动等主题。这也是目前和未来几年内我国所面对的主要问题，也是值得关注的。

## 第二节　中国工业化的特点

### 一、改革开放前的工业化特点

1949—1978 年，是我国进行工业化建设的第一个时期。这一时期，中国的工业化道路可以简单概括为：主要依靠国内积累建设资金，从建立和优先发展工业入手，高速度地发展国民经济、实施"进口替代"政策，通过出口一部分农产品、矿产品等初级产品和轻工业品换回发展重工业所需的生产资料，用国内生产的生产资料逐步代替它们的进口；改善旧中国留下的工业生产布局极端不合理和区域经济发展极端不平衡的畸形状态；随着重工业的建立优先发展，用重工业生产的生产资料逐步装备农业、轻工业和其他产业部门，随着重工业、轻工业和农业以及其他产业部门的发展，逐步建立独立完善的工业体系和国民经济体系，逐步改善人民生活(孙大志，2007)。具体来看，改革开放前中国工业化道路的基本特征主要体现在以下几点。

**(一)首先体现在工业对农业的依赖性**　上文已经提到，在工业化初期重工业以及轻工业的发展都处于低水平，因此开展工业化的资金积累都来自于农业的收入。在此期间，工业化的发展要求对农业进行改造，从农业互助组发展到初级合作社，再到高级合作社以至人民公社，都是为了工业化资金的积累所转变的。此外，还对农业的相关政策采取了调整，诸如农产品的统购统销政策，以及对农业的基础设施做了很大的投资。这些都是这个时期出于工业对农业的依赖性所采取的行为。

在工业化的准备过程中，传统农业的改造是个极为重要的方面。斯大林在 1928 年指出："如果说工业是主脑，那么农业就是工业发展的基础，因为农业是吸收工业品的市场，是原料和粮食的供应者，是为输入设备以满足国民经济需要所必需的出口物资后备的来源。如果让农业仍然处于技术十分落后的状态中，如果不保证工业有农业基础，不改造农业会使农业跟上工业，那么能不能把工业向前推进呢？不，不能。"(《斯大林全集》第 11 卷)因此，无产阶级专政的国家必须对农业进行改造，为工业化的发展创造条件。

1949 年以后，中央人民政府开始在全国实行土地改革，使广大农民无偿获得了渴望已久的土地。土地私有和家庭经营极大地调动了农民劳动发家、生产致富的积极性，在历史上空前地解放了农村生产力。同时，再加上政府采取了一系列减轻农民负担、促进农产品自由贸易、加强农田水利建设、积极推广农业技术等有利于农业恢复和发展的政策，导致农业生产得到了

迅速恢复和空前增长。到土地改革完成的1952年，农业总产值比1949年增长了49.5%，粮食总产量增长44.8%，棉花增长1.93倍，油料增长60%(张春富，1991)，为我国工业化的启动准备了必要的部分物质基础。

中国的社会主义工业化必须依靠自力更生，必须依靠本国农业提供原始积累。而土地改革以后，我国农村的个体小农经济的规模狭小，经营效率仍然低微，抗御自然灾害的能力薄弱，且易于发生两极分化，不能支持国家的工业化建设。因此，通过合作化提高农业的生产力，是一条重要的道路。而且，国家通过合作社来集中提取农业剩余，比与分散农户进行交易更能节省大量的交易成本。此外，在进行农业集体化的同时，国家实行相关配套农业制度，也将更好地为国家工业化积累资金。

1. *农业集体化* 我国的农业合作化运动经历了3个相互联系、也有交叉的阶段，即：互助组、初级生产合作社和高级生产合作社这3个阶段。至1957年底，我国基本上完成了这3个阶段，即农业的集体化。此后，仅在1958年8月至10月，我国就完成了人民公社化。公社化运动严重地挫伤了农民的劳动积极性，导致了1959—1961年"三年困难"时期的严重农业危机。农业总产值在1959年、1960年和1961年连续3年分别下降了14%、12%和25%(林毅夫，1994)。

在此期间，国家还实施了城乡分离的户籍管理制度。1958年1月9日，国家颁布了《中华人民共和国户口登记条例》，限制农村人口自由流入城市。这个制度与人民公社体制以及下面要说到的统购统销制度一起，牢牢地把农民束缚在农村。

2. *建立农产品统购统销制度* 在实行农业集体化的同时，为加速实现工业化，尽早尽多地积累资金的需要，从1953年11月开始，国家在中央集中计划体制下，实行了粮油的"统购统销"制度。从而严格地控制粮油市场，禁止私商对粮油的自由经营，实现了国家单一渠道的经营。1954年秋季，国家又对棉花实行了统购统销。1955年开始，先后对生猪、烤烟、黄麻、苎麻、糖料、蚕茧、羊毛、部分水果、水产品和中药材等数十种农产品，实行了派购制度。至此，农产品市场中由市场调节的自由贸易政策，完全被农产品统购统销制度所取代(牛若峰，1991)。

建立农产品统购统销制度的目的，是在于使国家能够以较低的价格掌握大部分的农业剩余产品，并通过工农业产品价格"剪刀差"的方式，迅速积累起工业化所需要的资金。据资料显示，1952—1978年，从差价转移农业资金总额达3 932亿元，农业税达776.7亿元，扣除财政支农资金1 562.2亿元，总计农业资金净流出达3 146.5亿元，相当于同期工业固定资产净值总额(牛若峰，1991)。由此可见，农业和农民为我国重工业和整个工业体系的建立和发展，做出了很大的贡献，也为后来工业化的进一步深入打下了雄厚的物质基础。

其次，在农业集体化以后，我国对大规模的农田水利建设投入了大量的资金和劳动，提高了防灾抗灾能力，为农业的增产以及稳产打下了良好的基础；同时通过集体的力量，推动了农业机械化和应用化肥、农药、改良品种等技术进步，开展了积农家肥、种植绿肥等积肥造肥运动，为提高土地产出率和保持土地肥力做出了很大的贡献。据资料显示，1952—1957年，国家对农林水气系统的基本建设投资占全部基建投资的71%，其中的63.8%投入进水利建设(牛若峰，1991)。

**(二)工业化最初目标的提出以及工业的发展受政治运动的影响极大** 从改革开放前的工业化进程我们可以看到，除了个别阶段的个别时期以外，其他都或多或少地与当前阶段的政治运动有关。比如说1958年的"大跃进"，本来在1959年就可以得到纠正，但之后开展的"反右倾”斗争，又把“大跃进”再次推向高潮。同时，与此相关的还有一个方面，那就是推进工业化的办法主要用的不是经济手段，而是非经济手段，尤其是政治手段。具体包括：政治动员和号召；政府直接组织和参加；行政指令性计划以及阶级斗争等。

**(三)中国最初的工业化并没有按照常规的工业化秩序发展**　一般来说，一个国家在工业化起步时，都会以轻工业为主，在轻工业发展到一定阶段后，重工业增长的速度才会加快，甚至超过轻工业从而占据主要地位。之后，便会进入重工业的发展阶段。在重工业有了相当的发展之后，工业产业结构向高度化发展。但是，我国却完全相反，新中国建立初期的工业化总产值中，轻、重工业所占的比重各为73.6%、26.4%；至1957年，二者的比重分别为53.1%和46.9%；1958年，重工业超过轻工业，占54.1%；直至1965年，轻工业才略超过重工业，占54.4%；之后交替发展了几年，但是从1969年起至1980年，一直都是重工业占绝对的比重(《国际经济和社会统计提要》，1988)。

这种超常规的发展，带来的并不是快速的工业发展，而是很多不良后果。它使工业产业结构内部的比例严重失衡，也抑制了消费品工业的发展，以至延缓了中国工业化的进程。

**(四)以高速度发展为首要目标**　新中国建立初期，基于中国经济极端落后的事实，通过工业化建设逐步缩短与先进国家之间的差距，既是中国工业化和工业发展无可选择的历史使命，也是当时中国发挥社会主义制度优越性、对抗帝国主义战争威胁和冷战的需要。因此，寻求较高的工业增长速度，也就成了自“一五”时起中国工业发展的一项基本战略。

**(五)大中小企业并举，城市和乡村工业共同发展**　在国民经济恢复时期即将结束的时候，中共中央提出把重要项目建设放在首要地位。要在工业建设的进行中适当地分配大企业和中小企业的投资，使大中小型的企业建设能够互相配合和互相协作，以达到既能保证必要的重点工程的建设，又能保证许多企业迅速地发挥投资效果的目的。“一五”期间，大中型建设项目的投资额为302.79亿元，占投资总额的51.5%；小型项目的投资额为285.68亿元，占投资总额的49.5%。

进入20世纪60年代，中国农村的社队工业获得了一定的发展。根据有关研究和估算，至1965年，全国社队工业企业仅有1.22万个，总产值29.3亿元，相当于当年全国工业总产值的2.1%。1971年9月全国第二次农业机械化会议之后，为迎合农业机械化的需要，各地农村从逐步建立县、社、队三级农机修造网为起点，逐步建立和扩大社队工业。据估算，1976年全国社队工业企业数量已至少有10.62万家，产值在243.5亿元以上，分别比1970年增长了1.4倍和2.6倍。其中，社队工业产值已相当于同年全国工业总产值的7.4%，比1965年提高了5.3个百分点(吴敏一、郭占恒，1991)。

**(六)体制集中，分配平均**　改革开放前，我国工业是在政府直接对企业进行计划管理的集权体制中发展的。政府对工业运行状况有着很强的控制力，集中国内有限资源大力发展重化工业，能够在较短的时间内初步达到工业化。这种集权制，有效治理了新中国建立前的连续恶性通货膨胀，解决了投机资本囤积居奇、物价稳定后产生的商品积压和失业问题。“一五”时期工业建设的成就证明了这种体制在当时条件下的有效运转能力。

这种高度集权体制，保证了收入分配上的平均化，财政上约统收统支，生产上约统购统销。企业内部，职工干多干少一个样。这种大包大揽的“企业吃国家”、“职工吃企业”的办法，与用最少消耗取得最大经济效果的资源配置要求很不适应。这种分配平均化虽有效抑制了两极分化，但也损伤了人民的积极性。

## 二、改革开放后的工业化特点

**(一)市场取向改革时期的中国的工业化道路特点** 1978—1992年,中国的工业化建设进入快速发展阶段。这一时期,中国的工业化道路从过去单一公有制和计划经济为基础转变为多种经济成分并存和公有制基础上有计划的商品经济为基础;从急于求成、追求高速度转变为经济增长指标宽松、留有余地;从优先发展重工业转变为农、轻、重梯度发展;从完全立足国内的自我积累、进口替代战略转变为积极利用外资和国外市场的"两个利用"战略;从过分注重区域生产力布局和区域均衡发展转变为"两个大局"的战略思想。具体来看,这一时期的工业化特征主要包括以下几个方面。

1. *落后的农业与现代工业并存* 首先是农业劳动生产率低下。虽然我国农业劳动就业人数占全部就业人数的比例在世界各国中是比较高的,但由于我国农业劳动力占的比重比较大,而且人均耕地占有量不多,因此结果必是劳动生产率的低下(表3-5)。

**表3-5 1985年主要农产品人均产量的国际比较** (单位:kg)

| 项 目 | 中 国 | 美 国 | 印 度 | 巴 西 | 加拿大 | 法 国 |
|---|---|---|---|---|---|---|
| 谷 物 | 329.4 | 1449.7 | 223.1 | 260.0 | 1916.0 | 1002.9 |
| 猪、羊、牛肉 | 16.9 | 74.5 | 1.0 | 24.0 | 73.7 | 70.0 |
| 棉 花 | 4.0 | 12.3 | 1.9 | 6.8 | — | — |
| 大 豆 | 10.1 | 242.2 | 1.5 | 135.0 | 41.8 | — |
| 花 生 | 6.4 | 8.1 | 7.5 | 0.4 | — | — |
| 油菜籽 | 5.4 | — | 4.1 | — | 136.4 | 25.2 |
| 甘 蔗 | 49.6 | 106.1 | 233.0 | 1814.0 | — | — |
| 茶 叶 | 0.4 | — | 0.9 | 0.08 | — | — |

资料来源:周林:《我国经济实力》,新华出版社1988年版,51页

其次,农业机械化水平低下。据1985年统计每公顷耕地占有的拖拉机数,中国为0.009,美国为0.0249,日本为0.4403,印度为0.0037,巴西为0.0120。即使是这些数据,其中还有一些农业机械是用于运输和其他非农产业的。因此,如果去除这些部分,农业机械化的水平将会更低。

再次,农民的生活水平仍不高。1978年农民的人均年纯收入仅仅为133.57元,1980年为191.33元,1986年423.76元,1987年为462.55元,1988年为545元,1988年比1978年增长了4.1倍。但是,这种总体上的生活水平提高反映的还只是一个方面。在另一方面,地区与地区之间的差异很大,东部地区的农民人均纯收入比西部地区的农民人均纯收入要高得很多,有些地方的农民甚至温饱问题还没有解决(吴敏一、郭占恒,1991)。

但是,在这种农业落后的同时,我国的工业已经具有了一定的规模,而且一些主要的工业产品产量在世界上的位次还居于前列。这种落后的农业和现代工业并存表明,我国的二元经济结构极为特殊。这种二元结构的出现,与当时所采取的政策有关,也就是上文中在改革开放前工业化特点中所提到的因素。这将在下文中的农业对工业化的贡献中一并阐述。

2. *利用国际国内两种资源、两个市场,加快工业化建设* 与国内市场化取向改革相适

应,邓小平提出了对外开放的思想。“现在的世界是开放的世界”、“中国的发展离不开世界”,只有实行对外开放政策,才能充分利用国际国内两种资源、两个市场,加快我国工业化和现代化的发展;才能积极参与国际经济竞争与合作,分享国际分工带来的成果,不断提高我国工业化水平的国际竞争力(邓小平,1993)。这一新途径打破了我国长期以来工业化发展的自我封闭和半封闭模式,开始从封闭型向开放型转变,推动了中国工业化与世界工业化的接轨和互动。

3. *坚持区域经济协调发展,推进工业化建设* 区域间的协调发展,即缩小区域间的发展差距,是中国社会主义制度下经济发展的一个重要原则。由于在20世纪60年代中期以后,我国在工业布局方面片面地强调“以战备为中心”,70年代初期主张各个地区建立独立完整的工业体系,因此造成了工业布局不合理。针对这一情况,邓小平提出了“两个大局”的重要思想。他说:“沿海地区要加快对外开放,使这个拥有2亿人口的广大地带较快地发展起来,从而带动内地更好地发展,这是一个事关大局的问题。内地要顾全这个大局。反过来,发展到一定的时候,又要求沿海拿出更多力量来帮助内地发展,这也是个大局。那时沿海也要服从这个大局(邓小平,1993)。”根据这一思想,工业布局发生了以沿海地区工业规模迅速扩张为主要标志的明显变化(表3-6)。

**表3-6 我国东、中、西部地区工业产值以及比重**

| 年 份 | 绝对额(亿元) | | | | 比重(%) | | |
|---|---|---|---|---|---|---|---|
| | 全部工业 | 东部地区 | 中部地区 | 西部地区 | 东部地区 | 中部地区 | 西部地区 |
| 1985 | 826.1 | 4985.2 | 2221.5 | 1054.4 | 60.35 | 26.89 | 12.76 |
| 1986 | 11171.0 | 6757.0 | 3056.0 | 1358.0 | 60.49 | 27.36 | 12.16 |
| 1987 | 13804.0 | 8432.0 | 3740.0 | 1632.0 | 61.08 | 27.09 | 11.82 |
| 1988 | 18219.0 | 11292.0 | 4780.0 | 2147.0 | 61.98 | 26.24 | 11.78 |
| 1989 | 22043.0 | 13693.0 | 5741.0 | 2609.0 | 62.12 | 26.04 | 11.84 |
| 1990 | 23924.5 | 15007.2 | 6067.5 | 2849.8 | 62.73 | 25.36 | 11.91 |
| 1991 | 28248.3 | 18007.1 | 6925.8 | 3315.4 | 63.75 | 24.52 | 11.74 |
| 1992 | 37065.7 | 14363.4 | 8627.8 | 4074.5 | 65.73 | 23.28 | 10.99 |

资料来源:《中国工业经济统计年鉴》(1993),中国统计出版社,第36页;《中国统计摘要》(1998),中国统计出版社,第99页

4. *农村工业化的兴起与城市工业发展没有直接的或是必然的联系* 我国农村工业的兴起,并不是由城市工业的发展引起的,而是启动于农村经济体制的改革以及由此释放的能量,即:农业劳动生产率和农民收入水平的提高,农民择业自由度的提高。城市的工业只是在农村工业起步以后才对此间接地产生了一些影响,如城市工业的机器设备技术等向农村工业的扩散。但这种影响并不大,而且持续的时间也不长。再加上城乡工业体制上的隔阂,这种扩散成了简单买卖关系,而不是通过扩散来建立起专业化协作的关系。总之,中国农村工业化并不是城市工业化发展到一定阶段的产物,它带有明显的突发性,先天性地造成了农村工业同城市工业的断层(吴敏一、郭占恒,1992)。

这种断层不仅使农村乡镇工业的落后技术与城市工业比较先进的技术并存,还造成了农

村工业同城市工业的摩擦和矛盾。这些摩擦主要反映在对原材料和产品销售的争夺上。乡镇企业由于体制上的优势，常处于竞争的有利地位。而城市企业虽拥有技术、管理、资金等方面的优势，但是由于其不合理的体制束缚了企业的竞争能力。因此总的来说，城乡工业之间的断层和摩擦也是这一时期的一个主要特征。

5. 坚持公有制为主体、多种所有制经济共同发展，并以此推动工业化建设　邓小平根据我国社会主义初级阶段生产的多样性和多层性的特点，提出了以公有制为主体，允许和鼓励个体、私营、外资经济等多种所有制经济共同发展的思想。党的十五大系统地阐述了社会主义初级阶段所有制理论，并把以公有制为主体、多种所有制经济共同发展确立为我国社会主义初级阶段的一项基本制度。在党的政策鼓励和支持下，个体、私营、外资、港澳台资等各种非公有经济迅速发展。1984—1995 年，国营工业占工业总产值比重由 69.1%下降至 34%，集体工业由 29.71%上升至 36.6%，个体工业由 0.19%上升至 12.9%，主要由“三资”企业组成的其他经济类型工业由 1.01%上升至 16.5%。这样，我国逐步消除了所有制结构不合理对生产力的羁绊，出现了以实现形式多样化的公有制为主体、多种经济成分共同推动工业化的新局面。

**(二)社会主义市场经济时期中国工业化道路的基本特征**　“新型工业化”道路的提出，对现阶段我国的工业化进程具有重要的理论、政策和实践意义。它之所以称为“新”，具有两层含义：第一层含义是相对于西方发达国家和计划经济国家曾走过的传统工业化道路而言的；第二层含义是由于其为中国工业化增加了新的内涵，即“以信息化带动工业化”。与传统的工业化道路相比，中国要走的新型工业化道路在内容上，主要有以下几方面特点。

1. 工业化与信息化互动，实现工业的跨越式发展　信息化是当今世界经济社会发展的大趋势，是新世纪现代化最重要的内容和特征，也是新世纪工业现代化的主要标志和强大动力。随着我国工业化进程的深入，按照工业化发展的普遍规律，经历重化工业阶段已不可避免，而这些将会遇到资源、环境、能源所形成的瓶颈的制约，2003—2004 年发生的煤电油运紧张就是例证。信息化则是帮助我国尽快跨越重化工业阶段的利器。而我国与其他已经实现工业化国家的重化工业的不同之处就在于其带有信息化色彩，在于信息产业的迅速壮大和对传统产业的扩散和渗透。在这样的新形势下，我国以信息化带动工业化，同时使工业化也促进信息化，是中国 21 世纪走新型工业化道路的必然选择。

2. 实现了经济增长方式由粗放型增长向集约型增长转变的强化　长期以来，中国的工业化进程主要靠增加生产要素的投入，消耗自然资源，走的是一条以粗放型增长方式为主的工业化道路。这已经造成了过度的资源消耗，工业发展也受到了严重的制约，不能长期保持较快的增长。因此，在这种情况下，新型工业化道路要求做到：实现经济增长方式由粗放型向集约型转变，注重依靠科技进步和提高劳动者素质，改善经济增长质量和效益；加强基础研究和高技术研究，推进关键技术创新和系统集成，实现技术跨越式发展；鼓励科技创新，在关键领域和若干科技发展前沿掌握核心技术和拥有一批自主知识产权；深化科技和教育体制改革，加强科技教育同经济的结合，完善科技服务体系，加速科技成果向现实生产力转换。

3. 坚持科学发展观，推进工业化建设全面协调可持续发展　工业化和经济社会发展需要有良好生态的支撑。没有良好的生态，其他工业化指标实现的再好，也不能完成工业化。新型工业化道路涵盖了可持续发展的内容。新型工业化中的经济效益好、资源消耗低、环境污染少也是可持续发展的要求。可持续发展的实质就是兼顾当前和长远、局部和整体、当代人和后代人的利益，而这些也是走新型工业化道路所必须做到的。

4. 全面繁荣农村经济，加快农村工业化进程　中国新型工业化的推进也包括农村新型工业化道路的选择，从制度上看，农村新型工业化是可持续发展观念支配下的生产方式和结构全面变化的过程。这种结构变化不但包括农业、农村社会化大生产制度不断创新的过程，它还有一个重要内容就是农业的现代化改造。新中国成立60年来，我国进行了大规模的工业建设，工业化进入快速发展阶段，眼下就经济结构来讲，我国已经是工业化国家，但从就业结构来说，还是农民社会。至此，解决好"三农"问题成为新时期推进我国工业化进程的关键问题。因此，必须加强农业基础地位，贯彻工业反哺农业、城市支持农村的方针，加大各方面对农村发展的支持力度。同时，还应按照统筹城乡发展的要求，合理安排农村富余劳动力向非农产业和城镇转移，逐步提高城镇化水平，坚持大中小城市和小城镇协调发展，消除不利于城镇化发展的体制和政策障碍，引导农村劳动力合理有序流动。

5."低成本竞争"的增长模式　改革开放30多年来，中国的工业化进程呈现出了"国内消费和对外贸易导向"、"主导产业驱动"、"劳动力和其他资源跨部门流动"、"成熟技术的引入和扩散"、"市场的外延扩张"等要素，而这些要素又集中表现于"低成本竞争"。

"国内消费和对外贸易导向"所解决的是经济增长的需求条件问题；"国内消费和对外贸易导向"从需求的角度共同对产业结构提供了约束条件；主导产业驱动是需求导向和生产要素增长潜力共同作用的结果；"劳动力和其他资源跨部门流动"是劳动力跨部门流动时结构转变加快时期的重要现象，也是工业化过程中改进的主要源泉。

改革开放以来的工业化进程的构成要素还可以再提出一些，但以上这些要素是较为重要的，它们之间相互作用，共同塑造了这一时期的经济增长模式。而"低成本竞争"是对这一时期增长模式基本特征较为合适的描述或概括。

## 第三节　中国工业化取得的成就及其原因

### 一、改革前工业化取得的成就及其原因

#### (一)取得的成就

1. 经济上的增长　从1949—1952年，中华人民共和国经历了为期三年的国民经济恢复时期，工农业生产基本恢复到战前水平。此后，中国工业化过程迈入了它的正常发展时期。1952—1978年期间，中国的经济增长速度是比较高的。由表3-6可以看出，这一时期中国大陆按可比价格计算的社会总产值、工农业总产值和国民收入的年均增长率，分别达到7.9%、8.2%、6.0%。这种经济增长的速度，已经超过了世界的平均水平，而且在当时看来，这个速度与发展较快的台湾地区、韩国相比也不低多少。而中国也就是以这样的经济增长速度，在30年的时间内，在农业部门为经济主体的基础上，建成了门类比较齐全的工业体系。

表 3-6 1952—1978 年经济增长基本指标 (%)

| 时 期 | 社会总产值 | 工农业总产值 | 国内生产总值 | 国民收入 | 积累率 |
|---|---|---|---|---|---|
| "一五"时期 | 11.3 | 10.9 | 9.1 | 8.9 | 24.2 |
| "二五"时期 | −0.4 | 0.6 | −2.2 | −3.1 | 30.8 |
| 1963—1965 年 | 15.5 | 15.7 | 14.9 | 14.7 | 22.7 |
| "三五"时期 | 9.3 | 9.6 | 6.9 | 8.3 | 26.36 |
| "四五"时期 | 7.3 | 7.8 | 5.5 | 5.5 | 33.0 |
| 1976—1978 年 | 8.1 | 8.0 | 5.8 | 5.6 | 33.5 |
| 1953—1978 年 | 7.9 | 8.2 | 6.0 | 6.0 | 29.5 |

资料来源:国家统计局国民经济平衡统计司编,《国民收入统计资料汇编(1949—1985)》,中国统计出版社 1987 年版,第 2,45-46 页

同 1949 年相比,1978 年国民收入中工业所占份额从 2.6%上升至 46.8%,农业所占份额由 68.4%下降为 35.4%,建筑业和运输业分别从 0.3%、3.3%上升为 4.1%、3.9%,商业则从 15.4%下降为 9.8%。1952—1980 年工业投资累计 3 599.19 亿元,新增固定资产 2 734.5 亿元,比 1952 年的 343.3 亿元增长 13.5 倍(林毅夫,1994)。虽然在 20 世纪 50—70 年代中国经济增长的速度比较快,但是波动幅度却很大,社会总产值、工农业总产值和国民收入的波动幅度分别高达 9.3 个、8.6 个和 8.1 个百分点,其中还有 4～6 年为负增长(表 3-7)。经济上的增长表现为大起大落。

表 3-7 1952—1979 年的经济波动

| 年 份 | 社会总产值 | | 工农业总产值 | | 国民收入 | |
|---|---|---|---|---|---|---|
| | 年增长率(%) | 波动幅度(百分点) | 年增长率(%) | 波动幅度(百分点) | 年增长率(%) | 波动幅度(百分点) |
| 1952 | 25.9 | +16.5 | 20.9 | +11.4 | 22.3 | +15.1 |
| 1953 | 18.7 | +9.3 | 14.4 | +4.9 | 14.0 | +6.8 |
| 1954 | 8.5 | −0.9 | 9.5 | 0 | 5.8 | −1.4 |
| 1955 | 6.1 | −3.3 | 6.6 | −2.9 | 6.4 | −0.8 |
| 1956 | 17.9 | +8.5 | 6.5 | −3.0 | 14.1 | +6.9 |
| 1957 | 6.1 | −3.3 | 7.9 | −1.6 | 4.5 | −2.7 |
| 1958 | 32.6 | +23.2 | 32.3 | +22.7 | 22.0 | +14.8 |
| 1959 | 18.0 | +8.6 | 19.5 | +10.0 | 8.2 | +1.0 |
| 1960 | 4.7 | −4.7 | 5.6 | −3.9 | −1.4 | −8.6 |
| 1961 | −33.5 | −42.9 | −30.9 | −40.4 | −29.7 | −36.9 |
| 1962 | −10.0 | −19.4 | −10.1 | −19.6 | −6.5 | −13.7 |
| 1963 | 10.2 | +0.8 | 9.5 | 0 | 10.7 | +3.5 |
| 1964 | 17.5 | +8.1 | 17.5 | +8.0 | 16.5 | +9.3 |
| 1965 | 19.0 | +9.6 | 20.4 | +10.9 | 17.0 | +9.8 |
| 1966 | 16.9 | +7.5 | 17.3 | +7.8 | 17.0 | +9.8 |

续表 3-7

| 年　份 | 社会总产值 | | 工农业总产值 | | 国民收入 | |
|---|---|---|---|---|---|---|
| | 年增长率（%） | 波动幅度（百分点） | 年增长率（%） | 波动幅度（百分点） | 年增长率（%） | 波动幅度（百分点） |
| 1967 | −9.9 | −19.3 | −9.6 | −19.1 | −7.2 | −14.4 |
| 1968 | −4.7 | −14.1 | −4.2 | −13.7 | −6.5 | −13.7 |
| 1969 | 25.3 | +15.9 | 23.8 | +14.3 | 19.3 | +12.1 |
| 1970 | 24.2 | +14.8 | 25.7 | +16.2 | 23.3 | +16.1 |
| 1971 | 10.4 | +1.0 | 12.2 | +2.7 | 7.0 | −0.2 |
| 1972 | 4.5 | −4.9 | 4.5 | −5.0 | 2.9 | −4.3 |
| 1973 | 8.6 | −0.8 | 9.2 | −0.3 | 8.3 | +1.1 |
| 1974 | 1.9 | +7.5 | 1.4 | −8.1 | 1.1 | −6.1 |
| 1975 | 11.5 | +2.1 | 11.9 | +2.4 | 8.3 | +1.1 |
| 1976 | 1.4 | −8.0 | 1.7 | −7.8 | −2.7 | −9.9 |
| 1977 | 10.3 | −0.9 | 10.7 | +1.2 | 7.8 | +0.6 |
| 1978 | 13.1 | +3.7 | 12.3 | +2.8 | 12.3 | +5.1 |
| 1979 | 8.5 | −0.9 | 8.5 | −1.0 | 7.0 | −0.2 |
| 平　均 | 9.4 | ±9.3 | 9.5 | ±8.6 | 7.2 | ±8.1 |

资料来源：《中国统计年鉴(1987)》

2. 工业化进程中农业的发展　这一期间，通过三个“五年计划”已经初步建立起了以重工业为主干的现代工业体系。而且在这个过程中，先后通过土地改革和合作化以至人民公社化，农业和农民为工业化的成就做出了巨大的贡献和牺牲。与此同时，农业本身也有改进，却进步不大；农民的生活水平虽有提高，但却没有达到应有的程度。

1949 年之前，中国的土地占有制度极不合理，大多数耕者无其田；农业生产技术落后，生产率低下，农产品商品率极低，小农经营和自然经济色彩浓厚；农民以农业生产和家庭副业的结合为主要生存方式，生活极端贫困。长期以来，国民经济中除少量轻工业外，几乎没有重工业，农业产值和农业劳动力占国民经济的绝对优势比重，达 2/3 甚至是 3/4 以上，现代工业成分极度轻微。

上文在改革开放前的工业化特点中已经提到，在 1949 年以后，出于工业化对农业的要求，要求对传统农业进行改造，从而产生了农业集体化和农产品统购统销制度。农业集体化以后，对农田水利建设所进行的投资提高了防灾抗灾的能力，并为农业的稳产增产打下了良好的基础；同时还推动了农业机械化和与农业有关的技术进步，如品种改良等。这些技术变化和增产措施，在很大程度上抵消了集体化对农业生产的负面影响，使农业生产在极端困难的条件下保持了缓慢增长的局面，即年均增长为 3.1%～3.8%，极其艰苦的支持了工业化的进展(张培刚，1947)。

此外，进入 20 世纪 60 年代，中国农村的社队工业，即农村人民公社及生产大队或生产队所兴办的集体所有制工业获得一定的发展。社队工业最早大量兴起于 1958 年，国民经济调整时期社队工业大部分被关、停。根据有关研究和估算，至 1965 年，全国社队工业企业仅有 1.22 万个，总产值 29.3 亿元，相当于当年全国工业总产值的 2.1%。1966 年 5 月，毛泽东在

一封信中指出，公社农民以农为主，在有条件的时候，也要由集体办些小工厂。以这一指示为契机，部分地区农村社队工业又开始出现较快增长。至1970年，全国社队工业企业估计有4.47万家，产值67.6亿元，分别相当于1965年的3.7倍和2.3倍。1971年9月全国第二次农业机械化会议之后，为迎合农业机械化的需要，各地农村以逐步建立县、社、队三级农机修造网为起点，逐步建立和扩大社队工业，从而为20世纪80年代中国乡镇工业的大发展播下了足以燎原的星星之火。据估算，1976年全国社队工业企业数量已至少有10.62万家，产值在243.5亿元以上，分别比1970年增长了1.4倍和2.6倍。其中，社队工业产值已相当于同年全国工业总产值的7.4%，比1965年提高了5.3个百分点（马泉山，1998）。

3. 工业产业结构的升级变化　见表3-8。

**表3-8　我国国内生产总值构成（按当年价格计算）（%）**

| 年　份 | 国内生产总值 | 第一产业 | 第二产业 | 第三产业 |
|---|---|---|---|---|
| 1952 | 100.0 | 50.5 | 20.9 | 28.6 |
| 1953 | 100.0 | 45.9 | 23.4 | 30.8 |
| 1954 | 100.0 | 45.6 | 24.6 | 29.7 |
| 1955 | 100.0 | 46.3 | 24.4 | 29.3 |
| 1956 | 100.0 | 43.2 | 27.3 | 29.5 |
| 1957 | 100.0 | 10.3 | 29.7 | 30.1 |
| 1958 | 100.0 | 34.1 | 37.0 | 28.9 |
| 1959 | 100.0 | 26.7 | 42.8 | 30.6 |
| 1960 | 100.0 | 23.4 | 44.5 | 32.1 |
| 1961 | 100.0 | 36.2 | 31.9 | 32.0 |
| 1962 | 100.0 | 39.4 | 31.3 | 29.3 |
| 1963 | 100.0 | 40.3 | 33.0 | 26.6 |
| 1964 | 100.0 | 38.4 | 35.3 | 26.2 |
| 1965 | 100.0 | 37.9 | 35.1 | 27.0 |
| 1966 | 100.0 | 37.6 | 38.0 | 24.4 |
| 1967 | 100.0 | 40.3 | 34.0 | 25.8 |
| 1968 | 100.0 | 42.2 | 31.2 | 26.7 |
| 1969 | 100.0 | 38.0 | 35.6 | 26.5 |
| 1970 | 100.0 | 35.2 | 40.5 | 24.3 |
| 1971 | 100.0 | 34.1 | 42.2 | 23.8 |
| 1972 | 100.0 | 32.9 | 43.1 | 24.1 |
| 1973 | 100.0 | 33.4 | 43.1 | 23.5 |
| 1974 | 100.0 | 33.9 | 42.7 | 23.4 |
| 1975 | 100.0 | 32.4 | 45.7 | 21.9 |
| 1976 | 100.0 | 32.8 | 45.4 | 21.7 |
| 1977 | 100.0 | 29.4 | 47.1 | 23.4 |
| 1978 | 100.0 | 28.1 | 48.2 | 23.7 |

资料来源：《中国统计年鉴（2004）》，第52页及表1

从表3-8可以看出,1978年与1952年相比,各产业所提供的国民生产总值所占比重,第一产业下降了22.4个百分点,第二产业上升了27.3个百分点,第三产业下降了4.9个百分点。毫无疑问,这种数据显示出的是,在1952—1978年,第一产业和第二产业的国民生产总值所占的比重得到了较好的良性发展。

最后,对改革前的工业化时期的成就分阶段来看,1953—1957年的第一个五年计划期间,在优先发展重工业的方针指导下,中国建立了自己独立的工业体系,奠定了中国工业化的初步基础。电力工业、生产资料工业、各种机器制造业、化学工业和建筑材料工业都有了较大的发展。工业总产值年均增长18%,全国农民的收入增长了将近30%。1958—1962年的第二个五年计划期间,由于"大跃进"和人民公社运动,国民收入呈负增长状态。1963—1965年的三年调整时期,工农业生产有所恢复,但1966年开始的"文化大革命",使工农业生产又起伏不定,"三五"和"四五"时期农业部门国民收入的年均增长率仅为2.6%和3.0%,工业部门国民收入年均增长率为12.6%和8.5%,重工业增长速度大大快于轻工业,农业和轻工业没有得到应有的发展,人民的生活水平也没有得到提高。

**(二)取得成就的原因**

1. *工业化与农业合作化并举的路线*　世界工业化国家的资本积累不外乎两类:依靠外援或者海外掠夺和依靠国内积累。就外援来说,美英等西方国家对中国实施政治攻势和经济封锁,早已说明中国难以从西方世界获得支持。因此,内部积累只能来自国民经济各部门。而民族资本主义发展严重不足,国家没收的官僚资本也很有限,农业剩余也就自然地成为国家工业化积累最重要的来源。同时由于中国是一个人口众多的大国,占人口绝大多数的是农民,这使资本积累的可能数量不小;但农民的贫困却又是不争的事实。经过了土改和经济恢复,农民仍然相当贫困。于是,既要照顾农民利益,又要实现工业化的办法,即工业化和合作化、集体化同步启动的办法成了合理的选择。

这种战略的实施,为工业化进程提供了大量的农业剩余,这其中仅以剪刀差形式提供的积累,1952—1990年累计达8 708亿元,年均223亿元。加上以储蓄、税收等方式提供的积累,总额达11 594亿元,占我国工业化过程中国民收入积累额的1/3左右(冯开文,2003)。

2. *重工业优先增长的战略*　中国的工业化初期,国家选择的是优先发展重工业的战略,工业增长的速率分布是明显偏向重工业的。1952—1979年期间,重工业产值占工农业总产值的比重从15.3%提高至41.3%,平均每10年增加10个百分点;同时重工业产值占工业产值的比重从35.5%提高至56.3%,平均每10年增加8个百分点。重工业增长指数远远高于工农业总产值增长指数和工业增长指数(金碚,1994)。

但是值得注意的是,在这个时期的重工业超常增长的同时,农业生产是被忽视了的,农业生产总值对国际平均的结构水平偏离不大。因此,重工业的优先增长虽然有助于国家自力更生的基础,但过度倾斜的增长率部门分布,导致了产业结构的失衡,使产业化过程中的矛盾日益尖锐。这也是致使20世纪70年代末80年代初对中国产业结构产生调整要求的原因所在。

3. *高度集中的资源计划配置制度*　为了与重工业战略相配合,一系列的计划配置资源的管理机构在20世纪50年代中期前后建立了起来,随着这些机构职能的确定和完善,一个高度集中的资源计划配置制度就逐步形成了。

首先是金融管理体制的形成。在1949—1952年,中国就已经逐步实现了以中国人民银行为中心的金融体系和银行业的基本国有化。随后,为了实施重工业优先发展的工业化目标和

体现这一目标的第一个五年计划，1953 年中国人民银行在所属各级银行建立了信贷计划管理机构，编制和实施综合信贷计划。通过这种高度集中的金融体系和单一的融资渠道，把有限的资金优先安排到国民经济的计划重点产业和项目中，实现了资金配置与发展战略目标和低利率宏观政策环境的衔接。

其次是外贸外汇管理体制。1950 年 2 月政务院颁布了《关于全国贸易统一实施办法的决定》，规定由中央贸易部统一管理对外贸易业务。从 1958 年起，国务院规定对外贸易由外贸部门独家经营，实行统一政策、统一计划、统一对外的原则，汇率由中国人民银行统一制定，外汇由中国人民银行统一制定、对外贸易部和财政部实施集中管理。

再次是物资管理体制的形成。为了配合"一五"计划的实施和能源、原材料低价政策，1953 年成立国家计划委员会后，开始在全国范围内对重要物资实行统一分配的制度，由此则实现了国家对经济建设所需物资的直接配置(林毅夫，1994)。

最后是农产品统购统销制度的建立，这在上文已经提到，这种制度的产生，从一定程度上为工业化积累了大量的剩余做出了很大的贡献，同时这个制度的实施，促使农业集体化的进程不断加速，也是另一个方面的贡献。

## 二、改革后工业化取得的成就及其原因

### (一)取得的成就

1. *形成了以公有制为主体、多种所有制经济共同发展的基本经济制度* 改革开放以来，在国有企业改革不断深化的同时，非国有和非公有经济以更快的速度发展。根据金碚的计算，在工业总产值中，1978 年国有企业占 77.6%，集体企业占 22.4%，其他经济成分所占比重极小；2006 年国有及国有控股工业企业占 31.2%，国内非国有工业企业占 37.2 %，"三资"工业企业占 31.6%。另据计算，2000 年国有及国有控股企业所占比重为 61.2%，2006 年为 45.19%，国有经济在国民经济中起着主导作用(周叔莲，2008)。

2. *国有企业建立现代企业制度取得巨大进展* 至 2005 年底，国家统计局统计的国家重点企业中的 2 524 家国有及国有控股企业，已有 1 942 家改制为多元股东的股份制企业，改制面为 76.9%，国有中小企业改制面已达到 80%以上；中央企业中，宝钢集团有限责任公司等 19 家企业按照公司法转制，开展董事会试点，改善了公司法人治理结构：中央企业及所属子企业的股份制公司制企业户数比重已由 2002 年的 30.4%提高至 2006 年的 64.2%。经过近几年的努力，股权分置改革基本完成。2003 年以来，国有企业绩效日益提高。2006 年全国国有企业实现销售收入 13.78 万亿元，实现利润 1.1 万亿元，其中，中央企业实现销售收入 81 368 亿元，实现利润 7 546 亿元。国有企业活力得到增强，国有资产得到保值增值，国有经济不断壮大。

3. *形成了全方位的对外开放格局* 我国在 20 世纪 80 年代设立了深圳、珠海、汕头、厦门、海南等五个经济特区和大连等 14 个沿海开放城市，以及珠江三角洲、长江三角洲、闽南厦漳泉地区、胶东半岛、辽东半岛、环渤海、环北部湾等多个沿海经济开放区。90 年代初实行了上海浦东新区和以浦东为龙头的长江流域一带的开发开放，黑河等 13 个沿边城镇以及内陆省会城市和自治区首府的对外开放。到 90 年代上半期，我国已形成了"经济特区—沿海开放城市和地区—沿江开放地带—内陆开放省会城市—沿边开放口岸"的多层次、全方位、多形式的对外开放格局，我国已成为世界贸易大国和吸引外资的大国，2007 年以来国家外汇储备15 282

亿美元,成为世界第一。实施"走出去"战略已迈出了坚实的步伐。

4. 工业结构持续优化升级　改革开放以来工业结构的调整经历了3个阶段,每个阶段都取得了成绩。取得成绩的原因很多,但改革经济体制是一个主要原因。20世纪80年代初主要是调整轻重工业的比例关系,除对轻纺工业采取"六个优先"的政策以外,国有企业扩权让利和乡镇集体工业企业的发展也对加快轻工业发展起了重要作用。80年代末至90年代初,由于经济过热导致加工工业和基础工业严重失衡,调整中城乡集体工业企业、个体私营经济、"三资"企业和国有企业改革也起了重要作用。从90年代末开始,重工业呈现快速增长趋势,资源环境问题凸显,要求转变经济增长方式,大力推进传统制造业向现代制造业转变,加快发展高科技产业,淘汰落后生产能力,实现结构升级。由于初步建立了社会主义市场经济体制,为这次调整提供了有利条件。但体制、机制障碍仍然存在,要求进一步深化改革,完善社会主义市场经济体制。

5. 工业物资技术基础大大加强　1978—1992年,国有工业企业固定资产原值由3 041.5亿元增长至13 026.9亿元,平均每个职工使用的固定资产原值由9 689.3元增加至30 862.1元,国有单位的工程技术人员由157.1万人增加到520.5万人,平均每万人职工中专业技术人员由214.5人增加到478.0人。生产设备具有20世纪90年代技术水平的已占40%,20世纪70年代及以前的技术装备不足10%,主要工业制造设备技术达到国际水平的占30%,工业总体技术装备水平已与世界发达国家的差距缩短至10～15年(武力,2004)。

6. 城市化水平不断提升,随着工业化的发展,非农业人口迅速增长,促进了城市的发展　仅1993—1996年3年中,我国设市城市就由570个增加至666个,平均每年增加32个。1990—1995年,我国城镇化水平每年提高1.43～1.44个百分点,1995—1998年3年间,全国城镇人口每年增加约2 500万人。我国人口城市化率1978年为17.9%,2000年为36.1%,2006年已升至43.9%。

但是,虽然我国城市化进程比较快,但无论是与西方发达国家相比还是与同等发展水平的发展中国家相比,我国的成熟化水平仍然严重落后。2002年,世界平均城市化水平为51%,发达国家为81%,中等发达国家为62%,而我国只有39%。城市化发展滞后影响了我国产业竞争力的提升和人口素质的提高,影响了土地的集约使用和环境保护。

根据国际上的经验,城市化率达到30%以后即进入城市化加速阶段,直至达到60%后才进入平缓发展阶段。我国20世纪90年代后期城市化率达到了30%,开始进入了城市化加速阶段,也就是说,目前我国正处于城市化加速阶段的前期,在2020年之前这一时间段内都将处于城市化加速阶段。预计至"十一五"末期中国城镇人口比重将达到49%左右,到2020年城镇人口的比例将达到60%(王梦奎,2005)。

7. 产业结构的扭曲得到了矫正　首先是背离比较优势的产业结构得到了矫正。在推行重工业优先发展战略期间,产业结构背离了资源比较优势,致使重工业太重,轻工业太轻,建筑业、运输业和服务业占国民收入的份额处于徘徊状态,由此处于下降态势等一系列问题。但是,自1978年实行经济改革以来,资源配置逐渐向劳动力较为密集的产业倾斜,较好地发挥了中国劳动力资源丰富的比较优势,从一定程度上对背离比较优势的产业结构进行了矫正。

其次是严重滞后于产值结构转换的就业结构得到了矫正。上文都已经提到,改革开放前,农村的集体化为工业化积累了大量的农业剩余,而且还通过人民公社组织体系和城乡分割的户籍管理制度将农民束缚在农村和农业中,抑制了农民寻求非农收入的途径的实现。改革开

放以后，户籍制度的改革，使农民能在比较利益的诱导下，依靠自己的能力参与非农产业并获得与此对应的收入。

由此，劳动力转移的积极性增高，导致城市中的集体经济和个体经济也产生了迅猛的发展。统计资料显示，1978—1997 年，在城镇集体经济和个体经济中就业的劳动者由 2 063 万人增加至 5 486 万人，增长了 165.9%。这一变化为降低城市就业人口的待业率作出了重要的贡献。同时，随着工业经济和第三产业的迅速发展，从事第一产业的劳动力占劳动力总数的份额由 1978 年的 70.5%下降至 1997 年的 49.9%，从事非农产业的劳动力占劳动力总数的份额则由 1978 年的 29.5%提高至 1997 年的 50.1%，变化幅度高达 20.6 个百分点（林毅夫，1994）。至此，就业结构转换严重滞后于产值结构转换的问题得到了初步矫正。

再次是内向型的国民经济结构得到了矫正。改革开放以后，中国由封闭、半封闭经济走向了开放型经济。国家对此采取了一系列的鼓励和引导措施。在这些措施的推动下，中国的对外贸易迅速增长，对外贸易的依存度逐步提高。同时国外资金流入也在大幅增长，1979—1997 年期间，签订利用外资协议累计额和实际利用外资累计额，分别达到 6 540.01 亿美元和 3 483.47亿美元。这些标志着中国的经济正在朝向国际经济一体化的方向迈进，也标志着改革前的内向型经济得到了初步矫正。

8. *乡镇企业得到了极好的发展* 改革开放以来，乡镇企业对中国经济的影响力越来越大，乡镇企业已经成为国家税收增量的主要来源。1985—1990 年，国家税收净增 773.2 亿元，其中乡镇企业净增 166.9 亿元，占全国税收净增的 21.6%；1990—1994 年，国家税收净增 2 042.1亿元，其中乡镇企业净增 803.59 亿元，占全国税收净增的 39.4%。林毅夫认为，这些官方数据并不能反映出乡镇企业所做的贡献。他认为：①乡镇企业是中国制度外财政收入的主要来源之一，一些典型调查表明，制度外财政收入的 1/3～2/3 来自于乡镇企业收入；②乡镇企业已经成为农村和整个国民经济增长的主要力量。统计资料表明，产值由 1 000 亿元上升至 1 万亿元，乡镇企业仅用了 7 年时间，而全国社会总产值从 1 000 亿元突破到 1 万亿元用了 31 年时间。目前，乡镇企业产值不仅成为农村社会总产值的主要组成部分并具有份额继续提高的态势，而且成为国民生产总值增量的主要贡献者并具有份额继续扩大的态势。

9. *加快了我国工业化进程* 工业化进程可以分为工业化前期、工业化中期、工业化后期 3 个阶段。陈佳贵等同志在《中国工业化进程报告（1995—2005 年）》中，构建了一个工业化水平综合指数，认为如果一个国家或地区工业化水平综合指数为 0，则表示该国家或地区处于前工业化阶段；综合指数大于 0 小于 33，则表示处于工业化初期；综合指数大于 33 小于 66，则表示处于工业化中期；综合指数大于 66 小于 99，则表示处于工业化后期；综合指数大于 99，则表示处于后工业化阶段。根据他们的计算分析，我国 1978 年工业水平综合指数为 6.6，处于工业化初期的前半阶段；1995 年综合指数达到 18，处于刚步入工业化初期的后半阶段；2000 年综合指数为 26，2002 年为 33，进入工业化中期阶段；2005 年综合指数达到 50，已经进入工业化中期后半阶段。“十五”时期中国工业化进入高速增长阶段，工业化水平综合指数年均增长接近 5。这说明了深化改革对我国工业化进程的促进作用。

此外，工业改革还促进了工业地区布局的优化、工业企业组织结构的改进和管理的加强与创新等。

10. *人民生活水平得到较大提高* 改革开放促进工业和国民经济不断发展，人民也得到实惠，生活水平不断提高。城镇居民人均可支配收入 1978 年为 343 元，2002 年为 7 703 元，

2007 年为 13 786 元；农村居民人均可支配收入 1978 年为 134 元，2002 年为 2 476 元，2007 年为 4 140 元；反映生活水平的恩格尔系数，城市居民由 1978 年的 57.5%下降为 2006 年的 35.8%，农村居民由 67.7%下降至 43%；人口平均寿命明显提高，1981 年为 67.77 岁，2000 年提高到 71.4 岁，一直到 2007 年，中国人平均寿命升为 74 岁。

（二）取得成就的原因

1. 经济激励的改进　1978 年以前，虽然城市以国有经济为主，农村以集体经济为主，存在着显著的差异，然而它们在经济激励低下这一点上却没有什么区别。在 1978 年改革开放以来，农村以家庭联产承包制取代生产队的集体生产体制，极大地激发了农民的生产积极性。1978—1984 年间农村生产每年平均增长 4.8%，为 1952—1978 年间年均生产增长率的 2 倍。根据计量研究，由于生产积极性的提高，家庭农场的生产率比生产队体制高 20%，1978—1984 年间的农业增长中有一半可归功于推行家庭联产承包责任制所激发的农民的积极性（林毅夫，1994）。

此外，管理体制的放松，也为非国有经济包括城镇集体经济、农村乡镇企业和城乡私人企业的发展创造了条件。虽然这些企业得不到政府提供的优惠，职工得不到发放的各种补贴，必须在市场竞争中维持生存和发展，然而，这也是市场竞争的压力使这些企业产生优化资源配置的动力。同时，职工报酬与他做出的实际贡献相对应的分配制度，极大地激励着每一个劳动者的生产积极性。这种优胜劣汰的市场竞争机制和按付出的有效劳动进行分配的激励机制，使非国有经济迅速的发展起来了。

2. 渐进式改革的路线　中国的改革并没有一个事先设计好的所谓政策，它一直显现的都是“摸着石头过河”的特征。通过分析中国经济改革的历程我们可以发现，虽然中国的经济改革不断出现跌宕，但改革的基本线索是很清晰的。在改革前，中国的微观经营机制和资源配置制度改革与传统的宏观政策发生了冲突，产生了经济体制上的不适应。此时政府倾向于选择行政性收权的方式。但由于这种做法既得不到微观经营单位的支持，又造成了财政收入的拮据，而不得不将改革深化到宏观政策环境方面，使其适应于已改革了的微观经营机制和资源配置制度。而中国的渐进式改革就是在这种机制的作用下不断深化，并在逻辑上具有不可逆性。

乡镇企业的发展和改革正是这种渐进式改革的最好例证。乡镇企业之所以能得到迅速增长，原因也是在这种体制下的特殊体现。首先，乡镇企业作为社区集体所有的事业，使用土地根本不必支付代价，且具有无限的潜在供给，这就为乡镇企业提供了廉价的生产要素供给。其次，乡镇企业一起步，就具有了相对较丰富的市场机会。由于国家选择的重工业优先战略的实施，导致轻工业产品在市场上的严重短缺。从而乡镇企业利用了市场上的缺档，进入到长期受到压抑的产业部门，迅速取得了利润。最后，也是最重要的，随着 20 世纪 80 年代初国有企业微观环节放利让权的改革，资源配置和价格的双轨制开始出现，且其中的市场需求日益扩大，这为乡镇企业提供了进入和发展的重要条件。

20 世纪 90 年代以来，乡镇企业面对了新的挑战，开始了股份合作制的改革，缓解了乡村集体企业中的产权不明晰和政企不分的现象。而且这种改革可以使企业经理人员获得一个足够大的资产份额，是对新环境下企业管理人员的有效激励手段。

总之，随着环境变化，我国实行的渐进式改革，为我国的经济发展做出了不可磨灭的贡献，减少了不必要的损失。

3. 我国发展新型工业化的后发优势　我国是在先行工业化国家已经实现工业化的国际背景下推进工业化的，作为后发国家，既有后发优势，又有后发劣势。后发国家只有充分发挥后发优势，同时尽量避免后发劣势，才可能在工业化阵营中抢占一席之地，才会有可能实现赶超或跨越式发展。

在当今世界，由于先发国家已基本完成了工业化和城市化，结构生产力已释放得差不多了，进一步的经济增长主要靠要素投入、技术进步和制度创新。而我国作为后发国家，由于工业化和城市化远未完成，结构生产力还有待释放，因此，除了通过要素投入、技术进步和制度创新促进经济增长外，还可以通过结构变动促进经济增长，因而往往可以获得比先发国家更高的经济增长率，形成赶超局面，缩短与先发国家的差距。

4. 中国大型的人口规模带来的机遇　中国作为一个大国，首先是人口大国。已经完成工业化的国家中，任何一国都远不及中国的人口规模。市场广大和劳动力成本低是现阶段中国经济的两个重要优势，这两个优势都建立在“人多”的基础上。“人多”作为一个客观事实在中国已经有了很长历史，虽然还有其他一些发展中国家也有“人多”的特点。但是只有进入工业化轨道之后，“人多”才能转化为市场广大和劳动低成本的优势。幸运的是，中国已经进入了工业化轨道，且由于其超大型的人口规模，导致市场优势和劳动力成本优势较其他国家更为显著。市场优势除了表现在市场规模大之外，市场的多层次也为经济增长中的递进性和多样性提供了机会。劳动力的大量供给和劳动力市场供求关系中的供方弱势，将使劳动力的低成本维持较长时间。

以世界上最大规模人口为基础而形成的需求或供给，一定程度上可以形成对全球相关领域供求格局施加重要影响的某种“市场力量”。当中国经济成为世界经济联系的一个重要部分后，中国国内经济与国际经济之间的相互制约显著加强了。

5. 信息化对工业化的带动　我国新型工业化的主要内容就包含实现工业化与信息化的共同发展。工业化与信息化在协同互动中不断走向融合发展，互动关系呈正反馈增强。其作用机制主要体现在以下几个方面：一是信息技术的进步和信息化的发展为工业化创造了更好的发展环境，促进了经济增长。二是信息产业的迅猛发展推动了产业结构升级，促进了工业化，即“信息工业化”。三是信息技术对传统工业的改造可以大大提高生产效率，降低成本，即“产业信息化”。四是信息化是当代最先进的生产力。它能增强企业的竞争能力、盈利能力和发展能力，使企业在经济日益全球化的市场中处于有利地位，这种优势反映到宏观层面必然会提高我国的工业化水平。

## 第四节　农业对我国工业化的贡献

工业化是指由传统农业社会向现代工业社会转化的过程。工业化之所以能得以顺利推进，使其整体能够持续稳定增长和发展，离不开稳固的农业基础，离不开工农业的动态调整和适应性发展。拉尼斯和费景汉在刘易斯模式基础上发展的费-拉模式，强调了工农业的平衡发展及其对二元经济一元化改造的意义。他们认为，在二元经济改造过程中，农业不仅为工业提供劳动力，而且还要提供农产品剩余（粮食和原料）。如果农业不发展或者发展缓慢，就不能为工业提供所需要的足够的农产品剩余，从而使工业扩张受到阻碍。同一时期，乔根森也提出了二元经济发展模型，同样论证了农业剩余的增长是工业发展的必要条件。在《农业在经济发展中的作用》的会议论文中，约翰斯顿和米勒把农业作为经济增长的原动力，并提出了农业在经济发展中的劳动、资本、外汇、粮食和市场等五大贡献的理论，从而强调了农业在经济发展中的重要作用。西蒙也发表了题为《经济增长与农业的贡献》的文章，提出了农业的产品贡献、要素贡献、市场贡献和外汇贡献的理论(张培刚，1947)。

## 一、产品贡献

国内农业为工业化的进展提供日益增多的食物和原料来源的作用，就是我们通常所说的农业的产品贡献。

**(一)贡献一：粮食**　只要人类仍然以动、植物为主要食物，农业作为人类社会食物供给主要源泉的地位就不会丧失。离开了粮食的生产和供应，人类的生存和发展就会受到威胁。因此，从世界范围来看，至少在今后相当长的时期内，决不能没有农业。就一个国家或地区而言，虽然可通过进口解决粮食问题，但这不仅需要大量外汇支出，而且会造成政治和经济的依附性，这对像中国这样的人口大国，尤其是极不可取的。因而，在我国的工业化进程中，粮食的基本自给应当成为贯彻始终的一项基本国策，这是我国政治经济独立稳定的基本保证，也是我国工业化顺利进展的重要基础(张培刚，1947)。

粮食需求是人口和人均收入的函数。人口数量多，粮食需求量就大；人口增长快就要求粮食供给有相应的增长。就人均收入而言，虽然粮食需求的收入弹性趋于下降，但在一定收入水平范围内，粮食需求的绝对量会随收入增加而有较大增长。与此同时，随着人均收入的增长，粮食需求的结构也会发生高质化、多样化等变化，从而会进一步增加对粮食供给的压力。根据经验分析，粮食需求在发展中国家会有较快的增长。这是因为：第一，在经济发展的初期阶段，人均收入水平较低，边际消费倾向和平均消费倾向都很高，而且食物支出占消费支出的比重较大，因而，粮食需求的收入弹性在发展中国家远比发达国家高。据联合国粮农组织估计，20世纪60年代初印度等亚洲7个国家的粮食需求收入弹性为0.89，而同期美国只有0.15(郭熙保，1995)，可见其差别之巨大。第二，与发达国家相比，发展中国家的人口增长率要高得多，因而必然会有较快的粮食需求增长。第三，发展中国家的工业化必然推动人口的城市化，而城市人口的收入一般较农村为高，从而引起粮食需求的进一步增长。中国是一个人口基数庞大的低收入发展中国家，随着国家工业化的进展，对粮食的需求增长必然较快。从总体上来看，中国农业以仅占世界7%的耕地养活着占世界22%的人口，并基本实现了粮食的自给而没有发生饥荒，这是一个了不起的贡献。但是，我们也应该看到，改革开放之前，我国人均粮食占有量基本上在320 kg以内，长期没有什么增长，粮食紧缺问题一直存在，且供给结构单一，层次较低。即使是改革开放以后，尽管粮食产量连续数年增长，但人均粮食占有量仍在400 kg以内，这远低于发达国家的水平，且粮食消费的品种和质量没有显著的改善，粮食供求的地区矛盾也因贮运问题而难以很好解决。因此，在我国工业化进程中，粮食供求的数量问题和结构矛盾仍然突出，不容乐观。如果我们不能在粮食种植、加工、贮藏、运销等方面进行重大改进，并在粮食政策上采取适当有效的支持和保护措施，粮食供求矛盾的恶化轻则阻碍我国的工业化进程，重则危及国家的政治经济稳定。

**(二)贡献二：原料**　张培刚认为，原料可以将作为一个生产部门的农业和作为另一个生产部门的工业联系起来。就原料而言，农业的作用是供给的来源，而工业的作用则是需求的力

量。在工业化初期，以农产品为原料的工业在工业产值中一般占有较大比重。这是因为：第一，在工业化初期，人民收入水平较低，人们基本生活需要的满足应成为经济发展的首要目标，而以农产品为原料的工业、服装和纺织品等，基本上是生产人民基本生活品的工业；第二，这类工业通常是原料和劳动密集型的，资本和技术含量不高，规模效益不甚显著，比较符合工业化初期发展中国家资金、技术和人才缺乏，而非熟练劳动力丰富的状况，具有生产和出口的比较优势。因而，工业化初期发展农产品的加工和出口，是理所当然的选择。可见，工业化初期，源源不断的农产品原料供给，对促进工业化的进展，意义重大。

就我国而言，截至 1952 年，以农产品为原料的工业占轻工业的产值比重为 87.5%，占全部工业的产值比重也达 56.4%。这就是说，20 世纪 50 年代初，我国工业的生存和发展，对农产品原料有极强的依赖性。

1953 年以后，随着我国重工业化发展战略的实施，工业体系逐步转向重型化，并逐步形成了重工业内部自我服务、自我循环的特殊结构。这种资源配置的偏向，严重抑制了我国轻工业和农业的正常发展，以农产品为原料的工业的发展也严重受阻。至 1980 年，我国以农产品为原料的工业占全部工业的产值比重下降为 32.1%。对于这种下降，有人可能认为是符合工业化过程中经济结构演化规律的。事实上，这也是由于总量一般趋势而造成的误解。从 1980 年我国人均收入水平来看，我国以农产品为原料的工业占全部工业的产值比重，不仅远远低于低收入国家 1988 年的水平(58%)，也低于中等收入国家 1988 年的水平(44%)，甚至还低于中上等收入国家 1988 年的水平(37% )。经济体制改革之后，我国对传统的重工业化战略进行了一定的调整，使轻工业和农业得到了一定的恢复性发展，以农产品为原料的工业也得到了一定的发展。但好景不长，至 1992 年，我国以农产品为原料的工业占全部工业的产值比重经过几年上升之后，又猛降至 30%以下(郭熙保，1995)。根据我国人口、现有消费水平和收入状况分析，这种下降不能认为是正常的。

我国以农产品为原料的工业发展的阻碍因素主要来自供给方面。中华人民共和国成立以来，我国人多地少的状况和粮食供求数量的尖锐矛盾，客观上造成了我国农业“以粮为纲”的单一生产结构，再加上在我国低收入水平下，粮食消费以原粮消费为主，这就极大地限制了农业提供工业原料的能力。经济体制改革以后，这种状况也没有得到根本的改变。如我国纺织工业每年需要棉花 450 万～500 万 t，供需缺口达 70 万～80 万 t。播种面积仅次于粮食的棉花供求状况尚且如此，其他原料的供求矛盾就更不用说了。此外，长期以来的重工业化发展战略及相应的体制，严重制约了轻工业和农业的发展及技术进步。这一方面使农业长期不能改变单一的粮食种植结构，限制了农业供给工业原料的能力；另一方面使以农业产品为原料的工业投入产出效率低下，更加剧了农产品原料的供求矛盾(方齐云，1997)。

因此，为了促进以农产品为原料的工业的应有发展，除了这类工业自身要通过体制改革、改进技术、加强管理等措施，提高效率和效益以外，更重要的是要从供给方面着手，深化农业经营体制改革，改进农业技术，加强对农业的投资和政策支持，在提高农业土地产出率和保证粮食基本自给的基础上，逐步调整农业生产结构，增强农业提供农产品工业原料的能力。

此外，工业化会伴随着出现城市化，城市人口对剩余农产品(主要是粮食、畜产品、蔬菜和水果)的需求不断增加。这种需求增长来自于两方面的动力：一是城市人口的迅速增加和农村中非农产业发展推动着非农业人口的增长；二是工业化过程中，伴随人均收入水平的提高对农产品需求的增长。

## 二、要素贡献

工业化需要资本和劳动力两种要素不断扩大对工业部门的投入。在工业化的初期，工业部门在国民经济中所占比重较小，靠本部门自身的资本积累是远远不够的，在国民经济中占较大比重的农业部门必然是资本积累的重要源泉。农业部门为工业部门提供资本，必须有一个前提条件，即农业部门要有剩余，并且农民的储蓄必须大于他们对农业的投资。

工业化初期，由于要素市场不完善，政府主要采取行政手段为工业积累资本，农业剩余向工业部门的转移主要通过压低农产品价格，对农民征收直接税的方式取得。我国和其他发展中国家经济发展的实践证明，通过行政手段配置农业剩余资源，严重挫伤了农民的生产积极性，导致农业效率低下和生产停滞，最终使工业资本积累的源泉逐渐枯竭，不利于整个国民经济的发展。工业化中期阶段，随着资源配置方式的转变和要素市场的建立和不断完善，农业剩余向工业部门转移主要通过市场交易来完成。工业部门一方面可以通过金融市场有效利用农业剩余，另一方面农民直接作为投资者增加工业部门的资本积累。

农业为国家工业化建设提供资金贡献大体通过 3 个途径，即工农业产品价格“剪刀差”、税收和储蓄。而在 20 世纪 90 年代以前，通过工农业产品价格剪刀差方式使农业部门的资金流入工业部门则是最主要的渠道。据有关专家、学者分析测算，从 1952—1990 年，我国农业共为工业化建设提供净资金贡献为 9 530 亿元。其中，通过工农业产品剪刀差流入工业部门的资金为 6 990 亿元，占全部资金的 73.4%；通过政府农业税收流入工业部门的资金为 1 850 亿元，占 19.4%；通过储蓄流入工业部门的资金为 676 亿元，占 7.1%。

工业化过程中，农业的资本贡献的作用具有递减趋势，究其原因：一是工业化过程中农业的边际资本—产出系数存在上升趋势。增加单位农业产出，投入资本的数量必须不断增加，由传统农业向现代农业转变过程中，农业的持续增长有赖于技术不断进步和农民收入水平不断提高，农业技术研究、推广，农民自身素质的提高，农业基础设施的建设等，都需要大量投资。二是保持相对稳定的农业劳动投入，防止农业和工业部门比较利益过分悬殊，应对农业采取保护性价格政策和轻税政策。三是伴随工业的发展和实力的增强，工业部门资本积累的能力不断提高，对农业的依赖相对缩小。当然，工业化过程中，工业资本积累对农业剩余依赖性的减弱，关键在于工业部门本身效率和积累能力的提高，如国家长期对工业部门予以保护，低效率就难以避免，工业部门扩张所需资本就离不开农业剩余的转移(乔传斧、刘建国，1994)。

农业的第二个要素贡献是劳动贡献。工业化过程中，农业剩余劳动力是工业部门扩张的一个必要条件，劳动力由边际生产率较低的农业转向边际生产率较高的工业，可以提高资源配置效率，有利于整个国民经济的发展。但同时应该强调的是，农业劳动力向工业部门流动时，农业生产率的提高和农产品的供给必须保证这部分劳动力对农产品增加的需求。否则，就会引起农产品供给的短缺和对农产品需求的过快增长。

## 三、就业贡献

按照张培刚的说法，短期中，农业与工业之间劳动力的移动性可以视为零。但是在长期中，劳动力应视为可以在农业和工业之间互相移动的，虽然劳动力从城市回到农村是较为困难而很少有可能的。在工业化的过程中，当技术变化最显著时，劳动力从农村移到城市的状况也最为明显。

劳动力从农业转入其他生产部门所表现的这种职业转移，可以从每人货币报酬的差异中得到解释。因为我们对于由农业得到的收入难以进行精确的计算，但一般情况下，从农业经营所得到的报酬，总是小于从工业、商业及自由职业等所得到的实际报酬。当工商业在扩张时，这种报酬的差异变得更加明显，尤其是在工业化的初期。

20 世纪 50 年代，在我国开始兴建 156 项工程项目、开始进行大规模工业化建设的时候，曾经有成千上万的农民离开了土地走进了工厂，从而完成了在职业上从农民到工人的历史性跨越。这是新中国成立后我国农业第一次为工业化建设输送劳动力。统计资料显示，“一五”计划期结束时，我国城镇社会劳动者中的职工人数由 1952 年的 1 603 万人扩大至 3 101 万人，几乎增加一倍。其中，全民所有制单位职工由 1 187 万人增加至 2 103 万人，城镇集体所有制单位职工由 650 万人增加至 1 227 万人。相应的，城镇人口由 7 163 万人急剧扩张至 9 949 万人，增加了 2 786 万人。从 1958 年起，我国开始了加速工业化建设的三年大跃进。城镇人口和城镇非农业职工进一步急剧增加。到 1960 年，城镇人口增加至 13 000 万人，其中，90％是机械性增长；城镇非农业职工增加了 2 500 万人，其中有 200 万人来自农村。与此同时，大办工业、大炼钢铁之风风靡全国各地，农村“五小”工业遍地开花。一时间，农村广大青壮年劳动力几乎倾其而出，以其纯朴高昂的激情，积极投身于大办工业、大炼钢铁的热潮。尽管后来的事实证明它造成了许多宝贵资源的巨大浪费和经济上的巨大损失(世界银行，1995)。然而，在当时看来，抑或用现代的眼光从历史的角度来看这个问题，我们不能不说它是一次广大农村成功动员素质精良的劳动力，支援国家工业化建设的总动员和预演。

自改革开放以来，我国农业劳动生产率和土地产出率都有了明显的提高，这除了改革使农民将自身的经济利益与产出效率直接挂钩极大地解放了生产力以外，农业劳动力不断地向其他产业释出，缓解单位土地承受过多劳动力压力也是其中的一个重要原因。自 1978 年以来，我国 3 次产业的就业结构发生了很大变化，农业从业人员占全国从业人员的比例由 1978 年的 70.5％下降至 1996 年的 50.5％，在下降的 20 个百分点中有 6.1 个百分点被工业和建筑业部门吸纳，有 13.9 个百分点进人服务业，使得后两个部门的就业结构分别由 1978 年的 17.4％和 12.1％上升至 1996 年的 23.5％和 26％。需要指出的是，1978 年以来中国就业结构的重大变化，应主要归因于农村非农产业的高速增长，归因于农村工业化的迅速推进。实际上，中国农业劳动力转移的启动和拓展主要是农业内部第二、第三产业扩张的产物( 牛若峰，1996)。

截止 1996 年底，流出农业的劳动力为 15 648 万人，而转入城镇就业的劳动力仅有 2 336 万人，余者皆在农村内部从事非农产业活动。吸纳众多农业剩余劳动力从事非农就业的渠道，是迅猛发展的乡镇企业。应该说，乡镇企业的兴起与发展，是我国工业化发展过程中的一个创造，也是我国农业对中国工业化建设的一个特殊贡献。据统计，至 1996 年，乡镇企业增加值已达 17 700 亿元，其中工业增加值 13 000 亿元，约为当年国民生产总值的 26.2％和 19.2％；乡镇企业吸纳的农村剩余劳动力达 13 506 万人，约占全社会从业人员的 19.7％(中国统计年鉴 1997)。

因此，充分有效地利用本国丰富的劳动力资源，是实现工业化的重要前提。农业的就业贡献贯穿于发展中国家工业化的始终。特别在工业化初期和中期阶段，农业是最大就业部门。如果不注意保护农民利益，不重视农业的发展，就不可能有成功的工业化。

## 四、市场贡献

一国工业化的初期,大部分人口生活在农村,大部分劳动力从事农业生产活动,农村市场就其规模来说,构成工业品销售的主要市场。发展中国家的工业化与早期发达国家的重大区别,是传统农业与现代工业长期并存。因此,当工业化向纵深发展过程中,歧视性农业政策将为保护性、支持性农业政策所取代,保护农民利益 ,改造传统农业,增加对农业的现代生产要素投入 ,这一切都意味着农业的市场贡献有扩大的趋势。而农民对各种消费和农业生产资料的需求逐步扩大 ,反过来又促进了工业的发展。

就一个农业人口占全部人口 70%多的人口大国而言,中国的农村市场和潜在的需求市场无疑是巨大的。因而,中国农村市场对国家工业化建设和国民经济发展的贡献在任何时候都不能被低估。在我国,农村为国家工业化建设和国民经济发展提供市场贡献,主要体现在以下 3 个方面:一是农民通过货币支出,直接购买为满足日常生活必需以及为满足生活发展需要的工业消费品和服务;二是农民为解决和改善居住条件进行建房活动的市场购买需求;三是农民为从事农业生产经营活动所必需投资购买农业生产资料及有关的服务。

具体来说,农民在农村市场中为工业化所做的贡献要从两个角度来考虑,首先是农民作为买者来说对农村市场的贡献,其次是其作为卖者在农村市场中的作用。

农民作为买者时,农村、农民对国民经济发展的市场贡献份额的大小,取决于农村居民购买能力的强弱,最终则归结为农民收入的增长状况。统计数据表明,1979—1985 年,农民建房投资年均增长 48.3% ,全国农业生产资料商品零售总额年均增长 8%,农村居民消费水平年均增长 10% ,农村社会消费品零售总额年均增长 21.2% ,均为新中国成立以来增长最快的。1995 年、1996 年农村居民消费水平分别增长 9.6%、9.7% ,居民住房支出分别增长 27.7%、26.7% ,生活消费支出分别增长 28.9%、20%(《中国统计年鉴 1997》)。之所以有上述各种最快增长,是因为有农民收入增长最快作为基础的。

其次,在农业市场中,卖者的数目极大而经营的单位又极小,因而对于售物的价格,不能施加显著的影响,且同时农民对他们进行买卖的市场并不具有完备的知识,因此农业市场上也存在着不完全竞争或者说“买方垄断”性竞争。在这种竞争下,价格对于农民来说,要比在完全竞争条件下要低。在农业市场中,最典型的运销渠道就是:“农民—地方收购商—总批发商—零售商—消费者”。在中国,和美国一样,少数占支配地位的批发商同时就是卖方寡头垄断及买方寡头垄断者。唯一的差别是,在中国由于缺乏全国性的运输系统,这种情形只见于一定的市场范围。乡村的收购代理商,一方面,在较大的市场范围内,只是竞售给总批发商的众多出售者的一员,但是另一方面,在规模较小且富有地方色彩的市场上,又和少数其他收购代理形成了一群对农民的买方寡头垄断者。正是在这个市场轨道的结合点上,农民才不得不接受这种较低的价格(张培刚,1947)。

因此,总的来说,农民作为卖者,参与了两个活动:其一,参与卖方活动以后,获得收入可以加入买方的行为,从另一个角度参与农村市场,为工业化作贡献;其二,尽管农民所获得的价格并不高,但是农民为农村市场提供的产品从另一个方面来说可以是产品贡献,也可以是要素贡献中的原料贡献。

## 五、外汇贡献

40年前，张培刚教授曾在《农业与工业化》一书第六章第一节第二小题“农业在工业化中的作用”中说过：“农业可以通过输出农产品，帮助发动工业化。几十年来，桐油和茶等农产品曾在中国对外贸易中占输出项目的第一位，这项输出显然是用于偿付一部分进出口机器及其他制成品的债务。但是全部输出额，比起要有效地发动工业化所需的巨额进口来，实嫌太小。农产品输出究竟能扩张到什么程度，须看对农产品需求的收入弹性和其他国家的竞争情况而定，例如茶；也要看到别的国家正在发展人造代用品的情况如何而定，例如桐油。”（张培刚，1947）

工业化初期，发展中国家一般都要经历进口替代的过程，因此，进口工业设备的外汇必须以初级产品的出口来取得，对于石油、矿产资源稀缺的国家来说，农产品输出是换取外汇的主要途径。工业化过程中，农业的外汇贡献不仅表现在直接输出农产品，而且表现在以农产品为原料的工业制成品的输出，表现在本国提高农产品供给的保证程度，节约进口农产品所需支付的外汇。发展中国家农产品出口在各类商品出口总值中所占比重由1965年的42%降至1990年的20%，同期纺织品和服装的比重则由7%提高至12%。1974—1990年，发展中国家谷物进口量增加了72.2%（乔传斧、刘建国，1994）。

上述资料表明，工业化过程中，必须重视农业的发展。因为，农产品、以农产品为原料的制成品出口和农产品的进口替代，是保持国际收支平衡和加快工业化步伐的重要条件。

## 六、工业化深化后农业的新贡献

改革开放以来，我国的工业化取得了巨大的发展。这其中的原因，包括了上面提到的几个贡献。除此之外，在工业化深化了之后，农业对于工业的发展还提供了新的贡献。

**（一）农业对国民经济发展的生态贡献** 在中国，长期形成的“地大物博”、“资源丰厚”的认识错觉，曾经在较长的时期内使人们无法去认识生态、环境、资源危机的来临。中国的经济发展和农业生产也曾经因为执行过一些有失偏颇的发展政策，而导致对农业生态环境乃至国土环境的严重破坏。时至今日，我们仍然在自食人口无节制生育的苦果，而且是越来越艰涩的苦果。1958年的大炼钢铁运动，曾经使大片的耕地被荒弃，大片的森林被砍伐，大片的植被被破坏，导致了生态环境恶化，自然灾害频繁。人民公社化以后，由于国家实行鼓励人民公社内部从生产到消费自给自足的政策，全国“以粮为纲”，限制多种经营，各地到处毁林造地、填平沟塘退渔种田、将大片的草场开垦为农田，不仅使地域间丰富多样的自然资源优势被破坏，而且使自然生态环境遭受了巨大的破坏。据统计，20世纪50～70年代，我国土地沙漠化面积平均每年扩大1 560 km$^2$，风沙区生态环境脆弱，耕地萎缩，农村燃料、饲料、肥料普遍短缺。长期的乱砍滥伐森林资源和围垦造田，不仅使得各大江河上游水源涵养林和生态环境遭到巨大的破坏，水土流失，气候恶化，土地沙漠化严重，而且造成主要河道蓄泄洪能力下降。据统计，长江全流域水土流失面积达56万km$^2$，其中，中上游地区流失面积占90%以上。长期形成的粗放式农业耕作方式，已经造成了水资源短缺的恐慌和土地质量下降、环境污染的危害。

而农业除了为国民经济发展提供产品、资本积累等贡献之外，还具有涵养水源、改良土壤、净化空气、美化环境和提供各种可再生的生物资源等多种功效。这种功效可以说是农业独有的，也可以说是农业为国民经济和社会发展所能作出的特殊贡献。当今世界，伴随各种不可再生资源的日益萎缩和环境污染日益加重，人们越来越关注资源、环境、经济、社会的可持续发展问题。要求各国要以新的思路和新的方法来解决人类生存与发展所面临的日益严峻的资源与环境问题，协调好人类与自然、经济发展与资源环境之间的关系。就我国而言，由于国土环境不是很好，农业发展需要的重要资源如土地、水、森林等严重不足，坚持走可持续发展农业和生态农业的道路，提高农业对国民经济和社会发展的生态贡献尤为显得重要。

进入20世纪90年代中期以来，为了适应城镇居民生活水平的不断提高、城镇居民家庭一般工业消费品拥有量的饱和和居民休闲时间增多的需要，一些大城市郊区陆续开始兴办观光农业项目。据不完全统计，1996—1997年全国已经动工和计划投资在1亿元以上的观光农业项目已有7家，各类开发项目累计投资达30亿元以上(李楠，1995)。这就是说，在走向21世纪的现代化社会里，农业除了继续向国民经济发展提供传统的贡献以外，还将以其特有的姹紫嫣红、清新的绿色、爽心的金色为国民经济和旅游经济发展提供一种全新的增长点。对此，经济学家们给予了充分的肯定。他们说："按照持续性农业战略的新思路来设计农村经济社会发展政策，把农业的生存性生产、价值生产和乐生性生产融为一体"。"所谓乐生性生产是把农业看作乐生环境的供给者，赖以保持生态平衡，发展旅游观光，对此一潜在的增收来源，应当精心培育、永续保持和开发利用"(牛若峰，1996)。

**(二)新时期农业的发展对工业化的促进** 1979—1984年，在以引进市场调节因素为核心的经济体制改革和一系列利农因素的作用下，农业连续6年高速增长，农民收入大幅度提高。这些因素包括：

第一，家庭联产承包责任制的实施，解除了公社体制对农民的束缚，使农业经营又回到了其最贴切的家庭层次上，农民的劳动权与生产资料使用权相结合，劳动者与经营者集于一身，逐渐成为具有一定经营自主权的相对独立的商品生产者，从而极大地调动了农民的生产积极性和增产增收的热情。

第二，大幅度提高农产品收购价格，逐步扩大了农产品市场调节的范围，这种以调为主、调放结合的农产品流通体制的改革，调动了农民以粮为主、多种经营、增产增收的劳动积极性，提高了农民的收入水平。

第三，大幅度增加了化肥、柴油和农电等投入，推广了一大批适用的农业生产技术，农民中也出现了学技术和用技术的热潮。

第四，农业基础设施和其他生产条件的完善，更深刻地发挥着有利于农业生产的重大作用(张培刚，1947)。

以上这些有利因素的综合作用，使得农业生产和主要农产品的产量得到了快速的增长，为城市和现代工业提供了更多的粮食和原料，有力地推动了国家工业化的进程，也缓解了长期以来全国低标准定量供应农副产品的紧张状况，使中国人口的温饱问题得到了基本的解决，也为逐步实现农产品供求的市场调节打下了良好的基础。

与此同时，改革开放以来国家对农村基础教育和农业技术教育增强了重视，扫除了大部分的文盲，从整体上提高了农民的素质。这正适应了农业现代化转变和国家工业化的要求，从另一个层面起到了对工业化促进的作用。

归根结底，中国的"三农"问题是工业化过程中各种问题的集中体现。如果农民的收入和生活水平一直不提高，那也不能再去谈工业化的问题。就农业问题而论，从工业化发展对农业的要求来看，主要是要求农业能提供足量的粮食和其他农产品，并保持价格的相对稳定；从农

民收入提高的角度来看，能以较低的农业生产成本生产出更高质量、更多品种、更高产量的农产品，并保持相对稳定的农产品价格，是很关键的。而近些年来，在政府相关政策的引导和调控下，农业的生产产品质量和数量一直在增加，农业技术一直在提高，而且中国的“三农”问题一直都在不断进行改善。这些都为工业化的进程做出了不可磨灭的贡献。

## 第五节 对我国工业化存在问题的反思

今年是新中国成立60周年，而工业化也发展了近60年，其中的坎坷很多，但也取得了很大的成就。上文中对于我国工业化取得成就的原因进行了探讨，接下来本文将具体分析工业化进程中出现种种问题的客观原因，从而来对我国工业化的进程进行总结以及客观地对未来进行展望。

### 一、改革前的工业化教训

我国通过优先发展重工业，在较短的时期内建立了较为完整的产业体系和国民经济体系，初步奠定了国民经济基础，而且我国1978年以来工业持续高速增长正是以我国优先发展起来的重工业为基础保证的。因此，从重工业入手启动我国工业化是正确的，虽然同时也存在着许多问题，如重工业长期封闭发展、自我服务，农业、轻工业长期滞后，总体经济效益不佳等。但是，这些实践中暴露出来的问题不应咎于道路选择，而应归于战略实施中的操作性原因。如重工业战略的绝对化，经济发展目标缺乏经济性，忽视技术进步，产业结构畸形，经济管理落后，以及某些改革设计不当。

**（一）片面发展重工业的战略** 即只注意到重工业发展对产业结构阶段过渡所起的推动作用，片面地强调发展重工业，忽视了在产业结构成长中必不可少的产业协调，对农业、轻工业应有的关联作用未能充分实现，从而重、轻、农间不能协调发展，结构性矛盾突出。虽然，重工业因具有较快的增长率而起到支撑国民经济增长和提高国民经济中工业所占比重的作用，但是片面依赖重工业部门的发展速度，并不能产生各产业增长比较协调条件下的效果，因而这种较快的速度并不能代表实质性的经济增长。

**（二）忽视技术进步** 在奠定工业基础时期，通过建设新厂来扩大再生产是必要的，但是在工业发展到一定的规模时仍忽视老企业技术改造、技术进步，是不利于工业发展的。我国工业的许多骨干企业长期通过扩建来扩大生产能力，而不注意内涵的扩大再生产。在技术密度较高的机械工业中，60%以上的机床服役了20多年，性能、精度大大下降。技术落后的装备工业必然导致整个生产技术水平的低下，农业中仍是以手工工具为主，轻工业中手工劳动也占了较大的比重。技术水平的落后，一方面使各产业部门普遍出现效率不高、浪费严重的情况；另一方面也使某些落后的属于淘汰型的产业部门得到保护，新兴产业成长困难，产业结构高度化缺乏内在动力（骆君生，1990）。

**（三）产业结构畸形** 推行重工业优先发展的战略对我国产业结构造成了极大的扭曲，具体体现在以下两点：第一，产业结构中制造部门的比例特别高，服务部门的比例又异常的小。这是不符合经济发展的一般规律的，这也为后面问题的出现做了个铺垫。第二，在制造业中，粗加工的比例比较高，精加工的比例比较低。林毅夫认为，这种过重的产业结构背离了中国的资源比较优势，给中国经济的发展和人民生活的改善带来了一系列的障碍。也是推行传统经济发展战略造成的一个重大弊端。

**(四)政策设计方面的问题**　从重工业入手启动工业化，所面临的最棘手的问题是资金短缺。将资金从农业转移到工业方面，在经济上较为可取的方法是征收土地税和通过金融机构调动农村储蓄。而我国通过工农业产品的不等价交换来积聚重工业发展所需的资金，并试图通过发放低息农贷和低价出售化肥、农机、种子之类的投入物作为补偿，然而这些补偿不足以抵消产品市场的不公平待遇。而且这些补贴还迫使政府采取配给制度，导致复合的价格偏差、不平等和低效益，从而不利于农业发展，最终导致产业结构的畸形成长。

## 二、改革后的工业化道路所遇阻碍

改革开放以后，我国实现了由社会主义计划经济向社会主义经济工业化模式的路径转换，大大推进了我国工业化的进程。但是，这一时期的经济结构、社会结构的急剧变动，既为加速发展提供了机遇，又由于各种矛盾、问题的凸显而带来严峻的挑战。在这些挑战下，我国的工业化出现了不少的问题，也威胁到了工业化的下一步发展。具体归结为以下几点。

首先是经济结构问题，二元经济结构的深化和我国产业结构以及就业结构的不合理已经导致了一系列问题的出现；其次是经济增长方式粗放以及劳动生产率比较低，致使我国工业化在某种程度上还是在重复着单纯依靠高储蓄、高投资的工业化，难以持续发展；再次，生产性服务业发展滞后也对我国制造业和城市化进程造成了制约；最后是生态环境难以承受传统工业化之“重”。近几十年，我国高速的工业化已经给生态环境造成了巨大的破坏，水污染、大气污染、固体废物污染等已经非常严重，对经济的继续发展和人民身体健康造成了很大的威胁。

## 三、对我国工业化未来的展望

目前，我国以国有经济为主导、多种经济成分相并存的社会主义市场经济新体制已基本形成，市场机制在资源配置中已经开始发挥基础性作用，经济生活日益丰富且充满活力。工业生产规模和总量、工业技术水平都有很大的提高，工业企业对外交往增多，国际竞争力得到提高，我国已成为工业化大国。但我们也应当清醒地看到，我国工业化的任务尚未完成，在当前工业化进程中还面临许多难题。因此，在此背景下，我国应该对新型工业化进行结构升级，即进行工业化结构跨越式的升级，从而全方位地加入经济全球化进程。

**(一)区域化与全球化并行，参与国际分工；围绕结构升级，拓展多元发展空间**　当今经济全球化时代，区域化是一个与全球化并行不悖同样值得关注的客观大趋势。对于我国而言，需要积极推进与东亚及周边国家和地区合理的国际分工，加强经济技术合作关系，逐步推进和形成紧密型的东亚区域国际分工和合作网络，在优势互补中提高我国和区域整体的国际竞争力以及在全球经济中的地位和影响力。同时还要正确把握我国全球化不断拓展的态势，除积极开拓出口市场和努力实现进口来源多元化以外，还必须与全球其他生产要素相结合，将我国的劳动力资源和国际技术资源、国际资本资源以及国际自然资源相结合，只有这样才能实现结构的战略性调整。

**(二)加快信息产业化和产业信息化进程**　信息化是世界发展的潮流，它必将给我国工业化带来巨大的发展空间，特别是利用现代信息技术改造传统产业，可以有效地协调劳动密集型与资金技术密集型产业、虚拟经济与实体经济、传统产业与高新产业以及第一产业、第二产业

和第三产业之间的相互关系,实现国家经济结构的总体优化。因此,强化信息经济意识,搞好信息产业发展的战略部署以及建立科学有效的产业互动方式,是对我国工业化发展的必然要求。此外,在积极参与国际分工和国际合作中,我国还应提升产业的竞争优势。无论是发展现代信息产业,还是用信息技术改造传统农业,实现信息产业发展与产业结构升级的互动都必须通过积极参与国际分工和国际合作。只有这样,才能在我国形成产业的新优势,不断增强产业的国际竞争力。

**(三)加强国内区域间合作,积极推进地区间产业结构的战略调整** 中国产业发展的不平衡和多层次性不仅体现在部门结构上,还突出表现在地区结构上。在经济全球化的深化发展的背景下,产业的转移和资本、技术等生产要素的流动都在加快。顺应这种经济发展和结构调整的大趋势,就要突破仅从国内范围来对这个问题进行研究的狭隘视角,要从全球产业大调整、技术跨国转移和参与国际分工和带动各地区发展与结构调整联系起来,加强国内地区间的经济合作,实现产业由东向西形成联动式的演进和升级。要做到这个要求,就应该发挥地区产业的比较优势,从而促使产业在空间上达到合理布局。此外,还要加强地区间的经济合作,要彻底打破地区间的经济封锁和行政分割所造成的资产重组、企业并购、资源优化配置的巨大障碍。同时还要通过制度的创新等来推进区际经贸与产业合作,来促使全国统一市场的真正形成。

**(四)加快城市化进程的推进,为结构的战略性调整提供平台** 国际经验已经表明,城市会产生明显的集聚效应,从而带来更高的规模收益、更高的科技进步动力和更大的经济扩散效应。因此,应该推动中国城市产业结构的升级,进而带动农村人口向非农产业和城市转移,从而使其成为今后相当长时期内经济增长的主要推动力。

鉴于推进城市化在中国工业化的进程中占有重要的战略地位,因此应该进一步深化对城市化的认识,通过城市化来推进产业结构的战略性升级。具体而言,要从以下几个方面入手。

首先,要大力改善城市基础设施,增强集聚功能。其次,要以工业集聚、产业扩张与产业结构升级为核心来提升工业化。最后是要建设数字城市和网络应用,以此为平台加快信息化步伐。此外,还要以城市化为中心加快建立区域创新平台,并大力发展教育产业,以适应地区产业发展和创新的要求;大力普及现代文明,努力促进人的全面发展,达到城市化与结构战略性调整和升级的“互动”。

最后一点,却也是最核心的一点,就是要更加重视农业在工业化进程中的重要作用。在进行工业化结构升级的同时,要尽量解决中国的“三农”问题,使农业和工业化同步发展。因为,农业的贡献贯穿于发展中国家工业化的始终,特别在工业化初期和中期阶段,农业是最大就业部门。如果不注意保护农民利益,不重视农业的发展,就不可能有成功的工业化。某些发展中国家由于长期推行歧视农业、保护工业的政策,城乡收入悬殊,大量农业劳动力流入城市,在农业产出下降、供给不足的同时又加剧了城市的失业,引起许多经济和社会问题。由此可见,使农民安居乐业,不仅是一个经济问题,而且是一个重要的社会问题和政治问题。上文也提到,除了“三农”问题以外,当今中国的农业还是走新型工业化的一个资源平台,通过农业来改善工业化造成的恶劣环境以及创造节约型社会、开展可持续发展等。

# 第六节　结　语

新中国成立60年来,我国工业化历尽沧桑,有成功的经验,也有失败的教训。其中,最重要的经验和教训就是在于如何正确看待农业对工业化的作用,是否把农业发展、农村繁荣和保护农民利益、不断提高农民收入水平置于重要的战略地位。这些经验和教训对我国工业化进程的始末都起到不可替代的作用。

在我们中华民族五千年文明历史的悠悠长河中,新中国成立后所进行工业化建设的60年,可谓"弹指一挥间",但是,这个在民族文明史上仅占百分之一的岁月,却使作为这个民族载体的神州大地发生了翻天覆地的变化,再铸了我们这个民族的盛世辉煌。中国生产的纺织品、煤炭、钢、家电、日用工业品等100多种产品的产量已经持续居于世界首位;中国科研开发人员总数已经居于世界第二位,在某些高技术领域中国已经居于世界领先地位;"神舟"载人航天飞船的成功发射,集中显示了中国高技术产业发展水平,体现了中国的科技实力。尤其值得指出的是,随着中国工业化进程的不断加速,中国正在不断创造世界工业化的新纪录,中国的钢产量近年来保持在2亿t以上,这在世界工业发展史上是罕见的。

总之,中国工业的未来发展会有许多让人羡慕的机遇和得天独厚之处,这些都会使不久的将来我国实现后来居上成为可能。我们有理由相信,经过改革开放形成的充满生机、富有效率的新体制将与中国人民的勤劳、智慧一起,实现中国的工业和整个国民经济后来居上,跻身于世界先进行列,而我们的国家将会以崭新的、更加文明的面目出现在世界上 。

## 参考文献

[1]　马克思恩格斯选集(第3卷)[M].北京:人民出版社,1972.

[2]　毛泽东.最根本的问题是生产力向上发展的问题(1944年3月22日).党的文献,1993(2).

[3]　范守信.1949—1956年党的战略指导方针的变化及其历史经济.党史研究与教学,1989(5).

[4]　为动员一切力量把我国建设成为一个伟大的社会主义国家而奋斗.建国以来重要文献选编(第4卷).

[5]　冯和法.从资本主义到社会主义的过渡时期.新建设,1956(6).

[6]　林毅夫.中国的奇迹:发展的战略与经济改革.上海:上海人民出版社,1999.

[7]　金碚.中国工业化经济分析.北京:中国人民大学出版社.

[8]　翟书斌.中国新型工业化路径选择与制度创新.北京:中国经济出版社.

[9]　中华人民共和国第一次全国人民代表大会第二次会议文件.北京:人民出版社,1955.

[10]　吴敏一,郭占恒,等.中国工业化理论和实践探索.杭州:浙江人民出版社.

[11]　新华半月刊.1959(1).

[12]　戎文佐.走适合国情的中国工业化道路.中国展望出版社.

[13]　赵德馨.中华人民共和国经济专题大事记(1967—1984).郑州:河南人民出版社,

1998.

[14] 赵士刚．共和国经济风云．经济管理出版社,1997.

[15] 孙大志．对建国后中国工业化道路的历史考察．辽宁师范大学,2007年中国博士学位论文全文数据库．

[16] 林跃勤．中国出口可持续发展的问题与对策．中国社会科学院经济研究所论文数据库．

[17] 江泽民文选(第三卷)．北京:人民出版社,2006.

[18] 国家计委高新技术司．信息化带动工业化的战略路径．宏观经济研究,2003(2).

[19] 中国工业发展报告(2008).

[20] 《列宁全集》第32卷．

[21] 《斯大林选集》上卷．

[22] 《斯大林全集》第11卷．

[23] 张春富,等．中国农村经济变革．北京:北京出版社,1991.

[24] 傅晨．中国农村合作经济:组织形式与制度变迁．中国经济出版社．

[25] 史敬棠．中国农业合作化运动史料(下册)．生活、读书、新知 三联书店,1959.

[26] 张培刚．农业与工业化（上卷与中下合卷)．华中科技大学出版社,2002.

[27] 牛若峰．中国经济偏斜循环与农业曲折发展．中国农民大学出版社,1991.

[28] 中华人民共和国农业部．中国农村40年．中原农民出版社,1989.

[29] 《国际经济和社会统计提要》(1988),中国统计出版社．

[30] 《邓小平文选》第3卷．人民出版社,1993.

[31] 龚新蜀．中国工业化五十年回眸与评析．长春市委党校学报,2000(2).

[32] 冯开文．合作制度变迁与创新研究．北京:中国农业出版社,2003.

[33] 周叔莲．中国工业改革30年的回顾与思考．中国流通经济,2008(10).

[34] 王梦奎主编．中国中长期发展的重要问题(2006—2020)．北京:中国发展出版社,2005.

[35] 刘世锦,等．传统与现代之间——增长模式转型与新型工业化道路的选择．北京:中国人民大学出版社

[36] 郭熙保．农业发展论．中文第1版．武汉:武汉大学出版社, 1995.

[37] 方齐云．工业化进程中农业的贡献．经济评论,1997(4).

[38] 乔传斧,刘建国．论工业化过程中农业的作用．福州大学学报,社会科学版,1994,第8卷 第3期．

[39] 世界银行．1995年世界发展报告：一体化世界中的劳动者．中国财经出版社,1995.

[40] 牛若峰．中国农业的变革与发展．中国统计出版社,1996.

[41] 《中国统计年鉴1997》．

[42] 李楠,等．观光农业路有多宽．经济日报,1998.

[43] 骆君生．对我国工业化战略的反思．财经科学,1990(02).

[44] 《中国城市发展报告》编委会．2002—2003中国城市发展报告．北京:西苑出版社,2004.

[45]　李京文．进一步促进我国经济协调发展．中国社会科学院院报,2004.
[46]　夏永祥,等．新型工业化与小康社会．苏州大学出版社,2003.
[47]　马泉山．新中国工业经济史(1966—1978)．经济管理出版社,1998.
[48]　武力．中国工业化道路的历史分析．教学与研究,2004(4).

(作者:许　筠 中国农业大学硕士生,冯开文 中国农业大学教授、农经系主任)

# 上篇

## 制度变革

# 第四章 农村制度变革的成就

在中国共产党领导下，经过60年的探索和建设，中国农村发生了翻天覆地的变化，取得了举世瞩目的辉煌成就。

## 第一节 土地改革与农业生产的恢复

1949年10月新中国的成立，开创了全新的社会政治经济秩序。当时农业发展面临的社会经济背景：旧中国广大农民深受帝国主义和封建主义、官僚资本主义的多重压榨，又屡遭战乱，农业生产力遭到极大的破坏，农业生产全面衰落，如粮食产量比抗日战争以前的最高年产量减少近1/4，平均亩产不到50kg，棉花年产量减少近一半，大豆、花生、油菜籽和黄红麻减少1/2～2/3，大牲畜和猪、羊也大量减少，水产品减少2/3以上。新中国伊始，国家把恢复和发展农业生产列为经济发展的首要目标，做出了一系列的政策安排。

在国民经济恢复时期，尽管生产条件很差，困难重重，但是在中国共产党和中央人民政府的领导下，经过三年的艰苦努力，胜利地完成了恢复农业生产的历史任务。按1952年不变价格计算，全国农业总产值由1949年的326亿元，增长至1952年的484亿元，平均每年递增14.1%。农业生产的恢复和发展，使广大农民的收入增加，购买力提高，生活有了较为明显的改善，全国按农业人口平均每人的乡村社会商品(包括消费品和农业生产资料)零售额，从1950年的21.7元，上升至1952年的30.7元，平均每年递增18.9%。1952年全国每个农村居民消费粮食192kg，食用植物油1.7kg，食糖0.6kg，猪肉5.5kg，棉布4.6m。虽然当时整体消费水平相当低，但是与1949年相比，绝大多数农民的生活水平有了较大的提高。

### 一、改革土地制度，实现"耕者有其田"

2 000多年的封建土地所有制，严重地阻碍了农业生产力的发展，是中国农村贫穷落后的根源。"耕者有其田"是广大农民长期以来的强烈愿望。中华人民共和国成立以前，在老解放区约有1.6亿人口的地区就实行了土地改革。1949年9月，中国人民政治协商会议通过的《共同纲领》规定：中华人民共和国必须有步骤地将封建半封建的土地所有制改变为农民的土地所有制。1950年6月30日，中央人民政府政务院颁发了《中华人民共和国土地改革法》。从1950年秋季开始，根据《中华人民共和国土地改革法》的规定，在约3亿人口的新解放区有计划、有步骤、有秩序地开展了土地改革工作。由于实行了正确的方针、政策，土地改革进行得比较顺利。到1952年底，全国范围内的土地改革基本完成，封建地主作为一个阶级永远地被消灭了，从根本上摧毁了中国农村长期存在的封建剥削制度，改变了几千年来土地占有极不合理的状况，实现了耕者有其田，无地和少地农民无偿地分得耕地4 100万 $hm^2$，每年免交谷物地租3 500万t。土地改革的伟大胜利，在经济、政治、思想和文化上都产生了巨大的效果和影响。整个农村发生了翻天覆地的变化，农民的精神面貌焕然一新，生产积极性空前高涨，对恢复和发展农业生产起到了决定性的作用。

## 二、初步开展互助合作运动

土地改革后，农村变成几乎是清一色的小农经济，土地占有平均分散化，生产资料也非常缺乏。据1954年全国农户抽样调查，土改结束时，全国农民平均每户只有耕畜0.6头、犁0.52部、水车0.1部，生产资料的缺乏给以家庭为单位进行生产经营活动带来许多困难。为了克服这些困难，使农民能够迅速地增加生产而走上丰衣足食的道路，在革命老根据地开展互助合作的基础上，中共中央于1951年12月将《关于农业生产互助合作的决议(草案)》下发到各级党委试行，先发展互助组，引导农民走互助合作之路。这一时期的农业生产互助组，主要有两种：一种是临时互助组织，主要特点是土地、农具等生产资料仍归农户私有，根据农事季节，劳畜临时变工生产，自愿结合，互助互利。第二种是长年互助组织，主要特点是在农户生产资料所有制不变的基础上，有简单的生产计划和管理制度，又有某些分工分业，实行劳畜评定工分的长年劳动互助，有的还有一定的公共积累。这些互助组，由于是建立在自愿结合的基础上，规模不大，内部基本上坚持了平等交换和互利原则，通过调剂人力、畜力余缺而保证及时耕种，解决了农户生产中的一些困难，提高了劳动效率，增加了粮食等农产品的产量。

## 三、实行扶持农业生产的政策和措施

农村的土地改革坚持了与恢复生产紧密结合的方针，掀起了恢复和发展农业生产的热潮。为了保证农业生产的恢复和发展，中共中央、政务院和各地人民政府采取了一系列的方针政策和经济技术措施扶持农业生产。

一是增加农用资金、物资的供应。1950—1952年，国家财政支援农业资金分别占这三年国家财政总支出的4%、3.4%和5.1%。这些资金主要作为农业事业费和农村救济费支出。1952年共计向农民发放贷款8.58亿元，帮助农民购买农具、耕畜、肥料、农药、良种等生产资料，占农业生产资料供应总值的60.9%。在农用物资方面，1950年全国各地开始普遍推广新式农具。随着农业迅速恢复发展对生产资料需求的猛增，国家向农民提供的化肥、农药(包括兽药)和施药器械等大量增加。1952年全国化肥施用量达7.8万t，比上年增长近1倍。

二是从税收、价格方面进行扶持。1950年9月，中央人民政府公布了《新解放区农业税暂行条例》，1952年6月，政务院又发出指示，对农业税制度做了调整。随着农业生产的恢复和农业人口平均收入的提高，农业税的实际征收税率在经过两年上升后，出现了下降的情况。1952年农业税实物尽管增加至1 940万t，而占粮食总产量的比重却下降为13.2%(李成瑞，1959)。在农产品收购价格方面，1952年与1950年相比，粮食价格提高了7.4%，棉花价格提高了8.9%，其他经济作物和畜产品、水产品的价格也有所提高。加上集市贸易农产品价格的变化，农产品收购价格总指数的上升超过了农村工业品零售价格总指数的上升。从而使农民用同样数量农产品换取的工业品有所增加。

三是整治大江大河和开展农田水利建设。中华人民共和国成立后，水利建设即作为恢复国民经济的重点之一。在灌溉方面，中央投资兴修水利增加灌溉面积24.7万余$hm^2$，整修旧渠及民营小型工程受益86.7万余$hm^2$。全国有效灌溉面积由1949年的1 600万$hm^2$，增加至1952年的1 995.9万$hm^2$。

四是改进和推广农业生产技术，普及推广良种，改进耕作技术，防治病虫害。据不完全统

计，三年中全国22个省、自治区、直辖市，推广12种新式农具近5万部，其中包括各种新式步犁2万多部。

### 四、开展爱国丰产运动

为了鼓励广大农民发展农业生产，政务院于1950年9月25日至10月2日召开了全国工农兵劳动模范代表会议，198位农业劳动模范代表参加了会议。毛泽东主席代表中国共产党致祝词，并同其他中共中央领导人在天安门城楼上亲切接见了全体代表。农业劳动模范代表亲身感受到从过去牛马不如到做国家主人的幸福，深受教育和鼓舞，这激励他们要更好地努力搞好农业生产。1951年，政务院在《关于一九五一年农林生产的决定》中，把群众性的奖励劳模运动和生产竞赛活动列入发展农业生产10项政策内容之一。同年2月，农业部召开的第二次全国农业工作会议，号召开展一个全国性的爱国丰产运动。1951年3月6日，山西省李顺达互助组向全国互助组挑战，揭开了爱国丰产运动的序幕。这样，爱国丰产运动轰轰烈烈地在全国开展起来，且由于中共中央、政务院及有关部门的正确引导，对竞赛方式和奖励办法逐步加以改进，及时总结和推广丰产模范的生产经验以提高单位面积的产量，这对农业生产的恢复、发展和各项农村工作的顺利开展，都起到了推动作用。

农业生产取得的第一个阶段性的伟大成就，对于当时整个国民经济的恢复和以后农业生产的发展，都起到了极为重要的作用。

## 第二节　农业的社会主义改造与生产发展

从1953年开始，中国进入了第一个五年计划时期，国家工业化战略开始启动。为适应国家工业化快速推进对农产品需求快速增加的需要，对农产品实行统购统销，并大规模开展农业生产合作化。这一时期，我国农业生产得到迅速恢复和较快的增长。1957年，全国农业总产值比1949年增加98%，年平均增长8.9%，粮食总产量增加8124万t，年平均增长6%，人均粮食占有量由原来的209kg增加至309kg，比抗日战争前最高的1936年高出10%。在第一个国民经济发展五年计划期间，重工业偏斜发展初露端倪，但农产品供给与当时人民的购买力基本协调，物价稳定，社会安定。这是新中国历史上最好的时期之一，堪称第一个里程碑。

### 一、农产品统购统销制度

农产品统购统销制度的实施是从粮食开始的。国家工业化推进，导致对农产品需求的快速增长，随着大规模建设的展开，供需矛盾日益加剧。为保证城市、工矿区所需农产品的供应，中共中央于1953年10月16日做出《关于实行粮食的计划收购与计划供应的决议》。遵照中共中央的决定，政务院于11月23日正式颁布《关于实行粮食的计划收购和计划供应的命令》和《粮食市场管理暂行规定办法》。以后还相继对油料、棉花等重要农产品实行了统购统销，并自1954年起对生猪等其他农产品先后实行了有计划的统一收购即派购制度。1957年8月，国务院在《关于由国家计划收购(统购)和统一收购的农产品和其他物资不准进入自由市场的规定》中进一步明确，属于国家统一收购的农产品包括：烤烟、黄洋麻、苎麻、大麻、甘蔗、家蚕茧

(包括土丝)、茶叶、生猪、羊毛(包括羊绒)、牛皮及其他重要皮张、土糖、土纸、桐油、楠竹、棕片、生漆、核桃仁、杏仁、黑瓜子、白瓜子、栗子,集中产区的重要木材,大麻、甘草、当归、川芎等38种重要中药材,供应出口的苹果和柑橘,若干渔业集中产区供应出口和大城市的水产品。随着农产品统派购制度的建立并逐步得到加强,还加强了对农村市场的管理,在农村流通领域实行了高度集中的计划调节,从此真正意义上的自由市场基本上不复存在。

## 二、农业生产合作化的推进与偏差

中共中央于1953年2月15日公布了《关于农业生产互助合作的决议》,1953年12月中共中央又发布了《关于发展农业生产合作社的决议》,由此农业的社会主义改造全面展开。1955年夏季之前,由于提倡多种合作形式,加上中共中央采取了正确的措施,确保农业生产合作社的稳步发展,农村开始出现多种经济形式并存的局面:绝大多数农户自愿互利地组成临时的或长年的互助组;主要是发展初级社,个别地方试办高级社,部分农户继续实行分散的家庭经营(表4-1)。

自1955年夏季起,农业合作化进入高速推进阶段,1956年春季各地农村大力兴办高级社,并带有强烈的政治竞赛色彩,“你追我赶,争先恐后”,成为各地农村空前高涨的“群众运动”。至1956年12月末,全国农村基本实现了高级形式的合作化。1957年,高级社的发展进入扫尾阶段,少数没有实现高级合作化的地区继续发展高级社(表4-1,表4-2)。高级社与初级社最根本的区别在于,初级社是在土地、农具等生产资料私有基础上实行入股,而高级社则把社员私有的土地无偿转让给合作社集体所有。

**表4-1　1950—1957年参加农业合作组织农户占农户总数的比重　(%)**

| 年　份 | 单干户 | 互助组 | 初级社 | 高级社 |
|---|---|---|---|---|
| 1950 | 89.09 | 10.91 | — | — |
| 1951 | 82.46 | 17.54 | — | — |
| 1952 | 60.10 | 39.86 | 0.04 | — |
| 1953 | 60.53 | 39.23 | 0.24 | — |
| 1954 | 39.68 | 58.37 | 1.95 | — |
| 1955 | 35.14 | 50.66 | 14.167 | 0.033 |
| 1956 | 1.33 | 0.86 | 8.64 | 89.17 |
| 1957 | 2.2 | — | 1.3 | 96.5 |

资料来源:农业部农村合作经济指导司、《当代中国农业合作化》编辑室:《农村合作经济组织及农业生产条件发展情况资料》

**表4-2　1950—1957年互助组、初级社、高级社规模变化情况**

| | 年　份 | 1950 | 1951 | 1952 | 1953 | 1954 | 1955 | 1956 | 1957 |
|---|---|---|---|---|---|---|---|---|---|
| 互助组 | 互助组数量(万个) | 280.2 | 423.7 | 802.6 | 745.0 | 993.1 | 714.7 | 85.0 | — |
| | 平均每组农户数(户) | 4.2 | 4.5 | 5.7 | 6.1 | 6.9 | 8.4 | 12.2 | — |

续表 4-2

| 年份 | | 1950 | 1951 | 1952 | 1953 | 1954 | 1955 | 1956 | 1957 |
|---|---|---|---|---|---|---|---|---|---|
| 初级社 | 社数(个) | 18 | 129 | 0.4万 | 1.5万 | 11.4万 | 63.3万 | 21.6万 | 3.6万 |
| | 平均每社农户数(户) | 10.4 | 12.3 | 15.7 | 18.1 | 20.0 | 26.7 | 48.2 | 44.5 |
| 高级社 | 社数(个) | 1 | 1 | 10 | 15 | 200 | 500 | 54万 | 75.3万 |
| | 平均每社农户数(户) | 32 | 30 | 184 | 137 | 58.6 | 75.8 | 198.9 | 158.6 |

注:1956、1957为年末数,其余为年中数。资料来源:同表4-1

1955年夏季以后,农业生产合作化以及对手工业和个体商业的改造要求过急,工作过粗,改变过快,形式也过于简单划一,以至在长期间遗留了一些问题。由于高级社与初级社在生产资料所有制政策上的重大变化,加上推进势头迅猛异常,操之过急,有些初级社甚至还没有经历一个农业生产季节就合并升级转为高级社,使高级社的发展远远超过原先规定的"试办"范畴,其弊端随即暴露出来。主要是:第一,相当多的合作社在建社过程中,没有严格按照自愿互利的原则办事,对实行公有化的耕畜、农具、林木、果树、水利设施等作价偏低,甚至将土地无偿归社公有,侵犯了农民利益。有的社规模太大,地跨几个村庄,因土地肥瘠等条件悬殊,穷村和富村之间矛盾突出,纠纷时有发生。第二,多数合作社对生产缺乏全面规划,重视粮棉生产而忽视其他经济作物和副业生产,有些地方错误地把桑树、果树砍掉,变桑园为粮田,影响了合作社和社员的现金收入。第三,许多合作社经营管理混乱,增产指标定得过高,没有建立起有效的激励机制,生产责任制不健全、不落实,存在着生产无人负责和窝工、旷工以及牲畜瘦弱死亡现象。第四,有些干部作风不民主,强迫命令严重,对社员个人活动限制过死,对社员的困难漠不关心。第五,有些合作社在改革耕作制度、采取增产措施等方面,不因地制宜,造成劳民伤财,得不偿失。这些问题影响了社员的生产积极性和农业生产合作社的巩固,一些地方发生社员退社或要求退社的现象,甚至出现群众性的退社风潮,1956年、1957年大牲畜头数连年减少,粮食产量增长指数连续下降。

## 三、农业生产较快增长

在"一五"计划时期,农业建设全面展开,国家农业基本建设的投资额共计41.83亿元,占同期国家基本建设投资总额的7.1%,主要用于大江大河治理和农田基本建设,增加农用生产资料的投放,开垦荒地。1952—1957年,有效灌溉面积由1 995.9万$hm^2$增加至2 733.9万$hm^2$,增加36.98%;由于耕地面积增加及生产条件的改善,农作物播种面积由14 119万$hm^2$增加至15 724万$hm^2$,增加11.32%。与此同时,由于各级农技部门从技术上对农业生产进行指导,广大农民迫切增加生产致富而努力学习实用增产技术和精心生产,1957年粮食亩产达到98kg,比1952年的亩产88kg增长11.3%;1957年棉花亩产达到19kg,比1952年的亩产15.6kg增长22%。1957年,农业劳动力平均创造农业净产值452元,农副产品交售额224元,粮食产量1 010kg,分别比1952年增长7.87%、7.7%和6.7%。简言之,中国农业生产力水平在这一时期有了很大的提高,农业在"一五"计划时期获得了较快增长(表4-3)。

表 4-3 1952—1957 年主要农产品产量和农业总产值增长情况 （单位：万 t、%）

| 项 目 | 1952 年 | 1957 年 | 1957 年比 1952 年 | |
|---|---|---|---|---|
| | | | 总增长 | 年递增 |
| 粮 食 | 16392 | 19505 | 18.99 | 3.54 |
| 棉 花 | 130.4 | 164.0 | 25.77 | 4.69 |
| 油 料 | 419 | 420 | 0.24 | 0.05 |
| 糖 料 | 759 | 1189 | 56.65 | 9.39 |
| 猪牛羊肉 | 338.5 | 398.5 | 17.73 | 3.32 |
| 水产品 | 167 | 312 | 86.83 | 13.32 |
| 农业总产值指数 | 100 | 124.8 | 24.8 | 4.53 |

资料来源：根据 1984 年《中国统计年鉴》整理

农业生产的较快增长，使按人口平均的大多数农产品占有量和商品量有了一定增加，也使农民的生活水平有所提高。1957 年全国农业人口平均每人的消费额达 76.2 元，比 1952 年增长 17.8%，平均每年增长 3.3%；平均每个乡村居民消费粮食、食用植物油、食糖、棉布分别比 1952 年增长 6.8%、11.8%、79%和 28.8%。1957 年农村社会商品零售额达到 235.8 亿元，比 1952 年增长 56%，平均每年增长 9.3%，其中消费品零售额 203.2 亿元，比 1952 年增长 48.2%。同年乡村居民储蓄额达到 7.3 亿元。

## 第三节 人民公社与农业的曲折发展

1958 年，从更好解决"三农"问题的愿望，并适应赶超战略出发，提出了建立农村人民公社的设想，并迅速实施，这一制度一直延续至 1978 年。在农村人民公社体制下，"三农"事业几经曲折。

### 一、"大跃进"、人民公社化运动与农业生产陡降

在"总路线"、"大跃进"和人民公社"三面红旗"指引下，执行赶超战略，用政治运动的办法搞经济建设，造成了极其严重的后果。

1958 年开始，农业发展的社会经济背景发生了新的变化：国民经济的迅速恢复和第一个五年计划的全面完成，极大地鼓舞了全国人民。为了进一步推动农业的发展，改变农业的落后面貌，1957 年 10 月中共中央召开扩大的八届三中全会基本通过了《一九五六年到一九六七年全国农业发展纲要(修正草案)》(简称农业四十条)，并发到农村进行广泛讨论。1958 年 5 月中共第八届全国代表大会第二次全体会议通过了"鼓足干劲，力争上游，多快好省地建设社会主义"的总路线。在 1957 年底至 1958 年春兴起的以兴修水利、保持水土为中心的农田基本建设的高潮中，出现了打破社界、乡界、县界以至省界，群众自带口粮、工具无偿到外地开河挖渠的现象，因而产生了扩大生产组织规模的新想法。1958 年 4 月中共中央政治局批准在成都会议上通过《关于把小型的农业合作社适当地合并为大社的意见》，4 个月后，在北戴河召开的中共中央政治局扩大会议又通过了《关于在农村建立人民公社问题的决议》，随后两三个月内，全

国农村普遍实现了人民公社化。人民公社实行工农商学兵于一体，政社合一，管理高度集中，组织军事化，行动战斗化，生活集体化，多数以大队为核算单位。而更为严重的是，由于对若干个社合并成为大社时，提倡对公共财产和社内外债务“不要采取算细账、找平补齐的办法，不要去斤斤计较小事”等，急于向共产主义过渡；加上把人力、物力、财力动员到工业上，搞大炼钢铁、大办交通等各种大办，不仅导致对农业的资金、物质投入严重不足，误了农时，更为严重的是导致以“一平二调三收款”①为主要内容的“共产风”的严重泛滥。与此同时，由于对1956年反冒进的严厉批判，导致了农业上以放“卫星”为主要形式的“浮夸风”盛行，“农产品成倍、几倍、十几倍、几十倍地增长”，造成了农业过关的假象，因而对粮食等实行“高征购”，农村留粮减少，给农民生活造成很大的困难。在分配制度上主要实行工资制和供给制，取消了原来的包工包产、评工计分等办法，大办公共食堂，搞吃饭不要钱，提倡放开肚皮吃饭，造成极大的浪费。所有这些，都严重地挫伤了农民的积极性，使农业生产力遭受极大的破坏，导致农业发生大波折，并导致人口下降。

党中央发觉了“大跃进”、人民公社化运动中“左”的错误，1959年7～8月中共中央在庐山召开的政治局扩大会议和八届八中全会，原想纠正“左”的错误，但是由于彭德怀上书毛泽东主席对上述错误提出尖锐批评，会议突然从纠“左”急转为反右。会后，在全党开展了“反对右倾机会主义的斗争”，使“左”倾错误在全国继续泛滥，违背了1956年八大提出的把工作重心转到经济建设、集中力量发展生产力的指导思想。尽管1960年8月中央提出“全党全民大办粮食”，1961年初决定对国民经济实行“调整、巩固、充实、提高”八字方针，强调要把发展农业放在首位，随后又发出“关于人民公社当前政策问题的紧急指示信”等，仍没有能够扭转被动局面。“大跃进”变成了大波折，第二个五年计划没有完成，国民经济严重失调。1962年，农业总产值比1957年下降19.9%，年平均下降4.3%，粮食总产量低于1952年16 392万t的水平，油料和肉类等总产量甚至跌至1949年水平以下。人均粮食占有量下降至240.5kg，比1957年少65.5kg，即减少21.41%，棉花降至1.13kg，比1957年下降56.65%，油料降至3.01kg，猪牛羊肉降至2.9kg，水产品降至3.4kg，分别比1957年下降54.4%、54%和30.7%。1959—1961年，全国食物供应全面极端紧张，票证供应范围扩大，人民生活十分困难，为贫困和饥饿所困扰，被称为“三年困难时期”。

## 二、国民经济调整与农业生产再恢复

1959年中共中央开始觉察到“大跃进”和农村人民公社的错误，对农村政策进行了一些微调，1960年7月中共中央在北戴河召开的工作会议通过了《中共中央关于全党动手，大办农业，大办粮食的指示》。1961年初起实施国民经济“调整、巩固、充实、提高”八字方针，强调农业是国民经济的基础，按照农、轻、重的次序安排经济发展计划，调整工农业比例关系，恢复综合平衡，并大兴调查研究，对农业和农村的严峻情况有了较为清醒的认识，采取了一系列加强农业发展的政策措施。

一是将人民公社内部体制调整为“三级所有，队为基础”体制，即把基本核算单位由生产大

① 一平，指的是人民公社内部生产队与生产队之间的平均主义，和生产队内部人与人之间的平均主义这两个平均主义问题。二调，指人民公社和公社以上各级一些部门无偿调用生产队和社员家庭的劳力、物力、财力。三收款，主要指银行部门把许多农村中的贷款一律收回

队下放到生产队，解决了队与队之间的平均主义。

二是强调农业是国民经济的基础，按照农、轻、重的次序安排经济发展计划，增加对农业的投资，把国家基本建设投资总额的17.7%用于农林水利气象系统，同时显著增加化肥等物资投入。

三是压缩基本建设规模，降低工业发展速度，把工业企业数量减少了一半。

四是把2 000万职工和城市人口下到农村生产第一线，减少粮食征购量和农业税负担。

五是提高农产品收购价格，1963年农产品收购价比1960年提高23.3%，同时对经济作物实行在收购时奖售粮食或化肥等工业品的政策，恢复棉花预购制度，预购定金比例为15%～20%。

六是允许社员经营少量的自留地和小规模的家庭副业，有领导有计划地恢复农村集市，活跃农村经济。

这些政策的实施，初步改善了工农关系，调动了广大农民恢复农业生产的积极性，农业获得了恢复和发展。1965年全国农业总产值比1962年增加37.2%，年平均增长11.1%，粮食等主要农产品总产量大体上恢复至1957年的水平，但人均粮食占有量比1957年还少34kg。这是新中国历史上受挫后出现的首次高速恢复性增长，通过调整，国民经济基本上达到协调发展。

但是，当时提出的一些有价值的正确思想，例如重视价值规律，用经济办法管理经济，先生产后基建、先简单再生产后扩大再生产等，未能贯彻执行，整个农村经济形势并未根本好转。在执行国民经济调整"八字"方针和贯彻《农村人民公社工作条例》的同时，毛泽东主席又提出了阶级斗争的论断。在这种"左"倾思想指导下，1963开始在农村开展了"四清"运动，接踵而来的是十年"文化大革命"。

## 三、大寨经验的蜕变

大寨大队地处山西省昔阳县东南海拔1 000多m的山区，从20世纪50代初至60年代初，大寨人凭着镢头和箩筐，在土石山上开沟造地，用秸秆还田、增施农家肥等方法改良土壤，改变了恶劣的生产条件，使粮食产量逐年上升，农业总收入和公共积累不断增加。1963年，大寨遭受严重的洪水灾害，社员们自力更生，艰苦奋斗，取得抗灾夺丰收的胜利。他们的事迹引起了地方和中央各级领导人的注意。1964年，毛泽东发出"农业学大寨"的号召。同年，在中国人民代表大会三届一次会议上，周恩来把大寨经验概括为"政治挂帅、思想领先的原则，自力更生、艰苦奋斗的精神，爱国家、爱集体的共产风格"。1964年开始的全国"农业学大寨"运动，主要是学大寨人自力更生、艰苦奋斗的精神，各地农村因地制宜，努力改善生产条件。农业学大寨运动中，全国每年冬春有1亿左右的劳动力、上百万干部上工地，大搞农田基本建设。1978年与农业学大寨运动初期的1965年相比，全国灌溉面积增长36%。这为以后，乃至中共十一届三中全会以来农业的发展奠定了基础，功不可没。

"文化大革命"开始后，在"左"倾思想的影响下，大寨大队从农业生产战线上自力更生、艰苦奋斗的先进典型，转变为推行"左"倾政策的工具。大寨大队的经验变了样，大寨经验的精髓被总结为"斗"。首先是斗阶级敌人。生产上不去，被认为是阶级斗争抓得不紧，有阶级敌人破坏捣乱。于是到处抓"敌人"，人为地制造出批斗的靶子。凡是地主、富农、历史反革命分子、坏分子、右派分子，无论其表现如何，必定是斗争对象。若无这些分子，则找他们的子女批斗。若

这类子女也没有，则找以往犯过某种大大小小"错误"的人或现在有"错误"言行的人批斗。其次是与资本主义斗。在中国农村中，资本主义从来就没有得到过什么发展，尤其是实现农业生产合作化之后，生产资料公有，集体劳动，产品统一分配，资本主义失去存在的基础。大寨的经验是在没有资本主义的地方与"资本主义"作斗争。这包括把中农特别是上中农作为"资本主义自发势力的代表"批斗，把社员经营的自留地和家庭副业以及农村集市贸易和集体工副业都作为"资本主义尾巴"，要求割掉。在推广这条经验的过程中，社员自留地收归集体的比例占到99%(赵德馨，2003)，社员家庭副业只限于"一猪、一树、一鸡、一兔"，农村集市贸易被取缔。这样，堵住的并不是资本主义的路，而是发展农村商品经济和社员脱穷致富的路。极大地消耗社员改造大自然的精力，损伤了干部群众发展生产的积极性。从全国来看，农村"斗"得最凶的1967年，农作物总播种面积和1968年农业总产值都低于1966年的水平。

被广泛推行的大寨经验还有"自报公议"工分制。这种工分制本是取代依据劳动定额评工计分制度的。大寨大队要求社员在自报工分和评议工分时要"斗私批修"，不要计较个人利益。这样，社员都不能自己争工分。评出的大寨工分只能是"大概工分"，不能体现按劳分配，以至"评工开会没人吭，会后意见乱纷纷，上地一窝蜂，干活磨洋工"。这种工分制挫伤了社员群众积极性。

1961年搞核算单位下放时，有94%的大队由大队核算制改为生产队核算制。由于大寨大队规模小，实行的是大队核算制。因此，实行大队核算制也成了大寨经验。推广这条经验的结果是在全国掀起"穷过渡"的浪潮。用"穷过渡"的办法来消灭富队与穷队之间在物质利益上的差别，富队的利益受到损失，穷队可以通过"过渡"沾富队的光。于是，各队不求致富，社员的积极性受到挫伤。

因为把"学大寨"提到了是否抓阶级斗争和革命的高度，造成强大的政治压力。在这种气氛中，强调学大寨要"不走样"。于是，大寨大队生产中的一些具体做法，如搬山造田、偏废多种经营以保证粮食稳产高产等，在一些地区被不切实际地照搬，在有水面的地方围湖、塘造田，在山区毁林开荒，在牧区毁草种地。这些做法违反自然规律、经济规律，劳民伤财，破坏生态平衡，后患很多。

## 四、"文化大革命"时期农业低速增长

十年"文革"动乱连同两年的拨乱反正，共达12年。"文化大革命"破坏了"三五"、"四五"两个五年计划。"三五"计划原定基本任务之一是"大力发展农业生产，解决人民吃穿用问题"，不仅没有得到贯彻执行，反而遭到批判，以"全面备战"和一整套更"左"的政策取而代之：①在政治上，大搞阶级斗争，强调"无产阶级专政下继续革命和无产阶级的全面专政"。②在农业体制上，继续坚持"一大二公"，使人民公社体制固定化和规范化，"农业学大寨"中搞"穷过渡"，长期关闭自由市场，收回社员的自留地，抑制家庭副业，一割再割所谓"资本主义尾巴"，使广大农村干部和社员受到严重摧残。③在农业发展政策上，强调"以粮为纲"，使本来单一经营的农业更加单一，进一步强化了其自然经济性质，同时不切实际地提出并反复强调1980年基本实现全国农业机械化。

所幸的是，由于周恩来、邓小平等对"左"倾错误的抵制，在"文化大革命"前期借助"抓革命，促生产"稳定生产秩序，自1970年北方地区农业会议起抑制"穷过渡"风，借助农业学大寨运动大搞农田基本建设，等等。同时，广大农民对"左"倾错误也进行了抵制，使一些错误政策

在执行中打了“折扣”。

在12年“文革”时期，农村还有另一股潮流，类似“绿色革命”，主要标志是：①继续对大片农田进行平整规划，使之达到规范化，同时大规模进行农田基本建设，兴修水利，工程配套，扩大高产稳产农田。②“四级农科网”蓬勃兴起，为生产队提供了无偿的有效服务，科学种田广为普及，杂交水稻、杂交玉米、杂交高粱为代表的高产新组合、新品种和大面积高产栽培技术投入使用。③生产队积造农家肥，广种绿肥，挖用河塘肥泥，保持农田肥力。④在此基础上改革耕作制度，发展间套复种多熟制，提高单位耕地面积的产出量。人民公社凭借其巨大的行政动员和组织威力使这些措施得以落实，从而对当时不利因素的负面影响起到一定的抵消作用，才使农业没有倒退，同时也为农业后来的发展积蓄了潜在能量。

这12年间，全国农业总产值仅增加45%，年平均增长3.1%，粮食总产量由原来近2亿t增加到3亿多t，增长56.67%，但是由于人口增长过快，人均粮食占有量在300kg上下徘徊，其他农产品人均占有量仍停留在1957年的水平上。

如果把新中国前30年连续起来，用曲线描述农业的恢复和发展，就会看到，20世纪50年代有过较快增长，50年代后期有一次大波折，60～70年代增幅也是频繁波动(图4-1)。除某些年份有自然因素的作用外，主要是国家工业化偏斜发展战略、农业体制和政策中不利因素共同作用的结果。

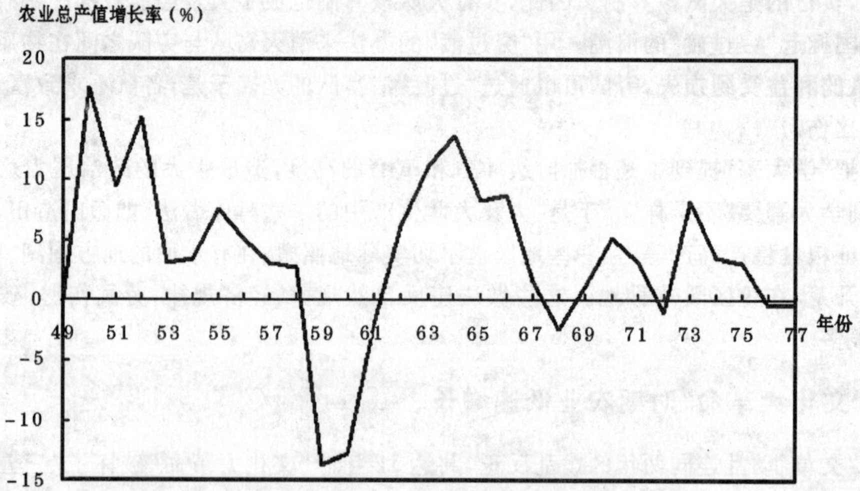

**图4-1　1949—1978年中国农业总产值增长率波动**

资料来源：牛若峰编著《中国农业的变革与发展》，中国统计出版社，1997.

农村人民公社体制的一系列弊病，严重束缚了生产力的发展，使农村经济长期处于徘徊状况。农产品供给严重短缺，从1960年开始粮食由净出口转变为净进口，1960—1978年共净进口粮食5 877万t，年均净进口309万t。至1978年，人均农产品产量粮食为318.7kg、棉花2.3kg、油料5.5kg、糖料24.9kg、水果6.9kg、猪牛羊肉9.0kg、水产品4.9kg，城乡居民每人每天摄入的热量为2 311大卡(在温饱线之下)。在国民经济各个部门中，农业发展最慢，成为国民经济中的一条“短腿”。在社会各阶层中，农民的生活最苦，全国农村有2.5亿人没有解决温饱问题，占农业人口的30%以上。

## 第四节　改革开放与农业农村发展

中共十一届三中全会至十六大前，以市场化为取向，在农村改革中实行家庭承包经营制度和促进农业产业化经营发展、逐步减少农产品统派购品种直至取消统派购制度和放开农产品市场、发展农村多种经营和乡镇企业、允许农民进城务工经商和发展农村城镇、废除政社合一的人民公社实行政社分开和村民自治等放活政策，形成了新的“三农”政策体系。农村改革取得的巨大成效，超出人们的预期。

### 一、农村改革的首获成功与农业农村经济的发展

1978 年广泛开展了“实践是检验真理的唯一标准”的讨论，突破了“两个凡是”的禁锢；中共十一届三中全会，果断地停止使用“以阶级斗争为纲”这个已经不适用于社会主义社会的口号，重新确立了解放思想、实事求是的正确思想路线，做出把工作重点转移到社会主义现代化建设上来的战略决策。全国上下一致呼唤改革，农民更是因穷而思变，被历史推到了改革的前沿。

1978—1984 年，继中共十一届三中、四中全会审议通过启动农村改革的《中共中央关于加快农业发展若干问题的决定》历史性文件之后，中共中央、国务院还先后做出或发出或转发了《关于尽快把国营农场办成农工商联合企业的座谈会纪要》、《关于进一步加强和完善农业生产责任制的几个问题》、《关于积极发展农村多种经营的报告》、1981—1984 年的 3 个中央 1 号文件和《关于开创社队企业新局面的报告》等重要文件，农业政策的内容发生了重大转变。

一是制定了大幅度提高农产品收购价格(还包括议价收购和超购加价)、减少粮食征购基数、多进口一些粮棉以让农民休养生息、增加农业投入、建立农业商品生产基地、开展扶贫等政策。1979 年以来，政府对农产品价格大幅度提升，有 18 种农产品的价格平均上调 24.8%。1984 年全国农产品收购价格总水平比 1978 年提高 53.6%，明显高于同期农村工业品零售价格总水平上升 7.8%的幅度。这些政策的实施，初步纠正了国民收入分配中长期重工轻农的政策，调整了农业与工业的关系，缓和了长期以来工农业产品差价过大、价格严重背离价值的状况，增强了农业自我发展的能力。在这些因素的作用下，这一时期的农业获得了超常规的高速增长，并为其后的农村改革和全面发展创造了条件。

二是农村率先进行经济体制改革，实行以家庭承包经营为主的责任制。在 20 世纪 70 年代末和 80 年代初，农村家庭承包制改革以磅礴之势推向全国。1980 年，政策上明确提出在农业领域普遍建立各种形式的生产责任制。随后，包产到户和包干到户等责任制形式得到了政策的充分肯定和普遍推广。至 1981 年底，全国农村有 90%以上的生产队建立了不同形式的农业生产责任制。至 1983 年底，全国农村基本上实行了以家庭承包经营为基础、统分结合的双层经营体制。至 1984 年，中央提出土地承包期一般在 15 年以上。这样，家庭承包经营制度就被确立为中国农村一项最基本的生产经营制度。家庭承包经营制把所有权与经营使用权分离，改按工分分配为独特的“交够国家的，留足集体的，剩下全是自己的”的包干分配政策，农民获得了剩余索取权，重塑了农户家庭经济。家庭承包制的普遍推行，动摇和瓦解了人民公社体制的基础。1983 年月 10 月 12 日中共中央、国务院发出《关于实行政社分开建立乡政府的通

知》。从1983年至1985年初的两年时间里，我国开始实行政社分开、撤社建乡的工作。它宣告了人民公社体制彻底解体，标志着农村微观经济组织基础从此发生了本质的改变。农户作为从事商品性生产经营活动的基本主体，强化了农村基本生产单位的预算约束和激励机制，使得农业生产的内在动力大大加强。

三是制定了促进农村经济全面发展的政策。《中共中央关于加快农业发展若干问题的决定》中提出："实行粮食和经济作物并举、农林牧副渔五业并举"，"社队企业要有一个大发展，……国家对社队企业，分别不同情况，实行低税或免税政策。"1981年3月，中共中央、国务院转发国家农委《关于积极发展农村多种经营的报告》的通知中，进一步确定了"决不放松粮食生产，积极开展多种经营"的方针，并要求"调整农业内部的生产结构，建立农工商综合经营的农业经济体制"。1984年3月中共中央、国务院转发了农牧渔业部《关于开创社队企业新局面的报告》，将社队企业更名为乡镇企业，并确定了一系列促进乡镇企业发展的政策措施，对乡镇企业的"异军突起"起到了重大作用。

四是逐步缩减了农产品统派购的品种和比重，扩大了议价收购和市场调节的范围，引入市场机制。截止1984年底，属于统派购的农副产品由1978年的100多种减少到只剩下38种(其中中药材24种)，即减少了67.6%。农民出售农副产品总额中，国家按计划牌价统派购的比重从1978年的84.7%下降至1984年的39.4%。与此同时，采取政策措施搞活农村的商品流通，大力恢复和发展城乡集市贸易，恢复供销合作社的合作商业性质，鼓励农民、农村合作(集体)经济组织和国有农场(农垦区)自办商业组织或组建农工商联合企业，建立农副产品批发市场。1982年1月，中共中央一号文件中明确指出，农业经济"要以计划经济为主，市场调节为辅"。于是，长期存在的农产品封闭式的流通体制发生了很大的变化，为多渠道、少环节、开放式的流通体制的形成奠定了基础，促进了农业和农村商品生产的大发展。

五是实行对外开放政策。《中共中央关于加快农业发展若干问题的决定》中，制定了农业要努力发展出口产品生产的政策，决定由国家"拨出一笔专项外汇，用于支援各省、市、自治区发展经济作物、土特产、畜牧业、副业、渔业以及相应的加工工业，在国家统一计划下，生产在国际市场上销路好、换汇率高、资金回收快的产品"。这期间还做出建立经济特区和放开14个沿海港口城市的重要决策，推动了这些城市郊区和附近地区外向型农业和农村经济的发展。

所有这些政策，其首要出发点是中共十一届三中全会所指出的："充分发挥社会主义制度的优越性，充分发挥中国八亿农民的积极性。我们一定要在思想上加强对农民的社会主义教育的同时，在经济上充分关心他们的物质利益，在政治上切实保障他们的民主权利。"总之，改革初期农业政策的实施，增加了农民的经营自主权和所得而极大地调动了他们的积极性，使过去长期被压抑的生产潜能得以释放，使农业获得了全面高速发展。

1978—1984年，中国农业产出平均每年保持了7.7%的增长速度。1984年与1978年相比，农业总产值以不变价计算增加了42.23%，家庭承包制度作为中国农民的一次伟大创举，它不仅使中国农业增长进入"黄金时期"，而且在很短的时间内解决了上亿人的温饱问题。农村贫困人口的绝对数量从2.5亿人下降至1.3亿人，贫困发生率从30.7%下降至15.1%，成为人类消除贫困历史上的一项奇迹。

## 二、农村改革深化与农业的徘徊

至1984年下半年，农业发展的社会经济背景发生了新的变化。首先在宏观经济环境方

面，由于农村经济体制改革的首获成功，为以城市经济体制改革为重点的全面经济体制改革奠定了基础，同时也积累了丰富的经验，1984 年 10 月中共十二届三中全会作出了《中共中央关于经济体制改革的决定》，全面启动了整个经济体制改革。自 1984 年夏季开始，国民经济又开始向工业偏斜运行，经济开始过热。1985 年初实行了财政包干制度，地方政府为谋求财政收入最大化，在农业对财政收入贡献份额呈渐低走势的情况下，地方政府对农业投入缺乏积极性。其次是粮、棉、油等大宗农产品从 1983 年开始出现卖难，在 1984 年农业获得大丰收后这一矛盾则进一步突出起来，由于对粮食低水平相对过剩和仓储设施不足及流通不畅等认识不足，社会上对农业生产形势盲目乐观，存在着农业过关的盲目乐观思想。第三是农村产业结构和农业内部各业结构虽在改革初期向着合理化推进，但不合理状况依然存在。第四是农民在温饱问题基本解决的情况下，寻求收益最大化，随着乡镇企业的“异军突起”，就业机会增多，种粮劳动力机会成本逐渐增加。

农村改革的成功和生产效率的提高，把农村改革引向调整农村产业结构和改革外部环境的更高层次。随着农村基本经营制度的全面确立，农村第二步改革进入了全面探索市场化改革的阶段，改革重心放在改革农产品流通体制、培育农产品市场、调整农村产业结构和促进非农企业发展等重要方面。

1985 年开始，为推动农村经济体制深入改革、加快农业和农村经济发展，中共中央、国务院分别在 1985、1986 和 1987 年 3 年的年初相继制定、发布了《关于进一步活跃农村经济的十项政策》、《关于 1986 年农村工作的部署》和《把农村改革引向深入》3 个指导农村全面工作的重要文件。在中国的经济体制改革由农村转向了以城市为中心的全面改革的新的经济环境、经济秩序和城乡格局中，农业政策发生了明显的变化和调整。主要有以下 3 个方面。

一是 1985 年中央一号文件决定，改革实行长达 30 多年的农产品统派购制度，在市场取向改革中迈出了坚定的一步，被誉为农村的第二步改革。但是，由于全面取消农产品统派购制度的成本和风险过大，在实践中遇到一些困难，因而这一改革方案被修改为分品种渐进的方式推进，即对粮食实行国家定购和市场购销的“双轨制”，对棉花和桑蚕茧实行统一收购经营制度，对烟草实行国家专卖制度，对畜产品、水产品及水果、蔬菜等则实行自由购销制度，生产和流通完全由市场调节。为了保护和鼓励农民生产和交售粮食的积极性，1986 年进一步提出，适当减少合同定购数量，扩大市场议价收购比重。在改革农产品购销体制的同时，以 1990 年 10 月中央在郑州建立小麦批发市场为标志，九个区域性批发市场和一批各种类型的较为规范的农贸市场在全国各地得到长足发展，为最终取代主要农产品的计划调拨创造了物质基础和制度条件。

二是调整产业结构，释放结构生产力。在农村产业结构调整上，国家一方面积极鼓励发展多种经营，优化种植业结构，促进农林牧渔全面发展；另一方面鼓励农民从事工商业等非农产业活动和发展乡镇企业。这些措施不仅促进了乡镇企业在 20 世纪 80 年代中期的异军突起，而且促进了农村经济从传统的农业单一结构转向多部门的综合发展。在农业总产值构成中，1991 年比 1978 年，种植业比重下降了 16.9 个百分点，林业、牧业和渔业分别上升了 1.1、11.5、4.3 个百分点。在农村社会总产值中，1991 年比 1978 年，农业比重下降了 27 个百分点，工业比重上升了 25 个百分点。农业生产结构变动和农村产业结构变动在这个阶段都快于农村改革的第一阶段。

三是由于重工轻农复发，农业投入减少，工农产品比价不合理，“剪刀差”扩大，重新加大了对农业剩余的抽取力度，不利于农业自我积累和自我发展，工农业发展关系失衡，1985—1988年全国工农业产值年平均增长率之比，由1979—1984年的1.25∶1转变为4.3∶1，其中1988年高达5.3∶1，这使得农业的发展处于严峻的困境，粮、棉等大宗农产品经过1985年的大减产和以后三年的徘徊，供给严重短缺，又开始大量进口粮食，1987—1988年进口粮食均在800万t以上，两年平均净进口853.5万t。

1989年开始的治理整顿期间，为强化农业基础地位，针对工农业发展关系失衡、粮棉供给严重短缺的状况，农业政策突出的调整有以下5项。

第一，增加对农业的投入。中共中央、国务院决定，各个方面都要增加对农业的投入，中央预算内基本建设投资要逐年增加用于农业的比重，省、地、市、县都要尽可能把较多的地方机动财力用于农业建设；逐步提高乡镇企业税后留利中用于补农资金的比例；积极引导农民增加对农业的投入和劳动积累；增加农业事业费、支农资金占国家财政预算支出的份额和农业生产信贷资金比例；逐步建立农业发展基金，由各级财政纳入预算，列收列支，专款专用；在利用外资方面，农林水建设项目应占有一定的份额；等等。1989—1991年的三年间，国家财政用于农业的支出逐年增加，1991年为347.5亿元，比1988年的214.1亿元增加133.4亿元，即增长62.3%。其中，用于农业基本建设的支出为75.5亿元，比1988年的39.7亿元增长90.2%。

第二，提高农产品收购价格。1989年全国农副产品收购价格总指数上升幅度为15.0%，而粮食收购价格上升了26.9%，油料收购价格上升了19.8%。1990年全国粮食收购价格指数在前两年连续大幅度上升和1989年粮食丰收之后有所回落。棉花收购价格自1987年起连续大幅度提高，1991年全国棉花收购价格指数比上年提高29.1%，比1986年提高80.1%。

第三，合理调整农业生产结构。适当恢复扩大粮食播种面积，受紧缩银根等政策的影响，乡镇企业发展速度减缓，劳动力转移有少量回流。

第四，稳定和完善家庭承包经营制。1988年11月，《中共中央、国务院关于夺取明年农业丰收的决定》中，提倡通过联合形式，建立多层次、多形式的服务体系，做好对农户多方面的服务，促进农村商品经济的发展。1991年11月国务院就此专门发出了《关于加强农业社会化服务体系建设的通知》。

第五，建立粮食储备体系。为了调剂余缺、防备灾荒和增强宏观调控力量，国务院决定逐步建立一套粮食储备体系，以保证粮食商品供应和价格的稳定。

经过1989—1991年的国民经济治理整顿，农业在1990年获得历史上最好收成，但农业增产不增收问题突出，农村经济中小生产与大市场不对接，市场发育滞缓，乡镇企业开始步入资金增密型道路而导致农业劳动力转移速度减缓。在农民收入增长徘徊的状况下，农业中的高—低—重(即农用生产资料价格高、粮食收购价格低、农民负担重)问题日益突出。在1992年前后，很多地方开始进行以“小政府、大服务”为模式的改革中，从基层农技推广部门开刀，对其实行“脱钩”、“断奶”的政策，农业技术推广体系出现了“网破、线断、人散”的危局。此外，由于农产品供给情况好转，全国人民由于生活水平的提高而逐步转变消费结构，这对农业提出了向优质高产高效转变的要求。

## 三、市场经济体制的建立

1992年初邓小平同志视察南方发表重要讲话和同年10月党的十四大召开，推动了中国新一轮的经济高速增长。在明确了建立社会主义市场经济体制的改革目标之后，农村改革进

入了一个全面向社会主义市场经济体制转轨的时期。通过这个阶段的改革，农产品市场体系初步建立，市场机制取代了计划手段，在调节农产品供求和资源配置等方面发挥着主导作用。在向市场经济转轨进程中，农村改革主要集中在以下几个方面。

一是通过立法手段稳定农村基本经营制度，明确土地承包期再延长30年不变，允许土地使用权依法有偿转让，允许对“四荒”(荒山、荒沟、荒丘、荒滩)进行拍卖。在经过一系列土地制度改革尝试后，明确了“增人不增地、减人不减地”制度。

二是稳步推进农产品流通体制改革和市场体系建设，尝试建立与社会主义市场经济体制相适应的农产品流通体制。在这个阶段的初期，国家出台了购销同价和“保量放价”的政策，试图废除粮食的统销制度，让市场在调节产销上发挥主要作用。但紧接着粮食产量下滑和价格上涨，出于对稳定市场和粮食安全的担忧，国家出台了“米袋子”省长负责制和“菜篮子”市长负责制，通过提高粮食价格、恢复定购、建立专项储备制度和风险基金制度，以及实行农产品收购保护价政策，加强对粮食市场的宏观调控。至1998年，尽管粮食流通体制改革尚未完成，但棉花流通体制改革基本建立了依靠市场机制、实现棉花资源合理配置的新体制。

三是乡镇企业通过加快产权改革、调整产业结构和产品结构、加快技术进步、改善内部管理等，获得了空前发展。1992—1996年，乡镇企业经历了第二个高速增长时期。乡镇企业增加值的年平均增长速度达到42.8%。同期名义GDP年平均增长率为25.7%，占国内生产总值的比重上升为26.0%，占全国工业增加值的比重达43.4%，成为我国农村经济的主体力量和国民经济的重要支柱。至1996年底，乡镇企业个数为2 336万个，是1991年的1.2倍；吸纳的农村劳动力达1.35亿人，是1991年的1.4倍；完成增加值17 659亿元，是1991年的5.9倍。然而，1997年的东南亚金融危机对乡镇企业出口的冲击和国内市场竞争加剧，使乡镇企业增长速度出现回落，而且要素配置上也出现了资金增密现象，吸纳农村劳动力就业能力不断下降。

在经济高速增长、乡镇企业高速增长和城乡差距扩大的背景下，农村劳动力第一次出现了大规模向城市流动和跨区流动，形成了“民工潮”。为了有序引导农村劳动力流动，国家通过采取就业证和改革中小城镇户籍管理制度等措施，加强对农村劳动力流动的管理。然而，受乡镇企业吸纳就业能力减弱、20世纪90年代中后期城镇就业形势严峻的影响，农村劳动力转移数量在90年代中后期保持上升的同时，但转移速度有所下降。

在1994年和1996年两次粮食提价82%、非农就业比例上升的作用下，农民收入在90年代前期保持了快速增长的势头，从1990年的2.0%上升至1996年的9.0%，达到90年代的最高点。此后，随着农产品价格一路下跌和非农就业转移速度放缓，农民收入增长在90年代后期一直处于减速增长时期。

经过这个阶段的改革，除粮食外，我国农产品依靠市场机制配置资源和调节供求的方式已经全面确立，并在多种因素的作用下，农业综合生产能力有了全面稳定的提高，农产品供给实现了由长期短缺至供求基本平衡、丰年有余的历史性转变。在农产品总量增加的同时，品种增多，品质改善，质量安全水平提高，均衡供给能力增强。中国农业和农村经济步入了新的发展阶段，农村经济的增长方式也发生了明显的变化，农业和农村经济发展不仅受到资源条件的约束，而且还越来越受到市场需求的约束，农村经济与整个国民经济发展的关联程度越来越强。

## 第五节　统筹城乡与农村全面发展

党的十六大以来，在进入工业化中期的新的经济社会发展阶段，中央提出了统筹城乡经济社会发展的方略，做出中国已经进入工业反哺农业、城市支持农村阶段的判断，将实施了半个世纪的农业养育工业政策调整为工业反哺农业的政策，启动城乡二元制度向一元制度的转变。自 2004 年起连续发出六个以"三农"为主题的中央一号文件，2008 年 10 月，在农村改革三十周年之际，中共中央十七届三中全会又作出了《关于推进农村改革发展若干重大问题的决定》，对在新的历史起点上推进农村改革发展做出了全面部署，城乡经济社会发展一体化的政策框架初显。

### 一、实施新的强农惠农政策

进入 21 世纪，我国具备了工业反哺农业、城市支持农村的实力和条件，中央在深刻分析国际国内形势、全面把握我国经济社会发展阶段性特征的基础上，从新阶段党和国家事业发展的全局出发，确立了新的"三农"指导思想，开始调整"三农"发展的方针政策，加大对"三农"发展的支持力度。

**(一)重中之重的思想**　党的十六大提出统筹城乡经济社会发展，建设现代农业，发展农村经济，增加农民收入，全面建设小康社会。党中央、国务院强调"三农"工作是全党和政府全部工作的"重中之重"，实行"工业反哺农业、城市支持农村"和"多予、少取、放活"以及改变城乡二元结构的一系列方针。在 2003 年初召开的中央农村工作会议上，胡锦涛总书记提出："为了实现十六大提出的全面建设小康社会的宏伟目标，必须统筹城乡经济社会协调发展，更多地关注农村，关心农民，支持农业，把解决好农业、农村和农民问题作为全党工作的重中之重，放在更加突出的位置，努力开创农业和农村工作的新局面。"胡锦涛总书记还多次强调，"三农"问题始终是关系党和人民事业发展的全局性和根本性问题，农业丰则基础强，农民富则国家盛，农村稳则社会安。2004 年，温家宝总理在《政府工作报告》中提出：把解决"三农"问题作为政府全部工作的重中之重。"重中之重"这一思想，是中央从新世纪、新阶段"三农"工作的实际出发，站在战略和全局的高度审时度势提出的。在这一思想指导下，党和国家对"三农"工作的方针政策进行重大调整。

**(二)"两个趋向"的重要论断和进入以工促农、以城带乡发展阶段的判断**　在 2004 年 9 月召开的党的十六届四中全会上，胡锦涛总书记指出："纵观一些工业化国家发展的历程，在工业化初始阶段，农业支持工业，为工业提供积累是带有普遍性的趋向；但在工业化达到相当程度以后，工业反哺农业、城市支持农村，实现工业与农业、城市与农村协调发展，也是带有普遍性的趋向。""两个趋向"的重要论断，揭示了工农、城乡之间关系发展的客观规律，为我国新时期实行工业反哺农业、城市支持农村，制定新的"三农"政策，奠定了重要的思想理论基础。在 2004 年 12 月召开的中央经济工作会上，胡锦涛总书记进一步指出："我国现在总体上已到了以工促农、以城带乡的发展阶段。我们应当顺应这一趋势，更加自觉地调整国民收入分配格局，更加积极地支持'三农'发展"。这一判断的做出，为实施统筹城乡发展方略和工业反哺农业政策提供了强大的理论依据，也是新时期

正确处理城乡关系、工农关系的重要指导思想。

**(三)统筹城乡发展方略** 统筹城乡经济社会发展,打破城乡二元结构,尽快遏制并逐步缩小城乡差距,加快农村发展步伐,是关系整个经济社会协调发展的根本大计。在2006年2月召开的省部级主要领导干部建设社会主义新农村专题研讨班上,胡锦涛总书记指出:"统筹城乡发展,是贯彻落实科学发展观的必然要求。只有实现农业和农村经济的可持续发展,实现农村经济社会全面发展,实现工业与农业、城市与农村协调发展,逐步缩小城乡差距,才能实现全国经济社会全面协调可持续发展,真正把科学发展观落到实处。"几年来,统筹城乡发展的思想不断丰富和发展,成为新时期解决"三农"问题、全面建设小康社会、加快国家现代化的重大方略。这一方略的提出,把解决"三农"问题放到整个经济社会发展的全局和战略高度来筹划,开始从"三农"外部寻求解决"三农"问题的对策,开始加快打破长期约束"三农"发展的城乡二元经济结构与体制,探索从根本上解决"三农"问题的有效途径。

按照统筹城乡发展的方针方略,国家制定和实施了一系列强农惠农的重大政策措施。

一是调整农业税收政策。2005年12月,十届全国人大常委会第十九次会议通过决定,自2006年1月1日起废止《农业税条例》。在全国范围内全面取消农业税,终结了中国延绵了2 600多年的种地交"皇粮国税"的历史。

二是建立健全对农业的支持与保护体系。实行主要粮食品种最低收购价政策,起到了抑制粮食价格下跌和稳定农民收入的效果;对种粮农民实行直接补贴、对部分地区农民实行良种补贴和大型农机具购置补贴、生产资料综合补贴等"四补贴"政策,改变多少年来补贴流通环节、补贴城市消费者、补贴企业的做法,使农民成了补贴的直接受益者。

三是粮食流通体制改革取得突破性进展。从2004年开始,国家全面放开粮食收购和销售市场,实行购销多渠道经营,清理和修改不利于粮食自由流通的政策法规,清理和剥离国有粮食企业财务挂账,推进国有粮食购销企业改革,使其真正成为市场主体。这项改革意味着我国农产品流通体制改革的最后一个堡垒被攻克。今后的改革,将重点放在农村要素市场的发育上。

四是建立城乡劳动者平等就业制度。2004年中央一号文件首次明确"进城就业的农村劳动力已经成为产业工人的重要组成部分"。2006年,国务院专门下发《关于解决农民工问题的若干意见》,要求从各个方面做好农民工工作。这期间确立了公正对待农民工、全面加强农民工权益保障、建立城乡劳动者平等就业制度、让进城农民融入城市的政策取向,着力解决进城农民工的就业、社会保障、住房、子女教育、医疗服务等问题,力争为农民工进城就业创造良好的环境。

五是实施公共财政覆盖农村社会事业发展和基础设施建设的政策。在农村义务教育制度上,将以乡镇为主的体制,改变为由基层政府负责、分级管理、以县为主的体制;全部免除农村义务教育阶段学生学杂费,对贫困家庭学生免费提供教科书并补助寄宿生生活费。在农村卫生事业上,推进新型农村合作医疗制度的实施和卫生服务体系建设。在农村文化建设上,支持继续实施广播电视"村村通"和农村电影放映工程,发展文化信息资源共享工程农村基层服务点,构建农村公共文化服务体系。在农村社会保障上,基本实现了农村"五保"从农民集体互助共济向财政供养为主的转变;开始在全国范围建立农村最低生活保障制度;有条件的地方也开始积极探索农村养老保险制度,重点解决被征地农民、进城务工经商农民、小城镇农转非人员和农村计划生育对象的养老保险问题。在基础设施建设方面，由民办公助转变为纳入公共财政，明确各级政府要切实把基础设施建设重点转向农村，国家财政新增固定资产投资增量主要用于农村。

## 二、农业农村全面发展

党的十六大以来，统筹城乡发展方略和一系列强农惠农政策的实施，保护和调动了亿万农民的积极性，农业农村经济全面发展，社会主义新农村欣欣向荣，成为我国经济社会发展的突出亮点。

**(一)粮食生产实现了新突破，有效地保障了国家粮食安全** 2008年全国粮食实现连续第五年增产，是40年来第一次，粮食亩产连续五年创纪录，是新中国成立以来第一次。

**(二)农民收入连年较快增长** 2004年，党中央、国务院发出《关于促进农民增加收入若干政策的意见》，这是新中国成立50多年第一次由中共中央专门发的关于促进农民增加收入的文件，它给了全社会一个关注农民增收的强烈的政策信息。一系列增收政策的实施，实现了农民收入的快速增长，至2008年，农民人均纯收入达4 761元，增长8%，农民收入增长幅度连续5年超过6%，年均增收400元以上，也是历史上第一次。

**(三)农村公共事业加速发展，农村民生改善迈出新步伐** 公共财政覆盖农村社会事业政策的实施，使新型农村合作医疗覆盖全国，农村最低生活保障制度全面推行，农村义务教育普及成果进一步巩固，农村社会事业取得了以往不敢想的新进展——上学不交费、看病不太贵、低保生活有着落。农村道路、水利、电力、通信等基础设施建设得到加强，农民的生产生活条件继续改善。

**(四)农村社会和谐进步** 党的农村政策深得民心，农民群众心气顺、劲头足，党群干群关系进一步改善。农村党的建设不断加强，有效夯实了党在农村的执政基础。以村党组织为核心的村级组织配套建设全面推进。深入开展农村党的建设"三级联创"活动，农村保持共产党员先进性教育活动取得积极成效。村党组织领导的充满活力的村民自治机制逐步建立和完善。民主法制建设继续推进，社会治安继续好转。扶贫开发取得新进展，农村贫困人口减少较多。

新中国成立60年特别是改革开放以来，农业农村发生了翻天覆地的历史性变化。党的十七届三中全会指出，新形势下推进农村改革发展，要全面贯彻党的十七大精神，高举中国特色社会主义伟大旗帜，以邓小平理论和"三个代表"主要思想为指导，深入贯彻落实科学发展观，把建设社会主义新农村作为战略任务，把走中国特色农业现代化道路作为基本方向，把加快形成城市经济社会发展一体化新格局作为根本要求。至2020年，农村经济体制更加健全，城乡经济社会发展一体化体制机制基本建立；现代农业建设取得显著进展，农业综合生产能力明显提高，国家粮食安全和主要农产品供给得到有效保障；农民人均纯收入比2008年翻一番，消费水平大幅提升，绝对贫困现象基本消除；农村基层组织建设进一步加强，村民自治制度更加完善，农民民主权利得到切实保障；城乡基本公共服务均等化明显推进，农村文化进一步繁荣，农民基本文化权益得到更好落实，农村人人享有接受良好教育的机会，农村基本生活保障、基本医疗卫生制度更加健全，农村社会管理体系进一步完善；资源节约型、环境友好型农业生产体系基本形成，农村人居和生态环境明显改善，可持续发展能力不断增强。

“生产发展、生活宽裕、乡风文明、村容整洁、管理民主”，一个欣欣向荣的社会主义新农村正逐步显现在世人面前。我们坚信，未来中国农业的成就将更辉煌，农民的生活将更美好，农村的前景将更光明。

## 参考文献

[1] 朱荣，等．当代中国的农业．北京：当代中国出版社，1992.

[2] 李成瑞．中华人民共和国农业税史稿．北京：财政出版社，1959.

[3] 牛若峰．中国农业的变革与发展．北京：中国统计出版社，1997.

[4] 宋洪远．中国农村改革三十年．北京：中国农业出版社，2008.

[5] 关锐捷．半个世纪的中国农业．广州：南方日报出版社，1999.

[6] 赵德馨．中国近现代经济史 1949—1991. 郑州：河南人民出版社，2003.

[7] 郑有贵，李成贵．一号文件与中国农村改革．安徽人民出版社，2008.

[8] 郑有贵．“文化大革命”时期农业生产波动及其动因探析．中共党史研究，1998(3).

[9] 中国社会科学院农村发展研究所，国家统计局农村社会经济调查司．中国农村经济形势分析与预测(2008—2009). 北京：社会科学文献出版社，2009.

（作者：焦红坡 农业部农村经济研究中心研究员，
郑有贵 农业部农村经济研究中心研究员）

# 第五章 国家的农业政策

以史为鉴，可以知兴替。60年来，中国农业发展有辉煌，也有挫折。探讨国家农业政策的演进，总结60年的经验教训，对于解决今天的农业问题，推进社会主义新农村建设，具有重要的现实意义。

农业政策属于公共政策，是国家经济政策的重要组成部分，“一般意义上的农业政策是指政府对所有与农业相关事务采取的行动，包括农业、农村和农民政策”（段鹏飞，2008）。一个国家实行的农业政策是以该国经济及农业发展状况而制定的。美国著名发展经济学家霍利斯·钱纳里按工农业关系及城乡发展情况将工业化过程划分为3个阶段。第一阶段为农业支持工业阶段，即农村、农业支援城市、工业发展，大致相当于工业化发展初期。该阶段经济发展的特征是：农业和农村积累流入工业及城市，农业、农村支援工业、城市发展，工业化的成长主要依靠农业、农村提供的积累。第二阶段为农业、农村与工业、城市平等发展阶段，相当于工业化发展中期。该阶段工农业及城乡发展的特征是：农业和农村的积累不再外流，工业和城市的发展完全依靠自身的剩余积累来进行，工农业、城乡平等发展，但这一阶段时间相对较短。第三阶段为工业反哺阶段，即工业、城市支援农业、农村发展，属于工业化发展后期。该阶段工农业及城乡发展的特征是：工业、城市剩余开始回流农业、农村，工业、城市支援农业、农村发展，农业化的成长主要靠工业城市的剩余积累。在工业化3个阶段的两个转折中，霍利斯·钱纳里通过研究提出了一些量化的指标。在工业化初期阶段结束，开始进入工业化中期阶段，农业、农村提供剩余的使命结束，工业、城市具备了自我积累的发展能力，结构特征是农业劳动力份额不超过55%，城市化水平不低于35%，人均GDP不少于1000美元。在工业化中期阶段结束，开始进入工业化后期阶段，工业具备了反哺农业的能力，农业开始接受工业部门的剩余，城市带动农村发展，结构特征是农业劳动力份额不超过30%，农业占GDP中的份额低于15%，城市化水平在50%以上，人均GDP在2000美元以上。适合三个阶段发展的工农业增长速度比分别为3.5～2.5∶1、2.5～2∶1和2～1.5∶1。

根据钱纳里的发展阶段观念，有学者（冯海发，2001）依据经济发展过程中农业与工业相互关系的演化顺序，将中国经济发展过程也划分为3个基本阶段：第一个阶段为以农补工阶段；第二个阶段为工农并重阶段；第三个阶段为以工补农阶段。中国农业政策的演化过程是在这种发展过程中实施的。

“农业政策目标的实现程度依赖于农业政策手段的安排”（梁世夫，陈灿煌，2008）。“农业政策的演变是一个利益调整过程，这种利益调整主要表现在国家利益和农民利益的调整过程”（朱四海，2005）。由于我国是一个农业大国，经济发端于农业占主导地位的经济，加上长期的意识形态和国家发展战略的需要，使得政府的农业政策选择受制于不同时期的社会政治经济环境、政府执政者的发展理念和目标、国家的经济发展战略等因素。

中华人民共和国成立60年，农业政策演化大致可以分为以下几个阶段。

第一阶段，传统时期（1953—1978年）。新中国农业政策的演变起步于“农业支持工业”的政策安排。长期以来，出于国家发展战略的需要，中国农业政策的目标一直强调农业的贡献，

通过工农业产品价格“剪刀差”农业为工业化积累资本，农业资源向非农业转移。这奉行的是传统的以工业化为中心、重工业优先发展的发展观。

第二阶段，改革开放后的非均衡发展观(1979—1992年)。政府执政者奉行让一部分人、一部分地区先富起来，以图先富带动后富的非均衡发展观，这个时期家庭联产承包责任制得以确立，农产品统购统销机制改革，乡镇企业异军突起。

第三阶段，协调发展观与农业保护政策(1992－2002年)。进入新世纪后中国农业政策趋向于追求农业自身发展，实行以农业保护为主要内容的农业政策。

第四阶段，2003年以来，实行以“取消农业税、反哺农业”为主的农业新政，农民收入提高成了农业政策的核心目标，这个时期奉行以人为本的科学发展观。但“政府对农业生产活动提供的一般服务还是落后于农业发展的实际需求，政府财政投入难以达到应有的规模，金融体制改革造成了农业金融的缺失，农业生产资料补贴和灾害补贴还都处于起步阶段，国外通行的‘绿箱政策’投入数量十分有限，许多‘绿箱政策’的支持项目还处于空白状态。农业生产经营收入主要依靠农业生产，政府转移支付对农业生产经营收入的推动作用还相当有限”(梁世夫，陈灿煌，2008)。

第五阶段，金融危机背景下，拉动内需中的惠农政策。2008年美国次贷危机的突然爆发演变成一场全球性的金融危机，中国受到极大的冲击，粮食安全问题日益凸显。为了积极应对金融危机，政府提出了一系列拉动内需的惠农政策。

## 第一节　改革开放前的工农业产品价格“剪刀差”政策

传统的发展观认为，所有国家必须以一定速度实现工业化以求得发展。新中国成立之初，全国工农业总产值466亿元，人均国民收入66.1元，在工农业总产值中，工业总产值比重为30%，而重工业占工农业总产值比重的7.9%。与此同时，中国在国际上受到战争的威胁和经济封锁，初始条件十分困难。为了国家的自强，在传统发展观的引导下，工业化成了我国发展的首要目标，我国政府决策层采取了重工业优先发展的战略。

“国家工业化的资本积累，主要源于本国的农业剩余”(周其仁，1994)。但当时的新中国人均GNP只有50多美元，是个以农业为主的国家，资本供给严重不足。发展资本密集的重工业部门的成本高昂，而丰富的劳动力资源相当便宜。因此，为了适应国家优先发展重工业的要求，在工业化起步期，我国在农产品生产、流通、消费领域进行了一系列变革，建立了以“工农产品交换剪刀差”为核心的经济制度，以快捷而有效地汲取农业剩余。

### 一、农产品统购统销政策

新中国成立后，由于工业化建设所需资金的积累、城市人口的增长，国家对农产品的需求迅速增加，而传统农业跟不上工业建设的步伐，分散的小农经济不能满足工业建设需要的原料和产品，甚至一度引发粮食危机。如果任其发展下去，不但会影响城镇居民生活，而且会引起物价全面上涨，进而影响社会稳定和经济建设的顺利进行。1953年，国家决策层做出一项重大战略决策，即对粮食等农产品实行“统购统销”。

这项政策包括计划收购、计划供应、由国家严格控制粮食市场、对粮食实行统一管理四个组成部分。在这种政策安排下，大部分农副产品的购销和定价都是由国家垄断的，而且政府人为地压低了农产品的收购价格。农业生产者按照国家要求把粮食和其他产品以很低的计划价格售给国家，为工业和城镇居民提供了稳定的、成本低廉的工业原料和食品来源。同时，统购统销政策也降低了工业生产中的劳动力成本。建国之初，我国工业采取粗放经营模式，大量投入劳动力，因此劳动力的成本即工人的工资，对工业产品价格的高低和工业利润起着至关重要的作用。实行统购统销政策，国家通过计划供应以较低的价格将粮食销售给城镇居民，从而工人在较低的工资水平下能够满足基本的生活消费的需要。这样，低工资带来了劳动力成本的降低，直接促进了工业利润以相对较快的速度增加。可以说，“农产品统购制只是表面上的交换关系”(李成贵，1997)，实质上提供了一种强制性地从农业中提取工业化积累的方式。在统购统销政策下，农产品价格严重违背了市场价格，农民愿意提供的产品数量和社会需求量之间产生了缺口。由于政府要保证工业化所必需的农产品供给，所以需要借助于直接计划的办法实现低价收购既定数量农产品的政策目标，但同时也给生产者带来利益损失。与此同时，统购统销的政策安排割断了农民同市场的联系，使过去主要由市场机制调节的地域广大、人口众多的农村农民和农业与市场完全割裂开来，从而排斥了商品生产和市场机制，阻碍了农村商品经济的发展。农民对自己的产品无自主处理权，主要农产品的生产和销售是国家的事情，与生产者没有更多的联系，其结果是隔断了地区之间、城乡之间以及生产者与消费者之间的有机联系，使农村经济形成许多大小不等、结构单一的封闭的产品经济体系，致使农业资源的流动和重组受阻，各地的比较优势无从发挥。至20世纪70年代末统购统销制度涉及的农产品品种达230多种。

## 二、农业集体化政策

统购统销制度是对农民的索取，一开始引起了农民的部分不满。针对这种情况，1955年国家调减了征购任务，这马上又制约了工业增长的速度，同年工业增长5.6%，是“一五”期间增长速度最慢的一年。为解决优先发展重工业与农业供给之间的矛盾，保证农民将其生产要素全部投入农业生产，确保农产品供给和农业剩余的转移，需要从制度安排上进一步切断农业生产要素的流出渠道。借鉴苏联的经验，政府决策层选择了在农村实行“集体化制度”改造个体小农经济。单干不如互助组，互助组不如合作社成为当时宣传的主流。

中共七届六中全会讨论和通过了《关于农业合作化问题的决议》，采取“积极引导、稳步前进”的方针，以“自愿互利、典型示范、国家互助”为原则引导农民走社会主义的互助合作道路，把农业合作化运动进一步推向了高潮。一年后，全国范围内基本上实现了以高级社为形式的农业合作化，当时的1.1亿个农户组织到400万个生产合作社中来，化个体为集体，把农业生产纳入国家的控制之中。

“国家控制史无前例地深入乡村社会，这件事是与国家工业化的目标紧密关联的”(周其仁，1994)。全国合作化制度的建立为“剪刀差”方式汲取农业剩余提供了组织保证，它能使国家更有效地控制农业生产，更有效地征购余粮，为城市居民提供更稳定的粮食供应，为城市工业化提供稳定的资金来源。而且大规模的集体耕作，“互助组运动联合了农民的生活活动，初级社归并了农民的主要财产，高级社消灭了土地和牲畜的分红，人民公社则在更大范围内推行公有化”(周其仁，1994)，这些促使技术知识普及更快。土地、资本和劳力集中起来的统一使用，国家在技术、财政、经营管理、产销服务等多方面给农业合作化有力的支持，有利于采用新

的农业技术，特别是有利于采用那些适合大规模生产的农业技术，或是个体农民缺乏手段或兴趣采用的农业技术。

这一时期是中国经济体制剧烈变动的时期，农业集体化的结果，促进了整个农业的发展，但并没有彻底解决工农业发展之间的矛盾。"一五"计划期间，"工业搞多了，农业搞少了"(陈云，1984)，政府决策层积极调整经济政策，努力寻找一种更快发展农业的路子，在这种情况下，"大跃进"作为政府解决农业问题的一种尝试进入人们的视野。1958年3月，中央工作会议通过了《中共中央把小型的农业合作社适当地合并为大社的意见》。同年5月，中共八大二次会议确定了"鼓足干劲、力争上游、多快好省地建设社会主义"的总路线，"大跃进"运动逐步形成，各地相继加快了小社并大社的进程。1958年8月，中共中央政治局扩大会议通过了《关于在农村建立人民公社问题的决议》，决定在全国农村普遍建立人民公社，9月10日，公布了《关于建立农村人民公社的决议》。"至10月底，全国农村人民公社化全部完成，原有74万多个农业生产合作社，改组为26 000多个公社，参加公社农户有1.2亿多户，占全国农户的99%"(王克群，2009)。

这一时期，人们以激进的措施发展农业，实行赶超战略，不顾生产力水平低下的实际状况，在公社范围内实行无偿调拨、义务劳动、平均分配，把社员的生产、生活资料无偿地收归公社所有，实行工分制和供给制。这些做法完全违反了等价交换、按劳分配原则，其结果损害了群众的利益，挫伤了社员的积极性，妨碍和破坏了生产力的发展，受到了经济规律的惩罚。人们希望通过集体化带来直接利益，即分享富农和上中农的多余财产，还有可能获得在合作社制度下人人有份的重大经济利益的愿望并没有实现。

## 三、城乡隔离的户籍政策

构成"剪刀差"的第四个农业政策是城乡户籍制度。农业剩余被转移到工业领域造成了城乡之间收入和生活水平差距的扩大，由此产生了劳动者在城乡间、产业间转移的动力。而在农业劳动生产力没有大幅度提高之前，农业劳动者向其他产业的大量转移将减少农业对工业的贡献，并增加政府物价政策的负担以及对城市建设的投资，从而减缓整个经济发展的速度。所以，政府通过建立城乡隔离的户籍制度将广大农民限制在农业和农村。

1953年4月17日，政府决策层发出《关于劝阻农民盲目流入城市的指示》，规定未经劳动部门许可或批准者，不得擅自去农村招工。该指示明确地对农民向城市流动和迁徙进行限制。此后国务院又先后四次发布指示，对农民的流动进行限制。1958年1月9日，《中华人民共和国户口登记条例》第一次将新中国成立以来逐渐形成的城乡有别的户口登记制度与限制转移制度以法律形式固定下来，这一条例和以前及以后颁布的相关法律、法规结合在一起，共同构成中国独特的二元户籍制度体系。自此，农民除了招工、考学、参军三条路径外基本被限制在农村土地上，城乡变成两个相互封闭的经济系统，农业过剩劳动力失去正常进入城市经济系统的机会，城乡利益格局呈现固定化、稳定化。户籍制度一方面可以在不增加农业资本投入的情况下通过集约型的劳动投入来保证农业生产任务的完成，另一方面又最大程度地限制了由于城市人口扩张而引发的城市建设资金需求以及政府物价政策的负担，集中财力发展工业化。这也产生了两个后果：一是就业结构转换落后于产值结构的转换。"1953年我国农业人口占总人口比例为85.3%，1978年为84.2%"(李成贵，1997)，多年来基本没有变化。二是人为强化了农业吸纳劳动力的能力，影响了农业劳动生产率的提高。"1978年我国平均每个劳动力占有的耕地面积比1953年减少了46%,仅5.07亩”(李成贵,1997)。

正是这几项政策保证了工农业产品价格“剪刀差”政策的长期推行,保证了我国传统时期重工业优先发展战略对资本的需求。1978年,全国国有工业固定资产总规模是9 000亿元左右,其中从农业提取的积累大约为6 000亿元左右。但是城乡的割裂,使农民被迫封闭在农村的狭窄土地上,只能从事低效的农业生产劳动,城乡差距、工农差距越来越大,农民享受不到工业化、城市化的成果,在农村实行的人民公社管理体制也不能充分调动农民的生产积极性,不能使农民从切身的物质利益上关心生产和劳动成果,农民长期处于贫困落后的状态,农村需要进行改革。

### 四、计划经济体制下的农业机械化政策

我国有计划大规模地发展农业机械化始于1957年。在传统计划经济体制下,“利用行政干预和强有力的国家财政支持,政府要求农村社区集体经济组织实行高积累政策,农业机械化得以大力推进”(郑有贵,2001),资源向农业机械化倾斜配置。

1958年,毛泽东把农业机械化列为发展农业的重点内容之一。1958年11月10日,毛泽东在对《郑州会议关于人民公社若干问题的决议》的修改中提出了农业工厂化的设想,他指出:“必须实现公社工业化,农业工厂化(即机械化和电气化)。”这里,毛泽东把农业工厂化阐释为机械化和电气化。1959年4月29日毛泽东在《党内通讯》中提出“农业的根本出路在于机械化”的论断。1959年9月,成立了中华人民共和国农业机械部,全国上下都建立了抓农业机械化的工作机构。1962年毛泽东在中共八届十中全会上确定:“在农业集体化基础上实现农业机械化和电气化。”1966年7月,国务院在武汉召开第一次全国农业机械化会议,确定至1980年基本实现农业机械化,并做出了具体的规划。此后国务院于1971年8月和1978年1月,先后召开了第二次和第三次全国农业机械化会议,以实现农业机械化的政策目标。“到1980年,国家对农业机械工业建设投资总额达到81.67亿元。在国家支持社队购置农业机具方面,到1980年拨出无偿投资和各种贷款129亿元”(郑有贵,2001)。

### 五、农村返销粮政策

在执行“剪刀差”政策的同时,政府也尽可能地保障农村人口的利益。1953年,对农村因自然灾害带来粮食歉收、没有能力达到粮食自给者、因其他特殊困难而造成缺粮者,实行返销粮政策。返销粮安排的基本原则是:统筹兼顾,适当安排;自力更生为主,国家供应为辅。国家按照这个原则确定返销粮的数量和地区,根据各地的实际情况确定不同的供应标准。各地对缺粮户的粮食供应,突出重点,一般只安排三缺户、重灾户,不准搞平均主义。

## 第二节 改革开放后的非均衡发展观和农业政策

20世纪60年代末,人们逐渐认识到“把发展与经济增长混为一谈是十分轻率的表现”(杜德利·西尔斯,1969),认为农业与工业相互依存,应当非常重视农业的发展和传统农业的现代化,主张在经济增长的同时,改善收入分配格局,消除两极分化,提高社会公共福利水平,减少或消除贫困。在这一时期国际形势也发生了根本性变化,和平与发展成为时代主题。

在这一背景下，“中国集体经济的低效率导致农民的不满以及政府自身的财政压力”(周业安，2000)，迫使政府默认了家庭经营和集体工副业。十一届三中全会提出了以经济建设为中心、“发展是硬道理”、“让一部分人、一部分地区先富起来”的发展理念，效率优先，兼顾公平，逐渐形成了“非均衡发展观”，扭转了传统发展观指导下的重工业化发展战略。部分人和地区先富起来的观念使得国家的各种投资倾向于投资收益回报率高的行业，农业和农村生产虽然得到解放和发展，但工农业并没有并行发展。

## 一、家庭联产承包责任制的确立

1978 年，中国农村经济改革启动，农业和农村经济政策发生了重大转变。以家庭联产承包为主的农村生产责任制改变了人民公社时期存在的吃“大锅饭”现象，极大地调动了农民的生产积极性，但直至 1980 年，国家才对这种生产责任制给予政策上的肯定，在随后连续四年中央一号文件的引导下，至 1983 年年底，94.5%的农户和 99%以上的生产队实行了家庭联产承包责任制。但是在政策执行的前期，也出现了一些问题，如土地调整频繁，农民不敢对农地进行长期投入等。为了解决这些问题，1984 年《关于一九八四年农村工作的通知》强调要继续稳定和完善家庭联产承包责任制，提出土地承包期一般在 15 年以上，家庭承包经营制度就被确立为中国农村一项最基本的生产经营制度。进入 20 世纪 90 年代后，各地 15 年的土地承包期已陆续到期。为此，中共中央和国务院于 1993 年 11 月下发了《关于当前农业和农村经济发展的若干政策措施》，文件明确指出：在原定的耕地承包期到期之后，再延长 30 年不变。在 1998 年 10 月召开的十五届三中全会上，政府决策层再次明确指出，要坚定不移地贯彻土地承包期再延长 30 年的政策，家庭联产承包经营制度长期稳定下来。

## 二、农产品统购统销制度的改革

家庭联产承包经营制度的普遍推行，动摇和瓦解了人民公社集体化体制的基础。1983—1985 年，开始进行政社分开、撤社建乡的工作，这标志着农村微观经济组织基础从此发生了根本变化，农户开始成为生产经营活动的主体，农业生产力获得了极大的解放，农业产出稳步增加。在传统时期形成的农产品统购统销制度开始有所松动，粮食及其他农产品收购价格大幅度提高，决策层制定和实施了一系列促使粮食、农业和农村经济全面发展的农村经济政策，纠正了国民收入分配中长期重工轻农的偏差。1979 年通过的《关于加快农业发展若干问题的决定》提出“为了搞活商品流通，促进商品生产的发展，要坚持计划经济为主，市场调节为辅的方针，调整购销政策”，国家开始逐步减少农副产品的统派购种类，至 1984 年年底，国家对主要农产品产量和播种面积下达的 25 种指令性计划指标已经基本取消，对继续实行统一派购的农产品，计划收购的数量也大幅度减少。截止到 1985 年，国家对农产品的统购派购制度进行全面改革，同年 1 月《关于进一步活跃农村经济的十项政策》规定“除个别品种外，国家不再向农民下达农产品统购统派任务，按照不同情况，分别实行合同订购和市场订购”。1985 年这个文件的发布标志着农产品流通体制的市场化改革开始起步，实行了 30 多年的统购统派体制被取消，农产品流通体制开始走向“双轨制”，合同定购以外的粮食可以自由上市，由市场供求调节价格。

尽管上述农产品流通领域政策的调整具有积极意义，但仍没有触及农产品统购统销体制本身。20 世纪 90 年代，粮食购销体制的改革有相当大的进展。1992 年，政府提出“分省决策、分区推进”的粮食购销体制改革方针，至 1993 年底，全国 98% 以上的县、市都放开了粮食的销价，粮食流通体制改革取得了突破性进展。

农产品流通体制改革，使市场价格开始在农业生产的调节中发挥作用，市场机制逐渐成为农业产业结构调整的主要动力。为了充分发挥市场机制的作用，1992 年 9 月，政府决策层发布了《关于发展高产优质高效农业的决定》，提出要以市场为导向继续调整和不断优化农业产业结构，对目前的种植业结构进行必要调整。这些政策的出台，极大地推动了农业产业结构的调整和优化。1998 年 5 月 10 日，国务院发布了《关于进一步深化粮食流通体制改革的决定》，主要内容是按保护价敞开收购农民余粮、粮食收储企业实行顺价销售、粮食收购资金封闭运行和加快国有粮食企业自身改革。由于各方面的原因，这次改革一度出现反复。2004 年 4 月 23 日，《国务院关于进一步深化粮食流通体制改革的意见》发布，新一轮粮食改革正式启动，粮食购销完全实现了市场化，重新实行了最低保护价收购政策。至此，农产品流通体制改革宣告结束。

## 三、增加农业投入

这个时期，国家逐步改变社会资源分配格局，适度减少农业资金外流。主要是大幅提高农副产品收购价格，仅 1979 年一年，18 种农产品收购价提高了 22.1%；鼓励农民兴办部分农村基础设施，对这部分设施实行有偿使用原则，谁兴建，谁得益；改革农村信用社，增加农业贷款，发放长期低息贷款，要求信用社真正办成群众的合作金融组织；提出适当发展农村信贷，积极兴办农村保险事业，强调中央和地方政府增加对农业的投入。1989 年中共十三届五中全会以后，进行大市场建设，继 1990 年 10 月中央在郑州建立小麦批发市场之后，9 个区域性批发市场相继建立。1991 年 4 月，全国提高粮食销价，次年再次提价，全国粮食基本上达到了购销同价。

## 四、促进乡镇企业发展

农村实行家庭联产承包经营责任制以后释放出了大量剩余劳动力，而在城市中实行计划经济下的劳动就业制度，使得这些农民只有自谋出路。党的十一届三中全会在这种形势下实行了农业产业结构调整政策，提出社队企业要有大发展，在产、供、销和税收上给予社队企业优惠。后来，又允许和鼓励农村私营企业的存在和发展，同时通过产业结构和分配上的引导，使社队企业为农业生产服务，把农民从事非农产业与农业产业的积极性结合起来。社队企业遍地而起，从而也增强了农业自身的积累能力，促进了农业的发展。

1984 年被很多人称为乡镇企业发展的“元年”，这一年，中央和国务院转发了《农牧渔业部和党组织关于开创社队企业新局面的报告》，同意农牧渔业部关于将社队企业改称乡镇企业的建议，“现有社队企业是农村经济的重要支柱，有些是城市大工业不可缺少的助手”(1984 年一号文件)的判断把农村产业结构调整的重点转移到发展乡镇企业上。各级党政部门把发展乡镇企业当作大事来抓，财政、银行等部门都制定了对乡镇企业实行税收、贷款的优惠政策，乡镇企业得到迅速发展。但是，乡镇企业的热潮也对农业产生了些不利的影响。一是发展的方向偏离了为农业服务的方向，二是农业生产的发展速度慢，承受不了发展过快的乡镇企业。1985 年和 1986 年两个一号文件，都结合乡镇企业发展过程中出现的新情况和新问题，提出了具体的要求和措施。尤其是 1986 年的一号文件，放宽了乡镇企业贷款的条件，进一步促进了乡镇

企业的发展。

## 第三节 协调发展观与农业保护政策

20 世纪 80 年代后，人类发展观的演进实现了巨大的突破，提出了“以人为中心的发展观”(F. 佩鲁，1982)和追求人类与自然界和谐共处的可持续发展观，强调“人本主义”，经济发展只是手段，人的发展重于物的发展，要把人的问题置于发展问题的中心地位；强调人与自然的和谐发展。同期，我国推行的非均衡发展战略在给国内的经济社会发展带来巨大活力的同时，客观上也产生了一些不容忽视的问题。一是认识上的问题。有些人把以经济建设为中心的战略方针理解为单一的经济增长，重视经济增长而忽视了全面均衡的发展，并且对经济发展的理解也仅仅停留在粗放式发展的传统模式上，经济与社会、人与自然发展不协调。二是非均衡发展战略本身的问题，特别是“一部分人、一部分地区先富起来”的发展战略引发的城乡之间、地区之间发展差距扩大的问题。在此背景下，政府决策层逐渐形成了协调发展观。十三届八中全会通过的《中共中央关于进一步加强农业和农村工作的决定》和十五届三中全会通过的《中共中央关于农业和农村工作若干重大问题的决定》，强调了工农业协调发展，实行“以工补农”，走新型工业化道路；农村经济结构要协调发展，实现增长方式由粗放型向集约型转变，实施可持续发展战略；实现人与自然和谐发展，强调要把缩小地区差距作为一项长期坚持的重要方针，促进区域经济社会协调发展，实现共同富裕；提出了西部大开发的战略构想；并于中共十六大提出了全民建设小康社会的奋斗目标。

这一时期在国民经济治理整顿的大背景下，实行国民收入分配中增加农业分配份额的政策。农业政策以国家启动农业生产保护为主要特征，保护重点也从非均衡时期的保护城市居民，经过粮食部门“10 年博弈”终于回到了农业保护的逻辑起点：保护农业生产者。保护政策则经历了价格保护向生产补贴的转变。

### 一、粮食最低保护价收购政策

1992 年，以邓小平南巡讲话为契机，中共十四大明确了建立社会主义市场经济体制的改革目标，农村改革进入全面向社会主义市场经济体制转轨的时期。国内经济全面复苏，1990 年我国粮食产量达到历史最高水平，国务院发布文件要求各省、自治区、直辖市制定最低保护价和最高限价。1993 年颁布《中华人民共和国农业法》，用法律形式规定了对粮食及其他有关国计民生的重要农产品进行价格保护的原则。20 世纪 90 年代初政府规定的保护价是当时的定购价。由于大量农村剩余劳动力进城务工，城市粮食需求大幅度增加，1993 年秋季出现了粮食抢购现象，市场粮价上涨。1994 年以后，理论上的保护价低于市场均衡价格，为保障国家粮食安全，政府先后于 1994 年和 1996 年两次调高粮食收购价格，幅度高达 42%和 40%，从而大大刺激了粮食生产。1994—1996 年连续 3 年粮食大幅度增产，跨越了 45 000 万 t 和50 000 万 t 两个台阶，出现了“卖粮难”，粮价一路下滑。为保障种粮农民的利益，稳定粮价，1996 年我国对粮、棉等农产品实行较大力度价格和流通干预政策，政府明确要求国有粮食部门用定购价无限制收购农民余粮，从而启动了我国的农业保护政策。1997 年夏粮上市时，国务院再次明确在按定购价收购定购粮的同时，必须保护价敞开收购农民余粮，所需资金从粮食风险基金中支付。粮食保护价收购的根本目标是控制通货膨胀，政府试图通过价格干预刺激农产品供给，以抑制通货膨胀。但由于这一政策以国有粮食部门为政策载体，国有粮食部门的市场行为与政府的政策行为相互交织，结果造成了国有粮食部门的亏损挂账高达数千亿元，国家对粮食经营的补贴，实际上更多地给了粮食流通环节，于是粮食的价格保护政策又回转到国有粮食企业的改革上，粮食价格保护向粮食生产补贴转变。1998 年以来，我国为了实现农业可持续发展，确定了农业结构调整政策，其中包括粮食的品种品质调整，为了让农民改变过去追求低质高产的生产行为，政府于 1999 年夏收起决定低质量粮食退出国家定购，以缩小补贴的范围和总量。

## 二、农业生产资料补贴政策

长期以来，财政对农业的补贴方式多采取“暗补”的方式，即财政补贴资金不直接以财政拨入的方式进行，而是通过流通渠道间接地给予补贴。但这种“补助”并不为大多数生产者所知晓，对生产的直接刺激力度不大。1987 年 2 月，在国家定购任务完成存在困难的前提下，国务院转发商业部等部门《关于粮食合同定购与供应化肥、柴油挂钩实施办法》，开始实施粮食合同定购与供应平价化肥、柴油和预发预购定金“三挂钩”，定购每 50kg 粮食奖售 20kg 化肥、5～7kg 柴油。其目标是：通过农业生产资料补贴降低农产品的生产成本，相当于提高农产品的销售价格，刺激农产品的供给。

1993 年和 1994 年，国家停止实行粮食合同定购与供应平价化肥、柴油挂钩的这项补贴，我国对农产品与平价生产资料挂钩方式进行了改革，对合同定购部分的农产品实行价外补贴，即国家按定购合同收购农产品时，直接把平价农业生产资料的差价付给农民。1995 年，为了落实粮食收购计划，又恢复了挂钩少量平价化肥的做法。具体的办法：一是将中央调控的化肥（国产大化肥和中央进口化肥，总量约 2 000 万 t，占社会资源总量的 20%）以规定的低价格与粮棉收购挂钩供应给农民。二是对市场自由流通的化肥实行最高限价。政府对化肥零售价格实行统一经营差率控制，规定流通环节只能加 10%的综合差率和合理的运杂费制定零售价格。1996 年决定实行“出厂价格政府定价，分级管理”的体制。1998 年至现在，建立了政府指导下由市场形成农产品价格的机制。

但这并不意味着农业保护就此完结。农业是弱质产业，在某种程度上也是具有战略意味的第一产业。无农不稳，要实现协调发展，农业需要保护。在经过 1978—2002 年 25 年的发展后，工业生产中技术水平大幅度提高，工业产品的生产成本不断下降，而农产品生产的成本则相对上升，而且随着农业的比较收益不断下降，又形成了相对贫困问题，城乡差距不断扩大。特别是在加入 WTO 后，农业的弱势地位尤为突出。农业投入严重不足，直接用于改善农业生产条件的投资比例偏小，国内支持水平在数量、结构、对象和方式等方面与许多国家有较大的差距。WTO 规则所允许的 12 类“绿箱”措施中，我国只使用了 6 类。国家对农业的投入总量不及美国政府农业预算的 1/5，国内支持总量仅占农业总产值的 3.6%，远远低于 WTO 多数成员国 5%～20%的水平，这与农业在整个国民经济中的地位和作用不相适应。农业靠天吃饭的局面没有得到根本改变，农业竞争力弱，农业收入增长缓慢，农业和农村经济发展仍然步履维艰。为进一步增加农民收入，保护我国农业发展，保持农村稳定和缓减外国农产品对我国的冲击，种粮生产直接补贴和农业税减免等政策从 2003 年后得到逐步推行。

# 第四节 2003年以来的支农政策

## 一、背景及宏观政策趋向

改革开放30年来,我国农业取得了长足发展。尤其是进入20世纪90年代中后期,我国农业在产品供求关系、生产目标、增长方式等方面都出现了显著变化。最基本的变化就是从农产品的总量不足向丰年有余转变,由长期短缺向供求基本平衡转变。这种基本转变使我国农业发展的目标也发生了较大变化:从单纯解决农产品供给问题向满足人们对农产品的品质的要求转变;从单纯追求农业生产向兼顾农民收入转变;从扩大农产品供给转向扩大农村内需转变。这种质的转变是农业发展进入新阶段的主要标志。在2003年召开的中央农村工作会议上,国家明确提出我国农业进入了新的发展阶段,农产品供求关系、农村劳动力就业格局和转移动因、农民增收的主要来源、农村发展对城镇和国民经济的依赖程度、中国农业与世界农业的关联程度、农业和农村发展的内涵都发生了重大的变化。促使我国农业发展进入新阶段的重要判断,对我国农业政策走向发生了极大的变化。伴随着2001年我国加入WTO,农业与国际市场的接轨,中央更加重视"三农"问题,2004—2009年间连续出台了关于三农问题的6个一号文件,在科学发展观的统领下制订了五个统筹的发展战略思路,并将统筹城乡发展定为首位,制定了工业反哺农业、城市支持农村的政策和"多予少取放活"的方针,取消了在中国延续千年的农业税,转而实行财政补贴和扶持政策,2007年中央一号文件还专门出台了增加财政向农村转移支付,增加公共支出,加强基础设施建设与社会保障事业等有关的扶持政策。

## 二、农业政策的主题

2003年以后,农业新政的主题逐步明晰和全面展现出来。

2003年1月,中央农村工作会议明确提出"全面建设小康社会,必须统筹城乡经济发展,更多地关注农村,关心农民,支持农业,把解决好农业、农村和农民问题作为全党工作的重中之重,放在更加突出的位置,努力开创农业和农村工作的新局面"。

2004年1月,针对全国农民人均纯收入连续增长缓慢的情况,中央下发《中共中央、国务院关于促进农民增加收入若干政策的意见》,成为改革开放以来中央的第六个"一号文件"。文件提出了要实行"多予少取放活"的方针。

2005年1月,为了进一步加强城乡统筹,中央下发《中共中央、国务院关于进一步加强农村工作提高农业综合生产能力若干政策的意见》,即第七个"一号文件"。文件提出要坚持"多予少取放活"的方针,稳定、完善和强化各项支农政策。当前和今后一个时期,要把加强农业基础设施建设,加快农业科技进步,提高农业综合生产能力,作为一项重大而紧迫的战略任务,切实抓紧抓好。

2005年12月,党的十六届五中全会针对农业基础设施脆弱、农村社会事业发展滞后、城乡居民收入差距扩大的矛盾依然突出,通过了《关于推进社会主义新农村建设的若干意见》,提出要统筹城乡经济社会发展、推进现代农业建设,促进农民持续增收,加强农村基础设施建设,加快发展农村社会事业等具体举措。

2006年2月，中共中央、国务院下发第八个"一号文件"《中共中央、国务院关于推进社会主义新农村建设的若干意见》，进一步推动了社会主义新农村建设的进程。

2007年1月，中共中央、国务院下发第九个"一号文件"《中共中央、国务院关于积极发展现代农业扎实推进社会主义新农村建设的若干意见》。文件指出，当前农村发展仍存在许多突出矛盾和问题，要增强危机感，坚持解决好"三农"问题是全党工作重中之重的战略思想丝毫不能动摇，扎实推进新农村建设的各项工作丝毫不能松懈。文件要求，发展现代农业是社会主义新农村建设的首要任务，要用现代物质条件装备农业，用现代科学技术改造农业，用现代产业体系提升农业，用现代经营形式推进农业，用现代发展理念引领农业，用培养新型农民发展农业，提高农业水利化、机械化和信息化水平，提高土地产出率、资源利用率和农业劳动生产率，提高农业素质、效益和竞争力。

2008年1月，中共中央、国务院下发第十个"一号文件"《中共中央、国务院关于切实加强农业基础建设进一步促进农业发展农民增收的若干意见》。提出要加快构建强化农业基础的长效机制；切实保障主要农产品基本供给；突出抓好农业基础设施建设；着力强化农业科技和服务体系基本支撑；逐步提高农村基本公共服务水平；稳定完善农村基本经营制度和深化农村改革；扎实推进农村基层组织建设；加强和改善党对"三农"工作的领导。

2008年12月，为了纪念农村改革三十周年，党中央召开了十七届三中全会，会议通过了《中共中央关于推进农村改革发展若干重大问题的决定》，指出"农业、农村、农民问题关系党和国家事业发展全局"。

2009年2月，中共中央、国务院下发第十一个"一号文件"《中共中央、国务院关于2009年促进农业稳定发展农民持续增收的若干意见》。文件要求，必须切实增强危机意识，充分估计困难，紧紧抓住机遇，果断采取措施，坚决防止粮食生产滑坡，坚决防止农民收入徘徊，确保农业稳定发展，确保农村社会安定。

## 三、农业新政策的内容及实施效果

2003年后农业新政策的内容包括以下几个方面。

**(一)把"三农"作为全党与政府全部工作的重中之重** 党中央历来高度重视"三农"问题，但是随着我国农业发展进入新阶段，出现了农民增收缓慢、城乡差距拉大，城乡二元结构，农村消费不足，生态呈逐步恶化等现象，尤其是农村消费不足对我国经济发展影响意义重大，如果这些问题不能得到及时解决，会对国民经济的稳定增长，对社会的问题产生不可估量的后果。党中央提出"三农"问题始终是关系我国革命、建设、改革事业全局的重大问题，把"三农"问题提升到全党与政府全部工作的重中之重的高度。从2003年开始，中央还连续6年(2004—2009)以中央一号文件的形式出台关于"三农"问题的指导性意见，分别就促进农民增收、加强农业综合生产能力建设、建设社会主义新农村、发展现代农业和加强农业基础出台了一系列相互配套的重大政策措施。党的十六届五中全会和十七届三中全会就新农村建设和农村改革问题出台了新的意见。这些都充分表明，在农业发展进入新阶段以来，我国的农业政策必须发生较大变化，必须高度重视"三农"问题的解决，从对农业的剥夺政策向扶持与给予政策转变。

**(二)提出城乡统筹的发展方略** 我国政府为了缩小城乡发展差距、实现城乡协调发展，打破城乡二元体制、消除制约农业农村发展的体制性障碍，调整公共资源配置，增加对农业和农村的投入，建立与市场经济体制相适应的城乡一体化的经济社会秩序，在十六大报告明确提出

统筹城乡发展的重要方略；十六届五中全会报告又进一步提出了“五个统筹”的改革发展要求，并将统筹城乡经济社会发展放在“五个统筹”之首，要逐步改变城乡二元经济结构，促进农村与城市、农业与工业协调发展；十七大报告又把统筹城乡发展作为“三农”部分的标题句，意义更加重大。

**(三)做出了中国进入“以工促农、以城带乡”新阶段的基本判断** 针对我国农业发展进入新阶段出现的新问题，在对国内外农业发展经验借鉴的基础上，胡锦涛同志在党的十六届四中全会上明确指出：“综观一些工业化国家发展的历程，在工业化初始阶段，农业支持工业、为工业提供积累是带有普遍性的趋向；但在工业化达到相当程度以后，工业反哺农业、城市支持农村，实现工业与农业、城市与农村协调发展也是带有普遍性的趋向。”在随后召开的中央经济工作会议上，胡锦涛同志进一步强调指出：我国现在总体上已到了“以工促农、以城带乡”的发展阶段。在我国已经进入小康社会、工农业都有一定发展、并推进社会主义新农村建设的背景下，提出走“工业反哺农业、城市支持农村”的道路，具有鲜明的时代意义和深刻内涵。这就是著名的“两个趋向”的重要论断。

国际经验表明，人均GDP从1 000美元向3 000美元迈进的关键时期，同时也是经济社会结构快速调整，社会矛盾凸显的时期。如果不有效解决“三农”问题，势必影响国民经济的持续快速协调健康发展，影响整个社会的稳定与和谐，影响全面建设小康社会目标的实现。从工业化发展阶段来看，2004年，我国人均GDP已超过1 000美元，农业与非农产业的产值结构大约为15∶85，农业与非农产业的就业结构大约为50∶50，城镇化水平为40%。这四项指标表明，目前我国已进入工业化中期阶段，国民经济的主导产业由农业转变为非农产业，经济增长的动力主要来自非农产业。根据国际经验，这时采取相应措施，以工业反哺农业，是带有普遍性的现象。可以说，国民经济增长的动力主要来自非农产业，已初步具备了“以工促农、以城带乡”条件。

**(四)提出了“多予、少取、放活”和“工业反哺农业、城市支持农村”的基本方针** 从2003年开始，我国已进入了工业化的中期阶段，该阶段我国国民经济的主导产业由农业转变为非农产业，国民经济增长的动力主要来自于非农产业。农业不再替二、三产业发展提供原始的资金和原料积累，而成为了接受“补助”的部门。因此，2004年中央一号文件明确提出了“多予、少取、放活”和“工业反哺农业、城市支持农村”的方针，于2006年全面取消了农业税、屠宰税、牧业税、农业特产税，实行了种粮农民直接补贴、良种补贴、农机购置补贴、农资综合直补，制定了粮食主产险和财政困难县实行奖励补助的激励政策，实施了对重点粮食品种实行最低收购价的调控政策，形成了比较完善的支农惠农政策框架。

**(五)规划了建设社会主义新农村和发展现代农业的重大任务** 党的十六届五中全会提出了按照“生产发展、生活宽裕、乡风文明、村容整洁、管理民主”为目标建设社会主义新农村的重大历史任务，“十一五”规划对建设社会主义新农村提出了具体思路，2006年中央一号文件则进一步推动了社会主义新农村建设的进程。在推动新农村建设方式上，2007年1月，中共中央、国务院下发第九个“一号文件”《中共中央、国务院关于积极发展现代农业扎实推进社会主义新农村建设的若干意见》。该文件指出，发展现代农业是社会主义新农村建设的首要任务，要用现代物质条件装备农业，用现代科学技术改造农业，用现代产业体系提升农业，用现代经营形式推进农业，用现代发展理念引领农业，用培养新型农民发展农业，提高农业水利化、机械化和信息化水平，提高土地产出率、资源利用率和农业劳动生产率，提高农业素质、效益和竞争力。

**（六）取消农林特产税、农业税以及乡镇“五统筹”与村“三提留”，减轻农民负担** 我国是一个农业大国，也是一个有着悠久历史的农耕大国，早在春秋时期鲁国就开始实行“初税亩”，到汉初形成延续2 600余年的“农业税”制度。在新中国成立以后，第一届全国人大常委会第九十六次会议于1958年6月3日颁布了《农业税条例》。至21世纪初，这一古老的税种，在我国已延续了2 600年的历史。按照《农业税条例》规定，农业税是对农业收入征收的一种税，由地方负责征收管理，所得收入归地方政府。全国农业税的平均税率为长年产量的15.5%。据统计，1949—2005年我国农业税总收入累计达到4 200亿元；从新中国成立之初1952—1998年之间，通过实行工农产品价格“剪刀差”和税收，我国农民为国家工业化和城市发展提供资金积累（即农村资金净流出）达2万多亿元，大约相当于同期我国社会资本存量的2/3。

至2004年，我国总体上已进入了以工促农、以城带乡的发展阶段，取消农业税势在必行。一是农业税在全国财政的比例在逐年降低，从新中国成立初期的1950年，农业税占全国财政收入的41%，至2004年，全国农业税收入232亿元，而至2005年，农业税下降至占全国财政收入不到1%，全国农业税收入减少至15亿元。二是我国财政已经具备了反哺农业的实力，2004年我国的国民经济总量已经达到16万亿元，财政收入突破2.6万亿元，比1998年增长了100%和166%。三是取消农业税是扩大内需、保持国民经济平稳较快发展的促进力量，有利于将亿万农民的潜在购买意愿转化为巨大的现实消费需求，进一步提高农村消费水平，激活庞大的农村市场，进而拉动整个经济持续增长。可以说，我国已经进入工业反哺农业，城市支持农村的阶段，全面取消农业税，对中国财政收入不再构成重大影响。

2006年全面取消农业税后，与农村税费改革前的1999年相比，中国农民每年减负总额将超过1 000亿元，人均减负120元左右。全面取消农业税表明中国在减轻农民负担，实行工业反哺农业、城市支持农村方面取得了重大突破。从国际上看，当一个国家经济发展到一定程度，无一例外地要对农业实行零税制，并给予相当的财政补贴。在经济全球化的宏观背景下，中国取消农业税，采取“少取、多予、放活”的政策，无疑顺应了时代的要求，适应了世界经济一体化的发展形势。

**（七）财政支农** 2003年是具有里程碑意义的一年，党中央提出了“统筹城乡发展”的方略，提出要把“三农”问题作为全党工作的重中之重。从2004年以来，中央连续出台了6个中央“一号文件”，2006年开始取消了农林特产税、农业税以及乡镇“五统筹”与村“三提留”，进一步减轻了农民负担。出台了相关扶持政策，重点加强了财政支农力度，对农业生产、农村基础设施建设、农村社会发展等方面给予了重点支持。2003年以来，中央财政安排用于“三农”各项支出的年均增幅超过了20%，至2009年中央财政“三农”支出就达2.7万亿多元（包括2009年预算）。2003年，中央财政用于“三农”的支出为1 754亿元，至2008年中央财政用于“三农”的支出就达到5 955.5亿元，其中“四补贴”（种粮直补、农资综合直补、良种补贴和农机具购置补贴）达到1 027.7亿元。2009年，中央财政安排“三农”投入7161亿元：其中“四补贴”大幅增加，补贴资金总额达到1 230.8亿元，增长19.4%（表5-1）。

表 5-1 2003 年以来中央财政支农资金增长统计

| 年　度 | 中央财政支农资金总量(亿元) | 用于农业支出占财政支出的比重(%) |
|---|---|---|
| 2003 年 | 1754.45 | 7.12 |
| 2004 年 | 2337.63 | 9.67 |
| 2005 年 | 2450.31 | 7.22 |
| 2006 年 | 3172.97 | 7.85 |
| 2007 年 | 3404.70 | 6.6 |
| 2008 年 | 5955.5 | |
| 2009 年(预算) | 7161 | |
| 合　计 | | |

注:主要包括支农支出、农业基本建设支出、农业科技三项基本费用及农村救济费等

资料来源:2004—2008 年度中国统计年鉴,2008 年与 2009 年数据来自国家统计公报

支农资金的增长充分表明,我国已经初步具备了加大对农业农村发展支持力度的财政能力,正在建立财政支农的长效机制。财政支农政策已经成为国家财政政策的重要组成部分之一,对于促进农村社会经济协调发展意义重大。

**(八)增加公共支出,加强基础设施建设与社会保障事业**　2003 年以来,我国农业发展进入新的阶段,随着国力的增强逐步确立了“工业反哺农业,城市支持农村”的政策方向。但是,“农业基础设施脆弱、农村社会事业发展滞后、城乡居民收入差距扩大的矛盾依然突出”。因此“要下决心调整投资方向,把国家对基础设施建设投入的重点转向农村”。国家在加大支农资金的同时,重点用于公共支出,加强基础设施建设与社会保障事业。

农业补贴与增加农民收入的政策。农业补贴是有效增加农民收入、调动农民生产积极性的有效措施。近几年,我国农业“四项补贴”逐年增加,已成为农民增加收入的重要来源。其中 2008 年中央财政用于“四补贴”达到 1 027.7 亿元,2009 年投入 1 230.8 亿元。与此同时,2008 年度,我国农民人均纯收入达到 4 761 元,连续 5 年增幅超过 6%,这与农业补贴与增加农民收入的政策是密切相关的。

此外,新的支农政策还包括:农产品价格保护、新农村建设和农村合作医疗等。

农产品价格保护政策。中共十六届三中全会提出要健全农产品价格保护制度,完善粮食等主要农产品价格形成机制。这是在社会主义市场经济条件下构建农业支持保护制度的重要内容,是新时期工业反哺农业、城市支持农村的战略举措。

新农村建设政策。在新农村建设中,政府重点支持了农村基础设施建设,集中力量办好“水、气、路、电”等四件大事。仅 2007 年国家用于以上四件大事的资金就达到 247 亿元。

农村合作医疗政策。为解决农村看病难、看病贵的问题,在全国农村基本建立了新型合作医疗制度和医疗救助制度。统计表明,截至 2008 年 9 月底,全国开展新型农村合作医疗的县(市、区)达 2 729 个,参加新型合作医疗人口 8.14 亿人,参合率达 91.5%,越来越接近新型农村合作医疗制度全覆盖目标。中央财政对农村合作医疗的补助达到了 47 亿元,是 2007 年的 7 倍多。与此同时,城乡医疗救助制度也逐步完善。据民政部 2008 年前 3 季度统计,全国农村医疗救助支出 32.6 亿元,医疗救助 4 869 万人次。

## 第五节 金融危机背景下拉动内需中的惠农政策

2008年爆发的美国次贷危机演变成了一场世界范围内的金融危机。由于外贸依存度较高，作为"世界工厂"的中国受到极大的冲击和影响，国外市场严重缩水，内需不足，我国生产的大量产品无法转化成商品。因此，扩大内需，消化掉我国生产的大量过剩的产品是摆脱国际金融危机的重要手段。为了积极应对金融危机，我国政府提出了一个"全面实施促进经济平稳较快发展的一揽子计划"，该计划主要包含4个方面：一是大规模的政府投入和结构性的减税；二是大范围的产业调整和振兴规划，涉及十大关系国计民生的重大行业；三是大力度的科技支撑，准备在2年内投入1 000亿元，加快推进科技专项规划，为经济发展提供支撑和后劲；四是大幅度提高社会保障水平，仅医药卫生体制改革，计划在3年内投入8 500亿元。

### 一、金融危机对农业的影响

金融危机对全球农业造成很大程度的影响，也对我国农业产生了一定程度的影响。首先是国际市场农产品价格走低，更多的廉价国际农产品进入我国，对我国而言会对农产品市场带来较严重的冲击；其次是我国自身农产品价格波动会给农民增收带来一定程度的影响；第三是国际金融危机会造成我国一部分以出口为主的、加工型、科技含量低的企业的破产，造成大量农民工的失业，进而影响农民的收入和国内消费市场的扩大。正如2009年中央一号文件所指："对中国经济负面影响日益加深之际，对农业农村发展的冲击不断显现。2009年可能是新世纪以来中国经济发展最为困难的一年。也是巩固发展农业农村好形势极为艰巨的一年。"

### 二、开辟农村市场对我国走出金融危机的重要意义

在外需大幅下降，外部消费市场萎缩之际，全面拉动内需，防止经济大幅下滑，推动经济恢复增长已经成为共识。而开辟农村消费市场对我国走出金融危机意义重大，"扩大国内需求，最大潜力在农村；实现经济平稳较快发展，基础支撑在农业；保障和改善民生，重点难点在农民"(2009年中央一号文件)。从消费群体看，8亿农村人口是一个让世界艳羡的庞大潜力消费市场；而从消费需求来看，当前，城乡二元结构的存在使农村居民的消费水平和消费质量低于城市居民，造成了农村具有巨大的潜在消费需求；从相关政策看，党中央、国务院高度重视农民增收问题，连续六年出台"一号文件"来实现惠农，而使农民收入水平不断提高，具有了一定的消费水平。因此，在当前金融危机下，开辟农村消费市场有重要的意义，同时也具备了一定的基础。

### 三、拉动内需中的惠农政策及其成效

2009年中央一号文件是十七届三中全会精神的具体化，是应对全球金融危机，保持农业稳定发展、农民持续增收的针对性政策措施，是保持农村经济社会稳定的一个基本考虑。今年拉动内需的惠农政策主要包括4个方面。

一是为了促进农业生产，增加农民收入，采取积极的支农政策。支农政策主要包括增加"四种补贴"为主的农业补贴；增加对农村基础设施建设和社会事业发展的投入；较大幅度继续

提高粮食最低收购价，保持农产品价格合理水平等。

二是针对当前劳动力就业不足现象，采取积极扩大农村劳动力就业的政策。对农民工返乡创业、给予扶持；大规模开展针对性、实用性强的农民工技能培训；扶持有关发展，引导企业留用农民工；制定养老保险办法，免除农民工的后顾之忧等。

三是为了扩大内需，加快投资，重点向新农村建设倾斜。主要包括投入大量资金改善农村尤其是中西部农村的“水、电、路、燃气”等方面的建设，在改善农村面貌的同时，增加了农民收入，实现了内需的有效扩大。同时积极开拓农村市场。支持流通企业与生产企业合作建立区域性农村商品采购联盟，在全国范围实施“家电下乡”。

四是推进城乡经济社会发展一体化的政策。为了消除城乡二元结构，制定了有关农村社会事业发展的相关政策；发展和巩固农村义务教育普及成果的政策；巩固发展新型农村合作医疗的政策和加大中央和省级财政对农村最低生活保障补助力度，提高农村低保标准和补助水平等。

这些政策对我国快速从金融危机中走出来，拉动内需有重要的影响。

## 第六节　新中国六十年农业政策的总结及展望

新中国成立60年来，伴随着对农业地位认识的不断深化，国家农业政策也逐渐从剥夺农业向扶持农业、从依赖农业向反哺农业转变。尤其是改革开放以来，这种趋势更加显著。这一方面是经济发展的必然趋势；另一方面是坚持农业的基础地位，高度重视“三农”问题的结果。

### 一、农业集体化促进了农业规模化和机械化的初步发展

新中国成立初期，小农经济生产力水平低下，生产工具落后且匮乏，耕地规模小，抗灾能力差。在土地、资金、牲畜不足的情况下，把农民组织起来，实现农业集体化经营，以公社或生产大队为主体，开始购买拖拉机等农业机械，可以促进生产资料共享，开展大规模的农业基本建设。1978年，全国农业机械总动力为1 174.2亿kW·h，比1957的12.1亿kW·h增长了近百倍。但由于在新中国建立后的很长一段时间，我国工业化处于起步阶段，农业机械的研制、生产体系还不完善，农业机械化的工业基础比较薄弱。为了实现1980年基本实现农业机械化这一目标，国家将农业机械政治化，自上而下进行强制性的制度变迁，机械化的过程成了政府对规则的调整。农民对农业机械化技术的选择和采用是被动的，农业机械化很大程度上靠政府“输血”进行，“自生能力”缺乏，影响了农业机械化的进程。

### 二、非均衡发展观时代的农业政策促进了农业和农村市场的发展

改革开放后，联产承包责任制的确立，对稳定农民的经济预期，增加对土地的投入，提高农业生产效率具有重要作用。20世纪80年代，农业生产连续多年大幅增产。1985年，全国粮食总产量为37 910.8万t，而1978年仅为30 476.5万t。农民收入也有显著增加，1978年，全国农民人均收入为133.6元，1984年，全国农民人均收入为355.33元，农村居民的生活得到了改善。但这个时期，因土地面积的制约农业机械化的发展陷入低谷。1980年以后，国家对农业机械化的政策进行了逐步的调整，指令性计划管理逐步弱化，市场机制的作用日益加大。

农产品统购统销制度的改革，使我国农村在市场发育方面取得了重大进展。这主要体现在：受国家计划直接控制的农产品越来越少，市场调节范围日益扩大；农村市场体系得到初步建立；农村市场主体也得到初步成长。

而乡镇企业的异军突起也为转移农村剩余劳动力、增加农民收入、出口创汇和发展经济做出了重要的贡献，对于"以工补农"具有重要意义，1992年全国农民人均收入净增部分的61.7%来自乡镇企业。

## 三、农业保护政策的成效

加强对农业的投资，提高农业投资的效率，促进工农业平衡发展成为1992年以来国家的重要发展目标。

1992—2002年的农业保护政策的实施，对改善农业的生产条件和外部市场环境起到了重要的作用，保证了农业的稳定增长。这一时期，农民收入较前一时期有了较大幅度增长。1997年，全国农民人均收入增长速度为9.6%。农民收入结构也发生了一定的变化，第一产业收入比重下降，工资性收入比重上升。

2003年以来的支农政策，更是大幅度减轻了农民负担。2006年，336亿元的农业赋税以及700多亿元的"三提五统"和农村教育集资等都得以取消；全国两种补贴达40.7亿元；粮食直补资金145亿元；农机具补贴资金6亿元。同时西部和部分中部地区农村义务教育学杂费的免除。支农政策为农村地区的发展注入新的"自生力量"。

"金融危机"以来提出的惠农政策，为促进经济平稳较快发展、维护社会和谐稳定做出了重大的贡献，在整个国民经济增长有所放缓的情况下，农业与农村经济良好。2008年，全国农林牧渔业增加值增长5.5%，增幅比2007年提高1.8%；农民人均纯收入为4 761元，比2007年增长15%。但农民长效增收机制欠缺。由于受国际金融危机的影响，农民外出就业出现困难，另一方面，国内主要农产品价格下行压力较大，致使农民依靠务农增收的形势严峻。而且农业生产成本的居高不下，抵消了农民收入增长的成效，影响了农民生产的积极性。

## 四、对农业发展的展望

农业是社会稳定、经济发展的基础。战乱或饥馑时期，农业对社会稳定的影响更是明显。

加入WTO后，国外大宗农产品进口对我国农业的冲击已经显现。同时，国际跨国企业利用中国的土地和人力资源，依他们的技术、管理优势，在中国生产加工产品。从我国目前情况看，我国的许多农产品价格都已高于国际农产品价格。从长期看，我国人口增加、耕地减少的趋势仍在继续，水资源短缺成为西北、华北和中部地区农业发展的"瓶颈"。

应对未来挑战，我国迫切需要加强农业产业化，同时要利用WTO政策的允许空间，加大对农业的支持力度，尽快建立和完善各种立法，防止"自己做主、别人当家"的大豆现象在农业其他产业再次发生，粮食产业链上的定价权决不能出现再次被跨国垄断巨头控制。在复杂的国际贸易背景下，我国应加快农村产业组织创新，加快推进农业组织化和标准化。

展望未来，我们将继续坚持基本经营制度不动摇，积极推动城乡经济社会统筹协调发展，构建以工促农、以城带乡的长效机制，加快形成城乡经济社会发展一体化新格局。把建设社会主义新农村作为战略任务，把走中国特色农业现代化道路作为基本方向，把加快形成城乡经济

社会发展一体化新格局作为根本要求,努力推动农村经济社会又好又快发展。

## 参考文献

[1] F. 佩鲁. 新发展观. 北京:华夏出版社,1987.

[2] 陈云. 陈云文选. 北京:人民出版社,1984.

[3] 杜德利·西尔斯. 中译本:发展的含义//亨廷顿. 现代化的理论与历史经验再探讨. 上海译文出版社,1993.

[4] 段鹏飞. 新中国农业政策的嬗变与评述. 湖南农业大学学报(社会科学版),2008(12).

[5] 冯海发. 中国经济发展到什么阶段才能反哺农业. 北京:中国农业出版社,2001.

[6] 霍利斯·钱纳里. 工业化和经济增长的比较研究. 上海三联出版社,1995//蒲文斌. 城乡统筹战略中的中国农业支持政策新探. 贵州师范大学学报(社会科学版),2009(2).

[7] 李成贵. 1953—1978年:国家工业化与农业政策选择. 教学与研究,1997(3).

[8] 李伟毅. 构建新时期的农业政策框架. 新视野,2008(5).

[9] 李希荣. 坚持统筹城乡发展基本方略扎实推进社会主义新农村建设. 哈尔滨日报,2007-11-12.

[10] 梁世夫,陈灿煌. 中外农业政策择定的比较及其启示. 世界农业,2008(2).

[11] 王克群. 党的农业政策60年. 当代社科视野,2009(4).

[12] 杨承训. 农业是经济平稳较快发展的重要基础. 人民日报,2009-02-03.

[13] 张正义. 建设社会主义新农村与"两个趋向". 三农资讯网,2009(5-31).

[14] 郑有贵. 中国农业机械化改革的背景分析与理论反思//中国农村研究报告2000. 北京:中国财政经济出版社,2001.

[15] 周恩来. 周恩来选集(下卷). 北京:人民出版社,1984.

[16] 周其仁. 中国农村改革:国家与土地所有权关系的变化. 中国社会科学季刊(香港),1994(夏季卷).

[17] 周业安. 中国制度变迁的演进论解释. 经济研究,2000(5).

[18] 朱四海. 我国农业政策演变的两条基本线索. 农业经济问题,2005(11).

(作者:张雪莲 中国农业大学博士、对外经济贸易大学博士后,
郭建强 北京市农林科学院副研究员、中国农业大学博士生,
冯开文 中国农业大学教授、农经系主任)

# 第六章 土地制度

## 第一节 新中国建立后的土地改革与土地制度

### 一、土地改革的背景

**（一）旧中国土地制度的基本状况以及土地改革的尝试** 旧中国竖立着地主阶级在农村的封建统治，具有极不合理的土地制度。在地主阶级的剥削下，农民辛劳终年却食不果腹，“受的是牛马的苦，吃的是猪狗食”。而地主则不劳而获，过着奢侈的生活。这就是旧中国农村的状况和农民所处的悲惨境遇（聂俊华，2008）。

为了铲除封建主义，中华民族的仁人志士曾经前赴后继地进行过斗争。从洪秀全提出“有田同耕”到孙中山的“平均地权”；从梁漱溟的乡村建设到中国共产党走社会主义道路。实现“耕者有其田”，一直是先进中国人追求的目标，是历史发展的潮流（辛卿，2008）。

但是，由于时代、阶级等种种因素的局限，很多努力都失败了。例如，在1927—1937年10年内战期间，国民党第一次试行土地改革，命令二五减租，使地租减低至不超过总收获的37.5%。但由于种种原因，这次土地改革的政策只在浙江真正试行过，最后以失败而告终。

**（二）新中国建立前中国共产党领导的土地改革** 中国共产党曾经在江西等地实行土地革命，没收一切地主所有的土地。这个政策到1934年红军开始长征时中止。

1935年末，中国共产党决定参加全国抗日联合战线，抗战时的土地政策是在实行减息的同时没收汉奸土地，没收的土地分配给没有土地的家庭，而土地赋税采取累进率，同时让贫农组成各种合作社，用维持并保护私有土地财产来诱导简单农业生产。

抗日战争爆发后，为了建立和巩固抗日民族统一战线，争取农村的地主、富农和中间阶级参加到党领导的抗日民族统一战线中来，中共中央暂时放弃了土地革命时期的土地政策。此时，除在抗日根据地的首府陕甘宁边区仍然实行了土地改革以外，在其他抗日根据地，则保留封建剥削关系，实行地主减租减息、农民交租交息的政策（马玉山，2000）。

1945年抗日战争结束，中国共产党的口号是“耕者必须有其田；有田者必须耕种它。”实施没收地主土地，分配给没地或少地农民的政策主张。1946年12月21日在延安公布的土地强迫售卖的具体方法主要是在3个方法之中选择1个：第一，减租可以追溯2年，地主必须返还租金的1/4。第二，大地主必须交纳田赋至其所收租金的一半，而贫农只交收获的7%；每家有1亩地完全免纳田赋，地主返还租金或交纳田赋，可以出卖土地。第三，地主必须将过多的土地售卖给新政府，政府发行土地债券给地主作为地价。

1947年9月，由于在华北施行的土地政策不适宜于南方，中国共产党举行全国土地会议，承认对于地主租金的清算。《中国土地法大纲》明确规定：废除封建及半封建性剥削的土地制度，实行耕者有其田的土地制度。《大纲》标志着党在农村的土地政策由减租减息、有偿转移过

渡到平分土地的新时期(黄锦华、刘昱,1999)。

解放战争时期的土地改革是在中国共产党工业化构想形成之后,首次宣布废除封建半封建剥削的土地制度,它是共产党人推进中国工业化进程的重要步骤。在解放区广阔的范围内进行土地改革,是中国几千年历史上的一次翻天覆地的社会大变革。它从根本上废除了在中国土地上盘根错节的封建制度的基础,使长期遭受地主阶级残酷压迫的农民翻身做了主人,使他们获得了土地这一最重要的生产资料,从而免于将生产的大部分成果以地租的形式交给地主,而是用于扩大再生产。同时,农民的生产积极性空前高涨,努力改良耕种技术、改良土壤,进一步组织劳动互助,大大提高农业生产力。这一变革使解放区农村走向经济富裕、文化发达的新社会,同时为工业的发展,提供了足够的原料,开拓了更广阔的市场,创造了中国工业化的前提条件。是中国由传统农业向工业文明社会转变的必经阶段,具有重要历史意义(郑志廷,1998)。

**(三)新中国建立后土地改革的必要性** 中国是一个有着2 000多年历史的农业大国,具有传统农业社会生产方式的共性和自身的特性,地主阶级土地所有制度是封建统治长期存在的保证,因此在中国现代化历史进程中,土地改革不仅是民主革命的重要内容和必然要求,而且也是社会现代化本身的重要内容和必然要求(佘君,2002)。

地主阶级是农村中的当权派和统治者,掌握着政治、经济大权。地主富农占有大量肥沃的土地,实行封建的土地所有制。全国解放以后,在新解放区的广大农村仍然保持着原来极不合理的封建土地所有制:占农村人口不到10%的地主和富农占有农村土地的70%~80%,而占农村人口90%以上的贫农、雇农、中农和其他劳动人民却只占有农村土地的20%~30%。

掌握土地的地主阶级在经济上主要采取高额地租、廉价雇工、高利贷等方式进行剥削。剥削的方式首先是高额地租。例如,在北京市农民租种的土地,产量的50%~60%用来交租,有的甚至达到70%;在内蒙古,除正租外地主还要向农民收租草,要农民“献新”,农民辛苦一年的收入寥寥无几。其次是廉价雇工,同样是在内蒙古,地主通过“使冬账”的形式,即冬天缺粮时,雇工向地主借粮,来年不论给多少工钱都得干活,地主趁机压低工资。三是放高利贷,“利息高到借一还一、借一还二”(钟冷,2007)。

中国土地制度的不合理是民族被侵略、被压迫、穷困以及落后的根源,是国家民主化、工业化的严重障碍。进行土地改革能够赢得广大农民的支持,改革封建土地所有制能调动广大农民的积极性,为国家工业化奠定坚实的物质基础。

## 二、土地改革的进程

**(一)土地改革的政策措施** 在新中国建立以后,在新解放区土地改革的目的是废除封建土地所有制,消灭地主阶级和封建压迫剥削,实现耕者有其田,以便恢复和发展生产,在这次土地改革中,党对新中国建立前历次土改经验进行了总结,指导思想与此前所进行的土地改革有所调整,制定了新的政策。主要表现在:将消灭富农的政策改为保护富农经济;把没收地主全部财产的政策改为仅仅没收地主的土地、耕畜、农具、多余的粮食及其在农村中多余的房屋,其他财产均不予没收;规定小土地出租者的土地如果不超过当地人平均土地数的2倍则保留不动;注意团结和保护中农。

保存富农经济是新解放区土改运动的最主要特征之一。中央之所以规定不动富农经济,其目的就是为了中立富农,减少阻力。这一政策在全国各地得到了严格的执行。这使历来在农村中作为地主阶级同盟者的富农，在土地改革斗争中中立起来了，使地主阶级更陷于孤立，更有利于消灭地主阶级。土地改革是利益的深刻调整，整个过程中涉及各式各样的人，其中包括一般地主、富农、贫农、佃农等，还有一些在战争中牺牲的烈士家属，以及失业工人，僧、尼、道和各种被确定为汉奸、卖国贼、战争罪犯等反革命分子，矛盾错综复杂。对于军人、烈士家属、工人、职员、自由职业者、小贩以及因从事其他职业或因缺乏劳动力而在城市郊区出租小量农业土地者，均不以地主论处，酌情给予照顾（聂俊华，2008）。例如，通过阶级划分，乐户这些从前不能与“士农工商”为伍的贱民，从此被赋予了农民的身份（闫钟，2009）。

土改的目的是解放农村生产力和恢复生产。为此，党要求各土改区须要兼顾生产需要，根据南、北方不同的农业种植情况，农闲时搞土地改革，农忙时不搞土改。这样，根据时间顺序、农闲农忙的区别所做的整体部署，既保证了土改有步骤地顺利进行，又不违农时和妨碍生产。

在民族边疆地区，土地改革采取了积极灵活的政策。例如在云南边疆民族地区进行的和平协商土地改革中，没收领主、地主的土地，废除官租、地租、劳役、高利贷等剥削，废除封建领主土地所有制、奴隶主土地所有制，解放农奴和奴隶，实行农民土地所有制。在废除封建领主土地所有制的前提下，对少数民族上层包括大小领主采取赎买政策，改革中和改革后，不降低他们的生活水平，由国家给予定期和不定期补助，在政治上给予安排照顾。保留所有领主、地主的公民权利，保留富农自耕和雇工耕种的土地，不没收领主、地主土地以外的财产，包括房屋、粮食、大农具、牧畜、茶园、竹园、鱼塘等。虽然和平协商土地改革也要经过划分阶级、没收和分配等阶段，但划分阶级的标准较宽。在农民农奴内部一般不划分阶层，在国境边沿一线不公开划阶级。土地先留后分，即没收时先留给领主、地主与农民同样的一份土地，然后再进行分配。坚决保护宗教信仰自由，寺庙、教会的土地和债务一律不动（马唯，1993）。

**（二）土地改革的总体进程** 1949 年 7 月，中国人民政治协商会议通过的《共同纲领》规定：中华人民共和国必须有步骤地将封建半封建的土地所有制改变为农民的土地所有制。新中国成立初期，在全国范围内完成土地改革是促进农业发展、实现国家财政经济状况好转的必要条件。1950 年，中央在七届三中全会上确立了土地改革的总路线，刘少奇在政协会议上做了《关于土地改革问题的报告》，《中华人民共和国土地改革法》也于同年颁布。《中华人民共和国土地改革法》明确了土地改革的基本目的是：“废除地主阶级封建剥削的土地所有制，实行农民的土地所有制，借以解放农村生产力，发展农业生产，为新中国的工业化开辟道路。”

大多数地区具体土改工作的进行分为 3 个阶段：第一阶段为典型试验阶段，主要指导方针是“小心翼翼，创造典型”，经过典型试验，明确了工作路线，解决了工作方法，教育了广大群众，取得了直接经验；第二阶段为局部展开阶段；第三阶段为全面展开阶段。例如，在苏南，三个阶段的土改并不是同一步调，程度上有轻重缓急之分。而在青海，根据青海为多民族地区且各民族大杂居、小聚居的特殊情况，决定农业的藏民聚居乡和半农半牧及牧业区内的小块农业区不进行土地改革。在广大的牧业区，充分尊重各族人民在长期历史发展过程中形成的生产生活方式，实行不分不斗、不划阶级和大力扶持贫苦牧民发展生产，改善生活的政策。

各地的土地改革具体方法也因为各自的情况而有所不同，具有代表性的主要是通过 5 个步骤完成的。①宣传政策，整理组织，调查研究。宣传过程中，主要目标是消除广大农民群众心中存在的顾虑，比如担心地主报复，怕变天等思想；主要内容是反封建、反压迫教育，向广大农民说明土地改革的必要性；主要方法是宣传队的讲解和引导农民回忆、算账、诉苦，引起共鸣。②划分农村阶级。工作队依靠农民群众登记土地、人口，带领广大农民群众学习如何划分

阶级;然后由农民大会评定阶级,通过阶级评定的决定;最后公布阶级成分。成分榜之一为农民榜,成分榜之二为地主、富农榜,成分榜之三为人民政府核定批准后的总榜。具体评定阶级的过程一般是先评大地主,后评一般地主;先评容易确定成分的地主,后评难以确定为地主的阶层;评工商业家、小土地出租者、富农;最后评农民内部的各个阶层。在划分地主、工商业家、小土地出租者和富农成分时,以自报情况为主,再由农民大会评定;对中农、贫农和雇农等成分的评议一般是在农民小组内进行,采取自报公议的原则,以自报为主,公议为辅。划分阶级过程中有很多具体的方法,如在计算总收入与剥削收入时,以自己生产的部分与剥削他人部分的总和为总收入,对副业和其他收入是否计算在总收入中,根据公平合理、方便可行的原则,则视具体情况而定。在计算剥削时间上,把不雇长工只雇短工并且不足天的、代工带种地的、以畜力与农民变工的、出租土地同时又租入土地的等具体情况做出具体分析和处理(张照庆、张书颖,1993)。③没收、征收土地和财产。没收、征收的具体步骤和内容一般是先没收、征收土地,后没收农具、耕畜、多余房屋和多余粮食。在没收、征收时,一般是召开农民大会,一边讨论、一边征求意见,同时登记应没收、征收的各种财物。④分配。没收、征收之后,再次召开农民代表大会,在民主协商的基础上,由群众自己讨论分配。土地分配一般是以乡为单位进行调剂,以村为单位进行分配,按土地、人口、阶级情况计算出每人平均土地数和无地少地农民分配的土地数,确定分配标准,先解决村之间的分配,再在农民个人之间分配。⑤复查。主要是针对工作中的失误和不足之处加以复查,以自上而下与自下而上相结合的方式进行检查,重点是对漏划、错划、分配不均和土改工作人员的个人错误等一系列情况开展复查(章林,2008)。

至 1952 年底,除新疆、西藏等一些少数民族地区和台湾省以外,全国的土地改革已全部完成。

## 三、对土地改革的评价

**(一)成就与经验** 新区土地改革 1952 年基本结束。据当年的统计,新中国成立以来的 3 年中,约有 3 亿农业人口的地区完成了土地改革。加上建国以前完成土改的老解放区,全国有 90%以上的农业人口完成了土改。除了新疆、西藏以外,只剩下大约 3 000 万农业人口的地区,留待 1952 年冬天至次年春天进行。

新解放区土改是一场巨大的社会变革。它结束了中国 2 000 多年的地主土地所有制,实现了全体农民平均占有土地的私有土地制度。通过土改,获得经济利益的农民约占农业人口的 60%~70%,每年免除地租 3 000 万 t 粮食,农民的生产积极性空前高涨。1951 年全国粮食产量比 1949 年增加 28%,1952 年比 1949 年增加 40%左右。棉花等工业原料作物的产量 1951 年即已超过历史最高年产量。土地改革中,农民还分得耕畜、农具、房屋和粮食。经过土地改革,农民彻底摆脱了封建土地制度的束缚和剥削,在政治上翻了身,掌握了自己的命运。

土地改革后土地完全属于农民所有,而且每个农户占有的土地基本上是均等的,合乎中国传统小农的不患寡而患不均的心态,土地公平私有是中国农民几千年来一直追求的理想图景(李保东、王黎锋,2007)。

土地改革给中国社会造成的震荡是空前的,在经济上最直接的后果是改变了农村的土地、耕牛、农具占有关系,新一轮的利益整合使农业资源在各个不同的阶层之间进行了重新分配。土地、耕牛、房屋、农具的重新分配,大大改善了农民的生活水平并解决了生产困难。同时在土改复查过程中不断对农民进行的增产节约教育,使农民把分得的收入大部分用于生产,如购买耕牛、农具以及肥料。国家实行了保护和奖励生产的政策，如稳定社会秩序，保护农民的土改成果，打击地主的反攻，刺激并鼓励了农民的生产热情；保护耕牛；奖励开荒政策；实行增产不增负担的政策，也解除了农民的增产顾虑。土地改革后，贫、雇农虽然拥有数量绝对多的土地和耕牛、农具等生产资料，但占有极为分散，在生产上仍存在很大困难，互助合作直接解决了他们的困难。

（二）教训　土地改革使地主在经济上被剥夺，他们占有的土地锐减，而贫、雇农则相反，与土地占有变化相对应的是耕牛、农具等生产资料的变化，土改前后地主和贫农的土地等农业资源呈现一方增加另一方减少的两极。土改前的这些农业生产资料基本上集中在富农、中农手中，土改后，如此多的农业生产资料随同土地分配给最广大的贫农、雇农及一部分中农，地主基本不分。这样大的波动一定程度上会给农业生产造成不良影响。因为：①大规模的重分，会导致生产资料的损失，减弱生产能力。例如，虽然地主阶级因不劳动，占有较少的农具和耕牛，但真的面对土改，也会将仅有的农具、耕牛破坏或宰杀。②农具、耕畜与农业生产的结合，并不是一蹴而就的。原拥有者都有自身维护、保养的方式，而重分后的所有者要经过一定的熟悉过渡阶段。③原拥有者大部分（富农、中农和一部分地主）是农村中生活水平较高，对耕畜和农具具有良好的饲养和维护能力，而重分后的所有者基本上是贫苦农民群众，难以对耕畜、农具有很好的养护。此外，土改中对地主的剥夺，对富农、中农利益的侵犯也给富农和中农的心理带去了挥之不去的阴影，其生产积极性在短期内大打折扣。

## 四、土地改革与国家工业化的关系

土地改革的完成，使地主阶级作为一个阶级已经被消灭，封建剥削关系彻底土崩瓦解，农村土地制度由此发生了根本变革，农民土地所有制取代了封建地主土地所有制，真正实现了耕者有其田。此时农村土地制度的特点是：土地所有权和经营权高度地统一于农民，农民既是土地的所有者，又是土地的自由经营者；土地产权可以自由流动，允许买卖、出租、典当、赠与等交易行为。这些根本变化极大地解放了长期被束缚的农业生产力，农业生产快速发展。

经过土地改革，中国农村建立起来的是农民占有小块土地的农民个体经济，虽然有别于封建统治下的农民个体经济，但本质上仍然是处于分散落后状态的小农经济。随着农业生产的进一步发展，其局限性明显地表现出来：一方面农民虽然分得了土地等生产资料，生产和生活条件有了改善，但由于中国农村生产力极其落后，土改后个体农民拥有的生产工具严重不足，生产资料和资金也十分缺乏，不少农民在生产中遇到了很大的困难，单靠自身的力量难以解决。另一方面，以一家一户为生产单位的分散个体经营，力量相当薄弱，积累率很低，甚至连简单再生产都难以维持，根本无法抵御农业生产过程中遭遇的各种自然灾害的侵扰，更没有能力采用先进的农业生产工具和技术，以及进行大规模的农田水利基础设施建设。

土地改革为国家工业化开辟了道路，直接推动了中国经济的现代化。旧中国工业化程度低，工商业投资风险大，而封建土地制度具有极强的稳固性，再有受传统重农轻商思想影响，工商业资本和高利贷资本被源源不断地转化为地租，更加导致土地的集中，阻碍工商业的发展。土改之后，地主赖以寄生的土地被没收，从土地中获取地租收入的可能性已经不存在，同时建国初期党对工商业采取保护和发展的政策，社会资本的流向开始发生重大转变，由农业部门流向工商业部门。同时，土地改革解放了生产力，促进了整个农业生产力的迅速恢复与发展，使农村经济增长较快，保证了全国粮食的需要量，增加了工业原料作物产量，为工业化提供了丰

富的原料、劳动力;农业生产逐年发展,农民购买力逐年提高,给我国的工业产品提供了无限广阔的国内市场。农民解除地租剥削后,农业剩余不仅为国家和农民分享,也为国家积累工业化资金创造了有利条件,推动了中国的工业化进程(佘君,2002)。

也有学者认为:土改虽然解放和发展了农村生产力,但并没有达到预期的满足工业化需求的效果,通过土改后的农村生产力直接达到为新中国工业化开辟道路是有很大难度的。其主要观点是,虽然农业生产力的解放与发展为工业化创造了一些前提,但土地改革造就了比我国历史上任何时候都多的千千万万户小农,使小农所有制取代封建地主所有制成了我国农业中居绝对统治地位的经济形式。从理论上说,土改后农村的分散经营无法满足工业生产的要求。当然,由于土改完成后党引导农民迅速走上了农业合作化道路,小农经济对工业生产的满足程度到底能有多大需要进一步的研究。至于提供工业建设所需的资金,小农经济的力量显然是有限的,因此才会有后来利用工农业"剪刀差"来为工业发展积累资金。只有向工业部门提供劳动力这一条,应该可以完全得到满足。但在土改期间,农村并没有为工业化提供足够的劳动力。其中的原因不能完全归咎于农民对土改的拥护和对土地的热忱,还因为国家正处于恢复经济中,大规模的工业建设还未正式开始。至于为工业品提供销售市场,看起来前景是非常广阔的。但土改期间,农民所购买的工业品在严格意义上大都是手工业品,一方面农民没有更大的财力来购买工业品,另一方面小农经济性质也决定了它不必消费适合农业社会化生产的农业机械,而同时,工业部门本身也无法提供多少适用于农业生产的工业品(江红英,2004)。

## 第二节 农业合作化与人民公社时期的土地制度

### 一、农业合作化时期的土地制度

建立农业生产合作社以及首先建立初级农业生产合作社的设想早在新中国建立之前就已提出来了。土地改革消灭了封建土地制度,建立了农民土地私有制,在此之后不久,我国开始了合作化的道路。1951 年中央通过的《中共中央关于农业生产互助合作的决议(草案)》认为农民在土地改革基础上所发扬起来的生产积极性,表现在个体经济的积极性和互助合作的积极性两个方面,既不能忽视和粗暴地挫伤农民个体经济的积极性,还必须提倡按照自愿和互利原则发展农民互助合作的积极性,以互助组为主要形式的互助合作组织迅速兴起。当时农民互助合作主要采取 3 种形式:临时性互助组、常年的互助组和以土地入股为特点的农业生产合作社(即初级农业合作社)。农业生产互助合作组织的建立是保持在农民个体所有制范围内的,没有触及农民的土地所有权,它的发展在一定程度上克服了小农经济的缺陷,发挥了个体经济和互助合作两个积极性,对农业生产的增长起到了有力的促进作用。

随着国家大规模有计划的经济建设的开始,国家面临着两大严峻的问题:一是农业生产,特别是粮食、工业原料的生产不能适应工业建设需求的矛盾逐渐暴露出来;二是在没有外部积累的封闭型经济中起步的国家工业化建设资金严重缺乏,只能依靠内部积累尤其是农业的积累获得。在这种情况下,如何在较短的时间内集中最大力量发展农业生产以支援国家以工业建设为主的经济建设已经成为全国性的重要问题。一家一户的个体农业生产不能满足实际需要,互助组的形式也无法解决这个问题,农业生产互助合作运动的重点由互助组转向发展农业生产合作社。1953年底中央强调为了进一步地提高农业生产力，要逐步实行农业的社会主义改造，使农业能够由落后的小规模生产的个体经济变为先进的大规模生产的合作经济，农村很快掀起了大办农业合作社的热潮。1955年合作化运动迅猛发展，全国进入大批建社的阶段，初级社逐渐取代了互助组。

初级农业合作化的基本做法是：在允许社员有小块自留地的情况下，社员的土地必须交给农业生产合作社统一使用，合作社按照社员入社土地的数量和质量，从每年的收入中付给社员以适当的报酬。初级农业合作社建立后，入社农民仍然拥有土地的所有权，以入股土地分红成为农民在经济上实现其土地所有权的基本形式；土地经营使用权成功地从所有权中分离出来，统一由合作社集体行使，合作社集体对土地进行统一规划、统一生产、统一收获；农民还拥有土地的处分权，退股自由，退社时可以带走入社时带来的土地，如果原土地不能退出，则可以用其他土地代替，或给予经济补偿。初级农业合作化的直接结果是推动了农村土地制度的再一次变革，土地由农民所有、农民经营转变为农民所有、集体经营。这次变革是在不改变土地私有制基础上的土地使用制度变革。

发展初级农业合作社，推行土地使用制度变革，是适应当时国家经济形势发展需要的必然选择。尽管曾出现过一些急躁冒进的做法，但总的说来其发展还是健康的。初级农业合作社的建立克服了以自有土地、自我经营为主要特征的个体小农经济所不可避免的缺陷，表现出显著的优势：①解决了互助组中难以解决的一些矛盾，特别是共同劳动和分散经营的矛盾；②能够在较大面积的土地上统一种植，进行较合理的、有计划的劳动，提高劳动生产率；③集中经营，就有更大的劳动力量和经济力量进行农业技术改革和基本建设，不断提高抵御各种自然灾害的能力，有效地逐步扩大再生产；④有利于保证广大农民的团结，避免出现贫富两极分化的现象，促进农村社会的稳定。

1955年农业合作化运动转入以建设高级农业生产合作社为中心，从1956年初开始高级社在全国进入大发展阶段。在高级农业合作社里，除社员原有的坟地和宅基地不必入社外，社员私有的土地及土地上附属的私有的塘、井等水利设施，都无代价地转归合作社集体所有。土地由集体统一经营使用，全体社员参加集体统一劳动，取消了土地分红，按劳动的数量和质量进行分配。高级农业合作化废除了土地私有制，土地由农民所有转变为农业合作社集体所有。这是农村土地所有制度的又一次重大变革（陈海秋，2003）。

## 二、人民公社时期的土地制度

1958年，为扩大规模经营，中央实行“小社并大社”，进而又推行“政社合一”的人民公社制。并社过程中，自留地、零星果树等都逐步“自然地变为公有”。1个月内即结束了农民土地私有制，所有权与经营权统一归于合作社，农户家庭经营主体地位被农业基层经营组织与基本经营单位取代（刘广栋、程久苗，2007）。在人民公社化运动中，原属于各农业生产合作社的土地和社员的自留地、坟地、宅基地等一切土地，连同耕畜、农具等生产资料以及一切公共财产、公积金、公益金，都无偿地收归公社所有。公社对土地进行统一规划、统一生产、统一管理，分配上实行平均主义。农村土地制度的性质在人民公社化的过程仍然属于集体所有，由集体统一经营。但这时的集体已经由高级合作社转变为人民公社，公有化的程度越来越高，土地的经营使用权完全掌握在政社合一的人民公社手中。这一阶段土地制度的局部调整主要体现在土地的经营规模空前扩大，国家通过高度集中统一的计划来控制和管理土地上的生产经营活动，

土地上的任何权利都不能转移、出租。

1962年人民公社实行以生产队为基础的三级所有制；恢复农民的自留地与家庭副业；取消公共食堂和部分供给制。这时候的农村土地所有制为“三级所有，队为基础”，生产队范围内的土地，都归生产队所有。生产队所有的土地，包括社员的自留地、自留山、宅基地等，一律不准出租和买卖，土地经营规模已经基本退到高级社阶段的水平，生产经营和进行分配的单位统一了起来，一定程度上克服了生产队之间的平均主义，解决了集体经济长期以来生产和分配的矛盾。

1966年开始的文化大革命，在农村大搞土地平调，强制建立了一批社队的林场、农场等，“文革”后恢复了“三级所有，队为基础”，并未改变人民公社制度。

## 三、两时期土地制度的评价：兼及与国家工业化的关系

农业合作化把农村的个体经济改造成了社会主义的集体经济，避免了两极分化，消灭了剥削制度。广大农民群众彻底摆脱了农民个体土地私有制的束缚，走上了合作经济的广阔发展道路。从长远看，对发展生产是有利的。在兴修水利、抵御自然灾害、搞大规模的农田基本建设等方面，农业合作化也较好地发挥了集体的优越性，为采用农业机械和施肥、杀虫等农业科学技术提供了条件。在整个农业合作化的过程中，促进了生产力的发展，农业生产逐年增长，农业的发展保证了工业化的需要，为工业化积累了资金，农村也为发展工业化提供了重要市场，还推动了对资本主义工商业的社会主义改造(高化民，1996)。

农业合作化是和农业现代化、国家工业化目标紧密联系在一起的。工业化一方面是指社会整体工业化，即由以农业为主要生产部门的社会进入到以工业为主要部门并处于主导地位的工业社会；另一方面包括农业生产的机械化，即用工业发展的成果对农业生产方式进行改造。由于社会主义必须建立在现代大工业基础上，工业的发展在一定程度上决定着社会主义建设的成败，所以发展工业在当时获得了比发展农业更为重要的地位。而落后国家的特殊条件，使其缺少如对外扩张和殖民掠夺等工业资本原始积累的方式，只能由本国农业支持。所以，必须使分散的小农合作化，以农养工。同时，虽然农业的机械化必须依赖工业的发展，农业的合作制也必须由机械化来巩固，但在工业还未发展之时，单纯的农业合作生产在一定程度上也能提供比单户小农更有利的生产条件。农业合作化被视为实现社会主义工业化和农业机械化不可或缺的保障和前提条件。

建国初期的土地改革完成后，我国重工业几乎没有，为了优先发展重工业，能够提供较快较多资金积累的轻工业受到排挤。重工业项目从投资兴建到收回成本，大约需要5年多的时间，而且收益率很低，在短时期内不可能提供资金积累。国家由于把绝大部分资金投向重工业，不可能拿出太多的资金投入到农业生产。由于生产资料匮乏，农民的个体所有制经济到底能在多大程度上满足重工业建设的需要值得怀疑。而互助组和少数地区初级农业生产合作社的实行，确实促进了农业生产较快发展的事实，合作化能促进农业生产的发展，进而为重工业的发展提供必要的资金积累。农业合作化是当时优先发展重工业的经济发展战略的必然选择(董悦华，1998)。

人民公社兴起后，毛泽东认为：可以经过人民公社这种社会组织形式，高速度地发展社会生产力，促进全国工业化、公社工业化、农业工厂化。并且还认为农村人民公社所有制的提高和农业机械化水平的提高是一致的：由不完全的公社所有制走向完全的、单一的公社所有制，

是一个把较穷的生产队提高到较富的生产队的生产水平的过程，又是一个扩大公社的积累，发展公社的工业，实现农业机械化、电气化，实现公社工业化和国家工业化的过程(张芳，2007)。

人民公社时期取得的成绩为国家完成工业化原始积累做出了不可磨灭的贡献。但是，人民公社体制的实行本身是脱离实际的，高度集中的“政社合一”的体制未能处理好国家、集体和个人的利益关系，尤其是在某种程度上忽视了农民的个人利益，影响了农民的生产积极性，主要农产品产量和农业总产值增长的速度比较缓慢，农业经济效益呈下降趋势，人民生活水平没有得到提高。

在人民公社化阶段，农民的生产资料、生活资料和自然资源属于全社所有，人民公社的特点是一大二公，即规模大、公有制，在当时生产力水平还很低的条件下，必然会束缚生产力的发展。“三级所有、队为基础”的制度，缺乏多样性和灵活性，不能适应农村经济发展的要求，不能调动广大农民的积极性。由于在整个高级社和公社化阶段，国家对农业管理实行了高度集中统一的计划经济体制，集体经济组织对土地的经营使用和生产结构的确立都严格按照国家计划进行，集体在生产经营和产品处置方面没有独立自主权，土地所有权和使用权高度集中，劳动报酬按劳动工分进行分配，导致了权责利的严重脱节。人民公社体制采取“集体劳动、平均分配”的生产和分配方式，这很大程度上限制了生产队对资源的有效配置和合理利用。在人民公社20年里，农村经济一直萧条。为了工业化建设，国家逐渐采取差别化的城乡二元社会保障措施，这种二元体系使我国农村与城市的差距越来越大，并重新陷入了一种制度变迁的滞后状态，增加了制度变迁的交易成本，最终人民公社解体(张芳，2007)。

人民公社化的目的本来在于扩大生产规模，增加农业产出。然而，虽然国家为生产队提供了农业机械、种子和化肥等服务，但因为没有进行相应的技术指导，尤其是封闭了商品流通的渠道，使社员无法通过市场互通有无，他们的生产积极性也就不可能调动起来，生产效率低在情理之中(董悦华，1998)。

当然也有一些学者指出：大公社体制跳出了土地改革之后小农经济的束缚，完成了对小农的改造，打破了自然村落限制下的乡土社会模式，推进了农村社会生活的现代化转型，具有积极的历史意义(蒋茜，2008)。

农业合作化及其以后的人民公社制度在我国农村建立起了集体土地制度。寻求解决优先发展重工业与落后农业之间的矛盾的根本途径，是建立和加速农业集体化的重要动因。通过农业集体化解决农工矛盾，可以保证重工业建设对农业日益增长的需要。随着工业化与农业之间的矛盾日益发展，要求加快集体化的主张也日益发展。首先，集体化为保证国家收购和积累提供了有力的组织形式。虽然当时的统购统销政策缓和了市场紧张，但是如果没有合作化的保障，在分散的个体农业基础上是难以坚持的，甚至会不断引起国家与农民之间的关系紧张和农业的波动。农业集体化是解决农工矛盾的途径，因为农业集体化能迅速发展生产，增加产量。我国商品粮食和工业原料生产水平很低，而国家对这些物资的需要的增大是一个尖锐矛盾，如果不能在3个五年计划期间内基本解决农业合作化问题，工业化事业就会遇到重大的困难。此外，重工业所生产的拖拉机、农用机器、现代运输工具、化肥、煤、电等，只有在农业合作化的大规模经营的基础上才有使用的可能。工业化和农业技术改造所需的大量资金，相当大的部分要从农业方面积累起来，轻工业的发展也有待于大规模农业，即合作化的农业。选择优先发展重工业的经济发展战略，客观上要求整个国民经济包括农业的组织性和计划性的加强，要求国家积累机制的强化。这就不可避免地使工业化与落后农业的矛盾日益尖锐，从而推动

农业集体化的不断加速(肖冬连,1998)。

## 第三节 家庭承包经营责任制

### 一、改革开放前的尝试与挫折

早在高级合作社期间,由于过快地发展,部分农民有怕"归公"的思想顾虑,出现了比较普遍的不利于生产的现象。高级合作化以后劳动组织较之初级社时的规模扩大了三四倍以上,具备了某些大生产的特点,但劳动工具还相当落后,虽然出勤率高了,但因土壤肥瘦不均、土地高低不平、工具陈旧等原因,用小农生产方式进行大兵团生产造成增产缓慢。同时,大批劳力在小块地上劳作,"按劳计酬"难以正确执行。这些问题都在促使着人们对农村土地制度不断地探索。

署名何成的一篇题为"生产组和社员应包工包产"的短文在1956年4月26日的《人民日报》上发表,它第一次突破了生产组和社员不能包工包产的禁区,提出了生产组和社员建立包工包产责任制的设想。同年5月15日,时任浙江省永嘉县县委副书记的李云河在温州地区农村工作会议具体讲述了自己对包产到组、到户的设想,正式向会议提出试验包产到户(组)的要求,开始了"包产到户"的尝试(史云、李新,2003年)。

实行包产到户后社员劳动的积极性大为提高,生产进度大为加快。在此基础上,永嘉县委于同年9月6日召开了千人大会即全县高级社社长会议。"千人大会"之后仅2个月,永嘉县的400多个合作社都搞了包产到户,附近各县得到消息也都群起而仿效,仅温州地区实行包产到户的就有1 000多个合作社,17万多个农户。

永嘉县的包产到户是一种符合农村实际的大胆创造,在刚刚实行了农业生产高级合作化的当时,它给禁锢人们思想的长堤撕开了一个口子;给了僵化的生产管理制度一个猛烈的冲击。但在当时的历史背景下,受到毛泽东"包产到户是个方向问题"的影响,包产到户受到了严厉指责和批判,李云河被打倒了,包产到户的思想被扼杀了。

### 二、家庭承包经营责任制的产生及特点

**(一)家庭承包经营责任制的产生** 1976年"文化大革命"结束时国民经济已经到了崩溃的边缘,农村的问题尤为突出。解决农业问题、解决吃饭问题,已经成为使国民经济走出困境的首要选择,而当时"政社合一"的人民公社制度仍旧束缚着经济的发展。此时,安徽省凤阳县小岗村的农民推出的"包产到户"的家庭承包经营责任制在中国产生了广阔而深远的影响。

家庭承包经营责任制是指农民集体经济组织通过契约,将集体公有的土地等基本生产资料和经营项目发包给农民家庭自主经营,在农民家庭分散经营的基础上,集体经济组织统一经营单家独户难以承担的公共服务,统分结合、双层经营的一种制度。

1978年冬至1980年4月,是家庭承包经营责任制的萌芽和起步阶段。在这一阶段,以安徽凤阳县小岗村为代表的中国农民,在极其贫困的条件下,实行了以家庭承包经营为目标的改革实践。1983中央一号文件《当前农村经济政策的若干问题》进一步对家庭承包经营责任制作出了高度的评价,它标志着家庭承包经营责任制作为农村改革的一项战略决策正式确立。

1984年，家庭承包经营责任制扫尾工作全部结束。家庭承包经营责任制的推行，从根本上动摇了人民公社体制存在的基础，人民公社“三级所有，队为基础”的集体经营体制，至此被家庭承包经营所取代了。

**(二)家庭承包经营责任制的特点** 家庭承包经营责任制极大地调动了农民的积极性，推动了农村经济的发展，它的基本特点是在保留集体经济必要的统一经营的同时，集体将土地和其他生产资料承包给农户，承包户根据承包合同规定的权限，独立做出经营决策，并在完成国家和集体任务的前提下分享经营成果。

家庭承包经营责任制适应了我国当时农业生产的特点和农村生产力发展水平以及管理水平。这种独特的制度安排并没有根本触动土地的集体所有制，因而容易被政府和农民接受，有利于降低制度变迁的交易成本。它的推行使集体经济组织实行土地集体所有，以家庭为单位承包土地经营的生产方式，有效调动了广大劳动人民生产的积极性。“这个集体经济组织是个有效的组织；在这种土地所有权、使用权相分离的集体生产经营运行方式上，我们看到了它的适应性和高效性，土地制度演变的方向朝着有利于农村经济发展，提高社会生产率的方向发展”(张芳，2007)。

## 三、家庭承包经营责任制的发展与完善

1982年中央“一号文件”认为包干到户这种形式，在一些生产队实行以后，经营方式起了变化，基本上变为分户经营、自负盈亏；它是建立在土地公有基础上的，农户和集体保持承包关系，由集体统一管理和使用土地、大型农机具和水利设施，接受国家的计划指导，有一定的公共提留，在统一规划下进行农业基本建设。实行家庭承包经营责任制必然带来农业生产经营形式的重大变化。“它不同于合作化以前的小私有的个体经济，而是社会主义农业经济的组成部分；随着生产力的发展，它将会逐步发展成为更为完善的集体经济。”

1983年公社改为乡镇，生产大队改为村，生产队改为村民小组，由于普遍实行家庭承包经营责任制，个体农户向村、村民小组承包土地，作为土地所有的集体组织仍然存在，在此基础上形成了统分结合双层经营体制。“实行统分结合的双层经营体制主要原因是长期以来农村生产经营管理体制没有重大的改进和突破，使得农民的生产积极性受到压抑，集体化的优越性未能充分发挥”(冯毓奎，2008)。

家庭承包经营责任制成为主要形式后，“统一经营”的功能削弱，集体经济解体后的“集体”已经无力承担农村新型公共服务的功能，在分户经营的基础上，利用旧体制强调统一管理职能，造成对农民的不合理摊派，加重了农户的经济负担，导致农村管理的混乱。至20世纪末中央明确“增人不增地，减人不减地”的长期承包后，农村的统一经营层面除去少数几个地方坚持集体所有制经济外就基本不存在了。

家庭承包经营在市场经济条件下逐渐分化，出现社会化的专业分工。家庭承包经营使劳动效率大大提高，劳动力大大节约，产量显著增加，收入显著增长，有力地推动了广大农民积极利用剩余劳力和剩余资金，在市场引导下，发展多种经营，促进农副产品的商品生产。在商品生产迅速发展的同时，农民在承包以外的生产和经营也显著扩大，涌现出大批有技术专长和经营能力的专业生产者，成为有发展重点的兼业户、专业户，家庭承包经营已经从自给性、半自给性生产转向商品性的、社会化的生产。

实行土地家庭承包制，是农村土地制度改革的第一个飞跃。它的基本特征就是改革了原

来人民公社的土地制度，把土地产权划分为所有权与经营权，所有权归集体经济组织，并由集体经济组织把土地的经营权按户均田分包给农户自主经营；经营的效益，除了上缴国家和集体的，剩下都归农民自己所有。这种新的生产分配关系，冲破了人民公社的土地产权制度，又不是完整的土地产权制度，只是一种过渡形式（王琢，1999）。

## 四、对家庭承包经营责任制的评价

**（一）家庭承包经营责任制的优势** 在当时的历史背景与环境下，家庭承包经营责任制的推行纠正了过去长期存在的管理高度统一集中和经营方式过分单一的弊端，同时发挥了集体和农民两方面的积极性，大大促进了农业生产力的发展。家庭承包经营责任制虽然没有改变土地的所有权性质，但在土地的使用权方面却发生了实质性的变化。农户通过承包方式获得了独立经营集体土地的权利，他们虽然没有土地所有权，但拥有土地产出的大部分劳动产品的所有权；在农业生产领域内，农户成为一个独立的和完整的经济核算单位，他们获得了对自己劳动力的支配权。此外，家庭承包经营责任制实行农户家庭经营适应了农业生产的特点：一方面，农民家庭经营适应了农业生产的自然特性，农业生产的生产对象是有生命的植物，受自然气候等外部因素的影响较大，因而更依赖于劳动者的主动性，而家庭承包经营责任制确立了农户的主体地位，能够最大限度地发挥人们的主观能动性。另一方面，家庭承包制适应了农业生产的季节性特点，家庭经营在组织劳动上具有较大的弹性和灵活性，忙时能够即时调动家庭劳动力，闲时能够合理安排农业剩余劳动力。最后，与原来的集体体制相比，家庭承包经营责任制的家庭分散式经营更符合中国的文化传统，以血缘为纽带联系起来的家庭成员之间，经济利害关系高度一致，劳动者为自己生产，具有很强的自律性，决定了他们的劳动和报酬不需要严格地监督、精细地度量，极大地调动了劳动者的积极性。

实行家庭承包经营责任制，使得农民家庭财产权独立。伴随着收入的不断增加，农民手中开始有了积蓄，并逐渐积累起了大量的剩余资金。同时，城市改革刚刚展开，农村改革和发展所引发的需求和供给变化，城市暂时还不具备供给存量和接纳空间，乡镇企业应运而生。“乡镇企业异军突起就在旧的工农互动模式外，建立起了一个新的工农关联，为小农生产方式的改造增添了新的助推器”，“在一些发达地区，乡镇企业为农业现代化建设提供资金支持，在小区域内实现了工业反哺农业的转变”（文东升，2009）。

家庭承包经营责任制对农业产业化起了十分重要的积极作用。家庭承包经营责任制对农业产业化的作用表现在 4 个方面：①孕育了农业产业化的雏形；②奠定了农业产业化形成的物质基础，特别是提供了可供投入的必要积累和可供加工销售的剩余产品；③农村剩余劳动力成了为龙头企业提供劳动力的“蓄水池”；④造就了农业产业化的基础一环，农户成了一体化经营的“第一车间”（孙志洁，2008）。

家庭承包经营责任制促进了农业发展，提高了生产力，在农业生产力有所提高的前提下解放了农村劳动力，推动着农村劳动力的转移，成为确保农村稳定、维持农民基本生存的根基。“正因为家庭承包经营责任制的落实，农村才成了城市化、工业化稳固的大后方”，“承包责任制为城市化提供了丰富的劳动力，又成为他们在不能顺利转移情况下的安身立命之地，以特殊的方式支持着城市化和工业化”（孔川、陈宁，2008）。

家庭承包经营责任制给我们的启示是多方面的。首先，土地制度的变革对我国农业发展产生了十分重要的影响。符合农民需要和农村实际的土地制度会极大地促进农业的发展，相反则会阻碍农业的发展。如20世纪50年代初的土地改革，满足了广大农民占有土地的需要，极大地提高了农民积极性，有力地促进了我国农业的发展，而农业的集体化和人民公社化实行的20年，则是我国农业发展最为缓慢的时期。家庭承包经营责任制的实行，调动了农民的生产积极性，对我国农业的发展起了较大的促进作用。其次，土地经营的规模必须适度，必须与农业生产力水平和发展要求相一致。土地改革后，不顾生产力发展的实际状况，盲目追求大规模的土地集中经营，脱离了农业生产力的实际发展水平，过早过快地实行了向高级社和人民公社过渡；而家庭承包责任制将集体经营改为家庭经营，土地的规模经营也从大规模经营改变为小规模的分散经营，适应了当时的生产力发展水平的要求。第三，要充分调动两个积极性。对于家庭而言，由于以血缘纽带联系起来的家庭成员之间的经济利害关系高度一致，因而劳动的积极性与主动性大增；而土地的集体所有制又使集体组织对个人的土地利用行为进行直接的监督，也更容易进行土地用途结构和数量调整。家庭承包制的实行告诉我们不能只注重调动一个积极性而限制另一个积极性的发挥（金丽馥，2001）。

家庭承包经营责任制在农业生产中引入了家庭经营，家庭是组织农业生产经营活动的单位。农民可以根据国家计划和市场需求，安排农业生产经营项目，自由支配生产资料，自由支配劳动时间，无须集体的统一指挥和安排，节省了管理费用。同时，农民只要能够按时按质完成国家下达的任务，余下的时间可以根据市场预期生产获利丰厚的农产品。“只要他们目标选准，肯劳动，正常年景下，他们就会有较好的收获。在利益的驱使下，他们乐于不断改良农田，增大农业投入，积极学习先进的农业技术。家庭利益的一致性，促使每个家庭成员不遗余力地为增加家庭收入而努力劳动。收益与付出的劳动量大小、质量高低的内在联系，极大地调动了农民劳动的积极性”（董悦华，1998）。

**（二）家庭承包经营责任制可能的不足与制度缺陷**　家庭承包经营责任制作为一种土地制度创新，极大促进了农民生产的积极性，使我国农村土地制度发生了一场深刻的变革，但只是适合当时我国国情和农民意愿的阶段性选择。随着我国以社会主义市场经济为导向的改革的推进，其已呈现出某些制度缺陷。

我国农村土地所有权的界定不清晰。虽然表面上看土地所有权主体是集体，但集体本身比较笼统，在实际经济运行过程中，农村集体所有制成了一种所有权主体缺位的所有制。在农村土地集体所有制下，农民所拥有的土地产权残缺不全，实际上只拥有承包地的使用权。农民不能将承包地作为资产抵押获得贷款来发展农业生产，更不能运作承包地获取财产性收益和经营性收入。基层行政组织具有调整承包地的权力，加剧了农民对土地收益不确定性的预期。

在市场经济条件下，土地征收后变成国有资产，价格比征地补偿费高出很多。面对土地的升值，地方政府和开发商很难抵御将农业用地征转为非农业用地的利益诱惑。由于农村土地所有权主体不清晰，各级政府容易以“国家”的名义取代“集体”而成为农村土地的所有者，从而将农业用地征转为非农业用地。政府在土地征用过程中排斥市场机制，采用带有浓厚计划经济色彩的强制手段来征地，农地征用的非法化，造成大量农地资源的流失。同时，“农民缺乏有效的物权保障导致承包地被占用，当土地被政府征用时，农民既缺乏征地价格谈判的地位和权利，也没有权利救济的渠道。”“农地承包经营制度是以承包合同的形式设计的，农户享有的土地承包经营权本质上是一种债权，这种债权不利于对农户土地使用权利的切实保护”（吕爱华、胡敏华，2009）。

家庭承包经营承包制不利于农村土地产权交易市场的建立，农村土地产权交易机制缺乏，

土地流转困难。在当前的土地制度设计上，土地的处置权属于政府所有，作为土地所有者的“农民集体”实际上并没有土地处置权，不能够自由买卖、租赁、转让和抵押土地。集体土地实行人为的静态配置，被排斥在市场之外难以流转；土地承包经营权的性质以及权能构成在法律和理论上没有明确界定，土地流转缺乏有效的制度和法律保障。农民转让土地使用权的权限和范围十分有限，农村土地使用权的转让严格限制在“农业”和“农民自用的非农建设”范围内，这必然增加市场交易成本，加大交易风险，导致农村土地产权交易难以顺利进行。“农村土地产权交易机制的缺乏，不利于土地资源的优化配置，对我们这样一个人均土地资源严重不足的国家而言是极大的浪费。”同时，“农民的承包地不能按市场供求来变现取得财产性报酬，无法为农民融入城市提供必要的资金帮助，绝大部分进城农民很难成为城市居民。农民工在年轻体壮时尚可在城市谋生，但年老或丧失劳动能力之后不得不回到农村，承包地是农民生存、生活的最终保障，他们不敢放弃”（杨鹏程，2006）。

家庭承包经营责任制下，土地集体所有、农户承包经营，存在着农户的生产经营自主权难以得到尊重的情况。由于土地产权事实上归集体和国家双重所有，所以农户虽然在法律上拥有生产经营自主权，但由于经营权最终要受制于所有权，所以村集体和县、乡两级政府可以迫使农户按照村集体和县、乡两级政府制定的计划进行生产经营。许多县、乡、村以土地集体所有权为强制手段，以农户承包的土地为基数和借口，巧立各种名目，收取各种费用，某些地方土地集体所有和农户承包实际已经异化为县、乡、村三级向农民进行各种税费收取的制度机器。“在农村土地制度上，我们实行了明晰使用权的限定下，耕地实物承包使用这样的财产权，即将土地的使用和经营权在一定的时间内归于农户。但是，这种实物长期使用权的每个农户明晰和分割，也带来一系列的问题。如果使用权的交易受到限制，规模经济、专业化生产和现代家庭农牧场组织形式的发展必定会受到限制。在村办企业较多的发达地区和城郊地区，土地的统一使用也受到限制，土地被用在非农业上的农户和土地仍然被用于农业的农户无法均等地分享工业化和城市化带来的收益”（周天勇，2003）。

实行家庭承包经营责任制后，农村土地基本上是按人或人口劳动力比例平均承包的，好、坏、远、近地平均搭配，导致土地细碎化。这不利于农户对土地的整体安排和统一使用，增加了耕作难度，不利于农业机械的充分使用，不利于农业基础设施的保护和改良。由于土地被分割细化，在现有的小农户经营基础上，在复种指数和单产都已经很高的情况下，无论是追加活劳动还是增加要素投入，农产品生产都已处于报酬递减阶段，分散经营的边际效益已接近于分散经营的边际成本，土地资源浪费严重。“小规模的土地经营模式不利于引进资金和技术，难以形成规模效益，而且单个农户从市场获得信息的能力有限，对市场的参与程度较低，也没有足够的能力抵御自然灾害、技术创新等风险，不利于农业生产的社会化、规模化和集约化发展，成为我国传统农业向现代农业转变的主要障碍”（王悦、陈占江，2005）。

家庭承包经营责任制下农业土地的集中经营非常困难，首先是由于农户不拥有土地的所有权，土地不可能通过买卖的方式集中；其次是由于土地的极度分割，即便进行一定的转移后，接受转移的农户得到的仍然是大量分散的小块土地，故而土地的规模化经营很难出现。我国的农业长期只适合手工劳动，不适合机械化经营，土地的耕种依然要依靠大量的人力。“如果长期依赖这些回流的劳动力来解决粮食安全问题，那就将出现部分学者所指出的，不仅将浪费大量的人力资源，降低社会资源配置的效率，而且将影响消费，限制内需，制约工业化进程。也就是说，这种回流将造成两难中的另一面——工业化受阻。”“家庭承包经营责任制所带来的经济增长潜力早已到达极限”(龚松柏,2008)。

随着改革开放进程的加快,我国的产业重点已经从农业向第二、第三产业发生了转移,而第二、第三产业生产的扩大和明显的财富效应使农民的思维从土地转向更能够产生经济收益的领域。中国近8亿农民中有3亿左右放弃了直接的农业生产而转向了其他产业,因此大量的抛荒、撂荒现象在全国农村地区大量出现。虽然从农村劳动力市场来看这是一种工业化、城市化的表现;但“从家庭联产承包责任制来看,农地不能够得到有效的经营,生产能力不能得到充分释放,使得农业产品的整体产量有下降的趋势”(张丰、张雅杰,2008)。

随着社会分工的日益深化和细化,家庭承包经营责任制这种个体的、分散的农业经营方式由于农业生产的单元作业、农户在生产品种及农业生产的管理方面存在极大的随意性,缺少合作,专业化水平不高,不符合生产力发展的要求,农业生产不可能达到专业化生产的水平。农户分散经营,很难将产前、产中、产后诸环节连接,形成一体化经营,农业生产产业化程度低。产业化程度低的农业生产主体分散,势单力薄,物质技术基础脆弱,难以抵御以至化解市场风险;难以科学准确地掌握市场行情,难以预测行情变化情况,生产具有较大的盲目性。“我国农民经营的土地零散,一方面不利于规模集约经营,不利于农田水利基本建设,也不利于大型农业机械的使用和现代农业科技的推广应用;另一方面使得农业生产活动基本上是松散型的,各农户之间不存在任何必然性联系与分工和协作关系,他们随意组织生产,生产的产品种类、生产的过程以及产品流通等问题均没有按照统一的、规范型的行为规则运行,导致整个生产活动缺乏统一的社会调控和管理,严重限制了劳动生产率的提高,不利于实现农业生产现代化”(王蕙、李尚红,2008)。

## 第四节 家庭承包经营责任制后土地制度的不断探索

### 一、家庭承包经营责任制后我国土地制度及其引发的问题

新中国成立以来,我国农村土地制度进行了多次改革,尤其是改革开放后,农村土地承包责任制在争论中积极推行,在实践中不断创新,在创新过程中不断完善,在完善中逐步深化。

#### (一)土地承包期限的不断延长——分散的小农户与大市场的矛盾

1.土地承包期限的不断延长　1979年农村土地家庭承包经营制度在全国全面推行,这是中国农村土地制度再一次改革。该制度改革使集体土地的所有权与使用权相分离,农民在承包经营期内有较强的自主性,可以根据自身的实际情况对所种植农作物进行调整。

1984年1月1日中共中央发出《关于1984年农村工作的通知》,提出延长土地承包期一般应在15年以上。1993年11月5日中共中央、国务院印发《关于当前农业和农村经济发展的若干政策措施》,制定了稳定完善以家庭联产承包为主的责任制和统分结合的双层经营体制,深化粮食购销体制改革等12项政策措施。并提出,在原定的耕地承包期到期之后,再延长30年不变。

《土地管理法》第14条规定:农民集体所有的土地由本集体经济组织的成员承包经营,从事种植业、林业、畜牧业、渔业生产。土地承包经营期限为30年。现在顺应农民的愿望,又提出土地承包关系“长久不变”,2008年10月12日中国共产党第十七届中央委员会第三次全体

会议通过的《中共中央关于推进农村改革发展若干重大问题的决定》明确提出，稳定和完善农村基本经营制度。以家庭承包经营为基础、统分结合的双层经营体制，是适应社会主义市场经济体制、符合农业生产特点的农村基本经营制度，是党的农村政策的基石，必须毫不动摇地坚持。赋予农民更加充分而有保障的土地承包经营权，现有土地承包关系要保持稳定并长久不变。

在2008年12月31日通过的《中共中央、国务院关于2009年促进农业稳定发展农民持续增收的若干意见》中规定了稳定农村土地承包关系。抓紧修订、完善相关法律法规和政策，赋予农民更加充分而有保障的土地承包经营权，现有土地承包关系保持稳定并长久不变。强化对土地承包经营权的物权保护，做好集体土地所有权确权登记颁证工作，将权属落实到法定行使所有权的集体组织；稳步开展土地承包经营权登记试点，把承包地块的面积、空间位置和权属证书落实到农户，严禁借机调整土地承包关系，坚决禁止和纠正违法收回农民承包土地的行为；加快落实草原承包经营制度。

这些规定就是要依法保障农民对承包土地的占有、使用、收益等权利。即要切实保障农户的土地承包权、生产自主权和经营收益权，使之成为独立的市场主体。

2. 分散的小农户与大市场的矛盾　农村实行家庭联产承包责任制后，农户成为真正的农业生产的主人，具有独立的农业经营决策权和土地经营权，这极大地调动了农民的积极性。农民从事农业生产，不但解决了温饱问题，而且产品逐渐有了剩余，所以农户的农业经营目标也由满足自给为主转变为满足自给与商品销售双重目的。

1985年1月1日中共中央、国务院发出《关于进一步活跃农村经济的十项政策》，决定改革农产品统派购制度，从1985年起实行合同定购和市场收购，农民获得了经营自主权。1986年以后，中央深化以保护农民利益为导向的粮、棉等大宗农产品流通体制改革、实施粮食最低保护价收购等，出台了一系列政策措施。随着1993年11月5日中共中央、国务院印发《关于当前农业和农村经济发展的若干政策措施》，制定了稳定完善以家庭联产承包为主的责任制和统分结合的双层经营体制，深化粮食购销体制改革等12项政策措施。

1998年3月19日朱镕基在九届全国人大一次会议举行的记者招待会上提出，本届政府“一个确保、三个到位、五项改革”的任务，其中“五项改革”，是指进行粮食流通体制、投资融资体制、住房制度、医疗制度和财政税收制度改革。同年的4月27～29日全国粮食流通体制改革工作会议召开，讨论了国务院《关于进一步深化粮食流通体制改革的决定》。随着粮食流通体制改革与粮食市场价格的调整。由于家庭联产承包经营，一方面体现农户以家庭为单位进行农业生产决策，另一方面农户以家庭为单位进行农产品运输、销售，要独自面对市场。因此，农户的分散经营与市场谈判能力弱的问题逐渐显现，农村农地分户承包经营与产业化集约经营也出现了矛盾。当农产品销售方式由计划转变为市场，在市场经济的调节下，农民的组织化程度相对降低，小农户和大市场之间的矛盾日趋凸现。

目前，中国的农产品供应链体系表现出形式多样化的特征，既有由小规模的农户、贩销户、加工企业、批发商、零售摊贩等依靠产地、销地批发市场衔接形成的传统产供销体系，又有由连锁超市等新型零售业态拉动而形成的以新型营销终端为依托，以技术和标准为约束，以组织合作与流通增值为特征的现代供应链。分散的小规模农户远远不足以应付目前千变万化的农产品市场，出现了“小农户面对大市场”的各种困境。主要表现为：

(1)小农户在农产品供应链所获利益与承担的市场风险不均衡　小规模农户承担着自然

和市场的双重风险，其利益所得明显与其风险和劳动不相符合。处于弱势地位的农民往往只获得生产环节中很少部分的利益，而绝大部分的农产品增值被供应链的其他主体所享有（黄祖辉，2007）。

(2)小农户遇到新型供应链主体的挑战　20世纪90年代以后农产品供应链中超市等新主体的加入和发展，以及各种标准的制定，使得小农户面临着从传统的农村市场进入到城市市场，这个市场有众多的强有力的各种新型供应链主体，农户接近或进入这个市场门槛越来越高。农户必须满足新市场所要求的一系列标准和交易特征，使得弱小农户无能力应付（黄祖辉，2007）。

(3)小农户无法享受现代物流业交易成本降低的好处　现代物流业不断发展及农产品配送中心的建立，降低了农产品的运输成本和交易成本，也为农产品提供了价格降低的空间和可能性。分散的小规模农户显然很难加入这种农产品流通链，当然也无法享受交易成本的降低，却可能要面临价格降低的压力（黄祖辉，2007）。

### (二)工业化，城镇化过程中土地的流失与失地农民

1. 工业化、城镇化过程的失地问题　我国《宪法》规定，土地实行公有制，"城市的土地属于国家所有"，"国家为了公共利益的需要，可以依照法律规定对土地实行征用"。《农村土地承包法》第12条规定，"农民集体所有的土地依法属于村民集体所有，由村集体经济组织或村民委员会发包。"《土地管理法》规定，"农村的土地所有权属于农村集体，农民对土地拥有部分所有权。"其实质是集体是土地的经营者、管理者，政府拥有分配土地的绝对权力。

党的十六届五中全会通过的"十一五"规划《建议》指出："坚持大中小城市和小城镇协调发展，提高城镇综合承载能力，按照循序渐进、节约土地、集约发展、合理布局的原则，积极稳妥地推进城镇化。"城市化与工业化是互为前提的，城镇化是工业化的具体体现和重要标志。城镇化一般表现为：一是人口的转换，即农业人口向非农业人口转换；二是地域的转换，即农业用地向非农业用地转换；三是经济结构的转换，即经济投入和产出从农业向非农业转换；四是生活方式的转换，即由农村生活方式向城市生活方式转换，以及农村的现代化过程。

由于政府有分配土地的权力，为了推进城市化发展，在工业化与城市化过程中，征用农用地的情况较多。所以，在城市化与城镇化进程中，不可避免地使大规模农业用地转变为非农业用地，导致一部分农民成为无业、无地、无保障的"三无农民"，这些农民的生存前景让人担忧，已经成为城市和农村不稳定、不和谐的一个隐患。

2. 失地农民的生存问题　我国已经进入城镇化加速发展阶段，而推进城镇化，需要占用大量的土地进行建设。据不完全统计，目前，全国有近亿亩耕地被征用，失地农民总数估计在4 000万人左右，每年还要新增200多万人。按照当前城市化发展速度，未来中国失地农民将达到1.1亿人，这无疑是一个庞大的社会群体，其表现出的特点是务农无地、上班无岗、低保无份。据农业部国土资源方面的有关专家测算，改革开放以来，为了推进工业化和城市化，各级政府低价征用农民土地，然后高价出售，使农民至少蒙受2万亿元的损失（陈丽丽，2007），远远超过了农民因工农业产品价格"剪刀差"被转移的6 000亿～7 000亿元的水平（李晓明，1994），使农民利益严重受损。

由于种种原因，失地农民问题一直没能得到比较好的解决，严重影响了经济发展和社会稳定。农民失地的不良后果表现为：一是经济方面。土地是财富的源泉，是一种增值资产，是农民最基本的致富资本。因此，农民承包的土地应该是家庭中价值最高的财产，失去土地就是失

去财富的来源。二是政治方面。由于历史和社会原因,许多农民就业观念传统、文化素质和劳动技能较低,在其他工作岗位上处于劣势,参与劳动力市场竞争能力差,应对市场变化能力弱。不少失地农民外出务工,很难找到合适的工作,多为城市职业中最累、最苦、最脏、收入最低、最被人瞧不起的工作。有的地方的农民土地被征用后,原有的特长得不到发挥,收入没有保障。造成失地农民上访案件呈急剧增加趋势。农民失地的同时又失业,成为严重的贫民,生活没有保障而给社会造成不安定,也成为困扰城乡经济社会协调发展的难点问题。三是社会方面。在市场经济条件下,土地不仅是农民集体所有的生产资料,而且是许多农民生存、发展和保障的基础。失去土地后,农民失去了基本的生存保障。许多地方出现了部分失地户返贫、陷入困境,成为新的贫困户。养老更是成为失地农民普遍关注的难题。土地被征用后,农民一次性获得的补偿费,按目前农村人均生活消费支出计算,只能维持 7 年左右的生活;按目前城镇居民人均消费支出计算,仅能维持 2 年多的生活。在养老保险、失业保险等社会保障没有完全落实好的情况下,部分失地农民对今后的生活有一系列的后顾之忧。失地农民,失去的不仅是土地还失去了与此紧密关联的一系列权益:生存权、经济权、就业权、财产权以及政治、文化、教育等权利与利益(陈丽丽,2007)。

3. *关注农民失地问题的必要性* 发展城市化要兼顾"三农"问题的解决,既要发展、建设和繁荣城镇,同时又要发展、建设和繁荣农村,实现城乡协调发展、共同进步。只有这样,才能实现工业反哺农业、城市支持农村,推进社会主义新农村建设的目标。

要使农民失地不失业,保障失地后生活不受影响并生活质量提高。就需要健全土地补偿制度、相应的政策,使政府、集体、农民利益主体之间的利益分配公平,政府补偿标准提高,统一城乡社会保障体系,在农民失地后,一方面应当在生活、医疗和养老方面有保障;另一方面应当在就业和提高生活质量、子女就学,以及提高文化程度方面有保障。使失地农民的物质文明与精神文明同时得到提高。

农民失地问题受到中央政府的重视,有些策略已显现绩效,如农民工在城市的住房问题、劳动力市场完善方面、农民工子女入学方面的问题逐渐得到改善。政府对于征用农业用地也做了严格规定。2008 年 10 月 12 日召开的中国共产党第十七届中央委员会第三次全体会议通过的《大力推进改革创新,加强农村制度建设问题》中提出:改革征地制度,严格界定公益性和经营性建设用地,逐步缩小征地范围,完善征地补偿机制。依法征收农村集体土地,按照同地同价原则及时足额给农村集体组织和农民合理补偿,解决好被征地农民就业、住房、社会保障。在土地利用规划确定的城镇建设用地范围外,经批准占用农村集体土地建设非公益性项目,允许农民依法通过多种方式参与开发经营并保障农民合法权益。逐步建立城乡统一的建设用地市场,对依法取得的农村集体经营性建设用地,必须通过统一有形的土地市场、以公开规范的方式转让土地使用权,在符合规划的前提下与国有土地享有平等权益。抓紧完善相关法律法规和配套政策,规范推进农村土地管理制度改革。

### (三)农业劳动力"老龄化"问题

1. *农业劳动力"老龄化"背景* 伴随全国老龄化社会的到来,农业劳动力也呈现老龄化现象。按照国际上对老龄化的通行界定标准,60 岁及以上人口占总人口比重超过 10%,或 65 岁及以上人口占总人口比重超过 7%,即可被认定为老龄化社会。2005 年我国 60 岁及以上的人口为 14 408 万人,占总人口的 11.03%,其中,65 岁及以上的人口为 10 045 万人,占总人口的 7.69%(资料来源:国家统计局 2005 年人口抽样调查)。

农业老龄化趋势是大规模打工潮的产物，实质上缘于城乡二元结构制度导致的城乡间不断加剧的收入差异。随着市场经济的发展，作为经济人和理性人的农民，显然也是受到经济利益和人力资源价格优势的驱动。农业劳动力"老龄化"的直接原因是青壮年劳动力大量进入城市寻找农业之外的其他职业，而年老一些的农民留在家里耕种农田。

改革开放以来，国家倡导城乡一体化发展战略，逐渐放松了对农业人口向城市转移的管制，加上城市化进程也对劳动力的需求增加，成为农民工外出的强大吸力，大量农民工进城打工。这些因素成为农业劳动力老龄化趋势的背景。东南沿海及其邻近省份的农民借助地理优势及政府的政策，部分已经开始逐步脱离农业部门，从事第二、第三产业，成为了城市化的排头兵；另一部分则利用所在区域的科技优势，调整产业结构，提高产品质量，非但不需要外出从业，甚至自身就可吸纳劳动力。而在一些西南、西北农村特别是边远少数民族地区，由于水田、旱地、灌溉等农业发展的自然条件不足，加上基础设施匮乏，导致劳动力严重剩余，经济状况的改善缺乏收入来源；于是，中青年劳动力不得不大规模向东部迁移，留守农田的就只有老人。

目前还很难以准确预测何时将是大规模农民工外出的终结，但可以肯定的是，只要城乡二元分割现实继续存在，只要城乡一体化的体制和结构障碍不消除，农业老龄化趋势将一直持续甚至加剧。

2. 农业劳动力老龄化引发的问题　大量青壮年劳动力流入城市，流入发达地区的外商独资、合资、民营、股份制等企业。其结果，造成农村人口老龄化发展速度远远快于城市，国家一些粮食主产大省农业劳动力结构形成由青壮年为主干变成以留守在家的老人、妇女为主干的格局。这部分劳动力受体质弱化、精力不足、文化素质低等方面的限制，严重地不适应现代化农业发展的要求。其发展趋势将对农业生产、农业技术应用、农民文化心态等带来一系列影响。

(1)劳动力素质下降，一些地方形成了"老年农业"　这些年来，由于农村耕地面积的锐减，农业生产的低产出，城乡差距过大等原因，驱使大批青壮年劳动力背井离乡，流向城市和发达地区寻求出路，出现了规模宏大的"民工潮"。流动出去的农村劳动力，从性别上看，男性比例要远远高于女性；从年龄结构上看，以40岁以下的青壮年劳力为主体；从文化构成上看，其受教育程度要高于农民的总体水平。这种流动虽然使农村剩余劳动力的压力得到了有效的缓解，但过度转移造成了农业劳动力的明显不足。在这些农民出走的背后，留下的是撂荒的土地，半空落的村庄，村庄里的老弱病残。农村中留守在家的老人、妇女和儿童成为从事农业生产的主要劳动力，被社会戏称为"386199"部队(张卫平，2009)。

(2)惠农政策留不住农民外出的脚步　由于耕地规模小，生产资料价格上涨，虽然近年来，国家陆续出台了一系列支农、惠农政策，如粮食直补、良种补贴、农机补贴、粮食最低收购价等优惠政策。但是由于从事农业的比较效益偏低，种植业与外出打工比较收益之间的差距大，青壮年人依然选择外出打工，只留下老年人从事农业，受精力、体力所限，只能种"应付田"、种"保口粮田"(张卫平，2009)。

(3)农业"老龄化"使劳动生产率提高缓慢　原因为：一是老年人接受新生产、新事物的能力差。由于农村老年人文化素质普遍低下，接受新知识和科学技术慢，对科学种田和市场变化的适应性较差，造成良种、农技推广难度大等矛盾突出。二是老年农民安于现状、乐于守成，创业意识微弱。只注重短期、眼前能见到效益的投资，而对中长期受益的投资项目兴趣淡漠。三是农民增收难度系数大大增加。农业经营者"老龄化"造成劳动力质量普遍呈下降趋势，使靠

种粮致富的愿望更是难以实现(张卫平,2009)。

## 二、改革开放后我国土地制度的不断探索

**(一)大稳定小调整——增人不增地,减人不减地** 农村土地承包责任制推行后,起初农民对土地的承包期限不稳定,承包地常常被村集体重新分配,即所谓的"三年一小调,五年一大调"。尤其是经济发达地区,农村土地承包期限更是不确定。为了保护农民的土地承包经营权不变,中央政府做了许多努力,对土地制度改革进行不断探索。首先,在1984年政府明确了在第一轮土地承包期15年不变;接着在1993年政府又规定在第一轮承包到期后,承包期再延长30年。同时,中央有关文件明确指出,不仅农村土地承包制度不变,农民对自己所承包的具体的地块也不变。

为了赋予农民长期而有保障的土地使用权,针对人口变动的影响因素,1993年中央政府又明确提出"增人不增地,减人不减地"的硬性政策,以约束随意变更农民承包地的行为。1997年8月中共中央办公厅、国务院办公厅发出的《中共中央办公厅、国务院办公厅关于进一步稳定和完善农村土地承包关系的通知》提出:当前,农村的土地承包关系总体上是稳定的。各地区贯彻落实中央关于延长土地承包期的政策,做了大量工作,做出了"大稳定,小调整",及时向农户颁发土地承包经营权证书的决策,保持了党的农村基本政策的连续性和稳定性,有效地保护和调动了农民的积极性。承包土地"大稳定、小调整"的前提是稳定。"大稳定、小调整"是指在个别农户之间小范围适当调整。应遵循的原则有:一是"小调整"只限于人地矛盾突出的个别农户,不能对所有农户进行普遍调整;二是不得利用"小调整"提高承包费,增加农民负担;三是"小调整"的方案要经村民大会或村民代表大会2/3以上成员同意,并报乡(镇)人民政府和县(市、区)人民政府主管部门审批;四是绝不能用行政命令的办法硬性规定在全村范围内几年重新调整一次承包地。

在第一轮土地承包即将到期之前,中央明确土地承包期再延长30年不变,营造林地和"四荒"地治理等开发性生产的承包期可以更长,以及提出"增人不增地,减人不减地"、"大稳定、小调整"的土地承包政策,对于稳定民心,增加对耕地的长期性投入,保护性利用耕地,以及进一步调动农民的生产积极性,农村经济的发展和农村社会的稳定具有重大的历史和现实意义。

**(二)"两田制"与动账不动地**

1."两田制"与动账不动地的含义 20世纪80年代中期以来,一些地方搞"两田制",即将承包地分为"口粮田"和"责任田",主要是为了解决负担不均和完成农产品定购任务难等问题。在坚持土地集体所有和家庭承包经营的前提下,将集体的土地划分为口粮田和责任田(有些地方叫商品田或经济田)两部分。口粮田按人平均承包,一般只负担农业税,体现社会福利原则;责任田有的按人承包,有的按劳承包,有的实行招标承包。承包责任田一般要缴纳农业税,承担农产品定购任务和集体的各项提留。两田制是在家庭承包经营的基础上,对土地承包方式的适当调整。为了使这种承包方式在较长的时期内发挥作用,各地都对两田制的承包期做了适当的规定,一般为10~15年。在承包期内,人口发生变动,一般都采取"两田互补、动账不动地"的办法进行调节。这种调节办法是在农户承包农田总面积不变的前提下,农户增加人口,增加其口粮田,减少等量的责任田;农户减少人口,减少口粮田,增加责任田。两田制这种承包方式,使人地矛盾能够得到适当的缓解。两田制特别是对责任田的招标承包方式,是在农村商品经济不断发展过程中出现的一种承包形式。这种承包形式将竞争机制引入到承包中来,有

利于土地的相对集中和采用现代化生产手段，对于加快农业商品化、专业化和现代化进程有着重要的意义。

2. 实施过程中出现的问题　在执行"两田制"的过程中，出现了一些问题。有些地方搞的"两田制"实际上成了收回农民承包地、变相增加农民负担和强制推行规模经营的一种手段。具体问题有：

第一，有的地区将对"责任田"的承包期定得很短，随意进行调整。原来为了平衡农户负担而实行的"动账不动地"形式的"两田制"，在实行"口粮田"或"责任田"时承包权发生变化。

第二，有的地方有随意提高土地承包费，收回部分承包地高价发包现象，或脱离实际用行政命令的办法搞规模经营而强行从农户手中收回"责任田"等做法。

第三，一些地方在延长土地承包期的过程中，为了增加乡、村集体收入，随意扩大"机动地"的比例，损害了农民群众的利益。

为了稳定党在农村的基本政策，长期坚持并不断完善以家庭联产承包为主的责任制和统分结合的双层经营体制，中央不提倡实行"两田制"，没有实行"两田制"的地方不鼓励再搞，已经实行的必须按中央的土地承包政策认真进行整顿，并严格控制"机动地"。

### （三）土地股份合作制的探索

1. 农村土地股份合作制的含义　农村土地股份合作制自20世纪80年代中期发轫于广东南海以来，成为一个十分具有理论和现实意义的问题，理论界从不同层次和视角对它形成的原因进行了探索。当农村工业化、城镇化过程中因征地补偿导致的村集体和农民与政府之间产生矛盾，以及产生征地收益和集体经济收益在村集体与农民、农民与农民之间分配不均衡矛盾时；在家庭承包责任制下，人地合一的"凝固效应"与农业结构调整、农业规模经营、农村劳动力转移之间产生矛盾，以及小农经济与大市场之间产生矛盾；在农村城镇化、现代化过程中，土地分户承包、农民分散居住与村庄统一规划和统一管理之间产生矛盾时。只有通过股份合作制的办法实现土地实物形态和价值形态的分离才能解决（唐浩，2009）。这些矛盾的凸显是各方主体对外部利润的追逐，使原有的体制导致村庄内外面临许多矛盾，通过土地股份合作制度创新来协调和化解这些矛盾。

所谓农地股份合作制是指把原先分散经营的农民每家每户承包的土地，按照公平合理的价格折成股份，在明确农村土地集体所有权，稳定家庭承包权，放活土地使用权的基础上，以土地承包合同为依据，由有经济实力的大户或农业企业经济组织负责经营，组成利益共享，风险共担的股份合作制农业企业，农户以土地使用权入股经营的一种制度。这种经营模式以农民自有的土地承包权和使用权入股，土地的所有权仍然归集体所有。农民可按股分红，有技术的也可参与企业的工作。农民兼具劳动者与股东的双重身份，将劳动与资本相结合，个人利益与公司绩效相结合，打消了农民怕失去土地的顾虑，解决了制约农业产业化的"瓶颈"（涂振凯，2009）。该类农村土地经营制度发展为多种形式。

2. 农村土地股份合作制的类型

(1)农村横向土地股份合作制　一是根据土地入股是社区还是企业，可以分为社区型土地股份合作制或企业型土地股份合作制。农户以承包的土地入股村或村民小组，使土地集中于村或组形成的土地股份合作制为社区型土地股份合作制；农户以土地入股企业为企业型土地股份合作制（唐浩，2009）。

二是根据入股土地权属关系不同，分为3种形式：第一种是以土地经营权为中心的股份合

作制，即农民将自己承包的集体土地以承包权入股社区型股份合作组织；第二种是所有权、使用权、经营权多权能入股的股份合作制村级经济组织，即以土地所有权、农民以土地承包经营权共同入股组建股份合作组织，也称村户合股形式；第三种是以土地所有权为中心的股份合作制，即在农业多种经营开发中，集体以土地折价入股，农民以资金和劳力入股组建股份合作组织（唐浩，2009）。

(2)农村纵向土地股份合作制　农村纵向土地股份合作制的形式多样，表现为：第一种是指村组集体经济合作组织将入股的农民用地和集体用地一起再折价入股给企业或工业园区、城市基础设施等，然后凭股分红；第二种是指村组集体经济合作组织将入股的农民用地和集体用地再一起折价入股到一特定经济组织。该组织将全村的土地、固定资产和企业全部集中起来，由管理区直接经营，并统一对农民进行配股和股金分红，村民小组不再行使经济功能；第三种是指村组集体将农民入股的土地规划整理后再出租给企业；第四种是指村组集体将农民入股集中的土地以出租或竞包的方式流转给本村或外村农民自主组建的合作社（一般本村农民优先），而他们主要是自己生产经营；第五种是指农民或农民自主组建的合作社将从集体承租的土地（主要是建设用地）整理开发后再出租给企业；第六种是指农民或农民自主组建的合作社将从集体承租的土地（主要是建设用地）整理开发后再入股给企业；第七种是指农民自己直接将土地入股企业。这种形式涉及较高的交易成本和法律风险；第八种是指农民将土地入股，农村大户或农民自主组建的合作社，大户或合作社自主生产经营，农民凭股分红，参加劳动的农民还有工资。这种形式往往以种植特定经济作物为目的；第九种是指农村大户或农民自主组建的合作社将农民入股的土地再出租给企业，在农业产业化过程中较为普遍；第十种是指农村大户或农民自主组建的合作社将农民入股的土地再入股企业。这种形式被认为是农业产业化过程中经济组织形态的演变与创新。通过农村大户或合作社农民将土地入股企业，变商品契约为要素契约，既节约了农民与龙头企业之间的交易成本，又有效降低了双方的违约率（唐浩，2009）。

基于土地制度和解决土地承包过程中突显的各种矛盾，农地股份合作制是最具创新意义并能兼顾各方利益，同时也有利于向适度土地规模经营发展的制度。

## 三、新世纪的土地制度创新

### （一）农业综合开发，提高土地质量

1. 农业综合开发的必要性　我国从1988年开始推行农业综合开发战略，农业综合开发涉及的主体广泛，有财政、农林、水利、土地、金融等部门综合参与；产业发展综合性强，对山、水、田、林、路实行综合治理；资金来源渠道多，有中央和地方财政资金、信贷资金、农民自筹资金、社会其他资金综合投入；综合开发的针对性强，采取工程、生物和技术等综合措施，目标是达到经济、社会、生态方面的综合效果。进行农业综合开发有其必要性。

(1)农业的弱质性需要政府的支持和保护　农业综合开发成为在转轨经济中一种行之有效的保护和开发的方式，较好地强化农业基础问题。在传统农业向现代农业的转变过程中，农业的弱质性表现为：一是农业的发展、农业的效益状况不仅受到市场风险的影响，还受到自然风险的考验；二是农产品容易腐烂，不易贮藏，损失较大；三是主要农产品的需求价格弹性小，价格波动大；四是农业比较利益低。由于农业的这些特点，使农业资源大量外流，导致农业发展缓慢，甚至停滞、萎缩。农业的发展需要国家的支持和保护，必须加强农业基础设施建

设、改善农业基本生产条件，促进农业持续稳定发展，即进行农业综合开发(姜长云,2001)。

(2)农业投资存在外部性，需要解决"公共物品"的供给问题　由于农业综合开发以加强农业基础设施建设，改善农业基本生产条件，增强农业综合生产能力为主要内容，因此农业综合开发投资具有较明显的外部效应，农业综合开发项目一般是提供"公共物品"，这就决定了农业综合开发如果单靠农户或农村微观经济组织来进行，必然存在投资动力不足的问题，也很难保证投资的规模、结构和质量能够满足农业发展的需要；政府财政的投资和组织协调应该在其中发挥主导作用(姜长云,2001)。

(3)农业竞争力的提升和生态环境的改善的需要　农业综合开发在提高农业竞争力，促进传统农业向现代农业的转变，推动农业专业化、社会化和现代化健康发展过程中发挥了示范作用。近年来，随着我国工业化、非农化的发展，农业比较利益下降、导致农业在与非农产业的资源竞争中，国内竞争力不高的问题正日益突出。农业综合开发可以保护和改善生态环境，有利于农业的可持续发展(姜长云,2001)。

2. 保护土地资源，改善生态环境，退耕还林还草战略的实施　1998 年 8 月修订的《中华人民共和国土地管理法》第 39 条规定："禁止毁坏森林、草原开垦耕地、禁止围湖造田，侵占江河滩地。根据土地利用总体规划，对破坏生态环境开垦、围垦的土地，有计划有步骤地退耕还林、还草、还湖。"1999 年，朱镕基先后视察了西南、西北 5 省，提出了"退耕还林(草)、封山绿化，以粮代赈，个体承包"的综合措施。随后，四川、陕西、甘肃 3 省 1999 年率先启动了退耕还林还草试点示范工作，当年即完成退耕还林 38.15 万 $hm^2$，宜林荒山荒地造林 6.65 万 $hm^2$。

2000 年 1 月，中央 2 号文件和国务院西部地区开发会议将退耕还林还草列为西部大开发的重要内容。3 月，经国务院批准，国家林业局，国家计委、财政部联合发出了《关于开展 2000 年长江上游、黄河上中游地区退耕还林(草)试点示范工作的通知》，退耕还林还草试点示范工作正式启动。2000 年 1 月 29 日发布的《中华人民共和国森林法实施条例》第 22 条明确规定："25°以上的坡地应当用于植树、种草。25°以上的坡耕地应当按照当地人民政府制定的规划，逐步退耕、植树和种草。"2001 年 11 月 27～29 日召开的中央经济工作会议将退耕还林作为调整农业结构、增加农民收入的重要措施，并强调要进一步扩大退耕还林规模，认真落实各项政策，加快宜林荒山荒地造林步伐。2002 年 1 月 10 日召开的退耕还林电视电话会正式宣布退耕还林工程全面启动，工程范围扩大到 25 个省(自治区、直辖市)和新疆生产建设兵团。2002 年 12 月 6 日国务院第 66 次常务会议通过并公布《退耕还林条例》，自 2003 年 1 月 20 日起施行。

退耕还林还草工程建设中不断探索新的运行机制，如户退户还、土地置换、退还分离，利益共享、大户承包、专业队造林、产业化经营、股份合作和联营、招投标等工程管理方式，保证了退耕工程质量，退耕效益明显。表现为：一是局部地区生态环境得到明显改善。二是增加了农民收入，加快了脱贫致富步伐。三是促进了农村产业结构调整。四是全民生态意识明显增强。五是工程管理不断规范。

2007 年 9 月 10 日，国务院发出关于完善退耕还林政策的通知。主要内容为：继续对退耕农户直接补助。现行退耕还林粮食和生活费补助期满后，中央财政安排资金，继续对退耕农户给予适当的现金补助，解决退耕农户当前生活困难。补助标准为：长江流域及南方地区每亩退耕地每年补助现金 105 元；黄河流域及北方地区每亩退耕地每年补助现金 70 元。原每亩退耕地每年 20 元生活补助费，继续直接补助给退耕农户，并与管护任务挂钩。补助期为：还生态林

补助8年,还经济林补助5年,还草补助2年。

*3. 保护耕地的有关规定* 我国现有耕地面积为18.26亿亩,人均耕地面积只有1.38亩,只相当于世界平均水平的40%(陈锡文)。2008年10月12日召开的中国共产党第十七届中央委员会第三次全体会议通过的《大力推进改革创新,加强农村制度建设问题》中提出:对健全严格规范的农村土地管理制度的规定内容包括:土地制度是农村的基础制度。按照产权明晰、用途管制、节约集约、严格管理的原则,进一步完善农村土地管理制度。坚持最严格的耕地保护制度,层层落实责任,坚决守住18亿亩耕地红线。划定永久基本农田,建立保护补偿机制,确保基本农田总量不减少、用途不改变、质量有提高。继续推进土地整理复垦开发,耕地实行先补后占,不得跨省、自治区、直辖市进行占补平衡。搞好农村土地确权、登记、颁证工作。

为了进一步完善土地家庭承包经营制度。按照十七届三中全会部署,首先对农民承包土地情况进行一次摸底调查,解决历年遗留下来的问题。如对"机动地"一律取消,把剩余耕地全部分给农民;山区农村25°以上的坡耕地作为退耕还林还草土地,可按林地承包给农民;搞"两田制"的村按政策规定认真纠正。二是在认真解决好遗留问题的基础上,以县政府名义搞好农村土地确权、登记、颁证工作。三是建立健全土地承包经营权的流转市场,为农民"依法自愿有偿"转移土地经营权搞好服务。四是实行最严格的耕地保护制度,制定永久基本农田,把"耕地红线"落实到村,确定到地块。五是加强土地管理执法力度,对改变土地用途,"以租代征"、"少批多占"、"先占后批"、"先占后补"等违法行为,予以严厉制裁。六是出台失地农民的社会保障制度。依法征收农村土地,要依法足额补偿,解决好被征地农民的就业、住房、社会保障。七是制定好地方性法规,鼓励有条件的地方引导农民发展多种形式的适度规模经营。

在2008年12月31日通过的《中共中央、国务院关于2009年促进农业稳定发展农民持续增收的若干意见》中规定了实行最严格的耕地保护制度和最严格的节约用地制度。基本农田必须落实到地块、标注在土地承包经营权登记证书上,并设立统一的永久基本农田保护标志,严禁地方擅自调整规划改变基本农田区位。严格地方政府耕地保护责任目标考核,实行耕地和基本农田保护领导干部离任审计制度。尽快出台基本农田保护补偿具体办法。从严控制城乡建设用地总规模,从规划、标准、市场配置、评价考核等方面全面建立和落实节约用地制度。抓紧编制乡镇土地利用规划和乡村建设规划,科学合理安排村庄建设用地和宅基地,根据区域资源条件修订宅基地使用标准。农村宅基地和村庄整理所节约的土地,首先要复垦为耕地,用作折抵建设占用耕地补偿指标必须依法进行,必须符合土地利用总体规划,纳入土地计划管理。农村土地管理制度改革要在完善相关法律法规、出台具体配套政策后,规范有序地推进。

**(二)种田大户、家庭农场等规模经营的兴起** 我国农地经营规模经历了从小到大,从大到小,又从小到大的反复实践与发展变化过程。

*1. 农地经营规模由大到小的变化* 从20世纪80年代开始的土地家庭联产承包责任制,是一个土地规模从大到小的转变过程。该责任制保留了集体对土地的所有权,将土地经营权承包给了个体农户,因而实现了农地所有权与使用权的分离,从此小规模的农户经营就面对市场经济的大潮。根据国务院农研中心对全国280个村固定观察点调查,1986年平均每个农户土地规模为9.2亩,分为8.99块,平均每块面积为1.02亩,其中10亩以下土地的农户占调查户的68.82%(国务院课题组,1992)。2002年,我国粮食主产区户均耕地为10.7亩,人均耕地为2.75亩,劳均耕地为4.16亩。另据农业部课题组调查,2004年我国农业人口人均耕地面积只有2.55亩,农村户均经营规模不足8.25亩。由此可见,实行家庭联产承包责任制后,我

国的农业生产规模远低于美国等一些发达国家的水平(几百至上千公顷),甚至与具有小规模家庭农场经营特点的日本相比,也相差甚远,2004 年日本农业人口人均耕地面积相当于中国的 5.7 倍,户均耕地面积相当于中国的 3 倍(罗芹,2008),相比我国的农业生产规模偏小。过小的农业生产规模,极大地阻碍了农业生产率的提高,小规模农户经营的各方面缺陷日益凸显,表现为:

第一,不利于农业机械设备的作用最大化,难以提高作业效率。

第二,生产规模过小直接导致了农地的破碎化,据调查,我国因破碎化而浪费的耕地高达净耕地面积的 19%左右,占农地有效耕作面积的 3%~10%(罗芹,2008)。

第三,有碍农业基础设施建设与保护。由于农田的分隔零散,无法使用已建的农田基础设施,使得这些设施老化、功能降低,因而抵御自然灾害的能力下降。1980—1985 年的统计数据显示,农村排灌面积降低近 15%,机耕面积减少 16%,约有 46%的减少额是由于地块分隔零散造成的(谢经荣,2000)。

第四,大量农民进城务工,土地的社会保障功能超过了其为家庭创造收入的功能,因而有被闲置,没有发挥其最大生产潜能的可能。并且小规模兼业化的农业生产模式,被世界各国的经验证明是低效率的(罗芹,2008)。

2. *农业规模经营由小到大的发展* 在上述问题凸显的情形下,农业经营者开始探索一些规模经营模式。在实行家庭联产承包经营责任制的同一个时代,就开始了农业规模经营的一系列尝试,如规模经营的模式有:

(1) *组建集体农场* 其运作方式有:一是村办集体农场,由集体单一经营;二是以专业劳动力和一定规模的土地承包为基础,加上社会化服务,形成双层经营;三是单一的家庭经营形式。从各自所占的土地的百分比来看,集体农场占绝对地位。

(2) *以家庭经营为基础的规模经营* 包括 3 种形式:一是家庭农场(种田大户);二是两田制(在集中责任田的基础上形成的规模经营);三是村办农场。在推行规模经营的过程中,这些模式注意社区内农户的意愿和可接受程度,保持了家庭承包责任制的制度激励和自主经营的优越性。

大部分的规模经营都是由政府发动和推行的,规模经营大户得到了小农没有的补贴或其他优惠待遇。有些专家将规模经营大户(种田大户与养殖大户)称为"大户经济",大户经济的发展标志着农村经济由"小户经济"的经营方式向适度规模经营的大户经济的转变;由自给自足的生产方式向商品化的生产方式转变;由传统的农民身份向业主、老板、企业家和农业工人的身份转变。大户经济代表了农村生产力发展的方向。其特征表现为:首先,由农民、农民工、外来户等自主投资、自主经营的经济实体。包括种植业大户、养殖业大户、加工业大户、营销业大户、运输业大户、建筑业大户、专业市场等,以及以大户为基础组成的各类专业协会等经济实体;其次,在一定程度上实现了规模化经营,并与大市场结合,有较强的带动作用,通过专业化分工生产、创造出更多的财富,能获得更多的回报;第三,在发展过程中体现了自主投资,自享所得,自担风险,自谋发展。实现了智慧、资金与土地、劳力、市场等资源的优化组合,初步实现了专业化分工生产和规模经营,并与农户建立了一定的利益关系,从而形成了具有发展活力和带动力的经济力量(刘德骥,2004)。

在土地利用实践中规模经营形式多样,有的规模经营取得的效果明显。所以,2008 年 10 月 12 日召开的中国共产党第十七届中央委员会第三次全体会议指出:加强土地承包经营权流

转管理和服务，建立健全土地承包经营权流转市场，按照依法自愿有偿原则，允许农民以转包、出租、互换、转让、股份合作等形式流转土地承包经营权，发展多种形式的适度规模经营。有条件的地方可以发展专业大户、家庭农场、农民专业合作社等规模经营主体。这一规定为土地形成规模经营提供了制度供给，使适度规模经营发展有了政策依据。

3. *农业规模经营形式的类型*　农业规模经营形式可概括为以下4类(伍自尧，1997)。

(1)*承包型*　即国家集体投资，采取承包管理方式，按合同交纳利润。

(2)*股份合作型*　集体与个人、个人与个人以资入股，联合经营，风险共担，利益共享，按股分红，农民可以山场、水面或劳力入股。

(3)*个体经营型*　按照区域的统一规划，个人自主开发，经营管理。

(4)*公司加农户、基地加农户型*　农户按公司的计划进行种养，由公司加工收购，或由公司提供种苗分户养殖，交公司统一销售。

形式多样的农业大户运行机制也多种多样。但总结概括起来，其运行机制上，主要有以下4个特征(伍自尧，1997)。

第一，管理公司化。农业大户大多是有独立法人资格，独立经营，自负盈亏，公司化管理。有的在企业集团、龙头的牵引下设立独立法人地位的分公司，公司内部可实行土地流转、有偿转让使用，可实行项目、单项分包。

第二，投资业主制。各公司、项目工程的资金投放实行业主制。本着“谁投资、谁经营、谁受益”的原则，增加了投资者的风险意识、效益意识。

第三，科技承包制。在科学技术服务上，实行项目总承包，也可以单项承包、区域承包。农业技术经济组织或大专院校承包大户的技术服务，或由农业大户对农户进行技术承包指导。

第四，购销合约制。公司与农户签订产销合同，提供配套服务，按合同生产、加工、运销，以契约形式明确双方责权利，结成利益共享、风险共担的经济共同体。

**(三)土地承包经营权的流转**　由于农村土地经营细碎化、经营规模小、生产成本高、农民收益下降，促进农村土地市场化流转。1984年一号文件，延长了土地承包期，并鼓励耕地向种田能手集中；1993年11号文件，土地承包15年到期后再延长30年，允许农民依法、自愿、有偿地流转土地承包经营权。2002年全国人大常委会通过《农村土地承包法》对依法、自愿、有偿地流转农村的土地承包经营权做了规定。

1. *改革开放后土地经营权流转的相关政策制度*　随着1979年通过并实施《中华人民共和国中外合资经营企业法》，1988年通过并实施的《中华人民共和国中外合作经营企业法》，我国开始以场地使用权作为出资兴办中外合资企业(或中外合作企业)或向中外合资企业(或中外合作企业)收取场地使用费。土地使用权可作为合资企业的中方合营者的投资股本。这是最早收取土地使用费的有关规定。

20世纪80年代开始，土地的行政管理制度与土地使用制度开始改革。1982年，深圳特区开始按城市土地等级不同收取不同标准的使用费。1986年通过了《土地管理法》，成立了国家土地管理局，土地进行行政管理制度改革。土地使用制度改革使得使用权和所有权相分离，在使用权上，变过去无偿、无限期使用为有偿、有限期使用，使其真正按照其商品的属性进入市场。1987年4月国务院提出使用权可以有偿转让。按照土地所有权与使用权分离的原则，国家在保留土地所有权的前提下，通过拍卖、招标、协议等方式将土地使用权以一定的价格、期限及用途出让给使用者，出让后的土地可以转让、出租、抵押。这是我国土地使用制度带有根本性的改革，打破了土地长期无偿、无限期、无流动、单一行政手段的划拨制度，创立了以市场手段配置土地的新制度。

1998 年 10 月中共十五届三中全会通过的《中共中央关于农业和农村工作若干重大问题的决定》提出："长期稳定农村基本政策"，并再提出坚定不移地贯彻"土地承包期再延长 30 年"的政策，土地使用权的合理流转，要坚持自愿、有偿的原则依法进行，不得以任何理由强制农户转让；同时也指出，少数确实具备条件的地方，可以在提高农业集约化程度和群众自愿的基础上，发展多种形式的土地适度规模经营。农民承包地流转主要有转包、转让、出租、入股等 4 种形式。为了加强对农地流转的管理，我国已经于 2002 年制定、颁布了《农村土地承包法》、农业部 2005 年 1 月 19 日发布了《农村土地承包经营权流转管理办法》，进一步充实了土地流转的内容。

2008 年 10 月 12 日召开的中国共产党第十七届中央委员会第三次全体会议通过的《大力推进改革创新，加强农村制度建设问题》中提出：完善土地承包经营权权能，依法保障农民对承包土地的占有、使用、收益等权利。加强土地承包经营权流转管理和服务，建立健全土地承包经营权流转市场，按照依法自愿有偿原则，允许农民以转包、出租、互换、转让、股份合作等形式流转土地承包经营权，发展多种形式的适度规模经营。有条件的地方可以发展专业大户、家庭农场、农民专业合作社等规模经营主体。土地承包经营权流转，不得改变土地集体所有性质，不得改变土地用途，不得损害农民土地承包权益。

在 2008 年 12 月 10 日召开的中央经济工作会议中特别强调："要完整、准确、严格贯彻党的十七届三中全会精神，农村现有土地承包关系要保持稳定并长久不变，在依法、自愿、有偿流转土地承包经营权的过程中，不得改变土地集体所有性质，不得改变土地用途，不得损害农民土地承包权益。"在 2008 年 12 月 27 日召开的中央农村工作会议提出：在下一年(2009 年)的农村重点工作的第 4 点中强调：稳定和完善农村基本经营制度，认真落实稳定土地承包关系的各项措施，做好集体土地所有权确权登记颁证工作，稳步开展土地承包经营权登记试点。严格执行土地承包经营权流转的各项要求，尊重农民的主体地位，建立健全土地承包经营权流转市场。

在 2008 年 12 月 31 日通过的《中共中央、国务院关于 2009 年促进农业稳定发展农民持续增收的若干意见》中规定了建立健全土地承包经营权流转市场。土地承包经营权流转，不得改变土地集体所有性质，不得改变土地用途，不得损害农民土地承包权益。坚持依法自愿有偿原则，尊重农民的土地流转主体地位，任何组织和个人不得强迫流转，也不能妨碍自主流转。按照完善管理、加强服务的要求，规范土地承包经营权流转。鼓励有条件的地方发展流转服务组织，为流转双方提供信息沟通、法规咨询、价格评估、合同签订、纠纷调处等服务。

2. 承包土地流转的实践　我国正在快速推进的工业化和人口城市化进程，必然伴随大量农村劳动力从农业转移到非农产业，从农村流到城市。这一进程引致的一个后果是，土地也在市场力量的推动下流转，劳动力与土地资源重新进行配置。

(1)土地流转的形式　农村土地流转在实践发展过程中形式呈现多样性，如骆友生(1995)、盖国强(1997)研究的山东平度的"两田制"流转形式；北京顺义集体农场基础上的规模经营，苏南、广东南海家庭承包基础上的规模经营形式；东南沿海发达地区的"反租倒包"流转形式、股份合作制，吕梁地区"四荒地"拍卖(王西玉，1994)等土地经营均涉及土地流转问题。

蔡海生(2002)将农村土地流转的形式归纳为：一是将长期无人耕种的荒山、荒坡、荒滩、

荒沟拍卖给个人，实现所有权的永久化；二是将农民进城务工而长期撂荒土地收归集体所有，公开拍卖，其土地所有权归个人所有；三是将农民的口粮田从土地中剥离出来，不允许出卖，其余部分在自愿的基础上允许农民把自己的土地卖给个人；四是在上述基础上，放开土地所有权，允许土地自由流转，用市场机制来促进生产要素的流通，发挥市场资源配置的基础作用。

廉高波(2005)比较分析了目前存在的以土地流转实现规模经营的4种模式的优缺点，即“两田制”、“反租倒包”、“四荒拍卖”和“股份合作制”4种流转方式。他认为“股份合作制”流转土地方式比“两田制”和“反租倒包”流转方式具有制度优势。该优势体现为：一是保证家庭连产承包制的稳定性；二是体现了公平与效率、激励与约束的有机结合；三是实现了低成本与高效率的有机结合。

(2)土地流转的实践发展过程　1987年，国务院批复了某些沿海发达省、市就土地适度规模经营进行试验，使得土地经营权的流转突破了家庭承包经营的限制，我国土地流转制度开始进入新的试验期。1987年9月，深圳率先试行土地使用有偿出让，出让了一块5 000多$m^2$的土地使用权，限期50年。同年11月国务院批准了国家土地管理局等部门的报告，确定在深圳、上海、天津、广州、厦门、福州进行土地使用制度改革试点。12月，深圳市公开拍卖了一块国有土地的使用权。这是新中国建立后首次进行的土地拍卖。

1997年重庆市荣昌县开始推行承包地的租赁流转试验，在广顺、仁义、安富等镇试点。在试验区内集体所有的耕地、“四荒地”及塘堰等土地实行农地30年的租赁，采用一次性支付租金。颁发《集体土地经营权证》，凭此证可以将土地使用权转让给个人、企业，也可以土地使用权入股搞联合开发，也可以进入土地产权交易市场进行交易；“四荒地”及其他非耕地由集体招标拍卖、租赁及入股开发等。同时，重庆市政府对土地出让金的合理使用做了限制性规定，有利于农民的规定主要表现在：一是资金的使用应遵守取之于民、用之于民的原则。30%的资金用于建立农村社会保障专项基金，加大农田水利、交通通讯等基础设施及新技术推广。10%的资金用于建立救灾扶贫基金；二是任何资金的使用都要经村民代表大会的讨论、乡经营站的审核和乡政府的审批。

2004年成都市开始了乡一级的土地流转服务中心试点工作，第一个试点是金堂县栖贤乡，2006年成都已经建立了市、县、乡三级联网的土地流转管理服务机构。借鉴成都的经验，各地区各级土地管理部门都开始了加强农地流转服务或管理的职能。

2007年重庆出台了《服务重庆统筹城乡发展的实施意见》，《意见》称在农村土地承包期限内、不改变土地用途的前提下，允许以土地承包经营权出资入股设立农民专业合作社，在条件成熟的地区开展农村土地承包经营权出资入股设立有限责任公司和独资、合伙等企业的试点工作，以工商登记将土地权益正式转化为资本，这种试验开了农村土地资本化的先河，被学者称为“股田制”改革，随后在中央农村工作领导小组办公室调研后，紧急叫停了“股田制公司”改革的推进，温家宝批示要求先行实施“股田改革”的省、市要探索以土地入股发展农民专业合作社(周正宾，2009)。

在土地流转实践中也显现出一些问题，土地流转不规范。表现为：小规模的农户之间流转，采用口头协议的方式，容易发生纠纷；农民对所承包土地进行流转有顾虑，宁愿粗放经营，甚至荒芜弃耕，也不愿意转包，以土地作为最后的保障；有些地方政府不当干预产生消极作用；土地流转的市场配套措施不健全，影响土地有序公平地流转。尽管如此，农村土地使用权流转积极的作用不能忽视。农村土地使用权流转对于实行农业产业化经营，提高农业综合生产能力，发展现代农业起着积极的推动作用；农村土地使用权流转也通过土地向种植大户与养殖大户集中，达到有效配置土地、劳力、资金等资源，进一步优化农业经济结构，提高农民收入水平；同时，农村土地使用权流转可以解决农村人地矛盾，促进农村剩余劳动力转移，推进城镇化发展速度。总之，农村土地流转前景广阔，农村土地使用权的转让在实践中循序渐进，土地流转市场不断完善，土地流转制度不断健全。

## 参考文献

[1]　聂俊华．新解放区土地改革成功原因探析，传承．2008(12).

[2]　辛卿．中国土地改革简史．商业文化，2008(10).

[3]　马玉山．彻底铲除封建制度根基的伟大革命——人民解放战争中的土地改革运动．党史文汇，2000(12).

[4]　黄锦华，刘昱．论解放战争期间的土地改革．赣南师范学院学报，1999(1).

[5]　郑志廷．解放战争时期土地改革历史作用新探．贵州社会科学，1998(3).

[6]　余君．建国初期土地改革与中国现代化的发展．党史研究与教学，2002(5).

[7]　钟冷．解放初期北京市海淀区的土地改革运动．北京党史，2007(1).

[8]　马唯．论云南边疆民族地区的和平协商土地改革．中央民族学院学报，1993(5).

[9]　张照庆，张书颖．青海省解放初期的土地改革运动．青海社会科学，1993(3).

[10]　章林．建国初期苏南土地改革研究．上海师范大学硕士学位论文，2008.

[11]　转引自李良玉．建国初期的土地改革运动．江苏大学学报(社会科学版)，2004(1).

[12]　李保东，王黎锋．论建国后中国土地制度的演变——基于农民土地观的分析．武汉职业技术学院学报，2007(1).

[13]　江红英．新区土地改革与开辟工业化道路．中共党史研究，2004(1).

[14]　陈海秋．改革开放前中国农村土地制度的演变．绥化师专学报，2003(3).

[15]　刘广栋，程久苗．1949年以来中国农村土地制度变迁的理论和实践．中国农村观察，2007(2).

[16]　高化民．农业合作化与家庭联产承包为主的责任制．当代中国史研究，1996(2).

[17]　张芳．我国农村集体土地制度变迁研究．金卡工程·经济与法，2008(7).

[18]　董悦华．农业合作化与家庭联产承包责任制的实施比较研究．当代中国史研究，1998(4).

[19]　蒋茜．农村人民公社之兴与农业合作化．经济与社会发展，2008(5).

[20]　肖冬连．加速集体化的一个重要原因——论优先发展重工业与农业的矛盾．中共党史研究，1998(4).

[21]　史云，李新．李云河首创“包产到户”案．新中国大案，2003.

[22]　冯毓奎．统分结合双层经营体制的变革与创新．襄樊学院学报，2008(7).

[23]　王琢．中国农村土地制度变革的六十年．学术研究，1999(11).

[24]　文东升．家庭联产承包责任制与我国小农生产方式的改造．宝鸡文理学院学报(社会科学版)，2009(4).

[25]　孙志洁．浅析农业产业化与家庭联产承包责任制的关系．经济研究导刊，2008

(17).

[26] 孔川,陈宁.巩固与完善家庭联产承包责任制的探讨.北京电子科技学院学报,2008(1).

[27] 金丽馥.中国农村土地制度演变的80年.江苏理工大学学报(社会科学版),2001(2).

[28] 吕爱华,胡敏华.我国农村土地制度的创新:集体所有制下的永佃制.黑龙江对外经贸,2009(5).

[29] 杨鹏程.新型"两田制":破解家庭承包制产权缺陷的现实选择.农村经济,2006(5).

[30] 周天勇.土地制度的供求冲突与其改革的框架性安排.管理世界,2003(10).

[31] 王悦,陈占江.论家庭联产承包责任制的制度缺陷.现代农业科技,2005(11).

[32] 龚松柏.家庭联产承包责任制下我国工业化与粮食安全的两难.生态经济,2008(11).

[33] 张丰,张雅杰.家庭联产承包责任制的经济分析和发展研究.安徽农业科学,2008(11).

[34] 王蕙,李尚红.对我国农村家庭联产承包责任制消极效应的若干思考.湖北经济学院学报(人文社会科学版),2008(1).

[35] 黄祖辉,梁巧.小农户参与大市场的集体行动——以浙江省箬横西瓜合作社为例的分析.农业经济问题,2007(9):66-71.

[36] 陈丽丽.城市化进程中失地农民利益受损的原因、影响及保护对策.福建论坛,2007(8):78-82.

[37] 张卫平.农业劳动力老龄化问题初探.哈尔滨市委党校学报,2009(1):16-17.

[38] 唐浩,曾福生.农村土地股份合作制研究述评.江西农业大学学报(社会科学版),2009(3):20-27.

[39] 姜长云.农业综合开发的政策启示.宏观经济研究,2001(2):49-53.

[40] 刘德骥.关于发展农村"大户经济"的调查.四川行政学院学报,2004(2):100-104.

[41] 伍自尧.农业大户在农业增长方式转变中的作用.农村发展论丛,1997(2):7-9.

[42] 罗芹.农业适度规模经营的影响因素——兼论中国如何达到土地的最优经营规模.经济研究导刊,2008(7):12-13.

[43] 舒松华,王静.土地使用权流转制:中国农村土地制度改革的方向.科技和产业,2009(3):62-64.

[44] 周正宾.我国农村土地制度改革困境:基于重庆"股田制"改革实验的思考.法制与经济,2009(5):46-47.

[45] 李晓明.农业保护:市场经济中政府的重要责任.经济与管理研究,1994(4):31-36.

[46] 国务院发展研究中心土地课题组.农地规模与农业发展.南海出版公司,1992.

[47] 谢经荣,叶剑平,王玮.沿海发达地区工业化进程中农地租赁问题及管理.北京:经济管理出版社,2000.

［48］ 骆友生．家庭承包责任制后的农地制度创新．经济研究，1995(1).

［49］ 盖国强．农村土地使用权流转研究——以山东省为例．中国软科学，2001(5).

［50］ 王西玉．荒山开发治理中的制度、政策和农户行为——山西省吕梁地区拍卖“四荒地”个案研究．中国农村经济，1994(11).

［51］ 蔡海生，赵小敏．中国农村土地制度发展与创新．江西农业大学学报(社会科学版)，2002(1)：38-42.

［52］ 廉高波．农地股份制：我国农村土地流转制度的优化选择．西北大学学报(哲学社会科学版)，2005(3)：84-88.

（作者：赵　勇 北京城市学院副教授、中国农业大学博士生，
孙　芳 河北北方学院副教授、中国农业大学博士生，
冯开文 中国农业大学教授、农经系主任）

# 第七章　农业经济组织

## 第一节　新中国初农业合作经济组织的产生及发展

### 一、新中国初农业合作经济组织产生的原因

**(一)土改后出现的一些新问题**　1950年6月30日中共中央宣布实施《中华人民共和国土地改革法》,新中国成立后的土地改革主要是在拥有2.9亿农业人口,分布于华东、中南、西北、西南的广大农村地区展开。1953年春,除中共中央决定暂不进行土地改革的一些少数民族地区(约700万人)外,我国内地的土地改革已基本完成(吴承明,董志凯,2001;梅德平,2004)。在农村土地改革完成之后,广大农民成为土地的主人,实现了生产资料与劳动的直接结合,家庭经营的个体经济成为主要的经济形式。但小农经济也产生了一些矛盾,主要表现在:①小农生产方式的局限不能满足迅速实现工业化战略的要求;②小农经济的自由发展必然会出现两极分化,与社会主义的共同富裕目标相冲突;③小农经济的分散经营与生产社会化的要求不适应,生产资料与劳动相脱节,产生生产资料与劳动同时闲置与浪费的现象。为了解决这些矛盾,就要对农业进行社会主义改造。

**(二)工业化战略的要求**　新中国成立后,共和国政权面临的一个严峻的问题就是如何尽快恢复和发展国民经济,而国家工业化的实现又是国家经济发展的重要标志。所以,共和国政府选择工业化特别是重工业优先发展的赶超型经济发展战略。从国内经济发展的需要来看,建国之初,我国工业的基础十分薄弱,1949年中华人民共和国成立之时,全国工农业总产值只有466亿元。在非常有限的工农业总产值中,农业总产值比重为70%,工业总产值比重为30%,而其中重工业产值仅仅占工农业总产值比重的7.9%(林毅夫,1995)。从国际上来看,对中国抱有敌意的西方列强随时准备武装进攻中国,加上1950年朝鲜战争爆发,为了保卫新生的共和国政权,我国必须不失时机地发展国家工业化。因而,国际国内形势都表明,建国初期共和国政权选择国家工业化是势所必然。国家工业化优先发展的战略,决定农业剩余是工业化原始积累的重要来源;而一家一户的个体小农经济又造成国家与农民之间交易成本的极大化,不利于国家工业化的原始积累。因此,规模不断扩大的互助合作组织就成为降低国家与农民之间交易成本的最佳组织载体(梅德平,2004)。

**(三)政治上的一些原因**　我国农业合作化道路选择的首要原因,是源于马克思、恩格斯、列宁的农业合作制理论对毛泽东等中央领导人的影响。毛泽东认为,个体经济、个体生产"是封建统治的经济基础","分散的个体经济——家庭农业与家庭手工业是封建社会的基础,不是民主社会(旧民主、新民主、社会主义、一概在内)的基础",始终不承认个体经济在新民主主义社会中应有的一个独立存在和发展的时期。因此,建国初期,轰轰烈烈的全国"共产风"在中国大地上燎原,我国的农村合作经济组织开始了曲折的发展历程(贾玮,2008)。

## 二、新中国初农村合作经济组织的发展变迁

### (一)互助组——公有化体制的萌芽

1. *互助组的形成背景和发展* 1951年12月中央起草了《关于农业生产互助合作的决议》,开始组织以农民个体经济为基础的农业生产互助组。互助组由关系密切的4个或5个农户组成,农户间按照自愿互利的原则结成劳动、农具和耕畜等生产要素互助关系,互助组在形式上有季节性和常年性的互助组等形式。1951年底,我国互助组达到467.5万个,比1950年增加71.6%,参加农户也达到2 100万户,比重提高到全国总农户的19.2%。1952年猛增到802.6万个,一年中增加了335.1万个;参加农户达4 536.4万户,比重上升至全国总农户的39.9%。至1953年我国互助组参加农户已达4 563.7万户,占总农户的40%左右,其中参加常年互助组的农户占参加互助组的农户的29%,常年互助组有了较大发展。1954年参加互助组的农户已达到总农户的58%(《中国农报》1951;《中国农业年鉴(1980)》,1981)。

2. *互助合作运动的内部制度分析——小规模合作的有效率产权* 互助组是1953年以前政策倡导的主要的农业合作形式。临时互助组一般规模小,一般3～5户,多者10来户;而且极不稳定,“忙时互助闲时散”。这种制度安排仍是一种私有产权,组员拥有对自己的土地、生产工具和劳动力的完全私有权以及由此带来的收益分配权(剩余索取权)。只是私有产权的框架中加入了互助劳动的楔子,将劳动力的使用权(剩余控制权)在极短的时期里与他人进行了交换,因此劳动成果也要按付出的劳动量(提供的生产资料也折成劳动量)平均分配。由于规模较小,合作时间短,加之亲缘关系、地缘关系等传统力量产生的较强亲和力,极大地剥离了监督成本和信息成本(汪丁丁,1992),劳动的监督能较充分实现,分配制度也基本能做到有效的激励。这是一种较低交易费用的有效率组织。但因为规模小,特别是合作时间短,组织起来能够实现的潜在收益也有限。这是一种标准的低“投入”(交易费用)、低“产出”(潜在收益)组织。关键在于组员有完全的退出权,而扩大规模则遇到了较高的交易费用,从而形成了合得来才一起干的结局,合作组织的规模也就只能局限在很小的水平上,合作也只能局限于很低的层次上。

常年互助组实际上是临时互助组的成员多次博弈后形成的稳定组织。通过对自己投入与收益的反复比较,通过加入与退出的多次选择后积累了经验,从而降低了减少不确定性的信息成本。而常年互助组由于组织起来的信息成本降低,组织的潜在收益就比临时互助组要大得多,这包括组织起来的规模经济、长期合作减少的组织成本,农业以外(如副业)的收益等,就使组织有必要、有可能对劳动的组织、分工协作以及收益分配拿出制度性的安排。实际上,当时常年互助组较之临时互助组,一般都增加了生产计划、记工清账、排工制度,有的兼营农业和副业。兼业经营有可能改变个体农民“小而全”的自然经济状况,获得结构性收益,但这种收益不可能太多;而受简单的、不精确的分配制度的约束(其实是受潜在收益不太多的约束),常年互助组的生产计划和劳动工分登记制度都不允许花费太多成本。较少的潜在收益(受规模限制)以及组员较完整的产权(只是暂时让渡了劳动力支配权)导致的较完整的退出权,就成了限制常年互助效率的主要因素。尽管这一组织是低交易成本的,但组织的效率也是有限的,只能在不损害他人利益的情况下使很小的一部分人的收益缓慢地增加。由此,这种组织能够提供的农业剩余率也将是不理想的。

仅从产出的角度看,互助组特别是常年互助组确实比个体农民提高了产量,增加了收入,

这有大量的典型调查资料可资证明，但是材料体现出了各地的不同情况(表7-1)。表7-1表明，在徐家村，从单位面积产量来看，虽然1953年至1954年常年互助组的单产增长幅度尚且不及个体农户，但这两年的单产量都超过了个体农户；小螺乡的常年互助组有时就更明显一些，不仅数量，增长幅度也明显超过了个体农户。这两个村的数字属于典型调查，在当时说服力就超过了两村数字本身。

**表7-1 福建省2个典型村各生产组织单位面积产量比较** (单位：kg)

| 村 别 | 生产组织类型 | 1953 | 1954 | 1954/1953(%) |
|---|---|---|---|---|
| 徐家村 | 农业生产合作社 | 373 | 435 | 116.6 |
| | 常年互助组 | 350 | 394 | 112.6 |
| | 临时互助组 | | 315 | |
| | 个体农户 | 293 | 355 | 121.2 |
| 小螺乡 | 农业生产合作社 | 188 | 217.5 | 115.7 |
| | 常年互助组 | 142 | 179 | 126.1 |
| | 临时互助组 | | 160.5 | |
| | 个体农户 | 136.5 | 122.5 | 89.7 |

资料来源：《八省农村经济典型调查》第10页

表7-2表明湖北省望城乡常年互助组和临时互助组的亩产量都超过了个体农户，而且超出较为明显。

**表7-2 1953年湖北省望城乡各种经济类型单产比较** (单位：kg)

| 各种经济类型 | 播种面积(亩) | 总产量 | 每亩平均产量 | 占个体农民产量的(%) |
|---|---|---|---|---|
| 初级合作社 | 327.83 | 102916.5 | 333.5 | 128.3 |
| 常年互助组 | 1397.17 | 413411.5 | 296 | 113.8 |
| 临时互助组 | 313.85 | 9056.2 | 288.5 | 111.0 |
| 个体农户 | 452.67 | 117697.5 | 260 | 100.0 |

资料来源：《八省农村经济调查》第38页

表7-3则表明，陕西13乡常年互助组和临时互助组的人均收入超过了个体农民，但是广西10个乡常年互助组和临时互助组的人均收入则明显低于个体农民。这两个地方的典型调查数据还表明，常年互助组和临时互助组，甚至农业社的人均收入在1952—1954年间，与富农的收入还存在较大的差距。从一个侧面再一次证明了政策的过急性，互助组和初级社都是在没有与个体农民决出高下的情况下，就被更高形式的合作社取代了。更不用说超过富农的经济效益了。

表 7-3 1954 年广西壮族自治区 10 个乡及 1952—1954 年陕西省 13 个乡各种生产组织每年每人平均收入 （单位：粮食 kg）

| 省 份 | 广西 10 乡 | | 陕西 13 乡 | |
|---|---|---|---|---|
| | 每人每年平均收入 | 占农业社的％ | 每人每年平均收入 | 占农业社的％ |
| 农业社 | 709 | 100 | 638.63 | 100 |
| 常年互助组 | 586 | 83 | 555.13 | 87 |
| 临时互助组 | 559.5 | 79 | 496.02 | 78 |
| 个体农民 | 634.5 | 90 | 456.8 | 72 |
| 富 农 | 1238 | 175 | 739.8 | 116 |

资料来源：《八省农村经济典型调查》第 63 页、89 页

总体来看，互助组的经济效率在不同的地区有着不同的表现。湖北省望城乡的调查显示，个体农民 1954 年的年收入超过了临时互助组，与常年互助组基本持平；而广西 13 个乡个体农民的年收入则超过两种形式的互助组（冯开文，2003）。这就使我们要下一个互助组肯定比个体农民增产增收的结论，就显得有些勉强，起码可以说在较短的时间内，互助组的效率尚未完全体现出来，当时的数据并不能十分可信地说明互助组一定比个体农民更有效。如果再考虑一下互助组比个体农民更多的投入，给出一个互助组劳动生产率提高有限的结论，当更令人信服一些。据调查，福建省南平专区 16 个互助组 1951 年粮食亩产比个体农民超出 15％，就是以比个体农民多施肥 50％、多犁田 27％、多耕田 20％、多锄田 28％换来的（福建日报，1952）。加之这种仍然以私有为主的产权结构与社会主义这一主流意识形态，差距太大，在一场国家为主的强制性制度变迁中，只限于低水平合作的互助组，必然为新的组织形式所取代。

### （二）初级社——公有化体制的雏形

*1. 初级社的形成背景和发展* 1953 年底，中央发出《中国共产党中央委员会关于发展农业生产合作社的决议》，提出农业生产合作社“日益显出重要的地位，日益变成我们领导互助合作运动继续前进的重要环节”。很快互助组就被初级农业生产合作社取代。初级社建立在私有制基础之上，土地仍归社员所有，只是作价入股，统一经营；耕畜和大中农具也是社员私有，归合作社有偿使用；社员参加社内劳动；初级社将总收入扣除生产费用、税金、公积金和公益金后，全部分配给社员作为劳动报酬和土地等生产资料的报酬。与互助组的区别在于，初级社实行统一经营。从互助组到初级社的过渡，基本上是政府发起的强制性的制度变迁，但政府在推进时采取的是渐进式的方式和谨慎的态度，自愿和互利原则使农民有进入和退出的充分自由，所以仍获得较高的经济绩效。但在随后出现的强制性推动高级社，对农业生产就产生了极大的破坏作用。

*2. 初级社——当时最有效的产权制度* 初级农业生产合作社是一种私有产权被大面积改造之后形成的混合产权。这是经过充分的复杂交易后形成的混合经济形式，是建立在私有产权基础上的“股份合作”制度安排。

这种产权制度的形成起码经过了这几方面大规模交易：首先是私有财产的合并和共有公营。第二个方面的交易要劝农民交纳股份基金。股份基金包括公有化股份基金和生产费股份基金。第三方面的交易，是必须定出一个合适的土地报酬和劳动报酬比例。合作社面对着对

资本和劳动力分别占优势的两部分社员。一般说来，资本占有优势的是富裕中农和富农，而贫下中农则拥有较多的劳动力。由于社员既是劳动者，同时又是所有者，自然可以自由地行使他们的退出权；要取得大多数社员的支持，并对大多数形成激励，就必须形成一种公允健全的分配制度。如偏向一方，就会引起另一方的不满乃至退出。实际上各地劳动报酬和土地报酬的比例相差很大，鲜有划一。1954 年河北省委对 31 000 个农业生产合作社的统计发现，土地报酬和劳动报酬的比例有 30 多种，其中各占 50%的达 71%。而福建省委农村工作部的调查则表明，闽侯、建瓯、永安、连成 4 县的 4 个初级社的土地报酬均在 30%左右，劳动报酬则均在 65%～70%之间（苏星，1976）。

另外，还有一场影响深远的交易体现在合作社的分配制度中。这就是劳动报酬的分配制度。“死分活评”是其中的一种方案。后来公社体制中的“大概工”（“大寨工”）就是由之滥觞开来的。这种计分方法是把每个劳动力按强弱、技术高低评定一定的工分，再根据他每天的实际劳动状况进行评议，给予增减。由于存在监督不足的问题，加之实施成本太高（天天如此，花费时间和精力），必然导致不能准确地计算劳动者投入的劳动数量和质量。林毅夫正是在这一角度上研究人民公社的“大概工”的，认为需要一种农民自我实施的协议来取而代之。周其仁则转而看好农民拥有部分退出权的自留经济。当时《农业生产合作社示范章程草案》也看到了这一点，所以规定可在“没有各种工作的定额和报酬标准之前”，“暂时采取”这种办法。

更多的情况下，初级社采用的是规定工作定额和不同报酬标准的做法。对于一种工作，在一定的土地、耕畜、农具、天时等条件下，一个中等劳动力做了 1 天能够达到的数量和质量，就成了定额；完成一种中等工作定额，记 1 个劳动日；报酬则按劳动日计算，1 个劳动日 10 分工。例如，良田完成 1 个定额，就每天记 5 分工。劳动日同样要参照工作所需的技术程度、辛苦程度及其在生产中的重要性来评定。例如，辛苦的工作，1 天可能记 12 分工。也就是“死分死评”。这是一个比“死分活评”省事的简便方法，但同样是一个非常困难的办法，关键是要把定额所值工分算准、算精确十分不易。因为农业的生产特点不像工业，它需要较长一段时间的工作来完成某一项产品（成果），劳动投入是多次性的，而产出则是一次性的，其中并没有中间产品，投入的质量和数量都是难以测定的，而且工作受自然条件影响太大，工作成果并不像工业产品那样好比较。所以，这种借用于工业的劳动报酬分配办法是难以适应于农业的，同样是高交易成本、不一定有效的。

从这些方面看来，农民入社后的股权是明晰的，土地和股金的投入会带来相应比例的收益；但由于土地入社和股金交纳都面临着风险，股金分红（土地报酬）和劳动报酬的比例难以合理地准确界定，劳动的质和量因农业自身的特点存在着难以计量的问题，这些大量的不确定性因素要减少，初级社的制度还须大量改进，特别是需要寻找一种降低交易费用的内在实施机制。

但农民的退出权却成功地部分化解了高交易成本带来的制度失败。因为，合作制度潜在收益的实现，除了产权的明晰化外，还需要社员对社内生产的充分投入。农民拥有的退出权正是这样一种内在机制，它是社员实现对合作社的监督的途径，是决定社员对社投入多少及是否留在社里的关键因素。因为其投入的多少，决定于其投入是否能获得相应的报酬。从前述分析看出，分配制度并没有解决这一问题，因为创新遇到了高交易成本的难题。这样，合作社似乎只能面对一大堆近乎无解的机会主义行为了，因为监督不可能完全，社员的劳动投入又不可能获得相应收入，那么，搭便车、偷懒、消极怠工等行为终将导致社的无效率状态。但是，这种状态持续下去，必然导致社的解散。这种潜在的风险，必然是社员们要力求避免的，起码那一部分希望通过合作社致富的贫下中农会力求去避免。于是一种化解风险的制度就会自发地创新出来，这通常就是互助组时期的口头协议，也就是组织成员之间达成的、努力使合作组织不断向好的口头承诺。

其实，促成自我实施的还有主流意识形态的作用。意识形态有降低其他制度安排费用的功能，它同样会形成一种降低监督费用的机制，以化解因分配制度激励不足而造成的监督困难。在国家权威相对于合作社和个体农民大到毫无限制的情况下，国家信奉的主流意识形态也是卓有影响的。而借助国家在暴力潜能方面的比较优势，国家的主流意识形态灌注（而非设计或创新），同样存在规模经济。主流意识形态中有关的规定，促使违约农民自觉做出下一个生产周期不再违规的承诺。因为自觉承诺代表着社会价值的自我实现（如实现了社会认同、受人尊敬而不是被歧视等），因而可能被尊崇和实施得更彻底。东、西方国家都有过意识形态灌注导致全民族、全国如同一人般一致行动的时候。这就是初级社时，国家开始特别注重意识形态灌注，强调合作化是一场严重的政治运动的原因所在。

化解"制度失败"的另一个原因是如阿尔钦（Alchain）和登姆塞茨（Demsetz）研究的那样，合作社给予社员干部一定的剩余控制权，以增加对监督者（而不是被监督的劳动者）的激励，从而降低了监督费用（阿尔钦和登姆塞茨，2004）。我国的合作社干部都是农民，从泥腿子一下子变成号令一方的人物，这不遑而至的荣誉感就是合作社"生产"出来的一种剩余权，加之合作组织在给予权力的同时还补给他们误工补贴，因此初级社制度对其领导们的激励还是比较充分的。

第三个原因是由其他制度安排带来的更大的退出风险。比起互助组来，农民加入合作社要让出更多的权利，因此面对的风险更大，他会认为从退出中获取的收益就更大。但当时社员却为何没有大量地行使其退出权呢？原因是退出还面对着一种更大的风险。我们当从薄一波所说 1953 年"社会主义热浪逼人"中，去体会主流意识形态的巨大作用和国家巨大的暴力潜能。因为国家是不受限制的产权保护者，国家也就能轻而易举地剥夺一些人的产权。而且，国家的意志——主流意识形态已得到了多次灌注，《农业生产合作社示范章程草案》一开始也指明了农业生产合作社要逐步把生产资料公有化；建立初级社是为了发展社会主义的农业经济。不加入合作社，未来风险太大（私有产权会被剥夺）；加入合作社则可以由此分享潜在收益，还可以通过在自愿的条件下让渡部分产权，而更早地享受制度创新的收益；同样，他们要退出时，也面临着这种风险，从而宁愿留在社内观望，等待合作社未来状况的改观。以上表明，主流意识形态不仅可以促成自我实施协议，还可以化解退出风险。

最深层的原因是初级社中由私有、共有和公营组成的复合型产权结构。初级社的产权，是农户将自己财产的经营权以入股的形式转给合作社，自己仍保有财产所有权，以及由此决定的剩余索取权，他们可以使用手里的社员应有的权利以及退出权来实施对剩余索取权的分享，可以通过一人一票的原则实施一部分剩余控制权，他们的产权是清晰的。社员的劳动力仍归己有，但其使用权——生产控制权已让渡给合作社，听从统一调遣。合作社则拥有对全体社员共有股权的经营权，以及一部分剩余控制权和剩余索取权。这包括组织和安排生产，代表社员进行分配等管理权（剩余控制权），这部分权利是明晰的，与责任相匹配。合作社从经营利润中提取的生产费、公积金、公益金形成公有财产（剩余索取权），除生产费很快投入下一生产周期外，公积金、公益金不与每一社员的财产和劳动一一联系，由合作社代表全体社员所有并使用，主

要用于公益事业。这一部分产权是不明晰的，体现着公有制的一般问题，即名义上是全体社员公有，但他们并不能行使其所有者的权益。

还有一个原因，就是对传统的继承。小生产者既是私有者又是劳动者，由此形成了他们自己的财产私有观念和劳动致富意念。而初级社不剥夺私有财产却进行共同劳动、分工协作的制度内涵，无疑是对这一传统的部分继承。初级社继承的另一个传统，是个体农户之间长久的互助合作传统。受私有观念的影响，合作多发生在产权不变的基础上。这一传统合于危困相济的社会习惯，同时也渐渐成为影响行为决策的意识形态。新中国成立前后我国农村周期性的劳动互助（多在农忙时），就是互助合作观念的一种“惯性”体现，互助组就是由此成长起来的。初级社无疑继承了这两方面的传统以及由之长期形成的观念。初级社还不排除小生产，协作劳动与分工单作相映成趣。对传统的继承，从而也就借传统的“标准行为”功能和意识形态降低其他制度安排费用的功能，大大地降低了交易费用，使初级社的建立这一复杂交易、成本高昂的制度创新过程能顺利进行，并促成经济增长。1955 年全国进行秋收分配的 634 000 个合作社，平均单位面积产量比个体农户有了较大幅度的增长（表 7-4）。

**表 7-4 1955 年合作社与个体农户主要农作物单位面积产量比较** （单位：kg）

| 作　物 | 稻　谷 | 小　麦 | 大　豆 | 棉　花 | 黄　麻 | 烤　烟 | 甘　蔗 | 甜　菜 | 花　生 | 油菜籽 |
|---|---|---|---|---|---|---|---|---|---|---|
| 合作社[A] | 194.5 | 60.2 | 65.6 | 20.9 | 158.9 | 85 | 2971.5 | 898.7 | 1036.7 | 35.9 |
| 个体农户[B] | 176.5 | 56.1 | 55 | 16.6 | 165.5 | 78.5 | 2712.9 | 859.9 | 888.9 | 32.5 |
| A 比 B 增产% | 5.1 | 1.2 | 9.5 | 13 | −2.0 | 4.1 | 4.8 | 2.3 | 8.3 | 5.2 |

资料来源：莫曰达：《我国农业合作化的发展》，统计出版社 1958 年版，第 96 页。转自苏星《我国农业社会主义道路》第 80 页

表 7-4 表明，除了黄麻之外，合作社在主要农作物的单产上都高过了个体农户，初步体现出了合作社的制度绩效。

另据同年对全国 24 省和自治区 16 199 户的调查，社员人均、户均总收入并没有超过个体户平均水平，更没有超过中农个体户和富农，其户均、人均纯收入超过个体农户平均水平也有限，离中农、富农的距离仍是明显的（苏星，1976）。从现实出发去分析，原因就在于合作社制度刚刚建立，其效率的实现不可能一蹴而就。从制度的角度去分析，就是难以找到一个合理的土地报酬和劳动报酬比例，更不能有效地计量劳动者的劳动，分配制度的低激励和低效率，造成了初级社制度的效率不能完全实现。

遗憾的是，国家的强制决策，导致了初级社这种应该长期稳定、不断改进才能发挥其绩效的制度安排，很快地转向更新形式。

**（三）高级社——“完全社会主义”的公有化体制**

1. *高级社产生的背景及发展*　1956 年初，初级合作化完成，全国紧接着掀起了一场办高级合作社的热潮。高级社是在发展初级合作社的基础上组织起来的（有些是由互助组直接组织）社区集体经济组织。它是以公有、集中统一经营为特征的产权结构类型和产权组织类型。社员除保留自留地（占土地的 5%）的使用权外，土地无偿地转为集体所有；耕畜和大中型农具按照一定的价格由合作社购买，集体所有，统一经营。高级社在有计划分工和协作的基础上，组织社员统一参加劳动。在分配方面，劳动成为农民获得收入的基本依靠。高级社是在政府强制手段下推进的，违背了自愿的原则，社员也没有退社自由，因此，在推行发展高级社的过程

中,发生了一些抵触活动和一些退社的风波,严重影响了农业生产和农民生活。

2. 高级社——超前的产权安排　初级社仍是一种竞争性产权结构(几种性质的产权同时存在并相互竞争),私有产权和公有产权之间借助退出权的联系,决定各自的市场地位,只是国家的入主以及国家创新的主流意识形态大大改变了竞争的公平性,使产权市场成为一种不完全垄断市场。

高级社则发生了完全的改变。集体公有产权结构成了合作社制度的单一色彩和简单特征。

高级社与初级社的明显不同是:

第一,土地无偿转为集体所有,土地报酬相应取消(《汇编》,第564-579页)。农民由此失去了级差地租第一形式和级差地租第二形式。这样做的理论根据是马克思经济学说中土地作为资本不产生价值的说法,但我们前面已经讲过产权是有价的——存在交易费用的,资本是创造财富的必要因素之一,正如农业合作不能单是劳动的联合一样。劳动者同时又是私有者,级差地租第二形式是由他们的劳动创造出来的。所以,高级社的做法就是对劳动者的剥夺。这种剥夺无疑增加了制度变迁的成本,需多方化解以保证新制度的稳态运行。农民还失去了作为所有者管理合作社的权利,只能以劳动者的身份行使决策权。高级社所受的约束和监督大为减轻,容易形成一种集权式的管理制度。

第二,土地以外的其他生产资料,包括:藕塘、鱼塘、苇塘、耕畜和大型副业工具;大量成片的果树、茶树、桑树等经济林及大量成片的用材林;成群的牧畜等,都根据所费劳动多少和生产资料的磨损程度,付给代价,变为公有,而不是初级社的私有公营。收买这部分生产资料的价款来自社员交纳的公有化股份股金,这部分股金不能收回,不付利息,退社退还,这是与初级社相同的规定。不同的是社员不用再交纳生产股份基金了。

第三,与初级社一样,高级社也实行生产责任制,但在同样把社员划分成生产队、副业队的基础上,高级社对社员实行包产和超产奖励的机制。这是公有和计划体制下降低监督费用、提高计划经济效率的实施机制。它要求"各个田间生产队和副业生产小组或者副业生产队,必须保证完成规定的产量计划,还必须保证某些副业产品达到一定的产量。对于超额完成了生产计划的,应当斟酌情形多给劳动日,作为奖励"。社的生产超计划完成,也以此法奖励有功的管理人员,技术创新有功和有突出贡献的社员也会有此殊荣(《汇编》,572)。

第四,要制定生产劳动计划并按完成的劳动日进行分配。高级社要"规定各生产队全年的、一个季节的或者一个段落的生产计划","同时计算出完成生产计划所需支付的劳动日的数量";同时要"规定每个社员在全年和每个季节或者每个段落要做到多少个劳动日"(《汇编》,572)。年终将扣除生产费用、公积金、公益金之后的"全部实物和现金,按照全部劳动日(包括农业生产、副业生产、社务工作的劳动日和奖励给生产队或者个人的劳动日),进行分配"。

政策过急造成的影响,还体现在入社后高级社存在的问题中。如缺乏管理集体生产的经验,生产没有计划或计划不周、不全面、造成生产损失;牲畜、运输工具作价不合理;缺乏劳动管理经验,工分不公平,定额不合理,社员不满;缺乏财务管理经验,财务开支大,开支乱,账目不清,使本想试试看的农民疑虑和担心加重,许多人开始对高级社表示不满。如富裕中农以前条件较好,特别想发家致富,入社后看到社内生产松垮、管理混乱、失去信心,认为合作社不如单干好;中农入社后,一般希望办好社,搞好生产,但对社内管理混乱、生产松垮、分配不公也存在严重的不满,说"现在是干活的有吃,不干活的也有吃";贫农赞同办高级社,但对管理过严也有

意见(《农村工作通讯》,1957)。

与此相关的是,在初级社并没有使大部分社员增收的情况下,就迅速完成了向高级社的过渡,这就使高级社要解除农民疑虑,只有依靠社的生产增长和社员收入增加。

根据全国 24 个省和自治区的 16 199 户农户的调查,各类农户 1955 年的总收入和纯收入见表 7-5。

**表 7-5 全国农户收入情况调查** (单位:粮食 kg)

| 项 目 | 总收入 | | 纯收入 | |
|---|---|---|---|---|
| | 每户平均 | 每人平均 | 每户平均 | 每人平均 |
| 调查户合计 | 243.7 | 51.5 | 189.7 | 40.5 |
| 社员户 | 231.8 | 47.1 | 199.9 | 40.5 |
| 个体户 | 249.1 | 53.2 | 187.4 | 40.0 |
| 贫 农 | 177.8 | 42.6 | 137.5 | 33.0 |
| 中 农 | 272.6 | 55.5 | 204.2 | 41.6 |
| 下中农 | 242.0 | 52.5 | 183.7 | 39.8 |
| 上中农 | 330.0 | 62.5 | 244.6 | 46.3 |
| 富 农 | 316.9 | 63.5 | 229.0 | 45.6 |
| 地 主 | 201.0 | 46.9 | 152.1 | 35.5 |

资料来源:苏星《中国农业的社会主义道路》第 81 页

从表 7-5 中看,社员总收入每人每户平均只比地主和贫农单干户高,比调查户平均数和个体农户平均数要低。纯收入中社员也只是超过了贫农和下中农以及地主的单干户;还赶不上富农和上中农。无疑总收入是不能让大多数农户满意的,纯收入也只能吸引贫下中农。这就使初级社的优越性只能对贫下中农发生影响,中农还没看到初级社的好处,更别提富裕中农了。

其次,高级社是计划体制下一种微观组织形式,它通过财产的公有,形成了对土地及其他生产资料的计划控制;通过集体组织生产完成了对劳动力的控制和使用;并由资源的计划配置制度形成与之相适应的按劳分配制度,在农民和管理人员的知识水平和管理水平由于受知识存量限制而较低的情况下,这种计划制度的效率是不理想的;计划的设计也是不可能精确的,实施和监察验收的监督费用是高昂的。这是我们从历史经验和对制度的分析已得出的结论。

同时,计划制度本身还会影响效率水平。科尔内(J. Kornai)研究表明,计划经济是一种短缺经济:"高度集中化,垂直等级管理结构,非价格信号起支配作用,而价格、货币和利润的作用相当微弱,根据指令性计划指标进行控制——这是一些基本的共同特点——与这些相关联的是短缺。"(亚诺什·科尔内,1986)我国的计划制度是与国家工业化战略相适应而产生的一种经济体制,它要求在资源稀缺的情况下以较低的价格集中地使用。不仅要求农业剩余集中地用来支援国家工业化,而且要求农业本身也能集中地使用有限的资源以增加产出,以生产更多的农业剩余。这是我国农业合作社制度变迁路径选择的体现之一。可以说,农业生产高级社就是这一系列要求得到实现的体现。但计划经济本身是一种人为扭曲压低的价格机制,在高级社中,要素的价格被压低——土地无偿公有公用、其他生产资料折价收买,但 3~5 年才付清,且不计利息,劳动力的所有者完全失去了生产控制权并失去了大部分剩余控制权;而且农产品与工业产品之间的价格差持续存在，并在1956—1957年度有明显扩大(表7-6)。

**表7-6 1952—1957国家汲取的农业剩余数量**

| 年 份 | 农民购买工业品多付货币(亿元) | 农民出售农产品少获得的货币(亿元) |
|---|---|---|
| 1952 | 3.49 | 21.07 |
| 1953 | 5.26 | 30.95 |
| 1954 | 6.76 | 36.64 |
| 1955 | 7.00 | 34.82 |
| 1956 | 10.06 | 41.27 |
| 1957 | 6.31 | 43.01 |

资料来源：李微《农业剩余与工业化资本积累》，云南人民出版社1993年版，第302、304页

在这种低于均衡价格的要素和产品价格下，供给不足就成为一种必然现象。由1957年开始的农业中的计划制度，就成为后来农业产出增长缓慢，农民难以解决温饱问题的又一个原因。这再一次说明，要解决公有产权的效率问题，必须寻求一种能降低监督费用的实施机制与之相配套。给予农民一定程度的退出权以增强对组织的监督、依托农业生产和农民的传统以降低交易成本，就是这种实施机制的必备内涵。

当然，我们一点也不抹煞公有产权和队生产在规模经济方面的优势，特别是在这种产权制度保留了农民的部分退出权，即对人均土地5%的自留地的经营权，和零星树木、家禽家畜、小农具、家庭副业工具等部分生产资料的私有权、经营权的情况。由于规模扩大而带来的更多农田水利建设、更大范围的技术创新和经验推广、更多的公共积累(从而可能购买和使用更多的农业机械)以及更大规模的多种经营，1956年相比1955年全国8省176个高级社的生产有了明显增长(表7-7)。

**表7-7 8省176个高级社农副业生产总值的调查**

| 省 别 | 山 西 | 甘 肃 | 新 疆 | 陕 西 | 河 南 | 安 徽 | 湖 北 | 湖 南 |
|---|---|---|---|---|---|---|---|---|
| 调查社数 | 6 | 24 | 5 | 10 | 89 | 19 | 15 | 8 |
| 1956产值比1955增加的% | 17.21 | 38.86 | 32.81 | 28.97 | 17.83 | 18.72 | 18.64 | 17.43 |

资料来源：苏星《我国农业的社会主义道路》第93页

## 第二节 人民公社的起落

### 一、人民公社产生的背景和发展

为了进一步推进工业化的发展战略，为重工业发展提供资金，政府希望进一步加强农民的组织化程度。1958年，毛泽东视察河南和山东农村时发出“人民公社好”的号召，不久又指示说：“办人民公社好。它的好处是，可以把工、农、商、学、兵合在一起，便于领导(见《农业集体化中国重要文件汇编(1958—1981)》(下)，60页)”。毛泽东的指示很快传到了田头地角，于是在

1958 年 8 月召开的北戴河会议上“热烈地讨论了在全国农村中建立人民公社的问题”，9 月 10 日，报刊公布了《关于在农村建立人民公社问题的决议》。《人民日报》同时发表社论，号召各地先把人民公社架子搭起来。这样，人民公社化运动迅速进入高潮。至 9 月底，全国参加农村人民公社的农户达到 1.2 亿户，占农户总数的 90.4%，1 个月基本实现了人民公社化(《农业集体化重要文件汇编(1958—1981)》(下)，第 68～110 页)。人民公社既是社会主义经济在农村中的基层单位，也是政权的基层组织，“政社合一”。人民公社废除了所有的私有财产，公社成为农村全部财产的主人。

有学者将人民公社的发展划分为两个阶段：从人民公社兴起到“三级所有，队为基础”新体制的确立称之为“大公社时期”，而把新体制的建立到公社的最终解体称为“公社时期”(张天乐，1998)。这样的称谓简洁清楚，也得到了后来学者的沿用和认可(贾玮，2008；梅德平，2004；辛逸，2000)。前一阶段是从 1958—1961 年，特征是“一大二公”，实质上就是“一平二调三共产”；后一阶段从 1962—1984 年人民公社解体，特征是“三级所有，队为基础”。在第一阶段中，中央曾试图纠正过公社化运动中的错误，中间因为庐山会议后“左”倾错误的回潮，又经历了试图恢复公社基本所有的反复，至 1962 年初最终确立了三级所有、以生产队为基本核算单位的新体制为止。1962 年 9 月召开的中共八届十中全会上通过的《农业六十条修正草案》重申：“生产队是人民公社中的基本核算单位，它实行独立核算，自负盈亏，直接组织生产，组织收益的分配。这种制度定下来以后，至少 30 年不变(《建国以来重要文献选编》(第 15 册，第 625 页)”。在当时的体制下，这种确认就相当于赋予这一体制以法律的地位。此后不久，在辽、豫、冀、浙、闽、甘、新等省、自治区，一度出现了没收社员自留地、自留畜、搞大队和联队核算等现象。中央又开始回到公有制程度越高，就越能促进生产力发展的思路上来，在后来的农业学大寨运动中，更把这一发展模式贯彻到实际工作中。1977 年 12 月 19 日，中央发出了《关于原则同意〈普及大寨县工作座谈会讨论的若干问题〉的通知》，在《通知》所附的《汇报提纲》中明确指出：“实现基本核算单位由生产队向大队的过渡，是进一步发挥人民公社‘一大二公’的优越性，是前进的方向，是大势所趋。各级党委应当采取积极热情的态度，做过细的工作，因势利导，努力创造条件，逐步向以大队为基本核算单位过渡(《建国以来农业合作化史料汇编》，第 819～820 页)。在中央的鼓动下，全国有近 7.7%的大队实行了大队核算，各省、自治区、直辖市也都开始了向大队核算过渡的试点工作。这股过渡到大队核算之风，直到 20 世纪 70 年代末兴起的农村经营制度的改革才被刹住(辛逸，2000)。

## 二、人民公社时期的经验教训

人民公社经营体制与统购、统销政策配套，由政府直接介入农业经济活动，形成了其基本的运行特点：①单一的公有形式。主要的生产资料所有权方面排斥私人所有的性质。基本耕地和牲畜及农具变为集体所有，严禁土地流转；控制农产品价格上涨，进而保障工业原料的低成本和城市居民的低工资。②各级管理者由政府行政任命，而非由社员大会或社员代表大会选举产生。因此，在实际的经营活动中，他们只对政府负责而不考虑广大农民的利益。③生产经营的自给性质，很少发生市场交易，仅有的商品部分按照给定的计划价格由政府统购统销。因为取消了私有产权，所有的商品经济活动也随之取消。④集中与统一安排劳动力，限制农业劳动力流动，将农民的个体经营变为集体统一经营。所有的农民都被纳入到人民公社当中，限制农业劳动力的流动，并通过严格的户籍管理将农民限制在农村。⑤在分配上，忽视劳动者个体的智能和体能的差异，按照出勤次数以工分制平均分配。

人民公社的组织制度不可避免地导致效率低下。从1957—1978年这20年间，我国的主要农产品粮食、棉花和油料产量的年均增长率分别为2.1%、1.3%和1.0%，年际波动还非常大。与1950—1952年间的13.1%、42.8%和17.8%年均增长率相比，大大下降了。而且，从1957—1978年这20多年间，全国人均占有的主要农产品产量并无明显增加。

人民公社的组织制度的低效率的主要原因可以归结为以下几点：①生产队和农民对于收益的分配缺乏自主权，从而使农民的积极性受到损害。②由于农业生产的分散性以及生产劳动的异质性，使得生产中监督和计量的成本非常高，从而导致在生产中偷懒的行为普遍发生。③人民公社的强制性，社员没有退出的自由，使得社员之间的相互监督变得困难。④由于农民和生产队失去对土地资源和劳动力资源使用权的支配，导致资源的配置缺乏效率。由此可见，人民公社已经很难纳入合作经济组织的框架之中，至多只能算是一种非常特殊的合作经济组织。

人民公社的运动虽然总体上是失败了，但它毕竟不是简单意义上的失败，而是对社会主义公有制经济生产模式的一种有益的探索。给后人以方方面面的启迪，尤其是对于目前建设社会主义新农村，应该坚持循序渐进，逐步推进的原则，按照生产力发展的客观要求和农民的意愿来发展农村经济，因地制宜，量力而行，不盲目浮夸，不搞瞎指挥。

## 第三节　家庭承包经营责任制：中国农业发展的制度平台

### 一、家庭承包经营责任制的发展

农村推行以家庭为主要内容的责任制并不是在1978年以后才有的，早在1956年，正当高级公社如日中天的高潮时期，在四川省江津地区的一些农村，就实行了包产到户。后来在广东中山、江苏江阴、浙江永嘉、湖北宜恩等地也出现过采用“包产到户”责任制的合作社。进入到人民公社时期时，尽管“一大二公、政社合一”的公社制度将公有化不断升级，但农民对包产到户的实践仍未间断。从梅德平(2004)中可以看出，1959年在河南、江苏等地，1961—1962年在安徽、广西等省、自治区，1964年在云南、贵州及西部地区以及1970年又在福建、江西、广东等省先后出现(罗必良，2000)。

家庭承包经营责任制的改革是从安徽省凤阳县开始的。1978年12月，该县小岗生产队18户农民秘密签订包干到户协议，这种形式区别于包产到户的形式，用农民的话说，“包干到户”就是土地承包到户、生产的农产品实行“缴够国家的，留足集体的，剩下都是自己的”。也称为“大包干”。这一首创后来成了全国农村承包制的典范。根据谭秋成的统计，到了1983年和1984年底，全国实行包干到户的生产队已分别达到实行责任制生产队总数的97.8%和99.1%(谭秋成，2001)。

### 二、家庭承包经营责任制的成效与不足

**(一)家庭承包经营责任制的成效**　我国农村1978年发生的土地产权制度变革，实现了从生产队体制向家庭联产承包责任制的有效制度变迁，成为制度变迁效率假说(Davis and

North,1971;North and Thomas,1973)的有力佐证。林毅夫(1994)的实证研究表明,1978—1984年间农作物的产量增加了42.23%,其中大约有一半来自家庭承包责任制改革所带来的生产率的提高。1952—1971年间农业总产值年均增长率为3.1%,粮食产量年均增长率为2.1%,1972—1977年间农业总产值年均增长率下降为2.1%,粮食产量年均增长率为2.4%;而1980—1984年间农业总产值年均增长率猛增至9.4%,粮食产量年均增长率猛增至6.2%。粮食生产的发展是种植业发展最显著的标志,种植业产值年均增长率也由2.4%、1.7%猛增至8.6%(肖利平,2004)。1980—1984这几年正是家庭联产承包责任制在我国的全面推行阶段。可以看出,全面实行家庭联产承包责任制以后,我国农业的发展速度超过了新中国成立以来的任何时期。家庭承包经营责任制的成果不仅在于使农业增长,还有效推动了我国农业发展的市场取向,促进了农业市场的全面发展,主要表现为:①农产品的有效供给大幅增加;②劳动生产率和土地生产率显著提高;③加快了农村的市场化步伐;④实现了有发展的增长(谢群,2005)。

**(二)家庭承包经营责任制的缺陷** 从制度变迁的角度来看,家庭承包经营责任制的实施属于诱致性制度变迁,最后由于高效率而以强制性制度变迁模式被国家予以法律上的肯定。其产生有着其特定的时代背景,作为一项制度创新,它不可能一劳永逸地解决农业生产中的全部问题。随着经济体制的转变,它的弊端逐渐显现了出来:首先,土地权属关系混乱,所有权主体界定不清,内容界定不完整;其次,家庭经营规模过于狭小,小农户无法承受农业现代化所带来的高成本,无法进行规模经营,影响了劳动生产率的提高,以及由于小规模的分散经营,势单力薄,交易方式落后,难于进入市场,也难于保护自身利益;第三,家庭经营的短期行为和农户的自给自足生产严重影响农业产业化的进程;第四,不利于土地的流转和集中,不利于外来资金对土地的投入;最后,容易产生权力寻租,导致农民利益受损。

## 第四节 新型农民合作经济组织的发展

20世纪80年代初,以家庭承包经营为基础的双层经营体制的确立,解放了我国农村生产力,促进了农村经济社会的快速发展。此后,以建立社会主义市场经济体制为取向的改革开放进程,使我国农民作为独立的市场主体直接面对市场经济的挑战。小规模的农户经营如何实现与国内、国际大市场的对接,是亿万农民和广大农村工作者面临的重要课题。然而,以其非凡的创造力,我国农民很快就提供了现实的答案。1980年,几乎与改革开放的进程同步,我国出现了第一个农村专业技术协会。从此,一种崭新的农业经营组织形式——新型农民合作经济组织在我国大地悄然兴起,并以各种不同的形式蓬勃发展起来。这种新型农民合作经济组织,以家庭承包经营和农民自愿为基础,按照“民办、民管、民受益”的原则,组织农民共同从事农产品的生产、加工、贮藏和销售,为农民提供产前、产中和产后的各种服务,对于提高农业的经济效益,增加农民收入,促进农村产业结构调整发挥了积极作用。但与此同时,由于受农民的文化素质、资金实力,以及外部制度环境等因素的制约,农民合作经济组织在发展中也遇到了一些难以克服的障碍,产生了许多问题,影响了其健康发展和作用的充分发挥(全国人大农业与农村委员会课题组,2004)。

## 一、新型农民合作经济组织的发展现状与特点

改革开放以后，特别是家庭责任制实施以后，合作经济组织一直在不断地成长和发展。据有关部门统计，我国农村各种类型的合作经济组织已有百万之众。由于统计口径不一，统计的单位也不同，统计数字的准确性大打折扣。但是农村合作经济组织增长的态势是有目共睹的，它已经成为农村中一支重要的经济力量。农村合作经济组织的发展呈现出以下明显的特点。

**（一）种类较多，但以专业合作为主** 现在的农村合作经济组织种类包括社区性合作经济组织和专业性合作经济组织两大类。社区性合作经济组织主要是土地的股份合作。专业性合作经济组织则包括专业合作社、专业协会、专业技术协会、专业技术研究会等多种形式。由于社区性合作经济组织受到的限制因素更多，发展相对缓慢。专业性合作组织由于适应了农业的地域性、农民的经济条件以及农业分工的要求，就成了主要的合作经济组织形式。

**（二）合作经济组织普遍存在规模小、资金短缺的问题** 规模小表现为社员人数较少，以及资本规模小。较小的规模就影响了合作经济组织提供服务和产品供给的能力，以及抵御风险的能力，制约着农民收入目标的充分实现和组织的稳定性。受较小规模的影响，合作经济组织的服务较为单一，产加销一体化经营受到限制。也有一些合作社把自己的生产和服务延伸到了农业以外的加工销售等环节，但是一体化组织的实力依然较弱。

**（三）合作经济组织的组织机构较为简单** 一般的合作经济组织都是一级基层组织，地区性的合作联盟较为少见，全国性的合作联合会之类的组织至今尚未出现。组织机构发育的迟缓，不仅制约着合作经济组织整体的影响力、竞争能力、服务能力等，还使相关的政策法律迟迟不能出台，合作经济组织的发展也就缺乏应有的助力和应有的制度环境。

**（四）没有全国统一的合作经济组织管理机构** 现在的合作经济组织，按其类型，分别归农业部、全国供销社联社和全国科协等部门和机构管理。多头管理的弊端是政策不统一、还有可能相互扯皮，就很不利于合作组织的发展，尤其不能适应合作经济组织向组织形式交叉多样化甚至综合化、经营一体化等方向发展。这是一个亟待解决的问题。

**（五）没有专门的政策法律进行指导和规范** 从新中国成立到现在，人们一直在呼吁尽快出台合作社法，但千呼万唤之后，还是仅仅出台了《农民专业合作社法》，规范各种合作经济组织的法律体系尚未形成。没有系统的法律来规范，专业类之外的合作社在登记、运作、权利义务、收益分配等方面都极为不便，也诱发了不少难以解决的问题。好在有了专业合作法的制定，有关部门也在进行成立合作社的试验，相关优惠政策也在纷纷出台，一个较好的发展环境正在生成。

**（六）来自官方的干预较多** 在组建的过程中，不少地方的官员处于政绩的需要，对合作经济组织越俎代庖。这就使新兴的合作社中，真正农民自发创建的只占很小的比例。这就给农民利益的实现带来了一定的影响。各级政府应该注意自己的行为方式，使新兴的合作社真正成为农民创收的重要途径。

**（七）合作经济组织出现了一定程度的企业化现象** 这主要表现为集股筹资但是只进行股金分红而不进行利润返还；一人一票的规则因为集股筹资而受到修改，大股东有了比别人更多的权利，甚至多出几十倍，有的地方已经以法律的形式确认了这种权利的不公；一些合作经济组织采用现代企业的委托代理机制，经理人的报酬极高；一些合作经济组织由大户发起为大户控制，人事、收益分配都以大户的意志为转移，有的实质上变成了大户的家族企业。这些现象

形成的原因主要是市场竞争的逼迫所致。相对于企业，合作经济组织是市场中的后来者，对市场化运作远没有企业娴熟，但在法律尚未出台的情况下，只能与企业公平竞争。竞争的劣势迫使合作经济组织采纳了企业的一些规范。但这样一来，势必影响一般社员的利益。如何认识和解决这一问题，也是一件急迫的事。

## 二、农民专业合作社

**(一)农民专业合作社的定义及原则** 农民专业合作社作为合作社运动的一部分，遵循合作社的基本原则，但由于各国历史文化传统和政治经济背景等存在差异，其具体定义也就不尽相同。在我国，根据 2006 年 10 月 31 日通过的《中华人民共和国农民专业合作社法》，我国农民专业合作社的定义为：农民专业合作社是在农村家庭承包经营基础上，同类农产品的生产经营者或者同类农业生产经营服务的提供者、利用者，自愿联合、民主管理的互助性经济组织。农民专业合作社的服务内容是以其成员为主要服务对象，提供农业生产资料的购买，农产品的销售、加工、运输、贮藏以及与农业生产经营有关的技术、信息等服务(《中华人民共和国农民专业合作社法》,2006)。

这个定义，考虑了近年来我国农民专业合作社在农业产业化过程中发展的现实情况，强调以农产品或者农业生产经营服务为纽带，同时借鉴了国际上关于合作社定义和基本原则的论述。具体内容包含以下几个方面：①农民专业合作社主要由享有农村土地承包经营权的农民组成；②农民专业合作社围绕同类农产品的生产或者同类农业生产经营服务而组织起来，实现成员共同的经济目的；③农民专业合作社遵循国际上通行的合作社的定义和基本原则。合作社的定义是人们自愿联合、通过共同所有和民主管理来满足他们共同的经济和社会需求的自治组织。

《中华人民共和国农民专业合作社法》于 2007 年 7 月 1 日实施，该法律明晰了我国农民专业合作社应该践行和遵守的基本原则：一是成员以农民为主体；二是以服务成员为宗旨，谋求个体成员的共同利益；三是入社自愿、退社自由；四是成员地位平等，实行民主管理；五是盈余主要按照成员与农民专业合作社的交易量(额)比例返还。

**(二)农民专业合作社的发展现状及特征**

*1. 农民专业合作社的发展现状* 随着我国农业商品化、专业化进程不断加快，20 世纪 80 年代初期以来，我国农民专业合作经济组织开始产生并稳步发展起来。大致上可以分为 3 个阶段：①20 世纪 80 年代初至 90 年代初，为我国农民专业合作经济组织的萌发阶段。80 年代初，农村一些地区开始推行家庭联产承包责任制，农民获得了经营自主权；在独立发展生产过程中迫切要求农业科学技术。为适应这种要求，农村出现了第一批农民自己组织起来的技术服务组织。1986 年 1 月，国家科委、中国科协联合提出把支持推动合作组织的发展和提高作为农村科普工作的重要内容。1987 年下半年，国务院有关部委组成联合调查组进行调研，并于同年底召开了全国农村专业技术合作组织理论研讨会。此后不久，中国科协编辑出版了《农民的创举》、《农民专业技术合作组织问题探讨》两本书。从此，专业合作组织逐渐走进各级政府的视野，引起各级领导的重视和支持。此阶段合作组织着重于农业生产技术的推广、开发，大多称为“专业技术协会”或“研究会”。②20 世纪 90 年代初至 90 年代后期，是农民专业合作经济组织的起步阶段。在此时期，农产品销售难的问题日益突出，农民对合作的要求日益提高。因此，以从事农产品销售为主的合作经济组织大量兴起。1994 年初，国务院明确农业

部作为指导和扶持农民专业合作组织的行政主管部门。同年农业部完成了《农民专业合作组织示范章程》的起草工作。这一阶段的主要特征是：一是兴办方式多种多样。除能人或专业大户牵头兴办外，还有依托县、乡两级的农技、畜牧、水产、农机等技术推广服务部门组建，同时还有在农业产业化龙头企业与农民发生经济关系的过程中，兴办的农民经济合作组织。二是组织形式相对紧密。大多专业合作经济组织都有章程，社员间的权利、义务进一步明确。三是活动内容逐渐拓宽。加速了我国农民专业合作经济组织发育的进程（李瑞芬，2005）。③从本世纪初开始，是农民合作经济组织的深化阶段。随着农产品对外贸易的发展，特别是面对加入世界贸易组织的挑战，农产品质量安全、农业标准化等问题受到越来越多的关注。合作经济组织成员共同投资，兴建从事农产品加工的经济实体，成为这一时期的突出特点。农民合作经济组织的重要作用已被人们所认识，许多省、自治区、直辖市相继出台了优惠政策，扶持其健康发展。随着农民合作经济组织数量的不断增加，在经营内容、政策优惠等方面遇到的问题也显现出来，人们对出台专门法律，规范农民合作经济组织发展的呼声也日益高涨。从2000—2002年的3年内，先后有200多位全国人大代表提交议案，要求全国人大常委会制定专门法律，赋予农民合作经济组织应有的法律地位（全国人大农业与农村委员会课题组，2004）。

2. 我国农民专业合作社的总体特征

第一，我国农民合作经济组织已有一定程度的发展，但合作经济组织数量相对较少、覆盖面低，规模不大、入社农户占乡村总户数的比例小，表明我国农村专业合作经济组织的发展仍处于初级发展阶段（王景新，2005）。据全国人大常委会于2008年的执法检查报告显示："截止2008年6月底，我国的农民专业合作社有174 216个，但其中依法登记并领取法人营业执照的只占1/3，登记成员771 850户，平均每个合作社13个成员（财经网）。"

第二，我国农村专业合作经济组织在不同地区的发展是不平衡的。

农民合作经济组织在不同地区的分布，从组织数量上看，全国26个省份（不含上海、江西、云南、广西和西藏）共有92 680个农民合作经济组织。其中最多的5个省份依次为山东15 395个、湖南10 438个、陕西9 800个、河南8 473个、湖北6 513个。从每个组织的平均成员数量上看，26个省份平均为124个。平均成员数最多的5个省份为河北392个、北京289个、江苏259个、安徽234个和河南216个。从会员数占乡村总户数的比例看，26个省份的平均比例为5.27%。比例最高的5个省份依次为北京34.92%、陕西13.93%、吉林11.11%、河南9.16%、黑龙江9.10%。从东、中、西部看，组织数、会员数、平均会员数和入会比例的次序相同，都是以中部最多，东部次之，西部最少（表7-8）。

表7-8　我国农民合作经济组织的数量及成员数

| 省份 | 组织数量（个） | 成员数（万个） | 每个组织的平均成员数（个） | 成员数占乡村户数的比例（%） |
|---|---|---|---|---|
| 北京 | 1547 | 44.7 | 289 | 34.92 |
| 天津 | 1438 | 3.6 | 25 | 3.19 |
| 河北 | 2694 | 105.6 | 392 | 7.36 |
| 山西 | 1664 | 30.4 | 183 | 4.86 |
| 内蒙古 | 2642 | 11.3 | 43 | 3.21 |
| 辽宁 | 1900 | 25 | 132 | 3.64 |

续表 7-8

| 省份 | 组织数量(个) | 成员数(万个) | 每个组织的平均成员数(个) | 成员数占乡村户数的比例(%) |
|---|---|---|---|---|
| 吉林 | 3458 | 41.8 | 121 | 11.11 |
| 黑龙江 | 2816 | 43.2 | 53 | 9.10 |
| 江苏 | 5167 | 133.6 | 259 | 8.61 |
| 浙江 | 1969 | 22.8 | 116 | 1.99 |
| 安徽 | 3845 | 90 | 234 | 6.87 |
| 福建 | 995 | 10.3 | 104 | 1.52 |
| 山东 | 15395 | 126 | 82 | 6.20 |
| 河南 | 8473 | 183 | 216 | 9.16 |
| 湖北 | 6513 | 22.9 | 35 | 2.30 |
| 湖南 | 10438 | 49.5 | 47 | 3.39 |
| 广东 | 1426 | 10.5 | 74 | 7.27 |
| 海南 | 348 | 1.37 | 39 | 1.28 |
| 重庆 | 1590 | 25.9 | 163 | 3.61 |
| 四川 | 3623 | 49 | 135 | 2.49 |
| 贵州 | 1079 | 6.9 | 64 | 0.91 |
| 陕西 | 9800 | 97 | 99 | 13.93 |
| 甘肃 | 2607 | 11.31 | 43 | 2.49 |
| 青海 | 128 | 0.3 | 23 | 0.41 |
| 宁夏 | 394 | 4 | 102 | 4.47 |
| 新疆 | 731 | 3.87 | 53 | 1.84 |
| 合计 | 92680 | 1153.85 | 124 | 5.27 |

资料来源：全国人民代表大会农业与农村委员会课题组：《农民合作经济组织法立法专题研究报告》，2004 年 3 月

由此可见，农民合作经济组织在不同地区的发展是不平衡的。西部地区和边远省份发展较慢，在各个省份内，发展也不平衡，河北省石家庄等 6 市的农民合作经济组织为 1 781 个，占全省总数的 80%。而全省有 20%～40%的县在发展农民合作经济组织方面还是空白。农民合作经济组织的发展情况与地区的农业人口数量、农业在区域经济中的重要性，呈现较强的正相关关系。农业产业化水平较高的省份，农民合作经济组织的数量较多。

第三，农村专业经济合作组织的发育与农产品行业的特性有密切关系，一般而言，农产品商品率较高的行业、具有鲜活性难以长期保存而需要及时销售的行业、生产加工等过程中技术资本要求较高的行业等容易产生合作需求。

19 个省份的农民合作经济组织在不同行业的分布情况是种植业的比重最高，为 42.87%。养殖业（包括畜牧业、渔业）的比例为 33.98%。其他产业为 23.15%，这与种植业、养殖业在农业总产值中的比例是正相关的。在粮食、棉花、油料等大宗农产品行业，合作经济组织的数量很少，比例一般在 10%以下，这远低于粮、棉、油等大宗农产品在农业总产值中的比例(2002 年为 24.5% )；而蔬菜、水果行业的组织数占总数的分别比例为 30% ，20%左右，远高于其行业产值在农业总产值中的比例(2002 年分别为 15.4%和 5%)。

由此可见,农民合作经济组织的发育与农产品行业的特性有密切关系。综合起来,较易产生合作需求的行业一是产品商品率较高的行业。二是产品具有鲜活、易损特点,难以长期保存而需要及时销售的行业。三是生产、加工等过程中,技术、资产要求较高的行业。四是交易频率较高的行业,最典型的是奶业。五是市场管制少的行业。如蔬菜、水果等农产品,国家很早就放开其销售和收购渠道,合作组织的数量明显就多,而对于粮食、棉花、油料等大宗农产品,国家一直采取比较严密的宏观调控手段,因此在这些行业的合作组织数量就少。

第四,从组织创建看,领办主体的多元化,农民自己组建的合作经济组织数量不断增大,农民经济合作组织形式多样,发展仍亟待进一步规范。

据有关统计资料显示。农民牵头领办的组织占据了主体地位,17 个省份的平均比例为 46.83%;由涉农部门、乡村干部、村集体经济组织牵头领办的合作经济组织占据了相当大的比例,17 个省份的平均比例为 35.18%;企业牵头领办的占据了一定比例,17 个省份的平均比例为 13.85%。

有关资料显示,较为松散的专业协会仍然是目前农民合作经济组织的主要形式。18 个省的平均比例为 59.74%。这反映出我国农民合作经济组织仍处于发展的初级阶段。从经营内容上看,多数还只局限在提供技术、信息服务方面。即使在经济发达的浙江省,以提供技术、信息服务为主的合作组织比例仍高达 65.24%。这表明,组织结构和组织功能的升级是一个漫长的过程。另一方面,松散的结合是帮助农民提高合作意识的重要方式,大量专业协会的存在,也正是紧密型专业合作社不断发展的前提和基础。

(三)农民专业合作社的内部制度分析

1. 合作社的产权安排分析

(1)关于农民专业合作社的产权理论　一般认为,合作组织的产权涉及①所有权;②决策权;③投售或采购权;④剩余索取权(Kim zeuli, 2004)。

由于合作社原则的采用和特殊的所有权形式,合作组织具有不同于其他类型组织的特殊的产权结构,即合作社的剩余索取权和剩余控制权是特殊的。主要体现在以下几个方面:①“合作企业作为经济组织,其剩余索取权被限定在合作社合约框架下的提供惠顾的代理群体之中(例如,既是惠顾者又是成员),其董事也是从中产生的”(Vitaliano, P. 1983)。因此,成员资格被严格限定在惠顾者成员中,剩余索取权并不能开放地交易。②合作成员对合作组织没有独立所有权,而只拥有其大致相同份额的货币价值的求赎权。所有涉及其个人股份的决定都由整个合作体做出。除了这些股份之外,合作社一般还有一些不分配的公积金,也就是说这部分资本是公有的,服从于集体决策。③合作组织成员可通过诸如更好的价格或服务之类来改善交易,获取剩余。

基于科斯、威廉姆森、巴塞尔、杰森和梅克林等人的产权理论及其观点,Cook(1995)提出了关于合作社进化的基本论点。他提出了传统合作组织中由于剩余索取权和控制权的分离所造成的 5 个“模糊界定的产权”问题。他认为这些不同的产权问题增加了合作组织运行的交易成本;同时,他坚信合作社的出路在于对这些产权问题的纠正和解决。

①搭便车问题(Free Rider Problem)。由于合作社的财产权未曾充分明晰地界定,社员不能负担全部成本或者获得他们创造的全部利润,就出现了搭便车的问题。合作社的搭便车问题以外部和内部等两种形式出现。外部搭便车的问题在成员资格开放的合作社中尤其明显。

典型的例子是一个梨子生产者拒绝加入一个梨子的议价联盟但却从该联盟协商的交易条款中获得收益。内部人搭便车的问题更加复杂，它的出现主要是由于合作社内部的公共产权问题。例如，当新老社员有同样的惠顾权、同样的剩余索取权，并且每单位投资有权获得相同的报酬时，就会出现免费搭车现象。这是由于权利平均分配，加上缺乏一种市场以确定能反映未来潜在收益的现值和增长的剩余索取权的市场价格，因此会产生代际间的矛盾。由于老社员的回报率被稀释，使得他们缺少对合作社投资的积极性。

②短期行为问题(Horizon Problem)。合作社社员出资的有限往往导致合作社达不到最佳的经济规模和运行低效。由于社员从合作社得到的经济回报主要是根据他利用合作社的程度，因此社员支持那些在短期内能取得最大回报的行动，而对合作社的长期发展不感兴趣，行为的短期化会制约合作社的发展。

③投资组合问题(Portfolio Problem)。合作社股份的非交易性还意味着合作社社员不能根据他们的风险偏好及时调整投资比例，这会导致社员按照对自己最有利的风险和收益的权衡来影响和引导合作社的行动。

④控制问题(Control Problem)。由于合作社的股份不能在市场上公开交易，因此合作社股份的价值不能成为衡量合作社经营绩效的尺子，这使合作社的低效运行不易被察觉。同时，合作社的股份分布在广泛的社员当中，每个社员所占的份额都很小，这使他们没有激励去监督合作社的经营管理，这种情况在大的合作社中尤其严重。

⑤影响成本问题(Influence Costs Problem)。合作社的社员既是合作社的所有者，又是合作社的使用者，这种双重身份会给合作社的管理带来特殊的问题，社员会把合作社的决策引向有利于社员个人。为了取得社员的支持，合作社的管理人员必须努力使意见各异的社员能达成一致，这是一项成本高昂的活动。

(2)我国农民专业合作社的产权类型及特征　徐旭初(2005)将我国农民专业合作社的产权类型划分为以下 3 种：比较经典的合作社(A 型)、具有股份化倾向的合作社(B 型)和相对松散的专业协会(C 型)，并对各种产权类型的合作社的特征进行了界定。他指出，A 型合作社是指比较符合合作社主流原则的合作社，是一种管理比较规范、与社员联系比较紧密的合作社形式。A 型合作社的制度特征通常是：①进入自愿，退出自由；②社员一般交纳大致相等的股金；③通常实行一人一票；④主要按照社员惠顾额返还利润，资本报酬有限(通常不高于同期银行活期利率)；⑤股份不可转让或交易；⑥有一定的不可分配的积累基金等。A 型合作社多数在工商管理部门登记为企业法人。

B 型合作社是指股份制与合作制相结合的股份合作社。与 A 型合作社相比，B 型合作社与其说是一种合作化形式的产权安排，倒不如说是一种一体化的产权安排。B 型合作社的制度特征比较复杂，一般而言：①通常由农业企业、基层农技服务部门、基层供销社和比较具有企业家素质的"农村精英"等出资作为股东，再吸收少量的社员股金组建而成；②进出往往有条件限制；③投票方式多样化，以一人一票与一股一票相结合为主，有的就是按股投票；④分配方式以按股分配与按惠顾额返利相结合，按股分配为主，有的只按股分配；⑤股份往往可有限转让；⑥有一定的不可分配的积累基金，但有的也明晰到每人或每股；⑦不少有相关的企业等。B 型合作社基本上在工商管理部门登记为企业法人。

所谓 C 型合作社在中国通常被称为专业协会。它们是我国农村改革开放以来最早出现的在农民自愿基础上建立的专业服务组织，主要开展农业技术推广和技术服务。最初它们并不是真正意义上的合作经济组织，往往并不要求社员或会员入股，但随着其自身实力的不断增强，也逐渐涉及其他产前、产后服务，技术经济合作色彩逐渐浓重。所以，它们实际上也可被当作比较松散的农民专业合作社。多数C型合作社在民政部门登记，注册为社团组织。

2. 合作社的治理结构分析

(1)合作社治理结构问题综述　治理结构是指一些组织性框架，一种契约关系的完整性和可靠性在其中得以决定。具体地说，治理结构是指一组联结并规范经济组织（主要为企业）中所有者、支配者、管理者各相关主体之间相互权利、责任、利益的系统制度安排。它的主要形式是市场和企业，还包括介于二者之间的一些形式。节约交易成本是不同形式的治理结构的共同功能，因此它们之间是可以相互替代的。交易费用的节约就是通过把各种不同性质的交易以一种有区别的方式分配于不同的治理结构而实现的（徐旭初，2005）。合作社作为一种特殊的企业组织形式，其经营宗旨具有社会公平与经济效率的双重性，这种双重性决定了合作社治理结构的独特性。因此，如何通过改善和提高治理水平寻找公平和效率的最佳平衡点，一直是合作社实践面临的一个难题，也是学术界长期以来关注的热点问题。Nilsson(2001)指出，在以下几种条件下，合作社的治理结构问题会变得更加突出：①成员异质性相对较高；②成员对合作社的资本贡献相对较多；③成员业务与合作社业务之间的差异性相对较大；④成员对合作社的参与度和忠诚度相对较低。在我国，学者们也从不同角度探讨了该问题：徐旭初(2005)通过对浙江省农民专业合作社的长期考察，认为农民专业合作社的治理结构是一种基于能力和关系的合作治理结构，并着重探讨了知识、权利、非正式制度与治理结构的关系。黄胜忠，林坚，徐旭初(2008)应用有序概率模型方法，对浙江省168家合作社治理机制及其绩效进行了实证研究，发现农民合作社的绩效与治理机制密切相关，治理良好的合作社的成长能力和盈利能力相对较强，社员的满意度也相对较高；并从理事会规模、管理者薪酬、股权集中度、社员代表大会和监事会的功能定位等方面提出了相应的建议。马彦丽(2006)以浙江省合作社为例，从少数人控制、成员异质性角度探讨了合作社的委托—代理问题，并从培育有效的委托人主体、完善社员代表制度和合作社的财务制度和社员代表制度提出了完善我国农民合作社治理结构的对策。由此可见，代理问题在合作社中是广泛存在的。

(2)我国农民专业合作社经济组织的治理结构类型及特征　从治理结构的视角看，我国农民专业合作经济组织的治理结构分类的基本依据，无疑是控制权的拥有者是谁。因此，我们大致可将我国农民社员专业合作经济组织分为3大类：农民主导型的专业合作经济组织、企业主导型的专业合作经济组织、相关组织主导型的专业合作经济组织（徐旭初，2005）。将农民主导型专业合作经济组织界定为农民在契约安排中占据主导地位的合作组织。应该指出，这里所说的“农民”并非“纯农民”概念，而是指直接从事农业生产经营的个体劳动者，这一大类还可大致细分为农民社员民主控制的合作组织、大户社员控制的合作组织和“新一代合作社”。这一大类合作社通常是比较规范的A型合作社，或具有股份化倾向的B型合作社。这类合作社的社员往往均为股东，同时也是交易者，因而通常根据产权关系进行“二次分配”，既按股份分红，又按惠顾额返利。显然，这类组织相对比较符合合作社原则。所谓企业主导型的合作组织主要指企业在契约安排中占据主导地位的合作组织。这类合作社通过签订合同，以相对稳定的价格或者保护价格，在合作社与社员之间建立起稳定的购销关系。这类合作社一般由产业大户（能人）、农业企业或供销社牵头创办，有较大的专用性物质资产、较强的营销能力和较通畅的销售渠道，规模较大。这些企业与农户的关系与其说是合作社契约关系，不如说近乎一体化

安排。他们通常一股独大，社员不入股或入点“资格股”。通常为B型合作社或C型合作社，不太可能是A型合作社。合作组织往往由企业直接管理，选举一般不起作用。这类合作社往往客观上有“核心社员”与“一般社员”之别，在分配上，与一般社员采取购销契约结算，在股东之间以股份分红为主。应该说这类合作社有着浓重的股份合作制色彩，与其成员的利益关联并不怎么紧密，但比较稳定，在一定程度上做到互惠互利。所谓相关组织主导型的合作组织主要是指由一些涉农的政府组织或准政府组织及其下属机构为主导的合作组织。这些机构通常为供销社、农业部门等下属等的基层供销社、“七站八所”等(这里由基层供销社创建的合作社应该归于企业主导型合作社)。这些合作社通常为B型或C型合作社，A型合作社较少。大多也是由这些机构一股独大，实际控制。在这类合作社中，有相当部分是C型合作社(即专业协会)。这类组织一般自身经济实力较弱，也没有什么经济实体，每年向社员收取一定数量的会费，或主要依靠当地政府或职能部门，或某个农业企业的有限资助。而入会农户只要缴纳会费和遵守章程，就可享受协会提供的服务。这类组织对农户既无太多要求，也无太多责任，更不存在什么分红或返利的问题。目前我国农民专业合作社中这类组织占大多数(各种主导类型的专业合作经济组织的具体案例见徐旭初，2005)。

3. 合作社的利益分配机制分析　总体来说，合作社的利益分配包括三个方面：资本报酬、按惠顾额返还部分盈余以及公共积累部分。既要考虑到资本“有限”报酬，又要按惠顾额分配合作社盈余，调动投资者和生产者的积极性。合作社法规定，按惠顾额返还盈余的总额不得低于可分配盈余的60%，但由于目前合作社无论从产权类型，还是从治理结构中控制权的拥有者角度来看，都呈现出多元化特征，因而，盈余分配也相应多样化。2008年7月，受国家自然科学基金资助(批准号70773132)，我们曾组织调研小组考察过浙江省农民专业合作社的利益分配机制，调查中发现，只有3个合作社需要社员缴纳会费，金额都在100元之内，但92.31%的合作社都需要社员缴纳股金，上限为所有股金的20%，下限1%，合作社每股金额从1～10 000元不等，股金总额在0.2万～360万。在整个股权构成中，社员股最少为40%，最多的100%，其他股份主要有企业股、供销社股、水产技术推广中心、农机服务站股等，这些非社员股多数在20%以下，有个别合作社非社员股份在60%以上。从股权的分布情况来看，46.15%的合作社理事长个人拥有合作社20%的股份，7.69%的合作社理事长拥有股份在20%以上，可以看出，半数以上合作社理事长在股金比例上都有一定的优势。理事成员的股份分布在20%～78%，可见，整个理事会的股金一般都在50%左右，对合作社的资金支持起到了很大作用。调查的39个合作社中，只有5个合作社股金不分红，剩余的合作社股金分红占税后利润的比例从5.5%～80%不等。

我们调查的39个合作社中，资金来源情况如下，从表7-9中可以看出，社员会费与股金是合作社资金来源的一个普遍途径，其次是公积金、公益金和未分配利润，再次是政府扶持的资金，可以看出，政府对合作社发展的支持力度相对较大，是合作社从外界获取资金的首要渠道。调查发现，有6个合作社无二次返利，剩余的合作社采取的返利形式由多到少依次为：按股与按交易额返利相结合、按股返利、按交易额返利，人均返利金额范围为0～6 872元/人。合作社的收益分配方式(表7-10)主要以成本价提供农资和高于市场价格收购农产品，还有合作社允许社员免费使用其商标和技术，增强了社员产品在市场上的竞争力，提高了产品的附加值。调查了解到，加入合作社的农户收入普遍有所提高，各合作社人均增收幅度从1 320～64 000元不等。

**表 7-9 合作社资金来源**

| | ①②③④⑤⑥ | ①②③ | ①③④ | ①②③④ | ①③④⑥ | ①③ | ①④ | ① | ①③⑥ |
|---|---|---|---|---|---|---|---|---|---|
| 频　数 | 6 | 3 | 10 | 9 | 2 | 2 | 3 | 2 | 2 |
| 百分比(%) | 20.69 | 10.34 | 34.48 | 31.03 | 6.90 | 6.90 | 10.34 | 6.90 | 6.90 |

注:①社员会费或者股金　②政府扶持的资金　③每年提取的公积金、公益金　④未分配利润　⑤接受的捐赠　⑥金融机构的借款　⑦其他资金

**表 7-10 合作社收益分配形式**

| | ①②④⑦ | ①②④ | ①②④⑤ | ①② | ①②⑥ | ①②⑦ | ①③④⑤ | ①③⑥⑦ | ①③⑦ | ②③④⑦ | ②④⑦ | ③④⑦ | ③⑤ | ③⑦ | ④ | ⑦ | ①④⑦ |
|---|---|---|---|---|---|---|---|---|---|---|---|---|---|---|---|---|---|
| 频　数 | 8 | 2 | 2 | 2 | 1 | 2 | 1 | 1 | 4 | 1 | 3 | 1 | 2 | 2 | 3 | 2 | 2 |
| 百分比(%) | 20.51 | 5.13 | 5.13 | 5.13 | 2.56 | 5.13 | 2.56 | 2.56 | 10.26 | 2.56 | 7.69 | 2.56 | 5.13 | 5.13 | 7.69 | 5.13 | 5.13 |

注:①向社员以成本价提供农资　②以高于市场的价格收购社员的产品　③按照市场价格交易,然后分配盈余　④免费(或低于市场价格)的技术服务和品牌使用　⑤按股分红　⑥按交易额返利　⑦按股分红与按交易额返利相结合(可多选)

## 三、农村土地股份合作社

股份合作制是股份制与合作制的结合,自从 20 世纪 70 年代发端于我国农村以来,因为它兼顾营利与互助,它是资金联合与劳动联合的有机统一,劳动民主与股份民主相结合,按劳分配与按股分红相统一,能够满足弱势群体联合起来自我发展的需要,已逐渐成为城镇国有小企业和集体企业(乡镇企业、农村合作经济组织)首选的企业组织形式,且效果十分明显。近几年,随着作为农民最重要的生产要素的土地的流转情况越来越多的出现,农民土地权益受到越来越严重的侵害,那么能不能把股份合作制引入到土地经营制度中来呢?在很多地方已经出现了这种以土地为联合基础的农村经济制度——土地股份合作制。

### (一)我国农村的土地股份合作制

1. 土地股份合作制产生的背景　土地股份合作制首先在广东南海出现,随后在上海、北京、苏南、浙江、辽宁等发达地区郊区出现,并有了一定的发展。

20 世纪 90 年代初,南海少数几个村开始尝试用土地股份制的方式,来推行新的农地制度安排。至 1993 年,土地股份制已遍及全市农村。辽宁省葫芦岛市连山区金星镇英守村 2001 年被金星镇列为土地股份合作制的试点村。这个村有 2 个村民小组,543 户,1 611 口人,2 807 亩耕地,有 45%的劳动力从种植业中分流出来从事第二、第三产业或外出打工。该村实行土地股份合作制以来,经过 2 年多的土地流转,已取得了良好的效果。首先,种粮区实现了适度规模经营,区域化种植,出现种田大户 5 户,耕种面积 210 亩,10 亩以上的有 6 户,使土地相对向种田能手集中,提高了土地利用率。第二,形成了南北长 1 500 米、东西宽 450 米的蔬菜大棚区,2 年来共建成蔬菜大棚 260 个,占地面积 1 100 亩,同时发展冷棚 3 座,引进了新的农业项目和先进的管理技术,增加了经济效益,温室大棚每亩可增加收入 15 000 元,村民得到了实惠。与此同时,还开发园林大枣 230 亩,发展了畜牧小区建设,利用原砖场废弃地建设小尾寒羊饲养区 1 座,占地 120 亩,全村统一规划建房 330 间,个人投资 430 万元,养羊 1 800 只(关外

网,2004)。

土地股份合作制的出现表明:在发达地区,急需探索在农用地转为建设用地过程中切实保护农民利益之路,一条既能有效保护农民的土地承包权益,又有利于实现农业适度规模经营、提高土地经营效率之路,进一步完善家庭承包经营制度。而土地股份合作制就是一种能够满足这些条件的一种制度安排。虽然由于各地宏观条件不同,其具体形式亦不同,但它的出现使上述矛盾得到很大程度的解决,进一步促进了农村经济的发展。

2. 土地股份合作制的概念　从我国目前情况看,对于农村股份合作制的区分还比较混乱,而与土地有关的股份合作制就更难以区分,因此需要对本文所涉及到的相关概念进行说明。

土地股份合作制,也有人将其叫做农地股份合作制,即农村土地股份合作制的简称。是指将股份合作制引入到土地经营制度中,在确保农村土地集体所有权不变的前提下,以土地承包权作股,同时也可以资产和资金等入股,变以人划地的集体所有为农户的股份共有,从而促进农村土地流转,发展土地规模经营。其内涵就是承包权股份化、集约化、市场化,从而较好地促进土地所有权、承包权、经营权"三权分离",更有效地优化配置土地资源,提高经济效益,真正使国家、集体、农户三者都找到合理定位和合法利益保障。

产权变革范围有3种情况。一种情况是,把集体经济组织内的所有土地、集体资金和固定资产全部作价折股,成为股份合作企业的资产,这种情况也被称为社区股份合作制。另一种情况是,把集体经济组织范围内所有可利用的土地集中起来,折成股份,由股份合作企业统一规划和经营。第三种情况是,仅仅把农民承包的土地集中起来,折成股份(江忠默,2002)。

需要强调的一点是它虽然主要挂靠在社区(村、村小组或居委会),但并不局限于社区(村、村小组或居委会),它对外可以是开放性的。一般成立相应的合作经济组织,有的叫做土地股份合作社,有的叫做土地股份开发经营公司,有的叫村社股份经济合作社等。它是将农村土地资源转变成土地资本的一种新思路,它既是确定农村土地流转形式的载体,也是农民在土地流转后保护自身利益的一个实体。

**(二)土地股份合作制产生的原因分析**

1. 家庭承包责任制的缺陷是土地股份合作制产生的基础　家庭承包责任制的实施是我国农村改革的一个飞跃,也是我国改革开放的一个重要开端,它极大地促进了我国农村经济的发展。然而,任何事物都有两面性,家庭承包责任制一方面解放了农村生产力,调动了农民的生产积极性,促进了农村经济的恢复和发展。但另一方面,家庭联产承包责任制在经过20年的发展,特别是进入20世纪90年代以后,其缺陷逐渐显露出来。关于家庭责任制的缺陷,在本章已经提到过,这里不再赘述。

2. 政府的有关文件为农村土地股份合作制的产生提供了政策环境　这些文件都是在强调稳定土地承包关系的基础上,鼓励土地使用权的流转和集中的。第一个文件是1984年的一号文件,规定土地承包期15年不变,明确鼓励土地使用权向种田能手集中;第二个是1993年的中央11号文件,提出土地承包期30年不变,更加明确了在承包期内土地的使用权可以在农民自愿基础上依法、有偿流转;第三个是1997年的《关于稳定土地承包关系的通知》,对土地流转做出了若干规定。在2005年的《国务院关于推进社会主义新农村建设的若干意见》中规定"稳定和完善以家庭承包经营为基础、统分结合的双层经营体制,健全在依法、自愿、有偿基础上的土地承包经营权流转机制,有条件的地方可发展多种形式的适度规模经营。"2008年

10月12日通过的《中共中央关于推进农村改革发展若干重大问题的决定》中再次提出："现有土地承包关系要保持稳定并长久不变。按照依法自愿有偿原则，允许农民以转包、出租、互换、转让、股份合作等形式流转土地承包经营权，发展多种形式的适度规模经营"，这些法律文件都明确表示了鼓励土地承包经营权的流转，为土地股份合作制的产生提供了政策支持。

3. *作为集体实物财产的土地不能公平分配客观要求土地股份合作制的产生* 事实上，过去实物形态的分地，是很难做到，甚至可以说根本没有真正做到一碗水端平。因为，实物形态的土地，地田之间差异很大。比如，位置的远近，肥力的高低，平整的程度，灌溉的有无，等等。

实行土地股份合作制，只要规定每亩地为一股，你家承包有几亩地就占几股。于是，价值形态的持股后，就把上述实物形态的差异性一碗水端平了。

这里向大家介绍一下卢立的"分桌椅原理"：

假设我与你共同拥有一张桌子与一把椅子。现在我们打算分家了。于是，我拿桌子，你拿椅子，你吃亏；倒过来，你拿桌子，我拿椅子，我吃亏。这就说明，凡是两人或两人以上，共同拥有不可分割或者虽然可以分割但价值不同的物品时，在实物形态下，是无法公平分配的。

那么，有没有其他办法进行公平分配呢？有。那就是将其转换成价值形态。假设，桌子作价80元，椅子作价40元，合计120元，每人平均60元。如果我拿桌子，你拿椅子，我贴给你20元；倒过来，你拿桌子，我拿椅子，你贴给我20元。当然，也可以全部你拿去，但要给我60元；或者全部我拿走，那么我给你60元。这就说明，在价值形态下，无论该实物具有不可分割性或者价值高低不同，都可以进行公平分配。

如果你感到上述作价不公平，那么就交给市场：将这两件物品卖掉，然后再分钱，每人各得50%。这说明，交由市场作价是确定物品价值的最佳办法，也是真正做到公平的最佳途径。其实，土地股份合作制就是这个"分桌椅原理"在完善土地承包责任制上的具体运用而已。特别是在农业用地转为非农用地过程中，在市场经济发达的地区，土地股份合作制的实施为公平的分配土地及其所属权益提供了可能。

4. *经济发展是农村土地股份合作制发展的外部环境* 农村土地股份合作制最早产生于广东珠江三角洲发达地区，随后也多在上海、江苏、浙江、辽宁等经济较发达地区出现。这些地区宏观经济环境促进了农村城市化的推进和农村非农产业的发展，使得大量农民转移到第二、第三产业，而专门安心种地的农民已很少，因此，使得均田承包的土地经营方式在这类地区表现出比其他地区更多的制度矛盾，这就诱致和推动了农村土地股份合作制的发展。

5. *巨大的土地级差地租是土地股份合作制产生的直接经济因素* 土地股份合作制首先出现在工业比较发达的地区，在这些地区，随着工业化城市化的推进，土地成为越来越重要的生产资料，其价格也随之大幅提高，这样在农用地和非农用地之间就产生了巨大的差额。通过将农用地转为非农用地，就可以获得巨大的土地级差地租，这就引诱相应的行动主体积极行动起来，促进农用地向非农用地转化，而土地股份合作制正是这样一种较好的转化途径。因此，这一巨大的土地级差地租就成为了土地股份合作制产生的直接经济因素，但也预示着土地股份合作制也很可能伴随着这一土地级差地租的消失而消失。

**（三）土地股份合作制的组织、制度特征** 从现实情况来看，土地股份合作制大都建立了相应的组织，有的称为土地股份合作社，有的称为村社股份经济合作社，还有的称为土地资产股份公司等。但从实际发展情况来看，多宜采用合作组织，而不宜采用公司制。因为，在当前农

民比较分散的现实情况下，更应强调合作的重要性，特别是民主自治管理方面，如果单纯的以股份多少来对该组织进行管理决策的话，那么很容易造成整个组织被极少数人所控制的情况，从而很难保证其真正成为农民自己的经济组织，必然导致绝大多数农民的利益受损。下面结合调查案例，从土地产权、委托代理关系、章程原则、分配制度几个方面分析土地股份合作制的组织制度特征。

1. *土地产权* 根据我国现行的农地产权制度，农村土地产权存在多元主体，主体界定模糊，主体交叉现象。《宪法》规定：农村和城市郊区的土地除由法律规定属于国家所有的以外，属于集体所有。《民法通则》规定：集体所有的土地，依照法律属于村农民集体所有，由村农业生产合作社等农业集体经济组织所有。已经属于乡（镇）农民集体经济组织所有的，可以属于乡（镇）农民集体所有。从两法中可以明确看出，农村土地产权主体有国家、乡（镇）农民集体经济组织、村农业生产合作社等农业集体经济组织，没有农民。而《土地管理法》规定：村农民集体所有的土地已经属于两个以上农民集体经济组织所有的，可以属于各该农业集体经济组织的农民集体所有。据此，土地可以属于村民委员会所有，也可以属于村民小组所有，与《宪法》、《民法通则》的规定不完全一致。

这样，在实施家庭联产承包责任制的情况下，从表面上看，集体所有制的农地所有权归农民集体所有，承包经营权归农民家庭所有，但由于农村土地产权主体不明确，在微观上形成农民集体、集体经济组织、村民委员会或乡（镇）政府对同一块土地都可以拥有所有权，这既导致实际操作的困难，也难以保证承包经营权具有明晰的产权内涵。中央和地方政府及其下属机构往往凭借其拥有的部分所有权，为实现城镇化等政策目标，实施近乎强制性的征地计划，而农地承包经营权人在与政府的博弈中又往往处于弱势群体的地位，这就会形成对农民包括承包经营权在内的土地产权的蚕食和侵蚀。土地集体所有成了村委会所有、乡镇政府所有、县市政府所有和国家所有，而惟独本村农民不能所有。

随着土地股份合作制相应经济组织的成立，实现了土地产权从共同共有到按份（实际是按户）共有这一变革，这是对目前农村土地产权模糊的一种改进，通过这种改进，农民清楚地知道了并实现了享有自己的土地权利份额和由其带来的收益，从而保障了农民的土地产权及其收益。

2. *委托代理关系* 经济学上的委托代理关系泛指任何一种涉及非对称信息的交易，交易中有信息优势的一方为代理人，另一方为委托人。土地股份合作制中委托人也就是股东，代理人一般是由股东代表大会选举产生的董事会成员兼任，而董事会成员一般是村委会、村党支部成员。由此看来，代理人身份具有特殊性，他们与社区成员具有的是委托－代理关系，同时又受上级政府部门的任命和领导。他们来自于社区内部，与各自的家庭成员一起生活在社区内，同社区的其他成员联系紧密，容易受到监督。而且由于经济组织的经营成果与他们在职期间的政治声誉和政绩，以及他们在社区中的地位。因此，他们“道德风险”的选择较少，与委托人的目标容易一致。

土地股份合作制一般也都实行股东代表大会、董事会、监事会、股份基金会的管理制度。股东代表大会是股份合作制组织的最高权力机构，但一般都在社区党支部的领导下，多实行一人一票制。股东代表大会选出董事会或理事会作为组织的领导决策机构，董事长原则上都由社区党支部书记兼任，其他成员多由党支部和村委会成员兼任，而且董事会和监事会不设固定办公场所。从这一点来看，地方政府对土地股份合作制这一制度干涉控制的还比较严格，农民实际很难有足够的自主选择权。董事会或理事会可聘请有管理能力的人员参加组织的经营管理工作,但实际上很少实行,基本全是本社区成员,就是有个别聘用社区外人员的情况,也是诸如会计这样专业性较强但位置并不太重要的职位。

监事会是该组织股东代表大会决议执行的监督机构,一般要求董事会成员不得兼任监事会成员。

股份基金会由法人代表、会计和一名董事会成员组成,它依据国家有关法规及本组织的有关规定负责对本组织内的财务进行管理、监督、检查、审核、融资、信贷、预算、决算等事务(图7-1)。

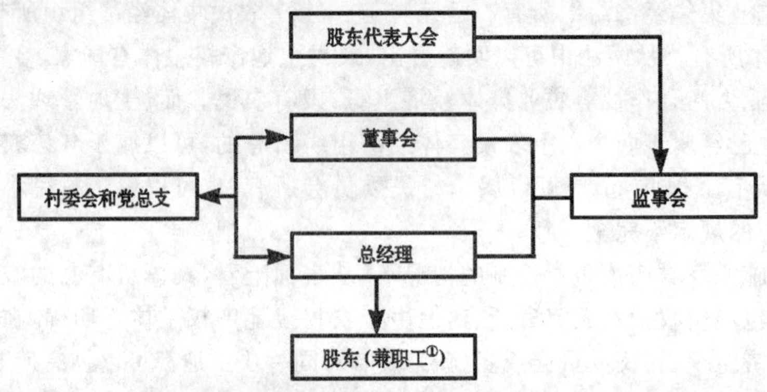


图 7-1 土地股份合作组织的委托代理关系

从上述可知,土地股份合作制具有相对完善的委托代理关系,且形成了稳定的执行程序,已经有了一般组织的基本特征,并将进一步向前发展。然而,也不容忽视的是,组织与党支部、村委会的关系相当复杂,在人员上基本都是一套班子。这虽然有利于各组织的协调合作,但代理人的特殊身份要求他们也要向上级政府部门负责,听从上级的安排,而在土地股份合作制实际实施过程中在很大程度存在上级政府主导其发展的情况,而且多数都是通过代理人,这样,代理人的这种特殊身份不免为土地股份合作制相应组织发展为农民真正的自治组织埋下了最大的隐患。

另外,从调查情况看,土地股份合作制基本没有专门设置独立的组织,而是完全由村委会的组织体系兼任,甚至多数兼任的根本也没有。这一点从反面证明,土地股份合作制的发展还很不规范,土地股份合作制的组织实质上不仅是依附的,更是空置的,这就很难保证其能够独立有效的运行下去,而没有组织这一实体的制度则是很难健康发展下去的,更不要说长寿了。如何建立独立运营的专门组织,这是目前土地股份合作制急需解决的问题。

3. *章程原则* 从所调查情况看,土地股份合作制的实施中大多都制定了章程原则,而且大都比较正规,不仅内容比较全面,而且对很多关键问题也多做了较深入详细的规定,具有较强的可操作性,必将对土地股份合作制的发展起到很大的促进作用。可以说,章程原则为土地股份合作制的发展提供了正规的书面保障,有了标准,有了书面的实施机制,这要比随便口头一说的东西正规得多,也更有法律效力,这在口头许诺比较盛行的农村应是一个很大的进步。当然,其内容上也不可避免地会漏掉一些方面,但其积极性仍然是主要的;而且,随着土地股份

① 兼职工是针对于社区有集体企业来说的

合作制的发展和新的问题的出现，章程原则也必将得到进一步的改进和完善。

但从章程原则的制定过程来看，情况就不那么乐观了，因为章程原则多数不是参加土地股份合作制的农民成员制定的，而一般是由地方政府有关部门（区县农业部门、乡镇经管站等）提供样本，指导农民来制定；而且，可供改动的地方很少，权力很有限。在实际运行中，农民更是很少主动要求改动什么，而是基本完全照搬照抄。从这一点也能看出，土地股份合作制走向独立的路还有很长，且道路很崎岖。

4. 分配制度　分配制度是各种制度的一个核心问题，因为它关系着制度相关主体各方的切身利益。土地股份合作制的分配制度的重要性就可想而知了，因为它面对的利益主体是农民，而农村工作的复杂性无疑加剧了利益分配的矛盾，延滞着分配制度的产生。

现实情况基本如此。在土地股份合作制实施过程中，利益分配的中心是股权人的资格确认问题。一般都在章程原则中都以较大的篇幅比较严格的规定了股权人（社区成员）的资格确认问题。历史上我国土地制度的不断变革和农村人口的频繁变动加剧了这一问题的复杂性。不同年代的农民认为的集体概念是不同的，所以土地的所有者是不同的，从而股权是不同的。为了平衡社区内成员在社区居住年限的不同，多数地方量化了股份，即每股多少元，具体数值的多少一般根据土地的地理位置等综合情况由社区成员商定；同时，还设置了资金来弥补年限的现金股，供居住年限较少的社区成员购买。具体执行情况有所不同，有的可以在组织内部继承、转让或赠与，但多不能撤资。从实际情况来看，股权人的资格确认标准多以事实和法律为准，也就是"事实成员"可视为社区成员，但"法律成员而非事实成员"的只能有条件的视为社区成员。而且，确认标准也体现了对法律的遵守，比如，义务兵视为社区成员；服刑人员服刑期间不享受分红，服刑期满仍回原社区的视为社区成员。

在确定完股权人的资格后，利润分配就有了执行的"法律"基础，相对来说，矛盾就少了很多。分红资金一般都是当年的该组织所进行的生产经营及资产、资金经营净利润，即总收入减去总支出，支出主要是指用于本社区福利方面的费用，如公路、体育设施、水电等，由于实施土地股份合作制的地区多数经济比较发达，所以一般福利都比较好，用于这方面的费用也比较高。各地用于分红具体比例一般为当年净利润的60%～70%，各地有所不同，其他30%～40%的利润主要用于提取公积金、公益金、扩大再生产。而且，分红是土地股份合作制存在的决定因素，且社区成员对分红的要求是越来越高，而有的社区在开始还能分红，但后来就出现减少，甚至无红可分。因此，保持稳定的分红收益，这将是维持土地股份合作制存在的前提条件，而这不仅要求土地股份合作制有良好的经营效益，也要求其有有效率的分配制度。

从分配形式上看，主要有两种：一是按盈利分红、收益不保底；二是既给保底收益、又给盈利分红。对比两种形式，我的理解是，这是两个不同阶段的分配形式，第二种分配形式是在实施土地股份合作制初期的分配形式，在初期，社区成员不愿失去土地的基本生活保障功能，所以更多的关注稳定性；而第一种分配形式是在土地股份合作制实施到一定程度后的分配形式，此时，社区成员已经有了其他的生活保障，更多的关注收益的多少，比较愿意接受"高收益，高风险"的分配形式。

## 四、农村供销社

**（一）供销社的产生及发展历程**　在抗战时期，共产党领导的革命根据地和解放区就建立有供销合作社的前身——消费合作社。1949 年 1 月 26 日，华北供销合作委员会制定了供销合作社的工作方针和具体办法，从而揭开了我国供销合作社发展的崭新一页。1950 年国家成立了中华全国合作社联合总社，1954 年改名为中华全国供销合作总社。同年 7 月，中华全国合作社第一次代表大会召开，确定了供销合作社新的历史任务。1958 年，农村基层供销合作社的资金管理权、商品管理权、经营管理权、人事管理权全部交给人民公社，由集体所有制转变为全民所有制，由民办变成了官办，实行两放（下放人员、下放资财）、三统（统一政策、统一计划、统一流动资金管理）和一包（包财政任务）。同年，以"大购大销"运动为主要标志的商业工作大跃进则更进一步破坏了供销合作社的正常经营活动。1962 年，供销合作社在组织上被恢复，民办性质得到了肯定，开展了"三清"（清理资金、清理商品和清理账目）工作，大力改善经营管理，积极开展自营业务。1966 年以后，供销合作社又被批判，整体上处于混乱状态（赵凯，2003）。总之，在改革开放之前，中国供销合作社作为一种独特的经济主体和一种特殊的制度安排，是计划经济的重要组成部分，供销社遍布农村，垄断农产品、农业生产资料和农村生活用品经营 30 余年，成为政府控制农业、农村和农民的重要工具之一，在当时中国农业与农村社会经济生活中扮演过极为重要的角色。

改革开放以后，随着我国市场化进程的迅猛发展和农业与农村经济格局发生巨大变化，供销社在体制上、机制上和业务上日益面临严峻挑战，传统职能日渐弱化，传统优势逐步丧失，在农业与农村经济发展中呈现出明显的式微趋势。然而，一直以来，中央政府并未完全放弃这种制度安排（如让中华全国供销合作总社在国际合作社联盟中代表中国的合作经济组织），并不时推动其体制改革，以图在解决中国"三农"问题方面起到一定的作用。1982 年，中共中央批转的《全国农村工作会议纪要》（中发[1982]1 号）指出："要恢复和加强供销社组织上的群众性、管理上的民主性和经营上的灵活性，使它在组织农村经济生活中发挥更大的作用。"强化农村供销合作社恢复"三性"，目的是加强农民与供销社的关系。1983 年在《当前农村经济政策的若干问题》（中发[1983]11 号）的指导思想下，供销社进行了新中国成立以来的第一次全国性的清股分红。至 1983 年底，95％的基层供销合作社召开了社员代表大会，80％的县级供销合作社召开了社员代表大会，民主选举了领导班子，初步建立了民主管理制度，开展了灵活多样的购销业务。1984 年，国发[1984]96 号文件再一次明确供销合作社要变为民服务，变"官办"为"民办"。同时要求供销社要建立灵活多变的经营机制，以适应日趋激烈的市场竞争。从 1984 年 1 月 1 日起，供销合作社实行独立核算、自负盈亏，向国家缴纳所得税制度，真正成为参与市场竞争的经济实体。1985 年底，供销合作社适时地提出了"六个发展"：一是发展为商品生产的系列化服务；二是发展横向经济联合；三是发展农副产品加工工业；四是发展多种经营方式；五是发展农村商业网点；六是发展教育和科技事业。从 1988 年起，供销合作社的改革和发展都是围绕完善商品生产服务体系，把供销合作社办成农村综合服务中心来进行。1995 年 2 月，中共中央、国务院下发了《关于深化供销合作社改革的决定》指出了改革的方向和总体思路："……以基层社建设为重点，采取切实有力的改革措施，使供销合作社真正体现农民合作经济组织的性质，真正实现为农业、农村和农民提供综合服务的宗旨，真正成为加强党和政府与农民密切联系的桥梁和纽带"。1996 年全国供销合作总社印发了《基层供销社真正办成农民合作经济组织的基本要求》。同时，近年来全国供销社系统自身也在积极推进"四项改造"（即专业合作社、基层供销社、村级综合服务社、农村经营连锁化），积极寻求体制创新的有效途径（徐旭初，黄祖辉，2006；赵继新，2003；赵凯，2003）。

纵观我国供销社改革的历程可以发现以下两个特点：一是历次改革都是自上而下进行的，

而不是供销社内部的自发需要；二是改革的方向始终是沿着“官办”向“民办”的方向展开，恢复供销社的合作属性，虽然改革在某种程度上取得了一定的成效，但仍然没有脱离“官办”的性质。

**(二)供销社改革的成效得失** 20世纪90年代，是供销合作社最困难的时候，连续8年亏损，亏损最多的年份是1998年，亏损额为150亿元。经过全体成员的努力，2000年一举扭亏为盈，全系统汇总盈利13亿多元，其后盈利逐年增加，2003年全系统实现全年销售总额为4 860亿元，同比增长8.2%，汇总实现利润42.3亿元，同比增长47.5%。2004年实现销售总额5 456亿元，同比增长12.26%，实现利润50.5亿元，全系统所有者权益727.3亿元，增加194.2亿元，增长31%，主营业务的市场竞争力也均有所增加，应该说全国供销合作系统已经基本解决了吃饭问题(孔祥毅，2004)。

同时，各地围绕总社提出的“四项改造”展开工作，以转换管理体制，搞活内部机制为目标，在推进产权制度改革的同时，用现代流通方式改造传统经营网络，农资和日用品的连锁经营发展迅速，探索建立合作经济组织联合机构，为各类合作经济组织的发展提供了平台。目前，全系统已建立各类行业协会869个，其中国家级协会9个，省级协会30个，发挥了行业组织、指导、协调、服务、监督等作用，拓展了联合社职能。基层改革也取得重大进展，2003年，实现利润8 708万元，是上年的90倍，为进一步实现体制创新奠定了基础(魏艳，2005)。经过近年来的体制机制创新，基层社经济实力和服务功能不断增强。截止2005年底，基层社实现商品购销总额2 617.3亿元，消费品零售额603.7亿元，实现利润2.2亿元。兴办各类专业合作社1.9万多个，带动社员近500万户，实现助农增收157亿元。体制创新取得显著进展。各级供销合作社采取多种形式改造基层社，走出了一条改造与新建并举，加快基层社建设的路子(《人民日报》，2006年5月25日)。据数据显示，截止到2004年底，我国供销社系统以中华全国供销合作总社为核心，有省级供销合作社联合社31个，地市级供销合作社联合社337个，县级供销合作社联合社2 365个，基层供销合作社2.6万个。有社员1.8亿户，职工430万，54 035个独立核算企业，经营网点50多万个(《南方周末》，2004)。

然而，在看到供销社的庞大组织规模和改革发展成绩的同时，我们还应该清醒认识到目前供销社在改革发展进程中还存在着不少问题，徐旭初，黄祖辉(2006)指出：①目前供销社全系统虽已扭亏为盈，但经营绩效仍不理想。毋庸讳言，虽然自2000年以来供销社全系统已开始盈利，但亏损面仍然较大，发展很不平衡，扭亏为盈任务依然沉重。在全国31个省(自治区、直辖市)社中，上海、浙江、山东的盈利占整个系统盈利的67%。②组织定位模糊，各相关主体思想纷杂。一方面，部分地方政府(主要是一些市、县政府)对于供销社的组织性质和功能定位认识混乱。从根本上说，这与我国目前对供销社缺少明确的组织定位及相关制度安排有关。另一方面，一些联社、基层社以及部分职工对供销合作事业以及发展农村专业合作组织认识不深、信心不足，或只想着如何“进财政”、“吃皇粮”，而不思供销社的改革和发展等。③组织功能萎缩，亟待开拓新的作用空间。目前迅速的市场化进程和滞后的政府体制改革，使得供销社系统的作用空间日渐缩小，组织功能日趋萎缩。④组织基础涣散，组织体系受到严重削弱。供销社近年来改革发展的实践来看，基层社的建设和改造环节薄弱。其数量锐减，为农服务功能萎缩，重组改造步伐缓慢，整体状况不容乐观。⑤产权制度积重难返，成为供销社深化改革的“瓶颈”。产权制度问题是供销社改革发展中最为深层、最为本质、最为关键的问题，既无法回避，解决也有相当的难度。可以认为，供销社诸多问题的深层原因在于其产权制度的复杂性和独特性。

# 第五节 农业产业化经营

## 一、农业产业化经营的背景及意义

**(一)农业产业化产生的背景** 我国农业产业化是农业自身发展和外界环境的客观要求，这些条件具体可以概括为:改革开放以来，随着经济体制和运行机制从计划向市场的转变，城乡居民收入水平和生活质量的提高，对农业供给结构和供给质量提出了新的要求。针对这种要求，都在农业结构调整上迈出了较大步伐，果蔬等优势产业开始发展壮大，追求高效与稳定增加粮食生产之间的矛盾。另外，家庭责任制的制度效应不再明显，农民收入趋于缓慢，有些地区甚至停滞，城乡居民的收入差距开始扩大，超过了改革开放之前的差距水平。在这种客观背景下，一些地区开始着力于龙头企业和市场体系的建设。1980 年，山东省诸城市在学习泰国正大集团肉鸡生产经验中得出结论:要发展农村经济，就要改变传统生产经营方式，并于 1984 年建立起贸工农一体化、产供销一条龙的肉鸡生产体系。这一体系建立后，立刻显示出强大的生命力，生产量和出口量以年均 47.3%速度递增。之后，诸城市及时地将这一经验予以推广。20 世纪 80 年代中期，在浙江省也出现了类似一体化经营的农业生产经营模式，特别在国营农场中比较普遍(王建军,2005)。随后国内涌现出一批“公司+农户”的农、工、贸一体化经营典型，农业产业化在全国范围内推广发展。

**(二)农业产业化的意义**

*1. 有利于分散、化解或者防范风险* 传统的农业经营方式，承担风险的主体只有一个即农业生产者，农业产业化经营后农户通过保护价、产销合同等形式，可以化解或者分散市场风险，风险由农工商或产加销三个不同的主体共同承担。其次，农业产业化可以化解风险。农户按合同要求进行生产解决初级农产品“卖难”的问题;同时，经过加工的农产品，弹性加大，价值提高，抗御风险的能力也相应地增强。最后，农业产业化可以防范风险。农业产业化经营实体相对单个农户来说，经济实力雄厚，管理水平较高，获得的信息全面而丰富，有助于防范市场风险、自然风险和决策风险;尤其是紧密型的产业化经营实体，能够防范和消除信用风险。

*2. 有利于促进农业结构的调整与优化* 农业结构调整能否取得成功，与农业的经营方式有很大关系。千家万户面对市场，如果缺乏有效的组织提供各类服务，结构调整很难取得成功。因此，农业产业产销一体化经营应该说是农业结构调整顺利进行的有效方式。随着农业产业化经营的发展，农村各产业的分工日益深化，专业化水平不断提高，将带动农产品加工业、建筑业、运输业、服务业等产业进一步发展，农村产业结构因而得到相应调整和优化。

*3. 可以壮大农业经营主体实力，为农业经营主体进入市场竞争创造条件* 国际国内农产品市场的竞争，要求农业规模化发展，有规模才有低成本，才有市场，从而也才能有效益，有了效益也就有了竞争实力。农业产业化可以把农民组织起来，去调查研究市场，捕捉市场信息，并根据市场情况引导组织农民把分散的农户生产联结为农产品基地生产，然后统一收购、加工和包装，打入国内外市场，既获得好的效益，又带动农民增收。

*4. 可以促进农村城镇化，逐步缩小城乡差别* 缩小城乡差距，建设新农村，从根本上说还得立足农业，靠农民、农村自身的努力。农业产业化可以带动加工业、运输业、服务业、建筑

业等产业向小城镇合理聚集，逐步形成多种类型的产业，强化小城镇发展的经济基础。实行产业化经营还可以降低农民一家一户的经济自给程度，提高农民的收入，促进人口的集中和交通运输的改善，推动需求标准化程度的提高和社会财富的积聚，培育农村对服务业（如教育、卫生、群众娱乐等）的需求，从而为城镇建设和发展提供必要条件。

**（三）相关概念界定**

1. 农业产业化概念界定　关于农业产业化的内涵和实质，发表于1995年12月11日的《人民日报》社论《论农业产业化》一文中："农业产业化是以国内外市场为导向，以提高经济效益为中心，对当地农业支柱产业和主导产品，实行区域化布局、专业化生产、一体化经营、社会化服务、企业化管理，把产供销、贸工农、经科教紧密结合起来，形成一条龙的经营体制"。实际上是按照社会主义市场经济体制的要求，"改造传统的自给半自给的农业和农村经济，使之和市场接轨，在家庭经营的基础上，逐步实现农业生产的专业化、商品化和社会化。"目前，学术界对农业产业化的含义仍然有各种各样的阐述，陈晓华、张宏宇(2005)认为农业产业化经营是指以国内外市场为导向，以农民家庭承包经营为基础，以提高经济效益为中心，以科技进步为手段，以各类企业、合作经济组织为龙头，以市场牵龙头、龙头带农户的形式，实行农业专业化生产、区域化布局、企业化管理、社会化服务，形成生产、加工、销售有机结合、相互促进的组织形式和经营机制。而牛若峰(1997)则从"农业产业一体化经营"的角度对农业产业化进行了阐述，认为农业产业化是农业由传统生产部门转变为现代产业的历史过程，是适合中国国情的市场农业的基本经营方式。如果把农业产业链条看作是"形体"的联结，把多元参与者主体共同利益的联合看作是"实质"的联结，那么农业产业化就是"形体"联结和"实质"联结的统一。从农业产业化含义的界定和阐述中可以看出，人们对其本质认识基本上是一致的，概括起来有以下几个方面：一是农业产业化是以市场为导向的，以提高经济效益和农民收入为目的。二是农业产业化实行种养加产供销、内外贸、农科教一体化经营，变部门利益分割为多部门利益合一。三是农业产业化是农业产业链的延长。最后，农业产业化以区域化为布局，进行社会化的服务。

2. 农业产业化组织概念界定　农业产业化组织是一个多元参与者自愿结成的利益联合体，多元参与主体包括公司企业、合作社、农户等，他们之间必然存在着建立在组织共同目标之下的相互依存、互助互利的经济关系，而不是超经济的行政管理关系或相互隶属关系。农业产业化组织也可以理解为政府职能部门、农业相关企业、农户等为实现农业生产的规模效益和经济效益在农产品的生产、供应与销售等活动中以平等、自愿、互惠互利的原则而相互结合在一起的形式（孙晓霞，2008）。

## 二、农业产业化经营发展现状

**（一）农业产业化组织模式多样化**　美国著名的经济史专家、诺贝尔经济学奖获得者道格拉斯·诺思认为，有效率的经济组织是经济增长的关键。随着商品化、市场化的发展，经济组织在政治、社会、文化生活中的作用和影响不断扩大。经济发展实践表明，经济组织的不断创新是经济社会不断发展的内在动力，也是经济社会发展的重要内容之一。所以经济组织的发育和创新，成为带有全局性的根本任务（孙晓霞，2008）。目前我国随着农业产业化经营的发展，农业产业化组织也呈现出多样化。据统计，截至2005年底，我国各类农业产业化组织总数达到135 725个。其中，龙头企业带动型61 268个，占45.1%；中介组织带动型62 914个，占46.4%；专业市场带动型11 543个，占8.5%。农业产业化组织共带动农户8 726万户，占全国农户总数的35.2%(《2006—2008年中国农业产业化行业调查及发展趋势研究报告》,2007)。由此也可以发现,我国的农业产业化组织模式也是以龙头企业带动型、专业市场带动型和中介组织带动型为主。

1. 龙头企业带动型　这种类型是指将从事农业生产的农户与从事农产品流通和加工的企业结合起来,以市场为导向,通过股份合作、合同契约等利益联结机制,形成种养加、农工商一体化的产业链和一定程度的“风险共担、利益共享”的利益共同体(图7-2)。这种模式在我国出现较早,在种植业、养殖业特别是外向型创汇农业中最为流行(陈吉原,1997)。该类型一般以“公司+农户”或者“公司+基地+农户”为基本组织模式,从上面的统计数据中可以看出,这种模式是当前农业产业化中的一种主要形式。

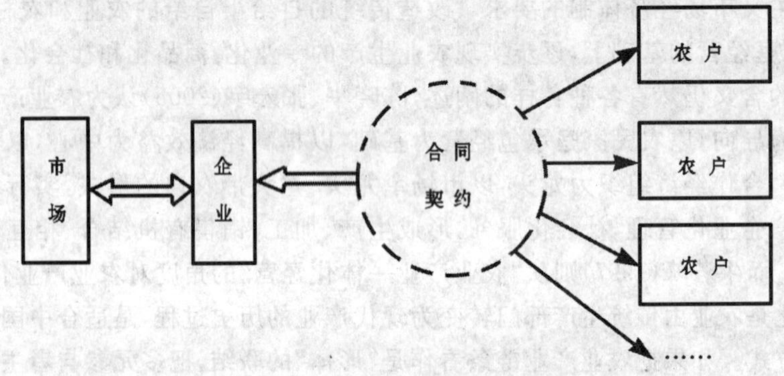


**图7-2　龙头企业带动型模式示意图**

(资料来源:孙晓霞博士学位论文《东北地区农业产业化经营模式研究》,2008,第71页)

在这种类型的组织模式和运行机制下,龙头企业内联千千万万的小农生产、乡村和落后的农业,外联城市、现代工业和国际市场,从而使农产品的生产加工运输和销售等相互衔接、相互促进、协调发展。龙头企业和农户签订供销合同,为了确保原料的数量和品质,龙头企业向农户提供一定的扶持和服务,如提供生产资料和技术指导,按照事先约定的价格和形式向农户收购农产品。农户在享受企业提供服务的同时,履行合同义务,为龙头企业提供初级产品,从而使企业获得稳定的原料来源,农户获得稳定的收入。这种模式尤其适合在市场风险大、技术水平高、分工细、专业化程度高以及资金技术密集型生产领域。企业带动模式也存在一些问题。由于目前缺乏监督制衡机制,企业和农户双方发生利益摩擦时,农民处于弱势地位,影响着产业化经营的发展。

2. 专业市场带动型　专业市场带动型是顺应农业产业化经营的专业化和集中化而产生的,是联结农户和市场的一种具体直接的有效组织模式,一般以“专业市场+农户”形式为基本组织模式。也有学者将“农村经纪人+农户”划分到专业市场带动型中(王亚,2006)。

专业市场带动型是指围绕当地产业优势,通过培育和发展各类农产品市场,特别是农产品专业批发市场,拓宽商品流通渠道,健全完善市场体系,运用市场机制和导向作用,积极参与国内、国际市场竞争,带动一定区域的农业产业化生产,形成产、加、销一条龙的生产经营体系(图7-3)。这种模式主要适用于粮食、小额农副产品销售等买方市场比较明显和水果、花卉、水产等季节性、时效性较强,受市场约束较大的行业,也适用于交通发达、辐射带动作用较大的县(市、区)、镇(孙晓霞,2008)。

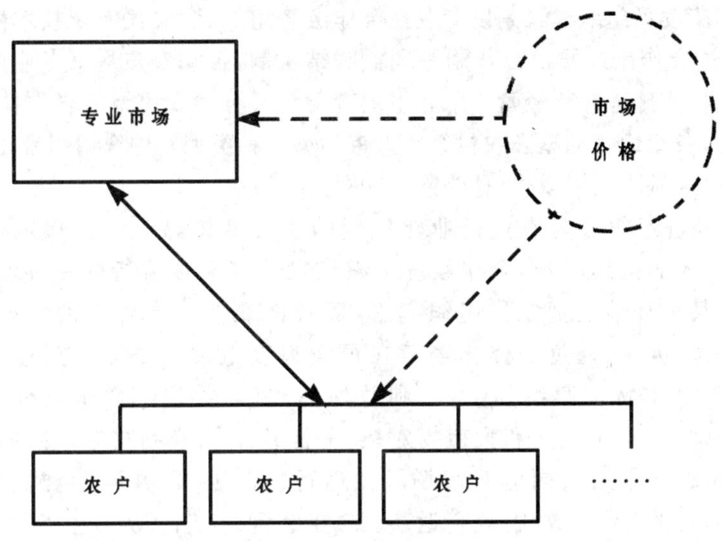


图 7-3 专业市场带动型模式示意图

(资料来源:孙晓霞博士学位论文《东北地区农业产业化经营模式研究》,2008,第 71 页)

这种模式的特点是专业市场与生产基地或农户直接沟通,以合同形式或联合体形式,将农户纳入市场体系,从而做到一个市场带动一个支柱产业,一个支柱产业带动千家万户,形成一个专业化区域经济发展带。这一模式的关键,在于市场龙头的建立以及主导产品的规模化生产,没有有效的市场引导带动,难以起到牵动千家万户的作用。因此,这种模式,一方面市场的建设、规范至关重要;另一方面主导产品的规模化也是一个必不可少的条件,也是形成市场的基础。目前这种模式在"风险共担"和"利益共享"方面尚待发育和完善(雷俊忠,2004)。

3. 中介组织带动型　中介组织带动型组织模式是以专业合作社或专业协会以及股份制合作社为依托,指导农户进行农产品生产,完成生产产品的目标与标准,提供统一的生产加工和销售服务,由组织完成市场规划、产品收购与加工、联系客户和贮运销售的一体化经营(图 7-4)。目前我国各地乡镇村一级建立的合作经济组织在农业产业化组织发展中有较好的发展

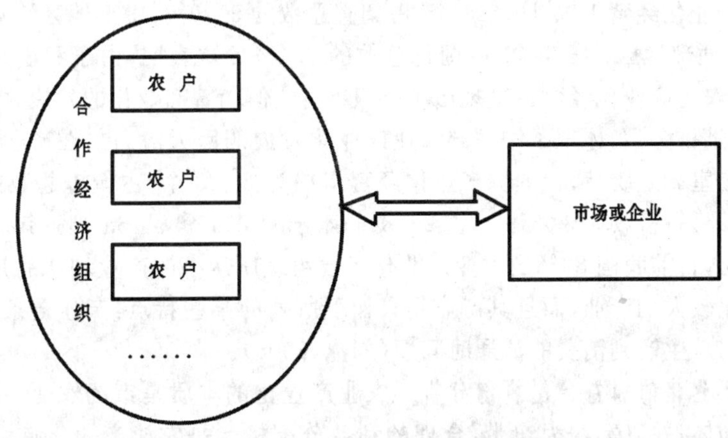


图 7-4 合作经济组织带动型模式图

(资料来源:孙晓霞博士学位论文《东北地区农业产业化经营模式研究》,2008,第 71 页)

趋势。中介组织带动型组织模式是以专业性合作经济组织(含农民专业技术协会)、股份合作社等为中介,通过合作制或股份合作制等利益联结机制,带动农户从事专业生产,将生产、加工、销售有机结合,实施一体化经营。中介组织带动型又分为农民专业合作社带动型、专业协会带动型、科技服务组织带动型和农村经纪人带动型 4 种类型。中介组织带动型一般以"合作经济组织+农户"为基本组织模式(孙晓霞,2008)。

目前,合作经济组织成为农业产业化经营的主要载体,带动农户参与农业产业化经营并获得经济收入的持续增长,合作经济组织是发达国家很流行的一种农业产业化经营形式,它不仅在某一环节上把农民组织起来,而且向农业生产资料的生产供应和农产品加工流通领域大举进军,通过一体化经营在很大程度上加入了非农产业的市场竞争(慕永太,2001)。其基本特征归纳如下:①利益均沾,风险共担。合作组织在坚持民办、民营、民受益的基础上,将小农户和大市场对接,并围绕节约谈判成本、签约成本、履约成本等交易成本和组织成本来共同应对市场。在运行机制上,以共同的利益联结农民入社,对内不以营利为目的,保本微利,盈余返还。②在经营内容上,从事生产资料供应、产品收购、运输、贮存和食品加工等一系列产前、产中、产后的一体化经营;在对外关系上,合作组织代表农户社员的利益,具有营利性,因而提高了农户的收入和交易地位。由此可看出,中介组织带动型不仅可以解决初级农产品的销售问题,还可以通过一定的筹资方式推动合作社自横向经营范围延伸到深加工、品牌营销等农产品利益增加的产业链环节,增加农户的投资渠道和获利途径。③区别于过去政府引导农民走集体化、社会主义道路的一种组织形式。现今的合作经济组织是在市场经济条件下,为了降低承受自然和市场的双重风险,增强在市场中的竞争力量,提高农产品的适度规模生产,获得规模效益,提升农户缔约地位而组织的一种形式。农民可以自由加入和退出,不受任何约束。另外,合作经济组织由农户控制,不带有过去的行政特性。所以,中介组织带动型组织模式是农业产业化中提升农户经济、社会地位的好形式。

**(二)农业产业化的地域和产业发展情况** 我国农业产业化经营由于在开始发展时就存在早和晚、起步高和低、市场大和小的既定条件差异,特别是由于主导产业的形成与经济发达程度相关,因此表现出地域发展水平的不平衡。据农业部产业化办公室调查统计至 2002 年底,东部地区农业产业化经营组织计 6 611 个,占调查总数的 55.9%;中部地区计 4 336 个,占调查总数的 36.7%;西部地区计 877 个,占调查总数的 7.4%。这表明,由于我国东、中、西部经济发展存在差异,农业产业化经营也呈现出了梯级差异,但随着产业化的发展,中西部涌现了双汇、蒙牛等一大批排头兵,体现了中西部农业产业化发展的巨大潜力。在产业发展方面,据农业部产业化办公室调查统计,粮油糖产业化经营组织为 2 483 个,占调查总数的 20.9%;果菜业 3 155 个,占 26%;畜牧业 3 051 个,占 25.8%;水产业 763 个,占 6. 4%;其他为 2 372 个,占 20%。由此可见,目前我国 80%的农业产业化经营组织所从事的产业和产品是市场开放较早和消费结构变化较大的产业,而且其产业具有如下所列的某些特点:产业链条长、产品附加值高、加工程度深,从生产到消费的流通时间短(刘鑫,2005)。

**(三)农业产业化的利益分配机制分析** 农业产业化的本质是市场农业条件下,多元主体结成的利益共同体,并以契约为纽带,合理的利益分配机制是农业产业化持续发展的必然要求。但目前利益分配不平衡,利益摩擦严重等问题并未得到根本解决,以农业产业化组织模式中的"公司+农户"为例,龙头企业(公司)在价格确定上有绝对的发言权,农户处于被动地位,

利益得不到保障。而农业产业化经营作为一种新的制度创新，其生存和发展的关键是建立健全合理的利益分配机制，使不同的利益主体形成利益共同体，实现利益一体化，才可能使农业产业化健康持续地发展（李明刚、涂菲，2007）。当前农业产业实践中的利益分配机制主要有契约型、合作型、股份合作型。根据农业部农业产业化办公室2000年的调查，合同制、合作制、股份合作制机制分别为49%，14%，13%，共计占76%；合同制虽在当前占主导地位，但从长期看，呈下降趋势，合作制和股份合作制所占比例相对较小，但发展较快（唐剑、李小玲，2004）。

1. *契约型* 契约型即合同联结形式，指的是农业产业化经营组织内部各利益主体，通过合同契约形成的利益联结关系。农户根据契约向企业提供产品，企业按约定价格支付农户，根据龙头企业与农户间的利益联结程度分为松散型、半紧密型和紧密型。松散型即公司与农民主要以市场为联系纽带。这一类型的具体表现为市场联结方式；半紧密型是指公司与农民以契约为联系纽带。这种方式包括合同契约和租赁联结方式；紧密型是指公司与农户以产权联系为纽带，也即农户通过参股、合并、收购、重组等方式，农户被内化为公司的有机组成部分（李明刚、涂菲，2007）。这种联结方式的优势在于，农户经营的不确定性因素相对减少，可在一定程度上降低双方的市场风险和市场交易费用。缺点是农户和企业之间由于信息不对称，企业和农户之间的地位不对等等原因，合同流于形式。当市场供求不均衡时，企业和农户为了各自的利益都可能违约，这样就造成企业与农户经常发生利益冲突，两败俱伤，当然企业是问题的主要方面（唐剑、李小玲，2004）。

2. *合作方式* 这种形式是指农民组建并加入合作社（协会等），以整体的方式参与农业产业化经营，依据交易额大小进行利润返还的联结方式。主要有两种方式：一种是合作社集产供销为一体，农民既参与生产经营，又参与民主管理，盈余按社员对合作社的交易量实行返还；另一种是合作社＋公司，合作社与企业签订合同后，合作社按照企业的要求，组织农民进行生产，企业或合作社为农户提供各种服务。盈余按合同规定返还给合作社后，合作社再按照社员对合作社的贡献进行分配。有的地方将这种分配形式称为"二次结算"或"二次分配"（周新群，2004）。这种机制能较好地调动农民的积极性，使农民取得农业平均利润，改变农民单纯提供原料的地位。这种方式不仅使农户获得出售原料收益，还得到加工销售的部分收益。这种形式的不足是组织农民时间长，产业形成规模慢，产品加工程度低。

3. *股份合作方式* 这是将资本联合与劳动联合结合在一起，农民既参加劳动，又集资入股，实行按劳分配和按股分红相结合的方式。在这种分配机制中，农民与龙头企业不仅有严格的经济约束，而且还作为共同的出资方，组成新的企业主体。这种利益分配机制，对于调动农民积极性，促进农业产业化经营，有着明显的作用，股份式利益联合机制有助于从不同利益主体的联合向利益共同体的转变，农民不仅可以获得出售农产品的收入，而且可以参加共同体的重大决策，分享联合体的利润，使得利益机制朝着"风险共担，利益共享"的方向迈进了一大步。但目前这种组织形式数量不多且规模较小。农户持有的股份在联合体中所占比重不够大，在参与决策过程中发挥的作用也较小，因此，如何实现企业和农户双方的地位平等、利益均衡，并在大范围内推广，需要进一步的努力（雷玉明，2006）。

4. *其他利益联结关系* 除了上述3种方式外，在专业市场拉动型和少部分利益联结比较松散的产业化经营组织下，由于市场或者企业与农户没有直接的经济利益关系，形成了比较松散的利益联结关系。即公司根据市场行情和自己加工的需要量，凭借自己的信誉，在市场上随机收购农户生产的农产品，双方不签订合同，自由买卖，价格随行就市。但这种利益联结方式，对于广大农户来说，基本上处于原料提供地位，一方面为了寻找交易对象往往要付出很大的市场交易费用，另一方面还要独立承担市场波动所带来的风险；对于农业龙头企业来说，一方面为了寻找交易对象也要重复付出很大的市场费用，另一方面由于没有稳定的关系，使得收购原料农产品的规格与品质难以统一，不利于保证加工后产品的质量一致性。因此，这种交易方式一般适合于农业龙头企业用于直接销售并且市场价格波动较大的大众农产品，如新鲜蔬菜等。这种市场联结的利益关系，从严格意义上来说，不能算作农业产业化组织模式。近些年来，我国各类农业产业化组织与农户的利益联结机制渐趋完善和多样化（孙晓霞，2008）。在1999年的时候，在各种利益联结方式中，合同、合作和股份合作3种方式所占比例接近100%，其中合同方式占80%，股份合作方式占11%，合作方式占9%。而到了2005年底，在各种利益联结方式中，合同、合作和股份合作3种方式所占比例达到86.5%，其中合同方式占55.3%，合作方式占16%，股份合作方式占15.2%（武文，2006）。

## 三、农业产业化经营的问题及发展前景展望

### （一）农业产业化发展过程中存在的问题

1. 产业化组织不规范，农户组织化程度低　一些农业专业协会等产业化组织不够规范，特别是与入会会员之间的利益关系属于松散型，具有很大的不稳定性。目前我国农产品产业化组织总体上发展不平衡，不少的农民专业合作社和产业化组织没有固定办公地点，更多的是在乡、村驻地挂牌，由于多种原因，人员不能专司其职，往往造成只挂牌，工作难开展的局面，这些组织缺乏必要的指导和培训，经营管理松散、无序，大量散布于农产品的生产、加工、流通、销售等各个产业链条之中，并且多集中在生产领域，多是种养环节上的合作，缺乏配套功能，致使产品标准不同，品质无法规范。这些农民专业合作或产业化组织数量多、规模小、能力弱、功能单一、分工较粗，对农户带动力相对较弱。多数合作组织只是在乡镇范围内的联合，跨省市、跨地区的合作社相对较少。

2. 利益机制不健全　目前，我国各地积极探索农业产业化经营各主体间的利益联结机制和分配机制，形成了多种各具特点有效的利益联结方式，但是，在各种利益联结方式中，农业产业化组织和农户的利益联结机制不规范、不完善，不稳固，组织与农户之间还没能建立起“风险共担、利益共享”的共享机制和风险共担机制以及运作这种机制的保障系统，还没有形成真正意义上的经济利益共同体。具体表现在：①违约现象十分普遍；②利益分配机制不够完善；③生产过程中存在着不协调。以“公司＋农户”这种农业产业化经营组织创新的组织类型为例，以其为分析对象可以发现组织方面存在着典型问题。在公司农户间现实的交易中，却往往存在契约的不完全性的情况，主要表现在双方不签约、签了约但不履行、公司与农户地位不平等3种情况。农户方组织力量薄弱，与公司相比处于劣势地位。不签约或不履约多数情况是对公司有利的，因为双方之间的交易并不是一种完全市场下的交易，交易双方存在交易规模、地位、力量的不平等，在契约型组织中处于劣势的一方（农户）必然受到处于优势一方（公司）的要挟，处于劣势方的经济利益无法得到切实保护。农户则因为经营规模小而分散、资金技术力量薄弱、市场信息缺乏，加之农户缺乏代表自身利益的组织依托而在同公司的契约关系中处于劣势。有时，公司还会采取单方面规定契约条款，农户盲目附和，更使农户备受欺诈和剥削（王建军，2005）。

3. 产业化发展资金匮乏,科技水平低 现代农业是一种资金替代劳动、资金替代土地的农业。这种替代,使农业的发展空间不断扩大,发展的深度和广度不断拓展。但长期以来,农业的资金投入水平偏低,工业无力反哺农业。由于资金短缺严重,使产业化重点建设项目资金不足,不能按期投产,对于抢占市场十分不利,并有可能失去市场;项目建设工期长,占压资金多,难以实现预期投资效益。农业产业化过程中农业园区、生产基地建设、农业龙头企业和中介组织的培育和发展均需要贷款的支持。而在我国,长期以来信贷资金分配向国有大中型企业过度倾斜,农业产业化组织得不到足够的信贷支持。另外,支持产业化发展的科技动力不足。农业是以科学技术为依托的产业,发展农业产业化需要强有力的农业科技进步。首先,从农业科研经费投入上看,1985 年以前我国农业科研经费持续增长,但 1985 年后却徘徊不前,甚至在扣除物价上涨因素后实际呈负增长;从横向比较看,我国农业科研投资占农业总产值的 0.2%左右,低于世界平均 1%的水平(孙晓霞,2008)。

(二)农业产业化发展前景展望 从研究可以看出,农业产业化的中介组织(即农民合作社)无论是数量,还是规模上,都呈现出快速发展的势头,可以说,合作社的发展,是客观现实的需要,已经有不少人明确主张,应该发展合作社主导的农业产业化经营(课题组,2002;浙江大学农业现代化与农村发展研究中心,2003)。笔者认为,农业产业化比较接近农业纵向一体化的含义,这也就是说这些人主张,农业一体化的另一种主体,应该是农民的合作社。还有学者研究发现,农民合作社有利于提高农民的收入,提高农民收入的关键在于合作社的治理原则和服务上的差异(李曼琳,2008)。在国外,合作社长期以来就是农业一体化的主体之一。合作社以这种身份发挥各种影响,也被迫因此进行自我调整甚至改变。速水和拉坦(拉坦,1991,中译本;速水和拉坦,2000,中译本;速水,2003,中译本)利用美日的实践证明,作为弱小农民分割新增收入流的必要手段,只有农民合作社一体化充分发展,并使农民的组织化提高到有政治影响力的程度,技术的创新者、利用者和管理者之间的合作才会达到效率最大;也只有这样,农民的需求才会被接受并得到回应。可以说,他们的研究提供了一个不断强大的一体化合作社,不断主动创造需求的理论解释。可以说,农民合作社的农业一体化,是我国农业发展实践和相关的学术研究形成的共同选择,也是我国农业一体化、乃至整个现代农业发展路径的必然选择。很明显,在破解"三农"问题、新农村建设和发展现代农业的背景下,农民合作社的农业一体化成了一个不容忽视的农业发展路径。

本章分析和介绍了新中国成立以来我国农业经济组织的发展变迁,当中有值得借鉴的宝贵经验,也有教训,其中贯穿的观点之一就是制度变迁要协调演进,强制性变迁由于国家的一厢情愿难免"制度失败",诱致性变迁则易因"学习"、搭便车等机会主义行为而陷入制度供给不足。观点之二就是农村合作经济组织的发展应以实实在在增加农民收入、保障农民利益为本,不能单纯以合作组织创办的数量和速度来衡量当地的产业化发展业绩,避免实践中"鱼龙混杂"、"空壳组织"、"内部人控制"等问题。

## 参考文献

[1] Davis, Lance and Douglas North, 1971, Institutional Change and American Economic Growth, Cambridge University Press.

[2] Kim zeuli, 2004: The Evolution of cooperative Modal. In C. D. Merrentt and N.

walzer(eds.). Cooperatives and Local Development. Sharpe: New York:54.

[3] Michael . L. Cook,1995(77[5]):The Future of U. S. Agricultural Cooperatives. A Neo—Institutional American Journal of Agriculture Economics,1153-1159.

[4] Nilsson, J. 2001(17): Organizational Principles for Cooperative Firms, Scandinavian Journal of Management,329-356.

[5] North,Douglas and Robert Thomas,1973: The Rise of the Western world,Cambridge University Press,Cambridge. 道格拉斯·C.诺思,罗伯·保罗·托马斯. 中译本:《西方世界的兴起》. 华夏出版社,1999.

[6] Vitaliano. P. 1983(65):Cooperative enterprise:An alternative conceptual basis for analyzing a complex institution, American Journal of Agricultural Economies, 1078-1083.

[7] 阿尔钦和登姆塞茨. 生产、信息费用与经济组织. 财产权利与制度变迁.

[8] 陈合营. 农业产业化中的组织模式与制度比较分析. 调查与思考,2005(12).

[9] 陈吉元. 农业产业化,市场经济条件下农业新兴旺发达之路. 中国农村经济,1996(8).

[10] 陈晓华,张宏宇. 推进农业结构调整与建设现代农业. 北京:中国农业出版社,2005:19.

[11] 丁力. 农业产业化的利益机制问题初探. 农业经济问题,1997(9).

[12] 杜吟棠. 农业产业化经营和农民组织创新对农民收入的影响. 中国农村观察,2005(2).

[13] 冯开文. 合作制度变迁与创新研究. 北京:中国农业出版社,2003:168-190.

[14] 关外网. http://www.wjyc.com/odp/detail—%E5%85%B3%E5%A4%96%E7%BD%,2004:91-6886.html.

[15] 侯守礼. 不完备契约及其演进. 中国农村观察,2004(6).

[16] 胡列曲. 中国农村信用合作社改革的绩效与前景分析. 金融与保险,2007(8).

[17] 贾玮. 当代中国农村合作经济组织变迁研究. 西北农林科技大学,2008:13、25.

[18] 高级农业生产合作社示范章程. 汇编:564-579.

[19] 课题组. 论社会主义市场经济条件下农民中介组织的发育和完善. 中国农村经济,2002(3).

[20] 孔祥毅. 山西供销合作经济学会第二届代表大会致辞. 山西供销学会会刊,2004(1).

[21] 拉坦. 中译本:诱致性制度变迁理论//财产权利与制度变迁. 上海三联书店、上海人民出版社,1991.

[22] 雷俊忠. 中国农业产业化经营的理论与实践. 西南财经大学博士学位论文,2004(1).

[23] 雷玉明. 关于龙头企业与农户的利益联结机制的研究——以湖北为例. 华中农业大学博士学位论文,2006:45.

[24] 李曼琳. 农民专业合作社对农户收入影响的研究——基于浙江省仙居县杨梅产业的分析. 浙江大学硕士学位论文,2008:60.

[25] 李明刚,涂菲. 农业产业化利益分配机制探析[A]//林坚,陈志钢,傅新红. 农产

品供应链管理与农业产业化经营:理论与实践[C]. 北京:中国农业出版社. 2007:220.

[26] 李瑞芬. 中国农民专业合作经济组织的实践与发展. 北京:中国农业出版社, 2005.

[27] 林毅夫. 中国的农村改革与农业增长//制度、技术与中国农业发展. 上海三联书店、上海人民出版社,1994.

[28] 林毅夫. 中国的奇迹:发展战略与经济改革. 上海三联书店出版,1995:29.

[29] 刘鑫. 我国农业产业化经营研究. 长春理工大学硕士学位论文,2005:22-23.

[30] 罗必良. 两个农业经济组织的不同命运——农村经济组织制度的实证分析之三. 南方农村,1999(5).

[31] 罗必良. 经济组织的制度逻辑. 太原:山西经济出版社,2000:321-322.

[32] 毛泽东. 毛泽东书信选集. 北京:人民出版社,1983:283-289.

[33] 梅德平. 中国农村微观经济组织变迁研究——1949—1958以湖北省为中心的个案分析. 北京:中国社会科学出版社,2004:60-75.

[34] 慕永太. 合作社理论与实践[M]. 北京:中国农业出版社,2001:261.

[35] 牛若峰. 再论农业产业一体化经营. 农业经济问题,1997(2).

[36] 牛若峰. 农业产业化经营发展的观察和评论. 农业经济问题,2006(3).

[37] 庞贞燕,王桓. 适应性:农村信用社改革问题的再认识. 金融研究,2006(5).

[38] 全国人大农业与农村委员会课题组. 农民合作经济组织法立法专题研究报告, 2004.

[39] 苏星. 我国农业的社会主义道路. 北京:人民出版社,1976:76-94.

[40] 速水. 中译本:发展经济学:从贫困到富裕. 北京:社会科学文献出版社,2003.

[41] 速水和拉坦. 中译本:农业发展的国际分析. 北京:中国社会科学出版社,2000.

[42] 孙晓霞. 东北地区农业产业化组织模式研究. 吉林大学博士学位论文,2008:26-30.

[43] 谭秋成. 集体农业解体和土地所有权重建:中国与中东欧的比较. 中国农村观察, 2001(3).

[44] 唐剑,李小玲. 农业产业化利益机制研究. 调研与思考,2004(11).

[45] 汪丁丁. 制度创新的一般理论. 经济研究,1992(5).

[46] 王建军. 我国农业产业化组织的发展研究. 浙江大学硕士学位论文,2005:28,10-11.

[47] 王景新. 乡村新型合作经济组织崛起. 北京:中国经济出版社,2005.

[48] 王亚,山西省农业产业化发展模式及对策研究. 西北农林科技大学硕士学位论文, 2006:24.

[49] 吴承明,董志凯. 中华人民共和国经济史(1949—1952)(第1卷). 北京:中国财政经济出版社,2001:261.

[50] 武文. 农业产业化发展的状况和特点[R/OL],中国农村研究网,2006:http://www.ahny.gov.cn/frm/Print.aspx? id=219301.

[51] 肖利平. 中国农地制度变革及其绩效分析. 武汉大学硕士学位论文,2004:28.

[52] 辛逸. 关于农村人民公社的分期. 山东师大学报(社会科学版),2000(1).

[53] 徐旭初. 农民专业合作经济组织的制度分析——以浙江省为例. 浙江大学博士学

位论文,2005:129-131.

[54] 徐旭初,黄祖辉. 转型中的供销社:问题、产权与演变趋势. 浙江大学学报(人文社会科学版),2006(3):36.

[55] 亚诺什·科尔内. 短缺经济学(上册). 北京:经济科学出版社,1986:3.

[56] 张天乐. 告别理想——人民公社制度研究. 上海:东方出版中心,1998:6.

[57] 张晓山,等. 联结农户与市场:中国农民中介组织探究. 北京:中国社会科学出版社,2002:222.

[58] 赵继新. 中国农民合作经济组织发展研究. 中国农业大学博士学位论文,2003:62-63.

[59] 赵凯. 中国农业经济合作组织发展研究. 西北农林科技大学博士学位论文,2003:44-45.

[60] 浙江大学农业现代化与农村发展研究中心. 大力发展农民专业合作组织. 农业经济问题,2003(3).

[61] 中共中央文献研究室. 建国以来重要文献选编(第十五册). 北京:中央文献出版社,1997:625.

[62] 国家农业委员会办公厅. 农业集体化重要文件汇编(1958—1981). 北京:中共中央党校出版社,1981:60-110.

[63] 周新群. 中国农业产业化发展问题探讨. 清华大学工商管理硕士学位论文,2004:15.

[64] 1951年上半年生产互助的情况和今后的意见. 中国农报,1951(9).

[65] 2006—2008年中国农业产业化行业调查及发展趋势研究报告. 中国商情网:http://www.askci.com/.

[66] 当代中国农业合作化史编辑室. 建国以来农业合作化史料汇编. 北京:中央党史出版社,1992:819-820.

[67] 论农业产业化. 人民日报,1995.12.11.

[68] 我国供销社基层社改革见成效. 人民日报,2006年5月25日.

[69] 长沙县培塘乡各阶级思想动态调查. 农村工作通讯,1957(9):15.

[70] 中国农村经济统计大全(1949—1986). 农业出版社,1989:146-147.

[71] 中国农业年鉴(1980). 北京:中国农业出版社,1981.

[72] 曾福生,匡远配. 稳定和完善农村土地承包关系问题的探讨. 福建农业大学学报,2000(3).

[73] 谢群. 论家庭责任制的完善. 湖南大学硕士学位论文,2005:20-22.

[74] 王新钢,张思光,张宝悦. 中国农村土地流转的限制因素及对策. 农村经济,2004(11).

[75] 张艳玲. 农民专业合作社发展堪忧. 财经网:2008:http://www.caijing.com.cn/2008-10-29/110024481.html.

(作者:冯开文 中国农业大学教授、农经系主任,张晋华 中国农业大学博士生,

赵保住 北京市门头沟区统计局科长、中国农业大学硕士生)

# 第八章 农业投入体制

我国农业的发展,一靠政策,二靠科学,三靠投入。投入指科技投入、物资投入、资金投入和人才劳力投入。科技投入、人才劳力投入和物资投入也都涉及资金投入。1978 年以前,农业资金投入主要是国家财政支援,农业固定资产投资主要是基本建设投资,资金来源主要是国家预算内投资和国家投资。很少有更新改造投资,很少利用外商投资、城乡集体和个体投资,贷款也只有银行贷款。1978 年以后,尤其是 2003 年以后,我国投资体制进行不断改革,农业固定资产投资不再分为基本建设和更新改造两部分进行安排和管理了。资金来源有国家预算内资金、国家非农业部门投资、城乡集体和个人投资、金融机构贷款和建设单位自筹资金,还有港澳台商投资、外商投资以及以上几种经济的合作合资经营投资等。因此,投资规模大大超过了 1978 年以前。

## 第一节 农业资金的投入

我国的资金投入,主要有:国家财政支出中用于农业的支出,中央财政对“三农”的支持,国家财政对农民生活和农业生产资料的价格支持(补贴),对农林水利的固定资产投资,国家对化肥、农药和农机等的支农工业的建设投资和国家银行和金融机构对农业和乡镇企业的贷款等。

### 一、国家对农业的财政支出

**(一)国家财政支出中用于农业的支出数量** 新中国成立初期,百废待兴。在全国各个方面都需要国家资金支持的情况下,国家财政对农业的支持是重视的。1952 年国家财政农业支出 9.04 亿元,以后逐年增加,1978 年达到 150.66 亿元。改革开放后,尤其是 2003 年以后,增加幅度更大。2003 年 10 月 14 日党的十六届三中全会通过的《中共中央关于完善对社会主义市场体制若干问题的决定》①中指出:“完善农产品市场体系……切实保护种粮农民利益。加大国家对农业的支持保护,增加各级财政对农业和农村的投入。加强粮食综合生产能力建设。”各地贯彻中央《决定》精神,都加大了对农业的投入。2004 年国家财政农业支出达到了 2 337.6亿元。2006 年增加至 3 172.97 亿元,分别是 1952 年和 1978 年的 35 099.2%和 2 106.1%。2007 年估计在 4 400 亿元以上。

1952—2006 年的 55 年,国家财政用于农业支出共计 23 864 亿元,平均每年 433.9 亿元。其中:1952—1978 年为 1 570.2 亿元,平均每年 58.2 亿元;1979—2003 年为 14 333.3 亿元,平均每年 623.19 亿元;2004—2006 年为 7 960.9 亿元,平均每年 2 653.64 亿元,分别为 1952—1978 年和 1979—2003 年平均每年投入的 4 559.5%和 425.8%。

① 注:2003 年 10 月 14 日《中共中央关于完善对社会主义市场体制若干问题的决定》,人民出版社,单行本第 12 页、第 18 页、第 40 页

**（二）国家财政农业支出的主要使用方面** 1952—2006 年国家财政用于农业的支出为 23 864 亿元。主要用于 5 个方面。

第一，支援农业生产和农林牧渔水利气象部门事业费 15 681 亿元，占国家财政支农总数的 65.70%。对于促进农林牧渔水产水利气象事业的发展和农业生产起了很大的作用。

第二，农林牧渔水利气象基本建设支出 6 154 亿元，占国家财政农业支出总数的 25.8%，建设了一大批农林牧渔水利气象项目。对于改善农业生产条件起了很大作用。

第三，农业科技三项费用 172.2 亿元，占国家财政支农支出总额的 0.72%。对于保证农林科技发展发挥了重大作用。

第四，农村救济费 1 180.4 亿元，占国家财政农业支出总额的 4.95%。对于解决灾害和困难人口的困难问题，起到了很大作用。

第五，其他支出（包括 1959—1984 年的城市人口下乡经费，支援农村人民公社支出和增拨农业企业流动资金等）496.1 亿元，占国家财政农业支出总额的 2.08%。

## 二、农林水利固定资产投资

**（一）1953—1980 年的农业固定资产投资** 从 1953 年开始的第一个五年计划，在全国开展了较大规模的以治理淮河为重点的农林水利基本建设，第一个五年计划期间，全国共完成农林水利基本建设投资 41.8 亿元。1953—1980 年的 28 年，全国共完成农林水利基本建设投资额 775.5 亿元。主要是国家投资，有少量自筹资金和国家银行贷款。城乡集体和个体经济对农林水利投资很少。当时农林水利基建投资主要用于水利建设。国家对农林水利的更新改造投资也很少。

**（二）1981—2007 年的农业固定资产投资** 自改革开放以来，尤其是 2003 年以来，我国投资体制进行了改革。固定资产投资的资金来源，除了国家投资的预算内资金和预算外资金外，还有港澳台投资，外商投资，国家非农部门投资，城乡集体和个体投资，以及几种经济的各种形式的合资合作投资，投资规模大大扩大了。从 2004 年开始，固定资产投资进行统一管理，不再分为基本建设投资和更新改造投资进行管理。

1981—2003 年全国农林水利全社会固定资产投资 19 027 亿元，平均每年 761.1 亿元。2004—2007 年为 15 857.86 亿元，平均每年 3 964.47 亿元，为 1981—2003 年平均每年投资额的 920.9%，为 1953—1980 年平均每年基建投资 27.7 亿元的 14 312.2%。

1981—2007 年完成的全社会农林水利固定资产投资 34 885 亿元，其中：

①城镇投资（包括国家和国家控股投资、外商、港澳台投资和城镇集体和个人投资等）16 251亿元，占农林水利全社会固定资产投资的 46.6%。

② 农村固定资产投资（包括农村集体和个人投资）18 634 亿元，占农林水利全社会固定资产投资的 53.4%。

## 三、银行和金融机构农业信贷资金

**（一）1953—1980 年的农业贷款** 国家银行和金融机构对农业贷款都十分重视，农业贷款额总的趋势是增加的。第一个五年计划期间（1953—1957 年）农业贷款净增加 23.5 亿元，第二个五年计划（1958—1962 年）农业贷款净增加 39 亿元。1953—1980 年的 28 年，农业贷款共净增加 224.7 亿元，平均每年净增加 8.03 亿元。

1953—1980 年的农业净增加中，用于农村社队净增 155.6 亿元，占 69.3%；国营农场净增加 8.4 亿元，占 3.7%。农村社队贷款主要用于农业生产费用、生产设备、社队企业、信用社、社员生活口粮贷款等。

**(二)1981—2007 年的农业贷款**　改革开放以来，由于农业生产的发展和乡镇企业的大发展，农村需要较多的发展资金。随着国家经济的较快发展和财力的增强，金融机构的实力大增长，对农村的贷款能力大大增强。1981—2008 年的 28 年，全国金融机构对农村贷款净增加 24 854.1亿元，平均每年净增加 887.6 亿元。其中：1981—2003 年净增加 15 844 亿元，平均每年净增加 688.9 亿元，2004—2008 年净增加 9 010 亿元，平均每年增加 1 802 亿元，是 1981—2003 年平均每年净增额的 261.1%，是 1953—1980 年平均贷款净增加 8.03 亿元的 22 440.9%。在农业贷款净增加 24 854 亿元中，农村贷款净增加 17 453 亿元，占 70.60%，乡镇企业贷款净增加 7 401 亿元，占 29.4%。至 2008 年底，金融机构的农村贷款余额 25 083 亿元，其中农业贷款余额 17 629 亿元，占 70.3%，乡镇企业贷款余额 7 454 亿元，占 29.7%。

## 四、对农业的其他投入

**(一) 国家财政对农业生产资料和农民生活的价格补贴**　从第一个五年计划开始，为了促进农业生产的发展，国家对农业生产购买的化肥、农药、农渔用柴油、农业用电、农膜、小农具等农用物资，进行价格补贴。对农民生活用的物资也进行价格补贴。据不完全统计，1953—2007 年的 55 年，国家财政对农业生产和农民生活的物资共进行价格补贴 7 800 多亿元。

**(二) 中央财政对“三农”的财政支持**　据不完全统计资料，1998—2009 年的 12 年，中央财政支出中用于“三农”支出 35 900 亿元，平均每年 2 990 亿元。其中 2005 年 2 975 亿元，2006 年 3 517 亿元，2007 年 4 319 亿元，2008 年 5 956 亿元，2009 年支出预算 7 161.4 亿元。

**(三) 国家投资发展支农工业**　为了推进我国农业现代化建设和发展农业生产，从第一个五年计划开始，国家就投资建设化肥、农药、农机、农膜、饲料、畜用药品等生产的工业。1953—1990 年的 38 年，这些工业的国家基建投资共达 452.62 亿元。

据不完全资料，1953—1990 年和 2003 年、2006 年、2007 年的支农工业投资共达 2 600 多亿元。1953—2000 年，主要支农工业品建设新增生产能力为化肥 2 429 万 t，化学农药 55.46 万 t，拖拉机 17.45 万台。

综上所述，新中国成立以来至 2007 年，国家通过财政的农业支出，国家财政对农用物资和农民生活的价格补贴、支农工业投资和农业贷款、国家财政和信贷支援农业资金共达 9.286 万亿元。其中：国家财政及利用其他资金 6.778 万亿元，占 73%；农业贷款余额 2.508 万亿元，占 27%。按时间划分，改革开放前的 1953—1978 年的 26 年共 1 983 亿元(包括贷款 132.6 亿元，国家财政及利用其他资金 1 850 亿元)占 2.14%，1979—2007 年共达 90 875 亿元(包括贷款 2.49 万亿元，国家财政及利用其他资金 6.593 万亿元)占 97.86%。以上资金中，扣除了国家财政用于农业支出中的农林水利基本建设支出 6 154 亿元，而中央财政支农资金和国家财政用于农业支出两者可能有重复，因缺少资料重复部分无法扣除，国家支援支农工业投资缺十多年投资资料。

## 第二节 农业投入的作用和效益

新中国成立以来，1952—2007年国家财政及利用各个方面资金及银行金融机构的农业贷款共达9.286万亿元，加上国家对农村文化教育、科技、交通运输和商业流通等方面的投入，以及国家采取的一系列利农惠农和强农方针、政策和措施，这些对于改变农业生产条件，发展农村经济，推进农业现代化，增加农民收入，改善农民物质文化生活及“三农”对国家和社会做出更大的贡献，都起了很大的作用。

### 一、国家综合实力的增强，为农业现代化和农业经济快速发展创造了条件

其一，农业现代化和发展农村经济的原煤、原油、生铁、钢材、水泥、硫酸、纯碱、烧碱、化肥、拖拉机、汽车等工业品的产量大幅度增加，2008年分别比1952年和1978年增长了几十倍至几百倍，供销网点也遍布农村，可以比较充分地满足农村需要。

其二，国家财政收入、外汇储备及外贸进出口总额，2008年比1952年增加100倍至18 000多倍，2008年比1978年增长54倍至11 000多倍，可以为农业现代化和发展农村经济提供资金保障。

其三，全国农业技术人员2008年比1952年增加几十倍，可以充分满足农业现代化和农村经济发展对人才和技术的需求。

### 二、农业基础设施建设有一定发展，为农业现代化奠定了基础

第一，农业机械总动力拥有量由1953年的18.65万千瓦，增加到1978年的11 917万千瓦；2007年达到76 590万千瓦，分别为1952年和1978年的416 702.9%和652.2%。其中大中型拖拉机，2007年拥有206.3万台，分别为1952年的1 307台和1978年的55.74万台的157 842%和370.1%。2007年全国平均每万亩耕地拥有大中型拖拉机11.3台，高于俄罗斯、澳大利亚等国水平。全国机耕面积2007年为107 573万亩（占全国耕地面积的58.7%），分别为1952年和1978年的52 732%和176%。

第二，全国有效灌溉面积，2007年达到84 777万亩（为耕地面积的46.2%），分别为1949年和1978年的355%和125.7%。2007年底全国节水灌溉面积2.5亿多亩。全国旱涝面积62 618.5万亩（占全国耕地面积38.7%），为1978年的186%。2007年全国易涝地治理面积32 128.7万亩，其中除涝标准3～5年一遇的13 812万亩，占除涝面积的43%；除涝标准5～10年一遇的12 554万亩，占39.5%，除涝标准10年一遇以上的5 762万亩，占17.5%。2007年全国水土流失治理面积达到14.98亿亩。全国建成万亩以上灌区3 890处，灌区有效灌溉面积42 510万亩。2007年底全国已建成大中小型水库85 412座，总库容6 345亿$m^3$。其中，大型水库493座，中型水库3 110座，小型水库81 809座。全国的江河湖已建成堤坝28.4万km，保护耕地68 277万亩，保护人口56 487万人。2007年全国农村安全饮水人口增加4 468万人，达到5亿多人。全国建成4万多个水文、水位、雨量、水质、地下水监测站和气象台（站），建设了三北防护林、京津风河源治理工程、长江中上游防护林等10个重点林业工程。

第三，全国主要江河已初步形成了以河道堤防、水库和蓄滞洪区等工程组成的防洪工程体

系，常遇洪水已初步得到了控制。一些洪涝灾害频发的中小河流也得到不同程度的治理。各大江河河口三角洲和湖泊水网地区有了围堤、圩堤和排水系统。东南沿海普遍修建了防御风暴潮的海堤。山丘地区修建了一些防治山地洪水灾害的工程，重要城市结合江河治理，防洪能力有很大提高。①

第四，2008 年全国化肥施用量 5 239 万 t(折纯量)，分别为 1952 年和 1978 年的 67 167%和 592.7%。平均每亩耕地施用化肥 2007 年为 29.2kg，分别为 1952 年和 1978 年的2 920%和487%。2005 年我国平均每亩耕地施用化肥 22.7kg，已超过美国(7.4kg/亩)、德国(14.4kg/亩)、日本(18kg/亩)、英国(19.3kg/亩)、法国(13.5kg/亩)、意大利(10.5kg/亩)、印度(8.6kg/亩)、加拿大(4.1kg/亩)、墨西哥(4.6kg/亩)、俄罗斯(1.1kg/亩)、澳大利亚(3kg/亩)、巴西(9.1kg/亩)、阿根廷(3.3kg/亩)等国的施肥水平。

第五，农村用电量 2008 年 5 509.9 亿 kW・h，分别为 1952 年和 1978 年的 1 101 980%和2 177%，平均每亩耕地用电量，2008 年 301.6kW・h，为 1978 年的 1 774.1%。

第六，1952—2008 年全国共完成造林面积 39.26 亿亩，平均每年 6 905 万亩。其中：1952—1978 年累计造林面积 14.84 亿亩，平均每年 5 495 万亩；1979—2008 年完成 24.52 亿亩，平均每年 8 175 万亩，为 1952—1978 年平均每年 5 495 万亩的 148.8%。

全国森林面积由 20 世纪 40 年代末的 12.38 亿亩，2008 年末达至 26.24 亿亩，森林覆盖率由新中国成立初期的 8.6%，1979 年上升至 12%，2003 年为 16.55%，2008 年再上升至 18.21%。

## 三、促进了农村经济的较快发展②

**(一)农业总产值增长了19倍** 2008 年全国农业总产值为 1949 年的 1 996.8%，年平均增长 5.2%。其中：1979—2008 年，年平均增长 6.1%；1950—1978 年，年平均增长 4.3%。

**(二)主要农产品产量增长较快，有些农产品总产量居世界前列**

1. 主要农产品总量成倍增长

① 粮食总产量 2008 年 52 871 万 t，分别为 1949 年和 1978 年的 467.1%和 175.5%。

②棉花总产量 2008 年 749.2 万 t，分别为 1949 年和 1978 年的 1 685.8%和 345.7%。

③油料作物总产量 2008 年 2 952.8 万 t，分别为 1949 年和 1978 年的 1 151.6%和565.9%。

④糖料作物总产量 2008 年 13 419.6 万 t，分别为 1949 年和 1978 年的 4 736.9%和563.4%。

⑤茶叶总产量 2008 年 125.8 万 t，分别为 1949 年和 1978 年的 2 295.2%和 469.4%。

⑥烟叶总产量 2008 年 283.8 万 t，分别为 1949 年和 1978 年的 6 600%和 228.5%。

⑦水果总产量 2008 年 19 220.2 万 t，为 1978 年的 2 925.5%。

⑧猪牛羊肉总产量 2008 年 5 614 万 t，分别为 1949 年和 1978 年的 1 658.5%和 655.6%。

⑨水产品总产量 2008 年 4 894.9 万 t，分别为 1949 年和 1978 年的 10 877.6%和1 052%。

⑩2008 年奶类和禽蛋总产量分别为 3 781.5 万 t 和 2 701.7 万 t，分别为 1978 年的

---

① 注：朱尔明、赵广和主编，《中国水利发展战略研究》，2002 年，中国水利水电出版社，第 19 页

② 注：引自《中国统计摘要》. 中国统计出版社，2008

513.8%和137.5%。

2. 主要农产品总产量居世界前列

①我国谷物总产量居世界位次,由1978年的第二位,2007年上升为世界第一位。

②肉类总产量居世界位次由1978年的第三位,2007年上升为世界第一位。

③棉花总产量由1978年的第三位,2007年上升为世界第一位。

④花生总产量由1978年的第二位,2007年上升为世界第一位。

⑤油菜籽总产量由1978年的第二位,2007年上升为世界第一位。

⑥甘蔗总产量由1978年的第七位,2007年上升为世界第三位。

⑦茶叶总产量由1978年的第二位,2007年上升为世界第一位。

⑧水果总产量由1978年的第九位,2007年上升为世界第一位。

⑨大豆总产量由1978年的第三位,2007年下降为世界第四位。

**(三)按全国人口平均的主要农产品产量上升** 由于我国主要农产品总产量增长幅度高于全国人口增长幅度,因此人均主要农产品的产量是逐年上升的。而改革开放以后,即1978年以后的增长幅度快于1978年以前。

①粮食人均产量,由1952年288kg、1978年318.5kg,2008年增加至399kg。1979—2008年平均每年增加2.68kg,为1953—1978年平均每年增加1.17kg的229.1%。

②棉花的人均产量,由1952年2.29kg、1978年2.28kg,2008年增加至5.7kg,1979—2008年平均每年增加0.114kg,而1953—1978年为零增长。

③油料作物人均产量,由1952年7.37kg、1978年5.49kg,2008年增加至22.3kg。1979—2008年平均每年增加0.56kg,而1953—1978年为负增长。

④糖料作物人均产量,由1952年6.7kg、1978年24.9kg,2008年增加至37kg。1979—2008年平均每年增加0.403kg,为1953—1978年平均每年增加0.7kg的57.6%。

⑤猪牛羊肉人均产量,由1952年5.95kg、1978年9kg,2008年增加至42.4kg。1979—2008年平均每年增加1.13kg,为1953—1978年平均每年增加0.117kg的965.8%。

⑥水产品人均产量,1952年2.95kg、1978年4.85kg,2008年增加至37kg。1979—2008年平均每年增加10.71kg,为1953—1978年平均每年增加0.07kg的1 468.1%。

⑦油料作物人均产量,1953—1978年是负增长,1979—2008年平均每年增长0.56kg。

**(四)全国主要林产品(除木材)产量增产幅度较大**

①木材产量,为了保持良好生态,在控制木材产量的情况下,1949—2007年59年,全国木材产量达到26.42亿$m^3$,平均每年4 478万$m^3$。其中1979—2007年平均每年生产木材3 728万$m^3$,为1949—1978年平均每年生产木材的71.64%。

②竹材产量,1949—2007年共生产155.4亿根,平均每年26 354万根。其中1979—2007年平均每年生产46 050万根,为1949—1978年平均每年产量的631.2%。

③锯材产量,1949—2007年共生产72 141.8万$m^3$,平均每年1 222.7万$m^3$。其中1979—2007年平均每年生产1 583万$m^3$,为1949—1978年平均每年生产1 208万$m^3$的131%。

④人造板产量,1949—2007年共生产751 410万$m^3$,平均每年871万$m^3$。其中1979—2007年平均每年生产3 742万$m^3$,为1949—1978年平均每年生产18.6万$m^3$的2 011.8%。

⑤松香产量,1949—2007年共生产1 696.6万t,平均每年28.76万t。其中1979—2007年平均每年生产643.84万t,为1949—1978年平均每年生产13.63万t的4 723.7%。

⑥烤胶产量，1949—2007年共生产102.66万t，平均每年1.74万t。其中1979—2007年平均每年生产2.378万t，为1949—1978年平均每年生产1.071万t的223.9%。

⑦紫胶产量，1949—2007年共生产55 569t，平均每年942t。其中1979—2007年平均每年生产1 292t，为1949—1978年平均每年生产606t的213%。

## 四、农民物质和文化生活水平提高[①]

其一，农民人均纯收入，由1954年的64.14元、1978年的133.6元，2008年上升至4 760.6元。1979—2008年平均每年增加154.2元，为1954—1978年平均每年增加2.89元的5 336.7%。

其二，农民人均消费支出，1957年69.93元、1978年116.06元，2008年上升至3 660.68元。1979—2007年平均每年增加118.3元，为1958—1978年平均每年增加2.219元的5 346.3%。恩格尔系数由1978年的67.7%，2008年下降至43.7%。

其三，2008年农民人均粮食消费199.1kg，比1978年的247.8kg下降了48.7kg。2008年农民人均消费食用油6.2kg，猪牛羊肉13.9kg，家禽4.4kg，蛋及其制品5.2kg，食糖1.1kg，都比1978年有较多增加。

其四，2008年农民人均住房面积32.4m$^2$，为1978年的8.1m$^2$的400%。

其五，2008年农民每百户家庭拥有电视机109.1部，其中彩电99.2部，电冰箱30.2台，摩托车52.5辆，洗衣机49.1台，电话机67部，移动电话96.1部，家用计算机5.4台。

其六，平均每百个农业劳动中文盲、半文盲人数由1983年的28.7人，2007年降为6.3人；中小学文化程度者由29.2人降为25.8人，初中文化程度者由18.1人上升至52.9人，高中文化程度以上的人数也在上升。

其七，2007年全国乡镇卫生院39 876个，村卫生站61.386万个，占行政村数的88.7%。每万农业人口乡镇卫生院床位8.5个。2007年平均每万人口有乡村卫生员10.6人。农村新生儿死亡率由1991年的37.9‰降为2007年的12.8‰，婴儿死亡率由58%下降为18.6‰，孕产妇死亡率由1‰降为0.413‰。孕产妇住院分娩率由1980年的36.4%，2007年上升至88.8%，新法接生率由90.3%上升至97.9%。2008年全国2 729个县(市、区)开展了新型农村合作医疗工作，参加人数达到了8.15亿人，参与率91.5%。新型农村合作医疗基金累计支出429亿元，累计受益3.7亿人次。2008年民政部门和农村医疗共救助合作医疗3 716万人次。4 291万农村居民得到了政府的最低生活保障。

其八，新中国成立60年来，全国森林面积增加了13.94亿亩，森林覆盖率由8.6%上升至18.21%，为城乡人民改善了生活和居住环境，为涵养水源、保持水土、改善生态环境及增加林产品产量都起到了良好作用。

## 五、农民对国家和社会的贡献越来越大

**(一)农民向国家交纳的税收增加** 1979—2008年农民向国家交纳农业税11 587亿元，乡镇企业税52 372亿元，两者合计63 959亿元，平均每年2 132亿元，为1952—1978年27年交纳农业税和社队企业税平均每年30.2亿元的7 059.6%。

① 注：引自《中国统计摘要》．中国统计出版社，2008

**(二)农民向国家社会提供的农副产品商品量增加**　农民向国家提供的农副产品产值1952年140.8亿元,1978年557.9亿元,2008年16 570亿元,平均每个农民交售商品农产品产值由1952年的28.2元,1978年增加至70.9元,2008年增加至2 287.3元。

平均每个农民向国家社会交售粮食,1952年79.35kg、1978年62.6kg,2008年增加至422.8kg。2008年分别为1952年和1978年的532.8%和675.4%。

平均每个农民提供商品棉2008年20.7kg,分别为1952年和1978年的940.9%和796.2%。

平均每个农民提供商品水产品4.9kg,分别为1952年和1978年的178%和149%。

2007年平均每个农民提供油料作物17.24kg,2008年提供烟叶3.45kg,蔬菜170.2kg,水果64.9kg,猪肉25.4kg,蛋类12.8kg,牛羊肉5.4kg,蚕茧1.16kg,均比1952年和1978年有所上升。

## 第三节　农业投入的问题和建议

### 一、存在的主要问题

农业投入的成绩和效益都很大,但是也存在一些问题。一是投入不足,对农业投入占全国投入的比重下降;二是各部门对农村的投资比较分散;三是投入效益有下降趋势。

**(一)财政对农业投入比重下降**

1. 国家财政用于农业支出的资金　数量虽然是增加的,但比重下降。

1978年以前,国家财政支出用于农业支出比重总的趋势是有所上升的,所占比重"一五"时期为7.54%,"二五"期间12.76%,"三五"降为9.18%,"四五"上升至10.24%,"五五"上升至13.13%。1978年以后,在9.5%以下徘徊,"六五"期间为8.8%,"七五"为9.08%,"八五"期间为9.32%,"九五"期间为8.66%,"十五"期间为7.48%,2007年为7.85%。1952—1978年为11%,1979—2006年为8.11%。若1979—2006年国家财政支出中用于农业支出的比重保持1952—1978年11%的比例,则国家投入农业的资金可以增加7 880亿元。

2. 国家农林水利基本建设投资　国家农林水利基本建设投资额1953—1980年的28年共完成775.5亿元,为全国国家基建投资额的10.63%;1981—2000年共20年这一比例降为4.7%,下降5.93个百分点。若1981—2000年共20年的农林水利固定资产投资比例保持1953—1980年10.63%的水平,则农林水利可以增加国家固定资产投资额5 380亿元左右。

3. 农业贷款　农业贷款净增额占全国贷款净增额的比重在下降。1979—2006年金融机构全国农业贷款净增额占全国贷款净增额5.86%,而1953—1978年这一比例为6.25%,下降0.39个百分点。若1979—2006年的比例保持1953—1978年6.25%,则农业贷款可以增加874亿元。

**(二)农林水利基本建设投资效益下降**　基本建设投资形成的固定资产即固定资产交付使用率,"一五"时期(1953—1957年)为82.4%,"二五"时期以后,农林水利基建投资的固定资产交付使用率呈下降趋势,"四五"期间降为53.5%,"六五"期间(1981—1985年)81.3%,"八五"期间(1991—1995年)降为59.7%,"九五"期间(1995—2000年)降为54.9%。1953—1980年

固定资产交付使用率61.8%，1981—2000年降为57.7%。

## 二、建 议

**(一)农业基础薄弱，农村发展滞后，必须加大农业投入** 新中国成立60年来，我国农业基础设施建设有一定基础，但是，我国的水旱灾害比较严重，灾害有加重趋势。正如中央十七届三中全会《决定》指出的，我国“农业基础仍然薄弱，最需要加强；农村发展仍然滞后，最需要支持，农民增收仍然困难，最需要加快”。为了有效保障国家粮食安全和主要农产品供应，必须加大农业投入。

据有关专家调查研究，按一定标准建设农村道路、安全用水、沼气、用电、通讯、广播、电视与农村生活有关的公共基础设施建设，全国需要投入4万亿元左右，加上防灾、减灾生态建设(包括农林水利建设)和农村市场及农业服务体系建设，共需要10多万亿元，再加上农村文化、教育、科技、医疗卫生、社会保障等建设，需要投入的资金更多，平均每年需要投入1万多亿元。大大超过目前对农业的投入。如何筹备并管好用好这些资金，备受关注。

**(二)改变对“三农”取大于予的格局，把“工业反哺农业，城市支持农村”落到实处** 目前“三农”对国家和社会的贡献仍然大于国家、社会对三农的投入，也就是“取大于予”。据初步测算，1952—2007年的56年，“三农”通过交纳农业税、乡镇企业税、工农业产品价格剪刀差、国家占用耕地进行建设少给农民耕地占用费以及农民工的贡献等方式，共向国家和社会贡献25.78万亿元。同时期内，国家通过财政农业支出，中央财政支持“三农”，国家财政对农业生产农民生活补贴及建设支农工业投资等，共投入6.778万亿元。“三农”向国家、社会净贡献19万亿元，平均每年3 455亿元。其中1979—2007年平均每年5 590亿元，1952—1978年平均每年1 360亿元。

另外，农村存款大于农村贷款。至2007年底，农业存款余额9 283亿元，农村居民储蓄存款余额33 050.3亿元，两者合计42 333.3亿元，而金融机构农村贷款余额22 542亿元(其中农业贷款余额15 429亿元，乡镇企业贷款余额7 113亿元)，存大于贷19 791.3亿元。

中央提出，我国已进入“工业反哺农业，城市支持农村”新阶段。在这种情况下，我国筹集农业建设资金，首先要取之于“三农”，用之于“三农”；第二要以工补农，以城助乡。只要这样做，至2020年筹集建设农业和农村需要的十多万亿元资金就有可能。

**(三)进一步调整国民收入分配结构①，多渠道筹集农业建设资金**

1. 调整国民收入分配结构　中央财政支出用于三农的资金，2009年预算为7 161.4亿元，占中央财政支出的16.33%，建议在今后3～5年内逐步提高至20%以上；中央预算内固定资产投资用于农业的比重，在目前48%的基础上，今后新增加部分，主要用于农业基础设施建设。

地方各级政府的财政支出要相应地增加对“三农”的投入，同时，增加农村建设投资。

增加教育、医疗、文化、科技、社会保障等方面的投入，提高在财政支出中的比重。新增部分主要用于农村。

2. 多渠道筹集农业建设资金

①土地出让收入和耕地占用税收入，全部用于土地的复垦，达到耕地总量动态平衡的目

① 注：郭书田，雷锡禄.《纪念中国农村体制改革30周年》.《经济研究参考杂志社》《经济研究参考》2008.49G-2第59～60页

标，确保18亿亩耕地不减少。增加对耕地、山地、草地、水域的治理投入，提高农业资源的利用率。

②征收农民工使用基金用于“三农”投入。2008年底，全国农民工总量22 542万人，其中在本乡镇以外就业的外出农民工14 041万人，平均每人一年创造财富2.5万～3万元，月工资1 205元，一年工资14 480元，其余1万～1.5万元财富由使用农民工的单位和地方所得（全国一年有1.4万亿～2.1万亿元），通过向使用农民工单位征收一部分农民创造的财富作为基金，用于三农投入。

③国家有关部门制定优惠政策，进一步吸引国内外非农部门及企业向农村建设投资。

④深化农村金融体制改革，强化金融机构支持三农的社会责任，逐步使农村的存款用于农村。着力发展农民的合作金融组织，规范民间金融，解决农村资金大量外流与农民贷款难问题。

**(四)改革和完善资金运行机制，提高资金的使用效益** 对“三农”资金使用单位实行严格的责任制，建立效益的考核制度，坚决杜绝截留、挪用和浪费现象。

实行建设项目的科学论证与民主评议，防止决策失误。同时，建立决策责任制。

实行严格的全过程监督制度，确保建设项目的质量。

为了解决各部门对农村投入比较分散、效益不高的问题，建议建立统一协调各涉农相关部门资金的分配与使用办法，形成合力与配套，提高资金的综合效益。

## 参考文献

[1] 2003年10月14日《中共中央关于完善社会主义市场经济体制若干问题的决定》. 北京：人民出版社，2003.

[2] 2008年10月12日《中共中央关于推进农村改革发展若干重大问题的决定》. 北京：人民出版社，2008.

[3] 朱尔明，赵广和. 中国水利发展战略研究，2002.

[4] 郭书田，雷锡禄. 纪念中国农村体制改革30年，经济研究参考. 2008，49G-2(59-60).

（作者：雷锡禄 中国国际工程咨询公司研究员）

# 第九章　农产品流通体系

新中国成立以来，我国的经济体制发生了重大的变革，从纯粹的计划经济到现在的市场经济，经济体制的变革是符合我国自身发展需求和国际环境要求的。近60年来我国农产品流通体系大体上可以分为4个阶段：国家干预下的市场调节阶段（1949—1952年）、统购统销阶段（1953—1984年，其中包括1978—1984年的过渡阶段）、改革统购统销和“双轨制”阶段（1985—1997年）、1998年以后至今是市场化改革阶段。每一个阶段都有其自身的特点，都是历史条件下的产物，有其发生发展的原因和条件，并都曾在历史上发挥过其应有的作用。

统购统销政策是我国农产品流通体系中最为重要的一环，是新中国经济史中最值得关注的事件之一。这一政策的推行和不断发展不仅对我国农产品的生产和流通体制造成深远影响，而且是新中国建国初期计划经济体制确立的一个重要标志，并对我国的工业化、合作化和二元经济的产生造成深远而长期的影响。统购统销和统一全国财经工作，以及对资本主义工商业、个体农业、个体手工业的社会主义改造被并称为新中国财经战线上的“三大战役”（薄一波“回顾”，1991）。统购统销一头在农村征收农民的粮食，对农民的日常生活、生活方式有很大的影响；另一头在城市，城市市民要凭票购买日常生活必需品，统购统销也深刻地影响着他们的生活。可以说统购统销制度影响了那时整个一代中国人，无论是农民还是市民。毫无疑问，统购统销制度为中国的工业化、中国的社会主义目标、中国的社会发展做出了巨大的贡献，当然这一制度也会有它的不足和缺点。

## 第一节　统购统销政策出台的原因和过程

任何制度的产生都有其特定的原因和社会背景，统购统销是为了解决当时我国社会存在问题而产生出来的。新中国建立初期，中国共产党利用政治上的优势成功地取得了“粮棉之战”、“银元之战”等的胜利，击退了不法资本家的猖狂进攻，控制了通货膨胀，百姓生活日趋稳定。但是不久全国就出现了粮食紧张的局面，特别是城市粮食的供应严重不足。在农村农民有社会主义革命已经完成开始享福的思想，农村中贫富分化开始严重，这严重影响了我国工业化发展的步伐和共产主义的进展。

### 一、统购统销政策出台的原因

**（一）出现严重的粮食危机**　中华人民共和国成立后，全国范围内进行了彻底的土地改革，消灭了地主阶级土地所有制，广大农民由于翻身做了土地的主人，生产积极性骤然高涨，农业生产出现了喜人的景象。粮食产量从1950年至1952年出现3年连续增长的好时光。如果以1949年粮食产量作为100，则1950年为117，1951年为128，1952年为145。然而到了1953年，全国的粮食收购和销售之间出现了严重的不平衡。1953年9月国家只完成了收购计划的80.1%，10月份的粮食销售比上年同期增加了31.3%，供需缺口达400万t。全国各大城市的库存粮食比1952年同期减少，北京由12万t减为6.5万t，天津由15.5万t减为8万t，上海由19.5万t减为14.5万t，广州由6万t减为3万t(薄一波“回顾”，1991)。据陈云估计，1953年粮食部门收购与销售两相相比，可能会出现870万t的缺口，并且他还预期，“粮食不充足，将是中国较长时期内的一个基本状况(陈云文选，1984)。”民以食为天，粮食问题关乎重大，粮食问题关系着国家的安全，关系着党在人民群众中的威信，所以粮食问题必须解决。

引起粮食问题的原因众多，主要有以下几点。

第一，城镇人口大量增加。新中国建立以来以工业化优先为原则，大规模的工业建设需要大量的工业劳动者，结果造成城镇人口迅速增加。1953年城镇人口已达7 826万，占全国人口的13.3%，比1952年增加663万人，比1949年增加2 061万人(薄一波“回顾”，1991)。新增加的人口大部分是从农村招收的工人，他们在农村时吃粮问题是自己种自己吃、可以自己解决，但进城之后成为工人就要吃商品粮，所以城市的粮食供应压力加大。

第二，农民消费量增加。新中国成立后，经过几年的经济恢复，生产增加了，农民的消费量也相应增加了。他们不仅要吃饱还要吃好，希望家里有余粮、心里不慌。土改后虽然我国粮食有大幅度提高，但由于农民生活条件的改善，相当一部分粮食被农民自己消费了。据统计，1949年农村人均粮食消费为185kg，1952年增加到220kg，人均消费量增加了35kg，这部分粮食消费总量加在一起数目十分惊人(薄一波“回顾”，1991)。此外，人口出生率的上升和婴儿成活率的增大，也消耗了一部分粮食。

第三，农民惜售，存粮现象普遍。旧中国的农民长期缺粮，形成了“恐粮症”，即使有粮不到万不得已的时候是不会拿出来卖的。当时粮食等农副产品的供求主要是靠市场自发调节，供给者是上亿分散的单个农户，购买者是国营公司、合作社和私商。在粮食供需关系紧张时，粮食价格就会上涨，这时私商粮贩看有利可图便趁机哄抬物价，大批抢购粮食，囤积居奇，从而造成供需关系更加紧张；另一方面城镇居民见粮食供应紧张和价格看涨，自然也会加紧储备，结果更导致粮食市场的紧张局面。这种局面严重影响刚刚起步的我国经济和社会的发展。

第四，农副产品出口换汇是工业化建设资金的主要来源。1950—1952年我国基本建设总投资每年平均26亿元，从1953年起增加至平均每年110亿元(国家统计局，1959)。这么大规模的数字靠当时“一穷二白”的中国工业自身积累是远远不够的。我国在当时的情况下不可能采取西方国家所采取的原始资本积累方式，海外殖民地掠夺的方式不可取，商业掠夺等方式也不可行。在中国只有靠农业积累，在初级工业化阶段农副产品出口是主要的出口创汇商品。因此，为了工业化的顺利进行，农副产品的出口数量只能增加不能减少。我国当时不仅通过出口农副产品向前苏联和东欧国家换取外汇和机器，还对前苏联等国家的各项援助贷款报以出口换汇来偿还。据统计，1953年出口的粮食达160万t(陈云文选，1984)，这更加重了粮食紧张的局面。

粮食问题如果任其自由地发展下去，不但会威胁城镇居民的生活，而且会引起物价的全面上涨，进而影响社会的稳定和经济建设的顺利进行，所以粮食问题是当时的重中之重的大事，这个问题必须解决，这是统购统销制度出台的重要原因之一。

**(二)农业社会主义改造需要** 配合对个体农业的社会主义改造，是实行统购统销政策的深层次原因。统购统销从解决粮食供求危机入手，上升为过渡时期社会主义体系的重要组成部分，反映了主导中央工作的毛泽东对农业社会主义改造的思考。在酝酿采取统购统销政策时，中央政府一开始就把它作为过渡时期总路线的一部分来对农民进行社会主义改造。计划

经济体制是前苏联社会主义模式的核心特征之一，也是第一代中国共产党人追求的理想社会目标。统购统销具有共产主义的思想，无疑也是共产党人追求的目标。所以毛泽东将其视为改造农民的重要手段，喻为国营经济的一个翅膀。在1953年的中央政治局扩大会议期间，他写了一份关于粮食统购统销问题的讲话提纲称："我国经济的主体是国营经济，它有两个翅膀即两翼，一翼是国家资本主义（对私人资本主义的改造），一翼是互助合作、粮食征购（对农民的改造）（毛泽东文选，1999）。"

统购统销客观上推动了农业合作化的进程。国家向数以万计的农户统购统销，显然不如向组织起来的农业社实行起来简便、低成本。从许多领导人的谈话中可以看出这一点。陈云曾经提到："我们面对着这样为数众多的个体农户，在粮食的统购和统销方面，是遇到了困难的。困难不单来自我们对于统购统销缺少经验，主要的是对这样众多的农户要估实产量，分清余缺及其数量，很不容易"（陈云文集，1984，276）。"尖锐的粮食产需矛盾是促进大规模开展农业合作化的动因之一"（薄一波"回顾"，1991）。"统购统销也帮了我们，推动了合作化"（邓子恢文集，1996）。1953年10月13日，邓小平受毛泽东委托在全国粮食会议上讲话，中心是讲粮食征购和过渡时期总路线的关系。"有一个问题想补充一下。就是毛主席昨天晚上交代的：要搞统购统销，必须结合总路线来讲。就是说，一定要把总路线讲明白，才能使我们全党和全国人民赞成这个东西，并执行得好，这是很重要的一个问题。……如果不结合总路线来讲，是不容易一下想通的"（商业部当代中国粮食工作编辑部，1989）。因此，统购统销客观上推动了农业合作化的进程。

## 二、统购统销政策出台的过程

面对当时严峻的粮食危机，时任政务院副总理兼国家财经委员会主任的陈云临危受命，负责解决粮食问题。在这之前因陈云在外地休养，由薄一波主持当时的工作，针对粮食问题，曾经草拟了《粮食收购办法》、《粮食计划供应办法》、《加强粮食市场管理办法》和《节约粮食办法》等文件。据薄一波回忆当时并没有提出征购的问题。第二次全国财经会议之后，粮食紧张的状况不但没有缓解，购少销多的现象反而仍在发展。

1953年底陈云从浙江回到北京，参加了后期的财经会议，根据各方意见和当时的形式，提出了8种解决方案：①只征不配。"我说，如果只在农村征购，在城市里不配给，结果一定会边征边漏。你在农村中征购，换给他钞票，他拿到钞票以后，转一个身就可以再跑到城市的粮食公司里去买，结果你征购到的粮食便会统统漏掉。"②只配不征。即只在城市配售，农村不征购。陈云认为这只是关了一扇门。因为如果农民不卖多余的粮食，国家买不到粮食，城市配售无从谈起。③原封不动。即继续自由买卖，结果是必乱无疑。陈云认为，与其这样乱，不如搞征购。④"临渴掘井"。即先自由购买，等到在市场上实在买不到的时候再搞征购。陈云认为这个办法行不通，因为等到市场上买不到粮食的时候，城市的自由供应也无法继续了。⑤动员认购。1951年，这种办法在东北实行过。即中央把控制的数字层层下达到省、县、区支部，但不给农民交底。由支部召开会议，让农民认购，直到农民认购的数字达到控制数字才散会。这叫强迫而不命令。陈云觉得，还不如干脆向农民明确征购好。⑥合同预购。陈云认为，预购合同只有在收获量大于购买量时才能按合同办事。否则，有合同也不能保证买到粮食。⑦各行其是。这样做，全国各地各有各的方法，但互相影响，标准不好掌握，将造成全国混乱。⑧农村征购，城市配给。这种办法国家肯定可以搞到粮食，但也有风险。陈云说："又征又配，农村征购，城市配给，硬家伙。……搞不好就搞翻了。城市里的人都要配给，农村里的人都要征购，所以这件事情跟每一个中国的老百姓都有关系。……如果这个事情出了毛病、翻了车，比新税制翻车要厉害得多”(贾艳敏，2004)。

经过多次的讨论和征求意见，陈云认为只有农村征购，城市配给这一种方法具有可行性、也有危险。正如陈云在1953年10月10日全国粮食工作会议上所说：“我现在是挑着一担‘炸药’，前面是黑色炸药，后面是‘黄色炸药’。如果搞不到粮食，整个市场就要波动；如果采取征购的办法，农民又可能反对。两个中间要选择一个，都是危险家伙。现在的问题是要确实把粮食买到。如果办法不可行、落空了，我可以肯定地讲，粮食市场一定要混乱”(陈云文选，1984)。杜润生后来回忆说：“统购统销，农民可能打扁担；让市场自流发展，物价可能无法控制，通货膨胀会影响城市供应，引起市民反对，还会影响工业、影响出口，破坏整个建设秩序。那时持反对意见的人不少，如河北省的副省长薛迅、全国供销总社的副主任孟用潜等”(杜润生，2007)。可见统购统销制度出台确实面临许多问题和风险。

实际上陈云早在1951年底就酝酿过粮食统购问题。在1951年底的全国财政会议上，陈云讲：“粮食是紧张的，但不要过分恐慌。第一条防止经济作物面积扩大，第二条公粮一定交国家。征购办法必须采取，则粮食问题可以解决。”1952年初，在以陈云、李富春、薄一波3人名义给中共中央的《关于一九五二年财经工作的方针和任务的报告》中提出了实行粮食征购的意见(田锡全，2007)。由于当时的情况和一些人的反对，没有在全国实施，但后来实行的统购统销政策中有一部内容来源于此。

后来提出的方案得到毛泽东、周恩来、邓小平等人的支持。1953年10月1日晚，陈云在天安门城楼上，向毛泽东汇报了粮食征购和配售办法，毛泽东表示赞同，并当即要陈云起草《关于召开全国粮食紧急会议的通知》。同年10月16日，中共中央政治局再次召开会议，会上讨论并通过了《中共中央关于实行粮食计划收购与计划供应的决议》(以下简称决议)。11月19日，政务院第194次政务会议又通过了《关于实行粮食计划收购和计划供应的命令》(以下简称命令)。这就是与全国人民息息相关的粮食统购统销政策，自此作为政策正式出台。

## 第二节　统购统销政策的内容及执行过程

### 一、统购统销政策的内容

粮食统购统销政策的具体内容包括4个方面(罗平汉，2008)。

第一，对农村余粮户实行粮食计划收购(统购)。《命令》规定：“生产粮食的农民应按照国家规定的收购粮种、收购价格和计划收购的分配数量将余粮售给国家。农民在缴纳公粮和计划收购粮以外的余粮，可以自由存储和自由使用，可以继续售给国家粮食部门或合作社，或在国家设立的粮食市场进行交易，并可在农村间进行少量的互通有无的交易。”从以上规定可以看出，国家在农村实行粮食统购的对象是余粮户，也就是在缴纳公粮之后还有余粮的农民。

第二，对城市人民和农村缺粮户实行粮食计划供应(统销)。《命令》规定粮食统销的对象和办法是：在城市，对机关、团体、学校、企业等的人员，可通过其组织，进行供应；对一般市民，可发给购粮证，凭证购买，或暂凭户口簿购买。在集镇、经济作物区、灾区及一般农村，则应采

取由上级政府颁发控制数字并由群众实行民主评议相结合的办法,使真正的缺粮户能够买到所需的粮食,而又能适当控制粮食的销量,防止投机和囤积。对于熟食业、食品工业等所需粮食,旅店、火车、轮船等供应旅客膳食用粮以及其他工业用粮,应参照过去一定时期的平均需用量,定额给予供应,不许私自采购。

第三,实行粮食市场的严格管理,严禁私商自由经营粮食。政务院1953年11月19日命令规定:一切从事粮食经营、加工的国营、地方国营、公私合营、合作社营的商店和工厂,统一归当地粮食部门领导;所有私营粮商一律不许私自经营粮食。但在国家严格监督和管理下,可以由国家粮食部门委托代销粮食。所有私营粮食加工厂及经营性的土碾、土磨,一律不得自购原料、自销成品,只能由国家粮食部门委托加工或在国家监督和管理下,代消费户按照国家规定的加工标准从事加工。一切非粮食机构和私商,禁止跨行业经营粮食。

第四,在中央统一管理下,中央与地方分工负责粮食体制。仍坚持实行以往"统一的管理、统一的指挥和调度" 的原则。"所有方针政策的确定,所有收购量和供应量、收购标准和供应标准、收购价格和供应价格等,都必须由中央统一规定或经中央批准,地方则在既定的方针政策原则下,因地制宜,分工负责,保障实施"(中共中央文献研究室,1993)。

这四项政策,是互相关联缺一不可的。统购统销在执行的过程中对象不断增加。1953年11月,中共中央批准了中财委关于在全国实行计划收购油料的决定。1954年9月政务院颁布了《关于实行棉花计划收购的命令》。至此农产品的3个主要品种,粮、油、棉全部纳入统购统销的范畴。除这3种重要的农产品外,烤烟、生猪、羊毛、牛皮及部分中药材、水产品、废铜、废锡、废钢等几十种产品都逐步纳入了统购统销的范围。在30多年的统购统销制度实施的时间里,它是一个庞大的体系,它所产生的影响远远超出了农产品流通的范围。

## 二、统购统销中的政治动员

像我国这么大一个国家,要在全国范围内实行看似对农民本身不利的政策,没有强大全面的动员力量和方法是很难实施下去的。因为,为顺利推行粮食统购统销政策,对广大群众进行宣传动员教育,利用各种资源,运用有效方式,激发和鼓动全国人民积极主动地贯彻执行粮食统购统销政策就成为必要。这就是新中国成立初期粮食统购统销中的政治动员,它是结合过渡时期总路线而宣传的。《决议》规定:"实行统购统销必须进行充分的政治动员,""必须动员全党的力量,向广大人民,主要是向农民进行充分的工作,才能完成这个极为艰巨的任务。"因为新中国成立初期广大群众对粮食统购统销与国家工业化及农业社会主义改造之间的重大联系缺少自觉的认识,必须进行深入的动员教育。

统购统销中的政治动员机制有(徐向东,2009):重要的工作基础是有严密的基层组织。我国城乡基层组织设置严密,既代表国家在社会基层行使权利,又保证对广大社会成员进行全面的政策教育和宣传。政治动员中坚持说服教育原则,运用了启发式教育方式,引导广大人民群众尤其是农民群体进行广泛而深刻的自我教育。用有效的利益驱动人民参与。在动员方式中充分利用各种传播形式和媒体进行宣传。最为广泛的是报纸和广播,在集体化时期广播成了农村接收中央信息的重要渠道,新中国成立不久,中央就建立了中央人民广播电台、相应的各大区、省、地等级建立了4级广播电台,组成强大的广播电台网,网络直接深入农村,中央就是利用广播和报纸的广泛覆盖性进行大量的宣传。采取文艺作品的方式进行宣传也是这一时期的重要形式。文艺作品深入农村,深得农民朋友的喜爱,这种形式容易接受和理解。另外全国有大量的宣传员和报告员，向人民群众讲解时事和政策等。党和政府运用宣传网络进行如此深入细致的动员安排，确保了粮食统购统销政策的广泛深入传达。

### 三、与统购统销伴随而生的票证制度

1953年底至1954年初，首次粮食统购工作结束后不久，政府即开始统购统销制度建设(田锡全，2006)。1954年3月1日，《人民日报》发表社论，指出这一新的粮食政策不是一个临时性的措施，而是国家在向社会主义过渡时期中所必须采取的一项较长期的措施。时任粮食部长的章乃器1954年9月27日在第一届全国人民代表大会第一次会议上指出："统购统销工作必须逐步制定明确具体的制度，必须积极提高计划的正确性，使工作干部和人民都可以按制度、按计划办事"(章乃器，1997)。可见统购统销政策出台不久，中央政府就在考虑统购统销制度建设问题。

为配合粮食统购统销政策的实施，全国各地曾先后实行了各种粮食票证，并逐步成为一种制度。票证制度是粮食统购统销制度的一个重要组成部分。田锡全(2004)对票证制度的缘起、形成过程和作用通过河南省的个案做了迄今为止较为深入的研究。他认为票证制度的创立有两个原因：其一，出于贯彻实施粮食统购统销政策的需要；其二，是受革命战争时期以及新中国成立初期发行各种粮食票证做法的影响。形成过程从河南情况来看，经历了初创时期(1953年11月至1955年6月)、基本成形时期(1955年7月至1956年2月)和确立时期(1956年3月至1957年)3个阶段。1954年9月15日政务院决定实行棉花棉布统购统销，凭票供应絮棉和棉布。1955年开始对城市居民实行凭粮票购买粮食。此后，各种农产品和农产品以外的商品开始实行凭票供应，如猪肉、鸡蛋、鱼、牛奶、菜、糖、面碱、煤炭、肥皂、火柴、自行车、手表等。凭票购买商品至1985年才开始逐步取消。票证制度在30多年的统购统销制度中发挥了重要的作用，是与广大城乡居民息息相关的。

## 第三节　统购统销政策实施中的问题及解决办法

### 一、人人谈粮食，户户谈统销

1953年粮食统购统销政策实施，不想1954年部分地区遭受了严重的自然灾害，粮食产量大量减产，非灾地区的粮食征购任务比1953年增加很多，征了过头粮。又由于在具体执行过程中一些干部出现作风粗暴等行为，致使到了1955年出现"人人谈粮食，户户谈统销"的紧张局面。为此，陈云向中央建议实行粮食"三定"政策，从而改善了党同农民间的紧张关系。"三定"政策是统购统销制度中一件重要的大事。

原来，在统购统销的第二个年头1954年，6月2日中共中央发出《关于控制粮食数字和掌握粮源的指示》指出："为使国家掌握粮源有把握起见，在征购的方法上，小麦产区及早、中稻产区，均应在收获后及时进行夏征，并按比例实行随征带购的办法；在过去无夏征习惯的地区，可采取按田亩、产量、人口实行预征与派购的办法；大豆及杂粮，各地可视具体情况采取预征或动员农民交售的办法。为了解除农民交售的顾虑，农民交售的粮食，均需发给卖粮凭证，以便在秋后统购时一并计算全年交售任务。"1954年10月18日，中共中央又发出《关于粮食征购工

作的指示》，规定1954年度(即1954年7月至1955年6月)全国共应收粮食439亿kg。其中华北31.125亿kg，内蒙古14.37亿kg，西北23.02亿kg，东北84.42亿kg，华东112.5亿kg，中南110.12亿kg，西南63.5亿kg。并且同时指示上述指标各地区必须坚决完成，并争取超过(罗平汉，2007)。

由于采用了上述两个征粮原则，所以征粮的基本原则变为："国家需要，农民够吃，余多多购，余少少购，不余不购"。但是由于指标定得高，工作中出现了很多问题。据统计，1954年多购了35亿kg粮食，同时长江、淮河流域和河北省遭遇了百年不遇的大洪灾，急需救济。两个因素造成对一些地方征了"过头粮"，影响了农民生产积极性，农民一时有"统购无底"、"增产无益"的思想。农民对统购开始有抵触情绪，同时一些地方在统购统销过程中干部态度粗暴蛮横，完全抛弃了说服教育的方法，搞强迫命令，乱批乱斗，甚至还出现了逼死人的现象。如河南省许昌地区的一些农村，干部为了迫使农民卖余粮，带领工作组的人员到农民家里搜查；有些以组织学习为名，将农民组织在一起，实际上是将农民软禁，不卖粮给国家就不让回家。还有一些极端的做法如熬夜、捆绑甚至扒衣服受冻等方式，强迫群众卖粮。浙江省1954年粮食总产量为70.5亿kg，征收和购买的粮食数量加在一起是25.5亿kg，占总产量的38%强。全省农村人均剩余的粮食只有238.5kg，而人均每年需要的口粮加上种子至少要270kg。由于征购的任务太重，实际上已经影响了农民的口粮，因此农民的对立情绪很强。所以有的农民不满地说："搞别的工作，共产党总有个路线，搞粮食则没路线了"(罗平汉，2007)。在湖南省"新会县莲溪乡党支部在县委负责同志指示下捆绑农民，全乡捆绑了8～9个人，竟将不合作的生产队长捆起来。由乡干部拿着秤挨家挨户称粮食，不卖的就当场绑起来(绑了2人)。将浪费了部分粮食去喂鸭子的一个中农拿来斗争，甚至没收了不卖余粮农民的土地证(全乡没收了3户)；高要县第九区在购粮中捆打了13人，该区依坑乡搜屋36户。……湖南全省因购粮问题被迫自杀者111人"(张学兵，2005)。

这个问题严重影响了国家和农民之间的关系。有些人认为统购统销就等于剥夺了农民保存和占有自己生产的粮、棉、油等农副产品的自主权利，广大农民感觉极其不适应。农民心中无底后直接导致大吃大喝现象出现，全国农村普遍出现杀猪宰羊等情景。全国形成"人人谈粮食，户户谈统销"这样一种人心浮动的局面。这一年又是合作化快速发展的时期，这更使农户搞不清形势。农村生产积极性下降还导致了城镇猪肉、蛋等副食品供应紧张。因为农民家里的口粮已经不多，根本没有余粮去饲养家畜家禽。这一问题严重影响了社会的稳定和国家工业化的进程。

## 二、"三定"政策的出台

为了解决这个严重的问题，陈云决定亲自到农村进行调查。其实早在1953年陈云就已经估计到问题可能会出现，毛泽东当时列了17条可能出现的毛病，陈云又加了1条"有意想不到的毛病"。陈云1955年1月，回到故乡上海青浦小蒸乡，调查了与其有长期联系的两户农户，并考察了米店、粮仓等，还广泛与其他农民、商人、教员、干部等座谈，倾听他们的意见。调研发现，农民对统购统销的最大意见是征了过头粮，让农民看不到希望，以为收得多就要交得多，农民心里没底。有些地区将农民的口粮都拿走了，对刚刚解放过上好日子的农民来说有些泄气。陈云也发现如果对农民不征"过头粮"，对农民进行说服教育，农民还是可以理解国家的难处的。因此，陈云认为统购统销必须坚持不能动摇，但在具体执行上可以通过调整征购方案来解决,如规定征多少、留多少,缺粮怎么办等办法。此后陈云正式向中央提出粮食“三定”政策。“三定”即定产、定购、定销。1955 年 3 月 3 日,中共中央、国务院联合发出《关于迅速布置粮食购销工作安定农民生产情绪的紧急指示》(以下简称指示),决定在全国城乡实行粮食“三定”制度。《指示》要求各地区在春耕开始以前,以乡为单位,将全乡的计划产量大体确定下来,并将国家对本乡的购销数字向农民宣布,使农民预先知道自己全年生产多少、国家收购多少、留用多少、缺粮户供应多少。在确定实行“三定”政策时,毛泽东曾经说过这样的话,粮食定产要低于实际产量,要使农民多留一点、多吃一点、多喂一点、多自由一点,做到人不叫、猪不叫、牲口不叫。

“三定”政策确实收到了很好的效果,全国粮食供应量迅速恢复正常。1955 年粮食定产一般为实产的 90%～95%,实际征购的数量却比计划征购数量多出了 20 亿 kg。这有两个原因:一个是 1955 年粮食丰收;另一个原因是各地“三定”政策执行得好,农民心里放心、干部心里省心,征购过程中没有出现大的问题。正如有的农民说“三定是四定”,意思是实行了定产、定购、定销这三项办法,心也就定下来了,所以称为四定。

在“三定”的过程中大体可以分为两步:一是“三定”到乡,再一是“三定到户”(罗平汉,2007)。“三定”到乡是解决农民“统购无底”的顾虑,有利于提高农民生产积极性。但虽然乡里的数字定了,可农民还是不摸底,他们非常担心政策会有变化,所以“三定”到户就成为当时必需之举了。“三定”到户规定了各类农户和不生产粮食的农村居民的用粮标准,按户计算用粮量。凡生产粮食的农户,按照核定的粮食产量,减去用粮量和实缴公粮后粮食有余的为余粮户、不余不缺的为自足户、不足的为缺粮户。“三定”到户对农村各种农户分得较为清楚,这样农户心里较为有底,知道自己应该交多少粮、能余多少粮,因此在很大程度上激发了农户的劳动热情。

为了贯彻“三定”到户的政策,各省、自治区、直辖市结合本地实际情况做了大量的有意义的工作。如安徽省训练了 40 万名各级干部到农村去宣讲;四川省每个专区都召开各级领导干部会议,将工作直接布置到乡;河南省通过展开干部会议,共训练了骨干分子约 10 万人(罗平汉,2007)。“三定”的工作是卓有成效的,此后农村形势较为稳定,这为提高农民的生产积极性,为城镇供应粮食定量起到了积极作用。经过“三定”政策调整之后,以及城镇口粮定量供应到人之后,我国的统购统销制度基本定型,这一制度一直延续到 20 世纪 80 年代。

## 第四节 统购统销政策的作用和影响

1978 年改革开放以后,农村开始实行联产承包责任制。1984 年人民公社解体,农民生产积极性大幅提高,农民强烈要求取消统购统销,从此统购统销制度逐步地退出了历史的舞台。1992 年粮食市场形成,统购统销制度完全退出了中国历史的舞台。统购统销制度有其历史意义,但也有巨大的历史代价。统购统销曾经在那激情燃烧的岁月里让无数人为之激动、为之付出血和汗。那些今天躺在博物馆里的各种与统购统销相生的票证在向人民诉说着它们不平凡的经历,那是有票就有生的希望的年代,那是日用商品极其紧缺的时代,但是人民节衣缩食的同时却成就了我们伟大的工业成就。统购统销与票证一起承受了太多、奉献了太多,为了工业化、为了社会稳定、为了社会主义,它们和我国的广大农民一样奉献了自己的最大力量。所以,

统购统销的作用和影响值得铭记。

## 一、统购统销为工业化做出了巨大贡献

新中国成立不久，我国就确立了重工业优先发展的战略思想。我国工业化的起步没有西方资本主义工业化资金积累的条件，而只能依靠农业。1952 年底，农业产值占工农业总产值的 56.9%，轻工业产值占整个工业总产值的 64.4%，而其中以农产品为原料的产值又占轻工业产值的 87.5%（武力，1999）。可见尽管农业相当落后，在当时的条件下也只能依靠农业积累资金。统购统销首先稳定了全国的粮食市场，使工业工人和城市职工有了最基本的生活保障来源。同时，更重要的是稳定了全国物价避免通货膨胀，还避免了由于粮价上涨或进口粮食而增加财政预算和外汇开支，而且大大增强了农副产品的出口能力和工业设备的进口能力。

统购统销通过工农产品剪刀差为工业建设提供了大量资金。在中国，剪刀差可分为比价剪刀差和比值剪刀差两种。据统计，国家在 1953—1981 年间通过价格剪刀差的方式从农民手中筹集的工业化资金共 7 000 多亿元，加上农业集体组织内部的积累 1 000 多亿元，总计8 000 多亿元，相当于同期我国积累基金 15 000 多亿元的 50%以上（吴敏一，郭占恒，1991）。据冯海发等（1993）测算，1952—1990 年间我国工业建设从农业净调动约 1 万亿元资金，约占国民收入全部积累额的 22.4%，平均每年高达近 250 亿元。在人民公社期间，农业为工业提供的资金为 5 303 亿元，平均每年达 212 亿元，其中以统购统销形式用剪刀差的方式从农业中抽走的剩余大约 4 198 亿元，相当于每个农业劳动力向国家提供资金达 1 589 元，平均每人每年达 63 元多。在整个人民公社期间统购统销从农业领域抽走的剩余在农业提供的积累中所占的比重基本都高于 65%。除此以外，还有其他形式提取农业剩余，如农村居民的储蓄、农业税收等。可以说没有我国的农业就没有我国的工业化，没有统购统销工业对农业提取的剩余就不容易转移、就容易引起摩擦和矛盾，统购统销避免了矛盾的尖锐化，所以说统购统销为中国的工业化做出了不可磨灭的贡献。

## 二、统购统销加快了农业合作化发展

统购在农村面对的是千千万万的中国个体农户，要想做到尽量多地收购农户的余粮，就要对每个农户熟悉，并对每个农户的余粮进行收购和征购，这样的交易成本太大。尤其在国家强制低价收购粮食时，在这一违背等价交换原则情况下，如何保证实现低价收购粮食和如何保证农民在缺乏价格刺激的情况下继续保持农业向前发展，是摆在当时的主要问题。

在农村推行集体化，无疑对上述问题的解决有推动作用。在实行统购统销以前，农业集体化已经开始，正好此时粮食统购统销的需要又使农业集体化加速发展，农业集体化的发展反过来又为统购统销提供了很多保障。林毅夫等人（1994）从逻辑上分析了统购统销制度与农业集体化之间的关系，他们认为："为了确保在低价统派购的条件下农民仍能把资源投入到国家工业化所需的农产品生产中，就要求做出一种强制性的制度安排，使国家能够以行政力量直接控制农业的生产。按照这种逻辑，实行主要农产品的统购统销政策之前，农业集体化运动随之开始并不断加速，直至 1958 年建立人民公社体制，""建立农产品购销制度只是农村经济传统体制形成的一步，人民公社化才是这套与宏观政策环境相配套的农村经济体制完全形成的标志。"

国家推行合作化之后，政府不再跟农户之间直接发生粮食关系，而是以社为单位对农村进行统购统销，这在一定程度上简化了购销手续，加快了粮食收购进度，为购销在制度上提供了保证和便利。到了人民公社时政社合一的人民公社体制更为统购统销提供了便利。人民公社时，国家控制着农村的一切生产、分配，国家可以直接计划如何生产、生产多少、生产什么等问题，实际上人民公社已经成为确保统购统销政策顺利实施的基层组织形式。农业生产合作社及后来的人民公社，无形中在国家与农民之间形成了一个利益缓冲体，既能在国家与农民之间发生利益冲突时起缓冲作用，又便于政府贯彻自己的意图，落实生产与收购计划。

另一方面，国家控制了最重要的农产品，有的直接进入到了消费领域，这也为后来建立国家高度集权的计划经济体制奠定了基础。对农副产品统购统销这本身就削弱了农村的市场经济，同时割断了农村与城市之间的联系，从而迫使个体农户和资本主义工商业置于国家计划管理之下，在城市接受资本主义工商业的社会主义改造，在农村则只有接受合作化。统购统销促进了合作化的进程，同时粮食及其他主要农副产品统购统销的实施使我国农业生产完全纳入了计划经济的轨道，并最终促成了我国计划经济体制的确立。

统购统销曾经发挥了极大的作用，但是统购统销也有它的历史局限性。正如卢锋(1989)所说，与历史上许多变革一样，统购统销引发的问题比它直接解决了的问题更为深刻和广泛。

## 三、统购统销造成城乡分割的二元经济体制

统购统销不光改变了我国的粮食流通体系，还有其他一些影响，最为主要的就是这一政策造成了城乡分割的二元经济体制的形成和强化。

为了执行好粮食统购统销政策就必须做好三项工作(刘星航，2002)。一是关于在农村定产定购工作。由于国家对农业生产合作社的推进和对农业的改造，这项工作比较容易实行。二是关于市场管理。由于对资本主义工商业改造的开展，私商已经逐渐退出市场，市场已经处于国营企业领导之下。三是关于城市的定销工作。这个工作组织起来有很大的难度，因为新中国成立后并没有严格的户籍制度，允许农民自由迁徙、自由流动，流动到城镇后一段时间就可以列入城镇户口。统购统销后城镇人口的增加无疑会使定销的人数增加，从而统销的数量也要增加，这对原本就很紧张的商品粮数量提出了更大的挑战。因此，就必须控制吃商品粮的人数，必须控制农村向城镇的流动。谢敬(2003)也曾指出……统购统销政策和严格的户籍制度共同作用，极大地稳固、凝固了二元化的社会格局，前者确保了对城镇居民实行按户计划的、低价定量的日常生活品供应并实行价格补贴，而后者则严格控制城镇人口的增长……但这种特定条件下的制度安排却造成了城乡差别扩大、社会流动空间狭窄、身份不平等、广大农村城市化滞后等一系列社会问题。我们从国家出台的一系列法律文件可以看出这一问题的严峻性。

1953 年 4 月政务院发出《关于劝阻农民盲目流入城市的指示》。规定未经劳动部门许可或介绍者，不得擅自去农村招收工人。1954 年 3 月又发出《关于继续贯彻劝止农民人口盲目流入城市的指示》再次重申限制农民向城市流动和迁徙。此后又接连出台几个关于限制农村人口迁移的文件。1958 年国家出台了硬性的法律条文，1 月 9 日全国人民代表大会常务委员会通过了《中国人民共和国户口登记条例》，这个条例除了详细规定公民应进行各项基本情况的户口登记外，其中的第 10 条有这样的规定："公民由农村迁往城市，必须持有城市劳动部门的录用证明、学校的录取证明，或者城市户口登记机关的准予迁入证明，向常驻地户口登记机关申请办理迁出手续。"这一规定以法律的形式限制了农民迁往城市，并且成为一种制度固定

下来。这也是我国户籍制度的核心内容。这一制度一直延续多年,成为阻碍城乡之间人口流动的重要障碍。这一制度严重影响了我国城市化的进程,造成城乡分离。同时,也造就了城市人与乡下人的身份区别,这影响了城乡之间的健康发展。今天这个问题依然是影响农村发展的重大问题。我们现在回想这一制度的产生与保证统购统销的顺利实施是密不可分的。

重工业优先发展战略下的统购统销制度严重制约了我国农业的发展,造成农业效率低下。张学兵(2005)认为,与工业相比较,国家对农业的投资比例很小,1952—1978 年,国家给农业的生产、建设等方面返还的资金在 1 700 亿元左右;其次工农业平均增长速度之比悬殊,1953—1984 年农业总产值平均以 4.4%的速度递增,工业总产值却是 10.8%;再次是农村生产关系屡屡变动,加之动辄进行所谓的"大会战",既浪费了劳力,又破坏了生产。统购统销制度降低了农民的生活质量,自统购以后我国农民一直处于半饥半饱状态。

统购统销政策从根本上否定了农产品作为商品的基本属性,不承认价值规律对农业经济的指导作用。不按照价值规律的客观要求来组织农业生产和经营,其结果只能是农产品的价格严重地背离市场价格,其价格不能真实地反映其内在的价值。农民在农业生产和经营中完全依赖于行政命令,这严重挫伤了农民的生产积极性和自主创新性。如薄一波(1991)回忆说:"因为统购统销割断了农民同市场的联系,土地种什么,信息不是来自市场。农民对自己的产品,处理无自主权,即使有余粮,也不能拿到市场去卖,这就排除了价值规律对农业生产的刺激作用。"

## 第五节 改革开放后农产品流通体制的演进回顾

农产品流通是整个农业产业链中最关键的环节,也是农业服务业的核心内容和重要支撑。改革开放以来,我国的农产品市场彻底改变了之前统购统销、统购包销的流通政策,市场开放程度不断扩大。现阶段的政策方针已从根本上打破了传统的农产品流通体制,形成了以市场和价值规律为导向的流通体系及公平竞争的市场格局。本部分根据祁春节、蔡荣(2008)、徐大兵(2009)和徐柏园(2000)等的研究,对我国农产品流通体制的政策变迁与市场制度演进进行一个简要的回顾和分析。

### 一、过渡时期

1978—1984 年为过渡时期。此阶段是我国由计划调节向由计划与市场相结合的过渡时期。统购统销是农产品供需紧张、国家在需要从农村取得大量工业化积累等历史条件下的产物。随着家庭责任制的实施、人民公社制度的解体,农产品流通体制也突破了传统的计划体制。十一届三中全会奠定了农产品流通市场的渐进式改革基调。根据十一届三中全会的决定,从 1979 年 3 月份起,国务院及有关部门对农产品统购统销的范围和品种做了调整。在此阶段,国家逐步减少了统购统销和限售的品种和数量,缩小国家收购农产品的范围。至 1984 年年底,属于统购派购的农产品由过去最多时的 180 多种减少到只剩下 38 种,减少了 79%。除棉花外,其他农产品在完成政府收购任务后,根据市场供求实行议购议销。农民出售农副产品总额中,国家按计划牌价统购、派购的比重从 1978 年的 84.7%下降至 1984 年的 39.4%。与缩小统购统销范围和品种相对应的是开放集市贸易,由于政策的放宽,农民生产积极性增加，剩余农产品大量出现，农村集贸市场和传统农副产品市场也得到恢复和发展，成交金额增长迅速（祁春节、蔡荣，2008；徐大兵，2009）。

## 二、双轨制时期

鉴于农产品统购派购制度日益严重影响农村商品生产的发展和经济效益的提高，中共中央、国务院于1985年1月发出《关于进一步活跃农村经济的十项政策》，及时地提出了全面改革农产品统购派购制度的任务。文件规定：从当年起，除个别品种外，国家不再向农民下达农产品统购、派购任务，按照不同情况，分别实行合同定购和市场收购（徐柏园，2000）。取消农产品统购派购制度后，由商业部门在播种季节前与农民协商签订合同。定购的农产品一般按“倒三七”比价计价（即三成按原统购价，七成按原超购价）（徐大兵，2009）。1990年以后，郑州中央粮食批发市场和地方粮食批发市场相继建立。1990年9月，国务院决定筹建国家粮食储备局，对粮食收购实行最低保护价制度，并建立用于调节供求和市场价格的粮食专项储备制度，这标志着农产品流通体制改革进入了向市场取向推行的阶段。1992年，国务院颁发《关于加强粮食流通体制改革的通知》，要求农产品形成以市场购销为主、合同定购为辅的格局。1993年，在全国范围内取消了实行40多年的口粮定量办法，价格随行就市，表明粮食等农产品统购统销体制已经结束，适应市场经济要求的购销体制正式形成。但在1994—1997年间，农产品流通又回归到“双轨制”模式：在棉花的购销中，继续不放开经营、不放开市场、不放开价格，实行国家统一定价，由供销社统一经营（祁春节、蔡荣，2008）。从1992—1998年，我国共建成农副产品批发市场近3 000个，涉及粮食、蔬菜、肉类和水产品等多个种类（戴化勇，2009）。

## 三、深化改革时期

1998年起，我国农产品流通进入全面深化改革时期。1998年4月，国家出台了深化粮食流通体制改革的措施，为了具体实施和贯彻上述原则，1998年6月，国务院又出台了“三项政策、一项改革”，即按保护价敞开收购农民余粮，国有粮食收储企业实行顺价销售、粮食收购资金实行封闭运行。2001年7月，国务院发布了《关于进一步深化棉花流通体制改革的意见》，将改革政策措施概括为“一放、二分、三加强，走产业化经营的路子”。“一放”就是彻底放开棉花收购；“二分”就是实行社企分开、棉花储备与经营分开；“三加强”就是加强国家宏观调控、加强市场监督和加强质量管理。2004年国务院办公厅发布《关于进一步做好农村商品流通工作的意见》，要求加快发展农产品批发、零售市场和物流等搞活农产品流通；改善农村消费环境，建立健全农村消费品流通网络等培育农村消费品市场。2005年商务部组织实施了以发展农村现代流通网络为主要内容的“万村千乡市场工程”；2006年商务部在全国组织实施“双百市场工程”，提高农产品流通企业的现代化水平，升级改造农产品批发市场；2006年5月商务部批准《农家店建设与改造规范》，促进和加强农产品现代流通体系的建设。与此同时，商务部与国家开发银行签订协议，为农村市场体系建设提供融资便利。由上面可以看出，从1998年起，我国农产品流通体制改革就在不断推行，到目前已经逐步建立起一个与现代农业发展相适应的农产品流通体系和流通方式（戴化勇，2009；徐大兵，2009）。

从以上可以看出，我国农产品流通体系改革经历了统购统销、过渡时期、双轨制和深化改革4个阶段。从改革的实践中可以发现，“计划”和“市场”这两种基础性的资源配置方式发生了此消彼长的变化，即计划经济逐步退出，市场经济逐步占据主导地位。传统的农产品流通体

制的购销框架中主要有3种形式:统购、派购和议购。其中的统购和派购均属于指令性计划。随着改革的不断发展,3种形式发生了重大变化。先是松动过死的传统统购体制,接着废除了农产品统购和派购制度,绝大多数农产品采取议购方式。伴随着农产品购销改革的步伐,国家逐步出台了各种政策性法规和文件,来推动农产品市场的形成和发展(祁春节、蔡荣,2008)。因此,我国农产品流通体系的制度变迁是一个渐进的过程,也是政府主导的强制性制度变迁和诱致性制度变迁相互结合的一个发展变化过程。

## 第六节 农产品流通体系的现状及问题

农产品流通体系运作效率与运作质量的高低,不仅关系到农产品生产者的切身利益,也牵涉到农产品消费者的利益(任博华,2008)。经过不断地探索发展,目前已经形成一个与农业生产经营相对应的农产品流通体系,农产品流通渠道的形式也呈现出多元化的趋势,从交易规模和市场份额来看,农产品批发市场仍处于主导地位。一些新型的经营组织,如生鲜超市、农产品直营店等也在逐步进入农产品销售市场,新的流通组织形式和营销方式正在进一步推行(李春成、李崇光,2005)。

### 一、农产品流通体系的界定

农产品流通体系是与农产品流通相关的各个要素相互作用、相互联系而构成的一个有机整体。这些要素可以分为3类:一是渠道体系类要素,二是流通载体类要素,三是规范与支撑类要素。渠道体系类要素主要指农产品流通主体及其相互之间的关系,这里的农产品流通主体具体包括市场和农产品流通中的各类中介组织,如农产品流通龙头企业、代理商、农产品流通合作社、农民协会、经纪人队伍、批发商、贩运商、零售商等。流通载体类要素是指从事农产品交易的各类市场,如批发市场、期货市场以及零售市场。规范与支撑类要素主要指确保农产品产销通畅的信息保障与政策支持。上述3类要素相互联系,互相作用就构筑了农产品流通体系的基本框架。因此,在构建现代农产品流通体系的过程中,这3种要素必须做到同步优化,整体完善。渠道体系类要素与流通载体类要素之间存在着相互联系,因为任何一种渠道模式的交易过程,都离不开完成交易的物质承载者(市场);而流通载体的发达程度,又会影响到农产品流通渠道模式的选择。流通载体的发展以及流通渠道模式的革新都会受到信息技术水平、政府相关法律法规、基础设施发达程度等规范与支撑类要素的影响和制约;同时,流通载体的发展以及流通渠道模式的变化也成为规范与支撑类要素进一步优化、完善的重要依据(任博华,2008)。

### 二、农产品流通体系的现状

**(一)农产品流通数量不断增加** 自1978年改革开放以来,农产品流通体制的改革使我国农产品的供应数量基本充足,品种也不断丰富。1978年我国粮食供给总量为30 477万t,到了2007年我国粮食供给总量达到50 160.3万t,增加了19 683.3万t;油料供给总量从1985年的1 578万t增加至2006年的3 059万t,翻了一番;棉花由1990年的251万t增加至2006年的675万t,增长了400多万t。蔬菜和猪肉供给量的增长更加突出,蔬菜由1990年的

19 251万 t 增长至 2006 年的 58 326 万 t，增长了接近 40 000 万 t；猪肉由 1985 年的 1 658 万 t 增长至 2006 年的 5 197 万 t。中国农产品的供给数量不断增加，特别是粮食供给量的增加，用仅占世界不足 1/10 的耕地养活了世界近 1/4 的人口，这本身就是一个巨大的奇迹（戴化勇，2009）。

**（二）农产品流通市场体系不断健全** 近几年来，我国农产品市场体系发展很快。各地围绕产地抓市场建设，以市场带动产业发展，有力地促进了区域优势农产品产业带的形成和发展。与此同时，大中城市销售地批发市场和城乡集贸市场逐步取代国有农产品供销系统，成为农产品消费供应的主渠道。批发市场承载产品集散，集贸市场面向终端消费。自改革开放以来，我国初步建立了如下几种农产品销售市场：一是从事农产品零售交易的集贸市场，目前它仍然是农产品主要的销售市场；二是农产品批发市场，它具有交易大、辐射广等特点，随着改革开放以来农产品批发市场的不断增多，已经逐步成为农产品流通的主渠道；三是农产品期货市场，它是在批发市场的基础上发展起来的，以其独特的发现价格、回避风险功能，在世界农产品的生产、流通、消费中，发挥了不可替代的重要作用。目前，我国农产品期货市场已经进入了稳步发展的新的历史阶段。国家 2006 年新批准棉花、食糖上市交易，使农产品期货交易品种达到 9 个，年成交额逾 6 万亿元（新华网）。除此之外，还有专业市场、零售网点等销售市场，形成了以各类批发市场为中心、城乡农贸市场为基础、直销配送和连锁超市为补充，产区、销区、集散地市场相结合的农产品市场体系，不同市场之间有机衔接，功能互补，协调联动，保障了农产品顺利流通（戴化勇，2009；胡明文、肖玲等，2003）。

**（三）农产品市场宏观调控机制不断完善** 建立政府宏观调控机制是防范市场盲目性的重要手段。在农产品市场体系的建立过程中，在流通主体的培育过程中，政府宏观调控机制都应起到先导和支撑作用（戴化勇，2009）。改革开放以来特别是近 10 多年来，我国政府在不断建立和完善农产品市场宏观调控体系，提高了应对突发事件及市场异常波动的能力和水平。调控的主要手段包括建立农产品市场信息定期发布制度、重要农产品储备制度、农产品风险基金制度、粮食收购保护价制度、粮食托市收购制度、重要农产品进出口调节政策、市场准入制度及检验检测制度等。如粮食流通市场调控，1998 年出台的粮食流通体制改革的政策取向，首先就是要继续鼓励农民生产粮食的积极性，主要手段就是按保护价收购农民手中的余粮并保证让农民得到粮食保护价的好处；其次是要甩掉粮食财政补贴的巨大包袱，一方面国家确保粮食收购资金专款专用，另一方面禁止国有粮食企业亏损售粮；再次是国家通过垄断粮源达到控制粮食市场的目的（戴化勇，2009）。又如 2005 年以来，我国政府为保障种粮农民利益、保护国家粮食安全，相继出台了粮农直补、托市收购、临时收储等政策和库存集并等措施。这些宏观调控手段的运用都极大地改善了我国农产品流通的环境，促进了农产品市场的发展。

**（四）参与农产品流通市场主体多元化** 改革开放以来，我国农产品市场主体由过去计划经济体制下国营商业和供销合作社等商业组织一统天下的格局逐步向多元化格局转变，农产品市场主体多元化趋势日益明显。目前组成市场流通主体的有国营商业和供销合作社等商业组织，它们在农产品市场流通中的地位虽然下降，但仍然发挥着重要作用；而农民个体运销专业户、经纪人等民间流通组织日趋活跃，是运销大军中的主力队员；农民合作经济组织是近年来开始发展的新型农民运销组织，目前各地虽然各种协会组织的数量快速增长，但其在流通中的地位和作用还没有得到有效发挥；农业产业化龙头企业日显重要。季节性、临时性农民运销队伍主要是产品上市季节或农闲季节组织收购运销当地产品的农民。目前，除加工企业外，对

农产品流通主体的组织管理刚刚处于起步阶段，有的地方开始对农民经纪人队伍进行培训、登记。此外，我国农产品市场对外开放程度不断提高，与世界农产品市场逐步接轨，与世界农产品市场的关联程度日益增强，农业贸易依存度逐年增加，特别是加入 WTO 以后，我国农产品市场与世界农产品市场的联系越来越紧密(戴化勇，2009；丽水科技信息网)。

**(五)物流方式多样化**　我国农产品流通从政府计划调拨发展到各类市场主体为主的多渠道流通格局，其物流方式也呈现多样性。主要有以下几种：农户或基地——→运销大户——→批发商。运销大户建立与批发商稳定的购销业务关系，也有一些运销户在全国各大城市的农副产品批发市场直接设立窗口。这种农产品物流方式在我国农产品流通中占有较大的比例。农户——→客商。这一物流方式也较为普遍，如大型连锁超市、农贸市场的批发商等在农产品收获时直接到农户田头收购。农户或基地——→农民专业合作社——→加工企业——→出口。这一物流形式由农民专业合作社作为流通的中介组织发挥作用。农户或基地——→加工企业——→批发商、零售商。这种方式是农产品加工企业将自己基地的初级农产品和从农户手中收购来的农产品经过加工后或直接出口，或出厂销售给内地的批发商，或设立窗口直接零售到消费者手中(赵艳丽、嵇国平等，2004)。

**(六)农业信息电子传递系统建设正在起步**　目前，国家通过组织实施“双百市场工程”和“万村千乡市场工程”来逐步构建顺畅的农产品流通市场网络体系，引导农产品的正常生产和有序流通。目前，各省都建立了面向农村的专业性农业信息网。它依托卫星气象综合业务系统，使现代化通讯网络与农村基层信息组织有机结合起来，实现信息的纵向贯通、横向相联。此外，有的县(市)也设立专门的农业信息网，开设了价格行情、供求热线、专家咨询等多个服务栏目。乡镇农村经济信息服务站的建设工作还刚刚起步，软、硬件大都还不到位，农户获得农产品市场信息仍以传统渠道为主(胡明文、肖玲，2003)。

## 三、农产品流通体系中存在的问题

流通是联结亿万小规模农户生产与亿万居民家庭消费的关键环节，也是复杂的农业产业链条中不可或缺的重要环节。特别是近几年来，我国农业和农村经济发展进入了一个新阶段，一些新问题出现在农产品流通领域。概括起来，可以归结为以下几个方面。

**(一)农产品流通政策不健全，管理体制较为混乱**　由于我国农产品流通体制改革正处于反复实践、不断总结经验的探索过程中，许多制度尚不成熟，因而农产品流通的具体法律制度还未系统建立。首先，没有对在渠道体系中农村经纪人给予明确的法律定位与约束(任博华，2008)。其次，农产品市场、农产品交易规则缺失，迄今为止我国还没有专门的法律制度来规范和调节市场建设及相关经营主体的行为，市场与政府各部门的关系难以理顺，致使各地市场运行状况参差不齐，布局不合理，阻碍了全国统一市场的形成。

**(二)农产品流通中信息服务薄弱**　首先，市场信息化建设落后(主要针对农产品批发市场)。一是信息化硬件建设落后。由于经济效益差、信息意识落后等原因，大多数市场没有配备信息设备，致使市场信息情报功能未能充分发挥。一些市场采用传统的广播、板报等方式发布少量品种、价格信息。有的市场根本没有信息服务，更谈不上为农户生产、产品流通、产品加工提供全面、持续的信息。二是信息资源不能共享。就全国而言，县级以上政府的信息网络较健全、信息量也较大，但缺乏一个把政府、市场、客户和生产者联结起来的网络，市场供求信息不能快速传递，致使批发市场价格发现功能不能很好地发挥作用。其次，对农民的信息服务不到位。农民习惯于听从行政号召，缺乏对市场的分析能力。虽然当前涉农部门建立了农业信息网络，但主要问题是网络在乡、村出现断层，使农民获取信息成本很高。而且大多数农民因自身素质原因缺乏对信息的分析、选择能力，因而造成农民生产和农产品流通的盲目性（浙江农业信息网）。

**（三）农产品流通的组织化和集约化程度低，功能作用难以有效发挥**　随着流通体制改革的深入，农产品流通渠道多元化格局正在形成，国有商业组织的作用越来越小，诸多形式的民间流通组织应运而生，运销量占整个农产品运销比重越来越大。但与农产品流通需求相比，流通组织发展无论在规模上、组织化程度上还是在服务功能上都不相适应。以江西省为例，目前本省拥有各类营销服务组织 4 万多个，但年销售额超千万元的只有 40 多个，大多数只是从事中介和运销的联合体，只有 28.1%的民间流通组织在当地工商管理部门领取了营业执照（李丽群、胡明文，2007）。目前高效畅通的农产品流通体系尚未形成。农产品的流通主要依赖于农村和城市的集贸市场，在超市等现代零售渠道中的销售比例不足三成。而在发达国家，80%～95%的农产品是通过超市和大型食品商店流通的。从我国农产品交易市场看，城市市场规模大于农村，同时综合性市场多，产地专业性市场少，产地市场建设较为滞后（赵艳丽、嵇国平等，2004）。

**（四）基础设施薄弱，标准化认证体系缺乏**　我国农产品流通的基础设施条件差，交易方式落后。由于投资少、效益低，目前大多数农产品批发市场仍是露天市场，有的甚至地面都没有全部硬化。市场配套设施更不完备，仓储、制冷等基本配套设施严重不足。据商务部调查，目前我国农业市场实行连锁经营的交易额占总交易额的比重不足 10%，90%以上的农产品通过对手交易销售（新华网）。基础设施薄弱影响物流，物流做不好又反作用于商流。面对高速发展的贸易流通来说还是面临着巨大的压力。大量土特产品因为交通问题难以交易是农产品流通中的“硬伤”。此外，我国缺乏与国际相互认证的标准化体制，在进行国际贸易时会引起很多不必要的麻烦。面对技术壁垒，我国许多农产品因为认证问题都只能“望洋兴叹”。如何建立起具有国际权威性的、在国际贸易中能进行相互认证的质量管理、环境管理体系认证，成为一个重要课题（胡书金、赵李纯，2007）。

**（五）产品加工程度不高、附加值小、科技含量低**　目前，我国农产品加工包装能力比较低下，品牌数量少、覆盖率低，上市产品以大宗原产品为主。尽管近几年来农产品加工企业以及流通环节的初加工、简单包装的品牌产品数量增长较快，但所占的市场份额仍然很小，这导致了流通环节的利润主要来源于市场间的差价而不是加工增值（赵艳丽、嵇国平等，2004）。一般来说，农产品的加工程度越深，科技含量越高，产品附加值就越大，售价和利润也就相应增多。例如，杏是一种季节性很强的易腐水果，在正常上市期售价为 2～8 元/kg。同样的 1kg 鲜杏，如果就地加工，能得到 800g 杏脯和 200g 风味各异的炒杏核。其平均加工费用约为 4 元人民币（杏脯 2 元、包装果篮 1.4 元、杏核加工 0.6 元），其市场售价可达 25.6～41.6 元。并且在这一过程中，产品保质期从 2～8 天提升至 6～12 个月，减少了因贮存不当带来的浪费，提供了大量工作岗位，转移了剩余劳动力，还提高了产品的国际竞争力，不仅带来了可观的经济效益，而且带来了良好的社会效益（胡书金、赵李纯，2007）。

## 第七节 农产品流通体系发展的对策

进入新世纪以来,我国国民经济和社会快速发展,对外开放程度进一步快速提高,无论是完善市场经济体制、推动新农村建设、走农业现代化道路以及提高农业国际竞争力,还是满足日益高涨的人民生活需要,都对现有农产品流通体系提出了更高要求。党中央、国务院非常重视农产品流通体系的建设,在近几年下发的1号文件中,"市场体系"、"市场调控"、"农业产业化"等关键词逐步独立成条,并赋予了更新、更详细的政策内容。可以说,在新时期新背景下,如何加快农产品流通,促进传统农业向现代农业转变,借以解决农产品销售难和实现农产品增值,增加农民的收入,推进农业产业结构调整,加快农业现代化进程,是很多人都很关注的问题。本节在分析我国农产品流通体系的现状及存在问题的基础上,有针对性地提出解决问题的对策。

### 一、加大基础设施投入力度,建立与国际相互认证的标准化体系

借鉴其他国家和地区的经验,把农产品市场基础建设作为公益性事业,着重扶持市场的供水、供电、场地硬化、交易和冷藏设施、通讯和信息系统、电子结算系统、质量检验检测系统等基础设施建设。对于促进物流与商流的协调发展,具有重大的意义。对于重要商品储备设施、大型农产品流通设施、农村地区物流配送中心、市场信息网络和电子商务平台等流通基础设施建设,各级政府在资金、税收、信贷等方面应予以大力支持。这样可以减弱物流对商流的制约作用,避免物流原因造成农产品商流难以进行的尴尬局面。我国正在逐步健全农产品加工制品标准,完善检测手段,并加强农产品加工过程中的质量安全监督。我国在各地设立认证中心,强制推行食品安全认证,并于1998年由国家技术监督局批注成立了中国质量体系认证机构国家认可委员会(CNACR),在国际认可论坛大会上首批签署了国际认可多边承认协议。这标志着取得中国CNACR认可证书,就取得了国际同行的认可,在质量上实现了与国际的接轨(新华网,胡书金、赵李纯,2007)。

### 二、完善农业信息体系,改善市场服务

完善农业信息体系,需要加大对农业信息体系建设的投入力度,整合信息资源,强化科学分析,健全发布制度,创新服务模式,完善服务网络,逐步形成数据可靠、分析准确、发布权威的农业信息体系。具体来说,首先要切实增加对农业信息体系建设的投入。在积极争取国家财政投入的同时,要研究制定财政、信贷、税收等优惠政策。其次加大农业信息资源整合力度。实现资源共享、优势互补,不断提高农业信息系统的服务水平。最后要拓宽农业信息传播渠道。使农业信息的传播渠道更多,覆盖面更广(新华网)。市场服务是市场设施的软件。对于现代市场营销来说,软件设施的重要意义至少与硬件设施同样重要。因而各级政府有关部门应当加大在市场服务方面的协调和扶持力度。具体体现在加强市场信息服务、食品卫生检疫控制服务、金融服务和市场法规和管理服务4个方面(柯炳生,2003)。

## 三、积极培育农产品流通主体，健全市场组织

为了使我国大量小规模农产品供给者更好地适应大市场的需求，鼓励农民生产者建立起各种生产和营销合作组织，在标准化生产、合作营销、合作加工等方面进行合作。有条件的地方，农民生产者可以合作建立农产品加工企业，使得农产品的加工增值能够为原料生产者所得，从而提高农民的收入水平(柯炳生，2003)。此外，鼓励个体运销户和农村经纪人向企业化、公司化、集团化方向发展，扩大营销规模；培育发展一批具有自主品牌和核心竞争力的大型农产品流通和出口企业；引导和鼓励农产品批发市场、大型农产品加工和营销企业、物流配送企业、农业产业化龙头企业等与生产基地建立比较稳定的产销关系，完善“订单农业”。充分发挥农产品流通领域各类行业协会的作用，使之成为促进流通企业规范发展、实行行业自律的重要依托。

## 四、完善相关领域法律法规建设

在认真总结我国发展实践的基础上，借鉴国外经验，加快农产品市场体系立法工作，清理不合时宜的法规、法律和政策，以规范政府对市场的管理行为、市场主体的行为和市场交易行为。尽快制定农产品批发市场、农产品运销和监管等方面的法律法规及配套措施、实施细则，为健全市场管理创造良好的法规制度环境。制定农产品质量安全、食品安全方面的法律，参照国际农产品质量安全标准并结合我国实际出台涉及农产品质量安全标准体系、检验检测体系方面的相关法规制度，为加强农产品质量安全管理提供法律依据、制度保障和操作规范。在发达国家都有完备的农产品流通立法。美国农业部通过制定一系列法律来规范农产品流通组织的市场交易行为，以确保公平的市场交易秩序。如《易腐农产品法》主要目的是制止不正当的、欺骗性的交易，保护易腐农产品生产者的合法权益；《联邦种子法》要求州际交易的种子必须具备标签，如实说明种子的品质，禁止虚假的广告和进口质量低劣的种子。《农业公平交易法》规定，凡是农产品加工厂商、经销商有歧视农民协会成员者，农民可向农业部告发，经调查属实后农业部可协助农民向法院起诉。日本为了维护农产品流通安全，提高流通效率，也制定了许多旨在禁止不正当、不公正交易的农产品相关法律，特别是《批发市场法》规定了批发市场设施的基本要求、设立中央批发市场的条件、公平交易规则、市场经营规则及保证批发市场运行的措施等，为交易活动提供了完备的法律依据(新华网；任博华，2008)。

## 五、提高农产品加工水平，增加农产品科技含量

在农产品流通体系建设中存在一条价值链：生产价值链⟶流通价值链⟶消费价值链。在这里，流通价值链联结着生产和消费，有着桥梁的作用。但在农产品流通体系的建设中，仅靠流通价值链是行不通的，还必须依靠生产价值链的作用。我国小生产与大市场的矛盾是制约市场农业发展的最大障碍，而小生产与大市场矛盾的关键是农户规模小而不能直接进入市场，单家独户还没有能力承担起实现商品流通的重任。因而整合价值链、发挥“流通链”的桥梁作用就显得很重要。可采取以批发市场为中心，将各种经营环节联为一体，从而构成纵向一体化的流通价值链。其具体表现为：以批发市场为中心向两头延伸：实施“批发市场＋生产基地＋农户的前向一体化”。从而将生产、批发、加工、贮藏、保鲜、运输联结起来。另外，通过兴办超级市场和食品配送业务，实施“产地批发市场＋销地批发市场＋超级市场＋零售市场”的

后向一体化，将批发市场延伸到成千上万的消费者。这样做有利于发挥整条价值链的作用，也有利于解决我国小生产与大市场的矛盾。此外，创建民族品牌提高农产品的加工水平，能增加产品的附加值；加大科技在生产加工环节的投入，最终都会体现在产品竞争力的提高上；提高产品的包装水平，能较好地做好产品的营销；品牌是商品的名片，不同品牌的商品在价格上会产生巨大的差别（赵艳丽、嵇国平等，2004；庄晋财、黄群峰，2009）。

此外，还应该通过农产品供应链管理的组织创新，来进行农产品物流标准化建设。通过管理与科技创新的结合，来建设与农产品的生产相协调的现代化农产品流通体系。

## 参考文献


[1] 薄一波．若干重大决策与事件的回顾(上卷)．北京：中共中央党校出版社，1991.

[2] 陈云．陈云文选(1949—1956)．北京：人民出版社，1984.

[3] 程言清，黄祖辉．农产品流通现状、问题及发展趋势．价格理论与实践，2002(6).

[4] 戴化勇．我国农产品流通体制的历史、现状及改革措施．物流经济，2009(4).

[5] 邓子恢．目前合作化运动情况的分析与今后的方针政策//邓子恢文集．北京：人民出版社，1996.

[6] 杜润生．杜润生自述．中国农村体制变革重大决策纪实(修订版)．北京：人民出版社，2007.

[7] 冯海发，李徽．我国农业为工业化提供资金积累的数量研究．经济研究，1993(9).

[8] 国家统计局．伟大的十年．北京：人民出版社，1959.

[9] 胡明文，肖玲，李丽群．江西省农产品流通体系现状调查．江西农业大学学报(社会科学版)，2003(2).

[10] 胡书金，赵李纯．农产品流通体系的现状及优化对策．安徽农业科技，2007(17).

[11] 贾艳敏．陈云与统购统销政策的制定和实施．贵州社会科学，2004(3).

[12] 柯炳生．健全农产品市场体系，提高农产品流通效率．农村合作经济经营管理，2003(2).

[13] 李春成，李崇光．完善我国农产品流通体系的几点思考．农村经济，2005(3).

[14] 李丽群，胡明文．农产品流通体系现状分析—以江西为例．农机化研究，2007(5).

[15] 丽水科技信息网．http://www.lsinfo.gov.cn/shownews.asp? NewsID=8800.

[16] 林毅夫，蔡昉，李周．中国的奇迹．发展战略与经济改革．上海：上海人民出版社，1994.

[17] 刘少奇．在扩大的中央工作会议上的讲话．载《刘少奇选集》(下卷)．北京：人民出版社，1985.

[18] 刘星航．粮食统购统销与户籍制度的联系．北京党史，2002(6).

[19] 卢锋．统购统销政策的实施与非市场体制的建立．教学与研究，1989(3).

[20] 罗平汉．一九五五年统购统销中的粮食“三定”工作．中共党史研究，2007(5).

[21] 毛泽东．粮食统购统销问题．《毛泽东选集》第6卷．北京：人民出版社，1999.

[22] 祁春节，蔡荣．我国农产品流通体制演进回顾及思考．经济纵横，2008(10).

[23] 任博华．中国农产品流通体系的现状及优化建议．北方经贸，2008(10).

[24] 商业部当代中国粮食工作编辑部．《当代中国粮食工作史料》(上卷)(内部发行).

1989.

［25］ 田锡全．统购统销初期的粮食票证制度探析．史学月刊，2004(5).

［26］ 田锡全．国家、省、县与粮食统购统销制度(1953—1957)．上海社会科学院出版社，2006.

［27］ 田锡全．1953年粮食危机与统购统销政策的出台．华东师范大学学报(哲学社会科学版)，2007(5).

［28］ 吴敏一，郭占恒．中国工业化理论和实践探索．杭州：浙江人民出版社，1991.

［29］ 武力．中华人民共和国经济史(上册)．北京：中国经济出版社，1999.

［30］ 谢敬．对统购统销政策运行三十余年的回顾与评析．江西社会科学，2003(4).

［31］ 新华网．http://news.xinhuanet.com/theory/2008-02-02/content_7552745.htm.

［32］ 徐柏园．半个世纪来我国农产品流通体制变迁．北京社会科学，2000(1).

［33］ 徐大兵．新中国成立六十年来农产品流通体制改革回顾与前瞻．商业研究，2009(7).

［34］ 徐向东．建国初期粮食统购统销中的政治动员．湖南城市学院学报，2009(2).

［35］ 张学兵．统购统销制度正负效应的辩证思考．党史研究与教学，2005(5).

［36］ 章乃器．章乃器文集(上卷·学术卷)．北京：华夏出版社，1997.

［37］ 赵艳丽，嵇国平，谭祖飞．我国农产品流通体系建设的现状、问题和新思路．物流科技，2004(9).

［38］ 浙江农业信息网．http://www.zjagri.gov.cn/html/main/analyseView/2006012527611.html.

［39］ 中共中央文献研究室．建国以来重要文献选编(第4册)．北京：中央文献出版社，1993.

［40］ 庄晋财，黄群峰．供应链视角下我国农产品流通体系建设的政策导向与实现模式．农业经济问题，2009(6).

(作者：黄英伟 中国农业大学博士生，张晋华 中国农业大学博士生，
冯开文 中国农业大学教授、农经系主任)

# 第十章 农村金融

## 第一节 中国农村金融体系的构建

### 一、中国农村金融体系的发展历程

农村金融泛指农村货币资金的融通，以信用手段筹集、分配和管理农村货币资金的活动。主要指向农村地区各收入阶层的人群、经济活动主体提供或为之利用的金融服务。农村金融体系是由若干农村金融机构组合而成的一个为农村和农业发展融通资金的有机整体，一般由农业政策性金融、农村合作性金融、农村商业金融和民间金融组成。它们之间有一定的分工，起着相互补充的作用。中国农村金融体系是中国金融制度的重要组成部分，是正规金融和非正规金融并存的一种竞争性的金融体系。

新中国成立60年，我国的农村经济社会发展发生了巨大变化，取得举世瞩目的成就。我国农村金融改革也经历过非常曲折的改革和发展道路，初步形成今天政策性金融、商业性金融、合作性金融、民间金融共存的金融体系。并且，金融机构可持续发展能力不断增强，农村存贷款持续增加，金融服务已覆盖了绝大部分农村地区。2007年末，全国县域金融服务网点为12.4万个，县域金融机构存款余额达到9.11万亿元，占全国金融机构各项存款的比重为23.4%；全部金融机构涉农贷款余额为6.12万亿元，占全部金融机构贷款总额的22%，占GDP的24.8%。农村金融机构风险得到有效化解，县域金融机构不良贷款率大幅下降，利润总额和资产利润率增长较快，它们共同为农业和农村经济的发展提供了有力的支持。至2008年末，全国银行业金融机构的涉农贷款余额达到6.9万亿元，占全部金融机构贷款余额的21.6%，比重有所增加(中国人民银行，2008)。

我国农村金融体系的构建大体经历了以下5个阶段。

**(一)新中国农村金融体系的形成阶段** 1949年新中国成立初期，在改造资本主义工商业的同时，对农村金融体系进行彻底的改造，建立新的农村金融体系。首先在人民银行各级机构内部，设立农村金融管理部门，然后成立了农业银行和农村信用社。1951年5月，中国人民银行召开第一届全国农村工作会议，明确提出“深入农村，帮助农民，解决困难，发展生产”的农村金融发展方针和在全国范围内普遍试办各种信用合作组织的具体要求，并于同年8月成立中国农业合作银行，1955年3月，正式成立中国农业银行，随后建立省、地、县及县以下机构。1953年12月16日《中共中央关于发展农业生产合作社的决议》认为，农业合作社、农村供销合作和农村信用合作是农村合作化的3种形式。1957年1月，中国农业银行颁发了新的《农村信用合作章程》，对农村信用合作社的性质、任务、社员条件、组织机构、业务范围、财务管理和盈利处理，以及成立、合并、解散等均做了规定。在1958—1978年的人民公社时期，在“大跃进”、“文化大革命”等一系列政治运动的冲击下，这两个主要的农村金融机构或几经撤并和恢复或几经改革和调整,发展缓慢甚至停滞,然后在"文革"后艰难复苏。

**(二)农村金融体系的重构阶段** 1978年12月,党的十一届三中全会通过的《中共中央关于加快农业发展若干问题的决定(草案)》中,明确提出:"恢复中国农业银行,大力发展农村信贷事业。"1979年2月23日,国务院下发了《关于恢复中国农业银行的通知》,并于当月正式恢复。1978年12月,党的十一届三中全会还原则通过了《农村人民公社工作条例(试行草案)》,指出"农村信用社是人民公社集体经济组织的金融部门,同时在业务上受上级农业银行领导",同时推进信用服务站的建设。信用服务站一般按生产队设立,主要办理社员存、贷款业务,帮助社员解决生产、生活困难,并逐步担负其他力所能及的农村及农村金融任务。1981年3月,农业银行总部下达了《关于改革农村信用社体制,搞活信用合作社的意见》试行营业所与信用社合署办公,所、社联营的方案。此外,还推行以试办信用社县联社、强化民主管理等为内容的信用社改革。截至1982年底,全国共有信用分社和信用站33万多个。

1984年,人民银行根据形势发展的需要,出台了专业银行业务可以适当交叉和"银行可以选择企业、企业可以选择银行"的政策措施,打破了银行资金"统收统支"的"供给制",并将农副产品收购业务确定为中国农业银行的自营业务。根据这一政策措施,工商银行、中国银行、建设银行开始将其分支机构延伸至农村,为乡镇企业提供贷款,中国农业银行的垄断地位被削弱。

1984年8月,国务院批转中国农业银行《关于改革信用合作社管理体制的报告》,农业银行加强对农村信用社的领导,农村信用社要在国家方针、政策的指导下,实行独立经营、独立核算、自负盈亏。1986年前后,又逐渐建立了县级联社,行使对信用社的管理、指导、调剂的职能,农村信用社的自主权有所扩大,从机构到业务上都有较快发展。

**(三)农村政策性、商业性、合作性金融"三足鼎立"阶段** 1993年12月,国务院下发《关于金融体制改革的决定》要求通过改革逐步建立在中国人民银行统一监督和管理下,中国农业发展银行、中国农业银行和农村金融组织密切配合、协调发展的农村金融体系。并计划1994年基本完成县联社的组建工作,1995年大量组建农村信用合作银行。但实际进度大大落后于这一目标。另一政策变化就是规定农村信用社不再受中国农业银行管理,农村信用社的业务管理,改由县联社负责,对农村信用社的监督管理,由中国人民银行直接承担。1994年4月,国务院批准并成立了中国农业发展银行,其职责主要是筹集农业政策性信贷资金,承担国家规定的政策性金融业务,代理财政性政策性支农资金的拨付,并专门负责管理农副产品收购贷款等业务。同年11月正式运营,1995年4月完成省级分行的组建。

**(四)农村金融的调整阶段** 1996年8月,国务院颁布《关于农村金融体制改革的决定》,其核心内容是恢复农村信用社的合作性质,把农村信用社逐步调整为由农民入股,由社员民主管理,主要为入股社员服务的合作性金融组织。农村信用社与农业银行脱离了行政关系,农村金融体制的关系进一步理顺。2001年12月,中国人民银行决定选择8个单位进行农村信用社浮动利率试点,推动农村利率市场化。

1996年8月,中国农业发展银行增设分支机构工作开始在全国范围内展开,随后对其政策性业务进行了相应的调整。

在1997年爆发的亚洲金融危机和通货紧缩的冲击下,国家在强调继续深化金融体制改革的同时,也开始高度重视金融风险控制问题。国家在国有专业银行中推行贷款责任制,收缩战线。1997年,中央金融工作会议明确了"国有商业银行收缩(县及以下)机构,发展中小金融机

构，支持地方经济发展”的基本策略，包括农业银行在内的国有商业银行开始逐步收缩县及县以下机构，业务重点向大城市、大企业、大项目集中。据初步统计，1998—2002 年初，四大国有商业银行共撤并 3.1 万个县及县以下机构。之后，农村金融资源日益向农村信用社和邮政储蓄集中。

**(五)农村金融改革的深化阶段**　在农村乡镇企业和中小国有企业改制经验的启示下(刘民权，2006)，2003 年 6 月，国务院颁布《深化农村信用社改革试点方案》，标志着新一轮农村信用社改革全面展开。从 2004 年至 2009 年，中央连续 6 年在“一号文件”中提出，要加快推进农村金融改革，加大对农村金融的政策支持，大力推进农村金融产品和服务创新。2007 年初全国金融工作会议明确提出，农村金融改革的总体要求是加快建立健全适应“三农”特点的多层次、广覆盖、可持续的农村金融体系。农村金融进入全面深化改革的历史新阶段。

2003 年 8 月，在银监会的领导下，按照“国家宏观调控、加强监管，省级政府依法管理、落实责任，信用社自我约束、自担风险”原则，改革试点工作首先在全国 8 省推开，改革主要举措有：将农村信用社交由省政府管理；中央银行通过央行专项票据和发放专项再贷款支持农村信用社改革；财税部门提供 1994—1997 年保值补贴和税收减免。2004 年 8 月，国务院决定将深化农村信用社改革试点扩大到北京、天津等 21 个省、自治区、直辖市。2007 年 8 月 11 日，全国最后一家省级联社——海南省农村信用社联合社在海口挂牌成立，标志着农村信用社新的管理体制框架全面建立，自 2003 年开始的农村信用社改革试点第一阶段完成。截至 2007 年 9 月末，全国 27 个省联社，北京和上海农村商业银行、天津农村合作银行已经相继挂牌开业。共计组建统一法人机构 1 715 家，农村银行类机构 132 家。农村信用社法人机构由 2002 年的 35 540 家减少至 9 932 家。

2004 年 7 月开始，国务院对农业发展银行职能调整做出部署，要求其在原来运行基础上，根据粮食流通体制改革的新情况，审慎调整业务范围。掀起新一轮的改革。2007 年全国金融工作会议上明确了农业银行“面向三农、整体改制，商业运作、择机上市”的改革原则，要求农业银行进一步强化为“三农”服务的市场定位和责任，充分利用在县域的资金、网络和专业等方面的优势，更好地为“三农”和县域经济服务。

2005 年 12 月，中共中央、国务院在《关于推进社会主义新农村建设的若干意见》中提出要“扩大邮政储蓄资金的自主运用范围，引导邮政储蓄资金返还农村”。2006 年 12 月，银监会正式批准由中国邮政集团以全资方式出资建立邮政储蓄银行。

2003 年以来，各地区围绕新一轮农村金融改革的要求，积极探索各种类型的金融组织和机构创新。2006 年 12 月，银监会印发了《关于扩大调整放宽农村地区银行业金融机构准入政策，更好支持社会主义新农村建设的若干意见》，稳步推进农村金融机构试点工作。随后，村镇银行、贷款公司和农村资金互助社等一大批新型农村金融机构相继成立，农村金融市场结构发生积极的变化。

综上所述，中国农村金融组织体系的形成和完善，在很大程度上是伴随着农业和农村经济发展而同步成长的，客观上也受到整个国民经济发展和整个国家金融制度发展的制约，经过 60 多年的发展，中国逐步形成了以合作金融为基础，商业金融、政策性金融分工协作为主，农业保险、担保、期货、证券等非银行金融机构为辅，此外还有数量庞大的民间金融为补充的农村金融组织体系。农村地区的金融服务水平稳步提高，但是相对而言，农村金融仍然是整个金融体系当中最薄弱的环节，存在诸多的矛盾和问题，离城市金融的发展水平还有很大的差距。农村信贷约束的现象仍然存在且十分普遍，资本市场、保险市场发展严重滞后，新型农村金融机构可持续性差，农村金融基础设施建设滞后，支农政策力度不够，农村金融改革和发展任重道远。

## 二、中国农村正规金融机构

### (一)农村金融相关概念界定

1. *农业政策性金融*　指为贯彻政府社会经济政策或意图，不以商业性为原则，以国家信用为基础，在农业及相关领域从事资金融通，支持、保护农业生产，促进国民经济协调发展和农业收入稳定增加的一种金融活动(何广文，2008)。

2. *农村合作金融*　合作金融是建立在合作组织成员互助合作基础上的一种金融组织形式，是农村金融体系的重要组成部分。一般是小规模资金所有者互通有无、资金互助的一种灵活而有效的形式。

3. *农村商业金融*　主要以商业银行等股份制金融机构的形式向"三农"各个主体提供金融服务的农村金融活动。

4. *正规金融*　是指那些获得国家正式业务许可并受到国家金融法规监管的金融，包括各类国家正式承认的商业性金融、政策性金融和合作性金融。

5. *非正规金融*　是指那些未获得国家正式金融业务许可并且未受到国家金融法规监管，因而其经营处于地下状态的金融组织，包括各种抬会、农村基金会、地下钱庄等，一般也称为民间金融。

根据以上概念，农村正规金融中包括信用社、农业银行、农业发展银行和邮政储蓄银行等。最近几年新兴的村镇银行、贷款公司、资金互助社等新型金融机构，也只能属于由地下浮出水面的，不在非正规金融之列。

### (二)农村信用社

1. *农村信用社的改革及发展历程回顾*　近代中国第一家信用合作社组织是于1919年10月27日在上海成立的国民合作储蓄银行。至1949年2月底，国统区共有合作社17万个，其中信用合作社占31%。新中国建立后，中国人民银行总行在1951年召开的全国金融工作会议上，决定发展农村信用组织，这标志着新中国农村信用社的诞生。在借鉴国际合作社联盟1937年确定的合作原则的基础上，中国人民银行颁发了《农村信用合作社章程》、《农村信用互助小组公约草案》和《农村信用合作社试行记账办法(草案)》，对推进当时的信用合作事业发展起到了重要的作用。从1951年下半年开始，在全国进行信用合作的试点，并允许各地试办信用合作社、信用互助组、供销社的信用部三种不同形式的信用合作组织模式。信用社由人民银行具体参与筹建，在社务和业务上由人民银行领导。在重点试办的基础上，取得经验，并逐步加以推广，在全国范围内建立了众多的农村信用合作社组织。至1953年底，各种形式的信用社(包括信用社、信用互助组和供销社的信用部)发展到2.5万余个。至1957年底，全国共建有农村信用社8.8万余个，绝大部分地区实现了"一乡一社"，社员股金和存款分别为3.1亿元和20.7亿元，表明信用社的发展已经初具规模，基本实现了信用合作化。1958年人民公社制度确立后，农村信用合作社的制度环境发生了重大变化，农村信用社的管理体制也在反复进行调整。首先是信用社与银行营业部合并，交由人民公社管理，成为公社的信用部；1959年4月，信用社又被下放给生产大队，改名为信用分部。1969年，信用社又下放给在公社或生产大

队成立的贫下中农管理委员会，实行“亦工亦农”。至 1977 年，在“信用社是集体金融组织，又是国家银行在农村中的基层机构”的指导思想下，银行营业所又与信用社合并，又归由人民银行管理，使信用社从此走上“官办”之路。1978 年底，全国共有信用社 6.1 万个，正式职工 23 万人，股金 4.7 亿元，存款 166 亿元，贷款 45 亿元。尽管在 1958—1977 年期间农村信用社管理体制经过多次调整，使农村信用社的业务发展受到了严重影响，但在这一时期农村信用社的存款业务有了较大幅度的增长，在支持农民生活信贷和农村集体经济组织获得生产资金，以及为国家工业化提供资金积累方面仍然发挥了重要作用(赵继新，2003；孙良，2002；杨俊凯，2008)。

改革开放以来，农村信用合作社在放权让利的改革浪潮中开始了渐进式的改革。1979 年 2 月，国家决定恢复农业银行，并且委托农业银行领导管理信用社，为此，农业银行总行、省级分行、地市的中心支行都设立了信用合作管理部门。自 1983 年起，各地又相继成立了县联社，明确了农业银行县支行要通过县联社来实现对信用社的领导，县联社具体负责对信用社的日常管理(张晓山等，2002)。由于农村信用社是国家银行的基层机构，具有“官办”性质，难以发挥合作经济组织的作用，所以，从 1984 年开始，有关主管部门提出对信用社进行改革，重点是恢复信用社的“三性”(组织上的群众性、管理上的民主性和经营上的灵活性)，使其成为社员所有、为社员服务、由社员管理、按合作社原则办事的合作金融组织，但改革效果并不明显。1993 年 12 月，国务院《关于金融体制改革的决定》提出，“在农村信用合作社联社的基础上，有步骤地组建农村合作银行。要制定《农村合作银行条例》，并先将农村信用社联社从中国农业银行中独立出来，办成基层信用社的联合组织。”1994 年国家成立了政策性银行——农业发展银行，并设机构到县级，专门经营从农业银行剥离的农村政策性金融业务。1996 年 8 月，以《国务院关于农村金融体制改革的决定》出台为标志，开始了新一轮的农村信用社管理体制改革，使农村信用社与农业银行脱离行政隶属关系，农村信用社的业务管理和金融监管分别由县联社和中国人民银行承担，改革的核心是按照合作制原则规范农村信用社，进一步改善农村信用合作社的经营环境，恢复其具有独立法人地位的农村合作金融组织性质。2000 年 7 月，经国务院批准同意，人民银行和江苏省政府在江苏全省进行信用社改革试点。在明晰产权、完善经营机制的基础上，全省信用社实行以县为单位统一法人；在常熟、江阴、张家港 3 个县级市组建了农村商业银行；在县联社入股基础上，组建了江苏省联社。2003 年 6 月，呼吁了多年的农村信用社改革取得实质性进展，国务院发布《关于印发深化农村信用社改革试点方案的通知》(国发[2003]15 号)，确定了 8 个省、市信用社改革试点，这 8 个省、市分别是：浙江、山东、江西、贵州、吉林、重庆、陕西和江苏。与以往改革“一刀切”、“一个模式”不同的是，这次改革方案有两个突出特点：一是在产权模式上，突出了产权多样化和股权多元化，产权形式可以是股份制，可以是股份合作制，也可以继续完善合作制；二是把农村信用社交由省级政府来进行管理，同时，国家银行监督机构负责监管，农村信用社自主经营、自担风险、自我约束、自我发展，并且明确规定省级政府不能将对农村信用社的管理权利下放给地(市)、县、乡(镇)。拉开新的信用社改革序幕。2004 年 6 月，国务院办公厅转发《银监会、人民银行关于明确对农村信用社监督管理职责分工的指导意见》，明确了银监会、人民银行、省级政府和农村信用社省级管理机构对农村信用社管理的职责分工。2004 年 8 月 17 日，国务院办公厅下发《关于进一步深化农村信用社改革试点的意见》，将改革的试点范围扩展至除西藏、海南、港澳台外的其余 21 个省、自治区、直辖市。至此，以合作金融制度安排为基础，在农村信用社领域内异变出了具有多种产权特征的金融制度安排(赵继新,2003;赵凯,2003;杨俊凯,2008;李莉莉,2008)。

自20世纪80年代至2003年,农村信用合作社业务快速发展,规模不断扩大。据统计,至2003年6月末,全国农村信用合作计共有法人机构34909个,其中农村信用合作社32397个,县级联社2441个,市(地)联社65个,省级联社6个,从业人员62.8万人。至2003年末,农村信用合作社的各项存款由1980年的272.34亿元增加至2003年的23710.2亿元;各项贷款由1980年的81.64亿元增加至2003年的16978.9亿元,其中农户贷款由1980年的15.99亿元增加至2003年的4021.5亿元,农村信用合作社逐步成为农村金融制度主角,为农村经济的发展做出了重要贡献。

2. *农村信用社改革发展的成效得失*　从2003年开始,农村信用社开始了新一轮的改革,改革至今已历时6年,对于改革结果的评述恰如改革方案出台时的预期一样存有较大的分歧。对改革结果持肯定意见的认为,目前改革取得了重大进展或成效,新的管理体制框架基本形成,产权制度改革稳步推进,历史包袱初步化解,信贷资产质量、资本充足率和经营状况均明显改善,农村信用社支农力度进一步加大(胡列曲,2007);也有的认为改革的成功主要表现为财务状况的改善和经营机制的转换,2005年末全国农村合作金融机构不良贷款率为14.8%,比年初下降8.3个百分点,比2002年末下降22.1个百分点;全国共组建银行类金融机构72家,以县为单位统一法人机构519家(金融时报,2006)。而对改革结果持相反意见的认为,改革结果更多的是农村信用合作社财务状况的改善和表层体制的变化,"困扰农村信用社发展的深层次体制抉择问题仍然没有被真正触及","与取得中央银行票据直接关联的工作做得快,而建立法人治理结构、完善内部控制、强化外部约束、改善管理体制效率等重点工作面临不确定性"(庞贞燕,王桓,2006)。究竟如何评价新一轮农村信用合作社的改革结果,可以肯定的一点是农村信用合作社的财务状况出现了明显好转,但这是否具有可持续性,是政策因素使然还是农村信用社自身发展能力的提升,有待继续考察与分析。进一步地分析,即使是在政策的支持下农村信用合作社实现了自我的良性循环,但财务状况的好转也并不是我们所关注的改革的最终目标。因此,对于本轮农村信用合作社目前的改革结果,绝对的否定是不客观的,但显然过于的肯定也是盲目的,有关产权改革、管理体制改革、法人治理结构完善以及内控机制的改革的成效,学者们也莫衷一是,由于缺乏硬性指标,实际效果还有一个过程。本文对目前的改革结果持有一种谨慎性的乐观——盈利能力与支农服务水平提升是否具有持续性;资产质量的提高能不能代表经营机制的转换;三会的建立等不等于法人治理结构的完善,更倾向于是改革的进展而非改革的成效,既有的"成效"也主要归因于政策性的因素。当然,这一结论还有赖于继续分析与考证(杨俊凯,2008)。

### (三)中国农业银行

1. *中国农业银行发展历程*　中国农业银行是中国农村金融的一个重要主体,它是以办理农村工商业存、贷款业务,农村存、贷款业务和集镇人民储蓄业务为主的国有商业银行。业务上接受中国人民银行的领导、管理、协调、监督和稽核。

新中国成立以来,中国农业银行的体制经历了"三起三落"的变动,每次变动都与当时国家经济形势和经济金融管理体制相适应。

第一次起落是在1950年下半年,全国分三次进行土地改革,为促进土改后农村以发展生产为中心任务的落实,国家加强农村金融工作,经国务院批准于1951年8月正式成立农村合作银行。其任务是按照国家计划办理农业财政拨款和一年以上的长期贷款,扶持农村信用合

作的发展。但是因为其成立后没有建立分支机构，对所赋予的上述业务也并未展开，基层农村金融工作仍然由各级中国人民银行管理，农业合作银行对各级农村金融部门没有直接隶属关系，下面没有“腿”，因而未能发挥其应有作用。“三反”运动后期，1951 年，中共中央发出《关于实行精兵简政，增产节约，反对贪污、反对浪费和反对官僚主义的决定》，中国人民银行总行精简机构，于 1952 年 7 月撤销农业合作银行。

第二次的起落是从 1954 年 8 月，中国人民银行总行向中财委报送《关于建立中国农业银行的请示报告》开始，经国务院批准，1955 年 3 月 1 日，中国农业银行正式成立。实行五级建制，中央设总行，省一级设分行，专区一级设立中心支行，县一级设支行。县级以下设营业所。按照规定，中国农业银行总行归中国人民银行领导，同时受国务院第五和第七办公室领导，各分行受总行和同级政府领导，并受当地中国人民银行省分行的领导。其业务除了办理财政拨款和长期贷款以外，主要办理农村短期贷款，贷款对象限于生产合作组织和个体农民，贷款用途限于农业。包括发放贫农合作基金贷款和发放极贫户贷款。除此以外的一切农村金融业务仍由中国人民银行办理，由于在县以下的银行业务活动中，人民银行和农村银行工作很难分清，人员重叠，效率低下；同时部分农业银行县支行尚未建立，致使上下机构很难协调，所以，1957 年 4 月，国务院正式发出《关于撤销中国农业银行的通知》，撤销了农业银行的建制，将其人员、机构和业务并入人民银行。

第三次起落是在三年困难时期后，在贯彻国民经济“调整、巩固、充实、提高”方针中，国家为了加强支农资金统一管理和农村各项资金的统筹安排，防止发生浪费资金和挪用资金的现象，于 1963 年 10 月，中共中央、国务院颁发《关于建立中国农业银行统一管理国家支援农业资金的决定》，1963 年 11 月 9 日由全国人民代表大会常务委员会通过决议，批准建立中国农业银行，作为国务院的直属机构。这次中国农业银行的机构建立，从中央到省、地、县，一直设到基层营业所。其资金来源为中国人民银行原有的农业贷款资金的全额拨付。两年来，中国农业银行统一管理了国家支援农业的各项资金，对于发挥这些资金的使用效果，促进农业生产的发展起了积极的作用，但人、农两行分设以后，仍旧存在机构、人员重复的问题，1965 年 10 月，两行向中共中央、国务院报送《关于中国农业银行同中国人民银行合并的请示报告》，1965 年 11 月，在精简机构的形势下，经中共中央批准，中国农业银行与中国人民银行再次合并。

上述“三起三落”可以归为一个阶段，即改革开放前农业银行发展的曲折历程，改革开放后，为了加强对国家支农资金的管理，更好地运用农业贷款，为发展生产，促进农业现代化建设服务，1979 年 2 月，国务院决定恢复中国农业银行，下发了《关于恢复中国农业银行的通知》，并于 3 月 13 日正式成立，恢复后的农业银行业务范围有所扩展，不仅办理农村各项存款和农业各项贷款，而且办理农村的工业贷款、农副产品收购贷款和供销合作贷款。恢复后的农业银行作为国务院的直属机构，由中国人民银行代管。1983 年 9 月，国务院决定中国人民银行专门行使中央银行的职能，并确定中国农业银行作为国务院直属的局级经济实体，以办理农村金融业务为主，城市与农村金融业务结合。

1993 年 12 月，国务院《关于金融体制改革的决定》确定组建国家开发银行、中国进出口银行、中国农业发展银行三家政策性银行，同时提出要把国家专业银行（中国农业银行、中国工商银行、中国人民建设银行和中国银行）办成真正的国有商业银行。1994 年，中国农业银行制定了《1995—1997 年改革与发展纲要》，确立了向商业银行转变的目标，明确了改革和发展战略。在经营管理方面，一是改“四级管理、一级经营”模式为“四级经营”。二是组建总行营业部；在信贷资金管理方面，是逐步推行资产负债比例管理，是建立信贷资产风险管理体制；在业务范围方面，一是大力拓展中间业务。农业银行利用电子网络优势开办了汇票、本票、支票、汇兑、托收承付、委托收款和信用卡等各类结算业务代理太平洋保险、平安保险公司等的保险业务，代收代付业务也得到了发展等。二是国际业务有了长足发展。主要表现在：外汇存款稳步增加，外汇信贷业务管理明显加强，国际结算管理能力显著提高，境外合资机构有了实质性发展，引进外资取得了突破性进展。三是信息咨询业务兴起。

2004 年，农业银行将全行涉农贷款归口农业信贷部门管理，理顺了涉农贷款管理体制。2005 年，根据农业产业化、工业化、城镇化和城乡一体化发展趋势，农业银行成立小企业业务部，加强对县域内小企业的支持力度。2007 年中，农业银行提出了旨在以县域为营销重点的“蓝海”战略，制订了《农业银行服务“三农”的整体实施方案》，并从 10 月开始在 8 家省、自治区、直辖市分行开展“三农”金融服务试点，并于 2008 年又增加了 6 家省、自治区分行试点。2008 年 1～6 月，农业银行累计投放涉农贷款 3 789 亿元，截至 6 月底，全行涉农贷款余额 1.36 万亿元，比年初增加 881 亿元，初步扭转了多年来涉农贷款徘徊不前的局面。

2. *中国农业银行改革成就和存在的问题*　中国农业银行经过 50 多年的改革和发展，现在已成为资金实力雄厚，服务领域广阔，并能提供综合性金融服务的国有商业银行。至 2002 年末，其资产总额 29 765.66 亿元，所有者权益 1 360.40 亿元，在英国 2003 年第 7 期《银行家》杂志全球 1 000 家大银行一级资本排序中位居 25 位，已跻身于世界大银行的行列。

但是我们还应该看到，囿于我国经济体制的影响，我国农业银行在向商业银行转化的过程中，自身面临这一系列困境：一是两业不分。比如农业银行仍有部分贷款具有政策性贷款性质（如对供销社的贷款、一部分农业贷款），农业银行的日常经营也无法完全避免地方当局的干预，这是其资产质量在四大国有商业银行中相对较低的主要原因。二是农村金融机构业务趋同，不能适应农村不同经济层次发展的需要。三是产权制度存在的严重弊端仍然没有得到根本改观，表现在：所有权主体单一，所有者虚置；产权残缺；层层代理导致所有者软约束；这些造成了中国农业银行长期以来激励机制不强，约束机制不硬，风险机制缺位，发展机制弱化，自主经营，自负盈亏，自担风险，自我约束无法真正实现。因此，必须对其产权制度进行创新（顾巍，2001）。

**（四）中国农业发展银行**

1. *中国农业发展银行发展历程*　中国农业发展银行是中国农村金融领域唯一一家政策性银行，组建以来，在支持农副产品收购、农村经济发展、农民增收、确保国家粮食安全方面做出了巨大贡献。

1993 年 12 月，国务院下发《关于金融体制改革的决定》要求通过改革逐步建立在中国人民银行统一监督和管理下，中国农业发展银行、中国农业银行和农村金融组织密切配合、协调发展的农村金融体系。并明确中国农业发展银行的资金来源主要是：对金融机构发行的金融债券；财政支农资金；使用农业政策性贷款企业的存款。

1994 年 4 月，国务院批准并成立了中国农业发展银行，其职责主要是筹集农业政策性信贷资金，承担国家规定的政策性金融业务，代理财政性政策性支农资金的拨付，并专门负责管理农副产品收购贷款等业务。同年 11 月正式运营，在机构设置上实行总行、一级分行、二级分行、支行制，在管理上实行总行一级法人制，总行行长为法定代表人；系统内实行垂直领导的管理体制。1995 年 4 月完成省级分行的组建，1996 年 8 月至 1997 年 3 月末，按照国务院《关于

农村金融体制改革的决定》增设了省以下分支机构，形成了比较健全的机构体系，基本实现了业务自营。截止到2006年年底，除总行及总行营业部外共设立省级分行30个；地(市)分行(含省级分行营业部)330个，地(市)分行营业部210个，县(市)支行1 600个，县级办事处3个。

1998年3月，国务院决定将中国农业发展银行承担的农业综合开发、扶贫等专项贷款业务，以及粮食企业加工和附营业务贷款划转有关国有商业银行，中国农业发展银行专门履行粮棉油收购资金封闭管理职能。2002年，为适应农业经济结构调整和粮棉流通体制改革政策要求，经国务院批准，中国农业发展银行对业务经营种类进行适当调整：一是开办粮食购销企业与加工企业联营业务试点；二是开办粮食合同收购贷款业务；三是将种子企业收购种用大豆列入农业发展银行的贷款范围；四是将新疆生产建设兵团出口棉花所需收购资金贷款纳入贷款范围；五是从2002年8月起，开办国家储备肉活体储备贷款业务。经过一系列的调整，中国农业发展银行资产负债结构逐步改善，业务经营状况总体良好。2002年，中国农业发展银行实现利润总额11.2亿元，年末各项贷款余额达7 366亿元。

2004年9月，农业发展银行在开办粮棉油产业化龙头企业贷款业务的基础上，进一步将该项业务的贷款对象范围扩大到农、林、牧、副、渔范围内从事生产、流通和加工转化的产业化龙头企业，并开办农业科技贷款业务。2006年12月，农业发展银行开办农村基础设施贷款和农业综合开发贷款。同时，在人民银行的推动下，农业发展银行资金来源也适当拓宽，2004年起开始市场化发债筹资，并通过开办同业拆借、组织企业存款、与邮政储蓄办理协议存款等方式开展市场融资，逐步摆脱对中央银行在贷款的依赖，降低资金成本，改善负债结构。

*2. 中国农业发展银行改革成就和存在的问题* 中国农业发展银行的经营目标是“办好农村政策性银行，大力支持农村经济发展”，但显然农业发展银行的经营现状和这个目标有所偏离。因为农业发展银行现在只是投身于粮棉油收购，对于“大力支持农业发展”尚有不足，根据《中国农业发展银行章程》，中国农业发展银行的主要任务是：按照国家的法律、法规和方针、政策，以国家信用为基础，筹集农业政策性信贷资金，承担国家规定的农业政策性金融业务，代理财政性支农资金的拨付，为农业和农村经济发展服务。中国农业发展银行的成立改变了我国农业政策性金融业务被分割在四家国有银行的局面，初步实现了我国农业政策性金融业务和商业性金融业务的分离。1998年由于我国粮食流通体制改革的需要，国务院将有关开发性业务剥离。此后，农业发展银行就专门负责粮食收购资金的封闭运行工作，为我国粮食储备体系建设和农业以及农村经济的发展做出了较大的贡献。但现阶段农业发展银行存在以下较为严重的问题。

首先，其资金来源单一。农业发展银行自成立以来，除财政拨付资金外，其资金来源主要是中国人民银行的再贷款，自1997年至2000年，农业发展银行向中国人民银行借款余额占其资金来源总量的比例每年都超过80%，1997年更是达到了91%，该项借款是有偿的，如何还本付息，也成了一大问题。而其符合规定的其他资金来源比如发行债券和吸收存款则比例非常小，从1996年至2005年发行债券的年份只有5年，总额为1 398亿元，只占1998年7 094.6亿元贷款余额的19.70%，还不到1/5。存款以2003年为例，财政存款仅占4.32%，客户存款只有4.19%。1994—1997年，农业发展银行平均每年向中央银行借款1 278亿元、1998年603亿元、2000年净还款49亿元，2001年净借款44亿元，2002年净还款108亿元。虽然，农业发展银行向中央银行的再贷款量在逐步减少，但是债券发行和存款还是不足以成为农业发展银行资金的主要来源，并且农业发展银行向央行的借款数额巨大，甚至会影响到人民银行货币政策的独立性和有效性(张泽、白广玉，1997)。

其次，农业发展银行的业务范围过于狭窄。中国农业发展银行实际上仅是单纯的粮棉收购贷款银行，由于我国粮食流通体制改革和市场化进程的加快，农业发展银行粮油贷款业务萎缩的迹象十分明显。而粮食流通体制市场化之后，国有粮食购销企业垄断粮食购销的局面将被彻底打破，其他经济主体也可参与到这个市场中来。这就必然导致这些粮食收购企业市场份额下降，业务量下降，市场份额下降，贷款需求也随之下降；另外，其他企业参与进来之后，其他金融机构也可以向其提供购销贷款，农业发展银行独家供应粮油贷款的地位也不复存在。而面临其他金融机构的竞争，农业发展银行的行政命令显然是无效的，又不能提供多种金融服务，原有的客户也可能出现大面积的流失。农业发展银行局限在这种单一的业务上，没有多种经营，因此贷款业务的萎缩不可避免，农业发展银行面临“失业”的危险。

此外，农业发展银行还存在着治理结构不科学、运行机制不健全、监管机制亟待完善、经营业绩较差，机构臃肿、人员过多，资金来源的短期性和贷款的长期性之间的矛盾等问题。

针对上述问题，农业发展银行研究制定的《中国农业发展银行2005—2007年内部综合改革纲要》，明确了其内部综合改革的基本目标、主要任务和具体措施：包括调整组织机构，建立精简高效合理的组织体系；深化劳动用工制度、干部人事制度及收入分配制度三项改革；区分政策性业务和商业性业务，实行分类管理、分别考核。在职能上：扩大业务范围，除发放政策性贷款外，还发放商业性贷款；开办“政府信用协议”贷款；对现有贷款品种进行创新，开展农业小额信贷贷款试点等。农业小企业贷款在试点行取得了较好的运作绩效，截至2006年10月底，作为全国农业小企业贷款试点业务的重点联系行和江西省农业小企业试点重点行，农业发展银行赣州分行对95户农业小企业发放贷款17 765万元，比2005年年末增长136.17%。

但是，由于农业发展银行历史包袱沉重，上述改革只能治标，不能解决农业发展银行设立的根本目的。针对农业发展银行改革的问题，有学者或政府管理者主张对其简单地撤并或重组，甚至取消，何广文认为：农村政策金融制度创新是不能通过简单的机构撤并来完成的，因而中国农业发展银行与中国农业银行、农村信用社基层机构甚至是与国家开发银行的类似合并与重组，都不能完成中国农村政策金融组织制度的创新。而应该将农业发展银行改组为农村信贷担保银行，为政府推动的项目信贷计划提供贷款担保，发挥政策性金融的倡导扶持作用，而不是单纯地去执行补贴性信贷项目计划。并且为配合农村信贷担保银行的运作，还可以成立其他一些商业化操作的专业化政策银行，如扶贫开发银行、农村中小企业信贷银行或中小企业信贷担保银行、区域性农村开发银行和西部开发银行等。

**(五)中国邮政储蓄银行**

*1. 中国邮政储蓄银行发展历程* 中国邮政储蓄始办于1919年。新中国成立后很长时间内，邮政储蓄业务被停办，直至1986年1月，在国务院的主持下，邮电部与中国人民银行分别以投资者和业务监管者的身份，联合签署了《关于开办邮政储蓄的协议》，同年3月，邮电部成立了邮政储汇局，各省、自治区、直辖市邮电管理局也成立了相应机构。1986年底通过《中华人民共和国邮政法》，使邮政储蓄业务合法化，从此邮政储蓄遍布全国，成为农村开展储蓄业务的一支重要力量。

1990年邮电部自办邮政储蓄，其存款改为全额转存中国人民银行。邮政储汇局主要靠存款转存利息差作为自身的盈利收入。2003年8月1日，邮政储蓄存款实行革新，此后新增的

储蓄存款资金由邮政局自主运用，原有约8 290亿元存款继续按4.131%的利率转存人民银行。2005年7月25日，国务院常务会议批准《邮政体系改革方案》，邮政储蓄银行正式筹备，2005年12月，中共中央、国务院在《关于推进社会主义新农村建设的若干意见》中提出要“扩大邮政储蓄资金的自主运用范围，引导邮政储蓄资金返还农村”。

2006年3月19日，经中国银监会批准，福建、陕西和湖北三省试点邮政储蓄定期存单小额质押业务，向城乡居民特别是广大农民提供资金融通服务。所谓小额质押贷款业务，是指向借款人发放的、以未到期整存整取定期人民币储蓄存单为质押担保，且到期一次性收回本息的贷款业务。小额质押贷款业务是邮政储蓄恢复开办以来首次推出的零售信贷业务。截至2007年3月，中国邮政储蓄银行邮政储蓄在全国31个省、214个地市、903个市县、1 901个网点开办了小额信贷业务试点工作，其中农村网点1 264个；已累计发放贷款4.88万笔，放款金额为17.1亿元，其中66.96%左右是在农村地区发放的；贷款余额超过了4.7亿元。此外，邮政储蓄银行还试办了小额信贷业务，但规模很小。

2006年12月，银监会正式批准由中国邮政集团以全资方式出资建立邮政储蓄银行。2007年3月，邮政储蓄银行总行正式挂牌成立。注册资本为200亿元，全国邮政储蓄存款余额达1.7万亿元，规模居全国第五位。随后，银监会批准邮政储蓄银行在全国筹建36家一级分行(包括31家省级分行和5家计划单列市分行)及其所属的20 405家分支机构，全面放宽其业务范围，允许其经营《商业银行法》规定的各项业务。

2. *中国邮政储蓄银行改革中存在的问题*　邮政储蓄银行改革发展中遇到的最大问题就是：如何在控制经营风险的前提下做大资产业务。长期以来，邮政储蓄被诟病最多的就是“只存不贷”造成的农村资金外流问题。2007年邮政储蓄银行成立之后，瞄准零售银行业务，开展小额贷款零售等业务，建立了资金回流的渠道，但是与邮政储蓄在农村的吸储规模相比，资金回流的速度和规模还远远不够。目前，邮政储蓄银行虽已开办小额信贷、银团贷款等业务，但对其而言，资产业务毕竟是一个全新的业务领域，现有的人员构成、知识结构以及运作方式，尚不足以支持大规模开展贷款业务。

### (六)新型农村金融机构

1. *新型农村金融机构出现的背景*　2003年以来，各地区围绕新一轮农村金融改革的要求，积极探索各种类型的金融组织和机构创新。2006年12月，银监会印发了《关于扩大调整放宽农村地区银行业金融机构准入政策，更好支持社会主义新农村建设的若干意见》(以下简称《意见》)，稳步推进农村金融机构试点工作。随后，村镇银行、贷款公司和农村资金互助社等一大批新型农村金融机构相继成立，农村金融市场结构发生积极的变化。

《意见》在准入资本范围、注册资本限额、投资人资格、业务准入、高级管理人员准入资格、行政审批、公司治理等方面均有所突破，但最为重要的突破在两项放开：一是对所有社会资本放开，境内外银行资本、产业资本、民间资本都可以到农村地区投资、收购、新设银行业金融机构；二是对所有金融机构放开。

《意见》对市场准入的资本要求：在县市设立村镇银行，其注册资本不低于人民币300万元；在乡镇设立村镇银行，其注册资本不低于人民币100万元。在乡镇新设立信用合作组织，其注册资本不得低于人民币30万元；在行政村新设立信用合作组织，其注册资本不得低于人民币10万元。商业银行和农村合作银行设立的专营贷款业务的全资子公司，其注册资本不得低于人民币50万元。

2. 村镇银行　2006年底《意见》颁布后，银监会很快于2007年1月印发了《村镇银行管理暂行规定》、《村镇银行组建审批工作指引》、《贷款公司管理暂行规定》、《贷款公司组建审批工作指引》、《农村资金互助社管理暂行规定》和《农村资金互助社组建审批工作指引》，以加强对新型农村金融机构的监督管理，规范其组织和行为。

根据《村镇银行管理暂行规定》，村镇银行是指经中国银行业监督管理委员会依据有关法律、法规批准，由境内外金融机构、境内非金融机构企业法人、境内自然人出资，在农村地区设立的主要为当地农民、农业和农村经济发展提供金融服务的银行业金融机构。

为防止"先天不足"和少走弯路，《村镇银行管理暂行规定》还做了如下限制性规定：村镇银行最大股东必须是银行业金融机构。最大银行业金融机构股东持股比例不得低于村镇银行股本总额的20%，单个自然人股东及关联方持股比例不得超过村镇银行股本总额的10%。任何单位或个人持有村镇银行、农村合作金融组织股份总额的5%以上的，应事先经过监管机构批准。

2007年3月，第一家村镇银行——四川仪陇惠民村镇银行成立。2007年12月，经银监会批准，国内第一家外资村镇银行——湖北随州曾都汇丰村镇银行有限责任公司正式开业。截至2007年底，全国共有村镇银行19家，注册资本金从800万元到上亿元不等，设立主体包括国家开发银行、农村信用社、汇丰银行等中外资银行类金融机构。村镇银行的设立是中国银行业市场准入政策的重大突破，同时也是农村金融组织模式的一次大胆创新，标志着我国农村金融改革进入新阶段，必将对中国新兴银行业金融机构的组建产生良好的示范效应。其设立的意义：一是增加了农村金融供给的新渠道；二是有利于竞争性农村金融市场的构建，对正规金融的经营管理产生压力；三是加快农村金融服务三农的改革步伐（中国农村金融学会，2008）。

3. 贷款公司　是指经中国银行业监督管理委员会依据有关法律、法规批准，由境内商业银行或农村合作银行在农村地区设立的主要为县域农民、农业和农村经济发展提供贷款服务的非银行业金融机构。是由境内商业银行或农村合作银行全额出资的有限责任公司。

贷款公司可办理各项贷款、票据贴现、资产转让、支付结算、银监会批准的其他资产业务；贷款的方向主要用于支持农民、农业和农村经济发展；发放贷款坚持小额、分散的原则，提高贷款覆盖面，防止贷款过度集中；对同一借款人的贷款余额不得超过资本净额的10%，对单一集团企业客户的授信余额不得超过资本净额的15%。

2005年底，中国人民银行主导的"只贷不存"小额贷款公司在山西、陕西、四川、贵州、内蒙古5个地区开始局部试点。2005年12月，山西晋源泰小额贷款公司正式成立，是中国第一家挂牌营业的商业性小额贷款公司。自成立至2007年底，试点小额贷款公司共计发放贷款3.9亿元。7家小额贷款公司已有6家盈利，经营利润共计1 682.29万元（中国人民银行，2007）。以山西省平遥县的"日升隆"小额信贷公司为例，截至2007年公司累计发放的贷款10 223万元，贷款余额为3 757.1万元，利息实收率为100%，不良贷款率为零，贷款已辐射到平遥县所有乡镇70余个行政村，目前有存量贷款户723户，主要是种植业、养殖业、农户以及其他涉农流通行业的客户（《第一财经日报》，2008）。银监会合作金融监管部主任臧景范2009年在出席汇丰—清华"中国农村金融发展研究"项目成果研讨会后透露，小额贷款公司转制为村镇银行的相关规定将于近期出台。这意味着，符合条件的小额贷款公司未来将有机会获得金融牌照。臧景范透露，转制的基本条件是开业三年以上，连续两年盈利，且贷款的结构必须是小额贷款，要为农民服务，为小企业服务等。而按照该标准，目前暂时尚无符合转制条件的小额贷款公

司。臧景范还透露，央行和银监会不久前针对小额信贷发放的主体、对象、利率等发布了一份指导意见，将自主权下放给了机构，而不再统一划线要求。

4. *农村资金互助社* 是指经中国银行业监督管理机构批准，由乡(镇)、行政村农民和农村小企业自愿入股组成，为社员提供存款、贷款、结算等业务的社区互助性银行业金融机构。农村资金互助社是独立的企业法人，对由社员股金、积累及合法取得的其他资产所形成的法人财产，享有占有、使用、收益和处分的权利，并以上述财产对债务承担责任。农村资金互助社以其社员股金和在本社的社员积累为限对该社社员承担责任。

农村资金互助社以吸收社员存款、接受社会捐赠资金和向其他银行业金融机构融入资金作为资金来源；资金主要用于发放社员贷款，满足社员贷款需求后确有富余的可存放其他银行业金融机构，也可购买国债和金融债券。此外，还可以办理结算业务，并按有关规定开办各类代理业务。

2007 年 3 月，全国首家全部由农民自愿入股组建的农村合作金融机构——吉林省梨树县闫家村百信农村资金互助社正式挂牌营业。

村镇银行、贷款公司、资金互助社这些新型农村金融机构的建立，是中国农村金融体系改革的重大创新。截至 2007 年底，共有 31 家新型农村金融机构开业，其中，村镇银行 19 家，贷款公司 4 家，农村资金互助社 8 家：资产总额 7.67 亿元，累计发放贷款 3.98 亿元，提升了其所在地区"三农"的金融服务水平。截至 2009 年，已经获准设立开业的新型农村金融机构达到 114 家，这些机构吸纳股金 42 亿元，发放贷款 60 多亿元，其中农户贷款和小企业贷款率 92%(臧景范，2009)。新型农村金融机构的不断发展壮大，必将促进我国农村金融体系的完善和农村金融服务水平的提高，促进城乡金融和城乡经济的协调发展，也必将促进农民收入水平的稳步提高，逐步缩小城乡差距，有利于和谐社会的构建。

## 三、中国农村非正规金融

### (一)民间金融

1. *民间金融概念界定* 何为民间金融，已有的文献虽然没有形成统一的认识与清晰的界定，但较多的研究，均是从法律特征和金融监管角度的界定，将之称为民间借贷、体制外金融、非正式金融、非制度金融。在国外的文献多将之界定为"非正式金融"(Informal Finance)，是指在政府批准并进行监管的金融活动(即正规金融)之外所存在的游离于现行制度法规边缘的金融行为。民间金融的形式主要有：民间集资、私人借贷、合会①、银背②、私人钱庄、非银监会推动的资金互助合作组织(农户或地方政府或中央有关部门建立的资金互助社)、农村合作基金会等。

2. *民间金融普遍存在的原因* 民间金融在农村地区是一种非常普遍存在的现象，不但经济落后的中西部地区存在，经济发达的沿海农村地区也十分常见，甚至比经济落后地区更为活跃。根据中国农业大学课题组对浙江、安徽等 7 省 21 个县市 365 个农户的调查，在 1996—

---

① 合会：合会包括互助会、帮会、标会、呈会、成会、摇会、都会、抬会、跟会、搭会等。它是协会内部成员的一种共同储蓄活动，是成员之间的民间借贷和资金互助，同时涉及了储蓄服务和信贷服务，在其内部实行自治和民主管理自愿参与，进入和退出自由

② 银背：指在民间借贷市场上，为放贷者和借贷者提供中介服务的人或组织

1998年连续3年中，农户借款来自民间借贷的超过70%，来自农村信用社的不足20%（姜长云，2002）。曹立群的计算结果表明，1995—1999年银行、信用社等正式金融机构提供的贷款在农户借款总额中占20%～25%，而民间借款占到70%左右（曹立群，2001）。而朱守银等人对传统农区进行的调查显示：在调查户发生的524笔借款中，没有一笔借款来自商业银行，来自农村信用社的有84笔，仅占16%，而民间借贷有414笔，占79%；从借贷资金量看，民间借贷也占近80%，农村信用社只占15%（朱守银，2001）。据国际农业发展基金的研究报告，中国农户来自民间市场的贷款大约为来自正式信贷机构的4倍（IFAD，2001）。从这些调查报告中，我们不难看出，我国农村贷款的主要来源是农村民间金融部门。对于很多地区的农户来说，民间金融市场的重要性要远远超过正式金融市场。

正规金融在某些地区的缺失，或者正规金融由于业务制度、流程、交易条件等方面的限制，以及体制、法律方面的缺陷，难以满足广大农村地区的金融服务需求，就会导致民间金融的兴起和繁荣。因此从根本上说，民间金融的活跃，主要原因还在于法律、制度供给不足。江曙霞（2001）认为：中国地下金融产生于经济体制转轨时期，是为克服相对滞后的金融体制改革的缺陷而由民间自发创造的旨在改变原有资金流动格局，以促进私人部门发展的一项制度供给，它是由中国金融二元主义制度安排，金融抑制造成的。金融深化到一定阶段，非正规金融最终将与正规金融融为一体，因此具有临时性质和过渡性质，必然要为正规的制度安排所取代。

此外，民间非正规放款者之所以具有广阔的生存土壤，在于它在以下方面比正规放款者更有优势，表现在：①客户信息更充分，更了解客户。②可以接受一些正规放款者无法接受的非货币性的贷款抵押，如土地使用权抵押、劳动抵押、农户房屋抵押、田间未收割的青苗抵押、未采摘的林果抵押、活畜抵押等。③往往对一个固定的客户群体放贷，而且向其成员重复放贷。④交易的互联性使信贷更容易建立，非正规放贷者与借贷者之间的信贷交易，往往可能是它们在土地、劳动或产出市场上的交易的关联交易，信贷交易的条件取决于在其他市场上的交易条件，信贷风险较小。

**（二）农村合作基金会**　是在20世纪80年代中期家庭联产承包责任制导致人民公社解体后，各地在对集体资产清理整顿过程中，实行“清财收欠，以欠转贷”的背景下产生的。资金来源以集体资金为主，并吸收农户资金入股，贷款对象主要是村内或乡内的农户。1992年末，全国建立的农村合作基金会在乡镇一级已达1.74万个，村一级达11.25万个，筹集资金164.9亿元，相当于当年全国农村农户人民币储蓄额的5.75%（成思危，2005），自1994年开始，农村合作基金会以代管金的名义吸收短期存款，并向乡镇企业提供大额贷款，由于其存贷款的利率都比农村信用社高，各地供销社、民政部门、劳动和社会保障部门等机构纷纷加入创办基金会、股金会的行列，并参与高利贷信贷市场的恶性竞争，导致金融秩序混乱，甚至出现小规模挤兑风波。1994—1996年，中国人民银行开始对农村合作基金会进行治理整顿。

1997年11月，国家开始对合作基金会进行全面整顿，由于政策突然趋紧，农村合作基金会长期以来积累的矛盾集中凸显，1998年各地普遍出现挤兑，四川、河北等地甚至出现较大规模的挤兑风波。1999年1月，国务院发布《清理整顿合作基金会工作方案的通知》（国办发[1999]3号），正式宣布全国统一取缔农村合作基金会，同时进行清产核资，冲销实际形成的呆账，对符合条件的并入农村信用社，对资不抵债又不能支付到期债务的予以清盘、关闭。同时，针对部分农村地区的高利借贷现象，2002年1月，中国人民银行发布了《关于取缔地下钱庄及打击高利贷行为的通知》，要求各分行、营业管理部严格按照国务院关于《非法金融机构和非法

金融业务活动取缔办法的规定》，依法取缔辖区内的非法金融机构和非法金融业务活动，严格规范民间借贷行为。

## 四、中国农村其他金融服务

### （一）小额信贷

1. 小额信贷的概念　国际社会普遍认为小额信贷是一种成功的扶贫方式、是一种关注中低收入群体发展的信贷手段。在 Morduch(1997)的研究中，小额信贷被认为是一种向贫困农户直接提供较高利率的无资产担保的小额贷款，并保持了高还贷率的扶贫到户方式。杜晓山、孙若梅(2000)认为小额信贷是指专向低收入阶层提供小额度的持续的信贷服务活动，认为各种模式均包含两个基本层次的含义：一是为大量低收入（包括贫困）人口提供金融服务，即一定规模的展开和服务于目标群体层的含义；二是保证机构自身的生存与发展，即机构持续性的含义。何广文认为，小额信贷是一个带有商业可持续和社会发展目标双重价值观的社会产业，又称微型金融，是指为中低收入阶层、没有享受到金融服务或没有充分享受到金融服务的群体提供的金融服务。

2. 小额信贷的兴起　国际上公认的小额信贷的创始人是来自孟加拉的穆罕默德·尤努斯教授，尤努斯教授从给一些制作竹凳的妇女提供小额信贷做起，不断努力，并在 1983 年开始建立格莱珉乡村银行，如今，格莱珉银行已遍及孟加拉国的大多数村庄，借款户近 700 万人，其中 97%是妇女，有 80%的穷人家庭获得过该行的小额信贷，贷款总额近 60 亿美元，还款率高达 99%，58%的借款人生活达到了贫困线以上。这使得格莱珉银行从 1995 年起就不必再接受捐赠，目前该行的存款和自有资产是其所有贷款余额的 143%，完全做到了自负盈亏。该银行除 1983 年、1991 年、1992 年 3 个年份外，每年都赢利。尤努斯的目标是，到 2010 年，让所有的穷人家庭都能得到格莱珉银行的小额信贷。因为小额信贷事业为减少世界贫困所作出的杰出贡献，尤努斯本人获得 2006 年诺贝尔和平奖。

如今，尤努斯创办的小额信贷业务已经成为许多国家的效仿对象和盈利兼顾公益的标杆。其模式在亚非拉各洲的 100 多个国家得到不同的创新和发展：其中运作比较良好的有很多，以印度尼西亚人民银行的农村信贷部和玻利维亚的阳光银行为例，两者都经过市场化或商业化的成功转型，成为该国发展农村金融、为农户提供小额信贷帮助他们提高收入、发家致富的中坚力量。

3. 小额信贷的特征

(1)格莱珉银行小额信贷的机制优势　主要体现在它通过特殊的放贷模式设计克服了传统小额贷款的信息不对称及道德风险问题。小额信贷的机制具有如下 4 个特点：①有效地利用了市场机制的作用。采用市场化的利率、相当的规模、资金快速周转、有效的成本核算等手段，成功地向农村人口提供短期、小额的信贷资金服务，入户率高、还贷率高、资金周转率高，使农户和金融机构利益共享。②吸收民间非正式信贷的优点，外化机构成本，充分利用社会压力，替代抵押担保。③小组联保在一定程度上自动地筛选并排除了高风险贷款者(Ghalak，1999)。④小额信贷中贷款的连续发放对贷款农户与放款机构来说形成了一种连续博弈，对农户形成了激励约束机制，降低了信贷风险（刘晓昀、叶敬忠，2002）。

(2)小额信贷的经营战略　小额信贷不仅向农村人口提供了有效的金融服务，而且针对贴息贷款在机构财务上和国家财政上的不可持续性，选择了机构可持续发展的经营战略：①商业利率战略。通过向客户收取可以覆盖资金成本和管理成本的利息，加快资金周转速度，使机构逐渐收支平衡。②贷款用户规模战略。通过扩大贷款用户规模以降低管理成本。③风险最小化战略。充分利用农村地区的社会资本，采用替代抵押担保的非正式信贷保证方式降低风险发生的可能性。④参与性战略。通过让信贷客户参与贷款的监督和实施过程改善贷款质量，降低管理成本和交易费用(高鸿宾等，1997)。

小额信贷对可持续性的追求带来了小额信贷的快速发展，越来越多原来从事小额信贷业务的非政府组织开始寻求融入正规金融体系，而正规金融组织也开始逐渐的引入小额信贷业务，小额信贷正规化已经成为国际小额信贷新的发展趋势。

4. 小额信贷在中国的发展历程　中国小额信贷的发展可以追溯至20世纪80年代联合国妇女发展基金会的小企业贷款；始于1984年被称为“礼品传递”的国际小母牛项目，主要在中国西部贫困地区，资助人均收入低于当地平均收入的农户；1989年人口基金会开始在甘肃、青海和宁夏某些县实施的“妇女人口与发展”项目；此外还有国际农业发展基金和香港乐施会的一些项目等。

孟加拉GB小额信贷模式于1993年，由中国社会科学院农村发展研究所在福特基金会和孟加拉乡村银行的资金和技术支持下引进中国，起初小额信贷只是国际援助机构和国内NGO针对中国政府1986年开始的扶贫贴息贷款计划问题进行的一种尝试。其目标是探索孟加拉GB模式在中国的可行性，包括中国小额信贷服务和小额信贷扶贫的可行性、操作模式以及政策建议等内容。在1994年开始实施一项名为“行动—研究计划”的小额信贷项目，至1995年11月，分别在河北省易县、河南省虞城县和南召县建立起3个扶贫社，并比较强调严格按照乡村银行的方法操作，在实行过程中根据中国的实际情况对某些原则做了适当改变，但乡村银行多年行之有效的制度基本上被保留下来(何广文，2008)。从而使项目得以快速且有效地运作起来，并且取得初步的成功。

伴随着社会科学院“扶贫社”项目所表现出的成功，小额信贷在社会上引起了比较大的反响，推动了一些国内和国际机构在中国支持和推行小额信贷工作。国内如著名经济学家茅于轼在山西一些乡村建立的小额信贷发展基金的实践；国外如联合国开发计划署的四川仪陇县小额信贷扶贫项目，国际粮食计划署、联合国儿童基金会、加拿大国际开发署等国际机构也纷纷参与其中。这些项目遍及西部各省、自治区的几十个县。另一方面，国家的扶贫机构和正规金融机构(如农业银行、农村信用社)也纷纷参与到小额信贷扶贫的活动中来，使得小额信贷在中国的发展出现了一个重要的转折。

小额信贷在扶贫领域内取得了可喜的成功，而在“贫困人口”之外，还存在着大量的低收入者，以广大农户为主，他们也面临着资金的约束，难以发展生产和改善其生活状况，因此，迫切地需要新的体制创新出现(何广文，2008)。1999年7月，中国人民银行下发《农村信用社农户小额信贷管理暂行办法》，开始在部分省、市的农村信用社试点推行农户小额信贷和农户联保贷款业务。2001年底，中国人民银行再次颁布了《农村信用社农户小额信用贷款指导意见》，明确要求各地农村信用社适时开办农户小额信用贷款，简化贷款手续，方便农民借贷，2002年开始普遍推行。2002年全国有30 710个信用社开办了小额信贷业务，占92.6%，辖区内25%的农户获得了贷款支持，当年发放农户小额信用贷款967亿元，年底余额754.7亿元；发放农户联保贷款475.1亿元，年底余额253.3亿元。农村信用社成为农村小额信贷的主体。

农村信用社的小额贷款仅仅是在现有机构内部进行的改革和创新。从2005年开始，中国

人民银行分别在贵州、四川、山西、陕西、内蒙古五省、自治区开展“只贷不存”小额信贷机构试点，正式推动了中国小额信贷正规化的发展之路，这是中国小额信贷发展历程中的大事，也是农村金融改革中的一个重大举措，这个试点对于中国的农村金融发展与小额信贷发展都具有重大意义。

2007 年进一步调整和放宽农村地区银行业准入政策后，中国邮政储蓄银行、村镇银行、农村基金互助社等新型机构也开始开展小额信贷业务。据银监会 2007 年底初步统计，仅全国农村金融合作机构的农户贷款余额达到 12 260 亿元。其中，农户小额信用贷款 2 038 亿元，农户联保贷款余额达到 1 351 亿元。获得贷款的农户达到 7 742 万户，占全国农户总数的近 60%，受惠农民超过 3 亿人(蒋定之，2008)。

5. *小额信贷存在的问题* 小额信贷事业在中国开展了十多年，虽然一些项目取得了一定的成功，但作为一项帮助穷人致富的事业，其实并没有得到各级政府和社会各界的广泛认可，小额信贷在中国的发展举步维艰。具体表现在以下几个方面。

(1)*作为模板的孟加拉乡村银行模式至今没有得到合法的地位* 一些国际非政府组织(NGOs)在中国开展的小额信贷，只能以项目的方式运作，一般 3～5 年，缺乏可持续性。据统计，在中国，以扶贫项目方式推进的 NGOs 小额信贷有 300 多个，但是，这些小额信贷，一是覆盖面比较小，二是自身的可持续性发展难度较大。比较大的机构和项目的覆盖面达到 5 000 户左右的农户，小的不到 1 000 户，其中能正常运行的不到 1/5(何广文，2008)。尤努斯在最近一次演讲中说道：在过去 12 年里，中国大约有 10 万人得到小额贷款，这个数字对于中国的贫困群体来说，1%都涵盖不到(温克坚，2009)。尤努斯认为：小额信贷在中国最大的障碍是法律框架问题，即如何修改法律，使小金融机构向农村提供金融服务。

(2)*缺乏发展小额信贷的政策环境* 小额信贷发展比较好的国家，政府都有一定的支持小额信贷长远发展的制度框架，不仅给予小额信贷机构明确的法律地位，而且对小额信贷要有宽松、灵活的非审慎外部监管框架(王曙光，2008)。小额信贷机构发展到一定阶段后，其金融服务范围可以扩大，直至可以开展存款、结算、代理、甚至是小额保险等多种金融产品。而在中国，不仅有各种各样的金融管制，比如市场准入、存款限制、利率限制等，还有无数的地方政府的土政策加以各种限制。仅以银监会出台的《村镇银行暂行管理规定》中规定为例：村镇银行最大股东必须是银行业金融机构。最大银行业金融机构股东持股比例不得低于村镇银行股本总额的 20%，单个自然人股东及关联方持股比例不得超过村镇银行股本总额的 10%……如果尤努斯的乡村银行一开始就受到这么多的条条框框管制，也不可能取得今天这么大的成就。

(3)*我国现存体制存在诸多弊端* 我国境内的 NGOs 在运作小额信贷的项目过程中，遇到很多令人困惑的现象。毫无疑问大多数国际组织来中国运作这些小额信贷项目是帮助中国解决农民脱贫致富问题的，所以，对于这项事业，我们的各级政府本来应该全力支持。可是现实却是：我国各级政府对这些项目由于缺乏了解、由于害怕、由于狭隘的地方保护，而对其经营范围、种类、方式、手段、市场准入等诸多方面进行限制，造成很多项目从一开始运作就缺乏做大做强的基础，只能小规模运行，最后往往由于缺乏后续资金而不得不勉强运作或停止运作。更让人啼笑皆非的是，很多地方政府为一己之利，对项目运作资金挤占挪用，甚至修建办公楼、购买轿车、吃喝玩乐等，这样的政府不会得到国际机构的长久信任与支持，中国的小额信贷事业也很难发展起来。

(4)*小额信贷事业所需要的社会环境和市场环境没有很好地搭建* 到目前，我国面临最严重的社会问题是城乡差距的问题。所以对“三农”问题再怎么关注都不为过！投入再多的资源都不为多！但是现实中，有很多人包括很多的政府官员，对农民缺乏最起码的感情，对“三农”事业的关注只是停留在口号和文件上，行动上采取不作为的态度！这样的结果，使得这么多年来农民的生活并没有多少切实的改善，中国的农村与城市相比依旧是同样的落后、贫穷！而改善这种状况最可行的办法是解决农村发展所需要的资金问题，这就需要建立各种各样的农村金融机构为农民提供各种服务。政府所需要做的仅仅是：搭建基本法律框架和必要的监管；提供充分的公共财政保障；采取广泛的农业保护政策和措施；理顺各种市场主体的关系，创造良好的市场环境和社会环境；而不是直接干涉市场主体的行为，更不能侵害农民利益、与农民或与服务农民的人或民间机构争权争利。

最后，需要指出的是，孟加拉乡村银行模式成功并不意味着在中国要进行全盘复制，各地要根据本地区的自然条件、社会、文化、经济状况因地制宜进行创新。

**（二）中国农业保险** 随着我国农村经济的不断改革和发展，中国旧的以政府救灾为主体的风险保障措施已不能适应农业、农民和农村发展的需要。由于农业生产具有天然的弱质性，以及农村市场化程度较低，再加上二元结构思维导致社会分配结构不合理，建立新的农业保险体系成为一项势在必行的工作。

*1. 农业保险的概念和分类* 农业保险是指对农业生产过程中因自然灾害或意外事故造成的经济损失提供经济补偿的一种保险。由于农业有狭义和广义之分，故农业保险在实践中也有狭义和广义之分。

狭义农业保险的保险对象仅为种植业和养殖业，常被称为两业险；广义农业保险的保险对象与范围涉及农业的整个生产过程。种植业保险包括农作物保险、林木保险。农作物保险按保险标的不同又被划分为粮食作物保险（水稻、小麦、玉米、制种等）、经济作物保险（如棉花、烤烟、油料作物等）、其他作物保险（如蔬菜、饲料作物等）；林木保险主要有森林保险、果蔬保险。养殖业保险主要有牲畜保险、家禽保险、水产养殖保险、其他养殖保险（养蜂、养蚕等）。此外，广义的农村保险还包括：农村医疗保险和意外保险、农村财产保险和责任保险、农村贷款担保保险等。

农业保险的特点是保险涉及范围大，受多重风险制约，如自然灾害、疫病、市场风险等；保险经营投入大、理赔率高；农业保险业扩展推广难度大等。

近年来城乡收入差距的增加也提出了一个严峻的问题，即农村居民是否愿意付费购买保险，以及他们能否担负得起现有保险市场上的保险产品。

*2. 我国农业保险的发展历程* 我国农业保险 1950 年开办，于 1958 年停办。1982 年 2 月，国务院指出应“积极创造条件，抓紧做好准备，逐步试办农村财产保险、畜牧保险等业务”。同年，中国人民保险公司恢复办理农业保险业务，陆续在一些省设立分支机构，开办多种种植业和养殖业保险。1982—1983 年，农业保险费收入从 23 万元增长到 173 万元，赔款支出从 22 万元增加到 959.1 万元，这一阶段于 1992 年达到顶峰，1993 年开始衰退萎缩。

1996 年以后，随着中国人民保险公司向商业性保险公司的转化，全国的农业保险发展缓慢。1996 年，我国农业保险保费收入为 5.7 亿元，而 2001 年只有 3 亿元，2002 年为 5 亿元。在此期间，我国经营农业保险业务的商业保险公司只有中国人民保险公司（PICC）和中华联合财产保险公司，经营的农业保险项目种类只限于种植业和养殖业。

随着农村经济的快速发展，农业保险的重要性日益显现。2003 年 11 月，保监会制定了

《建立农业保险制度的初步方案》，提出要逐步建立多层次体系、多渠道支持、多主体经营的农业保险制度。2004 年 3 月，国内第一家专业股份制农业保险公司——上海安信农业保险公司成立，采取“政府财政补贴推动，商业化运作”的模式经营。2004 年 10 月，法国安盟保险集团成都分公司正式开业，成为第一家进驻中国的外资农业保险公司。2007 年 4 月，10 亿元中央财政资金被正式注入内蒙古、吉林、江苏、湖南、新疆、四川等首批试点省(自治区)，保险对象为 5 大种植品种。6 省(自治区)主要农作物承保面积 1.48 亿亩，占试点地区播种面积的 70%。同时，生猪和能繁母猪保险取得明显成效，2007 年全国共承保能繁母猪 3 070 万头，超过全国存栏总量的 60%。截至 2007 年底，保险业开办的“三农”保险险种达 160 余种，保险公司服务网点基本覆盖了全国广大乡村，仅中国人寿、太平洋人寿和平安人寿三家寿险公司在县域地区的机构总数就达 4 380 多个，拥有农村网点(含保险站、所)16 087 个，网点延伸到全国大部分自然村，并培养了一大批农村保险队伍。农业保险覆盖全国 4 980.85 万(户次)农户，保险金额达到 112 618 亿元；保费收入达到 51.84 亿元，同比增长 514.95%。2007 年 5 月，国内主要经营农业保险的公司共同与中国再保险集团公司签订了政策性农业再保险框架协议，大大激活了农业保险市场。

**(三)农产品期货市场**

*1. 农产品期货市场的发展* 我国农产品期货市场始于期货市场的建立，1988 年 5 月国务院决定进行期货市场试点，并将小麦、杂粮、生猪、麻作为试点品种。1990 年 10 月 12 日，中国郑州粮食批发市场作为第一个农产品交易所正式开业，它是以现货交易为内容、引入部分期货交易机制的批发市场，交易商品以小麦为主，交易方式以现货批发合同为主，引进期货交易机制，开办远期合同交易，组织部分合同在场内有规则转让，并逐步向规范化期货市场过渡。1993 年 5 月，郑州商品交易所开业，标志着我国粮食产品市场从“批发市场”时代进入到了“期货交易所”时代。之后，受行业利益驱使，加之市场监管不力，交易所数量和交易品种迅猛增加，全国最多的时候出现了 50 多家交易所，市场交易品种达到 30 多种。农产品期货市场业经历了较快发展，交易品种最高时有近 20 种，部分大宗农产品期货在全国多家交易所同时交易。农产品期货交易量由 1993 年的 774 万手上升到 1995 年的 20 449.1 万手，两年时间上升了 25.4 倍。

为规范期货市场的发展，国务院和监管部门先后在 1994 年和 1998 年对期货市场进行了两次清理和整顿，只保留了上海、郑州和大连 3 家期货交易所，期货品种压缩为 12 个。其中农产品期货品种方面，上海保留了天然橡胶、籼米 2 个品种，郑州保留了绿豆、小麦、红小豆、花生仁 4 个品种，大连保留了大豆、豆粕、啤酒大麦 3 个品种。之后，农产品期货交易量与成交量都呈现明显下降趋势，至 2000 年期货市场总成交量只有 5 461.07 万手，不及 1995 年的 1/4(中国农村金融学会，2008)。

2000 年后，我国农产品期货市场逐步活跃起来。2003 年管理层批准优质强筋小麦和豆粕 2 个品种上市交易；2004 年棉花、玉米和黄大豆 2 号 3 个品种上市交易；2006 年白糖和豆油 2 个品种上市交易；2007 年 6 月菜籽油期货在郑州商品交易所上市。2007 年，菜籽油期货共成交 131.92 万手，总成交额达到 586.01 亿元，占全国期货市场总成交额的 0.14%。2007 年 10 月，大连商品交易所成功推出棕榈油期货，并于当年成交 67.84 万手，总成交额达到 592.2 亿元，占全国期货市场总成交额的 0.14 %。2007 年，随着菜籽油、棕榈油等新交易品种分别成功推出，全国期货市场交易额相对增长速度与绝对交易增量都实现了“飞跃性”发展，全国期货市场累计成交量 72 846 万手，累计成交额 40.97 万亿元，同比增长 62.06%和 95.06%。这是中国内地建立期货市场 15 年来，全国期货市场交易额首次超过中国 GDP，几乎比 2006 年翻了一番。2007 年，我国期货市场引起了国际同行的关注，部分农产品期货价格被纳入了世界信息统计体系（中国农村金融学会，2008）。

2. *农产品期货市场的积极意义和制约因素*　发展农产品期货市场，可以提高农民的市场意识，为农业生产提供保值工具，增强农民应对农业风险的能力，优化农业产业结构和农产品结构。此外，政府还可以利用农产品期货市场的价格信号，引导企业调整生产经营规模和方向，使其符合国家宏观经济发展的需要。

我国农产品期货市场发展的制约因素主要有：我国农产品期货市场上市新品种采取行政审批制，缺乏成文的审批标准及程序规定，不存在品种下市机制，增加了上市期货交易品种的复杂性和难度，所以农产品期货交易品种不多，与发达国家存在很大差距；期货市场投资主体尚需进一步完善，许多潜在的投资者人市积极性不高；期货市场专业性强，风险程度较高，社会各界对期货市场的认识尚不统一；农村市场信息闭塞；农产品期货市场自身还有一些不足等。

## 第二节　发展农村金融的构想

经过 60 年的风风雨雨，中国农村金融的基本框架已经搭建起来，为“三农”发展发挥了不可磨灭的作用。“三农”的进一步发展，需要更加有效的农村金融服务。从目前情况看，要能够更好、更有效地服务“三农”，还有不少工作要做。而第一步，就是要认清当前存在的问题。

### 一、当前中国农村金融发展中存在的问题

**（一）金融立法的滞后**　农村金融的健康发展，离不开法律的规范和保障。由于立法工作滞后，目前我国尚未制定农业投资和金融发展的专门法律，由此我国农村经济发展所需的资金投入得不到有效保障，农村金融发展缺乏良好的法制环境。虽然在《中华人民共和国农业法》中对农业投资有所规定，但其具体规范和制度内容比较抽象，缺乏可操作性，使得我国农业发展资金缺乏应有的保障。此外，农村金融机构发展缺乏专门的法律规范，近些年虽然我国的金融立法已经有了较快的发展，相继制定了《中华人民共和国银行法》、《中华人民共和国商业银行法》和《中华人民共和国银行业监督管理法》等，但是，目前还没有一部专门针对合作金融的法律，致使我国的农村信用社改革在姓农还是姓商之间举棋不定，同时限制了最方便为“三农”提供资金的中小金融机构的建立和发展。

此外，我国的农业保险缺乏具体的法律规范，民间金融缺乏相关法律规范，农村普遍金融服务缺乏相关法律要求等。

**（二）正规金融过度垄断，中小金融机构发展严重不足，致使农村金融供给失衡**　我国农村经济发展中，一方面普遍存在着农民因为贷款难，使生产、生活所需资金无法满足，以及大量农村中小企业融资难；一方面是农村地区金融服务机构网点不足，而且近年来，在市场化改革过程中，四家大型商业银行的网点陆续从县域撤并，从业人员逐渐精简，部分农村金融机构也将信贷业务转向城市，致使部分农村地区出现了金融服务空白。2007 年末，全国县域金融机构的网点数为 12.4 万个，比 2004 年减少 9 811 个。县域四家大型商业银行机构的网点数为

2.6 万个，比 2004 年减少 6 743 个；金融从业人员 43.8 万人，比 2004 年减少 3.8 万人。其中农业银行县域网点数为 1.31 万个，比 2004 年减少 3 784 个，占县域金融机构网点数的比重为 10.6%，比 2004 年下降了 2 个百分点。在四家大型商业银行收缩县域营业网点的同时，其他县域金融机构的网点也在减少。2007 年末，农村信用社县域网点数为 5.2 万个，分别比 2004 年、2005 年和 2006 年减少 9 087 个、4 351 个和 487 个。2004—2006 年，除四家大型商业银行以外的县域金融机构网点数年均下降 3.7%，其中经济发达的东部地区县域金融机构网点数年均下降 9.29%。截至 2007 年末，全国有 2 868 个乡（镇）没有任何金融机构，约占全国乡镇总数的 7%（中国人民银行，2008）。

实践表明，大型商业银行在农村地区提供金融服务不具备比较优势，其业务活动往往无法适应小农经济，也无法解决因严重的信息不对称而带来的高风险和巨额成本等问题。中国并不缺少大银行，但缺少贴近基层的中小金融机构，特别缺少根植于农村的微型金融组织。相对来说，贴近农户、符合农村基本需要的"小法人"更适合服务当地农户。

**（三）农村资金外流** 作为农村金融主力军的农村信用社从农村地区吸收的存款规模增幅明显高于发放的贷款规模增幅，对我国农村信用社 2001—2006 年存贷款数据可以得到初步的反映：从 2001—2006 年，全国农村信用社存差额由 5 292.28 亿元增加至 9 569.38 亿元，这部分存差主要被用于以下 3 个方面：一是上缴中央银行法定存款准备金。2006 年末，农村信用社的准备金存款高达 4 776.5 亿元。二是购买各种证券资产。2006 年末，农村信用社用于购买中央银行债券的资金为 246 亿元，购买政府债券的资金为 1 020.5 亿元，二者之和相当于信用社年末存款总额的 4.2%。三是同业拆出，包括存放商业银行和其他金融机构两项，2006 年分别为 3 134.1 亿元和 165.6 亿元，二者合计相当于信用社当年末存款总额的 10.9%，农村信用社对外投资和转存的这部分资金基本上流向城市，形成农村资金的流失除了由存差引起的资金流出外，农村信用社发放的贷款中还有一部分为"非农贷款"，这部分贷款没有用在农村和农业，因此也是资金外流的重要一项（中国农村金融学会，2008）。

目前，农村信用社的"非农化"和"城市化"发展加快，其贷款构成中为农村地区提供的信贷支持有减弱的迹象，这严重影响了农村资金的使用，形成农村信用社资金外流的新渠道。

邮政储蓄银行"虹吸"效应严重，使农村资金来源雪上加霜。从 1986 年邮政储蓄业务恢复至 2003 年 7 月，邮政储蓄存款一直转存人民银行。由于邮政储蓄只存不贷，通过遍布农村的邮政储蓄网点，吸收了大量农村存款。虽然近年邮政储蓄银行不断改革，开始对农村发放质押贷款、小额信贷，但是贷款额非常有限。据测算，2004—2006 年，从农村信用社和邮政储蓄银行流出农村资金的总量高达 4.1 万亿元，其中 2006 年净流出量就高达 1.54 万亿元（中国农村金融学会，2008）。

农村国有商业银行在机构撤并的同时，上收贷款权限，业务非农化，导致农村资金外流。以农业银行为例，由于县级支行以下机构基本上只能发放 5 万元以下本行存单质押贷款，而农行在乡镇的营业所主要任务是以吸储上存的方式组织存款，清收本息。机构的撤并导致农村资金的流出量在 3 000 亿元左右（何广文，2004）。

此外，农产品统购统销政策是农业剩余净流出的主渠道。据统计，在 1952—1990 年期间，农民为工业化建设贡献资金的绝对额为 11 594.14 亿元，平均每年大约 300 亿元，其中有 13.2%来自于农业税，75.1%来自于工农业产品价格"剪刀差"，11.7%来自于银行储蓄（何广文，2008）。

最后，部分地下钱庄的运作也在一定程度上加剧了农村资金紧缺的矛盾。

从资金流出渠道看，主要是农村金融机构购买债券、拆借和上存资金等方式。鉴于农村经济产业收益率较低，农户等农村经济主体缺乏抵押担保品，一些地区的金融市场环境不够完善，相对来说，农村贷款交易成本高、风险大。解决农村资金外流问题，主要靠改善农村信用环境，为金融机构在农村提供有效金融服务创造商业上可持续的激励机制。

**(四)农业保险、贷款担保体系薄弱，农户和微型及中小型企业贷款难** 农业保险、信贷抵押担保等发展尚不能满足农民需求，当前农业保险的规模与农村经济对农业保险的需求不相称。2007年，农业保险保费收入仅51.8亿元，承保农作物2.31亿亩，大小牲畜5 771.39万头(只)，家禽3.25亿羽(只)，仅能够为农业生产提供1 126亿元风险保障(中国农村金融学会，2008)。农业保险作为促进农村经济平稳发展、推动农村金融市场深化的重要工具，是农村金融不可缺少的组成部分。农业保险发展滞后，一方面，导致“三农”经济收入平稳增长缺乏保障；另一方面，也导致农村金融市场的信贷风险较高。缺乏抵押担保物品是农户和微型及中小型企业贷款难的重要原因之一。如何利用部分财政资金引导农村开展抵押担保创新是一个值得探索的问题。此外，我国农村金融市场环境还需进一步完善。与农村金融发展相联系的公共基础服务设施建设等改革没有进行到位，在一定程度上制约了农村金融服务的发展。目前农村信用主要以农户为主，针对农村经济合作组织、专业协会等组织平台的信用建设仍在探索；在农村大量劳动力流动的情况下，如何针对农民工群体建立相应的信用体系，发挥金融支持农民工创业等，还需要进一步研究。

**(五)农村金融产权和制度建设不完善** 由于目前农村各金融机构定位尚未十分明确，其法人治理结构不完善的问题仍较为突出。主要表现在：一是部分农村信用社省联社及派出机构与县联社之间的权责关系不够明确。部分地区省联社及其派出机构与辖内县联社“一级法人”社基本上变成了行政性的上下级关系，县联社作为一级法人的自主权受到了限制，股东大会、监事会等形同虚设。省联社及其派出机构对辖内法人联社管理过多，很容易造成管理体制的僵化，甚至出现行业管理机构越俎代庖现象。由于股东的权利与责任严重不对称，部分农户股金变成了定期存款，股东的主要目的是获得贷款上的便利和利息优惠。而且农村信用社的激励机制、监督机制、市场退出机制等与农村信用社经营绩效息息相关的宏、微观机制虽然在改革设计中受到了重视，但在实践中落到实处还要走很长的路，道德风险问题仍然没有得到根本解决。二是农业银行目前正在进行股份制改革，整体的法人治理结构仍待完善，其在农村地区的分支机构经营机制的建立健全仍需一段时间。三是农业发展银行的定位和有效经营模式仍在探索，建立较为完善科学的政策性金融支农机制尚需过程。

**(六)管理和监督机制不完善** 我国现行体制下，存在大量政出多门、多头监管的现象。比如一个农村信用社，就有县联社、省联社、省政府、中国人民银行、银监会等多级政府和机构管理或监督，这与农村信用社机构本身的独立性和所需要的市场环境和治理结构相去甚远，无形中增加了大量的交易成本和社会成本。所以，除了能绕开监管的某些民间金融比较活跃外，大部分正规金融在农村的发展都比较曲折，四大商业银行在农村的大规模撤并机构就是一个证明。

农村金融监管缺乏合理的标准，各部门和各级政府之间未形成高效的监管合力，尽管我国“一行三会”已经建立起联席会议制度，但这种协调机制仅限于总行、总会之间，银行、证券、保险三大监管机构以及中央银行在省域、县域之间的协调机制基本缺失。

此外,行政干预严重。一是地方政府为了追求政绩,加快当地经济发展,大搞"形象工程"、"政绩工程"等,强迫命令金融机构提供贷款或向关系人提供贷款;二是农村金融机构承受的社会执法监督检查比较混乱,不利于农村金融机构的正常运行,从而导致农村金融机构的改革和发展受到极大的限制;三是以农村合作基金会为例,其领导大多由乡村行政领导担任,一直带有官办色彩,行政干预不可避免(何广文,2008)。

**(七)国家对农村金融的政策支持不够** 从国际经验看,发达国家不仅通过财政补贴、转移支付等直接手段支持农村经济发展,还通过财政贴息、建立政策性担保基金、给予涉农金融机构税收优惠等扶持农村金融发展的手段间接支持农村经济发展。尽管我国财政对"三农"的直接支持力度显著加大,但与新农村建设的巨大资金需求相比仍有巨大差距,同时,农村金融发展所需的财政补偿机制也尚未健全。

## 二、进一步发展农村金融的对策

**(一)中国农村金融的发展适合走自下而上的诱致性制度变迁①之路** 从中国农村金融的发展历程我们可以看出:中国的农村金融制度变迁走的是一条从上到下的强制性制度变迁②之路,每一次改革虽然与当时的经济政治形势和政策的需要有关,并且利用政府的优势,在一定程度上减小了农村金融的重构成本和执行成本,解决了当时的一些问题。但是我们可以清晰地看到,这种从上到下的制度变迁之路并不能从根本上解决我国"三农"面临的严重资金短缺状况,从整体和长远来说它是缺乏效率的,这一点从中国农业银行变戏法似的撤并以及农村信用社改革的曲折经历和民间金融发展的举步维艰都可以得到反映,那些国家控制的农村金融机构自身经营和管理的低效率,再加上农村金融领域中,保险、期货、担保、基础设施等金融服务水平的滞后,大大制约了我国农村经济的发展,致使城乡差距不断扩大,影响国家的长治久安。因此,只有那些直接根据农村地区实际情况从下到上建立的、植根于农村本土的金融机构,对"三农"的金融需求才更有针对性,更可能满足农户的生产和生活需要,才可能在与"三农"互惠互利的基础上不断发展壮大。政府的角色应该定位在更好地支持这些金融机构的健康发展,制定和执行好各种配套的政策措施。

**(二)政府必须提供公平竞争的市场环境和法律框架** 我国农村中小金融机构因为自身和服务对象所处社会环境和市场地位的局限性,盈利性和可持续发展能力有限,如果再没有与其他市场主体平等竞争的环境和条件,很难发展壮大,这与其自身所蕴涵的深远的社会发展和进步的功能是极不相称的。所以,政府应该对农村中小金融机构给予极大的扶持和鼓励,使其充分释放它的潜力,努力与我们的社会发展目标相一致。解决途径:一是在政策适用范围上,应该采用"普惠制"而不是"特惠制"。出台的政策不能只针对某一家或某一类农村金融机构,而要一视同仁,面向所有在农村地区积极开展金融服务的机构。二是扶持政策要规范透明,事先就要讲好政府和金融机构的激励约束功能(中国农村金融学会,2008)。只有政策透明,才能达到引导预期,稳定预期的效果,才能把资金引向农村,才能明确激励和约束机制。三是废除现

---

① 诱致性制度变迁:指现行制度安排的变更或替代,或者是新制度安排的创造,它由个人或一群(个)人,在响应获利机会时自发倡导、组织和实行(林毅夫,1989)。它必须由某种在原有制度安排下无法获得的获利机会引起

② 强制性制度变迁:由政府命令和法律引入和实现。与诱致性制度变迁不同,它可以纯粹因在不同选民集团之间对现有收入进行再分配而发生。它的主体是国家,国家的基本功能是提供法律和秩序,并保护产权以换取税收

有的金融管制的法律框架，完善现在很不完备的与农村金融相关的法律，如关于农业投资的法律、关于农业保险的法律，关于合作金融的法律，关于民间金融的法律，关于在农村设立金融机构为“三农”提供应有的金融服务的法律，关于抵押和担保的《物权法》的完善等。

**（三）在中国目前市场体制还不健全的情况下，取消一切违背市场规律的金融管制和政府管制是必须的和紧迫的** 温克坚(2009)认为：长期以来的管制思维使得决策层对于任何金融政策的改变都小心翼翼，缺乏辨析的金融安全担忧是长期笼罩在决策层的警钟，这些思维和担忧使得中国金融体制改革滞后，对于任何小小的金融开放都显得尤其谨小慎微，哪怕于传统金融机构根本无法到达的农村金融领域也是如此。我们知道，要实现农村金融的可持续发展，必须使其利率的设置能覆盖其所有经营成本，可是现实中农村金融的利率却有严格的管制；再以孟加拉的乡村银行为例，它之所以能实现盈利和可持续发展，与其可以吸纳存款的职能是分不开的，可是我国的小额信贷机构却没有这一基本的功能——政府怕出问题。其实，政府往往是问题本身。我国本来形成一定规模的农村基金会的运作，不就是因为村委会、乡镇政府甚至是县(市)级政府和有关部门暗中支持甚至亲自参与，而且进行干涉、非法借贷、逃欠债务……最终又被中央政府取缔的吗？

**（四）要发动和鼓励更多有志于从事农村金融事业的人参与到这项事业中来** 任何事业的成功都离不开人，人是一切因素中最重要的因素。我们只有把所有有志于发展农村金融事业的人的力量充分调动起来，最大限度地发挥他们的积极性，才有可能推动这项事业的发展。现在国内外有很多人和机构关注中国农村金融的发展，包括很多民间人士、知名学者、政府官员等，而且很多人都进行了大量的理论和实践的探索，如尤努斯、茅于轼、杜晓山等，但是我们并没有形成统一的认识来推进中国农村金融的改革和发展，仅仅是不断地撤并试验和摸索，所以整个社会对农村金融的认知还很肤浅，尚未形成强大的合力。而我国“三农”的现状是：我们的社会亟须建立成千上万个中小农村金融机构为千家万户的农民提供近距离的金融服务，我们需要的是更多满足这种需求的人和组织，而不是仅停留在体制内的“修修补补”、“就事论事”、“分分合合”(熊德平，2009)。

总之，从中国开展农村金融的改革实践中，我们可以看到，各级政府、各级管理机构、不同主体、不同对象在进行农村金融的构建和运作过程中所遇到的问题千差万别，取得的效果也不一样，这就说明：一是我们的政府、企业、学术界还没有对这一事业达成统一的共识、形成合力，延误了事业的发展，给全社会带来巨大的损失。二是说明我们在开展农村金融事业的过程中，创新不足、力度不够，我们还需要在这些方面努力改进，调动一切可以调动的力量，把农村金融的各项工作落到实处，切实承担起改善和增加农民收入，提高农民生活水平，更好更快发展“三农”事业，推进新农村建设的重任。

## 参考文献

[1] 曹力群．农村金融体制改革和农村借贷行为研究．课题报告，2000.

[2] 成思危．改革与发展：推动中国的农村金融．北京：经济出版社，2005.

[3] 高鸿宾，等．小额信贷的国际经验及其在中国的扶贫实践//万宝瑞．农村金融与信贷政策．北京：中国农业出版社，2001.

[4] 杜晓山，孙若梅．中国小额信贷的实践和政策思考．财贸经济，2000(7).

[5] 顾巍．中国农业银行产权制度创新研究．中国湖南农业大学硕士学位论文，2001.

[6] 郭会勇．中国农业发展银行改革研究．中国农业科学院硕士学位论文，2005.

[7] 何广文，冯兴元，郭沛，等．中国农村金融发展与制度变迁．北京：中国财经出版社，2005.

[8] 何广文，李树生，等．农村金融学．北京：中国金融出版社，2008.

[9] 《国际农业发展基金(IFAD)研究报告》，2001.

[10] 胡列曲．中国农村信用合作社改革的绩效与前景分析．金融与保险，2007(8).

[11] 蒋定之．大力发展农村小额信贷有效支持社会主义新农村建设//中国农村信用合作，2008.

[12] 江曙霞．中国“地下金融”．福州：福建人民出版社，2001.

[13] 李莉莉．正规金融机构小额信贷运行机制及其绩效评价．中国农业大学博士学位论文，2005.

[14] 李莉莉．农村信用社 30 年改革历程回顾及评价．农村金融，2008(10).

[15] 刘玲玲，杨思群，赵冬青，等．中国农村金融发展研究．北京：清华大学出版社，2008.

[16] 刘民权．中国农村金融市场研究．北京：中国人民大学出版社，2006.

[17] 刘晓昀，叶敬忠．小额贷款的小组贷款与信贷机制创新．农业经济问题，2002(3).

[18] 卢现祥．西方新制度经济学．北京：中国发展出版社，2003.

[19] 穆罕默德·尤努斯著．吴士宏译．穷人的银行家．北京：生活·读书·新知三联书店，2006.

[20] 庞贞燕，王桓．适应性：农村信用社改革问题的再认识．金融研究，2006(5).

[21] 孙良．对农村信用合作社体制改革的思考．经济问题探索，2002(2).

[22] 孙若梅．我国小额信贷的发展//我国小额信贷十年．北京：社会科学文献出版社，2005.

[23] 谭民俊．农村小额信贷效率改进的微观基础．中南大学博士学位论文，2007.

[24] 温克坚．尤努斯的中国困境．搜狐博客，2009.

[25] 王曙光，乔郁，等．农村金融学．北京：北京大学出版社，2008.

[26] 熊德平．农村金融与农村经济协调发展研究．北京：社会科学文献出版社，2009.

[27] 杨俊凯．中国农村信用合作社制度改革研究．西北农林科技大学博士学位论文，2008.

[28] 《臧景范：小额贷款公司转制村镇银行标准即将出台》．载《中国金融》，2009.

[29] 赵继新．中国农民合作经济组织发展研究．中国农业大学博士学位论文，2003.

[30] 赵凯．中国农业经济合作组织发展研究．西北农林科技大学博士学位论文，2003.

[31] 张晓山，等．联结农户与市场：中国农民中介组织探究．北京：中国社会科学出版社，2002.

[32] 张泽，白广玉．基础货币供应与农业发展银行贷款投放 1∶1 现象的原因探析及对策．金融研究，1997(03).

[33] 中国农村金融学会．中国农村金融改革发展三十年．北京：中国金融出版社，2008.

[34] 中国人民银行：《中国农村金融服务报告》，2007.

［35］ 中国人民银行:《中国农村金融服务报告》,2008.

［36］ Ghalak M. ,Guinnane T,"The economics of lending with joint liability: the theory and practice", Journal of Development Economics,Vol. 60,1999.

［37］ Morduch jonathan:"Microfinance Sustainability: A Consistent Framework and New Evidence on the Grameen Bank", First Draft 1997.

（作者:郏俊刚 中国农业大学博士生,张晋华 中国农业大学博士生,
冯开文 中国农业大学教授、农经系主任）

# 第十一章　乡镇企业

## 第一节　乡镇企业的由来

乡镇企业是现在对农民办的企业的总称。在农业合作社时期，叫农业合作社工业和乡办工业；1958年人民公社初成立时，叫社办工业；1959年人民公社纠正"共产风"、"平调风"后，将平调原农业社财产办的企业又下放到生产大队，这时叫社队工业；1974年12月28日华国锋在给湖南省委一封信中首次提出社队企业，1975年10月15日华国锋在全国农业学大寨会上代表中共中央、国务院做总结报告中，正式把社队工业改名为社队企业；1983年农业普遍实行家庭承包责任制后，以一家一户为一个生产单位，原有的社队企业有的仍保持原集体所有制，有的变为部分农民股份所有制合作企业，有的变为私营企业，有的解散了，有的农民又办起了个体企业或重新结合成立了新型合作企业，但找不到主管部门；1983年10月12日中共中央、国务院发出《关于实行政社分开建立乡政府的通知》，改变了人民公社体制，建立了乡村体制，社队企业没有了靠山，原有的属农民所有的社队企业有被瓜分的危险；1984年3月1日中共中央、国务院发出了《转发农牧渔业部〈关于开创社队企业新局面的报告〉的通知》，决定把社队企业改名为乡镇企业。通知说："乡镇企业〔即社(乡)队(村)举办的企业、部分社员联营的合作企业、其他形式的合作工业和个体企业〕。"从此将农村集体和个体举办的企业统称为乡镇企业。1996年10月29日全国人大常委会通过的《中华人民共和国乡镇企业法》，对乡镇企业又做了明确界定："本法所称乡镇企业，是指农村集体经济组织或者农民投资为主，在乡镇(包括所辖村)举办的承担支援农业义务的各类企业。"现在，在我国多种所有制并存情况下，除国家所有制和外资企业外，一些部门和一些新闻单位将全国其他所有制企业统称为"民营企业"，乡镇企业也被包括在内，也被称为民营企业。现在乡镇企业已成为中国规模最大的民营企业群体。

从乡镇企业发展的全过程来看，它是地地道道的老百姓办的企业，是在我国地位最低、被人瞧不起、常受人欺负的"泥腿子"企业、农民的企业，也被人认为是"后娘养的"企业，常受种种不公平对待和各种制约。但由于它植根于8亿农民这一沃土之中，有群众基础，具有中国农民顽强拼搏精神，因此它风吹不倒、雨打不垮，就是冰雹也打不死它。由于它是亿万农民的"草根企业"，所以"野火烧不尽，春风吹又生"，每经一次大的风险，它都能很快恢复元气，以新的生命力茁壮成长。

乡镇企业的经济属性，在不同时期国家对它有不同要求。合作化时期，认为它是农业社经济。人民公社时期，认为它是社有经济。从1984年乡镇企业改革后变为乡域经济。从1992年起又把乡镇企业提高到县域经济。《国务院关于加快发展中西部地区乡镇企业的决定》提出："中西部地区县域二、三产业的发展……要逐步转到以发展乡镇企业为主要的轨道上来。"2007年胡锦涛在十七大报告中说："发展乡镇企业，壮大县域经济。"这就把乡镇企业提高到县域经济。2008年中央在《推进农村改革发展若干重大问题的决定》中，为了“着力破除城乡二元结构，形成城乡经济社会发展一体化新格局”，将乡镇企业又纳入国家整体经济之中。

乡镇企业由于是农民办的企业，在资金上国家不能投资，只是在初办时国家在政策上给予必要的照顾，它的发展完全是在国家法律允许范围内，各显其能，靠自我集资、自主发展、自主经营、协作生产，重视诚信、重视质量、重视人才、重视科技，由小到大、由土到洋、由低到高、由加工到生产，靠母鸡下蛋、“驴打滚”的“分裂式”的方法发展和壮大，靠走遍千山万水、想尽千方百计、说尽千言万语、吃尽千辛万苦的“四千精神”，从零起点发展乡镇企业。目前已发展到有5.7万亿元资产，占农村总资产的70%；安置农村剩余劳动力1.5亿个。乡镇企业总产值占农村社会总产值的80%左右，乡镇工业增加值占全国工业增加值的43.3%，乡镇企业增加值占全国国内生产总值的27.7%。在农民年纯收入中来自乡镇企业的工资收入就占1/3。因此党的历届主要领导人对它十分重视，给予了最高评价：毛泽东说：“我们伟大的、光明灿烂的希望也就在这里。”邓小平说：“农村改革中我们完全没有预料到的最伟大的收获，就是乡镇企业发展起来了。”“异军突起”。江泽民说：“我国乡镇企业异军突起，迅猛发展，已经成为农村经济的主要力量和国民经济的重要组成部分。乡镇企业的发展，对促进国民经济增长和支持农业发展，对增加农民收入和吸纳农村富余劳动力，对壮大农村集体经济实力和支持农村社会事业，都发挥了不可替代的作用。”“乡镇企业创造了具有中国特色的工业化道路”。胡锦涛说：“乡镇企业异军突起，促进了农村产业结构和就业结构的变革，开创了中国特色的农村现代化道路。”“要把发展乡镇企业和农村服务业和发展小城镇有机结合起来”。

## 第二节 国家为什么要发展乡镇企业

在1956年“三大改造”——农业合作化、手工业合作化、资本主义工商业社会主义改造前，农村只有手工业。1953年实行社会主义改造，农村手工业成规模地改造为各种手工业合作社，零散手工业参加农业社，在社内有的根据需要成立副业组，但不许私人或农业社集体办工厂和其他企业，工厂都是由国家来办或实行公私合营的国家资本主义企业。

中国乡镇企业的出现，是在1958年。关于国家为什么要允许农民办工厂，从现有材料看，在不同时期有不同的考虑。

### 一、为了超英赶美

1957年，在苏联莫斯科召开各国共产党和工人党会议，毛泽东和赫鲁晓夫商定，为了“东风压倒西风”，决定在工业的主要产品上，苏联赶超美国，中国赶超英国。毛泽东回国后，1958年1月在南宁召开中央工作会议，会上为了实现赶超英国承担的国际责任，提出要加快发展地方工业，要求地方工业产值要达到各省农业产值的水平。当时国务院副总理兼国家经委主任薄一波在会上提出：地方工业，应包括农业社办工业、乡办工业、县办工业、地区办工业、省办工业5级，得到毛泽东和与会同志同意。毛泽东在《工作方法六十条(草案)》中写道：“各地方的工业产值(包括中央下放的厂矿、原有地方国营工业和手工业的产值，不包括中央直属厂矿产值)，争取在5年内，或者7年内，或者10年内，超过当地的农业产值，各省、直辖市对于这件事要立即着手订计划，今年7月1日前订出来。主要的任务是使工业认真地为农业服务。大家

要切实摸一下工业，做到心中有数"(《建国以来毛泽东文稿》,1992 年)。3 月在四川成都又召开中央工作会议，会上毛泽东说："地方工业有四大任务，一为农业服务(基本的)，一为大工业服务，一为城乡人民生活服务，一为出口服务。"如果"十五年赶上英国，二十年赶上美国，那就自由了"。苏联"不工农并举，反对大中小。我们是大中小结合。基础放在小的上，靠地方，靠小的。""大社可办一些加工厂，最好由乡办，或几个乡镇合办，县办社助。"会议通过了《中共中央关于发展地方工业问题的意见》，意见指出："农业社办的小型工业，以自产自用为主，如农具的修理，农家肥料的加工制造，小量的农产品加工等"(中共中央文献研究室，1995)。自从中央允许发展地方工业后，一个发展地方工业的热潮在中华大地上涌动，如工业不发达的甘肃省，1958 年 2 至 3 月全省办厂 1 000 个，3 至 5 月又建新厂 3 500 个，5 至 6 月发展到 22 万个，其中农业社办厂 18.5 万个，全省平均每个乡办 110 个厂，每个农业社办 12 个厂矿。河北省定县在 1 个月时间建厂 1 530 个，平均每天建厂 35 个。可见当时弄虚作假多么严重。

## 二、为了实现两个过渡

1958 年 1 月南宁会议决定农业社可以发展工业后，毛泽东秘书陈伯达到湖北鄂城县调查，得到旭光农业社办"小小工业"的材料。陈伯达事后回忆说：根据当时接触到的一些材料，有些农业社也办起了工业，这样农业社又搞农业又搞工业，这件事启发我想起恩格斯的一个著名论点："用整个社会的力量来共同经营生产和由此而引起的生产的新发展，也需要一种全新的人，并将创造出这种新人来。""由整个社会按照计划和为了公共的利益而经营的工业就更加需要各方面都有能力的人，即能通晓整个生产系统的人。""教育可使年轻人很快就能够熟悉整个生产系统，它可根据社会的需要和他们自己的爱好，轮流从一个生产部门转到另一个生产部门。"这样"城市和乡村之间的矛盾也将消灭，从事农业和工业劳动的将是同样的人，而再不是两个不同的阶级，这已由于物质的原因而成为共产主义联合体的必要条件了。我想，既然我们的农业生产合作社能够同时又搞农业、又搞工业，而仅署名为'农业生产合作社'，似乎不完全反映这种实在发生的情况。所以，我说这实际上是农业和工业相结合的人民公社"。他将这一想法向毛泽东做了汇报，引出了毛泽东以下思想。1958 年 7 月 16 日陈伯达在《红旗》杂志第 4 期发表的《在毛泽东旗帜下》引用了这样的话："毛主席在 1958 年初曾经设想过：'我们的方向，应该逐步地有次序地把工(工业)、农(农业)、商(交换)、学(文化教育)、兵(民兵即全民武装)组成一个大公社，从而构成我国社会的基本单位'"(《建国以来毛泽东文稿》,1992)。4 月在广州教育工作会后，刘少奇回忆："在广州开会，在火车上，有我、恩来、定一、邓力群，我们 4 个人吹半工半读，吹教育如何普及，另外就吹公社，吹乌托邦，吹过渡到共产主义，说建成社会主义这个时候就为共产主义准备条件。""要邓力群编《空想社会主义》，要陆定一去编《马恩列斯论共产主义》。"(陈晋，1992)陆定一回忆："毛主席和刘少奇同志谈到几十年后我国情景时，曾经这样说：那时我国的乡村中将是许多共产主义的公社，每个公社有自己的农业、工业，有大学、中学、小学，有医院，有科学研究机关，有商店和服务行业，有交通事业，有托儿所和公共食堂，有俱乐部，也有维持治安的警察等等。若干乡村公社围绕着城市，又成为更大的共产主义公社。前人的'乌托邦'想法，将被实现，并将被超过。我们的教育方针和其他的文教事业，也将朝着这个目标去发展"(逄先知、金冲及主，2004)。8 月 29 日在毛泽东主持下的北戴河会议通过了《中共中央关于在农村建立人民公社问题的决议》，决议指出："在目前形势下，建立农林牧副渔全面发展、工农商学兵互相结合的人民公社，是指导农民加速社会主义建设，提前建设社会主义并逐步过渡到共产主义社会所必须采取的基本方针。”“人民公社将是建设社会主义和逐步向共产主义过渡的最好的组织形式，它将发展成为未来共产主义的基层单位。”“建立人民公社首先是为了加快社会主义建设的速度，而建设社会主义是为了过渡到共产主义积极地做好准备。看来，共产主义在我国的实现，已经不是什么遥远将来的事情了，我们应该积极地利用人民公社的形式，探索出一条过渡到共产主义的具体途径”(中共中央文献研究室编，1995)。于是人民公社在全国普遍组建了起来，许多县和公社在低生产力发展水平和物资极度贫乏基础上就进行两个过渡。在12月召开的八届六中全会《关于人民公社若干问题的决议》，虽然发现急于过渡的问题，提出过渡“必须以一定程度的生产力发展为基础”，但却强调“在由社会主义向共产主义过渡的问题上，我们不能在社会主义阶段上停步不前”。但让人不解的是态度不明亮地说：“也不能陷入超越社会主义阶段而跳入共产主义阶段的空想。”紧接着重申了北戴河会议决议：“人民公社由集体所有制向全民所有制过渡是一个过程。有的地方可能较快，三、四年内就会完成；有的地方可能较慢，需要五、六年或者更长一些的时间。”接下来就说：“人民公社必须大办工业。公社工业的发展不但将加快国家工业的发展，而且将在农村中促进全民所有制的实现，缩小城市和乡村的差别。”(中共中央文献研究室编，1995)到1959年2月第二次郑州会议时毛泽东讲话说：人民公社是实现两个过渡的“最好的形式”，但要把三级所有变为公社一级所有，“需要公社有更强大的经济力量，需要各个生产队的发展水平大体趋于平衡”，这就要“由不完全的公社所有制走向完全的、单一的公社所有制，是一个把较穷的生产队提高到较富的生产队的生产水平的过程，又是一个扩大公社的积累，发展公社工业，发展农业机械化、电气化，实现公社工业化和国家工业化的过程。目前公社直接所有的东西还不多，如社办企业、社办事业，由社支配的公积金、公益金等。虽然如此，我们伟大的、光明灿烂的希望也就在这里”(中共中央文献研究室，1996)。在第一次郑州会议上他还说：“我国有一个特点，人口有6亿如此之多，耕地只有16亿亩如此之少，不采取一些特别办法，国家恐怕搞不好。”接着他说：“农村人口要减少怎么办？不要拥入城市，就在农村大办工业，使农民就地成为工人。”当时的方针是“围绕农业办工业，办好工业促农业”，就地组织原料、就地生产、就地销售。社办工业1958年产值62.5亿元，最高1959年达到100亿元，但由于社办工业是“白手”起家，都是靠无代价“平调”、“共产”社员、农业社资财办起来的，在3年自然灾害农民受苦饿肚子、生产积极性严重受挫折时，为了扭转局面，中央决定破产退赔，开始决定公社不办企业，将公社工业资产退赔给社员和生产队，所以从1961年有了队办工业，队办工业产值32亿元，社办工业产值降至19.8亿元；1962年中央决定公社、生产大队一般都不办企业，所以1963年公社工业产值只有4.2亿元，队办工业产值为36亿元。

## 三、为了壮大集体经济

粉碎“四人帮”后，中国农村面貌仍然是一个贫穷落后的传统农业景象。农村人口占全国总人口的83%，农村面貌如旧，虽是大集中的人民公社集体经济，但农业生产仍然是人力＋畜力＋传统农具＋传统农技＋老天爷，还是靠天吃饭，得到的是少得可怜的年农业社会总产量1 258亿元，每个农业劳动力只创造433元社会财富；粮食总产量2 863亿kg，耕地每亩粮食平均产量79kg，全国每人平均占有社会粮食305kg(包括人的口粮、饲料粮、种子、工业用粮)；1976年每个劳动力平均从集体分配63元，每天只有1.7角，农民说：劳动1天还不如老母鸡下个蛋。为了改变中国贫困面貌，党的十一届三中全会制定了改革开放方针，会议通过了《关

于加快农业发展若干问题的决定》，提出“社队企业要有个大发展，逐步提高社队企业的收入占公社三级经济收入的比重”（中共中央文献研究室编，1982）。从此社队企业在我国名正言顺地发展了起来。1979 年社队企业总产值 549.5 亿元，其中工业产值 424.6 亿元。

## 第三节　农民为什么要发展乡镇企业

我国是一个地少人多的国家。1957 年高级农业社时全国有耕地 16.8 亿亩，当时有农业劳动力 1.9 亿个，每个农业劳动力平均负担耕地 8.7 亩。到了 1978 年耕地面积只有 15 亿亩，而农村劳动力却增加至 3.06 亿个。如仍按 1957 年劳均负担耕地 8.7 亩换算，农业只需劳动力 1.715 亿个，剩余 1.34 亿个。按世界经济发展规律，在由农业国转变为工业国、实现工业化时，随着工业的发展，农业劳动力转变为工业劳动力、农村人口转变为城市人口是必然趋势。但自从 1953 年我们宣布实行工业化以来，农民除了向工人提供粮食和副食、向工厂提供以农产品为原料的工业原材料、向国家交纳用于国家建设的农业税外，每年还额外通过工农产品价格剪刀差，为国家工业化和城市化提供“超额工业化税”，每年平均都在 1 000 亿元以上。我国工业原始固定资产投资，几乎全部来自农民。使得我国工业产值由 1953 年的 450 亿元到 1978 年增加至 4 237 亿元，几乎增加了 9 倍。但工业化的成果，作为贡献最大的农民，却未享受到任何果实，遭到的却是不让农民进城、不让农民转变为工人，让农民成为“世袭”的农民。

财富是劳动创造的。但财富的创造是要有一定的条件。农民在人均不到 2 亩耕地的条件下，按当时平均亩产 350kg 粮，共产毛粮 700kg，每斤按 1 元/kg 计价，毛收入 700 元。其内还包括生产成本、各项提留、税费，但不包括劳动报酬和口粮。中国农民就是在这样的条件下生产、生活、生存。

由此可知，当时我国虽是一个大国，但却是一个穷大国——国家穷、集体穷、人民穷，其中特别是人民公社穷、生产大队穷、农民穷。当时农村的形势，农民分配的口粮原粮人均在 150kg 左右吃不饱肚子，农村有 2.5 亿人缺粮饿肚子。有 1/4 的生产队年人均分配在 40 元以下，1977 年每个生产大队的公积金不到 1 万元。1978 年全国有人口 96 259 万人，农业人口就有 81 029 万人，农业人口占总人口的 84.5%。农业增加值 872.5 亿元，占国民生产总值的 23.9%，农业人口人均占有 107.7 元。据农业部人民公社管理局全国人民公社分配汇总资料，1978 年参加人民公社分配的农民 78 638 万人，人均实物和现金分配 76.9 元。另据国家统计局典型户调查，人均纯收入 133.57 元，其中集体分配 88.53 元，家庭副业收入 35.79 元，其他收入 9.25 元。国家统计局在《国家统计摘要》中说，农村居民家庭人均生活消费支出，1978 年是 116 元，恩格尔系数 67.7%。又据国家统计局资料，农村居民贫困状况，贫困标准人均年收入 100 元人民币。全国有 2.5 亿人，贫困发生率 30.7%。早在 1978 年当时党的主要领导在听取全国农田基本建设会议领导小组汇报时说：无锡、苏州走出了一条路子。无锡的经验，很说明问题。社队工业的产值占全县工农业总产值的 61%，社队工业发展了、支农力量增强了，农业要搞水利化、搞机械化，资金就可以解决了。也只有这样，才能逐步消灭工农差别、城乡差别。否则，农民总想进城。因为城市生活水平高，工人收入比较多。如果社队企业搞好了，差别逐步缩小了，这个问题就好解决一些，所以这条路子非走不可。

对于城乡二元经济反差这么大，中央领导不是不知道，而是碍于中国国情，认为如打开城门让农民自由进入，势必会形成已工业化国家和未工业化的发展中国家所遇到的“城市病”和“贫民窟病”。为了避免这两种病症在中国重演，并考虑到国家掌握农产品有限，不能满足进城人员的供应，所以国家当时政策既不许农民进入城市务工，也不许到镇里务工(1984 年中央 4 号文件允许农民自带口粮务工，才解决了到镇问题)，并用法律和户籍制度固定了下来。在国家无能为力的情况下，为了求得有一个稳定的社会，国家采取了“就地消化”政策。所谓“就地消化”，60 年代就是把进城镇的农民送回农村，让农业这个生产效率与效益低下弱势产业消化；70 年代在以农业为主消化的同时，不公开地也默许一些社队办少量工业来消化；到了 80 年代国家进入改革开放时期，消化农村剩余劳动力的这一重任主要由乡镇企业来消化。在农村劳动力向二、三产业转移上，由于过去不许农民进城谋生活，农民说你不许我进城从事二、三产业，我就在农村发展乡镇企业搞二、三产业，也就是第一批离土不离乡、进厂不进城的就地、就近转移，就是说“就近转移”。但还是不许农民进城。

1984 年农村人民公社改制完成，改统一管理、统一经营、统一核算、统一劳动、统一分配为土地集体所有，以户为单位，实行承包责任制。农民说这是第二次解放，被长期压抑的劳动积极性一下释放了出来，农民致富的积极性极高，劳动的劲头十足，两个人干的活一个人就干了，因为现在是给自己干。这个因素先不说，仍按劳均负担耕地说，1984 年有耕地 15 亿多亩，而农村农业劳动力就有 3.25 亿个，比 1957 年劳动力多了 1.35 亿个。按 1957 年每个农业劳动力负担 8.7 亩耕地换算，只需 1.72 亿个农业劳动力，剩余 1.53 亿个。这时改革开放解放出来的农民，他们在政策允许的范围内，要为农村剩余劳动力开辟一条就业大道，为农民致富达小康寻找一条致富之路。农民创新大胆地说：你不让我进城，我就在农村建城；你不让我进城就业，我就在农村办二、三产业。这就在原来二元经济基础上形成了一个联结、沟通城乡经济的乡镇企业经济，变成三元经济。而农村工业的发展、小城镇的建设，反过来又对我国工业化和城镇化起了促进的作用。

到了 80 年代末，由于乡镇企业的发展，本地劳动力已满足不了企业发展的需要，出现了外县、外省农村劳动力到乡镇企业发展较快的地方就业，这就是第二批的离土离乡、进厂不进城的转移；到了 90 年代，随着城市的发展、开发区的建设、企业的改革、城市环卫对劳动力需求日增，乡镇企业对农村剩余劳动力吸纳能力减弱，于是农村劳动力通过各种渠道慢慢进入城市，特别是中小城市，但大城市的门还是不向农民开放。1994 年 11 月劳动部在《农村劳动力跨省游动就业管理暂行规定》中指出：“当本地劳动力无法满足需求，经劳动就业服务机构核准，确属因本地劳动力短缺，需跨省招收人员；用人单位需招收人员的行业、工种，在本地无法招足，或在用人单位规定的范围或期限内无法招到或招足所需人员时，方可跨省招用农村劳动力。”从 1995 年开始，一些大城市制定了限制农村劳动力进城措施。如北京、上海相继出台了一些对外地流入其管辖范围内的外来农民工限制。但农民并不知道这个变化，为了生活，春节一过，他们背井离乡，不是过去“走西口”、“闯关东”，而是大批农民涌进城市“找活干”。可是那时北京不理解这些“冲城市”农民的苦情和艰难，他们到北京后，遇到的不是用工部门的欢迎，而是公安部门将他们当作“犯人”一样，将他们围了起来，叫蹲在地上，然后集体“押送”原籍。这种不近人情的做法，受到各方面责难，这就是一时震动全国和世界的“民工潮”。在此压力下，大城市也向农民开放了，这就出现了第三批离土离乡、进厂又进城的转移。据报纸报道：2008 年全国由农业转移出来的农民工有 2.25 亿人，其中在乡镇企业就业的 1.5 亿人，占 66.7%。其中在本乡镇就业的 8 500 万人，在外乡镇就业的 6 500 万人；进城就业的 7 500 万人，占

33.3%。进城务工占各行业务工总数:制造业68%,建筑、采掘80%,环卫、家政、餐饮等服务业50%以上。农民工已成为我国工人阶级的新的主力军。

## 第四节　乡镇企业发展时的外部环境

农村第二场革命是乡镇企业异军突起。它虽是由社队干部在70年代早期就偷偷办了起来,但使之公开化、为其正名、定位的还是十一届三中全会,是这次会议把社队企业从地下、非法走向公开、合法、开了绿灯,指明了方向,明确了目标,定了位,而且要求它"有一个大发展"。但是当时政治环境、经济环境并不利于社队企业发展。从全国整体上来说,全国改革还未开始,城市改革、国营企业改革、国家经济体制改革都未开始,全国还处在高度集中的计划经济时代,一切都按计划行事,社队企业是集体所有制企业,是小企业,又是由我国地位最低的农民办的企业,各级计委根本不理,列不上计划,因此原材料、能源、设备、建筑材料、运输计划、产品销售渠道、专业人才、资金等都不能靠国家解决,这样就逼着社队企业在计划经济下,寻找一条自己生存的本领,创出一条市场经济的路来,这是第一大难处。第二难处是中央虽决定大力发展社队企业,但政府原来的各项政策是限制、不许农民和集体所有制的人民公社从事除农业外的二、三产业,而且每个行业都有一个专门部门来管,来维护本专业的国营企业的利益,不许社队企业跨入本行业一步,有的产品美其名为"定点"生产,但其定点生产的企业还未建,就是不让社队企业生产;有的行业不仅不许生产,还不许参加他们举办的订货会,有的社队企业只好在会场外摆地摊进行销售。这就逼着社队企业要以大无畏的精神,敢于冲击旧的秩序和善于进行协商攻关,寻找自己的位置。第三个难处是要办企业不让到县城以上城市办,但那时社与社、队与队之间土地不能互相调剂,因此都是在本社、本队来办,利用过去旧庙、旧办公室、废旧厂房来办。设备、关键机器通过关系买来,一般设备利用废旧机器零件自己组装或制造。动力没有用电、用油、用煤计划,都是通过关系高价买来;但电没有时间保证,说断电就断电,从不事前打招呼。原材料一是自有的农副产品进行加工,有的地方和部门为了维护本地区、本行业国营企业的利益,连磨面、压棉花、榨油、蚕茧缫丝都不许社队搞,更不用说进行深加工;再就是这时的国营企业刚从文化大革命中出来,生产还不正常,生产任务完不成,许多社队企业与这些企业联系,带料让社队企业按它们的标准和要求给它们加工,给一些加工费。后来国营工厂为了不占用它们的流动资金,让社队企业按平价购它的料加工产品卖给它;再后来按高价将原材料卖给社队企业、产品按议价由它收购。这虽然不公平,但社队企业能安置本社、本队剩余劳动力,能增加集体收入,也就干了。资金,银行贷不来,就用副业赚来的钱和公积金作为起步资金。社员在企业劳动,开始不发工资,实行在厂劳动记分,回队分配,厂队结算;后来为调动在厂劳动职工积极性,在原来劳动分配办法的基础上,给在企业劳动的社员以少量生活补贴;再后按年发工资,职工回队交队大部分,队给记工分参加队里分配,这实际是用钱买工分,以能分到口粮和烧的柴草。总之乡镇企业开始发展的环境是在不利乡镇企业发展的计划经济、国有经济一统天下、全国未改革前、各项规章制度和法规都是维护旧秩序的情况下,要在单一国家所有制下创出一个与国家所有制并存的多种所有制、在计划经济下创出市场经济的路来,这是多么的艰难。

## 第五节　乡镇企业发展的曲折道路

乡镇(社队)企业在发展上除遇到以上实际问题以外,还遇到理念上一些认识问题,阻碍社队企业发展。这些认识问题主要有以下几个方面。

### 一、说农民只能务农,不能从事其他产业

当农民办起乡镇企业,从事二、三产业时,有人站出来大加反对,说什么:农民种地,工人做工,商人经商这是最合理的社会分工;现在你农民既要务农,又要做工,还要经商,这不乱了套,社会正常秩序怎样维持?

### 二、说乡镇企业是不正之风的风源

自从乡镇企业发展起来后,它进不了计划经济,国家让它在市场上生存,起个市场调节作用,但那时是计划经济独霸天下,市场又在何处。所以自它诞生的那天起,靠成千成万的供销人员满天飞,深入到每个角落,走遍千山万水,吃尽千辛万苦,想尽千方百计,说尽千言万语,靠亲情、靠乡情、靠友情、靠关系、靠信誉、靠服务、靠土特产打通各种关系,了解各种信息,推销自己的产品,采购自己需要的原料、设备和技术。通过协商双方都能接受的价格,使自己产品人无我有、人有我优、人优我廉、人廉我转,创出了市场经济的路子,使乡镇企业不断高速发展。1981 年中央发现在一些国家机关和国营单位的经济领域存在不正之风,要求纠正。有人接过这个号召,把矛头指向乡镇企业,说"乡镇企业是不正之风的风源";"乡镇企业人员满天飞的活动,以物易物,冲击了国家的计划";"乡镇大办工业,把国营的市场占去了,减少了国家财政收入";"乡镇企业大方向上有问题",对乡镇企业供销人员大整。中央发现后 1982 年 4 月 13 日中共中央、国务院在《关于打击经济领域中严重犯罪活动的决定》中指出:"决不要把这场斗争的范围任意扩大到广大的城乡的普通工人、农民和其他劳动群众中去。""关于农村社队企业和城市工商企业关系中的不正之风,除了少数已经构成犯罪的重大问题以外,一般也要在整顿乡镇企业、加强工商管理和物资管理的过程中解决"(中共中央文献研究室,1982)。一位中央领导同志说:社队企业是老百姓办的企业。

### 三、说乡镇企业抢了国营企业的饭吃

在 80 年代初,就有人说:"乡镇企业以小挤大、以落后挤先进、以劣挤优,与城市大工业争原料、争能源、争市场、争资金。""破坏了国民经济的调整","加剧了国民经济比例失调"。到了 80 年代末,在一次有国营大企业领导参加的研讨会上,有的企业老总说:国家把乡镇企业这些猴子放得很开,到处抢我们饭吃。但把我们国营企业这些老虎管得很死,关在笼子,还加上一把锁。要求打开笼子,放出老虎,整一整猴子。当场有的同志说:你们这些老虎虽然关在笼子不自由,但你们这些大老虎有人按时喂,饿不着。而乡镇企业这些猴子没有人喂,全靠吃野食。你们这些大老虎吃剩下的便成为它们的美食,但我国的猴子多,而你们剩的食物有限,抢到的那个猴子可以维持生存,抢不到的就饿着肚子。现在不是老虎与猴子互相埋怨,而是各自寻找办法渡过难关。

在1989年“政治风波”后，一些人借批“自由化”之机，说什么“政治上的自由化来源于经济上的自由化，经济上的自由化来源于农村的家庭承包”。“三资企业是和平演变的温床，乡镇企业是不正之风的风源，农村承包制是集体经济瓦解的根源”。正如原国务院副总理田纪云1992年在中央党校报告时说的：“你如果说多利用一点外资，他就说多一分外资企业就多一分资本主义，威胁我们国家的社会主义性质。你要划出一块地方给外商承包开发，他就会说出卖国家主权，丧权辱国。你要多发展一些乡镇企业，他就说乡镇企业是不正之风的风源，会腐蚀我们的党和干部，把乡镇企业视为对社会主义的威胁。你要多发展一些私有企业、个体户，他就会说改变社会主义性质。你说搞厂长负责制，他就说这是削弱党的领导。你说家庭联产承包制不能动摇，他就说这是走单干的道路，不利于集体经济发展和共同富裕。他们把改革开放以来最基本、最实质的东西几乎全部都否定了。”

### 四、全面否定乡镇企业

1989年2月某中央新闻单位在报道1月份工业生产时说：“国营工业发展速度继续下滑，乡镇工业居高不下”，提出要“坚决压乡办工业，保国营工业”，提出“治理整顿就是要砍乡镇企业”。7月西北一些专家、学者向新华社记者反映：“由于乡镇企业挤了大中型企业的煤、电、运输线和原材料，1988年全国大中型企业大约有40%的生产能力不能发挥作用，一年少创产值4 000多亿元，几乎和乡镇企业全年的总产值相等；少创利税500多亿元，相当于乡镇企业10年向国家上交税金的60%以上。两下一对比，就不难看出乡镇企业究竟是不是赵紫阳同志说的‘有个很好的机制’、‘很有活力’了。”他们认为：“盲目发展乡镇企业，也给农业发展带来了很不利的影响。一是牵扯县乡领导的精力。”“二是拉走了农业第一线的强壮劳动力。”“三是转移了农业资金。”“有些地方的乡镇企业，已成为县乡干部大搞不正之风的‘小金库’。”“这些年只强调‘无工不富’、‘无商不活’，而忽视‘无农不稳’，因而不从实际出发，盲目大办乡镇企业，盲目转移农村劳动力，有意无意地放松了开发农业。”“置开发农业于不顾。”因此他们建议：“要把兴办乡镇企业的温度降下来，要把那些浪费电力和原材料的乡镇企业坚决关一批。”在这一氛围下，到年底，中国农业银行宣布：1990年农行对乡镇企业贷款，实行零增长。形势如此突然变化，使乡镇企业广大职工和基层干部感到茫然，他们不理解地反问：过去说我们是功臣，怎么一下子就变成了罪人。

## 第六节 国家对乡镇企业的呵护和扶持

由于乡镇企业是劣势群体农民办的企业，在逐年法治化的中国，没有国家的支持是寸步难行、难以站住脚的。在粉碎“四人帮”后，虽然十一届三中全会通过试行的《中共中央关于加快农业发展若干问题决定》中，强调“社队企业要有一个大发展”，并提出许多相应措施，但这是党的政策，在国家的法律上仍没有位置。1979年7月2日国务院颁发了社队企业第一个法律文件，即《国务院关于发展社队企业若干问题的规定》(试行草案)，使社队企业由非法、半合法，成为中华人民共和国企业合法的一员，并指出它在中国社会主义建设中将发挥的作用：“首先可以更好地为发展农业生产服务，可以壮大公社和大队两级集体经济，为农业机械化筹集必要的资金；同时也能够为机械化腾出来的劳动力广开生产门路，充分利用当地资源，发展多种经营，增加集体收入，提高社员生活水平；还能够为人民公社将来由小集体发展到大集体、再由大集体过渡到全民所有制逐步创造条件。公社工业的大发展，既可以为社会提供大量的原材料和工业品，加快我国工业的发展进程，又可以避免工业过分集中在大中城市的弊病，是逐步缩小工农差别和城乡差别的重要途径。"对新办企业"免征工商税和所得税3年"，"社队企业所得税按现行的20%的比例税征收"。

进入80年代，当我国经济发展中出现许多问题时，有关部门提出要砍掉一大批中小企业和乡镇(社对)企业，起草好文件呈国务院会议讨论，国务院领导说你这个文件不包括乡镇企业，乡镇企业另行起草，这就是1981年5月4日《国务院关于社队企业贯彻国民经济调整方针的若干规定》出台的背景。规定首先对社队企业的重大意义做了肯定，说："社队企业对于利用和发展地方资源，安排农村剩余劳动力，巩固和壮大集体经济，增加社员收入有明显效果；对于逐步改变农村和农业的经济结构，支援农业发展，促进小集镇建设，起了积极作用；对于发展商品生产，活跃市场，扩大出口，增加国家财政收入也做出了贡献。社队企业已成为农村经济的重要组成部分，符合农村经济综合发展的方向。"并指明了如何调整和整顿的措施。

80年代初我国农村自下而上地进行了一场伟大的革命运动，改农业集体经营为家庭联产承包经营，这一大的根本变革，冲击政社合一的人民公社制度。为适应这一变革，1983年中共中央、国务院颁发了《关于实行政社分开建立乡政府的通知》。作为公社、生产大队附着物的社队企业，没有了主体，一时六神无主，不知何去何从。大部分观望，有的变卖，有的分了，有的变为合作企业。也有少数农民又新办了一些各种所有制的企业。对一些社办企业有关部门准备接收变为大集体。就在这时中共中央、国务院在《转发农牧渔业部〈关于开创社队企业新局面的报告〉的通知》，指出："乡镇企业〔即社(乡)队(村)举办的企业、部分社员联营的合作企业、其他形式的合作工业和个体企业〕，是多种经营的重要组成部分，是农业生产的重要支柱，是广大农民群众走向共同富裕的重要途径，是国家财政收入新的重要来源。"这个通知首先把社队企业改名为乡镇企业；其次它保护了公社企业属农民所有的集体财产；第三承认了合作企业和个体企业的合法地位；第四说明乡镇企业已不是单一的集体企业，而是多种所有制并存的综合体。

1984年2月全国人大委员长彭真向农牧渔业部布置，让起草《乡镇企业法》。全国人大六届二次会议32位人大代表联名作为重大议案，建议起草《乡镇企业法》，人大将这一议案也交由农牧渔业部办理。该部接受这一任务后，立即组织力量起草。1987年《乡镇企业法》(送审稿)呈送国务院法制局，国务院领导意见：在制定《乡镇企业法》前，先由国务院制定《乡村集体所有制企业条例》，于是马上组织人起草《条例》，《中华人民共和国乡村集体所有制企业条例》于1990年5月11日经国务院常务会议讨论通过，颁布实施。

在国民经济和乡镇企业发展过程中，国务院领导发现中西部发展缓慢，经分析主要是因这些地区乡镇企业发展缓慢所致，于是国务院在西安召开了《全国加快中西部乡镇企业发展经验交流会》，会后国务院于1993年2月14日颁发了《关于加快发展中西部地区乡镇企业的决定》，采取了许多相应的措施。有的领导同志指出，乡镇企业是我国市场经济的"先导力量"。

自1984年彭真提出制定《乡镇企业法》，经过12年的磨砺，终于在1996年在田纪云副委员长的耐心工作下，力排众议，被各部门一致同意，最后定稿的《中华人民共和国乡镇企业法》经全国人民代表大会常务委员会通过，1996年10月29日由江泽民主席颁布实施。这个法开宗明义地说："为了扶持和引导乡镇企业持续健康发展，保护乡镇企业的合法权益、规范乡镇企

业的行为，繁荣农村经济，促进社会主义现代化建设，制定本法。”从此乡镇企业的立法工作告一段落。这就使一些原来不赞成乡镇企业的人转变了看法，认为乡镇企业是农民的伟大创造。

## 第七节　乡镇企业在发展和管理上的创新

勤劳智慧的中国农民，在他们有了乡镇企业这个不但能使他们致富，还能使他们改变生存手段、改变农村面貌、实现小康和城乡一体化平台后，为了实现这些目标，他们视乡镇企业和土地一样，为他们的命根子，极力保护它，向一切阻碍它发展的传统理念展开挑战。用新理念和实践来证明他们所开拓和从事的乡镇企业事业，是正确的、不是不务正业，是开了农民工—农民务工的先河，从此开始农民工便逐渐成为我国产业工人的主体。乡镇企业的发展，也是社会主义缩小城乡差别、工农差别的理想的实现，是农村经济发展的必然趋势，是建设中国特色社会主义的最大特色，这也是农民在第二次思想解放后为新农村建设在理念上大胆的创新。农民在乡镇企业这个平台上进行宏观理念创新的同时，他们也用新理念对照自身旧理念，改造自身小农意识，用新理念把自己锻造成一代和“三农”有密切联系的社会主义新的“新工人”。从两方面创新，一是对旧观念的创新，二是对旧经营管理机制的创新。

### 一、对旧观念的创新

主要包括以下几个方面：①过去在社队企业战线、特别是管理部门，总认为社队办的企业才是乡镇企业，农业实行土地集体所有、家庭承包、双重经营后出现的个体企业、合资企业、合作企业、股份制企业等不属乡镇企业范畴，不承认、不进行引导、不加管理的现象，虽然有关领导曾指出它是乡镇企业的一部分，但工作还是跟不上，直至1984年中央和国务院文件明确指出：乡镇企业[即社（乡）队（村）举办的企业]、部分社员联营的企业、其他形式的合作工业和个体企业以后，才认识到凡是农民办的企业都是乡镇企业，乡镇企业主管部门都应为它们服务，这就把办企业主体由乡村集体扩大到全体农民。②过去农民往来求人帮助办事，求人时都带一些农村土特产作为见面礼，已成为农村的一个潜规则。现在办企业列不上计划，机器设备、原材料、能源动力没有市场交易，只有靠老乡、老同志、老熟人或靠人托人这种人际关系来办，乡镇企业的供销员按农村的老习惯带一些当地土特产送给要办事的人员，但不知这种行动却违背了共产党员和国家工作人员不许收受贿赂的规定，所以在国家纠正不正之风时，不仅受礼者受到审查，就是送礼者也受到审查。经过这次教训，使乡镇企业认识到在经济往来中，不能用农村老习惯来对待，必须遵守国家法律和纪律。③信誉为企业之本。企业是为社会服务的，是为社会的人服务的，这种人与人之间的交往，特别是经济上的往来，不是建立在人情上，而是建立在相互承诺的信誉上。一个人、一个企业、一种产品信誉好走遍天下，如果自我毁誉，便会成为过街老鼠，人人喊打，谁也不愿和他来往。这样的正反两方面的事例，举不盛举。绝不可有侥幸心理，不履行合同、不履行诺言，进行欺骗。④用优质服务开拓市场。一个企业要想长久不败，一要靠自己的产品质优价廉物美，并根据科技发展和用户的意见进行改进和提高；二要服务好，特别是售后服务要做好，做到保修、保退、保赔，使用户买到自己的产品放心。这样才能使自己的企业和产品永盛不衰。绝不能以能用、没有大的质量问题、卖出手就是达到了目的。这种行为，对人民不负责，是欺骗人民，也为国家法律所不容。⑤重视信息、研究信息。我们处在信息社会，乡镇企业又是靠市场经济来生存，国内外市场的变化，都是靠信息反映出来，作为一个企业，它是处在社会之中，靠这些各种各样的信息，左右企业的经营，信息抓得准、抓得及时、决策又快，它就会占领先机，经营必有所获；否则将会受到挫折。但信息也有真假，要善于分辨，去伪存真，不要被假象所迷惑；也不要道听途说，听信谣传，轻易做出决策。

### 二、对旧经营管理机制的创新

乡镇企业是没有进行过正规学校和专业培训班的"泥腿子"办的企业，对企业的经营管理他们是一窍不通。但现在企业办起来后，他们认识到自己是老百姓办的企业，和国营企业对比起来，它没有"铁靠山"可依靠、没有"铁椅子"可坐、没有"铁饭碗"可端、没有"铁拐杖"可支持，因此它要探索出一种区别于计划经济国营企业的经营管理机制和附属社队时的企业生产型机制，而是适应市场经济的千变万化的、灵活的自主经营管理机制，这样就使它形成了有别于国营企业的以下一些机制。

**(一)乡镇企业的运行机制**　企业管理的民主机制、市场导向的经营机制、自负盈亏的风险机制、优胜劣汰的竞争机制、多劳多得的分配机制、合同聘用的劳动机制、外引内育的人才机制、自我积累的发展机制、项目选择的自主机制、自我监督的约束机制。

**(二)乡镇企业的发展机制**　自我积累，自选项目，自主发展，用"母鸡下蛋"、"驴打滚"、"滚雪球"的"分裂式"、"葡萄串式"的方法向外扩展。

**(三)乡镇企业的用人机制**　不按资排辈、不按学历，而是根据各人实际工作能力和实际表现，职工能进能出，干部能上能下，工资能低能高。

**(四)乡镇企业的生产机制**　乡镇企业的生产是根据订单，采购原材料，再行生产，是销—供—产，而不是产—供—销。

**(五)乡镇企业的经营机制**　乡镇企业绝大多数都是小企业，因此它们学会了利用市场经济的空间，补大工业的缺，对一些小(批量小)、急(交货时间要求急)、杂(规格品种繁多)、难(费工、费时、费力、费神)、特(特种规格、特种工艺)、精(手工工艺特别精细)、低(低产值、低利润)的产品，乡镇企业都愿承接，进行生产或加工，这种补缺门、爆冷门，很受社会欢迎。

**(六)乡镇企业的决策机制**　在这信息时代，市场经济信息大量流来，不仅量大，来得快、变得也快，这就要求乡镇企业在"快"字上狠下工夫。由于它得到信息后不要请示上级，自己就可决策，所以它得到的信息，应用得快；看准的项目，上得快；了解的行情，应变得快；试制的新产品，投放市场快。

**(七)乡镇企业的管理机制**　实行以生产为中心，以质量求生存，办事求效率，工作讲效益，内部机构按需要而设，一人、一室多兼。为了调动职工的积极性和责任心，从厂长到职工，在明确各项经济指标前提下，实行责任承包制，层层包，层层保，人人头上有指标，做到人尽其才、人尽其力、人尽其责、人得其利，不养闲人。

## 第八节　乡镇企业与时俱进

乡镇企业在初办时，由于当时国家还处在计划经济时代，机器都由国家统一供应国营企业，乡镇企业的设备都是国营企业淘汰的设备或自己制造的设备，很难达到节能环保要求。就

是国营企业和发达国家企业比起来，在我国当时科技水平下，差距也十分之大。在此情况下，农民也知道浪费能源、原材料、污染环境不对。国营工业在城市污染是一个点，受害的不是自己是下游。而乡镇企业污染的是一个面，受害的是自己和子孙后代。他们也想治污，但苦于没有办法。如利用农作物秸秆造纸形成的黑液，每年环保部门都收污染费，但就是拿不出一个治污的办法。光收费不治理。国家财政每年都有治污投资，但分文不用于乡镇企业。又如小煤窑、小水泥、小冶炼，是国家在那特殊年代，因物资特别缺乏，号召乡镇企业发展，对解决我国物资贫乏起了很大作用，我们不能因现在这些物资丰富就否定过去"小字辈"所发挥的作用，否定过去中央、国务院决策的正确性。但当时有人却将中国的污染归根于乡镇企业。1984 年农牧渔业部组织乡镇企业环境污染调查组对乡镇企业污染进行调查，调查结果乡镇工业废水量 26.9 亿 t，占全国排放总量的 10.7%；废气排放量 6.399 亿 $m^3$，占全国排放总量的 9.34%；废渣排放量 5.026 万 t，占全国排放总量的 11.1%。据世界银行亚洲地区中国蒙古司 1991 年在调查的基础上编写的《中国环球战略报告》说："尽管乡镇工业企业存在许多问题，从全国平均来看，按其在工业生产中的比例，它们的排放还是低于国有企业。乡镇工业企业排放的废水仅占废水排放量的 10.7%，占大气排放量的 9.4%，以及占固体排放物的 11%，其排放量低于它们在总量中的份额(25%)"。为了在现有条件下减少乡镇企业污染，1986 年农牧渔业部与卫生部、国家环保总局联合召开全国乡镇企业劳动卫生、环境管理会议，提出一个行业一个行业地抓，一个行业一个行业地治，会后先后召开了水泥粉尘污染治理现场会、土焦污染治理现场会、土硫黄污染治理现场会、造纸污染治理试验研究等。

为了从整体上提高乡镇企业的科技水平，提高质量、提高效益、降低消耗、减少污染，乡镇企业和有关部门开展了一系列工作。1983 年在世界新技术革命刚开始之际，乡镇企业局召开了《新技术革命与乡镇企业》研讨会，在这次研讨会基础上，对全国乡镇企业技术现状进行调查，编写《乡镇企业技术进步发展战略研究》，制定了《乡镇企业技术进步战略实施大纲》。1985 年国家科委针对乡镇企业技术薄弱，经国务院领导批准对乡镇企业实施"星火计划"，万里副总理说："前几年我就想提出科技要为乡镇企业服务，为振兴乡镇经济做工作。""你们提出的'星火计划'，是向农村送科技之火。"1986 年召开了乡镇企业技术进步会议，形成了《关于推动乡镇企业技术进步的意见》。1987 年 4 月 16 日由国家经委、财政部、农业部、中国农业银行联合发出对乡镇企业技术进行提出指导性意见和政策上的支持。1988 年 12 月由农业部、国家计委、国家科委、国家教委联合召开《全国乡镇企业技术进步工作会议》，修订了《乡镇企业技术进步战略实施大纲》，由 4 部委颁发实行。

随着我国科技、经济的发展，我国经济已整体进到社会主义市场化、国际化、现代化时期。乡镇企业也与时俱进，资金也宽裕了，能在国内外买到先进设备，过去解决不了的技术问题现在也有办法解决了。特别是现在已找到解决的途径——进行规模化生产，开发工业小区集聚生产联合治污，利用前工序的下脚料、废弃物进行循环生产，对浪费能源、浪费原材料、破坏资源、污染严重不能治理的企业，正在实行关停并转和淘汰，用新兴产业、新技术、新工艺、新的生产方式所取代，已非昔日乡镇企业。

## 第九节 乡镇企业在解决物资紧缺中的贡献

自从50年代农产品实行统购统销以来，当时只是农产品按人定量供应。但到了60年代日用工业品也很缺乏，于是凭票凭证按人供应扩大到日用工业品。1962年上半年北京市凭票、证、券供应的商品就有102种，后来凭票、券供应范围虽然减少了，但1963年却出现了将一般商品当“高价商品”来卖，价格高出平价50％～80％。文化大革命开始后，工厂停产闹革命，原来紧缺的商品更缺乏。就是到了改革开放初，由商业部主编的《新中国商业史稿》说：“全国市场吃、穿、用、烧各类商品仍然全面紧张，一些地区不仅很难吃到肉和菜，甚至火柴、饭碗都常常买不到。”国务院副总理田纪云说：我长时间搞财贸工作，没有为多而发愁，都是为少而发愁，什么都少。乡镇工业发展起来后，它们根据市场需要，把轻工业作为一个重点行业来发展，1979年轻工业产值104亿元，到1989年增长至2 380亿元，以年递增36.7％的速度增长；全国轻工业产值从1 738亿元增长至10 761亿元，年平均递增20％。乡镇轻工业占全国轻工业产值从5.9％提高至22.1％，丰富了市场，满足了人民不断增长的物资需求。再就是煤炭非常紧缺。我国当时的电力90％靠煤发电的火电。没煤既影响工业生产，也影响民用；没煤老百姓做饭也成了问题，他们成群结队拉着架子车到煤矿拉煤，下雪天就在架子车下睡觉。为了解决煤炭急需，在国家允许下，乡镇企业开起了小煤矿。在1979—1989年全国煤炭总产量由6.35亿t增加至10.4亿t，净增4.05亿t；而乡镇企业生产的煤炭由1.02亿t增加至3.48亿t，净增2.46亿t，占全国净增的60.7％，对缓解全国能源紧张起到了关键作用。

## 第十节 乡镇企业在初步实现工业化中的贡献

实现国家工业化，是中国人民近百年来的愿望，许多先辈和革命先烈为之奋斗终生，由于许多原因都未能实现。

世界工业革命自从英国1851年首先实现工业化后，在这160多年里，根据世界专家、学者对工业化的研究，大家认为工业化是一个渐进的过程。即由农业国向工业国转变的过程，农业劳动力向二、三产业转移的过程，农村人口向城市转移的过程，手工操作被机械操作代替的过程，工业产值超过农业产值的过程。因此一般认为，评价一个国家是否实现了工业化，主要看以下几个指标：①工业产值占工农业总产值70％以上。②从事二、三产业的劳动力占总劳动力60％以上。③人口城镇化率在60％以上。

自从毛泽东1953年提出我国要把工业化作为奋斗目标后，我们一直为此而奋斗，但由于种种原因，工业始终发展缓慢，至1978年工业产值仅占国内生产总值的20％，仍然是一个农业国。

1999年在国庆50周年前，《经济日报》在国庆专栏刊登中国现代化报告课题组的研究成果：《中国现代化报告》中说：中国1999年工业化实现程度为73％，处在发展阶段。现在，几代人梦想并为之奋斗的工业化，已初步实现，我们已“从传统的农业国转变为门类齐全、初步实现工业化的发展中国家。”在工业化中，乡镇工业发挥了“半边天”的作用。

乡镇工业的发展，是被逼出来的。农民说，为了国家工业化，我们缩衣节食，除为城市居民和工人提供农副产品、为城市工业提供以农副产品为原料的加工业全部工业原料外，还通过税收、工农业产品价格剪刀差1952—1990年为国家提供“超额工业税”11 594亿元，扣除财政支农资金，净贡献9 528亿元，为国家工业化提供了原始投资。但城市工业化却不吸收农民向工业转移，更谈不到让农民享受工业化的果实。农民说，你不让我进城当工人，我就在农村发展乡镇工业。

乡镇工业的发展，因当时国家强调“就地”，办厂用地因乡（公社）与乡、乡与村（生产大队）、村与村之间不能调换与出卖，因此就形成了各自然村、各乡处处办厂、村村冒烟，正像国务院政研室课题组在调研报告中所说：“有的地方把农村中出现的乡镇工业分散化、小城镇建设无序化和离农人口‘两栖化’这3种现象，及其由此而引出的问题，称之为比‘城市化病’更严重的‘农村病’。”但这种就近办厂，不要国家分文投资，就解决了当地剩余劳动力就近就业，对缺资金的农民来说投资少是最大的吸引力，农民“离农不脱农”、平时休息或农忙还可务农，很适合农民“两不误”，很受他们欢迎。农民从事二、三产业后，虽人进厂，但不进城，这种新型的“农民＋工人”——乡镇工人，收入也大大增加了，可说是为农民增收、为解决农村剩余劳动力就业，闯出了一条路子。至1989年底，乡镇企业已安置农村剩余劳动力9 366万人，占全社会劳动力16.9%，占农村总劳动力的22.9%，占农村剩余劳动力的39.5%，占全民所有制职工总数的92.6%。根据国务院政研室小城镇课题组资料，每安置1个农业剩余劳动力要投入资金6 000元，至1989年底乡镇企业已安置9 366万人，为国家节约资金5 620亿元。由于乡镇企业办厂和就业开始多是就地办厂、就地就业，未出现跨地区异地就业。在乡镇企业发展较快的沿海地区，由于乡镇企业发展较快，当地劳动力就业已达饱和，出现劳力不足，于是跨村、跨乡、跨县的流动性农民工出现了。据有关部门估计，1980年在乡镇企业劳动的外地农民工有200万人，占当年乡镇企业职工总数3 000万的6.7%；1989年乡镇企业职工增加至9 366万人，其中外地农民工3 000万，占32%。

2000年国家工业增加值占工农业增加值的75.3%，而城市工业占54.3%，乡镇工业占45.7%。也就是在这一年，乡镇工业如按《经济日报》口径，也可说“已初步实现了农村工业化”。因为当年乡镇工业总产值82 456亿元，农业总产值24 915亿元，乡镇工业总产值占工农业总产值的76.8%；乡镇工业增加值20 812亿元，农业增加值14 945亿元，乡镇工业增加值占工农业增加值的58.2%。经过1978—2007年29年的奋斗，形成了1.5亿人的农村产业新军，积累了5.7万亿元的资产，在这期间累计企业形成利润100 284亿元，上交税金44 534亿元，支农资金4 025亿元，职工工资121 485亿元，外贸交货值占国家外贸出口值的1/3。

乡镇企业这种不工不农、不城不乡的经济形式，在原有的二元经济中又增加一元经济，变为三元经济，即除农业经济、城市工业经济外，又增加了一种不工不农的乡镇企业经济；在原来二元社会——农村社会、城市社会基础上，又增加了一层不城不乡的游动于前两者之间的“两栖农民工”2.2亿人的群体。乡镇企业的发展，创出一支具有中国特色的社会经济和工人群体。但乡镇企业这一元经济，不是扩大前二元经济的差距，而是在前两元经济、两元社会之间起到一个连接、缩小、黏合的桥梁作用，所以乡镇企业的发展，它是将农村工业化和农村城市化同时发展，用农村小集镇作基地，用农村工业作主体，这样集镇吸引工业，工业反过来武装集镇，它们就是这样并肩发展。

## 第十一节　乡镇企业在城镇化中的贡献

根据发达国家工业化的普遍规律，随着工业化必然带来人口城市化，农村人口转变为城市人口，形成人口城市化。

但我国的工业化由于种种原因未与城市化同步，城市化一直落后于工业化，特别是城乡户口制度的实行，把乡村农民户口固定化、职业化、继承化，使城乡人口永远隔离开来。

但城市的优越工作条件、高收入水平和丰富的物质文化生活，吸引着农民，总想何时能由一个乡下人变为一个城里人。特别是城里人能享受到国家的第二次分配，而农民享受不到的社会福利、住房分配、物价补贴等。他们羡慕城里人，几次闯进城里，但都被认为是"盲流"，都被清退回农村。十一届三中全会虽提出改革开放，但城门对农民还是紧闭，既不许农民进城务工，也不许人民公社在城里办企业。在这种情况下许多农民说：你不让我们进城，我们就在农村造城。于是随着乡镇企业发展，一个农民"造城"运动在中国大地兴起。

这个"造城"以乡镇企业为主体，以农村集镇为依托，由乡镇企业和农民投资，没要国家一分钱，在农村集镇和农村自然村建起了一大批现代化工业和第三产业，农村工业的发展和壮大，又带动一大批新型的城镇在农村拔地而起，这里不仅出现了集镇城市化，而且还出现了乡村城市化，我国的城市化已不是原来意义上的只涵盖特大城市、大城市、中等城市、小城市的城市化，而是还涵盖农村大量的新型集镇，所以自 80 年代以后就不叫城市化，而是叫做城镇化，农村城镇已成为我国城镇化重要一翼。目前我国农村城镇，容纳了城镇化人口的一半以上，他们的生产增加值约占全国国内生产总值的 30%以上，它还是农民转业就业的主要场所。在全国 2.2 亿农民工中，这些新型集镇就吸收 1.5 亿人，占 68%，而且还使这些城镇成了农村政府机关、工业、商业的驻地和物资交流、服务业、交通运输业、文化教育卫生事业的中心。创出了一条中国特色的"离土不离乡、进厂不进城"的城镇化道路，避免了发展中国家工业滞后、城市化超前、贫民区环绕城市区的两重天地。但这些新型城镇的建设，是依托乡镇企业集资和农民个人集资建起来的。现在农村已出现 5 万多个新型集镇，说明农村已有了 5 万多个现代经济中心，必将带领农村经济朝着繁荣昌盛现代化前进。农村这一大批小城镇的出现，既显示了镇在我国城镇化中所起的重大作用，也显示乡镇企业在镇的发展中所起的决定性作用。可以说没有乡镇企业的发展，就不会有镇的发展。

我国城镇的发展是有一个过程的。早在 1955 年 6 月国务院《关于设置市、镇建制的决定》中关于城市的规定：凡中央直辖市、省辖市都列为城市；常住人口在 20 000 以上的县以上人民委员会所在地和工商业地区也可以列为城市。其中还规定 100 万人以上的为特大城市，50 万～100 万人为大城市，20 万～50 万人为中等城市，20 万人以下为小城市。但 1958—1961 年在大跃进冲动下，城市有了快速发展。但到 1965 年进行经济调整时又撤掉许多市，文化大革命基本稳住没有发展。在 1979 年十一届三中全会通过的关于加快农业发展的决定中，虽然提出要发展农村小城镇，但主管部门还是按原来既定方针，以城市化为目标。1980 年国家建委召开全国城市规划工作会议，提出今后城市发展方针是：控制大城市规模，合理发展中等城市，积极发展小城市。1984 年中央十二届三中全会提出：要充分发挥城市的中心作用，迅速形成以城市特别是大、中城市为依托，但工业和其他各项建设事业也不可能和不必要都放在这些

城市。我们一定要十分注意加强小城镇的建设,逐步用现代工业交通业、现代商业服务业、现代教育科学文化卫生事业把它们武装起来,作为改变全国农村面貌的前进基地。全国现有2 000多个县的县城。县以下经济比较发达的集镇,它们是公社所在地,首先要加强规划,根据经济发展的需要与可能,逐步加以建设。还可以运用现有大城市的力量,在它们周围农村中,逐步建设一些卫星城镇,加强对农村的支援(《三中全会以来重要文献选编》上,第1、7、185、191、198页)。决定写在纸上,但就是不见行动。1986年国务院在批准《关于调整设市标准和市领导县的条件的报告》中规定:非农业人口6万人以上、年国民生产总值2亿元以上、已成为该地经济中心的镇,可以设置市的建制;总人口50万人以下的县,县人民政府驻地所在镇的非农业人口10万以上,常住人口中农业人口不超过40%,年国民生产总值3亿元以上,可以设市撤县;人口50万以上的县,县人民政府驻地所在镇的非农业人口在12万人以上,年国民生产总值4亿元以上,可以设市撤县。这样,我国的城市化,就是按不同时期政策的变化,而曲线前进的(表11-1)。

**表11-1 我国不同时期城市化变化情况**

| 年 代 | 城市(个) | 人口(万人) | 城市化率(%) |
|---|---|---|---|
| 1949 | 132 | 2741 | 5.1 |
| 1957 | 176 | 5413 | 8.4 |
| 1961 | 208 | 6906 | 10.5 |
| 1965 | 168 | 6673 | 9.2 |
| 1978 | 194 | 8182 | 8.5 |
| 1988 | 435 | 14211 | 12.8 |

关于镇,早在1955年就有明确规定。国务院在市、镇建制决定中就指出:“镇,是属于县、自治县领导的行政单位。县级或者县级以上国家机关所在地,可以设置镇的建制。不是县级或县以上地方国家机关所在地,必须是聚集人口在2 000人以上,有相当数量的工商业居民,并确有必要时方可设置镇的建制。少数民族地区如有相当数量工商业居民,聚居人口虽不及2 000人,确有必要时,亦可设置镇的建制。镇以下不再设乡。”1956年全国设镇3 672个。在1958年“大跃进”中,许多农民因工作需要搬到集镇,到了1961年底全国建制镇增加至4 429个,当时正遇到3年自然灾害,建制镇的增加,超过了农业负担能力,1963年12月中共中央、国务院发布了《关于调整市镇建制,缩小市郊区的指示》,规定:“工商业和手工业相当集中,聚居人口在3 000人以上,其中非农业人口占70%以上,或者聚居人口在2 500人以上不足3 000人,其中非农业人口占80%以上,确有必要由县级国家机关领导的地方,可以设置镇的建制。少数民族地区的工商业和手工业集中地,聚居人口虽然不足3 000人,或者非农业人口不足70%,但是确有必要由县级国家机关领导的,也可以设置镇的建制。”还规定:由人民公社领导的集镇,即使符合上述人口条件,一般也不设镇,原有的建制镇不符合上述条件的,或虽符合但可划为公社领导的,都应撤销,哪怕是县或县以上地方国家机关所在地也得撤销。经这次调整,至80年代初建制镇只有2 200个。1979年党的十一届三中全会通过的关于加强农业的决定,提出要大力发展社队企业和进行小城镇建设。至1983年公社在集镇办各类企业33.8万个,生产大队在村办各类企业100.8万个。社队企业的大发展,不仅使工商业聚集起来,也使

人口聚集起来。所以1984年国务院批转民政部《关于调整建镇标准的报告》中指出："凡县级地方国家机关所在地，均应设置镇的建制。总人口在20 000人以下的乡，乡政府驻地非农业人口超过2 000人的，可以建镇；总人口在20 000人以上的乡，乡政府驻地非农业人口10%以上的，也可以建镇。少数民族地区、人口稀少的边远地区、山区和小型工矿区、小港口、风景旅游区、边境口岸等地，非农业人口虽不足2 000人，如确有必要，也设置镇的建制。撤乡建镇后，实行镇管村的体制。"1989年乡镇企业在乡、村共办了1 869万个企业，至1992年企业增加到2 092万个。乡镇企业的发展、一些镇工商业经济的发展，非农人口的增加，国家对镇标准的降低，使镇数量大增，而且对镇的建立审批权下放地方。根据有关部门对1992年镇的调查，全国共有镇49 984个，比1981年2 200个增加了21.7倍(表11-2)。

**表11-2　1992年全国城镇数调查**

| 镇属性 | 个　数 | 平均人口(人) | 其中非农业人口(人) |
|---|---|---|---|
| 县城镇 | 1984 | 41000 | 26000 |
| 建制镇 | 12000 | 6026 | 2667 |
| 集　镇 | 36000 | 1772 | 398 |
| 合　计 | 49984 | — | — |

1992年全国人口总数11.7亿，城镇人口3.24亿，城镇化率27.7%。其中镇有人口2.155亿，占全国总人口的18.4%，占城镇总人口的66.5%。镇建设资金，据1992年统计，基本建设共用资金451.79亿元。其中用于住宅投资191.22亿元，用于生产建设105.85亿元，用于公共建设115.73亿元，用于公用基础设施38.89亿元；资金来源，国家扶持10亿元，主管部门下拨19.4亿元，其余422.38亿元都是乡镇企业和群众自筹，占93%。这可以说，乡镇企业为当时国家城镇化率提高做出66.5%的贡献了，但却为国家节省投资420亿元。由于我国城市化率一直落后于工业化，到80年代后期，为了提高城市化率，将镇包括进来，改城市化为城镇化。镇是在乡镇企业发展中形成或壮大的，因此也可以说是农民为我国城镇化做出的又一个创新性贡献。虽然此时农村这些小镇建设尚处在初级阶段，还存在许多问题有待解决和完善，但一定会随着经济发展而不断提高。而城镇化是一个长期发展提高完善的过程，它随着经济的发展、科技的进步、国家重要基础设施的建设而不断向前迈进。

随着工业化的发展，城镇发展也快了起来，至2000年城镇化率提高到36.2%；在城市化率提高中，城市人口由8 182万人增加至16 067万人，在城市化率中由占47.5%下降至只占35%；而镇人口由9 063万人增加至29 839万人，在城市化率中由占52.5%提高到占65%。走出了一条"离土不离乡，进厂不进城"的农村工业化、农村城市化的独特道路。正如万里副总理说的：要建设具有中国特色的社会主义，乡镇企业就是最大的特色。

## 第十二节　乡镇企业在实现温饱和小康中的贡献

我们共产党闹革命、搞建设，都是为了使中国人民过上幸福生活。但由于种种原因，至1978年经过30年的努力，我们连人民最低的生活温饱问题还没有解决。

粉碎"四人帮"后,在十一届三中全会上中央提出要围绕实现现代化、以经济建设为中心作为今后党的奋斗的目标。日本前首相访华,邓小平会见他时他问邓小平,你们说的四个现代化是什么含义?邓小平回答说:我们说的四个现代化,不同于你们的现代化,是中国式的,就是达到了,也是"小康之家",人均国民生产总值1 000美元。后经邓小平调查研究,把强国建筑在富民基础上,提出把达到"小康水平"作为今后全国人民奋斗的目标。邓小平吸取过去的经验教训,他从富民着眼,提出实现"四化"要和解决人民"温饱"和"小康"结合起来,进而提出近期、中期、长期"分三步走"的目标。国际上对人民生活情况通用的标准,是以人均国民生产总值水平为标准(表11-3)。

**表11-3 国际上对人民生活情况通用的标准**

| 发展阶段 | 收入水平 | 人均GDP(美元) | 恩格尔系数 |
|---|---|---|---|
| 贫困型 | 最低收入国家 | 200以下 | 59% |
| 温饱型 | 低收入国家 | 200～600 | 50%～59% |
| 小康型 | 下中等收入国家 | 600～2000 | 40%～50% |
| 富裕型 | 上中等收入国家 | 2000～6000 | 20%～40% |
| 最富裕 | 高收入国家 | 6000以上 | 20以下 |

按照这个标准,联系我国国情,1980年国内生产总值4 546亿元为基数,以当年1美元兑1.852元人民币为不变价,将国内生产总值换算成美元,全国人均249美元。邓小平按整数250美元为基础,提出分三步走,第一步至1990年翻一番,达到人均500美元,实现温饱;第二步至20世纪末,再翻一番,达到1 000美元,实现小康;第三步至21世纪用50年时间,达到中等发达国家水平。邓小平这一宏伟目标,被党中央接受,写进十三大报告,并做出了决议,成为全党、全国的共同奋斗目标。乡镇企业作为农村经济的主要力量和国民经济的重要组成部分,将国家的发展目标作为自己的奋斗坐标奋力实现。

世界银行和联合国制定的世界贫困人口最低贫困线是每人每天生活费1美元,1年就是365美元。而我国制定的贫困线年人均纯收入1978年为100元人民币,贫困人数2.5亿人,占农村总人口的32%;1984年标准提高至200元,贫困人数1.28亿人,占农村总人口的16%;1985年提高至206元,贫困人口1.25亿人。到了1990年全国温饱问题已基本解决。全国国内生产总值至1990年提前实现了千百年来人们为之奔波的温饱,由1980年的4 546亿元增加至1990年18 668亿元,翻了3.1番,年平均递增15.2%;人均国民生产总值由465元提高到1 644元,翻了2.5番。但如果按当年美元与人民币汇率换算,1990年由于美元汇率升值,1美元兑人民币升为4.3812元,结果人均国民生产总值只有344美元,未实现翻番500美元的目标;但如果仍按1980年人民币兑换美元不变价计,为10 080亿美元,虽然当年我国人口增加了1.56亿人,人均仍然占有882美元,超过人均500美元的温饱标准。在达温饱目标中,在实现经济发展战略第一步温饱目标中,作为异军突起的乡镇企业,1980年有企业142.5万个,至1990年发展到1 873.4万个,增加了12.2倍;乡镇企业增加值1980年是678.3亿元,1990年增加至9 780亿元,增加了13.4倍,年平均递增30.6%;占全国国内生产总值由3.1%提高至10%,成为我国经济中最活跃的要素,它对温饱目标的实现发挥了重要作用。

在实现小康中乡镇企业功不可没。邓小平说到20世纪末人均国民生产总值以1980年1

美元兑 1.852 元人民币不变价计算，至 2000 年达到 800～1 000 美元，国民生产总值达到 1 万亿美元，就是“小康水平”。根据《中国统计摘要》，1990 年国民生产总值 18 668 亿元，人均 1 644 元。到了 2000 年国民生产总值增加至 99 215 亿元，翻了 4.3 番。年平均递增 18.2%，人均 7 858 元，翻了 3.78 番，年平均递增 16.9%，无论总产值还是人均产值都超额完成了设想目标。如果按美元计算，虽然 2000 年比 1990 年人民币兑美元贬值了 73%，由 4.783 元贬为 8.278 元人民币，但由于国民生产总值增长的多，在折算美元后也都超额完成了设想目标：国民生产总值由 3 903 亿美元增加至 11 985 亿美元，翻了 2.07 番，年平均递增 11.9%，超额 19.8%达到 1 万亿美元目标；人均国民生产总值由 343.7 美元增加至 949.3 美元，如照 800 美元目标至 2000 年小康目标总体也超额实现，这年国内生产总值 99 215 亿元，在 1990 年翻番的基础上又翻了 4.3 番，年递增 18.2%。但如仍以 1980 年汇率不变价格换算国内生产总值为 53 572 亿美元，人口比 1990 年又增加 1.24 亿人，但人均占有却高达 4 228 美元，远远超过 1 000 美元目标。乡镇企业增加值也由 1990 年的 2 504 亿元，至 2000 年达到 27 025 亿元，翻了 9.8 番，年平均递增 26.9%，由占国内生产总值 10%提高至 27.2%。全国凡已达到小康村的自然村，它的经济基础全都是依靠乡镇企业，全国每年评选的“经济百强县”，无一不是全国乡镇企业发展最快的县。所以中央宣布我国已总体上达到小康水平。

2008 年国内生产总值 300 670 亿元、比 2000 年翻了 2 番，年平均递增 14.9%，以 1980 年汇率不变价格换算成美元为 162 349 亿美元、人均占有 12 225 美元。这年乡镇企业增加值达到 79 700 亿元，占国内生产总值略低于 2000 年的 27.2%、为 26.5%，在 2000 年翻番的基础上又翻了 1.9 番，年平均递增 14.5%；但按当年汇率 1 美元兑换 6.8346 元人民币计算，国内生产总值为 43 992 亿美元，人均占有 3 313 美元。

## 第十三节　乡镇企业在农业现代化中的贡献

乡镇企业是在农业基础上发展起来的。它依托于农业，靠农业原始积累、靠人民公社和生产大队的统一领导发展起来。它将劳动力分为两条战线，分别进行工业生产和农业生产。起初乡镇企业作为生产大队一部分，统一核算、统一分配，在厂劳动、厂计工分、厂队结算、回队分配。后来工厂作为一个企业，独立核算，厂向大队上交部分利润，在厂工人实行工资制，向队交部分钱，买队里一个农副产品分配权。考虑到农业的季节性，每到农作物播种收获大忙时，工厂一般都放假参加农事活动。生产大队要进行农田基本建设或购置大型农业生产资料，一般也由乡镇企业出资，此时的乡镇企业与农业可以说是生产大队的两个生产部门。

自从 1983 年废除人民公社后，实行政企分开，成立乡政府和村委会，农业实行承包制，企业成为独立核算、自主经营、自负盈亏的企业，企业职工除本地以外，由于企业发展本地农民已不能满足企业需要，企业就招收外地农业剩余劳动力。企业除交纳国家税费外，每年继续向村委会上交部分资金用于全村公益事业开支。这时有人出来喊：乡镇企业发展过快，把农村青壮年和有文化的劳力都吸收走了，给农村只剩下“367 部队”(3 指三八妇女节的妇女，6 指六一儿童节的孩子，7 指弯了腰的老年人)。但这些同志不看我国在人民公社时期由于地少劳力多，就剩余劳动力 2 亿多；农业实行家庭承包责任制后，把农民生产积极性调动起来，又可增加剩余劳动力 5 000 余万，总数达 2.5 亿；农业现代化大量农业机械拖拉机、收割机、插秧机、运输

机械的增多，替代劳动力又可增加剩余劳动力5 000万，总数达3亿。农业生产是季节性，一个劳力1年真正从事农业生产的天数根据各地不同，最多也只会有1/3至半年，那还有2/3至半年是闲着，这是多么大的潜在生产力。在80年代乡镇企业发展只安置了几千万剩余劳动力，这和它的潜力相差很远，对农业不仅没有影响，还为农业规模化经营和现代化生产创造了条件。

乡镇企业的发展，在我国财政收入有限、工业还在自我壮大时无力以工支农。乡镇工业由于它来自农业，和农业有千丝万缕的联系，在它发展之初，一直到壮大以后，它把支农补农建农作为自己不容推卸的责任，一直从自己有限利润中拿出部分用于农业，用于农田基本建设、购置农业机器、购买农业生产资料、承担农民负担等。1978—2007年在这方面的投资就有4 021亿元，这对缺乏资金而国家投入严重不足的弱势农业来说是雪中送炭，对保证国家农产品供应起了很大作用。

## 第十四节　乡镇企业在外向型经济中的贡献

新中国成立后，由于帝国主义敌视社会主义、敌视中国，对年轻的中华人民共和国实行经济封锁，这一封锁就是30年，严重影响我国和国外的国际贸易。在此情况下，我们只能和发展中国家进行贸易，贸易的商品多是劳动密集型、手工艺型、传统商品型、农副产品加工型的商品，在这些方面乡镇企业有许多优势，提供了不少货源。

到了70年代，随着国际形势变化，由冷战转变为经济互补与竞争，一些发达国家相继和我国建立了外交关系，经济封锁被打破。这时由于科学技术发展，世界进入了信息化、全球化时代，而通讯的方便、交通的便捷、国与国联系的密切、经济交往和相互依赖的紧密，促进了世界经济的发展和繁荣，促进了世界贸易的发展，一些亚洲国家依靠外贸导向，出现了亚洲四小龙——韩国、新加坡、中国台湾、中国香港。我国有的同志于1985年向中央建议走向国际市场，进一步参加国际交换和国际竞争，大力发展外向型经济，参与世界经济大循环。当时国务院领导批示：有的同志建议，我们应"充分利用农村劳动力资源丰富的优势，大力发展劳动密集型产品出口，换取外汇支援基础设施建设，过资金密集型产业发展阶段这一关，走国际大循环经济发展战略的路。我看这个观点是有道理的。目前世界市场上，劳动密集型产品还占相当大一部分，我国最大的资源是劳动力资源，这个资源在广大农村。我们的优势不仅在于人多，最主要的是工资低。只要提高劳动力素质，包括提高技术和管理水平，就具有极大的竞争力。我们沿海地区人多地少、资源不丰富，如果不走出一条路，要富起来就很困难。将来中国沿海以乡镇企业为主要形式，依靠低工资的廉价劳动力，生产劳动密集型产品出口占领国际市场，是完全可能的。首先从沿海地区开始，将来乡镇企业可能在全国的出口中占很大比重"。据农业部乡镇企业局统计，乡镇企业向外贸公司交货值1981年是26亿元，占全国出口总额7%；1985年交货值是39亿元。

1986年农业部和国家经委根据国务院领导的思想，联合举办了《中国乡镇企业出口商品展览会》，会后经农业部、国家经委、对外经贸部协商，于1987年12月召开了《全国乡镇企业出口创汇工作会议》，会前中央领导同志说："我国农村有2/3的人口转向第二、第三产业，我们的农业就有了活力、有了效益，农村才能真正富裕起来。""沿海地区，特别是长江三角洲和珠江三角洲的基本特征是人多资源少，这一特征决定了这个地区的加工型产业结构。”“长江、珠江三角洲，乃至整个沿海地区，要眼睛向外，要面向国际市场，要发展外向型经济，参与国际交换和国际竞争作为本地区经济发展的主要方向，把两头在外的两头真正转到广阔的国际市场去。”“这一带的乡镇企业起步早、发展快、实力强，现在已成为当地经济的一大支柱。乡镇企业具有灵活的机制，架子小、竞争意识强，特别是对外贸易出口所需的多品种、小批量、交货快的要求，有较强的适应性，对复杂的国际市场有较强的应变能力。近两年的实践已经证明，乡镇企业是出口创汇的主力军。在今后发展外向型经济中，乡镇企业应该发挥更大的作用。”为了发挥乡镇企业在外向型经济中的作用，经农业部、国家计委、对外经贸部、财政部、国家税务局、中国人民银行、中国农业银行研究，确定建“贸工农”联合出口商品基地建设，并颁发了《关于推动乡镇企业出口创汇若干政策的规定》。从此以后，又连续于1989年和1995年举办了乡镇企业出口商品展销会、1991年和1995年召开了乡镇企业出口商品创汇会议，使乡镇企业创汇大大增加，在1985年39亿元基础上直线上升，1986年99亿元，1987年162亿元，1988年269亿元，1989年371亿元，当时以“三来一补”——来料加工、来样生产、来件装配、补偿贸易为主。进入90年代乡镇企业有了进出口权，可以和国内外商家进行合资、合作生产和出口，交货值大大增加，1992年交货值1 193亿元，1993年交货值2 193亿元，1994年交货值3 398亿元，1995年交货值5 395亿元，1997年交货值6 686亿元、占我国外贸出口额的36.1%。其中“三来一补”693亿元，三资企业3万个、引进外资272亿美元，在境外办企业2万家、累计投资228亿元人民币。进入21世纪，随着我国加入WTO，乡镇企业出口结构和形式有了很大变化，乡镇企业发挥机制、资源、劳动力等方面的优势，通过改善投资环境，完善社会化服务，积极招商引资，主动承接国际产业转移，搭建产业梯度转移承接平台，形成了以农产品加工、纺织服装、机械制造、轻工、建材、手工产品和传统产品为主导的产业结构；形成了以产品为中心、以专业市场为阵地、以千家万户生产企业为基础的企业集群、产品集群、产业集群，如服装市场、纺织市场、小商品市场、纽扣市场、塑料市场等；形成了一批规模大、水平高、效益好的大型企业，如万向集团、红豆集团、阳光集团、华西集团、南山集团、金锣集团、汇源集团。在它们带动下，乡镇企业出口与时俱增。2001年交货值9 599亿元，占外贸出口43.6%；2002年交货值11 563亿元，占外贸出口42.1%。2007年交货值31 242亿元，占外贸出口的33.4%。乡镇企业成为我国走向世界的支柱产业。

## 第十五节　乡镇企业在城乡一体化中继续做出贡献

进入21世纪后，我国经济继续高速发展，国内生产总值先后超过了意大利、法国、英国、德国。2008年国内生产总值300 670亿元，比2000年翻了两番，年平均递增14.9%。如按邓小平原设想以1980年汇率不变价格，换算成美元为162 349亿美元，人均占有12 225美元，远远超过小康水平；但按当年汇率1美元兑换6.8346元人民币进行换算，国内生产总值为43 992亿美元，人均占有3 313美元，进入了中等发达国家水平，现在已处在世界经济发展第三位，进出口处在第二位、外汇储备近2万亿美元处在第一位。在此经济实力情况下，我国经济工作由过去农村支援工业、农村支援城市转变为以工促农、以城带乡。党在2008年10月12日召开的十七届三中全会指出：“我国总体上已进入以工促农、以城带乡的发展阶段，进入加快改造传

统农业、走中国特色农业现代化道路的关键时刻，进入着力破除城乡二元结构、形成城乡经济社会发展一体化新格局的重要时期。”因为现在虽然国富了、国强了，但人民还是比较贫穷的，人民平均国内生产总值只有3 000多美元，排在世界100位以后；人均纯收入城市居民15 781元，而农民只有4 761元，过去城乡收入之比为2∶1，进入21世纪扩大为3∶1；城乡社会福利、城乡基本建设都相差甚远，特别是现在城门还未对农民打开，农民工只有义务建设城市、美化城市、服务城市，但就是无权落户城市、享受城市；农村人口还占全国55%左右，2.2亿两栖农民落脚点尚在何方？都是一个问题待解决。现在中央提出要破除城乡二元结构、城乡统筹、形成城乡经济社会发展一体化，这正是农民盼望已久的美好远景，也是农民发展乡镇企业的根本目的。

乡镇企业经50年的发展，至2008年有企业2 300万个，职工1.5亿人，增加值达到79 700亿元，占国内生产总值26.5%，在2000年翻番的基础上又翻了1.9番，年平均递增14.5%；工业增加值5.56万亿元，占全国工业增加值12.91万亿元的43.1%；农民从乡镇企业得到工资性收入1 650元，家庭二、三产业收入470元，股息红利21元，合计2 141元，农民纯收入4 761元，乡镇企业就占了45%。还使60%的城镇化的农民由农民转变为城镇人口，使1.5亿农民转变为新型工人——乡镇企业职工或农民工。在乡镇企业发展过程中，每年用一部分企业的利润，发展社会福利事业，为农民提供必要的公共服务与社会保障，这是在城乡二元结构使城乡公共服务于社会保障未能均等化的历史条件下做出的特殊的贡献。过去这都是乡镇企业单枪匹马在那闯，现在有国家作后盾、作主力军，要改变二元结构、要城乡统筹安排、要缩小和消灭工农与城乡差别、要实现城乡一体化，乡镇企业应在国家统一布局、统一规划下，发挥自己的积极性，做出新贡献，完成农民和国家对它寄托的历史重任。

（作者：张　毅 农业部乡镇企业局原副局长、高级经济师）

# 第十二章 农民工

## 第一节 城乡二元结构与农民工

"农民工"是我国经济社会转型时期的特殊概念,是指户籍身份还是农民、有承包土地,但主要从事非农产业、以工资为主要收入来源的人员。狭义的农民工,一般指跨地区外出进城务工人员。广义的农民工,既包括跨地区外出进城务工人员,也包括在县域内二、三产业就业的农村劳动力(国务院调查组,2006)。本章所指农民工为广义农民工范畴。农民工这一充满生命力的新生事物,是我国由传统社会向现代社会转变的重要标志,是我国工业化、城镇化快速发展阶段涌现出的一支新型劳动大军,也是推动我国经济和社会结构变革的巨大力量。改革开放以来,亿万农民走出田间、走出乡村,进入工厂、进入城市,用辛勤的劳动和汗水,创造着自己的新生活,创造着我国的现在和未来。

### 一、我国城乡二元结构的制度变迁

现代工业部门和传统农业部门并存的二元经济结构状态是发展中国家工业化过程中必然出现的经济现象。我国作为一个发展中国家,除了具有二元经济结构特征外,还存在城乡二元户籍制度、二元社会保障制度、二元劳动制度,从而导致了我国工业化、城市化进程中伴随农村剩余劳动力转移,出现农民工现象。农民工现象是我国城乡二元经济社会结构与现代化相互撞击的产物。城乡二元社会经济结构是我国农民工问题的重要根源。城乡二元结构的改造与转换是解决我国农民工问题的基本途径。

二元经济是发展中国家工业化过程中必然出现的经济现象。发展中国家的工业化,最初起始于传统经济中的若干产业部门,由此形成了现代工业部门与传统农业部门并存的二元经济结构。由于发展中国家的工业化,是在资本积累不足、劳动力素质普遍不高、科学技术极为落后等基础上进行的,因此国民经济各产业部门的现代化需要经历一个相当长的过程。在这期间,发展中国家一般都会同时存在着两种性质不同的部门:一种是以传统方法进行生产,劳动生产率极为低下,收入只能维持劳动者最低生活水平的乡村农业部门;另一种是以现代方式进行生产,劳动生产率较高,劳动者工资水平也相应较高的城市工业部门。由此形成城乡二元经济状态。我国作为一个发展中的人口大国,二元经济结构是国民经济结构的基本特征。

**(一)赶超型发展战略与我国二元经济结构的深化** 我国二元经济结构的形成是绝非偶然的,它是我国社会内部生产方式矛盾运动与外部国际资本积累相互作用的必然结果。我国在19世纪中叶以后逐步沦为半殖民地半封建社会,与此同时,由于国际资本的入侵,对我国传统农业社会起了很大的瓦解作用,这一方面造成了广大农村的日益衰落,形成典型的农村贫农经济;另一方面在少数沿海城市建立了现代化经济部门,从而形成了我国经济社会的二元结构。受新中国成立初期国际环境和历史条件的制约,在原苏联经济发展模式的影响下,我国选择了

以重工业优先发展为特征的赶超型发展战略。这一发展战略的核心是试图通过重工业的优先发展，超高速实现国家的工业化。由于我国是在经济发展水平十分低下的基础上推进工业化的，一是人均国民收入水平十分低下，储蓄率低，资本积累能力不足，资本严重匮乏；二是传统农业在国民经济中占有很大的比重，技术落后，劳动生产率不高，产出水平低下，支持工业化的能力有限。作为一个社会主义国家，我国既不能像发达的资本主义国家当初那样通过对外掠夺来实现资本原始积累，在当时的历史条件下，也不可能通过引进外资的办法来补充国内资本的不足。而且，由于重工业资本高度密集性的特点，也使得以重工业优先发展为特征的赶超型发展战略与我国的劳动力丰裕、资本稀缺的资源禀赋特点相矛盾。因此，必须依靠一种新的制度安排来保证重工业的优先发展，即由政府统一调配资源，以降低发展重工业的成本，并减轻工业化过程中由于劳动力的转移而形成的城市化压力；由此，形成了一套包括统购统销、人民公社、户籍制度等在内的城乡隔离的二元经济体制。

赶超型发展战略和城乡分割的二元经济体制，通过从农业中提取工业化所需的资本积累，以及重工业的自身循环所创造的社会需求，克服了发展中国家工业化初期的资本积累不足与有效需求不足这两大难题，在较低的国民收入水平上实现了较高的工业化水平，建立起了独立完整的民族工业体系。但由于重工业的优先发展是以牺牲农业的长远发展为代价的，这不仅造成了农业生产长期低速增长，而且也使农业内部的剩余劳动力不断积累，农村隐蔽性失业严重，从而使我国的二元经济结构特征更加突出。

**（二）经济体制改革与中国二元结构的转换** 改革开放以后，随着我国经济体制改革的不断推进，我国二元经济结构的演变呈现出波动变化的特征。从我国城乡居民收入差距来看，1978—1996 年期间，我国二元经济结构逐步缩小。改革开放初期，农村推行家庭联产承包责任制，农民拥有经营自主权，极大地调动了农民生产的积极性，解放了农业发展生产力，推动农业生产效率的提高，使传统农业部门与现代工业部门之间差距逐步在缩小。据有关统计数据显示，1978—1984 年农民人均纯收入平均增长 15%，城乡居民收入差距由 1978 年的 2.6 倍缩小至 1984 年的 1.86 倍。特别是 20 世纪 80 年代中后期，城乡隔离制度有所松动，乡镇企业异军突起，农村工业化得到发展，引起了工业化方式和路径的变化，使我国的工业化由国家一元工业化转向了城乡工业化共同发展的二元工业化格局，促进我国二元经济结构逐步缩小。1992 年，以邓小平同志南巡讲话和党的十四大召开为标志，我国经济体制开始全面由计划经济向市场经济转型，我国二元经济结构仍然在减缓。但进入 21 世纪以来，我国城乡居民收入差距继续扩大，表明了二元经济结构持续强化。据国家统计局资料显示，2000 年我国城乡居民收入差距为 2.79∶1。2001 年为 2.9∶1，2002 年为 3.11∶1，2003 年为 3.23∶1，2004 年为 3.21∶1，2005 年为 3.22∶1，2006 年为 3.28∶1，2007 年为 3.33∶1，总体上呈现持续扩大态势。2006 年，我国城镇居民人均可支配收入达 11 759 元，比 2002 年增长了 52.7%，扣除价格因素年均实际增长 9.2%，而农民人均纯收入达 3 587 元，比 2002 年增长 44.9%，扣除价格因素年均实际增长 6.2%，比城镇居民收入增幅低了 3 个百分点。2007 年，我国城镇居民人均可支配收入 13 786 元，名义增长 17.2%，扣除价格因素后实际增长 12.2%；农民人均纯收入 4 140 元，名义增长 15.4%，扣除价格因素后实际增长 9.5%，比城镇居民收入增幅低了 2.7 个百分点。由此可知，我国二元经济结构形势严峻。

我国的二元经济结构不仅具有发展中国家二元经济结构的特征，而且具有特殊性，还存在工业化的二元结构、劳动力就业市场的二元结构、城乡市场体系的二元结构、区域经济的二元结构，以及城乡二元户籍制度和城乡二元社会保障体系等。

## 二、农业劳动力转移和农民工

### (一)农业劳动力转移的动因分析

1. 经济技术方面的原因

(1)城乡和地区之间的收入差距是农业劳动力转移的主要原因　造成农业劳动力转移的最主要原因是我国二元经济结构所造成的城乡收入差别。一方面，农业存在大量的剩余劳动力，边际生产力低下，收入偏低，有着向外流动的内在推力；另一方面，城市第二、第三产业迅猛发展创造的就业机会和与农业相对而言的高收入机会，形成吸引农民进城的外部拉力。正是农业内部的推力和城市外部的拉力，共同成为我国农业剩余劳动力转移、农民进城务工的根本动力。按照发展经济学理论，农业剩余劳动力向非农产业和城市转移的经济动因，是城乡之间存在实际收入差距。刘易斯在《劳动无限供给条件下的经济发展》一文中提出，农业剩余劳动力在发展中国家大量存在，大多以隐蔽失业形式存在，而城市工业部门的资本要吸取农业剩余劳动力，就必须支付工资，并且资本应用只能达到劳动边际生产率等于现行工资水平的程度。但事实上，城乡之间实际收入存在明显的差距，劳动边际生产率高于现行工资水平，形成剩余，并把一部分剩余用于再生产，边际劳动生产力整个提到一个更高水平，直到农业剩余劳动力完全被城市里的现代工业部门吸引，二元经济变成了一元经济，实现现代化。在这一过程中，只有工资高于农村收入，农业剩余劳动力才会向城市转移。托达罗在《经济发展与第三世界》中，把城乡预期收入差距作为农民进城的基本条件，即影响他们预期的关键因素有两个：一是城乡实际工资的差异，估计有多大；二是在城市谋得工作机会的可能性，估计有多大。尽管城市中失业现象十分严重，准备流向城市的农民还是可以做出合理的决策。他们所关心的不是城乡现实的收入差距，而是把农村的现有收入与进入城市后找到工作机会的预期收入作比较来决定其行为。由此可见，农民进城是以城乡收入差距的存在为基础的。

我国城乡收入差距极为突出，2007 年城乡收入差距的比例达 3.33 倍，并呈现持续扩大的趋势。如果考虑到城镇居民所拥有的“福利、补贴”之类的特权，我国城乡居民人均实际收入差距可能达 5 倍以上。农民在农村从事农业生产，农民增收困难，长期处于低水平状态。而农民进城务工所得收入远远大于务农的所得。据李强(2002)调查资料显示，进城后与进城前的年收入比较，农民工平均多收 8 738.3 元。同时，我国地区经济发展不协调，发展差距和收入差距拉大的趋势仍未根本改变。东部地区人均收入不断提高，对资金、资源、劳动力的吸引力也越来越大。相反，人均收入低的中西部地区，农民收入和就业机会相对较少。这样，巨大的经济差异作为一种驱动力，促使越来越多的中西部地区农民向东部发达地区转移就业。在我国现实的农村中越是贫穷落后的地方，外出打工的农民就越多。因此，经济利益的驱动成为农民工进城的主要原因。

(2)科技进步是农业剩余劳动力转移的基本推动力　科技进步和管理提高等方面对农村剩余劳动力增加的影响是长期的、渐进的。科技进步和人们整体消费水平的提高，第二、第三产业将会得到迅速发展。劳动力从低效益的第一产业向效益较高的第二、第三产业转移，是国民经济工业化和现代化的重要组成部分和必然结果，这是一个不以人的主观意志为转移的客观规律。特别是第三产业中的服务性劳动无论在国民财富价值量的增长上，还是在实物量的增加上，其作用越来越大。而有些服务性劳动，可以不受空间地域的限制，可以依靠个体力量

进行，并且既不需要复杂的技术，又不需要巨额资金，可以吸纳更多的农村剩余劳动力就业。科技的发展必然提高整个社会的劳动生产率，也包括农业劳动生产率，使农业生产中对劳动力的需求减少。这就要求一部分劳动力从农业中转移出去，使农村剩余劳动力转移到能充分就业的领域，包括工业、第三产业、城市和农业大生产内部。

(3)农业剩余劳动力转移是产业结构升级的必经起点　全面建设小康社会，最根本的是要加快经济发展，在当前就是要加快产业结构调整、升级和农业现代化的步伐。随着生产力迅速发展，我国已经进入到产业结构升级的重要阶段。工业在国民经济中占主导地位，客观上要求降低农业就业人口比重，而我国在历史上形成的二元经济结构下，农业的就业结构严重滞后于产业结构的变动，农业滞留了太多的剩余劳动力，农业的技术水平、商品化程度和专业化水平难以提高，农村工业化和农村城市化进程被抑制，农民不得不在有限的空间里求生存。因此，大规模的农业劳动力转移有利于工农业两大部门间实现良性循环，建立两个部门互促共进的和谐关系，改变我国二元经济结构，建立现代农业，推动国民经济的整体发展。只有在市场机制的作用下，通过劳动力生产要素的合理流动，把大批被束缚在传统农业中的劳动力解放出来，才能降低农业就业比重，使农业剩余劳动力在更高更广的范围内重新组合，为包括农业本身在内的三大产业的发展及经济重心在三大产业间的依次更替提供充足的劳动力资源，推动产业结构高级化和国民经济的现代化。

同时，我国不合理、低层次的农业产业结构缩小了产业发展空间，降低了产业对劳动力的吸纳能力。以往的农业结构调整和农业生产是在短缺经济下进行的，追求的是农产品数量的迭加。目前，就全国而言，农产品的买方市场已经形成，消费结构升级在对农村原有产业结构形成压力的同时，经济效益的下降导致农村产业对剩余劳动力的吸纳能力有所削弱。因此，农村产业结构与剩余劳动力之间的矛盾化解，主要应注意农村产业结构的调整，使农村产业结构升级，提高农业经济效益。

2. 社会改革与发展方面的原因

(1)农村经济体制改革，土地对劳动力的数量需求相对下降　从1978年12月党的十一届三中全会以来，我国农村经济体制改革不断深入，市场经济在农村的发展，一方面极大地解放了被束缚的农业劳动生产力，促进了农业内部分工的发展，从而使包括劳动力在内的诸多生产要素得以在农业部门分化出来获得重新配置的机会。另一方面，使传统的二元经济结构开始松动，各种制约农村劳动力自由流动的制度逐渐弱化，使农民获得了对自身劳动力的自由支配权，从而为农村劳动力进行“离土又离乡，进厂又进城”的自由流动提供了可能；其次，在市场经济大潮的推动下，城市劳动就业制度的改革突破了劳动力配置的城乡分割模式，使企业获得了招工、用人、工资分配等方面的自主权，为农村劳动力的流入提供了制度方面的条件；再次，市场经济的发展，促进了人们消费水平的迅速提高和消费结构的优化，从市场需求的角度要求产业结构优化，要求能够满足人们发展和享受需要的第三产业的发展，而第三产业的发展为农村劳动力的流动提供了巨大的就业空间；最后，市场经济的发展，带来了农村劳动力观念的全面更新，培养了他们求新、求强、敢于实践的主体意识，勇于承担风险的意识，增强了时间观念、竞争观念。

(2)农业剩余劳动力转移是经济发展和城市化的需要　几乎所有的发展中国家在经济起飞阶段都存在着大量的农业剩余劳动力，能否将这些剩余劳动力转化为生产性资源，不仅关系到一国农业生产水平能否提高，而且关系到支持经济起飞的积累率水平能否达到。社会生产力的发展必然引起产业结构、就业结构、城乡结构的改变。第二产业主导地位的确定和第三产业比重的急剧增加，导致农业人口逐渐下降，非农业人口逐步上升，大量农业剩余劳动力向城镇转移，乡村人口减少而城镇人口剧增，居民的物质生活与精神面貌随之发生质的改变。这是不以人的意志为转移的客观规律。这种改变过程就称之为"城市化"。它使乡村分散的人口、劳动力和农业经济活动不断地进行空间上的聚集而逐渐转化为城市的经济要素。所以，城市化的推进不仅需要农村提供充足的粮食和农副产品，提供城市规模扩大和现代交通发展的土地，更需要通过农村劳动力有序流动，为城市建设提供量足质高的建设者。现代化城市的建立，在考虑了它的地域条件、人文环境等因素后，首要的任务是进行包括道路、桥梁、工厂、商店、公共活动场所等基础设施的建设。而这些基础设施建设所需要的大量劳动力绝大部分来源于农村。

(3)以户籍制度为核心的管理制度的变革，为人口流动和劳动力资源的重新配置提供了现实的可能性　传统的户籍管理制度是管理住户和人口的制度，它包括多项具体内容，其中，掌握和控制住户与人口的地区迁移是这一制度长期以来最重要的内容。但随着农村经济体制改革的不断深入和市场经济体制在全国的逐步确立，就形成了这样一种矛盾：改革开放，虽然将自主择业的权利交给了农民，但农民进城后却因户籍问题而无法实现身份的改变，从而严重制约了农村剩余劳动力的转移速度。

多年来，改革和发展一再呼唤户籍制度革命，20世纪90年代我国开始了对二元户籍制度的谨慎改革，特别是2001年3月，国务院转批公安部《关于推进小城镇户籍管理制度改革的意见》，要求各地全面开展小城镇户籍管理制度改革工作，并于2001年10月1日在全国范围内推行小城镇户籍制度改革。与此同时，一些大中城市也大幅度地调整户籍政策，放宽落户条件。国家"十五"计划已确定了在大中城市全面进行户籍制度改革，并提出了在5年内完成这一改革的设想。为适应国民经济和社会发展的客观要求，公安部制定计划，力争"十五"期间打破城乡分割的农业、非农业二元户口管理结构，废除由二元户口管理结构衍生的户口"农转非"计划管理政策及蓝印户口、自理口粮户口、地方城镇户口、农场商品粮户口等多种户口形式，建立城乡统一的户口登记制度。这些措施取消了户籍对农村剩余劳动力转移的限制，有利于劳动力的合理流动和形成全国统一的劳动力市场，为人口流动和劳动力资源的重新配置提供了现实的可能性。

3. 城市大量就业机会是农村劳动力转移的直接条件　改革开放以来，我国发达地区率先兴起的大批乡镇企业迅速发展，以及东部沿海地区以电子装配、轻工纺织、玩具及各类加工业为主的"三资"企业、"三来一补"企业发展较快，提供了大量的就业机会和就业岗位。与此同时，我国农村人多地少，随着科学技术的不断发展，农业劳动率的不断提高，使农业生产中对劳动力的需要不断减少，这要求大量剩余劳动力从农业中转移出去。既然农民在农村就业不充分、处于失业状态，不如进城寻找更多的就业机会，再加上在城里务工获得的收入比在农村务农的收入高。因此，农业剩余劳动力必然会向富含就业机会的发达地区城市转移，从而形成农民工。

**(二)农业劳动力转移的类型及其比较**　改革开放后，如果从转移模式上考察，我国农业剩余劳动力转移主要经历了两次演变，即1978—1988年的就地转移即"离土不离乡"与1989年后的异地转移模式即"离土又离乡"。

1. 离土不离乡　发展乡镇企业和小城镇改革开放至20世纪80年代末期，我国农业剩余

劳动力的转移主要是以“离土不离乡”为特征的就地转移方式实现的。

所谓“离土不离乡”，是通过发展以乡镇企业为主体，以小城镇为依托的农村商品经济，让农民进厂进镇，在本地域内(县以下乡镇)的非农产业中就业，实现农业剩余劳动力在农村就地转移，就地“消化”的一种方式。“离土不离乡”的模式是在苏南碧溪镇农民开创的“离土不离乡，进厂不进城”的经验基础上发展而来的。这种模式因其能吸收农业剩余劳动力就业，提高农民收入，又避免了其他发展中国家出现的由于农村人口涌入城市所产生的“城市病”而得到理论上的肯定，被称为“具有中国特色的农村剩余劳动力转移的一条新路”。

“离土不离乡”的就地转移模式是在我国特殊的社会经济条件下产生并发展起来的。

首先，“离土不离乡”是农民不得不选择的转移方式。在我国，长期实行的城乡隔离的政策，及由此形成的城乡分割的二元经济社会结构，基本堵塞了农业剩余劳动力向城市转移的道路，将农民就业的区域限定在农村。农业剩余劳动力在不能向城市转移的前提下，只得就地“消化”，就地转移。

其次，“离土不离乡”是农民易于接受的转移方式。从传统意识上说，土地是农民生存的最后保障，农民不愿轻易地放弃土地；具有较强兼业性的“离土不离乡”适应了农民的这种传统意识。农民文化素质偏低，缺乏专业技能，这在很大程度上限制了转移的地区范围和对转移方式的选择。“离土不离乡”转移的地域范围较小，转移方式简单，适应了农民文化技能的状况。农村实行家庭联产承包责任制后，土地使用权的流动机制尚未建立，农业适度规模经营进展缓慢，土地产权关系处于相对稳定时期。“离土不离乡”具有兼业性的特点，不要求农民放弃土地的使用权，从而适应了农村的土地产权关系。就地转移具有自然经济中浓厚的分散和保守的色彩，分散性和保守性适应了农村的经济、文化的特点，易于被农民接受。

最后，“离土不离乡”是具有可能性的转移模式。“离土不离乡”的模式，吸收农业剩余劳动力的主要载体是乡镇企业。在改革开放后我国宏观经济短缺的环境中，在国家的税收和其他政策的支持下，乡镇企业迅速发展起来，为农业剩余劳动力实现就地转移创造了条件。另外，就地转移依靠的是当地农业经济的发展和乡镇企业的发展，而不同地区农村经济发展水平的差异造成了就地转移的成效存在着较大的差异。东南沿海地区，特别是珠江三角洲、长江三角洲及大中城市的郊区，乡镇企业发展较快，就地转移的成效较好。而广大中西部地区，由于种种原因，乡镇企业、小城镇起步晚、发展慢，有些地区乡镇企业几乎空白，就地转移的成效微乎其微。

2. *离土又离乡：劳动力向大中城市转移*　所谓“异地转移，离土也离乡”，是指随着城市工业化的发展，农村剩余劳动力逐步向城市转移，被城市工业及第三产业所吸纳，最终实现农村城市化或城乡一体化。这是工业化及城市化发展过程中的一种必然现象。在此，我们把城市界定为含县城在内的大中城市。凡农业剩余劳动力进入本省或外省的含县城在内的大中城市就业，即可认定其实现了异地转移。在我国，农业剩余劳动力向城市的异地转移是在城乡隔离的情景下以两种途径实现的。

(1)*受国家计划严格控制的“农转非”*　国家按照计划每年从农村招工、招生、征兵及被征地农民的安置，使部分农业户口转为城镇户口，与城市居民一样享受国家的就业、住房、医疗等社会福利。这是传统体制下农村劳动力及农村人向城市转移的主渠道。1978—1993年，15年间，“农转非”人口累计7 000万人，其中，劳动力占有80%，约6 000万人，每年平均约400万人。由于农村人口转移至城市的数量及规模受国家计划的严格控制，未引起社会的震荡。因而,“农转非”是一种有序的转移。

(2)不受国家计划控制的农村劳动力在城乡和地区间自发地流动　随着改革开放的深入,城乡隔离的政策有所松动,在“农转非”这条狭窄的途径外,产生了计划外的农民自发从农村向城市的流动,并逐渐成为农业剩余劳动力进入城市的主渠道。

农民自发地进入城市,在20世纪80年代初就已存在。那时,进入城市的农民被称为“盲流”。他们自理口粮,分散在城市的各个角落,从事城市居民几乎无人问津的工作,如木工、泥瓦工、修鞋、修自行车、弹棉花、挖土方、回收废旧物资、家庭服务等。并且,异地转移进入城市的劳动力数量及规模小于就地转移。因而,异地转移不占主流,未引起人们的关注。自1989年始,被称为“农民工”的农业剩余劳动力跨地区流动,由于规模大、数量多、时间和方向集中,形成了“民工潮”,引起全社会的关注。这表明,“异地转移、离土也离乡”已经成为农业剩余劳动力转移的重要方式。

上述两种转移途径的相同点在于:两者都实现了异地转移——从农村进入城市。不同点表现在两个方面:①“农转非”者不仅实现了其在城市的就业,而且改变了他们的农村人口的身份,实现了彻底的转移。农民工虽基本上与农业生产脱离了联系转入城市的非农产业,但从户籍管理角度来看,他们仍属于农村人口,没有实现彻底的转移。②作用机制不同。“农转非”是国家统包统配的计划经济下的产物,受国家计划的调节和控制。而“民工潮”则是在市场经济规律作用下产生的,受市场机制的调节。随着户籍制度的改革,原来意义上的“农转非”形式将不再存在。因此,我们只把受市场经济规律支配的“民工潮”作为异地转移的一种代表形式。

**(三)农民工是农村劳动力转移的特有形式**

1. 城乡分割的户籍障碍使农村劳动力转移体现为农民工　农业劳动力大量转移到非农产业和城镇是工业化和城市化进程中的必然现象,在西方发达国家的工业化和城市化过程中都曾出现过。到基本实现工业化,这些国家已有半数以上的劳动力和人口集中到工业和城市之中。如英国在19世纪中叶、德国在20世纪初叶,都已有半数以上的人口集中到了城市。在西方市场经济国家,由于不存在类似于我国城乡分割的户籍制度的限制,所以当农村人口和劳动力流向城市和工业以后,也就自然成了城市市民和工业中的产业工人。但在我国工业化和城市化发展造成大批农民向工业和城市转移过程中,由于特有的城乡分割的二元户籍制度的限制,使转移出去的农村劳动力采取了农民工这一特有形式。我国城乡分割的二元户籍制度形成于20世纪50年代末期。新中国成立之初至50年代中期,我国人口在城乡之间是自由流动的。随着大量农村人口拥入城市,一方面对城市就业、食品供应带来压力,另一方面是农村人口过度流失,出现农业劳动力短缺的现象。为了控制农村人口向城市迁移,1958年1月全国人民代表大会常务委员会通过了《中华人民共和国户口登记条例》,从此宣告了我国特有的城乡二元户籍制度的诞生。同时,国家还通过与其配套的粮食供给制度、副食品供应制度、住宅制度及教育、就业、养老保险、婚姻、生育等城乡分割的具体措施,把公民划为两大身份不同、待遇不同的经济利益集团,农民无缘和城里人一样享受招工优先、免费住房及各种福利待遇,如公费医疗、劳动保险、离退休等,严格限制农村户口者流入城市。从20世纪80年代起,随着改革开放的深化,户籍在限制城乡人口迁徙方面的功能日益削弱,放松了农民从事非农活动的控制,为农民跨地区转移创造了条件。虽然目前仍保持着城乡分割的户籍制度,但城市内部副食品供给制度、住房制度、教育制度、劳动用工制度等方面改革取得了显著的进展,农业劳动力区域转移的障碍已在原有基础上得到显著的弱化。在这种情况下,许多农民纷纷离开乡村到

城市打工，形成声势浩大的“民工潮”。然而，这些流入城市的农民到城市后却由于受到“名亡实存”的户籍制度等一系列行政壁垒的阻碍而无法融入城市原有的社会经济组织内，不得不在体制外生存。他们虽然投身于国家经济建设大潮，成为以工资收入为主要生活来源的劳动者，从工作或劳动性质看成了工人，但从户籍关系看，他们却仍是农民。他们既不是我国传统称呼中严格意义的农民，也不是严格意义上的工人，成为我国社会转型时期具有农民身份、从事工人职业的特殊群体——农民工。农民工由此而生。

我国城乡分割的二元户籍制度，不仅是农村劳动力转移出去以后成为农民工，而且它还限制了农村劳动力的转移。目前这一城乡分割的户籍制度虽然有所改革，但并未从根本上改变。农民与传统意义上的工人和市民在地位、身份、就业、住房、补贴、劳保、福利等方面仍存在着不平等。他们无法取得与当地市民和工人平等竞争的权利和平等待遇，同时给他们在吃、住、就业、加薪、子女上学等方面造成许多困难。而这些不平等限制了农村人口进城就业和定居生活，妨碍了国家城市化的进程和小城镇的发展，制约了农村剩余劳动力的合理、有序转移，不利于农村经济发展和社会稳定。

2. 农村劳动力转移的制约因素

(1)乡镇企业发展受阻和城镇化水平较低的障碍　乡镇企业是我国经济转型期的特殊产物，在20世纪80年代发展尤为迅猛。由于特殊的地缘优势，作为转移我国农村剩余劳动力的主干渠道，它对缓解农村剩余劳动力的就业压力做出了巨大贡献。但早期乡镇企业从整体上看大多属于手工业工场形态，其效益低下、资源浪费和环境污染严重。进入90年代后，在市场经济竞争日趋激烈和世界经济持续低迷的宏观背景下，乡镇企业的“先天不足”暴露无遗，也制约了其自身发展。加之国家从整体利益出发，对资源浪费和环境污染严重的“十五小”企业实行强制关闭政策，许多乡镇企业被迫停止运营，导致大量农民工重返田间，长期待业。另一方面，因我国乡镇企业的分散布局结构影响，很长时期以来，大量农村剩余劳动力虽实现了暂时就业，但并没有实现真正意义上的劳动力转移。劳动力转移是空间转移与产业转移的有机结合，而现实情况却与此大相径庭。我国乡镇企业分散的布局结构，不仅没有实现劳动力的空间转移，而且还产生了一种大多数农村劳动力“进厂不进城、离土不离乡”的兼业性摆动就业现象。换句话说，他们并没有实现产业转移，仅仅是地道的“农忙时种地，农闲时务工”的兼业性就业而已。这有违农村剩余劳动力转移的初衷，也使农村剩余劳动力转移的质量和效率大打折扣。

(2)农村劳动力文化素质普遍较低及农民工培训机制滞后的障碍　一国经济在向更高层面发展过程中，必然对从业人员的文化素养和技能水平提出更高要求。当前，我国工业企业正处于由劳动密集型向资本技术型升级的转轨时期，其对高技能、高素质从业人员的要求自不待言。但由于历史原因，我国劳动力的文化素养一直较低，这在一定程度上制约了其转移层次的提高，同时也使得这部分劳动力的可转移领域逐渐缩小。与农村劳动力文化素质低下相对应的又恰恰是当前农民工培训机制的滞后和劳动力中介组织的缺乏。各地劳动就业部门，尤其是劳动力主要输出地的西部地区劳动就业部门，很少就其外出务工农民工开展岗前培训或是就业指导，致使大量农民工拥入经济发达地区后处处碰壁，严重挫伤了其外出务工的积极性。同时，劳动力输出地政府部门缺乏与劳动力主要吸收地相关部门的有效沟通和衔接，不能将外面劳动力市场的供需状况和工种要求等信息予以及时发布；不仅如此，很多地方政府部门甚至连本地区劳动力资源和具体情况也从未开展过详细的调查摸底。毋庸讳言，当前我国劳动力的流动秩序是混乱的。试想，缺乏中介组织的高效率作为，仅凭大量劳动力的单方面盲目流动，其劳动力转移效率如何得以提高？这样不仅导致每年有大量农民工无功而返增大了其就业成本，制约了劳动力的高效转移，还滋生了一系列社会问题。

(3)城市自身就业压力巨大的障碍　近年由于一些国有企业不景气，各个行业、企业在进行结构调整，减员增效，下岗工人再就业压力巨大，很难为农村劳动力转移提供充足的就业空间。根据有关调查，目前我国城镇登记失业率达到改革开放以来的第二次高潮。城市自身就业压力巨大加剧了农业劳动力转移的难度。

## 三、改革开放30年我国农民工政策的起源、演变

我国的农民工政策的放开是在改革开放之后，这种放开经历了一个从紧到松、从严到宽、从无序到规范、由歧视到公平的过程，历经4个阶段。

**(一)农民工政策的形成：允许流动阶段(1978—1986年)**　农民工群体出现于改革开放初期，相关政策的形成时间上大致是在1978—1986年，这一期间的社会背景是：1978年改革开放以后，农村采取的家庭联产承包责任制大大促进了农业生产和农村经济的发展，农村剩余劳动力开始出现，这批剩余劳动力需要进行转移，因此这一阶段政策制定主体的基本思路就是放松以前严格限制城乡之间人口流动的做法，也就是不再将农民紧紧束缚在农村和农业生产事业上，而是在一定程度上给予其政治生活、经济、社会的自由权。政策目标是在现代化的旗帜下处理社会稳定与三农问题，具体出台的政策有：允许农民进城开店设坊、务工经商，允许农民进行村民自治以及对外开放引进外资等。例如，1984年1月1日，中共中央发布《关于1984年农村工作的通知》，文件要求允许务工、经商、办服务业的农民自理口粮到集镇落户，指出农民进入城镇务工、办服务业，对促进集镇的发展、繁荣城乡经济具有重要作用，对此应积极支持。1985年中央1号文件又提出："在各级政府统一管理下，允许农民进城开店设坊，兴办服务业，提供各种劳务。"1985年7月，公安部颁发《关于城镇暂住人口管理的暂行规定》，确立了与城镇户口相衔接的流动人口管理政策，在这些政策的引导下，农民开始由农业转为非农产业，使农民流动有了具体法规和政策依据，农民由农村流入城市，由纯粹的农民变为了兼业的农民工。

**(二)农民工政策的发展：控制盲目流动(1986—1992年)**　20世纪80年代后期，由于涌入城市的农民工数量过多，引起"民工潮"的爆发。这一时期农民工政策的目标是制止农民工盲目外出异地就业，尽可能减轻农民工跨地域流动给城市工作与社会生活造成的波动。基本政策工具是控制农民工盲目外出流动就业，以配合治理整顿的要求，减轻农民工异地流动对城市与国民经济造成的冲击。例如，1986年4月10日，民政部、公安部下发了《关于进一步做好控制民工盲目外流的通知》，12月，全国各地又进行了一次户口整顿，要求"不符合在市镇落户的人员，由有关人员尽量动员他们返乡"。1989年3月，国务院办公厅发出了《关于严格控制民工外出的紧急通知》，要求各级人民政府采取有效措施，严格控制当地民工外出；同年4月，民政部、公安部又发出了《关于进一步做好控制民工盲目外流的通知》，要求各地政府采取有效措施，严格控制当地民工盲目外流。1990年4月，国务院再次下发《关于做好劳动就业工作的通知》，要求对农民进城务工实行有效控制、严格管理，并建立临时务工许可证和就业登记政策，防止大量农村劳动力盲目进入城市。这些措施的出台，使1990年、1991年的"民工潮"势头得到了初步遏制。

**(三)农民工政策的持续:规范流动阶段(1992—2001年)** 以邓小平南巡讲话为起点,农民工政策在总体上由控制流动向允许与规范流动转变。1992年以后,为了增加农民收入,国家开始放宽农民进城务工的条件,开始实施以就业证卡管理为中心的农村劳动力跨地区流动的就业制度,并有条件地放开了一些小城镇的户籍;同时一些大中城市也进行了户籍改革的尝试,以吸引更多的农民进入城市。这种政策出台的社会环境使城乡二元社会结构根深蒂固,市场经济发育不充分,因而在政策设计上也存在忽视甚至是侵犯农民工正当社会权益的问题。

**(四)农民工政策的改革:公平流动阶段(2001年至今)** 这段时期的政策,国家开始从政策改革来取消对农民进城就业的不合理限制,在逐步实现城乡劳动力市场一体化等方面迈出了实质性步伐。2001年3月,国务院转批公安部《关于推进小城镇户籍管理政策的改革意见》,提出进城农民只要有合法固定场所,稳定职业和生活来源,均可根据本人意愿办理城镇(县市市区,县府驻地镇及建制镇等)常住户口,并要求"不得借户籍管理政策改革之机收取城镇增容费或类似其他费用"。2002年中央2号文件进一步提出:对进城农民要公平对待、合理引导、完善管理、搞好服务;各地要认真清理对农民进城务工的不合理限制和乱收费,纠正简单粗暴清退农村进城务工人员的做法。与此同时,北京、上海、广州、石家庄、济南、深圳、温州等城市就允许农民办理户口进城定居和就业、购房、教育等先后出台一系列措施,部分地降低了自己的"门槛"。2003年1月5日,国务院办公厅发布了1号文件,要求各地取消对企业使用农民工的行政审批,强调对农民工和城镇居民应一视同仁。2003年4月27日,国务院以375号令公布了《工伤保险条例》,从2004年1月1日起开始实施,该条例首次将农民工纳入保险范围。2004年12月又下发《关于进一步做好改善农民进城就业环境工作的通知》,比较系统地明确了农民工的平等就业、劳动保护、劳动报酬、休息休假、社会保障、子女接受教育等方面的合法权益。2006年1月国务院颁布了《国务院关于解决农民工问题的若干意见》,该《意见》提出坚持从我国国情出发,统筹城乡发展;坚持以人为本,认真解决涉及农民工利益的问题。着力完善政策和管理,推进体制改革和制度创新,逐步建立城乡统一的劳动力市场和公平竞争的就业制度,建立保障农民工合法权益的政策体系和执法监督机制,抓紧解决农民工工资偏低和拖欠问题,依法规范农民工劳动管理,搞好农民工就业服务和培训,积极稳妥地解决农民工社会保障问题,切实为农民工提供相关公共服务,健全维护农民工权益的保障机制,促进农村劳动力就地就近转移就业;加强和改进对农民工工作的领导。

## 第二节 农民工与工业化、城市化

从经济社会发展的普遍现象看,任何一个国家从传统社会向现代社会转型过程中,必然经历一个产业结构和城乡结构的转换过程,以及与此相联系,也经历着由农业人口向非农业人口、农村人口向城乡人口转化的过程。这个过程实质上也是工业化、城市化过程。我国在这一转型过程中,由于二元经济社会结构特征明显,伴随着农村剩余劳动力转移出现了农民工这一特殊现象。农民工群体对推动我国工业化、城市化发挥着积极作用,成为加快我国工业化、城市化进程的重要力量。随着我国工业化、城市化水平的提高,要使农民工真正深层次融入工业化、城市化之中,还必须正视和重视农民工问题。

## 一、农民工与工业化

**(一)工业化及其意义** 就现代社会而言,所有发达国家都是高度工业化的国家,而不发达国家几乎都是工业落后的国家。这一事实使人们把经济发展与工业化联系起来。无论是发达国家还是发展中国家,其经济增长和发展过程,都始终伴随着工业化进程。因而,工业化在经济增长和发展中占有重要地位或特殊作用。何谓工业化?经济学界有不同的解释。西蒙·库兹涅茨认为工业化过程是"产品的来源和资源的去处从农业活动转向非农生产活动"。我国发展经济学先驱张培刚教授早在20世纪40年代中期将工业化定义为"一系列基要的生产函数连续发生变化的过程",这种变化最先发生于某一个生产单位的生产函数,然后再以一种支配的形态形成一种社会的生产函数而遍及整个社会。这种基要生产函数的变化,都与资本品工业相关。1987年出版的《新帕尔格雷夫经济学大辞典》将工业化表述为:"工业化是一种过程。首先,一般来说,国民收入(或地区收入)中制造业活动和第三产业所占比例提高了;其次,在制造业和第三产业就业的劳动人口的比例一般也有增加的趋势。在这两种比率增加的同时,除了暂时的中断以外,整个人口的人均收入也增加了。"尽管不同解释在表述上存在差别,但基本含义是一致的,都把工业看作是农业的替代性产业,认为工业化是工业(特别是制造业)的发展,表现为工业产值比重和就业人口比重不断上升,同时农业产值比重和就业人口比重不断下降的过程。如果一个国家工业部门的产值和就业人口比重在国民经济中达到优势地位,就被认为是实现了工业化。工业化的基本特征,可以概括为以下4点:一是工业化首要的和最本质的特征就是用机器生产代替手工劳动,既是生产技术革命,也是社会生产力的突破性变革,还包括生产组织和国民经济结构各层次相应的调整和变动。二是工业化引起并包含整个国民经济的进步和发展。三是规模报酬递增的产业或部门,无论是产值比重还是劳动力就业比重都逐渐在国民经济中达到优势地位,规模报酬递减的产业或部门在国民经济中的地位逐渐下降。四是工业化必须能够引起整个经济体制或社会制度的变化,以及人们的生活观念和文化素质的变化。工业化的意义是多方面的,其中最基本的意义在于工业化确立了社会化的生产方式,使生产日趋专业化,极大地提高了劳动生产率,带来了巨大的物质产出;同时,工业化推动了城市化的进程,带来了规模经济效益和聚集经济效益;在城市化进程中,城市非农业经济的发展为农业生产提供了先进的生产要素,从而推动传统农业部门的技术进步,促进了农业劳动生产率的提高,这又使大量的农业劳动力从农业中解放出来,满足了城市非农业经济发展对劳动力的需求;工业化、城市化在推进经济增长的同时,也对生产方式、生活方式、经济体制、社会制度、思想文化等方面的变革产生重大影响,从而促进了社会经济发展,推动现代化进程。

**(二)农民工在我国工业化过程中的作用** 农村劳动力转移是我国实现工业化的客观要求,农民工现象是我国工业化与二元经济社会结构相撞的产物。同时,农民工在我国工业化进程中发挥着重要作用。世界经济社会发展史通常将工业化过程归纳为3个阶段:依靠农业积累建立工业化基础的初期阶段;工农业协调发展的中期阶段;工业支持农业发展的实现阶段。一般而言,工业化中期阶段就是二元经济结构向一元经济结构转换过渡,工农、城乡关系开始改善的阶段,我国已进入工业化中期阶段。工业化的规律显示:工业化进入中期阶段,国民经济的主导产业由农业转变为非农产业,国民经济增长的动力机制主要来自于非农产业。因为工业化能够通过自身的积累,生成推动工业化的能力,不需要再从农业中吸纳资本等要素。随着这个转折的到来,经济的二元结构特征萎缩,农业与工业的相互关系改变。改革开放以来,

尤其在20世纪80年代中后期，大批“离土不离乡”的农民工转移到乡镇企业中，推动了我国农村工业化的大发展，从而也从整体上推进我国工业化进程。在20世纪90年代开始，出现“离土又离乡”的农民工进入城市，加快了城市第二、第三产业的发展。这些都是推动我国由工业化的初期阶段向中期阶段转变的重要因素之一。农民工的规模流动实现了生产要素的合理配置和优化组合，降低了工业化的成本，增加了国民经济的积累。劳动力从生产率低的地区和部门向生产率高的地区和部门流动，是实现生产要素合理配置与优化组合的重要手段，也是提高资源利用效率，推动国民经济增长的重要途径。可以说，农民工已经成为我国工业化中期阶段中的一支不可忽视的力量。农民工推动了我国工业化进程，促使我国二元经济社会向一元经济社会结构的转变。一旦这个转变基本完成，意味着我国工业化中期阶段向依靠工业建设现代农业、用工业反哺农业的工业化阶段转变，也意味着我国工业化的实现并向更高阶段过渡。

**(三)新型工业化与农民工** 党的十六大报告指出：坚持以信息化带动工业化，以工业化促进信息化，走出一条科技含量高、经济效益好、资源消耗低、环境污染少、人力资源优势得到充分发挥的新型工业化路子。这为我国在21世纪头20年基本实现工业化指明了方向。工业化是一个历史范畴，在不同的历史条件下，不同国家实现工业化的标准和道路都有所不同。18世纪30年代至19世纪40年代，英国在世界上第一个基本完成工业革命，当时工业革命的动力来自蒸汽机的发明和应用，带动了纺织、冶金、机器制造、交通运输、采矿等行业的迅速发展，使社会生产进入机器大工业时代。随后，美、法、德、俄、日等国也于19世纪先后开始并基本完成了工业革命。这些国家工业化道路的基本特征是：依赖从世界广大殖民地掠夺能源、原材料并倾销其产品，结果造成全球范围贫富两极分化、资源大量消耗和环境生态恶化。我国是在新的历史条件下继续完成工业化任务的，国际环境和我国基本国情决定了传统的工业化道路在我国已经走不通。以信息技术为代表的新科技革命的迅猛发展，又使我国走新型工业化道路成为可能。因此，提出走新型工业化道路，是在总结世界各国工业化经验教训基础上，从我国国情出发，根据信息时代实现工业化的要求和有利条件提出的。这对于我国实现工业化、加快现代化进程，具有极为重要的指导意义。

党中央提出的新型工业化道路，内涵极其丰富。科技含量高，就是要加快科技进步以及先进科技成果的推广应用，把经济发展建立在科技进步的基础上，提高科学技术在经济增长中的贡献率，特别要大力推进国民经济和社会信息化，并通过信息技术的广泛应用，带动工业化在高起点上迅速发展；经济效益好，就是要注重产品质量和适应市场变化，提高资金投入产出率，优化资源配置，降低生产成本；资源消耗低，就是要大力提高能源、原材料利用效率，减少资源占用与消耗；环境污染少，就是要广泛推行清洁生产、文明生产方式，发展绿色产业、环保产业，加强环境和生态保护，使经济建设与生态环境建设相协调；人力资源优势得到充分发挥，就是要提高劳动者素质和利用我国劳动力成本低廉的条件，提高经济竞争力，并妥善处理好工业化过程中提高生产率与扩大就业的关系，不断增加就业。总之，党中央提出的新型工业化道路，就是要充分运用最新科学技术和依靠科技进步的工业化，是提高经济效益和市场竞争力的工业化，是走可持续发展道路的工业化，是能够发挥我国人力资源优势的工业化。

改革开放以来，农民工的流动已经对我国工业化的实现做出了重要贡献。要实现党的十六大提出的走新型工业化的道路，就必须进一步促进农民工的合理流动，逐步让农民工转变成市民。但新型工业化是要尽量避免传统工业化的弊端，强调经济增长与结构优化、环境保护相结合。那些环境污染少、见效快、有利于人力资源充分发挥的绿色工业和第三产业才符合新型工业化的道路。因而在农民工合理流动并逐步市民化、加快城市化以促进新型工业化发展中，还存在一些矛盾。

第一，新型工业化对资本、高技术的要求与农民工整体素质低的矛盾。据国家统计局公布的资料，2007年转移出去的农村劳动力中初中以上文化程度的占82%以上，具有高中文化程度的为20%，大专以上的仅为2.4%。同时，具有专业技能的人也较少，2007年仅31%的人受过专业培训。新型工业化强调高科技、信息化带动产业发展。可见，我国农村剩余劳动力虽然数量巨大，但整体素质达不到新型工业化对人力资源充分发挥的要求。

第二，新型工业化必然提高资本有机构成，将阻碍农民工城市化的进程。伴随资本有机构成的提高，在城市存在下岗失业的状态下，一方面要解决城市失业人口的就业问题，另一方面又要将更多的农民工转化为市民，必然增大城市就业市场的竞争程度。在城乡二元经济社会体制没有根本转变的前提下，会出现城市对农民工融入的抵制，从而阻碍城市化进程。走新型工业化道路是实现现代化、全面建设小康社会的必然选择。因此，必须正视农民工与新型工业化的矛盾，积极采取合理对策，大力发展农村教育事业，加强对农民工的职业技能培训以适应新型工业化对劳动力素质的要求。在新型工业化进程中，必须本着为提高农村人口素质、调整农业产业结构、转移农村劳动力服务，为城市化和发展新型工业化服务的原则，加大投入，积极发展农村基础教育、职业教育和成人教育，只有这样，才能把沉重的人口负担转化为巨大的人力资源，才能充分发挥广大农民在新型工业化进程中的积极作用。经济适用、市场针对强的技能培训是农民工所急需的，关键在于加强农民工技能培训的组织渠道和资金来源。各级政府尤其是劳动力输出地政府应从战略高度，有针对性地来组织和提供农民工的培训工作，资金上以政府财政扶持为主，农民自筹资金为辅，把中等职业技术教育的发展重点放在农村地区，特别是放到农村青年农民上，使广大青年农民掌握一定的适用性强的技能，大幅度提高准备进城的农村青年的文化素质和技术操作能力，从而促进农民工流动符合新型工业化要求，以推动新型工业化发展。

## 二、农民工与城市化

**（一）城市化进程的一般规律** 就工业化与城市化的关系而言，城市化是工业化的产物。由于工业的发展出现了企业的聚集效应，即工业企业聚集在一起，有利于企业之间的分工协作，有利于共同使用水、电、交通通信等基础设施，从而节省投资和费用，同时也有利于建立社会化的住宅、生活、教育、卫生、商业、金融等服务。实践证明，相对集中聚集的企业较之遍地开花的分散企业，购销方便，经济效益高。城市和城镇就是在这种工业聚集的驱动下发展起来的。与此同时，人口的集中又导致了第三产业的发展，第三产业进一步推动城市的繁荣和发展，于是形成了伴随现代化进程的城市化进程。从直观意义上讲，所谓城市化是随着工业化而发生的经济和人口重心向城市转移、城市数量和城市人口迅速增加、城市在国家经济和社会生活中的作用逐渐强化的历史过程。由于城市的发展与工业化的进程有直接的关系，因此许多发展经济学家都将工业的发展视为刺激城市发展的直接动因。库兹涅茨在其《现代经济增长》一书中描述现代经济特征时提出：在当今时代，发生了以下这些产业结构的变化："产品的来源和资源的去处从农业转向非农业生产活动，即工业化过程；而且城市和乡村之间的人口分布发生了变化，即城市化过程。"因此人们把城市化和工业化看作是同一经济过程中的不同表现形式。城市化过程也就是随着工业化过程和经济发展，乡村分散的人口和非农经济活动不断地

进行空间上的聚集，逐渐地向城市转移的过程以及城市内部结构逐渐高级化的过程。概括起来说，城市化具有多层次的含义：其一，工业化的推行与农业部门生产力的提高是城市化兴起的前提条件。其二，城市化是农村经济发展、农业部门劳动生产率提高给农村剩余劳动力带来的推力和工业化所带来的对劳动力的引力共同作用所引起的城一乡人口流动导致的结果，是乡村人口向城市流动的过程。其三，城市数量、城市规模不断扩大，是城市功能在国家经济和社会发展中逐渐强化和不断放大的过程。

**（二）我国城市化存在的问题及城市化战略** 应该看到，我国的城市化虽经过了50多年的发展，但是城市化总体还是保持在较低的水平，并引发了一些问题。

1. 城市化水平低下，已经严重影响我国经济社会发展战略目标的顺利实现 我国经济社会发展的战略目标是到21世纪中叶实现人均GDP达到中等发达国家水平，人民生活比较富裕，基本实现现代化。2000年世界城市化的水平已达50%，1990年发达国家的平均城市化水平已达75%。可见，我国城市化水平不仅大大低于世界城镇化的水平，低于发达国家的水平，甚至低于发展中国家37%的城市化平均水平。因此，我国要实现经济社会发展的战略目标，就必须加速城市化进程，快速提高城市化水平。

2. 城市化水平严重滞后于工业化水平，已严重影响了我国工业现代化进程和速度 一般而言，城市化和工业化具有齐头并进同步发展的互动关系，这已为世界城市化的历史和发展规律所证明。城市化本身是社会化大生产的特殊产物。然而我国城市化水平却长期滞后于工业化的发展水平。一般认为，当城镇化水平达到30%左右时，工业劳动人口比重与城镇人口比重的比例关系为：发达国家为2∶3，欠发达国家为1∶3，而我国仅为1∶0.8。由于我国城镇化水平低下，城市的聚集效益和规模效益都不能很好地发挥，已严重阻碍了我国工业现代化的进程和速率。因此，要加速我国工业化，加速城市化进程已成为关键环节。

3. 城市化进程缓慢已严重影响我国农民问题的根本解决 农民问题是国经济发展的重大问题。无论是现代化还是城市化，都不可能离开或绕开这个问题。1979年以来，随着我国农村推行家庭联产承包责任制的经营方式，我国农村的劳动生产率较前30年有大幅度提高，农村过剩劳动力从20世纪80年代的中后期起就一直徘徊在1亿人左右。2008年我国农村过剩劳动力有2.32亿人，这些富余劳动力大多在城市中流动。据有关部门测算，我国常年在外流动的人口超过8 000万人，其中70%左右进入大中城市，相当于全国城市非农人口的25%。这么巨大的流动人口任其在城市中盲目地无序流动，给城镇带来生机活力的同时也带来了巨大的压力，特别是城镇的治安管理和基础设施难以承受。同时，这些在城镇中流动的大多是青壮年，他们在城市都是短期打算，权宜之计，城镇雇用他们也都是看中他们的年轻和活力，临时性雇用，这些人的基本社会保障问题如养老、医疗等最终都会成为社会的问题。

4. 城市化水平低下，已经影响我国经济的进一步增长和经济结构的调整 我国自改革开放以来，经济一直持续在一个较高的发展水平上，但10多年来，我国经济发展的速度在放缓，突出的问题就是有效需求不足，市场上产品相对过剩，而实际上占我国人口绝大多数的农民的有效需求不足是全部问题的根本所在，因为农业劳动生产率低，农民的总体收入低，其需求必然受其收入限制。因此，我国的市场空间主要集中在城镇和仅占全部人口1/3。世界银行专家尤素福曾认为，20世纪80年代以来，中国经济增长中的10%是从城镇化进程来的。发展专家斯蒂格里茨也曾明确指出：“问题不是城镇化进程是否发生，而是它如何发生，亿万中国人今后几十年的生活水平将取决于这个问题的解决。”近年来，国内不少专家学者也认为城镇化是我国未来经济增长的新的增长点，还有人认为它是我国产业发展的支柱。如前所述，我国未来50年城镇化提升20个百分点，新增城镇人口4亿多，这该是一个巨大的需求。这些需求不仅能够有效地刺激经济的发展，拓宽市场的空间，同时也会使经济结构适时调整和产业升级。如对住宅、交通、水、煤气、电信等一系列城镇基础设施形成巨大需求，其中住宅和交通需求对多数工业特别是汽车、建筑、建材等都会有明显拉动作用，从而间接地带动其他相关产业的发展。全球经济结构目前正处于重要的调整时期，我国城市化目前正处于加速发展时期，我们必须抓住这一契机，在加快城镇化进程的同时，适时进行经济结构的调整和促进我国产业的升级。因此，在我国加速城镇化进程中，促进我国产业升级，特别是促进作为现代经济生活重要组成部分的交通、电信、运输、保险、房地产、商业、科技开发、信息咨询业的发展，已成为我国经济社会发展中的重要措施。加速我国城市化不是权宜之计，而是我国"十一五"期间乃至今后更长时期的一项战略任务。加速我国城市化关系到我国综合国力的提高，关系到我国在世界经济格局中的地位，关系到我国人民生活水平不断改善和提高。实践证明，提高城市化水平，可以为经济发展提供广阔的市场和持久的动力，是优化城乡经济结构，促进国民经济良性循环和社会协调发展的重要途径。因此，我们应提高认识，把推进我国城市化作为经济社会发展的战略重点来抓。

**(三)从"民工潮"到"民工荒"**　农村剩余劳动力向城镇和非农产业转移是我国经济社会现代化的必由之路，改革开放以来，随着国家人口迁移流动政策的逐步放松，越来越多的农村劳动力离开土地走向城镇务工经商，并在20世纪90年代初形成蔚为壮观的"民工潮"。由于我国农村剩余劳动力数以亿计，人们一直以为农民工是取之不尽、用之不竭的廉价资源，然而，从2004年年初开始，东南沿海地区不断传来招工难的消息，不仅缺技工，连普通工也缺，媒体称"民工潮"演变为"民工荒"。我国劳动力供给总量大，现有总人口13亿多，劳动人口7.4亿多，比欧美所有发达国家的总和还多，其中，农村劳动力近5亿，剩余劳动力至少有2亿。乡镇企业在20世纪80年代蓬勃发展，吸纳了1亿多剩余劳动力，进入20世纪90年代吸纳能力大幅下降，农村剩余劳动力开始大规模流向城镇务工经商，形成农民工潮水般地在城乡之间流动的所谓"民工潮"。我国"民工潮"目前总的趋势是规模不断扩大，而农民工在城镇就业相当困难。"民工荒"正是在农民工供过于求、就业困难的总体态势下出现的。劳动和社会保障部课题组就民工短缺问题对珠江三角洲、长江三角洲、闽东南、浙东南等主要劳动力输入地和湖南、四川、江西、安徽等输出大省进行了重点调查，结论是:民工短缺在局部地区客观存在。从地区分布看，企业缺工主要发生在"珠三角"、闽东南、浙东南等加工制造业聚集地区。"珠三角"缺工最严重，有近200万人的缺口，缺工比率约为10%，其中，深圳民工缺口约40万，东莞17%的企业表示有用工短缺，缺口近27万人。福建泉州、莆田两市用工缺口共约10万人。浙江温州等用工较多城市也反映存在不同程度的招工难问题。从行业领域看，招收普通工比较难的工种主要集中在制衣、制鞋、电子、玩具、家具制造、餐饮服务等劳动密集型行业，技工主要缺高级的模具、数控机床、汽车涂装、电子测试等技术人才。从企业类型看，工资待遇低、劳动强度大、工作环境差的劳动密集型企业缺工最突出，月工资700元以下招工困难。从短缺对象看，许多企业用工需求80%以上为年轻女工，18～25岁的年轻女工和有一定技能的熟练工需求量大、严重短缺，局部缺工使一些企业为增加人手而"挖工"，导致用工矛盾扩散、激化，对当地和周边地区的同行业生产形成不利影响。

**1."民工潮"的成因**　"民工潮"本质上是一种大规模的乡城人口流动，是社会经济发展的

必然趋势，与工业化、经济市场化和农业现代化等紧密相关。首先，工业化是乡城人口流动的根本动力。工业化导致产业结构和产业空间布局的变化，引起劳动力地域分布的变化即乡城人口流动。其次，乡城人口流动是经济市场化的必要条件。现代市场经济是比传统计划经济更优越的资源配置方式，经济市场化是世界潮流，作为最重要生产要素的劳动力同样需要由市场来进行有效配置，从边际生产力低的农业部门转移到边际生产力高的非农业部门，这必然引起乡镇人口流动。最后，农业现代化是决定乡镇人口流动的重要因素。农业通过技术创新和制度创新实现发展，提高劳动生产率，必然造成大量剩余劳动力，以满足工业发展对劳动力的需求，引起劳动力从农业向工业、人口从农村向城市流动。“民工潮”又是我国经济转型时期的特有现象，是经济体制转轨、经济发展战略和增长方式转变、经济结构转换共同作用的结果。改革以来进行的经济结构调整，农业得到重视，发展较快，农村产生大批剩余劳动力，工业化加速，结构得到改善，轻工业的迅速发展需要大量劳动力，乡镇企业异军突起吸纳了1亿多剩余劳动力，但是20世纪90年代后乡镇企业面临二次创业的压力，对劳动力的需求相对减少，加上剩余劳动力规模庞大，完全或主要依靠农业内部的消化和就近就地转移是不可能的，必须突破“没有城市化的工业化道路”的旧有模式，向城市进军。解决劳动力转移的问题，受制于就业制度、户籍制度、土地制度和社会保障制度的改革滞后，农民还不可能完全离开土地，不能实现市民化，只得在城里的岗位和农村的家庭之间候鸟式往返，形成潮水般的“民工潮”。

2.“民工荒”的成因　在“民工潮”还没有消退、数以亿计的农村剩余劳动力还没有实现持久稳定转移、农民工就业仍然相当困难的情况下，却出现了所谓“民工荒”，原因在于：

(1)工资偏低又遭遇物价上涨　消费物价总体水平明显上升，导致广东、福建等省实际工资水平停滞不前甚至有所下降。工资高低直接关系到招工情况，如深圳市月工资700元以下的企业招工很困难，1 000元左右基本可以保持正常用工，1 200元以上则能招到比较充足的工人。农民工无法维持和过去相当的生活水平，不得不“用脚投票”。

(2)用工不规范且合法权益屡遭侵害　不仅工资水平低并经常拖欠，而且农民工的人身安全和尊严、平等择业、劳动保护、社会保障、居住等合法权益长期得不到有效保障，企业主随意打骂工人，扣押身份证、暂住证，加班时间过长，劳动环境恶劣，裸体搜身、食物中毒、假酒致命等恶性事件时有发生。随着政府加大农民工的权益保障力度，出台相关扶持政策，农民工会出现“第二代农民工”崛起，推动了农民工为自身权益的抗争，使得有些企业无法留住老员工，也招不到新工人。尤其值得指出的是，第二代农民工即年龄在18～25岁之间、文化程度普遍在初中以上的新一代农民工，不同于文化水平不高、“有工就打”的第一代农民工，他们自我保护、自我价值实现的意识不断加强，对职业岗位、工资收入的要求更高，敢于挑肥拣瘦，敢于频繁跳槽，敢于为待遇同企业主“叫板”，达不到要求，宁可不干。这是造成“民工荒”的重要因素。

(3)农业比较效益提升使部分农民工回流　农民流动的关键在于务工的收入高于农业，农产品价格回升和税费改革深化、特别是农民增收政策的出台，提高了农业比较效益，部分农民工回流。

(4)计划生育和教育事业发展减少青壮年劳动力供给　能够满足城市需要、有一定知识和技能的青壮年劳动力并非无限供给。乡村人口逐步减少，并在持续扩大，意味着“农民工”的来源将出现萎缩。而且，计划生育造成了人口增长断层，影响到劳动力持续供应。况且，第二代农民工进城务工的期望值更高，第一代农民工遭受的不公平待遇影响到第二代农民工的打工积极性。另外，随着教育事业的改革和发展，千家万户的家长都竭力让子女延长受教育时间，农民子弟受教育的机会也增加，也减少了青壮年劳动力供应。

(5)企业需求迅猛扩张引发用工短缺　2003年下半年我国部分行业出现过热现象，刺激了企业的用工需求。广东等地外贸订单激增，劳动密集型企业扩张迅猛，许多企业扩充产能、上新生产线，用工需求大幅增长。

(6)全方位开放和地区经济发展分流部分农民工　长三角、环渤海、泛珠三角经济圈初步形成，农村劳动力外出选择的机会加大，流向多元化。而且，"长三角"由于工资水平、劳动保障等更优裕，从而使"长三角"吸引了许多务工者。本地经济快速发展为农村劳动力就地转移提供便利。东部进入结构调整和升级阶段，一部分劳动密集型以及与当地产业关联度不强的产业向中西部转移，本地民营经济加快发展，新办一批企业，不少农村劳动力在当地找到了打工机会。

(7)缺乏教育培训使农民工不能满足技术岗位的需求　据第五次人口普查的数据，我国农村15岁以上劳动人口平均受教育年限7.85年，15岁及以上人口中，小学及以下文化程度占52.3%，文盲占11.6%，高中及以上文化程度只占7.7%，大专以上学历人口不足1%。但是，企业对劳动者综合素质特别是劳动技能的要求越来越高，供需之间的素质落差造成沿海地区高素质、高技能的技工一直都缺乏。总之，沿海局部地区、行业和企业出现的民工短缺，是劳动力供需机制、市场调节的结果，是中央政府实行宏观调控、优惠政策向农村倾斜，力求社会均衡发展的结果；同时，也暴露出农村剩余劳动力顺利转移的制度性障碍。就业、工资、劳动保护、职工培训制度上的缺陷是引起"民工荒"的主要因素，如果打工收入增加、待遇合理，即使粮价上涨、农业生产补贴增加种田比较收入提高也不会出现"民工荒"。

3."民工荒"现象的启示　企业用工短缺现象，是全球制造业布局调整和我国经济发展到一定历史阶段的产物，对我国的劳动密集型企业是个考验。它表明，企业不能再像以前那样，仅仅把低成本的劳动力当成赚钱的工具，而应该将其作为重要的人力资源加以培养、开发、利用。"民工荒"将以强大的市场力量，改变和改善农民工这一庞大社会群体的工作生存环境。

"民工荒"呼唤企业通过改善待遇吸引员工。在劳动力市场出现供不应求的情况下，大多数民工提高了要求，甚至在求职过程中由过去的"被挑"转为"挑企业"。一些企业由于工资低、环境差招不够工人，只有改善员工待遇，农民工短缺的难题才能得到缓解。"民工荒"提醒企业通过人性化的管理留住农民工。现在，更多的企业老板认识到，要吸引农民工，人性化、人情味的管理是关键，企业不光要用工资，还要用感情和文化来留人，要让员工有家的感觉，有归属感和归宿感，要营造富于吸引力的企业文化。"民工荒"还呼唤企业和政府改变用工模式。过去，一些企业出于节省成本的考虑，往往在招工时，只招收熟手不招生手。严峻的现实要求企业和政府重视员工的教育培训。企业要在员工培训上加大投入。地方政府应组织技工学校和就业中心深入到用工单位，采取"订单式"、引导式培训等办法，解决企业的用工"瓶颈"。

"民工荒"不是坏事。从"民工潮"到"民工荒"，我国正孕育着深刻的社会转型。我国的工业化进程由此出现"拐点"，由资本绝对强势的时代进入劳动力也成为稀缺资源的时代。它不是简单的资本和农民工博弈的问题，更牵涉到农民工在城市中的整体生存发展环境。城市中各种对"经济上吸纳、社会上排斥"的政策壁垒都必须随之土崩瓦解，各种阻碍劳动力在社会阶层中流动的户籍、人事、职业准入等制度障碍、将进城的农民工当假想敌的观念障碍，都应该在市场面前果断撤除，否则，受伤最重的，将是城市本身。

**(四)农民工对我国城市化进程的影响**　就大多数国家的发展经验看，一般都是通过工业

化、城市化来推动一个国家的现代化。所谓城市化进程就是把传统落后的乡村为主的社会改变成现代先进的城市为主的社会的进程。我国城市化包括人口向城市集中的城市化和农村城镇化两个方面。一方面有600多座大中城市，这是经济产出最高、文明程度最高的地方；另一方面还有11 500座左右的城镇。这两种城市化在我国经济社会发展中都发挥着重要作用。由于我国特殊的国情，我国的城市化进程只能走大中小城镇多层次发展的多元化城市化之路。而民工潮无论是对发展大中城市，还是对发展小城镇和农村城镇化都有积极的推动作用。在这种意义上说，民工潮推进加速了我国城市化的进程，对城市化区域经济体系、对城市经济结构、城市服务设施、城市社会空间结构及城市布局产生了深远的影响。

1. 民工潮促使我国城市人口迅速增长，城市数量迅速增加，城市化水平迅猛提高　改革开放后，城市化水平的提高不排除城市自身人口的自然增长，但主要原因是农村人口向城市流动。伴随着民工潮，大批农村人口转移到城市，不仅是量的增长，还有质的转变，他们脱离了农村，成为城市人口的一部分，从而促进了我国农村人口的城市化。

2. 民工潮为城市提供了廉价的劳动力，促进了城市工业、服务业的发展，推进了城市化进程　农民工一般都年富力强，他们中的大多数是农村中文化水平相对较高的群体，是农民中的精英阶层。他们在城市中从事着许多城里人宁肯下岗待业也不愿意从事的工作。城市中的建筑、环卫、商业网点、修理服务、企事业单位的临时工，特别是那些苦、脏、累的工种，几乎都是农民工干。他们为城市经济的发展提供了廉价的劳动力，降低了用工单位的用工成本，他们是城市经济的建设者。虽然农民工与城市职工基本上没有就业上的竞争，更多的是就业替代。但随着市场机制的运作和城乡统一劳动力市场的发展，城乡劳动力之间的"替代就业"将会被"竞争就业"所取代，这对提高我国城市化水平以及对促进社会保障和就业制度的改革是一种重要的外部力量。

3. 打破了我国城市化进程中的人为障碍，推动了我国二元经济社会结构体制的改革　长期以来，我国存在着城市和农村两个不平等的社会等级，形成了典型的城市和农村的二元经济社会结构，尤其是我国实行的严格的户籍制度剥夺了农村人口向城市自由迁徙和到城市投资从业的权利，使城市化进程与工业化相脱节。世界各国的城市化发展过程表明，农村→城市、农业人口→非农业人口这一规律性的道路，是不可逾越的。农民工进城务工、经商所形成的民工潮使二元经济社会体制出现危机，从实践上和理论上提出和推动了我国户籍制度、就业制度、社会保障制度、社会管理制度等方面的改革，促进了城乡二元结构向城乡一体化转变，沟通了城乡关系，推动了我国城市化进程。

4. 民工潮对促进我国城市结构趋于合理化和高级化产生积极影响　农民工的流向有两类：一是流向发达的城市和特大城市，二是流向乡镇企业集中地区的城镇。前者对城市化产生很大影响，后者推动农村城镇化的发展，二者的合力对提高我国整体城市化水平、对城市布局结构产生深远影响。民工潮以特有的压力方式促进了城市的发展，推动了城镇向中等城市发展、中等城市向大城市发展，大中城市扩大其容量，迫使大中城市完备基础设施以及服务设施，推动大城市发挥龙头作用和辐射作用，更好地带动小城镇及中等城市的发展，进而在区域范围内实现大、中、小城市的合理布局，推动我国城市结构层次进一步提升。

5. 农民工是我国城市化进程中的弱势群体　弱势群体是同类处于不利地位的社会成员的集合，弱势群体是社会转型的产物，他们是被甩在工业化和现代化的过程之外、远离权力中心、常被社会所忽视的群体。由于农民工劳动力市场一直处于供大于求的状态，很多农民工为了生计被迫接受现实，同时农民工虽然人数众多，但分散面大，没有自己的工会组织，社会上也没有专门的农民工管理机构，维护权益的渠道稀少，使得农民工无法去争取和维护自身的合法权益。由于在城市社会中处于弱势地位，有些农民工即使已经在城市工作很长时间了，也有自己的事业，但由于"先赋"身份的差别，得不到应有的尊重和承认，使他们无法把城市当作自己的家。在农民工的心目中，城市是属于城里人的，自己只是一个过客，奔波于城乡之间，既没有安身立命的自我认同，也找不到安居乐业的归属感。农民工这种心理状态，成为我国城市化进程的抑制因素。

## 第三节 农民工的就业和工资

### 一、农民工的就业

#### (一)农民工劳动力市场的形成

1. *农民工劳动力市场的孕育* 改革以前，我国实行计划经济体制，在劳动力就业方面采取的是政府统一分配、统一安置和统一管理的计划制度。在党政机关、社会团体、企事业单位，这一制度的最大特点是，对于劳动力就业安排是由计划部门从上向下分派指标，用人单位招用多少人，招用哪些人，职工工资标准，职工在用人单位之间的调动，职工辞退和离休退休事项，都是由上级政府劳动人事部门和组织部门决定，用人单位没有用人自主权，劳动者自身也没有选择地区、单位和职业工种的自由，在劳动报酬方面也是完全按照国家统一规定执行固定工资标准，劳动者没有讨价还价的权利。在农村，这种劳动力就业的计划体制模式，实际上是自然经济体制模式：农村青年到了有劳动能力的时候，一部分会继续学习深造，少数人可以去参军，极个别人，其有固定工作的父亲或者母亲在办理退休手续的同时，可以办理"顶职"，顶替父亲或者母亲到原单位工作，其他农村青年则自然就业，"自然地"成为人民公社社员，加入农业生产劳动力大军。此时，虽然农村劳动力市场还没有形成，但极个别农村劳动力流动就业赚取工资性报酬的现象还是经常性存在着。一是手艺人农闲时节被附近农民家庭"请工"做手艺，并获取工资性收入，如木匠师傅帮人家盖房、做家具，篾匠师傅被"请工"织凉席，泥水匠被"请工"帮人建房，雇主不仅包吃，还发给匠人工资，工资标准随行就市，一般高于当时大集体每个工作日劳动收入；二是偶尔发生劳动力异地流动"打工"现象，比如，一些"路子"比较广的人加入到镇上的建筑队打工，甚或进入城市凭手艺赚钱。这种现象，说明计划经济体制时代农村劳动力就业以自然就业为主导的同时，也存在非自然就业的准市场行为。应该说，这个时候通过非自然就业方式在本地或者外地"做手艺"的农村劳动者，就是农村最早的"打工族"，他们就是最早的"农民工"。在计划经济条件下，虽然国家对城乡劳动力就业都实行高度的计划管理，但是，这种计划管理在农村和城市的出发点与目的是不尽相同的。在城市，国家通过对劳动力实行高度的计划配置，为的是实现城市劳动力完全就业以及使城市产业结构达到国家计划要求；在农村，国家通过对劳动力就业实行高度的计划管理，更多的是为了把农村劳动力圈定在农村范围内，以防止农村劳动力盲目流入城市。所以，国家严格控制城市劳动力在城市内部各部门各单位之间的流动，但并不同样严格限制农村劳动力在农村范围内的流动，因而在农村较早地产生了劳动力季节性流动就业现象。因此，改革以前，在农村劳动力自然就业为主导的情况下，

实际上在各地农村局部范围内已经各自孕育着相对封闭的农民工劳动力市场。这种农民工劳动力市场孕育和存在的基本表征，一是由农村劳动力向非农行业流动就业现象，二是随行就市产生了劳动力价格。

2. *城市农民工劳动力市场的形成* 改革开放以后，从城市农民工劳动力市场形成的角度来看，我国在劳动力就业问题上出现了几个非常重要的变化，一是在农村实行家庭联产承包责任制，农民开始有权支配自己的劳动力；二是对外开放过程中兴办了大量劳动密集型外资企业，为农村劳动力转移就业提供了机会；三是国家逐步放开对农村劳动力流动进城就业的管制，允许农民进城务工、经商。这3个方面的历史性变革，直接导致了城市农民工劳动力市场的形成。由于过去的城乡分割以及较大的城乡收入差距，在我国农村早已蓄积了规模宏大的农村劳动力向城市流动的势能。在这种情况下，一旦发生上列3个重要变化，就犹如挡满水的三峡大坝开闸泄洪，巨大的势能立刻转化为排山倒海的动能，形成所谓“民工潮”。虽然在20世纪80年代中期以后，我国就有为数不少的农村劳动力进入城市务工，城市农民工劳动力市场就已经形成了，但是，短短几年之后出现的“民工潮”现象，则以震撼的方式宣告世人，我国城市农民工劳动力市场的形成和发展，正如滚滚洪流，势不可挡。

**(二)农民工就业面临的主要问题** 农村劳动力流动就业和由此形成的劳动力市场发展到今天，既取得了巨大进步，也存在一系列问题。在二元劳动力市场存在渗透和融合的趋势下，市场分割的依然存在，使农民工处于不平等的地位。这种不平等，有些是由市场的自然分层造成的，即大多数农民工由于自身的素质、技能和缺乏人际关系方面的社会资源而处于低端职业领域。这在任何社会条件下都难于避免。但有许多不平等则是制度造成的，包括社会保障权益、公共服务和社会福利的不公平对待。结果就出现了有失公允却又被人们习以为常的现象：农民在城市经商纳税，但无法享受城市的公共服务；在城里打工，却又负担不起在城市的养老、看病的费用。这些显失社会公平的做法不仅加剧了他们在劳动力市场上的弱势地位，而且极易使他们变成被城市“边缘化”的群体。从劳动力市场角度，这种不平等具体表现为农民工的就业环境差、权益受到侵害、后续发展难等方面。

1. *农民工的就业环境有待改善，合法权益得不到有效保护* 打工难，就业环境差，一直是农民工进城就业面临的一个大问题。20世纪90年代初规模巨大的农民流动就业导致了“民工潮”的兴起，为减缓当时的交通压力，化解农民工盲目外出带来的一系列问题，实现“有序化流动”，政府制定了关于农民工流动就业的一些管理办法。90年代中后期，城市就业形势的趋紧，各地城市又普遍陆续出台了一系列针对农民工的限制性政策，包括要求外出就业的农民工办理多种“证卡”，对雇用农民工的企业实行用工审批制，限定时间招工和征收城市增容费，规定限制农民工进入的行业和工种；以及对农民工进行时紧时松的清退等。这些对农民工流动就业的管理措施，在当时的历史条件下有不得已而为之的成分，也是发挥了一定作用的，但又成为改善农民工进城就业环境的障碍。近年来，中央政府制定了一系列旨在维护农民工权益和改善农民工就业环境的政策措施，包括取消限制农民工流动就业的限制政策和“证卡”制度；取消限制企业雇用农民工的行政审批；取消针对农民工的所有不合理收费；开展专项整治活动，打击非法职介；向农民工开放城市免费公共就业服务，向农民工子女开放城市公办小学、中学等，对改善农民工的就业环境开始见效。但由于历史问题的积累和深层次的体制问题，农民工进城就业环境依然不尽宽松：就业服务、就业培训不能适应农民工大规模流动就业需要；农民工缺乏信息和帮助，求职难的问题仍然比较突出；一些地方对农民工不平等对待，轻视、漠视农民工利益的现象仍较严重；法律法规和政策文件已经取消的对农民工就业的政策性障碍，在实际执行中尚未落实。改善农民工就业环境仍需花大力气。农民工合法权益受到侵害是一个长期以来存在的普遍现象：一是克扣和拖欠农民工工资现象严重，欠薪逃匿情况比较突出。二是强制加班加点，超时工作较为普遍。三是劳动环境和工作条件恶劣，人身安全和健康得不到保障。2003年以来，农民工的维权虽得到了加强，清理拖欠工资也取得了重要成果，但深层次的制度性问题并没有真正解决，有效地维护农民工权益的长效机制还没有建立起来。

2. *农民工的后续发展面临困境*　农民工流动就业已经历了20来年的时间，但农村劳动力向城市实现稳定转移的制度环境仍然没有形成。由于缺乏制度通道，实现稳定转移的不多，大多是长期处于流动就业状态。虽然候鸟式流动就业在一时期内具有积极作用，但长期保持下去，则使农民工的后续发展陷于困境：一是农民工本身就处在劳动力市场中的低端职业领域，发展起点就低，职业升迁受限；二是工资收入低，劳动时间长、劳动强度大，基本上属于“生存”型工作，不可能有时间、精力和财力实现自身的提高和发展；三是如果没有在城市长期稳定就业的预期，提高自身素质技能的积极性被抑制，也难以造就城市公民的责任感和素质；四是待遇上的不平等，享受不到相应的社会保障权、公共服务和社会福利，以及家庭、住房、子女教育等成为他们在城市里发展的主要障碍；五是企业使用农民工往往只从短期效益出发，不注重农民工的培训和提升，农民工始终处在低水平、低层次的产业领域，从而导致难以形成适应我国经济发展和产业升级的高素质的产业大军。这种状况也会影响农民工家庭及其后代的后续发展，影响与工业化同步的城市化的实现。大量农村富余劳动力的转移，对我国经济和社会的发展起到了决定性的作用。依靠劳动力低成本优势，我国成功地承接了发达国家的产业转移，使我国的初级加工制造业迅速发展壮大，并在世界市场上占据了无可争辩的优势地位。但必须看到，不能长期维持这种建立在劳动力低成本基础上的低层次、低效益产业结构，必须实现产业升级，否则我们就会失去可持续发展的、高水平的竞争能力。而在2亿多农民工难以在城市得到提高和发展的情况下，要实现这样的竞争力却是难以实现的。同时也要看到，这种发展模式是建立在城乡和地区利益不公平基础上的，不改变这种状况，就很难逐步缩小城乡差距和地区差距，经济社会难以实现持续、健康和协调发展。

**(三)农民工就业存在问题的原因分析**　从劳动力市场角度来看，造成农民工就业问题的主要原因有3个方面：

1. *农民工供给大、素质低，导致在劳动力市场的弱势地位*　我国农村富余劳动力数量巨大，除了已经外出就业的1.2亿外，农村仍有1.5亿剩余劳动力需要转移，加上每年还要新增劳动力600万，在劳动力市场上农民工供给过大是一个长期的状况。大多数农民工的文化程度低，整体素质差，又没有经过技能培训。农民工的供给大、素质低，再加上低端职业领域劳动力的供大于求，使得农民工在劳动力市场中处于弱势，无法与雇主讨价还价。

2. *劳动力市场发育不足导致管理服务的缺失*　我国原有的就业管理体系是建立在计划经济基础上的，改革开放后按劳动力市场要求，改革了管理体制，但在相当长的时期里，仍然表现出行政干预、城乡分治的特点。虽然近年来取消了限制性政策和收费，城市部分公共服务也开始开放，但劳动力市场管理与服务仍然严重不适应农民工大规模流动就业的形势和需要。一是过去劳动力市场的管理与服务主要是针对城市居民特别是国有企业下岗和失业人员的，面对大规模的农民工流动就业，劳动力市场基础信息体系建设跟不上，缺乏有效的信息统计手段和制度，在取消“证卡”管理后，新的管理体系没有建立，许多地方对农民工的数量、结构等最

基础的底数都难以搞清楚，对农民工就业的基本信息，包括劳动合同签订、工资情况、社会保险情况等更难以掌握。二是人员、经费严重不足。许多劳动部门现有的人员编制和经费连应付城市居民和下岗失业人员的就业管理和服务都困难重重，再将流动性大、人数庞大的农民工全部纳入管理，更是难以承受的。许多地方的农民工实际上处于无人管理的状态，劳动部门处于“管”“放”两难的尴尬境地。上述情况进一步加大了农民工维权的难度和困难。由于缺乏基础管理，不可能建立起农民工维权的长效机制，难以从源头上制止劳动违法行为。由于人员经费的严重不足，也难以对劳动力市场秩序进行有效的监管。

3. 管理体制城乡分割和区域分治是根本性原因　从深层次分析，我国二元经济结构产生的城乡分割和地区分治制度是产生问题的根本性原因。农村劳动力流动就业冲击了传统的以固定就业为特征的城市就业管理制度，也冲击了以“块块”即地区分割为特征的经济和社会管理体制（包括财政、教育、就业、保障等各方面的制度）。现行的经济社会管理体制是财政“分灶吃饭”，政府只对当地的居民负责，不对包括农民工在内的“外来人口”负责。政府政绩的考核也是以本地工作为主的，就业状况的好坏和失业率的高低，老百姓的生活状况如人均收入和支出的多少，贫困人口的救助，义务教育的普及程度等，这些都与“外来人口”和农民工无关。在这种制度环境下，再加上一些地方政府在招商引资、发展当地经济的驱动下，就会产生漠视甚至损害“外地人”和农民工的利益的行政行为和决策结果。过去对农民工的管理建立在为本地人谋利的基础上，实行“收费管理”、“收费服务”；而在各种收费被取消后，把农民工当作“自己的居民”给予服务的机制又没有形成，导致了管理上的真空。农民工也没有主动接受政府管理的动力。城市居民会主动接受就业和失业登记、签订劳动合同等这些就业的基础性管理，因为这些“管理”是他们获得就业援助、失业救济以及社会保障权益，享受社会保险的依据。而对农民工来说，由于他们是“外人”，没有上述权益，从而也就没有了接受管理的动力。对许多不规范的企业来说，在工人没有通过组织的力量对其形成压力，在政府难以进行干预的情况下，逃避政府的监管也符合其利益，逃避缴纳社会保险、拖欠工资、超时加班的现象较为普遍，且屡禁不止。这是目前在劳动力市场秩序监管、农民工维权以及就业服务方面面临诸多问题的深层次制度原因。

## 二、农民工工资和劳动保护

**（一）农民工工资和劳动保护工作现状**　改革开放以来，党中央和国务院十分重视劳动者的权益保护，制定了一系列保护劳动者的法律、法规，并采取了相应的措施。为保障劳动者获得合法的劳动报酬，《劳动法》明确规定劳动者的“工资分配应当遵循按劳分配原则，实行同工同酬，工资水平在经济发展的基础上逐步提高”。据此，劳动保障部先后颁布了《企业最低工资规定》、《工资支付暂行规定》、《工资集体协商试行办法》等规章。2004 年 3 月，劳动保障部又修订颁布了新的《最低工资规定》。为保护劳动者的身体健康和生命安全，促进企业安全生产，《劳动法》、《矿山安全法》、《安全生产法》等做出了相关规定，并对职工劳动保护、工作时间和休息休假制定了法规。劳动保障部门在国务院的统一部署下，按照职责分工，通过建立一系列保障制度，并实施相应的维权措施，为解决农民工工资和劳动保护方面问题发挥了作用。在工资方面：一是初步建立了工资宏观指导体系。在全国 30 个省、自治区、直辖市（西藏自治区除外）建立了工资指导线制度；在全国 127 个大中城市建立了劳动力市场工资指导价位制度。二是开始探索建立适应市场经济要求的企业工资决定机制。目前，全国已有 29 万多户企业实行了工资集体协商。三是建立并完善了最低工资保障制度。目前全国31个省、自治区、直辖市均按制度要求颁布了当地最低工资标准,并根据经济发展水平和物价状况,建立正常调整机制。四是加强监察执法,从解决拖欠农民工工资问题入手,探索建立长效机制。针对建筑行业拖欠农民工工资严重的现象,2004年9月,劳动保障部会同建设部共同下发了《建设领域农民工工资支付管理暂行办法》。2005年4月,劳动保障部、建设部和全国总工会联合下发了《关于加强建设等行业农民工劳动合同管理的通知》。与此同时,劳动保障部正在指导各地探索建立预防拖欠工资的长效机制,包括工资支付保障制度(欠薪保障制度)、工资支付监控制度(欠薪报告制度)和劳动保障守法诚信制度,从源头上预防、治理拖欠农民工工资问题。在劳动保护方面:一是依据有关法律法规,国家安全生产监督管理总局和劳动保障等部门开展了多次专项检查,查处了一批生产安全责任事故和侵害劳动者(其中大多为农民工)休息休假等权益的案件。二是加大对非法使用童工行为的打击力度。根据国务院2002年颁布的《禁止使用童工规定》,劳动保障部近年来开展了多次专项检查,使非法使用童工(绝大部分为农村少年儿童)行为得到有效遏制。三是通过劳动保障监察人员加强劳动保障监察日常巡检、举报专查和集中力量专项检查,重点查处企业违法强迫农民工加班加点的行为,保障农民工的休息休假权益。此外,保护女职工和未成年工合法权益,在指导推动各行业制定合理的定员定额标准等项工作,也开始延伸到以农民工为主体的行业、企业和岗位。

**(二)农民工工资和劳动保护方面存在的主要问题** 农民工工资和劳动保护问题主要表现在以下几个方面。

*1. 一些行业仍存在比较严重的克扣和拖欠农民工工资现象,少数企业欠薪逃匿的现象还比较突出* 从全国看,建筑、制鞋、制衣等劳动密集型行业企业拖欠农民工工资问题比较严重。值得注意的是,在国家对农民工工资拖欠问题高度重视,采取了一系列强有力措施解决的情况下,拖欠工资问题仍然没有得到根本解决,前清后欠现象仍较普遍。国家统计局近年所做的一项调查显示,解决工资拖欠问题仍是进城就业农民工最迫切的要求。除了拖欠工资报酬以外,部分用人单位还存在克扣或变相克扣农民工工资现象。据国家统计局所做调查,一些企业每月扣留员工20%～30%的工资作为“风险抵押金”,要求工作满3年且不能出现任何差错,否则全部扣除。一些实行计件工资的单位,通过提高定额标准,或降低计件单价等手段变相克扣农民工工资。更为严重的是,在东南沿海个别地区的部分私营企业、企业主将农民工工资据为己有并携款潜逃的问题比较突出。

*2. 多数农民工经常加班加点工作,其工资却不能正常足额领取* 农民工普遍从事城里人不愿从事的劳动,劳动强度非常大,劳动时间也很长,最基本的休息权不能得到有效保证。国家统计局所做的调查显示,农民工人均每周工作6.4天,每天工作9.4小时。有些地方,农民工每天工作时间在11个小时左右,每月工作时间在26天以上。不少农民工靠标准劳动时间获得的收入难以维持基本生活,大多数情况下,不得不靠加班加点。尽管调查中农民工为了挣钱,同意加班加点,但得到加班工资的并不多。据调查,在可拿加班工资的农民工中,从未拿过的占54%,有时拿过的只占20%。国家统计局的调查显示,农民工中76%的人在节假日加班未享受过国家规定的加班工资。

*3. 农民工工资增长缓慢,工资水平普遍偏低* 改革开放以来,我国城镇职工平均工资收入由1980年的人均762元增加至2007年的26 024元。但农民工的工资收入水平却没有得到相应的增长。以农民工人数较多的广东省为例,与珠江三角洲年均20%多的GDP增速比

较起来，农民工的工资近十几年来几乎没有什么变化。国务院发展研究中心一份报告显示，最近12年来，珠江三角洲外来农民工月平均工资仅增长了68元。由于农民工工资增长缓慢，以及大多数农民工在低端劳动力市场就业，导致农民工工资水平普遍较低。表现在3个方面：一是工资标准较低。据有关调查，西部地区一些企业农民工的工资收入月平均为500元左右。二是同岗不同酬的现象比较普遍。一些用人单位包括国有企业，农民工在同样岗位上从事同样工作，由于身份不同，其劳动收入与同岗位的城镇职工相差近1倍左右。三是部分企业将最低工资标准作为支付标准，按其确定所有农民工的工资，明显压低了农民工应有工资水平。从改革开放的历史进程来看，低廉的劳动力成本使我国在改革开放初期的国际竞争中取得了一定的比较优势，特别是在吸引外资、促进经济发展方面起到了积极的作用。但是，如果企业仅仅依靠压低工资来取得劳动力成本优势，而忽视了技术创新和劳动者素质的提高，不仅不利于企业的发展，而且低廉的劳动成本优势也很难长期保持下去。随着经济全球化的发展，我国在国际贸易市场上由于劳动力价格低廉问题受到的国际压力也越来越大。另外，过低的工资水平也会造成农民工的间歇性短缺。近年来，东南沿海部分地区出现的“民工荒”现象，其主要原因就是工资水平太低。

*4. 农民工的劳动环境和工作条件比较恶劣，在频繁发生的生产安全事故中是主要受害者*

农民工大多从事城里人不愿干的重、脏、苦、累、险等工种，如施工作业、井下采掘、化工有毒有害、环卫清洁等岗位。有的企业经营者为了减少成本，在有毒有害岗位大量使用农民工，不进行必要的安全培训，不配备必需的安全防护设施和用品，造成大量农民工处于劳动强度大、劳保条件差的工作环境中，致使其发生职业病和工伤事故的比例高，尤其是经常面临重大特大伤亡事故频繁发生的危险。据调查，在建筑行业，用人单位提供劳动保护用品的只占39%，时而发一些劳动保护用品的占28%，从未发过劳动保护用品的占24%。目前，我国患职业病人数超过50万人，其中农民工占一半以上。广东省总工会调查表明，非公有制企业发生工伤事故，农民工占伤亡总数的80%以上。屡次发生的生产重特大安全事故，失去生命的主要是农民工群体。

**(三)原因分析** 当前农民工工资和劳动保护方面出现的问题，是与我国经济社会结构存在的深层次矛盾紧密相关联的。我国尚处于社会主义初级阶段，生产力水平不高，城乡“二元”经济结构使我国城镇居民和农村居民事实上形成了两个落差很大的社会群体。同时，在农村富余劳动力逐步成为劳动力供给的主要来源的大趋势下，由于劳动力市场的供过于求，使得他们在就业市场上处于先天的弱势地位，其劳动权益很容易受到侵害。在用人单位特别是雇主用人行为不规范和追求超额利润的情况下，不可避免地存在着引发农民工工资和劳动保护问题的因素，归纳起来，主要表现在以下4方面。

*1. 歧视农民工的观念比较严重* 长期的“二元”化经济结构，使城市中的一些人在思想观念上存在着许多对农民、农民工的歧视。在城市里，农民工被一些城里人看成“盲流”，得不到作为公民应有的基本尊重。在一些企事业单位的管理者思想深处，存在着农民工不应与城镇职工享受同等权益和待遇的意识；少数非公企业经营者、私营企业主甚至将其当成随意盘剥的对象。在城市的公共服务、公益单位，一些工作人员在向公众提供服务时，对没有城镇户口者强化区别对待，不能一视同仁。在某些政府管理机关，个别领导者和工作人员也无视农民工对城市建设的贡献，错误地强调给农民工平等待遇会加重城市管理成本和难度，错误地认为政府治理企业欠薪，敦促企业改善劳动条件，会影响当地的投资环境和地方财政收入，等等。这

些错误观念是导致一些地方存在不善待农民工的现象严重，以及政府部门中政策制定和制度安排产生缺陷的思想根源。

2. 劳动保障法制建设滞后，执法力度不足

(1)劳动保障法制不健全，立法层次较低　虽然现行的劳动保障法律法规和相关政策对劳动者的合法权益做了许多规定，却未能有针对性地对农民工这样的弱势群体给予特殊保护，为他们提供便捷有效的保护措施和手段。而且，现行涉及工资支付、劳动合同的具体规定只是部颁规章，立法层次较低；这些规章由于无上位法的依据，对工资支付、劳动合同签订、争议处理及违法责任的追究等问题做出具体规定受到限制。同时，在现行的法规政策中还存在的限制农民工的歧视性条款也有待进一步清理完毕。

(2)现行法律法规对违法行为处罚力度不够　在劳动关系的建立上，对用人单位不与农民工签订劳动合同的处罚只是责令改正，对仍未改正行为没有进一步的处罚措施。在工资支付方面，对拖欠、克扣工资等行为，只是设定了50%到1倍的赔偿金；对企业主拖欠、克扣工资后逃匿等行为没有强制手段。在劳动保护方面，对恣意延长劳动时间、不依法提供劳动保护措施的行为缺乏强硬的处罚措施，等等。这样，则难以有效治理企业违法行为，更好地保障农民工合法权益。

(3)执法力量不足，执法效果不理想　一方面，劳动保障监察执法人员在处罚企业有关违法行为时，由于缺乏强有力的法律支持，导致行使处罚乏力，难以震慑和遏止违法行为。另一方面，劳动保障监察和劳动争议处理力量与日益繁重的维权工作需要严重不适应。受市、县级机构编制限制，各地普遍存在监察、仲裁力量不足，经费缺乏的现象。劳动争议仲裁部门缺乏独立的办案机构，办案人员的编制、经费保障等一系列问题没有解决，也严重影响了劳动争议处理和仲裁的办案效率和质量。四是法制宣传的力度不够。由于普法宣传投入不足，宣传的形式、范围缺乏广泛性、针对性和现实性，宣传的效果也不够理想。目前尚未在全社会范围内形成一个强有力的维护农民工权益的舆论氛围，不利于各有关方面和农民工自身运用法律手段进行维权。

3. 部分用人单位有法不依，劳动用工管理混乱　一些用人单位不按国家有关劳动合同的规定要求与农民工建立劳动关系，要么不签合同，要么采取口头约定或者签订“生死合同”等形式来规避法律责任，减轻自己的义务。有一些单位把用人单位应该承担的法律责任推给“包工头”，给以后的农民工维权制造困难；有的用人单位劳动合同管理混乱，引发了大量的劳动争议。有的用人单位不执行国家关于工资支付的规定，没有建立正常的工资支付制度。还有一些用人单位不按国家要求实施劳动保护，对保护设施偷工减料，劳保用品或没有、或以次充好，造成农民工的生命健康受到损害。同时，目前一些行业中存在的经营不规范现状，加重了对农民工权益的损害。如建筑领域中普遍存在的层层转包、拖欠工程款等恶性竞争现象，使许多企业和包工队为节约成本而延长工时，增加劳动强度，降低劳动保护。

4. 农民工组织化程度低，自我维权能力较弱　一方面，农民工进入城镇企业后，缺乏集体谈判能力，是造成农民工弱势地位的重要原因之一。由于大多进城务工者属于短期性质的非稳定就业形式，流动性强，因此在农民工中难以形成长期稳定的组织关系，而现有的工会组织只能吸纳正式职工，农民工往往被视作非正式职工而被阻隔在工会之外。因此，当农民工的合法权益受到侵害后，往往只能以个人对企业的方式进行交涉。另一方面，由于农民工缺乏法律常识和维权意识，一旦权益遭受侵害，有的因不知法而放弃维权；有的因未签劳动合同，拿不

出维权依据；还有不少农民工则为了保全工作机会而忍气吞声。

## 第四节　农民工社会保障

### 一、建立和完善农民工社会保障制度的必要性

**（一）社会保障权是城市农民工的基本权利**　生存权是人的首要权利，是我国政府历来强调的首要的人权。社会保障体现的就是生存权，这种权利是包括城市农民工在内的所有公民普遍享有的权利。社会保障权还是对市场经济"优胜劣汰"法则的社会矫正，按市场观念，"优胜劣汰"是合理的；按人权观念，必须做到"优胜劣存"，即"优者发展，劣者生存"，优者的发展权和劣者的生存权同等重要。保障社会困难群体的基本生存权，是国家和全社会的义务。我国宪法第45条规定："中华人民共和国公民在年老、疾病、丧失劳动能力的情况下，有从国家和社会获得物质帮助的权利。国家发展为公民享受这些权利所需要的社会保险、社会救济和医疗卫生事业。"十届全国人大二次会议通过的《宪法修正案》还将"国家尊重和保障人权"写入宪法，同时增加了建立社会保障制度的有关规定。在人权实践有了较大发展的今天，城市农民工作为一个公民，与城市居民一样，在遇到年老、疾病或者丧失劳动能力这些一般生活风险的情况下，也能够享受到国家向他们提供的社会保障保护。

**（二）完善社会主义市场经济体制的需要**　尽快建立完善的社会主义市场经济体制既是实现我国经济发展战略目标的保证，也是全面建设小康社会所要达到的重要目标之一。市场经济体制的有效运行必须以完善的社会保障体系为基础。所有当今发达工业化国家，为了抵御外部风险，在向国际贸易体系不断开放、市场作用发挥更大作用的同时，都伴随着对社会保障体系的强化，为控制收入分配差距、降低社会风险，这些国家采用一些保证相对平等分配的转移支付措施。在2001年我国加入世界贸易组织，经济对外开放度加大。为防止来自外部的风险放大国内的风险，政府必须通过社会保障覆盖面的扩大和功能的强化等措施来控制收入差距，使之维持在社会可接受的范围之内，保证市场经济体制改革的深入进行。完善的市场经济以价格为信号调节社会生产和消费，而且价格必须是成本的真实反映。如果企业的固定资产折旧率过低，产品价格就不能真实反映产品成本，不利于企业采用新技术、更新设备，迟早会遏制企业的发展。同理，如果没有建立起覆盖面广、较为健全的社会保障制度，劳动力成本就不可能包括到产品成本中去，这也是一种隐性负债经营，不利于企业的持续发展，更重要的是可能影响社劳动力的社会再生产。如果企业雇用的工人，所得薪酬只足够他们在雇用期间维持生计，而没有任何剩余，则这种生产没有延续下去的价值，最少不应得到政府的鼓励。因为工人在伤病、失业和退休等情况下没有收入来源，最终他们必须依赖社会的支持，消耗公共的资源，形成政府间接补助生产，而不恰当的政府补贴是对市场正常运行的一种干扰。因此，为了保证市场经济的顺利发展，政府必须建立广覆盖的社会保障体系，并要求企业为城市农民工缴纳相应费用。另外，具有健全的制约机制和良好的投资运行状态的社会保障制度体系又可以积蓄大量基金，为经济发展提供雄厚的资金积累。

**（三）推进城市化进程的需要**　我国的城市化进程明显滞后于工业化进程和国民经济的发展。在二元社会结构的影响下，我国的工业化发展已达到工业化中期的初始阶段，但农业劳动

力的比重和城镇人口的比重还仍然停留在工业化初期水平，呈现出“工业国家，农村社会”的特征。这种局面直到今天仍未得到根本扭转，人口城市化速度都跟不上农业劳动力非农化速度。城市化滞后，不仅影响产业结构和就业结构的升级，而且加剧了产业结构和就业结构的扭曲。我国经济社会发展中的一些突出问题，如就业压力大、农民收入过低和增长乏力等，在很大程度上均与城市化滞后有关。为城市农民工提供社会保障，有利于加快他们“就地转化”为市民，加快城市化进程。根据马克思的农民分化理论，农民变市民是一个必然的发展趋势。相对于农村居民而言，城市农民工具有了更多地向城市居民转化的条件和能力。在城市农民工已经具备了向城市移民的意愿和能力的条件下，为他们提供一个合适的制度安排，促进他们的转化，既有利于城市化水平的提高，又符合统筹城乡经济社会协调发展、实现城乡一体化的客观要求。马斯洛的需求层次理论认为，安全是生存之外最优先的需求，因此，在过去因为贫困而使得生存都成为问题的时候，为了能多赚一点钱保障起码的生活，心理和现实的安全感只能是奢侈品。但随着经济的增长、收入的提高、就业机会的增加和生活的改善，就必然要对安全感乃至认同感、归属感等更高层次的东西提出要求。如果城市不能给农民工人建立社会保障制度、提供安全感，他们就只有选择离开城市返回农村。

**（四）促进农村经济发展的需要**　政府为城市农民工提供的社会保障能够明显增强他们防范风险的能力，降低他们在城市的生活风险。但是，目前还恰恰缺乏能够比较有效地保障城市农民工基本生活的社会保障制度，出于降低风险的考虑，他们基本上都还保留着户口所在地的承包地，国家也一再强调不能强行收回农民的承包地，允许农民外出务工时保留承包地。不论是从提高我国农业的国际竞争力出发还是从提高稀缺的土地资源的使用效率出发，土地的规模经营是个不可逆转的趋势。农民工实现向城市的彻底转移也是一个趋势。如果能够改变城市农民工对生活风险的观念和规避手段，降低他们对土地的依赖性，就能够改变现在的“最低生活保障形态的农业”，为土地的规模经营提供条件。建立与城市农民工的土地保障相替代的社会保障体系正适应了这一要求。

**（五）实现社会稳定的需要**　城市农民工社会保障供给的缺失易造成社会的不稳定。城市农民工绝大多数属于非正规就业，就业十分不稳定，劳动纠纷经常发生，工资水平与正式职工的工资水平相差很大，并且得不到任何社会保障，这些都使城市农民工在城市工作生活的无保障风险增加。另外，城市农民工希望通过不放弃农村土地进行兼业以规避风险的努力的作用是十分有限的。于是，一方面，城市农民工的社会保障需求强烈；另一方面，城市农民工规避风险的能力差和社会保障供给的缺位。因此，失去生活保障的城市农民工很容易走上犯罪的道路。城市农民工群体又是一个主要由年轻人组成的群体，这样一个高活力群体如果失去经济生活来源，又不被城市社会保障体系所接纳，他们对社会稳定的威胁是可想而知的。从心理角度看，城市农民工边缘化的生存状态将会使其缺乏稳定而长期的预期，在丧失原有文化价值和组织归属地的同时，很可能会陷入一种“游民化”的状态，从而对整个社会稳定构成潜在的威胁。处于高速发展中的中国社会，本身就在慢慢走向高风险社会，而城市农民工则是这个高风险社会中的一个高风险人群。农民工大部分是农村人口中的受过较好教育的“精英”。在城市，农民工出于生存、经济交往、安全保障等多重需要：突破了传统的地缘、血缘、业缘关系，在更大范围内以“老乡”关系为纽带逐渐联合起来。尽管这种联合是临时性的、小规模的、松散的，但是这已经表明，相对于传统农民而言，城市农民工有更大的活动范围、地域空间，以及号召力和组织力，对社会稳定的影响力相应地要大得多。城市农民工人的个人风险在不断积累

并必然演变成社会风险，进而对我国社会稳定造成巨大的负面影响。然而，当他们在城镇中遭受风险之后，只要能够得到及时的哪怕是低水平的帮助，绝大多数城市农民工就不会成为社会的不安定因素。城市农民工社会保障制度的建立，可以起到帮助城市农民工抵御城市工作生活中的风险，增加他们的安全感和对城市的认同感，解除他们的后顾之忧的作用。这既有利于城市的稳定，同时也有利于广大农村的稳定、农民的稳定。

## 二、城市农民工社会保障现状及其主要问题

事实上，虽然现行社会保障制度是以城镇人口为参照对象而制定的，但是，制度本身并没有排斥正规就业的城市农民工。对于在用人单位正规就业的城市农民工来说，虽然国家尚未为其建立专门的统一的社会保障制度，但在《劳动法》实施后，进入城镇用人单位的城市农民工原则上也同样适用《劳动法》，应当参加法定的基本养老、医疗、失业、工伤和生育等社会保险。有些地方在相关社会保障制度的具体实施办法中明文规定参保对象涵盖城市农民工，有些地方还针对其特点专门制定了城市农民工保险制度。总体上说，城市农民工社会保障问题及其制度设计已经提上了议事日程。目前的大体情况可以简要概括为：

**(一)参保率低，发展不平衡** 目前，城市农民工参加养老保险的总体参保率为15%左右，部分地区如广东、大连等地参保率较高，但也仅达到20%左右；参加基本医疗保险的平均参保率为10%左右，大多数城市农民工还没有参加医疗保险，已参保的城市农民工尽管可以享受医疗费用报销，但是由于只报销超出起付线部分的一定比例，城市农民工仍然要自付一部分，对于难以承受自付部分的人来说，实际上也享受不到相应的待遇；已有相当数量的城市农民工参加了工伤保险，随着扩面力度的加大，城市农民工工伤保险权益将得到相应的保障；另外，几乎没有城市农民工参加失业保险和生育保险。无论从他们本身的参保比例看，还是从他们与城镇企业职工总体参保比例的对比情况看，目前我国城市农民工参加各种社会保险的比例严重偏低，大约有75%的城市农民工没有参加任何城市社会保险。这与他们抵御风险能力较低，对社会保障的依赖程度较高的实际形成极大反差。其次是没有形成全国统一的社会保障制度，各地发展不平衡。由于城市农民工社会保障工作还处于试验和探索过程中，国家只是出台了一些方针性的指导意见和政策规定，尚没有完整统一的操作方法和具体方案，因此，各地都是根据中央方针探索适合本地特点和符合本地需要的制度模式与操作办法。从总体上看，就表现为方案不统一，发展不平衡。从目前各地的实践情况看，我国城市农民工社会保障主要有以下两种模式：第一种模式是广东、浙江等地实行的把城市农民工纳入现行城镇职工社会保险体系框架之内，并按照城市农民工特点对原有方案进行适当调整的模式，有人称其为广东模式。这种模式在20世纪90年代中期最早开始在广东推行，目前被大多数省、自治区、直辖市效仿。其主要特点，一是不另设专门的制度，而是将城市农民工直接纳入现行城镇职工基本社会保险体系，主要参加养老、医疗和工伤3项基本社会保险，多数不参加失业保险和生育保险；二是允许城市农民工享受养老待遇。但城市农民工在退休前调出或辞工离开参保市回户口所在地，城市农民工的养老保险个人账户基金积累额可以全部转入户籍所在地的社保机构，即转保；对于城市农民工户口所在地没有社保机构可以接受的，城市农民工个人账户全部积累额可以退还城市农民工本人，即退保。第二种模式是上海、成都等地实行的专门针对包括城市农民工在内的外来劳动力而设计的综合社会保险模式，也有人称其为上海模式。其主要特点，一是一个保险三项待遇。与城镇职工基本社会保险分成养老、医疗、工伤、生育等险种不同的是，对

外来劳动力只实行综合保险(上海的参保缴费率是12.5%,全部由单位负担),而这一个综合保险可以享受工伤、住院医疗和老年补贴3项待遇(有单位的外来从业人员享受工伤、住院医疗和老年补贴3项待遇;无单位的外来从业人员享受意外伤害、住院医疗和老年补贴3项待遇)。但对外省、自治区、直辖市建筑施工企业,考虑到其人员流动性更强,对这类企业的外来人员只设2项保险待遇,即大病医疗和工伤保险,没有老年补贴,缴费率也相应降为5.5%;二是费率固定,费基完全统一,缴费周期为每3个月缴1次;三是待遇一次性发放。这样设计主要是为了回避外来从业人员频繁流动带来的问题。外来从业人员不实行养老保险,不设立个人账户,只实行养老补贴。用人单位和无单位的外来从业人员连续缴费满1年可获得1份老年补贴凭证,其额度现为本人实际缴费基数的7%;外来从业人员男年满60岁、女年满50岁时,可凭老年补贴凭证、身份证明到户籍所在地的商业保险公司约定的机构领取老年补贴。四是委托商业保险公司管理。大病医疗和工伤保险委托平安保险公司承办,而养老补贴则委托中国人寿保险公司办理。即将收取的保险费中的7%给中国人寿,其他的则给平安保险,让这两家保险公司帮助具体运作。养老补贴交由中国人寿经办,可以充分发挥其网络遍及全国各地的优势,以免参保人员在60岁时需要往返本地与上海解决待遇支付问题。

**(二)门槛太高,难以承受** 如果按照国务院规定的参保缴费率,基本养老保险单位缴费率为20%,个人缴费率为8%,基本医疗保险单位缴费率为6%,个人缴费率为2%,失业保险单位缴费率为2%,个人缴费率为1%,再加上工伤、生育保险等,单位与个人累计缴费率分别要达到30%和12%以上,有的地方企业缴费率甚至接近40%。按照这个数字计算,目前城市农民工社会保险缴费率和缴费数额门槛确实定得太高,在企业运营中,这已经形成了一个不小的负担,让很多企业和城市农民工个人难以承受。城市农民工实际上要按照几倍于自己实际工资的“缴费工资下限”购买保险。按照这个标准衡量,目前城市农民工社会保险缴费率和缴费数额门槛确实定得太高,让很多企业以及城市农民工个人难以承受。从企业的角度来说,如果严格按照规定给每一个城市农民工办理社会保险,那么,企业除了支付工资之外,还得支付一笔大约相当于工资数额一半左右的保险费,每个月为每个城市农民工支付的用工成本就大幅增长,使用城市农民工获得的低工资成本优势一定程度上也就消失了。所以,为了节省用工成本,一些企业总是想尽办法逃避社会保险责任,或者不与员工签订劳动合同,或者少报员工人数,或者只给一些核心骨干职员办理社会保险等。有些地方政府为了争取到投资,也把默许企业逃避社会保险责任作为“优惠政策”来“改善投资环境”,对于企业逃避社会保险责任的行为睁一只眼闭一只眼,以提高政府的竞争力。从城市农民工个人来说,本来每个月的工资就只有几百元钱,相对于遥遥无期的未来,他们所想的是能够把每一分钱实实在在地拿到手,如果每个月还要缴纳100多元钱的看不见摸不着的保险费,心理上确实难以接受,而且实际上拿到手的工资也所剩无几了。所以,在使用城市农民工较多的地区和企业中,政府、企业和城市农民工个人都对现行的社会保险办法存在一定的抵触情绪,这给社会保险制度的贯彻实施带来了一定难度。

**(三)制度设计不合理,实际保障效果不理想** 相对于城市农民工的特点来说,我国现行社会保险制度在设计上不尽合理,其对城市农民工的实际保障效果并不理想。这种不合理性主要表现如下。

1. 养老保险方面 首先,制度设计为退休之前累计缴费15年以上才能在退休以后按月领取养老保险金。这个15年的累计缴费年限对于大多数城市农民工来说显得过长。其次,目

前的养老保险社会统筹单位有2 000多个，各个单位都有自身相对独立的地方利益，而且各统筹单位政策不统一，难以实现互联互接。

2. 医疗保险方面　首先，目前各地的医疗保险制度大多规定医疗保险必须终生按月缴费，在职时由单位和个人支付，退休后由养老基金支付。城市农民工都是青壮年，正是疾病最少的黄金年龄，高额缴纳保险费却极少报销医疗费。许多企业1年为城市农民工缴纳30万～40万元，而全厂职工只向社保基金报销医疗费4万～5万元。等城市农民工年纪大了，病痛多了，却因签不上劳动合同，或达不到退休条件，而被挡在医保门槛之外。按照这种制度设计，即使城市农民工在职期间年年月月缴费不止，晚年同样与医疗保障无缘。其次，所谓医疗保险只是报销住院费超出起付线部分的一定比例；另外，住院费中还有很多医药项目是不在医保范围之列的，这种制度安排对于城市农民工来说也是极其不利的。由于制度设计不合理，我国现行的社会保障制度对城市农民工的实际保障效果并不理想。也正因为如此，才会导致大量城市农民工退保现象出现。从参保到退保，亿万城市农民工在社会养老保险面前表现出的无奈与矛盾，为我国年轻而庞大的社会保障体制出了一道难题。面对这种形势，尽管不断有官员和学者大声疾呼退保会使利益受损，但就是止不住退保潮。城市农民工自己懂得权衡利弊，他们更相信自己的判断。城市农民工的行为有时候可能会存在一些非理性的成分，有时也可能会有短视现象发生，但作为一个群体的普遍性行为，我们就不能简单地以“非理性”、“短视”来评价了。面对这种形势，我们更应该做的是对现行社会保障制度进行必要的检讨与修正，使之更具有合理性，更符合城市农民工需要，使之真正有利于城市农民工权益，能够为城市农民工起到切实的保障作用。

**(四)重视缴费保险，轻视免费保障**　过去，各地对城市农民工采取的一些社会保障措施，总体上看是注重养老、医疗等缴费性质的保险，城市市民能够免费享受的最低生活保障、社会福利、社会救济与社会优抚等纯粹性社会保障措施，却基本上与城市农民工无关。这甚至不能不让人怀疑有些地方政府那么积极地强调“扩面”，想方设法把城市农民工纳入社会保险覆盖范围的真正用心。事实上，在一些地方政府的巧妙操作下，城市农民工已经变成了城市社保基金的“提款机”：以城市农民工参保名义征缴到的巨额保险费，源源不断地填充进地方社保基金，最终落入本地居民的口袋。第一，通过“空账”运行，挪用城市农民工养老保险个人账户缴存资金。第二，通过针对城市农民工的保险“扩面”，以城市农民工参保名义征缴到的巨额保险费，包括用工单位缴费，正源源不断地填充进入地方社保基金。第三，城市农民工退保，实际上是将很大一部分利益无偿奉献给了当地社保事业。由于城市农民工退保时，只能退还个人账户储存额，而用工企业为城市农民工参保缴费的大部分随着进入统筹账户被无偿“充公”。城市政府在重视把城市农民工纳入缴费保险覆盖范围的同时，却把城市农民工排斥在无须缴费的各种公共福利性社会保障之外。目前，全国各个大中城市基本上都实行了城市最低生活保障，家庭人均收入没有达到最低保障线的，政府负责给予补足。甚至有些开私车住豪宅的城市人口都变着法子偷偷享受着城市最低生活保障补贴。然而，城市农民工同样是生活在城市，缺的只是一纸城市户口，即便收入再低也没有资格享受这种保障补贴。另外，城市其他的社会福利、社会救济、社会优抚等，也基本上与城市农民工无缘。

## 三、建立农民工社会保障的障碍因素

**(一)农民工参加社会保险的意识较为淡漠**　由于我国“二元”社会保障制度长期存在，使农民工对社会保险不信任，担心交了保险费后到时不能兑现。此次调查，59.4％的农民工不了解城镇职工养老保险。他们进城打工的目的就是为了挣钱，回家改善生活。在他们看来，社会保险是城里人的福利，与自己没有关系。而10％参加了社会保险的职工，合同期满后按规定只能退回养老保险账户的个人缴纳部分，其他保险金留在了当地。由于现行养老保险制度规定按月享受基本养老金的最低缴费年限为15年，而农民工流动频繁，如果不能实现转移接续，多数很难达到该年限标准。有的地方还规定退休前5年必须到该地参保，这实际上把农民工的养老问题排除在外。所以，农民工在离开参保地时普遍不愿将钱放在社保机构，一般都选择退保。这实际反映出农民工对现行社会保险制度的不了解和不信任。

**(二)用人单位大多担心为每个农民工缴纳接近其工资20%的保险费，将直接增加他们的用工成本，降低本单位及其产品或服务的竞争力** 农民工所在单位多为民营企业、外资企业、乡镇企业以及个体工商户，主要集中在建筑、餐饮、服装等技术含量较低的劳动密集型行业。这些用人单位为追求利润，千方百计减少人工成本，如果按照城镇企业社会保险办法为农民工缴纳社会保险费，单位负担过重，担心会因此影响本企业的市场竞争力和经济效益。

**(三)区域之间社会保险不能有效转移** 在现有制度中，虽然从理论上存在养老保险关系和个人账户积累额转移可行性，但实际上只要不实行全国统筹，转移将非常困难，这正是已参保农民工离开当地时选择退保的主要原因。转移困难的原因是多方面的：一是管理跟不上，即使同一个省、市不同地区之间的转移都有一定困难，跨省、市转移就更加困难；二是农民工流动性大，在不知道自己下一个工作地在何处的情况下，根本无法进行转移。

**(四)从政府的角度看，政府未承担起相应的财政责任** 一方面，一些政府部门认为，土地是农民的社会保障。农民工在城市务工经商和谋生，一旦失业、生病、年老和受伤，都可以退而务农，获取基本的生活来源，因而拒绝将包括社会保险在内的社会保障范围扩大至农民工。另一方面，也有的城镇政府认为，在当前国家财力有限和城镇社会保障压力很大的情况下，吸纳农民工进入城镇社保体系，无疑是自找麻烦。因此，在农民工社会保障制度中，政府目前只是承担了部分的组织责任，并不负责基金的保值增值，也不承担基金的兜底责任。

**(五)我国农民工社会保障立法滞后** 我国社会保险立法严重滞后于社会保险的改革发展，《社会保险法》至今尚未出台。在现行的社会保险法律法规政策中，没有关于农民工社会保障的全国性专门法律法规规章，全国性立法中对农民工社会保险的规定也很少并且笼统。如1991年的《全民所有制企业招用农民合同制工人的规定》，对农民工社会保险做了较为具体却不完整的规定，但其适用范围极窄。1999年国务院《社会保险费征缴暂行条例》首次将非公有企业职工和外来劳动力纳入社会保险范畴。《劳动法》颁布后的一系列全国性劳动立法中，如《国务院关于建立统一的企业职工基本养老保险制度的决定》、《失业保险条例》、《企业职工工伤保险暂行规定》、《国务院关于建立城镇职工基本医疗保险制度的决定》、《企业职工生育保险暂行规定》等，在适用范围规定上大多对职工未做明确的列举，缺乏可操作性。而各地关于农民工社会保障的专门法规差别也很大。由于法规规章效力的层次较低，也很难保障农民工的权益。

## 第五节 农民工权益的缺失与保护

### 一、农民工权益与社会主义和谐社会建设

构建社会主义和谐社会是党中央根据我国社会深刻变化，适应改革与发展进入关键时期的客观要求而提出的一项战略任务，是当前社会各界关注的焦点。城市农民工问题是构建和谐社会中的一个非常重要的社会问题。党的十七届三中全会报告《中共中央关于推进农村改革发展若干重大问题的决定》中提出"加强农民工权益保护，逐步实现农民工劳动报酬、子女就学、公共卫生、住房租购等与城镇居民享有同等待遇，改善农民工劳动条件，保障生产安全，扩大农民工工伤、医疗、养老保险覆盖面。"当前，关注农民工问题，改善农民工生存状态，不仅有利于激发社会活力、促进社会公正，还有利于维护社会稳定，具有重大的现实意义。

**(一)农民工是促进城乡协调发展的现实载体** 大多数农民工，随着农村的变化，往返于农村与城市之间。这种流动也伴随着资金、信息和技术的转移，促进了城乡经济和社会的繁荣。一方面，对城市和第二、第三产业而言，农民工在提供劳动力的同时，也创造了市场。农民工的发展，对于城市交通、通讯、金融、饮食等行业都带来了直接的"利好"。另一方面，对于农业农村发展而言，农民工带回的新信息、新技术、新观念及宝贵的资金，对于社会主义新农村建设具有直接意义。世界银行调查报告估计，2007 年农民工汇回家的款项总额为 3 800 亿～5 000 亿元人民币，未来 5～10 年内仍将保持增长。农民工汇款占收到汇款家庭收入比重的 20%～50%，是这些家庭子女学费、医药费用和日常生活消费的重要经济来源。

**(二)改善农民工生存状态，有利于促进社会公正** 促进社会公平正义，是构建社会主义和谐社会的关键环节，是社会主义的本质要求。当前，我国改革和发展进入了关键时期，在经济社会转型的过程中，随着市场经济的发展，社会结构的变动，利益关系的多元化，社会公平问题日益凸显出来。解决农民工问题，有利于促进社会公平正义。从目前来看，进城的农民工大部分从事的是所谓"五最"：最苦、最累、最脏、最险及城市人最不愿意干的体力劳动。他们为城市发展做出了巨大贡献，成为支撑我国工业化发展的重要力量，但是，其所获得的收入却与付出严重不对称。公平正义也是社会主义和谐社会的基本内涵和本质特征。所谓公平正义，就是社会各方面的利益关系得到妥善协调，人民内部矛盾和其他社会矛盾得到正确处理。社会公平和正义是人类社会发展的一种进步的价值取向，是社会和谐的基石。没有公平和正义，就没有社会的和谐。维护社会正义的内容很多，但在目前，最紧要的是要保护弱势群体的利益。农民工作为人数众多的一个弱势群体，其生存状态不优，严重影响了社会正义的维护和发展。

**(三)解决农民工问题，是巩固党的执政地位的必然要求** 构建社会主义和谐社会，是一项系统工程，要从多方面努力，但构建社会主义和谐社会的关键在党。这是因为中国共产党是中国特色社会主义事业的领导核心，构建社会主义和谐社会离不开党的领导。农民工问题是一个关系党的执政地位的重大政治问题。任何政党都拥有自己的阶级基础和群众基础。不断提高党的社会影响力和增强党的凝聚力是党的建设的重要内容，尤其是执政党更需要如此。工人阶级和农民阶级是我国社会主义现代化建设的主要力量。党执政的阶级基础和社会基础就在于以工人阶级和农民阶级为主的广大中国人民的拥护和支持，而农民工是从农民阶级向工人阶级的过渡性群体，在巩固工农联盟中具有举足轻重的作用。如何对待农民工这个群体，党对其整合的力度如何，都直接关系着党的执政基础和执政资源的重大问题，是直接影响党执政地位的重大问题。当前，有相当规模的农民工的基本生活得不到保障，基本权益得不到维护，农民工为改革发展承担的社会代价没有得到对等补偿，他们最先也最强烈地感到改革的代价。农民工问题处理不好，可能会增加更多的社会动荡因素，使经济社会转型过程中产生并逐渐积累起来的失序、冲突和矛盾通过非理性的方式爆发。因此，如果农民工得不到关注，在社会生活中长期处于无助的窘境，中国共产党代表最广大人民最根本的利益的提法就会受到质疑，就会直接关系到工人阶级和农民阶级对中国共产党执政地位的拥护，也就会影响到中国共产党执政的合法性，即共产党的执政地位是否和为什么应该获得工人阶级和农民阶级的拥护问题。如果农民工的问题得不到关注和解决，中国共产党赖以执政的阶级基础和社会基础势必会受到严重削弱，中国共产党执政的合法性势必会受到严重挑战，这又会影响到社会主义和谐社会能否成功地得以构建。

(四)农民工生存状态改善，有利于维护社会安定　促进社会安定有序，是建设社会主义和谐社会目标之一。进城农民工由于社会地位及拥有资源的重大差异，致使身为国家公民，基本权利却得不到基本保障，而且不断地遭受侵害，宪法赋予的权利在实现中被严重扭曲。而在缺少必要的表达渠道，难以及时、有效地表达自己的要求的情况下，一旦利益受到损害，一部分人就会以某些极端的抗议方式表达自己的不满情绪，从而使社会公共秩序受到危害。当长期而强烈的社会歧视和排斥累积到一定的程度，受屈的进城农民工就会萌生对城市文明和城里人的反感情绪。一旦这类对社会的不满演变成敌视态度时，极容易导致社会环境的动荡，并最终危及全体社会成员的福利。只有妥善解决他们在劳动工资、就业环境、公共服务等方面的问题，切实保障农民工的经济、社会权益，为农民工创造一个公平、良好的工作和生活环境，才能形成安定有序的生活局面。

因此，农民工问题处理得如何，直接影响社会的和谐稳定。在建设和谐社会的过程中，妥善解决农民工问题，就能充分调动广大农民工的积极性和创造性，推动社会文明进步。否则，就有可能导致社会矛盾的激化，引发社会动荡和不安，这是一个关系全局的大问题。从某种意义上讲，社会越发展，解决好农民工的问题也越紧迫。

## 二、农民工权益存在的问题

### (一)经济权益屡遭侵害

1. 离乡程序多，费用高　在通常情况下，农民工外出须在输出地办《身份证》、《外出人员就业登记卡》、《婚育证明》、《现实表现证》等，在输入地又要办《暂住证》、《就业证》、《健康证》、《职业资格证》等各种证件多达十几种，每一种证件都意味着一项费用，这种烦琐的管理目的在于增加劳动力的流动成本，达到数量限制和政策控制的效果。

2. 劳动合同签订率低且不规范　在户籍严格管理的城市，农民工是一个松散组织，处于社会的最底层，几乎没有任何同雇用方讲价钱的资本，连最起码的劳务合同也无法签订，即使签订合同，也往往是企业为了自身的权利而规定农民工的义务，在已签的劳动合同中存在许多无效条款和霸王条款，有的企业主甚至强迫农民工签订生死免责条款。据中华全国总工会法律工作部报告统计数据显示，2007 年除少数省份农民工签订劳动合同的比例达到 50%以外，全国其他大部分地区是百分之二十几至百分之几。

3. 拖欠和克扣工资问题依然存在，取得劳动报酬的权利受侵害　许多私营企业尽量参照最低工资标准来确定农民工劳动报酬，有些企业变相提高劳动定额，有些企业超时工作不付加班费。农民工工资还经常被拖欠甚至被克扣，特别是在建筑行业更为突出。

(二)社会歧视较为严重　受城乡分割的二元社会体制的影响，农民工进城要遭受各种社会歧视，表现如下。

1. 就业机会歧视　目前，许多城市仍保留着一些限制农民工进城务工的各种限制性规定，有的城市为了多解决本地人员就业，对一些工种明确规定不准农民工进入，使农民工进城就业机会减少。

2. 职业歧视　职业歧视是指由于农民工出身于农村，而被人为地进行职业分割，只能从事那些脏、重、累、险、差的职业，在现实中表现为许多城市都对农民工进行总量控制、职业和工种限制、先城后乡控制等。由于以上就业歧视的存在，农民工成为城市中不折不扣的“弱势群体”和“边缘群体”。

(三)民主政治权益难以实现　农民工的政治参与程度低，导致应享有的各项基本的公民政治权益“空壳化”。首先，表现在农民工回乡参与村委会选举比例低。农民工户籍在农村，拥有参加村委会直选的政治权利。但农民工回乡参加村委会选举比例低，农民工选举意愿的真实表达也因流动而受到一定的影响。比如，委托投票虽然是法律所允许的，但是委托投票往往将选择权交给了被委托人，委托人的选举意愿是否得到尊重和表达则完全取决于被委托人。这种委托、代理关系的存在，多少会使委托人的初始投票意愿发生偏离。亲自参加选举比其他方式能够更为真实地表达农民工的选举意愿。直接参与选举意愿的农民工较少，严重影响了农民工的政治参与程度，进而影响乡村政权的民主程度。其次，农民工未能行使农村重大事务的表决权，对村委会及其成员的监督权、罢免权。以农村重大事务的决定为例，《村委会组织法》规定，农村重大事务必须经过村民大会或村民代表会议决定。村民大会须有 2/3 的农户参加，会议决定须由到会的 1/2 以上的人表决通过，而农民工长期生活工作在外地，很难直接参与，往往由在家的老人代替。同时，农民工没有自己的合法的行业组织，没有一个集团性的维护自身权益的正式组织，尽管人数众多，却无法依靠正式的组织来维护自己的权益，当自身的权益受到侵害或与其他阶层的利益发生冲突时，他们总是处于市场博弈的弱者。

(四)社会保障缺乏　由于缺少城市户口，农民工无法享受城市居民享有的医疗、失业、养老、工伤医疗保险等社会保障，这已是不争的事实。农民工干着脏、重、累、险、差的工作，随时都可能面临着事故或生命的危险。但很多企业却考虑到自己的利益因素连最基本的工伤医疗保险都未能给予农民工，当遇到工伤事故时，往往是责任“自负”，用人单位要么置之不理，要么对因工伤残甚至丧失劳动力的农民工一次性地支付少量费用而将其解雇。

(五)子女缺乏平等的受教育权　由于现行教育体制是遵循过去计划经济时代下的属地管理原则，即户口在哪里就在哪里接受教育。由于农民工在城市里没有户口，而他们户口所在的村镇又没有把义务教育经费转移到其滞留的城市，他们的到来必然加重流入地公办学校的负担，遂不被当地公办学校所接纳。即使被接纳，也需要在正常的学费之外另交借读费，甚至还有所谓赞助费，无形中加重了进城农民工子女的教育负担。既然公立学校不能完全接纳农民工子女入学，大批民办的农民工子弟学校便应运而生，这类学校虽然很受欢迎，但由于一直未被正式制度所接纳和承认，一直在非法状态下生存和发展，经常受到各种清理、整顿和强行拆散、取缔。尽管近几年来一些省份和城市也陆续取消了赞助费，但是城市现有的教育资源不能同时满足本地市民子女和农民工子女的受教育要求。因此,多数公办学校仍然采取收取高额赞助费的方式来满足农民工子女求学的愿望,这使收入普遍偏低的农民工根本无力承担,大量农民工子女仍然无法保证像城市孩子一样接受良好的教育。

**(六)农民工的精神文化生活极度匮乏** 面对陌生的城市市民、城市生活,农民工在心理上对城市产生不了归属感,更多的是孤独感和自卑感。进城谋生以图改变家庭窘境的农民工已婚率达90%左右,这些成年的已婚和未婚男女,为生活所计,离别父母、抛家别子,在城市里拼命劳作,千方百计挣钱,以最低的成本支出维持着生活,个中艰辛,不言而喻。这个城市中的弱势群体在劳动中被歧视,被欺诈,遭人凌辱,甚至遭受殴打等现象时有发生,他们在城市中不从属于任何组织,除了在街上瞎逛,打扑克等,农民工几乎没有可消费的文化娱乐活动。

总之,根据马斯洛的需要层次理论,大多数农民工只能满足低层次的生存生理需要,对安全、安定需要的满足程度亦较低,而对社交和爱情的需要、自尊与受人尊重需要、自我实现的需要等高级层次的需要的满足程度则更低了。

## 三、农民工权益受侵害的主要原因

**(一)城乡二元经济社会结构,是农民工权益受侵害的体制原因** 我国城乡分割的二元体制,形成了农民工与城镇职工在身份、就业、劳动报酬、社会保障、民主权利和公共服务上的二元结构,政策性、制度性因素依然不同程度地制约农民工权益保障。

**(二)认识偏差及新的城市管理服务制度尚未完全建立,是农民工权益受侵害的社会原因** 有的地方片面追求发展经济,对维护包括广大农民工在内的劳动者的合法权益重视不够;有的地方过分看重因少数农民工给城市带来的一些负面影响,采取了一些限制性政策;城市公共管理服务不到位,影响农民工就业和生活环境的改善。

**(三)从劳动法看** 一方面我国劳动力市场供大于求的矛盾将长期存在,统一、开放、竞争、有序的劳动力市场尚未形成,现行的劳动法在保护农民工权益方面还存在一些盲点,现行涉及劳动权益保障的具体规定,有的只是部颁规章,立法层次较低;有的没有法律依据,处罚条款过轻,不足以阻止企业主的违法侵权行为;特别是有法不依的状况相当严重。《劳动法》、《劳动监察条例》、《工会法》等法律法规对于农民工作为企业职工的工资标准、劳动安全、工伤医疗保险、劳动时间、休假权利和民主权利等都有明确规定,但事实上却存在着普遍违法的现象。由于劳动执法体系不健全,执法监察力量严重不足,造成执法不严、违法不究的现象时有发生。另一方面,一些地方政府过分迁就企业主的利益,同时城市有关劳动执法人员时常出现执法不公、执法不严现象,面对农民工权益受损时的行政不作为,使得农民工的合法权益得不到及时和有效的保护。

**(四)从农民工自身看** 一是农民工在进城务工和择业上,主要依靠"血缘、人缘、地缘"关系,盲目性大,且各自为"工",失去了参与社会活动的正式组织依托,使他们缺乏利益表达和权益维护的渠道和载体,在权益受到侵犯时,不能借助组织、集体的力量去解决问题。缺乏组织保障,是农民工权益受侵害的关键原因,农民工很少加入就业地的党、工、团组织,有组织的外出务工更少。农民工在权益受到侵害时,不能及时依靠组织的力量得到维护。

**(五)从社会救助系统** 随着社会保障制度的逐渐确立,城市市民已基本实现了社会保险,而农民工往往不在保险对象之列,低收入的农民工不仅随时可能处在失业状况,而且没有社会救助系统的支持，成了生活在城市中却又享受不到居民权利的无保障人群。

## 参考文献

［1］ 蔡昉．就业弹性、自然失业和宏观经济政策．经济研究，2004(9).

［2］ 国务院研究室课题组．中国农民工调研报告．北京：中国言实出版社，2006：87-111.

［3］ 杨云善．中国农民工问题分析．郑州：河南人民出版社，2007：24-45.

［4］ 刘怀廉．中国农民工问题．北京：人民出版社，2005：12-21.

［5］ 蓝春娣，任保平．关于农民工社会保障问题的思考．社会科学研究，2004(5).

［6］ 李强，唐壮．城市农民工与城市中的非正规就业．社会科学研究，2002(6).

［7］ 郑功成．农民工的权益与社会保障．中国党政干部论坛，2002(8).

［8］ 翟明广．劳动力流动调查报告．中国经济学研究，2003(12).

［9］ 严于龙，李小云．农民工收入影响因素初步分析．宏观经济管理，2006(12).

［10］ 王奋宇，赵延东．中国城市劳动力流动．北京：中国经济出版社，2003：123-124.

［11］ 韩长赋．中国农民工发展趋势与展望．经济研究，2006(12).

［12］ 李群，吴晓欢．中国沿海地区农民工社会保险的实证研究．中国农村经济，2005(3).

［13］ 宗成峰．农民工生存状况实证分析．中国农村观察，2007(1).

［14］ 肖云．青壮年农民工社会养老保险参与倾向微观影响因素分析．中国农村经济，2005(4).

［15］ 邹树新．中国城市农民工问题．北京：群言出版社，2007：120-145.

［16］ 简新华．中国工业化和城市化过程中的农民工问题研究．北京：人民出版社，2008：58-60.

［17］ 国务院办公厅．国务院关于解决农民工问题的若干意见，2006-03.

［18］ 中国共产党十七届三中全会．中共中央关于推进农村改革发展若干重大问题的决定，2008-10.

（作 者：李 桦 中国农业大学教授、社科部主任，宗成峰 中国农业大学副教授）

# 第十三章　乡村政治制度

民主化是社会进步的重要标志。30 年的乡村民主化进程，是我国农村制度变迁中浓墨重彩的一笔，也是改革成效的集中体现。经过基层群众的不断创造和各级政府的不懈努力，乡镇政治制度不断建立健全，实现了职能转变，服务效率不断提升；村民自治的制度、规则和经验不断积累，在服务“三农”中发挥着越来越重要的作用。对此，学术界提出了“民主化”和“善治论”（徐勇，2001）的不同看法，分别从民主为核心的制度的自发演进和自上而下的制度的强制性变迁两个角度，对 30 年的乡村政治制度变迁进行了高度概括。本章认为，在乡村民主化进程中，农民自发创造了村民自治及其海选、直选制度，实施了乡级政务公开、村务公开制度，探索出村级公益事业发展一事一议制度，等等。可见，民主化是改革开放后 30 年乡村政治制度变革的主线。基于此，本章从民主化的视角，对乡村政治制度的演变及未来发展做一初步探讨。

## 第一节　乡村政治制度变迁的阶段性

### 一、改革开放以前变迁的简短回顾

农村经济组织的变化，可以说早在原始社会就有了。从原始社会以血缘为纽带组建起来的氏族公社，到封建社会早期的“乡里”组织，封建社会晚期的“保甲制”，乡村政治组织一直是维系政权、实施政令、救济乡村、辅助民生的重要制度安排。

乡里组织起于秦汉，终于隋唐。当时利用官吏和乡村长者管理乡村，方法可以刚柔并济，既可以借助刑律实施什伍连坐，又可依据“孝、悌”等准则进行感化教育。当时的乡里官员集行政、教化、司法、自我管理等职能于一身，还负有向朝廷推荐官吏的职责。

从北宋时期取代乡里制度的是“保甲制”。保甲制通过将所有乡民编入保、甲之中，社会治安网络更严密；寓兵于民，使乡民也成了民兵和正规军士兵的来源，增强了防御力量；保甲制也有利于农业生产，元代的村社、明代的里甲制，都要求村民互相作保，守望相助，有助于农业生产中的互助合作。当然，保甲制也有利于政府的税收征收，成了贯彻“一条鞭法”、“摊丁入亩”等政策的重要工具。一直到新中国成立之前，保甲制始终是乡村政治制度的基本形式。国民党政府还根据自己的需要将这一制度进行了较大的改进，主要表现在：进一步强化连坐，要求各户互相监督和告发；强化了军事职能，在保甲制“管、教、养、卫”四大功能中，卫受到格外重视，壮丁队、民团、自卫队普遍建立，严格训练，在保卫社区、镇压反抗、提供正规军兵源等方面发挥着不可替代的作用；抗日战争后，保甲制还被“警察化”、“特务化”和“军事化”，紧跟着国民党政权的变化而“随机应变”。

新中国成立后，改革开放前的乡村政治制度变革经历了两个阶段：1949—1958 年，是初创时期。这时期除了在经济上进行土地改革、组建农业合作组织外，政治上主要是废除保甲制，在乡村两级建立党组织和人民政府。党组织的建立主要是在乡一级建立党委组织，在村一级

建立党支部。人民政府都是在乡镇一级设立，接受党的领导，建有人民委员会，负责乡村日常事务。在乡镇人民政府建立起来之前，一般会建立乡公所作为县人民政府的派出机构，负责上情下达、社会治安以及其他乡村主要事务的管理。在人民政府建立起来之后，一般会在村庄设立村公所，作为乡人民政府的派出机构。乡、村公所人数很少，乡公所一般2～3人，村公所最多2人，管辖范围却几乎涉及所有的乡村公共事务。初级社尤其是高级社建立起来后，已经分担了不少村级行政事务，比如上级任务的下达、缴税、选举、征兵等任务的完成等，已经不是一个纯粹的经济组织，这也为后来人民公社的政社合一铺平了道路。

1958—1978年，是人民公社时期。1958年人民公社迅速建立起来后，农村纷纷取消了乡镇人民政府，乡镇党委也改为人民公社党委，人民委员会改为人民公社社务委员会。"工、农、兵、学、商"都有，政治、经济、文化、教育、军事都管的"政社合一"的人民公社，实行党委的"一元化"领导，社务委员会(管理委员会)的独立作用有限。20世纪60年代后，人民公社实行管理委员会、生产大队、生产(小)队三级管理的制度。生产大队是基本的管理单位，大队设立党支部(或者党总支)、大队委员会、民兵连、妇女代表会、团支部等组织。生产队是基本的核算单位，也是最基层的行政和经济组织。人民公社还设有一些职能性管理部门，主要有农机站、畜牧兽医站、植保站等生产管理部门，供销社、生产资料公司、棉麻站等流通管理服务部门，农业银行、信用社等金融机构在乡村的管理服务部门；最为"大而全"的时期还设有医院、托儿所、养老院、公共食堂等社会服务部门。

人民公社制度一直持续到改革开放后。在家庭责任制(曾被称为"家庭联产承包责任制"、"家庭承包责任制"等)普遍实行的基础上，1983年10月，中共中央、国务院发出《关于实行政社分开和建立乡政府的通知》，正式宣告了人民公社时代的结束。

## 二、改革开放后变迁的阶段

作为农村改革中的鸿篇巨制之一，30年来，乡村民主化在党、政、社团、经济、社会、事业等各个组织体系，以多种形式，波澜壮阔地向前推进。在回首之际，乡村民主化的艰辛试验、累积的经验、形成的经济社会绩效，令我们不能不充满钦佩，也有一点恐怕断章取义的惶恐。

虽然如此，本章还是试图将30年的乡村民主化进程，以2003年《国务院关于全面推进农村税费改革试点的意见》为界，划分为2个阶段：在2003年以前，受中共十一届三中全会"改革开放搞活"精神的指引，农村经济改革迅速启动并日趋演进：从家庭承包经营制度的确立到农村各种经济组织形式的创新发展，从取消农产品统派购到市场流通环节的活跃化、多样化，从封闭的自然经济到对外开放、并形成举足轻重的农产品国际贸易；从单一的农业到农、工、商、贸、金融在内的多样化的相对完整的农村产业体系……农村经济改革的深入和农村经济的发展的日新月异，势必要求农村政治体制做必要的适应性调整。在旧的人民公社体制已经千疮百孔的情况下，受中共十一届三中全会以来中央求实政策和农民群众首创精神的双重推动，乡村民主化得以在乡村两级不断推进。在税费改革以前，乡村民主化取得的最显著的成果就是撤社建乡(政社分设)①和村民自治。

而在2003年以后,以农村税费改革为标志,强农惠农成了中央农村政策甚至国家政策的崭新特征,整个经济因此进入了以工补农、以工助农的新发展阶段。受此宏观背景的影响,适应日益深化的农村经济改革的要求,为了满足日渐形成的市场经济对乡村行政管理制度职能转变的需要,为了与整个国家行政系统由管理型向服务型转变的格局保持协调一致,税费改革之后的乡村民主化呈现出不同的内涵。

因此,本章将从撤社建乡、村民自治和重农政策引发的乡村民主化3个不同层面,勾勒乡村民主化的主要进程和基本轮廓。

## 第二节　走向民主的乡镇政治制度

乡镇层面的民主制度建设,以撤社建乡为起点,也以撤社建乡为主要内容。废除人民公社后,适应市场经济的形成和政府职能的转变,为了打造服务型、民主化的乡镇政权,提高乡镇的管理和服务效率,乡镇政治制度改革势必成为乡村民主化的一个重要组成部分。2003年以前乡镇民主政治制度创新的成因、创新的内容和不断改善的前进步态,就是这里考察的主要内容。“撤社建乡”和乡镇民主化政治体制的建立健全,就是制度“破”和“立”的主要步骤。

### 一、撤社建乡

**(一)人民公社的积弊**　乡村民主化的道路上发生的第一件大事,就是人民公社的戛然废止。

众所周知,人民公社是一种政社合一的制度安排。人民公社既包括对生产大队、生产小队的行政管理,也包括生产、建设、完成国家计划、管理供销、信用等经济组织的经济职能。实在是“工农兵学商”都管,政治、经济、社会、文化、军事等职能都有的“大而全”的综合性管理体制。

然而,如同世人已经研究的那样,人民公社实质上是一种低效的政治制度。这是因为:

1. 人民公社的规模过大　上千户甚至数千户的农民在一起进行集体劳动,难免会因为没有足够的科学管理和安排,造成相当大的窝工浪费,甚至对资源的过度毁坏。人民公社成立之初,因为要“跑步”进行社会主义建设、大炼钢铁、“大跃进”,森林等资源遭到了严重的毁坏。而且,当最初的集体主义、社会主义建设热情消退之后,成千上万人集体劳动的监督成本就快速上升,因为监督困难带来的消极怠工、磨洋工、偷懒甚至违规等机会主义行为都变得相当难以化解。这些加在一起,就造成了人民公社时期因为规模问题带来的生产效率低下。

2. 人民公社的产权高度公有　农业高级社时已经实施的单纯公有制,到人民公社时扩大到了更大的规模(高级社大约相当于生产大队)。全公社的社员财产、生产资料等全部统一管理,管理和使用的成本自然会增加;全盘公有,自然也使社员长期相沿的个体生产积极性根本无从发挥;更重要的是,单纯的公有制又要求单一的按劳分配,这些简单的制度安排在千差

① 关于“撤社建乡”和“政社分设”都是指废除人民公社建立乡人民政府后的制度创新过程。文件中出现较多的是“政社分设”。但是作者以为,“政社分设”只能反映一种制度的建立,而不能反映“破”和“立”的来龙去脉。为了揭示历史事件之间的联系,甚至是因果关系,还是倾向于使用“撤社建乡”

万别的农民社员面前，难免发生失灵的问题。一旦集体劳动的收益增加有限或者受阻，社员的积极性就必然受到影响。

3. 人民公社的按劳分配制度　为了实施这一制度，人民公社不仅收缴了社员所有的生产资料，而且要没收社员的生活资料，通过养老院、幼儿园、农村合作医疗、公共食堂等制度安排，统管所有人的生老病死。问题恰恰不在于如何构建未来的美好蓝图，而是出在为社会主义大厦添砖加瓦的生产劳动计量上。而且，这个问题本身就是一个无法破解的难题。因为农业生产本身存在丰富的差异性，而且很多劳动花费在中间过程，最后劳动贡献的计量只能走向平均化，"大概工"就成了销蚀社员劳动积极性的又一个"制度失败"。

因此，当人民公社体制即使退到了"三级所有，队为基础"，即使社员在自留地上收获了数倍于集体土地的产量，人民公社依然只能在低效率的边缘徘徊时，废除人民公社制度就绝对是一个应时之举。虽然它在农村公共物品的供给，包括基础设施建设、养老医疗救济等社会保障制度方面至今还有所贡献、值得借鉴。

**(二)家庭承包经营制度的实施呼唤政社分设**　废除人民公社的强劲动力，来自于1978年以后家庭承包经营制度的全面推行。

家庭承包经营制度克服了人民公社几乎所有的弊端。但是，1982、1983年两个中央1号文件也明确指出："由于各种原因，农村一部分社队基层组织涣散，甚至陷于瘫痪、半瘫痪状态，致使许多事情无人负责，不良现象在滋长蔓延。""某些上层建筑的改革赶不上经济基础变化"的现象，亟须引起高度重视。

正是在这样的背景下，受经济制度改革对政治制度创新需求的深切呼唤，来自农民群众的自发性制度创造和自上而下的制度创新再次"胜利会师"。1980年6月18日，四川省广汉县向阳公社在全国率先摘掉了人民公社的牌子，代之以"向阳乡人民政府"。同年，广西河池地区的宜山、罗城两县农民们自发组建起了村民委员会。适应形势的迅速变化，1982年全国人大颁布的《中华人民共和国宪法》，已经在第95条明确规定，乡镇设立人民代表大会和乡镇政府。1983年中央1号文件中，也明确提出"人民公社的体制，要从两方面进行改革。这就是，实行生产责任制，特别是联产承包制；实行政社分设。"同年10月，中共中央、国务院发出《关于实行政社分开和建立乡政府的通知》，正式宣告了人民公社时代的结束。到1983年底，全国已经有12 702个人民公社宣布解体，1984年底又有39 838个人民公社摘掉牌子，1985年最后249个人民公社自动解体，取而代之的是79 306个乡，3 114个民族乡和9 140个镇。

可以说，撤社建乡是农村政治经济制度变革中的一个重要的里程碑。它不仅是农村民主化的政治制度建立健全的起点和基础，还把政权组织与经济组织分开，为给农村微观生产经营组织放权奠定了体制和制度基础，使在农村改革高度集中的计划管理、逐步推进市场化取向改革而实现后续的经济制度创新成为必要和可能，进而开启了家庭承包经营制度之后经济制度创新的新时代。

## 二、走向民主的乡镇政治体制

人民公社既然很快成为了过去式，新的乡村政权建设自然就成了顺理成章的事。为了给日趋民主化的乡村提供更适宜、更有效的政治制度，在中央的统一部署下，乡村政权体制形成了较为明显的民主特征。

2003年税费改革以前，乡镇政治体制由乡镇党委、乡镇人民政府、人民代表大会、人民武装部、政协联络组等组成。因为人民武装部不是普遍设立,政协联络组只在少数乡镇设立,大多数乡镇形成了党、政、人大为主体的体制。

其中,乡镇党委对乡级政权有绝对的领导权和控制权。虽然1982年宪法规定,"乡、民族乡、镇的人民政府执行本级人民代表大会的决议和上级国家行政机构的决定和命令,管理本行政区域内的行政工作。"但实际上,乡镇的重大决策一般由乡镇党委会议和乡镇党政联席会议决议形成。乡镇党委书记也习惯地被称为"第一把手"。乡镇党委一般设有纪律检查委员会、党委办公室、组织科、宣传科、社会综合治理办公室等机构。团委、妇联、工会的主要事务也由乡镇党委管理。

乡镇人民代表大会定期召开,对本乡镇的重大事务进行磋商决策,并对政府执政进行监督。在代表大会闭会期间,则由乡镇人大主席团作为常设机构。后来,一些地区还专门设立了乡镇人大办公室(设有主任、秘书等职)和专门委员会(委员会人员一般由乡村干部、人大代表兼任)。人大主席团常设主席也有不少地方由乡镇党委书记兼任。

乡镇人民政府设乡镇长、副乡镇长等职务,负责管理乡镇日常行政工作。其附设的部门主要有3类:第一类是乡镇政府直属的行政机构,包括政府办公室、民政办公室、工业办公室、农业办公室、教育组、信访办公室、计划生育办公室、综合治理办公室等;第二类是上级部门派驻乡镇的机构,主要由公安派出所、工商管理所、财政税务所、土地管理所、交通管理所等,主要是一些事业单位;第三类是乡镇政府下设的事业单位,如农技站、农机站、水利站、经营管理站、畜牧兽医站、文化站、广播站、粮管所、乡镇企业办公室、房管所等。

这样看来,乡镇人民政府的体制就与中央和各级人民政府的体制保持一致,成了最基层的一级人民政府。同时,原来人民公社拥有的指挥和组织生产、生产资料的购买和产品的销售职能、农田水利农业基础设施的建设职能,以及管理银行(信用社)、提供养老、医疗、救济及各种社会保障等职能都已经剥离出去,从对经济生活、社会生活的干预、执行转变为管理,即便管理也以行政事务为主。这是改革开放后乡镇人民政府与人民公社的最大差别所在。

同时,与中央和各级人民政府一致之处,还表现在人民代表大会制度的引进。众所周知,人民代表大会制度是人民行使民主权利的基本政治制度。这一制度的设立,就是乡镇政权的民主性得到了根本保证。同时,一些民选代表的产生,还使普通农村居民有了表达意愿的法律渠道,农民权益也因此有了应有的法律保障。这一制度还有一定乡镇自治特征,乡镇政府向本级人大负责,便于做出更多因地制宜的决策,与计划经济时代完全自上而下的控制、命令体制也形成了明显的区别。

当然,乡镇政府自身的特征也很明显。乡镇政府的下设机构不仅有条条机构,也有块块机构,不仅要对辖区进行直接管理,还要完成上级各部门的"催粮交款"等相关任务,正像人们形容的那样:"上面千条线,下面一根针",实属事务最繁杂的政府。

正是因为乡镇政府的特点,包括它的自治性,20世纪90年代末期,出现了群众直接选举乡镇领导干部的做法。继1998年四川步云、南城的乡长直选,1999年的深圳大鹏镇长直选,再到山西卓里的"两票制"选举乡长,湖北杨集的"海推直选"镇党委书记和镇长。乡镇党政领导干部由当地选民直选的做法,在全国不同的乡镇试验了好多次。2004年2月至4月间,云南红河州石屏县7个乡镇统一进行了由选民直接选举乡镇长的试点,在全国第一次把一个县范围内的所有乡镇长职位都交给选民直接投票选举产生。不论结果如何,这是一个民主制度扩张、民主自治范围扩大的喜人现象。

## 第三节 村级政治制度的民主化与村民自治

村级政治制度的民主化，是乡村民主化极为重要的构成部分。为了勾画村级民主制度的发展过程，提炼其丰富的经验积累，本部分从成因、进程、具体制度的演进、外部环境的改善几个方面展开。

### 一、村级政治制度民主化的成因

与撤社建乡相比较，更能体现乡村民主化的是实行村民自治。

家庭承包经营制度的实施，激发了相对独立的生产经营主体和市场主体参与管理农村公共事务、创新农村政治制度的旺盛需求。

第一，因为农户的收益不断增长，摆脱了食不果腹的困境，这种后续的马斯洛需求才会油然而生。要是处在人民公社中，解决自身的温饱都是一个巨大的难题，参与公共事务的管理何从谈起？也无暇谈起。

第二，因为农户们明白，所有的收益和增加的收益都来自对集体土地的承包经营，这份“厚礼”会不会得而复失？怎样让它稳定下来？这既是农民心中久存的疑虑，也是他们始终要努力的方向。对自身利益的关心就演变成了对农村公共事务的关注。

第三，因为家庭承包经营制度实施之后，农村中出现的“一部分社队基层组织涣散，甚至陷于瘫痪、半瘫痪状态，致使许多事情无人负责，不良现象在滋长蔓延”现象。这些现象实际上造成了权利和制度真空，给农户的收益甚至正常生活带来了隐忧。具体来讲，这些现象有：生产大队和生产队处于瘫痪、半瘫痪状态，社会持续混乱，上级下达的任务难以落实；有的地方家庭、宗族、帮派势力抬头，赌博、封建迷信等社会丑恶现象死灰复燃；有的地方乱砍滥伐，森林、水资源、水利设施甚至矿产资源遭到严重破坏和过度开采；有的地方猪牛羊鸡鸭随处放牧，公共事业无人关心，公共事务无人管理，村民难以正常生产生活。

在农民自发创新精神得到大力激励的新时期，这些切身问题自然会进入农民关注的视野，也一定会形成他们自发制度创新的旺盛冲动。因此，当广西河池地区农民组建村委会之后，村民委员会在全国迅速推广也就是顺理成章的事了。

### 二、村民自治制度的演进

1980 年广西河池地区两县农民自发组建村民委员会的具体做法是：由村民自己选举村民委员会委员，组建村民委员会；村民委员会发动群众制定村规民约，实施自我管理，并维护农村社会秩序；村民委员会还帮助农户恢复和开展生产，兴办农田水利等公益事业。这一制度创新，不仅填补了制度真空，而且很好地适应了当时形势的需要。1983 年中央 1 号文件，就已经肯定了他们的部分做法，指出：“要通过制订乡规民约，开展建立文明村、文明家庭的活动。……反对并制止各种不良风气和不法行为。”

因此，当这种制度在全国不少地方实行后，并根据各地的经验，1982 年宪法在第 111 条中明确规定：“城市和农村按照居民居住地设立的居民委员会或者村民委员会是基层群众性自治组织。”1982—1986 年的 5 个中央 1 号文件，也对农村基层政权建设和改革提出了指导性意见。这对撤社建乡、政社分设的实施，也为组建村民委员会，在全国范围内创新村级组织铺平了道路。至 1985 年，全国共建立 948 628 个村民委员会，新的村级行政组织体系的框架基本形成。

从 1987 年全国人大颁布《中华人民共和国村民委员会组织法（试行）》开始，村级民主制度建设进入了制度化和法制化阶段，相应的制度内涵等也逐渐以法律的形式固化。这部法律对村民委员会的性质、地位、职责、产生方式、组织机构和工作方式，以及村民会议的权利和组织形式等，都做了比较具体、全面、系统的规定，确定了村民自治制度的基本格局。

1994 年 10 月，中央发出了《关于农村基层组织建设的通知》，指出要广泛开展依法建制、以制治村、民主管理活动，在调动农民群众当家做主积极性的前提下，继续开展村民自治示范活动。并提出重点抓好：一是村民选举制度，坚持民主选举村委会成员；二是村民议事制度，村里的大事，包括经济和社会发展的规划、公益事业的兴办以及群众普遍关注的热点问题等，都必须依法由村民代表会或者村民大会讨论，按照民主集中制原则做出决定，不能由个人或者少数人独断；三是村务公开制度，涉及群众利益的事务，必须定期向群众张榜公布，接受监督；四是村规民约制度，根据国家政策法律，因地制宜，民主制定约束所有村民的章程规范，并要不断具体化和完善。这就将村民自治制度的内涵基本界定成型了。

中共十五大以后，村民自治制度建设和完善一直被看成农村工作的重点，村民委员会的直接选举制度、村务公开制度和民主议事制度等，受到多次重申和强调。1998 年中共十五届三中全会通过的《中共中央关于农业和农村工作若干重大问题的决定》，对全面推进和完善村民自治制度提出了明确的要求，明确指出制度建设是村民自治制度的根本，特别要重点建立健全民主选举制度、民主议事制度和民主监督制度。同年，全国人大正式颁布了《中华人民共和国村民委员会组织法》，总结了广大农民在中国共产党领导下创造的村民自治经验和做法，并以法律的形式更加全面地规定了村民自治制度的内涵。1999 年，中央又召开了全国农村村民自治工作经验交流会，在总结经验的基础上，提出要坚持中国共产党的领导不动摇、尊重群众利益不动摇、服务于经济建设不动摇，把村民自治不断推向前进。

## 三、村民自治制度内涵的形成和完善

从 20 世纪 80 年代初的创新实践，到此后的立法规范，村民自治制度的内涵日益完善，并得到了高度认同和一致遵循。最能从根本上体现村民自治制度的民主化制度内涵的，就是村民自治制度的主要内容。这就是人们通常所概括的“三个自我”、“四个民主”。其中最重要的就是“四个民主”。

“三个自我”就是村民在中国共产党的领导下，依法选举村民委员会，依法办理与自己切身相关的村内事务，实现自我管理、自我教育和自我服务。

而“四个民主”则是实现“三个自我”的根本途径，也是经过实践反复证明的最好的办法，当然更是通过村民自治实现乡村民主化的关键。“四个民主”就是《村民委员会组织法》第 2 条第 1 款规定要求村民委员会实施的“民主选举、民主决策、民主管理、民主监督”。“四个民主”紧密相连、环环相扣、不可分割，形成一个完整的制度设计体系，成为村民自治制度的基本制度内核。

**（一）村民委员会性质的确定** 1982 年《宪法》已经明确规定，村民委员会属于“基层群众自治性组织”。在《村民委员会组织法》中更进一步明确：“村民委员会是村民自我管理、自我教

育、自我服务的基层群众性自治组织，实行民主选举、民主决策、民主管理、民主监督。”

村民委员会就是一个基层群众的自治性组织，也只能是一个基层群众的自治组织。

具体来讲，村民委员会首先是一个群众组织。村民委员会的主体是村民，只要拥有国籍，履行村民的权利义务，都可以成为村民委员会成员；村干部包括村主任、副主任等，都由村民直接选举产生，并对村民负责，接受村民监督，任何其他组织和个人都无权指定、委派、罢免村干部和村委会成员；村民委员会成员也无任何特权，同样要参加生产劳动，只不过由全体村民负担他们因为管理工作造成的误工补贴而已；村民委员会的所有工作也必须得到村民的支持，经费、劳动力都来自村民，工作中更离不开村民的配合，走群众路线势在必行。

其次，村民委员会是一个基层组织。村民委员会不同于国家政权机关：国家政权机关通过的法律、政策等具有“普适性”的国家强制力，对任何不服从则可以强制执行；而村民委员会形成的决议、决定等，既没有那么大的强制力，也不能强制实施。村民委员会没有国家机关那样上下隶属的严密的组织系统，只能给相互平等的村民提供服务。村民委员会也不像国家机关那样，具有完备的经济、行政、司法等强大调控实施手段，这自然表现为行政能力的明显差异；当然，最显而易见的，是村民委员会成员不属于国家公务员，不拿国家津贴，也没有相关待遇，依然是“泥腿子”的一员，还要服务于“泥腿子”。

村民委员会还是一个自治组织。村民委员会的权力来源于村民的委托，行使权力必须接受村民的监督，对村民负责，不称职或者滥用职权村民可以罢免；而乡镇政府与村民委员会不再是隶属关系，而是指导关系，乡镇政府也不再是村民委员会的权力源泉；村民委员会办理的本村公共事务和公益事业，只须征得大多数村民的同意，不须再向乡镇政府请示报告，反倒是乡镇政府需要村民委员会协助完成有关事项时，还要同村民委员会商量具体措施。这些都充分表明了村民委员会的自治性，也表明了自治制度的相对独立性。此外，村民委员会形成的决议等，对村民虽有一定的约束力，但没有强制性，所以征得村民同意的方法主要是说服教育，而不能强制执行。

**（二）村民委员会任务的明确**　经过《宪法》和《村民委员会组织法》的法律硬化，村民委员会的任务主要包括两部分：一是自治事务；二是基层政府要求协助的事务和委托事务。具体来讲，这些事务包括：

办理本村的公共事务和公益事业。主要有：架桥修路，兴修水利，兴办学校、幼儿园、养老院，植树造林，整理村容，美化生活环境，扶贫济困，救助灾害等。

调解民间纠纷。村民委员会要负责调解邻里之间、家庭内部、村民之间甚至村与村之间的相关纠纷，这些纠纷涉及婚姻、家庭、继承、房产、财产、借贷、宅基地、水利、土地、山林、滩涂、买卖、委托、保管、损害赔偿等诸多方面。

支持和组织村民发展经济。这主要包括：①依法管理村民集体所有的土地和其他财产。这其中非常重要的一项，就是土地的发包、转包、租赁、农转非等。这项工作既是村民委员会权力的象征，也是比较容易引起诟病的地方，当然也是提高村民自治制度民主程度的关键所在。如果能将属于集体所有成员的集体土地及其产生的收益，形成公平的分享机制，对于村民自治制度的真正民主化改进，将起到至关重要的作用。②支持和帮助村民组建专业合作社和其他形式的经济组织，通过组织起来，克服一家一户小生产带来的弊端和不适应症。③提供产前、产中和产后的协调服务工作，做好电、水、地、工等方面的统筹。④保证集体经济组织和村民的合法权益。⑤维护家庭经营、统分结合的双层经营制度。⑥合理利用自然资源，保护和改善生态环境。

此外，还有：宣传国家法律、政策等；建设精神文明，教育村民做守法、负责的合格公民；引导村民团结互助，形成村庄合力；协助乡镇政府开展工作；协助维护社会治安。

**（三）民主选举制度建设**　“四个民主”中，民主选举是基础。没有一个好的民选的、代表民意的、受村民拥戴的村民委员会，民主管理、民主决策、民主监督都将成为无本之木，无源之水；如果选举过程不能体现民意，就很可能会发生以权谋私、危害群众利益的现象。有个地方村干部贿赂村民的“东窗事发”后，愤怒的村民砸毁了票箱，发现票箱中居然装满了已经填好的选票。如果这样的选举结果被认可，村民自治是走向民主化还是走向独裁化，不就成了一个大问题了吗？

经过基层群众的创造和各级政府的试验，民主选举制度逐渐建立健全起来。具体表现在：

1. 村民委员会的选举程序逐渐实现了法制化、规范化　经过基层群众的创造和各级各方面的努力，《宪法》、《村民委员会组织法》已经明确规定了实现“公平、公正、公开”选举的法定程序。

首先，要选举一个村民选举委员会主持村民委员会的选举工作。村民选举委员会成员一般5～7人，由村民会议或者村民代表提名候选人，然后由村民会议或者村民代表会议采取秘密划票、无记名投票的方式产生。村民选举委员会可设主任和副主任各1名。

其次，要做好制订选举方案、骨干培训、宣传教育等准备工作。

然后，要进行严格的选民登记。在确认选民资格后，实施逐一登记，并对已登记选民颁发选民证。

提名、确认、宣传候选人的工作，《村民委员会组织法》中也做了具体细致的规定，只有“遵守宪法、法律、法规和国家的政策，办事公道，廉洁奉公，热心为村民服务”的村民才会获得候选人资格，才会由村民单独或联名提名成为候选人。按照《村民委员会组织法》等法律的规定，村民委员会主任、副主任候选人正式候选人应比当选名额多1人，委员的正式候选人应当多1～3人。当提名候选人多于上述法定人数时，村民选举委员会应当组织预选大会，以简单多数为原则，选出正式候选人，公告全村；并通过组织介绍或者自我介绍的方式，对正式候选人进行客观公正的宣传。

这些工作完成后，就进入了村民委员会的投票选举环节。被选出的村民委员会一般由主任、副主任和委员3～7人组成，每隔3年要重新选举换届。投票选举必须由当地村民一半以上人员参加，选举结果才会有效。候选人得票超过半数才能当选。投票选举必须采取秘密划票、无记名投票的方式。投票结束后必须当日公开开票、唱票、计票，当场公布选举结果，并张榜公布新一届村民委员会当选名单，报乡镇政府和县民政部门备案。

很明显，上述程序是在村民自治制度走向民主化的重要保障。

2. 选举规则的不断试验和改善　各地村民在选举过程中，也形成了不少有价值的经验，有些已经被《村民委员会组织法》吸收采纳。如究竟什么样的人才有资格被选为村民委员会成员？村民的标准就是“思想好、作风正、有文化、有本领、真心实意为群众办事”。这与《村民委员会组织法》对村民委员会成员和候选人的要求“遵守宪法、法律、法规和国家的政策，办事公道，廉洁奉公，热心为村民服务”相对照，就明显可以看出一个从“乡土气息”到“阳春白雪”的演进过程。

村民直接提名候选人和通过预选举确定正式候选人的做法，也得到了实践和时间的检验，

获得了法律的认可，尤其是比起由有关部门和人员确定正式候选人的做法，明显增加了透明度，也提高了候选人的质量和群众的认可程度，村民的满意程度也增加了。1986 年，吉林省梨树县梨树乡北老壕村在 1986 年换届选举时首创的“海选”——就是“村官直选”，也在全国各地、各层面推广开来，甚至带来了良好的国际影响。具体做法是，由选民直接提名、确定候选人进行选举，犹如从大海中捞取珍珠一样选择自己信任的人。同时“海”有“极多”和“漫无边际”的意义，比喻不指定候选人，想选谁就可以提名谁，从众多候选人中直接选举村委会成员。“海选”之类的制度创造，自然保证了村民充分的选举权和被选举权，也在一定程度上增强村民选举的民主性、参与度和公正性。

组织介绍和个人介绍环节，村民们在实践中更多地选择个人介绍，个人介绍也逐渐演变成了个人公开竞选。正式候选人尤其是村主任的候选人要在公开的场合，在平等的前提下，向村民发表竞选演说，报告本人的有关情况、治村方案、对村民的承诺等，并当场回答村民提出的问题。这种方式有利于村民更直接、全面地了解候选人，从而做出正确的选择。

还有，设立秘密划票间的做法，也是一项很有价值的经验。投票时，村民单独进入划票间，他人不得旁观，更无从知晓村民投了谁的票，在很大程度上提高了选举的公正、公平性。

总之，这些经验，对于减少、杜绝贿选、个别人操控选举，对于选出真正代表民意、受村民拥戴的村民委员会，实现民主选举，起着越来越重要的作用。再一次证明，农民群众旺盛的创造力，是农村制度创新和制度改善的重要源泉。

**（四）民主决策制度建设** 民主决策是“四个民主”的关键。村民委员会是走群众路线还是独断专行搞“一言堂”，自然会直接影响其作用的发挥；不集中群众的智慧，不调动群众的积极性，本身就减少了走向成功的概率；长此以往，很可能会远离村民，甚至会走向村民的反面，“三个自我”的目标如何能够实现？通过什么来实现？因此，民主决策，是村民自治的民主化程度最突出的显性标志。

在基层群众创造的基础上，经过《村民委员会组织法》等的法律规范，设立村民会议或者村民代表会议，研究磋商决定村庄重要事务和群众共同关心的问题，成了实施民主决策的重要途径。村民会议由本村 18 周岁以上的村民组成。村民会议具有对全村重大事务的决策权；制定村民自治章程和村规民约的立约权；审议村民委员会工作报告和评议村民委员会成员的监督权；以及在 1/5 以上本村村民提议后，通过投票多数同意的情况下罢免村民委员会成员的罢免权。村民委员会行使这些权力，须得到本村村民 2/3 以上的参加，与会者过半数同意才能形成决议。

后来，针对有的村庄人数较多，有的村庄村民居住分散，以及不少村民外出务工等实际情况，20 世纪 80 年代末，农民群众又创造了村民代表会议这种民主决策的形式。《村民委员会组织法》规定，每 15 户左右推举 1 位村民代表，代表任期与村民委员会相同。村民代表会议议决的事务主要包括两方面，各级政府下达的各项任务和要求协办的事项，以及村内的各种事务。后者主要包括完成国家任务的措施；村建规划的实施和宅基地安排方案；村民承包经营方案；落实计划生育工作；村庄重大财务开支等。村民代表会议对这些问题具有相应的监督权、决策权和审议批准权。法律对这些权力的行使程序做了与村民会议略有不同的规定。可以看出，村民会议类似于全国人民代表大会，而村民代表会相当于全国人民代表大会常务委员会，两个互相补充，形成了分工协作、委托与被委托的关系，共同改善着民主决策制度。村民们亲切地称这种制度为“小人大”。

进入21世纪初期，民主决策制度又取得了新的进展。由于村民代表对所讨论实行不甚了解，与会者知识面、知情面的局限，影响了决策的合理性和科学性。为了减少决策失误，许多地方不同程度地开展了村务民主听证活动，在村民代表会议决策之前，听取村民和有关方面人员的意见。听证会通过邀请村民、村两委委员、村民代表、当事人代表以及政府官员、有关专家广泛参与，不仅使村民有机会了解村务、发表意见、进行咨询，从而有更多的机会更有效地参与决策；还通过引入官员、专家、当事人等，使不同意见能够更集中、全面地得到展现和交锋，也更能够有效地减少决策失误。很明显，这是实现乡村民主化的又一个重要举措。

**（五）民主管理制度建设** 民主管理是实现"四个民主"重要举措。在决策、管理和实施的过程中，只有坚持实行民主集中制，在管理中充分发扬民主，村规民约和章程等形成的约定才会被村民们高度认可，才会成为村民们一致的行动，村民自治制度才会成为造福一方百姓的法宝。

现实中，对于民主管理制度的改善，主要是通过建立健全实现民主管理的途径来完成的。根据法律，这样的途径主要有2个：一是通过村民会议和村民代表会议直接参与管理；二是依据有关法律政策，制定村民委员会章程和村规民约，约束村干部，实现村民的自我教育和民主管理。换言之，村民委员会章程和村规民约是由村民会议制定的、约束村干部和村民的共同行为规范，是实现民主管理的主要途径。

各地通过自下而上制定和完善规则，形成了村民管理村干部并自我管理、村干部向村民提供管理服务的模式，与行政村时期的行政命令式管理、人民公社时期干部管社员的自上而下的管理模式，形成了明显的区别，也显示出了民主管理制度的巨大进步。

具体来讲，各地农村制定的村规民约，对于村民和村干部自我约束、自我教育、自我管理，发挥着良好的作用，有效地提高了村民素质，加强了社会治安综合治理，有力促进了村庄的和谐稳定。村民会议依法制定的村民自治章程，内容十分广泛，基本包括了村民自治和村务管理的各个方面，有的还在此基础上加上了社会福利、社会保障、农业科技教育、国防教育、法律知识教育、廉政工作等方面的内容，成了目前村民自治组织中层次最高、结构最完善的规章，被村民亲切地称为"小宪法"。

**（六）民主监督制度建设** 民主监督是"四个民主"的保证。村民委员的廉洁性，村庄政务、财务的公开性，决策的公平性，都需要来自村民的积极监督和村民委员会自觉接受群众监督。

民主监督的主要内容包括监督重大事务、村干部行为、村委会工作等。实现民主监督的形式主要有：村务公开、村委会报告工作制度和民主评议制度。民主监督的主要形式就是村务公开，重点是财务公开，财务公开也是群众最关心的问题。

经过多年的实践积累，各地已经形成了多种多样的村务公开方式。有的通过广播、有的通过电视、有的通过设立村务公开宣传栏，有的村庄还确定了村务公开日。村委会报告工作制度要求村干部和村委会要定期向村民会议和村民代表会议汇报工作，听取意见，接受监督。此外，通过定期召开村民评议会议，本着务必友善、客观公正的原则，对村民委员会成员的"德、能、勤、绩"进行考评，评定等级，并向全部村民公布，逐步建立起了民主评议制度。借此以及相应办法，把大多数村民不满的事项坚决予以纠正，对不称职的干部及时进行查处。实践表明，村务公开的实现途径不仅已经多样化，整个民主监督制度也在不断制度化、规范化的过程中。这同样归功于中国共产党领导下人民群众旺盛的制度创新力。

实践证明，只有从民主选举、民主决策、民主管理、民主监督等方面完善村民自治制度，村

民自治制度才会更快地走向民主化，成为更加名副其实的乡村民主政治制度。

## 四、村民自治制度的外部环境

同任何其他制度一样，村民自治制度的不断完善，离不开外部环境的优化。从实践经验来看，更好地推行村民自治，需要协调处理好村民委员会与村党支部、乡镇政府，以及行政事务与经济职能之间的关系（也就是村民委员会与村集体经济组织之间的关系问题）等。

**（一）协调村委会与党支部的关系** 作为最基层的党组织，村党支部主要负责对村庄和村委会的政治领导、思想领导和重大问题决策上的领导。《村民委员会组织法》只是规定“村民委员会负责办理本村的公共事务和公益事业”，并没有对党支部和村委会在具体事务上的职权分工做出明确的规定。于是现实中就出现了两种情况，一种情况是，较为健全、有权威的党支部，对农村重大事务不是建议而是直接做出决定，村民委员会失去实权，甚至形同虚设。另一种情况是，村委会不接受党支部的领导，党对农村工作的领导无法实现。

针对这些情况，各地村民一直在寻找协调村委会和党支部关系的方案。形成的基本思路是，党支部负责方向性大事，具体事务由村委会管理；同时加强村党组织建设，增强凝聚力。

**（二）理顺与乡镇政府的关系** 现实中存在两种值得注意的情况，一是乡镇政府过度控制村委会，把指导关系变成了领导关系，村民委员会的自治性受到了影响；另一种情况是，一些地方为了提高“工作效率”和“执行效果”，要求村委会完全听命于乡镇政府，就转而将村委会变成了直接由乡镇政府任命罢免的“准政权”。无疑，这两种情况都违背了村委会自治组织的初衷，不利于乡村民主化的良性演进。

在“乡政村治”的基本格局下，不少地方正在从村民委员会的自治性质和乡镇政府对村民委员会的指导关系两方面，理顺二者之间的关系；同时，还要通过法律建设等手段，防止乡镇政府的侵权行为，以及村委会不协助乡镇政府完成国家任务的做法。

**（三）逐渐理顺村委会与集体经济组织的关系** 《村民委员会组织法》规定：村民委员会应当尊重集体经济组织依法独立进行经济活动的自主权。但是在现实中，有的地方没有建立集体经济组织，由村委会代行职权；有的地方只有村办企业公司，集体经济组织（村合作联社）和村委会虚置；有的地方村委会和村集体经济组织是一套人马，两个牌子，实际上由村委会兼管；有的地方虽然设立了集体经济组织，但制度体系不健全，没能发挥应有的作用。针对这种情况，结合我国市场经济的不断推进，以及整个行政管理体制从管理型向服务型转变的大趋势，在农村实行“村企分开”势在必行。这既有利于村集体经济组织的自主发展，也有利于村民自治组织集中精力完善自身的民主化，致力于搞好农村公共事务和公益事业。当然，在一些“村企合一”具有明显优势的地方，应因地制宜，逐渐走向“村企分开”，而不能搞“一刀切”。

理论和实践都表明，只有从各方面完善村民自治制度的外部环境，才会形成推动内部制度创新的强大推动力，才会增强形成外部环境优化与内部民主制度创新协调演进的良性格局。

## 第四节　强农惠农政策和乡村政治制度创新

随着我国进入工业化中期阶段,农业养育工业的政策也由此转变为工业反哺农业的政策。其中,农村税费改革的实施成为这一政策转变的重要标志之一,也成为乡村组织机构改革的内在动力,乡村民主化在强农惠农的良好政策环境下稳步推进。中共十七大报告更强调指出,“人民依法直接行使民主权利,管理基层公共事务和公益事业,实行自我管理、自我服务、自我教育、自我监督,对干部实行民主监督,是人民当家做主最有效、最广泛的途径,必须作为发展社会主义民主政治的基础性工程重点推进。”而实现的途径就是要健全“党组织领导的充满活力的基层群众自治机制”。这意味着,包括乡镇政治制度和村民自治在内的乡村政治制度,已经被看成人民民主制度的一个重要组成部分和重点建设部分。在中共十七大精神的指引下,乡村民主政治也迎来了进一步深化、发展的新时代,与乡村民主化紧密相关的各项制度、组织体系,在基层党组织建设、乡镇机构改革、村民自治的完善、农村和谐稳定局面的营造等方面,形成了许多新的经验和成果。

### 一、强化基层党组织建设

强化基层党组织建设是加强党对农村领导的关键,也是建设基层民主的重要保障。10个中央1号文件对此都非常重视,都以不同的形式强调加强党对乡村的领导。在农村税费改革后,乡镇政权(包括党组织)催粮交款之类的工作,已经不复存在,减少了可能发生的干群矛盾,但也进一步提出了乡镇政权从管理型向服务型转变的要求。在这样的新形势下,优化党组织和党的领导核心作用,就成了加快乡镇政权从管理型向服务型的转变,并提升乡镇政权的服务效率的关键环节。

在实践中,“三级联创”活动成了一个重要的载体,也得到了一次次肯定和强调。在2005年、2008年中央一号文件中,都明确提出,要通过“党的建设‘三级联创’活动,增强农村基层党组织的创造力、凝聚力和战斗力”和领导核心作用。“三级联创”是指创建“领导班子好、党员干部队伍好、工作机制好、小康建设业绩好、农民群众反映好”的村党组织、乡镇党委和县委。“三级联创”对农村基层党组织的建设,提出了更高、更全面、更有时代使命感的新要求,是行之有效的成功经验。各地已有的尝试,在2003年后得到了中央的高度认可。与此相关的党员推荐、群众推荐、党内选举乡村党组织领导班子的办法,也就是“两推一选”,也被当作是强化基层党组织的重要手段而加以推广。

### 二、乡镇改革的进一步深化

乡镇政治制度建设,始终影响和体现着乡村民主化程度,以及政治制度的经济绩效。2003年税费改革后,乡村两级财力严重不足,影响着农村公共物品的提供;建设社会主义新农村,又要求乡镇政权从管理型向服务型转变,并提供更多的公共物品。为此,乡镇改革从机构改革、财权实权配套两方面进一步深入。

**(一)乡镇机构改革**　2006年中央一号文件明确提出,乡镇改革要从精简机构和人员,以及“解决机构和人员臃肿的问题”两方面入手,实现职能转变,提高行政效率。2007年

中央一号文件，要求进一步加大试点范围，加大试点力度；2008 年中央一号文件，更明确地要求“深化乡镇机构改革”，“着力强化公共服务和社会管理”。从而指明了乡镇政府改革的方向。

遵照部署，各地不同程度进行了乡镇机构改革，有的继续沿用以前的机构和部门架构，适当地进行了人员缩减和分流。有的按行政和事业编制划分，只保留行政单位或者只保留事业单位。有的只对事业单位或者行政单位进行合并，新机构为财会服务中心、农业服务中心、计划生育服务中心、村建服务中心、文化广播服务中心等事业单位，以及几个行政办公室等。有的乡镇对职能相近的部门进行了大规模的合并和调整，行政和事业编制的部门数量分别保持在 4～8 个，部门总量维持在 10～20 个，行政部门同样统称为各种办公室，如党政综合办公室、经济发展办公室等；事业单位则一般称为中心，也有称为站、所的，如农业服务中心、财政所、畜牧站等。

改革带来了职能转变、行政效率提高、公共服务能力的增强等成效。

**(二)财权、事权配套改革** 针对分税制实施已久，税费改革后农村财力更加短缺，而农村公共物品和公共服务的供给力度却要求不断加大的现实，农村财权事权配套改革同样势在必行。

据统计，税费改革后，全国乡镇的债务保守估计在 2 000 亿～2 200 亿元，平均每个乡镇 400 万元左右。2003 年中央党建领导小组《加强党的执政能力》课题组调查的 20 个乡镇，绝大部分负债 1 000 万元左右，少的 800 万元，最多的达 8 000 万元。根据中央一号文件的统一部署，财权事权的配套改革，首先从清理乡村债务开始，促使乡镇和村级放下包袱，轻装前进。2006 年中央一号文件，提出要“选择部分县(市)开展化解乡村债务试点工作”。2007 年中央一号文件，进一步明确要求全面清理核实乡村债务，制止发生新债，积极探索化解债务的措施和办法；要求优先化解农村义务教育、基础设施建设和社会公益事业发展等方面的债务；要求妥善处理好历年农业税尾欠，该减免的要坚决减免，能豁免的应予以豁免；中央和省级财政还要为此安排一定奖励资金。2008 年中央一号文件，更进一步要求把试点范围扩大到省，通过分门别类、采用政府支持和市场协商等手段，争取在 3 年时间内完成乡村债务的清理化解工作。清理乡村债务工作已经全面铺开。

同时，乡镇财务状况已经相当恶化，不少乡镇出现工资发放困难，办公经费稀缺的现象；有的甚至出现了交不起电话费、买不起汽油而无法正常办公的状况。为了解决乡镇由来已久的财政困难，2007 年中央一号文件提出，“建立健全财力与事权相匹配的省以下财政管理体制，进一步完善财政转移支付制度，增强基层政府公共物品和公共服务的供给能力。”2008 年中央一号文件进一步重申了这一政策。各地逐步展开的事权、财权配套改革的基本思路是：①建立健全财力与事权相匹配的省以下财政管理体制。乡镇政府因为只向本地提供安全、公平的社会经济秩序，提供教育、卫生、社会保障等社会福利，就应该赋予与这些事权相匹配的财权，由乡镇政权自己决定所需的办公人员，减少不必要的人头费开支，不应发生的高昂招待费、小汽车费等；杜绝“上级请客，基层缴费”的现象；通过建立地方公共财政体制，增加乡镇政府增收节支的积极性。②加大财政转移支付的力度。不仅要加大中央财政的转移支付力度，更要加大省、市、县等地方财政的转移支付，健全制度，增加透明度，向贫困乡镇倾斜，逐渐缓解财政收入短缺与公共物品需求增加的矛盾。

## 三、村民自治的民主化改进

**(一)村级财政制度建设** 随着税费改革的推行,农村的财务状况恶化和公共物品需求增加的矛盾也日益显露出来。一是由于村庄积累了沉重的债务。2003 年中央党建领导小组《加强党的执政能力》课题组调查的 20 个乡镇,村级债务平均近 100 万元。二是村庄要开展公共服务,提供公共物品,如修建学校、投资农业基础设施等,缺乏资金来源。

针对这种情况,2003 年《国务院关于全面推进农村税费改革试点的意见》中,提出了清理村级债务问题,明确了盘活集体资产、债权债务抵消等办法;明确了"一事一议"筹资投劳制度,并将它作为农村基层民主政治建设的重要内容。以后的中央一号文件,如 2006 年、2008 年中央一号文件,都多次提出要加强"一事一议"筹资投劳制度建设,使农民能够更好地开展公益性设施建设。2008 年中央一号文件更提出"支持建立村级公益事业建设'一事一议'财政奖补制度试点",对成效好的地方给予一定的财政奖励和补助,从"不取不予"更进一步走向"不取有予"。在这样的政策支持下,村级财政制度建设正在从清理债务、拓宽财务收入来源两个方面不断推进,一些做法和经验正在不断探索、形成和积累。

**(二)加强农村干部队伍建设** 2003 年以后,推进农村民主化的一个重要做法就是通过各种途径,充实农村干部队伍,提高农村干部的素质,解决和减少农村社会矛盾,营造农村的和谐稳定。采取的措施主要如下。

自上而下的输入方式:通过到基层任职、挂职、蹲点、一对一帮扶甚至大学生村官等多种方式,向农村输送干部,并通过这个过程不断提升农村干部理解、贯彻党和国家各项政策、适应市场经济、带领农民致富的能力和素质。

村干部的激励方式:2007 年中央一号文件提出"积极探索从优秀村干部中考录乡镇公务员、选任乡镇领导干部的有效途径,关心村干部的工作和生活,合理提高村干部的待遇和保障水平。"从村干部中选拔乡镇干部的做法,已经形成了一个制度,使"泥腿子"也有了成为国家公务员的机会,这对广大农村干部产生了巨大的激励作用。

村干部的选拔范围也有了新的变化,就是"注重从农村知识青年、退伍军人、外出务工返乡农民、农村致富带头人中培养选拔村级组织骨干力量",从而为村干部队伍增添了新的血液,增强了村干部带动农户致富的能力。

**(三)村民自治制度的进一步完善** 受中央一号文件的指引,村民自治制度进一步完善。在民主选举方面,进一步完善了保障农民群众的推选权、直接提名权、投票权、罢免权的各项制度。完善村民民主决策、民主管理、民主监督制度,则以充分发挥农民群众在村级治理中的主体作用为目标,重点注重村务公开、财务公开和民主管理等制度的改善,形成更实用、有效的村民自治制度体系。

土地等一些群众关心的重大问题,也在严重影响村民自治制度的绩效。因为村民委员会的一项重要经济职能,就是土地的重新发包和农转非土地的出售。在房地产急剧升温的时代,由此可能引发的腐败现象、群众不满现象都会激增。为此,中央一号文件多次重申:"严格农村集体建设用地管理,严禁通过'以租代征'等方式提供建设用地。城镇居民不得到农村购买宅基地、农民住宅或'小产权房'。开展城镇建设用地增加与农村建设用地减少挂钩的试点,必须严格控制在国家批准的范围之内。依法规范农民宅基地整理工作。"当然,一些地区的农民,在村民自治的制度框架下,积极探索通过制度和机制创新,解决土地转让、征用过程中的寻租、侵

权行为。

## 第五节 乡村政治制度变革的内在机制

为了说明上述变革是怎样演进至今，为什么能够演进至今，以至于对社会经济发展产生越来越重要的影响，揭示变革的内在机制就是一项不可或缺的研究任务。这只能从对变革进行概括和定性开始。

从制度经济学的角度看，30 年的乡村政治制度变革主要是一场强制性制度变革，并在逐渐走向强制性制度变迁与诱致性制度变迁协调演进的协作性制度变迁。虽然 1980 年前起始的村民自治和乡镇政权的建立，都是群众自发创新的。但是对象毕竟是政治制度，如果中央不认可的话，这样的制度是不可能建立起来的、更不可能走向完善的。所以，必须由法律进行规范，宪法、村民委员会组织法相继出台，就是制度走向法制化的体现。相比较而言，制度的法律硬化花费的时间远远超过制度的创造，就是这场变革强制性的重要证明。值得注意的是，2003 年以后，村级政治制度的变革形成了由执行制度变迁与强制性制度变迁协调演进的协作性变革，既有村民参与又有国家的强制性安排，乡干部的直接选举也体现了这种趋势。这是一个强制性变迁减少“制度失败”，诱致性制度变迁减少外部性和搭便车的良性制度变迁趋势。可以这样概括，这场变革以诱致性变迁开始，强制性变迁得以长期贯彻，近期才走向强制性制度变迁与诱致性制度变迁协调的协作性变迁。

在长期的强制性制度变革中，要实现的目标中，国家的利益是第一位的，国家收益要大于地方政府的收益也大于人民的利益。而国家的主要目标，主要就是追求国家工业化的农业剩余。改革开放前，农业剩余达到了 8 000 多亿元，甚至和喜马拉雅山一样高，占整个工业固定投资的 1/3。改革开放后，在更大规模的新一轮国家工业化浪潮中，这种趋势一直延续至 2003 年，8 000 多亿元的农业剩余数量在 20 世纪 90 年代就被刷新，源源不断的农业剩余以至于高速经济增长始终相伴。地方、乡镇政府的租金是第二目标。为了保证国家目标的顺利实现，国家甚至创造了财政分灶吃饭制度，以保证地方和乡镇无法截流中央收益，不足以伤害国家利益。而农民的利益更是其次的目标，只有在农业剩余的产生受到严重影响时，才会制约国家目标的实现。很显然，这样的目标次序，即国家目标大于地方目标，地方和乡镇目标大于农民目标的状况，是与制度博弈格局中各行为主体的实力大小高度一致的，足够强大的国家自然将国家目标置于首要地位。因此，目标约束下产生的政治制度，就直接导致了预期的经济绩效。而经济绩效—农业剩余的不断增加，又反过来诠释着制度设计的有效性。正如历史所证明的那样，在大多数时间、地点，制度在自觉地完成着国家交给的任务，在有效地履行着自己被赋予的使命。

但是，强制性制度设计和供给中一直存在问题，还是对经济绩效产生了足够的不良影响。20 世纪 90 年代，农民负担问题就是代表。乡、村政治制度具有保护和实现农民利益的内在设计，所以当过多的农民收益变成了农民负担时，农民以及某些农民自己的组织就会自然而然地出现在“上访”的队伍中。但上访的结果往往是无功而返。乡镇一般不会参与“上访”，但是乡镇会积极通过手中权力追加农民负担，因为国家不允许截流税收，又不支付乡镇工作人员报酬，增加农民负担就成了乡镇存活下去的惟一手段。而当收费困难导致征收人员增加，人员增加又加大了负担，乡镇政府就成了这个恶性循环的核心。看起来农民负担屡禁不减的原因在于乡镇，实际上原因在于国家工业化背景下、强制供给的乡村政治制度设计本身。只要这是一个追求农业剩余的强制性制度安排，农民负担问题就不会根本解决，乡镇地方政府"借题发挥"的现象也只能是屡禁不止。因为每一个制度格局中人，都要实现自身的收益最大化；而在国家掌控的变革中，乡镇地方政府和农民的利益，只能被忽视。强制性的制度变革，注定不是一个帕雷托最优或者帕雷托改进的变革，其他参与者追求自身利益最大化的冲动，也注定不会终止。

与此相对照，倒是2003年以后的乡村政治制度变革，提供了一条帕雷托改进之路：中央政府不再为了自己的目标拷问、变革乡村政治制度，乡镇政治也不再以"催粮交款"为己任，整个乡村政治只有实现从工业化目标向农民增收政策的战略转变，才能从根本上解决农村制度供求矛盾问题；才能使乡镇政权、村民自治真正为老百姓服务。

这其实证明了强制性制度变迁与诱致性制度变迁协调演进的协作性制度变迁，国家目标、地方目标、农民目标兼顾的共赢式制度变迁，应当是农村政治制度变革的理想路径。忽视其他目标，并在强制性制度变迁阶段停留太久，是30年乡村政治制度的缺憾所在，也可能是一些问题累积、坐大的渊源。

## 第六节 乡村政治制度变革的成就与存在的问题

30年的乡村政治制度变革，建立健全了一系列新制度，积累了丰富的经验，取得了世人瞩目的成就，但也存在一些亟待解决的问题。这里仅做粗线条的归纳。

### 一、主要成就

30年乡村民主化改革的成就，不仅仅是改革了乡村组织制度，而更重要的是民主制度体系的形成、民主观念的锻炼，以及这种变化对经济社会发展的重大而有深远的影响。

成就之一是，锻炼了民主观念。在人民公社废除之后，在从计划经济向市场经济过渡的过程中，在我国通过一系列改革实现经济一次次跨越式增长的伟大实践中，人民群众的民主意识的建立和不断增强，不仅成了我国人民当家做主的政治制度的基础和表现，成了一系列新的政治制度创新完善的源泉，也是一系列经济改革走向成功的根本保障。很明显，如果没有人民群众日益增强的民主意识，就很难填补高度集权的人民公社体制废除后形成的意识形态真空，就很难抵制封建落后思想观念和西方腐朽思想的泛滥，就很难形成农村人群新的、健康向上、有利于经济发展社会稳定的精神风貌。当然，经济制度和政治制度的创造也就成了无本之木、无源之水。

成就之二是，形成了较为完整有效的乡、村政治制度体系。如前所述，乡、村两级的民主政治制度从内容到形式，通过各个阶段的不断推进，形成了较为完整有效的制度体系，并处在不断优化和改进的过程之中。乡镇政治制度从压力型（行政命令型）向管理型、服务型的转变，从乡镇人大制度、选民直选等方面进行的民主化改进，不断提升着工作和服务效率，对于农村的发展稳定、和谐繁荣发挥着越来越重要的作用。村庄民主制度演进，成效更为显著，不仅建起了以民主选举、民主决策、民主管理、民主监督为内核的村民自治制度体系，还在村民自治的方

式、内容、具体规则、实施程序、外部环境等方面，不断得到充实完善提高，同时农村党组织的建设、财政管理制度的改革也在逐渐铺开。村民自治制度已经成了农村社会经济发展、和谐稳定的重要法宝。

成就之三是，乡村的政治民主还带动了经济民主化，形成了政治民主和经济民主良性互动的格局。乡镇企业早期借用的公有产权制度、后来的股份合作制改造，以及最后向现代股份制企业转型等一系列制度变革；专业合作社的迅速发展，内部合作制、股份合作制等制度的不断创新；农业产业化经营从公司＋农户向公司＋合作社＋农户模式演进，进而进展到合作社＋农户的模式；民间资金互助组织、乡镇银行等民间金融组织的设立和发展；农户、农民经纪人、农业企业等市场主体的不断出现，农村各种市场组织和市场体系的建立健全；土地股份合作制、四荒地拍卖、“生不增死不减”等土地流转制度的尝试等，都来自农民群众的自发制度创造力，当然也来自于村民自治制度形成的制度创新平台和制度创新环境。同时，经济制度的演进，又通过经济发展，形成了政治制度进一步创新的新需求。30 年来的乡村政治制度和经济制度，正是在良性互动中，协调演进，互相推进的。

为了揭示农村经济制度对政治制度的需求，这里简单分析一下农业产业化经营中村民自治制度的作用。

根据作者 2000 年对山东省烟台市的调查，农业产业化中最突出的问题是利益纠纷。在价格相差较大时，被访问农户选择会违约的占 45％，只要价格有差别就会违约的也占 45％，有 4～5 家企业因为群众性的毁约蒙受了较大的损失，1 家企业因此倒闭。另一方面，企业也会以各种理由拒绝农户和合作社分享利润，最平常的理由就是资金周转不灵，最常见的手段就是拖欠。40％的农户认为企业存在短期亏损时，就会拖欠。15％的农户认为企业不管是短期还是长期亏损都会拖欠利润。

当地减少违约的做法之一就是合作社加入农业产业化。这样，虽然可以减少违约现象发生的概率和严重程度，但仅靠合作社监督相对强势的公司明显不够。农户一致认为村委会是一个重要的桥梁和中介。村委会不会干预合作社、农户与公司的具体业务和合同，但会“公正处理”公司与农户之间的矛盾。在与公司发生利益纠纷时，60％的农户首先选择找村委会解决。结果在合作社参与的产业化经营中，因为有了村委会的调解，纠纷发生的概率下降了 40％，严重程度也大大减小。这充分说明了有效的政治制度对经济制度的完善，起着不可或缺的作用。

政治民主对经济制度创新的刺激，经济制度创新中政治制度的作用，综合起来展示了农村政治民主和经济民主良性互动的态势。这种良性互动，也显示了村民自治制度在改善民生、化解社会矛盾、营造农村和谐稳定等方面的制度绩效。

成就之四，更具理论意义的是，形成了村庄民主与国家民主对接、互补、协调演进的制度创新格局。循着“政党下乡”、“政权下乡”的轨迹，村民自发创造的村民自治制度及在基础上形成的乡镇政治制度民主化，在得到国家认可并加以法律制度化规范后，在全国范围内推行改进。这样的制度演进路径，就不仅是一个“民主下乡”(黄辉祥，2007)的单向行程，更是一个诱致性的制度变迁与强制性的制度变迁互动、协调的良性过程。一旦形成了这样的制度变迁路径，诱致性制度变迁的供给不足和强制性制度变迁的“制度失败”，都有了大大化解的可能，制度的供求格局就会从一个个帕雷托改进，逐渐走向佩雷托最优的理想状态。实践也证明，从村民自治制度的诞生、撤社建乡时代开始，乡村民主政治制度的每一步创新，都是一个个正向改善部分人群收益的佩雷托改进过程。到今天，不仅带来了难以估量的制度收益，带来了村民自治为基础、“乡政村治”为格局的乡村政治制度格局，还带来了诱致性制度变迁与强制性制度变迁互动、协调的良性制度变迁路径。这对于未来农村社会经济的发展、进一步的政治经济制度创新，都是非常宝贵的巨大财富。

## 二、问题与对策

虽然取得了辉煌的成就，但是乡村民主化的任务并没有完成，问题依然存在。在乡镇层面，人大的监督作用发挥有限，机构臃肿冗员较多的现象依然存在，而财政困难在日益加剧，急需从机构改革和财政制度建设两方面，展开进一步改革；还需进一步通过各种有效途径，提升乡镇管理人员的素质，使乡镇政权成为真正公正廉洁、勤政爱民、服务高效的一级政府。适应真正实现职能的转变，从而为农村经济发展、和谐稳定更多更好地提供公共服务的制度创新需求，全方位的乡镇制度变革值得期待（钟涨宝、高师，2007；郑凤田、李明，2006；刘涛、王震，2007）。

在村庄层面，村民自治还不等于村庄民主，还明显存在着民主选举规范化程度不高、民主决策普及程度不高、民主管理的民主程度不够、民主监督制度不民主不完善等不足，与村党组织以及各方面的关系还需要进一步理顺。一些地方出现的村民自治形式化、异化甚至成为村庄冲突来源的现象，尤其要给予足够的关注（刘义强，2006；陶传进，2007；党国英，2006）。同时，在建设新农村背景下，农村公共物品需求不断增加与村庄的供给能力不足之间的矛盾日趋严重，挑战着村民自治制度的效率（项继权，2006；黄辉祥、汤玉权，2007）。要使村民自治成为真正高效的村庄民主制度，杜绝贿选、独断、不公正、不公开、危害村民等现象，增强公共物品的供给能力，村民自治制度还有许多需要完善之处。

解决上述问题，需要从乡级、村级的制度创新和乡村治理关系的理顺，以及包括财政管理体制改革在内的农村综合改革等方面，努力进行制度改善：

乡级制度创新应当本着因事设岗、因职能设立机构的原则，进一步实现自身机构和人员的精简优化；进一步完善乡镇人大制度建设，充分发挥乡镇人大对地方事务的决策、监督作用，适当增强乡镇治理的自治性；开展民主评议和乡镇政府领导干部直选制度等试验；转变政府职能，保障农村公共物品需求的实现。

村级制度的创新应当本着充分发挥村民民主这一根本理念，从不断激发基层民众旺盛的自发创造力出发，完善各种村民表达意愿的渠道，不断拓宽他们参与民主选举、民主管理、民主决策和民主监督的手段、方式和途径，借此广泛积累经验，改善村民自治的制度体系；同时，通过自上而下和自下而上相结合的不懈创新，不断改善村民自治的制度规范、程序、运作措施等，从制度和技术上保证村民自治的不断完善，防止相关的异化、形式化和矛盾冲突，形成全体村民一致行动的良性制度变革路径；通过吸纳新鲜血液、增强远程教育等村干部教育的力度和效果等多样化手段，提高乡村干部的素质；通过村党支书兼任村主任等试验，理顺村级两委的关系，使村级组织具备强大的向心力，成为能够并善于服务村民的高效的战斗堡垒。

乡村治理关系的理顺方面，要在“乡政村治”的基本格局下，适度、适时、择地展开强村弱乡虚县、强乡弱村、乡镇自治、乡治村政社等（蔺雪春，2006）多种方案的县乡村治理制度实验，寻找与各地农村异质性相适应的不同的乡村治理模式，在理顺乡村关系的同时，增强基层政权提

供公共物品、服务“三农”的实效。

在乡村财政管理制等方面的改革，任务仍较艰巨。一是因为分税制改革相沿已久，已经形成的中央地方“分灶吃饭”的制度惯性一时难以打破；二是因为税费改革之后，乡村财政的赤字缺口巨大，乡村债务还整体呈上升趋势，难以填平，仅靠化解债务一途明显力有所不逮；三是村级不仅面临债务压力，更难以化解财政收入来源缺乏与农村公共物品需求不断增加的矛盾，提供公共服务的能力严重受限。针对这些问题，除了继续深化农村综合改革，改革乡村财政管理制度，使乡村两级的财权和事权保持一致外，更重要的是，应当从全局着手改革，使公共财政真正覆盖全部农村：既要通过制度改革和政策措施，逐步加强中央和地方各级财政对乡村两级的转移支付，使他们都拥有提供公共物品的相应实力；更要在财政奖补制度的基础上，通过增强对村级的公共财政转移支付，通过建立民主、科学、有效的公共财政申报、使用、监督等制度，增强村级组织的公共物品供给意愿和供给能力；在村庄经营收入的基础上，探索扩大村级财务收入来源的渠道；通过村务公开等管理、监督制度的建立健全，“一事一议”等制度的不断改善，减少由此引发的矛盾和阻力，提高村庄提供公共物品服务的效率。

展望未来，按照中共十七大提出的“扩大民主范围，健全民主制度”和健全“党组织领导的充满活力的基层群众自治机制”的要求，充分发挥农民人民群众旺盛的自发制度创新能力，不断完善民主选举、民主决策、民主管理、民主监督为内涵的乡村民主制度，以多样化的形式理顺各种关系，日趋完善、渐臻有效的乡村民主制度建设目标一定会实现。也有充分理由相信，日益完善的乡村民主政治制度在建设新农村、发展现代农业和增加农民收入的伟大事业中，必将发挥更大的作用。

## 参考文献


[1] 白钢，赵寿星．选举与治理．北京：中国社会科学出版社，2001.

[2] 党国英．论村民自治与社区管理，农业经济问题，2006(2).

[3] 黄辉祥，汤玉权．村级财政变迁与村民自治发展：困境与出路．东南学术，2007(4).

[4] 黄辉祥．“民主下乡”：国家对乡村社会的再整合——村民自治制度生成的历史与制度背景考察．华中师范大学学报，2007(9).

[5] 蔺雪春．当代中国村民自治以来的乡村治理模式研究综述．北京：中国农村观察，2006(1).

[6] 刘斌，张兆刚，霍功．中国三农问题报告．中国发展出版社，2004.

[7] 刘涛，王震．中国乡村治理中国家—社会的研究路径——新时期国家介入乡村治理的必要性分析．中国农村观察，2007(5).

[8] 刘义强．民主巩固视角下的村民自治：基于中国村民自治现状抽样调查的分析．东南学术，2007(4).

[9] 马戎，刘世定，邱泽奇．中国乡镇组织变迁研究．北京：华夏出版社，2000.

[10] 农业部农村经济研究中心当代农业史研究室．当代中国农业变革与发展研究，1998.

[11] 孙柏瑛．当代地方治理：面向21世纪的挑战．北京：中国人民大学出版社，2004.

[12] 陶传进．草根支援组织与村民自治困境的破解：从村庄和会的双层结构看问题．

社会学研究,2007(5).

[13] 项继权."后税改时代"的村务公开与民主管理——对湖北及若干省市的调查分析.中国农村观察,2006(2).

[14] 徐勇.乡村治理与中国政治.北京:中国社会科学出版社,2003.

[15] 徐勇.治理转型与竞争——合作主义.开放时代,2001(7).

[16] 徐勇.中国农村村民自治.武汉:华中师范大学出版社,1998.

[17] 于建嵘.岳村政治——转型期中国乡村政治结构的变迁.北京:商务印书馆,2001.

[18] 张静.基础政权——乡村制度诸问题.杭州:浙江人民出版社,2000.

[19] 郑凤田,李明.新农村建设视角下中国基层县乡村治理结构.中国人民大学学报,2006(5).

[20] 钟涨宝,高师.后税改时代的乡村治理改革.农业经济,2007(11).

[21] 朱朝枝,张彩珍,林克显.农村基层组织建设.北京:中国农业出版社,2007.

(作者:冯开文 中国农业大学教授、农经系主任)

# 第十四章　农业法制建设

2009年是新中国成立60周年，也是我国农村改革发展与法制建设60周年纪念之年。

本章就农业法制建设历程，重要法律法规对农村改革、稳定、发展的法律支撑，农业法制建设的成就与特点，农业法制建设的基本经验，农业法制建设面临的形势和任务等5个部分，进行理论与实践研究，谨以此献给新中国建立60周年！

## 第一节　农业法制建设历程

### 一、我国农业法制建设60年，可划分为两个历史时期

第一时期：自新中国成立至1978年底中国共产党十一届三中全会决定实施农村改革的29年。这个阶段，农业经济虽然有过20世纪50年代里若干年的较快恢复与发展，但总体上说，这个阶段农业经济的发展是缓慢的，主要农产品短缺的问题一直得不到解决，农民收入很低，生活困难，主要是"左"的思想泛滥，搞"穷过渡"，吃"大锅饭"、实行平均主义；运动不断、整得人人自危，严重损害了农民的民主权利和经济利益，致使农民生产没有积极性。相应地，在这个时期，除了颁布实施《中华人民共和国土地改革法》《农村粮食统购统销暂行办法》《农业生产合作社示范章程》《高级农业合作社示范章程》《中华人民共和国农业税条例》《一九五六年到一九六七年全国农业发展的纲要》等屈指可数的法律、法规以外，29年内基本没有出台农业的法律和法规。这个时期，指导农业生产主要靠党和政府的一系列政策，行政计划主宰农村经济、人治占据着主导地位。

第二时期：从土地家庭联产承包的土地产权制度改革开始的农村改革31年。这一阶段从1978年党的十一届三中全会到党的十七届三中全会后，建立具有中国特色的农村以家庭承包经营为基础的农村基本经营制度与经营方式，取得了举世瞩目的农村改革辉煌业绩，开创了我国历史上空前的、划时代的"农业盛世"。31年的农村改革发展引领广大农村朝着具有中国特色的社会主义新农村大步前进，在农业法制建设方面初步形成以《中华人民共和国宪法》(以下简称《宪法》)为统帅，《农业法》等基本法为主干，以农业行政法规和地方性法规等为补充的农业、农村法律体系。

### 二、改革开放以来，我国农业法制建设经历了三个阶段

**(一)恢复重建阶段(1978—1985年)**　受"文化大革命"破坏，我国农业法制建设曾长期处于停滞状态。1978年，党的十一届三中全会做出了把工作重心转移到社会主义现代化建设上来的重大决策，决定实行改革开放，提出要加强法制建设，依靠法制来治理国家。在发展社会主义民主、健全社会主义法制的基本方针指引下，我国农业法制建设重新起步。自1979年起，国务院先后发布或批准发布了《水产资源繁殖保护条例》《兽药管理暂行条例》《植物检疫条例》

《渔船作业避让暂行条例》《家畜家禽防疫条例》等法规；当时的国家水产总局、农牧渔业部等部委也发布了一些法规性质的规范性文件，如《渔业许可证若干问题的暂行规定》《渔政管理工作暂行条例》《公社畜牧兽医工作站管理试行条例》《全国农作物品种审定暂行条例》《新兽药管理暂行办法》等。随着上述法规和规范性文件的颁布实施，农业执法工作开始受到各级农业部门的重视，农业与农村经济的一些领域初步进入了依法治理的轨道。但从总体上看，这一时期的农业立法层次普遍不高，内容仅限于少数领域，法规数量也很少；农业执法领域还很窄，农业执法水平比较低，农业部门的执法主体地位也未真正确立；国家对农业和农村经济的管理基本上还是以政策为主。从党的十一届三中全会通过的《中共中央关于加快农业发展若干问题的决定》开始，党和国家出台了一系列有关农业的政策，如稳定和逐步完善以家庭联产承包为主的生产责任制和统分结合的双层经营体制、改革农产品统派购制度、鼓励和支持发展水产业、乡镇企业等，有力地推动了农业和农村经济体制改革，加快了农业和农村经济的发展。

**（二）快速发展阶段（1985—2002年）** 随着改革开放的不断深入，运用法律手段来保障和促进农业与农村经济的发展日益受到党和国家的重视，农业法制建设进入快速发展时期。1985年6月28日，全国人大常委会颁布了《中华人民共和国草原法》（以下简称《草原法》），由此农业立法正式纳入国家立法的日程，在此后的短短十几年里，全国人大常委会、国务院相继制定发布了20多部农业法制法规，包括具有农业领域基本法性质的《中华人民共和国农业法》（以下简称《农业法》），以及农业资源和环境保护、农业科技进步与应用、农业生产资料管理、农业生产经营主体、农民权益保护、农业灾害防范和生产安全等方面的法律法规，如《农业技术推广法》《渔业法》《野生动物保护法》《种子法》《农民承担费用和劳务管理条例》《农药管理条例》《基本农田保护条例》《农业转基因生物安全管理条例》等。随着法律制度的建立和完善，农业执法也得到加强，执法领域不断拓宽，建立了涉及种植业、畜牧兽医、渔业、农机、乡镇企业、饲料六大行业，涵盖种子、农药、兽药、肥料、饲料、植物检疫、草原监理、渔政渔港监督、渔船检验、植物新品种保护、农业转基因生物安全、农机监理等20多个领域的农业行政执法体系。为了解决执法力量分散、执法水平偏低等问题，农业部还从1999年开始在农业系统组织开展了以相对集中行政处罚权为内容的农业综合执法试点工作，探索改革农业执法体制。此外，随着《行政复议法》的颁布，农业行政复议工作也开始在探索中起步。

**（三）全面深化阶段（2002年至今）** 进入21世纪后，我国农业和农村经济发展进入了新阶段，由过去主要追求产量增长转到保持总量平衡的基础上，更加突出质量和效益，更加注重全面发展，这对农业法制建设提出了新的要求。2002年，党的十六大提出了全面建设小康社会的奋斗目标，并把社会主义民主更加完善、社会主义法制更加完备、依法治国基本方略得到全面落实，作为全面建设小康社会的目标之一，提出到2010年要形成有中国特色的社会主义法律体系。适应新形势的要求，进一步健全农业法制体系，提高农业立法质量和农业执法水平，全面推进农业依法行政，成为新时期农业法制建设的重要任务。农业法律建设进入了一个新的发展阶段：在立法方面，制定、修订了《农业法》《农村土地承包法》《畜牧法》《农产品质量安全法》《农民专业合作社法》《动物防疫法》《重大动物疫情应急条例》等法律、行政法规，农业法律体系不断完善。截至2008年7月，全国人大常委会制定农业法律14部，国务院制定农业行政法规22件，农业部制定规章148件，基本涵盖了农业各个领域，农业法律体系框架基本形成。在不断完善农业法律体系的同时，农业立法也更加公开、透明，质量明显提高。在执法方面，农业执法体制改革初见成效，农业综合执法在全国绝大部分省、自治区、直辖市推开，初步

形成了上下贯通、运行有效的农业综合执法体系；农业执法力度不断加强，各级农业部门每年都查处大量违法案件，农业执法地位和形象明显提高。在执法监督方面，农业执法规范化建设取得明显进展，农业部修订了《农业行政处罚程序规定》，进一步规范了执法程序，并组织各级农业部门开展了梳理执法依据、分解执法职权、确定执法职责等工作，建立了农业行政执法责任制。此外，农业行政复议工作也得到稳步推进，各级农业部门积极探索通过行政复议、调解、和解等方式化解了大量行政复议。

## 第二节　重要法律法规对农村改革、稳定、发展的法律支撑

### 一、国家根本大法《宪法》是对“三农”最高法律效力、最具权威的法律支撑

《宪法》将农村改革中保护和发展农民权益、调动农民生产积极性、促进农村生产力发展的基本经验，以最高法律效力的法律条文予以固定下来，以此修正《宪法》。

重要修正之一：1993 年第 8 届全国人大《宪法》修正案，将 1982 年《宪法》的第 8 条集体经济条文的“人民公社”等各种形式合作经济，修正成为“农村中的家庭联产承包为主的责任制”和各种形式的合作经济。1999 年第 9 届全国人大《宪法》修正案，又将《宪法》第 8 条第 1 款的“农村中的家庭联产承包为主的责任制”修改为“农村集体经济组织实行家庭承包经营为基础、统分结合的双层经营体制”。即宏观改革拨乱反正归还农民集体土地所有权的使用权，废除了左的束缚农业生产力的“人民公社”的经济组织形式，确立了以家庭承包经营为基础的双层“经营体制”。

重要修正之二：2004 年 3 月第 10 届全国人大《宪法》修正案，将 1982 年、1988 年、1993 年、1999 年《宪法》的第 10 条土地制度条文的国家为了公共利益的需要，“可以依照法律规定对土地实行征用”修正为“可以依照法律规定对土地实行征收或者征用并给予补偿”，增加了征收或者并给予补偿等 9 个字。这 9 个字价值连城。即农村改革土地产权制度，拨乱反正、正本清源地对农民被征地首先区分征用（改变土地使用权）与征收（改变所有权），防止政府公权功能的滥用。其次也是更重要的是对被征土地的无偿剥夺改为有偿补偿，即对原所有权与使用权人的补偿，以法律形式承认了农民集体土地财产权，承认了农民土地的资源性资产，从法律层面平衡了公共利益需要对土地所有权人权利限制的“公共权力”与对土地所有权人以补偿的“私权力”的关系，将农民土地权益落实到根本大法上进行保护。

《宪法》修正案中对农民集体经营权益与土地财产权益以法定的体制机制进行保障，并为改革深化创制相关的保护和发展农民权益的政策法律法规以及完善农村法律体系提供了立法的法理，以及修改与创制法律的法律依据。

### 二、民事基本法律《物权法》对保护农村集体与农民财产权益的法律支撑

《物权法》调整因物的归属和利用而产生的民事关系，包括明确国家、集体、私人和其他权利人的物权以及对物权的保护。

《物权法》是民法的重要组成部分，是在中国特色法律体系框架中起“支架”作用的不可或缺的重要法律，其中涉及农村集体与农民财产关系的物权及其权益保护问题是中国特色农村

法律体系框架中起支架作用的重要法律。

规范财产关系的民事基本法律——《物权法》中对农村集体、农民财产关系的物权及其权益保护的规定主要有如下几个问题：

第一，关于农村集体所有的不动产、动产范围与处置程序问题。特别规定，农民集体所有的不动产和动产属于"本集体成员集体所有"。城镇集体所有的不动产和动产，依照法律、行政法规的规定由本集体享有占有、使用、收益和处分的权利。集体经济组织或者村民委员会、村民小组应当依照法律、行政法规以及章程、村规民约向本集体成员公布集体财产的状况。集体所有的财产受法律保护，禁止任何单位和个人侵占、哄抢、私分、破坏。

集体经济组织、村民委员会或者其负责人做出的决定侵害集体成员合法权益的，受侵害的集体成员可以请求人民法院予以撤销。

《物权法》还规定：集体依法可以出资设立有限责任公司、股份有限公司或者其他企业。集体所有的不动产或者动产，投到企业的，由出资人按照约定或者出资比例享有资产收益、重大决策以及选择经营管理者等权利并履行义务。企业法人对其不动产和动产依照法律、行政法规以及章程享有占有、使用、收益和处分的权利。企业法人以外的法人，对其不动产和动产的权利，适用有关法律、行政法规以及章程的规定。

第二，关于农村土地承包经营权、宅基地使用权与转让、抵押问题 。

土地承包经营权：

《物权法》明确规定：农村集体经济组织实行家庭承包经营为基础、统分结合的双层经营体制。农民集体所有和国家所有由农民集体使用的耕地、林地、草地以及其他用于农业的土地，依法实行土地承包经营制度。承包人有权将土地承包经营权采取转包、互换、转让等方式流转。流转的期限不得超过承包期的剩余期限。未经依法批准，不得将承包地用于非农建设。承包地被征收的，土地承包经营权人有权依照物权法第 42 条第 2 款的规定获得相应补偿。通过招标、拍卖、公开协商等方式承包荒地等农村土地，依照农村土地承包法等法律和国务院的有关规定，其土地承包经营权可以转让、入股、抵押或者以其他方式流转。

土地承包权、宅基地使用权不得转让、抵押的规定与原因：

《物权法》没有放开土地承包权、宅基地使用权的转让与抵押权。对此《草案说明》是这样解释的：考虑到目前我国农村社会保障体系尚未全面建立，土地承包权和宅基地使用权是安身立命之本，从全国范围看，现在放开转让抵押的条件不成熟，为了维护现行的法律和国家有关农村土地政策，并为今后修改有关法律或者调整有关政策留有余地而这样决定的。2008 年《中共中央、国务院关于全面推进集体林权制度改革的意见》，对林地承包权和林木所有权做出了"可转包转让、出租、入股、抵押或做出资合作条件的规定"，已经在特定范围内调整修改了《物权法》的土地承包权不得转让、抵押的规定。

第三，关于农村耕地、征收农村集体土地与补偿问题。

耕地的特殊保护。我国的国情是人口多、耕地少，现在全国耕地保有量只有 18.3 亿亩，人均耕地只有 1.4 亩，是世界平均水平的 1/3。十届全国人大四次会议批准的"十一五"规划纲要确定，至 2010 年耕地保有量必须保持 18 亿亩，这是一项约束性指标，是不可逾越的底线。实行最严格的土地管理制度，特别是切实保护基本农田，是我国面临的一项十分紧迫而又艰巨的任务。《物权法》明确规定："国家对耕地实行特殊保护，严格限制农用地转为建设用地，控制建设用地总量。不得违反法律规定的权限和程序征收集体所有的土地。"

农村集体土地征收与补偿。依据宪法,《物权法》规定为了公共利益的需要,依照法律规定的权限和程序可以征收集体所有的土地和单位、个人的房屋及其他不动产。同时,《物权法》对征收补偿的原则和内容做了规定。

关于征收集体所有的土地补偿问题,物权法规定必须支付以下4项主要费用,即:①“土地补偿费”;②“安置补助费”;③“地上附着物和青苗的补偿费”等费用;④“并足额安排被征地农民的社会保障费用,保障被征地农民的生活,维护被征地农民的合法权益。”这一规定体现了党和国家关于征地补偿安置必须确保被征地农民原有生活水平不降低、长远生计有保障的原则。关于征收单位、个人的房屋及其他不动产的问题,《物权法》规定:“征收单位、个人的房屋及其不动产,应当给予拆迁补偿,维护被征收人的合法权益;征收个人住宅的,还应当保障被征收人的居住条件。”考虑到各地的发展很不平衡,具体的补偿标准和补偿办法,由土地管理法等有关法律依照物权法规定的补偿原则和补偿内容,根据不同情况作出规定。

针对现实生活中征收补偿不到位和侵占补偿费用的行为,《物权法》明确规定:“任何单位和个人不得贪污、挪用、私分、截留、拖欠征收补偿费等费用。”违反规定的,要依法承担法律责任。

### 三、农业基本法律《农业法》及《土地管理法》《土地承包法》等法律对包括保护和发展农民土地权益在内的农民和农业生产经营组织权益保护的法律支撑

农业基本法《农业法》以保护农民和农业生产经营组织的权益,促进农业经济、生态、社会协调发展,实现全面建设小康社会目标的立法基本原则与立法价值在对农业、农村法制建设具有引领指导作用的根本法律准则;农业、农村法律主体以及农村经营管理机关、司法机关、仲裁机关在农业、农村经济活动中必须严格遵守的法律准则并承担法律责任。

《农业法》就农业生产经营体制、农业生产、农产品流通与加工、粮食安全、农业投入与支持保护、农业科技与农业教育、农业资源与农业环境保护、农民权益保护、农村经济发展、执法监督与法律责任等11个部分做了法律规定。

“维护农民和农业生产经营组织的合法权益,增加农民收入”是《农业法》立法的重要目标之一。该法第9章农民权益保护不是以“概括式”而是以“列举式”的就行政收费、罚款、摊派、集资、征税、服务、购销以及诉讼权的具体行为做了规定,还是具有一定的立法价值和作用的。但从总体上说该法必须做重大修正,关于农民权益保护应由全国人大创制并作为国家的基本法立法。

《土地管理法》《土地承包法》对属于不动产的农村集体土地所有权、用益物权、经营权、流转物权和担保物权做了保护与发展农民土地权益的规定。《土地承包法》还对承包经营权流转以及争议做了明确规定。

农村土地法律体系建设的实践证明,农村土地产权制度改革在保护和发展农民土地权益方面的经验,为征地的土地补偿、安置补助、纠纷解决途径的多种选择,成为修正现行土地法律和创制新的法律规定的实践依据。

为了依法保护和发展土地权利人土地权益,现行法律不仅明确了民事法律责任,而且还加大了土地刑事责任的惩罚力度。我国《刑法》增加了“非法占用农用地罪”“非法批准征用占用土地罪”“非法转让、倒卖土地使用权罪”以及“非法低价出让国有土地使用权罪”等4类直接侵犯土地的犯罪所承担最高刑事责任为10年的有期徒刑,没有无期徒刑与死刑。这4类刑事罪

前3类适用农村农民集体土地，第四类限定为"国有"，没有将农民土地集体所有的"公有"列入，明显涉有保护的"不平等"之嫌。

**四、《村民委员会组织法》对村民民主自治的法律支撑**

村是农村的基础单元，村的"法治"与"自治"的民主法治独具中国特色。《村民委员会组织法》是依法保障村民实行自治，依法办理自己事情，发展基层民主，依法行使经济职能，为促进农村物质文明、精神文明、生产文明建设以及村民政治、经济、文化权益保护的法律总括。

## 第三节　农业法律建设的成就与特点

总体上看，我国农业法制建设的发展和进步主要体现在以下几个方面。

**一、农业法制建设理念转变**

改革开放初期，农业生产的主要任务是促进农业的总量增长，保障农产品的有效供给，体现在法制建设理念上，促进农业的总量增长，也即效率问题是当时农业立法关注的核心问题。到了20世纪90年代后期，我国农产品供给已实现了由过去长期短缺到总量基本平衡、丰年有余的历史性转变，农业发展也由过去主要追求产量增长到保持总量平衡的基础上，更加突出质量和效益，高产、优质、高效、生态、安全成为新时期农业发展的目标。农业和农村经济形势的发展变化，促使农业法制建设的理念从以效率为核心向可持续发展为核心转变，从主要追求农产品数量到数量与质量并重，更加注重安全转变：

第一，通过立法来引导、规范农业生产要素的最佳配置和合理使用，促进农业的可持续发展，成为新时期农业立法的指导思想，如修订后的《农业法》《草原法》《渔业法》《动物防疫法》及新制定的《农业机械化促进法》《畜牧法》《农民专业合作社法》《濒危野生动植物进出口管理条例》等法律、行政法规都明显体现了可持续发展的理念。

第二，保障农产品质量安全成为新时期农业法制建设的重中之重。2006年3月16日，全国人大常委会制定了《农产品质量安全法》，确立了农产品质量安全标准强制实施、农产品产地管理、农产品包装和标识管理、农产品监督检查、农产品质量安全风险分析、评估制度和信息发布制度、农产品质量安全责任追究等一系列重要法律制度，建立了权责明晰、运转协调、管理高效的农产品质量安全体系。农业部根据《农产品质量安全法》出台了《农产品包装和标识管理办法》《农产品产地管理办法》《农产品地理标志管理办法》等多部规章，进一步完善了农产品质量安全监管制度。为了加强农产品质量安全源头治理，2002年以来，农业部先后发布了《农药限制使用规定》《关于修订〈农药管理条例实施办法〉的决定》《农药登记资料规定》《农药标签和说明书管理办法》等7件农药规章和规范性文件，进一步规范了农药登记程序，提高了登记门槛。此外，自2000年起，农业部还会同有关部门分期分批发布了7个关于削减高毒农药的文件，撤销了873个高毒农药产品登记证；先后发布了4个公告，明确禁止六六六、滴滴涕、甲胺磷等23种高污染、高残留农药在我国农业上使用，禁止甲拌磷、甲基异柳磷等14种农药在蔬菜、果树、茶叶、中药材上使用，禁止三氯杀螨醇和氰戊菊酯2种农药在茶树上使用。近年来，农业部每年组织各级农业部门以农资打假为重点，开展农资打假专项治理行动、农产品质量安

全和农业投入品专项整治行动。依法加强对农产品和农业投入品生产、销售及农业投入品使用的监管,有效维护了农产品和农业投入品的市场秩序,提升了农资质量和农产品质量安全水平,保障了人民群众的健康和生命安全。

## 二、农业法制建设重心转移

改革开放初期,由于法制极不完备,当时农业法制建设的中心任务是尽快将农业和农村经济纳入法制管理的轨道,追求立法的数量和速度,是当时农业法制建设的一个特点。而经过10多年的努力,到了20世纪90年代后期,农业法律体系框架已初步形成,农业法制建设的工作重心也随之出现了重大转移:

**(一)从建立农业法律体系框架向完善农业法律体系与提高农业立法质量两手抓转移** 由于立法技术、立法力量等方面的局限,加上追求速度和数量,造成前期的农业立法质量总体水平不高,比如,一些农业法律法规的规范性比较差,有的条款过于原则,实践中难以操作,有的针对性不足,或没有设定具体的法律责任制度,不能有效地解决现实问题;有的发布形式、章节体例不合规范,文字比较粗糙等。针对这些问题,新时期的农业法制建设坚持两手抓:一方面继续加强农业立法,不断完善农业法律体系,如根据农业和农村经济形势的变化,及时对《农业法》《草原法》《动物防疫法》等法律法规做了全面修订,根据农业和农村经济发展的需要,新制定了《农产品质量安全法》《农村土地承包法》《农业机械化促进法》《畜牧法》《兽药管理条例》等法律法规,填补了农业立法的空白;有关部门还在积极推进农民权益保护、农业保险、农业金融、农业投入等方面新的立法。另一方面,不断改进立法方法,提高农业立法的质量。除了传统的调查研究方法以外,书面征求意见、召开座谈会、听证会和向社会公布等形式越来越受重视,广泛吸收社会公众和专家参与立法成为农业立法过程中的普遍做法。此外,全国人大农委、国务院法制办、农业部等部门还启动了农业立法的后评估工作,通过系统梳理和分析立法实施过程中存在的问题及其原因,为进一步完善有关农业立法明确了重点和方向。

**(二)从主要抓制度建设向制度建设与队伍建设两手抓转移** "徒法不足以自行。"完善立法只是实现法治的第一步,更重要的是法律能被国家机关和社会公众所践行。随着农业法律制度不断完善,建立一支高素质的执法队伍,提高农业机关工作人员的法律意识,就成为保证法律法规正确贯彻实施的关键。农业执法队伍建设日益受到各级政府和农业部门的重视。农业部健全了领导干部学法用法制度,将法制课列入领导干部培训的必修课程,将学法情况作为各级农业部门领导干部年度考核和任免、晋升、奖惩的依据之一;强化了公务员学法制度,将法律知识作为公务员初任和任职培训、业务培训的重要内容。为了提高基层农业执法人员的业务素质,农业部还从2004年起每年举办2～3期全国农业行政执法培训班,对基层农业综合执法机构负责人和骨干进行轮训。截至2007年底,已举办农业执法培训班10期,培训基层执法人员1 500多名。

## 三、农业立法主要内容变化

改革开放早期的农业立法,受计划经济观念的影响,把农民看作管理的对象,赋予管理者较多的权力,而要求农民承担较多的义务,注重规定农业劳动者应当做什么和必须做什么,限制做什么和禁止做什么,往往忽视或较少规定为保障他们履行义务应当享有的权利,不仅其合法权益得不到保护,而且抑制了农民的生产积极性,限制了农村生产力的发展。进入20世纪

90年代后，我国开始推进社会主义市场经济，对市场经济条件下生产经营主体地位和权利的保护，成为立法者关注的重点。农业立法的主要内容也由过去强化农业部门的行政管理权向保护农业生产经营主体的权利转变，由过去强调管理和服从向注重保护和服务转变。1991年，国务院颁布了《农民承担费用和劳务管理条例》，首次以行政法规的形式明确了村提留、乡统筹、劳务的标准和使用范围、提取和管理以及其他涉及农民利益项目的监督管理，加强了对农民合法权益的保护。1993年，全国人大常委会颁布了《农业法》，将中央关于农民权益保护的政策首次以法律的形式确定下来，如明确禁止乱收费、乱摊派、乱罚款、乱集资等各种分割农民权益的行为等。2002年，修订后的《农业法》还专门设立了"农民权益保护"一章，增加了保护农民土地承包经营权，以及要求各级政府和有关部门采取措施增加农民收入、切实减轻农民负担、实现农村财务公开等内容。同年出台的《农村土地承包法》又进一步将党和国家在农村的土地政策法制化，明确以法律的形式赋予了农民长期而有保障的土地使用权，包括依法享有承包地使用、收益和土地承包经营权流转的权利、自主组织生产经营和处置产品的权利、承包地被依法征用后获得补偿的权利等。2007年3月16日，全国人大颁布了《物权法》，又进一步将农民享有的农村土地承包经营权，渔民使用水域、滩涂从事养殖、捕捞的权利确定为使用益物权，给予物权保护。此外，上述立法还对农业生产经营者相关权利的救济措施、救济途径等也做了规定，进而为维护农业生产经营主体的合法权益提供了更有效的法律保障。

## 四、农业行政管理方式创新

按照现代管理理念，现代社会行政管理领域纷繁复杂，没有相对人的参与和配合，行政机关很难实施有效的管理，二者应当是一种互动合作的关系。但是，受历史的传统影响，长期以来，一些行政机关及其工作人员仍习惯于将二者看作是命令与服从的关系，在实施行政管理时既没有信息公开的观念，动辄以保密为由拒绝向相对人提供依法应当提供的有关信息，也没有听取相对人意见的申辩的意识，习惯于关起门来拍脑袋做决定。改革开放以后，随着社会主义市场经济体制的建立和完善，依法行政的理念逐渐深入，行政管理方式发生了很大变化。2004年，国务院颁布了《全面推进依法行政实施纲要》，要求行政机关实施行政管理应当公开透明，注意听取国民、法人和其他组织的意见，保障行政管理相对人的知情权、参与权和救济权。《行政处罚法》《行政复议法》《行政许可法》《立法法》等有关法律也对此做出了规定。根据《全面推进依法行政实施纲要》和有关法律的要求，农业部门在推进农业依法行政的过程中，不断创新行政管理方式，提高农业行政管理的透明度。

**（一）行政决策公开**　2001年农业部修订了《农业部工作规则》，确立了公众参与、专家论证和政府决策相结合的行政决策机制，明确要求涉及综合性、全局性的重大决策，必须组织专家进行科学性的合法性论证，充分发挥专家的参谋作用；涉及人民群众切身利益的重要事项和重大决策，要采取座谈会、听证会、公开征求意见等多种形式听取群众的意见。

**（二）农业立法公开**　近年来，农业立法坚持实行开门立法，注意吸收和保证相对人的参与。农业部制定发布了《农业部立法工作规定》，明确要求在起草法律、行政法规草案和制定规章时，应当采取书面征求意见、座谈会、在中国农业信息网开辟"法规意见"专栏征求意见、立法听证会等多种形式广泛听取有关机关、组织和公民的意见；建立了规范性文件审查制度，凡涉及公民权利义务的规范性文件，一律要求以规章形式发布；同时，对于新出台的农业法律、行政法规和规章，及时在全国性报纸、政府部门公报和政府网站上公开，供社会公众浏览、查阅和下

载，充分保障公众的知情权。

**(三)农业处罚公开** 农业部制定发布了《农业部行政执法依据目录》和《农业部行政执法职权事项目录》，确保了农业行政处罚依据的公开透明度；在实施处罚行为时，严格按照《行政处罚法》的有关规定，注意听取相对人的意见的申辩，确保农业行政处罚过程和结果的公开、透明，并及时受理相对人提出的行政处罚听证申请和行政复议申请。

**(四)行政审批公开** 农业部以行政许可信息公开作为推进政府信息公开的突破口，设立了农业部行政审批综合办公大厅，公开每个行政许可事项的审批内容、法律依据、办事条件、办理程序、承诺时限和收费标准，并统一受理和回复行政许可申请，接受申请人咨询，实行"一个窗口对外"；此外，农业部还按照《政府信息公开条例》的要求，组织编制了农业部政府信息公开目录，目前已向社会公布。

## 第四节　农业法制建设的基本经验

我国农业法制建设之所以取得如此显著的成就，原因是多方面的，总结改革开放 31 年来的工作，主要有以下几点经验。

### 一、农业法制建设必须适时体现党中央有关农业、农村和农民问题的重大决策

改革开放以来，党和国家根据农业和农村经济形势的变化，及时做出了一系列符合我国国情、符合广大农民意愿、符合生产关系适应生产力发展规律的重大决策，推动农业和农村经济不断深化改革，取得了举世瞩目的成就，积累了丰富的经验。认真总结改革经验，把党在农村的一系列路线、方针、政策，特别是党在农村的基本政策，通过立法程序上升成为法律，是加强党对农业立法工作领导的直接体现，对于切实维护广大农民的根本利益，促进农业和农村经济全面发展十分必要。因此，农业法制建设的一项重要任务，就是要适时把党的相关方针、政策法制化、制度化，使有关农业和农村经济的立法进程同农业和农村改革、发展的进程相适应，确保党的农村政策的长期稳定性。比如，随着农业和农村经济体制改革的推进，1993 年，全国人大制定的《农业法》就及时把党在农村的基本政策——家庭联产承包责任制以法律的形式规定下来，实现了党的农村政策的法制化。2002 年全国人大常委会制定了《农村土地承包法》，进一步把党的农村土地政策以法律的形式予以明确细化。

### 二、农业法制建设必须从我国的国情出发，尊重经济社会的客观规律

我国是一个农业大国，有 2.5 亿农户，农村人口占绝大多数。人口多，耕地少，这是最基本的国情。农业的发展状况直接关系着国民经济发展和社会进步，关系到政权稳定和国家安定。农业法制对促进农业发展、保障农业在国民经济中的基础地位，具有重要作用。因此，我国的农业法制建设，特别是农业立法项目的确定、法律制度的设计、具体规范的内容，都必须立足国情，从我国农业生产和农村经济发展的实际水平出发，研究解决我国农业和农村经济发展实践中出现的问题，绝不能脱离实际，盲目照搬发达国家的经验；必须坚持以提高农业生产、发展农村经济为中心，尊重经济规律、尊重自然规律、尊重农业生产和农村社会发展的特点。比如，在制定《农产品质量安全法》时，考虑到我国农业生产经营方式和规模差异很大，千家万户分散的

小生产与企业化的组织生产并存，农民文化素质普遍比较低，因此在农产品质量监管制度的设计上采取了将农产品生产企业、农民专业合作经济组织及从事农产品收购的单位与农产品生产者个人区别对待的原则，如将农产品包装标识的义务主体确定为农产品生产企业、农民专业合作经济组织以及从事农产品收购的单位或者个人，对一家一户生产、农民自产自销的农产品法律没有提出包装标识的要求；要求农产品生产企业和农民专业合作组织必须建立和保存生产记录如实记载规定事项，鼓励农产品生产个人建立农产品生产记录；要求农产品生产企业和农民专业合作经济组织，应当自行或者委托检测机构对农产品质量安全状况进行检测，不符合农产品质量安全标准的，不得销售，对农民个人没有提出要求。

### 三、农业法制建设必须坚持解放思想，把推动体制创新摆在突出位置

改革是一场革命，必然触及上层建筑和经济基础诸多领域深层次的矛盾，涉及错综复杂的权利和利益关系，在前进中出现这样或者那样的问题和矛盾是难免的。从根本上解决这些问题越来越需要运用法律、法规推进整体的和配套的改革。就农业领域而言，影响农业和农村经济发展的因素是多方面的，其中很重要的一点就是体制问题。改革开放 31 年来，农业法制建设的一条重要经验，就是始终注意体现改革的精神，把推进体制创新摆在突出位置，按照发展社会主义市场经济的要求，突破影响农业生产力发展的体制性障碍，进一步解放和发展农业生产力，大力推动农业部门政府职能转变，从而规范、引导、促进和保障了农业与农村经济体制、农业行政管理体制改革的顺利推进。比如，改革开放之初，我国种子体制具有较强的计划经济色彩，种子生产经营基本上由国有种子公司垄断，种子管理“政、事、企”不分，很多地方种子管理站和种子公司是“一套人马，两块牌子”。随着改革深入和市场经济体制的建立，旧的种子体制已不能适应种子产业发展的需要，严重制约了种子产业的健康发展。为此，2000 年全国人大常委会颁布了《种子法》，按照市场经济的要求对种子体制进行了改革：一是取消了原《种子管理条例》关于“主要农作物杂交种子由县级以上人民政府指定的单位组织经营”的做法，代之以对各类种子生产、经营主体一视同仁的许可制度，只要经依法审查达到法定条件，任何主体均可从事种子生产、经营；种子企业生产、经营什么种子，由市场供需和企业自主决定。二是对种子管理体制提出了明确的改革要求，规定“农业主管部门及其工作人员不得参与和从事种子生产、经营活动；种子生产经营机构不得参与和从事种子行政管理工作。种子的行政主管部门与生产经营机构在人员和财务上必须分开”。明确政府只承担维护种子市场秩序、查处违法行为的职责，不得对企业生产、经营的具体事务进行指挥、干预。实践证明，《种子法》的颁布实施大大解放和发展了种子生产力，有效提升了种子质量水平，维护了种子市场正常秩序，推动了种子产业的健康发展。

### 四、农业法制建设应当充分借鉴国外法制建设经验

国家之间法律制度的相互交流与借鉴，不仅符合人类文明发展的一般规律，也是经济全球化的客观要求和必然趋势。一方面，法律作为调整社会关系的规范，是人类认识政治、经济、文化和社会关系及其规律的结晶，代表了人类在一定阶段的认识成果。这种认识除了对一个国家自身具有特殊价值外，对其他国家也具有借鉴和参考意义；另一方面，当今世界，经济全球化已经成为不可逆转的时代潮流，国与国之间经济依存度进一步加强，客观上要求不同国家之间加强法律交流和借鉴，使本国的经济法律制度能更好地反映市场经济的规律。因此。改革开

放以来，农业法制建设一直十分重视吸收、借鉴其他国家特别是发达国家的先进管理经验和成熟做法，不断完善我国农业法律体系。比如，我们在新出台的《农产品质量安全法》中，借鉴了发达国家食品安全监管的普遍做法，确立了农产品质量安全风险分析和评估制度、农产品质量安全责任追溯制度等；在修订后的《动物防疫法》中，参考国际动物卫生组织的规定和其他成员国的普遍做法，建立了官方兽医制度，在新制定的《兽药管理条例》中，广泛借鉴了国际上兽药管理的通行做法，确立了新兽药研制、试验安全性评价制度、评价兽药处方药和非处方药分类管理制度、兽药生产和经营质量管理规范、兽药临床试验质量管理规范、兽药生物制品批签发管理制度、兽药用药记录管理制度和不良反应执行制度等一系列与国际接轨的兽药管理制度；在《农药管理条例》及其配套规章中，借鉴国际通行的农药安全性、有效性试验等做法，建立了适合我国农药产业发展水平的农药登记制度，等等。广泛的法律借鉴对完善中国特色的农业法律制度起到了十分重要的作用。

## 第五节 农业法制建设面临的形势和任务

经过 60 年的努力，我国农业领域基本实现了有法可依，农业行政执法不断加强，农业执法水平不断提高，农业部门依法行政的意识明显增强，依法兴农、依法护农的能力明显提高，为维护农民的合法权益，规范引导、保障和促进农业与农村经济的发展发挥了积极的作用。但是，也要清醒地看到，我国的农业法制建设，与建设社会主义法治国家的战略目标和依法行政的要求相比，与发展现代农业、建设社会主义新农村的要求相比，与农业和农村经济发展的客观需要相比，还存在以下主要矛盾和问题：

第一，农业法律法规仍不完备。发展现代农业、建设社会主义新农村，要求统筹城乡发展，建立以工促农、以城带乡长效机制。但目前我国有关农业支持保护的法律法规比较少，有些领域还属于立法空白。比如，尽管近年来国家加大了对农业和农村的投入力度，但由于没有专门的《农业投入法》，导致《农业法》对农业投入的规定难以落实，农业投入不足、投资结构不合理、投资效益不高的现象仍然存在，农业投入缺乏稳定增长机制，在一定程度上影响了政策实施效果。

第二，一些已制定的法律法规亟待修改。一些农业法律、行政法规已制定多年，不可避免地带有计划经济的痕迹，已经不能完全适应城乡统筹新形势下发展农业与农村经济的需要。比如，《农业技术推广法》自颁布至今已 15 年，对推动我国农业科技进步、促进农业科技成果转化发挥了重要作用。但由于历史条件限制，该法的一些规定已不符合实际，一些规定也缺乏可操作性，亟待全面修改，对农技推广工作的总体目标、职能定位、管理体制、保障机制等做出新的规定。

第三，农业管理体制需要改革。我国目前的农业管理体制是计划经济的产物。尽管改革开放后经过几次机构改革有了一定改进，但计划经济的痕迹并未完全消除，其突出表现是完整的农业产业领域和链条由多个部门分兵把守，条块分割、职能交叉、各自为政。比如，农药管理方面，农业部负责农药登记，国家发改委和质检总局负责农药生产许可，工商、安监等部门对农药也有相应的监管权；动、植物检疫方面，国内动、植物检疫由农业部门和林业部门分别负责，进出境动、植物检疫又由质检部门负责；在两栖野生动物保护，草地与林地划分，水果、花卉、中药材植物新品种保护和转基因管理等方面，农业部门与林业部门也存在职能交叉。农业管理体制存在的上述问题，不仅导致农业部门责任与手段不匹配，难以适应新形势下发展农业和农村经济的要求，也导致涉农立法协调难度很大，执法过程中各部门“依法打架”，增加了行政成本，降低了行政效率，影响了相对人权益。因此，科学改革农业管理体制，十分必要和迫切。

第四，农业执法有待加强和规范。当前，随着改革开放的深入，农业和农村经济发展对农业执法工作提出了更高的要求，但相对于农业立法工作，执法工作相对滞后，成为农业法制建设的薄弱环节：存在重事前审批、轻后续监管的现象；农业行政执法主体和执法行为不够规范，多头执法、多层执法，执法中的地方保护主义有的还比较突出，有法不依、执法不严、违法不究的现象时有发生，农业执法人员法律素质有待提高。有的地方和单位对农业执法工作认识不足、重视不够，农业执法“缺位”的现象比较突出。此外，基层农业执法普遍缺乏经费保障，手段、装备落后，也客观上影响了农业法律法规的贯彻实施。

农业和农村经济发展的需要和农业法制建设面临的形势决定了进一步加强农业法制建设的必要性和紧迫性。下一步，需要着重从以下几个方面，切实加强农业法制建设，全面提高农业法制建设的质量和水平。

一是进一步健全农业法律法规体系。重点需要加强以下几个方面的立法：①促进农业和农村经济体制改革的立法；②对农业支持保护方面的立法；③改善农业生产条件和促进农村经济结构调整方面的立法；④农业资源环境保护方面的立法；⑤农村社会发展方面的立法。

二是进一步强化和规范农业执法。①强化农业执法力度，以农产品质量安全监管为重点，深入开展农资打假工作，进一步整顿和规范农资市场秩序；②进一步落实执法责任制、评议考核制以及责任追究制，完善执法统计、重大案件备案、执法信息共享制度，确保文明执法、公正执法，树立农业执法部门的良好形象；③整合现有农业执法资源，扎实推进农业综合执法；④进一步加大农业执法投入，改善农业执法条件，提高农业执法能力。

三是大力加强农业法制宣传教育。针对当前一些地方和单位的领导干部对农业法制工作认识不足、重视不够的现状，进一步推进农业部门领导干部学法用法，实现领导干部学法用法工作的制度化、规范化，不断提高农业部门各级领导干部科学决策、民主决策、依法决策和依法管理的能力和水平；针对目前农业执法人员大多半路出家、兼职执法的现状，进一步加强农业法律法规的学习和培训，大力提高农业执法人员的素质，增强其依法行政和公正执法的能力；针对当前农民法律意识相对淡薄，自觉守法、依法维权意识不强的现状，进一步加强对农民法制宣传教育，特别是强化与农民生产生活密切相关的法律法规的宣传。

四是大力加强农业法制理论研究。根据农业法制建设面临的新形势、新任务，组织各级农业部门开展农业法制建设重点、难点问题研究，为农业立法提供理论储备和决策参考；组织开发农业立法成本效益分析研究，逐步建立农业立法成本效益分析制度，进一步提高农业立法质量。

## 参考文献

[1] 中华人民共和国宪法.

[2] 中华人民共和国物权法.

[3] 中华人民共和国农业法.

[4] 中华人民共和国土地管理法.

［5］ 中华人民共和国土地承包法．

［6］ 中华人民共和国刑法．

［7］ 中华人民共和国林民委员会组织法．

［8］ 曹康泰．关于我国农业法制建设的几个问题．全国人大常委会法制讲座第 26 讲，2001.

［9］ 汪永清．立足国情与借鉴经验．中德第四届法律研讨会上的讲话,2003-11.

［10］ 汪永清．中国法制建设与展望,2007-05.

［11］ 中国法制建设白皮书．国务院新闻办公室,2008-02.

［12］ 曹康泰．全面推进依法行政实施纲要辅导读本,北京:中国法制出版社,2004.

［13］ 农业部产业政策与法规司．中国农业经济法研究会．农业法概论．北京:中国农业出版社,2004-09.

（作者:骆友生 中国农业经济法研究会会长,李　生 农业部产业政策与法规司巡视员,
龚介民 中国农业经济法研究会副会长,陈朱勇 农业部产业政策与法规司干部）

# 第十五章　农村行政管理体制

行政管理是国家行政机关依法对国家和社会公共事务进行管理。行政管理体制是国家行政机关进行国家的社会公共事务管理而建立起来的制度体系。为了适应不断变化的国际国内形势以便更好地掌控全局，党中央、国务院与时俱进，不断调整政府机关的行政管理职能与职责，加强政府自身建设，取得了明显成效。本章主要回顾与介绍国家行政管理职能调整历程中行政体制的改革、行政管理职能的调整、行政问责制度、行政诉讼制度、精简行政审批程序、接待群众来访制度和一条龙办事程序等措施。

## 第一节　改革的成效与问题

行政体制改革是政治体制改革的一部分，它与经济体制改革是相互呼应的，有什么样的经济体制就有什么样的政治体制，即所谓“经济基础决定上层建筑”。改革开放 30 年来，我国经济形态发生了巨大的变化，与之相适应的经济体制改革也不断地深入调整——大体上，我国经历了从计划经济体制向社会主义市场经济体制转变。在这种背景下，我国的行政管理体制也先后进行了 6 次重大改革。这对我国经济社会的全面协调发展起到了重大的推动作用。因为，尽管中国的行政管理体制改革道路曲折难行，我们仍然在政府机构改革、政府职能转变、行政法制建设、行政活动规范化、政府民主化等方面取得了重要进展，初步建立了与社会主义市场经济体制要求和建设中国特色社会主义事业需要相适应的行政管理体制。回顾这 30 年行政管理体制改革的历程，除了能更好地总结和吸取经验教训，还能为我们在新的历史时期进一步深化行政管理体制改革、搞好中国特色行政管理体制的建设提供服务和启发。

1982 年至今，我国行政体制经历了 6 次改革。应该说，每次改革所处的时代背景与环境各异，所要解决的问题也都是不同的。历次改革基本达到了预期的目标，当然又伴随着出现了一些新的问题。从总体上看，我国行政体制改革走了一条曲折上升的前进道路，从完全适应计划经济体制到今天大体适应社会主义市场经济体制，这本身就是一种巨大的飞跃和转变。众所周知，上层建筑对经济基础是具有反作用的。因此，我们今天来研究行政体制改革不仅仅是对它做一种历史的梳理，还期望用对它的研究来指导今后的经济体制和社会形态转型的实践。

### 一、1982 年的行政体制改革

1982 年时行政体制改革所面临的主要问题是：首先，党和国家的工作重心发生了转移。1978 年党的十一届三中全会将全国的工作重心从阶级斗争转移到了经济建设上来。其次，国务院机构臃肿。经历了新中国成立、文化大革命、改革开放前夕，国务院机构也经历了“精简—膨胀—再精简—再膨胀”的反复。至 1981 年，国务院设置的机构总数高达 100 多个。这使得国家机构人浮于事、运转不灵、官僚主义严重等问题十分突出。再次，1977 年党的十一大决定，对过去审查干部工作中遗留下来的问题要妥善处理，大批平反的老干部回到领导岗位。这

使得干部队伍老化十分明显，而且由于当时是干部终身制，使得干部队伍无法正常更新，缺少活力与动力(邹东涛,2008)。

这次改革主要集中在国务院机构改革和干部人事制度建设、地方政府机构改革、“市管县”体制改革、事业单位改革和行政法制改革等方面。改革改变了农村政社合一的“人民公社”体制，实行了行政权与生产经营权的分离。同时，政府机构进行了改革和精简，较大幅度地撤并了经济管理部门，加强了综合、调节、监督、法制部门，进行了后勤社会化的试点，并结合机构改革推行了干部年轻化，废除了实际存在的领导职务终身制，建立了干部离退休制度(吴巨平、陈兴旺,2008)。这是改革开放后，中央的第一次行政管理体制改革，它既为经济体制的全面改革铺平了道路，也为以后行政管理体制的改革积累了一定经验，奠定了基础。只不过，这次改革是在经济体制改革尚未全面展开的情况下进行的，因而存在着一定的局限性，并不能从根本上解决行政机构林立、管理职责重叠、人浮于事、工作效率低下等问题。

## 二、1988 年的行政体制改革

1988 年前后，我国经济体制改革的重心已经由农村转向了城市。城市高度集中了文化、各种生产要素、技术和人才等有利条件，这一点是与农村完全不同的。农村改革可以说主要靠政策调整(包产到户、生产承包责任制)调动起农民的积极性，在改革初期的短短几年里，奇迹般地解决了我国人口吃饭的问题。可是当改革从农村转向城市的时候，单靠经济政策调整已经不能解决问题，传统计划体制的种种弊端要求我们必须进行体制层面的改革。

1984 年，党中央指出，社会主义经济是在公有制基础上的有计划的商品经济。此后，邓小平多次讲过，经济体制改革深入到一定程度以后，就要推动政治体制改革。经济体制改革的进一步深化和政治体制改革的明确提出，要求相应地转变政府机构的职能和管理方式，调整机构设置的总体格局及其职责权限。1988 年的中央政府改革便是在这样的背景下进行的。这次改革以转变政府职能为中心，结合进行政府内部的制度化建设(邹东涛,2008)。

党的十三大提出了政治体制改革的任务，把改革政府机构、克服官僚主义作为政治体制改革的一项重要内容，并指出：第一，权力过分集中，克服这一弊端的有效途径是下放权力。第二，必须下定决心对政府工作机构自上而下地进行改革，机构改革必须抓住转变职能这个关键，要按照经济体制改革和政企分开的要求，合并裁减专业管理部门和综合部门内部的专业机构。第三，必须加强行政立法，为行政活动提供基本的规范和程序。第四，对干部人事制度进行改革，改革的重点是建立国家公务员制度，还要对各类人员进行分类管理(魏礼群,2008)。

这次改革将政府职能的转变作为关键性问题，它标志着中央意识到我国政府机构改革只注重数量多寡，只在组织内部进行结构调整是一个很大的局限，并开始寻求行政机构建设的质量与组织外部结构调整的方向。这一时期的改革为社会主义市场经济体制的确立创造了条件。但是，由于这次改革是按照有计划的商品经济模式要求进行的，因而未能达到预期的结果(吴巨平、陈兴旺,2008)。

## 三、1993 年的行政体制改革

1992 年，中共十四大提出了建立社会主义市场经济体制的宏伟目标，并要求积极推进行政管理体制和机构改革，建立适应社会主义市场经济需要的组织机构。

从 1993 年开始，又一轮自上而下进行的全国性的行政体制改革开始了。这次改革的原则是转变职能、理顺关系、精兵简政、提高效率。任务是精简机构、进一步转变职能、理顺关系。改革的重点是转变政府职能，加强宏观调控和监督部门，强化社会管理部门，将一部分专业经济部门转变为行业管理机构或经济实体，减少具体审批事务和对企业的直接管理，宏观上管好，微观上放开（邹东涛，2008）。

党的十四大指出要加快政府职能转变，要下决心进行行政管理体制和机构改革，切实做到转变职能、理顺关系、精兵简政、提高效率，并提出：第一，转变政府职能是个上层建筑适应经济基础和促进经济发展的大问题。转变的途径是政企分开，下放权力给企业。第二，进一步改革计划、投资、财政、金融和一些专业部门的管理体制，同时强化审计和经济监督，健全科技的宏观管理体制与方法。第三，加快人事劳动制度改革，逐步建立健全符合机关、企业和事业单位不同特点的科学的分类管理体制和有效的激励机制。这方面的改革要同机构改革、工资制度改革相结合（魏礼群，2008）。

这次改革重点在于制度的创新，即旧体制改革转向新体制建立，并提出行政管理体制改革的目的是为了适应社会主义市场经济建设的需要。但是，由于历史条件的制约和宏观环境的限制，这次行政体制改革未能根本解决存在的诸多问题，过渡性色彩比较强烈。

## 四、1998 年的行政体制改革

1998 年，新的行政体系改革的动因要追溯到 1997 年党的十五大报告中强调的时代背景。报告指出当时“机构庞大，人员臃肿，政企不分，官僚主义严重，直接阻碍改革的深入和经济的发展，影响党和群众的关系”，国家要“推进机构改革”。

党的十五大明确提出推进机构改革。主要内容是：首先，机构庞大，人员臃肿，政企不分，官僚主义严重，直接阻碍改革的深入和经济的发展，影响党和群众的关系，必须通盘考虑，组织专门力量，抓紧制订方案，积极推进。其次，要按社会主义市场经济的要求，转变政府职能，实现政企分开，把企业生产经营管理权力交给企业；根据精简、统一、效能的原则进行机构改革，建立办事高效、运转协调、行为规范的行政管理体系，提高为人民服务水平；把综合经济部门改组为宏观调控部门，调整和减少专业经济部门，加强执法监管部门，培育和发展社会中介组织。再次，深化行政机关体制改革，实现国家机构组织、职能、编制、工作程序的法定化，严格控制机构膨胀，坚决裁减冗员；深化人事制度改革，引入竞争激励机制，完善公务员制度，建设一支高素质的专业化国家行政管理干部队伍（魏礼群，2008）。

这次改革意在建立高效、协调、规范的行政管理体系；建立适应有中国特色的社会主义市场经济体制的行政管理体制，并推动经济体制改革的不断深化，促进经济与社会全面协调的发展；完善国家公务员制度，建设高素质、专业化的国家行政管理干部队伍。由于当时我国社会主义市场经济体制还在不断健全与完善中，这次改革也是过渡性质的。

## 五、2003 年的行政体制改革

2001 年我国加入世界贸易组织，2002 年中共十六大召开，2003 年开始新一轮的行政管理体制和机构改革。本次改革一大特点是以科学发展观为指导，更加注重政府职能的转变、社会和人的全面发展，旨在为和谐社会与小康社会的建设提供体制上的保障。

党的十六大提出，深化行政管理体制改革，深化干部人事制度改革，加强对权力的制约和监督，加强完善宏观调控。主要是：首先，进一步转变政府职能，改进管理方式，推进电子政务，

提高行政效率，降低行政成本，形成行为规范、运转协调、公正透明、廉洁高效的行政管理体制。其次，依法规范中央和地方的职能和权限，正确处理中央垂直管理部门与地方政府的关系。按照精简、统一、效能的原则和决策、执行、监督相协调的要求，继续推进政府机构改革。按政事分开原则，改革事业单位管理体制。再其次，努力形成广纳群贤，人尽其才，能上能下，充满活力的用人机制，把优秀人才集中到党和国家的各项事业中来。以建立健全选拔任用和管理监督机制为重点，以科学化、民主化和制度化为目标，改革和完善干部人事制度，健全公务员制度。再次，建立结构合理、配置科学、程序严密、制约有效的权力运行机制，从决策和执行等环节加强对权力的监督，保证把人民赋予的权力真正用来为人民谋利益。重点加强对领导干部特别是主要领导干部的监督，加强对人、财、物管理和使用的监督。强化领导班子内部监督。最后，完善政府的经济调节、市场监管、社会管理和公共服务的职能，减少和规范行政审批（魏礼群，2008）。

2003 年开始的机构改革强调了政府宏观调控的有效性，并初步体现出了"大部制"的管理思路。另外，我国政府管理模式也有意由管制型向服务型转变。但是，2003 年的"非典"使得经济快速增长与公共服务不到位的矛盾日显突出。

## 六、2008 年的行政体制改革

十一届全国人大一次会议上通过《国务院机构改革方案》，标志着我国新一轮的行政管理体制改革正式拉开了帷幕。根据党的十七大精神，这次改革的总体目标是：按照全面建设小康社会和构建社会主义和谐社会的奋斗目标，全面建立和不断完善适应社会主义市场经济体制、民主政治体制与和谐社会要求、职能转变到位、政府规模适度、组织结构优化、人员素质优良、权责一致、分工合理、决策科学、执行顺畅、监督有力的中国特色的行政管理体制，切实建立以人为本、施政为民的服务政府，权责明晰、监督到位的责任政府，法律完备、行为规范的法治政府，清正透明、精干有力的廉洁和高效政府（袁曙宏，2007）。

党的十七大报告提出，加快行政管理体制改革，建设服务型政府，进一步完善制约和监督机制，保证人民赋予的权力始终用来为人民谋利益。提出：第一，行政管理体制改革是深化改革的重要环节。要抓紧制订行政管理体制改革总体方案，着力转变职能、理顺关系、优化结构、提高效能，形成权责一致、分工合理、决策科学、执行顺畅、监督有力的行政管理体制。第二，要健全政府职责体系，完善公共服务体系，推行电子政务，强化社会管理和公共服务。第三，要加大机构整合力度，探索实行职能有机统一的大部门体制，健全各部门之间的协调配合机制。第四，要统筹党委、政府和人大、政协机构设置，减少领导职数，严格控制编制。第五，要坚持用制度管权、管事、管人，建立健全决策权、执行权、监督权既相互制约又相互协调的权力结构和运行机制。第六，落实党内监督条例，加强民主监督，发挥好舆论监督作用，增强监督合力和实效（魏礼群，2008）。

## 七、改革的成效与问题

改革开放 30 年来，党中央着眼于大局，实事求是，坚持高举中国特色社会主义伟大旗帜，以邓小平理论和"三个代表"重要思想以及科学发展观为指导，把行政体制改革适应社会主义市场经济体制为改革目标，把转变政府职能作为机构改革的关键，进行了有中国特色的行政体制改革实践，取得了令人瞩目的成绩：

一是我国政府管理由计划体制的管理慢慢转向了市场经济体制的管理。二是引起了政府自身的转型。从过去完全是管制型政府、全能型政府转向一个能注重社会管理、注重服务质量的政府。三是政府的管理水平、管理能力、公务员的素质和能力都有了很大的提升(邹东涛，2008)。四是全面推行依法行政，加快法治政府建设；行政立法步伐明显加快，规范政府行为和法律法规体系逐步健全；五是坚持科学民主决策，不断提高行政决策质量。在事关全局和人民利益的重大事项上，听取专家和社会各界的广泛意见，保证了政策制定的科学性与民主性；六是加强廉政建设，深入开展反腐斗争(魏礼群，2008)。

魏礼群(2008)认为，在看到行政体制改革取得的成绩的同时，我们也应该看到存在的一些深层问题依然没有得到解决。第一，政府职能转变依然比较滞后，社会管理、公共服务相对薄弱。第二，部门职责交叉、权责脱节和效率不高的问题仍然比较突出。政府职能分工过细，行政程序和行政行为不规范，依法行政、依法办事的能力和水平不高。政府机构设置不尽合理，行政运行和管理制度不健全。政府组织机构及其权力、职责的配置还不尽科学，职能交叉没有得到根本解决，条块关系没有理顺，政府管理方式和管理手段比较落后，行政透明度与行政效率不高。汪玉凯等(2008)认为，政府管理涉及的一些关乎老百姓利益的问题还没有得到根本的解决；形式主义、官僚主义、政绩工程问题依然比较突出；腐败问题还没有得到根本的解决，直接影响政府全面履行职能，在一定程度上制约了经济社会的发展。

## 第二节　行政管理职能的调整

### 一、行政管理职能及其内容

行政管理职能是作为行政管理主体的国家执行机关，依法对国家经济、政治和社会事务进行管理时应承担的职责和所具有的功能作用。它包括以下几个方面的含义：第一，行政管理职能的主体是整个国家行政组织系统，包括政府的各级各类行政机构及其所属公务人员。在我国，包括中央人民政府即国务院及其各部委、地方各级人民政府和所有政府系统的工作人员。第二，行政管理职能的内容涉及政府行政系统对国家政治经济和社会事务进行管理的全部活动，诸如外交、国防、公安、财政、金融、工业、农业、商业、文化、教育、科技等，它们构成政府行政管理的工作范围。同时，行政管理职能还涉及政府为完成以上任务而对自身事务进行的管理活动。第三，行政管理职能和行政管理功能不同，行政管理功能只强调管理的作用，而行政管理职能则先划界，首先明确政府管什么事？管多少？管到什么程度？然后再谈管理的作用；行政管理职能与行政管理职责也不同，它比后者更宽泛，多了功能、作用的含义。

历史唯物主义观点告诉我们：行政职能作为上层建筑中的一种，是随着社会经济基础的变化而变化的，两者要相互适应、相互匹配。如此，行政职能转变就是一种必然的变化，是在内外压力下的一种历史必然选择(许敏，2008)。

从内部压力看：深入推进政府行政职能调整是推进政府行政体制改革的重要前提。正确认识和定位行政职能，是改革行政组织的依据和前提，也是行政体制改革能否取得成功的关键。在过去历次的行政改革中，政府机构精简再精简，但仍然走不出“精简——膨胀——再精简——再膨胀”的怪圈。主要是因为常把机构改革错误地理解为简单的机构撤销、合并，而忽

视了对政府功能如何分解,如何切实地转变政府职能。

从外部压力看:全球经济一体化打破了以往传统的发展观念。今天,我们辩证地看世界经济大舞台,它既给我们带来了难得的发展机遇,也把我们引领到各种挑战和困难的面前。加入WTO后,我国的对外开放和参与世界经济活动都进入了一个崭新的阶段,新的形势促使我们对国家行政职能进行重新的思考和审视。我们可以借鉴世界上先进的行政管理经验。比如,WTO的基本原则和规则对其成员国政府的职能和角色做了严格的限制,这为转型时期我国政府体制改革、政府职能的转变和定位提供了新的视界。要融入全球化的进程,政府管理体制改革就要与国际接轨,我们要以有限型政府、法治型政府、服务型政府为新的定位,对行政职能进行更深层次的审视。

按照马克思《资本论》一书的观点:经济基础决定上层建筑,上层建筑服从并服务于经济基础。因此,为了更好地为社会主义事业服务,我们需要根据现代化生产力性质和社会主义市场经济的需要,建立现代化政府行政职能体系。鲁俊生(2000)概括政府行政职能有3大方面。

**(一)经济职能** 在现代市场经济中,市场机制和政府行政机制是两种配置资源和调整利益关系的手段。建设社会主义市场经济体制,就要使市场在社会主义国家宏观调控下发挥最基础的资源配置作用,确立市场主体的独立产权地位,使其自我发展、自主经营、自负盈亏。政府行政机制的作用在于弥补市场的不足,用“看得见的手”来调节市场,而不是政府机构直接参与市场竞争,更不是以政府行政机制代替市场机制。政府在市场经济中的主要经济职能有以下几个方面:①促进以公有制为主体、多种经济成分并存的混合经济体制健康发展。②科学界定产权,建立现代企业制度。③培育发展市场体系。④建立健全社会保障体系。

**(二)政治职能** 我国社会正经历由计划经济体制向社会主义市场经济体制转型的时期。亨廷顿强调,转型期的发展中国家需要一个强有力的政府,对社会失范和越轨行为进行有效的控制,对不同社会阶层和群体之间的利益矛盾进行协调和均衡。政府既要把握住社会发展的方向和社会秩序的稳定,又不能让整个社会失去活力,这就是政府政治职能的重要作用。在社会主义市场经济条件下,政府的政治职能主要有以下几个方面:①建立健全社会稳定机制,维护社会稳定和秩序。②加强法制建设,打击各种犯罪活动。③加强社会主义精神文明建设,提高全体公民综合素质。

**(三)社会职能** 随着社会现代化的进展和社会主义市场经济的发展,政府职能必然要做相应的转变,从治理方式上,将从“统治型”政府向“管理服务型”政府转变,从“人治”向“法治”转变;从管理手段上,将从“划桨”向“掌舵”转变。从单纯依赖行政命令手段向主要运用经济手段、法律手段而辅之以行政手段转变。政府的社会职能主要有以下几个方面:①在城市建设上,搞好目标规划与公共设施建设,提高居民的生活质量。②大力发展科技教育文化事业,全面提高全体公民思想素质和文化素质。③发展体育事业,推进医疗卫生改革,强健公民体魄。④搞好计划生育,控制人口增长,提高人口素质。

## 二、行政管理职能转变的几个方向

新中国成立60年来,随着对社会认识的逐步深入,党和国家认识到行政职能要与社会的发展相适应,因此政府职能也在不断地进行调整与变化。1988年的改革明确提出了政府职能转变这个问题,到1998年的国务院机构改革,国家再次把政府职能转变作为体制改革的关键点与突破口。回顾政府职能转变,大致有如下几个方向。

**(一)由管制主导型政府向服务主导型政府转变** 过去的问题在于我们错误地理解了政府在国家治理中的地位和作用。其实,政府与公民之间的关系不应该是单向的管理者与被管理者的关系。政府的一切权力来自于人民的授予,被授予权力的政府必须承担相应的责任,在这种义务与责任的约束下为人民谋利益。从契约的角度看,政府可被看作是为公民和社会公共利益服务的组织,政府与公民之间达成的契约是其合法性的基础。政府的根本职能就是维护公共利益和公共秩序,这才是其产生、存在和发展的依据。所谓服务型政府就是指在公民本位、社会本位理念指导下,在整个社会民主秩序的框架下,通过法定程序,按照公民意志组建起来的以为公民服务为宗旨并承担着服务责任的政府。纵观人类政治文明的发展历史,其基本线索就是从管制主导型政府向服务主导型政府转变。管制型政府与服务型政府的区别在于强制性的有无,在管制型政府模式下,一切服务都具有强制性;而在服务型模式下,政府的服务则是以被服务者的要求与自愿为条件的。在计划经济时代,我国实行党政合一的行政管理体制,企业的一切行为、一切事宜均由政府具体操作和审批,社会各方面甚至连个人的思想都被纳入了政府的管理范围。这种由行政权力配置资源的方式严重制约了生产劳动者的发展和企业的活力,成为我国经济进一步发展的桎梏。而且,在那个时代条件下,公民在观念上都接受政府是一切事务的管理者,政府的服务功能就被忽略了。改革开放后,企业作为市场竞争主体的地位得到强化,并将其长期担负的部分社会职能归还给政府和社会去承担。在这种趋势下,政府必须对其职能做出相应的调整:放宽对经济的过度干预,建立安全、和谐的公共环境,提供基础设施,强化国防建设,发展教育,保护资源和环境,维持生态平衡等社会事业将成为今后政府的主要职能范围。另外,随着社会的进步,公民民主意识增强,政府对政治、文化等意识形态领域的控制和管制也逐步弱化,公民逐渐重视政府的服务功能。从社会发展的进程和政府行政职能改革的目的来看,政府职能转变的趋势就是由管制主导型向服务主导型转变。

**(二)由无限政府向有限政府转变** 有限政府与无限政府的区别在于政府的权力、职能、规模等是否受到法律的限制和社会的监督与制约;政府的权力和规模逾越其法定疆界时,能否得到及时有效的纠正;政府官员、尤其是最高领导违法是否受到法律的惩罚。无限政府就是一个在规模、职能、权力和行为方式上具有无限扩张性、不受法律和社会其他力量制约的政府。有限政府并不意味着政府能力削弱,而是提出了更高的要求,除了规范化行政外,政府还要在宏观经济决策能力、市场监管能力、社会调整能力与处理国际经济事务纠纷能力等方面加大内力(石文龙、吴洪涛,2004)。民主化要求现代社会建立有限政府,政府的职能和权限要限制在一定的范围内,而不是无限扩大。现代政府不应该是万能的、包办一切的,应该是行政权力有限制的政府。当前,我国行政管理体制中所谓越位、缺位、错位、扰民等问题,就是因为没有弄清政府的权限,从而出现了政府管了不该管的事,而该管的又没有管或没管理好。政府职能设定的基础和根据是市场配置的内在要求和市场运行的客观规律,因此今后在政府职能的改革上,我们要注意这一点,防止行政权的泛化和弱化。

**(三)由无过错政府向责任政府转变** 长期以来,国家利益高于一切的主导思想导致了我们在处理国家、集体、个人三者关系时片面强化国家利益本位,使得代表国家利益的政府成为不受控制和制约的任性政府。政府行使人民赋予的权力本来无可厚非,但如果在行使权力时忽略政府应当承担的责任,就会造成权力义务的失衡,由此公众往往成为权力异化的牺牲品,这是腐败产生的根源,在这方面我们的教训是深刻的。长期以来,我们的政府机关及其工作人员始终认为政府就是用来行使权力、管理社会的,政府也从来不会犯错误。事实上,由于缺乏

过硬的自我规范机制与监管手段，一旦政府犯错误，其后果比一般的企业、社会团体所犯的错误后果更加严重，更加难以抚平。法学原理告诉我们权力与责任是紧密相连的，承担责任与行使权力是一个问题的两个方面，建立责任政府，它不仅意味着政府行使的每一项权力背后都连带着一份责任，拒绝应该行使的权力也是一种失职，还意味着违法行使权力必须承担法律责任（石文龙、吴洪涛，2004）。我国《行政诉讼法》的建立与实施是具有相当大的进步意义的，它标志着我国确立了“民告官”的法律机制，这是追究政府责任的开始，也是公民、社会参与国家、对抗国家、制衡国家的保障和工具。我们要不断对它进行完善，使其成为公民简单易行的监督工具。

除了上述的几个转变之外，学界认为，政府管理职能还经历了从人治到法治的转变、从微观管理向宏观管理的转变、从直接管理向间接管理的转变。

## 三、农业行政管理职能

农业行政管理指政府农业行政管理部门对涉及农业方面的社会公共事务进行的各种管理活动。农业行政管理体制就是农业行政部门在一定历史时期内根据社会的需要，为保障对涉及农业和农村经济发展的各项社会事务进行管理而建立的组织制度体系（雷田雨，2004）。

农业与人类发展相伴相生，其功能随着人类社会的不断演进也不断增加。所以，农业的基本功能决定了农业行政管理的职能。在农业社会，农业与人们的关系最为密切，它既是衣食之源，也是人民生活的保障，称其为“第一产业”毫不为过，其功能主要是提供粮、棉、油等农产品；在工业社会，农业除了提供保障温饱的农产品，还要提供工业原材料，帮助国家积累工业化的资本，提供劳动力资源，出口创汇等；在现代社会，农业又增加了保障国家食品安全等功能。在我国，农业还具有增加农民收入、提供社会保障、缓解就业压力等功能。以新时期农业的功能为依据，以发达市场经济国家农业管理目标体系为参照，结合我党对“三农”问题的认识，我国新时期农业行政管理职能的调整主要针对以下5个方面。

**（一）确立农业在国民经济中的基础地位** 2008年10月12日通过的《中共中央关于推进农村改革发展若干重大问题的决定》（以下简称《决定》）指出，农业、农村、农民问题关系党和国家事业发展的全局。只有坚持农业的基础地位才能不断解放和发展农村社会生产力，推动农村经济社会全面发展。

**（二）确保粮食安全** 胡锦涛同志多次指出，解决十几亿人口吃饭的问题是最重要的问题，是“头等大事”。《决定》把发展粮食生产放在现代农业建设的首位，各地区都要明确和落实粮食发展目标，强化扶持政策，分担国家粮食安全责任。

**（三）保护农业，增加农民收入** 以“生产发展、生活宽裕”为主旨，千方百计调动农民生产的积极性，提高农民收入，保障农民的基本利益。

**（四）提供发展“三农”所需的公共服务** 加强基础设施的建设和建立新型农业社会化服务体系是发展“三农”事业的基础与保障，也是全党接下来的工作重点。

**（五）保护农业资源，促进生态文明** 《决定》指出按照建设生态文明的要求，发展节约型农业、循环农业、生态农业，加强环境保护，推进农业的可持续性发展。同时，推广节能减排技术，加强农村工业、生活污染和农业污染面源污染的防治，做到“乡风文明”和“村容整洁”。

## 第三节 行政问责制度

所谓行政问责制度，是指一级政府对现任该级政府负责人、该级政府所属各工作部门和下级政府主要负责人在所管辖的部门和工作范围内由于故意或者过失，不履行或者不正确履行法定职责，以至影响行政秩序和行政效率，贻误行政工作，或者损害行政管理相对人的合法权益，给行政机关造成不良影响和后果的行为，进行内部监督和责任追究的制度。

行政问责制度包括两个方面：一方面，是指特定的问责主体针对政府及其公务人员的主要负责人的行政行为而采取的、并要求其承担否定性结果的一种规范；另一方面，与其工作职责有关的工作绩效及社会效果，政府及其公务人员的主要负责人有义务接受问责主体的质询并承担相应的责任后果。

### 一、行政问责制的发展历程

新中国建立初期面对重大问题都是领导集体决策，当决策出现失误时往往是集体负责，而集体负责的结果常常是无人负责，责任追究往往不了了之或有头无尾。特别是在计划经济时代，政府权力在资源配置中占据主导地位，行政权力无限渗透到社会生活中使得权力本位的思想根深蒂固，而责任本位的思想远没有确立下来。我国自计划经济形态向市场经济形态的过渡过程中，传统与现代、文化与制度的相互碰撞使行政道德失范，行政权力滥用，行政责任缺失大量出现。这不仅有损政府的形象，也破坏了人民与国家的关系，激化了社会矛盾。新一代领导集体以科学发展观为指导，积极探索政府建设的路径，认识到社会转型时期建设责任政府的迫切性与必要性。温家宝在 2004 年的《政府工作报告中》强调："只有人民监督政府，政府才不会懈怠"，"有权必有责，用权受监督，侵权要赔偿"等理念。"十一五"规划的出台，确立了我国要建立责任政府的长期目标。强调对政府公共行政责任的认定和追究并使之制度化，建立健全行政问责制，构建可问责政府，是未来政府治理的主要努力方向之一，"可问责"将是指导我国政府转型的新理念之一(陈静、周峰，2007)。

党的十六大及新一届政府主政以来，国内行政问责出现了全面复兴的良好势头，从 2003 年启动至今，行政问责正发生着一系列深刻变化。这里指出 3 个重大事件：SARS 危机、吉林化工厂爆炸污染松花江事件和三鹿奶粉事件。在这 3 起有着巨大影响的事件中，主要责任人都承担了相应的领导责任，不是被免职就是主动引咎辞职。从对这些事件的处理中可以看出，中央已大力启动行政首长的问责制度。这种以追究责任实行问责制的形式彰显了政治文明的进步，充分体现了"权为民所用，情为民所系，利为民所谋"的深刻内涵。从"不问责"到"问责"，再到以法律保障"问责"，靠法律和制度约束行政官员的行为，体现了我国政府依法治国、依法行政的决心(王新合，2007)。如今，从中央到地方，问责制作为追究责任人责任的主要方式具有明显的发展态势。

胡晨(2008)认为，在中央层面上早在 1995 年中共中央 5 号文件《党政领导干部选拔任用工作暂行条例》就提出要"建立领导干部辞职制度"，而 2000 年中共中央颁发的《深化干部人事制度改革纲要》为引咎辞职制度的实行提供了基本的政策依据。2001 年 11 月 6 日，最高人民法院颁发了《地方各级人民法院及专门人民法院院长、副院长引咎辞职规定(试行)》，首次明确

提出法院发生严重枉法裁判案件等情况，院长和副院长应当引咎辞职。2002年7月，中共中央印发《党政领导干部选拔任用工作条例》，该条例第56条规定："实行党政领导干部辞职制度。辞职包括因公辞职、自愿辞职、引咎辞职和责令辞职。"这标志着我国引咎辞职制度的确立。2003年5月2日，中央颁布的《公共卫生突发事件条例》是今后处理突发公共卫生事件的法律依据，它在国家迅速扑灭"非典"的过程中起到了关键作用。2004年3月22日，国务院印发的《全面推进依法行政实施纲要》是一个纲领性的文件，它体现了国家推进行政问责的巨大决心。2006年1月1日实施的《中华人民共和国公务员法》则规定了对公务员的惩戒和法律责任。2009年5月22日，中共中央总书记胡锦涛主持中共中央政治局会议，会议审议并通过《关于实行党政领导干部问责的暂行规定》《中国共产党巡视工作条例(试行)》《国有企业领导人员廉洁从业若干规定》。规定要求："各级党政领导干部要认真践行全心全意为人民服务的宗旨，以对党和国家高度负责、对人民群众高度负责的精神，切实履行党和人民赋予的职责，兢兢业业完成好各项工作任务。各级党委和政府要依照《暂行规定》严肃问责，充分发挥问责在党风廉政建设中的积极作用。"同时，确定责令公开道歉、停职检查、引咎辞职、责令辞职、免职为对党政领导干部实行问责的主要方式。

相对于中央来说，地方问责法规更加有针对性。2003年8月5日，长沙市通过了《长沙市人民政府行政问责制暂行办法》，成为我国第一部有关行政问责的地方性规定。2003年11月21日，四川省制定了《四川省党政领导干部引咎辞职暂行办法》。2004年5月11日，重庆市通过了《重庆市政府部门行政首长问责暂行办法》，该《办法》是我国第一次以政府规章的形式出台的问责制度，开创了我国行政问责法治化建设的先河。2005年1月30日海南省人民政府公布实施了《海南省行政首长问责暂行规定》，主要是针对省人民政府所属部门和市、县、自治县人民政府行政首长(含主持工作的副职)不履行或者不正确履行法定职责的行为追究责任。2005年4月，昆明市监察局制定了《昆明市国家行政机关及其公务员行政不作为问责办法(试行)》，这是专门针对行政机关公务员行政不作为这种行政陋习给予问责(余思，2009)。2007年11月，吉林省公布了行政问责暂行办法，规定对没触犯法律或者违法但不构成刑事责任的，以及未构成违纪或者违纪了但不够处分标准的44种行政行为进行问责。2008年元月，新一届云南省人民政府的第一个大动作便是颁布《关于省政府部门及州市行政负责人问责办法》，"要让行政问责制度家喻户晓，让全社会都来监督政府官员和政府行为。"截至目前，云南、重庆、海南、甘肃、山西、山东等10多个省(直辖市)已全面启动行政问责制相关办法，先行试点或推行问责制的市、县级政府更多。江苏省苏中地区的扬州、南通、泰州三市也于2007年3月、12月，2008年7月先后出台了《扬州市行政首长问责暂行办法》《南通市行政首长问责暂行办法》《泰州市人民政府行政问责暂行办法》。《泰州市人民政府行政问责暂行办法》几乎贯穿了行政工作的全过程，对行政决策、行政执行、行政处罚、行政许可、行政强制、行政征收、行政裁决、行政确认、行政给付、行政检查、行政复议及行政赔偿等12种具体行政行为的71种情形，做出了问责规定。同时，对于行政问责责任有了较为明确的划分。

虽然政府颁布的各项条例、法规在特定时期起到了特定作用，达到了预期的目标，但是很多文件还不规范，实践操作性也不强。因此，从整体来看，我国的行政问责制度还处在建设的初级发展阶段，需要我们对其不断地完善与改进来发挥其长效作用。

## 二、行政问责制的特点

从历史发展的角度来看,行政问责制的实施完成了其内在几个重要内容的转变,使其具备了如下几个特点(陆彩鸣、徐小军,2008)。

**(一)问责主体从“同体问责”向“异体问责”转变** 近几年来,随着我国公民民主意识的增强,公众参与、社会舆论在推动对官员进行“问责”中的作用越来越大,这极大地改变了以往问责主体一般为政府系统内部的上级机关的方式。在实践中,各地开始就行政问责主体进行规范,出台有关法律法规对问责主体进行说明。例如,江苏省泰州市颁布的《泰州市人民政府行政问责暂行办法》规定,除了行政首长、监督管理机关、上级机关外,公民、法人、其他组织、人大代表、政协委员、司法机关以及新闻媒体也都可以提起问责。这表明行政问责主体的多元化已经开始制度化,同体问责正逐渐向异体问责拓展。

**(二)问责对象从追究“有过”官员向追究“无为”官员转变** 2004年,浙江省实施《浙江省影响机关工作效能行为责任追究办法(试行)》。该《办法》规定,全省党政机关的工作人员如在公务活动中不履行或者不正确履行职责,影响机关工作秩序和效能的都将被问责。这在全国开创了“庸官问责制”的先河,改变了长久以来我国只注重对表层有过错并酿成重大责任事故的官员进行惩处,而对潜层“庸官”缺乏惩戒措施的工作思路。随后,各地方也纷纷掀起“治庸风暴”,并且要求更加严格,像行政效率低下、工作态度生硬、言行不文明、服务质量差也被列入可问责的范畴。问责的发展趋势就是除了“出问题”的官员继续受到追究外,那些“无为”的官员也将被问责。

**(三)问责方式由“权力问责”向“制度问责”转变** 过去,对事故或案件的追究比较随意,追究与否、追究哪些人、追究到什么程度都没有明确的依据可寻。追究实施者的“直接责任”很多,而追究领导层的“间接责任”很少,追究一把手领导责任的就更少。将引咎辞职明确引入问责制度的文件是2004年4月实施的《党政领导干部辞职暂行规定》,该文件明确规定官员因“工作严重失误、失职造成重大损失或恶劣影响、对重大事故负有重要领导责任”等应引咎辞职。此后,各地陆续出台了各种各样的行政问责制暂行办法,标志着行政问责制正向制度化、法制化方向深入发展。

**(四)问责范围从生产事故多发部门向各领域各部门扩展** 从2003年以前的案例来分析,政府官员问责一般都是因为重大责任事故引发的。但是,近年来,一个引人注意的发展趋势是行政问责的范围不断拓宽,除了生产事故多发部门外,还拓展到公共服务领域、公共决策领域、行政执法领域。另外,除了行政机关,党群组织、企事业单位、公检法机关等也被划入问责的视野。

**(五)高科技介入** 2008年6月,胡锦涛总书记在人民网上与广大网友互动开创了国家领导人与老百姓互动的新局面。这不仅标志着人民对政府监督问责渠道的多样化,也使得问责形式多样化。一年来互联网与政府之间的互动发生了深刻变化:网上讨论公众事宜增多;网络力量更强大;官员上网的越来越多了;政府部门回复网友质疑和意见的速度更快了。有人用“壮了网民胆,吓坏贪官魂”来形象地说明网络问责的力度越来越大。这体现出问责制度与时俱进的发展新态势。

## 三、行政问责制的成效

自建立和施行以来,行政问责制在权利与义务的统一、行政监管和规范化行政等方面发挥了重要的作用,取得了很多成绩。这既有利于行政体制的不断完善,也在一定程度上推进了我国民主化进程(龙小泉,2007)。

**(一)责任政府理念得以树立** 2003年的SARS一疫,数千名官员因隐瞒疫情或防治不力而被查处。一时间,引咎辞职、责令辞职等名词纷纷在各大报刊杂志上频频出现;2007年2月13日《深圳特区报》报道,2007年深圳市纪检监察部门将试行政府部门和公务员行政不作为失职道歉制度,一旦政府部门和公务员出现严重的行政不作为或失职等问题,须以登报发表声明等形式公开向公众道歉。这些新的举措都彰显了新一届中央及地方政府建立责任政府、向服务型政府转型的决心。向官员和政府问责理所当然地受到了人民群众的拥护,民意调查显示:近七成公众赞同因严重失误、失职而造成重大损失或恶劣影响,或者对重大事故负有重要领导责任的失职官员引咎辞职;超过一半的受访者认为"这是我国政治文明进步的标志"。许多专家学者认为问责制度将成为我国政治体制改革的一个新亮点。官员被问责、道歉制度化、公众的认可、学者的关注,这些都表明责任型政府、可问责政府的理念已经在我国扎根了。

**(二)行政问责制度化加快** 2003年下半年,各地陆续出台了各种各样的"行政问责制暂行办法"、"行政过错追究暂行办法"。同时,中央政府也加快了问责制度化的进程。2004年党中央集中出台了六大改革措施:一是公开选拔党政领导干部的规定。二是党政机关干部竞争上岗的规定。三是党政领导干部辞职的规定。四是地方党委全委会对下一级党政正职拟任人选和推荐人选表决办法。五是干部职务与职级相结合的制度。六是对党政领导干部辞职"下海"现象提出规范性意见。其中与问责制最密切相关的,是出台了官员辞职的4种形式。2004年的《中国共产党党内监督条例(试行)》《中国共产党纪律处分条例》《党政领导干部辞职暂行规定》,2005年的《全面推进依法行政实施纲要》《公务员法》,均对问责制的相关内容做了规定。这些法规的出台标志着问责制正逐步摆脱以往自上而下的权力问责形式,开始向制度问责阶段过渡,也说明我国行政问责正向制度化、法制化、规范化的方向发展。

**(三)行政问责覆盖面不断加大** 事实证明,我国行政问责改革进程中不仅覆盖的问责领域逐渐扩大,问责人数、官员级别也有日益提升的趋势。从下列事件中可见端倪:

开创我国官员问责制先河的事件是2003年,因防治SARS工作不力,中央对当时的卫生部部长、北京市市长采取罢官去职,这在我国政坛引起极大震动。

2004年4月14日,温总理主持国务院常务会议,亲自听取监察部关于中石油重庆市开县"12·23"特大井喷事故、北京市密云县迎春灯会特大伤亡事故、吉林市中百商厦特大火灾3起责任事故的调查处理情况。在这3起事故中,移交司法机关处理13人,给予党纪、政纪处分及组织处理55人。中石油公司总经理马富才、吉林市市长刚占标、北京市密云县县长张文为此"引咎辞职"。

2004年4月至6月,国务院先后责成严查江苏"铁本"案、安徽"阜阳劣质奶粉"案和湖南"嘉禾违法拆迁"案、包括常州市市委书记,扬州市市委书记、副书记,阜阳市市长、副市长,嘉禾县县委书记、副书记、县长、副县长等23名政府官员分别受到党纪政纪的严肃处分。

2005年,国家环保总局局长解振华因为松花江水污染事件而引咎辞职。

2006年,上海市委书记陈良宇因为挪用社保资金而被责令辞职等。

各地政府也对一些重大事故相继施行问责:2004 年 4 月 28 日,湖北省监察厅通报全省 2003 年下半年查处 110 名责任人。浙江省海宁市市长张仁贵、川化集团总经理谢木喜、中国疾病预防控制中心主任、副主任引咎辞职。

## 四、行政问责制的现实意义

2009 年颁布的《暂行规定》指出,该规定"是加强反腐倡廉法规制度建设、完善领导干部行为规范的重要举措,对于加强党政领导干部的管理和监督,增强党政领导干部的责任意识,更好地贯彻落实科学发展观,不断提高党的执政能力和执政水平,具有重要意义。"对于一个政府在管理国家社会事务的活动中的自身建设而言,行政问责制发挥着重大作用。宏观来看,我党积极推进行政问责制的建设与普遍实施是一项事关社会主义和谐社会建设的伟大事业。微观来看,在社会舆论力量如此强大的今天,行政问责的效果直接影响到老百姓对政府的支持和印象,这一点是任何政府都不能无视的。

**(一)行政问责制的实施,有利于政府职能的转变,提高政府执政水平,打造为民负责的政府** 在一个民主的现代国家,任何一个为民负责的政府,任何一个以人为本的政府,都必须履行好自己的职责并承担相应的义务。履行职责表现在:尽力完成人民赋予的社会管理、公共服务、市场监督、宏观调控等权力和职能;承担责任表现在:政府及其行政公务人员须随时接受人民群众的监督和问责,并承担相应的责任。"建立实施行政问责制,有助并有利于转变政府职能,深化行政体制改革,在理顺政府与企业、政府与市场、政府与社会、政府与公民的关系中明确政府及其行政官员应承担的责任,从而提高其依法行政水平,实现政府及其行政官员职能职责的归位、定位和正位,塑造一个守法、守责、守信、守时的当代责任政府。"在制度上,实施行政问责制可以对政府行政机关及其行政公务人员的权力、职责进行必要的限制和规定,防止其滥用、误用公共权力等失职行为。在法律上,行政问责制还填补了空白,不仅对行政官员的"乱作为"要问责,对其"不作为"和"无作为"也要问责。在政策上,行政问责方式既有利于政策制定的正确性,也能对维护公民权益起到促进作用。这样,制度、法律和政策层面的三管齐下,多重保障势必能够促进行政公务员工作态度和工作作风的转变,势必能提高责任政府的服务态度和工作效率。

**(二)行政问责制的实施,有利于吏治的整肃,国家公务员队伍的优化,高素质行政人才的造就** 长期以来,由于行政问责制度的不健全与虚位,再加上政府公务人员素质各异,使得一些行政官员责任意识淡薄,只知享受权力,而不知自觉地履行与权力对应的义务和责任。由此,便出现了"守位子","功劳大家抢、过失人人推","宁愿不作为,也要保位子;宁愿不做事,也要保安全"等怪现象。这种现象的出现是有悖于人民赋予的管理国家社会事务的权力的,也违背了国家行政机关公务人员为人民服务的初衷。这些现象在相当广的范围内存在着,有些地方还很严重,如果任其发展必将使人民对政府丧失信任。有些地方的制度规章一订再订、一改再改,但终因其职责不清或考核措施落实不好,也就变成了纸上谈兵。行政问责制的建立实施,可以实现由以人管人到以制度管人,由内部监督到社会监督,由"权力主体"到"责任主体"的转变。问责追究,有利于行政事务管理,谁用的干部谁管理,并负有连带责任,在客观上达到整肃吏治的目的;有利于日常管理,防止腐败与权力滥用,优化官员队伍,提升行政人员的个人素质;有利于深化对政府行政理念的认识,将权力与责任、压力与动力、能力与效力有机地统一起来,在其位就要谋其事,在其职就要负其责。

**（三）行政问责制的实施，有利于打破传统的为官之道，建设现代化为官之道，构建勤政、廉政等优秀行政文化理念**　长期以来，“官本位”思想一直是我国政府机关与其工作人员的信条，甚至连老百姓也没有异议。随着民主意识、公民意识的不断加强，老百姓虽然意识到这种现象的消极一面，但处于弱势地位的他们仍然无可奈何。监督与约束的弱化使得“不求有功、但求无过”的想法在实际行政工作中根深蒂固。建立实施行政问责制就是要打破这种僵化，它不仅起到了制度监督、纪律惩罚的作用，规范了行政人员的行政行为，还能在行政领域引入一种竞争淘汰机制来打破传统的行政官员“能上不能下”的陈规陋习，拓宽行政官员流动的渠道。行政问责制的实施，意味着要求行政官员不仅要勤政、廉政，而且还要爱政、优政。在政府内部真正贯彻“能者上、庸者下”的同时，树立新的体现“心为民所系，利为民所谋”宗旨的行政文化理念：做到行政必须为民，为官必须做事，做事必须负责，权力责任对等，奖励处罚并行。另外，那些不作为、乱作为的官员同样也要遭到问责。

**（四）行政问责制的实施，是对国家法律责任制度的进一步完善，加速我国的行政国际化的进程**　实施行政问责制是国际上目前比较通用的做法。根据各国的具体情况不同，其问责的具体规定和操作方法也都各不相同。但是，各国在问责制度的规定上有一个共识：掌管公共权力的政府公务人员进行公务行为时，有权必有责、违规违法必追究。这是对公务人员行政行为的一种规范与约束。行政问责制的建立是对我国的行政法律制度的有效补充与完善，为行政违法违规的责任追究提供了法律依据。因此，在建设中国特色社会主义过程中，实施行政问责制，还有利于我国的行政水平、行政能力、行政理念与国际接轨。

## 第四节　行政诉讼制度

1989 年 4 月 4 日，经全国人大通过、颁布了《中华人民共和国行政诉讼法》。这一法律是新中国法制史上的重要里程碑，因为它奠定了我国行政诉讼制度的基础。

### 一、行政诉讼制度的生成依据

1949 年 10 月 1 日中华人民共和国成立，这标志着人民民主专政的社会主义国家和制度得以确立和发展，这是我国行政诉讼制度生成的一个内在根据，也是黑格尔所言“合理性”之一。从 1949 年《中国人民政治协商会议共同纲领》第 19 条，1954 年《中华人民共和国宪法》第 97 条至 1982 年宪法第 41 条都规定：公民有权控告任何国家机关和其工作人员的违法失职行为。这就使行政诉讼制度的建立成为一种历史的必然。为了贯彻宪法的精神，1982 年 3 月 8 日公布的《中华人民共和国民事诉讼法（试行）》第 3 条第 2 款做了可操作的具体规定：“法律规定由人民法院审理的行政案件适用本法规定”。此举具有重大的历史意义，这表明了我国行政诉讼制度的正式诞生，我国民主政治的落实和发展又向前迈进了一步。随后出台的大量法律法规规定（1989 年行政诉讼法颁布前），人民法院可以受理的行政案件已有近 130 件，其中最重要的是行政处罚案件。由于数量众多，涉及面广，被告又是公安机关，因而社会影响很大、社会反响很好，直接促进和推动了行政诉讼法的产生。由此可见，没有人民民主专政制度作为土壤，行政诉讼便无从产生，我国行政诉讼制度的生成是与民主政治的客观要求契合的。

其次，我国行政诉讼制度也是我国经济体制改革的必然产物。前文已述，我国经济体制改革促使行政管理体制也发生了与之相呼应的转化，而作为政府行政职能调整的内容之一的行政诉讼制度必然也要与社会经济形态和社会发展状况相匹配。所以，它的产生、成长与发展都是社会经济体制改革的客观结果。社会主义公有制决定了我国行政诉讼制度本质及其效用。在计划经济时代，私人或法人的法定财产权难以界定或保障。随着经济体制的改革，社会向着有计划的商品经济体制过渡和发展，正是伴随着这种转型与过渡，行政诉讼制度才得以酝酿和生成。再从有计划的商品经济向市场经济转化，行政诉讼制度便成为必然的产物和无可争辩的新生事物（高巍，2001）。

另外，我国行政诉讼制度也是改革开放后，通过学习、借鉴和吸收其他国家行政诉讼制度优点的基础上创建的。我们有必要也应该了解其他国家的行政诉讼制度及其运行状况，改革开放给我们提供了这样的条件去总结各国行政诉讼制度发展过程中功过得失的经验，并为我国所用。

刘善春（1998）认为，民主政治，市场经济，改革开放相伴生长，互相促进。市场经济之下才会有确实的民主政治，而没有改革开放，民主政治也是一句空话。上述3个条件是我国行政诉讼制度的合理性根据。

## 二、行政诉讼制的发展历程

行政诉讼是解决行政纠纷、保障公民权益的一种方式。它以行政纠纷的存在为其前提条件。在我国，行政纠纷是大量存在的。行政纠纷的存在并不取决于人们的主观愿望，而是有其客观必然性。行政机关在其日常工作中，经常要发布命令，采取措施，行使强制权力，这就有可能通过适当的途径和程序予以解决（张正钊，1999）。但是，由于体制和人们的认识等方面的原因，解决的方式可能有所不同。新中国成立以来，对于行政纠纷的解决大体可以划分为3个阶段（张希平，2006）。

**（一）第一阶段（从建国初至1979年）**　我们可以称这一阶段为“内部解决”阶段。因为当时行政纠纷的解决主要是通过党政机关的信访等途径进行的，并没有法院或专门的法律部门来处理行政纠纷。信访工作是革命战争年代传统的继承，新中国成立后被中央继续沿用来处理行政纠纷。随着群众来信来访数量日益增多，1951年和1957年党和政府专门为此做出指示，规定国务院各部门、省、自治区、直辖市人民政府都设立专门的信访机构。客观地说，由于信访途径与30年的高度集中体制相适应，因此，在1949—1979年这30年中，大部分的行政纠纷的处理均由信访机构承担，信访成为处理行政纠纷的主要途径和方式。

**（二）第二阶段（从1979年至1987年）**　经历了文革动乱之后，我国开始重视民主与法制的建设。党的十一届三中全会以后，体制上的变化为我国针对行政纠纷的处理带来了新的发展。党的纪检机关、人民代表机关、行政监察部门、人民法院等相继出现，它们与信访方式一起把我国对行政纠纷的处理带人了多渠道并存的阶段。就是在这一时期，人民法院的行政诉讼方式得到确立并成为日后主要的诉讼途径。1979年的《选举法》规定“申诉人如果对处理决定不服，可以向人民法院起诉，人民法院的判决为最后决定。”1983年《民事诉讼法（试行）》第3条第2款明确规定：“人民法院审理行政案件适用本法。”使人民法院审理行政案件有了程序依据。行政诉讼的出现说明我国对行政纠纷的解决开始逐步走上正轨。其实，选择行政诉讼作为处理行政纠纷的主要方式也是在司法发展过程中的一种合理选择。由于其他方式都存在着不可克服的局限，行政诉讼便显示出它的优越之处。例如，信访缺乏公正性和有效性，并且不

具有裁决权，往往将纠纷一拖再拖，效率低下且人民很难满意。而党的纪检机关处理案件的范围与性质是有限的。人民法院则是以独立的局外人身份来裁决双方当事人之间的纠纷，加之它有一套严格的司法程序保障它的公正性与合理性，这有效地杜绝了行政领域不严格依法办事的现象。有鉴于法院行政诉讼的诸多优势，我国行政诉讼开始逐步发展起来。

**(三)第三阶段(从1989年全国七届人大二次会议通过《中华人民共和国行政诉讼法》至今)** 在此阶段，随着改革开放不断深入，社会经济不断发展，公民法律意识提升，我国行政诉讼开始大规模发展。行政诉讼法的颁布是我国行政诉讼制度正式建立的标志。

## 三、行政诉讼制的特点

行政诉讼制度与民事、刑事诉讼制度都不同，有其自己的特点(李松为，1987)：

**(一)行政诉讼是对行政处理决定合法性的审查** 行政诉讼是法院在当事人及其他诉讼参与人的参与下，按照法定的方式和程序，解决行政纠纷的活动。根据我国有关的法律规定，引起可以起诉的国家行政机关的管理活动，不是指针对不特定多数对象的带有普遍指导意义的管理，而只能是针对某项具体事情进行处理的管理活动，这种管理集中体现在针对该事而做出的行政处理决定上。简单来说，民事诉讼和刑事诉讼的处理要兼顾合法性与合理性。而行政诉讼案件中当事人双方争议的焦点在于该行政处理决定是否完全符合法律的规定，是否具有合法性，不涉及处理决定合理性的问题。

**(二)诉讼当事人处于平等的诉讼地位** 在行政法律关系中，国家行政机关居于主导地位，它们代表国家行使行政权，是社会生活的组织管理者。企事业单位、社会团体和公民则始终处在被管理者这样的被动服从地位。二者地位的不平等是显而易见的。而当后者向法院提起行政诉讼来质疑一级行政机关所做决定的合法性，并且法院予以受理后，它们之间的关系由法律关系转入诉讼关系。在诉讼关系中，行政机关不再直接代表国家，而只是以一方当事人的身份出现。这时，双方成为诉讼当事人，原、被告处于平等的诉讼地位，作为原告的企事业单位、社会组织团体、个人和作为被告的一级行政机关在法律面前一律平等，享有同等的权利与义务。

**(三)行政诉讼具有独立的诉讼体系** 民事诉讼、刑事诉讼和行政诉讼构成国家的三大诉讼体系。与民事诉讼，刑事诉讼都有各自独立的体系一样，行政诉讼也具有独立的诉讼体系。除了这三者共同的原则：人民法院行使审判权、人民法院依法独立进行审判、以事实为根据、以法律为准绳、诉讼当事人在适用法律上一律平等、两审终审、公开审判、合议、回避、用民族语言文字进行诉讼、人民检察院对审判活动进行监督等，行政诉讼制度还有自己的特点。首先，行政诉讼的客体是一级行政机关所做的行政处理决定的合法性，判决不直接具体处分当事人的实体权利义务；其次，法院判决仍交回原行政机关，即诉讼中的被告执行；再次，国家行政机关维持自己所做的决定是它的权利，也是它的义务，不能放弃，因而行政诉讼不能调解或和解；最后，行政诉讼不支持公诉原则。

## 四、行政诉讼制的成效

行政诉讼制是以法律视角对行政机关的行政行为的合法性进行审查与监督的主要工具。因此，自建立伊始就取得了立竿见影的效果(黄海峰，2007)。

**(一)法院受理案件的数量和类型都在逐年增加** 过去的案件主要集中在行政处罚范畴，

比较单一，而现在案件类型呈现出多元化趋势，包括工商纠纷、城建纠纷、资源许可纠纷、侵犯企业自主权、限制人身自由等。从1989年《行政诉讼法》颁布至2001年的10余年间，受理案件的数量与类型的变化从下表的比较中可见一斑(表15-1，表15-2)。

**表15-1　1990年全国人民法院行政一审案件情况统计表**　(单位:件)

| 类别 | 收案 | 结案 | 结案中 | | | | |
|---|---|---|---|---|---|---|---|
| | | | 维持 | 撤销 | 变更 | 撤诉 | 其他 |
| 合计 | 13006 | 12040 | 4337 | 2012 | 398 | 4346 | 947 |
| 治安行政 | 4519 | 4404 | 1913 | 698 | 6 | 1236 | 191 |
| 土地行政 | 4038 | 3855 | 1258 | 661 | 184 | 1525 | 227 |
| 其他行政 | 4449 | 4141 | 1166 | 653 | 208 | 1585 | 529 |

注:结案中含上年旧存

(数据来源:北大法意1990年全国一审行政案件情况统计数据，http://www.lawyee.net/)

**表15-2　2001年全国人民法院行政一审案件情况统计表**　(单位:件)

| 类别 | 收案 | 结案 | 结案中 | | | | | |
|---|---|---|---|---|---|---|---|---|
| | | | 维持 | 撤销 | 驳回起诉 | 撤诉 | 单位行政赔偿 | 其他 |
| 合计 | 100921 | 95984 | 15941 | 12943 | 11516 | 31083 | 2765 | 21736 |
| 公安行政 | 14525 | 14554 | 3508 | 1865 | 1485 | 5017 | 830 | 1849 |
| 工商 | 3351 | 3326 | 586 | 646 | 331 | 1113 | 133 | 517 |
| 卫生 | 1172 | 1193 | 188 | 95 | 167 | 350 | 43 | 350 |
| 土地 | 14764 | 14661 | 2832 | 2693 | 2401 | 3847 | 148 | 2740 |
| 林业 | 1473 | 1483 | 450 | 446 | 102 | 341 | 30 | 114 |
| 计划生育 | 1553 | 1595 | 224 | 93 | 111 | 359 | 66 | 742 |
| 城建 | 9228 | 9063 | 1890 | 1478 | 1010 | 3188 | 237 | 1260 |
| 环保 | 1559 | 1555 | 133 | 54 | 77 | 882 | 8 | 401 |
| 交通 | 2214 | 2200 | 290 | 313 | 198 | 744 | 122 | 533 |
| 税务 | 1237 | 1270 | 150 | 71 | 147 | 515 | 82 | 296 |
| 其他 | 49845 | 45084 | 5681 | 5189 | 5487 | 14727 | 1066 | 12934 |

注:结案中含上年旧存

(数据来源:北大法意2001年全国一审行政案件情况统计数据，http://www.lawyee.net/)

**(二)行政诉讼制完善了司法制度，提高了行政审判水平**　回顾我国行政诉讼制度20多年的发展成就，它除了在立法、司法、审判技术上更加精湛，还培养了保护公民权益、客观认识行政权力、反思官民的权利与义务等一系列新的审判意识。受理案件数量的增加和种类的扩展

反映了审判水平在提高;而新的审判意识的形成则反映在新领域审判过程中所做的各种尝试上。

**(三)促进了行政机关依法行政** 行政诉讼法颁布以来,公民法律意识逐渐加强,纷纷拿起法律的武器来维护自己的权益,这样一来,越来越多的行政机关成为行政诉讼的被告。这促使许多行政机关开始调整自身内部管理机制,规范行政行为,以求尽量减少诉讼的可能。行政机关的这种心理使得社会行政管理事业因祸得福,那就是它们把这种压力转换为依法行政和提高行政效率的动力,通过积极完善自身制度的构建,行政行为规范化,切实地做好公共事务的管理。行政机关的这种大转变与之前行政机关权力无约束、行政机关随意行政相比可以说是一个巨大的历史进步。

**(四)公民的诉权意识建立并逐步增强** 公民的诉权意识和权利保护意识在行政诉讼意识潜移默化的影响下得到明显增强。1992年初组建的《〈中华人民共和国行政诉讼法〉实施现状研究》课题组的相关问卷与数据能反映出公民在行政诉讼范畴中维权认知水平的提高(表15-3,表15-4,表15-5)。

**表15-3 调查问题:在您生活的环境里,您是否听说过老百姓与政府打官司的事情**

| 回 答 | 群 众 | 法 官 | 律 师 | 行政人员 |
|---|---|---|---|---|
| 听说过 | 80.3 | 95.7 | 100 | 89.9 |
| 没听说过 | 19.5 | 2.9 | 0 | 10.1 |

**表15-4 调查问题:您是否听说过老百姓把政府告倒了**

| 回 答 | 群 众 | 法 官 | 律 师 | 行政人员 |
|---|---|---|---|---|
| 听说过 | 63.6 | 89.9 | 96.6 | 77.6 |
| 没听说过 | 36.3 | 8.7 | 3.4 | 22.4 |

**表15-5 调查问题:有没有《行政诉讼法》没有什么两样,社会上各种不法现象依然如故**

| 回 答 | 群 众 | 法 官 | 律 师 | 行政人员 |
|---|---|---|---|---|
| 完全赞成 | 8.5 | 1.2 | 0 | 13.5 |
| 比较不赞成 | 15.8 | 13.9 | 10.7 | 10.8 |
| 不清楚 | 7.3 | 1.7 | 0 | 1.4 |
| 比较赞成 | 30.7 | 45.0 | 35.7 | 31.1 |
| 完全不赞成 | 37.7 | 38.3 | 53.6 | 43.2 |

数据来源:《〈中华人民共和国行政诉讼法〉实施现状研究》课题组问卷

## 第五节 精简行政审批程序

行政审批是行政审核和行政批准的合称。行政审核的实质是行政机关对行政相对人行为合法性、真实性进行审查、认可，实践中经常表现为盖公章；行政批准又称行政许可，其实质是行政主体同意特定相对人取得某种法律资格或实施某种行为，实践中表现为许可证的发放。行政审核与行政批准经常联系起来使用，只有符合有关条件才能获得许可证，而且还需定期检验，如果没有违反规定的情况出现，就由有关机关在许可证上盖章，表示对相对人状态合法性的认可。总之，行政审批是根据法律规定的条件，由实际执法部门来审核是否符合条件的行为。

### 一、改革的原因

促使行政审批改革的原因有很多，归纳总结有如下几点（许锋、贺明明，2008）。

**（一）行政审批权的存在容易导致机构膨胀、行政效率低下** 公共权力对社会资源的分配是一种权威性分配，有无权力，权力的大小直接关系到部门或地方的地位及自主性。因此，为了争夺审批权，有的机关会人为地设置许多审批事项。而已取得审批权的部门和机关则会增加新的机构和人员，从而导致了机构无限膨胀。

**（二）行政审批降低了经济运行效率** 由于行政审批的手续繁杂，再加上机构膨胀新设的机构众多和行政人员人浮于事，企业审批项目若是受到许多部门的推诿和刁难，则动辄需要跑几十个部门，盖上百个公章，不得不花费大量的人力、精力和财力来与政府打交道。行政工作效率的低下不仅影响自己的工作效能，还大大降低了社会经营效率。

**（三）行政审批限制竞争** 审批权的存在很容易造成垄断，审批申请者难以进入的领域大多数是垄断、半垄断或准垄断的领域。因此，企业或个人与审批部门的关系密切与否就决定了其获得行政许可的难易程度。“行政审批人为造成的垄断限制了竞争，而竞争的削弱往往意味着资源配置优化程度的削弱。”

**（四）行政审批容易引起权力“寻租”，造成腐败** 权力支配资源必然会引发“寻租”，滋生腐败行为。有些行政审批采用“暗箱操作”的办法，将行政许可发给与本部门关系紧密的企业或个人，而不是发给最有竞争实力、最有市场效益和前景的企业或个人，这违反了行政透明原则并导致行政过程的不公正。从另一个角度看，审批事项越多，审批权力越大，审批人员和部门也越多，从而利用公共权力谋取私利的机会相应增多，产生腐败的可能性加大。

### 二、采取的措施

诸多不规范、不合法的行为进入行政审批领域导致了大量国家社会资源的流失、“寻租”行为、腐败等非正常现象的出现。国家也意识到长此下去不仅政府工作效率与效能受到影响，社会转型，和谐社会与小康社会的建设大业也会停滞不前。所以，为了促进政府职能转变，完善社会主义市场经济体制，深化行政管理体制改革，国务院于 2001 年 10 月启动了行政审批制度改革工作，分 3 批共取消和调整行政审批项目共计 1 604 项。其中，第一批 789 项，第二批 406 项，第三批 409 项。2002 年 10 月至 2003 年 2 月间，国务院共取消和调整近一半的部门审批

项目，共计1 795项。2004年5月，国务院又取消和调整495项审批项目。与此同时，各地方政府也不断宣布削减了大量的审批事项。2004年7月1日，我国颁布实施了《行政许可法》，此法自1996年开始着手研究起草至2003年8月27日由全国人大常委会通过，历时7年。其目的就是规范行政许可的设定和实施；保护公民、法人和其他组织的合法权益；维护公共利益和社会秩序；保障和监督行政机关有效实施行政管理。其主旨就是防止权力的滥用，更深层的意义则在于国家行政职能的调整。从立法目的来看，这部法律的实施将极大地影响我国行政管理事业，尤其是它对行政机关依法行政提出了更高的要求，必将极大地提高我国行政管理法制化的水平。按照国务院要求的深入贯彻和实施《行政许可法》，进一步规范行政审批行为，减少行政审批项目，国家税务总局自2007年4月份开始第4次集中清理了现行有效的行政审批项目，取消和调整了一批行政许可项目和非行政许可审批项目，共计186项。

进一步清理、取消和调整行政审批项目，是推进政府职能转变和管理创新、完善社会主义市场经济体制的客观要求。

## 第六节　接待群众来访制度

信访工作是中国共产党革命时期的优良传统，党中央、国务院对信访工作一直高度重视。党的十六大以来，党中央从全局和战略的高度对信访工作做出了一系列重要战略部署。各级党委和地方政府在认真学习和贯彻落实中央精神的基础上开展各项工作：积极畅通信访渠道，切实解决群众合理诉求，依法规范信访秩序，妥善处理信访突出问题和群体性事件，这些工作使得各项信访工作的建设取得了明显成效。

当前，我国社会总体上是平稳和谐发展的，但是不断加快的工业化、城镇化、现代化、国际化进程使得经济体制发生了深刻变革，社会流动加强，社会结构变化，人们的思想观念也发生了巨大变化。这让我国社会发展进步充满活力，但同时也要看到，在社会转型过程中也必然出现这样或那样的冲突和矛盾。虽然在这个过程中行政诉讼制度承担了大部分行政纠纷的处理，但仍然有大量问题是通过信访渠道反映出来的。群众的法制观念淡薄、信访部门自身建设的不足和监管的失位与弱化，使得信访工作依然面临十分繁重的任务。因此，我们要深刻认识新时期信访工作的长期性和艰巨性，进一步强化信访工作，使其更好地为我国社会经济、政治体制转型服务。

2007年发布的《中共中央国务院关于进一步加强新时期信访工作的意见》指出“信访工作是党和政府的一项重要工作，是构建社会主义和谐社会的基础性工作。做好新时期的信访工作，对于全面落实科学发展观，发展社会主义民主政治，维护人民群众的合法权益，加强党风建设尤其是干部作风建设，密切党和政府与人民群众的血肉联系，全面建设小康社会、构建和谐社会，具有十分重要的意义。”

在加强信访制度建设的同时，大力推行领导干部接待群众来访制度。要认真坚持党政领导干部阅批群众来信、定期接待群众来访、带案下访和包案处理信访问题等制度。完善党政领导干部和党代会代表、人大代表、政协委员联系信访群众制度，拓宽社情民意表达渠道。各级领导干部要坚持经常深入基层、深入群众，开展调查研究，倾听群众意见，了解群众愿望，关心群众疾苦，及时为群众排忧解难。

在学习中央关于领导干部接待群众来访制度的精神和要求的基础上，全国各地都开展了领导干部接待群众来访制度的工作，并制定了相关的工作程序与章程。这一制度的制定体现了党执政为民、以人为本的工作宗旨。同时，也是中央政府职能调整，改善政府形象，维护百姓利益的一种体现与举措。

## 第七节 一条龙办事程序

一条龙办事程序，就是把需要办理的一系列相关事宜和具有内在关联性的收费、服务及其他事项最大限度地调度，并集中在一定区域，从而形成完整的服务链条。这一程序的应用既是国家行政职能调整和工作方式转变的一种体现，也是国家行政机关依法行政思路的一种转变。在客观上，一条龙办事程序起到了与精简项目审批程序同样的作用，简化了政府行政程序，加强了工作透明度，提高工作效率和办事效能。同时，这种转化是从官本位到民本位的巨大跨越，充分体现了党中央"以人为本"、"方便群众"的执政思路和建立服务型政府的执政理念。一条龙办事程序从一出现就受到了群众的欢迎，主要源于以下几个特点：一是灵活、方便与快捷。一条龙办事程序简化了工作程序与手续，相对集中的业务办理能极大地缩短办事时间。二是形成规模，提高行政机关工作效率。有关单位部门集中在某个特定地点形成规模化、集团化办公，不仅可以化复杂为简单，使僵硬的办事程序变得灵活，还能提高各个部门的工作效率。三是便民。一条龙办事程序的落脚点就在于方便群众，使群众在生产生活中得到真正的实惠。从其一应用就得到人民群众的支持与拥护。另外，这一举措也有利于政府树立良好的行政形象。有鉴于一条龙办事程序的诸多优势，它在各个领域都被接受并广泛运用。

### 一、行政审批领域

"跑审批"是过去老百姓对建设项目报批工作的印象，在不少人眼中，过去跑审批就像进入一条深深的隧道，好像永远也到不了尽头。一条龙办事程序则大大缓解和弥补了行政审批过程中的僵硬和不足。提速，提速，再提速。让工程在路上跑的时间尽可能短，这是管理中心开展服务的立足点。

这方面的成功典型是厦门市建设管理服务中心。该中心自 2001 年成立后，3 年间成功实现三次提速，建设项目从立项到施工许可的审批时限由原来的 300 个工作日→170 个工作日→75 个工作日→45 个工作日。透过三次提速，人们看到的是中心良好的运作机制以及厦门决策者勇于先行先试，率先打破我国沿袭多年的以政府部门职能为导向的审批制度的决心。一站式审批，一条龙服务，实行"一厅式办公"的建设管理服务中心，使建设业主少跑机关，少等时间，少耗精力，少走弯路。经过 5 年的努力，进驻中心的部门、事项在不断增加，审批集中度和规模都明显提高。政府部门、工作人员和广大建设业主都深切感受到，实行"一厅式办公"的方式极大地方便了办事单位，提高了办公效率与服务质量，保证办事单位和人员能够集中、即时解决问题。另外，2008 年 3 月 10 日，绍兴市规划局、市建设局、市国土局和市建管局四部门以一条龙办事的形式对竣工项目实行联动验收。把一个原来需要各个部门分头验收 6 个月的建设项目缩短至 12 天验收完成。

## 二、农业领域

有的地区开展农民合作社的形式帮助农民进行农业生产。农户到合作社上报插秧亩数并签订协议，合作社采用一条龙服务的形式将选种、育秧、秧田管理、起秧、插秧、机收等一系列工作承担下来。这种做法将农民从繁重的体力劳动中解放了出来，节约了生产成本，提高了生产效率。

## 三、金融领域

有的金融机构已根据不同的投资来源，采取不同的方法筹措融通资金，保证资金到位；并以一条龙服务的形式将项目管理从固定资产投资延伸到生产经营领域，为项目生产提供后续流动资金的贷款与管理意见。同时，一些银行为了完善其功能陆续开办了现金、出纳、储蓄、代发工资等业务，为企业提供优质、方便、快捷的服务。

## 四、医疗领域

山东省东营市垦利县是一条龙办事程序成功的典范。“新农合”政策的实施，让垦利人民切实感受到了新变化，体验到了新生活。该县 14.7 万农村人口享受到了家门口就医看病、医疗费用当场报销等新型合作医疗“一条龙”服务带来的好处。郝家村 800 多口人的合作医疗参保费是 2 天收齐的，参保率将近 100%。

## 五、科技领域

一些政府服务部门为科技成果转化工作搭建了服务平台、并以健全企业与高校、科研院所双向互动机制和政府推动激励机制为目的，提出建设科技成果转化服务中心的构想；并且提供科技成果信息、科技创新资源发布、科技成果的转移交易、产权交易、科技成果转化项目的认定、技术合同的认定、科技型企业投资、贷款担保、科技综合服务的网络信息服务、科技创业的辅导服务、国际技术的交流和国际科技合作、科技综合培训、动漫园区服务、农业科技进步和城乡科技统筹发展等一条龙服务。

## 六、法律领域

各地法院都在案件的受理与审理过程中采用一条龙办事程序，对来访来诉群众实行导诉、接待、处理、督办四位一体的“一条龙”司法便民服务。这一途径不仅方便了群众的诉讼，还是对资源的一种重新整合，简化了案件的办理程序，提高了办案效率。

科学发展观的核心是以人为本。胡锦涛同志指出：全心全意为人民服务是党的根本宗旨，党的一切奋斗和工作都是为了造福人民。要始终把实现好、维护好、发展好最广大人民的根本利益作为党和国家一切工作的出发点和落脚点。虽然在不同领域中的表现形式各异，但是一条龙办事程序作为便民利民的一项举措真真切切地为群众带来了方便与实惠。它是党执政为民、以人为本精神的体现，也是国家行政机构以建设服务型政府为主旨所做的行政职能的调整。

# 参考文献


[1] 邹东涛．中国经济发展与体制改革报告:中国改革开放 30 年．北京:社会科学文献出版社,2008.

[2] 吴巨平,陈兴旺．改革开放以来我国行政管理体制改革历史回顾与经验总结．人民网,http://politics. people. com. cn/GB/8198/140124/140126/8445091. html.

[3] 魏礼群．中国经济体制改革 30 年回顾与展望．北京:人民出版社,2008.

[4] 袁曙宏．加快推进行政管理体制改革．国家行政学院学报,2007(6).

[5] http://baike. baidu. com/view/1074577. htm.

[6] 许敏．对进一步转变行政职能的思考．传承,2008(3).

[7] 鲁俊生．论市场经济条件下中国城市政府行政职能．安阳师专学报,2000(1).

[8] 刘熙瑞．服务型政府．中国行政管理．2002(7).

[9] 石文龙,关洪涛．“入世”与我国政府行政职能之转变．行政与法．2004(1).

[10] 雷田雨．新时期农业行政管理职能探讨．河南农业,2004(5).

[11] http://baike. baidu. com/view/392712. htm.

[12] 陈静,周峰．论我国行政问责制的问题与完善．福州党校学报,2007(2).

[13] 王新合．浅谈行政问责制．http://www. hjxn. gov. cn/Show News. aspx? 2007:ID=3354.

[14] 胡晨．行政问责制的架构与运行——兼论中国的情况[D]. 上海:复旦大学社会科学基础部, 2008.

[15] 余思．我国行政问责制必须进一步强化．http://sss. net. cn/ReadNews. asp?2009:NewsID=20989&BigClassID=37&SmallClassID=39&SpecialID=0&belong=sky.

[16] 陆彩鸣,徐小军．中国行政问责制建设的现状、缺陷及完善．中国发展,2008(4).

[17] 龙小泉．我国行政问责制的现状分析及路径选择[D]. ta iit :湖南大学行政管理系,2007.

[18] 黄健荣．论问责新政多维理论之考察．南京社会科学,2004(11).

[19] 实施行政问责制的现实意义．http://www. hljdaily. com. cn/by_hljrb/system/2005/10/12/000209809. shtml.

[20] 高巍．英美法三国行政诉讼制度的趋同及其启示．黑龙江省政法管理干部学院学报,2001(1).

[21] 刘善春．行政诉讼价值论．北京:法律出版社,1998.

[22] 张正钊．行政法与行政诉讼法．北京:中国人民大学出版社,1999.

[23] 张希平．我国行政诉讼制度理论基础新论[D]. 四川大学法学系,2006.

[24] 李松为．我国行政诉讼制度特点初探．河北法学,1987(3).

[25] 黄海峰．我国行政诉讼制度研究．四川大学公共管理学院,2007.

[26] http://baike. baidu. com/view/1200633. html? wtp=tt.

[27] 许锋,贺明明．完善行政审批制度的思考．中共银川市委党校学报,2008(5).

[28] http://baike. baidu. com/view/136532. htm.

[29] 李万甫,等．回顾与展望:清理行政审批事项．中国税务,2008(2)

[30]　http://zhidao.baidu.com/question/62164715.html.
[31]　陈运军,李奕佳,陈琦．一站式审批　一条龙服务．厦门日报,2006(4).
[32]　余万芳．四部门携手试行审批“一条龙”．绍兴日报,2008(1).
[33]　盖红旗,胡继伟．乐享医疗服务“一条龙”．东营日报,2008(3).
[34]　张晔．南京为科技成果转化提供一条龙服务．科技日报,2007(9).

（作者：滕明雨　中国农业大学博士生，奉　公　中国农业大学教授）

# 中　篇

## 经济增长（上部）

# 第十六章　粮食生产与粮食安全

## 第一节　我国粮食生产发展历程

农业是立国之本，粮食生产是社会经济发展的基本保障。1949 年以来，我国粮食生产形势发生了巨大变化。有关粮食播种面积、粮食总产、粮食单产及人均粮食占有量发展变化情况如下。

### 一、粮食播种面积

1949 年以来，我国粮食播种面积基本保持在 1 亿 $hm^2$ 以上。总体发展为减少趋势。20 世纪 50 年代中后期，粮食播种面积一度达到顶峰，1956 年为 13 633.9 万 $hm^2$；2003 年，全国粮食播种面积减少至 9 941 万 $hm^2$，为历史最低水平（图 16-1）。根据不同时期粮食播种面积变化走向，可划分为 5 个发展阶段。

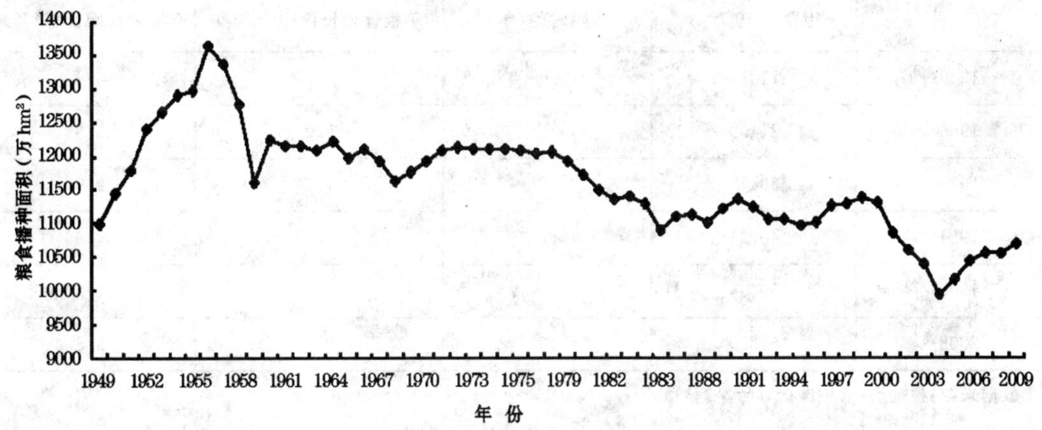


**图 16-1　1949 年以来我国粮食播种面积的变化走势**

数据来源：根据历年《中国统计年鉴》整理；2009 年数据为预测值

**（一）快速扩大阶段**　1949 年后，我国农业生产快速恢复性发展，粮食播种面积连年扩大。1956—1957 年间，全国粮食播种面积扩大至顶峰时期，达 1.35 亿 $hm^2$。1949—1957 年间，粮食播种面积年均扩大 2.47%，此阶段是粮食播种面积攀升最快的时期。

**（二）稳定发展阶段**　1958—1978 年 20 年间，全国粮食播种面积年际间差异不大，变化趋势平缓。20 世纪 50 年代，我国化肥工业兴起，化肥在农业生产中推广使用，单位面积粮食产量显著提高，原有的依靠扩大粮食播种面积增加产量的作用逐渐弱化。

**（三）缓慢下滑阶段**　1979—1986 年 7 年间，全国粮食播种面积总体呈现缓慢下滑态势。

1986 年全国粮食播种面积 11 093.3 万 $hm^2$,较 1978 年减少了 6.98%,该时期粮食播种面积减少与改革开放和市场经济发展密切相关。1987—1998 年间,全国粮食播种面积平稳发展,略有增加。

**(四)快速跌落阶段** 1998 年,全国粮食播种面积为 11 378.7 万 $hm^2$,1999 年为 11 316.1 万 $hm^2$,之后一路下跌,到 2003 年,减少为 9 941.0 万 $hm^2$,5 年间减少 1 437.7 万 $hm^2$。此一阶段粮食播种面积大幅下降,主要由于经济发展、农业结构调整、非农占用耕地及部分耕地退耕还林还草所致。

**(五)缓慢回升阶段** 粮食产量持续走低强化了国家粮食安全问题。2004 年以来,国家连续出台系列政策措施,调动农民的种粮积极性,粮食播种面积得以恢复性增长。2008 年全国粮食播种面积 10 679 万 $hm^2$,较 2003 年增长了 7.4%,2003—2008 年间,年均增加粮食播种面积 123 万 $hm^2$。预计 2009 年全国粮食播种面积约 10 814 万 $hm^2$,较 2008 年增加 135 万 $hm^2$。

## 二、粮食总产量

1949 年以来,全国粮食总产迈过了 4 个 1 亿 t 的台阶。1949 年粮食产量为 11 318 万 t,2008 年为 52 850 万 t,增加了 3.7 倍,年均增长率 2.65%(表 16-1)。我国现实的粮食生产能力已经稳步达到 5 亿 t。粮食作物生产与农业生产的发展,基本解决了我国 13 亿人口,即世界 21%人口对食物的需求,为世界粮食安全做出了重要贡献。

**表 16-1 1949—2008 年全国粮食总产变化**

| 年　份 | 粮食总产(万 t) | 间隔时间(年) | 年粮食增长量(万 t/年) | 年粮食增长率(%) |
|---|---|---|---|---|
| 1949 | 11318 | — | — | — |
| 1966 | 21400 | 17 | 593 | 3.82 |
| 1978 | 30477 | 12 | 756 | 2.99 |
| 1984 | 40731 | 6 | 1 709 | 4.95 |
| 1996 | 50454 | 12 | 810 | 1.80 |
| 2008 | 52850 | 12 | 200 | 0.39 |

数据来源:根据历年《中国统计年鉴》整理

以粮食总产每增加 1 亿 t 为一个台阶,我国粮食生产先后跨过了 4 个台阶。第一个台阶,粮食总产从 1949 年 1 亿 t 增长到 1966 年的 2 亿 t,用了 17 年时间,粮食总量年增长 593 万 t,年增长率 3.82%;第二个台阶,粮食总产从 1966 年 2 亿 t 增加到 1978 年 3 亿 t,用了 12 年时间,年增长量 756 万 t,年增长率 2.99%;第三个台阶,粮食总产从 1978 年 3 亿 t 增加到 1984 年 4 亿 t,用了仅 6 年时间,年增长量 1 709 万 t,年增长率 4.95%;第四个台阶,粮食总产从 1984 年 4 亿 t 增加到 1996 年 5 亿 t,用了 12 年时间,年增加量 810 万 t,年增长率 1.80%;1996 年以来,我国粮食生产发展缓慢,2008 年我国粮食总产为 52 850 万 t,年粮食增长量和粮食增长率均降至 1949 年以来的最低水平,分别为 200 万 t 和 0.39%。

新中国成立初期,我国农业发展基础设施条件差,农业科技落后,农业发展速度慢,

粮食生产总量增长迟缓。1978 年后，随着实施农村家庭联产承包责任制，改善农业基础设施，提高农业科技水平，粮食生产进入快速发展阶段。1996 年以来，我国粮食综合生产能力实现了 5 亿 t 水平高度。但受多种因素作用，粮食生产出现了剧烈波动，恢复期增长缓慢。

## 三、单位面积粮食产量

从 1949—2008 年，我国粮食单产和粮食总产增长趋势一致，高度相关(图 16-2)。1949 年我国粮食总产量、单位面积粮食产量分别为 11 318 万 t 和 1 029 kg/hm$^2$，2008 年分别为 52 850 万 t 和 4 949 kg/hm$^2$，2008 年与 1949 年相比，粮食总产提高了 3.7 倍，粮食单产提高了 3.8 倍。20 世纪 80 年代前期，我国粮食单产增长速度高，之后增速减缓，甚或下滑，影响了粮食产量上新台阶。

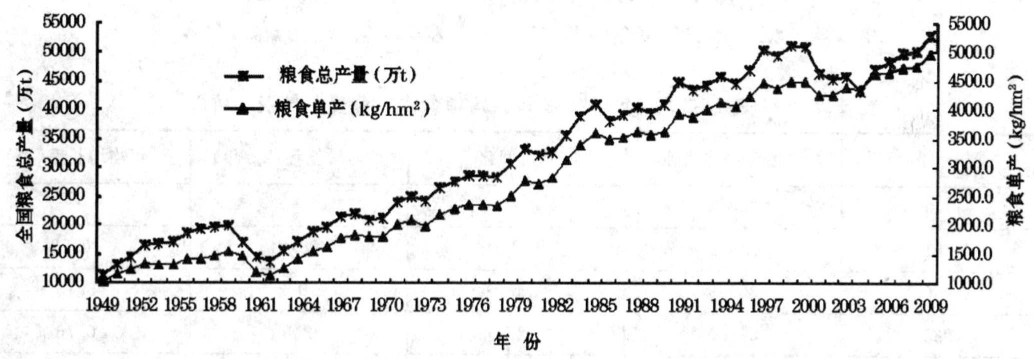


**图 16-2　全国粮食产量走势(1949—2009 年)**

数据来源：根据历年《中国统计年鉴》整理；2009 年数据为预测值

## 四、人均粮食占有量

1949 年以来，我国人均粮食占有量得到了较大提高。按照人均粮食占有量每增加 50kg 为一个台阶分段，60 年中我国先后跨越了 4 个台阶。第一个台阶，从 1949 年人均粮食占有量 208.9kg 增加到 1951 年的 255.2kg，历时 2 年时间，人均粮食占有量年均增长 23.2kg，年均增长率 10.53%；第二个台阶，从 1951 年的 255.2kg 增加到 1956 年的 306.8kg，历时 5 年，人均粮食占有量年均增长 10.3kg，年均增长率 3.75%；第三个台阶，从 1956 年的 306.8kg 增加到 1983 年的 376.0kg，历时 27 年，人均粮食占有量年均增长 2.6kg，年均增长率 0.76%；第四个台阶，从 1983 年的 376.0kg 增加到 1996 年的 412.2kg，历时 13 年，人均粮食占有量年均增长 2.8kg，年均增长率 0.71%。1996 年以来，我国人均粮食占有量呈波动下降趋势，2008 年人均粮食占有量为 398.0kg，人均粮食占有量年均下降 1.2kg，年均减少 0.29%。总的看来，我国在人均粮食占有量 300kg 之后，即进入缓慢增长期，达到 400kg 之后，更进入徘徊不前阶段，迄今为止，在波动涨落近 15 年之后，仍然未恢复到 400kg 水平。展望未来，发展前景不明朗(图 16-3，表 16-2)。

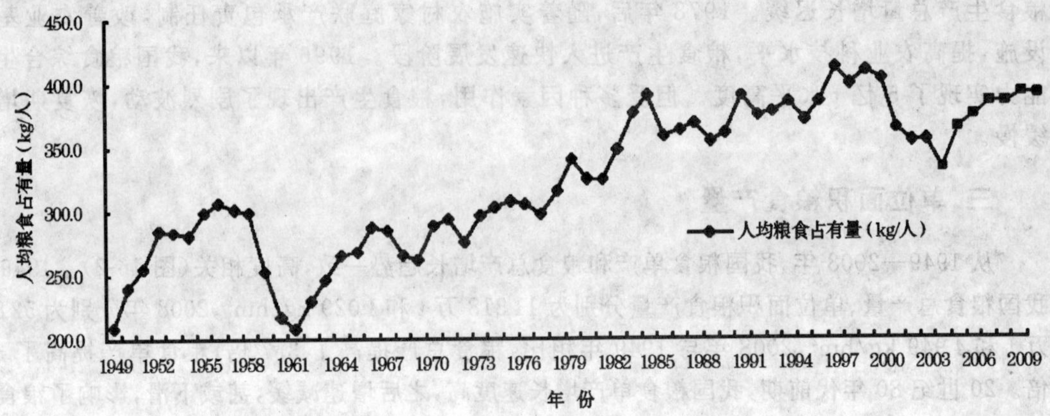


**图 16-3 人均粮食占有量变化趋势(1949—2009 年)**

数据来源:根据历年《中国统计年鉴》整理;2009 年数据为预测值

**表 16-2 1949—2008 年人均粮食占有量变化情况**

| 年 份 | 人均粮食占有量(kg) | 间隔时间(年) | 年均增长量(kg/年) | 年均增长率(%) |
|---|---|---|---|---|
| 1949 | 208.9 | — | — | — |
| 1951 | 255.2 | 2 | 23.2 | 10.53 |
| 1956 | 306.8 | 5 | 10.3 | 3.75 |
| 1983 | 376.0 | 27 | 2.6 | 0.76 |
| 1996 | 412.2 | 13 | 2.8 | 0.71 |
| 2003 | 333.3 | 7 | −11.3 | −2.99 |
| 2008 | 398.0 | 5 | 12.9 | 3.61 |

数据来源:根据历年《中国统计年鉴》整理

## 第二节 粮食安全生产体系与农业科技发展历程

1949 年以来,在可耕地面积和粮食实际播种面积趋于减少背景下,我国粮食总产量逐步增加与生产体系改善、农业科技发展,促进粮食单产、提高复种指数高度相关。

### 一、培育和应用优良品种

优良粮食作物品种培育是我国粮食增产的内因,良好的栽培条件则是粮食增产的外因。1949 年以来,我国主要粮食作物品种进行了 4～5 次大面积更替,每次品种更替约可增产 10%。在生产设施改善和其他技术措施在内的诸多增产因素中,优良品种的增产贡献率占 30%左右(丁坤元,1996)。

**(一)水稻** 是我国第一大粮食作物,约占粮食总产量的 40%。1949 年以来,我国水稻品种改良经过了 4 个阶段。第一个阶段,20 世纪 60 年代之前,主要对地方品种进行鉴定评选和利用。通过这次大规模的鉴定评选,遴选出了一批优良的农家品种,如广东省的塘埔矮、石脚

矮，福建省的陆财号、三冬早，湖南省的胜利籼，江苏省的老来青，浙江省的浙场3号，江西省的南特号，安徽省的五十子，四川省的中农4号等（朱荣等，1988）；第二个阶段，20世纪50年代末，第一个早熟矮秆品种矮脚南特应用于生产，此后又育成和推广了广场矮、珍珠矮等一大批矮秆品种，水稻每公顷产量由20世纪50年代的3.0～3.7 t提高到60年代的4.5～5.3 t；第三个阶段，1973年以袁隆平为代表的科学家实现了杂交水稻籼型三系配套，1975年基本建立了杂交水稻种子生产体系，70年代开始推广南优、汕优、威优、四段四大系列组合，1976年推广面积达13.3万 $hm^2$，1990年达1 530万 $hm^2$，10年间平均每公顷增产2 415kg；第四个阶段，20世纪80年代中期，我国开始了水稻超高产育种即超级稻方面的研究工作，“七五”和“八五”期间被正式纳入国家重点科技攻关计划，到20世纪90年代中期以后，在超级稻育种理论与方法研究及育种材料创制方面取得显著研究进展，先后育成多个超级稻品种，并在21世纪初期开始推广应用。1996年，农业部设立“中国超级稻育种”项目，设定分两期进行。2000年实现第一期单产10 500kg/$hm^2$ 目标；2002年，湖南杂交水稻研究中心选育的两系超级杂交稻组合，在湖南省龙山县示范8.1 $hm^2$，平均单产达12 261kg/$hm^2$，2004年，这一组合在湖南等省设立7个百亩示范片，单产均达到12 000kg/$hm^2$。目前我国超级稻育种工作正向大面积示范推广方向推进。

水稻传统上为我国主要口粮，也是亚洲主要粮食。受粮食安全形势影响，国际市场调剂余地有限，我国水稻生产战略地位十分重要。近年来，受比较效益低、“双改单”、水田面积减少以及良种良法不配套等因素影响，水稻播种面积趋于降低。在我国人口增长、耕地减少、水资源短缺发展大势下，加强水稻品种创新与应用研究，努力提高水稻单位面积产量，是确保我国粮食安全的重要内容。

**（二）小麦** 传统上为我国第二大粮食作物，是重要的基础口粮作物，约占粮食总产量的22%。我国小麦单产1950年为650kg/$hm^2$，1997年为4 102kg/$hm^2$，2007年为4 607.6kg/$hm^2$，小麦生产为国家粮食安全做出了重要贡献。1949年到20世纪80年代初期，全国主要麦区大体上进行了3～5次较大规模的品种更换。1949年后，我国在评选和推广地方良种的同时，推广早期杂交育成品种和国外引进材料选育品种，代表品种有碧蚂1号和南大2 419，到20世纪50年代末期，这2个品种的推广面积都在466.7万 $hm^2$ 以上。20世纪50年代后期，针对原有良种暴露出秆高不抗倒伏，以及抗条锈病能力较差特点，培育推广一批抗倒伏、抗小麦条锈病的新品种，如济南2号、阿勃等。20世纪70年代后，培育推广一批早熟、高产、抗性强品种，代表品种泰山1号。此时期，多个主要麦区推广新品种单产已达10 500kg/$hm^2$ 以上。进入20世纪80年代后，各级科研单位加强了协作攻关，选育出了一批抗病、耐肥、高产综合性状好的品种，代表品种有绵阳11、宁麦3号等。20世纪90年代后，各级小麦育种科研单位又育成和引进了更多优质品种，代表品种如北京8号、豫麦18、绵阳26、矮孟牛、高加索、洛夫林13等（朱荣等，1988）。

小麦育种学家普遍认为，小麦增产潜力巨大，产量潜力在每公顷12～14 t左右。进入21世纪，随着我国人口持续增加，耕地等资源不断减少，粮食安全问题依然严峻的现实背景下，小麦高产超高产仍将是未来育种工作的主要目标。

**（三）玉米** 传统上为我国第三大粮食作物，目前约占粮食总产量的30%。新中国成立前，我国种植的玉米品种一直为农家品种，其抗病虫害能力差，单产水平低下。美国在20世纪30年代初诞生了第一批商用杂交玉米种，1930—1989年，玉米产量持续增长，其中杂交种遗传

增益为33％～65％,每年每公顷平均增产70kg。1949年后,我国开始了玉米品种间杂交和自交系选育研究,20世纪50年代末育成了我国首批双交玉米种,开创了我国玉米杂交育种的新纪元。20世纪60年代中期,我国又育成和引入了一批优良的自交系,并组配了一批高产的玉米杂交新品种。此后,随着玉米杂交育种研究工作的加强,玉米杂交种发展到了占绝对优势的单交种。1949年我国玉米每公顷平均单产仅为1t,到2007年则达到了5.2t,单产水平提高了4.2倍。

现阶段我国玉米生产总量基本能满足国内畜牧业、工业发展需求。从发展来看,2020年国内玉米需求可能将达到2.14亿t。按照目前的生产技术和投入水平,届时国内玉米生产能力只能达到1.63亿t,缺口5 100万t。要实现未来玉米基本自给,即2020年玉米生产能力达到2.05亿t,如果按种植面积3 000万$hm^2$计算,到2020年全国玉米平均产量要达到6 830kg/$hm^2$,而我国历史上玉米单产水平最高的纪录是5 565kg/$hm^2$。在未来耕地资源减少和现有后备耕地资源有限条件下,努力进行玉米育种工作创新,提高玉米单产水平变得异常重要,任务十分艰巨。

## 二、改善灌溉条件

灌溉是影响我国近代农业生产的重要因素之一。1949年以来,我国农田灌溉有了较大发展,有效灌溉面积从1952年的1 995.9万$hm^2$,上升到2008年的5 769.7万$hm^2$,增幅1.89倍,平均年增长率为1.91％。同时,粮食单产由1952年的1 322kg/$hm^2$,提高到2008年的4 797kg/$hm^2$,增加了2.36倍。从近60年来有效灌溉面积和粮食单产水平发展变化趋势来看,有效灌溉面积和粮食单产具有相同的变化趋势。1949—1976年间有效灌溉面积增长较快,1976年之后发展缓慢(图16-4)。导致现阶段有效灌溉面积发展停滞不前,甚至减少的原因主要有:我国水资源有限,工业建设与城市发展用水压力增大,城市化发展、退耕还湖等导致灌溉地减少。

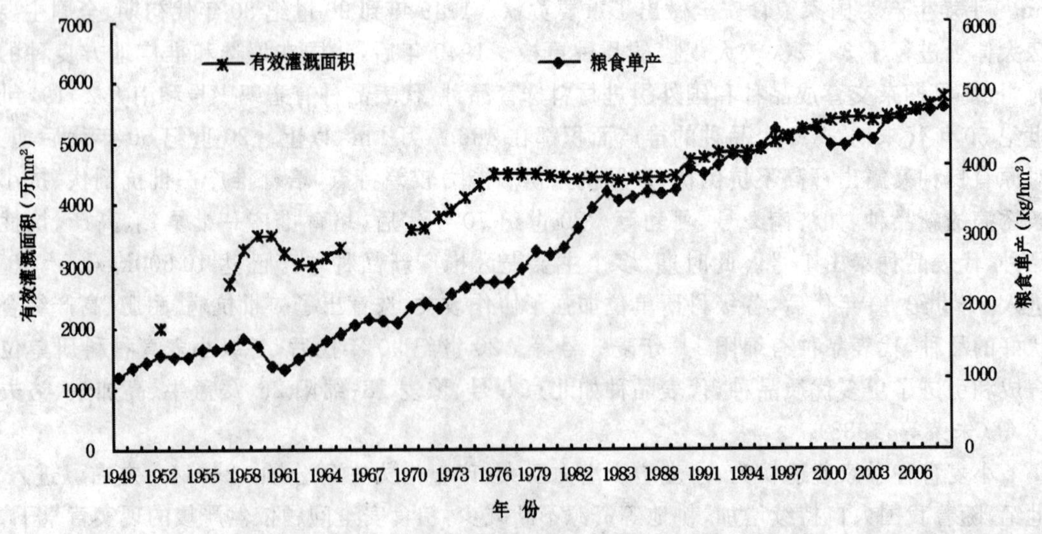


**图16-4 1949年以来农业有效灌溉面积与粮食单产变化走势**

我国以世界6％的可更新水资源量和10％的耕地养活22％的人口,占全国耕地面积45％的灌溉农田生产出了全国75％的粮食和90％的经济作物。表明水利是农业的命脉,灌溉在我

国农业发展中具有重要基础作用。我国是贫水国家，农业与粮食生产对水资源的需求压力十分沉重。我国在发展节水型粮食生产体系建设上任重而道远。

## 三、土壤平衡施肥，提高作物肥料利用率

我国化肥工业发展较晚，1937 年 2 月 5 日产出了第一袋硫酸铵，标志着中国化肥的诞生。1949 年后，我国化肥工业发展基础依然薄弱，化肥年生产能力较低，化肥施用量少。20 世纪 60 年代后，我国化肥工业得到大力发展，化肥施用得以加快普及，全国每年化肥施用量出现快速增长趋势。2007 年，我国化肥施用量高达 5 107.8 万 t，较 1957 年的 37.3 万 t 增长了 135.9 倍，年均增加量 101.4 万 t，年均增长率达 10.34%（图 16-5）。比较而言，20 世纪前 50 年中，我国粮食产量与化肥施用量走势呈显著正相关。1998 年后，我国化肥施用量仍呈现稳步上升趋势，年均增长率为 2.52%，而在此期间我国粮食产量出现连续下滑的趋势，之后缓慢增长，粮食产量与化肥施用量之间关系弱化。

提高肥料资源利用效率是长期困扰我国粮食生产的重要问题。1949 年以来，我国化肥施用量不断攀升，而肥料效率有待提高。我国小麦、玉米和水稻施肥效率较低，与国外高产国家相比，还有大的差距。根据 2000 年我国主要水稻生产省水稻平均产量为 6 956kg/hm²，对比联合国粮农组织（FAO）资料，这些省份的施肥量水平显著高于产量超过 6 000kg/hm² 国家的施肥量；根据 FAO 资料，在小麦产量超过 5 000kg/hm²（5 000～8 767kg/hm²）的若干国家中，氮磷钾施用量分别在 80～200kg/hm²、9～80kg/hm² 和 0～80kg/hm²，我国小麦平均产量为 4 709kg/hm²，氮磷钾的施用量分别达 198kg/hm²、103kg/hm² 和 24kg/hm²。根据 FAO 资料，在 16 个玉米产量超过 6 000kg/hm²（6 400～14 076kg/hm²）的国家中，氮磷钾施用量分别为34 250kg/hm²、0～136kg/hm² 和 0～200kg/hm²，我国平均玉米产量为 5 923kg/hm²，氮磷钾施用量分别为 216kg/hm²、83kg/hm² 和 34kg/hm²（王祖力 等，2008）。总体分析，我国粮食作物养分利用效率有待继续提高。

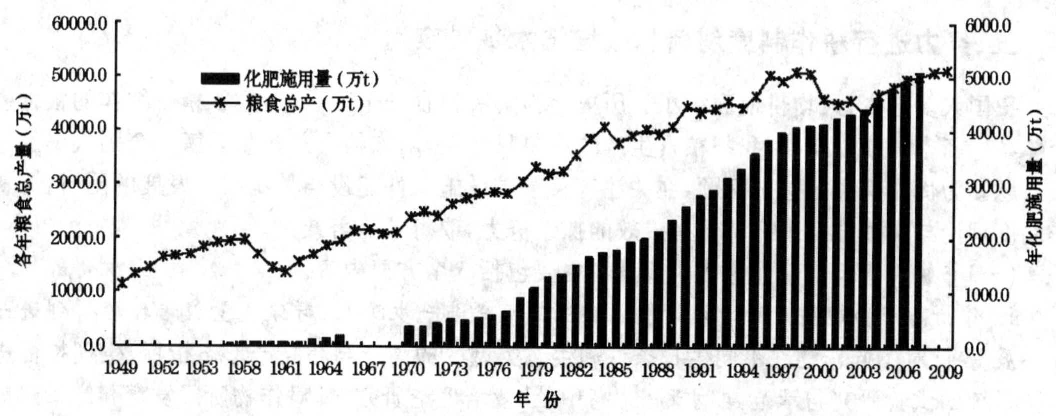


**图 16-5　1949—2009 年间年化肥施用量与粮食总产量变化趋势**

数据来源：根据历年《中国统计年鉴》整理，化肥用量缺失 1949—1956、1966—1969 年和 2008—2009 年数据

我国氮肥平均利用率为 30%～35%，磷肥为 10%～20%，钾肥为 35%～50%，平均肥料利用率水平为高水平国家的 1/2 左右。大量的化肥流失容易引起诸如水体富营养化、土壤质

量下降、农产品污染和大气污染等系列环境问题。有研究表明,水体中磷的主要来源是农业生产中大量流失的磷素。欧洲一些国家的水体中,农业释放出的磷占污染负荷的24%~71%,美国湖泊的磷来自农田的超过60%,我国山东南四湖农田磷污染负荷比高达68%。我国农田土壤类型多样,土壤肥力水平差异较大,由此造成的过量施肥或施肥不足现象普遍,平衡土壤肥料变得尤为重要(王波等,2003)。Norman Borlaug(1998)曾指出,如果中国要满足粮食生产目标,平衡土壤肥料是第一位的需要。近年来,逐步发展起来的测土配方施肥技术,在指导农田平衡施肥、提高肥料利用效率、减少因过量施肥引起的环境污染等方面效益突出。

## 四、强化植物保护工作

我国地域广大,气候多样,农作物生物灾害种类多、发生重、危害大,是农业增产和农产品质量提高的主要制约因素。20世纪50—70年代,全国每年发生面积在333.3 $hm^2$ 以上的农业有害生物病害有10余种次,80年代为14种次,90年代为18种次,2000—2004年间平均每年多达30多种次(夏敬源,2008)。1949—2006年全国重大农业生物灾害发生面积由0.12亿 $hm^2$ 上升到4.60亿 $hm^2$(张福山等,2006)。全国农业技术推广服务中心预计2009年全国农作物重大病虫害发生面积为4亿 $hm^2$ 次左右。由于我国农业有害生物种类繁多,成灾条件复杂,一些重大病、虫、草、鼠害常年暴发流行,每年因农业生物灾害损失的粮食高达1 600多万t。1991年稻飞虱大暴发,稻谷产量损失1 780万t;1993年稻瘟病大暴发,引起稻谷减产1 500万t(张福山等,2006)。随着耕作制度改革、水肥条件的改善、农药等频繁使用,人类对自然生态环境的干扰加剧;另外,全球气候变化等综合影响,使得我国病虫害发生呈增加趋势,我国粮食生产面临着日益严峻的生物灾害威胁。

近年来,我国每年病虫草鼠害的发生防治面积约4亿 $hm^2$ 次,通过开展有效的植保防治技术,挽回粮食损失约6 000万t。1949年以来,我国粮食生产的大幅度增长成就中,与政府大力扶持植保部门进行有害生物防治显著相关。

## 五、努力进行耕作制度创新和栽培技术集成应用

我国人多地少,人均耕地面积小。历史上为解决粮食安全问题,形成了精耕细作的粮食生产体系。新中国成立初期,我国粮食生产的主要目标是,增加粮食总产量以解决全国人民的口粮问题。为优先解决好这一问题,在关注有关基础设施条件建设与关键技术发展的同时,对耕作制度理论与实践方面进行了卓有成效的探索努力,取得了显著效果。

**(一)作物栽培与耕作理论体系建设** 主要包括5个方面内容。

1. *作物高产和超高产的群体结构调控机制研究进一步深入,群体质量栽培理论得到进一步拓展* 针对不同作物在不同生长条件和生态类型区的高产与超高产形态指标、生理指标进行了系统的试验研究与示范,如水稻的"高中壮"栽培理论研究;针对作物阶段发育和产量建成规律,在协调个体与群体、地上部与地下部、营养生长与生殖生长的关系方面取得进展,如提出了高产小麦的健株栽培和防早衰高产理论,突出了小麦生长前、中、后各个阶段的主攻目标及技术原理;群体质量栽培理论得到拓展和深化,并逐步成为重要的作物高产栽培技术原理,如以作物群体质量调控理论为基础,提出水稻"旺根、壮秆、重穗"超高产栽培法,实现了双季稻单产1 200kg/$hm^2$ 的超高产目标。

2. *以作物生态生理研究为基础,使"源、库、流"协调及调控理论上得到充实* 从作物的

光合生理、栽培生理、生态因子调控等角度，探讨了农作物超高产的生态生理机制，提出了相应的高产栽培技术原理。如玉米高产栽培研究中，提出了以“扩库、限源、增效”为主体的玉米超高产核心理论，实现了春玉米增产1 000kg/$hm^2$以上的目标。

3. *初步提出了农作物信息栽培的理论框架，为作物栽培学的发展开拓了新的途径*　信息栽培包括两个方面：一是从作物生长发育的信息表达和信息调控角度，对农作物生育进程中的各种信息进行控制和处理，实现优质高产目标；另一方面，应用计算机和农作物生产系统信息分析，进行管理决策和技术调控，实现优质高产目标。

4. *种植制度优化的理论和技术原理的研究得到逐步深化*　在多熟制种植制度理论研究上，对间套作中复合群体的共生协调理论与技术原理的探索进一步深入，如西北灌区“小麦//玉米”间套种植模式的作物生态位协调、水肥协同运筹取得进展；此外，在作物连作障碍和化感效应的研究上进一步深化，如提出了大豆连作以生物障碍为主导作用，既直接对大豆造成危害，又直接影响土壤微环境变化，其主要原因是连作造成根系分泌有机酸类物质的残留和积累，引发根际土壤中生物化感作用。

5. *区域农作制度调整优化及生产力要求组合理论得到丰富和发展*　“九五”期间开展的“区域农业综合开发与中低产田攻关研究”、“持续高效农业技术研究与示范”等，从自然、经济、社会大系统出发，结合当前农业发展的趋势和特点，提出的区域农作制度调整优化理论得到发展和实践应用。针对沿海发达地区、粮食主产区、西部干旱地区及山区、城郊地区等不同类型的生态经济区域，应用生产力要素结合及资源优化配置理论，提出了适宜不同区域农作制度持续高效生产的理论、模式及技术体系建设(陈阜，2001)。

**(二)作物耕作与栽培关键技术及技术集成进展**　主要包括以下6个方面。

1. *提出了农作物大面积高产的技术组合及配套体系*　主要以三大粮食作物攻关为主体，在优良品种筛选基础上形成了小面积超高产、大面积高产的规范化、区域化栽培技术体系。水稻栽培提出的适合于高产、中高产和中低产稻区的双季稻单产1 200kg/亩“旺壮重”、“早大稀”、“高中壮”三套高产栽培技术；小麦提出了单产600kg/亩的超高产形态和生理指标，建立起以“优化播种质量”为基础，以“氮肥后移”为技术关键，以“优化群体结构，实施健株栽培防早衰”为核心的小麦超高产“移健伏防”综合配套技术体系；玉米提高了不同类型品种的配套栽培技术体系，形成了“以品种为中心，以高产高效为目标，育苗移栽与地膜覆盖”等关键技术。

2. *开发出了一批农作物优质高产栽培的技术模式与技术组合*　对主要农作物的优质专用品种的配套栽培管理技术进行了关键技术攻关与技术集成，实现了大面积示范和开发应用，为产业化开发奠定了良好的基础。如通过对食用稻品种的生长发育规律、产量构成因子、吸收肥料特性、稻米形成发育和干物质积累与分配特点，以及生态环境对优质食用稻产量与品质影响的研究，提出了优质食用稻高生物学产量、高收获指数、高整精米率、少农药污染“三高一少”的调优保优高产栽培技术。

3. *农机与农业配套技术开发上取得显著成效*　结合“精良播种机”的应用，形成的小麦—玉米高产技术体系，从群体控制与不同生产时期的水肥运筹和管理等基本形成综合技术体系，在生产中发挥了显著的增产增效作用。

4. *节水灌溉逐步推广应用*　在改进灌溉技术基础上，将工程节水、农艺节水有效集成，形成不同区域、不同作物配套的节水高产技术体系，尤其在优化灌溉制度和提高农艺节水贡献方面进展显著。

5. 研制出一批实用的农作物栽培专家管理系统 “九五”期间,全国已有20多个省、自治区、直辖市开展农作物栽培技术信息系统的示范应用,其中,“小麦栽培专家管理系统”、“玉米栽培专家管理系统”、“棉花栽培专家管理系统”和“病虫害诊断与防治专家系统”等的开发与应用取得进展,模拟模型技术与“3S”技术得到部分集成应用,推进了农作物生产管理的“精准”程度。

6. 开发出一批新的高产高效种植模式及其配套技术 围绕高产高效、资源合理利用与生态保护等,在全国不同类型区开发出大批新的耕作制度模式及其配套技术体系,包括新型多熟种植模式、农牧结合种植制度、立体农业模式、集约持续农业模式等。耕作制度改革有力地推动了种植业生产集约化、高效化、可持续化的进展步伐(陈阜,2001)。

## 六、提高耕地复种指数,增加单位耕地面积产量

随着耕地面积的减少,复种在我国农业中的作用越来越大。其关系表现为 y=0.124x-15.187,其中:y为粮食总产(亿t),x为复种指数,年粮食总产与复种指数的相关系数r高达0.8。1995年与1949年相比,耕地减少2.9%、复种指数增加了24%,大大超过了耕地面积的减少,因而有力地保证了全国农作物播种面积,复种成了我国播种面积的支柱(图16-6,图16-7)。贡献最大的有南方的单季稻改双季稻或稻麦两熟、北方的小麦玉米一年一熟或两年三熟改小麦套复种玉米一年两熟以及众多的间套作等。据统计,1952—1979年期间,南方13省、自治区、直辖市粮食增产981亿kg,其中靠增加复种指数增产471亿kg,占增产额的48%。近年来,随着工业化和城市化水平的提高,珠江三角洲、长江中下游、四川盆地丘陵山地以及山东丘陵等地区复种指数有所降低,复种指数下降的耕地占全国总面积的15%左右。1998—2006年间我国双季稻区双季稻改单季稻面积达174万 $hm^2$,水稻产量损失1 614 t,其中74%系来自播种与复种面积的减少(刘巽浩,2008)。在耕地面积日益减少、后备耕地资源不足、人口持续增加、粮食需求量越来越大的现实国情下,为满足我国对粮食的消费需求、保障粮食安全,有必要提高耕地的复种水平。

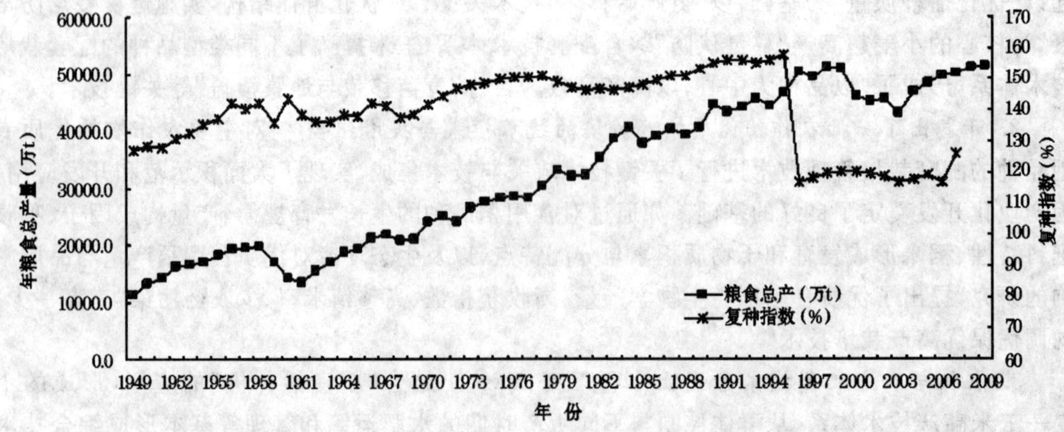


**图16-6 1949年以来年粮食总产量与复种指数变化趋势**

数据来源:根据历年《中国统计年鉴》整理;2009年数据为预测值

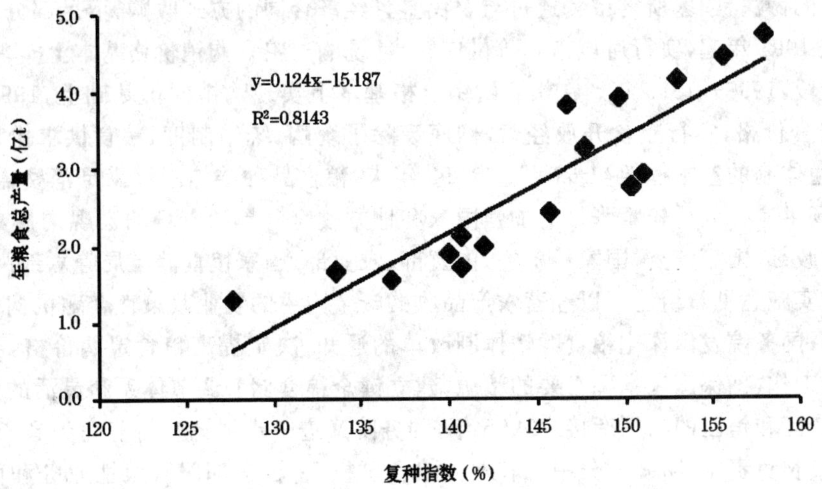


**图 16-7 1949—1996 年间复种指数与年粮食总产量线性关系**

(引自刘巽浩)

# 第三节 粮食安全管理体系与政策

## 一、由"统购统销"到市场化调节

1949 年以来,为从根本上解决粮食问题,国家从保障粮食安全、深化经济体制改革高度,将粮食流通体制改革作为一项大事来抓,做出了一系列重大决策。各地区、各部门认真贯彻落实决策,粮食流通体制改革在探索中不断前进。我国粮食流通体制改革经历了 6 个阶段。

第一阶段,1978 年前的农业合作化时期。农业生产者为集体的劳动者,对生产成果无所有权,农户在留下定量的口粮后由集体组织将余粮全部上交国家,国家按低价购入,然后再以低价销往城市。这种购销制度和价格关系实行了近 20 年,是特定历史环境下的产物。

第二阶段,1979—1984 年。党的十一届三中全会通过的《中共中央关于加快农业发展若干问题的决定(草案)》中,对粮食收购政策做了调整,提出了"减购提价"政策,规定从 1979 年夏粮上市起,全国粮食收购指标在原有"一定五年不变"的基础上调减 25 亿 kg,以供农民休养生息,粮食的统购价格提高 20%,超购价格在此基础上再提高 50%,在这个政策指导下,粮食流通体制改革进一步发展为"提高粮价—超购加价"双轨制。新粮食购销政策在一定程度上,增加了农民经济利益,改变了农民的经济地位,使得农民在承担国家一定义务的条件下,成为生产成果的所有者,从而刺激了农民的种粮积极性。同时,这种粮食购销制度也带来了新的问题。由于粮食收购价格大幅提高,而粮食销售价格却未做变动,此时由国家全部承担了购销差价支出,并通过超购价继续向农民发出扩大粮食生产的信号,结果这种购销制度给国家财政带来了巨大压力。

第三阶段,1985—1992 年。针对第二阶段粮食购销制度在实践中出现的一系列问题,国家决定从 1985 年起将粮食统购制度改为合同定购制度,废除过去国家向农民下达的具有强制性收购任务的做法,国家所需粮食通过与农民签订经济合同的方式收购,不足部分从市场上议价购买。从1991年起,实行对城市平价供应粮食(统购),粮食购销价格基本上实现购销同价。

第四阶段,1993—1995年。在粮食购销价格基本上实现购销同价基础上,1993年全国大面积放开粮食价格,实行粮食开放经营,彻底废除了统购、统销制度,粮食供求由市场机制调节,粮食流通体制的基本框架初步确立。1993年末,粮食品种结构不能满足消费需求,粮价上升较快,市场供应一度比较紧张。为加强国家和地方政府对粮油市场的宏观调控,1994年,国务院批准财政部、国家计委、国家经贸委、内贸部、农业部、国家粮食储备局等六部门提出的《粮食风险基金实施意见》;组建了以经营农产品收购资金为主的农业政策性金融机构——中国农业发展银行;国务院发出深化粮食购销体制改革的通知,决定提高粮食定购价格,要求切实做好粮食收购工作,确保国家掌握必要的粮源,建立健全粮食储备调节体系和灵活的粮食调节机制,组织好产区和销区的购销衔接。1995年,国务院又进一步强调坚持和完善省长、自治区主席、直辖市市长负责制,明确划分中央和地方粮食事权;将粮食部门政策性业务和商业性经营分开,并建立精干、高效、责权统一的中央粮食调节管理系统。

第五阶段,1996—2000年,确定了"四分开一完善"的改革原则,推行"三项政策一项改革"措施。1996年,中央决定从当年新粮上市起,进一步提高粮食定购价格,调动农民粮食生产积极性,当年我国粮食产量首次突破5 000亿kg大关,粮食供给形势明显好转,但粮食系统销售下降,导致经营性亏损猛增,粮食财务挂账日趋增多,给各级财政、银行造成很大负担;省际间调销不畅,有的粮食企业停止议价粮收购,部分地区出现粮食市场价低于定购价的趋势;粮食收购资金被挤占挪用现象相当严重,调销资金回笼缓慢,影响收购资金周转。针对这些情况,国务院决定要按照政企分开、储备和经营分开、中央与地方责任分开、新老财务挂账分开和完善粮食价格机制的原则,进一步深化粮食流通体制改革,即"四分开一完善"的粮食流通体制改革原则。1998年6月3日国务院全国粮食购销工作电视电话会议指出,粮食购销改革要抓住重点,当前的重中之重是"贯彻三项政策,加快自身改革"。"三项政策"是指:一是粮食企业按照政府制定的保护价"敞开收购"农民手中的余粮;二是粮食收储企业按照收购价加最低利益实行"顺价销售";三是农业发展银行贷给粮食企业的收购资金按照"库贷挂钩,钱随粮走"的办法"封闭运行"。"一项改革"是指加快国有粮食企业自身的改革。

第六阶段,2000年以后,将粮食流通体制改革向市场化推进。2000年春天,经国务院批准,浙江省成为全国第一个实行粮食购销市场化改革的省份。2001年7月国务院下发《关于进一步深化粮食流通体制改革的意见》,将改革范围扩大到全国,重点是浙江、上海、广东等8省市,将改革浓缩为16个字"放开销区、保护产区、省长负责、加强调控"。2004年5月26日,国务院颁布《粮食流通管理条例》(以下简称条例),从即日起实施。《条例》明确规定,粮食价格主要由市场供求形成,国家加强粮食流通管理,增强对粮食市场的调控能力。2006年,为妥善解决改革中出现的新问题,以科学发展观为统领,坚持既定的粮食流通体制改革总体目标和基本思路,国务院下发了《关于完善粮食流通体制改革政策措施的意见》,从规范政府调控与企业经营关系、加快国有粮食购销企业组织结构创新、发展粮食产业化经营、解决国有粮食企业历史包袱、培育和规范粮食市场、建立产销区之间利益协调机制、完善最低收购价政策和直接补贴政策、健全粮食宏观调控体系等方面,进一步完善政策措施,健全体制机制,保证粮食流通体制改革的顺利推进。

1979年以来的改革,完成了我国粮食流通体制从计划经济体制到社会主义市场经济体制

的转化，实现了粮食供给由长期短缺到总量基本平衡、丰年有余的历史性转变。

## 二、建立粮食补贴政策

粮食补贴政策作为国家实施的一项重要惠农政策，对于调动广大农民种粮积极性，保证国家粮食安全，增加粮农收入起到了重要作用。我国粮食补贴政策已经实行多年，可以分为3个阶段。

第一阶段，1960—1992年。粮食统购价多次调整，统销价长期不动，购销价格严重倒挂。在长达30多年中，粮食商品的属性已经“异化”，成为农民的“贡品”（“皇粮”国税），城镇居民的“福利品”（享受补贴优惠），农区灾民和城镇贫民的“救济品”（粮食部门承担救灾粮的供应）。长期实行“暗补”，后改为“明补”（购销放开后，政府给干部和职工发给价差的货币补贴）。

第二阶段，1993—2003年。从1993年2月国发12号文件，开始建立粮食保护价制度（限于定购粮和专项储备）。1997年8月国发27号文件，扩大到完成定购任务后的农民“余粮”（“余粮”是计划经济概念，在市场经济下已不适用）。1998年5月实行“三项政策”后，用高价位（1994年提价44.2%，1996年提价42.3%两年提价后，相当于1993年购价的205.2%）敞开收购农民所有“余粮”，希望垄断全部粮源后可以“顺价”（成本费用加利润）销出。这种长期、无限额、高价位、无分品种、不讲质量的保护价“粮食生产者补贴”，产生了供给增加效应。即粮食产量增加，品种、品质结构不合理财政支出大，难以为继；库存积压，顺销困难；供大于求，粮价下跌，虽有保护价支撑，仅略微缓冲，难改低迷趋势；农民有一定受惠，但很微小，并逐年下降；国有粮食企业陷于极端困难，被“亏损”帽子压得难以翻身。此后，逐年缩小了保护价范围，压缩了保护价品种，降低了保护价水平，严格保护价质量标准。

第三阶段，2004年以后。2004年，为了扭转我国粮食生产连年下滑严峻形势，党中央、国务院出台了一系列旨在促进粮食增产的政策措施，粮食补贴政策是其中之一。根据粮食产销形势的新变化，出台了对种粮农民的粮食直接补贴、良种补贴、农机具补贴以及最低收购价等一系列扶持粮食生产的政策措施。2006年，以柴油配套调价为契机，综合考虑柴油、化肥、农药、农膜等农业生产资料价格变动因素，国家出台了对种粮农民的农业生产资料综合直接补贴政策。

2004年，国家补贴规模为145.2亿元，2006年为398.7亿元，增加了174.6%，占当年财政支农资金预算的11.7%。如果考虑到执行最低收购价政策所需要的财政支出，则粮食补贴政策支出在财政支持资金中的比例更高。2006年全国所有省份均已实施直补政策，农业生产资料综合补贴涉及了所有省份，良种补贴涵盖了13个主产区及陕西、山西、甘肃和新疆4个省、自治区，农机具补贴实施范围扩大到1 126个县和农场。表明四项补贴已经成为覆盖全国的农业政策。粮食补贴政策已成为财政支农政策的一项重要内容。2007年国家安排粮食直补资金151亿元，安排水稻、小麦、玉米、大豆四大粮食作物良种补贴资金51.6亿元，安排农机具配置补贴资金20亿元，安排农资综合补贴资金276亿元。我国粮食补贴政策经过实践完善和强化，初步形成了综合性收入补贴和生产性专项补贴相结合的粮食补贴体系，符合我国保障粮食安全和促进农民增收实际要求，对提高和保持农民种粮积极性、发展粮食生产起到了显著成效。

在直接补贴发放上，依据各地普遍在县级建立农户基础数据资料库，在农村信用社为每个农户开立了账户，作为规范的补贴发放渠道。良种补贴根据不同地区和作物特点采取了直接补钱、招标补种等不同方式，初步形成了一套相对规范的资金发放办法。农机具购置补贴则是按照农民购置农机具的发票向农户提供一定比例的补贴,并根据各地实际需求扩大补贴农机具范围。

各项补贴政策共同促进了种粮农民收入的增加。以2005年为例,粮食三项补贴资金总量为173.2亿元,早籼稻和中晚籼稻执行最低收购价使主产区农民增收16亿元,即使不考虑良种补贴、农机具购置补贴所带来的间接增收效果,南方稻谷主产区农民平均每亩可增收40元以上;2006年,小麦最低收购价启动使河南、山东等6个小麦主产省农民增收40亿元,加上三项补贴资金,小麦产区种粮农民均每亩可增收50元以上。种粮直接补贴和农资综合直补,作为一种普惠制补贴,直接根据税面积或种植面积发放,没有任何附加条件,体现了国家和农民之间关系由"取"到"予"的重大转变,有效改善了农民和政府及乡村组织之间的关系,受到了农民的欢迎。其次,良种补贴、农机具购置补贴等生产性专项补贴有力地促进了粮食生产科技水平和机械化水平提高。在良种补贴的项目区,粮食标准化生产和单产水平均明显提高,基本解决了长期存在的品种"多、乱、杂"的问题。

补贴政策发挥了积极效应。2005年项目区的优质专用小麦、专用玉米、青贮玉米、高油大豆平均每公顷产量分别比非项目区高1 011kg、751.5kg、10 897.5kg和358.5kg,增幅达到10%~20%。据品质检测,良种补贴项目区的粮食作物品质普遍较好,主要指标达到甚至超过国际规定的优质品质指标要求。农机具购置补贴激发了农民购买农机具的热情,促进了农业机械化的快速发展。据统计,2005年全国各级财政补贴农民购置先进实用、质量优良的农机具20万台,受益农户达15万户。2005年,全国机械化耕地、播种、收获水平分别达到50.2%、30.3%和22.6%,比"九五"期末分别提高了2.4、4.5和4.4个百分点。

## 第四节 世界粮食安全现状与发展展望

### 一、世界粮食安全形势不容乐观

**(一)全球人口总量持续增长** 1999年,世界人口突破60亿。进入21世纪以后人口总量持续上升,2009年8月达到70亿。预计2030年将达到82亿,新增人口将主要集中在东亚、南亚、非洲。人口快速增长大大抵消了粮食增产的贡献。20世纪80年代后,世界人均谷物占有量长期呈下降态势,由1986年的363kg下降到2006年为303kg。发展中国家和低收入食物短缺国家近40多年间粮食生产有大的提高,但因人口增长更多,其人均谷物占有量一直未突破250kg。伴随着未来人口增加与经济发展,2030年时世界只有生产比现在多60%以上的食物才能满足基本需求。在此期间,新增人口对农产品的需求增长压力将达到历史峰值。这将是一场旷日持久、严酷的人口与粮食增长量间的竞赛。

**(二)全球农业资源约束日益显现** 具体表现在3个方面。

第一,世界人均可耕地面积呈日益减少趋势。1961年世界人均耕地面积为0.42 $hm^2$,2002年下降到0.23 $hm^2$。其中发达国家由0.66 $hm^2$下降0.46 $hm^2$,发展中国家由0.3 $hm^2$下降到0.16 $hm^2$。

第二,世界每年消耗淡水382.0万$km^3$,其中农业用水占69.4%,发展中国家占总用水量的80.9%。在撒哈拉以南地区和南亚地区,农业用水量已经占到90%左右。在世界159个国

家中，有 36 个国家处于水危机中。为减缓干旱局面，20 世纪 60 年代开始，大多数国家开始大量抽取地下水，发展灌溉农业。经年积累，已经大范围发生地下蓄水层枯竭，相当比重的新开灌区、传统灌溉农田正面临退回到旱作状态形势，水资源危机已经或正在数十个国家与地区爆发。

第三，伴随着工业化、城市化、土地退化、水土流失、土壤污染、沙漠化等过程或单独发生或交叉发生，最终导致耕地规模减少，耕地质量退化，进而降低粮食生产力。联合国环境规划署(UNEP)一份研究报告指出，过去 45 年中，中度和极度退化的土地达 12 亿 $hm^2$，世界每年约有 600 万 $hm^2$ 的土地荒漠化，受荒漠化影响国家与地区达到 140 个。上述问题同时并存，增加了全球解决粮食安全问题的难度。

**(三)全球粮食消费量多年高于生产量，库存量减为近 20 年来最低水平** 世界粮食安全形势受两方面基本因素作用。第一，1980 年至今，发达国家粮食总产量一直在 9 亿 t 左右徘徊。20 世纪 90 年代后，除粮食单产有所提高外，粮食播种面积、粮食总产和人均粮食占有量均呈下降趋势。近期发达国家未对全球粮食安全发挥积极影响。第二，发展中国家因人口增加及经济增长，谷物消费量上升。因此，尽管发展中国家粮食总产量持续增长，但总的粮食安全形势依然严峻。2000—2007 年，世界谷物消费量连续 7 年超过生产量，谷物库存量大幅度下降。1980—2007 年，世界谷物储存量占世界谷物利用量比例由 42.3%下降到 20%弱，部分年份甚至跌破 17%的国际粮食安全线。展望未来，尽管欧盟、南美尚有部分增产潜力，但全球整体粮食安全形势不明朗，近中期面临供给不足的压力。

**(四)全球营养不良人口数量创历史新高** 近年来，由于自然环境和人类社会等多方面的原因，全球饥饿人数正呈上升趋势。1995—1997 年间，全球饥饿人口达 8.25 亿人；2000—2002 年间，全球饥饿人群增加至 8.57 亿人；2004—2006 年间，全球饥饿人群达到 8.73 亿人；2008 年，全球饥饿人群升至 9.15 亿人。

2009 年，针对全球经济危机的进一步蔓延，联合国粮农组织(FAO)估计 2009 年世界饥饿人口将创历史新高，达到 10.2 亿人，即全球每天将有近 1/6 的人口处于饥饿中。全球食物不足的人口几乎全部分布在发展中国家(图 16-8)。在亚洲和太平洋地区，估计有 6.42 亿人遭受

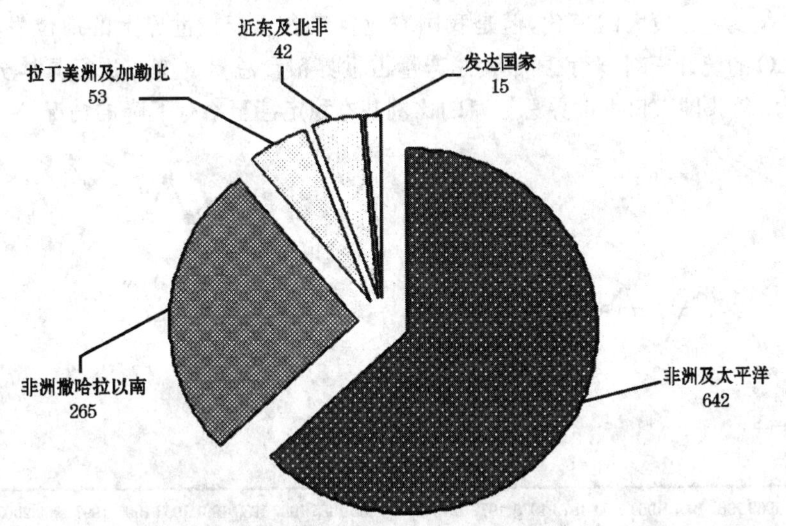


**图 16-8　预计 2009 年全球饥饿人数区域分布图(百万人)**

数据来源：FAO，2009

长期的饥饿困扰,占全球总挨饿人群的 62.94%;非洲撒哈拉以南地区为 2.65 亿,为全球饥饿人群的 25.98%;拉丁美洲及加勒比区域为 5 300 万,占世界总挨饿人群的 5.20%;近东和北非区域为 4 200 万,为世界总挨饿人群的 4.12%;发达国家共有 1 500 万人,仅占全球处于饥饿状态人群的 1.47%。

## 二、中国对世界粮食安全作出了重大贡献

1994 年莱斯特·布朗《谁来养活中国》一书出版,引发全球关于中国粮食安全的广泛关注。总结近 15 年来的争论,比较中外农业基本现状,中国与粮食安全相关的客观现实是:我国陆地面积占世界陆地面积的 6.4%,耕地面积为 10%,草地资源为 7%,林地资源为 3.1%,湿地资源为 6.7%,淡水资源为 6%,磷矿资源为 36.7%,钾矿资源为 2.2%,煤炭资源为 19.2%,石油资源为 1.4%,天然气资源为 1.1%。我国自然资源状况客观上表现为人均占有量不足,特别是人均耕地面积的不足,2004 年我国人均耕地面积下降至 1.4 亩,仅相当于世界人均耕地面积的 40%。2007—2008 年度,全世界生产谷物 21 亿 t,季末库存量 4 亿 t,可供进口或出口的近 2.6 亿 t。2007—2008 年度,我国谷物产量 4.56 亿 t,谷物出口量 986 万 t,谷物进口量 155 万 t,实现了谷物国际贸易顺差 831 万 t。我国粮食国际贸易领域长期存在的问题是大豆进口量逐年扩大,2008 年达到了 3 743.6 万 t。

**(一)建立了巨型农业生产体系** 我国耕地面积占世界耕地面积的比例从 1961 年的 8.09%上升到 2007 年的 9.97%,其中 1961—1982 年比例一直为 7%左右,1982 年开始比例有所上升,达到 8%~9%,1998 年后比例上升到 9%以上;灌溉面积占世界灌溉面积的比例 1961 年为 21.86%,2001 年为 20.08%,下降了近 2 个百分点。下降趋势始于 1981 年,此后灌溉面积比例基本在 20%左右;化肥施用量占世界化肥施用总量的比例 1961 年为 2.33%,2001 年为 25.59%。其中 1976—1995 年间上升速度快,由 6.73%上升到 27.44%,此后略有下降,比例基本保持在 25%以上;我国农用拖拉机数量占世界比例,1961 年占 0.47%,2001 年占 4.14%。

**(二)粮食总产量占世界的 22%以上** 我国是世界上的人口大国和农业大国,在过去的 60 年里,我国农业发生了较大的变化,但是我国农业及粮食生产在世界上的地位发生了哪些变化呢?根据 FAO 的统计资料,对我国粮食总产量占世界粮食总量的变化进行具体分析(图 16-9)。在 1961—2001 年我国人口占世界总人口的比例基本稳定甚至略有下降的情况下,我国粮食总产

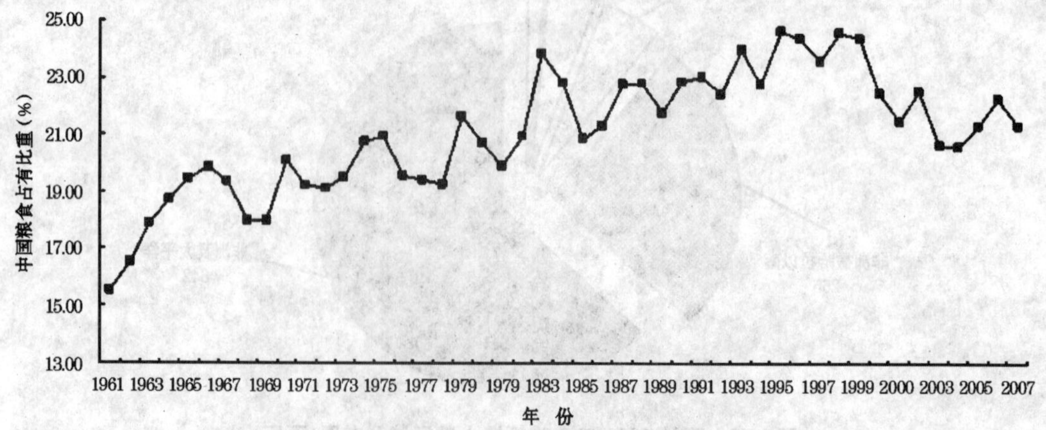


图 16-9 中国粮食产量占世界粮食产量的变化走势

由1961年占世界粮食总产量的15.56%上升到2007年的21.33%。其中1961—1999年上升的幅度较大,1995年达到24.59%,从1999年开始我国粮食占有比重有所回落,近10年来徘徊在22%左右徘徊。

**(三)主要粮食作物生产居世界前列**　我国稻谷、小麦、玉米等主要农作物总产量居世界第一位。水稻面积和产量分别占世界的1/5和1/3。从历史变化来看,稻谷总产从1961年的占世界总量的26.07%上升为2007年的28.41%。小麦的面积和产量分别占世界的1/8和1/6。小麦的生产在1980年以前产量比例要低于播种面积比例,从1980年以后,产量比例开始高于播种面积比例。从历史变化来看,小麦总产从1961年的占世界总产的6.43%上升为2007年的18.04%。玉米面积和总产均占世界的1/5左右。在1980年以前产量比例低于播种面积比例,从1980年以后,产量比例开始高于播种面积比例。从历史变化来看,玉米总产从1961年的占世界的8.79%上升为2007年的19.19%,总体呈上升趋势。

## 第五节　21世纪我国粮食安全形势

我国中长期粮食安全形势的国内基本因素包括7个方面。

### 一、人口持续增长,粮食消费总规模势必增大

2005年1月6日,我国第13亿位公民在北京诞生。因国家实行计划生育政策,人口出生率降低,推迟了我国人口高峰期的到来。虽然如此,因社会育龄人口比重大,总人口增长惯性将继续到2030年左右,届时人口最高数量将达到14.8亿~16亿t。这意味着即使维持人均粮食占有量400kg水平,最终我国粮食年消费量将达到5.92亿~6.4亿t,比2008年增加9.7%~18.6%。我国人口仍将处于继续增长过程中,未来10~20年将到达最高峰。这是影响我国粮食供求矛盾持续加大的基本因素。

### 二、经济发展强劲,人均粮食消费压力将加重

随着经济水平提高,人均粮食消费量是增加,而不是减少。其基本原因是动物产品消费量提高所导致的饲料用粮量大大超过了主食减少部分的量。1990年与1965年相比,我国台湾人均口粮消费量减少了72kg(237~165kg),但与此同时,由于动物产品消费量增长增加了287.8kg消费量,两者抵扣后实际净增长215.8kg谷物消费量,达到452.8kg水平;韩国1961年人均肉类消费量为4.1kg,1995年增长为37.4kg,饲料用谷物比重同期由2%增长为48%,人均谷物消费量由286kg增加为457kg;日本1961年人均肉类消费量为7.6kg,1995年增长为44.1kg,饲料用谷物比重由14.5%增长为49%,人均谷物消费量由268kg增加为420kg。

1978年以来,我国国民经济持续发展,年GDP增长率保持在10%左右,2005年我国人均GDP为1 700美元。多渠道预测表明,今后若干年我国GDP年增长率仍将保持在8%左右,到2020年人均GDP将达到5 000美元水平,2030年将达到8 000~10 000美元。借鉴世界不同国家经济发展与食物消费关系演变趋势经验,在人均GNP 1 000~19 550美元增长范围内,人均粮食消费水平呈强劲上升趋势。新加坡及我国香港在人均GNP达到10 000美元时,人均粮食消费量分别达到536kg和684kg。这意味着未来20几年,我国人均粮食消费量将在现

有 370kg 基础上持续上升。由人口数量增长所导致的粮食增量为社会粮食需求总量水平方向扩大,而人均消费量的提高表现为垂直方向增长。我国在近中期全社会粮食需求总量面临水平方向扩大与垂直方向增长两方面压力。

## 三、粮食生产处于近 60 年来最艰难的爬坡过程中

1998 年为我国粮食生产高峰年,达到创历史纪录的 5.123 亿 t 水平。之后连续 5 年出现全面衰退迹象。一是粮食播种面积下降。1998—2003 年间共减少面积 1 440 万 $hm^2$,年均减少 287.5 万 $hm^2$。其中 2002 年减少 218.9 万 $hm^2$,2003 年减少 448.1 万 $hm^2$。2001 年粮食播种面积降到 1.07 亿 $hm^2$ 警戒线以下,2003 年降到 1 亿 $hm^2$ 以下。二是单产呈现持续降低态势。2003 年比 1998 年减少 100kg/$hm^2$ 以上。上述两方面因素共同作用,使粮食总产、人均粮食占有量大幅度低落。2003 年粮食总产量为 4.31 亿 t(相当于 1990 年水平),比 5 年前减少产量 8 163 万 t,人均粮食占有量降低到 340kg(1979 年水平)。2004 年后国家采取增产措施,但恢复缓慢。2004 年比 2003 年增产 9%,2005 年、2006 年比上年度增产率均为 2.9%,2007 年比 2006 年增产 0.9%。我国正处于粮食生产大起大落后的缓慢恢复性增长过程中。

1949 年以来,我国曾发生过 10 次粮食波动。其中大波动有 3 次:从 1959 年减产到 1966 年得到恢复的第一次波动(周期为 8 年),1985 年到 1989 年第二次波动(周期为 5 年)及本次波动。从 1998 年开始至今已经 11 年,我国粮食播种面积仍然低于 1.07 亿 $hm^2$ 警戒线,粮食总产量刚刚恢复到 1998 年水平。我国正处于 1949 年以来粮食波动周期最长、增长难度最大的爬坡过程中。

## 四、粮食增产动力弱化,生产布局与体系处于深刻变革之中

我国粮食播种面积难以扩大,单位面积产量涨幅下降,粮食增产动力弱化。1978 年以来我国粮食播种面积呈持续减少趋势。1980 年为 1.17 亿 $hm^2$,1995 年为 1.1 亿 $hm^2$,2005 年为 1.04 亿 $hm^2$。因此,粮食单产成为决定我国粮食总产量的基本因素。即单产增幅大,总产量大幅增长;单产增幅小,总产量增幅小甚至减少。1980—1995 年,我国单位面积产量由2 735 kg/$hm^2$ 增长为 4 240kg/$hm^2$,单产增长量为 55%,同期国家粮食总产增长 45.6%;1996—2005 年,粮食单位面积产量由 4 492.3kg/$hm^2$ 增长为 4 654.04kg/$hm^2$,增长量为 3.6%,同期全国粮食总产量减少 0.4%。2008 年全国粮食单产为 4 948.97kg/$hm^2$,比 2005 年增长 6.62 个百分点,总产量增长 9.2%。

我国粮食主产区整体陷入生产萎缩困境。粮食主产区包括东北区、冀鲁豫区、长江中下游区共 11 个省(未计四川省)。1990 年粮食主产区生产粮食占全国比重为 74.8%,2005 年下降为 63.16%,15 年净减少 11.6 个百分点。2005 年主产区粮食总产量为 30 569.9 万 t,低于 1990 年 32 525.5 万 t 水平。1998 年后冀鲁豫区粮食生产波动不前,长江中下游区粮食总产量则有所下降,占全国比重由 1990 年的 28.9%降为 2005 年的 24.9%。粮食主产区普遍出现增长乏力、甚至衰减在宏观层面产生显著影响,2004 年具备调出 1 000 万 t 粮食能力的省为黑龙江、吉林 2 省,2005 年只剩黑龙江 1 省。同时,山东、湖南等昔日商品粮大省基本丧失调出能力,江苏等省正准备退守“口粮”安全线。我国 80%以上粮食主产省已经或正在失去调出粮食能力。

东南区伴随着经济发展,出现了经济大上、粮食大下的显著变化。2000—2004 年,长三

角、珠三角GDP年增长率分别为13.2%、13.6%,高于全国同期8.6%平均水平。与此同时,长三角16个市粮食总产量由2 557.5万t降为1 968万t,4年时间下降23.1%;珠三角9市不完全统计,竟下降了33%(国家统计局国际统计信息中心,2005)。连年萎缩的结果是,2005年上海粮食产能退回到1954年水平,浙江粮食产能退回到1963年水平,广东则退回到1968年水平。2005年与1980年相比,东南区粮食生产能力平均减少50%以上,粮食自给率降低为30%~50%不等。我国粮食主产区与经济高速发展区基本重合。东南区、长三角区、珠三角区为经济发展较快地区,长江中下游区、冀鲁豫区、东北区经济正在快速发展。此类区域已经出现的"经济大上、粮食大下"的趋势说明,如不改变发展模式,伴随着全国经济水平提高,各地粮食生产能力也将趋于萎缩,粮食供求矛盾必将进一步尖锐化。

## 五、粮食生产基础资源薄弱,部分短线资源已经频频报警

我国农业资源有限。较低的资源水平支撑全球22%的人口,使得我国农业事实上承受着超常压力。情况不仅如此,我国农业已经经营5000年以上,绝大部分潜在耕地资源已经开发利用,中低产田占农田总量的60%以上;近30年中,我国农业资源经历了一次全局性、高强度、掠夺式的开发。以上三方面基础相叠加,使得常规现代农业相关的大量问题,已经在我国发作或交叉发作。京、津、冀、鲁、豫的水资源短缺及持续多年高强度超采地下水危机,已经形成大规模地下水漏斗区;南方地区水体大部发生富营养化;酸雨区几乎覆盖整个经济发展较快地区;北方耕地、草原大规模发生荒漠化;生物多样性加速减少等。展望未来,我国工业建设及城市化发展,仍将向压缩农业资源方向推进,我国未来粮食增产依赖的资源基础在数量与质量两方面势必面临更严峻挑战。

## 六、粮食生产挤压在"五座大山"之间,粮农后继乏人

粮食生产挤压在蔬菜、水果、用材林、工商业及城市经营"五座大山"之间,被分割、包围、蚕食,难以解脱。2006年山东省典型调查资料显示,单位面积大田蔬菜、水果生产以及作为用材林的杨树年纯收入为15 000元/$hm^2$左右,大棚蔬菜为65 000元/$hm^2$,而小麦玉米两季的粮食生产为7 500元/$hm^2$。全国情况与此大同小异。现有粮食生产在种植业内部比较效益低于蔬菜、水果,低于速生丰产林,在农业产业结构中不及畜牧业、渔业,在国民经济结构中不及农产品加工业、工商业,在社会经济中不及经营城市。这是1978年以来菜粮争地、果粮争地、林粮争地、工农争地、城乡争地,粮食播种面积一压再压,国家粮食生产重心由南向北、由东向西移动的基本原因。2003年下半年开始,国家采取鼓励种粮举措,粮食作物播种面积有所恢复,2005年为1.04亿$hm^2$,2006年为1.05亿$hm^2$,2007年为1.06亿$hm^2$。但恢复迟缓,迄今仍低于1.07亿$hm^2$粮食安全警戒线,经济效益是关键性影响因素。

城市化浪潮主导着人力资源流向,有一定文化程度的优秀农村青年几乎百分之百走向城市。2004年以来,为增强粮食生产能力,国家通过补贴良种、农机、种粮,减免农业税等"三补一减"政策,每亩粮田直接补贴农民金额在20~180元不等。这项政策得到农民的响应,产生了一定效果。4年后的今天,在经济相对发达地区,该项政策受到新挑战。当地农民认为,每亩地的补贴金额不足外出打工1周的工资,而且还耽误好多时间。许多农民在返回农村2~3年后,又二次进城打工去了。2006年在湖南省常德进行的典型调查证实,农村务农人员的平均年龄为55岁,连云港市为50岁。在回答"你们年龄大了以后谁来务农"的问题时,当地农民

说：等城里打工的人年龄大了以后回来吧。统计数字显示，我国1.4亿的流动人口中18～35岁青年的比例超过70%，35岁以下的外出农民工占到总数的88%。从发展趋势来看，我国农村在全国自然老龄化到来之前已经提前成为劳动力迅速老化的"老头村"、"老太太村"、"空壳村"，现有粮食经营体系已经面临高素质劳动力严重不足、后继乏人问题的严峻挑战。

### 七、我国农产品进口规模已相当于国内产能的1/5，粮食安全形势严峻

中华民族在历史上解决粮食安全问题的基本方式从来就是依靠自己，自力更生。由此塑造成了中国以农为本、精耕细作为基本特征的社会经济体系。2001年我国加入世界贸易组织，迄今8个年头中，全球化发展在持续加深。到2005年，按照国内同类产品单产计算，除林材之外(相当于4 000万 $hm^2$ 林地产量)，我国净进口大豆、植物油、糖类、棉花等农产品已经相当于2 333万 $hm^2$ 耕地面积的产量，约等于我国总耕地面积的19%。约在1995年前后开始，我国进入农产品净进口期，仅仅用了10年左右的时间，已经迅速、深度介入国际农业体系(表16-3)。

**表16-3　2005年我国农产品进口状况分析**　(戴景瑞等，2008)

| 农产品品种 | 净进口量(万t) | 相当于国内产量(%) | 相当于国内同等水平面积(万 $hm^2$) | 净进口发生年份 |
|---|---|---|---|---|
| 大　豆 | 2659 | 163 | 1564.1 | 1995 |
| 棉　花 | 256.7 | 45 | 233.3 | 1994 |
| 食用植物油 | 598.5 | 52 | 697.7 | 1987 |
| 食　糖 | 133.3 | 14 | 20.9 | 1994 |
| 林产品 | 15987.5万 $m^3$ | 288 | — | 1995 |

## 第六节　粮食安全基本策略

### 一、坚定完全有能力自给自足信念

中国科学院、原国家土地局研究表明：在中度投入、提高粮食综合生产能力基础上，我国的资源有可能承载16亿人口。近年来，我国粮食基本保持自给，并未出现大的缺口。从长远来看，因人口增长、经济发展，国家可适度增加粮食进口调剂。与此同时，国家应始终着力大幅度提高粮食综合生产能力。实践中我们要注意始终坚定必胜信念，坚守建设目标。要注意在建设中进行深入科学分析与广泛实践论证，不断增强粮食安全建设工作的科学性与实践性。

### 二、组建国家粮食安全保障委员会

建议在国家层面组织相关部委及各省、直辖市、自治区专职负责人员(由负责农业的副总理担任主任，国家发改委、农业部、外经贸部、国家粮食局、供销总社、科技部、林业局、水利部、国土资源部、环保部、财政部等部委，各省、直辖市、自治区分管农业的第一负责人任委员)参加的国家粮食安全保障委员会，全面承担与负责落实国家统一的粮食战略任务。

## 三、制定国家粮食安全工程行动计划

以2008年7月2日国务院常务会议通过的《粮食安全中长期规划纲要》为指导，在国家粮食安全保障委员会领导下，组织专人小组，研究制定具体的《国家粮食安全工程行动方案》，围绕国家粮食安全近、中、长期目标，制定全面系统的分部门、分区域协调实施建设行动方案，保证建设健康有序。同时注意监察进展情况，动态完善行动方案，减少失误，提高建设效率。

## 四、坚持对外粮食依存度"争五保十"

根据近期国际粮食市场对我国进口行为高度敏感情况，本着对全球负责的态度，我国要始终坚持基本自给的粮食安全方针，在近中期内，要将对国际市场粮食（包括大豆）依存度5%设定为粮食安全的黄色警戒线，将10%的粮食进口率设定为红色警戒线，力争保持在5%左右，保证不超过10%的红色警戒线，"争五保十"，立于主动地位。基于目前国际粮食市场约80%的部分被跨国公司掌控，美、欧等国占有先机等基本情况，我国应利用世界第一产粮大国、第一农业大国、若干农产品第一进口大国、外汇储备雄厚等地位及因素，积极主动利用国际市场的各种有利时机，妥善采用企业、行业或国家方式进行粮食进出口贸易，行动要有理、有利、有节，机动灵活，致力于保证国家粮食安全局面稳定，推动全球粮食安全健康发展，为缓减世界粮食安全压力作出实质性贡献。

## 五、推行国家粮食安全三级责任制，依法治粮

落实国家粮食安全任务，要充分调动三个层面的积极性。要实施中央和地方政府三级粮食安全责任制，责任到人，严格考核，实行一票否决。第一层次为省级。即争取实现省、自治区内口粮或粮食自给，或尽可能高比例的自给自足。第二层次为省际协作区，即通过省（自治区、直辖市）际间协作，建立邻省（自治区、直辖市）间的粮食安全合作关系。建议分为江苏—浙江—湖北—上海—安徽、台湾—福建—江西、香港—澳门—广东—广西—湖南、四川—重庆—贵州—云南、甘肃—青海—新疆—西藏、山西—陕西—内蒙古—宁夏、河南—河北—山东—北京—天津、黑龙江—吉林—辽宁8个省（自治区、直辖市）际合作区。各省际合作小区间高度协作，互为左右手，共同保证协作方粮食安全。第三层次为中央政府。主要调控南北方间、东中西间、国际国内间粮食安全关系。三层次间，以各省、自治区、直辖市自力更生为主，省际间协作为辅，中央总体把握平衡，统一管理，平衡各方经济利益与粮食生产的关系，分工合作，全国联动，国际国内互动，共同保证全局粮食安全。国家要制定粮食安全法，实施依法治粮。

## 六、守住耕地面积18亿亩"红线"，确保粮田面积16亿亩

基本农田涉及国家粮食安全、人民生活和农民切身利益。在当前我国人口持续增加、经济建设形势下，保护耕地面积在18亿亩以上是"一条不可逾越的红线"。在新一轮土地利用总体规划（2006—2020年）中，全国耕地保有量到2010年和2020年分别保持在18.18亿亩和18.05亿亩。伴随着粮食生产任务加大，要确保每年粮食播种面积在16亿亩以上。注意在保证基本农田的数量不减少同时，不断提高农田整体质量。

## 七、积极制定对粮农补贴政策，鼓励适度扩大粮田经营规模

国家应在调查研究基础上，分区分类，以保障农村基础稳定为前提，制定促进土地流转等优惠政策，推动粮田规模化经营。要明确粮食的"特殊商品"地位，制定稳定的粮食生产的财政支持政策：逐步使粮农收入接近或达到菜农、果农、牧户同等纯收入水平，中长期能够达到市民平均收入水平。将粮食生产支持政策由粮食主产区拓展到所有粮农，稳定粮农种粮积极性，吸引足够数量优势劳动力返乡归田，为新一代粮农成长提供足够优惠条件与政策，保障国家粮食生产稳步发展。

## 八、依靠科学技术，探索大面积粮食均衡增产新技术与新途径

积极开展新一轮以农田水利工程为中心的农田基本建设与沃土工程建设。农业科学技术要以大面积提高粮食单产为基本目标，以东北区、冀鲁豫区、长江中下游区商品粮生产为重点，同时兼顾其他区域布局研究。从品种培育、栽培管理、农业机械、收获加工贮藏、耕作制度方面，组织技术集成，探索大面积粮食均衡增产的新技术体系。同时加强建设农业科技推广体系与农业教育体系，不断推出先进、重大技术，培养实用人才，为粮食安全提供科技保障。

## 九、厉行节约用粮，倡导建立科学合理的东方饮食结构

从1980—2030年的半个世纪中，我国现代化建设将在粮食人均占有量只有400kg左右情况下推进。近20年来伴随着饮食结构变化，我国"三高"营养代谢病人群比重迅速上升。针对上述情况，国家应积极倡导探索建设节约用粮、以植物性食物为基础、全民饮食健康为目标的东方膳食结构体系，引导科学消费，实现国家粮食安全动态平衡。

## 十、抓住世界金融体系大调整有利时机，重资启动国家新型粮食安全体系建设

2007年以来世界金融与经济体系进入大调整时期。欧美金融危机爆发，房地产、股市、银行、证券泡沫先后破裂，世界各国各自调整任务巨大。国际市场规模紧缩，我国经济进入由外向向内向大调整阶段。我们应抓住有利时机，积极制订国家粮食安全体系建设计划，从基础水利工程、大豆产业、马铃薯产业、区域粮食安全、草产业、仓储体系、科教体系、管理体系、种子工程等建设入手，奠定国家粮食安全基础，保障下阶段国民经济健康发展。

从当前的表面现象看，似乎我国粮食问题还不突出。国内粮食市场不紧张，近几年还有少量玉米出口，在某个时间某个品种还会出现"卖粮难"现象；世界粮食市场和贸易存在一定潜力。有人便认为不必杞人忧天，不必强调耕地红线和进口红线，认为可以放手让市场去左右一切。这种短视的认识如果转化为政策，将会严重损害我国农业可持续发展。我们决不能低估其危害性。

由于粮食在我国人民生活和国民经济中的重要战略地位，以及面临的长期性的种种问题与难题，因而必须从战略上做好应对准备。温家宝总理就黄淮海平原"杨上粮下"现象所做批示指出，粮食安全和农业可持续发展是一个不容忽视的重大问题，千万不可因这两年粮食增产而盲目乐观、掉以轻心(刘巽浩，2008)。

## 参考文献

[1] 宋承国．世界粮食危机与中国粮食安全．当代经济研究，2009(2)：53-56.

[2] 刘彦随，翟荣新．中国粮食生产时空格局动态及其优化策略探析．地域研究与开发，2009，28(1)：1-5.

[3] 刘巽浩．对黄淮海平原“杨上粮下”现象的思考．作物杂志，2005(6)：1-3.

[4] 戴景瑞，胡跃高．农业结构调整与区域布局．北京：中国农业出版社，2008：53-152.

[5] 李忠峰，蔡运龙．中国粮食问题的分析．安徽农业科学，2007，35(31)：10123-10125.

[6] 邹凤羽．中国粮食产需形势及发展趋势分析．商业研究，2006(19)：52-55.

[7] 张永恩．中国粮食高产的模式、效益与应用研究[D]. 北京：中国农业大学，2009.

[8] 杨正礼，梅旭荣．试论中国粮食安全的三大关联战略．农业现代化研究，2005，26(2)：81-84.

[9] 袁隆平．发展杂交水稻保障粮食安全．农村工作通讯，2008(18)：13.

[10] 杨仕华，程本义，沈伟峰，等．中国两系杂交水稻选育与应用进展．杂交水稻，2009，24(1)：5-9.

[11] 蒋建平，王东阳．中国的绿色革命与持续农业．北方园艺，1994(1)：1-3.

[12] 彭雪明，张小平，周文新，等．中国超级稻研究进展与栽培研究展望．作物研究，2009，23(1)：1-6.

[13] 程式华．中国超级稻育种研究的创新与发展．沈阳农业大学学报，2007，38(5)：647-651.

[14] 陈温福，徐正进，张文忠，等．中国超级稻育种研究进展与前景．沈阳农业大学学报，2007，38(5)：662-666.

[15] 朱荣．当代中国的农作物业．北京：中国社会科学出版社，1988：115-120.

[16] 刘旭，王秀东，陈孝．我国粮食安全框架下种质资源价值评估探析——以改革开放以来小麦种质资源利用为例．农业经济问题，2008(12)：14-19.

[17] 许明学，荆绍凌，苗万波．玉米杂交育种的历史回顾与展望．玉米科学，2000，8(1)：28-30.

[18] 张世煌，徐伟平，李明顺，等．玉米育种面临的机遇和挑战．玉米科学，2008，16(6)：1-5.

[19] 高占义，王浩．中国粮食安全与灌溉发展对策研究．水利学报，2008，39(11)：1273-1278.

[20] 吴凯，卢布，袁璋．我国农田灌溉发展近况及其对粮食安全的贡献．灌溉排水学报，2006，25(4)：7-10.

[21] 马文奇，张福锁，张卫峰．关于我国资源、环境、粮食安全和可持续发展的化肥产业．资源科学，2005，27(3)：33-40.

[22] 陈阜，王青立．粮食增产中的肥料效益分析．中国农学通报，1991，7(4)：23-25.

[23] 王祖力，肖海峰．化肥施用对粮食产量增长的作用分析．农业经济问题，2008(8)：65-68.

[24] 王波,张天柱.我国影响农业用肥的政策环境分析.环境保护,2003(7):18-19,60.

[25] 王运兵,齐尚红,姚献花,等.植物保护理论和技术研究进展.河南科技学院学报(自然科学版),2005,33(1):66-68.

[26] 夏敬源.我国重大农业生物灾害暴发现状与防控成效.中国植保导刊,2008,28(1):5-9.

[27] 叶志华.浅谈我国植物保护学科的现状与发展前景.植物保护,1992(5):33-34.

[28] 张福山,徐学荣,林奇英,等.植物保护对粮食安全的影响分析.中国农学通报,2006,22(12):505-510.

[29] 张跃进,姜玉英,冯晓东,等.2009年全国农作物重大病虫害发生趋势.中国植保导刊,2009,29(3):33-36.

[30] 陈阜.我国农作物栽培与耕作制度科技新进展.耕作与栽培,2001(6):1-2,37.

[31] 颜波,陈玉中.粮食流通体制改革30年.中国粮食经济,2009(3):18-25.

[32] 李淑湘.关于推进我国粮食流通体制市场化改革的思考.中央财经大学学报,2004(11):52-55.

[33] 帅传敏,张琦.粮食安全和粮食流通体制改革探讨.经济问题,2005(6):25-27.

[34] 满乐谦,冯万斌.粮价双轨制改革的目标及模式选择.辽宁计划经济管理,1992(6):22-25.

[35] 李友华,丛丹阳.我国粮食流通体制改革的回顾与评析.中国流通经济,2003(9):30-32.

[36] 四十多年粮食补贴的经验及教训.粮油市场报,2004—01—20(002).

[37] 张照新,陈金强.我国粮食补贴政策的框架、问题及政策建议.农业经济题,2007(7):11-16.

[38] 王更新.我国粮食自给率问题研究.安徽农业科学,2007,35(16):4982-4984.

[39] 胡跃高.中国现代农业建设道路探索.北京:气象出版社,2009.

[40] 刘巽浩.农作学.北京:中国农业大学出版社,2005.

[41] 褚庆全,王宏广,李立军.我国粮食安全水平现状的评价体系//中国农学会耕作制度分会.现代化农业与农作制度建设.南京:东南大学出版社,2006:157-162.

[42] 卢良恕,王健.粮食安全.杭州:浙江大学出版社,2007.

[43] 刘保平,姜诗明.粮食战争.北京:机械工业出版社,2008.

[44] 拉吉·帕特尔.粮食战争:市场、权力和世界食物体系的隐形战争//郭国玺,程剑峰,译.北京:东方出版社,2008.

[45] 董祚继.18亿亩耕地红线不容动摇.瞭望.2009(8):40-42.

[46] 林培.基本农田保护的几个基本问题.中国土地科学,1997,11(1):21-22.

[47] 张凤荣.基本农田保护压力巨大.中国国土资源报,2008—12—19(007).

[48] 聂庆华,包浩生.中国基本农田保护的回顾与展望.中国人口·资源与环境,1999,9(2):31-35.

[49] 刘甲朋.中国粮食储备问题研究观点综述.经济纵横,2004(7):57-60.

[50] 宋维佳.我国粮食储备体系重组的基本分析.财经问题研究,2006(3):10-15.

[51] 屈宝香,刘丽军,周旭英,等. 我国优势商品粮基地的布局原则和梯级发展战略. 农业现代化研究,2007,28(5):267-274.

[52] 郑英宁,朱玉春,霍学喜. 简论商品粮基地的基本特征及其资源配置效应. 农业现代化研究,2004,25(3):169-172.

[53] 程叶青,张平宇. 中国粮食生产的区域格局变化及东北商品粮基地的响应. 地理科学,2005,25(5):513-520.

(作者:胡跃高 中国农业大学教授,林叶春 中国农业大学博士生,
褚庆全 中国农业大学副教授,刘巽浩 中国农业大学教授)

# 第十七章 经济作物

## 第一节 油料作物

油料作物是以榨取油脂为主要用途的一类作物。油脂的用途很大,除供人们食用外,工业、医药、国防都广泛使用。因此国家非常重视油料作物的生产发展。自新中国成立以来,无论从油料作物产量和油脂产量方面都得到了较大的发展。近年来,随着人民生活水平的提高,对油脂尤其是食用油的消费和需求进一步扩大。党中央和国务院自2007年以来先后发布了《国务院办公厅关于促进油料生产发展的意见》,《国务院关于促进食用植物油产业健康保障供给安全的意见》;2009年中央一号文件提出重点支持适宜地区发展油茶等木本油料产业。为油料作物的进一步发展注入了新的活力和动力。

下面以我国种植范围最广的三大油料作物花生、大豆、油菜为主进行介绍。

### 一、我国油料作物的发展历程和状况

**(一)油菜** 油菜是包括芸薹属植物的许多个物种。凡是栽培的十字花科(Ruciferae)芸薹属(Brassica)植物用以收籽榨油的都称之为油菜。在我国种植油菜的区域,可以分为三大类型,即白菜型、芥菜型和甘蓝型。白菜型原产于我国,主要集中于长江流域和西北高原各地。芥菜型主要集中于西北和西南地区。甘蓝型则是20世纪30—40年代从日本和欧洲流入我国,主要集中于黄淮和长江流域各地。油菜在我国分布极广,北起黑龙江和新疆,南至海南,西至青藏高原,东至沿海各省均有种植。其中长江流域冬油菜占我国油菜种植面积的82.2%,占油菜总产量的83.5%。既是我国油菜的主产区,也是世界上最大的油菜生产带。其菜籽总产占世界菜籽总量的25%。我国油菜发展大约经历了3个阶段。

徘徊阶段:1949—1979年,油菜栽培面积不超过250万$hm^2$,单产为400～700kg/$hm^2$。

提高阶段:1980—1989年,改革开放以后极大地调动了农民发展生产和科技人员研究推广成果的积极性,促进了甘蓝型油菜和优质新品种的迅速推广,油菜栽培面积和单产迅速提高,全国栽培面积为350万～500万$hm^2$,单产在1 100～1 300kg/$hm^2$之间。1987年我国油菜种植面积扩大为526.7万$hm^2$,单产提高到1 260kg/$hm^2$,总产增加到660.5万t,比1977年分别增长137.6%、138.6%、464.5%。

大发展阶段:1990年以来,栽培面积发展到530万～690万$hm^2$,单产达到1 200～1 400kg/$hm^2$,2000年,油菜播种面积达到750万$hm^2$的最高纪录,在扩大面积的同时,我国推广新品种、新技术,不断提高油菜种植水平,大幅度提高油菜单位面积产量。2004年全国油菜总产达到历史最高的1 318万t,2007年单产达到8.1kg/$hm^2$的新高度。目前我国油菜总产量占我国油料作物产量的50%以上。

1949—2005年全国油菜播种面积、总产量和单位面积产量见图17-1、图17-2和图17-3。

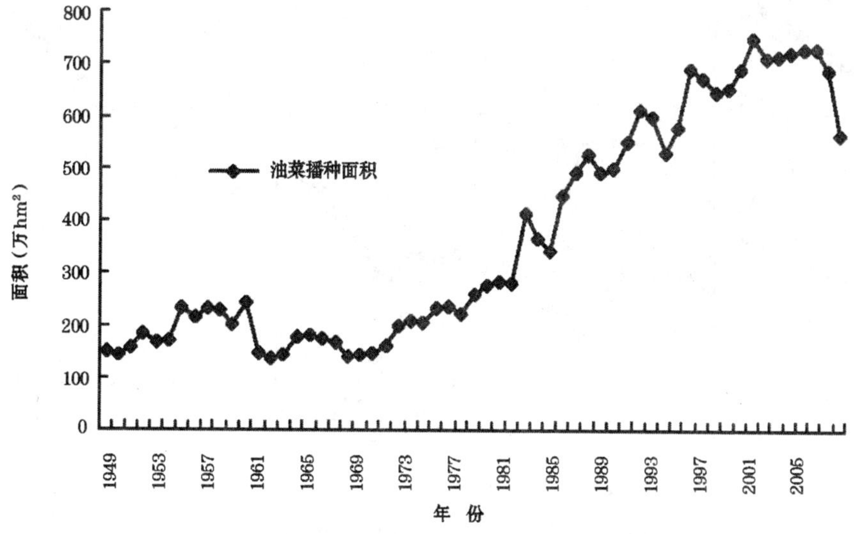


**图 17-1 1949—2005 年全国油菜播种面积**

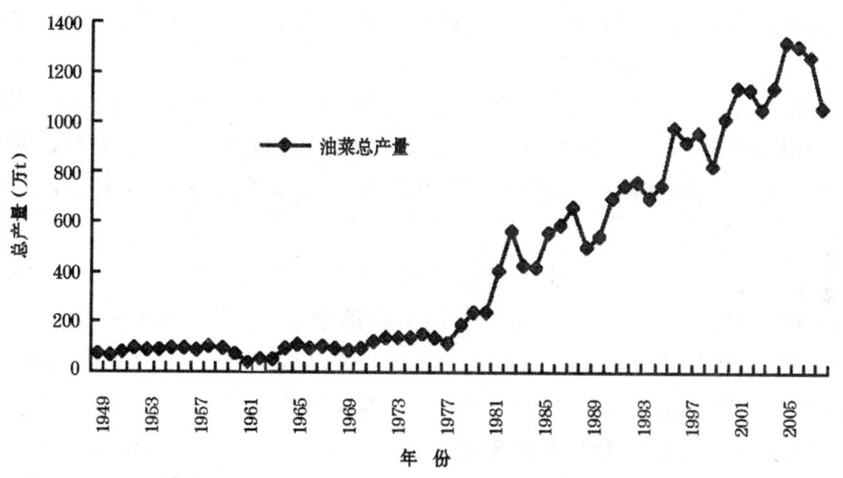


**图 17-2 1949—2005 年全国油菜总产量**

与此同时，油菜的品质也得到了较大改善。调查显示，2005 年我国“双低”（低芥酸、低硫苷）油菜品种推广面积已达到 70%。以前我国长江流域油菜籽含油率一般在 38%～40%，目前大部分品种已达到 40%～42%。在 2004—2006 年国家审定的油菜品种中，含油率超过 42%的品种占 1/4。

（二）大豆 大豆不仅是我国四大粮食作物之一，大豆油还是我国主要的食用油来源。我国作为大豆的原产国，大豆的生产曾长期居世界领先地位。第二次世界大战以前，我国大豆年产量达 800 万～1 000 万 t，占世界大豆总产量的 82%～92%，年出口量可占世界总出口量的 90%以上。1936 年达到 1 130 万 t 的高产水平。之后由于战争等因素，我国大豆到 1949 年，总产量只有 509 万 t，比 1936 年减产一半多。

新中国成立后我国的大豆生产得到了恢复和发展，1985 年至今，面积稳中略升，单产突破

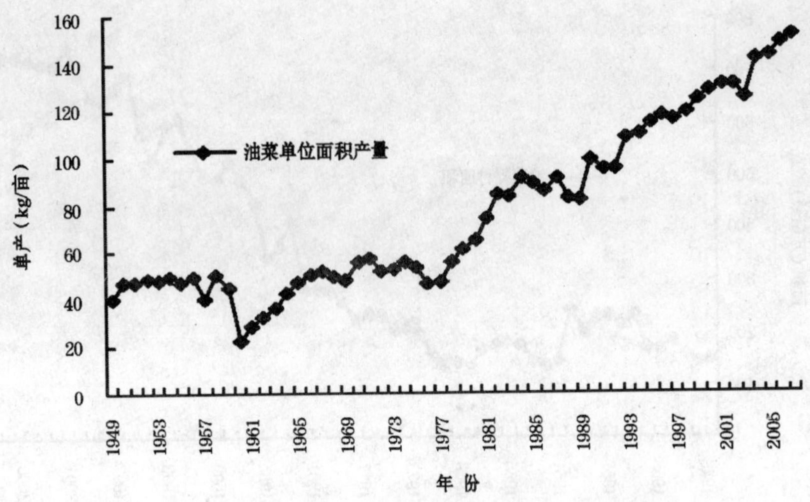


图 17-3 1949—2005 年全国油菜单位面积产量

2 250kg/hm² 大关,总产量突破 1 000 万 t,随后总产量一直在 1 000 万～1 200 万 t 之间。直到 1994 年,因面积回升较大,我国大豆产量达到历史最高,超过了 1 600 万 t。但接下来 2 年的产量又回落到 1 400 万 t 之下,虽然 1979 年之后大豆产量有所回升,但没有再达到 1 600 万 t。大豆种植也属于典型的"雨养农业",产量完全受旱灾和洪灾左右;与此同时,国内需求却迅猛增长,导致每年国产大豆供应缺口达 1 000 多万 t。目前,在大宗农产品中,大豆是唯一有巨大供应缺口的农作物。这就使得我国不得不向国外大量进口大豆,以缓解国内供给不足的压力。

新中国成立以前,大豆生产居世界首位,至 1997 年大豆面积为 833 万 hm²,降至世界第三位,单产为 1 770kg/hm²,在 26 个大豆生产国中排第十三位,低于世界平均单产的 2 175kg/hm²。总的来看,新中国成立以来我国的大豆生产经历了短暂的恢复发展后面积一直下降,单产提高幅度不快,无论从面积上还是单产水平上,发展势头远不及小麦、玉米等作物。相比大豆生产先进的国家,我国的大豆生产任重而道远。

1949—2005 年全国大豆播种面积、总产量和 1949—2006 年全国大豆单位面积产量见图 17-4、图 17-5 和图 17-6。

**(三)花生** 花生主要集中在华北平原、沿渤海湾地区、华南沿海和四川盆地。它是仅次于油菜的第二大油料作物,而总产居第一位,占全国油料(不含大豆)总产的 50%。新中国成立以来,特别是改革开放以来,我国花生生产得到很大的发展。20 世纪 80 年代全国花生平均年播种面积达 274 万 hm²、总产量 499 万 t、单产 1 822.5kg/hm²。分别比 20 世纪 70 年代年平均值增长 50.3%、123.8%和 49.2%。90 年代前 8 年(1990—1997 年)又分别比 80 年代增长 18.2%、27.1%和 59.4%。1998 年全国花生收获面积、单产和总产量分别达到 404 万 hm²、2 941.5kg/hm² 和 1 188.6 万 t,比 1990 年分别增长 40%、34.3%和 86.7%,成为同期世界上花生生产发展最快的国家。目前,全国花生年播种面积大约在 400 万 hm²,仅次于印度居世界第 2 位;平均单产约 3 000kg,居世界首位;年总产量达 1 000 万 t 以上,居世界首位。我国花生年总产约占世界的 35%,在世界花生生产上占有举足轻重的地位。

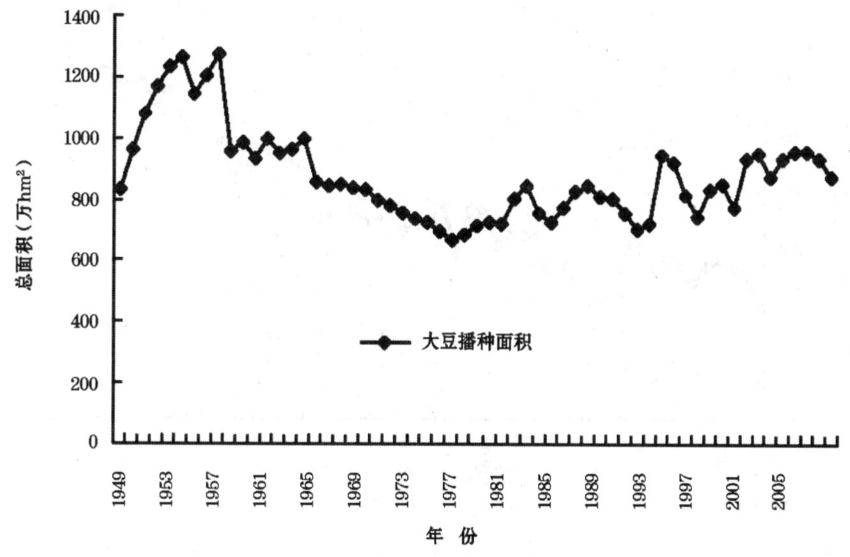


图 17-4 1949—2005 年全国大豆播种面积

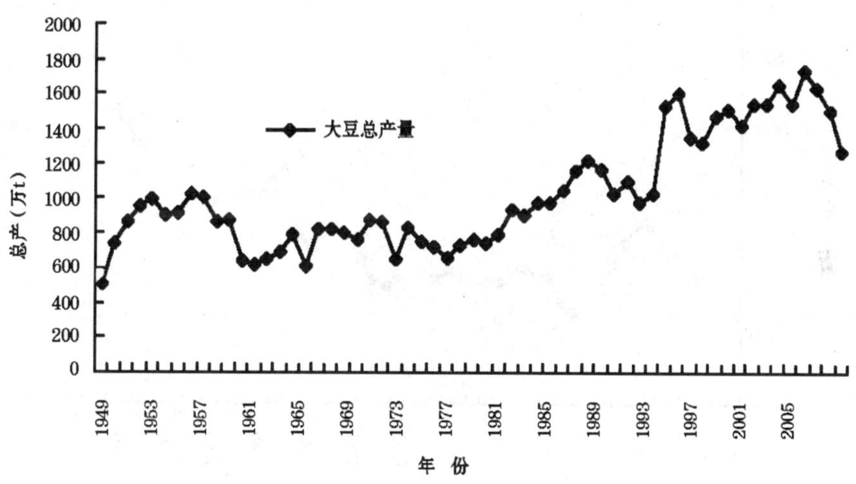


图 17-5 1949—2005 年全国大豆总产量

目前花生大多采用起垄双行栽培,存在着大小行,从播种到开花下针期间大行裸露,如不进行间作,这部分光热资源就被浪费。50—60 年代,开始大面积推广花生、大豆、甘薯等作物套种混播栽培,提高复种指数。玉米、花生间作是近年来我国黄淮海地区发展较快的一种间套作模式。玉米、花生间作复合群体高效利用光能,具有明显的间作优势。

1949—2005 年全国花生播种面积、总产量和单位面积产量见图 17-7、图 17-8、图 17-9。

**(四)木本油料** 是指木本植物所生产的油料,如茶油、桐油等。与其相对应的是草本油料,如菜油、豆油等。现在通常所说的木本油料,按其用途分为 3 类:一是木本食用油料,如茶油。二是木本工业油料,如桐油。三是木本芳香油料,如山苍子油。其中棕榈油、椰子油、橄榄油和茶油等四大木本油料,产油量占 30%左右。木本油料有一个共同的特点,就是适于山地

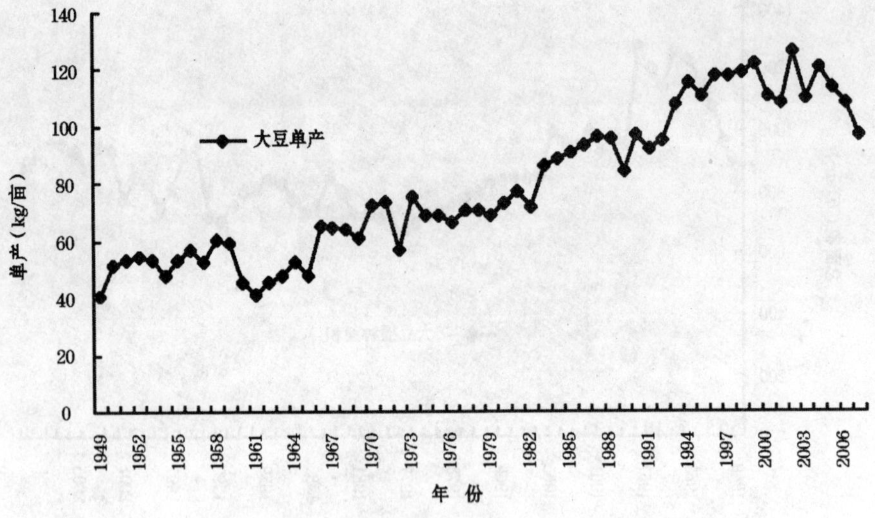


图 17-6 1949—2005 年全国大豆单位面积产量

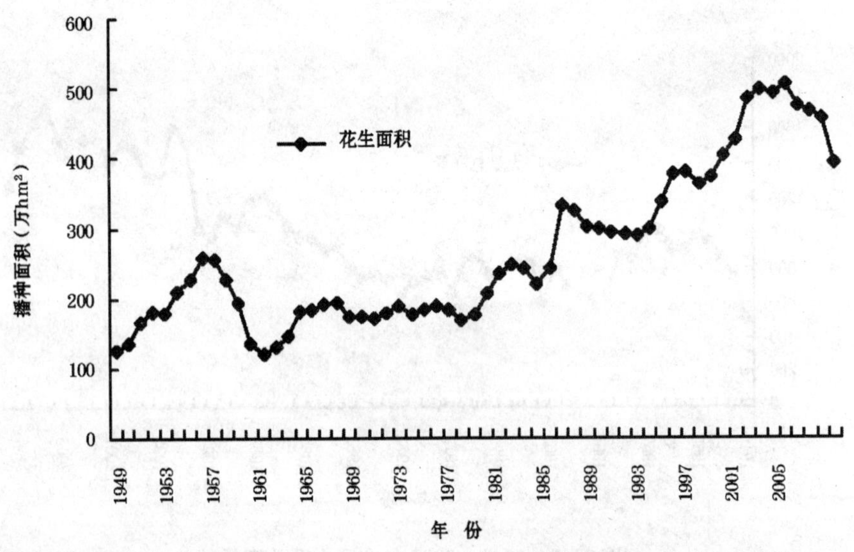


图 17-7 1949—2005 年全国花生播种面积

和丘陵地区生长,可在荒山荒地栽培,不与粮棉争地,而且是栽种一次收获多年,如种植油茶,一般 5 年可以开花结果,8—10 年进入盛果期,其寿命可达 100 年以上。核桃树能结果 100—200 年。油橄榄寿命长达 200 年。木本油料植物抗逆性强,管理比较容易,出油率不低。

我国是油料生产的大国。但是近年来,随着我国人口的增加和经济的发展,食用油的生产远远不能满足消费的需求,食用油缺口逐年加大,国家每年须大量进口食用油,并利用大面积耕地种植草本油料作物。但是我国人多地少、人增地减,在粮食不太充裕的情况下,耕地资源的有限与粮食生产的安全对油料生产发展构成了严重的制约,要拿出更多的耕地来种植油料作物是不大可能的。生产木本油脂已成为当今世界解决人类食用油短缺问题的主要措施。如

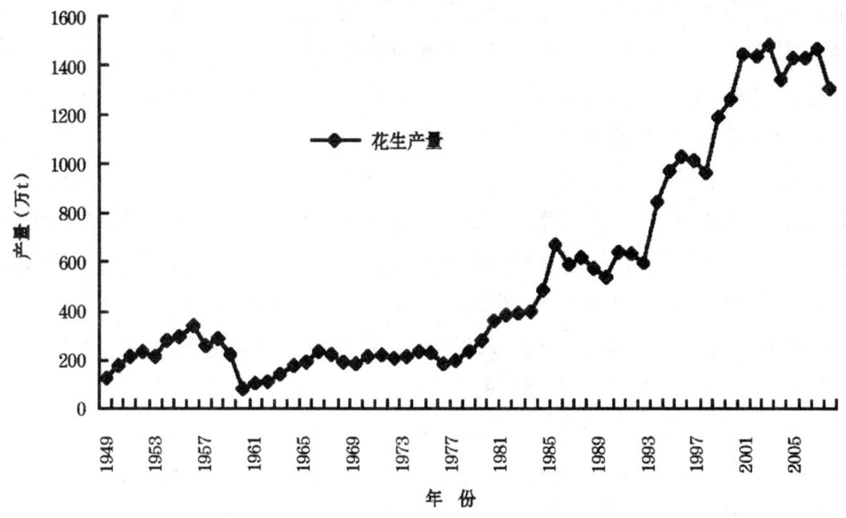


图 17-8 1949—2005 历年全国花生的总产量

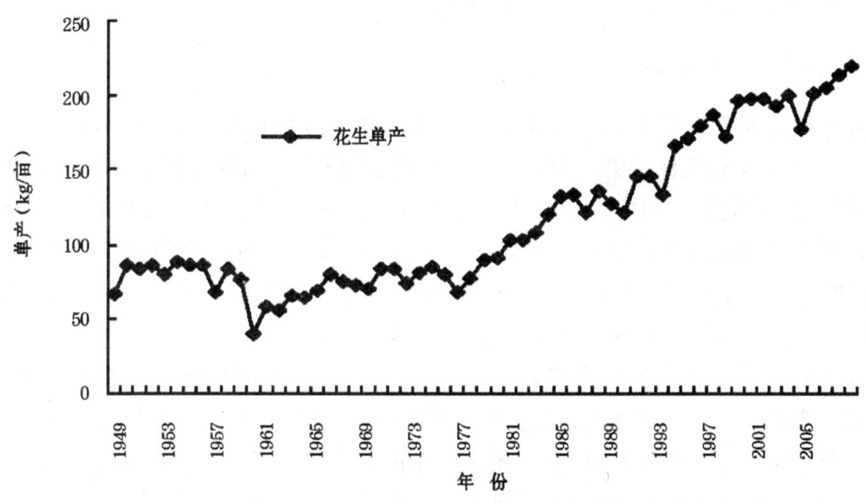


图 17-9 1949—2005 历年全国花生单位面积产量

印度尼西亚的椰子油供其全国 60%人口的全部食用油,马来西亚的油棕油占世界棕油总产量的 60%以上,希腊橄榄油产量已占其全国食用油总量的 93%,西班牙也达 48%。因此,生产木本油料,尤其在我国一些山区因地制宜地发展木本油料生产,既能缓解我国食用油短缺的局面、繁荣当地的经济,又可绿化荒山、调节气候、保持水土、增加水源、改善农业生态环境,是一项多赢的、长效的农业生产措施,具有广阔的发展前景。

党中央、国务院十分重视木本油料产业发展。2009 年中央一号文件提出重点支持适宜地区发展油茶等木本油料产业的政策,为油茶产业的发展迎来新的高潮。各地根据其区域特点,因地制宜,科学规划,高起点、高标准地建立基地;先后改造了一批低产、不具地方特色、缺乏市场竞争力的树种和品种,发展了一大批具有区域特色的名、特、优、新树种和品种(如安徽宁国山核桃等品种),使得木本油料的栽培面积、产量、产值快速增长。据不完全统计,全国现有木本油料栽培面积1 000万$hm^2$,年均单位产油量300kg/$hm^2$,年总产油量160万t,相当于全国食用植物油总产量的10%。其中油茶总面积达400$hm^2$,年产油量约为5 000t,占食用植物油的0.86%。巴旦杏在新疆的栽培总面积为2 400$hm^2$,年产量为450t,在陕西、甘肃、山东泰安、河北等省地也有了一定规模的发展。目前,全国有核桃树2亿株左右,以秦岭巴山区、吕梁太行山区及燕山山区最为集中。在云南的126个县中,就有110个县有核桃栽培或分布,年产核桃达4万多t。据有关资料统计,全国现有沙棘林面积133万$hm^2$左右,每年新增人工林面积7万$hm^2$。在黄河中游水土流失严重的地区,每年种植沙棘3万~5万$hm^2$;在内蒙古的试验基地,每公顷产沙棘果15 000kg,果实含油率达9.3%。花椒种植规模每年以20%~30%的速度递增,目前种植面积已经超过12万$hm^2$,年产花椒12万t左右,形成了一个年产值达15亿元左右的巨大特色农产品产业,其中以陕西韩城、山东莱芜和甘肃陇南等地区的产量为多,其总产量超过全国的1/2以上。

在各方面共同努力下,油茶产业发展呈现出四个显著特点:一是全社会的认识和重视程度空前提高,油茶产业大发展的大气候已经形成。二是政策带动、市场拉动、科技推动的油茶发展新格局正在形成。三是从全面发动转入了具体实施阶段。四是科技作用深入人心、栽培技术进村入户,加强了人员培训,科技创新力度加大。

## 二、我国油料作物的生产技术

**(一)品种改良和新品种应用** 根据全国油菜新品种区域试验资料分析,2000—2001年度参试品种29个,符合双低标准的(芥酸低于1%、硫苷低于30μmol/g)仅6个,占总数的21%;2004—2005年度参试品种104个,其中双低品种73个,占参试品种总数的70%。长江流域油菜质量普查结果显示,2002年油菜商品籽芥酸含量为16.3%,硫苷含量为64.87μmol/g,双低达标率仅为32%,含油量37.7%;2004年油菜商品籽芥酸含量为3.1%,硫苷含量为35.76μmol/g,双低达标率为58%,含油量达39.1%。

**(二)合理的物质投入和病虫害控制** 在种植油菜方面,在两熟制地区普及直播技术,在三熟制地区研究和推广免耕直播技术,逐步淘汰育苗移栽技术;研制和推广油菜专用肥、生物肥料和精准施肥技术,避免肥料浪费;研究和推广与油菜轻简化栽培相结合的农机农艺配套技术及农机具,以减少劳动力投入,降低劳动强度。加强菜油两用油菜新品种的选育推广及配套的栽培技术研究;研究和开发菜饼饲料、延长生产链等,增加种植油菜的综合经济效益;研究和推广其他油料作物的专用肥及全程机械化栽培技术,减少生产成本。通过上述生产技术的研究、推广和应用,显著降低生产成本,提高生产效益。

**(三)多样化和复合种植,提高复种指数** 我国大豆生产主要集中在东北和黄淮海地区。其中,东北地区常年大豆面积稳定在500万$hm^2$左右,种植面积增长空间有限。在东北地区大豆面积饱和的情况下,发展黄淮海和南方大豆生产意义重大。其中扩大南方间套种大豆面积是发展我国大豆生产的重要途径。南方地区面积广大,除水田之外,丘陵山地的旱田、茶园、果园面积很大。适当间作套种大豆,对于增加大豆种植面积和产量均有重要作用。近几年来,四川盆周山地的"麦—玉—薯"间套方式改为"麦—玉—豆"方式,既解决了劳动力紧张,又扩大了大豆面积,增加了大豆产量,提高了农民收入。该项技术在四川省大面积推广后效果十分显著,受到农民群众的欢迎。目前,四川大豆种植面积已超过26万$hm^2$,且仍有一定发展潜

力。除四川省的“麦— 玉— 豆”模式外，在华南地区研究、推广的甘蔗等能源作物套种大豆的模式更具有推广价值。大豆与甘蔗、木薯等能源作物间作套种，不挤占粮田，对能源作物也有增产效果。以甘蔗套种大豆为例，甘蔗田行距较宽，由于前期甘蔗苗生长较慢，行间套种早熟春大豆，不仅减轻了蔗田草害，而且因大豆根瘤固氮等原因使甘蔗增产5％～10％。甘蔗套种大豆，甘蔗的含糖量还能增加一个多百分点。广东、广西两省、自治区甘蔗种植面积130多万 $hm^2$，若1/3甘蔗田套种大豆，可种植约50万 $hm^2$ 大豆。如果按亩产100kg计，可产75万t大豆。海南、福建、云南、江西等省也有一定面积的甘蔗生产，均可套种大豆。此外，广东、广西和海南的木薯、剑麻面积也不小，也可和甘蔗一样套种大豆，能获得可观的经济效益。整个南方地区发展大豆间作套种的形式很多，潜力巨大。

### 三、我国油料作物的发展趋势

**（一）发挥油料作物的优势，科学合理布局**　油料作物的最大优势是作物种类多、抗逆性强，可以在不良土地上创造较好的产量。如花生耐旱抗瘠，在沙薄地可取得比种粮食更好的收成；向日葵耐盐碱，东北各省和内蒙古自治区的许多生产队在盐碱地种植。从农业整体利益出发，油料作物也要有一个合理的布局和相对稳定的生态系统，并不是扩大面积越多越好。而需要根据农业资源和经济区划，充分利用自然和经济条件按客观规律办事，积极慎重地调整和布局油料作物。

**（二）调整种植结构，促进耕作制度改革**　油料作物中冬油菜发展很快。冬油菜区大量的事实也表明利用冬闲地扩种油菜，既不影响夏播（春播改夏播）作物产量，而且促进了耕作制度的改革。如湖南、江西、湖北黄冈地区提出水田冬种作物三、三制，即菜、麦（豆）、绿肥大约各占1/3；也有提出结合当地条件，水田油菜占10％～15％。北方冬油菜区提出油菜面积可占到总冬闲地的15％～20％。以油料为主的轮作倒茬和耕作制度改革对油料的发展，对促进农业经济结构的合理调整将起很重要的作用。

**（三）加强新品种研发，提高油脂品质和出口**　油菜籽最近几年发展很快，总产量已跃居油料作物的第二位，不仅长江流域冬油菜主产区面积和产量在增长，华北、关中地区利用冬闲地播种油菜，种植面积也在大量增加。另外，国际市场的需求增加。我国目前推广的油菜种芥酸含量都很高（一般在45％以上），而国际市场要求芥酸含量在6％以下，需要选育相应的高品质优良品种。手拣大花生历来是我国重要出口物资，但由于现有大花生品种迟熟、受秋旱影响，产量不稳定，近年来面积减少，满足不了出口需要，也迫切要求从育种工作上予以解决。

**（四）提高栽培水平、单位面积产量和效益**　当前油料作物的生产现状是除少数高产地区外，多数地方栽培管理粗放，科学种植水平不高，还停留在单纯依靠生产所积累的传统经验，缺乏科学研究和基础研究。通过科学栽培技术，不仅在油菜、大豆、花生产区，而且在芝麻、胡麻、向日葵等主要产区，研究示范和推广新的栽培技术。

## 第二节　糖料作物

经过新中国成立以来50多年特别是改革开放以来的建设，中国糖业获得了巨大的发展。从我国糖料生产的发展来看，20世纪90年代之前主要是走扩大糖料种植面积提高产量的路子;90 年代之后糖料面积基本保持在一个高位上小幅波动、略有下滑趋势,但糖料产量整体呈上升态势,主要是由于糖料单产及含糖率的大幅度提高。

全国糖料播种面积由 1949 年的 12.4 万 $hm^2$ 扩大到 2003 年的 165.7 万 $hm^2$。其中甘蔗从 10.8 万 $hm^2$ 增加到 140.9 万 $hm^2$,甜菜从 1.6 万 $hm^2$ 增加到 24.8 万 $hm^2$。甘蔗亩产从 1949 年的 1.6t 提高到 2003 年的 4.27t,甜菜亩产从 0.8t 提高到 1.67t。总体上看糖料亩产近 20 年来都呈比较平稳的上升趋势,其中甘蔗平均亩产最高的是广西,为 4.7t/亩;甜菜平均亩产最高的是新疆,为 3.2t/亩。"十五"期间我国糖料年均面积 165.2 万 $hm^2$、糖料年均总产量 9 522 万 t、年均亩产 3.847t,比"九五"期间面积减少了 13 万 $hm^2$、下降 7.2%,但总产量增加 821 万 t、增长 9.4%,亩产增加 587kg、增长 18%。由于高糖甜菜品种推广速度较快,亩产已经高达 3.12t。随着高糖品种推广速度的增加,甘蔗和甜菜亩产还有望进一步提高。

## 一、我国糖料作物的发展历程和状况

**(一)甘蔗的生产和技术发展历程** 甘蔗原产于印度,现广泛种植于热带、亚热带地区。世界甘蔗种植面积最大的国家是巴西,其次是印度,我国排名第三位。甘蔗在我国农业经济中占有重要地位,其产量和产值仅次于粮食、油料和棉花,居第四位。由于甘蔗的适应性强,近年来我国甘蔗的种植面积逐年增加,由 2000 年的 106.9 万 $hm^2$ 增至 2007 年的 155.4 万 $hm^2$,产量由 2000 年的 6 271.95 万 t 增至 2007 年的 11 360.37 万 t。我国甘蔗主要种植于广西、云南、广东、海南、福建、四川、湖南等地,广西是全国甘蔗的主产区。其 2007 年种植面积占到全国种植面积的 61.4%,总产量占到全国总产量的 64.4%,单位面积产量仅次于广东省。就全国而言,单位面积产量差别很大,最高产量比最低产量高出 82%。

新中国成立以来,我国糖业虽然经历了大起大落的变化,但总的趋势是在向前发展。在此期间,积极总结群众经验,大力开展科学研究;学习和应用世界先进的科学技术,促进我国甘蔗生产不断提高。

从 20 世纪 50—90 年代,我国推广优良品种 180 多个,自育品种 20 多个,已经鉴定筛选品种 60 多个。这些新良种的推广,使产量和含糖率得到了大幅提高。例如,目前国内种植面积最大的优良品种贵糖 11 号,成为广西的当家品种,为广西"九五"攻关实现 375 万 t 糖做出了巨大贡献。

为种好甘蔗,各省、直辖市都进行蔗田建设,在不同类型蔗区采用因地制宜的方法,对甘蔗环境进行了改良,建成了土层深厚、地面平整、肥沃疏松、结构良好、保水保肥的高产稳产蔗田约有 76 万 $hm^2$,提高了单位面积产量。

确定了有效的甘蔗栽培制度:甘蔗水旱轮作,与豆科类作物轮作、间套作都是双双得益,可以使土壤营养保持平衡,减少病虫害和有毒物质,提高土壤肥力和土地生产率。20 世纪 70 年代初,我国许多地方改春植为秋植甘蔗,这种制度能充分利用自然光,发挥甘蔗生长优势、延长生长期,提高产量 20%~40%,提高糖分 15%~20%。

改革开放后在广西、新疆、云南大力发展糖业生产,同时成功地把广西建成全国最大的糖料生产基地。

1949—2005 年全国蔗糖播种面积、总产量和单位面积产量见图 17-10、图 17-11、图 17-12。

**(二)甜菜的生产和技术发展历程** 糖用甜菜传入我国的时间较短,是在清光绪 32 年(1906)开始传入我国的。1908 年在我国东北的奉天(沈阳)建立了近代第一个甜菜试验场,开

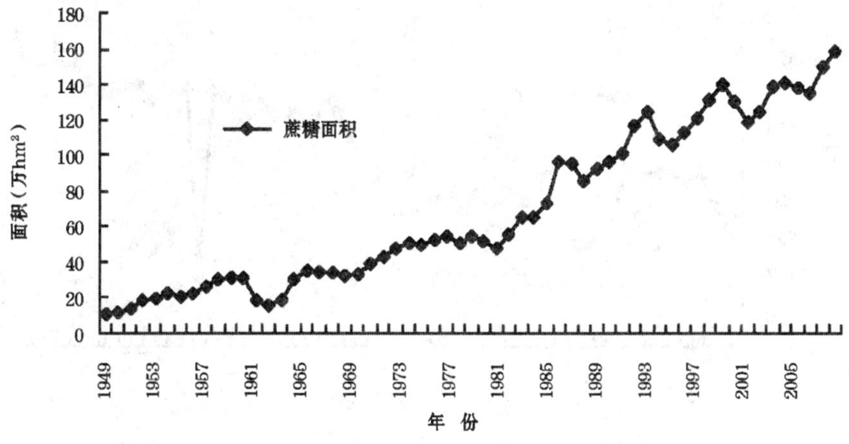


图 17-10 1949—2005 年全国蔗糖播种面积

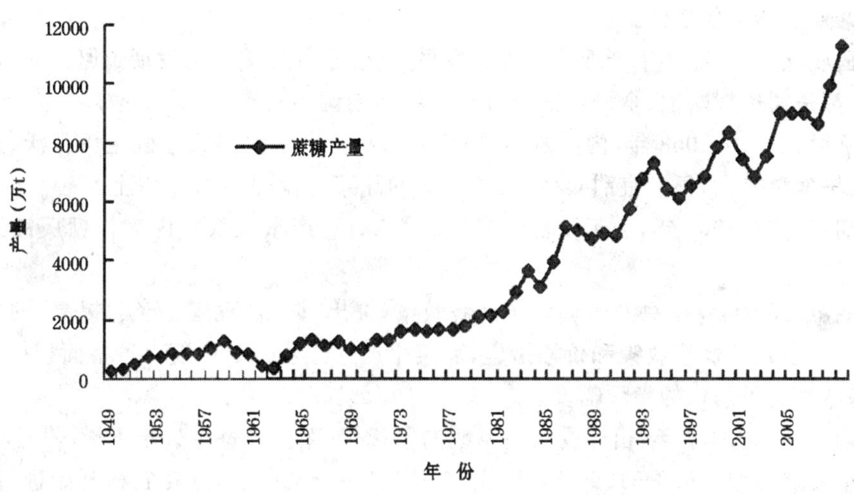


图 17-11 1949—2005 年全国蔗糖总产量

始从事甜菜研究、试种、推广工作，随后甜菜在我国东北地区开始种植。1908 年黑龙江阿城建立首座糖厂，随后在吉林省范家屯、黑龙江省呼兰相继建立两座糖厂。甜菜生产在我国东北地区逐步得以发展。华北地区甜菜生产始于 1916 年，西北地区始于 1940 年。甜菜生产由东向西逐步发展。同一时期甜菜也在我国山东、河北等地有零星种植。从 1908—1949 年，全国甜菜种植共计 1.59 万 $hm^2$，总产 19.1 万 t，单产 7 500kg 左右。新中国成立后，我国甜菜制糖工业从小到大逐步发展壮大，现已成为我国重要的支柱产业。目前全国甜菜主产区共建糖厂 80 多座，日加工能力 7.83 万 t，日处理能力达 1 000t 的较大型糖厂 27 座。黑龙江、吉林、辽宁及内蒙古东部区域是我国甜菜老产区，种植历史最久，发展机制糖业最早，速度最快，潜力大，甜菜种植面积和总产量居全国首位。包括新疆北疆、甘肃河西走廊、宁夏黄灌区、青海部分地区的西北区域是 20 世纪 60 年代发展起来的新产区，该区是甜菜产量和含糖率较高的地区，是未

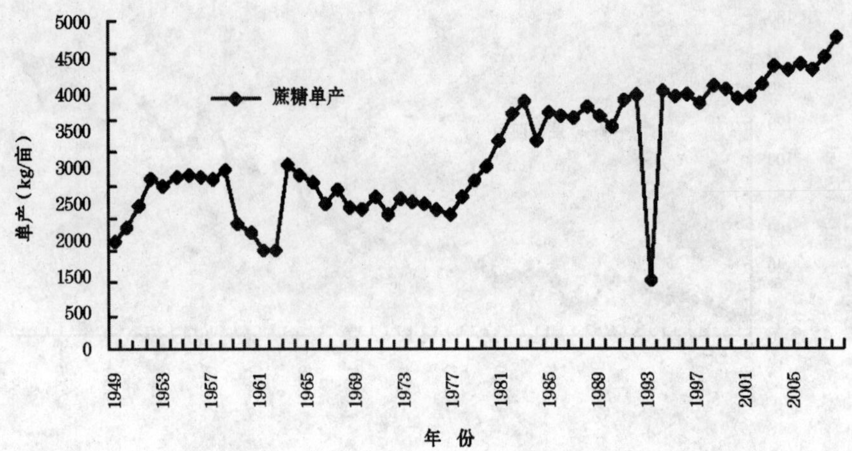


图 17-12 1949—2005 年全国蔗糖单位面积产量

来我国甜菜发展的主要地区。

新中国成立以来,甜菜生产取得了很大发展,走过了一段曲折的发展道路。而且每一次较大的发展,都是通过战略性、全局性的经济结构和体制调整实现的。

起步阶段:1951—1958 年,内蒙古、新疆等北部甜菜产区大多数地区土壤肥沃、土层深厚、气候冷凉、昼夜温差大,很适宜甜菜生产,这时期的甜菜含糖都在 19%以上。

停产期:1959—1962 年,由于受自然灾害的影响,总产量很低。许多榨糖厂被迫停建、停产。

恢复期:1963 年,党中央及时调整了经济政策,提出"调整、巩固、充实、提高"的方针,在甜菜上采取了一系列的优惠政策和价格措施,甜菜生产才逐步开始恢复。种植面积扩大,产量明显提高,基本满足了国内榨糖厂需要。

停滞期:1968—1977 年,由于受极左路线的干扰,甜菜生产基本处于下滑、停滞不前状态。

第二个发展时期:1978—1990 年,党的十一届三中全会以后,党在农村开始进行经济体制改革,推行家庭经营联产承包责任制,这一举措大大地调动了农民的生产积极性,甜菜的播种面积和单产成倍增长。

"六五"期间实施糖料作物"甜菜育种及丰产高糖栽培技术"国家科技攻关项目,甜菜生产获得大丰收,甜菜生产进入高速发展时期。

1949—2005 年全国甜菜播种面积、总产量和单位面积产量见图 17-13、图 17-14 和图 17-15。

## 二、我国糖料作物的生产技术

**(一)糖料作物的产业结构调整** 回顾我国糖料产业发展可以看出,适时地调整甜菜制糖业的生产结构,对甜菜制糖业的发展具有巨大的促进作用。具体措施主要有:进行结构调整、适当压缩生产能力,按市场经济规律做好甜菜收购工作;组建糖业集团,加快产业化进程;加强糖料作物的科学管理。

长期以来存在的甘蔗、甜菜等糖料作物种植分散、粗放的生产状况一直得不到改善。加强

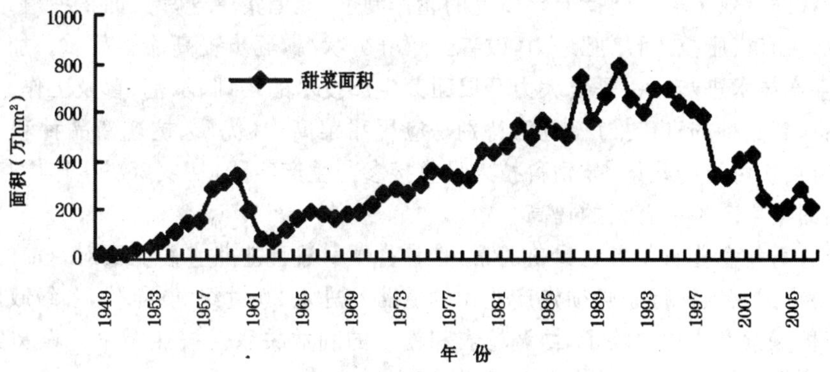


图 17-13 1949—2005 年全国甜菜播种面积

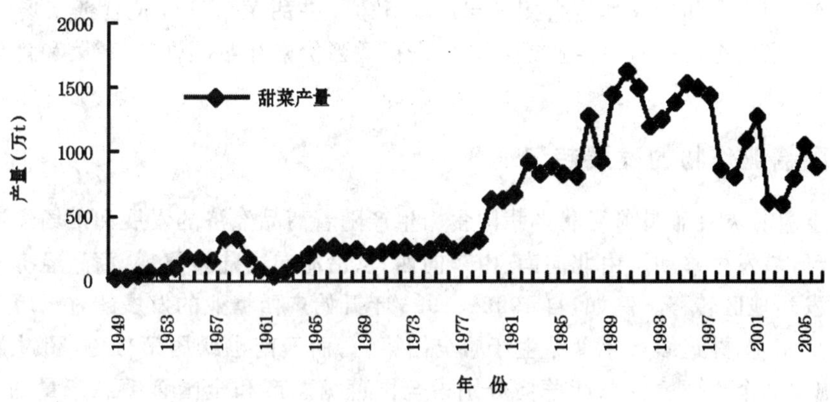


图 17-14 1949—2005 年全国甜菜总产量

图 17-15 1949—2005 年全国甜菜单位面积产量

糖料作物生产的宏观管理，科学合理地确定甜菜种植规划，提高甜菜和甘蔗生产集约化程度是改变这种现状的有效手段。坚持5年以上的轮作制度,提倡集中连片大面积种植;坚持用养结合的原则,加大有机肥投入,培肥地力,改善土壤养分状况,逐步提高甜菜品质。加快技术成果转化,促进生产技术进步。一是要大力开展甜菜生产技术的培训、示范、普及工作,加大适用新技术、新材料、新品种的宣传推广力度,特别是应用甜菜高产、优质、抗逆新品种和关键的新技术;二是制定切实可行的政策,鼓励科技人员直接参与生产实践,切实解决生产中存在的难题,力争使我国甜菜生产水平有大的提高。

**(二)密切制糖企业和糖农之间的关系,推进甜菜制糖产业化进程** 面对目前的国际、国内经济形势,要求甜菜制糖行业必须走产业化的道路。进入20世纪90年代,各级政府以及有关部门都在积极探索产业化的路子,协调糖农和糖厂的利益关系。按照需求量以契约形式同糖农签订原料生产合同,确定新的农工关系,协调农工利益。

**(三)加强甜菜制糖业服务体系建设,改进和完善服务功能** 组织有农业、工业都参与的中间机构,公平地对原料品质作出评价,为甜菜收购以质论价做准备,使政府的职能逐步向宏观管理方面转变,使企业和糖农都能直接参与市场竞争。在甜菜市场以及食糖市场价格变化较大时,政府可以采取有力措施对企业或者农民进行适当价格补贴,以确保甜菜和食糖生产的稳步发展。

## 三、我国糖业作物的发展趋势

**(一)糖业整体发展布局的变化** 我国食糖生产随着商品经济的发展和市场经济体制的建立,糖业生产区域发生移动。由北向南、由东向西,从沿海向内陆转移,从商品经济发达地区向商品经济不发达地区转移。例如,自1992—1993年开始广西糖业的发展超过了历来甘蔗糖业最为发达的广东省,并连续6年食糖生产居全国第一;而云南也跃居第二位,超过了广东。广东、海南和福建3个产蔗糖省总产蔗糖分别占全国蔗糖总产和全国食糖总产量的30.66%和24.53%。而广西、云南、四川、江西、湖南等内地省、自治区总产蔗糖分别占全国蔗糖总产量和全国食糖总产量的69.34%和75.47%。黑龙江、吉林、辽宁3个沿海产甜菜糖省份总产甜菜糖占全国甜菜糖总产和全国食糖总产量的40.44%和5.24%。新疆、内蒙古、甘肃、山西、宁夏5个甜菜省、自治区总产甜菜糖占全国甜菜糖总产量和全国食糖总产量的59.56%和12.04%。这是因为内地省、自治区土地资源、劳力资源比沿海蔗区丰富,商品经济冲击较小,对抗作物和对抗经营竞争较弱,糖料生产者与制糖生产者经营利益较大,对种糖料及糖料加工积极性较大。

**(二)食糖的长期供求趋势** 我国是世界上的食糖生产大国也是消费大国。目前我国的食糖产量位居世界第三位,消费量位居世界第四位。目前产量的发展和需求基本同步。但从长期看,产量无法满足国内市场消费需求。从资源状况看,南方甘蔗产区已经得到了比较充分的挖掘,北方甜菜糖产区土地的供给与粮食生产的矛盾制约了土地资源向糖料的配置,国内食糖生产增长的潜力有限;从进出口看,虽然我国食糖也曾经有过大量出口,但多年以来进口大于出口。目前我国市场已经进入成熟期,但由于我国食糖生产的资源限制,我国将需要长期进口食糖。我国糖业"十五"规划的目标是到2010年国内食糖生产能力达到1 400万t/年,食糖自给能力达到85%。

# 第三节 棉 花

## 一、我国棉花种植面积与总产量的变化

我国的植棉历史最早记载于战国时期，距今已有 2 000 多年历史。棉花是我国的重要经济作物，新中国成立以来在不同的阶段棉花在国民经济中的地位虽有起伏，但始终占据举足轻重的战略地位。1956 年，我国著名棉花专家冯泽芳先生依据各植棉区域的气候特点，将我国棉区主要分为 5 大棉区：黄河流域棉区、长江流域棉区、西北内陆棉区、辽河流域棉区（后更名为北部早熟棉区）和华南多年生棉区（后更名为华南棉区）。依据棉花平均产量可将我国棉花生产水平划分为 5 个不同时期。

新中国成立初期的低产时期（1949—1964 年）。我国的棉花种植面积及亩产均有大幅度提高。但总体认为植棉面积仍然偏少、单产低、纤维品质较差，品种以亚洲棉（G. *arboreum* L.）为主，陆地棉（G. *hirsutum* L.）主要从美国引进，品种单一且推广进度较慢。这一时期棉花单产处于回复阶段，建国初期增幅较大，到 1952 年皮棉单产增加到 234kg/hm$^2$，人均由新中国成立初期的 0.8kg 迅速增加到 2kg，但此后出现多次反复，直到 1964 年才稳定达到这一产量水平。

改革开放前的中低产徘徊时期（1965—1980 年）。这一时期棉花单产处于缓慢上升阶段，由 200 多 kg 稳步增加到了 400kg 以上，但总产量一直未能突破 300 万 t。

单产及总产量快速增长时期（1981—1992 年）。这一时期由于多数区域实行了家庭联产承包，加之我国自育品种逐步占据主导地位，棉花单产及总产量均产生了质的飞跃，单产超过了 550kg/hm$^2$，总产量超过 300 万 t，其中以 1984 年达到顶峰，单产为 905kg/hm$^2$，总产量达到 626 万 t。

棉花生产的稳定及调整时期（1993—2003 年）。此阶段单产虽处于稳步提高阶段，变化在 750～1 100kg/hm$^2$，平均为 970kg/hm$^2$；但由于种植面积出现较大幅度下滑，总产量徘徊在 374 万～532 万 t。主要原因是棉铃虫的大规模暴发和棉花黄萎病的大面积发生所致。

棉花单产及总产大幅度提高阶段（2004 年至今），为我国纺织工业发展和纺织品出口奠定了坚实基础。近年来由于棉花品种尤其抗虫杂交棉的大面积推广、新疆棉区连年大面积增收等，使得棉花单产及总产量均呈飞速发展势头，皮棉单产稳定超过 1 100 kg/hm$^2$，总产量超过 600 万 t，达到 750 万 t。

我国的棉花生产由解放初期的极端低水平，经过 60 年的发展，取得了举世瞩目的成就。1949 年我国的棉花产量只占世界棉花产量的 6.2%，到 20 世纪 80 年代，我国棉花产量已经处于国际领先地位，皮棉总产量超过 400 万 t，此后虽有些年份出现起伏，但总体我国棉花总产量一直占世界总产量的 23%左右。

新中国成立以来棉花历年单产变化见图 17-16。

新中国成立以来历年棉花总产量变化见图 17-17。

新中国成立以来棉花种植面积及产量变化见表 17-1。

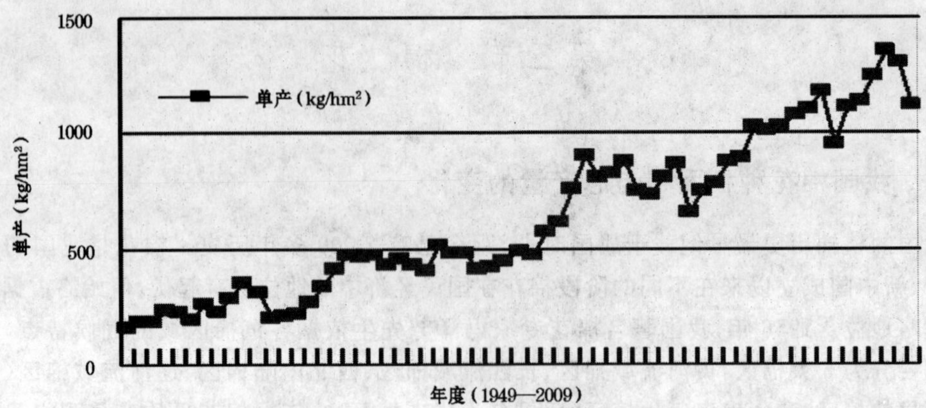


图 17-16　1949—2009 年全国棉花单产变化

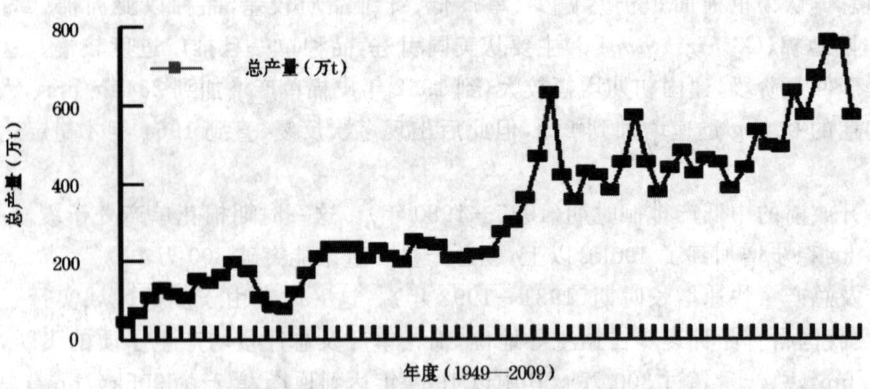


图 17-17　1949—2009 年全国棉花总产量变化

表 17-1　新中国成立以来我国棉花种植面积及产量变化情况

| 年　份 | 总产量<br>(万 t) | 播种面积<br>(万 $hm^2$) | 单　产<br>($kg/hm^2$) |
|---|---|---|---|
| 1949 | 44 | 277 | 161 |
| 1950 | 69 | 379 | 183 |
| 1951 | 103 | 548 | 188 |
| 1952 | 130 | 558 | 234 |
| 1953 | 117 | 518 | 227 |
| 1954 | 106 | 546 | 195 |
| 1955 | 152 | 577 | 263 |
| 1956 | 145 | 626 | 231 |
| 1957 | 164 | 578 | 284 |
| 1958 | 197 | 556 | 354 |

续表 17-1

| 年 份 | 总产量（万 t） | 播种面积（万 $hm^2$） | 单 产（$kg/hm^2$） |
|---|---|---|---|
| 1959 | 171 | 551 | 311 |
| 1960 | 106 | 522 | 203 |
| 1961 | 80 | 387 | 207 |
| 1962 | 75 | 350 | 215 |
| 1963 | 120 | 441 | 272 |
| 1964 | 166 | 494 | 338 |
| 1965 | 210 | 500 | 417 |
| 1966 | 234 | 493 | 474 |
| 1967 | 235 | 510 | 462 |
| 1968 | 235 | 499 | 473 |
| 1969 | 208 | 483 | 431 |
| 1970 | 228 | 500 | 456 |
| 1971 | 210 | 492 | 428 |
| 1972 | 196 | 490 | 401 |
| 1973 | 256 | 494 | 518 |
| 1974 | 246 | 501 | 483 |
| 1975 | 238 | 496 | 480 |
| 1976 | 206 | 493 | 417 |
| 1977 | 205 | 484 | 423 |
| 1978 | 217 | 487 | 446 |
| 1979 | 221 | 451 | 489 |
| 1980 | 271 | 492 | 476 |
| 1981 | 297 | 519 | 573 |
| 1982 | 360 | 583 | 618 |
| 1983 | 464 | 608 | 762 |
| 1984 | 626 | 692 | 905 |
| 1985 | 415 | 514 | 807 |
| 1986 | 354 | 431 | 822 |
| 1987 | 425 | 484 | 876 |
| 1988 | 415 | 553 | 750 |
| 1989 | 379 | 520 | 735 |
| 1990 | 451 | 559 | 807 |
| 1991 | 568 | 654 | 867 |
| 1992 | 451 | 684 | 660 |
| 1993 | 374 | 499 | 750 |

续表 17-1

| 年份 | 总产量（万 t） | 播种面积（万 $hm^2$） | 单产（$kg/hm^2$） |
|---|---|---|---|
| 1994 | 434 | 553 | 785 |
| 1995 | 477 | 542 | 879 |
| 1996 | 420 | 472 | 890 |
| 1997 | 460 | 449 | 1025 |
| 1998 | 450 | 446 | 1009 |
| 1999 | 383 | 373 | 1028 |
| 2000 | 435 | 403 | 1080 |
| 2001 | 532 | 481 | 1107 |
| 2002 | 492 | 418 | 1177 |
| 2003 | 487 | 511 | 953 |
| 2004 | 632 | 569 | 1110 |
| 2005 | 570 | 502 | 1135 |
| 2006 | 673 | 540 | 1246 |
| 2007 | 760 | 559 | 1360 |
| 2008 | 750 | 576 | 1302 |
| 2009 | 570 | 510 | 1118 |

## 二、我国国家政策扶持奠定了棉花生产飞速发展的基础

新中国成立后棉花资源不足的矛盾很快凸显，国家对恢复和发展棉花给予了高度的关注，曾制定了一系列的鼓励政策，到 1958 年棉花种植面积比 1949 年增加 1 倍、单产则增加了 3.4 倍。1962 年 12 月，周总理亲自主持召开了第一次全国棉花产区县级领导干部会议，为促进棉花生产和收购起到了积极的推动作用。此后国务院每年组织召开一次集中产棉县棉花生产会议，直至 1966 年。文革时期，棉花产量曾一度徘徊在 220 万 t；1979 年后由于农村实行联产承包责任制、提高棉花收购价格、妥善解决棉农的口粮问题，极大地促进了农民的植棉积极性。1984 年，我国的棉花产量达到了 626 万 t，在当时彻底解决了纺织工业的用棉需求；此后由于 1985 和 1986 年连续遭遇自然灾害，棉花总产量一度下滑，国家通过建立优质棉基地县等措施，棉花生产至 1991 年又得到了回复。1992 年后由于棉铃虫、棉花黄萎病的大面积发生，导致了我国棉花生产步入低谷。在此情况下，国家开放了转基因抗虫棉门户，允许美国及国产抗虫棉推广，加之棉花生产的战略西移——扩大了新疆的棉花种植面积，又一次推动了我国植棉业的发展。2006 年 10 月，国家发展和改革委员会等部门对外发布《棉花加工资格认定和市场管理暂行办法》，该办法本着“放开收购、管住加工、规范市场、保证质量”的原则，在提高棉花加工市场准入门槛的同时也彻底放开了棉花收购工作，从而彻底取消了实行多年的棉花统购统销制度，解决了在棉花收购过程中某些棉花收购部门坑农害农的顽疾。从 2007 年开始，国家实行了棉花良种补贴制度。2008 年针对纺织品出口受阻、棉花价格下滑的趋势，国家积极采

取了收购储备棉对策。这两项政策对于稳定棉花生产具有极为重要的积极作用：良种补贴有利于棉花新品种的推广，国家储备棉制度有利于稳定丰歉年份棉花价格，保护棉农利益。

## 三、我国棉花战略布局对棉花生产的推动作用

建国初期至20世纪80年代，我国主产棉区划分为华南、长江中下游、冀鲁豫、西北内陆及特早熟棉区。由于粮棉争地矛盾日益突出，原来的华南棉区逐步淡出，西北内陆棉区则随着新疆棉花面积的扩大逐步成为我国的棉花主产区域。20世纪以来根据棉花对生态条件的要求，结合棉花生产特点以及棉区分布状况、社会经济条件和植棉历史，上述5大棉区已经演变为3大棉区：黄河流域棉区、长江流域棉区和新疆棉区。其中黄河流域棉区包括河南、山东、河北、山西、陕西等省份，种植面积较为稳定。长江中下游棉区包括江苏、湖北、安徽、湖南、浙江、四川、江西等省份，近年来种植面积有减少趋势。新疆棉区棉花连续8年在总产、单产、人均占有量、外调量等方面居全国首位。该棉区包括新疆和河西走廊一带，种植面积占我国总面积的25%～30%。但新疆棉花以高产稳产(单产最高可达黄河流域棉区单产2倍以上，总产量约占全国总产量的50%)为特点，加之其绒长、强力等较为突出，因此已成为我国棉花的绝对主产区。新疆干燥少雨，光热资源丰富，是得天独厚的棉花适宜种植区域。依据新疆棉区气候特点，又分为3个亚区，即南疆、北疆和东疆亚区。南疆亚区是新疆的主产区，其棉花总产量约占新疆棉区总产量的80%，也是我国最适宜的植棉地区(仅阿克苏地区的植棉面积就达33万 $hm^2$ 以上)，同时也是我国长绒棉的生产基地。

## 四、我国棉花品种更新换代对棉花增产的作用尤为突出

据不完全统计，截至20世纪末，先后进行了6次较大规模品种换代，即大约10年进行一次大规模的品种更换，每次使棉花单产提高10%以上。其中一些代表性品种所起的增产作用尤为突出。20世纪50年代主要是引进美国岱字棉15等品种；60年代引进光叶岱字棉完成了全国棉花生产的7次大规模品种更新换代，对于稳定棉花种植面积、提高棉花单产和增加总产量起到了决定性作用，值得载入史册的棉花品种有鲁棉1号、中植86-1、中棉所12号、中棉所35号、中棉所29号等。

第一个代替美棉等进口棉的国产品种——鲁棉1号：由山东省棉花研究所等棉花专家于1961年进行品种间杂交和经长期选育，又于1971年把选育出的一些较好品系在山东省原子能研究所用 $^{60}Co$ 进行辐射处理，于1976年选育而成的。鲁棉1号株型紧凑，主茎与果枝夹角较小，叶片肥厚、深绿色、缺刻深而皱褶、中大偏小。该品种1982年通过品种审定，以高产、稳产、抗逆性强、适应性广的优良特性闻名全国，推广地域遍及黄河中下游流域，甚至到江西等南方地区，在全国累计种植面积超过亿亩，直接经济效益57亿元，曾荣获国家发明一等奖。

高产高抗枯萎病品种中植86-1，由中国农业科学院植物保护研究所培育而成。中植86-1的大面积推广标志着棉花枯萎病被彻底攻克。棉花枯萎病是危害棉花最严重的病害，发病后大片死苗，甚至绝产。20世纪70—80年代，棉花枯萎病、黄萎病在全国广大主产棉区造成严重危害。1982年全国因病绝产2万 $hm^2$，损失皮棉1亿kg。中国农业科学院植物保护研究所从"陕65-141"中系选育成棉花高抗枯萎病、高产品种中植86-1号。该品种除高抗枯萎病外，还具有产量高、品质好等优点，在枯萎病重病区迅速得到大面积推广。到80年代末累计推广201.5万 $hm^2$，经济效益十分显著，对控制枯萎病的危害起了重要的作用。

高产、抗病及优质棉花品种——中棉所 12 号的育成标志着棉花抗病品种的产量水平达到或超过了非抗病品种水平,从此棉花育种结束了“抗病育种与非抗病育种”的截然界限。中棉所 12 号是以乌干达 4 号为母本与邢台 6871 杂交,连续定向选择而成。该品种具有光合生产力高、高产稳产、品质较好、早熟不早衰、适应性广、兼抗枯萎病、黄萎病、烂铃少等特性,是第一个将高产、优质、抗病 3 个性状有机结合起来的棉花品种,同时兼抗枯萎病、黄萎病性与产量得到同步提高。适于在黄河、长江流域病区及麦棉套种移栽和地膜覆盖种植。1987 年起被选为国家棉花抗病区域试验对照品种,皮棉产量连续 4 年居首位。1989 年种植 83.8 万 $hm^2$,累计推广 177.9 万 $hm^2$。1990 年获国家发明一等奖。

在新疆保持 10 年昌盛不衰的棉花品种——中棉所 35 号(原代号中 9409)属中熟陆地棉品种,是中国农业科学院棉花研究所选育。1997 年引入新疆,1999 年通过新疆维吾尔自治区农作物品种审定委员会认定。植株筒形,Ⅱ型果枝,株高 60～70cm,果枝始节 5～6 节。叶片中等大小,叶色较浅。铃卵圆形,铃重 6g 左右。衣分 41.3%,衣指 8.3g,籽指 11.9g,不孕籽率 7.5%。生育期 145 天。在新疆维吾尔自治区第七轮(1998—1999 年)棉花新品种区域试验中,霜前皮棉亩产 104.17kg,比对照中棉所 12 号(系选 89-7)增产 31.58%,居第一位,2 年 8 点次试验全部增产。纤维品质:纤维主体长度 30.06mm,强度 19.62～20.8CN/tex,马克隆值 4.2,反射率 77.9%～78.68%,黄度 7～7.4,絮色洁白。抗病性好:枯萎病指数为 1.1,黄萎病指数为 20.9,属高抗枯萎病、耐黄萎病类型。适宜种植地区:南疆、东疆早中熟棉区种植。

## 五、我国棉花杂种优势对提高棉花单产的巨大作用

植物杂交种一般均具有杂种优势。从 1950—1984 年我国小麦、玉米、水稻的平均单产分别增长 170%、337%和 202%,其中玉米的增产幅度最大为 337%,主要原因是大面积种植了杂交种。棉花的杂交种也具有显著增产效果,一般比常规品种增产 15%～30%。但由于杂交制种费工费力,成本高,致使棉花杂交种长期未得到大面积推广。20 世纪 90 年代由于棉铃虫的大暴发严重挫伤了棉农的植棉积极性,1994 年后随着美国及我国转 Bt 基因抗虫棉品种推出,棉铃虫为害得到了有效遏制,但早期推出的转基因棉花品种新棉 33B、GK12 等品种具有产量低、生长势弱等缺点,于是抗虫杂交棉应运而生。

第一个大面积推广的 Bt 抗棉铃虫杂交种——中棉所 29 号,由中国农业科学院棉花研究所培育而成,以 P1 和 RP4(从中 422 品系中选育而成)两个品系为亲本组配的高产、优质、抗虫和抗病的杂交种。1995—1996 年参加全国抗虫棉区试,在区试中表现突出。1998 年 1 月通过国家品种审定委员会审定。同年 3～5 月份分别通过山东省和安徽省品种审定委员会审定。中棉所 29 号是一个具有划时代意义的棉花杂交种。首先,它是第一个转 Bt 基因棉杂交种,以杂交种形式推出,克服了转 Bt 基因棉品种产量低、生长势弱等缺陷,实现了抗虫(棉铃虫)性与丰产性的有机结合;其次,由于抗虫杂交种的推广,带动了棉花 $F_1$ 代杂交种的大面积应用,目前我国棉花 $F_1$ 代杂交种在长江流域已经普及,在黄河流域及新疆也掀起了杂交种推广热潮。此后推广的棉花杂交种是鲁棉研 15 号、湘杂棉 3 号和南抗 3 号等。

第一个抗棉铃虫三系配套杂交种——银棉 2 号由中国农业科学院生物技术研究所育成。银棉 2 号于 2005 年通过国家农作物品种审定委员会审定,成为我国第一个国审并应用于生产的高产、优质、抗虫三系杂交棉新品种。产量表现:2003—2004 年参加国家黄河流域棉区抗虫春棉品种区域试验,籽棉、皮棉和霜前皮棉平均亩产分别为 229kg、97.6kg 和 90.4kg,分别为

对照品种中棉所41的121.1%、126.4%和129.1%;2004年国家生产试验,籽棉、皮棉和霜前皮棉平均亩产分别为233.2kg、97.9kg和93.7kg,分别为中棉所41的123.9%、126.6%和128.7%。抗虫三系杂交棉的育种技术体系基本建立使得抗虫三系杂交棉的育性与产量呈负相关及不抗虫的难题被我国攻破。银棉2号的研制成功使我国成为了世界上第一个大规模应用抗虫三系杂交棉的国家。

## 六、我国棉花栽培技术革命对保证棉花稳产的重大意义

**(一)地膜覆盖** 是棉花栽培技术上的重大变革。地膜覆盖具有可以增温保墒、促早发、多结铃等优点。其关键技术环节包括种子准备、播种与覆膜、打孔放苗等环节。地膜覆盖需要选用中熟棉花品种。目前采用播种后覆膜和先铺膜后打孔播种两种类型,以先播种后铺膜形式为主。旱地也可先覆膜保墒,再打孔下种。①播种时间:以4月上旬为宜。掌握的原则是:种在断霜前,出苗在霜后。②播种:平作棉田可采用条播机播种,也可开沟点播。垄作棉田一般采用开沟点播。如地墒不足,应带水点播种。为防冻和防烧苗,以深开沟浅覆土为好,覆土不应超过3厘米。③覆盖薄膜:播种前,地膜要随播随盖,防止跑墒。覆膜的要求是:铺平拉展,两边压严,中间酌量压些土块,膜边入土3~6cm。④打孔放苗。棉苗出齐后即可打孔放苗。⑤田间管理:放苗后的田间管理大致和露地棉相同,唯其生长发育进程提前,一切管理要求从早,并要注意前期防旺长,长期防早衰。同时,由于长期采用地膜覆盖,土壤中出现了塑料污染累积,加之塑料薄膜不易被降解,从而由白色革命转变为白色污染,有待采取有效措施加以彻底解决。

**(二)化控技术** 缩节胺由中国农业大学率先研究使用,它的使用为高效、安全调控棉花生长发育开了先河。缩节胺的通用名称为甲哌鎓,化学名称为N-N-二甲基哌啶鎓氯化物,具有低毒、不易燃烧、无腐蚀性,对呼吸道、皮肤、眼睛无刺激作用,尤其对鱼、鸟、蜜蜂无害,属于新型植物生长调节剂,对植物有良好的内吸传导作用。棉花具有无限生长特性,现蕾期后生长势增强,尤其在多雨区域若不加以控制,营养生长过旺将出现生长与发育失调,最终导致减产。最初人们为控制其过旺的生长势采用了多种措施,如用手掐顶尖、喷施矮壮素及多效唑等,但技术难以掌握常导致控制无效或控制过度,而缩节胺具有性情温和、没有副作用、不易出现药害等特点。它可被根、叶片及嫩枝吸收,并可很快传导到其他部位,能促进植物的生殖生长;抑制茎叶疯长、控制侧枝、塑造理想株型,提高根系数量和活力,使果实增重,品质提高,广泛应用于棉花、小麦等多种农作物。

**(三)棉花"密矮早"高产高效栽培技术** 该技术以地膜覆盖保苗促早发、膜下滴灌及水肥同步抓高产、高密度种植与合理化控求稳产等综合配套措施,由此快速搭建高光效群体,调整单株最佳结铃期使之与当地最佳光热时期同步,最大限度地使新疆短暂但高强度光热资源得到充分利用,实现群体多结铃、结大铃、结好铃,达到高产、优质及高效目的。该技术体系可以有效减轻和避让早春低温干旱和秋季早霜逆境的影响,增产效果显著,实现皮棉大面积单产3 000kg/hm$^2$高产水平,霜前花率达到85%以上。"九五"以后该技术在新疆得到迅速推广,现发展成为一套成熟的促早熟栽培高产高效生产技术。除新疆外,我国西北内陆棉区,由于常年春季低温干旱,秋季降温快,初霜早,棉花生产中普遍存在保苗难、发苗慢、成熟迟、产量低、品质差等问题,采用该技术体系可有效克服上述弊端。该技术的一般操作规程为:①选择优良品种:由于新疆棉区存在无霜期短、秋季降温快等问题,应选择增产潜力大的中早熟和早熟品种。

种子需要包衣,发芽率大于85%。②备耕播种:施足基肥结合播前耕地,采用有机肥与化肥结合,氮、磷、钾肥配比施用。③适时地膜覆盖与播种:一般适期播种期为4月上中旬。④苗期管理:在提高播种质量的基础上,加强苗期管理,实现全苗,培育壮苗。⑤中期管理:在苗早、全、壮、匀的基础上,加强中期管理,包括合理制定滴灌水肥次数、化学调控次数及各种害虫的及时防治。通过采取促控结合管理措施,防止棉株旺长,控制棉株过早封行,塑造高光效群体。同时适时调整营养生长向生殖生长及时转换,促进多棉铃发育。⑥后期管理:目标是保证棉株稳长不早衰,提高霜前花率。

**(四)膜下滴灌节水技术** 是一种结合了以色列滴灌技术和国内覆膜技术优点的新型节水技术。将水、肥、农药等直接通过滴灌作用于作物根系。由于采用地膜覆盖,棉花棵间蒸发极少,非常利于作物的生长发育。大田使用后可较常规灌溉节水50%左右、节肥20%,增产10%～20%,增加综合经济效益40%以上。这种被称为膜下滴灌的节水技术在新疆推广面积已超过了11万 $hm^2$,我国因此成为世界上农田采用滴灌节水技术规模最大的国家,它是我国这样一个水资源严重匮乏的国家在农业节水方面取得的重大突破。

## 七、对我国今后棉花生产的展望

经过60年沧桑,我国的棉花生产取得了巨大的发展,单产、种植面积及总产量均居世界前列。若继续提高棉花总产量,很难继续扩大种植面积(防止粮棉争地),只有依靠提高单位面积产量。提高单产的有效途径包括:扩大杂交种种植面积、提高品种(杂交种)对黄萎病及各种逆境的抗性等。中国农业大学经过多年努力,在棉花抗黄萎病研究及杂种优势利用方面取得了较大进展。

成功培育了高抗黄萎病棉花新品系:从海岛棉中克隆了抗病相关基因,转化陆地棉培育出了高抗黄萎病、纤维品质优良且高产的棉花新品系。

建立了免去雄杂交制种技术体系,并培育出了第一个免去雄自交种CAU 05-8:免去雄杂交制种技术体系,即利用特殊性状的父本,选用适合当地气候特点的优良品种作为母本,在母本免去雄情况下,直接用父本花粉进行授粉。在棉花播种时,利用专门技术彻底去除自交种,从而保证田间杂交种纯度达到100%。该技术具有3个特点:①大幅度降低杂交种成本,减小制种劳动强度。一般可节约制种用工2/3;②可保证田间杂交种纯度达到100%。经过苗期识别,可彻底去除自交种,从而保证田间杂交种的纯度达到最高;③迅速培育适合各生态环境的优势杂交种。由于该技术可采用任何地域的优良品种作为杂交种母本,并非用“不育系”作母本。因此,能够迅速筛选出适合新疆、河北、山东、河南和长江流域等不同地域的优势杂交组合。据此认为,该技术体系使得各大产棉区域迅速普及杂交种成为可能。

高产、优质、多抗杂交种的大面积应用必将为我国棉花生产的可持续发展提供动力。

# 第四节 麻类作物

我国麻类作物在唐宋时期就十分兴旺。20世纪前半叶,从年总产来看,苎麻产量居世界第一位,大麻居世界第二位,黄麻、红麻居世界第三位。但是到新中国建立前夕,麻类生产已陷入奄奄一息的境地。

## 一、我国麻类作物的发展历程和状况

1949 年以后，为了尽快地改变黄麻、红麻和麻袋依靠进口的局面，国家十分重视麻类生产，以麻袋用麻为重点，积极发展麻类生产。

麻类生产的发展经历了以下几个阶段：20 世纪 50 年代为恢复阶段，到 1958 年苎麻总产量达 6.02 万 t，比 1949 年增长了 6.12 倍。60—70 年代为稳步增长阶段，面积和总产量均增加，但单产增长幅度不大。1974 年基本实现自己用麻以后，发展速度开始加快，面积、总产和单产均显著增加。到 1979 年，黄麻、红麻的种植面积为 36.2 万 $hm^2$，单产为 3 051kg/$hm^2$，总产为 108.9 万 t；苎麻种植面积为 3.37 万 $hm^2$，总产量为 3.47 万 t，单产为 930kg/$hm^2$。进入 80 年代，麻类生产全面发展。1985 年全国麻类总产量达 444.8 万 t，其中黄麻、红麻为 411.9 万 t，苎麻为 8.59 万 t。此后，由于受国内外市场供求变化的影响，我国麻类生产经历了大起大落的曲折过程。但总体上看，近半个世纪我国麻类生产发展的成就显著。

**(一)黄、红麻的发展历程和发展状况** 黄、红麻在麻类中的分布最广，主要分布在亚洲、远东国家，拉丁美洲国家和非洲一些国家。种植面积主要集中在东南亚的孟加拉、印度和泰国，其产量占全球黄、红麻总产量的 95%。我国既是黄麻起源地之一，又是世界黄、红麻主产国之一。红麻常年种植面积 26.7 万 $hm^2$ 左右，95%以上为红麻。其中 95%以上集中在西部、长江、淮河流域及其以北。进入 20 世纪 90 年代以来，由于受麻制品市场波动、效益不理想、投入不足等因素影响，特别是廉价聚乙烯制品的大量生产，黄、红麻种植面积和产量逐年减少。据 1997 年全国麻类生产座谈会统计，1997 年全国播种面积 17.2 万 $hm^2$，总产量 41.2 万 t。1998 年全国黄、红麻播种面积不足万 13.3$hm^2$，2 年后种植面积更有所减少，但其产量仍超过了苎麻、亚麻等麻类纤维产量的总和。近些年来我国的黄、红麻行业在压缩总量中得以调整，新产品不断地得到开发。

1949—2005 年全国黄、红麻播种面积、总产量和单位面积产量见图 17-18、图 17-19、图 17-20。

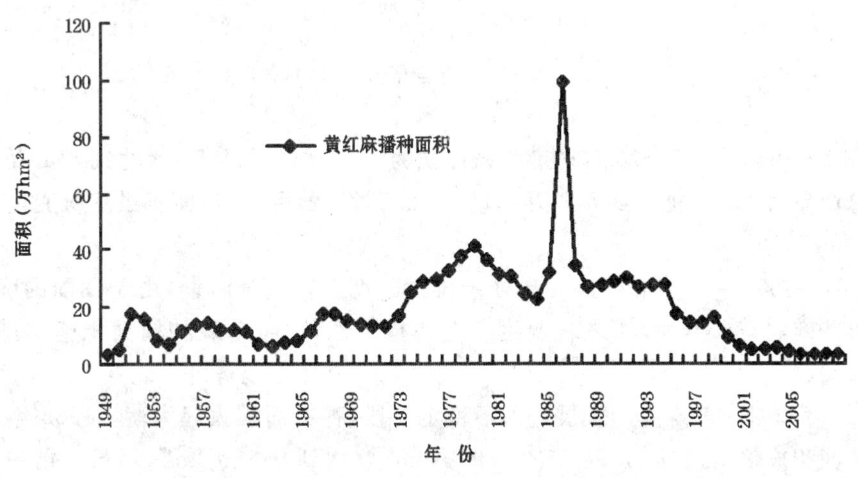


**图 17-18 1949—2005 年全国黄、红麻播种面积**

**(二)苎麻的发展历程和发展状况** 苎麻是多年生宿根草本韧皮纤维植物，是纺织工业的重要原料之一。新中国成立以来，苎麻生产的发展大概分为 3 个阶段。

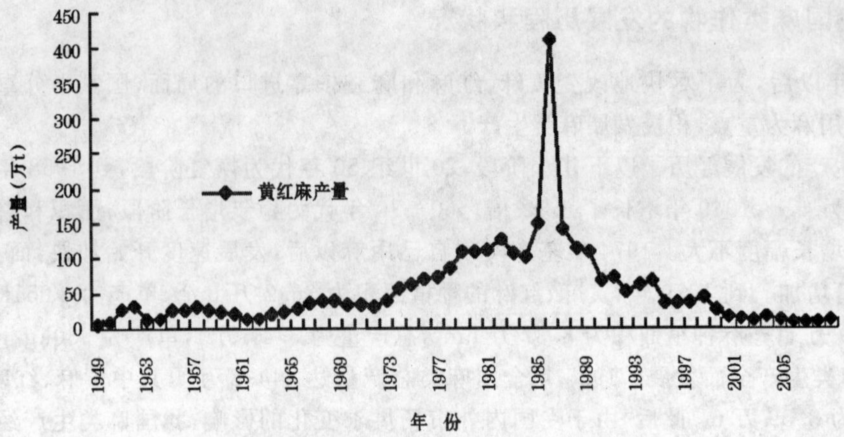


图 17-19 1949—2005 年全国黄、红麻总产量

图 17-20 1949—2005 年全国黄、红麻单位面积产量

1. 1952—1960 年 1952 年，苎麻种植面积为 4.5 万 $hm^2$，1957 年达到 8.1 万 $hm^2$，增长 77.9%；总产量由 4 万 t 提高到 5.3 万 t，增长 32.5%。随后几年，面积虽有所变化，但仍保持在 6.7 万 $hm^2$ 以上。

2. 1961—1984 年 苎麻生产发展处于徘徊时期。在这个时期，由于我国的麻纺工业规模较小，对苎麻的需求不大，加之农业生产上的指令性计划，苎麻种植面积基本徘徊在 4 万 $hm^2$ 左右。

3. 1984 年以后 苎麻生产发展进入不稳定阶段，种植面积大起大落。1985 年，“苎麻热”兴起，种植面积成倍增长，从 1984 年的 3.9 万 $hm^2$ 猛增到 8.6 万 $hm^2$，增长 1 倍多，总产量也由 5 万 t 增加到 8.2 万 t。1986 年苎麻面积又扩大到 27.2 万 $hm^2$，总产量达到 22.7 万 t，分别比上年增长 2 倍多和 2.8 倍。1987 年“苎麻热”继续升温，种植面积达到 51.6 万 $hm^2$，总产量为 56.7 万 t。经过连续 3 年的大幅度增长，苎麻种植面积比 1984 年增长了 12 倍多，平均每年递增 136.2%；总产量增长了 10 倍多，平均每年递增 124.7%。由于生产盲目发展，苎麻严重

积压，收购价格大幅度回落。1988 年，"苎麻热"开始降温，苎麻面积逐年大幅度缩减，由 1987 年的 51.6 万 $hm^2$ 减少到 1988 年的 27.2 万 $hm^2$，减少 47.3%。1989 年苎麻面积为 14.9 万 $hm^2$，减少 45.2%。1990 年苎麻种植面积为 8.1 万 $hm^2$，总产量为 8.9 万 t，分别比上年减少 45.9%和 516%。3 年来，面积平均每年递减 46.2%，总产量递减 46.1%。

1949—2003 年全国苎麻播种面积、总产量和单位面积产量见图 17-21、图 17-22 和图 17-23。

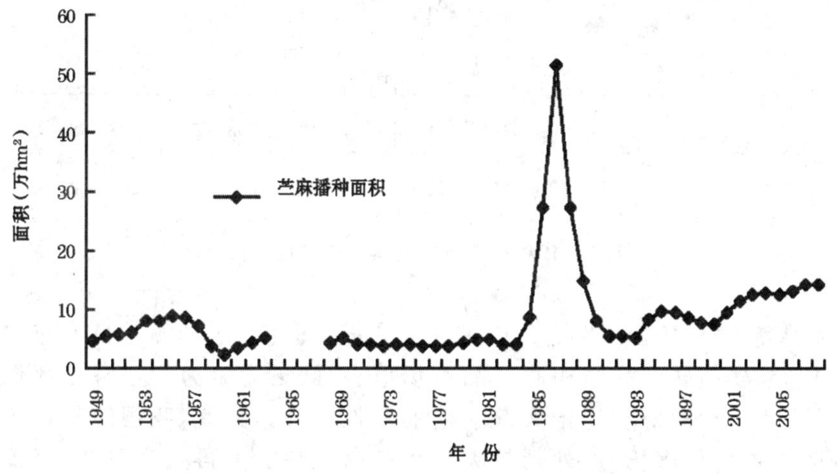


图 17-21　1949—2005 年全国苎麻播种面积

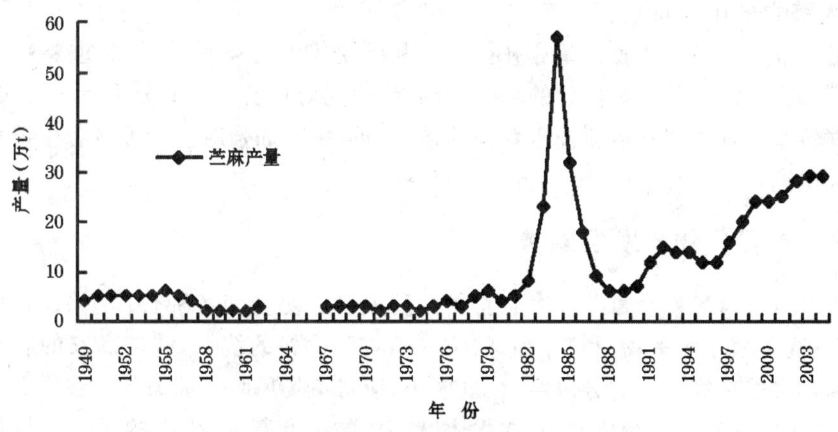


图 17-22　1949—2005 年全国苎麻总产量

## 二、我国麻类作物的生产技术

**（一）提高麻类种植业的机械化程度**　麻类剥制和脱胶制纤难度大，至今剥制技术基本停留在手工或半手工操作阶段，劳动强度大、生产效率低。黄、红麻收剥与种子脱粒是两道极为艰苦的劳作密集型工序，人工纤维收剥与种子脱粒的劳动成本费用，几乎接近全部的销售效益，成为黄、红麻生产发展的主要限制"瓶颈"之一。根本的出路在于纤维收剥与种子脱粒机械化。

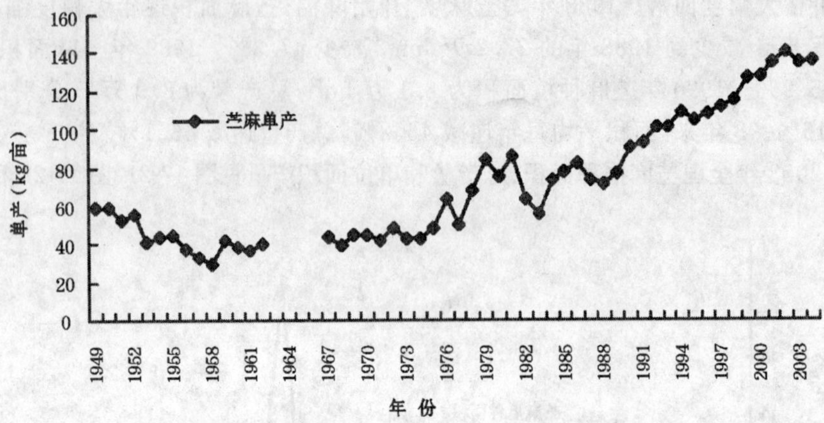


图 17-23 1949—2005 年全国苎麻单位面积产量

**(二)发展麻纺工业,增强深加工能力,进一步开拓与稳定产品市场** 只有进一步促进麻纺工业的发展,切实扭转产品结构和产品市场单一、缺乏竞争力和过分依赖国际市场的局面,才能从根本上消除麻类生产大起大落的恶性循环。为此,我国麻纺织工业发展应适当地控制生产能力的增长,从外延扩大再生产向内涵扩大再生产过渡,从简单的纺锭增长向产品质量提高飞跃。进一步增加科技投入,降低生产成本。尤其是开发适销对路的产品,实现产品结构单一化向系列化过渡。在稳定和发展国际市场的前提下,积极开拓具有极大潜力的国内市场。

**(三)加强麻类作物高新技术基础性研究** 利用现代生物技术,加强对重要基因资源的研究和利用。研究决定麻类作物性状的功能基因组;研究对重要基因的分子标记及实用化技术;研究并建立转基因育种和其他新技术育种的体系;近、中期加强对苎麻无融合生殖和红麻抗逆性的基础性研究。

## 三、我国麻类作物的发展趋势

**(一)积极发展麻农协会和各种合作组织** 发展麻农协会和各种合作组织,有利于科学技术的推广,提高种植业水平;有利于产品的统一销售和价格的统一,维护麻农的利益。当前麻类作物种植户多是一家一户的分散经营、规模小,应对市场风险的能力低。在重点乡镇建立麻农协会,负责组织麻农推广新技术,建立优质麻类作物生产基地,生产的优质原料与纺织集团挂钩,直接销往工厂,作为纺织加工企业的第一车间。纺织集团每年从利润中按一定比例返还给麻农协会作为发展基金,协会将资金用于良种引进、技术培训、品种改良,保证原麻质量,如此则可保证整个产业链的良性循环。注重优质品种和高产优质栽培技术的推广应用,生产中要注重优质品种的推广,积极培训科技人员,推广新技术,尽快实现用高产优质品种更换当地品种。此外,还需加强高产优质栽培技术的推广应用。

**(二)大力发展综合利用技术** 麻纤维是重要的纺织原料,生产中留下的叶、壳、骨和根等大量的麻类副产物极具利用价值,开发前景十分广阔。几乎各种麻类作物均可以用来造纸。用麻骨作原料生产出的纤维板坚硬,可作天花板、内墙板和各种桌、椅、床、柜、书架及包装箱等。麻类作物在饮食、饲料、水土保持等方面也有着较大的应用价值。这样一来,可以提高整

个麻园的综合效益，当原麻价格出现波动时，种植户就有能力应对市场的风险，不至于单纯依靠原麻收入，蒙受较大的损失。

**(三)研究和推广立体种植技术** 在苎麻新麻园进行冬季麻/冬菜(菜薹、芥菜等)或绿肥，春季麻/瓜(西瓜、甜瓜或玉米等)，夏、秋季麻/热菜(辣椒、茄子、番茄等)，利用冬菜或绿肥、瓜类和热菜等在生长发育过程中的时间差、空间差和对光热水肥需求差等不同特性，达到高产目的。此外，还可以建立冬菜及食用菌栽培的常年麻园周年高效立体生产技术体系。一方面提高麻农的经济收入，一方面增强抵抗市场风险的能力。

**(四)环境友好型的清洁生产技术** 苎麻主要采用化学方法脱胶，虽然克服了传统的浸露脱胶中存在的速度缓慢和脱胶不均等弊端。但脱胶过程中残留的酸、碱严重污染环境，能耗和成本均较高。红麻、亚麻、剑麻等主要采用水沤法脱胶，虽具备简单易行、成本较低等优点，但同样存在着污染环境问题。目前，采用麻类生物脱胶环境友好型的清洁生产技术将有效缓解传统麻类脱胶的问题。

## 第五节 茶 叶

茶源于我国，传向世界。我国是最早发现和利用茶树的国家，被称为茶的祖国。文字记载表明，我们的祖先在3 000多年前就已经开始栽培和利用茶树。我国茶叶产区主要分布在浙江、安徽、福建、江西、湖北、湖南、广东、四川、云南、重庆等19个省、自治区、直辖市。茶叶品种以绿茶、红茶、乌龙茶为主，另外还有紧压茶、黄茶、黑茶和白茶。绿茶发展最快，乌龙茶次之。目前通过国家认定的茶树优良品种有67个。茶叶出口稳步增长，是我国出口比例最高的农产品之一。

### 一、我国茶叶生产的发展历程和状况

建国后我国茶叶的生产发展大致可以分为以下两个阶段。

**(一)茶叶的恢复发展阶段** 新中国成立后的前30年，由于政府积极扶持茶叶生产，组织茶农垦复荒芜茶园13万$hm^2$，因地制宜地综合治理低产茶园20万$hm^2$，同时陆续兴建了300多个大型茶场，建立了几百个商品茶生产基地和茶叶出口生产基地，促进了全国茶叶生产发展。在这一阶段，前20年基本以复垦、发展及努力扩大种植面积为主，其间茶园面积年平均增加2.3%，茶叶产量年平均增长5.9%；后10年边扩大茶园面积，改善茶园结构，提高茶园单产。1979年全国茶园种植面积达105万$hm^2$，茶叶产量达27.72万t，出口茶叶10.68万t，分别是1950年茶园面积、产量和出口量的6.2倍、4.5倍和5.7倍。30年间平均增长率分别为17.3%、11.5%和15.7%，茶叶在我国国民经济中的地位也有了显著提高。

**(二)茶叶的快速发展阶段** 进入20世纪80年代后我国茶园总面积维持在110万$hm^2$左右，总产量的增加主要靠改善茶园结构和提高茶园单产。按采摘面积计算，1980年平均单产为351kg/$hm^2$，到1997年提高到705kg/$hm^2$，增加了100.9%。这时期茶叶生产发展成就还表现在：茶叶加工逐步实现了全程机械化，至1998年机械化程度已达70%左右；全国茶树良种种植面积达56.6万$hm^2$，约占全国总面积的50%；扩大了茶叶商品范畴，发展了红碎茶，名优茶产销两旺，1997年名优茶产量10.7万t，产值达41.2亿元，分别占全国总产量和总产

值的 7.4%和 48.4%;茶叶市场相继出现颗粒型茶、速溶茶、液体茶及各种茶制品,丰富了茶叶品类。1997 年全国茶叶产量达 61.3 万 t,出口量为 20.2 万 t,分别比 1980 年增加 101.8%和 87%,年增长率达 6%和 5.1%。我国的茶园种植面积之大,茶叶品种之多及茶树资源之丰富,在世界产茶国家中均居于榜首。我国茶叶年产量仅次于印度,居世界第二位,年出口量居世界第三位。

## 二、我国茶叶历年生产的播种面积、总产量变化

**(一)历年全国茶园面积变化** 见图 17-24。

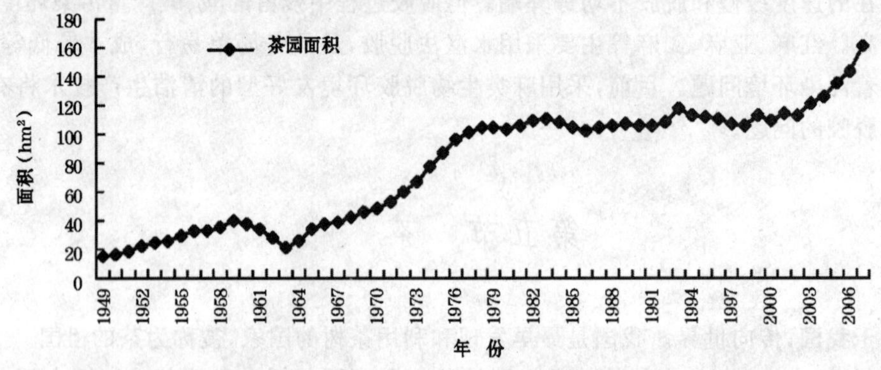


图 17-24　1949—2005 年全国实有茶园面积

从图 17-24 可以看出,从新中国成立到目前为止,我国年末实有茶园面积变化可以分为两个阶段:第一阶段从 1949—1979 年,在这一阶段的前 20 年茶园面积缓慢增长,并且在 1960—1963 年受 3 年自然灾害的影响出现了负增长,1963 年降至最低点,茶园面积只有 21.1 万 $hm^2$;从 1964—1979 年,茶园面积快速增长,并突破 100 万 $hm^2$。第二阶段从 20 世纪 90 年代至今,在这一阶段的前 20 年茶园面积基本保持不变,进入 21 世纪茶园面积又开始迅速增长,2007 年达到历史最高点的 161.3 万 $hm^2$。

**(二)历年全国茶叶产量变化** 见图 17-25。

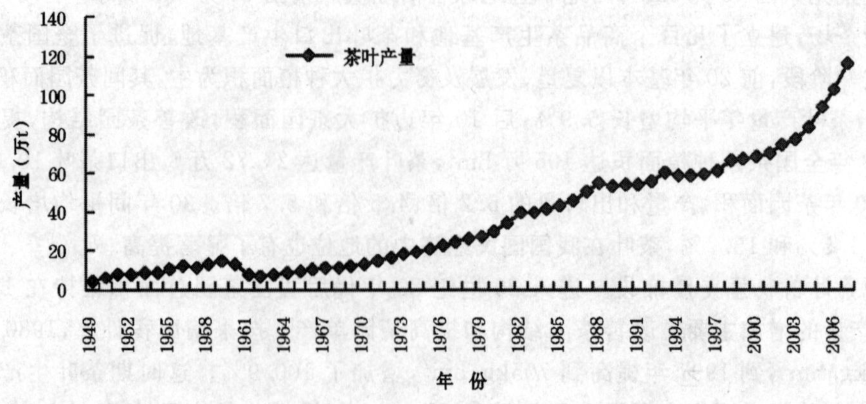


图 17-25　1949—2005 年全国茶叶总产量

从图17-25可以看出,从新中国成立到目前为止我国茶叶产量总体呈增加趋势,从1949年的4.1万t增加到2007年的116.5万t,不断创造新高。但个别年份也稍有下降,其中1961年、1962年、1963年这3年受自然灾害影响下降较多。

### 三、我国茶叶的生产技术

**(一)品种改良和新品种应用** 1958年中国农业科学院茶叶研究所成立,提出以"高产、优质、机械化"为研究重点。20世纪60年代随着全国性与地方茶叶研究机构和群众学术团体网络的建立,制定了全国茶叶生产"科技面向生产、研究与生产相结合"的方针与研究规划。1959—1965年,向茶区征集国内优良地方品种87个,从国外引进10个良种与材料,分离单株选种100余个。1981—1984年通过资源考察我国建立了2个茶树种质资源库。审定和推广了众多的茶树良种。此外还大力推广实用技术。加速了全国茶叶的生产和恢复。

**(二)茶树的病虫害控制** 20世纪70年代探明了我国茶树的病虫害种类及分布,提出了我国茶树主要害虫种群的演替规律、生活史及其综合防治措施(陈宗懋,1979),依据这些资料对茶树的病虫害开展预测预报及控制工作。此外,近年来大力推广应用病虫害的无公害防治措施,根据病虫害与茶树、耕作制度、有益生物及环境之间的相互关系,因地制宜地采取以农业防治为主,结合进行生物防治、化学防治的策略,将病虫害控制在允许范围内。这些植保措施极大地促进了茶叶产量和质量的提高,促进了茶叶生产的发展。

### 四、我国茶业的发展趋势

我国是世界最早发现、利用茶叶的国家,是茶树的发源地。在19世纪以前,我国茶叶生产技术水平居世界领先地位。我国茶叶曾在世界上占统治地位达200多年,但随着印度、斯里兰卡等新产茶国的兴起,我国的优势地位逐渐丧失。目前我国茶叶存在的问题是:①生产规模小,名优产品产量低。②没有全国统一的质量标准,茶叶质量不稳定;近年来,只有部分茶叶品种有地方标准。③机制茶技术控制不够,制茶器械陈旧落后,除了蒸青茶厂和少数精制厂外,茶厂装备水平普遍较低。④茶叶品种繁多,但无国际名牌。⑤市场秩序不规范,生产者恶性竞争,茶叶价格太低。⑥管理体制不健全,管理部门职能相互重叠。

针对目前我国茶叶存在的问题探索解决办法,许多研究者进行了大量的研究。总的来说,就是要实施发展"大茶叶"战略,综合开发利用资源,实行产业化经营,即努力培育茶叶行业龙头企业,树立品牌,推进茶叶商品系列化,开发国内外市场,同时使科研、教育、文化、信息与茶叶经济一体化,相互促进,共同发展。

## 第六节 桑 蚕 业

熟蚕结茧时所分泌的丝液凝固而成的连续长纤维也称天然丝,是一种天然纤维。这是人类利用最早的动物纤维之一。据考古发现,约在4 700年前我国已利用蚕丝制作丝线、编织丝带和简单的丝织品。商周时期用蚕丝织制罗、绫、纨、纱、绉、绮、锦、绣等丝织品。蚕有桑蚕、柞蚕、蓖麻蚕、木薯蚕、柳蚕和天蚕等。由单个蚕茧抽得的丝条称茧丝。它由两根单纤维借丝胶黏合包覆而成。缫丝时,把几个蚕茧的茧丝抽出,借丝胶黏合成丝条,统称蚕丝。除去丝胶的蚕丝,称精炼丝。蚕丝中用量最大的是桑蚕丝,其次是柞蚕丝,其他蚕丝因数量有限未形成资源。蚕丝质轻而细长,织物光泽好,穿着舒适,手感滑爽丰满,导热差,吸湿透气,用于织制各种绸缎和针织品,并用于工业、国防和医药等领域。中国、日本、印度、前苏联和朝鲜是主要产丝国,总产量占世界产量的90%以上。

桑蚕业是我国的传统产业。在长达数千年的历史长河中,我们的祖先创造并不断发展的栽桑、养蚕、缫丝、织绸技术,为人类文明作出了卓越的贡献。

1949年新中国成立时,全国桑园面积仅有19.84万$hm^2$,桑蚕茧产量3.09万t。蚕丝业发展顶峰时期属20世纪90年代初。1994年我国桑蚕鲜茧产量高达77.69万t,占当年世界总产100.37万t的77.4%;桑蚕生丝总产量达7.26万t,占世界生丝总产量10.02万t的72.5%。根据《中国纺织年鉴》统计,最高年1995年全国有26个省、自治区、直辖市的约1 200个县(市)有养蚕业,养蚕总农户约1 800万户,桑园总面积发展到116.7万$hm^2$,发种量达2 750万盒,桑蚕茧产量达75.98万t。全国蚕丝产量为11.05万t,丝织品产量高达65.9亿m。

## 一、我国桑蚕生产的发展阶段

新中国成立后,中央与地方各级政府即致力于桑蚕业的恢复和发展。1949年11月召开了全国第一次丝绸会议,提出要积极恢复蚕丝生产。1951年12月成立了华东蚕业研究所,1957年后改为中国农业科学院蚕业研究所。1952年召开全国蚕桑技术座谈会,决定按收购茧款的3%征收蚕桑改进费,用于蚕种改良、技术改进和推广指导工作,并作出了加强蚕种监管、提高蚕种品质的决定。1953年5月,农业部印发了《蚕种监管暂行条例(草案)》。1953年10月,中国丝绸公司成立,专门负责蚕茧收购与丝绸进出口业务。1954年11月,多部门联合召开全国桑蚕蚕丝会议,决定大力发展桑蚕生产的方针。至此,新中国恢复振兴和大力发展桑蚕业的序幕全面拉开。

1970年我国的桑蚕茧产量达到12.15万t,1977年我国的生丝产量达到1.80万t,先后超过日本跃居世界首位;1980年我国桑蚕茧产量达到24.98万t,超过了新中国成立后的历史最高纪录;此后的十多年持续发展、不断上升。20世纪90年代受世界丝绸市场供求失衡和东南亚金融危机及日本泡沫经济影响,我国的桑蚕业受到影响,桑蚕茧产量减少。进入21世纪我国蚕茧和桑蚕茧的产量又开始了新的增长,2007年蚕茧和桑蚕茧的产量分别达到94.7万t和87.9万t。

## 二、我国蚕茧、桑蚕茧历年的产量变化

我国蚕茧、桑蚕茧历年的产量变化见图17-26。

从图17-26可以看出,从新中国成立至20世纪90年代中期我国蚕茧和桑蚕茧的产量除受3年自然灾害影响稍有下降外一直呈不断增加的趋势。90年代前期世界茧丝生产量大幅度增加,导致世界丝绸市场出现严重的供求失衡,加上东南亚金融危机和日本泡沫经济破灭的影响,我国桑蚕业在90年代后期进入了生产规模压缩与调整时期,1997年蚕茧和桑蚕茧的产量减少了30万t。从1995年下半年开始至2000年经5年的调整,供求失衡的情况基本得到了改善。进入21世纪我国蚕茧和桑蚕茧的产量又开始了新的增长,2007年蚕茧和桑蚕茧的产量分别达到94.7万t和87.9万t。

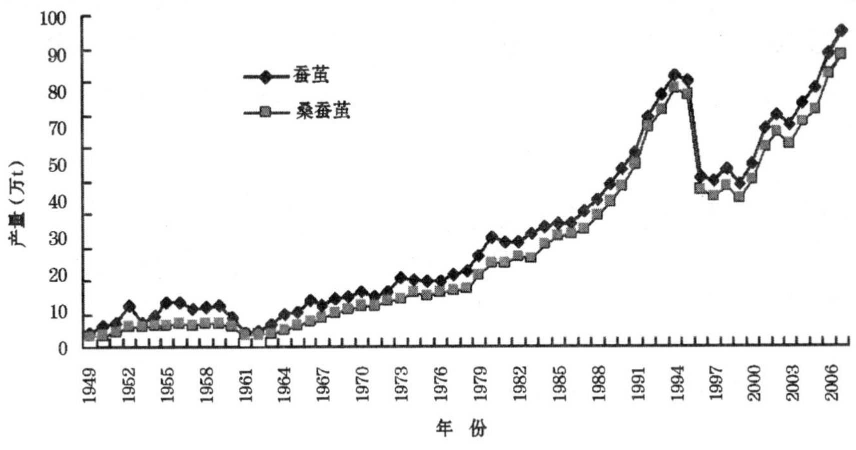


图 17-26 1949—2006 年全国蚕茧、桑蚕茧产量

### 三、我国桑蚕业的生产技术

20 世纪初至 30 年代初，国家选派了一批人员赴法国、意大利和日本留学，引进推广机械劓丝、一代杂交蚕种、人工孵化方法、蚕种共同催青、稚蚕共同饲育、蚕桑病虫害药剂防治等先进技术，为我国桑蚕业与现代技术接轨打下了一定基础。新中国成立后国家重视桑蚕业的发展，从国外引进技术、培养人才，我国的桑蚕业进入自我创新的发展阶段，桑树栽培学、家蚕遗传育种和良种繁育、家蚕病理生理研究以及养蚕学的发展都极大地促进了我国桑蚕业的发展。

### 四、我国桑蚕业的发展趋势

在经济结构调整力度加大、产品更新速度加快的时代背景下，桑蚕业的存在和发展面临着新的问题。这些问题在很大程度上要依靠知识创新、技术创新和全行业的科技进步加以解决。①加强关于丝绸服饰保健功能的研究与宣传。②研究综合配套技术提高蚕茧单产和质量。③改良蚕桑品种。④研究开发多元化、多用途的桑蚕产品，例如丝肽护肤品、蚕蛹保健品等。⑤大面积生产的桑园间作套种，提高综合经济效益。⑥建立原料茧的生产应急技术体系以应对丝绸市场的波动。

## 第七节 中草药

我国是中草药的发源地。目前我国大约有 12 000 种药用植物，这是其他国家所不具备的，在中药资源上我们占据垄断优势。古代先贤对中草药和中医药学的深入探索、研究和总结，使得中草药得到了最广泛的认同与应用。中草药是中医所使用的独特药物，也是中医区别于其他医学的重要标志。我国的人民对中草药的探索经历了几千年的历史。相传，神农尝百草，首创医药，神农被尊为“药皇”。

中药主要由植物药(根、茎、叶、果)、动物药(内脏、皮、骨、器官等)和矿物药组成。因植物药占中药的大多数,所以中药也称中草药。目前,各地使用的中药已达5 000种左右,把各种药材相配伍而形成的方剂更是数不胜数。经过几千年的研究,更是形成了一门独立的科学——本草学。

目前市场上流通的中药材有1 000余种,依靠人工栽培种植的中药材已达300多种,如板蓝根、地黄、人参等,中药材种植总面积达73万$hm^2$。全国建有各类药材种植场5 000多个,其中65种主要药材的生产基地561个。药材产量最大的品种依次为地黄、山药、茯苓、党参、当归等。栽培面积最大的是四川,其次为陕西、甘肃。药材生产量最大的是甘肃,主要为当归、党参等。

## 一、我国中草药生产的发展阶段

中草药在我国的使用已有几千年的历史。建国后特别是改革开放以来,我国中草药事业发生了翻天覆地的变化。在"七五"、"八五"攻关项目中国家组织专家对223种常用中药材进行了品种整理和质量研究;1983年展开全国性中药资源普查,基本查清我国中药资源的现状。在"九五"攻关项目中组织实施了"中药复方药物标准化(范例)研究"项目,进行了71种常用"中药材质量标准规范化研究"和5个代表性方剂的研究;实施了"中药现代化研究与产业化开发"项目,进行了中药材化学对照标准品的研究。在"十五"攻关项目中组织实施了"中药材规范化种植研究"项目,进行了100多种常用中药材的标准规范化种植研究,发布了《中药材生产质量管理规范》(GAP),制定了相应的《中药材规范化生产标准操作规程》(SOP)。

## 二、我国中草药历年的播种面积变化

我国中草药历年的播种面积变化见图17-27。

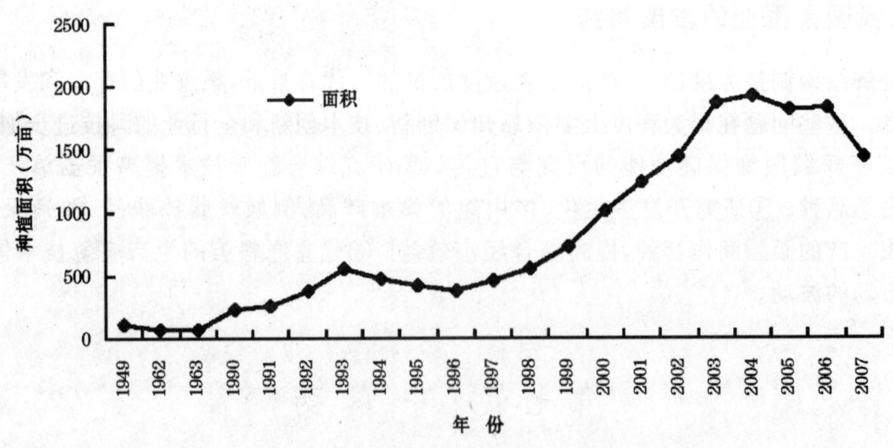


图17-27　1957—2007年全国中草药播种面积

从图17-27可以看出,我国中草药种植面积整体呈不断增加的趋势,从最低的几十万亩增加到2004年的接近133.3万$hm^2$,但自2004年开始又有所下降。

## 三、我国中草药的生产技术

新中国成立后，随着人民生活水平的不断改善和医疗卫生体系的建立，我国的中草药种植面积不断增加。此外，随着回归大自然风潮的兴起，天然药物越来越受到青睐，寻找有效的天然药物替代化学药品，已成为国际医药发展的普遍趋势。我国传统中医药越来越引起世界各国的关注，一些国家政府对中医药的态度开始转变，逐步放宽了对中药的管制，为中药走向世界创造了良好的机遇。这些因素都促进了我国中草药生产的发展。

## 四、我国中草药的发展趋势

中草药的大宗品种仍然处于主流地位，而药食两用、具有保健功能的品种前景广阔。中药材既有药用价值又有食用价值的品种很多，在人们日益对健康、保健重视的今天，中药的保健功能日益被人们所认识、接受，药食两用的品种用量不断增长。桔梗、山药、山楂、决明子、白芷、野菊花、银杏叶、白果、茯苓等需求量加大。像桔梗不仅药用量大，而且国内食品厂家以鲜桔梗为原料加工的各类菜肴商品也日益走俏。2006 年，韩国、日本等国进口我国桔梗产品数量呈上升趋势，这给桔梗的生产发展带来了机遇。

用途增加的品种，如野菊花。近年来野菊花颗粒开发出的保健品饮料，具有明目、消肿等效果，且对高血压有一定预防、治疗作用，在日用化工方面，市场上以野菊花为主要原料生产出的牙膏有消炎、祛火作用。野菊花枕头，有降压、安神效果。野菊花具有分布广、无须栽种管理、采摘容易、成本低的特点及独特效果，使用量大增，极具发展潜力，在不降低药材质量的前提下，可尝试人工种植。

山药更有滋补强壮的功效，被越来越多的人们认识，成为人们餐桌上的常品。白果被称为长生果，山楂具有降血脂的效果，决明子具有明目、降压的作用。由具有保健功能的品种而开发制成的饮料、食品、菜肴正不断涌入市场，因此这类品种仍有不断开发的潜力。经深加工后的产品，附加值增加，效益明显，是药农种植首选，前景十分广阔。

总之，在宏观经济依然向好，医疗体制改革不断深入，外贸出口逐渐加大、产业结构继续调整、建设社会主义新农村的大环境下，中药材生产也将持续趋好。我们要适应市场变化，因地制宜，不断调整生产思路和经营方式，使我国的中药生产健康、持续发展。

# 第八节 烟 草

烟草起源于美洲、大洋洲和南太平洋的一些岛屿。目前发现有 66 个种，被栽培利用的仅有 2 个种，即普通烟草(N. tabacum L.)又叫红花烟草、黄花烟草(Nrustica L.)。16 世纪中叶传入我国。开始传入的是晒晾烟，距今已有 400 多年的种植历史。1900 年在台湾试种烤烟。自 1910 年后相继在山东、河南、安徽、辽宁等地试种烤烟成功，1937—1940 年开始在四川、贵州和云南试种，发展成为我国主产优质烟区。20 世纪 50 年代引进香料烟，60 年代引进白肋烟，分别在浙江新昌、湖北建始试种成功。黄花烟约在 200 年前由俄罗斯传入我国北部地区种植。

烟草在我国栽培已有近 400 年的历史。主要分布在西南、华南、长江流域、黄淮海、东北部的 20 多个省、自治区。我国种植的烟草根据植物学性状、栽培调制方法和工业用途的不同，分为6大类型,有烤烟、晾烟、白肋烟、香料烟、晒烟和黄花烟。我国是世界上最大的烟草生产国和消费国,种植面积和总产量都占世界的1/3以上。

烟草是重要的经济作物。吸烟是亿万烟民文化生活中不可缺少的一部分,更是国家和地方财税的重要经济来源。1984年我国成立国家烟草专卖局,统一领导、全面管理烟草行业的生产和销售业务。烟叶生产坚持"计划种植,优质适产,主攻质量,坚持改革,提高效益"的方针,大力推行"区域化、良种化、规范化"科学种烟措施,使我国烟草生产有了长足发展。烟草是高效益作物,我国烟区多在经济较落后的贫困地区,有200万农户约1亿人口靠种烟维系生活。种1亩烟当年可收现金1 000～2 000元,为粮食作物的3～5倍,是贫困地区脱贫致富、提高生活水平的有效途径。烟草又是高税利商品,高踞各行业之首位,为国家建设和改善人民生活提供了巨额资金。

## 一、我国烟草生产的发展阶段

总的来说,建国后我国烟草的生产发展主要经历了以下两个阶段。

**(一)改革开放前的平稳发展阶段**　改革开放以前,烟草的种植面积得到迅速的发展。从1953年起烤烟正式纳入国家计划,通过调整收购价格政策和扩大出口贸易等措施,进一步促进了烟叶生产的发展。通过对地方品种的收集、筛选与推广,提高了烟叶的产量和质量。20世纪60年代初为了解决国内原料短缺,国家再次调整了烤烟收购价格,实行按产量奖售粮食和化肥等政策,进一步促进了烟叶生产的发展。

**(二)改革开放后的高产稳产阶段**　20世纪80年代初,国务院设立了国家烟草专卖局,成立了中国烟草总公司,各省、市、县相继成立了烟草专卖局和烟草公司,全国烟草行业实行集中管理体制。1984年开始在全国烟草生产贯彻执行了计划种植、主攻质量、优质适产的生产指导方针和种植区域化、品种良种化、生产技术规范化的技术措施,有力地促进了烟草生产的发展,产品和品质明显提高,出口量明显增加。

## 二、我国烟草历年的生产变化

**(一)烟叶和烤烟的种植面积变化**　见图17-28。

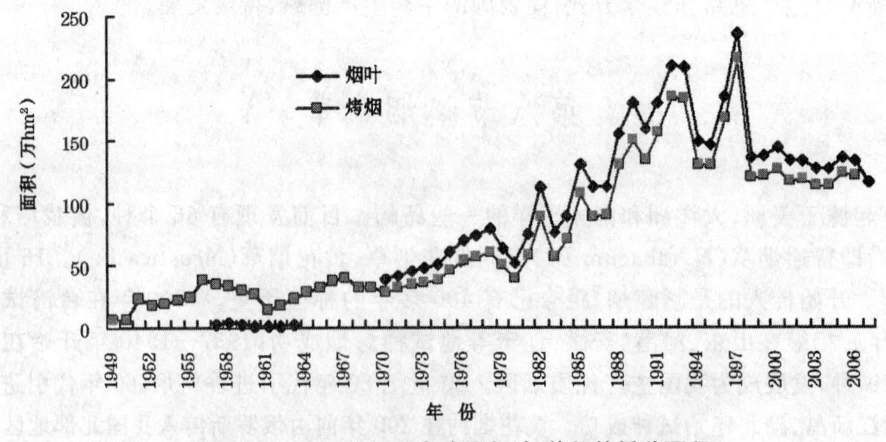


图17-28　1949—2006年全国烟叶、烤烟的播种面积

从图17-28可以看出，历年全国烟叶和烤烟的播种面积变化基本保持一致，可以分为两个阶段。第一阶段，在新中国成立后的前30年，烟叶面积从1957年的2.8万$hm^2$增长到1979年的63.3万$hm^2$，烤烟产量从1949年的6.1万$hm^2$增长到1979年的50.9万$hm^2$，总体保持稳定缓慢增长，但在个别年份也有下降，以1961年面积最小。总的来说种植面积并不大。第二阶段，改革开放以后的30年，烟叶和烤烟的播种面积在曲折反复中快速增长，在1997年达到最大，分别为235.3万$hm^2$和216.1万$hm^2$，之后又有所下降并在近10年保持基本稳定。

**(二)烟叶和烤烟的产量变化** 见图17-29。

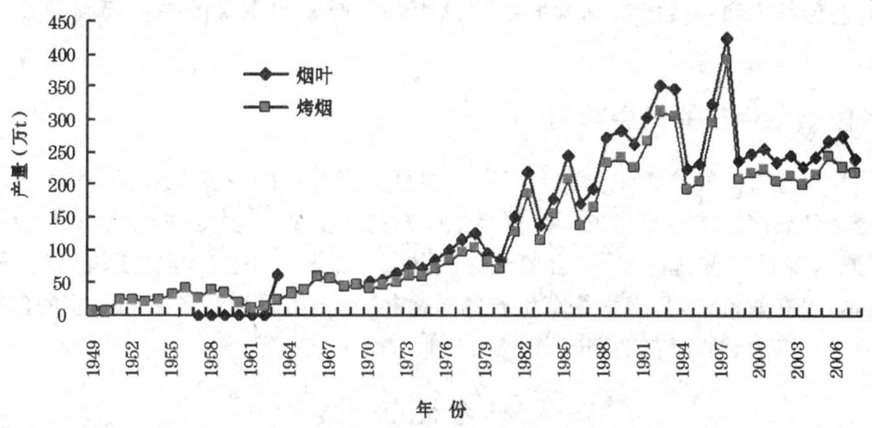


图17-29 1949—2006年全国烟叶、烤烟的产量

从图17-29可以看出，历年全国烟叶和烤烟的产量变化基本保持一致，可以分为两个阶段。第一阶段，在新中国成立后的前30年，烟叶产量从1957年的52万t增长到1979年的94万t，烤烟产量从1949年的4万t增长到1979年的81万t，总体保持稳定缓慢增长，但在个别年份也稍有下降，在第一阶段中以1978年的产量最高，分别达到124万t和105万t。第二阶段，改革开放以后的30年，烟叶和烤烟的产量在曲折反复中快速增长，在1997年达到最高，分别为425万t和391万t，之后又有所下降并在近10年保持基本稳定。

**(三)烟叶和烤烟的单产变化** 见图17-30。

图17-30 1949—2007年全国烟叶、烤烟的亩产量

从图17-30可以看出,从新中国成立到目前为止,全国烟叶和烤烟的亩产量在曲折反复中不断增加,烟叶的亩产量从最低的1961年的41kg增加到2007年的137kg。烤烟的亩产量变化与烟叶的亩产量变化基本保持一致,并且在多数年份高于烟叶的亩产量。

## 三、我国烟草生产的发展技术

20世纪60年代划分的6大烟区和1980—1985年全国烟草的种植区划对我国烟草种植产区的调整和合理布局起到了重大作用并产生了显著的经济效益。烟草引种和1950年开始的烟草育种工作为我国烟草产量和品质的提高发挥了巨大的作用。此外烟草的栽培技术、病虫害的综合防治技术和一些国家标准的推出都为烟草产量和质量的提高起到了关键性的作用。

## 四、我国烟草生产的发展趋势

烟草是我国重要的经济作物。在未来我国烟草生产发展的主要趋势是:一是在外观质量和化学成分达到或接近国际水平的同时提高烟叶的内在质量,尤其是香气质和香气量;二是提高叶片的油分,降低烟碱、蛋白质等含氮化合物的量;三是扩大生产经营规模,优化资源和技术,降低成本,提高效益;四是探索烟草生产的新途径,在不影响烟叶产量和品质的前提下,充分发挥土地增产潜力,从而获得烟叶、粮食双丰收。

## 参考文献

[1] 刘毓湘. 当代世界棉业. 北京:中国农业出版社,1995.

[2] 黄骏麒,等. 中国棉作学. 北京:中国农业出版社,1998.

[3] 中国农业年鉴.

[4] 中国统计年鉴.

[5] 中国农村统计年鉴.

[6] 李良生. 发展木本油料繁荣山区经济. 农业经济问题,1980.

[7] 樊金拴. 我国木本油料生产发展的现状与前景. 经济林研究,2008.

[8] 常汝镇,韩天富. 关于发展南方间套作大豆生产的建议. 大豆科技,2008.

[9] 杜微寒. 进口冲击下的中国大豆产业研究. 硕士论文,2008.

[10] 焦念元,等. 玉米-花生间作对作物产量和光合作用光响应的影响. 应用生态学报,2008.

[11] 王晓芬,陈义安. 我国蚕丝业发展的宏观思考. 蚕学通讯,2003(3):33-36.

[12] 顾国达. 20世纪后期世界蚕丝业的发展、现状及其展望. 中国蚕学会会议论文集(西安),2000(11).

[13] 顾国达,等. 世界蚕丝生产和贸易的现状及趋势. 蚕业科学,1996,22(2):99-103.

[14] 季晓琴,李瑞,等. 中国蚕丝业现状分析与发展对策. 中国蚕业,2004(1):4-5.

[15] 廖梦虎. 我国茧丝绸行业运行情况分析. 中国蚕业,2004(1):6.

[16] 李国栋,郭建友,等. 烟草与甘薯套种.

[17] 刘丽芳,唐世凯,等. 烤烟间套作草木犀和甘薯对烟叶含钾量及烟草病毒病的影响. 农艺科学,2006(8):238-241.

［18］ 唐世凯，刘丽芳，等．烤烟套种甘薯对持续控制烟草病害的影响．广东农业科学，2008(9)：26-28.

［19］ 唐世凯，刘丽芳，等．烤烟间套草木犀、甘薯对烟叶产量和品质的影响．云南农业大学学报，2005(8)：518-521.

［20］ 张保占，王振坤，等．关于烤烟间作套种问题的讨论．河南农业科学，1990(2)：8-9.

［21］ 施伟文，钱存良．21 世纪中国茶叶发展之路．茶业通报，2002，24(4)：9-10.

［22］ 秧志强．关于我国茶叶发展的思考．茶世界，2009(5)：56-63.

［23］ 陈合荣．茶园如何间套种．福建农业，1996(10)：8.

［24］ 刘振武，李满飞．中药产业的可持续发展与 GAP. 中草药，1999(11)：附 4-附 7.

［25］ 朱勇．我国中药出口的现状与发展策略(Ⅰ). 中国中医药信息杂志，2000(12)：9-12.

［26］ 贾谦．中药现代化国际化的反思．杭州科技．

［27］ 胡跃高，等．20 世纪中国农业科学进展．济南：山东教育出版社，2004.

（作者：杜相革 中国农业大学教授，齐俊生 中国农业大学博士、副教授）

# 第十八章 园艺作物

## 第一节 蔬 菜

### 一、我国蔬菜的栽培历史

我国是世界上最大、最古老的主要栽培作物起源中心之一,也是古老的农业中心。据考证,自人类开始从事农业生产以来,就有蔬菜生产,在新石器时代的遗址西安半坡原始村落中,发现有菜籽(芸薹类),距今已有六七千年。蔬菜栽培起源于采集野生植物和相继的栽培驯化。春秋战国时代,由于铁器的发明使用,农具有了显著改良,致使农业有了很大的发展。春秋孔丘的学生樊迟问孔子"请学为圃",孔子回答:"吾不如老圃"。对"圃"字,《说文》的解释是:"种菜为圃",说明在春秋战国时期人们已将"农"、"圃"分离,即出现了蔬菜种植业,说明我国蔬菜种植的历史悠久(吕家龙,2001)。2 000 年前的汉朝,我国农民还创造了初级形式的保护地栽培,在《汉书补遗》的《循史传》上曾记载:"太宫园种冬生葱韭菜茹,覆以屋庑,昼夜粘温火,待温气乃生"。其开创了保护地栽培蔬菜的先河,为人类冬季种菜建立了不可泯灭的功劳。

我国的蔬菜栽培品种和栽培技术在世界蔬菜史上也做出很大贡献。现在栽培的许多蔬菜种类都属于我国原产,如白菜、芥菜、萝卜、茭白、大葱、甜瓜、葫芦及竹笋等。世界著名的大白菜品种,就是从我国河北、山东的白菜中演化而成的。早在公元前 745 年的《诗经》中便有记载着"采苓采苓,首阳之巅;采苦采苦,首阳之下;采葑采葑,首阳之东"。所谓的苓既是现在的苍耳,苦即现今的苦菜,葑即现今的芜菁,至今仍为栽培蔬菜。后魏贾思勰的《齐民要术》、明代徐光启的《农政全书》和王象晋的《广群芳谱》、清代吴其睿的《植物名实图考》,对于蔬菜的分类、性状、栽培技术等都有描述。其中《广群芳谱》中的《蔬谱》(1612)记述了 100 多种栽培及野生的蔬菜,并归纳为辛香、园蔬、野蔬、水蔬、食根、食实、菌属、奇蔬、杂蔬九类,为后世蔬菜植物的分类打下了基础。其中以食用部位及生长环境的分类法至今仍被采用。如今白菜、萝卜等已成为世界性的蔬菜,而葱、韭、芋等在国外也有栽培(吕家龙,2001)。

我国也从国外引进不少蔬菜品种,受与外界交流和交通条件的限制,引进的途径及时代也不同。秦汉时期,我国与外界的接触,主要是通过陆路从西域经过新疆、蒙古等少数民族地区引进。公元前 2 世纪西汉时张骞应汉武帝之命出使通西域,正式沟通我国与西北各国的交通。通过"丝绸之路"从中亚、西亚、近东(外高加索等)、印度北部等地的原产蔬菜包括黄瓜(胡瓜)、胡萝卜、菠菜、豌豆、蚕豆等传入我国。唐、宋、元各代,不但从西北传入中亚、西亚及近东的蔬菜原产种类,而且从东南亚(印度—马来亚)传入许多果菜类及薯类等蔬菜,如茄子、豇豆、芋、姜等,它们在我国尤其是南方各省普遍栽培。自从明朝末年,我国和外国的海运交通逐渐发达,引进了地中海沿岸原产的及美洲原产的种类,对我国蔬菜的生产产生了巨大的推动作用。主要有两个途径:一是中南美洲如墨西哥、秘鲁、巴西等原产的种类,如番茄、辣椒、南瓜、马铃

薯、菜豆等。这些蔬菜都是在美洲被发现(149 年)以后,经由美洲传到欧洲然后传到亚洲;二是地中海沿岸及欧洲南部原产的种类,如甘蓝类、洋葱、莴苣等,也大都是在海洋交通发达以后传到我国的(胡先啸,1957)。

蔬菜生产技术方面,我国也有较早的记载,在汉成帝(公元前 32～7 年)间的《氾胜之书》就较详细地记载了播前种子处理和嫁接防病技术措施,这在世界上其他国家是罕见的。后魏时期,贾思勰所著《齐民要术》(680 年)对蔬菜种植技术的记述已经十分详细,说明在此期间,我国蔬菜的栽培技术已有了较大的发展,从选地、耕作、浸种、畦栽、施肥、中耕、整枝到收获、选种等,都已经形成了一套精耕细作的田间管理技术。

## 二、新中国成立后蔬菜产业发展历程

蔬菜产业的发展与国民经济发展水平是密不可分的。从国内外蔬菜产业发展的规律出发,蔬菜生产和均衡供应体系大致会经历 4 个阶段(陆子豪,1987):即“就地生产,就地供应阶段”(新中国成立初期蔬菜供应自给自足时期)、“就近适地生产,就近供应阶段”(20 世纪 80—90 年代的以近郊为主,远郊为辅,外地调剂的模式)、“全国统筹安排,均衡供应阶段”(20 世纪 90 年代至今的全国适地生产,全国调运模式)、“国际间调剂和补充阶段”(如我国从 20 世纪 90 年起迅速发展起来的蔬菜出口业)。

我国的蔬菜产业发展也随着生产力的发展,社会政治制度和经济体制的变革,而随之发生变化。特别是新中国成立以来,蔬菜生产与供应随着我国渐进而曲折的经济体制演变而发展。根据我国经济体制和蔬菜生产供应方式的变化,建国 60 年来我国的蔬菜产业大致经历了自由生产、计划生产、计划与自由生产相结合、宏观调控下的市场调节生产等若干阶段。

**(一)自由购销时期(1949—1955 年)** 新中国成立初期,城市人口相对较少,商品蔬菜需求量不大,蔬菜生产基本上是采取个体农户形式,城市蔬菜供应主要靠郊区菜农直销,城乡集市贸易是当时主要的交换方式,价格随行就市,蔬菜总产量小。自 1953 年起,各大中城市成立了国营蔬菜经营机构,当时几个大城市国营商业、供销合作社的蔬菜经营量占市场供应量的比重,北京市为 20%,天津市为 27%,上海市为 32%。1955 年 12 月,根据国务院关于加强蔬菜供应工作的指示,成立了中国蔬菜公司,扩大了国营商业经营蔬菜的比重,对稳定菜价、保证供应起到了重要作用。1953 年以后,虽然国营商业经营蔬菜的比重逐渐增加,左右市场的能力越来越强,但这个时期的国营商业并不排斥个体商贩的经营,而是和个体商贩处于平等竞争的地位,自由购销。

这一阶段的中后期,随着农业生产合作社的建立和城市私营工商业的社会主义改造,所有制发生了变化,已开始从自由种植、分散经营向计划生产和统一经营过渡。

**(二)严格计划管理,蔬菜总量短缺时期(1956—1978 年)** 进入“一五”计划时期,随着国民经济建设的开展,城市、工矿区人口剧增,蔬菜产销矛盾日渐突出,加之经济建设不断挤占菜地,仅靠城郊菜农的分散生产已不能满足消费需求。1953 年中共中央批转了《中央农村工作部关于大城市蔬菜生产和供应情况及意见的报告》,该报告明确指出:“在增加粮食作物和经济作物的同时,应善于利用各地区的特点,积极地增加副食品和特产品的生产,必须及时相应地发展,以适应城乡人民和出口的需求”。指出了城市和工矿区的蔬菜生产,必须及时相应地发展,以满足因工业迅速发展,人口增加对蔬菜的迫切需求。

从 1956 年起,一些大中城市、工矿区对蔬菜采取了由国营蔬菜公司统购包销的政策,取消了农村集贸市场,不允许生产者和消费者直接经营蔬菜。1956 年 1 月后,在北京市统购包销已成为蔬菜经营的唯一方式。1956 年 3 月,国务院转发了商务部、农业部、供销合作社联合召开的第一次全国大中城市、工矿业区蔬菜工作会议总结报告,确定了大中城市、工矿区的蔬菜生产和供应应采取"发展生产,保障供应、稳定价格"和"以当地生产为主,外来调剂为辅"的发展方针。1958 年 12 月中共中央、国务院《关于进一步加强蔬菜生产和供应工作的指示》中规定:"凡是人民公社根据国家计划种植的商品蔬菜,商业部门都应该订立合同加以收购,蔬菜在丰产的时候,发生一时过多的现象是难免的,商业部门对于超产部分也应该加以收购。"这就从政策上稳定了国营商业统购包销制度。蔬菜的统购包销政策,对稳定蔬菜生产、保证货源、稳定价格有着明显效果。通过一系列方针政策的实施,基本解决了城市和工矿区人民逐渐增长的吃菜问题,蔬菜供应紧张的状况得到明显好转(黄相辉,2002)。但也产生了统购太死、包销太多、经营环节增多,以及蔬菜质量下降、品种减少、上市集中、商品积压、腐烂变质等问题,经济损失严重。

1962 年贯彻"调整、巩固、充实、提高"的八字方针和"人民公社三级所有,队为基础"的政策,针对统购包销中存在的诸多弊端,国家做了局部调整,允许菜农在完成计划任务后自行销售计划外的蔬菜,但国营蔬菜公司仍是蔬菜流通的主导力量。政策的调整使蔬菜的经营品种明显增加,全国经营蔬菜亏损也由 1962 年的 2.04 亿元降低到 1965 年的 6 000 多万元。城市居民的蔬菜需求开始恢复增长,蔬菜种植面积和产量均达到了较高水平。如 1962 年与 1958 年相比,全国 35 个主要城市供应人口分别为 3 999 万人和 3 866 万人,相差无几。但 1958 年蔬菜种植面积为 12.1 万 $hm^2$,到 1962 年蔬菜面积达到 16.8 万 $hm^2$,增长了 39.5%;1958 年蔬菜总产量为 491 万 t,到 1962 年蔬菜总产量为 666 万 t,总产量增长了 35.6%。1962 年与 1958 年相比无论是蔬菜种植面积还是总产量均有较大幅度的增长。而且为了减轻人民负担,我国还实行"价格补贴"的政策,在 1965 年期间,国家对大中城市吃菜人口平均补贴在 1 元左右,这时间是自新中国成立以来蔬菜供应比较好的阶段。

十年动乱期间,1969 年之前大部分城市的蔬菜供应基本正常。但自 1969 年起,由于片面强调"以粮为纲"的方针,许多城市郊区的蔬菜生产受到严重破坏。尤其是 1970—1974 年间,推行"割掉资本主义尾巴"的政策,许多农民自留地被收回,禁止农民经营任何形式的家庭副业,关闭农村自由市场,各地对蔬菜经营又相继采取了国营蔬菜公司统购包销的形式,使得农民自食菜和以名产蔬菜为龙头的商品菜生产受到很大冲击。这一段时期是我国蔬菜产业发展相对缓慢阶段,部分城市不得不实行凭证买菜,蔬菜供给处于相对的短缺阶段(杨顺江,2004)。

1975 年国务院指出,要全面理解"以粮为纲,全面发展"的方针,要求城市郊区要坚持以菜为主,建设蔬菜等副食品生产基地,并在远郊区发展粮食的同时有计划地发展各种副食品生产。这些政策的恢复促进了各地的蔬菜生产,全国的蔬菜生产和供应得到了改善。

**(三)家庭联产承包制下的市场经济阶段(1979—1993 年)** 在计划经济体制下,农民种菜赔钱,政府补贴增加,淡季供应不能保证,蔬菜产销工作面临许多问题。中共十一届三中全会制定了《中共中央关于加快农业发展若干问题的决定》,在农村展开了一系列以市场为导向的体制改革。推行家庭联产承包责任制后,农民具有了生产经营自主权,农业生产的积极性发挥出来,农业基本建设长期积蓄的潜在能量得以释放(张斌,2004)。政策上,恢复集市贸易,蔬菜购销实行了"大管小活"的政策和多渠道流通体制。即对 70%~80%的大路菜实行计划收购、计划价格,对 20%~30%的精细菜则放开经营、放开价格。试图通过"双轨制",既发挥"大管"部分稳定市场的作用,又发挥"小活"部分的积极补充作用。1979 年,一些城市先后进行了蔬

菜产销体制改革和探索，试行了由蔬菜社队自产自销、农商联营等经营形式。

1984年，武汉市率先在全市范围内放开蔬菜市场和价格，紧接着其他城市也纷纷效仿，从而打破了延续30多年的蔬菜统购包销体制。在生产管理上由单一的指令性计划改为指导性计划，部分城市相继缩小了蔬菜生产的计划管理范围，对蔬菜生产实行了市场调节的改革(包永江，1985)。1984年2月，国务院发文允许合作商业和私人对国家统购派购以外的蔬菜进行长途贩运。1985年上半年国家在一些城市进行蔬菜经营放开的试点，以放开为主的蔬菜产销体制改革的热潮在全国各地兴起。彻底打破了国营蔬菜公司独家经营的局面，搞活了流通，形成了多层次、多渠道的流通体制。1986年后，蔬菜种植面积呈稳定上升趋势，城乡集市贸易成交额以年均30%左右的速度增长。蔬菜生产和流通经营放开，促进了蔬菜的生产，增加了供给。但是由于蔬菜等副食品总量短缺状况没有彻底改变，供给波动较大，造成城市蔬菜价格波动频繁，从而影响了城市居民生活水平的提高。

1988年，经国务院批准，由农业部实施“菜篮子工程”建设计划，1990年进一步提出“菜篮子市长负责制”。在全国实施以发展生产、搞活流通、产销统筹考虑、改善城市副食品供应为主要目标，实行各大中城市市长负责制，极大地带动了各地发展蔬菜的积极性。随着蔬菜产销体制的改革，除大中城市郊区和邻近区县蔬菜基地稳定发展外，在农区专业化蔬菜基地的建立和迅速扩大，逐步形成了全国蔬菜商品的大流通和蔬菜产品的出口。同时逐渐形成了五大片区蔬菜生产基地，即：以海南、广东、广西、福建、云南、四川6省为主的南菜北运基地；以中部徐州等为主的黄淮早春菜基地；河北张家口的京北夏秋淡季菜基地；山东、河北、河南省12个主产县的秋菜基地和甘肃河西走廊的西菜东调基地(刘雪，2003)。这五大片蔬菜基地每年可提供商品菜500多万t，占全国大中城市全年蔬菜供应量的20%以上，较好地发挥了调剂补充淡季蔬菜缺乏的作用。

**(四)蔬菜市场化快速发展阶段(1993年至今)** 1993年，随着中国特色的社会主义市场经济体制的确立和全面推行，蔬菜产业进入快速发展时期。全国蔬菜产量大幅度提高，且增幅要大于粮食作物的增长。1995年，新一轮“菜篮子工程”主要体现在基地建设向区域化、规模化、设施化和集约化发展的四大特点。广大农区开始实施“菜篮子”工程，使得我国蔬菜生产结构、生产方式和流通体系有了较大改善，蔬菜生产规模、生产技术和生产能力上了一个新的台阶。蔬菜面积和产量逐年增加，从1983年的410万$hm^2$增长到1996年的1 049万$hm^2$，产量增至1996年的31 300万t，比1983年翻了1番多。1999年9月，我国十大城市菜篮子产销体制改革经验交流会提出“菜篮子工程”的主要目标任务为：优化结构、提高质量和增加农民收入。这是因为国内菜篮子供求形势已经从长期短缺转变为供求基本平衡、丰年有余。这标志着我国“菜篮子”工程进入了一个新的发展阶段。2000年11月，我国十大城市菜篮子产销体制改革经验交流会提出21世纪初“菜篮子工程”应与生态环境协调发展，为提高城乡居民的生活质量服务。2000年起“菜篮子工程”发生了实质性变化，转向食用蔬菜的安全行动计划。2001年4月，一项旨在提高蔬菜质量和保证蔬菜消费安全的“无公害食品行动计划”由农业部组织实施。这项工作以“菜篮子”产品为突破口，以市场准入为切入点，从产地和市场两个环节入手，通过对蔬菜实行“从农田到餐桌”全过程质量安全控制，实现主要蔬菜生产和消费无公害。2002年8月，国务院发布了关于加强新阶段“菜篮子”工作的通知，该通知指出，加快“菜篮子”产品质量卫生安全标准和检验检测体系的建设，加大“菜篮子”产品的生产环节监管力度，从源头上保证产品安全卫生，建立安全的菜篮子产品产销经营体制，整顿和规范市场秩序。

21世纪,随着新一轮农业结构调整的逐步展开和以蔬菜产业为发展重点的农产品战略的确定,我国蔬菜种植面积激增至2007年的1 958.1万 $hm^2$(不包括西瓜、甜瓜面积),达到了历史上未有的高度(图18-1)。如今,就蔬菜播种面积和总产量来说,我国已成为世界蔬菜生产的第一大国。

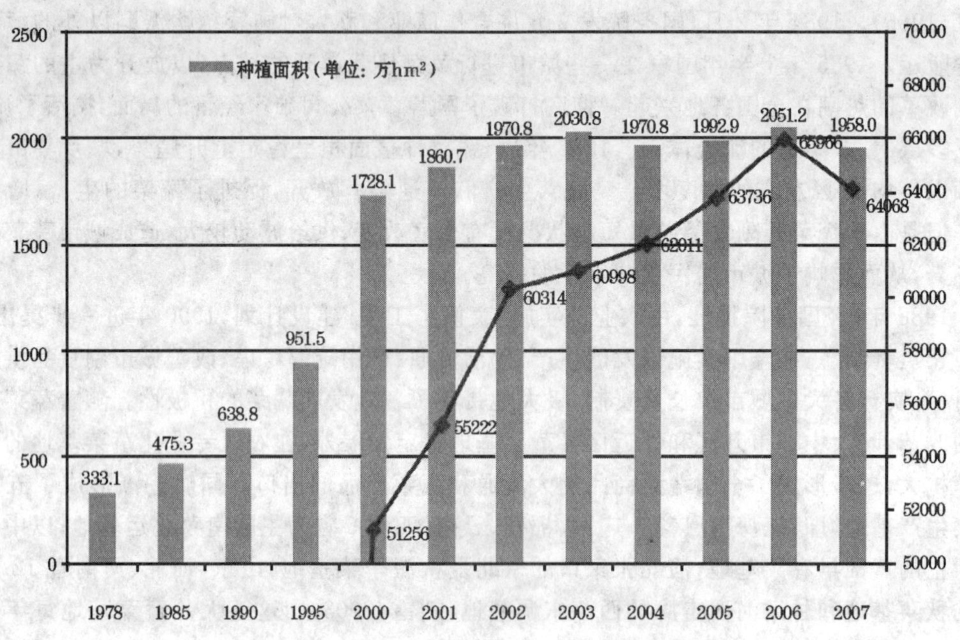


**图18-1 1978—2007全国蔬菜播种面积与产量图**

(中国农业年鉴1979—2007)

## 三、中国蔬菜产业的现状

**(一)调整产业结构,蔬菜比重持续增长** 20世纪90年代以来,我国农业基本告别短缺经济时代,大多数农产品相对过剩,买方市场正在逐步形成。增加农民收入、改善农民生活水平,是农业产业结构调整,发展高效农业的核心任务。中央政府在"十五"计划中特别指出"农业和农村结构调整,要面向市场,依靠科技,不断向生产的广度和深度进军。以优化品种、提高质量、增加效益为中心,大力调整农产品结构"。在当前的农业产业结构中,要求全面提高农产品质量,优化农业产业结构,实行"压粮扩经"、"改粮种菜"(中国农业年鉴,2001)。因此,许多地区都把发展蔬菜作为种植业结构调整的一项重要的任务来组织实施,使得蔬菜在农村经济尤其在种植业中的地位日趋重要。

2007年,全国蔬菜面积达到了1 958.1万 $hm^2$,占种植业的12.8%,而蔬菜产值达到了7 897.8亿元(中国统计信息网,2009),占全国种植业总产值的32%,相比1990年增加了10倍多,成为仅次于粮食产值的种植业(图18-2)。虽然蔬菜的种植面积只占农作物播种面积的10%左右,却创造了种植业总产值的30%以上。如果加上西瓜、甜瓜面积,2007年全国瓜菜生产面积达2 250.20万 $hm^2$(张真和,2009)。

**(二)蔬菜市场供应充足,市场体系逐步完善** 改革开放30年来,蔬菜生产的持续发展使得计划经济条件下困扰各级政府的蔬菜供应问题基本上得到解决。全国城乡蔬菜市场供应充

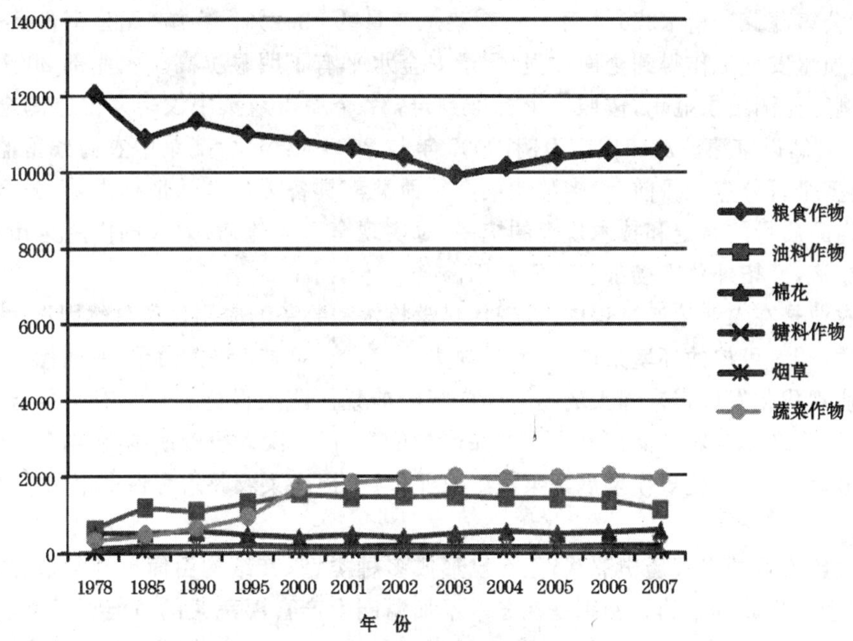


图 18-2 1978—2007 年历年各种农作物总播种面积 (单位:万 $hm^2$)

(资料来源:中国统计信息网)

足,已经从供不应求绝对短缺阶段进入到供大于求的相对过剩阶段,2007 年我国蔬菜人均占有量已经达到 470kg,显著高于世界平均水平 140kg 的水平,据世界粮农组织统计,我国蔬菜的人均占有量为世界平均水平的 3 倍多。蔬菜市场供应充足,价格稳定,花色品种不断增多,商品质量明显改善,均衡供应水平不断提高,基本做到了淡季不淡,旺季不烂。蔬菜季节性差价进一步缩小,许多大城市蔬菜日上市品种就在 100 个以上,供应形势明显改观。

随着蔬菜产业的发展,目前,我国大、中型蔬菜批发交易市场和零售市场遍布全国,已成为各地及周边地区联结蔬菜生产与消费的枢纽。2002 年,我国有大型蔬菜批发市场 1 410 家,其中,亿元以上蔬菜交易市场 146 家,如北京新发地批发市场,山东寿光蔬菜交易市场等,占蔬菜批发市场的 8.43%。其中以蔬菜为主要市场数量居各种农畜产品市场数量之首,蔬菜类商品成交量 16 326.9 亿 t,成交额约 2 887.7 亿元,在农畜产品集贸市场成交额中,仅次于肉蛋奶,居第二位(杨锦秀,2005)。

**(三)无公害蔬菜,设施蔬菜发展显著** 随着我国城乡经济的发展,人民生活水平的不断改善和提高,以及我国蔬菜产品国际贸易的增长,国际国内市场都对蔬菜的数量和质量提出了更高的要求。2001 年 4 月,农业部组织实施"无公害食品行动计划",决定在全国范围内全面推行"无公害食品行动计划",以提高蔬菜质量和保证蔬菜消费安全。这项工作以"菜篮子"产品为突破口,以市场准入为切入点,从产地和市场两个环节入手,通过对蔬菜实行"从农田到餐桌"全过程质量安全控制,实现主要蔬菜生产和消费无公害。无公害农产品是保证人们对食品质量安全最基本的需要,是农产品最基本的市场准入条件。在蔬菜质量安全方面,我国适时地提出发展"无公害蔬菜"、"绿色蔬菜"、"有机蔬菜"等,使蔬菜生产从开始的单纯数量型增长转变为数量与质量并重发展的格局(杨顺江,2002)。

2003 年后全国无公害蔬菜推广面积达到 274.3 万 $hm^2$,约占全国蔬菜种植面积的

12.3%,无公害蔬菜产量 7 376.4 万 t,占蔬菜总产量的 13.7%。实施“无公害食品行动计划”以来,蔬菜质量安全工作得到全面加强,质量安全水平有了明显提高。农业部 2007 年农产品质量安全例行监测结果显示,按照国家标准判定,37 个城市蔬菜中农药残留监测全年平均合格率为 95.3%,以京津沪深四城市为例,2007 年与 2001 年相比,蔬菜中农药残留监测合格率提高了 30 多个百分点。目前,大多数蔬菜产品种类都具备无公害认证标准,无公害蔬菜的认证有利于商品质量的稳定和技术规范的统一,对实现全国大流通,繁荣国内蔬菜市场的需求,促进国际交流,开拓外贸市场都有重要作用。

设施农业是在农业生产过程中,以现代科学技术和装备的应用代替自然因素,为农业生产提供优化的、相对可控的环境条件,从而实现集约、高效、可持续发展的一种现代化生产方式,给我国农业现代化发展带来强大的动力和广阔的前景。蔬菜设施农业具有科技含量高、劳动生产率、土地生产率及农产品商品率农产品附加值高,但一次性投资成本高和产品需求的有限性等几个显著特征,适度规模发展蔬菜设施农业,对于提高菜农收入和保证市民生活需求具有极大的意义。

我国设施农业的发展历史悠久,至今已形成多种类型,其结构由简单到复杂,功能由单一到综合,管理由粗放到集约。特别是在冬季不加温能生产喜温蔬菜的节能型日光温室是中国所独创。设施农业技术的研究开发工作也得到不断加强,设施农业科技项目正受到国家前所未有的重视。在 1996 年,全国蔬菜、花卉设施栽培面积达到 67 万 $hm^2$,其中塑料中小拱棚 37 万 $hm^2$,塑料大棚 13 万 $hm^2$,各种温室 17 万 $hm^2$,人均占有设施栽培面积达到了发达国家 20 世纪 80 年代的水平,蔬菜的人均占有量首次超过世界平均水平。到 2000 年,我国以蔬菜栽培为主体的设施园艺面积已达 210 万 $hm^2$,按绝对面积计算为世界第一。随着科技的发展和国家的高度重视,到 2006 年,我国单蔬菜设施栽培就达 270 万 $hm^2$,占当时全国蔬菜种植面积的 21%,却占到蔬菜总产量的 35%~40%,占蔬菜总产值的 55%左右,可见发展设施蔬菜具有较高的经济效益(高翔,2007)。2007 年全国设施蔬菜面积达到 292.19 万 $hm^2$,比 1985 年扩大 42 倍多,总产值 3 430.48 亿元,净产值 2 193.06 亿元,占全国蔬菜总产值的 47.13%,占蔬菜净产值的 42.68%。设施分布趋于优化,其中 60%的设施蔬菜分布在环渤海湾及黄淮海地区,20%分布在长江中下游地区,7%分布在西北地区(张真和,2009)。

**(四)蔬菜产业区域布局逐步形成** 随着我国国民经济的高速发展、交通运输条件的改善、科学技术的进步以及农业体制的改革,蔬菜产销体系开始逐步打破过去那种以城市为中心、自给自足、基本封闭的“城郊型”格局,向具有不同自然资源、气候环境以及不同经济技术优势的区域间彼此依存、相互补充的“区域互补型”方向发展。我国蔬菜区域布局的发展大体经历了 3 个阶段:第一阶段是 1984 年以前,蔬菜生产主要分布在大中城市郊区,农区只有少量的自食性、季节性菜地;第二阶段是 20 世纪 80 年代中期到 90 年代初,随着蔬菜购销体制改革,初步形成五大片具有一定规模的商品蔬菜调运基地:冀鲁秋菜基地,南菜北运基地,黄淮春季蔬菜基地,冀北、晋北秋季蔬菜基地,河西走廊西菜东运基地等,这些基地每年向全国提供约 500 多万 t 商品,蔬菜供应量占城市消费量的 30%;第三阶段是 20 世纪 90 年代以来,蔬菜产区更加集中,全国范围内蔬菜大市场、大流通的格局正逐渐形成(李岳云,2007)。由于城市建设用地需要和近郊劳动力成本上升以及广大农区种植结构调整,全国蔬菜生产从农区为辅变为农区为主,农区蔬菜的播种面积占全国总播种面积的 80%。各产区都在最大限度地发挥自己的自然和经济区位优势、交通优势、技术优势,以市场为导向,因地制宜地发展本地区蔬菜生产、扩

大市场份额。从区域角度看，全国各省市在整个蔬菜生产中处于不同地位。我国蔬菜主要分布在山东、河南、河北、江苏、湖北、湖南、四川、广东、广西等省和自治区（表 18-1），2007 年这些省份年总产量超过 40 642 万 t，占全国蔬菜总产量的 63.4%。其中面积最大的是河南省，而产量最高的是山东省。山东省年产量为 9 549 万 t，占全国蔬菜总产量的 14.9%。

**表 18-1　2007 年生产面积超过百万 $hm^2$ 的省份**

| 省　份 | 面积（万 $hm^2$） | 省　份 | 面积（万 $hm^2$） |
|---|---|---|---|
| 河南省 | 201.5 | 湖南省 | 110.8 |
| 山东省 | 196.5 | 四川省 | 109.6 |
| 河北省 | 118.0 | 湖北省 | 101.3 |
| 江苏省 | 116.8 | 广西壮族自治区 | 100.9 |
| 广东省 | 111.8 | | |

资料来源于《中国农业年鉴》2007 年

经过改革开放 30 多年的发展，目前，蔬菜生产越来越向优势产区发展和集中，并逐步形成了华南冬春蔬菜重点区域、长江上中游冬春蔬菜重点区域、黄土高原夏秋蔬菜重点区域、云贵高原夏秋蔬菜重点区域、黄淮海与环渤海设施蔬菜重点区域、东南沿海出口蔬菜重点区域、西北内陆出口蔬菜重点区域、东北沿边出口蔬菜重点区域、京北延时蔬菜重点区域等多个蔬菜生产重点区域（优势区域）（张真和，2005）。

**（五）我国蔬菜产业的国际地位**　随着经济全球化的推进，蔬菜生产正由高成本发达国家向自然条件优越、劳动力资源丰富、生产成本低廉的发展中国家转移。蔬菜作为我国农业的第二大种植业，加入 WTO 后给我国蔬菜产品出口带来了难得的机遇，我国蔬菜在国际蔬菜市场竞争中蕴藏了巨大潜力，也成为我国农产品中最具竞争力的优势产业之一。

1. *我国蔬菜种植面积、产量在世界中的地位*　我国是世界最大的蔬菜生产国，从蔬菜的播种面积来看，我们连续多年位居世界第一，2006 年更是达到了 2 051.2 万 $hm^2$，占世界蔬菜总面积的 44.2%。在蔬菜产量方面，我国也远远高于排在后面位次的国家。2006 年我国蔬菜总产量达到了 63 736 万 t，占世界总产量的 50%左右，是排在第二位印度的 5.7 倍（图 18-3，图

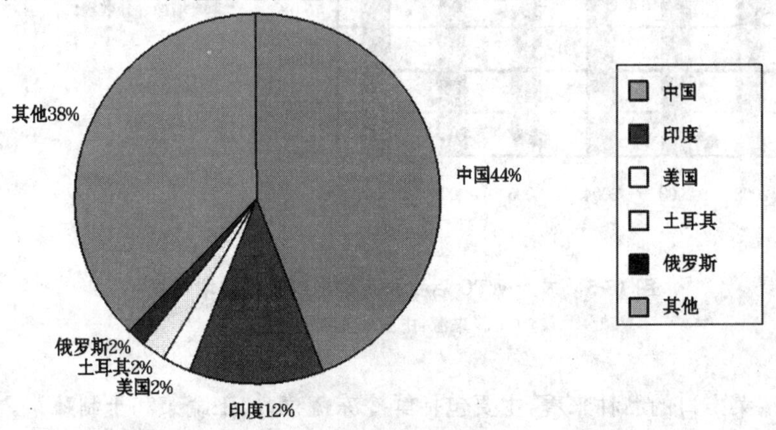


**图 18-3　2006 年世界蔬菜种植面积比例图**

（资料来源：FAOSTAT）

18-4),可见我国在世界蔬菜中占据绝对主导地位。近年来,随着蔬菜栽培的商品化,国际化程度不断提高,加工栽培、保护地栽培和特产栽培比重不断在增加,成为蔬菜产业提高效率、创造效益的主要经营模式,在外销创汇蔬菜生产中尤其重要。

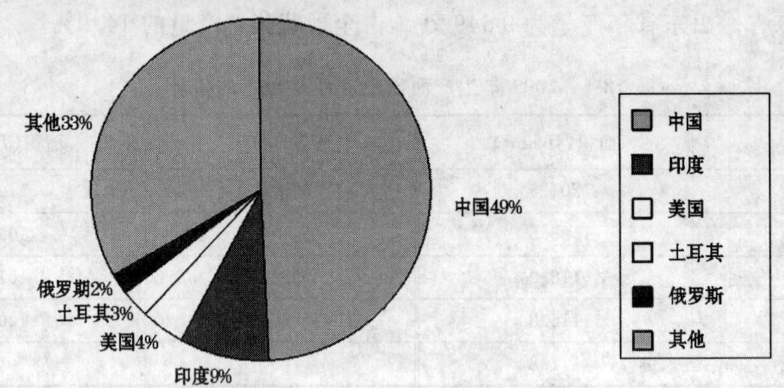


图 18-4 2006 年世界蔬菜产量比例图

(资料来源:FAOSTAT)

2. 我国蔬菜进出口状况

(1)出口格局 我国蔬菜出口具有较强的竞争力,近几年来出口量均处于上升趋势,从 1980 年的 119.2 万 t 增长到 2007 年的 621.7 万 t,增加了 421.6%。2007 年我国蔬菜出口量为进口量的 35 倍,蔬菜的出口金额达到了 42.1 亿美元,是进口金额的 30 多倍,说明我国在国际市场上的竞争能力与日俱增(图 18-5)。

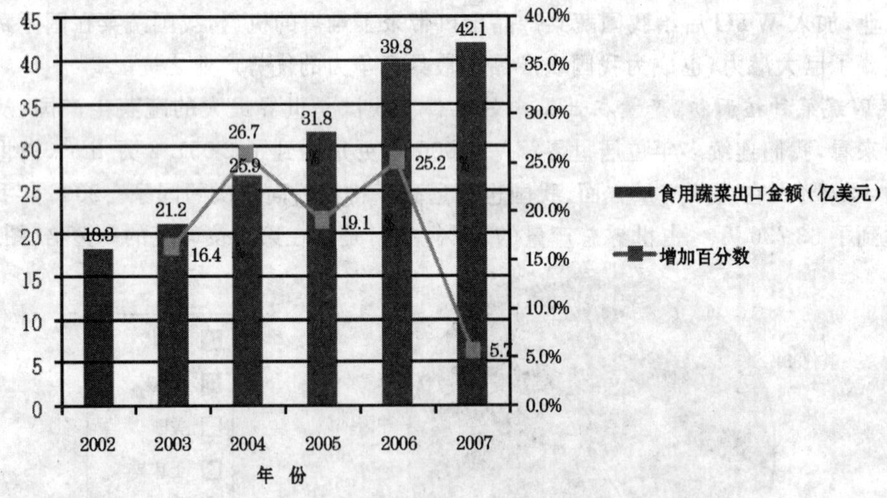


图 18-5 加入 WTO 后我国蔬菜出口金额和增长率

(资料来源:中国农业年鉴)

从现阶段蔬菜出口的品种来看,主要包括鲜冷冻蔬菜,加工蔬菜和干制蔬菜。其中我国蔬菜出口仍以鲜蔬菜为主,2006 年蔬菜出口量和出口额分别为 732.4 万 t 和 54.24 亿元,鲜冷冻蔬菜占蔬菜类出口总量和出口额分别为 60.62%和 41.83%,其次是加工保藏蔬菜和干制蔬菜

(表 18-2)。

表 18-2 2006 年我国蔬菜出口情况

| 类 别 | 数量(万 t) | 百分比(%) | 金额(亿美元) | 百分比(%) |
|---|---|---|---|---|
| 鲜冷冻蔬菜 | 443.3 | 60.52 | 22.69 | 41.83 |
| 加工保藏蔬菜 | 251.4 | 34.33 | 21.45 | 39.55 |
| 干制蔬菜 | 37.7 | 5.15 | 18.62 | 18.62 |
| 总 计 | 732.4 | 同增 7.72 | 54.24 | 同增 21.01 |

资料来源于《中国农业年鉴》

2006 年我国蔬菜出口市场覆盖到 100 多个国家(地区),但最主要的市场是日本、美国、俄罗斯、韩国、马来西亚等 20 多个国家(地区)。2006 年我国对日本、美国、俄罗斯、韩国、马来西亚和印度尼西亚出口蔬菜均超过了 10 万 t,贸易总额也均在 2 亿美元以上。相对于庞大的出口总量基数来说,各国的增长速度都较快(图 18-6),分析表明,目前日本仍是我国蔬菜出口最主要的贸易伙伴,美国和韩国也是我国蔬菜出口较多的地区。

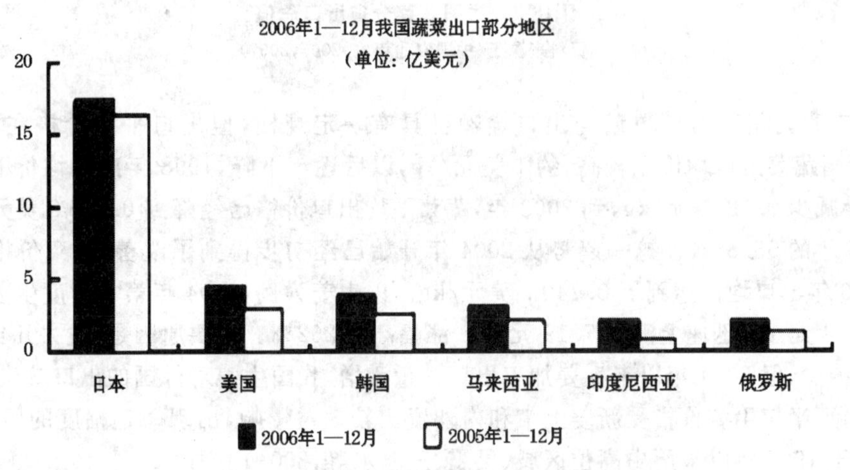


图 18-6 2006 年我国蔬菜出口地区贸易额

(资料来源于《中国农业年鉴》,2006)

我国出口的蔬菜产区主要集中在山东、福建、浙江、江苏、新疆、广东等地。即形成了所谓的“两带三区”的出口蔬菜优势产业基地:2 个蔬菜出口产业带,即沿海新鲜、速冻出口蔬菜优势带和陇海特色蔬菜出口优势带。重点发展大蒜、生姜、牛蒡、山药、芦笋、大葱等特色蔬菜出口;3 个重点蔬菜出口地区,是指东北优势区(发展向独联体国家、蒙古的大宗鲜销蔬菜出口)、西北优势区(发展番茄酱、番茄汁、胡萝卜汁和脱水菜等精(深)蔬菜加工品,主要面向俄罗斯及欧洲的出口)、西南优势区(发展面向东盟国家的蔬菜出口)(张真和,2005)。2006 年山东省的蔬菜出口金额为 19.1 亿美元,同比增长 35.4%;福建省的蔬菜出口金额 8.5 亿美元,同比增长 5.2%;浙江省蔬菜出口金额为 3.2 亿美元,同比增长 6.7%;江苏省蔬菜出口金额为 3.1 亿美元,同比增长 90%;新疆维吾尔自治区蔬菜出口金额为 2.5 亿美元,同比增长 1.0%;广东省蔬菜出口金额为 2.3 亿美元,同比增加了 0.05%(图 18-7)。从绝对数值上看,山东省还是我国第一蔬菜出口大省,其次是福建。但从增长幅度来看,江苏省的出口额增幅最大,广东和新疆基本维持2005年的出口额。从各省的出口额快速增长也从侧面反映出我国蔬菜出口贸易发展迅速。

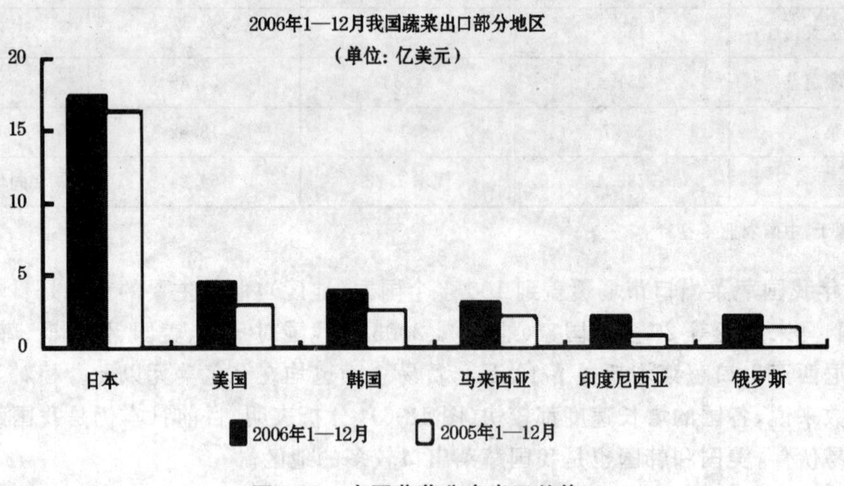


图 18-7 中国蔬菜分省出口总值

(资料来源于《中国农业年鉴》2006,2007)

近年来我国蔬菜出口数量与出口金额已具有一定规模,但出口平均价格在不断下降。1995年我国蔬菜出口均价比较高,约1美元/kg,以后逐年下降,1998年出口均价下降幅度很大,比上年减少0.12美元/kg,到2003年,蔬菜平均出口价格已经降到0.536 9美元/kg,仅相当于1995年的53.85%。这一趋势从2004年开始已经初步得到了改善,蔬菜价格开始逐步回升,2006年出口均价达到了0.740 7美元/kg。以生姜为例,2004年第一季度生姜全国平均价格由2.74元/kg迅速上涨到7.19元/kg,涨幅高达262%。主要原因是:过去几年生姜种植面积逐年减少,但2004年以来生姜加工出口销量激增,我国生姜对韩国的出口就比2003年增长近9倍,下半年生姜价格受新姜上市和内外贸比较效益影响,出现一定幅度的回落,但绝对价格仍处于1998年以来历史高位区域(吴震、王海水等,2004)。

(2)进口格局　2006年我国蔬菜类进口总量为16.7万t,比上一年增加了0.1万t,增幅只有0.6%,总体趋势保持正常。其中我国从国外进口量最大的分别为马铃薯和干制蔬菜,分别为5.6万t和2.7万t。其他主要产品有辣椒、番茄、姜等。其中美国为我国进口蔬菜的主要来源国,占我国进口蔬菜类进口总量的50%以上。荷兰,日本、泰国、匈牙利等国也都是我国蔬菜进口的重要来源国。

### (六)建立了较为完善的蔬菜科学技术体系

1. 建立了较为完善的科研教学机构,科研和人才培养实力不断增强　改革开放以来,相对稳定的社会发展环境促进了蔬菜科研和教学结构的完善和发展。全国建立了1个国家级、32个省、自治区、直辖市级农业科学院蔬菜研究所(室);全国有35所农业大学(学院)设园艺专业蔬菜本科课程,13个单位设有蔬菜学博士点,30个单位设有蔬菜学硕士点。全国有地区级以上蔬菜科研教学机构的蔬菜科技人员约1 600人。中国园艺学会6 000名会员中约1/3为蔬菜专业。每年有丰富的蔬菜学术和生产研讨会(朱德蔚等,2005)。相对完善的蔬菜科教机构,有力地保证了园艺科学研究的开展和人才的培养。

2. *蔬菜科研成绩显著,为蔬菜产业发展提供了强有力的技术支撑作用* 蔬菜是农业高新技术应用的先导产业。改革开放以来,蔬菜科研和教学单位取得了一批重要成果,大大促进了蔬菜产业的发展;同时开展的蔬菜应用基础研究和基础性工作,对于保持蔬菜学科和产业的可持续发展具有重要意义。据统计,自国家设立科技奖励以来,获得国家级奖励的蔬菜科研成果有30多项(朱德蔚等,2005)。多年来全国蔬菜科技工作者在蔬菜种质资源搜集、保存与创新,蔬菜作物遗传育种,设施蔬菜栽培关键技术,园艺作物生物技术,病虫害防治技术,蔬菜贮藏加工,产品质量安全等方面展开深入研究,取得了大批科技成果,使我国的蔬菜产业科技贡献率近60%,远高于大田作物。20世纪80年代以来,每年通过审定(鉴定)的蔬菜新品种70~80个,审定品种总数约1 300个,新品种大多抗2~3种病害,绝大多数为杂种一代,实现了3~4次的品种更新,良种覆盖率达90%以上(张真和,2005)。

## 四、我国蔬菜产业面临的机遇与挑战

蔬菜产业的发展对于发挥我国的劳动力资源优势,促进我国农业产业结构的进一步优化和增加农民的收入都有重要的作用和意义。随着我国加入WTO后农业结构的不断调整,我国的蔬菜产业发展的环境正在发生变化,其发展蕴藏着巨大的潜力,同时也面临着更为严峻的挑战。

### (一)中国蔬菜产业面临的机遇

1. *发达国家的蔬菜产业日渐弱化* 随着经济全球一体化和贸易自由化程度的不断加深,各国趋向按照比较优势的原则,积极参与国际分工与合作,从而支持本国的经济发展。由于蔬菜生产机械化难度大,劳动成本高,加之劳动强度大,工效低,劳动力短缺的发达国家开始转向从事机械化程度高、规模效益高的农产品生产,蔬菜生产日渐弱化。工业化国家蔬菜自给率下降是发达国家蔬菜产业不断弱化的直接结果,随着本国蔬菜生产的进一步弱化,发达国家国内蔬菜消费对进口的依赖会更大(傅泽田,2006)。

2. *国外先进技术的引进,有助于蔬菜产业的发展* 尽管我国是许多蔬菜品种的起源国,但在科学技术日益发展的今天,我国在蔬菜育种、高产栽培技术和植物保护技术方面同发达国家还有一定差距(唐仁华,2003)。加入WTO后,外国农业先进技术伴随着外国资本的进入和外国农业人才的引进而进入我国,世界先进的育种公司和农业新品种大量落户我国,加快了蔬菜产品的更新换代,丰富了蔬菜品种,提高了我国蔬菜产品的整体质量,增强了我国蔬菜产品的国际市场竞争力。随着我国与世界交流的日益扩大,国内科研机构研制蔬菜品种以及菜农种菜积极性迅速提高,我国蔬菜的科研水平将会不断提高,利用先进技术改良我国蔬菜的成效将会越来越显著,有助于我国蔬菜产业发展上一个新台阶。

3. *WTO以及相关贸易协定扩展了蔬菜出口空间,出口环境得到优化* 加入WTO后,农产品贸易自由化的进程加快,这为我国蔬菜走向国际市场创造了良好的国际环境。首先,加入WTO后我国真正进入了一个开放多变的贸易体系,我国可以享受WTO现有130多个成员在开放贸易、降低关税等方面所取得的成果,取得大多数成员国的无条件贸易最惠国待遇以及对发展中国家的优惠待遇,分享乌拉圭回合农业谈判带来的贸易机会和贸易自由化的益处,为我国的蔬菜产业发展、贸易创造了有利的国际环境,建立和发展与其他国家的稳定的贸易关系。其次,加入WTO后,以前的非关税措施都要关税化。非关税壁垒的取消,将使其他国家利用关税壁垒对我国出口的蔬菜实施不公平待遇的做法不复存在,更经济有效地解决了与其他国家的贸易争端。

4. 价格优势更加显现　价格将是影响我国蔬菜走向国际市场的一个重要因素。由于蔬菜产业是一个劳动密集型产业,而我国有着丰富的劳动力资源,劳动力成本相对其他国家要低得多。当前,我国劳动力价格是发达国家的1/6～1/20。因此,在蔬菜生产的成本上,我国具有绝对的比较优势。由于生产成本低,使得我国蔬菜的价格也低,一般是发达国家蔬菜价格的1/5～1/8(张真和,2001)。以大葱为例,日本大葱生产成本远远高于我国大葱生产成本,特别是劳动费用的差距相差10 781元/亩。加入WTO后,我国的蔬菜在国际市场将继续保持价格优势,这将为我国蔬菜产业发展特别是蔬菜产品出口带来难得的发展机遇。

(二)存在的问题及面临的挑战　我国蔬菜产业高速发展、面临实现跨越式发展的良好机遇的同时,也出现了一系列的挑战和问题。

1. 科技投入少,科技含量低,科技成果转化率低　蔬菜产业的发展离不开科学技术的强有力支撑,但现实中的技术水平不高却已成为阻碍蔬菜产业快速发展的重要因素之一。虽然我国每年的科技发明成果很多,但是应用到实践当中的很少,新技术、新成果的入户率和到位率较差,蔬菜栽培和管理主要还是靠经验,导致单产水平较低。现代蔬菜生产是建立在科技进步的基础之上,尽管有专家测算我国蔬菜科技进步率达到63%,但目前无论是在蔬菜单产,还是在蔬菜生产科技水平方面,我国与世界发达国家相比,均存在一定差距。其次,在采后加工环节上,技术投入较少而使技术水平更为低下。表现为在蔬菜商品采后处理技术上的投入远远小于当前的实际需要,配套设施缺乏,大部分上市的蔬菜未经清洗、分级、药物处理、预冷、包装等措施而直接销售。在洁净蔬菜上市的整个运作系统中尚缺乏科学技术的有力支撑,造成商品质量不能保证,消费者不能买到放心菜。

2. 相对过剩问题突出,严重影响农民收入　在农业结构的调整过程中,蔬菜作为最重要的内容而受到各地的广泛重视,面积不断增加,产量持续增长。但由于结构的趋同性和流通领域里的建设速度相对较慢,使我国的蔬菜已由卖方市场明显地转为买方市场,人们在购买蔬菜时,不再是有什么菜买什么菜了,而是要品种搭配、品质优良,消费需求呈现出高级化、多样化、周年化及多元化的特点。从而导致一些地区出现了蔬菜季节性相对过剩的问题,导致蔬菜经营的整体效益直线下滑,部分农区季节性菜地的大路菜积压卖难,一些地方的农民在辛辛苦苦地种植一季蔬菜后,连最起码的物质投入成本也难以收回,形成“菜贱伤农”并对其积极性构成很大打击。

3. 蔬菜安全问题突出,农药残留较为普遍　随着社会经济的发展和居民生活水平的提高,蔬菜安全问题日益成为人们最关注的焦点与核心问题。如何维护消费者的健康,建立与国际接轨的食品安全保障体系,最大限度地维护中国蔬菜食品在国际贸易中的重要地位,是我国蔬菜产业,乃至食品行业进入WTO后面临的最大挑战。近年来,随着温室、大棚等保护地蔬菜种植面积迅速增加,重茬、连作等耕作制度的大面积生产导致蔬菜病虫害加重,造成每年总产量损失达20%以上。为了减缓蔬菜产量的损失程度,各地在防治时大量使用化学农药,从而严重污染农业环境,导致蔬菜中农药残留量超标严重,对人的身体健康危害巨大。根据2001年底农业部组织有关检测机构对11个省会城市的6种水果、30种蔬菜共451个样品的农药残留抽查显示,残留检出率为32.2%。其中,农药残留超标率为25.7%。据2000年农业部植保部门对长江流域的城郊蔬菜基地的抽样调查,在菜叶上使用过高毒农药的种植户就占32.8%。从调查结果看,农药残留量超标的主要原因是使用国家禁止在蔬菜生产中使用的高

毒农药，同时不科学地使用农药，以及未过农药安全间隔期就采摘上市，都导致一些农药残留量超标。虽然我国政府一直在努力推广生物农药的使用，但是我国农业在科学使用生物农药的方式和使用面积上与发达国家相比还有很大的差距。每年我国都有发生由于食用农药残留超标的蔬菜而中毒，甚至死亡的事件，这些都严重影响了我国蔬菜产业的竞争力和出口创汇。所以，蔬菜质量和蔬菜安全也是发展蔬菜产业的忧中之忧（夏冰，2006）。

4. *蔬菜出口贸易将面临更多，更高的技术壁垒* 加入 WTO 之前，关税、数量限制等是影响我国蔬菜出口的主要问题；加入 WTO 后，"绿色壁垒"、"技术壁垒"以前所未有的势头扑面而来。发达国家名目繁多的卫生和检疫措施成为制约我国蔬菜出口的绿色门槛。

长期以来，我国蔬菜更多关注数量的增长，蔬菜质量问题不受重视，检验体系、标准体系较为落后。在当今蔬菜的出口竞争中，许多发达国家利用自身的技术优势而大打"狙击战"，通过制定不同的标准来设置一定的贸易门槛，建立符合本国特点的技术贸易壁垒，来防止其他国家或者地区的蔬菜以比较低的价格大量进入到自己的国内市场。近年来，我国蔬菜出口数量最大的日本、欧盟、美国等国家和地区，就时常运用技术堡垒的方式，来限制我国蔬菜的进入。其中影响最大的是我国的几个蔬菜出口大省，以山东为例，2002 年山东的姜、大葱、大蒜等由于对方的贸易保护而使农民受到极大损失，从而影响了我国蔬菜产业的健康发展（张岳，2007）。

5. *生产体制矛盾突出，产业化程度很低* 由于目前蔬菜生产中以一家一户的分散经营为主，单个农户从市场获取信息的能力有限，对市场的参与能力低，这些分散的小规模农户经不起市场波动的冲击。其次，蔬菜产业化处于起步阶段，企业整体水平还不高，特别是出口、加工、运销及种子。蔬菜批发市场功能相对较弱，信息体系建设不完善。蔬菜推广队伍不稳，素质有待提升，技术推广培训步履艰难。信息交流手段落后，利用率低（肖长惜，2006）。产业化程度低下，严重制约了我国蔬菜产业水平的提高和发展。

## 五、我国蔬菜产业未来发展的重点及方向

**（一）蔬菜生产从数量型转向质量型发展** 近 10 年来，由于我国大力实施"菜篮子工程"建设，各主要"菜篮子"商品供求总量大体平衡，价格基本稳定，品种日益丰富。但是近年来日渐突出的"菜篮子"商品卫生质量问题已成为社会关注的焦点。为保证"菜篮子"安全，2001 年 4 月农业部提出了"无公害食品行动计划"，2003 年 4 月推出了无公害农产品国家认证。2007 年 8 月开始，为恢复国际社会对"中国制造"的信心，国务院在全国范围内开展产品质量和食品安全专项整治，农产品质量安全专项整治是其中一个主要内容。在蔬菜质量安全管理上，开展了高毒农药整治行动和农产品批发市场整治行动，重点打击在蔬菜产品中非法添加甲胺磷等禁限用农药成分的违法行为，并将全国大中城市农产品批发市场全部纳入监测范围，重点检查认证农产品的资质、产地认定条件、生产过程和产品质量安全状况；加强产地监测和对进入市场销售认证产品资质的确认，大力推广标准化生产。实现从"装满菜篮子"到"净化菜篮子"的转变（肖长惜，2006）。

**（二）发展符合绿色食品标准的蔬菜基地** 21 世纪以来，人们的绿色消费观念日趋成熟，对蔬菜需求出现多样化、高档化、新鲜化的趋势，从而引导我国蔬菜产业的结构向天然、无污染的绿色环保型方向发展。我国蔬菜资源丰富，应充分利用其优势生产出达到优质安全的绿色食品标准的蔬菜，以形成我国参与国际大市场竞争的独特风格，并在国际市场上站稳脚跟打下基础。开发绿色蔬菜，创建稳定可靠的绿色蔬菜基地，有限占领高消费市场，是扩大市场份额

和实现出口创汇的必然选择。通过实现树立形象、引导消费、扩大市场的战略目标，在蔬菜产业化中显得更为重要，这符合可持续发展方向，是21世纪蔬菜生产向高新技术奋斗的目标，也是我国蔬菜产业未来走向的必然选择。

**(三)大力发展蔬菜加工出口**　蔬菜产品加工分为初加工和深加工，初加工指蔬菜产品经过简单的分级、清洗、包装甚至预冷等过程，减轻蔬菜腐烂，减少城市垃圾，方便居民烹饪。目前，一些大中城市已实现了蔬菜包装进超市，但大部分城郊、农村仍然是未作任何处理就销售，购回后2天左右就难以食用。深加工指蔬菜产品的再生产，需要一定的加工设备和技术。以蔬菜为原材料，或改变蔬菜原有形状，或提纯特有成分，或浓缩产品营养，简化食用过程，提高贮运效率，拓展交易领域。我国蔬菜加工出口虽然处于起步阶段，但已显示出强大的生命力，促使我国蔬菜产品开始向工业食品方向延伸。一批蔬菜汁、蔬菜脆片、脱水蔬菜、速冻菜等开始投放市场，以适应人们生活节奏逐步加快的需求。随着我国在“十一五”期间在蔬菜产后加工上有较大的科技投入，我国蔬菜深加工产业必然有着更好的发展前景。

**(四)向产业化经营方向转变**　长期以来，由于体制和历史的原因，我国“菜篮子”产销环节存在着结构不合理、重复性与同构化现象严重、小生产与大市场的矛盾、流通组织化程度低、产销中介组织作用不明显等问题，严重制约了我国蔬菜产业的发展与流通。以一家一户的小生产组织方式已严重制约了蔬菜产业的发展。按产业化组织蔬菜生产，组织引导一家一户的分散经营，围绕主导产业和产品，实行区域化布局、专业化生产、一体化经营、社会化服务、企业化管理，组建市场牵龙头、龙头带基地、基地连农户，种养加、产供销、内外贸农工商一体化的生产经营体系，将是今后蔬菜产业发展的必然趋势。

蔬菜的产业化经营实际上就是着力解决蔬菜产业发展中的两大问题：即小规模生产与国际化大市场的问题和蔬菜产业链延伸的问题。目前我国菜农95%以上处于种植层面上，自身从资金、技术、知识、管理能力等各个方面尚不具备产业延伸能力和面对大市场的能力。采取何种途径将某个区域的菜农联系起来，采用何种方式将各地零散的蔬菜原材料集中起来，采取何种方式将国际化大市场供求信息及时准确地传递到生产决策中等必须很好解决，因为只有这样才能体现服务效率、质量效益以及产业效益。农业产业化是一个很好的经营模式，在蔬菜生产领域，它能够带动农户的小规模生产，增强农民的质量意识，提高产品的档次和规模，使千家万户的生产与千变万化的市场能够较好地连接，让农民更多地分享生产过程所创造价值和获得流通环节的增值(尚庆茂，2005)。

## 第二节　果　树

### 一、果树栽培现状与发展

我国幅员辽阔，自然气候条件多样，果树种质资源丰富，种类类型分布广泛，被称为“园林之母”。据联合国粮农组织统计(2006)，世界果树种植面积5 142.14万 $hm^2$，其中我国果树种植面积1 054.05万 $hm^2$，约占世界果树种植面积的21%(表18-3)。果树种植面积第二的国家印度为395.26万 $hm^2$，约占世界果树种植面积的8%。我国果品产量也位列世界首位，2007年水果、干果总产量18 136.3万t(表18-4)，比2006年增长了6%，比2001年我国刚加入

WTO时增长了172%。其中,河北、河南、山东、辽宁、广东和广西是我国果品生产大省(区),产量约占全国总产量的1/2。

**表 18-3 我国果品总种植面积及主要果品种植面积统计表** (单位:万 $hm^2$)

| 年 份 | 总面积 | 苹 果 | 梨 | 柑 橘 | 香 蕉 | 桃 | 葡 萄 |
|---|---|---|---|---|---|---|---|
| 1979 | 175.58 | 73.96 | 30.13 | 21.47 | 0.47 | — | 2.92 |
| 1980 | 178.27 | 73.83 | 29.93 | 26.01 | 0.53 | — | 3.16 |
| 1985 | 273.63 | 86.54 | 33.79 | 50.69 | — | — | 8.67 |
| 1990 | 517.87 | 163.31 | 48.07 | 106.12 | 10.88 | — | 12.26 |
| 1995 | 809.79 | 295.28 | 85.94 | 121.42 | 19.00 | — | 15.26 |
| 2000 | 893.18 | 225.40 | 101.47 | 127.17 | 24.93 | — | 28.30 |
| 2001 | 920.04 | 206.62 | 102.64 | 132.37 | 24.50 | — | 33.44 |
| 2002 | 909.80 | 193.83 | 104.24 | 140.66 | 24.79 | — | 39.24 |
| 2003 | 943.67 | 190.05 | 106.15 | 150.57 | 25.55 | 60.72 | 42.10 |
| 2004 | 976.86 | 187.67 | 107.87 | 162.73 | 26.45 | 66.29 | 41.35 |
| 2005 | 1003.52 | 189.03 | 111.22 | 171.73 | 27.63 | 67.71 | 40.81 |
| 2006 | 1004.23 | 189.88 | 108.74 | 181.45 | 28.57 | 66.95 | 41.87 |
| 2007 | 1047.11 | 196.18 | 107.13 | 194.14 | 30.66 | 69.70 | 43.84 |

注:资料来源:中国农业年鉴

**表 18-4 我国果品总产量及主要果品产量统计表** (单位:万 t)

| 年 份 | 总产量 | 苹 果 | 柑 橘 | 梨 | 葡 萄 | 香 蕉 |
|---|---|---|---|---|---|---|
| 1978 | 657.0 | 227.5 | 38.3 | 151.7 | 10.4 | 8.5 |
| 1980 | 679.3 | 236.3 | 71.3 | 146.6 | 11.0 | 6.1 |
| 1985 | 1163.9 | 361.4 | 180.8 | 213.7 | 36.1 | 63.1 |
| 1990 | 1874.4 | 431.9 | 485.5 | 235.3 | 85.9 | 145.6 |
| 1995 | 4214.6 | 1400.8 | 822.5 | 494.2 | 174.2 | 312.5 |
| 2000 | 6225.1 | 2043.1 | 873.3 | 841.2 | 328.2 | 494.1 |
| 2001 | 6658.0 | 2001.5 | 1160.7 | 879.6 | 368.0 | 527.2 |
| 2002 | 6952.0 | 1924.1 | 1199.0 | 930.9 | 447.9 | 555.7 |
| 2003 | 14517.4 | 2110.2 | 1345.4 | 979.8 | 517.6 | 590.3 |
| 2004 | 15340.9 | 2367.5 | 1495.8 | 1064.2 | 567.5 | 605.6 |
| 2005 | 16120.1 | 2401.1 | 1591.9 | 1132.4 | 579.4 | 651.8 |
| 2006 | 17102.0 | 2605.9 | 1789.8 | 1198.6 | 627.1 | 690.1 |
| 2007 | 18136.3 | 2786.0 | 2058.3 | 1289.5 | 669.7 | 779.7 |

注:①资料来源:联合国粮农组织数据库。②包括瓜类

我国栽培的果树种类丰富,包括落叶果树仁果类的苹果、梨、山楂等,核果类的桃、杏、李、樱桃等,坚果类的核桃、板栗、银杏、阿月浑子、仁用杏等,浆果类的葡萄、草莓、猕猴桃等,柿枣

类的柿、枣、君迁子等;常绿果树柑橘类的柑、橘、橙、柚等,荔枝类的荔枝、龙眼等;热带果树芭蕉属的香蕉等。种植的树种中优良品种繁多,且分布广泛,为我国果树的发展储备了充足的种质资源。

我国果树的发展经过几次起伏波动,目前处于稳定时期,果树工作的重点已经从扩大面积、提高产量的大发展时期转移到标准化、精细化管理,全面提高质量的提升时期。

**(一)苹果的种植现状与发展** 苹果栽培历史悠久,是我国栽培面积最大的树种。目前,我国苹果种植面积达 196.18 万 $hm^2$(2007),约占我国果树种植面积的 20%,且产量高,2007 年产量为 2 786.0 万 t,单产量 14.20t/$hm^2$。自 1979 年以来,我国苹果面积和产量都得到了较大的增长,由图 18-8 可以看出,1985—1995 年,苹果种植面积增加,而后进入调整期,2002 年后发展趋于平缓。在此期间,苹果生产产量在 1990—1995 年也经历了一次大幅度增长,而后稳步增长(图 18-9)。苹果生产已从单纯的面积、产量增长发展为质量的增长,栽培面积趋于合理化,果园管理水平提高,果品质量上升,更加适应市场的需求,出口量持续增长,呈健康发展状态。

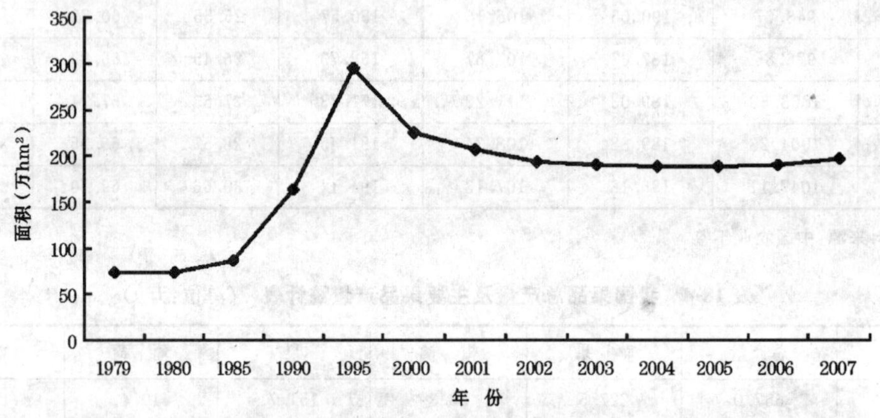


图 18-8 我国苹果栽培面积变化图

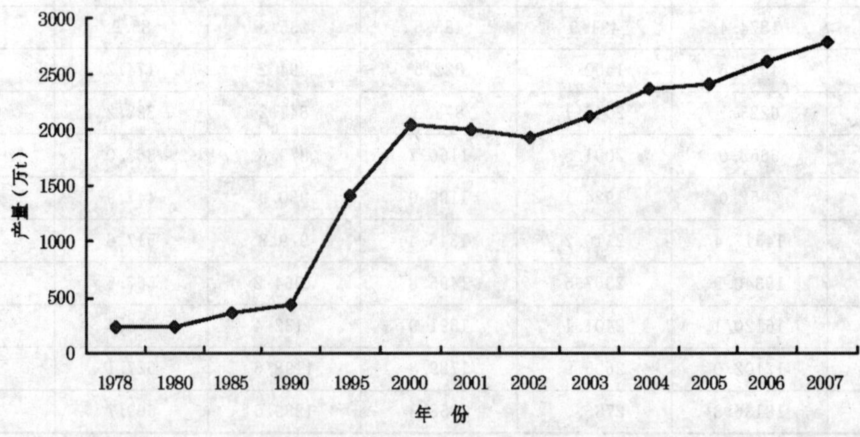


图 18-9 我国苹果产量变化图

目前,我国共有 25 个省、自治区、直辖市生产苹果,面积和产量主要集中在四大产区,即沿

渤海湾(山东、辽宁、河北、北京和天津)、西北黄土高原(陕西、山西、甘肃、青海、宁夏)、黄河故道(河南、江苏、安徽)和西南冷凉高地(云南、四川)。四大产区的种植面积和产量均占全国总种植面积和总产量的90%以上,渤海湾产区和西北黄土高原产区栽培面积最广,是我国确定的苹果最适宜生产区,产量稳步增长,其他地区的栽培面积和产量很小。

新中国成立以来,我国苹果品种结构调整幅度也比较大,从主要种植的国光、金冠、元帅、鸡冠、黄魁、红玉、青香蕉、倭锦等传统品种,相继过渡到种植红富士、新红星、金矮生、乔纳金、嘎啦、早捷等新品种,特别是红富士品种栽培面积最大,包括早熟富士、短枝富士、条红富士、片红富士等。各地选育出的具有自主知识产权的优良品种也有一定的种植面积,如陕西的秦冠,山东烟台的烟富1号、烟富3号、烟富6号,郑州的华冠等品种。

**(二)梨的种植现状与发展** 梨树对气候和土壤的适应性强,结果早,丰产,长期以来一直是我国各地栽培最为普遍的果树树种。据联合国粮农组织统计,世界有76个国家栽种梨树,世界梨树栽培面积175.8万 $hm^2$(2004),总产量为179.4万t。中国、日本和韩国生产的主要为脆肉型品种,其他国家生产的为软肉型品种。

我国是世界产梨大国。目前,我国梨树栽培面积达107.13万 $hm^2$,约占我国果树总种植面积的11%,2007年产量达1 289.5万t,单产量12.04t/$hm^2$。我国是世界上梨栽培面积最大的国家,产量较高。据2007年统计,我国产梨最多的省份为河北(346.0万t),其次是山东(117.2万t),河南(80.0万t),辽宁(76.2万t)。河北省梨种植规模和总产量具有明显优势。

从1985年起,我国梨树栽培面积和产量迅速扩增(图18-10,图18-11),而后一直稳定增长,更加坚固了我国梨果品产量第一的地位。随着产量的增加,梨出口范围和出口量明显增加。销售国家和地区不断发展,从主销东南亚和我国港澳地区,拓展到北美、俄罗斯和欧洲市场。出口品种主要为鸭梨、酥梨和库尔勒香梨等。

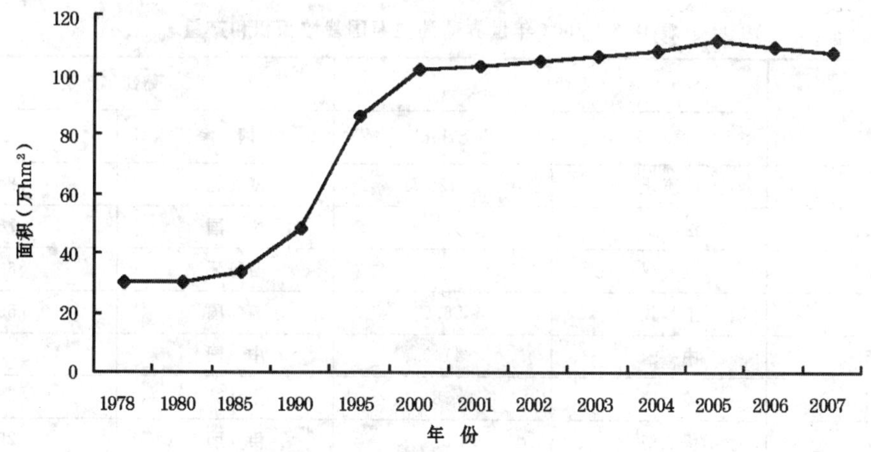


图18-10 我国梨栽培面积变化图

我国梨品种资源丰富,有近1 200余个,分布广泛。种植的优良品种有秋子梨系、白梨系、砂梨系和西洋梨系。秋子梨系主要分布在辽宁、吉林、内蒙古、河北昌黎及北京一带,这类梨树抗寒力强,抗风抗旱,适于冷凉或较寒冷地区栽培,主要品种有八里香、南果梨和京白梨等。白梨系分布较广,主要是华北平原,新疆等地,主要品种有鸭梨、酥梨、慈梨、雪花梨和库尔勒香梨等。砂梨系梨适于温热湿润地区栽培,目前栽培的砂梨品种主要为日韩品种,栽培区域广,扩

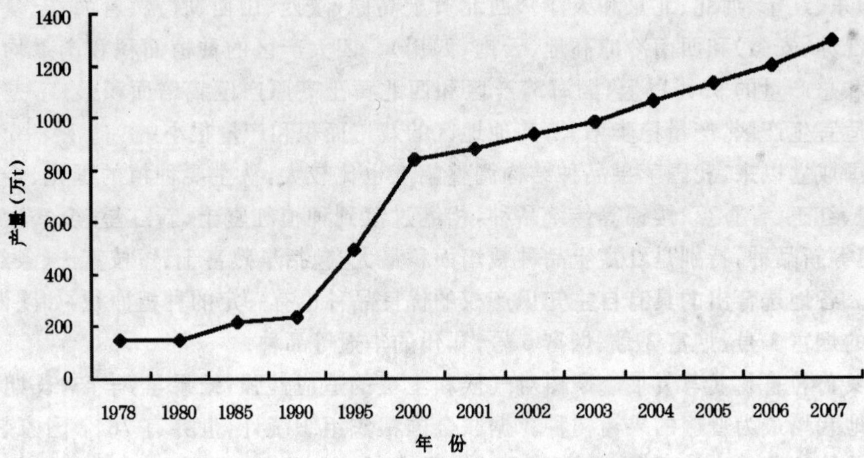


图 18-11 我国梨产量变化图

大梨的栽培区域范围。西洋梨在我国最早栽培的主要品种为巴梨、茄梨、五九香等品种，近年来，引进了红安久、阿巴特、康佛伦斯等品种。红颜色梨是一种特殊的类型，近年也有一些栽培，如红香酥、红安久等优良品种。

**（三）葡萄的种植现状与发展** 葡萄是最古老的果树树种之一，在世界果品生产中，产量和栽培面积一直居于前列。据联合国粮农组织 2004 年的数据统计，世界葡萄总的种植面积为 767.4 万 $hm^2$，总产量为 6 549 万 t。由表 18-5 看出，葡萄生产以发达国家为主，欧洲葡萄种植面积和产量约占全世界的 1/2，葡萄产量的 70%～80%用于酿酒，有近 70 个国家生产葡萄酒。

表 18-5 2004 年世界葡萄主要国栽培面积和产量

| 排 名 | 葡萄面积 | | 葡萄年产量 | |
|---|---|---|---|---|
| | 国 家 | 万 $hm^2$ | 国 家 | 万 t |
| 1 | 西班牙 | 120 | 意大利 | 840 |
| 2 | 法 国 | 90 | 法 国 | 780 |
| 3 | 意大利 | 85 | 西班牙 | 690 |
| 4 | 土耳其 | 56.5 | 美 国 | 551 |
| 5 | 中 国 | 41.3 | 中 国 | 568 |
| 6 | 美 国 | 38 | 土耳其 | 365 |
| 7 | 伊 朗 | 27 | 伊 朗 | 250 |
| 8 | 罗马尼亚 | 22.85 | 阿根廷 | 236 |
| 9 | 葡萄牙 | 22 | 澳大利亚 | 180 |
| 10 | 阿根廷 | 20.8 | 智 利 | 175 |
| 11 | 智 利 | 16.8 | 南 非 | 160 |
| 12 | 澳大利亚 | 15 | 德 国 | 148 |

注：资料来源：联合国粮农组织

我国葡萄种植面积和产量趋于上升趋势，2007 年统计我国葡萄种植面积达 43.84 万 $hm^2$，年产量达 669.7 万 t，比 2004 年增加 20%。葡萄栽培比较集中，分为 4 个葡萄主产区。西北产区：以新疆为中心，包括陕西、甘肃。新疆是我国著名的葡萄产区，葡萄干畅销国内外，其中，吐鲁番盆地的栽培面积最大。华北及东北产区：以河北为中心，包括北京、山西、宁夏、辽宁、吉林等，河北省是我国葡萄主要产区之一，2007 年产量为 94.7 万 t，约占全国总产量的 15%。黄淮海产区：包括山东、河南、安徽和江苏。有较长的栽培历史，其中山东的年产量 91.7 万 t，约占全国总产量的 14%。南部产区：上海、湖南、云南、贵州等，也有一定栽培。

目前我国大约有 600 多个葡萄品种，栽培的优良鲜食品种主要有：巨峰、玫瑰香、红地球、无核白、牛奶、龙眼、京亚、京秀、京玉、峰后、香妃、奥古斯特、维多利亚等，巨峰是我国栽培面积最大的鲜食葡萄优良品种，晚熟、耐贮运的红地球葡萄也有明显的发展优势。酿酒葡萄的栽培面积逐渐上升，呈现发展的良好势头，栽培的主要品种有：赤霞珠、梅鹿辄、霞多丽、品丽珠、蛇龙珠、黑品诺、西拉等。优良的制干品种无核白主要在新疆栽培。

## 二、果树种质资源利用与创新

**（一）果树新品种的引种与利用** 我国果树的引种工作有着悠久的历史，早在汉代，就引入了葡萄、石榴和核桃等。建国后，果树引种工作得到了更高的重视，果树引种工作有良好的环境，引种工作开展得有声有色。如引入的苹果品种富士、乔纳金、红富士、新红星、嘎啦等在国内的苹果生产中占据着重要的地位，占栽培面积的绝大部分；引入的香蕉、杧果、菠萝优良品种，成为我国南方主要的栽培果树品种；引进的巨峰、无核白葡萄品种，大久保桃品种仍然是生产上的主栽品种。近些年来引进的日韩砂梨系统梨的品种，以其结果早、产量高、适应性强的优势得到了大力发展，由于耐湿、耐温的特点明显，使梨的栽培区域扩大。西洋梨众多品种的引进，丰富了我国梨的品种类型。

引种是在短期内增加一个地区的果树种类和品种的快速方法，简单易行，迅速见效，已经成为我国果树新品种的重要来源。

近些年来国家设立了“948”引种项目，进一步加大了引种的力度，从许多国家引进了许多优良品种，同时也建立健全了从引进、观察记载、评价、区域试验、比较试验、推广规范的管理机制。

**（二）果树新品种的培育与利用** 新中国成立以来，国家高度重视果树产业的发展，果树新品种培育工作也出现了崭新局面，国家与各省、自治区、直辖市相继成立了果树研究所，先后建立了几个国家种质资源圃，为果树育种的开展打下了良好的基础。全国一盘棋，按照区域布局和分工，大专院校、科研院所齐心协力，几大树种的育种工作相继展开，果树育种的方法主要是选用常规的有性杂交育种，辅以人工诱变或芽变选种。经过多年的不懈努力，培育出许多果树新品种，并在生产中得到应用，有些品种得到了大面积推广，成为生产上的主栽品种，发挥出巨大的作用。如选育出的苹果新品种“秦冠”在 20 世纪 70—80 年代，以其结果早、产量高、抗性强等优点在西北地区大面积栽培，在生产上发挥了重要作用；培育的梨新品种早酥、晋酥、锦丰、中梨 1 号；培育的桃新品种瑞蟠系列，瑞光系列，京艳、京玉、八月脆、雨花露、春蕾、曙光、华光、红珊瑚等桃品种；培育的葡萄新品种京亚、京玉、峰后、香妃、早玫瑰等；培育的樱桃新品种红灯、红艳、红蜜等；这些品种仍是生产上的主栽品种，发挥着重要的生产功能。

果树大部分是多年生木本植物，生命周期较长，从种子萌发到植株开花结果经历时间长，因此其育种周期较长,品种更新相对较慢。而且果树大多为异花授粉,个体遗传组成复杂,因此果树育种相对其他作物,发展较为缓慢。

新的育种手段也得到应用,方法不断改进,效率更高,如辐射诱变育种、激光、X 射线和化学诱变等技术大幅度提高了突变频率,丰富原有的基因库,改变其育性。

**(三)果树新品种的选育与利用** 我国幅员辽阔,土壤和气候条件多样,果树种质资源极其丰富,为了更好地利用,建国后广泛开展了果树种质资源的普查工作,在普查过程中发现了很多优良的地方品系和一些变异类型,经过选育成为优良的品种,进行繁殖推广。而且某些野生果树作为抗性砧木,在育种工作中发挥出很大的潜力。

在进行果树种质资源普查的同时,广泛开展了群众性的芽变选种工作。选种工作取得了很大的成果。如从苹果元帅系中选出了浓红型变异,柑橘中选出的芽变有四川的锦橙、湖南的浦市无核、湖北的桃叶橙和国庆系列温州蜜柑等,从葡萄二倍体品种选育出四倍体的玫瑰露,从实生群体中选育出的燕红桃品种等。

核桃、板栗、枣实生选种工作进展得更好,意义更大。在大量的实生群体中选育出更多的品种,随着嫁接技术的成熟与完善,通过无性繁殖,稳定了性状和优良种性,完成了从实生到无性繁殖的重大变革。这些实生选出优良品种在生产中发挥着巨大的作用。

**(四)组织培养技术的应用** 常规育种方法相对周期长,进展缓慢。人们靠营养繁殖来保持优良品种的稳定,如嫁接、扦插、压条、组培苗繁殖等,其中果树组织培养繁殖速度快、性状保持稳定、苗木整齐均一,大量培育种苗方便,适宜工厂化生产。

果树组织培养在育种上具有独特的价值,花粉和花药培养可用于单倍体育种,得到纯和的二倍体。胚培养可以克服远缘杂交的障碍,有利于种属间进行杂交。原生质体培养、体细胞杂交技术能在更大范围内进行基因重组,创造新的品种。

20 世纪 60—80 年代是我国果树组织培养技术快速发展的时期,一些果树种类如苹果、葡萄、梨、桃、草莓、荔枝和龙眼等都建立了完整的组织培养再生体系。80 年代后期,果树试管快繁进入“工厂化”,中国科学院华南植物研究所首先从澳大利亚引进香蕉品种的试管苗,建立起种苗工厂,面积达 5 000$m^2$,年产香蕉种苗约 300 万株。草莓的无毒苗培育已经广泛应用于生产。但总体来说,我国果苗快繁和苗木脱毒的生产规模依然有限,需进一步加强这方面的工作。

**(五)分子育种技术的兴起与应用** 随着分子生物学的不断完善与发展,为果树育种工作提供了新的技术手段,极大地推动了果树遗传育种研究的进程。在遗传育种研究中,人们很早就开始利用易于鉴别的遗传标记来研究遗传和变异的规律。分子标记辅助选择育种就是通过遗传标记对目标基因实施间接选择,对某些不期望的性状能及时发现和淘汰,可大大提高选择的准确性和提高育种效率。分子标记辅助选择在果树育种中主要用于杂交亲本的选配、杂种实生苗的早期选择、染色体片段去向的追踪、基因检测、雌雄异株果树幼苗的性别鉴定以及多种抗病性状的直接筛选。这将大大加速育种进程,缩短育种年限,提高育种效率。目前,应用于果树遗传育种研究的分子标记技术主要包括 RFLP、RAPD、ISSR、SSR 和 AFLP 等。其中 AFLP(amplified fragment length polymorphism)技术即扩增片段长度多态性,是一种新的检测 DNA 多态性的方法,具有多态性丰富、不受环境影响、无复等位效应、谱带丰富、用样量少、灵敏度高、快速高效等优点,被认为是一种十分理想有效的分子标记。随着 AFLP 技术的不断发展和完善,AFLP 技术将成为果树遗传育种研究的有力工具,与常规育种方法相结合,使

果树种质资源的研究、分子遗传图谱的构建日趋成熟，并利用图位克隆技术克隆重要的性状基因，从而加速果树育种的进程。

基因工程育种即重组 DNA 技术，是指应用 DNA 克隆技术获得的目的基因插入病毒、质粒或其他载体分子，将其导入原来没有这类分子的寄主细胞或个体，并能持续稳定地表达，从而产生新的性状。即我们所说的植物转基因，相对于作物转基因技术，果树转基因技术起步晚，发展缓慢。1988 年首例转基因核桃在美国诞生，为利用基因工程改变果树特定性状、培育果树新品种奠定了基础。1989 年最早实现了苹果转基因，世界上首例转基因柑橘诞生，1996 年建立了西洋梨的遗传转化系统。

近几年，我国加强了对果树基因资源的研究及开发利用，从果树种质中克隆了一批抗病、抗逆、与果实成熟相关的基因，并应用于果树的基因转化研究工作。目前，抗病抗虫仍是国内外果树转基因研究的重点和热点。果树成熟的转基因方法主要有农杆菌介导法、基因枪法和电穿孔法。其中农杆菌介导法转化系统成功率高，效果好，技术最成熟，得到广泛应用。

果树转基因技术虽已获得很大的进步，但尚存在很多问题，如可利用的外源基因种类有限，转化效率低，转化基因植株再生率低，外源基因出现沉默等。因此，为增加竞争优势，果树转基因研究着重于食品安全、生态安全的基础上提高基因转化效率，优化再生体系，开发果树遗传转化新技术。

**（六）果树育种的方向与发展趋势** 果树育种总的目标就是“高产、优质、高效”，根据生产和消费的需求，在不同的环境和栽培条件下，选育出不同抗性和经济性状的品种。如早熟的，晚熟的，耐贮藏的，耐旱的等。这些特征在适宜的环境中都是很稳定的，表现出本身的优良特征。而今的育种目标则集中在提高果树个体的抗性，如抗病性、抗虫性、耐寒性等，适应现今人们对无公害绿色果品的需求。

常规育种仍是选用的育种方式，将常规的有性杂交育种与新的生物技术相结合。随着生物技术研究手段的不断更新和改进，以及细胞生物学和分子生物学等理论与技术的发展，将基因克隆及基因工程等高技术与细胞培养、原生质体培养以及组织、器官的培养方法有效地结合起来，并与常规育种有机地结合起来，将在果树抗病、抗虫和改良品种等方面发挥更大的作用，并且必将把果树生物技术育种推向新的水平，加速育苗和新品种的培育推广。

## 三、果树栽培新技术的集成与应用

**（一）新型果树栽培模式示范与推广** 果树栽培经历了从 20 世纪 60—70 年代的大冠稀植（株行距 6～7m×7～8m），到适度矮化密植（株行距 1～3m×4～6m）的过渡。所谓矮化密植，就是利用矮化砧（主要为 M 系、MM 系和 HS 系中间砧）、矮生品种和矮化栽培技术措施，使树体矮小紧凑，合理地增加单位面积内的栽植密度，达到早果、丰产、优质、高效的栽培目的。适度矮化密植具有早结果、早丰产、提高产量、品质好、充分利用土地和光能、便于树冠管理和易于更新品种、恢复产量快等优点。果树乔砧稀植，苹果一般 6～7 年开始结果，10 年左右才进入盛果期，而适度矮化密植，2～3 年就开花结果，6～7 年即可丰产。

果树传统的栽培模式不易管理，机械化程度低，不能很好地利用土地，探讨与应用新的栽培模式，就是为了更经济地利用土地、减少劳动力、提高机械化水平、改进和提升果树管理水平。各地一些新果园建立时，尝试选用新的栽培模式，如篱壁式栽培，T 型棚架栽培，棚架栽培，V 字型栽培，斜向栽培，折叠篱式栽培，避雨栽培，设施栽培，果粮间作栽培，果菜间作栽培，果草间作栽培,立体栽培等。主要树种包括:苹果、梨、柿、葡萄、樱桃、桃等。各地在应用示范中不断总结经验,有的模式已经大面积推广,有的小面积示范。

**(二)果园生草管理制度的推广** 我国大部分果园一直沿用传统的清耕法的土壤管理方法,有草必除,采用这种方法其弊端较多。20世纪80年代以来,示范推广果园行间生草、株间覆盖的土壤管理方法。与清耕法相比具有四大优点。一是防止或减少水土流失,保肥、保水、保土,增加土壤有机质含量,改进土壤结构性能,提高土壤肥力;二是使果树害虫的天敌有良好生存环境,天敌种群数量大,增强了天敌控制虫害发生的能力,从而减少农药的投入及农药对环境的污染;三是生草园便于机械作业,省人力;四是生草园对雨季的涝害轻。

生草果园的果实产量和品质一般都高于清耕果园。在国外,生草法的土壤管理方法已普遍应用,我国果园实行行间生草、株间覆盖的管理办法已开始应用,并得到积极推广。实施生草法是提高果园整体管理水平的重要途径,是果园优质、高产、高效的重大措施,特别是绿色果品生产。

**(三)果树整形修剪新技术的应用**

*1. 苹果开心树形的应用* 果树开心形是目前应用最为广泛的一种树形,其主要特点是没有中心干。在传统栽培情况下,开心形树形主要用在桃、杏等喜光的树种上。但随着生产的发展,特别是消费者对果实品质要求的提高,开心形树形的应用越来越广泛。目前,苹果、柑橘、梨、李、樱桃、板栗、核桃等树种都有采用开心形的。苹果的开心树形在陕西、山西、山东、北京、河北等地对苹果的树体改造上应用比较普遍。

开心形的特点:首先,开心形由于不保留中心干,减少了上部枝条对下部的遮阴,树冠内光照条件得到了很大改善,进而提高了果实品质,特别是果实的着色和可溶性固形物含量有了很大的提高。其次,由于去掉了中心干,只保留主枝,因此树体结构变得更加简单,管理更加方便,从而增加了果农的经济效益,因此,开心形树形目前应用范围越来越广。开心形包括两主枝开心、三主枝开心、多主枝开心、高位开心、低位开心等。

*2. 桃长枝修剪技术的普及* 桃树长枝修剪技术是相对于传统的以短截为主的桃树冬季修剪技术而言。桃树传统的冬季修剪以短截为主,而长枝修剪是一种基本不进行短截,仅采用疏剪、缩剪长放的冬季修剪技术。长枝修剪具有缓和树体枝梢的营养生长势,容易维持树体的营养生长和生殖生长的平衡;修剪技术操作简便,容易掌握,节省修剪用工,提高劳动生产力;提高树冠内透光量,果实着色好,果实外观品质和内在品质得到显著提高;花芽形成质量提高,花芽饱满,提高花芽及花对早春晚霜冻害的抵抗能力;树体的丰产和稳产性能好,能有效地防止结果枝的外移和树体内膛光秃。

*3. 葡萄水平龙干形整形的示范* 酿酒葡萄的倾斜栽培,水平龙干整形修剪技术在河北、北京等地也得到果农的认可,示范并推广。该项技术具有架面通风透光,光照均匀,减少病害的发生;操作技术简便,容易掌握,便于机械操作,便于埋土防寒;果实着生部位一致,便于管理,便于采摘等优点。

**(四)苗木标准化体系的建立**

*1. 果树嫁接技术普及与提高* 果树嫁接繁殖苗木普遍推广与应用,嫁接技术与方法不断改进与提高,包括枝接、芽接、高接、桥接等方法的广泛应用。嫩枝嫁接、室内嫁接、微嫁接技术、机械嫁接也得到发展,新的嫁接方法不断被创造出来,嫁接的成活率和效率不断提高,应用范围也更加广泛。特别是核桃的枝接和芽接技术难点的突破,使核桃的无性繁殖成为现实,对

核桃的优良品种的推广起到了重要作用。

2. 果树扦插、压条技术的普及　扦插育苗主要在葡萄上应用,但葡萄苗木的嫁接繁殖也逐步得到推广,充分利用砧木的抗寒性,使葡萄的栽培区域扩大,充分利用砧木的抗病性,特别是酿酒葡萄的抗根瘤蚜砧木得到应用。葡萄硬枝扦插育苗应用普遍,但葡萄嫩枝扦插育苗也有较好的效果。

果树压条繁殖苗木主要应用在容易生根的树种和矮化砧木的培育。随着砧木无性化的逐步实现,压条繁殖苗木的方法和技术也会得到改进和创新。

3. 组织培养技术的发展　组织培养繁殖苗木具有速度快,性状稳定,苗木整齐,适合工厂化生产。组织培养繁殖无病毒苗,建立无病毒苗木繁殖体系。我国在这方面虽然起步较晚,但进展迅速。现已在苹果、柑橘、葡萄、草莓、猕猴桃、菠萝、枇杷、香蕉等树种开展了组培脱毒和苗木快繁工作,先后建立了苹果、葡萄、草莓、猕猴桃等果树的脱毒果园和脱毒果苗繁殖体系。据不完全统计,目前能用于组培繁殖的果树,至少有 30 多科 100 多种。但总体来说,我国脱毒苗繁殖体系还不完善,脱毒果园规模有限,需进一步加强与提高。

4. 果树苗木标准化　果树苗木生产实现了标准化生产,完善了苗木生产管理体系,相继制定了国家和地方苗木质量标准,为苗木的规范化生产起到了重要的作用。如:GB/T 9659—1988 柑橘嫁接苗分级及检验、GB 9847—1988 苹果苗木、GB/T 12943—1991 苹果无病毒母本树和苗木检疫规程、NY/T 451—2001 菠萝种苗、NY 469—2001 葡萄种苗、NY 475—2002 梨苗木等。

**(五)提高果实品质综合技术应用**

1. 疏花疏果技术的普及　疏花疏果在苹果、梨、桃树上普遍应用,得到广大果农的接受,成为生产优质果品的重要技术措施。一般进行一次疏花和一次疏果,为保证质量,有条件的果园也增加一次定果,苹果、梨按照间距法留果,桃按照枝果比留果。疏花疏果技术成熟,操作简便,容易掌握,便于推广。

2. 果实套袋技术的广泛应用　果实套袋在苹果、梨、葡萄、桃等树种上广泛应用。果实套袋是提高果品档次的重要栽培措施。果实套袋最初是在晚熟桃上应用,主要目的是为防止桃小食心虫等害虫的危害。我国在 20 世纪 80 年代末开始在苹果上应用,主要目的是提高苹果的着色,其道理是果实套袋后所处的微环境(温、湿度)相对稳定,延缓了表皮细胞、角质层、胞壁纤维的老化,果皮有较大的韧性,不易破裂,蜡质、角质层分布均匀一致,表皮层细胞排列紧密。套袋抑制了叶绿素的形成,促进了红色品种除袋后果皮花青素的形成,从而极大地促进了果实的着色。梨、葡萄上应用主要是利于果面洁净,防止病虫害,降低果实农药残留量,易于贮藏等。

3. 苹果增色技术的普及　为了实现苹果的全面着色,除选用通风透光良好的树形及果实套袋外,还采用摘叶、转果、树下铺反光膜的技术措施。

摘叶的目的就是提高果实的受光面积,增加果面对直射光的利用率,主要提高果实梗洼的着色程度;转果就是将果实着色差的阴面转到阳面,使果实全面着色;树下铺反光膜主要作用是改善树冠内膛和下部的光照条件,重点是使树冠下部的果实和果实萼洼着色。通过着色技术的全面实施,使果实全面着色。

**(六)设施果树的发展**　20 世纪 70 年代以来,工业化为果树种植业提供了资金、技术上的支持,而且淡季水果的高利润,促进了国内外果树设施栽培的发展,日本、美国、加拿大、澳大利亚和新西兰等国家的设施果树栽培发展较快。早在20世纪50年代,我国辽宁、北京、天津等地就开始设施果树栽培的研究,90年代以后,种植种类增多,种植面积规模增大,尤其近年来发展迅速。生产模式以促早栽培为主,延迟栽培为辅。从种植树种和品种上来看,约30多种果树。草莓种植面积最大,葡萄、桃、杏、樱桃、李子等也发展较快。近年来,在北方设施番木瓜、火龙果、番石榴、柚子、柑橘、香蕉、枇杷、大青枣等也有一定的种植。据不完全统计,北京、山东、河北、河南、辽宁等地果树设施栽培面积已发展4.67万 $hm^2$。其中,山东省是我国果树设施栽培面积最大、种类最多的省份,利用当地的优越自然条件,以不加温栽培为主,主要种植草莓、葡萄、樱桃和桃等树种,果品产量高,远销国内外市场。随着都市农业的发展,设施果树栽培成为都市农业的重要组成部分,也发挥着重要的观光采摘功能、农业观光旅游功能。

**(七)无公害、绿色果品的兴起与发展** 实施农产品的无公害是农业部实施的一项保证农产品质量的一项重要措施,无公害食品由农业部农产品质量安全中心实施认证,是政府为保证广大人民群众饮食健康的一道基本安全线。无公害食品是指源于良好生态环境,按照专门的生产(栽培)技术规程生产或加工,无有害物质残留或残留控制在一定范围之内,经专门机构检验,符合标准规定的卫生质量指标,并许可使用专用标志的农产品。

绿色食品是我国20世纪90年代正式推出的可持续生产方式和消费方式的新型农业产业。绿色食品是无污染的安全、优质、营养类食品,在其生产过程中不受环境污染,也不污染环境。作为绿色食品的重要组成部分,绿色果品一提出,就引起人们的极大关注,赢得消费者的赞誉。强调产品来自最佳生态环境,对产品实行全程质量控制,对产品依法实行标志管理。

在绿色果品实施过程中,相继制定了多项农业行业和地方标准,指导绿色果品生产,如:NY/T 391—2000《绿色食品产地环境技术条件》,NY/T 393—2000《绿色食品农药使用准则》,NY/T 394—2000《绿色食品肥料使用准则》,NY/T 268—1995《绿色食品苹果》,NY/T 423—2000《绿色食品鲜梨》,NY/T 424—2000《绿色食品鲜桃》,NY/T 425—2000《绿色食品猕猴桃》,NY/T 426—2000《绿色食品柑橘》,NY/T 428—2000《绿色食品葡萄》,NY/T 750—2003《绿色食品热带、亚热带水果》,NY/T 891—2004《绿色食品温带水果》,NY/T 1041—2006《绿色食品干果》,NY/T 1042—2006《绿色食品坚果》等。

无公害、绿色果品的实施使我国的果品质量有了很大的提高,果品质量有了保障。在无公害、绿色果品稳定健康发展的基础上,近年来,有机果品在我国部分地区也有所发展,涉及苹果、梨、桃、葡萄、枣、杏、核桃、板栗、仁用杏等多个树种。

通过开发无公害、绿色食品,提高果品质量,既增进了人们的身体健康,又保护了自然环境和生态环境,减少了环境污染。生产无公害绿色果品,使生态效益、社会效益和经济效益统一,提升产业层次,加快了传统农业向现代效益农业和精品农业转变。

## 四、果品贸易的发展

新中国成立以来,我国果树生产飞速发展,目前果树种植面积和年产量都位居世界第一。20世纪60年代初世界水果年产18 000多万t,到2000年为47 000多万t,至2007年统计数据显示,世界水果产量达49 000多万t,近几十年来呈快速增长趋势。21世纪初,我国水果产量位列世界第一,2007年我国水果产量达9 441.8万t(表18-6)。

表 18-6 近几年世界主要国家水果产量比较 (单位:万 t)

| 国家和地区 | 2000 年 | 2002 年 | 2004 年 | 2005 年 | 2006 年 | 2007 年 |
|---|---|---|---|---|---|---|
| 世界总产量 | 47260.1 | 46634.0 | 49743.7 | 50496.7 | 52649.6 | 49971.1 |
| 中　国 | 6449.1 | 6658.0 | 7822.8 | 8245.6 | 9341.0 | 9441.8 |
| 印　度 | 4190.3 | 4857.1 | 4697.1 | 4703.1 | 4352.5 | 5114.2 |
| 巴　西 | 3701.1 | 3173.2 | 3586.2 | 3578.8 | 3773.6 | 3681.8 |
| 美　国 | 3280.5 | 2986.3 | 2996.5 | 2605 | 2732.8 | 2496.2 |
| 意大利 | 1798.9 | 1837.7 | 1709.0 | 1801.5 | 1781.2 | 1789.1 |
| 西班牙 | 1611.4 | 1483.5 | 1689.9 | 1840.5 | 1651.4 | 1529.3 |
| 墨西哥 | 1331.4 | 1323.6 | 1475.5 | 1501.5 | 1538.5 | 1504.1 |
| 土耳其 | 1085.9 | 1066.0 | 1100.5 | 1148.1 | 1256.3 | 1239.0 |
| 伊　朗 | 1228.7 | 1046.7 | 1272.4 | 1314.3 | 1384.8 | 1210.2 |
| 印度尼西亚 | 841.3 | 787.0 | 1312.0 | 1377.7 | 1540.6 | 1161.5 |
| 菲律宾 | 1075.1 | 1105.3 | 1180.4 | 1245.3 | 1358.2 | 1034.0 |
| 法　国 | 1126.7 | 1116.9 | 1149.0 | 1030 | 968.2 | 957.7 |

注:①资料来源:联合国粮农组织数据库。②水果,不包括瓜类

据联合国贸易和发展会议统计,世界范围内,发达国家果品生产量不足世界总产量的30%,但出口额高,鲜果和坚果达257.86亿美元,占世界鲜果和坚果总出口额的56%,果汁出口额为52.11亿美元,占59%,果酱为51.12亿美元,占52%。而发展中国家水果产量高,但出口的总量较低,占世界总出口额的比重低。我国水果产量高,但水果总的出口量低,在国际市场占的比重小,近年来虽有所增加,但是仍不足世界水果的2%,其中鲜果所占比例小,加工水果占据主导地位,其次是果汁、干制水果和新鲜水果。我国水果出口以苹果、梨、杏、李、柑橘等温带、亚热带鲜果以及松子仁、核桃仁、板栗等干果为主。进口产品以香蕉、荔枝、龙眼、山竹等热带鲜果为主,开心果、夏威夷果、葡萄等果品也有一定规模进口。

进入21世纪以来,我国水果进出口有了新的发展,进出口量迅速增长,尤其加入世界贸易组织以来,苹果、梨、柑橘等优势水果出口保持增长趋势,水果贸易顺差继续扩大(表18-7),2007年我国水果贸易顺差扩大至5.4亿美元,比2006年增加近30%。继续扩增的贸易顺差说明,我国水果将继续在国际市场占有一定地位。

表 18-7 我国水果进出口数量和金额

| 年　分 | 进　口 | | 出　口 | |
|---|---|---|---|---|
| | 数量(万 t) | 金额(万美元) | 数量(万 t) | 金额(万美元) |
| 2000 | 98 | 36705 | 82 | 34836 |
| 2001 | 96 | 36512 | 81 | 35311 |
| 2002 | 101 | 37191 | 113 | 46380 |
| 2003 | 105 | 47079 | 146 | 60432 |
| 2004 | 112 | 59462 | 175 | 77154 |

续表 18-7

| 年 分 | 进 口 | | 出 口 | |
|---|---|---|---|---|
| | 数量(万 t) | 金额(万美元) | 数量(万 t) | 金额(万美元) |
| 2005 | 116 | 62691 | 200 | 90489 |
| 2006 | 130 | 68119 | 198 | 109775 |
| 2007 | 137 | 83291 | 241 | 137810 |

资料来源:中国农业年鉴

近几年,我国苹果、梨、柑橘等出口量将继续增加,主要是加强栽培管理,实施标准化栽培和采后技术进步,且我国劳动力丰富,存在价格优势,再加上国家有力的政策与支持,这都增强了出口水果的质量竞争力、推动优势水果的出口。随着我国国内水果消费的需求多样化,直接刺激了进口水果的增加,且大众对高档和反季节优质水果的需求增长,加上入世后我国关税的下降,都促进了水果进口量的增加。

## 第三节 花 卉

花卉(flowers),或广义上的观赏植物(ornamental plants),是指具有观赏价值和生态效应,可应用于花艺、园林以及室内外环境布置和装饰,改善或美化环境的草本和木本植物的总称。

农业生产中的花卉是指以植物的花为主要劳动成果,或以观赏、美化、绿化、香化等为主要用途的栽培植物,是农产品的一部分。根据花卉的最终用途和生产特点,又将花卉分为切花切叶、盆栽植物、观赏苗木、食用与药用花卉、工业及其他用途花卉、草坪、种子用花卉、种球用花卉和种苗用花卉 9 大类产品。

花卉产业则是将花卉作为商品,进行研究、开发、生产、贮运、销售及售后服务等一系列的农事活动。花卉业是一项集经济、社会、生态效益于一体的绿色产业,花卉产业的发达程度是一个国家经济发展水平和社会文明程度的重要标志之一。

### 一、新中国花卉业的发展历程

我国的花卉栽培和应用的历史悠久,历史上曾取得令世人瞩目的辉煌成就,但是将花卉栽培和应用作为产业得以恢复和发展则是在 1949 年中华人民共和国成立之后。这 60 年来,尤其是改革开放后的 30 年,随着我国经济快速持续发展和人民生活水平不断提高,花卉业正以异军突起之势,走进千家万户、走进园林绿化、走进国际市场,成为调整种植业产业结构、振兴地方经济、引导农民脱贫致富、改善城乡生态环境、提高人民生活质量最具优势和发展潜力的产业之一(高俊平、姜伟贤,2001)。

我国花卉栽培和应用的历史源头可以追溯到约 3 000 年以前至新石器时代。此后至新中国成立,由于我国社会的变革和经济的发展,花卉的栽培和应用,经历了萌芽期—初始期—渐盛期—兴盛期—滞缓期—发展期—萧条期漫长而曲折的发展过程(中国科学技术协会,2008)。

1949 年中华人民共和国成立之后至今的 60 年间,我国的花卉产业又经历了恢复—受

挫—繁荣的发展历程(陈俊愉,1990)。

**(一)恢复期** 1949年中华人民共和国成立至20世纪60年代初期。随着国民经济的恢复和发展,全国各城市都先后成立了园林管理部门,花圃、植物园和花卉专类园犹如雨后春笋般的出现,有组织、有计划地恢复花卉生产。1958年党中央提出改造自然环境,逐步实现大地园林化,种植观赏植物,美化全中国的号召,使我国花卉业有了蓬勃的发展。1959年为迎接建国10周年,沪、宁、京等园林部门开展"百花齐放"的实验和展示;1960年夏,中国园艺学会在辽宁兴城召开全国首届花卉研讨会,明确了花卉在国民经济与人民生活中的地位与作用,提出了"花卉四化"——花卉生产化、大众化、多样化、科学化的发展方向。

**(二)受挫期** 20世纪60年代中期至70年代末期。花卉业由于极左思潮的干扰,受到我国花卉史上严重的破坏和摧残。赏花养鸟被认为是资产阶级的生活方式,使花卉生产、科研、教育都被置于批判、取缔的地位,造成了生产停滞,科研、教育中断,研究成果被毁的恶果。

**(三)繁荣期** 20世纪70年代末期至今。粉碎"四人帮"后,特别是中国共产党十一届三中全会决定把工作重点转向社会主义现代化建设以来,我国进入了一个新的历史时代,花卉业相应地得到了空前的发展。

回顾改革开放30多年来我国花卉产业发展历程,可以划分为以下4个阶段。

1. 恢复发展阶段(1978—1990年) 在这个阶段的前5年,随着农村家庭承包制度的推行,农民开始在自己的责任田上从事花卉生产,但是由于规模小、品种杂、种植分散,产品质量低等原因,我国花卉生产未形成一定的商品量,在种植业中所占比重微乎其微。

1984年10月11日,国务院办公厅印发了关于发展花卉生产和出口问题的会议纪要。我国政府首次将花卉业提上议事日程,此文件为我国现代花卉业发展绘制了蓝图。同年11月1日,中国花卉协会(China Flower Association)在北京成立,国务委员兼对外经贸部部长陈慕华出任名誉会长,农牧渔业部部长何康任会长,刘近民任秘书长。会议决定创办中国花卉协会机关报——《花卉报》。之后,随着农村家庭承包基本经营制度的全面确立,特别是中国花卉协会和各地花卉协会的相继成立,花卉生产进入有组织发展阶段,花卉生产、市场和流通日趋活跃。到1990年,已形成了一定的产业规模。

但是,"七五"期间,我国花卉业尚处于技术落后,品种陈旧,产品短缺,市场不稳的状况。主要原因是,受文革"左"的路线影响,花卉业一直遭受被"批判"的厄运,生产倒退,科研停滞,教学中断。到20世纪80年代中后期,花卉业虽然经过一段时间恢复有所发展,但由于时间短,基础太差,长期形成的生产、科研的落后状态还不能被很快扭转。

2. 快速发展阶段(1991—1995年) 进入"八五"时期,随着国民经济的发展,城市绿化、美化要求的提高,以及人民生活水平的改善,花卉需求迅速增长,有力地推动各地发展花卉业的积极性。特别是1992年国务院召开发展"高产、优质、高效"农业经验交流会后,各地开始把花卉业作为调整农业结构,发展农村经济的重要途径之一,进一步加强领导,加大扶持力度,大大加快了花卉业的发展步伐。此阶段我国花卉生产发展速度最快。全国的花卉生产与营销出现了国营、集体、个体以及合资、独资企业一齐上的局面,在广东、福建、浙江、江苏、上海、四川等传统产区,涌现出一大批专业村和专业户,从南到北靠花卉致富的农户不胜例举,产品结构得到有效调整,除传统的盆花生产外,鲜切花和观叶植物发展迅速,园林绿化植物也一改种类单一的局面,出现乔木、花灌木和草坪齐头并进的态势。经过调整不仅使花卉产品短缺现象得到根本改善,丰富市场供应,也使花卉产值成倍增长。

花卉国际交流开始增加。1992 年 4 月,由 8 个省市、53 人组成的中国花卉代表团参加在荷兰举办的世界园艺展览。这是中国花卉代表团首次走出国门参加世界园艺展览。并且在 1994 年 10 月 3 日,经国务院批准,我国以中国贸促会农业行业分会和中国花卉协会两家的名义申请加入国际园艺生产者协会。申请被批准,同时获得举办世界园艺博览会的资格(中国花卉园林年鉴编委会,2008)。

3. 巩固提高阶段(1996—2000 年)　此阶段,随着社会主义市场经济体制的逐步建立和完善,国民经济的快速发展,城市绿化、美化要求的提高,以及人民生活的改善,对花卉产品需求迅速增长。各地把发展花卉业作为调整农业结构,发展"高产、优质、高效"农业,增加农民收入重要途径之一,不仅加快了花卉业的发展进程,而且产品质量稳步提高,商品生产的区域化布局和产品的大流通逐步形成,科研教育发展迅速,对外交流合作日益广泛。1999 年 5 月 1 日至 10 月 31 日,在云南昆明成功举办了 99 昆明世界园艺博览会。这是国际 A1 级博览会,被称为园艺界的"奥林匹克盛会"。昆明世博会创下了 8 项世界之最,并且获得了 1999 年上海大世界吉尼斯之最证书(中国花卉园林年鉴编委会,2008)。

总之,经过 20 多年的努力,我国的花卉业取得了长足进步,为现代花卉业的形成和发展奠定了良好基础。

4. 调整转型阶段(2001 年至今)　进入 21 世纪,随着经济全球化的逐步深入,花卉生产由高成本的发达国家向低成本的发展中国家进一步转移,特别是在我国经济社会不断发展、花卉需求不断扩大的新形势下,花卉生产面积大幅增长,但质量效益不高、产业结构雷同、产品结构同质化、从业人员素质低和创新能力弱等问题更加突出。面对这一形势,为了处理好速度、结构、效益和质量的关系,实现产业又好又快地发展,调整成为这一阶段的主旋律。全行业在优化区域布局和产品结构,尽快实现产业增长方式由依靠增加投入、铺新摊子和追求数量的粗放型经营,转变为依靠科技进步和提高劳动者素质的集约型经营,在提高经济效益方面狠下功夫,并取得显著成效。

据最新的农业部有关数据统计,2007 年全国花卉面积 75 万 $hm^2$,同比增长 3.3%,产业规模居世界第一。全国花卉销售额达 666.9 亿元,同比增长 8.7%,花卉出口额为 3.99 亿美元,同比增长 21.8%。特别可喜的是,我国自主培育的月季、牡丹、芍药、木兰、杜鹃花、梅花、百合、非洲菊、康乃馨等花卉新品种,已有 91 个获得国家新品种权保护。月季新品种'中国红'还被选为北京奥运会、残奥会颁奖用花(江泽慧,2009)。

## 二、我国花卉业取得的主要成就

### (一)产业规模和效益不断扩大

1. 种植面积和销售额　据中国农业部的资料统计(图 18-12),1998—2007 年的 10 年间,我国花卉业得到了迅速的发展,全国花卉种植面积从 8.59 万 $hm^2$ 扩大到 75.03 万 $hm^2$,增长了 7.7 倍,年平均增幅 27.22%。其中 2005 年全国花卉种植面积达到了 10 年间的最大值 81.02 万 $hm^2$,是 1998 年全国花卉种植面积的 10 倍之多,虽然经过其后 2 年的调整种植面积有所回落,但稳步增长的趋势仍在继续。目前从花卉种植面积来看,我国已成为世界第一大花卉生产国,生产面积约占世界的 1/3。

10 年间全国花卉产品销售额也发生了巨大的变化(图 18-12),1998 年是 107.35 亿元;2002 年达到了 293.99 亿元,5 年间增长了 1.74 倍,其中 1999 年突增到 541.32 亿元,是 1998

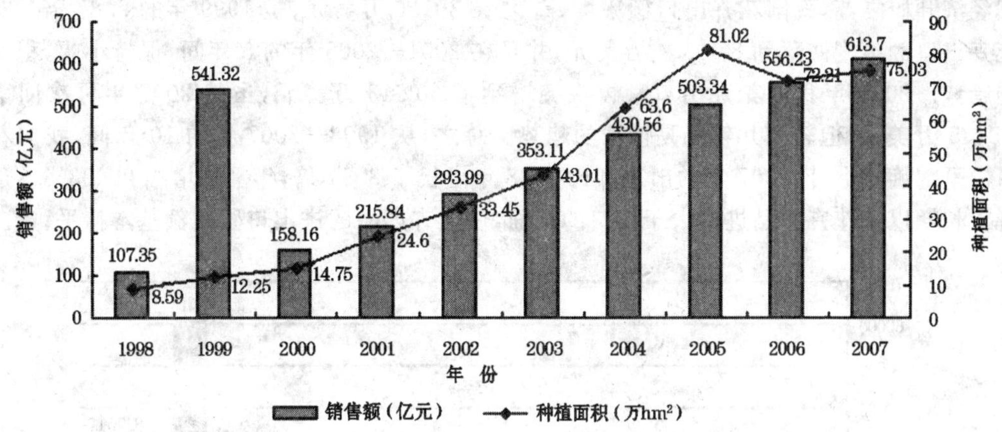


**图 18-12 1998—2007 年全国花卉种植面积及销售额**

注：资料来源：1998－2007 年《中国农业统计资料》，下图和下表同

年的 5 倍之多，其后的几年逐步恢复稳定的增长趋势。这可能与 1999 年世界园艺博览会在我国昆明举行有较大的关系，间接刺激了花卉销售额的增长。到 2007 年全国花卉产品销售额达到了 613.7 亿元，比 1998 年增长了 4.72 倍。从 1998—2007 年的 10 年间，我国花卉产品销售额保持稳步增长趋势，年平均增幅 21.37%。总销售额约占世界的 1/20。

与全国花卉种植面积和销售额不同，全国花卉单位面积销售额除 1999 年的 44.16 万元/$hm^2$ 明显偏高外，2000—2007 年的 8 年间，全国花卉单位面积销售额虽略有起伏但没有出现太大的变化（图 18-13），基本上保持在 6 万～10 万元/ $hm^2$，平均为 8.2 万元/ $hm^2$。尤其是经过 2004—2005 年下降之后的明显回升，说明我国花卉产业正在积极努力调整产业结构，在政府相关部门的调整与引导下，使花卉生产模式由粗放型向集约型转变，实现花卉生产的“软着陆”，提高花卉的经济效益。

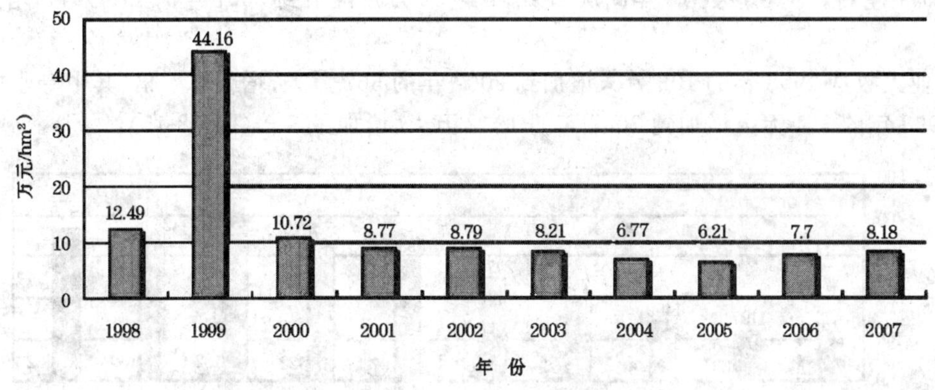


**图 18-13 1998—2007 年全国花卉单位面积销售额**

2. **出口额** 与我国花卉种植面积和销售额的快速增长相比，花卉出口虽然增长缓慢，但是仍呈螺旋式上升趋势（图 18-14）。1998 年和 1999 年由于受亚洲经济危机的影响（我国花卉出口地区主要是我国香港、日本、澳门及新加坡等地），出口额较低，并且有下降趋势。2000 年

亚洲经济开始复苏，我国花卉出口额激增，高达28 301.0万美元，是1999年的9.87倍。2001年花卉出口额急剧回落到8 003.4万美元，并且在2001—2005年的5年间，保持小幅、稳步增长的趋势。2006年我国花卉出口额再次突增到了60 913万美元，虽然2007年再次回落到32 754.5万美元，但较前几年仍是增长的趋势。总之，从1998—2007年的10年间，我国花卉出口额呈螺旋式上升，2007年的出口额比1998年增长了8.91倍，年平均增幅29.03%。逐渐摆脱了长期以来花卉产品进口大于出口的局面，使花卉产品的进出口贸易额基本持平。

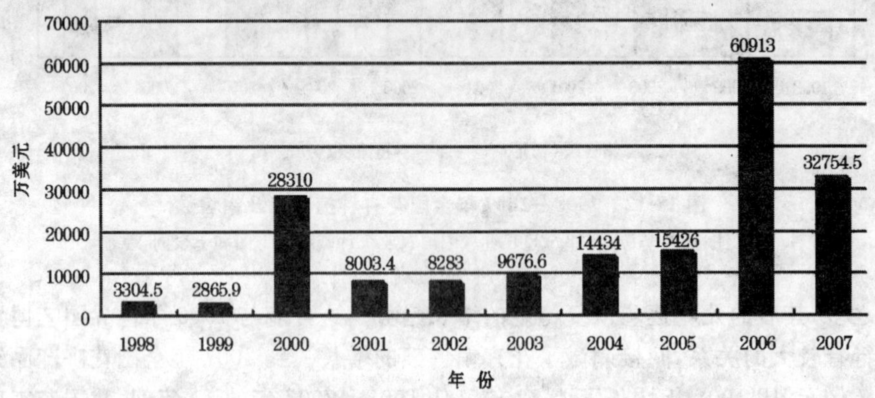


图18-14　1998—2007年全国花卉出口额

3. 生产经营实体　我国花卉企业总数1998年为67 918个，2007年为54 651个，比1999年明显减少，但是，其中生产面积在3hm²以上或年营业额在500万元以上的大中型企业数从1998年的1 272个，增加至2007年的7 852个，增加了5倍之多。说明我国花卉的规模化生产水平明显提高。

全国花卉市场从1998年的1 583个增加到2005年的2 586个之后，到2007年基本稳定在2 500个左右。花农户数10年间从1998年的32万户猛增到2007年的119万户，增加3.7倍。

从业人数从1998年的102万人增加到2007年的367万人，增幅2.6倍；其中专业技术人员从1998年的3.1万人增加到2007年的13.2万人，增加了3倍（图18-15）。

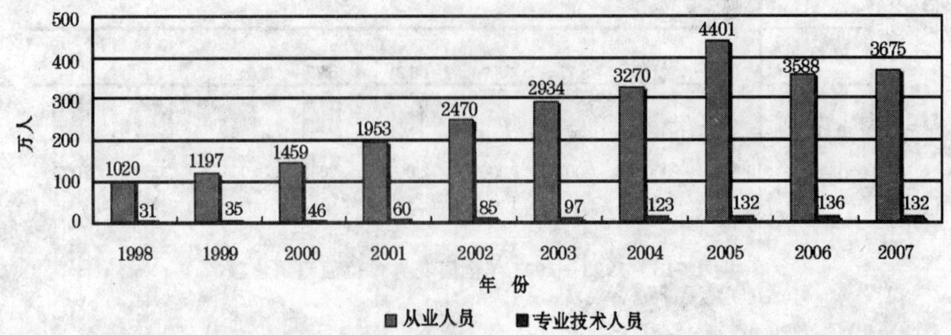


图18-15　1998—2007年全国花卉行业从业人员与专业技术人员比例

总体来看，全国花卉生产经营实体的规模稳中有降，而队伍素质正在提高。

**(二)花卉业在我国农业中的地位日渐提高** 由表18-8可见,我国花卉种植面积占农作物种植面积的百分率,从2001年的0.15%持续上升到2007年的0.49%,花卉销售额占农业产值的比例也从2001年的1.49%稳步上升到2007年的2.49%。我国花卉业的单位面积产值高于农业的平均水平,在农业中的地位越来越重要。

**表18-8 花卉业在我国农业中的比例**

| 年 份 | 花卉种植面积(万 $hm^2$) | 农作物种植面积(万 $hm^2$) | 所占比例(%) | 花卉销售额(亿元) | 农业产值(亿元) | 所占比例(%) |
|---|---|---|---|---|---|---|
| 2001 | 24.6 | 15570.78 | 0.15 | 215.8 | 14462.8 | 1.49 |
| 2002 | 33.4 | 15463.58 | 0.21 | 294.0 | 14931.5 | 1.97 |
| 2003 | 43.0 | 15241.49 | 0.28 | 353.1 | 14870.1 | 2.42 |
| 2004 | 63.6 | 15355.28 | 0.41 | 430.5 | 18138.4 | 2.37 |
| 2005 | 81.0 | 15548.72 | 0.52 | 503.3 | 19613.4 | 2.56 |
| 2006 | 72.2 | 15702.06 | 0.46 | 556.2 | 21549.1 | 2.58 |
| 2007 | 75.0 | 15346.39 | 0.49 | 613.6 | 24658.9 | 2.49 |

## 三、花卉业对我国国民经济、环境建设和人民生活的贡献

### (一)促进我国农业产业结构调整、农业增产和农民增收

1. *农业产业结构调整* 1979年9月召开的党的十一届四中全会通过的《中共中央关于加快农业发展若干问题的决定》指出:"要有计划地逐步改变我国目前农业的结构和人们的食物构成,把只重视粮食种植业,忽视经济作物种植业和林业、牧业、渔业的状况改变过来。"从此,拉开了我国农业产业结构优化调整的序幕,经济作物和林业、牧业、渔业有了较快的发展(刘斌等主编,2004)。

以我国花卉生产大省云南为例,在坚持"绝不放松粮食生产,积极发展多种经营"的方针下,摒弃了"以粮为纲"的片面做法,因地制宜地着手理顺农业产业的各种比例关系,发挥资源优势,农业产业结构开始由单一的"农业－种植业－粮食"向农、林、牧、副、渔并举转变,具有资源优势和区域优势的经济作物,如烤烟、甘蔗,蔬菜、花卉等崛起,彻底改变了高度单一和低效率的结构模式。1999年,云南省农作物播种面积为8 226.3万亩,其中粮食6 063.1万亩,经济作物共2 162.9万亩。经济作物中传统的烤烟、甘蔗、油料、蔬菜的种植面积占全省经济作物面积的74%,花卉、药材、咖啡、香料等新兴特色产业发展则较慢,花卉种植面积只有4.3万亩,仅占农作物种植面积的0.05%和经济作物的0.2%,为同年全国花卉生产面积(183.9万亩)的2.3%。同年云南省花卉年销售额为39 649.7万元,占全国花卉销售总额(5 413 160.4万元)的0.7%(蒋智华,2002)。

据2007年中国农业统计资料显示,到2006年,云南全省农作物种植面积9 217.05万亩,其中粮食6 404.55万亩,经济作物共2 812.5万亩,与1999年相比有所增加,而花卉种植面积达到33.8万亩,比1999年增长7.9倍,占农作物种植面积的0.4%和经济作物的1.2%,为同年全国花卉生产面积的(1 083.2万亩)3.1%。同时,云南省花卉年销售额为461 782.5万元,占全国花卉销售总额(5 562 338.6万元)的8.3%。其中鲜切花生产量、销售额和出口额均排

名全国第一。在经济作物中,花卉已经成为云南省第二大支柱产业。

2008年10月中共中央十七届三中全会通过的《中共中央关于推进农村改革发展若干重大问题决定》中指出,要积极发展现代农业,加快转变农业发展方式,大力推进农业科技自主创新,推进农业结构战略性调整,培育知名品牌,加大农产品注册商标和地理标志保护力度,提高农业综合生产能力(新华社,2008)。

根据党中央的指示精神,云南省加快了其特色产业的发展步伐,据农业部最新统计,截止到2008年12月底,全国花卉种植总面积1163万亩(约77.5万 $hm^2$),花卉销售额666.9亿元,出口额3.99亿美元(谷兰,2009)。其中云南省花卉种植面积首次突破50万亩,产值首次突破100亿大关,达到176亿元;出口额首次突破1亿美元大关,达到1.01亿美元,较2007年增长18.82%。2008年云南省花卉种植面积虽然只占全国总面积的4.3%,但销售额却达到了全国总销售额的26.4%,出口额为全国花卉总出口额的25.3%(晋昆,2009)。

由此可见,云南省经过十几年的战略性农业产业结构调整,花卉产业得到了飞速的发展,不但花卉种植规模发生了较大的变化,其产业效益更是得到了巨大的提高,充分显示了云南花卉在全国花卉产业的主导地位。优质的云南花卉,为云南花卉站稳、扩张国内市场、大力开拓国际市场打下了基础,出口国和地区从传统的我国香港及日本等亚洲国家和地区迅速拓展到美国、澳大利亚、法国、德国以及世界头号花卉大国荷兰等35个国家和地区。与此同时,一批世界知名花卉企业也因"云花"的影响力而把发展的眼光投向了云南,近年来,荷兰安祖、美国保尔、英国太古等知名花卉企业纷纷前来云南省投资发展花卉产业(张锐,2006)。

总之,改革开放以来,蓬勃发展的中国花卉业,对发展地方农村经济、调整和优化农业产业结构起到了积极的推动作用。

2. 解决"三农"问题,引导农民脱贫致富　目前我国正处在建设和谐社会、缩小城乡收入差距的浪潮下,传统的种植业在一定程度上难以真正实现这一远大目标。近些年来,粮食生产出现阶段性过剩,蔬菜市场也出现阶段性饱和,农民增产不增收。而花卉业被称为"黄金产业",有较高的经济、社会和生态效益。是一项高效农业,占地面积小,经济效益高,与传统农业相比,其经济效益可成倍甚至几十倍增长。俗话说"一亩园十亩田、一亩花十亩园"。例如:鲜切花的亩产值一般在1万元左右,好的可达到3万元以上,纯利润在0.5万～1.5万元之间,而一般的农作物,一亩的年收入在1000～1500元之间。此外,有关专家分析,由于鲜切花是满足人们精神享受需求的产品,即使在花源能够满足市场需求的情况下,鲜切花的比较利益仍会高于其他种植业产品(白晶晶,2007)。因此,各省政府在中国花卉协会的协调和指导下,根据当地的地理位置、地形、气候及花卉资源优势,积极调整和转型,大力发展花卉生产,我国花农的人数从1998年的32万增加到2007年的119.4万,增长3.7倍,很多农民靠种植花卉走上了脱贫致富的道路。可见,发展花卉产业不仅是调整农业种植业结构、发展农村经济、提高农民生活水平的有效途径,而且已成为现代农业和新农村建设的重要任务之一。

**(二)对我国人居环境的绿化、美化和修复作用**　2003年10月党的十六届三中全会上提出:"坚持以人为本,树立全面、协调、可持续的发展观"。随着现代城市生活质量与居民需求层次的提高,美化城市景观,改善城市生态,积极推进城市绿地系统的建设,已成为当前城市可持续发展战略的重要内容之一。

1. 绿化和美化　早在1958年8月,毛泽东主席在北戴河提出:"要使我们祖国的山河全部绿化起来,要达到园林化,到处都很美丽,自然面貌要改变过来"。1981年12月在邓小平同

志的倡导下，五届全国人大四次会议通过了《关于开展全民义务植树运动的决议》，这是新中国成立以来对绿化做出的第一个重大决议，揭开了我国绿化史上崭新的一页。

2001年国务院下发了《关于加强城市绿化建设的通知》，通知提出了全国城市绿化的工作目标和任务。经过几年的建设到2008年，全国城市绿化工作取得了迅速的发展。据国家林业局统计，2008年我国城市绿化覆盖率已由20世纪80年代的10.1%上升到36%，人均公共绿地面积达到了8.6m²。预计到2010年，城市规划建成区绿地率达到35%以上，绿化覆盖率达到40%以上，人均公共绿地面积达到10m² 以上，城市中心区人均公共绿地6m² 以上（刘毅，2008）。

在注重绿地面积和绿化覆盖率增长的同时，20世纪80年代后期，我国老一代园林工作者，在系统地总结新中国成立以来城市园林建设的经验和教训的基础上，提出建设"生态园林"的理念，即遵循生态学的原理，建立多层次、多结构和多功能科学的植物群落。建立人类、动物和植物相联系的新秩序，达到生态美、科学美、文化美和艺术美。应用系统工程发展园林，使生态、社会和经济效益同步发展，实现良性循环，为人类创造清洁、优美、文明的生态环境。1991年当历史跨入了第八个五年计划时，上海市人民政府率先将"生态园林规划与实施"列入"八五"科技攻关项目之一。这意味着我国城市园林建设已迈入一个新的历史发展阶段。

之后在1992—2008年间，住房和城乡建设部先后命名了11批共计139个国家园林城市和7个国家园林城区（张亮，2009）。这些城市（区）对于全国各地的城市园林绿化工作起到了良好的示范和带动作用。同时，国家园林城市创建也是我国推进城市园林绿化由注重绿量增长的粗放模式向质与量兼顾并追求资源最节约、生态效益最大化的生态模式发展转化，由单纯的园林绿化建设向以改善人居为核心目标带动包括市政设施、住房改造等在内的所有城市基础设施建设与发展，从而促进城市可持续发展转变的一个得力举措，是新时期城市建设与发展的内在要求，也是建设城市生态文明的一个有效载体。

2. *环境修复* 花卉是绿色植物，具有调节空气的温度、湿度和各种成分，吸收有害气体、吸附烟尘、防止水土流失等功能。植物修复（phytoremediation）技术是近年来环境科学研究的热点和前沿领域。目前国内外研究报道的重金属超积累植物有400多种，其中鸢尾、凤眼莲、千屈菜等观赏植物有很强的吸收土壤或水体中重金属元素的能力。对这些植物的开发应用可达到绿化美化环境、改良污染土壤、复垦矿山和净化污水等多重功效。即花卉可以在更广的范围起到更大的生态效应。花卉在我国废弃矿区已经得到大量应用，并取得显著的环境修复效应。

河北唐山具有100多年的采煤历史，经过多年的煤矿开采，使城市周边形成了约2 800hm² 的采煤下沉地—"采沉区"。采沉区内污水横流、垃圾遍地、日益恶化的生态环境，严重影响了城市的形象和城市的发展。1997年开始，唐山市政府把城市绿化建设与治理工业负环境造成的采煤沉陷废弃地、裸山污水、粉尘烟尘、垃圾废墟相结合，本着先近后远的原则，开始对采沉区进行绿化改造。经过近10年的艰苦努力，2006年，采沉区已植树138万株，绿化面积930hm²，190hm² 水面实现了水体还清，另外还利用垃圾堆因势造型，堆假山4万m³，建成了具有自然风貌和水乡特色的南湖公园，并成为新唐山的"城市之肺"。唐山市采沉区的绿化工程在2001年、2002年分别获得河北省和中国人居环境奖，2004年获得"迪拜国际改善居住环境最佳范例奖"，2005年采沉区的部分区域被命名为"国家城市湿地公园"。成为唐山城市绿化建设的力作和治理煤炭工业负环境的典范。每逢节假日数以万计的市民到这里来感受自然、分享绿色、放松身心(树松等,2006)。

总之,花卉是构建良好生态环境与美化城市的重要植物材料。从1998—2007年,我国花卉产业中观赏苗木、草坪和花坛植物等主要用于环境绿化的产品的生产面积、销售量和销售额都取得大幅度的增长。据1998—2007年中国农业统计资料显示,10年间,全国观赏苗木的种植面积、销售量、销售额年均增长了30.8%、14.0%和22.3%;全国草坪的种植面积、销售量、销售额年均增长了19.2%、26.3%和16.0%;2007年花坛植物的种植面积虽然比2006年略减少了3.8%,但是其销售量、销售额比2006年分别增长了84.7%和3.5%(2006年才开始统计花坛植物)。可见花卉产业为我国城乡文明建设、生态环境的改善和城市可持续发展作出巨大贡献。

**(三)提高我国城乡居民精神和文化生活水平**

1. *花卉人均消费的增长* 花卉具有文化和奢侈消费品的特点,其消费水平与国民素质和文化水平密切相关。随着我国国民经济和人民生活水平的不断提高,人们对生活质量要求更高,花卉作为重要的精神消费品,成为人们相互沟通、理解、联络的媒介,成为社会交往、礼仪庆典及日常生活中不可缺少的商品,其消费量逐年增加(表18-9)。

**表18-9 1998—2007年我国鲜切花消费情况**

| 年 份 | 1998 | 1999 | 2000 | 2001 | 2002 | 2003 | 2004 | 2005 | 2006 | 2007 |
|---|---|---|---|---|---|---|---|---|---|---|
| 消费量(亿枝) | 21.7 | 29.8 | 38.1 | 46.1 | 95.2 | 74.8 | 88.7 | 108.8 | 125.7 | 129.1 |
| 人均消费量(枝) | 1.7 | 2.4 | 3.0 | 3.6 | 7.4 | 5.8 | 6.8 | 8.3 | 9.6 | 9.8 |
| 消费额(亿元) | 16.6 | 21.7 | 24.2 | 30.9 | 48.0 | 44.6 | 49.1 | 50.8 | 60.5 | 69.8 |
| 人均消费额(元) | 1.33 | 1.73 | 1.91 | 2.42 | 3.74 | 3.45 | 3.78 | 3.87 | 4.6 | 5.31 |

由表18-9可见,1998年全国鲜切花消费总额是21.7亿元,人均消费额为1.33元;到2007年全国鲜切花消费总额达69.8亿元,人均消费额为5.31元,分别增长了3.2倍和4倍;年均消费增长率为17.3%,年人均消费增长率为16.6%。

我国花卉消费主要集中在三大区域,即以北京为主的华北地区、以上海为主的华东地区、以广州为主的华南地区。由于城市工商业发达,居民收入水平较高,整体消费水平高于农村,并且城市居民由于对精神生活的追求程度要普遍高于农村。因此,我国花卉消费主要集中于大中城市,农村花卉消费几乎为空白,中小城市的消费也比较少。在大城市的消费中,以东南部沿海居民收入高的城市为主,其中北京、上海、广州、深圳等地花卉消费居于全国前列(王红姝,2005),如2006年北京市花卉消费51.89亿元,其中居民消费占到13.61亿元。人均消费接近400元(林文龙,2007)。

上海花卉消费在全国市场最大。上海拥有众多的外资企业,外国员工将花卉消费的观念也带到上海,加上经济发达,花卉消费在上海增长特别快。鲜切花的消费1991年仅为3 500万支,2003年切花消费量达到了5亿多支,翻了14倍,人均年消费达到40支,居全国第一,已超过了同年美国的人均消费量。上海已成为全国最大的花卉消费市场。

我国花卉消费主要集中在节假日,主要在元旦、春节、“五一”、“十一”节等重大节日,其次情人节、清明节、母亲节、教师节等也成为花卉消费的火爆节日。节日花卉消费是我国花卉消费市场一个显著特征,其中又以春节花卉消费为甚,形成年宵花市场的特有景观。

从消费层次来看，长期以来形成的以团体消费为主的花卉消费现象发生了较大的改变，随着国民收入的提高，居民的消费方式和消费偏好正在发生重要的变化。温饱型的消费方式已经基本成为历史。根据日本和我国台湾地区的花卉业的发展规律，在国民生活满足温饱之后，花卉消费额占国民收入的0.1%左右，而进入小康以后，对花卉产品的需求增长则大大高于同期国民生产总值的增长速度(王红姝，2005)。

2. *花卉与人的身心健康* 花卉不仅改善环境、而且对人的身体健康有着较大的调节作用。由花卉组成的优美园林环境，能释放丰富的空气负离子，具有降尘、灭菌的功能，起到调节人体生理功能和保护人类健康的作用。另外，花卉千变万化的色彩、形态、香味直接影响人们的情绪，使人们心情愉快、消除疲惫，同时陶冶性情，丰富文化生活。在对人类长寿的研究中发现，许多长寿老人，都是长年生活在绿林成荫、静谧幽美的环境中。因此，我国的园艺疗法、旅游观光农业应运而生并发展迅速。

旅游观光农业是在现代化农场中亲眼目睹现代农业栽培技术，亲身体验高科技生产手段，亲手采摘绿色农产品，是一种悠闲的享受。在这里既可以陶冶生活情趣，又是假日旅游、回归自然的一个好选择。

20 世纪 90 年代，我国农业观光旅游在大中城市迅速兴起。主要分布在北京、上海和广州等大城市的近郊，其中以珠江三角洲地区最为发达。

旅游观光农业在北京的发展经历了 3 个阶段。第一阶段是 20 世纪 90 年代中期，以“农家乐”为特征的萌芽时期；第二阶段是 90 年代后期，观光休闲农业接待专业户不断增加，环城型观光农业崛起；2001 年至今，进入第三阶段，北京城郊的观光农业规模效益迅速扩大，并逐步形成距城市中心 15km 和 65km 两个环城观光农业区带。其中，15km 处观光农业带反映了大众型农业观光旅游的特点，而 65km 或更远处的区带反映了白领阶层自驾游的特点(小林，2005)。

据北京市统计局统计，2005 年北京市有农业观光园 1 012 个，接待旅游人数 892.5 万人次，经营收入近 7.9 亿元。2007 年北京市有农业观光园 1 302 个，接待旅游人数 1 446.8 亿次，经营收入 13.1 亿万元。3 年间，北京市农业观光园规模、接待旅游人数、经营收入分别增长了 28.7%、62.1%和 66.8%。

旅游农业观光园中许多是以果树、蔬菜、花卉的采摘和欣赏为主题的，最近百亩香草园和千亩葵花沟的纯欣赏自然景观的农业观光园日渐兴起，这些不仅拓展了花卉产业的内容，而且对调整农业种植业结构、发展农村经济、提高农民生活水平起到促进作用。

**（四）通过产业延伸，带动其他产业发展，增加就业岗位** 从产业构成来看，花卉业不仅包括了花卉产品的生产、加工、运输、销售，还包括产业链中许多辅助环节，尤其是现代花卉产业已经突破了传统种植业的范畴，辐射到农药、肥料、容器、包装材料、栽培基质、机械设备、基础设施等在内的工业、运输业、商业、旅游业等多种行业，已经由小农生产方式发展为相对多面的现代产业链的体系。据统计，每 1 元花卉产值可以带动 6 元的相关产业(白晶晶，2007)。其中花卉产业向花艺工程、花艺服务、绿化工程等第三产业延伸，就提供就业岗位上百万个。

综上所述，新中国 60 年来，尤其是改革开放 30 多年来，我国花卉产业从无到有，从小到大，持续、稳定、高速的发展，在短短几十年间中国花卉产业基本上走完了发达国家近一个世纪所走的路程，形成了比较完善的产业体系，取得了令世人瞩目的成就。我国花卉生产总面积增长了 50 多倍，销售额增长了 90 多倍，出口额增长了 300 多倍(江泽慧，2008)。这样的发展速度，在世界花卉发展史上也是罕见的。我国已成为世界最大的花卉生产基地、重要的花卉消费国和花卉进出口贸易国。

60年来，随着我国花卉业的产业地位不断提升，作为一个劳动密集、资金密集和技术密集的朝阳产业，花卉产业的经济效益、社会效益和生态效益日显突出，在优化农业产业结构、促进城乡统筹发展、建设社会主义新农村、引导农民脱贫致富和改善人民生活环境、提高人民生活质量等方面，发挥着越来越重要的作用。

## 参考文献

[1]　中国农业科学院蔬菜研究所．中国蔬菜栽培学[M]．北京：农业出版社，1993.

[2]　吕家龙．蔬菜栽培各论[M]．北京：中国农业出版社，2001.

[3]　I. H. Burkill 著（胡先啸译）．人的习惯与世界栽培植物的起源[M]．北京：科学出版社，1957.

[4]　第一个五年计划[EB/OL]．中国网，2002：9.

[5]　黄相辉，蒋文华，等．农业与农村发展的制度透析[M]．北京：中国农业出版社，2002.

[6]　山东省农业科学院．山东蔬菜[M]．上海：上海科学技术出版社，1997.

[7]　杨顺江．中国蔬菜产业发展研究[M]．北京：中国农业出版社，2004.

[8]　张斌，张兆刚，霍功．中国三农问题报告[M]．北京：中国发展出版社，2004.

[9]　包永江．大城市郊、县蔬菜产供销体制改革的研究[J]．中国农村经济，1985，1(04)：16-19.

[10]　刘雪，傅泽田，常山．我国蔬菜产地整体格局的变化分析[J]．农业现代化研究，2003，23(1).

[11]　杨锦秀．中国蔬菜产业的经济学分析[D]．西南财经大学，2005．

[12]　杨顺江，谢振贤，等．无公害蔬菜：中国蔬菜产业发展的战略选择[M]．北京：中国农业出版社，2003.

[13]　高翔，齐新丹，李骅. 我国设施农业的现状与发展对策分析[J]．安徽农业科学，2007，35(11)：3453-3454.

[14]　李岳云，卢中华，凌振春，等．中国蔬菜生产区域化的演化与优化[J]．经济地理，2007，27(2)：192-195.

[15]　杨为民．中国蔬菜供应链结构优化研究[D]．中国农业科学院，2006.

[16]　吴震，王海水，李式军．中国外向型蔬菜产业发展现状和发展对策建议．中国农学通报[J]，2004(6)：277-280.

[17]　傅泽田，刘雪，张小栓．中国蔬菜产业的国际竞争力[M]．北京：中国农业大学出版社，2006.

[18]　唐仁华，朱晓波．中国蔬菜生产面临的机遇与挑战[J]. 2003.

[19]　张真和．我国蔬菜产业发展中的问题与对策[J]．中国农业科技导报，2001(3)：57-60.

[20]　夏冰．中国蔬菜产业国际竞争力研究[D]．长春理工大学，2008.

[21]　张岳．技术性贸易壁垒对中国蔬菜出口的影响[D]．中国农业大学，2007.

［22］ 肖长惜．中国蔬菜产业生产、贸易与政策研究[D]. 华中农业大学，2006.

［23］ 尚庆茂，张志刚．中国蔬菜产业未来发展方向及重点[J]. 2005，7：20-22.

［24］ 中国农业年鉴编委会．中国农业年鉴[M]. 北京：中国农业出版社，1980—2008.

［25］ 朱德蔚，韩振海，王德槟．改革开放中的中国园艺科技[J]. 中国农业大学学报，2005，10(4)：51-54.

［26］ 张真和．我国蔬菜产业的"五带七区"的产业布局[J]. 长江蔬菜，2005(6)：1-2.

［27］ 陆子豪．谈我国蔬菜生产的技术路线问题[J]. 上海蔬菜，1987(1)：11-12.

［28］ 国际统计年鉴 2008 年．

［29］ 张玉星，等．果树栽培学各论(北方本). 北京：中国农业科学技术出版社，2006.

［30］ 高文胜，等．无公害农产品高效生产技术丛书——苹果．北京：中国农业大学出版社，2006.

［31］ 孙士宗，王志刚，等．无公害农产品高效生产技术丛书——梨．北京：中国农业大学出版社，2006.

［32］ 昌云军，管雪强，等．无公害农产品高效生产技术丛书——葡萄．北京：中国农业大学出版社，2006.

［33］ 李绍华．世界果树生产状况及提高我国果品市场竞争力对策[J]. 中国农业大学学报，2003，8(1)：7-13.

［34］ 沈兆敏．中国果业发展前景及对策[J]. 中国南方果树，2003，32 (4) ：81.

［35］ 李式军，等．设施园艺学．北京：中国农业出版社，2002.

［36］ 杨丽，陈梅香，孙浩元，张俊环，王玉柱．北京市观光果业发展研究概述[J]. 北方园艺，2009 (5)：241-243.

［37］ 王金政，苏桂林，张安宁，王金英．山东省设施果树栽培发展现状及对策[J]. 山东农业科学，2008，5：114-118.

［38］ 沈德绪，等．果树育种学(第 2 版). 北京：中国农业出版社，1995.

［39］ 胡春根，等．果树遗传育种学．北京：科学普及出版社，2000.

［40］ 侯义龙，等．果树组织培养技术及其应用．北京：中国农业科学技术出版社，2007.

［41］ 白瑞霞，彭建营．DNA 分子标记在果树遗传育种研究中的应用[J]. 西北植物学报，2004，24(8)：1547-1554.

［42］ 白瑞霞，彭建营，张媛，李莉．AFLP 技术及其在干果遗传育种研究中的应用[J]. 中国农学通报，2009，25(10)：40-46.

［43］ 马海军，冯学梅，马金平．果树生物技术育种进展[J]. 西北林学院学报，2006，21 (4) ：93-95.

［44］ 邢倩，李天红．果树转基因研究发展现状与趋势[J]. 中国农学通报，2007，23(7)：115-119.

［45］ 杨莉，徐昌杰，陈昆松．果树转基因研究进展与产业化展望[J]. 果树学报，2003，20(5)：331-337.

［46］ 刘艳红，房经贵，陶建敏，章镇．果树基因转化技术的选用和转基因植株的鉴定与性状分析[J]. 中国农学通报，2008，24(8)：43-49.

［47］ 杨洪强，等．绿色无公害果品全编．北京：中国农业出版社，2003.

［48］ Mc Granahan G H，Leslie C A，Uratsu S L，et al. Agrobacterium－ mediated transformation of walnut somatic embryos and regeneration of transgenic plants[J]. Bio/Technology，1988，6：800-804.

［49］ James DJ，Passey AE，Barbara DJ，et al. Genetic transformation of apple(Malus pumila Mill.) using a disarmed Ti－binary vector[J]. Plant Cell Rep，1989，7：658-661.

［50］ Vardi A，Bleichman S，Aviv D. Genetic transformation of citrus protoplasts and regeneration of transgenic plants[J]. Plant Sci，1990，69：199-206.

［51］ Mourgues F，Chevreau E，Lambert C，et al. Efficient Agrobacterium－mediated transformation and recovery of transgenic plants from pear(Pyrus communis L.)[J]. Plant Cell Rep，1996，16：245-249 .

［52］ 高俊平，姜伟贤．《中国花卉科技进展》. 中国农业出版社，2001.

［53］ 中国科学技术协会主编．《园艺学学科发展报告 2007—2008》. 中国科学技术出版社，2008.

［54］ 陈俊愉，程绪珂．《中国花经》. 上海文化出版社，1990.

［55］ 中国花卉园林年鉴编委会主编．《中国花卉园林年鉴——纪念改革开放 30 周年》. 中国农业科学技术出版社，2008.

［56］ 江泽慧．《在中国花卉协会五届四次常务理事会上的工作报告》.《中国花卉园艺》，2009(5).

［57］ 中华人民共和国农业部编．《中国农业统计资料．1998—2007 年》，中国农业出版社，2008.

［58］ 刘斌，张兆刚，霍功．《中国三农问题报告》. 北京：中国发展出版社，2004.

［59］ 蒋智华．《云南省农业产业结构调整研究》. http://www.agri.gov.cn/jjps/t20021029_19341.htm.，2002.10.29.

［60］ 新华社．《中共中央关于推进农村改革发展若干重大问题的决定》，http://news.xinhuanet.com/newsce.nter/2008－10/19/content_10218932_1.htm.，2008.10.19.

［61］ 谷兰．《2008 年全国花卉面积 1163 万亩产业规模居世界第一》，http://www.xinnong.com/news/20090403/644999.html.，2009.04－03.

［62］ 晋昆．《云南花卉园艺产业快速发展》.《致富天地》，2009(5).

［63］ 张锐．《云南渐成世界花圃 花卉出口额达 2560 万美元》.《云南日报》，2006.08.04.

［64］ 白晶晶．《我国花卉生产及其对农民收入的影响》.《中国农业大学硕士论文》，2007.

［65］ 刘毅．《我国城市绿化覆盖率达 36% 北京成功控制森林病虫害》. 人民日报，2008.08.23.

［66］ 张亮．《风景园林行业 2009 上半年新闻热点回顾》. http://www.chla.com.cn/html/c108/2009－07/40475.html.，2009.07.31.

［67］ 树松，立山，等．《梦圆绿色家园－记唐山震后 30 周年城市绿化建设成就》.《唐山劳动日报》，2006.7. 25.

［68］ 王红姝．《中国花卉产业发展研究》.《东北林业大学硕士论文》，2005.

［69］ 林文龙.《2006年北京花卉消费51.89亿》.《新京报》,2007.08.06.
［70］ 小林.《专家谈观光农业前景》.《中国民族报》,2005年7月12日.
［71］ 江泽慧.《中国花卉产业发展30年回顾与展望》.《中国花卉园艺》,2008(13).

（作者：沈火林 中国农业大学教授，刘　军 中国农业大学博士生，
张　文 中国农业大学教授，代　茹 中国农业大学硕士生，
义鸣放 中国农业大学教授，连青龙 中国农业大学博士生）

# 第十九章 林 业

林业作为国民经济的不可或缺的生产建设部门和基础建设行业,在每个不同的时期,对国家经济建设、社会发展和满足人民多种林产品需求发挥了特有的作用,做出了巨大的贡献。

## 第一节 改革开放前的林业建设与发展

### 一、普遍护林,夯实新中国林业的物质基础

1949 年 9 月 29 日,中国人民政治协商会议第一届全体会议上通过的《中国人民政治协商会议共同纲领》第 34 条规定"保护森林,并有计划地发展林业",由此开启了新中国林业的建设历程。

森林是国家的重要资源和生态屏障,也是林业的物质基础。新中国成立之初,百废待兴。一方面,对木材的需要量很大;另一方面,森林破坏严重,毁林开荒、森林火灾频发,有的地方政府和军队以及木商等任意砍伐森林。为此,党和国家从国民经济恢复时期起,高度重视森林保护。1950 年 2 月 28 日至 3 月 8 日,林垦部在北京召开第一次全国林业业务会议,确定林业工作的方针和任务是:"普遍护林,重点造林,合理采伐和合理利用"。并决定发动群众,组织群众,普遍护林,防止发生森林火灾,禁止滥伐滥垦森林。实行"护林者奖,毁林者罚"。5 月 16 日,中央人民政府政务院发布《关于全国林业工作的指示》,进一步明确了林业的大政方针。为保护森林,当时的全国六大行政区和省、自治区、直辖市的党政机关相继发布有关规定,各地政府也组织山区群众订立了护林公约。1952 年 3 月中央人民政府发出《关于严防森林火灾的指示》,提出在每年火灾易发季节,山区和山区附近的政府应把护林防火列为中心工作之一,由领导负责亲自布置、检查和督促;大面积的山林,根据行政区划,分区分段负责保护。一省(区)内发生重大森林火灾,由省(区)主席负责;县、区、村内发生火灾,由县长、区长、村长负责;并要求各大行政区和省(区)人民监察机关,执行检查,实施奖励及处分。在东北内蒙古林区,还开展了航空护林,出动飞机巡护。党和国家的得力措施,使 1950 年的森林火灾损失的林木比 1949 年减少了 35%;1952 年与 1951 年相比,森林火灾受害面积减少了 74.1%。在加强行政措施的同时,通过兴建防火基础设施,修建林道、架设林区电话线、建立瞭望台、设施森林化学灭火站、设置森林火险天气预报站等措施,奠定了森林防火事业的基础,促进了防火工作的开展。

### 二、大力营林造林,扩大林业生产规模

新中国成立之初,国家一方面每年发布各种法规和政令,号召全国各界大力造林营林;同时建立在大片荒山集中区域兴建国有林场,开展大规模的造林营林活动。如 1950 年 3 月 11 日林垦部、交通部联合发布《关于公路行道树栽植试行办法》;林垦部 3 月 20 日发布《关于春季造林的指示》,5 月 26 日发布《关于华北西北等区雨季造林的指示》;7 月 6 日发出《关于发动群

众育苗的通知》等，在全国范围内广泛地进行了造林绿化。

按照重点造林的方针，从1950年开始，全国造林的重点地区首先确定为淮河、辽河、永定河下游及黄河上游的汾、洛、泾、渭等流域，包括冀西、冀中、陕北、苏北沿海等地区，重点营造水源林；在豫东、东北西部和西北的三边、榆林等地营造防沙林。1949—1952年，共完成各林种造林2 565万亩，其中防护林1 334万亩，占同期造林面积的52%。1952年1月，东北人民政府作出《关于营造东北区西部防护林带的决定》，规划造林面积4 500万亩；自1949—1957年，冀东营造防护林69万亩，保护了农田225万亩；至1964年，冀西6县共造林52.3万亩，实现全面绿化。至1978年，永定河下游4县营造林带总长6 213km，面积2.77万亩，防护农田98万亩，平均成活率达到86.8%。经河北省林业局1982年核查，除划归北京的大兴县林段外，林带仍然保存6 500km。

"一五"时期，配合治黄治淮，在黄河中游的泾河、无定河流域，淮河上中游的河南桐柏山、伏牛山和安徽大别山等地营造水源林。同时，随着国家经济的大规模建设，木材供应不足的矛盾开始出现。为此，林业部根据政务院的指示精神，在下达《1954年全国林业重点工作》中，强调大力营造用材林，计划建立木材生产基地。造林的重点由风沙等自然灾害多发的西北、华北，转到自然条件好、林木生长快、能较快形成国家后备森林资源的长江以南13个省、自治区。在党和国家的大力倡导和扶持下，注意贯彻"谁种谁有，伙种伙有"的政策，既提倡互助合作，也鼓励农民个体造林。较大规模的防护林、水源林和用材林为农民力所不及，则由国家统筹营造。发展了多种造林形式。包括国家设立造林站或林场营造，农民分山后的互助组换工造林，农民常年造林互助组、国社合作造林(国有大片荒山，社队分区分段，包种包活，国家给予一定报酬，或由国家出树苗和口粮，由农民营造，按合同分成)等。矿山附近和铁路公路两旁，由各有关部门大力营造。与此同时，党团组织倡导下的青年造林队和突击队投身于绿化祖国，发挥了积极的作用。1955年，全国造林步伐加快，完成2 565万亩，比上一年增长46.5%，其中用材林占55%，至20世纪70年代中期后，用材林造林面积一直遥遥领先。这一时期营造的杉、松、檫树、桉树等用材林，在20世纪80年代中期就采伐更新了1～2次，为国家建设提供了木材。

经济林的营造在20世纪50年代就已经得到较快发展。1950年林垦部《发布的春季造林指示》，要求各地大力培植"油桐、樟、茶、漆、乌桕、核桃、栗、梨、杏、花椒、枣等特用树种。"特别是从1956年中央提出《1956—1967年全国农业发展纲要草案》开始，到20世纪70年代末的20多年中，经济林的造林面积仅次于用材林，并有4个年份的比重超过30%。50年代中后期，核桃、油桐、油茶、乌桕等主要经济林产品产量，还创出了历史最好水平。但此后很长一段时间，生产长期徘徊，产量升少降多。直到党的十一届三中全会后，经济林发展出现了新的转机，多数树种的产量创历史新高。

"二五"及调整时期，全国的国营造林得到快速发展。特别是1958年4月7日发布的《中共中央、国务院关于在全国大规模造林的指示》要求：在着重依靠群总造林的同时，必须积极发展国有造林。根据这个指示精神，各地林业部门将原有森林经营所、伐木场改为国营林场，同时接纳大批下放干部，选择场址新建了大批国营林场。国营林场的飞速发展，极大地推进了天然次生林的经营管理和大片荒山荒地造林的进程。这一时期，国营林场从1950年的50多个发展到1957年的418个，到1965年迅速发展为3 564个，经营面积6 800万$hm^2$。到1983年，国营林场发展到4 065个，拥有职工51.3万人，经营面积4 600万$hm^2$，其中森林2 600万

$hm^2$。

在国营林场大发展的同时，示范、带动了一大批社队林场的发展。1957 年，湖北省黄梅县永安乡永安农业生产合作社以林业专业组为基础，仿照国营林场办法办起林场，实行计划管理、劳动管理和技术管理，取得良好效果，成为新中国第一个社办林场。中共黄梅县委及时总结这一经验，全县社办林场到年底发展到 168 个。1958 年林业部在该县召开社队林场现场会推广经验，到 1960 年 9 月，全国建立了社队林场 8 万个，拥有劳力 100 万个，具备了相当的规模。到 1983 年，全国共有社队林场 17.5 万个，拥有固定专业人员 133.8 万个，经营山林 2.5 亿亩。社队林场经营专业化，造林数量多、质量好，林木生长旺盛，是新中国造林绿化事业的一支骨干力量。

从新中国成立至改革开放前的 1978 年，全国共营造固沙林 146.7 万 $hm^2$。1978 年又开始在西北、华北北部、东北西部开始建设规模宏大的"三北"防护林体系，到 1983 年，三北工程造林 440 万 $hm^2$。在江苏、辽宁、山东、河北、广东、福建等滨海地区，营造海防林 33.4 万 $hm^2$，在黄河、淮河、辽河、长江、珠江中上游和南方一些水土流失严重的地区营造水土保持林 140 万 $hm^2$，在南方湖北、湖南、广东、广西、江苏、浙江、福建、安徽等省、自治区营造了 133.3 万 $hm^2$ 用材林，发展了 133.3 万 $hm^2$ 竹林，建立了一批用材林基地，全国共营造油茶、油桐、乌桕、核桃、板栗、枣、柿等经济林 400 万 $hm^2$ 以上。

据 1773—1976 年"四五"森林资源清查资料，全国植树造林保存面积 2 800 万 $hm^2$。其中，国有造林面积 600 万 $hm^2$，占 21.4%；各种合作造林和非国有造林面积 2 200 万 $hm^2$ 占 79%。西北地区营造防风固沙林 46.7 万 $hm^2$、水土保持林 140 万 $hm^2$；华北、中原地区平原"四旁"植树约 40 亿株。全国森林面积达到 1.22 亿 $hm^2$，林木蓄积量 95 亿 $m^3$，森林覆盖率 12.7%。

## 三、建立国有森林工业体系

根据 1947 年 9 月 13 日颁布的《中国土地法大纲》和 1950 年 6 月 30 日颁布的《中华人民共和国土地改革法》，我国将集中连片的东北、西南等天然林区划归国家所有，形成国有林区，由人民政府依法管理和经营森林。此后，逐渐形成由 135 个林业局（森工局）和 20 个重点营林局组成、包括 188 个木材加工、林产化工、电力、运输、建筑、林机修造等不同类型的国有林业主体，经营面积约 5 313 万 $hm^2$，占全国林业用地的 18.6%；活立木蓄积 36.37 亿 $hm^2$，占全国活立木蓄积量的 29.2%。其中 84 个森工局直属中央管理，其余归省政府管理。在 135 个林业局中，黑龙江省、吉林省和内蒙古自治区 84 个，其他 6 省（自治区）51 个。国有林区是我国林业的主体，是我国最大的后备资源培育基地，森林资源面积占全国的 42.45%。国有林区在开发建设的同时，也进行了生活性和社会性设施的建设，形成了包括公检法、文卫教等社会管理和服务在内，基础设施齐全的林区社会，共有人口 500 万，行政区域包括黑龙江、吉林、内蒙古、云南、四川、西藏、陕西、甘肃、新疆等 9 省（自治区）。

与此同时，在大片次生林区和宜林荒山分布较集中的地区，先后组建了 4 466 处国有林场，经营面积 5 666 万 $hm^2$，森林蓄积量约 21 亿 $m^3$，占全国森林总量 1/6。国有林场分 3 个层次经营管理。其中，3 361 个由县（市）管理，约占林场总数的 75%；1 105 个由省（自治区、直辖市）和地（州、市）管理，约占 25%。共有职工 66 万人。

据统计，1949—1979 年，国有林业企业共采伐森林面积 568 万 $hm^2$，同期更新造林面积 521 万 $hm^2$，占采伐面积的 92.1%。累计生产木材 25 亿 $m^3$，占全国同期木材产量的 1/2，上

缴利税150多亿元，国有林场累计生产木材2.2亿$m^3$，同时为社会提供了多种多样的林副产品森林资源开发利用和培育为社会每年可提供约500万个就业机会。

1949—1978年，全国131个林业局木材总产量累计为9.61亿$m^3$，其中1949年生产567万$m^3$，1978为5 162万$m^3$，改革开放前30年间年均增长速度为7.9%。这一时期，国有林区生产的木材约占全国木材产量的1/2，占我国林业系统木材产量的2/3。同一时期，全国共生产锯材2.59亿$m^3$，其中1949年383.8万$m^3$，1978年1 105.5万$m^3$，30年间年均增长速度为3.71%。生产竹材21.2亿根，其中，1949年903万根，1978年1.1亿根，30年间年均增长速度9.0%。同期生产人造板680.1万$m^3$，其中胶合板549.5万$m^3$，纤维板93.6万$m^3$，刨花板37.0万$m^3$。1978年的人造板产量合计为62.5万$m^3$。同期生产松香、栲胶、紫胶分别为417万t、33万t和2万t，1978年的上述三项林化产品产量分别为28.2万t、3万t和0.14万t。

国有林是国家生态安全的重要屏障。国有林资源集中分布于我国长江、黑龙江、珠江、黄河以及大小兴安岭、长白山、天山、横断山、祁连山等大江大河的源头、大型水利枢纽的周围和重要山脉核心地带。对保护东北平原、华北平原、长江中下游平原等重要商品粮基地和重要工业基地及重要水利设施等方面发挥着重要作用。丰富多彩的森林生态系统孕育了纷繁的动植物资源，并为动植物栖息提供了得天独厚的生存空间，为生物多样性保护提供了良好的生态环境。我国约有3万种野生植物，2 340种陆栖脊椎动物，在国有林中均有分布。森林生态系统保护类型1 060个，面积1 000万$hm^2$，60%以上分布在国有林区。

## 第二节　改革开放后的林业建设与发展

改革开放以来，国家出台了一系列扶持发展林业的政策措施。1981年，国务院作出了《关于保护森林发展林业若干问题的决定》。随着造林规模的不断加大，森林资源进入了缓慢增长阶段，1988—1993年，森林面积从1.25亿$hm^2$增加到1.33亿$hm^2$，森林覆盖率从12.98%上升到13.92%(第三次和第四次全国森林资源清查数据)。1994年，顺应可持续发展的潮流，林业部制定了《中国21世纪议程林业行动计划》，为我国林业确立了兼顾生态效益、经济效益和社会效益的发展方向。1998年特大洪灾之后，中央政府从政策和资金上加大对林业的扶持，相继启动了天然林保护工程和退耕还林工程。进入新世纪以来，森林生物质能源开发和森林应对气候变化的作用都得到了提升。近30年，在世界森林资源总体减少的情况下，我国森林资源总量持续增加，全国森林面积达到1.75亿$hm^2$，森林覆盖率18.21%，森林蓄积量和活立木总蓄积量分别达到124.56亿$m^3$和136.18亿$m^3$(第六次全国森林资源清查数据)。森林固碳能力由20世纪80年代初的136.42t/$hm^2$增加到21世纪初的150.47t/$hm^2$，履行了减缓全球气候变暖的责任。

### 一、启动三北等防护林建设工程

改革伊始，为了给工农业生产和人民生活构筑生态屏障，以1978年11月25日国务院批准国家林业总局《关于在西北、华北、东北风沙危害和水土流失重点地区建设大型防护林的规划》(国发[1978]244号)为标志，三北防护林工程正式启动实施。这是我国林业向木材生产与生态建设并重转变的标志性事件，标志着生态建设已经成为我国林业建设的主要任务之一。

该工程地跨东北西部、华北北部和西北大部分地区,包括我国北方 13 个省、自治区、直辖市的 551 个县(旗、市、区),建设范围东起黑龙江省的宾县,西至新疆维吾尔自治区乌孜别里山口,东西长 4 480km,南北宽 560~1 460km,总面积 406.9 万 $km^2$,占国土面积的 42.4%。从 1978 年开始到 2050 年结束,分 3 个阶段,8 期工程,建设期限 73 年,规划造林 3 560 万 $hm^2$,使三北地区的森林覆盖率由 5.05%提高到 14.95%,沙漠化土地得到有效治理,水土流失得到基本控制,生态状况和人民群众的生产生活条件从根本上得到改善。

在全面完成一期(1978—1985 年)工程、二期(1986—1995 年)工程规划任务,三期(1996—2000 年)工程建设后,2000 年,开始进入第二阶段、四期工程建设。到一二期工程结束时的 1995 年,已累计完成造林 2 000 万 $hm^2$,工程总计使该地区 20%的荒漠化土地得到治理,黄土高原 40%的水土流失面积得到初步控制,有 1 600 万 $hm^2$ 的农田得到林网的保护,增产 10%~30%,年净增粮食 800 多万 t。过去沙化、退化、盐渍化的 893 万 $hm^2$ 草场草产量增加 20%以上。截至目前,三北防护林建设工程共完成造林 2 500 万 $hm^2$,根据第六次全国森林资源连续清查,三北地区森林覆盖率从 5.05%提高到 10%。活立木总蓄积增加约 4 亿多 $m^3$,重点治理区的生态明显好转,20%的沙化土地得到初步治理,40%的水土流失面积得到基本控制,为缓解"三北"地区生态恶化局面作出了重大贡献。使 1 923 万 $hm^2$ 的农田得到了有效保护,58.6%的农田实现了林网化。在林网的保护下,农业科技成果和水设施的效益得到充分的发挥,促进了稳产高产。据统计,三北地区的粮食单产由 1985 年的 125kg/亩,提高到 2005 年的 309kg/亩,总产由 0.6 亿 t 提高到 1.6 亿 t。三北防护林体系建设工程是一项利在当代、功在千秋的宏伟工程,不仅是我国生态建设的重大工程,也是全球生态环境建设的重要组成部分。其建设规模之大、速度之快、效益之高均超过美国的"罗斯福大草原林业工程"、前苏联的"斯大林改善大自然计划"和北非五国的"绿色坝工程",在国际上被誉为"中国的绿色长城""世界生态工程之最"。

进入 21 世纪以来,国家林业局将三北、长江、沿海、珠江、平原绿化、太行山绿化、防沙治沙、淮河太湖、黄河中游、辽河 10 大防护林工程系统整合后统称三北和长江等防护林工程,这是我国涵盖面最大的防护林工程,主要解决三北地区的防沙治沙和其他地区各不相同的生态问题。1989—2007 年,长江防护林建设工程共完成营造林 833.3 万 $hm^2$,治理水土流失 6.5 万 $km^2$,森林覆盖率净增 9.6 个百分点。全国平原绿化工程累计完成造林 713.3 万 $hm^2$ 森林覆盖率从 1987 年的 7.3%提高到现在的 15.8%,使 3 353.3 $hm^2$ 农田得到保护。沿海防护林体系建设工程,累计完成营造林 386.4 万 $hm^2$,工程区森林覆盖率增加 10.6 个百分点。2007 年 12 月,国务院又批复了《全国沿海防护林体系建设工程规划(2006—2015)》,规划范围包括辽 11 省、自治区、直辖市的 261 个县(市、区),规划土地总面积为 44.71 万 $km^2$,占国土总面积的 4.7%,总投资 99.84 亿元。该工程的建设不仅在减少水土流失、抵御自然灾害方面发挥了重要作用,而且在社会主义新农村建设中积极推进村屯绿化和农田防护林建设也取得一定成效,成为新世纪林业生态建设的一大亮点。

## 二、实施全民义务植树运动

1979 年 2 月 23 日,在第五届全国人大常委会第六次会议上,根据国务院提议,为动员全国各族人民植树造林,加快绿化祖国,决定每年 3 月 12 日为全国的植树节。针对四川省发生的特大洪涝灾害,1981 年 9 月邓小平同志提议在全国开展全民义务植树运动。1981 年 12 月

13 日五届全国人大四次会议作出了《关于开展全民义务植树运动的决议》,《决议》指出,凡是条件具备的地方,年满 11 岁的中华人民共和国公民,除老弱病残者外,因地制宜,每人每年义务植树 3～5 棵,或者完成相应劳动量的育苗、管护和其他绿化任务。从此,全民义务植树运动以其特有的公益性、全民性、义务性、法定性,在全国广泛开展起来。邓小平、江泽民、胡锦涛等党和国家领导人身体力行、率先垂范,年年带头履行植树义务,对全民义务植树运动起到了巨大的推动作用。每到植树季节,从中央到地方,从南方到北方,从黄河沿岸到大江南北,从城市到农村,从知名人士到中小学生,亿万群众都满怀热情在广袤的国土上,植树造林,绿化祖国。全民义务植树运动在中华大地蓬勃开展,掀起了全民参加"爱绿、植绿、护绿、兴绿"的新高潮。到 2008 年底,全国有 115.2 亿人次参加义务植树,累计植树 538.5 亿株,全国城市绿化覆盖率由 1981 年的 10.1%提高到 2008 年的 35.29%,人均公共绿地面积由 1981 年的 3.45$m^2$ 提高到 8.98$m^2$。城乡生态状况改善,提高了人们的生活质量,促进了经济社会可持续发展。

全民义务植树运动开展 20 多年来,全社会的绿化意识、生态意识和法制观念显著增强。义务植树形式多样,内容越来越丰富。人们在生日、结婚、升学、参军等有纪念意义的日子种植纪念树,营造纪念林,铭志于树、寄情于林,涌现了一大批"生日林"、"结婚纪念林"、"党员林"、"友谊林"、"退伍林"等。一些单位和社会团体也组织开展了富有新意的义务植树活动,建立了"工会林"、"三八林"、"共青团林"、"记者林"等。各地相继建设了一批高标准绿化生态示范乡(镇)、村(屯)和一批城郊森林公园、生态休闲基地。通过开展全民义务植树运动,我国生态建设真正实行了全国动员、全民动手、全社会办林业,开创了一条符合国情、有中国特色的生态文明建设之路。

## 三、启动天然林保护工程

从 1998 年起,国家先后在部分省、自治区、直辖市进行了天然林保护工程的试点工作,2000 年 12 月 1 日,国家林业局、国家计委、财政部劳动和社会保障部印发了经国务院批复的《长江上游、黄河上中游地区天然林资源保护工程实施方案》和《东北、内蒙古等重点国有林区天然林资源保护工程实施方案》,标志着天然林保护工程正式启动。按照国务院批复的方案,天然林保护工程的实施范围为:长江上游地区以三峡库区为界,包括湖北、重庆、四川、贵州、云南、西藏 6 省、自治区。黄河上中游地区以小浪底库区为界,包括河南、山西、陕西、内蒙古、宁夏、甘肃、青海 7 省、自治区;东北、内蒙古等重点国有林区包括黑龙江、吉林、内蒙古、新疆、海南 5 省、自治区。工程区共涉及 17 个省、自治区的 734 个县、167 个森工局(县级林业局、林场),工程实施期限从 2000—2010 年共 11 年。

工程实施目标主要为两项。一是通过实施长江上游、黄河上中游地区的天然林保护工程,使长江上游、黄河上中游地区的 6 118.2 万 $hm^2$ 森林得到切实保护,减少森林资源消耗量6 108 万 $m^3$,调减商品材产量 1 239 万 $m^3$。到 2010 年新增林草面积 1 467 万 $hm^2$,林草覆盖率由目前的 25.87%提高到 32.26%,其中新增森林面积 867 万 $hm^2$,森林覆盖率由目前的 17.52%提高到 21.24%。通过改善生态环境,为推进西部地区农业种植结构和农村经济结构调整,加快农民脱贫致富,促进西部地区经济发展,实现现代化建设第三步战略目标提供必要的生态屏障。二是通过实施东北、内蒙古等重点国有林区天然林资源保护工程,使东北、内蒙古等重点国有林区调减木材产量 751.5 万 $m^3$,3 300 万 $hm^2$ 森林得到有效管护,48.4 万富余职工得到妥善分流和安置,实现森工企业的战略性转移和产业结构的调整,为林区建立新的经济增长点,增加新的就业机会,使林区经济得到快速发展。为建立比较完备的生态体系和比较发达的产业体系打好基础,为促进经济和社会的可持续发展发挥应有的作用。到 2000 年,工程区内长江上游的湖北、重庆、贵州、四川、云南、西藏和黄河上中游的河南、山西、陕西、宁夏、甘肃、青海等省、自治区,已全面停止了天然林商品性采伐;东北、内蒙古等重点国有林区木材产量也由 1997 年的 1 853 万 $m^3$ 调减到 2000 年的 1 260 万 $m^3$;森工企业开始从以采伐天然林为主,向加强天然林管护和营造林转变。自 1998—2008 年,工程实施 11 年以来,已累计完成人工造林和飞播造林 542 万 $hm^2$,封山育林 1 112 万 $hm^2$,使 1.04 亿 $hm^2$ 天然林面积得到了有效管护。11 年间,工程区累计一次性安置职工 59.6 万人,2008 年在册职工人数为 83.3 万人(其中离开本单位保留劳动关系人员 20.6 万人)。近年来,在天然林保护工程区进行了人工商品林采伐试点,促进了天然林保护工程区木材产量的上升。2007 年工程区木材产量为 1 451.35 万 $m^3$,2008 年达到 1 679.28 万 $m^3$,均占到全国木材总产量的 20%。

根据第六次全国森林资源清查结果,工程实施以来,累计减少森林蓄积消耗量 4.26 亿 $m^3$,按全国林分单位面积蓄积量,相当于少砍 502.8 万 $hm^2$ 森林面积。工程区森林面积净增 815.7 万 $hm^2$,森林蓄积净增 4.6 亿 $m^3$,占全国森林蓄积增长量的 43%以上,实现了森林面积和森林蓄积同步快速增长。增加的森林蓄积折合木材 2.76 亿 $m^3$,按每立方米木材 500 元计算,折合人民币 1 380 亿元,相当于国家已投入工程建设资金的 2 倍,随着时间的推移,效益将更加显现。

工程区生物多样性明显增加,生态环境步入恢复好转期。伴随工程区森林资源持续增长,生态状况明显好转。据《2003 年全国水土保持监测公报》表明,长江流域水土流失量为多年平均流失量的 50%左右,三峡库区水土流失面积减少了 23.9%。黄河流域水土流失量低于多年平均流失量的 30%。四川省天然林保护工程监测,全省累计减少土壤侵蚀量 15 亿 t,年涵养水源量 603.1 亿 t,森林生物量累计增加 4.35 亿 t。工程区生态环境得到有效改善,一些地方过去干涸的水源和泉眼开始出现水流,大熊猫、金丝猴、东北虎等珍稀野生动物种群大量增加,主要栖息地生存环境大大改善。

## 四、实施退耕还林工程

1998 年,长江、松花江、嫩江流域发生特大洪灾之后,中共中央、国务院进一步地认识到了水土流失带来的危害,坚定了治水必先治山、治山必先兴林的决心,把“封山植树,退耕还林”放在灾后重建综合措施的首位。经过 1999—2001 年 3 年试点、2002—2003 年两年大规模实施和 2004 年以后的巩固成果、稳步推进 3 个阶段,1999—2008 年全国累计实施退耕还林任务 2 687 万 $hm^2$,相当于再造了一个东北、内蒙古国有林区。其中退耕地造林 927 万 $hm^2$,荒山荒地造林 1 580 万 $hm^2$,封山育林 180 万 $hm^2$。工程范围涉及 25 个省、自治区、直辖市及新疆生产建设兵团的 2 279 个县(包括县级单位)、3 200 万农户、1.24 亿农民。1999—2008 年,中央累计已投入 1 918 亿元。根据现有政策,1999—2008 年已完成的退耕还林面积还将后续投入 2 419 亿元,总投入将达到 4 337 亿元(其中原有政策投入 2 271 亿元,新完善政策直接补助退耕农民 1 141 亿元、巩固退耕还林成果专项资金 925 亿元)。相当于 2.4 个三峡工程、13 条青藏铁路的投资,成为我国乃至世界上投资最大、政策性最强、涉及面最广、群众参与程度最高的一项复杂系统工程。退耕还林工程的实施,使工程区水土流失大幅度下降,风沙危害明显减轻。改写了“越垦越穷、越穷越垦”的历史,取得了生态改善、农民增收、农业增效和农村发展的

巨大综合效益，得到了各级党委政府和亿万农民的真心拥护和支持。

退耕还林工程的实施，大大加快了国土绿化进程，增加了林草植被，使工程区森林覆盖率平均提高了3个多百分点，生态面貌发生显著变化，水土流失和风沙危害明显减轻。陕西省森林覆盖率由退耕还林前的30.92%增长到37.26%，净增6.34个百分点，是历史上增幅最大、增长最快的时期。湖南全省森林覆盖率提高了5.76个百分点，达到56.10%。水土流失明显减少，据湖南长江水文局监测，年均进入洞庭湖的泥沙量由退耕还林前的1.67亿t，减少到现在的0.383亿t，减少77%。据湖南省退耕还林效益监测站监测，退耕还林后，工程区水土流失量下降30%。尤其是湘西自治州生态环境改善特别明显，土壤侵蚀模数由退耕还林前的每年3 150t/km$^2$，下降到1 450t，减少了54%。据四川省水文监测，2004年与1998年相比，长江一级支流年输沙量大幅度下降，其中岷江夹江站减少38.6%，嘉陵江亭子口站减少94%，涪江射洪站减少95.6%。据四川省生态定位监测，通过实施退耕还林工程，全省年均滞留泥沙0.54亿t、增加蓄水6.84亿t；累计减少土壤有机质损失量3 646万t、氮磷钾损失量2 083万t，平均每年提供的生态服务价值达134.5亿元。据贵州省对10个县的退耕还林定位监测，年均土壤侵蚀模数由退耕前3 325t/km$^2$减少到2005年的420t/km$^2$，降低了87%。土地沙化十分严重的内蒙古自治区，森林覆盖率由退耕前的13.8%提高到了目前的17.7%。同时，退耕还林工程造林成林后，木材蓄积量将达10亿m$^3$，可吸收二氧化碳18.3亿t、生产氧气16.2亿t，相当于北京市现有300万辆汽车30年的二氧化碳排放量，将为缓解全球气候变暖做出巨大贡献，并扩大我国在国际谈判中的话语权。

工程区农民收入普遍增加，部分地区贫困状况开始改变。退耕还林后，国家在一定时期内持续提供粮食和生活费补助，退耕农民户均已经得到约5 000元的补助，直接增加了农民收入。尤其是西部地区、高寒地区、少数民族地区和贫困地区，不少退耕农民以前一直十分贫困，退耕还林补助一定程度上缓解了他们的贫困程度。据调查统计，退耕还林补助占退耕农民人均纯收入的比重近10%，西部省区的比重更高一些，有些地方达到20%甚至40%以上。而且，一些边远地区的退耕农户过去长年吃粗粮，退耕还林以后，许多农户依靠国家补助吃上了细粮，生活普遍得到改善。专家指出，这几年我国几百万贫困人口的减少，退耕还林起了十分重要的作用。由于退耕还林营造的经济林木绝大部分还没有进入盛果期，再过几年，退耕还林对农民增收的贡献将越来越大。

退耕还林改变了传统农业生产方式，加快了农业结构调整和农村剩余劳动力转移。退耕以前，山区、沙区农民广种薄收，农业产业结构单一，许多潜力没有发挥。退耕还林为调整农村产业结构提供了良好机遇，许多生态恶劣、经济贫困的地区逐步走上了“粮下川、林上山、羊进圈”的良性发展道路，实现了耕地减少、粮食增产、农业增效。同时，退耕还林使大量农村劳动力从广种薄收的土地上解放出来，促进了农业人口向城镇、向二、三产业转移，大大增加了农民收入。据四川省对丘陵地区的调查，大约每退耕3亩坡耕地可转移1个劳动力，全省丘陵、盆周地区大约有200万个劳动力因实施退耕还林得以转移，年创收约100亿元。湖南退耕还林工程通过采种育苗、整地造林、抚育管护等直接为社会提供500多万个近期就业岗位，带动200多万个劳动力向种养殖业和经商、运输、加工业、劳务输出转移。

退耕还林工程直接服务于农业，保障和提高了农业综合生产能力。退耕耕地属于《土地管理法》等法律、法规规定的生态用地，原来种粮产量很低。据《西部大开发土地资源调查评价》，西部地区15°以上不宜耕种坡耕地粮食平均亩产111.5kg，其中长江流域亩产147.0kg，黄河

流域亩产 50.5kg。按此测算,1999—2006 年退耕的 0.09 亿 $hm^2$ 耕地每年减少粮食产量 131.13 亿 kg,占 2006 年全国粮食总产量的 2.64%,工程实施对全国粮食生产影响不大。而且,退耕还林调整了土地利用结构,改善了农业生产环境,促进了农业生产要素的转移和集中,提高了复种指数和粮食单产,很多地方实现了减地不减收。据国家统计局统计,2006 年全国粮食总产量比 1998 年历史最高水平减产 148.2 亿 kg,6 个非退耕还林省市减产 205.9 亿 kg,而 25 个退耕还林省区粮食产量增产 57.7 亿 kg,其中河南、江西、云南、黑龙江、安徽、西藏、吉林、内蒙古、新疆分别增长 25.0%、19.2%、16.9%、11.2%、10.4%、8.7%、8.5%、8.2%、7.8%。同时,通过退耕还林,大大增加了木本粮油、干鲜果品产量,并有效改善食物和营养结构。工程区已种植 67 万 $hm^2$ 经济林和 134 万 $hm^2$ 生态经济兼用林,已有部分开始有所收益。

退耕还林促进了传统农民向社会主义市场经济下新型农民的转变。建设社会主义新农村,改变农村面貌,只靠国家投入和外来扶持不能解决贫困地区的根本问题,最根本的问题在于能否把传统耕作的农民培养成为社会主义市场经济下的新型农民。退耕以前,山区、沙区老百姓祖祖辈辈以瘠薄的耕地为生,广种薄收,靠天吃饭,对生存环境十分无奈。退耕还林不仅改善了工程区的生存条件,增强了基层干部和广大农民的生态意识,而且促进了农民思想观念的转变,生产方式由粗放经营向精耕细作转变,对生活的追求不再仅仅是为了解决温饱,大量农民走出山区、沙区,开阔了眼界,解放了思想,拓宽了致富门路,逐渐走出了“越垦越穷、越穷越垦”的恶性循环,为培养懂市场经济的新型农民提供了良好契机。很多基层干部和专家学者认为,退耕还林不仅仅是一项生态建设工程,而且是一项复杂的社会系统工程,给我国农村带来了一场深刻的变革,对我国经济社会的影响十分深远,是贫困山区、沙区落实科学发展观、构建和谐社会、推进新农村建设的极好载体。

## 五、建设自然保护体系

我国从 1956 年开始建设自然保护区,第一个自然保护区是广东的鼎湖山自然保护区,面积为 1 200$hm^2$。至 1965 年,全国先后建立了吉林长白山、广东尖峰岭、福建万木林、陕西太白山、黑龙江丰林、云南西双版纳等 20 多处。20 世纪 80 年代以来,我国的自然保护区建设重新恢复和发展,据 1983 年底统计,全国建立了自然保护区 133 处,面积 806 万 $hm^2$。30 年来,林业部门管理的自然保护区从 34 个增加到 1 766 处,保护区面积增加到 1.22 亿 $hm^2$,占全国国土面积的 12.7%。与此同时,全国还建立有自然保护小区 45 881 个,总面积 1 729 万 $hm^2$;国家划定禁猎(伐)区 2 481 个,总面积为 7 890 万 $hm^2$。湿地示范区面积 225 万 $hm^2$。形成了类型较为齐全、功能较为完备的自然保护区体系。我国 90%的陆地生态系统类型、45%的天然湿地、85%的野生动物种群和 65%的高等植物群落得到了有效保护。

至 2007 年,共建立各类自然保护区 2 635 处,覆盖了 15%以上的陆地国土面积,超过了世界平均水平;建设各类保护小区 5 万多处,总面积 1 730 万 $hm^2$。目前,我国已初步形成了类型齐全、功能完备的自然保护区网络体系,有效保护了 90%的陆地生态系统类型、85%的野生动物种群和 65%的高等植物群落,涵盖了 20%的天然优质森林和 30%的典型荒漠化地区。

我国自 2001 年开始实施野生动植物保护及自然保护区建设工程,加强对工程重点物种回归自然、对极度濒危物种抢救性保护与拯救等工作,全面推进《全国野生动植物保护及自然保护区建设工程》的实施。截至 2007 年底,林业系统自然保护区已达 1 766 处,总面积 1.22 亿 $hm^2$,占全国国土面积的 12.7%。其中,林业系统国家级自然保护区 213 处,面积 7 583.6 万

$hm^2$。与上年相比，自然保护区数量增加 26 个，面积增加 36.13 万 $hm^2$。年末实有自然保护小区 45 881 个，总面积 1 729 万 $hm^2$。国家划定禁猎(伐)区 2 481 个，总面积为 7 890 万 $hm^2$。湿地示范区面积 225 万 $hm^2$。据国家统计局 2008 年国民经济和社会发展统计公报，截至 2008 年底，我国已经建立各种类型的自然保护区 2 538 个，总面积 154 万 $km^2$，各类国家森林公园 2 277 处，总面积 16.3 万 $km^2$，这两项面积之和约占国土面积的 17%；另外还有许多风景名胜区、植物园、珍稀植物迁地保护繁殖地、野生动物园和狩猎场等。

## 六、营造速生丰产林

2002 年，国家启动了重点地区速生丰产用材林基地建设工程，按照规划，国家将在 15 年内投资 718 亿元，在这 18 个省、自治区建设 1 300 万 $hm^2$ 速生丰产林，以解决我国木材供需矛盾。所谓速生丰产林，是指每年每亩生长量达到 $1m^3$ 的森林。基地建成后每年可提供木材 1.4 亿 $m^3$，年可支撑木浆生产能力 1 386 万 t，人造板生产能力 2 150 万 $m^3$，提供大径级材 1 579 万 $m^3$。近年来速丰林建设的外部政策环境进一步优化，资源管理、融资税费等扶持政策逐步完善，社会营造速丰林建设积极性不断提高，初步形成了多种经济成分共同参与、多种经营机制并存、多元化发展的工程建设新格局。至 2007 年，重点地区速生丰产用材林基地建设工程共造林 5 827 万 $hm^2$。速生丰产林主要分布在制浆、造纸、人造板原料需求大的地区。截止到 2007 年底，我国 400mm 雨量线以东的 18 个省、自治区、直辖市累计营造速生丰产林 574 万 $hm^2$。目前，国家正在逐步调整速生丰产林的采伐政策，以确保速生丰产林经营者的经济利益。

但改革以来，我国森林经营水平低下问题至今没有得到解决，关键是没有具有约束力的制度保障，开展森林经营所需的资金没有来源管道。结果是林地利用率低，森林质量差。在全国林业用地 28 280 万 $hm^2$ 中，有林地面积仅占 59.77%；疏林地、灌木林地和未成林造林地占 19.86%；无林地占 20.27%。全国林分单位面积蓄积量仅有 $84.73m^3$，为世界平均水平的 77%。人工林蓄积量仅为 $46.59m^3$。全国林分幼龄林和中龄林面积占 67.85%，而蓄积量仅有 38.94%，按照可持续经营要求，可采资源接续不上。近年来，森林经营工作开始得到重视。从 2005 年开始，每年安排数千万元经费启动了国家重点公益林中幼林抚育示范项目，杯水车薪，急需解决资金管道，并制定鼓励政策大力推进。国家林业局提出“坚持把加强森林经营作为现代林业建设的永恒主题”，要求各地制定规划，落实政策。广东从 2007 起启动省林分改革工程全面实施了森林经营工程，湖北省完成中幼林抚育和低产林改造 42 万 $hm^2$。

在木材利用方面，全世界人工林替代天然林的趋势越来越明显，现代生物技术替代传统生物技术的作用越来越大，木材加工技术创新对木材培育的影响越来越大。目前世界人工林不足森林总面积的 5%，提供了 30%左右的工业用材，随着人工林面积的扩大，今后将提供 50%左右的木材。我国在这方面进程将会加快。

## 七、全面推进现代林业建设

目前，我国的生态产品已成为最短缺、最急需大力发展的产品，成为我国与发达国家的主要差距；木材产品每年缺口 1.6 亿～1.8 亿 $m^3$，到“十一五”期末将扩大到 3 亿 $m^3$，我国人均木材消费只有世界平均水平的 43%、发达国家的 10%，林地潜力、物种潜力、市场潜力、就业潜力等还没有充分挖掘出来；人们的生态观念、生态道德、生态意识薄弱，人与自然和谐的观念尚未树立,供人们了解自然生态系统的基础设施还非常落后。因此,必须综合运用现代人类的一切文明成果,对我国林业进行全面武装和改造,依靠现代科技手段,开发林业的多种功能,满足社会的多样化需求,提升林业建设整体水平,推进林业现代进程。

2002年,浙江省率先由省委、省政府出台了在全省全面推进林业现代化建设的意见。2003年底,国家林业局把浙江省列为全国唯一的率先实现林业现代化省级联系点。其目的是通过浙江省现代林业的试点,探索在经济发达地区建设林业现代化的路子,促进和带动全国林业走出一条快速、稳定、和谐、可持续的发展道路。同年,浙江省在全省林业工作会议上提出,“实施五大工程、打造五大基地、深化五项改革、构建五大体系”,“到2020年,建成比较完备的森林生态体系和比较发达的林业产业体系,森林覆盖率稳定在62%以上,林业行业产值达到2 000亿元,在全国率先实现林业现代化”。由此,拉开全省全面推进林业现代化建设的序幕。20世纪90年代中期,在国家林业局的大力支持下,江苏省率先提出在经济较为发达的苏州、无锡、常州地区建设城乡一体现代林业的战略构想。“十五”初提出建设生态省目标后,2003年江苏省全面启动“绿色江苏”生态建设工程,编制完成《绿色江苏现代林业工程总体规划》,并经省政府批转各地组织实施。

2007年,在江苏、浙江、辽宁、湖南等省现代林业示范试点的基础上,国家林业局提出了全面推进现代林业建设的总体要求。强调用现代发展理念引领林业,用多目标经营做大林业,用现代科学技术提升林业,用现代物质条件装备林业,用现代信息手段管理林业,用现代市场机制发展林业,用现代法律制度保障林业,用培育新型务林人推进林业,努力提高林业科学化、机械化和信息化水平,提高林地产出率、资源利用率和劳动生产率,提高林业发展的质量、素质和效益。现代林业建设的目标是构建三大体系,即完善的林业生态体系、发达的林业产业体系、繁荣的文化体系。通过建立完善的林业生态体系,培育和发展森林资源,着力保护和建设好森林生态系统、荒漠生态系统、湿地生态系统,在农田生态系统、草原生态系统、城市生态等的循环发展中,充分发挥森林的基础性作用,努力构建布局科学、结构合理、功能协调、效益显著的林业生态体系。通过建立发达的林业产业体系,加强第一产业,提升第二产业,发展第三产业,培育新的增长点,转变增长方式,构建门类齐全、优质高效、竞争有序、充满活力的林业产业体系。通过建立繁荣的文化体系,普及生态知识,宣传生态典型,增强生态意识,繁荣生态文化,树立生态道德,弘扬生态文明,倡导人与自然和谐的重要价值观,努力构建主题突出、内容丰富、贴近生活、富有感染力的生态文化体系。几年来,国家林业局在不同类型区域分批确定了11个现代林业建设示范市。具体包括:内蒙古自治区呼伦贝尔市(东北国有林区)、辽宁省抚顺市(东北老工业基地生态恢复区)、安徽省铜陵市介(华东丘陵工矿垦复植被恢复区)、山东省东营市(东部沿海河口平原绿化区)、江西省宜春市(南方集体林区)、湖北省神农架林区(中部国有林区)、湖北省荆门市(中部平原丘陵区)、浙江省湖州市(东南沿海经济发达区)、浙江省临安市(东南沿海经济发达区)、湖南省益阳市(湖网地区)和河南省周口市(黄淮海高标准平原林业区)。

## 八、开发林业生物质能源

2005年2月28日全国人大通过了《中华人民共和国可再生能源法》。此前,国务院于2004年6月30日颁布了《能源中长期发展规划纲要(2004—2020年)》。国家林业局将发展林木生物质能源作为“十一五”期间林业发展新的亮点,将能源林培育列入了“十一五”营造林工

作的重要内容，成立了林木生物能源领导小组和生物质能源工程技术研究中心等科研机构。初步查明，我国油料植物有151科697属1 554种，其中种子含油量在40%以上的植物有154种，可用来建立规模化生物质燃料油原料基地的树种有30多种，如黄连木、文冠果、麻风树、光皮树、油茶等。2006年，国家林业局和中国石油天然气股份有限公司达成林业生物质能源资源培育、开发等方面的合作意向，标志着中国林业生物柴油、生物酒精和生物发电等生物质能源发展开始进入产业化阶段。在国家政策的鼓励下，企业开发林业生物质能源的积极性日益增加。中石油、中石化、中海油等国家能源龙头企业看好林业生物柴油发展潜力，在四川、云南、海南和贵州等地投资小桐籽资源培育和生物柴油开发利用。河北、河南、安徽、陕西等省发展林业生物质能源的积极性高涨，山东、湖北、黑龙江、内蒙古等省、自治区积极营造能源林，显示了林业生物质能源开发利用的广阔前景。

## 九、造林固碳应对气候变暖

气候变化将严重损害经济发展。据最近英国政府气候变化与发展顾问尼古拉斯·斯特恩发布的一份有关“气候变化经济学的报告”，到2035年大气温室气体浓度将达到工业化前的2倍，全球平均气温将上升2℃～5℃，这将给人类社会带来严重灾难，导致海平面上升，2亿人被迫背井离乡而成为“气象难民”，15%～40%的物种面临灭绝，并导致巨大经济损失，气候变化的不利影响将相当于20世纪上半叶的经济大萧条和两次世界大战损失的总和。

2007年9月8日，胡锦涛在澳大利亚悉尼亚太经合组织第十五次领导人非正式会议上指出，保护森林，可以在应对气候变化方面发挥重要作用。从1980—2005年，中国在人工造林和森林恢复和管理方面做了大量工作，积累了较丰富的技术和经验。中方愿同亚太地区各成员分享这些技术和经验。为此，胡锦涛提议建立“亚太森林恢复与可持续管理网络”，搭建亚太地区各成员就森林恢复和管理开展经验交流、政策对话、人员培训等活动的平台，共同促进亚太地区森林恢复和增长，增加碳汇，减缓气候变化。并欢迎亚太地区各成员积极参与这一活动。这一通过扩大森林面积、增加二氧化碳吸收源的削减温室气体排放方案，被国际上称为中国减排“森林方案”，受到国际社会的高度关注和积极评价，受到了各国政府的热烈响应，被纳入《悉尼宣言》的行动计划，树立了中国负责任大国的形象，赢得了国际社会的尊重。应对全球气候变暖是当今国际社会的热门话题，森林和湿地在其中发挥着不可替代的重要作用。

研究表明，森林每生长1$m^3$的蓄积，能吸收1.83t的二氧化碳。建一个20万装机容量的电厂，1年排出的二氧化碳，通过营造2.93万$hm^2$人工林就可以吸收；1辆汽车1年排放的二氧化碳，只需要0.93$hm^2$人工林就能够吸收。因此，应对全球气候变暖，一方面，要抓直接减排，加大技术改造，减少工厂排二氧化碳的量；另一方面，要抓间接减排，通过植树造林，吸收二氧化碳。日本在履行《京都议定书》时，承诺二氧化碳等温室气体排放量与1990年相比削减6%，其中3.9%即近2/3通过植树造林的间接减排完成。

森林是大气二氧化碳重要的碳汇。森林在生长过程中，通过光合作用，可以吸收大气中的二氧化碳，并将其固定在森林植物体内和森林土壤中，这就是森林的碳汇功能。森林每生长出1$m^3$木材，约吸收1.83t的二氧化碳，释放1.62t氧气。据联合国政府间气候变化专门委员会资料，全球陆地生态系统中约储存了2.48万亿t碳，其中，1.15万亿t储存在森林生态系统中。湿地面积仅占地球3%～6%的陆地和淡水面积，却吸收了全世界25%～35%的二氧化碳。在陆地植被年净吸收二氧化碳中，森林约占80%。据资料，第六次森林资源清查期间

(1998—2003),我国年均净增长活立木蓄积量4.97亿$m^3$,年净吸收9.68亿t二氧化碳,是同期我国工业排放二氧化碳年均增长的3～4倍。1980—2005年我国通过持续不断地开展造林和森林管理活动,净吸收二氧化碳46.8亿t,通过控制毁林减少二氧化碳排放达4.3亿t,两项合计为51.1亿t。2004年我国森林净吸收了约5亿t二氧化碳,相当于当年工业排放的8%。目前林业问题已成为联合国气候变化公约谈判中的热点。发展林业可以有效减轻我国面临的温室气体减排压力,为加快我国的工业化进程、经济发展争取空间和时间。

## 十、森林资源增长变化

森林资源作为一个国家陆地生态总量的重要象征,作为林业多功能多效益的物质基础,其数质量的变化备受关注。新中国成立以来,我国共进行了六次森林资源清查(表19-1)。据第六次全国森林资源清查(1999—2003)结果显示,全国林业用地面积2.85亿$hm^2$,森林面积1.75亿$hm^2$,森林蓄积量124.56亿$m^3$。其中人工林面积0.53亿$hm^2$,蓄积15.05亿$hm^2$;人工林面积列世界首位。森林面积居俄罗斯、巴西、加拿大、美国之后,列第五位;森林蓄积居俄罗斯、巴西、美国、加拿大、刚果(民)之后,列第六位。森林覆盖率18.21%。新中国成立初期的森林覆盖率为8.6%,增加近10个百分点。

**表19-1　我国历次森林资源清查结果(部分指标)**

| 序　号 | 年　度 | 活立木蓄积量(亿$m^3$) | 森林面积(亿$hm^2$) | 森林蓄积量(亿$m^3$) | 森林覆盖率(%) |
|---|---|---|---|---|---|
| 1 | 1973—1976 | 95.32 | 1.22 | 86.56 | 12.7 |
| 2 | 1977—1981 | 102.61 | 1.15 | 90.28 | 12 |
| 3 | 1984—1988 | 105.72 | 1.24 | 91.41 | 12.98 |
| 4 | 1989—1993 | 117.85 | 1.34 | 101.37 | 13.92 |
| 5 | 1994—1998 | 124.88 | 1.59 | 112.67 | 16.55 |
| 6 | 1999—2003 | 136.18 | 1.75 | 124.56 | 18.21 |

1973—1976年第一次清查与1999—2003年完成的最近一次森林资源清查结果对比,改革开放以来的30年,在基本满足全社会不断增长的木材和多种林产品需求的前提下,森林面积增加了0.53亿$hm^2$,蓄积增加29.6亿$m^3$。

我国森林面积权属:按土地权属划分,国有7 334.33万$hm^2$,占42.45%;集体9 944.37万$hm^2$,占57.55%。按林木权属划分,国有7 284.98万$hm^2$,占42.16%;集体6 483.58万$hm^2$,占37.52%;个体3 510.14万$hm^2$,占20.32%。在现有未成林造林地中个体比例为41.14%。

传统南方集体林区和平原四省(山东、河北、江苏和河南)集体林占比重大大高于全国平均水平。传统南方集体林区,集体林业用地面积占其林业用地面积比重为90.98%,山东省、河北省、江苏省和河南省(平原四省)集体林业用地面积占其林业用地面积比重为91.88%;有林地面积中,传统南方集体林区集体林占90.2%,平原四省集体林占90.7%。浙江省集体林比重最高,其集体林业用地和集体林的面积比重均占97%。

我国森林蓄积权属:全国活立木总蓄积136.18亿$m^3$,集体林活立木蓄积44.66亿$m^3$,占全国活立木总蓄积的32.8%。人工林权属:人工林中,集体林面积占75.8%,蓄积占68.5%。

我国林分单位面积年均生长量、蓄积量分别为 3.55$m^3/hm^2$ 和 84.73$m^3/hm^2$，林分平均郁闭度 0.54，平均胸径 13.8cm。林木生活力等级达到中等、良好以上的林分面积比例分别为 50.58%、42.22%；没有病虫危害的森林面积占 79.91%，受病虫危害达到重、中、轻度的森林面积比例分别为 0.54%、2.50%和 17.05%。

我国森林数质量与世界水平对比。森林覆盖率：仅相当于世界平均水平的 61.52%，人均森林面积 0.132$hm^2$，不到世界平均水平的 1/4；人均森林蓄积 9.421$m^3$，不到世界平均水平的 1/6。林分质量：全国林分平均蓄积量 84.73$m^3/hm^2$，相当于世界平均水平的 84.86%，居世界第 84 位。林分平均胸径 13.8cm。我国人均森林面积和蓄积量分别占世界的 134 位和 122 位，森林覆盖率居世界第 130 位。单位面积森林蓄积量为世界平均水平的 84.8%。总的看，我国森林资源总量不足、质量不高、分布不均衡。森林覆盖率只有世界平均水平(29.6%)的 61.5%，人均占有森林面积和蓄积分别只有世界水平的 21.3%和 12%。森林质量不高，林龄结构以幼龄林、中龄林为主，现有森林中，人工林的比重较大，且相当一部分郁闭度在 0.4 以下，生态服务功能低下，平均蓄积量为 78$m^3/hm^2$，只有世界平均水平的 68%。从地域分布上看，我国森林东北和西南多、其他地区少，黑龙江、吉林、内蒙古、四川、云南 5 省、自治区的森林面积和蓄积量分别占全国的 41.3%和 52.4%，而华北、华中和西北地区的森林资源很少，尤其是西北的青海、甘肃、新疆、宁夏等省(自治区)的森林覆盖率不足 5%，其中青海省只有 0.43%。恢复和发展森林资源的任务十分繁重。近年来，我国政府不断加大林业投入，力求我国森林覆盖率得到提升，争取在 2010 年森林覆盖率达到 20%，2050 年提高到 26%以上，届时森林面积将增加 8 000 多万 $hm^2$，我国森林年净吸收二氧化碳的能力将比 1990 年提高 90.4%。

## 十一、林业产值增加，产量增长，结构提升

我国从 1993 年起进行全社会林业总产值统计，当年林业总产值为 994.56 亿元。2001 年林业产业总产值 4 090.48 亿元，突破 4 000 万；2004 年全国林业产业总产值突破 6 000 亿元。2007 年全年林业产业总产值达到 1.25 万亿元(按现价计算)，1993—2007 年，年增长速度达到 19.8%。2008 年，南方大范围地区遭遇了严重的低温雨雪冰冻灾害，5 月份发生了汶川特大地震灾害。下半年国际金融危机不断蔓延，林产品市场和出口大幅波动。尽管如此，2008 年林业产业发展总体上好于人们的预期，全年林业产业总产值达到 1.44 万亿元(按现价计算)，比 2007 年增加 1 872.99 亿元，增长 14.94%，扣除物价上涨因素影响，增幅回落，低于近 8 年来 19.70%的平均增速。

改革开放以来，林业每年为国家经济社会发展和人民生活提供了大量的木材和多种林产品。1979 年以来，累计为社会提供了 17.33 亿 $m^3$ 商品材，134.67 亿根竹材。人造板产量从 1978 年的 62 万 $m^3$ 增长到 2007 年的 8 838.58 万 $m^3$，年均增长速度为 17.5%，成为全球人造板生产第一大国。家具总产值从 1985 年的 29 亿元增至 2006 年的 4 300 亿元，年均增长速度高达 27%以上。2007 年我国纸和纸板的产量达到 7 350 万 t，是 1978 年 432.7 万 t 的 17 倍多。2007 年，各类经济林产品总产量达 1.09 亿 t，包括干鲜果品、茶、中药材以及森林食品等在内的产品的产值为 3 069.05 亿元。全国森林旅游接待游客 4.3 亿人次，占全部国内旅游总人次的 26.88%；林业旅游收入 559.40 亿元，占全部国内旅游总收入的 7.20%；森林旅游的人均花费为 129 元，直接带动其他产业产值 1 220 亿元。

从改革开放初的1979—1986年实行木材采伐限额管理前的17年，我国木材产量合计为4.52亿$m^3$，其中，1979年为5 439万$m^3$，1986年为6 502万$m^3$。1987年开始实行限伐制度年至1997年实施天然林保护工程前的11年，木材产量合计为68 856万$m^3$。其中1987年为6 400万$m^3$，1997年为6 395万$m^3$。从1996—2002年，我国木材产量逐年下降，2002年木材产量为4 436.07万$m^3$，仅为1996年产量的66.1%。随着天然林资源的恢复以及人工林面积的增加，从2003年开始木材产量有所回升，到2008年达到历史最高的8 108.34万$m^3$，比天然林保护工程实施前的1997年木材产量增加1 713.55万$m^3$，比2007年增长16.22%，为历史最高水平（主要原因为受两灾影响，清理受损林木和灾后重建）。2008年木材产量增长最大的省、自治区为广西、湖南、四川、江西、浙江、贵州。在全部木材产量中，原木产量7 357.32万$m^3$，比2007年增长13.33%；薪材产量751.02万$m^3$，比2007年增长54.98%。2008年全部锯材产量2 840.95万$m^3$，比2007年增长0.42%，其中热带锯材产量127.51万$m^3$，占全部锯材产量的4.49%。

2008年，我国人造板产量达到9 409.95万$m^3$，比2007年增长6.46%，增速有所放缓。在人造板产量中，胶合板3 540.86万$m^3$，占全部人造板产量的37.63%；纤维板2 906.56万$m^3$，占全部人造板产量的30.89%，其中中密度纤维板产量为2 740.52万$m^3$；刨花板产量1 142.23万$m^3$，占全部人造板产量的12.14%；其他人造板1 820.29万$m^3$（细木工板占71.67%），占全部人造板产量的19.34%。2008年人造板表面装饰板产量为2.27亿$m^2$，单板产量为2 284万$m^3$。我国人造板生产主要集中在东部地区，江苏、山东、河北、广西、福建、安徽、广东、浙江8省、自治区产量均超过500万$m^3$，8省、自治区人造板产量共计6 998.7万$m^3$，占全国人造板总产量的74.4%，其中江苏和山东的人造板产量位居全国第一和第二位，均已突破1 000万$m^3$。

2008年全部木地板产量达到3.77亿$m^2$，比2007年增长9.74%。在木地板产量中，实木地板1.23亿$m^2$，占全部木地板产量的32.69%；实木复合木地板7 903万$m^2$，占全部木地板的20.97%；强化木地板1.16亿$m^2$，占全部木地板产量的30.71%；竹木复合木地板1 368万$m^2$，占全部木地板产量的3.63%。木地板产量最大的省份是浙江省，产量达到6 639万$m^2$。

林产化工产品受2008年初南方雨雪冰冻灾害影响和相关产业政策等影响，产量明显下降。2008年，全国松香类产品产量106.73万t，比2007年减少9.82%。其中，松香产量为94.56万t，松香深加工产品产量为12.17万t，松节油类产品产量12.80万t，樟脑产量1.02万t，冰片1 057t，栲胶9 337t，紫胶类产品产量2 899t。

2008年，水果种植面积为1 147万$hm^2$，茶园面积为189万$hm^2$。各类经济林产品总量达到1.11亿t。水果产量为9 815万t，比2007年增长0.96%；干果产量为534万t，比2007年增长11.18%；林产饮料产品的产量为133万t，比2007年增长24.35%；林产调料产品的产量为43万t，比2007年增长8.38%；林产工业原料产量134万t，比2007年减少17.64%；木本油料产量为105万t，其中油茶籽的产量为99万t；竹笋干、食用菌等森林食品产量为282万t；木本药材的产量为95万t。

2008年竹材产量为12.62亿根，比2007年减少9.69%，其中毛竹8.60亿根，篙竹4.02亿根。村及村以下各级组织和农民是竹材生产的主要力量，所生产的竹材占全部竹材产量的80.42%，共达10.15亿根。

经过改革开放30年的发展，我国已成为世界上花卉种植面积最大的国家，花卉业的区域

布局基本形成，流通网络初步建立，质量效益稳步提升。我国培育的花卉新品种，已有90多个获国家新品种权保护。2008年年末实有花卉种植面积53.64万 $hm^2$，切花切叶117亿支，盆栽植物近20亿盆，观赏苗木42亿株，草坪1.98亿 $m^2$。我国具有一定规模的花卉市场3 000多个，花卉企业3万多个，其中大中型花卉企业6 000多个；花卉从业人员370万人，花农108万户。

2007年，我国林产品国际贸易总额达到570亿美元，2008年达到721亿美元，尽管有2008年的金融危机影响，年增长率仍然高达26.5%，未撼动我国林产品国际贸易大国的地位。我国林业的对外交往也愈益紧密，世界银行造林项目及中德、中日等政府合作造林项目和全球环境基金项目的实施，对我国林业发展发挥了积极的作用。

## 十二、林业投资大幅度增加

改革开放以来，中央政府出台了一系列扶持鼓励发展林业的政策措施，林业建设取得了举世瞩目的成绩，其中一个突出的标志就是实现了由以木材生产为主向以生态建设为主的历史性转变。这一转变得以实现，一个重要保障就是中央对林业的投入的增加。2007年全社会各项林业投资完成已经达到645.75亿元，相当于1978年的近60倍；其中2007年中央林业投资完成448.61亿元，相当于1978年的68倍，这不仅是一个简单的数量关系，它反映了30年来全社会对林业性质和定位的认识与改变。

林业投资总量，1978—2007年的30年，翻了近6番。中央财政预算内安排的林业投入，是国家支持林业建设的一项重要政策。1978年以前，中央投入的重心是生产建设领域，国家对林业建设的投入集中在国有林区森工企业局和木材加工厂的建设上，据统计，1978年中央林业投资完成6.56亿元，同年林业为社会创造的产值为41.98亿元。十一届三中全会以后，特别是1998年我国南方发生了百年不遇的特大洪水后，严峻的生态状况和水土流失问题摆到了中央决策层，中央果断作出决定，先后启动实施了天然林保护、退耕还林、京津风沙源治理、野生动植物和自然保护区保护、三北及长江流域重点防护林建设、速生丰产用材林建设等六大林业重点工程。六大林业重点工程覆盖了全国97%以上的县(市、区)，仅2007年六大林业重点工程国家投资完成就达到420.24亿元，为1978年国家对林业各项投资完成总和的39倍。自1978—2008年的31年，全部林业固定资产投资完成额达到4 866.7亿元，其中国家投资3 161.1亿元，占全国林业固定资产完成额的65%。按10年一个分段计算，在全部林业固定资产完成额中，截至2007年，后10年和前20年的投资完成额分别为3 308.48亿元和588.95亿元，后10年投资是前20年投资完成额5.62倍。特别是2003—2007年的5年间，年均投资达484亿元，2008年高达987.24亿元，充分显示了国家和全社会对林业作用与地位的认同。

在投资重点上，生态脆弱的西部成为林业建设资金的重点地区。改革开放以来，特别是国家实施西部大开发战略以来，国家重点加强了西部地区的基础设施建设。林业在西部地区先后实施的退耕还林、天然林保护、野生动植物和自然保护区建设等工程。1978—2007年，在全部林业固定资产投资完成额3 825亿元中(扣除国家林业局直属单位投资完成额)，东部、中部、西部和东北四大区域完成的林业固定资产投资额分别为731.36亿元、538.13亿元、1837.71亿元和717.79亿元，所占比重大致为19∶14∶48 ∶19。其中，完成的国家投资2 593亿元，四大区域分别为315.16亿元、377.77亿元、1 425.38亿元和475.08亿元，比重大致为12%、15%、55%和18%。西部地区是我国生态最脆弱地区，全部固定资产特别是国家投资均占1/2。

## 第三节 改革开放后的林业改革

### 一、降低和减免林业税费

财政与税收政策,是国家调控经济中的最重要手段。多年以来,林业在税收政策方面一直受到国家的扶持和保护。与国家税收制度改革相适应,林业税收政策相继进行了一系列调整和改革。从新中国成立到1978年初,林业涉及的主要税种是农业税和工商税。党的十一届三中全会以后,我国林业税收制度也进行了大的改革。

第一阶段:1983—1987年,国家对林业开征农林特产税、所得税和产品税。农林特产税从1983年开始征收,林木收入税率为5%～10%。所得税从1983年我国开始实行第一步利改税改革时开征,凡有盈利的国营大中型企业按55%的税率缴纳所得税,有盈利的国营小型企业按8级超额累进税率缴纳所得税。产品税在1984年国家实行第二步利改税,税率为10%。

第二阶段:1988—1994年。这期间国家对企业普遍实行财务包干办法,森工企业退出利改税,转为上交包干利润,同时对木材加工产品(如锯材),开始按加工增值额的14%开征增值税;将原木的农林特产税税率统一为8%。为了保护森林资源,扶持林业发展,国家先后出台了一系列税收优惠政策,对林业给予支持。一是农林特产税,对国有林区的143个森工企业暂缓征收,1993年又将税率普遍降低为7%;二是产品税,对东北、内蒙古国有林区森工企业原木的产品税由10%减到5%,对次加工材、小径材、薪材免征产品税,同时对四川省的凉山、甘孜、阿坝3个林区的森工企业给予免征产品税;三是增值税,为了鼓励和支持充分利用森林资源,开展综合利用,安置富余劳动力,国家对东北、内蒙古国有林区森工企业以"三剩物"和"次、小、薪材"为原料生产的综合利用产品免征增值税;同时对国有场圃的多种经营、综合利用项目所得利润免征所得税。

第三阶段:1994年至今。我国从1994年开始对税收制度进行了全面改革,重点是对流转税和所得税进行了改革。改革后的流转税制由增值税、消费税和营业税组成。原征收产品税的农林牧水产品,改为征收农业特产税。所得税制的改革包括企业所得税和个人所得税的改革,企业所得税改革的主要内容是取消按企业所有制形式设置所得税的做法,实行统一的内资企业所得税制。农业税制改革的重点是完善农业特产税。将原农林特产农业税、原产品税和原工商统一税中的农林牧水产品税目合并,改为农业特产农业税(简称农业特产税),规定在生产和销售两个环节各征收8%的农业特产税。这一阶段,林业的经济危困进一步加剧,森工企业出现全行业亏损的局面。

为扶持林业发展,国家继续对林业实行了税收优惠政策。

在农业特产税政策方面。一是对国有林区重点森工企业生产销售的原木,生产环节和销售环节调减,按10%的税率合并计算征收农业特产税;对东北、内蒙古国有林区森工企业生产的原木调减按5%的税率征收农业特产税;小径材(长度在2m以下或径级8cm以下)免征农业特产税。二是对森林抚育、低产林改造及更新采伐过程中生产的次、小、薪材,经省级人民政府批准,免征或者减征农业特产税。三是全面取消农业特产税。对林业生产的原木、原竹产品

将不再征收农业特产税，也不征收农业税，税收为零。

在增值税政策方面。一是继续对东北、内蒙古国有林区森工企业以“三剩物”和“次、小、薪材”为原料生产加工的综合利用产品实行增值税即征即退政策，1995 年此项政策扩大到全国国有森工企业，2001 年起（“十五”期间）此项政策扩大到全国所有企业。2006 年 8 月，《财政部国家税务总局关于以“三剩物”和“次、小、薪材”为原料生产加工的综合利用产品增值税优惠政策的通知》（财税[2006]102 号）规定，自 2006 年 1 月 1 日起至 2008 年 12 月 31 日止，对纳税人以三剩物和次小薪材为原料生产加工的综合利用产品由税务部门实行增值税即征即退办法。这是国家鼓励木材综合利用的一项重要政策，体现了这方面政策的连续性。这对于建设资源节约型、环境友好型社会的目标的实现是极大的促进，是新时期全面实施以生态建设为主的林业发展战略，推进林业生态体系和产业体系协调发展的一项重要政策支撑。二是“九五”“十五”“十一五”期间延续对进口种子（苗）、非盈利性野生动植物种源等免征进口环节增值税的优惠政策。2006 年 1 月，《财政部、国家税务总局关于“十一五”期间进口种子（苗）种畜（禽）鱼种（苗）和种用野生动植物种源税收问题的通知》（财关税[2006]3）规定，“十一五”期间继续对进口种子（苗）种畜（禽）鱼种（苗）和种用野生动植物种源免征进口环节增值税。

在所得税政策方面。一是财政部、国家税务总局《关于国有农口企事业单位征收企业所得税问题的通知》（财税字[1997]49 号）规定，对边境贫困的国有林场取得的生产经营所得和其他所得暂免征收企业所得税。二是财政部、国家税务总局《关于林业税收问题的通知》（财税[2001]171 号）规定，自 2001 年 1 月 1 日起，对包括国有企事业单位在内的所有企事业单位种植林木、林木种子和苗木作物以及从事林木产品初加工取得的所得暂免征收企业所得税。三是新的企业所得税政策已经出台。2007 年 3 月 16 日十届全国人大五次会议审议通过的《中华人民共和国企业所得税法》第二十七条第（一）项规定企业从事农、林、牧、渔业项目可以免征、减征企业所得税。2007 年 11 月 28 日国务院第 197 次常务会议通过的《中华人民共和国企业所得税法实施条例》第八十六条规定了企业从事农、林、牧、渔业项目的所得可以免征、减征企业所得税的范围。

在出口退税政策方面，本着“保出口、促稳定”的原则，国家林业局积极向有关部门争取恢复林产品出口退税政策，增强企业出口信心。经过 3 次调整提高了 117 种林产品出口退税，主要包括竹制品、人造板、地板类产品从 5％提高到 9％，家具类产品从 11％提高到 13％。出口退税的提高相当于给予出口林业企业年补贴 4.1 亿美元，约折合 28 亿元人民币。

## 二、推进集体林权制度改革

1978 年，农村实行土地承包经营和农业生产责任制。在借鉴农业生产责任制的基础上，1981 年《中共中央、国务院关于保护森林发展林业若干问题的决定》颁布，以“稳定山权林权，划定自留山和落实林业生产责任制”的林业“三定”政策开始在集体林区实施。通过林业“三定”，农民分得了自留山和责任山，到 1984 年全国有 75％的县和 80％的乡村完成了林业“三定”，以责任山和自留山的形式分给各家各户经营，农民成为山林经营的主体。2004 年，福建省三明市开始改革试点，由此揭开了新一轮集体林权制度改革的序幕。从改革进程上看，福建、江西、辽宁、浙江等省已全面推行集体林权制度改革，云南、安徽、河北等省正在全面推进改革，其他省、自治区有 80 个县市正在进行试点。目前，全面推进集体林权制度改革的时机已经成熟，这是因为农村改革为集体林权制度改革积累了成功经验；《农村土地承包法》、《森林法》、

《物权法》为集体林权制度改革创造了法律环境;集体林权制度改革先行试点省进行了成功探索;广大林农对集体林权制度改革热切期盼。

2003 年 6 月,中共中央、国务院作出了《关于加快林业发展的决定》,对集体林权制度改革作出了总体部署。2006 年、2007 年、2008 年的中央 1 号文件都将集体林权制度改革确定为深化农村改革的重要内容和重大举措。党的十七大以及 2006 年、2007 年的中央 1 号文件,都将集体林权制度改革确定为深化农村改革的重要内容和重大举措。2008 年 6 月 8 日,党中央、国务院下发了《关于全面推进集体林权制度改革的意见》(中发[2008]10 号),《意见》对集体林权制度改革作出了总体部署,提出集体林权制度改革的指导思想、基本原则和总体目标,为集体林权制度改革指明了方向。集体林权制度改革宗旨是进一步解放和发展林业生产力,发展现代林业,增加农民收入,建设生态文明;目标是逐步形成集体林业的良性发展机制,实现资源增长、农民增收、生态良好、林区和谐;实质是调整林业生产关系、不断创新集体林业经营的体制机制;主要内容是把集体林地经营权和林木所有权落实到农户,确立农民的经营主体地位;基本方式是依法明晰产权、放活经营、规范流转、减轻税费;最基本的原则是不改变林地用途;推进的方式是实行主要领导负责制,层层落实领导责任。

全面推进集体林权制度改革,是党中央、国务院作出的重大决策。集体林权制度改革是继农村土地承包经营、农村税费改革之后,又一次生产力的大解放。通过改革,建立责权利明晰的林业经营制度,有利于调动广大农民造林育林的积极性和爱护林的自觉性,逐步增加森林资源数量,提升森林质量,增强森林生态功能和应对气候变化的能力,繁荣生态文化,促进人与自然和谐。

此次集体林权制度改革的核心是在"坚持耕者有其山、权力平等"的前提下,确定农民经营林业的主体地位。主要内容是明晰农民对林地的使用权和林木的所有权,放活经营权,落实收益权,保障处置权,建立以家庭承包经营为基础、多种经营形式并存、责权利相统一的经营体制,实现还山于民、还权于民,让广大林农"劳作有其山,经营有其责,务林有其利,致富有其道"。

集体林权制度改革包括 4 个方面的内容:一是明晰所有权,放活经营权。在保持林地集体所有的前提下,进一步明晰林木所有权和林地使用权,落实以家庭承包经营为主体、多种经营形式并存的集体林经营机制,将林地使用权、林木所有权和经营权落实到户、联户或其他经营主体。二是开展林权登记,发换林权证。对改革范围的集体林进行全面调查摸底,查图核证。对林木所有权、林地使用权一经明晰,及时开展林权换证登记,发换全国统一式样的林权证。对图证不符,但能通过林权调解,理顺关系的及时登记换证,对调处不顺的待调处无争议后再进行换证登记。三是规范流转机制。遵循林地使用权和所有权相分离的原则,在集体林地所有权性质、林地用途不变的前提下,按照"依法、自愿、有偿、规范"的原则,建立规范的林木所有权、林地使用权有序流转机制。四是创新林业管理体系和运行机制。通过集体林权制度改革,建立"稳住公益林、搞活商品林、放开人工林"的运行机制,实现"还山于民、还权于民、还利于民"的目标,调动全民爱林护林育林营林的积极性,逐步建立和完善服务体系、保护体系、管理体系、产业体系和合作体系,创建一批现代林业经济组织,逐步实现专业化、规模化、集约化经营,全面提升林业管理水平。

先行改革的福建、江西、浙江、辽宁等省,通过改革极大地调动了林农的积极性,极大地解放了林业生产力,集体林区焕发出了新的生机与活力,并带动整个农村经济社会发生了十分可

喜的变化。福建省集体林权制度改革实现了资源增量、林业增效、林农增收、村财增加，林区呈现出一派“山活、民富、人笑”的景象。改革实现了“山定权，树定根，人定心”，调动了林业经营主体的积极性，促进了生产关系更好地适应生产力的发展。林产业每年以两位数的速度发展，全省林业总产值由2003年的720亿元增加到2005年的920亿元。全省非公有制造林比重从2003年的不足50％上升至2005年的70％，造林面积突破13.34万$hm^2$，比上年翻了一番。同时，集体林权制度改革，增加了林农收入，改善了林农生活；推动了乡风文明，促进了农村和谐；推进了民主管理，加强了民主建设，集体林区焕发了新的生机与活力，农村经济社会发生了十分可喜的变化。

福建省永安市洪田镇洪田村是我国林权制度改革第一村，被誉为中国林改的“小岗村”。洪田村地处福建中部山区，全村林业用地18 908亩，森林覆盖率81.4％。1998年，洪田村人把土地承包责任制引向山林，成功推行了集体林权制度改革。1998年以来，洪田村森林资源总量由改革前的10.2万$m^3$增加到2008年底的12.53万$m^3$，增长了22.8％。2008年，全村人均收入达到6 657元，村财收入87万元，分别是1998年的2.3倍和5.8倍。

福建省武平县是福建第一个全面推行林权制度改革的县。2001年初，按照国家林业局的统一安排，武平县福建开始进行林权证换发试点工作。但林地有的已经被转包，村民找不到自已该换证的地块。武平县委县政府决定顺应民心，推进林权制度改革，还山于民，还利于民。同年8月武平县选择捷文村进行林权制度改革试点。在捷文村试点成功的基础上，武平县2002年3月在全县范围推行林改试点，要求每个乡镇选择1～2个村进行试点。2002年4月，在没有改革先例可借鉴的前提下，县委、县政府出台了《关于深化集体林地林木产权制度改革的意见》，正式吹响全县林改的号角。2002年8月，福建省林业厅在武平召开集体林权制度改革研讨会总结经验。2003年4月，福建省人民政府下发《关于推进集体林权制度改革的意见》，在林改全省全面展开林权改革。2007年，武平县农民人均林业收入达950元，比林改前的2003年增加520元，增长120％；2005—2007年3年间共完成人工造林更新面积12.4万亩，其中个私造林占95％，其面积相当于林改前30年个私造林面积的总和；发放林权抵押贷款2 815万元；成立护林联防组织62个，联防面积128万亩；成立林业合作经济组织92个，合作经营面积72万亩。

2004年，江西省委省政府在深入调研、充分酝酿的基础上，出台了《关于深化林业产权制度改革的意见》(赣发[2004]19号文件)，提出了明晰产权、减轻税费、放活经营、规范流转等四项主要任务，并召开会议对林改工作进行了全面部署。当年选择了7个林业重点县，即崇义、铜鼓、遂川、德兴、浮梁、武宁、黎川率先开展林改试点。2005年4月后在全省全面推开。2004年先行试点的7个县(市)，集体商品林的分山到户率平均达到93.4％；2005年启动林改并通过验收的74个县(市、区)，集体商品林的分山到户率平均为82.9％。在林改过程中，绝大多数地方坚持以分山到户为主要形式，把能够分到户的山林尽可能落实到户，没有分山到户的则采取落实股权的方式，将利益分配到户。

江西省通过林改，林农经营林业的负担大幅减轻，来自林业的收入显著增加。2004年全省林改政策性让利7.52亿元，农民人均增收23.5元；2005年让利11.27亿元，农民人均增收84.45元；2006年让利14.61亿元，农民人均可增收109元。全省林业税费负担由林改前的56％下降到了现在的不足20％。同时，林改后林地、林木流转价格普遍上涨。荒山流转价格由林改前的平均每亩50元上升到120元，杉木流转价格由每公顷600元上升到1 300元，毛竹

林租赁年租金由15元上升到80元,主要商品材价格平均上涨近五成。据统计,江西林改后全省有40万外出务工人员返乡经营林业。同时,林业产权的明晰,显著降低了林业开发成本,激发了社会各界投资造林的积极性。2006年,仅企业造林就达18.2万 $hm^2$,占全省造林面积的八成以上,吸引社会投入造林资金5亿多元。2007年春季,全省人工造林21.9万 $hm^2$;2008年春季,人工造林面积进一步扩大到22.3万 $hm^2$,连续两年创历史最好水平。有21个县(市、区)的造林面积在3 000 $hm^2$ 以上,其中10个县超过4 000 $hm^2$。

江西在林改中,配合农村改革减轻林农税费,实行了"两取消,两调整,一规范"。"两取消",指取消农业特产税和所有的乱收费。"两调整",指调整育林基金计费基价和省、市、县的分成比例,省、市两级让出7个点给了乡镇。"一规范",是指规范增值税、所得税征收范围,对从事木竹生产的单位和个人自产自销的原木、原竹依法免征增值税,暂免征收所得税。其中,取消的1.64亿元木竹农特税全部由省财政通过转移支付解决,取消各地的林业收费项目后由省财政按照每个村1万元、每个乡10万元的标准安排转移支付近4亿元。同时,建立了地方公益林补偿制度,省财政每年安排5 000万元用于省级生态公益林保护和建设,市县两级财政也按照省里要求相应安排了公益林补偿资金。各级政府还将林业部门的行政事业经费3亿多元全部纳入了财政预算,第一个在省级层面结束了林业部门长期以来依靠规费供养的历史。林区群众形象地把林改称作是继解放之初的土地改革、改革开放之初的家庭联产承包责任制之后的"第三次土改",据江西省的调查,林农对林改的满意率达到81.6%。

### 三、实行森林资源流转

森林资源流转是指林木以及林地使用权的全部或部分,依法由一方转移到另一方的行为。包括林木所有权、经营权和林地使用权的流转,主要通过拍卖、租赁、招标、协议流转等形式进行。《中共中央关于1984年农村工作的通知》,首次提出"在荒山、荒沙、荒滩种草种树,谁种谁有,长期不变,可以继承,可以折价转让"的政策,是改革开放以来第一个关于流转的政策。据福建省对南平、三明、龙岩3个重点林区的调查和不完全统计,从20世纪80年代初到2005年,三市森林资源流转共有17万宗地,流转面积132万 $hm^2$。其中国有森林资源流转29万 $hm^2$,乡村集体森林资源流转93.5万 $hm^2$,个人和家庭责任山流转9.5万 $hm^2$。

随着2003年4月福建全省集体林权制度改革的全面,林地流转成为经常行为。福建的文件规定:按照"依法、自愿、有偿、规范"的原则,允许林木所有权、经营权和林地使用权有序流转。到2005年底,福建省已建立为森林资源权属登记、流转服务的林权登记服务中心近40个,其中南平、三明、龙岩三市的重点林区县已大部分建立。2004年10月18日,福建永安市成立了全国第一家林业要素市场,并在乡(镇)设立林权登记管理分中心,实时联机操作,为森林资源流转提供服务。2004—2005年,永安市共发生森林资源流转1.86万 $hm^2$,交易金额2.51亿元。

林改后,林农有了经营林地的动力,但资金问题往往成为限制因素。为此,在集体林权进程中,在有关部门的大力配合下,积极推进了林权抵押贷款和森林保险等配套改革。2003年,福建屏南县甘棠乡农民自发成立了乡村营林贷款促进会,林农以林木反担保通过乡促进会担保向农信社贷款,产生了林业抵押贷款的萌芽。2004年福建省林业厅与国家开发银行福建省分行签订了国内第一个林业行业与金融机构的《开发性金融合作协议》,当年协议贷款金额1.9亿元,当年发放贷款5 500元。从2006年起,福建全省逐步推开了林业小额贷款的机制。

到 2008 年 10 月底，福建省累计发放各类林业贷款 60 多亿元，其中林权抵押贷款 21.57 亿元，林业小额贷款 17 亿元，受益农户约 8 万户。与此同时，浙江、江西、辽宁等省也进行了林权抵押贷款和森林保险的探索。浙江省 2000 年 9 月至 2008 年 10 月，林权抵押贷款累计达到 3 亿元；2000—2007 年全省累计承保森林火灾保险 41.3 万 $hm^2$，保险金额 11.32 亿元，保险费 386.6 万元，赔款金额 258.8 万元，赔付率 67%。江西省截至 2008 年 6 月底共办理林权抵押贷款 38.3 亿元；全省有 22.9 万 $hm^2$ 林地参保了政策性林业火灾保险。辽宁省截至 2008 年 10 月底，共有 30 家县级农村信用联社、217 家信用社开办了林权抵押贷款，共计 1 917 笔，贷款金额 5.17 亿元。随着物权法的出台，林权证作为抵押物从国家法律层面得到了认可与保护。目前，尚需注意培育流转市场、规范管理、防范金融风险、简化贷款手续、降低融资成本等问题。

## 四、建设公益林补偿制度

2004 年 5 月，国家林业局、财政部联合下发了《关于印发〈国家林业局财政部重点公益林区划界定办法〉的通知》(94 号文件)，在全国范围内组织开展了重点公益林的区划界定工作。重点公益林是指生态区位极为重要或生态状况极为脆弱，对国土生态安全、生物多样性保护和经济社会可持续发展具有重要作用，以提供森林生态和社会服务产品为主要经营目的的重点防护林和特种用途林。包括水源涵养林、水土保持林、防风固沙林、护岸林、自然保护区的森林和国防林等。除上海市外的 3 0 个省、自治区、直辖市，以及内蒙古森工集团、龙江森工集团、大兴安岭林业公司、解放军总后勤部、新疆生产建设兵团等 35 个单位申报重点公益林总面积 1.1 亿 $hm^2$，经过认定核查经，截至 2004 年底全国重点公益林确认总面积为 1.04 亿 $hm^2$，其中，非天然林保护工程区 5 530 万 $hm^2$，天然林保护工程区 4 870 万 $hm^2$。

中央财政从 2001 年设立了森林生态效益补助资金，专项用于重点公益林的保护和管理。中央森林生态效益补偿基金是对重点公益林管护者发生的营造、抚育、保护和管理支出给予一定补助的专项资金。基金的补偿范围为国家林业局公布的重点公益林林地中的有林地，以及荒漠化和水土流失严重地区的疏林地、灌木林地、灌丛地。当年，率先在河北、辽宁、黑龙江、山东、浙江、安徽、江西、福建、湖南、广西、新疆 11 个省、自治区的 685 个县(单位)和 24 个国家级自然保护区先行试点，涉及 1 333.3 万 $hm^2$(2 万亩)重点防护林和特种用途林。标准为 75 元/$hm^2$，每年兑现补助资金 10 亿元。此后两年，补助资金扩大至 20 亿元和 30 亿元。2003 年，在《关于加快林业发展的决定》中再次明确提出，国家建立支持林业发展的公共财政制度，各级政府要建立和完善森林生态效益补偿基金制度。在 3 年试点成功的基础上，根据《森林法》的规定和国家财政状况，以及补助资金试点情况，国家于 2004 年 12 月正式建立中央森林生态效益补偿基金制度并在全国范围内全面实施。根据《国家林业局财政部重点生态公益林区划界定办法》，从近 2.8 亿 $hm^2$ 林业用地中，划定 1.04 亿 $hm^2$ 重点公益林，其中，非天然林保护工程区 553 万 $hm^2$，天然林保护工程区 4 880 万 $hm^2$。至 2008 年底，全国重点公益林补偿面积已达到 4 660 万 $hm^2$，覆盖面达到 29 个省。2008 年兑现补偿基金 33.39 亿元。

中央森林生态效益补偿基金制度的建立的重要意义还在于，初步构建了公益林可持续经营的转移支付机制。此前，国家对天然林保护工程和退耕还林工程的投入实际上也属于对森林生态效益的补偿。只是所采取的是与项目相联系的财政转移支付制度，它是补偿规模、补偿标准、补偿年限都有明确界定的生态补偿制度。2004 年推出的公益林补偿制度，是与基金相联系的财政转移支付制度,持续性更有保障。同时,基金式的生态补偿形成了地方政府和中央政府的合力。目前,全国25个省、自治区、直辖市都建立了地方森林生态效益补偿制度,地方年补偿资金达18亿元,福建省从水资源费中安排35%用于生态公益林补偿。林权抵押贷款、森林保险、林木良种补贴制度开始建立,江西省26个县近20万 $hm^2$ 森林纳入火灾保险,保险金额近14亿元。林区基础设施建设纳入地方政府统筹规划。通过深化林业体制机制改革,林业发展实现了由过去主要依靠政府投资拉动向多渠道投资、体制改革、机制创新全面推动的转变。

改革开放以来,我国公益林的来源不断扩大。最初是通过划定自然保护区的办法把一部分天然林划为公益林,同时通过造林的方式把新造的防护林划为公益林;而后通过森林利用功能转型把一部分天然林和人工林由用材林调整为公益林。中央森林生态效益补偿基金制度的建立和实施,从根本上解决了生态公益林发展的动力和机制问题,使森林分类经营、分区管理的格局基本形成,标志着我国开始进入有偿使用森林生态效益的新阶段,对加快我国林业生态建设将产生深远影响。

## 五、推进国有林业改革

我国的国有林改革起步于20世纪80年代中期。1985年中共中央、国务院颁发《关于进一步活跃农村经济的十项政策》,决定国营林场可实行职工家庭承包或与附近农民联营。同年决定开始取消南方集体林区木材统购,开放木材市场。1987年,将林业部所属大兴安岭林业管理局的企业管理职能委托给黑龙江省代管,成立大兴安岭林业公司,实行政企分开、计划单列,投入产出包干。这一年,林业行业全面推行承包经济责任制、厂长负责制和完善集体林区林业生产责任制,同年10月林业部提出东北四大家投入产出承包经营责任制初步方案,森工企业内部实行分级承包。经国务院同意林业部对东北四大家所属各国有林业局核发林权证。1991年12月国务院正式批准在东北、内蒙古国有林区组建4个企业集团,1993年各森工集团相继成立。组建成立大型企业集团的目的是,促进林业企业组织调整,推动生产要素的合理流动,进一步增强国家宏观调控的有效性。

1998年在国有林区先行试点开始实施天然林保护工程。为顺利实施该项工程,围绕着市场经济制度的建立,森工企业内部进行了颇有成效的改革。主要是:破产重组,通过“售、并、股”的方式改革公司直属企业,减轻林业集团公司亏损补贴负担;所有制结构调整,按照“卖、送、股、破、换、兼并、关停、撤销”等方式将国有小企业全面推向市场;按照“布局合理、设备转让、剥离非辅、分流到位、生产竞价、管理转型”原则,全面推进林场改革;加快劳动用工和养老保险制度的改革,实施林场职工的再就业工程和一次性的安置。

2006年1月4日,国务院第119次常务会议决定在伊春开展国有林区林权制度改革试点工作。6月16日,经国务院批准同意,国家林业局向黑龙江省人民政府发出林函资字[2006]99号文,即《关于黑龙江省伊春林权制度改革试点方案的批复》,国有林区林权制度改革试点工作正式启动。伊春国有林权改革试点的主要目标:通过国有林区林权制度改革试点推进森林资源经营机制转换提高林地的生产力,提高森林资源的集约经营水平,实现森林资源可持续经营;建立森林资源统分结合的经营管理新机制;带动和推进国有林区的全面改革。试点的主要内容:对浅山区林农交错、相对分散、零星分布、易于分户经营的部分国有商品林,由林业职工家庭承包经营。对大面积、集中连片的公益林和商品林,由伊春林业管理局依法加强经营管

理。试点的范围：伊春林区具有代表性的5个国有林业局中的15个林场(所)，试点规模仅限于商品林地，面积为8万 $hm^2$，公益林地不纳入试点范围。承包经营林地的对象是试点林业局的林业在册职工。伊春林业管理局及试点林业局机关干部和离退休职工，暂不参加林地的承包经营。在伊春试点期间，东北、内蒙古的其他重点国有林区一律不开展此项工作。

伊春国有林权改革试点，是在不改变林地国有性质和用途的前提下，对浅山区林农交错、相对分散、零星分布的易于分户承包经营的部分国有商品林，由林业职工家庭承包经营，把林地的经营权、林木的所有权和处置权交给职工，一定50年不变。试点范围为伊春林区的双丰、铁力、桃山、翠峦、乌马河等5个具有代表性的林业局(每个林业局选定3个林场所)，试点面积8万 $hm^2$，平均每户承包经营面积原则上不超过 $10hm^2$。试点模式："国有林地承包经营"，由伊春林业管理局作为发包方，与林业职工签订书面承包经营合同，明确双方的权利和义务，并对林地使用权和林木所有权、承包收益分配及合同期满后尚未采伐的林木处置等事宜在合同中予以明确约定。承包权的获得：由林业局分别采取拍卖、招标、协议等方式，对国有林地进行承包经营。

国有林权制度改革试点结束了我国"国有森林，国有国营"单一体制，真正触及了林业产权问题，成为探索国有林业产权改革，解决国有林区深层次矛盾的第一块试验田。伊春林权改革通过将林地的经营权、林木的所有权和处置权交给职工，使国有林业产权主体虚置、森林培育保护缺少利益主体和责任主体的问题在制度层面得到解决，有利于建立起国家、企业、职工三者共赢互利的新机制。通过改革，国家可以节约大量的育林和管护成本，政府可获得一部分改革收益，林业职工则可以通过此次带有政策补偿性质的改革，并通过综合经营取得长久稳定收益。这项改革还打开了各种生产要素投向林业的渠道，初步显示出国家得生态、企业得效益、职工得收益、社会得稳定的效果。据国家林业局对伊春改革的百户调查结果，100户职工总承包林地 $973.27hm^2$，每户职工家庭平均承包林地面积为 $9.73hm^2$，人均承包林地面积为 $3.14hm^2$。

在伊春共有林权制度改革的同时，东北、内蒙古国有林区在几个层面上同时进行着多种改革探索。

一是在森工集团下属林业局层面上的改革。主要由"清河模式"和"十八站模式"。清河林业局属龙江森工集团，其改革特点：在一个林业局内部，以实行政企分开、资源管理和生产经营分开为特点的改革。清河林业局2006年启动改革，改革内容：由清河林区管理委员会承担政府管理林区社会职能，清河林区国有林管理局承担原林业局林业行政管理工作(国有林管理局与林区管委会一套人马、两块牌子)林业经营公司承担原林业局生产经营活动。管理局与经营公司形成生产上的委托和被委托关系，管理上的监督与被监督关系，经济上的买卖结算关系。事业单位推向市场，自主经营，独立核算。十八站林业局属大兴安岭集团公司。十八站林业局2008年启动改革，内容更为综合。第一步改革内容是分解林业局职能，整合精简管理机关；统筹社会事务，模拟政企分开管理；剥离辅业单位，推行市场化经营；组建专业公司，模拟法人独立经营；实施林场转型，模拟事业化管理；创新用工分配机制，综合配套推进改革。目前第一步改革已基本完成。第二步改革内容是把归口在林业局社会事业部、具有政府职能的单位和部门全部移交给地方政府。第三步改革是在条件具备时，把森林资源管理和生产经营在外部体制上实现完全分开，建立起新的国有林管理局。

二是在森工集团层面上的改革。吉林森工集团、内蒙古森工集团模式，改革的共同点是在集团及其所属林业局两个层次上同时展开大范围改革。改革以推进政企分开为重点，对森工企业进行全面重组改造，创新林区管理体制和企业经营机制。吉林森工集团2005年率先在重点国有林区开展森工企业重组改制的全面改革，改革内容包括：加工业国有资本全部退出，辅业全部转为民营，社会职能全部移交，职工全部转换劳动关系，对集团进行股份制改造。目前集团公司已经由全资国有公司，改造为国有股占65%、职工股占35%的有限责任公司，按现代企业制度运行。改革后，全集团职工由13.8万人减少到3.9万人，经营活力和效益明显提高。内蒙古森工集团2008年启动改革，按照改革实施方案，森工企业办社会职能全部剥离移交给政府，社会保险全面理顺全员覆盖，管理机关机构合并人员精简。天然林保护工程前全集团共有在册职工16万多人，通过天然林保护工程一次性安置职工，以及上述改革措施到位后，可转移减少8.8万多人。目前，改革全面推进，进展快速而顺利。下一步还将进一步把森林资源管理和生产经营分开，把集团生产经营部分改造为自我经营、自负盈亏的经济实体，与森林资源管理脱钩。把保留下来的森林资源管理职能，组建成新的国有林管理局，与集团企业经济利益脱钩。这一改革，将把国有林区传统森工企业改造成适应市场经济和现代林业的新体制。有关专家认为，内蒙古森工集团改革的方向、思路清晰，推进力度大。按改革设计的目标，十八站林业局则可与内蒙古森工集团归为同一类型。

三是省(自治区)林业厅(局)直属林业局层面上的改革。主要有“阿山天西模式”和“玛可河模式”。新疆维吾尔自治区林业厅直属的阿尔泰山林业局、天山西部林业局，青海省林业局直属的玛可河林业局的改革具有共同点，都是将企业性质的林业局改制为事业性质的林业局。这一改革主要是针对这些林业局管辖范围内的森林资源所处的生态区位的重要性，将长期实行禁伐保护而采取转制措施的。新疆维吾尔自治区早在2003年就将阿尔泰山林业局、天山西部林业局转制为事业单位，2007年更名为阿尔泰山国有林管理局、天山西部国有林管理局，并明确了“森工企业改为国有林管理机构，行使森林资源管理职能”。青海省玛可河林业局2006年转制，名称不变，但产生了质变，林业局定性为“由森工企业转为社会公益类县级事业单位”。两省区转制后的林业局(国有林管理局)经费纳入省级财政预算，完全摆脱了过去依靠采伐木材收入生存的困境，实现了对森林资源真正意义上的监督管理。

## 六、采伐试点改革

20世纪80年代前，“以木材生产为主”是国家社会经济发展对林业的主导要求，加之森林采伐管理制度不太完善，我国森林覆盖率一度下降到第二次清查时期的12%。为保护我国珍贵的森林资源，党中央、国务院决定从1987年开始实施森林采伐限额管理制度，对森林采伐总量进行严格控制。1989年林业部颁布了《东北、内蒙古国有林区森工企业试行采伐限额计划管理的决定》和《关于加强林木采伐许可证管理的通知》，实行全国统一木材采伐许可证制度。在这一制度的严格管理下，各级党委、政府把森林资源管理列入工作的重要议事日程，各级森林资源管理部门紧紧围绕林业建设的中心工作，改革创新，强化管理，严格执法，森林资源管理水平不断提高，成效显著。我国森林覆盖率由20世纪70年代末的12%增加到18.21%，森林蓄积量由90亿$m^3$增加到125亿$m^3$，林地面积由1.22亿$hm^2$增加到1.75亿$hm^2$，实现了森林资源连续近20年的“双增长”。联合国粮农组织调查显示，2000—2005年全球年均减少森林面积730万$hm^2$，而中国年均增加森林面积405.8万$hm^2$，成为世界上森林资源增长最快的国家。森林资源的不断增长，不仅维护了国土生态安全，增加了林产品供给，而且扩大了社会

就业，增加了农民收入。实践证明，现行的森林采伐管理制度，为保护国家森林资源作出了历史性贡献。

但是，随着经济社会的不断发展和社会主义市场经济体制的逐步完善，尤其是随着集体林权制度改革的不断深入，现行森林采伐管理制度逐渐暴露出一些问题，严重影响了森林经营者的积极性，制约着农村生产力的进一步解放和发展，已经难以适应新形势下林业改革发展的需要。主要表现在：采伐限额管理行政限制性内容和环节不断强化，在一定程度上侵害了森林经营者的合法权益；一些采伐管理规定脱离实际，使经营者和监管者都处于“两难”境地。

《中共中央、国务院关于加快林业发展的决定》明确提出“改革和完善林木限额采伐制度，对公益林和商品林采取不同的资源管理办法”；《中共中央、国务院关于全面推进集体林权制度改革的意见》要求“改革商品林采伐限额管理，实行林木采伐审批公示制度，简化审批程序，提供便捷服务”。2009 年的中央 1 号文件又再次提出“完善林木采伐管理制度”。为贯彻落实有关改革精神，全力推进森林采伐管理改革，近几年来国家林业局先后对人工用材林、工业原料林、农田防护林、天然林的采伐管理政策进行了一系列调整。2004 年以来，国家林业局先后启动了森林资源管理工作试点、森林可持续经营试点、森林经营方案编制试点、天然林保护工程区人工商品林采伐试点、工业原料林采伐试点、农田防护林更新采伐试点。对工业原料林，采伐年龄由森林经营者自主决定，采伐限额和木材生产计划实行单列，实行 5 年内结转使用；对一般人工商品林采伐指标可结转下年使用；对抚育采伐胸径 10cm 以下的木材，不纳入木材生产计划；对农田防护林更新采伐年龄由省级林业主管部门确定；对非林地上的林木优先满足采伐指标；对竹林下放采伐限额的管理权，实行备案制。2007 年，国家林业局又在福建省开展了森林采伐管理改革试点，在采伐指标分配、伐区管理等方面进行了探索，进一步完善了森林采伐管理的相关政策，取得了较好的效果。2008 年，国家林业局结合雨雪冰冻灾害的林木清理，在江西省开展了总量控制，限额采伐类型、消耗结构和编限单位捆绑使用的试点，效果很好。在多年实践探索的基础上，国家林业局将于 2009 年全面启动森林采伐管理改革。

改革试点的总体目标是：在试点单位构建起管理公正透明、经营科学有序、管理与经营相协调的森林采伐管理新机制，逐步建立健全以森林分类经营为主线，县级森林经营规划为指导，森林经营方案为载体，小班经营为单元，多种经营模式为支撑的森林可持续经营新体系，最终实现森林采伐由指标控制向森林可持续经营管理转变，为全面改革提供理论支撑和实践基础。

改革试点的主要任务是：建立便捷高效廉洁的森林采伐审批机制，实现森林采伐由指标管理向森林可持续经营管理转变，促进森林可持续经营。改革主要包括 4 个方面的内容：一是改革森林采伐限额管理范围。《国家林业局关于开展森林采伐管理改革试点工作的通知》明确提出，采伐限额管理范围是林业用地上的林木，非林业用地上林木的采伐不纳入限额管理，自留地和房前屋后个人所有的零星林木，可自主采伐，实行备案制，方便林农开展森林经营活动。二是改革森林采伐管理方式，根据森林经营方案进行核发和分类排序核发，使林权所有者对采伐处置权做到“五年、十年早知道”，对森林经营有收益预期，调动其培育森林资源的积极性。三是简化森林采伐审批环节，取消不必要的森林采伐审批环节，杜绝暗箱操作，减少权力寻租。四是构建森林可持续经营管理体系。包括：以全国林业发展区划及森林资源经营管理分区施策导则为基础的宏观指导体系；以县级经营规划为基础的区域决策体系；以森林经营方案为基础的经营管理体系；以多种森林经营方法、模式为基础的技术模式体系。通过综合性改革，逐步建立起适应现代林业发展的森林资源管理新机制，为现代林业建设提供有力支撑。

## 参考文献

[1]《当代中国》丛书编辑委员会. 当代中国的林业. 北京：中国社会科学出版社，1985.

[2] 中国林业年鉴编辑委员会. 中国林业年鉴（1449－1986）. 北京：中国林业出版社，1987.

[3] 李周，等. 林业改革30年的进展与评价. 林业经济，2009(1)：34-40.

[4] 许传德，等. 建设生态文明的实践与探索——林业建设30年回眸. 林业经济，2009(1)：59-63.

[5] 刘璨. 改革30年中国集体林发展趋势分析. 林业经济，2009(1)41-54.

[6] 贾治邦. 认清形势，抓住机遇，把现代林业建设全面推向科学发展新阶段. 林业经济，2009(1)：3-12.

[7] 崔海兴，等. 改革开放以来我国林业政策演变探析. 林业经济，2009(2)：38-43.

[8] 张志达. 构建国有林区新体制的一场深刻变革——关于内蒙古大兴安岭林管局改革的调研报告. 林业经济，2009(2)：14-17.

[9] 张志达，等. 从国有林采伐局到国有林管理局的嬗变——关于新疆、青海天保工程森工企业转型改制的调查报告. 林业经济，2009(7).

[10] 国家林业局. 中国林业发展报告(2007). 2008.

[11] 于百川，等. 2008年全国林业经济运行状况. 2009(7)：46-52.

[12] 中国经济年鉴社. 中国经济年鉴(2008)//刘建杰，等. 国民经济好社会各行业发展概况——林业.

[13] 中国经济年鉴社. 中国经济年鉴(2007)//许勤，等. 国民经济好社会各行业发展概况——林业.

[14] 许勤，等. 现代林业：理论综述与实践进程. 林业经济，2007(12)：20-25.

[15] WWW. Forestry. gov. cn.

（作者：许　勤　林业经济期刊社副社长、编审）

# 第二十章 畜牧业

## 第一节 畜牧业的发展成就

### 一、肉、蛋、奶的人均占有量大幅提高

据农业部畜牧业司和全国畜牧总站统计，1952 年我国畜牧业在农林牧渔业总产值中所占的比例为 11.2%，1978 年升高至 15.0%。2005 年，这一比例达到了 33.7%。从这一数据可以看出，畜牧业产值在农林牧渔业中所占的比例在改革开放以来得到了大幅度增长。而在改革开放之前的阶段，增长有波动，增长幅度较小。

1949 年，我国人口为 54 167 万人，当年的肉类产量为 220.0 万 t，人均占有量为 4.1kg。蛋类和奶类无统计数据。1962 年，全国人口为67 295万人，肉类总产量为 194.0 万 t，人均肉类占有量仅为 2.9kg。从 1970 年开始，人均肉类占有量开始小幅增加。1978 年，全国人口为96 259万人，人均肉类占有量为 9.1kg，奶类产量为 97.1 万 t，人均占有量为 1.0kg。

改革开放以来，肉类、蛋类和奶类的产量开始大幅度提高，人均占有量也大幅度提高。1980 年，我国人口为 98 705 万人，肉类总产量为 1 205.4 万 t，人均肉类占有量为 12.3kg，蛋类总产量为 256.6 万 t，人均占有量为 2.6kg，奶类总产量为 136.7 万 t，人均占有量为 1.4kg。

改革开放 30 年来，我国人口数量增加很多，2005 年我国人口数量达到 130 756 万人，尽管人口增加是一个社会经济发展的负担，但是我国畜牧业也有了很大的发展。2005 年我国肉类的总产量为 7 743.1 万 t，人均肉类占有量为 59.4kg。蛋类总产量为 2 879.5 万 t，人均占有量为 22.1kg，奶类总产量为 2 864.8 万 t，人均占有量为 22.0kg。

从上述统计数据可以看出，改革开放以后我国畜牧业才得到了快速发展。

全国主要畜禽的出栏数量为：1978 年，猪 16 109.5 万头，牛 240.3 万头，羊 2 621.9 万头。1990 年，猪出栏 30 991.0 万头，牛 1 088.3 万头，羊 8931.4 万只，家禽 243 391.1 万只，兔7 314.9万只。2005 年，猪出栏 66 098.6 万头，牛 5 287.6 万头，羊 30 804.5 万头，另外家禽986 491.8万只，兔 37 840.4 万只。从上述数据可以看出，改革开放以来我国的家畜家禽的饲养量和出栏量连年大幅度增加，为人民的生活提供畜牧产品得到了保证。

据中国畜牧业协会报道，2007 年，我国生猪存栏 43 989.5 万头，牛 10 594.8 万头，羊存栏28 564.7 万头。生猪出栏 56 509.3 万头，牛出栏 4 359.5 万头，羊出栏 25 570.7 万头。2007 年全国肉类产量达到 6 865.7 万 t，禽蛋产量 2 513.4 万 t，奶类 3 633.4 万 t。2007 年人均占有量分别为 52.0kg、19.0kg 和 27.5kg。

### 二、不同畜禽生产发展特点

**(一)肉牛** 传统上，我国养牛为了耕田，因此在改革开放之前基本上没有肉牛业。我国的

肉牛业起步较晚。我国的黄牛主要品种包括鲁西牛、南阳牛、秦川牛、晋南牛和延边牛等，主要以役用为主，产肉性能较差，少量牛肉主要来自淘汰牛。从20世纪80年代初，我国开始发展肉牛业并引进优质肉牛专用品种西门塔尔牛、利木赞牛、夏洛莱牛、安格斯牛等，对黄牛进行杂交改良，使商品肉牛的产肉性能得到明显提高。特别是利用西门塔尔牛和利木赞牛对黄牛进行杂交改良，改良面广，改良效果明显。

改革开放以来，由于农业机械在生产中的大量应用和人民生活水平提高的需求，很多黄牛被转为肉用，进行育肥。30年来，在科学技术进步和产业技术模式发展的推动下，肉牛生产已经形成了我国的一个重要产业。肉牛的主要育肥方式包括：①架子牛育肥。主要在广大农区进行。即在犊牛断奶后，在一定的饲养管理条件下进行吊架子，使肉牛的骨架基本长成，然后转移到肉牛育肥场，进行集中育肥。肉牛育肥场的饲养管理条件较好，饲料经过了加工处理和科学配合，使肉牛能够表现出良好的补偿生长效果。肉牛在进行育肥3～4个月以后，进行屠宰。②放牧育肥。主要在牧区和山区进行。即犊牛断奶的基础上，进行放牧，同时根据肉牛的营养需要和当地的条件，每天补充一定数量的精料混合料。

为了发展肉牛业，很多饲料加工处理技术、饲料配合技术也有了很大发展。例如秸秆氨化技术在广大农区得到广泛推广应用。肉牛营养需要的研究进展也为科学合理地配合肉牛日粮提供了重要的理论依据。秸秆的粉碎、揉搓技术以及青贮技术也得到广泛的应用。充分利用当地饲料资源，减少浪费和环境污染成为肉牛业发展的重要共识。肉牛的屠宰加工技术、牛肉分割技术以及牛肉的分级标准研究和应用等也有了很大进展。

很多地方政府建立养牛小区，鼓励农民进驻小区养殖肉牛。一些公司也采取公司加农户的方式与农民合作，帮助农民解决生产上的技术难题和销售问题。肉牛养殖成为了农民脱贫致富的重要途径，涌现出一批养牛致富的典型。

**（二）奶牛**　新中国成立初期，我国奶牛头数很少。奶牛场主要是国营奶牛场，分布于牧区、东北地区和北京、上海、天津等大中城市附近。人均鲜奶消费量很少。广大农村的消费产品主要为奶粉。奶牛场有专门的饲料地，用来生产青粗饲料。由于我国粮食供应紧张，奶牛还有平价饲料粮的供应。国营奶牛场重视技术进步和生产管理。奶牛有详细的系谱记录，并且通过购买国外的奶牛冻精颗粒，对奶牛进行改良，提高生产性能。人工授精技术和疾病防治技术水平较高。随着改革开放的深入，原来的国营奶牛场的经营管理体制已经不适合社会经济的发展。1990年前后，很多国营奶牛场开始国营转为公司化经营。同时随着粮食价格的放开，原来的平价粮供应被取消。使奶牛场的经营一度面临严重困难。但是同时为奶牛业的进一步发展提供了重要的机遇，形成了个人、集体、外资等多种形式的发展模式。1995年，国营奶牛场转制基本完成。随着社会经济的快速发展和人民生活水平的提高，奶牛业发展十分迅速。近十几年来，很多大型乳品公司形成，牛奶产品的种类和供应量快速增加，牛奶产品成为人民生活中不可缺少的一部分。

奶牛场的类型可以分为规模化奶牛场、奶牛养殖小区和个体养牛户。奶牛的养殖技术比较复杂，为了解决农民养奶牛的问题，很多地区建立了奶牛小区，采取“公司加农户”的模式，帮助农民，形成了比较成功的、具有中国特色的奶牛养殖模式。

公司化经营极大地促进了技术进步。目前规模化奶牛场的技术水平和奶牛生产水平都很高。奶牛品种优良，305天的产奶量达8 000kg以上。奶牛的饲料加工和配合技术、繁殖技术、防病治病技术先进。玉米青贮技术、全混合日粮技术使用普遍。另外过瘤胃保护氨基酸、过瘤

胃保护脂肪等新产品也被应用。

(三)养猪　猪肉是我国人民的传统肉食。长期以来,猪的饲养以一家一户分散饲养为主。猪的饲料以残汤剩饭和草类为主,没有商品饲料。生产效益较低。人民公社成立以后,很多生产队设有集体养猪场。有一段时期,家庭养猪被当作资本主义的尾巴割掉。猪肉要凭票供应。改革开放以来,养猪生产逐渐由分散饲养向集约化转变,由传统的饲养方式向现代化饲养方式转变,由数量型向质量型转变。出现了大量的机械化养猪场和现代化养猪场。这些养猪场的特点包括:猪的品种优良,一般是引进的优良猪种或是优良猪种与本地品种的杂交猪种为主;猪的头数多,一般几百头到上万头不等;饲料供应均衡,全部使用配合饲料;猪场的环境控制好;管理科学化、规范化。从猪品种的改良方面来看,先后引进了长白猪、大白猪、杜洛克猪等著名的猪品种,与本地品种进行杂交改良,显著提高了商品猪的生产的性能。

(四)养羊　改革开放以来,我国养羊业发展十分迅速。中国的绵羊、山羊的饲养量及出栏量已达世界第一。绵羊主要分布在我国的西部和东北华北地区,饲养方式主要是舍饲与放牧相结合。为了保护草原,近年来,提倡把放牧改为舍饲。山羊主要分布在中原地区和四川等地。传统的羊的饲养方式是放牧和一家一户的庭院养殖,一般规模很小。近年来,养羊生产逐渐规模化、产业化。培育成功了多个优良羊的品种,包括新疆细毛羊、东北细毛羊、中国美利奴羊等。我国的种羊场建设也有很大发展。建立起比较完整的良种羊繁育体系。良种羊的覆盖率达到60%(陈耀春,2002)。

(五)家禽　改革开放之前,我国的家禽业基本上是自给、半自给的庭院经济。20世纪80年代初,我国的家禽业开始迅速发展。蛋鸡和肉鸡逐渐形成了独立的具有特色的产业。使家禽饲养逐渐实现机械化、规模化、集约化。生产管理水平和技术水平大幅度提高。规模化水平也大幅度提高。通过引进新品种与本地蛋鸡肉鸡自繁相结合,形成了比较完整的蛋鸡肉鸡良种繁育体系。蛋鸡以罗曼、海兰和京白系列品种为主,肉鸡以AA、艾维茵等品种为主。随着家禽营养、饲料科学和饲养管理技术的发展,规模化蛋鸡和肉鸡场均应用科学的饲料配方和饲养管理方式养鸡,同时疾病防控技术不断完善,使生产水平有大幅度提高(陈耀春,2002)。

### 三、畜牧业60年发展的特色

经过60年的发展,我国的畜牧业取得了巨大成就。畜牧业由小规模的家庭副业发展成为农村的主导产业之一。畜牧业的规模化、标准化生产发展迅速。建立了比较完整的畜禽繁育体系。疾病防控能力大幅度提高。形成了具有中国特色的生产管理体系,例如奶牛小区、肉牛小区、养猪小区、养鸡小区等。规模化饲养与分散饲养并存。建立了比较完善人才队伍,技术水平显著提高。

## 第二节　饲料产业的发展

### 一、我国饲料产业发展的历史回顾

“饲料”是指在合理饲喂条件下能对家畜、家禽、水产动物提供营养物质、调控生理功能、改善动物产品品质,且不发生有毒、有害作用的物质。从来源可分为植物性、动物性、矿物质和人工合成或提纯的产品；从形态可以分成固体、液体、胶体、粉状、颗粒及块状等类型；从饲用价值又可分成粗饲料、青饲料、青贮饲料、能量饲料、蛋白质饲料、矿物质饲料、维生素饲料、营养性添加剂及非营养性添加剂等(张利庠,2007)(表 20-1)。

**表 20-1　饲料工业中的基本概念**

<table>
<tr><th colspan="2">名称</th><th>定义</th><th>种类</th></tr>
<tr><td colspan="2">饲料</td><td>经工业化加工、制作的供动物食用的饲料</td><td>单一饲料、添加剂预混合饲料、浓缩饲料、配合饲料和精料补充料</td></tr>
<tr><td colspan="2">饲料原料</td><td>除饲料添加剂以外的用于生产配合饲料和浓缩饲料的单一饲料成分</td><td>饲用谷物、粮食加工副产品、油脂工业副产品、发酵工业副产品、动物性蛋白质饲料、饲用油脂等</td></tr>
<tr><td rowspan="3">饲料添加剂</td><td>营养性饲料添加剂</td><td>用于补充饲料营养成分的少量或者微量物质</td><td>饲料级氨基酸、维生素、矿物质微量元素、酶制剂、非蛋白质等</td></tr>
<tr><td>一般性饲料添加剂</td><td>为保证或者改善饲料品质、提高饲料利用率而掺入饲料中的少量或者微量物质</td><td></td></tr>
<tr><td>药物饲料添加剂</td><td>为预防、治疗动物疾病而掺入载体或者稀释剂兽药的预混物</td><td>抗球虫药、驱虫剂类、抑菌促生长类等</td></tr>
</table>

来源:《中国饲料经济与管理研究》2007 年,第 32 页

从已有学者的研究中可以看出,我国饲料产业的发展历程大致可以分为以下四个阶段(张利庠,2007;孙东升,2003)。

**(一)第一阶段:起步阶段**　我国饲料产业萌芽于 20 世纪 60—70 年代,当时只生产混合饲料,手工作坊式加工,处于饲料生产的低级阶段。20 世纪 70 年代后半期,我国饲料产业进入起步发展阶段。1978 年我国建起了第一个饲料厂——北京南苑饲料厂,标志着我国饲料产业的开始。1978 年全国的配混合饲料产量为 300 万 t。这段时期,饲料的品种单一,质量较低。80 年代初生产的配混合料,以混合料为主,而技术含量较高的配合饲料仅占工业饲料的 10%左右。1984 年国务院批转了国家计委《1984—2000 年全国饲料工业发展纲要(试行草案)》,将饲料工业正式纳入国民经济发展计划(张利庠,2007)。

**(二)第二阶段:快速发展阶段**　从 1985 年开始,我国的饲料产业进入快速成长阶段。随着养殖业实用配套技术的应用和畜产品商品生产基地的建设,配混饲料产量迅速增加,1988 年达 3 000 万 t,1992 年进一步增至 3 583 万 t。比 1984 年增长了近 2 倍。1992 年配合饲料占工业饲料的比重提高到 70%左右。饲料品种由初期的单一混合饲料发展到混合饲料、配合饲料、预混合饲料及浓缩饲料等多种产品。此外,我国饲料产业用粮继续增加,蛋白质饲料匮乏状况有所改善,饲料产量持续增加,质量进一步提高,品种更趋多样化、系列化,产品质量管理体系初步建立,但产品质量不高问题仍然存在(张利庠,2007)。

**(三)第三阶段,饲料产业调整阶段**　从 20 世纪末期开始,饲料产业从成长阶段逐步向成熟阶段过渡。该阶段饲料产品结构进行了调整,产品中科技含量逐步加大,饲料企业打破了“外资”和“三资”企业垄断的局面,出现了群雄争霸的格局,产品质量管理体系不断完善,饲料行业竞争激烈和趋于微利,大型集团化企业稳步发展,并凭借其丰富的企业管理和市场开拓经

验在全国范围内兼并、重组被市场竞争淘汰的中小企业，按照自己的经营理念和管理方式复制新的企业，丰富和发展新的饲料产业系统，饲料产业集中度不断提高，大型饲料企业集团的规模越来越大（张利庠，2007；孙东升，2003）。

## 二、我国饲料产业发展的现状及问题

### （一）我国饲料产业的发展现状

1. **生产现状** 经过20多年的发展，我国饲料工业已经形成了一个相对完整的饲料工业体系，并成为国民经济中的一个重要行业，我国的饲料生产规模也连续多年位居世界第二位。根据我国国民经济和社会发展的需要，尤其是随着人民生活水平的提高，社会对畜产品和水产品需求的数量和质量都有所提高，这必将带动饲料业有一个较大的发展。我国1998年饲料产量和农业部制定的2010年饲料产量目标，见表20-2。

**表20-2 1998年我国饲料产量和2010年发展目标** （单位：万t）

| 年 份 | 人口（亿） | 配合饲料 | 浓缩料 | 预混料 |
|---|---|---|---|---|
| 1998年产量 | 12.45 | 5573 | 887 | 138 |
| 2010年目标 | 14.2 | 10000 | 1200 | 300 |

资料来源：《我国饲料产业发展现状及发达国家和地区饲料产业发展的经验借鉴（续）》，2003年第8期

从近几年饲料产业的生产形势来看，我国饲料产量快速增长，产品结构日趋合理。据统计，我国饲料工业年均增产率达7.6%，年均饲料产品增长584万t，2005年我国饲料总产量达到1.07亿t，占世界总产量的1/8。连续多年位居世界第二位。全国饲料加工业产值、工业饲料总产量分别比2000年增长77.2%和44.4%。禽、猪、水产和反刍家畜配合饲料的比例为51∶33∶11∶5，产品结构日益多样化。在配合饲料稳步发展的同时，添加剂预混合饲料和浓缩饲料发展迅速（张利庠，2007）。初步形成了适合我国养殖业发展需求的产品结构，促进了养殖业的结构调整和持续发展。

2. **科技现状** 随着饲料科技水平的不断提高，我国饲料的转化率明显提高，如肉鸡配合饲料的料肉已由“八五”时期的2.5∶1降至目前的1.8∶1，出栏期缩短18天左右；育肥猪由3.3∶1降至3.0∶1，出栏期缩短40天左右；养殖水产品由2.0∶1降至1.8∶1，养殖效率明显提高（张利庠，2007）。但同时也应注意到，我国与发达国家在饲料转化率方面还存在一定差距（表20-3）。

**表20-3 我国与发达国家饲料转化率水平比较**

| 类 别 | 国际先进 | 国内先进 | 国内平均 |
|---|---|---|---|
| 肉 鸡 | 1.6∶1 | 1.9∶1 | 2.2∶1 |
| 蛋 鸡 | 2.3∶1 | 2.7∶1 | 3.0∶1 |
| 生长育肥猪 | 2.6∶1 | 3.1∶1 | 3.5∶1 |

来源：《我国饲料产业发展现状及发达国家和地区饲料产业发展的经验借鉴（续）》，2003第8期

从上表中可以看出,我国饲料转化率与国际先进水平还存在一定差距,国内各企业、各地区的饲料转化水平也存在不同程度的差别,饲料产业在地域发展上和企业自身之间的发展上不平衡,不利于行业整体的发展。

**(二)我国饲料产业发展中存在的主要问题**

1. 生产技术落后导致产品质量不高　目前,我国饲料产业还没有发展成熟一套先进的生产技术。现行的技术标准仅仅相当于发达国家20世纪80年代的标准。落后的生产技术导致饲料产品的营养不能满足所有动物的需要,产品质量不够稳定,饲料产业目前尚不能够生产畜牧业所需要的所有类型的饲料产品,某些特殊饲料产品不得不靠进口来解决(秦父,尹金辉,2004)。

2. 饲料安全问题不容忽视　尽管近几年来我国饲料产品质量合格率一直保持在90%以上,饲料添加剂产品合格率一直保持在85%以上(赵亮,2006),但饲料产品安全仍不容乐观,如违法使用多种违禁药品,滥用饲料添加剂的情况仍时有发生;有毒有害物质未有效控制,超量、超范围使用兽药的现象仍未杜绝,在威胁到养殖动物和人们健康的同时,也严重影响着产品的国际贸易。

3. 饲料资源短缺,饲料用粮供需矛盾突出　我国是资源相对缺乏的国家,从长期看,饲料资源短缺问题将是制约我国饲料产业发展的主要因素。到2025年,我国人口将达到15.9亿,增加的人口和人民生活水平的提高必将带动畜牧业的发展(孙东升,2003)。同时,也将进一步带动饲料产业的发展,届时我国的饲料资源能否保障饲料产业的发展是首要问题,以粮食饲用量为例,我国饲料用粮占粮食总产量的比重在持续增加,已经由20世纪50年代的20%上升到目前的30%以上。主要依靠谷物解决饲料的国家和地区人均占有粮食在800kg,而我国人均粮食占有量长期处于400kg的水平,因而饲料用粮的压力很大(赵亮,2006)。

4. 疫情对饲料产业影响严重　1878年,禽流感在意大利的首次暴发使人们开始认识这种极具杀伤力的传染病。此后,禽流感在近几个世纪频频发生。世界卫生组织2004年10月24日公布了禽流感病例统计数据,自2003年底以来,共有121件病例,62人死亡,仅亚洲的直接经济损失就在120亿美元之上(赵亮,2006)。近几年,我国畜禽养殖业的疫情仍时有发生,如2007年的猪蓝耳病、2009年的猪流感等,给畜牧产业及其饲料产业带来的重创不言而喻。

## 三、结论及对策

综上所述,经过30年左右的发展,我国饲料业从无到有,迅速崛起:饲料产量快速增长,产品结构日趋合理;饲料科技含量不断提高,产品质量稳步提升;饲料产业集中度不断提高,大型饲料企业集团的规模越来越大;饲料添加剂从无到有,品种逐渐齐全;饲料行业和企业的安全意识有了明显的提高,饲料安全的观念逐步深入人心。

但我国饲料产业在发展过程中也出现了很多的问题,即上述中提到的饲料粮短缺、产品质量不高、饲料安全意识薄弱和动物疫病情对饲料产业影响严重等。针对这些问题,首先应通过发展和推广食草家畜、草田轮作提升种植业增产潜力等方式,多渠道解决饲料粮短缺问题;其次政府应通过建立饲料产业的标准化体系来保证饲料安全,突破贸易壁垒;再次,应通过促进饲料加工规模化、机械化、品牌化、进而一体化的形式。来提升饲料产品的质量;最后,政府应通过建立健全防疫和应对疫情应急措施,并根据疫情的发展变化灵活而及时地进行调整和更新,以减轻畜禽养殖业和饲料产业的经济损失。

## 第三节 草地状况和改良建设成就

### 一、新中国成立以来草地变化概况

我国拥有各类天然草原近4亿$hm^2$，占世界草原面积的13%，占我国国土面积的41%，在我国农田、森林和草原等绿色植被生态系统中占到63%，是我国面积最大的陆地生态系统，是我国的主体生态系统之一。但近50多年来我国草原却发生了巨大变化，主要表现为草原面积减少，草原质量退化，使草地生态环境状况不断恶化。

**(一)草原面积减少** 据不完全统计，新中国成立后全国有近1 930多万$hm^2$草原被开垦，接近目前全国草原总面积的5%，即全国现有耕地的18.2%源于草原(表20-4)。因长期的耕种及由此而引起的草原沙化、退化，导致的天然草原的退缩。20世纪50—60年代，在内蒙古高原、河北坝上设立了一批农垦区，农耕界限推进到正蓝旗一带。20世纪90年代，我国的荒漠界线较60年代初向东部草原带推移了50km，青藏高原中部河谷草原带向山地湿润的草甸带推进了约100km，新疆荒漠区盆地的荒漠向山地草原带推进了100～200km。1995—2000年，我国干旱区草原面积减少了5.49万$km^2$，河西走廊净减少5 548$km^2$。到21世纪初，因大面积的开垦，阴山、燕山山脉以北的天然草原向北退缩了大约50km。

**表20-4 新中国成立后我国草原开垦情况**

| 省、自治区 | 天然草原($hm^2$) | 已垦草场 | | 牧区半牧区已垦($hm^2$) | 牧区已垦/已垦草场(%) |
|---|---|---|---|---|---|
| | | ($hm^2$) | (%) | | |
| 青海 | 3644.94 | 68.14 | 1.87 | 25.06 | 36.77 |
| 甘肃 | 1790.42 | 71.94 | 4.02 | 34.41 | 47.83 |
| 四川 | 2038.07 | 76.93 | 3.77 | 20.80 | 27.04 |
| 新疆 | 5725.87 | 119.52 | 2.09 | 70.28 | 58.80 |
| 新疆兵团 | 241.60 | 13.87 | 5.74 | 1.87 | 13.46 |
| 宁夏 | 301.40 | 49.60 | 16.46 | 21.59 | 43.53 |
| 内蒙古 | 7880.00 | 200.00 | 2.54 | 166.67 | 83.33 |
| 陕西 | 520.60 | 157.26 | 30.21 | 38.53 | 24.50 |
| 黑龙江 | 753.13 | 100.00 | 13.28 | 15.33 | 15.33 |
| 吉林 | 584.20 | 81.10 | 13.88 | 40.81 | 50.32 |
| 辽宁 | 338.87 | 180.00 | 53.12 | 20.47 | 11.37 |
| 河北 | 471.20 | 50.00 | 10.61 | 47.00 | 94.00 |
| 山西 | 455.20 | 229.00 | 50.31 | — | — |
| 全国 | 28870.01 | 1929.87 | 6.68 | 579.35 | 30.02 |

注：资料来源于《全国已垦草原退耕还草工程规划(2001—2010年)》(2001年7月)

**(二)草原质量退化** 我国草地退化始于20世纪60年代以后，最早出现草原退化的地区是人口相对较多的农牧交错区，退化最为严重的地点是居民点附近。到20世纪70年代中期，全国退化草原面积约占草原面积的15%，到80年代中期已增加到30%以上，90年代中期达到50%以上，到了21世纪初已增加到90%以上。

我国北方重点牧区在20世纪80年代中期，退化草地面积占可利用草地面积的39.7%，到90年代中期达到50.24%（其中轻度退化草地面积占57.03%、中度退化占30.54%，重度退化占12.16%）。以省、自治区为单位分析，宁夏、陕西退化草地面积达90%以上，甘肃退化面积占80%以上，新疆、内蒙古、青海退化面积占40%～60%，西藏草地退化比例较低，占23.4%。

根据1980年卫星资料分析，内蒙古退化草地面积占全区可利用草场面积的35.57%，其中退化最严重的是鄂尔多斯市，退化草地面积占68.57%，其次是呼和浩特市、哲里木盟、赤峰市、乌兰察布盟、锡林郭勒盟，退化草地比例分别为56.47%、48.54%、45.31%、44.96%、41.41%（李博等，1987）。到1995年，内蒙古草地退占可利用草地面积的60.08%，平均每年扩大115.74万$hm^2$，每年以可利用草地面积1.9%的速率在扩大退化。

草原产草量变化情况表明，20世纪80年代以来，主要草地分布区草地产草量全都呈下降趋势，下降幅度为10%～40%。温带草地产草量下降比较严重，为20%～40%；高寒地区草地产草量变化较温带草原低，草地产草量下降10%～20%。各类草地产草量及其变化见表20-5。

**表20-5　20世纪80年代中期和21世纪初期各类草原产草量和变化率**

| 草原类型 | 80年代（$kg/hm^2$） | 90年代末（$kg/hm^2$） | 变化率（%） |
|---|---|---|---|
| 温性草甸草原类 | 1630.6 | 1202.241 | −32.91 |
| 温性草原类 | 853.7 | 661.3614 | −20.44 |
| 温性荒漠草原类 | 410.58 | 365.1288 | −15.64 |
| 温性草原化荒漠类 | 615.2 | 436.1768 | −25.21 |
| 温性荒漠类 | 412.6 | 240.5871 | −40.90 |
| 温性山地草甸类 | 1664.04 | 1524.926 | −29.43 |
| 低地草甸类 | 1671.63 | 1286.413 | −62.28 |
| 高寒草甸类 | 815.4 | 651.6677 | −19.28 |
| 高寒草原甸草原类 | 412.22 | 350.9641 | −13.65 |
| 高寒草原类 | 286.5 | 236.0187 | −15.27 |
| 高寒荒漠草原类 | 189.96 | 152.5189 | −18.91 |
| 高寒荒漠类 | 281.85 | 222.3515 | −7.85 |

## 二、我国草原生态现状

我国草地生态当前面临的主要问题是草地退化。草地退化是草地生态系统在其演化过程中，其结构、能流与物质循环等功能过程的恶化，即生物群落（植物、动物、微生物群落）及其赖

以生存环境的恶化。具体表现为：一是草原植被的退化，表现为生物量减少，盖度下降，草群的原始成分改变，植物生物多样性降低，群落结构简单化等；二是草原土壤退化，表现为土壤理化性质的改变以及土壤动物和土壤微生物不利于植物生长的变化；三是草原环境的退化，主要是旱化加剧，控制水土流失的能力减弱，草原生态平衡能力下降；四是生产维持水平退化，表现为承载力降低，植物的营养水平下降，引起家畜生产性能降低。

20 世纪 70 年代中期，全国退化草原面积约占草原面积的 15%，到 20 世纪 80 年代中期，已增加到 30%以上，90 年代中期达到 50%以上，到 21 世纪初已增加到 90%，其中中度以上的退化草地面积占 1/2(《2000 年中国环境状况公报》，国家环境保护总局)。目前，我国严重退化草原近 1.8 亿 $hm^2$，并以每年 200 万 $hm^2$ 的速度继续速度扩张，天然草原面积每年减少 65 万～70 万 $hm^2$，同时草原质量也不断下降。虽然国家近年来对草原生态问题有所重视，投入加大，但草原生态“局部治理，整体恶化”的局面没有得到有效遏制。

根据 20 世纪 80 年代中期调查，我国 10 大重点牧区草原“三化”水平就达到了非常严重的程度(表 20-6)，北方草原退化比率多数都占到可利用草地面积的 1/3～1/2。

**表 20-6　我国 10 大重点牧区草原退化状况 (20 世纪 80 年代中期调查)**

| 序　号 | 牧区名称 | 可利用草原面积(万 $hm^2$) | 退化面积占可利用面积比率(%) | 退化程度比率(%) | | | 退化特征 |
|---|---|---|---|---|---|---|---|
| | | | | 重　度 | 中　度 | 轻　度 | |
| 1 | 松　嫩 | 341.0 | 67.7 | 26.3 | 32.3 | 41.4 | 盐碱化，沙化 |
| 2 | 呼伦贝尔 | 654.7 | 23.2 | 7.2 | 34.0 | 58.8 | 退化 |
| 3 | 科尔沁 | 1037.5 | 55.0 | 32.4 | 31.4 | 36.2 | 沙化，退化 |
| 4 | 锡林郭勒 | 1766.1 | 54.2 | 10.0 | 41.6 | 48.4 | 退化，沙化 |
| 5 | 乌兰察布 | 747.9 | 35.8 | 6.8 | 16.8 | 76.4 | 退化，沙化 |
| 6 | 甘　南 | 249.5 | 11.3 | — | — | — | 退化 |
| 7 | 甘　孜 | 831.7 | 16.0 | — | — | — | 退化 |
| 8 | 环青海湖 | 949.4 | 30.0 | 18.3 | 32.0 | 49.7 | 退化，沙化 |
| 9 | 阿勒泰 | 723.9 | 50～70.0 | — | — | — | 退化，盐渍化，沼泽化 |
| 10 | 伊　犁 | 310.4 | 较普遍 | — | — | — | 退化 |

20 世纪 80 年代以后到目前，我国的草原荒漠化呈明显的加速趋势。据统计，内蒙古草原退化面积占可利用面积在 70 年代中期为 30%，80 年代中期为 40%，目前为 70%，年均退化速度为 2%以上，有的地方草原已全部退化。1995 年调查，在东北西部地区，正常草地所占比例已不足 26%。新疆 94%的土地都成为沙漠或严重荒漠化土地。甘肃和宁夏的荒漠和荒漠化土地已占全省(自治区)总面积的 1/3。西藏的荒漠化土地也达到 1 860$km^2$。南方草地的退化和石漠化也日益加剧。

草原在自然和人为活动作用下产生的“三化”现象(盐碱化、沙漠化、退化)是草原生态恶化的集中反映，是草原“荒漠化”的不同表现形式，是草原生态系统“逆向演替”由量变到质变的过程。以内蒙古草原为例，同 20 世纪 80 年代全区草场资源遥感调查数据比较，90 年代中后期，全区草原植被的面积显著减少。净减少面积达 510 万 $hm^2$;同期,草原景观受破坏面积达 972 万 $hm^2$,占草原景观总面积的 23%,占全区自然景观生态环境受破坏总面积的 61.42%。这种景观破坏主要是开垦和过牧造成的。草原沙化面积 308 万 $hm^2$,217 万 $hm^2$ 的固定沙地活化成为半固定沙地,148 万 $hm^2$ 流动沙地或裸沙地,164 万 $hm^2$ 的草原出现严重的水土流失,90 万 $hm^2$ 的草原砾石化,45 万 $hm^2$ 的草原盐渍化。此外,属于自然状态下在草原景观中形成的干谷冲沟、裸岩、盐碱斑等恶劣区域还有 603 万 $hm^2$,两者合计为 1 575 万 $hm^2$,占草原总面积的 38%。如将其示为严重退化的草原,与 80 年代中期相比,增长了约 18 个百分点。这种状况,使草原生态屏障的作用大大削弱。

草原的生态恶化问题已被全社会所重视,人们往往把沙尘暴、草原自然灾害增多(如旱灾、雪灾、风灾、虫灾、鼠害等)、承载力降低、人口贫困化等与生态恶化联系起来。实际上,草原出现"三化"以后,不仅表现在生产力下降,更直接的后果是使草原的整体生态状况恶变,使草原的生产潜力丧失,维持草原多功能性的能力削弱,最终影响到区域经济和社会的可持续发展。

引起草地退化的原因是复杂的,首先我国草原的自然形成,主要与干旱、半干旱和高寒的气候条件相联系,因而决定了其先天的生态脆弱性。这种脆弱性表现为群落结构相对简单,生物量不高,土地的营养积累有限,抗干扰能差,而一旦受到大范围的强度干扰或破坏,恢复速度很慢或难以完全恢复。其次全球气候的变化也加剧了草地的退化。我国的草原多位于西北干旱区,由于近百年来全球和我国正经历的气候变暖现象,这一地区在 20 世纪处于气候干旱化、水资源萎缩的过程,降水的减少和蒸发量的增加加剧了草原的退化过程。

除了这些因素外,人类不合理地开发和利用是根本原因。如长期的不合理放牧、割草及高强度利用植被,会引起草原退化;长期超载放牧、开垦土地、破坏植被易引起草原沙化;而在干旱半干旱地区的不合理灌溉,在半湿润地区的破坏土壤和植被,往往引起次生盐碱化。

超载的人口和相对较低的人口素质,对草地的压力也是巨大的。近年来,经济和社会文明都前所未有的发展,创造了巨大的物质和精神财富,在此过程中,由于违背自然规律也过度地消耗了人们赖以生存的草地资源。对过去的事物虽然不必指责,但退化现象需要研究,受损的草地需要治理。历史的教训告诉我们,人类只有一条路好走,那就是与自然和谐共处。

## 三、我国草地改良建设成就

新中国成立以来,我国的草地生态建设也取得了一定成绩。草原承包及有偿使用有效地推动了农牧民保护、建设草原的积极性。1984 年开始,我国牧区开始推行草原承包责任制,草原由农民集体使用,采取共用共建,专人看管按户或按畜分草等承包办法,实行草原公有、分户承包、家畜户有户养和服务社会化,明确了草原建设与保护的责、权、利,初步解决了吃草原"大锅饭"的问题,调动了广大牧民发展牧业生产、保护建设草原的积极性。自 1992 年开始实行草原有偿使用制度,推行了草原长期分户承包,以户为主,完善了草原承包经营责任制,使草原管建用和责权利得到了有机结合,确立了草原经营的基本制度。草原承包使用责任制的实行,使牧民真正成为草原的主人,可建立稳固的草原建设投入机制,也有利于加强草原技术队伍的建设。2000 年以来草原家庭承包制不断完善,目前,全国草原承包面积 30 多亿亩,约占可利用草原面积的 70%,其中,承包到户的草原占承包总面积的 68%。

近年来,国家对草原保护建设的投入不断增加,2000—2004 年,国家共投入资金 70 多亿元,先后实施了天然草原植被恢复与建设、牧草种子基地、草原围栏、退牧还草、京津风沙源治

理工程等草原保护建设工程项目。建成人工草地 1 049 万亩，围栏 1 200 多万亩，草种基地 66.8 万亩，项目区草原生态得到明显恢复，取得良好效果。在国家重点项目的带动下，各地加大投入力度，草原建设的规模和质量大幅度提高。到 2004 年底，全国累计种草保留面积 1 132 万 $hm^2$，草原改良面积 1 300 万 $hm^2$，草原围栏 3 000 万 $hm^2$。种子田保留面积 45 万 $hm^2$，年产草种超过 10 万 t。禁牧、休牧试点工作顺利开展，内蒙古、陕西、宁夏、河北、吉林、云南、甘肃等 7 省(自治区)禁牧休牧面积已经达到 4.4 亿亩，其中禁牧 2.6 亿亩，休牧 1.8 亿亩。有效地促进了生产方式转变，草原植被得到恢复。

**(一)改良草地** 以围栏建设为主要内容的草原保护工程，使草原植被得到有效恢复。草原围栏是通过工程措施将天然草原封闭起来，阻止牲畜和人为因素对草原的破坏，为植物提供休养生息的机会，使草原植被能够在短时期内得到生长和恢复的一种有效手段。我国天然草原围栏自 20 世纪 80 年代初期开始迅速发展，特别是实行草畜双承包责任制以后，牧民对天然草原围栏的积极空前高涨，随着国家天然草原围栏、天然草原植被恢复和退牧还草等项目的启动实施，天然草原围栏规模迅猛增长。2004 年底我国有天然草原围栏面积 3 000 万 $hm^2$，占全国可利用天然草原面积的 10%。围栏建设的迅速发展，对减少草原的破坏，恢复植被，提高草原生产力和改善局部地区草原生态环境已产生了明显效果。据对北方牧区草原的调查，通过围栏实行禁牧、休牧或划区轮牧后可使草原牧草产量平均增加 30%左右。内蒙古自治区锡林郭勒盟休牧区草群平均高度 9.3～14.2cm，比非休牧增加了 3～6cm，草群平均盖度休牧区 15%～48%，比非休牧盖度增加了 5%～10%，草群平均亩产鲜草休牧区 21.4～88.6kg，比非休牧盖度增加了 13.4～33.3kg；呼伦贝尔市陈巴尔虎旗禁牧休牧区牧草高度增加了 8～10cm，盖度增加 20%，产量提高 30%～40%；赤峰市禁牧区、休牧区与放牧区相比，产量分别提高 3 倍和 0.5 倍，牧草高度分别提高 22.6cm 和 4.7cm，盖度提高 52.4%和 13.7%；鄂尔多斯市草群盖度由禁牧前的 30%提高到 50%～70%，高度由 30～50cm 提高到 70～100cm，生物单产达到 134kg/亩。通过对呼伦贝尔市、锡林郭勒盟、赤峰市不同类型划区轮牧区进行观测的结果，草甸草原地区牧草产量可增加 30%，盖度增加 15%，高度增加 25%；典型草原产量增加 24.5%，盖度增加 13.2%，高度增加 22.4%；荒漠草原产量增加 21.5%，盖度增加 10%，高度增加 20%。地处青藏高原腹地青海省南部地区，以高寒草原和草甸草原为主，牧草生长低矮草，通过围栏保护，牧草产量也能提高 22%左右。草原围栏不仅实现了对天然草原的保护，也为进一步科学、合理的利用天然草原打下了坚实的基础。

逐步改善草原畜牧业基础设施条件，提高了防灾抗灾能力。我国天然草原主要分布于年降水量小于 400mm 的干旱、半干旱地区，特别是牧区草原一般位于 400mm 等雨线以下，也是我国最重要的天然草原和草食家畜生产基地。这一地区水热条件差，自然灾害多，除少数地方外，大部分生产力水平较低。改善草原畜牧业基础设施条件，不断提高防灾抗灾能力，是草原建设的重要任务。新中国成立后，各级政府积极探索草原基础设施建设的有效方式，逐步开展了以人工种草，牲畜棚圈，牧民定居、牧区小型水利设施建设为主要内容的草原基础设施建设。目前，牧区草原畜牧业基础条件已得到较大改善，大部分地区已具备了抗御中等自然灾害的能力。据对北方草原牧区的统计，2004 年底以饲草料生产为目的人工草料地保有面积为 1 130 万 $hm^2$。1983 年草畜双承包责任制后，牧区各地为了适应家庭新的生产经营方式，开展了以牧户为单位的配套建设工程，将多项草原基础设施集中于同一牧户，出现了“四配套”、“五配套”以及“五到户”等建设模式，到 2004 年底，新疆、内蒙古、青海、四川、甘肃等五省(自治区)以人工饲草料地、牲畜棚圈和牧民定居 3 项基础内容为主配套建设的牧户已达到较高比例。1995 年以来国家实施的“牧区开发示范工程项目”,对改善牧区畜牧业生产条件和牧民生活条件,提高畜牧业经营水平,起到了重要示范和推动作用。截至 2008 年底,我国主要草原牧区草食畜成畜损亡率已由 20 世纪 80 年代的 3%～5%基本控制在 2%以内。

人工草地和改良草地建设都有重大突破。建立高产人工草地和改良退化草原是提高天然草原生产力的有效方式。我国人工种草和改良退化草原起步较晚,大面积的人工种草始于 1979 年,到目前累积保留人工草地面积 1 130 万 $hm^2$。1994—2004 年是我国人工草地发展最快的时期,这一时期国家重点实施了飞播牧草项目和“牧区开发示范”、“退耕还林(草)”工程。在实施人工种草和改良草原进程中,经过多年的引种试验示范和牧草栽培研究,各地已选育了一批适宜当地自然条件的牧草品种。如适宜东北及内蒙古北部种植的东北羊草、苜蓿、沙打旺等,适宜新疆牧区种植的苜蓿、无芒雀麦等,适宜长江流域草山、草坡种植的白三叶、红三叶、黑麦草等。经过几十年的研究和探索,各地还掌握了一整套不同类型草原人工种草和草原改良的技术,包括种植栽培技术,草籽繁育技术,草种优化组合,以及补播、围栏技术等。2000 年开始,国家启动实施了“牧草种子基地建设工程”,建立牧草种繁育基地 52 个,总面积达到 5.6 万 $hm^2$,2004 年共生产各类品种的优良牧草种子 13.6 万 t。

为进一步加强草原保护与建设,维护国家生态安全,促进草原畜牧业和牧区经济社会全面协调可持续发展,2003 年国务院决定启动退牧还草工程。根据国务院对西部开发办、国家发改委、农业部、财政部、国家粮食局《关于启动退牧还草工程建设的请示》的批示精神,计划用 5 年时间,在青藏高原东部江河源草原、内蒙古东部退化草原、新疆北部退化草原和蒙甘宁西部荒漠草原四大草原区的内蒙古、西藏、新疆、青海、四川、甘肃、宁夏和云南 8 省(自治区)以及新疆建设兵团实施退牧还草 10 亿亩,使西部地区 40%的严重退化草原得到有效治理,草原植被得到恢复,逐步实现草畜平衡和草原资源的合理利用。

退牧还草工程是通过围栏建设、补播改良以及禁牧、休牧、划区轮牧等措施,恢复草原植被,改善草原生态,提高草原生产力,促进草原生态与畜牧业协调发展而实施的一项重要生态建设工程。截至 2004 年底,退牧还草工程两年试点期间共安排草原围栏任务 1.9 亿亩,总投资 33.6 亿元,其中中央投资 23.7 亿元,地方配套投资 9.9 亿元。到 2005 年 8 月底止,1.9 亿亩工程建设任务已全部完成。2005 年是退牧还草工程全面实施的第一年,经国务院批准已下达 1 亿亩建设任务。

**(二)发展南方草山草坡畜牧业** 南方草地是我国资源宝库中最重要的一块后备土地资源,发展南方草地养殖业,是解决我国粮食安全的重要途径。若近期开发 500 万 $hm^2$ 养畜(包括养兔、养鹅、养鱼),可增养 2 500 万羊单位的牛羊,年增加牛羊肉产量 25 万 t,相当于增产粮食 75 万 t。若能再建植 20 万 $hm^2$ 豆科牧草粉生产基地,可年产草粉 60 万 t,用以替换 60 万 t 谷物制作配合饲料。

我国自 1980 年开始对南方亚热带草地进行试验研究和示范性开发。“七五”、“八五”、“九五”期间,农业部、国家科委和当地政府,开展了南方草地畜牧业优化模式的试开发,先后在湖北省宜昌、利川、钟祥,湖南省城步,贵州省威宁,福建省莆田,江西省樟树,四川省巫溪等地展开草地开发实验,摸索出可供借鉴的养畜模式与技术体系,为上述地区草地畜牧业的发展奠定了科学基础。

南方草地开发走过了一段曲折道路。20 世纪 70 年代,南方草地畜牧业刚起步,有部分生

态学家和单位认为，南方为森林区，现有草地只能种树，山区种草养畜会造成水土流失，不能发展草地畜牧业。80年代的科学试验证明，在南方实施科学种草、合理利用草地，不但不会造成水土流失，而且可防止水土流失。应当说，不分析南方具体区域草地的自然条件，简单地提倡向南方草地要牛肉和硬性规定南方草地概不宜牧的提法都欠科学，不够客观。

20世纪70年代末，农业部开始有计划组织对南方草地的开发，其中“六五”期间实施了“云贵高原退化人工草地的恢复与重建”项目。“八五”期间，南方草地开发被列入议事日程，农业部和地方合作，先后实施了12个现代化草地牧业综合发展项目，累计种草565.6万亩，改良草地356.6万亩，围栏草地105.1万亩。1984—1988年实施了湖南、湖北、贵州三省南方草地实验开发示范项目，在贫困山区以农民专业户为基础，建立草地畜牧业示范基地，探索我国南方草地发展节粮型草地畜牧业途径。每个省投入经费1 000万元，中央和地方对半承担。各地涌现了一批成功开发的示范典型。

1989—1994年实施了联合国项目“云贵高原草地农业系统的开发研究”(Guizhou Agro-Grassland System Project, CPR/88/008/A/01/09)，引进国际先进经验，特别是新西兰草地放牧系统的经验，开发贵州省天然草地。投入经费：联合国120万美元，新西兰70万美元，我国1 000万元人民币。建立了3个草地—畜牧系统，即威宁草地—绵羊系统，独山草地—肉牛系统和草地奶牛系统，清镇草地—奶牛系统。项目的实施，提高了发展我国南方草地畜牧业的理论和技术。

1998年，国家首次启动了南方草地科技开发示范工程，农业部、国家计委在湖北、湖南、四川、江西等11个南方省、自治区的21个县(市)，开展草地养畜科技示范项目建设，开发万亩以上的连片草地，辐射带动周边地区5万亩天然草地的利用。工程总投资20 345万元，其中中央非经营性财政资金6 000万元，地方配套及自筹资金14 345万元。项目下达后，涉及的省区积极组织，狠抓落实，严格管理。项目实施进展顺利，1年投资、2年建设、3年投产，获得显著的经济效益和社会效益。

到目前为止，已在南方13个省、自治区建植了人工草地和改良草地1 939万亩，飞机播种牧草保留面积约270万亩，上述南方草地畜牧业综合发展项目的实施，对当地发展草地畜牧业起到了明显的示范作用。

近15年的科学实验和10多年的示范开发经验，证实了南方草地发展食草性畜牧业的可行性和经营的高效性。

## 第四节 兽医药的发展成就

兽医药是促进畜牧业经济和社会协调发展的一项基础性工作，兽医事业的发展是社会文明进步的重要标志。新中国成立60年来，在党中央、国务院的正确领导下，我国几代兽医工作者前仆后继，在保障养殖业健康发展，维护公共卫生安全，保护人民群众身体健康等方面做出了重要贡献。

### 一、兽医药事业取得长足发展，成效显著

新中国成立初期，中国共产党和人民政府为了迅速恢复国民经济，发展农、牧生产，根据中

国人民政治协商会议《共同纲领》第 34 条“保护和发展畜牧业，防止兽疫”的规定，把防治畜、禽疫病作为保护畜牧业的一项重要工作。新中国成立以后，从中央到省一级陆续设置了畜牧兽医行政、事业和企业机构。1956 年，中共中央提出的《全国农业发展纲要(草案)》规定建立各级畜牧兽医工作站。同年 6 月，农业部发出《关于建立畜牧兽医工作站的通知》，要求加强对畜牧兽医工作的领导，迅速建立县(区)级畜牧兽医工作站。1978 年 7 月，国务院批准成立了农林部畜牧总局，开始加强对人民公社畜牧兽医站管理，在各地推广“畜禽防疫技术承包制”，开展春秋两季定期预防注射，兽医工作逐步得到恢复。1985 年 2 月，国务院颁布了《家畜家禽防疫条例》，标志着我国兽医工作纳入依法管理的轨道，先后颁布实施了《关于畜禽检疫工作的规定》、《兽医卫生合格证发放管理办法》、《兽医卫生监督员管理办法》等配套规章。各地纷纷制定出台地方性法规、规章和工作制度，组建和充实动物检疫员队伍，健全完善动物检疫工作专门机构，兽医执法工作在全国得到全面开展。随着改革开放的不断深入，法制建设的进一步加强以及兽医科学技术的发展和广泛应用，我国兽医工作在法律建设、体制改革、运行机制、工作体系以及技术支撑等方面，取得了质的飞跃，兽医工作发展迈上了新台阶。

目前，涉及兽医工作的法律法规有《动物防疫法》、《进出境动植物检疫法》、《进出境动植物检疫法实施条例》、《重大动物疫情应急条例》、《病原微生物实验室生物安全管理条例》、《兽药管理条例》等，我国兽医工作正向法制化和规范化转变，动物防疫检疫、实验室生物安全监管、兽药饲料管理等基本做到了有法可依，有章可循。2005 年，国务院下发《关于推进兽医管理体制改革的若干意见》，全面加强各级兽医行政管理、执法监督、技术支撑机构建设。农业部设立兽医局和国家首席兽医师(官)，中央级兽医机构改革工作已经完成，各省、自治区、直辖市兽医管理体制改革工作进展顺利。目前，全国约 93.7% 的地市和 78% 的县已完成兽医机构改革。构建了各级兽医行政管理、执法监督、技术支撑机构，全国共按照乡镇或者区域设置乡镇畜牧兽医站 34 196 个，村级还配备了 64.5 万名村级防疫员。启动了《全国动物防疫体系建设规划》，提升了动物卫生监管体系和动物预防控制体系的装备能力和水平。

新中国成立 60 年来，我国有效控制和消灭了一些重大动物疫病，逐步建立了比较完善的防控机制。我国目前已正式宣布消灭了牛肺疫、牛瘟两个重大动物传染病。截至 2005 年，全国 21 个疫区省消灭马鼻疽，且未再发现马传贫病例。近年来，有效防堵了境外口蹄疫、疯牛病等疫情的传入，禽流感、高致病性猪蓝耳病等重大动物疫情，均被有效控制在疫点上，没有扩散蔓延。特别是发生低温雨雪冰冻和四川汶川特大地震等自然灾害，灾区未出现重大动物疫病和人畜共患病疫情，确保“灾后无大疫”。我国在重大动物疫病防控实践中，不断完善免疫与扑杀相结合的综合防控措施，强制免疫和扑杀补贴的病种范围不断扩大。动物疫情监测和报告体系进一步健全，监测预警水平不断提高，重大动物疫情应急管理相关法律法规和工作制度不断完善，应急处置能力不断加强。通过实施《全国动物防疫体系建设规划》，中央、省、县、乡四级动物防疫、检疫监督基础设施和中央、省级兽药质量及残留监控基础设施普遍得到加强和改善。

兽药行业管理日趋完善，兽药标准体系框架已初步具备，目前已形成以《中华人民共和国兽药典》为主体，包括兽药残留标准在内的独立的兽药标准体系。从新中国成立之初的南京等几家兽医生物药品厂，到目前全国 1 527 家符合 GMP 条件的兽药企业获得生产许可；从仅能生产几种弱化疫苗，到目前年生产各类疫苗 1 200 多亿头份，出口多个国家和地区；从标准空白，到目前兽药典收载的 1 246 个标准；兽药行业审批管理不断规范，兽药产业素质不断提升，

兽药监管日趋严格。全国兽药产品抽检合格率稳步提高，2008 年上半年兽药评价性抽检合格率为 88.5%，比 2002 年初提高近 20 个百分点。

从早期的没有动物卫生执法队伍，到现在共有动物卫生监督执法人员 15.6 万人。动物卫生监督执法在不断加强。动物产地检疫、屠宰检疫、流通环节和动物防疫条件审核及动物产品卫生监督执法工作的有序开展，使动物产品安全得到有力保证。2008 年，受检兽药残留超标率仅 0.07%。

## 二、为畜牧业的健康发展做出了贡献

60 年来，我国畜牧业的生产规模不断扩大，综合生产能力稳步提高。畜产品供应一改 20 世纪 50—60 年代肉、蛋、奶极度匮乏、市场凭票供应的局面，目前市场上各种畜产品供应充足，花色品种丰富多彩。2008 年，全国肉类产量达到 7 278.7 万 t、禽蛋产量 2 701.7 万 t，居世界第一位；奶类产量 3 781.5 万 t，居世界第三位。2008 年，我国人均肉、蛋、奶占有量已分别达到 54.9kg、20.4kg 和 28.5kg，而 1949 年，全国人均肉、蛋占有量分别只有 4.1kg 和 0.7kg，奶类人均占有量则更少。目前，我国肉类人均占有量已超过世界平均水平，而蛋类则已达到发达国家平均水平。畜产品结构更趋合理，肉类比重从 1978 年的 72.1%下降到 2008 年的 52.9%，而奶类比重从 1978 年的 8.2%提高到 2008 年的 27.5%，肉类品种也呈现多样化发展。畜牧业产值不断提高，1949—2008 年，全国畜牧业产值由 33.7 亿元增加到 20 583.6 亿元，占农业总产值的比重由 12.4%上升到 35.5%。兽医的发展为畜牧业的发展做出了巨大的贡献。

## 三、促进了兽医教育、科研和对外交流合作

新中国成立 60 年来，我国兽医教育和科研事业取得了长足进步。我国近代畜牧兽医教育事业起步晚、发展慢、基础弱，新中国成立后，政府重视发展教育事业，畜牧兽医教育迅速发展。1948 年，全国公、私立高等农(牧)业院校中设有畜牧兽医系的学校有 10 余所，毕业生 2 000 余人。1987 年，全国设有畜牧、兽医、草原和养蜂专业的高等农(牧)业院校达 56 所，比新中国成立前增加了 4 倍；中等畜牧学校和设有畜牧专业的中等农业学校的共有 142 所，比新中国成立前增加了 5 倍。我国兽医教育在总结过去的基础上，着眼于未来，培养“厚基础、强能力、高素质、广适应”的高级兽医专业人才。培养出的人才将具有较宽厚的自然科学和人文科学方面的知识面和较深、较新的专业知识，具有创新意识和发展潜力，适应性强，能胜任与兽医科学相关的科研、教学、行政、商贸和实业方面的工作。此外，通过加大科研投入，一大批兽医科研成果在重大动物疫病防控和动物产品安全监管工作中发挥了重要作用。其中，禽流感、口蹄疫、猪蓝耳病、猪瘟等动物疫病基础研究、诊断试剂和疫苗研制达到国际领先水平。

起初，我们对外交流合作的次数几乎为零，2007 年 5 月我国恢复在世界动物卫生组织(OIE)的合法地位，兽医工作被全面纳入世界兽医体系。目前，我国全面参与了 OIE 等兽医领域国际组织工作，与数十个国家签署了双边政府间兽医合作协定，兽医国际交流与合作不断深化，取得了国际社会对我国兽医工作成效的认可。

60 年来，我国兽医药事业取得了长足发展，根据不断变革的生产关系和市场经济体制的需要，机构不断健全，体制不断完善，机制进一步转变。针对兽医工作的实际情况，农业部审时度势，掌握形势发展特点，适时、准确地制定或调整相应的兽医工作方针、政策、战略和举措，引领全国各级畜牧兽医部门和广大兽医工作者努力贯彻动物防疫法律法规，不断创新，不断发

展,锐意改革,艰苦奋斗,用辛勤的劳动铺垫了通往现代化兽医事业发展之路,以改革之魂铸就了兽医事业今天的辉煌。

## 参考文献

[1] 中国畜牧业协会. 中国畜牧业改革发展的30年. 中国禽业导刊,2009:23-26.

[2] 陈耀春. 中国家禽业的过去现在和未来. 中国禽业导刊,2002.

[3] 农业部畜牧业司、全国畜牧总站编. 中国畜牧业统计,2005.

[4] 陈耀春. 中国羊业现状和未来. 中国禽业导刊,2002.

[5] 秦父,尹金辉. 中国的饲料工业:发展和趋势. 农业技术经济,2004(6).

[6] 孙东升. 我国饲料产业发展现状及发达国家和地区饲料产业发展的经验借鉴(续). 饲料研究,2003(7).

[7] 孙东升. 我国饲料产业发展现状及发达国家和地区饲料产业发展的经验借鉴(续). 饲料研究,2003(8).

[8] 张利庠. 中国饲料经济与管理研究. 北京:中国经济出版社,2007.

[9] 赵亮. 我国饲料产业研究. 华中农业大学博士论文,2009:30-31.

(作者:赵广永 中国农业大学教授,王连纯 中国农业大学副教授,张晋华 中国农业大学博士生,戎易萍 中国农业大学博士、副教授,李 鹏 中国农业大学博士生,刘少伯 中国农业大学教授)

# 第二十一章 渔 业

## 第一节 渔业的发展历程

2009年是中华人民共和国成立60周年。60年来，我国渔业与共和国共同发展，同步前进，经历了各种艰苦磨难，进行了百折不挠的努力，取得了举世瞩目的成就。如果将60年划成两个大的历史阶段，则前30年有着更多的艰难历程。

新中国建立前，特别是经历日本侵略者的浩劫，渔民贫困，技术落后，渔业经济处在崩溃的边缘。新中国成立后，在党和政府的领导下，充分依靠广大渔民群众的智慧和力量，把渔业从千疮百孔中挽救过来，不到3年就得到了基本恢复，并且，建立了产业的管理机构，描绘出了美丽的发展蓝图。但由于“文革”等种种原因的干扰和破坏，又进入了波浪式的发展，在艰难中徘徊前进。

改革开放后，在党的十一届三中全会的指引下，进入了近一个世纪以来的我国的第三次伟大革命。正如胡锦涛同志所指出的：“第三次革命是我们党领导的改革开放这场新的伟大革命，引领中国人民走上了中国特色社会主义广阔道路，迎来中华民族伟大复兴光明前景”。党的十一届三中全会确定了“解放思想、开动脑筋、实事求是、团结一致向前看”的指导方针，做出了把党和国家工作中心转移到经济建设上来、实行改革开放的历史性决策。渔业的发展得到了党和国家的高度重视，作为一个国民经济中较小的产业，成为了改革开放的一个“试验田”。为此，在后30年的历程中，曾以“中共中央、国务院”的名义联合专题发文，指导渔业的改革与发展。后30年，是中国渔业改革与发展的30年，是市场化和国际化程度不断提高的30年，是产业素质不断提升的30年，是产业结构不断优化的30年，是渔业经济增长方式转变的30年，是渔业快速成长的30年。

为了比较系统了解和比较全面分析我国渔业60年的发展历程及其经验教训，本文采取按照时间顺序，划分为5个时间段进行阐述和分析。突出不同阶段的重大事件，全面分析不同阶段的成就与特点。

### 一、恢复和发展期

**（一）重大历史事件** 1949年10月1日，毛泽东主席庄严宣告中华人民共和国和中央人民政府成立。同年9月，中国人民政治协商会议通过的《共同纲领》规定：“在一切已彻底实现土地改革的地区，人民政府应组织农民及一切可以从事农业的劳动力以发展农业生产及其副业为中心任务，并应引导农民逐步地按照自愿和互利的原则，组织各种形式的劳动互助和生产合作。”这一基础文件，也是新中国成立初期我国渔业发展的指导思想和根本方针。

**1. 建立全国水产管理机构** 1949年11月，国家政务院各机构正式办公，水产工作归属农业部领导。同年12月，根据中共中央财经委员会决定，农业部将水产工作移交给食品工业部。1950年12月,渔业业务工作移交给农业部,并于1953年1月正式设立水产管理总局。1955年10月,农业部水产管理总局划归商业部领导。1956年5月,全国人大常委会第40次会议决定成立中华人民共和国水产部,并根据决定由毛泽东主席任命许德珩为水产部部长。

2. 国家最高层领导重视渔业　1956年5月,毛泽东主席在广东省委书记陶铸的陪同下视察广州市水产馆并听取省水产局局长的工作汇报。毛泽东主席指出:我国海洋渔业资源很丰富,要很好开发,为社会主义服务。1956年12月,毛泽东主席对水产部负责人说:"三山六水一分田,渔业大有为"。

1950年2月,时任中央人民政府副主席的朱德亲自出席在北京召开的第一次全国水产工作会议并讲话。1958年1月,朱德又出席了水产部召开的全国水产工作会议,并做了重要讲话,指出必须进行全面规划,加强领导,必须充分依靠人民群众,充分依靠渔业合作社和农业合作社,要求工作要有重点,有中心,"当前的重点和中心就是发展淡水和浅海的水产养殖事业,因为这是水产事业中潜力最大的方面,也是最广大的群众可以参加的"。

3. 中日两国渔业团体在北京会谈　解放初,在日本当局的庇护下,大批日本渔轮不断深入到我国东海、黄海沿岸渔场,掠夺我国渔业资源,排挤我国渔船,损坏沿岸渔民大量船网工具,我国有关部门被迫扣留一些日本渔船。日本渔业界纷纷要求通过谈判解决渔业纠纷。1954年10月周恩来总理在会见日本使节时,表示中国愿意同日本谈判解决渔业问题,并建议双方成立渔业团体举行谈判。在周总理的倡导下,1955年1月,中日两国渔业团体在北京举行了首次会谈。

4. 四国渔业合作协议在北京签订　1956年6月,中国、前苏联、朝鲜、越南,在北京举行四国渔业、海洋学和湖沼学研究会议。会后签订了四国渔业合作协议,组成了"太平洋西部渔业研究委员会",并选举中国水产部许德珩部长为委员会主席。会后,周总理会见了出席四国渔业会议的各国代表团。

#### (二)渔业方针和工作重点

1. 制定渔业方针　1950年2月,第一届全国渔业会议上,确定了渔业生产先恢复后发展和集中领导、分散经营的方针,要求依据"公私兼顾、劳资两利、发展生产、繁荣经济"的原则,适当处理劳资关系,并就恢复渔业生产做了具体部署。在1951年召开的第二届全国渔业会议上,再次强调了全国水产生产方针,仍以恢复为主,并提出了争取在两年内恢复到抗日战争前年产150万t的产量。经过3年的努力,我国渔业生产秩序和生产能力得到初步恢复,1952年全国水产品达到166万t,超额实现新中国成立前最高年产量的水平。

2. 水产养殖逐步受到重视　在1953年的全国水产会议上,提出了在1953年淡水渔业生产要"以养殖与捕捞相结合,逐步发展养殖"为方针。可见,重视水产养殖是从生产实践中总结出来的经验,是一种客观规律。但当时能够认识到的程度,还主要局限在内陆渔业中,停留在年度的生产计划上。

1957年《人民日报》公布的《1956—1967年全国农业发展纲要》中,提出了"利用一切可能养鱼的水面,加强培育优良鱼种和防治鱼瘟的工作。积极发展浅海养殖业,加强鱼类、藻类、贝类的养殖"。人们对开发利用水域发展水产养殖的认识在逐步提高。

3. 渔货运销开始提上日程　随着生产的发展,水产品鲜活、易腐的特征明显,加上当时冷冻保鲜技术落后,生产与贮运的矛盾更为突出。1955年11月,农业部、商业部联合召开全国水产工作座谈会,研究发展水产生产、加强供销经营等重要问题,提出了发掘生产潜力,多产

多销,逐步扩大国营水产企业,扩大运销经营,增加鲜活水产品的供应的工作思路。

4. *急于求成追求高速增长* 1953 年,中国进入第一个五年计划时期。随着生产的恢复,渔民、农民生产积极性高涨,提出了“稳步地、有重点地发展海洋渔业,扩大淡水养殖面积”,为增加水产品产量而奋斗。1958 年 1 月,全国水产工作会议提出了“调动一切积极因素,进一步依靠合作社放手发动广大渔民和农民群众,普遍开展淡水养殖和海水养殖,积极开发新渔场,合理利用原有资源,以提高国营和合作社的海、淡水产品捕获量,力争水产生产的大跃进”的方针。急于求成的“大跃进”口号已渐入渔业的发展目标之中。

## 二、徘徊前进期

### (一)重大历史事件

1. *我国鲢、鳙人工繁殖首获成功* 1958 年 6 月 2 日,水产部南海水产研究所钟麟等科技人员,以外界环境与内在催情相结合的刺激法,首次孵化出第一批鲢、鳙鱼苗。1960 年、1961 年,广东、湖南的水产科技人员应用催情技术,又相继取得了草鱼和青鱼人工繁殖的成功。此后,其他水产养殖对象的人工繁殖技术也逐项得以实现。鱼类人工繁殖技术的突破及其推广,不仅是中国对世界水产科学技术的重大贡献,而且,也由此揭开了中国水产养殖的新篇章。

2. *海洋渔业史上大灾难* 1959 年 4 月 10 日晚,我国东海海面突起狂风暴雨,9～10 级的大风凶猛袭击江苏吕泗海洋渔场。其时正值小黄鱼初汛旺发,集中在该渔场作业的船只来自江苏、上海、浙江、福建、辽宁 5 省(市)的渔船达 5 200 多艘,全部陷入险境。事发后,水产部、东海舰队、空军,以及上海、江苏、浙江等省(市)立即组织力量,开赴现场抢救。经过一昼夜努力,虽然救起了部分渔民和渔船,但仍损失惨重,共沉没和严重毁坏渔船 286 艘,死亡渔民 1 477 人。

3. *全面调整渔业发展方针* 1962 年 12 月,水产部召开全国水产工作会议,分析了当时水产工作存在的问题,以及前一阶段方针政策失误的教训,制定了“海淡并举、养捕并举,国社并举,因地制宜,多种经营”方针。这次会议的基本内容,写入了 1963 年 1 月中共中央、国务院批转各地的水产部门《关于全国水产工作会议情况的报告》。

4. *发展灯光围网作业* 1970 年 6 月,周恩来总理两次接见中国参加中日民间渔业谈判的代表团。周总理仔细听取了代表团的汇报,得知日本在东海、黄海及长江口以南,用灯光围网作业年产中上层鱼类约 35 万 t。同时,我国水产部已于 1960 年开始连续 3 年抽调了上海、青岛、烟台等渔业公司的渔船,加上东海、黄海水产研究所的科研人员,以黄海 1 号调查船为核心,在东海进行了我国最大规模的中上层灯光围网试验。周总理指示,要搞好东海、黄海、渤海中上层鱼类资源的调查利用,多造一些灯光围网船。为此,国家水产部门在进行广泛和充分调研的基础上,提出了开发中上层鱼类资源和发展灯光围网的意见。1971 年全国计划会议决定,拨款 1.5 亿元,新建、改造 70 组共 280 艘灯光渔船。由国家计委下达任务,农林、船舶、交通等 8 部委组成领导小组,开展渔轮建造大会战,至 1972 年 7 月先后基本完成。经过试航投产,基本符合要求,一般网产约 20t,最好的一网捕捞 120t。

5. *连家船渔民陆上定居* 淡水捕捞渔民,多以船为家,终年漂泊在江河湖泊。1965 年,全国连家船渔民 12 万户,60 多万人。这些人群分散打鱼,到处流动,甚至没有户籍,没有口粮,学龄儿童无法上学,渔业劳动生产率低,生活极端困苦。各地曾对连家船渔民进行过社会主义改造试点,主要是解决生产、生活两个基地问题。1967 年 10 月,水产部在上海召开第二次全国连家渔船改造座谈会。经过10年努力,到1977年底全国连家渔船社会主义改造基本完成。

(二)渔业方针和工作态势

1.“大跃进”中渔业生产遭到破坏　1958年下半年开始,渔业生产形势急转直下:一是高指标,浮夸风。据新闻报道,全国粮食“高产卫星”接连上天,“高产纪录”不断刷新,给渔业生产带来很大冲击。2月份刚刚确定的当年渔业生产计划,8月就要求指标要再提高50%。11月份统计全国重点省市前10个月水产品总量时,达到715万t,最后核实全年总量也不过281万t。二是所有制上的“一大二公”和分配上的平均主义。与农村一样,仅仅经过几个月,就实现了渔业人民公社化。几个甚至更多的高级合作社合并为一个人民公社,统一领导,统一经营。生产规模的快速扩张超出了干部的管理水平,“干不干一个样”的平均分配,损害了生产者的积极性。三是水产品流通渠道单一化。随着市场供应紧张程度的加剧,水产品由国营水产公司统一收购。1960年国营公司收购的水产品占当年全国水产品生产总量的60%。有的地方还对渔民的自食鱼也进行了限制。水产品的统一收购,严重挫伤了生产经营的积极性。四是水产养殖困难重重。由于当时粮食供给极度紧张,养鱼饲料严重缺乏;加之许多地方围湖造田,填塘种粮,水产养殖的水面受到挤压等原因,淡水养殖和海水养殖的水面都在减少,单位面积产量也在下降。五是捕捞强度盲目增加。从1959年开始,市场副食品供应渐趋紧张,国家需要有更多的水产品供应国内市场和出口。加上当时人们缺乏环境与资源保护意识,以为有水就有鱼,有船就能捕到鱼,甚至不少地方和单位盲目投资造船、捕鱼。如根本就不靠海的北京市,为了保障水产品供给,也建船出海捕鱼。酷渔滥捕,不仅破坏了渔业资源,而且使单位马力捕获量不断下降,品种结构变化,个体趋小,质量下降。

2. 渔业生产在调整中略有回升　1961年,贯彻中央对国民经济实行“调整、巩固、充实、提高”的方针,水产业经过调整,生产有所回升。1961—1965年主要进行了4个方面的调整:一是调整集体渔业的经营体制。针对当时渔业社队在组织规模、所有制、分配制度、经营管理等方面存在的问题,1963年对沿海和湖区渔业,适应当时发展水平分别组成了渔业公社、渔业大队或渔业生产队,规模比原来有所缩小,有利于经营管理。渔业社队的收益分配上,抵制平均主义,实行多种形式的生产责任制。二是加大国家财政对渔业的支持。渔业生产力在“大跃进”中受到破坏,船网工具大为减少,渔需物资和渔民口粮都十分困难。为了支援集体渔业恢复生产,国家从农业低息、无息贷款中,划出一部分列为渔业专用指标。主要渔需物资划出专用指标。同时,在渔业集中产区建立渔船渔机厂、加油站、渔港、码头等。三是调整水产品购销政策。把统购改为派购,根据市场需要和渔业社队生产的可能,本着留有余地的原则,确定渔业社队水产品购留比例。派购外的水产品可以自行处理,允许在集市流通。四是整顿提高国营水产企业。国营水产养殖和捕捞企业的经营管理有所改善,劳动生产率得到提高。

3.“文革”前期渔业生产出现徘徊　特别是“文革”中出现的停产、停工“闹革命”,大批领导干部和技术骨干先后挨批斗,“靠边站”。水产部门同样上上下下陷入混乱状态,省以下的水产机构撤的撤,并的并,行政管理工作瘫痪,水产科研和院校有的被迫搬迁,科研教学一度停顿。1966—1970年国家水产基建投资完全停止。继续搞“一大二公”,合并生产队,以大队为基本核算单位。在分配上,否定“按劳分配”原则。把群众的家庭养鱼等副业生产视为禁区,当作“资本主义尾巴”割掉。水产品产量连年下降。集市贸易、水产品运销等,更是作为资本主义倾向予以取缔。水产品回到只能由国营水产公司独家经营。

4. *“文革”后期渔业生产逐渐回升*　1970年以后，我国社会略趋稳定，渔业生产开始缓慢恢复。一是各级行政机构陆续恢复。1970年5月，国务院宣布水产部撤销，并入农林部，设水产局。省以下各级水产机构也陆续恢复。二是加强对大渔汛的领导。经国务院和中央军委批准，黄渤海区、东海区、南海区3个海区渔业指挥部相继恢复建立。三是恢复按劳分配。“文革”后期，各地渔民自行打破平均主义“大锅饭”。特别是舟山等地一些经济条件较好的渔区，首先恢复了“三包一奖”(包产量、包产值、包成本，超产奖励)等做法，激发了广大生产经营者的积极性。

## 三、改革开放的探索期

**(一)重大历史事件**　1978年12月，中国共产党十一届三中全会在北京召开。会议的主要任务是确定把全党工作的重点转移到社会主义现代化建设上来。从根本上确定了解放思想、实事求是、团结一致向前看的指导方针，拉开了我国改革开放的序幕。

1. *国家水产总局召开全国水产工作会议*　为贯彻落实党的十一届三中全会精神，国家水产总局于1979年2月，召开了改革开放后第一次全国水产工作会议。国务院批转了水产总局《关于全国水产工作会议的报告》(国发[1979]119号)。国务院批语指出，水产是国民经济中不可缺少的一个重要组成部分。要求各有关部门也要积极支持渔业生产，努力把水产事业搞上去。

2. *国家农委主持召开全国淡水渔业工作会议*　1982年3月，由国家农委主持、国家水产总局和水利水电部具体筹备的全国淡水渔业工作会议在北京召开。同年10月，中共中央、国务院批转《关于加速发展淡水渔业的报告》(中发[1982]44号)。批语指出，各级党委和政府要像“重视耕地一样重视水面的利用”。

3. *农牧渔业部召开全国海水养殖工作会议*　这次会议于1982年10月在福州召开。同年11月农牧渔业部印发《全国海水养殖工作会议纪要》，提出了“充分利用浅海滩涂，因地制宜增殖养殖，鱼虾贝藻全面发展，加工运销综合经营”的方针。

4. *农牧渔业部召开全国海洋渔业工作会议*　全国海洋渔业工作会议于1983年5月在京召开。同年9月，国务院批转农牧渔业部《关于发展海洋渔业若干问题的报告》，并指出，必须从指导思想上扭转片面强调捕捞，忽视保护和增殖资源的偏向。要求健全渔业法规，加强渔政管理，合理利用近海渔业资源，发展水产养殖，突破外海和远洋渔业。

**(二)渔业方针和工作重点**　这一阶段，围绕水产业的总体及主要产业接连召开了4次全国性会议，从不同角度对渔业的业务指导思想、工作重点和方针政策进行了探讨和调整。

1. *调整工作重点和方针政策*

(1)*实施水产工作着重点的转移*　1978年12月，党的十一届三中全会闭幕刚刚两个月，就召开了全国水产工作会议。贯彻三中全会精神，总结经验教训，提出要从调整入手，集中力量，把水产工作着重点转移到大力保护资源、积极发展养殖、提高产品质量3项重点工作上来。同时，明确水产工作近期的重点，提出了“大力保护资源，积极发展养殖，调整近海作业，开辟外海渔场，采用先进技术，加强科学管理，提高产品质量，改善市场供应”的方针。

(2)*加速发展淡水渔业*　1982年3月，国家农委召开全国淡水渔业工作会议。这是新中国成立以来第一次规模最大的渔业盛会。会议形成了《关于加速发展淡水渔业的报告》。中共中央、国务院在批转这份报告时，强调必须在抓紧粮食生产的同时，发展畜牧和水产业，逐步而适度地改变居民的食物构成。

(3)加快发展海水养殖业　1982年10月，农牧渔业部召开全国海水养殖会议。形成的《全国海水养殖工作会议纪要》，提出了要进一步解放思想，大胆放宽政策，加快海水养殖业的发展。

(4)对渔业的改革与发展进行全方位的探索与部署　1983年5月，农牧渔业部召开全国海洋渔业工作会议。研究开创海洋渔业新局面的方针、政策、措施。会议形成的《关于发展海洋渔业若干问题的报告》，对我国渔业、特别是海洋渔业的改革与发展进行了全方位的探索与部署。会议要求严格保护、合理利用和积极增殖近海渔业资源，大力发展养殖业，突破外海渔业和远洋渔业。海洋渔业方针的调整，对水产养殖业同样起到积极的推动作用，使渔业由过去主要依靠海洋捕捞，逐步转到养殖、捕捞并举，重点发展养殖的路子上来。同年9月，国务院批转了《关于发展海洋渔业若干问题的报告》。

2. 推进渔业合作经济体制改革　早在渔业合作化时期，海洋捕捞业的生产责任制已形成以“几包”、“几定”加奖赔为主要内容的定额管理制度。后来，由于“左”的思想干扰和“文革”期间的破坏，生产责任制被斥为修正主义物质刺激而取消。十一届三中全会后，部分渔区恢复“几包”、“几定”生产责任制。1981年，根据中央《关于进一步加强和完善农业生产责任制的几个问题》，国家水产总局强调要加强和完善“几定奖赔”、“比例分成”和“大包干”等生产责任制。1982年，我国农村掀起“双包”(包产或包干)到组、到户的热潮。同年下半年，中央制定了《当前农业经济政策若干问题》，肯定了联产承包制是社会主义集体所有制经济中“分散经营和统一经营相结合的经营方式”。这个文件对沿海渔区推行“大包干”责任制起着积极的推动作用，到1983年，海洋捕捞业实行“大包干”责任制的社队由1982年占社队总数19.2%上升到84%，成为当时的主要形式。这种形式对广大渔民有巨大的吸引力，大大激发了渔民生产积极性。但是“大包干”在实际操作中普遍产生“包不足、交不齐”的情况，作为“大包干”生产责任制的进一步完善，出现了以作业渔船为基本核算单位的“以船核算”的生产责任制，并普遍推广开来。

水产养殖业生产责任制得到建立和发展。1979年开展群众性养鱼，凡是社队不便经营的零星水面，鼓励社员开展家庭副业养鱼。1980年12月全国水产工作会议认为，实行养殖生产责任制要从实际出发，采取灵活多样的形式，集中产区的专业场、队，一般可实行作业组专业承包，几定奖赔、联产计酬。广大农村养鱼要根据生产方便、有利经营和提高效益的原则。责任制的形式由社员自主选用，可以分别承包到专业组、专业户、专业人，联产计酬，签订合同，严格执行。1982年全国淡水渔业工作会议和海水养殖工作会议确定，凡是适合几家几户或一家一户分散经营的养殖项目，实行“双包”(即包产或包干)，可以包到生产组、专业户或劳动力。

3. 探索水产品流通体制改革　1979年实行派购和议购相结合(按照国家牌价收购一部分，按产购双方议定的价格收购一部分)，开放水产集市贸易的“双轨制”。此后逐步放宽购销政策，减少派购品种、派购数量。1981年国务院确定把原来全部水产品划为二类产品的范围，缩小到只限于21个品种。派购比例，除对虾全额收购外，二类海产品派购60%，养殖商品基地和淡水鱼集中产区专业社队派购不低于50%；1983年，国务院又进一步将派购范围减为8种，派购比例除对虾外一般为50%，重点产区不超过60%，并实行鱼物挂钩政策，允许国有商业企业议价销售议价购入的水产品(过去只准议价购进，不准议价售出)。1984年1月全国城市水产品产销工作会议提出只保留对虾、带鱼外，其余水产品都放开的意见。

经过产业政策的调整和生产责任制的逐步推广,调动了广大渔民群众发展生产的积极性,渔业生产逐渐恢复和发展。

## 四、全面改革和加速发展期

### (一)重大历史事件

1. 中共中央、国务院发布中央5号文件　1985年3月,中共中央、国务院发布《关于放宽政策、加速发展水产业的指示》(即中发[1985]5号文件)(简称中央5号文件)。这是新中国成立以来,第一个关于水产工作的全面性指示的文件,也是迄今为止唯一的一个以中共中央、国务院联合发出的关于水产工作的重要文件。它是新中国成立以来我国水产工作正反两方面经验的总结,也是对改革开放初期水产工作进行的全面探讨和试验的总结,更是我国水产业全面改革和加速发展的动员令和号角。中央5号文件极大地调动了全国广大渔民、农民的生产、经营积极性。中央5号文件提出的方针政策的贯彻执行,对我国水产业的可持续发展产生着深远的影响。

2.《中华人民共和国渔业法》颁布实施　1986年1月,第六届全国人大常委会第十四次会议通过《中华人民共和国渔业法》。这是新中国成立以来制定的第一部渔业基本法,体现了"以法兴渔、依法治渔"和"放宽、搞活、管好"的精神,对促进我国渔业持续快速发展发挥了重要作用。1987年10月经国务院批准,由农牧渔业部发布《渔业法实施细则》。

3. 我国第一支远洋渔业船队启航　这支远洋渔业船队,由12艘600马力拖网生产渔轮和1艘冷藏运输船组成。1985年3月10日,集结在福建马尾港的船队的主桅上高高飘扬着五星红旗,223名船员整齐列队在各船舷边。启航欢送大会后,船队迎着8级风浪驶出闽江口,顺着台湾海峡驶向南中国海。途经马六甲海峡,横跨印度洋和阿拉伯海,穿过红海和苏伊士运河进入地中海。最后经直布罗陀海峡进入大西洋。经过1万多海里的航行,历时50天,于4月29日到达西班牙的加那利群岛拉斯帕尔马斯港。然后渔船分赴西非几个协议合作国家近海水域,从此开创了我国的远洋渔业。

### (二)渔业方针和工作重点

1. 确立了"以养为主"的发展方针　在总结分析十一届三中全会以来渔业改革发展的经验、存在问题的基础上,1985年3月关于中央5号文件的出台,标志着我国渔业改革的全面深入。中央5号文件第一条就是端正水产工作的指导思想,明确方针、任务。要求像重视耕地一样重视水域的开发利用,把加速发展水产业作为调整农村产业结构、促进粮食转化的一个战略措施来部署;明确了渔业发展"以养殖为主,养殖、捕捞、加工并举,因地制宜,各有侧重"的方针,坚持国营、集体、个人一起上,产供销、渔工商、内外贸综合经营,加快速度,提高质量,讲求效益。

2. 管理体制上有重大突破　一是放开水产业经营体制。明确养殖生产可以承包到户,捕捞生产可以以船为基本核算单位,船网工具还可以折价归船上渔民所有;二是在流通体制上放开水产品价格,实行市场调节。思想的解放和体制上的突破,推进了渔业从计划经济向社会主义市场的经济过渡,调动了广大渔民农民的生产、经营积极性,使渔业生产力得到解放和发展。

3. 水产科学技术有新的发展　在水产养殖上,把传统的养殖经验与现代科学技术结合起来,加速向多品种、优质高产、现代化方向发展。合理开发利用水域资源,在继续提高中小水面养殖水平的同时,强调内陆大水面的养殖、增殖和浅海滩涂的开发利用。在捕捞生产上,开展渔业资源调查,开发新渔场,利用新鱼种,提高海洋渔业的生产能力。发现并开发了马面鲀、蓝圆鲹、鳀鱼和北太平洋鱿鱼渔场。特别是北太平洋鱿鱼渔场,至今仍是我国国有捕捞公司和群众渔业生产的主要渔场之一。在水产品保鲜加工方面,把水产品保鲜加工提高到和发展生产同等重要的地位对待,逐步改变市场上单一供应原料鱼的现状,努力做到既有鲜活的鱼虾,又有方便食用的加工品,并使各种废弃物得到综合利用,大幅度地提高经济效益。

4. 开启渔业"走出去"的大门　旧中国的海洋渔业,设备简陋、技术原始,没有能力到外海和远洋捕捞,只能在近海进行作业。新中国成立后,随着渔业的恢复和发展,大家也希望走出去,发展我国的远洋渔业。改革开放以来,解放了思想,通过与有关国家互利谈判、友好合作,为我国走出去发展远洋渔业拓展了发展空间。中央也明确支持发展远洋渔业,并在政策上给以多项优惠政策扶持。经过船只、人员的充分准备和与友好国家的谈判、签约,派出了由中水集团所属的烟台、舟山、湛江公司和福建省公司联合组成的第一支远洋船队赴西非。这是我国渔业史上的创举,充分表明我们有决心、也有能力发展自己的远洋渔业。在中央企业的带动下,各地方渔业部门也热情高涨,积极响应,很快就形成了中央和地方渔业企业竞相发展的大好形势。一年后,即 1986 年 1 月,胡耀邦总书记在新华社的一篇有关报道上批示:"发展远洋捕捞意义深远,应把发展远洋捕捞看作是一件有战略意义的大事来抓。"我国的远洋渔业逐步走上快速发展之路。到 2008 年底,全国拥有远洋渔船约 1 460 艘,远洋捕捞总产量 108 万 t,作业渔船分布在西非、东南亚和南、北太平洋渔场,并且拥有一定的加工、冷藏、物资、贮运等后勤设施,以及进出口贸易、营销手段,远洋渔业合作伙伴发展到 33 个国家和地区。

5. 加强渔业法制建设　解放初期,中央和地方各级人民政府积极恢复和发展渔业生产,国家开始制定颁布了一些渔业法规,如 1955 年《关于渤海、黄海和东海机轮拖网渔业禁渔区的命令》、1957 年《水产资源繁殖保护暂行条例(草案)》等。但"文革"期间,立法基本处于停顿状态,原有的法律制度也受到破坏。1979 年,中央书记处指示要尽快制定和颁布渔业法。1986 年 1 月 20 日,《渔业法》经第六届全国人大常委会第十四次会议通过,当日由中华人民共和国主席第三十四号令颁布,自 1986 年 7 月 1 日实施。

## 五、进入协调发展期

### (一)重大历史事件

1. 国务院批转《关于进一步加快渔业发展的意见》　针对渔业的新形势、新变化和面临的新问题,农业部党组在听取渔业局的工作汇报后,认为有必要在新的时期提出进一步加快渔业发展的意见。通过总结和调研,渔业局代农业部草拟了《关于进一步加快渔业发展的意见》,并经国务院秘书局协调有关部门的意见后,于 1997 年 1 月 6 日由李鹏总理主持的第 134 次总理办公会议审议通过,以国发[1997]3 号文件正式下达。

2. 在东海、黄海实行伏季全面休渔　1995 年经国务院批准首次在东海、黄海实行伏季全面休渔。1999 年休渔范围已扩大到渤海、黄海、东海、南海等我国管辖的全部四个海区,涉及沿海 11 个省、自治区、直辖市和香港、澳门特别行政区,休渔渔船达 12.4 万艘,休渔渔民上百万人。

3. 引导海洋捕捞渔民转产转业　针对 1997—2004 年,中日、中韩、中越三个双边渔业协定先后签署并生效后对我国渔业的严重影响,2002 年 6 月,国务院对农业部、外交部等单位联

合提出的《关于妥善解决中日中韩中越渔业协定生效后我国渔业及渔区经济面临若干问题的请示》及提出的沿海渔区产业结构调整和引导渔民转产转业政策给予了肯定，并明确了若干扶持政策。同年8月，沿海捕捞渔民转产转业工作会议在湛江市召开。

4. *第三次世界渔业大会和世界水产养殖大会在北京举行* 第三次世界渔业大会由中国水产学会和国际渔业组织发起举办，于2000年10月31日在北京召开。全国人大副委员长周光召任大会名誉主席，农业部部长陈耀邦任大会组委会主席。其间，来自54个国家和地区的800多代表（海外408人）汇聚一堂，交流论文471篇。农业部渔业局杨坚局长在大会上做主题报告，向全球展示了中国政府在渔业科技、贸易、管理、法制建设和资源环境保护等方面所做的努力和巨大贡献，受到了与会代表的热烈欢迎。世界水产养殖大会，由中国水产学会和世界水产养殖学会共同主办，于2002年4月在北京举行。本次大会的主题是“世界水产养殖之乡——中国”。全国政协副主席宋健担任名誉主席，农业部部长杜青林和中国科协副主席张玉台担任主席，农业部副部长齐景发担任执行主席并做主题报告。大会共收到论文1 086篇，分8个专题、39个子专题进行交流。大会特设面积5 000m$^2$的水产养殖技术展览会，16个国家和地区的112个大学、企业和研究单位参展。

5. *农业部发布优势农产品区域布局规划* 加入世界贸易组织，给农业带来了新的发展机遇，也使农业面临着前所未有的严峻挑战。2001年12月，农业部向国务院提交了《加快形成优势产区，积极应对入世挑战》的报告，温家宝副总理批示：“优化农业区域布局是农业结构战略性调整的一个重要任务，也是应对入世挑战，发挥我国农业比较优势的一项紧迫工作。农业部会同有关部门要抓紧编制规划，研究制定具体产业政策和措施”。2002年至2003年初，农业部选择了11种优势农产品，具体规划了35个优势产区，编制了《优势农产品区域布局规划》和11种优势农产品专项规划。《优势水产品区域布局规划》就是这11种优势农产品专项规划之一。

6. *我国党和国家领导人视察远洋渔业海外基地* 2003年12月14日，温家宝总理率团结束对美国、加拿大和墨西哥国事访问后，经西班牙拉斯帕尔玛斯港短暂停留时，专程视察中水远洋渔业公司西非办事处的海外远洋渔业基地慰问并做重要讲话。2004年11月24日，胡锦涛总书记一行结束赴拉美等国访问回国途中，在西班牙拉斯帕尔玛斯港作短暂停留期间，专门视察中国农业发展集团总公司的远洋渔业海外基地，登上渔轮与船员亲切交谈，并发表重要讲话。

**（二）渔业方针和工作重点** 经过60年探索与发展，我国渔业虽然实现了量的快速扩张和质的飞跃，但也带来了一些问题，突出表现在资源、环境矛盾日益突出。捕捞强度盲目增加，对渔业资源造成很大的压力。水域污染与日俱增，对渔业环境的修复和资源量的补充，更如雪上加霜。为了解决发展中的问题，新时期渔业发展致力于产业结构调整，强化资源与环境管理，发展理念由单纯注重经济增长转向经济与环境协调发展。

1. *推进渔业结构战略性调整* 继续将水产养殖业作为渔业结构战略性调整的主攻方向；有计划、积极发展远洋渔业，在巩固近洋性渔业的同时，提高大洋性公海渔业的比重；稳定和控制近海捕捞。1996年初全国农业工作会渔业专业会议提出，要紧紧围绕渔区经济体制和渔业增长方式两个根本性转变，依靠科技进步和提高劳动者素质，落实“快速发展养殖，稳定近海捕捞，积极扩大远洋，狠抓流通加工，强化法制管理”的渔业发展方针，着力提高我国渔业整体素质和发展质量。1997年1月国务院批转农业部《关于进一步加快渔业发展的意见》（国发

[1997]3 号)明确提出:要推动水产养殖业向深度和广度发展,控制近海和内陆水域捕捞,养护和合理利用渔业资源,积极发展远洋渔业,大力发展水产品保鲜加工,健全渔业法规,加强渔业执法工作。

渔业发展方式,从数量型向质量效益型转变。努力从增量型逐渐转向以节约资源、提高劳动生产率为前提的增效型,将渔业经济发展从主要依赖投入扩大对自然资源的消耗,逐步转向依靠科技进步和提高劳动者素质上来。《出口水产品优势养殖区域发展规划(2003—2007年)》顺利实施,基本实现了从"分散、个体规模扩张"为主的发展阶段,向"相对集中、规模化、产业化开发为主"的整合阶段的跨越,以黄渤海、东南沿海出口水产品优势养殖带、长江中下游河蟹优势养殖区为主体的出口主导型优势水产品生产"两带一区"的格局基本形成。实施水产健康养殖推进行动,通过开展水产健康养殖示范场创建活动、水产疫病防控和规范用药培训、水产养殖和产品质量安全管理、渔业科技入户工程等措施,生产者健康养殖理念大为提升,健康养殖模式和技术大范围推广应用,推进了水产养殖标准化、规模化和产业化进程。水产养殖产业集中度不断提高,实现了优势产品向优势区域集中的发展目标。

产业结构不断优化,以水产品加工、渔用饲料为主的第二产业和以水产品流通、服务业为主的第三产业比重持续上升。渔业的组织化程度不断提高,出口竞争力不断增强。养殖水产品的比较优势和规模效益逐渐显现,竞争力大幅提高。

2. *注重保护渔业资源和生态环境*　一是完善休渔禁渔制度。1995 年国务院批准首次在东海、黄海实行伏季全面休渔。1999 年休渔范围已扩大到渤海、黄海、东海、南海等我国管辖的海区,涉及沿海 11 个省、自治区、直辖市和香港、澳门特别行政区,休渔渔船达 12.4 万艘,休渔渔民上百万人,是我国迄今为止在渔业资源管理方面实施的覆盖面最广、影响面最大、涉及渔船渔民最多、管理任务最重的一项保护管理措施,取得了良好的社会、经济和生态效益,在国际上也产生了积极反响并得到高度评价。二是实施"零增长""负增长"计划。1999 年开始实施海洋捕捞产量"零增长"计划,2002 年初确立"十五"期间捕捞产量"负增长" 目标,使各地真正树立起保护渔业资源、保护生态环境、保持可持续发展的观念,摆脱了长期以来形成的"以产量论英雄"的思维模式,从注重数量的扩张转向注重质量和效益的提高,促进渔业经济增长方式的转变。

更加注重发展的生态效益、社会效益。国务院批准印发了《2003—2010 年海洋捕捞渔船控制制度实施意见》,并形成捕捞渔船和渔船功率总量控制的制度;进一步调整完善海洋伏季休渔制度,并于 2002 年开始实施长江禁渔期制度。这两项制度的实施,涉及沿海、沿江 19 个省、自治区、直辖市,涉及 12 万艘渔船、100 多万渔民,产生了良好的生态和社会效益,成为在国内外有较大影响的重要渔业管理制度。2006 年 2 月颁布《中国水生生物资源养护行动纲要》(国发[2006]9 号),从国家层面和战略高度提出了我国水生生物资源养护工作的指导思想、基本原则、奋斗目标以及需要开展的重大行动和保障措施,是指导我国水生生物资源养护工作的纲领性文件,在我国水生生物资源养护工作中具有重要的现实意义和深远的历史意义。2005 年底全国农业工作会渔业专业会议上提出渔业发展"两确保、两促进"的目标(确保水产品安全供给,确保渔民持续增收,促进渔业可持续发展,促进渔区社会和谐发展)。2002 年以来,全国性的水生生物资源增殖形成热潮,增殖放流各类水生动物苗种累计 772 亿尾(粒),90 个品种;放流中华鲟等国家重点保护水生野生动物 3 816 万尾(头),新建各级、各类自然保护区 140 多个,促进了渔业资源恢复和生态环境改善,取得了明显的经济、生态和社会效益。

3. *加强渔业法制建设* 1995年以来,我国渔业立法进程逐步加快。我国渔业资源、生态环境、渔船、渔港监督管理和渔船检验等方面的法律法规日趋完善,渔业管理的各个层面逐步走上了法制化轨道。同时,积极参与国际渔业事务管理,根据《联合国海洋法公约》的原则,“九五”期间中国与日本、韩国签署了渔业协定,中越北部湾划界协定和渔业合作协定也于2000年12月25日签署。我国周边海域新的渔业管理制度框架已基本形成,海洋渔业管理正逐步向专属经济区制度过渡。

20世纪90年代以来,我国法制建设环境进一步改善,渔业立法进一步加强。2000年10月,全国人大常委会审议通过了修改《渔业法》的决定,新修订的《渔业法》于2000年12月1日起实施。2004年8月,为贯彻《行政许可法》,《渔业法》再次修改。据统计,目前国家和地方共颁布涉及渔业的法律法规规章和规范性文件600多部(件),内容涵盖了渔业生产管理、渔业资源养护与管理、渔业水域环境保护与管理、渔业船舶检验与管理、渔港监督管理、渔业通信管理、远洋渔业管理、水产种苗管理、渔业行政执法监督管理、水产养殖质量安全管理、水生野生动植物保护和管理、对外国人和外国渔船在我国从事渔业活动的管理等渔业生产和管理的各个方面,初步形成了比较完备的渔业法制体系,渔业经济活动与管理基本实现了有法可依。

《物权法》明确规定养殖权和捕捞权。水域、滩涂是广大渔民赖以生存的基本生产资料和重要的生活保障,水域、滩涂使用制度是渔业持续健康发展的重要制度基础。2007年3月16日,《物权法》经第十届全国人民代表大会第五次会议审议通过,当日公布,自2007年10月1日起施行。在《物权法》第三编“用益物权”第十章第一百二十三条规定:依法“使用水域、滩涂从事养殖、捕捞的权利受法律保护”。

《物权法》明确了渔业权属用益物权的法律地位,丰富了渔业权的法律渊源。这是我国民事基本法律第一次明确规定养殖权和捕捞权,是渔业法律体系建设进程中的一件大事,对促进我国渔业持续健康发展、维护渔业生产者合法权益具有重大意义。

4. *加大对渔业的支持和保护力度* 党的十六大以来,中央提出科学发展观、构建社会主义和谐社会、建设社会主义新农村等重大战略构想,在发展阶段上做出“两个趋向”的战略判断,明确“工业反哺农业、城市支持农村”,始终将“三农”工作作为全党工作的重中之重,实施“多予、少取、放活”的方针,加强对“三农”的支持保护力度,2004—2008年连续出台五个中央一号文件,部署农业、农村、农民工作。在这样的宏观环境下,渔业也迎来了改革发展新的历史时期。

这一时期渔业政策的调整充分体现了“以人为本,全面、协调、可持续”的发展观,主要特点是综合生产管理能力显著增强。中央财政对渔业的投入不断增加,支持范围逐步扩大。2002—2007年中央财政专项用于支持渔业的财政资金达142.35亿元,其中2007年58.9亿元,比2002年增加53.9亿元。重点加强了水产良种繁育、病害防治、水产品质量管理、渔业资源养护、水产科研、渔港和渔业安全、渔业执法装备体系、渔业柴油补贴等方面的建设力度,解决了行业发展中亟待解决的一些难题。这些政策和项目的实施,发挥了重要的调控、引导和支撑作用,促进了渔业各项工作的开展,渔业公共服务和渔政执法装备水平有了一定提高,一些重要渔业资源得到保护和恢复,渔民生产生活得到一定改善,渔业经济持续稳步增长,渔区社会秩序稳定。

5. *更加关注民生* 从2002年开始,国家进行农村税费改革,渔业中的农业特产税、农业税逐步取消,减轻了渔民负担,促进了渔业产业结构调整和升级。2006年,针对柴油价格大幅上涨、严重影响捕捞渔民生产生活的情况，中央实施柴油补贴政策，2006、2007、2008年补贴资金分别为31.7亿元、54.3亿元、126.4亿元，这是有史以来对渔业渔民的最大的补贴项目，在很大程度上缓解了广大渔民生产生活压力，促进了渔区的和谐与稳定。2007年《物权法》"用益物权编"规定了"使用水域滩涂从事养殖和捕捞的权利"，是继1985年中发5号文件实施渔业改革以来，对渔业基本经营制度做出的一项重大决策，是我国渔业发展进程和法制建设的一件大事。《物权法》规定渔业权，体现了中央"三农"政策精神，反映了广大农民、渔民的根本利益和共同愿望，将对发展现代农业、建设社会主义新农村、构建社会主义和谐社会发挥积极作用。

## 第二节　渔业的辉煌成就

渔业是人类文明发展中最古老的产业之一。我国渔业生产有着悠久的历史。上古之时，"作结绳而为网罟，以佃以渔"。猎鸟兽为佃，捕鱼鳖为渔。这种人类的"渔猎时代"，就是水产捕捞的开始。我国水产养殖起始于商代后期(约公元前1000多年)。公元前400多年，范蠡养鱼致富，并对当时的养鱼经验进行了总结。流传至今的范蠡的"养鱼经"，是我国最早的养鱼著作，也是目前世界上见到的最早的水产养殖著作。

我国渔业资源丰富。海洋水域辽阔，海岸线长18 000km，大小岛屿6 500个，岛岸线长14 000km，海洋渔场面积82万$km^2$，浅海、滩涂面积2亿多亩。内陆江河湖泊水域2.6亿亩。水生动植物种质资源也十分丰富。

中华人民共和国成立60年来，在政治、经济、文化、对外经济技术合作各个方面都取得了举世瞩目的辉煌成就。我国渔业发展60年，与共和国同步成长，从渔业小国发展到渔业大国，又从渔业大国向渔业强国迈进，同样为国人欢欣鼓舞，在世界上令人刮目相看。

### 一、渔业生产得到恢复和发展

新中国成立前，广大渔民、农民深受压迫、剥削，渔业同样工具破旧，技术落后，生产发展缓慢。抗战(1936)前全国水产品最高年产量仅为150万t。特别是抗日战争期间，日本帝国主义对我国渔业的摧残更加厉害，1 300多条大小渔轮横扫我国海面，酷渔滥捕，不仅破坏资源，而且挤压我国渔业，欺侮我国渔民。日本投降后，国民党政府的苛捐杂税多达三四十种，封建渔行的剥削变本加厉，广大渔民生活和渔业生产处于极度困难之中。

直到全国解放，我国渔业生产才得以逐步恢复。1949年全国水产品产量仅44.8万t，1952年上升到166万t，超过了抗战前最高纪录。随着人民生活水平迅速提高，渔业资源的衰退，1960年前后连续三年自然灾害，加之管理工作不到位等原因，我国水产品供应短缺，"吃鱼难"问题严重存在。

为了解决这个问题，国家专门成立了从中央到地方的各级国营水产供销公司，对水产品实行统购统销，除自食部分外生产者一律不得自行销售。想在计划之外买点水产品十分困难。

逢年过节，不少单位往往为买鱼难发愁，有的甚至派出专人到产地的关系单位，希望能买到一点水产品，为本单位职工谋点福利。

为什么会存在"吃鱼难"的问题？除上面提到的原因，关键就在于计划经济体制下，水产品价格由国家物价管理部门统一规定，好鱼次鱼一个价、淡季旺季一个价，甚至连续几年、十几年一个价。这样的价格政策，既调动不了渔民的生产积极性，又影响了加工流通领域的经营积极性，水产公司对产品质量不关心，腐烂变质的鱼一起进冻，出库时“看上去硬邦邦，(解冻后)吃起来臭烘烘”。数量少，质量差，“吃鱼难”困扰着水产品市场。

针对“吃鱼难”问题，中央和地方采取了一些有效的方针政策，水产战线广大渔业工作者进行了坚持不懈的努力，使“吃鱼难”问题从20世纪80年代后期开始逐步得到缓解，并成为世界的渔业大国。据《人民日报》1986年1月30日报道：广东省放开水产品价格后，在价值规律的作用下，水产品生产大幅度增长，改变了“食无鱼”的状况，鲜鱼由供不应求迅速发展到供过于求。

## 二、水产品产量快速增长

据农业部统计，我国水产品总产量，1949年为44.8万t，到2008年全国水产品总产量达到4 890万t，比60年前增加了108倍。按联合国粮农组织的统计方法：1988年我国水产品产量(1 138万t)仅低于日本(1 197万t)，居世界第二；1989年，我国水产品产量上升到1 221万t，超过日本跃居世界首位。从1989年开始至2008年，我国水产品产量已连续20年居世界第一，成为“渔业大国”。我国水产品人均占有量，2007年为36kg，是当年世界人均占有量的1.6倍。

渔业的快速发展，拓展了食物来源，增加了优质蛋白质供给，不仅解决了我国城乡居民的“吃鱼难”问题，而且为水产品深加工提供了充足的原料，为不断提高水产品的人均消费量，改善居民的膳食结构，强体健身，增强民族健康，做出了贡献。

## 三、渔业在国民经济中的地位日益彰显

我国大农业包括“农(种植)、林、牧、副、渔”。1949年全国渔业产值仅占当年大农业总产值的0.2%。到1978年，渔业在大农业总产值中的比重虽然有了大幅上升，也不过达到1.6%。当年渔业在人们脑海里的印象是：渔业“不就是打鱼摸虾嘛”，在国民经济中能有多大出息呀。经过60年的奋斗，渔业已成为大农业中发展最快的产业之一，目前我国渔业产值在大农业总产值中的比重已上升到10%左右，渔业在国民经济中的地位发生了重大的变化。

发展渔业生产，还可以有效开发利用不适合农牧业生产的国土资源，缓解人多地少的矛盾。60年来，渔业中的水产品生产不仅作为第一产业得到快速发展，而且，有效带动了渔业中第二产业、第三产业的发展。由于渔业发展而带动起来的贮藏、加工、运输、销售、渔用饲料、渔药、渔业机械等一批产前产后的相关行业，规模不断扩大，从业人数大量增加，从而为繁荣农村经济、解决农村富余劳动力、维护农村社会稳定发挥了一定的作用。渔业在一部分地区已成为当地重要的支柱产业和主要的经济增长点。目前，渔业为我国渔区、农村劳动力创造了大量就业和增收的机会。据统计，2008年全国渔业从业人员为1 454万人，渔业人口2 096万人。如果再加上未进入渔业统计的第二产业、第三产业中涉渔劳动力和涉渔人口，渔业创造的就业岗位和赡养的人口就更多了。

渔业，特别是水产养殖，作为农村产业结构调整的目标产业，受到广大农民的欢迎，引起各地政府及农业主管部门的高度重视。同时，也为广大渔民、农民脱贫致富和社会主义新农村建设发挥了重要作用。

## 四、为保障粮食和食物安全做出贡献

目前,人类正面临着食物不足、资源短缺和环境遭受破坏等几大困扰。人多地少,是一个全球性的矛盾。为了缓解人口膨胀对食物需求日益增长的压力,FAO曾召开世界渔业部长会议以及“渔业对粮食安全保障的持续贡献国际会议”,强调渔业对食物安全的重要作用。在我国,人均耕地不到1.2亩,仅及世界人均耕地的1/3,问题更为严峻。在内陆耕地资源已基本充分利用的情况下,越来越多的国家把目光转向了占地球表面积72%以上的水域(即海洋、江河、湖泊)上。水域中的生物种类约占地球所有生物种类的2/3以上,是解决人类粮食危机问题的重要潜在资源。水生生物资源的开发利用,将会成为开拓人类生存与发展空间的必然趋势,以及缓解全球粮食危机的重要战略措施之一。因此,发展渔业生产,从广义的角度看,可拓展食物来源,满足人类需要,保障粮食与食物安全。

随着经济的发展和生活水平的提高,人们对动物蛋白的需求不断增长。那么,什么是生产动物蛋白质效率最高的途径呢?美国著名生态经济学家莱斯特·布朗曾在接受《环球时报》记者访谈时表示,美国人吃牛肉,1磅牛肉的动物蛋白质需要7磅谷物来换取。这种模式不适合其他国家。他认为,淡水渔业可以减小谷物消耗以换取更多动物蛋白质的好方法。并且认为发展淡水渔业生产动物蛋白质是中国对世界的贡献。

## 五、水产品购销两旺,市场繁荣

与以往计划经济体制下的市场相比,现在水产品丰富,品种多样,信息灵通,运转灵活,市场繁荣,充满活力。在水产品加工、流通贮运方面的发展,不仅是对以消费鲜活产品为主的观念的转变,也是对原料鱼利用效率的大幅度提升,而且在硬件建设上也有了重大的技术进步。

水产品鲜活易腐,需要得到冷链等系统的保障。现在国内已拥有自主知识产权的,可达到70℃～80℃的超低温冷库、超低温冷柜,可供需要超低温冷冻冷藏保鲜的如金枪鱼、三文鱼等品种保鲜的需要。

在运输方面,各种不同需要制冷加工运输船、冷藏车等承载水产品运输任务。必要时可以空运,有的鲜活水产品如广州的石斑鱼,几个小时就可到达北京。

调整水产品购销政策,不仅调动了商品生产者的积极性,而且催生了多渠道、少环节、开放型的新的流通体制。目前全国有水产品批发市场300多家,约有80%的水产品是经批发市场进入零售及消费终端的。同时,促成了流通主体的多元化,广大渔民、农民、个体商贩、国有和民营企业、合作经济组织等。众多的水产品代理商、经纪人在水产品经销中发挥重要作用。水产品批发市场建设加强,交易层次逐步提升,还可降低交易成本。

## 六、渔业的产业功能得到拓展

传统的渔业,主要是发展水产品生产,以满足消费者对水产食品不断增长的需要。然而,现代渔业,不仅要继续为保障人类粮食和食物安全做出贡献,还要在更广泛的领域,充分发挥渔业在生态、经济、社会和文化等方面的功能。当今渔业,有着更广泛更美好的发展空间与巨大的市场潜力。随着经济的发展、居民生活质量的提高,人们对渔业的多种功能产生了更大的兴趣。

渔业功能的拓展,主要体现在以下3个方面:一是产业链的延伸。在继续用作餐饮佳肴烹

饪的同时，还加工成各种风味不同的熟食品、半成品、卫生方便食品、药膳滋补品以及提取海洋药物等。产业从生产到加工是一种延伸，从加工到流通是又一次延伸，每次产业链的延伸，都使劳动岗位得到扩充，产品价值得到增值。二是渔业与其他产业融合发展。近些年迅速发展起来的休闲渔业，如渔业与体育相融合的垂钓休闲、捕捞体验休闲、渔业餐饮休闲等。三是进入文化、精神领域的功能拓展。如观赏鱼产业，这种鱼，既不能吃，又不能用，但随着经济的发展、社会的进步，对观赏鱼的品种选育、养殖技术以及养殖设备、装置等，正在形成一种不小的产业。渔业，作为一种理念，进入诗歌、文学、绘画、鱼拓等领域。如2008年奥运会选定的吉祥物五个福娃，其中排列在最前面的叫"贝贝"。在中国传统文化艺术中，"鱼"和"水"的图案是繁荣与收获的象征，人们用"鲤鱼跳龙门"寓意事业辉煌和梦想成真。贝贝的头部纹饰使用了中国新石器时代的鱼纹图案。贝贝温柔纯洁，是水上运动的高手，与奥林匹克五环中的蓝环相互辉映。鱼文化是我国蕴涵深厚的一种传统文化。渔业，作为思想观念与历史传承，正在进入文化产业。

## 七、科技进步推动产业层次总体提升

目前我国渔业科技综合实力在国际上总体处于中上水平，其中，水产养殖业的应用技术处于世界先进水平，池塘养殖等部分领域达到世界领先水平。

新中国成立时，全国只有一个中央水产实验站。新中国成立后开始加快国家渔业科研体系建设，直属国家渔业主管部门的研究机构，黄海、东海、南海3个海区所，长江、珠江、黑龙江3个流域所，渔业机械仪器所相继诞生。各省、自治区、直辖市的水产科研机构也逐步建立。到1987年，中国水产科学研究院已有直属研究机构11个、职工总数3 200多人。全国地区级及以上水产科研机构107个、职工总数6 700多人。

60年来，水产科技硕果累累。以中国水产科学研究院为例，截至2007年底，该院共取得各类科研成果3 000多项，近500项成果获国家或省部级奖励，其中国家奖51项，省、部级奖励400多项。

我国渔业科技取得了一系列突破性成果。"四大家鱼"(青、草、鲢、鳙)人工繁殖的突破，使许多优良水产种类的养殖得到大规模发展成为可能。增氧机的使用、人工配合饲料和无公害渔药(疫苗)的研制与应用，使水产养殖技术得到创新，集约化养殖快速发展。这些先进技术的推广，不仅改变中国的、也改变世界的水产养殖业面貌，同时使一些濒临灭迹的名贵水生物种得以保存和延续。海洋中上层鱼类的开发，以及远洋鱿鱼资源探捕技术的成功，促进了海洋捕捞业的持续发展。渔业科技支撑行业管理的能力不断增强，科研院所对我国专属经济区和大陆架海洋生物资源及其栖息环境调查与评估工作，达到世界先进水平，为我国专属经济区生物资源的可持续利用及中日、中韩和中越渔业谈判和渔业合作协定的签订，提供了重要的基础资料。

水产技术推广工作形成体系，不断加强。我国水产技术推广站的建立始于20世纪50年代初，先是在沿海一些渔业比较发达地区成立了水产技术推广站，推广和传授先进技术，受到渔民欢迎。但在"文革"期间受到打击和破坏，以至发展比较慢。直至1990年6月，农业部正式成立了全国水产技术推广总站，各地推广站相继建立，体系逐渐形成。截至2008年底，全国省、地、县、区、乡已建5级水产技术推广机构13 217个，其中水产站4 132个，综合站9 085个；已建机构中全额拨款站8 895个，差额拨款站2 809个，自收自支站1 423个；核定编制人数

38 676人,实有人数 36 887 人。

科技进步对渔业经济发展的意义主要表现在:一是有效地拓展了渔业生产领域,提高了对水域资源的开发利用水平,从而使许多从前未被利用或利用率很低的资源得到较为充分的利用。二是大幅度提高了水域利用率和劳动生产率,如淡水养殖平均亩产从 1980 年的 21kg 上升至 2000 年 191.6kg,增加了 8.1 倍,海水养殖平均亩产从 1980 年的 221.8kg 上升至 2000 年的 568.9kg,增加了 1.5 倍。三是有力地促进了渔业生产方式的变革,从单纯依靠自然资源和大量的物质消耗为其主要特征的传统渔业生产方式得到改善,人工控制水平和现代化程度较高的养殖方式得到较大发展,保证了渔业的可持续发展。

## 八、水产品品种繁多,质量稳步提高

随着渔业综合生产能力的提高、增长方式的转变和产业层次的提升,市场上各种水产品琳琅满目。按产品来源划分,有海水的、淡水的、捕捞的、养殖的、本地的、外地的和国外的。按品种和种类划分,有生猛的、鲜活的、盐渍的、熏制的、鱼类、甲壳类、两栖类、贝类、藻类、珍珠等。按商品档次划分,大众化的水产品,有草鱼、鳙、鲢、鲤等,每千克几元钱至十几元;一般的名优产品,有青鱼、鳜、龟、鳖、金枪鱼、多宝鱼等,每千克几十元到几百元;名贵种类产品,有河豚鱼、石斑鱼、海参、鲍鱼、鱼翅等,有的每千克在千元上下;还有更加珍稀的产品,如观赏鱼、黑珍珠、河豚毒素等,其价格更加不菲。不同品种、不同档次、不同规格、不同质量、不同价格,能为不同消费群体提供营养丰富、质量上乘、各具特色的水产品。只要消费者对这类水产品有需求,市场上就能买得到。

国家依法加强水产品质量的检测、认证和监管。水产食品安全的日常管理,主要强调:"抓源治本",各个生产环节的监管得到加强;逐步完善渔业官方兽医、执业兽医和渔用兽药处方制度,突发疫情的快速反应能力得到增强;建立水产品准出和市场准入制度,开展追溯调查和监管,全面提升水产品质量安全水平。

30 年来,我国水产品质量管理,无论是观念、还是软件和硬件,都有进一步提高。在全国强调从源头抓起,加强水域环境管理,积极推广健康养殖技术,倡导安全使用渔药,加强水产品质量监督管理,严格行政执法。通过政府的引导和生产者、加工者和经营者的共同努力,特别是对食品安全高度警惕的高素质消费者队伍的形成和政府有力监督,我国水产品质量安全让消费者充满信心。

## 九、渔业国际化程度显著提高

渔业国际化主要体现在以下方面:一是与有关国家开展远洋渔业合作;二是发展国际水产品进出口贸易;三是积极参与国际渔业经济技术合作,充分参与公海渔业资源的养护与管理,树立我国是负责任渔业大国的良好形象,并争取得到应有的公海渔业资源权益。

水产品出口在我国进出口贸易中发挥重要作用。早在新中国建立初期,水产品就是我国农产品出口创汇看好的重要产品之一。我国水产品出口总额,2008 年达到 106.1 亿美元,比 1978 年(2.6 亿美元)增长 30 多倍。在我国大宗农产品出口中,从 2001 年至今,已连续多年位居首位,以 2006 年为例,占全国农产品出口总额(310 美元)的 30%,并实现贸易顺差 50 亿美元。

从 2002 年起,我国水产品出口额已连续多年位居全球第一。2007 年我国水产品产量约

占全球总产量的36%。

我国也是世界上最大的水产养殖大国。我国水产养殖产量约占全球水产养殖产量的70%。

扩大渔业对外开放，既是历史机遇，也是渔业系统广大干部群众解放思想、转变观念和共同努力的结果；既是我国渔业发展的需要，也是国家加强对外友好合作的重要方面，与有关国家和地区实行优势互补，实现双边共赢和多边共荣。

## 第三节　渔业发展规律的思考

回顾60年的历程，分析正反两个方面的经验，探讨我国渔业的发展规律，我们需要以科学发展观为指导，坚持从实际出发，进一步深化改革，扩大开放，创新制度，加强管理，走中国特色社会主义渔业的发展道路，需要加快现代渔业建设，提升产业层次，提高渔业的国际竞争力，为构建和谐社会和建设社会主义新农村服务，为广大渔业生产者和消费者服务，为保障粮食与食物安全做贡献。

新中国渔业和渔区经济的发展并不是一帆风顺的，而是一个既有探索前进中的失误，更有辉煌成就的曲折发展的历史进程。60年来，我国渔业主要经历了以下考验、锻炼和发展：一是经历了从计划经济向市场经济转变的飞跃与阵痛。高度集中的管理模式，平均主义的分配方式，长期困扰着渔业经济的发展，直到改革开放以来放开生产经营、放开产品价格，才逐步向社会主义市场经济过渡，使渔业走上快速发展的道路。二是在传统产业向现代产业的转变中求发展。当前我国渔业的总体规模和综合生产能力在全世界是独占鳌头的，但在产业的发展层次和产品的技术含量上与发达国家相比还有一定的差距，仍处在从传统渔业向现代渔业的发展过程中。三是承受市场竞争与自然灾害双层风险。由于长期以来技术落后、小规模分散经营，加上水产品鲜活易腐，难于运销，要进入市场成为商品还有着复杂的经营环节。小生产在大市场面前往往处在弱势地位。而且，在国民经济诸多产业中渔业生产也是备受自然灾害而成为风险最大的产业之一。如何规避风险，争取好的效益，依然是渔业经济运行中不可回避的重大问题。四是在保障供给和发展经济的矛盾中经受考验。水产品不仅要保障国内居民不断增长的消费需求，而且从新中国成立以来，水产品就是我国出口创汇的重要产品之一，同时也经常在国际“反倾销”及技术壁垒冲击中求生存。五是随着人口的增长和需求的扩大，面对强大的捕捞压力，渔业自然资源日渐衰退，养殖水域环境污染日趋严重，以牺牲自然资源为代价换取渔业的快速增长问题更是相对突出。虽然采取了休渔禁渔、转产转业等重大政策措施，但环境修复和资源保护的有效解决，仍是一项艰巨而长期的历史使命。回顾60年的历程，探讨我国渔业的发展规律，建设中国特色社会主义渔业，有着重大的现实意义和深远的历史意义。

回顾60年来、特别是近30年来的改革开放的巨大成就，总结历史的经验教训，以下规律是值得人们深思的。

### 一、以资源与环境保护为基础，促进渔业可持续发展

早在先秦之时，相传夏禹治国时，要求“夏三月，川泽不入网罟”。这可能是关于禁渔期的最早法令，后人称之为“禹禁”。又据《荀子》记载，水生动物“孕别之时，网罟毒药不入泽，不夭

其生,不绝其长也”。新中国成立,水产部门在渔业资源与环境保护方面做了许多工作,并于1957年4月由水产部颁发了《水产资源繁殖保护暂行条例(草案)》。但1960年前后严重自然灾害的困难时期,人们把禁渔区、禁渔期置之脑后,“采取层层围网,内外夹击”、“把一切可以而且应当捕获的鱼都捕获起来”等应急措施,渔业资源受到严重破坏。1964年国务院批转了水产部制定的《水产资源繁殖保护暂行条例(草案)》,要求各省市、各有关部门研究试行。又经过一段时间,1979年2月,国务院正式颁布了《水产资源繁殖保护条例》。

近些年来,尽管国家在制定和实施控制捕捞强度、休渔禁渔制度和渔民转产转业政策等方面做了一定工作,捕捞强度增长的减压仍未得到根本解决。

在生态与环境方面,沿海“赤潮”时有发生;在内陆大水面,则是“蓝藻”为害。据媒体报道,“2007年,一些人、一些事影响了我们的环境与生活,让我们感受到了发展的力量与冲击”。这些“绿案事件”中,被列为年度排行第二的就是太湖蓝藻事件,它不仅当时震撼了全国乃至全球,而且使人至今谈藻色变。这年5月29日,一场突如其来的饮用水危机席卷太湖。美丽的太湖水面上,漂起的死鱼随处可见。随后,滇池、巢湖也相继暴发蓝藻。小小蓝藻制造出来的危机冲击了湖区人民群众的安定生活,也触动了中国经济发展和环境保护的敏感神经。高增长的中国进入了“水污染密集暴发阶段”,凸显经济高速成长之痛。

60年的实践再次显示,资源保护与环境修复,是渔业可持续发展的基础。在这方面我们做了大量的工作,取得了一定的成绩,也有着深刻的经验和教训。但是,渔业资源的公有性、有限性与开发利用利益最大化之间的矛盾,依然是制约渔业健康发展的基本矛盾。由于经济利益的驱动,生产经营者往往敢冒各种法律和制度的风险,进行过度捕捞或从事高密度养殖,动摇了渔业持续发展这个基础。渔业资源与环境保护,仍然任重而道远,对此不能低估和懈怠。

太湖蓝藻事件引起了党和政府的高度重视。2007年6月29日,中共中央常委、国务院总理温家宝专程到太湖进行考察和指挥灭藻。同年10月,胡锦涛总书记在党的十七大报告中明确提出“生态文明”新概念,将节能减排从行为实践推向了文明建设的高度。我们同样必须保持清醒头脑,立足“生态文明”的高度,加强渔业的资源与环境保护,促进我国经济及渔业的可持续发展。

## 二、从实际出发,探索中国特色社会主义渔业的发展道路

60年来我国渔业的快速发展,得益于我们从实践中对渔业发展规律的探索,得益于沿着中国特色社会主义渔业发展道路孜孜不倦的追求。从我国国情和产业的实际出发,探索我国渔业资源科学合理开发利用的发展模式。60年前,当时渔业基础十分薄弱,日本侵华期间的掠夺和国内战乱的破坏,使渔业大伤元气,渔民生产与生活极度困难。1950年2月的首届全国渔业会议上,针对面临的时局,提出了“以恢复为主”,“先恢复,后发展”的方针,从此迈出了新中国渔业发展的历程。在恢复和发展中,从实际出发,努力转变渔业发展方式,不断优化渔业产业结构。我国渔业的发展道路,实际上是渔业结构不断调整、优化的过程,是中国特色社会主义渔业发展道路的深入探索和不断完善的过程。

渔业结构的战略性调整主要包括以下几个方面。

**(一)抓住“养捕”这个主要矛盾进行总体优化** 捕捞渔业是以大自然禀赋的水生生物资源作基础进行的渔业生产。这种资源虽然是可再生资源,但受生物生长规律的制约,不仅生产力低,资源量有限,而且一旦受到破坏,资源与环境在短期内很难修复。水产养殖业,则是以人工

培育生物资源为基础，能够在较大程度上得到人为的调控，进行比较稳定的生产。而且，水产养殖是一种劳动密集型产业，也有利于扩大劳动就业。

养殖与捕捞构成是我国渔业最基本的产业结构，通过多年调整，发生了根本的转变。60年前我国渔业以捕捞为主，少量的水产养殖甚至未能列入统计。直到1954年水产养殖产量才见诸统计报表之中，当年养殖产量为43.17万t，养殖与捕捞产量比例为16∶84。30年前的1978年，全国水产品总产量为536万t，养殖与捕捞产量之比为29∶71。1988年水产品总产量为1 061万t，养殖与捕捞之比为50.1∶49.9，成为我国渔业史上的拐点，从此养殖超过了捕捞，并成为世界渔业大国中唯一的一个养殖超过捕捞的国家。随着国家政策的扶持和科学技术的进步，解决了水产养殖中的许多难题。2008年我国水产品总产量为4 901万t，养殖与捕捞比例为65∶35，养殖已占有绝对优势。

**（二）优化水产养殖业结构**　在水产养殖产业中，首先是优化养殖品种结构。通过水产技术进步和市场引导等方面的共同努力，我国在全球首次突破了人工繁殖和孵化，使大规模进行水产养殖成为可能。养殖对象从解放初期以青、草、鲢、鳙、鲤、鲫、鳊及沿海滩涂护养等少数几个品种为主，发展到目前大规模常规养殖的就有40多个品种，既有从国外引进的，也有国内培育的名特优新种类。二是扩大养殖范围。不仅内陆养殖发展迅速，海水养殖增长幅度更大；不仅在降水比较丰富、条件较优的东部和中部地区发展，而且，包括西藏在内的广大西部地区，也采取相应的养殖方式发展内陆养殖。三是实施多样化的养殖方式。从利用山塘、湖泊、水库和池塘养鱼，发展到“三网”（网箱、围网、拦网）养鱼、深海抗风浪网箱养殖、工厂化养殖、流水养鱼、利用地热养鱼、稻田养殖等多种养殖模式。四是全面推进水产健康养殖。充分发挥各地的资源和区位优势，引导和培育优势产品和优势产业带。实施水产品市场准入与准出制度，提高水产品质量安全水平。

**（三）控制捕捞强度，修复环境，养护资源**　20世纪80年代起我国开始实施海洋捕捞渔船和功率指标双控制制度；90年代又提出海洋捕捞“零增长”、“负增长”计划；2001年起实施沿海捕捞渔民转产转业计划，中央和地方财政共同出资鼓励和引导部分海洋捕捞渔民减船转产，退出捕捞行业。针对捕捞强度逐渐加大，对渔业资源造成强大压力的局面，这些政策的实施，我国海洋捕捞强度盲目增长的态势得到初步遏制，捕捞产量已实现负增长。

**（四）重视渔业产业链的延伸和产业功能的拓展**　狭义的渔业，是指水产品的生产，属第一产业。随着第一产业的发展，水产品的加工、渔业设施的建设与船、网、工具的建造等第二产业发展起来。随着人口的增长和居民生活需求的多样性，水产品贮运、购销、餐饮消费及进出口贸易等服务行业发展起来，渔业从第一产业逐渐向第二产业和第三产业延伸。

传统的渔业功能，是进行水产品生产，以满足消费者对水产食品不断增长的需要。然而，渔业的功能远不限于水产食品生产。在发展食用水产品生产的同时，还需要充分发挥各地不同水域和种质资源的特点，积极开发旅游观光、垂钓休闲、观赏鱼产业，发展水产特色餐饮、保健食品、水产药物研发，为人类生存提供洁净的环境和自然风光，营造高雅的文化内涵，创造美好的生存空间，以满足消费者对渔业发展的多元化需求。

渔业产业链的每一步延伸、产业功能的每一次拓展、产业层次的不断提升，都在潜移默化地改写着渔业内涵，都在为一个包罗万象的“大水产”的发展创造了新的生机，为渔业的健康持续发展提高了技术含量，带来了新的效益，开发了新的市场，都为社会创造了新的就业岗位，为广大渔民、农民提供了更多更好的脱贫致富的机会。

## 三、以市场为导向,调动各有关方面的积极性

我国渔业发展的60年,是由计划经济向社会主义市场经济过渡的60年,是尊重人民群众首创精神,努力调动各方面积极性的60年,是在正确与错误的比较中不断完善和发展的60年。

解放初期,采取了稳步地、有重点地发展海洋渔业,扩大淡水养殖面积,加强国营企业的建设等措施,到1958年初,我国渔区和渔业发展呈现一派欣欣向荣景象。

但是,由于缺乏社会主义建设的经验,在思想上急于求成,1958年下半年开始出现了高指标、浮夸风,"一大二公",搞平均主义,实行统购统销政策。虽然1961年,贯彻中央对国民经济实行"调整、巩固、充实、提高"的方针,水产业进入全面调整,生产逐步回升。然而"文革"动乱期间,再度出现生产规模过大、否定"按劳分配",以及把农民家庭养鱼视为"资本主义尾巴"。这些错误的方针政策,严重挫伤了渔业生产经营的积极性。

随着"文革"的结束,1977年对我国水产工作方针进行了重大调整。1979年3月的全国水产工作会议,贯彻中共十一届三中全会精神,在总结水产工作经验和教训的基础上,强调从实际出发,按自然规律和经济规律办事,把水产工作着重点转移到大力保护资源、积极发展养殖、提高产品质量3项重点工作上来;1985年发出的《中共中央、国务院关于放宽政策、加速发展水产业的指示》,明确提出了"以养殖为主",高度概括了我国水产工作的指导思想、发展战略与发展模式;此后,1997年国务院批转农业部《关于进一步加快渔业发展的通知》,强调了渔业在大农业中的地位和作用以及渔业的战略性调整;本世纪初关于加快农业区域布局调整,建设和完善水产养殖"两带一区"(即东南沿海出口优势养殖带、黄渤海出口优势养殖带和长江中下游优势水产养殖区)的总体布局;2008年10月十七届三中全会通过的《中共中央关于推进农村改革若干重大问题的决定》,特别强调把"推进水产健康养殖,扶植和壮大远洋渔业",作为"推进农业结构战略性调整"的一个重要组成部分。

总结渔业60年来特别是近30年来改革开放的经验,主要体现在以下几个方面:一是放开水产品市场。从20世纪50年代就提出了"不应该过于强调国营、强调集中,应该发动群众采取各种方法发展水产业(摘自国务院五办副主任程子华,在1958年2月召开的全国水产工作会议上的讲话)"的思路。经过20多年的"吃大锅饭"、搞无政府主义的教训,70年代末开始改革,实行联产承包责任制。90年代发展产业化经营。到目前正在探索的渔业合作经营制度。这些宝贵经验,在保证渔业权的前提下,使我国渔业从传统的小农经济逐渐进入大市场,从小规模分散经营逐步走向适度规模的产业化经营,从而持续健康发展。二是改革水产品流通体制。1953年,农业部就提出了要搞好加工运销工作,并制定实行多种经济并存、自由购销政策。但后来不切实际的急于求成以及"文革"动乱,集市贸易被取消、"二道贩子"被取缔,由国营水产商业"独家经营",价格倒挂,财政补贴,使具有商品特性的水产品生产实际上成为披着商品外壳的产品经济。改革开放以来,水产品流通重新受到重视,水产品全部放开,价格随行就市,实行市场调节。在此基础上,先后出台了加强市场监管,保障安全消费,建立水产品市场准入和产品准出等制度、政策,不仅很快解决了国内水产品严重短缺问题,而且在促进利用国内外"两种资源"、面向国内外"两个市场"出现日新月异的变化。三是稳定渔业基本经营制度。贯彻党的"三农(农业、农村、农民)"大政方针,把渔业纳入大农业的发展环境中,按照中央"多予、少取、放活"的精神,出台有关的惠农、惠渔政策。探索和不断完善渔业经济合作组织,推行

不同类型的“公司+农户”渔业产业化经营，稳定农村、渔村的基本经营制度，调动生产经营积极性，为渔业进入国内外大市场从制度建设上给予保障。

## 四、坚持政策引导，强化产业的支撑保障体系建设

我国渔业之所以能取得如此巨大的成就，究其根本原因，就是在制定和实施正确的方针、政策的同时，重视了渔业的技术进步和产业支撑保障体系的建设。主要包括以下几个方面。

一是坚持科学技术面向经济建设主战场。从解放初期鼓励渔业技术革新，开展联合攻关，到建立专业的水产科研机构，进行体制改革，推动渔业技术进步。经过60年的建设和几代人的拼搏与奉献，现已初步建成学科和技术较为齐全、布局较为合理、贡献和效益较为突出的科研和开发体系。我国渔业的快速发展正是与科技进步分不开的。科学技术对渔业经济发展的促进作用主要表现为：有效拓展渔业生产领域。科技的进步，提高了对水域资源的开发利用水平，从而使许多从前未被利用或利用率很低的资源得到较为充分的利用；大幅度提高水域利用率和劳动生产率。使水产养殖的单位面积产量大幅度上升，经济效益快速提高；促进渔业发展方式的变革。随着技术的进步，从单纯依靠自然资源和大量的物质消耗为其主要特征的传统渔业生产方式得到改善，人工控制水平和现代化程度较高的集约化养殖方式得到较大发展，以生物技术、信息技术为主的渔业高新技术，加快渔业现代化的步伐。以水产养殖为例：20世纪50年代，海带人工育苗技术的突破，带动了海藻养殖业的发展；60年代，“四大家鱼（青、草、鲢、鳙）”人工繁殖技术的突破，推动了海、淡水鱼类养殖业的崛起；70年代，栉孔扇贝人工繁殖技术的突破，使得海水贝类养殖迅速兴起；80年代，中国对虾人工育苗技术的突破，催生了甲壳类养殖产业；90年代以来，河蟹、河豚、鳜鱼、大菱鲆、大黄鱼等繁育养殖技术的成功，带动了名特优水产品养殖的发展及水产养殖效益的提高；网箱、流水养殖和抗风浪深水网箱等集约化养殖技术的确立，推动了设施渔业的发展。先进技术的突破、优良品种的选育、生产工艺的革新，都能开创新的生产局面，促进渔业经济发展不断涌现新的亮点。作为水产科学研究国家队的中国水产科学研究院的成长，对促进水产应用基础研究水平的提高，不仅一些领域在国际上能够处于先进或领先地位，而且还对培养高端人才，贮备高新技术，增强渔业发展后劲有着重要意义。

二是加强渔业技术推广体系的建设。随着渔业的快速增长，促进渔村、农村出现新的学科学、用科学热潮。1952年起，在烟台、舟山、绍兴等地就建立了水产技术推广站。1954年，广东全省已有近百名专业技术人员从事水产技术推广工作。1978年以后，水产技术推广机构又得到了迅速恢复和发展，省（区、市）级技术推广总站相继建立。1990年，全国水产技术推广总站正式成立，全国水产技术推广体系更加完善，形成规模。为现代渔业建设提供技术支撑的能力显著提升，同时，对开展技术技能培训和全面提高劳动者素质方面产生了深远影响。

三是加强渔业基础设施建设。增加投入是发展现代渔业的关键问题。尽管60年来我国渔业快速发展，取得了举世瞩目的成就，但渔业依然是一种备受关注的弱势产业。发展渔业特别是海洋渔业，自然环境和市场风险大大高于大农业中的其他产业。为逐步提高渔业的抗灾能力和改善渔业生产条件，改变渔业发展后劲不足等问题，必须加大渔业的投入。作为渔业简单扩大再生产，更多的投入主体仍然主要靠渔业生产者、经营者积累。但作为渔业的基础设施，建设现代渔业的公益事业，都需要从工业返哺农业、城市支援农村的大政策中，对渔业支撑保障体系的建设给予保证。国家对渔业的财政投入，特别要重视渔业基础设施建设的投入、水

产科技与推广公益事业的投入、加强渔业执法体系建设的投入、环境保护及资源修复与增殖的投入,水产品质量和安全消费的投入、加强渔港建设构建平安渔业的投入、壮大远洋渔业基础建设的投入。

## 五、实施"走出去"战略,提高我国渔业的国际竞争力

我国渔业实施"走出去"战略,主要体现在3个方面,一是发展远洋渔业,参与国际渔业资源的共同开发;二是通过水产品的精深加工生产,发展水产品国际贸易;三是参与国际经济技术合作与交流。

远洋渔业是我国渔业产业的重要组成部分。发展远洋渔业生产,科学开发利用海洋生物资源,可以为保障国家粮食和食物安全做出贡献,可以提供大洋的、深海的、没有受到或很少受到污染的"纯天然"的绿色食品,满足广大消费者需要,从而进一步开拓水产品市场。同时,由于远洋渔业、特别是大洋深海渔业,是一种开放型渔业、创汇型渔业,科技含量高、组织化程度高的现代产业,是最能反映国家整体实力和渔业经济水平的产业。从而,不仅对推动我国在外向型渔业经济的发展,而且对带动水产食品加工业、渔船修造业、新材料绳网加工业和渔业机械仪器制造业,提高海洋药物和健康食品研发能力,推动水产品进出口贸易和渔需物资供应等,都至关重要。

从更深的层面考察,发展远洋渔业不仅对推动渔业结构调整、产业升级、经济效益等有重要意义,而且事关社会发展、国家资源权益,甚至事关外交、政治等重大问题。能为加强我国与国外的睦邻友好,开展国际经济技术合作,能为维护国家合法海洋权益做出贡献。在当今"存在就是权益"、"存在就有权益"的远洋与极地渔业资源开发利用的竞争中,对于我们这种远洋渔业起步晚的国家,更要奋发努力,在世界海洋渔业资源的共同开发中努力争取改变被动局面。

## 六、加强法制建设,为我国渔业的可持续发展保驾护航

60年来的实践表明,渔业的可持续发展同样必须尊重自然规律和经济规律,把对渔业的宏观决策和管理建立在资源的合理开发利用和发展模式上。在实施中,既要解放思想,大胆创新,又要从实际出发,有效开发利用国土资源与海洋资源,不断修复受到破坏的生态环境,加强渔业资源的繁殖保护、养护、增殖和养殖;既要不断拓展渔业的发展空间,延伸渔业的产业链,又要制定相应的法律法规,依法治渔,进行科学、合理、可行、有力的宏观调控。

渔业是以自然资源为开发对象的产业。产业的特点决定了管理型渔业成为世界渔业发展的潮流。在市场经济条件下,渔业经济活动同样以经济效益最大化为目标。在发展过程中受到利益驱动,破坏资源和损害环境的行为时有发生,这是市场经济难以避免的缺陷。弥补这种缺陷的一个重要手段,就是强化渔业的法制管理。随着我国从计划经济向市场经济的转变,推进渔业法制建设,强化监督管理,既符合世界渔业的发展趋势,也是我国渔业自身发展的需要。解放初期渔业法制建设就引起了决策者们的关注。为了保护渔业资源,早在1955年6月,国务院发布关于机轮拖网渔业禁渔区的命令,随后于1956年11月原水产部发出贯彻国务院命令的有关指示。1957年4月,原水产部制定《水产资源繁殖保护条例(草案)》发到各地试行。由于受到不利的社会背景的干扰,这个条例(草案)搁置了20多年才重新审议,1979年2月由国务院颁布实施。1986年1月,经全国人大通过并由国家主席颁布《渔业法》,1987年10月,

经国务院批准并由农业部发布《渔业法实施细则》。

2007 年 3 月全国人大十届五次会议通过的《物权法》明确规定，依法“使用水域、滩涂从事养殖、捕捞的权利受到法律保护”。《物权法》的颁布，对于依法保护渔民从业的权益、稳定渔业基本经营制度和进一步完善渔业法律体系建设，都有重要意义。

目前，《渔业法》、《物权法》及其国家和地方出台的涉及渔业的其他法律规章和规范性文件目前已达 600 多部，涵盖了我国渔业产业的方方面面，形成了比较完备的渔业法制体系，使我国渔业经济活动与管理有法可依。与此同时，我国渔政管理队伍机构逐步完善、执法手段得到增强、执法能力不断提升，为我国渔业的发展保驾护航提供了坚实的基础。

当前，我国渔业既有良好的发展机遇和条件，又面临着许多制约和困境。在渔业的管理特别是海洋渔业的管理水平上，不管是对政策法规的探索还是执行能力，仍处于不足的形势；在取得举世瞩目的成就中，仍有不少是以牺牲渔业资源和自然环境为代价换取的；随着产业结构的调整和升级，渔业的投入，无论是基础设施、还是科学技术的后劲更加显得不足；在水产品质量和安全消费上，也存在一些不尽如人意的问题而受到国内外消费者的质疑。这些，都需要我们从实际出发，深入探讨我国渔业发展的规律，继续解放思想，坚持实事求是，借鉴历史的经验，深入探索适合国情的中国特色社会主义渔业发展的道路。要以市场为导向充分发挥各方面的积极性，进一步强化产业的支撑保障体系建设。要在科学发展观的指导下科学地、合理地开发利用渔业资源，依法治渔，依法兴渔，推动我国渔业又好又快地持续发展。

（作者：李振雄 农业部渔业局原副局长、高级工程师，
吴万夫 中国水产科学院渔业经济研究所原所长、研究员）

# 第二十二章 农垦企业

我国是世界上最古老的农业发源地,屯田垦殖经济是我国在世界农业经济史上的一大创造。过去称为屯田垦殖事业,现在称为农垦事业。它在我国的历史悠久,源远流长。

远在秦汉时期,我国就有移民开荒。秦王朝曾经移民50万人南下五岭,与当地民族杂居共处,大规模垦荒务农。汉武帝也曾令60万将士,屯田于河西走廊,创建军屯。曹操、朱元璋等都曾经把发展屯垦经济提高到基本国策的位置,大力加以推广,以求就地务农生产,医治战争创伤,强兵足食,安定社会秩序,减少边患,加快恢复和发展农业生产,巩固边疆。

但是,受历史条件限制,历代王朝政权更迭频繁,政策多变,加之移民垦荒之处大多属于我国边疆区域,位置偏僻遥远,交通不便,自然条件恶劣,“走西口”、“闯关东”,历来千难万险,困难重重。所以,2 000多年来,屯田戍边事业往往时起时落,时兴时衰,发展缓慢,直到新中国建立前,也未能形成规模和气候。

我国农垦(屯垦戍边)事业的大规模快速发展,并且形成气候、成为国家农业经济的重要组成部分,那还是新中国成立后的伟大创举。

农垦企业是一个特殊概念,它是指我国农业战线上独具特色的国有农场。这些企业,大多位于我国荒无人烟的边远地区,交通不便,远离城镇,自然条件、生产和生活条件极差,由国家投资、用军垦方式开发建设起来的农场,以及农副产品、农畜产品生产加工的相关企业,其所有制属于国家所有。

新中国的农垦事业(农垦企业),是在特定历史和地理条件下形成发展起来的,由多种行业组成的经济、社会系统。它既有农村经济特点,又有国有工业经济特点,但又不完全等同于农村集体经济和城市国有经济。它的综合性、区域性、社会性很强,是一个特殊的、相对独立的企业群体。

经过60多年、三代农垦人艰苦卓绝的奋斗,农垦事业从无到有,从小到大,从弱到强,不断发展壮大。农垦企业已成为农工商综合经营的企业,成为国家的商品粮生产供应基地、农畜产品生产供应基地、棉花生产供应基地、天然橡胶生产供应基地、农业现代化示范基地和农业技术推广服务中心。全国各地许多地方,往往都以农场场部为中心,先后形成一批小城镇。农场农业机械化、现代化的程度较高,城市化的进展较快。

目前,全国农垦系统所属的农场有2 000多个,2 000多个独立核算工商、交通、建筑企业,150多所大中专院校和一大批科研、教育、文化,医疗卫生设施,职工500多万,人口1 200多万,耕地7 000多万亩,相当于一个中等省的耕地面积,人民日报记者称农垦系统是“不设省界的省”。它是我国农业战线上的国家队,是农业现代化的先进代表,已成为国民经济和社会的重要组成部分。

我国农垦事业的发展和壮大,有着深刻的历史背景和原因。

## 第一节　新中国成立前的农垦事业

远在抗日战争时期，国民党政府对共产党领导的陕甘宁边区实行包围封锁，边区经济发生很大困难。为了粉碎敌人的经济封锁，夺取抗日战争的胜利，党中央和毛泽东主席号召“自己动手，丰衣足食”，“生产自救”，边区军民开展大生产运动。八路军的359旅在王震将军带领下，本着“农业为第一位，工业与运输业为第二位，商业为第三位”的方针，在延安百里外的南泥湾垦荒造田。从1940—1943年共开荒造田3 300多 $hm^2$，他们种粮、菜、麻、烟，还养猪5 000多头，部分解决了部队的供应问题。除生产粮食外，359旅还开创工副业生产厂，办商店，建立“军民合作社”，创建骡马运输队。这些做法不仅在保障边区军需民用方面发挥了重要作用，而且为部队积累了资金。

1944年，359旅实现了全部经费、物资自给。他们开展的生产自给运动，不但提高了部队本身的生活自给程度，改善了部队的物质生活条件，而且有力地促进了边区的经济建设。经过5年的开发建设，南泥湾的面貌发生很大变化，正如《南泥湾》歌曲所说：“往年的南泥湾，到处呀是荒山，没呀人烟；如今的南泥湾，与往年不一般，再不是旧模样，是陕北的好江南。”南泥湾的巨大变化，是王震将军组织359旅与边区人民共同开展大生产运动的结果，是自己动手、丰衣足食，自力更生、艰苦奋斗精神的生动体现，也是军民共同开发建设边区的典范。

1947年，我人民解放军进入战略反攻时期，为了支援解放战争，建立巩固的东北根据地，东北各省人民政府按照党中央指示，积极组织开垦荒地创建一批国营农场，以发展农业，增加粮食生产。随着解放战争的节节胜利，大批荣誉军人（战场上负伤的军人）和复员转业军人需要安置；被解放的国民党官兵越来越多，其中愿意留下来的也要劳动就业。1949年，东北人民政府荣军工作委员会开始领导建立一批以安置荣誉军人为主的荣军农场和组织“解放军官”（战场上俘虏的国民党军官）生产劳动的解放团农场。这些农场为以后黑龙江大规模开荒建场积累了经验，培养了干部。

1948年，华北人民政府成立，为了发展华北解放区的农业生产，华北人民政府农业部利用从善后救济总署得到的一批农业机械，在河北冀县、衡水、永年交界的千顷洼地建立了华北解放区第一个机械化国营农场——冀衡农场。华北人民政府农业部在冀衡农场举办第一期拖拉机驾驶员训练班，聘请留居解放区工作的美国友好人士韩丁为教师，培养机务人才。这一批学员成为农垦系统的机务骨干力量。韩丁后来留在农垦系统工作，直到20世纪50年代中期才回国。他在农垦事业创建过程中，为我国国营农场的农牧业生产和机务工作做出了贡献。

## 第二节　新中国成立后的农垦事业

新中国的成立，标志大规模的战争基本结束，党中央及时做出部分人民解放军转入生产建设的战略决策，以整建制的人民解放军转业官兵为骨干，吸收大量城市知识青年和移民以及科学技术人员，组成农垦大军，继承和发扬南泥湾精神，在祖国边疆和内地的亘古荒原上，披荆斩棘，历尽艰辛，垦荒造田，建立国营农场。东北垦区，主要是在黑龙江大面积开垦原始荒原，建立粮食和大豆商品生产基地。西北垦区,主要是在新疆戈壁荒滩,开垦盐碱荒漠,兴修水利,植树造林,改良土壤,建立棉花、粮食商品生产基地。华南垦区,主要在广东、海南、云南,开垦荒山野林,建立天然橡胶和热带作物生产基地。其他省、自治区、直辖市垦区,大多是开垦荒山、荒地、滩涂建立农畜产品和土特产品商品生产基地。北京、天津、上海、重庆以及其他大中城市垦区,则是利用郊区荒山野岭、湖滩,建立副食品生产基地。

农垦系统管辖的农场,一般是国家投资、由解放军转业官兵和城市知识青年为主体开发建设的,属于全民所有制性质,经营规模比较大。此外,各省、自治区、直辖市的市县农业部门,为了发展当地的农业和畜牧业,也组织力量开办一些小型农场和畜牧业农场,规模一般较小,属于地方国有,归地方农业和畜牧部门管辖。

## 一、新疆垦区

新疆垦区是西北地区开发最早、规模最大、管理级别最高(副省级)的垦区。

20 世纪 50 年代初,新疆刚刚解放,各族人民万众欢腾,但地处遥远边疆的新疆,经济不发达,百废待兴,生产生活条件极为艰苦。时任新疆军区司令员的王震,牢记毛主席的指示:"人民解放军不仅是一支国防军,而且又是生产军","人民解放军参加生产,不是临时的,应当从长期生产建设的观点出发。而其重点,则在于以劳动增加社会和国家财富"。他立即发布命令,将驻新疆人民解放军整编为国防部队和生产部队。国防部队担负保卫祖国边防和城市警卫职责,"专心致志地严守着军事警备岗位";"其余带着枪炮的军队,为了防范可能发生的危险不能解散,不能他调,"一律转为生产部队。变为生产部队屯垦戍边。

同时,王震将军还同新疆起义的国民党爱国将领陶峙岳等商量,起义部队是否参加生产部队。陶峙岳将军正为如何妥善安置追随他征战边疆多年的老部下发愁,没有想到共产党的王震将军特别关心起义部队,主动提出组织部队开荒生产、屯垦戍边、发展经济的好主意。陶峙岳等起义将领立即拍手叫好,全力赞成。

新疆地域辽阔,人口稀少,有着丰富的自然资源。有 1 亿多亩可垦荒地。有天山、昆仑山、阿尔泰山的雪山水可以利用。于是,王震将军领导的解放军第一兵团二、六军和五军的大部,陶峙岳将军领导的第二十二兵团全部,根据中央军委毛泽东主席和西北军区司令员彭德怀的命令,迅速转为劳动军状态,浩浩荡荡开赴荒无人烟的戈壁滩。

此前,王震和陶峙岳等领导人会同水利专家,对新疆戈壁滩的荒野已经做过勘察,发现准噶尔盆地南缘玛纳斯流域可垦荒地约有 26.7 万 $hm^2$,而且有玛纳斯河、奎屯河及部分泉水流经其间,水土资源丰富,宜农宜牧,是北疆发展农牧业生产的好地方。10 多万带枪带炮的部队,在指挥员的带领下,按照勘察指挥部的指令,分别在玛纳斯河流域广阔的荒野上,安营扎寨,开始了新疆历史上前所未有的军队大生产运动。

1954 年 10 月 7 日,新疆军区生产建设兵团正式成立,中央任命陶峙岳为司令员,王恩茂为政治委员,张仲瀚为副政委。兵团成立时,共辖 8 个农业师(后改为 10 个农业师、43 个农牧业团)。10 多万部队分布在驻地阿克苏、哈密、石河子、奎屯、伊犁、塔城、乌鲁木齐、库尔勒一线,用节省下来的军费和物资,兴办农场。一个团就是一个农场,新疆生产建设兵团总共下辖 100 多个团场。

戈壁滩干旱少雨,气候干燥,发展农业当然不能靠自然降水。广大官兵在垦荒造田的同时,就大力兴修水利工程。从 1950 年起,大家用两三年时间,在戈壁荒滩就修筑了一大批纵横

交错的浇灌渠道，兴办了一批大中型水利工程。农业一师，是由英雄的359旅部队组成的，他们发扬南泥湾艰苦奋斗的光荣传统，胜利建成了“八一胜利渠”。1954年八一建军节那天举行通水典礼，水利部部长傅作义特地赶到新疆兵团祝贺。他热情地说：“武汉荆江分洪工程是要什么给什么。你们这里是要什么没有什么。但是困难没有吓倒人民战士。战士们自伐木料，自制筐担，自搓绳索，自开块石，自打铁器，自制炸药，缺乏技术人员就自己努力学习。结果要什么有什么。因此，今天所获得的成绩就显得更伟大和光荣，它标志着毛泽东时代没有不能完成的任务，没有不能克服的困难。”

当时，开垦戈壁滩的难度很大。没有生产工具，后勤部队就自己制造；没有运输工具，就肩挑人扛物资；商品粮供应困难，就用玉米、麦粒充饥；没有蔬菜、肉食，就用盐水、辣椒面拌饭。没有拖拉机和畜力，就用人拉犁开荒种地。人们形容当时部队开荒生产的艰苦情景是：“一寸一滴汗，一步一哈哼。”作为新疆军区司令员的王震，带头拉犁垦荒生产，为部队做出榜样。起义部队官兵也深受感动和鼓舞。大家充满革命英雄主义高唱：“不怕苦，不怕难，戈壁滩上建花园”。“人说新疆太荒凉，不知新疆有宝藏，劳动能够翻天地，边疆定会变天堂。”

据1952年统计，驻新疆部队垦荒造田初期，曾建起27个军垦农场，播种10.8万$hm^2$土地，生产粮食1亿kg、棉花334.5万kg，油料500多万kg。这一年，部队做到了粮油自给有余，棉花大量供应内地和当地的纺织厂。此外，各军垦农场还建成61个工矿企业，以满足军垦部队日常生产生活需要的物资和商品。

新疆生产建设兵团成立后，他们不仅在准噶尔盆地上垦荒造田、创建军垦农场，而且大规模进军塔里木盆地垦荒造田创建军垦农场。从1958—1960年，新疆生产建设兵团共新建农场99个、牧场8个，垦荒造田57万$hm^2$，修建大中小型水库18座，修建引水干渠58条，实增灌溉面积39.4万$hm^2$。到1966年，兵团耕地达到91.34万$hm^2$，比1956年增长6.23倍；粮食年总产量7.265亿kg，增长6.23倍；棉花年总产量2 495万kg，增长1.39倍；工农业生产总产值7.52亿元，增长5.1倍。

新疆兵团在创建军垦农场的过程中，一直重视植树造林，努力改变农场周围的自然环境。他们把植树造林同水渠、道路、条田、居民点建设作为五位一体，同步规划，同步建设，强调开荒到那里，种树到那里，三年成林，四年成荫，实现农场园林化。到1966年，兵团共种树64.9万亩，约占耕地面积的5%，大大改变了戈壁滩风沙滚滚的自然环境。国家科委曾经派工作组进行专题调查，并向全国人大常委会做了报告，给予高度评价。

新疆兵团针对戈壁滩土地瘠薄、盐碱含量高的特点，建立了科学的草田轮作制，大面积种植绿肥作物，不断培养土壤肥力。同时大力发展畜牧业，为农业生产提供大量有机肥。1966年，兵团大牲畜饲养量达到28.4万头，比1956年增加3.18倍；羊达到161万只，增加1.73倍。

新疆垦区通过十年大发展，农业生产形成良性循环，农作物单位面积产量大幅度提高。粮食亩产量由开发初期50kg左右，到1966年提高为137.5kg；皮棉亩产量由开发初期的10kg，提高为43kg。新疆生产建设兵团的工农业生产的崛起，为改变新疆维吾尔自治区原先落后的经济面貌做出了重要贡献。

## 二、北大荒垦区

我国北部边疆黑龙江、松花江、乌苏里江三江汇流区域，一直沉睡着纵横千里的亘古荒原，

统称“北大荒”。

那里地势平坦,土地肥沃,雨水充沛,适宜发展农业。然而自然环境极为恶劣。作家聂绀弩曾经描述:“北大荒,天苍苍,地茫茫,一片蓑草和苇塘……大烟儿炮,谁敢当?天地昂,雪飞扬,疯癫狂。无昼夜,迷八方,雉不能飞,狍不能走。熊不出洞,野无虎狼。”1947 年黑龙江地区已经解放,党中央指示“建立巩固的东北根据地”。

当地人民政府立即着手组织力量,利用当年日本关东军“开拓团”遗弃的破旧拖拉机,在北大荒原野上开荒造田、建立农场。随着东北解放战争的节节胜利,后来又有许多战场负伤转业的荣誉军人,不顾残疾伤痛,以顽强的斗志、惊人的毅力,克服重重困难,在北大荒办起一批荣军农场,为前方部队提供粮食供应。1950 年,嫩江伊哈拉荣军农场开荒建场第一年,就生产 75 万 kg 粮食,第二年他们的耕地面积扩大到 2 400 万 $hm^2$,生产粮食 350 万 kg,支援部队解放全中国。电影《老兵新传》,就是反映那一代拓荒人英雄事迹。

新中国成立后,中苏关系密切,友谊笃深。1954 年,新中国成立 5 周年,苏联政府向我国赠送可供 2 万 $hm^2$ 耕地的谷物农场使用的机械设备,用以在北大荒建立国营友谊农场。这是第一个用比较先进的农业机械装备起来、并实行科学管理的农场。

当时,友谊农场成为中苏两国人民友谊的象征。从中央到地方抽调了大批干部、职工加强该农场的建设。顿时,一向荒无人烟的北大荒,出现前所未有的动人场面:荒野上人欢马嘶,车流滚滚,机器轰鸣,垦荒大军紧张战斗,昼夜突击。只用 1 个多月的时间,就开荒 2.04 万 $hm^2$,有一部分当年播种、当年收获、当年盈利。

1954 年,时任解放军铁道兵司令员的王震,到北大荒汤原铁道兵基地,看望慰问抗美援朝回国等待复员转业的老部下。那是王震将军首次到达北大荒,铁道兵副师长余友清陪同他在荒野上沿途参观视察。

王震对土地怀有特殊感情,他发现北大荒的黑土地黝黝发亮,远比当年南泥湾和戈壁滩的荒原肥沃,十分适宜垦荒造田,脑海里瞬时萌发了用转业官兵在北大荒垦荒造田、屯垦戍边的想法。他立即在铁道兵基地的帐篷里,召开座谈会征求老部下的意见。当时全国粮食十分紧缺,大家支持在北大荒垦荒造田,建立军垦农场,为国家发展粮食生产做贡献。

随后,他拜访黑龙江省委书记欧阳钦交换意见,欧阳钦热情支持王震的设想,并介绍了北大荒的有关情况。接着,王震参观、走访了荣军农场,听他们介绍经验。回到北京向铁道兵党委和军委回报,建议由铁道兵组织退伍官兵在北大荒屯垦戍边、垦荒建场,为国家提供短缺的粮食。

国防部长彭德怀和党中央很快批准了他的建议。素有军人作风的王震,迅速返回黑龙江密山基地,布置铁道兵余友清副师长带领部队进军密山荒原,开始披荆斩棘,日夜奋战。

1955 年元旦,密山荒野上新建的小楼房门口,挂起了“中国人民解放军 850 部队农场”的牌子,铁道兵第一个军垦农场从此在北大荒诞生,王震任命余友清担任第一任场长。他们当年开荒 9 300 多 $hm^2$,播种 2 667$hm^2$,当年收获粮豆 3 383t。

第一个军垦农场首战告捷,王震深受鼓舞,决心按中央决定组织 9 个师的铁道兵转业官兵,分批分期进军北大荒,再建一批军垦农场。他说到做到,很快铁道兵就按部队番号在北大荒原野上建起 851 农场、852 农场、853 农场……8510 农场、8511 农场,形成了一个农场群,国务院特地批准在密山建立铁道兵农垦局。

从创建 850 农场开始,王震用短短两三年时间,在北大荒摆开了开发黑土地的战场,军垦

农场很快由15个发展到96个，耕地由2.72万 $hm^2$ 发展到30.5万 $hm^2$，拖拉机由1.1万马力发展到6.2万马力，年产粮食由1 200万kg增加到2.27亿kg。

铁道兵9个师，是开发北大荒的先锋部队，为北大荒的初步开发建设奠定了坚实的基础。

1958年，北大荒开始进入大规模发展时期。当年4月，铁道兵农垦局改为密山农垦局，后又改为牡丹江农垦局；同时，在佳木斯又成立合江农垦局。随后这两个农垦局合并为东北农垦总局，直属中央农垦部，实行黑龙江省和农垦部双重领导体制。

1958年1月，解放军适应新形势要求，大幅度裁减人员，中央军委发出《关于动员10万干部转业复员参加生产建设的指示》；3月，党中央成都会议决定发展军垦农场，指出"军垦既可以解决军队复员就业问题，又可以促进农业的发展，在有些地区还可以增强国防和巩固社会治安。因此在有大量可垦荒地、当地缺乏劳动力，又有复员部队可调的条件下，应该实行军垦"。

当时王震将军已经调中央农垦部担任部长，成都会议刚一结束，他立即同解放军总政治部联系，确定农垦部所属农场可以接收6万名军队转业干部，包括7个整建制师、4个部队医院和一部分撤销建制的部队学校所有人员，总共约10万大军，总政治部同意这一方案。

不久，这千军万马纷纷从各军区、各兵种、各军种部队出发，从祖国四面八方，乘坐军用专列，浩浩荡荡向北大荒汇合集中。

一向清静的北疆密山小镇，突然人满为患，大部队的吃、住、行成了大问题。1958年4月12日，富有指挥才能的王震将军，从北京赶到密山车站坐镇指挥。那天，他特意穿着上将军服，站在车站广场的临时舞台上，代表解放军总部和农垦部热烈欢迎转业复员官兵前来参加北大荒的大会战，屯垦戍边。但他也实事求是地告诉大家，这么多部队同时涌到密山小镇，有关部门始料未及，准备不足，汽车运输成了难题。他号召广大指战员，发扬艰苦奋斗精神，不坐汽车，迈开双脚走路，走向垦荒农场，早走早到，早到早生产。他以将军风度发问：大家同意不同意？全场欢腾，齐声高喊：同意！王震将军接着下达命令：明天早晨出发！

第二天早晨，10万转业官兵，兵分百路，徒步行军，浩浩荡荡走向荒原腹地，蔚为壮观。农垦史上称之为北大荒的"淮海战役！"

这一雄伟壮举经新闻媒体报道后，在全国引起巨大反响，著名诗人郭沫若热情写出《向地球开战》的诗篇。

10万垦荒大军中，有7个预备役师，他们按照王震的指示，由师长们带领在萝北荒原和松花江畔安营扎寨，垦荒造田，创建597农场、858农场、851农场等军垦农场。垦荒部队中还有从朝鲜上甘岭战场回国的志愿军15军1 200名转业官兵，其中既有指挥邱少云连攻占391高地的团参谋长吴品庆，也有特级英雄黄继光连的指导员郝信友，还有志愿军一等功臣左上喜等。

在此之前，来到北大荒垦区的，还有一支特殊队伍，他们都是我国文化艺术、教育、科技界的精英人才，其中有将军、司局长、高级科技人员，还有著名作家、诗人、画家……如丁玲、艾青、丁聪、聂绀弩、黄苗子等文化名人。他们在各单位的政治运动中，分别被错误打成"反党集团"和"右派"，受到歧视排斥和打击。有些人曾经是王震的战友和朋友，王震了解、同情他们。王震凭着侠骨义胆找到中央有关领导，巧妙要求把中央机关的"右派"交给他安排到北大荒农场"改造思想"。有人开玩笑说："王胡子，这么多右派你怎么消化得了？吃下去要闹肚子的！"他幽默地说："十万大军我都吞下去了，还怕这些右派？我不但不怕，而且要在最短的时间内，把他们改造成有用的人才。"

其实,他后来是将中央机关1 000多名“右派”,安排到北大荒交通方便、生活条件较好的850农场、853农场和汤原农场。而且指示农场:只让他们从事力所能及的劳动,要在各方面给予照顾。

随后,王震到北大荒考察,还特意到丁玲夫妇、艾青夫妇居住的农场,分别看望他们。他布置让丁玲担任农场文化教员,指导职工普及文化教育。他让艾青担任林业分场场长,住农场领导的房子,静心搞诗歌创作。他告诉农场的领导们:丁玲和艾青是我的老朋友、好朋友,你们一定要照顾好,发挥他们的特长,让他们好好搞创作。

后来,他到云山农场,又亲自把画家丁聪从水库工地上找到场部,不让他挖土挑担,而是布置丁聪组织有艺术特长的人搭班子,搞画报创作。

有一次,王震在853农场蹲点调查,他身穿旧军装,没有带随员,只身一人转悠到一生产队。这个队是中央机关“右派”分子比较集中的生产队,大家都不认识王震,看到队里来了陌生人,赶快报告队领导。指导员看见来人气度不凡,马上赶来接待,这才知道他是大名鼎鼎的王震部长。立即召集大家到大槐树下开会,还没有等到指导员介绍,王震就满面笑容主动向大家说:“我是王震,向同志们问好!我是看望你们的,是来和你们交朋友的,你们要不要啊?”

这几句风趣的语言,把大家逗得乐呵呵、暖洋洋的。因为这些干部被划为右派后,一直被作为敌我矛盾歧视,很少有人称呼他们同志。如今王震将军竟然大声向大家喊“同志们好!”在那突出阶级斗争的年代,这一声“同志”,带来的是阳光和温暖,而且只有王震将军才有这样的勇气和胸襟。大家顿时心情激动,热泪盈眶,拼命鼓掌。接着,王震询问生产队叫什么名字?大家回答:“叫右派村。”王震一听大为摇头,表示反对,他提议改为“向左村”。还问大家好不好?大树下面再次爆发热烈掌声,表示拥护。

随后,王震亲切地对大家说:“共产党允许人犯错误,人总是会犯错误的;错了就改,改了就好了。你们不要灰心,要振作起来,对未来要有信心。”这番话好似阳光,给人以温暖、希望和力量。

在北大荒农场待了12年的著名作家丁玲,事后回忆这些往事,总是热泪盈眶,感慨万千。她曾经以安徒生童话《一个卖火柴的小女孩》的火柴作比喻,深情地说:王震将军的“一席话正是寒夜里的火柴,给冰天雪地里人们以温暖,给人们以光明,令人从一点微微的温暖里,感受到人世间炽热的感情;从微弱的一线光亮中,看到了伟大的母亲,看到了党;从点滴的希望中,就能积蓄起坚定无坚不摧的力量。王震同志,这火柴是你划的;你一席话,便是你的一份友情。你自己也许说过就忘了,你没有在意。可是在那个时候,那个处境中,这几句话,有千斤万斤重啊,你是真正代表了党啊,人们都为此整夜不能阖眼。一群踟蹰在茫茫愁海中的脆弱生命,就因为你这一席话,你点燃了一根火柴,而振奋起生命的翅膀,在暴风雪中翱翔,冲破层层乌云,沐浴在自由的蓝天之上。”

正因为王震将军既有勇于开拓的伟大气魄,又有体恤同志的深厚感情,所以他有号召力、凝聚力,大家愿意追随他披荆斩棘,勇往直前,创造人间奇迹。北大荒的军垦事业,就是这样创造出来的。

据统计,从1957—1966年,在王震指挥下,以解放军转业官兵为主体的各路人马经过艰苦奋斗,在北大荒垦荒造田的耕地面积由30.5万$hm^2$扩大到91.3$hm^2$,增加2倍。在纵横千里的黑土地上,建起了一大批军垦农场,形成了庞大的农场群。这些农场大部分都是以生产粮食和大豆为主的机械化农场。1966年,北大荒农场粮豆总产量达到11.5亿kg,比1956年增长

4 倍多，向国家交商品粮 5.7 亿 kg。北京电影制片厂制作的宽银幕影片《北大荒人》，记录的就是那个时代北大荒人战天斗地的英雄气概和无私奉献的精神。

当然，北大荒军垦事业的初步崛起，以及那时形成的成就和基础，是比较脆弱和不稳固的。因为当年毕竟处于"大跃进"时期，一度突出"冲天干劲"，违背自然规律和经济规律，造成农场内部各种比例失调，付出的代价是昂贵的。

幸好，后来在中央"调整、巩固、充实、提高"方针指引下，垦区各农场很快进行调整，北大荒农垦事业开始走上了恢复和发展的新阶段。

### 三、华南垦区

华南垦区主要种植天然橡胶。橡胶树属于热带雨林植物，它对地理环境、土壤、气候、湿度等自然条件要求极严。

国际权威人士通常认为："橡胶树只能在界限分明的热带地区——大约是赤道南或北，纬度 10°以内，超过这一地区，则是禁区"，而且写进大词典，作为通用教材。世界上天然橡胶主要生产国，大多集中在赤道以南纬度 10°到赤道以北纬度 15°之间的热带雨林地区，其中有马来西亚、印度尼西亚、泰国、印度、斯里兰卡等国。

我国除西沙群岛、南沙群岛外，其他地方都位于北纬 18°，降水量、气温、纬度等种植橡胶条件均远远差于上述国家。许多国际橡胶研究专家历来都把中国划为"植胶禁区"。天然橡胶综合性能好，用途十分广泛。它曾经和钢铁、石油、煤炭一起被并列为现代社会四大工业原料，是关系国计民生的重要物资。

当年世界分为两大阵营，相互对立。以苏联为首的社会主义阵营，因受地理位置等条件限制，没有一个国家能种植天然橡胶，只好用石油作原料，生产合成橡胶作为替代品。合成橡胶不仅成本高，而且综合性能比天然橡胶差，尤其是制造飞机轮胎，必须用天然橡胶作原料，否则影响空军战斗力。为此，苏联千方百计从资本主义国家套购天然橡胶。正因为如此，苏联特别关注我国广东、海南的气候和种植橡胶的有关情况。

新中国成立前，只有少数归国华侨先后在海南、云南等地星星点点经营一些天然橡胶园，而且规模小、产量少。直到 1949 年，他们历经 45 年惨淡经营，仅仅种植天然橡胶 2 800hm$^2$，年产干胶也不过 200t。

新中国成立后，斯大林感到社会主义阵营终于出现种植天然橡胶的曙光，于是多次主动向毛泽东、周恩来提出中苏合作种植天然橡胶的建议。当时，我国经济建设正处于恢复时期，百业待兴，民用工业、国防工业都急需大量天然橡胶。而西方国家极端仇视新生的共和国，公然联合起来对我国实行全面经济封锁和禁运，作为战略物资的天然橡胶，是禁运的重点。不久，朝鲜战争爆发，我国天然橡胶供应更趋紧张，天然橡胶像金子一样珍贵。

正是在这一历史背景下，党中央果断做出"一定要建立我国自己的橡胶生产基地"的战略决策。中苏双方签订了《关于苏联援助中国种植和給制橡胶的协定》，苏联决定贷款和派出林业专家帮助我国发展天然橡胶事业。那次中苏会谈后，斯大林高兴地对周恩来说：你们的志愿军在朝鲜作战和发展天然橡胶两件事上，也是帮助了苏联。

当时，党中央的决心很大，除确定由主管经济工作的陈云副总理主持天然橡胶事业以外，还决定成立华南垦殖局(后改为垦殖总局)，由时任中共中央华南分局第一书记的叶剑英担任总局局长，广东、海南、广西、云南的领导人担任副局长，直接指挥在华南热带雨林地区垦荒，秘

密试验种植天然橡胶。党中央要求“一要有，二要多，三要快”。

种植天然橡胶不仅是政治任务，而且是秘密使命和科学使命。叶剑英曾经带领从农林口大专院校选调来教授、学生，背着水壶、挎包，在粤西热带雨林里爬山越岭，徒步调查那里的雨量、气候、土壤，寻找适宜种植天然橡胶的最佳地块。有一次，他和调查队在北纬 22°的高州县城附近，突然发现有 3 株橡胶树，如获至宝，马上兴奋地对大家说：“这 3 株橡胶树说明，从这里往南都可以种植橡胶树！”这个重大发现，为破除北纬 18°以北不能种植橡胶树的传统理论找到了可靠的事实根据。

随后，调查队在茂名县又发现一些生长一二十年的橡胶树，在雷州半岛徐闻县甚至发现 2 000 多株橡胶树林。大家像发现新大陆一样欢呼雀跃，创建天然橡胶基地的决心和信心进一步增强。

经过 10 个月的艰辛调查，叶剑英及时向党中央报告热带资源勘察情况，要求抽调解放军整建制部队，执行垦殖橡胶使命。

1952 年初，党中央和中央军委批准这一要求，紧急命令从华南地区抽调 2 万多部队，组成林业工程一师、二师和一个独立团，由师团首长带队，进军广东湛江、海南和广西合浦热带雨林垦区。

由于我国天然橡胶数量少，橡胶种子特别珍贵，所以植胶部队中设置一些小分队，专门负责搜集橡胶种子，指挥部的口号：“一粒种子，一两黄金！”为了采集种子，部队战士往往昼夜轮流蹲守在橡胶树下，眼巴巴等着种子落地。指战员视种子是生命，是希望，护送种子前往育苗基地的途中，有时遇到洪水暴发，有的战士宁可牺牲生命，依然紧紧抱着种子不撒手。

在海南岛、雷州半岛紧张创建我国第一个天然橡胶基地的同时，党中央又不失时机地指示中央军委调动 2 万多部队，开赴云南西双版纳热带雨林，建立农垦局，利用当地独特自然优势，紧锣密鼓地创建我国第二个天然橡胶基地。而且让华南农垦总局抽调 570 名干部和科技骨干，到云南充实、加强领导机构。

这一大批身强力壮、朝气蓬勃的植胶队伍，长年战斗和生活在华南边疆的深山老林里。他们不但要同恶劣的自然环境、瘟疫病毒斗争，而且要同流窜在边境上的游勇散兵、残匪大盗斗争，任务非常艰巨、繁重、复杂，有些同志光荣牺牲，成为无名英雄。

党中央领导十分关心天然橡胶事业的发展，毛泽东主席多次做出重要决策，刘少奇、朱德、周恩来多次深入橡胶农场考察。特别是在自然灾害困难时期，周总理曾经到海南、广东、云南橡胶农场调查研究，帮助植胶农场解决粮油供应、资金缺口问题，还决定对天然橡胶实行保护价，扶持橡胶事业快速发展。

20 世纪 50—60 年代，在海南岛、雷州半岛、西双版纳莽莽热带雨林里，以 10 万解放军转业官兵为主体、吸收大批城市知识青年和支边青年组成的 30 万垦荒植胶大军，冒着高温酷暑，战天斗地，垦荒植胶，先后在华南热带雨林地区建立起 200 多个橡胶农场。

华南地区的橡胶农场的名字，既不像新疆团场按某师某团命名，也不像北大荒农场按部队番号命名，而是选用政治色彩和时代特点浓厚、浪漫的词句作场名，如：“黎明”、“曙光”、“东方红”、“太阳升”、“红五月”、“八一”、“红旗”、“奋勇”、“湖光”、“前进”、“红星”、“金星”、“星火”、“燎原”、“收获”、“幸福”……把这些场名组合起来，就是一首热情洋溢的诗歌。这与当时中苏合作、充满政治激情有关。

天然橡胶的科技含量极高。创建橡胶基地初期，旅居东南亚的一些经营橡胶园的爱国华

侨，曾经冒着被关押、坐牢的风险，通过各种秘密手段和方式，冲破西方资本主义世界的严密封锁，成功地向祖国提供天然橡胶的优良品种和种植技术。著名爱国华侨领袖陈嘉庚，曾经亲赴植胶现场考察，给予技术指导。在调动部队进行垦荒植胶的同时，中央还特地从各地抽调林业科技人员迅速到海南岛筹建华南热带作物研究所(后改为华南热带作物科学研究院)。

当时，新中国刚成立不久，全国只有500多名林业院校毕业生。为适应种植天然橡胶的紧急需要，中央下决心将400多人分配到华南橡胶垦区工作。同时，向社会广招贤才，聘各方有识之士到华南垦区担当顾问。许多爱国华侨热烈响应，给予大力支持。

时任林业部特种林业司司长的何康，曾陪同苏联林业部副部长卡尔丹洛夫和顾问组，深入广东雷州半岛、海南岛第一线考察2个多月，对华南植胶情况有较多了解。他是我党高级干部中学历高、资历深、又有华侨关系的科技人才，王震将军担任农垦部长后立刻指名调他到海南岛担任华南热带作物研究所所长、华南热带作物学院和热带作物科学研究院首任院长(改革开放后担任中央农业部部长)。

广东归国侨胞、高级工程师徐广泽，是新中国第一位选育良种专家。他是华侨富商子弟，1946年怀着振兴祖国的梦想，从橡胶王国马来西亚只身回国，一直从事教学工作。1950年，他眼看祖国严重缺少天然橡胶，帝国主义又对新中国实行全面封锁，心急如焚。为了发展新中国的天然橡胶事业，他毅然辞去中山大学讲师职务，响应号召参加了广州军管会组织的海南橡胶考察团。他曾经带队考察，经过1个多月实地考察后，认为海南岛虽然位于北纬17°以北，但从气候、土壤、降水量等综合条件考虑，发展天然橡胶有前途、有潜力。他埋头整理了大量调查资料，科学论证自己的观点，为领导最终确定橡胶种植范围和规模，提供了最可靠的决策依据。

1951年，徐广泽带领5名学生钻进海南岛老胶林，精心选择900株高产母树，用芽接法培育优良品种。第二年，当海南岛拉开垦荒植胶序幕时，他第二次带领7名学生进入海南，对全岛几十个橡胶园优良母树全部进行精密鉴定，并指导植胶人员播下53.34$hm^2$良种。为加速实现橡胶良种化，他还积极引进国外优良品种，并用“一代多次”增殖法，代替“一代一代”繁育法，从而使橡胶繁育速度加快3倍。在他的组织、指导下，海南垦区首先育成了抗风、耐寒、高产的优良品种“海垦1号”，为我国突破国际传统禁区，在北纬17°以北大面积种植天然橡胶，创造了有利条件。

另一位值得尊敬的橡胶专家是黄宗道院士。他毕业于金陵大学农学院土壤系，毕业后留校当讲师。1953年初，农学院领导根据中央指示经过周密考察，决定挑选他和刘松林等年轻讲师到广州执行秘密使命——参与创建“亚热带作物研究所”。他们毫不犹豫地匆匆赶往广东，到研究所报到。从此，他领衔第二研究室主攻土壤农化、植物标本分析，经常身背行李、干粮、水壶、标本箱，和同事们深入雷州半岛、海南岛、广西等热带地区研究土壤和橡胶树生长情况。

1958年，国家科委主任聂荣臻和农垦部部长王震到研究所视察，指示研究所迁往海南岛，靠近橡胶农场开展科研工作。

于是，黄宗道和何康所长等开始搬到海南岛，加紧埋头研究橡胶发展中的种种难题。尤其遇到台风和寒流袭击时，黄宗道往往趴到橡胶树下扒开土壤察看树根的变化。经过反复研究，并会同垦区总结经验，他提出采取“胶林良种化、林网化、梯田化、覆盖化”等科学防护措施，大大缓解了风寒灾害对橡胶树的严重威胁，为新中国在海南岛和雷州半岛大面积发展天然橡胶事业作出了杰出贡献。

长期以来,我国这些橡胶事业的科研人员,一直低调行事,无私奉献。早在 20 世纪 70 年代,我国虽然已成为世界上唯一在北纬 18°～24°地区大面积成功种植天然橡胶的国家,但始终未对外宣传。

20 世纪 80 年代,在全国农垦工作会议上,新华社记者获得这一信息,马上做了公开报道,立刻引起国内外广泛瞩目。国家科委如获至宝,决定对华南垦区天然橡胶科研工作者授予国家科技发明奖一等奖。

1983 年,国际天然橡胶会议第一次在中国举行,黄宗道担任会议主席。我国天然橡胶的杰出成就进一步扬名海内外。

1985 年,新加坡副总理吴庆瑞在海南岛考察热带作物科学研究院后,极为兴奋,曾经写信给我国国务院说:海南省有一个热带作物科学研究院,他们的研究成果不亚于世界上最有名的橡胶研究部门,我们对中国的橡胶研究水平及其所取得的成果由衷地敬佩。

1988 年,作为我国著名天然橡胶专家的黄宗道,被列入世界名人录,随后美国世界成就研究所又将其推举为“世界有名望的终身成员”。

1997 年,时任华南热带作物科学研究学院和华南热带作物学院院长的黄宗道,被授予中国工程院院士的称号。

经过近 60 年的艰苦奋斗,目前华南垦区天然橡胶种植面积 4.4 万 $hm^2$,年产橡胶 65.6 万 t,面积居世界第四位,产量居世界第五位,同泰国、马来西亚、印度尼西亚、印度列为世界五大天然橡胶生产大国。我国云南西双版纳橡胶农场的橡胶单位面积产量,已大大超过橡胶王国马来西亚。

## 四、其他垦区

我国除了在新疆、黑龙江、华南这些重点地区大规模开荒建场组建中央直接投资的大垦区以外,各省、自治区、直辖市,也都先后根据各自的条件、特点和需要,建起了数以千计的大大小小的国营农场。这些国有农场,星罗棋布,有的建在内陆干旱荒滩地上,有的建在滨海盐碱地上,有的建在江湖低洼荒野上,有的建在土质瘠薄的红土壤上。由于各地气候、土壤等自然条件和生产条件不尽相同,各农场从事的生产项目门类众多,各具特色。这数以千计的国有农场,相互联系,在全国形成了相对独立的农垦企业系统。

内蒙古自治区建有 100 多个国营农牧场,耕地 80.6 万 $hm^2$,草原 395.7 万 $hm^2$,水面 13.9 万 $hm^2$,生产粮食和农畜产品。辽宁省在盘锦大洼荒涂大规模垦荒造田 3.4 万 $hm^2$,建起生产优质水稻的农场群,水稻产量占全省的 11.5%。吉林省有 128 个农场,耕地 6.4 万 $hm^2$。东部农场分布在长白山麓一带林木茂密的山区,适宜人参、鹿茸、水果及其他特种产品生产,人参、鹿茸产量分别占全省产量的 20%和 70%;西部地区农场位于科尔沁草原,从事畜牧业,饲养草原红牛、吉林挽马和东北细羊。江西省建有 220 个综合垦殖场,位于山区、丘陵和滨湖地区,耕地 4.2 万 $hm^2$,主要从事林木、养殖、茶叶等多种经营。北京、天津、上海、重庆等地的农场,多数是新中国成立后在没收官僚资本和封建庄园的废墟上,或由国家投资开垦荒地荒滩,逐步建立和发展起来的,主要生产奶、肉、蛋等农畜产品和副食品,服务城市。山西、陕西、安徽、江苏、浙江、福建、湖北、河南、湖南、贵州、西藏、青海等地,也都相继建立有一批农场群。

这一时期,农垦事业发展很快,遍布全国各地,为城乡市场提供各种紧缺的农副产品,成为我国农业战线一支引人注目的生力军。但新中国的农垦事业毕竟是一项新事业,由于受历史

条件的限制，缺乏经验，加之一度受苏联办场模式束缚和“左”的思想影响，有些地方违背自然规律和经济规律，盲目开荒建场，破坏了一些自然资源。而高指标、瞎指挥、共产风的出现，以及一大批人民公社并入国营农场，更加重了农垦企业的负担，浪费了国家投资。这种情况很快引起了党中央和国务院的重视。

从1961年起，主管农垦工作的邓子恢和谭震林副总理曾先后到垦区调查，总结农场的管理经验，为指导农垦企业克服困难做了大量工作。周总理批准将农垦积欠的银行贷款转为财政拨款，支持农场度过最困难的阶段。邓小平同志曾经主持中央书记处会议，讨论农场问题。他指出：农场主要是管理问题，是有发展前途的。刘少奇主席则要求农场尽快改正硬搬苏联单一经营的做法。为此，中央在1964年和1965年先后批转了农垦部党组《关于党组扩大会议的报告》(简称“五条”)和《关于改革国营农场经营管理体制的规定(草案)》(简称“十六条”)。

此后，农场的经营管理得到改善，生产得到恢复和发展。到1966年，全国的国营农场发展到1 958个，比1956年增加1 212个，增长162.5%；拥有职工292.77万人，比1956年增加250万人，增长580.3%；拥有耕地面积3 454.57hm$^2$，比1956年增长481.9%；粮豆总产量427.92万t，比1956年增长481.9%；棉花总产量5.98万t，比1956年增长286.9%；干胶总产量2.33万t，比1956年增长148.4%。

## 第三节 文革期间的农垦企业

文化大革命的十年浩劫，给农垦事业也造成了严重破坏。那时，农垦部及各省、自治区、直辖市的农垦管理机构被撤销，大批国营农场被下放，管理制度被搞乱或废弃，绝大部分干部被下放到“五七干校”劳动。党中央和农垦主管部门有关农垦工作的政策文件以及农场行之有效的经营管理制度，被当作修正主义纲领批判，严重影响了农垦事业的发展。

这一期间，有几件影响农垦事业发展的历史事件值得一提。

### 一、城市知识青年上山下乡到农场

知识青年上山下乡是毛泽东1955年提出的，全国一直作为政治大方向贯彻执行，党中央、国务院十分重视，从中央到地方都设立专门机构，配备强有力的干部，拨有专门安置经费，而且定期召开工作会议，检查安置落实情况。

从那时起，我国有大批知识青年上山下乡或到国营农场参加开发建设。截至1966年，国营农场累计接收安置了25.7万城市知识青年，平均每年接收4万人左右。其中，新疆生产建设兵团从1961—1966年相继安置了上海、北京、天津、武汉、浙江等地知识青年12.7万人。内地城市的广大知识青年怀着“好儿女志在四方”、“到边疆去，到祖国最需要的地方去”的雄心壮志，离开繁华城市，来到边疆农场，闯过了思想关、劳动关、生活关，在边疆建设上做出了贡献，成为农垦战线上的一支重要力量。据不完全统计，到新疆生产建设兵团的青年中担任师、团、营、连各级领导职务的有8 000多人，受过农学、农机、畜牧、财会、教师、建筑、经营管理等专业培训的有1.2万人。

然而，文化大革命开始后，知识青年上山下乡却成为政治运动，规模迅速扩大。从那时起，我国先后有1 700万名知识青年上山下乡，其中有200多万到国营农场参加开发建设。

大批城市知识青年来到农场,使农场职工人数大幅度增加,由原先260万人突然增加到500万人。大批知识青年进入农场,为农垦系统的生产建设注入了新的活力,不仅提供了充足的劳力资源,而且把文化科学知识带到了位置偏僻的农场,使农场充满了生机,特别是对农场教育、文化建设、生产技术改造、职工思想观念和生活方式的转变起了重要作用。但下乡知青人数急剧增加,也大大超过各地农场的安置能力和生产规模的容纳程度,农业劳动生产率明显下降。

以农垦系统为例,1972年与1966年相比,职工人均耕地由18.9亩降为15.1亩;人均产值由1 376元降为1 104元;人均利润由60元降为亏损80元,人均生产粮豆由1 486kg降为1 018.5kg,人均上交粮豆由552kg降为265kg,人均月工资也由404元降为386元。

李先念副总理形容"文革"期间农垦企业是"王小二过年,一年不如一年"。

广大农村同样如此,原本一穷二白的农民则认为,城市知识青年下乡是抢农民的工分,夺农民的饭碗,表面欢迎,内心不满。有些地方歧视、冷漠、排斥城市知青,使知青们精神压抑,情绪不安。

党中央、国务院对知青下乡极为重视,考虑到他们在农村没有任何生活基础,下乡后必然会在住房、口粮等方面遇到具体问题,故而在国家财政预算中列有专项资金,作为知青的安置经费,并采取一些补助措施,以便城市知青下乡后能够顺利度过生活难关,尽快在农村稳定下来。据统计,仅1967—1972年国家划拨的知青安置经费17亿~18亿元。但是,"文革"中农村混乱不堪,相当一部分经费被基层干部贪污挪用。另外,到农村插队知青的安置费标准偏低,致使插队知青无房居住的问题日益突出,大大挫伤知青上山下乡的满腔热情。

婚姻问题是知青的另一个难点。他们当初下乡时只有十六七岁,天长日久,少男少女逐渐成长为大男大女,开始进入谈婚论嫁的阶段。但那时条件艰苦、突出政治的年代,原来生长在城市的青年,在那个男多女少或女多男少的农村或农场狭小的环境里,何以能出现理想、满意的恋爱和婚姻?

知青生活困难也尤为突出。他们下乡初期,口粮、食油均由国家负责供应1年,以后生活自理,一切开销要靠劳动所得维持。安置在生产建设兵团和国营农场的知青每月发二三十元工资,生活尚有保障。在农村插队的知青,则同农民一样靠天吃饭,出一天工,挣一天工分。自然条件好的生产队,工分值高,一个劳动日可挣一二元,生活不成问题。自然条件差的贫困生产队,工分值低,一个劳动日只挣几分钱,生活难以维持,遇到灾年,问题更大。

据1973年调查,全国农村插队的400多万知青,生活能够自给或自给有余的,约为34%;生活大部分能够自给的(伙食自给,穿用靠父母补贴),约为35%;生活不能自给的,约为31%。这表明大部分插队知青仍需靠父母资助。在贫困地区农村插队的知青普遍反映"年年劳动,年年贫困"。有的生活无望,看不到前途,竟然走向自尽,酿成不少人间悲剧。

20世纪70年代初,我国经济情况稍有好转,工农业生产逐步恢复,中央确定从上山下乡早、表现好的知青中,招一些人进工厂、学校、部队,但指标有限,"僧多粥少"。于是成千上万的知青家长"八仙过海,各显神通",刮起了"走后门"风。尽管中央高度重视,严厉批评、制止,但一部分知青毕竟通过这种方式离开了农村,最终返回城市。

据统计,到"文革"结束时,先后有736万名知青进厂、参军、上学,接近知青总数的一半。这些离乡返城知青主要集中在70年代初,仅1973年就达100万人以上,这对仍然留在国营农场和农村的知青产生巨大影响,大家对"安心扎根农村"的"大方向"感到困惑和不满。加之,十

年动乱中极左路线猖獗，法制受到践踏，广大知青处在边远地区农村基层，“天高皇帝远”，更是难逃厄运，许多人遭受打击迫害，有的女知青遭受蹂躏。有的因反对极左路线被打成反革命，关入监狱，甚至处以死刑。如此种种，不胜枚举。

实践表明，知青上山下乡被作为政治运动付诸实施，时间越长，遇到的问题越多、越复杂，更何况又碰上文化大革命！1972 年 12 月 20 日，福建知青家长李庆霖给毛主席写信反映：“下乡知青的口粮只够半年，政府原先每月 8 元的生活费也断绝供应。孩子下乡没有 1 分钱的劳动收入，穷得连理发的钱也拿不出，要家里资助，而家里也穷。其次，知青下乡后没有房子住，成了无处安身之人。再次是知青招工靠关系走后门……”毛主席读信后深感不安，亲自复信：“李庆霖同志：寄上 300 元，聊补无米之炊。全国此类事甚多，容当统筹解决。”

事后，中央曾在全国组织知青工作大检查，落实有关政策。但不少实际问题并未得到彻底解决，各种新情况仍不断反映到中南海。1976 年，毛主席在一份反映知青问题的简报中再次批示：“知青问题，似宜专题研究。先做准备，然后开一次会给以解决。”然而，他的健康状况越来越差，已力不从心，加之“四人帮”又掀起夺权斗争，知青问题暂时搁置。

幸好“四人帮”很快被粉碎。不久党中央召开了党的十一届三中全会，我国政治社会生活开始进入历史转折点，城镇知青上山下乡运动也随之有了重大转折。从那时起，尤其是全国开展“实践是检验真理的唯一标准”的大讨论后，人们开始理智地审视过去走过的历史道路，包括重新认识上山下乡运动。

李先念副总理认为：“文革”以来，城市知青上山下乡 1 000 多万人，从农村又招工进城 1 000 多万，先后花了 60 多亿元，买了“四不满意”：知青不满意，家长不满意，农民不满意，国家不满意。

刚刚复出的邓小平，当时一次在与胡乔木、邓力群谈话，也曾经指出：“现在搞的上山下乡，不是长期的办法，农民不欢迎嘛！城市人下去实际上形成同农民抢饭吃的局面。我们第一步应该做到城市青年不下乡，然后再解决从农村吸收人的问题。”

1978 年国庆节后，国务院开会讨论知青问题。李先念又说：“说上山下乡是接受贫下中农再教育，难道到工厂就不接受再教育？城镇知青下乡，乡下农民进城，这叫公公背媳妇过河，费力不讨好！”

知青问题虽然到了该解决的时候，但有关部门一时还顾不上，也拿不准，没有提出解决方案。何况四人帮刚刚粉碎，当时亟须保持社会稳定，中央政治局确定知青工作的基本方针是：继续鼓励支持知青安心农村，有步骤、有计划稳而不乱地解决他们的问题。具体对策是：国营农场的知青要基本稳定不动，对插队知青调离农村的条件进一步放宽。

原以为国营农场知青集中管理，条件好，问题少，故而采取“稳”农场、“放”农村的策略。殊不知，农村插队知青人数虽多，但因为分布范围广，历年招工、招生、征兵的指标多，返城的机会相应也多。而国营农场招工、招生、征兵的指标历来较少，返城的人数远远低于农村插队知青，两者差距很大，引起兵团和农场知青的不满。加之，联系到婚姻、恋爱、生活艰苦、探亲路远等因素，不满情绪更大。大家迅即利用农场知青集体居住、人数集中、联系方便等有利条件，飞速组织起来，研究对策，开始行动。于是，云南、新疆、黑龙江等垦区的知青游行、请愿、示威、罢工和冲击政府机关等事件相继发生，形成了席卷全国的返城上访大浪潮。

云南垦区知青起事最早、最厉害。那里有 10 多万上海、重庆、成都、昆明知青，上海知青是主力，他们主要从事天然橡胶种植业。云南西双版纳垦区是我国第二大天然橡胶生产基地，深受党中央关注,周总理曾亲临视察、并表扬过那里的农垦战士。1970年初改为兵团建制,1974年又改为农垦局。兵团时期,农场出现的问题很多,知青们早有不满情绪,只是爆发的时机未到。

1978年10月底,西双版纳景洪农场上海知青执笔起草"致邓副总理的公开信",列举云南知青生活的种种困苦,反映知青运动造成了"三不安心"问题,认为局面已经"严重影响社会安定团结"。同时表达了知青要求返城的强烈愿望,希望中央领导能够重视。

后来又成立罢工委员会,发表罢工宣言,组织上访团进京请愿。由此一场声势浩大的、以回城为目的的群体性罢工活动,在西双版纳垦区风起云涌地展开,而且波及河口、文山、金平、临沧等垦区50多个农场,3万多知青参加集体罢工,形势紧张。

12月27日,上访团抵京时,党中央十一届三中全会正在召开,知青代表最大的愿望是"要见邓副主席"。并提出如果邓副主席太忙,也可由其他国家领导人接见。

此事引起了中央高层领导的高度重视。会议期间,中央政治局委员、国务院副总理、老农垦部部长王震,多次通过中央办公厅、国家农垦总局了解事态发展。邓小平也指出:要安定团结,要把西双版纳的生产搞好。

1月10日,政治局委员、国务院副总理王震和民政部部长程子华受中央委托,出面接见上访团代表。那天,接见气氛相当严峻,面对当年指挥百万转业官兵屯垦戍边的老将军,知青代表十分敬畏,他们懂得不能再像在省里对待上级调查团那样针锋相对,应该多一些理智和冷静。

大家看到王震将军等出现,马上热烈鼓掌,表示欢迎。而王震却表情严肃,他没有想到屯垦戍边的农场竟然出现罢工和上访事件,心里感到恼火。于是,突然将手中的拐杖往地上咚咚一杵,接着就排炮般训斥大家丢掉了军垦的光荣传统:"现在全国都在抓纲治国,你们却闹事,对得起国家吗?"知青代表完全被老将军的威严震住了,吓得大气都不敢出。大家懵了,返城的要求也不敢提了。

接见不欢而散,知青上访团都觉得该说的话竟然没有说出来,一个个垂头丧气,有的代表甚至急得哭了。事后,王震副总理显然意识到知青们的不痛快,出于灵活的领导艺术,他随后又派人邀请全体知青代表晚上看电影。与白天的接见不同,王震副总理没有在会议室坐等,而是站在电影院门口迎接大家,让知青代表感受到丝丝温暖。那天晚上,放映的电影是刚刚翻译完成、准备送南疆前线慰问将士的美国电影《巴顿将军》。

电影结束后,王震副总理首先打破沉默,传达党中央对广大知青的关切之情。王震回顾了"文革"对老干部的迫害后,深情地指出:"你们本应该好好上学,也给耽误了,你们也是受害者。现在要大治了,我们再也不能允许那种动荡不安的无政府主义状态了。"他说"西双版纳是个好地方嘛,你们要热爱她;中央没有忘记那里,恰恰相反,还要建设那里,邓副主席说了,不久就要大规模投入资金,资金不够,外汇也可以动用嘛!"

这时,知青代表中有人抱怨西双版纳找对象、结婚太困难。王震副总理风趣地说,晚一点结婚有什么不好,我们当年打仗,在你们这个年龄,哪里顾得上结婚嘛!我可以同邓(颖超)大姐说说,让她张罗从山东、江浙一带调一些漂亮姑娘到西双版纳去。到时候让你们走,你们可能还舍不得走呐!僵局已经打开,暖流正在形成,气氛逐渐转变。王震见知青代表们脸上露出笑容,随后又说了些安慰和鼓励的话,让大家"回去安心工作,以国家利益为重,为安定团结、实现四化贡献力量。"他既批评请愿行动,指出这样闹影响不好,又表示对这次行动理解,决不追究。但希望回去后要作自我批评。他还告诉代表们,中央对大家的要求会认真考虑的,特别

说："你们给中央的信，我已经转给华主席、邓副主席和叶帅了。中央已派农林部副部长、国家农垦总局局长赵凡率领调查组赴云南农场处理问题。"

赵凡同志原是北京市委书记处书记、副市长，20世纪50年代北京修建十三陵水库时，担任总指挥，陪同毛泽东等中央领导人在工地劳动。"文革"期间被林彪、"四人帮"打成"旧市委黑帮"，长期关押受迫害。粉碎"四人帮"后，中央派他任农林部副部长、兼国家农垦总局局长和国务院知识青年上山下乡领导小组副组长。他身兼数职，既管农垦又管知青，是处理农场知青问题的最佳人选。这是他刚刚复出后碰到的头道难题，临危受命，深感责任重大，义不容辞。党的十一届三中全会刚一结束，他就会同云南省委第一书记安平生乘飞机飞往昆明。他是个急性子，一下飞机就带调查组火速赶到火车站，看望滞留在那里的农垦知青，会见他们的代表，苦口婆心地讲道理，答应尽快解决有关问题。知青代表见赵凡部长态度诚恳，通情达理，同意结束卧轨行动，撤出车站，让火车恢复通行。接着，赵凡部长又不顾疲劳，风尘仆仆赶往西双版纳。他人一到就立即布置召集8个农场党委书记开会，听取大家汇报情况，研究正确处理知青问题。经过调查组艰苦细致的昼夜工作，西双版纳垦区的局势终于逐步趋向稳定，赵凡紧张的心绪稍感宽慰。

然而，天有不测风云。想不到另一批城镇知青，在云南西部的勐定农场，又兴起了更大的风潮。该场先后安置了7 000多名知青，成都知青占5 000人，其余是上海知青。勐定农场是滇西最大的天然橡胶农场，毗邻缅甸，位置重要，影响很大。那里的知青不仅搞罢工，而且闹绝食，1 000多人连续绝食3天。此事惊动了中南海，中央办公厅紧急通知赵凡部长火速前往处理。那时，云南交通条件很差，滇西地区不通飞机，赵凡只好率领工作组立即乘坐军用吉普车出发赶路。第二天终于到达勐定农场。农场气氛高度紧张，干部们从来没有遇到这种情况，一时惊慌失措，束手无策，精神紧张，不知如何处理。赵凡部长首先劝慰场长、书记："知青不可怕，你们不要紧张。知青跟我们的孩子一样，可以做工作。我有四个孩子也是知青，两个在山西，两个在甘肃。"当天他们就找了七八个知青代表到招待所谈话，听他们诉说生活苦、劳动苦、生病苦、见不到父母等伤心事，让他们充分发泄积蓄已久的不满情绪。次日，他带领中央调查组在场里同全体知青见面。只见农场1 000多名知青，黑压压一片跪在农场的广场上，有节奏地齐声高呼口号："我们要回家"，有些人还号啕大哭。口号声、哭声混合在一起，在农场上空久久回荡，气氛十分紧张、悲壮。面对此景此情，赵凡内心凄酸、沉痛，深感不安。他首先亮明身份，表明自己是国务院派来专门调查处理知青问题的。他饱含深情地对大家说："我也是知青家长，四个孩子都在乡下插队。所以，我理解你们的心情。你们绝食不吃饭，我们心里很着急。"接着，他语重心长地告诉大家："党中央很关心你们的健康，对你们的要求，党中央很重视，会认真处理的。"短短数语，情深意长，迅速在感情上把知青和中央调查组拉近了距离。随后，他开诚布公地说："你们这么多人要求返城，这不是小事，是件大事。我们要向国务院汇报，还要同你们所在的城市商量，你们要给我们一个时间啊！"在场的知青觉得赵凡部长讲话亲切温和，合情合理，态度诚恳，没有官腔和空话。原先对立紧张的气氛，逐渐趋向缓和。大家很快听从劝告，纷纷起身散去，恢复了吃饭。一场惊动中南海的千人绝食风波，顿时宣告平息，农场恢复平静。赵凡终于松了一口气，马上风尘仆仆赶回昆明，迅速向国务院汇报。并按中央指示分别同上海、北京、成都、重庆等各大城市领导人紧急联系，希望他们在知青返城问题上能有积极态度。然而，这几个城市确实都有难处。因为，当时"四人帮"刚刚粉碎，各个城市都在全力以赴拨乱反正，落实政策，普遍面临一大堆"文革"遗留问题要处理。如今又有这么多知青返城，返城后要就业、要吃饭、要住房,负担重,难度实在大。所以,各地领导态度都不积极。赵凡苦口婆心做工作,经过反复磋商,四川省委终于首先开会研究,带头表示:凡按照政策应该回四川的知青,我们全部负责接收安排。当时,在国务院主持工作的李先念同志极为高兴,立即表扬,并亲自向上海做了通报。上海市委顾虑较多,因为这几年他们已先后批准在各地上山下乡的3万知青返回上海,待批的还有8万人。大家担心大批知青像潮水一样返城,人口高密度的上海势必更加混乱。但经反复工作,上海最终还是表示顾全大局,同意按中央调查组的意见办理。

云南农垦知青大规模罢工、上访、卧轨、绝食,闹得沸沸扬扬,这在农垦历史上是从未出现的事件。关键时刻,赵凡临危受命处理,迅速圆满平息了这一起震惊海内外的敏感事件,各方都比较满意,他的心境也稍有宽慰。

不久,云南赴京请愿团负责人,从农场联名给王震副总理发电报,对他们发动的闹事活动做了自我批评,检讨"看问题不全面,往往感情用事,为自己想得多,为国家和人民利益考虑得少"。"给国家带来了损失,影响和干扰了安定团结的局面。"

云南农场知青兴起返城浪潮,并非孤立、偶然事件,它在某种程度上具有代表性和普遍性。云南垦区知青遇到的问题和要求返城的呼声,在新疆、内蒙古、黑龙江同样存在,零零星星时有爆发,只不过没有形成规模。自从云南垦区知青带头上访后,其他垦区出现连锁反应,势在必然。

果然,云南农场知青罢工、返城风暴发生后,冲击波很快就传到了西部边疆。位于南疆的阿克苏垦区是上海知青最集中的地方。"文革"期间,16个团场先后接收了4万多上海知青,他们得知云南农场知青上访的信息后,也相继成立"上海青年联合委员会",组成进京上访请愿代表团启程抵达首都,认为知识青年上山下乡是文革的大冤案。

国家农垦总局早已接到新疆垦区的通报,信访处热情接待,详细听取请愿团的汇报,安排大家在北郊农场食宿。

不久,国家农委副主任张平化和农垦总局副局长刘济民接见了请愿团,明确表示:"当年上海动员大批知青到新疆生产建设兵团是完全正确的,不是大冤案。以此为由,要求回上海不合适。"同时实事求是告诉大家:"上海现有1 100万人口,其中市区600万,每平方千米人口密度为3.8万人,比纽约高1倍。如让当年上海到边疆参加建设的100万青年都返回上海,势必给上海造成很大的困难,边疆建设也会受到严重损失。"他们希望大家从国家利益大局出发,早日返回新疆。

但是,知青上访团不听劝告,坚持不解决问题不回新疆,他们在北京与国家农垦总局工作人员对峙了40多天。

为打破僵局,国务院副总理王任重同意派农垦总局副局长刘济民带五人调查组,随同知青上访团一道去新疆就地调查处理问题。

调查组离京前,与请愿团达成协议:上访团迅速乘火车返回新疆团场,调查组乘飞机随后赶到;上访团回团场后,如实传达国家农委和国家农垦总局领导人的讲话精神,停止罢工,坚守岗位;上访团要为调查组深入基层调研创造良好环境,不得设置障碍、挑起事端。

上访团回团场后,国家农垦总局调查组也随即飞抵乌鲁木齐。

出人意料的是:阿克苏的局势突然紧张,部分团场上海知青在少数人发动下,竟然再次冲击、占据农垦局办公楼,并在阿克苏大街到处张贴标语,悬挂横幅。还计划组织上海知青家属、子女数千人，到飞机场或公路上拦车、跪哭，制造紧张气氛，施加压力，使调查组无法正常开展工作。

新疆垦区知青返城问题，前前后后闹了好几个月。为了合理解决上海知青的实际问题，1981年新疆维吾尔自治区和上海市政府根据国务院总理的指示，双方协商签订了《关于解决新疆垦区农场支边知识青年问题的具体规定》，指出："从开发边疆、建设边疆和巩固国防的重大战略意义出发，应继续采取把大多数上海青年稳定在新疆的方针。但是，考虑到新疆农场和青年本人或家庭的实际困难，也要在现行政策允许的范围内，分期分批地把一部分符合本规定的青年商调回上海或迁回上海落户，或调剂到上海市所属的外地农场……"

从那以后，经各方努力，先后有1.6万名上海知青回到上海。但留在新疆献身边疆建设的仍有3万多人，有的回上海后，因工作不合适又返回新疆，他们成了新疆屯垦戍边和建设边疆的骨干力量，深受新疆各族人民的尊敬和爱戴。

这一期间北大荒垦区也刮起返城"暴风雪"，数十万名知青纷纷加入"胜利大逃亡"的队伍，垦区生产生活突陷困境。

辽阔无垠的北大荒，是黑龙江的一片沃土。新中国成立初期，王震将军指挥数十万转业官兵，建立了一大批国营农场。1962年以后，又有40多万城市知青从祖国四面八方进军北大荒，开荒种田，献身农垦事业。有些知青还为建设和保卫边疆献出了宝贵的生命，长眠在北大荒。

北大荒垦区在安置、培养、教育城市知青方面做了大量工作，造就了一大批优秀人才。"文革"动乱期间，那里的城市知青同云南、新疆一样，也遭遇许多不幸与苦难。如1973年8月，黑龙江生产建设兵团16团的团长和参谋长利用职权，违法乱纪，奸污城市知青，败坏党纪和军纪。事发后，惊动了中南海，2名现役团级军人虽然被判处死刑，但却动摇了广大知青和家长对上山下乡的信念，加上其他原因，大家纷纷想方设法调离农场。

1978年，垦区知识青年病退、困退之风，更是愈演愈烈。许多知青和家长里应外合，八仙过海，各显神通，通过各种途径和方法，在"病退"、"困退"的合法旗号下，先后回城。然而，这年全国知青工作会议在对农村插队知青网开一面时，却规定"农场知青一般不办理病退和困退。如家庭确有特殊困难，可通过组织商调。"有人说知青政策像孙悟空"说变就变"，一度引起混乱。上有政策，下有对策，大家随即在"家庭确有特殊困难"上大做文章。当年年底，黑龙江垦区就有20多万名知青通过这种方式返回城市，人数还在不断增加，申请返城的报告表像雪片一样送往领导机关。仅据1979年第一季度统计，黑龙江垦区就有7.4万名知青离场返城，另有6万多人待批，只有10万人还留在农场花名册上。

黑龙江垦区知青大部分来自哈尔滨、佳木斯、牡丹江，还有一部分来自北京、天津、上海。哈尔滨、佳木斯、牡丹江这些城市小，毕竟不如上海人口密度高，青年就业难度也没有上海大。省、市各级领导和整个社会，对知青要求返城的愿望也比较理解。他们多次召开会议，重点研究安置知青返城问题。省委书记在会上明确表示：要像当年欢送他们下乡一样，欢迎他们回城。

面对这样的社会氛围，农场领导深感知青返城是大势所趋。有些领导思想开明，认为：城市知青再好也是"飞鸽牌"，主张谁愿走就走，决不阻拦。有的农场还采取分配名额、群众投票等办法，决定谁先走、谁后走。数十万名知青先后离开了黑龙江垦区，给农场造成的损失是巨大的。因为，城市知青有文化、头脑聪明、肯学习、善钻研、接受新事物快，经过培养和锻炼，他们都成了农场的骨干,农场的许多关键岗位大多由知青担任,越是基层单位,知识青年担任领导干部的比例越高。据1976年统计,北大荒黑河农垦局18个农场167名领导干部中,有33名是知识青年,而分场和生产队的主要领导干部,知青的比例分别为40%和60%。那里的山河农场更为突出,12名场领导干部半数是知青,下属8个分场中有5名党委书记是知青。知青返城后,那里的春耕春种已无法进行,农场机车无人开,账目无人算,学生无人教,病人无人管,所有工作处于瘫痪状态。有人形容当时农场"往日隆隆的机器声突然停了,知青的歌声和笑声没了,学校教师走光了,医生、护士、会计、出纳跑了,字正腔圆的北京话和叽叽喳喳的南方话听不到了,热热闹闹的气氛没了,红红火火的时代过去了……"目睹此情此景,农垦部门的领导和职工也只好望"潮"兴叹,无可奈何对知青返城大潮表示理解、惋惜和遗憾,并下决心挑选当地青年,开始着手培养自己"永久牌"的技术业务骨干,继续发展农垦事业。知青返城浪潮声势浩大,严重影响安定团结的局面,国务院知青领导小组深感震惊。

1979年8月17日,在京紧急召开部分省、市知青上山下乡先进代表座谈会,开了半个月才结束。华国锋、李先念、王震、胡耀邦等党和国家领导人出席,大力表彰知青先进典型,宣扬他们为中国青年找到了知青的方向,促进了社会风气进步……原希望通过表彰先进,鼓励知识青年"扎根农村",遏制汹涌的返城大潮。然而,会后知青返城浪潮势头有增无减。原先全国在乡知青尚有502万人,1980年6月只剩150万人,而且返城势头还在继续发展。中央书记再次进行专题研究,万里副总理表示:"以后不要再提倡上山下乡了"。"像北京,我不主张再搞上山下乡。"胡耀邦态度更明确:"要把让城市青年上山下乡种地的办法改过来,要用其所长,不要强其所难。过去的办法,是一举两害,现在要一举两得。"他认为一举两害是既害青年又害国家,主张顺随青年人求知上进的愿望,通过各种途径,把他们培养成有用人才。既有利于青年成长发展,又利于国家建设,实现一举两得。

与此同时,一些专家学者也大胆指出:人类社会发展历史表明,农业人口逐渐向城市转移,让农村多余劳动力从土地中分离出来,逐步走城市化道路,这是世界各国经济发展和社会进步的必然趋势,也是世界经济发展的共同规律。在世界经济发展的大潮流中,我们发动城市知青上山下乡,严格控制农村人口向城市流动,显然违背经济发展规律,实际也堵不住这一时代潮流。

鉴于沉痛的历史教训,中央书记处审时度势,果断决定:从当年(1980年)暑假起,应届毕业生不再上山下乡,一律作为待业青年,根据实际需要统筹安排。从此,倡导了近30年之久的政治方向——上山下乡运动宣告结束。

不久,国务院知青办遵照中央领导的指示,就如何正确看知识青年上山下乡运动做了认真总结和探讨,实事求是指出:

①知青上山下乡是在一定历史条件下发生、发展起来的,它是时代的产物,也是复杂的社会问题。它是20世纪50年代,根据我国底子薄、就业难的国情提出来的政策措施,也是我党解决青年就业问题的重大试验,不能把它视为"文革"的产物。

②知青上山下乡本来是就业问题,而"文革"期间却把它当作政治运动去搞,指导思想偏了,工作严重失误,造成劳民伤财,群众不满,也损害了上山下乡的声誉。

③广大知青在建设农村、建设边疆的事业中所做出的贡献和受到的锻炼,应充分给予肯定;对他们那种志在四方、勇于承担国家困难、艰苦创业的精神,应继续给予鼓励和宣传。

④知青上山下乡不能作为解决城镇知青就业的主要途径,但渠道也不宜堵死。今后,城镇

青年去农村和边疆的具体形式与办法，应根据历史经验和形势的发展把它搞活，讲究实效。

此外，也有人认为："文革"前，知青上山下乡工作比较稳妥，大多数知青的思想也比较安定。问题出在"文革"期间，知青上山下乡演变成反修防修、培养无产阶级革命接班人的政治运动，而且一搞就是10多年。大批知识青年在青春年华时，失去了接受正规教育的机会，造成我国人才成长上的断层，给国家的现代化建设带来了长远的困难。国家和企事业单位为安置知青上山下乡支付的费用超过100亿元，知青的家长和当地的农民也为此增加了沉重的负担。凡此种种，都是当时造成社会不安定的重要因素之一。

知青上山下乡是一个复杂的历史现象，知青返城大潮形成的情况更为复杂，它是种种社会矛盾积存的一次大爆发。因此，党和国家在处理这一问题时，态度极为慎重，尤其是定性更为严格，没有定为反革命事件，而是采取了实事求是、区别对待的政策。对破坏捣乱、打砸抢分子，坚决依法惩处；对广大知青的合理要求，则妥善解决。从而较好地平息了这起震惊海内外的知青返城大风潮。

风行20多年的知青上山下乡运动，悄然退出了政治舞台成为历史。但是，广阔的农村和边疆农场，毕竟是千万知青生活、战斗过的地方，他们当年在那里与广大农民及农场职工风雨同舟，患难与共，有苦难，也有磨炼；有损失，也有贡献；有泪水，也有欢乐；有坎坷，也有怀念……尽管他们返回城市，但仍时时情系农村，始终眷念第二故乡的土地和人民。黑龙江垦区著名作家郑加真讲述过如下一个真实的故事。

1993年6月，一个由100多名南方知青组成的回访团，从江浙出发，不远千里，风尘仆仆赶到黑龙江宝泉岭垦区，探望农场的父老乡亲。农场管理局以隆重仪式，热烈欢迎，一万多群众拥列大道两旁，场内彩旗招展，敲锣打鼓，燃放鞭炮，高奏凯歌。招待所大楼上高悬巨幅标语："北大荒拥抱你们！第二故乡想念你们！"目睹此情此景，百名知青回访团情感激动，思绪翻滚。许多往事纷纷涌现眼前。联欢大会上，16名知青登台朗诵了临时写成的诗歌，火辣辣的情感和动人的语言，深深打动了众多父老乡亲的心。朗诵刚完，忽听回访团长一声令下："向第二故乡的父老乡亲们行大礼！"百名知青扑通一声，齐刷刷跪在台上，大家眼里饱含晶莹的泪花，跪谢当年关心爱护他们的北大荒父老。台下群众起先发愣，旋即爆发出雷鸣般的掌声。顿时，台上台下，笑声、掌声、歌声，锣鼓声、欢叫声连成一片，在北大荒辽阔的田野上久久回荡。这就是返城知青和垦区之间，形成的奇特的历史情缘。千千万万的知青，往日尝过酸甜苦辣、五味俱全的种种滋味，如今仍念念不忘那悠悠岁月，十分珍惜那历史友情。

## 二、生产建设兵团的建立与撤销

20世纪60年代末，受当时政治局势影响，全国各省、自治区、直辖市相继成立革命委员会，并以国营农场为基础，成立一批生产建设兵团或农业师，划归各大军区领导。那时，农场派性斗争严重，生产秩序混乱，成立生产建设兵团对于稳定当时的政治局势和生产局势、巩固边防起了积极作用。但因生产兵团的师、团、营、连干部都是由现役军人担任，他们在农业生产领域实行军事化体制，用带兵打仗的办法管理农场，脱离农场实际，明显不适合生产经营的需要，在政治上、经济上都出现许多弊端。

据兵团和农建师统计，1971年粮豆总产量为25亿kg，1972年降为23亿kg，1973年降为20.5亿kg；粮豆单产量1971年为97kg，1972年降为87.5kg，1973年降为83.5kg。由于生产下降，成本提高经营亏损十分严重。例如，黑龙江生产建设兵团1968年盈利1.347万元，1969

年亏损34万元,1970年亏损1.54万元,1971年亏损8.311万元,1972年亏损1.07亿元,1973年亏损达到1.97亿元。

鉴于亏损情况越来越严重,1972年5~6月,解放军总参谋部、国务院农林部联合派出3个小组到黑龙江、新疆、内蒙古、浙江、安徽等省的5个生产建设兵团进行调查研究。1973年2月向国务院、中央军委写了关于生产建设兵团领导管理体制问题的报告。报告说,生产建设兵团的问题是多方面的,其中一个重要问题是兵团建设方面和领导管理体制问题。兵团突出了军队性质,过多地采取军队组织形式和领导方法,这样便和人员组成的社会性、生产经营的企业性不相适应。这种不适应使很多矛盾难以解决。这份调查报告从兵团的性质与任务、领导关系、组织编制3个方面论述了兵团存在的主要问题。报告建议,兵团不再列为大军区建制,划归省、自治区党委实行一元化领导,政治工作、生产工作、干部工作以及政府工作都由省、自治区革委会管理:生产、财务、基本建设、物资供应全部纳入省、自治区计划;军事、民兵工作归省军区管理。兵团的基本性质是社会主义农业企业,主要任务是开发与建设边疆,同时,加强民兵建设,屯垦戍边,寓兵于农。兵团要切实搞好生产,实行企业化经营,要不断地提高劳动生产率,为国家提供粮食和工业原料,提供社会主义积累,并在发展社会主义农业经济中起示范作用。兵团的组织编制,应根据生产建设的需要,同时照顾战备要求,进行整顿,减少层次,裁并机构,大力压缩非生产人员,切实改善企业管理。报告认为内地一般没有边防任务,采取兵团的组织形式意义不大。

1972年,经国务院、中央军委批准,首先撤销了武汉军区湖北生产建设兵团。这个兵团存在只有1年时间,是组建最晚、撤销最早的。1974年经国务院、中央军委批准,又撤销了云南、福建、广东生产建设兵团和广西、宁夏农业师。1975年,邓小平主持中央日常工作时,提出进行全面整顿的方针,加快了改变生产建设兵团管理体制的步伐。这一年中,相继撤销了内蒙古、江苏、安徽、浙江、山东生产建设兵团和江西、西藏、甘肃、青海、陕西的农业师。1976年春季,又撤销黑龙江生产建设兵团。各地生产建设兵团撤销后,各省、自治区成立农垦局,各团改称农场或农牧场。农场集中的地区成立地区农垦局。黑龙江农场数量多,生产建设兵团撤销后,成立黑龙江省国营农场总局,统一领导全省国营农场,按农场地区分布成立了11个农场管理局。

新疆情况特殊,地域广阔,有5 400km边境线,与印度、阿富汗、巴基斯坦、哈萨克斯坦、塔吉克斯坦、吉尔吉斯斯坦、俄罗斯、蒙古等国家接壤,国际恐怖分子、民族分裂分子、宗教极端分子3股势力历来活动猖獗,边防任务繁重。那里边境农场数量众多,它们既要搞好工农业生产建设,还要担负屯垦戍边的重任。邓小平和王震等中央领导人多次考察后,1981年12月,中共中央、全国人大、国务院、中央军委根据国家农委党组、新疆维吾尔自治区党委的报告,做出《关于批准恢复新疆生产建设兵团的决定》,兵团属于副省级,在中央计划单列。它是全国唯一的生产建设兵团。

## 第四节　改革开放后的农垦企业

粉碎"四人帮"后,尤其是1978年党的十一届三中全会以后,我国农垦事业进入新的历史发展时期。这一时期,全国农垦系统在党的正确路线指引下,拨乱反正,医治10年动乱的创

伤，逐步清除“左”的思想危害，平反冤假错案，全面进行一系列重大改革，调动了广大干部、科技人员和职工群众的积极性，使农垦事业出现了前所未有的崭新局面。

## 一、农垦企业在农业发展中的贡献

多年来，农垦企业在我国农业现代化、产业化进程中，始终把建设农产品商品基地、不断增加主要农产品、稳定市场供应放在突出的位置。

**（一）种植业基地** 经过长期开发建设，在黑龙江、新疆生产建设兵团、内蒙古、湖北、辽宁、江西、吉林、湖南、安徽、江苏10个垦区，集中建成了一大批粮食生产基地。这些基地的粮食种植面积约占全国农垦的90%，粮食总产量亦占90%。到2008年，全国农垦粮食总产量2 143.72万t(约428亿斤)，商品率88.56%，除可满足京、津、沪、渝4个直辖市和海陆空三军全年的口粮需要，还可以提供更多的商品粮，已成为国家抓得住、调得动、用得上的大型规模化商品粮生产基地。农垦用约占全国3%的耕地生产了约占全国8%的商品粮，为确保我国粮食安全做出了重大贡献。

**（二）大型优质棉基地** 农垦系统从垦荒建场开始，就根据国家计划在新疆地区、湖北江汉平原、湖南洞庭湖区和江苏、河北等垦区的宜棉地区，集中建立了一批棉花生产基地。几十年来，特别是改革开放以来，棉花生产进一步向优势地区集中，品种、品质结构不断改善和优化，产量不断提高。在新疆以兵团为核心，建立了我国西北棉花生产优势区的大型商品棉花基地，那里的棉花生产能力已达年产量124.72万t，占该区域的53%，在西北干旱地区创造了具有中国特色的精准农业发展模式。兵团的棉花生产已成为其支柱产业，带动了采棉、纺织等相关产业和边疆经济的稳步发展。目前，农垦系统的棉花总产量已占全国棉花总产量的20.73%.棉花单产1 957.65kg/hm$^2$，较全国平均水平1 359.6kg/hm$^2$高出43.99%。新疆生产建设兵团棉花生产大面积应用精准农业技术取得突破，单产高达2 034.45kg/hm$^2$，居国内领先水平。

**（三）农垦养殖业基地** 养殖业一直是农垦系统的支柱产业，而且形成了自己的特点。一是优势区域内产业集中度较高。如奶牛养殖主要集中在北京、天津、上海、黑龙江、内蒙古、辽宁、河北、山西、宁夏、新疆等15个垦区，约占全国农垦奶牛存栏数的94.4%。生猪主要集中在我国生猪优势区河北、浙江、广东、广西、黑龙江、辽宁、河南、湖南、湖北、江西、新疆、海南等19个垦区，生猪存栏数约占全国农垦总量的79%。二是规模化、集约化程度高。奶牛和生猪存栏数量多、规模大的农牧场，都集中在农垦企业。三是养殖场标准化体系比较健全。2007年已有47个奶牛场、13个养猪场开始实行现代化养殖示范场的创建工作。北京三元、上海光明、黑龙江完达山等牛奶公司，已成为著名的龙头企业，在全国享有盛名。

## 二、垦区农业现代化

60多年来，农垦企业始终致力于探索我国农业现代化道路，并取得巨大进展。农垦农业的科技、机械装备、管理水平、综合机械化程度以及劳动者素质明显高于农村，并形成一大批基本现代化的农业企业，为全国实现农业现代化摸索了路子，积累了经验，树立了榜样。主要表现为3个“较高”：①科技水平较高。农垦在作物遗传育种、作物栽培以及新技术、新品种推广运用方面措施得力，达到了较高水平。目前，全国农垦系统农作物良种覆盖率达到95%以上，科技进步对农业的贡献率已达53%，高于全国农村平均水平。②规模效益较高。农业经营规模，不论是人均占有耕地面积还是劳均耕地面积的水平，都高于全国农村平均水平。种植业家庭农场平均经营面积达 $6hm^2$ 左右,有的家庭农场高达 $100hm^2$ 以上。农业劳动力人均产值和人均粮食产量,均大大高于全国农村平均水平。③农业机械化水平较高。到2008年底,全国农垦拥有农业机械总动力1811万kW,拖拉机43.2万台,收获机械4.4万台,水稻插秧机5.5万台,拖拉机配套农具51.4万部,农用航空飞机80架,提前2年完成农垦“十一五”规划确定的指标。目前农垦耕种收综合机械化水平达95%,其中机耕水平为91.3%、机播水平为75.4%、机收水平为60.9%。主要农田机械化的提高,大幅度提高了土地产出率、劳动生产率和商品率,充分显示了农业机械化的优越性,对推进农业现代化发挥了示范和带动作用。

20世纪70年代以来,农垦系统积极利用世界银行贷款、补偿贸易、政府贷款和自有资金,从国外引进先进的农业机械1.4万台,装备了黑龙江友谊农场五分场二队、洪河农场等一批机械化农场和机械化生产队。近年来,又确定了100个“全国农垦现代农业示范区”,此外在黑龙江、河北、内蒙古、江苏、安徽、河南、广东、宁夏、上海垦区还选择了12个农场列为“全国农业机械化示范区”,这将会进一步发挥农垦企业在农业现代化进程中的示范和带头作用。

## 三、农垦工业化

农垦工业是伴随着农垦事业的发展,由小到大、由少到多、由弱到强逐步发展壮大起来的。最初,只是为了农垦自身生产和生活需要,因陋就简地发展了一些农机具修造、粮油加工、砖瓦生产等自给性工业。改革开放前,农垦工业结构单一、规模小、水平低,发展受到许多政策限制,速度缓慢,在农垦经济中处于从属地位。1978年,全国农垦有各类工业企业6023家,职工67万多人,占农垦职工总数的13%,工业总产值约35.3亿元,占全国农垦工农业总产值的48.4%。改革开放后,农垦工业越来越受到重视,确立“围绕市场办好工业,办工业促翻番”的指导思想,发展越来越快,1985年工业产值达到89亿元,翻了一番。后来农垦工业又提出必须从外延为主向内涵为主转变,从经营粗放型、速度型向集约型、效益型转变,重点做大、做强粮食、畜产品、水产品、果蔬、酿造、制糖等农产品加工业,到1998年农垦各类工业企业总数达到1.1万家,形成一大批龙头企业,就业人员达113万人,工业总产值达600亿元(1990年不变价),按可比价计算增长1400倍。在市场竞争中,农垦系统积极探索垦区工业化发展的路子,逐步形成以粮棉油为主要原料的食品、饲料、纺织加工业;以甘蔗、甜菜为主要原料的制糖加工业;以牛奶为主要原料的鲜奶和奶制品加工业;以剑麻为主要原料的剑麻加工业……主要农产品加工业在国内处于领先水平,而且形成了种养加、产供销、贸工农一体化的格局。目前,农垦系统以食品加工、纺织服装、机械制造、医药、仪器仪表、化工、金属制品、饮料、造纸、交通运输设备制造业10大支柱产业为支撑,形成36个工业行业,实现了多行业全面发展。并涌现出一大批全国著名的优秀企业及名牌产品,如海南新大洲摩托车股份有限公司、广州华凌集团有限公司、湖南正虹饲料股份有限公司、吉林敖东药业集团股份有限公司、北京三元奶业集团有限公司、上海光明奶业集团公司、完达山奶业集团公司。2007年,农垦10大产业实现产值1450.37亿元,占农垦工业总产值的66.6%,而副食品加工业的产值为419.10亿元,处于领先地位,有着举足轻重的作用,充分体现农垦的特点和优势。

近年来,一些垦区又适应新形势要求,积极推进工业园区的建设,成果显著。通过工业园区建设为农垦工业的进一步发展搭建了良好平台,实现了企业聚集,推动了产业集团形成,增强企业之间的信息、技术、文化、管理经验的交流和借鉴。同时使园区的基础设施得到有效共享,降低经营成本。新疆生产建设兵团、黑龙江垦区、江苏垦区、湖北垦区等均已先后建设一批

工业园区，园区经济已成为农垦经济发展新的支撑点和增长点。如广西垦区积极推进工业园区建设，截至2007年，他们的明阳产业园区已完成50个工业项目和9个市政基础设施项目的审批，7个项目已经竣工投产；新兴产业园区引进15家企业入园，园区已经开工建设，总投资8.2亿元，投产后年产值将达15.7亿元。湖北东西湖垦区工业园区起步早，他们着力推进食品集群式、加工企业社会化发展，精心打造省级食品加工业园区，68家规模食品加工企业落户园区，年税收3亿元。其中年销售额过10亿元的3家，过亿元的16家。目前，该园区已成为湖北省最大的食品加工聚集区，吸纳1.8万农村劳动力就业，帮助22.7万户农民增收。

## 四、农工商综合经营

农工商综合经营，是农业经济发展的经验和理论，无农不稳、无工不富、无商不活也是农垦企业的特点。当初，新疆和黑龙江军垦农场在荒无人烟的地方垦荒建场种粮，为了生产和生活需要，王震将军一直提倡在垦区办起农机具修理厂、粮油加工厂，还办起了商店，随着农垦事业不断发展，垦区工业、商业逐步壮大。这是农垦最早农工商综合经营的雏形。尽管同当时的政策规定不相符，但在垦区范围内还是有效的，经济效益显著。1978年8月，国务院总理华国锋访问南斯拉夫回国途中，视察新疆生产建设兵团石河子垦区，指示学习南斯拉夫经验，试办农工商联合企业。从此，全国农垦开始总结历史经验，冲破各种旧框框和规章制度，大规模兴办农工商联合企业。伴随着农工商综合经营的大发展，垦区以商业为主的第三产业蓬勃兴起。农垦第三产业发展的重点是商业流通、旅游业、交通运输业、房地产业，以及为一、二产业产前、产后和职工生活服务的相关行业。1986年，农垦第三产业产值的比重由1980年的14%上升到21%，从业人员达到90万人。2007年，农垦第三产业实现增加值540亿元，占农垦生产总值的27.3%；从业人员119.69万人，占农垦就业人员总数的20.8%。目前，农垦从事第三产业的经营单位有11.58万家。第三产业增加值超过20亿元的垦区有7个，按产值大小排序为：新疆生产建设兵团151.18亿元，黑龙江垦区98.78亿元，湖北垦区55.87亿元，上海垦区46.47亿元，河北垦区31.86亿元，广西垦区27.85亿元，辽宁垦区23.72亿元。这7个垦区的第三产业增加值合计435.8亿元，占农垦当年第三产业增加值的80.7%。

农垦第三产业发展中，旅游业成为发展势头最强劲的产业之一。特别是近几年来，农垦从自身实际出发，利用生态优势、区位优势和军垦文化优势，积极发展垦区旅游业，成效显著。旅游产品不断丰富，旅游线路不断拓展，旅游规模不断扩大，旅游效益不断提高。旅游业已成为农垦第三产业的重要组成部分，在农垦经济发展中的地位不断提高，作用日益增强。如新疆生产建设兵团已有旅行社116家，其中国际旅行社10家，旅游星级饭店44家。他们大力组织军垦红色旅游，积极开发边境旅游、农业观光、水域风情、沙漠探险等特色旅游，全年接待游客392.8万人次。内蒙古垦区以草原生态游、沙漠度假旅游为主，先后在乌拉盖、锡林浩特、阿拉善、鄂尔多斯、海拉尔、大兴安岭垦区，形成了草原和沙漠特色旅游区。广西垦区依托原先热带作物研究所1 500多个热带作物品种的资源优势，创建了东盟风情园，形成融热带作物科技与风情为一体的旅游景点。海南垦区围绕滨海、阳光、沙滩、胶林做文章，旅游项目、景区规划、线路设计、产品推销更丰富多彩。现在农垦系统的旅游产业方兴未艾，发展趋势很好，充满希望。

## 五、职工家庭农场

改革开放后，党中央、国务院领导同志多次指示农垦企业要解放思想，打破旧的苏联办场模式,探索具有中国特色的办场路子。为此,农垦系统推行了财务包干、恢复定包奖和联产承包责任制、开展农工商联合经营,取得了明显的经济效益。1983 年 8 月,国务院领导同志视察新疆生产建设兵团后,指示"国营农场要办家庭农场,即大农场套小农场"。农垦系统立即在新疆石河子召开全国农垦工作会议,研究如何打破传统办场模式,推行多种形式的生产责任制,积极兴办职工家庭农场。随后,主管部门制定、印发了《大力发展和办好职工家庭农场》、《国营农场职工家庭农场章程(试行草案)》两个文件,有力地推动了职工家庭农场和其他形式小农场的快速发展。到 1984 年底,全国农垦已创办职工家庭农场 42 万多个。由于职工家庭农场是国营农场内统分结合的一种经营形式,它把国有农场统一组织产前、产中、产后服务的优越性和职工家庭分散经营的积极性有机地结合起来,既发挥大农场的机械化优势,又调动了职工及其家庭各方面生产的主动性,收到了明显效果。尤其遇到自然灾害时,家庭联产承包和家庭农场在抗灾、保收增产等方面发挥的作用更为突出。它还有效地解决了"不管庄稼长不长,农工月月照发饷"的农工吃农场"大锅饭"的问题,使农垦农业经营管理体制发生了重大转变。到 2007 年底,在全国农垦 187.75 万个农业经营单位中,职工家庭农场承包和职工子女等个人承包占 95%,其中职工家庭农场 93.02 万个,占 49.6%。农垦在大力兴办以职工家庭农场为主的小农场过程中,国有农场(大农场)注意强化统一经营的功能,将小农场办不了或办不好的事,通过大农场统一经营和指导、管理、监督等多种形式,为分散的小农场和各种承包主体提供社会化服务,创造了国有农场统一经营和家庭农场分散经营相结合的大农场套小农场的双层经营体制。这种双层经营体制,既发挥了大农场的优越性,又调动了小农场的积极性,进一步促进了生产力的发展和规模经营,符合国有农场经济发展的实际需要。

## 六、农垦小城镇建设

农垦小城镇建设是随着农垦事业的发展,逐步发展壮大繁荣的。当初,农垦大军在地广人稀、交通不便的边远荒原、荒滩开荒建场时,尽管任务繁重,但仍然注重以场部(团)、管理局(师部)为中心,按照工农业生产区、生活住宅区、文教卫生区、园林绿化区的格局,进行统一规划设计和施工建设。天长日久,荒野的土地上开始出现工厂、商店、学校、医院、邮局、饭店、汽车站……逐渐形成一个个社区,兴起了一座座新型的小城镇,规模逐步扩大,社会化服务设施和体系越来越健全完善。在边疆原先的广阔荒野、戈壁沙滩和内地荒滩野岭,星罗棋布建起了 2 000多个国有农场,同时也形成了 2 000 多个大大小小的农垦城镇。如今,新疆天山南北原兵团农 8 师、农 7 师、农 6 师等师部的驻地,已成为石河子、奎屯、五家渠、阿拉尔、图木舒克 5 个在新疆属规模较大的城市,石河子是新疆仅次于乌鲁木齐的第二大城市。由于石河子上海知青集中,城市商贸、文化以及穿衣打扮、日常生活充满上海风情,所以被誉为戈壁滩上的小上海。加之城市规划好、绿化好(城市绿化率达 40%),居住环境好,先后评为国家园林城市、中国人居环境奖,还被联合国评为"人居环境改善良好范例城市"。目前新疆垦区团场驻地共建起 172 个农垦小城镇,另有 3 844 个居民点,人口 300 多万。城镇数量和人口分别占新疆维吾尔自治区的 50%和 35%。上海垦区农场的小城镇历来重视规划建设,市政设施配套齐全,居住条件完善,市政府已将其作为卫星城进一步规划。在海南岛,农垦小城镇占当地农村小城镇的 30%。在黑龙江垦区,小城镇达 140 个,人口 157 万多人。江西垦区的共青垦殖场,原先是上海知青垦荒队,在鄱阳湖畔荒滩上艰苦奋斗创建的垦殖场 ,受到过胡耀邦同志多次视察、表扬,如今已成为工农业生产发达、农林牧副渔全面发展、经济繁荣、文化昌盛、科技发达、环境优

美的现代化城市，连续多年荣获江西省文明单位和全国绿化先进单位，而且成为享誉海内外的著名红色旅游景点。

全国农垦的2 000多个农场的先后建立，带动了2 000多个小城镇的建设，既有巨大的经济意义，更有深刻的政治意义。60多年来，新中国通过军垦带头，吸收城市青年、支边青年参加开荒建场的方式，有组织、有计划地将数以百万计的人口，逐步地从我国东南部人口稠密的地区和城市，顺利地向地广人稀的西北部边疆地区大规模转移，然后又呼朋唤友，在全国垦区形成500多万农垦大军，人口1 200多万，为全国合理调整人口布局作出了巨大贡献，也加速了边疆和内地边远地区自然资源开发利用的进程，为逐步缩小西北部边疆、内地边远地区和我国经济发达地区的差别创造了条件。

## 第五节　农垦企业的地位与作用

### 一、屯垦戍边作用

新中国成立后，党和政府十分重视开发边疆、保卫边疆。为此，党中央做出了解放军转业屯垦戍边和大规模移民戍边的决策。经过60多年的艰苦奋斗，农垦系统在新疆、内蒙古、黑龙江、云南、广西等边疆省、自治区陆续建起470多个国有农场，垦区人口发展到500多万人，形成了一条巩固的边防农场带、实行兵农合一、寓兵于民的屯垦戍边战略。农垦职工扎根边疆，建设边疆，献了青春献终身，献了终身献子孙。他们为维护边疆地区民族团结和繁荣当地经济，为维护领土完整、边境稳定和国家安全做出了重大贡献，立下丰功伟绩。

在西北边疆地区，新疆生产建设兵团是开发、建设边疆的尖兵和先锋队。在兵团成立之初，毛主席就明确指示，兵团要发挥“三个队”的作用，既是生产队，同时又是工作队、战斗队。60多年来，新疆生产建设兵团忠实执行这一指示，大力发展屯垦事业，积极发展生产，使戈壁荒滩变成绿洲良田。在新疆5 400km的边境线上，有2 019km由生产建设兵团守卫。58个边境农场以自身的独特地位和优势，在漫漫边境线上，筑起了一道永不移动的国防屏障。在1962年中印边境自卫反击战中，兵团派出1 000多人、400多辆汽车，承担运送弹药6 000多t，并参与抢救伤员、押送俘虏等多项任务，为自卫反击战的胜利做出了重大贡献。

在东北边疆地区，黑龙江垦区在900多km的边境地带，也建有数十个边境农场，形成了以边防部队、武警分队为骨干，以农场民兵为基础的边境联防组织。1969年，在珍宝岛自卫反击战中，黑龙江垦区边境农场派出大批民兵武装，赶赴前线参与作战，或从事后勤支援，出现了许多英雄模范人物，农场广大民兵和职工群众为保卫边疆做出了重要贡献。

在西南边疆地区，云南、广西也建有80多个农场，这些农场既是发展天然橡胶和其他热带作物的生产基地，同样承担有屯垦戍边、保卫国防的使命。1979年在自卫反击战中，两垦区边境农场的职工、家属踊跃参战，积极支援前线。两垦区的民兵是支援前线作战的骨干力量。当时，仅云南垦区就派出2万多民兵参战，他们冒着炮火将大批弹药送往前沿阵地，或从事抢救伤员。在1984年收复老山的战斗中，云南一个农场参加支援前线的职工就达1 400多人。河口农场职工、家属参战人数众多，民兵在战斗中表现出色，荣获省军区授予“支前模范场”，有3个单位荣立一等功，6个单位荣立二等功，56个单位荣立3三等功，3人荣立一等功，50人荣立二等功,2 244 人荣立三等功。广西垦区同样有数千职工参加支前作战,供给部队肉类、蔬菜、木柴等物资上千吨。两垦区在战斗后,共有 106 个集体、2 740 人立功受奖,其中有 2 人被中央军委分别授予"民兵战斗英雄"和"支前民兵英雄",云南河口农场民兵四连被授予"支前模范连"。

## 二、民族团结作用

边疆地区大多是少数民族较多的地方,党中央、国务院在军垦初期就明确要求,垦荒农场必须承担民族团结的职责,要带动少数民族地区经济的繁荣,努力建立稳定和睦的汉族与少数民族之间的关系。60 年来,全国在少数民族地区先后建有上千个农场,为增强民族团结、繁荣民族地区经济文化起了十分重要的作用。

新疆生产建设兵团始终以建立边疆地区和平友好、民族团结的社会环境为宗旨。一方面积极为少数民族做好事、办实事,另一方面参与平息民族分裂分子的分裂活动,为促进新疆的社会进步和各民族共同繁荣,建立平等、团结、友爱的民族关系起到了至关重要的作用。20 世纪 50 年代,兵团曾经将已建好的八一钢铁厂等 18 个现代化工矿企业移交自治区,为增强自治区的工业实力做出了重要贡献。60 年代,兵团党委决定:每年自筹资金 1 800 万元,有计划地帮助各族人民建设"五好新农村"(好条田、好渠道、好道路、好林带、好居民点),深受各族人民欢迎。60 年来,兵团在新疆热心为少数民族地区的农民规划土地,修建渠道、公路、桥梁,支援农业机械作业,帮助培训各类农业技术人员数以百万计,兵团医务人员为各族人民看病、治病更是无法计算统计。边疆农场特别重视吸收少数民族群众参加职工队伍,并在其中发展党、团员和干部。在边境农场,各民族和睦相处,形成一个团结友爱的大家庭。长期以来,兵团在维吾尔自治区党委和政府的统一领导下,曾经多次参加应对宗教极端势力、民族分裂势力、国际恐怖势力的干扰、破坏活动。在繁荣边疆地区经济、维护民族团结、巩固边境安宁等方面,农垦企业有着不可替代的独特作用。

在云南垦区,绝大多数农场地处少数民族地区。几十年来,这些农场一直遵照平等、团结、互助的原则,认真做好民族工作,不断增进民族团结,改善场群关系,为巩固和发展边疆民族地区的安定团结的政治局面做了大量卓有成效的工作。20 世纪 50 年代,当农垦部队刚刚进驻西双版纳地区时,当地的佤族、哈尼族、基纳族等民族基本上处于原始社会,农垦人在垦荒建场过程中,生产队建到哪里,公路就修到哪里,电线就架到哪里,学校和卫生所就建到哪里,大大改善了少数民族群众的生产和生活条件,并使他们和农垦企业一起逐步走上了共同开发建设、共同繁荣发展的轨道。特别是在发展天然橡胶生产的过程中,垦区农场向周边少数民族村寨无偿提供资金、橡胶树苗和有关生产技术,并使一批村寨并入农场。从 1979 年开始,农场每年还从盈利中提取 7%的资金交给地方政府财政,用于扶持少数民族发展天然橡胶。仅在"六五"计划期间,垦区农场就提供了 6 000 多万元,帮助当地少数民族发展民营天然橡胶 4 万 $hm^2$。同时,西双版纳垦区在自身经济比较困难的情况下,还投资 2 000 多万元,参与兴建西双版纳机场、打洛公路、程控电话工程、州医院、民族文化宫等重点基础设施的建设。此外,西双版纳发达的旅游业,也是由农垦带头发展起来的。正如西双版纳州原州长刀爱民所说:我们的第一次开发,是靠农垦带着我们种橡胶;现在第二次开发是靠旅游,仍然要靠农垦。

60 年来,农垦企业还承担了党和国家安排的突击使命,先后在农场安置了除解放军转业官兵、城市知青以外的其他人员 350 多万人。其中包括水库移民,东南亚地区排华时期的归国

华侨、难侨，劳改就业人员，农村流入农场的农民等。

## 三、突击队、主力军作用

新中国成立初期，全国面临医治战争创伤，国民经济处于极端困难时期，工农业生产停滞不前，各项物资十分短缺，工厂急需原料，城市需要粮、棉、油和农副食品。抗美援朝战争正在进行，西方帝国主义集团又对我国实行全面经济封锁，国防工业、民用工业急需的天然橡胶被帝国主义列为战略物资重点禁运。以解放军转业官兵为主体的农垦大军正是在这背景下诞生的。农垦大军按照党中央、国务院的指示担当突击队、主力军，分别在新疆戈壁荒滩、黑龙江荒原、华南热带雨林地区安营扎寨，战天斗地，坚韧不拔，克服各种难以想象的困难，艰苦奋斗，勇于开拓，终于不辱使命，在荒无人烟的荒野上，创建了一大批粮食生产基地、棉花生产基地、天然橡胶生产基地、副食品生产基地……为确保国民经济发展和国防建设需要，以及保障国家粮食安全，做出了巨大的历史贡献。60 年来，农垦大军先后拓荒近 1 亿亩，形成了相当于一个中等省的耕地面积，提供的棉花产量占全国棉花产量的 21%，提供的天然橡胶产量占全国橡胶产量的 80%；农垦的耕地占全国耕地的 3%，提供的商品粮占 8%。

## 四、农业现代化的示范作用

党和国家十分重视农垦系统农业现代化的建设，1978 年底，中共中央关于加快农业发展的若干问题的决定中，明确要求办好国有农场，为国家提供更多商品粮食、经济作物和其他农副产品，在农业现代化中发挥示范作用。进入 21 世纪以来，党中央、国务院继续明确要求农垦在现代农业建设中发挥示范带动作用。为此，农垦企业不负党和国家的重托，以率先实现农业现代化为目标，在不断提高自身现代农业建设水平的同时，通过各种方式和途径，发挥示范带动作用。

**（一）通过示范区，发挥窗口带动作用** 几年来，全国农垦已建立 100 个现代农业示范区、12 个农业机械化示范区、60 个奶牛和生猪养殖标准化示范农场。这些示范区长期开放，运用以点带面的方式，为广大农民积极提供观摩、学习、培训机会。2007 年就接待参观学习人员 41 万多人，为农村培训相关农业技术人员 36 万多人，发放各类技术资料 111 多万份。

**（二）通过技术扩散，发挥辐射作用** 农垦企业农业技术人才数量和水平均高于农村，农业技术服务体系健全完善。近年来，各垦区重视向周边农村积极推广作物良种、模式化栽培、工厂化大棚育秧、地膜覆盖、化学除草、节水滴灌、农航作业、农机标准化作业、工厂化养殖等农业先进技术，起到了农业生产节本增效和提质增效的作用，深受当地农民和政府的欢迎。

**（三）通过场县（乡）共建，带动农村共同富裕** 由于农垦的农机设备、科技水平、粮棉油平均单位面积产量均高于农村，所以近几年来许多地方政府都提倡发挥农场各方面的优势，以科学发展观为统领，以建设新农村为目的，以加快区域经济建设为目标，开展场县（乡）共建社会主义文明新村活动。如黑龙江省已开展 3 年，共有 500 万人口地区和 1/3 的地域范围参加共建，全省呈现出农垦带动地方，地方主持农垦、合力促进区域一体发展的良好势态。2007 年，农垦的农业机械在全省 43 个县市完成跨区作业面积 57.4 万 $hm^2$，加上秋翻整地作业，全年完成跨区作业面积 93.3 万 $hm^2$，还承租县市 4.1 万 $hm^2$ 耕地，并与地方共同组建 183 个农机作业服务站。据有关部门测算，如果在地方形成 93.3 万 $hm^2$ 像农垦这样高标准、高质量的农机作业能力，需要投入约 15 亿元资金购买农机设备。而按地方的投入能力和进度，需要至少 10

年才能完成。可见开展场县共建活动，实行农机跨区作业，既有利于发挥农垦充足的农机作业能力，增加农场经济效益，又缩短了地方实现农业机械化的过程。目前，类似情况在江苏、湖北、河北、安徽垦区均有出现，势头良好。

## 参考文献

[1]　当代中国的农垦事业．北京：中国社会科学出版社，1986.

[2]　农业部农垦局．中国农垦50年——惊天伟业50年．北京：中国农业出版社，2000.

[3]　王震传．北京：当代中国出版社，2001.

[4]　定宜庄．中国知青史．北京：中国社会科学出版社，1998.

[5]　农业部农垦局．中国农垦改革发展30年．北京：中国农业出版社，2008.

（作者：许人俊　农业部原中国农垦经济研究中心主任、高级农业经济师）

# 第二十三章 农产品加工业

自古以来，中国就是一个农业大国，历来重视农业生产，农产品资源丰富、产量很大。然而，由于长期的自然灾害和人为影响，在建国初期我国的农业生产能力受到巨大创伤，农产品产量低、种类少。经过60年的不断发展，我国的农业生产能力逐步提高，农产品的种植面积、产量和种类都得到很大程度的提高。同时，伴随着农业生产能力的不断提高和社会经济的逐步发展，农产品加工业也在原有基础上发展壮大起来。

农产品加工业涉及的主要概念有农产品、农产品加工和产业。农产品是通过生物的发育、生长、繁殖所取得的产品，包括农、林、牧、副、渔5类产品。我们这里所讲的，是广义上的农产品。以农产品为对象，改变农产品外观及其生物特性的物理及化学过程即是农产品加工；也就是说，农产品加工是把农产品按其用途分别制成成品或半成品的过程。所谓农产品加工业，是指以提高农产品附加值、满足人们对食品贮存和消费等多元化需求为目的，根据农产品的组织特性、化学成分和理化性质，通过采用不同加工技术和方法，制成各种粗、精加工成品与半成品的企业（或其他生产经营组织）集合（卢凤君，2008）。

联合国国际标准工业分类体系（ISIC）将农产品加工业划分为以下5类：食品、饮料和烟草加工；纺织、服装和皮革工业；木材和木材产品加工制造；纸张和纸产品加工、印刷和出版；橡胶产品加工。我国《国民经济行业分类与代码》（GB/T 4754—2002）将农产品加工业分为12个类型（图23-1）：食品加工业；食品制造业；饮料加工业；烟草加工业；纺织业；服装及其他纤维制品业；皮革、毛皮、羽绒及其制品业；木材及竹、藤、棕、草制品业；家具制造业；造纸及纸制品业；印刷业和记录媒介的复制；橡胶制品业。本章举例主要以食品工业为例。

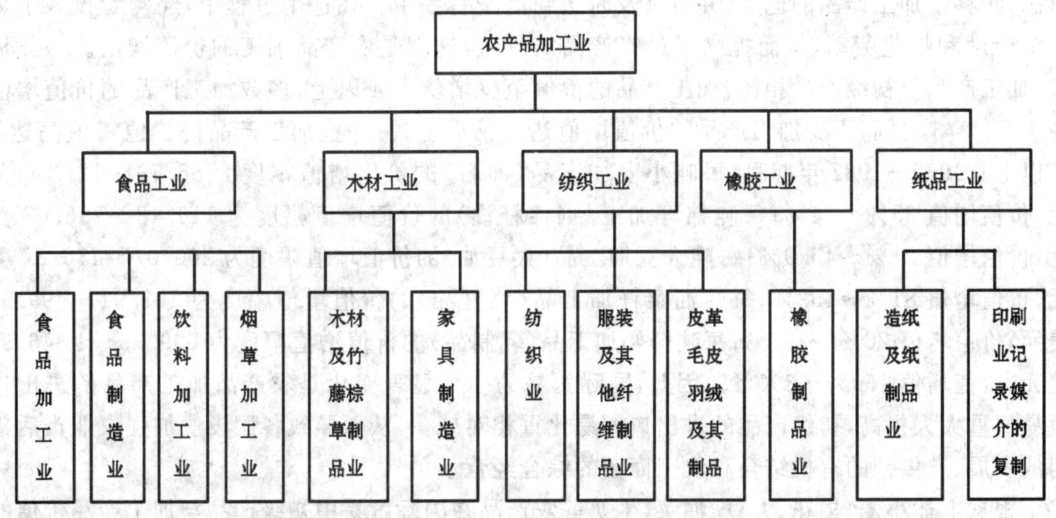


图 23-1 农产品加工业分类层次

## 第一节 发展农产品加工业的重要意义

我国地域辽阔,农产品资源丰富,是典型的农业生产大国。到20世纪90年代中期,我国很多主要农产品产量达到了世界第一。据统计,2004年我国农业总产值已达18 138.4亿元。其中:粮食总产量46 946.9万t,油料总产量3 065.9万t,糖料总产量9 570.6万t,肉类总产量7 244.8万t,奶类总产量2 368.4多万t,水果总产量15 340.9万t,蔬菜总产量56 284万t,水产品总产量4 901.8万t。但随着我国农业产值的逐年增加,农产品销售渠道不畅、农民收入增长缓慢与农业产值增大之间的矛盾不断加深。加入世界贸易组织(WTO)后,我国农业发展面临更大的挑战,农产品市场竞争更趋激烈。在这样的国际大背景下,党中央将解决"三农"问题作为新时期首要任务,发展农产品加工业具有非常重要的意义(胡小松,2007)。

### 一、有利于农产品增值和农民增收

现代农业的农产品包括初级产品和最终产品两部分。一般说,农产品的初级产品是指第二部门(农业产中部门)生产出来的产品,如小麦、稻谷、玉米、高粱、大豆与棉花等。初级产品的数量乘以初级产品单价,构成了初级产品价值,即农产品的初产值。农产品最终产品是指第三部门(农业产后部门)提供的产品,即经过粗加工和精加工并向消费者直接出售的产品,如面粉、大米、玉米粉和玉米油、大豆饼和大豆油、菜籽饼和菜籽油,以及进一步加工成的面包、糕点、牛奶和黄油等。最终产品数量乘以最终产品单价,构成了最终产品价值,即农产品的终产值。农产品的初级产品和最终产品以及农产品的初产值和终产值,是内容不同的两个概念。在国际贸易中,两类产品的单位价格不同,从而形成了一定差额,这种差额实际上就是农产品加工的价值增值。换而言之,农产品收获后,经过加工、贮运和销售等过程,改变了初级产品的形态,转移了加工产品的地点,并将其及时送到消费者手中。在这个过程中,经营者投入了新的活劳动和物化劳动,从而提高了最终产品的价值,这就是农产品加工的价值增值。一般地讲,加工产品与初级产品相比,加工产品的价值至少增值1/4以上,多数加工产品的价值增值在1/2～2/3之间,不少加工产品的价值增值达1倍以上,另一些加工产品的价值增值高达3倍以上。1979—1982年期间,每吨小麦加工品(面粉)的价值增值幅度为55.79～127.56美元,价值增值35%～64%;每吨棉籽加工品(棉籽油)的价值增值幅度为116.48～795.02美元,价值增值21%～45.9%;每吨大豆加工品(大豆油)的价值增值幅度为200.07～416.27美元,价值增值81%～152%;每吨油菜籽加工品(菜籽油)的价值增值幅度为107.91～499.92美元,价值增值26%～293%;每吨鲜奶加工品(乳制品)的价值增值幅度为699.36～1 346.93美元,价值增值159%～390%。因此,国际贸易的一个显著变化是农产品加工产品的进出口贸易比重大大提高,初级产品的进出口贸易比重相对减少,从而导致各国设法加强农业产后部门的发展、产供销的有机结合和农工商贸的综合经营。

根据上述小麦、棉花、大豆、油菜、牛奶等农产品在国际贸易中初级产品与加工产品价值的变化情况可见,世界农产品加工的价值增值相当可观,农产品加工所获得的经济效益大。这种价值增值的特点是:①经济作物加工产品一般比粮食作物加工产品的价值增值大,畜产品加工的价值增值又比种植业产品加工的价值增值大。例如,1982年每吨棉籽油加工能增值

407.05美元，每吨小麦面粉加工只能增值111.27美元，而每吨乳制品加工却能增值1 226.83美元。②不同年份之间的价值增值很不一样。例如，发展中国家每吨小麦面粉加工的价值增值，1979—1982年期间分别为69.82美元、83.68美元、118.9美元与84.01美元，价值增值的绝对值相差很大。

从商品经济发达国家看，农产品加工的价值增值是一种普遍性的经济发展趋势。有些农产品的初产值很低，而经过加工后的终产值却相当高。农产品加工增值的多寡，与加工层次、精度、技术状况、市场需求等有关。许多农副产品原来并不很值钱，但经过精加工和提炼后，就成为名贵食品或价值很高的药品和化学制品等。例如，美国每千吨马铃薯干的价值只有16万元，而加工成柠檬酸后，每千吨价值高达140万元，加工产品的价值增值7.75倍（丁泽霁，1987）。

近年来，我国农民收入增长缓慢，这成为当前农业和农村经济的突出问题，而增收最困难、最缓慢的是从事大宗农产品生产的农民。其原因与农产品加工业发展滞后、产品增值低有很大的关系。由于农产品加工程度低，综合效益较差，导致农民增产不增收。从总体来看，增加农民收入关键是要增加农产品主产区农民的收入。目前在城乡产业格局调整变化中，为农产品产地发展农产品加工业提供了巨大的空间。通过发展农产品加工业，可以有效延长农业产业链，提高农产品的附加值，扩大市场份额，增加农民收入。据有关专家测算，我国农产品加工业产值与农业产值的比值，每增加0.1个百分点，可带动农民人均增收200元左右。

## 二、有利于缓解农产品“卖难”问题

当前，我国农产品供求结构已经发生了根本性变化，农产品的供求格局已由长期短缺转变为总体供求基本平衡、丰年有余的状况，同时存在着结构性、区域性过剩的问题。农产品优质专用品种不足，加工出来的产品还难以适应多样化、优质化的市场要求，因而形成了农民生产的农产品“卖难”问题。当前，我国普遍出现的农产品“卖难”问题，主要是消费结构发生根本变化造成的，社会对初级农产品消费的增长放慢，甚至出现停止和减少。而发展农产品加工业可以有效地满足人们新的更高层次的消费要求，农产品加工业的发展能够生产出更多的新产品，从而创造出新的社会需求，推动总需求量的扩大，这样有利于缓解农产品相对过剩的矛盾和制止农产品价格下跌的趋势。因为农产品加工业对农业的高度依赖，所以随着农产品加工业规模的扩大和加工增值水平的提高，加工中创造的利润也会有一部分转移到农业，使农民从中获利。积极发展农产品加工业，对农产品进行加工转化，可缓解农产品供过于求的压力，大大减轻国家对农产品储备补贴的财政负担。如果解决了农产品低水平过剩问题，“卖难”问题也就迎刃而解。

在我国，很多地方农产品加工企业与基地、农户的利益联结机制已经形成，一些龙头企业把基地和农户作为“第一生产车间”，通过公司（企业）加农户、契约加服务、服务加农户、科农工贸一体化等经营模式与农户结成利益共同体，把一家一户的分散经营与大市场衔接起来，延长了农业产业链，使龙头与基地、基地与农户形成良性循环，推动了农业产业化的发展，有效地解决了农产品“卖难”问题。由此可见，要解决农产品“卖难”问题，就必须在调整农产品生产结构的同时，促进农产品加工业的产业化，走深加工转化增值之路。只有这样才能拓宽市场、扩大销售、提高效益。农产品流通的出路在于加工和深加工转化，通过加工后的农产品投放市场，比直接卖农产品原料的销路更宽，增值效益更高。

## 三、有利于吸纳农村剩余劳动力就业

农产品加工业的原料处理，大都是一些优势农产品或土特产品，原料分散，资金技术含量要求较低，所需劳动量大，工艺相对简单，因此适合于乡镇中小农产品加工企业生产，从而非常有利于吸纳农村剩余劳动力就业。据报道，在意大利、法国、美国、日本的经济快速增长时期，中小企业在全国出口特别是农产品出口中都占有重要地位。农产品加工业的发展，会带动商业、运输、旅游、服务等第三产业的发展和集中，这些产业又都是劳动密集型产业，吸引大量农村剩余劳动力进入该产业，反过来又加快了小城镇的发展。近些年来，传统农业容纳的农村劳动力日趋饱和，持续容纳劳动力的可能性变小。农村一般加工工业由于技术进步的原因，资本和技术替代劳动的趋势越来越明显。在农村劳动力就业空间狭小的情况下，发展劳动密集型的农产品加工企业，具有增加农村劳动力就业和发挥农业资源优势的双重功效。同时由于农产品的集散地往往在小城镇，农产品加工业的发展，又可以推动小城镇建设，带动各项服务业的发展，从而可安排更多的剩余劳动力就业。事实表明，农产品加工业发展比较快的地区，农村劳动力转移的渠道就多，数量就大。据测算，我国农产品加工业产值与农业产值的比值，每增加 0.1 个百分点，就可以带动 230 万人就业，有利于扩大农村剩余劳动力就业。

## 四、有利于加快区域经济发展

目前，我国东、中、西部三大区域经济发展的差异一定程度上是由于工业发展的差异造成的，因此工业发展的不平衡是地区发展不平衡的重要因素。由于中西部地区以农业生产为主，有丰富的农产品资源，人称“富饶的贫困”，只有通过就地加工和转化增值，才能提高农民收入，达到脱贫致富的目的。因此，大力发展以当地农产品为主要原料的农产品加工业，对于中西部地区工业的发展，进而缩小同东部地区的差距具有非常重要的意义。当前中央已经对西部大开发进行了战略部署和有效实施，西部大开发将为我国农产品加工业的发展提供新的发展空间，而农产品加工业将为实施西部大开发战略及区域性经济发展发挥重要作用。农产品加工企业尤其是乡镇农产品加工企业植根于农村，与农业、农村、农民有着天然的联系。一些地方出现了一批农产品加工业专业乡、专业村，或在一定区域内形成了由众多农产品加工企业组成的特色块状经济格局。如浙江的水产品加工、山东和陕西的果品加工、河北和河南的小麦加工及肉类加工、吉林的玉米加工和牛肉加工、黑龙江的大米加工和土特产加工、湖南和四川的水稻加工及饲料加工、内蒙古的乳品加工和羊绒加工、河北的皮革加工和羊绒加工、江苏和浙江等省的羽绒制品、安徽和福建及浙江等省的茶叶加工、新疆的棉花和葡萄及番茄加工等，都已形成特色鲜明的产业体系。一些省、自治区还出现了一批农产品加工业的特色县、特色乡镇和特色村，形成了“一乡一品”、“一村一品”的发展格局。总之，发展农产品加工业，可以促进优化农产品区域布局和优势农产品生产基地的建设，延长农业产业链条，提高农产品的综合利用、转化增值水平，不仅有利于提高农业综合效益和增加农民收入，而且有利于加快区域经济的发展。

## 五、有利于推进农业结构的战略性调整

调整农业结构是新阶段我国农业发展的中心任务。农业结构战略性调整的一个重要内容就是优化农业区域布局。近年来，我国农业区域布局的调整取得了初步成效，但地区结构雷同

的问题仍很突出，特别是优质专用农产品生产还比较分散，区域化布局、专业化生产格局形成缓慢，区域比较优势未能充分发挥。在一些传统农产品产区，由于规模小、产业链短、营销服务跟不上，竞争优势还不明显。因此，大力推进优势农产品区域布局，加快培育优势产区，把各地的资源和区位优势发挥出来，做大做强各具特色的产业和优势农产品，是进一步深化农业结构战略性调整的重大步骤。农产品加工转化有利于优化农业资源配置，带动农业结构调整和优化升级。目前，我国一般大宗农产品供过于求，通过"公司＋农户"、"公司＋基地"的产加销、贸工农一体化的农业产业化运营方式，对农业生产进行有效引导，可以缓解市场经济下农户分散经营与市场化生产的矛盾，提高农业生产的组织化、专业化、市场化程度，优化农业资源配置，推动农业向优质、高产、高效方向发展，带动农业结构调整和优化升级。从长远看，加快农产品加工业的发展，可以通过延伸农业产业链，把生产、加工、包装、贮运、销售等都纳入产业链的全部内容，使农业改变仅仅提供原料和初级加工品的地位，形成"从田头到餐桌"的完整产业，从而有效地提高农业的整体效益。因此，围绕加工来种，围绕加工来养，引导加工企业和农民建立稳定的合同关系和利益联结机制，让农民的种养成果有销路，让加工企业有原料供应，大规模地实行农产品加工转化，可大力促进农业生产结构的调整。

### 六、有利于提高农产品的国际竞争力

发展农产品加工业，是增强农产品国际竞争力的重要步骤。当今世界各国的农业竞争，不仅表现为初级农产品和单个生产环节的竞争，而且表现为包括农业产前、产中和产后诸环节在内的整个产业体系的竞争。实行农产品区域化和专业化生产，形成优势产区，是一些发达国家增强农业竞争力、扩大农产品出口的重要经验。如美国已经形成了富有国际竞争力的专用小麦、玉米和柑橘产业带，法国形成了世界著名的葡萄酿酒优势产业区等。随着我国农产品市场的开放，国外公司的农产品已经大量进入我国，使我国品质劣、加工环节落后的农产品在生产、加工、销售、市场和收益等方面处于更加被动和艰难的境地。为了应对外国农产品的冲击，应选择一些优势农产品，在一些能够发挥自然资源和社会经济优势的地区进行集中生产，加工出质量和技术含量高的农产品。依靠自己的优势，形成较大的市场规模，降低生产成本，在较短的时间内提高我国农产品的国际竞争力，可以有效抵御国外农产品的冲击，扩大农产品出口，在国际竞争中争取主动权。如果我们能解决好农产品加工转化这一关键环节，发挥我国劳动力成本低的比较优势，使农产品大幅增值，提高出口农产品的技术含量和附加值，就能抵御外国农产品给我国带来的冲击。因此，大力发展农产品加工业，不仅有利于保持和扩大我国优势农产品的出口，而且可以充分利用我国原料充足、劳动力资源丰富的特点，相对降低某些初级农产品的国内资源成本，从而使某些农产品的比较劣势在一定程度上转化为比较优势，提高我国农产品的综合国际竞争力和农业整体效益。

## 第二节　农产品加工业的主要成就

农产品加工业与农业一样，在我国有着悠久的历史。早在1 800多年以前，我国古代劳动人民就已经发明了用树皮、藤皮等天然纤维造纸的技术。旧中国农产品加工和保鲜能力非常薄弱、设备陈旧、技术落后而且布局极不合理，严重地制约着农业生产的发展。新中国成立后，

农产品加工和保鲜能力迅速增长,大量增加了现代设备,不断地提高了技术水平,逐步调整了不合理的布局,初步改变了农产品加工业的落后面貌。进入20世纪80年代以后,全国的农产品加工业进入新的历史发展时期,各地广泛引进先进技术,开展经济联合,使农产品加工和保鲜技术提高到一个新的水平,特别是广大农村和国营农场农产品加工业的蓬勃发展,有力地促进了农业生产和农村商品经济的发展(朱荣等,1992)。

## 一、旧中国农产品加工业的概况

我国农产品加工有悠久的历史。但是,从1840年鸦片战争以后,我国经济衰败,农业凋敝,农产品加工业很不发达。到1949年新中国建立时,广大农村的农产品加工,大多数仍然沿用古老的手工工具。旧中国农村农产品加工,基本上是自给性的。即使是掌握在地主、富农和商人手中的各种农产品加工作坊,商品量也不多。1949年,全国农村副业产值仅为11.6亿元(以1957年不变价格计算),占同年农业总产值的4.3%。按当时农村人口计算,人均只有2.39元。其中农产品加工占的比重很小。近代世界工业革命出现的科学技术进步,一定程度上促进了我国农产品加工业的发展。我国也从国外引进了一些农产品加工和保鲜的机械设备,创办了一些现代化工厂,但为数极少,生产能力很小。1949年,全国棉纺厂仅有499.63万纱锭,织布机6.6万台;林产品加工只有锯材和胶合板两类,全国年锯树生产仅300多万$m^3$,小型胶合板厂只有10个、年产不足1万$m^3$;畜产品现代加工能力微乎其微,全国只有规模较大的屠宰厂5处,日宰生猪能力仅1万头左右,冷库只有23座、容量3.3万t;水产品冷藏保鲜能力尤为薄弱,只有少数大城市利用天然冰保鲜,上海市有天然冰库108座、贮量约8万t,北京、天津2市利用天然冰保鲜贮量只有10万t左右;机制糖厂全国只有6家、年产机制糖仅3万t,罐头制品年产量只有484t、品种不到10种。由此可见,旧中国的农产品加工业是非常薄弱的。

新中国刚成立时,农产品加工布局不合理现象相当突出。由外国资本家、中国官僚资产阶级以及民族资产阶级创办的少量的农产品加工现代工业,基本上分布在沿海大城市。当时江苏省棉产量占全国总产量的8%,而上海市和江苏省拥有的棉纺锭占全国的61.5%,其中上海市的棉纺设备占全国拥有总量的48%。江苏省及附近各省基本上不产羊毛,而集中于上海市的毛纺锭占全国总量的75%。缫丝、丝绸设备80%也集中于上海市及其附近城市。上海市面粉工业所用的小麦大部分来自北方各省和从国外进口,造纸工业年产量占全国40%,而所需木浆主要来自东北地区。华北地区20%的农产品加工原料集中于天津市加工。这种农产品加工的畸形状况,形成城市工业中心与农村原料产地的尖锐对立,严重地制约着农业生产。以棉纺织业为例,由于棉纺设备集中于沿海大城市,所需原料大部分从国外进口,1946年进口棉花占全国棉纺厂用棉量的50%。上海、天津两市的纺织厂用进口棉的比重高达80%~90%,致使内地广大产棉区的棉花生产日益萎缩。1949年全国种植棉花仅277万$hm^2$,总产量44.4万t,全国人均占有皮棉仅0.8kg。再如水产品生产,由于冷冻保鲜技术落后、加工设备极少,限制了渔业生产。1949年全国水产品总产量仅45万t,人均只有0.9kg。其他多种农产品加工业也都处于非常落后的状态。

事实表明,新中国成立前我国城市和农村的农产品加工业在生产能力和产业布局上都存在严重问题。

## 二、新中国农产品加工业的恢复和发展

新中国成立后，中国共产党和政府对农产品加工业的发展十分重视，在政策上积极给予扶持，在投资上给了大力支持，同时不断调整农产品加工业的布局，使农产品加工技术和设备水平不断提升，农产品加工能力增长较快。

**(一)农产品加工能力得到较快增长** 新中国成立后，国家有关工业、商业等部门兴办的以农副产品为原料的加工业，发展很快。1950 年 3 月纺织工业部提出恢复与发展纺织业的方针是：根据国家财政与原料供应状况，在原有基础上恢复与改进生产；彻底改造旧企业，贯彻工厂管理民主化与经营企业化；为国家积累资金，稳步发展。国家计划委员会设想，在"一五"计划期间，纺织工业发展 180 万～250 万纺锭的能力。1953 年秋，国家计委、纺织工业部向中共中央汇报这一设想时，毛主席说："纺织工业的规模还可以再大一些，不是 180 万锭，也不是 250 万锭，而是 300 万锭。"1953 年到 1957 年期间，国家拿出 17.5 亿元的投资，用于发展纺织工业。在这 5 年里，共建成棉纺锭 240 万锭，包括在建工程，纺织工业的发展规模超过 300 万锭，增加棉织机 6.1 万台。同时，新建和扩建了 6 个印染厂、3 个毛纺厂、7 个麻纺织厂和 4 个丝绸厂。1958—1962 年期间，国家对纺织工业投资增加到 21.3 亿元。取得的成绩是很大的。经过 3 年调整，到 1965 年，全国棉纺锭达到 980.1 万锭，比 1949 年增长 96.2%；毛纺锭达到 28 万锭，比 1949 年增长 1.17 倍；桑茧缫丝机达到 26.5 万绪，比 1949 年增长 2 倍。

1966 年到 1978 年，全国纺织工业的生产能力又有较大的发展。1971 年，周恩来总理会见美国友人斯诺时，宣布中国 1970 年棉纱产量达到 1 131 万件，棉布产量达到 91.5 亿 m，棉纱、棉布产量均居世界第一位。到 1978 年，全国棉纺锭达到 1 561.9 万锭，比 1965 年增长 59.4%；毛纺锭达到 47.8 万锭，比 1965 年增长 70.7%；麻袋织机达到 5 725 台，比 1965 年增长 2.14 倍；桑茧缫丝机达到 72.2 万绪，比 1965 年增长 1.72 倍。

1979 年 4 月，全国财政会议又决定，大力支持花钱少、收效快、利润多、创汇高的轻纺工业。国家从中央掌握分配的技术改进费和集中的折旧基金中拿出 5.5 亿元，用于轻纺工业的挖潜改造，并在原材料、燃料、动力安排上，优先供应轻纺工业。1980 年，国家又为轻纺工业发放贷款 19.6 亿元，加上一般设备贷款中用于轻纺工业的 9.9 亿元，共计 29.5 亿元。在国家的大力支援下，轻纺工业的生产能力有很大发展。1980 年全国轻纺工业产值，比 1979 年增长 18.4%。

在农产品加工业中，以食品工业生产能力的增长最为迅速。从"一五"计划到"五五"计划期间，国家对发展食品工业的建设投资共计 91.72 亿元，先后建起了一大批门类较为齐全的食品工业厂家，使食品工业以较高的速度向前发展。例如，1978 年全国食糖总产量达 227 万 t，比 1949 年增长了 10.35 倍；1978 年全国罐头制品总产量达 48.8 万 t，比 1949 年增长了 1 007 倍；1978 年全国啤酒总产量达 40 万 t，比 1949 年增长了 56.1 倍；1978 年全国乳制品总产量达 46 536t，比 1952 年增长了 73.6 倍等。

**(二)农产品加工业不合理布局逐步得到调整** 为了改变旧中国遗留下来的农产品加工业布局极不合理的状况，国家采取有力的措施，有计划、有步骤地进行了调整。20 世纪 50 年代初期，国家就着手全面调整以农产纤维为原料的纺织工业布局。1950 年，纺织工业部根据周恩来总理关于纺织工业要向内地发展，逐步达到合理布局的指示，开始新建规模较大的武汉、郑州、咸阳、邯郸、乌鲁木齐 5 个棉纺厂，以及由苏联援建的哈尔滨亚麻纺织厂。"一五"计划期间，在华北、华中、西北产棉区又新建了30多个棉纺厂。这一时期在内地建成棉纺锭240万锭，相当于1949年全国棉纺锭拥有量的48%。同时在内蒙古、新疆、甘肃、青海、宁夏等省、自治区羊毛产区，新建、扩建了一批毛纺厂；在浙江、四川等省桑蚕茧产区新建、扩建了一批丝绸厂；在麻产区新建了一些麻纺厂。70年代纺织工业出现了大发展的局面，主要是在内地的原料产地继续新建、扩建厂家。到1975年，湖北、河南、河北、山东、江苏等省拥有的棉纺锭都已超过100万锭，而50年代拥有棉纺锭100万锭以上的只有上海市。在同一时期，毛、麻、丝纺织工业在原料产地也有新的发展。到1975年，内地羊毛产区拥有的毛纺锭已占全国总量的20%以上。

经过多次调整，在促进农产纤维加工业发展的同时，使农产纤维加工业不合理的布局有了显著的改变，特别是加工厂建在原料产区内，对发展农产纤维生产也是一个有力的促进。到1978年，全国棉花种植面积达到486.7万$hm^2$，总产量216.7万t，比1949年分别增长75.7%和3.9倍；黄红麻总产量达到108.8万t，比1949年增长了28.4倍；桑蚕茧总产量达到17.3万t，比1949年增长了4.58倍；绵羊饲养量达到9 640万只，比1949年增长了2.68倍。

林产品、水产品、畜产品及多种多样的食品加工业，在新中国成立后也不断进行布局调整，力求接近原料产地建厂。这些农产品加工业经过多年的建设和调整，使旧中国遗留下来的不合理布局得到了较大改观。

**(三)农村农产品加工业得到初步发展** 在人民公社体制下，广大农村的农产品加工业，主要是从事粮食和油料的自给性加工。为了提高农村粮油加工的机械化水平，20世纪50年代后期，在大搞工具改革中，许多地方对古老的手工业粮油加工工具进行了初步改进，使粮油加工工具实现了半机械化。从1963—1965年，农业机械部先后组织召开了多次全国性农用碾米机和榨油机的试验选型会议，选定先进机型投入生产，提供农村使用，使农村的粮油加工机械化迈开了新的步伐。60年代中期以后，农村机电排灌动力设备迅速增长，在农闲季节用于粮油加工，从而加快了农村粮油加工机械化的发展。1961年农村粮油加工机械的拥有量只有6万台，1970年增加到98.3万台，增长了15.4倍。70年代初期，随着全国95%的县建立了农机修造厂，为进一步加快粮油机械的生产和推广创造了条件。1971—1979年，全国生产碾米机和磨面机达260万台、榨油机达25万多台。到1979年，全国拥有的碾米机和磨面机达302.5万台、榨油机达22.6万台，按全国农村生产大队数计算，平均每个生产大队拥有碾米机和磨面机4～5台，每3个大队拥有榨油机1台。至此，我国农村自给性粮油加工除少数深山区外，基本上实现了机械化，使一大批劳动力从手工劳动中解放出来，为广大农村开展多种经营、发展商品经济创造了条件。

农村农产品加工能力虽有很大发展，但在很长时期内基本上局限于自给性加工，国家严格限制农村进行农产品加工的商品性生产。这样，既影响了农村农产品加工业和农业商品经济的发展，也影响了农民的经济收入。到1971年，村及村以下所办工业的产值只有38.8亿元(以1970年不变价格计算)，仅占全国农业总产值的3.56%。其中农产品加工业所占份额很少。1978年，村及村以下办工业虽有较大发展，产值增加到170.1亿元。但在全国农业总产值中也只占到11.7%。

## 三、党的十一届三中全会后农产品加工业的全面大发展

1978年党的十一届三中全会以后，国家制定了发展农产品加工业、特别是鼓励农村发展

农产品加工的商品性生产的政策措施，激发了兴办农产品加工业的积极性；农业生产全面持续的增长，也为发展农产品加工业提供了物质条件。

1986 年 5 月由国家科学技术委员会、国家计委、国家经委共同下达了“国家十二个重要领域技术政策研究项目”，并组织专家实施研究。该项目于 1988 年 4 月完成。在农业领域技术政策中明确提出发展农产品产后技术，即农产品深加工技术、易腐商品的“冷链”技术、农产品资源综合利用技术，并要求重视适于贮藏、加工农产品品种的选育和实施良好的食品包装；明确了要淘汰哪些技术，发展哪些技术，引进哪些技术。这对农产品的产后加工、贮藏技术的发展具有指导意义和决策性的重要作用。

同时，随着改革开放方针政策的推行，各地广泛实行农工商综合经营，开展多种形式的经济联合，发展外向型经营，引进先进技术，把农产品引向深度加工、综合开发利用的方向发展，从而使我国农产品加工业进入了全面大发展的新时期，以食品加工为主体的农产品加工产业体系已初步形成，农产品加工业已成为国民经济重要的支柱产业，并呈现出以下发展特点。(中华人民共和国农业部农产品加工局，2007)。

**(一)农产品加工业总量快速增长，运行态势良好**　从产值来看，1980 年到 1997 年全国农产品加工业总产值由 1 665 亿元增加到 36 874 亿元，增长了 20 多倍，年均增长率达到了 11.4%，所占农业产值的比例由 10.89% 增长到 11.5%(阿里巴巴网，http://info.china.alibaba.com/news/detail/v2-d5078498.html)。到 2005 年，我国农产品加工业产值达到 4.2 万亿元，农产品加工业的增加值已突破 1.1 万亿元，约占全国 GDP(国民生产总值)的 8%，农产品加工业产值与农业产值之比大于 1∶1，主要农产品加工转化率由 2000 年的 30%提高到 45%。全国规模以上的农产品加工企业达 7 万多家，从业人数达 1 785 万人，占全部工业从业人员的 28%。

单个行业的价格总量也体现了快速增长这一特点。例如，纺织纤维加工总量，1980 年为 341 万 t，到 2007 年发展到 3 500 万 t；纺织品出口额，1980 年为 44 亿美元，到 2007 年发展到 1 711亿美元。2006 年底，我国的纺织纤维加工总量已占到了全球的 41%，纺织品服装的出口占到了全球的 27.16%，化纤产量占到全球的 49.6%，纱产量占到了全球总量的 45.7%(中国国际电子商务网，http://texquo.ec.com.cn/channel/print.shtml? /criteria/200802/549602-1)；1978 年全国食糖总产量为 227 万 t，到 2006 年，这个数字达到 1 199.41 万 t(中华人民共和国农业部农产品加工局，2008)；1978 年全国罐头总产量为 48.8 万 t，2005 年我国罐头总产量达到了 360 万 t(智库在线网，http://www.zikoo.com/reports/42jyp1dt6.html)；1978 年全国啤酒总产量达 40 万 t，2005 年产量达到 3 061.56 万 t(红枫资本网，http://www.hongfund.com/Project/ProjectDetail-585.html)；1978 年全国乳制品总产量达 4.654 万 t，2006 年总产量达 1 438.2 万 t(中华人民共和国农业部农产品加工局，2008)，增长了 309 倍。

**(二)农产品加工业在繁荣地方经济、促进农民增收、转移农村剩余劳动力等方面的作用日益显现**　农产品加工业在地方经济发展中的地位和作用日益增强，逐步成为地区经济发展的主导力量，并在增加农民收入、转移农村剩余劳动力中发挥了重要作用。如吉林省 2005 年农产品加工业销售收入已超过 1 000 亿元，成为吉林省与汽车和化工并驾齐驱的三大支柱产业之一；2005 年辽宁省以农产品加工企业为主体的规模以上农业产业化龙头企业带动农民 310 万户，农民人均从产业化链条内获得收入达 1 100 元，占当年农民人均纯收入的 29.8%。仅

“十五”期间,辽宁省规模以上农产品加工企业转移农村劳动力达20万人。

**(三)行业和产品结构进一步优化,逐步实现由初加工向深加工的转变** 在农产品加工行业结构中,食品工业所占的比重逐年上升。1996年食品工业总产值在全国工业部门的总产值中所占的比重已经上升到第一位,总产值达到了4700多亿元(北京科普之窗网:http://www.bjkp.gov.cn/kjbgt/fz.htm);2005年食品工业产值达到2.03万亿元,占农产品加工业产值的比重接近50%,居农产品加工业的第一位。随着农产品直接消费需求的下降,加工制品的比重上升,农产品加工业的产品结构开始向多样化的方向发展,方便食品、快餐食品、休闲食品、营养保健食品等发展迅速,截止到1997年底,我国共开发出安全、无污染、优质、营养的绿色食品892个,生产总量达630万t。在开发的产品中初级产品占38%,加工产品占62%。绿色食品产品分布在全国各地,有544家企业参与绿色食品的生产与加工。1997年“中国绿色食品工程”被国际社会推举为“全球可持续发展10个最成功的模式”。另外,婴儿主食品、辅助食品、婴幼儿断奶食品、儿童强化食品以及学生营养餐也有了一定的发展。产品附加值不断提高,主要农产品深加工或二次以上加工的比例达到45%以上,逐步实现了由初加工向深加工的转变。

**(四)农产品加工企业规模有所扩大,实力不断增强** 进入20世纪80年代中期,我国农产品加工企业出现了专业化、集团化趋势,许多企业纷纷引进先进的技术与工艺设备,不断扩大经营规模,壮大企业实力,使得竞争能力显著增强,出现了一批大型的农产品加工龙头企业。如果说在世界500强企业中,有20多家是农产品加工企业,这验证了农产品加工业的巨大潜力。那么在国内500强工业企业中,有70多家是农产品加工企业,则更加突出了国内农产品加工企业成为经济骨干的必然趋势。如北京燕京、四川希望、河南双汇、内蒙古伊利、北京汇源等企业的发展,不仅极大地带动了农业增效和农民收入的提高,而且成为区域经济发展的支柱(阿里巴巴网,http://info.china.alibaba.com/news/detail/v2-d5078498.html)。

到2005年,全国有30%的农产品加工企业向工业园区集聚,规模5 000万元以上的加工企业以20%的增幅扩展,带动水平在不断提高,涌现了一批起点高、成长快、规模大的农产品加工企业集团,成为农产品加工业的中坚力量。

**(五)农产品加工向产区和大城市郊区集中,初步形成各具特色的区域发展新格局** 各地根据资源和区位优势,围绕本地优势产品、特色农产品和市场需求发展农产品加工业,在全国范围内形成了一批特色鲜明的农产品加工产业带和加工区,如内蒙古的乳品加工,河南、河北的小麦和肉类加工,吉林的玉米和肉牛加工,湖南的水稻加工,江苏、福建的茶叶加工,新疆的葡萄和番茄加工,京津和上海等大城市郊区的畜禽、果蔬、乳品的精深加工等。农业部在确立13种优势农产品区域布局的基础上,构建了我国农产品加工九大产业带和以大城市郊区为依托的加工区,使农产品加工向产区和大城市郊区集中,初步形成了一批优势产业集群,使规模优势、区域优势和市场优势得以充分发挥。

**(六)农产品加工的自主创新能力进一步加强,科技创新体系初步形成** 高新技术在农产品加工业中得到较好应用,大中型企业技术装备水平有了较大提高。生物工程技术、超高温杀菌、冷冻速冻、超临界萃取、膜分离、分子蒸馏以及非热加工等一大批高新技术在食品行业得到推广应用,有力地促进了食品工业生产技术水平的提高和产品的更新换代。啤酒、葡萄酒、饮料、乳品、烟草加工等行业中较先进的技术装备,已接近发达国家20世纪90年代中期生产水平,有的已达到国际先进水平,如啤酒、果蔬汁、乳品加工等。我国食品机械设备制造水平正在

逐步适应食品工业的发展和技术改造的要求(中国工程院农业、轻纺与环境工程学部,2005)。

生物技术、贮藏保鲜技术、设备工艺和包装材料等一大批新技术、新工艺、新设备开始应用于农产品加工领域,农产品加工业开始进入到以科技创新来推动产业升级的阶段,并初步形成了以企业为主体,以科研院所和高校为支撑的农产品加工业创新体系。

## 第三节　农产品加工业的发展现状及面临问题

### 一、我国农产品加工业的发展现状

#### (一)主要农产品加工行业的发展情况

1. 粮油行业　2006 年我国粮食总产量达到 49 746 万 t,全国规模以上粮油加工企业 11 719个,比 2005 年增加 601 个,获利 76.7 亿元,年末从业人数达 42 万人(中华人民共和国农业部农产品加工局,2008)。

2. 果蔬加工业　2006 年我国加工新鲜番茄 430 万 t,生产番茄酱近 70 万 t;苹果浓缩汁出口量约 67 万 t,占世界浓缩苹果汁出口量的 60%以上;蔬菜及加工产品出口达 732.46 万 t,比 2005 年增长 7.7%;葡萄酒产量 5 亿 L,比 2005 年增长 18.1%,销售收入达 129.5 亿元,比 2005 年增长 26.59%(中华人民共和国农业部农产品加工局,2008)。

3. 畜产品加工业　2006 年我国肉类屠宰及肉类加工工业资产总额达到 1 302.22 亿元,比上年增长 158.32 亿元,增长 13.84%;肉类屠宰及肉类加工业规模以上企业实现利润总额 105.27 亿元,比 2005 年增长 25.9 亿元,增长 32.6%;2006 年全国奶类总产量达到 3 302.5 万 t,其中牛奶产量 3 193.4 万 t,分别比 2005 年增长 15.28%、16.74%,全国规模以上企业乳制品工业总产值 1 098.4 亿元,同比增长 23.24%(中华人民共和国农业部农产品加工局,2008)。

4. 水产品加工业　2006 年我国淡水产品生产量为 2 402.7 万 t,同比增长 6.15%;海水产品生产量为 2 887.3 万 t,同比增长 3.7%。水产品出口量达 301.5 万 t,贸易金额达 93.6 多亿美元;水产品加工企业达 9 549 家,水产品加工产量所占总产量的比例达到 30.9%(中华人民共和国农业部农产品加工局,2008)。

5. 特色农产品加工业　2006 年全国茶叶产量达到 102.8 万 t,较 2005 年增长 10%,约占世界茶叶产量的 30%,出口 28.67 万 t,出口金额 5.47 亿美元,比 2005 年增长 12.98%;2006 年我国食用菌产量 1 474 万 t,总产值达 638 亿元,出口量 60.39 万 t,创汇 11.21 亿美元;2006—2007 年制糖期全国食糖产量达 1 199.41 万 t,同比增长 36.06%(中华人民共和国农业部农产品加工局,2008)。

**(二)农产品加工企业的状况**　到 2006 年年底,全国规模以上农产品加工企业达 9.3 万多家,涉及食品、饮料、纺织、服装和皮革等 11 个行业,完成加工产值 6.25 万亿元,占全部工业产值的 1/5 左右,年均增长近 21%。规模以上农产品加工企业从业人员 2 100 万人,占全部工业从业人员的 27.8%。带动 3 000 万农民就业(中华人民共和国农业部农产品加工局,2008)。

**(三)农产品加工品贸易的情况**　2006 年我国农产品出口额为 310.4 亿美元,同比增长 13.9%;农产品及其加工制品贸易逆差由 2005 年 11.4 亿美元缩小为 6.7 亿美元,下降 41.3%;一般贸易方式出口同比增长 13.8%;边境小额贸易方式出口同比增长 14.9%(中华人民共和国农业部农产品加工局,2008)。

2006年,农产品及其加工制品对亚洲出口193.1亿美元,同比增长6.4%;对欧洲出口55.9亿美元,同比增长23%;对北美洲出口43亿美元,同比增长28.7%;对非洲出口10.2亿美元,同比增长34.4%;对南美洲出口8.2亿美元,同比增长55.6%(中华人民共和国农业部农产品加工局,2008)。

## 二、我国农产品加工业面临的问题

在我国农产品加工业取得丰硕成就的同时,我们必须清醒地看到,我国的农产品加工业与发达国家相比,还存在很大差距。发达国家农产品加工业的产值与农业的产值之比为3～4∶1,而我国只有1.47∶1;发达国家加工转化率达到80%以上,而我国只有30%～35%;发达国家加工品占食物消费总量的80%,而我国还不到30%。

农产品加工业面临集中度不高、精深度不够、原料基地建设滞后、技术创新能力不强、装备工艺落后、资金制约比较突出、企业与农户利益联结机制不完善、农产品加工质量安全体系不健全、社会化服务体系发育不足等问题(中华人民共和国农业部农产品加工局,2008)。具体来说,体现在如下几个方面。

**(一)农产品加工程度低,总体水平仍较落后** 食品工业总产值与农业产值之比是衡量一个国家食品工业发展水平的重要标志。我国食品工业产值与农业产值的比值在(0.3～0.43)∶1之间,其中中西部省、自治区仅为0.18∶1,远远低于发达国家2～3.7∶1的水平。我国粮食、油料、水果、豆类、肉类、蛋类、水产等产品的产量居世界第一位,但加工程度很低,综合利用能力落后。

粮、油是农产品中的大宗农产品,是关系国计民生的重要商品,世界各国都非常重视其加工技术与设备的开发。稻米、小麦、玉米、大豆、油菜是我国5大粮油作物,是影响国民经济发展和国计民生的大宗农产品。不论世界发达国家、发展中国家还是欠发达国家,都把粮油作为重要的战略物资。2001—2002年度我国稻谷产量1.86亿t,占世界产量的31.6%,居世界之首;油菜籽产量1 100万t,占世界总产量的31.9%,为世界第一;小麦总产9 350万t,占世界总产量的19.5%,为世界第二;玉米产量为1.1亿t,占世界总产量18.7,居世界第二;大豆产量1 540万t,占世界总产量的9%,为世界第四。我国已成为名副其实的世界粮油农产品生产大国,但尚不是粮油加工的强国。

玉米有工业黄金原料之称。世界发达国家玉米加工,特别深加工可生产2 000～3 000种产品,这些种类繁多的产品可广泛应用在食品、化工、医药、纺织和造纸等领域。美国玉米深加工比例目前是20%左右;而我国玉米加工产品仅为100种左右,玉米深加工比例不足10%,加工经济效益低下。又比如,目前世界发达国家果品加工总量平均占到果品总产量的35%以上,而我国果品加工总量不足果品总产量的10%(中国工程院农业、轻纺与环境工程学部,2005)。

**(二)农产品加工业结构不够合理,经济效益低下** 在我国农产品加工业的各行业中,有的行业如纺织、服装、啤酒、橡胶等技术装备先进,企业规模大,科技含量高,市场竞争力强。而有的行业如食品加工和制造业,由于受过去长期食品短缺的影响,一直发展比较缓慢,整个行业技术装备落后,企业规模小,科技水平低,市场竞争力不强,出现了行业内部不合理的状况(高焕喜,2005)。

在食品加工业上，初级加工占的比例高，深加工占的比例小；产地加工少，消费区加工多；点式加工多，链式加工少。这种状态导致了生产成本高、产品质量差，在价格上与国际市场比较处于劣势。

**（三）农产品加工企业的数量多、规模小、生产集中度尚不够高，加工业未与市场、农业原料基地形成产业链** 我国食品加工企业规模小而散，5万多个食品加工企业中，只有130多个达到国家二级企业标准，所占比例不到0.3%；饮料年产量达到10万t以上的仅有20多家，农产品加工的品牌集中度和品牌占有率都较低。在食品工业上，啤酒生产企业合理经济规模为20万t/年，而我国啤酒生产企业的平均规模不到4万t/年；浓缩苹果汁企业国际先进水平为5万t/年以上，而我国浓缩苹果汁厂平均规模不到1万t/年。生产能力和销售达到的企业为数不多，竞争上处于劣势。生产能力差别也很大，质量参差不齐，虽然有大工业生产方式，但更多的却是小作坊方式。

**（四）农产品加工业技术水平相对落后，加工技术储备不足** 由于忽视农产品产后的研究与开发，使农产品加工利用技术落后于世界水平。如我国农产品加工企业的技术装备达到目前国际先进水平的仅为5%。达到20世纪90年代水平的仅有15%，80%处于20世纪70—80年代的世界水平。

在我国的食品工业科技成果中，食品工业的初级加工的成果所占比重大，而精、深加工的成果明显不足；对食品工业的综合利用，尤其是废弃物的综合利用研究较少；食品行业研发力量薄弱，企业自主开发创新能力低，行业管理所需的技术基础性工作十分缺乏；我国部门所属的食品加工研究院所数量相对较少，领域单一且不稳定，再加上条块分割严重，不能形成合力，很难适应食品工业链式发展的要求。

**（五）农产品加工企业的行业管理比较混乱，缺少协调机制，不利于加工业的发展** 食品工业在国民经济中涉及第一、第二、第三产业，具有产业链长、行业跨度大的特点。长期以来，我国食品企业除主要分布在轻工部门外，商业、农业等系统中也有不少食品加工企业，食品加工业也是乡镇企业的重要组成部分。但目前政府相关部门之间存在各自为政的现象，行业管理还比较混乱，缺乏总体的发展规划和统一、有效的监督、协调机制，这对食品工业的健康发展带来了不利影响。

**（六）农产品加工的原料不对路，品质差** 粮食、油料、水果、豆类、肉类等专用加工品种和质量不能满足食品加工需求，如优质专用小麦、稻米，高油大豆、蜡质玉米、双低油菜的比例亟须提高。葡萄酒中的专用品种酒才刚刚起步；加工原料中的苹果汁用品种如海岸漩青苹、红玉及国光等所占比例很小；柑橘汁中的主要品种橙汁，由于原料匮乏，产量微乎其微。正由于此，造成了一边是鲜果销售困难、大量积压、腐烂严重，而另一边却是专用加工品种严重短缺，造成企业开工不足，用替代原料生产的产品品质不高、市场竞争力不强的局面。

**（七）农产品加工企业的行业标准不健全，全程质量控制体系不完善** 近年来，随着国际上食品安全事件的频繁发生，促使许多国家采取技术措施，重组科研力量，并加大了对食品安全研究的投入。而我国食品安全研究工作目前缺乏系统规划和组织，研究队伍、设备和经费都十分缺乏，科技成果和技术储备严重不足，因此无法对与食品安全技术有关的法规、标准制（修）订提供足够科学依据，缺乏监测网络和实验室分析手段，对我国食品安全现状本底不清，无法开展有效的暴露评估，缺少指导生产、加工、贮运、流通的安全技术规范；主要技术方面，关键检测技术、危险性评估技术、关键控制技术、食品卫生标准等技术上，都落后于发达国家（中国工程院农业、轻纺与环境工程学部，2005）。

我国农产品加工国家或行业标准，普遍存在标准陈旧、有失规范、不适应市场发展要求或与国际不接轨的现象。目前，我国农产品加工业标准总数的62%是在1986—1995年间修订的，与农产品相关的国际标准采标率仅有27%左右，与国际的平均采标率43.5%相比仍有较大差距。同时，农产品加工全程质量控制体系还不够完善，与发达国家差距较大，严重影响产品质量安全和国际竞争能力的提高。在国外要求食品加工业在质量管理与安全控制上普遍实行GMP（良好操作规范）、SSOP（卫生标准操作规程）、HACCP（危害分析和关键控制点）体系和ISO（国际标准化组织）9000族系规范，而国内才刚刚起步。我国农产品加工的检测手段也较为落后，大多数农产品加工企业质量检测意识不强，设备简陋，产品质量得不到有效保证，易腐商品的冷链流通技术亟须完善，农业资源最大利用及农产品废弃物的最大资源化仍需努力实现（中华人民共和国农业部农产品加工局，2007）。

## 第四节　农产品加工业的发展趋势和思路

### 一、我国农产品加工业的发展趋势

目前我国农产品加工业已发展成为门类比较齐全、具有一定的农产品转化能力，既能基本满足国内市场需求、又具有一定的出口竞争能力和一定发展潜力的产业。

随着人口的增加和经济的持续发展，我国对加工食品的需求量将越来越大。未来一段时期里，随着对食品加工的科技投入比例将越来越大，我国农产品加工技术与设备水平将越来越高，农业资源利用将越来越合理，食品安全与标准体系、质量与卫生控制体系将越来越完善，农产品加工业的创新体系将越来越增强，农产品加工业的政策支持保障体系将越来越好。农产品加工业的高速发展，将推动食品工业的现代化发展进程，我国农产品工业发展前景广阔。

从现在起到2020年，我国将进入全面建设小康社会、加快推进社会主义现代化建设的新的发展阶段。在这个阶段里，我国食品工业经过重组和整合后将进入一个新的发展时期。我国食品工业在基本保持原有大格局的前提下，将持续而稳定地向前发展，并将融入未来世界食品工业的大潮流中。食品工业的生产规模和经营规模将进一步国际化，我国农产品加工业将会逐步出现跨国界和跨地域的大型企业集团（中国工程院农业、轻纺与环境工程学部，2005）。

### 二、我国农产品加工业的发展思路

随着新世纪的来临，我国进入加快经济结构调整和加快推进现代化建设的关键时期，无疑也是农产品加工业加快发展的有利时期。农产品加工业的结构调整和加快发展，将成为今后一个时期我国农业和农村经济乃至整个国民经济进行战略性结构调整的重要内容。要以市场为导向，大力发展农产品加工业特别是精深加工业，加快对现有农产品加工企业的技术改造，提高加工能力和产品档次；采取多种形式把农产品生产、加工、贮藏、销售等环节紧密结合，重点围绕农副产品加工和发展优势产品，调整和提高农村工业；积极调整农产品加工业布局，逐步实现农产品生产及其加工业布局的区域化、专业化，从而加快我国农产品加工业发展步伐（牛若峰，2001）。

**(一)围绕提高农产品质量,调整农业结构,促进农产品加工业的发展** 目前,我国农业结构与农产品加工业的发展水平,与高速增长的经济和人民不断变化的物质需求相比还不适应,农业结构的多样化程度不高,尤其是农产品的品质和质量不能适应加工业标准化、优质化的要求。为此,一要瞄准专业化推进"三元种植结构"。种植业生产向粮食作物、经济作物和饲料作物的"三元"结构转变,有利于发挥专业化生产的优势,更好地满足农产品加工业的不同需要。粮食作物中,除了提高居民消费的原粮品质以外,要着力发展适宜加工的粮食品种。比如,大力发展加工专用小麦,重点发展适合加工需要的高淀粉、高含油等玉米品种的生产。经济作物中,重点发展可纺性强、适应市场需求的棉花品种,大力发展"双低"油菜,适度发展品质好、产量高、适合精加工的糖料品种,积极鼓励和引导农民发展优质水果、瓜菜以及各种名、特、优、新、稀并且适宜深度加工的经济作物。二要调整畜牧业结构和发展水产品加工。加快生猪品种改良,发展适应市场需求和满足加工要求的优良品种。发展肉牛生产和城市郊区奶牛业,加快发展乳品生产和加工,提高人民的健康水平。大力发展水产品的精加工、深加工和综合利用,重点抓好大宗水产品的保质和低值水产品的深加工,提高水产品的质量和附加值。

**(二)稳定农产品的购销关系,推进农业产业化,带动农产品加工业的发展** 农业产业化的过程,实际上就是农业分工不断细化、结构不断转换,由单一化向专业化、由低层次向高层次、由低效益向高效益转化的过程。它不受部门、地区和所有制的限制,把农产品的生产、加工、销售联成一体,形成有机结合、相互促进的组织形式和经营机制,有利于打破部门分割和垄断,形成有竞争力的产业体系。从实践看,凡是农业产业化经营搞得好的地方,农产品生产与加工、销售等后向产业的关系就越稳定,农产品加工业就发展得越好。因此,我国农产品加工业的进一步发展,要以稳定农产品的购销关系为重点,把农产品加工业与发展产业化经营结合起来,关键是培育和壮大农业产业化经营龙头企业。要发展高科技、精加工型龙头企业,充分发挥龙头企业对农产品加工业的带动作用。尤其要创造良好的投资环境,广泛吸收社会民间资本和国外资本,形成多元化的投资主体,加快农业产业化经营龙头企业建设。同时,要鼓励和引导加工企业与农民建立稳定的合同关系和利益联结机制,最大限度地降低市场波动,保证加工企业获得稳定的、规格和质量符合标准的加工原料。

**(三)加快科技进步,努力提高农产品加工业的科技含量** 我国农产品加工业要实现由初加工向深加工、由粗加工向精加工的转变,满足人们对加工农产品多样化、优质化的需求,关键在于科技进步。要加大国外先进技术、工艺、设备和管理水平引进,采取各种优惠政策,鼓励国际资本采取直接投资、合资等多种方式,推动国内农产品加工的进一步发展。比如,通过鼓励农产品加工机械和设备制造商在中国直接建厂或合资建厂,开发更适合国内原料资源、生产规模、工人技能和国内市场消费需求的技术和加工产品。同时,加大高新技术应用,加快企业技术的改造步伐,并把发展农产品加工业与环境保护结合起来,减少农产品加工业对环境的污染,努力实现可持续发展。

**(四)发挥要素市场的作用,促进农产品加工企业实现重组和优化布局** 中、西部地区既是我国农产品的主要产区,也是农产品加工业发展最具潜力的地方。要积极培育资金、技术、设备、人才等要素市场,通过要素合理流动调整农产品加工业布局,发挥东、中、西部各自的资源优势,加快企业向中、西部转移的速度。特别是要把小城镇建设和农产品加工业发展紧密结合起来,充分利用小城镇的物流、商流、人流、资金流、信息流活跃的优势,促进农产品加工业的发展。通过股份制、股份合作制等多种形式实现企业的改造和重组,条件成熟的可以通过企业集团的形式,努力扩大加工企业的规模,改变企业规模小、产业和产品结构雷同、低水平重复的现状,增强企业在国际市场的竞争力,创造出更高的经济效益。乡镇企业要抓住机遇,把发展农产品加工业作为再次创业的突破口,大力发展劳动密集型的农产品加工企业,充分吸纳农村富余劳动力。

**(五)积极拓展农产品加工业发展的国际国内两个空间** 当前,世界多极化和经济全球化的趋势深入发展,科技进步日新月异,特别是随着我国加入世贸组织过渡期的结束,经济市场化和国际化进程加快,农产品加工业发展将面临更为激烈的市场竞争。从国际市场看,进口农产品关税水平进一步降低,对国内农产品生产压力加大;农产品出口"门槛"提高,贸易摩擦增多,出口难度增加;外资进入和并购我国农产品加工龙头企业的势头加快。从国内市场看,随着生活水平的提高和消费结构的变化,人们对大宗农产品和初级农产品的需求增长将逐步减缓,但对加工农产品的需求逐步增加,对农产品质量安全生态的要求将越来越高。发展农产品加工,必须面向市场,实施以质取胜、多元化发展战略,增强农产品市场竞争力。既要立足于国内市场,又要实施"走出去"战略,引导和支持龙头企业在更大范围、更高层次上参与国际合作与竞争;既要做大做强传统产业和主导产品,又要不断开发新产品,开拓新市场;既要依托资源优势,大力发展劳动密集型产业,又要采用先进技术装备,大力发展农产品精深加工(危朝安,2006)。

**(六)制定优惠政策,为农产品加工业的发展创造宽松的政策环境** 政府在保护产权、促进企业公平竞争的同时,要调整国家建设资金的投资方向和重点,加大投入力度,积极扶持优质高产高效农产品的加工和转化。金融机构要按照农产品加工业的要求合理调整贷款结构,适当增加贷款总量。尤其是农村信用社和农业银行要对从事农产品加工业的企业加大支持力度。积极拓宽融资渠道,对市场开拓能力强的大型农产品加工龙头企业,符合股票上市条件的可加快上市和扩大上市规模。制定相应的税收优惠政策,对加工企业进口农产品加工设备和引进先进技术,在关税和增值税上给予优惠。要深化农业宏观管理体制和农产品加工业管理体制的改革,使之更加适应社会市场经济发展和加入 WTO 后的要求。

## 第五节 延长农业生产链,形成农业产业化经营

农产品加工业的产业化经营是指:以市场为导向,以龙头企业或农民自主决策的合作社等为牵引的龙头,以利益机制为纽带,把农民与市场联结起来,通过再生产过程将产前、产中、产后环节连接为一个完整产业系统,实现种养加、供产销、贸工农一体化经营的经营形式或经济运行方式。农业产业化经营实质是通过龙头企业或中介组织把大市场与小农户连接起来,把农户带进市场,把市场引进农户,是连接市场与农户的纽带与桥梁(雷俊忠,2008)。其基本思路是:确定主导产业,实行区域布局,依靠龙头带动,发展规模经营,实行市场牵龙头,龙头带动基地,基地连农户的产业组织形式。基本类型主要有:市场连接型、龙头企业带动型、农科教结合型、专业协会带动型。

### 一、农业产业化的兴起

我国的农业产业化萌芽于 20 世纪 80 年代中期。1986 年,山东枣庄为解决羊毛产销脱

节、销售不畅的矛盾，试行了由羊毛加工厂扶持农民建立养羊基地，工厂和农民签订购销合同的办法，初步探索出一条在商品经济条件下通过利益调节，进行农工商、产加销一体化经营的路子。山东省委及时总结了他们的经验，并在全省推广。1994年，山东省委把实施农业产业化写进当年一号文件。同年下半年，温家宝同志在山东视察农村工作时，充分肯定了农业产业化一体化经营的做法。与此同时，河南、河北、安徽、江西、湖北、江苏、浙江等省的农村经济发展实践中也都存在不同程度与山东类似的做法，各地各业提出的农工商、林工商、牧工商、渔工商、科工商等形式，也都是农业产业化思路形成的雏形和前奏（张集文，1998）。1995年12月，《人民日报》用较大篇幅介绍了潍坊市发展农业产业化的经验，并发表社论《论农业产业化》，充分肯定了山东潍坊等地的农业产业化经营的成功做法和经验，并阐述了农业产业化的概念、作用和地位，为这一新的农业发展思路进入中央决策奠定了思想与理论基础，也对农业产业化在全国的进一步推行实施起到了重要作用，在理论上推动了农业产业化的发展。在此之后，农业产业化的概念开始形成。1996年，农业产业化被写入《农民经济和社会发展"九五"计划和2010年远景目标纲要》。从此，在市场经济尚未成熟的条件下，中国农业产业化应运而生了（郭梅枝，2008）。

## 二、农业产业化的重要意义和作用

**（一）农业产业化的意义** 产业化的目的之一是使农民真正得利，这是实行农业产业化经营的核心。实行产加销一体化，使农民不仅获得生产环节的效益，而且能分享加工、流通环节的利润，从而使农民富裕起来。使土地的产出率和农产品转化为商品率得到最大限度的提高，提高农业科技贡献率，将农产品的生产与市场流通有效地结合起来，以"龙头"企业来内联千家万户、外联两个市场为引导，带动、辐射农业产业化的发展，从而实现农业产业化。

农业产业化是深化农村经济体制改革、推进农业和农村经济全面持续发展的重要实践，是在坚持以家庭联产承包责任制前提下，解决"三农"问题的一条重要途径。是我国农业走向科学化、标准化轨道的有效途径，是中国农业真正进行结构调整与国际接轨、实现"两个反哺"的有效方式，对于促进农民增收、建设社会主义新农村都具有重要意义。

目前，我国的农业和农村经济正处于改革和发展的关键时期，市场化改革不断深入。我国的农业面临着许多新的机遇和挑战。从国内来看，我国农业的发展进入了新阶段，主要农产品供给实现总量基本平衡、丰年有余，但同时也出现了农产品卖难、价格下降、农民增收困难等新的问题。这些问题直接影响到了农业的基础地位是否稳固、扩大内需的方针能否落实。

**（二）农业产业化经营的作用**

*1. 有利于解决小规模农户生产与大市场的矛盾* 我国加入WTO后，农业面临严峻挑战，分散的农户生产规模小、信息不灵活、经济实力脆弱，很难承受国内外市场竞争的压力。农业产业化用工业化方式经营农业，将加工企业、农户和市场联系在一起，为分散的农户提供市场信息、资金支持、供应生产资料，提高了农业生产的社会化水平，增强了农民抵抗市场风险的能力。

*2. 有利于增加农民收入，提高农产品比价效益* 农业的社会效益高、经济效益低是我国农业发展迟缓和农民人均纯收入增长缓慢的重要原因（郭梅枝，2008）。农业产业化提高了农业专业化水平和技术水平，将一、二、三产业融为一体，延长了农业生产链，通过规模经营和多层次加工，提高农产品的流通效率，实现重复增值，提高农产品的附加值。农业产业化使企业与农户结成利益共同体，在利益分配时，农民处理得到种植业、养殖业的收入外，还可以分享一

部分加工业和服务业的后续利润。

3. *有利于提高农业生产的组织化程度* 农业产业化通过引导农户参与农业产前、产中和产后的经营活动,发展行业间的经济联合与协作,形成农业的适度规模经营。同时,农业产业化将单独的农户生产加以合理组织,通过分工协作,把生产、加工、销售、服务等环节实行专业化、企业化经营管理,代替农民直接进入市场,达到提高农业生产效率、节约市场交易成本、提高农户内部经济效益的效果。

4. *有利于促进农业劳动力的转移* 农业产业化带来生产能力的扩大和生产领域的不断扩展,把农村生产与城市市场联系起来,延长了农产品生产加工链条,促进农产品加工业向农村乡镇扩展,推进了农村工业化。吸纳了大量农村剩余劳动力,有利于农村劳动力的分流和转移。

## 三、我国农业产业化发展的现状

截至2006年底,全国各类农业产业化经营组织总数达15.5万个,带动农户9 098万户。从事农业产业化经营的农户平均增收1 486元,分别比2005年增长14.1%、4.3%和11.2%。中、西部地区农业产业化经营组织发展加快,东、中、西部地区分布差距逐步缩小,东部地区占45.2%,中部地区占31.2%,西部地区占23.6%(雷俊忠,2008)。

按产业类型划分,种植业产业化经营组织6.7万个,占43.2%;畜牧业产业化经营组织5.5万个,占35.5%;水产业产业化经营组织9 055个,占5.8%;林特产品等产业化经营组织2.4万个,占15.5%。奶业是农业产业化经营中的热点。2年来,从事奶业加工的龙头组织发展较快,比重增加了3个百分点,光明、伊利、蒙牛、完达山等龙头企业异军突起,充分显示出奶业实施产业化经营的市场潜力和发展优势。农业产业化经营组织结构的优化,有利于促进优势农产品产业带的形成,带动农业结构的战略调整(雷俊忠,2008)。

2006年,全国各类产业化龙头企业固定资产总值9 782亿元,占全部产业化组织固定资产总值的74.6%,比上年增长12.3%;销售收入24 188亿元、净利润1 597亿元、创汇263亿美元、上缴税金775亿元,分别比上年增长31.1%、35.1%、13.9%、32.2%。年销售收入超过10亿元和50亿元的国家重点龙头企业达到139家和28家,双汇、雨润、伊利、蒙牛、新希望等7家大型龙头企业均实现销售收入超亿元;创汇1 000万美元以上的龙头企业642家,同比增长28.1%,出口额150亿美元,占农产品出口总额的48.3%。目前,农业产业化经营已经形成了580多家国家重点龙头企业、4 800多家省级龙头企业、7万多个中小型龙头企业和中介服务组织竞相发展的新格局(雷俊忠,2008)。

## 四、农业产业链的兴起

在经济活动过程中,各个产业之间存在着广泛、复杂的技术经济联系,经济活动中的各产业依据前、后向的关联联系组成了产业链。农业产业链是产业链在农业中的表现形式,即农业初级产品密切相关的产业群构成的网络结构,包括为农业生产做准备的科研、农资等前期产业部门,农作物种植、畜禽养殖等中间产业部门以农产品为原料的加工、贮存、运输、销售等后期产业部门(刘金山,2002)。它是具体的不同农产品链的集合体(王凯,2002)。

与农业产业化相比,农业产业链侧重于反映产业之间的关系,考察它们之间的联系效应、相互作用方式和程度,同时也包涵了价值的形成和增值过程;而产业化的实质是通过市场功能主体相关环节的联合,对农业产供销、农工商实行企业内部化或合同式经营,减少交易费用,增

强市场竞争力，使参与主体合理分享交易利益，它侧重于强调在农业产供销一体化过程中实现农业增效和农民增收(林坚，2007)。

# 第六节 龙头企业多元化经营，提高防范自然与市场风险能力

企业多元化经营(Diversification)在企业理论中指的是多种经营、跨行业经营等，即企业所生产和经营的产品或服务跨越了相关或不相关的多个行业和多个市场。多元化是与专业化相对应的一个概念。从经营状况来看，二者区分的标准是“某类产品销售额占企业销售总额的比例”，而某类产品的产品类别划分依照《国家标准产业分类(ISIC)中的四位数行业标准》。我国也有类似的分类标准以及 GB/T 4754—94《国民经济行业分类与代码》，当上述比例为95％～100％时，我们称其为专业化战略；当比例小于 95％时，则称为多元化。

一般意义上的多元化，多指产品或服务的多元化。日本学者小野丰广在《日本企业战略和结构》艺术中对多元化的定义是：“若一个公司的产品用途多种多样，那么它就是一个多元化公司”。美国学者高特在《美国产业的多角化和一体化》中写道：“多元化经营是个别企业供给市场不同质的产品和劳务的增多”(宋祖辉，2002)。

## 一、多元化经营的由来

我国的经济形势从 20 世纪 90 年代中期开始发生了根本变化，在生产力高速发展的基础上告别了短缺经济，经济体制、市场制度、法律规范也逐步完善起来。因此，市场经济中的收益递减规律、利润平均化趋势已经在买方市场下迅速发挥作用。随之而来的竞争加剧、价格下降，迫使许多行业步入微利时代。在企业完成原始积累的同时，市场也日趋成熟，行业的利润率也越来越低。因此，中国企业界掀起了多元化战略的热潮，大中型企业甚至是小企业都纷纷开始将企业的有限资源投入到不同的行业中，期待着多元化战略能获取超额报酬。同时可以分散企业的经营风险，从而形成了企业的多元化经营格局。

## 二、多元化经营的方式

根据现有事业领域和将来事业领域的相关度，可将多元化经营方式划分为横向多元化、纵向多元化、多向多元化和复合多元化 4 种。

**(一)横向多元化** 横向多元化是以现有产品市场为中心，以水平方向发展事业领域。包括市场开发型、产品开发型、产品—市场开发型 3 种。此种方式适合原有产品信誉高、市场广、发展潜力大的大型企业。如世界最大的化学公司——美国杜邦公司，在化学产品、合成纤维、炸药等方面均居于美国首位。该公司的主营产品有 2 000 多种，但都与化学相关。其分类有：①化学制品——包括化学制剂、染料和颜料(酸、苯胺、甲醛、甲醇、彩色颜料、催化剂等)、高弹体化学品(氯磺化聚乙烯、丙烯、氯丁橡胶、聚酯等)、织物与图饰(丙烯酸、醇酸、合成高弹体涂层织物等)。②塑料制品——乙缩醛、丙烯尼龙、树脂、胶卷等。③专用产品——医药、印刷、电子产品、炸药、织物保护剂等。④纺织纤维——纺织、地毯和工业用的尼龙、聚酯和含氟聚合物等纱线、丙烯、尼龙、聚酯等类的短纤维，聚酯与纤维状纺带阔幅布等。⑤石油的勘探、生产、炼制、销售和运输，并从事铀的浓缩。

**(二)纵向多元化**　纵向多元化是以现有产品、市场为基础,向垂直方向扩大事业领域。此方式适合于生产、开发、销售关联度较强企业。如美国的埃克森石油公司是世界上最大的石油公司之一,在20世纪90年代之前曾连续15年居于世界各大公司的榜首。该公司的业务范围从石油勘探开采业到石化工业,再到精细化工,甚至还经营加油站,非常广泛,但是经营的业务都与石油密切相关。

**(三)多样多元化**　指虽然与现有产品、市场领域有些关联,但是通过开发完全不同的产品、市场来使事业领域多样化。这种多元化是一种立体式、网络式的联系,包括技术关系多样化、市场营销关系多样化和资源多样化3种类型,适用于技术密度高、市场营销能力强、资源丰富的企业。如美国的通用电气公司,其产品的种类有:①消费用品——大型家用电器(微波炉、冰箱、洗碟机、洗衣机等)、照明器具、空调设备、收音机、电视机、广播和有线电视服务等。②工业用品——建筑用电气部件、内燃机车、电气机车、电线、电缆、电子元件(电容器、半导体及其他)等。③技术系统和材料——喷气发动机(如用于F-16战斗机的F110型喷气发动机和用于民航机的CF6、CFM56型发动机等)、船舶推进系统、航空航天用电子产品、医疗系统(如诊断图像设备、X光设备等)和通用设备、计算机资料系统、工程热塑料、工业钻石等。④电力系统——汽轮机、燃气轮机、核发电机、输电和配电设备等。⑤自然资源——经营一些煤矿、石油和天然气以及海洋航运业务等,这些业务之间大多存在一定的相关性。

**(四)复合多元化**　从与现有的事业领域没有明显关系的产品、市场中寻求成长机会,即企业所开拓的新事业与原有的产品、市场毫无相关之处,所需的技术、经营方法、销售渠道必须重新建立。如美国3M公司,该公司的产品系列多达45种以上。典型的有:①办公用品——复印设备、缩微设备、显示设备、业务通讯设备等。②磨料、黏合剂、涂料和密封剂、工业用磨料等。③胶带及有关产品——工业用胶带、职工保健和安全用品、包装系统等。④安全系统和广告用品——交通管制装置和广告服务用品。⑤照相、印刷和静态控制系统——照相器材、印刷器材、静态控制系统。⑥电气产品——电气设备、通讯设备。⑦录音器材——数据记录装置、录音、录像和数据记录设备。⑧保护产品——牙医用品、外科用品等。⑨装饰和防护用品——装饰用品、运输安全用品等。⑩消费品——感压型胶带、清洁剂、娱乐用品、家用五金产品等。

在世界上实行多元化经营的大企业里,韩国的大企业普遍实行了多元化经营,比较有特色和代表性。如三星集团,它的经营领域涉及纤维、食品、电子、建筑、贸易、金融、保鲜、机械、飞机制造、造纸、流通等行业;产品种类有电视机、电冰箱、洗衣机、电话机、收录机、录像机、计算机、半导体、钟表、照相机、服装、毛织品、纤维品、糖制品、面粉、调味品、面包、熏肉、饲料、纸张、飞机发动机、船舶、农产品、畜产品等(殷建平,1999)。

## 三、多元化经营的优势与弊端

**(一)多元化经营的优势**　多元化战略会降低企业收益的波动幅度,分散企业的经营风险;多元化战略会增大企业发生财务失败的可能性,增加企业的财务风险。因此,坚持主导产业,实施多元化经营是企业健康快速发展的有效途径。多元化经营具有以下优势。

1. 分散经营风险　任何企业都在积极防范和分散经营风险,追求稳健发展。实行一业经营,一旦市场或外界环境发生变化,风险过度集中。而多元化经营,则利用各种产品所处行业的不平衡性,取长补短,优势互补,分散经营风险。

2. 规模和范围经济带来协同效应　规模经济是指生产过程中单位成本随着产出的增加

而递减;范围经济则是指两个产品或两项服务由一个厂家来生产或提供比分别由两个厂家生产的总成本要低。一般用平均成本函数的下降来定义规模经济,用相对总成本来定义范围经济,即公司作为整体时生产多种产品的总成本与分离成两个或更多的公司时其总成本的相对数。

3. 寻找新的经济增长点,促进企业的可持续发展　企业要保持可持续发展的能力,在自身的发展过程中不断寻找新的增长点,设法突破现有的增长极限,适应外界经济环境和市场需求的不断变化。企业必须发挥企业多年经营所形成的技术、市场营销、产品开发及经营管理的优势,拓宽业务空间及领域,不断寻找能给企业带来新的成长机遇和利润增长点的机会。这一点正如同波士顿咨询集团的增长/份额矩阵所体现的思想,根据产品的增长潜力与相对市场占有率将产品分为4类,要保持企业持续增长则要保持循环的过程,仅仅依靠单一产品是无法实现的,因此要多元化经营,形成交叉互补,利用"金牛"获得的利润来培养"明星"产品和"问题"产品,这一思想正是表达了维持合理的产品组合,实现多样化经营的理念。

4. 避免因产品生命周期带来的动荡　任何产品都有自己的生命周期,当企业现有产品的生命周期进入衰退阶段时,如果没有新产品的及时补充,则将会给企业带来巨大的困难。多元化则可使企业在现有产品生命周期即将结束时转而发展新的具有生命力的产品,有效避免了因产品生命周期给企业带来的动荡。煤炭行业是资源性企业,资源总是有耗竭的一天,煤炭企业必须在资源耗竭之前实施行业结构调整的多元化经营战略,才能保证煤炭企业的持续、稳定、健康地转型。

(二)多元化经营的弊端　任何一种经营策略都不可能是完美无缺的,多元化经营同样也存在一些难以避免的弊端。

1. 规模经济的丧失　多元化经营在某种程度上是以规模经济为代价换取企业经营风险的减少。对那些规模经济效果不明显的行业(如简单的加工业)是可行的。但是对一些规模经济明显的行业则是不行的,其风险减少的收益不足以弥补规模经济的损失。随着经济的发展,商业竞争越来越集中到技术和资金上,多元化经营使得企业在技术和资金上的竞争处于劣势。

2. 部门协调费用增加　多元化经营要求管理者具有良好的多元化经营策略,从而保证资源的最优配置和各项产业的协调发展。但由于"X非效率"规律的作用,企业越是多元化、其机构设置越是庞大,业务部门和决策部门及业务部门之间、信息不对称和不安全问题越是突出。

3. 资金及成本问题　进行多元化经营,企业要进入新的业务领域需要有巨额资金的投入。任何企业进入具有吸引力的行业都面临着资金、技术、原材料和信誉等条件的考验,没有大量资金作为保障是行不通的。

4. 经营风险增大　随着多元化的进行,企业固定资产的比重会上升,根据"双R理论"(Return and Risk),风险的增加若没有相应的收益作为回报,则企业的价值将会下降(史育龙,2005)。

## 参考文献

[1]　卢凤君．区域农产品加工业发展的成功之路:聚集与升级．北京:中国农业出版社,2008:3.

[2]　中华人民共和国国家标准:国民经济行业分类及代码(GB/T 4754—2002).

[3]　胡小松．农产品深加工技术．北京：中国农业科学技术出版社，2007：1.

[4]　朱明．农产品加工业集成技术与标准．北京：中国农业科学技术出版社，2007：3-4.

[5]　丁泽霁．国外农业经济．北京：中国人民大学出版社，1987：83-85.

[6]　朱荣，等．当代中国的农业．北京：当代中国出版社，1992：484-498.

[7]　中华人民共和国农业部农产品加工局．2006中国农产品加工业发展报告．北京：中国农业科学技术出版社，2007：2-3.

[8]　阿里巴巴网．http://info.china.alibaba.com/news/detail/v2-d5078498.html.

[9]　中国国际电子商务．http://texquo.ec.com.cn/channel/print.shtml? /criteria/200802/549602-1.

[10]　中华人民共和国农业部农产品加工局．2007中国农产品加工业发展报告．北京：中国农业科学技术出版社，2008：91.

[11]　智库在线网．http://www.zikoo.com/reports/42jyp1dt6.html.

[12]　红枫资本网．http://www.hongfund.com/Project/ProjectDetail-585.html.

[13]　北京科普之窗网．　http://www.bjkp.gov.cn/kjbgt/fz.htm.

[14]　中国工程院农业，轻纺与环境工程学部．"十一五"期间我国农业发展若干重大问题咨询研究．北京：中国农业出版社，2005.

[15]　高焕喜．山东农村经济专家论坛．济南出版社，2005：175.

[16]　牛若峰．中国农业和农村经济结构的战略性调整．武汉：湖北科学技术出版社，2001：139-142.

[17]　危朝安．积极发展农产品加工业　扎实推进现代农业建设　努力构筑新农村与和谐社会的产业支撑．在全国农产品加工业工作会议上的讲话，2006.

[18]　张集文．农业产业化的市场与技术．武汉：湖北科学技术出版社，1998：2.

[19]　郭梅枝．农业产业化发展研究．郑州：郑州大学出版社，2008.

[20]　雷俊忠．农业产业化经营研究．北京：电子科大出版社，2008.

[21]　刘金山．市场协调农业产业链：一种探索．上海经济研究，2002(3).

[22]　林坚．农产品供应链管理与农业产业化经营：理论与实践．北京：中国农业出版社，2007：90.

[23]　宋祖辉．企业多元化经营及其选择．中国科学技术大学学位论文，2002：2.

[24]　殷建平．大企业持续发展．上海：上海财经大学出版社，1999：299.

[25]　史育龙．从团场经济到城市经济：新疆生产建设兵团农一师阿拉尔市经济发展战略研究．北京：中国经济出版社，2005：67-68.

（作者：李全宏　中国农业大学教授，李　娟　中国农业大学博士，
蔡同一　中国农业大学教授）

# 中　篇

# 经济增长（下部）

# 第二十四章 依靠农业科技进步

农业科技,包括农业科学研究与农业技术推广两部分。根据《中国大百科全书》农业卷的解释:农业科学研究"是探索农业中的自然规律和经济规律……不断提供各种经济而有效的农业技术和农业经营管理方法,为提高农业科学水平,发展农业生产和农村经济服务"(第1版第790页)。农业技术推广"是通过宣传、教育、示范、咨询等途径,向农民传授农业技术、生产经验和管理方法的活动,其中心任务是将农业科学研究成果应用于实际并转化为生产力"(第1版第815页)。从理论上来说,农业科学技术对农业生产的作用主要体现在两个方面:一是在投入不变或基本不变的情况下,使农业产出水平得到提高;二是在产出不变或基本不变的情况下,使农业投入得以减少。概括地说,农业科技进步的作用主要包括:提高农产品产量、质量,提高自然资源、生产资料的利用率和劳动生产率,降低生产成本以及减轻自然灾害的损失等。现阶段对农业科技进步的要求是:①确保国家粮食安全、促进农民增收;②实现农业和农村经济可持续发展;③提高农业国际竞争力;④成为建设社会主义新农村的重要支撑。

## 第一节 依靠农业科技进步指导思想的形成

新中国成立后,中国共产党和人民政府十分重视农业科学研究和技术推广事业的发展,制定了一系列方针政策,形成了具有中国特色的依靠科技进步振兴农业的指导思想。

### 一、理论联系实际,科学为生产服务

在新中国成立前夕,《中国人民政治协商会议共同纲领》第43条规定:"努力发展自然科学,以服务于工业、农业和国防的建设"。1950年召开的党的七届三中全会,向全党全国人民提出了"为争取国家财政经济状况的基本好转而斗争"的任务。当时,农业部门为了恢复农业生产,相应地采取了推广技术、奖励丰产和动员群众兴修水利等措施;同时对农业科技工作提出了"理论联系实际,科学为生产服务"的方针。根据这个方针各级农业科技部门组织动员大批农业科技人员深入农村,深入实际,调查研究,总结群众丰产经验和增产技术,为新中国的农业科技进步与发展打下良好的基础。

1956年1月14日,周恩来总理在中共中央召开的关于知识分子问题的全国会议上,做了《关于知识分子问题》的报告,提出"社会主义时代,比以前任何时代更加需要充分地提高生产技术,更加需要充分地发挥科学和利用科学知识"。"人类处在一个新的科学技术和工业革命前夕。这个革命就它的意义来说,远远超过蒸汽和电的出现而产生的工业革命"。"我们必须赶上这个世界先进水平,只有掌握了最先进的科学,我国才能有巩固的国防,才能有强大的先进的经济力量……"。毛泽东主席在会议最后一天讲话时,还提出了要进行技术革命和文化革命,并号召全党努力学习科学知识,为迅速赶上世界科学先进水平而奋斗。

1956年1月25日,最高国务会议讨论公布了中共中央提出的《1956年到1976年全国农

业发展纲要》，简称“农业发展40条”。其中第21条规定：“农业科学研究工作和技术指导工作机构要为发展农业生产服务”，“农业科学研究和技术指导，必须同农民群众的生产实践密切地结合起来”。从而使农业科技工作方针有了明确规定。

同年，在周恩来总理主持下，制定了《1956年至1967年科学技术发展远景规划纲要》和《57项重要科学技术任务》。其中农业部分包括：农业机械化、电气化和农业机械的研制问题，提高农作物单位面积产量和质量问题，提高畜牧业、水产业和蚕业的产量和质量问题，扩大森林资源、森林合理经营和合理利用等。同时，农业部组织有关单位制定了《1956年到1967年全国农业研究方案》，提出今后农业科学研究的基本任务就是要为农业社会主义改造服务、为国家的农业增产计划服务的方针，并规划了相应的科研项目。从而使农业科研工作开始有组织、有计划地进行。

## 二、经济建设必须依靠科学技术

1975年9月26日，邓小平同志在听取中国科学院负责同志汇报《关于科技工作几个问题》(汇报提纲)时指出：“我在大寨会上说，农业搞不好就要拖工业的后腿。如果我们的科学研究工作不走在前面，就要拖整个国家建设的后腿。科学研究是一件大事，要好好议一下”(《邓小平文选》第二卷，人民出版社，1994年版第32页)。1978年3月，中共中央召开全国科学大会，邓小平在会上讲话指出：“科学技术是生产力”、“科技人员是工人阶级的一部分”。这次讲话极大地鼓舞了广大科技人员的积极性。

1981年4月，中共中央、国务院在批转国家科学技术委员会党组《关于我国科学技术发展方针的汇报提纲》的通知中指出：《汇报提纲》符合中共中央、国务院所提出的科技工作为经济建设服务的方针，并将这个方针概括为：“经济建设必须依靠科学技术，科学技术工作必须面向经济建设”(农业部科技教育司编《中国农业科学技术50年》. 中国农业出版社，1999年8月第1版第112页)。

## 三、农业的发展一靠政策，二靠科学

1981年11月，第五届全国人大第四次会议《政府工作报告》在提出今后经济建设的十条方针时，规定的第一条方针是“依靠政策和科学，加快农业的发展”。1982年10月14日邓小平同志在同计委负责同志的谈话中强调：“我们整个经济发展的战略，能源、交通是重点，农业也是重点。农业的发展一靠政策，二靠科学。科学的发展和作用是无穷无尽的”(《邓小平文选》第三卷，人民出版社，1993年版第17页)。

1988年9月，邓小平在一次讲话中指出：“将来农业问题的出路，最终要由生物工程来解决，要靠尖端技术。对科学技术的重要性要充分认识”(《邓小平文选》第三卷，人民出版社，1993年版第275页)。1989年6月16日，邓小平同志在关于“第三代领导集体的当务之急”的讲话中，还语重心长地说：“农业问题也要研究，最终可能是科学解决问题。科学是了不起的事，要重视科学”(《邓小平文集》第三卷，人民出版社1993年版第313页)。

## 四、依靠农业科技进步振兴农业

1985年3月，我国正式公布《中共中央关于科学技术体制改革的决定》。以此为标志，我国科学技术发展进入一个新阶段。邓小平同志在1985年召开的全国科技工作会议上的讲话

中指出："现在要进一步解决科技和经济结合问题。所谓进一步，就是说，在方针问题、认识问题解决之后，还要解决体制问题"。"经济体制、科技体制，这两方面的改革都是为了解放生产力。新的经济体制，应该是有利于技术进步的体制。新的科技体制，应该是有利于经济发展的体制"(《邓小平文选》第三卷，人民出版社 1993 年版第 108 页)。

为了进一步加快和深化科技体制改革，国务院于 1988 年 5 月发布《国务院关于深化科技体制改革若干问题的决定》。有关农业科技方面，国务院还专门发布了《国务院关于依靠科技进步振兴农业，加强农业科技成果推广工作的决定》。农业部于 1988 年也颁布了《关于进一步加强科教兴农工作的决定》，要求主要科技力量面向经济建设主战场，以各种形式加速科技成果转化为直接生产力；同时，组织精干的科技力量，从事农业基础性研究、高技术研究和重大科技攻关研究，努力提高农业科技水平。

1995 年 5 月，中共中央、国务院发布《关于加速科学技术进步的决定》，首次提出"科教兴国"的战略，指出"中国科技工作的指导方针是：坚持科学技术是第一生产力的思想，经济建设必须依靠科学技术，科学技术必须面向经济建设，努力攀登科学技术高峰"。同年 9 月，农业部做出《关于加速农业科技进步的决定》。1996 年 1 月，中央召开农村工作会议，研究提出"九五"农业和农村工作需要解决的若干重大问题，要求实施科教兴农战略，大幅度增加农业科技含量。

1998 年，中央农村工作会议明确提出："经过 20 年的改革和发展，我国农业和农村经济进入了一个新的历史阶段"。为适应新阶段农业科技工作的发展需要，2001 年召开全国农业科技大会，要求大力推进新的农业科技革命，加速农业科技工作实现由追求数量型向注重质量效益型转变，由主要为农业增产服务向为生产、生态和农村经济协调转变，由资源开发为主向资源开发与市场开拓技术相结合转变，由面向国内市场向国际、国内两个市场转变。

## 第二节 农业科学研究体制的调整

新中国的农业科学研究事业，是在原有农业科研机构的基础上，进行整顿调整和建设，经历了艰苦创业的历程，建成了包括中央和地方两级管理的全国农业科研体系。

### 一、初创时期

中华人民共和国成立前，中国的农业科研机构残缺不全，大致分为三大块：一大块是国民党政府建立的农业科研机构；一大块是原属日本占领后(主要在东北、华北地区)建立、抗战胜利后由国民党政府接管的农业科研机构；再一大块是共产党领导的解放区和老区建立的农业科研机构。1949 年全国解放时，国民党政府农林部所属的农业科研机构，仅有中央农业实验所、畜牧实验所、林业实验所、农业经济研究所和东北(公主岭)、华北(北平)、西南(重庆)等几个农事试验场。职工仅 1 600 多人，其中科技人员不足 500 人。省级农业科研机构更是寥寥无几。(详情参阅农业部科学技术委员会、农业部科技司主编的《中国农业科技工作四十年》.中国科学技术出版社，1989 年 8 月第 1 版第 501 页)。

新中国成立后，由中央直接关注，最初设想成立一个综合的、中央与大区结合、集研究与管理为一体的全国农业科学研究网。

**（一）建立大区农业科学研究所** “大区”的形成是在解放战争后期，以人民解放军各野战军的管辖范围而划分的，大区政府也是在此格局基础上建立起来的。1950年前后，各大区政府农林部在接收原有农业科研机构的基础上，相继成立东北、华北、华东、华中、西南、华南、西北7个大区一级综合性农业科学研究所。1954年撤销大区行政格局后，各大区农业科学研究所划归中央人民政府农业部领导。与此同时，大部分省和一部分地、县也相继成立了综合性的农业科学研究所、农事试验场和县示范农场。

**（二）成立全国性的林业、农垦和水产研究机构** 林业部于1952年1月，在华北农业科学研究所森林系的基础上组建了林业科学研究所。农垦部于1956年6月接管原属林业部的华南特种林业科学研究所，改名为华南热带作物科学研究所，承担全国橡胶垦殖的技术指导任务。水产方面，1949年将原中央水产实验所由上海迁至青岛，改名为食品工业部中央水产实验所，经过多次更名最后改称黄海水产研究所。1953—1957年还先后在广州、南京建立了南海水产研究所和长江水产研究所。

**（三）成立中国农业科学院** 为了适应社会主义经济建设发展的需要，农业部于1954年8月向中共中央提出筹建中国农业科学院的请示报告。中央农村工作部于1954年9月批复指出：为统一全国农业科学研究工作的领导，配合合作化运动，以促进农业生产的发展，同意先行成立筹备小组。根据这个指示，农业部于当年10月成立中国农业科学研究院筹备小组。经过近3年的筹备于1957年3月1日在北京召开了中国农业科学院成立大会。农业部部长廖鲁言致开幕词，并宣布经国务院核准的该院正、副院长和经国务院第七办公室批准的该院学术委员会委员名单。邓子恢副总理出席会议并讲话。中国农业科学院的成立，是我国农业科学事业走向统一部署、全面发展的重要标志。

1957年4月15日，农业部通知：原由本部直接领导的华北、东北、西北、华东、华中、华南、西南农业科学研究所，哈尔滨兽医研究所、兰州畜牧兽医研究所筹备处、镇江蚕业研究所、农业机械化研究所筹备处，均交中国农业科学院领导。1957年8月27日，国务院在中国农业科学院召开规划座谈会，同意中国农业科学院在原华北农业科学研究所的基础上，成立作物育种栽培研究所、土壤肥料研究所、植物保护研究所、畜牧研究所、原子能研究室、气象研究室、棉花研究所。至此，中国农业科学院初步形成分布在全国不同地区的6个大区农科所和11个专业研究所。共有职工5 561人，其中科研人员2 096人。

1957年11月28日，聂荣臻副总理（兼国家科学技术委员会主任）在中国农业科学院学术委员会第二次扩大会议上讲话指出：中国农业科学院是全国农业科学研究的中心，要把农业科学研究机构和高等农业学校组成一个全国的农业科学网。……提出全国农业科学研究的方向和任务，制定重点研究计划，组织全国各有关方面农业科研力量进行协调合作，并对我国农业科学的发展采取适当的措施或提出建议。这个讲话进一步明确了中国农业科学院的性质、任务和我国农业科学研究体制的设想。

## 二、发展时期

中国农业科学院成立后经过建砍、胀缩多次反复，逐步形成了中央与省两级，不包括农田水利与农机，局限农牧业的小农业科研体制。

1958年7月，中国农业科学院在北京召开了各大区所、专业所所长会议，做出了《我们面临的新形势与新任务》的决议。认为农业科学研究机关的思想落后于农民实践，主要原因是右

倾保守、厚洋薄土、脱离生产、脱离实际、脱离群众；要求各级农业科研单位破除迷信，插红旗，拔白旗，进行业务上和组织上改革，在思想上和研究方法上来一个革命。农业部于1958年8月20日批准了这个《决议》，并决定将原属中国农业科学院的6个大区研究所下放给所在省领导，划归地方建制。

1958—1960年期间，根据领导部门的批准，中国农业科学院按照农业"八字宪法"、"六畜兴旺"和种植业的"十二个字"，在各产区相继建立了一大批机构；1960年9月，为执行国家科学技术委员会《关于科研机构精简、迁移、合并、下放和撤销的意见》，实行精简下放后由原来的36个专业所(室)、职工8 759人，缩减为22个专业所(室)、职工2 916人。即机构下放了1/3，职工精简了2/3，使刚刚建立起来的这个国家级农业科研机构大伤元气。

1961年初，在"调整、巩固、充实、提高"方针的指引下，聂荣臻副总理主持制定了《关于自然科学研究机构当前工作的意见》(简称《科研十四条》)。对"大跃进"以后科技战线各种"左"的思想进行了初步清理，明确了研究所的根本任务是"出成果、出人才"，并对科技工作中的一些政策问题做了规定和澄清。1962年9月29日，周恩来总理接见了参加国家科委农业组扩大会议的60多位科学家。指出："农业科学研究机构精简过了头"，"这件事做错了"。他还说："科学研究方面的设备、仪器、人才和场地都要解决，可作为紧急措施来处理"。并亲自批准给中国农业科学院增加400名人员的编制(参阅《当代中国农业》. 当代中国出版社，1992年7月第1版第562页)。到1965年，中国农业科学院的科研机构增加到32个，职工6 364人，其中科研人员达到3 284人。

1958年"大跃进"中，在各大区研究所划归所在省领导的带动下，各省、自治区、直辖市也纷纷筹建自己的农业研究机构。因为1960年中央机构大精简的精神是精简上层、充实下层，地方农业科研机构迅速膨胀，大部分省将原有的农业科学所或农事试验场改为省级农业科学院。原有基础薄弱的先建成省农业科学研究所，后改为省农业科学院。许多省农业科学院下边，都相应地建立起一整套专业研究所。只是规模小些，一般多的有十几个研究所，少的有几个研究所。各省、自治区、直辖市还加强了地区一级农科所的建设。

经过一段时间的调整和整顿，农业科研体系结构逐渐确立，并相对稳定下来。它的基本框架：一层是中央一级的农业科研机构，即中国农业科学院及其直属专业研究所；再一层是省一级的农业科研机构，包括省级农业科学院及其所属专业研究所，以及地区级的农业科研机构。1963年1月国务院批准农业部成立科学技术管理局；同年，农业部还聘请了49位专家组成农业部科学技术委员会。至此，将原来以中国农业科学院为中心的农业科研体制，转为由农业部直接领导。

## 三、削弱时期

从大搞样板田到"拆庙搬神"——撤销中国农业科学院建制，削弱农业专业队伍作用，企图以"四级农业科学实验网"取而代之。

1965年3月，国务院召开全国农业科学实验工作会议，要求各级农业科研单位抽调大批科技人员到农村去搞"样板田"。据1965年24个省、自治区、直辖市统计，省一级农业科研单位到样板田工作的研究人员占研究人员总数的50.5%。在样板田上的主要任务是把生产搞上去，相对地削弱了常规的科研工作，严重影响了国家刚刚制定的《1963—1972年农业科学技术发展规划》的执行。

1966年开始的长达十年之久的"文化大革命",使农业科技事业受到严重摧残。1970年5月14日,正式撤销了中国农业科学院建制。原农口各部所属科研单位62个、职工13 963人,下放后合并成立了中国农林科学院,暂定编制620人,组成35个科技服务组,分别派到一些革命圣地和"红旗点"蹲点,接受再教育。这种做法波及全国,当时省级农业科学院(所)8个被撤销,21个被下放。

1972年4月,根据国务院指示,农业部召开了全国农林科技座谈会,并举办农、林、牧、渔方面的科技成果展览。座谈会指出,对下放所不能撒手不管,下放所要承担科研任务,仪器资料不得分散毁坏。这次会议还决定在全国组织水稻杂种优势利用等22项重大农业科研项目的协作研究,使农业科研工作在非常艰难的环境中得以缓慢运行。

1974年10月,中国科学院、农林部、农林科学院在湖南省华容县联合召开全国4级农业科学实验网经验交流会。会议拟定的《关于建立健全4级农业科学实验网的意见》规定4级农科网的任务是:抓紧农业生产中的关键技术问题开展科学实验……;做到出成果、出高产、出良种、出人才,带动大面积增产;要求"在全国大部分农业区,争取3年左右时间,基本普及4级农科网"。财政部自1976年起,每年补助社队农科组织2 000万元,逐步把4级农科网装备起来。很显然,当时的做法混淆了科研与推广的区别和关系,一直到1978年党的十一届三中全会,才明确指出农村的"4级科技网"就是"4级推广网"。

## 四、重建时期

恢复中国农业科学院和各省、自治区、直辖市农业科学院建制,开始调整充实科研机构,加强科技队伍建设和条件建设,基本形成以农业行政部门为主导,中央和地方两级管理的农业科学研究体制。

1978年5月,国务院批准恢复中国农业科学院和中国林业科学研究院的建制。同年12月,党的十一届三中全会决议指出,要强调专业科技机构在发展科技工作中的骨干作用。随即经中共中央、国务院批准,中国农业科学院将下放迁到外地的研究所全部搬回北京原址,下放给地方管理的研究所也收回实行以部为主的领导体制,完全恢复了中国农业科学院的原有机构。同时期也恢复了中国林业科学研究院的原有机构,国家水产总局也组建了中国水产科学研究院。与此同时,各省、自治区、直辖市农业科学院及其专业研究机构,也恢复了建制或开始新建工作。

1979年9月,党的十一届四中全会通过的《中共中央关于加快农业发展若干问题的决定》,明确提出要组织技术力量研究解决农业现代化中的科学技术问题,中央要办好中国农业科学院等几所重点农科院和农业院校;各省、自治区、直辖市要根据农业区划办好一批农业科研机构,逐步形成门类齐全、布局合理的农业科学技术体系。

1980年8月,国家农委和农业部在《关于加强农业科研工作的意见》的文件中,提出调整各级农业科研单位的方向任务,使之各有侧重、形成特色。部属科研单位要面向全国,以应用研究和应用基础研究为主,也要重视开发研究,侧重解决生产上具有战略性、基础性、综合性的问题;省级农业科研单位以应用研究和开发研究为主,着重解决本省生产上需要解决的科技问题,并承担一部分全国性的科研任务;地、市级农业科研单位,要在本省统一规划下,以开发研究为主,有条件的也可开展具有本地特点的应用研究工作;高等农业院校着重应用基础研究和应用研究。

经过几年的调整建设，中国农业科学院已成为农业科研系统中专业较全、力量较强、以农牧为主的综合性研究机构；各省、自治区、直辖市，一般都设有综合性（农牧为主）的农业科学院和若干专业研究所；地区一级大部分设有综合性（农牧为主）的农业科学研究所，也有设少数专业研究所的。这种体制的主要弊端：①按行政隶属关系，层层设立机构，单位重叠，工作重复，造成人力、物力极大浪费；②按行业设置机构，各自为政，自成系统，不适应农业全面发展的需要；③学科与专业设置陈旧，研究思路窄，不能适应农业和农村经济发展形势；④整体结构松散，缺乏统一的业务指导，力量不能统筹，难以有效地发挥整体优势。

## 五、改革时期

体制改革的核心是解决科研和生产脱节问题，先侧重机制性改革，再进入结构性改革，形成以科技部门为主导的中央和省两级管理（业务）体制。

1985 年 3 月发布《中共中央关于科学技术体制改革的决定》，规定了改革的指导思想、任务、原则和具体政策，该文件中专门针对农业科技工作（第五部分），突出明确两个要点：一是提出省以上农业科研机构要用较多力量搞基础研究；二是暂时保留农业科研机构和技术推广部门的事业费包干。这个《决定》标志着中国科技工作进入了以全面改革为中心的新的发展时期。

1986 年 7 月，农业部在吉林省左家（中国农科院特产研究所）召开第一次农业科技体制改革研讨会，讨论制定了《关于农业科技体制改革的若干意见》（试行）、《关于贯彻国务院“关于扩大科学技术研究机构自主权的暂行规定”实施办法》（试行）、《关于科研事业费包干试行办法》等 3 个文件，并以部文下达。随后，根据国务院和国家科委的统一部署，1987 年农业科技体制改革的重点是放活科研机构、放活科技人员，促进科研、生产的横向联合，加强技术开发，增加科技单位的横向收入。1988 年，科研机构内部在实行院、所长负责制、扩大研究所自主权的基础上，进行了各种形式承包制、经营责任制的试点；以后又提出“一院两制”，“稳住一头，放开一片”等，推动了农业科技体制改革的全面深入发展。

1999 年，中央决定启动新一轮科技体制改革，要求科研机构按进入企业、进入大学、转制为企业、转制为中介机构、转制为非营利性科研机构等模式进行体制改革。2002 年 10 月 10 日，科学技术部、财政部、中央编办批复中国农业科学院下属 39 个机构的改革方案是：转为非营利性科研机构 19 个，转为科技型企业 12 个，转为农业事业单位 4 个，进入学校 4 个。

2001 年 4 月 28 日，国务院发布《农业科学技术发展纲要（2000—2010 年）》，要求建立新型农业科技创新体系，并根据农业科技周期长、公益性和区域性强的特点，将农业科研机构分为 3 类，采取不同的支持方式进行改革，其中从事农业基础研究、高技术研究和农业资源保护等农业基础性工作的单位，按非盈利机构运行和管理。

2004 年农业部所属“三院”机构改革取得新进展。中国农业科学院修订完善了学科调整方案，基本形成作物科学、畜牧兽医科学等九大学科群以及 41 个一级学科和 173 个二级学科，并根据学科发展需要对部分研究所进行重组与调整。中国水产科学研究院以重点学科建设为主线，实行学科战略重组，组建了 15 个重点学科。中国热带农业科学院在制定学科建设与发展总体规划的基础上，重组了 5 个非盈利研究所，强化了热带农业关键性领域的学科建设。

2007 年中央 1 号文件明确指出：要大幅度增加农业科研投入，加强国家基地、区域性农业科研中心创新能力建设。同年 4 月，农业部、科技部等部、委根据中央 1 号文件要求共同编制了《国家农业科技创新体系建设方案》,以"科学布局、优化资源、创新机制,提升能力"为总体指导思想,逐步建成由国家农业技术创新基地、区域性农业科研中心、试验站和企业农业科技研发中心为主,组成开放式的国家农业科技创新体系,为农业科技整体实力率先进入世界前列和建设创新型国家奠定基础。

## 第三节 农业技术推广体制的调整

新中国的农业技术推广事业,是在延续以农业行政部门为主体的推广体制和各解放区办县示范农场的基础上,采取一系列政策和措施组建机构,大力加强农业技术推广工作。

### 一、创建农业技术推广站体制

**(一)组建农业技术推广管理机构和技术推广站** 1948年东北全地区解放后即在黑龙江省试办农业技术推广站。1950年在部分省农业厅、局设立技术推广处、科,在一些国营农场设立技术推广股。1951年,在东北、华北等地区开始试办农业技术推广站。1952年,农业部在全国农业工作会议上提出《关于充实农业机构,加强农业技术指导的意见》中规定:县级农林水利局设10~15名技术人员;区级设一个农林水利技术推广站;乡或村级吸收技术能手参加农业合作生产委员会。1954年,农业部拟定《农业技术推广站工作条例》,对推广站的性质、任务、组织领导、工作方法、工作制度、经费、设备等都做了规定。1955年4月,农业部发布《关于农业技术推广站工作指示》,要求在对已有各站进行整顿提高的同时,根据具体条件积极稳步发展新站。至此,农业技术推广站的建设从试办进入全面推开阶段。

**(二)组建畜牧兽医工作站和水产技术推广站** 1956年农业部发出《关于建立畜牧兽医工作站的通知》,各省、自治区、直辖市先后将原有县级兽医事业机构改建为畜牧兽医站,并增建了一批新的县站,许多地方还增设了配种站、人工授精站、草原改良站。水产部门也加强了水产技术推广站的建设,到1957年,辽宁、黑龙江、河北、天津、山东、浙江、福建等省、直辖市,都建有县级水产技术推广站(场、所)120多个,有的还配备有指导船,有的还设立试验场,从事群众渔业生产的现场指导、船网工具改革和养鱼技术指导。

**(三)精简、恢复和整顿农业技术推广站** 1959—1961年国家实行精简机构,不少地方把农业技术推广工作视为可有可无,机构和人员被砍掉2/3,多数农业技术推广站失去正常开展工作的能力,技术推广工作陷于停顿、半停顿状态。1961年12月,农业部召开全国农业工作会议,提出恢复、整顿三站(农业技术推广站、种子站、畜牧兽医站)。1962年12月,农业部还发出《关于充实农业技术推广站、加强农业技术推广工作的指示》,全国各地对农业技术推广站进行了整顿、充实和加强。

### 二、随行政体制变动而打乱农业技术推广体制

1959年以后,由于农村建立了人民公社,农业技术推广机构的设置相应发生变化,有的省取消了县以下行政区,改为以公社为单位建立农业技术推广站;有些省仍保留区一级建制,区技术推广站也继续保留。另外,有的省还建立了一批集体性质的公社农业技术推广站;有的从县综合性技术推广站中划出,另建植保站、土肥站;有的单独建立了种子站和畜牧兽医站等。

1965 年 2 月，国务院召开全国农业科学实验工作会议，提出在全国范围开展以“样板田”为中心的农业科学实验运动，要求省、专区、县、公社 4 级，都要办好 1～2 个或 3～5 个“样板田”；在农村普遍建立干部、老农和知识青年“三结合”的科学实验小组，大搞“三田”(实验田、示范田、丰产田)活动。

1966 年“文革”开始后，大部分技术推广机构被撤销，技术推广工作陷于停顿状态。但是在动乱中广大农民继续进行农业生产，仍然迫切要求技术指导。1969 年湖南省华容县创办了“4 级农业科学实验网”，即县办农科所、公社办农科站、生产大队办农科队、生产队办农科小组。这种做法引起了湖南省有关领导的重视，积极在省内推广。在其他一些省也迅速建立。

1974 年 10 月，农林部、中国科学院和农林科学院在华容县召开“全国 4 级农业科学实验网经验交流会”，要求在全国大部分农业区，争取 3 年左右时间，基本普及“4 级农科网”。在当时特定条件下，建立“4 级农科网”对普及农业科技知识、提高科学种田水平，起到一定的积极作用。但由于受“左”的思想影响，不分层次地大搞群众性科学实验运动，混淆科研与推广的性质，以群众运动代替专业队伍，不仅许多科研、推广任务无法完成，也造成了人力、物力的极大浪费。

### 三、恢复和发展农业技术推广中心体制

1979 年 9 月，党的十一届四中全会通过的《关于加快农业发展若干问题的决定》指出：要切实地加强技术推广工作；县、公社、大队、生产队 4 级农业科学试验网就是技术推广网；县以下主要抓好试验、示范、推广和技术培训工作。农业部随即召开建立农业科技试验、推广、培训中心试点县座谈会，要求在全国逐步建立县农业技术推广中心，统一领导全县的试验示范、技术培训和技术推广工作。1980 年 1 月，农业部召开全国农牧厅(局)长会议，制定了《关于加强农业技术推广工作的意见》文件。1981 年 3 月，国家农委召开了农业科技推广座谈会。同年 3 月 26 日，国家农委、国家科委、农业部、林业部等 12 个单位共同发出《关于切实加强农业科技推广工作，加速农业发展的联合通知》。经过拨乱反正，各地恢复、整顿、健全了各级农业技术推广机构，端正了工作方法。

1982 年，中共中央转发《全国农村工作会议纪要》指出，要恢复和健全各级农业技术推广机构，充实加强技术力量，重点办好县一级推广机构，逐步把技术推广、植保、土肥等农业技术机构结合起来，实行统一领导，分工协作，使各项技术能够应用于生产。据此，农业部于同年 7 月成立了全国农业技术推广总站，10 月成立全国畜牧兽医总站，以加强对全国技术推广工作的管理和指导。农业部于 1983 年 7 月还颁发了《农业技术推广条例(试行)》，进一步整顿和加强农业技术推广工作。

与此同时，还推进农业技术推广工作的改革。农村实行家庭联产承包责任制以后，农业技术推广工作面向千家万户，特别是随着商品经济的发展，给农业技术推广工作提出了新的任务和要求。针对这种情况，农业部于 1984 年 3 月颁发了《农业技术承包责任制试行条例》，改变了过去单纯行政手段推广技术的办法，克服了技术推广部门吃“大锅饭”的弊端。

1985 年《中共中央关于科学技术体制改革的决定》公布后，许多基层农业技术推广部门结合技术推广供应生产技术所需的农药、化肥、农膜等农用生产资料，被群众称为“既开方，又卖药”；在一些经济发达地区，还出现了承包病虫害防治、育秧供应等技术服务的新形式。随着改革的深化，各级推广机构，根据农业产前、产中、产后的服务要求，兴办经营实体，按照“立足推

广搞经营,搞好经营促推广”的原则,积极开展综合经营服务。

## 四、建立多形式的农业技术推广体制

1988年5月,国务院颁发的《关于强化科技体制改革若干问题的决定》中,要求大力支持农村各种专业合作组织、技术协会、研究会,以及村办、户办等各种形成的民间科技推广组织,鼓励农民通过集资、入股等方式,兴办各种所有制的民间科技推广组织或技术经济实体。与此同时,除了国家设置专业的农业技术推广系统外,涉农部门也纷纷参与推广活动,农业科研和教学部门推广本单位科技成果,农资部门、供销合作社开办“庄稼医院”,农业金融机构配合集团承包开展金融服务等。

1991年10月28日,国务院发布《关于加强农业社会化服务体系建设的通知》指出,农业社会化服务是包括专业经济技术部门、乡村合作经济组织和社会其他方面为农林牧副渔各业发展所提供的服务。现有5个主要方面:一是村级集体经济组织开展的以统一机耕、排灌、植保、收割、运输等为主要内容的服务;二是乡级农技站、农机站、水利(水保)站、林业站、畜牧兽医站、水产站、经营管理站和气象服务网提供的,以良种供应、技术推广、气象信息和经营管理为重点的服务;三是供销社和商业、物资、外贸、金融等部门开展的,以供应生产生活资料、收购、加工、运销、出口产品,以及筹资、保险为重点的服务;四是科研、教育单位深入农村,开展技术咨询、人员培训、集团承包为重点的服务;五是农民专业技术协会、专业合作社和专业户开展的专项服务。

1992年1月,国务院办公厅和国务院研究室联合召开农科教三结合工作座谈会,目的是把农科教三结合工作在全国逐步推开,使其健康发展。根据农业部软科学课题研究,当时已形成了5种形式:①把农技推广中心建成能自我发展的经济实体,再以推广中心为纽带,使农科教统一在农业新技术项目的推广应用上;②以推广单项农业技术为重点,以全面推广农业增产措施为纽带,把农业、科技、教育三大体系结合在一起;③农业院校与农业部门开展横向联合,通过县校联合,建立农业职业教育中心,进而利用农业职业教育传授和推广农业科学知识与技术;④以县农业职业教育为主体,成立县农科教委员会,由县政府统筹、农委主办、教委主管、科技部门配合,使农科教有机结合;⑤以乡镇农业技术推广站为主,依托农技干部、农村教师和农民技术员等骨干,围绕农业开发、技术承包进行农业技术推广、人才培训,建立起与乡镇农村教育相结合的农科教组合(参阅农业科学研究丛书之六《农业现代化与可持续发展》.中国农业出版社,2001年11月第1版第158~159页)。

1995年9月,中共中央、国务院《关于加强科学技术进步的决定》中,进一步提出了农技部门要按照“围绕服务办实体,办好实体促服务,搞好服务促发展”的原则,积极兴办各种服务体系,逐步实现农业服务市场化、服务组织实体化、服务实体企业化、企业群体产业化。

1995年8月,农业部将全国农业技术推广总站、全国植物保护总站、全国土壤肥料总站、全国种子总站等多部门合并组成“全国农业技术推广服务中心”,从而在中央一级农业技术推广体制改革上迈出了关键一步,促进了省级、地市级也建立相应的综合性农业技术推广机构。1996年,农业部要求各地农业部门根据《中华人民共和国农业技术推广法》等的精神,按时完成乡镇农业技术推广机构定性、定编、定员的“三定”工作,并组织“三定”专项工作组,深入各地检查、督促落实,以巩固和发挥基层农业技术推广机构的作用。

## 五、建立新型农业技术推广体制

2001年4月28日，国务院发布的《农业科技发展纲要(2001—2010年)》中提出："积极稳妥地推进农业推广体系的改革，大力调动农民、企业等社会力量参与农业技术推广工作，逐步形成国家扶持和市场引导相结合，有偿服务与无偿服务相结合的新型农业技术推广体系。……在稳定农业技术推广机构的同时，大力发展农民、企业技术推广与服务组织，支持农村各类专业技术协会的发展。……鼓励推广机构、科研院所、大中专院校、协会、企业及农民，以农业技术开发、技术咨询、技术服务和技术转让等多种形式，从事农业推广工作。"

2007年12月31日，中共中央、国务院《关于切实加强农业基础建设，进一步促进农业发展、农民增收的若干意见》中指出：切实加强公益性农业技术推广服务，对国家政策规定必须确保的各项公益性服务，要抓紧健全相关机构和队伍，确保必要的经费。通过3到5年的建设，力争使基层公益性农技推广机构具备必要的办公场所、仪器设备和试验、示范基地。国家可采取委托、招标等形式，调动各方面力量参与农业技术推广，形成多元化农技推广网络。

# 第四节 农业科技队伍的组建

农业发展必须依靠科技进步，科技进步必须依靠科技人才。经过60年的组建，我国农业科技队伍从人员少、水平低起步，不断发展壮大。

## 一、前30年农业科技队伍发展状况

**(一)1952—1978年全国农业科技人员状况** 见表24-1。

**表24-1 1952—1978年全国农业科技人员发展状况**

| 年 份 | 人员数(万人) | 占自然科技人员比重(%) | 每万职工拥有农业科技人员数(人) | 每万人口拥有农业科技人员数(人) |
|---|---|---|---|---|
| 1952 | 1.5 | 3.5 | 9.5 | 0.3 |
| 1960 | 16.7 | 8.5 | 33.1 | 2.5 |
| 1978 | 29.4 | 6.8 | 40.2 | 3.1 |

注：1. 农业科技人员包括国民经济各行业(含农、林、牧、渔、水利等)从事农业技术工作的自然科学技术的专业人员

2. 本数据根据国家统计局科技统计司有关数据进行综合整理并计算

3. 本表引自《中国农业科技之研究》. 中国农业科技出版社，1992年5月第1版第283页

从表中可以看出：农业科技队伍规模从小到大，不断发展壮大。1952年，全国只有农业科技人员1.5万人，到1960年，发展到16.7万人。20世纪60年代后期到70年代，虽然农业科技工作受"文化大革命"的影响很大，农业科技队伍仍在继续发展，1978年达到29.4万人，比1960年增加了76%。但队伍规模相对波动大，全国农业科技人员在自然科技人员中的比重，1952年只占3.5%，1960年达到8.5%，1978年下降到6.8%。

**(二)1954—1965年农业技术推广队伍状况** 见表24-2。

表 24-2 1954—1965 农业技术推广队伍发展状况

| 年　份 | 农业技术推广机构数 | 配备职工人员数 | 每 10 万亩粮田农技人员数 |
|---|---|---|---|
| 1954 | 4549 | 32740 | 17.57 |
| 1956 | 16466 | 94219 | 46.07 |
| 1963 | 11938 | 71469 | — |
| 1965 | 14460 | 76560 | 34.04 |

注:本表数据摘自《中国农业科学技术 50 年》,中国农业出版社,1999 年 8 月第 1 版第 70～72 页

从表中可以看出,从 1954 年到 1965 年期间,农业技术推广机构与职工人数变动很大。从 1954 年到 1956 年 2 年间,农业技术推广机构增加了 3.6 倍,职工人数增加了 2.8 倍。随后经过精简、调整和再发展,到 1965 年稳定增加到农业技术推广机构 14 460 个、职工 76 560 人,与 1954 年相比相应增加了 3.1 倍和 2.3 倍。

## 二、后 30 年农业科技队伍发展状况

党的十一届三中全会之后,党和国家不仅通过拨乱反正恢复了科学技术和知识分子的应有地位,而且在调整和改革中将科技队伍建设提到战略地位加以认识和运筹。国家于 1979 年颁发了《工程技术干部技术职称暂行规定》;1980 年发布了《中华人民共和国学位条例》;1981 年发布了《科学技术干部管理工作试行条例》;1982 年 12 月国务院办公厅发出通知,转发了农牧渔业部《关于加强农业技术培训工作的报告》;1988 年在《中共中央关于印发当前农村经济政策的若干问题的通知》中指出,国家应尽快制定有利于鼓励技术人员到农村服务的人事制度,提高农村技术人员各方面的待遇。同年颁发了《关于科技人员合理流动的若干规定》,国务院批转国家四部委《关于加强边远地区科技队伍建设若干政策问题报告》、《关于加强农村第一线科技队伍建设的报告》等(此段摘自《中国农业科学技术 50 年》,中国农业出版社 1999 年第 1 版第 117 页)。特别是 1985 年 3 月颁布《中共中央关于科学技术体制改革的决定》并制定一系列配套政策之后,农业科技队伍建设走向稳定发展。

**(一)1978—1988 年全国农业科技人员状况**　见表 24-3。

表 24-3 1978—1988 全国农业科技人员发展状况

| 年　份 | 人员数(万人) | 占自然科技人员比重(%) | 每万职工拥有农业科技人员数(人) | 每万人口拥有农业科技人员数(人) |
|---|---|---|---|---|
| 1978 | 29.4 | 6.8 | 40.2 | 3.1 |
| 1979 | 32.4 | 6.9 | 42.1 | 3.4 |
| 1980 | 31.1 | 5.9 | 38.8 | 3.1 |
| 1981 | 32.8 | 5.7 | 39.1 | 3.3 |
| 1982 | 36.2 | 5.8 | 41.9 | 3.5 |
| 1983 | 40.5 | 5.9 | 46.1 | 3.9 |
| 1984 | 43.5 | 5.8 | 50.3 | 4.2 |

续表 24-3

| 年 份 | 人员数<br>（万人） | 占自然科技人员比重<br>（%） | 每万职工拥有农业科技人员数<br>（人） | 每万人口拥有农业科技人员数<br>（人） |
|---|---|---|---|---|
| 1985 | 45.1 | 5.8 | 50.1 | 4.3 |
| 1986 | 46.1 | 5.8 | 49.8 | 4.4 |
| 1987 | 48.8 | 5.5 | 50.6 | 4.5 |
| 1988 | 50.2 | 5.2 | 50.3 | 4.6 |

注：1. 农业科技人员包括国民经济各行业（含农、林、牧、渔、水利等）从事农业技术工作的自然科学技术的专业人员

2. 本表数据根据国家统计局科技统计司有关数据进行综合整理并计算

3. 本表引自《中国农业科技之研究》，中国农业科技出版社，1992 年第 1 版第 283 页

从表中可以看出，1978—1988 年间，全国农业科技人员数和平均每万名职工拥有农业科技人员数基本是稳步上升的。1988 年全国农业科技人员达到 50.2 万人，比 1978 年增长 69%；平均每万名职工拥有农业科技人员数为 50.3 人，比 1978 年增长 25%，但农业科技人员占自然科技人员比重却由 1978 年的 6.8%下降为 5.2%。总的来说，农业科技人员队伍规模不断壮大，自身不断发展。但同全国自然科学技术人员队伍的发展速度相比，还存在较大差距。

**（二）1978—1990 年全国、农业部、省、地农业科技人员状况** 见表 24-4。

表 24-4 1978—1990 年全国、农业部、省、地农业科研机构、人员状况

| 项 目 | | 1978 | 1979 | 1980 | 1981 | 1982 | 1983 | 1984 | 1985 | 1986 | 1987 | 1988 | 1989 | 1990 |
|---|---|---|---|---|---|---|---|---|---|---|---|---|---|---|
| 全国 | 职工人数 | | | | | | | | | 136536 | 129606 | 127279 | 125276 | 126421 |
| | 科技人员数 | | | | | | | | | 41437 | 54116 | 36562 | 58101 | 60598 |
| 农业部属 | 职工人数 | | | | | | | | | 23462 | 12760 | 13667 | 13590 | 14077 |
| | 科技人员数 | | | | | | | | | 9519 | 7839 | 7817 | 8070 | 8575 |
| 省属 | 职工人数 | 41563 | 41529 | 40971 | 41310 | 62244 | 63206 | — | — | 108074 | 115846 | 113612 | 111686 | 112164 |
| | 科技人员数 | 10500 | 11245 | 11769 | 12960 | 20451 | 20146 | — | — | 29418 | 46277 | 48744 | 50031 | 52023 |
| 地市属 | 职工人数 | 40589 | 41066 | 38200 | 41803 | — | 54586 | — | — | | | | | |
| | 科技人员数 | | | | | | | | | | | | | |

注：1. 本表根据《农业经济资料》（1949—1983）第 571 页和《农村经济资料手册》（1949—1990）第 361～370 页的资料整理

2. 1986—1990 年省属职工人数和科技人员数中包含地市属的相应数字

从表中可以看出，除 1986 年由于贯彻执行《中共中央关于科学技术体制改革的决定》，农业部属科研机构变动较大外，其他年份均稳定增长，并且科技人员增长大于职工人数的增长。

综上所述，新中国成立 60 年来，特别是改革开放 30 年的发展与调整，全国现有农业科研机构（包括种植业、畜牧业、渔业、农垦、农机化）1 144 个，从业人员 95 608 人，其中从事科技活动人员 59 170 人（内含科学家和工程师 37 551 人、科技管理人员 10 332 人）。在这支队伍中，农业部所属农业科研机构 57 个，从业人员 11 358 人，其中从事科技活动人员 6 737 人，（内含科学家和工程师 5 046 人，科技管理人员 1 258 人）；省属农业科研机构 466 个，从业人员 48 039

人,其中从事科技活动人员 29 428 人(内含科学家和工程师 20 099 人,科技管理人员 4 936 人);地市属农业科研机构 621 个,从业人员 36 211 人,其中从事科技活动人员 23 005 人(内含科学家和工程师 12 406 人,科技管理人员 4 138 人)。目前已经基本形成中央和省两级管理的全国农业科研队伍(详见《2006 年中国农业统计资料》第 280～281 页),这支队伍组成的 质量也有了很大的提高。全国农业科研人员职称和学历状况见表 24-5。

**表 24-5　全国农业科研人员职称和学历状况**

| 项　目 | 专业技术职称 | | | | 学　历 | | | |
|---|---|---|---|---|---|---|---|---|
| | 高　级 | 中　级 | 初　级 | 其　他 | 研究生 | 大　学 | 大　专 | 其　他 |
| 全国总计 | 15145 | 18099 | 14054 | 11872 | 6429 | 23386 | 13438 | 15922 |
| 农业部属 | 2336 | 2192 | 1372 | 837 | 1972 | 2542 | 1155 | 1068 |
| 省　属 | 8442 | 8775 | 6403 | 5808 | 3805 | 12644 | 5972 | 7007 |
| 地市属 | 4367 | 7132 | 6279 | 5277 | 647 | 8200 | 6311 | 7847 |

注:所有人员数据均摘自《2006 年中国农业统计资料》,中国农业出版社,2007 年 8 月第 1 版第 280～283 页

在农业技术推广方面,经过 60 年发展,特别是 30 年改革,已经形成以政府技术推广机构为主体、专群结合的多元化农业技术推广体系。据 2000 年统计,全国农业技术推广机构 15.6 万个,其中种植业技术推广机构 4.9 万个,畜牧兽医草原技术推广机构 4.1 万个,水产技术推广机构 1 万个,农业机械推广机构 3.4 万个,经营管理机构 2.1 万个。农业技术推广队伍总人数达 101 万人,其中专业技术人员 66 万人。从 5 大系统看,种植业技术推广人员 41.5 万人,畜牧兽医草原技术推广人员 32 万人,水产推广人员 3.2 万人,农业机械技术推广人员 15.3 万人,经营管理人员 9.3 万人。至此,我国农业技术推广工作进入了新的发展时期(摘自张宝文主编《新阶段中国农业科技发展战略研究》. 中国农业出版社,2004 年 4 月第 1 版第 13 页)。

## 第五节　农业科技的获奖成果

农业科技成果,是指对农业生产和农业科技发展有益的新理论、新技术及其在实际应用中产生效益,并按规定采取一定形式通过鉴定认可的各类科技活动产物。所谓"获奖成果",是指各级政府、部门、单位给予奖励的优秀成果。本节着重对国家奖励的农业科技成果加以重点说明(主要依据牛盾主编《1978—2003 年国家奖励农业科技成果汇编》. 中国农业出版社,2004 年 5 月第 1 版)。

### 一、前 30 年获奖科技成果

1949—1978 年的前 30 年尚未建立正规的科技成果奖励制度,在此期间于 1964 年国家科学技术委员会直接给予国家技术发明一等奖 2 项。1978 年给予包括农牧渔业的全国科学大会奖 299 项。

**(一)1964 年国家技术发明奖一等奖**

1. *冬干鸭屎泥水稻"坐秋"及低产田改良的研究*　水稻"坐秋"是我国南方低产田地区生

产中的一个突出问题。研究明确了水稻“坐秋”是由于冬泡田冬干后土壤中速效磷降低所引起。1960年开始，中国农业科学院土壤肥料研究所在湖南省祁阳县官山坪基点经4年反复验证，提出“冬干坐秋，坐秋施磷，磷肥治标，绿肥治本，一季改双季，晚稻超早稻”改良利用冬干水稻“坐秋”田的一套措施，有效地防治了“坐秋”的危害。祁阳县官山坪水稻单产由100～150kg稳定提高到250～300kg。1963年湖南省在400万亩冬干“坐秋”田上推广上述技术措施，据295万亩的统计，约增产1.8亿kg稻谷。在南方水稻地区推广，也有显著增产效果。

2. 豫北地区盐碱土棉麦保苗技术措施的研究　豫北地区在有灌无排的情况下，导致了土壤次生盐渍化，严重影响农业生产发展。1961—1963年，中国农业科学院土壤肥料研究所在河南省新乡县洪门公社，总结研究群众改碱经验和土壤水盐运动规律，开展棉麦保苗的科研工作，系统地总结出一整套棉麦保苗增产技术措施，并应用于大面积生产、成效显著。

**(二)1978年全国科学大会奖**　1978年国家召开全国科学大会前，各地上报经当时农林部评定向大会推荐的农林牧渔业科技成果3 137项，这是从1949年到1978年间全国农业科研和推广获得丰硕成果的一项总汇报。在这些成果中，受到奖励的重大农牧渔业科技成果299项。其中农作物品种资源与育种113项、土壤肥料17项、植物保护31项、栽培管理30项、农田新技术新仪器(表)11项、畜牧兽医45项、水产业37项和农垦15项(表24-6)。

**表24-6　1978年全国科技大会授予的农牧渔业科技成果奖**

| 科技成果 | 数　目 | 科技成果 | 数　目 |
|---|---|---|---|
| 农作物品种资源与育种 | 113 | 农田新技术、新仪器(表) | 11 |
| 土壤肥料 | 17 | 畜牧兽医 | 45 |
| 植物保护 | 31 | 水产业 | 37 |
| 栽培管理 | 30 | 农　垦 | 15 |

## 二、后30年获奖科技成果

1978年全国科学大会后，国家制定了奖励科技成果的政策法规，对国家科技成果奖奖项设置和成果管理进行了规范。

1978年，国务院重新修改并公布了《合理化建议和技术改进奖励条例》；同年12月修订发布了《发明奖励条例》。1979年国家发布了《中华人民共和国自然科学奖励条例》。1982年发布了《合理化建议和技术改进奖励条例》。农牧渔业部于1983年印发了《关于实施〈合理化建议和技术改进奖励条例〉细则》。国家于1984年发布了《中华人民共和国科学技术进步奖励条例》。农业部于1985年4月设立部级科技进步奖；同年9月国家科学技术委员会、国家经济发展委员会发布《关于科学技术研究成果管理的通知》。1986年11月，农牧渔业部结合农业科技实际，制定和发布了《关于印发〈农牧渔业科学技术成果管理的规定(试行)〉》等7个文件的通知；同期又制定印发了《农牧渔业专利管理暂行办法》，就农牧渔业专利管理的机构及职责、专利范围、运行管理等做了具体规定。1987年10月，为规范科技成果鉴定行为，国家科学技术委员会发布了《中华人民共和国科学技术委员会科学技术成果鉴定办法》等(摘自《中国农业科学技术50年》. 中国农业出版社，1999年8月第1版第117页、171页)。

国家科技成果奖包括国家自然科学奖、国家技术发明奖和国家科学技术进步奖等。其中：

国家自然科学奖,以理论性成果,即发现客观规律和认识世界方面的成果为奖励对象,分 4 个等级;国家科技发明奖,以创造性,即成果用于改造客观世界的重大科学技术成就为奖励对象,要同时具备新颖性、先进性和实用性,奖励分 4 个等级,必要时增设特等奖;国家科学技术进步奖,是奖励在推动科学技术进步中做出重要贡献者,要求经过应用产生重大效益,属科研性质成果须达到本行业先进水平以上,属推广应用性质者必须在推广中做出创造性贡献,奖励分 3 个等级(2000 年后改为 2 个等级),必要时加设特等奖。

1979—2003 年全国(包括农业部和各省、自治区、直辖市农业科技机构)获科技成果奖 1 247项,详见表 24-7。

**表 24-7　1979—2003 年国家科技成果奖项目统计**

| 获奖名称 | 总计 | | | | 特等奖 | | | | 一等奖 | | | | 二等奖 | | | | 三等奖 | | | | 四等奖 | | | |
|---|---|---|---|---|---|---|---|---|---|---|---|---|---|---|---|---|---|---|---|---|---|---|---|---|
| | 总计 | 种植 | 畜牧 | 水产 | 小计 | 种植 | 畜牧 | 水产 | 小计 | 种植 | 畜牧 | 水产 | 小计 | 种植 | 畜牧 | 水产 | 小计 | 种植 | 畜牧 | 水产 | 小计 | 种植 | 畜牧 | 水产 |
| 总计 | 1249 | 927 | 218 | 104 | 3 | 3 | | | 65 | 51 | 8 | 6 | 413 | 303 | 79 | 31 | 711 | 528 | 122 | 61 | 57 | 42 | 9 | 6 |
| 国家自然科学奖 | 36 | 26 | 2 | 8 | | | | | | | | | 10 | 9 | | 1 | 18 | 11 | 2 | 5 | 8 | 6 | | 2 |
| 国家技术发明奖 | 203 | 157 | 32 | 14 | 1 | 1 | | | 20* | 17* | 2 | 1 | 46 | 36 | 7 | 3 | 87 | 67 | 14 | 6 | 49 | 36 | 9 | 4 |
| 国家科学技术进步奖 | 1010 | 744 | 184 | 82 | 2 | 2 | | | 45 | 34 | 6 | 5 | 357 | 258 | 72 | 27 | 606 | 450 | 106 | 50 | | | | |

注:本表摘自《1978—2003 年国家奖励农业科技成果汇编》,中国农业出版社,2004 年 5 月第 1 版第 630 页

* 包括 1964 年授予的 2 项,数字重新计算

**(一)国家自然科学奖**　列举农业科技成果所获最高奖项目。

1987 年二等奖　中国小麦条锈病流行体系

1995 年二等奖　中国水稻土

　　　　二等奖　银鲫天然雌核发育机理研究

1997 年二等奖　小麦花粉无性系变异机制与配子类型的重组与表达规律

1999 年二等奖　酶活性部位柔性

2000 年二等奖　小麦族生物学系统学与种质资源研究

2001 年二等奖　中国豆科植物根瘤菌资源多样性、分类及系统发育研究

　　　　二等奖　《中国经济昆虫志》

2002 年二等奖　中国兰科植物研究

2003 年二等奖　中国主要植物染色体研究

**(二)国家技术发明奖**　列举农业科技成果所获最高奖项目。

1981 年特等奖　籼型杂交水稻

　　　　一等奖　高产稳产棉花新品种鲁棉 1 号

1982 年一等奖　高产抗病甘薯品种徐薯 18

一等奖　优良玉米自交系“330”

一等奖　橡胶树在北纬18°～24°大面积种植技术

1983年一等奖　优良大豆品种铁丰18号

一等奖　利用原子能辐射诱变育成水稻新品种原丰早

一等奖　棉花高抗枯萎病的抗源品种52-128、57-681

一等奖　马传染性贫血病驴白细胞弱毒疫苗

一等奖　猪瘟兔化弱毒疫苗

1984年一等奖　多抗性丰产玉米杂交种中单2号

一等奖　河蟹繁殖的人工半咸水及其工业化育苗工艺

1985年一等奖　高产优质小麦品种绵阳11号

一等奖　远缘杂交小麦新品种小偃6号

一等奖　甘蓝自交不亲和系的选育及其配制的七个系列新品种

1988年一等奖　籼亚种内品种间杂交培育雄性不育系及冈、D型杂交稻

1990年一等奖　小麦高产、抗锈的优良种质资源“繁六”及姊妹系

一等奖　抗病高产优质棉花新品种中棉所12

1997年一等奖　冬小麦矮秆、多抗、高产新种质“矮孟牛”的创造及利用

**(三)国家科技进步奖**　列举农业科技成果所获最高奖项目。

1985年一等奖　中国综合农业区划

一等奖　全国棉花品种区域试验及其结果应用

一等奖　全国褐稻飞虱迁飞规律的阐明及其在预测预报中的应用

一等奖　聚乙烯地膜及地膜覆盖栽培技术

一等奖　军马新品种——山丹马、伊吾马

一等奖　对虾工厂化全人工育苗技术

1987年一等奖　中国美利奴羊新品种的育成

一等奖　大珠母贝人工育苗养殖及插核育珠

1988年一等奖　杂交水稻新组合汕优63

一等奖　全国农业气候资源和农业气候区划研究

一等奖　留民营生态农业系统的建设与研究

一等奖　中国黑白花奶牛的培育

1989年一等奖　多抗性玉米杂交种——丹玉13号

1990年一等奖　大面积丰产优质小麦品种陕农7859

一等奖　棉籽泡沫酸脱绒成套设备与技术

一等奖　双阳梅花鹿育种

一等奖　海湾扇贝引种、育苗、养殖、研究及应用

1991年一等奖　小麦新品种扬麦5号

一等奖　中国美利奴羊(新疆军垦型)繁殖体系

1992年一等奖　高产、多抗玉米杂交种沈单7号选育

一等奖　高产甘薯新品种南薯88

一等奖　灾害性天气监测和短期预报系统

一等奖 鳀鱼资源、渔场调查及鳀鱼变水层拖网捕捞技术研究
1993年特等奖 黄淮海平原中低产地区综合治理的研究与开发
一等奖 育成高产、优质、多抗杂交水稻新组合汕优10号
一等奖 黄土高原综合治理定位试验研究
一等奖 粉锈宁新技术开发
一等奖 草鱼出血病防治技术
1995年一等奖 甘蔗品种资源的鉴定、利用及新品种选育
一等奖 大面积高产稳产小麦新品种豫麦13号(郑州891)
一等奖 适合麦棉两熟夏套棉花新品种——中棉所16
一等奖 大麦和性花叶病在禾谷多黏菌介体内的发现和增殖的证明
一等奖 棉花铺膜播种机的研制与推广
一等奖 仔猪大肠菌腹泻基因工程多价疫苗
1996年特等奖 ABT生根粉系列的推广
一等奖 油菜波里马雄性不育系及其优质杂种的研究、选育与利用
一等奖 广西千万亩水稻节水灌溉技术开发
1998年一等奖 高产优质多抗棉花新品种中棉所19
一等奖 高产、抗逆、优质小麦新品种扬麦158
一等奖 沙棘遗传改良系统研究
1999年一等奖 橡胶树优良无性系的引种、选育与大面积推广应用
2000年一等奖 高配合力、综合性状优良的玉米自交系黄早四
2001年一等奖 水稻两用核不育系"培矮64S"选育及其应用研究
2002年一等奖 优质、高产玉米新品种农大108的选育与推广
2003年一等奖 中国农作物种质资源收集、保存、评价与利用
一等奖 高产玉米新品种掖单13号的选育和推广
一等奖 我国短期气候预测系统的研究

## 第六节 科技创新对农业发展的推动作用

新中国成立以来我国农业发展的基本经验表明,政策是发展的前提,科技是发展的关键,投入是发展的保障。科技进步始终是我国农业增产和生产力水平提高的重要因素,也是促进我国农业发展的第一推动力。

### 一、重大科技创新对种植业的推动作用

农业科技创新形成生产力,一般体现于物化形态之中。并且任何一项技术措施,随着本身的不断改进、创新,其增产效益和作用会不断提高。

**(一)优良品种的更新与推广** 新中国成立以来,我国的种子事业得到了长足的发展。自1958年"四自一辅"方针的制定实施,到1978年以来"四化一供"试点县、商品粮基地县、商品种子基地县等的建设,尤其是"九五"期间"种子工程"的实施,在良种创新的基础设施建设,新

品种的培育、试验、推广，种子管理、经营体制的改革等方面均取得显著成效，对农业增产起到了极其重要的作用。

1. 水稻品种更新和推广　先后进行多次品种更新，其中产生巨大影响的有两次：第一次是以矮秆品种取代高秆易倒伏品种。1956 年我国成功选育出世界第一个矮秆高产水稻品种——矮脚南特，1957 年在生产上推广应用，到 20 世纪 70 年代在南方稻区推广了珍珠矮、广场矮等 300 多个矮秆水稻良种，实现了品种矮秆化。高秆变矮秆是我国水稻育种和生产上实现的第一次重大飞跃，使水稻亩产提高 50kg 左右，水稻总产量由 1957 年的 8 680 万 t 增加到 1976 年的 12 580 万 t，增长了 45%。第二次是杂交稻取代常规稻，实现了第二次重大飞跃。1973 年，我国在世界上首次育成籼型三系杂交水稻，表现出强大的增产优势，亩产比常规品种增产 50kg 以上（增产幅度 20%～30%）。1976 年开始推广，到 1999 年全国累计推广面积达 2.63 亿 $hm^2$。净增产稻谷约 2 亿 t 以上，对水稻生产发展起到了决定性作用。近些年开展的“中国超级稻”研究，每亩平均单产达到 800kg 左右，比一般杂交稻提高 60%以上，有可能使我国的水稻生产实现第三次重大飞跃。

2. 小麦品种更新和推广　20 世纪 50 年代推广了地方评选的良种和早期选育的品种，特别是抗锈病品种碧蚂 1 号的推广，对小麦增产起了很大作用。60 年代推广抗锈病和丰产性较好的品种，80 年代推广抗病耐肥品种，90 年代推广高产、优质、高抗的品种。通过几次品种更新，小麦生产上应用的不仅有抗病性强、株型矮、耐肥抗倒、千粒重高的高产类型品种，而且也有适合于加工各类食品的专用品种。1999 年与 1949 年相比，小麦面积由 2 113 万 $hm^2$ 扩大到 2 867 万 $hm^2$，面积只扩大了 34%；总产量由 1 380 万 t 增加到 11 440 万 t，增长了 7 倍；亩产由 43kg 提高到 265kg，提高了 5 倍。

3. 玉米品种更新和推广　20 世纪 50 年代以选用农家优良品种为主，同时开展了品种间杂交种和双交种的选育和应用。60 年代以推广双交种为主，开始选育玉米单交种。70 年代逐步转向以单交种为主，辅以双交种、三交种和顶交种。到 80 年代玉米单交种面积占到玉米总面积的 70%左右，90 年代后期已占到 80%～90%。1999 年与 1952 年相比，全国玉米的种植面积从 1 267 万 $hm^2$ 扩大到 2 600 万 $hm^2$，增长了 106%；总产量从 1 685 万 t 增加到 12 809 万 t，增长了 6.6 倍；亩产由 90kg 提高到 330kg，增长了 268%。

4. 棉花品种更新和推广　棉花第一次品种更新是 1950—1956 年，主要推广了早期引进的陆地棉品种；第二次是 1957—1960 年，主要普及了岱字棉 15 号，开始推广斯 517、克克 1543 和海岛棉良种 2 依 3 等；第三次是 1964—1968 年，引进光叶岱字棉，推广本国选育品种洞庭 1 号、徐州 209 等；第四次是 1972—1978 年，主要推广了本国选育的洞庭 1 号、岱红岱、泗棉 1 号、徐州 142、中棉所 3 号、中棉所 7 号等；第五次是 1979—1985 年，主要推广了鲁棉 1 号、鲁棉 6 号、冀棉 8 号、豫棉 1 号、鄂沙棉 28 等；第六次是 1990—1997 年，主要推广了中棉所 12 号、中棉所 16 号、中棉所 19 号、泗棉 3 号、军棉 1 号、鄂荆 1 号等。1999 年与 1949 年相比，棉花种植面积由 277 万 $hm^2$ 扩大到 372.5 万 $hm^2$，增长 34.5%；总产量由 44.4 万 t 增加到 382.9 万 t，增长了 7.6 倍；亩产由 11kg 提高到 68.5kg，增长了 5.2 倍。近些年我国自己选育的杂交抗虫棉已在生产上推广应用，为棉花生产的进一步发展打下基础。

**（二）肥料应用与科学施肥技术**　化肥的应用与科学施肥技术的推广，对我国农业生产发展起了十分重要的作用。1949 年我国化肥施用量为 1.3 万 t，1999 年提高到 4 212 万 t，平均每年以 21%的速度递增。化肥施用量的变化不仅体现在数量上，而且也体现在投入方向上。

20世纪90年代前,我国化肥主要应用于粮食作物上。近些年来随着种植业结构的调整,粮食作物与其他作物的化肥分配比例约为7:3。测算表明,肥料对我国农业增产的贡献率约为30%左右。施用化肥对粮食产量的贡献率平均为40.8%,其中对旱作两熟区的小麦产量的贡献率为60.2%、玉米为46.2%。

科学施肥技术水平的不断提高。针对我国土壤大部分缺磷、部分缺钾、普遍缺氮的状况,“七五”、“八五”期间,全国组织开展了配方施肥工作。根据土壤普查数据和田间试验结果,指导农民合理使用化肥。10年间,全国累计推广配方施肥面积达2.37亿 $hm^2$,增产粮食4 000多万t,增加经济效益500多亿元。其后在此基础上,又推广了“测、配、产、供、施”为主的平衡施肥技术,即进行“测土、配方、生产专用肥、供应专用肥、进行施肥技术指导”的一条龙服务模式。实践证明,科学施肥技术可使农作物提高产量8%~15%、高的可达到30%;同时可降低化肥亩成本10元左右,经济效益和社会效益十分明显。

**(三)农药应用及病、虫、草、鼠综合防治技术** 新中国成立以来,我国农作物病、虫、草、鼠害防治工作取得很大成就,为保证农业丰产丰收做出了重要贡献。

一是重大病、虫、草、鼠灾害得到一定遏制。20世纪50年代我国制定了“防重于治”的植保工作基本方针,1975年又提出了“预防为主、综合防治”的植保工作新方针。多年来,我国实行农业防治、化学防治、生物防治相结合,遏制了农作物重大病虫害,取得了显著成效。例如蝗虫是我国历史上最为严重的农业灾害,新中国成立初期,全国东亚飞蝗孳生区(蝗区)面积173.67万 $hm^2$,通过飞机与地面应急化学防治、结合生态控制和生物防治等可持续控制措施,使蝗虫没有再造成迁飞危害。锈病是我国小麦最严重的病害,从20世纪50年代起开展抗锈育种,先后选育出多批抗病品种,20世纪70—80年代研究并推广了粉锈宁防病技术,90年代进一步开展了越夏区菌源地综合治理、推广抗病品种、小麦苗期预防以及大田防治等配套技术,较好地控制了小麦锈病的流行。棉铃虫是造成我国棉花生产损失最大的害虫,1992年以来,在黄河和长江流域棉区连续6年大发生,对棉花生产构成了严重影响。通过3年防治,以及推广抗虫棉品种,及时使棉铃虫大发生的势头得以控制。20世纪80年代初,我国农田鼠害逐年加重。1983年开始,全国20多个省、自治区、直辖市相继开展了大面积的“五统一”(即统一组织领导、筹集资金、配制鼠药、投药时间和督促检查)灭鼠运动,每年挽回粮食损失300万~500万t,而且减少了农村鼠传疾病的发病率。

二是农药应用技术水平不断提高。20世纪50年代初从成功仿制剧毒农药“666”、“1605”起步,到20世纪末期,我国农药年生产能力为76.7万t(折有效成分),其中杀虫剂生产能力57.6万t、杀菌剂7.2万t、除草剂9.9万t,已成为仅次于美国的世界第二农药生产国。可生产农药品种250多个,基本可满足国内农业生产需要,还有一定数量的出口。20世纪50年代初期,仅上海有一家农药器械厂,以生产手摇喷粉器和单管喷雾器为主。60—70年代大力发展了压缩式喷雾器和背负式喷雾器。70年代随着工程塑料在植保机械上的应用与发展,背负式塑料喷雾器已成为主要产品;到了70年代后期,逐年发展小型的背负式机动喷雾喷粉机和担架式喷雾机。进入到20世纪90年代,全国已有百余家植保机械厂,手动药械年生产能力达1 000万台,机动药械达50万台。

**(四)塑料薄膜覆盖技术及设施农业技术** 塑料薄膜(包括地膜和棚膜)在农业上的应用,成为世界范围内农业技术上继“绿色革命”后的又一次重大革新,被称为“白色革命”。该项技术在我国的应用研究从20世纪50年代开始,70年代末从日本引进地膜覆盖栽培技术,加快

了我国塑料薄膜覆盖栽培技术的发展。经过早期试验、引进消化、扩大推广和稳定发展4个阶段,目前已发展成为具有中国特色的地膜覆盖栽培技术体系和设施农业应用技术体系,并得到大面积推广,对我国农业发展发挥了重要作用。主要表现在以下两个方面。

一是扩大了作物种植区域,改良土壤,提高了单产。塑料薄膜覆盖使作物适宜种植区的纬度向北推移了2°～4°,向高海拔推进了1 000～2 000m。塑料薄膜覆盖栽培技术应用的作物相当广泛,增产作用十分显著。与露地栽培相比,小麦、棉花、水稻(育秧)、花生、甘蔗平均每亩分别增产70～100kg、20～25kg(皮棉)、50kg、90～100kg、500～1 000kg,增产幅度达30%～50%。在粮、棉、油等大宗作物中,应用效果最为显著的是高寒地区的玉米地膜覆盖栽培,被称为"温饱工程"。国家从"七五"后两年起立项实施"温饱工程"。据统计,全国"温饱工程"平均亩产玉米达387kg,亩产增加148.6kg,累计推广960万$hm^2$,增产粮食2 146.5万t,增收134.85亿元,稳定解决了4 000多万贫困人口的温饱问题。

二是延长了蔬菜、水果生产周期,提高了市场均衡供应水平。采取塑料大棚、温室等保护地设施,拓展了我国蔬菜、水果生产的时间和区域,使蔬菜的生产时间延长180多天,克服了早春、晚秋和冬季的低温限制,使大部分喜温园艺作物能安全生长发育,从而使我国蔬菜等园艺作物实现了周年生产和均衡供应,消除了市场供应的淡旺季节的现象。其中效果最显著的是日光温室蔬菜栽培技术。在北方深冬季节,实现了黄瓜、西红柿等喜温蔬菜的安全生产,适宜地区由北纬40°～41°向南北扩展到北纬34°～43°。1985年,高效节能日光温室的应用研究在辽南取得突破性进展,1989年该项技术基本成熟并进行初步推广,面积发展到6 000多$hm^2$。日光温室黄瓜高产典型达到亩产2.3万多kg,亩产值3.8万元。1990年开始进行示范推广,1995年大面积推广。据粗略统计,1995—1999年累计推广106.06万$hm^2$,比1990—1994年的推广面积增加近5倍,并开发出性能更优的第二代节能型日光温室。节能日光温室的发展,产生了巨大的社会效益和经济效益。据匡算,1990—1999年累计示范推广高效节能日光温室124.1万$hm^2$,共生产"反季节"、"超时令"蔬菜1.5亿t。

本部分参阅了《农业软科学研究新进展(1999—2000)》,中国农业出版社2001年12月第1版第167～176页,"重大科技创新对中国农业发展的推动作用"(作者本人主持的研究课题报告,执笔人陶怀颖)的部分内容。

## 二、重大科技创新对畜牧业的推动作用

新中国成立以来,科技创新在促进畜牧业增长方面发挥了巨大作用。猪、牛和羊的良种覆盖率由20世纪50年代的10%～20%,分别提高到90年代末期的90%、30%和55%;出栏率分别由50年代的50%、15%和30%,增长到1999年的123%、29.6%和70.1%;猪、禽死亡率分别从50年代的20%和40%,下降到90年代末期的8%和18%。与新中国成立之初相比,现在饲养同样头数的畜禽,其畜产品产量可提高2倍以上。

**(一)科技进步对肉类增产的总体贡献率** 从1950—1999年,科技进步对肉类生产的总体贡献率达到51.58%。其中1979—1999年的20年间,科技进步贡献率最高,为64.17%。1960—1978年近20年间,科技进步贡献率相对最低,为28.25%;1950—1959年则介于二者之间,为42.61%。

采用指数加权分析,测算1950—1999年良种、饲料、防疫、饲养及经营管理技术等4项在科技进步贡献中所占的份额,分别为23.84%、29.47%、25.63%和21.07%(表24-8)。但不

同年代这4者的作用大小有所变化。其中20世纪50—70年代对肉类生产影响最大的是防疫技术与良种技术,80—90年代则饲料技术的影响最大。

表24-8 科技进步对肉类增产的贡献率 (%)

| 年份 | 科技进步贡献率 | 良种技术 | 饲料技术 | 防疫技术 | 饲养及经营管理技术 |
|---|---|---|---|---|---|
| 1950—1959 | 42.61 | 29.35 | 14.22 | 36.27 | 20.16 |
| 1960—1979 | 28.25 | 24.23 | 13.25 | 39.15 | 21.27 |
| 1979—1999 | 64.17 | 19.93 | 40.11 | 20.01 | 19.96 |
| 1950—1999 | 51.58 | 23.84 | 29.47 | 25.63 | 21.07 |

**(二)品种改良** 多年来我国从国外引进了多批优良种畜、种禽,通过利用引进的优良品种,先后培育出中国黑白花奶牛、草原红牛、新疆细毛羊、东北半细毛羊、哈白猪、上海白猪、北京黑猪、北京白鸡等几十个畜禽新品种。优良品种的利用和推广,大大提高了畜禽个体生产性能和良种覆盖率。如1972年开始实施中国黑白花奶牛品种联合选育,经过20多年的选育工作,黑白花奶牛头数已从7.3万头发展到105.5万头,每头牛平均年产奶量从3 335kg提高到4 450kg。现在黑白花奶牛成年母牛头数占到全国各类乳用成年母牛头数的2/3,总产量占同期全国牛奶产量的5/6。传统蛋鸡品种1年1只母鸡产蛋不到100枚,而改良蛋鸡品种采取科学饲养方法,1只母鸡1年产蛋量可达300枚左右,提高了2倍以上。

**(三)饲料技术** 从20世纪90年代末期农业部畜牧丰收计划项目执行结果来看,饲养技术的推广,大大提高了畜禽的生产能力。与80年代相比,生猪的日增重提高150~200g,每千克增重节省饲料1~1.5kg,饲养期缩短1~2个月;500日龄蛋鸡的产蛋量增加3.5kg,每千克蛋节省饲料0.8~1.5kg;8月龄肉鸡的饲养周期缩短1~2周,每千克增重节省饲料0.3kg。目前年推广应用配(混)合饲料达4 000万t,比饲喂单一饲料可节省粮食700万t。

**(四)疫病防治** 我国畜禽疫病防治工作保障了畜牧业的发展。1951年使用我国自行研制的兔化弱毒疫苗开展防治牛瘟,仅用3年时间就在全国范围内基本消灭了牛瘟。目前,猪瘟、猪丹毒、猪肺疫、猪病毒性腹泻综合征、牛肺疫、鸡新城疫、鸡马立克氏病等一批重大疫病已基本得到控制。1981年,成立了国家动植物检疫总所,形成了健全的全国动植物进出口检疫体系;兽药工业经过整顿、改建和新建,目前已发展成各级兽药厂1 800多家,其中省级以上兽药厂30多家,生产生物药品、化学药品和添加剂药品2 000多个品种。全国还建有30多个省级等兽药监察所,初步形成兽药监督管理体系。此外,从1995年起,农业部开始投资建设疫病检疫站;从1998年起,在全国实施动物保护工程,正式启动"无规定动物疫病区"建设项目。总之,防疫技术的进步,在提高畜产品产量方面发挥着越来越大的作用。

**(五)猪的配套饲养技术** 包括饲养良种、饲喂配(混)合饲料、应用标准化的猪舍、实行科学饲养方式和防疫灭病等养猪综合配套技术的应用,大幅度地提高了猪的生产性能。据对承担此项目的528个县(区)统计:猪平均肥育期为141.3d,日增重为636.4g,出栏体重为104.9kg,胴体重为76.6kg,每千克增重耗料为3.42kg,头均获直接经济效益119.4元。与传统饲养技术相比,肥育期缩短20.6d,每日多增重81.2g,出栏体重增加11.5kg,胴体重增加9.8kg,每千克增重节约饲料0.48kg,瘦肉率平均提高3.7个百分点,头均新增效益58.6元(本部分参阅了作者本人主持的"重大科技创新对中国农业发展的推动作用"研究课题的专题

报告之二:王济民主持的分专题报告“重大科技创新对畜牧业发展的影响”的部分内容未公开发表)。

## 三、科技进步对农业的贡献率

科技进步有狭义、广义之分。“狭义技术进步考察的是物化形态的技术,是依附型的技术进步。由于狭义技术进步看得见、摸得着,通常又叫硬技术进步。广义技术进步除了包括狭义进步的内容外,还包括管理、决策、智力水平等软技术的进步。测定技术进步对经济增长的贡献份额时,必须考虑广义的技术进步,因为在实际的经济发展过程中,软硬技术是密不可分的、相辅相成的”(摘自朱希刚等主编．农业技术进步测定的理论方法．中国农业出版社,1994 年 9 月第 1 版第 76 页)。

中国农业科学院农业经济与发展研究所采取 C-D 模型、增长速度方程、综合要素生产率指数和总因子生产率指数等 4 种不同的测算模型进行农业技术进步作用的测算,并通过比较估算出一个大致相当的数值,说明农业的技术进步率和对农业增长的贡献份额。其测算结果如下:科技进步对农业的贡献率,从“一五”期间(1953—1957 年)仅为 19.92%,到了“五五”期间(1976—1980 年)达到 26.68%,“六五”期间(1981—1985 年)上升到 34.84%,“七五”期间(1986—1990 年)由于物质投入猛增、突破性科技成果少,科技进步贡献率下降到 27.66%,“八五”期间(1991—1995 年)科技进步贡献率又上升到 34.28%,到了“九五”末(2000 年)上升到 45.16%(表 24-9)。其中种植业为 42.4%,畜牧业为 42%,渔业为 45%。农业科技进步贡献率的提高,使我国农业综合生产能力不断增强,农业的国际地位空前提高。目前,中国主要农产品产量居世界的位次为:水稻居第一位,小麦居第一位,大豆居第三位,棉花居第一位,油料居第一位,肉类居第一位,禽蛋居第一位,水产品居第一位。中国农业的高速发展,为世界农业做出了重要贡献。

**表 24-9 我国农业科技进步贡献率的测算结果** (%)

| 年 份 | 农业产值增长率 | 物质费用增长率 | 农业劳动力增长率 | 耕地面积增长率 | 科技进步率 | 科技进步贡献率 |
| --- | --- | --- | --- | --- | --- | --- |
| 1953—1957 年(“一五”期间) | 5.17 | 5.75 | 2.20 | 1.03 | 1.03 | 19.92 |
| 1958—1965 年(“二五”和三年恢复期间) | 1.28 | 2.41 | 2.00 | −0.96 | 0.21 | — |
| 1966—1970 年(“三五”期间) | 2.62 | 3.41 | 3.65 | −0.16 | 0.06 | 2.29 |
| 1971—1975 年(“四五”期间) | 3.32 | 4.27 | 1.29 | 0.81 | 0.51 | 15.36 |
| 1976—1980 年(“五五”期间) | 3.71 | 4.83 | 0.76 | −0.35 | 0.99 | 26.68 |
| 1981—1985 年(“六五”期间) | 7.75 | 9.04 | 0.95 | −0.50 | 2.70 | 34.84 |
| 1986—1990 年(“七五”期间) | 4.75 | 5.99 | 1.02 | −0.25 | 1.31 | 27.66 |
| 1991—1995 年(“八五”日期) | 7.38 | 9.16 | −0.72 | −0.17 | 2.53 | 34.28 |
| 1996—2000 年(“九五”期间) | 5.74 | 5.90 | 0.28 | −0.61 | 2.59 | 45.16 |

注:本表摘自张宝文主编的《新阶段中国农业科技发展战略研究》. 中国农业出版社,2004 年 4 月第 1 版第 41 页

## 参考文献

［1］ 刘瑞龙．中国大百科全书—农业．北京：中国大百科全书出版社，1990.

［2］ 朱荣，等．当代中国的农业．北京：当代中国出版社，1992.

［3］ 申茂向．中国农村科技辉煌50年．北京：中国农业出版社，1999.

［4］ 农业部科学技术委员会，农业部科学技术司主编．中国农业科技工作四十年．北京：中国科学技术出版社，1989.

［5］ 农业部科技教育司主编．中国农业科学技术50年．北京：中国农业出版社，1999.

［6］ 刘志澄，中国农业科技之研究．北京：中国农业科技出版社，1992.

［7］ 张宝文，新阶段中国农业科技发展战略研究．北京：中国农业出版社，2004.

［8］ 牛盾．1978—2003年国家奖励农业科技成果汇编．北京：中国农业出版社，2004.

［9］ 万宝瑞．农业软科学研究新进展(1999—2000)．北京：中国农业出版社，2001.

［10］ 杜鹰．农业软科学研究丛书之六《农业现代化与可持续发展》．北京：中国农业出版社，2001.

（作者：黄佩民 中国农业科学院研究员，王　涛 中国农业大学副校长、教授）

# 第二十五章 农业机械化

机械化对于农业生产的进步、将农民从面朝黄土背朝天的繁重农耕劳作中解脱出来有着深远的影响。经历60年的风风雨雨、阴晴圆缺，农业机械化为我国农业发展、农民致富、农村经济繁荣、新农村建设建立了不可磨灭的功勋。

## 第一节 农业的根本出路在于机械化

1949年，我国社会总产值按当年价格计算，只有557亿元，国民收入358亿元，人均国民收入66元。粮食产量11 318万t，棉花44.4万t，油料256.4万t，钢5.8万t，原煤3 200万t，发电量43亿kW·h(马洪等，1987)。这就是新中国成立时的基本国情。

面对这种局面，美国国务卿艾奇逊曾预言：中国永远摆脱不了一个不堪负担的压力，即庞大的人口，没有一个政府解决了人民的吃饭问题，中共也无能为力，中国将永远天下大乱；上海的一个资本家说：共产党军事上可以打一百分，政治上可以打八十分，经济上只能是零分，不依靠资本家，它无法管理复杂的社会经济。毛泽东代表共产党人则做出这样的回答："我们不但善于破坏一个旧世界，我们还将善于建设一个新世界。"建设什么样的新世界，那就是把我国建设成为强大的社会主义现代化的工业国家。

以毛泽东为核心的党的第一代领导集体，十分关心和高度重视农业的机械化，提出"农业的根本出路在于机械化"的著名论断。这是有着深厚的思想基础和借鉴了国内外农业发展实践的结果。

马克思曾经指出："各种经济时代的区别，不在于生产什么，而在于怎样生产，用什么劳动资料生产。劳动资料不仅是人类劳动力发展的测量器，而且是劳动借以进行的社会关系的指示器。在劳动资料中，机械性的劳动资料……更能显示出一个社会生产时代的具有决定意义的特征。"①

列宁指出：拖拉机是彻底摧毁旧农业和扩大耕地的最重要的工具。②

中国民主革命的先行者孙中山1919年就把农业机械化作为"建国方略"的一个十分重要的内容，他提出："于斯际中国正需机器，以营其巨大之农业"。1924年，孙中山在广州所做的民生主义第三讲《吃饭问题》的演讲，宣示了他对农民问题和农业问题的基本观点。孙中山提出，"我们对于农业生产，除了上说之农民解放问题以外，还有七个增加生产的方法要研究。第一是机器问题，第二是肥料问题，第三是换种问题，第四是除害问题，第五是制造问题，第六是运送问题，第七是防灾问题。"在每一个方法的讲解中，孙中山还针对性地谈到了机器的作用。

早在1937年，毛泽东在《矛盾论》中谈到不同质的矛盾只有用不同质的方法才能解决时就

---

① 见《马克思恩格斯全集》第23卷，人民出版社，1972年版，第204页

② 见《列宁全集》第31卷，人民出版社，1958年版，第437页

指出:“在社会主义社会中工人阶级和农民阶级的矛盾,用农业集体化和农业机械化的方法去解决……社会和自然的矛盾,用发展生产力的方法去解决。”毛泽东(1948)在《中共中央关于土地改革中各社会阶级的划分及其待遇的规定》(草案)中的第一章中指出:“人们为着要生活,就要生产生活资料,例如粮食、衣服、房屋、燃料、器具等。人们为着要生产生活资料,就要有生产资料,例如土地、原料、牲畜、工具、工场等。生产者和生产资料结合起来,就是社会的生产力。”“由于生产力的发展,首先是由于生产工具的发展,例如由石头工具发展到简单的金属手工工具,再发展到较精的金属手工工具,再发展到复杂的机器工具,人们对于生产资料的所有关系,人们的生产关系,就发生了变化。”毛泽东(1950)在《关于土地改革报告的修改》中指出:“所谓生产力,是指劳动者和生产资料(亦称生产手段)两部分。所谓生产资料,在农村中,首先是土地,其次是农具、牲畜、房屋等。”

新中国成立以后,毛泽东在谈到农业机械化问题时,总是与国家的发展总目标、总任务联系起来。1949 年 9 月 29 日中国人民政治协商会议第一届全体会议通过《中国人民政治协商会议共同纲领》。共同纲领第四章经济政策中关于农林渔牧业说,人民政府应根据国家计划和人民生活的需要,争取于短时期内恢复并超过战前粮食、工业原料和外销物资的生产水平,应注意兴修水利,防洪防旱,恢复和发展畜力,增加肥料,改良农具和种子,防治病虫害,救济灾荒,并有计划地移民开垦(《中共中央文集》,1987)。1949 年 10 月 1 日,中华人民共和国中央人民政府公告宣布,中华人民共和国中央人民政府委员会接受中国人民政治协商会议共同纲领为本政府的施政方针。

刘少奇(1950)在《国家的工业化和人民生活水平的提高》文稿中写道:中国劳动人民“迫切地需要提高生活水平,过富裕的和有文化的生活。这是全国最大多数人民最大的要求和希望,也是中国共产党和人民政府力求实现的最基本的任务。”我们进行经济建设的大体步骤应该是,“首先,我们必须恢复一切有益于人民的经济事业,并使那些不能独立进行生产的已有的工厂尽可能独立地进行生产。其次,要以主要的力量来发展农业和轻工业,同时,建立一些必要的国防工业。再次,要以更大的力量来建立我们重工业的基础,并发展重工业。最后,就要在已经建立和发展起来的重工业的基础上,大大发展轻工业,并使农业生产机器化。中国工业化的过程大体要循着这样的道路前进。”

周恩来(1954)在第一届全国人民代表大会第一次会议上做《政府工作报告》指出:“从 1953 年起,我国就开始了经济建设的第一个五年计划,着手有系统地逐步地实现国家的社会主义工业化和农业、手工业和资本主义工商业的社会主义改造。经济建设工作在整个国家生活中已经居于首要的地位。”“为了保证增加农业的产量以适应整个经济发展的需要,还必须在发展合作化的同时有系统地推广新式农具,推广抽水机和水车,推广良种,改进农作技术,增施肥料,防治病虫害,并且尽可能扩大耕地面积”。

在推进农业合作化的过程中,农业机械化问题凸显出来。1955 年 7 月 31 日《关于农业合作化问题》的报告,集中反映了毛泽东的农业机械化思想,成为中国农业机械化理论的奠基石。毛泽东(1955)指出:“中国只有在社会经济制度方面彻底地完成社会主义改造,又在技术方面,在一切能够使用机器操作的部门和地方,统统使用机器操作,才能使社会经济面貌全部改观。”“估计在全国范围内基本上完成农业方面的技术改革,大概需要四五个五年计划,即 20 年至 25 年时间。全党必须为实现这个伟大任务而奋斗。”

1958 年 3 月,中共中央成都会议提出了《关于农业机械化问题的意见》,其中指出:“会议

完全同意毛泽东关于农具改革运动的指示……经过这个运动逐步过渡到半机械化和机械化。”还提出了“各地在推广农具改革运动的时候,应当因地制宜,不要千篇一律。”“实现农业机械化,主要靠农业合作社自己的力量”。

1959年4月,毛泽东(1959)在《党内通信》中提出“农业的根本出路在于机械化”的论断,奠定了新中国农业机械化的早期基础。在1959年的庐山会议上,毛泽东提议成立了农业机械部。毛泽东(1959)对《河北省吴桥县王谦寺人民公社养猪经验》一文给新华社的批语中说:“用机械装备农业,是农、林、牧三结合大发展的决定性条件。”

毛泽东一再强调农业机械化的重要性,并做出一系列重要决策,其出发点是:解放和发展生产力的观点、国民经济协调发展和改造社会。

周恩来也把发展农业生产力与国家现代化的目标联系起来,强调农业是国民经济基础,狠抓农业生产力的发展。1949年12月在全国第一次农业生产会议上,周恩来提出了农业现代化建设的目标。在第一届全国人民代表大会第一次会议上周恩来(1954)所做的《政府工作报告》中,正式提出了我国“四化”建设任务,指出:“如果我们不建设起强大的现代化工业、现代化农业、现代化的交通运输业和现代化的国防,我们就不能摆脱落后和贫困,我们的革命就不能达到目的。”10年后,由于全党、全国对农业基础地位认识的加深,在1964年12月三届全国人大一次会议上所做的《政府工作报告》中,对“四化”的内容和排列次序做了调整,指出:“今后发展国民经济的主要任务,总的来说,就是要在不太长的历史时期内,把我国建设成为一个具有现代农业、现代工业、现代国防和现代科学技术的社会主义强国。”第一个五年计划期间,洛阳第一拖拉机制造厂项目纳入了计划,并于1959年建成投产。同年10月,周恩来亲临该厂视察,向职工亲切地说:“要记着,你们是中国第一啊!要出中国第一的产品,要出中国第一的人才,创造中国第一的业绩。”

在这前后几年中,形成了全国上下左右齐抓共管农业机械化的一个高潮。据不完全了解,由党中央批转的和由国务院直接下发的农业机械化的文件达19件,副总理以上领导人发表讲话、批示和撰写农业机械化文章有14次,期间仅《人民日报》发表与农业机械化相关的社论就有18篇之多。农业机械化工作在全国达到空前的广度和深度,这为未来农业机械化的发展奠定了思想基础(张蓝水,2001)。

邓小平(1980)也认为社会主义首先要发展生产力。“讲社会主义,首先就要使生产力发展,这是主要的。只有这样,才能表明社会主义的优越性。社会主义经济政策对不对,归根结底要看生产力是否发展,人民收入是否增加。这是压倒一切的标准。”邓小平(1980)会见英国前首相、工党领袖詹姆斯·卡拉汉时提出,“农业机械化的道路一定要走,剩余的劳动力要转到其他行业去。可以搞多种经营,搞林、牧、副、渔,还可以搞农田基本建设、修建大型水利工程。”邓小平(1980)在《关于农村政策问题》一文中讲到巩固集体经济时说:“关键是发展生产力,要在这方面为集体化进一步发展创造条件。具体来说,要实现以下四个条件:第一,机械化水平提高了(这是说广义的机械化,不限于耕种收割的机械化),在一定程度上实现了适合当地自然条件和经济情况的受到人们欢迎的机械化。……”在这里,邓小平把“机械化水平提高了”列为巩固集体经济的第一个条件,而且提出了“受人们欢迎的机械化”的观点。也就是说,机械化和集体化是可以互相促进的。

1992年6月16日江泽民视察京郊大兴县机械化麦收时说:这是一个很大的进步,过去我们完全靠天吃饭,现在有了机械化,就可以提高生产力,使生产不断发展(河北农机,1996)。江泽民(1998)在安徽考察工作时的讲话中指出,“改革的目的是促进社会生产力的发展”。“下工夫解决北方农业干旱缺水的问题,大力发展节水灌溉,提高水资源的利用率。要坚持科教兴农的方针”。邓小平同志指出:“将来农业问题的出路,最终要由生物工程来解决,要靠尖端技术。”现在,一些发达国家已经把基因育种工程、互联网、卫星定位系统等高新技术运用于农业。我们必须有紧迫感,尽快迎头赶上。要切实抓好农业科研攻关、先进适用技术推广和农民科技培训,使农业增长真正转到依靠科技进步和提高劳动者素质的轨道上来。

2004年6月25日,《中华人民共和国农业机械化促进法》(简称《农机化促进法》)经全国人民代表大会常务委员会第十次会议通过,胡锦涛主席以第十六号主席令予以公布,自2004年11月1日起施行。《农机化促进法》的出台体现了党和政府对农业机械化工作的高度重视和全社会对农业机械化发展重要性的认同,标志着我国农业机械化工作从此纳入法律规范的轨道,将对农业机械化发展创造更为有利的外部环境和更为有力的内在动力。

《人民日报》评论员(2004)文章《发展农业机械化促进农业现代化》进一步把颁布《农机化促进法》,将行之有效的扶植政策通过法律的形式加以肯定的做法高度概括为“体现了党的主张与人民意志的统一”。《人民日报》评论员文章对农业机械化的地位和作用做出了全面而深刻的评价,充分肯定了农业机械化对解决“三农”问题,落实“三个代表”重要思想的内在联系和推动作用。评论员文章指出:“农业机械是现代农业的重要物质基础,是农业现代化的重要内容和标志。”“加快农业机械化的发展,既是改善农民生产生活条件、提高农业劳动生产率的重要措施,也是缩小城乡差别、提高农业和农村经济整体水平的重要条件,对于巩固发展我国农业基础地位,坚持以人为本,促进农业和农村经济全面、协调、可持续发展具有重要意义。”

## 第二节 农业机械化的主要成就

新中国通过土地改革,实现了“耕者有其田”;通过发展农业机械化,提高了农业生产力;通过改革开放,实现了我国农业机械化发展历程中的历史性跨越,于2007年跨入中级阶段。我国农业机械化事业经过60年的发展,取得了辉煌成就。

### 一、农业机械装备水平显著提高

新中国成立伊始的农村,经过土地改革农民获得了土地,但不少农民缺乏必要的劳动工具。1951年,我国农村原有旧式农具的缺乏和落后情况相当严重,如:河南省缺犁202万件,缺锄1235万件;山西省缺少农具10万件;山东省16个县49个典型村的调查,缺少犁、耙和耧的比例分别是10%、20%和10%;东北和西北老解放区同样缺乏旧式农具(孙景鲁,1951)。

中央制定相关政策,有选择地从苏联和东欧一些国家引进了一些马拉式农具进行试用和仿制。1950年3月,大连习艺机械厂仿制出中国第一台27.4kW的农用轮式拖拉机,同年12月,山西机器厂参照美国克拉克18.4kW履带拖拉机试制出我国第一台18.4kW履带拖拉机。这两种拖拉机是中国最早试制出来的拖拉机,但均未投入批量生产。1951年,农业部召开了农具工作会议,提出全国农具工作的方针是迅速增补旧式农具,稳步发展新式农具。到1955年,我国已能成批生产九大类五十多种半机械化农具,如双轮双铧犁、马拉播种机、三齿耘锄、人力打稻机、玉米脱粒器、解放式水车、轴流泵等(周昕,2005)。

1959 年是我国农业机械化的历史标志年，毛泽东提出了“农业的根本出路在于机械化”的科学论断，它影响了新中国农业发展的全过程。1962 年党的八届十中全会把先集体化后机械化确定为党在农业上的“根本路线”。为了取得经验，1965 年八机部提出在全国圈定 100 个重点县推行农业机械化。1966 年，毛泽东看到湖北省的一份关于农业机械化的报告后，明确提出“用 25 年时间，基本上实现农业机械化”，要求“抓紧从今年起的 15 年。已经过去 10 年了，这些年我们抓得不大好。”即后来的“1980 年基本上实现农业机械化”的目标。在毛泽东、周恩来等国家领导人的过问下，1966—1978 年间，国务院先后召开了 3 次全国农业机械化工作会议，强调要“鼓足干劲”、“下定决心”，力争 1980 年基本实现农业机械化。周恩来在 1966 年 7 月至 8 月的第一次全国农业机械化会议上，就农业机械化问题发表了重要讲话。

当时国务院实际上成为基本实现农业机械化的执行机关。作为组织措施，1977 年 9 月中共中央批准国务院成立农业机械化领导小组。那时有个观念，农业机械化只是个物资投放问题，只要农用拖拉机达到 80 万台、手扶拖拉机达到 150 万台，全国农业就基本上实现了机械化。因此，大中型拖拉机以及履带拖拉机在这一阶段发展迅速。1978 年拖拉机年产量达到 43.78 万台，拥有拖拉机 193.04 万台，联合收割机 1.9 万台，全国农机总动力达到 11 749.9 万 kW。

1978 年 10 月至 11 月，在北京举行的十二国农机展览会震动了中国经济界和政府官员。这是新中国成立后近 30 年，中国举办的第一次大型国际农机博览会。它在国人面前打开了一扇世界现代农业的窗子，成为中国改革开放的前奏。1978 年 12 月党的十一届三中全会通过的《关于加快农业发展若干问题的决定》(草案)，果断地放弃了“1980 年基本上实现农业机械化”的口号。而是提出：“加快农业机械化的步伐”，这是中共中央在农业机械化战略上的重大调整。《中共中央关于加快农业发展若干问题的决定(草案)》，标志着中国农业机械化进入了改革、创新、发展的新时期。

1979 年广大农村开始家庭联产承包责任制改革，以人均耕地为前提的承包责任制形成了超小规模的土地经营农户，大中型农业机械一度失去了用武之地。面对农村改革中农业机械化出现的新情况，1979 年国庆前夕，党的十一届四中全会通过了《中共中央关于加快农业发展若干问题的决定》。《决定》提出要因地制宜地发展农、林、牧、副、渔业的机械化，提高牧业机械的比重。要积极发展农业运输机械和装卸机具。农机工业适时改变了计划经济体制下的生产方式，确立了“农民需要什么就生产什么”的方针。面向市场需要，开发适合国情的农机产品，1978—1995 年的农业机械装备主要以研制生产小型、运输、养殖、农产品加工等机械为主，如手扶拖拉机、小四轮拖拉机、中小型联合收割机、背负式联合收割机等。1995 年，我国小型拖拉机快速增长，达到 865 万台；而大中型拖拉机只有 67.2 万台，仅比 1978 年的 55.7 万台增加了 21%。

1998 年 10 月党的十五届三中全会提出：要广泛运用农业机械等工业技术成果，显著提高农业装备水平。2001 年 3 月，全国人大常委会批准“十五”计划纲要，要求“实行适度规模经营，推进农业机械化，提高劳动生产率，降低农产品生产成本”。加大农业生产急需设备的研制开发力度，确立了农业生产所需要的大中型农业机械的优先发展地位。在国家农业机械购置补贴政策的带动下，农业机械服务组织特别是农业机械大户纷纷投资大型、高性能和复式作业、联合作业农业机械装备，以提高生产效率和经营效益。通过农业机械服务组织的示范带动，购买、使用大型高性能农业机械装备的农民不断增多，我国农业机械装备结构小型机械多、大型机械少,动力机械多、配套机械少,一般技术水平机械多、高性能机械少的“三多三少”的状况得到了改善,农业机械装备结构进一步优化。高性能、大功率的田间作业动力机械和配套机具增长幅度较快,特别是大中型拖拉机、半喂入式水稻联合收割机、水稻插秧机、玉米收获机和保护性耕作机具的保有量有了大幅度增长。2007年底,全国农业机械总动力达到7.69亿kW,是1978年的6.5倍,年平均增长速度为6.7%。目前我国每公顷耕地拥有农业机械动力5.9kW,每个农业劳动力拥有农业机械动力2.56kW。拖拉机保有量1 834.3万台,其中大中型拖拉机达到204.8万台;配套农具达到1 939.5万台;拖拉机与农机具配套比达到1∶1.67;联合收割机达到63.2万台(农业部农业机械化管理司,2008)。

2008年,全国大中型拖拉机保有量已达到240万台,比2007年增长了17%;联合收获机械71万台,比2007年增长了12%;其中机动水稻插秧机20万台。

## 二、机械作业水平跨入中级阶段

新中国的成立,使广大农民实现了“耕者有其田”的梦想,长期被封建制度束缚的生产力得以解放,激发了广大农民的生产积极性,促进了农业生产的恢复和发展。但农业生产水平还十分低下,生产基本上靠人力和畜力。

为了让中央领导人普遍地认知农业机械和机械化对于农业发展的重要意义,毛泽东亲自过问,政务院于1950年5月起在北京中南海举办了为期50多天的新式农具展览会。当时中央党、政、军领导人都去参观,成为农业机械化历史上辉煌的一页。

从农具改良入手,大力推广新式农具。新式农具在不同地区和作物生产上使用都表现出增产效果,东北6个农业试验场和60多个互助组使用新式农具的结果证明,平均增产25%左右(张克危,1952)。新式农具较旧式农具能深耕5～8cm,可以整体翻压表土,有利于掩盖杂草、暴露病菌和虫卵,便于灭虫和防治;新式农具碎土充分,有利于改善土壤结构,吸收水分,增进土壤肥力;此外,新式农具轻便省力,半劳力和妇女都能使用,效率较旧式农具提高1/3左右(王大明等,1951)。

中国农业机械化事业从一开始便把重点放在种植业特别是粮食作物的种植方面。在优先发展排灌机械化的同时,大力推行深耕、整地、防治病虫害、播种施肥以及粮食作物的收割脱粒等田间作业机械化。而旱作地区又是先行者。旱作地区耕整地作业,包括耕地、松土、耙地、镇压、中耕、除草等,都是重负荷作业,项目繁多,每年要占用大量劳动力。因而一直受到政府的重视,机械化程度提高较快。

20世纪50年代初,旱作平原区在推广新式农具时,其中就有十行畜力小麦播种机。当时机力播种机主要是采用苏联的24行谷物播种机和一部分48行窄行条播机,以及播种同时施播化学肥料的联合播种机。用这些播种机播的小麦均较人工播种的增产。60年代,机播面积大幅度增加。70年代以后,华北一些有灌溉条件的地区还使用了在播种过程中同时平整地表、做畦筑埂或施肥的联合作业机。到1978年,机耕、机播和机收等三项主要农田机械化作业水平达到40.9%、8.9%和2.1%,农业耕种收综合机械化水平为19.66%(农业部农业机械化管理司,2008)。

1980年1月,国务院批转农机部发展小麦收获机械化的报告,这是党的十一届三中全会后确立的农业机械化第一个战役。同年8月,国务院批转国家农委报告,提出大力发展东北商品粮基地的农业机械化。1980年5月31日,邓小平在谈安徽省小岗村大包干时,列出集体化

发展的四个条件，其中第一条就是机械化水平提高了。1982 年 1 月 1 日中共中央批转的全国农村工作会议纪要提出，农业机械化必须有步骤、有选择地进行，工程措施和生物技术措施相结合。这成为新时期我国农业机械化工作的基本方针，纠正了以前忽视国情、大跃进时的做法。

在中央的各项政策指导下，经过调整农业结构，积极推进农机服务社会化、市场化，以跨区作业为主要模式，探索出一条符合国情的农业机械化发展道路，极大地提高了农业机械利用率和经营效益。到 2007 年，全国累计完成机耕、机播、机收面积分别为 7 171.5 万 $hm^2$、5 278.1 万 $hm^2$、4 222.3 万 $hm^2$，机耕、机播、机收水平分别为 58.9%、34.4%、28.6%，比 1978 年分别提高 18 个、25.5 个和 26.5 个百分点。全国耕种收综合机械化水平达到 42.5%，其中 10 个省（直辖市、自治区）的耕种收综合机械化水平超过 50%。主要粮食作物的生产机械化发展迅速，小麦生产基本实现了全程机械化；水稻机插、机收快速推进，水稻栽植机械化水平达到 11%，收获机械化水平达到 44%；玉米收获机械化发展迅速，机收水平达到 6.8%。大豆、马铃薯、油菜、花生、棉花、甘蔗等经济作物和设施农业、畜牧业、渔业、林果业生产机械化取得新进展。在切实推进主要粮食作物生产机械化的同时，农机作业领域由粮食作物向经济作物，由大田农业向设施农业，由种植业向养殖业、农产品加工业全面发展，由产中向产前、产后延伸。农机标准化作业程度明显提高，集收获、耕整、播种于一体的机械化复式作业应用范围扩大，农业抢收抢种能力进一步增强（农业部农业机械化管理司，2008）。

纵观世界农业机械化的发展历程，一般遵循从初级向高级循序渐进发展的规律。根据我国农业机械化发展水平评价标准，将农业机械化发展分为初级阶段、中级阶段和高级阶段。主要用两个评判指标：一是耕种收综合机械化水平，二是农业劳动力占全社会从业人员比重。中级阶段是指耕种收综合机械化水平跨入 40%并提高到 70%，农业劳动力占全社会从业人员的比重由 40%降低到 20%的发展阶段。到 2007 年底，我国耕种收综合机械化水平已达到 42.5%，农业劳动力占全社会从业人员比重已降至 38%左右。这标志着我国农业机械化发展在 2007 年已经由初级阶段跨入了中级阶段。根据白人朴教授的研究结果，2009 年我国耕种收综合机械化水平将达到 50%（白人朴，2009）。这标志着我国在农业生产中，机械化生产方式已取得主导和支配地位。

## 三、形成了完整的农机工业体系

1950 年初，全国有农机制造企业 36 个，职工 4 000 人，厂房简陋，设备陈旧，技术落后，基础十分薄弱（武少文主编，1991）。1951 年农业部召开了农具工作会议，提出了迅速增补旧式农具，稳步发展新式农具的工作方针。毛泽东（1951）在《逐步发展农业生产互助合作组织》中指出：每个省区都要建立生产新式农具的国营工厂，以便农民购用此种农具。

在国家政策大力扶持下，国家有计划地新建和改建、扩建拖拉机厂和农机修造厂。1955 年 10 月 1 日，我国第一个拖拉机制造厂在洛阳破土动工。

1959 年 4 月 29 日，毛泽东（1959）提出"每省每地每县都要设一个农具研究所，集中一批科学技术人员和农村有经验的铁匠木匠，搜集全省、全地、全县各种比较进步的农具，加以比较、加以试验、加以改进，试制新式农具。试制成功，在田里试验，确实有效，然后才能成批制造，加以推广。"它影响了新中国农业发展的全过程。在毛泽东的提议下，1959 年 8 月国家设立了农业机械部，国务院有了直接管理农机化的职能部门，中央一级有了推进农业机械化的组织保证。到1960年,全国农机制造企业达到2624家,职工77.5万人。从整体来讲,我们有了推进农业机械化的物质保证能力。著名发展经济学家张培刚(2002)说:“在产业革命以前的一段时期里,农业改革曾经促进了工商业的发展。……但产业革命之后,工业发展对农业的影响显然大于农业对工业的影响。假若没有制造农用机器的工业供给必要的工具,农业的机械化是无从发生的。”

到20世纪70年代中期,29个省、市、自治区中,27个省、市、自治区的县级都有了农业机械厂,新疆91.3%的县办了农业机械厂。全国近半数的人民公社也办起了自己的农机修理厂(站)或农机修造厂(站),还有一部分生产大队也办了农业机具修理或修造厂(站),在全国范围内初步形成了一个农业机具修造网络。加上一批骨干企业,形成了比较完整的农机工业体系,推动了国民经济工业化进程。依靠自己的力量生产从拖拉机到耕作、收获、灌溉、粮油加工等门类齐全的成套农机产品。1978年生产2100种农机产品,工业总产值近80亿元。

在改革开放初期,随着联产承包责任制的推行,土地经营规模变小,大中型拖拉机田间作业量显著减少,大型农机具的需求大大下降,出现过一个短暂的农业机械使用下滑时期。1979年9月党的十一届四中全会通过了加快发展农业的决定,提出要切实搞好农机工业的调整、改革、整顿、提高,改进产品质量,降低生产成本,逐步做到标准化、系列化、通用化,认真解决好农机具的配套问题和零备件的供应问题。

农机工业根据改革开放后的农业生产方式,积极调整产品结构,一批适合当时农业生产的小型化农机产品逐步占据了市场的主体地位。进入21世纪,由于中央实施了一系列持续利好的“三农”政策,农业获得了发展,农民收入增加,加上我国城市化进程的加快,孕育了土地规模化经营方式的发展。2003年12月,中共中央总书记胡锦涛在山东视察农机企业,提出“创新工作是企业最大的竞争力”,鼓励农机工业创新发展。农机工业进行了又一次产品结构的调整。一批技术含量高、综合性能强的大型农机产品增长幅度加快,成为新一轮带动我国农机工业经济增长的引擎。2008年9月,胡锦涛考察了有10多年生产收割机历史的河南龙工机械制造有限公司。在厂区院内,总书记走到一台台水稻、小麦、玉米收割机样品前,了解这些产品的性能和市场销售情况。在生产车间,总书记仔细观看收割机的装配过程,并同一线工人亲切交谈。总书记对大家说,现在国家有农机补贴政策,农民购买农机积极性高,农机企业面临着发展的黄金期。希望你们加强对先进、适用农业机械的研发和生产,不断提高农业技术装备水平,为加快农业机械化做出更大贡献(新华网,2008)。

各农机企业在市场激烈竞争的浪潮中不断发展壮大,已经跻身于世界农机制造大国的行列。其特征表现为形成了包括国有、民营、外企的多元化农机工业体制,农机工业科研、生产、开发体系得到进一步的创新发展,主要总量指标已经位于世界前列。到2008年底,我国农机制造企业共有8000多家,规模以上企业(年销售收入大于500万元)2000家,能够生产拖拉机、内燃机、耕作机械、排灌机械、收获机械、农副产品加工机械、畜牧机械、林业机械、渔业机械、农用运输机械等共7个门类,共包含了65大类、337个中类、1374个小类(高元恩,2009)。主要产品品种和产量已基本满足我国农业生产需要,国产农机产品的市场满足率达90%以上,基本实现自给。2008年,全国规模以上农机企业工业总产值达1910亿元。农机工业成为近两年机械制造业中增长幅度最高的行业,为建设现代农业提供了强大的装备支持。

在农机工业产业组织结构不断优化的过程中,规模经济水平显著提高,逐步形成了山东时风集团公司、中国一拖集团公司、福田雷沃国际重工股份有限公司、山东五征集团公司、山东常

林集团等一批在全国行业知名的大型企业集团，其中前四家进入我国机械工业100强企业之列，成为农机制造业的中坚，引领带动行业发展。

我国主要农业机械产品总量指标已位于世界前列，农业机械销售收入仅列美国之后。目前，中国农业机械产品已销往世界200多个国家和地区。

## 四、农机经营体制充满活力

为了探索发展农业机械化的道路，1953年10月全国农业工作会议上通过的《农业生产工作的意见》(农业部，1953)对于建立农业机器站做了专门的规定："其性质为国家企业，用以指导和帮助农民实行集体化进一步发展生产的有力杠杆。……农业机器站通过订合同的办法，给农民代耕，收取代耕费。"1953年在华北、东北、华东、中南、西北、内蒙古6个区建立了10个农机站。经过几年的试办和发展，取得了很大成绩。但在组织生产作业和经营管理上与农民集体经济之间存在一定矛盾。1958年3月中共中央成都会议明确指出："实现农业机械化，主要靠农业合作社的力量"，"可以根据农业合作社的财力，分别采取社有社营、国有社营、联社经营和国社合营的不同形式。"当年上半年全国就有107个国营拖拉机站下放到农业合作社经营。由于当时的现实条件所限，社队经济基础很差，缺乏管理，农民的文化和技术水平比较低，造成了许多拖拉机和农机具的严重损坏。1960年冬统计，各地的农机具，技术状态完好率只有40%，机具利用率很低，多数机站发生亏损。

1961年以后，河北、山西、河南、陕西、辽宁等省陆续将社队经营的拖拉机站重新收回归国营或国社合营。到1962年底，全国社营的拖拉机站只剩下4.9%，其余均收归国营。以县为单位设立，县站下分片设若干个机耕队，每个队固定在一个或几个公社服务，由县站统一计算盈亏。

1980年秋，安徽省霍邱县6户农民集资购买了2台江淮50型拖拉机和配套农具，在新中国的土地上办起了第一个由农民自主经营的拖拉机站，在社会上引起了很大争论。1983年1月中共中央印发《当前农村经济政策的若干问题》(即1983年中央1号文件)，明确指出"农民个人或联户购置农副产品加工机具、小型拖拉机和小型机动船，从事生产和运输，对于发展农村商品生产，活跃农村经济是有利的，应当允许；大中型拖拉机和汽车，在现阶段原则上也不必禁止私人购置"。同年9月，农牧渔业部在河北涿县召开的全国农业机械化管理工作会议上对农户经营农业机械予以肯定。指出：这场变革，冲破了人们思想上的老框框，冲破了单一的经营形式和"大锅饭"的做法，调动了集体和农民个体两个办机械化的积极性，找到了一条适合中国国情的发展农业机械化的新路子。到1986年底，农民个体或联户拥有的拖拉机474.3万台，占全国拥有量的87.8%；农用载重汽车31.8万辆，占全部农用载重汽车的64.4%；在全国农业机械固定资产614.5亿元总值中，农民个体或联户拥有的占66.2%(武少文，1991)。

改革开放后，在农机站的管理体制上进行了一系列的变革，普遍推行了经济承包责任制。国营农场开始试办家庭农场，黑龙江国营农场总局1985年在2 000多个生产队中办起了12.5万个家庭农场，72%的拖拉机和77%的联合收割机作价卖给承包的职工家庭。农业机械经营的经济效益由亏损逐步转为盈利，1986年全国农业机械经营单位(包括国营、集体、合作和个体经营单位)的总收入达315亿元，纯收入148.7亿元(武少文，1991)。

到了20世纪90年代初期，随着我国国民经济持续快速发展，农村劳动力出现大量转移的趋势。广大农民对机械化代耕、代种、代收的生产模式需求十分迫切。北方地区一些农民机手从地域间小麦成熟的时间差中发现了商机,驾驶自己购买的联合收割机,从南往北自发地为沿途农户收获小麦,搞起了农机跨区域作业服务。北方麦区联合收割机跨越省界流动作业,引发了农村改革以来农业机械化服务的新方式。这种市场化、社会化的农机运用机制在农机作业服务市场上突破了地区、部门的限制,使农业机械化服务与家庭承包经营有机结合起来,解决了一家一户难以解决的困难,减轻了农民的劳动强度,减少了粮食损失,促进了农民增收,也拉动了农机需求市场。1996 年农业部首次在河南省组织召开了全国"三夏"跨区机收小麦现场会,揭开了大规模组织联合收割机跨区收获小麦的序幕,推动了跨区机收这种新型的农机服务模式的发展。十几个粮食主产省每年组织 30 余万台联合收割机转战大江南北,增加了机手的效益,推进了农业机械化,提高了农业劳动生产率。在跨区作业的带动下,联合收割机年作业时间由 10～15d 增加到 1～2 个月,县域内的小麦收割时间由半个月缩短为 1 周左右。2001 年参加跨区作业的联合收割机共有 17.1 万台,完成跨区机收小麦面积 1.4 亿亩,将小麦机收比例提升到 70%;完成跨区机收水稻面积 1 500 万亩。据测算,2001 年的跨区机收为机手增加收入 42.5 亿元,减少粮食损失 52.5 万 kg,为农民减少劳务支出 30 亿元,经济效益十分显著。"十五"期间,全国参加跨区作业的联合收割机数量累计达到 110 多万台,完成作业面积 9.8 亿亩,增加作业收入和减少农民支出累计达到 800 多亿元。2008 年"三夏"期间,全国参加跨区作业的小麦联合收割机达 28 万台,小麦机收水平达到 84%左右。为农民、机手节本增效 110 多亿元。

## 五、法律法规体系基本健全

纵观国外农业机械化发展历程,毫无例外地将农业机械化的发展列入国家经济发展计划,通过立法和制定相应的支持政策,规范和促进本国农业机械化的发展。

为促进农业机械化发展,中央和地方都制定了一些扶持优惠政策,但常常是一事一议,缺乏稳定性;各地也颁布了一些地方性法规、规章,但是缺乏全国统一的法律规范,各地普遍感到,地方性法规的权威性不强;同时,有些地方性法规、政策不协调,迫切需要通过立法解决这些问题。在全国人民代表大会的多次会议上,都有代表提出制定农业机械化促进法的议案。2001 年初,九届全国人大农委牵头,同有关部门一起进行"农业机械化促进法"的调研论证,并着手起草工作。十届全国人大农委成立后,继续进行起草工作。2003 年 6 月,"农业机械化促进法"列入常委会年度立法计划。在深入调查研究和广泛征求地方人大、有关部门、基层干部、农民群众、专家学者意见的基础上,经过反复论证、多次修改,2003 年 8 月全国人大农委第三次全体会议审议后,原则通过了《中华人民共和国农业机械化促进法(草案)》。2003 年 11 月中旬,根据全国人大常委会领导同志的意见,全国人大常委会办公厅和全国人大农委又将草案送常委会全体委员征求意见。经 2003 年 12 月 28 日全国人大农委第四次全体会议再次审议通过,形成了提请本次常委会审议的《中华人民共和国农业机械化促进法(草案)》(任民望,2004)。

2004 年 6 月 25 日《中华人民共和国农业机械化促进法》经全国人民代表大会常务委员会第十次会议通过,胡锦涛主席以第十六号主席令予以公布,自 2004 年 11 月 1 日起施行。《人民日报》评论员文章《发展农业机械化促进农业现代化》进一步把颁布《农机化促进法》,将行之有效的扶持政策通过法律的形式加以肯定的做法高度概括为"体现了党的主张与人民意志的统一。"《农业机械化促进法》是我国第一部关于促进农业机械化发展,"兴机富民"的法律,是农

业法制建设的重要组成部分，是又一部保障、推进农业和农村经济发展、兴农护农的法律(白人朴，2004)。

《农业机械化促进法》的颁布实施，表明国家通过法律的形式肯定了农业机械化的地位和作用，提供了依法促进农业机械化发展和依法行使农业机械化管理职能的依据，明确了促进农业机械化的扶持措施。《农业机械化促进法》涵盖了农业机械化工作的科研开发、质量保障、推广使用、社会化服务等多个方面。规定了"县级以上地方人民政府主管农业机械化工作的部门负责本行政区域的农业机械化促进工作"，这就表明农机部门依法促进农业机械化的行为是国家行为。

《农业机械化促进法》的颁布实施，代表了农业先进生产力的发展要求；促进农民享受现代农业工具带来的文明成果，反映了广大农民的根本利益；体现了党和国家对依法管理农机、推进农机事业发展的高度重视，是我国农业法制建设史上的一件大事，是农业机械化发展历程中的一座里程碑，标志着农业机械化走上了依法促进的新阶段。

2006 年 10 月 31 日第十届全国人民代表大会常务委员会第二十四次会议通过《中华人民共和国农民专业合作社法》，依法促进农机社会化组织持续健康发展。在一系列法规政策的推动下，地方各级人大、政府也加大农业机械化立法工作。2005 年 4 月 1 日，广西壮族自治区第十届人民代表大会常务委员会第十三次会议审议通过了《广西壮族自治区农业机械安全监督管理条例》，并于 7 月 1 日起正式实施。2005 年 12 月 30 日，河南省政府第 126 次常务会通过 97 号政府令，发布《河南省农业机械安全管理规定》；2007 年江苏省重新修订了《江苏省农业机械管理条例》，并于 9 月 27 日召开的省第十届人大常委会第三十二次会议审议通过；2007 年 3 月 28 日，辽宁省第十届人民代表大会常务委员会第三十次会议通过《辽宁省农业机械化促进条例》；2007 年 7 月 28 日，湖北省第十届人大常委会第 28 次会议通过，2007 年 10 月 1 日起实施了《湖北省农业机械化促进条例》；2007 年 9 月 21 日山东省第十届人大常委会第 30 次会议通过，自 2007 年 11 月 1 日起施行《山东省农业机械化促进条例》；2007 年 12 月 5 日哈尔滨市第十三届人民代表大会常务委员会第六次会议通过，2008 年 6 月 13 日黑龙江省第十一届人民代表大会常务委员会第三次会议批准了《哈尔滨市农业机械化促进条例》；2008 年 9 月 26 日河南省第十一届人民代表大会常务委员会第五次会议通过《河南省农业机械化促进条例》；2008 年 11 月 28 日宁夏回族自治区第十届人民代表大会常务委员会第六次会议通过《宁夏回族自治区农业机械化促进条例》。截至 2008 年，全国已有 28 个省(自治区、直辖市)制定了 37 部地方性农机法规，22 个省(自治区、直辖市)制定了 32 部农业机械管理政府规章，已基本形成中国农业机械化法律法规体系框架。

## 第三节　农民成为农业机械化的发展主体

马克思经济理论具有深厚的人本底蕴。他指出："对社会主义的人来说，整个所谓世界历史不外是人通过人的劳动而诞生的过程，是自然界对人说来的生成过程。"①毛泽东 20 世纪 30 年代在延安曾对埃德加·斯诺谈过他对中国问题的看法。他认为，中国的根本问题是农民问

① 见《马克思恩格斯全集》第 3 卷，人民出版社，2002 年版，第 310 页

题，农民的根本问题是土地问题；谁解决了农民的土地问题，谁就争得了农民；谁争得了农民，谁就争得了中国①。

我国60年农业机械化发展的实践生动地表明，我国农业机械化的每一步推进，都是来自于农民的创造。

新中国成立初期，通过农具改革与推广，使得刚刚从三座大山下解放出来的亿万中国农民第一次看到了不用锄头弯犁也可以种田养家，而且新家伙效力巨大。"铁牛胜过黄牛"的直观认识让传统农民对先进的农业生产力产生了渴望。许多农民纷纷组织起来，要求合伙购买和使用新式农具，有的还打破地界，集中使用耕畜，把互助组变成初级形式的农业生产合作社。

鉴于农民的经济力量薄弱，无力购买农业机械，国家投资兴办机械化农场和建立国营拖拉机站，实行国有国营。国营机械化农场成为了中国农业机械化的先锋。

20世纪60年代将国营农机站下放给人民公社，实行集体所有集体经营。这时农业机械对农业的稳产增产发挥了一些作用，但出现了人与机器抢活干的现象，农民的实际收入并未因农业机械化的发展而有明显增加，有些地方集体为筹措农业机械化事业所需要的资金，采取多留公积金或减少社员分配额的办法，加重了农民的经济负担，有些农民的实际收入反而相对地减少了。

党的十一届三中全会以后，我国农村发生了举世瞩目的大变革。邓小平对此予以充分肯定，确认家庭联产承包责任制和乡镇企业都是基层和农民的发明，他们为中国改革立下了丰功伟绩。

1980年秋，安徽省霍邱县6户农民集资购买了2台大中型拖拉机及农具，办起了全国第一个农民自主经营的拖拉机站。这一行为冲破了像拖拉机这样的生产资料不允许个人经营的禁区，引起了社会的极大反响。农业机械部于1982年1月向国务院提交了《关于农民购买农业机械问题的请示报告》，建议国家允许农民联户或个人购买小型拖拉机等农业机械。1982年秋，国务院组织有关部门对这个问题进行了专门的研究。中央领导支持农民的创新精神，把解决这个问题的自主权交给农民，让农民选择。1982年12月31日中共中央政治局通过了《当前农村经济政策的若干问题》，允许农民私人购买大中型拖拉机等农业机械。1984年2月国务院又颁发规定，允许农民私人用拖拉机从事营业性运输。这两项"松绑"政策使得农民获得了自主购买、经营使用农业机械的权力，国家、集体、农民个人以及联合经营与合作经营等多种形式经营农业机械的局面开始出现。

由于农村经济的迅速发展，用农业机械从事农副产品加工和农村运输，可给经营者带来丰厚的物质利益。因此，农民不仅从集体那里购买社队原有的农业机械，而且自筹资金购买新的机械。1986年农机销售总额72亿元，绝大部分是农民个体购买的。

随着改革的不断深入，市场经济成为中国发展的必由之路，农村也从计划经济走向市场经济，在这变化过程中，最显著的特点是讲究经济效益。进入90年代，北方地区一些农民机手，驾驶自己购买的联合收割机，从南往北自发地为沿途农户收获小麦，搞起了农机跨区域作业服务，获得了较高的经济效益。1996年，农业部等六部委因势利导，从宏观角度组织全国跨区机收工作。目前跨区作业已从小麦机收扩大到小麦机播、机耕、水稻机收、水稻机插、玉米机收、马铃薯机收、秸秆还田、植保等环节。农机跨区作业是继包

① 见《哈里森·索尔茨伯格．长征——前所未闻的故事》，解放军出版社，1986年版，第77页

产到户、乡镇企业之后中国农民的又一个伟大创造。它将千家万户的小生产与千变万化的大市场进行有效对接，在生产方式上实现了规模化经营，解决了“有机户有机没活干、无机户有活没机干”的矛盾，使高投入的大中型农业机械在分散经营的一家一户的土地上实现了高产出，开辟了我国小规模农业使用大型农业机械进行规模化、集约化、现代化生产的有效途径。

在发展以跨区作业为代表的农机社会化服务的同时，随之诞生了一批农机专业户、农机作业协会、农机合作社、股份(合作)制农机作业公司、农机经纪人等新型社会化服务组织。例如，武汉市东西湖区是1958年完成围垦任务后成立的一个“垦殖区”，全区总面积439.19$km^2$，户籍人口为2.294万户，近10万人。但是该区2003年底，初步形成规模的“农机大户”就有22户。其中荷包湖农场农工赵界，共有东方红-75型推土机5台，北汽福田联合收割机1台，还有日本产大型挖掘机1台，以及各种农机配套设备。其总值计180万元，他每年的农机经营服务的纯收入近30万元(陈炼涛，2002)。

家庭联产承包责任制的推行，革除了长期以来传统生产技术条件下农业集中经营、集体劳动的积弊，亿万农民群众的生产积极性与数十年间经过艰苦创业集聚起来的物质技术条件相结合，促成了农业生产连续数年超常速增长，推动了农村产业结构调整和社会分工扩大。1990年，邓小平提出我国农业要实现“两个飞跃”的战略思想，他说：“中国社会主义农业的改革和发展，从长远的观点看，要有两个飞跃。第一个飞跃，是废除人民公社，实行家庭联产承包为主的责任制。这是一个很大的前进，要长期不变。第二个飞跃，是适应科学种田和生产社会化的需要，发展适度规模经营，发展集体经济。这是又一个很大的前进，当然这是很长的过程。”党的十七届三中全会提出，要加强土地承包经营权流转管理和服务，建立健全土地承包经营权流转市场，按照依法自愿有偿原则，允许农民以转包、出租、互换、转让、股份合作等形式流转土地承包经营权，发展多种形式的适度规模经营。这是党中央针对农业农村发展的新情况、新变化、新形势，顺势而为，也是在新的历史起点上对邓小平同志“两个飞跃”思想的具体实践，为新阶段农业农村经济发展指明了方向。

到2008年底，江苏省多种形式的农业适度规模经营面积达到2 286万亩，占耕地面积的32%。齐齐哈尔市规模化经营土地面积达到583.3万亩，适度规模经营每亩纯效益367元，比分散经营高出26.5%。规模经营为农业机械化提供了更好的作业条件。

到2008年，各类农机作业服务组织、农机户总数已达到3 760万个，从业人员4 360万人，拥有农业机械总动力已从新中国成立初期的8万kW发展到8.2亿kW。农机作业收入份额对农民增收的贡献率逐步提高，成为农民增收的一个重要渠道和新亮点。

我国地域广阔，各地自然条件、资源状况、耕作方式差别很大，采用什么样的农机具、以什么样的经营形式组织作业发展生产，农民群众最有发言权。中国特色农业机械化发展道路，科学地回答了谁是农业机械化发展主体。“农民自主、政府扶持”，即农业机械化发展的主体是农民群众，农民群众才是推动农业机械化发展的关键因素。农民群众蕴藏着无限的创造力，调动起亿万农民的积极性，充分发挥农民的创造性，我国的农业机械化事业就能取得成功。

## 第四节 国家对农业机械化的扶持政策

### 一、政策扶持农业机械化是国家发展的需要

马克思有句名言:"超过劳动者个人需要的农业劳动生产率,是一切社会的基础。"农业现代化的过程,也是大幅度提高农业劳动生产率的变革过程,使每个农业劳动者创造出更多的超过个人需要的农产品,使农业为工业和其他各项经济文化事业的发展,提供更多的粮食、原料、劳动力和市场(白人朴,2002)。

李书城(1951)在全国农具工作会议开幕词中说:"中国人民的财富,十之八九依靠着农业,而农具又为农业生产的重要手段之一,但是几千年来,中国的农民就一直被落后的生产工具束缚着,在很多偏僻地方尚在使用着极其落后的农具。农具缺乏已成为今日农村亟待解决的问题,据估计全国就农具尚较战前水平缺乏 20%以上。改进和补充农具就成为发展生产的重要环节之一。"

一家一户从事农业生产,经济力量相当薄弱,积累率低,根本没有能力采用先进的农业生产工具和技术,以及进行必要的大规模农田水利基础设施建设。国家为了发展农业,为了国家的根本利益,必须采取农业机械化扶持政策。在农业机械化的科研、生产、教育以及推广等领域都需要很大地且尽快地提高,我国农业机械化的弱质地位决定了国家扶持政策的必然性和重要意义。

20 世纪末,美国工程技术界把"农业机械化"评为 20 世纪对人类社会进步起巨大推动作用的 20 项工程技术之一,列第七位。这一评价客观地反映了农业机械化在农业发展和农业现代化进程中的重要地位。在有关法律、法规和相应政策的支持下,各国农业机械化得到了不同程度的发展,尤其是美国、加拿大、英国、法国、德国、澳大利亚等发达国家,在 20 世纪 60 年代前后相继实现了全面机械化,70 年代后先后实现现代化。虽然不同国家发展农业机械化的法规不尽相同,各有特点,但都采取了促进、扶持农业机械化发展的政策、措施,明确政府的职责与义务,将农业机械化发展纳入法制化轨道,有效地促进了农业机械化快速、健康发展。

### 二、扶持政策的实践与成效

新中国成立之初,国家在恢复农业发展的时候,采取了大力扶持农业机械化的政策。

1952 年,中央人民政府农业部和中华全国合作社联合总社联合发出紧急指示,要求各级农业部门和合作社密切配合,及时开展农具供应工作;此后的几年间,国家建立新式农具推广站,大力推广双轮双犁铧、新式步犁、水田犁、圆盘耙、钉齿耙、播种机、脱粒机等农具,同时农业部联合第一机械工业部、财政部、中华全国供销合作总社、中国人民银行总行等单位对新式农具的销售、修配和零部件供应提供价格优惠,大量新式农具得到推广使用,农业生产工具落后的面貌有了初步改观。

1953 年 10 月,全国农业工作会议通过的《中央人民政府农业部关于建立农业机器站的意见》,规定"农业机器拖拉机站是社会主义性质的国家农业企业","全部资金由中央农业部统一拨款"。1955 年、1956 年农业部又相继出台《农业机器拖拉机站暂行机务规程》、《农业机器拖

拉机站收取作业报酬暂行办法》和《农业拖拉机驾驶员、修理工技术标准(草案)》等,加强和改善农业机器拖拉机站的建设,农业机器拖拉机站提供优惠的作业服务。这一时期的扶持农机化政策多是以拖拉机站为载体和试点实施的。

1959 年,毛泽东提出“农业的根本出路在于机械化”,并指出“每省每地每县都要设一个农具研究所”。从此,政府除对农机具购买、作业服务等方面提供贷款以及价格优惠外,开始重视农机的科研、安全生产、试验鉴定、零部件供应、维修网络建设等方面的扶持。1960—1966 年,国家对农机修配网共投资 3.6 亿元,投放设备近 8 000 台,农机修配网基本形成。

从 1966 年开始,国家将“支援农村人民公社投资”主要用于农业机械,1975 年以后,比例超过 50%,每年有 6~7 亿元;将农业贷款中的生产设备贷款,主要用于社队购置农业机械和小水电设备,平均每年约 9 亿元;发放农业机械专项长期无息贷款,1978—1980 年实际发放 8 亿元。1966—1973 年,农机产品降价 5 次,农用柴油降价 3 次(中国农业机械化信息网)。

1971 年出台了《全国农业机械化发展规划(草案)》,国家加大对农业机械化的财政投入力度,发放长期无息贷款,增加公社投资,对农机生产、维修企业试行价格补贴,降低农机产品和农用柴油价格,增强集体的购买能力,鼓励农业机械的大量使用,推动农业机械化的发展。

党的十一届三中全会之后,以实事求是思想为指导,国家适当地调整了农机化扶持政策,形成了“计划+市场”的运行机制。1983 年,中共中央 1 号文件《当前农村经济政策的若干问题》明确指出:“农民个人或联户购置农副产品加工机具、小型拖拉机和小型机动船,从事生产和运输,对于发展农村商品生产、活跃农村经济是有利的,应当允许;大中型拖拉机和汽车,在现阶段原则上也不必禁止私人购置。”农民有了购买和经营农业机械的自主权,国家的农机化投资主体地位开始转变为宏观管理地位。1994 年,党的十五大召开,提出建立社会主义市场经济体制的目标,我国农业机械化进入以市场为导向的发展阶段。各地加快农业机械化法规建设步伐,制定《农业机械管理条例》,出台农机安全监理以及农业机械维修方面的法规。部分经济发达地区开始探索地方政府农机购置补贴措施。这些最初的法规政策以及补贴尝试,构成了新时期我国农业机械化扶持政策。

进入 20 世纪 90 年代后,农业机械化发展结构不平衡的矛盾日益突出,大中型拖拉机老化严重,数量减少,配套比大幅度下降。1993 年,全国超过经济使用年限(15 年)的大中型拖拉机已达 35 万台,老化率达 49%;大中型拖拉机保有量从最高年份 1987 年的 88.3 万台减少到 71.8 万台,下降了 19.7%;配套农机具也从 1982 年的 143.7 万部减少到 99.4 万部。为了解决这一问题,东北、华东、中南沿海等地区的政府开始对农民购置大中型和高性能的农机具进行补贴。到 90 年代后期,实施补贴的省份逐步增多,中央财政也于 1998 年开始安排大中型拖拉机更新补贴专项资金。中央和地方财政实施的购机补贴政策发挥了十分重要的推动作用。但是补贴的数量仍然较小,与广大农民发展农业机械化的迫切要求很不适应。

随着农村改革的不断深化,以农民和农村集体为投入主体、国家和地方政府扶持的农业机械化投入新格局逐步形成,有效地推进了我国农业机械化发展。如陕西省政府先后下发了《关于加速发展农业机械化的决定》、《农业机械安全监督管理办法》,制定了发展农业机械化的 10 项优惠政策。山东省从本省实际出发,制定了多项扶持农业机械化发展的优惠政策,自 1992 年至 1998 年,除中央累计投入各项资金 2 800 多万元外,本省又投入农机服务体系建设资金 750 万元,对改善农机作业条件,推进农业机械化发展起到了重要作用(缪建平,1998)。

各级农业机械管理部门结合实际,建立健全推动农业机械化快速健康发展的扶持政策。

落实好对跨区作业的联合收割机和运送联合收割机(包括插秧机)的车辆免收道路通行费的政策,协调争取各地减免农机养路费、营业税和农机服务组织登记及审检费等政策。积极争取对农机社会化服务组织提供优惠的信贷政策。协调有关部门,建立完善农机保险、事故救助、报废更新等方面的政策措施。加强农业机械化技术推广示范基地及农村机耕道路等基础设施的建设,积极争取农机场库棚合理用地政策,为农机社会化服务提供良好条件。

从 2001 年开始,为适应农业结构调整的需要,中央财政在“大型拖拉机及配套农具更新补助专项资金”实施 3 年的基础上,设立了“农业机械装备结构调整补助经费”,补贴范围由原来的以大中型拖拉机及配套农具为主,扩展到联合收割机、秸秆还田机、牧草收获机械及小型饲草料加工机械等优势农产品发展急需的农业机械。

2002 年 12 月,国务院批转关于农机工业发展的意见,进一步加大对农机工业的政策扶持力度。国家对农机产品增值税,长期实行优惠于其他工业品的税率。

## 三、新阶段农业机械化的扶持政策

2004 年 9 月,胡锦涛总书记在党的十六届四中全会上提出了“两个趋向”的重要论断:“纵观一些工业化国家发展的历程,在工业化初始阶段,农业支持工业、为工业提供积累是带有普遍性的趋向;但在工业化达到相当程度以后,工业反哺农业、城市支持农村,实现工业与农业、城市与农村协调发展,也是带有普遍性的趋向。”在 2004 年 12 月召开的中央经济工作会议上,胡锦涛总书记又明确提出我国总体上已进入以工补农、以城带乡的发展阶段的重要判断。这是我们党在新形势下对工农关系、城乡关系在思想认识和政策取向上的一次升华。新中国经过 50 多年的建设,综合国力大为增强,从总体上看已经进入工业化、城镇化加快推进的时期,初步具备了工业反哺农业、城市支持农村的基础和实力。

2004 年初发布的《中共中央、国务院关于促进农民增加收入若干政策的意见》明确提出“提高农业机械化水平,对农民个人、农场职工、农机专业户和直接从事农业生产的农机服务组织购置和更新大型农机具给予一定补贴。”这是新中国成立以来,中央首次在重大政策文件中明确对农民购机实行政府补贴的政策,体现了国家农业机械化投入政策的重大变化。当年中央财政就安排了购机补贴专项资金 7 000 万元,对 16 个省 66 个县进行补贴,带动地方财政投入 4.1 亿元,引导农民投入购机资金 20 多亿元,补贴资金的导向作用十分明显,广大农民群众发展农业机械化的热情空前高涨。

2004 年 6 月 25 日十届全国人大常委会第十次会议审议通过《中华人民共和国农业机械化促进法》。进一步规定“县级以上人民政府应当……采取财政支持和实施国家规定的税收优惠政策以及金融扶持等措施,逐步提高对农业机械化的资金投入”,“中央财政、省级财政应当分别安排专项资金,对农民和农业生产经营组织购买国家支持推广先进适用的农业机械给予补贴”。这就从党的基本政策和国家法律的高度确定了在农业机械化发展的投入中各级政府负有的责任,从而开辟了依法保证政府对农业机械化的投入持续稳定并逐步提高的历史新阶段。

农机具购置补贴作为中央强农惠农政策的重要内容,2004 年实施以来,增强农户的购机能力,提升农机装备水平,提高了农业以及农机企业效益,获得良好的经济效应以及社会效应。从 2004—2008 年的补贴实施情况来看,购机补贴极大地激发了农民购机热情。5 年间中央财政共安排农业机械购置补贴资金 69.7 亿元,带动农民投入 373 亿元,拉动农机工业销售产值

443亿元，中央投资拉动比例达到1∶5.35，相当于国家投入1亿元可直接形成农机工业销售产值6.35亿元，而且农业机械化综合机械化水平由2003年的32.47%提升到2008年的45.85%。于是，2008年12月10日国务院常务会议决定，2009年大幅度增加农机具购置补贴，中央安排农机购置补贴资金130亿元。

在补贴政策的拉动下，农机工业连续五年保持强劲增长势头，农机市场购销两旺。各地认真贯彻落实中央一号文件精神，减免农机作业服务的相关税费，积极开展农机作业补贴试点，探索了扶持农业机械化发展的新途径。吉林省财政安排1.23亿元、黑龙江省财政安排0.75亿元用于大型农机具进行深松深翻整地作业补贴；河南省政府安排1 700万元资金，采取"先建后补"的办法，支持359个农机专业合作社加强机库棚建设和加强技术信息服务手段；江苏省在全省范围内全面推行农机政策性保险，并开展了农机更新报废试点工作，极大地调动了农民发展农业机械化的积极性（张桃林，2008）。

## 第五节　农业机械化服务体系建设

农机服务体系建设是农业机械化事业发展的保障，在农业生产、农村经济发展中具有无可替代的作用。我国的农业机械服务体系建设经历了漫长的探索时期，在党和国家对相应的政策和法规进行反复完善后，农业机械化服务体系建设日益完善，取得了巨大的成就。

### 一、农业机械化服务体系的萌芽

新中国成立之始，农业部就设立了农业器械局和垦务局，分别主管农具工作和国营农场。

到1956年，全国建立了国营机械化农场730处，耕地1 274万$hm^2$，拥有拖拉机4 500台。国营机械化农场使用各种较大型农业机械，除完成农场本身的农田作业外，还为附近农民代耕代种，对中国农业机械化的发展起到了很好的启蒙和示范作用。

1950年，国家着手在各地建立新式农具推广站。到1957年，全国共设立新式农具推广站591处，推广新式畜力农具511万部，其中双轮双铧犁、新式步犁、水田犁、山地犁等367万部，圆盘耙8.5万部，钉齿耙3.7万部，播种机6.4万部，镇压器4.3万部，收割机1.8万台，脱粒机45.4万部。大量新式农具的推广使用，使大部分地区，尤其是平原旱作地区农业生产工具落后的面貌有了初步改观。

1950年2月，国家开始积极兴建拖拉机站，我国的第一个拖拉机站在沈阳市西郊成立。1952年投资230亿元（旧币），建站11个，拥有拖拉机68台，联合收割机4台，卡车3辆及各种犁、圆盘耙、钉齿耙和播种机等配套农具，为5个集体农庄、96个农业生产合作社、39个互助组、11个农场进行了机耕服务。到1957年底，全国国营拖拉机站达到352个，拥有拖拉机1.2万标准台，当年完成机耕面积174.6万$hm^2$。到1965年，国营拖拉机站已发展到1 629个，拥有大中型拖拉机45 885台，手扶拖拉机539台，机耕面积达到1 558万$hm^2$（中国农业机械化信息网）。

随着拖拉机和其他农业机械保有量的大幅度增长，农业机械配件生产和修理成了一项十分迫切的任务。为此，国家开始建立农机修配网。到1963年底，全国县属农机修配厂发展到846个，职工7.6万人，金属切削机床1.23万台。

## 二、农业机械化服务体系的逐步建立

党的十一届三中全会以后，农村开始实行家庭联产承包责任制，农民有了经营农业生产的自主权，农业机械化服务机构和农场从以集体经营为主转变为以户经营为主。随着国家允许农民个人购置使用农业机械，农机社会化服务逐步兴起。

进入20世纪90年代后，各地因地制宜，因势利导，积极探索与以家庭承包经营为基础、统分结合的双层经营体制相适合的农机社会化服务路子，逐步推进“农机服务市场化，服务组织实体化，服务实体企业化，企业群体产业化”，农机社会化服务得到了较快发展。

1996年全国性农机跨区作业开展以来，农机社会化服务规模进一步扩大，效益明显增加，呈现出可喜的发展局面。新型农机社会化服务组织不断涌现，全国初步形成了以农机作业服务为中心，以农业机械化技术推广、培训和农机维修、配件供应、信息服务、投诉监督等为支撑的农机社会化服务体系，探索出了一条以农机共同利用为主要特征的有中国特色农业机械化发展道路，有力地支持、促进了农业和农村经济的快速发展。

**(一)新型农机服务组织快速发展**　适应农业生产和农业机械化发展的新形势，农机社会化服务组织形式不断创新，涌现出了农机大户、农机作业合作社、农机专业协会、股份(合作)制农机公司、农机经纪人等新型社会化服务组织，县、乡(镇)、村农机站队积极进行经营机制转换和股份制、合作制改造，农机社会化服务组织形式呈现多样化发展格局。组织规模进一步扩大，集中度明显增强，为农机社会化服务专业化、市场化、产业化奠定了基础。

各地农机管理部门转变工作方式，积极引导和扶持基层农机专业协会、合作社和农机经纪人等中介服务组织的发展，通过中介服务组织，了解农机手情况，宣传落实各项政策措施，推广先进技术和机具，组织开展农机跨区作业等工作。中介服务组织通过各种方式，协调和组织农机手进行机械化农业生产，为农机手提供全方位、系列化的服务，维护农机手的合法权益，在政府与农机手、农民以及农机手与农机生产、销售、维修企业之间搭起沟通与联系的桥梁和纽带，有效地提高了农机社会化服务的组织程度和农业机械利用率，降低了市场交易成本，增加了农机手作业收入，支持和促进了农机服务的专业化、市场化、产业化。例如：河北省农机协会有325个。山西省晋中市共建立了农机协会11个，会员达到1.2万人，拥有拖拉机2 300多台，配套机具1.9万余台(件)，联合收割机841台，农机动力占全市的73%。内蒙古着力培育发展农机经纪人，现有注册登记的农机经纪人已达362人(张宝文，2008)。2008年，全国各类农机作业服务组织总数达到16.5万个，从业人员72.6万人。

随着经济体制改革的不断深入，市场对农机资源的配置作用逐步增强。农机专业合作社将农机经营者有效组织起来，开展社会化服务，加强农机拥有者和使用者的紧密联结，扩大了农机作业服务规模，提高了机械利用率和农机经营效益，有效地解决了农业机械大规模作业与亿万农户小规模生产的矛盾。《农民专业合作社法》公布实施以来，农机专业合作社快速发展。2008年底，全国农机专业合作社达8 622个，比2007年增加3 425个，增长77.2%；入社人数近30万人，增长31.5%；全年作业服务总面积达1.79亿亩，增长67.3%；服务总收入达56.5亿元，增长60.6%，农机合作社社员人均服务收入近2万元。目前，农机专业合作社平均每社拥有社员35人(户)，服务农户的数量达959户，组织化、规模化、产业化程度不断提高，成为推进农业机械化和发展农业社会化服务的生力军，显示出了强大的生命力(宗锦耀，2009)。

**(二)农业机械化技术推广体系健康发展**　1993年，国务院发布了《关于深化改革加强基

层农业技术推广体系建设意见》,进一步明确基层农业机械化技术推广机构的公益性性质和职能,保证履行公益性职能所需资金的供给,加强示范基地建设,强化公益性技术示范、推广、培训功能。推行基层农业机械化技术推广机构经营性服务与公益性职能的分离,积极稳妥地将可交由市场的一般性技术推广、经营性服务分离出来,鼓励其他经济实体依法进入农业机械化技术推广服务领域,参与基层经营性服务实体的投资、建设和运营。

积极推进基层农业机械化技术推广体系改革和建设,构建了一个以国家农业机械化技术推广机构为主导,农机服务组织为基础,农业机械化科研、教育等单位和农机生产企业广泛参与,分工协作,服务到位,充满活力的多元化农业机械化技术推广体系。促进了农业机械化新技术、新机具的普及和应用,为农机社会化服务发展提供技术支撑,不断满足农业生产需要。

**(三)规范和促进农业机械流通、维修业发展** 改革开放以后,农民自购的小型拖拉机数量迅速增加,农机修理个体户应运而生,并迅速增长,遍布城乡的个体、集体农机维修点取代了国营修造厂,承担了大量的维修工作。由于网点分散、规模小、技术力量薄弱,使维修质量和经济效益下滑。1984 年,农牧渔业部和国家工商行政管理总局颁发《全国农村机械化维修点管理办法》。农机维修行业开展网点评定等工作,使农机维修网点走向规范。2006 年,农业部和国家工商行政管理总局联合发布了《农业机械维修管理规定》,2007 年又设立了农业机械维修管理服务中心。行业管理部门依法对农机维修网点实行分类、分级管理,提高维修网点人员技术水平和职业技能,加快农机维修技术进步,提升农机维修网点的服务能力,提高维修质量,促进了农机维修市场发展。

到 2008 年,全国已有农机流通企业 7 500 个,县以下网点 7.5 万个,大中小型农机专业市场 120 多家。

**(四)建立健全农机社会化服务信息网络** 从 20 世纪 90 年代起,世界开始进入信息化、网络化的新时代。信息技术的发展使经济、有效、及时地为社会化服务提供高质量信息和服务成为可能。建立健全以计算机和现代通信技术为主要手段,功能齐全、服务优良、高效共享的农业机械化信息网络,开发信息资源,提升农机社会化服务的信息化程度,以信息化推动农机社会化服务产业化发展。

农业机械化信息网络在中国农业机械化信息网的带动下,从零起步,快速发展,目前已建立 23 个省级和一大批地、县农业机械化信息网站,农机科研单位、大专院校、行业协会及企业等方面的信息网络建设也在快速推进,一个以政府网站为龙头,多方面、多层次网络相连的农业机械化信息服务网络正在快速发展。通过网络收集信息并汇总和分析预测,及时向农机服务组织及广大农民发布市场分析、形势预测、政策动向等方面信息,做好信息引导,在农业机械社会化服务中发挥了积极作用。

**(五)建立农机投诉监督组织** 农机投诉监督组织从无到有,初步形成了以部、省投诉监督机构为骨干、地(市)和县投诉监督机构为基础的投诉监督网络。

## 三、农业机械社会化服务体系的新局面

2004 年实施的《中华人民共和国农业机械化促进法》中把社会化服务专立了一章,内容丰富:农民、农业机械作业组织可以按照双方自愿、平等协商的原则,为本地或者外地的农民和农业生产经营组织提供各项有偿农业机械作业服务;国家鼓励跨行政区域开展农业机械作业服务;各级人民政府应当采取措施,鼓励和扶持发展多种形式的农业机械服务组织,推进农业机

械化信息网络建设,完善农业机械化服务体系。这些既为各级政府提出了建设农业机械化服务体系的新要求,也为农机化服务体系建设提供了法律保障。

2006年农业部召开了全国农业机械社会化服务经验交流会,张宝文副部长做了重要的讲话,会议交流了发展农业机械社会化服务的好经验、好做法。随后,农业部制定了全国农机社会化服务"十一五"发展纲要。纲要明确了"十一五"发展的目标任务:建立以农机专业服务组织和农机大户为主体,农机经营户为基础,基层农机推广、培训、维修、信息服务和投诉监督等服务组织为支撑,政府的支持服务为保障的新型农机社会化服务体系,提升农机社会化服务能力、质量和效益,支撑、保障农业机械化水平的提高,增强农业综合生产能力,为发展现代农业、建设社会主义新农村做出贡献。各级政府加强了农业机械化服务体系建设,出台了一系列的配套法规、政策、措施,浙江、宁夏、甘肃、湖北等省(自治区)政府出台了扶持农业、农机社会化服务的政府文件,形成了农机化服务体系建设的新局面。

各类农业机械社会化服务组织以市场为导向,创新服务模式,积极开展订单服务、租赁服务、承包服务、跨区作业等,服务能力不断增强;农业机械社会化服务由单项服务向综合服务及农业生产全过程服务发展,服务规模进一步扩大,服务半径趋向合理;跨区作业领域正由机收小麦向机收水稻、玉米和机耕、机播、机插秧等项目快速拓展。农业机械社会化服务在农业生产和农村经济发展中发挥了巨大作用,主要如下。

一是提升了我国农业机械化水平,提高了农业综合生产能力。农业机械化的实现过程,实际上也是农机社会化服务不断发展的过程。农机社会化服务的发展,促进了农机共同利用,扩大了农机应用范围,有效地提高了农机使用效率和经济效益,使我国农机化水平不断得到提高。"十五"期间,全国参加跨区作业的联合收割机数量累计达到110多万台,完成作业面积9.8亿亩。农机服务组织通过参与跨区作业,以市场为导向,广泛开展各种形式的农机社会化服务,形成了以跨区作业为品牌和以关键农时季节为主战场的农机服务产业,推动了农机服务市场化快速发展。2008年,我国农业耕种收综合机械化水平达到45.85%。机械化作业不仅比人工劳作节省开支,争抢了农时,提高了农业抵御自然灾害的能力和劳动生产率,还大大减少了作物收获的损失,提高了水、种、肥、药的利用率,成为农业节本增效的重要手段,推动了传统农业向现代农业转变,增强了我国农业综合生产能力,大幅度提高了农业生产力水平,对促进粮食增产、农业增效和农民增收发挥了重要作用。

二是加快了农业机械化新技术、新机具的推广应用,推进了农业的科技进步。农业机械本身是农业科技成果的物化,也是农艺科技成果大面积、规范化实施的载体。农机服务组织出于提高农机社会化服务经济效益的动机,对各种节本增效的农机新技术、新机具敢于试验、易于接受。许多农机服务组织,特别是农机大户成为农业、农村新科技推广运用的示范者和新农村建设的领头人,各种新技术通过他们提供的农业机械作业服务,在当地得到示范、辐射和快速、大面积的推广应用,促进了农业生产的标准化。保护性耕作、水稻机插秧、秸秆还田、化肥深施、精少量播种等新技术的迅速普及推广,主要是通过农机大户和农机合作组织加以实施的。

三是促进了农村劳动力的转移,增加了农民收入。一方面,农机服务组织通过开展农机作业服务,不仅将农民从繁重的农业劳动中解放出来,而且为农村劳动力的转移创造了条件。每年春耕、"三夏"和"三秋"等关键农时季节,许多农机服务组织积极为打工户等实行优先、优质、优惠的"三优"作业服务,解除了外出务工人员的后顾之忧,缓解了季节性劳动力紧张的状况,有效地支持、推动了农村劳动力向第二、第三产业的转移,促进了农业结构调整和农民增收。

另一方面，农业机械社会化服务也有效地发挥了农村人才作用，吸纳了部分农村剩余劳动力，他们通过从事农业机械服务增加了收入。2008 年，全国从事农机作业服务的人数达到 4 500 万人。

总之，各类农机服务组织的发展壮大，拓宽了农机服务的领域，促进了农业机械的共同利用，提高了农业机械的利用率和效益，初步形成了一条以"农民自主、政府扶持、市场引导、社会化服务、共同利用、提高效益"为主要特征的中国特色农业机械化发展道路。

## 参考文献


[1] 马洪，刘国光，杨坚白．当代中国经济．北京：中国社会科学出版社，1987.

[2] 毛泽东．中共中央关于土地改革中各社会阶级的划分及其待遇的规定(草案)．毛泽东文集第五卷．北京：人民出版社，1996.

[3] 毛泽东．关于土地改革报告的修改．毛泽东文集第六卷．北京：人民出版社，1999.

[4] 中央档案馆．中共中央文件选集(1948—1949)．北京：中共中央党校出版社(党内发行)，1987.

[5] 刘少奇．国家的工业化和人民生活水平的提高．刘少奇选集下卷．北京：人民出版社，1985.

[6] 周恩来．把我国建设成为强大的社会主义的现代化的工业国家．周恩来经济文选．北京：中央文献出版社，1993.

[7] 毛泽东．关于农业合作化问题．建国以来农业合作史料汇编．北京：中共党史出版社，1992.

[8] 毛泽东．党内通信．毛泽东文集第八卷．人民出版社，1999.

[9] 毛泽东．关于发展畜牧业问题．建国以来毛泽东文稿第 8 册．北京：中央文史出版社，1993.

[10] 邓小平．社会主义首先要发展生产力．邓小平文选第 2 卷．北京：人民出版社，1993.

[11] 邓小平．邓小平会见英国前首相、工党领袖詹姆斯·卡拉汉时的谈话．邓小平年谱(1975—1997)(上)．北京：中央文献出版社，2004.

[12] 邓小平．关于农村政策问题．邓小平文选第二卷．北京：人民出版社，1993.

[13] 江泽民总书记关心农业机械化．河北农机，1996(1).

[14] 江泽民．在安徽考察工作时的讲话．江泽民文选第二卷．北京：人民出版社，2006.

[15] 人民日报评论员．发展农业机械化 促进农业现代化．人民日报，2004-06-30.

[16] 孙景鲁．全国农具会议总结报告．新华月报，1951(3).

[17] 周昕．中国农具发展史．济南：山东科学技术出版社，2005.

[18] 毛泽东．毛泽东给王任重的信．中国农业机械化重要文献资料汇编．北京：北京农业大学出版社，1988.

[19] 张蓝水．在党的光辉照耀下前进——中国农业机械化 80 年回眸．福建农机，2001(2).

[20] 农业部农业机械化管理司．新的探索 新的跨越．中国改革开放三十年中的农业

机械化．北京:中国农业出版社,2008.

[21] 张克威．使用新式农具是增加农业产量的重要因素．人民日报,1952-07-29.

[22] 王大明,杨茂武．大力供应农民新式农具提高农业生产力．人民日报,1951-12-24.

[23] 白人朴．农机战线构筑“一个体系四座里程碑”．中国农机化导报,2009-07-20.

[24] 武少文．当代中国的农业机械化．北京:中国社会科学出版社,1991.

[25] 毛泽东．逐步发展农业生产互助合作组织．毛泽东文集第六卷．北京:人民出版社,1996.

[26] 张培刚．农业与工业化(上卷)．武汉:华中科技大学出版社,2002.

[27] 新华网．2008-10-24,http://news.xaonline.com/index/news.jsp? contentId=1376492.

[28] 高元恩．农机工业的大国之路．中国县域经济报,2009-05-31.

[29] 农业部．中央人民政府农业部对1953年农业生产工作的意见．中国农业机械化重要文献资料汇编．北京:北京农业大学出版社,1988.

[30] 任民望．全国人大农业与农村委员会主任委员刘明祖关于农机化促进法的说明．农机质量与监督,2004(2).

[31] 白人朴．依法兴机 兴机富民 立足促进 重在落实．现代农业装备,2004(12).

[32] 陈炼涛．农机产业化服务与农民的实惠．湖北农机化,2002(4).

[33] 邓小平．国际形势和国际问题．邓小平文选第3卷．北京:人民出版社,1993.

[34] 白人朴．关于提高农业劳动生产率的一些问题．中国农业机械化与现代化——白人朴教授论文选集．北京:中国农业科学技术出版社,2002:3.

[35] 李书城．全国农具工作会议开幕词．中国农业机械化重要文献资料汇编．北京:北京农业大学出版社,1988.

[36] 中国农业机械化信息网．中国农机化发展50年(1949—1999)．http://www.amic.agri.gov.com/zht/nj50/index.asp.

[37] 缪建平．中国农业机械化发展的扶持政策研究．中国农村经济,1998(5).

[38] 张桃林．认真贯彻十七届三中全会精神 大力推动农业机械化科学发展——张桃林副部长在全国农业工作会议农机专业会上的讲话．农业机械,2009(1).

[39] 张宝文．在全国农机社会化服务经验交流会暨农机推广站站长会上的讲话．中国农业机械化年鉴(2007)．北京:中国农业科学技术出版社,2008.

[40] 宗锦耀．农机专业合作社:农业机械化发展的主导力量．农民日报,2009-07-02.

(作者:杨宝玲 中国农业大学工学院书记、副教授)

# 第二十六章　农田水利建设

## 第一节　农田水利发展历程

2009 年，伟大的中华人民共和国迎来六十年华诞。在党中央的领导下，通过全国各族人民的智慧集结和艰苦奋斗，我国的经济、政治、文化、社会建设都取得了巨大的成就，综合国力和国际地位得到了举世瞩目的提升。

农田水利作为农业基础设施的重点，在国家的大力扶持和广大水利工作者的共同努力下，也取得了举世瞩目的伟大成就，为实现农业稳定发展和农民持续增收，促进经济社会又好又快发展做出了不可取代的贡献。

在共和国 60 年的发展历程中，我国农田水利建设的发展走过了不平凡的历程，大致可分为三个时期，在每一个时期中，农田水利的发展历史、建设环境和服务功能都表现出明显的不同。

### 一、计划经济体制时期的农田水利

1934 年，毛泽东在瑞金召集的第二次全国工农兵代表大会上做《我们的经济政策》报告时指出：水利是农业的命脉。这一科学论断准确地表述了水利在农业生产中的重要地位，也为新中国成立后的水利建设工作奠定了基础。

新中国成立伊始，全国的农田水利建设及水资源的开发、管理和防洪排涝工作由农业部组织展开。1949 年，在北京召开了第一次全国水利工作会议，提出了“防止水患、兴修水利，以达到大量发展生产的目的”的水利建设工作的基本方针。1950 年，农业部召开了农田水利工作会议，确定了“广泛发动群众，大力恢复兴修和整理农田水利工程”的农田水利工作方针，并提出有计划有重点地运用国家投资、贷款，大力组织群众资金和吸收私人资本投入农田水利事业，帮助改善原有管理机构，加强灌溉管理，逐步达到合理使用，并建立健全各种制度。1952 年，国家农田水利局划归水利部主管，各大行政区和各省、自治区、直辖市也都相继组建了大区水利部和省(区、市)水利厅(局)。

1949 年到 1953 年，各地共兴修和整修小型塘坝 600 多万处，打井 80 余万眼，贷放人畜力水车 50 多万辆，共扩大灌溉面积 5 600 多万亩。在这一时期整修、扩建、续建和新建的较大灌溉排水工程有：黄河下游第一个引黄灌溉工程——河南引黄灌溉济卫工程，江苏的苏北灌溉总渠，新疆的红雁池、八一水库灌区，陕西的洛惠渠以及经过整修扩建的四川都江堰、宁夏唐徕渠等大型灌区。在兴修水利工程的同时，各地还进行灌区管理的民主改革，废除了封建把头和封建水规制度，召开了灌区受益户代表会议，建立了民主管理组织和民主管理制度，推行合理用水方法，使灌溉效益逐步提高。

第一个五年计划期间，灌溉面积增长近 1 亿亩。到 1957 年，全国用于排灌的动力设备已达1 800多万kW，比1952年增长了4倍。在此期间，结合淮河、海河的治理，修建了上百座的大中型水库及骨干排水河道。农村小水电，黄河中上游地区的水土保持以及北方灌区的盐碱地治理都已提到工作日程上来，经过试点总结经验，逐步在面上推广。

1955年10月，中共中央通过了《关于农业合作化问题的决议》，在短短几个月时间，农业合作化运动得到迅速发展。在水利建设中，“左”的指导思想已开始抬头，在发展速度上脱离客观实际，急于求成。到了1957年下半年，农田水利建设实际上已失去计划控制，开始进入“大跃进”时期。在这一时期的农田水利建设，出动了数以亿计的劳动力，工程量也是前所未有的。建设中，由于部分工程质量太差，或者缺乏科学论证的决策失误而造成了巨大的损失，但同时也建成了北京密云水库等一大批在今天仍发挥重要作用的工程。

随着中共中央从1960年冬开始纠正农村工作中“左”的错误，农田水利工作也进入整顿、巩固、续建、配套阶段。这一时期，吸取“大跃进”中的经验教训，对工程质量和实际效益比较重视。在“大跃进”中开工兴建的大量大中型水库和灌区，80%左右都是在这一时期经过续建配套逐步发挥供水和灌排效益的。

1966年开始的“文化大革命”，使全国陷入长达十年的动乱状态，把整个国民经济推到了崩溃的边缘，农田水利事业也同样遭受了巨大损失。在这十年中，农田水利工作可以分为两个阶段。1966—1970年是全面停顿并遭受严重破坏阶段，1970—1976年是恢复整顿但仍遭到“左”倾路线严重干扰阶段。

1966年是我国开始执行第三个五年计划的第一年，经过3年来国民经济的调整，已经出现全面好转的可喜形势，农田水利正处在一个新的发展阶段。但“文化大革命”使形势发生逆转，1966年夏季以后，随着动乱在全国范围内愈演愈烈，从中央到地方各级水利行政部门的生产业务工作实际上已陷入停顿状态，大批领导干部和业务技术骨干被批斗，关进“牛棚”和下放劳动，大部分水利规划、设计和研究院、所被裁撤，设备被分散或封存。1970年9月，在周恩来总理的支持下，国务院召开了北方地区农业会议，从而推动了整个农村工作，并第一次提出了要重视开展农田基本建设，使停顿数年的农田水利建设有了起色。到1976年，全国有效灌溉面积达到6.8亿亩，排水除涝面积达到2.4亿亩。

“文革”期间，大、中、小型水库垮坝的达2 250座，占新中国成立以来垮坝总数的3/4，其中除有些是由于特大暴雨洪水超过水库设计能力外，不少是由于忽视前期工作、规划设计不周、工程质量不好或管理养护不善、抢险措施不当等原因造成的。

## 二、农村体制改革时期的农田水利建设及管理

1978年底党的十一届三中全会在北京召开，全会的中心议题是讨论把全党的工作重点转移到社会主义现代化建设上来，明确提出了改革开放的方向和目标。随着改革的深入发展，原来的计划经济体制已经不再适应我国的国情，逐渐被社会主义市场经济体制所取代。

1977年8月、1978年7月和1979年7月，党中央和国务院先后召开了三次全国农田基本建设会议，使全国农田基本建设得到了迅速发展。会议强调要搞好农田基本建设，要依靠艰苦奋斗、自力更生这个传家宝，同时也要尊重客观规律，坚持科学态度，因地制宜，讲究实效。1977—1979年，三年时间完成土石方510亿$m^3$，平整土地2.5亿亩，增加灌溉面积3 000万亩，除涝面积1 600万亩，增加机电排灌动力1 103.25kW，同时对大量中小型水利进行维修、加固和配套，以及修建了大量田间工程。20世纪70年代的农田基本建设的成果，为80年代农

业丰收奠定了重要物质基础。

1982—1986 年，党中央连续 5 年发出了 5 个中央 1 号文件，对当年农村工作做了总体部署，农村经济改革工作也逐步全面展开，同时对水利工作也提出了相应的要求。党的十一届三中全会以后，各级水利部门认真总结了新中国成立以来工作的经验教训，纠正了水利工作中“左”的错误，把水利工作的重点逐步转移到以提高经济效益为中心的轨道上来。20 世纪 80 年代，各地根据“调整、整顿、提高”的方针，加强了对现有灌排工程的维修配套和技术改造。乡镇供水是这一时期新发展起来的一项新兴事业，到 1990 年，由水利部门修建的乡镇供水工程 7 000 多处，可以供应 1 500 万人的生活和生产用水。

20 世纪 80 年代的 10 年间，全国经济改革的浪潮推动了国民经济的迅速发展和人民生活水平的提高，全社会对水的需求也提出了更高的要求。在新的形势下，农村水利在发展战略和经营管理上也发生了重大改变，从过去单纯为农业、为粮食生产服务扩大到为整个农村经济服务，走集约经营的道路。在引进和推广先进灌排技术和设备上也有长足发展，如低压管道输水、喷灌、微灌、膜上灌等先进节水灌溉技术都得到大面积推广，并积累了宝贵经验。同时，国际和国内技术交流也得到发展，各种技术交流会、学术研讨会以及各种形式的技术培训，对我国农田水利工程的经营管理和技术提高都起到积极的推动作用。

“七五”计划期间，由于中央的重视，各地加强了领导，增加了投入，效益衰减的趋势得到遏制，灌溉面积逐年有所增长，但一直到 1990 年尚未恢复到 80 年代的水平。1981—1990 年 10 年间，共新增灌溉面积 1.19 亿亩，增减相抵后净减 700 万亩。这一时期的农田水利发展虽然处于低谷，工作中也出现了不少问题，但这些问题有的是历史上长期积累下来的如工程老化、管理粗放，有的是随着国民经济的发展衍生出来的如建设占地、水源紧缺。总的来看，这些都是发展中的问题，随着我国国力的增强和水利改革的逐步深入是完全可以解决的。

## 三、农村税费改革后的农田水利建设

20 世纪 90 年代初，有些农民负担较重的地方，一方面自发地采取撤乡并镇、合并机构、压缩编制的措施，以减少政府开支；另一方面，农村税费改革也拉开了序幕。税费改革在减轻农民负担的同时也带来了一些新的问题，其中最为突出的是，税费改革后乡、村两级财政大为减少，它们为农村和农民提供公共服务的能力进一步降低。

长期以来，我国的农田水利建设由政府和农民共同承担，政府负担部分通过财政预算和专项拨款实现，农民负担部分主要来源于乡统筹村提留和“两工”。税费改革后国家在农村水利建设中的缺位，是继人民公社体制终结后国家在农村水利建设中的总体表现，也是国家权力上收的一个重要后果。总体而言，国家的缺位表现在投资、组织与管理上。作为公益性的基础工程，农田水利建设几乎全部处于无序管理状态，管理主体不明确，管理责任划分不严格，管理制度不健全，群众保护和爱护水利工程设施的意识淡薄。

党的十六届五中全会明确提出建设社会主义新农村的伟大目标，这是创建社会主义和谐社会的必然要求，也是社会主义现代化建设的客观要求。全面建设小康社会的重点在农村，农业基础设施的重点是农村水利，各级、各部门和个人都要站在落实科学发展观、构建和谐社会的高度，高效务实、扎扎实实地做好农村水利工作，开创农田水利工作的新局面。

### 四、农田水利建设的发展趋势

我国的农田水利建设基础薄弱，发展过程中出现了各种各样的问题，出现了落后于当前社会发展水平的局面。因此，在建设社会主义新农村的新时期，应在社会主义市场经济发展的大背景下，深化农田水利建设的体制改革。

第一，完善相关法律法规，明确各主体在农田水利建设中的责任。明确各级政府、个人和其他经济组织在不同农田水利建设工程中的责任与地位，理顺农田水利建设市场。保证工程建设的质量和进度，出现问题时做到问责有据。

第二，根据社会主义市场经济的要求，完善农田水利建设的投资渠道。在实际建设中，提高政府投入的覆盖面和政府投资比例，加大对重点地区的扶持。根据各地实际，制定政策、配套权力，提高地方农户投入的积极性。创造良好的投资环境，吸引民间资本投入到农田水利建设中。

第三，明确县、乡政府对农田水利建设的组织指导职能，最大限度发挥基层政府组织的积极性。按照分级负责的原则，进一步明确县、乡政府在农田水利建设中的职能，县级政府负责编制县级农田水利建设规划，研究落实上级有关政策法规的具体实施办法，组织实施跨乡的农田水利建设项目，指导和监督检查乡村农田水利建设的开展情况。

第四，规范农田水利建设项目管理和资金使用。根据部门职能的划分，明确不同来源资金的投资方向，协调管理，规范操作，合理使用。在建设过程中，明确项目实施主体，充分尊重农民的市场主体地位，尊重农民的物质利益和民主权利，转变组织方式，政府要避免越位、缺位和错位现象的发生。

加快我国农田水利建设的速度，提高发展质量，深化改革是重要环节。只有通过改革建立起良好的体制和机制，才能发挥投资加大、管理加强的重要作用。从社会发展全局来看，下一步改革的重点应是明晰工程产权、鼓励组建适宜的用水合作组织、大胆引入市场机制等，特别是要积极探索非经营性工程的改革办法。

## 第二节　农田水利管理体制机制建设

在2008年10月9日至10月12日召开的中国共产党十七届三中全会上审议通过了《中共中央关于推进农村改革发展若干重大问题的决定》，要求切实加强农业基础设施建设，要狠抓小型农田水利建设。2005年和2006年，连续发布中央1号文件，针对农业生产基础设施的建设和管理，特别是在小型农田水利方面，给予了重点关注和具体指示。从新中国建立初期至今，党中央、国务院对农田水利事业的发展给予了许多政策上的倾斜与帮扶，促进了农田水利事业管理体制机制的不断健全，在农田水利政策法规、用水管理制度、灌溉用水水价3个方面日益完善。

### 一、农田水利政策法规的发展与变迁

农田水利事业的管理体制在改革与发展过程中，大体经历了3个阶段：第一阶段是1949年至1985年，农田水利事业的管理体制完全是在计划经济体制模式下，灌区管理单位是由政

府调控的非盈利性的公益事业单位，其收入除少量水费收入外，主要靠政府补贴。第二阶段是1985年以后到90年代初期，国务院发布了《水利工程水费核定、计收和管理办法》，许多国有大中型灌区改为自收自支的事业单位，只象征性地收取一定的水费。水价偏离供水成本的现象十分严重，致使许多灌区工作举步维艰，效益滑坡。第三阶段是进入90年代以后，特别是1997年《水利产业政策》颁布实施以来，改革现行水价，走产业化之路，促使灌区向经济自立方向努力，成为当今灌区改革的重点。

在"一五"前(1949—1952年)，新中国成立后有关农田灌溉的政策，主要是针对解放区农村而制定和实施的，以恢复旧有灌溉设施和尝试新的灌溉方式作为起步。1949年11月，水利部副部长、党委书记李葆华做了《当前水利建设的方针和任务》的报告会议提出水利建设方针，"防止水患，兴修水利，以达到大量发展生产的目的"，并确定在这一原则下，"依照国家经济建设计划和人民的需要，根据不同的情况和人力、财力及技术等条件，分别轻重缓急，有计划有步骤地恢复并发展防洪、灌溉、排水等水利事业"。农业部农田水利局在《1950年全国农田水利计划(草案)》中提出，发展农田水利，首先要对旧有水利工程加紧修整。在这一期间颁布了《关于大力开展群众性的防旱抗旱运动的决定》，开展大规模的防旱抗旱运动。

在"一五"计划期间(1953—1957年)的农田水利发展过程中，农田水利建设的重点由恢复整顿原有灌溉排水工程为主，转变为有计划、有步骤地兴修新的工程设施。在此期间制定了《1956年到1962年全国农业发展纲要》，加快了农田水利建设发展的速度。

"大跃进"时期(1958—1961年)农田水利在"大跃进"中一马当先，"反右倾、鼓干劲、掀起更大的水利高潮，为在较短时间内实现水利化而斗争"，掀起了全民性的农田水利运动。

调整巩固时期(1962—1965年)，制定了《农村人民公社工作条例(修正草案)》，农田水利工作进入了整顿、巩固、续建、配套阶段。在这期间，为解决黄河下游引黄灌溉而带来大面积次生盐碱化以及黄淮海平原地区水利纠纷问题，颁布了《关于解决冀鲁豫三省边界地区水利纠纷的意见》。

文化大革命时期(1966—1976年)，农田水利的发展受到了极大的损失，1966—1970年是全面停顿并遭受严重破坏阶段，1970—1976年是恢复整顿但仍遭到"左"倾路线严重干扰阶段。

1977—1979年出现农田基本建设高潮，水利管理也提上了日程，在1978年6月召开的全国水利管理会议上，发布了《关于整顿和加强经营管理迎接新跃进的报告》，使农田水利管理得到了恢复和加强。

1980—1989年出现农村改革的高潮，这一阶段农田水利工作大体上分为两个时期，前一时期着重抓经济效益和改革，后一时期进一步开展农村水利建设。1985年国务院颁布了《水利工程水费核定、计收和管理办法》和批转了水利电力部《关于改革水利工程管理体制和管理办法》、《关于加强农田水利设施管理工作报告》两个文件。1988年全国人大常委会通过了《中华人民共和国水法》，同年11月，国务院批转了水利部《关于依靠群众合作兴修农村水利的意见》。在这一时期各地区根据"调整、整顿、提高"的方针，加强了对现有灌排工程的维修配套和技术改造。

20世纪90年代，是我国经济体制改革日益深化的时期，也是我国农村水利事业向广度和深度全面发展的新时期。在这一期间，国家先后颁发了《水利工程供水价格管理办法》、《占用农业灌溉水源、灌溉工程设施补偿办法》和水利部颁发的《乡镇供水水价核定原则(试行)》。

1996年3月全国人大八届四次会议通过的《国民经济和社会发展“九五”计划和2010年远景目标纲要》中对农村水利提出新的要求,开展以农田水利为重点的农业基础设施建设,大力推广滴灌、喷灌等节水灌溉技术,改善农村居民饮水质量和卫生状况。在1998年召开的中国共产党第十五届三中全会通过的《关于农业和农村工作若干重大问题的决定》,强调了要坚持不懈搞好农田水利基本建设,努力解决干旱缺水问题,加快现有大中型灌区水利设施的修复和完善。

2005年中央1号文件强调“切实加强农业综合生产能力建设”,“努力实现粮食稳定增产、农民持续增收”。其中,对于近些年我国农田水利设施薄弱的状况,决定“从2005年起,要在继续搞好大中型农田水利基础设施建设的同时,不断加大对小型农田水利基础设施建设的投入力度”。2005年10月,国务院办公厅转发了国家五部委《关于建立农田水利建设新机制的意见》。这是近10年来国家专门就农田水利建设出台的针对性最强、分量最重的文件,标志着农田水利建设的政策有了重大改变。《关于建立农田水利建设新机制的意见》从农田水利建设规划、组织方式、投入、管理等4个方面,提出了改革创新的原则和工作重点,从而构成了农田水利建设新机制的基本框架和主要内容。

2006年中央再次发布1号文件,将农村基础设施建设作为社会主义新农村建设的物质条件,提出的首要任务就是大力加强农田水利。明确“在搞好重大水利工程建设的同时,不断加强农田水利建设”的方针,将农业固定资产投资的重点放在“加快发展节水灌溉,继续把大型灌区续建配套和节水改造”。

## 二、灌溉用水管理制度日趋合理完善

灌溉用水是灌溉管理工作的中心环节。水利部1981年颁布的《灌区管理暂行办法》第四条规定,国家管理的灌区“凡受益或影响范围在一县、一地、一省之内的灌区,由县、地、省负责管理,跨越两个行政区划的灌区,应由上一级或上一级委托一个主要受益的行政单位负责管理。关系重大的灌区也可提高一级管理”。对集体或个人举办的小型灌溉工程,则由县、乡人民政府及其水行政主管部门依法进行行政管理和业务技术指导。我国灌溉管理工作的行政主管部门为水利部及地方各级政府的水行政主管部门。水利部是中央一级的水行政主管部门,主要负责农业灌溉领域的行业指导以及宏观管理,市(地区)水利局或县水利局负责灌溉工程的管理。

新中国成立后,在农业用水管理方面,借鉴苏联的经验,开展计划用水的试点。所谓计划用水,就是根据作物高产对水分的要求,并考虑到水源情况、工程条件及农业生产的安排等,在用水之前编制用水计划,然后有计划地进行蓄水、取水、配水和用水。推行计划用水,全面推进了灌区管理水平的提高。

灌区是灌溉用水管理的重要管理机构,灌区的管理体系在新中国成立以来也发生了重要的变革,进行了多种形式的改革和探索,总结起来,主要有以下几种形式。

①灌区股份制改造。即把工程固定资产划分为若干股,将部分或全部股份出售,进行经营和管理。股东共同出资、共同劳动、共同拥有工程的所有权和经营权,既取得劳动报酬,又按股分红。

②对小型水利工程进行拍卖、租赁、承包。按照“谁兴建谁拥有、谁投资谁受益”的政策,对小型水利工程公开拍卖这种形式多用在兼顾社会公益的水利工程。

③经济自立灌排区(SIDD)试点。SIDD是世界银行在其贷款的项目区内推行的一种灌溉管理模式。它通过组建供水公司和用水者协会，引入市场机制，建立供水和用水的管理制度，实现用水者自我管理灌区水利设施和有偿供水，以达到灌区经济上的自我维持和自我发展的目的。

### 三、水价制度步入市场化轨道

我国水资源价格征收经历了几个不同决策阶段：1949—1964年无偿服务阶段，1964—1985年力图向有偿服务推进阶段，1985—1988年积极推进和执行有偿服务性收费阶段，1988—1994年两“费”并存阶段，1994年以后的由“费”向“价”推进阶段。

在计划经济时期，农业用水由国家或集体经济组织无偿供给，通过行政手段来配置水资源。在水资源富裕地区，农用水基本上“自由取用”，在缺水地区，按照“先来先用”的方式配水。这种无偿供给的水权制度一直持续到农村实行家庭联产承包责任制。

随着用水主体的变化，农用水资源的用水制度逐渐过渡为有偿使用制度。水资源从无偿使用到有偿使用，水商品的属性得到确认，水价制定的原则得到确定(补偿成本、合理收益、优质优价、公平负担)。尽管如此，我国对农业用水一直采用低价配水制度，这使我国现行的农业水价与价值严重背离，与供水成本也相差甚远，不符合市场经济的规律和发展要求。

现阶段我国水资源走可持续科学发展的道路，明确产权，建立合理水价形成机制，形成合理水市场，引入竞争机制，水资源可以根据供需情况在市场上自由交易成为当前的热点问题。

合理的水价应该是水资源价值、水资源产品的生产成本与正常利润、税金四部分之和。但由于农业以及农业灌溉工程的特殊性，考虑到水资源的可持续利用，农业灌溉用水价格中应包含水资源成本、供水成本和环境成本，但不含利润和税金。

目前影响我国农业灌溉用水价格的因素较多，主要是自然因素、社会因素、经济因素。自然因素是指水资源的丰缺程度、水质、水源多元化格局、水资源开发条件；社会因素主要是指水利工程的兴建、水资源勘测、水资源管理等，都要投入一定的人力、物力、财力，水资源凝结了人的劳动，因而具有劳动价值，是水价重要组成部分；经济因素在水价形成过程中具有不可或缺的地位，水资源与社会经济的有效结合，是水价产生的源泉。一般说来，农业生产力越发达，农村以及农民的经济条件越好，就越重视水资源的持续利用，在可承受范围内也就愿意付出更大的经济代价。

## 第三节　节水灌溉技术蓬勃发展

从20世纪50年代，国家为了提高人民的生活水平，将农业作为重点发展国民经济的对象，促进了水利事业的发展，并针对农业缺水等问题，发展相应的灌溉技术，使我国开始正式发展节水农业，并逐步向水资源合理开发、高效利用、优化配置、全面节约方面发展，努力提高灌溉水利用系数和单位水生产率等工程技术指标与经济指标。

### 一、节水灌溉工程技术

**(一)地面节水灌溉技术**　地面灌溉技术是我国最原始的灌溉技术，历史悠久。由于其具有不需能源、对外界条件适应能力强、成本低、运行管理简单、费用低等特点，所以是中国现在主要的灌溉方式，灌溉面积大概占97%以上。随着农业节水意识的出现，考虑地面灌溉技术运用最广，所以地面节水灌溉技术发展最早，主要是通过改进地面灌溉技术的相关技术，来提高灌溉水利用效率。随着技术的发展，现有长畦分段灌溉、水平畦田灌溉、覆膜灌溉、波涌灌溉等新的地面节水灌水方式。

水平畦灌技术灌溉时，短时间内大量供水，可以使薄层水流大面积流动，均匀下渗。激光控制技术使高度平整的田块得于实现，从而发展了水平畦灌节水技术。长畦分段灌溉就是将长畦分成若干小段。覆膜灌溉技术是在20世纪80年代初针对地膜覆盖栽培技术发展起来的灌溉技术，又称为膜孔灌溉技术。随着覆膜技术的广泛应用，覆膜灌溉技术在1987年后发展成为培埂膜上灌、膜孔灌、沟内膜上灌、膜缝灌、隔田膜上畦灌、膜侧膜上灌等多种形式，目前在新疆推广面积已达到20万 $hm^2$。波涌灌溉是在输水闸管上增加波涌控制阀，采用间歇式供水的一种节水灌溉技术，在输水过程中，田面反复进行湿—干—湿的交替，使土壤的下渗能力和田面糙率减小，以此达到提高灌溉效率和灌水均匀度。从1986年起，中国水利水电科学研究院水利研究所和西安理工大学进行有关的波涌灌溉技术研究和相关设备的开发。现在我国的波涌灌溉技术已经成熟，研发出一系列的产品，并与计算机结合，具有便携、自动控制功能等，涉及水质的面也较广。

**（二）渠道防渗灌溉技术**　在我国农业传统灌溉方面，渠道输水灌溉是最普遍的输水灌溉方式，但在渠道输水过程中，渠道的渗漏损失很大，渠道通过不良地质时，其下渗量更大，输水距离越远，输水损失越大。目前我国的渠系水利用系数不到0.5，而发达国家已经达到0.7。渠道防渗后，可提高灌溉水的利用率，缓解农业用水供需矛盾，节约的水可扩大灌溉面积，促进农业生产的发展；同时可减少渠道占地面积，加快流速提高输水能力，防止渠道冲刷、淤积及坍塌，节约运行管理费用，有利于灌区的管理；也可以降低地下水位，防止土壤盐碱化和沼泽化，有利于生态环境和农业现代化建设。渠道防渗是我国节水农业的重要内容，对缓解水资源矛盾和国民经济发展具有重要意义。

采用防渗措施后，渠道渗漏损失可以减少50%～90%。我国很早就有采用黏土、灰土、三合土夯实，黏土锤打，砌砖，砌石等进行渠道防渗的记载。20世纪50年代，甘肃及新疆就开始因地制宜地采用卵石防渗渠道，并试验采用沥青混凝土做防渗渠道，60年代陕西、山西、河北、河南等省开展了混凝土防渗的试验研究和推广工作。1976年，在水利部的组织和领导下，全国26个省（市、自治区）开展了渠道防渗科技协作攻关活动，成立了全国渠道防渗科技协调组和全国渠道防渗科技情报网，有计划地进行了大量试验研究，促进了渠道防渗技术的发展。

近年，我国在渠道防渗材料方面有纳米基混凝土改性剂、改性沥青材料、渠道沥青混凝土衬砌成套技术、新型土壤添加剂等；在机械方面，能生产1m U形渠槽的混凝土预制构件机和自走式渠道现浇衬砌机；以及氯化聚乙烯（CPE）止水带和止水管的研发成功，提高了我国渠道防渗方面的工程质量，降低了工程造价，促进了节水灌溉技术的发展。

**（三）低压管道输水灌溉技术**　管道输水灌溉是以管道代替明渠输水灌溉的一种灌溉技术，其特点是出水口流量较大，出水口所需压力较低，管道不会发生堵塞，而且减少了输水过程中的渗漏与蒸发损失，井灌区管道系统水利用系数在0.95以上。我国的管道输水灌溉应用时间很早，但集中应用是在20世纪50年代以后，如江苏无锡的暗灌，河南温县在70年代全县有近6 700 $hm^2$ 井灌区实现了输水管道灌溉。1979年，我国从国外引进软管输水灌溉技术，主要

用于黑龙江和山东等。20世纪80年代，我国北方水资源供需矛盾加剧，“七五”期间，低压管道输水灌溉技术被列入重点科技攻关项目，在管道管材及配套装置的研制上取得了一批成果。平原井灌区、渠灌区和提水灌区管道输水灌溉技术得以广泛应用，应用推广面积约520万$hm^2$。

目前的输水管材主要有内光外波的双壁塑料管、混凝土管等，输水向着系统方面发展，如开敞式和半封闭式低压管道化输水系统，以及浑水管道输水系统。在北方，地面移动式低压塑料软管输水技术是应用得最好的管道输水技术，并可和各种地面节水灌溉技术结合，达到更好的节水效果。但目前的管道输水技术局限于井灌区的小流量，今后会向着渠灌区大流量方向发展，取代部分渠道输水。管材上向着低成本、施工方便的大口径方向发展。在控制方面向着自动调压、调流量和分水发展，及与波涌灌溉技术结合，设计出自动控制流量和压力附件等。

**（四）喷灌技术** 喷灌是将灌溉水通过喷灌系统形成具有一定压力的水，由喷头喷射到空中，形成水滴状态洒落在土壤表面，和降雨一样为作物生长提供必要的水分。喷灌省水、省力，水质适应性强，但是蒸发损失大、受风影响大。

我国的喷灌发展时间比较长，经历了从引进到独立研发。我国喷灌的发展大致经历了4个阶段：第一个阶段是20世纪50年代中期到70年代中期的科学研究和试验尝试阶段，以研究示范为主，喷灌发展规模小，划分示范灌区，引进国外的中、小型喷灌设备。第二个阶段是20世纪70年代中期到80年代中期的技术发展和设备研制的高潮阶段，国家重视喷灌设备的开发，大力投入，开发了喷灌设备，是我国喷灌技术发展最快的时期。第三个阶段是20世纪80年代中期到90年代中期徘徊和低潮阶段，由于农村生产体制的变革以及对节水灌溉的认识浅，国家投入少，喷灌发展缓慢。第四个阶段是20世纪90年代中期到21世纪初期的恢复和稳步发展阶段，国家大力发展农业节水灌溉，喷灌作为农业节水灌溉的内容列入了发展计划，喷灌技术和设备研制生产有了很大发展，到2003年，全国喷灌面积已达到263.37万$hm^2$。在技术方面，我国的喷灌技术内容丰富、体系完整、集成度和成熟度较高。在“十一五”规划中，修订了旧标准，颁布了新标准，如《喷灌工程技术规范》(GBJ 85—85)和《喷灌工程技术管理规程》(SD 148—85)等，相关标准体系完善了，保证了喷灌事业的健康发展。

**（五）微灌技术** 微灌是一种精准灌溉方式。它实现了定点、定量、定时灌溉，是最节水的灌溉方式，水的利用效率最高，但是一次性投资和运行维护费用也高。微灌包括滴灌、微喷灌、涌泉灌和地下渗灌。我国的微灌技术相对于其他节水灌溉技术发展较晚，主要是20世纪70年代引进国外先进的技术，进行示范应用于试验、研发，80年代进入微灌的初级阶段，80—90年代微灌技术得以飞速发展，缩短了与国际间的差距。在80年代新颁发了相关的工程设计、管理等规范、规程，这些标准在2007年进行了修订。在“八五”、“九五”、“十五”和“十一五”规划期间研发投资力度加大，使微灌技术飞快发展，研发出灌水器、管材和管件、过滤设备、施肥设备、控制阀和安全阀等，使微灌设备比较全，引领出一些微灌企业，为微灌技术的推广创造了条件。

**（六）非常规水灌溉** 非常规水灌溉是指雨水聚蓄灌溉和劣质水灌溉。雨水聚蓄灌溉是通过工程措施收集雨水用于灌溉，如水窖、蓄水池等，一些城市也采取工程措施，收集雨水用于城市绿化。目前这项节水灌溉技术主要用于干旱半干旱地区的农业灌溉。在位于黄土高原丘陵干旱半干旱区的甘肃省定西地区，通过长期实践，将集雨节灌作为改善生态环境和提高土地生产力的结合点，大力发展集雨节灌高效生态农业，初步形成了“梯田、水窖、地膜、微灌、良种和化肥”配套的高效农业用水模式，对非灌溉耕地提高农业生产水平和经济效益具有示范意义。20世纪50年代，雨水集蓄灌溉技术就被人们用于浇地，80年代后，把水窖收集的雨水作为补充灌溉水源，同时国家开始重视这项节水技术，先后进行各种试验研究，在工程技术等方面都取得了优异的成果。

劣质水灌溉是国外发达国家很重视的一种节水灌溉。我国的污水灌溉起步于20世纪50年代末，至70年代后期，都采用污水灌溉；80年代开始重视农村水体环境，逐步减少污水灌溉，增加中水灌溉，现在主要为中水灌溉。近年来，在全国水资源紧缺的压力下，国家加大投入，在官厅水库、天津等地建立污水回灌利用示范区，取得了阶段性成果。

## 二、节水灌溉农艺技术

利用耕作覆盖措施和化学制剂调控农田水分状况，蓄水保墒是提高农田水利用率和作物水分生产效率的有效途径。具体措施有保护性耕作技术、田间覆盖技术和化控节水剂（保水剂、吸水剂、种衣剂）等技术。

保护性耕作技术包括深耕深松蓄墒、耙耱保墒、镇压提墒、中耕保墒蓄墒等。深耕镇压相结合，打破犁底层，促进土壤熟化，加厚活土层，改善深层土壤的物理性能，减少土壤机械阻抗，有利于作物根系向深层土壤延伸，增加植株对底土水分和养分的吸收范围，扩大营养面积，促进作物高产。田间覆盖技术包括砂石覆盖、秸秆残茬覆盖、地膜覆盖。砂石覆盖是我国西北半干旱地区的抗旱保墒增产措施，秸秆残茬覆盖、地膜覆盖是能保温减少蒸发的措施。这些技术在我国发展比较早，经验较丰富，现在也广泛使用，同时研发新的产品，向省力、低成本方向发展。化控节水是利用化学物质调控土壤或作物水分状况的新型技术，通过提高土壤保水性能、抑制蒸发、防止渗漏、减少蒸腾，从而达到节水和高效利用水的目的。我国在20世纪70年代后期，重点研究抑制作物蒸腾方面的技术，在70年代末获得较好的抗蒸腾剂；80年代开始保水剂的研制，研发出几种保水剂，到90年代各种化控节水制剂增多，特别是在“八五”、“九五”期间取得突破性的成果。同时也发展节水农作制度，提出了许多节水高效间作套种与轮作种植模式等，以及培育抗旱节水作物。

## 三、生物节水技术

生物节水技术以作物高效用水为目的，调控作物水分生理。我国研发出调亏灌溉（RDI）、分根区交替灌溉（ARDI）和部分根干燥（PRD）等作物生理节水技术，可明显提高作物和果树的水分利用效率。调亏灌溉是通过土壤水的管理来控制植株根系的生长，从而控制地上部分的营养生长及其植株水势，而叶水势可以调节气孔开度，气孔开度则对光合和植株水分利用有其重要作用，在这一系列的作用过程中，起决定作用的是根系。ARDI和PRD技术强调让一部分土壤区域灌水湿润，交替控制部分根系区域干燥、部分根系区域湿润，使不同区域的根系交替经受一定程度的水分胁迫锻炼，刺激根系的吸收补偿功能，调节气孔保持在适宜的开度，达到不牺牲作物光合物质积累而又大量减少其奢侈蒸腾耗水的目的。我国的生物节水技术起步比较晚，但近10年在国家重视下，发展相当迅速，目前取得突破性的成果，并推广应用。

## 第四节 灌区改造及信息化建设

灌区是我国粮食质量安全的基础保障，是优质高效农业和农业出口创汇的优势发展区域。特别是大型灌区，在整个国民经济和社会发展中具有举足轻重的战略地位。灌区为促进农业高产增收、农民收入增加、农村面貌的改善提供了基础条件，是实现区域水资源合理配置以及防洪、除涝、抗旱减灾等功能的重要手段，还在涵养水源、调节气候、抑制水土流失、减轻风沙威胁等方面对生态环境的改善起着巨大的作用。

### 一、新中国成立以来大型灌区的建设

农业是国民经济的基础，是国计民生的命脉，农业的发展关系到经济社会发展大局，是实现保增长、保民生、保稳定的关键点。然而，我国是一个水资源短缺的国家，总体上年降水量偏少，且降水在年内和地区上分布很不均匀，大部分地区的降水量集中在6～9月份，占全年降水量的70%左右；在地区分布上由东南沿海向西北地区逐渐递减，年降水量由大于1 600mm减少到不足100mm。这种水资源状况决定了我国大部分地区特别是西北干旱、半干旱地区的农作物生长所需水分主要依靠灌溉供给，农业发展对灌溉的依赖性十分明显。

**(一)灌区发展回顾和展望** 新中国成立以来，我国灌溉事业取得了巨大的成就，到2003年底，农田灌溉面积为8.39亿亩，为1949年的3.5倍，占耕地面积的50%以上。在总灌溉面积中，其中节水灌溉面积达到2.59亿亩。

20世纪50年代到60年代中期，我国大部分大中型灌区都是在这一时期开工上马的。该时期灌区建设的特点是重骨干、轻配套。到1970年，灌溉面积发展到5.4亿亩，灌溉引水量从解放初的1 000亿$m^3$增加到3 000亿$m^3$，粮食总产量从1 132亿kg增加到2 400亿kg，人均占有量从209kg增加到293kg。20世纪70年代，在大寨农业精神的带领下，全国兴起了大规模的农田水利基本建设热潮，奠定了我国井灌事业和机电灌排的基础，拓展了灌排服务的空间和时间，使灌排服务能力和水平产生了质的飞跃。20世纪80年代，由于国家建设重点的转移，灌溉面积基本上停止增长，甚至出现了负增长。但灌区管理理念的转变和节水节能新技术的推广，使灌溉事业发展从外延扩张转到讲究潜力和效益的轨道。20世纪90年代至今，针对灌区水资源供需矛盾尖锐和灌溉工程设施老化失修、效益衰减等问题，国家加大了对大型灌区续建配套和节水改造的资金投入，把单纯扩大灌溉面积转变到提高用水效率和效益上来，灌排新技术研究开发和应用推广也取得了很大成绩。

**(二)大型灌区概况** 按照受益面积大小，灌区可分为大、中、小3种类型。灌溉面积在30万亩及30万亩以上的为大型灌区，30万亩以下及1万亩以上的为中型灌区，1万亩以下的为小型灌区。新中国成立以来，大型灌区建设在党和政府的高度重视与支持下，取得了辉煌的成就。

根据水利部《全国大型灌区续建配套与节水改造“十一五”规划报告》(2008)统计，全国规划灌溉面积在30万亩以上的大型灌区共402处，总规划灌溉面积为2.88亿亩，约占全国有效灌溉面积的35%，占全国耕地总面积的14.7%(表26-1)。截止到2005年底，有效灌溉面积为2.46亿亩，灌溉用水量约1 500亿$m^3$。大型灌区灌溉面积在2 000万亩以上的有新疆、山东、

河南、湖北4省（自治区），灌溉面积在1 000万～2 000万亩之间的有四川、内蒙古、安徽、江苏、河北、陕西6省（自治区）。

表 26-1 大型灌区基本情况

| 规划面积（万亩） | 数 量（处） | 灌溉面积（万亩） | 现状灌溉面积（万亩） | 占大型灌区比例（%） |
|---|---|---|---|---|
| 30～50 | 258 | 9062 | 7078 | 30 |
| 50～150 | 114 | 9383 | 7306 | 31 |
| ＞150 | 30 | 10352 | 9325 | 39 |
| 总 计 | 402 | 28797 | 23709 | 100 |

其中规划灌溉面积大于500万亩的特大型灌区有6处，分别为四川都江堰灌区（1 134万亩）、安徽淠史杭灌区（1 000万亩）、内蒙古河套灌区（860万亩）、新疆叶尔羌河灌区（558万亩）、山东位山灌区（508万亩）和宁夏青铜峡灌区（506万亩）。

**（三）大型灌区存在的问题** 主要是：①水资源紧缺，灌溉可利用水量减少。②水资源利用效率低，工程实施老化失修，工程布局不合理。③管理体制落后，信息化程度低。④其他生态环境问题。如部分灌区地下水位居高不下，土壤次生盐渍化严重；部分灌区则长期井灌超采地下水，地下水位持续下降，导致海水入侵等。

针对以上问题，新时期对我国灌区特别是大型灌区进行节水改造和信息化建设，有着十分重要的现实意义。

## 二、灌区节水改造逐步推进

1996年以来，国家组织实施的大型灌区续建配套和节水改造，是促进灌区可持续发展的重要举措。水利部陈雷部长在全国各地考察中曾多次指出，"要加强民生水利工程建设，做好大型灌区续建配套与节水改造等事关民生的各项水利工作"。对我国大型灌区进行系统的续建配套与节水改造，标志着我国的灌溉事业开始由外延型向内涵型转变，是传统灌溉方式的革命，是21世纪灌区实现水资源可持续利用和经济社会可持续发展的重要战略举措。

1998—2005年，利用中央国债，国家发展和改革委员会与水利部联合启动大型灌区续建配套与节水改造项目建设，共安排总投资187.9亿元，对列入《全国大型灌区续建配套与节水改造规划》中的300多个灌区开展了续建配套与节水改造，主要用于灌区的渠首、干支渠及其建筑物等骨干工程的续建、配套和节水改造。根据对1998—2004年实施的255个大型灌区中期评估结果，灌区节水改造项目达到或超过了预期目标，共衬砌渠道1.3万km，配套、加固、改造建筑物4万座，使工程安全性能得到提升，灌溉条件得到一定改善，缩短了渠道输水时间和灌溉周期，提高了渠道输水能力，减少了水量损失，提高了灌溉保证率，对节约水资源、提高农业综合生产能力、促进农民增收和农业增效、改善大型灌区农业生产条件和农村生态环境起到了重要作用，经济效益、节水效益、减灾效益十分显著。

根据《全国大型灌区续建配套与节水改造规划》，到2015年全国大型灌区骨干和田间工程全部改造和配套后，可以节水330亿$m^3$，增加供水能力200亿$m^3$，新增粮食生产能力500亿kg。

下面分别简要介绍几个大型灌区的节水改造工作进展。

**(一)都江堰灌区** 新中国成立以后,都江堰灌区进入了一个高速发展的时期。灌区灌溉面积由1949年的282万亩发展到2005年的1 026万亩,具有灌溉、城镇供水、防洪、环保、发电等多种功能。但是,由于都江堰灌区扩建工程主要集中在20世纪50—70年代,工程建设无总体规划,靠大兵团作战,土法施工,建设标准低,工程配套差,因此输水损失大,田间灌水方式落后,灌溉水利用系数仅有0.432,水资源利用效率低,灌区处于"低效高耗"状态。

从1996年起,灌区开始进行续建配套与节水改造。截至2004年,全灌区累计实施续建配套与节水改造项目89项,完成投资5.47亿元,续建、整治渠道490.88km,骨干建筑物1 398座。通过节水改造,新增灌溉面积19.35万亩,改善灌溉面积116.4万亩,灌溉水利用系数由0.432提高到0.463,渠系水利用系数由0.485提高到0.520,项目直接受益区新增农作物产量1.07亿kg,年增节水能力4.82亿$m^3$,新增防洪减灾能力2 868万元。通过改造,提高了灌区现代化管理水平,推进了灌区改革,有利于用水户参与灌区管理。

**(二)淠史杭灌区** 灌区位于安徽省中西部和河南省东南部,横跨江淮两大流域,是淠河、史河、杭埠河三个毗邻灌区的总称,是以防洪、灌溉为主,兼有水力发电、城市供水、航运和水产养殖等综合功能的特大型水利工程,设计灌溉面积1 198万亩,实灌面积1 000万亩,是新中国成立后兴建的全国最大灌区,是全国三个特大型灌区之一。

1984年,淠史杭灌区在全国大型灌区中第一个引进世界银行贷款进行灌区续建配套与节水改造。灌区节水改造的总体目标是:农业灌溉面积达到1 124万亩,灌溉保证率由75%提高到85%,灌溉水利用系数从0.5提高到0.65,水分生产率由0.8kg/$m^3$提高到2.0kg/$m^3$。减少供水量损失5亿$m^3$,增加灌溉面积171万亩,改善灌溉面积953万亩;新增100万人口的生活供水,改善200万人口的生活用水状况。

**(三)河套灌区** 灌区地处干旱、半干旱的内蒙古自治区西部,降水量少,蒸发量大,属于没有引水灌溉便没有农业的地区,现引黄控制面积1 743万亩,有效灌溉面积861万亩,是亚洲最大的一首制灌区和全国3个特大型灌区之一。

20世纪80年代,灌区引进世界银行贷款6 000万美元,加上地方配套共投资8.25亿元,重点开展了灌区灌排配套工程建设,完成了总排干沟扩建、总干渠整治和8个排域的315万亩农田配套。近年来,灌区通过节水技术改造和用水管理体制改革,提高了水的利用效率和效益,提高了农业综合生产能力,促进了农业增产和农民增收。节水改造项目国家累计批复投资4.66亿元。到2006年,灌区比1999年节水1.46亿$m^3$,共衬砌骨干渠道83km,节水工程控制面积达到120万亩,整治陈旧渠道14km,重建改建各类建筑物2 178座,对存在严重运行隐患的大型工程进行了除险加固。从已完成的工程看,节水效益十分显著。杨家河干渠衬砌后渠道水利用系数由原来的0.74提高到0.94;节水改造隆胜示范区内,四级渠系水利用系数由原来的0.504提高到0.889,灌溉用水由478$m^3$/亩减少到359$m^3$/亩。通过节水改造土地盐碱化程度有所降低,促进了农业生态环境的好转。

**(四)位山灌区** 该灌区地处鲁西平原,是南水北调东线工程的必经之地,是黄河下游最大的引黄灌区,灌溉控制面积为460.5万亩。不仅承担了聊城市65%以上耕地的灌溉任务,还为聊城市工业及城镇建设提供了可靠的水源保证,同时还承担了引黄济津、引黄入卫跨流域调水任务。

1998—2006年,该灌区连续9年被纳入全国大型灌区节水改造工程计划,累计投资2.2

亿元。目前位山灌区节水改造已衬砌东输沙渠、一干渠、二干渠 109.7km，改造支级渠首工程 24.6km，改建建筑物 308 座，堤防平整造田 6 250.5 亩。共节水 21 497 万 $m^3$，农业节水增产效益为 5 263 万元，改善灌溉面积 28 万亩，粮食亩产由 1998 年的 674kg 提高到 804kg，改良盐碱地 3 万亩。

## 三、灌区信息化建设逐步完善

“水利信息化是水利现代化的基础和重要标志”，灌区信息化是灌区现代化的基础和重要标志。灌区信息化即充分利用现代信息技术，深入开发和广泛利用灌区水土信息资源，包括水土资源信息的采集、传输、存储、处理和服务，全面提升水资源利用效率和灌区管理水平。信息化建设是实现灌区水资源科学调配、高效利用和农业增产、农民增收的基础和前提。目前灌区信息化程度总体水平还较低，陈雷部长在 2009 年全国水利信息化工作会议上的讲话中强调，要结合全国大型灌区续建配套与节水改造工程，做好 29 个灌区信息化试点工作。

**（一）灌区信息化建设目标和内容**　根据《全国水利发展“十五”计划和 2010 年规划》、《全国水利信息化规划纲要》所确定的目标，结合全国大型灌区建设与管理现状，按照“科学规划、分步实施、因地制宜、先进适用、高效可靠”的原则，以需求为导向，长远目标与近期目标相结合，因地制宜，讲求效益，通过试点、示范，逐步建立起有效促进灌区技术优化升级和提高灌区管理水平的信息系统。

我国灌区信息化建设分三步实现：2002 年到 2005 年为第一阶段，即试点探索阶段；2006 年到 2010 年为第二阶段，即完善提高阶段；2011 年到 2016 年为第三阶段，即全面推广阶段。目前我国灌区信息化建设处于完善提高阶段。主要建设内容包括 5 个系统。

1. 信息监测、采集系统　主要是完成水情、墒情、旱情、灾情、工情、种植和气象等信息采集和报送。

2. 信息的传输及计算机网络系统　建立高效可靠的通信网络系统，建立省水利厅—灌区信息中心—监控站—采集点网络结构，及时传输报送数据。

3. 灌区综合数据库及信息处理系统　其在灌区信息化系统建设中处于核心地位。灌区数据库建设包括数据库结构建设和数据库内容建设。

4. 用水管理决策支持系统　以综合数据库为支撑，通过建立系统模型和计算机软件系统进行分析，做出相应的用水决策。

5. 水费管理系统　建立灌区水费管理系统，提高水费收支的透明度，便于科学管理和使用水费。

**（二）灌区信息化建设的成绩**　我国的许多灌区在信息化建设方面做了不少工作，取得了初步成效。都江堰灌区和河套灌区在灌区信息化方面取得了较大的成绩。

都江堰灌区在信息化建设方面做了大量的工作：

一是组建了覆盖都江堰渠首地区枢纽及重要进水测站的数字程控通信网。同时，根据水文自动测报的要求，组建了覆盖渠首地区的超短波无线通信网；根据信息传送的需要，组建了连接各枢纽、重要水文测站的都江堰渠首主干光纤网络。总体上都江堰渠首地区已组建起了完善的、具备冗余备份的、快速可靠的通信网络和计算机通信网络，为其他应用系统提供了强大、可靠的支撑平台。

二是在水情自动测报及计量用水方面，灌区实现了实时采集掌握岷江来水、内江总干渠水

量及六大干渠水位流量情况，为防洪、用水调度提供了及时可靠的基础信息。已完成343处制口的计量用水，能自动生成过程线，统计水量，大大提高了各处用水管理的主动性。

三是闸群自控及图像监视方面，在渠首内江四大干渠枢纽闸群实施了远程集中自动控制和渠首地区重要枢纽的实时图像监视系统，使在调度中心能够控制闸群启闭，监视枢纽运行状况。

四是灌区广域网建设。成功组建了灌区广域网络，实现了灌区内数据的加密共享，并在将来具备承载办公自动化系统、水利信息化管理系统等功能。

内蒙古河套灌区信息化建设工作历来一直是灌区各级管理部门的重要工作之一。提高管理水平，加快灌区现代化建设步伐，是灌区发展的必由之路。早在20世纪70年代末80年代初，灌区就开展了以测流量水为内容的信息自动采集系统的研发工作，先后完成了“CP-I远传水位计”、“总干渠群闸三遥集控装置”、“弧形闸门开度数字显示仪”、“总干渠各枢纽部分渠道堰闸测流系数率定”等项目的研发和应用。80年代中后期，灌区将微型机实时控制技术引入到了总干渠枢纽测控工作中，增加了水情自动打印、流量自动计算、各渠道水量累计、全天候水位与流量过程线显示、定流量变开度、闭环回路控制等自动控制功能。进入90年代，随着灌区配套工程建设的进行，总干渠监控系统在原来的基础上得到了延伸。1998年利用世界银行贷款建成的总干渠监控系统，充分利用了现代计算机网络技术，对拦河闸和总干渠四个分水枢纽水位、流量、闸位进行实时监控，统计、分析水情。2003年12月，河套灌区正式开始实施了信息化建设工程。工程共分为6个部分内容：信息自动采集系统；通信网络系统；计算机网络系统；数据库系统；3S系统；灌区业务应用系统。到目前，项目建设涉及的基础设施配套工作已完成，其中网络系统、大屏幕显示墙系统、通信网络系统已完成，其他系统安装调试工作正在进行中。

## 第五节　农村饮水安全工程建设

在新中国成立初期的30年里，由于对农村安全饮水重视程度不够，导致农村安全饮水发展缓慢，许多农村居民由于饮水问题而导致了许多疾病，对农民的健康生活带来了极大的隐患，直到20世纪80年代，国家才逐渐意识到了农村安全饮水对于农村可持续发展的重要性。农村安全饮水工程也在80年代后得到了快速发展。解决农村安全饮水问题已成为水利工作的头等大事，受到党和国家以及社会各界的高度重视。国家发改委副主任杜鹰在今年的“两会”上曾经指出，2009年政府在农村安全饮水方面的投入将比2008年翻一番。由此也可以看出国家对于农村安全饮水问题的重视程度。胡锦涛总书记曾明确指出：“饮用水安全问题关系到广大人民群众的健康，必须高度重视。要通过科学论证，研究采取治理污染、改进自来水净化处理等措施，从根本上解决问题，把以人为本真正落实到实处”。温家宝总理在2005年政府工作报告中指出：“我们的奋斗目标是，让人民群众喝上干净的水、呼吸清新的空气，有更好的工作和生活环境。”加快农村饮水安全工程建设，是实现我国农村经济可持续发展的重要前提，是解决“三农”问题的重要保障，是关系广大农民生命安全和身体健康的大事，是推进社会主义新农村建设和构建社会主义和谐社会的重要内容，对于保障广大农民群众身体健康和生命安全、改善农村人居环境、提高农村居民生活质量具有重要的意义。

## 一、农村安全饮水工程发展历程

**(一)分散式供水时期** 主要指新中国建立后到20世纪80年代初期。在这一时期,由于自然条件和经济条件的限制,我国绝大部分地区农村用水靠自然降水。以水井、水窖、蓄水池等形式储水,对象以自然村或十几农户为单位,或者通过小型水库和池塘蓄水来满足农村用水的需求。这些村级的小型水利工程大多是在新中国建立之初至20世纪70年代由国家和集体投资、农民投劳兴建起来的,由村集体负责管理,满足村里的用水需求。后来逐步采取人、畜分塘饮水,增设大口井井台和井口加盖,建造手压机井、建设简易引泉工程等积极解决农村居民饮水困难和改善饮水卫生条件。山区普遍存在较为严重的缺水现象,一些简易的蓄水装置如水窖、蓄水池等成为当地农民唯一的水源,有时为了得到一些较为洁净的水,常常需要走很远的山路挑一些泉水。在这一时期,农村供水的主要特点是供水水质无法保障,同时由于管理混乱造成了一定的水资源的浪费。而且由于水资源的时空分布不均,一些缺水的地区,农民的生活用水基本无法得到保障。

新中国建立初期,我国基础薄弱,经济发展速度较为缓慢,农村生活水平很低,农村人口的安全饮水无法得到保障,严重制约了我国农村经济的快速发展。随着1978年党的十一届三中全会的召开,对农村的经济体制进行了改革,农村居民生活水平有了很大的提高,农村安全饮水工程的建设也被提升到了一个新的高度。但是,在建设初期由于投资少、规划不够合理,所修建的工程多数存在设计标准偏低、设计不够合理、设备简陋等现象。至此,我国进入了农村安全饮水发展进程中的另一个重要时期。

**(二)农村安全饮水建设时期** 随着我国经济建设的不断发展,我国农村经济得到较快发展,居民的电力、交通、居住等条件已逐步得到改善,生活水平普遍提高,但农村安全饮水建设基本停留在较低的水平,明显滞后于其他基本设施建设。为了改善广大农村居民的生活条件,提高居民的生活水平,实现农村经济可持续发展的战略目标,建设规范、统一优质的农村安全饮水工程是十分必要的。所以国家适时地提出了建设农村安全饮水工程的号召。从20世纪80年代到21世纪初,我国农村安全饮水工程取得了蓬勃的发展。

1980年,水利部在山西省召开全国农村人畜饮水工作会议,提出了五年的奋斗目标,并制定了《关于农村人畜饮水工作的暂行规定》。1984年国务院批转了水利电力部《关于加速解决农村人畜饮水问题的报告》,转发了《全国农村人畜饮水暂行规定》,农村饮水解困正式列入国家规划。1986年,水利电力部要求农村饮水工作与农村治穷致富结合起来。经国务院批准,1984年到1989年国家共安排了4批以工代赈项目,支持贫困地区重点解决农村饮水困难。20世纪90年代初,国家把解决农村饮水困难列入国家"八七"扶贫攻坚计划,加大了扶持力度。1988年,国务院明确提出了将乡镇供水作为水利工作的一项重要内容。水利部先后在我国不同的省、市建立的供水工程建设试点,探索安全饮水工程在不同地区、不同自然条件下的建设和管理经验,为我国农村安全饮水工程建设奠定了基础。为了保证农村安全饮水工程的顺利进行,国家还先后制定了《农村实施〈生活饮用水卫生标准〉准则》,编制了《农村给水设计规范》,编著农村给水相关技术手册等,建立《农村饮用水安全卫生评价指标体系》。1994年,中央提出力争用7年的时间,到2000年底基本解决当时全国农村8000万贫困人口的温饱问题,并把基本解决农村人畜饮水困难作为奋斗目标之一。我国还获得联合国儿童基金会420万美元的无偿援助,重点用于6个省、自治区解决部分农村饮水困难和环境卫生问题。到

1999年，全国共建成各类农村供水工程300多万处，累计解决了2.16亿人的饮水困难。从1987年到2003年，农村大规模修建集中供水工程。据统计，2000—2008年的9年间，全国共投入616亿元，其中中央安排资金310亿元，地方配套和农民群众自筹306亿元，解决了1.6亿农村人口的饮水困难和不安全问题的计划，基本结束了我国农村严重缺乏饮用水的历史。国家发改委、水利部、卫生部2005—2006年农村饮水安全应急工程规划项目，《农村给水设计规范》、《村镇供水技术规范》、《村镇供水站定员标准》、《村镇供水单位资质标准》，为实施农村饮水安全和可持续发展提供了可靠的技术支撑。2007年，水利部进一步提出，坚持以人为本，把解决民生问题放在更加突出的位置。农村供水从解决人畜饮水困难转向保障农村居民饮水安全。2008年10月党的十七届三中全会明确提出，"加快农村饮水安全工程建设，五年内解决农村饮水安全问题的计划"。在2008年全年，共落实中央农村水利投资207.7亿元(包括第四季度新增80亿元)，是2007年的226%。其中，饮水安全115亿元，是2007年的180%，解决了4 824万农村人口的饮水安全问题。水利部农村水利司王晓东司长在2009年全国农村水利工作座谈会上的讲话中指出，今后一段时期内农村水利的一个重要任务就是加快农村饮水安全工程建设步伐，确保2013年底前解决饮水安全问题。并且制定了2009年新解决6 000万人的饮水安全问题的计划，提前完成"十一五"规划任务的宏伟目标。今后几年，争取进一步加大投入力度，加快建设步伐，尽早让广大农民都喝上干净卫生的水。

## 二、农村安全饮水工程现状

**(一)供水形式**　现阶段我国村镇供水工程主要分为两种形式：一种是分散式的供水方式，受传统居住形式的影响，目前我国大部分农村居民住房仍为分散、无序的状态，户与户之间间隔较远，导致我国村镇供水目前仍以分散式供水为主。至2004年底，全国农村分散式供水人口为58 106万人，占农村人口的62%。分散式供水的水源多为浅层地下水、地表水或者一些简易的雨水蓄积装置如水窖、蓄水池等。采用分散式供水方式的人口中，67%为浅井供水，主要分布在浅层地下水资源开发利用较容易的农村，供水设施以真空井或筒井为主，建设在农户家中或者离村民居住地较近的地区，取水方式主要为手动泵、辘轳或微型潜水电泵；3%为集雨，主要分布在山丘区水资源开发利用困难或海岛等淡水资源缺乏的农村，以屋檐和硬化庭院集流场为主，北方以水窖蓄水为主，南方以水池蓄水为主；9%为引泉，主要分布在山丘区，南方较多；21%无供水设施或供水设施失效，直接取用河水、溪水、坑塘水、山泉水或到其他村运水，主要分布在南方降水较丰富的山丘区农村。

另一种是集中式的供水方式。我国集中式供水人口为36 243万人(主要为200人以上或日供水能力在20m³以上集中式供水工程的受益人口)，占农村人口的38%。其中，91%集中供水工程规模仅限于单村内的居民供水。近年来，统一规划建设的新农村通常会采用统一水源集中供水，而距城市较近的村庄将就近接入城市供水管网。村级集中式供水工程，多数为单村集中供水，水源以地下水和山溪水为主，多数供水设施简陋，只有水源和管网，缺少水处理设施和水质检测措施，有水处理设施的集中式供水工程仅占集中供水工程总处数的8%左右 。

**(二)供水水质**　胡锦涛总书记2003年7月对农村饮水安全工作做出批示，"无论有多大困难，都要想办法解决群众的饮水问题，绝不能让群众再喝高氟水"。目前，我国农村安全饮水中一个最为突出的问题就是饮水的水质问题。农村水质问题主要表现为氟超标、铁锰超标、苦咸水以及一些被污染的地下水和地表水。据不完全统计，我国农村约有3.2亿人饮水不安全，其中1.9亿人的饮用水中有害物质含量超标,如高氟、高砷、苦咸等。据2003年全国农村饮水水质卫生监测统计报告显示:监测范围为20个省份147个县监测点1 539个,实际调查人口6 814.1万人,丰水期和枯水期饮用水水质符合《农村实施〈生活饮用水卫生标准〉准则》的人口分别占60.61%和75.37%,地表水丰水期和枯水期饮用水水质符合《农村实施〈生活饮用水卫生标准〉准则》的人口分别占58.27%和73.60%。2005年,国家有关部委对全国农村饮水现状调查成果进行了一次全面复核评估,结果表明:截至2004年底,全国农村人口93 745万人,其中饮水安全和基本安全人口为61 545万人,占农村总人口的65.7%;饮水不安全人数为32 200万人,占农村人口的34.3%。水质问题已成为威胁农村安全饮水最主要的问题。因此,我国农村安全饮水工程建设仍需进一步加强。

**(三)供水管理** 供水工程建成后,完善的管理制度、健全的管理机构、先进的管理模式是保证供水工程稳定运行的前提。目前我国村镇供水工程中还存在许多问题,如管理责任不明确、管理机制不灵活、水价不到位、工程运行管理费用不足等。我国农村安全饮水工程管理模式现阶段主要有以下几种形式。

①对于一些规模相对较大、人口较多的村镇,包括取水、消毒、输水配水在内的供水设施修建较为完善,基本可以保证居民生活用水的水量水质。这部分工程以国家和集体投资为主,由工程管理委员会负责管理。工程管理委员会由县级水行政主管部门或委托乡镇水利管理站负责组建,成员由水利部门和受益乡、村代表组成。

②对于一些居住分散、人口稀少的地区,居民生活用水多以水池、水窖、旱井等微型供水工程为主,水质无法保障。在这种情况下,一般实行农户自建、自有、自管、自用的体制,由水行政主管部门颁发产权证书明确农户的所有权。

③对跨村跨乡规模较大的集中供水工程,多采用专业管理机构和用水户协会有机结合的管理体制。村以上的骨干工程由县水利部门或乡水管站成立专业机构管理(供水站管理)。

在党和政府的关心下,我国的农村安全饮水工程在短短的几十年间取得了令人瞩目的成就。但是,由于我国安全饮水工程的整体水平依旧较低,自来水的普及率尚待提高。在一些偏远地区或山区中,供水的水质甚至无法保证,消毒设施缺乏,水质检测工作不到位,而且管理体制上还存在一些不足之处。所以,我国的农村安全饮水工程依旧有一段很长的路要走。

## 第六节 农村小水电发展迅速

我国幅员辽阔,地形复杂多样,河流众多,径流总量丰沛,地势落差大,蕴藏着丰富的水能资源。根据最新水能资源复查结果,我国农村水电资源技术可开发量为1.28亿kW,年发电量为4 500亿kW·h,占全国水电资源技术开发量的35%,居世界第一位,广泛分布在全国30个省、自治区、直辖市的1 600多个县(市),主要集中在西部地区,占全国的67%,中部地区占17%,东部地区占16%。农村小水电(100kW<单站装机容量<5万kW)在解决农村用电、促进农民脱贫致富、农村经济社会发展、山区生态建设和节能减排工作中起到了无法替代的作用。特别是在2008年南方的雨雪冰冻灾害和汶川大地震中,农村小水电充分发挥分布式能源的优势,在保障电网安全和抗灾减灾工作中发挥了巨大的作用。

## 一、农村小水电的发展历程

1949 年新中国成立时，500kW 以下的农村小水电只有 33 处，共装机 3 634kW。国家实行两条腿走路的方针，在农村主要结合江河治理，兴修水利，开发农村小水电，解决照明和生活生产用电问题。改革开放以前，中国农村小水电发展速度慢、规模小，以分散独立供电为主，装机还不到 700 万 kW。改革开放后，各级水利部门治水办电相结合建设小水电，国家鼓励地方办电和农民自发兴办小水电。1982 年，邓小平同志在四川考察时指出，"发展小水电，中央、国务院给个政策，群众、国家都得利。这就是搞活，就是解放思想"。开创了有中国特色的农村电气化道路。到今天，农村小水电装机容量 5 100 万 kW，年发电量 1 600 亿 kW·h，约占中国水电装机和发电量的 30%。我国通过开发小水电实现农村电气化的做法，受到了世界的瞩目。

中国农村小水电发展经历了以下三个阶段。

第一阶段：从新中国成立到 20 世纪 70 年代末的 30 年。随着农田水利建设的快速发展，小水电作为水利工程的附带建筑也得到了较快的发展。在山区建设水利工程的同时，全国建起了许多坝后式小水电站。1969 年底，为总结前一时期小水电建设的经验，在福建永春县召开了全国小水电现场会，总结推广了永春县自力更生兴建小水电 4 000kW，并形成了发电和供电统一管理的经验，为后来农村小水电的发展创造了条件。此后，国家及时地制定了保护农村小水电的政策，在资金、技术和关键性原材料方面给小水电以扶持，调动了各级办电的积极性。这个阶段，农村小水电从仅供照明、农副产品加工，发展到为照明、加工、排灌及乡镇企业用电。一些农村小水电发展较快的县，形成了以小水电供电为主、电压为 35kV 的地方电网，小水电站从原来的单站运行、分散供电，发展到在地方电网内联网、统一调度。这期间还对小水电资源进行了总体调查和勘测，基本弄清了我国的小水电可开发量。

第二阶段：从改革开放到 20 世纪末的 20 年。改革开放极大地解放了生产力，国家的工作重点转向以经济建设为中心，电力基础设施薄弱的问题越来越突出。在邓小平同志倡导下，国家通过政策支持、财政补助、技术培训等措施，鼓励地方政府和当地农民自力更生兴办农村小水电。以此为契机，农村小水电迎来了快速发展的阶段，小水电发生了质的变化，开创了有中国特色的农村电气化道路。改革开放 20 年间，农村小水电事业得到了长足发展，新增装机年递增 7%～8%，资源开发利用程度从改革开放初期 7%提高到目前的 21%，小水电已经成为在经济发展中一个欣欣向荣的事业。

第三阶段：进入 21 世纪以来的 10 年。我国更加重视小水电在农村经济社会发展中的作用，农村水电电气化建设实现新的跨越，农村水电电网大规模改造，农村水电现代化积极推进，农村水电开创代燃料工程新领域，农村水电资源统一管理得到加强，农村水电资产战略性重组结成硕果，农村水电国际影响显著提高。农村小水电被党中央、国务院列为"周期短，见效快，覆盖千家万户，促进农民增收的效果更显著"中央重点支持的农村基础设施和公共设施。随着国家经济体制改革的不断深化，社会资本大量进入小水电开发领域，促进了农村小水电的快速发展，到 2007 年底，全国已建成农村水电站 45 000 座，小水电总装机容量达到 5 100 万 kW，年发电量将近 1 500 亿 kW·h，占到全国水电装机容量和发电量的 1/3。小水电在解决山区农村用电问题的同时，也极大地繁荣了农村经济。

## 二、农村小水电的巨大作用

2006 年 6 月，温家宝总理就农村小水电工作专门批示："小水电开发应该与农民利益、地方发展、环境保护和生态建设结合起来，走科学、有序、可持续发展的道路。"农村小水电是民生水利的重要内容，关系到农民生产生活条件的改善，关系到新农村建设的大战略，关系到和谐社会的构建。经过改革开放 30 年的发展，农村小水电技术成熟、规模适宜，可就地开发、就近供电，适宜解决分散、边远、贫困山区的用电问题，在促进我国农村经济社会发展中发挥了巨大作用。

**(一)提高了农村电气化水平** 从 1983 年起，国务院组织实施以农村小水电为基础的农村电气化县建设，农村水电地区户通电率从 1980 年的不足 40%提高到 2008 年的 99.6%，供电质量和可靠性大大提高，基本解决了山区农村的用电问题。并使全国 3 亿多人口主要靠小水电用上了电，基本解决了用电难的问题。农村电气化改变了以往靠大电网延伸向农村供电的传统做法，依靠开发小水电、建设配套电网，小水电开始进入千家万户，农村电气化水平不断提高。

**(二)加快了农村经济发展和农民脱贫致富** 在偏远贫困山区，各级政府充分利用水能这一优势资源，将建设农村小水电作为带动当地经济社会发展、增长农村人均纯收入的支柱产业。在水能资源丰富的县，农村小水电提供的利税在县财政收入中占了很大比重。农村小水电收入还为农村教育、医疗、社会保障和其他公益事业提供了资金渠道。电气化县建设，大力促进了当地经济的发展。电气化建设使这些地区的产业结构得到快速升级转换，并相应带来就业结构的变动。三批初级电气化县累计有 2000 多万农业剩余劳动力转移到二、三产业，二、三产业的发展又进一步加快城镇化进程。产业结构的升级，有利于从根本上解决制约贫困山区、少数民族地区和革命老区经济发展的深层次问题。

**(三)治理了中小河流，促进农业发展** 通过农村小水电的开发建设，综合治理了数千条中小河流，形成水库库容 2 581 亿 $m^3$，近年来，还解决了 6 425 万人及 4 742 万头牲畜的饮水困难，增加灌溉面积 2 530 万亩，治理水土流失面积 1.34 万 $km^2$，云南省实施流域梯级综合开发的中小河流近 100 条，已建和在建水电装机达 167 万 kW，实现了上游建库、中游发电、下游灌溉。建设农村小水电，综合治理中小河流，调节了汛期洪水，保证了旱时灌溉，解决了沿岸群众生活用水，提高了农村小水电为农业服务的能力。

**(四)促进了节能减排和可持续发展** 2003 年以来，我国启动了以农村小水电代燃料试点和扩大试点工程。通过开发山区丰富的水能资源，为农民提供廉价的电力，从而改变山区农民依靠砍伐树木、燃烧煤炭作为生活用能的传统生活方式，保护了山区植被，避免了水土流失，保障了退耕还林、天然林保护等生态工程的实施。2008 年，全国农村小水电发电量为 1 600 多亿 kW·h，相当于节约了 5 600 万 t 标准煤，减少二氧化硫排放 70 多万 t、二氧化碳排放 1.4 亿 t。小水电代燃料试点工程，使得 80 多万农民实现了小水电代燃料，保护森林面积 350 多万亩。农村小水电在解决偏远地区农村供电问题，还促进了社会、经济和环境的可持续发展。

**(五)保障了应急供电** 在 2008 年两次突如其来的自然灾害面前，农村小水电发挥了大作用。在雨雪冰冻灾害严重破坏电力主网的情况下，小水电在为部分大电厂提供启动电源的同时，还保障了 200 多个县城、2 000 多个乡镇春节和电力主网恢复重建期间的供电。湖南省怀化市在国家电网、南方电网联网通道先后瘫痪的情况下，依靠当地小水电实现了城区和所属五

个县城在灾害期间不停电，并在春节前恢复了小水电供电区全部乡镇、80%农村的正常供电。汶川地震使当地电力主网瘫痪，灾区人民通过抢修当地小水电和配电网，以最快的时间将电力输送到最需要的地方。茂县青沙沟电站(800kW)、静州电站(320kW)在武警官兵帮助下得以快速修复，孤网运行，供县抗震救灾指挥部、自来水公司、医院、通讯等用电。

**(六)推动了世界农村小水电的发展**　我国提出的以地方为主的分散方式的建设管理体制和“自建、自管、自用”的方针，以及全面考虑农村小水电社会、经济和环境效益的做法，使得小水电建设既满足了今天农村社会的需要，又不会对今后的发展带来不利的影响。这一中国式的做法和经验，通过联合国的多边合作渠道而声名远扬，很多国家出现了“中国小水电热”，并促成了全球小水电开发进入了一个新的蓬勃发展期，使小水电建设从过去以解决农村缺电为主的需求型开发，进入到了以保护生态环境、加速优质可再生能源开发利用为目的的新阶段。

### 三、农村小水电的发展前景

2007年国务院通过的《可再生能源中长期发展规划》提出，在水能资源丰富地区，结合水电农村电气化县建设和实施小水电代燃料工程需要，加快开发小水电资源，到2020年全国小水电装机容量可达到7 500万kW。按照此规划，政府将以提高农村用电水平和农民致富为目标，持续推进水电农村电气化建设，解决有水无电地区用电问题。全面实施小水电代燃料工程，基本解决退耕还林区、天然林保护区、自然保护区和水土保持重点治理地区1 000万户农民的生活燃料问题。未来农村小水电的发展重点将放在提高农村贫困人口收入、实施小水电代燃料生态保护工程改善当地生态环境、加大农村小水电产业规模以替代常规能源等方面，从而为实现国家的可持续发展发挥积极的作用。

## 第七节　农田水利防汛抗旱减灾体系

我国是一个水旱灾害频繁发生的国家。历史上，由于水利设施的匮乏以及社会生产的落后，加上战争等的影响，这些灾害曾给中国人民带来深重的灾难。

从鸦片战争到1949年的110年中，由于当时政治腐败、外来侵略、战争迭起、国力衰竭和自然灾害等原因，水利设施薄弱，江河水系紊乱，全国防洪和抗旱工程设施不仅数量很少，而且残缺不全，防御水旱灾害的能力很低，灾害频繁。1949年，全国仅有堤防4.2万km，除黄河下游堤防、荆江大堤、淮河洪泽湖大堤、海河永定河堤防、钱塘江海塘等工程相对完整以外，绝大多数江河堤防矮小单薄，破烂不堪，防洪能力很低。全国仅有6座大型水库(丰满、水丰、镜泊湖、闹德海、二龙山、太平池)，防洪作用很小。1942年大旱灾情严重，受旱地区庄稼旱死，农业无收，广大灾民背井离乡，仅河南省饿死、病死的就有数百万人。

造成我国水旱灾害频繁的原因分为两类：一是自然因素。我国地处欧亚大陆东南部，东南临太平洋，西北深入欧亚大陆腹地，西南与南亚次大陆接壤，地势西北高、东南低，地理条件和气候条件十分复杂。大部分地区位于季风气候区，降水时空变化大，降水量自东南沿海向西北内陆递减，年平均降水量在400mm以下的干旱、半干旱地区占国土面积的45%。年内季节分配不均衡，汛期4个月降水量占年降水量的50%～80%。年际之间变化大，丰水年降水量与少水年降水量比，一般南方为1.5～3倍，北方为3～6倍。水土资源组合不平衡，全国每亩耕地平均拥有水资源量1800多$m^3$，而黄河、淮河流域只有300多$m^3$，辽河、海滦河流域更少，仅有200$m^3$左右。

二是社会因素。随着人口的急剧增加和对水土资源不合理的利用，导致水环境的恶化，加剧了水旱灾害的发生。人口的急剧增加一方面会使抵御洪涝灾害的能力受到削弱，另一方面由于社会经济发展却使受灾程度大幅度增加。我国目前水土流失面积已达160万$km^2$，每年流失泥沙50亿t，河流带走的泥沙约35亿t，其中淤积在河道、水库、湖泊中的泥沙达12亿t。湖泊不合理的围垦，面积日益缩小，使其调洪能力下降。随着生产的发展，人们生活水平提高，对水的需求逐渐增加，毁林开荒、陡坡垦植等破坏自然植被造成水土流失，以及大量施用化肥而减少施用农家肥料，使土壤结构恶化，蓄水保墒能力衰退，也加重了旱灾的发生。

## 一、新中国成立以来主要的水旱灾害

新中国成立后，在全国范围内开展了大规模的整治江河、兴修水利设施等工作，使我国江河的防洪和抗旱标准有了很大提高。但是，由于我国气候条件复杂，各条河流水情各异，水旱灾害仍很频繁。主要洪涝和干旱灾害如下。

**(一)洪涝灾害** 1954—1998年，造成较大损失的特大洪水有：

①1954年，长江流域发生20世纪的最大洪水，洪水量级超过近代长江最大洪水灾害的1931年，长江中下游受淹农田3.17万$km^2$，受灾人口1888万人，死亡3万余人。淮河流域农田成灾4.082万$km^2$。全流域成灾面积408.2万$km^2$。安徽省灾情最重，成灾面积174.7万$km^2$，河南、江苏成灾面积均为102.7万$km^2$。

②1958年，黄河花园口站发生有实测资料以来最大的一次洪水，滩区和东平湖受淹，黄河京广铁路桥被洪水冲垮两孔，交通中断14天。山东、河南受灾74.08万人，淹没耕地20.3万$km^2$，倒塌房屋30万间。

③1963年，海河南系发生特大洪水。海河流域受灾农田达486万$km^2$，其中河北淹没农田357.3万$km^2$，受灾人口2200余万，房屋倒塌1265万间，约有1000万人失去住所，5030人死亡。

④1975年，淮河上游出现罕见的特大暴雨，河南省泌阳县林庄3天降水量达1605.3mm，位于暴雨中心地区的两座大型水库失事。河南省有820万人口、1.06万$km^2$耕地遭受严重水灾，倒塌房屋560万间。

⑤1991年，暴雨、洪水使河南、安徽、江苏、上海、浙江等省、直辖市出现了高水位和大范围雨涝的防汛抗洪紧张局面，太湖连续80天超警戒水位，有12天超历史最高水位，巢湖水位超过了1954年的历史最高水位。淮河流域受淹耕地401万$hm^2$，受灾人口5423万人，倒塌房屋196万间。

⑥1995—1996年：1995年，长江、辽河、松花江流域大水，长江流域川、湘、鄂、赣四省农田受淹成灾32.1万$km^2$，受灾人口8526万人。东北辽、吉、黑三省农田受淹2.232万$km^2$。受灾人口1078.6万人。1996年，珠江、长江、海河流域部分水系发生大水。全国各省(区、市)均不同程度受洪涝灾害，一半以上省(自治区)严重受灾，全国有311个县以上城市进水，洪涝成灾面积11.8万$km^2$。受灾人口2.67亿人，直接经济损失2208.36亿元。

⑦1998年，长江、嫩江、松花江、珠江、西江等流域特大洪水，农作物受灾1080.7万$hm^2$，成灾728.1万$hm^2$，绝收251.5万$hm^2$；受灾10169.2万人，成灾7094.7万人，死亡人口2140

人，伤病152万人，直接经济损失1 450.9亿元。

**(二)干旱灾害** 近50年来，造成较大损失的特大干旱有：

①1959—1961年，历史上称为“三年自然灾害时期”。全国连续3年的大范围旱情，3年全国受旱农田16.4亿亩，成灾6.9亿亩；3年全国共减产粮食611.5亿kg。人口非正常死亡急剧增加，仅1960年统计，全国总人口就减少1 000万人。

②1972年，北方旱区江河水位下降，塘库蓄水减少甚至干涸，北京、天津等城市供需水矛盾加剧。南方干旱给水稻、棉花等生长造成严重影响。

③1978年，安徽等省、市受旱地区年降水量一般只有500～1 200mm，偏少2～4成。其中，江淮之间大部分年降水量只有450～700mm，偏少3～5成。全国受旱面积60 253万亩，其中减产3成以上的成灾面积26 954万亩，以长江中下游地区旱情为甚。

④1985—1990年，连续6年遭遇干旱，受旱率均高于1.6，其中高于0.2的年份就有3年。1986年发生受旱率大于或等于0.2的有16个省、自治区、直辖市，其中北方9个，南方7个。北方的蒙、陕、冀、豫受旱率大于或等于0.4。1988年，全国受旱农田4.9亿亩，成灾2.3亿亩。全国有数千万人、1 000多万头牲畜饮水发生困难。

⑤1994年，全国受旱面积45 423万亩，成灾面积25 573万亩。干旱遍及北方15省、自治区、直辖市，不仅给春播作物生长造成威胁，也一度影响夏播。以华北和西北地区东部旱情为重，白洋淀发生干淀。苏、皖、沪、浙、鄂、川及赣、湘局部发生伏旱，以苏、皖旱情为最重，是该地区1934年以来同期受旱最重的一年。

⑥1999—2000年，山西、河北等省北方冬春连旱之后，夏秋又出现大范围严重干旱。北京、河北大部、河南南部、山西西北部、安徽淮北及陕西、山东、辽宁、吉林、黑龙江等省的局部地区降水量偏少5～7成。南方的湘、桂、粤、鄂等地也遭受不同程度的冬、春、秋干旱。1999年，全国累计受旱面积4.52亿亩，成灾2.49亿亩。2000年，全国年内受旱农作物6亿亩，成灾4亿亩；有3 800万城乡人口和2 400万头大牲畜一度因旱不同程度地出现饮水困难。

⑦2009年，河南省近60%的麦田受旱，有360多万亩出现黄苗，有40多万亩出现枯苗死苗现象；安徽省近70%的麦田受旱，有90万亩出现点片死苗现象；山东、山西、陕西、甘肃等省麦田受旱面积均超过一半。小麦主产省受旱1.41亿亩，比2008年同期增加1.32亿亩，全国接近43%的冬小麦遭受旱灾。

## 二、防汛抗旱的主要措施及取得的成绩

新中国成立以来，党和政府对水利非常重视，领导和带领全国各族人民，兴水利、除水害，克服了重重困难，开展了大规模的水利工程建设和江河治理工作，夺取了历次防汛抗旱斗争的胜利，为经济社会发展提供了有力的保障。

**(一)防汛** 20世纪五六十年代，毛泽东主席曾分别就黄河、淮河、海河流域的水利工作题词：“一定要把淮河修好”、“要把黄河的事情办好”、“一定要根治海河”，充分表达了全国人民整治江河、造福人民的坚强决心和强烈愿望。从那时起，各大江河的流域防洪规划、水文基础资料整编、防汛抗洪科学研究等工作全面展开，蓄泄兼筹的江河治理方针逐步形成，开展大规模的防洪工程建设，相继开工兴建了官厅水利枢纽工程、长江荆江分洪工程、导淮工程等，为初步控制常遇的洪水灾害和进一步提高防洪标准打下了基础。到中共中央第十一届三中全会前的1978年，全国整修新修江河防洪堤16.5万km，保护面积达到4.8亿亩；建成各类水库8.4万

座,其中大型水库311座,总库容4 000亿 $m^3$,初步形成了大江大河防御洪水灾害的工程体系。

1958年黄河大洪水,在千钧一发的防汛关键时期,周恩来总理亲临黄河抗洪前线,认真分析水情、雨情和工情,审时度势,做出正确决策。决定河南、山东两省全党动员,全民动员,严加防守;依靠群众,固守大堤,特别是加强了涵闸及薄弱堤段防守,启用东平湖蓄滞洪区分蓄洪水,以最高的警惕、最大的决心去战胜这场洪水。1958年,黄河大堤无一处决口,无1人死亡,取得了黄河防洪史无前例的重大胜利。

1963年海河大洪水,党中央、国务院指示中央防汛总指挥部制定了"确保天津市,确保津浦铁路,力争缩小灾害面积"的抗洪方针。加强防守,调动各方面大力支援。并采取了一系列的紧急重要措施,包括洼地分洪、水库控泄洪水、扩大滞洪范围等。广泛发动人民群众和解放军部队,河北、山东、河南三省和天津市会同解放军共400多万人,齐心协力经过50天的搏斗,终于取得了抗御这场特大洪水的胜利。

1978年党的十一届三中全会以来,改革开放极大地促进了国民经济的高速发展和综合国力的不断增强,防洪工作得到了全面发展,走上了正规化、现代化、法制化的发展轨道。党中央、国务院和地方各级党委、政府,把搞好水利防洪工程建设作为关系中华民族生存和发展的长远大计,坚持全面规划、统筹兼顾、标本兼治、综合治理的原则,实行兴利除害结合,采取加大防洪投入的各项保障措施,加快防洪建设以适应国民经济的发展。建立健全了全国抗洪抢险的调度指挥体系以及防洪法制体系。长江三峡、黄河小浪底等举世瞩目的控制性防洪工程开工兴建,实现了中国几代人孜孜以求的梦想。防洪工程从质量和规模上都有了质的飞跃,进一步提高了我国的防洪抗灾能力,开创了防汛事业的新局面。

1991年大洪水,党中央、国务院高度重视,党和国家领导人亲赴前线指挥、慰问,各省、市团结协作,军民协同作战,各部门紧密配合,国家防总和各级防汛指挥部正确指挥、果断决策、科学调度,水利工程发挥了巨大的防洪减灾效益。各类水库拦蓄洪水38亿 $m^3$,削减洪峰60%～90%。及时启用17个行蓄洪区,滞蓄洪水40多亿 $m^3$。经过全国人民的共同努力,确保了重要城市和工业的安全,实现了大江大堤无一决口,大中型水库无一垮塌,达到了把灾害降到最低限度的预定目标。

1998年,长江、松花江流域大洪水,党和国家领导人亲上前线,带领军民投入到南北两线的抗洪战役中,全国直接参加抗洪抢险战斗的军民达800万人,解放军和武警部队参加抗洪抢险的人数达27万多人。在抗洪抢险斗争中,形成了"万众一心、众志成城,不怕困难、顽强拼搏,坚韧不拔、敢于胜利"的伟大抗洪精神。确保了人民生命财产的安全,使这场特大自然灾害的损失减少到最低限度。

**(二)抗旱**　新中国成立后,党中央、国务院高度重视抗旱工作,从政策制定、组织机构和财力、物力保证等方面做出了巨大努力。在1950年11月召开的全国水利会议上,就将"同时兴修灌溉工程,以减轻旱灾"列为3年内水利工作的根本方针。1952年2月,中央人民政府政务院发出《关于大力开展群众性的防旱抗旱运动的决定》,动员各行各业及全国人民进行抗旱斗争。1952年12月又发出《关于发动群众继续开展防旱抗旱运动并大力推行水土保持工作的指示》,极大地推动了我国群众性防旱抗旱运动的开展。

防旱抗旱基本对策是兴修水利,发展灌溉。新中国成立后,在党和政府的领导下,全国各族人民进行了大规模水利建设,因地制宜地兴修了大量蓄水、引水、提水灌溉工程。据统计,截至1999年,全国共兴建了大中小型水库8.5万多座,修建万亩以上灌区5 611处,固定机电排

灌站50余万处，机电井372万眼。水利工程形成了5 800亿 $m^3$ 的年供水能力，使我国有效灌溉面积由新中国成立初期的2.38亿亩发展到8亿亩，全国灌溉耕地上生产的粮食占全国粮食总产量的2/3。

在大规模兴修水利设施的同时，在节水技术上也不断取得突破性进展，包括研制作物抗旱新品种、大力研制和推广节水灌溉技术、改善田间种植方式等。这些节水技术在起到抗旱效应的同时，也大大提高了作物的产量。在20世纪60～70年代，浙江一带就开始推广三合土和混凝土地下渠道。20世纪50年代就有部分地区开始进行喷灌的研究和试点。到20世纪70年代，喷灌技术受到普遍重视，到1997年全国喷灌面积已达86.7万 $hm^2$。而滴灌技术是从1974年墨西哥引进三套滴灌设备开始的。我国科技人员吸收了国外的先进经验，研制出了一整套适合我国使用的滴灌和微喷灌设备，现在全国微灌面积已达几万公顷。由于塑料工业的发展，到20世纪80年代，地下输水技术又得到了新生，发展成为低压管道输水灌溉技术，主要采用低压塑料管输水，也还有用素砼管等其他低压管输水。据1993年不完全统计，全国地下输水技术推广面积超过330多万 $hm^2$。

水利事业的蓬勃发展带来了抗旱斗争的全面胜利。1994年伏旱，安徽省受旱面积达302.9万 $hm^2$ 万亩，全省自5月1日至8月25日累计从水库放水、涵闸引水、泵站提水共为农业提供了168亿 $m^3$ 抗旱水源，抗旱灌田260.8万 $hm^2$，其中泵站提水灌田153.3万 $hm^2$，仅提水灌区抗旱就挽回粮食损失40多亿kg、棉花损失1.2亿kg。黄河流域90年代频频干旱，科技人员深入旱区通过科学试验，系统地提出"窖水节灌、梯田建设、地膜覆盖"三结合为主的旱地农业综合抗旱技术措施，增强了农田抗旱能力，促进了农业增产、农民增收。如宁夏南部干旱山区8县1996年推广"三结合"农业综合抗旱技术措施，1.8万 $hm^2$ 地膜玉米亩产平均460kg，最高亩产达701kg。甘肃省通渭县壁玉乡景术岔村应用"三结合"农业综合抗旱技术措施，1995年虽遭特大干旱，地膜玉米亩产仍达400～590kg。

60年来特别是改革开放以来，我国的防汛抗旱工作取得了举世瞩目的成就，各级防汛抗旱机制逐步健全，防汛抗旱手段日益丰富。广大军民紧密团结在党和政府周围，共同抵抗灾害，为经济的发展和社会的进步做出了卓越的贡献。

## 结　语

在我们即将迎来祖国60周年华诞的时刻，回顾我国农田水利事业的发展历程，我国农田水利事业发展取得了辉煌成就，既凝聚了几代水利工作者的心血和汗水，也为未来我国农田水利的美好前景奠定了坚实的基础。我们将以科学发展观为指导，积极践行可持续发展治水新思路，锐意进取，扎实工作，不断谱写我国农田水利改革与发展的新篇章。

### 参考文献

[1]　水利部农村水利司.新中国农田水利史略(1949—1998).北京：中国水利水电出版社，1999.

[2]　李代鑫，吴守信，严家适.农田水利建设保障机制的重大改革.中国水利，2006，7：31-33.

[3] 顾敏,田文水,罗凤琦.合理水价的分析及其确定.东北水利水电,2005,23(9):47-49.

[4] 康绍忠.农业水土工程概论.北京:中国农业出版社,2007.

[5] 李远华,罗金耀.节水灌溉理论与技术.武汉:武汉大学出版社,2003.

[6] 刘群昌.低压管道输水灌溉技术发展回顾与展望//匡尚富,高占义,许迪.农业高效用水灌排技术应用研究.北京:中国农业出版社,2000:156-161.

[7] 吴文荣.国内节水灌溉技术的应用现状及发展策略.河北北方学院学报,2007,23(4):38-41.

[8] 赵岩丽,程福厚,王艳.浅议节水灌溉技术的发展现状.河北农业科学,2008,12(4):61-63、72.

[9] 贾大林,孟兆江,王和洲.农业高效用水及农艺节水技术.节水灌溉,1999(4):7-10.

[10] 许迪,龚时宏,李益农,等.农业高效用水技术研究与创新.北京:中国农业出版社,2007.

[11] 李现社,蒋任飞.我国大型灌区节水改造分析研究.灌溉排水学报,2005,24(5):46-49.

[12] 孙雪涛.当前我国灌区节水改造的问题与对策.中国工程科学,2002,4(9):24-30.

[13] 闫冠宇.大型灌区"十一五"规划思路.中国水利,2005,23:44-61.

[14] 韩振中,姚宛艳,张顺尧.大型灌区现状和节水改造紧迫程度评价.中国农村水利水电,2002,6:16-20.

[15] 水利部农村水利司,水利部规划计划司,中国灌溉排水发展中心.全国大型灌区节水改造项目中期评估报告要点.中国水利,2005,23:17-40.

[16] 张治昊,曹文洪,陈文清,等.位山灌区续建配套与节水改造工程效益分析.节水灌溉,2008,11:48-50.

[17] 张汉松.大型灌区信息化建设试点工程.中国水利,2003,11:37-40.

[18] 陈金水.灌区信息化发展.中国水利,2003,8:35-38.

[19] 周亚平,李欣苓,李晓辉,等.浅析我国大型灌区信息化建设.水利水文自动化,2007,3:1-7.

[20] 陈芝键.我国大型灌区信息化建设的现状和存在的问题.信息技术,2008,4:37-39.

[21] 曹松盛,陈来宝.淠史杭灌区信息化建设展望.江淮水利科技,2008,6:46-48.

[22] 许咏梅.从农村用水现状引发的思考.农业技术经济,2005,2:79-80.

[23] 赵乐诗.农村引水安全现状及任务.饮水安全,2005,19:20-22.

[24] 姜开鹏.又快又好地发展农村供水排水事业 保障广大农民的饮水安全.水利发展研究,2008,1:19-23.

[25] 孟树臣,洪源,曹德全.我国农村给水发展和建议.中国水利,2009,15:49-50.

[26] 李琪,闫冠宇.我国乡镇供水事业的发展概况及对策.农村水利与小水电,1995,4:1-3.

[27] 张统,王守中,刘弦.我国农村供水排水现状分析.中国给水排水,2007-8-23(16):9-11.

[28] 《全国农村饮水安全工程"十一五"规划》摘要.中国水利,2007,10:1-13.

[29] 李晶,岳恒,王建平,等．农村饮水安全现状分析及解决对策．农村水利，2006,11:26-29.

[30] 水利部关于加强村镇供水工程管理的意见．水利发展研究,2004,7:93-95.

[31] 贺万峰．村镇供水工程的建后管理．湖南水利水电,2004,4:56-58.

[32] 李其道．农村水电综述——农村水电涵义．中国农村水电及电气化信息网．

[33] 小水电已成我国电力供应重要组成部分．新华网,2009-05-11.

[34] 李其道．农村水电综述——发展历程．中国农村水电及电气化信息网．

[35] 田中兴．小水电点亮中国农村．在第五届"今日水电论坛"上的讲话,2009,5:5-7.

[36] 农村小水电的发展历程．水利辉煌 50 年,1999:184-191.

[37] 田中兴．农村水电在改革开放中实现长足发展．中国水利,2008,24:45-47.

[38] 田中兴．小水电大战略．在中国水利学会 2008 学术年会上的报告,2008,6:15-18.

[39] 程回洲,小水电资源利用与新农村建设的建议,中国水能与电气化,2006,9:2-5.

[40] 李其道．农村水电综述——成就与作用．中国农村水电及电气化信息网．

[41] 姜富华,杜孝忠．我国小水电发展现状及存在的问题．中国农村水利水电,2004,3:82-86.

[42] 童建栋．小水电百年与农村电气化．农电管理,2006,3:60-61.

[43] 郭宁．洪涝灾害与洪水预报系统分析．电网与水力发电进展,2008,24(6):51-53.

[44] 《防汛与抗旱》编辑部．防汛与抗旱,1999,3:2-12.

[45] 陈大雕．我国节水灌溉技术推广与发展状况综述．节水灌溉,1997,4:21-26.

[46] 陈凤淑,赵宝玉．新中国 50 年防旱抗旱减灾事业成效卓著．防汛与抗旱,1999,3:13-17.

（作者:杨培林 中国农业大学教授）

# 第二十七章 农村电气化

## 第一节 农村电气化发展历程

我国农村用电始于20世纪20年代。1923年,我国江苏省戚墅堰震华发电厂,通过6kW电力线路,为附近乡村的农田排灌和碾米加工供电,标志着我国农村开始用电。1949年新中国成立时,我国农村的年用电量仅为2 000万kW·h,占全社会总用电量的0.58%,农村人均年用电量仅为0.05kW·h。经过近60年的建设和发展,特别是改革开放以来,我国的农村电气化事业发展迅猛,取得了显著的成绩。

我国农村电气化的发展历史,大致经历了5个阶段。

### 一、第一阶段(1949—1957年)

这是农村电气化发展的初始阶段,即新中国成立后国民经济恢复时期和第一个五年计划时期,农村电力主要是利用当地能源,群众自办一些小型电站,解决少数村庄照明和农副产品加工用电,大电网供用电地区主要集中在大城市郊区。到1957年全国农村用电量达到1亿kW·h,占全国总用电量的0.6%。

### 二、第二阶段(1958—1977年)

这是我国农村电气化的起步阶段,是以农村电力排灌和农村抗灾用电为主的发展阶段。20世纪60年代初,各行各业把工作转移到以农业为基础的轨道上来,因此,兴建电力排灌工程、抗御旱涝灾害、解决农业用电成为国民经济的重点。随着农业机械化和水利化的进程,国家加速了农村电气化的发展。与此同时,农电的发展又促进了地方“五小”工业的兴起,到1978年全国农村用电量达到了510亿kW·h,占全国总用电量的40%。

### 三、第三阶段(1978—1997年)

农电事业进入建设初级农村电气化的新时期。党的十一届三中全会是新中国成立以来我国历史上具有深远意义的伟大转折,以经济建设为中心的社会主义改革由此揭幕,农村经济体制改革全面展开,党和政府积极倡导和推进农村电气化建设。在大规模对农村电网进行恢复性改造的同时,1983年国务院批准在小水电地区兴建100个初级农村电气化县,从此掀起了我国农村电气化建设的高潮。

党的十一届三中全会以后,农村小水电初级电气化建设工作不仅被国家列入重要的建设项目,而且农村电力也迎来了改革发展的历史机遇。该阶段农电工作的亮点是农电步入发展快车道,主要特点是:

**(一)小水电建设开启了具有我国特色的农村电气化建设** 为充分利用小水电资源,中共

中央提出建设有中国特色的农村水电电气化试点县。党的十一届三中全会以后，为了总结推广四川省以小水电为主体的地方电力建设和管理经验，经国务院批准，1980年水利部、中国人民银行和中国农业银行在成都共同召开了全国小水电现场会议。为了适应农村以推行家庭联产承包责任制为中心内容的一系列改革，1982年中央领导同志提出要充分利用小水电资源，首批建设100个具有中国特色的初级农村电气化试点县。

国务院批示将农村电气化事业当作一件重要事情来抓，从此小水电事业进入了一个新的历史阶段。其特点是，小水电的范畴已由20世纪50年代单站容量500kW以下，到有的地方开始建设的单站容量超过2.5万kW。以小水电为主体的地方电力已成为发展地方国民经济和“以电脱贫”、增强农业后劲、建设有中国特色初级农村电气化的重要力量。特别是“七五”期间，小水电及配套形成的地方小电网，不仅供给农村、县社工业用电，丰水期有的还向大电网输送电力，减轻了大电网的供电压力，改善了电力工业布局。到1998年，水电地区建成初级农村电气化县332个，小水电事业进入了新的历史阶段。

1983年12月，国务院发出《国务院批转水利电力部关于积极发展小水电建设中国式农村电气化试点县的报告的通知》。这一通知规定了农村电气化的方针、政策、措施和管理体制，制定了初级电气化标准和经济评价及电气化验收条例，编制发展规划和组织实施，起到了示范和带头作用，极大地调动和保护了地方、群众办电管电的积极性，促进了小水电和农村电力生产的发展，更好地带动了农村电气化建设。

1991年初，国家计委及水利部联合召开全国农村水电工作会议，表彰已经验收的109个农村电气化县，宣布了国务院国发[1991]17号文件《国务院批转水利部关于建设第二批农村水电初级电气化县的请示的通知》，批准在“八五”期间建设第二批200个农村水电初级电气化县，决定每年安排2亿元拨改贷资金。

**(二)在大电网地区开展农村电气化县建设** 党的十四大确立了我国社会主义市场经济体制的发展方向，农村电气化事业进入了大发展阶段，农村电气化县和农村水电初级电气化县建设工作得到全面推进。节电示范县(先进县)、小型化变电所、县调自动化实用化、农网改造双加工程、无人值班变电所以及以计算机应用为代表的农网技术改造与技术进步(简称双技)工作得到了充分的重视和发展，使农电网的整体装备水平有了很大提高。所有这些，为我国农村电气化事业的发展奠定了坚实的技术基础。

随着农业机械化和水利化的发展进程，全国普遍开展农田基本建设，大力发展井灌和高原地区提灌站。在大电网对农村供电方面，首先解决农业生产上的旱涝保收，同时也为农业生产的小化肥、小农药生产提供了电力。从1984年开始，为了规范农电管理，保障农村电气化事业健康发展，国家对农村电气化建设进行了规范化管理。

农电发展促进了“五小”工业兴起，县、乡工业用电量迅猛增加。国家为了加速农村电力事业发展，及时供应农电设备、专项安排了大量紧缺材料和设备，每年下达电力排灌设备50万～60万kW。为加强全国农村电气化建设的行业管理，1991年能源部颁发了“农村电气化标准”，开展大电网供电区域农村电气化县建设。

经过20年改革开放，我国广大农村已从温饱型向小康型转化，农村产业结构发生了根本转变，为适应农村经济发展和农村供用电质量的提高，促进农村经济发展，改善农村投资环境，推动国家大电网供电区农村电气化建设蓬勃开展，到1998年底在大电网供电地区建成了500个农村电气化县。

**(三)逐步建立农电管理体系** 随着我国农村电气化事业的推进,大电网的农村电气化建设为农村建设和经济发展给予了强有力的支撑,同时农电管理体制也逐步得到加强和完善,形成了以国家网、省、地、县(市)、乡为主体框架的五级管理体系,后来,乡一级管理取消,乡电管站作为县供电局的派出机构。这显示了农村电力在电力工业整体工作中的重要性,电力工业承担起对广大农村、广大农民的供电责任,担起实现农村电气化的历史性任务。

1988—1997年,国家电力管理部门都设有农电管理机构,负责行业管理工作。各地电力部门都相继建立了农电专管机构,网局(电力集团公司)、省电力局(省电力公司)内设农电局(处),行使政府管电的行政职能。一些省级电力部门除设有农电管理机构外,省政府另设农电局或由水利部门设立地方电力局对地方电力企业进行行业管理。地(市)一级的供电局(电业局)负责对县供电局的电力系统政策、法规、标准等的贯彻执行和行业管理。

县电力局既是县级政府电力的管理部门,又是农电管理的实体。全国约2 400个县(市、区),其中760个县由省(市、区)电力公司直供直管,即直供直管县;1 040个县从省级电力公司购电,由县电力企业负责县域10kV以上电网及县城用电的供用电管理,即趸售县;其余600个县以地方自建的小水电、小火电供电为主,有的从省级电网购买部分电力,以补充枯水季节的电力不足。

加强乡电管站行业管理。20世纪80年代初,为了适应农村的特点和农村经济体制改革的需要,满足乡以下农村用电管理需求,国家进行了乡一级农电管理组织和管理制度上的改革,建立了乡农电管理站,简称乡电管站。乡(镇)电管站隶属于乡(镇)政府,行使乡政府的管电职能,负责农村低压电网的维护、管理、收费等,业务上接受县电力局的指导。

**(四)农电行业管理逐步规范化** 为加强农电行业规范化管理,国家把加强农电规范化管理列入日程,推行了农电行业管理和农村电网建设标准化管理。1979年,水利电力部在山东召开了全国农村电网整改会议。会议决定安排2.5亿元资金,对农村高压电网进行改造,调整布局,使农村电网结构逐步趋于合理,供用电事故下降,线损降低,经济效益逐步提高。

1985年,水利电力部下发了《水利电力部关于加强农电管理工作的通知》([1985]水电农电字第12号文),要求加强农电管理,提高县电力局(电力企业)的管理水平。辽宁、吉林、黑龙江等省在全国率先开始了对趸售县的代管,在人员控制、财务监督、技术管理等方面,把电力系统先进的管理方式、方法贯穿于农电管理之中,大大提高了农电企业的活力和管理水平,解决了农电企业乱进人的问题。代管后的趸售县电力企业,开展了变电站、线路、配电区的标准化建设,农村电力网均按照电力行业的技术标准建设,极大地改善了农村电网的供电质量,提高了供电水平,为县供电企业的健康发展提供了成功经验。

为规范乡(镇)电管站管理,树立农村供电营业窗口良好的行业作风和行业形象,1987年水电部在全国开展了评选100个优秀乡电管站和1 000个优秀农村电工的活动,并颁发了《农村电工服务守则》,极大地鼓舞了乡村电工队伍,增强了行业的凝聚力,使农村电工有章可循。1997年,原电力工业部在电力系统推出了23个"为人民服务,树行业新风"乡(镇)电管站示范窗口,并制定了乡(镇)电管站示范窗口十条规范服务要求及其实施细则。同时,各地也开展了不同层次的示范窗口建设工作,建立了一整套乡(镇)电管站财务、人事、技术、安全管理的规章制度、管理办法和对村电工管理的措施及考核制度。1997年初,为了切实减轻农民负担,经国务院批准,财政部、国家税务总局发文免征乡(镇)电管站低压电网维护费增值税。

通过示范窗口活动的开展,乡(镇)电管站行业作风和行业形象有了很大转变,服务水平和

服务意识得到进一步提高,农村电价、电费整顿工作取得了一定的效果,在社会上引起了良好的反响。

**(五)全面开展“三为服务”活动** 改革开放以来,在中央支农惠农政策的推动下,农村经济持续快速发展,农电事业也在服务“三农”的同时获得了蓬勃发展。1991 年 7 月,电力部门提出要提高电力为国民经济发展服务的意识,在农电系统开展电力“为农业、为农民、为农村经济服务”(简称“三为服务”)活动。1992 年,由于全国缺电,农村、农业及农民生活用电得不到保证,国家及时提出了“三为服务”的要求。几年来,各级农电部门紧紧围绕当地政府的中心工作,针对地方政府、农民群众关心的难点、热点问题,不断拓宽“三为服务”的领域、深化“三为服务”内容,坚持为农民办实事、办好事,把乡(镇)电管站示范窗口建设、供电社会承诺服务、“双文明单位”建设、农村电价电费整顿、扶贫通电等项工作有机结合,使农电企业的服务水平、服务范围、管理水平都上了一个新台阶。到 1998 年底,全国共有 1 234 个县供电企业获得部级电力“三为服务”达标单位称号。

**(六)电力扶贫共富工程** 1994 年,国家计委、国家经贸委、电力工业部联合召开了全国农村电气化工作会议,贯彻“国家八七扶贫攻坚计划”,针对 1993 年底全国还有 1.2 亿农村人口,28 个无电县的状况,提出实施“电力扶贫共富工程”,到 2000 年消灭无电县,使 95%的农户用上电。在解决农村无电人口的用电问题上,各省积极争取政策、筹措资金、制定规划、抓紧实施,共解决了近 7 000 万农村无电人口的用电问题。

**(七)农村电价电费整顿** 1987 年以来,电力部门始终把解决农村电价高的问题作为农电的重点工作。1993 年,为贯彻落实国务院减轻农民用电不合理负担的要求,在全国开展了对农村用电的大检查、大整顿,电力部和国务院有关综合部门共同召开了“南北两大片”农村电价整顿会议,并很快见效,1 年内就减轻农民不合理用电负担 40 多亿元。

为贯彻落实中共中央、国务院《关于切实减轻农民负担工作的决定》,按照党中央、国务院关于切实减轻农民负担的要求,电力部下发了《关于制止农村用电乱收费的通知》(电水农[1993]370 文),界定了农村电价的合理范围,规范了农村电价的构成,为治理农村电价电费中的“三乱”(乱加价、乱摊派、乱收费)起到了重要作用。

在地方政府和物价部门的大力支持下,各地开展了经常性的农村电价、电费大检查,通过实行农村分类综合电价和最高限价,推出电价、电量、电费“三公开”和“统一电价、统一发票、统一抄表、统一核算、统一考核”的“五统一”农村电价管理措施,使农村电价、电费乱的状况得到了治理。

经过 10 余年的治理整顿,到 1998 年底,在电力行业归口管理的 1 267 个县(市)中,有 80%以上的用电行政村用电达到合理水平,电价、电费张榜公布的村达到 89.7%。

## 四、第四阶段(1998—2004 年)

从 1998 年开始,以“两改一同价”为标志,农村电力全面步入了深化改革阶段。1998 年,为解决农村电价高、农民负担重的问题,国务院确定了改造农村电网、改革农电管理体制、实行城乡用电同网同价的战略举措。

**(一)国务院提出农电发展工作思路** 从 1997 年的下半年开始,少数地区农村用电电价高、收费乱的现象引起了国务院领导同志的高度重视,也牵动着各级政府,受到了社会的关注。1998 年 5 月国务院办公会议决定加大六大基础设施的投入,农村电网建设与改造列在其中。

1999 年 1 月 4 日,国务院以国发[1999]2 号文件批转了国家经贸委《关于加快农村电力体制改革加强农村电力管理的意见》。改革的原则是 1 县 1 公司(企业实体),并实现县(市)乡(镇)一体化管理。

**(二)国家出台多项政策、法规,做好"两改一同价"工作** "两改一同价"在实施和操作过程中,国务院有关部委和综合部门遵照国务院的总体要求,对实施过程中一些重大原则问题和政策都做了明确的规定与要求。最重要的文件有 2 份:一份是国务院批转的《国家经贸委关于加快农电体制改革、加强农村电力管理意见的通知》,即国发[1999]2 号文。另一份是国务院转发的《国家计委改造农村电网、改革农电管理体制、实现城乡同网同价的请示》报告,即国发[1998]134 号文。

"两改一同价"的目标:

第一,国家电力公司的定位,即国家电力公司是农村电网改造项目的法人,农电体改的具体实施者,是具体实施"两改一同价"的主体。

第二,水利部辖属小水电企业及地方电力企业也是项目法人之一,广东、内蒙古、海南等省、自治区非国电公司系统和四川、云南、陕西等地电省按"一省两贷"的原则实施农网改造。

第三,各省(自治区、直辖市)的电力公司,按国家电力公司和相关项目法人的整体要求,在省(自治区、直辖市)人民政府的统一领导和安排下进行操作。

第四,在"两改一同价"中,国家电力公司和省(自治区、直辖市)政府及有关部门都是第一责任者,在国务院统一要求下,履行好自己所承担的责任。

**(三)"两改一同价"的保证措施** 在进行"两改一同价"工作的同时,国家出台了多项措施来保证此项工作的顺利实施。主要措施有:

第一,国务院[1998]134 号文件明确:"改革农电体制的核心是改革乡镇电管站管理体制,理顺县级供电企业与省电力公司以及乡镇电管站的关系"。这一改革的实质是取消电价电费管理的中间环节,减少层次,取缔层层加价、层层趸售,把农民不合理的用电负担降下来。

第二,国务院国发[1999]2 号文件,对如何操作农电体制改革作出明确规定:"国家经贸委全面负责组织、指导、监管和落实农电体制改革,各省(自治区、直辖市)人民政府、国家电力公司作为农电改革与发展具体实施部门,实行责任制管理。"按照上述要求,由省(自治区、直辖市)人民政府主持,各有关职能部门参加,共同编制了本省农电体制改革方案,上报国家经贸委批准并实施。

第三,国务院国发[1999]2 号文件明确:"对趸售供电企业,原则上应划归省(自治区、直辖市)电力公司直接管理;暂时不能上划的,可以在产权关系不变的前提下,由省(自治区、直辖市)电力公司代管,或者按照建立现代企业制度要求,通过参股、入股等方式,逐步改组为有限责任公司或股份有限公司。"

第四,国家出台政策保证农村电网改造资金。一是通过合法渠道筹集改造资金。国家加大了对农村电网建设与改造的投资力度,主要通过国家商业银行(中国农业银行)贷款;各级地方人民政府也加大了支持农村电网建设和改造的力度。二是农网纳入大网统一建设规划。各级电力企业加大对农村电网建设资金的投入,以满足农村不断增长的用电需求。改造后的农电设施应纳入电力规划,由电力企业统一建设、统一经营。三是多样化的贷款政策。国家对直供直管县和趸售代管县的电网改造投资原则上由省(自治区、直辖市)电力公司负责统贷统还;对自供自管县的电网改造投资视具体情况确定贷款方式。

“两改一同价”工程中，农网改造投入超过新中国成立以来农网建设资金投入的总和，集中解决了农村电网供电能力差、农村缺电问题，提高了供电可靠性和电能质量，同时基本实现了城乡生活用电同网同价，让农民既用得上电、用得起电，又能用好电。

党中央、国务院以减轻农民负担、理顺农电管理体制、规范农村用电秩序、提高农村用电水平为切入点，为拉动内需、加强基础设施建设、提高供电可靠性和改善供电质量，国家决定投入近 3 900 亿元用于农村电网的建设和改造。通过改革农电管理体制，改造农村电网，实现城乡用电同网同价(简称“两改一同价”)，进而带动国民经济持续快速发展。农电“两改一同价”三大目标的实施，使我国农村电气化事业进入了历史性、跨世纪的发展阶段。

**(四)明确农村电气化的主要任务**

第一，加快农网建设与改造，积极扩大电网覆盖面，开发农村多种能源，提高农村用电整体水平；

第二，落实国发[1999]2 号文件，理顺并建立符合农村经济发展的农电管理体制；

第三，优化电网结构，提高电网运行的综合经济效益和自动化水平，建成网架坚实、参数优良、布局合理、装备先进、管理科学、自动化程度较高的农村电网；

第四，建立规范、有序的农村电力市场，最大限度地满足广大农村用户的用电需求，实现社会效益和企业效益的统一。

## 五、第五阶段(2005 年至今)

**(一)以建设社会主义新农村为标志，农村电力又迎来了快速发展的新机遇** 2005 年 10 月，党的十六届五中全会通过的《中共中央关于制定国民经济和社会发展第十一个五年计划的建议》中指出，“建设社会主义新农村是我国现代化进程中的重大历史任务”。在这一背景下，电网企业及各地方电力企业、水电企业，纷纷制定服务新农村建设发展战略，全面促进了农村电力事业的蓬勃发展。

1. *制定农电发展战略* 2006 年，电网企业认真贯彻中央关于建设社会主义新农村的战略部署，自觉履行社会责任，结合实际情况制定了农电发展战略。国家电网公司确立了“新农村、新电力、新服务”农电发展战略，积极推进农村电网建设与改造工程、“户户通电”工程、新农村电气化“百千万”工程、农电企业规范化管理工程、农电工素质能力提高工程和生物质能发电工程。南方电网公司制订了“南方战略”。经过两年多的努力，电网企业农电安全生产、队伍素质、供电服务和发展能力达到新水平，服务新农村建设取得新成绩。

2. *加快推进新农村电气化建设* 为更好地服务于不同经济发展水平的新农村建设中，因地制宜地推进农村电气化建设工作，国家电网公司制定了新农村电气化建设“标准体系”和“实施纲要”，重新调整和统筹规划了电气化建设目标。南方电网公司在服务社会主义新农村建设中，发挥企业自主创新主体作用，实施“走出去”战略。各供电企业加强与政府相关部门的沟通和联系，加强政企协作，特别是中西部地区的企业资金改为国家的投入资金，赢得了良好的建设环境和政策支持。

3. *科技进步支撑作用日益增强* 大力推广应用“四新”科技成果，积极引用节能、环保、自动控制技术和设备。认真开展农村电网科研课题研究，社会主义新农村供电模式研究取得积极进展，电气化村典型供电模式等成果得到推广应用，形成了一批先进实用技术和亮点项目。各电网企业逐步重视科学技术对农网发展的支撑作用，加大科技投入，特别是 2008 年，我国南方电网企业遭受百年一遇的冰雪凝冻的自然灾害,灾害过后南方电网公司加强工作研究,编著了国内首个《35kV 及以下架空电力线路抗冰加固技术导则》,迅速应对并提高电网的建设标准。

**(二)进一步加强农电企业管理**　各电网企业在网省公司、县公司和农村供电所全面导入了各类标准,严格执行标准化建设的基本流程。从标准制定、发布到付诸实施,实行全员贯标、全过程管控、全方位考核,着力解决好农电管理标准体系不健全、内容不完善、执行不规范、贯彻不深入、实施不持久、收效不明显等问题。进一步强化管理意识,改善管理手段,逐步实现农电管理规范化、标准化和精益化。

农电标准化建设涉及的工作范围:

第一,健全和完善标准体系。根据农电特点及业务范围,按照“夯实基础,加强管理”的基本要求,从国家标准、行业标准、企业标准等多个层次,认真总结、梳理、整合、优化与农电有关的各类标准,逐步建立健全科学完善的农电标准体系。

第二,着力推进县供电企业标准化建设。坚持农电标准制定与实施的有机衔接,重在实施。在工作层面上,以县公司为重点,兼顾县公司与网省公司、与供电所农电标准化建设工作的匹配与协调,在各个层面逐步建立和落实好技术标准、管理标准、工作标准,科学指导和规范农电各项管理工作。

第三,不断强化对实施标准的管理与考核。各网省公司根据统一要求,结合实际情况,制定了相应的考核标准和管理办法,建立工作责任制,保障标准的有序传递和贯彻落实,对标准化建设情况进行考评验收。

第四,与企业基建、生产、经营、服务等主营业务的日常工作安排有机结合,不断规范各项管理流程和管理行为,提高了企业生产经营能力。

第五,通过开展专项工作,促进全面贯标和全员贯标工作深入开展,使标准化建设工作既在“面”上普遍开展,也在“点”上具体实施,以进一步完善标准化建设的工作机制和管理办法。

农电企业管理体系得到加强。各电网企业进一步明确了农电管理部门对农电工作的牵头管理和业务归口指导作用,各单位均设置了独立的农电管理部门,绝大部分农电管理部门具备较为健全的管理职能。地(市)级农电管理机构得到进一步加强,与省级农电管理部门、县供电企业构成了健全的农电管理体系,确保了农电管理责任的逐级落实。

农村供电服务水平快速提升。电网企业结合工作实际认真履行农电管理与服务职责,提出了《关于加强县级供电企业管理的指导性意见》,出台了一系列规范农电管理的制度和规定。国家电网公司系统对农电实行了统一管理、统一规划、统一标准、统一考核,着力加强农村营业服务窗口建设,完善客户服务系统,全面规范农村供电服务工作。

**(三)不断深化农电体制改革**　建立了具有活力的管理机制。电网企业十分重视深化农电体制改革,大力推进县供电企业体制改革,对地方趸售企业实行上划、代管或股份制改造,利用大电网的技术和管理优势,促进了县供电企业的管理水平和发展能力的快速提升。通过加强代管或实施股份制改造,县供电企业的盈利能力明显增强。各电网公司还积极研究如何对农网改造投资形成的资产进行有效的管理,积极争取国家政策支持,增强企业还贷能力,使农电体改进一步深化和规范化。

按照国务院确认的股份制改制的方向,国家电网公司也对部分条件成熟的企业进行了上划管理和股份制改造。南方电网公司为理顺农电管理体制,加强对县供电企业的管理工作,

2003—2007 年先后将广东、广西、云南和贵州电网公司辖属的 67 个代管县供电企业进行了上划管理，建立起新的具有活力的管理机制。

撤销了乡镇电管站。电网企业对辖属县、乡农电体制改革持续推进，对农村供、用电秩序不断规范。按照国务院“国发[1999]2 号”和“国发[2002]5 号”文件要求，积极推进农电体制改革，撤销乡(镇)电管站，实行县、乡一体化管理，农村供电实行“三公开”(电量、电价、电费公开)、“四到户”(销售、抄表、收费、服务到户)和“五统一”(统一电价、统一发票、统一抄表、统一核算、统一考核)管理，建立起规范有序的农村供用电秩序。

规范了农电工用工管理。电网企业为提升农电职工素质、加强职工队伍建设，认真贯彻落实了国务院关于农民工问题有关要求，规范了农电工用工管理，改善了农电工的劳动待遇，有效地保障了农电工职业安全、卫生等权益。

**(四)自觉履行社会责任**

1.“户户通电”工程　为让广大农民群众共享发展成果，国家电网公司实施的“户户通电”工程和南方电网公司推出的“户户用电”工程，从根本上改善了新通电地区的生产和生活条件，对于促进这些地区的农村经济发展、提高农民生活水平、培养造就社会主义新型农民、加强农村两个文明建设和促进社会和谐，具有十分重要的意义。“户户通电”工程被各级党委、政府和社会各界誉为“爱心工程”、“惠民工程”。

2. 安全可靠的供电质量

(1)大力推进了农网科技进步工作　充分发挥科学技术在农网建设中的支撑作用，加强农网重点技术和关键技术研究，完成社会主义新农村供电模式研究项目，全面推行农网供电模式和典型设计应用，逐步实现农网设备标准化、规范化、系列化，努力推动农网实现集约化发展、精益化管理和标准化建设。

(2)积极推广了农网“四新”技术　变电站建设与改造按照“占地少、技术先进、安全可靠、降损节能、操作灵活”的技术原则，推广了紧凑型、小型化、智能化设备的应用，提高了开关无油化率和有载调压主变覆盖率。

(3)强化了农网技术降损工作　积极研究和应用了非晶合金铁心变压器、调容变压器等节能设备，大力推广了无功自动补偿技术、配电网经济运行技术、农用电机节电技术和农网线损在线管理技术等。

(4)积极应用了平行集束导线，逐步实现低压线路绝缘化　加快研究应用配电自动化、变电所综合自动化、集中抄表系统。不断提高了调度自动化实用化水平，探索了农网经济适用通信技术。

3. 抗灾保电　2008 年 1 月，我国南方部分地区遭受了历史罕见的雨雪冰冻灾害，使国家电网公司系统的湖南、江西、浙江、湖北、四川、安徽、福建等电网，南方电网公司系统的广东、广西、贵州、云南等电网遭受重创，给电力、铁路、公路、民航、通信等基础设施造成了罕见的严重破坏，给人民群众生命财产和工农业生产造成重大损失。在突如其来的严重自然灾害面前，在国务院的统一指挥下，电网企业的干部职工奋力迎战暴风雪，在最短的时间内，夺取了抗冰抢险保电的全面胜利。国家电网公司系统有 12 万余名农电员工战斗在抗冰抢险保电第一线。南方电网公司举全网之力，不畏艰险，勇往直前，众志成城抗击冰灾，至 2008 年 3 月 8 日电网实现“户户复电”。他们以惊人的毅力和顽强的意志抗严寒、战低温，奋战在冰天雪地，表现出了不怕吃苦、不怕疲劳、不怕牺牲和英勇奋战的昂扬斗志，有 12 名同志为抗冰抢险保电献出了宝贵生命。

2008 年 5 月 12 日，四川省汶川县发生 8 级大地震，造成国家电网公司县级供电企业死亡 29 人、重伤 33 人、失踪 61 人；因灾停运农网 35kV 及以上变电站 109 座、10kV 及以上线路 2 445 条，配电台区 52 694 个、低压线路 13.6 万 km，累计停电 404 万户，低压线路倒（断）杆 24 113 基；倒塌县级调度楼 4 座、变电站主控室 15 座、供电所 41 座，4 座农网管理的水电站大坝不同程度受损。截至 2008 年 5 月 31 日，灾区因灾停运可恢复的电力设施和停电用户全部恢复了供电。

4. 奥运保电　2008 年 7、8、9 三个月，是全国电力职工最忙碌的时间。广大电力职工为全力落实奥运保供电措施，认真贯彻落实《奥运保电十项重点要求》、“金牌服务迎奥运”活动和奥运安全供电、优质服务等要求，国家电网公司结合工作实际制定了农电系统迎奥运保供电、保稳定、促服务工作的规定和农电重大事项报告制度，编制了迎奥运农村用电宣传手册等。农电系统各单位高度重视奥运保电工作，逐级建立应急工作机制和组织保障体系，开展重大事项应急预案，实行 24 小时保电值班跟踪制度，2 万多农电员工参与了奥运保杆护线工作，使奥运保电工作取得圆满成功。

农电工作突飞猛进的发展速度和农村电网逐步完善的发展进程，再一次证明我国农村电气化事业进入了一个全新的发展时期。

## 第二节　农村电气化的成就和对“三农”的贡献

### 一、农村电气化的历史作用

我国的农电事业几乎是在一穷二白的基础上发展起来的，其间凝聚了几代中央领导和大批电力工作者的辛劳与汗水。我国是一个农业大国，80％以上的人口在农村，农村电气化是农村社会经济的基础产业，它关系着农业和能源两个方面，关系着农村社会经济的发展和农民生活水平的提高。新中国成立以来，农村电气化事业从无到有，从小到大，随着农业生产的发展而起步，随着农村社会的进步而壮大，特别是党的十一届三中全会以来，随着农村改革和农村经济的发展，全国农村电气化出现了加速发展、加快提高的好形势，为农业生产的发展、农民生活水平的提高、农村经济的振兴起到了积极的作用。

我国农村电气化事业的发展，为我国农村经济的发展和农民生活质量的提高作了巨大的贡献。主要体现在以下几个方面：

**（一）农村电气化的发展，解决了广大农民有电用、用好电问题**　1950 年乡村夜明珠的诞生，使中国的农民驱除了黑暗。近些年，随着农村电力充足可靠的供应，家用电器在农村得到了普及，广大农民从传统落后的生活方式开始进入了文明时代。农民的精神生活和物质生活质量的逐年提高，缩小了城乡差别，使农民摆脱贫困，奔向富裕。

**（二）农村电气化的发展，解决了农民靠天吃饭问题，保证了农业生产的丰产丰收**　农业作为国民经济的基础，是国家稳定和人民生活的重要物质条件，历来受到党和国家的高度重视。农村电气化的发展为农业生产抗旱排涝、农副产品加工提供了保证，也为农业实现现代化打下坚实的基础。

**(三)农村电气化的发展,促进了农村经济的发展** 农村要发展,首先必须要改变传统的经济结构,而农村经济结构的改变,又离不开电力的有效支持。经济发展,电力先行,这是农村经济发展的一个重要规律。从多年来农村用电结构和用电比例的变化中可以看到,电力已从办电之初的仅供农村照明和排灌用电,而今在农村生产和生活各个方面得到普及;用电比例从以农村排灌占主导地位,转变为以乡镇企业用电和农民生活用电为主的新的局面。据2008年国家电网公司统计显示:县及县以下工业用电、农村居民生活用电分别占县及县以下总用电量的68%和17.4%,农业及排灌占4.8%,非居民照明占3.68%,商业及其他用电占5.83%。这种农村用电结构的变化,标志着农村经济的迅速发展。

电与经济、社会、人民生活的关系十分密切,是人类文明和进步的重要标志。电力的普及和广泛应用,其作用是多方面的:

第一,提供了方便洁净和高效的能源。电能在使用上洁净、方便、安全、高效的特点是其他能源无法替代的。

第二,能创造更高的劳动生产率。电气化程度的提高可以实现机械化、自动化、电子化,实现生产的合理化、科学化,大大提高生产过程的强度和连续性,可以促进农产品的深度加工和产业链拉长 ,可以消除各种浪费,最大限度地利用人力和物力资源,创造较高的价值和经济效益。

第三,能有效地减少能源使用对环境的污染。现在,由于人口的增加,工业的发展,环境恶化问题日益突出,其中能源的直接燃烧对环境影响很大,成为世人关注的热点问题。解决这些问题的有效办法就是增加电的消费比重,以电代柴、代煤,逐步实现电气化。

第四,能有效地改善和丰富农村的精神文化生活。

第五,能有效地缩小城乡差别。随着小城镇建设的加快,通路、通讯、通电和通电视工作的展开与推进,农村城市化的进程必将大大加快,农村的传统生活方式也会向现代城市生活方式转变,城乡差别也会逐渐缩小。

第六,可以给大多数人带来光明和希望。我国9亿农民占人口的大多数,农业、农村、农民问题是一个带有全局性、战略性的基本问题,这个问题解决好了,有利于国家的长治久安,繁荣富强。

总之,农村电气化水平的不断提高,必将为农村其他事业的发展创造良好的条件,其他事业的发展又为电气化的发展提供广阔的市场空间。二者相互促进,共同发展,就会造福农村,造福人民,造福子孙。

## 二、新中国成立以来农村电气化事业取得丰硕成果

**(一)农村用电水平有了明显提高** 在1949年新中国成立之初,我国农村的年用电量仅为0.2亿kW·h,占全国总年用电量的0.58%,农村人均用电量为0.05kW·h。经过60年的发展,2008年对国家电网公司供电区域内县级农电企业统计,县及县以下全社会用电量为11 527亿kW·h,占全社会用电量的54%。

**(二)农村用电范围不断扩大** 新中国成立时,农村电力几乎是一片空白,1978年乡、村、农户通电率分别为86.8%、61.5%、48%,到1998年,乡、村、户通电率分别达到了99.20%、98.10%、96.87%。全国已有4.5万个乡、72万个村、8.5亿农民用上了电。有14个省(自治区、直辖市)实现了全部行政村通电。

在大电网供电区域，乡、村、户通电率分别达到99.7%、99.69%和99.87%。农村水电网供电区域乡、村、户通电率分别达到99.65%、99.64%和99.3%。

**（三）农村电源开发取得可喜成效** 国家在加大电网向农村延伸供电的同时，积极鼓励发展农村能源发电。以大电网供电为主和农村小水（火）电相结合，以及风能、太阳能、地热能发电等多能互补的农村电源格局已经形成。2008年，国家电网公司县及县以下发电设备装机容量4 202万kW，占全国发电设备装机容量27 700万kW的15.17%，发电量为1346亿kW·h，占全国发电量11 577亿kW·h的11.63%。

**（四）农村电网已具规模** 全国农村水电网发展取得可喜成绩。2007年全国农村以水电供电为主的县有584个。截至2007年底，水利系统电网共建成10kV及以上高压线路61万km，低压线路132.1万km。建成35kV及以上变电站3 794座，变电容量4 194.2万kVA；配电变压器42.7万台，容量3 916.2万kVA。共建成电站45 520座，装机容量6 134万kW。其中水电站45 396座，容量5 969万kW，形成水库总库容2 581亿$m^3$；小型水电站45 317座，装机容量4 738.9万kW。

国家电网公司县及县以下共有高压线路293万km，低压线路645万km，主、配变压器容量139 794万kVA。逐步形成了以110kV和35(66)kV为骨架的农村电力网络。

自1998年国家实施“两改一同价”以来，涉及27个省（自治区、直辖市），2 476个县（市、区、旗），累计投入资金近4 000余亿元，超过新中国成立后50年农村电网投资总和。

其中国家电网公司系统如期完成了总投资2 141亿元的农村一、二期农网建设与改造任务；全面完成了总投资607亿元的县城电网建设与改造任务；中西部地区农网完善工程累计完成233.6亿元；对无电地区投入135亿元进行了电力建设工程。

南方电网公司成立于2002年底，5年来完成电网建设投资1 645亿元，其中县级电网建设投资约553亿元，为新农村建设提供安全可靠的电力保障。

**（五）农村电气化建设稳步推进** “七五”期间，在以小水电供电为主的地区开始农村水电初级电气化县建设，为建设中国式农村电气化迈出了坚实的一步，创造了宝贵的经验。

在此基础上，1994年国家提出到20世纪末建成1 000个电气化县的目标，由此掀起了我国农村电气化建设的新高潮。到目前为止，国家电网公司建成了500个农村电气化县，在以小水电供电为主地区建成了332个农村水电初级电气化县。

2006年中央1号文件提出建设新农村电气化百千万工程，到目前为止国家电网公司累计建成新农村电气化县186个、电气化乡（镇）2 519个、电气化村48 347个。

**（六）农村电网技术改造与技术进步取得进展** 从20世纪80年代初开始的技术进步工作，有效地提高了农网的技术水平，农电行业的技术标准、技术规范逐步形成系列。多年来，围绕保证农村安全供用电，防止农村人身触电事故，降低农村电能损耗，提高供电可靠性，改善电网安全、经济运行的管理等方面，加大了对电网的技术改造和技术进步工作力度。研究制定了科学的农网规划与结构优化方法，确立了农村变电所模式方案，开发了农网装备技术、农网调度自动化技术、农电通讯技术、变电所无人值班技术、配电网自动化技术、信息管理系统、办公自动化以及农网节电技术和安全用电技术等。整体上提高了农网的装备水平和运行管理水平，保证了电网的安全、经济、可靠供电。

**（七）农电管理机构逐步健全，培养了一支强大的农电队伍** 培养农电人才和提高农电队伍整体素质是农电发展的根本。多年来，广大电业职工和乡村电工为农电发展辛勤工作，担负

着农电安全生产和建设发展的任务。在扶贫通电、抗洪抢险、抗旱救灾等关键时刻,表现出了高度的责任心和使命感,为我国农电的发展做出了不可磨灭的贡献。

随着农村电力体制改革的不断深化和农村电气化事业发展的需要，农村电气化管理机构不断完善，农村电气化队伍建设不断加强，健全了国家、网省、地、县四级农电管理组织，形成了从农电技术人员、管理人员到广大农电职工和农村电工的90万(国网公司系统)农电队伍。人才层次、专业结构逐步趋于合理,队伍的整体素质有了较大提高。这支队伍不仅从事建设、生产、运行、管理的基础工作，而且还具备农村电气化科学研究、政策研究、新技术、新装备开发研制能力。

**(八)农电企业的管理水平、经营水平和服务水平有了明显提高** 近些年在国家宏观改革整体推进的大环境中,农电企业自身的改革、改组、改造工作得到了加强,企业管理工作通过制度创新和机制变革上了一个新台阶。以效益为中心的经营观念在逐步形成,农电企业实体化建设有了新进展,内强素质、外树形象,向用户提供优质的电能和一流的服务已蔚然成风。电力为农业、为农民、为农村经济发展的宗旨深得人心。

**(九)农村电力市场框架初步形成** 在社会主义市场经济体制下,广大农电企业正在致力于农村电力市场的培育和开拓。

**(十)农村电网供电质量、安全可靠性明显提高** 电网企业在农村电网建设中,坚持以建设新型农网、科学规划、提升装备科技含量为目标,基本形成了结构优化、布局合理、技术适用、供电质量不断提高、电能损耗不断降低的农村电网,为“三农”提供了安全、经济、可靠的电力保障,农村电网供电能力和供电质量得到大幅提高,大力提高了农村电气化水平。截至2008年底,国家电网公司农村电网综合电压合格率和供电可靠率分别达到97.05%和99.545%,较2000年分别提高了5.97个和0.66个百分点。南方电网公司县级供电企业电压合格率和供电可靠率全面达到《供电服务监管办法(试行)》的要求。

国家电网公司按照“三个百分之百”要求,健全管理机构,配备专职人员,加强安全管理和监督,坚持“谁管理、谁负责”和事故“四不放过”原则,反“六不”为主要内容的防人身事故斗争,强化了安全保证体系的主体责任,努力推动农电安全生产管理与公司安全生产管理的逐步接轨,有效地促进了县供电企业安全生产管理水平的提升。管理安全可靠性不断提高,配网线损降到合理水平,农村用户端电压合格率普遍达到95%以上,比改造前提高了12个百分点;供电可靠性达到99%以上,比改造前提高了8个百分点。农网的健康发展,基本保障了农村的供用电需求,体现了工业反哺农业、城市支持农村的政策要求,促进了城乡电网统筹协调发展。

## 三、农村用电问题得到解决

**(一)扶贫工程开始改善农村用电局面** 1994年以来,通过实施电力扶贫工程、农网改造工程、“户户通电”工程,电网企业一共解决了全国1.1亿多的无电人口的用电问题。在电力扶贫工程实施一年多的时间里,就有北京、上海、天津、江苏等24个省(自治区、直辖市)实现了行政村“村村通电”,解决了近7 000万农民的用电问题。山东省率先在全国实现户户通电。

到1997年底,全国有辽宁、吉林、宁夏、河北、浙江、福建、河南、广东等14个省(自治区)实现了行政村“村村通电”;四川、湖北、湖南、陕西省实现了大电网供电区行政村“村村通电”;内蒙古自治区在边疆少数民族地区实现了“乡乡通电”。北京、天津、上海、江苏实现“户户通电”,全国农户通电率达到96.87%,提前实现了2000年的目标。

**(二)“户户通电”工程成绩显著** 近几年,在国家大规模农网建设与改造基本结束的情况下,电网企业普遍开展了“户户通电”工程,该工程的圆满实施得到党中央、国务院的高度肯定和各级地方政府、社会各界的普遍赞誉。

1. 国家电网公司“户户通电”建设情况 自2006年3月国家电网公司系统启动“户户通电”工程以来,多方筹措资金累计达到900亿元用于农村电网建设。当年共为43.6万户无电群众解决了通电问题,江西、东北、河南、四川、甘肃、新疆公司实现了“户户通电”目标。截至2007年底,公司累计为98.1万户、364万人解决了通电问题。截至2008年8月,公司累计为117万无电户、435万无电人口解决了通电问题。这标志着“户户通电”工程大范围的施工工作已经结束,2009年7月,除西藏外,“户户通电”工程主要任务基本完成。2007年,国家电网公司供电区域全部实现了县县通电,乡、村、户通电率分别达到99.64%、99.66%和99.87%,户通电率由1983年的59.4%提高至2007年的99.89%。

2. 南方电网公司“户户用电”建设情况 2007年,南方电网公司根据“加快农电发展、服务新农村建设”实施纲要的任务和目标,把服务新农村建设作为主要任务之一来抓。一是扩大农村用电覆盖面,解决无电人口用电问题;二是完善和优化无电地区电力建设规划,积极争取政府的政策支持,用好国家无电地区电力建设资金、银行贷款、企业自有资金,加大对无电地区电力建设的投入;三是对没有条件通过电网延伸方式解决的其他无电人口,采取了积极配合政府利用可再生能源和生态移民等方式统筹解决。2007年,南方电网公司投资约33亿元,通过电网延伸解决了41万户无电人口用电问题。

3. 全国农村水电企业用户通电率情况 2007年全国有农村水电的县共1 528个,其中以农村水电供电为主的县有584个。受国民经济平稳快速增长的强劲拉动,2006年农村水电网内全年用电量达702亿kW·h,其中县城用电量414亿kW·h,农村用电量224亿kW·h。有农村水电的县全年用电量达4 729亿kW·h,2008年底,乡、村、户通电率分别达到99.68%、99.74%和99.89%。2007年,水利系统农网完善工程和县城电网建设与改造工程共完成投资14.4亿元。农村水电建设全年解决了183万无电人口的用电问题,供电区农民人均年收入达3 115元,同比增长了10.38%,高于全国同期平均增幅,促进了区域经济发展。

## 四、农村用电水平迅速提高,有力地支援了新农村建设

**(一)新农村电气化建设快速推进** 国家电网公司坚持实践科学发展观,为更好地服务于不同经济发展水平的新农村建设,按照建设社会主义新农村和实施“三新”农电发展战略的要求,公司完成了“十一五”农网发展规划修编工作。公司系统加快农村电网建设,共投入农村电网建设与改造资金446亿元,其中自筹395亿元,因地制宜地推进农村电气化建设工作,公司还制定了电气化建设“标准体系”和“实施纲要”,重新调整和统筹规划了电气化建设目标。各单位加强与政府相关部门的沟通和联系,加强政企协作,赢得了良好的建设环境和政策支持。2007年全年建成新农村电气化县67个、电气化乡镇855个、电气化村14 891个。至2008年8月,累计建成新农村电气化县102个、电气化乡(镇)1 535个、电气化村29 790个。

**(二)农村用电水平大幅增长** 30年农村供用电情况对比。2008年对国家电网公司供电区域内县级农电企业统计,县及县以下全社会用电量,由1978年的459.4亿kW·h增长到2008年的11 527亿kW·h,30年增长25倍,占全社会用电量比重由1978年的25.75%增长到2008年的54%;县、乡(镇)、村通电率分别由1978年的94.5%、86.83%和61.05%提高到

2008 年的 100%、99.68%和 99.74%。

2006 年农村水电网内全年用电量达 702 亿 kW·h，其中县城用电量 414 亿 kW·h，农村用电量 224 亿 kW·h 。有农村水电的县全年用电量达 4 729 亿 kW·h。

南方电网公司 2007 年的数据统计，2007 年末县及县以下总人口 13 444 万，县及县以下总售电量 28 026 627.98 万 kW·h，其中农村生活照明 2 846 177.97 万 kW·h。

农村水电供电区 2007 年数据统计，全国农村水电及水利系直属水电全年发电量 1 860.7 亿 kW·h，其中水力发电量 1 799.2 亿 kW·h，小型水力发电量 1 437 亿 kW·h。

**（三）基本实现城乡用电同网同价**　截至 2008 年底，国家电网公司供电区域除内蒙古东部外，均实现了城乡居民生活用电同网同价，有 19 个省、1 000 多个县不同程度实现城乡分类用电同网同价；农村生活用电到户电价由 1998 年的 0.756 元/kW·h ，下降到 2007 年的 0.539 元/kW·h，仅 2007 年照明电费就减轻农民负担 233 亿元。南方电网公司 5 省（区）的县及县以下于 2003 年底实现城乡同价，平均电价为 0.69 元/kW·h。农村水电网辖的供电用户，县城居民到户电价 0.501 元/ kW·h，农村居民到户电价 0.552 元/kW·h。

## 五、农电管理更加规范，供电质量明显改善

**（一）发挥了大电网的管理优势**　针对我国农村电力管理体制复杂，县供电企业政企不分、冗员过多、效率低下，农村电力管理混乱，县公司、乡镇电管站和农村电工层层趸售、逐级加价、农村电网供电能力弱、可靠性低、电能损耗高、农村电价远高于城市电价等问题，经过“两改一同价”工作的实施，电网企业基本实现了“县为实体，乡（镇）为基础”、“1 县 1 公司”、“县乡一体化”的管理。我国农村电力管理体制初步构筑了适应县域经济发展和建设小康社会的农电管理体制。其中改革了乡镇电管站的管理体制，理顺了县供电企业与省电力公司的关系，对趸售县局由代管逐步向直管和股份制改造过渡。到目前为止，国家层面以及网省公司、地（市）、县（市、区）到乡镇都基本形成科学合理的管理体系，逐步建立起一整套管理机构及近百万人的农电管理大军，这是实现农村电气化事业的组织保证和人才保证。

**（二）建立了完善的电价管理体系**　为落实农电管理责任主体，实现政企分开，规范用电秩序、降低农村电价、提高农电服务质量，县供电企业实施体制改革之后，农村电力事业进入了以大电网企业带动县供电企业发展的新阶段。为促进城乡电力事业的统筹发展，电网企业辖属的省电力公司与县供电企业之间形成了新型管理关系，有效地促进了县供电企业的管理工作，从制度上解决了县域电网的统一规划、统一建设、统一调度和统一管理问题，实现了资源的优化配置，防止重复建设和争占供电营业区问题，从而规范了农村电力市场，改善了农村供用电秩序，彻底解决了电价管理混乱的问题，让农民群众得到了实惠。

农村电费同价后全国每年可减轻农民不合理用电负担 350 亿元。2007 年，电网企业的农网综合供电电压合格率 96.768%，农网供电可靠率 99.541%，分别比 2000 年提高 5.968 个和 0.659 个百分点。

**（三）解决了农电工的待遇问题**　电网企业高度重视农电工的稳定工作，为认真贯彻《劳动合同法》，进一步规范了农电工管理，提出了保障农电工劳动权益的基本措施和办法。国家电网公司专门印发了《关于进一步加强农电工管理的工作意见》《关于做好农电安全生产、队伍稳定和优质服务工作的通知》以及《关于加强信访工作的通知》，截至 2008 年底，电网企业辖属的各县供电企业 100%的与农电工签订了劳动用工合同，100%为农电工缴纳了一项以上基本社

会保险，其中为93%的农电工办理了3项以上社会保险。94.7%的农电工实现持证上岗，22%的供电所工作人员获得了国家职业资格证书。

**（四）水电企业加强了行业监管** 2006年，水利部出台了农村水电管理、环境保护、安全分类管理等一系列管理办法，加强了行业管理。水行政部门继续加强农村水电行业的监管，理顺了行业管理体制，并继续加强对农村水电设计市场、建设市场、设备市场和产品市场的监管。全国有19个省（区）成立了100多个农村水电协会。农村水电建设管理秩序进一步好转。

### 六、自觉履行社会责任，优质服务成效显著

**（一）优质服务进一步提高** 电网企业为了更好地服务社会主义新农村建设，在系统内普遍开展了优质服务和特色服务活动，各单位结合实际强化了“一口对外、内传外部转”的窗口服务要求；深入开展“优质服务年”活动，推进“百问百查”工作；春灌、秋收期间，供电服务深入田间地头不间断提供24小时服务。一些供电企业还开展了各具特色的服务主题活动，如“助力乡村奔小康”、“业扩工程服务月”、“塞上电力、情暖万家”、“共产党员服务队”、“红马甲服务队”、“万家灯火、南网情深”等为特色的优质服务活动，受到社会的肯定和赞誉。到2007年，国家电网公司97%的县供电企业建成了95598客户服务系统，有70%的县供电公司在本地区行风评议中居前3名，有90%的县供电公司荣获“先进文明单位”称号。南方电网公司区域内县供电企业全部建成了95598客户服务系统，陕西“地电”也开通了96789服务热线，受到客户的普遍好评。

**（二）统一品牌服务** 品牌服务是近几年来电网企业一直探索的一项工作，经过广大电业职工的实践，已取得了显著成效。国家电网系统为把“国家电网”品牌延伸到广大农村，健全农电优质服务常态机制，在县供电区域内建立了统一的客户服务系统。广大窗口人员遵守统一的服务规范，履行统一的服务承诺，追求统一的服务品质，丰富了品牌内涵，提升了品牌价值，维护了“国家电网”品牌的形象。

**（三）惠及家家户户** 电网企业在深入开展的农村电力优质服务工作中，坚持以人为本的原则，注重农民群众根本利益，为解决最关心、最直接、最现实的通电问题推进了城乡同网同价，让农民群众切实得到实惠。国家电网系统为使县供电企业的优质服务工作再上一个新台阶，出台了《关于开展农电特色服务工作的指导意见》《农村供电营业规范化服务（示范）窗口管理办法、建设标准和考核细则》，从行业层面上进行了规范和指导。另外，一些电网企业还开展了弘扬“爱心文化”和“平安文化”，服务农村精神文明建设，开展支农扶农工作等活动，自觉履行社会责任，惠及了家家户户，促进了农村社会事业发展。电网企业供电服务承诺兑现率达到99.9%，客户评价满意率达到99.8%，没有发生损害企业形象的供电服务事件。

## 第三节 农村电气化的特点

农业、农村和农民问题是关系我国改革开放和现代化建设全局的重大问题。没有农村的稳定就没有全国的稳定，没有农民的小康就没有全国人民的小康，没有农业的现代化就没有整个国民经济的现代化。因此，在实现跨世纪目标时，必须把农业放在经济建设的首位，千方百计把农村的问题解决好。农村电气化是电力工业的重要组成部分，也是实现农业现代化的基

础和保证。它关系到9亿农民的物质文明和精神文明建设,关系到农业和农村经济的可持续发展,关系到我国农村城市化的发展进程。因此,建设和发展我国的农村电气化事业,具有特殊的战略意义。

## 一、我国农村电网的特点

第一,我国农村幅员广阔,农村电网负荷分散、密度小,具有线路长、布点多的特征。

第二,农业生产季节性强,时间比较集中,历史较短,所用生产机械种类繁多,其年利用小时数低。

第三,农业生产负荷变化剧烈,常会发生过负荷运行状态。

第四,农村能源要因地制宜,多能互补,积极利用当地能源建设电站和大电网供电并举,以大电网供电为主。

## 二、农村电气化发展的成功经验

第一,农村电气化在发展过程中,坚持服务宗旨,始终依靠党和政府围绕农村中心工作所制定的方针和政策,这是农电发展的基本方略。农电系统所开展的“三为服务”、电力扶贫共富工程、通电工程、送光明工程以及整顿农村电费工作等,所服务的都是为全社会所关注的农村问题和农民问题,因而获得了国家在政策上的支持。各级政府和广大人民群众的支持,为农村电气化工作创造出一个非常好的发展空间,使之得以健康、稳步、协调发展。

第二,农村电气化在发展过程中,紧紧依靠各级地方政府,调动社会各方面的积极性。农村电气化事业涉及地方的很多部门和利益矛盾,只有紧紧依靠地方政府的领导,把农电工作纳入地方政府中心工作,才能调动地方的积极性,形成多渠道办电、多形式办电的局面。

第三,农村电气化在发展过程中,有一系列可行的发展政策作保证。我国农电的发展不同于城市电力的发展,根据其服务对象的特殊性,国家出台了一些倾斜政策、扶持政策和保护政策,这些政策有效地推动了农村电气化事业的发展。

第四,农村电气化在发展过程中,始终坚持县为实体的原则,突出了县级农电部门是农村电气化发展的主力军地位与作用,保证了农村电气化事业扎实而又健康地发展。

第五,农村电气化在发展过程中,坚持了开发农村电源与发展大电网并举思想。农电初始阶段主要是以兴办小水电、小火电来解决电源问题,今天大电网的不断延伸扩大,向农村提供了充足可靠的电力。坚持大电网供电为主与农村多种电力资源为辅,是我国农村电气化发展的两个有效途径。

第六,农村电气化在发展过程中,注重以人为本,科技兴农电。农村电气化的建设需要科学技术的有力支持。在农村电网的建设与管理方面,通过不断采用新技术和新设备,使网架的装备水平和技术含量有了大幅度的增加,自动化技术的引用有效地提高了对电网的管理水平。

## 第四节　农村电气化的发展前景

### 一、我国农村电气化面临的艰巨任务

我国农村电气化工作虽然取得了很大成绩，但还远不能适应农村经济的发展需要，特别是与城市、与国际相比，差距还很大，农村电气化的建设任务还相当艰巨。主要表现在以下几方面：

第一，农村电气化水平较低，还有部分农户没有用上电；

第二，农电管理体制不规范，管理水平较低，三乱（乱加价、乱收费、乱摊派）需要进一步治理；

第三，农村电网技术含量较低，网架薄弱，结构不合理，设备陈旧，线路迂回，供电质量差，电能损耗高；

第四，农村供用电市场秩序不稳定，农电市场的法律法规及监督机制不健全，农村电价偏高，农民负担过重，农村用电水平较低。

### 二、我国农村电气化发展的有利条件

按照我国经济和社会发展的远景目标，改革开放以来的发展速度和取得的巨大成就，展望未来，农村电气化发展具有广阔的发展前景，有许多有利的因素和条件。

**（一）农村居民整体摆脱贫困**　1949 年农村居民人均纯收入不足 50 元，1978 年增加到 134 元，2008 年增加到 4 761 元，年平均增长 6%以上。全国 98%的农民过上了温饱有余的生活，25%的农民过上了小康生活。

**（二）城市化进程加快**　改革开放以来，随着经济的发展和社会的进步，我国坚持"严格控制大城市规模，合理发展中等城市和小城市"的城市发展政策，城市发展步入了稳定、快速发展的新阶段。城市数量、规模、人口和质量都达到了一个新水平。1949 年到 2007 年我国城市数量已由 132 个增加到 655 个，国家统计局报告指出，2007 年全国城镇人口达 59 379 万人，城镇人口（居住在城镇地区半年及以上的人口）占总人口比重由 1949 年的 12.5%提高到 44.9%。但目前我国城市化进程与国外相比仍有较大差距，国外一般城市人口占总人口一半以上，城市化水平在 27%～78%。因此，今后我国城市化发展的进程将进一步加快。

**（三）农村经济结构发生了巨大变化**　新中国成立 60 年来，我国已由传统的农业国转变为门类齐全、初步工业化的发展中国家，产业结构基本合理，并进入结构升级与高级化的阶段。第一、第二、第三产业结构由 1978 年的 28.1∶48.2∶23.7 变为 2008 年的 11.3∶48.6∶40.1，农业内部的结构已由"以粮为纲"转变为农林牧副渔全面发展。

**（四）农村居民生活用电增长的潜力巨大**　2008 年乡村居民生活用电量为 2078 亿 kW·h，比 2007 年增长 13.89%。我国农村生活用电占总用电量的比重将近 18%。而国外生活用电量占总用电量的比重一般在 20%～40%。

**（五）农电"两改一同价"工作为农村电气化事业的发展创造了良好的条件**　1998 年，党中央、国务院决定开展"两改一同价"工程。对农村电网普遍进行改造，对农村电力体制进行改

革，实现城乡用电同网同价，实现县、乡电力一体化管理，建立符合我国农村经济发展水平的农村电力体制。改革和改造完成的同时，实行城乡用电同网同价，降低电价，减轻农民用电负担，还农民一个公道、公平和公正，促进用电增长，促进农村经济发展，为农村电气化事业的发展奠定了良好的基础。这是一件利国利民的好事，功在当代，利在千秋。

## 三、实现农村电气化的政策和措施

从以上的分析中我们应当看到，在我国实现农村电气化，既有许多有利条件，但也存在许多不利因素。因此，必须有相应的政策和措施。

**（一）对农村电气化要有一个科学的理解** 根据我国的国情和各地的实际，我国的农村电气化是一个长远的发展目标，要经历一个漫长的过程。全国不能一个目标、一个标准，允许有差别。在推进电气化的过程中，要注意把推广和普及结合起来，注意示范和引导，有计划、有重点地搞好示范县、示范村及示范户的工作。

**（二）要把农村电气化作为一项事业来对待** 作为一项大多数人的事情来办，要有精神和热情，要讲政治、讲大局、讲责任、讲奉献。

**（三）尽快制定《农村电力管理条例》，确定农村电气化的法律地位** 明确加快农村电气化发展的体制、机制、投资、价格、税收、管理等基本法律原则。

**（四）要适当调整农村能源政策** 在继续坚持"因地制宜，多能互补"政策的前提下，要增加电力的消费比重，加快大电网向农村开拓延伸、增加供电的速度和进程。同时，在一些边远和经济欠发达地区，以及小水电、风电资源较丰富的地区，继续发挥小水电、风电和其他新能源的作用，也可以采用分散化和小型化的方式供电，实现初级电气化发展目标。

**（五）各级政府要把农村电气化事业摆到议事日程** 把农村电气化事业作为缩小城乡差别、建设社会主义新农村、实现农业现代化的大事来抓。首先，要做好近期和长远发展规划，要有一个发展大纲，有明确的阶段性目标，使其与经济发展和社会进步同步协调发展；其次，在投资、价格和税收上要有扶持政策。

**（六）农村电气化的发展，要作为电力企业义不容辞的义务和一项基本任务** 在政府的领导下，把农村电气化纳入电力发展规划，统一建设，统一管理，统一经营。电气化的发展所需资金不能再用集资、加价的办法解决。农村电气化的建设和发展要靠改革、政策、技术进步和加强管理。"两改一同价"工作完成之后，不能认为把农村电力发展的所有问题都解决了，我国农村电气化发展的大量而艰巨的任务在后头，要做的事情很多，要走的路还很长。对此，我们要有充分的思想准备。

## 参考文献

［1］ 张伟．农业工程概论．北京：中国农业出版社，1997.

［2］ 汪懋华．农业现代化的桥梁．山东：山东科学技术出版社，2001.

［3］ 杨存葆，郭子仪．农电管理．北京：海洋出版社，1992.

［4］ 倪建立，马放瑞，等．农村电网节能降损与自动化实用技术．北京：中国电力出版社，2008.

［5］ 西北电监局．关于西北地区农村供电情况调研的报告．http://www.chinarein.com/zhwx/detail.asp?id=3710，2009-04-03.

[6] 张莲瑛．农业电气化．中国电力,1996,29(11):82-84.

[7] 曹昌杰．中国电力企业联合会．改革开放 30 年电力．北京:中国电力出版社,2008.

[8] 李振生．50 年中国农村电气化蓬勃发展．http:// www.chinarein.com/zhwx/detail.asp? id=1305&type=&lanmu=&ArticlePage=1,2003-03-24.

[9] 吴贵辉．我国农村电气化的回顾与展望．中国农村电气化信息网,2001-09-29.

[10] 中国农村电气化 50 年发展大事记．中国农村电气化信息网,2001-09-19.

(作者:高万林 中国农业大学信息与电气工程学院党委书记、教授,耿光飞 中国农业大学副教授,苏 娟 中国农业大学讲师,张莲瑛 国家电网公司农电工作部副主任、教授级高级工程师)

# 第二十八章 农业技术现代化

## 第一节 农业技术现代化是发展现代农业的必由之路

20多年来，信息技术的高速发展，已使它迅速渗透到国民经济的各个部门，改变着人们的生活方式、工作方式和思维方式，引发许多传统技术思想和观念的革命，国际竞争将更多地转向以知识为基础的科学技术与产业技术的竞争。农业是国民经济的基础产业，保障世界的食物安全和农业的可持续发展，是全球性的永恒主题。过去60年，世界农业发生了重大变化。农业生产通过生物和农艺技术的进步，以及将生物和农艺技术转化为大规模生产力的现代农业工程技术，农业系统经营管理技术的不断改善，使得世界食品产量的增长超过了人口的增长速度。20世纪后半期世界农业的高速发展，基本上是依靠生物遗传育种技术的进步、耕地和灌溉面积的扩大、物理与化学产品投入的大量增加、机械动力与矿物能源大量投入的条件下获得的，由此而引起的水土流失、生态环境恶化、生物多样性损害等问题，已经引起国际社会的严重关切，并成为推动技术创新、实践农业可持续发展的重要驱动力。

改革开放以来，我国农业和农村经济得到了飞速发展，但仍面临严峻的挑战。我国化肥的生产量和施用量居世界首位，单位面积使用量是美国的2.6倍。但是，化肥、农药利用效率很低，我国化肥的利用率，氮为30%～35%，磷为10%～20%，钾为35%～50%，农药利用率在30%左右，对环境造成严重威胁。我国水资源严重匮乏，而降水利用率不足35%，只是发达国家的1/3，节水已成为一项紧迫而繁重的任务。我国每公顷耕地平均拥有农用动力1kW左右，相当于美国的2倍，然而我国的农业发展水平却远远低于美国。我国农业应尽快实现从粗放经营到精细农作的转变。

在西方发达国家，农业工程领域已广泛采用电子信息技术手段来改造传统产业，电子信息技术与自动化技术已成为现代农业工程中最活跃的研究领域。与西方发达国家相比较，我国农业科技领域的电子信息与自动化技术相对比较落后，已成为制约我国现代农业工程技术发展的关键因素，针对这个问题，《农业科技发展纲要（2001—2010年）》提出："推进新的农业科技革命，实现传统农业向现代农业的跨越""实现传统农业向现代农业的跨越，尽快缩小与发达国家的差距，必然要在农业科学研究与技术开发上取得重大突破，促使先进适用技术及时充分地应用到农业生产中去，加速科学技术、特别是高新技术全面向农业渗透，大幅度提高农业科技整体水平，实现农业生产力水平质的飞跃"。《国家中长期科学和技术发展规划纲要（2006—2020年）》中将多功能农业装备与设施、农业精准作业与信息化列为优先发展主题。明确提出要重点研究开发适合我国农业特点的多功能作业关键装备，经济型农林动力机械，定位变量作业智能机械和健康养殖设施技术与装备，保护性耕作机械和技术，温室设施及配套技术装备。重点研究开发动、植物生长和生态环境信息数字化采集技术，实时土壤水肥光热探测技术，精准作业和管理技术系统，农村远程数字化、可视化信息服务技术及设备，农林生态系统监测技术及虚拟农业技术。中共中央十七届三中全会通过的《中共中央关于推进农村改革发展若干重大问题的决定》中明确提出,建设现代农业要“适应农业规模化、精准化、设施化等要求……推进农业信息技术发展,重点开发信息采集、精准作业和管理信息、农村远程数字化和可视化、气象预测预报和灾害预警等技术”。国家在“863”计划、“973”计划和支撑计划的基础上,不断加大对以“数字农业”为主要内容的农业信息技术研究的投入,这为农业自动化的发展带来了前所未有的机遇和挑战。

## 第二节 农业技术现代化的发展历程

迅速发展与普及的计算机和信息技术,将推动人们在科学利用资源潜力、发展节本增效生产方式、改善和保护生态环境、实现基于信息和知识的生产过程管理决策方面突破许多传统的模式和观念。它对传统产业的改造日益广泛和深刻,对农业更有其特殊意义。应用自动控制和电子计算机等技术手段实现农业生产和管理的自动化,是农业现代化的重要标志之一。农业的自动化实现了用机械动力和电力代替人力和畜力,以工作机械代替人的手工工具。20 世纪 70 年代以来,农业逐渐推广应用自动控制、电子计算机、系统工程、遥感等技术,实现部分生产作业和管理自动化,取得了提高作业质量、效率和安全、省力等效果。农业自动化主要包括耕耘、栽培、收割、运输、排灌、作物管理、禽畜饲养等过程和温室的自动控制和最优管理。随着现代科学技术的进步和不断发展,自动化技术在现代农业生产过程中不可替代的地位和作用越来越被人们所认识(图 28-1)。采用电子信息和自动化技术改造传统农业生产技术,有助于提高农业生产力水平、降低生产成本、推动农业生产由粗放型向集约化转变,对于提高农业综合生产能力和可持续发展、统筹城乡经济建设、推动农村小康社会等具有十分重要的意义。

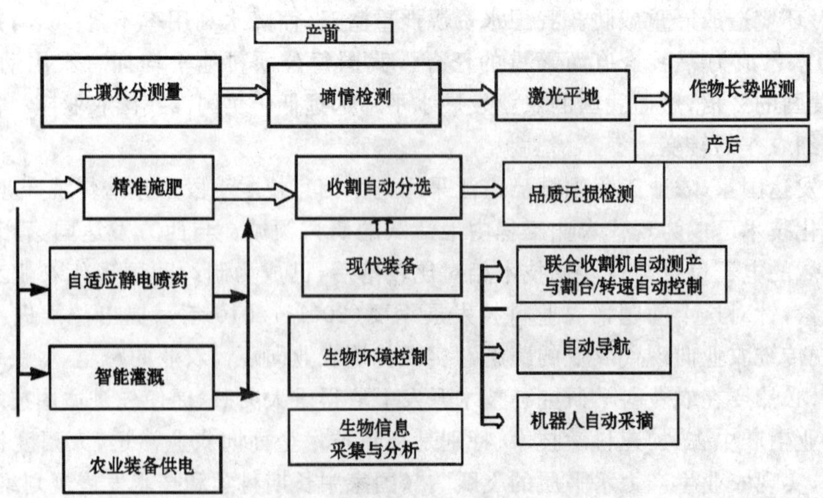


图 28-1 自动化相关技术在农业生产中的应用

**(一)农业环境自动检测** 农业环境监测和检测技术是从 20 世纪 80 年代中期开始发展起来的。农业环境监测和检测是借用环境监测和检测的理论和方法,对农业生产环境的质量现状及变化规律和趋势进行监测和检测活动,并用它解释农业环境现象,为农业环境管理和科研

提供科学依据的全部过程。农业环境监测和检测的目的就是通过采用物理、化学、生物等手段和技术来观察、测试农业的物理、化学和生物等的自然因素状况和变化，以获取关于农业生产环境的信息，为农业环境保护提供科学决策的依据。主要包括应用卫星航天遥感、飞机航空遥感、对地监测网络技术对主要农作物的长势与产量、土壤墒情、水旱灾害、病虫草害、海洋渔业、农业资源、生态环境等，进行监测、检测、速报与预报。开发出了一些农业环境监测和检测系统，如农业环境无线远程监控系统、基于无线传感器网络的农业环境监测系统、土壤与植物养分诊断及测试仪、土壤及植物水分诊断及测试仪、土壤墒情监测与预报系统、植物病虫草害检测系统、利用多传感器信息融合技术的检测系统等。

在我国，农业环境科学的兴起相对滞后于西方发达国家，但在其后的发展过程中还是比较迅猛的。纵观整个发展历程，大体上可以划分为5个相对独立的时期：

1. 第一阶段(1970—1978年)　主要的工作是通过大规模实地调查以摸清当时我国的农业环境质量与污染状况，在此基础上对几十种环境常见污染物影响农业生态系统的规律进行探索，这些初步的工作虽然只是间接涉及了农业的可持续发展问题，但还是为我国农业环境保护法规、条例和标准的制定提供了科学依据。

2. 第二阶段(1979—1984年)　为本学科的基本成型阶段。这一时期农业环境问题的研究有了一定程度的深入，从国家层面上则是重点抓了农业环境保护机构的建设和农业环境监测和检测技术与信息网络系统的开发，从而促进了农业环境科学的成型和发展。

3. 第三阶段(1985—1992年)　为该学科的进一步发展阶段。这一时期的工作除全国土壤和环境研究外，主要是进一步明确了要保护、恢复、改善与创建良好的农业生态环境，以增加农业发展的后劲，从而促进农业的可持续发展。

4. 第四阶段(1993—2000年)　进入了徘徊与前进相互交替的时期。尽管这一时期该学科进入了较为成熟的阶段，但是高校系统由于学科整合，原有的农业环境保护学科被纳入环境工程二级学科，归属环境科学与工程，这在一定程度上影响了农业环境科学的整体发展。但是，中国科学院、农业部和中国农业科学院等系统的农业环境科学仍在有条不紊地前进，通过对全国乡镇企业环境污染情况的调查和乡村环境污染防治的研究，使该学科的研究范畴从单纯的农业环境扩大到农业与乡村生态环境，并在小城镇环境综合治理及其相关技术等方面取得了较大的进展，在农业生态系统复合污染发生机制研究方面进行了尝试性摸索。

5. 第五阶段(2001年至今)　随着我国进入WTO和农业生产的进一步发展，对农产品品质安全有了更高的要求，有关农业生态环境问题的研究更多地围绕解决保证农产品品质安全来展开。由于我国农业环境长期以来未能得到有效治理，出现了新老污染的不断叠加和各种类型污染物的联合胁迫，因而对复合污染发生机制、生态毒理效应及其分子机制的研究逐渐得到了重视。

**(二)设施农业在中国**　现代设施农业是指利用现代化工业技术装备农业，在相对可控环境条件下，采用工业化生产方式，实现集成高效及可持续发展的现代农业生产方式。大力发展现代高效设施农业，对推动我国农业现代化、全面提升农业生产经营管理水平、提高农业整体效益、增加农民收入和改善农业生态环境都具有十分重要的意义。现代设施农业装备是指适合于设施农业耕作、栽培、灌溉、施肥、病虫害防治、设施消毒、采收及深加工等农业生产过程和农业工艺特点，并主要在各类设施中工作的设施农业机械，以及控温、调湿等构建各类设施环境的配套设备器械。农业机械是农业科技成果转化的载体，是推进农业技术进步的重要手段。

现代高效设施农业就是用大量设施农业机械装备起来的农业。因此,设施农业技术体系的升级必然要包含设施农业装备的发展优化,否则将极大地限制设施农业技术层次的提高。

我国设施农业起步较晚,但进展迅速,目前我国设施农业种植面积居世界第一位。我国设施农业技术的研究、开发与推广工作也在不断加强。尤其是"九五"期间,国家启动科技攻关项目"工厂化高效农业示范工程",将工厂化高效农业列入国家重大产业工程项目,设立了"华北型连栋塑料温室结构及调控设施的优化设计与实施"等 12 个专题,投入大量人力、财力与物力进行产业化开发推广工作。为巩固"九五"设施农业示范工程项目成果,"十五"期间,科技部又启动了"十五"国家科技攻关计划"工厂化农业关键技术研究与示范"项目,设立了"温室环境智能控制关键技术研究与开发"等 10 个专题进行攻关。1998 年,国家自然科学基金也首次将"设施园艺高产优质的基础研究"列为重点项目,标志着中国的设施园艺工程科技水平即将得到重大发展。2001 年,"设施园艺可控环境生产技术"又被首次列入国家"863"高科技发展计划。在国家持续投入和科技工作者的不断努力下,我国设施农业技术在拥有自主知识产权的温室结构设计、温室环境监控、水肥调控、设施作物品种选育以及设施作物栽培方法与工艺等领域取得了长足进步,缩小了与国外发达国家的差距。近 10 年来,设施农业在我国不仅取得了较大的经济效益,而且由于其先进性和适用性,产生了广泛的社会影响,引起了社会各界的普遍关注,推动了工厂化设施农业产业在全国范围内的蓬勃兴起,极大地提高了土地利用率。

近年来,我国设施园艺工程的总体水平有了明显提高。设施类型以塑料大棚和日光温室为主,逐步向大型化、多样化发展。但就生产水平和技术层次而言,我国与国际先进水平有一定差距,具体表现为:栽培管理多以传统经验为主,缺乏量化指标和成套技术;温室生产的劳动生产率较低;缺少专用温室栽培品种,产品产量较低;设施农业生产中作业机具和配套设备很不完善,生产率低、适应性差且成本高,在作业性能、可靠性和使用寿命等方面都存在很多问题,远远不能满足工厂化设施农业生产的要求。设施农业装备技术水平的落后已成为我国设施农业技术应用的"瓶颈",严重制约了我国设施农业的进一步持续高效发展。

各级政府将设施园艺工程作为发展现代农业的切入点,纷纷建立现代化高效农业示范园区。上海 1997 年 3 月设计并建成智能化连栋塑料温室,实现了温度、光照、水、气、肥等多种环境因子的自动控制。温室配备了生长架、喷滴灌、施肥、营养液供给等设备,造价较低(260 元/$m^2$)。辽宁研制成功高效节能日光温室,综合配套了机械卷帘、卷膜、地中热交换、双限超温报警器、滴灌等设备,实现了北纬 42°地区不加温条件下,室内外温差达到 30℃,可生产喜温果菜的目标,具有良好的经济适用性(造价 72 元/$m^2$)。中国农业大学于 1998 年研制成功华北型连栋塑料温室,采用双层充气膜覆盖、地中热交换系统和湿帘-风机降温系统,能耗比国际上同类温室降低 40%(造价 345 元/$m^2$),由于具有良好的经济适用性,仅 1998 年一年就推广应用 8 栋,面积约 2$hm^2$。广东设计建造了适宜亚热带气候的连栋温室和单栋温室,主要利用自然通风进行作物生产,造价仅 120～160 元/$m^2$。我国设施园艺栽培发展迅猛,全国以蔬菜为主体的温室、大棚等设施园艺面积 2006 年已发展到 250 多万 $hm^2$,总面积世界第一。其中,塑料大棚 200 万 $hm^2$,占总设施面积接近 80%左右;日光节能温室 50 多万 $hm^2$,占总设施面积的 20%左右;现代化温室 1.2 万 $hm^2$,占总设施面积不到 1%。目前,符合国情的低成本、节能型日光温室和国产连栋塑料温室得到很大发展。节能型日光温室由 1984 年的 2 000 $hm^2$ 增加到 1997 年的 141 340 $hm^2$,增长达 70 余倍;普通日光温室由 3 700 $hm^2$ 增加到 78 200 $hm^2$,增长 20 余倍。而加温温室由于能耗较大,运营成本高,面积仅约 7 200 $hm^2$。

自动化技术在我国大陆地区设施农业生产中的应用起步较晚，我国在温室透光材料、二氧化碳、施肥设备与技术、温室作物的水肥调控技术、计算机自动控制技术等方面有待于进一步研究开发，还有许多工作要做。我国的设施园艺工程在环境控制、无土栽培、水肥调配、节能技术等方面取得了一定的进步，但与发达国家设施农业技术相比还存在较大差距，需要进一步加强对我国的设施农业产业化开发研究与推广应用研究。20 世纪 80 年代，我国先后从欧美和日本等发达国家引进了大量的连栋温室，揭开了我国现代化温室生产、研究和普及的序幕。近期，国家高度重视信息产业工程的发展，我国温室设施计算机的应用和发展，在总体上正从消化吸收、简单应用阶段向实用化、综合性应用阶段过渡和发展。90 年代中后期，在对国外温室设备配置、温室栽培品种、栽培技术等各个方面进行研究的基础上，我国自主开发了一些研究性质的环境控制系统。例如，1995 年，北京农业大学研制成功了“WJG-1 型实验温室环境监控计算机管理系统”，该系统属于小型分布式数据采集控制系统。1996 年，江苏理工大学研制成功了基于工控机进行管理的植物工厂系统，该系统能对温度、光照、二氧化碳浓度、营养液和施肥等进行综合控制。中国农业机械化科学研究院研制成功了日光温室环境数字式监控系统，该系统的特点包括采用前、后台 2 层结构。前台完成数据的采集和控制，采集的数据可以自动存储，也可以传输到主计算机进行处理；后台是主计算机，是整个监控系统的核心，具有发布监控命令、显示运行状态、数据检索和报表打印等主要功能。该系统可实现对温室内外温湿度、二氧化碳浓度、土壤温湿度、叶片温度、室内光照度、覆盖物表面温度等参数的测量，并且能输出各种控制信号，可以对排风扇、喷灌、滴灌等设备进行控制。该系统是代表现阶段国内温室环境控制技术先进水平的典型产品。

农业节水不仅是我国国民经济和社会可持续发展所要求的，而且也是我国农业资源尤其是水资源短缺、水土资源配置失衡等严峻形势所决定的。农业节水对保障国家用水安全、粮食安全和生态安全，推动农业和农村经济可持续发展，具有重要的战略地位和作用。我国农业缺水的问题在很大程度上要依靠节水予以解决，加强对我国节水农业技术的研究，以科技创新促进生产力发展，建立与完善适合我国国情的现代节水农业技术体系，将成为促进我国节水农业可持续发展的重大战略举措之一。节水型农业是 21 世纪我国从根本上解决水危机，确保农业可持续发展的必然选择。设施农业是传统农业向现代农业转变的必经之路，是现代农业发展的方向和必然趋势。设施农业要持续发展，就必须摆脱传统的生产方式，采用现代化的科学技术，在深化资源的合理配置、优化种植结构的基础上，发展节水、节能、高产、高品质、高效益、高集约化的设施农业，走农业和农村经济的可持续发展道路，为节水型社会和新农村建设做出更大的贡献。

我国水资源总量为 28 100 亿 $m^3$，是世界上 13 个缺水国家之一，人均水资源量约 2 200$m^3$，仅为世界平均值的 1/4；每公顷平均水资源占有量 27 000$m^3$，只有世界平均水平的 2/3。我国水资源的突出特点是时空分布不均，水土资源不匹配，水资源分布状况与国民经济的布局和发展之间严重错位，许多区域的人均水资源已大大低于 1 700$m^3$ 的缺水警戒线，缺水问题相当严重。按现状用水量统计，全国中等干旱年缺水量为 358 亿 $m^3$，其中农业缺水 300 亿 $m^3$。水资源紧缺已成为严重制约我国国民经济可持续发展的“瓶颈”。农业是我国的用水大户，用水总量 4 000 亿 $m^3$，占全国总用水量的 70%，其中农田灌溉用水量 3 600～3 800 亿 $m^3$，占农业用水量的 90%～95%。农业用水中的浪费现象相当严重，首先是农田灌溉水的利用率低，平均仅为 45%左右；其次是农田对自然降水的利用率低，仅达到 56%；最后是农业用水的效率不高，其中农田灌溉水的利用效率仅有 1kg/m³ 左右，旱地农田水分的利用效率为 0.6～0.75kg/m³。根据权威部门的预测结果，在不增加现有农田灌溉用水量的情况下，2030 年全国缺水高达1 300 亿～2 600 亿 m³，其中农业缺水 500 亿～700 亿 m³。若将农田灌溉水的利用率由目前的 45%提高到发达国家的水平 70%，则可节水 900 亿～950 亿 m³，如同时提高水的利用效率，农业节水后不仅可满足 7 亿 t 左右的食物生产用水，还能节约出 400 亿～500 亿 m³ 的水量用于国民经济的其他重要行业，这无疑会对未来的国家经济持续发展和社会安全稳定做出重大贡献。根据我国农业用水现状，水是一切生命过程中不可替代的基本要素，也是维系国民经济和社会可持续发展的重要基础资源。节约用水，既是人口、环境、资源可持续发展的长远战略，也是当前经济和社会发展的一项紧迫任务。

**(三)精细农业**　自 20 世纪 90 年代以来，随着全球定位系统、卫星遥感技术、地理信息技术、通信网络技术、计算机技术、变量处理设备和决策支持系统的发展，世界农业正从传统农业向高科技农业也即精细农业方向发展。具体表现在“三定”的精细化和精确化，即定点的精确化、定量的精确化、定时的精确化，从而实现农业“高产、高效、高质、高级、低害”。其核心与实质是基于信息和知识来精细管理复杂的农业系统，即实时地获得地块中每个小区的作物信息，诊断作物长势和产量在空间上差异的原因，并按照每个小区做出决策，以最少的物质(水、肥、药、种)与能量消耗，获得最大且高质量的产出(粮、棉、油、瓜、菜、蛋、肉等)，同时对环境造成的污染最轻并使土壤肥力得以良性循环，防止土壤退化。因此，研究精细农业对指导我国农业可持续发展具有非常重要的意义。

1. *传统农业社会的精耕细作*　几世纪前，农民把土地划分为小田块来耕作经营，正是受到对作物生长环境和产量空间变异的感性知识的影响。我国农民几千年来在小块土地上经过劳动密集的投入和积累的丰富生产管理经验而形成的“传统精耕细作”技术，也可以在小块农田内达到很好的经济产量，只是没有现代科学方法的定量研究和现代工程手段的支持来形成大规模的生产力。

2. *现代信息社会的精细农业*　20 世纪初期，科学家就对作物产量和田间土壤特性做过研究，如 N、P、K 含量等在田间分布具有明显的差异性。1929 年，Illinois 大学 Lins-ley 和 Bauer 发表文章劝告农户应绘制自已田区内的土壤酸度分布图和按小区需求使用石灰的建议。20 世纪 80 年代至 90 年代初，关于在农田中实施土壤肥力、植保和作物生产定位管理的技术研究受到广泛的重视，同时还发现在所有的耕地中作物生长环境和收获量实际分布的时空差异性。现代信息和智能化控制技术的发展包括空间信息技术的成熟，使农业实施种、肥、水、药投入的差异性调控成为可能。世界著名厂商先后向市场提供的装有空间定位和产量传感器的现代谷物联合收获机，已可以在收获过程中自动采集以 12～15 m² 为单元的小区产量及对应地理坐标位置的数据，并进一步通过模糊聚类分析软件自动生成农田内作物产量分布图。90 年代初以来，在一些发达国家开展的精细农业技术体系的研究与实践，就是一种具有创新意义的技术思想，已经引起一些国家政府和科技决策部门的重视。近 10 年来，已有数以千计的研究成果、实验报告见诸于国际学术会议或学术刊物。每年都举办专题“国际精细农业学术研讨会”和有关装备技术产品展示会；美国、英国、澳大利亚、加拿大等国的一些著名大学设立了精细农业研究中心，开设了有关博士、硕士研究方向及培训课程；日、韩等国近年来已加快开展研究工作，并得到了政府部门和相关企业的大力支持。精细农作技术体系在上述发达国家的试验和应用表明，可以显著提高耕地的生产潜力，增产可达到 20%以上，而且节约良种、化肥、农药和能源

投入,获得良好的经济效益,受到农户的欢迎。

目前,我国在精细农业方面的研究还只是处于起步阶段,在很多地方还是处于消化吸收阶段,但也已经取得了很大的进步。在"十五"和"十一五"期间都在"863"计划项目中安排了相关的专项和重大专题,计有:车载农田土壤信息快速采集关键技术与产品研发、多平台作物信息快速获取关键技术与产品研发、精准农业生产设计与管理决策模型技术研究、农田作业机械智能导航控制技术与产品研发、精准农业智能变量作业装备研究开发、精准农业技术集成平台研究与开发、精准作业系统构建与应用示范等课题。在"十五"攻关课题和"十一五"科技支撑计划中也设置有相关研究与开发项目。从 2000 年开始在北京、黑龙江、上海相继建立了精细农业示范区,在示范区内展示了国际上最先进的精细农业设备和研究成果。

1999 年,国家计委(计高技[1999]1435)批准北京市在全国率先实施精细农业示范工程。项目由北京市农林科学院承担建设,技术上依托北京农业信息技术研究中心,建设规模 2500 亩,实施地点为北京市昌平区小汤山镇,主要任务是建立以"3S"技术和智能机械设备为核心的现代农业操作系统。根据项目的总体规划,北京精准农业示范工程分 3 期进行。第一期重点是进行基地基础设施建设,引进相关技术与设备,建立面向大田作物的精细农业技术体系;第二期重点是加强自主知识产权技术的创新,建立面向设施农业的精细农业技术孵化器,确保可持续发展;第三期重点是进行产业化经营,把精细农业技术体系推向全国。在国家计委和北京市人民政府的领导和支持下,目前项目第一期工程基本完成,初步建立了面向大田作物的精细农业体系,在自主创新方面得到了国外专家的高度评价。示范区引进的国外大型精细农业设备,展示了国外最新成果,为在我国普及和推广精细农业理念发挥了重要作用,科技人员通过引进、消化、吸收以及再创新,在农田信息获取、遥感技术应用、变量作业机械开发、农业机械导航技术、作物生长模型模拟、设施农业数字化栽培管理等多个方面取得了显著的成果。

2002 年,农业部以黑龙江八一农垦大学精准农业技术研究中心为技术依托,在黑龙江垦区开展"黑龙江垦区精准农业示范试验"项目,在友谊农场五分场二队建立"精准农业示范试验"基地,项目固定投资 1 200 万元。该项目在黑龙江农垦总局农机局领导下,在友谊农场五分场二队进行精准农业技术系统示范试验,并选配相应的精准农业机械设备进行试验,目前已经取得阶段性成果。

中国农业大学精细农业研究中心于 1998 年 7 月经学校批准建立,它依托"农业电气化与自动化"国家级重点学科,是"现代精细农业系统集成研究"教育部重点实验室的主要组成部分,也是学校实施国家"211"工程和"985"工程重点支持建设的科学研究与高级专门人才培养基地。在学科带头人汪懋华院士的带领下,中心围绕精细农业关键技术及系统集成,开展了广泛的研究,取得了多项具有国际先进水平的成果。主要成果包括:激光发射器控制云台、激光接收器、激光控制器产品、农田三维地形测量系统、激光平地辅助决策系统。按照消化吸收、自主创新、系统集成、试验示范的研究工作思路,完成了用于旱田和水田的激光控制平地系统,构建了激光控制平地技术体系。目前,研究成果分别在北京郊区、河北、四川、广东等地进行试验示范,取得了较好的效果。通过深入理论研究与传感器系统的创新设计,取得了具有自主知识产权的"农田土壤含水量与坚实度新型测量装备技术研究"技术与理论研究成果,实现了农田土壤含水量和坚实度快速同步采集与实时处理。它的进一步推广应用,可为支持农田节水灌溉、旱地耕作土壤环境改善及其精细管理提供关键技术装备。中心还在作物长势检测与信息获取、土壤肥力检测与先进传感技术、谷物自动计产装置、GPS 在农业中的应用技术、农业机械导航及农业机器人技术、农田信息获取无线网络技术等方面获得了一批成果。中心与世界各国著名精细农业研究中心和地区性学术组织,农用电子信息技术与现代农业机械装备企业有着广泛密切的联系。1999 年以来,中心先后组织和主持过 10 余次大中型国际会议,为面向世界、面向未来开展农业信息高新技术创新研究创造了良好条件。

## 第三节 农业技术现代化领域关键技术创新

### (一)不断发展的电子信息技术有力促进了生物信息检测技术的进步

1. *农业环境监测和检测技术的进步为精细农业的快速发展奠定良好基础* 随着计算机技术、光谱技术、遥感技术、传感器技术、多传感器信息融合技术和无线通信技术等技术的发展,国内农业环境监测和检测技术的研究取得了很大的进步。近年来开发成功的农业环境无线远程监控系统将远程数据采集和信息发布系统应用于沼气池、养殖场和农业园区等农业现场,实现了基于无线移动网络和 WEB 技术的远程数据采集和信息发布功能,实现数据动态监控、远程传输与存储等功能。系统可以通过网络浏览器,在任何有接入互联网条件的地方查询浏览各种实时采集数据、浏览和下载历史数据,还可以通过短信服务方式为用户提供各类现场数据信息,使系统具有便利的移动办公性能,为设施农业乃至其他领域生产的优化管理与调控提供了有利的技术支撑。

国内一些科研院所和高校开展了无线传感器网络理论和应用的研究,开发了基于无线传感器网络的农业环境监测系统。系统主要由低功耗微小网络节点通过自组织方式构成,可利用网络节点功耗低、工作时间长、成本低的特点,实现低成本无人连续在线监测。同时,无线传感器网络节点布置密集,对每个监测点都有多个节点进行测量,可以通过数据融合提高数据精度,而单节点失效不影响测量效果,这种测量方式使得系统容错性强。另外,无线传感器网络具有既可以进行监测,又可对指定区域进行查询的特点。

在我国,20 世纪 60 年代开始关注形态诊断养分的方法。近年来,营养无损诊断方法正由定性或半定量向精确定量方向发展,由手工测试向智能化测试方向发展。其中便携式叶绿素仪法和新型遥感测试法是 20 世纪 90 年代以来最新发展的方法,部分成熟技术已进入推广应用阶段。如 2004 年研制了"归一化植被差异指数(NDVI)仪",它是利用近红外和红光两个特征波段,通过对太阳入射光和植被的反射光进行探测,得到 NDVI 值,反演出叶面积指数、植被覆盖度、发育程度、生物量等指标,可以对作物长势、营养诊断等方面做出评估;2005 年研制了用于作物养分诊断"作物冠层色素比值仪";2009 年又研制了由近红外 LED 光源、窄带干涉滤光片、光电检测芯片以及单片机系统组成的便携式叶绿素、氮素、水分一体化测定仪,可同时测定作物养分和水分。

对于土壤水分实时监测的方法已经从最原始的目测法发展到现在日益成熟的电磁法,它被认为是研究最多、最深且最具潜力的一类方法。目前,应用这一基本理论已形成以 TDR、FD、SWR 为代表的 10 余类电磁方法。如近几年开发出了具有自主知识产权的 SWR-2、SWR-3、SWR-4 型土壤水分传感器。同时近年来又研发了管式土壤水分传感器及其配套仪表,该技术填补了国内空白,具有较强的国际竞争力;同时,也研发了基于时域反射(TDR)原理的土壤水分测试仪表,还进行了非饱和土壤介电特性测量理论与方法、基于系统辨识理论土

壤压实度与含水率实时解耦方法的研究，在若干方面实现了农田大范围土壤水分与压实度测量方法的突破，研制出了 SMP－H 型机载式土壤剖面水分和圆锥指数复合测试仪，可以实现土壤水分与压实度的同步测量、实时测量和连续测量。在土壤墒情和旱情监测与预报技术方面，开发了 TSC 系列土壤水分测试仪的多项产品并已实现规模化、系列化和标准化生产。2001 年以来，结合农业部旱作农业示范基地建设项目，在北京、甘肃、辽宁、安徽等省、直辖市建设了 26 个国家级墒情监测站。在北京市旱情监测系统项目中共建立 46 个旱情监测站，覆盖北京 13 个区县；结合水利部国家防总旱情信息系统项目，在贵州建立了 8 个旱情监测站。目前，已为全国各旱情监测站、中国科学院、中国农业科学院及各大节水公司提供数百套仪器设备。

多传感器信息融合技术是 20 世纪 80 年代形成和发展起来的一种自动化信息综合处理技术，是对多种信息的获取、表示及其内在联系进行综合处理和优化的技术，可以有效地提高农业环境监测和检测的性能和可靠性。如基于 D－S 理论和专家系统相结合的混合数据融合算法提出了一种适用于温度环境监测的分布式多传感器系统和二级融合模型，这种方法提高了温室番茄生长环境监测的精确度，及时调节温室环境的温度、湿度、光照等主要参数，使其达到理想条件。基于边缘场效应电容式水分传感器设计了一个能够同时测量土壤水分和机械阻力的复合水平贯入仪，该装置在车载行走自动测量土壤水分中有足够的动态分辨率，对于力传感器对土壤压实度的空间变异性有足够的敏感性，表明该复合贯入仪是一更实用的土壤物理属性信息的测量工具。参照 ASAE 标准，将 FD 型土壤水分传感器与圆锥指数传感器融为一体，设计了一种土壤剖面水分与坚实度同步复合测量装置，并在此基础上，集成了超声波土壤深度传感器。在实验室环境下对复合传感器及超声波深度传感器进行针对性标定试验，结果表明各传感器均达到相应技术性能指标，为土壤参数解耦及质量评估提供有效测量手段。

*2. 农产品无损检测技术是食品安全的重要技术保障* 现代农业是一种先进、高效的新型农业生产方式，是以科技进步和技术创新为核心内容和主要标志，以保障农产品有效供给、增加农民收入、促进可持续发展为目标，以提高劳动生产率、资源产出率和商品率为途径，以现代科技和装备为支撑，在家庭经营基础上，在市场机制与政府调控的综合作用下，农工贸紧密衔接、产加销融为一体、多元化的产业形态和多功能的产业体系。据 FAO 和国内外专家的测算，1950—1970 年的 20 年间，化学肥料对世界农业及粮食增产的贡献率高达 40%～65%；1978—2006 年，化肥对我国粮食增产的贡献率达 56.81%。如不使用农药，全球人均粮食占有量将减少 1/3，小麦减产 24.4%，玉米减产 35.7%，稻米将减产 47.1%。目前，化学技术不但广泛应用于现代农业的产中环节，还广泛应用和渗透到农产品贮运、保鲜、加工等产前和产后各环节、各领域。世界农业和粮食生产已经对化学投入品产生了高度依赖，且依赖度呈日渐加重之趋势。更为严峻的是，化学投入品的长期、连年、持续大量施用或不合理施用，以及化学技术本身难以克服的缺陷和局限性，不仅使农业生态环境遭受严重破坏和污染，同时也使农产品/食品中重金属、农药残留、兽药残留、亚硝酸盐、人工激素、合成色素等各类有毒有害物质超标严重，威胁公众健康和生命安全，并严重影响农产品国际国内贸易和市场竞争力。资料显示，2005 年我国化肥年施用总量达 4 766 万 t(其中氮肥施用量达 2 200 多万 t)，约占世界总消费量的 35%，单位耕地面积施用量近 $400kg/hm^2$，分别是德国和美国的 1.6 倍和 3.3 倍，已远远超出国际公认的 $225kg/hm^2$ 的环境安全上限值；而氮肥的有效利用率仅为 25%～30%，磷肥的有效利用率仅为 10%～20%，较发达国家低 20%～30%。农药年施用总量高达 146 万 t，

约占全球总消费量的20%,其中高毒农药约占70%,单位耕地面积农药施用量近15kg/hm$^2$,为发达国家的3倍;但农药有效利用率仅30%,仅为欧盟等发达国家的1/2;许多高毒、高残和“三致”化学农药仍屡禁不止,依然在农业生产中大量使用。而以蔬菜、瓜果、畜禽、水产等为主的集约化、专业化种养区域/基地和产后环节,农业化学品的过量使用现象则更为普遍,致使相关农产品/食品质量安全问题更为严峻。据农业部环保所等近年的调查,全国34个省(自治区、直辖市)的农产品农残超标率高达47.5%,总超标产量达1 650万t,其中蔬菜类超标率达35.1%,蛋类达33.1%,水果类为18.7%,肉类17.6%,粮食17.6%,奶类6.2%;部分地区蔬菜农残超标率则达80%。另据估算,全国每年因重金属污染的粮食达1 200万t,造成200亿元的直接经济损失;每年因有害化学物质超标而造成农产品出口贸易损失达70多亿美元。

农产品品质检测是保证农产品质量和农产品安全的关键环节。但是,无论是化学分析还是仪器分析,其试样的前处理、实验本身的耗时性及对物料的破坏性又是许多场合所不允许的。所以,迫切希望能有一种新技术、新方法对农产品进行更好、更快的检测。农产品品质无损检测技术相对于有损检测技术来说具有快捷、卫生、准确等优点。

农产品的质量安全不但影响了农产品的生产和消费,还关系到我国农产品在国际市场上的竞争能力,因此多年来农产品品质无损检测一直是农业工程领域的重要研究课题。农产品的品质检测依据农产品的种类不同,可分为谷物(如水稻、小麦、玉米等)的检测与经济作物(如油菜、烟叶、菜叶等)的检测。依据农产品检测部位的不同,又可划分为外部品质(如形状、大小、颜色、裂纹、表面缺陷等)检测与内部品质(如水分、含糖度、内部腐烂、变质、内部虫害等)检测。无损检测,即非破坏性检测,是在不破坏待测物原来的状态、化学性质等前提下,为了获取与待测物品质有关的内容、性质或成分等物理、化学情报所采用的检测方法。无损检测由于其快速、卫生和客观等优点在工业中得到广泛应用。与工业产品无损检测相比,农业产品无损检测显得更为复杂,主要表现在:一是作物生长环境变化大,影响作物生长的因素多而复杂;二是农业作物形状多样,不像工业零件那样具有规律性、可描述性;三是目标的背景也比较复杂,给目标的分割带来了很大难度。我国农产品无损检测研究在水果、谷物方面的研究很多,而对于其他类型农产品研究较少,比如烟叶和肉类的检测与分级的研究不是很多。农产品的表面缺陷有多种,如病变、腐烂、冻伤、虫蛀药害等,如何将其准确识别出来成了农产品外部品质检测的难题,需要通过进一步探讨新的理论和方法来解决。

近年来,随着计算机运算速度的不断提高和机器视觉技术在农产品品质检测领域的广泛应用,采用机器视觉技术并结合图像处理技术、自动控制技术、人工智能技术来实现对农产品的动态检测的方法有着广阔的应用前景。机器视觉是研究计算机模拟生物宏观视觉功能的科学和技术,即用摄像机和计算机等机器代替人眼对目标进行测量、跟踪和识别,并加以判断。计算机视觉即机器视觉,利用图像传感器获取物体图像,将图像转换成数字图像,并利用计算机模拟人的判别准则去理解和识别图像,达到分析图像和做出结论的目的。与人眼相比,计算机视觉有更高的分辨能力,计算机视觉技术已被用于判断作物长势,用来研究作物的生长模型,测定不同的生长条件对作物外形大小的影响,测定作物的叶面积、茎粗、苗高、节距、叶片展开度和叶柄角度等,还有通过作物生长过程中各个部位器官的颜色不同和器官间形状的差异,确定器官在植株上的位置。

**(二)设施农业装备自动化极大地促进了生产效率的提高**

1.农业生产过程的检测与自动化控制技术的发展水平,是现代化农业的重要标志 检测

与控制技术在农业生产的各个领域都得到广泛的应用，特别是我国的养殖业已成为发展食品工业、发展农村经济、增加农民收入、加快建设小康社会的新兴产业。但受到多种的因素的制约，养殖业的自动化水平还处于初级阶段。当前我国的农业是机械化、半机械化和原始手工劳动相结合的生产模式，劳动强度大、成本高、效率低。在不久的将来，农业自动化将为我国的农业带来令人惊喜的变化，电子传感灌溉设施，由机器人驾驶的拖拉机和与之相类似的高科技装置，用不了多长时间就可以在我国广大的农村得到普及。对许多农民来说，智能农业装备的广泛应用，将使农民过上舒适的生活，摆脱单调乏味和繁重的体力劳动，并成为未来提高农业生产率和降低劳动成本的关键。

在我国，衡量养殖业发展水平的猪、牛、羊肉和奶制品发展水平也不高，受市场的因素变化较大。例如，工厂化养殖自动监测与控制技术是在畜牧业发展达到一定水平时提出的，同时自动化水平的提高又对畜牧业产生促进作用，也带动畜牧机械设计的水平的全面提升。我国不仅在养殖业自动检测与控制领域中存在很大的差距，有的还处于空白，对鸡、猪、牛等养殖场的环境控制装置、奶牛卫士、自动识别技术等还需要从国外进口；而且在实验设备、管理技术、快速诊断检测技术方面也有较大的差距。仅以挤奶机为例，98%以上的奶牛场不使用原位清洗，采用手工清洗方式，很难保证原料奶的质量。若奶牛场仅安装自动清洗设备，原料奶可提高1个等级，每头奶牛每年可增收600元左右。根据国家奶业发展纲要，我国的奶的总产量从2001年的1 025万t提高到2030年的6 400万t，人均奶类的占有量为40kg，还远远低于目前国外中等发达国家的人均80kg的水平。在自动检测与控制水平方面较发达国家落后30年。国外的发展模式是以家庭农场为主，各项服务功能完善，政府对养殖业都有政策性的补助。以澳大利亚、新西兰、荷兰等养殖业发达国家为代表，在自动化检测与控制领域中处于领先地位。

加快我国种植、养殖业的自动检测与控制的水平的提高，对农业生产将产生促进作用，也可带动农业机械设计水平的全面提升，对提高我国的农牧机械的整体水平有着重大意义。建立工厂化种植、养殖的检测与控制的试验平台，是主要的发展方向。例如，在畜牧业生产中，对奶流量的自动测量、牛奶的自动识别、挤奶机的自动清洗的标准进行研究。为适应奶牛业飞速发展的需要，提高我国挤奶设备的整体水平和国产化水平，必须加强我国的挤奶机关键设备的研究与开发。当前最需要的是自动识别系统、自动清洗系统、电脉动器和奶杯组自动检测与脱落系统。仅这些设备实现国产化，挤奶机设备成本可降低到进口产品的1/3，在养殖业的自动检测与控制技术方面达到国际先进水平。建立工厂化养殖场的检测与控制试验平台，提高我国畜牧业设备的自动化整体水平和国产化水平，必须加强我国的畜牧业设备的研究与开发。目前我国有奶牛860万多头，但优质奶牛不足300万头。奶业发展水平是现代农业、特别是畜牧业发展水平的重要标志。21世纪，世界上奶业产值占农业总产值的平均比重约为20%，其基本格局是欧美发达国家主导市场，奶及奶制品的数量、质量都居世界前列，欧美、大洋洲各国奶业产值一般都占畜牧业总产值的1/3左右，美国、丹麦、德国等发达国家的奶类总产量占其畜牧业主要产品总产量的比重都在60%以上。据联合国粮农组织统计，2005年欧洲、北美洲和大洋洲的牛奶产量占全球总产量的比重分别为39.57%、16.99%和4.69%，三大洲所占的比重达到了61.26%，是世界上人均产量最高的地区，世界产奶量排名前15位的国家也主要集中在这些地区。发展中国家、特别是亚洲国家多年来把发展奶业作为提高国民营养水平和民族素质、促进经济发展的重要措施来抓，取得了明显成效。20世纪80年代以来，发达国家奶类总产量发展日趋平缓，且从80年代中后期开始，发达国家奶类总产量开始出现下降，发展

中国家则以30%的增长率快速增长,在2005年世界牛奶产量中,亚洲国家已经达到1.22亿t,占全球总产量的23.04%。奶业持续、稳步、较快发展。《全国奶业"十一五"发展规划和2020年远景目标规划》中指出:"十一五"期间我国奶业仍将保持平稳较快增长速度,预计2010年和2020年奶类产量将分别达到3 800万t和6 000万t,人均占有奶量将分别达到28kg和42kg以上,奶业产量在2006—2010年之间的年递增速度为8.2%,在2011—2020年之间的年递增速度为4.7%。在奶类总产量中,2010年牛奶和水牛奶产量将分别达到3 000万t、10万t,2020年牛奶、水牛奶产量将分别达到5 130万t、30万t。2010年和2020年,奶牛存栏数将分别达到1 535万头和1 820万头,2006—2010年年均增长速度为5.6%,2011—2020年之间的年均增长速度为1.7%。按照成年母牛占总存栏的55%计算,2010年和2020年成年母牛年平均单产将分别达到4 500kg和6 000kg以上。2010年和2020年,奶水牛存栏数分别达到6.2万头和20万头,2006—2010年之间的年均增长速度为20%,2011—2020年之间的年均增长速度为10%。奶业在农业中占有重要地位,发展潜力很大。将自动化技术应用到农业的生产中,种植、养殖业最终将向集约化、工厂化的方向发展;集约化、工厂化农业,才能使管理规范化、科学化,促进农业生产的稳定健康发展,从根本上改变目前传统落后的生产模式,逐渐向高产、优质、高效的目标发展。

2. *没有设施农业装备的现代化,就不可能有设施农业的真正现代化* 现代设施农业的整个生产过程是在一种人工构造的环境里进行,与传统农业相比有其独自的特点。以常用的温室大棚环境为例,其工作空间较小,不利于大型机械进入;温室大棚是一种密闭环境,设施内空气成分复杂、流通不畅,不利于人工在内长时间作业;温室内作物栽培种类一般比较单一,土壤生态环境条件容易变化,易对作物产生不利影响。因此,传统的农业机械有很大的局限性,必须大力发展适于设施农业生产模式的设施农业机具,提高设施内作物生产的机械化、自动化水平。随着我国设施农业和温室机械化生产技术的发展,全面推广和普及设施农业装备与生产作业机械化、自动化技术的需求已愈来愈迫切。温室现代化主要体现在对温室内部环境的监控上,温室环境监控技术是现代农业技术研究的重要内容,它通过对温室环境中的温度、湿度、光照度等环境因子的监测和数据分析,同时结合作物生长发育的特点和规律,运用一定的工程措施来改善不适合作物生长的环境条件,创造出适合作物生长的最佳微气候条件,从而达到增加作物产量、改善品质、调节生长周期、提高经济效益的目的。国外对温室环境控制技术的研究始于20世纪70年代,先是采用模拟式的组合仪表采集现场信息并进行指示、记录和控制,80年代末出现了分布式控制系统。目前正在开发和研制计算机数据采集、控制的多因子综合控制系统。现在世界各国温室控制技术的发展都非常快,一些国家的温室控制技术在实现自动化的基础上,正朝着完全自动化、无人化的方向发展。

温室环境监控系统是实现温室环境监控的软硬件平台,是一个集传感器技术、控制技术、通讯技术、计算机技术、专家系统技术等于一体的高科技产品,可以满足名特花卉、作物栽培和反季节蔬菜生产的需要。同时,也可以有效提高作物产量、缩短生长周期、减少人工操作的盲目性。温室环境数据的采集主要是完成前端温度、湿度、光照度、二氧化碳浓度、土壤水分以及营养液成分(pH、电导、氮、磷、钾、钙)含量的信息采集,它主要是由各种传感器与变送器组成;数据处理是整个监控系统的核心,其他设备的控制、数据的整合、数据的转存等都是在该模块下完成,主要包括:对采集数据进行A/D转换、下位机(单片机、PLC等)、驱动电路等;执行机构主要是根据上位机的信息指令进行工作,包括:双向天窗角度开闭驱动,遮阳网驱动,防虫网

驱动，通风机，喷灌、滴灌控制，营养液自动配制和废弃液、节能加温控制等；通信是指上位机与下位机间的通信，它包括下位机将处理后的数据传输给上位机进行监控和管理以及上位机根据收集到的数据进行命令的发布。

综合国内外温室监控技术的发展概况，温室环境监控技术的发展大致经历了"手动—自动控制—智能控制"3个发展阶段。其中，智能温室环境控制阶段是环境监控技术发展的高级阶段，它是在温室自动控制技术和生产实践的基础上，通过收集、总结农业领域知识、技术和各种试验数据构建专家系统，以建立植物生长的数学模型为理论依据，研究开发出的一种适合不同作物生长的温室专家控制系统技术。这种智能化的控制技术将农业专家系统与温室自动控制技术有机结合，以温室综合环境因子作为采集与分析对象，通过专家系统的咨询与决策，给出不同时期作物生长所需要的最佳环境参数，并且依据此最佳参数对实时测得的数据进行模糊处理，自动选择合理、优化的调整方案，控制执行机构的相应动作，实现温室的智能化管理与生产。农业专家系统提供了一种全新的处理复杂农业问题的思想方法和技术手段。这种控制方式既能体现作物生长的内在规律，发挥农业专家在农业生产中的指导作用，又可充分利用计算机技术的优势，使系统的调控非常方便和有效，实现温室的完全智能化控制。

从国内对温室环境控制的研究来看，目前基于有线的测量控制系统相对比较成熟，但有线通信方式导致温室内的信号线、动力线错综复杂，安装维护难度大，而且温室环境易导致线缆老化，使系统可靠性降低，也不利于农业机器人等移动设备进行作业。而无线通信方式无须布线、组网灵活、易升级，同时无线通信设备可以在网络覆盖范围内随意移动和重新组网，相对有线通信方式具有明显的优势。因此，通过无线通信技术实现数据传输是解决温室环境测控系统通信问题的有效方法。目前，用于温室监控系统的无线通信方式有基于蓝牙和 ZigBee 协议的短距离无线通信方式，基于 GPRS、GSM 的远距离无线通信方式。国内现已展开了无线通信技术温室监控系统的研究，并取得了一定的成果。例如，孙忠富等提出了一种基于 GPRS 和 WEB 技术的远程数据采集和信息发布系统方案，即通过 GPRS 无线通讯技术建立现场监控系统与互联网的连接，将实时采集信息发送到数据 WEB 服务器，通过浏览器可实时浏览监测数据。无线通信技术在温室监控系统中的应用，将有助于实现设施农业生产的机械化、自动化，提高设施环境调控的智能化水平。

3. *自动化节水技术进步有力地促进了农业的可持续发展*　随着当今高科技发展的突飞猛进，农业节水技术的发展呈现出多学科相互交叉、各单项技术互为渗透的明显特征，各种节水技术措施趋向于集成化发展，单一的农业节水技术已难以满足节水、增产、增效、节能、节肥、省工等多元化节水目标的需求，在节水效果上愈加注重农业节水对区域水资源与水环境的影响，多元化节水目标对农业节水技术措施选择的影响愈加显著。为减少来自农田输水系统的水量损失，许多国家已实现灌溉输水系统的管网化和施工手段上的机械化。在农业耕作区，能自动收集各种农业灌溉信息，实现节水灌溉，应是现代化节水灌溉技术的主要发展方向，而实现这一技术的关键就在于灌溉自动控制技术的相关设计和实施。

为实现灌溉用水管理手段的现代化与自动化，满足对灌溉系统管理的灵活、准确和快捷的要求，发达国家的灌溉水管理技术正朝着信息化、自动化、智能化的方向发展。在减少灌溉输水调蓄工程的数量、降低工程造价费用的同时，既满足用户的需求，又有效地减少弃水，提高灌溉系统的运行性能与效率。节水灌溉就是根据农作物需水情况，通过管道系统和安装在末级管道上的灌水装置（包括喷头、滴头、微喷头等），将水及作物生长所需的养分以适合的流量均匀、准确地直接输送到作物根部附近土壤表面和土层中，以实现科学节水的灌溉方法。过去的节水灌溉是人工实现的，利用单一的监测手段，如湿度计、温度计等做一些简单的监测，不能全面了解农作物需水、施肥状况和生长状态等的准确信息。随着电子、科技信息技术的迅速发展，自动化控制技术得到了广泛的应用，节水灌溉也有了新的发展。自动控制技术的节水灌溉应用是指将灌溉节水技术、农作物栽培技术及节水灌溉工程的运行管理技术有机结合，通过计算机通用化和模块化的设计程序，构筑供水流量、压力、土壤水分、作物生长信息、气象资料的自动监测控制系统，能够进行水、土环境因子的模拟优化，实现灌溉节水、作物生理、土壤湿度等技术控制指标的逼近控制，将自动控制与灌溉系统有机结合起来，使灌溉系统在无人干预的情况下自动进行灌溉控制。

节水灌溉技术包含了对各种水资源充分的、合理的利用，从而达到提高水的利用效率和作物产量目的而采取的技术措施。国外多数国家在设施农业上主要采用喷灌、滴灌、渗灌等灌溉形式，其生产规模已形成了集约化、产业化，其管理模式已形成了机械化、自动化和智能化，根据作物对环境的不同需要，完全由计算机对设施内光、水、肥、气、热等因子自动监测和控制，对水而言真正实现了节约用水、科学用水。而我国现阶段设施农业灌溉的自动化、机械化、现代化水平较低。

目前，国内的节水灌溉控制研制方面还没有形成规模大、应用广泛的成套灌溉自动化控制技术产品，而且节水灌溉自动控制产品价格昂贵，农民知道能节省人力、节约用水、提高产量，但多数农民承担不起，在一定程度上限制了灌溉自动控制的普及。随着我国农业现代化进程的加快，农业结构的调整，农业灌溉对自动化技术的要求会越来越高，越来越广泛，灌溉控制器在我国会有广大的市场。从科学发展观的内涵及长远利益考虑，新的智能化技术、传感技术和农业科技的引入和普及，将促使智能化程度更高、功能更强、性能更稳定的灌溉控制设备的出现。从节水灌溉设备市场分析，节水灌溉专用泵阀、新型输水管材、高效低能喷微灌设备及材料的需求量很大，技术需求与亟待研究开发的自动化控制等关键技术和设备也很多。农耕作业区只有实现自动化控制的节水灌溉，农业才能实现可持续发展，农民才能受益，社会才能和谐。目前，自动化技术在农耕节水灌溉的可行性还不大，更多的还处在理论研讨阶段，国家相关部门应该加快对此方面的资金、技术投入，对农村农业科学节水灌溉进行指导，提供技术支持，共建社会主义新农村的和谐局面。

**（三）精细农业加快了农业生产从粗放型向集约型的转变**　传统农业的发展在很大程度上依赖于生物遗传育种技术，以及化肥、农药、矿物能源、机械动力等的大量投入。由于化学物质的过量投入引起生态环境和农产品质量下降，高能耗的管理方式导致农业生产效益低下，资源日显短缺，在农产品国际市场竞争日趋激烈的时代，这种管理模式显然不能适应农业持续发展的需要。这种农业资源与环境的压力促使科学家和农民努力寻求一种在继续维持并提高农业产量的同时，又能有效利用有限资源、保护农业生态环境的新的可持续发展农业生产方式，并进行了多种探索，提出了多种解决途径，如自然农业、有机农业、生态农业等，最终催生了精细农业这一基于信息和知识的现代农业管理与经营理念或技术。精细农业已成为合理利用农业资源、提高农作物产量和品质、保证食品安全、降低生产成本、改善生态环境的一种重要的现代农业生产形式。

精细农业技术思想的核心是基于时空变异的可变农业管理与投入，即在获取农田小区作物产量和影响作物生长的环境因素（如土壤结构、地形、植物营养、含水量、病虫草害等）实际存

在的空间和时间差异性信息的基础上，分析影响小区产量差异的原因，采取技术上可行、经济上有效的调控措施，区别对待，按需实施定位调控。因此，精细农业技术体系如图 28-2 所示，它包括了信息获取与数据采集、数据分析与可视化表达、农业作业决策分析与方案制定以及精细农田变量作业的控制实施等主要组成部分。

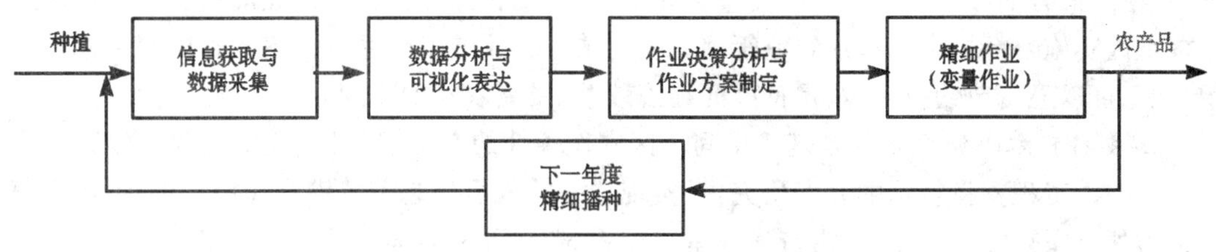


图 28-2 精细农业技术体系

1. *数据采集* 精细农业技术是通过产量测量、作物生长监测以及土壤采样等方法来获取数据，以便了解整个田块的作物生长环境的空间变异特性。①产量数据采集。在农作物收获的同时，实时记录每一小区的产量，记录数据还应包括位置信息以及必要的农产品特性信息（如谷物含水量）。②作物生长数据采集。在作物生长的关键时期，监测作物是否缺水、缺肥，植株的形态、叶面积大小及叶面积指数（LAI）等。③土壤数据采集。土壤信息一般包括土壤含水量、土壤肥力、土壤有机质含量、土壤电导率、土壤 pH、土壤压实、耕作层深度等。土壤采样以及采集土壤特性数据时，也需要记录位置信息。④病虫草害数据采集。记录作物长势侵害或病虫草害的分布情况。⑤其他数据采集，如地形边缘测量，农田近年来的轮作情况、平均产量、耕作和施肥情况，作物品种、化肥、农药、气候条件等有关数据。

2. *数据分析* 采集的数据一般都是以文本表形式表示，需要利用一些数学方法进行处理，生成分布图。①产量数据分布图。产量数据是通过连续采样获得的，一般需要对数据进行预处理，以消除采样测试误差。②土壤数据分布图。由于土壤采样是非连续的采集，需要估计采样点之间的数据，这种估计过程称为插值。③苗情、病虫害分布图。该数据采样既不像产量测量连续采样，也不像土壤采样以栅格采集土样，而是在行走中，人为定点，记录数据。

3. *决策分析* 精细农业技术是根据田间采集到的不均衡空间分布数据及有关作物其他信息，经过决策分析，确定投入方式和施用量。决策分析是精细农业的核心，直接影响精细农业技术的实践效果。地理信息技术（GIS）被用于描述农田空间上的差异性，而作物生长模拟技术则被用来描述某一位置上特定生长环境下的生长状态。将 GIS 与模拟技术紧密地结合在一起，就能制定出切实可行的决策方案。作物生长模拟技术是利用计算机程序模拟在自然环境条件下作物生长过程。作物生长环境除了不可控制的气候因素外，还有土壤肥力、墒情等可控因素。GIS 提供田间任一小区、不同生长时期的时空数据，利用作物生长模拟模型，在决策者的参与下，提供科学的管理方法，形成田间管理处方图，指导田间作业。

4. *变量作业* 基于时空变异的精细农业决策与处方，需要经过变量作业系统才能变为现实。精细农业技术的目的是科学管理田间小区，降低投入，提高生产效率。支持精细农业技术的农业机械设备包括精细收获机械、精细播种机械、精细施肥机械、精细除草机械以及精细灌溉机械等。

5. *实施方案举例* 现代农学技术与电子信息技术的发展，使得精细农业由理念成为可能。图 28-2 是一种精细农业技术思想的示意图。其实施过程可描述为:①带定位系统和产量传感器的联合收获机每秒自动采集田间定位及对应小区平均产量数据;②通过计算机处理,生成作物产量分布图;③根据田间地形、地貌、土壤肥力、墒情等参数的空间数据分布图,作物生长发育模拟模型,投入、产出模拟模型,作物管理专家知识库等建立作物管理辅助决策支持系统,并在决策者的参与下生成作物变量管理处方图;④根据处方图采用相应的变量作业农业机械按小区实施目标投入和精细农业管理。上述精细农业技术体系在许多发达国家的试验和应用表明,可以显著节约投入,获得良好的经济效益,受到农户的欢迎。

6. *支持技术* 精细农业是基于田间小区农作条件的空间差异性,以实现优化作物生产系统目标的。工程支持技术的开发研究,对实现这一技术思想起着关键的作用。例如,农田信息采集与处方农作的空间定位,需依靠卫星定位系统(GPS);地理空间信息管理和数据处理,需要应用地理信息系统(GIS);未来大量地理空间数据的更新,需要遥感技术(RS)的支持;作物产量计量与小区产量图的生成需要能按秒记录产量和对应地理坐标位置的智能型联合收割机,以及计算机数据处理和产量图自动生成技术;农田空间变量信息的快速实时采集,需要研究基于现代信息技术的传感技术与信号处理技术;按小区实施自动处方农作、调控目标投入需要变量处方农业机械;制定科学的农业作业处方需要计算机作物管理辅助决策支持系统的支持;作为一个能协调运作的智能化系统需要有高效的信息集成以及有关信息传输、标准化技术的研究等。

## 第四节 农业技术现代化的发展前景

### 一、现阶段面临的挑战

**(一)农业环境信息采集技术相对比较落后** 由于采集的土样一般还要送到实验室处理分析,耗资费时,目前商品化的土壤养分快速测试仪器还是基于传统化学分析技术,其可操作性和测量精度有待于改进。国外相关技术虽然已经商品化,但由于价格昂贵,不适于大面积推广使用。因此,需要加大开发具有自主知识产权、价格低廉的农田信息检测技术和设备。

**(二)农业装备整体水平较低** 受到多种的因素的制约,设施农业装备的自动化水平还处于初级阶段。当前我国的农业是机械化、半机械化和原始手工劳动相结合的生产模式,劳动强度大、成本高、效率低,应大力开发具有较高自动化水平的智能农业装备,提高农业作业效率。

**(三)精细农业关键技术设备还处于起步阶段** 在国外,迄今为止还有许多技术装备还处于研究和完善阶段,而在很多地方我国还是处于消化吸收国外装备技术阶段,整体水平不高。随着精细农业研究与实践的不断进展,迫切需要在农田环境与生物信息在线检测技术和变量作业技术系统集成方面实现重大技术突破,研究并建立适合我国的精准农业技术体系,从技术上确保农业的可持续发展。

### 二、农业自动化的发展优势

随着科技的快速发展,农业自动化已经发展成为集电子信息、自动化、通信、计算机等技术于一体的创新发展学科。新一代信息网络、新型测试技术、射频识别、嵌入系统、智能传感器技

术等领域，是本学科近几年比较活跃和具有发展潜质的技术学科门类。本学科主要领域研究现状和发展趋势如下：

开发集多传感器为一体、能够同时测量多参数的多功能采集设备，并运用多传感器信息融合技术提高测量精度、扩展探测范围、提高测量的可靠性是今后田间信息采集设备研究的发展方向之一；围绕计算机视觉技术和近、中红外分析技术，尤其是最近几年发展起来的高光谱遥感技术，开发低成本的快速、无损测量的监测仪器，也将是今后田间信息采集设备研究的一个发展方向。同时，仍然是要加强对土壤、作物养分、作物病虫害等农田信息的敏感波段的研究；无线传感网络技术可以有效地解决田间信息远程智能监测及控制等问题，为农田信息的远距离数据采集及管理利用提供了良好的途径，这也将成为近几年的一个研究热点，但还需要解决通讯协议不完善、无线模块成本高、安全性和能源等问题。针对设施农业栽培技术特点，注重与设施农业的特殊农艺紧密结合，有重点、有步骤地研制开发性能先进、功能实用、价格适中且适合我国各地设施农业需要的系列化成套作业机械适用机型。重点抓好大宗连片专业化、规模化生产经营的设施蔬菜作物生产基地的产前播种育苗机械化，产中耕整、移栽、嫁接及收获机械化，产后蔬菜清理、分选及包装械化。研究开发适合设施农业环境的系列成套装备，促进我国设施农业朝机械化、自动化和智能化方向发展。研发温室用多功能作业机具，提高设施内各种生产作业的机械化程度，解决设施内农艺复杂、劳动强度大、工作环境恶劣的问题，研究开发工作性能可靠、生产效率高、作业质量好的微耕机具平台，重点突破增强作业功能，一机多用，实现施耕、犁耕、开沟、做畦、起垄、培土、铺膜、打孔、播种、植保、灌溉、施肥和运输等多项功能，并兼顾露地作业，提高机具利用率。在多功能成套耕作设备、设施栽培设备及自动化嫁接设备研制推广方面取得重大进展；在工厂化育苗设备、自动化收获设备及蔬菜清理分选设备领域的一些关键技术领域取得重大突破。

## 参考文献

[1] 朱新华，郭文川，贺卫涛．我国温室设施的现状和发展对策[J]．农村能源，2001(3)：6-7.

[2] 陈国辉，郭艳玲，宋文龙．温室发展现状及我国温室需要解决的主要问题[J]．林业机械与木工设备，2004，32(2)：11-12.

[3] 邓璐娟，冯巧玲，李淑君，等．智能温室环境控制的研究现状与发展方向[J]．郑州轻工业学院学报(自然科学版)，2003(4)：20-23.

[4] 方瑞华．我国设施农业的现状和发展方向[J]．江苏理工大学学报，1998，19(4)：53-58.

[5] 高智富．温室环境监控的现状及发展趋势[J]．中国市场，2007(9)：108-109.

[6] 孙忠富，王迎春，褚金翔，等．无线远程监控技术在设施农业管理中的应用与展望．内蒙古农业大学学报[J]，2007，28(3)：293-297

[7] 崔光照，靳嵩．基于无线传感器网络的农业环境监测系统[J]．通信技术，2008，41(12)：287-289

[8] 孙玉焕，杨志海．水稻氮素营养诊断方法研究进展[J]．安徽农业科学，2008，36(19)：8035 -8037 ，8049

[9] 赵春江，刘良云，周汉昌，等．归一化差异植被指数仪的研制与应用[J]．光学技术，

2004, 30(3):324-329

[10] Wengjjiang Huang, Gang Sun, Jihua Wang, et al. Development and application of a novel crop stress and quality instrument[C]. Proceedings of SPIE ~ The International Society for Optical Engineering Volume 6024, 2005,60241I, 1-6.

[11] 韩书庆,于渤,孙明,等. 便携式叶绿素、氮素、水分一体化测定仪的开发[J]. 农业机械学报(已收录).

[12] 赵燕东,王一鸣.智能化土壤水分分布速测系统[J].农业机械学报,2005, 36(2):76-78.

[13] 杨绍辉,王一鸣,冯磊. 土壤水分空间分布快速测试仪器的开发[J]. 中国农业大学学报,2005,10(2):23-25.

[14] 孙凯,王一鸣,杨绍辉. 区域墒情特征的研究[J]. 水利学报,2005,36(3):355-359

[15] 王凤花,张淑娟. 精细农业农田信息采集关键技术综述[J]. 农业机械学报,2008, 39(5):112-121, 111

[16] 杨丽娟,张玉龙,等. 设施栽培条件下节水灌溉技术[J]. 沈阳农业大学学报,2002,31(1):130-132.

[17] 杨丽娟,张玉龙,李晓安,等. 灌水方法对塑料大棚土壤~植株硝酸盐分配影响[J]. 土壤通报,2000,31(2):63-65.

[18] 程先军,许迪,张昊. 地下滴灌技术发展及应用现状综述[J]. 节水灌溉,1999,8(4):13-15.

[19] 于凤颖,张胜利. 塑料大棚中番茄节水灌溉的研究[J]. 吉林农业科学,1996(4):82-84.

[20] 乔立文,陈友,齐红岩,等. 温室大棚蔬菜生产中滴灌带灌溉应用效果分析[J]. 农业工程学报,1996,12(2):34-39.

[21] 鱼宏刚,周兴有,王天斌,等. 蔬菜温室的渗灌节水试验[J]. 吉林蔬菜,2001(1):40-41.

[22] 冯友兵,张荣标,谷国栋. 无线传感网络在节水灌溉中的应用研究[J]. 中国农村水利水电,2007(2):24-26.

(作者:高万林 中国农业大学教授、信息与电气工程学院党委书记,王　库 中国农业大学教授、电子工程系主任,位耀光 中国农业大学讲师,孙　明 中国农业大学副教授,张　漫 中国农业大学副教授,王建平 中国农业大学教授)

# 第二十九章 农业信息化

如今，整个人类社会已经进入信息时代，信息化已经成为推进国民经济和社会发展的主动力，信息技术正在全面而深刻地影响着社会的变革，农业信息化水平也逐渐成为衡量一个国家农业现代化和农村综合实力的标志。发展农业信息化是时代赋予我们的历史使命。

新中国成立 60 年来，尤其是 20 世纪 90 年代以来，“信息”二字渗入到“三农”的方方面面，其对实现农业增效、农村发展和农民增收起到了不可替代的作用。回首过去，我国农业在信息化道路上铿锵前行，渐入佳境；展望未来，我国农业信息化建设蓝图已绘，春潮涌动。

## 第一节 农业信息化的萌芽

中华人民共和国成立至 20 世纪 70 年代，是我国农业信息化的萌芽阶段。该阶段的农业信息服务有以下 3 个方面的特点。

### 一、农业信息服务模式是硬性和指令性的，服务对象是广大的农民群众

由于该阶段国家刚经历完战争，百业待兴，国家体制建设尚处在探索阶段，农产品供给总体上是短缺的，农业发展的首要任务是解决供给问题，根据当时的国情，供给主要靠国家计划安排。农产品的生产者、加工者、经营者执行的是政府指令性计划，消费者没有太多的商品(物品、替代品)供选择，大家对市场信息不敏感，农业信息工作主要体现在各种统计、汇总、报表上，为上级决策和计划提供信息服务。信息的收集、汇总是自下而上的，其反馈和利用是自上而下的，上下传递是人为规定的模式，是硬性的和指令性的。

### 二、农业信息服务手段主要是简报、黑板报、喇叭、报纸以及广播电台

信息传输及其效益的实现必须借助于一定的媒介，人类传输信息所借用媒介的类型及其先进程度是同社会生产力发展水平成正比的。在此时期，广播电台是广大农村重点推广的传输工具。有线广播设备投资较小，技术简单，可以按照人们的居住集中程度自然布局，信息内容针对性强，成为农村信息传递的有效方式。但是信息的精确度不够，只能单向传播，以传递国家及地方宏观指令信息为主。其次是简报和黑板报，通过广播电台等传播到广大农村的信息通过简报和黑板报家喻户晓。

### 三、农业信息服务处于被动服务状态

该阶段我国农村基础建设得到迅速发展，国家在 1957 年成立了“中国农业科学院”，制订了农业科学研究的规划和任务；60 年代，有关科研部门培养的小麦、水稻新品种以及杂交玉米、高粱等就开始在生产中推广；在防止病虫害方面，1968 年我国有关科研部门就解决了马铃薯退化等问题，尤其是消灭了数千年来危害中国农业安全的蝗灾，这些都是当时的自上而下的

服务模式创造的奇迹。但是改革开放之前,为了与计划经济体制相适应,农业信息服务的内容主要是生产统计和农情信息,几乎没有市场价格信息。而且,这些信息并不面向社会公开,信息机构处于被动服务状态,信息对基层农民和农产品消费者的行为产生直接影响。农业技术服务也主要通过上级政府宣传,农村信息服务处于被动状态。

## 第二节 农业信息化的起步

20世纪80年代,我国农业信息化处于起步阶段,其标志性成果有以下4个方面。

### 一、农业多媒体技术开始应用

1980年中国农业科学院情报研究所第一个农业声像室的建立标志着中国的声像媒体技术在农业上开始应用,当时利用世界银行贷款引进了一套设备,并拍摄了数百部颇有影响力的优秀作品专题片;1980年12月中央农业广播电视学校成立,开始开展农业广播电视教育。在这一阶段农业与农村信息化政策的主要特点就是:政策制定的内容比较概括,均处在设想阶段,没有提出行动性方案,信息化与农业和农村结合较少。

### 二、引进遥感技术并应用于农业,首开信息化农业的先河

"八五"期间,国家将遥感估产列为攻关课题,由中国科学院主持,联合农业部等40个单位,开展了对小麦、玉米和水稻大面积遥感估产试验研究,建成了大面积"遥感估产试验运行系统",并完成了全国范围的遥感估产的部分基础工作,在指导农业生产及农业决策中发挥了重要作用。1985—1989年,此项目为中央和地方提供了165次不同时空尺度的产量预报,为国家减少粮食损失达33万t以上,累计经济效益达20亿元。同时开始研究用遥感手段监测和评估洪涝灾害,用诺阿气象卫星的AVIRR数据,发展到用陆地卫星的TM影像,用全天候的机载和星载侧视合成孔径雷达(SAR)来监测洪水。在遥感数据传输方面,也在"八五"期间研制成功了实时传输机载SAR图像的"机一星一地"系统。此外,在图像处理技术方面:数字遥感图像上提取耕地、居民地等目标物以及在SAR图像上提取水体的技术也日臻成熟。

### 三、"农业专家系统"作为国家科技攻关的专题进行研发

这项专题中:中国科学院智能所的施肥专家系统扩大应用到十多个省的多种土壤、作物。中国农业科学院的作物所、植保所、土肥所、蚕桑所,浙江大学、华中工学院与华中农业大学等分别研发了育种、植保、施肥、蚕桑、园艺的专家系统,具有代表性的是中国科学院合肥智能机械研究所利用知识工程的方法研制出的"砂姜黑土小麦施肥计算机咨询系统"。在此阶段,研制"农业专家系统"开始在我国出现了十分喜人的热潮。

### 四、出台相关的政策及制定星火计划

农村信息化最早的政策规定是:1986年农牧渔业部提出《农牧渔业信息管理系统设计》和《农牧渔业部电子计算机应用规则》。之后成立了信息中心,开始推进计算机技术在农业领域的应用。同年中共中央和国务院批准了旨在依靠科技进步振兴农村经济,普及科学技术带动

农民致富的指导性科技计划——星火计划。自此有政策保障、有组织推动的农村信息化工作在我国大张旗鼓地开展起来。并提前两年实现了星火计划“七五”期间预定的主要指标：即建立500个星火示范点，培训100万名农村知识青年和管理人员，开发100种实用的技术装备。“八五”期间，星火计划认真贯彻党中央关于大力加强农业，促进乡镇企业继续健康发展和深化改革的方针，遵照国务院关于依靠科技进步振兴农业，加强科技成果推广工作的决定，调整产业结构，增加有效供给，推动科技兴农。在“七五”的基础上，提高水平、扩大规模、促进联合、建立实体、完善服务。为促进我国农村经济的持续、稳定、协调发展做出巨大贡献。

## 第三节 农业信息化的发育

20世纪90年代，我国农业信息化进入发育阶段，其表现可归纳为7个方面。

### 一、国家政策逐步推进

我国农业信息化起步于20世纪80—90年代提出的“九五时期农村经济信息体系建设规划”和“金农工程”。1996年颁布的“九五计划和2010年远景目标纲要”强调依靠生物、工程、信息技术等高新技术，使我国农业和生产实现了质的飞跃，逐步建立起农业科技创新体系。1998年11月科技部召开了“农业信息化科技工作会议”，为农业信息化科技工作做了部署。1999年8月召开的全国技术创新大会上做出决定，要求加快农业和农村经济发展中的创新和推广应用，加速信息技术、生物技术和传统农业技术相结合，研究开发一批关键技术，为我国农业现代化提供强有力的科技支撑。

在政府的推动下，“金农工程”取得了很大成果，1995年中国第一个政府农业信息网络开通；1997年中国农业科学院主办的有中国农业科技第一网之称的“中国农业科技信息网”开通。1999年全国农业信息网站数量比上一年翻了一番，达到1 200个。

### 二、现代信息网络建设速度加快

1993年以来，农业部信息中心逐步增加农业经济信息网络建设的投入，通过电话网与各省农业厅(局)进行了计算机联网，促进了全国农业经济信息的交流。1994年中国接入了互联网，同年12月，在“国家经济信息化联席会议”第三次会议上，农业部针对未来，提出了跨世纪的农业信息化工程——金农工程，目的是加速和推进农业和农村信息化，建立“农业综合管理和服务信息系统”。农业部1994年建立了“中国农业信息网”，实现了与国际和国内各省、市的网上信息交换，每天向全国发布电子信息快讯、市场动态分析和农业气象通报等重要信息。1996年中国成立了农业部的农业信息网；1997年10月中国农业科技信息网络中心建成，这是“金农工程”的骨干工程，当时已经能够与全球的农业科技信息网联网。在国家积极发展农业信息化建设的同时，各省市有关部门、机构和社会网络企业也纷纷投资于农业网站建设，一部分省、自治区、直辖市的信息网络建设也进入了起步阶段。各省、自治区、直辖市在加强本级信息网络建设的同时，加快了向基层延伸的步伐。

但当时的农业网站也存在一些问题，如网站内容不够丰富实用、地区分布不平衡、农村网站较少、上网用户不多特别是农民更少，网络利用率低等。随着整个互联网的发展，我们农业领域的科技和经济的信息网络发展很快,网络的发展需要数字化资源,所以数字化的技术在农业科技经济领域广泛应用也带动了农业科技与经济网络化的发展,那么一个农业领域里的信息的网络化,再一个是数字化这两者带动了整个农业科技与经济的全球化。人们常说,这个世界缩小了,使中国能够很好地了解世界包括农业科技和经济的状态,那么世界也通过网络化和数字化更好地了解了中国的农业科技、经济的发展状况。

### 三、农业信息化基础建设有了提高

网络是农村信息化的基础,建立完善的农村信息网络,将缩短农业高新技术的推广周期,促进农业科技成果的转化,促进农村产业结构调整,加速农业生产的发展和现代化进程。20世纪90年代的信息化建设,基础设施建设特别是"金字工程"的建设是重中之重,"金字工程"的实施带动了不同用途的数据网、计算机网、数据库等的长足发展,"金字工程"本身也是农业信息化基础建设的重要工程,具体体现在:①"金关工程"促进了农业进出口贸易信息化;②"金卡工程"促进了农村与农业金融信息化;③"金税工程"促进了农业税收征管的信息化;④"金桥工程"使农业各行各业专项信息化有机地联接起来。

### 四、现代信息技术的应用方面有所增强

由于我国经济落后使得农工商地域分工比较明显,农村、农业、农民常常连在一起不可分割,而城镇则是工商业的集中地,导致我国现代信息技术在农业上的应用滞后。从通信技术看,通信技术在城市的应用高于农村。90年代我国广播电视网有近千座广播电台,约700座电视台和1 200多座有线电视台,全国80%的人口能接收到无线电台,400个城市建成有线电视网,其用户数已近4 000万。然而,当时许多农村地区还看不到电视节目,听不到广播节目,拥有有线电视网的非常少。"八五"以后,我国的普通电话、移动电话、无线寻呼机、电子信箱等现代通信工具发展十分迅速,但主要集中在大中城市、城镇及部分城郊的工商业从业者和国家机关和干部身上,农村和农民拥有的数量和比率远远低于上述数字。农村通信基本是以有线广播黑板报、墙报为主。同时,当时我国计算机技术应用比较落后,且主要集中在城镇的某些部门,农业部门拥有的计算机数量极少。显然,计算机技术在农业的应用其实还远远不够。从农业信息服务看,其生产、存储、加工、传递等还没有摆脱传统的方式,仍以手工业为主,农业信息的收集与农业信息业务过程分离,农业过程主要靠传统模式。

### 五、信息资源的收集与开发利用有所改善

20世纪90年代我国农业信息收集机构已初具规模,1992年我国地区级以上农业研究单位已有1 142所图书馆、高等农业院校有62座图书馆、中等农业院校有372所图书馆。另外,有关农业外文期刊及其连续出版物和中文期刊及其连续出版物资源丰富,除上述各种文献资料外,我国的政府部门、事业单位及企业还有许多有关农业的统计资料、市场产品、价格、科技专利等信息。然而,从农业信息化的角度看,我国90年代的农业信息资源的开发利用还处于初级阶段。数据库缺乏统一规划,结构不合理,服务能力不强,规模容量小,面向企业和农户生产经营活动的信息开发还很不全面。

## 六、农业信息化的人力资源素质有所提高

经过多年的发展，我国农业信息化人才队伍具有了一定基础，如全国农业科学院情报研究所及院属专业研究所情报室和农业大专院校图书馆情报室等农业科技信息单位，1993 年共有职工 4 522 人。但是我们应该看到，当时我国农业信息化人才队伍与时代的要求还有很大差距，主要表现在以下几个方面：一是我国的“信息管理专业”学科体系尚处于形成阶段；二是缺乏农业信息化人才培养的良好环境，各级政府部门还没有把人才培养列入议事日程；三是农业信息化人才的知识结构不合理，理工科、外语专业占绝大部分，信息专业及农科专业不足等。

## 七、农村信息来源状况有改善，但发展不平衡

新中国成立以来，由于党和国家的重视，各类载体的农业信息资源增长迅速。到 90 年代的时候，我国已基本形成一个资源保障完备、查阅便利的农业信息框架。但是，由于我国地域辽阔，经济发展不平衡，造成了信息资源和用户分布不均衡。大中城市特别是北京地区和东南沿海地区资源富集，用户集中；中小城镇、边远地区资源贫乏，用户稀少。中西部广大农村地区则基本上不存在有序化的信息资源和现代意义上的信息用户（就总体而言）。另外，信息处理和通信技术落后，同时农业信息服务单位人员素质、指导思想和信息开发层次不适应等问题也阻碍了我国农业信息资源的开发利用。我国农村地区有潜在的农业信息用户在 3 亿以上，这是农业信息的主体服务对象。而这部分人在 20 世纪 90 年代还不善于自己捕捉、分析、利用信息，这也是个问题。

90 年代制约农业信息流向农村的主要因素包括农业经济和农业发展水平以及农业信息网络。农业的信息化，有赖于农业经营管理的信息需求和负担能力。在当时情况下，我国农村由于商品经济不发达，经济发展水平较低，农民的信息意识浅薄，信息消费水平低下，短期内不能真正实现农村信息市场化。同时，信息的传播离不开网络。当时，我国还没形成完整的农业信息传播网络，特别是农村地区，可以说从来就没有构建过网络。此外，农村地区通信设施落后，信息产品开发缺少规划，不适合农村地区使用，农民文化素质较差等都制约着农业信息向广大农村地区的流动和辐射。

# 第四节 农业信息化的快速发展

21 世纪初，我国农业信息化进入快速发展阶段，其特征和成果主要表现在 7 个方面。

## 一、政府充分意识到信息化对农业的重要性，加大了对农业信息化推进的支持力度

2005 年以来，连续 5 个中央 1 号文件都对推进农业农村信息化提出了明确要求：2005 年中央 1 号文件明确要求“加强农业信息化建设”；2006 年中央 1 号文件把“积极推进农业信息化建设”作为现代农业和社会主义新农村建设的一项重要内容；2007 年中央 1 号文件《中共中央、国务院关于积极发展现代农业扎实推进社会主义新农村建设的若干意见》中明确提出加快农业信息化建设；2008 年中共中央、国务院出台《中共中央、国务院关于切实加强农业基础建

设进一步促进农业发展农民增收的若干意见》，首次将“积极推进农村信息化”写入其中，并特别强调：“按照求实效、重服务、广覆盖、多模式的要求，整合资源，共建平台，健全农村信息服务体系。积极推进‘金农’、‘三电合一’、农村信息化示范和农村商务信息服务等工程建设，积极探索信息服务进村入户的途径和办法。”党的十七届三中全会明确提出要实现农业技术集成化、劳动过程机械化、生产经营信息化，要积极发挥信息化为农服务的作用。其中，2006 年，党中央首次明确提出“加快农业信息化建设，加强农村一体化的信息基础设施建设，创新信息服务模式”。提出发展现代农业要实现三化——水利化、机械化和信息化，信息化首次被明确列入现代农业的“三化”之中。同年农业部发布了《十一五时期全国农业信息体系建设规划》。《国家中长期科学与技术发展规划纲要》明确提出加快农业信息技术集成应用，重点开展村远程数字化、可视化信息服务技术及设备研发。中央政府关于农村农业信息化相关文件和政策指明了我国农村信息化工作的基本原则、基本任务和基本方向，有利于引导社会各界协同推进农村农业信息化建设。

## 二、重大工程推动信息化作用明显

近 10 年，大约有 30 多个部委制定了相应的推进农村信息化政策，引导实施工程项目不少于 40 项。其中具有代表性部委工程有：农业部的“金农工程”和“三电合一工程”；商务部启动的“新农村商务信息服务体系建设工程”和“信福工程”；中宣部、中央文明办、广电总局三部门联合开展的“电视进万家”工程；广电总局“村村通”工程；交通部农村公路“五年千亿元建设工程”；信产部的“村村通”、邮政业务连锁配送网络等工程；中组部牵头的全国农村党员干部现代远程教育工程；教育部牵头的农村中小学现代远程教育工程；文化部牵头的全国文化信息资源共享工程；科技部农村信息化支撑计划重大项目正式立项等。这些工程项目带动社会各界对农业信息化的投入，有力地推动了农村信息基础设施的建设、逐步完善了农村信息服务体系。部委重大工程成为农村信息化建设的重大助推力。

## 三、农村信息化基础设施建设效果显著

2004 年以来，信息产业部启动的“村村通电话工程”，与六大电信企业集团努力奋斗，约有 13 万个行政村及自然村新开通电话。截止到 2009 年 6 月 15 日，全国 1 228 个 20 户以上自然村新开通电话，20 户以上自然村通电话比例达到 92.5%；为 1 734 个行政村新开通互联网，40 个乡镇新开通宽带，行政村通互联网和乡镇通宽带的比例分别达到 90.9%和 95.6%。今年年内全国通电话的行政村和自然村的比例分别达到 99.8%和 93%以上，能上网的乡镇也将达到 99%以上，其中 96%的为宽带。可见，村通工程在改善农村通信基础设施、电话网基本覆盖到行政村和自然村的同时，互联网建设也获得了大好的发展局面。

## 四、农村信息服务体系日趋完善

农村信息服务体系是自上而下、利用各种信息技术和服务手段面向各类农民组织和基层农户提供信息服务的信息化网络体系。该体系中信息服务主体、服务客体、服务内容、服务渠道相互联系、相互作用，形成一个有机整体。根据 CNNIC 公布的网民调查结果显示，截止到 2009 年 6 月，中国网民规模达到 3.38 亿人，普及率达到 25.5%。农村网民规模达到 9 565 万人，农村网民当中，有 14.8%在过去半年内访问过农村、农业类网站。CNNIC 的报告还指出，

在中国农村的网民中，农林牧渔劳动者使用农村、农业类网站的比例为42.7%。这说明农村信息服务体系已逐步完善，使得更多的农村地区能接触到网络，并通过网络了解农业、农村的发展情况。其中具体体现在以下几个方面。

(一)乡村信息服务站点有了很大的发展

1. 农村信息服务性机构形式多样　其主要包括农业呼叫中心、农村党员现代远程教育点、农村商务信息服务站，农业科技服务站、广播站、县乡政服务中心、乡医院和卫生所。截止到2009年6月，全国已有6 526个乡镇开展了“信息下乡”活动，共建成乡镇信息服务站7 121个、行政村信息服务点44 314个，在互联网上建成乡级涉农信息库2 770个、村级信息栏目28 773个。

2. 农业信息网站数量增长较快，网站体系逐步完善　我国涉农网站已经从2000年2 200多个，发展到2009年初将近18 000个。这些农业网站主要分为三大类：各级农业政府部门建立的农业信息网站、农业科研和教育部门建立的农业信息网站以及涉农企业建立的信息网站，在内容上涵盖了农业、农民、农村的方方面面。全国31个省(自治区、市)、80%以上的地(市)和60%以上的县级农业部门建立了农业信息网站，部、省、与地、县、乡联动，初步形成了覆盖全国的农业信息网络群。为了解决众多涉农网站参差不齐，发布的资源缺乏权威性及准确性等问题，农业部从2006年起初步建成了以中国农业信息网为核心、集20多个专业网为一体的国家农业门户网站，并建立信息采集渠道近40条，涉及农资和农产品生产、市场、供求等多环节，同时开始整合各涉农信息资源，信息报送与处理全面实现电子化。农业部的门户网站——中国农业信息网影响力不断增强，访问量在世界农业网站中排名位居第二，绩效水平在我国政府网站中也位居第二。

3. 基层信息服务机构增长明显　据统计，截止到2007年上半年，全国260个市(地)、80%的县、69%的乡(镇)政府设置了信息管理和服务机构；全国已经发展了20多万名农村信息员，全国开通涉农信息网站18 000个，农村网民人数达9 565万人，农村互联网普及率上升到5.1%。

(二)农村信息员队伍的数量和素质都有很大提高　2006年是信息进村入户的推进年，农业部在北京开展了对全国35个社会主义新农村建设示范村(场)信息员的培训。各省、市也纷纷开展了农村信息化培训普及工程，加大对农村信息员的培训力度和认证。目前，全国拥有信息员资格认证的人数达到了25万多名。

(三)农村基层信息服务组织不断壮大　农村基层信息服务组织主要包括农民专业合作经济组织、农村专业技术协会、农民经纪人及种植和养殖大户。据农业部有关统计数据显示，我国农民专业合作经济组织共有140多万个，运转比较规范的农民专业合作组织已经超过15万个，涉及的领域已从果蔬业、畜牧业、水产业、林业，拓展到农机服务、运输、水利建设、手工业品生产等方面，农民专业合作组织成员数量达到2 363万人，占全国农户总数9.8%。另外，2007年7月1日开始施行的《中华人民共和国农民专业合作社法》，标志着农民专业合作社将进入依法发展的新阶段，有利于支持、引导、规范农民专业合作社的发展，为农村信息化提供了组织保障。

## 五、信息技术开发应用取得积极进展

近几年来，农业部利用信息技术开发了行政审批综合办公、政务内网及办公自动化系统。

各地农业部门也根据管理和服务的需要,开发了测土配方、病虫害防治、基本农田管理等信息应用系统。目前,我国已开发了中国农电管理决策支持系统,农产品市场预警系统,县(市)农业规划预测系统,小麦玉米品种选育专家系统,小麦计算机专家管理系统,水稻主要病虫害诊治专家系统,柑园专家系统等农业决策支持系统和专家系统;农业经营管理信息系统,乡镇企业管理信息系统,农村能源及环境监测管理信息系统,水稻栽培计算机模拟系统,小麦生产管理计算机辅助系统,玉米生产计算机咨询系统,棉花生产管理模拟系统等农业管理信息系统管理,它们为农业产前产后的生产资料和农产品市场提供全面信息服务和决策支持。

为了整合和充分利用农业信息资源,农业系统目前利用信息技术开发的农业数据库有:中国农林文献数据库、中国农业文摘数据库、农副产品深加工题录数据库、全国农业经济统计资料数据库、植物检疫病虫草害名录数据库、农牧渔业科技成果数据库、中国畜牧业综合数据库,农产品集市贸易价格行情数据库,农业合作经济数据库等。同时还引进了世界4个大型数据库,即联合国粮农组织的农业系统数据库(AGRIS)、国际食物信息数据库(IFIS)、美国农业部农业联机存取数据库(AGRI-COLA)、国际农业生物中心数据库(CAB1)。这4种大型农业数据库的引进,为我国广大农业工作者及时了解世界农业科学技术和生产动态,提供了大量的国际农业信息资源,也推动了我国农业数据库的发展。

## 六、农业信息化的学术研究成果硕果累累

从CNKI用“农业信息化”作为关键字作为检索式,得到与农业信息化相关的文献总量年度变化规律如图29-1所示。

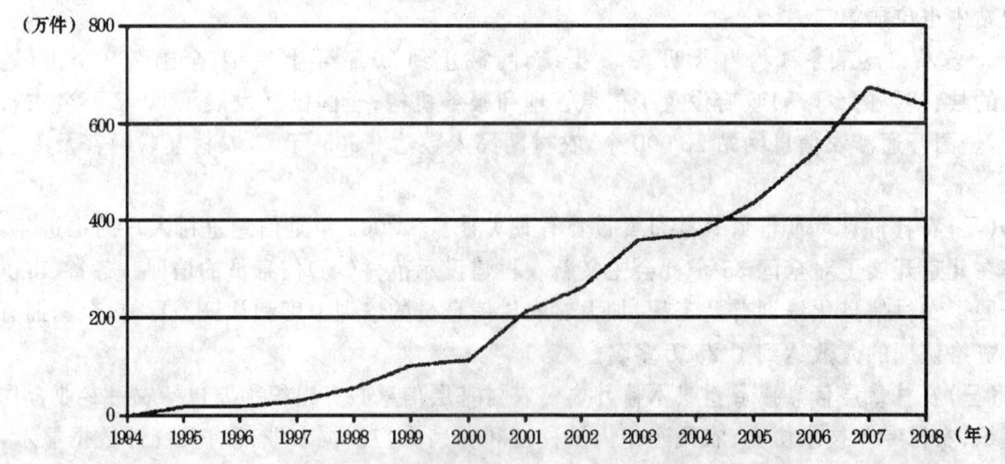


图 29-1 农业信息化相关文献总量年度变化规律

从上图可知,与农业信息化的相关文献总量从自进入21世纪,出现了较大幅度的增加,表明进入21世纪,农业信息化是社会发展的一个大趋势,也是社会各界关注的热点话题。农业信息化的学术研究成果来源于实践也指导着实践,其包含农业信息化的相关理论、农业信息技术的应用及开发、农业信息化的案例分析等。

## 七、农业农村信息化的会议论坛日益活跃,与国际的交流与合作日益增多

2004年以来,农业部信息中心联合其他单位连续5年成功召开了全国农业网站百强评选

活动，连续三年成功召开中国农业信息化年度峰会，会议上政府、商界、学术界、农民以及网民共聚一堂，为中国农业互联网的发展，为农村信息化的建设献计献策。峰会揭晓“中国农村信息化十大年度人物”、“中国农业网站领军人物”、“中国农村信息化杰出贡献单位”、“中国农村信息化最佳解决方案”、“中国农业网站百强”等多项农村信息化年度大奖，以表彰为农村信息化建设做出突出贡献的单位及个人，激励他们再接再厉，为农村农业信息化建设做出更多的贡献。

2005 年以来，农业网站发展论坛暨全国农业信息中心主任座谈会连续 4 年成功召开。

2007 年以来，“第一届国际计算机及计算技术在农业中的应用研讨会”暨“第一届中国农村信息化发展论坛”连续 2 年成功召开。每届都有来自工业和信息化部、农业部、科技部、教育部的领导应邀参加会议，还有来自我国、美国、英国、德国、比利时、意大利等国家的 200 余名国内外代表出席会议。会议致力于农村信息化建设的各级政府、专家学者和企业搭建一个交流平台，促进与国际以及国内各方的广泛、深入交流，为农村信息化的进一步发展寻找思路，献计献策，有效地推进农村信息化的发展。

2008 年 4 月旨在为中国和欧盟的合作伙伴提供一个交流平台的中欧农村信息化合作大会在京成功召开，本会议由来自我国和欧洲的科研机构、企业以及专家学者 200 多名代表共同探讨了中欧农村信息化合作的发展与未来。

## 第五节　农业信息化的高速发展

21 世纪 20 年代，我国农业信息化将进入高速发展时期。其表现可归纳为 8 个方面。

### 一、社会主义新农村建设为农业信息化的推进提供了有利的宏观环境

建设社会主义新农村是我国现代化进程中的伟大历史任务，是党中央的重大决定和战略部署，由此展开的波澜壮阔的新农村建设实践，对我国的信息化事业提出了巨大而长远的需求。新农村的建设一定会高度重视并充分发挥信息化的作用，充分发挥其在农村党的建设、政治建设、经济建设、文化建设、社会建设等领域的重要作用，充分利用信息化提高农民的综合素质，加快缩小城乡数字鸿沟的步伐，促进城乡经济社会的协调发展。因此，社会主义新农村建设将大大促进农业信息化的发展。

### 二、3G、网格、智能传感器、移动互联等信息技术的迅猛发展将为农业信息化的发展提供重要的技术支持

今后 10 年，是 3G、网格、智能传感器、移动互联等信息技术迅猛发展的时期，这些技术的发展，将为现代农业的发展，城乡均等化的实现、农产品质量安全的保障以及农产品流通信息化提供重要的技术支持，同时现有技术集成化也是农业信息化发展的一个重要趋势。

### 三、农业协会和专业组织将成为农业信息化的生力军，为农业信息化服务体系的完善起到关键的作用

各级农业协会等农村社会化服务组织不仅为当地农民提供技术、财务、法律等咨询服务，

还将作为农民与政府的中介，代表农民和政府沟通，制定相关的农业法律；专业合作组织为行业内的成员提供组织保障、技术信息以及产前产后供销的服务，并且作为独立实体与信息服务媒体、农业加工企业，联合为农民提供服务，在基层农业信息服务主体中占有重要位置。

## 四、参与农业信息化的社会力量将会和政府力量并驾齐驱，尤其电信运营商的参与将大大促进农业信息化基础设施的建设

目前的农村信息化在依靠政府力量主导的情况下，各类企业已经开始积极进入，而且初步呈现激烈竞争的态势。今后10年，政府的力量和社会的力量会并驾齐驱，社会力量会逐渐成为有生力量和强大力量，农村信息化的行为主体必然是多元化、社会化的发展趋势。如政府方面，从中央到地方各层都会推动，包括各级各地国家事业单位，如有关媒体、社团组织、农民合作经济组织、农村经纪人；如电信运营商和IT企业；如各级各类的农业产业化龙头企业；如各种个体民营经济实体、风险投资集团等的介入，以及多种形式的混合所有制组织及行为。之所以如此，是因为新农村信息化既是一个明显的巨大的社会需求，也是一个潜在的巨大的市场空间，实现新农村信息化同时寄托着政府目标的追求和企业利益的追求。尤其是电信运营商的参与将直接带来农业信息化基础设施的完善。

## 五、农业信息化将向内容全面化、传播渠道规范化、利益分配多赢化、保障体系健全化方向发展

随着通信技术不断进步、农民文化水平不断提高、市场经济不断发展和国家政策法律不断健全等因素发展，农村信息化将向多元化服务主体模式演变，传播渠道将趋向于现代媒介和多线并行，服务内容将趋向于全面化、专业化、实时化，特别向农村社会生活的信息化深入，利益分配机制将由公益性向半公益性和商业性机制演变，政策与法律保障将趋向完善和规范。总之，农业信息化将由政府主导型向社会参与社会主导并重型演变。

## 六、信息化将进一步渗入到现代农业，对农业增效起到关键的作用

以精细管理与安全监控为手段，旨在实现精确、集约、节约、高效、优质和可持续发展的大田种植业离不开信息化的支撑；以自动、智能、集约、高效、优质、安全为目标的高度自动化控制的设施农业离不开信息化的支撑；用现代技术装备的养殖业离不开信息化的支撑。总之，信息技术在种植业、设施农业、养殖业等领域的应用将大大促进农业增效。

## 七、信息化将在农产品质量安全领域得到广泛的应用

利用现代信息手段，建立农产品质量全程追溯系统，能够有效防范和监管产前、产中、产后存在的农产品质量安全隐患。农产品质量安全工作是一项全新的工作，综合性、技术性、政策性很强，其监督管理的主要内容是农产品产地环境控制、无公害农产品认证、例行监测、市场准入、农产品生产管理、农业投入品监管、事故和纠纷的调查处理等，其关键是要建立基于产前、产中、产后各环节信息的农产品质量全程追溯系统。通过信息系统进行追溯时，要求在产品供应链中的每一节点，不仅要对加工成品进行标识，还要采集产品原料上已有的标识信息，并将其全部信息标识在加工成品上，以备下一个环节的加工者或消费者使用，从而实现对农产品整个流通过程的跟踪管理，排除农产品的质量安全隐患。

**八、农产品市场流通信息化将成为未来10年的趋势，信息化将为解决农民农产品“卖难”起到关键作用**

农村市场信息不畅，农产品“卖难”问题已经成为农民增收困难的关键问题之一。建立市场信息服务平台，为企业和农民提供综合性商务信息，能够有效解决信息不对称问题。发展电子商务，支持农村订单农业、电子支付、物流配送，能够从根本上解决农民“卖难”问题。通过发展农产品电子商务，为农产品供求双方提供了一个接洽、交易的平台，借助于网络的优势，信息能快速、直接、有效地在双方之间传递，省去了不必要的中间环节，提高了农产品流通的效率，保证了农产品的质量，也使供求双方获得了切实的利益，从而从根本上解决“卖难”的问题，切实增加农民收入。

（作者：李道亮　中国农业大学教授）

# 第三十章　农业资源与农业生态环境

## 第一节　土地资源利用与保护

### 一、新中国成立以来我国土地资源利用与管理变迁

新中国成立60年来，我国的土地资源得到了极大的开发、利用和治理、保护。新中国成立后，从三座大山长期压迫下被解放出来的我国人民，第一次拥有了自己的政权和自己的土地。这种当家做主的喜悦，迅即转化为高涨的生产积极性，大面积被撂荒的耕地被重新耕种起来，使新中国的经济在较短的时间里迅速得到恢复与发展。但是，在当时的历史环境下，人们还不可能全面地从合理和高效利用土地资源的角度来对待土地问题。土地的合理利用和优化配置还远未达到应有的先进水平，更谈不上土地资源中的有关土壤改良问题。

改革开放以后，随着国民经济的快速发展，国家各项建设加大了对土地乃至耕地的需求量。1985年全国出现耕地减少1 500万亩的高峰，敲响了我国耕地危机的警钟。面对人口将继续增长，经济建设仍需继续占用耕地，而耕地后备资源却又十分有限的严峻现实，党中央、国务院及时地采取了一系列强有力的措施。

1986年，中共中央、国务院发出《关于加强土地管理，制止乱占滥用耕地的通知》，全国人大颁布了《中华人民共和国土地管理法》，建立了实行城乡土地统一管理的各级土地管理机构。1991年，国务院确定每年6月25日为全国土地日；"十分珍惜和合理利用每寸土地，切实保护耕地"的基本国策逐步得到落实，从而有效地遏制了耕地锐减的势头，开创了依法、统一、全面、科学管理土地的新局面。

但是，随着改革开放进程的加快，尤其是地区经济增长的迫切要求，给土地利用和管理带来了新的问题。20世纪90年代初，受过度追求招商引资、"筑巢引凤"观念的影响，一些地方在局部和短期利益的驱使下，不顾主客观实际的可能，出现了"土地开发热"，盲目占地造成耕地资源的极大浪费。有的地方甚至提出"保护耕地就是保护落后"的错误口号。据统计，1986—1995年10年间，全国耕地每年以近300万亩的速度递减，引起了国内外的广泛关注，甚至提出"谁来养活中国"的质疑。

土地能否高效合理利用，耕地能否得到严格的保护，不仅关系到农业基础地位能否巩固和经济能否协调健康发展，更关系到中华民族的生存和发展。因此，土地问题引起了党中央、国务院的高度重视。

针对土地这一关系到国计民生的根本问题，党中央、国务院做出了一系列重要指示和批示，先后召开了全国土地使用制度改革和耕地保护会议。党的十四届五中全会和八届全国人大四次会议以后，根据"在我国社会主义现代化建设中，实现经济与社会相互协调和可持续发展作为重要的战略"和实现"两个根本性转变"的总方针，原国家土地管理局提出和部署了"加

强耕地保护力度，实行土地集约利用，实现耕地总量的动态平衡，促进国民经济持续发展”的战略目标。1997 年 3 月通过的修改后的《刑法》中增设了“破坏耕地罪”、“非法批地罪”和“非法转让土地罪”。1997 年 4 月，在充分调查研究基础上，中共中央、国务院下发了《关于进一步加强土地管理切实保护耕地的通知》(中发[1997]11 号)，提出了加强土地管理特别是耕地保护的治本之策和坚决措施，以扭转人口大量增加情况下耕地大量减少的失衡趋势。1998 年 1 月 9 日，国务院第 65 次常务会议原则通过《土地管理法(修订草案)》，同年 8 月 29 日，九届人大常委会第四次会议修订通过《中华人民共和国土地管理法》，自 1999 年 1 月 1 日起施行。1998 年 3 月 10 日，九届人大一次会议通过国务院机构改革方案，原国家土地管理局、地质矿产部、国家海洋局、国家测绘局共同组建国土资源部。1999 年 3 月 13 日，在中央人口、资源、环境工作座谈会上，江泽民总书记高屋建瓴地指出：我们对国土资源的保护和管理必须严而又严。总的原则是在保护中开发，在开发中保护。所有这些措施，都使得我国的土地资源得到合理利用和切实保护。

进入 21 世纪以后，我国又进入了新一轮增长周期的扩张阶段。为此，中央政府出台了一系列宏观调控政策以抑制可能出现的经济“过热”，其中值得注意的一个显著变化是，中央政府明确提出“运用土地政策参与宏观调控”，这一颇具中国特色的调控手段被形象地称为“严把土地、信贷两个闸门”、“管紧土地、看好信贷”。宏观经济一般表现为长期增长和短期波动两个方面，所谓土地政策参与宏观调控，实质上就是政府制定和实施相关的土地政策，通过对土地市场的干预来调控宏观经济，以实现经济长期稳定增长的目标。

随后，国家出台了一系列调控措施。2003 年 8 月 12 日，国务院发出《关于促进房地产市场持续健康发展的通知》(国发[2003]18 号)，从住房供应、住房制度、住房信贷、规划管理和土地供应，以及市场监管等方面，提出促进房地产市场持续健康发展的措施。2004 年 10 月 21 日，国务院印发《关于深化改革严格土地管理的决定》(国发[2004]28 号)，从严执行土地管理法律法规，加强土地利用总体规划、城市总体规划、村庄和集镇规划实施管理，完善征地补偿和安置制度，健全土地节约利用和收益分配机制，建立完善耕地保护和土地管理的责任制度，明确土地管理的权力和责任等方面，全面提出深化改革严格土地管理的各项措施。2005 年 3 月 26 日，国务院办公厅发出《关于切实稳定住房价格的通知》，加大住房供应结构调整的力度等 8 点意见，抑制住房价格过快上涨，即“国八条”。4 月 27 日，国务院办公厅发出《加强房地产市场引导和调控八项措施》，解决房地产投资规模和价格上升幅度过大的问题，即“新国八条”。调控房地产市场成为这一时期的重点。2006 年 8 月 31 日，国务院发出《关于加强土地调控有关问题的通知》(国发[2006]31 号)，进一步明确土地管理和耕地保护的责任，规范土地出让收支管理，调整建设用地有关税费政策，建立工业用地出让最低价标准统一公布制度，禁止擅自将农用地转为建设用地，强化对土地管理行为的监督检查，严肃惩处土地违法违规行为等。接着，到 2007 年建立国家土地督察制度，2008 年实施“百日行动”，2009 年在国际金融危机背景下实施“保红线、保增长”的“双保”行动等。体现出新时期保护耕地是第一要务、制止违法用地是根本措施、满足经济增长用地需求是基本目标的土地利用和管理方针。

## 二、耕地保护面临严峻挑战

我国土地总面积占世界土地总面积的 7.2%，居世界第三位。但人均土地面积为 11.65 亩，仅相当于世界平均水平的 1/3。我国人均耕地面积为 1.39 亩，约相当于世界人均耕地面积的 40%。土地资源的基本特点可以概括为“一多三少”,即总量多,人均土地少(尤其是人均耕地少),高质量的耕地少,可开发的后备资源少。

保护资源是我国的一项基本国策。党的十六届五中全会提出建设资源节约型和环境友好型社会,我们要牢固树立资源忧患意识,充分认识到珍惜资源、保护资源的重要性。

第一,我国的耕地家底薄,人均耕地少、优质耕地少、耕地后备资源少。统计数据显示,2008 年底全国耕地面积为 18.26 亩,人均耕地面积减至 1.38 亩,仅相当世界平均水平的 40%,人均耕地面积仍低于专家测算的维持温饱的最低极限——人均耕地 1.5 亩的水平,处于理论上的“饥饿线”之下。在经济发达的省、直辖市,如北京、上海、广东,人均耕地面积低于 0.5 亩。在数量下降的同时,耕地质量下降的趋势未能得到有效的遏制。据统计,全国中低产田面积占耕地面积的 2/3 以上,耕地土壤有机质含量平均仅为 1.8%,比欧洲同类土壤低 1.5~3 个百分点,中低产田的产量只有高产田的 40%~60%。全国人均和耕地亩均占有水资源量分别为 1 911$m^3$ 和 1 383$m^3$,不到世界水平的 28%和 50%,农业用水缺口每年超过 200 亿 $m^3$。此外,我国近些年来,水土流失和荒漠化严重,农业环境污染问题日益加剧。从耕地后备资源来看,据国土资源部 2002 年统计,全国集中连片的耕地后备资源面积为 1.1 亿亩,但大部分位于北方和西部边远地区,这些地区的生态环境脆弱、干旱缺水、灌溉条件差,不但开发难度大,且一旦开发不当,还极易造成更严重的土地退化,危害生态环境。

第二,近年来耕地减少速度过快。统计数据显示,改革开放 30 年来,我国耕地数量呈不断减少态势,1981—1985 年间年均净减少 739.5 万亩,1986—1990 年间年均减少 360 万亩,1991—1995 年间年均减少 439.5 万亩,其中 1986—1995 年间,仅建设占地一项便使耕地减少 1.45 亿亩,面积相当于同期韩国耕地总量的 4 倍。1996-2008 年的 12 年间耕地净减少 1.24 亿亩,年均净减少 1 036 万亩。总体来看,近年来耕地减少势头尽管有所控制,但仍处于不断减少的趋势。按照《国家粮食安全中长期规划纲要(2008—2020 年)》中的预测,2010 年我国居民人均粮食消费量为 389kg,粮食需求总量达到 5.25 亿 t,2020 年人均粮食消费量为 395kg,需求总量 5.725 亿 t,粮食自给率保持在 95%以上计算,粮食自给与耕地数量均存在严重缺口。在这种严峻的情况下,2006 年十届全国人大四次会议通过的《国民经济和社会发展第十一个五年规划纲要》就首次提出了保证耕地 18 亿亩,是一条不可逾越的红线。2008 年 10 月 12 日,中共十七届三中会议通过的《中共中央关于推进农村改革发展若干重大问题的决定》中,明确指出“坚持最严格的耕地保护制度,层层落实责任,坚决守住 18 亿亩耕地红线”。可见一边是耕地减少速度过快的推动力,一边是耕地保护、粮食安全的“高压电线”,保护耕地的形势十分严峻。

第三,我国正处在快速城市化、工业化发展时期,在今后相当长一段时期内仍存在大量占用耕地的需求。有研究表明,我国正处在城市化、工业化“双中期区间”(图 30-1),因此耕地数量的变动情况表现为下减速度较快(毕继业,2009)。

## 三、认识土壤、改良土壤、保护环境是提高耕地质量和可持续发展的根本措施

农业土壤是自然和人类耕作等共同影响下而形成的重要农业生产资料,我国历史上就一直重视其土壤的研究,早在 3 000~4 000 年以前就有关于土壤的分类、命名、评级、改良等的论述。但近代土壤科学的研究则是始于 1930 年以后。新中国成立后,党和政府对有关农、林、草等的土地生产潜力的研究就极其重视,开始对我国的土壤进行调查研究,如 1950 年年初在雷

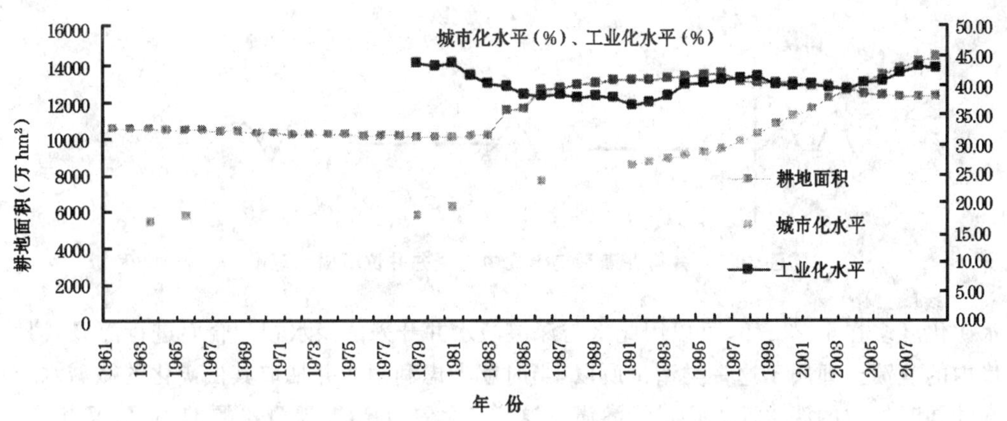


图 30-1　1961—2008 年中国城市化、工业化与耕地变化情况图

州半岛和海南岛就曾组织了橡胶土壤调查，1951—1952 年水利部组织的，以熊毅院士为首的华北平原的土壤大、中比例尺的调查，1952 年以马溶之教授为首的黄土高原水土保持综合调查，1955—1959 年以李连捷院士为首而组织的中国科学院新疆综合考察等。其后各地都相继组织和进行不同类型的以土壤为主体的农业资源调查工作，特别是一些边远省份的垦区，如东北、新疆、云南等地，最后全国性的土壤调查是农业部于 1978 年开始组织的全国第二次土壤普查，其目的就是要以摸清土地资源为基础，根据土地的适宜性而进行合理利用规划我国的农、林、牧等产业。其中进一步开始进行全国的测土配方施肥也是其中之一，1993 年已有 1 800 多个县（市）推广了测土配方施肥，其面积达 6.5 亿亩，并进一步发展为国家的“丰收计划”而大面积推广。

我国是一个具有 13.7 亿人口的农业古国，其耕地面积仅 18.26 亿亩，人均耕地面积居世界水平中的第 12 位，而且耕地中，其一等地仅 20%，中低产田占 70%以上，低产土壤类型主要为山地、沙地和盐渍地等土地的土壤。

第一，山地和丘陵地土壤。其中农地主要在丘陵地，其土壤的低产特性是土层薄，肥力和水分状况差，其基本农田建设主要是修建梯田，在修建中主要根据地形坡度及土质因数。

第二，沙土。它是以氧化硅（$SiO_2$）为主体的沙粒所组成松散土体，总面积约 6.75 亿 $hm^2$，占全国土壤面积的 7.7%，主要分布于新疆、内蒙古等地，上述两地约占有该类土壤面积的 85%以上，改造的途径就是在具有一定水分条件的地区实施造林，包括片林与林带在内。

第三，盐渍土。它是发育于一定干旱性（全年性或季节性）气候条件和一定矿化度（>1g/L）及其一定埋深（高于 2m）的地下潜水低地，于土壤表层（≥10～20cm）一般聚积一定量（≥1%～3%）盐分（主体 NaCl、$Na_2SO_4$ 或少量 $Na_2CO_3$）的土壤，一般作物与树木均难以生长。主要分布于我国西部干旱和半干旱区，以及东部季风区的黄淮海平原和滨海平原等地。改良的办法就是开挖一定深度，即大于其地下潜水的毛管水上升的高度（一般 2m）的排水系统，此称之为水平排水。在一定工业能力支持的基础上，为了节约排水系统所占的土地面积，就可采用浅井（如<100m）抽水排水以降低地下水位，此称之为垂直排水。但后者也要和方田的水平排水系统相结合，一般井位应随灌水系统的斗渠系统以便于灌溉调水（图 30-2）。

黄淮海平原为季风区的盐渍化土壤，其特点一是季节性积盐，且地下水矿化度不高（1～3g/L），一般轻盐化土的农田缺苗率 3%～5%，中盐化 5%～7%，重盐化 8%以上；另一特点是

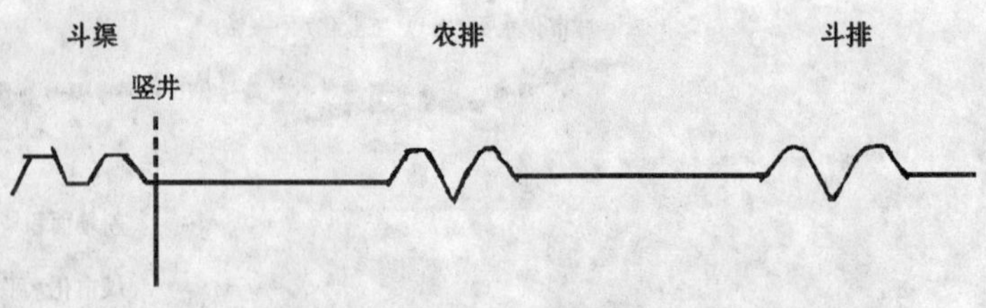


图 30-2 井排井灌系统模式中的竖井井位断面示意图

地下水矿化度多在 1～3g/L，可以用此水与深层淡水井开采的淡水相配合而进行灌溉，河北曲周县境内的盐渍土即属于这一类型。所以，当时就考虑利用浅井抽取其低矿化的微碱水，与深层淡水井同时抽取的淡水而配合进行灌溉。这样既解决了当地灌溉水源的不足，又起到了降低其地下水位的效果。一般 2～3 年后即开始有约明显效果，而且时间越长其效果越明显。目前，曲周县实验站地区的其地下水位已下降到 6m 以下，地面干燥，一切大树均也生长起来了，并恢复成了其原暖温带半湿润森森草地的地带性景观。农田生长的玉米既密且高，如同美国大平原的玉米带所生长的一样。在 2007 年 10 月挖土壤剖面观察时仍可见到于 2m 以下有些土地盐分的颗粒及石膏颗粒残存现象，但它已存为土体下部的悬着残存状态，它既不与上面土层，也不和下面深处的地下潜水等有明显的交换现象。

目前，这种现象在黄淮海平原可能有一定的代表性，因为黄淮海平原原本是一个过去古老的冲积平原，其上就具有如曲周县这样具有轻度和中度盐渍性土壤的镶嵌体而形成的复合区，20 世纪 50—60 年代经过大面积的“治黄”、“治淮”与“根治海河”等整治水系的宏伟工程，使过去该平原的紊流水系得到了科学治理，再也不会有大的洪水威胁了。但一些低洼地区，如曲周县这种类型，问题较大，但其面积并不小，估计约 3 000 多万亩，由于具有矿化度不太高，但埋深较浅的地下水位的影响，形成大面积的盐渍化土壤。在 70—80 年代，国家已有一定的工业化基础支持，可以采用深沟与浅井相结合的井灌井排方式，而不用过去一般简单的水平排水模式。而且因井排可以少挖地面水平沟排水系统而节约占地，这就不但综合地解决了黄淮海平原的“涝、洼和盐碱”问题，从而使黄淮海平原能成为我国中原地区的大粮仓，有力地支持我国的社会主义长远建设，而且同时也发展了我国的盐碱地改良的科学。当时在周恩来总理指示下，北京农业大学一批教师为黄淮海盐碱地改良做出了贡献。在今天庆祝新中国成立 60 周年之计，这也是值得我们共同高兴的地方。

土地资源，从其自然特征方面，它既具有其区域气候、地质、地貌、水文、土壤，以及人类利用改良等诸多因素综合形成的自然特征，同时也是人类生产和生活居住的物质和环境基础，我们几千年代的文明和我们今天的社会主义建设均如此，所以我国土地资源利用与管理的变迁就是我们土地利用和社会发展的历史。

## 第二节 科学施肥与农业生态环境保护

### 一、农业可持续发展应把土壤培肥放在首位

20 世纪 50—60 年代，毛泽东主席精辟地总结了土、肥、水、种、密、保、工、管为农业“八字

宪法”，它是实现农业可持续发展的正确方向。从农谚中也可以看出“农业八字宪法”的重要性。比如“万物土中生”表明土壤是农业生产的基础；“多收少收在于肥”表明肥是庄稼的粮食；“有收无收在于水”表明水是农业的命脉。

如果土壤肥力不是越种越肥，那么，土地就难以永续利用，农业可持续发展就没有实际意义了。因此，农业可持续发展的关键在于土壤培肥，而土壤培肥的主要技术措施有5项。

第一，搞好水土保持是土壤培肥的前提。一般应实行植树种草，保持水土，并结合田间工程措施，切实杜绝土壤侵蚀和防止水土流失。

第二，结合施用有机肥料，平整土地，逐渐加深耕作层，提高土壤熟化程度，为作物大面积高产创造良好的土壤条件。

第三，重视有机肥料和化学肥料的配合施用。要十分重视各类有机肥料的投入，促进生态农业中物质的良性循环。测土配方施肥，调整施肥的养分比例，实行作物优质高产和节能增效的平衡施肥。

第四，加强宏观控制，按照农业规划制定科学的种植制度。要因土种植、合理布局、轮作倒茬、间作套种。要根据气候特点、土壤肥沃性、作物特性、病虫害以及人力的可能性确定切实可行的复种指数。

第五，采用多种节水灌溉方式，杜绝大水漫灌，避免浪费水电资源和由于漏水、漏肥而发生土壤次生盐渍化。

**（一）有机肥料对农业可持续发展的重要作用**　自从德国科学家李比希100多年前提出矿质营养学说，打破了当时占统治地位的腐殖质营养学说，世界上才有了化学肥料工业的兴起，距今仅有166年的历史。因此，我国很长时期一直沿用以农家肥为主的有机农业。由于当时人口少，农田面积大，低水平的农业生产维持了相当长的历史进程。现在虽然时过境迁，但有机肥料对农业可持续发展的重要作用仍然不可低估。

*1. 改善土壤理化性状，提高土壤肥力*　有机肥料含有较多的有机物，是补充土壤有机质的主要来源，也是提高土壤肥力的重要物质基础。增加土壤阳离子交换量，提高保肥性能；有利于形成良好的土壤结构、从而能改善土壤的松紧度、通透性、对决定土壤肥力的水、肥、气、热状况均有良好的作用。

*2. 促进土壤微生物的活动*　土壤有益微生物是衡量土壤肥力水平的重要标志之一，土壤中许多物质和能量转化过程都离不开土壤微生物的活动，如有机质的矿化过程，豆科植物的固氮过程都与土壤微生物的作用有关。施用有机肥不仅增加了土壤有益微生物的类群，而且也是微生物赖以生存和繁殖的能量和养分的主要来源，从而提高了土壤肥力。

*3. 全面提供植物所需的养分*　有机肥中不仅含有植物必需的大量元素，中、微量元素，还含有丰富的有机养分，有机肥是养分全面的肥料。同时有机肥肥劲柔和，允许用量变幅较大，施用一次，多年有效。

*4. 降低施肥成本*　有机肥料可就地取材，就地施用，来源广，成本低，通过增施有机肥不仅可以增加养分，提高地力，提高化肥的利用率，相应地也降低了化肥的用量，从而降低了施肥成本，是农业节本增效的重要措施之一。

*5. 维持和促进土壤养分平衡*　植物从土壤中所摄取的各种养分，通常是可通过施用有机肥的途径归还给土壤。在农业生产中，只有把握好养分平衡环节，在配合施用化肥的条件下，能使土壤肥力不断提高。

6. 活化土壤中难溶性养分提高养分的有效性　在有机肥料分解过程中经常产生某些有机酸和碳酸,这些酸性物质能促进土壤中难溶性磷酸盐、多种微量元素养分的转化,提高养分的有效性。

总之,活化土壤中的潜在养分,就可以达到合理利用土壤养分资源,减少化肥用量的目的。

**(二)化肥在农业可持续发展中功不可没**　新中国成立后的30年,我国化肥施用量有了突飞猛进的增长,从而保证了粮棉等作物产量的同步增长,这是有目共睹的事实。从当时的施肥结构也可以看出有了很大的变化。建国以后由于化肥短缺,施肥只能是“以有机肥为主,化肥为辅”,为了发展农业生产的需要,20世纪50—60年代,以碳酸氢铵为代表的小氮肥遍地开花,土法磷肥也跟着上马。截止到1980年我国化肥总用量仅为1 269万t(纯养分量)。改革开放后的30年,在已故周恩来总理的关怀下,一批以尿素为代表的大氮肥厂陆续投产。我国化肥工业的巨大变化,使化肥总生产量高达5 000万t(纯养分量)。当时施肥结构改为有机肥料和化学肥料并重,同时促进了粮棉等生产的快速发展。如今我国已成为世界化肥生产和使用大国,这就为农业可持续发展奠定了坚实的基础。

科学施用化肥在农业生产中的积极作用归纳有6方面。

1. 增加作物产量　据有关资料,化肥在各项增产措施份额中占40%～60%。国外如此,我国也不例外。一般中、低产田如无限制因子时,化肥的增产幅度大于高产田。科学施用化肥是农业可持续发展的物质保证。

2. 提高土壤肥力　农民对施用有机肥料能提高土壤肥力深信无疑,但化肥的后效易被人忽视,连续多年合理施用化肥的后效将有叠加效应。生产实践证明,耕地肥力不仅能保持而且能越种越肥。不同年代无肥区作物单产呈现不断增加的趋势就是生产力不断提高的有力证据。

3. 发挥良种增产潜力　一般来说,高产品种都是对肥料要求较高的品种,肥料投入水平成为良种栽培的一项核心措施。因此,合理施用化肥能发挥良种的增产潜力。

4. 增加有机肥数量　化肥既可促进当季作物增产,它的秸秆和根茬又可为下一季作物增加有机肥源,概括为以“无机”换“有机”。有机肥成为化肥养分不断利用的载体,充分利用有机肥源,不仅可以发挥有机肥的肥田作用,而且也是使相当数量的化肥养分能持续再利用的基本途径。

5. 补偿耕地的不足　我国耕地由于多种原因正在逐渐减少。然而,增施化肥实质上与扩大耕地面积的效果相似。按我国近年的平均肥效,每吨化肥养分增产粮食7.5t,若每公顷耕地的粮食产量也是7.5t,则每增施1t化肥养分,相当于扩大1hm$^2$耕地面积。

6. 发展经济作物、森林和草原的物质基础　在较充足的施用化肥、实现粮食丰收的条件下,我国经济作物获得大幅度发展。同时,也有力地促进了退耕还林、还草的大面积实施,为宏观上治理水土流失,保护和改善生态环境提供了可靠的物质基础。

对化肥积极作用的全面评价是科学施肥的重要依据。每个农民要从思想上加深对化肥的全面认识。为了农业可持续发展必须合理施用化肥;在重视合理施用化肥的同时,还要因地制宜地利用一切可以利用的有机肥源,坚持有机肥与化肥配合施用的施肥原则。

## 二、片面强调或忽视化学肥料,将引发生态环境的破坏

由于化肥有突出的增产作用,使得部分农民陷入“施肥越多越增产”的误区。因此,在经济发达的沿海地区出现了过量施肥的现象,从而引发施用化肥带来的负面影响。

近来不少人议论，环境污染与施用化肥有关。但是把环境污染都归罪于施用化肥是不公平的。再说，化肥本身并没有罪，有罪的是不按科学方法施肥的人。总之，环境污染是人为造成的。目前，科学施用化肥能促进农业增产已成为人们的共识。而化肥施用不当，不仅会危害作物、浪费资源，而且还会严重污染土壤和地下水源、甚至威胁生态平衡和人们的身体健康。

**(一)化肥施用过量造成的污染** 化肥污染问题以氮肥最为突出，主要有3个方面。

1. *破坏大气臭氧层* 氮肥施入土中后，其中有一部分可能经过土壤微生物的反硝化作用，形成了氮气和氧化亚氮，从土壤中逸散后进入大气。氧化亚氮到达臭氧层后，与臭氧发生作用，生成一氧化氮，使臭氧减少。由于臭氧层遭受破坏而不能阻止紫外线透过大气层，强烈的紫外线照射对生物有极大的危害，使皮肤癌患者增多。

2. *水体富营养化* 由于过量施用氮肥和磷肥，大量的氮磷养分进入水体，可引起水体的富营养化，导致藻类等过量繁殖，藻类死亡后，遗体的分解使水中溶解氧被大量消耗，水体出现缺氧状态，水质恶化，造成鱼、虾死亡等严重后果。2007年江苏省太湖出现的赤潮就是一例。

3. *地下水硝酸盐超标* 由于下雨和灌水，土壤中硝态氮易向下淋洗，从而造成地下水中的硝酸盐含量大大超标，有时竟达50mg/L以上(表30-1)。如果长期饮用这种地下水，必然危害人体的健康。因为，在特定的还原条件下，硝酸盐能转化为亚硝酸盐，并可生成强致癌物质——亚硝胺，它对人们健康威胁极大。

**表30-1 地下水硝酸盐含量** (80个水样)

| 硝酸盐含量(mg/L) | 比例(%) | 硝酸盐含量(mg/L) | 比例(%) |
|---|---|---|---|
| >45 | 25 | 10～19 | 11 |
| 30～44 | 9 | <10 | 46 |
| 20～29 | 9 | | |

**(二)正确认识化肥与环境污染的关系**

第一，应该坚定不移地认识科学施用化肥是农业可持续发展的物质保证，是现代化农业的重要标志之一。

第二，应当明确，化肥对环境的污染是不合理施用化肥造成的，而不是化肥本身的罪过。

第三，不能因为化肥可能会污染环境就不施用化肥，这是“因噎废食”，关键在于怎样科学施用化肥。

**(三)预防环境污染的措施**

1. *充分认识保护环境，人人有责* 化肥是个宝，关键在用好。化肥是把双刃剑，用好了能增产，用不好会污染。这就是施肥的辩证法。

2. *认真实行平衡施肥，防患于未然* 根据作物需肥的要求，科学施肥。

3. *牢固树立环保意识* 在施肥时，多想想它的后果，科学施用化肥，从自身做起。例如，污水灌溉时，应考虑会不会对土壤造成重金属元素的污染。在对各种作物制订施肥方案时，要考虑它的科学性和合理性等。

与过量施肥现象相反，我国西北地区某些农民，由于忽视化肥的作用，化肥的亩投入量普遍偏低，从而造成耕地用养结合失调，致使土壤退化、沙化严重。这也是沙尘暴频发的重要原因之一。

## 三、配方施肥和平衡施肥是我国施肥技术的重大改革

在过去相当长的时期内,农民沿用的施肥技术是经验性施肥模式。因此,各地涌现出许多丰产的经验,如江苏陈永康水稻“三黄三黑”的经验等。我们认为劳模从生产实践中总结出的施肥经验是可贵的,但到处推广这一经验就会存在一定的片面性,因而是不可取的。20 世纪 80 年代以前,我国化肥投入不足,土壤养分的消耗始终高于补给。限于经济和技术条件,化肥供应不能满足农业发展的需要,因此这个时期被称为“掠夺式”经营。由于农田养分长期亏缺,致使长江以南地区土壤普遍存在缺氮、少磷、不施钾的问题,严重地影响施肥效果的发挥,因而也制约了我国农业的可持续发展。

1983 年农业部农业局曾在广东省湛江市召开了南方 13 省、直辖市的科学施肥座谈会,会上针对当时农民“偏施氮肥,少施磷肥,不施钾肥”的不科学施肥情况,提出了克服这个施肥弊端的方法就是配方施肥;意思就是说要像大夫看病那样,照方抓药,对于作物来说就是配方施肥。

配方施肥与农民习惯施肥相比有显著效果。一般来说有 3 个好处:①有利于提高作物产量(约 10%);②有利于节省化肥(氮肥,约 10%);③有利于增加农民收入。因此,配方施肥是对农民习惯施肥的挑战,是我国施肥技术的重大改革和进步。具体说,配方施肥具有施肥定量化的特点和养分平衡的特征。

当前,国家财政投巨资在全国大搞测土配方施肥活动是温家宝总理视察某地农村回应农民请求时确定的。这样,农民施肥就可以多一点科学性,少一点盲目性,从而减少肥料浪费,促进作物增产、农民增收,这是利国利民的大好事!

根据我们多年从事作物施肥工作的体会,目前施肥中存在的主要问题是盲目施肥严重,导致肥料利用率不高,施肥效果下降。特别是现在的青年农民一方面受“施肥越多越增产”的误导,愿意增加肥料投入,甚至攀比施肥,另一方面又缺乏科学施肥的知识。因此,盲目施肥绝大多数是由于氮肥施用过量,养分不平衡造成的。严重的后果反映在小麦旺长倒伏,棉花徒长、蕾铃脱落和玉米贪青晚熟等。

总的来说,测土配方施肥是我国改革开放 30 年来施肥技术的重大改革与进步,归纳起来它有四大好处。

第一,提高科学施肥水平。农民积极参与测土配方施肥活动,逐步改掉经验施肥的陋习,建立起平衡施肥的新观念。

第二,摸清土壤养分底细。通过测土施肥,了解土壤供肥状况,做到心中有数,配方有据,它是配方施肥的关键,从而有望解决盲目施肥“顽症”,有利于防止环境污染。

第三,合理利用养分资源。测土配方施肥可以减少养分浪费,要认清浪费肥料就是浪费资源。

第四,增进肥效。通过测土配方施肥,走平衡施肥之路,才能提高肥料利用率,从而提高施肥效果。

1990 年为了与国际接轨,配方施肥发展为平衡施肥,它们都是以养分平衡为特征的定量化施肥新技术。平衡施肥是配方施肥的发展。实践证明,平衡施肥是今后农业可持续发展的正确施肥技术。平衡施肥是根据作物需肥特点,土壤供肥状况和肥料的增产效应提出的养分比例协调的一种施肥技术。平衡施肥的特点是:不仅重视化肥数量的增加,而且更注意施入养

分比例的协调，这样才能避免由于养分供应不平衡而出现的许多问题，如肥料利用率不高，肥料资源的浪费，作物产量徘徊不前，肥效不明显以及产品品质下降等。只注重提高某一种营养元素的投入，其他养分不进行相应的增加，则该种投入不仅得不到相应的回报，甚至会导致其他养分的失调而减产。所以，对于高产田来说，为了提高作物产量，改善产品品质，增进肥效，不污染环境，就必须走平衡施肥的道路。根据土壤养分测定结果及时调整施肥配方，甚至比增加某一养分数量更为重要。

平衡施肥的效果为什么好，归纳起来有5点：①有利于作物获得高产；②有利于改善农产品的品质；③有利于增加农民收入；④有利于合理利用养分资源，防止环境污染；⑤有利于提高化肥利用率，增进肥效。

由于平衡施肥不仅具有定量化施肥的特点，而且也体现施肥养分比例协调的特色，所以氮、磷、钾肥，特别是氮肥不至于过量，因而从根本上解决了因氮肥施用过量而使环境污染的问题。

## 四、加强科普宣传，加速科学施肥措施的实现

当前国家为实现农业可持续发展，提供了大量化肥（估计有1.5亿t实物量）。部分地区由于施肥量偏大，施肥养分比例不平衡，致使当地肥料利用率不高，环境污染严重，同时由于作物营养不良，出现了许多生理性病害，因而作物产量不高，产品品质下降，农民收入降低。

解决上述问题唯一的办法就是向农民进行科学施肥理论和施肥技术的科普宣传，让他们知道施肥要讲究理论指导，增强科学性，减少盲目性。例如，讲解养分归还学说，提高农民投肥的自觉性；讲解最小养分律，说明施肥要有针对性；介绍报酬递减律，使农民知道施肥要有限度，不是施肥越多越增产；讲解因子综合作用律，使农民懂得各种增产因子要相互结合，才能发挥$1+1>2$的交互效应。

与此同时，让农民知道施肥是一项技术性很强的增产措施。有的农民常常花钱买了不少化肥，可是施用效果并不理想。这是因为施肥是一项技术性很强的增产措施，施肥量只是施肥技术中一项具体技术，而不是它的全部内容。施肥技术包括6方面的内容：①肥料种类或品种；②施肥量；③养分配比；④施肥时期；⑤施肥方式和方法；⑥施肥位置。每一项具体施肥技术都与施肥效果有着密切关系（图30-3）。只有综合运用各项施肥技术，才能发挥施肥的最大增产效益。

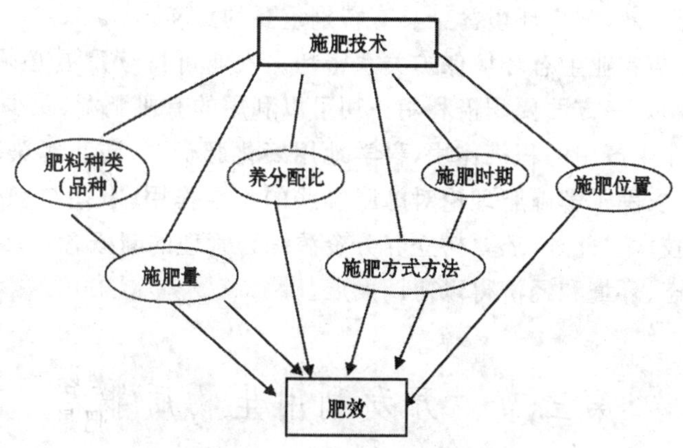


图30-3 施肥技术内容与肥效的关系

## 五、科学施肥一定要强调养分资源的综合管理

养分资源综合管理是从农业生态系统论的观点出发,协调农业生态系统中养分投入与产出平衡、调节养分循环与利用强度,实现养分资源高效利用,使生产、生态、环境和经济得到协调发展。这是改革开放30年来施肥理论的重大发展。

养分综合管理的特点:①在概念上,其核心特征是"养分资源"和"综合管理";②在内涵上,它不仅强调肥料的重要性,也注重各种养分资源的综合利用;③在调控理念上,由传统施肥的肥料均衡施用向农田生态系统养分循环的动态管理转变;④在目标上,养分资源综合管理的目标是协调高产、资源高效和环境保护,而不是单纯地追求高产。

总之,养分资源综合管理是对传统施肥的挑战,也是我国施肥理论的新发展。

为了实现作物高产高效和环境保护的目标,必须发展传统施肥理论和技术,定量养分在作物—土壤—环境中的来源和去向,以及农学和环境效应,根据生产目标和体系养分平衡目标、实现简化且科学的养分资源管理。

养分资源综合管理的思路有两点值得重视与深入探讨。

**(一)综合利用各种养分资源以减少对化肥的依赖** 肥料是人工补充植物养分的物质,按来源分为有机肥料和化肥。当前重点关注的是化肥,而忽略了有机肥的作用。有机肥料主要来源于动植物及其残体,城市废弃物等,随着动物生产体系的发展和畜牧业集约化发展,我国有机资源已从缺乏状态过渡到部分地区大量过剩状态,需要依靠大量土地来承载动物废弃物,定量施用有机肥与定量施用化肥同样重要,是将来保护环境和保持农田养分循环的重要途径。另外,环境养分也能够通过大气干湿沉降、灌溉水、生物固氮等途径进入植物生产系统。干湿沉降和灌溉水已经成为部分地区农田生态系统重要的养分来源。因此,推荐施肥时必须考虑这些养分的供应。

**(二)通过生物学途径提高养分资源利用效率** 发挥生物自身潜力,从生物学途径来提高养分资源利用效率也是养分资源综合管理的一个重要方面。目前,高产高效育种发展迅速,这些新品种可以大幅度提高养分效率。因此,种植这些品种可以在较低的肥料投入下获得较高产量。另外,增施有机肥料,增加土壤中有益菌群,活化微生物转化有机态养分为矿物态养分的功能,如能提高作物对土壤养分的依赖率(一般为60%左右),必然降低作物对氮肥的依赖率,这对于当前节肥增效,减少环境污染具有特别重要的意义。

总之,科学施肥与农业生态环境保护关系密切。农业可持续发展必须坚持有机肥与化肥配合使用的施肥原则。一方面要积极利用一切可以利用的有机肥源,减少环境污染;另一方面也应重视化肥在农业生产中的积极作用,科学地用好化肥资源,防止污染环境。为此,必须加大科普宣传力度,让农民了解施肥理论对施肥实践的指导作用,掌握与肥效有关的施肥技术,尤其是平衡施肥的技术。此外,还要树立养分资源综合管理的新概念,最终实现养分资源的高效利用,使生产、生态、环境和经济得以协调发展。

## 第三节　开发利用生物质能源

目前,世界上大部分国家能源供应不足。由于化工石油能源的不可再生性和对环境带来

的温室效应，因而大规模开发利用可再生能源已经成为各国能源战略的重要组成部分。预测到2020年新的可再生能源将占全球能源消耗的20%。无论从能源安全还是环境要求来看，可再生能源都将成为新能源战略选择。

风能、太阳能和生物质能发展速度最快，产业化前景最好。生物质能一直是人类赖以生存的重要能源，它是仅次于煤炭、石油和天然气而居于世界能源消费总量第四位的能源，在整个能源系统中占有重要地位。有关专家估计，生物质能源将成为未来可持续能源系统的组成部分，到21世纪中叶，采用新技术生产的各种生物质替代燃料将占全球总能耗的40%以上。

生物质能是太阳能的一种存在形式，它是通过生物的光合作用把光这种过程性能源转化为化学能保存在生物质中。生物质能是一种广泛存在、广为人们利用的能源。生物质能源分布极广、产量巨大。据研究表明，全球每年形成的生物质达1 800亿t，相当于3 000亿MJ的能量，为全球现实能源消费的10倍，在理想状态下地球上的生物质潜力可达到现实能源消费的180～200倍。

## 一、我国生物质资源潜力巨大

生物质是由植物的光合作用固定于地球上的太阳能，每年经光合作用产生的生物质约1 700亿t，其能量约相当于世界主要燃料消耗的10倍；而作为能源的利用量还不到其总量的1%。据美国能源部1999年组织法国、荷兰、德国、奥地利和马来西亚等多国科学家对部分能源植物进行的研究表明：到2050年，全球液体燃料油80%将来自木本植物、草本栽培油料和藻类等生物质能源。据专家预测，到2050年，利用农、林、工业残余物以及种植和利用能源作物等生物质能源有可能以相当于或低于化石燃料的价格，提供世界60%的电力和40%的燃料，使全球二氧化碳排放量减少54亿t碳(目前全球化石燃料每年排放约60亿t碳)。

我国拥有丰富的生物质能资源，据测算，我国理论生物质能资源50亿t标准煤左右，是目前我国总能耗的4倍左右。在可收集的条件下，我国目前可利用的生物质能资源主要是传统生物质，包括农作物秸秆、薪柴、禽畜粪便、生活垃圾、工业有机废渣与废水等。据1998－2003年的统计数据估算，我国的可开发生物质资源总量在7亿t标准煤左右，其中农作物秸秆约3.5亿t，占50%以上(图30-4)。

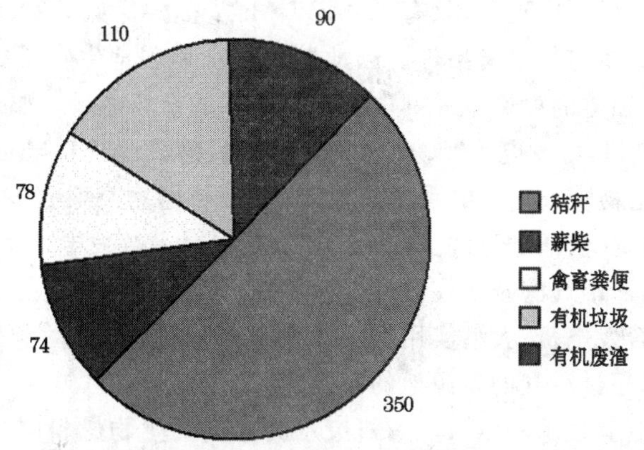


图30-4 2000年我国生物质能资源可开发量 (百万t标准煤)

目前，生物质资源的主要组成部分是作物秸秆。在这些可开发的生物质能资源中，农作物秸秆有40%作为饲料、肥料和工业原料,尚有60%可用于能源用途,约2.1亿t标准煤;薪柴主要作为燃料,但有40%的森林剩余物未加利用,约0.3亿t标准煤;禽畜粪便除少部分作为肥料外,大部分成为农村的主要污染源,约有0.6亿t标准煤的资源量;工业有机废渣至少有80%,即0.7亿t标准煤的资源可以利用;至于生活有机垃圾,特别在农村、小城镇,至少可从中获得到0.8亿t标准煤的资源量。

在未来,生物质资源主要来自能源农业和能源林业。我国潜在的资源量非常巨大,根据国家中长期发展规划目标,到2020年,可开发生物质资源量至少可达到15亿t标准煤,其中30%来自传统生物质,70%由能源农林业提供。我国国土面积广阔,除现有的耕地、林地和草地作为传统农业外,尚有近1亿 $hm^2$ 宜农宜林荒山荒地,可以用于发展能源农业和能源林业,至少可发展20亿t的生物质资源,合10亿t标准煤。在未来20年,如果建设2 000万 $hm^2$ 能源林,每年可产生10亿t生物质,相当于5亿t标准煤。此外,与西部大开发、沙漠治理、退耕还林、三北防护林建设结合起来,至少可再发展2 000万 $hm^2$ 的能源林,每年可产生4亿t生物质,相当于2亿t标准煤。

## 二、采用高效的生物质利用技术

**(一)生物质发电技术** 生物质发电在发达国家已受到广泛重视。其主要工艺分三类:生物质锅炉直接燃烧发电、生物质—煤混合燃烧发电和生物质气化发电。美国的生物质直接燃烧发电占可再生能源发电量的70%。意大利发展了12MW生物质整体煤气化联合循环发电技术(IGCC)示范项目,发电效率达31.7%。瑞典正试验加压的整体煤气化联合循环发电技术(BIGCC)。目前,生物质发电已占发达国家可再生能源发电量的70%。在美国,生物质发电装机容量已达10 500MW,70%为生物质—煤混合燃烧工艺,单机容量10~30MW,发电成本为3~6美分/(kW·h),预计到2015年装机容量将达16 300MW。全球环境基金/世界银行正在巴西示范一个30MW生物质气化联合循环发电项目,在英国和美国有3个示范项目,装机容量6~10MW。由于生物质气化联合循环发电效率可达40%,有可能成为生物质能转化的主导技术之一。

1999年,我国电力生产总量为12 600亿kW·h,年人均用电不到1 000 kW·h,只有韩国的1/5左右,而年人均生活用电更低,只有110 kW·h左右。要实现2020年国民经济翻两番的目标,保障可靠的电力供应是必备条件。因地制宜地利用当地生物质能资源秸秆、薪柴、谷壳和木屑等,建立分散、独立的离网或并网电站拥有广阔的市场前景。如果用当前农林废弃物产量的50%作为电站燃料,可发电4 000亿kW·h,占目前我国总耗电量的30%左右。我国已开发和推广MW级生物质气化发电系统应用20多套。国家高科技发展计划("863"计划)将建设4MW规模生物质(秸秆)气化发电的示范工程,预计系统发电效率可达到30%左右。

近年来畜禽粪便生产沼气的技术在欧、美等发达国家发展很快。在成套热电沼气工程技术、不同型号气—油联合发电机、大型实用型沼气发酵罐体、储料罐体、预处理和输配气和输配电系统等方面均已远远超过沼气的发源地的我国。

另外,农业废弃物制氢技术和以农业有机废水为原料的生物燃料电池技术研究有望在不远的将来取得重要进展,并成为农业有机废水资源化利用的一个重要新途径。生物燃料电池是一种借助电极反应直接利用厌氧发酵过程中的电子传递转换成电能的装置。这种装置的最大特点是由于反应过程中不涉及燃烧,能量转换率高达60%~80%。近20年来生物技术的

巨大发展，为生物燃料电池研究提供了物质、知识和技术储备。

**(二)生物质制取液体燃料** 生物质液体燃料产业已得到国际的广泛关注。20世纪70年代末，巴西开始实施大规模的乙醇燃料计划，1996—1997年生产燃料乙醇137亿L，有400万辆汽车采用纯乙醇，大大减少了进口石油的外汇支出，提供了130万个工作岗位。在美国，主要采用玉米、马铃薯等生产乙醇，现有39个工厂，年产乙醇40亿L。乙醇以10%的比例掺入汽油作汽车燃料。在发达国家，利用豆油、花生油、棉籽油、葵花籽油、油菜籽油、棕榈油和蓖麻籽油生产生物柴油正在形成产业。目前，美国总的生物柴油年生产能力为100万t以上；欧盟2001年已超过100万t；德国2000年已达25万t，拥有300多个生物柴油加油站；意大利已拥有9家生物柴油的生产厂。美国能源署要求，到2010年，美国要将生物柴油产量提高到1 200万t；欧盟委员会计划，在2020年使生物柴油的市场占有率达12%。

我国已在黑龙江、吉林和河南三省建设陈化粮为燃料乙醇生产工程，主要原料为玉米、甘薯等，并已在全国十余个城市开展了掺和10%乙醇的汽油醇燃料应用示范工作。根据国家中长期发展规划中的生物质资源培育计划，到2020年，如果将15亿t标准煤的生物质资源量中的50%用于生产液体燃料，即可为我国石油市场提供2亿t液体燃料。

**(三)沼气技术** 沼气的开发应用主要有4类：农业沼气、工业沼气、城市下水道污水沼气和城市垃圾沼气。我国在沼气应用方面比较广泛，大型沼气工程成套技术的研究，成功地用于发电和处理猪场等高浓度有机废水，农村居民用气“四位一体”及综合利用达12万户，户均年收入在4 000元以上。2000年我国户用沼气池764万多个，年产沼气25.9亿$m^3$，兴建大中型沼气工程1 000多处(含工业有机废水处理)，年产沼气10亿$m^3$。浙江浮山养殖场利用UASB型厌氧消化装置处理鸡、猪粪便，日产沼气500 $m^3$，上海长江农场利用上流式厌氧污泥床处理猪粪便，日产沼气5 350$m^3$。据统计，全国每年约有255万t干粪物质用于农村户用沼气池和大中型沼气站的原料，产生13亿$m^3$沼气用作民用燃料。德国沼气利用也比较领先，德国FEL公司已初步研制开发出了沼气燃料电池的生产技术，但目前这种电池成本很高，EBC公司进行了沼气液化的研究，Bekon公司在有机垃圾干发酵方面取得成功。日本还通过食品废弃物再生法的实施，促进了食品废弃物发酵堆肥技术的推广，并研究从沼气中提取氢气供燃料电池热电联供作燃料。朝日、麒麟等几个大啤酒厂都配套建成了200kW的燃料电池发电机组；东芝公司与中国广东省番禺县猪场联合建设的200 kW燃料电池项目已于2001年投产。

## 三、大力发展能源植物

能源植物是指那些具有较高的还原成烃的能力，可以产生接近石油成分或是石油替代品的富含油的植物。它们大致可以分为3类：①富含类似石油的植物。其含油分子结构类似石油，如烷烃、环烷烃等。富含烃类的植物是最佳的植物燃料的来源，它生成石油的成本低、利用率高。如续随子、绿玉树、古巴香胶树、银叶菊等，是这类植物的杰出代表。古巴香胶树分泌的乳状汁液与柴油相似，不用提炼就可以当柴油用，每株树年产量可达40L。②高糖、高淀粉和高纤维植物。用这类植物可以得到石油的替代品——乙醇。这类植物的种类特别多，如木薯、马铃薯、甜菜、高粱、玉米、甘蔗等都是生产乙醇的上等原料。现在作为规模化的应用，以玉米、甘蔗为最多。③富含油植物。经研究表明，这类植物有上万种，在我国也有近千种。如桂北木美子的种子含油率高达64.4%，黄脉钓樟种子的含油率高达67.2%。这类植物不仅含油率高,而且储量也很大,如集中于我国内蒙古、陕西、甘肃、宁夏的白沙蒿和黑沙蒿种子的含油率为16%~23%,总量达50万t。能源植物不仅种类繁多,而且具有顽强的生命力,有的一次种植多年受益,有的能在恶劣的环境中生存。如古巴香胶树寿命可长达百年,沙蒿可在干旱炎热的环境中繁殖生长。能源植物有很多种,需要根据环境特点对其进行筛选、驯化、培育,以获得最大的经济效益。

我国在能源农业方面,主要发展能源用途的甘蔗、甜高粱、木薯、芒草等高能品种。通过转基因的方法可以获得光合效率很高的能源作物品种,如能源甘蔗,每公顷产量可达到55t,甜高粱每公顷可产10t籽粒和100t秸秆。如果发展2 000$hm^2$,生物质资源量可达到6亿t,合3亿t标准煤。我国已引进"丽欧"、"凯勒"、"雷伊"等若干个优良甜高粱品种,建立了甜高粱示范工程。国家"十五"计划和863计划中,将建成利用甜高粱茎秆生产燃料乙醇的工业示范装置,年生产能力达5 000t。

同时,随着能源农业和能源林业的大规模发展,将有效地绿化荒山荒地;农村能源问题的彻底解决,又可大大减轻土壤侵蚀和水土流失,治理沙漠,保护生物多样性,促进生态的良性循环和现代种植业的发展,增加农村就业机会,成为农村新的经济增长点,改善生活环境,提高农民收入,增加农村新产业,推动农村城镇化,振兴农村经济。

## 四、发展生物质能源的意义

**(一)有利于缓解能源的供需矛盾**　我国现有待造林面积为9亿亩,如果将其中的20%种植黄连木树,以每亩40株、每株产果40kg计算,用于制取生物柴油可达年4 000万t。结合目前的退耕还林,若把现有1%的耕地种植高产油料作物,每亩产生物柴油以750kg计算,年可得生物柴油1 500万t。我国有广阔的海洋面积,若在海洋大规模地种植藻类,每年也可以获得生物柴油数千万吨。在我国的南方适量地种植能源甘蔗、在北方种植能源玉米来生产乙醇,再加上将我国的农作物秸秆制作乙醇,又可得到几千万吨的生物燃料。在我国北方及西北半干旱地区,许多地方1亩地1年只收数量很少的粮食或干草,将这些地区种上沙生油料作物,可以充分利用这一地区的光热资源,1年可以收获几百万吨油料,不但农民增收,由于土地免耕,还保护了生态环境。

**(二)有利于改善环境**　生物质是一种洁净的能源,使用生物质能源不但不会造成对环境的危害,反而有利于改善环境,是一种有极好生态服务功能的能源。其一,不论是种植烃类植物还是有利于提取乙醇的植物,或是种植一般的油料植物,它们在生长的过程中都能大量地吸收二氧化碳,在燃烧时返回大气的二氧化碳只占吸收量的1/6~1/4,而且在排放的气体中几乎没有二氧化硫。因此,大量地使用生物质能对净化环境十分有利,对控制大气中的二氧化碳过快增加是一个很好的解决办法。对于我国现阶段来说,可以大量地增加碳汇,从而减轻所面临的二氧化碳减排的压力。其二,恢复生态。我国人口众多,土地承载压力大,长期以来农、牧民经营单一,收入单一。为了增加收入,无节制地开荒、增加草场的载畜量,数十年下来欠下了巨额的环境债务。在干旱半干旱地区,造成了大面积的土地沙化,水土流失严重,1亩地仅能产出几十斤粮食;草原退化,严重者成了半沙漠区。种植能源植物,为农、牧民提供了增加收入而不危害环境的一条新途径。种植能源作物,可以使土地实现免耕(一次种植收获几十年),在保证农牧民收入的情况下,逐步使水土流失得到治理,使沙化的草原生态得到恢复,使年甚一年的沙尘暴得到遏制。如果把每年用于向国外购石油费用的一部分,用于购置自产的生物柴

油，则可大大地推进我国的生态治理进度。

**(三)有利于增加农民的收入**　我国70%的人口生活于农村，“三农”问题的解决是我国实现现代化的关键。为了保证大部分农民唯一收入渠道畅通，国家敞开收粮。但是国家库存年年增多，并没有一个稳定的消化陈粮的渠道，数年来将其加工成方便面、饲料、造酒等，想尽了各种办法来寻找陈粮出路。从目前的技术看，将陈粮加工成燃料乙醇是一个理想的出路，以35∶1的比例可以得到大量的燃料乙醇，其残料仍可作饲料。如此，一是可以把大量外购石油经费用于提高农民的收入；二是保持农民种粮积极性，有利于国家的粮食安全，对逐步解决“三农”问题具有很大的推进作用。

## 第四节　建设循环农业

### 一、建设循环农业是我国现代农业发展的必然选择

“农业是立国之本”，发展具有中国特色的循环农业是“兴农之道”。因为我国自然资源的人均占有量远低于世界人均水平，经济基础薄弱，因此我国不可能走发达国家或地区高投入、高产出的“石油农业”的道路，只能从自己的实际出发，走一条适合中国国情的道路，这就是发展生态循环的高效农业。近几年中央一号文件强调指出，推进现代农业建设，强化社会主义新农村建设的产业支撑，必须加快发展循环农业。目前我国农业正处于传统农业向现代农业转型的重要时期，如何按照科学发展观建设循环农业，加快实现农业现代化，是当前我们面临的一项新的历史任务。

循环农业是一种应用可持续发展思想和循环经济理念经营农业，应用农业生态经济学原理指导和组织农业生产，通过统筹协调农业经济活动与农业生态系统各资源要素之间的相互关系，建立农业经济增长与农业生态系统环境质量改善的动态均衡机制，实现农业高产、优质、低耗、生态、安全的新型现代农业发展模式。它力求从根本上协调人类和自然的关系，消解经济发展与环境保护之间的矛盾，转变农业增长方式和农产品消费方式，促进农业可持续发展，已逐渐成为当今世界农业发展的一股潮流和趋势，同时也是我国农业发展的必然选择。

循环农业是循环经济的重要支撑组分。它是循环经济理论和可持续发展理论在农业上具体体现，是在3R原则基础上，通过调整和优化农业生态系统内部结构及产业结构，提高农业生态系统物质和能量的多级循环利用，严格控制外部有害物质的投入和农业废弃物的产生，最大限度地减轻环境污染，把农业生产经济活动真正纳入到农业生态系统循环中去，建立农业经济增长与生态系统环境质量改善的动态均衡机制。

### 二、认识循环农业的基本特征，设计循环农业模式

**(一)循环农业的基本特征**　循环农业的基本特征可以简单地概括为“四化”，即：①资源利用节约化。循环农业要求按照“资源→农产品→农业废弃物→再生资源”反馈式流程组织农业生产，提高农业资源利用率，实现资源利用最大化。②生产过程清洁化。提高改善农业生产技术，实施农业清洁生产，适度使用环境友好的农用化学品，实现农业环境污染最小化和农业生产清洁化。③农业废弃物资源化。优化农业系统内部结构，延长农业生态产业链，通过废物资

源化利用、要素耦合等方式与相关产业,形成协同发展的产业网络。④生产和生活的无害化。通过改变传统的农业生产方式和农村生活方式,保护和改善农业生产和农村生活环境。

(二)循环农业模式的选择与设计原则

1. 科学可行原则　例如,城乡各种废弃物都含有不同程度的重金属污染和病原菌污染,循环前必须通过技术措施加以克服;养殖业的排泄物需要安排一定面积的植被消纳。

2. 生态适应原则　例如,"猪沼果"适应气候温暖的南方,"四位一体"适应冬天寒冷的北方。

3. 经济适应原则　沼气发电适应经济规模大的养殖企业,小型沼气适应个体养殖户。生活污水和工业污水分离的主要困难还是经济可行性问题。政府经济奖励政策可使一般情况下几乎不可行的循环方式成为可行。

4. 文化适应原则　文化基础对模式的选择有重要影响,穆斯林集中区域不应考虑含养猪的循环模式。

5. 系统最优原则　局部可行不等于系统可行,局部优化不等于全局最优,应当有规划、有整体设计、相对集中,建立循环经济区就是一种积极的尝试。

由于上述原则,生态农业循环模式的普遍采纳会呈现城乡梯度、人口密度梯度、地形梯度、气候梯度等规律,例如沼气模式的经济和环境梯度、基塘系统的流域梯度。传统农业是一种"资源—产品—废弃物"的单程线性结构型经济,其显著特征是"两高一低"(即资源的高消耗、污染物的高排放、资源利用的低效率)。在此过程中,人们以经济在数量上的高速增长为驱动力,对农业资源的利用是粗放的、对农业生态系统是破坏性的,以反向增长的生态代价来谋求农业产出的数量增长。与之相反,循环农业更强调农业发展的生态效应,通过建立"资源—产品—废弃物—再利用或再生产"的循环机制,农业发展与生态平衡的协调以及农业资源的可持续利用,实现"两低一高"(即资源的低消耗、污染物的低排放、资源利用的高效率)的目的。

(三)循环农业模式　循环农业模式是在系统观和战略观点指导下,把生态效益尽可能和社会效益、经济效益统一起来,实现高产、高质、高效、循环、再生的农业方式。循环既是生态农业赖以实现的方式,又是农业运转的必然结果。通过对生态农业循环模式及主要管理关键的了解,将能够更好地明了当地生态农业发展的选择,确定循环农业的主要发展方向。

1. 农田内循环模式(小循环)

(1) 间套种　例如豆科作物和禾本科作物的间套种,就有不同物种间的养分交换,产生养分在作物间的循环。

(2) 秸秆还田　通常是上一茬的作物秸秆,通过秸秆还田成为下一茬作物的养分。也有通过堆肥成为下一茬作物的养分。

(3) 农田养殖　农田(林下)养鸡等。动物取食农田杂草和小动物,动物粪便回田成为作物肥料。

(4) 坡地水保措施　通过生物措施和工程措施,坡地养分和水分可以更多地在林地、果园和梯田中循环利用。例如,果园种草(生物措施)可以使养分留在果园内循环,水平梯田(工程措施)和水窖建设可以减少水分和养分离开坡地,增加循环。

(5)接种根瘤菌或菌根菌　利用作物根系分泌物与微生物之间的物质相互作用,达到互利和循环的目的。

(6) 施肥控制　通过平衡施肥、控释肥、精确农业等措施控制肥料的施用时间和施用量,

减少养分投入和流失，可以增加系统内的利用效率和循环比例。

2. 种养间的循环结构

(1) 种养直接连接　植物饲料—动物肥料关系，例如饲料作物（玉米、大豆、苜蓿、象草、苏丹草、黑麦草、三叶草）种植与养牛、养猪、养鸡的结合，作物秸秆喂饲动物，动物粪便肥田。

(2) 加沼气环节　猪—沼—果模式，四位一体（养猪—沼气—种菜—温室）模式。

(3) 加食用菌环节　（养殖业粪便＋种植业秸秆＝培养基）→培养食用菌→菌渣做农田肥料。

(4) 加蚯蚓环节　通过蚯蚓处理作物秸秆、动物粪便、污水处理厂污泥等，使废物资源化后再重新利用，例如利用蚯蚓进行秸秆堆肥、粪便堆肥、污泥堆肥等。

(5) 加鱼塘环节　著名的桑基鱼塘就是基上种桑养蚕、蚕沙下塘养鱼、塘泥回基肥桑的循环模式，现已经演化出花基鱼塘、蔗基鱼塘、草基鱼塘、塘边养鸭、塘边养猪等循环体系。

3．基于农业的大循环

(1) 农业经营实体之间的循环　种植业公司＋养殖业公司，种植业农场＋养殖业农场，种植业专业户＋养殖业专业户等经营实体之间的循环模式，例如专业果场向养鸡企业定期购买鸡粪、向养牛专业户收购牛粪等。

(2) 城市工矿和农村之间的循环　20 世纪 70 年代前工业不发达，城市垃圾主要是有机物，大多数直接返还农村做有机肥。80 年代后随着工业的发展，城市固体废物以填埋焚烧为主、废水集中处理为主，截断了返还农村的通道。现在逐步提倡垃圾分类收集，其中的有机成分鼓励更多循环到农林业。由于推行工业污水的达标排放、生活污水和工业污水的分离、有害物质的处理技术进步，城市污水处理厂的污泥更多可以适合循环使用。

(3) 农业与地球生物化学循环　农业的物质输入和输出本身就是全球物质循环的一部分，其中植树造林和保护森林对增加碳的循环吸收量、稳定大气二氧化碳浓度有重要作用。

## 三、保障循环农业健康发展的激励机制

**(一)建立促进循环农业技术开发推广机构健康发展的激励机制**　循环农业集传统技术与现代技术、生物措施和工程设施于一体，其发展需要以相关技术部门的发展为基础，为其技术研发和推广提供支持。近 10 年来，因人事制度改革及机构调整，我国现存的基层农业技术研究及推广机构量少、质低，有些机构由于缺乏人员、经费，农业技术服务处于瘫痪状态，更不用说进行技术开发创新。尽管当前农业科学院所、高校农业研究系（部）有一定的研究条件，但这些研究机构研究重心长期关注的是传统学科，对循环农业缺乏深度与广度的研究，而且应用推广能力也比较弱。发展循环农业，须进一步完善农业科技体系，加强循环农业技术研发及推广部门的组织建设，主要措施有：一是设置循环经济技术研发中心，统领全省循环经济技术的发展；二是在深化机构改革的基础上，整合各级、各类农业科技研究院所、高校农业技术研发室（或系、组）、农业基层技术研究推广部门，强化循环经济及技术研究开发推广职能；三是成立乡村社区循环农业技术应用辅导站，指导广大农民群众参与循环农业实践；四是实行循环经济技术开发应用效益利润返还制度，激励循环农业技术研发推广机构进行组织再建；五是多渠道设立循环农业技术研发和推广专项基金，支持科研院所提高自主创新能力；六是加强科研院所研究硬件设施现代化建设，改善其研究开发条件，支持其参与国际合作和交流；七是鼓励民间以个体、合作、合伙等方式设立循环经济技术研发机构，进行创新研究。这样，通过政府支持或民

间资助,扶持一批国有或民营、独资或合资等多种所有性质、多类型,有相关研究基础和实力的循环农业技术研发推广机构,形成循环经济技术研发推广群,使之真正成为循环农业技术研发与推广的主体。

**(二)建立促进循环农业人才队伍形成发展的激励机制** 农业现代化,首先是人的现代化。循环农业的发展,需要一支精干的人才队伍。缺乏“精英治农”是我国当前农业生产经营粗糙、农业生产资源利用程度不高、农业劳动生产率低的主要原因。一方面,广大农村农业经营主要依靠农户中的“老、妇、孺”,缺乏拥有良好文化素质与身体素质的青壮劳动力;另一方面,地方政府及用人部门对农业人才重视不足,农业技术人员普遍缺乏归属感,人心涣散,无心向业。对此,要发展循环农业,政府部门应在深化人事制度改革、裁减冗员的同时,一是建立“任人唯贤”的用人机制,吸引优秀农业技术人才充实循环农业技术队伍;二是落实人事编制,提高工资水平,改善生活待遇,留住优秀农业技术人才,使循环农业技术研发推广人才梯队得以建立起来;三是建立干部任用与循环经济学习培训挂钩的制度,激励相关人员学习循环经济理论知识,借助“走出去,请进来”的办法,提高专业素质,成为既有循环经济与技术理论知识,又有循环经济与技术实际操作能力,能够指导、参与农业企业和农民个体从事循环农业经营的骨干力量;四是实行循环农业技术开发推广与绩效挂钩的办法,通过对有功人员进行嘉奖,予以津贴、补助、旅游、晋升、加薪等,不断激励技术推广人员钻研循环农业技术,进行技术开发与推广,改造传统落后生产方式和工艺,建设和创新农业循环经济理论与实践科学体系。

**(三)建立促进循环经济产业发展壮大的激励机制** 循环利用技术的开发与推广,是针对特定的产业部门、特定的产品、特定的工艺以及特定的环节进行的,产业部门是循环经济发展的载体,也是环境整治的重要对象。当前造成我国环境严重污染的是一群资源循环利用程度比较低的产业部门,如造纸、制糖、淀粉加工、冶金等产业部门,其中许多部门与农产品开发加工利用过程密切相关。发展循环经济,政府应从产业部门入手,一是搞好循环经济产业发展科学规划,明确实施循环经济的主导产业、任务与目标、内容与重点、步骤与措施,为循环农业发展提供方向;二是将淀粉加工、制革等具有广阔资源再利用前景的农产品加工产业部门纳入循环经济开发的重点,培养生物质产业;三是通过强征污染处置费、资源利用税、实行行业自律等办法,对“耗资源、污染大”的产业进行严格管制,规范其生产经营行为,强制其进行技术改造和投资建设回收车间,变废为宝;四是建立政府激励机制,通过政府投资、财政补贴、利润返还、税收减免、经营特许、土地低价租用或赠与、水电减价、决策参与等办法,大力扶持、鼓励循环经济产业部门广泛运用节约资源型技术,提高资源利用率,使之成为循环经济实践的典范产业,以此带动各产业进行循环经济技术开发、应用和增效。就农业部门而言,政府应通过“以工补农”、“财政惠农”等多种方式,加大对循环农业的投入,设立循环农业发展专项基金,加强基金落实和使用管理,支持生物质工程实施与循环农业示范区建设,大力发展节水农业、生态农业,从农产品生产、集货、加工、包装、贮存、运输、分销、消费等多领域、诸环节、全过程,支持生产者、加工商、中间商、用户对可再利用资源进行循环利用,减少环境负荷。

**(四)建立促进农业经营主体从事循环农业生产的激励机制** 农户和农业企业是我国农业经营的主体,是循环农业发展的重要力量。目前我国农户和农业企业的经济、社会、生态可持续发展观念不强,普遍缺乏对循环农业的科学认识,粗放开发利用土地、林木、水、矿产资源,随意滥用化肥、农药、塑料制品、动植物生长素等农业生产资料的现象突出。对此,发展循环农业,政府需要规范农业经营主体的行为,激发他们参与循环农业发展的积极性。一方面,在经

济手段上对从事循环农业开发的农户和企业予以激励。一是建立循环农业开发专项基金，支持他们进行各种形式的循环农业项目开发；二是给予种子、肥料、农机具等农业生产资料补贴；三是对循环经济产品生产和销售给予减税让利；四是对投资循环农业开发给予低息或贴息贷款，提供信贷担保；五是给予水电等能源价格方面的减让或补助；六是提供循环经济知识、信息和技术培训服务，帮助他们提高循环农业经营素质；七是实行循环增效利益返还，投资循环经济项目进行开发等。另一方面，在行政措施上对粗放经营者进行反面激励，一是处罚环境治理费、生态重建费等，以弥补他们对环境的过失；二是限期纠正行为，加强综合利用，或责令其"关、停、并、转"。通过建立各种激励机制，扶持和加强一批资源循环利用型农业生产经营实体，引导其深入进行循环农业经济开发，通过因地制宜发展节地、节肥、节水、节能等节约型农业，实现农业生产的"减量化、再利用、再循环"，提高农业资源综合利用效益。

**(五)建立促进农村广大农民群众参与循环农业发展的激励机制** 农村广大农民群众的积极参与，是循环农业健康发展的重要保证。我国自20世纪80年代初推行家庭联产承包责任制以来，许多农村地区长期处于无人管状态，农民各自为政，农业生产无序，水利、机耕路长期失修，农田高度分散得不到有效整治，农业资源得不到充分有效利用，农业生产环境出现恶化的现象，尤其在集体经济完全瓦解的贫困乡村。发展循环农业，号召农民加入循环农业生产，除依靠农民自身的觉悟及个体积极性外，还须通过农村社区、乡村集体以及农民自己的合作组织，建立一套激励机制与规章制度，把农民群众吸引到循环农业发展道路上来。一是建立村规民约，实行环境保护责任制，规范村民的生产生活行为，提高广大农民群众的生态意识，引导他们进行积肥还田，对生产生活废旧物品进行分类收集和处置，使人人养成良好的生产生活习惯，推进农村循环型社会形成；二是设立乡村社区收旧利废中心或回收站，对乡村居民废弃物进行有偿回收利用；三是设立乡村社区循环农业技术服务社，推进循环农业技术入户，为村民提供循环技术利用辅导；四是在物质和精神上，对努力实践资源循环利用的村民进行激励，给予他们一定的生产、生活、养老、医疗、设施建设投入等补助；五是投资乡村基础设施建设，资助村民兴建沼气池、地头水柜以及太阳能、风能、水能、地热能等节能设施，科学进行改舍、改水、改厨、改厕，促进广大乡村居民充分利用生产生活人、财、物力资源以及时间、空间，建设新村，改变旧貌。

除对个体农民、农户、农业企业、研究推广机构等资源节约型、循环利用型有效行为进行减税、补贴、信贷、赠与、培训等激励外，政府还应通过立法的方式，如制定实施环境管理法、节约型社会基本法、收旧利废法、循环农业促进法等，加强循环经济体系建设，促进我国循环农业可持续发展。要把节约资源作为基本国策，发展循环经济，保护生态环境，加快建设资源节约型、环境友好型社会。农业是国民经济的基础，面对日益恶化的农业和农村环境，发展循环农业是促进我国农业可持续发展，实现农业生产过程的资源利用节约化、生产过程洁净化、产业链条生态化、废物循环资源化、产品消费绿色化，建设资源节约型、环境友好型新农村的必然道路和现实选择。

**(六)逐步完善循环农业发展的政策体系和技术支撑体系** 在借鉴发达国家循环农业发展经验的基础上，结合各地不同情况制定有关的法律法规与配套的政策措施，不断推进循环农业发展的制度建设。具体内容包括：尽快制定《关于加快推动循环农业发展的指导意见》以及节地、节水、可再生能源利用、废弃物资源化利用和清洁生产等专项规划及其实施方案，研究建立循环农业信息网络系统和技术咨询服务体系，农业生态环境有偿使用制度和生态补偿机制，农业生态环境信息公示制度，逐步完善形成一套适合于循环农业发展的政策体系。

循环农业技术支撑体系是以提高农业资源利用率为基础，以农业资源的节约利用、循环利用和无害化处理为手段，以农业生态系统可持续发展为目标，推进农业、农村生态环境保护工作。深入研究近30年来我国循环农业的实践，根据循环农业发展的需要，对现有的循环农业技术和模式进行全面总结和系统分析，加大循环农业新产品、新技术和新模式的研究和开发力度，重点开发农业废弃物及相关产业废弃物的资源化技术、清洁生产技术和乡村废弃物物业化管理技术等。在广泛借鉴发达国家在发展循环农业方面的成功经验，形成一整套适合我国农业资源与环境特点的循环农业技术和模式，形成包括节水技术、节地技术、农业环境工程技术、废弃物资源化利用、清洁生产技术、农业替代和循环利用技术等在内的循环农业发展技术支撑体系。

通过循环农业试点村、试点乡、试点县、试点市建设和循环农业技术及其产业化示范工程建设，对循环农业技术和模式进行示范和推广，形成循环农业示范和推广应用体系。主要包括：乡村废弃物物业化管理技术示范和推广体系，禽畜粪便无害化处理技术示范和推广体系，农业清洁生产技术示范和推广体系，农区水体污染防治技术示范和推广体系，农业替代和循环利用技术示范和推广体系，生态农业技术示范和推广体系等。

## 第五节　保护我国动植物基因

野生动植物是大自然赋予人类的宝贵财富，也是人类赖以生存的自然环境的主要组成部分。从生物进化漫长的历史上来看，生物种的诞生、发展、衰退和最后消亡都是以自然选择的方式缓慢进行的。然而，人类的活动却大大加速了这一进程。目前，地球上约每小时就有一种生物灭绝，每年有1.75万种生物消失。工业革命以来，物种的丧失速度比自然灭绝速度快1 000倍，比形成速度快100万倍。据国际自然及自然资源保护联盟统计，20世纪有110个种和亚种的哺乳动物和139个种和亚种的鸟类在地球上消失。现在，全世界还有5 000多种动物和上万种植物正濒临灭绝。物种的灭绝，也就意味着物种重要功能基因资源的消失，即大自然赋予人类的巨大经济财富的永久性消失。

### 一、保护动植物基因的重要性和迫切性

为了保护野生动植物，保护生物多样性，恢复自然生态平衡，近年来，世界各国先后制定了一系列保护政策和保护方法。最近，遗传学家提出了一种崭新的保护方式——收集和提取这些动植物的完整基因或者有价值的基因，建立濒危野生动植物基因资源库，分析它们的遗传和生殖机制，以便更好地开展保护工作。世界各国纷纷启动了基因库建设保护生物多样性工作。

随着保护工作的不断深入，科学的不断发展和人类对濒危野生动植物基因资源，特别是与遗传性疾病、生殖和具有重要经济性状的功能基因资源所潜在的经济价值的进一步认识，目前许多发达国家已陆陆续续建立了自己的基因资源库。随着高新生物技术的快速发展，基因资源正逐步成为人类社会和经济发展的重要战略资源之一。基因争夺就是技术和资源的争夺，争夺特有基因优先开发权已成为国际竞争的新焦点。

我国野生动植物种类资源丰富，特有物种多，蕴涵着难以估量的基因资源。因此，利用好

我国基因资源优势，服务于我国野生动植物保护和经济建设，特别是防止我国特有的重要的基因资源开发和知识产权被外国抢占，已成为野生动植物保护事业中一项重要而迫切的任务，启动基因资源开发研究已经是刻不容缓的工作。

随着生物基因组计划，如人类、小鼠、水稻等多种生物基因组测序计划的完成，第二次基因浪潮已经来临。第一次基因浪潮，主要是世界上经济和生物技术较发达的几个大国政府投资和参与的。我国科学家抓住了最后的机遇，参与了1%的人类基因组计划的研究，取得了一定的成功。但第一次基因浪潮为基础性研究工作，其成果归全人类所有。然而，在第二次基因浪潮中，投资者和成果的归属权有着根本的不同。各投资者完全可以在自己实力允许的范围内，开展适当规模的研究，每一份成果——基因专利，都有着极大的理论意义和重大的经济价值。如果谁能够掌握其基因资源，并能够破解其中的奥秘，那么无疑就掌握了一笔巨大的财富。

为此，在上述背景条件下，各国的基因资源，特别是那些与重要经济性状、遗传性疾病和生殖有关的且具有重大经济价值的特有物种的基因资源，已成为人们关注和争夺的焦点。2009年4月在我国香港《凤凰周刊》"中国观察"上曾报道一篇标题为"粮食主权危在旦夕"的文章，文章说，绿色和平组织成员在跨国生物技术公司孟山都北京的办公室展示"孟山都：不要插手中国粮食"的横幅，告诫孟山都、杜邦、拜耳和先正达等国外生物公司，停止垄断稻米基因专利，停止侵犯中国粮食主权。孟山都等公司借与中国科研机构、科学家和种子公司签订的协议，诱使他们在科研过程中使用国外专利技术，把中国的种子基因专利据为已有。当前，世界上绝大多数基因改造作物研发技术，被孟山都等少数公司控制。如阿根廷国内种植的转基因大豆99%以上已经属于孟山都所有，阿根廷农民为付出基因改造大豆的附加费用变得一贫如洗，而孟山都公司却从中获取巨额利润。可见基因专利所具有的巨大经济价值。对于我国来说，如果像稻米基因被外国公司垄断的话，将意味着粮食生产主权的丧失，其严重后果不言而喻。

## 二、我国保护动植物基因的严峻形势和主要成就

目前，全球野生动植物物种的10%被列为濒危物种。国际间对濒危野生动植物基因资源的竞争不断加剧，国外通过各种渠道获取我国特有基因的现象愈演愈烈，因此对野生动植物基因的保护工作已经是迫在眉睫。

对于野生动植物基因的保护和利用，是一项直接关系到我国实现社会和经济可持续发展的具有重大战略意义的工作。

我国是世界上生物多样性最为丰富的国家之一，同时也是世界上拥有独特珍稀动植物最多的国家之一。我国拥有包括大熊猫、朱鹮、扬子鳄、中华鲟、白鳍豚、藏羚羊、麝香、东北虎、茸鹿、红景天、百山祖冷杉等在内的一大批特有基因资源，因此，尽快建立濒危野生动植物基因资源库，对这些动植物进行完整的基因收集、分析和保护，已成为我们的当务之急。我国珍稀动植物特定功能基因资源潜在着巨大的经济价值，如果再不对这些具有重要经济价值的特色基因资源进行研究和开发，那么将面临两个结局：一是许多宝贵野生资源将彻底枯竭；二是珍稀动植物的基因奥秘被国外机构掌握。

随着现代农业、林业的发展和盲目开发利用，丰富的生物种群遭到了大规模的隔离和破坏。据专家估计，我国3万种高等植物中至少有3 000种处于濒危境地；脊椎动物受到生存威胁的有433种，灭绝和可能灭绝的有10种。这就是说，在我国现有的动植物种类中，有15%～20%的物种受到生存威胁。迄今为止，我国已有近千种濒危野生动植物被列入全球禁止贸易

易的物种名录之中。

为了尽快抢救、更好地保护这些宝贵的基因和物种资源,我国已通过建立自然保护区,动、植物园和品种资源库等多种方式,对动植物进行了卓有成效的野外就地保护、人工异地保护。为了更有效和永久性地保存我国珍稀濒危野生动植物基因和物种,国家林业局和教育部于2001年10月在浙江大学联合建立了我国首个"国家濒危野生动植物种质基因保护中心",启动了大规模离体保护野生动植物的工程。我国由此成为世界上第一个启动濒危野生动植物基因库建设的发展中国家。

该中心是目前为止国内首家涉及野生动物保护和研究的重点实验室,专门针对野生动植物生态、繁衍、种群和基因等方面开展前沿研究,是我国有史以来覆盖种群最多、规模最大、层次最高的濒危野生动植物离体抢救性研究和保护工程。该中心科研实力十分雄厚,拥有包括中科院副院长陈宜瑜在内的7位中科院院士,聘请和特邀国内外著名专家、教授来中心开展研究和培养研究生。

中心挂靠在著名的浙江大学生命科学学院,下设"濒危野生动物基因资源部"、"濒危野生植物基因资源部"、"濒危野生动植物检测中心"等5个机构。中心将通过现代生物学技术,在抢救性地收集和保存濒临灭绝物种的基因资源材料的基础上,分别完成濒危野生动植物的体细胞和生殖细胞、基因组DNA文库和cDNA文库,濒危野生动植物及其产品鉴定检测和基因资源信息网络的设施平台建设,并最终建立一个完整系统的基因资源库。该中心已成功构建了39种濒危野生动植物基因资源库,包括大熊猫、朱鹮、扬子鳄、中华鲟、白鳍豚、东北虎在内的诸多珍稀濒危野生动物将成为该库的首批基因采集和研究对象。计划在未来10年的时间,使基因资源库的总数达到2 000种(其中动物1 600种,植物400种),并完成2 000个物种基因的指纹图谱的制作。届时,这个庞大的保护工程将可以覆盖我国绝大多数的濒危脊椎动物和大约1/10的濒危植物。中心将成为我国濒危野生动植物种质基因资源的国家材料平台,成为我国开展国际基因交流与贸易的国家基地。

该中心已经承担了包括"珍稀濒危动物种质资源库的维持技术及遗传多样性评价"、"野生大熊猫种群生态学与保护遗传学研究"等在内的10余项国家自然科学基金项目、国家973项目和教育部重点项目,并已取得了包括野生大熊猫基因身份证及基因户籍管理数据库研制在内的一系列重要研究成果。

国家自然科学基金委生命科学部、科技部国家重点基础研究与发展项目(简称973项目)——长江流域生物多样性变化课题系统工程建成之后,将为人们进一步探索野生动植物的濒危机制,阐明物种遗传结构与疾病、生殖和环境之间的关系,以及开发和利用与遗传性疾病、生殖和重要经济性状等有关的重要功能基因资源提供有效的基因资源材料平台。

## 三、基因工程的意义及我国基因工程的主要进展

基因工程的目的是获得转基因动植物。转基因植物工作的目标是获得优良的植物品种;转基因动物工作的目标除了优良的动物品种以外,还有作为人类异体器官移植和疾病的基因治疗。

从1982年转基因鼠问世以来,转基因动物研究在许多领域取得了令人瞩目的成就。一般来讲,根据不同的目的,转基因动物的目的可以简单地划分为以下4个方面:①疾病型转基因动物;②利用转基因动物制药;③动物改良型;④基础生物学研究。

转基因技术是将具有特殊经济价值的外源基因导入植物体内，人类可以获得所需要的优良性状，如抗虫、抗病、抗除草剂、抗倒伏、抗旱、抗寒、抗盐碱等优良新品种；转基因动物，人们能获得优质蛋白、产量高的家畜新品种，如通过该技术培育出带牛基因的转基因猪，生长速度快、耐粗饲料。

我国在转基因动物方面的工作主要集中在猪和鱼。猪是我国首要的家畜，年饲养量达3亿多头，每年消耗粮食1亿t，假如能把猪的生产效率提高20%，节约的粮食便相当可观。鱼是我国人民蛋白质食品的重要来源，也是一切家养动物中饲料转化效率最高的，如能培育出性状优良的鱼品种，可以扩大养鱼，减少养猪养鸡，从战略眼光看，是解决动物性食品供应的最好途径。

在“863”计划实施的10年中，从72头转基因猪中筛选出增产10%以上的转基因猪进行繁殖，获得第二、三、四代转基因猪215头，转基因猪核心群体生产水平比非转基因猪提高20%，为转基因猪的商品生产打下了基础。在鲤鱼、鲫鱼、鳟鱼等各种鱼中获得上千条转基因鱼，它们的生长速度比非转基因鱼高10%～50%，节约饵料10%，遗传性状稳定。

我国以水稻和家蚕为代表的动植物功能基因组学研究取得重大进展，极大地提升了我国功能基因组学研究的整体水平。1997年1月，我国已成功地在世界上首次构建了水稻基因组物理图谱；通过转基因培育作物新品种也取得重大进展，高抗棉铃虫的基因工程棉在我国大面积种植；转基因涉及植物达47种，其中农作物有水稻、小麦、玉米、高粱、谷子、马铃薯、甘薯、大豆、油菜、花生、烟草、棉花以及番茄等。

此外，有关部门还计划在上述动植物基因工程成就的基础上，将其建设成为基因资源产业化利用技术平台，使之具备生殖遗传性疾病重要经济性状相关基因克隆及其功能鉴定、品种改良和生产基因药物的功能，并获取自主知识产权的世界专利。

## 四、我国的野生动植物资源和保护状况

我国是世界上生物多样性最丰富的国家之一，野生动植物资源十分丰富。据不完全统计，仅高等植物就有3万余种，约占世界高等植物总数的10.5%，仅次于马来西亚和巴西，居世界第三位。我国还是世界8个作物起源中心之一，在漫长的农牧业发展过程中，培育和驯化了大量经济性状优良的作物、果树、家禽、家畜物种和数以万计的品种。我国还拥有脊椎动物6 347种，数量位居世界前列。

我国野生动植物资源虽然丰富，但随着人口的增加和经济开发的需要，森林面积大量减少、草原退化、珊瑚礁被毁等，生态环境的急剧改变，导致了资源动植物的大量减少和消失，有的甚至还未查明其用途就已经灭绝。据1996年颁布的《中国的环境保护》白皮书统计：我国共有612种国家级珍稀濒危动植物被列为重点保护对象，其中野生动物258种、植物354种。

为了遏制生物多样性锐减的趋势，我国参与了国际《生物多样性公约》的起草、修订和谈判，并成为最早的缔约国之一。此外，还制订了《环境保护法》、《森林法》、《野生动物保护法》等一系列与生物多样性保护有关的法律法规，初步形成了生物多样性保护的法律法规体系。于2001年颁布的《全国野生动植物保护及自然保护区建设总体规划》(2001—2050)总体目标是：通过实施全国野生动植物保护及自然保护区建设工程，拯救一批国家重点保护野生动植物，扩大、完善和新建一批国家级自然保护区、禁猎区和野生动物种源基地及珍稀物种资源。到建设期末，使我国自然保护区数量达到2 500个，总面积1.728亿$hm^2$，占国土面积的18%。形成

一个自然保护区、重要湿地为主体、布局合理、类型齐全、设施先进、管理高效、具有国际重要影响自然保护网络。加强科学研究、资源监测、管理机构、法律法规和市场流通体系建设和能力建设,实现野生动植物资源的可持续利用和发展。

我国近年来还加强了生物多样性保护设施建设,建立了各种类型的自然保护区 1 276 个,面积 1.23 亿 $hm^2$,占国土面积的 12.44%。一大批具有重要科学、经济、文化价值的生态系统,特别是国家颁布的《重点保护野生动物名录》和《重点保护野生植物名录》中 70%的野生动植物都在保护区内得到有效保护。我国还建立了 600 个风景名胜区和 1 050 个森林公园,在生态系统的保护方面也起着重要作用。在迁地保护方面,已建立 200 个动物园、140 个植物园和 250 多个野生动、植物繁育中心,建立了 250 个野生动物繁育中心,专项实施了大熊猫、朱鹮等 7 大物种拯救工程。这些设施在野生动、植物保护和繁殖方面发挥了积极作用,一些濒临灭绝的野生生物资源甚至已呈上升态势。如被称为"植物活化石"的银杉最初不到 3 000 株,在建立了 4 处自然保护区加以保护后,现在仅湖南省就有 3 万株。水杉在 20 世纪 40 年代发现时仅有 1 株,经广泛培育引种,已成为我国的城市行道树种。

拯救濒危野生动物工程也初见成效。到 2000 年,大熊猫野生种群数量保持在 1 000 多只,生存环境继续得到良好改善;朱鹮种群数量由 7 只增加到 248 只,濒危状况得到进一步缓解;扬子鳄的人工饲养数量接近 1 万条;遗鸥种群数量已由 1990 年的 2 000 只增加到目前的 1 万多只;难得一见的老虎也不时在东北、华东和华南地区现身。

## 第六节 防止外来有害生物入侵

国际社会把外来物种入侵和栖息地丧失、传统化学污染及气候变化共同列为当今全球四大环境问题。2009 年 5 月 22 日为国际生物多样性日,主题正是"保护生物多样性,防止外来入侵物种"。

随着全球贸易的扩大和科研交流的频繁以及旅游事业的兴旺,外来物种入侵和扩散的概率大大增加。外来物种一方面为人类的发展创造了巨大的经济利益,另一方面外来有害生物也给本地的生物多样性、生态环境、人类健康等带来了严重危害。大量事实证明,外来有害生物直接危害陆地、淡水和海洋生态系统,阻碍生物多样性保护,直接威胁国家经济的可持续发展。因此,对外来物种深入认识的基础上,针对我国实际情况,通过完善我国的法律法规和健全管理体制等有效的应对措施,严防外来有害生物入侵,这是一项确保我国国民经济可持续发展的迫切任务。

### 一、外来有害生物造成的危害和损失

**(一)外来有害生物入侵的含义** 在生物学上,外来物种是指发生在其自然分布范围以外的一种物种、亚种或低级分类群,包括这一物种能生存和繁殖的任何部分、配子或其他繁殖体。外来物种入侵是指生物物种由原产地通过自然或人为的途径迁移到新的生态环境的过程。它有两层意思:第一,物种必须是外来的而非本土的;第二,该外来物种能在当地的自然或人工生态系统中定居、繁殖和扩散,最终明显影响当地生态环境,损害当地生物多样性,这样的外来物种人们把它称为外来有害生物。入侵的外来有害生物不仅会破坏自然景观的完整性,摧毁原

来的生态系统，危害动植物多样性，影响遗传多样性，甚至造成人类的严重疾病。

外来物种入侵的渠道一般为：有意引进和无意引进，自然传播等形式。其中，有意引进主要是为了满足农业、林业和渔业等生产活动的需要，有目的从外国或外地引入并扩大繁殖；无意引进主要通过贸易、旅游等活动无意携带进来的外来物种；自然传播主要是边界相邻国家之间或区域之间，物种借助自然规律传播到另一国或区域的现象。

**（二）外来有害生物入侵造成的危害和损失** 据《国际自然及自然资源保护联盟》(IUCN)发表的报告，在全球，外来有害生物入侵给各国造成的经济损失每年要超过4 000亿美元。2006年3月，联合国《生物多样性公约》组织发表报告称，美国、印度、南非等3个国家受外来物种入侵造成的经济损失分别为1 370亿美元、1 200亿美元和980亿美元。

外来物种通过有意或无意行为进入另一生态环境后，给当地造成了严重的损害。如地中海实蝇自1910年因为旅客携带从夏威夷岛传播到美国本土后，种群急剧扩展，给加利福尼亚州、佛罗里达州林果业的主栽品种——柑橘造成致命打击，纵使美国出动军队将柑橘树连根拔除仍无济于事。地中海实蝇的入侵使美国总共遭受了2 000亿美元的损失。南非西开普敦贫瘠土壤上生长的硬叶灌木群落有保持土壤、防止侵蚀、涵养水源、降低火灾强度的作用，为改善景观和固定沙丘，引进了哈克木属、松属和金合欢属的植物，引种结果导致了本土植物多样性、密度和盖度逐渐降低，造成548个物种灭绝以及3 435个物种受到威胁。

发生在2003年的非典型肺炎是一种人类从来没有过的疾病，对于人类来说，这个病原体是一个典型的外来入侵种。人体对非典病原体所表现出的脆弱的抵抗能力，充分体现了外来有害生物对人类以及生态系统入侵的危险性。非典通过飞机、轮船和汽车，在短短的5个月遍布全世界，清晰地显示了外来入侵有害生物通过人类活动得到传播的事实。发生在2009年的甲型H1N1流感病毒，在全球传播，又是一例具有显著特征的外来入侵物种。

**（三）外来有害生物造成严重危害的原因** 为什么外来生物在原产地不会造成危害，进入新的地区后却可能造成严重危害呢？某种生物在甲地生态系统中由于受到当地生态环境、天敌、物种之间竞争以及人为干预等条件的限制，该物种与外界环境已构成了协调的生态系统，因此，该物种在甲地生态系统中与其他物种和谐相处；当人们有意识地把这个物种引入或无意地携带到乙地生态系统里这一新的环境中，被引入或带入的仅仅是该物种，不可能将它在原产地的生境、天敌、竞争以及人为干预等限制因素也一同引进或同时带入新的环境中，因此该物种就可能在乙地生态系统中新的环境中顺利存活、生长和繁殖，甚至暴发性发展，近而取代原有物种生存空间，对乙地生态系统造成不良影响。

在自然界长期的进化过程中，生物与生物之间相互制约、相互依存、协调发展，将各自的种群限制在一定的栖生环境和相对稳定的种群数量，形成了稳定的生态平衡系统。当一种生物传入一新的栖生环境后，如果脱离了人为控制，在没有天敌和竞争物种的制衡下，在适宜的气候、土壤、水分及传播条件下，极易大肆扩散蔓延，形成大面积单优群落，破坏本地动植物相，危及本地濒危动植物的生存，造成生物多样性的丧失。

外来入侵物种影响生态系统的机制归纳有以下几个方面。

其一，外来入侵物种通过竞争占据本地物种生态位，使本地物种失去生存空间，或与当地物种竞争食物或直接杀死当地物种，影响本地物种存活而导致本地物种灭绝，而由于外来入侵物种的排斥、竞争导致灭绝的本地特有物种则是不可恢复的。外来入侵物种通过暴发式生长和繁殖，形成大面积单优群落，降低物种多样性，使依赖于当地物种多样性生存的其他物种没有适宜的栖息环境。水葫芦在河道、湖泊、池塘中的覆盖率往往可达100%，由于降低了水中的溶解氧，致使水生动物死亡。由于薇甘菊排挤本地植物，广东内伶仃岛上的猕猴缺少适宜的食料，目前只能借助于人工饲喂。飞机草在西双版纳自然保护区的蔓延已使穿叶蓼等本地植物处于灭绝的边缘，依赖于穿叶蓼生存的植食性昆虫同样处于灭绝的边缘。

其二，外来入侵物种分泌释放化学物质抑制其他物种生长。某些外来生物如豚草可释放酚酸类、聚乙炔、倍半萜内酯及甾醇等化学物质，对禾本科、菊科等一年生草本植物有明显的抑制、排斥作用。薇甘菊也可分泌化学物质影响其他植物生长。

其三，影响遗传多样性。随着生境片段化，残存的次生植被常被入侵物种分割、包围和渗透，使本土生物种群进一步破碎化，造成一些植被的近亲繁殖和遗传漂变。

值得强调的是，与人类活动对环境的污染不同，外来入侵物种对环境的破坏及对生态系统的威胁是长期的，甚至是不可逆转的。对人类活动所造成的污染是可以治理的，当人类停止对某一环境的污染后，通过环境治理，该环境会逐渐恢复；但当一种外来物种停止传入一个生态系统后，已传入的该物种个体并不会自动消失，而大多会利用其逃脱了原有的天敌控制的优势在新的环境中大肆繁殖和扩散，对其控制或清除往往十分困难。

## 二、我国外来有害生物入侵造成的危害及损失

我国从北到南跨越纬度50°，跨越寒温带、温带、暖温带、亚热带和热带5个气候带，多样的生态系统使来自世界各地的大多数外来物种几乎都可能在我国找到适宜的栖息地。因此，我国已经成为遭受外来入侵生物危害最严重的国家之一。我国遭受外来有害生物危害严重的另一个重要原因是，由于我国防控外来有害生物入侵的法律法规不够完善，组织不健全而防范手段和技术跟不上有害生物入侵的趋势，加上全民生态意识淡薄，在引进物种之初经济利益优先，缺乏危害性风险评估，往往是不顾生态灾难后果的盲目引进，加上对外来物种调查研究不够，不能有效掌握防控外来有害生物的科学知识与信息交流，最终致使外来物种在我国呈长驱直入之势。

世界自然保护联盟公布的世界上危害最严重的100种外来入侵物种，约有一半已经入侵了我国。据农业部权威人士2007年公布的数据，外来入侵物种在我国共有288种，大致分类是这样：植物类188种；微生物类19种；无脊椎动物58种；两栖爬行类3种；鱼类是10种；哺乳动物类10种。其中有54.2%的外来入侵物种来源于美洲，22%来源于欧洲。调查表明，76.3%的外来入侵动物是由于检查不严，随贸易物品或运输工具传入我国的。

外来有害生物入侵对我国农、林、牧、渔业以及生态系统、物种资源造成的直接或间接经济损失达到1 199.8亿元，造成生态系统、物种和遗传资源造成的间接经济损失每年达到1 000多亿元。

外来有害生物入侵对我国的危害概括起来有以下几个方面。

**（一）外来有害生物入侵已成为危害我国农、林、牧、渔业经济发展的严重问题**　外来有害生物入侵对农田、园艺、草坪、森林、畜牧、水产等可带来直接经济危害。水花生对水稻、小麦、玉米、甘薯和莴苣5种作物全生育期引致的产量损失分别达45%、36%、19%、63%和47%。广东、云南、江苏、浙江、福建、上海等地每年都要人工打捞水葫芦，估计全国用于人工打捞水葫芦的费用超过1亿元，而水葫芦带来的对农业灌溉、粮食运输、水产养殖、旅游等方面的经济损失更大。美洲斑潜蝇最早于1993年在海南发现，到1998年已在全国21个省份发生面积达

130万 $hm^2$ 以上，它寄生22个科的110种植物，尤其是蔬菜瓜果类受害严重，包括黄瓜、甜瓜、西瓜、西葫芦、丝瓜、番茄、辣椒、茄子、豇豆、菜豆、豌豆和扁豆等。目前在我国，每年防治斑潜蝇的成本高达4亿元。美洲斑潜蝇、豚草、褐家鼠、烟粉虱、紫茎泽兰等每年造成的经济损失都在10亿元以上。被称为"松树癌症"的松材线虫病在短短10年间，疫区已扩至江苏、浙江等6省，发生面积约6.6万 $hm^2$。

**(二)在国际贸易活动中，外来种常常引起国与国之间的贸易摩擦，成为贸易制裁的重要借口或手段** 近年来，我国出口美国的木制包装品因光肩星天牛问题给我国的对外贸易带来了数以千万美元的经济损失。

**(三)外来有害生物通过影响生态系统而给旅游业带来损失** 如在云南昆明市，20世纪70—80年代建成了大观河的理想的水上旅游线路，游人可以从昆明市内开始乘船游滇池和西山。但自20世纪90年代初，大观河和滇池中的水葫芦"疯长"成灾，覆盖了整个大观河以及部分滇池水面，致使这条旅游线路被迫取消，原来在大观河两侧的配套的旅游设施只好报废或改作他用。松材线虫病对黄山、张家界等风景名胜区构成了巨大威胁。

**(四)外来有害生物通过改变生态系统所带来的一系列水土、气候等不良影响从而产生间接经济损失** 比如，大量的水葫芦植株死亡后与泥沙混合沉积水底，抬高河床，使很多河道、池塘、湖泊逐渐出现了沼泽化，有的因此而被废弃使用，由此对周围气候和自然景观产生不利变化，并加剧了旱灾、水灾的危害程度；而且水葫芦植株大量吸附重金属等有毒物质，死亡后沉入水底，构成对水质的二次污染，又加剧了污染程度，尽管这些损失难以准确计算，但却不容忽视。

**(五)外来有害生物入侵通过改变侵入地的自然生态系统、通过降低物种多样性从而对当地社会、文化也产生了严重危害** 我国是一个多民族国家，各民族特别是傣族、苗族、布依族等民族聚居地区周围都有其特殊的动植物资源和各具特色的生态系统，对当地特殊的民族文化和生活方式的形成具有重要作用。但由于飞机草、紫茎泽兰等外来入侵植物不断竞争、取代本地植物资源，生物入侵正在无声地削弱民族文化的根基。

**(六)外来有害生物对人类健康可构成直接威胁** 豚草花粉是人类变态反应症的主要致病原之一，所引起的"枯草热"对全世界很多国家的人类健康带来了极大的危害。一些外来动物如福寿螺等是人畜共患的寄生虫病的中间宿主，麝鼠可传播野兔热，极易给周围居民带来健康问题。疯牛病、口蹄疫、艾滋病、非典和甲型H1N1流感病毒更是对人类生存的巨大挑战。

## 三、严防外来有害生物入侵的对策

认真贯彻和落实科学发展观，保障我国国民经济可持续发展，就必须认真做到严防外来有害生物入侵，维护自然生态系统的平衡。

**(一)完善和健全我国防控外来有害生物入侵的法律法规和管理机构** 我国针对防控外来物种入侵的法律法规有：《进出境检验检疫法》、《海洋环境保护法》、《进出口货物管理条例》、《进出境动植物检疫法》、《野生动物保护法》等国内法；我国加入《生物多样性公约》、《濒危野生动植物种国际贸易公约》、《卡塔赫纳(Cartagena)生物安全议定书》三部国际公约，之后又制定并发布了《生物多样性保护行动计划》、《生物多样性国情研究报告》、《中国履行生物多样性公约国家报告》。

《生物多样性公约》的3个目标是：保护、持续利用生物多样性；平等与公平地分享由持续利用生物多样性所得到的利益;为外来种的科学研究水平、生态和社会经济影响、侵入的预防与管理以及控制与清除等问题提供论坛。

目前我国各部法律法规虽然在各自的范围内作出了各项规定,但相互之间缺乏协调和统一,造成防控外来有害生物入侵的漏洞,所以建立一部综合、系统的立法以及一套行之有效的法律制度是当务之急。

目前《进出境检验检疫法》是我国主要防治外来种入侵的法律规范,在防治外来物种入侵、保护本国经济和生物多样性方面取得了很大的成绩,但随着贸易的发展、科研交流和旅游事业的发展,面临外来有害生物长驱直入的新形势下,目前的法律法规已不足以全面有效防控外来有害生物的入侵,鉴于外来物种进入我国的检验检疫的复杂性和比较专业的技术性行为,应尽快建立外来有害生物风险评估的管理机构,由农业部所辖农业局和动植物检疫局共同承担风险评估、评估程序并建立外来有害生物信息数据库,建立引种许可证制度和引种备案制度。

**(二)建立科学的监管机制** 口岸检验检疫部门应加强出入境查验设施和检疫隔离场、圃等的建设,要加强进境物种、生物制品、农产品,特别是引进动植物的查验监管制度的建设,加强对进境货物木质包装、旅客携带物、邮寄物、船舶压舱水的查验监管和无害化处理,加强检疫的分类管理和过程监管,建立科学的查验监管机制,加强查验,规范监管,堵住源头,做到既确保工作质量,又提高通关速度。

**(三)建立健全风险预警和应急反应机制** 检验检疫部门应制定外来动植物疫情报告规程,完善重大紧急疫情报告制度,要根据有害生物发生、流行及截获情况,定期、不定期进行疫情分析。对于从进境货物中截获的重大紧急疫情实施实时上报制度,以便质检总局及时、高效地发布预警通报,并采取严格检疫处理,如限定入境口岸、限制入境、禁止进境等措施;制定并完善有效控制重大外来有害生物的应急预案等。

**(四)加强监控网络建设,建立联合协调机制** 出入境检验检疫部门应该重视对境外有害生物的发生、流行情况的跟踪、收集、分析、预测和对国内有害生物的监测、调查及环境影响评价,建立国际组织和世界各国检疫法规、标准和进境检验检疫要求数据库等,通过健全监控网络的监控资料,评价可能入侵物种带来的生态危害,及时调整我国的检验检疫对策。同时,要建立农林、环保、科研等多部门的协调机制,各司其责,协调联动,加强对危害严重外来生物的监测,及时发现、及早控制。

**(五)加强外来有害生物入侵防控技术的研究** 要扩大专业人员队伍并加大人员培训力度。在不断提高对外来有害生物检疫、检测技术水平的同时,要积极开展外来有害生物入侵防御技术的研究;研究技术性贸易壁垒形成机制和发展趋势;针对我国各种进出口货物可能携带有害生物的不同情况;研究开发快速、无创伤、环保,又能杀灭目标生物的化学、物理或生物除害处理技术、方法;研究开发防控及诱捕、监测外来有害生物的技术和方法;尽快研发清除外来有害生物的药物和化学试剂等。

**(六)加强宣传,提高全民的防范意识** 严防外来有害生物入侵应该引起全社会、全体公民的高度重视,然而,我国公众对有害生物入侵的防治工作普遍认识不足,比如从境外归来的旅客携带物中,屡屡截获国家禁止进境物品。为此,必须加大宣传力度,通过新闻媒体、口岸宣传板报、电脑触摸屏、检验检疫信息网和召开科普宣讲会,下厂、下乡进行形式多样的宣传、教育,不断提高公众生态保护意识,实现生态资源的良性循环。当外来有害生物侵入仅限于局部地

区时，主要依靠当地群众及时发现和清除，可有效地防止有害生物的扩大蔓延，所以针对公众的宣传教育是防治外来物种侵入的重要途径之一。

## 第七节　发展无公害、绿色、有机农产品生产

### 一、无公害农产品

**（一）无公害农产品的产生**　为解决我国农产品基本质量安全问题，经国务院批准，农业部于2001年4月启动“无公害农产品行动计划”，并于2003年4月开展了全国统一标志的无公害农产品认证工作，标志着无公害农产品的产生。

**（二）全国无公害农产品认证的现状**　2003年底，全国通过无公害农产品认证的生产单位有1 563家，产品2 071个，实物总量1 207万t，认定产地2 081个。

2004年底，全国累计共有11 812个产品获得全国统一标志的无公害农产品认证，其中种植业产品9 170个、畜牧业产品1 303个、渔业产品1 339个。全国累计产地认定备案11 581个，其中种植业8 373个、畜牧业1 897个、渔业1 311个。

2005年底，全国统一认证的无公害农产品累计已达16 704个，获证单位10 583家，其中种植业产品12 837个、畜牧业产品1 841个、渔业产品2 026个。全国已累计认定无公害农产品产地21 627个，其中种植业产地15 881个、畜牧业产地3 525个、渔业产地2 221个。

2006年底，全国累计认证无公害农产品23 636个，获证单位14 806个，其中种植业产品17 996个、畜牧业产品2 484个、渔业产品3 156个。全国累计认定无公害农产品产地30 255个，其中种植业产地21 701个、畜牧业产地5 188个、渔业产地3 366个。

到2009年6月，全国通过无公害农产品认证的产品41 249个，其中种植业产品30 361个，养殖业中畜牧业产品5 322个、渔业产品5 566个。通过无公害认证的农产品产地44 915个，其中种植业产地29 871个、养殖业中畜牧业产地9 758个、渔业产地5 286个。

**（三）全国无公害农产品产品认证和产地认证数量的变化趋势**　见图30-5。从图30-5可以看出，2003年处于无公害农产品产品认证的起始阶段，在2005年无公害农产品产品认证数有明显回落，在2006年则又有小幅上升，说明无公害农产品产品认证在2004年快速发展后，

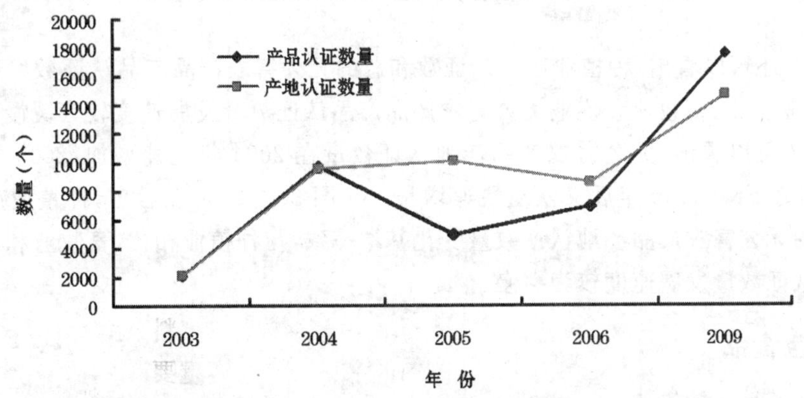


图30-5　无公害农产品产品认证和产地认证数量发展趋势

在2005年经过调整管理,在2006年又有比较明显发展。无公害农产品产地认证数量在2005年增加不明显,2006年稍有下降之后又开始快速增长。

**(四)不同类无公害农产品产品认证和产地认证数量发展趋势** 见图30-6,图30-7。

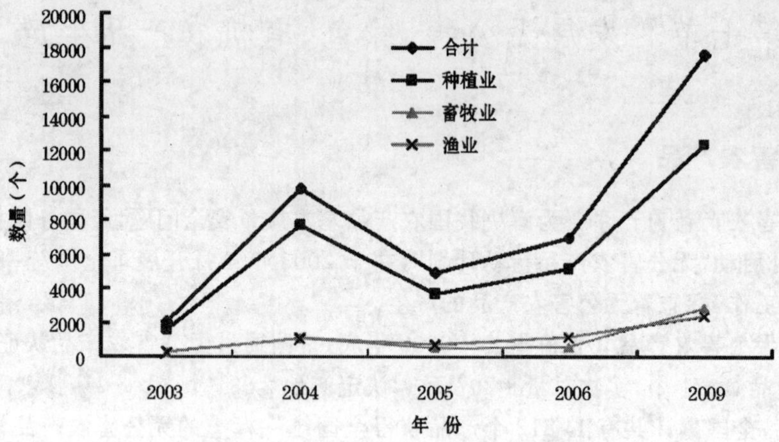


图30-6 不同类无公害农产品产品认证数量发展趋势比较

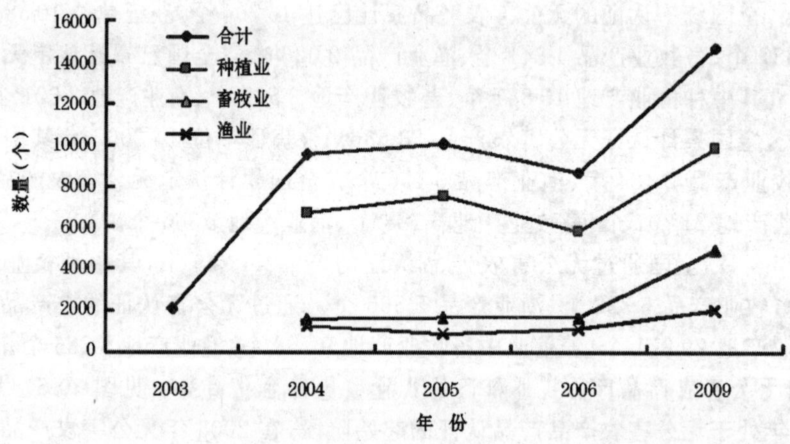


图30-7 不同类无公害农产品产地认证数量发展趋势比较

从图30-6还可以看出,种植业产品认证数和总的无公害农产品产品认证数发展趋势基本一致,与种植业相比,畜牧业和渔业无公害农产品产品认证数量发展速度较为缓慢。

从图30-7可以看出,无公害农产品产地认证数量在2004年迅速增加,2005年增加不明显,2006年稍有下降,2006年后又恢复快速增长。从图30-7还可以看出,种植业产品产地认证数量与总的无公害农产品产地认证数量变化基本一致,与种植业相比,畜牧业和渔业无公害农产品产地认证数量发展速度较为缓慢。

## 二、绿色食品

**(一)绿色食品的产生** 1990年5月15日,我国正式宣布开始发展绿色食品。其基本理念和宗旨是:提高食品质量安全水平,增进消费者健康;保护农业生态环境,促进可持续发展。

我国绿色食品事业经历了以下发展过程：提出绿色食品的科学概念→建立绿色食品生产体系和管理体系→系统组织绿色食品工程建设实施→稳步向社会化、产业化、市场化、国际化方向推进。

**(二)全国绿色食品认证发展的现状**　我国于1990年正式开始发展绿色食品，到现在经历了近20年的时间，其间在我国不仅建立和推广了绿色食品生产和管理体系，而且还取得了积极成效，目前仍保持较快的发展势头。

1996年，我国绿色食品发展中心在中国国家工商行政管理局完成了绿色食品标志图形、中英文及图形、文字组合等4种形式在9大类商品上共33件证明商标的注册工作；中国农业部制定并颁布了《绿色食品标志管理办法》，标志着绿色食品作为一项拥有自主知识产权的产业在我国的形成，同时也表明我国绿色食品开发和管理步入了法制化、规范化的轨道。

1998年底，全国共开发绿色食品产品1 018个，生产总量为840万t，开发面积达226万$hm^2$，分别是1990年的8倍、24倍、56倍，年平均递增速度分别为26%、42%和57%。涵盖了我国农产品分类标准中的7大类、29个分类，包括粮油、果品、蔬菜、畜禽蛋奶、水海产品、酒类、饮料类等，其中初级产品占30%，加工产品70%。

到2001年底，全国共有1 217家企业开发了2 400个绿色食品产品，年销售额突破500亿元，其中出口创汇突破4亿美元。

2002年，全国共有749家企业的1 239个产品获得绿色食品标志使用权。到2002年底，绿色食品企业总数达到1 756个，产品总数达到3 046个，其中A级产品2 978个，AA级产品68个；产品实物总量2 500万t。

2003年，全国绿色食品企业总数达到2 047家，有效使用绿色食品标志产品总数达到4 030个。产品实物总量3 260万t。产品年销售额723亿元，出口额10.8亿美元，出口率12.4%。环境监测的农田、草场、水域面积7 710万亩。

2004年，全国绿色食品企业总数达到2 836家，产品总数达到6 496个，实物总量4 600万t，产品国内年销售额860亿元，出口额12.5亿美元；环境监测的农田、草场、林地、水域面积8 940万亩。

2005年是绿色食品发展最快的一年，全年新认证企业1 839家，产品5 077个，全国有效使用绿色食品标志企业总数达到3 695家，产品总数达到9 728个；产品实物总量6 300万t，年销售额1 030亿元，出口额16.2亿美元；环境监测的农田、草场、林地、水域面积9 800万亩。2005年也是全面强化绿色食品管理的一年，各项监管工作深入推进，有力地保障了绿色食品事业健康发展。绿色食品产品质量抽检合格率达98.3%，企业年检率达92%。

2006年新认证绿色食品企业2 064家，产品5 676个，分别比去年同期增长12.2%和11.8%；全国有效使用绿色食品标志企业总数达到4 615家，产品总数达到12 868个，分别增长24.9%和32.3%。实物总量超过7 200万t，产品年销售额突破1 500亿元，出口额近20亿美元，产地环境监测面积1.5亿亩。

2007年全年新认证绿色食品企业2 371家，产品6 263个，分别比2006年增长14.9%和10.3%；全国有效使用绿色食品标志企业总数达到5 740家，产品总数达到15 238个，主要产品产量占全国同类产品总量的比重有了进一步提高。

**(三)历年全国绿色食品发展趋势**　见图30-8。

从图30-8可以看出，历年全国绿色食品的各项指标不断增长，其中绿色食品的监测面积

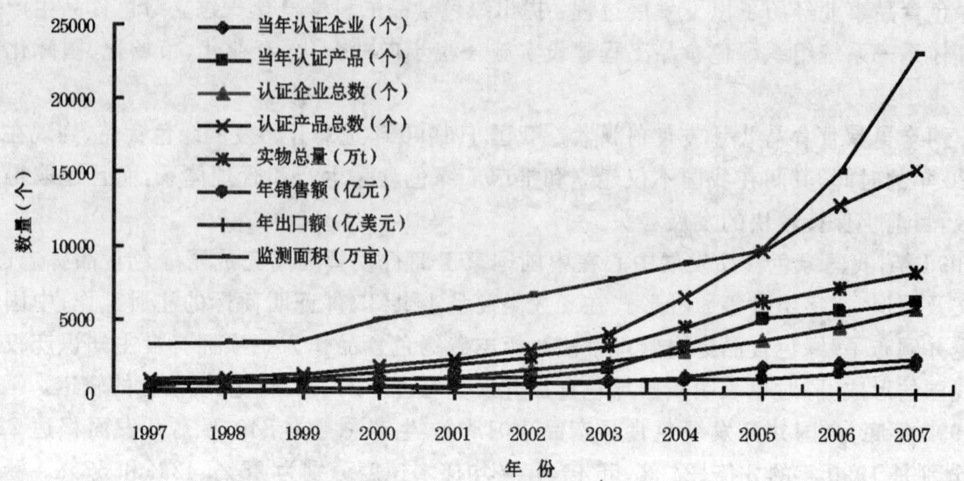


图 30-8 历年全国绿色食品发展趋势

增长最快,这些不断增长的各项指标都表明绿色食品呈现出良好的发展势头。

## 三、有机食品

### (一)我国有机食品的产生、发展阶段

1. 探索阶段(1990—1994) 这一时期的特点是:国外认证机构进入中国,启动了中国有机食品的发展。

1989 年,中国最早从事生态农业研究、实践和推广工作的国家环境保护局南京环境科学研究所农村生态研究室加入了国际有机农业运动联合会(IFOAM),成为中国第一个 IFOAM 成员。

1990 年,根据浙江省茶叶进出口公司和荷兰阿姆斯特丹茶叶贸易公司的申请,加拿大的国际有机认证受荷兰有机认证机构 SKAL 的委托对位于浙江省和安徽省的 2 个茶园和 2 个茶叶加工厂实施了有机认证检查。此后,浙江省临安县的裴后茶园和临安茶厂获得了荷兰 SKAL 的有机颁证。这是在中国大陆开展的第一次有中国专业人员参加的有机认证检查活动,也是中国大陆的农场和加工厂第一次获得有机认证。

同时相关的理论研究工作也在大学、科研院所等机构同步开展。

2. 起步阶段(1995—2002) 这一时期的主要特点是:中国相继成立了自己的认证机构,并开展了相应的认证工作,同时根据 IFOAM 的基本标准制定了机构或部门的推荐性行业标准。

1994 年,经国家环境保护局批准,国家环境保护局南京环境科学研究所的农村生态研究室改组成为“国家环境保护总局有机食品发展中心”(Organic Food Development Center of SEPA, OFDC),2003 年改称为“南京国环有机产品认证中心”。自 1995 年开始认证工作以来,先后通过 OFDC 认证的农场和加工厂已经超过 300 家。

OFDC 根据国际有机农业运动联盟组织的有机生产加工的基本标准,参照并借鉴欧盟委员会有机农业生产规定以及德国、瑞典、英国、美国、澳大利亚、新西兰等有机农业协会或组织的标准和规定,结合中国农业生产和食品行业的有关标准,于 1999 年制定了 OFDC《有机产品

认证标准》(试行),2001 年 5 月由国家环境保护总局发布成为行业标准。

1999 年 3 月,中国农业科学研究院茶叶研究所成立了有机茶研究与发展中心(OTRDC),专门从事有机茶园、有机茶叶加工以及有机茶专用肥的检查和认证,2003 年该中心更名为"杭州中农质量认证中心"并获得国家认证认可监督管理委员会的登记。通过该中心认证的茶园和茶叶加工厂已经超过 200 家。

3. 规范快速发展阶段(2003 年至今) 本阶段以 2002 年 11 月 1 日开始实施的《中华人民共和国认证认可条例》的正式颁布实施为起点,有机食品认证工作由国家认证认可监督管理委员会(简称国家认监委)统一管理,进入规范化阶段。

有机食品认证机构的认可工作最初由设在国家环保总局的"国家有机食品认证认可委员会"负责。根据 2002 年 11 月 1 日开始实施的《中华人民共和国认证认可条例》的精神,国家环保总局正式将有机认证机构的认可工作转交国家认监委。到 2009 年,经国家认监委授权并认可的有机产品认证机构总共有 23 家。

国家认监委于 2003 年组织有关部门进行"有机食品国家标准的制定"以及"有机产品认证管理办法"的起草工作。2005 年 4 月 1 日《有机产品》国家标准 GB/T19630 和"有机产品认证管理办法"正式实施。

目前在中国开展有机认证业务的还有几家外国有机认证机构,最早的是 1995 年进入中国的美国有机认证机构"国际有机作物改良协会"(OCIA)。该机构与 OFDC 合作在南京成立了 OCIA 中国分会。此后,法国的 ECOCERT、德国的 BCS、瑞士的 IMO 和日本的 JONA 和 OMIC 都相继在北京、长沙、南京和上海建立了各自的办事处,在中国境内开展了数量可观的有机认证检查和认证工作。国外认证机构认证企业数超过 500 家。

**(二)全国有机食品认证发展的现状** 经过十多年的研究和发展,中国开始和已经建立了有机农业的政策法规、有机产品标准、认证机构的授权和认可、有机产品的认证规则、有机产品技术研究和咨询、有机产品市场和有机产品管理的完整体系。据国家认监委不完全统计,截至 2003 年底,中国经认证的有机产品有粮食、蔬菜、水果、茶叶、蜂蜜、天然香料、中药材、奶制品、禽畜产品和水产品等 369 个品种,经认证的有机产品生产企业 540 家,有机生产总产量 82.31 万 t,产值达 25.62 亿元,有机种植面积达 386 万亩;有机转换期总生产量 26.91 万 t,产值达 8.32 亿元,有机转换种植面积 62 万亩。许多有机产品已销往美国、加拿大、日本和欧洲等地,中国有机产品出口贸易额已从 1995 年的 30 万美元增加到 2003 年的 1.42 亿美元,出口量迅猛增长。

## 参考文献

[1] 全国土壤普查办公室. 中国土壤. 北京:中国农业出版社,1990.

[2] 中科院土壤及水土保持研究所. 华北平原土壤. 北京:科学出版社,1961.

[3] 当代中国农业丛书. 当代中国的农作物业. 北京:中国社会科学出版社,1988.

(作者:朱道林 中国农业大学教授,林　培 中国农业大学教授,
陈伦寿 中国农业大学教授,孙振钧 中国农业大学教授,
张元恩 中国农业大学教授,杜相革 中国农业大学教授)

# 第三十一章 农业气象

农业气象学是研究各种生物生长发育和产量、品质形成以及农业生产与气象、气候环境条件之间的相互关系和相互作用,由生物和农业科学与气象科学相互交叉形成的一门边缘学科。

随着农业生产水平的不断提高,人类越来越多的要求合理利用各种自然资源,特别是对生物生长发育和农业生产影响最大的气候资源。如何能使各种生物生长在适宜的气候环境之中,如何按照科学规律去指导农业生产的每个环节,如何按照科学方法巧妙的趋利避害,如何科学地进行人工干预、改造与创造条件、不断地提高产量和品质。对于千变万化的天气和随时空变异的气候状况,从消极的靠天吃饭到人类依靠科技手段积极调控局地气候条件和充分利用各种自然资源,以满足人类日益增长的需求,农业气象逐渐形成了一门不可或缺的独立学科。

## 第一节 农业气象的创立与发展

### 一、古代的农业气象知识

世界的古代文明发源地都积累了许多农业生产与气象条件相互关系的知识和经验。如古埃及人对天文和历法有很深的造诣,能够根据雨季和洪水到来的时间安排尼罗河流域的作物播种和收获期。中国商代的甲骨文中就已发现有关季节和天气现象的象形文字和自然灾害影响收成的记载。春秋、战国时期的《尚书》和《吕氏春秋》中都有物候与农事关系的记载,到西汉已形成完整的二十四节气并广泛应用于农业生产实践。公元前1世纪的《氾胜之书》记载了区田法和耕作保墒等抗旱技术,公元6世纪的《齐民要术》还专门记载了霜冻发生规律和防霜措施。清代乾隆年间编撰的大型农书《授时通考》标志着古代根据农时与气象安排生产的知识已经有了初步的系统化认识。

### 二、农业气象学科的产生和发展

随着近代工业革命以后对农产品需求的增加,农业科学与大气科学理论的发展与学科体系的形成,随着各种气象观测仪器发明应用、气象观测站网形成和气象预报业务的出现,作为农业基础学科与大气科学分支的农业气象学也应运而生。

早在1735年法国De Réaumur提出热量常数的概念,指出各种作物完成每个发育期都需要相应的温度总和。1854年L. Blodge在美国政府的农业报告中发表了一篇农业气象报告。同年俄国Д.. Рутович出版了世界第一本《农业气象学》,标志着农业气象学科理论体系的初步萌芽。1872年起美国国家天气局开始发布每周天气和作物公报,这是最早开始规范的农业气象业务工作。1880年在奥地利举行了首次国际农业和森林气象学会议。1881年德国R. Assmann发起成立了农业气象协会,并根据250个观测站的资料编印《农业气象月报》。1885

年俄国建立了世界上第一批 12 个农业气象站,И.. И. Броунов 于 1897 年成立了俄国的农业气象机构,组建了农业气象站网,按照作物生长发育过程与相应的气象条件进行平行观测,制定了农业气象观测与研究方法。国际气象组织(IMO)于 1913 年设立了农业气象委员会(CAgM)。从 1922 年起编制农业气象旬报。

在农业气象学科和业务体系形成以及观测资料逐渐积累的基础上,农业气象基础理论也取得了一些进展。1854 年 L. Blodge 首次提出农业气候相似理论,1875～1978 年 F. Haberlandt 给出了大多数作物的积温指标。1906 年德国 H. Mayr 将北半球划分了六个林带,提出以气候相似理论指导欧洲各地林木引种活动和区域划分概念,开创了农业气候区划的先河。1919 年美国 W. W. Garner 和 H. A. Alard 发现了光周期现象并逐步形成了光周期理论。1927 年德国 R. Geiger 出版了《近地面气层气候》。1937 年苏联 Г. Т. Селянинов 出版了《世界农业气候手册》。1939 年 G. Azzi 将农业气象学与农业生态学联系起来,划分了意大利小麦自然地理区。1945 年日本大后美保发表了《日本作物气象的研究》。1948 年英国 H. L. Penman 综合了辐射平衡和空气动力学方程得出了蒸发量计算公式。从 1947 年开始,美国 M. Y. Nuttonson 用毕生精力研究世界范围内的气候与农业气候相似问题。利用气候与农业气候指标,找出美国与世界各国相似地方,作为可以相互引种的依据。直接服务于第二次世界大战战后恢复农业生产的活动中。农业气象与农业气候研究与实践的作用越来越被更多的人们所关注。

中国最早进行农业气象研究的是竺可桢和涂长望,1922 年中国大气物理学家竺可桢发表了"气象与农业之关系",1945 年涂长望发表《农业气象之内容及其研究语境述要》,详细论述了农业气象学科的 4 个主要研究内容的意义、任务和方法途径。20 世纪 30—40 年代,我国气象学家陆续发表了一批农业气象论文,编写出版了《农业气象学》。

## 三、近代农业气象学的发展

第二次世界大战以后,随着世界经济的恢复与发展,特别是 70 年代以来新技术革命的迅猛发展,农业气象科学在理论和技术上都有了迅速的发展。

20 世纪 50 年代以后农业气象学家对作物与气象关系进行了更加深入的研究,热量平衡和空气动力学方法开始应用于农田水分平衡与灌溉管理,英国的 J. L. Monteith 在 Penman 公式的基础上进一步提出了可用于植被蒸散量估算的 Penman—Monteith 公式。60 年代以后各国开展了土壤—植被—大气连续体 SPAC 和人工气候室模拟实验研究。70 年代以来,随着计算机技术、卫星探测技术、地理信息系统、全球定位系统及电子测试技术的发展和广泛应用,农业气象学研究在观测方法、实验手段、数据采集与数据分析到理论模式研究方面都有了很大的发展,达到了一个新的水平。近半个世纪以来国际上出版的重要农业气象著作有:美国 O. G. Sutton1953 年的《微气象学》,苏联 М. И. Будко,1956 年的《地面热量平衡》,Ё. С. Уланова1959 年的《农业气象预报方法》,英国 J. L. Monteith1973 年的《环境物理学原理》,80 年代初日本坪井八十二的《新编农业气象手册》,1982 年美国 N. J. Rosenberg 的《小气候—生物环境》,80—90 年代国际水稻所的《气候与水稻》、世界气象组织的《玉米农业气象学》、《农业气象业务指南》等。

1953 年原国际气象组织改名世界气象组织(WMO)并成为联合国专门机构之一,农业气象委员会是其中 8 个专业委员会之一。50 多年来为组织各国农业气象工作者对共同关心的农业气象问题进行了广泛的调研,编辑出版了一系列技术报告专辑,在世界各地进行了一系列技术培训,并与联合国粮农组织和教科文组织的农业气象组密切联系与合作,对世界农业气象事业的发展起着重要的作用。1964 年荷兰 Elsevier 出版公司开始编辑《农业气象学》(现《农林气象学》)和《生物气象学》国际期刊。各国先后建立了一批农业气象研究机构,在大学开设农业气象课程或设立农业气象专业。农业气象业务在世界大多数国家已成为气象部门一项稳定和相对独立的气象业务工作。如美国农业部和国家海洋大气局 1988 年成立了联合农业气象办公室,负责编制每周天气和作物公报及农业气象简报,并成立了环境鉴定服务中心。

### 四、农业气象的现代化发展

20 世纪 80 年代以来,由于系统论、信息论、控制论以及计算机科学的飞速发展与普及,计算机技术和信息技术、卫星遥感技术、地理信息系统、全球地面定位系统和自动化测试手段等科学理论和现代技术在农业气象业务中得到广泛应用,成为农业气象预报和生态环境、植被状况及灾害监测的有力工具。信息的获取由定性走向定量,由手工操作发展到自动化。各国普遍建立了基于现代信息技术的新型农业气象信息服务系统。农业气象业务产品生成和向用户提供服务的效率和效果得到极大的提高。三 S 技术与现代电子测试技术的结合使农业气候区划更加精准和细化,已能对复杂地形和群体内部的气象环境。要素分布和变化规律进行精确的描述和区划,为生产布局、宏观调控提供切实有效的科学依据。

由于人工气候箱和人工气候室等环境要素模拟实验手段的改进和普及,大大缩短了农业气象研究的试验周期。作物模式研究有了长足的进步,特别是在荷兰和美国,农业气象模式的机制性和准确性明显增强,并已广泛应用于栽培管理、产量预报和设施环境精确调控与优化。

20 世纪 80 年代以来,以全球变暖为主要特征的气候变化更加明显。为适应农业可持续发展的需要,各国开展了气候变化对农业影响和适应对策的研究。为应对极端天气、气候事件增加的挑战。在联合国国际减灾十年活动的推动下,农业气象减灾研究的重点由灾害机制与分布规律研究扩展到风险评估与管理及减灾新技术的研究。

## 第二节　农业气象事业的创建与初期发展

### 一、我国农业气象科研机构的创建与初期发展

新中国成立以后,国民经济经过几年的恢复,从 1953 开始执行第一个五年计划,开始了大规模的经济建设。为适应农业发展的需要,1952 年夏季,中国科学院竺可桢副院长与地球物理研究所赵九章所长商定,邀请吕炯研究员负责筹建中国的农业气象研究机构。1953 年,竺可桢副院长与华北农业科学研究所(中国农业科学院前身)陈凤桐所长共同倡议,经中国科学院与农业部协议,由中国科学院地球物理研究所与华北农业科学研究所合作,于 3 月 6 日建立了中国第一个农业气象研究机构——华北农业科学研究所农业气象组,成员有 7 人,由吕炯为主任。1957 年,经农业部、中国科学院、中央气象局三方协议,在华北农业科学研究所农业气象研究组的基础上,联合组建成立了中国农业科学院农业气象研究室,仍由吕炯为主任(1990 年改为研究所)。1953 年 9 月,科学院林业土壤研究所组建了森林气象组,1958 年成立森林气

象研究室1956年中央林业科学研究所成立森林水文气象研究组。1957年中国科学院地理研究所成立农业气候组，中国科学院在组织自然资源综合考察时也配备了农业气候专业人员。1958年中央气象局成立了农业气象研究室（后改为所）。1958年10月中央气象局和中国农科院在南京召开了第一届全国农业气象会议，推动了全国农业气象科技工作与服务工作的开展。

## 二、农业气象培训与教育事业的开端与初期发展

1953年9月，农业部委托华东气象处在江苏丹阳举办了农业气象讲习班。学员70余人，主要来自农业高等院校和农业科研机构，并于1954年结业，培养了新中国的第一批农业气象工作者。1953年至1956年，北京农业大学委托中国科学院、中央气象局和中国农科院资深专家培养了我国第一批农业气象研究生，他们是刘汉中、韩湘玲、郑剑非、贺令萱、鹿洁中。其中贺令萱、鹿洁中赴苏联留学。所培养的五位农业气象研究生都成为中国第一个农业气象专业的领军和骨干师资力量。1954年，南京大学气象系幺枕生教授编著《农业气象学原理》由科学出版社出版。9月到12月，华北农业科学研究所农业气象研究组举办了全国农林气象讲习班，学员50余人。1955年开始，一些气象学校中开始设农业气象观测、农业气象学等课程。

根据竺可桢与涂长望的建议，1956年，北京农业大学正式创办了中国第一个农业气象专业并开始招生。由杨昌业教授为主任，季学录为助理。

1957年9月，苏联农业气象专家西涅里席柯夫应农业部聘请来华讲学，1958年和1959年在北京农业大学举办了两期全国农业气象讲习班，分别讲授农业气象学、农业气象观测方法和农业气象预报情报方法、农业气候学，全面介绍了苏联的农业气象工作和研究成果。学员200余人主要来自全国农业高等院校、农业科研单位和气象部门。这几批学员后来大都成为各地方、各单位农业气象工作的创始人或骨干力量。

1958年9月，广西农学院、沈阳农学院相继设立农业气象专业，1959年安徽农学院、吉林大学气象系也设置了农业气象专业。1960年经国务院批准成立南京气象学院，设有农业气象系，冯秀藻为主任。

20世纪50年代中后期，中央气象局北京气象学校、成都气象通信学校、湛江气象学校等先后成立，并陆续开办了农业气象专业。各省农业高等院校都设立了农业气象教研室，开设农业气象课。

## 三、农业气象业务的创立与初期发展

1953年8月1日，气象部门由军队建制转为政府建制，经竺可桢副院长与涂长望局长反复研究，确定农业气象业务和服务工作由气象部门负责。1954年在台站管理处配备了农业气象管理人员，开始着手筹备建立农业气象业务机构。1955年1月成立农业气象组，3月建立农业气象科。1956年10月中央气象局（现中国气象局）成立农业气象处，编制10人。各省、市、自治区气象局也陆续配备专职农业气象管理人员，建立相应的农业气象管理机构。

1957年5月23日中央气象局和农业部、农垦部联合下文，在全国建立了第一批9个农业气象试验站。以后各省、自治区又陆续建立了一批农业气象试验站。

1954年7月，参照苏联并吸取华北农科所气象站的观测经验编写了《物候观测简要》，1955年修改为《农作物物候观测暂行规定》。1955年3月中央气象局与农业部联合发出通知，要求凡建立在农场内的气候站都要进行物候观测。4月16日下发《土壤湿度测定方法暂行规

定》。1957年将下发的各项农业气象观测方法汇总修改，编写成《农业气象观测方法》于1月5日下发供各站使用。1957年9月又编写了《土壤农业水文特性观测方法意见》和《田间小气候观测方法的意见》，先在9个农业气象试验站试用。到1957年底，各项农业气象观测已在全国普遍展开，其中进行物候观测有560个站，土壤湿度观测有261个站，土壤蒸发观测有78个站，田间小气候观测有17个站，土壤农业水文特性常数测定有5个站。1957年下发《关于审核农业气象观测的意见》。1958年6月下发了《农业气象工作制度和评分办法》。

1955年中央气象局和各省、市、自治区气象局开始编制气候旬报和雨量报，主要为农业生产服务。经1956年在部分省市试点后，1957年5月25日下发《关于开展农业气象旬报服务工作及改变气候旬报的通知》，当年全国有14个省开展了省级农业气象情报服务工作，235个站开始单站农业气象旬报编制和服务。部分地区还开展了农业气象灾害预报和服务工作。1956年11月28日，中央气象局决定，黑龙江、吉林和内蒙古三省、自治区从1957年起开展森林易燃预报工作。到20世纪50年代末，中国已形成比较完整的农业气象科研、业务、教育和管理系统，标志着中国农业气象事业已经形成并初具规模。

## 第三节 农业气象事业的曲折发展过程

### 一、过热的大发展

1958年在全国大跃进的形势下，截止11月底，全国已有气象站2760个，气象哨28762个，看天小组48万多个。农村气象员168万多人。到1958年底，有23个省编发了省的农业气象旬报，到1959年开展单站农业气象旬报服务的站达到1805个；从1958年到1960年，超前开展了农业气象预报工作，在有关试验研究基础还很薄弱的情况下，采取“四结合，过两关”的办法，即编制预报要在补充天气预报的基础上，结合农民经验、历史气候资料和实况观测记录，即“四结合”；预报编制前到群众中进行农业气候调查，预报后征求群众意见的“两关”，过分强调土法上马，排斥了其他预报方法，束缚了对农业气象预报方法的科学研究和探索，有些农业气象预报项目还脱离了中国当时的农业生产实际，脱离了科学轨道和群众。

1958年11月20日到12月8日，中央气象局和中国农业科学院召开了第一届全国农业气象会议，提出要进一步解放思想，明确方向，提出了今后的工作意见和计划。大跃进期间开展了大量农业气象试验、考察和研究，虽然积累了大量的资料，取得了一些成果，但也有一些研究和技术服务工作为当时的浮夸风起到了推波助澜的作用。

到1960年，农业气象试验站由1957年的9个发展到1960年的211个，业务范围扩展到农、林、牧和热带作物，有的省还在每个专区都建立农业气象试验站，并建立若干专业试验站。各地农业科研机构也纷纷建立农业气象科研所或室，各地农林高等院校的农业气象专业也纷纷扩大招生。队伍迅速扩大。农村气象哨到1959年3月发展到3.8万个。但由于观测人员大量增加，大多数人员没有经过专业培训；新增的大量观测项目还很不成熟，业务管理跟不上，导致观测质量下降，大量观测资料无法使用。由于办气象哨是一哄而起，除少数拥有较高素质知识青年负责和当地气象站指导得力的气象哨外，绝大多数气象哨由于不具备条件，在1959年4月以后陆续停办和撤销了。

## 二、纷纷下马

大跃进中的浮夸风和盲目发展造成了极大浪费，1959～1961 年 3 年自然灾害中农业大幅度减产，使国民经济出现空前的困难。从 1960 年秋季开始，中央采取了一些应对困难的紧急措施。由于各地各级农业气象机构组织庞大，学校盲目扩大招生，不仅质量下降，还远远超出了当时气象部门和农业部门对农业气象专业人员的需求数量。1961 年 1 月，中央决定实行“调整、巩固、充实、提高”的方针，前期过热的农业气象成为气象部门调整的重点。1961 年 9 月 15 日，中央气象局撤销了农业气象研究室，精简了 80%的人员并陆续下放。根据 1961 年 12 月的全国气象局长会议精神，各省贯彻农业气象工作量力而行的方针，有些省的农业气象工作完全或基本下马。农业气象专业人员下放或改行。多数省做出调整后仍保留了农业气象工作，但全国农业气象试验站和物候观测点的数量都有明显的下降。中国农业科学院农业气象研究室的人员被精简 80%，编制由 50 人减少到 10 人。各大区和各省的农业气象研究机构也纷纷撤销或精简。农业气象科研工作被大大削弱。高校农业气象专业的招生规模也大大压缩，并一度出现就业困难。除北京农业大学、南京气象学院和沈阳农业大学外，其他高校的农业气象专业陆续被撤销。农业气象机构和人员的过分压缩极大影响了气象为农业服务作用的发挥，不利于农业生产的恢复和发展。

## 三、短暂的复苏

三年困难时期过后，中央采取了加强农业基础的一系列措施，中央气象局在 1963 年初提出，把气象事业进一步纳入以农业为基础的轨道。毛主席在与竺可桢谈话时提出，看来“八字宪法”还应增加光、气二字。在这一背景下，全国的农业气象科研和业务又逐渐恢复和发展起来。1963 年 12 月中央气象局颁布了重新编写的《农业气象观测暂行规范》，1964 年 4 月又在全国选定 549 个站组成为农业气象基本观测站网，1962 年 10 月转发了中国科学院地理所编印的《中国物候观测方法》，要求气象系统组织自然物候观测试点。三年困难时期农业气象工作下马的各省也陆续恢复了农业气象观测和业务。

农业气象科研也有一定拓展。农业气象灾害研究 50 年代集中在霜冻，60 年代前半期扩展到干旱、干热风、寒露风、湿害等领域。农田小气候研究涉及间套作、蒸发蒸腾机制、调控与水分平衡和温室小气候。中国科学院森林土壤研究所开展了防护林效应的风洞实验研究。农业气象科研开始摆脱照搬苏联的模式，开始形成一些中国的特色。

1956 到 1965 年，北京农业大学、南京气象学院、沈阳农业大学及其他一些院校的农业气象专业先后招生千余人，各地气象转科学校也培养了一批农业气象毕业生，这批“文革”前毕业的学生成为 20 世纪后半叶农业气象科技队伍的中坚力量。

经过三年多的调整、恢复和充实，全国的农业气象业务、科研与教学工作基本稳定下来，虽然总体规模比大跃进时期有所缩小，但质量有显著提高，工作基本走上了轨道。

## 四、摧残与抗争

1966 年文化大革命开始后，农业气象工作受到极大摧残。农业气象业务、科研和教学均陷于瘫痪。中国气象科学研究院的农业气象研究室被解散；1970 年中央气象局与总参气象局合并，未设机构承担农业气象任务；各省、自治区、直辖市的农业气象工作除上海市以外都已停止或处于瘫痪；全国78个农业气象试验站绝大多数被撤销；绝大多数农业气象观测基本站也停止了观测。观测和试验资料大量散失，有些站连设备也大量流失或损坏。有的省虽然还在坚持农业气象预报和情报服务工作，但项目大大减少，由于政治运动不断，人员极不稳定，严重影响了服务的质量与效果。

中国农业科学院农业气象室于1971年下放北京市农科所，人员由1966年的79人减少到1974年的34人。省级农科院的农业气象科研机构大多被合并或撤销，研究人员被下放农村，大部流失。

各高校在文革期间停止了招生，虽然在70年代招收了一批工农兵大学生，但由于取消了入学考试，加上动乱不已，教学秩序混乱，普遍质量不高。中国农业大学下放到陕北的地方病疫区，由于缺乏起码的生活与教学条件，加上大批教师感染克山病和大骨节病，健康受到极大摧残，校址几经迁移，设备、资料、人员流失严重。沈阳农业大学等其他高校在下放过程中也受到很大损失。

文化大革命后期，国民经济和各项事业开始恢复，1973年国务院、中央军委批准总参气象局与中央气象局分开，使气象部门的农业气象工作开始出现转机。

由于生产的需要，文革期间下放到各地的农业气象科技工作者，仍然自发地结合所在岗位工作，开展了一些农业气象试验与技术服务，也取得一些经济效益，受到农民和地方政府的欢迎。如宁夏永宁农业气象试验站坚持了"小麦青干"和"水稻冷害"的研究，山东省绝大多数台站坚持发农业气象旬报，江苏省农科院进行了确定水稻安全播栽期以防御冷害的研究，中国科学院地理所与北京市农林科学院农业气象研究室进行了保墒增温剂的研究与开发。上海市农科院与气象局进行了利用河水调节稻田水温，防御寒露风的研究，取得良好效果。山东省农科院调查了冰雹灾害发生及危害规律，写出"冰雹砸了怎么办?"的小册子，深受农民欢迎。1970年以后随着全国四级农业科技网的建立与发展，气象哨恢复到上万个，其中有些气象哨在生产上还发挥了积极作用。北京市双桥农场气象站在水稻气象灾害防御和丰产气象条件保障上做出了显著成绩。中国科学院自然资源综合考察委员会与中央气象局气象科学研究所等单位合作，组织了对内蒙古自治区及东西毗邻地区的综合考察。1975年10月，中国农业科学院在北京召开干热风科研协作碰头会，成立了有14个省、市、自治区的20个单位参加的干热风科研协作组，并委托华北农业大学（原北京农业大学）主持。

## 五、农业气象工作的春天

1978年，中国共产党的十一届三中全会作出把党和国家工作中心转移到经济建设上来，实行改革开放的决策。紧接着召开"全国科学技术大会"，明确指出："科学技术是生产力"；"知识分子是工人阶级的一部分"，我国现代化的关键是科学技术现代化。制定了"1978—1985年全国科学技术发展规划纲要"，确定了108个基础研究项目。这次大会解放了中国人民的思想，极大地调动和激发了广大知识分子的积极性，极大地促进了中国科学事业的发展。在这个科学的春天里，农业气象科研与业务工作也迅速得到重建和蓬勃发展。

1978年由中央气象局牵头，有中央气象局气象科学研究所与中国农业科学院农业气象研究所、北京农业大学农业气象系、中国科学院地理所和综考会、南京气象学院农业气象系五个单位联合组织开展了"全国农业气候资源调查及农业气候区划"工作，这是1978—1985年"全国科学技术发展规划纲要"108项中的第一项任务——"全国自然资源调查及区划"的重要组

成部分。从中央试点到全国各地普遍开展工作,历时5～6年,完成了从县级、地区级、省级直到国家级的逐级农业气候、作物气候、各地各种特产、各种农业气候灾害调查报告和农业气候区划、作物气候区划、农业气候灾害区划及各种特种经济作物区划等。这是中国有史以来乃至世界上规模最大,项目最多,种类最全,层次最完整,参加人数最多的农业气候区划工作,也是一项极为重要的摸清资源家底的基础性科学工作。获得了一批珍贵的第一手资料。为国家各级制定农业规划与调整农业结构、为后来的农业气象科研和业务工作走向正确的科学轨道奠定了重要基础。不但取得许多科研成果,还培训了大批农业气象科技人才,促进了农业气象业务和科研机构的恢复与发展,凝集和锻炼了农业气象科技队伍,提高了技术和业务水平。1988年,《全国农业气候资源调查及农业气候区划》获得国家科技进步一等奖。

1977年中央气象局在全国局长会议上形成关于加强农业气象工作的意见,并发至各气象台站。

1978年5月,已下放北京市的中国农科院农业气象研究室恢复原建制。12月中国农业科学院在邯郸市召开了全国农业气象科技规划会议,修订了《1978～1985年全国农业气象科技规划(草案)》,确定了8项重点研究项目,提出要恢复和健全科研机构,加强队伍建设,改善科研条件,组织科研协作,加强情报和学术交流等措施。会议纪要由农业部转发全国农业部门。此后,有十多个省、市、自治区的农科院及热带作物研究所恢复了农业气象研究机构。到1986年全国有农业气象研究机构43个,农业气象试验站67个,专业科技人员3000余人。

1978年11月国务院批准华北农业大学恢复北京农业大学的原校名(1995年与北京农业工程大学合并后称中国农业大学)。恢复高考后,北京农业大学、南京气象学院(后扩大为南京信息工程大学)和沈阳农业大学的农业气象专业的教学工作逐步走上正轨,1979年开始,中国农科院农业气象研究所、北京农业大学、南京农学院、南京气象学院、安徽农学院、华中农学院、西南农学院、江苏省农科院等先后招收了大批硕士研究生。改革开放以后较早(1977—1985)培养的一大批农业气象专门人才大多已成为目前全国农业气象工作的骨干。

农业气象业务工作也迅速重建和发展,到1979年中央气象局在全国选定了338个国家一级农业气象基本观测站。重新编写了《农业气象观测方法》,1980年编绘了《物候图谱》。1981年中央气象局颁发了《农业气象规章制度》。1981～1982年中央气象局组织开展了农业气象工作普查,到1985年有国家级站43个,省级站412个。调整后的农业气象情报站点 增加到587个。经1983年7月起试编,1984年正式编发《全国农业气象旬(月)报》,中断17年之久的国家级农业气象情报服务得以恢复。到80年代中期,从国家、省、地市到县,各级业务单位都已建立起农业气候评价业务工作并逐年编写出版。到1982年底,全国开展各种农业气象预报的台站达到929个,产量预报也逐步开展起来。

1979年10月,中国农业科学院农业气象研究室正式创刊《农业气象》(1987年改名《中国农业气象》)。1981年4月中国农学会农业气象研究会召开成立大会(1994年改名中国农学会农业气象分会),吕炯任名誉理事长,林山为理事长,设立6个学科组,召开了第一届全国农业气象学术讨论会。中国气象学会在1962年成立了农业气象专业委员会,冯秀藻为主任委员。

1979年世界气象组织农业气象委员会在保加利亚召开第七次会议,中国首次参加,代表为冯秀藻、王馥棠。国际科研合作与学术交流陆续开展,日益增多。走出去,请进来。一批批中青年科技人员到国外深造,其中大部分已回国,许多人已成为新一代农业气象业务与学术带头人,中国农业气象事业开始走向世界。

## 第四节 向现代化迈进的农业气象

20世纪80年代中后期以来直到目前,中国农业气象取得了长足的发展和进步。科研工作不断向纵深扩展,不断迈向新台阶和新水平。

改革开放以来的30多年,中国农业气象工作者认真总结了过去所走过的曲折道路,更加实事求是,稳步前进,认识到必须紧密结合中国农业生产的实际;有效地吸收国内外的新理论和新技术,走自己的路。

改革开放以来,国内外交流十分活跃,由于广大知识分子激发了无限的爱国热情,要把"文革"中损失的时间夺回来。系统论、信息论、控制论以及计算机科学和技术、信息技术、卫星遥感技术、地理信息系统、全球定位系统和自动化测试手段等等现代科学理论和现代先进技术广泛运用到农业气象业务和科研中。各种农业气象科技交流会和科技培训班风起云涌。各种有关的科技书籍,译文、译著层出不穷。这些先进的科学理论和技术在中国农业气象领域得到广泛的引用和应用,大大提高了科研和业务工作效率、效果,提高了服务质量和水平,大大促进了中国农业气象现代化的进程。

80年代以前使用的计算工具大多是算盘、乘除计算表或对数表、计算尺,手摇计算机就算是先进的了。90年代以来,计算机软硬件更新换代极快,为农业气象工作和研究处理大量的气候数据和复杂、庞大的农业数据提供了有力的工具,极大地提高了工作效率和研究水平。

20世纪80年代以来,我国自动测试手段发展也极为迅速,先进的数据分析方法、动力学方法、概率论及数理统计方法、运筹学方法,最优化技术,特别是源于控制论的模糊数学方法以及先进的正交试验方法得到广泛应用,数学模型构造方面也有了长足的发展,由原来的定性描述发展到定量分析;由于系统论、信息论、控制论等先进理论和技术的指导与应用,各种新型农业气象信息服务系统层出不穷。大大提高了农业气象科学研究和服务的效率和水平。农业气象业务产品生成和向用户提供服务都得到极大的提高,部分实现了自动化,取得显著的社会的、生态的和经济效益。

研究领域从大田主要粮食作物拓展到农、林、牧、渔各业和产前产后服务业,加强了与地学、农业学科、系统科学、生态学、农业经济等自然科学与社会科学相关学科的相互渗透,试验研究条件也有很大改进。中国农科院、中国气象科学研究院和南京信息工程大学利用人工气候箱和人工气候室开展了各项模拟实验,中国科学院地理所在各生态站建立观测塔,开展了近地气层与作物冠层小气候要素与通量的梯度观测,中国气象科学研究院利用开顶式气室开展了气候变化对作物影响的控制试验。研究手段从以常规仪器和田间试验为主,扩展到充分利用电子化隔测遥测自动监测仪器、人工控制环境模拟、三S技术、作物模式等现代信息技术与生物技术,与发达国家的差距有明显缩小。中国目前拥有由气象部门、农业科研机构、高等院校、中国科学院及相关研究机构等4个方面组成,4 000多人的世界上规模最大的农业气象科技队伍,建立了世界上规模最大和服务内容最丰富的农业气象业务系统,建立了包括中等专业学校、大学本科、硕士点、博士点和职业教育等,层次完整的农业气象教育体系,培养规模世界最大。世界气象组织认为中国的农业气象工作在发展中国家是做得最好的。

# 第五节 农业气象的主要成就

## 一、农业气象业务的拓展与服务效果

**(一)农业气象情报预报业务的规范化与现代化** 1986年组织编写和印发了新的《农业气象观测规范》,内容包括作物、土壤水分、自然物候、畜牧、果树、林木、蔬菜、养殖和渔业、农业小气候等。1994年正式颁发新的《农业气象观测规范》。1987年开始开展了省级粮食总产或主要作物农业气象产量预报业务服务,中国气象科学研究院开展了全国农业气象产量预报业务研究,建立了一套综合运用数理统计模式、农业生物气象模式与遥感监测资料,适合中国国情的产量预报模式和软件。

1983年国家经委开始组织由北京市农科院牵头,与河北省气象局、天津市气象局合作的京津冀地区冬小麦遥感测产研究,后扩大到北方11省、市、自治区,由中国气象局组织协调,气象科学研究院牵头,卫星气象中心、北京市农科院和10省市气象局参加,并于1988年起纳入气象部门业务工作。此后,遥感在农业气象业务中的应用逐步扩大到作物长势与灾害监测、产量预报、生态环境评价等许多领域,取得一大批科研成果和巨大的经济效益。1987年以后,森林火险气象预报也在全国开展起来。1989年5月,将国家级基本站网由2 342个调整到402个,省级观测站由412个减少到317个。实行观测资料、情报分析和预报(包括气象卫星综合测产)三网合一。

1985年国家气象局在全国农业气象工作会议上提出"加速建设具有我国特色的农业气象业务、服务体系,逐步实现科技现代化"。1989年以后,逐步建立了省级农业气象数据库。1991年起,运用现代信息技术和装备,在全国开展了农业气象监测和情报预报服务系统建设,并实现了国家农业气象中心与省级农业气象实体联网,具有自下而上传送观测资料和自上而下送指导产品的双向传递功能,做到农业气象信息快速收集、传输和服务查询制作自动化、多样化。90年代在各地农业气象试验站配备了先进仪器,包括测定土壤水分的中子仪和TDR、农田小气候综合遥测仪、光合有效辐射仪、光谱仪、土壤蒸散仪等,农业气象地面监测现代化系统于1995年基本完成了建设任务。中国气象局还在河北省固城建立了国家级的农业气象试验基地。中国农科院已将全国若干野外农业试验基地联网,能将农业气象要素观测与作物实况图像通过互联网远程视频传输。

各地充分利用现代通信工具开展多种形式的农业气象咨询服务。传播方式有电视、广播、报纸、网络等,近几年手机短信服务异军突起,特别是在防灾避灾中发挥了不可替代的作用。

各地气象部门还将3S(遥感、地理信息系统、全球定位系统)技术组合应用于国土资源综合调查与生态环境监测评估,取得了突破性进展,一些省、市、自治区编制了1km$^2$乃至更小网格的精细化农业气候专题区划。

**(二)农业气象业务工作取得显著的社会经济效益** 中国气象局建立了包括农业气象旬(月、年)报、专题报、灾情报和产量预报等项目,比较完整的农业气象情报预报业务系统,王馥棠等主持的农业产量预报研究获1987年国家科技进步三等奖,李郁竹等主持的全国冬小麦遥感综合估产研究获1991年国家科技进步二等奖,为气象部门正式开展农业气象产量预报业务提供了理论与方法基础。1987年大兴安岭森林大火以后，气象部门主动与林业部门合作，开展了全国森林火险气象服务，并从东北林区扩大到全国。此项业务综合运用了气象卫星遥感、地面气象观测、林场实地观测与火险气象模式，能够早期监测森林火险及初起火点，为1987年以后未再发生特大森林火灾和一般森林火灾的早期监测和扑灭做出了重要贡献。90年代初运用现代信息技术建立的国家级农业气象情报业务服务系统实现了农业气象信息快速收集、传输和服务产品制作自动化多样化，1994年获国家气象局科技进步二等奖。各省、市、自制区也先后建成了现代化的农业气象情报系统。2008年中国气象局与农业部种植业司签署了合作协议，共同组织农业气象灾害考察和农情会商，提供决策咨询。

各地农业气象试验站和农业气象基本站积极参与当地的农业科技社会化服务体系，据1990年代不完全统计，有14个农业气象试验站主持到4项为当地生产服务的课题获得省或国家气象局的奖励。90年代初期还开展了建设农村气象服务网的工作，到1994年，全国已有1/3以上的县建成信息能及时到达乡镇一级的气象科技服务网，有近10万台气象警报接收器。近年来，各地气象台站普遍开展了手机短信农业气象灾害预警服务。

各地开展的农业气象专题服务有许多案例创造了显著的经济效益与生态效益。如河南省气象局黄淮平原土壤水分预报及农田节水灌溉服务，研制了黄淮平原土壤水分预报模型，建立了小麦～玉米相衔接的周年性土壤水分预报服务系统和黄淮平原农业干旱预警服务系统。省、市、县三级气象部门通过农业气象周报、旬报、月报、土壤水分监测公报(每旬1次)和农业干旱预报(每旬一次)等农业气象业务产品形式为各级政府部门提供定期服务；通过电视天气预报、“12121”农业气象信息、农业实用技术讲座、报纸、网络和其他传媒手段向社会公众发布农业气象灾害预警、灌溉决策建议、农业生产建议、干旱防御措施、灾情评估等；制作“干旱综合防御措施明白卡”直接发放农户；2006—2007年在黄淮平原的河南、山东、安徽、江苏四省选择典型地区推广各项节水农业技术，面积6.7hm$^2$以上。8个示范点的小麦、玉米平均分别增产6.07%和6.81%，节约水资源约7 737.7万m$^3$。又如宁夏回族自治区气象局在年降水量仅200多mm的中部干旱带进行砂田西瓜种植示范并开展农业气象服务，向地方政府和农民提供种植区划、土壤墒情监测分析、适宜播种期、人工补水保苗作业、应急防霜和全国主要销售城市天气预报等服务，减少了盲目种植、销售和气象灾害造成的损失。内蒙古巴彦淖尔盟土壤返浆是影响春小麦播种的主要障碍，盟气象局根据试验确定合理播种期的指标，开展了春小麦播种期渍害预报服务，通过纸质材料或电子文档向党政机关和有关部门领导及业务人员传送，涉农单位业务服务人员再将气象信息传递给农户；通过麦播现场会直接介绍给农民；同时通过广播电台、电视台、报纸等媒体向更多受众传播。由于做到了及时播种，在春潮严重发生年未受明显损失。

## 二、农业气象科研取得丰硕成果

### (一)农业气象学基础研究取得进展

1. *学科理论体系的建设*　20世纪80年代以来，中国农业气象工作者对学科的理论和技术体系进行了全面的梳理，先后编写出版了《中国农业百科全书农业气象卷》、《中国农业气象学》、《中国农业气候学》、《中国的气候与农业》(分中、英文版)、《中国林业气象学》等国家级的农业气象学专著，并于1993年编辑了《农学名词》的农业气象分支条目共286条，2009年在第二届科学名词审定中修订扩展到600多条并增加了释义。各高校编写出版了刘汉中、韩湘玲

等主编的《农业气象学》、《农业气候学》等一系列农业气象专业教材，完全摆脱了50年代到60年代初期基本照搬苏联教材的格局，形成了具有中国特色农业气象学科理论体系的框架。

2. 农业小气候研究及应用　农业小气候学和农业生物气象学是农业气象学科的基础理论。80年代以来，针对中国农业生产中间套复种“立体农业”、群体结构设计与优化、节水农业、设施农业发展中的小气候问题及山区地形气候等，开展了大量研究。在农田小气候领域，中国科学院地理所从农田热水平衡研究发展到农田水热传输、农田生态系统物质能量交换、SPAC系统物质能量传输、湍流传输重点混沌理论，群体结构到产量形成重点负熵流理论，高产栽培中各要素的协同理论等方面进行了探索。2009年《农业小气候学》出版。

中国农科院在现代生物技术环境调控领域，中国气象局各地农业气象机构在特色农业小气候调控的理论与技术方面都取得了不少进展，研究内容从农田和防护林扩展到温室、大棚、地膜、秸秆覆盖、遮阳网、畜舍、鱼塘、贮藏等众多领域，调控手段包括设施、植被营建、耕作、冠层与株型设计、覆盖技术、化学制剂等，特别是70年代以来地膜覆盖、日光温室和遮阳网在我国设施农业上大面积推广，极大地促进了蔬菜、果树、花卉、药材等园艺业和畜牧养殖业的大发展，有关研究成果为农业设施的小气候合理调控，争取高产优质高效提供了依据和气象保障。

中国科学院地理所于沪宁、于强等1982—1992年在北京大屯试验站，采用先进的测试仪器，开展40多人的大规模农田小气候观测；1993—2004年在栾城农业现代化研究所继续进行了又一个10年的农田小气观测，在这之先的1980—1982年还做了三年预研究，总共长达23年之久。进行了农田生态过程、辐射效应、二氧化碳传输等基础研究；研究内容包括协同、混沌和有序性等基础理论问题、节水农业应用基础；水分和二氧化碳传输、作物水分胁迫机制在节水农业中的应用、光能利用率等基础研究，取得一系列重要成果。于沪宁、刘昌明撰写了“以水为中心的农业生态研究”；“农业气候资源分析与利用”等著作和百余篇科学论文。

3. 农业生物气象研究　在农业生物气象学领域，中国农业气象工作者在引进、消化、吸收国外作物模式的同时，也开始进行原创性研究。以高亮之“水稻生物钟的叶龄模式”为代表，一批具有比较坚实理论基础，具有中国特色的自主原创作物模式先后研制并在生产上得到应用。动物、果林、鱼类、养虫业与气象的关系一直是我国农业生物气象研究中的薄弱环节，80年代以来，结合发展高产优质高效农业就结构调整的需要开展了一系列研究，出版了《家畜气候学》、《中国森林气象学》、《水产气象》等著作。

（二）农业气候资源开发利用　20世纪70年代末到80年代，在50年代竺可桢率先提出光能潜力理论的基础上，把温度、水分和土壤肥力等因素引入，建立了比较完整的光合生产潜力、光温生产潜力、作物生产潜力的理论体系，为科学编制农业气候区划和开展农业气候资源开发利用工作奠定了一定的理论基础。中国气象局气象科学研究院与有关省的农业气象机构开展了综合应用“三S”技术和构建气候学方程进行山区地形气候规律的研究，取得了丰硕的成果，已能编制出公里网格的精细化农业气象区划。崔读昌等编写出版了《世界农业气候与作物气候》，提供了世界农业气候图集和作物适宜性区划。魏淑秋在引进国外气候相似理论的同时，总结了国内外经验，创造性地提出“生物气候分布滑移过程相似”的分析方法，变指标相似为过程相似，走出了传统区划相似比较的4个误区。并建立了“生物适生地分析系统”和一些针对玉米、烟草等专题适生地分析系统等。为农业生物和优良品种的引种和区划及合理布局提供了科学依据。1994年，魏淑秋等著述了“中国与世界生物气候相似研究”一书。2007年起，中国农科院农业环境与可持续发展研究所梅旭荣主持的“中国农业气候资源数字化图集编撰”被列为国家科技基础性工作专项。

20 世纪 50 年代初，中国科学院江爱良参与橡胶种植带北移的研究，利用地形气候差异在云南等地发现适宜的种植区域，破除了国际上断言北纬 18 度以北不能种植橡胶的神话，为打破帝国主义的物资封锁做出了贡献。

1978—1983 年，开展了全国规模的“农业气候资源调查与区划研究”，以程纯枢为代表的 15 位科技工作者获 1988 年国家科技进步一等奖，为我国农业的合理布局和自然资源开发利用提供了科学依据。促进了区划工作由区划向规划和向实用技术的转化。张养才、沈国权等完成的亚热带丘陵山区农业气候资源开发利用研究提出了山区农业气候资源的立体层次概念和立体农业开发策略，利用坡向种植反季节蔬菜和利用冬季逆温等，均取得显著经济效益，获 1991 年国家科技进步二等奖。

在 20 世纪 90 年代的农业气候区划更新工作中，各地应用现代信息技术做出精细化的区划，如东北针对气候变暖后出现的盲目引种偏晚熟品种导致冷害抬头的问题，按每 100℃·d 等值线绘制了积温分布与品种区划图，实现了主要作物品种的合理布局。内蒙古气象部门研制的兴安盟玉米及其品种布局气候咨询服务系统软件，可以向不同用户提供操作简单、界面友好的作物品种布局气候咨询，所提出品种调整建议的试验比当地原有品种布局每公顷增收 592.52 元。江西省气象局研究了种植脐橙的适宜气候指标，应用三 S 技术和野外考察编制了精细化的脐橙气候适应性区划和可种植土地利用类型区划，在此基础上实现了气候—土地利用综合区划，可细化到每一面山坡，由于充分利用了地形气候资源和积极开展脐橙种植过程的气象服务，使脐橙成为赣南的优势产业。

**(三)农业气象灾害与减灾对策** 20 世纪 50 年代到 60 年代的农业气象灾害研究主要围绕霜冻和干旱，70 年代扩展到干热风、冷害、寒露风、湿害和小麦冻害等，80 年代以来扩展到大农业各产业的几乎所有主要农业气象灾害。在对策研究方面从主要依靠传统农艺技术发展到组装防灾减灾的综合配套体系，并广泛应用现代生物技术、信息技术和物理、化学调控技术，从主要着眼于抗灾转变到风险评估、预测、预警和调控技术，从减灾技术扩展到应急管理，并初步构筑起农业灾害学的理论和技术体系的框架。农业气象减灾方面代表性的著作有张养才、何维勋、李世奎主编的《中国农业气象灾害概论》、信乃诠主编的《北方旱区农业研究》、王春乙主编的《重大农业气象灾害研究进展》、郑大玮主编的《农业灾害学》、《农业减灾实用技术手册》以及《冬小麦冻害及其防御》等。由秦大河、丁一汇院士主编的气象灾害丛书全套 21 本已在 2009 年出版，其中多数分册由农业气象工作者主编或参编。

气象部门的农业气象灾害监测与预报水平有很大提高，各地都在所编制的主要气象灾害应急预案中确定了各级预警标志的相应指标和及响应行动。同等强度的台风，近 10 年来因灾死亡人数大幅度下降；发生同等程度旱、涝等气象灾害的因灾减产幅度也有明显下降。

干旱是对农业生产影响最达到气象灾害，尤其是北方。气象部门开展了华北农业干旱综合应变防御技术研究，安顺清、朱自玺等完成的“华北平原作物水分胁迫与干旱研究”1990 年获国家科技进步二等奖，已成为华北平原小麦玉米生产的有效节水增产措施。中国农科院信乃诠、梅旭荣主持，有北方 8 个试验区参加的“北方旱农区域治理与综合发展研究”经过四个五年计划的持续努力，建立起北方旱地农业抗旱减灾的技术集成体系，取得十多亿元的经济效益，2001 年获国家科技进步二等奖，各试验区还先后获得省部级一二等科技奖励数十项。80 年代小麦干热风防御技术研究获国家科技进步三等奖，北方冬小麦冻害防御措施研究在北方

8省、市自治区减少小麦损失的经济效益2亿多元，两次获得农业部科技进步二等奖和多项省级奖。此外，在东北冷害、南方柑橘冻害、长江流域小麦湿害、水稻寒露风等灾害的发生规律与防御技术研究方面也取得许多成果，获得多项省部级科技进步奖。

在“九五”、“十五”前期研究基础上，由中国气象局主持，中国农科院等单位参加，国家“十一五”科技支撑计划设置了“农业重大气象灾害监测预警与调控技术研究”重点项目，在北方农业干旱、低温冷害、南方寒害、长江中下游高温热害、森林火灾、南方季节性干旱、霜冻等灾害的监测与调控技术方面都取得了显著进展，为实现重大农业气象灾害实时监测、动态预警、综合调控和业务服务提供了科学基础，必将显著提升农业气象防灾减灾的保障能力。

地方气象部门与农业科研机构开展防灾减灾的农业气象服务和技术咨询，涌现出许多成功的范例。如江苏省农科院通过挖三沟降低稻茬麦田水位防治湿害。北京市农科院调查了主要作物推广品种所需积温，编制出不同日期下透雨解除旱情后能够种植的作物与品种；邓根云通过不同播期试验，发现浅山区在同等栽培条件下以5月下旬到6月上旬播种的玉米作物生产潜力最高，建议缺乏灌溉水源的易旱山区春播要准备二三套不同熟期的品种，根据旱情分别采取抢墒播种、抗旱播种和等雨播种的不同策略。河北省气象局通过试验观测确定了日光温室内黄瓜、西红柿和叶菜类等发生低温寡照灾害的关键农业气象指标，根据前期气象条件和未来天气预报开展了日光温室低温寡照灾害的监测预警并提出措施建议，提供生产部门组织农民采取防灾措施，或通过互联网、手机短信、电视天气预报节目和电话等直接通知到农民。近年多次服务累计面积20万$hm^2$，经济效益1.2亿元以上。2007年12月下旬出现连续阴雾天气，农民根据气象预警，采取延长草苫覆盖时间、清洁棚膜、中午前后适当揭苫补光等防护措施的，蔬菜产量损失减少50%以上。宁夏气象局研究了枸杞黑果病发生和爆发流行的农业气象预报方法，建立了枸杞炭疽病发生程度的早期(果实成熟前1个月以上)农业气象预报模型和短临(5～7天)农业气象预警模型，并开发了综合防治技术，仅2007年的准确预警和及时防治就使宁夏枸杞产业避免病害损失5.4亿元左右。

**(四)气候变化与农业对策研究** 20世纪80年代后期以来，气候变化对农业的影响及对策逐渐成为农业气象研究的一个热点。中国农科院农业气象研究所在2002年改称农业环境与可持续发展研究所后，专门设置了气候变化研究室，与中国气象局一道积极参与了国家有关气候变化对农业影响和对策以及相关的国际环境外交工作，并与美国环保协会合作成立“农业与气候变化研究中心”，目前正结合有关国家科技支撑计划项目组织编制适应气候变化的国家方案。林而达主持“全球气候变化对农业、林业、水资源和沿海海平面影响和适应对策研究”1998年获国家科技进步二等奖。中国农科院还研究了包括动物$CH_4$和$N_2O$、稻田$CH_4$、农田$N_2O$的排放规律，编制出1990和1994年中国动物和动物废弃物温室气体排放清单，并探索了畜牧业减排的技术途径。中国气象科学研究院不同GCM模式输出合成气候背景下我国植被与种植制度分布的格局，并在固城基地进行了OTC-Ⅰ型开顶式气室不同浓度下$CO_2$、$O_3$、$N_2O$等温室气体对作物影响的实验。中国科学院大气物理所黄耀等研究了中国稻田甲烷排放的规律。南京信息工程大学应用气象学院郑有飞等进行了紫外辐射UVB增加对作物影响的研究。

“十一五”中国农科院农业环境与可持续发展研究所林而达等主持了国家科技支撑重大科研项目“全球环境变化应对技术研究与示范”的02课题“气候变化影响与适应的关键技术研究”，并与中国农业大学农业气象系、中国林科院森林生态环境与保护所分别承担了其中农业、牧业和林业部分。中国气象局、中国农科院和中国科学院有关科技人员参加了《气候变化国家评估报告》和《应对气候变化国家方案》的编制工作,为国家应对气候变化的宏观决策做出了重要贡献。

各地农业科研机构和气象部门自80年代以来研究和采取了一系列适应气候变化的农业对策,其中效果比较显著的有:四川省针对盆地中东部丘陵区干旱加重冬水田难以保持水层,提出"水路不通走旱路",大力发展小麦、红薯、玉米等多种形式的旱三熟制,取得显著的减灾增产效果。90年代初期针对气候变暖后黄淮海平原棉铃虫危害加重和日照减少的趋势,实施棉花主产区西移的大战略,取得了良好效果。东北充分利用气候变暖后热量资源增加的有利条件和运用一系列促早发早熟措施,在生产上使用熟期更长的品种,东北之所以成为我国最大的粮仓,与气候资源的充分合理利用不无关系。气候变暖也使华北平原的夏玉米生产得以巩固和发展,小麦品种冬性的适度降低也具有一定的增产效果。南方季节性干旱的防御措施一直和薄弱,随着气候变化,江南的高温伏旱有加剧趋势,近年来四川和湖南等地研究了季节性干旱的发生规律和抗旱措施,初步构筑了技术体系。

### 三、农业气象教育事业的发展

目前全国以农业气象为主要内容的应用气象专业有中国农业大学、南京信息工程大学(前南京气象学院)、沈阳农业大学三所大学拥有师资60余人,每年招生近百人,自1956年设立农业气象学专业以来共培养3千多名毕业生,其中2/3以上是改革开放以后培养的。全国多数农林高等院校和部分农林和气象中等专业技术学校设有农业气象课,专任教师估计有上百人。中国农业大学、南京信息工程大学和中国农科院农业环境与可持续发展研究所分别设有以农业气象为主要内容的"气候资源利用与农业减灾"、"应用气象学"和"作物气象"等博士点,中国科学院、南京农业大学和其他农业院校或科研机构也在气象学、地理学、农学或生态学等博士点中有农业气象研究方向的招生。上述三所院校、中国农科院和各地部分农林高等院校还先后建立了以培养方向为农业气象的十多个硕士点,先后培养数百名硕士和数十名博士。中国气象局原北京气象学院改为培训中心后,负责对全国农业气象工作者进行定期或不定期的在职专题培训。

### 四、广泛开展了农业气象学术交流与国际合作

中国农学会农业气象分会在1985年、1989年、1994年、2004年先后召开会员代表大会并换届,自首届理事长林山之后,何广文、高亮之、信乃诠和梅旭荣先后当选为第二至第五届理事长。中国气象学会农业气象学委员会改名生态与农业气象学委员会后,现任主任为申双和。两个学会都组织了大量的学术活动。

2007年《中国农业气象》由季刊改为双月刊,版面扩为大16开。

改革开放以来,农业气象国际交流与合作日益活跃。自1979年冯秀藻和王馥棠首次参加世界气象组织(World Meteorological Society, WMO)农业气象委员会(Committee of Agrometeorology, CAgM)在保加利亚召开第七次会议以后,中国代表参加了历次届会,沈国权、郑大玮、王石立、赵艳霞、翟盘茂先后担任作世界气象组织农业气象委员会核心的咨询工作组成员。1987年和1993年中国农学会农业气象分会先后组织了两次农业气象国际学术研讨会,2008年2月中国气象局与世界气象组织农业气象委员会在京联合举办了农业气象灾害国际

研讨会。此外，各单位还组织了多次专题性的农业气象国际学术活动，并积极参加国外的重大农业气象学术会议。1995 年在国际生物气象学会支持下，在北京召开了“环境与生物气象学”国际学术研讨会。

各农业院校、气象院校和农业气象科研机构先后派出上百人次出国进修和交流，其中不少人获得国外博士或硕士学位，有些已成为国际著名的农业气象学家，南京气象学院 1982 年毕业的陈镜明于 2006 年被评为加拿大皇家科学院院士。南京信息工程大学应用气象学院还承担了世界气象组织委托的国际农业气象培训任务。80 年代中期汪永钦被推荐为世界气象组织专家援助马达加斯加建立农业气象业务系统。由中国国家减灾委员会和联合国国际减灾战略合作建立的国际减轻旱灾风险中心 2007 年 4 月 2 日在北京成立，主要职能是加强世界各国和地区间，尤其是亚洲国家和地区间在减轻旱灾风险方面的合作，推动各国和各地区的干旱减灾能力建设。2009 年中国农业大学等单位承担了该中心与国家减灾中心委托的《中国减轻旱灾风险报告》的编制工作。

世界气象组织农业气象委员会前主席 Stigter 自 1997 年以来、先后 10 次来华访问和考察，认为中国的农业气象工作具有特色，与西方国家相比更值得其他发展中国家借鉴。2007 年底中国气象局设立“中国农业气象服务典型案例总结”业务项目，由气象科学研究院马玉平主持，在 Stigter 教授指导下，总结了河南、江西、河北、内蒙古、宁夏等 5 个省、自治区的 10 个农业气象服务典型案例，并翻译成英文。2000 年 Stigter 发起成立了以网上活动为主，主要面向发展中国家的“国际农业气象学会”(International Society of Agrometeorological, INSAM)，中国会员现有 50 余人，李春强、魏玉荣等先后参加了近年该学会组织的农业气象业务范例竞赛并获奖。

## 第六节 农业气象发展的展望

### 一、农业发展形势与需求

由于农业生产的对象是生物和主要在露天生产，使农业成为对环境气象条件最为敏感和依赖性最强的产业部门，从事农业生产和经营，不能不研究气象与农业的关系。

特别是近几十年全球极端天气与气候事件不断发生给农业生产造成了很大的损失，全球的气候变化趋势更对未来的农业可持续发展带来巨大的潜在威胁，越来越引起世界各国的关注。社会需求是农业气象学科发展的根本动力。我国农业气象学科在近几十年虽然经过一些曲折，仍然取得了很大发展，总体水平稳居发展中国家的前列，在气象为农业生产的服务效果上处于世界较先进水平。但我国的农业气象工作的起点仍然较低，基础理论研究比较薄弱，对农业发展新阶段的市场需求和建设社会主义新农村的需要还很不适应。根据国家制定的中长期科技发展规划的精神，我国农业气象学科也应确定自身的发展战略和制定相应的发展规划，力争到 2020 年在农业气象业务体系建设和气象为农业服务的效果方面达到同期的国际先进水平，同时在与国情密切相关的若干农业气象基础理论研究领域取得重要突破。到 2050 年在农业气象业务、技术、仪器装备和基础理论研究等方面全面赶超世界先进水平。

中国在改革开放 30 年来经济发展迅速，正在满怀信心地向着在 21 世纪前期全面建成小康社会和在 21 世纪中期基本实现现代化的宏伟目标前进。但我们也要清醒地认识到，我国的经济、社会发展水平与发达国家仍有很大的差距，并将长期处于社会主义的初级发展阶段。特别是城乡分割的二元社会经济结构严重阻碍着经济效益的提高和社会的全面发展。在由基本解决温饱到初步实现小康，快速工业化与农村人口城市化的经济发展阶段，通常也是社会矛盾及人与自然的矛盾相对尖锐化的发展阶段。特别是对于绝大多数人均自然资源的数量都明显低于世界平均水平的中国，人口与经济总量的迅速增长与资源短缺和环境容量有限的矛盾非常突出，全球变化更加剧了这一矛盾。由于人类大量排放温室气体导致的气候变化已成为全球十大环境问题之首，农业气象应该为中国农业的减缓和适应气候变化，确保农业的可持续发展做出贡献。

我国人均农业自然资源，特别是水土资源明显短缺，加上农业的超小规模经营，对农业的机械化、现代化和农民增收极为不利。农业自然条件和生产条件的这些特点，决定了中国农业必须十分珍惜水土资源，而实现水土资源高效利用的基本途径之一是充分合理利用农业气候资源并实现其与农业水土资源的优化配置，通过提高复种指数、精耕细作、发展精准农业、设施农业和名特优产品，可以在一定程度上弥补水土资源不足的弱点。

与其他农业技术不同，农业气象技术服务尤其强调及时，尤其是防灾减灾机不可失和农事活动不可误农时。与其他社会化服务体系相比，农业气象服务系统的信息化水平较高。目前许多地区的农业象信息服务已深入到基层农村和农户，促进了农村合作经济组织的发展和农民科技素质的提高，农村气象服务网络已成为许多地区社会主义新农村建设的一项重要内容。随着社会主义新农村建设的深入开展，农业气象学还要为农村基础设施，农村安全减灾、农舍节水节能、改善农村环境质量和提高生活质量提供服务。

农业是国民经济的基础，农村是中国社会稳定的基础。由于长期以来的二元社会经济结构造成的后果和目前处于社会转型期，城乡收入差距过大，农民增收缓慢。今后一个时期随着农村人口的加速城镇化和非农化，还会产生一些新的社会问题。因此，中央已把“三农”问题作为当前全党工作的重中之重。农业关系到国家安全和社会经济的可持续发展，主要体现在生态安全、食物安全、能源安全和社会安全等诸多方面。农业气象在这些方面都能够发挥积极的作用。

## 二、未来我国农业气象科学的重大问题和学科发展任务

未来我国农业气象科学的重大问题可概括为 12 个方面。

其一，农业气候资源高效利用与食物、能源安全。

其二，农业气候资源生产潜力评估与农业结构调整及产地优化布局。

其三，主要粮食作物高产优质高效生产的农业气象保障。

其四，中国与世界短期气候预测、产量预报及农产品贸易对策。

其五，气象能源、生物能源生产与气象条件的关系及调控原理。

其六，农业气象在现代生物技术开发中的应用。

其七，农业气象减灾与生态安全，包括：①主要农业气象灾害的发生机制、减灾对策、预警预报与补救技术；②农业气象灾害的风险管理与农业灾害保险；③农业气象学与水土保持及土地资源高效利用；④有害生物入侵与气象的关系及防治对策；⑤气候鉴定在农业工程、生态安全及生物多样性保护中的应用。

其八，农业气象学在应对水资源危机及高效用水中的作用，包括：①农业气象在农业节水中的应用；②农业气象学在旱作农业中的应用；③农业气象在非常规水资源开发利用中的应用；④农业气象在流域水资源优化配置与高效利用中的应用。

其九，生物气象与特色农业，包括：①生物气象基础指标鉴定与生物气象模式创建；②植物生物气象原理与发展特色农业；③动物生物气象原理与畜牧气象服务；④鱼类生物气象原理与渔业气象服务；⑤昆虫生物气象原理与虫害预报；⑥微生物生物气象原理与发展微生物产业。

其十，农业小气候调控与设施农业及农业产业化，包括：①农田小气候与调节改良；②林地小气候与调控；③设施小气候与设施农业；④地形气候与气候资源利用；⑤农机作业与农事活动的气象要求与调控技术；⑥农产品运输贮藏加工中的小气候调控。

其十一，气候变化对农业的影响与对策，包括：①气候变化对作物、林木和动物生理的影响；②中国与世界农产品产量与市场的影响及贸易对策；③农业源温室气体排放规律、清单编制与减排技术途径；④农业生物与农业系统对于气候变化的适应原理及调控措施；⑤不同气候区应对气候变化的农业适应对策研究；⑥气候变化对中国农业气象灾害产生的影响与减灾对策；⑦农业气象与低碳农业建设。

其十二，农业气象与农业信息化现代化，包括：①三S技术在气候资源保护、利用中的应用；②农业气象环境要素的精确遥测与隔测技术；③作物模式在产量预报、精准农业管理和农产品贸易中的应用；④农业气象灾害与农业生态环境可视远程自动监测预警系统建设。

## 三、需要采取的保障措施

面对21世纪初期全面建成小康社会和在中叶基本实现社会主义现代化的战略目标和建设社会主义新农村，实现农业现代化的历史任务，目前我国农业气象学科的状况在许多方面还不能适应形势，需要采取以下措施。

第一，稳定机构与队伍，积极开展协作，科研、业务、教学、推广形成良性互动的有机整体。

第二，加强农业气象观测试验网络建设，重视基础性技术工作。

第三，加快引进国际先进仪器设备的国产化和国产仪器的创新研制。

第四，大力开发调控农业小气候与减灾的物化实用技术。

第五，农实现业气象信息资源共享与提供向农民服务的有效手段。

第六，制定鼓励农业气象科技人员深入生产第一线的政策。

第七，引进人才和加快农业气象科技队伍建设，培养一批国际一流的农业气象学术带头人。

第八，中国农业气象科技要走向世界，积极参与国际农业气象交流与合作，促进世界农业气象事业的发展，特别是为促进发展中国家的农业气象事业发展做出贡献。

## 参考文献


[1] 中国农业科学院编著．农学基础科学发展战略．北京：中国农业科技出版社，1993.

[2] 秦大河主编．中国气象事业发展战略研究．北京：气象出版社，2005.

[3] 中国农业百科全书农业气象卷．北京：中国农业出版社，1986.

[4] 中国农业科学院主编．中国农业气象学．北京：中国农业出版社，1999.

[5] 中国农学会农业气象分会．农业气象学科发展战略与规划．2006.

[6] 温克刚．中国气象史．北京:气象出版社,2004.

[7] 崔读昌,徐师华．中国农业气象现状、任务和发展趋势．中国农业气象,14(1).

[8] 林而达,张厚宣,孙忠富,等．创新是农业气象所生存和发展的必然．中国农业气象,24(1).

[9] 王馥棠．中国气象科学研究院农业气象研究 50 年进展．应用气象学报,17(6).

[10] 王春乙,张雪芬,孙忠富,等．进入 21 世纪的中国农业气象．气象学报,65(5).

(作者:郑大伟 中国农业大学教授,魏淑秋 中国农业大学教授)

# 第三十二章　农村庭院经济

我国农村庭院经济几千年来，特别是新中国成立60年以来，经过兴衰沉浮的变化，之所以能在今天却又如雨后春笋般地发展起来，某些省、自治区、直辖市，如山东省的庭院经济已与大田、乡镇企业成为三足鼎立之势，则是因为它有强大生命力。随着我国经济的迅速发展，加快实现全面小康社会现代化的要求以及国际农业生态优化、可持续发展的趋势，深信我国农村庭院经济还会向深度和广度发展，呈现光辉灿烂的前景，凸显出我国辉煌的农业之一的文明。

## 第一节　农村庭院经济概念

### 一、农村庭院

**(一)农村庭院的界定**　农村庭院是农户居住地空间，即指目前合法的农户宅基地。它是农户生产、生活的载体。它与其周边相邻的基地空间，即宅基地以外的空间，不能算为其宅基地空间。但有些地方把与宅基地相连的自留地、集体的空隙地、林地、菜地、池塘或场坊等空间，甚至还有农户把一部分耕地划入自己的庭院内，发展庭院经济或作他用是不合法的。

**(二)农村庭院的产生与发展**　农村庭院起源有悠久的历史。原始社会中期人类不论是居住于洞穴或是树枝之上、茅草之内或是石屋之中，只要他们定居下来，就形成了居住较为固定的空间，这个空间就是其庭院，它标志着文明的发展与进步。随生产力的发展，由以洞穴、树枝、茅草、石块为材料的原始型庭院建筑，向以土、砖、瓦、石为材料的传统型(即土木、砖木结构)再向以钢筋、水泥、玻璃、铝合金等为材料的现代型庭院建筑发展。其功能由生活发展到生活与生产相结合，将来必向以生活为主或纯生活的庭院空间发展变化。

**(三)农村庭院的现状及存在的问题**　由于我国幅员辽阔，人口、民族众多，当前农村庭院人均相对面积较小，又由于国力、村力、户力不够强，建筑材料多以土、砖、木、瓦为主；建筑形式由于自然条件、生活习惯、地域差异形成了丰富多彩的民族风格多形式的类型。在南方最常见的是平房住宅，布局的基本形式是三间房。在北方，多为独门独户。东北地区由于冬季寒冷多为“一把火”的连锅炉，一字排开。黄土高原沟壑区多为联排式或独居式的窑洞。内蒙古草原地区多为蒙古包，但当前愈来愈多的牧民居于屋内。

当前农村庭院存在的主要问题：一是农村庭院数量多(2亿4千多万户)，传统下来的庭院面积户与户间差异较大。经过村规划的地方户与户间庭院面积做了调整，但南方与北方，山地与平原，牧区与渔区，发达区与不发达区户间面积仍存在较大差异。二是农村庭院独立自主性较强，盖新房，扩宅院，侵占集体土地等不少。三是相当多的农村庭院厕所、猪圈、牛棚、马厩、鸡舍等在露天之中，形成庭院脏、乱、臭的污染源。四是农村庭院建设的资金短缺。五是某些地区宅基地产权不清等问题。

## 二、农村庭院经济

**(一)农村庭院经济的概念** 庭院经济是家庭成员生产、交换、分配、消费的经济活动总称。自古以来它作为社会物质生活传统的经济发展形式,但人类进入奴隶社会以后,生产力不断发展,劳动产品有了剩余,产生了私有制,出现了市场商品交换,农村庭院经济从起源到1949年中华人民共和国成立长达2000多年的进程中,多以副业为主,建国后随生产力发展,庭院经济先是第一产业(养殖业、种植业),其后是第二、第三产业,这是我国庭院经济发展的客观存在,也是其发展的必然。新中国的60年来,尤其是改革开放的30年,农村庭院经济有了较快较大的发展,其地位与作用随其发展越来越被重视,其地位越来越提高,作用越来越大、越来越重要。现阶段,我国不是发达的国家,也不是比较发达的发展中国家,而是具有13亿人民、近8亿农民、4亿多劳动力、2.4亿多农户的农业大国。与此同时,我国是一个社会主义国家,实现农业现代化则是国家的决策。为实现农业现代化建设全面小康社会、必须解决巨大的农业现代化资金来源,4亿多农村剩余劳动力出路,我国的国情国力和国家的决策,就又决定了现阶段发展农村经济的必然性。

农村庭院经济不是静态的,而是动态的,随客观的变化而变化,随生产力的发展而发展,其发展的总趋势是:我国不论南方或北方,东方或西方都是从低级向高级,由粗放经营到集约经营变化着、发展着。

**(二)农村庭院经济发展的必要性** 农村庭院经济的产生、存在与发展,不是以人的意志而转移的,除上述生产力决定外,还决定于客观的需要,包括国家、社会、集体、农民诸方面的需要,国家需要全面小康社会、新农村和农业现代化建设,社会需要粮食与非粮食食品,特别是肉类、蛋类、菜类、油类等副食品,生产与生活资料,农民需要居住空间和增收致富,积累资金扩大再生产。由此,它们具有存在与发展的必要性。在"人民公社"与"十年文革动乱"之中,虽当作"资本主义尾巴"割来割去,"资本主义温床"砸来砸去,"资本主义的道路"堵来堵去,终究还是没有割掉、砸毁、堵住,相反其生命力更强大,并且在某些地区它已成了农民增收的主要来源,社会集体经济发展的主动力和国家农业现代化的重要组成部分。

**(三)农村庭院经济的特点** 农村庭院经济既不同于大田经济,又不同于乡镇企业经济;既不同于城市庭院经济,又不同于农村经济,它具有明显的特点。其特点概括为以下5个方面。

1. *生产的完全独立自主性* 在我国随人民公社的解体,以家庭为主的联产承包责任制的推行,在经营形式由过去高度集中统一的经营形式改为统分结合的双层经营体制后,作为庭院及其生产经营是完全独立自主的,生产者与决策者是完全统一的。

2. *资源利用与生产要素配置的合理性* 在农村庭院经济发展效果较好的农户,不论从第一产业或第二、第三产业,对之投入的生产要素的合理性和资源配置的优化性,均比大田高,特别是对庭院的时间、空间和能量(简称为时空能)的利用与组合较之大田尤为合理和充分,效益也随之成倍增加。

3. *经营方式集约性* 在合理布局农村庭院有限的土地基础上,充分投入"两个剩余",即剩余的劳动力和剩余的劳动时间,充分投入资金,以扩大庭院经济的再生产,获取较好的边际效益,边际产值和总效益。

4. *产销结合以市场为导向的灵活性* 农村庭院经济,由于其规模小,"船小转头快",一般能适应瞬息万变的市场需求,灵活地改变自己生产结构、产品品种和经营方式,这是它具有

的一个突出特点，乡镇企业、大田生产均无法与之比拟。

5. *劳动者组合上的血缘性*　从事某一农村庭院经济的劳动者，不论是整劳动力或辅助性劳动力，一般都是以血缘关系组成的和具有较大的合作力，为庭院经济的发展提供了可靠的保证。

## 第二节　农村庭院经济的特性及作用

### 一、农村庭院经济的特性

现阶段农村庭院经济具有以下10个特性。

第一，它是利用剩余农业劳动力与剩余劳动时间的宽阔场所。据统计，全国当前除到乡镇企业工作，到城镇打工以外，农村还有剩余农业劳动力1亿多个，随农业现代化水平的提高，21世纪还要增加，农户剩余劳动时间就更加富裕了。南方一年之中一个农业劳动力有5、6个月之多，北方则更长，少者有7、8个月，多者更长。农村每农户几乎都有半劳动力和可做轻微劳动适于庭院活茬的老人、妇女。就全国来说，这样巨大的劳动力资源，只有发展庭院经济才能更好地开发利用。据过去调查，发展庭院经济较好的农户，一个农户可吸收一个整劳力，若按此计算，全国2亿4千多万户至少可吸收2亿4千多万个劳动力，这个数字比30多年来进乡镇企业和全国职工的总数还多。这支劳动大军在不能进城镇、矿山、乡镇企业的现阶段情况下，农户庭院经济就成为“两剩余”，发挥作用，创造财富，改变面貌的广阔场所。

第二，它是积累农业再生产资金和农村闲散资金的一座“银行”。众所周知，农业现代化、农村建设是极为复杂的而又长期的和需要大量资金投入的系统工程，资金投入无论是过去、现在还是将来，仅靠国家是不够的、靠外力资助也是不够的，应主要靠内力、靠农民发展集体经济、庭院经济，从现阶段来说这是主渠道。据调查资料显示，发展农村庭院经济的户，从其庭院经济中年平均收入1 500元到2 000元。全国2.4亿多万农民户中若有1/3发展庭院经济，每年就有1 200亿到1 600亿元的收入。若把这批资金用来从事庭院建设、发展庭院经济、农业基本建设，以扩大再生产，要比建国后至21世纪以前国家每年从财政上拨款用于农业支出的绝对数多得多。如自解放到21世纪以前50年，除少数年代国家财政用于农业支出的相对数超过10%外，绝大多数年份均在5%左右。所以以农村庭院经济来积累资金，就成为实现全面小康社会和农业现代化建设资金的一座“银行”了。

第三，农村庭院经济是无教室、无教授、无教材、无国家投资培养的农业现代化所需亿万高素质、多类型人才的大学校。当前从全国各地农村庭院经济实现一户一品或几户一品或一村一品联合体，农村庭院、庭院经济中所涌现出的一批批的能人、巧匠、经营者、管理者、会计、技术人员、厂长、经理等各类人才，并不是从什么大学毕业出来的大学生，从外边调进来高级管理人员，而是从小小的农村庭院中和从市场的实践中锻炼成长出来的农民。若一个村出现一名人才，全国400多万个人才，比全国1 000多所大学一年毕业的大学生总数要多得多，这岂不是它为实现全面小康社会，农业现代化培养造就众多的高素质人才的大学校。

第四，农村庭院经济是全面小康社会，农业现代化必须实现生态优化要求的巨大空间。生态环境优化是当今世界关注的一个重要问题，是农业、农村、农民“三农”可持续发展的重要内容，也是新农村建设全国全面小康社会建设和农业现代化的一个重要标志。我国过去由于严重破坏了生态环境，使良田沙化，水土流失严重，从而严重影响农业生产、农民生活。改革开放以来党和政府重视了生态环境，采取了诸如退耕还林、还草、禁猎、防污染等政策，生态环境有了改观，但距实现全面小康社会建设和农业现代化的要求相差较远。如农村、农村庭院的生态环境多数脏、乱、臭的状态，为使之优化，现阶段进行农村庭院建设，发展庭院经济则是重要的环节。若不把数以万计的农村庭院这一巨大空间绿化、美化、净化起来，即把农村庭院的生态环境优化起来，2020 年实现全面小康社会是不可能的。故农村庭院经济的生态优化是实现全面小康社会、农业现代化的巨大空间。

第五，农村庭院经济是一座以市场为导向，是生产各种各样、丰富多彩的第一、第二、第三产业提供商品的基地。农村庭院经济以市场为导向，充分利用其自然资源与社会经济资源，再生能源生产丰富多彩、各种各样的副食产品及其他以农业产品为原料的加工业产品，尤其肉类、菜类、奶类、果类为多。20 世纪 80—90 年代，装满城镇“菜篮子”的主要就是农村庭院经济生产的副食品。因为那时大型的副食品生产基地尚未更多地建立起来，多数副食品是由农村庭院经济商品基地提供的。

第六，农村庭院经济是充分运用新科学、新技术、新信息、新材料，抢先地把它们的潜在生产力变为现实生产力的园地。农户传统的具有保守性。在使用任何新科学技术时总是观望先驱者试验的成果，而后做决策。但在今天却不然，在自己庭院使用科技并不保守，为获取市场竞争的优势，改变了自己过去的行为，积极采用先进科学技术，抢先地把自己庭院的科技潜在的生产力变成现实生产力的园地。

第七，农村庭院经济投资少、见效快、经营灵活、生产成本低，具有适应市场，瞬息万变的特点。庭院经济应该说是微观的经济，在市场竞争它存在着规模小、竞争力差的弱势地位，但在小而灵活适应市场变化上它又处于优势地位。它以扬长避短，趋利避害的做法和纵向与龙头企业实行公司加农户的产业化经营，横向与其他农户实行庭院经济的联合，参与市场竞争，以求立于不败之地。所以它是具有适应市场能力较强的一种微观型的企业。

第八，农户庭院、庭院经济是为社会主义全面小康社会这朵鲜艳红花做衬托的绿叶。农业全面小康是国家全面小康社会重要的决定性的组成部分，若没有农业全面小康就谈不上全国全面小康的实现，而农业的全面小康基于数以万计的农户庭院建设和庭院经济的发展。不可设想农业的全面小康在农民收入低下，农村生态环境恶化和农村社会不安定的基础上能建设起来。所以，农村庭院、庭院经济犹如 2.4 亿多片碧绿之叶衬托着全面小康社会这朵鲜艳的红花在农村大地绽放。

第九，农村庭院经济是农业现代化的主要物质基础。农业现代化如前述是一个复杂的系统工程，实现它需要一个较长的过程和一批庞大的资金。因为它包括农业生产、流通、分配、消费全过程的现代化。以农业生产过程为例，不仅包括农业生产的现代化，农业组织管理的现代化，还包括农民思想、文化素质的提高。农业生产又包括农业、林业、牧业、渔业等各部门的现代化，如此等等的现代化，无一不是需要大量资金的。资金来源主要靠“三农”自己，其中农村庭院经济就是一条重要的渠道。

第十，农户庭院、庭院经济是农民修养、旅游者休憩、儿童玩耍的乐园。随生产力发展，农民收入增加，农业现代化的逐步实现，农户庭院的建设越来越高级，农民的生活越来越改善，农村面貌比之过去有很大变化，以全国生态村为例，它们已变成一座座老人休养、儿童玩耍的乐

园和旅游者观光的场所。

## 二、农村庭院经济的作用

新中国成立60年来，农村庭院经济，它们虽是微观客体和经济，但在如下几个方面却起了重大的作用。

**（一）为国家安全和社会安定起了稳定作用** 就全国庭院经济来说，农村庭院经济是一个巨大的就业空间。它们在不同时期吸纳了数以千万计的农村剩余劳动力。随我国科技进步、生产力发展、农业现代化水平提高等多种因素，农村剩余劳动力和剩余劳动时间增多，“两个剩余”向何处去？何处是最佳选择的空间？即是离土不离乡，进乡镇企业；还是离土又离乡向城镇、工矿进军；抑还是不离土也不离乡走入自己的庭院从事庭院经济和承包集体大田地的活动。据统计，约1亿多剩余劳动力进入了乡镇企业，1亿多剩余劳动力进入了城镇；还有1亿多剩余劳动力从大田空间重心转移到了庭院，从事庭院经济的活动。这是农村剩余劳动力空间大转移的格局。

60年来，特别是改革开放近30年以后空间转移的人数最多。去年美国次贷危机引起的美国金融、经济风暴蔓延到整个世界。我国农业、农业经济越来越大地受到冲击。以农业企业为例，相继倒闭，取消订单的为数不少。大批失业农民工返乡，形成2 000多万农民工的空间大转移，即由城市、乡镇转入农户庭院就业、再就业或待业。

农村庭院前后两次吸纳约2亿人，为国家安全、社会稳定所起的巨大的宏观的作用，用货币是无法衡量的。

**（二）为国家工业化和社会主义新农村建设提供了资金、培养了人才** 过去国家工业化主要靠包括农业、农村庭院和庭院经济提供的劳动力和资金，现在和将来，除国家投入外，还要靠农业。特别是农业现代化和新农村建设主要靠农村集体经济和农村庭院经济的内力，靠外力只能是辅助的。前述发展庭院经济的农户从其庭院中年平均收入达1 500元到2 000元，按此数计算，全国不要说全部农户，就是2.4亿多农户的1/3发展庭院经济，每年全国就是1200亿到1 600亿元，这笔巨额资金用之从事上述建设，以及农村劳动力对城市建设的贡献，所起到的作用都不能低估。

更值得提出的是，新农村建设和全面实现小康社会的决定因素，不是“物”、“资金”而是“人”。过去大量事实证明，许多活跃于市场上的一户一品、一村一品、一乡一品的经营者、厂（场）长、经理等，这些高素质的人才都是从农村庭院、庭院经济中培养出来的。若全国总农户的1/3从事庭院经济，就意味着8千万个学生在庭院大学中，在庭院经济生产和市场的实践中学习，也就会有8 000万个素质高的农民培养出来，那时农村庭院的面貌，农村的面貌必将为之大变，新农村建设、全面小康社会的实现、农业现代化建设将会有质的变化，其速度也必将加快。所以农村庭院、庭院经济在为社会主义新农村建设、全面小康社会实现和农业现代化实现中，培养高素质人才的作用怎样高估也不会过分。

**（三）农村庭院和庭院经济的生态环境优化是新农村建设和全面小康社会建设的标志和基础** 生态优化是新农村建设和全面小康社会建设、农业现代化建设的一个重要标志。不可设想，一座新农村是由一座座又脏又臭又乱的农村庭院组合而成。全面小康社会也不可能在这些农村庭院的基础上实现。为此，农村庭院、庭院经济的生态优化是新农村建设、全面小康社会建设的重要标志和基础。

## 第三节　农村庭院经济的类型与典型案例

### 一、农村庭院经济的类型

**（一）按区域划分**　可分为平原区庭院经济、山区庭院经济、丘陵区庭院经济和水区庭院经济。

**（二）按产业划分**　可分为第一产业、第二产业、第三产业庭院经济。

**（三）按部门划分**　可分为农业、林业、牧业、渔业、农村工业、农村商业、农村交通运输、农村文化、农村保健卫生、农村教育等庭院经济。

**（四）按富裕程度划分**　可分为奔小康型、小康奔富裕型、富裕型庭院经济。

**（五）按发展内容划分**　可分为专业性和综合性庭院经济。

### 二、农村庭院经济典型案例

**（一）山东枣庄市农村庭院经济案例分析**　山东省枣庄市农村庭院经济的发展位列全国前茅。近年来，市政府从人多地少的实际情况出发和顺应广大农民开发庭院、致富增收的要求，把庭院经济开发作为一项战略任务和农业、农村产业结构调整的重要内容来实施。庭院经济开发户2001年度达到53万户，占其67万总农户的79%，总收入突破31亿元，户均收入4 650元，农民人均收入1 298元，其中年收入3 000元以上的开发户达40.3万户，万元以上收入的标准户12万户，3万元以上收入的规模户6 700户，10万元以上收入的状元户298户。庭院经济已成为农民收入的重要来源，对发展农村经济和社会安定起到积极的作用。实践证明，发展庭院、庭院经济是增加农民收入，吸收农村剩余劳动力，提高农民生活质量和农村生态环境水平的重要途径。

*1. 发展庭院经济的战略指导思想*　根据党中央关于推进农村经济结构战略性调整的重大决策，以增加农民收入和改善农民生产生活条件为目的，坚持以市场为导向，以效益为中心，以科技为支撑，按照“巩固、扩大、提高、创新”的发展思路，加速庭院经济的发展。所谓“巩固”，即巩固近年来在发展庭院、庭院经济中探索出的龙头带动、生态高效、典型示范、资源开发外向主导和协会服务等多种开发模式的现有成果。其中瓜果花菜、盆景园艺、畜牧养殖、产品加工、工艺编绣、商饮服务等多项门类，都是枣庄市农民的创造，为把庭院经济推向更高层次奠定了基础。所谓“扩大”。即扩大发展规模。在发展庭院经济总体规模的同时，重点围绕具有枣庄特色的蔬菜、林果、花卉等产业，大力培植专业大户、专业村、专业镇，尽快形成一批规模大、档次高、竞争力强的庭院经济生产基地。依托鲁南牧工商公司、益康集团、山亭乳制品厂等龙头企业，滕州、峄城蔬菜批发市场等，带动千家万户庭院经济上规模、上水平。所谓“提高”。即提高科技含量。为在小小庭院中创出特色，创出高效，必须走依靠科学技术，出名牌，出精品，保质量，求效益的路子。使庭院产品从生产到贮存、保鲜再到包装、运销全面提档升级。所谓“创新”，即创新发展途径。为要使庭院经济有新的发展，枣庄依据其地貌的多样性，既有平原，又有丘陵山区，既有滨湖区，又有洼地，立足当地实际，突出地方特色，进行区划创新，即西南部以生态水产养殖为主，东北部以林果药菌种植为主，中部和西部以花卉栽培、禽畜养殖、农副产品

加工为主。与此同时从事技术与管理创新，以更快地推动庭院经济的发展。

2. 发展庭院经济的战略重点 根据枣庄市庭院经济发展的实践，新世纪未来的发展趋势，拟重点开发以下5种模式。

第一种是龙头带动模式。主要是以龙头企业、专业化批发市场、种养加大户为依托，建立龙头企业与农户的利益共同体。由龙头为农户庭院生产提供原料、饲料、技术指导、市场信息、收购销售等全方位服务，带动庭院经济上规模、上档次、上水平。

第二种是生态高效模式。主要是运用生态经济学中生物共生和物质循环的原理，指导庭院生产，实行多层次、多环节的时、空、能(太阳能、电能、沼气能)多重转化，多次利用。如猪—沼—果或兔—沼—菜等生态经济工程类型，提高庭院经济效益。

第三种是专业生产模式。主要是改造传统种、养、加模式的基础上，按照一村一品、一乡一业的发展方向，由小庭院经济形成较规模的庭院经济产业化经营基地和开发大群体。如峄城长毛绒玩具加工、城区常庄长毛兔养殖、山亭区北庄葡萄栽培等都正向规模化、专业化、经营产业化、服务社会化、组织系统化、管理科学化发展。

第四种是观光旅游模式。主要是以当地人文古迹、风景名胜、民俗文化资源为依托，发展具有当地特色，集游、购、吃、住、娱乐为一体的庭院旅游经济，带动系列旅游产品加工业、农业发展。如峄城区王庄乡，地处“万亩榴园”景区，开发石榴根雕、石榴饲料、石榴茶叶等旅游产品，农民增收致富具有得天独厚的旅游资源和石榴林果开发条件。

第五种是综合开发模式。主要是依托当地传统优势、人才优势、生物资源优势和地理优势，因地制宜，扬长避短，大力发展果菌菜光体种植、畜禽点综合养殖和种、养、加结合的多种生产项目，实现一业为主、多种经营，全面提高庭院经济的综合效益。

3. 发展庭院经济的战略措施

(1)坚持市场导向原则，加快农业产业结构调整，促进庭院经济发展 枣庄市以市场为导向，按照“三调、一高、两带动”(品种调良、结构调优、规模调大，抢占发展制高点，实施市场带动、龙头企业带动)的农业结构调整思路，重点抓了规模、内涵和特色调整，以效益为中心取得了明显成效。并按照这一思路长此以往抓下去。

(2)进一步加强龙头建设，以推进农业产业化经营，促进庭院经济发展 随庭院经济的规模化、专业化、区域化程度不断提高，庭院生产内部分工越来越细，产业化生产也得成为庭院经济的发展趋势。为此，加强龙头企业建设和市场体系建设，特别抓住加入WTO的机遇，开拓国外市场，让庭院产品冲出国门，走向世界。

(3)积极培植庭院大户，加速民营经济的增长，促进庭院经济发展 庭院经济是民营经济特别是民营合作经济发展的基础，民营经济加速增长又促进庭院经济的发展。实践表明，许多农村民营企业都是从庭院生产起步和发展起来的。今后将加大投入，培植庭院大户在枣庄全市农村继续实施民营经济发展战略措施，使庭院经济向农场化、工厂化、公司化方向发展。

(4)不断提高农民素质，搞好精神文明建设，促使庭院经济的发展 伴随庭院经济的发展，农民的科学文化素质不断提高，民主观念、法制意识逐步增强，为搞好农村两大文明建设奠定了良好基础。今后仍应深入持久地开展社会公德，家庭美德教育和创建文明家庭和文明村庄活动，使农民成为有理想、有道德、有文化、有纪律的新型农民，建设具有中国特色的社会主义新农村。

(二)北京郊区庭院经济案例分析 京郊庭院经济的发展，由于其地理位置的优越，地处首都巨大的市场，又由于其经济技术条件的相对具备，既有得天独厚100多所大学、研究机构的技术依托，又有丰富的资金资助，所以它具有与众不同的特色。根据1998年统计，全市4 040个行政村，按经济收入划分为奔小康型农户、小康奔富裕型农户和富裕型农户3大类。

1. 奔小康型　据1998年统计达小康标准（按恩格尔系数小康水平的上线49%）的农户为2 109个村，占总村数的52.2%，其中绝大多数户为奔小康型农产，一般来说多数集中精力从事第一、第二、第三产业的经济活动，但改变其住房或环境美化上的户逐渐增加。1994年，建立了3个塑料大棚。

2. 小康奔富裕型　小康奔富裕型的农户，即不同于奔小康农户，也不同于富裕型农户，其特点，不是拥有资金量多少，而是庭院比奔小康型的生产空间小，投入生产方面的资金也相对减少，投在改建、扩建、新建生活设施建设方面的资金逐渐增多，生活空间环境逐渐扩大与优化。其生产内容与上述奔小康相同。其庭院与住宅如图32-1所示。

**图32-1　小康奔富裕型庭院与住宅示意**

1. 卧室　2. 堂屋　3. 阳台　4. 杂物棚　5. 晾台　6. 厨房

①房屋坐北向南，正房一字排开，配上东西厢房，加前房，构成北方典型的"四合院"。

②房屋建筑以保暖为主，后房墙一般不开窗户，南面南窗、南炕，采暖条件好。

③农户的院一般在正房前面，院内厕所、猪圈、杂屋布置在一侧，院内常种几棵柿子、石榴、香椿等树，或布置一个小小菜园，种上韭菜、瓜豆、向日葵之类；开辟一处空间种花；改进的方案也有加设后院的。

④住户及公共建筑院内一般都有绿化，只是内容有所差别。从考虑户的采光要求出发，多以花灌木和果树为主，较少用高大阔叶的乔木。

⑤庭院适生的作物、动物、加工业。

⑥房屋平顶部一般用较坚固的檩、梁支撑较轻质的物质。如芦苇加炉灰渣、石灰等铺顶，混合修成。其优点有二：一是容易保暖；二是兼作晒场。堆放玉米囤等。

住房三间一厨，即一间堂屋、两间卧室、一间厨房。总建筑面积为70.64m²，宅基占217.15m²，合0.33亩地，庭院占0.22亩。

3. 富裕型　富裕型的农户其庭院已不是作为商品生产的基地而只是作为生活的空间了。其庭院或以奇花异草、攀藤植物、观赏乔灌、万紫千红花坛组合成一个别致的花园；或似游泳池、花坛、假山并杂以秋千或跳板，组合成为鸟语花香、儿童嬉戏的乐园；或以郁郁成荫的杨柳环围宅地，雕梁画栋的楼舍与繁花似锦的香花松柏相间，绘成一幅美化、绿化、香化的小区环

境。其庭院已看不见昔日忙种忙收、边喂边养的农家情景了，也闻不到以前猪圈的臭味和畜禽圈的羊叫鸡鸣了。可以说农村富裕农户的庭院与城市某些富商在农村的别墅相差无几。与国外发达国家郊区的庭院类似。我国富裕农户的庭院的今天，就是我国亿万农户庭院发展的明天。其庭院布局如图 32-2 所示。

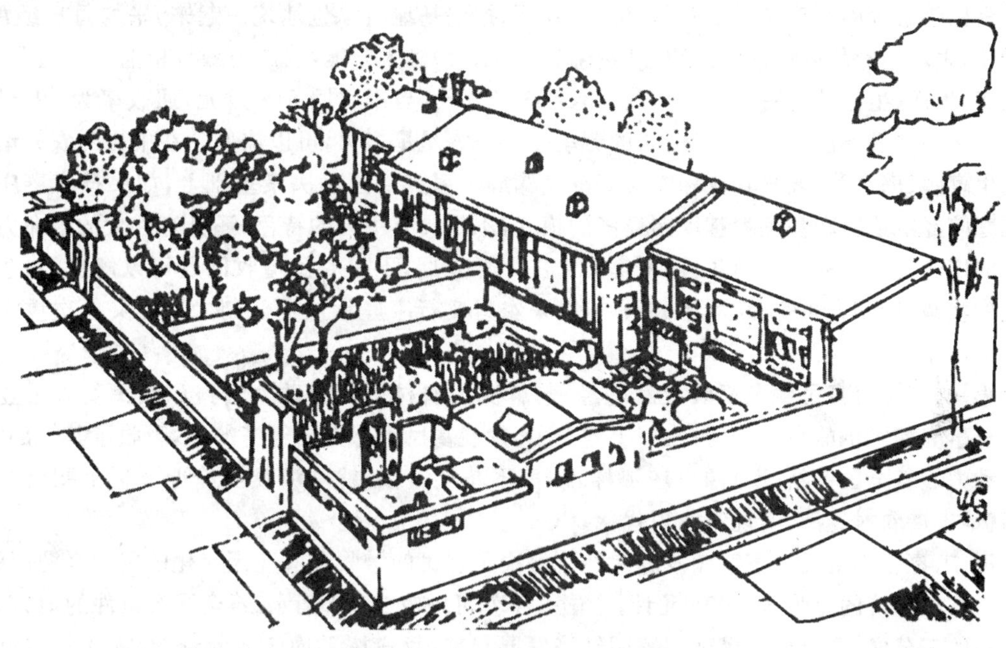

图 32-2 富裕型农户庭院布局示意

(三)山东枣庄市庭院经济发展的新阶段——生态家园经济案例分析

1. 富民生态家园经济的提出　山东枣庄市庭院经济从上述的实例证明，已取得了巨大成就。但在现阶段山东枣庄市随生产力的发展和其庭院经济发展却产生了如下突出的矛盾问题：

一是传统思想习惯与市场经济观念的矛盾。目前，在一些庭院经济开发户中，存在小富即安，小进则满，比上不足，比下有余的安于现状的思想，缺乏上档次，闯市场，挣大钱，挣“洋”钱的气魄和决心。

二是农民科技文化素质与提高庭院开发水平的矛盾。全市农村劳动力平均受教育年限为 6.6 年，其文盲占 9.4%。多数农民虽然认识科技对庭院经济的重要作用，但掌握运用先进科技发展庭院经济有难度。致使庭院产品质量不高，科技含量少，附加值不多，影响庭院经济发展的整体效益。

三是庭院发展潜力大和庭院规模小，利用率不高的矛盾。该市庭院经济的发展有得天独厚的资源条件，但开发广度与深度上，出于庭院规模小，先进的生产工具装备和其他资源利用率低，效益未充分发挥出来。

四是规模发展与服务滞后的矛盾。出于庭院经济发展快，技术指导、信息、资金、物资扶持，生产设施建设以及其他服务方面不足。

五是我国已成为 WTO 成员，生态环境和产品质量面临市场的挑战与当前庭院经济发展状况不相适应的矛盾;如何降低产品成本,提高产品质量,如何改变落后的管理水平和生态环境状况,主要是住宅及其环境,是当前存在的一大矛盾。

为解决上述矛盾,枣庄市在庭院经济实践经验与研究的基础上,创新性地提出并初步实践了庭院经济发展一个新的阶段——富民生态家园经济。

富民生态家园经济是该市农民自愿原则下,把宅基地与承包地统一起来,平均每户经营2亩土地,采取招标的办法落实到户,利用生物能(沼气)和太阳能,发展高效种植业和养殖业,实现生产、生活、生态的统一。试点户共投入1 557万元,当年收回616万元,回收率为39.6%,户均收入为3万元以上,创造了较高的劳动生产率。星星之火,可以燎原。在中央对农村诸如计划生育、家庭经营、调整农业和农村经济结构等一系列的正确决策基础上,如果推广枣庄市发展庭院经济道路和富民生态家园经济的模式,不仅具有中国的特色,还具有巨大的生命力和发展的广阔前景。如果全国各县、市都像枣庄那样发展,不仅农民增收问题可以解决,农业现代化的实现还可以加速,实为继1978年以来农村实行家庭承包责任制之后的又一次重大改革。其依据是:

第一,枣庄市富民生态家园及庭院经济,解决了农村剩余劳动力出路和农民安居乐业问题。从事庭院经济的户,可以吸收一个整劳力,发展富民生态家园经济的户,吸收了其全部整、辅劳动力。若全国各县(市)像枣庄那样,国家不花什么钱,就可吸收当前近2亿个剩余劳动力,就地发展农村经济,实现农业现代化。

第二,枣庄市富民生态家园及庭院经济解决了农民的增收和农业现代化的资金来源问题。按每户庭院经济的年收入1 000元计,全国一年就可增收2 000亿元,若全国有条件的地方,按总农户的三分之一计,把富民生态家园经济发展起来,每户按平均3万元计,全国就是二万多亿元,这就为农业现代化提供了巨大的资金来源。

第三,枣庄市富民生态家园已成为生产、生活和生态有机结合的空间载体,富民生态家园经济是庭院经济的延伸和扩展,是庭院经济发展的新阶段。他们自己设计的红尖顶黄墙壁以太阳能、沼气为主要取暖的二层楼房,排列有序,以高新技术为手段的塑料生产大棚,鳞次栉比并以绿廊绿篱或灌木花丛围隔如方格盘棋。自来水、排水和电气管道、通信电视网络等现代化设计均已与之成龙配套,形成住宅别墅化、生产工厂化、产品无公害化、生态环境优美化的景观。这样的家园与欧美发达国家的庄园相比,除规模不同外就没有什么太大的差别了。

第四,枣庄市以人为本,尊重农民自主权。以培训为优先,大力提高农民素质:以市场为导向,以农产经营为基础,以高新科技和社会化服务为手段,实行产供销、种养加、贸工农一体化的农业产业化经营,不仅改变了农民低文化素质的状况,还培养出了一批厂长、经理、企业家、工程师、会计师、农业技术员和生产能手:不仅成倍地提高了农民收入,还改变了粗放经营方式,实现了集约经营,使过去的低投入、低产出、低效益变为高投入、高产出、高效益,显示了社会效益、生态效益、经济效益三者有机统一和良性循环。

综上,可以充分说明农户庭院空间的开发,庭院资源的利用,庭院经济的发展以及庭院生态环境的优化,是关系到我国农业、农村、农民发展中一项战略性的问题,关系到在人多地少的情况下农业现代化如何实现的根本问题。

2. 生态家园的设计与建设　在富民生态家园的研究和建设中,他们综合吸纳开发经营范围内所拥有的各类自然资源,发挥各业潜在的能力和优势,形成一园一特色、十园为一品、百园成体系的富民生态家园规模效益和社会效益为前提,考虑农民的承受能力和接受新技术的

程度，而采取一次规划，分期量力实施的现实，逐步达到富民生态家园的整体设计运行功能。

(1)六位一体的集约化设施种植模式　生态家园占地 2 亩，园长 41.66m，宽 32m，分为 6 个功能区。即：居住、温棚种植、廊院走道与绿篱、立体种植、畜禽养殖、沼气生产区。

①温棚、拱棚种植面积 680m$^2$，棚架设计为轻质复合有机绿色材料，跨度大，塑性强，便于小型机械化耕作。温棚宽 10m，最高点 3.5m，最低处 0.8m，左右及后墙设计立砖斗空，中间为生物保温层，采光为无滴双膜，种植春提前、越冬、秋延迟瓜果菜。无支架大拱棚跨宽为 12m，配合温棚扩种早春和秋延迟品种。两棚设计的另一个特点是，夏季采光与遮阳结合，保留一层采光膜，棚体周边加设防虫网，在棚内周边栽植攀藤植物(如丝瓜、佛手瓜、苦瓜、长豆角等)，攀附棚顶面，绿叶吸光又遮阳，既解决了烈日暴晒，又防止了高温热雨和虫害对作物的侵蚀，可使种植业周年高效运作。

②廊院走道与绿篱为家园增添了绿色立体生机，生产道路 2m 宽，廊院 5m 宽，长 35m 左右，用水泥立体构架，垂直为架空葡萄绿色通道，中层挂满枝截式葡萄盆景，路两边地面栽培黄花菜、牡丹、芍药中药材等喜阴植物，是早春、晚秋两结果。

③家园周边不设机械的实墙，为栏栅篱笆，竹、木或水泥柱用铁丝连接，种植攀藤植物为绿色墙体。独立的园户绿篱长 150m，比相邻的 80m 园户，其种植效益每米线墙相当于 1m$^2$ 的收益。

④立体养殖种植池面积为 100m$^2$，是建房垫基取土而形成的几何形坑塘加以造型美化，鱼池分为浅水池、中深池和深水池，浅水池池深 1m，池底层于 2 月初栽大棚藕，7 月初收藕，再养泥鳅、黄鳝或胡子鲶鱼；水面层置沼气灯，夜间诱虫喂鱼；池塘周边种植丝瓜、苦瓜、佛手瓜等植物，依附棚架，为鱼池降温乘凉，夏末秋初收瓜、豆，春节收鱼；中深池池水深 1.5m，以养甲鱼为主，深水池池水深 2m，以养殖黑鱼、草鱼、鲤鱼为主，池顶依按浅水池顶部设施布局进行。据台儿庄区小李庄经验，100m$^2$ 可收益 3 500 元左右。另外，池塘可有效地收集雨水，用于农灌又调节家园干湿度。

⑤养殖舍长 7m，宽 5m，是全封闭集约化养殖舍，可饲养 20 头猪，或 100 只兔、200 只鸽等畜禽。

⑥沼气池的设计与建设，视家庭人口的组成和用能的需求，选择建设 4～10m$^3$ 的沼气池，设太阳能增温和固液分离发酵装置，达到自动循环、自动搅拌、自动出料，解决了沼气池出料难的问题，设计产气率为 0.3m$^3$/d，各种病原体杀灭率达 98%以上，为种植业及时提供优质高效无污染的生物肥源，能有效地抑制和改善土地复种重茬而产生土壤理化功能病变，提高土壤的含水、保肥、疏松性能。沼液可替代农药灭虫、浸种、喂猪、养鱼。沼气能贮粮保鲜，在冬季能为大棚种植补光、增温、增施气肥，还能解决园户 10 个月的生活用能。辅助设施配有地窖、车库、杂物室、粮仓等。

(2)六位一体的规模化设施养殖模式　该模式分为禽类和偶蹄类二种，均分 6 个功能区域，即：居住、饲养、种植、植物隔离带、粪便沼气无害化处理、必备辅助用房区。家园规划占地 2 亩，长 41.66m，宽 32m。

①规模化养殖舍建筑面积 325m$^2$，分 6 排全封闭栏圈，以便于家庭集约化饲养防疫管理，其承重墙体设计空心水泥砌体，坡房顶水泥钢丝互挂面，室内吊顶隔热保温处理，间隔双窗，冬季双膜保温吸热透光，夏季用窗纱防止蚊、蝇等入内，地面水泥硬化并预留排污沟(管)。栏舍周边种植攀藤作物，屋面瓜果下层饲养畜禽，互惠互利。舍内笼栏设计能灵活组装，适时重构，

对生产要素有较强的调集和遣散能力。据计算该禽圈具备饲养1 000只禽类(年出栏6 000只),500头猪(年出栏2 000头),100头奶牛,1 000只兔(年出栏6 000只)和1 000只珍禽的生产能力。饲养禽类可同时饲养20头猪,以便将50只鸡或80只鸽的粪便,经发酵作为一头猪的饲料,猪粪为生产沼气供给原料。

②饲养隔离分为种植温棚、林果、院廊走道立体养殖种植池等。太阳温棚在家园的前方,与前后邻里隔离,居室与栏舍一侧栽培矮果树(樱桃、石榴、凯特杏等),生活区与生产区隔离,生产走道、禽圈之间空架葡萄(美国红提、美人子等稀特品种),禽畜之间有植物隔离。

③养殖业中所产生的粪便类污水,进入沼气池进行无害化处理,饲养禽类的规模户,可建设15～30$m^3$的沼气池,养猪、养牛的园户,沼气池容积在30～50$m^3$,处理后的沼液可作栏圈、禽舍的清刷用水,浓度较高的沼气肥液,可作商品供应邻近家园及大田使用。

(3)六位一体的综合模式　该模式在家园种植养殖模式的基础上,增加学习培训、观赏的功能,导入石榴、花卉、盆景、奇石、根雕艺术景观设施配置,该园占地2～2.4亩,种植区340$m^2$,栽培名特优瓜菜品种。立体种养区180$m^2$,增设池中池,让人们有在水中、空中、绿篱的感觉。500只珍禽养殖舍,占地176$m^2$,可养殖山鸡、孔雀、美国白羽王鸽等各类珍禽。珍兽养殖舍占地80$m^2$,可放养100只银狐。食用菌栽培室采取地下、地上周年生产。拱棚特稀果树,四季有鲜果,常年有绿叶。人、畜粪便进入沼气池无害化处理。停车场、车库让人安全无忧,远望绿篱丛中的别墅,走进葡萄架空接廊的家园,定使人心旷神怡、美不胜收。

3. 生态家园中太阳能住房的设计与建设

(1)太阳能住房的平面规划与功能设计　根据国家《村镇小康住宅示范小区规划设计评价标准》,实际预测我国21世纪农村和农户的生活发展功能需求,做到生产与生活区分与关联的统一,户外至室内均有过渡空间,起居室、卧室及人流路线尽可能避开生活内部区域,达到"公"与"私"、"动"与"静"、"洁"与"污"和生理的间隔区分,空间垂直功能有机组合和装饰,调控室内生态气息。

①别墅方案一:规划坐落于种植模式的平面布局北侧一角,占地面积92$m^2$,建筑面积179$m^2$。一层设有15.8$m^2$的起居室,老年卧室向阳18$m^2$,餐厅与厨房间隔,厕所与洗漱间分离,楼梯空间作生活杂物间。二层主卧室向阳,视野开阔能观察全园角落,东侧14$m^2$晒台,上有葡萄花架装点;次卧室14$m^2$,向阳面设有平台,起居室可兼作书房或微机室,位于两卧室北面。有50$m^2$的阁楼面积可开发利用。

②别墅方案二:设置于养殖家园模式整体布局的沿主要道路的一侧边角,占地面积120$m^2$,建筑面积208$m^2$。一层设沿街门市面积25$m^2$,门市的一侧设客房也可改作卧室。廊厅一侧设老年卧室15$m^2$,向阳能观察园内生产情况,中间设置客厅32$m^2$,洗漱间设置走道一端与厨房餐厅对应。门市屋面设平台,可作为第二期工程续建,向阳面设两间卧室,起居室18$m^2$,可兼作书房或微机室,并设有4$m^2$阳台。

③别墅方案三:此方案可设置家园中心或北面一侧,占地面各108$m^2$建筑面积235$m^2$,是培训学习、接待旅游观光的综合型别墅,局部三层。一层平面南面为会客厅,兼作学习培训会议室40$m^2$,右侧设休息室10$m^2$,北面的左侧设14$m^2$小会议室,厨房、卫生间、餐厅分别间隔与客厅对应。二层南向起居室25$m^2$,左侧配备14$m^2$卧室,北面设书房微机室与公用卫生间间隔,右侧设客房15$m^2$配备独立使用的卫生间,客房南向有8$m^2$缓冲过渡空间与楼梯相连。三层设卧室一间备卫生间和洗间,南面留有20$m^2$的阳台,园内的一切一目了然。

(2)太阳能住房的竖向垂直功能设计与建设　①住房除按照国家小康住宅标准设计外，兼顾太阳能房的建筑结构特点，充分利用太阳能、风能为住房取暖，配置太阳能集热、蓄热、释热和夜间保温，夏季遮光隔热等设施。向阳面为双层吸热窗，面积在 2m×2.4m，为开间向阳墙面积 70%以上，窗台下设置 1m×2.4m 的太阳能集热器。②厨房设置沼气灶、省柴灶、组合式餐具厨、洗刷池、水池等设施。③门斗廊檐设有单面而立透隔板或双柱顶立平坡结合等式样，有攀藤植物绕垂，透光透绿。④平台围栏护栏采用多种艺术构造，如保龄球、竹节、水泥预制花网、不锈钢、普通钢管、异形铸造等材料造作。⑤楼顶造型采用平坡结合，纵横双脊连接，高低错落立体感强，利用坡屋面顶的空间做成人字形或马鞍形吊顶，开发了阁楼利用空间，可以适当降低檐口高度，选用青瓦、小青瓦、红瓦、绿瓦及彩色镀锌板瓦等。

## 第四节　发展农村庭院经济的对策

### 一、发展农村庭院经济的认识对策

我国农村庭院经济能不能今后从低级向高级、更高级发展，关键问题是否对它的正确认识与正确估价。当前在农村庭院经济发展中人们仍存在以下 3 个大方面的认识上的矛盾问题：

**(一)农村庭院经济是“小打小闹”，还是“战略性的大问题”**　农村庭院经济并不是有些人说的“小打小闹”，而是战略性的大问题。所以它是战略性的问题，因为它关系到农村、农业、农民多个方面，关系到各个时期和各地域，关系到“三农”的全局，而不是某一时期、某一地域、某一方面或某一部门的活动。从每一户庭院空间来说，不形成战略问题，若从全国 2 亿 4 千多万农户的庭院来说，则就成为宏观性、全局性的问题了。据统计，全国村宅占地约 1 亿亩，前述，若庭院占 2 分到 3 分计，则是 4 000 万亩到 7 000 万亩，平均 6 000 多万亩。远远超过京、津、沪、西藏加青海的耕地面积总和，可以说是一项重要的国土资源。值得提出的是，这一空间的土地是高度集约型的，比同等大田面积的产量产值要高出数倍、数十倍，乃至更高。农民庭院经济的收入占其农民总收入的 20%～50%以上。由此可见，它不是“小打小闹”，而是一个战略性的问题。

**(二)在建设上是重城镇建设，还是轻了农村庭院经济建设的问题**　由于对农村庭院经济错误的认识，在工作上就产生重城镇建设，轻农村庭院经济的倾向。特别是某些地、市、县级的领导把城镇建设作为重点，集资金和领导力量于城镇建设上，把农村工作，尤其对农村庭院经济置之不顾。他们认为把城镇建设起来，一可以取得政绩，二城镇建设后，城镇创造的价值要数倍、数十倍，甚至更高于农村，城镇政府的收入便有了丰富的来源。他们没有，也不去想农业是基础，轻视农业、农村与农村的庭院经济发展后果的严重性。

**(三)农村庭院经济是暂时的，还是长久的问题**　农村城市化或城镇化以后，农村庭院、庭院经济是否还存在？大田、乡镇企业经济大发展后，是否还需要农村庭院经济？似乎这两个问题给农村庭院经济下了这样一个结论，即农村庭院经济是暂时的，待大田、乡镇企业发展起来后，它就没有存在的必要了。在农村变成城市或城镇后，农民变为了市民，农村庭院随之变成城市庭院，现在的农村庭院经济只是暂时的，而不是长久的，将来它也就不复存在了。实际不然，不管大田和乡镇企业发展到何等程度，农村庭院、庭院经济仍然继续存在，不管农村城市

“化”到何等程度，农村也会依然存在，农户也会依然存在，无疑农村庭院经济也将会依然存在，那时如前述它将以新的形式存在和发展。道理很简单，正如前述，以农村现代化为例，农村现代化绝不仅仅是城市化或城镇化了而实现，而是城市与农村都实现了现代化后才真正是现代化的实现。农业现代化绝不能建筑在现代化的城镇和落后的农村基础上，同样，现代化的农村也不可能由环境恶化的庭院组成，所以，现阶段，农村庭院经济存在，将来庭院经济发展到其高级生活质量型也存在。

## 二、发展农村庭院经济的政策对策

农村庭院经济是农村经济的组成部分，农村经济的政策无疑也是农村庭院经济的政策。首先是党的十五届三中全会提出再次延长以家庭为主的联产承包责任制 30 年不变的长期稳定政策和保护依法占用宅基地范围内的合法经营权等有关政策，从根本上稳定了亿万农户建设庭院、发展庭院经济的心。其次是制定了粮食收购保护价政策、生产资料价格政策。第三是农林特产税率的调整等一系列政策。这些政策为农业及其庭院经济的发展提供了保证。

## 三、发展农村庭院经济的经济对策

**（一）完善市场体系**　农村庭院经济的任何供产销活动无不与市场紧密相联，市场体系越完善，庭院经济发展越快。建立一个稳定的网络和多渠道少环节营销体制，增强市场开拓能力，增强农户竞争力，是农村庭院经济由低级向高级发展的保证条件。

**（二）农村信贷对策**　农业银行逐步向商业银行转化，加大了支农的力度，特别是积极支持科技含量高的生态农业、立体农业新技术，新成果开发、推广、应用，提高农副产品的加工附加值，有力地推进农村庭院经济的发展。

**（三）农产品收购销售及农业税收投入对策**　为切实保证粮食安全和农业稳定持续发展，国家依据 WTO 的规则和我国具体情况制定了一系列的农业税收、投入（如绿箱）对策、农产品销售收购对策、农林特产税政策等，促进农村庭院经济持续而稳定地发展。

## 四、发展农村庭院经济的法律对策

为加强农业的基础地位，国家在制定与运用政策的同时，制定法律并运用法律手段管理好农业活动，以法治农。在有关农业法律中诸多“禁止任何组织和个人侵犯农民的个人合法财产”、“保护生态环境”等一系列法律条文，为农村庭院经济发展提供了重要保证。同时对农村庭院经济活动中违法的问题也做了规定，保证了法律制度的严肃性。

## 五、发展庭院经济的社会化服务体系对策

当前我国农村庭院经济经营既不同于大田生产经营，又不同于乡镇企业经营，更不同于国外大生产经营，它是极为分散的、细小的和产品复杂的生产与经营。基于这种情况，就强烈要求建立、健全全方位的社会化服务体系以与农村庭院经济不断发展相适应。只有这样才能使亿万户的庭院经济由低级向高级，由分散向规模化、专业化、区域化发展。根据我国的国情国力，社会化服务体系应逐步达到下列要求：①多成分、多层次、多形式的体系。即官办与民办、专业与综合、中央与地方相结合的服务体系。②优质高效的体系。社会化服务体系的生命力在于服务的优质与高效。农民是社会主义市场的主体，是“上帝”，是务实者，不是投机者，对之

服务只要货真、价实、优质、态度好、信得过，服务组织就抓住了农民的心，抓住了“上帝”，社会服务事业就会蓬勃发展起来。③为做好服务，必须不断学习、培训，以不断提高服务者的服务素质和服务组织的整体素质。这样才能参与服务市场激烈的竞争，特别是在我国加入WTO后的国际服务市场激烈竞争中取得竞争的胜利。

### 六、发展农村庭院经济要“有序”对策

农村庭院经济的发展不应是盲目的、无政府主义的，而应该是有序的。为达到有序的目的，就必须运用市场与计划这两大工具，即在市场经济的基础上，用计划体系，即农业区划、农业规划、农业计划和农业合同，简称之为“三划一同”的计划体系指导其经济活动。特别是在依据区划规划制定的计划基础上签订经济合同，在市场经济制度下尤为重要。合同履行的过程，就是计划完成的过程。合同签订好并付诸实现，必须有3个条件：①政治上的协商，签订双方必须是平等的；②经济上的平等互利，签订双方必须都有责、权、利；③法律上的保证，签订双方必须自觉践约，违犯的受法律上的制裁。

### 七、发展农村庭院经济须实施科技、教育、推广三结合对策

发展农村庭院经济，实施科技、教育、推广三结合是一项重要的对策。只有这样，才能促使农民素质提高，从而采用先进科学技术，生产优质、高产、低耗的产品，以获取较大的经济效益。与此同时，把实践的经验、新品种、新技术及时传授、传播、传递、推广出去，发挥更大的经济、社会和生态效益。

### 八、发展农村庭院经济的组织对策

农村庭院经济在当地行政机构统一组织下，为参与市场的激烈竞争，自愿组织起来，成立多种形式的技术协会、专业会、学习会和研究会等组织，来壮大竞争实力，从中获取公平的利益，是重要的组织对策。

## 第五节　农村庭院经济发展的趋势及前景

### 一、农村庭院经济的发展趋势

我国农村庭院经济不是静态的，而是动态的。前述，随生产力的发展而发展，因客观的变化而变化，但总的发展趋势是：从小到大、从低级到高级、从粗放到集约、从一元到多元的方向发展着、变化着。具体的发展趋势归纳为以下10个方面。

**（一）由副业向主业发展**　自古以来，我国的庭院经济，不论是种植，或是养殖，是作坊，或是手工工艺，都是当作副业进行生产的。“养猪过年，养鸡换盐”典型地反映它在农户经济生活中的地位关系。党的十一届三中全会后，它便迅速发展起来，当前一些地方已变成与大田、乡镇企业并驾齐驱的主业地位了。不久的将来，有可能在某些地方其总收入超过大田或乡镇企业。

**（二）由一元向多元发展**　过去农户庭院经济，多数是养一、二头猪，喂几只鸡，或种一点蔬

菜、几株树并且大多数是自给性的,从产业结构上来说,大多是第一产业,一元化的结构形式。当前,随生产力的发展,相当多的庭院经济由第一产业型的结构向种、养、加或向第一、二、三产业多元化、综合型发展。

**(三)由手工、畜力为主向机械化、电气化、自动化为主发展** 随农民收入提高,先进科学技术的引进,越来越广泛地采用电力、机械力作为动力的现代化手段,代替人力、畜力,来从事各种生产经营活动。

**(四)由第一产业向第二、三产业发展** 随生产力的发展,农民科技知识的普及与水平的提高,农户庭院的种植业向养殖业转化,向加工业转化,继之其第三产业也发展起来,改变了庭院经济的产业结构,这一趋势还要向纵深发展。

**(五)由分散向联合发展** 我国2亿4千多万户的2亿4千多万座庭院,除少数外,都或多或少地发展自己的庭院经济,生产各自不同的产品,分散性十分严重,竞争激烈的市场极大地冲击着严重分散的庭院经济生产,经营庭院经济的农户,为在竞争激烈的市场中立于不败之地,促使与他人或单位、企业联合起来,组织起来成为一村一品、一乡一业的规模生产,参与并加强竞争力,从中取得胜利。

**(六)由自给半自给生产向商品生产发展** 随农村经济开放改革的深化,庭院经济生产由自给半自给性向商品性加速了转变。这一发展趋势,不是人们意识的决定,而是客观发展的必然。

**(七)由传统型向现代型发展** 在2亿4千多万户的庭院经济中,绝大多数仍采取传统的种植、养殖、加工生产,不计成本、追求数量、粗放经营型普遍存在,但随农民收入提高,科技的传播、推广,农民科技与商品意识增强,采用新科学知识、技术和手段向优质、高产、低耗集约经营的现代型发展已成不可逆转的趋势。

**(八)由小农经营向产业化经营发展** 庭院经济是小农经济的一个组成部分,是完全独立地经营的小规模的农业生产活动。在社会主义市场经济体制下,为具有较强的竞争力,不断与他人联合起来,实行区域化、规模化、产供销一体化的产业化经营,是客观必然的发展趋势。

**(九)由单一农村庭院经济经营向公司+农户联结经营方式发展** 为参与市场竞争,加强竞争的实力,农户的庭院经营与公司联结起来,发挥一体化组织协同功能,形成较大的市场主体,达到利益同享,风险共担,是庭院经济由低级向高级发展的一个重要标志与趋势。

**(十)由低质量的生活型向高级经济型发展,再向高质量的生活型发展** 我国古代农村庭院绝大多数是低质量的生活场所,既无主业又无副业经济活动,随生产力的发展,如前述,从事起种植业与养殖业,现在向较高级的经济型,即现代产业化经营型发展,将来,必将由经济型向高质量的生活型发展,那时的庭院已不是生产的基地了,而是生态环境优化的场所,即一座座庭院之内有清香扑鼻的奇花异草,有千姿百态的乔灌木林丛,或有悦耳的鸟鸣,或杂以秋千、跳板、游泳池,它们组成了一处处鸟语花香,林荫郁闭,绿草如茵的优化生活场所,成为儿童嬉戏,人们休憩,老人休养的乐园。这种发展趋势随生产力的发展是必然实现的。

## 二、农村庭院经济的发展前景

农村庭院经济具有光辉灿烂的发展前景,依据是:①光辉灿烂的民族文化、丰富宝贵的农业经验、庭院文化及其实践的经验;②得天独厚的自然资源和庭院资源;③勤劳节俭的劳动力资源;④日新月异的科学技术发展;⑤日益繁荣的国内外市场;⑥良好的国内国际环境;

⑦中国式消费结构的需要模式；⑧越来越富强的国家支撑。可以说它是一条亿万农民由穷变富的必由之路，实现我国农业现代化的重要途径，其前景是光辉灿烂的。不久的将来，2亿4千多万朵农村庭院经济缤纷绚丽之花，必将美化着960万 $km^2$ 祖国大地。

## 参考文献


[1] 张仲威．试论“三划一圆”的农业计划科学体系．农业区划杂志，1983(4).

[2] 张仲威．河北蒂城市发展庭院经济的经验．通讯杂志，1991-11-15.

[3] 张仲威．试论我国农业空间战略．农业经济杂志，1993(8).

[4] 北京农业经济干部管理学院农村经济研究所主编．商品经济新领域 京郊庭院开发与应用．

[5] 实行农户庭院空间战略发展庭院经济．农业经济问题杂志，1995(5).

[6] 建设菜篮子、米袋子工程的最佳选择．科技日报，1996-06-12.

[7] 再论农户庭院空间战略．通讯杂志，1996(5).

[8] 实行庭院空间战略促进农村经济发展．中国农村经济杂志，1997(2).

[9] 再论我国农业空间战略．中国农业资源与区划杂志，1997(1).

[10] 张仲威，李志民．农村发展规划．北京：农业大学出版社，1988.

[11] 张仲威．充分开发庭院经济 发展庭院经济 优化庭院空间 ——我国西北农村剩余劳动力出路的最佳选择．通讯杂志，2001(1).

[12] 张仲威．目前我国不宜普遍兴建城镇．通讯杂志，2001(12).

[13] 芦良恕主编．中国庭院经济概要．成都：四川科学技术出版社，2006(4).

[14] 富民生态文态建设论坛．中国老干部协会论文汇编，2002.

[15] 张仲威．我国农业空间发展战略的一个实践典型——山东枣庄富民家园的布局、设计与建设．中国农业资源与区划，2002(4).

[16] 张仲威．以科学发展观六论农户庭院经济．通讯杂志，2006(9).

[17] 张仲威．新农村建设农户庭院经济的地位与作用．通讯杂志，2006(8).


（作者：张仲威 中国农业大学教授）

# 第三十三章　农业对外科技合作

中国是发展国家中的大国。农用地占世界的11.02％，人口占世界的22％，农业在国际上居重要地位。加强农业国际科技交流与合作，对增进与各国人民和谐友好，发展农业生产，造福民众，加快我国农业现代化建设，推进世界农业共同发展、农村脱贫致富、保障粮食安全，都有重要意义。

新中国成立初期，我国先后与苏联、东欧及邻近一些国家开始有农业交往。60年代至70年代末，与非洲、中东、大洋洲一些国家及古巴等国家的农业交流有所发展；与苏联、东欧及越南、阿尔巴尼亚等国家因外交关系变动，农业往来曾暂时中断。1971年我国恢复了在联合国的合法权利后，建交国家骤然增多，并在非洲顶替台湾驻非农耕队的农业援助工作。1973年恢复在联合国粮农组织合法席位后，在多边农业机构中的地位有了提高，影响日益扩大。到1978年时，我国除参加国际农业各机构中的活动外，与50多个国家有农业交往。1979年改革开放后，与国际农业机构和主要发达国家的农业合作显著增加。实施“引进来、走出去”相结合的办法，不断开拓多边、区域、双边合作，以官方、民间、地方等渠道，逐步形成全方位、多领域、多层次、多形式的农业对外合作新局面。进入21世纪，随着经济全球化发展，我国加入世界贸易组织，国际地位、影响和作用日益重要，成为负责任的发展中国家。目前已与各多边农业机构和140多个国家与地区有农业交往，其中与50多个国家建立了长期合作机制。对外签订和履行一批国际和双边政府间农业协议，并经常参加各种国际的会议与活动。

农业对外科技交流与合作是农业外事工作的重要组成部分，合作形式多样。常见的合作形式有交换种质资源、情报资料，互派专家考察访问讲学咨询，互派留学生、访问学者或进行技术培训与合作研究，召开学术会议，举办展览会，互购技术设备或进行技术援助等。

## 第一节　引进农业技术，推进科技进步

### 一、交换动植物种质资源

按照“平等互惠、有来有往、等价交换、以宝换宝”的原则进行农作物品种、苗木、种苗、种畜、种禽、菌种等交换。这是对外技术交流的简而易行的一种方式。引进的种质资源，经检验鉴定试种，良好的可直接用于生产，或用来作为培育新品种的原始材料。据中国农业科学院品种资源研究所统计，改革开放前，引进国外农作物品种资源2万多份，向国外提供1万多份，改革开放后，共引进品种资源10万多份，向国外提供3万余份。利用国外种质资源筛选出一批各具特色的种质材料，有的在生产上直接推广，有的用于育成150多个新品种，大面积推广。如水稻：农垦58、农垦57、丰锦、秋光、国际稻8号等，小麦的南大2419、阿夫、阿勃、郑引1号、碧玉麦、甘肃96号等，棉花的岱字棉、抗虫棉、彩色棉、陆地棉等，油菜：奥罗、米达斯等。水稻利用恢复系育成一批杂交稻，其中的湘矮早9号、浙稻802等推广面积很大。小麦利用碧玉麦

为父本育成碧玛1号,利用国外小麦品种杂交或系统选育成泰山1号、北京8号、丰产3号、甘麦8号、济南2号、徐州14号等,用从智利引进的欧柔小麦选育成许多小麦新品种。玉米利用引进的自交系M017,测配培育出中单2号、单玉13、烟单4号等良种,推进玉米大幅度增产。吉林省引进的美国甜玉米已推广到6～7个省、自治区。引进的陆地棉已杂交育成不少新品种,如中棉12号、鲁棉1号,推广面积很大。

果树方面,引进一批新优品种,如苹果的金冠、红星、红玉、青香蕉、印度、红富士等,葡萄品种玫瑰香、无核白、巨峰、保尔加尔、莎巴珍珠等,柑橘的美国脐橙、夏橙、葡萄柚、柠檬等。从意大利引进的巴柑檬,可提炼香精油,从美国引进的油桃、大樱桃等都在推广。蔬菜方面,引进茄果类、瓜类、豆类、甘蓝、葱蒜类几十种,还有结球莴苣、球茎茴香、大叶落葵、青花菜、根芹菜、菊苣、婆罗门参、雅葱等绿叶菜稀特品种。除直接利用外,有用来作为育种材料,选育出抗病、优质、高产蔬菜品种,对丰富市场花色品种和提高品质起了显著作用。热带作物方面,从东南亚引进橡胶、椰子等品种,扩大推广。还引进了食用菌菌种以及防治害虫的天敌和病毒等,都有利于发展农业生产。还引种了一些新的作物,如甜叶菊、聚合草、木豆、油用红花、籽粒苋、啤酒花、剑麻、香草兰、银合欢、食用仙人掌、树莓、沙棘、油橄榄、西洋参等,使农产品更加丰富多彩。

畜牧方面,20世纪50—60年代引进苏联与蒙古的役马、苏联与东欧的苏白猪、巴克夏猪等猪种,印度摩拉水牛,巴基斯坦尼里水牛,澳大利亚的美利奴羊、波尔华斯羊,新西兰的罗姆尼羊,欧洲的瘦肉型长白猪。改革开放后,从欧、美、澳洲及日本等引进一批黑白花奶牛与西门塔尔牛。从意大利引进皮埃蒙特肉牛,从英国引进莱斯特羊、林肯羊、萨能奶山羊、吐根堡奶山羊,从非洲引进波尔山羊,从丹麦、奥地利、英国、美国引进瘦肉型长白猪,杜洛克猪、汉普夏猪等种猪,从加拿大、英国、德国、荷兰、法国等引进蛋鸡、肉鸡等良种,还引进澳大利亚狄高鸭、英国樱桃谷种鸭、德国长毛兔、新西兰和美国的肉兔、火鸡、肉鸽等,从意大利、澳大利亚、德国引进一些良种蜂王。有的直接用于生产,有的用来杂交改良当地品种或培育出新品种。

水产方面,1959年引进朝鲜虹鳟鱼,1964年引进古巴牛蛙,1976年引进日本白鲫、罗氏沼虾,1978年引进泰国蟾胡子鲶、非洲尼罗罗非鱼、墨西哥巨藻,1981年引进埃及革胡子鲶、奥利亚罗非鱼,1982年引进美国海湾扇贝,1984年引进德国镜鲤,以后还引进高白鲑、银鲑、尖吻鲈、南美白对虾、加州鲈鱼、澳洲龙虾、长叶海带、海胆、虾夷盘鲍、太平洋皇蛤、鲟鱼等良种鱼类,逐步推广利用。

## 二、引进农业实用技术

20世纪50年代学习苏联小麦密植、植棉技术、草田轮作、机械化耕作、农田防护林等,以后学习日本水稻塑料薄膜育秧、北方水稻旱育苗移植栽培法。1978年后采用日本塑料薄膜地面覆盖技术,有提高地温、保持水分、提高肥效、疏松土壤的功能,并能防虫、灭草,促进根系生长,提早成熟,增产30%～50%,推广面积很大,曾占全国耕地4%左右。塑料大棚、温室与智能温室、设施园艺推广很快,全国已达3 750万亩以上,居世界第一,人均消费蔬菜量的20%都由设施栽培提供。滴灌喷灌、节水灌溉、无土栽培、免(少)耕法、植物组织培养、测土配方施肥、水果蔬菜保鲜贮存、飞机播种与防治病虫害、高效低毒农药等技术都在生产上广为采用。

畜牧方面,雏鸡雌雄鉴别、冷冻精液、人工授精、机械化养鸡、畜禽饲养标准和配合饲料、奶牛饲养管理加工、青贮与氨化饲料、牛胚胎移植、飞机播种牧草、草场围栏技术、兽医生物药品制造方法和检验规程、牧草种子丸粒化技术等,在生产上普遍应用。水产方面,配合饵料、网箱养鱼、外海尾滑道双拖渔轮的捕鱼技术、河鳗和牡蛎养殖技术、鱼糜制品加工技术等,推广应用,也收到良好效果。

## 三、引进仪器设备和农业机械技术装备

20世纪50年代从苏联、东欧购进马拉农具及拖拉机等农业机械设备。60年代从日本引进手扶拖拉机及小型农机具,经消化吸收创新,在生产上广泛使用。70年代中期从欧美、日本等国引进农田基本建设机械、耕作收割机械、秸秆粉碎机等。1979年后,引进更多的农牧渔业生产管理、收获、加工等成套设备,如现代化温室,种子加工机械,饲料加工设备,食品加工、酿酒、皮革等设备,机械化养鸡、养奶牛、养兔、屠宰等成套装备,以及现代渔船、海洋渔业资源调查船,渔网编织机、鱼产品冷冻机、鱼粉加工、鱼香肠生产线等设备,对于推进现代化生产建设起了良好作用。黑龙江垦区曾引进大批现代化农业机械设备,使用智能化大型农业机械,卫星定位、自动导航、精量播种、变量施肥于一体,完成深松浅翻、整地、播种、和墒、镇压等作业,使劳动生产率大为提高。垦区农业职工人均生产粮食由1985年的6.6t增加到2007年的35.4t,增长5倍多,达到了发达国家水平。农场职工年人均纯收入也由453元增加到8 120元,增长18倍。垦区农业科技贡献率达67%以上,比全国平均高出26个百分点,农业科技成果转化率为82%以上。目前垦区35%的规模家庭农场经营垦区82%的耕地,平均经营13.33$hm^2$。吉林省从国外引进玉米深加工技术装备,生产变性淀粉、淀粉糖、生物饲料、生物药、氨基酸、淀粉纤维、淀粉树胶等新产品;引进大豆深加工技术装备,生产大豆蛋白、核酸、磷脂、大豆精粉、速溶大豆粉、调和油、豆奶等新产品。

1979年起,一些农业科研教育单位利用贷款和专项投资引进了一批先进仪器设备,充实了重点实验室,有效地改善了科研手段,提高效率与快出成果。如引进水稻白叶枯病菌系的药物ERIC和探针PJELIO——探明水稻基因型选择与利用的合理策略。从加拿大引进阴阳离子交换树脂膜和树脂膜根系核拟器(PRS),土壤养分提取测定技术与相关配件,从美国引进一套微波消解仪及有关配件,消化吸收后研制出国产树脂膜植物根系模拟器,通过应用该技术指导平衡施肥。从以色列引进肥水灌溉自动化控制系统、土壤水监测系统、灌溉决策软件支持系统及利用微咸水进行灌溉的有关技术和指标控制系统,创新一套适合中国的微咸水滴灌技术体系。引进美国农药多残留快速扫描技术,结合国内情况进行改进,可在1~1.5h内完成农药残留扫描检测,灵敏度、准确度、精密度均符合国际检测要求。引进美国的分子标记自动分析设备、日本的常温烟雾机、美国的实验室病毒浓缩和纯化装置、法国的培养基自动灌装机和英国的自动菌落计数仪,使培养基制备和检测计数达标准化、自动化,检测快速、准确、客观,提高科技创新能力。

## 四、学习借鉴农业管理经验

新中国成立后,农业经济管理体制基本上照搬苏联计划经济模式,依靠行政命令,不计生产成本,忽视经济规律等束缚了生产力的发展。1979年开始,在总结经验教训的基础上,结合我国实际,吸收国外农业管理的先进经验,加以推广,取得了良好的成效。如为发展农业商品经济,加强各种农产品基地建设,推进专业化、规模化、集约化经营,进行区域协调。根据国外生产加工销售一体化经营的经验,重视产前、产中、产后衔接配套,一些国营农、牧、渔场企业和一些地方试办农工商、牧工商、渔工商联合企业,提高了综合效益。根据世界银行和国际机构

兴办农业项目的经验，对农业拨款与项目建设，要有目标、要求、措施、进度和科学依据，设计、论证、评估、检查、审计、考察验收等要有程序和制度。一些地方学习日本农协和欧美农业合作社的经验，成立农业合作社、农业服务社、专业技术协会、企业加农户、基地加农户等社会化服务体系建设。学习德国"农机环"农业机器协作社的经验，一些地方把有机器的农户组织起来开展协作，为无机器农户提供有偿服务，充分提高农业机械的利用效率。为吸收国外农业科研管理体制的经验，推行课题竞争承包责任制，有效地提高科研效能，快出成果。参考国外农业立法和经济手段指导农业生产，逐步健全和制定了农业各项法规制度，实行优质优价，承认差别，以工补农、扶贫补贴、城乡协调等政策，保障与推进农业健康持续发展。

1994 年我国开始实施《引进国外先进科学技术计划》(简称"948"计划)，从 40 多个国家和地区有计划地引进农业各领域的高新技术和适用技术 2 000 多项，品种资源 2 万多份，创制育种材料 50 多万份，通过吸收、消化、创新，加快扭转我国农业科技落后和储备不足的局面。据专家估算，我国农业科技研发时间因而平均缩短 10～15 年，节约科研经费 30%～50%，效益显著。

## 第二节　引进智力，促进农业技术自主创新

### 一、引进和培养人才

派出去、请进来，积极培养中高级农业科技人才。这是对外科技合作的重要内容之一。智力开发属软件建设，能长期发挥作用。20 世纪 50 年代我国曾向苏联派出农业技术工人 500 名，前去国营农场实习，学习与掌握技术管理经验，还向苏联、东欧国家派出一批农科留学生，60 年代因外交关系变动，被迫中断。由于我国农业科教人员偏重学习苏联米丘林遗传学说，批判摩尔根基因遗传学说，对发达国家农业科技发展情况不甚了解，加之受文化大革命影响，农业科研中断，高等教育停办，农业科教事业处于滞后状态，与发达国家的差距很大。1979 年后，国家先后派一批领导干部和技术骨干人员出国考察访问，以利开阔眼界，解放思想，虚心学习国外农业发展的先进技术经验。同时有计划地选派一批懂外语的中年专业人才去发达国家或国际农研中心当访问学者，深入科研实践，系统学习先进科技，以便尽快掌握运用，加强基础学科建设、填补空白学科。此后又不断派更多的青年科技人员出国留学，进修深造。据农业部人才中心 1979—2007 年初步统计，农业部门利用公费向 43 个国家和地区派出留学人员 2 963 名，其中进修访问学者 1 812 人，攻读硕士学位 904 人，攻读博士学位 247 人。还派往日本、美国去实习研修人员 1 613 人。出国学习人员，在国外期间勤奋努力，有的在科研上获得突出成果，受到表扬；回国后，大多努力工作，运用和推广所学的技术和知识，发挥带头、示范作用。不少访问学者回国后成为科研教育单位的领导骨干或学科带头人，有的当选了科学院或工程院院士。

此外，还采取请进来的办法，邀请外籍专家来华指导、讲学，加快发展农业科教事业。早在 1948 年，美国友好人士阳早、寒春、韩丁等在解放区就协助办奶牛场和培训我农机人员，新中国成立后仍继续在国营农场指导技术改进工作。50 年代苏联专家卢森科来华指导小麦、棉花高产栽培技术，布尼亚科指导有机肥与磷肥混合施用技术。还有专家分别讲授家畜饲养、人工

授精技术、家畜传染病防治以及生物兽药生产技术，指导国营农场建设、土地规划以及实施飞机灭蝗等。苏联专家还在北京农业大学举办20多种课程的讲习班，听讲的各地农业科教人员达4 000多人。

1979年开始，农业部有计划地邀请大批国外专家来华讲学咨询和指导工作。据农业部人才中心统计，1979—2007年从57个国家和地区邀请1.3万多人次的境外专家学者来华帮助工作。如农业遥感技术，先后邀请国际专家27名，培训650人次。日本以田中稔为团长的水稻专家组应邀在吉林省农业科学院进行水稻机械化栽培示范试验，并培训中方水稻技术人员30多名。日本友好人士石本正一来华系统传授塑料薄膜地面覆盖栽培技术。日本专家赤城诚一指导河南夏播水稻旱种试验示范，藤原长竹在黑龙江指导寒地水稻旱育苗移栽技术等。

为了克服语言上障碍，还邀请一批外籍（美、加、澳）华裔专家学者，如张先光、杨又迪、徐兆光、徐惠迪、汪大建、梁学礼、左天觉、钟顺昌、戴维廉、耿旭、孔宪铎、吴瑞、汪志馨、毛麟、刘志垣、黄赐华等来华系统讲授与指导一些新兴学科的技术理论知识，他们对我国农业科教事业的发展，做出了不可磨灭的贡献。

1986年起，农业部对一些有突出贡献的海外学者，有的颁发了国际科技合作奖状，有的被聘为中国农业科学院名誉研究员或北京农业大学名誉教授。

## 二、合作研究

20世纪80年代开始，中外开展农业合作研究，这是对外科技交流深入发展的一种好形式。按"平等互利、双方投入、共同研究、成果共享"的原则，商定双方感兴趣的研究课题，结合中方研发攻关新技术的项目，一般都有明确目标和要求。合作研究取得不少成果。如中日在云南省农业科学院进行水稻杂交育种，育成合作41号（滇粳51号）良种，抗病、丰产、耐寒性强，在全省推广。日本种瓜专家森田欣一与北京市农林科学院合作研究西瓜、甜瓜优质高产栽培技术，培育出"京欣"系列西瓜良种。加拿大国际发展研究中心在上海、青海、武汉进行油菜品质育种合作研究，选育出低毒油菜新品种。云南省热带作物研究所与法国国际农艺研究中心合作研究，1994年从科特迪瓦引进橡胶新种质（Am＋特优）与中国魏克汉种质资源杂交，培育出优良新品系，推广利用。四川省农业科学院与国际马铃薯研究中心合作，研制出6SDC型甘薯淀粉加工设备，荣获"星火计划"成果奖。中国农业科学院与欧盟合作，研制出一种可以用于防治牛皮蝇蛆病的伊维菌素微量注射液"蹦虫灵"，具有疗效好、成本低、无残留，使用方便等特点，成为有机磷制剂的替代品，获国家发明专利；与国际半干旱地区热带作物研究所合作，共同选育出抗黄曲霉的花生新品种；与国际应用生物科学中心合作，引进绿僵菌（真菌）杀灭蝗虫的生物杀虫剂，用于内蒙古和西北各省、自治区防治蝗灾；与国际原子能机构合作，引进辐射技术，确保食品卫生安全和提高诱变育种效果。与荷兰瓦赫宁根大学合作，进行马铃薯基因组测序项目。2007年中国农业科学院棉花研究所与美国农业部南部平原农研中心合作，进行陆地棉基因组测序研究，已从两条染色体上找到363个基因，有利于提高我国自主创新能力。

20世纪80—90年代，有10多个国家近百家农药公司在中国进行新农药的合作试验，开展施药技术横向、纵向的合作研究，有效筛选出一批低毒高效农药新品种，并为安全使用农药提供科学依据。

## 三、农业技术援助

农业技术援助主要用于聘请外国专家或中方专家出国考察学习，提供仪器设备和进行技术开发研究，解决生产加工管理上的关键性技术问题，起促进创新示范作用。1979—2007 年接受各种技术援助(软硬件折合)总金额 15 亿多美元。

**(一)多边援助**　如联合国粮农组织、开发计划署、世界银行、亚洲开发银行、国际农业研究磋商组织等，从 1979 年起，向我国农业科研教育方面提供技术援助。如种子检测，灌溉新技术，农业遥感培训与应用，粮棉病虫防治，提高奶业实验室能力，秸秆氨化，鼠害控制，复合饲料生产，水果保鲜，水葫芦综合控制与利用，加强食品安全检测能力，电子计算机在农业中应用，加强农村远程教育，水果蔬菜流通开发培训中心，农业普查准备，乳业开发培训，海水养殖，黄土高原土地资源利用，热带作物测试中心，冷冻精液与人工授精技术，农业机械测试中心，畜禽流感防治，农村能源生态建设等项目。一般内容单纯明确，执行时间较短，援额较少，能起示范促进作用。

**(二)双边援助**　1981 年起，日本、澳大利亚、加拿大、德国、意大利、比利时、挪威、瑞典、荷兰等国和欧盟先后向我国提供农业技术援助。如日本援建黑龙江省农业科学院人工气候室，三江平原试验站农作物低温冷害实验室，北京蔬菜研究中心，上海鱼品加工中心，辽宁营口水产资源增殖实验站，华南热作院气象实验室，特殊农用薄膜开发，农机维修技术培训，加强农业技术推广体系建设等项目。澳大利亚援助江苏省东辛农场(奶牛)，湖南省零陵柑橘中心，农业部农药检定所，植物检疫实验所，黑龙江农垦农用飞机，哈尔滨兽医研究所无特异性病原体(SPF)设施，甘肃草原生态研究所等项目。加拿大援助加强塘沽动植物检疫，黑龙江八一农垦大学，852 国营农场奶牛与饲料，黑龙江省种子改良、家畜繁殖、克山马铃薯研究所，以及上海、西安、杭州奶牛发展，河北省旱地农业、玉田养猪，肥料信息管理，贵州农业综合开发，中加可持续农业和动物健康项目等。欧盟援助海南省橡胶木材加工，天津市、浙江省鱼用饵料，长江上游水土保持、生物多样性保护等项目。德国援助南京市长毛兔育种中心、兔毛纺织厂，浙江省金华奶牛饲养、奶品加工，山东省东营奶牛饲养，北京农业大学农业综合发展研究培训推广中心，华北地区集约农业环境战略、生物质能源等项目。意大利援助北京中国农村能源研究培训中心。挪威赠送中国北斗号渔业资源调查船。瑞典援助北京中瑞奶业培训中心。荷兰援助畜牧、园艺和奶业示范培训中心，促进中国西部地区农村可再生能源综合发展应用。法国援助河北省怀来葡萄种植与酿酒示范农场、小麦和肉牛中心。比利时援助北京强化坡耕地水土保持耕作技术研究。以色列在北京合办通州示范农场。韩国在河北廊坊合办示范农场。这些项目都有利于吸收国外的先进技术经验。

**(三)民间捐赠**　一些外国企业社团和国际友好人士也向我国捐赠钱款和技术设备，支援发展农业科教推广产业。如日本石本正一赠送农用薄膜技术和设施园艺设备，帮助推广薄膜在农业上应用。泰国正大集团向中国农业大学、华南农业大学、浙江农业大学赠送肉鸡父母代配套的养鸡设施。美国施格兰公司捐赠重庆市忠县建立柑橘技术中心。以色列吉米特卫星通信公司赠送中央农业广播电视学校卫星远程教育设备一套。此外美国洛氏基金会，百事可乐公司、孟山都公司、瑞士先正达公司、日本神内良一先生基金会均向我方捐赠、支持与奖励开展农业科研、教育、推广工作。

## 四、合作建立实验室或研究中心

进入21世纪以来,国际农业研究机构和一些国家的农业研究部门,互信互动,在华合作建立各种农业专项研究单位。如国际玉米小麦改良中心在中国农业科学院建立小麦品质联合实验室,国际植物遗传资源研究所建立生物多样性联合研究中心,国际粮食政策研究所建立国际农业农村发展研究中心,国际水稻研究所建立稻米品质与营养联合研究中心,国际家畜研究所建立牧草遗传资源联合实验室,以及中加奶业科学联合实验室、中荷园艺作物基因组分析实验室、中荷农业创新和促进中心、中美生物防治研究室、中美食品安全联合实验室、中日农业技术研究发展中心等。有效地组织海内外科研群体和智力资源,联合开展各项合作研究,可以取得成果,造福社会与人民。

一些地方同样建立类似的研究中心或示范园区。如天津市蔬菜研究所与西班牙合建农业温室技术示范中心,辽宁省能源研究所与意大利新技术能源与环境委员会成立生物质气化实验室。日本花卉协会专家在山东枣庄、薛城、台儿庄、东营、济宁、济南、山亭、泰安等地建立农业科技示范园。首届牦牛国际会议后,甘肃农业大学建立国际牦牛研究信息中心。

## 五、主办国际会议

在中国召开的国际学术会议数量增加,规模扩大。如1957年10月在武汉召开中国水稻科技经验交流会,只有苏联、朝鲜、越南参加。1979年10月在长沙、广州召开国际水稻研究讨论会,只有亚洲国家参加。1983年在哈尔滨召开国际马传染性贫血病免疫学术讨论会(外国学者12人)。1985年在南京召开国际多熟制学术讨论会。1986年在北京召开国际玉米螟学术讨论会。1987年在陕西杨凌召开国际旱地农业学术讨论会。1988年在北京召开国际平衡施肥学术讨论会。1989年在北京召开国际畜牧兽医生物技术研讨会(21个国家参加)。1990年6月在北京召开国际食物营养与社会发展讨论会。1993年8月在呼和浩特市召开国际草地资源学术会(15个国家参加),同年9月在北京召开第33届国际养蜂大会(53个国家,2 000多名代表参加)。1996年在杭州召开首届国际蚕学学术讨论会。1998年7月在北京召开国际养猪生产大会。1999年5月在北京召开白色农业(食用菌)国际研讨会。2000年8月在北京召开面向21世纪畜牧兽医国际研讨会,同年10月召开第三次世界渔业大会。2002年在北京召开世界水产养殖大会。2002年9月在北京召开首届国际水稻大会。2004年5月在北京召开第15届国际植保大会(59个国家,2 000多名代表参加),同年7月举办“农业科技——现在与未来”国际研讨会。2005年4月举办全球农业科技与发展评估国际会议。2006年10月举办国际农业科学研究院院长高层研讨会,这是全球范围内的首次国际会(17个国家院长、4个国际组织和我国18个省、自治区、直辖市代表参加)发表了关于农业科技发展与合作的《北京声明》,强调农业科技与创新对促进全球粮食安全与社会稳定的重要作用,加强各国之间的合作是应对农业挑战的有效途径。2007年在武汉召开第12届国际油菜大会。2008年7月在呼和浩特市举办世界草地及草原大会(70个国家,国外900多名,国内1 500名代表参加),主题讨论世界气候变化中的多功能草地。2009年8月第8届世界大豆研究大会在北京召开(40多个国家与地区1 000多位代表参加)。这些国际会议的召开,有利于了解国际信息与研究动向,并提高我国的学术地位、扩大国际影响。

为了倡导发展中国家间的技术合作,1987年5月,我国在联合国发起,19个亚非拉国家提

交了《加强与改进发展中国家技术合作政府协商会议》的决议草案，获得大会一致通过，这是我国在全球经济领域提出的第一个提案，不仅扩大了“南南”合作的领域与内容，而且对改善“南北”关系也有积极的作用与影响。同年6月世界粮食理事会第13届部长会议在北京召开，有65个国家、15个国际组织代表，其中部长级代表39名，借以推进发展中国家间农业合作。

## 第三节　农业技术输出与援外，推动世界农业共同发展

1953年我国就开展农业对外技术交流，并向邻近友好国家提供农业技术援助。当时国力有限，节衣缩食，克服困难、发扬国际主义精神，积极对外进行农业技术援助。20世纪60年代初周恩来总理访问非洲国家后扩大了农业对外援助。70年代恢复了联合国合法席位后，又顶替台湾在非洲农耕队的农业对外援助。1986年后，随着我国经济发展，在联合国粮农组织粮食安全框架下，进一步加强对发展中国家的农业技术援助。

### 一、农业技术输出

我国农业生物种质资源丰富，水稻、小麦、大豆、蔬菜、花卉、茶、桑蚕、猪、牦牛、北京鸭、青鱼、鲢鱼、鲤鱼、鳙鱼等品种资源各具一些特殊性状的基因，为国外所重视，引去利用或改良选育新品种。如我国水稻品种中有耐寒性基因；小麦品种中有不少早熟性和快速灌浆、抗病等基因，可用来培育新品种。中国的梅山猪，有消耗饲料少、性早熟和繁殖率高（每胎12～13头）、肉质味道好的特性，欧美一些国家和日本引去改良当地品种。中国的大豆，美国引去筛选育成一些抗病虫的品种。我国在多熟制栽培，杂交稻栽培、蔬菜栽培、种茶、种甘蔗、食用菌栽培、养蚕、养鸭、养鱼、兽医兽药、沼气利用、综合防治病虫害等技术以及中小型农机具等方面，广受发展中国家欢迎与采用。我国也在这些方面向发展中国提供技术援助、传授技术与培训人才。20世纪80年代初，美国农业部调查组来华考察后认为：中国的杂交稻、有机肥料、沼气利用、水产养殖、稻田养萍、生物固氮、组织培养、农田水利、生物防治、优良种质资源等方面有优势，值得学习借鉴。

### 二、农业技术援外

1953年起，我国对越南、蒙古、朝鲜、柬埔寨等亚洲邻国和非洲的几内亚、马里、刚果等国进行农业技术援助。20世纪70年代恢复在联合国合法席位后，在非洲18个国家顶替台湾驻非洲农耕队，扩大农业援外，派出一批农业技术人员，提供良种、物资设备，推动当地农业发展，收到良好的效果，深受当地官民欢迎与赞赏。初步统计，到1995年止，我国农业援助亚非拉、南太平洋和欧洲的阿尔巴尼亚、马耳他等69个国家共232个项目，共派出农技专家人员1.7万多人次。如帮助马里种甘蔗、茶，办糖厂、茶厂；毛里塔尼亚种稻；几内亚种烟草。在18个非洲国家顶替台湾农耕队，在布基纳法索、加纳、尼日尔、卢旺达、扎伊尔种稻等项目都有显著成效。扎伊尔人说：“中国专家不仅给鱼吃，而且教会养鱼、捕鱼”。在乌干达，中国援建的奇奔巴水稻农场办起了加工厂、发展养殖业、经营商业、实行农牧和农工商结合，取得良好经济与社会效益。在埃塞俄比亚援建兽医站，救治了许多病疫牲畜，并培训了当地兽医人员。援助马达加斯加养蚕，他们对中国专家的工作成果十分满意。1983—1986年中国专家帮助拉丁美洲的巴

巴多斯种菜、帮助古巴养鸭、防治马的传染性贫血病。近年在委内瑞拉帮助发展剑麻，在非洲塞内加尔、布隆迪、几内亚，亚洲的泰国、菲律宾、伊朗等国传授沼气技术。水产方面先后援助越南、柬埔寨、斯里兰卡、阿富汗、南也门、埃及、苏丹、几内亚、阿尔及利亚、中非等10个国家18个项目，包括修建码头和冷库、制冰、修船、淡水养鱼、网具厂、鱼品加工、提供渔船等，都获得好评。从1995年起，我国云南省帮助缅甸在边境地带开展《绿色禁毒工程》，将罂粟（鸦片）地改种杂交稻、甘蔗，进行丰产试验和绿色农业示范，获得良好的效果和国际好评。

21世纪以来，在联合国粮农组织实施粮食安全的框架下，我国积极开展“南南”农业技术合作，已与20多个国家签署合作协议。到2007年已派出农业技术专家900多名出国服务。2009年3月我国向联合国粮农组织捐赠3 000万美元信托基金，支持与扩大发展中国家间的农业技术合作，为消除贫困与营养不良事业多做贡献。2003年起，我国与东盟、欧盟、亚洲开展区域合作，与加勒比海地区、大湄公河次流域等的农业合作也深入发展。如在缅甸、马来西亚、越南、柬埔寨、老挝等国开展玉米种植、橡胶苗木生产、园艺作物栽培、饲料加工、户用沼气、种猪生产等示范项目达29个。为东盟各国举办专业培训班57个，包括杂交稻、平衡施肥、种子、蔬菜生产、食用菌生产、畜牧生产、动物疫病监测与防控、淡水养鱼、农村再生能源、农业生物技术、农业信息化等。接待东盟国家来华考察团组20多个。举办专业论坛和经贸合作洽谈会等，推进农业经济合作。2006年11月中非合作论坛会上，胡锦涛主席讲话承诺，中国在3年内向非洲派遣高级农业技术专家100名，在非洲建立10个有特色的农业技术示范中心，为非洲培训农业人才1 500名。2008年9月温家宝总理在联合国千年发展目标高级别会议上表示，在未来5年内，将援建发展中国家的农业技术示范中心增至30个，对外派遣农业专家和技术人员增加1 000人，同时为发展中国家提供来华农业培训3 000人次。说明随着国际农业发展需求，我国农业技术援外的任务将不断增加。联合国与发展中国家都迫切希望中国农业技术发挥更好的示范、辐射作用。

新中国成立60年来实践证明，农业对外科技交流与合作，有力地推进了我国农业现代化建设，密切了与世界各国的友好和谐关系。我们必须坚持“和平、发展、合作”的对外方针，继续加强农业国际科技交流与合作，引进来、走出去，为巩固与发展农业建设成果，为推进中国与全球农业共同发展，做出新的努力与贡献。

## 参考文献

[1]　朱丕荣. 国际农业与中国农业对外交流. 北京：中国农业出版社，1977.
[2]　朱丕荣. 世界农业与中国农业对外开放. 北京：中国农业出版社，2002.
[3]　朱丕荣. 环球农业与中国农业对外合作. 北京：中国农业出版社，2009.
[4]　中国农业年鉴（1990—2007年）. 北京：中国农业出版社，2008.
[5]　中国农业科学院国际合作50年. 北京：中国农业出版社，2007.

（作者：朱丕荣　农业部原国际合作司司长）

# 第三十四章　农产品国际贸易

自新中国成立以来，我国农产品国际贸易历经了刚起步时帝国主义国家的禁运封锁、计划经济体制下严格的国家垄断控制、市场经济体制下开放市场合理配置资源以及加入世界贸易组织后面对的一系列机遇和挑战，在体制建设上逐渐趋于完善，在日益激烈的国际竞争中也增强了自身的竞争力和活力，逐渐走向成熟。在60年风雨历程中，农产品国际贸易在经济改革开放政策的指引下，在加入世界贸易组织(WTO)的大好环境中，勃发新的生机和活力，逐渐向市场化、自由化、国际化迈进。尽管复杂多变的国际环境给我国农产品国际贸易带来诸多不可预见的风险，对国内经济也形成一定冲击，但经济快速发展的大环境、大趋势，以及我国产业本身具有的发展潜力，使我国农产品国际贸易以及整个国民经济紧紧抓住发展机遇和契机，在国际市场发挥越来越重要的作用。

## 第一节　农产品国际贸易体制的转变

农产品国际贸易是一个历史范畴，是作为商品交换的一部分在人类社会生产力发展到一定阶段，即社会生产力发展，有了农业和其他生产部门的社会分工，有了剩余的农产品，有了货币，但社会生产力尚没有高度发展，产品还没有极大地丰富，以致不可能在全社会范围内实行按需分配的阶段才得以存在(张绪根、易法海，1993)。

在自然经济占统治地位的古代，农产品贸易是国际间贸易往来的最主要组成部分，当时的国际贸易主要是为了满足剥削阶级和统治阶级对奢侈品和其他土特产品的需要，因此，手工业品中的土特产品和名贵产品，如贵重药材、珍异的动植物及高级滋补性的农产品，都是农产品国际贸易的主要物资，是以官方作为贸易双方的"朝贡贸易"。私人商户贸易主要以茶、丝为主，如历史上著名的贸易交通要道"丝绸之路"，同时，也有政府控制下在边界进行的"茶马互市"、"绢马贸易"。近代中国农产品国际贸易发展缓慢，进口的农产品包括洋米、洋面、洋糖等生活用品，出口的农产品主要有大豆、生丝、皮货、茶叶、桐油等，农产品国际贸易基本上处于顺差。农产品出口是当时支撑进口的骨干商品，在出口贸易中处于十分重要的地位，起着决定性作用。

新中国成立后，作为新型社会主义经济对外贸易体系中的一部分，我国农产品国际贸易体制经历了较大的发展变化，主要可以分为2个阶段：中央计划经济下的对外贸易阶段(1949—1978年)；改革开放以来的对外贸易(1979年以来)。

### 一、计划经济下的农产品国际贸易

此阶段初期(1949—1956年)，我国建立了统一的新型社会主义国营经济对外贸易体系，取消帝国主义在中国的一切特权，没收官僚资本、改造民族资本的私营进出口业，确定了社会主义国家的对外贸易国家专营制。以美国为首的西方帝国主义国家在经济利益和战略利益的驱使下，对我国实施封锁和禁运政策，1950年我国进出口总额仅11.3亿美元，新中国在极其艰难的环境下起步，打破了帝国主义国家对我国的封锁禁运，与我国建立贸易关系的国家或地区，由1950年的40多个发展到1956年的近80个。1956年新中国社会主义改造基本完成，实行以产品经济和单一公有制为基础的高度计划经济体制。国家对私营进出口业社会主义改造的完成，标志着我国社会主义对外贸易全面确立，进入了完全由中央计划下的社会主义对外贸易的阶段。国家对外贸易在整个对外贸易中所占的比重由1950年的66.8%上升到1956年的98%以上，占据绝对统治地位。1978年以前，我国国民经济基本上是与外部世界隔绝的，对外贸易基本上是唯一与国际市场有联系的渠道，当时的主导思想是“互通有无，调剂余缺”（田维明、武拉平，2005），对外贸易还仅仅是国家计划经济中的一个补充部分，因此在国民经济中也处在次要的、辅助的地位。

我国农产品国际贸易在对外贸易国家垄断的环境下，体制建设也进入了严格计划管理阶段。国务院制定国家进出口计划，计划进出口量根据特定商品国内供需间的计划差额决定，然后委托外贸部实行管理和控制，对不同产品进出口实行外贸专营，由国家指定的外贸公司在外经贸部的监督下从事产品的进出口业务。粮食贸易更是高度国家垄断，实行统购统销制度，从事粮食进出口经营活动的是国营粮油进出口公司，其特点是由外贸部门统一管理、统一经营、统负盈亏、按计划调拨、严格执行计划。而且政府在农产品流通中严格执行价格政策，控制农产品的定价权、削价权，生产结构和产品产量均由行政方法确定，因此农产品价格对农业生产结构和农产品供给量均不起调节作用。

农产品国际贸易体制的转变不仅是我国进行社会主义改造的要求，也是抵制当时西方帝国主义国家渗透、适应国际环境的必要选择。新中国成立初期，我国农业生产基本上处于自给性状态，商品经济极不发达，农产品国际贸易规模很小，1950年商品进出口总额仅11.3亿美元，农产品进出口额有5.989亿美元，其中农产品出口5.01亿美元，农产品进口仅0.97亿美元。这一时期农产品贸易的政策目标主要是通过出口换汇为工业化体系的建立积累资金。农产品进出口总额到1959年增加到18.15亿美元，1959年后受国内自然灾害的影响，农产品贸易总额有所下降，从1960—1963年，平均农产品进出口贸易总额只有15.385亿美元。农产品贸易中的粮食贸易业受自然灾害的影响最为显著，1961年粮食净进口达445.5万t。除此之外的其他年份，我国农产品贸易量一直处于稳步上升阶段。

在国家垄断对外贸易总形势下，农产品贸易规模迅速发展，农产品进出口占全部进出口的比重一直保持在50%左右。从1950—1979年，中国外贸净出口累计逆差为9.5亿美元，同期农产品贸易的顺差为468.5亿美元，可见，在农产品国际贸易国家垄断的计划经济体制下，有关部门根据供需情况按计划设定农产品贸易进出口量，使这一阶段的农产品国际贸易在外贸历史上发挥了重要的外汇贡献作用。

## 二、市场经济下的农产品国际贸易

十一届三中全会以来，随着经济体制的改革，贸易体制也进行了某些局部改革。改革开放政策推行，我国的对外贸易战略从原来非常内向的、极端进口替代的战略转向了比较外向的、出口导向的战略。这种战略的转变主要是通过贸易体制的改革实现的（尹翔硕，2001）。改革从放权让利开始，通过逐步减少、取消计划，赋予外贸企业自主经营权等措施逐步改变原来的中央集权的计划经济体制。自20世纪80年代中期以来，转型中的中国不断根据经济规律，按

照比较优势，通过国际市场来调整贸易策略，贸易的政策目标已从单一的弥补国内供需缺口，转变为注重资源的利用效益和产品的比较优势，我国农产品贸易在市场化的轨道上向前迈进了一大步，同时，随着国际市场自由化程度的提高，我国农产品贸易自由化步伐加快，这也预示着我国与国际农产品市场的整合程度正在不断提高。

根据不同农产品实行的贸易管理主要有3种类型(唐正平、郑志海，2000)：一是继续实行计划管理。国家根据国内外市场确定进出口计划，交由指定的外贸部门执行，国家负担盈亏。国家与外贸部门的关系主要实行代理制。1987年起进口粮食除小麦、大米、玉米、大豆外，中央安排进口的大麦、绿豆及其他品种的粮食，由外贸部门代理进口，按进口成本加代理手续费拨交粮食部门。这标志着粮食进口体制向代理制方向迈出了重要一步。以后代理制逐步扩大到所有粮食品种，无论中央还是地方安排的进出口都采取这种办法。二是实行进出口配额和关税配额管理。进口和出口配额的分配开始由行政分配为主，逐步转向公开招标。三是实行自由贸易，国家只保留关税调节。总的说来，我国农产品贸易主要是采取进出口配额/关税配额、进出口许可证、限量等级等非关税措施来控制农产品的进口数量，对主要农产品都实行了指定公司经营。这些非关税措施有效限制了外国农产品的进入，从而使我国在农产品进出口贸易中长期维持顺差地位。

从粮食外贸政策的制定过程可以明显看出国家对粮食外贸的直接控制(武拉平，2002)。1979—1993年，是实施和完善对外贸易承包责任制的时期，粮食外贸企业在财务上也进行了出口收汇、上缴外汇、出口盈亏指标和外汇留成比例的核定，推行承包经营责任制，但在管理上，因粮食是少数几种有关国计民生的商品之一，仍然由中央统一控制，粮食进口政策的制定依然表现出较强的政府控制性。从20世纪90年代中期以后，顺应整个经济体制改革的要求，国家垄断的、固定的年度计划性的粮食进口政策制定过程进行了一定的改革，首先，为了打破中国粮油进出口总公司的垄断，一些其他的国有公司也被授予粮食进出口贸易的权利，这些公司通过许可证和配额制度与中国粮油进出口总公司竞争从而获得自己的进口份额。其次，为了更好地协调国内粮食国流通和进出口的关系，粮食进出口由国家指定和赋权的外贸公司经营。对粮食进出口的数量控制由原来的计划命令控制转为进出口配额控制。农产品贸易体制仍在不断改革，其改革的取向是逐渐市场化和下放外贸进出口权。

2001年11月10日中国正式加入世界贸易组织，并签订《中华人民共和国加入协定书》。中国加入世贸组织，一方面可以享受其他国家农产品市场开放带来的机遇和益处；另一方面，必须根据世界贸易组织的要求和规则，开放我国农产品市场，遵循农产品贸易规则和纪律。因此，入世意味着中国必须承诺履行乌拉圭回合农业协定对市场准入、出口补贴、国内支持和植物卫生检疫等方面对成员国提出的要求，并根据世贸组织各缔约方的要求就上述方面进行具体承诺(唐正平、郑志海，2000)。中国加入世界贸易组织，对农产品贸易政策做出重大调整：取消单一许可证等非关税措施，将非关税措施关税化；降低农产品进口关税税率，承诺对所有农产品不实施出口补贴，放弃特殊保障机制；对一些重要农产品转而实行关税配额管理制度，扩大关税配额；取消部分国内农业支持；实施质量标准和卫生与动植物检疫措施。根据承诺，加入WTO后，3年之内外贸审批许可证制度将改变为登记许可证制度；所有企业，只要具备了基本的经营条件要求，均可以通过登记，无须审批，自动获得外贸许可证，获得进口或出口的权利。这将提高经营环节中的竞争程度，而这种竞争最终会使得农民生产也受惠，享受到更为公平的市场待遇(李秉龙、薛兴利，2003)。加入WTO后，我国农产品贸易体制逐步打破一家垄断的贸易局面,使更多的各类企业获得外贸经营权利,获得更为公平的贸易待遇,使贸易政策的执行变得更为透明。

## 第二节 农产品国际贸易发展状况

### 一、农产品国际贸易的发展环境

**(一)国外农产品贸易政策对我国农产品进出口的影响** "二战"后,世界经济进入垄断资本主义发展阶段,国际分工的深化引起国与国之间在农产品生产、消费与贸易诸方的相互依赖,各方关系日益密切,农产品国际贸易的商品结构和贸易方式越来越复杂,大量农产品涌入国际市场,竞争日趋激烈。众多工业化国家为保护国内农产品市场,实施限制进口和刺激出口措施,以激励国内农业生产。到20世纪80年代初,由于世界经济发展速度放缓,世界农产品贸易严重萎缩,市场吸纳能力缩小,出现市场供过于求,许多国家尤其是发达国家为了维护本国利益或某一经济集团的利益采取了出口补贴和限制进口等保护主义政策,农业贸易保护主义猖獗。在欧洲,德国早在1879年就对其粮食贸易实行保护。在北美,美国1929年颁布《农业销售法》补贴农业,1954年又出台《农业贸易与发展援助法》;在亚洲,日本从20世纪初即开始通过设立贸易壁垒来保护农业,从1945—1953年,比较重要的有关农业保护的法律就出台了近20个,成为典型的农产品贸易保护国家。发达国家的农业保护和支持政策,以美国和欧盟最具代表性。由于两者同为巨型经济体,对农业都十分强调保护,所以两者之间的农产品贸易摩擦也最为突出和激烈,并直接影响了国际农产品市场的规范和发展(杨鹏飞、洪民荣,2000)。这些农产品贸易保护政策不仅使农业投入不合理,而且造成了日益严重的农产品过剩,导致了世界市场农产品价格的下降和动荡,对农产品市场恶化起了火上加油的作用,加剧了国际贸易的摩擦,使贸易条件日益恶化,阻碍了世界农产品贸易的正常发展,世界农产品贸易矛盾日益尖锐。

1948年,由23个国家签署成立了关税与贸易总协定(GATT),中国是原始的缔约国。世界贸易组织(WTO)于1995年1月1日取代关贸总协定,目的是要更好地促进世界经济和贸易发展,减少贸易摩擦,消除贸易歧视待遇。WTO作为一个国际组织,每个成员都必须遵循权利与义务平衡的原则,在享受一定权利的同时,履行相应的义务,承担开放市场所面临的风险与压力。世贸组织的重要特点是为各成员制定国际贸易政策提供了一个整体法律框架,即WTO规则。这些规则规范和约束成员的政府行为,消除或者限制各成员政府对跨国(境)贸易的干预,是各成员必须遵守的共同行为规范。WTO协定确立的非歧视、自由贸易、透明度、公平贸易等原则,成为货物贸易协议、服务贸易协议、乌拉圭回合农业协定等协议的指导原则(马述忠、乜国婉,2006)。

虽然国际贸易自由化是主流趋势,但在利益的驱动下,国际贸易摩擦和纠纷层出不穷,贸易保护主义不时抬头。一些发达国家为了保护本国农业发展,利用其参与制定有关标准和规则的便利,对发展中国家设置种种壁垒,严重损害了发展中国家的利益。尽管《农业协议》对解决争端、维护贸易公平达成了一定共识,但其本身也存在漏洞和模糊之处,仍认可一定程度的贸易保护。例如,协议允许发达国家继续执行补贴农业的贸易政策,允许关税高峰的存在,并

为一些新型贸易保护手段的存在与发展提供了合理合法的理由(詹晶,2006)。这些贸易保护手段表现了发达国家推崇的农业贸易自由化只不过是为了约束他国,从而达到稳定或扩大本国农产品出口市场以及减少农产品进口的最终目的(刘志澄、程国强,1996)。

技术壁垒是发达国家以其先进技术为优势,保护本国市场的主要壁垒形式,对国际农产品贸易的影响越来越明显,有发展成为逐步替代关税和一般非关税壁垒的新贸易壁垒的趋势,成为发达国家实行贸易保护主义的主要手段和高级形式(翁鸣、陈劲松,2003)。广义的贸易技术壁垒(Technical Barriers To Trade—TBT)除包括世贸组织《技术性贸易壁垒协议》规定的技术规定、标准和合格评定程序为核心的一系列技术性措施外,还包括商品检疫和动植物及其产品的检疫措施(SPS)、包装和标签及标志要求、绿色壁垒及信息技术壁垒(杭争,2003)。技术壁垒的要求越来越严格,涉及产品的范围越来越大,不仅涉及初级产品,而且涉及所有中间产品和工业制成品,产品的加工程度和技术水平越高,所受的制约和影响也就越显著,越容易引起连锁反应。利用技术壁垒限制或阻挡外国农产品出口,主要是通过两个层面来体现:一是通过技术壁垒来削弱出口国农产品的竞争优势,提高本国农产品的竞争力,从而达到缩小竞争优势差距或超越对方竞争优势的目的;二是通过技术壁垒来封杀国外农产品,即出口国农产品因某些质量安全指标不合格而遭到进口国拒绝,使出口国农产品根本无法进入进口国市场(翁鸣、陈劲松,2003)。我国农产品出口遇到国外技术壁垒的阻拦,指标要求也越来越严格,如欧盟自 2000 年 7 月 1 日开始实施茶叶农药残留新标准,部分新标准的指标比原标准提高了 100～200 倍。欧盟茶叶新标准的实施,使我国出口茶叶超标数量增加,茶叶出口退货数量相应增加。2001 年加入 WTO 后遭遇的技术壁垒限制也越来越多,几乎所有出口特色产品都曾因此受限。对我国实施技术壁垒的贸易伙伴国及被拒绝进口的贸易产品主要包括:部分水产品,如冻鸡、冻虾等,欧盟、德国以其中氯霉素超标而禁止进口,法国以水产品中沙门氏菌、葡萄球菌超标为由,掀起抵制包括水产品在内的中国动物性产品的风暴;日本是对我国蔬菜出口设置技术壁垒最多的国家,2002 年宣称从冷冻菠菜中检出农药残留超标,并制定了严于其他蔬菜及日本本国蔬菜的农残限量标准;日本、加拿大、美国、英国、墨西哥、沙特阿拉伯都以含有氯霉素残留为由对蜂蜜限制进口或销毁;欧盟、美国、俄联邦、荷兰等以禽肉等动物源产品含有动物疫病限制进口等(王平,2004)。国外农业贸易保护措施实施力度强、施行范围广,给我国农产品国际贸易带来很大障碍,在我国目前现有的技术条件和资金投入情况下,要完全克服国外贸易保护措施的影响还需要一段时间。

**(二)国内农产品贸易发展环境** 1949—1957 年,私营的进出口业已下降到占全部对外贸易的 0.01%。在此后的 20 多年时间里,对外贸易几乎全部由国营外贸企业垄断经营,而且基本上掌握在中央政府手中,是集中度最高的部门之一。在这样的体制下,我国的贸易战略基本上是一种与世隔离、闭关自守的战略。此阶段农产品贸易是我国进出口贸易的重要组成部分,从 1950 年开始到改革开放初,每年农产品进出口量一直占到进出口总量的 1/2,且一直处于绝对顺差地位,是主要创汇形式,为国家工业化的实现提供资金。在计划经济体制下,农产品国际贸易的重要性决定了国家对其整体运转的垄断控制,对农产品生产、价格、进出口区域、商品结构的计划和强制性规定严重扭曲了我国农业资源。农产品贸易高度国家垄断的体制也使我国粮食进出口经营难以适应和把握国际市场的多变性,未能取得较好的经营效果。同时,价格体系的不合理,对粮食进出口的补贴日益成为财政的沉重包袱(朱杰、聂振邦、马晓河,1999)。从 20 世纪 80 年代中期以后,顺应整个经济体制改革的要求,国家垄断的、固定的、年度计划性粮食进口政策制定程序进行了一定的改革。农产品贸易体制在改革过程中也不断下放外贸进出口权,加强了我国农产品与国际市场的联系,农产品贸易逐渐市场化、国际化。

2001 年 12 月 11 日,我国正式成为世界贸易组织第 143 个成员。中国入世之前及入世初期,根据《中美关于中国加入 WTO 的双边协议》以及《入世协定书》中的具体承诺,根据中国资源禀赋决定的农产品比较优势情况,人们普遍认为尽管畜产品、蔬菜、水果等具有一定比较优势的产品出口前景看好,但入世这一重要的贸易政策将会给中国农业带来较大冲击。根据世界贸易组织的要求和规则,开放农产品市场,中国将不再对农产品出口进行补贴,同时减少使贸易扭曲的国内支撑,这将使农产品特别是玉米、大米和棉花等因失去补贴而使其在国际市场上处于不利地位(武拉平,2002)。但不能否认的是,加入世界贸易组织给中国农产品贸易带来发展壁垒的同时也提供了良好的发展契机。入世有利于改善中国农产品的出口贸易环境,与其他国家建立广泛、稳定的农产品贸易关系;有利于减少对中国农产品出口的不公平待遇;入世将赋予我国参与制定国际贸易新规则的主动权(唐正平、郑志海,2000)。同时,加入 WTO 后农产品进出口会有较大的增加,农产品贸易必然越来越活跃,国内外农产品市场间的依赖程度将越来越大,农产品市场的一体化程度将越来越高,使农产品贸易发展越来越具有竞争活力。

加入 WTO 后中国在农业方面的主要承诺有(李秉龙、薛兴利,2003):关税削减:入世后,中国承诺农产品的平均进口关税税率到 2008 年要降到 15.1%,而实际上中国农产品的关税总水平 2005 年已下降到 9.9%,提前达到 10%以下水平的目标,成为世界上农产品关税水准最低的国家之一(张伟,2007)。关税的降低直接增强了进口产品的竞争力;关税配额:对小麦、玉米、大米、棉花等重要农产品实行关税配额管理制度;国营贸易问题:逐步放开外贸经营权的要求,保证私营部门的参与机会,保证关税配额的充分使用;取消所有农产品的出口补贴,包括价格补贴、实物补贴以及发展中国家可以享受的对出口农产品加工、分储运输的补偿;国内支持:承诺对农业的"综合支持总量"(AMS,是用来衡量为支持农产品生产者而提供给某农产品,或为支持广大农业生产者而提供给非特定产品的年支持水平的技术指标,一般用货币单位表示)水平为 8.5%;卫生和植物卫生措施;特殊保障措施:根据谈判结果,中国承诺不寻求采用特殊保障措施来保护国内市场,这不利于中国对缺乏竞争力的农产品的保护;反倾销和反补贴措施:是农产品加工品出口面临着的最主要障碍之一;保障条款和过渡期特殊保障机制:根据承诺,如果来自中国的进口产品大幅增加,则进口国可采取特殊保障机制,征收高额关税,而在二三年内,我国不能提出补偿要求,这一条款,是中国农产品出口的最主要障碍之一。上述入世承诺使得我国实施农产品贸易保护政策的空间明显缩小。

从原则上说,WTO 成员应该无条件相互给予最优惠国待遇,然而作为一个新申请入世的国家,我国所获得的待遇实际上取决于通过双边和多边谈判所达成的具体条件。因此虽然我国开展贸易的外部环境会得到某些改善,但在扩大农产品出口方面仍将面临一系列障碍(王珍,2004)。

## 二、农产品国际贸易特征

**(一)农产品国际贸易额** 新中国成立后,针对西方发达国家对我国实行的禁运封锁,我国奉行独立自主、自力更生的经济发展方针政策,在计划农产品出口量的同时,严格控制农产品进口量。我国农业生产基本上处于自给性状态,商品经济极不发达,农产品出口规模较小,

1950年进出口总额仅11.3亿美元,农产品进出口占全部出口比重的52.9%,其中农产品出口5.01亿美元,农产品进口0.97亿美元,在农产品出口方面获得外汇4.04亿美元。到对外开放之前,我国农产品贸易额增长幅度虽不大却稳步上升,只是在1960—1963年间,农产品进出口额有所回落,到1979年,农产品贸易总额已达到百余亿美元。70年代对外改革开放以来,伴随着中国经济快速发展,我国农产品国际贸易的规模也取得更大扩展。农产品进出口总额从1981年的104.9亿美元,增长到2000年的288.7亿美元(马述忠、乜国婉,2006)。加入WTO后,中国农产品进出口贸易都实现快速增长,而且进口增速快于出口,特别是一些开放程度较高的农产品进口大幅度增加,一些优势农产品出口也有所增加。2003年农产品进出口额已达到401.73亿美元,其中出口212.43亿美元,进口188.93亿美元。80年代以后中国农产品国际贸易在进出口两个方面出现了相对不同的发展趋势:中国农产品国际贸易的出口,呈现出了稳定发展的态势,而农产品国际贸易的进口方面,却在发展增长中出现了剧烈的波动,20年间经历了3次较大的起伏。1995年的124亿多美元的进口,是20年间所达到的最高峰。这与中国将国际市场作为中国国内农产品的调节手段有着密不可分的关系,农产品进口的波动必然与当年中国农产品的生产有直接的关系(曹靖,2004)。

尽管我国农产品进出口额不断增加,但随着我国经济的高速增长以及产业结构和出口结构的升级,农产品进出口在外贸进出口总额中的比重却呈下降趋势。中国曾经是一个农产品出口比重较大的国家,至1980年时,农产品出口在商品出口结构中还约占30%。经过最近20年的发展,中国完全改变了商品出口结构,已经转变为一个非农产品出口居绝对优势的国家。2000年中国农产品出口额在商品出口总额中只占到6.6%,已经属于世界上该数值最小的国家之一(何秀荣,2002)。另外,随着农产品贸易的国际化和市场化,利用农产品出口换取外汇的功能越来越弱化,2004年农产品国际贸易首次出现46.4亿美元的逆差,随后几年逆差不断扩大,到2008年1—11月农产品贸易总额为911.4亿美元,逆差达到177.2亿美元,同比增长了3.7倍,见表34-1(马光霞,2009)。多年顺差终结标志着中国农产品对外贸易进入到一个新的发展阶段,主要依赖初级产品的出口模式将要退出历史舞台,传统的过度依赖资源、过多追求数量、追求顺差的农产品出口发展模式正在加快向更多追求质量效率、追求均衡、资源可持续利用的模式转变(陈云,2008)。

**表34-1 中国农产品国际贸易发展情况** (单位:亿美元)

| 年 份 | 进出口总额 | 农产品进出口额 | 农产品出口 | 农产品进口 | 农产品净出口 | 农产品进出口占全部进出口的比重(%) |
|---|---|---|---|---|---|---|
| 1950 | 11.3 | 5.98 | 5.01 | 0.97 | 4.04 | 52.9 |
| 1959 | 43.8 | 18.15 | 17.25 | 0.9 | 16.35 | 41.4 |
| 1960 | 38.1 | 14.5 | 13.6 | 0.9 | 12.7 | 38.1 |
| 1961 | 29.4 | 15.43 | 9.93 | 5.5 | 4.43 | 52.5 |
| 1962 | 26.6 | 14.98 | 9.73 | 5.25 | 4.48 | 56.3 |
| 1963 | 29.2 | 16.63 | 11.06 | 5.57 | 5.49 | 57.0 |
| 1978 | 206.4 | 81.34 | 61.05 | 20.29 | 40.76 | 39.4 |

续表 34-1

| 年 份 | 进出口总额 | 农产品进出口额 | 农产品出口 | 农产品进口 | 农产品净出口 | 农产品进出口占全部进出口的比重(%) |
|---|---|---|---|---|---|---|
| 1979 | 293.3 | 105.71 | 76.43 | 29.28 | 47.15 | 36.0 |
| 1990 | 1154.4 | 192.3 | 106.49 | 85.81 | 20.68 | 16.7 |
| 2003 | 8509.5 | 401.73 | 212.43 | 188.93 | 23.5 | 4.7 |
| 2004 | 11545.5 | 514.2 | 233.9 | 280.3 | −46.4 | 4.5 |
| 2005 | 14219.1 | 562.9 | 275.8 | 287.1 | −11.3 | 4.0 |
| 2006 | 17604.0 | 634.8 | 314.0 | 320.7 | −6.7 | 3.6 |
| 2007 | 21737.3 | 781 | 370.1 | 410.9 | −40.8 | 3.6 |
| 2008 | — | 991.6 | 405.0 | 586.6 | −181.6 | — |

资料来源:进出口商品总量数据来自中华人民共和国国家统计局网站(http://www.stats.gov.cn/);1990 年以前数据摘自《WTO 与中国农产品贸易》(孙东升,2001);2004 年以后选用马光霞(2009)历年统计数据。此表选取贸易量变化比较明显的部分年份以说明文中论述的部分问题

**(二)农产品国际贸易区域特点** 20 世纪 50 年代,我国贸易区域范围主要是依据大国间政治利益关系进行界定,在西方发达国家的封锁下,我国贸易伙伴主要是前苏联和其他东欧社会主义国家,与社会主义国家的贸易占中国对外贸易的 70%左右。同时,中国也和一些亚非拉国家建立了经济贸易关系(田维明、武拉平,2005)。20 世纪 60 年代中苏关系恶化,使中国的对外贸易区域更加缩小,不仅中苏贸易额下降,与东欧各国的贸易也缩减了将近 70%。

改革开放后,我国对外贸易开始了一个迅速增长的阶段,贸易区域范围也随着对外改革开放政策的实行而扩大,农产品出口市场主要是中国香港、日本、韩国、欧盟等国家和地区的市场;进口市场主要分布在美国、加拿大、澳大利亚、巴西、阿根廷、泰国、马来西亚以及印度尼西亚等国家。美国一直是中国进出口农产品的第一大来源地,占中国农产品进出口的比重基本维持在 22%~29%,亚洲是中国农产品进口的第二大来源市场(孙大光,2001)。随着农产品贸易的深入发展,中国与贸易伙伴国之间的运输成本是两国贸易发展程度的主要影响因素,中国地处亚洲的区位优势,在其他条件相同的情况下从亚洲地区进口会比从其他更远地区进口农产品具有更低的成本优势(史朝兴、顾海英,2006)。因此,亚洲逐渐取代美国成为中国农产品第一大出口市场,第三大进口市场。

中国农产品对外贸易的市场结构有以下特征(李崇光、于爱芝,2004):第一,中国农产品出口市场比进口市场集中程度更为明显,特别是对周边国家和地区,如日本、中国香港等出口贸易所占比重高,充分体现了地缘上的优势,其中消费习惯也是一个重要因素,受民族习俗和传统文化的影响,形成了亚洲国家和地区对中国农产品形成稳定的需要;第二,农产品进口市场多元化程度比出口市场多元化程度高,进口产品分布在世界 20 多个国家,没有形成对某一个国家或地区的进口依赖,此特点也表现了我国农产品国际贸易对外国市场依赖程度低,对外贸易只是作为调剂余缺的辅助手段。

**(三)农产品国际贸易商品结构** 我国农产品国际贸易商品结构自新中国成立以来发生了

很大变化，最为显著的是传统农产品出口减少，深加工农产品出口增加。1978 年我国农产品出口额达到 61.05 亿美元，其中原产品出口额 26.91 亿美元，比 1950 年的 3.18 亿美元增长了 7.46 倍，平均每年增长 7.9%；农产品加工品出口总额达到 34.14 亿美元，比 1950 年的 1.83 亿美元增长 17.66 倍，平均每年增长 11%(刘东明，2001)。可以看出，我国在实行对外开放政策的 12 年间，农产品、原产品、加工品的出口增长速度均高于对外开放以前 28 年的年平均增长速度，尤其是农产品加工品的出口速度大大高于农产品原产品的增长速度，这是一个发展中国家出口发展合乎规律的必然结果。依靠农业技术，发展农产品的加工和深加工，可以在提高农产品附加值的同时更充分地密集使用劳动力资源，从而在更大程度上发挥劳动力成本低廉的优势。如果没有深加工和精加工的农产品出口，中国农产品出口将永远停留在初级阶段(李崇光、于爱芝，2004)。我国农产品出口在计划经济体制下发挥了极其重要的创汇作用，出口的农产品结构也以创汇为主要目的。对外改革开放以来，农产品市场与国际市场联系紧密，农产品贸易逐渐国际化、自由化，进出口方向开始由创汇型向国内市场调剂型转变(彭星间、肖春阳，2000)。农产品出口不仅重视发挥部分农产品的比较优势，而且注意到国际市场竞争的比较优势已由初级产品向高级产品或深加工产品转变，也就是说，农业生产的比较优势已向制造业和服务业转变，国际贸易注重的是以深加工型为主的制成品(马述忠、乜国婉，2006)。

根据农产品进出口商品种类的变化，农产品进出口结构中，粮食、棉花、油料等土地密集型产品的出口份额趋于下降，进口却不断上升；而动物、园艺、加工农产品等劳动密集型产品的进出口份额则均呈上升趋势(李秉龙、薛兴利，2003)。形成这一整体变动趋势主要是由于经济发展带动了技术进步，促进了资本积累，同时也增大了对土地等自然资源的需求。进口产品结构由 20 世纪 90 年代中期的粮食、植物油、棉花和畜产品为主转变为现在的食用油籽、植物油、畜产品和棉花为主。食用油籽进口增长最为迅速，特别是进入 21 世纪以后进口明显加快，其所占比重由 90 年代中期的 1%增加到近几年的 25%～30%，成为第一大进口农产品(韩一军，2008)。可以看出我国农产品进口贸易的主要特征是(王珍，2004)：我国进口农产品主要是土地密集型产品，也是我国加入 WTO 后大多采用关税配额管理的产品，主要包括粮、棉、油、糖和羊毛。形成这一变动趋势的主要原因是(史朝兴、秦淑红，2007)：我国耕地面积 19.5 亿亩，人均占有耕地 1.5 亩，而且还有进一步减少的趋势，在我国目前的农业资源禀赋条件下，随着中国农产品贸易配额扩大和贸易自由化的不断深化，发展土地密集型农产品缺乏优势，这就决定了中国会通过国际市场进口一些土地密集型产品来弥补国内需求缺口，近年逐渐增长的粮食、棉花等土地密集型农产品出口量就反映了这一规律。

20 世纪 90 年代，在各类农产品出口规模都比较小的情况下，蔬果类、水产类、纺织纤维类、肉类和动植物原料类农产品的出口贸易比重较高，分别达到 17.8%、13.8%、10.7%、8.0%和 8.2%，占农产品出口总额的 58.5%。2005 年蔬果类、肉类、水产类以及动植物原料类农产品的出口规模继续提高，占农产品出口总额的比例达到 70.4%。从实证的角度，利用有序样本最优分类方法，对中国自 1985 年到 2003 年农产品对外贸易的总体规模和产品结构变化特征进行分析，可以得出(赵一夫、田志宏、乔忠，2005)，中国农产品进出口贸易的产品结构在 20 世纪 90 年代初以后呈现出较大的差异：进口规模最大的产品种类由原来的谷物类和纺织纤维类转变为油籽类和植物油类，进口农产品种类呈现多元化发展趋势；主要出口产品种类由原来的纺织纤维类、肉类、咖啡类、动植物原料类等逐渐向蔬果类、水产类和谷物类等少数农产品集中，农产品出口贸易结构中少数产品占有的比重越来越高。分析 1996—2007 年中国农产品出口贸易产品种类可以看出中国农产品出口的产品结构不断优化(黄祖辉、王鑫鑫、宋海英,2009):谷物、油料作物、糖料作物等土地密集型农产品的出口相对萎缩,而水产、畜禽、果蔬等劳动密集型产品出口的竞争优势明显,出口农产品的加工程度有所提高。

**(四)农产品国际贸易政策保护** 农业贡献论者(如张培刚,1945)认为农业是国民经济的基础,农业发展过程中政府对农产品贸易给予适当的保护是不可或缺的。对农业进行保护是一种普遍的国际现象。2006年7月27日,世界贸易组织总理事会议正式确认多哈回合谈判全面中止,农业补贴问题仍然得不到解决,发达国家会继续增大农业补贴的投入,而其反倾销、技术壁垒、特别保障条款等保护措施却不断加强,并依然通过高关税、关税升级、关税高峰等措施限制进口,以达到保护本国农业发展、农产品贸易顺利开展。

世贸组织统计表明(王珍,2004),全球90%的农业补贴集中在美、欧、日等23个发达国家,据经合组织(OECD)统计,OECD国家农民收入中的40%来自政府的补贴,其中日本、挪威、韩国和瑞士达66%。同时,由于经济和科技水平的差距,我国与发达国家在环境意识、环保法规、政策、措施和标准上存在着相当的差异,以致在贸易规则上难以协调,特别是在竞争激烈的世界市场上,一些发达国家通过一些严厉苛刻的环境与贸易标准来削弱我国农产品的竞争力。即使我国部分农产品具有比较优势,但近年来,在我国农产品出口屡屡受到WTO成员随意实施特殊保障措施的限制情况下,具有价格比较优势的劳动密集型农产品的出口日益遭受反倾销措施的障碍,价格优势越发弱化。发达国家针对发展中国家具有价格优势的劳动密集型产品及部分特色产品实施的贸易技术壁垒范围也不断增大,从水产品、禽肉等动物源性农产品,到茶叶、花生、蔬菜等植物产品、加工产品,几乎所有具有比较优势的劳动密集型产品,均面临技术性贸易壁垒的限制。如日本将自我国进口大米的农药残留含量,从原来的65项检测指标增加到104项;欧盟对进口我国茶叶的检测指标从原来的72项增加到104项(马述忠、乜国婉著,2006)。

相对于发达国家进口产品的高指标,中国为了履行加入WTO时的承诺,大大缩小了国内可用的农业保护空间,同时却必须面对世界市场的进口冲击和出口困境,于是农产品贸易保护政策的有效实施成为规避国外贸易壁垒的关键因素之一。由于我国不可能像发达国家那样提供巨额农业补贴,造成我国农业保护程度与发达国家有很大差距。中国农业长期以来没有补贴,据测算(姜少敏,2006),中国1982—1990年的生产者补贴等值均为负值,表明中国不仅没有对农业实施补贴,相反不断地从农业转移资源。虽然按照世界贸易组织的划分,中国实施了绿箱支持政策和黄箱支持政策,但是总体支持额与发达国家相比,还存在相当大的差距。例如中国"黄箱"政策的微量允许水平为8.5%,而我国在此项政策领域严重投入不足,完全没有利用此项政策的优势作用。

随着环保问题日益提到各国发展的议程,各种名目繁多的环境管制措施必将在不同方面对国际贸易产生影响,我国农产品的整体比较优势呈现下降趋势,而且大部分农产品已经丧失比较优势。面对新的国际环境,我国农产品的比较优势需要转型,在这个过程中政府实施适当的农产品贸易保护政策尤为重要。

## 三、农产品国际贸易发展存在的问题

**(一)粮食安全问题** 在过去的60年中,中国农产品国际贸易规模的总趋势是不断扩大的,但占贸易总额的比重却呈逐步下降趋势。农产品进出口贸易额占进出口贸易总额的比重

从20世纪50年代的50%以上，下降到90年代中期的10%以下。从贸易差额上看，在加入WTO以前，我国农产品贸易大部分年份保持顺差，加入WTO后，2002年农产品出口大幅度增加。但是，随着农产品进口关税的降低，农产品在这个时期进口增长幅度也在加大，超过了农产品出口的增长幅度，2004年农产品贸易在连续保持20年顺差的情况下首次出现贸易逆差，农产品国际贸易由2003年顺差25.0亿美元转变为逆差46.4亿美元，从海关数据来看，逆差原因主要是由于粮食出口的大幅度下降，进口更大幅度地上升。2008年1—11月，农产品贸易总额达到911.4亿美元，其中出口额为367.1亿美元，同比增长11.5%，进口额544.3亿美元，同比增长48.3%，农产品贸易逆差177.2亿美元，同比增长3.7倍（马光霞，2009）。

在我国农产品贸易逆差越来越大的情况下，粮食安全问题成为国际贸易发展的焦点。美国世界观察研究所所长莱斯特·布朗发表的《谁来养活中国》、《谁将向中国提供粮食》等文，指出随着人口增长和耕地减少，到2030年，中国粮食将不能自给，供求缺口将超过世界粮食贸易量从而有可能使世界挨饿。布朗的观点在国际国内引起了普遍关注和强烈反响，引发一系列粮食安全与国家安全方面的讨论。粮食安全关乎国家安全，粮食安全论主张政府负有确保本国人民粮食安全的基本责任；国家安全论认为，自由贸易的结果使得各国生产的专业化程度越来越高，从而使本国对外国的经济依赖性大大增强，关系到国家安全的一些重要战略物资必须以本国生产为主，不能依靠进口，这些重要商品包括粮食、石油等（赵桂华，2005）。

粮食安全问题主要是指两方面的威胁（石太林，1999），一是国外低价粮源的涌入对我国粮食生产和供应能力的冲击，国内粮食有可能因为缺乏竞争力而导致生产能力下降，另一种是随着贸易依存度的提高，国际粮食市场变化对国内粮食供求的影响。农产品贸易依存度是指（李应中，2003）一个国家或地区农产品生产和消费依赖农产品国际贸易取得产、销平衡的程度。作为农产品生产大国，自1993年到2003年，我国农产品总产值从1 194亿美元增加到2 065亿美元，其中，农产品进出口总额占农业总产值的比重即农产品外贸依存度从1993年的15.1%上升为2003年的25.5%，11年仅仅上升了10.4个百分点。与发达国家相比，上升的百分点仅高于美国，而美国的农产品外贸依存度为我国的4倍多，其他发达国家的农产品外贸依存度更是远远高于我国，少的则是我国的几倍，多的达到十几倍至几十倍不等。对我国农产品外贸依存度与美国、日本、欧盟及其成员国的农产品外贸依存度进行总体和分类的比较可以表明，我国农产品的国际商品率并不高，参与国际贸易的数额很少，农产品进、出口依存度都很低（马述忠、乜国婉，2006）。即使发生突发事件引起国际环境恶化，几个主要粮食出口国对中国实行经济封锁，或者国际粮食市场供给能力萎缩，无法满足中国进口需要时，我国也可以通过调整农业生产结构，扩大粮食种植面积，适当压缩其他作物生产等措施对粮食紧张问题进行缓解。

中国未来作为粮食进口国对世界粮食市场将会产生极为重大的影响，但实际情况并不像一些学者描述得那么可怕。中国始终以提高粮食自给率为目标，注重积极而努力地提高本国农业生产水平来解决国内粮食供应不足的问题，并非完全依赖国际市场。事实上，以绝对短缺和匮乏为特征的传统粮食安全问题已经发生实质性改变，这主要得益于两方面条件（卢锋、谢亚，2008），一是改革开放为我国粮食和农业建立市场经济体制框架，市场激励和价格机制极大提高了资源利用率，另一方面，由于农业以及相关领域层出不穷的现代科技进步，为改变粮食和农业生产函数结构和参数提供了技术可比性，从而使粮食劳动生产率和土地生产率双双持续提高成为可能。在国际农产品贸易市场上，从短期看，中国扩大粮食进口量，必然会抬高国际市场的粮食价格,粮食价格走势会存在一定的不确定性,但从长期看,中国进口的持续扩大会刺激对粮食生产的投资和技术创新,推动出口供给的增加,从而使价格为更多的消费者所接受。因此,只要中国能给世界一个合理而稳定的进口预期,出口国能据此安排生产,那么,中国适当扩大进口的行为不但不会造成市场的供应过分紧张,反而会因对粮食出口国的生产刺激,加快世界农业生产技术的进步,提高农业生产率水平。同时,也能较为顺利地渡过国内粮食供应紧张的时期(朱杰、聂振邦、马晓河,1999)。

**(二)发展战略问题** 加入WTO以来,我国的农产品国际贸易一直是舆论关注的焦点所在(万健,2003),一方面,要面对来自发达国家的以规模化生产和高额补贴为特征的廉价进口农产品的挑战;另一方面,农产品出口又面临着许多国家设置的壁垒。在这种形势下,如何制定农产品贸易发展战略,成为我国贸易发展过程中迫切需要解决的问题。

中国过去20年的快速经济发展主要得益于比较优势的发挥(林毅夫、蔡昉,1994)。但现在国际间竞争已经从以自然资源和一般生产要素为主的比较优势转变为以科技为主的竞争优势,我国劳动力低廉的优势越来越微弱。一个国家参与国际分工,参加国际贸易,是因为可以充分利用和发挥本国的比较优势,使本国的资源配置得到改善。但是,对于落后国家来说,其目标往往不仅仅是利用现有的比较优势,使现有的资源得到更好的配置,而是要努力促进本国产业的不断升级和经济的迅速增长,使本国经济整体水平得到大的跨越。从这个意义上说,发展水平较低的国家要不断地促使比较优势的转变,既发挥现有的比较优势,使资源配置更优,又要促进比较优势的转变,使产业不断升级,经济不断增长。只有既发挥现有的比较优势,又较快地转变比较优势,才能达到既改善资源配置又促进经济增长的双重目标(尹翔硕,2001)。因此,推动和促进比较优势的转变,使我国农产品在国际贸易竞争中从单纯的比较优势转化为以技术为依托的竞争优势,成为我国农产品对外贸易发展战略的重要政策之一。

入世后,经济开放程度加深,在比较优势规律的作用下,我国劳动密集型农产品的进口表现出增长态势,但长期来看,WTO框架下,关税降低、市场支持和出口补贴等政策的取消,使农产品的比较优势和竞争优势在很大程度上依赖于国内农业资源禀赋,这种建立在资源基础上的比较优势是一种低级比较优势,具有阶段性。中国是一个农业大国,主要农产品产量都保持在世界领先水平,但由于受土地资源、农业生产经营规模、劳动生产率等诸多限制,许多农产品的价格均高于或接近国际市场价格,因而农业缺乏竞争优势。以我国粮食贸易为例,1990年以前,我国粮食的国内价格水平低于国际市场,粮食产品在价格上具有竞争优势。但是,以后10年中,由于农业基础设施投资加大、技术含量增高、检验手续增多等原因,中国粮食成本以平均每年10%的速度递增,国内粮食市场价格迅速攀升。因此,中国粮食出口的价格竞争优势已经完全消失,粮食作物已不再具备比较优势。面对国际市场尤其是美国农产品的激烈竞争,中国农业将面临着严峻的考验(杨鹏飞、洪民荣,2000)。国际贸易的实践证明,农产品的出口,同其他商品一样,已由过去的"以量为导向"进入"以质为导向"的新的发展时期。在国际市场上,农产品质量等非价格因素已代替价格竞争机制而占主导地位。

目前由于我国农业对农民生活具有特殊重要性,农业受自然条件制约性强,农户农业生产规模小,农产品商品率低,资源集约型大宗农产品生产主要集中在相对不发达地区,农业劳动力的科技和文化水平不高,个体农户投资能力有限,我国农业产业结构调整的难度较大,在相当长的时间内不可能达到美国等发达国家那样的专业化和区域化水平,农业结构战略性调整是一项长期而艰巨的任务。随着我国经济的快速发展和人民生活水平的提高,在农业结构调

整中，高质量、高附加值的农产品生产受到了越来越多的关注，处于成长发展阶段。虽然农业作为一个整体是一个古老的产业，但是，符合转型后比较优势特点的高质量、高附加值农业在我国还处于起步阶段，属于“幼稚产业”(詹晶，2006)。

因此，我国具有比较优势的传统农产品出口大类品种，如水果、蔬菜和水产品等应继续发挥其比较优势。同时，在当今世界农产品市场竞争激烈的条件下，商品价格的竞争作用已相对缩小。一国的商品能否跻身于国际市场，主要取决于出口商品的质量。因此，应积极采取措施，尽快调整我国农产品出口商品结构，在提高质量、翻新规格、扩大传统农产品出口的同时，引进技术，更新品种，不断开发适销对路的产品和加工品出口，特别是增加深加工农产品出口，以使农产品档次升级，提高附加值，增加单位产品出口换汇率，扩大出口贸易。

## 第三节　农产品国际贸易的作用

我国著名经济学家张培刚于20世纪40年代中期提出农业贡献理论，他在《农业与工业化》(Agriculture and Industrialization)中注意到农业通过向国家纳税和输出农产品，进而形成的资金积累和外汇储备的作用，从而总结出农业是国民经济的基础，农业对经济发展具有产品贡献、要素贡献、市场贡献和外汇贡献。因此，农业的重要地位不仅体现在粮食生产方面，更表现在农业剩余对其他产业的促进作用。自新中国成立，农产品贸易就在我国经济发展中发挥巨大影响力，不仅是获取外汇进行工业化建设的重要支柱，更是稳固我国政治经济独立、关系国计民生的基础性部门。加入WTO后，我国农产品贸易随着与国际市场联系范围的增大，逐渐调整贸易策略，适应复杂多变的国际市场环境，在挑战和机遇共存的环境中促进了农业产业化过程，加强了自身的竞争力，在世界贸易中占据重要地位。

### 一、农产品国际贸易在国民经济中的重要地位

农产品国际贸易是我国经济发展中不可或缺的一部分，也是与其他国家联系、互换有无的有效形式。国民经济的快速稳定发展是我国的基本国策，农产品贸易对国民经济的作用主要体现在以下几方面。

第一，是我国对外贸易的重要组成部分。新中国成立初期，农产品国际贸易额在全国商品贸易额中占据绝对地位，1950年进出口总额为11.3亿美元，农产品进出口额为5.98亿美元，农产品进出口占全部进出口的52.9%，这种情况一直延续到改革开放初期，到1979年，农产品贸易额才降至全部商品的36%，即使农产品贸易占对外贸易的比重一直递减，农产品贸易对我国国民经济增长的作用也是不容忽视的。农产品每增长1个百分点，GDP将增长1.452个百分点，其中农产品出口的贡献率为50.3%，农产品进口的贡献率为49.7%。这个结果表明：虽然农产品贸易占贸易总额的比重在不断下降，但是农产品贸易对GDP增长的贡献是相当大的，比加工贸易对经济增长的贡献大很多(加工贸易每增长1个百分点，GDP将增长0.761个百分点)(李青阳、单再成，2006)。

第二，是弥补贸易逆差的主要手段。在传统农业以及整个经济的发展水平都较低时期，农产品出口弥补贸易逆差的重要性更加突出。随着我国经济的高速增长以及产业结构和出口结构的升级，经过系统评估我国农产品出口的商品结构、地区分布、出口企业以及出口目的地的

市场结构特征与变化,可以发现尽管农产品出口在外贸出口总额中的份额呈下降趋势,但我国农产品出口仍然具有重要的弥补贸易逆差贡献,对我国经济发展具有越来越重要的战略地位(程国强,2004)。据统计(刘东明,2001),1985 年我国农产品贸易顺差为 26.97 亿美元,而当年我国的贸易逆差为 149.02 亿美元,农产品的贸易顺差弥补了 18.1%的逆差。1995—2003 年的 9 年中,我国外贸顺差累计 2 336.0 亿美元,其中农产品贸易顺差累计 358.8 亿美元,占 14.67%(马述忠、乜国婉,2006)。

第三,对其他产业部门的促进作用。农产品贸易不是一个孤立存在的部门,大量数据分析表明,农产品贸易推动了整个国民经济的发展,创造了大量的就业机会,在充分利用国际市场的同时,实现了农业增长的国际化、促进产业结构和贸易结构的升级,尤其是对拓宽农民就业渠道、促进农民增收和农业结构调整、提高农业竞争力有着更为重要的战略意义(马述忠、乜国婉,2006)。

## 二、农产品国际贸易对国家工业化的贡献

长期以来中国农产品贸易的指导方针可以归纳为(何秀荣,2002):一是农产品贸易只作为少量调剂国内农产品余缺的手段;二是农产品贸易是创汇的主要手段之一。此两条指导方针的落实,为我国国家工业化的实现提供了条件。

第一,加快了农业产业化进程。我国农产品贸易初期出口商品以传统农产品为主,随着贸易的发展逐渐向深加工农产品转变,这种变化必然会带动农产品和加工品结构变化。因而,无论在选育和推广优良品种方面,还是在精细加工方面,都需要做出相应的结构调整,也就是必须根据产品的增值链提高产品的附加值。农产品出口贸易发展,可以通过延伸产业链,使农业摆脱仅仅提供原料和初级加工品的地位,加强与工业的紧密联系,形成"从田头到餐桌"的完整产业,从而农产品结构得到调整和优化(马述忠、乜国婉,2006)。完整农产品产业链的形成促进了农业的科学管理,农业科技含量提高,传统农业逐渐向现代化农业转变,产业化进程加快。

第二,为国家工业化发展提供外汇支持。改革开放以前的经济短缺年代,我国采取的经济发展战略是推进重工业化,走工业化道路。政府的贸易政策思路基本上是依靠农产品和原料产品创汇来进口工业(尤其是重工业和军工业)建设需要的物资。因此积极发展工业以替代进口,紧缩国内消费以提供出口,这就形成了较为集中的外贸管理体制和盘剥农业支援工业的传统。在政策的引导下,加上农业生产成本和利润决定价格,很低的农产品价格促使了农业资源向工业转移。从 20 世纪 50—60 年代,一直到 70 年代,农产品的出口曾经是我国外贸出口的主要类型,目的就是为换回国内急需的工业设备和短缺的外汇,以支持国家工业化发展战略,为我国经济的发展获取了大量宝贵的外汇(曹靖,2004)。其贸易格局一般表现为:农产品换回工业仪器、设备或外汇;非粮食农产品换回粮食。我国是发展中国家,工业不发达,工业产品很难在国际市场上取胜,国家的外汇收入就必须在很大程度上依赖于农产品及其他初级产品的出口。用农产品及其他初级产品出口换回的外汇去购买先进的科学技术、生产资料及其他急需的重要工业产品。直到实行改革开放后,经济发展政策的指导思想才调整为提高人民生活水平和着重发展影响经济持续发展的基础建设(如能源、材料、交通等)。这种经济发展思路导致了中国贸易政策的转变,从而改变了中国农产品贸易的作用和地位。如今,农产品贸易额在我国对外贸易总额中所占的比例呈下降趋势,这在一定程度上反映了农业与工业发展比重已经发生了重要变化,农业为国家工业化提供资金积累的作用已大大降低(詹晶,2006)。但不能

忽视的是,发展中国家经济的起步都是从农产品和其他初级产品的出口开始的,这是发展中国家引进外资、技术和输入工业品的外汇保障。同时,发展中国家在具有竞争力的工业化体系未建立之前,依靠农产品作为经济增长的动力,常常有助于发挥其资源的优势而提高其国民收入的水平(曹靖,2004)。

## 三、农产品国际贸易发展促进了农业国际化

信息时代的到来使经济全球化的特点愈加明显,当各国经济发展、科技进步的浪潮迎面袭来,我国农业作为国民经济的基础性产业更应该面向全世界、走向国际化。我国农产品贸易在资源交换的同时,依靠国际平台,越来越向国际进出口贸易技术标准靠拢,不仅提高了农产品技术含量、质量水平,还促使我国农产品在世界市场上提高了竞争力,占据重要地位。

第一,农产品资源在世界范围内得到合理配置。由于各种自然条件的限制,没有国家能生产出所有农产品来满足国内消费者的需求,利用农产品国际贸易来进行国际间的采购,成为合理途径。这样的农产品交流形式不仅满足多方面的国内消费需求,而且还促进了农业国际化,使世界农产品资源得到合理配置和充分利用,从而扩大生产与交换,促进世界经济整体水平的提高。从表面上看,国际贸易只不过是各国给自己剩余产品寻找市场或为国内超额需求寻找来源的一种行为。但通过国际贸易,各国参与了国际分工,是在世界范围内进行农业资源的再分配,建立起在农业资源差异基础上的国际分工,有利于各国充分利用自有资源从事适宜生产的产品,是促进资源配置效率提高的有效途径。对国内市场来说,在开放本国市场的同时,获得其他世贸成员国的市场开放。农产品出口环境得到一定改善,参与国际竞争更加便利。农业生产除了满足国内市场的需求外,还必须满足国际市场需求,国际竞争的需要就要求中国农业必须走产业化发展的道路,实现从传统农业向现代农业的转变(彭星闾、肖春阳,2000)。无论在发展中国家还是发达国家,农产品国际贸易都是某地区或某经济部门资源交换和转移的重要方式,使有限的资源得到充分利用和自由调配,这同时也是自由贸易的重要意义。在农产品国际贸易形式下,中国农业生产参与国际分工,在发挥农业比较优势的同时,以较低的价格成本取得国内需要的农产品,充分利用国际市场、国际资源,弥补中国农业资源和投资不足,使稀缺资源得到有效配置,为国民经济的快速发展提供条件。

第二,农产品生产流通环节与国际标准接轨。中国的农业国际化是加入世贸组织参与经济全球化进程的直接表现,是由经济全球化决定的不可避免的大趋势,是中国工业化和市场化进程中,解决资源短缺、资金不足和科技落后矛盾的必然选择。加入世界贸易组织不仅有利于加快中国农业产业化进程,更促使中国农产品的生产与销售同国际市场的联系越来越紧密。面对发达国家越来越严格的贸易技术壁垒指标,我国不得不重视农产品质量,对生产、运输、包装等各个环节进行严格把关、严格审查,制定了贸易质量检测标准,不仅减少了发达国家针对我国优势农产品向世贸组织提出的申诉以及产生的贸易摩擦,更加强了我国农产品自身的竞争力,促进了我国农产品贸易的良性发展。农产品国际贸易的开展还有利于提高农业经济的整体效益,增加农民收入。对外贸易增加了农产品的市场容量,可以促进农业生产规模的扩大和农业生产的专业化,从而使农业获得规模效益。通过农产品进出口贸易,使我国农业加入到国际分工体系,实现国际间的资源转换,可以发挥我国的资源优势,实现农业资源的有效合理配置,提高农业的经济效益,从而增加农民的收入,改善国民的消费水平(刘东明,2001)。

第三,在世界农产品贸易中占重要地位。中国是世界上最大的农产品生产和消费大国,也

是世界主要农产品出口国之一。中国农产品出口占世界农产品出口的份额,已经从1985年的1.8%,逐步上升到2003年的3.7%,农产品进口额占世界农产品进口总额的比例也从同期的0.8%增长到3.8%(赵一夫,2005)。据WTO的统计,2004年世界农产品出口总金额为7 831亿美元,排名前15位国家的出口占了66%。其中,美国的农产品出口额为795.67亿美元,位居第一,占世界农产品总出口份额的10.2%;中国名列第十,出口额为241.21亿美元,占3.1%(李先德,2006)。随着中国经济大国地位的上升,农产品国际贸易也将在世界市场上发挥越来越大的影响力。

## 参考文献

[1] 张绪根,易法海,等.农产品贸易学.北京:农业出版社,1993.

[2] 田维明、武拉平.农产品国际贸易.北京:中国农业大学出版社,2005.

[3] 尹翔硕.加入WTO后的中国对外贸易战略.上海:复旦大学出版社,2001.

[4] 武拉平.中国农产品市场行为研究.北京:中国农业出版社,2002.

[5] 唐正平,郑志海.入世与农产品市场开放.北京:中国对外经济贸易出版社,2000.

[6] 李秉龙、薛兴利.农业经济学.北京:中国农业大学出版社,2003.

[7] 杨鹏飞、洪民荣,等.WTO法律规则与中国农业.上海:上海财经大学出版社,2000.

[8] 马述忠,乜国婉.农产品外贸依存度的国际比较及政府行为分析——兼论农业对我国社会经济发展的贡献.北京:中国农业出版社,2006.

[9] 詹晶.我国农产品贸易保护政策研究.华中科技大学博士学位论文,2006.

[10] 刘志澄,程国强.农业·粮食·贸易.北京:中国农业科技出版社,1996.

[11] 翁鸣,陈劲松,等.中国农业竞争力研究.北京:中国农业出版社,2003.

[12] 杭争.技术性贸易壁垒对我国对外贸易的影响及对策.国际贸易问题,2003(2).

[13] 王平.中国农产品贸易技术壁垒战略研究.北京:中国农业出版社,2004.

[14] 朱杰,聂振邦,马晓河.21世纪中国粮食问题.北京:中国计划出版社,1999.

[15] 张伟.中国农产品贸易问题研究.经济与管理,2007(5).

[16] 王珍.WTO与农产品国际竞争力.北京:中国经济出版社,2004.

[17] 曹靖.中国农产品国际贸易二十年变迁及其成长环境研究:1982—2001.中国农业大学博士学位论文,2004.

[18] 何秀荣、Thomas I. Wahl.中国农产品贸易:最近20年的变化.中国农村经济,2002(6).

[19] 马光霞.2008年1—11月中国农产品进出口动态.世界农业,2009(2).

[20] 陈云.中国农产品出口组织的变迁及其治理.上海交通大学博士学位论文,2008.

[21] 孙东升.WTO与中国农产品贸易.北京:中国农业出版社,2001.

[22] 孙大光.加入WTO后的中国农业贸易政策研究.中国社会科学院研究生院,2001.

[23] 史朝兴,顾海英.加入WTO对中国双边贸易增长贡献的实证研究.财贸研究,2006(3).

[24] 李崇光,于爱芝.农产品比较优势与对外贸易整合研究.北京:中国农业出版社,

2004.

[25] 刘东明．农业产业化与农产品流通．北京:中国审计出版社,2001.

[26] 彭星闾,肖春阳．市场与农业产业化．北京:经济管理出版社,2000.

[27] 韩一军．我国农产品国际贸易格局形成．农民日报,2008.

[28] 史朝兴,秦淑红．中国农产品进口的现状、格局和趋势．经济问题探索,2007(9).

[29] 赵一夫,田志宏,乔忠．中国农产品对外贸易的产品结构特征分析．农业技术经济,2005(4).

[30] 黄祖辉,王鑫鑫,宋海英．中国农产品出口贸易结构和变化趋势．农业技术经济,2009(1).

[31] 姜少敏．中国农业补贴政策:不足及对策．教学与研究,2006(6).

[32] 赵桂华．入世后我国农产品进出口贸易保护效益研究．同济大学硕士学位论文,2005.

[33] 石太林,等．粮食流通体制改革．北京:中国人民大学出版社,1999.

[34] 李应中．中国和主要发达国家农产品国际贸易依存度比较．世界农业,2003(1).

[35] 卢锋,谢亚．我国粮食供求与价格走势(1980—2007)——粮食波动、宏观稳定及粮食安全问题探讨．管理世界,2008(3).

[36] 万健．中国农产品贸易的发展趋向．苏州市职业大学学报,2003(3).

[37] 林毅夫,蔡昉．中国的奇迹:发展战略与经济改革．上海三联书店,1994.

[38] 李青阳,单再成．农产品贸易对中国经济增长作用的实证分析．湖南农业科学,2006(3).

[39] 程国强．中国农产品出口:增长、结构与贡献．管理世界,2004(11).

[40] 赵一夫．中国农产品贸易格局的实证研究．中国农业大学博士学位论文,2005.

[41] 李先德．中国农产品贸易的世界地位及其特点．农业展望,2006(6).

(作者:王佳楠 中国农业大学博士生,冯开文 中国农业大学教授、农经系主任)

# 第三十五章 农业利用外资

## 第一节 利用外资促进农业发展

为适应改革开放新形势的发展,引进外资、引进技术设备、引进人才、引进管理经验,成为当时最紧迫的首要任务。国务院于1983年5月召开了全国利用外资工作会议,同年9月3日,中共中央、国务院发布了"关于加强利用外资工作的指示",指出"对外实行开放是我国的一项长期的战略方针,把利用外资、引进先进技术、引进关键设备、引进人才,提高到发展我国社会主义建设的战略高度来认识,要求各部门加强领导、健全机构,把利用外资工作列入议事日程上来"。农牧渔业部党组决定由何康部长担任农牧渔业部利用外资工作领导小组组长,具体由副部长边疆负责此项工作,并组成利用外资工作办事机构。1984年8月23日,农牧渔业部党组农发字[84]第184号文做出了"关于加强利用外资工作的几项决定,设立农牧渔业部利用外资办公室,作为我部对外对内统管利用外资工作的机构"。其主要任务是:研究制定农牧渔业利用外资的年度和长远计划,研究部署农牧渔业利用外资项目的优先次序和重点,研究利用外资渠道和优惠政策,筹措安排配套资金和还款能力,审批项目可行性报告,评估、监测项目全过程。

随着外资工作开展,农牧渔业部于1985年3月25日—4月2日,在广州召开了全国农牧渔业利用外资工作会议。会议期间学习了中共中央、国务院和中央领导同志关于利用外资工作一系列指示和讲话精神,会上由14个单位做了经验介绍,参观了广东省东莞县农牧渔业利用外资项目现场,通过此次会议,对今后农牧渔业利用外资工作将起到积极推动作用。1985年11月4—10日由农牧渔业部在京举办了第一次农牧渔业对外经济项目洽谈会,有24个省、自治区、直辖市与14个国家和地区的197家公司,通过洽谈签订了47个项目,对直接吸收外商投资起了积极促进作用。

1986年4月8日,将农牧渔业部利用外资办公室更名为农牧渔业部对外经济工作办公室,1991年更名为农业部对外经济合作中心。随着农业部机构改革,到1997年完成了将分散在各司局的外资项目办公室,如华北项目办、农垦、水产、畜牧、农业、科教、饲料、农机外资项目办,归属于对外经济合作中心,实行统一集中管理,成为一支强有力的外资管理队伍。随着不断的深化改革和对外开放,2003年底,对外经济合作中心与中欧农业技术中心合并,两块牌子一套人马,仍沿用对外经济合作中心,面向国际多渠道的引进外资,实施"引进来、走出去"的发展战略,开展南南农业合作、东盟农业合作、国际区域农业合作、政府间农业合作以及周边国家的农业合作等,使外经工作有了新的突破。

我国是一个人口众多的农业大国,引进外资对于缓解农业资金不足、增强农业后劲、引进国外先进农业技术设备、装备农业、提高农业生产水平、增加农民收入等方面将起积极作用。引进外资,利用好外资,对支持"三农",惠及"三农",改变农村落后面貌,将产生重大影响。

## 第二节 农业引进外资的措施

### 一、国情决定了农业需要利用外资

我国是一个人口多、底子薄、基础差、收入低的发展中国家，新中国建立初期至改革开放前后80%农业人口在农村，基本上是一家一户为单位的生产模式，主要从事粮食生产，生产经营单一，生产水平也比较低，基本上是靠天吃饭。提高农业生产水平和扩大再生产则受到资金、技术等条件制约，而国家对农业扶持的资金有限，因此引进外资，扩大生产规模，发展多种经营，进行农产品深加工、精加工，产供销一条龙就成为一种新的选择。

### 二、改革开放为农业利用外资创造了有利条件

改革开放打破了过去对外资不想用、不敢用、不能用的思想障碍，为农业用外资创造了条件。20 世纪 80—90 年代是农业利用外资规模、类别、金额优惠条件的最好时期，仅由农业部牵头引进外资和技术设备主要渠道，多边的有：世界银行、国际农业发展基金会、世界粮食计划署、联合国粮农组织、联合国开发计划署、亚洲开发银行，以及欧共体等国际组织；双边的有：澳大利亚、加拿大、日本、美国、意大利、法国、欧盟等国政府间农业合作。按照资金性质大致可分为 6 类：一是中长期优惠贷款，指世界银行和国际农业发展基金会软贷款（贷款时间长、利率低）；二是无偿援助，主要是世界粮食计划署、欧盟奶类项目和日本对华粮食援助以及双边国家项目中的赠款部分；三是技术援助，如联合国粮农组织，虽然提供的资金有限，但覆盖面广，收效较大；四是补偿贸易、合作经营、合资经营、合作开发，特别在沿海地区这种发展模式较为普遍；五是利用东欧记账外汇，购置农业所需饲料、饲养设备、农机设备；六是外商直接投资，以港澳台和日、泰、韩等国为主，欧美也有增加趋势。

### 三、农业引进外资大致经历了三个阶段

新中国成立以来，农业利用外资第一阶段为 20 世纪 50—60 年代，主要是通过原苏联和东欧社会主义国家提供一些国营农场、拖拉机站、农业科学院所和高等农业院校所需的一些设备和仪器，如苏联援建的黑龙江友谊农场，捷克援建的河北黄骅中捷友好农场，匈牙利援建的山东兖州中匈友谊拖拉机站等，以及引进一些优良品种。第二阶段从 20 世纪的 70 年代中期至 80 年代初期，主要利用东欧记账外汇，引进一批饲料、养鸡、屠宰、孵化设备、农业机械（特别是中型拖拉机）以及蔬菜大棚设备等。第三阶段即 20 世纪 80 年代实行改革开放以来，30 年来真正把利用外资提上议事日程，是农业利用外资的最好时期，也是农业、农村、农民受实惠最多时期，利用外资增强了“三农”活力，真正为农业办了几件实事，深受广大群众的欢迎。

### 四、农业利用外资成效显著，有力地促进农业发展

通过引进外资相应地缓解农业资金不足的问题，有些项目能够得以提前上马，解决了多年想上而未上的项目，同时还引进了先进农业技术和设备，改变了农业落后状况。改革开放以来，从 1979—2004 年农业部门利用国外贷款达 90.48 亿美元。其中，世界银行 70.08 亿美元，

亚洲开发银行6.88亿美元,国际农业发展基金会4.47亿美元,日本对华提供的“黑字还流”贷款2.55亿美元。1979—2006年我国接受世界粮食计划署、欧盟、日本、德国的粮食援助(实物折算)总金额达14亿多美元,接受多边和双边提供的农业技术援助总金额达15亿多美元,主要有联合国粮农组织、开发计划署、世界银行、亚洲开发银行以及加拿大、澳大利亚、日本、芬兰、荷兰、挪威、瑞典、德国、意大利等国,以上两方面接受的无偿援助达30亿美元。利用东欧记账外汇金额达2.12亿美元。全国农业利用外资规模可达130亿美元之多。

此外,积极吸收外商直接投资,1979—2006年农村第一、第二、第三产业的外商投资项目达76 472个,累计投资总额283.43亿美元,有力地支持农村现代化发展进程。

## 第三节 农业利用外资的重点项目

### 一、第一类项目

该类项目是以华北平原农业项目、黑龙江农垦项目和南方红壤项目为代表,开发和利用我国土地资源,改造中低产田,开垦荒地,以增产粮棉油为主,实行“山水林田路”综合治理。

华北平原农业项目利用世界银行6 000万美元贷款,加上国内配套资金总投资额3.85亿元,以治理黄淮海平原部分盐碱地为主要内容的农业综合开发服务项目。项目包括山东、河南、安徽3省9县,改造中低产田300万亩,项目于1982年签约,1987年竣工,经过5年的综合治理,改善了生产条件,粮棉产量大幅度提高,至1989年底,项目区粮食作物产量由改造前的40万t提高至86万t,增加1倍;棉花总产量由2.35万t增加到4.35万t,增产近1倍;农业总产值增加2.6倍。农民人均纯收入由项目前的125元增加至553元。项目取得了显著成就,为华北平原地区农业改造中低产田的一个成功范例,世界银行业务评议局专家认为“该项目是大规模地通过控制盐、涝、旱改良现有耕地的一次成功示范”。

黑龙江农垦项目是采用大型机械设备开垦荒地,建设国家商品粮基地。使用世界银行贷款7 000万美元,从1983年开始实施,1988年竣工,共开垦300万亩荒地。通过兴建农田水利工程,引进现代化农机工程设备,包括建设道路、通讯电力以及社会生活设施等。项目于1986年达到设计能力,年增产粮豆37.5万t,商品率达70.4%。现在已成为东北粮食大豆优质化、区域化、专业化的重要生产基地和出口基地。这个项目的建成被认为是最好的现代化农场示范基地。

南方红壤项目一期有江西、福建两省,二期则扩大至5省(自治区),除江西、福建两省继续外,新增有浙江省、湖南省和广西壮族自治区,贷款总额为2亿美元。红黄壤遍布长江以南大部地区,总面积达2.18亿$hm^2$,约占全国国土面积的22.7%,是我国南方重要的土地资源,这里生产的粮食和经济作物占到全国产量的1/2以上,但是约有80%以上山区、丘陵地区的生产潜力没有发挥出来,比现有耕地多1倍的荒山荒地尚未得到合理开发利用,38%现有耕地处于低产田水平,亩产低于300kg,红黄壤丘陵地区水土流失面积达43万$km^2$,是我国第二大水土流失区。利用世界银行贷款,采取修建梯田、等高种植,修建农田排灌设施和田间道路改建或扩大农田基础设施,建造粮田、果园、茶园、种树种草,使红黄壤资源得到开发利用,水土流失得到控制。一期项目于1987年实施,江西、福建两省4个地区(市),13个县(市),2个国营垦

殖场等，开发面积达27 000hm²。二期项目于1994年实施，江西、福建、浙江、湖南、广西5省（自治区）27个地区（市），87个县（市）217个小流域，开发面积52 500hm²。采用小流域模式，以土地为主体开发治理，农林牧相结合，既改良了土壤的板结，又有效地控制了水土流失，并保护了生态环境。红壤项目一期和二期先后竣工，得到中外专家的高度评价：认为是一条农民致富之路。从宏观上说实施南方红壤项目是必要的，经济上是划得来的，综合技术应用是合理的，贷款债务是能够偿还的，农民增产增收是显著可观的。

## 二、第二类项目

该类项目是以八大城市和十四城市淡水养鱼项目、六大城市和二十城市奶类项目和从东欧国家引进养鸡设备项目为代表，采用现代化农业生产技术，提高农牧渔业的生产率和商品率为大中城市提供更多的农副产品，解决吃鱼难、吃奶难、吃蛋难的难题，丰富市民的“菜篮子”。

从1986年开始执行的八大城市和十四城市淡水养鱼项目，由世界银行提供贷款6 780万美元和由世界粮食计划署提供的10 697万美元，对缓解大中城市吃鱼难问题起了重要作用。该项目选择全国有代表性的几个大中城市，把引进国外先进技术和设备与我国传统养鱼技术结合起来，综合开发国土资源，逐步实现鱼塘规模化、放养科学化、饲料颗粒化、生产运输机械化，使项目区成为综合性养殖体系，如八大城市淡水养鱼项目，实施项目3年来累计产成鱼和鱼种17.6万t，为市场提供商品鱼15万t，按八大城市城区人口计算，人均占有3.5kg，受到当地政府和人民群众的欢迎。

由世界粮食计划署资助的六大城市和欧共体提供二十城市（前者为6 000万美元，后者为7 500万欧洲货币单位）的奶类项目，也是一个非常成功的项目，奶类发展项目进展很快，使城市鲜奶供应量迅速上升，这对当时解决“吃奶难”，缓解这些城市牛奶供应紧张起了很大作用。

利用东欧记账外汇项目，引进工厂化养鸡设备、饲料加工设备，发展蛋鸡工厂化养殖缓解了许多大中城市“吃蛋难”问题，改变了过去单靠农村手工养鸡不能满足城市鸡蛋供应需要的局面。

## 三、第三类项目

该类项目的目标是改善和装备我国农业科研教育单位的科研教学手段，提高农业科技人员的素质以及建立和健全农业科技推广服务体系。

国家恢复世界银行贷款项目后，首先从农业贷款中划出一定外汇额度（1.5亿美元）加强农业科教事业。农业教育科研项目从1982年开始启动，第一期有11个高等院校7个科研单位，第二期又新上了12个院校、12个专科学校、6个培训中心，共向世界银行贷款1.7亿美元，用先进技术设备仪器装备了重点院校和科研单位，对提高教学科研水平产生了重大作用，有效地改善了一部分高等农业院校的教学条件和农业科研单位的研究手段。引进的仪器设备占项目利用外资金额的60%，这批仪器设备大部分具有20世纪70年代末期至80年代初期水平。

## 四、第四类项目

该类项目的目标是提高农业的综合生产能力，建立一批具有农业特色战略性骨干项目。主要有利用世界银行资金上马的广东橡胶发展项目，长江中上游以种植柑橘为主的农业开发项目、种子项目，甘肃省和新疆维吾尔自治区牧业发展项目，湖南南山牧场引进澳大利亚草种

和围栏种草技术项目;利用国际农发基金的贷款建设的包括河北、内蒙古、黑龙江3省(自治区)的北方草原与畜牧发展项目,山东烟台地区6县(文登、牟平、海阳、蓬莱、栖霞、招远)改造丘陵地区土壤、提高花生产量和质量项目。这些项目的上马,不仅产生了良好的经济效益和社会效益,而且大大提高了技术的含金量。广东橡胶发展项目被世界银行认定是"东南亚地区项目典范"。橡胶项目的示范和推动,使海南、云南、广东成为我国最重要的橡胶生产基地。种子项目是1985年我国第一个利用世界银行信贷引进的农业增产技术项目,这个项目覆盖14个省的18个种子中心,水稻、玉米、棉花种子的制种,都采用了国际上的先进技术,建立了种子基地和种子繁育体系,生产、加工和分发设施达到现代化水平,5年后将把贮存种子的能力由6 700t提高到23 000t,消毒种子由105 000t提高到184 000t,这样不但可以满足本项目地区种子需要,也为全国建成300个现代化种子中心起到示范作用。种子项目的实施为引进新的优良品种,提高种子质量,为农业增产、农民增收发挥了积极作用。

## 五、第五类项目

该类项目是发展创汇农业。利用外资建立农产品出口供应基地,保证农产品资源充足、品质优质,提高农产品生产效益。还利用日本对华提供"黑字还流"贷款项目,用于农业的扩大出口创汇能力。贷款资金额度达2.555亿美元用于农业,占国内整个"黑字还流"贷款1 000亿日元(折合7.5亿美元)的34%,比国内任何一个农业利用外资项目规模都大,遍布地区亦较多,按一比一配套资金,投入资金用于创汇总额达5亿美元之多。项目包括农业、畜牧业、水产业、特色产业,从生产、加工到出口,覆盖面广。一些多年想上而未上的项目,如黑龙江的大豆、吉林的玉米、新疆的棉花、云南的茶等大的项目,以及远洋渔业、外海渔业等一些大的项目,有了这笔资金,项目就很快上了马。为农业创汇增加新的活力,产生巨大经济效益,安排的"黑字还流"项目,形成年出口创汇5亿美元左右的生产能力。通过"黑字还流"项目实施,整体推进创汇农业,一些比较小的项目,如蔬菜、水果、活猪、河蟹、水禽等形成了投资快、出产快、效益快的良好氛围。从1987—1989年历时3年时间,建设了一大批农副产品及其加工产品的出口基地和生产企业项目,充分发挥了资源优势、区域优势、特色优势和行业优势,增强了农业创汇的综合生产能力,提高了农副产品在国际市场上的竞争能力,并为今后创汇农业的发展打下了坚实基础和提供了广阔前景。把"黑字还流"贷款用于创汇农业的发展是一项成功范例。

(注:中国同日本进出口贸易逆差大,对日本来说是顺差。日本通常用黑字表示顺差,逆差则用红字表示为赤字。据称此次资金是从日本的贸易盈余资金回流计划的一部分拨出,这种形式日方称为"黑字还流")。

## 六、第六类项目

该类项目是利用东欧记账外汇,引进技术、引进设备,是一个创举。利用东欧国家记账外汇形式,解决了对外农业技术引进和设备进口外汇短缺的困惑,在20世纪70年代中期和80年代初期,为改变我国农业技术陈旧和落后状况,以填补农业技术的某些空白,国家出台了扶持向国外引进技术和设备一系列新举措,解决了引进技术和设备的一大难题。凡引进的东欧国家设备,国家给予一定的政府补贴。规定国家补贴占30%,用户自付70%,用瑞士法郎结算,一个瑞士法郎当时一般在2~3元人民币,进口产品免除各种税收。由于采取这种优惠政策,受到用户欢迎并纷纷向东欧国家引进先进技术设备。东欧国家的技术水平适合当时的中

国国情，东欧国家对我国轻纺、农产品和某些原料有一定需求，可以扩大同东欧国家出口，我们所引进的东欧国家技术设备，不少产品接近国际先进水平，而且价格优惠，引进东欧国家的技术设备有利我国农业现代化发展进程。

中国牧工商总公司、农业部计划司、农业部进口办联合同北京、西安、成都三市合作率先向匈牙利、南斯拉夫、罗马尼亚引进了养鸡设备，以北京市为例，先后共引进了4套养鸡设备、4套饲料设备、2套孵化设备和1套屠宰冷库设备，应用这些引进设备的养鸡场供应首都市场鲜蛋占60%以上，仅1984年就为全市提供商品蛋近2万t。西安市应用引进设备的养鸡场供应鲜蛋占全市鲜蛋量20%，成都市应用引进设备的养鸡场供应鲜蛋占全市50%以上。这对当时缓解这些城市吃蛋难的问题和平抑物价起了很大作用。同时节省了外汇，增强了自力更生能力。

利用东欧记账外汇这一渠道引进技术设备工作，由点到面全面推开，产生了良好影响。引进的技术设备有农业机械、种子加工机械、畜牧机械（包括养鸡、养猪、养兔设备，孵化设备、屠宰设备、饲料设备等）、农副产品加工机械（包括速冻蔬菜设备、水果保鲜设备、冷藏设备、水果饮料加工、包装技术等）以及农业科研推广试验仪器等，不同类别的项目累计1 900多宗，总金额达2.12亿美元，形成的固定资产大约30亿元。向东欧国家引进的饲料设备28套、养鸡设备21套、屠宰孵化设备10套、冷库15套、啤酒罐装线8套，都在正常运转，产生了良好的经济效益。原来引进的技术设备仅安排在几个主要的大城市，后来遍布全国20个省、自治区、直辖市。原来引进主要在养鸡业上（如蛋鸡、肉鸡、孵化、饲料、屠宰场的系列设备），对发展专业化养鸡，繁荣市场，解决大中城市鸡蛋、鸡肉供应起了很大作用；后来扩大到农副产品和乡镇企业加工方面，对推动农副产品贮存保鲜、加工业的发展起了积极作用。

## 第四节 农业引进外资的几点认识

### 一、农业引进外资仍要继续坚持下去

引进外资是我国对外开放基本国策的重要内容。改革开放30年实践证明，吸收外资促进了农业持续快速发展。

我国是一个人口众多、农业人口比重大的国家，农业基础还比较薄弱，农业资源相对不足，富裕程度还不高，城乡之间、地区之间，差距较大。因此，引进外资，对弥补农业建设上的资金不足，提高农业技术水平，推进农业现代化水平，提高农产品国际竞争力，具有重大意义。农业、农村、农民要办的事情太多了，如先进农业科技普及应用、农业基础设施建设、农村工业化发展、社会主义新农村建设等，都需要大量资金支持，没有资金的保证是难以实现的。因此，应有计划、有步骤地积极加以引进外资，以加快农业发展步伐。

根据商务部提供的资料显示：改革开放以来至2005年全国利用外资总数达6 508亿美元。但农业利用外资却很少，仅农业部掌握使用外资达130亿美元，估计全国农业利用外资充其量也不过200亿～300亿美元，仅占全国利用外资3%～5%。今后，要采取措施提高农业利用外资在总利用外资的份额，争取多利用一些，以缓解农业上的资金不足。

## 二、充分利用外资渠道,加快引进外资步伐

引进外资是建设有中国特色社会主义市场经济的伟大实践之一,继续积极有效利用外资,是我们始终坚持的基本方针。改革开放以来我们利用多边和双边渠道对农业引进了一大批外资项目,加快了农业发展,成效十分显著。随着我国综合国力不断增强,有些资金渠道业已发生了一些新的变化,如一些大的无偿援助项目、世界粮食计划署援华项目等业已终止,不再向中国提供粮食援助。国际金融机构对华贷款农业项目,过去利率优惠,宽限期和偿还期时间长,现在利率相对提高,宽限期和偿还期年限相对缩短。有些对口项目也做了一些调整,如日本对华粮食援助项目和国际农业发展基金会的优惠贷款项目,在农业部执行了多年,现已分别归属商务部和财政部负责管理。

随着我国全方位开放日益发展,国内市场和国际市场的联系日益紧密,我国经济持续快速发展,国外依然看好中国,愿到中国投资。因此,农业利用外资还有相当大的空间。多边和双边资金渠道要千方百计设法利用好,特别是世界银行,亚洲开发银行,联合国开发计划署,一些双边国家政府间合作项目以及国际和地区间的各种发展基金等资金渠道,应予以充分利用。全面提高农业对外开放水平,着力提高利用外资效益和质量。

## 三、要安排好相应的配套资金

对引进外资用于农业发展建设项目,要根据当地具体情况决策好、规划好、实施好,突出有经济效益项目。因此,世界银行对项目要求是比较科学的,对项目程序一般要经过项目选定、准备、评估、谈判、执行、监督、总结、评价等步骤认真审定。外资项目都要有相应配套资金,一般都要有一比一的配套资金(有的则以土地、劳动力为部分资金折价作为配套资金的一部分),同时还要考虑还贷问题,因此,安排项目必需着眼于经济效益,资金投向产值收益快的产业。同时解决本地区最迫切需要解决的项目为出发点。如发展特色农业、农产品加工、创汇农业和高附加值项目,扩大致富门路,增加农民收入。

## 四、对引进外资项目,实行全过程监管机制

凡引进外资项目,一般要求都比较严格。要有专门班子承担,建立相应机构管理此项工作。从引进外资项目到整个建设阶段,要加强领导,加强管理,加强监督,在建设中发现问题应随时采取相应措施,决不能以为项目引进了就万事大吉,要对项目全过程负责,一步一个脚印地去实施,确保外资项目的实施质量。

## 五、要充分做好还贷工作

外资除了无偿援助、赠款、技术援助外,对每项引进资金,包括软贷款、硬贷款、长期和短期贷款,到期按签订协议一律偿还本金、利息。利息则分年度偿还。如何保证逾期偿还资金,应根据协议合同通盘安排。应专门建立准备金账户,保证按期主动偿还。项目区回收资金可作为农业发展基金,原则上每年按计划留出偿还基金所需资金后,大部分在原项目区使用。各个项目执行单位,可从回收资金中提出一部分或划出一定比例用于偿还债务,有条件的应建立偿还外资贷款储备基金或保证基金。

## 六、积极利用民间资金

近些年来，各地对引进外资工作也做了适当调整，不失时机采取了更加积极灵活的方式，引进境外资金，如利用我国港澳台地区，以及东南亚一些国家的民间资金进行投资，采取融资合作、入股等多种形式，手续简便，工期短，着眼当地的一些中小优势项目，很受当地欢迎。

（作者：林　干 农业部外经办原主任、高级农业经济师）

# 下　篇

## 社会发展

# 第三十六章 农村教育

## 第一节 农村基础教育

农村基础教育是指为农村地区的适龄人群打下文化知识基础和做好生活准备的教育。我国农村基础教育包括幼儿教育、小学教育和普通中等教育。目前，我国有95.2%以上的小学、87.6%以上的初中设置在县、镇和农村，农村基础教育是我国基础教育的重要组成部分。

1949年新中国成立后，在中国共产党的领导下，农村基础教育在解放区教育的基础上逐渐发展，经过60年的实践与探索，逐渐形成有中国特色的农村基础教育。1986年《中华人民共和国义务教育法》颁布之前，我国没有义务教育的概念，人们习惯上把“小学”加“中学”的教育阶段称为基础教育，伴随着共和国发展历史的汹涌澎湃，农村教育由“基础教育”向“义务教育”转变。这中间经历了学习前苏联经验中出现的教条主义倾向，也经历了“左”的错误路线的冲击，还经历了“文革”10年的摧残与破坏。我国农村基础教育发展历程可分为4个阶段：新中国建国初期、“大跃进”时期、文化大革命以及改革开放后至今，本章将从社会背景、政策方针及成效等方面回顾我国农村技术教育的发展历程。

### 一、新中国成立初期的农村基础教育

1949年以前，我国的基础教育十分薄弱，在教育发展最好的1946年，全国只有幼儿园1 300所，小学28.9万所，中学4 226所[①]。全国小学入学率仅有20%，初中入学率仅为6%，文盲率高达80%[②]。新中国成立后，众多新中国成立前一直被广为接受的教育形式——“私塾”也在短时间内被正统的现代学校教育所取代。

1949年9月，中国人民政治协商会议第一届全体会议通过了《中国人民政治协商会议共同纲领》，其中直接与基础教育相关的要求是“有计划有步骤地实行普及教育”[③]。同年12月，教育部召开了第一次全国教育工作会议，指出，新中国教育的发展方针是普及与提高的正确结合，明确了新中国教育工作的指导方针：“为人民服务，首先为工农服务，为当前的革命斗争与建设服务”[④]。1951年9月，第一次全国初等教育会议和第一次全国师范教育会议在北京合并召开，会上首次提出了从1952年开始争取10年内基本普及小学教育的具体目标。同年，政务院发布的《关于改革学制的决定》中指出“幼儿园应在有条件的城市首先建立，然后逐步推广”，同时也强调要将普通中小学教育与工农干部、人民群众的教育结合起来。1952年，政府要求

---

① http://www.moe.gov.cn/edoas/website18/78/info4178.htm
② http://www.moe.gov.cn/edoas/website18/04/info1224742420666304.htm
③ 新华月报.1949,1(1)
④ 何东昌.中华人民共和国重要教育文献(1949—1957).海口:海南出版社,1998

在农村“办理季节性幼儿园，以便利在农业、游牧、渔业和蚕业等地区的劳动妇女进行生产”①。在基础教育的管理体制方面，1952 年教育部颁发《小学暂行规程》(草案)和《中学暂行规程》(草案)规定：小学无论公办的或私办的，都由市及所属的县人民政府教育行政部门统一领导；中学由省、市文教厅、局遵照中央和大行政区的规定实行统一领导；省文教厅必要时要委托专员公署、省属市或县人民政府领导所辖地区的中学。1954 年，政务院在《关于改进和发展中学教育的指示》中规定，中学实行统一领导、分级管理的原则，县(市)内的中学逐步做到由县(市)管理。因此，在县域范围内，农村中小学一般都由县教育行政部门统一领导。在国家一系列的办学政策的指导下，农村中小学教育有了很大的发展，截至 1957 年底，全国共有小学 54.73 万所，中学 11 万所。

针对新中国成立初期民众素质较低的情况，1951 年，政务院颁布《关于改革学制的决定》，提出在扫盲学校对失学青年和成年人进行教育，将扫盲教育纳入正式学制，此后逐步健全其教育制度。国家从上到下建立了专门机构负责扫盲工作。就国家而言，从 1952 年政府建立扫盲工作委员会算起，仅 7 年时间，农村扫盲领导机构几经变动：农村扫盲工作司(1952 年)→教育部(1954 年)→扫盲协会(1956 年)→扫盲办公室(1959 年)，充分反映国家对农民业余教育的重视。就地方而言，各省、自治区、直辖市及所属的县、乡、村都建立了相应的扫盲机构，结合国家方针，制定本地扫盲计划。扫盲工作建立了一套较为完整的规章制度，对扫盲目的、政策、标准、学制、经费、考核、公约、教材等都做了比较详细的规定。平常进行测验，最后进行考试，成绩合格者，由政府统一发给识字课学习的毕业文凭或单科文凭以示脱盲。扫盲教育收到了显著的成效，1949 年全国农村青壮年中约有文盲 1.65 亿，而至 1959 年则减少到 0.86 亿；文盲比例由新中国成立初期的 80 %以上减少到 43 %左右。

## 二、“大跃进”前后的农村基础教育

抗美援朝与“社会主义改造运动”结束之后，从经济上巩固政权上升为头等大事。1957 年 2 月，毛泽东同志在《正确处理人民内部矛盾的问题》中提出：“我们的教育方针，应该使受教育者在德育、智育、体育几方面都得到发展，成为有社会主义觉悟的有文化的劳动者”②。1958 年，中共中央、国务院在《关于教育工作的指示》中又提出：“党的教育方针，是教育为无产阶级的政治服务，教育与生产劳动的相结合”，“教育的目的，是培养有社会主义觉悟的有文化的劳动者”③。从此，教育与劳动生产相结合培养全面发展的社会主义新人，成为新中国教育方针的核心。这一系列政策措施使农村教育迎来了第二个辉煌时期，加速了农村基础教育的普及和扫盲教育的进程，农民的知识水平有了较大提高。但是，与此同时，随着 1958 年全国上下“农业大跃进”运动的深入开展，以“教育跃进”为表现形式，以突破前苏联教育模式束缚实现教育与生产劳动相结合为目标，教育领域的“教育革命”也由此开始。一时间各级各类教育数目呈爆炸式增长，农村教育事业也似乎迎来了前所未有的“繁荣”景象。但是，随着我国进入“运动”频繁时期，知识分子在“四清”、“反右”、“清理阶级队伍”中演变为“臭老九”，农村中小学校数量呈直线上升的同时，小学毕业生的升学率却未增反减。数据表明，1962 年全国儿童入学

---

① 幼儿园暂行规程(草案). 教育部 1952 年 3 月 18 日颁发试行

② 何东昌. 中华人民共和国重要教育文献(1949—1997). 海南出版社，1998：725

③ 何东昌. 中华人民共和国重要教育文献(1949—1997). 海南出版社，1998：859

率从1957年的61.7%下降至56.1%，全国小学毕业生42.6%的升学率中，农村仅占32.3%①。盲目追求数量而不计质量效率，对教与劳结合的片面理解等错误思想使此时的农村基础教育呈现出极不正常的发展状态。另外，由于反右斗争中“阶级成分论”的影响，一些所谓“出身不好”的农村青少年被基本排除在教育大门之外，农村基础教育服务于巩固农村政治的手段作用也日趋明朗。

## 三、“文化大革命”期间的农村基础教育

“文革”10年，在“以阶级斗争为纲”的极左路线影响下，在教育政策上只讲“教育是阶级斗争的工具”，批判“全民教育”。1966年毛泽东在“五·七指示”中“资产阶级知识分子统治我们的学校”的论断将文革的第一把火烧到了学校。1968年毛泽东再一次指示：“工人宣传队要在学校长期留下去，……在农村，则应由工人阶级的最可靠的同盟者——贫下中农管理学校”②。与此同时，1968年底全国掀起的“上山下乡”热潮使成千上万的农民与知识分子在顷刻间完成了角色的互换。“教育要为无产阶级政治服务，要与工农群众相结合”、“要面向农村”等“最高指示”得到彻底贯彻。随后的城市里大量知识分子和“知识青年”被下放到“广阔天地”，教育资源由城市流向农村，农村学校大量设立，“民办教师”、“知识青年”、“耕读小学”和“农民夜校”为农村教育带来了新气象，全国农村基本形成了“大队”办小学、“公社”办初中、“区委会”办高中的农村教育格局③。虽然农村基础教育在组织上得到高度重视，规模上迅速扩张，形式上花样翻新，但教育目标、教育内容、教育方法已严重背离教育规律④。随着原有正规教育体系和制度的全面崩溃，小学、初中、高中之间的差距变得不再重要，半工半读与全日制办校之间的界限模糊，许多学校“停课闹革命”，搞“串联”，基础文化课被思想政治教育和劳动军事课完全取代，正常教学工作几乎陷入瘫痪。

20世纪70年代初，随着整个教育的重心降到基础教育，中央政府也提出了普及教育的目标。1971年，《全国教育工作会议纪要》提出争取在第四个五年计划期间，在农村普及小学五年教育，有条件的地区普及七年教育，要“大力提倡群众集体办学”。1974年，国务院科教组提出“继续大力普及农村小学五年教育”，“积极创造条件，逐步在大中城市普及10年教育，在农村有条件的地区普及七年教育”。当高等教育奄奄一息之时，教育重心下降，面向农村的发展是实质性的，农村学龄儿童入学率和小学升学率得到史无前例的大幅度提升。从统计数字看，全国学龄儿童入学率从1962年的56.1%上升至1976年的97.1%，农村地区的小学升学率急速提升至93.1%⑤。初中生中农村学生的比例从1965年的33.7%，提高为1976年的75.2%⑥。继1958年“教育大跃进”之后，“文革”期间再次全面下放教育管理权限，农村基础教育的办学权直接下放到大队或生产队一级，而且经费大多自筹，政府对基础教育的支出反而减少。教育事业费占国家财政总支出的比例，1966年为6.36%，1970年最低，为4.24%。从

---

① 张德元．中国农村义务教育发展历史评述．见荣兆梓，吴春梅．中国三农问题——历史·现状·未来．社会科学文献出版社，2005：347

② 有林．中华人民共和国国史通鉴(1966—1976)．红旗出版社，1993：120

③ 张德元．中国农村义务教育发展历史评述．安徽大学中国三农问题研究中心

④ 谭细龙．论教育政策与农村基础教育的发展[J]．湖北教育学院学报，2006，(1)：73－78

⑤ 中国农村义务教育发展评述．大江网

⑥ 中国教育公平的理想与现实．北京大学出版社

1972 年起，国家财政预算中将教育事业费支出单列，这一比例有所回升，1976 年达到 6.29%，与 1965 年的 6.24%相当①。

## 四、改革开放以来的农村基础教育

改革开放至今是我国农村发展史上最令人瞩目的时期，农业生产力总体水平得到了迅速恢复和发展，农村政治发展较改革前有了翻天覆地的变化，期间，我国农村基础教育蓬勃发展，经历了恢复与重建、全面体制改革以及全面发展时期。

**(一)农村基础教育恢复与重建阶段** 与改革同行，我国的农村基础教育政策也随之发生着悄然变化。伴随全国教育战线"拨乱反正"的深入，正常的教育教学秩序逐步得到恢复。但是办学力量主要集中在重点中学，农村地区中小学被大幅撤销和合并，师资迅速向高等教育及"重点"中小学集中，资源投入上重下轻、城重乡轻的"倒三角"格局成为此时制约农村基础教育恢复和发展的主要因素。针对这种情况，1980 年国务院批转了教育部和国家劳动总局《关于中等教育结构改革的报告》，要求将部分普通中学改为农业中学、职业中学。在《报告》精神的指导下，各地调整压缩高中，加强初中，调整学校布局，办学条件有所改善，教育质量有所提高。同时，普通中学"浮肿"现象的状况初步改变。1984 年，中共中央发布的《关于教育体制改革的决定》中提出了"实行基础教育由地方负责，分级管理的原则"，调动了地方各级政府，尤其是县、乡两级政府办学的积极性，逐步摸索出一条多渠道筹措农村教育经费、依靠人民办教育的新路，使农村基础教育得到加强，逐步走上健康发展的道路②。

针对农村基础教育存在一些亟待解决的问题，中央果断出台了一系列文件与指示，并取得了一些成效，我国农村基础教育无序、混乱的状态基本结束。代表性的政策文件包括：1980 年底发布的《关于普及小学教育若干问题的决定》，提出要在 20 世纪 80 年代基本普及小学教育；1983 年国务院发布的《关于加强和改革农村学校教育若干问题的通知》，提出了在农村经济迅速发展的新形势下普及初等教育的任务和应当采取的方针、措施；1984 年底国务院首次发布的《关于筹措农村学校办学经费的通知》，提出了"乡人民政府可以征收教育事业费附加"，在农村基础教育经费的筹措上，"鼓励农民在自愿基础上集资办学和私人办学"，实行"人民教育人民办"的政策。但统计数据表明，教育改革的实际成效与中央的愿望背道而驰：农村小学由 1977 年的 94.9 万所减少至 1985 年的 76.6 万所，农村中学(包括初中和高中)也从 18.2 万所减少至不足 7 万所，分别减少 19.3%和 62%；全国学龄儿童的入学率由 1977 年的 96.5%降至 1985 年的 93.2%，同期农村小学升学率也从 90.8%降至 62.6%，未能升学的小学毕业生有 705.8 万，其中大部分为农村少年③。

**(二)农村基础教育稳步发展阶段** 1985—1994 年的 10 年是我国农村发展史上具有深远意义的 10 年，是改革开放后农村基础教育发展较快的时期。经济的发展为农村基础教育的发展提供了客观条件，党的农村教育发展理念由"扫除文盲"到"普及教育"的转变也为农村基础教育发展提供了思想保障。1985 年中央出台了《关于教育体制改革的决定》，提出"把发展基础教育的责任交给地方，实行基础教育由地方负责，分级管理的原则"，将"分级办学"在制度化

---

① 中国教育年鉴编辑部. 中国教育年鉴(1949—1981). 北京：中国大百科全书出版社，1984：98

② 中外农村教育的发展与改革第一章. 中国农村教育的发展与改革

③ 张德元. 中国农村义务教育发展历史评述. 安徽大学中国三农问题研究中心

层面上确立起来。在实践中,这种“地方负责、分级办学”的教育体制转化为“县办高中、乡办初中、村办小学”的办学模式①。1986年4月,《中华人民共和国义务教育法》颁布。义务教育法规定:“义务教育可以分为初等教育和初级中等教育两个阶段。在普及初等教育的基础上普及初级中等教育。”这是我国首次把义务教育用法律的形式固定下来,适龄的“儿童和少年”必须接受9年的义务教育。义务教育法的颁布,实现了从“基础教育”到“义务教育”的转变,标志着我国基础教育发展到一个新的阶段。1993年《中国教育改革和发展纲要》指出“要把大力发展和加强基础教育放在教育发展的首位”,明确了我国教育改革与发展的基本模式将是以基础教育为重点,提出了“双基”②。奋斗目标,即到2000年全国实现“双基”达标,在全国覆盖85%人口的地区普及九年制义务教育和基本扫除青壮年文盲。

这一阶段,针对我国女性文盲占文盲总数的2/3,失学儿童中,女童约占2/3。中国儿童少年基金会在1989年发起并组织实施了一项救助贫困地区失学女童重返校园的社会公益项目——春蕾计划③。

20世纪80年代后期,全国县、乡财力增长势头开始减弱,为“扩大地方教育经费的资金来源”,国务院于1986年发布了《征收教育费附加的暂行规定》,随后于1990年、1994年又分别对附加率进行了调整。教育附加费政策作为农村基础教育政策系统的子政策之一,在当时起到了拓宽农村教育经费来源,规范农民投入的重要作用。但是,由于这一政策后来在操作和执行上的失范,逐渐变相成为县、乡财政乱摊派乱收费的名目之一,最终成为政府强加在农民肩上的无奈负担④。

**(三)农村教育处境尴尬阶段**　20世纪90年代中期之后,随着教育地位的进一步上升,我国农村基础教育逐渐转入自觉适应社会转型并进行系统建设的新阶段。然而1994年“分税制”实行后,基层财政尤其是乡级财政因税源减少导致财力萎缩,农村基础教育资金“入不敷出”已成事实。增加教育附加和教育集资成为众人的无奈之举,农民负担逐年增加。教育资金不足导致农村教师工资拖欠严重,教师流失造成教育质量的急速下滑。根据国务院发展研究中心《县乡财政与农民负担》课题组2001年的调查,农村义务教育的投入实际上主要是由农民自己负担,在全部义务教育投入中,乡(镇)一级的负担竟高达78%左右,县财政负担约9%,省、地负担约11%,中央财政只负担了2%⑤。沉重的现实使得农民开始逃避送子上学。与此同时,基层政府和广大农民对现行教育政策怨声载道,渴望农村基础教育体制的变革。该时期中央先后出台了一系列的有关教育发展的纲领性文件。1995年5月中共中央、国务院明确提出了实施科教兴国的战略,1996年党的“九五”计划、1997年党的十五大以及1999年提出的“六大工程”也都分别从不同角度强调了基础教育和人才培养的必要性与重要性,2001年5月国务院发布《关于基础教育改革与发展的决定》,更是提出“基础教育是科教兴国的奠基工程”,

① 陈利华 改革开放以来我国农村基础教育政策的历史考察．湖南师范大学硕士论文:18

② “双基”是指基本普及九年义务教育,指基本扫除青壮年文盲

③ 截至2007年底,“春蕾计划”已筹集资金累计6亿多元,遍布全国30多个省、自治区、直辖市,兴建600多所春蕾学校,资助170多万人次贫困女童重返校园,对40余万女童进行实用技术培训。2005年以来,随着修订后的《义务教育法》的颁布以及国家“两免一补”助学政策的实施,“春蕾计划”对义务教育阶段贫困女童的资助从学费、学杂费增加到生活费用的补助,救助范围也从小学、初中阶段扩大到了高中甚至大学。根据我国农村大量劳动力转移到城市,在农村出现了“留守儿童”和“流动儿童”的现状,“春蕾计划”又把关注的重点延伸到“留守儿童”和“流动儿童”

④ 改革开放以来我国农村基础教育政策的历史考察,湖南师范大学硕士论文:19

⑤ 张德元．中国农村义务教育发展历史评述．安徽大学中国三农问题研究中心

“必须把基础教育摆在优先地位并作为基础设施建设和教育事业发展的重点领域，切实予以保障”。期间相关具体性政策有：1995 年 3 月通过的《中华人民共和国教育法》将教育经费的“三个增长”以法律形式加以明确规定；1999 年 6 月中共中央、国务院颁布的《关于深化教育改革全面推进素质教育的决定》中再一次强调了“三个增长”，并提出要“逐步提高国家财政性教育经费支出占国民生产总值的比例”①。然而，这些以全国教育为指导对象的纲领性文件在农村基础教育落实上显得很单薄。至 20 世纪 90 年代末，以投入不足、教育质量低下、农民教育负担过重为突出表现，农村基础教育出现发展迟缓的局面。

**(四) 农村基础教育体制重整阶段** 2000 年，随着农村税费改革首先在安徽全省试点的启动，农村经济社会发展进入新的历史阶段。党中央坚持“农村教育是教育工作的重中之重”的科学判断，从解决“三农”问题的现实需要出发，逐步对农村基础教育管理体制进行调整。2001 年，为适应农村经济体制改革的不断深化，特别是农村税费改革全面推进的新形势，国务院颁布了《关于基础教育改革与发展的决定》。“决定”确立了农村义务教育的管理“实行国务院领导，由地方政府负责、分级管理、以县为主的体制”，标志着实施了 16 年的“以乡为主”的农村基础教育管理体制彻底终结。同年 9 月，财政部、教育部和国家扶贫办联合发文，要求进一步落实和完善中小学贫困学生助学制度，力争对贫困学生实行“两免一补”②。2002 年 4 月，国务院下发了《关于完善农村义务教育管理体制的通知》，文件第一次就县、乡两级政府在义务教育的权责上做出了详细规定，强调“县级人民政府是农村义务教育工作的第一负责人”。截至 2002 年底，乡镇以下农村中小学校(含农村小学教学点)有 53 万所，占中小学校总数的 88%，在校生 1.62 亿，占中小学生总数的 81%。但是，这些地区，特别是中西部农村地区，其教学条件、教育资源、教师水平和教学质量等方面与发达地区和城市存在着巨大差距。在此背景下，2002 年 9 月，国务院召开了新中国建立以来第一次全国农村教育工作会议，会议发布的《关于进一步加强农村教育工作的决定》明确指出“农村教育是教育工作的重中之重”，“决定”同时提出“实施农村中小学现代远程教育工程”。

2004 年之后，各级政府以更大的精力和更多的财力重点加强了农村义务教育，农村学校硬件条件得到改善，农村教师素质得到提升。2004 年开始，国家启动了西部地区“两基”攻坚计划，实施两个大工程。第一个大工程是农村寄宿制学校建设工程，通过新建、改扩建一批以农村初中为主的寄宿制学校，加快西部地区“两基”进程，扶持西部地区尚未实现“两基”的 410 个县级行政单位达到国家“两基”验收标准。第二个大工程是农村中小学现代远程教育工程。在提升农村教师素质方面，国家和政府创新农村教师补充机制，组织实施了农村教师特设岗位计划③、西部志愿者计划和农村学校教育硕士师资培养计划④；开展了城市教师支援农村教育活动；提高农村教师素质，开展了新一轮中小学教师培训和全国中小学班主任培训，数以百万

① 江文涛．改革以来我国农村义务教育相关投入政策回顾与评价[J].农业经济问题，2006(6)：11，14

② “两免一补”是我国政府对农村义务教育阶段贫困家庭学生就学实施的一项资助政策。主要内容是对农村义务教育阶段贫困家庭学生“免杂费、免书本费、逐步补助寄宿生生活费”。该政策从 2001 年开始实施，其中中央财政负责提供免费教科书，地方财政负责免杂费和补助寄宿生生活费。2005 年，中央和地方财政安排“两免一补”(免学杂费、免课本费、补生活费)资金 70 多亿元，共资助中、西部贫困家庭学生 3 400 万人

③ 2006—2007 年，中央财政补助 6 亿多元，共招聘 3.23 万名特岗教师，覆盖西部地区 400 多个县 4 000 多所农村学校

④ “农村教育硕士计划”．2004 年开始，共招收 4 137 名优秀本科生到中西部农村学校任教，覆盖了 22 个省份 300 多个贫困县农村学校

计的农村教师参加了培训教育。

1.“两基”攻坚计划　21世纪初，我国总体上实现了基本普及九年义务教育、基本扫除青壮年文盲（以下简称“两基”）的目标，取得了举世瞩目的成就。但是，农村基础教育整体薄弱的状况尚未得到整体扭转，城乡之间、区域之间教育发展还不平衡，特别是西部地区的410个贫困县，到2002年底仍未实现“两基”，义务教育普及水平亟待提高。为进一步缩小城乡义务教育差距，扶持西部地区实现“两基”，国务院决定从2004年起，用4年左右时间，实施《国家西部地区“两基”攻坚计划（2004—2007）》（以下简称“攻坚计划”）。计划目标，一是西部地区整体上实现“两基”，人口覆盖率达到85%以上，初中毛入学率达到90%以上，扫除600万文盲，青壮年文盲率下降至5%以下。二是西部各省（自治区、直辖市）及新疆生产建设兵团要分别实现各自的“两基”目标。三是截至2002年尚未实现“两基”的410个攻坚县，到2007年，除特别困难的达到国家“普六”验收标准外，其余的要达到国家“两基”验收标准。到2007年底，攻坚计划提出的各项任务如期完成，西部地区“两基”人口覆盖率达到98%，比攻坚计划实施前的77%提高了21个百分点，初中毛入学率达到了90%以上，青壮年文盲率降至5%以下。

2. 农村中小学现代远程教育工程　2003年以来，经国务院批准，教育部、国家发改委、财政部共同部署实施了农村中小学现代远程教育工程。到2007年底，基本完成工程建设任务，覆盖了中西部36万所农村中小学，1亿多农村中小学生得以共享优质教育资源。工程实施中，国家投入10亿元，地方配套9.1亿元，在西部地区12个省（自治区、直辖市）、中部6省、山东省和新疆生产建设兵团试点工作共建成20 977个教学光盘播放点、48 605个卫星教学接收点、7 094个计算机教室。覆盖西部各省（自治区、直辖市）25%左右的农村中小学，覆盖中部6省21%左右的农村中小学。覆盖西部试点省925万中小学生，学生覆盖率为27%；中部试点省644万中小学生，学生覆盖率为21%。试点地区同时覆盖了中央确定的9个全国农村党员干部现代远程教育试点地（市、州）县①。工程初步搭建了一个遍及全国农村中小学的现代远程教育网络，形成了基本满足农村中小学教育教学需要的资源体系，培训了一支初步具备远程教育应用能力的农村教师队伍②。

**（五）农村基础教育的新机遇阶段**　2006年是我国农村社会经济发展史上的一座里程碑。“社会主义新农村建设”的全面启动为农村社会事业的发展提供了明确指引与切实保障。2005年12月，国务院下发《关于深化农村义务教育经费保障机制改革的通知》，要求“逐步将农村义务教育全面纳入公共财政保障范围，建立中央和地方分项目、按比例分担的农村义务教育经费保障机制”。这次改革以明确中央与地方的责任作为重点，以最终构建农村义务教育经费保障的新机制为目的。国家在农村基础教育政策上的重大调整，进一步深化了“地方负责、分级管理、以县为主”的农村义务教育供给体制，也为义务教育立法打下了良好的基础。2006年6月29日第10届全国人民代表大会常务委员会第22次会议重新修订《中华人民共和国义务教育法》，最终明确：“国家将义务教育全面纳入财政保障范围，义务教育经费由国务院和地方各级人民政府依照本法规定予以保障”，完成了“人民教育人民办”到“义务教育政府办”的根本转变。

2006年2月21日，《中共中央、国务院关于推进社会主义新农村建设的若干意见》作为当

① http://www.moe.edu.cn/edoas/website18/level3.jsp? tablename=1811&infoid=1213318929904337

② http://www.moe.edu.cn/edoas/website18/level3.jsp? tablename=1811&infoid=1213318929904337

年的中共中央“1号文件”，首次提出：2007年将在全国农村普遍实行义务教育阶段学生全部免除学杂费政策。同年3月5日，国务院总理温家宝在第十届全国人大四次会议上做政府工作报告时郑重承诺：从2006年起用2年时间，全部免除农村义务教育阶段学生学杂费。这一政策当年首先在西部地区实施，对西部地区农村义务教育阶段学生全部免除学杂费，对其中的贫困家庭学生免费提供课本和补助寄宿生生活费。2007年继续扩大到中部和东部地区，实现在全国的农村地区，普遍实行义务教育阶段学生全部免除学杂费。这一政策惠及我国农村地区约15 000万适龄儿童，他们占到全国近2亿中小学生的80%。中央财政同时对中部地区和东部部分地区农村义务教育阶段中小学安排公用经费补助资金，提高公用经费保障水平。到2008年，各地农村义务教育阶段中小学生人均公用经费全部达到该省(自治区、直辖市)2005年秋季学期开学前颁布的生均公用经费基本标准；中央财政安排资金扩大免费教科书覆盖范围。“公共化”农村基础教育发展理念，从制度上逐步开始解决各地基础教育发展失衡的问题，极大地迎合了当前农民日渐多元化的教育需求，农村基础教育真正意义上实现了价值回归。

新中国成立60年以来，我国农村基础教育发生了翻天覆地的变化，截至2007年底，全国普及九年义务教育地区人口覆盖率达到99%，青壮年文盲率进一步下降至3.58%，免费义务教育在全国农村全面实现，成人识字率居发展中人口大国前列。但是，我们也清醒地认识到，农村基础教育的发展只是相对于过去过于薄弱和相对落后的局面而言，发生一系列积极而深刻的变化，只是对今后的可持续发展具有了良好的开局和基本的条件，从整体上说仍然是国民教育体系中最为薄弱的环节，与城市教育体系相比依然有较大的差距，仍需要全社会予以高度关注，面对有学上、上得起学到上好学的新要求，农村义务教育巩固提高的任务依然任重而道远。

## 第二节 农村职业教育

农村职业教育是指在一定文化教育基础上，对农村广大的求业人员和从业人员所进行的有关职业知识与职业技能的教育①。我国职业教育体系包括职业学校教育与职业培训②，本部分所说的职业教育主要是指职业学校教育。

### 一、农村职业教育发展的历程

我国职业教育开始于20世纪初，当时称之为实业教育。20世纪20年代，著名职业教育家黄炎培提出乡村大职业教育观，并致力于推动乡村职业教育。但在旧中国，职业教育，特别是农村职业教育发展极为缓慢，其学制的最高年段职业高中和中专、中技总共只有1 626所，在校生38.26万人③。新中国成立后，适应社会主义经济建设的需要，职业教育受到国家的重

① http://define.cnki.net/WebForms/WebDefines.aspx? searchword=%E5%86%9C%E6%9D%91%E8%81%8C%E4%B8%9A%E6%95%99%E8%82%B2

② http://www.tech.net.cn/basic/develop/1949.shtml

③ 张健．农村教育论．人民教育出版社，2000：216

视，农村职业教育的发展更是与农村职业教育政策紧密相连。我国农村职业教育政策发展几经变迁，农村职业教育发展目标也有不同的侧重，根据其所服务的目标，我国农村职业教育可划分为3个阶段[①]：

**（一）面向农业生产教育阶段**　这一时期我国农业农村政策主要以发展农业生产为主要目标，相应的农村职业教育主要围绕促进农业生产发展设计。国家提倡劳动教育、在普通教育中增设农业课程、实施半耕半读教育制度，为促进农业的发展培养掌握农业知识和技能的人才。其中，农业中学的创办最为典型，无论在人才培养、专业设置、师资课程等方面都是围绕着农业发展这一目标进行的[②]。

1. *初步建立时期*（1949—1958年）　新中国建立后，百废待兴。针对新中国成立前中等农业学校布局不合理、办学规模小、办学效益低的状况，1953年4月，高等教育部、农业部、林业部发布《中等农业学校调整原则》，对原有的农校进行了改造和调整。这次整顿调整，把高级职业学校改为中等专业学校，停办了初级农业学校及五年一贯制的农业学校[③]。1954年规定中等专业学校招收初中毕业生，学制3年或4年，并制定了作物栽培、果树栽培、茶叶、植物保护、兽医、畜牧、饲养、蚕桑、农业机械化、土地规划、农业统计、农业企业会计核算等专业的教学计划，从而确定了中等农业职业教育制度的基本模式，促进了农业中专的发展，至1957年，农业中专在校学生达到84 845人，1949—1957年累计毕业74 447人[④]。

2. *超常规发展时期*（1958—1966年）　1958年9月，中共中央、国务院在《关于教育工作指示》中提出，要大力发展中等和高等教育。在这一思想指导下，各地以超常规速度大办农业学校。据统计，当年全国新办农业中学、职业中学20 023所，在校学生199.9万人；1959年学校增至22 302所，在校学生218.9万人；1960年学校发展至22 597所，在校学生230.2万人[⑤]。但大多数新校是在一哄而起的情况下建立的，条件和教师都远没达到办学的基本要求，存在着不少"三无"学校，即无校舍、无教师、无经费。这种不顾条件，一哄而上的做法，无法持续，必须进行再调整。到1964年，全国农业、职业中学调减至15 108所，在校学生112.34万人，其中农业中学12 996所，在校学生849 716人。但是，各地并没有认真总结和吸取以往办学的经验和教训，向过山车一样，1965年农业学校猛增到61 626所，在校生443.3万人，分别比上年增长3.1倍、2.9倍[⑥]。这一时期，虽然各地农业职业学校的名称和组织方式有所不同，但是，面向农业生产、以中等教育为主要特色没有改变。如江西省创办了由1所总校，遍布全省的88所分校和14所附属劳动技校组成的"江西共产主义劳动大学"[⑦]。

3. *停滞倒退时期*（1966—1978年）　10年动乱期间，全国农村职业技术教育遭到空前浩劫，给新中国成立后17年中所形成的职业技术教育制度以毁灭性的打击。技工学校、农业中学和半工半读学校绝大部分已经停办[⑧]。；有的教师被遣散，有的被下放劳动，还有的被批斗；

---

① http://202.119.108.211/lunwen/list.asp? id=11999

② http://202.119.108.211/lunwen/list.asp? id=11999

③ 李水山．农村教育史．广西教育出版社，2007：217

④ http://hnoyh.blog.sohu.com/12389587.html

⑤ http://hnoyh.blog.sohu.com/12389587.html

⑥ http://hnoyh.blog.sohu.com/12389587.html

⑦ http://www.hudong.com/wiki/%E5%85%B1%E4%BA%A7%E4%B8%BB%E4%B9%89%E5%8A%B3%E5%8A%A8%E5%A4%A7%E5%AD%A6

⑧ http://public.hbut.edu.cn/zjyj/Content.asp? c=101&a=109&todo=show

校舍被占用,图书资料散失,教学仪器设备损坏殆尽。虽然1972年周恩来同志提出了挽救教育的措施,1973年国务院发出通知恢复中等专业教育,中等学校开始陆续恢复,但是到"文革"结束,甚至1978年,农业职业教育并没有恢复正常。这个时期,我国农村职业技术教育处在停滞,甚至倒退期。

**(二)面向农村经济发展阶段** 这一时期我国农业农村政策主要以促进农村经济全面发展为主要目标。农村经济改革的深入需要农村教育改革与之相适应,国家提出了科教兴农战略,注重农业生产人才的培养,同时鼓励农村第二、第三产业人才的培养,以促进农村经济的全面发展①。

"文革"结束之后,邓小平同志亲自推动了新时期职业教育的发展②。1978年4月,在全国教育工作会议上邓小平同志明确提出:"教育事业必须和国民经济发展的要求相适应",要"扩大农业中学、各种中等专业学校、技工学校的比例"。1978年12月,党的十一届三中全会的召开开创了我国改革开放和社会主义建设的新的历史时期,科技教育的春天到来了。

1979年9月,党的十一届四中全会通过的《中共中央关于加快农业发展若干问题的决定》指出:"实现农业现代化迫切要求用现代科学技术知识来武装我们的农村工作干部和农业技术人员,需要有一支庞大的农业科学技术队伍,需要有数量充足、质量合格的农业院校来培养农业科技人才和经营管理人才。"确立了这一时期我国农业教育的方向。

1980年10月7日,国务院批转了教育部、国家劳动总局《关于中等教育改革结构的报告》,要求改革高中阶段的教育,实行普通教育与职业教育并举,并提出可适当将一部分普通高中改为职业技术学校、职业学校、农业高中,促进了我国农业职业教育的恢复发展。

1983年,《中共中央、国务院关于加强和改革农村学校教育若干问题的通知》指出:农村职业学校的任务,主要是提高新一代和广大农村劳动者的文化科学水平,促进农村社会主义建设。改革农村中等教育结构,发展职业技术教育,是振兴农村经济,加速农业现代化建设的一项战略措施,各地要根据本地区的实际需要与可能,统筹规划,有步骤地增加一些农业高中和其他职业学校。

1985年5月发布的《中共中央关于教育体制改革的决定》指出:"发展职业技术教育要以中等职业技术教育为重点,发挥中等专业学校的骨干作用"。同时,《决定》还明确指出:"逐步建立起一个从初级到高级、行业配套、结构合理又能与普通教育相互沟通的职业技术教育体系",对中等职业技术教育要同经济和社会发展的需要密切结合,提倡各单位自办、联办或与教育部门合办各种职业技术学校以及发掘中专潜力、扩大招生等提出明确要求。

1987年,国务院转发的《全国职业技术教育工作会议的情况报告》提出:"农村职业技术教育必须坚定为振兴农村经济、发展农业生产和农民服务的办学思想"。在这一思想指导下,湖南省率先在全国创办农村家庭经营专业,培养能种植、能养殖、会加工农副产品、懂经营的农业技术人才。

1990年,国家教委制定的《全国农村教育综合改革实验区工作指导纲要》提出"调整教育结构,把普及九年义务教育与发展职业技术教育和成人教育、搞好各类短期技术培训结合起来,逐步建立和完善三教并举、相互沟通、布局合理的农村教育体系"的目标。

---

① http://202.119.108.211/lunwen/list.asp? id=11999

② http://public.hbut.edu.cn/zjyj/Content.asp? c=101&a=109&todo=show

1991 年，国务院做出《关于大力发展职业技术教育的决定》。根据 20 世纪 90 年代我国经济、社会发展的需要，明确了职业教育进一步发展的目标、任务。同年以中德合作平度“双元制”农业职业培训项目正式实施为标志，拉开了农村职业教育办学模式改革的序幕。“双元制”办学模式有力地促进了农村职业教育由以外延发展为主向以内涵发展为主的转变，充分调动了行业、企业等社会各界参与办学的积极性，促进了农村职业教育的改革和发展。

1992 年《国务院关于积极实行农科教结合推动农村经济发展的通知》指出：大力改革和发展农村教育，特别是加强职业技术教育和运用技术培训工作，培养一大批扎根于农村的科技力量，提高广大农民的素质，是科教兴农的重要环节。农民技术教育和进行适用技术培训，必须要有农业、科技、教育等政府部门的积极参与和密切配合。

1993 年，农村职业教育出现了农业类专业招生滑坡的现象。全国招生数由 1992 年的 25 万人下降至 1993 年的 16 万人，减少 34.6%①。如此“急转直下”的趋势，势必使农村职业教育脱离农村经济实际，不适应科技兴农的需求。国家教委与农业部等加大政府统筹力度，对农业类专业采取适当的扶持和倾斜政策，建设示范学校，全面提高师资水平和教学质量，实施创业教育，使毕业生能够真正掌握致富本领。很快使农业类专业滑坡现象基本上得到遏制②。

1995 年底，湖南省邵阳市在全市范围内组织实施“十百千万工程”。这项工程是集中力量建设好 10 所县级示范性职业学校，联系办好 100 所示范性乡、镇农校，重点扶持 100 个村、1 000 个毕业生成为专业村和科技示范户，辐射带动 10 000 户农户科技致富，使每户纯收入达到 1 万元以上③。“十百千万工程”为改革农村职业教育寻找了一个新的突破口。

1996 年，《中华人民共和国职业教育法》(简称《职业教育法》)正式施行，为职业教育的发展和完善提供了法律保障。《职业教育法》规定：县级人民政府应当适应农村经济、科学技术、教育统筹发展的需要，举办多种形式的职业教育，开展实用技术的培训，促进农村职业教育的发展。大多数省、自治区和直辖市也制定了与《职业教育法》相配套的、符合当地实际的职业教育法规、实施细则和实施办法，职业教育逐步走上依法治教、依法办学的轨道。

1999 年《中共中央、国务院关于深化教育改革全面推进素质教育的决定》强调指出：要“构建与社会主义市场经济体制和教育内在规律相适应、不同类型教育相互沟通相互衔接的教育体制”，“大力发展高等职业教育”，“积极发展包括普通教育和职业教育在内的高中阶段教育”。至 2000 年，全国农村职业中学共有 5 419 所，招生数 113.3 万人，在校生 294.9 万人，其中农村职业初中 1 164 所，在校生 85.9 万人，农村职业高中 4 255 所，在校生 209 万人；农民中专 446 所，招生数 6.2 万人，在校生 17.2 万；农民技术培训学校 486 281 所，在校生 6 209.5 万人④。

**（三）面向新型农民培养阶段** 这一时期是逐步建立和实施统筹城乡、统筹三农的农业农村政策阶段。农村职业教育重点任务是培养新型农民、促进农民增收。

2002 年党的十六大召开，十六大报告明确提出要统筹城乡经济社会发展，加大了对“三农”的支持和保护，从 2003 年起中央连续发了 6 个 1 号文件，构建了新时期的支农惠农政策。农村职业教育适应形势，进入面向新型农民培养的新阶段。

---

① http://www.govyi.com/paper/n3/q/200603/52310_3.shtml

② http://www.lunwentianxia.com/product.free.4712355.2/

③ http://www.chinatvet.com/jgxx_show.asp? filename=J001

④ http://hnoyh.blog.sohu.com/12389587.html

2002年8月《国务院关于大力推进职业教育改革与发展的决定》指出，农村和西部地区职业教育是今后一段时期职业教育发展的重点。要根据现代农业发展和经济结构调整的需要，继续推进农科教结合和基础教育、职业教育、成人教育的“三教统筹”。农村职业学校要加强与企业、农业科研和科技推广单位的合作，发挥专业优势，实行学校、公司、农户相结合，推动农业产业化发展。推行“绿色证书”教育，培养一大批科技示范户和致富带头人。国家采取措施，扶持农村地区、西部地区、少数民族地区和贫困地区职业教育的发展，办好一批骨干职业学校。

2003年9月，《国务院关于进一步加强农村教育工作的决定》指出，以就业为导向，大力发展农村职业教育。要实行多样、灵活、开放的办学模式，把教育教学与生产实践、社会服务、技术推广结合起来，加强实践教学和就业能力的培养。在开展学历教育的同时，大力开展多种形式的职业培训，适应农村产业结构调整，推动农村劳动力向第二、第三产业转移。

各地各部门贯彻落实《决定》精神，大力发展农村职业教育。坚持以就业为导向，实行灵活的教学和学籍管理制度，方便工学交替、半工半读、城乡分段和职前职后分段完成学业。重点建设好地(市)、县级骨干职业学校和培训机构，面向农村扩大招生规模。

2005年国务院印发的《关于大力发展职业教育的决定》及其后召开的全国职业教育工作会议强调，大力发展职业教育，是推进我国工业化、现代化的迫切需求，是促进社会就业和解决“三农”问题的根本，也是完善现代国民教育体系的必然要求。农民职业教育，承担着促进农村人力资源能力建设的战略任务。各地政府采取多种形式大力发展职业教育，办学方式更加灵活。

2006年，中共中央、国务院做出了《关于加强社会主义新农村建设的决定》，特别强调了职业教育和成人教育在社会主义新农村建设中的重要作用①。

2006年7月，财政部、教育部联合印发《关于完善中等职业教育贫困家庭学生资助体系的若干意见》和《中等职业教育国家助学金管理暂行办法》，对建立和完善中等职业教育贫困家庭学生资助政策体系、国家助学金评审程序、助学金的管理与监督等内容都做出了明确的规定。各地也采取相应措施，做好职业教育家庭学生的资助工作。这一制度的实施，为贫困家庭学生接受职业教育提供了帮助，吸引社会青少年就读职业学校，引导社会重视技能型人才，对于促进教育公平和职业教育的快速发展起到十分重要的引导、支撑和推进作用②。

2008年，《中共中央关于推进农村改革发展若干重大问题的决定》中指出，要加快普及农村高等职业教育，重点加强发展农村中等职业教育，对农村生源实行免费。

## 二、农村职业教育体系

1978年党的十一届三中全会做出把全党工作重点转移到经济建设上的重大决策，开启了改革开放伟大的历史时期，我国经济社会发生了翻天覆地的历史变化。家庭联产承包责任制的农村基本经营制度的确立，乡镇企业的异军突起，农业产业化的快速推进，特别是党的十六大以来，农村改革发展进入了统筹城乡的新阶段，开创了社会主义新农村建设的新局面。

一定的教育必须为一定的社会政治经济和生产力发展服务。农业职业教育面向“三农”，

① 马建富.新农村建设中职成教育的政策和制度取向——基于江苏的思考[J].职业技术教育，2007(33)：60

② 30年中国特色职业教育的发展[J].职业技术教育，2008(30)：33

服务于“三农”，有了很大发展，在数量上和质量上都有了很大提高。2002年，我国农村中等职业学校（包括职业初中和职业高中）共有4 571所；在校生数309.3万人，学校数和在校生数分别占全国中等职业学校的30.91%和在校生的24.65%。2004年中等职业教育招生566万人，在校生1 409万人，据推算，面向农村招收的学生约有396万，在校生为986万人①。2007年达到640万人，农村中等职业学校与普通高中规模大体相当。2007年比2001年中等职业教育在农村的招生规模扩大了320万人，在校生规模扩大了660万人②。农业职业教育在为农村培养了一大批中、初级人才的同时，也向城镇和第二、第三产业转移了一大批新增劳动力，为农村经济和社会发展做出了重要贡献。

我国农村职业教育实行农业、科技、教育结合，基础教育、职业教育、成人教育“三教”统筹③，经过改革发展，初步建立了一个具有多样性、多层次的职业教育体系。主要包括农业职业学校、农业中专学校、农业广播电视学校和农业高等职业学院4个方面。截至2008年底，全国有县级以上农广校2 604所，农业职业技术学院和农业中专学校339所，农村职业高中4 200多所④。

**（一）农业职业学校** 20世纪60年代初，农村职业学校曾经历了一个发展的时期，全国农业中学曾一度达到数万所；文化大革命使农村职业学校受到严重破坏，农业中学、职业中学几乎全部停办。改革开放以来，随着农村改革的不断深化，全国上下十分重视农村职业教育的改革和发展，出台了一系列政策，采取了有效的措施，在短期内使农村职业学校恢复了生机。

*1. 恢复发展农业中学和职业中学* 1978年4月，全国教育工作会议召开，邓小平同志在讲话中指出，要扩大农业中学、各种中等专业学校、技工学校的比例。会议要求：“大力发展并办好各种形式的农业中学、中等专业学校和技工学校，多数实行半工（农）半读，大大提高这些学校在整个中等教育中的比重。”1980年8月，中共中央转发全国劳动就业会议的文件，要求“必须积极地逐步地把一部分普通中学改为职业学校”。1980年10月，国务院批转了教育部、国家劳动总局《关于中等教育结构改革的报告》，报告强调“县以下教育事业应当主要面向农村，为农村的各项建设服务。要提倡各行各业举办职业（技术）学校。可适当将一部分普通高中改为职业（技术）学校、职业中学、农业中学”。同时指出，“实行普通教育与职业技术教育并举，全日制学校与半工半读、业余学校并举"，明确了“农业中学、职业中学是普通教育与职业技术教育相结合的中等学校”。这些政策要求有力地推动了各地中等教育结构改革的开展。1982年9月，党的十二大会议要求，把教育、科学摆到战略重点的位置上，进一步提高了教育与科学的地位。1983年5月，中共中央、国务院颁发了《关于加强和改革农村学校若干问题的通知》，通知对改革农村中等职业教育结构，发展职业教育的重要意义、奋斗目标、原则、办学形式、师资建设以及毕业生安置等重大问题做出了政策性规定。

国家有关部门和地方认真贯彻落实党中央、国务院关于发展职业技术教育的有关精神，采取了一系列有效措施推进农业职业学校发展。一是加大专项经费支持。1983—1985年，中央财政每年安排5 000万元用于职业教育补助，各省、市、县财政相应增加了职教补助⑤。二是积

① http://www.sdngx.com/Article/Class3/Class24/Class46/200511/1995.html

② http://www.edu.cn/fa_bu_hui_xin_xi_906/20081028/t20081028_335606.shtml

③ http://www.myfcagri.gov.cn/news/list.asp? id=634

④ 杨雄年.农民教育培训工作的回顾与展望[J].高等农业教育，2009(1):8

⑤ 李水山．农村教育史．广西教育出版社，2007:277

极推广创办职业教育的经验。教育部等部门通过下发文件、召开经验交流会等方式,推动农业中学和职业中学建设。三是加强师资培养。山东、江苏等省相继在各大专院校办起了师资班,吉林、辽宁、北京、河北、江苏、上海、江西等省、直辖市还办有高等职业技术师范院校,有计划地为农业中学和职业中学培养专业课师资。四是联合组织修订教学计划和编写专业教材。1984年8月,教育部组织针对农业中学和职业中学的性质和任务、培养目标、课程设置等编写出版专业课教材。据统计,1980年全国农业中学恢复到3 314所,在校生48.09万人,至1985年,县、乡两级农业中学和职业中学达到6 555所,在校生达162.91万人。短短5年,学校数量翻了1番,在校学生翻了2番①。

*2. 改革发展农村职业学校* 伴随农村职业学校规模的快速增加,问题也逐渐显露出来,改革势在必行。

1983年,中共中央、国务院发布的《关于加强和改革农村学校教育若干问题的通知》就提出农村教育要纠正片面追求升学率的倾向。1985年5月,《中共中央关于教育体制改革的决定》指出:"中等职业技术教育要同经济和社会发展的需要密切结合起来,在城市要适应企业技术、管理水平的提高和发展第三产业的需要,在农村要适应调整产业结构和农民劳动致富的需要。"这给农村职业技术教育的进一步改革提出了目标。1987年1月,国务院转发了《国家教委、国家计委、国家经委、劳动人事部关于全国职业技术教育工作会议情况的报告》,报告明确提出了农村教育综合改革的目标和任务为:坚持以经济建设为中心,把经济发展、人才培养、科技开发有机地结合起来。以县、乡为重点,实行"三教统筹"和"农科教结合",形成一个以中、小学教育为基础,以职业技术教育为骨干,以农民文化技术学校为依托,以农科部门和高等院校为后盾的农村人才培养和科技开发的网络,努力造就一支素质优良的劳动大军,使农村教育与经济、与社会发展形成相互促进的良性循环。

国家教委开始实施农村教育综合改革,在河北省阳原、完县(顺平)、青龙等3个县进行改革试点,并于1987年2月27—28日在河北涿州市召开农村教育改革试验区工作会,标志着我国农村教育综合改革正式开始。1988年8月,国家教委在全国部署实施"燎原计划"。这是农村教育综合改革的重要组成部分。同年9月,《国务院办公厅批复国家教委关于组织实施"燎原计划"的请示的通知》指出:"'燎原计划'的主要任务是在做好普及义务教育工作的基础上,充分发挥农村各级各类学校智力、技术的相对优势,积极开展与当地建设密切结合的实用技术和管理知识的教育,培养大批新型的农村建设者,并积极配合农业与科技部门,开展以推广当地实用技术为主的试验示范、技术培训、信息服务等多种形式的活动,促进农业的发展。"截至1988年底,全国已有758个县、2 458个乡开始实施此项计划②。1989年5月,国家教委为进一步推动农村教育改革,促进"燎原计划"实施,推出"百县农村教育综合改革实验区"。1995年12月,国家教委进一步发出了《关于实施"燎原计划百、千、万"工程的意见》,即在全国上千个乡、上万个村推广上百项农村实用技术。

"燎原计划"的实施,深受广大农村干部和群众的欢迎,农村教育结构也得到了一定的优化,农村职业学校从外延发展转上了内涵发展的轨道,全国涌现出一大批为当地经济建设服务的职业学校的先进典型,也总结出不少农科教结合的先进经验,初步探索出一条符合我国国情

---

① 李水山．农村教育史．广西教育出版社,2007:279

② 李水山．农村教育史．广西教育出版社,2007:282

的农村职业学校发展的新路子。

3. *引导发展农业职业学校*　农村职业中学量大面宽，有必要适当集中人力、物力和财力，建设一批骨干示范性学校，引导农业职业学校发展。

1990 年，《全国农村教育综合改革实验工作指导纲要》指出：每个实验县首先要办好一所起骨干和示范作用的中等职业技术学校。1991 年 10 月，《国务院关于大力发展职业技术教育的决定》强调要"努力办好现有各类职业技术学校。要有计划地对现有各类职业技术教育加强规范化建设，并集中力量办好一批起示范和骨干作用的学校"。1993 年 11 月，在《中国教育改革和发展纲要》中，更加明确地提出"到本世纪末，中心城市的行业和每个县都应当办好一两所示范性骨干学校或培训中心。"

国家教委 1990 年颁布了《省级重点职业高级中学的标准》，1994 年颁发了《国家级重点职业高级中学标准》，组织对省级和国家级重点职业高中评估督导工作。1995 年，国家教委组织对省级重点职业高中进行评估，共评出合格学校 909 所；1995 年 9 月，对国家级重点职业高中进行评估，1996 年 2 月国家教委审查批准首批 196 所学校为国家级重点职业高中①。为加快西部地区职业教育的发展，1998 年 2 月，国家教委发布了《关于加快中西部地区职业教育改革和发展的意见》，并确定利用国债在西部国家级贫困县新建 186 个职业教育中心。这项工作的开展，对进一步端正职业高中办学指导思想，加快学校管理与办学体制改革，深化教育教学改革，加强师资队伍、实习基地、校办产业等方面的建设，改善办学条件，提高学校管理水平、教育质量和办学效益起到了显著的促进作用。

到 2000 年，教育部根据职业学校在骨干职业学校建设中发生了较大变化的情况，提出对重点职业学校的评估标准需要进行修订。2000 年 5 月和 2001 年 3 月，教育部分两批公布了 601 所国家级重点职业中学名单，其中 70%以上是县级职业高中或职业教育中心。骨干学校特别是职业中学的建设实践，充分显示了它在农村职业学校改革和发展中的积极作用。

经过改革发展，我国农村职业学校有了很大的变化，学校数量由少到多，办学规模由小变大，办学实力由弱变强。全国形成了以县职业教育中心或骨干职业中学为龙头的县、乡、村三级教育培训网络，为广大农村青少年和农民创造了更多的接受职业教育和培训的机会。农业类专业和农村急需专业的建设得到了加强，农村职业学校的实验示范基地的建设速度不断加快，教学质量不断提高，涌现出了一大批促进农村经济社会发展的好典型，培养了大批有技术、高素质的新型劳动者，促进了当地经济社会的发展。

**(二)农业中专学校**　党的十一届三中全会以后，教育战线发生重大变化，教育工作进入了前所未有的大好时期。伴随着政治经济体制和社会发展的几次重大变革，农业中专学校的改革、建设、发展历程同农业职业学校类似，是一条实践、认识、再实践、再认识之路②，是一条改革、探索、创新之路。

1980 年 4 月，教育部在北京召开了全国中等专业学校工作会议，总结了新中国成立后 30 年来中专教育工作的基本经验，研究了中专教育在新时期的任务及当前必须抓好的几项工作，进一步明确了中专教育的地位、作用、任务，讨论和确定了一批重点中专学校。1980 年 10 月，国务院批转了这次会议的纪要，并指出："为了适应四化建设的需要，我国教育事业要力求在

① 李水山．农村教育史．广西教育出版社，2007：286

② 农业部科技教育司．中国农业教育 50 年回顾与展望．中国农业出版社，1999：198

20世纪80年代有个大的发展，四化建设不仅需要大量的高级专业人才，而且需要数量更多的中等专业人才。"中专是"在相当高中文化程度的基础上进行专业技术教育"，"是介于高中与大学之间的一种学校"，"中专学制可以多样化"。"要在保证质量的前提下有计划地稳步发展，避免大起大落，要使中专与高校的招生有适当比例"。要求"各地区、各部门要重视中等专业教育，加强领导，切实办好一批重点中等专业学校，解决一些必须解决的问题，把中等专业教育办好"。这次会议确定全国重点农业中专学校41所①。

从1979年起，农业部陆续颁发了中等农业学校农学、畜牧等6个专业的教学计划(草案)，并于1980年起将审定的各课程教学大纲作为指导性文件发给各校试用，1980—1998年还在苏州农业学校每年举办2期全国中等农业学校领导干部培训班。针对"文化大革命"10年动乱，教师知识陈旧老化、急需更新知识和教师队伍"青黄不接"的情况，1979—1990年，农业部委托北京农业大学，南京、华中、西南、西北、沈阳、山东、广西等农学院，以及浙江农业大学、河北农业大学和长沙农业学校、熊岳农业学校、仲凯农业学校、黑龙江省畜牧兽医学校承担各类课程的师资培训。这些措施，对于重新建立正常的教学秩序，保证基本的教育质量起到了重要的作用。

这一阶段，在党中央、国务院和各地各部门的关心和支持下，绝大多数中等农业学校得到恢复。到1983年，全国已有中等农业学校346所，在校学生近8.5万人。根据农业现代化建设的需要，许多学校还对专业做了调整，增设了新的专业，使农业学校专业数达到105种②。

经过许多农业中等专业学校的积极探索，切实为农业第一线培养输送用得上、留得住的人才，就要改革招生分配制度，打开人才通向农村之路。这项改革从1984年农业部在四川省召开的"温江会议"拉开序幕之后，经过抓典型、召开现场会、制定文件，特别是农业部、国家教委、国家计委等八部委下发的《关于农业中等专业学校招收农村青年不包分配班的若干规定》文件有力地推进了这项改革的进展。招生分配制度的改革给农业中专的发展注入了新的活力和动力。它是对我国传统招生制度和就业方式上改革的重大突破，更是超前适应市场培养人才的重大改革，同时也为1998年全国大、中专院校的招生并轨打下了良好的基础。随着市场经济的建立和不断完善，围绕面向为"三农"服务，农业中专这项改革仍在不断深化并不断注以新的内容，如1991年开始，部分农业中专学校根据《国务院关于大力发展职业技术教育的决定》的精神，结合招生就业制度的改革，在办好普通中专班的同时，在地方党委、政府及有关部门支持下，举办乡镇及村级干部中专班。到1995年仅4年时间就举办了200余个班，学员达10 000余人，其中毕业4 000余人，从而对提高农村基层干部的整体素质，促进农村基层组织和政权建设，加快区域经济的发展起到了极其重要的作用③。

经过多年改革实践，至20世纪80年代后期，即明确提出教学改革要以加强实践教学为突破口，以专业方向改革为龙头，课程改革为关键，教学质量考核方法为辅助等一整套的教改新思路与新举措。这项改革，首先是调整专业设置，使专业适应农村经济发展的需要，使专业的覆盖从原来仅局限于第一产业，向第二、第三产业拓展，从而达到培养"适销对路"人才的目的；二是改革课程设置和教学形式，必须增设市场经济所急需的有关知识课程，要大幅度地增开选

---

① 李水山．农村教育史．广西教育出版社，2007：296

② 李水山．农村教育史．广西教育出版社，2007：296

③ 农业部科技教育司．中国农业教育50年回顾与展望．中国农业出版社，1999

修课，教学形式要改变传统的“三段”式；三是必须加强和坚持实践性教学，加强学校的基地建设，不少学校建立了农科教三结合的校内外实习、生产基地，这不但极大地促进了教学，而且也增强了教学为农村经济建设服务的主动性，加快了科技向生产力的转化，赢得了当地政府和群众对学校建设的支持和赞誉。

为了进一步推进这项改革，农业部教宣司组织制定了《关于加强中等农业学校实践教学的意见》，要求各省（自治区、直辖市），各学校结合实际情况认真贯彻执行。这个通知在总结几年来农业中专加强实践教学改革成绩的基础上，再次强调切实加强实践教学仍然是今后深化教学改革的重点和中心，并提出一定要加强领导，进一步提高对加强实践教学的认识，要从培养目标的要求出发来认识实践教学改革的重要意义。在“通知”精神的指导下，全国农业中专围绕实践教学为中心的教育教学改革进一步得到拓展、深化与发展。

坚持为当地经济建设服务，这是农业中专办学的主要目标与任务。农业中专学校是农村科教兴农一支不可缺少的重要力量，而学校也正是在这样的服务中，不断吸取新的营养，推进自身的改革和发展。通过加强基地建设，走产教结合的道路，为当地经济发展服务。加强基地建设，使基地成为一个教学、科研、推广、生产、示范、服务的结合点，因此基地再也不是仅仅提供学生进行实践技能训练的场所，而是学校的一个重要生产基地、科学试验基地和技术推广示范基地。所以，它的功能也就从原来的单一的教学功能，发展到目前一般基地均具有的科技试验、科技开发、科技转化、技术推广、技术指导、技术扶贫和生产优质产品等功能，从而取得明显的教学、社会和经济三大效益，不少学校在建设校内基地的同时还根据当地农村经济发展的需要，在当地政府支持下，建立校外“三结合”基地，这种基地的建立可利用学校的人才、技术优势发挥作用：①帮助开发当地资源；②共建农业现代化；③帮助农民脱贫致富；④加强学校与社会联系，促进学校教育教学改革及更好地为社会服务。

此外，近 20 年来，农业部教育司先后在温江、鄂西、昌潍、沧州、杨凌、吴桥、荆州、昆明、零陵、襄阳、烟台、北京等地召开了一系列教育改革、建设和发展会议，每次会议主题鲜明，紧跟农村经济发展需要，不失时机地总结推广各地先进经验，及时提出农业中专教育改革与发展的方向、目标、任务和宏观指导意见，对推动农业中专教育的改革和发展产生了深刻的影响。

党的十一届三中全会以来的 30 年，中等农业教育通过拨乱反正，改革、建设和发展，其面貌发生了翻天覆地的变化。职业教育规模达到历史新高，据初步统计，2006 年，中等职业学校招生达到 741 万人，增幅 14.53%，连续 2 年保持两位数增长（2005 年增幅 14.27%），中等职业学校招生基本实现了 2 年连续扩招 100 万人的目标①。2007 年中职学校达 14 832 所，年招生突破 800 万人。在校生接近 2 000 万人②。其中农村重点中等职业学校建设速度明显加快，2006 年，教育部组织专家对 27 个省、自治区、直辖市上报的 129 所备选学校进行了国家级重点中等职业学校评审工作，其中有农村职业学校 54 所，占 42%③。农村中等职业学校已成为骨干中等职业学校建设新的重点。

从整体上看，农业中等专业学校已由单一学科的农科学校初步转为农、工、理、文、财多科性的综合学校，其基本格局是每个地区有 1～2 所农业中专学校，担负着培养县、乡、村农业科

① http://www.moe.edu.cn/edoas/website18/39/info1225854349234339.htm
② 王继平. 30 年中国职业教育的回顾、思考和展望[J]. 职业技术教育，2008(30)：45
③ http://www.moe.edu.cn/edoas/website18/39/info1225854349234339.htm

技人才、管理人才和具有一定专业技能的熟练劳动者的重任，在农村职业技术教育体系中发挥着骨干作用，在提高农民素质和直接为当地经济建设服务中发挥着重要作用。可以说，目前中等农业教育已初步形成布局合理、专业设置齐全、具有一定规模的农业职业教育体系，正在为培养造就社会主义现代化建设所需要的技术人才和管理人才而不懈努力。

**（三）农业广播电视学校** 20世纪80年代初，伴随着农村改革的步伐，我国农业教育领域出现了一种全新的教育形式——农业广播电视教育。它以投入低、效率高、容量大、覆盖面广和学员不离岗、不离乡等特点，实施农业远程教育，受到各级政府的重视与支持，受到农村基层干部和广大农民的欢迎。

1. 农业广播电视学校的创立（1978—1983年） 党的十一届三中全会后，全国农村普遍推行了家庭联产承包责任制，农村基层干部和农民迫切要求学习农业科技知识。1980年12月12日，国家农委、中国科协、教育部、共青团中央、全国妇联、中央广播事业局、中央人民广播电台、农业部、农垦部、中国农学会联合发文，成立了中央农业广播学校，标志着农业广播教育的建立。1981年7月13日，中央农业广播学校第一期农学基础班正式开学，由中央人民广播电台播出教学节目，当年招收学员40万人。1983年8月，中央农广校实施中专学历教育，首先开设了农学专业。随后增开了农业经济与管理，畜牧兽医、淡水养鱼、农产品加工专业，开始向多门类、多学科发展。

中央农业广播学校成立后，各省、自治区、直辖市和所属地、县直至乡镇，陆续组建成立了各级农广校和基层教学班。到1981年7月，全国除西藏、台湾外的28个省、自治区、直辖市都成立了农业广播学校领导小组和办学组织，并有1 475个县成立了办公室并开展工作，迅速形成了独具特色的覆盖全国的农广校办学体系。

2. 农业广播电视学校体系的形成（1983—1996年） 农业广播教育的兴起，大大缓解了农民教育培训资源不足的矛盾，得到了各级党委、政府的高度重视和支持，农业广播教育得到快速发展，农广校体系不断壮大。1987年2月，中央农业广播学校利用电视卫星频道开始在中央电视台播出学校的教学节目，开展农村广播电视教育，实现了文字资料、广播和电视多种媒体教学；同时，中央农业广播学校更名为中央农业广播电视学校（中央农广校）。到1988年，在体系建设方面，全国各省、自治区、直辖市（除西藏和台湾外）建立了33所省级分校（包括黑龙江、广东、云南农垦系统，新疆生产建设兵团和黑龙江林业系统），250多个地（市）级分校、2 300多个县（农场）分校和24 000多个乡镇教学班，初步形成了从中央到省、地、县、乡的五级办学体系；教学媒体在文字教材、广播和录音的基础上增加了电视和录像；专业设置开始向多学科、多专业发展；办学层次开始向下延伸；专、兼职教师队伍发展到3万多人；办学条件也得到逐步充实。

1988年10月国家教委和农业部联合发出《关于改革农业广播电视学校管理体制及有关问题的意见》，决定将中央农广校垂直管理的省、自治区、直辖市农广校独立设置，使其成为具有独立办学权的实体，原中央农广校地、县级分校成为省级农广校分校，形成中央、地方结合的农业广播电视教育体系。其后，中央农广校在教育部门和农业部门的指导下，不定期开展对地方校的评估入位工作，加强了农业广播电视教育的管理和教育教学指导。总体上，这一时期农业广播电视教育体系主要承担农业职业教育职能。

3. 农业广播电视教育学校的职能拓展（1998—至今） 1997年12月，《国务院办公厅转发农业部、国家教委等单位关于进一步办好农业广播电视学校意见的通知》明确了农广校的作

用和任务，提出了进一步办好农广校的措施和要求，农业广播电视教育进入新时期。农广校体系在继续实施好农业职业教育的同时，拓展了农民培训功能。

1998 年 8 月，农业部发出通知，要求各地充分利用农广校开展农民科技教育。1999 年 4 月，中央农广校在中央人民广播电台开播“致富早班车”节目和“西部开发农业科技教育系列讲座”。1999 年 7 月农业部决定在农广校开展中专后继续教育。进一步开发了农广校教育资源，开拓了农业广播电视教育事业新的增长点。1999 年 12 月，农业部决定在中央农广校加挂“农业部农民科技教育培训中心”的牌子，地方也增加了农广校的培训职能。2000 年 6 月，中国农村远程教育网正式开通。

进入 21 世纪，农广教育体系秉承“立足三农”、“服务三农”的宗旨，更加紧密围绕“三农”中心工作，强化农广校的作用。在继续推进农业职业教育的同时，结合“三农”需求，广泛开展农民科技培训，形成了职业教育与农民培训共促进、齐发展的局面。

在体系建设上。截至 2008 年底，以中央农广校为龙头的全国农广校体系，共拥有 1 所中央校、39 所省级校（含农垦、林业、森林工业）、346 所地（市）级分校、2 218 所县级分校、12 000 多个乡镇教学班，专、兼职教师近 10 万人。

在职业教育人才培养上，农广校体系形成了包括中等职业教育、中高等职业教育、合作高等教育结合的多种办学层次。自 1983 年中央农业广播学校举办中专学历教育以来，共开设了种植类、养殖类、工程类、经济管理和服务类 100 多个中等职业教育专业，教学班延伸到乡村，就地就近培养种养加能手、能工巧匠、农村经营能人和乡村科技人员。截至 2008 年底，全国农广校体系中等职业教育招生 387 万人，毕业 198 万人。2005 年，农业部启动实施“百万中专生计划”，目标是用 10 年时间，为农村培养 100 万名具有中专学历的从事种植、养殖、加工等生产活动的人才，以及农村经营管理能人、能工巧匠、乡村科技人员等实用型人才，增强他们带头致富和带领农民群众共同致富的能力，使他们成为建设社会主义新农村的带头人和发展现代农业的骨干力量。到目前农业广播电视学校体系共完成 36 万人的培养任务。1999 年，中央农广校开办中专后继续教育，开设专业包括农业推广、农村经济管理和兽医等，旨在为长期从事农业生产和受过中等学历教育的人才提供以知识更新为目的的继续教育。截至 2008 年底，全国农业广播电视学校中专后继续教育招生 14 万人，毕业 12 万人。1995 年开始，农业广播电视学校与农业高等院校、科研院所和其他办学机构等进行的联合办学，具体教学环节由省级校实施，开设的课程依据当地农业生产情况而定。截至 2008 年底，全国农业广播电视学校合作高等教育招生 53 万人，毕业 23 万人。

**（四）高等农业职业教育** 高等农业职业教育是我国教育改革特别是高等教育改革的一个新生事物。十一届三中全会后，它开始在我国起步，主要通过职业大学、部分高等专科学校和成人高校来实施。到 20 世纪 90 年代末及 21 世纪初时，已经基本形成了以职业技术学院为主体的高等农业职业教育体系①。

纵观我国农村高等职业教育的发展历程，大致经历了孕育、成型和积极发展 3 个阶段。

*1. 农村高等职业教育的孕育（1976—1984 年）* 改革开放后，社会经济的变动带动了农村社会对应用型高等职业人才的需求。但由于“文化大革命”使教育事业遭到了极大的破坏，农村的许多青年没有受过高等教育，出现了较为严重的人才断层。同时，高等教育规模也不能

① 李水山．农村教育史．广西教育出版社，2007：489—502

满足农村经济发展对高级人才的需求。为缓解这种矛盾，一些大中城市开始兴办高职学校，为本地区的城乡培养高职人才，短期职业大学应运而生。1980 年，国家教委批准建立 13 所职业大学。随后，国家又分别在第五届全国人大会议上和发布的《关于调整改革和加速发展高等职业教育若干问题的意见》中提出积极举办和发展高等专科学校和短期职业大学。1983 年 5 月 6 日，国务院在《加强和改革农村学校若干问题的通知》中，再次要求"农、林、商、工科等院校在办好本科的同时，要注意发展专科"，"试办以农林为主包括工科、财经管理类的综合性专科学校"，"为地、县、社培养各种专业人才"。在这一时期，由于还没有明确提出发展农村高等职业教育，只是提出积极试办和发展高等专科学校和短期职业大学，以满足我国农村对高职人才的需要。

从总体上来说，此时期建立的职业大学只能算作是我国专科教育的扩展，它的建立虽然对我国农村高等职业教育的发展进行了一定的尝试，但它的培养规格和培养模式并不明确，此时我国农业高等职业教育的发展还处在孕育之中。

*2. 农村高等职业教育的雏形期*（1985—1997 年）　进入 20 世纪 80 年代后期，以进一步深入改革开放为契机和动力，农村经济与社会出现了更大的变化，这就为农村高等职业教育的发展创造了有利条件。1985 年，国家正式提出积极发展农村高等职业教育，并建立一个由初等、中等和高等职业教育组成的职业教育体系。1985 年 5 月 27 日，中共中央《教育体制改革的决定》指出："根据大力发展职业技术教育的要求，我国高中毕业生应进行分流，一部分升入普通大学，一部分接受高等职业技术教育。凡是没有升入普通高中、普通大学和职业技术学校的学生，可以经过短期职业技术培训，然后就业。""积极发展高等职业技术学院，优先对口招收中等职业技术学校毕业生以及有本专业实践经验、成绩合格的在职人员入学，逐步建立起一个从初级到高级、行业配套、结构合理又能与普通教育相互沟通的职业技术教育体系。"进入 20 世纪 90 年代，国家对农村高等职业教育的发展再度重视起来。1995 年 6 月 14 日，国家教委在发布的《推进农村教育综合改革的意见》中指出："有条件的地方，要在本地区范围内进行城乡统一规划，充分利用城市的普通高校、成人高校和高等职业学校，为农村培养高层次的专业人才，促进'高产、优质、高效'农业的发展，提高乡镇企业的技术水平和管理水平。"同时，国家提出在职业教育的结构层次上，重点发展专科层次的高等职业教育。1996 年 4 月 10 日，国家教育委员会在发布的《全国教育事业"九五"计划和 2010 年发展规划》中提出"在（职业教育的）层次结构上，重点发展高等专科层次教育，特别是面向广大农村、中小企业、乡镇企业、城镇第三产业的高等专科教育和专科层次的高等职业教育"的教育事业发展目标。

在此时期，国家、地方和高校开始创建多种形式的高等职业教育办学机构，积极发展高等职业教育，出现了多形式、多类型、多学科专业的职业性高等教育办学机构。其办学机构既有独立的高等院校，又有高等自学考试、函授大学等。同时，出现了县、乡（镇）出资创办高等职业学校或举办大专班和市、县创建广播电视大学，一些高校还与县、乡（镇）政府和乡镇企业联合办学；而且这些教育都最大限度地面向广大农村社会、广大农村青年和农业行业，积极扩大招生规模。

在国家、地方政府和高校的大力支持下，我国的高等职业教育有了较大发展。在自考方面，浙江省尤为突出，1996 年在全省 1 846 个乡镇设立了 477 个自考联络站，遍布 80 多个县（市）；1985 年中国农村技术函授大学创办，不久它的分校或办学点就遍布全国各省、市、县。江苏省张家港市创建的沙洲职业工学院为张家港市培养了 3 000 多名扎根农村的高级应用型

人才;浙江广播电视大学通过在乡镇或乡镇企业设点、为乡镇企业招收大专委培或定向生、在乡镇招收注册试听生、为乡村干部开设大专专业证书班、开设继续教育班或职业训练班等多种形式,为浙江省农村培养了大批第二、第三产业人才和乡村干部。各种教育已经面向农村特别是乡镇企业、面向适龄农村青年和农业发展,开始形成特有的体系和自己的教育模式。

3. *农村高等职业教育的积极发展期*(1998—至今) 20 世纪 90 年代后期,农村高等职业教育已进入了大发展时期,但走什么样的路子、培养什么样的农村高等职业人才仍不是十分明确。1998 年 12 月 24 日,教育部发布的《面向 21 世纪教育振兴行动计划》中对我国高等农业职业教育的发展路子做了全面系统的阐明,"对于学历高等职业教育,除对现有高等专科学校、职业大学和独立设置的成人高校进行改革、改组和改制,并选择部分符合条件的中专改办(简称'三改一补')之外,部分本科院校可以设立高等职业技术学院,基本不搞新建。建设示范性职业技术学院",也就是说我国农村高等职业学校是根据"三改一补"的方针由高等农业专科学校、短期职业大学、独立设置的成人高校和重点中专改制而来,主要是通过高等农业专科学校、重点农业中专学校改制而来,并拨出 11 万个招生指标,在全国 20 个省(自治区、直辖市)用于发展高等职业学校教育。该计划亦明确指出了农村高等职业教育的培养对象:"高等职业教育必须面向地区经济建设和社会发展,培养生产、服务、管理第一线需要的实用人才,真正办出特色,主动培养农村现代化需要的各类人才。"1999 年 6 月 13 日,中共中央、国务院在《深化教育改革全面推进素质教育的决定》中再次指出:"要大力发展高等职业教育,培养一批具有必要的理论知识和较强实践能力,生产、建设、管理、服务第一线和农村急需的专门人才。"同年,在全国普通高等学校扩大招生计划中,国家拨出 21 万个名额(总共 45 万)发展"新高等职业教育"。同时,为确保扩招任务的顺利完成,教育部又批准设置了 45 所职业技术学院。至此,全国设置的职业技术学院数达到了 92 所。此外,为数众多的普通高等院校(本科)也成立了高等职业技术学院,从事农村高等职业教育。在这些职业教育中,独立的农林职业院校有 28 所,涉农专业 10 余个,涉农专业的基本结构以园林绿化、畜牧兽医、食品科技和农业生物技术为主,年招生规模达到 30 余万人,每年数万职业技术人才服务于农村。面向农村社会和农村经济发展的高等职业教育处在积极的发展时期。高等职业技术学院的大量设置和招生人数的不断扩大标志着我国的农村高等职业教育进入了积极发展时期。

"十五"期间,全国农业职业院校认真开展"农业职业教育能力建设计划"研究;开发并完成重点专业教学指导方案和核心课程教学大纲;开展农民科技培训、农村劳动力转移培训及为"三农"服务等工作;在促进我国职业技术教育全面发展、建设社会主义新农村中发挥重要的作用。

## 第三节 农村成人教育

纵观新中国成立 60 年,我国农村成人教育在不同的社会经济背景和政策背景下,积极探索,建立了较为完善的教育体系,开展了各种层次的成人教育,成果显著。

### 一、新中国成立之初的农村成人教育

在新中国成立初期,农村经济非常落后,恢复和发展农村经济,迫切需要培养大量农村科

学技术人才。农村成人教育体系在这一时期逐步建立完善并得到较快发展，为此后农村成人教育事业的发展奠定了良好基础。该时期的农村成人教育主要是以下几个层次：

**（一）扫盲教育** 1949年11月教育部下设“识字运动委员会”，专职领导农民、工人、干部的扫盲教育。采取弹性学习内容及包括冬学、早学、午学、半日学、夜校等灵活多样的方式，适应农民的实际需求和农村的分散环境。到1951年，分别扫除文盲65.7万、13.72万、13.75万人①，其中绝大多数是农民。1952年5月教育部《关于各地展开“速成识字法”的教学试验工作的通知》提出，在全国范围内，在广大的工人、农民中间普遍推行速成识字法，有计划有步骤地扫除文盲。在推行过程中，由于有些农村不顾自己的实际条件，出现急躁盲进倾向，1952年仅扫除文盲65.7万人②。

1953年，教育部根据干部、工人、农民的不同对象，于新中国成立后第一次界定文盲半文盲概念和颁布统一的扫盲标准及相关脱盲考试的规章制度——《关于扫盲标准、毕业考试等暂行办法的通知》，规定“在识字方面暂以能识到500字以上而未达到扫盲标准者为半文盲；不识字或识字数在500以下者为文盲”、“扫除文盲的毕业考试，由各扫盲基层领导机构或专职干部、教师主持……考试内容可分为识字、阅读、写作三项”。《通知》的出台，引导扫盲工作的制度化、规范化进程。

1955—1957年，扫盲演化成为一种运动，据不完全统计（缺广东、云南、新疆等省、自治区资料），1956年，全国农民扫盲入学人数达到6 200多万人，占全国14岁以上青壮年农民总数的30%③，1957年扫除农民和居民文盲600多万④。在之后“大跃进”时期，扫盲也出现“跃进”现象，1958年全国农村参加扫盲和业余学习的有1亿以上，扫除文盲400.04万。1959年下半年参加扫盲和业余学习的有5 000多万，扫除文盲2 600多万。1960年参加扫盲学习的人有6 050多万，扫除文盲5 733万⑤。

**（二）业余文化教育** 1949年9月，中国人民政治协商会议制定的具有临时宪法性质的《共同纲领》指出：“要加强对劳动者的业余教育和在职干部教育”。1951年3月，教育部颁发《关于冬学转为常年农民业余学校的指示》，将冬学转为农民业余学校，常年招生。1951年秋季转入农民业余学校的人数达到1 100万余人，到1954年人数达到2 330万人⑥。1962年12月，教育部发布《关于农村业余教育工作的通知》，要求结合农业生产、技术改革和群众学习的愿望，举办各级业余文化学校、技术学校和各种专业训练班。1954年12月，教育部党组发布《关于第一次全国农民业余文化教育会议的报告》指出，要逐步提高农民的文化水平，有效地为农业的社会主义改造和发展农业生产服务。1955年6月，国务院下达《关于加强农民业余文化教育的指示》指出，农民业余教育必须紧跟农村互助合作运动和农业生产的发展，积极有计划地扫除农民文盲。1963年4月，教育部《农民业余教育汇报会纪要》指出，要办好业余教育，必须培养一批办学、教学和学习的积极分子，作为开展工作的支柱。1964年1月，教育部召开全国农业业余教育会议，提出当时农村业余教育的方针是：“积极发展，巩固提高，作好准备，迎

---

① 《中国教育年鉴》编辑部．中国教育年鉴(1949—1981)．中国大百科全书出版社，1984：578
② 刘英杰．中国教育大事典(下)．浙江教育出版社，1993：1831
③ 《中国教育年鉴》编辑部．中国教育年鉴(1949—1981)．中国大百科全书出版社，1984：578
④ 刘英杰．中国教育大事典(下)．浙江教育出版社，1993：1831
⑤ 刘英杰．中国教育大事典(下)．浙江教育出版社，1993：1831
⑥ 《中国教育年鉴》编辑部．中国教育年鉴(1949—1981)．中国大百科全书出版社，1984：578

接新形势和任务。”会议明确农村业余教育的对象是农民中的青壮年，要重视对贫下中农和干部的教育，对业余教育中的政治、文化、技术三种教育要统一安排，有所不同。文化教育主要由业余学校进行；对政治教育，业余学校起助手作用；对技术教育应持积极态度，根据需要和可能组织群众学习。

**（三）高等函授教育和夜大学** 1953年2月，教育部部长马叙伦在华北地区各高等学校负责人座谈会上提出，把重点试办高等函授教育和夜大学列为高等教育改革的一项内容。从此，高等学校函授教育和夜大学工作在全国范围内逐步展开。1956年5月31日，高教部出台《关于综合大学开办函授教育的通知》，提出在部分综合大学开办高等函授教育，其中包括农学、植物学及法律学等与农业有关的专业，并规定了培养目标和学制。1956—1957年，高等农业函授教育作为系统的学历教育，在北京农业大学开办农学、植物保护两个专业的函授本科，学员通过正式考试录取程序入学，学制4～5年。学员多是在职没有本科学历的农村教师和科技人员。1963年，教育部《关于加强全日制高等学校和中等专业学校函授、夜校教育的通知（草案）》指出，根据高校建设，特别是农业生产的需要，函授教育既要面向城市，更要面向农村。1965年11月，高教部在南京召开了高等函授教育会议，特别强调要重视举办面向农村的函授教育，使农业高等函授教育获得了较大发展。不仅普通高校举办了函授教育，而且在有些地方开始举办独立函授学校，如北京市成立了“农业函授大学”。截至1965年，全国举办高等函授教育的学校达到123所，在籍学员达189 373人①。

**（四）干部教育** 1951年9月，农业部召开全国农业工作会议提出：“当前县以下基层干部大多是工农出身，他们有丰富的工作经验和密切联系群众的优点，但是缺乏文化和科学知识，必须十分重视对他们的教育与培养，应该利用农闲期间大量轮训，争取2～3年内轮训一遍”。1953年，农业部、农垦部相继在北京建立了干部学校，大部分省、自治区也先后建立起农业干部训练班或干部学校，为培养农村干部做出了积极贡献。

1954年4月，农业部发出《关于训练农业合作社干部的通知》，要求设立农业生产合作社社长、会计员和技术员训练班，对农业生产合作社的干部进行业余和脱产的培训。1956年1月，《全国农业发展纲要（草案）》公布，提出在12年内为农业生产合作社训练初级和中级技术干部500万～600万人。同年，教育部和农业部联合发出通知，要求选拔出200所初级中学改为农业合作社干部学校，以迅速培养合作化所需要的干部，使高级社和大型社的干部在一定时期内分别受到4个月（社主任、总会计）和6个月（农牧业技术干部）的较为系统的业务训练。通知下达后1年半的时间内，各地已建立起农业合作社干部学校140余所，设有经管、农业、畜牧、会计等专业，到1957年初，已经训练农业生产合作社主要干部10余万人；另外，通过短期训练班培训合作社积极分子约数百万人②。

**（五）在农业学校中试行“半农半读”和“社来社去”**

**1. 半农半读** 为了解决建国初期广大农村青年学习需求与国家对教育投入不足的矛盾，1958年提出试办“半农半读”教育。1965年7月，农业部召开了全国高、中等农业教育会议，刘少奇同志指示今后的高、中等农业学校要下伸到专区、县，将来到公社办大学。学校办到农村去，半天劳动、半天读书，半年劳动、半年读书。1965年北京农业大学等7所院校开始试

① 农业部科技教育司．中国农业教育50年回顾与展望．中国农业出版社，1999：216

② 农业部科技教育司．中国农业教育50年回顾与展望．中国农业出版社年，1999：298

办“半农半读”。北京农业大学在国务院农林办公室和农垦部支持下，在涿县建立北农大分校，组织师生边进行田间劳动和实验，边学习专业知识。

2. 社来社去　1962年11月农业部宣教局发出《关于中等农业学校几个问题的意见》，随后各省就“从农村人民公社招生，毕业后回公社工作”的招生分配改革问题进行了广泛的调查，1963年一些省进行了试点，1964年扩大了“社来社去”招生分配的试点。1965年7月，农业部召开全国高、中等农业教育会议，会议确定对现有高、中等农业院校进行“半农半读”、“社来社去”的教学改革，为以后的农业教育大发展做好准备。

“半农半读”和“社来社去”是适应当时社会经济发展和农民需要的基础上产生的，这两种方式的实施，对于培养农业人才起到了积极的推动作用。1966年3月，农业部再次召开全国农业教育会议，着重讨论了半农半读、社来社去及编写教材等问题。会议据农业部宣教司的统计，33所农业院校中实行半农半读的有28所，占84.8%；196个专业点中半农半读的103个，占52.6%；在校生40 983人中半农半读学生达11 184人，占27.3%。半农半读教育形式带有成人教育性质，在全国较大范围内试行不过1年，由于爆发“文化大革命”而停止①。

## 二、“文化大革命”时期的农村成人教育

1966年6月至1970年，按照“中央文革”的“夺权”斗争，把各校专家、教授定为“反动学术权威”进行批判。农村成人教育处于停滞状态。1970年以后，“四人帮”炮制了“全国教育工作会议纪要”，提出农业大学统统搬到农村去，接着，在全国范围内出现了农业院校备受摧残的大搬迁。之后，又推广“朝农经验”②，许多农业院校被肢解。该时期，我国各类文化教育事业受到严重打击，各类农村成人教育基本停办，农村成人教育陷于停滞时期。

**（一）“五七大学”**　“文化大革命”中，根据毛泽东同志的指示，一些农村举办了“五七大学”。主要招收回乡、下乡知识青年和有经验的农民为学员，参照中等技术学校培养目标，开设了政治理论、农业技术、农业机械、农电、水利、财会、林业、牧医、水产、师资培训等专业。1972年以后，全国农村掀起了举办“五七农民大学”，实现“农业机械化”，建立健全四级农科网的热潮。到1976年，全国共举办县级“五七农民大学”7 447所，在校生达281 449人③。

**（二）开展函授教育**　1972年以后，一些高等学校如复旦、上海交大等在一些地区为上山下乡知识青年举办函授教育，开设马列主义经典著作辅导课、电工、农用柴油机维修、农村常见病防治等课程，这是“文化大革命”期间函授教育的基本形式。

**（三）举办各类技术培训班**　“文革”时期，农业大学以及涉农学科的教师，奔赴农村举办了各类技术培训班，向农民传授科学技术，可以说这是“文化大革命”中农业成人教育得以存在的一个见证。

“文化大革命”是对农业教育包括成人教育的大破坏；“朝农经验”割裂了理论与实践、普及与提高的统一，是以劳动来代替、排斥系统的理论教学，使正常的成人教育被推到另一个极端，农业院校又一次撤、并、迁，农村成人教育发展也就无从谈起。

---

① 农业部科技教育司．中国农业教育50年回顾与展望．中国农业出版社，1999：221

② 所谓“朝农经验”有：坚持在农村办学、分散办学；教学工作实行“三上三下”；学生社来社去、毕业后当农民挣工分等

③ 李水山．农民教育史．广西教育出版社，2007：251

### 三、改革开放新时期的农村成人教育

“文化大革命”以后，尤其是党的十一届三中全会后，我国实行了改革开放的基本国策，广大农村普遍实行家庭联产承包责任制，农民的生产积极性得到了极大的解放，农业生产水平提高很快，农村经济有了很大发展。但由于“文化大革命”的10年浩劫，百业待兴，农业管理干部、农业技术人员长期得不到补充，知识老化、人员老化；农村教育异常落后，多数农民子女初中毕业后就回乡务农，成年农民也很少有参加学习的机会。广大农业管理干部、技术人员和农民的科学文化素质不高，农业科技知识匮乏，成为农业生产发展和农民增加收入的最大障碍。该时期农村成人教育承担着迅速提高广大农民科技文化水平，服务农村经济建设的重任。

**（一）政策与措施**　1977年12月7日《人民日报》发表《大力发展各级各类教育事业》的评论员文章，文章指出，为了多出、快出人才，必须从我国实际出发，坚持“两条腿走路”，多种形式办学的方针。既要搞好普通教育，又要办好电视、函授、广播等业余教育，而且要积极创造条件，兴办更多的这类学校。1978年2月，中共中央批转教育部、中央广播事业局《关于筹办电视大学的报告》。1979年2月，中央广播电视大学在北京举行开学典礼，并很快在全国各省、自治区、直辖市创办了各级广播电视大学（简称电大）。电大在面向城镇开展教学的同时，开设种植、林果等农业专业，积极面向农村办学，为农村成人教育的发展做出了积极贡献。1980年12月，中央农业广播学校成立，开创了农业广播电视远程教育事业发展的先河。

1978年11月，国务院颁发了《关于扫除文盲的指示》，要求继续扫除农民中的文盲，提出“一堵、二扫、三提高”的扫盲基本方针，规定农村的扫盲标准，并要求青壮年脱盲人数达到85％以上。这是改革开放初期至20世纪末我国农村成人教育的一个重要任务。

1978年12月，中共中央《关于加快农业发展若干重大问题的决定（试行）》提出：要极大地提高广大农民首先是青年农民的科学技术文化水平。发动广大群众学科学、用技术、努力提高公社社员的科学文化水平。要办好农村夜校和图书室，组织农民学政治、学文化、学科学、学技术，扫除文盲。开展业余文艺体育活动，活跃社员的文化生活。农村各类成人教育逐步恢复和发展。

1983年5月，中共中央、国务院发出《关于加强和改革农村学校教育若干问题的通知》提出：农村学校的任务，主要是提高新一代广大农村劳动者的文化科学水平，促进农村社会主义建设。一定要适应广大农民发展生产、劳动致富、渴望人才的要求。文件明确了农村成人学校的任务，为农村成人教育的发展指明了方向。

1985年5月27日，中共中央发布《关于教育体制改革的决定》，提出有关干部、职工、农民的成人教育和广播电视教育事业是我国教育事业极为重要的组成部分。

1987年，国务院批转《国家教委关于改革和发展成人教育的决定》提出，农村成人教育应从农村的实际出发，适应农村经济向专业化、商品化、现代化转变的需要和愿望，对不同地区、不同行业、不同对象分别提出不同的培训要求。

1989年11月，农业部、国家科委、国家教委、林业部、中国农业银行联合印发《关于农科教结合，共同促进农村、林区人才开发与技术进步的意见（试行）》，提出要实施农科教结合。要求积极推进农村、林区各类教育的协调发展，做到“三教统筹”①，相互促进。农业部、国家科委、国家教委、林业部、中国农业银行联合成立“农科教统筹与协调小组”，负责制定有关政策，进行宏观协调指导。农科教结合、“三教统筹”成为我国教育发展的重要内容。

1993 年 2 月，中共中央、国务院颁布了《中国教育改革和发展纲要》。《纲要》要求大力发展农村成人教育，积极办好乡镇成人学校，全面提高农村从业人员素质。

1994 年 7 月 3 日，国务院发布《关于〈中国教育改革和发展纲要〉的实施意见》(简称《实施意见》)。《意见》提出“大力发展以扫盲和岗位培训及继续教育为重点的成人教育”，要求城市和农村每年都应有一定比例的从业人员接受多种形式的岗位培训。要充分利用各种远程教学形式为中小城市、乡镇企业、农村以及边远和经济发展程度较低地区服务。

1995 年全国人民代表大会通过的《中华人民共和国教育法》规定：国家试行职业教育和成人教育制度。国家鼓励发展多种形式的成人教育，使公民接受适当形式的政治、经济、文化、科学、技术、业务教育和终生教育。

1998 年，《中共中央关于农业和农村工作若干重大问题的决定》指出：发展农村教育事业是落实科教兴农方针、提高农村人口素质的关键。积极推进农村教育综合改革，统筹安排基础教育、职业教育和成人教育，进一步完善农村教育体系。要十分重视农村成人教育，加大扫盲力度。

1999 年，中共中央、国务院《关于深化教育改革全面推进素质教育的决定》中明确提出：促进农村基础教育、成人教育和职业教育的统筹协调发展，使农村教育切实转变到主要为农村经济和社会发展服务上来。

2003 年，国务院发布的《关于进一步加强农村教育工作的决定》提出，以农民培训为重点开展农村成人教育，促进农业增效、农民增收。继续发挥乡镇成人文化技术学校、农业广播电视学校和各种农业技术推广、培训机构的重要作用。

2006 年 3 月，《中华人民共和国国民经济和社会发展第十一个五年规划纲要》提出要加快发展农村教育、技能培训和文化事业。

2004—2009 年连续 6 年中央 1 号文件，都对农业农村农民问题提出了明确的要求。其中，2007 年中央 1 号文件《中共中央、国务院关于积极发展现代农业扎实推进社会主义新农村建设的若干意见》明确提出，要加快发展农村职业技术教育和农村成人教育。

**(二) 实践与发展**

1. **扫盲教育**　据 1982 年第三次人口普查统计所显示的“全国 12 岁以上文盲半文盲有 2.3 722 亿，占全国人口总数的 23.5%。其中农村文盲占 91%……40 岁以上文盲 2.1 853 亿人”，扫盲教育于 1982 年被载入《中华人民共和国宪法》，其第 19 条规定“国家发展各种教育设施，扫除文盲”，表明了政府的扫盲决心和扫盲的重要地位。“六五”期间(1981—1985 年)总计扫除文盲 1 500 万，“达到基本扫除文盲标准的县有 1 418 个，约占全国总县数的 60%”，包括 1986、1987 年，每年分别扫除文盲 353.57 万、210.6 万、306.7 万、299.2 万、351.67 万、239.31 万、158 万②。1988 年 2 月，国家教委召开全国扫除文盲工作会议，明确提出今后扫盲工作的

① “三教统筹”：1987 年，原国家教委副主任何东昌同志明确提出，县级政府应从当地建设的需要出发，把基础教育、职业教育和成人教育作为一个整体来抓，使“三教”统筹，协调发展，相互沟通，相互补充

② 《中国教育年鉴》编辑部．中国教育年鉴(1985—1986)．湖南教育出版社，1987：805

指导方针是“争取在本世纪末或稍长一点时间内，完成我国扫除青壮年文盲的历史任务”。1989年，扫盲教育首次被列入国家教委年度工作要点。1990年共组织560万文盲参加学习，其中399万人脱盲，入学人数和脱盲人数分别比1989年增长41.7%和9.95%，出现了1980年以来的最好形势①。

1990年中华人民共和国国家统计局《关于1990年人口普查主要数据的第4号公报》公布：全国文盲总数为1.8亿(占全国总人口比重的15.88%)，其中青壮年文盲近5 000万(文盲率9%，15～45周岁文盲率为1.04%)。1991年10月，国家教委印发的《关于进一步加强扫除文盲工作的意见》指出：“把扫盲的对象的年龄从15～40周岁，改为凡新中国成立后(含1949年)出生的文盲半文盲，除不具备学习能力者以外，都应扫除”，拓展了扫盲对象的年龄段。1991年全国共办扫盲班110 476个。

1992年党的十四大提出“基本普及九年义务教育”、“基本扫除青壮年文盲”的两基目标。1993—1997年分别扫除青壮年文盲548万、186.18万、479万、406.8万、403.5万②。1998年我国进入“两基”规划的第二阶段，全年共扫除青壮年文盲32.08万人。1999年我国进入“两基”规划的第三阶段，全年共扫除青壮年文盲299万人③。截至2000年底，全国青壮年人口中的文盲率下降至5%以下④。

2004年，国务院实施《国家西部地区“两基”攻坚计划》，并召开会议全面部署工作，明确提出“到2007年，在我国西部地区基本普及九年义务教育和基本扫除青壮年文盲”的目标。2007年，教育部与中共中央宣传部、国家发展和改革委员会、财政部、劳动和社会保障部、农业部、文化部、国家广电总局、共青团中央、全国妇联等12个部门联合印发了《关于进一步加强扫盲工作的指导意见》，提出重点加强对妇女扫盲和人口较少民族扫盲的政策。2007年起，中央财政加大了对扫盲教育的支持力度，将扫盲教育奖励经费由每年的800万元增加至5 000万元，资金重点向扫除妇女文盲和少数民族扫盲工作倾斜。

2. 远程教育

(1)农业广播电视学校成立和发展　1980年12月12日，中央农业广播学校成立。1986年改称为中央农业广播电视学校(简称中央农广校)，1999年加挂农业部农民科技教育培训中心。截至2008年，全国共有中央、省、地、县级农广校2 604所，拥有广播、电视、互联网络、卫星网络等传输手段，采用文字教材、音像教材(VCD光盘、录音磁带、MP3)、计算机课件、网络课程、报刊杂志等多种媒体，结合面授辅导和实践教学，开展中等职业教育、中专后继续教育、合作高等教育等学历教育，实施农民科技培训、劳动力转移培训等农民培训。

(2)中国燎原广播电视学校　1990年4月，电大建立了中国燎原广播电视学校。主要任务是利用广播电视在我国农村普及农业科学技术、经营管理知识，增强农村基层吸收和运用科学技术的能力，改革农村教育，帮助农民脱贫致富，加快农村经济、社会进步和城乡协调发展。中国燎原学校成立后，先后有20余个省(自治区、直辖市)成立了燎原学校，有的地方还成立了县、乡燎原学校。它的成立，对于建设社会主义新农村，建设两个文明，都起到了积极作用。

---

① 《中国教育年鉴》编辑部．中国教育年鉴(1991)．人民教育出版社，1992：263

② 何东昌．中华人民共和国重要教育文献(1991—1997)．海南教育出版社，1998：3732

③ 《中国教育年鉴》编辑部．中国教育年鉴(1999)．中国大百科全书出版社，2000：167

④ 《中国教育年鉴》编辑部．中国教育年鉴(2000)．中国大百科全书出版社，2001：110

(3)北京市农村远程信息服务工程中心　2000年，北京市农村远程信息服务工程中心建立。中心根据我国农村、农业、农民的现状、特点与需求，依托首都的科技、人才和信息资源优势，在全国率先推出了以卫星宽带网络为主的农村远程教育及信息服务系统，利用互联网、电话、光盘等多种方式与途径，为农民提供相关技术咨询与信息服务，通过北京农业信息网(www.agri.ac.cn)和智农网(www.agricom.com.cn)，为农民提供在线答疑和信息分布。中心立足北京、面向全国，目前在北京郊区已建立了近400个农村远程教育接收站点，覆盖北京郊区所有乡镇和重点村，辐射到全国20余个省、自治区、直辖市的200多个地区，并在全国建立了1 000多个远程教育接收站点。有200多位专家利用该平台开展了农民培训和技术成果推广，累计推广技术、成果1 000余项。对于农村突发性紧急公共事件，远程教育及信息服务平台提供了全新的应急服务途径。如开展非典防治知识培训、禽流感防治培训、小麦吸浆虫防治培训等①。

(4)上海郊区农民现代远程教育网　2004年6月，上海郊区农民现代远程教育网开始试运行。据统计，到目前为止，上海郊区农民现代远程教育网已建立由1个市远程教育中心、10个区、县远程教育分中心、88个乡镇远程教育教学点组成的全市郊区现代远程教育卫星网络，同时建立“中国农村远程教育网——上海站暨上海郊区农民现代远程教育网”网站(网址www.shanghai.ngx.net.cn)。网络运行以来，播放卫星网络课件累计达312个小时，平均每天2.5个小时，全市郊区有27 000多人次通过远程教育接受各类培训，平均每月4 500多人次②。

3. 干部教育　据1979年调查数据显示，当时全国省、地、县三级主管农业工作的党政领导干部中，具有专科学历的仅占同级干部总数的3.6%，这就是说，96%的领导干部普遍缺乏必要的专业和管理知识③。

1980年2月，中宣部、中组部联合发出《关于加强干部教育工作的意见》。1980年5月，原国家农委召开的第一次全国农业系统干部培训工作经验交流会上，提出“举办干部进修班，培养接班人”的问题，并决定分别在北京农业大学和南京农业大学各试办一个学制2～3年的干部进修班，选送农业干部入学，系统地学习农业经济管理和农业科技知识，达到大专水平，毕业后再回到实践中去。此后，农业干部教育培训由各类农业干部学校组织开展。

(1)中央农业管理干部学院　1983年1月，中共农牧渔业部党组下发《关于积极开展机关干部教育工作的决定》，提出加强基地建设是开展干部教育的前提条件。决定筹建一所农业管理干部学院，以满足本部和全国主管农业的高、中级干部轮训的需要。5月，国务院批转了教育部等5部委的《关于成立管理干部学院问题的请示》，对学院的性质、条件和规格，审批权限等做出了原则性规定。11月14日，农牧渔业部正式发出了《关于成立中央农业管理干部学院的决定》，将原来的14个干训班和农机化干校统一组建为中央农干院，原各干训班和干校改为分院。1984年，中央农业管理干部学院在10所农业院校(分院)全面开展农业领导干部学历教育。1992年4月，中组部和农业部发出的“八五”全国农业干部培训规划要点中明确规定，各级农业干部除按规定参加理论学习外，还要紧密结合农业和农村工作实际，参加农业专题研

① 北京市农村远程信息服务工程中心网站

② 上海郊区农民现代远程教育网站

③ 农业部科技教育司．中国农业教育50年回顾与展望．中国农业出版社，1999:255

讨和岗位培训。11月，中央农业管理干部学院提出了《社会主义市场经济专题研修班教学计划》，在征得中组部干部教育局和农业部教育司同意后，开展该专题研修培训活动。1987—1993年，参加中央农业管理干部学院组织的专题研修的农业干部达3 300人①。后改称中央农业干部教育培训中心，与农业部管理干部学院共同组织干部教育。

(2)农业部农垦管理干部学院 1985年3月，农业部农垦管理干部学院建立。承担农业部系统干部、党员培训，地县级党委、政府分管农业和农村工作领导干部培训，全国农业系统领导干部、中高级专业技术人员、经营管理人员、农村实用人才、职业教育和农民专业合作社培训，涉外农业官员和管理人才培训等。后改称农业部管理干部学院。

经过多年发展，学院依托各地农业院校设有16所农业干部分院，形成了覆盖全国的农业干部培训网络；建立了由农业部、国家发改委等部委官员，中央党校、国家行政学院、中国农业大学等院校教授，中科院、农科院等科研院所200多名专家学者组成的师资库，形成了一支能够适应现代培训、科研、教学、咨询的专、兼职教师队伍。成为培训新型农业干部和高层次农业专门人才的基地。2005年学院培训人数首次突破1万人次，2007年达到1.5万人次②。

4. 农村党员干部现代远程教育培训 农村党员干部现代远程教育是运用现代信息网络技术和传播手段，对农村党员干部和农民群众进行教育培训的一种创新形式，其特点是内容多样化、手段网络化、活动经常化，具有信息量大、覆盖面广、方便快捷、生动直观等优势，可以在同一时间内对不同空间的农村党员干部和农民群众进行“点播式、交互式、现场直播式”的教育。

(1)试点 2003年4月，中央决定，在山东、湖南、贵州省和安徽省金寨县首先开展农村党员干部现代远程教育试点工作，从2005年初至2006年底，试点扩大到山西、辽宁、吉林、黑龙江、江苏、浙江、河南、四川省和新疆维吾尔自治区。经过3年多的努力，在试点地区基本完成了建成一批终端站点、开发一批教学资源、建成一个教学平台、建立一支骨干队伍、建立一套工作机制的工作任务。

在中国教育电视台建成了全国农村党员干部现代远程教育卫星数字专用频道，于2004年元旦正式开通；在中央党校建成了中心资源库和辅助教学中心网站，于2004年初开始运行，并开发了信息管理系统；各试点省、自治区也建成了省级资源库、辅助教学网站和信息管理系统，有条件的试点省、自治区还建成了辅助教学平台。截至2006年10月底，全国专用频道已累计播出IP媒体节目8 100小时，传送IP课件7 073个，IP信息频道发送信息537亿字节，辅助教学中心网站发布信息22 678条，总点击率438.7万人次，日点击率6 000多人次。

探索形成了卫星接收的通用模式、广电传输的浙江模式、网通传输的河南模式以及采用P2P网络技术的黑龙江模式等多种建站模式；探索形成了依托乡村党员活动室建设站点、依托农村中小学建设站点、依托产业基地或行业协会建设站点等多种建站办法，加快了终端接收站点的建设。截至2006年10月底，各试点省、自治区共建成乡镇、村终端接收站点197 320个，其中乡镇站点9 855个，村级站点187 465个。

整合开发了一批适合农村党员干部和农民群众学习的教学资源。截至2006年10月底，中心资源库有教学课件6 848个、3 253小时。课件内容包括政治理论、政治政策、市场经济、

① 农业部科技教育司．中国农业教育50年回顾与展望．中国农业出版社，1999：268

② 农业管理干部学院网站

农村经营管理知识、农村先进适用技术、农村卫生、科普知识、文化体育等。各试点省、自治区征集开发符合本地实际的乡土教材，共1.5万多个小时。

建立起一支服务农村党员干部现代远程教育的骨干队伍。截至2006年10月底，试点地区共选配骨干人员30万人，其中站点管理人员22.9万人，教学辅导人员4.9万人，技术服务人员2.2万人。已培训26万人，占总人数的86.6%。全国远程办先后举办两期骨干人员培训班，为试点省、自治区培养了一批骨干，并带动了试点地区的培训工作①。

(2)全面推开　2007年，中共中央下发《关于在全国农村开展党员干部现代远程教育工作的意见》，从2007年下半年开始，在试点的基础上，全国农村普遍开展党员干部现代远程教育工作。

党的十七届三中全会提出："扎实推进农村党员干部现代远程教育，确保两年内实现全国乡村网络基本覆盖"。截至2009年4月底，全国共建成终端站点616 277个，其中建在党员活动室502 017个，依托农村中小学建设站点114 260个，卫星模式284 915个，有线模式40 417个，电信模式290 945个。已有25个省、自治区、直辖市建设了省级资源库，同时有260个地(市、州)建设了市级资源库。有27个省、自治区、直辖市建设了省级辅导教学网站，同时有252个地(市、州)开通了市级辅导教学网站，有25个省、自治区、直辖市建设了升级信息管理系统，有181个地(市、州)建设使用了信息管理系统。IP媒体节目实行全年不间断播出，每天播出9小时，其中首播3小时。IP节目累计播出18 645小时，IP课件累计发送3 230 GB。辅导教学中心网站和IP信息频道共计发布信息55 797条，IP信息频道共传载信息资源192 GB。

5. 函授教育　1980年9月，国务院批转教育部《关于大力发展高等函授教育和夜大学的意见》指出，高等学校除办好全日制大学外，还应根据本校情况积极举办函授教育和夜大学。到1984年全国普通高校举办函授教育172所，夜大学199所，同时举办函授和夜大学85所，招收本、专科学生47.36万人，其中，农业成人高等教育共毕业8 484人②。

1995年6月14日，国家教委发布了《关于做好普通高等学校函授、夜大学教育评估工作的通知》，印发了《普通高等学校夜大学评估基本内容和准则》、《普通高等学校函授教育评估指标体系(试行)》、《普通高等学校夜大学评估指标体系(试行)》。以量化指标从教育管理、教育质量等方面对独立设置的成人高校评估提出了具体要求。1995年8月29～31日，国家教委在京召开了全国普通高等学校函授、夜大学评估工作会议，我国的农业成人教育在这次评估中接受了各教育主管部门的检阅，由农业部教育司对部属院校进行评估，省属农业高校则参加了各省、市成人高等教育评估。1996年8月至10月，农业部教育司对部属高等农业院校的函授、夜大学教育进行了评估，函授教育评为优良的有西南农业大学、华中农业大学、南京农业大学、华南农业大学共4所，夜大学教育评为优良的有石河子大学、西南农业大学2所。通过评估入位，农业函授教育发展更为正规化和规范化③。

1999年6月全国教育工作会议后，函授教育得到快速发展。据教育部教育统计数据，

① 新华网．农村党员干部现代远程教育试点工作综述．2007.4.28

② 李水山．农民教育史．广西教育出版社，2007：469

③ 农业部科技教育司．中国农业教育50年回顾与展望．中国农业出版社，1999：232

1999年举办函授教育的普通高校当年毕业268 841人，招生377 189人，在校生1 069 861人①。2002年举办函授教育的普通高等学校当年毕业生42 127万人，招生数91 197万人，在校学生多达247 121万人②。从教育部统计数据看，函授教育进入到了一个发展新时期。为了进一步规范和加强成人高等教育包括函授教育在内的招生和办学秩序管理，确保高等教育事业和谐、健康发展，教育部在2007年11月发布了《关于加强成人高等教育招生与办学秩序管理的通知》。通知要求进一步加强对函授教育招生资格的审查和监管、严格规范函授教育，确保高等函授教育稳定健康的发展。

6. 文化技术学校　1982年6月，教育部印发《县办农民技术学校暂行办法》，要求农民技术学校为农村培养相当于中等农业科学技术水平的人才。重点抓好初、高中毕业生，农村能工巧匠和科技户、专业户的各种技术培训。采取举办学校、短训班、专题讲座、科技咨询服务站、现场技术交流等多种形式培训农民。

1987年12月，国家教委、农牧渔业部、财政部颁发了《乡镇农民文化技术学校暂行规定》，将农民教育落实到乡村，在农村逐步形成了一个以乡镇农民文化技术学校为中心的县、乡、村相结合的农民技术教育网络，乡镇农民文化技术学校应时而生。1991年7月，教育部下发《关于大力发展乡(镇)、村农民文化技术学校的意见》，提出兴办乡(镇)、村农民文化技术学校是提高农村劳动者素质、增强广大农民吸收和运用科学技术能力、加快农村经济发展与农民脱贫致富的有效途径。乡(镇)农民文化技术学校要根据当地经济和社会发展的需要，在培训农民技术骨干的同时，积极对回乡初高中毕业生、农村基层干部、农民技术员和乡(镇)企业职工进行各种文化技术教育和岗位培训。要充分发挥学校辐射作用，指导协调农民文化技术学校的办学和教学活动。1995年8月，国家教委关于印发《示范性乡(镇)成人文化技术学校规程》的通知，按经济区域对学校的建制、培养目标、学校的领导机构、办学条件、教师要求、办学经费等方面提出要求，力求建立一批高标准、高质量的示范性乡(镇)成人文化技术学校。

20世纪90年代中期以后，由于多种原因，乡镇农校的发展呈现了下滑的趋势，许多农校被撤销，设施设备被基础教育所占用，一些教师流失到沿海地区或者当地的中小学。基于这种情况，2002年，教育部颁发了《关于进一步加强农村成人教育的若干意见》，指出："要进一步加强农村成人文化技术学校建设，建立以县级职业学校和成人学校为龙头，以乡镇成人文化技术学校为骨干，以村成人文化技术学校为基础的县、乡、村三级实用型、开放型农民文化科技教育培训体系，切实把农村成人文化技术学校办成人力资源开发、技术培训与推广、劳动力转移培训、扶贫开发服务和社会主义精神文明建设的基地"。根据2003年中国教育年鉴统计，2002年全国农民技术培训学校有37.91万所，主要开展农民技术培训、农村劳动力转移培训，全年共培训了7 681.81万人次。到2002年底，我国已初步形成以县级职业学校为龙头，以乡镇成人文化技术学校为骨干，以村文化技术学校为基础的县、乡、村三级实用型、开放型农民文化科技教育培训体系。

① 教育部.1999年教育统计数据

② 教育部.2002年教育统计年鉴

# 第四节 农民技能培训

## 一、新中国成立到文化大革命时期，农民技能培训探索和波折阶段

我国有组织的农民技能培训可追溯到4 000年前的农师制度。孟子说："后稷教民稼穑，树艺五谷；五谷熟而民人育"。《史记·周本记》记载，后稷名弃，是黄帝的曾孙"好耕农，相地之宜，宜谷者稼穑焉，民皆法则之，帝尧闻之，举弃为农师，天下得其利"。农师主管部落的农事活动，是世界上最早由政府任命的主办农民技能培训①。但对农民进行广泛系统的职业技能培训，还是新中国成立后才有了较大的发展。

据统计，1949年新中国成立时，主要农产品产量与历史最高水平比较，粮食下降了24.5%，棉花下降了47.7%，油料下降了61.6%，水产品下降了70%②。恢复和发展农村经济，迫切需要提高农民科技水平，培养大量农村实用科学技术人才。党和国家对此非常重视，开始探索各种形式的技能培训，培养农村技术骨干。

**（一）开展冬学和农民业余教育** 1949年12月5日，教育部发出《关于开展一九四九年冬学工作的指示》③，12月23日，教育部召开第一次全国教育工作会议，提出要在普及识字运动的基础上，从识字教育和基本政治文化科学教育提高到较高的科学技术教育和政治教育。1950年，教育部发出《关于开展农民业余教育的指示》，规定农民业余教育一般应以识字学文化为主，并配合进行时事政策教育和生产、卫生教育④。1951年，教育部颁发《关于冬学转为常年农民业余学校的指示》。到1954年，全国参加农民业余学校学习的农民达到2 330万人⑤。

国民经济"一五"计划的顺利超额完成，极大地激发了全国人民建设社会主义的热情，广大农民渴望学习技术知识的热情空前高涨。国家开展农民技能培训的力度也逐渐加大。1959年，中共中央在《关于人民公社化若干问题的决议》中指出"在成人中要认真扫除文盲，组织各种业余学校，进行政治，文化和技术教育，在劳动人民中间进行普及教育，并且逐步提高教育水平。这是缩小体力劳动和脑力劳动差别的重大步骤，必须认真执行"。同年12月召开的全国农民教育和业余教育工作会议指出："除学习政治文化外，一定要适应生产的需要，加强技术教育，根据工、农、林、牧、副、渔等各行各业的不同要求，组织多种技术学习"。1962年，农业部、教育部发布《关于农村业余教育工作的通知》，要求积极地有计划地提高农民的政治文化水平，培养农村需要的各种初级技术人员。1964年，教育部召开全国农业业余教育会议，明确提出对农村业余教育中的政治、文化、技术3种教育要统一安排，有所不同。对技术教育应持积极态度，根据需要和可能组织群众学习。

**（二）举办技术培训班和技术学校。** 1951年，农业部召开农业工作会议，提出为了长期建设，必须加强试验研究，大量开办各种训练班。1952年，政务院发出《关于整顿和发展中等

---

① 彭干梓．中国古代辉煌的农业教育与"新重农主义"．职教论坛，2007(5月上)：60

② 杨士谋，彭干梓，王金昌．中国农民教育发展史略．北京农业大学出版社，1994：138

③ 和芳芳．1949—1956年共和国农民教育初探．西安理工大学硕士论文，2008：71

④ 和芳芳．1949—1956年共和国农民教育初探．西安理工大学硕士论文，2008：72

⑤ 彭干梓，吴金明．中华人民共和国农业发展史．长沙：湖南人民出版社，1998：529

技术教育的指示》，指出：中等技术教育在办学方针上，必须采取革命的方法，除整顿和发展正规的技术教育外，还应举办各种速成性质的技术训练班和业余性质的技术补习班和训练班，使正规的、速成的、业余的各种技术学校与训练班配合发展①。1956 年，毛泽东同志在《一个受欢迎的农业技术夜校》一文的按语中指出，这样的技术夜校，每个乡，在目前至少是大多数的乡，都应当办起来，青年团的各级组织应当管这件事。农民的学习技术，应当同消灭文盲相结合，由青年团负责一同管起来②。随后，全国各地纷纷建立了包括初级农业技术班（识字中的简单的技术要求）、技术小组（达到一定学习能力的人业余研究生产技术）、业余技术学校（业余时间专门学习和研究农业生产技术）等不同阶段的农业技能学习和培训组织形式，针对一般农民开展农业科学知识培训，传授生产技术和操作技能③。此外，中等农业学校以农村基层干部、技术员和知识青年为培训重点，也培养了一批农民技术骨干，对新中国成立初期的农业发展起到了促进作用。

**（三）创立农业技术推广教育体系**　1951 年，党中央在《关于农业生产互助合作的决议（草案）》中提出，提倡新旧技术的互教互学，普及提高传统经验，逐步适应新的技术，不断改良农作方法。同年，团中央发布指示，要求加强干部和团员的农业技术教育，积极参加推广新的农作方法与技术运动；农业部印发了《农业技术推广方案》，要求各级政府设立农业技术推广机构，配备干部，建立以农场为中心，互助组为基础，劳模、技术员为骨干的技术推广网。1955 年，农业部又制定了《农业技术推广站工作条例》，要求县以下建立农业技术推广站。从此，各级政府先后建立起了农业技术推广机构。到 1956 年，全国共设立农业技术推广站 16 466 个，配备干部 24 219 名④，通过在合作社普遍开设技术课、举办短期农业技术讲习班、编写科普宣传材料、派技术员下乡蹲点等形式，对农民开展技能培训，推广农业技术，帮助农民发展生产。

1957—1959 年的“反右”运动和“大跃进”，浮夸风严重，不按科学规律办事，在农民技能培训中发挥重要作用的农业推广教育体系受到很大的干扰和破坏，到 1961 年被精简了 1/3。1962 年，根据中央充实和整顿农业科研机构通知的精神，农业部于 12 月发出了《关于充实农业技术推广站，加强农业技术推广工作的指示》，各地根据这一精神对农技推广站进行了整顿、充实和加强。全国农技站恢复到 14 462 个，干部 70 560 人，其中 70％到农村社队蹲点搞样板田，推广农业技术和总结增产经验，并培训了上百万的农民技术员队伍⑤，对于指导农民发展生产，促进农村经济发展发挥了重要作用。

1966－1976 年，“文化大革命”使各行业受到严重干扰，农业教育首当其冲，成为重灾区。农业中学几乎全部停办，农业中专受到严重破坏，农业技术推广体系陷入瘫痪，农民技能培训工作在此期间的发展也经历了最为艰难的曲折历程。虽然这一时期农民技能培训工作几乎进入停滞状态，但广大农民的生产活动在持续进行，仍然有一些农民技术骨干，在社队领导的支持下，组织建立了各种形式的试验组，开展新品种、新技术的试验、示范和培训，引导农民科学种田。1970 年，湖南省华容县在总结了群众经验的基础上，县委决定创办县、公社、大队、生产队等“四级农科试验网”。1972 年以后，全国农村掀起建立“四级农科网”的热潮。1974 年，中

① 和芳芳．1949—1956 年共和国农民教育初探．西安理工大学硕士论文，2008：73

② 毛泽东选集（第 6 卷）．．北京：人民出版社，1999：450－451

③ 和芳芳．1949 年－1956 年共和国农民教育初探．西安理工大学硕士论文，2008：40

④ 农业部科技教育司．中国农业教育 50 年回顾与展望．北京：中国农业出版社，1999：296

⑤ 李水山．农村教育史．南宁：广西教育出版社，2007：238

央农林部和中国科学院在湖南省华容县召开了“四级农科网经验交流会”，向全国推广“四级农科网”的经验。到1976年，有1 140个县建立了县办农业科学研究所、公社办农业科学实验站、大队办农业科学实验队、生产队为实验小组的“四级农科网”，对农民开展操作技术培训，推广农业操作技术①。这些措施，在克服“大跃进”和“文化大革命”对农民技能培训工作造成的严重影响，培训农民技术人员方面发挥了积极作用。但是，由于当时受“左”的思想影响，许多地方流于形式，脱离了我国农村的实际和农民的需要，随着后来我国农民技能培训工作的恢复和发展，“四级农科网”解体或改组②。

## 二、改革开放后，农民技能培训快速发展阶段

1978年12月，党的十一届三中全会召开，做出了全党要把工作重点转移到社会主义现代化建设上来的战略决策。随着农村经济体制的改革和商品经济的发展，农村实行家庭联产承包责任制，农民学科学、用科学的积极性大大提高。此外，农业生产经营规模小、技术落后、农业科技贡献率不高、劳动者素质较低等因素制约着农民增收，农民对技术的渴望和需求十分迫切，形成了对农民技能培训工作的巨大推动力。

1979年，中共中央《关于加快农业发展若干问题的决议》提出要极大地提高农民首先是青年农民的科学技术水平的任务。同年，教育部、农业部、共青团中央、中国科协召开了第二次全国农民教育工作会议，提出今后一段时期内，要广泛开展农业科学技术教育，这标志着新时期农民技能培训的开始。

为加强对农民技能培训的宏观指导，1982年，原农牧渔业部在教育司设立了农民技术教育处。1986年，原农牧渔业部印发《关于改革和加强农民技术教育和培训工作的通知》，就改革和加强农民技能培训工作提出了具体意见。1987年，中国共产党第十三次代表大会提出，使经济建设转到依靠科技进步和提高劳动者素质的轨道上来。同年，国务院批转《国家教育委员会关于改革和发展成人教育的决定》，提出“对青壮年农民要根据产业结构调整的需要进行周期短、见效快的实用技术培训，并同科学实验、推广技术结合起来”。1989年，国务院在《关于依靠科技进步振兴农业，加强农业科技成果推广工作的决定》中进一步明确指出：“农业科学技术能否转化为现实生产力，关键在于及时地把先进的适用技术送到亿万农民手中”，提出了“科技兴农”的战略措施。1991年，农业部发布了《全国农民技术教育“八五”规划》，把农民技能培训工作与农村经济结合起来，成为贯彻“科技兴农”战略决策的具体措施，加快了农民技能培训步伐。1998年，农业部印发了《关于大力开展冬春季农民技术培训活动的通知》，决定将1999年确定为“农业职业技术教育培训年”，利用冬春和农闲季节，在全国范围内组织开展大规模的农民技术培训活动，大大促进了农民技能培训的经常化。

2000年后，在中央一系列支农惠农政策的推动下，发展现代农业、建设社会主义新农村正在以前所未有的深度和广度快速推进，农村产业结构、农业生产经营方式、农业生产手段、科技进步水平都发生了深刻变化，这些变化对农民素质提出了更高要求。为此，国家对农民技能培训重视程度逐步加大。国务院分别于2002年下发了《关于大力推进职业教育改革和发展的决定》，2003年下发了《关于进一步加强农村教育工作的决定》，都将农民技能培训工作放到了突

---

① 樊启洲．农技推广体制改革研究．华中农业大学博士论文，2000：16

② 农业部科技教育司．中国农业教育50年回顾与展望．北京：中国农业出版社，1999：302

出位置予以强调。2003年，农业部下发了《2003—2010年全国新型农民科技培训规划》，对农民技能培训工作做了全面部署。2005年，党的十六届五中全会召开，会议提出了建设社会主义新农村的重大历史任务，并明确提出在社会主义新农村建设过程中，要培养有文化、懂技术、会经营的新型农民。这一目标的提出，使我国农民技能培训工作迎来了前所未有的良好发展环境和机遇，进入了一个崭新的发展时期，开始朝着经常化、规范化、制度化方向快速发展。2008年，为加快现代农业产业体系建设步伐，规范全国农民科技教育培训工作，提高专业农民培训质量和效果，农业部组织编制了《全国水稻、玉米等10个产业技术农民培训大纲》，进一步推动了农民技能培训工作的系统化、规范化发展。

经过这一阶段的发展，我国已初步形成了具有生机和活力的农民技能培训新局面。逐步建立和完善了以农业部农民科技教育培训中心为龙头，以各级农民科技教育培训中心为骨干，以高中等农业院校、科研院所和农业技术推广机构为依托，以企业与民间科技服务组织为补充，以县乡村农业技术推广服务体系和各类培训机构为基础，多部门共同参与的从中央到省、地、县、乡相互联接、上下贯通的农民技能培训体系。农民技能培训已从单一的推广培训，发展到推广培训和技术资格培训相结合；培训的领域从以种养业为主、侧重产中环节向效益农业、特色农业延伸，向种、养、加、销各业扩散，向产前、产中、产后整个产业链条拓展，从单纯的农业实用技术培训向提高农民思想道德素质、文化科技水平、生产就业技能和经营管理能力转变；培训形式从单靠一张嘴、两条腿，手把手、面对面搞培训，发展到现场培训与广播、电视、互联网、卫星网远程教育手段相结合，多种形式培训农民。

**（一）大力开展工程类技能培训** 20世纪80年代末期，为把适用的先进技术送到农村，普及到千家万户，使科技成果尽快转化为现实生产力，国家科委，农业部、财政部，国家教委先后启动实施了星火计划（1985）、丰收计划（1987）和燎原计划（1988），以项目带技术，以技术促培训，以培训带推广，收到了显著的效果。1988年，团中央和国家科委共同发起在农村开展培养“青年星火带头人”活动，在省、地、县建立一批固定的培训基地，开展多层次、多形式的技能培训，鼓励农村青年依靠科学技术发展生产，成为带动农民致富的新型农民，到1990年共培训650万农民。为进一步提高农民科技文化素质，“九五”以后，我国大力组织实施了绿色证书、农业科技电波入户、跨世纪青年农民培训、农村劳动力转移培训、新型农民科技培训、创业培训、科技入户等农民技能培训工程项目，培养了大批留得住、用得上的农村实用人才，为农业和农村经济发展做出了积极贡献。

1. *绿色证书培训* “绿色证书”指农民达到从事某项工作岗位要求具备的基本知识和技能，经当地政府认可的从业资格凭证。“绿色证书”培训的主要对象是具有初中毕业以上文化程度的乡村农业社会化服务体系的人员、村干部、专业户、科技示范户和一些技术性较强岗位的从业农民。1990年4月，农业部印发了《关于开展农民技术资格证书制度试点工作的意见》，决定在全国范围内开展“绿色证书”制度试点工作。1991年10月，《国务院关于大力开展职业技术教育的决定》中指出，在农村完善农民技术人员职称评定制度，并视条件逐步实行农民技术资格证书制度。1992年，农业部颁发了良种繁育、蔬菜等8个农（渔）民技术岗位规范。1994年，国务院办公厅转发农业部《关于实施“绿色证书”工程的意见》，明确了实施“绿色证书”工程的目标、任务和步骤。1996年“绿色证书”工程开始全面实施。

1997年，农业部第12号令发布了《绿色证书制度管理办法》，使“绿色证书”培训开始走上了规范化、制度化的轨道，培训范围由传统的种养业向特种养殖、农产品加工和市场营销等方面拓展，涉及的行业由单一、种类少向全方位、多元化发展，培训对象也逐渐从农业系统内部，扩展到教育、科技、妇联、共青团、军队、劳教系统等多个部门。2001年，农业部与教育部联合下发了《关于在农村普通中学试行绿色证书教育的指导意见》，在农村中学增设"绿色证书"课程，推行双证制，促进农村职前教育与职后教育的衔接。同年，农业部、总政治部、总后勤部联合印发了《关于在全军和武警部队副食品生产基地及从事农副业生产人员中开展"绿色证书"培训的通知》，加强军地两用人才的培养。

经过近20年的实践，截至2008年，全国共有31个省(自治区、直辖市)的2 106个县开展了"绿色证书"培训，培训人数达3 557万，1 437万人获证。"绿色证书"在培养农民技术骨干、推广农业科技新成果和先进实用技术、提高农业综合生产能力、增加农民收入和促进农村精神文明建设等方面取得了显著成效，给我国广大农民带来了实惠和致富本领，在农业和农村经济社会发展中发挥着重要的作用，已经成了具有广泛影响力和认同感的农民科技教育培训品牌。

2. 农业科技"电波入户"　为适应我国农业发展新阶段和农业产业结构调整对农民科技培训、农业科技推广和农产品市场信息服务的需求，切实把农业和农村经济增长方式转移到依靠科技进步和提高劳动者素质上来，农业部从1997年开始在河北、福建等省开展农业科技"电波入户"试点工作。2000年，在全国进一步推动该项工作。目前，已有河北、安徽、福建、湖南、内蒙古、四川、黑龙江、甘肃、山西、浙江等省和部分地区以不同形式组织实施农业科技"电波入户"工作。农业科技"电波入户"是利用广播、电视、电话、多媒体网络等现代技术手段，以方便快捷、直观有效的方式，把党和国家关于科教兴农的方针、政策，各地农科教结合的动态、典型，以及现代农业科技知识、经营管理知识和市场信息，迅速传播扩散到千家万户，为广大农民架起科教致富的空中桥梁。其主要模式是县电波入户领导小组统一制定计划，农业部门在县政府和财政、广播电视等部门的支持下，配置有关设备，及时制作出指导农业、服务生产、帮助农民增收致富的录像节目(也有农业和广播电视部门联合制作或农业部门委托电视部门单独制作)，并在县电视台开办固定专栏，每周播放2～3次，每次10～15分钟。与此同时，对重要节目还由县、乡农业部门组织放映小分队或建立放像点，下乡放映，使农技电波进入千家万户。节目面向大农业，在选材上以播放本地示范户成功经验为主，外地经验为辅；以现场录像为主，讲座为辅；在时间上根据时令季节和农事活动，农民干啥播啥，深受农民欢迎。实践证明，农业科技"电波入户"是新时期广泛开展农村人才培训、大面积提高农村劳动者素质的有效途径，对于加快农业技术推广，提高农民科技文化素质有重要意义。

3. 跨世纪青年农民培训工程　为落实"科教兴农"战略，培养造就一大批适应21世纪农业和农村经济发展需要的青年骨干农民，为农业结构调整、农业产业化经营和新农村建设提供人才支撑，1999年，农业部、财政部和团中央共同启动了跨世纪青年农民科技培训工程(以下简称"跨培工程")，对具有高、初中学历水平的农村优秀青年开展以农业科技为主的综合性培训，使他们成为农业生产的技术骨干和农村脱贫致富的带头人。该工程分两个阶段实施，1999—2000年为试点阶段，2001—2005年为全面实施阶段。计划培训农村青年农民500万，每个村培训7～8人，基本达到每个村民小组培训1名青年农民。

温家宝同志对该项工程高度重视。分别于1999年4月19日和2001年7月23日做了两次重要批示，要求周密规划，精心组织，总结经验，完善措施，把青年农民培训试点工作做好，努力提高培训效果，充分发挥示范和推动作用。按照温家宝同志的指示精神，3部委共同制定下发了《跨世纪青年农民科技培训工程管理办法》、《跨世纪青年农民科技培训工程项目操作规

程》和《跨世纪青年农民科技培训工程资金管理办法》等文件，对项目的申报、实施、资金使用、检查验收等进行了统一规范，积极推进了工程的有效实施。

“跨培工程”是我国第一个有中央财政专项经费投入的农民技能培训工程。实施7年来，中央财政共投入专项资金2.5亿元，带动地方财政配套投入5亿多元，相继在全国31个省(自治区、直辖市)的1 256个县(市、区、旗及团场，下同)开展培训工作，覆盖了全国总县数的50%，共培训青年骨干农民350万人，为我国农村培养了一大批科技致富带头人，加速了农业技术的推广应用，有效地促进了农民增收和区域经济的发展。更重要的是，该项工程的实施积累了很多成功经验，如以项目为依托，有稳定的经费投入，能较好地保证农民培训工作落到实处；围绕产业开展培训，能有效解决农民生产中的难题，增强培训的针对性；以乡村办班为主开展培训，可以方便农民，提高培训实效等，为以后大规模开展农民技能培训工作奠定了基础。

4. *新型农民科技培训工程*　为贯彻落实十六届五中全会和“十一五”规划纲要精神，加强农民科技培训，加快培养新型农民，为社会主义新农村建设提供智力支撑和人才保障，2006年，农业部与财政部联合启动了新型农民科技培训工程(以下简称“新型工程”)，对务农农民开展农业生产技术、政策法规、生产技能、经营管理等以科技为主的综合性培训，提高农民务农技能和科技素质，促进农业生产发展，增加农民收入。该工程按照“围绕主导产业，培训专业农民，进村办班指导，发展一村一品”的总体思路，以村为基本单元组织培训，采取政府买单到村、培训落实到人、机构招标确定、过程规范管理的管理机制组织实施。为切实加强工程的实施和监管，农业部和财政部专门制定了《新型农民科技培训工程项目管理办法》和《中央财政新型农民科技培训补助资金管理暂行办法》。

作为“跨培工程”的延续和发展，“新型工程”自实施以来，投入资金逐年提高，实施范围不断扩大，显示出了巨大的生机和活力。截至2008年，中央财政累计投入转移支付资金8亿元，在全国945个县，近6.4万个村，培训专业农民367万人。广大农民通过系统培训后，基本都掌握了从事主导产业的实用技术，增收致富能力明显增强，80%以上的学员成为当地种、养、加能手和营销大户，示范带动作用进一步提高。各地按照“一村一品”的模式开展培训，促进了农业产业化经营和产业结构调整，加快了区域经济的发展。随着工程的深入实施、影响面逐步扩大，有效带动了各地农民科技培训工作。据统计，2008年，“新型工程”带动全国扩大项目实施县325个，带动省级投入各类农民科技培训项目资金达2.4亿元，带动各地农民科技培训265万人，起到了四两拨千斤的作用。

5. *农村劳动力转移培训“阳光工程”*　农村劳动力向非农产业和城镇转移，是建设现代农业、解决“三农”问题的重要途径，是经济和社会发展的必然要求。为提高农民工素质和就业能力，2003年9月，国务院办公厅转发了农业部等6部门共同制定了《2003—2010年全国农民工培训规划》。各部门按照规划要求，开展了大量农村劳动力转移培训。如劳动和社会保障部开展的农村劳动力转移培训，国家扶贫办推出的“雨露计划”，中央统战部牵头组织实施的“温暖工程李兆基基金百万农民培训”项目等。其中，2004年由农业部、财政部、劳动和社会保障部、教育部、科技部、建设部等6部门启动实施的农村劳动力转移培训阳光工程(以下简称“阳光工程”)，作为农村劳动力转移职业技能培训示范项目，受到农民的普遍欢迎和社会各界的广泛肯定，被温家宝总理称为“德政工程”。

“阳光工程”主要在粮食主产区、劳动力主要输出地区、贫困地区和革命老区，对有转移就业意愿的农民，由国家财政补贴，开展转移前的职业技能培训工作，辅助开展基本法律法规、城市生活常识等知识为主的引导性培训。工程自实施以来，受到了党中央、国务院的高度重视。温家宝总理于2005年6月14日对阳光工程做出重要批示：阳光工程对于农村劳动力的培训、转移和就业发挥了重要作用。要进一步改进工作，特别要加强组织领导，加大资金投入，加强项目监管，提高农民工遵纪守法和维护自身合法权益的意识，改善就业环境，努力把这项德政工程办好。回良玉副总理在阳光工程2周年座谈会上指出：要加强对阳光工程实施的组织领导，不断扩大阳光工程实施规模，提高培训的质量和效果。2006年《国务院关于解决农民工问题的若干意见》，要求要扩大农村劳动力转移培训规模，提高培训质量，继续实施好农村劳动力转移培训阳光工程。2007年中办、国办《关于加强农村实用人才队伍建设和农村人力资源开发的意见》明确指出："继续实施农村劳动力转移培训阳光工程……扩大农村富余劳动力转移培训规模，提高农民转移输出的组织化程度"。为加强项目管理，农业部、财政部两部门联合下发项目管理办法、资金管理办法、基地认定办法和检查验收办法等4个管理办法，从基地认定、项目监管、资金拨付和使用、检查验收等各环节对项目实施做了明确规定。

2004—2008年，中央财政累计投入"阳光工程"补助资金32.5亿元，培训农村劳动力1 580万人，转移就业1 373万人，转移就业率达到86%以上，大大提高了农民转移就业能力，增加了农民收入，推动了新农村建设。此外，阳光工程在实施过程中，采取开放透明的阳光理念，坚持"政府推动，学校主办，部门监管，农民受益"的原则，按照"公开招标培训机构，财政资金直补农民，培训保证农民就业"的机制实施，取得了良好成效，已成为各级政府和各有关部门参照开展农村劳动力转移培训工作的有效模式。5年来，带动各级政府投入农村劳动力转移培训资金超过30亿元，培训农村劳动力3 000多万人，形成了农村劳动力转移培训大合唱的好局面。

6. 农民创业培训　随着农业产业化经营的大力推进和农村经济结构的进一步优化，农民收入积累增加，农民创业的愿望和要求日益强烈。为增强农民的创业能力，拓宽农民增收渠道，繁荣农村经济，近年来，江苏、上海、山东、安徽、湖北、湖南、甘肃等省（直辖市），相继开展了农民创业培训工作。从务工返乡农民、农民专业合作组织、农业企业、种养大户和农机大户中对有创业欲望和带动辐射能力强的农民开展创业培训，并制定了相应的扶持政策，提高了农民的产业化经营管理能力和专业生产技能，促进了当地农业产业化、市场化、规模化水平的提高，取得了明显成效。如江苏省2006年制订了《农民创业培训实施方案》，每年拿出1 300多万元开展农民创业培训，当年培训创业型农民2 000多人。

各地经验表明，在农村大力开展创业培训，吸引进城务工农民带资金返乡创业，引导当地农民就地创业，已成为增强农业和农村经济发展活力、发展现代农业、推进新农村建设的新增长点。2008年，农业部在总结各地经验的基础上，启动了11省（直辖市）1万名创业农民的培训试点工作，以提升农民创业理念、增强创业意识为重点，以提高农民创业能力为核心，按照"政府推动、部门监管、学校培训、地方扶持、农民创业"的思路，以外出务工返乡青年、种养大户、农机大户、农村专业合作组织带头人为主要对象，开展创业培训。试点当年，共对11 590名农民学员开展创业培训。通过培训，提高了农民的生产经营能力和创业能力，涌现了一批创业致富能手，不少学员不仅自己致富，还带领他人致富，真正发挥了辐射一片、带动一方的作用。目前，我国农民创业培训工作还处于起步探索阶段，全国创业农民培训试点工作的开展为全国较大范围地开展农村实用人才创业培训工作积累了一定的经验，探索出了一条比较切实可行的运行机制，打下了良好的基础。

7. 科技入户工程　依靠科技促进粮食增产、农业增效、农民增收是新时期我国农业发展

具有决定性的关键措施。为培养造就一支精干高效、业务精湛、热爱“三农”的县乡级技术指导员队伍和一大批“觉悟高、技术强、留得住”的科技示范户，辐射带动周边农户采用先进适用技术，2004 年农业部启动了科技入户工程，按照主导品种、主推技术、主体培训的思路，通过设立各级专家组、招聘技术指导员，结合生产季节和关键环节，对思想觉悟高、有一定文化知识和生产经营规模的农民开展入户指导和技术培训。为加强资金管理，保证工程规范执行，2004 年制定了《全国农业科技入户示范工程管理办法（试行）》和《农业科技入户项目资金管理暂行办法》。

科技入户工程是探索新形势下有中国特色农技推广体制的重要尝试。工程主要围绕主导品种和主推技术，通过科技人员进村入户，对科技示范户进行一对一的技术培训、现场指导和跟踪服务，提高其科技文化素质和吸纳先进科技成果的能力，使其成为觉悟高、懂科技、善经营的农村能人。同时，充分发挥科技示范户的带动和辐射作用，通过示范户的示范、指导和培训，点面结合，真正把主导品种和主推技术送到广大农民手中。目前，科技入户工程已在全国 306 个县，培育了 28.6 万个科技示范户，辐射带动周边 414 万个农户。初步建立了科技人员直接到户、良种良法直接到田、技术要领直接到人的长效机制，有效解决了农技推广“最后一公里”、技术转化“最后一道坎”的问题，提高了农民科技应用水平和科技素质，促进提高农业综合生产能力，为社会主义新农村建设提供了强大动力。

**（二）广泛开展科普类技能培训** 随着科教兴农的意识日益深入人心，农业、教育、科协、共青团、妇联等部门都积极开展以科普类为主的农民技能培训，提高农民整体科学素质。

1. 科教兴村计划 该计划是中国农学会针对我国农业、农村、农民的客观实际，通过调研和专家认证，于 1995 年底在全国倡导实施的一项农村经济、社会发展计划。计划以村为单位，以小康建设为目标，在政府的领导下，组织专家到农村，动员社会各方面力量，将科学技术和教育成果传授给农民，提高村干部和农民的科技、文化、政治素质，实行农、科、教结合，把农村经济建设转移到依靠科技进步和提高劳动者素质的轨道上来，实现农民稳步增收和农村社会全面发展①。计划的“125”内涵（一个目标、两个转变和五条工作思路）中明确提出要“加强农业教育和实用技术培训，提高农民素质，重点培养一批农民技术骨干和农业大中专毕业生”。

1996 年全国开展科教兴村试点工作，并取得了十分显著的成效。全国第一个试点村河北省易县柴厂村，试点工作开展仅 2 年，农民的观念发生了变化，通过实用技术培训，选用良种和引进推广先进技术，1997 年比 1996 年人均收入增加 1 000 元②。1999 年 8 月 20 日，在全国科教兴村计划试点经验座谈会上，全国科协主席周铁农同志将试点工作概括为“有声有色，很有成效，前景看好”。到 2000 年底，全国共 24 个（省、自治区、直辖市）、22 个县、21 个乡（镇）、1 000 多个村开展了科教兴村工作③。科教兴村计划实施后，各地农业、科技、教育和推广各部门紧密配合，把科教兴村工作纳入当地工作日程，与农村经济和社会发展共同考虑，并根据本地实际情况，在实践中大胆创新，探索和总结出了干部＋科技人员＋农户的“321”工作责任制等具有特色的培训工作方法。科教兴村计划的实施，加强了各地对实施科技兴农战略的领导；壮大了村级集体经济，发展了农村公共事业；完善了农业推广体系，提高了社会化服务水平；促

① 夏志学，薛庆林，孙双全．关于新时期科教兴村战略的思考．高等农业教育，2003：94

② 孙祥．为农业、农村、农民服务的基层创新工程——积极推进科教兴村计划试点工作．新职教，1999(2)：5

③ 孙翔，陈建华．科教新村：农村发展的康庄大道．北京：人民教育出版社，2003：71

进了农业科技成果转化，推进了农业产业化经营；增加了农民收入，提高了物质生活水平；推广了实用技术，强化了技术培训；提高了劳动者素质，培养了新型农民；改善了农业生产条件，美化了农村生活环境；加快了现代文明的传播，加强了新农村建设，被广大干部和农民赞誉为脱贫致富的“小康工程”。

2. *农民科学素质行动* 我国农民科学素质水平普遍较低，农民所掌握的科学技术知识十分有限，直接影响了科学生产、科学生活、科学管理等能力和技能的具备与运用，制约了农业科学技术的推广，降低了农产品的市场竞争力，影响了农村经济社会的发展进程。2006 年初，国务院颁布了《全民科学素质行动计划纲要(2006—2010—2020 年)》，把农民作为科学素质提高的重点人群。为全面贯彻落实纲要精神，2006 年 6 月由农业部、中国科协牵头，中组部、中宣部等 15 个部门联合启动了农民科学素质行动，通过开展内容丰富、形式多样、讲求实际的农民教育培训、农业技术推广和农村科普宣传活动，全面提高农民的科学素质。力争到 2020 年，全国 95%以上的农村劳动力能够接受科学素质教育培训，95%以上的乡村能够开展群众性、社会性、经常性的科学普及活动，农民科学素质能够基本适应全面建设小康社会的要求。

2007 年，农业部、中国科协下发了《农民科学素质教育大纲》(以下简称《素质大纲》)，明确提出了农民科学素质教育的阶段目标。2008 年，为全面实施《素质大纲》，扎实推进农民科学素质行动，农业部启动了农民科学素质行动试点村建设工作，在全国确定了 10 个开展农民科学素质行动试点村，围绕农民的科学发展观念、科学生产、管理、经营技能以及科学生活能力的提升，依靠、动员、组织科技、教育、推广、科普工作者深入试点村，开展农民科技培训和技术服务，提高农村劳动者的科学素质。试点工作的开展，进一步加强了新闻媒体、教学、科研、推广、科普及企业等各单位之间的联合与协作，推动了农民科学素质工作大联合、大协作、大发展的矩阵式格局的形成，为我国探索、完善农民科普工作的有效机制奠定了基础。

3. *科普惠农兴村计划* 为充分调动全社会开展农村科普工作的积极性和主动性，引领激发广大农民学科学、用科学的积极性和创造性，提高农民科学素质，中国科协、财政部在深入调研和分析农村科普工作特点的基础上，于 2006 年联合启动“科普惠农兴村计划”。计划在“十一五”期间，通过“以点带面、榜样示范”的方式，在全国评比、筛选、表彰一批有突出贡献的、有较强区域示范作用的、辐射性强的农村专业技术协会、科普示范基地、农村科普带头人、少数民族科普工作队等先进集体和个人，带动更多的农民提高科学文化素养，掌握生产劳动技能，引导广大农民建立科学、文明、健康的生产和生活方式。

中央财政设立专项资金直接奖补我国农村科普组织和个人，这是新中国成立以来的第一次，意义重大而深远。通过奖励和资助，极大地提高了广大农村基层科普组织和带头人的科普服务能力，促进了科普惠农工作蓬勃开展，农村科普工作在普及农业科学技术和信息，加强农民技能培训，提高农民科学文化素质，推进社会主义新农村建设中的作用进一步凸显。计划实施 3 年来，中央财政安排转移支付资金 2.5 亿元，共评选出全国科普惠农兴村先进单位和带头人 1 655 名。表彰对象长年来依托农技协会和示范基地，采用科普宣传、科技培训、参加科普日等多种途径，向周围农民传授新思想、新方法，推动农民向科学的生产生活方式转变。据初步统计，2008 年获奖的 210 个农村专业技术协会带动农户约 400 万户，推广新品种、新技术约 2 700 项(次)；210 个农村科普示范基地开展科普培训讲座 2 万余次，推广新品种新技术 3 000 余项(次)；5 个少数民族科普工作队常年活跃在边疆少数民族聚居区，行程 7.5 万 km，编印发放少数民族语言科普资料 50 余种，制作展出少数民族语言科普展板 1 200 余块，在新闻媒体

开辟少数民族语言科普宣传栏目30余个；270名农村科普带头人开展科普活动约1.5万次，受益人数达185万人次①。

(三) 其他培训工作的开展

1. *以学校、技术推广机构为主体的农民技能培训* 20世纪80年代以来，乡村举办的各种短期农技培训深受农民的欢迎。到1996年，全国各类农民技术培训学校43万所，招生数为6 366.67万人。已有80%以上的乡镇和40%以上的行政村建立了农民技术学校，初步形成了县、乡、村三级培训网络，1994—1999年共计培训农民3亿多人次②。近年来，农村各级农民技术培训发展很快，高等农业院校、科研院所与几乎遍布全国县、乡、村的农民中专、农广校、农机校、农业职业中学、农民文化技术学校、农技推广站共同形成了一个较为规范的庞大的农民技能培训网络。尤其是农业技术推广教育体系经过多年的发展壮大，到2008年，全国农技推广机构达21.5万个，农技推广人员约130万人，③。在农民技能培训中发挥的作用也越来越大。1993年，我国正式颁布实施《中华人民共和国农业技术推广法》，明确将组织农业技术的专业培训列入各级农业技术推广机构的职责中。他们充分发挥自身资源与优势，结合现代农业发展需要，开展了多种形式的农民技能培训，为培养高素质的新型农民，发展农村经济以及丰富农科教结合的教育模式等方面发挥了重要的作用。

2. *农村经济合作组织举办的农民技能培训* 随着农业专业化经营的迅速发展，在政府相关部门的组织和领导下，农民以自愿互利为基础，相继成立了自我管理和自我服务的各类专业协会。据不完全资料统计，目前我国共有各类农村经济合作组织14万个，吸纳会员占农民总数的1/4④。这类协会以提高农民的组织化程度、抵御市场所带来的风险为主要目标，但为了适应市场的需求，达到产品、生产过程以及管理的标准化，也往往对会员进行一些技能培训工作。

## 第五节 农业高等教育

农业高等教育的根本任务是培养各种高级农业科学技术专门人才，为解决我国“三农”(农村、农业、农民)问题，建设社会主义新农村，全面实现小康社会服务。

我国农业高等教育包括3个层次，即研究生教育、本科教育和专科教育。60年来农业高等教育的发展，在这里主要讲的是本科教育。

### 一、本科教育发展历程

新中国建立60年来，随着探索中国特色社会主义道路，国民经济和社会建设发生重大变化，尤其是农村、农业的转型过渡，农业高等教育经历了几起几落的曲折发展历程，终于走上了高速度、高水平发展轨道，为我国当代农业实现现代化提供更加强有力的支持。

---

① 关于表彰2008年全国科普惠农兴村先进单位和带头人的决定(科协发普字〔2008〕49号).2008年11月10日

② 马建斌．一项科技兴农的宏伟工程．中国技术教育，1998:77

③ 田素妍，李玉清．浅析我国农业技术推广主体行为及对策建议．农业经济，2009:68

④ 陈遇春．21世纪初中国农民职业教育研究．西北农林科技大学博士论文，2003:95

**（一）奠基阶段（1949—1957 年）** 1949 年中华人民共和国成立，国家百废待兴，在教育上主要是接管旧学校，改造旧的教育制度，使教育为国家建设服务，学校面向工农大众开门。

我国是一个农业大国，党和国家非常重视发展农业生产，提高生产水平，改善人民生活，因此需要培养大批各类农业科技人才，包括高级农业专门人才。1949 年 9 月，北平和平解放后，华北高等教育委员会根据中央指示决定将北京大学、清华大学、华北大学的 3 所农学院合并为 1 所农业大学，1950 年 4 月 8 日正式命名为“北京农业大学”，随后列入全国重点建设大学之一，成为我国高等农业教育的最高学府。

为了适应我国即将实施的第一个国民经济建设五年计划对人才的需求，1952 年初，中央决定在全国范围内进行高等院校院系调整。同年 7 月，教育部拟定农业院校调整方案和专业设置草案，率先开始院系调整。该方案把设在综合大学中的农、林学院和系、科、组调整出来，独立组建农林院校，并新建一批高等农牧、林业、农业机械化、水产学院。到 1954 年，大规模院系调整结束时，全国独立设置的农（含农机、水产）学院有 30 所，专业布点为 124 个。调整后，除吉林、青海、宁夏、西藏 4 省（自治区）外，各省（自治区）至少有 1 所独立的高等农业院校。

**（二）调整阶段（1958—1965 年）** 1958 年 5 月，中共八大二次会议通过了“鼓足干劲、力争上游、多快好省地建设社会主义总路线”，全国各条战线出现“大跃进”局面。这时，中央提出了“教育为无产阶级政治服务，教育与生产劳动相结合”的教育方针，全国高等学校围绕这一方针开展了“教育大革命”，要求农林院校一律迁往农村、林区办学，组织师生下放农村劳动锻炼。同时，发动“全民大办教育”，致使院校数量与招生规模膨胀，到 1960 年，全国高等农业学校发展到 190 所，年均招生数达到 26 800 多人。

值得一提的是“江西共大”的创办。1958 年 5 月，中央提出试行全日制和半工（农）半读两种教育制度，开始探索符合中国国情的教育模式。同年 8 月，江西省率先创办了江西共产主义劳动大学（简称“江西共大”），由 1 所总校、88 所分校、14 所附属劳动技术学校组成，遍布全省各地县，多层次办学。省级为高校，地级相当中专，县级相当初级农校，实行半农半读，为地方经济建设培养人才。为此，毛泽东主席做出“七・三〇”指示，周恩来总理亲自题校名，给予充分肯定。此举有力地推动我国农业教育改革，到 1965 年，全国农业教育中约有 30％的大专生试行半农半读制度，学生半天劳动，半天读书，社来社去，毕业不包分配。这是一次有益的探索，但试行不久，就因“文化大革命”而终止。

1965 年，时任北京农业大学党委书记、校长的王观澜在调查研究和在北农大教育实践基础上，比较完整地提出了我国农业教育的“五层楼”（小学、农中、中技、大专、研究院）体系设想，并汇报中央（《王观澜文集》，272-275）。但未来得及进一步实施。“文革”后的实践证明，这一思路基本上是正确的，符合我国国情。

1961 年 1 月，党的八届九中全会制订了对国民经济实行“调整、巩固、充实、提高”的方针，并贯彻国民经济以农业为基础的方针。同年 9 月，中共中央通过了《教育部直属高等学校暂行工作条例（草案）》（简称《高教 60 条》），全国高校围绕压缩规模，合理布局，提高教学质量进行调整。到 1965 年，高等农业院校经调整减到 46 所，其中有农牧类 33 所，水产类 5 所，农垦类 4 所，农业工程类 4 所。本、专科在校生人数减少 32.3％，为 54 864 人。

1963 年 9 月，教育部第一次制定和颁布《高等学校通用专业目录》，其中农科本科专业设有 33 种。

**（三）冲毁阶段（1966—1975 年）** 史无前例的“文化大革命”，历经 10 年，整个高等教育受

到毁灭性的冲击,高等农业院校更是成为"重灾区"。直到1976年,农业部主管的全国农业高校中的32所老校被迁、并、散、撤的有25所,占78%。50%以上的校舍、农场被占,70%以上的图书馆资料、仪器设备被毁,有的学校几乎全部毁光。总体上陷入校无定址,人无定居,欲教不能的状态。

"文革"期间,亿万农民一直坚持搞农业生产,农业仍然需要技术,需要人才。广大农业院校教师出自对祖国的忠心,对农业和教育的热爱,坚持采取不同形式办学,为农业生产服务。尤其是1970年国家恢复招生,农业高校教师在极端困境中坚持教学,忠于职守,培养学生。到1976年粉碎"四人帮"之后,据统计,全国有38所高等农业学校,有各类在校生53 000余人。

**(四)重建阶段(1976—1984年)** 1976年10月粉碎"四人帮"之后,教育战线开始批判"四人帮"炮制的"朝农经验"和"两个估计"。1979年3月中共中央做出撤销1971年8月转发的《全国教育工作会议纪要》的决定,解除了"四人帮"强加在广大教育工作者身上的精神枷锁。高等农业教育获得了新生。

1978年11月29日,国务院发出《关于华北农业大学搬回马连洼,并恢复北京农业大学名称的通知》(国发[1978]248号),并批准北京农业大学为全国重点高等学校。中央这一举措对仍处在困境中的各高等农业学校恢复办学给以极大鼓舞,指明了方向。继北京农业大学之后,北京农业机械化学院、北京林学院等一批院校相继搬回原址办学,东北农学院等一批地方院校另选新址建校。另外还新建了一批院校。

1978年12月,党的十一届三中全会召开,决定党的工作重心转移到经济建设上来,从此我国实行改革开放路线。1979年9月党的十一届四中全会通过的《中央中共关于加快农业发展若干问题的决定》中明确指出:"中央要办好中国农业科学院和北京农业大学等几所重点的高级农业科学研究院和高等农业学校"。党和国家对农业和农业教育的高度重视,为我国高等农业教育的恢复重建营造了必要的社会环境,有力地促进了高等农业教育的发展。

经过几年的努力,到1984年全国已有61所高等农业学校(含农牧、农垦、农机、水产学校)。各省、自治区、直辖市都有了1所或几所农业高校,其规模逐渐扩大,本、专科在校生人数达到87 095人。经农业部与教育部研究,先后确定18所农业、农垦、水产院校为农业部部属高校,其中北京农业大学、南京农业大学、华南农业大学、沈阳农业大学、华中农业大学、西北农业大学、西南农业大学和北京农业工程大学为全国重点大学。

**(五)探索改革阶段(1985—1993年)** 1984年,党的十三届三中全会通过了《中共中央关于经济体制改革的决定》,我国改革开放进入了加速计划经济向社会主义市场经济转变的新阶段。为了适应经济体制的转变,1985年党中央做出了《中共中央关于教育体制改革的决定》,明确指出了我国教育体制发展的总体方向,从而开启了我国高等教育改革的新探索。

随着农村改革的逐步深化,农村社会结构和经济结构发生了巨大变化,农业高等学校纷纷打破学科专业设置单一的固有办学模式,突破了"农村即农业"和"农业即种植业"的理念,树立"新农村"、"大农业"观念,改变了服务面向窄、专业结构单一的状况,增强了高等农业教育发展活力。

1984—1985年,原农牧渔业部根据教育部《关于修订普通高等学校农科、林科本科专业目录的通知》精神,组织调查论证,提出了农科本科专业目录修订方案。1986年7月,教育部审定并公布了新修订的农科本科专业目录。农科本科专业由原来的65种调整为10大类55种专业(含试办专业12种)。这次修订对通用传统专业进行改革,调整了内涵,拓宽了专业口径;

恢复和增设了一批文科、财经、政法类专业；注意和加强了新兴、边缘学科的发展。经过调整，农科专业基本覆盖了产前、产中、产后农业生产全过程。

新的专业目录从1987年招生开始实施，农业高校通过调整专业设置和专业布局来优化专业结构。1985—1992年，全国农业高校本、专科在校生人数从102 258人增至110 760人，增幅为8.31%。植物生产类专业数量所占比重下降为36.2%，专业布点占总数30.91%；动物生产及动物医学类分别占21%和19.37%；农业经济管理类分别上升为11.71%和4.36%；农产品加工专业分别上升为8.96%和6.36%。

总之，经过这一阶段改革与发展，各农业高校虽然专业设置有所拓宽，其覆盖面延伸到农业生产的产前、产后，办学规模有所扩大，但仍维持传统农业单科性的发展模式，办学规模不大，校均在校生仅为1 700多人。

**（六）全面改革阶段（1993—1999年）** 1992年，邓小平同志南巡发表了重要讲话，随后党的十四大召开，确立了“建立社会主义市场经济体制”的改革战略目标。为了适应我国经济体制转型的需要，1993年，中共中央和国务院联合颁布了《中国教育改革和发展纲要》及其《实施意见》，制定了中国高等教育改革的主要战略是在政府保留宏观管理和监督权的同时下放高等学校管理权。1998年国家又颁布了《高等教育法》。在这一宏观背景下，高校管理体制、办学体制、投资体制、招生与毕业就业制度和高校内部管理制度等改革全面展开。

1994年起，全国高等学校依据“共建、调整、合作、合并”的八字方针，开始了历时10余年的高等教育宏观管理体制改革和结构调整。农业高校中，江苏农学院于1992年5月与同地区的几所高校合并成立“扬州大学”，是最早合并的一所地方农学院，开了并校的先河。1995年6月，经国务院批准，同属农业部的北京农业大学和北京农业工程大学合并组建中国农业大学（2000年2月划转教育部管）。1999年9月，西北农业大学、西北林学院与同地区的多所科研院所合并组建西北农林科技大学，由教育部和陕西省共建。原农业部所属的华南农业大学、南京农业大学、华中农业大学、沈阳农业大学调整为省、部共建学校。据统计，到1999年底，独立建制的农业高校由1993年的67所调整为47所，农业部所属的18所院校减少到12所。

根据我国社会主义市场体制的逐步建立和完善，现代社会、经济、科技、文化的发展和世界高等教育的发展对我国高等教育人才培养提出的新要求，1994年原国家教委开始对现行的普通高等学校本科专业目录进行全面修订（即第3次修订），于1998年7月颁布了新的本科专业目录。该目录增设了管理学门类，大幅度削减专业种类。农学门类专业有6类16种（含植物生产类4种，草业科学类1种，森林资源类3种，环境生态类3种，动物生产类2种，动物医学类1种，水产类2种），比1993年的目录40种缩减了60%，大大拓宽了专业口径。

20世纪90年代以来，全国农业高校面向“三农”，主动为当地社会经济发展服务，为满足社会对人才多层次、多方面的要求，积极调整专业结构，除保留的农科类专业为主体，增设了一批非农专业，已形成了由单科农学院向多科性农业大学发展的态势。据1997年统计，农业高校中，非农专业布点和在校生数比例已接近50%。在校生规模也有较大发展，由1994年的151 264人增至200 589人。

1994年6月，国家启动了“211工程”（即21世纪我国将建设100所左右的高水平大学），开始了建设高水平大学的实践探索。进入“211工程”建设的112所大学中，农林高校有中国农业大学、南京农业大学、华中农业大学、四川农业大学、西北农林科技大学、北京林业大学和东北农业大学等8所。

**(七)实现"大众化"教育阶段(1999—2005年)** 为了满足我国经济社会发展对高级人才的需求和人民群众日益强烈的接受高等教育的愿望,中央做出了利用国债资金扩大高等教育招生规模的决定。从1999年至2005年连续7年大规模扩招,年招生人数从1999年不足160万人增加到2005年504万人,毛入学率由1999年的10.5%,到2005年达到21%(表36-1),实现了高等教育"大众化"。

**表36-1 近10年我国高校招生统计**

| 年份 | 普通本、专科招生人数(万人) | 增幅(%) | 毛入学率(%) |
|---|---|---|---|
| 1999 | 159.68 | 47.40 | 10.50 |
| 2000 | 220.61 | 31.45 | 12.50 |
| 2001 | 268.28 | 21.61 | 13.30 |
| 2002 | 320.50 | 19.46 | 15.00 |
| 2003 | 382.17 | 19.24 | 17.00 |
| 2004 | 447.34 | 17.05 | 19.00 |
| 2005 | 504.00 | 12.67 | 21.00 |
| 2006 | 540.00 | 7.00 | 22.00 |
| 2007 | 567.00 | 5.56 | 22.00 |
| 2008 | 599.00 | 5.00 | 23.00 |

(引自人民日报2009年2月13日)

其间,全国农业高校也毫无例外地年年大幅度扩招,扩招后各校本、专科在校生数均达到1万人以上,并办成以农为主,兼理、工、经、管、文、法的多科性农业大学。

高校扩招,不仅使学校规模发生翻天覆地的变化,也引发了我国高等教育从"精英教育"转变为"大众教育"。同时,打破了传统的封闭办学模式,更加开放地面向社会办学,促进深化教育教学改革。

1998年5月,江泽民同志在庆祝北京大学建校100周年大会上郑重宣告:"为了实现现代化,我国要有若干所具有世界先进水平的一流大学"(《江泽民文集》第2卷)。为了贯彻落实党中央的这个重大战略,1999年,国务院批转教育部《面向21世纪教育振兴计划》,决定重点支持北京大学、清华大学等部分高等学校创建世界一流大学和高水平大学,简称"985工程"。

建设世界一流大学是推动我国高等教育整体水平跃升,实现跨越式发展的重要举措,是实施科教兴国战略和人才强国战略的重要组成部分。"985工程"确定了以建设若干所世界一流大学和一批国际知名的高水平研究型大学为目标,探索建立高等学校新的管理体制和运行机制,抓住机遇,集中资金,突出重点,体现特色,发挥优势,着重提高高等学校的科技创新能力和国际竞争力,走有中国特色的建设世界一流大学之路。

"985工程"一期建设,中央安排了142亿元专项基金,启动了世界一流大学和高水平研究型大学的建设,探索和积累了经验,奠定了基础。2004年,国务院批转教育部《2003—2007年教育振兴计划》决定继续实施"985工程"。"985工程"二期中央安排专项资金191亿元。全国有北京大学、清华大学等38所重点大学先后列入"985工程"建设项目。农业高校仅有中国农业大学和西北农林科技大学2所列入"985工程"。

2005年，中国农业大学迎来了百年校庆，胡锦涛总书记发来贺信，充分肯定中国农业大学的百年辉煌，并指明今后的办学方向。9月16日，回良玉副总理受胡锦涛总书记和温家宝总理委托，代表党中央、国务院出席庆祝大会，表示祝贺并讲话。他强调指出："农业高等院校在我国农业的教育和农业科技创新方面具有举足轻重的作用。中国农业大学是我国农业现代高等教育的起源地，是全国高等农业院校的排头兵，是农业发展重要的人才摇篮，是'三农'问题研究的重要阵地，也是农业科技进步的创新基地。"并明确提出"希望中国农大办成一流大学……努力跻身于世界一流的农业大学"。

中国农业大学经过10多年的"211工程"、"985工程"建设，以学科建设为龙头带动学校的全面改革和发展，使学校综合办学实力有了明显提高，已经跃居全国高校的先进行列。中国农业大学的改革与发展始终引领着全国高等农业院校的改革与发展，反映着我国农业高等教育整体水平的提高。2007年，在教育部组织的全国高校本科教学工作水平评估中，中国农业大学获得"优秀"评价，专家组充分肯定了中国农业大学的办学特色和辐射示范作用。

**（八）提高质量阶段（2006—2009年）** 从2006年开始，全国高校招生每年小幅增长，增幅5%～7%，各校办学规模趋于稳定，而且增招的主要是地方院校、专科生，重点院校、本科生招生数量甚至有所减少。各高校在教育部的宏观控制引导下，开始注重内涵发展，努力提高教育教学质量。

针对连年扩招后全国高校办学出现的新情况、新问题，2005年1月教育部发出《关于进一步加强高等学校本科教学的若干意见》（教高[2005]1号），2007年2月又发出《关于进一步深化本科教育改革 全面提高教学质量的若干意见》（教高[2007]2号），文件强调指出"高等教育要全面贯彻科学发展观，切实把重点放在提高质量上的战略部署"。同时，提出了各校要科学定位、办出特色；加强专业结构调整，推进人才培养模式和机制改革，深化教学内容改革和加强实践教学环节；加强教学团队建设；建立保证提高教学质量的长效机制等一系列深化改革的措施。

为了全面贯彻落实科学发展观，切实把高等教育重点放在提高质量上，经国务院批准，教育部、财政部决定实施《高等学校本科教育质量与教学改革工程》（简称"质量工程"，教高[2007]1号），国家投入24亿元。"质量工程"以提高高等学校本科教学质量为目标，以推进改革和实现优质资源共享为手段，按照"分类指导、鼓励特色、重在改革"的原则，加强内涵建设，提升我国高等教育的质量和整体实力。"质量工程"包括专业结构调整与专业认证，课程教材建设与资源共享、实践教学与人才培养模式改革创新，教学团队和高水平教师队伍建设，教学评估与教学状态基本数据公布和对口支援西部地区高等学校等6个方面建设内容。并提出各项建设指标。

在国家实施"质量工程"的引导和推动下，各省、自治区、直辖市地方政府和各高等学校也都根据自己的实际情况，拨专款设立本科教改项目。近几年来，全国农业高校实施了三级"质量工程"，加大了本科教育教学改革力度，取得了显著成效，有力地促进了教学质量提高。例如，中国农业大学到2009年6月，已建成国家级精品课程10门，北京市精品课程23门，国家级"十一五"教材108种，北京市精品教材40种，国家级教学实验示范中心2个，北京市教学实验示范中心2个，国家级优秀教学团队2个，北京市优秀教学团队5个，2人获国家级教学名师奖，16人获北京市教学名师奖。

## 二、教育教学改革成果

新中国建立60年来，我国高等农业本科教育在不断改革中发生了深刻变化。这一改革不仅涉及学校类型与布局、管理体制、专业结构调整与布点，还涉及到培养目标、规格、模式与教学制度，以及课程体系、教学内容、方法、手段等方方面面，因此，本科教育教学改革取得的成就也是多方面的。这里仅就高等农业教育的特点，谈谈以下3方面富有特色的改革成果。

**（一）改革招生就业制度，培养人才通向农村**　我国实行改革开放以前，由于国家实行的是计划经济，大学生的招生分配实行的是"统招统分"政策，农业高校的大学毕业生响应国家号召，按计划服从分配到农村基层去，到边疆去，普遍成为一种自觉行动。但是，20世纪80年代以来，随着我国农业生产的快速发展，生产第一线的科技人才匮乏，大学毕业生"下不去，留不住"的矛盾越来越突出，因此，在招生就业方面进行了一系列探索，取得了明显的进步和成效。

首先，实行"一主三辅"招生就业，解决社会多层次、多规格农业人才的需求。"一主"就是以国家统招为主，"三辅"就是以招收定向生、实践生、对口生为辅。

1983年，为解决老、少、边、穷地区经济和基础教育落后，生源不足，而农业科技人才又极其匮乏的状况，农业高校率先试行定向招生，即安排从老、少、边、穷地区招收一定数量学生，经过培养，再回到原来地区就业。通过10多年的探索实践，全国农业高校累计招收3万多人，据24个省、自治区、直辖市调查，90%以上的定向生能够回到原地区工作，有效缓解了上述地区人才缺乏的状况。

1989年，原西南农业大学、山西农业大学开始试点招收农村有一定实践经验的农民入学，经过一段时间系统学习，通过考核合格者，再回到农业生产第一线作为农技人员和管理人员。全国有40多所农业高校相继招收了"实践生"，毕业生工作在县级岗位的占11.4%，在乡镇单位的占88.6%。88.1%的用人单位反映满意和基本满意。

为保证农业中专和农业职业高中有稳定的、高水平的师资，1987年起，原北京农业大学、华中农业大学、南京农业大学、沈阳农业大学和原西南农业大学等校开始招收农业中专师资保送班，累计招收1000多人，毕业700多人。1996年，随着全国职业教育的发展，有70%的农业高校开始对口招收农业职业高中、农业中专、农业广播电视学校应届优秀毕业生，主要培养应用技术型人才，输送到农业生产第一线。

其次，实行招生并轨，形成自主择业的就业机制。

1993年，《中国教育改革和发展纲要》提出高校招生实行计划和调节性计划相结合形式，大学生要交费上学，毕业时不再由国家安排工作，而是自主择业。1994年有少数农业高校开始进行"招生并轨"试点，到1997年全国所有农业高校实现了招生并轨。毕业生就业制度改革，先实行大学毕业生与用人单位"供需见面，双向选择"的就业方式，随着人才市场的建立和完善，逐步把毕业生推向人才市场，让毕业生成为就业活动的主体，形成自主择业的就业机制。国家和地方劳动人事部门，以及各高校都建立大学生就业指导和服务机构。

第三，鼓励大学生下基层、到农村创业。

近几年来，国家和地方政府制定和实施有关鼓励大学毕业生到基层和农业第一线，以及鼓励毕业生自主创业等政策措施，取得了积极的社会效益。

2005年中共中央办公厅、国务院办公厅下发《关于引导和鼓励高校毕业生面向基层就业的实施意见》。2008年经中央批准，中央组织部等有关部门决定"用5年时间选聘10万名高

校毕业生到村任职。"2008 年 10 月，党的十七届三中全会决策，"引导高校毕业生到村任职，实施一村一名大学生计划"。2009 年 1 月，中央 1 号文件重申实施一村一名大学生计划。据调查统计，到 1998 年底，全国在任大学生"村官"总数达到 13 万人以上，分布在除港澳台以外的 31 个省、自治区、直辖市，100％的地级市（盟），约 80％的县及县级市（区、旗）及 20％的村（嘎查）。

各地农业高校大学毕业生都积极响应党和国家号召，踊跃报名，争当"村官"。他们上任后受到当地农民和干部的欢迎，得到他们的信任，不少大学生"村官"在 1～2 年时间内就做出突出成绩，得以"转正"，扎根基层。

以北京市和中国农业大学为例，2005 年 12 月，北京市委、市政府下发了《关于引导和鼓励高校毕业生面向基层就业的实施意见》（京办发［2005］32 号），明确提出："力争用 3～5 年的时间，实现每个村、每个社区至少有 1 名高校毕业生"的目标。从 2006 年起，开始有计划地公开招聘大学毕业生担任村党支部书记助理、村委会主任助理。到 2008 年底，北京市率先实现了 3 955 个行政村，每个村 2 名大学生"村官"的目标。中国农业大学每年都有大批大学毕业生（大多为本科生，也有少数硕士研究生）踊跃报名争当"村官"，经过北京市的严格考核合格后录用。2006—2008 年连续 3 年，先后有 111 名、122 名和 136 名大学毕业生被录用为"村官"，正式上任。有的村官已被当地正式选为村党支部委员。

2009 年"五四"青年节前（5 月 2 日），胡锦涛总书记到中国农业大学视察，发表了重要讲话。他在同中国农业大学师生代表座谈时，听取在农村基层工作的大学生"村官"代表谈了自己的实践体会后，充分肯定了大学生村官"奉献祖国、服务人民的思想和行动"。总书记还语重心长地对学生们说："对青年学生来说，基层一线是了解国情、增长本领的最好课堂，是磨练意志、汲取力量的火热熔炉，是施展才华、开拓创业的广阔天地"。"近年来，不少高校毕业生主动到基层一线去工作，做出了显著成绩，加快了成长成才步伐，希望更多同学以他们为榜样，自觉到基层一线去发挥才干，……"（《人民日报》2009 年 5 月 3 日第 2 版）。

胡总书记的讲话指明了当代青年学生成长成才之路，给广大大学毕业生以巨大鼓舞和力量，在 2009 年面临金融危机、毕业生就业压力增大的背景下，全国农业高校有大批毕业生自觉地走向基层、走向农村，坚定地走艰苦创业之路。

**（二）改革人才培养模式，培养个性化、复合型人才** 20 世纪 50 年代初，由于国家实行计划经济，高等教育"全盘苏化"，实施统一的指令性教学计划和实行学年学时制。因此，人才培养目标、培养规格、培养模式都是整齐划一的，忽视了个性教育。1954 年 8 月，国家教育部颁布了高等农业学校 19 个专业的统一教学计划，并从当年起执行。后因 1958 年"大跃进"和下放劳动，打乱了正常教学秩序。1961 年开始贯彻执行《高教 60 条》，在教育部组织修订《高等学校通用专业目录》之后，农业部组织修订了 25 个专业教学计划，下发各农业高校参照执行。这次修订调整计划后，加强了基础理论和外语培训，但仍强调专业教育。

"文革"后期恢复全国统一高考后，为了恢复正常教学秩序和培养适应当时我国农业生产对农业科技人才的需要，1981 年农业部组织审定和颁布了 12 个本科专业的教学计划，作为指导性计划。此时的教学计划仍然延续着前苏联的"三段式"本科教育培养模式（即基础课，专业基础课和专业课三层次、"金字塔式"的专业教育模式）。

以后，随着 1987 年和 1993 年国家对本科专业目录的修订，全国农业高校进行了比较大规模的专业教学计划修订和人才培养模式改革，各校本着"精简学时、压缩必修，增加选修，灵活

设置专业方向"的原则,创新人才培养模式,开始摆脱前苏联教育思想和教育模式的束缚,开始打破高等农业教育在计划经济体制下高度划一的局面。

原北京农业大学于1988年率先实施"按系招生,分流培养,基础+模块"的教育模式(所谓基础包括按类开设的共同基础课、专业基础课,所谓模块是指专业课和专业方向课)。1993年修订教学计划时,总学时压缩到2700小时左右,选修课比例增加到30%,专业课减少到15%。同时实行学分制、选课制、主辅修制、双学位制等。该校的"农科本科'基础+模块'人才培养模式改革与实践"教改项目于1993年获北京高教教学成果一等奖。

1995年,原国家教委制定和实施了"面向21世纪教学内容和课程体系改革计划",高等农林教育有22项被批准立项研究,项目研究涉及到本科教育培养目标,人才素质、人才培养模式、课程结构以及基础课的改革和学科专业建设等。经过3~5年的研究与实践,产生了一大批标志性成果,对深化高等农业教育教学改革起到示范辐射作用。结合1998年全国本科专业目录的全面修订和执行,全国农业高校在本科教育上推行拓宽专业口径、加强人文素质教育和通识教育,改革人才培养模式方面又前进了一大步。中国农业大学的改革成果具有代表性、示范性。该校的"创'两段式'培养模式和'三平台'课程体系,培养高素质的农业本科人才"教改项目于2001年获国家级高教教学成果一等奖(所谓两段即指基础段和专业段,所谓三平台包括基础课平台、专业课平台和专业方向课平台)。

2002年9月,江泽民同志在庆祝北京师范大学建校100周年大会上讲话号召:"必须不断推进教育创新",要"不断造就大批具有丰富创新能力的高素质人才"(《江泽民文集》第3卷)。我国高水平、研究型大学义不容辞地应该承担起培养"精英"人才的任务。高等农业学校中,中国农业大学率先于2003年创办"生命科学实验班",翌年又开设"信息科学实验班",探索"精英型"人才的培养模式。该实验班每年从新生中"优中选优",经过笔试、面试的严格筛选,录取数十名综合素质高、成绩好、有特长的学生,单独编班,由高水平的教授授课,实行低年级通识教育、高年级宽口径专业教育,提前进入实验室,跟着导师搞科研,3年毕业。几届毕业生证明,这样培养出来的本科生质量是高的,绝大多数都进入国内外知名大学或研究所深造。

**(三)建立和完善实践教学体系,培养创新型人才** 高等教育中的农科类专业属于应用学科,与农业生产实践有着密切的联系。20世纪50年代,我国高等教育全面学习苏联时,农业高校各专业的教学计划中都安排有比重较大的实验、教学实习和生产实习,特别是生产实习时间保证学生在校学习期间至少经历过一个完整生长季的农业生产实习。1958年,中央提出了"教育为无产阶级政治服务,教育与生产劳动相结合"的教育方针,各农业高校组织师生下放农村、劳动锻炼,曾出现过"以干代学",忽视了必要的理论教学,后来也探索过"几下几上",边学边干的理论联系实际的教学模式。1961年贯彻执行《高教60条》以后,教学计划中实践性教学环节的安排基本恢复到1958年前的情况。"文革"后,由于全国农业高校校舍惨遭破坏,实验室、实习场所更是难以恢复。经过几年的重建,进入了改革开放的新时期,各校开始探索如何建立起具有农科特色、切合实际的实践教学体系。

为了加强学生的"三农"教育,树立学农爱农思想,提高学生的全面素质和动手能力,原北京农业大学于1983年起,在农学系试行4年实践教学不断线的改革实践,经过多年的探索试验和完善,总结为农事实习、田间技术与生物学观察、科研训练、综合生产实践的"四段实践教学法",取得"在教学—科研—推广中建立农科实践教学体系"的改革成果。此项成果于1989年获国家教委优秀教学成果特等奖,并在全国农业高校中推广应用。山东农业大学在加强校内外实习基地建设的同时，建立起“教学、科研生产和社会实践三结合”的人才培养新体系，形成了“校部—农场教学基地—农村教学基地”三段培养的新模式，完善了实践教学环节，将它全部纳入教学计划，从整体上提高了人才培养质量。这项改革成果于1993年获国家教委优秀教学成果特等奖。河北农业大学自20世纪80年代初开始，实行教学、科研、推广三结合综合开发太行山，取得了显著的经济效益和社会效益，被誉为“太行山道路。”作为重要的实践教学环节，大学生年年参加到开发太行山实践中，受锻炼、长才干、做贡献，把论文写在大地上。此项改革成果于1997年获国家教委优秀教学成果特等奖。

为了迎接21世纪的到来，考虑到我国农业现代化发展对人才的知识、素质、能力提出更高的要求，1996年原国家教委在下达“高等农业教育面向21世纪教学内容和课程体系改革计划”中，将“高等农业本科教育实践教学体系改革的研究与实践”列为立项研究项目，由山东农业大学带头，东北林业大学、四川农业大学、沈阳农业大学和中国农业大学等10所院校参加，该项目在总结全国农林高校建立实践教学体系经验基础上，对实践教学及其体系，从理论上加以探讨，论述了实践教学体系的内涵和基本模式、实施条件及发展方向。总结出农林高校已经建立起由3个系列组成的实践教学体系，即以实验课为主体的实验教学系列，以教学实习、课程设计、生产实习、毕业论文(设计)为主体的实践训练系列，以社会调查和社会服务为主体的社会实践系列。3个系列有机结合，与理论教学体系相辅相成，纳入教学计划，多层次地贯穿于4年全学程。该项目研究成果于2001年获全国普通高等教育教学成果一等奖。

2005年以后，全国高等教育工作及时地把工作重心转移到抓提高教育质量上，强调高等学校要“培养数以千万计德智体美全面发展的高素质专门人才和一大批拔尖创新人才”。教育部于2005年、2007年先后两次发文提出高校本科教学要“坚持传授知识、培养能力，提高素质协调发展，更加注重能力培养，着力提高大学生的学习能力、实践能力和创新能力，全面推进素质教育”(教高[2005]1号)。要“创造条件，组织学生积极开展社会调查、社会实践活动，参与科学研究，进行创新性实验和实践，提升学生创新精神和创新能力”(教高[2007]2号)。近年来，全国农业高校在教育部和地方教育主管部门的领导和指导下，努力贯彻落实上述文件精神，加大经费投入，加强建设实验室和校内外实习基地，构建以能力培养为核心的创新型教学体系，扩展实践性教学环节，以课内实践和课外实践相融合，校内与校外相结合，强化学生实践能力和创新精神的培养，形成更加完善的实践教学体系。以中国农业大学为例，该校充分利用实验室的教学资源和科研资源，设立“URP”计划(大学生科研计划)和创新实验计划，引导本科生通过实施项目计划进行研究性学习。2005—2007年共设立校、院两级“URP”计划756项，参加学生共计1 416人，每个获准项目由项目基金资助1 000～2 000元。参加学生完成任务后提交研究报告，成绩合格者可获得科技学分。“URP”项目与毕业论文(设计)相结合，成果达到一定水平，可以免做毕业论文(设计)。

组织学生参加学科竞赛作为培养学生创新精神和创新能力的重要措施。中国农业大学以“挑战杯”全国大学生课外科技学术作品竞赛为龙头，大力开展学术科技活动，已经形成了校、院两级科技竞赛体系，每年都有上千名学生参加各种学科竞赛，取得了显著成绩。2005—2007年共获奖260项，其中全国竞赛奖119项，北京市竞赛奖141项(包括全国竞赛一等奖多项，北京赛区决赛特等奖多项)。参加竞赛的同学，尤其是获奖者都得到多方面的锻炼，其素质、知识、能力都全面得到提高，所以在报考研究生和毕业生就业时，大多占有优势，普遍受到好评，录取率、就业率较高。

## 参考文献

[1]　《中国教育年鉴》编辑部．中国教育年鉴(1949—1981)．中国大百科全书出版社，1984.

[2]　《中国教育年鉴》编辑部．中国教育年鉴(1985—1986)．湖南教育出版社，1987.

[3]　《中国教育年鉴》编辑部．中国教育年鉴(1991)．人民教育出版社，1992.

[4]　刘英杰．中国教育大事典(下)．浙江教育出版社，1993.

[5]　国家教育委员会成人教育司．扫除文盲文献汇编(1949—1996)．西南师范大学出版社，1997.

[6]　何东昌．中华人民共和国重要教育文献(1991—1997)．海南教育出版社，1998.

[7]　农业部科技教育司．中国农业教育50年回顾与展望．中国农业出版社，1999.

[8]　《中国教育年鉴》编辑部．中国教育年鉴(1999)．中国大百科全书出版社，2000.

[9]　《中国教育年鉴》编辑部．中国教育年鉴(2000)．中国大百科全书出版社，2001.

[10]　教育部．1999—2000年教育统计数据．

[11]　李水山．农民教育史．广西教育出版社，2007.

[12]　张宝文．中国农业科技发展战略研究．北京：中国农业出版社，2004.

[13]　农业部科技教育司．中国农业教育50年回顾与展望．北京：中国农业出版社，1999.

[14]　李水山．中国农村教育焦点问题与对策研究．北京：中国农业科学技术出版社，2003.

[15]　中华人民共和国教育部．深化农村教育改革加快农村教育发展：全国农村教育工作会议文件汇编．北京：人民教育出版社，2003.

[16]　农业部科技教育司．绿色证书在中国：焦点问题研究报告．北京：中国农业出版社，2001.

[17]　李水山，王振如．简明中国农业教育辞典．北京：中国农业科学技术出版社，2005.

[18]　孙翔，陈建华．科教兴村：农村发展的康庄大道．北京：人民教育出版社，2003.

（作者：郭智奇　中央农业广播电视学校副校长、研究员，齐　国　中央农业广播电视学校副研究员，李方红　中央农业广播电视学校副研究员，万　蕾　中央农业广播电视学校助理研究员，常　青　中央农业广播电视学校助理研究员，孟　凡　中央农业广播电视学校副研究员，王泰群　中央农业广播电视学校助理研究员，文承辉　中央农业广播电视学校副研究员，杨　珺　中央农业广播电视学校助理研究员，林家栋　中国农业大学研究员、原北京农业大学教务处长）

# 第三十七章 农村文化

## 第一节 改革开放前的农村文化

新中国建立初至改革开放前，我国农村文化大致经历了两个阶段，在前一阶段，农村文化事业蓬勃发展，而“文革”期间农村文化事业在曲折中发展。

1949 年 10 月 1 日新中国成立至 1953 年初这段时间，是我国继续完成民主革命任务、逐步恢复国民经济并为各项建设事业奠定基础的重要时期。在这一时期，整个国家的建设重心集中于建立和巩固新生的人民政权、医治战争创伤之上，全国文化事业是在这一基调上逐步进入恢复和发展时期。因此，改革旧时代文化体制、加强文化界的思想改造并发展学校教育及社会教育是当时全国文化事业发展的主要内容，这些内容的展开及发展奠定了新中国文化事业发展的基础，也为全国各项农村文化建设事业的发展创造了条件。

因此，1949 年新中国成立后，随着我们整个国家都进入了新的发展时期，农村文化也以新的面貌出现。继而，随着“文革”的到来，我国农村文化事业发展遭受了曲折发展过程。

### 一、新中国成立后农村文化的蓬勃发展

新中国成立后，全国各地农村文化遵照党的“文化工作应面向工农兵，为工农兵服务，为人民服务，为生产建设服务”的方针，分别对旧的文化艺术事业进行了有计划有步骤的整顿、改革和发展。农村各级基层组织以团结人民，教育人民，调动广大群众参加社会主义建设积极性为宗旨，以满足当时农村人民的文化生活需要为目标，来开展农村文化建设。当时，农村文化建设主要围绕以下几方面进行。

**(一)农村文化站和农村俱乐部的建设与发展** 新中国建立之初，全国各基层政权中都先后建立了文教局，或文教卫生部，之后，各个县级政权组织中文化馆相继建立，在以文化馆为依托的基础上各个农村分别设立了文化站和文化俱乐部。

文化站大多集文化、图书、广播于一体，成为农村综合性的文化组织单位，在有些地区文化站还同时开设了报纸阅读栏，读报纸逐渐成为农民接受外界信息的重要途径。

在“面向基层，面向农村”的方针指引下，基层文化工作者有的身背收音机、幻灯机、徒步跋涉，或手推独轮车满载宣传器材和宣传材料，深入到农村宣传土地改革、抗美援朝、镇压反革命、农业合作化等方针政策和先进人物的模范事迹。在有些农村地区，还开展了展览等活动，展出标本、图片等反映新中国成立前后所取得的成就。

具体来说，新中国成立之初各地农村文化发展大体从以下 4 方面开展活动：一是配合当时党的方针政策开展政治宣传工作；二是组织辅导农民开展文化活动，活跃农民文化生活；三是在农村普及科学文化知识；四是在农村中开展宣传推广识字教育，扫除文盲活动。

1950 年后，文化馆和农村俱乐部的建设在全国各地农村中纷纷活跃起来。在文化馆和农

村俱乐部的建设的基础上，各地农村分别进行了阵地宣传和农村文化活动，而且还开展了农村文化辅导工作。各地农村基层文化馆还设置了阅览室，陈列图书、杂志、报纸等。在广大农村，读报组、夜校如雨后春笋般涌现出来，屋顶广播、黑板报开始热火朝天地创办开来。另外，在有些地方还设置了游艺室，并有提供象棋、扑克等娱乐工具。还有些农村和基层地方政府还在文化馆门外建立了“大众黑板”，选登时事、生产新闻，定期油印宣传材料。有的地方还在文化馆办起了扫盲学校，组织群众开展识字教育。郭于华根据她在陕西骥村的田野调查描述了陕北革命政权建立过程中，曾经在农村地区普及识字运动的情景，她指出当时骥村实行过“文化岗”的做法，就是由干部、民兵在村边路口设立岗哨，凡经过人员都须认出他们写下的字、词方可通过，使得一些没文化的老太太和妇女不敢出门，没法回娘家(郭于华，1999)。其实不仅在骥村，在我国其他的农村地区可能都发生过类似情况，这从另一方面再现了当时农村中文化扫盲以及文化普及中的一些真实情节。

当时农村中还普遍开展从集镇小学推选文化程度较高，字写得较好的教师，来担任业余黑板报书写员，并对板报书写员进行培训以此来丰富农村文化生活。当时互助合作、推广先进技术、爱国丰产甚至积肥、农具改革以及抗美援朝、镇压反革命、祖国建设伟大成就等知识和信息也大多是通过黑板报这种形式在农村中推广开来，这使得当时农村文化呈现出一片活跃景象。

1951 年，中央发出《关于在全党建立对人民群众的宣传网的决定》，某县县委以文化馆干部为主，分别从县直各部门抽调一批文化素质较高的干部组成“文化宣传队”，携带图片、收音机、幻灯机，深入到农村巡回宣传。每到一地，白天进行展览，夜间组织群众收听中央和省台新闻节目、文艺节目并放映幻灯。幻灯，群众又叫它“土电影”，具有设备简单，轻便灵活，易于操作，就地取材，及时放映等诸多特点。用广播筒向群众形象地宣讲党的方针，政策和当地出现的先进事迹。不少村庄的干部、群众，自愿提供汽灯用油，到文化馆要求放映幻灯。

当时放映的幻灯片很受欢迎，一些农村的群众听到村里放映幻灯，吃罢晚饭后，就早早坐好等着放映，因放映员晚饭后才到达，天已很晚了，但群众仍三五成群的等着，当放映到人民解放军的汽车、坦克、大炮出现时，人群中往往会出现惊叹声。在放映到解放军渡长江时，群众中的赞叹声更是不断。

1956 年是全国农业合作化运动的高潮。根据新的形势的发展，全国各地农村地区又开展了农村俱乐部的创办工作。农村俱乐部一般设有文艺、图书、宣传等项目，除此一般还开办业余剧团、歌舞队、读报组等，这些活动还吸纳青年农民开展丰富多彩的文化活动。农村俱乐部成立后，一般都与生产活动相结合，为农业合作化和生产服务。例如，根据不同生产季节，农村俱乐部开展有针对性的宣传。再如，在宣传活动中结合生产需要，宣传先进的耕作技术。

俱乐部开展的形式多样、丰富多彩的活动，受到了干部和群众的赞扬，吸引了更多的青壮年人、老年人都来参加俱乐部的活动。各农业的群众用红纸贴了许多标语，把自己村的俱乐部装扮得一派喜气。每天晚上，社员们在紧张的劳动后，或是在阴雨天农活较闲的时候，纷纷来到俱乐部里，有的听收音机，有的做有趣的游戏。过去晚上常在一起打闹的小伙子，现在到图书室看连环画和通俗读物已经成了习惯，老年人过去对文化活动不关心，现在没事就到俱乐部下象棋，看剧团排戏，还帮助导演给演员们的表演提意见。丰富多彩的文化生活，使农民的思想变得更开阔，生产也更有劲了。农村俱乐部的建立，对活跃农村文化生活具有不可忽视的时代意义。

**(二)农村中戏剧文艺表演与广播电影文化的兴起与繁荣** 在国家的“百花齐放，推陈出新"的方针下，各地农村地区开始挖掘、整理、改编各种不同形式的传统文艺节目，并在各地农村地区进行汇演，如各种地方剧目的改编与上演，同时反映当时新时代的文艺节目大量上演。基层政府中剧团建设进一步巩固和发展。当时基层政府明确规定剧团经费由政府包发，演员实行供给制。剧团配合当地政府中心工作，广泛深入地开展了宣传活动，创作出大批优秀、活泼、生动的剧目。他们表现工农兵生活，反映工农兵的思想和感情，用革命文艺动员群众，鼓舞群众，教育群众。当时在农村中表演的戏剧主要有：《小二黑结婚》、《刘胡兰》、《花木兰》、《朝阳沟》、《李双双》、《瘦马记》、《人欢马叫》等。

在戏剧发展的同时，农村地区各种文艺活动也不断兴起，各种类型的文艺训练班多次开办，农村地区文艺新人不断出现。全国各地的农村纷纷成立各种文艺宣传队，文艺宣传队的形式有：高跷、旱船、快板等不同形式。各地还组织表演了具有民间特色的龙灯、狮子灯、蝴蝶舞、蚌舞、马灯、玩云、跑旱船、车上轿、秧歌舞等。

1955 年农村有线广播事业得到了大力发展，各个县级政府机构分别建立县广播站。1956 年，全国各地的农村正式能够接收播音信号。有线广播开通之初，正值全国农业合作化运动高潮时期，广播站每天都大量地播讲和宣传全国各地农业合作化运动中出现的许多动人的事例。在宣传政策，鼓舞群众走合作化道路的热情上，起了积极的作用。广播站除按时转播中央和省台的《新闻和报纸摘要》的节目外，并由自办不固定节目，逐步办起固定节目。固定节目有《本县新闻》、《社员生活》、《革命歌曲》等，很受群众欢迎。当时，农村收音机也多集中在文化站，国家政策方针正是通过收音机以及农村大喇叭开始向广大农民传送出去。通过广播，农村群众真正开始与外界联系起来，饭后听收音机或听广播渐渐深入到农村文化之中，并成为农民的文化生活方式。

20 世纪 50 年代农村电影事业的发展也是农村文化繁荣的另一表现。1950 年开始，利用汽车引擎发电的电影放映机开始在农村出现。苏联战斗故事片和新闻纪录片《毛主席到了莫斯科》等电影是农村家喻户晓的电影。每次电影放映时，周围农村中人大多会从很远赶来，因为对于大多数农民来说，这是他们第一次看到电影，新奇与喜悦不言而喻。1953 年后，各地县级政府中开始购置电影放映器材，正式组建电影队。1956 年后，电影放映队开始在农村放映。

总之，在建国初期阶段，农村社会中各种演出活动、宣传队、展览会、各种形式的文艺汇演等空前活跃，这些活动多与农村社会中的整风整社、社会主义教育运动、学习毛泽东选集等各项政治运动相关共同形成了当时中国农村社会特有的文化氛围。同时，在其间农村各种规模大小不一的业余文化创作队也纷纷活跃于农村文化大舞台。

## 二、"文革"期间农村文化的曲折发展

1966 年 6 月 1 日人民日报社论发表《横扫一切牛鬼蛇神》，提出"破除几千年来一切剥削阶级所造成的毒害人民的旧思想、旧文化、旧风俗、旧习惯"的口号。在这之后，整个社会进入"文革"中，大批知识青年开始上山下乡进行思想改造。"文革"中，农村文化的发展受到整体冲击，农村也开始了大规模的破四旧、立四新观念改变。而且，随着知识青年的上山下乡，农村中在一定层面上也促成了城乡文化的交流，因此，在"文革"中农村文化经历了曲折发展的过程。

**(一)"破四旧"与"立四新"活动的展开** 所谓"破四旧"，指的是破除旧思想、旧文化、旧风俗、旧习惯，所谓"立四新"就是树立新思想、新文化、新风俗、新习惯。随着社论《横扫一切牛鬼蛇神》提出"破除几千年来一切剥削阶级所造成的毒害人民的旧思想、旧文化、旧风俗、旧习惯"

的口号，农村文化也开始了轰轰烈烈的"破四旧"与"立四新"。

"文革"中，农村社会中的"破四旧"一般多与破除传统文化尤其是传统节日文化相联系。春节，首当其冲成了农村"破四旧"加以抵制的对象，阻止过年在农村一定意义上就等于"破四旧"。那时候，农村中在冬季一般会采用修"大寨田"、"战山河"等活动，有的农村甚至会采用一些极端的活动，如要求各大队或生产小组开展大挖土杂肥运动。全村各家各户统一在年三十当天把自家的"锅场"、土炕、"壁子"打了，并且炕底还要再挖下 30cm，堆到自家的门口，作为生产队的肥料。当时农户们几乎全部参加这些活动，因为公社里有干部挨村逐户检查，发现有不干的户，立即组织"突击小分队"，强行打炕、扒壁子。当时过年一般是象征性地吃顿好饭，标志着时间又过去 1 年，有些"思想顽固"的村民在春节期间会偷偷地搞一些祭祀活动。当然，一旦被发现，那就要承担"游街"的风险。大年初一，生产队长就会安排社员干活。再者，在破四旧中农村中的祭祖等活动也一般被取消。

"破四旧"相应的"立四新"就是树立新思想、新文化、新风俗、新习惯。在农村，立四新主要体现在节日简化、举办政治夜校以及盛演革命样板戏等方面。

节日简化尤其以当时婚礼仪式简化为主。"文革"初时，农村男女青年结婚一般要举"破四旧，立四新"的旗子去迎接新娘；新娘在过门的路上一般也要背诵毛主席语录，新郎新娘拜堂一般不再摆设八仙桌等其他设备，婚联内容专用毛泽东诗词。

"文革"中，学习毛主席著作是农村文化的主要内容。"红宝书"即毛主席的语录本几乎达到人手一册，毛主席的最高指示及中共中央的文件、方针政策，都可以直接传达到农村。农村群众大会是当时农村中常见的事情。之后，以生产队为单位办政治夜校，以学《毛主席语录》取代新中国成立初期所进行的其他文化学习，以大演"革命样板戏"为农村主要文化娱乐形式。开设政治夜校是为了辅导村民学习毛主席著作和语录，不能去夜校的老人，也有积极分子进行上门辅导。这形成了当时农村中壮观的文化场面：一时间，不分男女老少，认字与不认字的，人人都能背一些毛主席的语录和"老三篇"。除了开展政治夜校，农村中还有些年轻人组织了毛泽东思想业余宣传队，演出样板戏和一些自编自演的文艺节目，宣传普及毛主席的一些基本主张和观点。毛主席的语录被谱上了曲，农村中各个年龄阶段的人都能唱语录歌。

"样板戏"源于 1967 年 5 月 31 日《人民日报》的评论《人民文艺的优秀样板》，当时被确定为样板戏的文艺作品有《红灯记》、《沙家浜》、《智取威虎山》、《海港》、《奇袭白虎团》、《红色娘子军》、《白毛女》等。样板戏结合传统戏剧和外国艺术形式，以群众容易接受和理解的方式进行演出，在农村中迅速普及。"穷人的孩子早当家""浑身是胆雄赳赳""要学那泰山顶上一青松""大红枣儿甜又香""军民团结一家亲""盼亲人早日养好伤"等唱段在农村中连不熟悉戏曲的男女老少都能哼唱几句，成为"文革"时期农村贫乏的精神、文化生活中的一大亮点。

不幸的是，由于连续不断的政治运动的错误打击，"文革"中，农村文化发展日益"左"倾与狭隘。因此，在这股潮流中，农村传统文化中多数精华部分，如家谱、农村中的牌坊石碑、农民家中传世的古书、祖传器物等也被查抄或焚烧。农村中正常的节日活动也被当成是腐朽封建迷信被取缔。

从制度变迁以及社会发展的角度来看，激烈的"破四旧"运动对于当时以农村为主导的中国社会发展的影响最大。破四旧给我国的传统文化，民族精神和面貌带来了难以估量的毁灭性的打击，一些具有重要民俗以及文化意义的节日，庆典和流传千年、具有深厚历史积淀的文化和生活方式遭受了空前的质疑与破坏，至今无法恢复，有些甚至被迫消亡，这对整个国家精神面貌和民族信仰所产生的摧残需要延续的几代人的时间来弥补，有些消极影响及破坏程度至今都无法估量，其后果更会波及到几代人。如我国维持了几千年的家谱体系几乎完全摧毁，至今无法恢复。春节，端午，重阳，冬至节等对国人来说本应耳熟能详的传统节日受到批判，部分传统文化艺术遭受空前打击，甚至今天有些习俗也称为实际上的“博物”。

**(二)知识青年上山下乡与城乡文化交流** 1968 年 12 月 22 日《人民日报》引述了毛泽东主席的指示：“知识青年到农村去，接受贫下中农的再教育，很有必要。”指示发表后很快在全国范围内形成上山下乡高潮，全国范围内大规模知识青年开始了“上山下乡”的活动，当年在校的初中和高中学生即 1966—1968 年 3 届学生几乎全部前往农村，而整个“文革”中上山下乡的知识青年人数达到 1 600 多万人。在知识青年上山下乡时代，农村文化的发展变迁出现了城乡文化交流的格局，使得农村文化发展中注入了城市文明。

城乡两种不同的生活环境所产生的是不同的思维方式，不同的生活习惯，知识青年下乡对当时农村文化的发展产生许多新变化。知识青年下乡的地方大都是经济文化相对落后的农村地区，他们来到农村所从事的职务和工作主要有：民办教师、民兵连长、赤脚医生、记分员、会计、组织青年义务劳动等。虽然经过新中国成立之后的扫盲等学习运动，多数农村地区文化发展出现了新的面貌，但在偏远地区的农村，识字率低、不卫生、不文明的现象大量存在。知识青年，由于他们代表当时比较先进的城市文化、思想和技术，因此，他们来到这些地区“接受教育”的过程中也使得当地人民尤其是当地青少年的教育水平得到了一定的提高。通过对中国教育年鉴的统计发现，在知识青年上山下乡高峰时期中，我国的人均教育水平获得极大幅度的提高，识字率和入学率大规模暴增，小学入学率即由 1963 年的 57%，大幅提升至 1976 年的 96%(同期印度小学入学率为 1961 年 40%，至 1978 年上升仅为 58%)。普通初中招生数从 1963 年的 263.5 万人大幅升至 1976 年的 2 344.3 万人，普通高中招生数从 1963 年的 43.3 万人大幅升至 1976 年的 861.1 万人(国家统计局，2000)。这一组数字背后所包含的一个重要意义是：由于知识青年来到农村在农村办学讲课，担任民办教师，使得农村中小学入学率及识字率大大提高，并推动了农村教育的普及。

知识青年不仅在普及农村文化方面具有很大的作用，而且知识青年丰富了农村的文化生活。当时知识青年下乡时一般会随身带去一些乐器，如小提琴、二胡、手风琴、吉他、口琴、笛子等。有些知青会唱歌、跳舞、演戏或朗诵等，因此进行文艺活动、做宣传等既成了知识青年发挥他们才能的场所，同时也为城市文化在农村的传播发挥了极大地作用，这使得从未体验或经历过城市文明的村民了解了城市生活的内容，这无形中推动了城乡文化的交流。

此外，知识青年来到后，还带来了城市的文化新动向，甚至把国外的文化现象也带到了农村，举办演讲、朗诵等活动也在农村活跃起来。有一则笑话曾讲到一位女知识青年在为农民朗诵高尔基的《海燕》，当她开始大声报告朗诵题目：“《海燕》，高尔基”时，老农不解地说道：“怎么把燕子和鸡放在一起了?”虽然这是一则笑话，但是在当时，农村文化中新思想的宣传、传播以及新型观念的注入都与当时知识青年的积极努力不可分割。

而且，由于知青下乡，合作医疗制度得以建立，大批知青从事赤脚医生的职业，建立了覆盖全国范围的提供保障的医疗保健制度。由于农村医疗条件的相对落后，新中国成立后，在农村从事医疗的人员当时主要由未经正式训练的组成“半农半医”的农村医疗人员，这些人员的来源主要有：一是医学世家中的人员，二是高中毕业且略懂医术病理的农村知识精英。“文革”中，上山下乡的知识青年成为农村医疗人员中的另一类主要成员。而且，在文革中，“赤脚医

生"之称正式成为农村这种半医半农的农村医疗人员的代名词。知识青年作为赤脚医生为解救当时我国农村地区缺医少药的燃眉之急做出了积极的贡献;而且,来自于城市知识青年由于他们本身所形成的良好生活习惯、较为丰富的卫生习惯为当时我国农村地区良好卫生习惯的形成也起了示范作用。

大批城市知青来到农村,提高了农村人口的知识水平,为农村带来了农民急需的文化知识以及急需解决的医疗卫生问题,同时为农村注入了新观念与新的生活方式。因此,知识青年上山下乡这无疑使得农村文化在曲折中进一步发展。

## 第二节 改革开放后的农村文化

1978年12月18—22日中国共产党第十一届中央委员会第三次全体会议在北京举行。全会的中心议题是讨论把全党的工作重点转移到社会主义现代化建设上来。邓小平在会议闭幕式上做了《解放思想,实事求是,团结一致向前看》的讲话。这次中央工作会议,为随即召开的十一届三中全会做了充分准备,邓小平的讲话实际上就是之后三中全会的主题报告。之后,十一届三中全会做出把全党工作重点和全国人民的注意力转移到社会主义现代化建设上来的战略决策。这是正确路线的恢复和发展,是在新的历史条件下对建设有中国自己特色社会主义道路的探索。这次会议,不仅实现了新中国成立以来我们党历史上具有深远意义的伟大转折,而且开启了我国改革开放历史的新时期。从此,党领导全国各族人民在新的历史条件下开始了新的征程,全国各项事业在改革开放中不断发展。同样,经历了农村文化的蓬勃与曲折发展过程,改革开放至今,我国农村文化也呈现出新的变迁过程。

改革开放后,农村实行了家庭联产承包制,这对推动农村生产力的快速发展,也使得农村物质文化空前丰富,因此,改革开放使得整个农村发展迈入一个崭新的阶段,也使得农村文化走进了春天的阶段。改革开放之初,农村文化中首先占主导地位的致富光荣与共同致富的物质文化的繁荣,之后随着广播电视等通讯设施在农村的普及以随之而来的大批农民工进城,港台风和城市时尚甚至是国外流行时尚向农村文化渗入。在新世纪,随着农村文化的发展以及国家新农村文化建设的出台,和谐、传统等主题逐步融入到农村文化中,使得当前农村文化呈现多元趋向。

### 一、农村文化发展走进春天

党的十一届三中全会在讨论1979、1980年两年的国民经济计划安排时,提出了要注意解决国民经济重大比例失调,搞好综合平衡的要求,同时全会还讨论了农业问题,认为只有大力恢复和加快发展农业生产,才能提高全国人民的生活水平,而且全会提出了当前发展农业的一系列政策措施,并将《中共中央关于加快农业发展若干问题的决定(草案)》等文件发到各省、自治区、直辖市讨论和试行,这个文件在经过修改和充实之后正式发布,接着一些重要的农业方面的文件相继制定和发布施行。党的十一届三中全会所做出的这些在领导工作中具有重大意义的转变,标志着中国共产党从根本上冲破了长期"左"倾错误的严重束缚,全面恢复和确立了马克思主义的正确路线,结束了1976年10月以来党的工作在徘徊中前进的局面,将党领导的社会主义事业引向健康发展的道路。党的十一届三中全会揭开了党和国家历史的新篇章,是新中国成立以来我党历史上具有深远意义的伟大转折。更为重要的是，从农村社会文化发展角度来看，党的十一届三中全会所做出的实行改革开放的新决策，启动了农村文化改革的新进程，有力地推动了农村文化发展的进程。

因此，党的十一届三中全会对农村文化来说，是农村文化发展的春天阶段，农村文化走进春天的阶段后，发展主要体现在改革开放初农村文化新活力的注入以及随之而来的城市时尚与国际流行文化的渗入两方面。

**（一）改革开放初农村文化新活力的注入** 随着改革开放政策的实施，农村经济不断发展，农民的物质生活水平逐渐提高，农民对精神生活也有了更高的追求，农村文化发展出现了新的活力。首先，改革之初，农村基础文化设施、农村公共文化服务体系的建设快速发展。其次，农村观念文化不断更新。再者，在公共文化服务体系发展以及农村文化观念更新的基础上，农村娱乐文化也得到了快速发展。

农村基础文化设施、农村公共文化服务体系的建构是农村文化发展的有效途径，也是农村文化发展的理想平台。改革开放之初，农村的文化在建国后原有的文化设施上进行了重新的整合，农村文化的人员建设、基层设施、制度体系开始新阶段上的完善。在农村基础文化设施建设以及农村各个文化服务体系的建构中，农村文化队伍人员的建设以及农村综合文化网络组织的建设首先得到了发展。农村当时，各级基层农村政府在配合以经济建设为中心的工作重心时，采取多种形式进行了县—镇—村三级基层农村文化队伍建设。通过整合、培养文化人才资源，改善人才机构的配置，加强了基层文化队伍的活力。当时，全国各地的乡、村分别配有专职干部负责当地农村文化的管理与建设，很多地方的村组还配有专职或兼职文化工作指导员，文化指导员不仅负责培育当地农村文化个体户和文化带头人，还兼有拓展和丰富当地农村文化事业的责任。这样就形成了20世纪90年代中期前，农村文化在完善文化队伍建设的同时农村综合文化网络建设的雏形也开始逐步形成。这种文化网络一般以乡镇综合文化站为中心，以农村文化组织为主力，以农村文化示范户为支撑，以村民文化活动中心为场所。当时农村文化站中以及后来在农民家中出现的小人书和电视是当时农村文化发展中最具有吸引力的"时髦物"。农村文化站中先是小人书的聚集地，如《红灯记》、《东郭先生》、《隋唐演义》、《貂蝉》等是农村中识字人和不识字人都爱看的书，这也是多数村民去文化站的最大原因。同时，1980年后，很多村文化站开始购买电视机，23cm黑白电视机也成了文化站里最具人气的地方。很多地方的村民拥挤着聚集到文化站前的一块空地上，等待着放映时间的到来，之后，电视机逐渐进入农村居民家中，成为农村居民主要的文化娱乐方式。

"人们自觉或不自觉地、归根到底总是从他们阶级地位所依据的实际关系中——从他们进行生产和交换的经济关系中，获得自己的伦理观念"[马克思恩格斯选集（第2卷），1985]。改革开放所带来的农村家庭联产承包责任制的实行，改变了计划经济体制下农村低效的生产方式与平均主义的分配模式，在这一过程中，农民害怕变革、一大二公、均贫均富等思想观念逐渐让位于独立自主、求富争先等新观念，商品意识、竞争意识引发了农村思想文化观念以及农村道德文化的变迁。1980年后的乡镇企业的发展以及随后农民进城打工等都使得农民的传统职业身份发生了变化，伴随着这种职业身份转换所带来的生产、交换（交往）、分配、消费方式的变化，农民产生了与市场经济相适应的效率意识、时间意识、法律意识等新的价值观念。新中国成立后的土地改革尽管没有采取绝对平均的做法，但总体上使农村社会中的经济条件更趋平均化，因而在一定程度上强化了农民固有的平均主义意识。而其后的合作化特别是人民公

社运动，几乎消除了农民生产和生活方式上的差别，产生了“人人都一样”的生活样式。“让一部分地区、一部分人先富起来”的政策导向和制度变革所带来的“劳动”与“致富”之间的良好对应关系，在不断扩大区域和个体富裕程度差别的同时，也在日益提高农民对此种“差异性”的认同程度，并由此进一步强化其内在的致富冲动。这就使得改革开放后，农村文化中出现“致富光荣”的浪潮，使得农村社会中出现了以经济富裕作为评判村民是否能干、是否在农村有影响力的新的价值观念，个体户和“洗脚上田”的万元户以及之后的小康村民成为农村中人们相互效仿的“时代英雄”。

1992年邓小平“南巡讲话”和中共十四大的召开，为整个国家文化事业的发展繁荣提供了前所未有的良好机遇，同时也促进了整个国家文化事业的改革。娱乐性文化在农村也相继出现，并在后来确认为青年村民所喜爱的时髦文化，从而在农村中盛行。露天舞厅、迪斯科盛行于20世纪80年代，不过在当时，舞厅、迪斯科是带有一些贬义色彩的字眼。然而这些略带贬义的、在城市里时髦的新鲜文化事物不久也就融入到了农村文化中，并为农村青年所接受与追随，时髦的农村青年往往身穿喇叭裤、眼带蛤蟆镜，胳膊上戴着电子表，手拎“大地牌”录音机结伴去露天舞厅跳舞或娱乐。之后，录像厅开始在农村中出现，随即受到青年以及中年男性村民的青睐。当时，农村中的录像厅一般有村民自行经营，录像厅一般是一个没有阳光的狭小屋子，每次进去一趟大约3～5角钱。花钱买娱乐以及农村中的有偿娱乐场所开始为农村社会逐渐接受。

**（二）城市时髦与国际流行文化的渗入** 20世纪70年代末至80年代初，伴随着改革开放的步伐，国人追赶各色流行风的意识开始复苏，同时人们追随时尚的春天也到来了。我国开始重新思考自身价值观念，普通民众的爱美之心，开始在追随港、台以及国际流行风中得以释放。令人印象深刻的是20世纪80年代宽大的裤脚大喇叭裤、各种不同样式的电子手表以及令青年人羡慕不已的蛤蟆镜成了当时青年人展示自我、追求时尚的标志。在全国追求时尚的浪潮中，农村社会也不甘示弱，农村文化中逐渐掀起追求城市时尚、模仿港台明星着装方式，有些村民甚至在追求外来时尚的时候还给自己的小孩起了诸如露露、丝丝、梦露等带有西方色彩的名字。城市时尚以及国际流行文化伴随着农村文化的发展开始逐渐渗入到农村文化中。

改革开放至1990年前城市时髦与国际流行文化渗入农村与当时农村中多种媒体尤其是电视的普及密切相关，1990年后农村中外来文化的渗入与大批农民进城务工相关。1980年前后黑白电视首先出现在农村文化站中，之后一两年内，黑白电视开始在农户家庭中出现。当时，往往一个村中只有一两户人家家中有一台电视机。每到晚上放电视的时候，村民多会从四处赶来，挤在电视机主人院子里来看电视节目。较早播放的是香港连续剧《霍元甲》、《射雕英雄传》、《上海滩》、《血疑》以及大陆的电视剧《红楼梦》、《西游记》，电影《少林寺》等。这些剧中的明星们的装束、发式、形象多为村民所效仿，成为农村中的新时髦。

从“清一色”到“五颜六色”，从“新三年，旧三年，缝缝补补又三年”到“秋有秋装冬有冬装”的变化。在追赶城市时髦与国外时髦的同时，健美裤、牛仔裤、喇叭裤、西服、连衣裙等新潮服装，开始在农村出现并逐步为村民所接受。除了服饰外，当时非常流行烫发，女人争烫“花卷头”“鸡窝头”，仿佛想以此来显示赶时髦的决心！第一部在内地播放的香港电视连续剧《霍元甲》热播时，也是满大街的锅盖头。在追求新式时髦中，农村文化逐步崭露出多样追求的倾向。

春天是万物复苏之时，改革开放后步入文化发展春天阶段的农村文化也显示出了复苏与多样发展的势头，不同观念、不同文化的交融开始逐步与农村中传统的文化相交汇，这就孕育了农村文化发展的多样化与更具包容性的农村文化的发展新时期。

## 二、农村文化发展走进新时代

**(一)消费文化背后蕴含的农村文化内生力的展现**　文化是社会发展的一面镜子，随着宏观政治制度、经济体制以及社会生活的变迁，同时加上微观层次人们价值观念、风俗习惯以及大众信息获得的便捷，消费文化也在不断深入到人们的生活中来，成为社会文化变迁的表征，消费文化主要包括物质消费文化、精神消费文化和生态消费文化三大部分。消费文化不同于消费主义。消费主义追求炫耀性、奢侈性消费，追求无节制的物质享受，并以此作为生活的目的和人生的价值所在，消费文化是文化在消费领域的渗透与发展。随着我国改革开放的深入，农村经济的发展以及农村信息、传媒手段的涌现，农村与全国以及与全世界的交流也日益频繁，消费文化的各种特征已经在农村社会中不断显现，这表现为农村消费文化呈迅速蔓延趋势，农村中各类人群都以各种形式参与消费文化的发展中，农村中消费文化的发展也与新时期农村经济社会的变迁分不开。

当前，农村消费文化的发展主要表现在农村居民在现实生活层面上的高消费，这种高消费一方面是由大众传媒通过广告主要是通过电视中广告这种虚拟生活行为以及农村中村民外出所带回来的新的消费时尚的实体行为在农村中推广开的，高消费使得农村中居民逐渐把他们个人幸福、有无能力以及在农村中有无威信相联系，从而使高消费成为农村社会中正当的、时尚的甚至是带有象征财富的标志，农村中消费文化的发展刺激村民的购买欲望以及攀比心态。

农村中的高消费主要体现在住房消费与红白喜事的巨大开支上。近两年来，随着农村经济快速发展和农民生活水平的提高，广大农民改善居住条件的热情又一次迸发了出来，继20世纪90年代农村建房热后，当下农村仍是农村最亮的一道风景线。在我国各地的乡村地区，到处都有建新房、盖新居，或乔迁新居的场景，农村中两层、三层的村民自建楼房随处可见，各式各样的小康村、中心村更为建房热添了把“火”。20世纪90年代以来农村新建房在质和量两个方面都有显著变化。不仅面积扩大，房屋内设施更加齐全，农村中新建房一般都以城市中楼房建设为参考，再加之农民从电视等媒体或亲临城市楼房格局中得到城市住房内部各种不同布局，这都使得农村中房屋建设趋向豪华、阔气。在建房中，农村中通过房屋建设显示经济实力、过度浪费、盲目跟风甚至光宗耀祖等现象也在抬头。住房消费仍将是农民较大的一项支出。

近年来，农村地区中农民家庭出现大请宾客潮流，请客名目甚为繁多，现在农村中不仅婚、丧两事需要巨额开支大力操办，而且老人祝寿、子女升学、小孩满周岁或生日、建房竣工、翻盖房顶、子女订婚等一般都要花钱大办。举办宴会人家花费巨额钱财甚至为此负债，村民随礼的开销也由先前的10～20元，上涨到100元甚至200元不等。尽管一笔笔大小不等的开销，让不少村民不堪忍受，但随大流的盲从心理，却使农村中请客风气愈演愈烈。农民摆酒席一般也有30多桌宴席，不仅燃放礼花、请人摄像、照相，还加了当地较有名气的民间乐队。

农村大操大办红白喜事，一是部分农民有了一定的积蓄后，开始讲面子，有的人因为要“面子”，哪怕借钱也要把事情办“风光”；还有就是“攀比”心理所致，你比我，我比你，都想压过别人，结果，请客风气愈演愈烈。现在，农村中粗略估计普通村民置办酒席以及请乐队、演电影、录像等各项花费至少也要16 000元。宴席场面越大，来人越多，越显主人家的实力与威望。

农村这种消费文化的抬头与当前农民经济的实力有关，是农村文化发展繁荣的一个趋势，

同时也是村民手头富裕后没有娱乐时间以及从容心态的一种表征。农村中消费文化一方面带来的是农村的浪费、攀比现象盛行，然而从另一个角度也投射出农村文化开始逐步有村民自己扮演、自行发起的痕迹。

改革开放以来，农村居民具有了更多的选择权利，农村文化逐步终结了为政治服务的口号，并开始获得了相对独立的发展空间。农民作为文化继承、发展、传播的主体，需要社会相对独立的空间来传承农村居民自己的世界观、信仰、伦理道德、审美意识、历史记忆等，当前农村文化中出现的消费文化的盛行从一方面看反映了农村文化中的陋习等不良风气，但是从更深层次来思考，则有农村文化自主繁荣迹象，这使得农村中主流文化更加趋于平民化、大众化，这是农村中主流文化的嬗变，这是农村中文化内生力量的展现，正好体现了改革开放以来社会背景的巨大变迁。

**(二)新农村建设中农村自主文化的成长**　2002年底，“社会主义新农村”这一概念在全国范围内开始重新提出。其实早在20世纪50年代，建设社会主义新农村就被提出过。然而，由于当时全国农村社会生产力普遍较低，全国农民的温饱基本难以保障，因此，发展农业生产是解决农民的穿衣吃饭和粮食需求的首要问题，建设新农村就成了维持农村和全社会的安定目标。然而文化大革命的爆发以及“宁要社会主义草，不要资本主义苗”思路的出台，农业生产发展缓慢，甚至停滞不前。改革开放之后，农村生产力获得了空前解放，农村各项事业都获得了飞速进步，农村居民温饱问题得到了解决。20世纪80年代初，我国提出“小康社会”概念，其中建设社会主义新农村就是小康社会的重要内容之一。当时，建设社会主义新农村是两个文明一齐抓。这是在总结历史经验教训特别是文化大革命的教训的基础上，根据我国社会发展的实际，适应时代进步的要求而提出来的。在新世纪之初再次提出社会主义新农村建设则是在新的历史背景中，在全新理念指导下的一次农村综合变革。在当前新农村建设中，农村文化内生力的展现，农村中村民自主文化也在不断成长。农村文化中村民自主文化的发展中最主要的特点是农村中文化正在不断摆脱对财政依托并逐步引入市场化运营。

新中国成立以来农村文化发展中的主要路径是政府主导文化发展。当前，农村文化发展中出现的新情况是各种形式的、灵活多样的市场化运营机制在农村文化发展中应逐步扮演主要角色。农村文化发展的市场化机制目前主要体现在农村文化规划以及农村文化发展所需资金市场化运营两方面。

首先，农村文化建设规划开始出现市场化趋势。农村文化发展建设中采取市场运营机制主要体现在财政拨款、社会捐款、个人投资，或直接采取招商引资的办法并以个人资金的大量投入为主。市场化运营机制的文化中呈现出村民个体或村民小团体代替国家或政府成为文化建设、文化发展的主体，乡镇等政府部门或文化行政部门负责监管的一种新格局。这种多元主体的格局显示了新时期下农村文化建设特有的运营机制，比较符合我国农村实际情况。我国现有村庄3万多个，全国各地农村自然条件、经济发展、生活习俗等情况差异突出，甚至同一地区内不同村庄的差别也十分明显。在差异性如此之大的农村内进行发展农村文化，单靠国家或政府的统一规划和行政干预不仅会出现全国农村文化呈现单一或缺乏发展内容的境况，而且这种做法也与农村各地文化发展客观现实相违背。农村文化的发展不可避免需要按照当地实际进行因地制宜、立足本地区当前的客观条件来展开。在这种模式下，农村文化发展引入市场运行机制，既可减轻国家和政府的压力，又可在市场竞争中切入本地区自然、人文特色，从而呈现出不同地区特有的、充满活力的新型农村文化。

当前我国农村中文化市场化运营规划机制的具体实施措施是以地方财政的投入作为政府职能部门的管理权和社会效益的代表，社会或个人捐资可以通过刻碑镌文或通过媒体作表彰，个人投入主要是农村中个体农民或农民小团体作为农村文化具体设施的经营者。农村中个人投入一般通过当地农民个人或小群体租赁承包本村农村文化活动，个人投入讲经济效益的回报，这不仅提高了农村文化场所最大限度产生的经济利润，而且个人投入以恰当合适的比例分配，以农村集体制的文化单位和租赁个人获得一定的经济效益回报，这也使得农村中基层政府中文化的从业人员，有更多的时间和精力进行实际的文化业务工作，如在农村文艺工作队中或农村文化宣传中进行全身心的工作，还可以在农村文化辅导等文化业务中进行高质量的引导性工作。农村中个体投资而获得的文化经营权、基层文化工作者专职承担文化发展这种农村文化规划格局使得农村文化在发展模式、发展后劲上有了切实的推动力量。

其次，农村文化建设所需资金也出现市场化融资趋势。吸纳社会上闲散浮游资金，以股份制形式整合农村文化发展中资金不足问题是未来新时期农村文化建设的另一个新的方向，也是农村文化自主发展的一个重要表现。这种股份制建立在政府文化职能部门监督下的机制，采用股份制办文化不是对农村文化的分化，更不是农村文化私有化、效益化或表面化的趋势。农村文化由村庄中农民自己来创办，这种创办文化的方式不仅可以使得农村文化发展更具有灵活性，而且市场化融资使得农村文化发展呈现出了多元格局，这正是新时期农村文化发展的新鲜活力所在。一些地区，特别是一些国家级、省级贫困地区，农村居民收入水平不高，政府财力有限，虽然国家已经和正在采取一系列措施逐步增加涉农资金投入，但由于资金投入点多面广，地方配套不到位、农村自筹形同乌有，这种模式筹集到的资金，相对新农村建设的迫切需要只能是杯水车薪。投入不足，“三边工程”、“烂尾工程”在所难免。所以，拓宽资金筹集渠道，采取市场化运作手段，按照“谁投资、谁受益”的原则，吸引民间资本和外商等各类开发主体参与新农村文化建设，无疑是加快新农村建设、提高新农村建设水平的有效途径。

## 第三节 农村文化发展的趋势

### 一、制度变迁概述

什么是制度，制度最一般的含义是，要求大家共同遵守的办事规程或行动准则。诸如政治制度、经济制度、法律制度和文化制度等专指某一领域的制度体系。在人类社会的大棋盘上，每个人都有其自身的行动规律，与立法者试图施加的规则不是一回事。如果它们能够相互一致，按同一方向作用，人类社会的博弈就会如行云流水，结局圆满。但如果两者相互抵触，那博弈的结果将苦不堪言，社会在任何时候都会陷入高度的混乱之中。

事实上，人类进入文明社会以来，制度的正向作用得到各个国家和各种社会形态的认同，以经济制度为前提和核心的制度变迁也成为治国安邦的首要战略，但令人疑惑不解的是，制度方向的变革陷阱重重，步履艰难。共同的非本土的制度固然有用，也很实用，但“拿来主义”行不通，举例来说，前苏联和东欧社会主义国家政治制度的崩溃以及随后的经济转轨、硅谷现象及电子商务的出现，欧元统一和市场一体化，日本和东南亚金融危机，非洲持续的种族隔离和长期的经济停滞，金融市场的全球一体化与不断出现的货币危机等，看似市场现象所致，其深

层原因不得不将它们纳入制度考察的范围，这些都是制度变迁潜滋暗长的革新力量，孕育着系统变革。

所以，各领域制度层面问题是相互交织，密不可分，虽然经济制度变迁是牵一发而动全身，但人类行为的制度特征更重要的是文化层面，诸如约定俗成的道德观念，法律法规等具有不可割裂的传统制约性，在制度变迁过程中具有特殊的内在规定性和持久的影响力。

纵观我国60年来因制度变迁引发的农村文化变化，不难看出，在复杂、系统、全面的制度安排下，制度变迁机制既有相关性，又不排除各领域的相对独立性和创造性。无论是新中国成立后我国政治、经济、文化、社会各领域制度安排还是改革开放以来各领域制度变迁无不体现出中国特色。其显著特点是传统与现代的制度的共生性和相融性，变革性和继承性，始终会留下历史和传统的烙印。我们要把握制度变迁中各领域系统性和整体性以及各领域的独立性和创造性。

## 二、制度变迁视角下我国农村文化发展趋势

新中国成立是中国历史上制度变迁最为显著的革命性变革，由孙中山领导的旧民主主义革命和毛泽东等中国共产党人领导的新民主主义革命推翻了几千年的封建专制和近代中国半殖民地半封建的社会制度，夺取了中国反对帝国主义、封建主义、官僚资本主义的彻底革命胜利，从国家意义上和制度层面上实现了伟大变革，成立了中华人民共和国并逐步建立了我国基本的政治、经济、文化、军事、外交和社会各领域制度，在这些不断完善的制度体制的指引下，夺取了新中国建设史上一个又一个胜利，新生的中国农村大地焕发出勃勃生机，农村文化也植入了集体主义、社会主义的活力，农民主体意识得到极大的解放，一代又一代新中国农民进行了农村社会主义制度的崭新实践。

改革开放的号角使我国从“左”的禁锢中解放出来，以农村土地联产承包责任制为导向的农村改革吹响了我国改革开放的坚定号角，拉开了改革开放的崭新序幕。党的十一届三中全会以后我国农村改革取得巨大成就，农村文化得到前所未有的繁荣发展，改革开放环境下的我国农民以极大的创造热情给中国大地以无限活力，在致富达小康的征途上留下一串串辛劳致富，勇闯难关的坚实脚印，以此来分析制度变迁视角下我国农村文化发展。

第一，致富达小康观念成为社会主义新农村文化的最大主题和显性追求。党的十六届五中全会通过的《建议》指出：“要按照生产发展、生活宽裕、乡风文明、村容整洁、管理民主的要求，坚持从各地实际出发，尊重农民意愿，扎实稳步地推进新农村建设。”其中“生产发展、生活宽裕”是建设社会主义新农村的前提要求。在我国农村小康社会目标的实现过程中，广大农民群众普遍牢固树立了“致富奔小康”的思想观念，这种观念内化为一种文明发展进步的理性冲动和自觉行动，这是“乡风文明、村容整洁、管理民主”的社会主义新农村文化的正确导向和逻辑起点。只有生产发展了，生活宽裕了，村容整洁了，管理民主了，“乡风文明”的目标才能实现，乡风文明是社会主义新农村文化的总体要求，也是建设社会主义新农村的灵魂。“乡风文明”中深刻蕴含了农民群众“致富奔小康”的文化内涵，所以不断提高农民群众达小康谋致富的思想道德和科学文化素质成为社会主义新农村文化建设的最大主题和显性目标，也是建设社会主义新农村制度政策安排的首要任务和本质要求。

第二，多元化多样性成为社会主义新农村文化发展的显著特征。建设有中国特色社会主义政治、经济、文化是一个统一整体，其目标和任务在社会主义新农村建设中都会有充分的体

现。随着广大农村树立落实科学发展观，构建社会主义和谐社会的各项事业的不断发展，农村的改革开放发展将进入新的阶段。按照科学发展的要求，城乡一体化将极大地促进城乡文化的大融合，在中国特色社会主义理论体系和发展道路上，农民思想文化多元化和农村文化形式多样化将进一步发展，“有文化，懂技术，会管理”的新型农民走上新农村建设的大舞台，城乡文化反差将会大大缩小，以工促农，以城带乡，城乡互动既是我国经济社会发展的大趋势大特点，也是农村文化多元化、多样化的新的起点和契机。

第三，城乡一体化成为社会主义新农村文化建设的机制和目标。建国60年来，我国城乡二元结构长期困扰着城乡经济的发展，成为加快农村改革发展的瓶颈，农村以农为主的一元特征长期得不到改善，第二、第三产业缺乏发展机制和空间，缓慢滞后，这也是导致农村文化单调贫乏，缺乏创新的深层物质条件方面的原因。根据中共中央办公厅、国务院办公厅2005年11月7日颁发《关于进一步加强农村文化建设的意见》、2006年9月13日中共中央办公厅、国务院办公厅颁发的《国家“十一五”时期文化发展规划纲要》的要求，今后要坚持“多予少取放活”，大力改善农村文化设施，有效整合利用现有文化资源，理顺文化体制机制，加强文化产品和服务供给，丰富公共文化活动，缩小城乡文化发展水平，要通过广播电视“村村通”、农村电影放映、乡镇综合文化站建设、流动综合文化服务车四大重点工程拉近城乡文化发展差距，促进城乡区域间文化协调发展，加快建立“互助互促、互推互进，平等和谐、共同繁荣”的城乡文化经济协调发展格局，不失时机地稳步推进城乡文化经济一体化，不断缩小城乡在精神文明建设特别是文化事业发展方面的差距，真正实现当地经济与文化、城市与农村的协调发展。

第四，参与竞争，挖掘资源成为社会主义新农村文化大发展大繁荣的重要途径。要从科学发展观高度来认识农村文化建设，把加强农村文化建设作为建设社会主义新农村的重要任务，这就要求我们要在农村文化建设中贯彻以农民为本的思想，目的是实现经济、社会和人的全面发展。美国学者阿列克斯·英克尔斯曾明确指出：“人的现代化是国家现代化必不可少的因素，它并不是现代化进程结束后的副产品，而是现代化制度和经济赖以长期发展并取得成功的先决条件。”农民群众是文化的主体，文化即是人化。作为主体，农民既要享受文化，更要创造文化，展现文化。随着农村文化产业的兴起，农村文化要主动参与较大范围文化领域的竞争，让农村文化走出乡村，走向舞台荧屏，走入都市，走向国外，农村文化硕果要充分绽放在文化百花园中，让乡土气息弥漫在富丽堂皇的文化殿堂上，培育更加富有创新的文化沃土。参与竞争是农村文化主体的愿望和归宿。农村积淀着丰厚的文化基因和资源，挖掘本土的各种农村文化建设资源，以保持农村文化持续发展。要充分利用乡土、传统、外部的民间资源，依靠政府力量和村庄文艺能力，有组织地自我运作，紧密结合当地教育，加强村校协作，开办乡村成人学校，开辟固定的特色文化传习场所，积极引进文化人才帮助农村群众收集、挖掘、整理、提升当地文化品牌和产品资源，形成有利于展现传播的农村文化载体。把文化资源挖掘与新农村文化与时俱进结合起来，利用传统的农民喜闻乐见、便于参与的文艺形式，宣传政策、法律、道德风尚，培育像城市文化那样火爆的乡土特色的群众性集体文化教化形式和节目，从而让农村文化成果在参与竞争中脱颖而出，促进农村文化产业化，加快文化与经济协调发展，让文化成为新农村建设的助推器。

第五，一些根深蒂固的传统落后的农村文化因素将长期存在并传播。在一些偏僻封闭、经济社会发展缓慢的农村，传统文化的沿袭仍占上风，尤其是习俗和迷信成为农村社会生活中挥之不去的东西，有些落后的陈规陋习严重地影响着新鲜文化因素的融入。由于传统文化习俗

的传承特点和农村文化相对单一，一些根深蒂固的落后文化因素将长期存在，农村文化建设任重而道远。

## 三、制度变迁视角下我国农村文化发展存在的问题

我国已进入全面建设小康社会，加快现代化进程的新阶段，开始了工业化社会中期即重化工业阶段，我国仍属于社会主义初级阶段。中国特色社会主义政治建设、经济建设、文化建设、社会建设“四位一体”总体布局的各项事业科学发展的任务十分艰巨，体制机制亟待完善，在有些领域需要进一步解放思想，改革创新，需要一系列制度、政策和法律来保证。文化领域特别是农村文化滞后于经济社会发展的问题比较突出。

一是“四位一体”总体布局框架下农村文化建设是薄弱环节。长期以来，农村文化发展明显滞后于城市，特别是基础设施建设和社会事业发展方面比较明显。农村公共文化设施在农村文化发展中具有基础地位和重要作用，是新农村文化事业发展的重要标志。农村社会事业发展水平直接影响着新农村建设，同时直接影响农村文化基本条件和根本动力。比如一些行政村没有通公路，还有没通电的，没通电话的；农村人口中初中文化程度比例仍然较低，不足40%。这些带普遍性的制约因素是需要长期坚持不懈下力气解决的根本问题，关系到农村子孙后代，关乎农村文化可持续发展的潜力问题，关系到全面小康社会主义建设和农民生存质量的关键问题。

二是农村文化建设投入与农民日益增长的精神文化需求差距明显。我国总体上进入到以工促农，以城带乡的发展阶段，一定要在“多予”上下功夫。国家已经加大对“三农”的投入力度，投入格局中农村文化建设比例较小，配套资金难以落实，“文化扶贫”启动缓慢，难以从根本上解决农村文化自我生存和自我发展的能力。在农村文化建设投入中效率不高，一些文化设施项目难以贴近农民群众文化生活实际，一概而论多，因地制宜不够，重建设轻使用，重投入轻组织，与群众日益增长的精神文化需求不相适应。另一方面从制度上保证共建共享农村文化有待加强，引导农民群众参与文化创新招数不多，功夫不够，农村各类文化组织机构发展缓慢，载体建设滞后，不利于农村主流文化整合与普及，这些都严重制约并影响农村文化的先进性和可持续发展。

三是加快社会主义新农村文化建设背景下文化人才培养滞后。农村文化要发展，人才是关键。尽管舞台上散见一些土生土长的农民文化精英，他们也掀起了农村文化走出去的大旗，但对于广阔的农村来说，还没有建立一整套农村文化人才队伍培养机制，没有营造出有利于优秀文化人才成长的良好环境。最重要的是农村文化建设组织化程度低，农村文化干部缺乏，有的乡村农村文化组织空白，还没有将文化建设提到精神文明建设的重要认识上来，没有专人负责。对农民群众的人文关怀要从头抓起，纳入新农村建设整体规划中来。农村缺乏对乡村文化能人、民间文化老艺人的培养和关怀，许多文化遗产和品牌后继无人，存在散失的危险。要十分珍惜现有农村文化人才稀缺资源，及时启动“民族民间文化保护”工程，积极申报非物质文化遗产保护项目，让民间文艺绝活焕发新的艺术活力，并打造好乡村文化品牌；要吸引文化人才到新农村文化建设前沿来，还要培训锻炼一批有志于农村文化建设的专门人才，激发广大农民群众文化创造热情，把党和国家加强农村文化建设的政策保障落到实处。

四是农村文化产业化发展和市场培育亟需加强。加快发展农村文化产业是市场经济条件下满足我国农村居民日益增长的精神文化需要的必然要求和重要途径。在我国文化事业和文

化产业化步伐加快形势下，农村文化产业化明显滞后，农村文化底蕴深厚且发育较早的发达地区镇村文化产业化程度较高，产业化项目、文化团队、文艺人才和艺术产品十分活跃，成为新农村建设的亮点和服务业发展的重点，文化效益、经济效益、品牌效益十分明显。农村文化产业化滞后与政府文化管理体制直接相关，受制于农村文化经费投入不足，受制于基层文化建设参与力量单薄，受制于发展文化的社会化机制缺失。所以，在国家加大农村文化基础设施硬件建设的同时，一定要在加强农村文化公共服务体系和培养能够领办文化项目的人才方面下功夫，要引导文化服务中心、文化大户、文化经济人和其他经营性文化实体面向广大农村，走出一条农村文化产业化发展路子，在培养文化龙头产业，带动乡村民间文化人才，打造乡土文化精品方面下功夫，从而让农村文化产业化成为带动新农村建设的引擎，为社会主义新农村文化大发展大繁荣创造条件，取得成果，为我国社会主义新农村建设添砖加瓦，塑造丰碑。

## 参考文献

[1] 哈维兰，瞿铁鹏译．文化人类学．上海：上海社会科学院出版社，2006.

[2] 刘豪兴．农村社会学．中国人民大学出版社，2004.

[3] 马克思，恩格斯．《马克思恩格斯选集》(第2卷)．人民出版社，1985.

[4] 郭于华．民间社会与仪式国家．读书，1999(9).

[5] 国家统计局．《新中国五十年统计资料汇编》. 2000.

[6] 王露璐．中国农村改革30年来的伦理变迁与反思．《光明日报》，2009.

（作者：刘　春 内蒙古自治区团委副书记、中国农业大学博士生，
冯开文 中国农业大学教授、农经系主任）

# 第三十八章　农村的扶贫开发

缓解和消除贫困，实现全体中国人民的共同富裕，是我国政府始终不渝的宗旨和坚持不懈的目标。中华人民共和国建立以来，特别是改革开放30年来，我国政府根据国民经济发展水平和农村贫困主要特征，分阶段制定发展农业生产、促进农村发展，提高农民生活的政策措施，努力推动统筹城乡发展进程，走出了一条具有中国特色的农村扶贫开发道路，解决了2亿多绝对贫困人口的温饱问题，不仅创造了中国历史上的奇迹，而且为全球反贫困事业做出了巨大贡献。

## 第一节　扶贫开发的历程与成就

新中国成立后，在中国共产党的带领下，全国人民共同奋斗，在贫穷落后的基础上，努力建设一个具有中国特色的社会主义现代化国家。60年来，在中国特色的社会主义道路上，我们成功地打了一场扶贫开发的攻坚战。以全球7%的耕地养活世界22%的人口，解决了13亿人的温饱问题，成为中国对世界的巨大贡献。1978年开始的农村改革，确立了农村以家庭经营为基础、统分结合的双层经营体制，为缓解农村贫困奠定了制度基础。1986年开始实施有组织、有计划、大规模扶贫开发，经过20多年的努力，使农村贫困人口的温饱问题基本解决。2002年以来，中国政府在科学发展观的指导下，统筹城乡发展，逐步形成了一个集行业政策、区域政策和社会政策于一体的“大扶贫”格局。中国缓解农村贫困的努力取得了举世瞩目的成就。

### 一、基本解决了农村贫困人口温饱问题

根据中国政府的贫困标准，中国农村尚未解决温饱问题的绝对贫困人口数量从1978年的2.5亿下降至2007年的1 479万，占农村居民总人口的比重从30.7%下降至1.6%；温饱问题初步解决但不稳定的低收入贫困人口从2000年的6 213万减少至2007年的2 841万，占农村居民总人口的比重从6.7%下降至3%。贫困人口的收入水平和生活质量也有很大程度的提高。

### 二、贫困地区农民收入稳步提高

1989—2008年，国家扶贫开发重点县农民人均纯收入从303元增加至2 611元。其中，2003年至2007年增长最快，从1 305元增加至2 278元，5年间年均增长9.04%，连续5年高于全国平均7.47%的增幅。应该说这是很不容易的，也是1986年以来首次出现这种情况。

### 三、基础设施显著改善

2002—2008年，国家扶贫开发工作重点县通公路、通电、通电话和通广播电视的自然村

中,通路从72%提高至84.4%,通电从92%提高至96.8%,通电话从52.4%提高至87.5%,通广播电视从83%提高至92%,饮用自来水、深井水农户比重达到了58.1%。

### 四、社会事业深刻变化

2002—2008年,从国家扶贫开发重点县行政村的角度来看,有幼儿园、学前班的村占调查村的比重从7.38%增至55.2%;有卫生室的村占调查村的比重从9.86%增至77.4%;有合格乡村医生、卫生员的村的比重从10.18%增至77.4%;有合格接生员的村的比重从9.58%增至73.7%。

### 五、区域经济加快发展

一部分重点县产业结构、就业结构发生了重大的调整,部分资源大县、旅游大县和产业结构成功调整的重点县实现了超常规的发展。经过多年扶持,国家扶贫开发工作重点县面貌发生了很大变化,国内生产总值和第一产业增加值增长速度高于全国平均水平,劳动力就业结构也进入快速调整期。

### 六、初步建立了农村社会保障体系

到2008年底,全国农村最低生活保障制度覆盖人口达到4 305.5万,农村五保救济覆盖人口为548.6万;此外,还有831万人次得到了农村临时救济。农村传统救济人次数达到63.2万人次。从制度上保障了农村贫困人口的基本生存。

扶贫开发取得的伟大成就,不仅促进了贫困地区经济社会发展,缓解了农村贫困状况,优化了国民经济结构,而且对于民族团结、政治稳定、边疆巩固、社会和谐发挥了重要作用。根据外交部与联合国驻华系统合著的《中国实施千年发展目标情况报告》,无论按照我国政府的扶贫标准,还是参考国际扶贫标准,我国都是最早提前实现千年发展目标中贫困人口减半目标的发展中国家。1990—2005年,全球生活在1美元/天贫困线下的人口减少到14亿,共减少了4.18亿,降低了23%。如果不包括中国,则全球的贫困人口实际增加了5 800万。

## 第二节 扶贫开发的做法与经验

我国缓解农村贫困的伟大成就,有着深刻的背景和不可或缺的条件。改革开放以后,制度创新、经济增长、专项扶贫、城乡统筹等各项战略措施的配套投入,共同构成了我国反贫困的推动力量和实现大规模减贫的决定因素。

### 一、坚持解放思想,不断深化改革

我国农村的扶贫开发,伴随着思想解放和经济发展的进程,不断创新体制,完善政策,强化手段。在体制创新方面,主要有4个比较大的突破。一是通过体制改革来推动扶贫,废除人民公社,建立家庭承包经营体制;二是实行专项扶贫计划,提出变输血为造血,确定了开发式扶贫的方针,实行有组织、有计划、大规模的专项扶贫计划;三是随着经济不断发展,国力不断增强,从党的十六大以后,实行城乡统筹,形成了一个大扶贫的工作格局;四是通过建立低保,提高扶

贫标准，形成两轮驱动的工作格局。

## 二、促进国民经济增长，保持农村稳定发展

新中国成立尤其是改革开放以来，我国政府坚定不移地推进改革开放和社会主义现代化建设，国民经济稳步增长，综合国力不断增强，工业化、城镇化、现代化水平迅速提高，人民生活从温饱不足发展到总体小康。1978—2007 年的 30 年间，我国经济保持年均 9.8%的增长速度。到 2008 年，财政收入突破 6 万亿元，人均 GDP 达到 3 300 美元。在这个过程中，提供了大量的就业机会，包括大力发展乡镇企业，2 亿多农业劳动力转为非农业就业。农业基础得到加强，农产品产量大幅度增长，我们用全世界 7%的耕地和 6%的水资源养活了占世界 22%的人口，保证了基本的食物需求。同时，为结构调整、退耕还林、生态建设创造了条件。

## 三、坚持政府主导，强化政府责任

第一，在制定国民经济和社会发展中长期规划时，始终把农村扶贫开发作为重要内容，放在突出位置，并在 1994 年颁布实施《国家八七扶贫攻坚计划》，2001 年颁布实施《中国农村扶贫开发纲要(2001—2010 年)》。

第二，根据国民经济发展水平和国家财力状况，确定国家扶贫标准，从主要考虑基本解决温饱提高到稳定解决温饱；根据贫困人口的分布状况，适时确定并调整国家扶持的重点区域，工作重心从贫困区域下沉到重点县，并进一步到贫困村，使扶贫工作进村入户，瞄准贫困人口。

第三，建立健全从中央到地方的扶贫工作领导机构；实行资金、任务、权力和责任“四个到省”的扶贫工作责任制和各级政府扶贫工作首长负责制。

第四，不断加大投入力度。中央财政扶贫资金从 1986 年的 19 亿元增长到 2009 年的 197 亿元。1980—2008 年，中央财政专项扶贫资金累计投入了 1 720.19 亿元，中央财政贴息扶贫贷款，累计投入了 2 143.42 亿元。地方各级政府的扶贫投入也不断增加。

## 四、动员社会参与，加强国际合作

第一，组织 272 个国家机关、企业事业单位定点帮扶了 481 个国家扶贫开发工作重点县。选派优秀中青年干部到重点县任职，帮助工作。发挥部门优势为贫困地区引进资金、项目和人才。

第二，组织 15 个沿海的发达省(直辖市)对口帮扶西部的 11 个不发达的省(自治区)。东西扶贫协作的方式逐渐从单向支持转为“优势互补、互惠互利、长期合作、共同发展”。从送钱送物转为促进发展，提高贫困地区和贫困人口的自我发展能力。

第三，组织民营经济参与扶贫事业。1994 年开始的光彩事业，以项目投资为中心，开发资源、兴办企业、培训人才、发展贸易，并通过包括捐赠在内的多种方式促进贫困地区的经济发展和教育、卫生、文化等社会事业的进步，投资超过 1 300 亿元，捐款超过 170 亿元。

第四，充分调动民间组织参与扶贫事业的积极性，探索针对特定人群的扶贫方式，如共青团中央发起的“希望工程”，全国妇联发起的“春蕾计划”、“母亲水窖”，中国人口基金会发起的“幸福工程”，中国扶贫基金会发起的“母婴平安 120 项目”等。

第五，与有关国际组织、双边机构和国内外民间组织合作，联合实施多种形式的扶贫项目或活动。

## 五、实施开发式扶贫，倡导自力更生

开发式扶贫是我国扶贫工作的基本方针，主要内容是，帮助贫困乡村开展基础设施建设，实现通路、通电、通邮、通广播电视；通过农田水利建设，提高贫困农户的土地生产能力；支持贫困农户发展种植业、养殖业和小型加工业项目；组织各类职业技术培训，引入农业新技术和新方法；开展大规模的劳务输出和自愿移民搬迁，创造就业和发展机会等。近年来采取的主要措施有，实施整村推进扶贫开发规划，全面改善贫困地区的基本生产生活条件；开展贫困地区劳动力培训，提高农业生产技能，增加外出就业机会；促进产业扶贫，调整贫困地区产业结构；组织扶贫移民搬迁，从根本上解决自然条件极度恶劣地区群众的生存问题，减轻这些地区的生态环境压力；开展集中连片贫困地区治理的试点，探索深度贫困问题的解决途径。扶贫开发的主体是贫困地区的干部群众，最终目的是提高他们的自我生存和发展能力。因此，在开发式扶贫过程中，始终强调发动群众，依靠群众。20 世纪 90 年代以来，积极推行参与式扶贫的理念和方式，让贫困人口直接参与扶贫开发项目与资金使用决策；促进贫困人口的能力建设，增强个人的自我积累、自我发展能力；通过社区主导型发展的试点，推进村民自治和基层民主制度建设，进一步焕发贫困群众自强自立、自我发展的精神。

## 六、采取有效措施，关注特殊贫困群体

针对少数民族、妇女和残疾人的贫困特点，我国政府采取了特殊的措施。一是按照《中华人民共和国民族区域自治法》规定，切实加大民族地区扶贫开发力度。制定《扶持人口较少民族发展规划(2005—2010 年)》，开展“兴边富民”行动，不断增加对民族地区的扶贫投入，各项扶贫措施向民族地区倾斜。二是促进贫困妇女公平参与。《中国妇女发展纲要(2001—2010 年)》将“保障妇女获得平等的就业机会和分享经济资源的权利，提高妇女的经济地位”作为奋斗目标。在扶贫开发中，制定了使妇女直接受益的政策，采取有效措施确保贫困地区女童完成九年义务教育，努力扫除妇女文盲，通过培训提高她们的就业和创收能力，通过小额信贷等手段增加妇女参与经济社会活动的机会。三是采取特殊措施帮助贫困残疾人。我国政府在“十五”和“十一五”期间都制定了残疾人事业发展纲要，对缓解残疾人贫困提出明确要求。每年专项安排康复扶贫贷款和其他资金，扶持贫困残疾人发展生产，增加收入。扶贫资金和项目的安排采取了同等条件下残疾人优先的原则。2003—2007 年，全国有 1 200 多万贫困残疾人基本生活得到了保障。

## 七、坚持城乡、区域统筹，促进科学发展

在全面建设小康社会和构建社会主义和谐社会的过程中，我国政府把保障贫困人口的基本生存权和发展权、促进区域和城乡协调发展、缩小不同阶层收入差距作为重要任务。一是统筹城乡发展。全面推行农村税费改革，取消农业税、牧业税、特产税和其他不合理的收费，减轻农民负担。建立农业补贴制度，对农民实行粮食直补、良种补贴、农机具购置补贴和农业生产资料综合补贴，鼓励农业生产。明确提出建设社会主义新农村的任务，加大对农村路、水、电、气等基础设施的投入力度，实施农村道路、广播电视“村村通”工程，大力解决农村人、畜饮水安全问题，加快农村电网改造，大力推进农村沼气事业发展，加快改变农村生产生活条件和整体面貌。二是统筹区域发展，继续实施西部大开发和中部崛起战略，加大对中、西部地区的财政

转移支付力度，通过退耕还林还草政策改善西部自然条件恶劣地区的生态环境，增加当地农民的收入。三是全面发展农村社会事业。改革农村义务教育管理体制，从2007年起在全国农村实行免除中小学学杂费、教科书费，补助贫困学生寄宿费的"两免一补"政策，使1.5亿名学生和780万名家庭经济困难寄宿生受益。加快农村医疗卫生事业发展。新型农村合作医疗覆盖了全国83%的县，并出台相关措施对困难群众实施医疗救助。在农村实施计划生育家庭奖励扶助制度和少生快富工程，促进人口与经济社会的协调和可持续发展。四是切实保护农民工权益。国务院建立农民工工作的部门协调机制；清理了农民工进城务工的种种歧视性规定和不合理收费，并逐步放宽农民工进城就业和定居的条件；安排专项资金，实施农村劳动力转移培训的"阳光工程"和针对贫困家庭劳动力的"雨露计划"；建立健全城乡就业公共服务网络，为农民工提供免费的法律政策咨询、就业信息、就业指导和职业介绍，着力解决其在城市生活就业中遇到的难题。

## 第三节　扶贫开发的挑战与展望

### 一、扶贫开发面临的挑战

我国的扶贫开发取得了举世瞩目的成就。但是，我国的减贫事业依然任重道远。面临的新情况、新挑战、新问题主要如下。

**(一)贫困规模依然庞大**　按照我国新的扶贫标准，即人均纯收入1 196元，扶贫对象为4 007万人，占全国农村人口的4.2%。如果参照国际标准，我国的贫困人口规模更大。

**(二)贫困程度较深**　主要是一些特殊类型的贫困地区，包括西北干旱、荒漠地区，青藏高原，岩溶地区，秦巴山区和陆路边境地区。所谓贫困程度深有两个大的方面，一个是基础设施欠账太多，一个是社会事业发展滞后，老百姓的实际生活状况和其他地方相比差距还是非常大的。现在少数民族贫困人口在全国所占的比例越来越大。到去年贫困人口当中的少数民族已经占到了52%以上，比较严重的问题，就是最近几年全国贫困人口下降的幅度很大，但是少数民族所占的比重，每年要提高2个百分点。总体来说，革命老区、少数民族地区、边疆地区扶贫的任务都十分艰巨。

**(三)返贫问题突出**　在我国4 007万贫困人口当中，2/3是处于刚刚解决温饱，但极不稳定的状态。随着教育、卫生等社会公益事业的不断强化，因病、因学致贫的问题，现在相对变得缓和一些。与此同时，自然灾害造成的返贫问题就显得更加突出了。根据国家统计局的检测分析，贫困地区遭受严重自然灾害是全国平均水平的5倍。随着贫困人口的减少，返贫问题现在变得越来越突出，致贫原因变得更加复杂了。

**(四)收入差距扩大**　城乡之间收入差距越来越大。2002年是3.1∶1，2008年扩大为3.31∶1，城乡之间的收入差距首次突破了1万元。现在农村是4 761元，城市已经是15 700元。除了城乡之间的差距，农村内部的收入差距也在扩大。按照农村居民收入五等分的情况来看，2002年农村最高收入家庭是最低收入家庭的6.9倍。而到了2007年，这个差距就扩大到了7.3倍。这个趋势，还在发展。

**(五)全球金融危机和经济衰退对贫困地区的挑战**　金融危机对贫困地区的影响也是很大

的，而且在逐步加深。从2009年上半年了解的情况看，一部分沿海地区的出口企业停产、半停产，造成贫困地区的农民工返乡。全国农村农民工平均提前返乡15%，一些贫困地区是30%左右。一些支柱产业也受到了不同程度的冲击，价格也都大幅度的下降。根据国家统计局的最新报告，2009年一季度，国家扶贫开发工作重点县农户人均现金收入中，工资性收入增长10.1%，增幅比去年同期回落了10.2%；家庭经营收入增长3.4%，增幅同比下降14.3个百分点（扣除物价因素，增幅同比下降4.9个百分点）。金融危机对发达地区、对富人的影响可能是少收几个，多收几个的问题，但是对贫困地区、对穷人的影响却是生存问题。

## 二、对扶贫开发的展望

**（一）扶贫开发的目标**　立足社会主义初级阶段基本国情，消除贫困、缩小差距将是贯穿我国社会主义初级阶段的长期而艰巨的历史任务。扶贫开发体现了中国共产党和我国政府以经济建设为中心、用发展的办法解决前进中问题的指导思想，是推进社会主义新农村建设、进而全面建设小康社会的一个重要内容，是坚持以人为本、促进科学发展的一个生动体现，也是增进社会融合、促进社会和谐的一项基础措施。因此，我国政府将按照到2020年“绝对贫困现象基本消除”的奋斗目标和统筹城乡发展及以工促农、以城带乡的要求，不断加大对革命老区、民族地区和边境地区发展的扶持力度，继续坚持开发式扶贫的方针，推动扶贫工作的制度创新，完善国家扶贫战略和政策体系。

到2010年，我国农村扶贫开发的目标是：完成《中国农村扶贫开发纲要（2001—2010年）》确定的任务，基本解决农村贫困人口的温饱问题，并逐步增加他们的收入；按照建设社会主义新农村的要求，在全面推进和加快15万个贫困村的整村推进扶贫规划实施的基础上，确保完成人口较少民族聚集地区、国家扶贫开发工作重点县中的边境贫困村和革命老区中的贫困村整村推进任务；基本实现行政村通广播电视，自然村通电，具备条件的建制村通公路；继续解决人、畜饮水困难，努力提高饮用水安全水平；基本实现行政村有卫生室；全面普及九年义务教育。

到2020年，农村扶贫开发的目标是：基本消除绝对贫困现象，努力控制发展差距扩大的趋势；满足贫困群众对基础设施和公共服务的基本需求，提高贫困地区和贫困人口的自我发展能力；国家扶贫开发工作重点县农民人均纯收入年均增长幅度持续高于全国农民人均纯收入增长水平；特殊类型贫困地区的行路、饮水、用电、就学、就医等基本民生问题得到基本解决。努力为全面建成小康社会奠定基础。

**（二）扶贫开发的做法**　为实现上述目标，我国将在促进国民经济又好又快发展、坚持强农惠农政策、健全农村社会保障体系的同时，继续坚定不移地推进专项扶贫开发。

1. 优化扶贫宏观环境　一是实施向贫困群体倾斜的发展战略。继续加大对农村、尤其是贫困地区基础设施和社会公共事业的投入，为农村人口向城镇转移创造条件。二是完善财政税收金融政策。继续加大对农业和农民的补贴力度，建立统一、规范、透明的财政转移支付制度；通过有关税收政策的调整，如开征资源补偿、生态补偿方面的税种，调节利益关系，开辟扶贫投入新渠道；加快贫困地区金融改革的步伐，通过培育不同所有制性质的小型金融组织、农户互助合作金融组织和其他非政府金融组织，满足贫困农户对小额信贷的需求。三是坚持向贫困地区倾斜的区域战略，继续推进西部大开发和中部崛起。

2. 逐步提高扶贫标准　根据我国目前经济发展水平和农村居民生活支出的实际，综合

考虑生存和发展的需要，借鉴国际经验，适时提高国家扶贫标准，扩大农村扶贫政策覆盖范围，逐步建立与农村居民生活消费的特点、水平以及城乡、区域协调发展需要相适应的扶贫标准调整机制。

3. *继续增加扶贫投入*　根据国家经济社会发展水平、各级政府财力增长状况和贫困地区、贫困人口发展需要，不断加大扶贫开发资金投入，使之与扶贫开发工作的需要相适应。

4. *制定新的扶贫开发规划*　在努力推进《中国农村扶贫开发纲要(2001—2010年)》的实施，确保目标、任务如期实现的同时，认真研究和制定2011—2020年农村扶贫开发纲要。

5. *推进扶贫重点工作*　一是加大整村推进扶贫规划工作力度，加快人口较少民族地区、边境地区和革命老区实施进度。二是加大"雨露计划"实施力度，每年确保完成100万贫困劳动力转移技能培训，1 000万劳动力实用技术培训。三是加大产业化扶贫力度，2010年前，争取每个重点县培育1～2个扶贫龙头企业。四是加大扶贫移民力度，结合区域开发、国土整治和生态建设项目，积极稳妥地实行移民安置。五是积极探索解决特殊类型地区贫困问题的途径和方法。

6. *完善扶贫开发机制*　创新扶贫资源和力量整合机制，促进专项扶贫、行业扶贫、定点扶贫、东西扶贫协作和社会扶贫的有机协调配合，实现贫困地区社区建设、农户经营、人口素质等方面的综合发展。完善贫困瞄准机制，实现区域瞄准、社区瞄准、农户和个体瞄准的有机结合，提高扶贫开发项目的成效。完善扶贫资金管理和使用机制，大力推行扶贫资金项目公告、公示制度和绩效考评制度，提高扶贫资金使用效益。完善扶贫开发统计监测机制，力争全面、系统、动态地反映贫困人口收入、生产、就业、生活变化以及贫困地区的经济发展和社会进步的情况，为政府决策提供科学依据。完善扶贫开发管理机制，强化"省负总责、县抓落实、工作到村、扶贫到户"的权责体系。

7. *强化社会扶贫的作用*　一是拓展部门扶贫的工作领域，完善部门定点扶贫政策措施，明确行业扶贫的任务。有关部门在制定相关产业、行业政策时，要充分考虑贫困地区和贫困人口的利益，在安排项目和资金方面向贫困地区和贫困人口倾斜。二是强化东西扶贫协作机制，加强帮扶，扩大领域，深化合作。三是积极探索各类市场主体参与扶贫开发的有效方式。四是继续开展与国际社会在反贫困领域的交流与合作。

8. *切实维护贫困人口权益*　大力发展提高贫困人口基本素质的各项社会事业。如发展和完善新型农村合作医疗；采取更有效措施普及九年义务教育；加大对贫困地区劳动力的培训力度；在贫困地区推广先进适用技术。通过制度建设和机制改革提高贫困人口对公共事务的参与程度。发展各类农民专业合作组织，提高农民自主议事、自主决策和自我发展的能力。关注农村妇女贫困状况，继续发挥妇女在农村发展和扶贫工作中的作用，促进两性平等发展。通过不同渠道反映贫困群众的呼声，维护他们的基本权益。

9. *促进重大政策的贫困影响评价*　增强政府决策过程中的扶贫意识，逐步建立一套比较完整和科学的评价方法和指标体系，在实施重大政策和产业开发项目时开展贫困影响评估工作。

扶贫开发是贯穿社会主义初级阶段的一项长期而艰巨的历史任务。基本解决农村贫困人口的温饱问题只是完成这项历史任务的第一步，缩小差距、走向小康、构建和谐、共同富裕，将是一个长期的奋斗过程。我们要充分认识做好这项工作的长期性、艰巨性、复杂性，认真贯彻落实党中央、国务院的部署和要求，逐步完善国家扶贫战略和政策体系，坚持开发式扶贫方针，

实现农村最低生活保障制度和扶贫开发政策有效衔接。按照新的扶贫标准，对农村低收入人口全面实施扶贫政策。突出工作重点，完善工作机制。充分发挥行业扶贫作用，继续动员社会各界参与扶贫事业，积极开展反贫困领域国际交流合作。促进扶贫开发与社会主义新农村建设相结合，实现贫困地区经济、社会、文化、生态协调发展，使全体人民共享改革发展成果，为实现党的十七大提出的到2020年绝对贫困现象基本消除的战略目标贡献力量。

（作者：刘福合 国务院扶贫办政策法规司）

# 第三十九章 农民收入与生活质量

## 第一节 农民收入变化的特征与影响因素

新中国成立60年来，尤其是改革开放30年来，随着社会主义市场经济进程的推进和农村社会经济的变化和发展，我国农民收入水平大幅增加，收入渠道不断拓宽，收入构成日趋多元化。但伴随着社会需求发生变化和农业生产结构的调整，出现了农民收入增长速度放慢、农业增产不增收等新情况和新问题。农民收入增长缓慢，不仅关系到农业的发展和农村的稳定，而且关系到我国国民经济的全局。因此，在“三农”问题日益突出的背景下，千方百计增加农民收入，成为当前我国农业和农村经济工作的中心任务。党的十七届三中全会《决定》在阐述新形势下推进农村改革发展的重大意义时，开宗明义地提出农业、农村、农民问题关系党和国家事业发展全局，深刻揭示了“三农”问题的基础地位和战略作用。学术界对农民收入问题也极为关注，关于农民增收的文章和研究报告很多，其中不乏一些颇有见地的研究文章（王国华、李克强，2003；郭建军，2001；柯炳生，2005；张车伟、王德文，2004），这些文章从不同侧面阐述了作者对提高农民收入的见解，具有一定的学术价值和实践参考价值。本节回顾了新中国60年来农民收入变动的历史进程，总结其经验教训，分析其特点，对于全面建设小康社会，具有重要的历史意义和现实意义。

纵观新中国成立以后到现在我国农民收入的发展变化，大致可以分为两个阶段。

### 一、第一个时期（新中国成立初至1978年）：增长缓慢，后劲不足

新中国成立之初，由于多年的战争和农民群众长期处于受剥削受奴役的地位，新中国的农村经济百废待兴，受旧社会的沿袭和新中国独立的经济压力，农民收入在该时期并没获得明显的改善。从既有的研究中可以看出，从新中国成立到改革开放，农民的收入主要有以下3个特点（祃海霞，2001）：第一，农民收入增长缓慢。1952—1978年的26年时间里，农民人均纯收入从1952年的57元增加至1978年的133.6元，增加76.6元，平均每年增加2.95元，平均每年增长3.3%，扣除价格因素后仅为2.8%，增长缓慢。第二，农民收入结构单一，基本无非农收入。1978年农民人均纯收入中来自农业生产的收入占85%，是农民收入的主体，而来自非农业生产性的收入只占7%。第三，农民收入增长与农业生产增长和农产品收购价格提高大体同步。1952—1978年农业总产值由396亿元增长至1117.5亿元，每年平均增长2.7%，农产品收购价格每年平均提高2.3%。三者的增长大体同步（表39-1）。

表 39-1 1952—1978 年农民收入增长情况

| 年　份 | 人均收入<br>(元、现价) | 农业总产值<br>(亿元、现价) | 农业总产值指数<br>(上年为 100) | 农产品收购价格指数<br>(1950＝100) |
|---|---|---|---|---|
| 1952 | 57 | 390 | 115.2 | 121.6 |
| 1957 | 73 | 443.9 | 103.6 | 146.2 |
| 1962 | — | 494.7 | — | 200.1 |
| 1965 | 107.2 | 684.3 | 108.3 | 187.9 |
| 1970 | — | 838.4 | 105.8 | 198.3 |
| 1975 | — | 1020.5 | 103.1 | 209.7 |
| 1977 | 117.1 | — | — | 217.4 |
| 1978 | 133.6 | 1117.5 | 108.1 | 265.5 |

资料来源:《新中国五十年》.中国统计出版社,1999;《中国统计年鉴》.中国统计出版社,1984

造成这种状况的主要原因可以归纳为以下两个方面:一是农村中农民个人收入分配机制没有充分体现按劳分配的原则,未能充分调动广大农民的生产积极性,以当时的工分制为例,它是将每个劳动力分等,每等定出一个标准分,譬如说一等劳力 10 分、二等 8 分、三等 6 分、四等 4 分等。共同劳动 1 天,记工员会按照标准分给每个劳动力记分。也就是说,无论你这一天做多少活,你只能得到与你同级别劳动力一样的工分;或者说你即便站在地里没干活,但只要确认你出了工,你也可以得到同样的工分。劳动力的分等抹平了同等级劳动力之间的差异,肯定会使部分人受到打击(张江华,2004)。结果做好做坏一个样,做多做少分得也一样,这就严重挫伤了劳动者的生产积极性和创造性;二是国家经济政策造成的宏观环境不利于农业的发展,许多发展中国家在其工业化过程中都采取了歧视农村和农业的政策,这一政策最基本的出发点是城市和工业更易于经济的快速增长。我国在工业化过程中实际上也是走了一条农村支持城市的发展之路,其结果是农村和农业发展后劲不足,农民收入增长缓慢(王国华,李克强,2003)。

## 二、第二个时期(1979 年至今):渠道不断拓宽、水平稳步上升

1978 年开始的以市场化为取向的农村改革,是我国农业发展的历史性转折点,不仅突破了传统体制的束缚,而且极大地促进了农民收入的增长。1978—2007 年,我国农民人均纯收入由 133.57 元增加至 4 140.36 元,增长 30.99 倍。农民收入的稳定增长,有力支撑了我国经济的高速增长和改革开放的顺利进行。回顾改革开放以来我国农民收入的增长,从不同角度进行概括,呈现出几个明显的特征:阶段性特征、结构性特征和区域性特征。

**(一)农民收入增长的阶段性特征分析**　学者们都认可改革开放以来农民收入的变化呈现出阶段性特征,但由于依据的划分标准不同,在阶段划分上也有所差异。有的根据增幅的变化,将改革开放以来我国农民收入的增长分为 6 个阶段(陈晓华,张宏宇等,2005);有的按照人均纯收入名义增长速度和实际增长速度的变化,结合考虑农民增收来源的差异,将农民收入增长划分为 6 个阶段(张晓山等,2007);还有根据增长变化的特点和原因,将其划分为 5 个阶段(朱启臻等,2008)。本书根据已有的研究成果,结合近 2 年农民收入增长的特征,将农民收入增长划分为以下 6 个阶段(表 39-2)。

表 39-2 1978—2007 年农民收入增长的阶段性变化情况

| 年 份 | 年均实际增长率(%) | 年 份 | 年均实际增长率(%) |
|---|---|---|---|
| 1978—1984 | 15.6 | 1992—1996 | 5.8 |
| 1985—1988 | 4.1 | 1997—2003 | 3.28 |
| 1989—1991 | 1.9 | 2004—2007 | 8.67 |

资料来源:1978—2003 年数据来自《促进农民增收与全面建设小康社会》,1997—2003 年和 2004—2007 年根据国家统计局统计数据计算获得

1. 第一阶段(1978—1984 年):高速增长阶段 此阶段农村居民人均纯收入由 133.57 元增高至 355.33 元,年均实际增长率为 15.6%,是这几个阶段中农民收入增长最快的阶段。此阶段的制度变迁和农副产品提价是两大促进农民增收的源泉。由于我国农村全面推行家庭联产承包责任制,极大地解放了农业生产力,调动了农民的生产积极性,促进了农业总产量的增长;在统购统销体制下,国家提高了农副产品的收购价格,实现了增产又增收。这两大原因直接导致了农民收入的增加。

2. 第二阶段(1985—1988 年):缓慢增长阶段 此阶段由于发生了通货膨胀,农民人均纯收入名义增长率虽然在 10%以上,但扣除通货膨胀因素后实际增长率只有 4.1%。此阶段农民收入增长的主要来源是通过发展多种经营和乡镇企业,这一阶段是我国改革开放后首次提出调整农业结构,增加农民收入的时期。

3. 第三阶段(1989—1991 年):低速增长阶段 这一阶段,农民收入年均实际增长率只有 1.9%,为改革开放以来的农民收入增长最慢的时期。主要原因可以归结为以下几个方面:一是这一阶段的通货膨胀比较严重;二是工农产品的"剪刀差"扩大,农民比较利益降低,挫伤了农民生产的积极性;三是农副产品收购资金不足,出现"卖粮难"、"卖棉难"和"打白条"现象,农民现金收入减少等(陈晓华、张宏宇,2005;朱启臻,2008)。

4. 第四阶段(1992—1996 年):稳定增长阶段 这一阶段农民收入开始恢复性增长。1992 年人均纯收入为 783.99 元,1996 年为 2 210.34 元,年均名义增长率达到 25.2%,实际年均增长率也由上期的 1.9%增加至 5.8%。该阶段的农民收入增长的源泉为:一是党和国家的政策支持,连续 2 次提高了农产品尤其是粮食的收购价格,1994—1996 年的提价幅度都超过了 100%;二是农业丰收,粮食和其他主要农产品产量大幅提高;三是农业乡镇企业的发展,农民外出就业打工增加,农村非农产业发展等,农民收入中来自非农产业的收入不断增加。

5. 第五阶段(1997—2003 年):增幅下降阶段 这一阶段农民收入又一次进入低速增长。年均的名义增长率为 3.29%,年均实际增长率为 3.28%。此时,我国农业发展进入新阶段。以 1997 年为例,大多数农产品价格低位运行,尽管农产品总量增加,但农民出售农产品的收入减少。该阶段主要是由于受东南亚金融危机和市场需求不旺的影响,使农产品价格下跌,增产不增收,农民的农业收入下降。同时,乡镇企业效益下滑,城市就业压力增加,农民在本地和进城打工的收入减少,非农产业收入也出现下滑。

6. 第六阶段(2004—2007 年):恢复性增长阶段 该阶段农民收入的增速加快,回升明显。2007 年农民人均纯收入为 4 140.36 元,比 2004 年增加了 1 203.96 元,年均实际增长率为 8.67%,明显高于第五阶段。此阶段农民增收加速的原因有:一是国家采取的一系列惠农支农政策,从 2004—2008 年中央连续出台 5 个"一号文件",加快农业和农村的发展。"三补贴、两减免”（“两减免”政策指的是减免农民的农业税、取消除烟草以外的农业特产税。“三补贴”政策指的是对种粮农民的直接补贴、良种补贴和大型农机具购置补贴）政策，不仅减轻了农民负担，而且直接增加了农民的收入，激发了农民种粮的积极性。二是以粮食为主的农产品产量增长，全国粮食总产量在2003年跌入低谷后回升，连续4年增产，2007年达到50 150万t。三是农产品价格回升，农业增长，农民增收（朱启臻等，2008）。

**（二）农民收入增长的结构性特征** 收入结构是反映我国农民收入增长变化的重要内容，不同时期所表现出的结构特征，反映农业收入的特点和变化规律。农民收入按来源划分可以分为劳动报酬（或者说工资性）收入、家庭经营收入、转移性收入、财产性收入4部分，按形态划分可以分为实物收入和现金收入。根据研究需要还可以从区域角度来划分农民收入，如东、中、西部或者全国各省、自治区、直辖市农民收入的变化。

**1. 农民收入来源结构的变化** 在实行家庭联产承包责任制之前，我国农民收入来源主要以集体分配为主。1978年农民的人均纯收入为133.57元，其中劳动者报酬收入比重为66.08%，家庭经营性收入比重为26.79%，资产和转移性收入比重为7.13%。1985年我国全面实行了家庭联产承包责任制改革，当年农村居民家庭人均纯收入为397.6元，家庭经营性收入所占比重为74.44%，工资性收入的比重为18.04%，财产性和转移性收入的比重为7.52%。2007年，农村居民家庭人均纯收入为4 140.36元，家庭经营性收入所占比重为52.98%，工资性收入的比重为38.55%，财产性和转移性收入的比重为8.46%。可以看出，随着家庭责任制的实施和农村改革的进一步深入，我国农民收入来源结构的变化趋势是家庭经营性收入的比重一直为最大收入来源，但其比重在逐步下降，有明显增长的是工资性收入。财产性和转移性收入所占比重有所增长，但变化不明显（图39-1）。

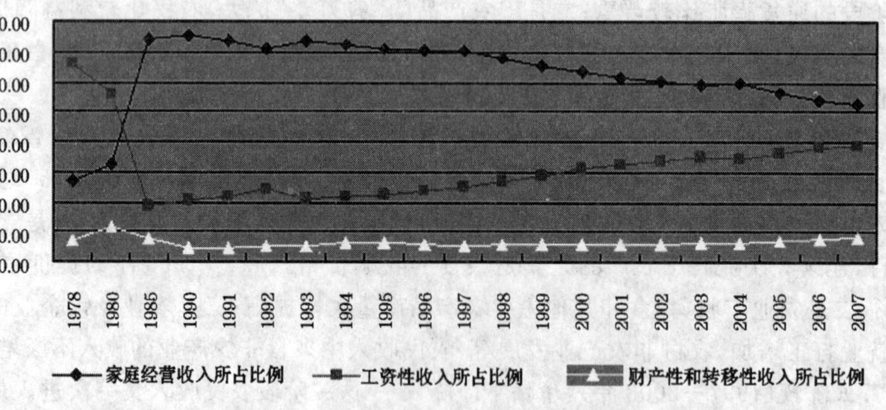


**图39-1 1978—2006年农民收入来源结构变化**

（数据来源：国家统计局《中国统计年鉴》数据计算整理）

**2. 农民收入形态结构的变化** 改革开放以来，随着社会主义市场经济的不断发展，市场化领域不断扩大。农村商品经济在广度和深度上、数量和质量上的不断拓展和提高，农村居民的商品生产和商品交换活动日益增加，收入形态逐渐货币化。农民收入中自产自用的实物性收入的比例不断下降。而通过市场出售农产品实现的现金收入、工资性收入等其他货币性收入不断增加，比例不断上升。从表39-3中可以看出，1980年我国农民收入中现金收入量为113.12元，占总收入的比重为52.32%；2007年，现金收入为4 958.4元，占总收入的比重高达

85.62%。

表 39-3　中国农民收入中人均现金收入占总收入的比重

| 项　目 | 年　份 | | | | | | | |
|---|---|---|---|---|---|---|---|---|
| | 1980 | 1985 | 1990 | 1995 | 2000 | 2005 | 2006 | 2007 |
| 总收入 | 216.22 | 547.31 | 990.38 | 2337.87 | 3087.8 | 4631.21 | 5025.08 | 5791.12 |
| 现金收入 | 113.12 | 357.39 | 676.67 | 1595.56 | 2251.28 | 3915.28 | 4301.93 | 4958.4 |
| 现金收入所占比重% | 52.32 | 65.30 | 68.32 | 68.25 | 72.91 | 84.54 | 85.61 | 85.62 |

数据来源:《中国统计年鉴》数据计算整理

**(三)农民收入增长的区域性结构特征**　由于区域发展不平衡和农业生产条件在地域上的差异,我国东、中、西部农民收入的差距悬殊。从表 39-4 中可以看出,改革开放以来,东部地区农民人均纯收入一直以来都高于全国平均水平,但其相对水平在不断扩大。东部地区较全国平均水平,从 1978 年的 1.27 一直增加至 2006 年的 1.62,直到 2007 年其相对数才有所下降(为 1.41)。中部地区农民人均纯收入较全国平均水平比较稳定,一直在 0.9 左右。西部地区的农民人均纯收入相对于全国比重,从 1978 年开始逐渐下降,直到 21 世纪才有所回升,但相对水平仍然较低,仅在全国的 0.7～0.8 之间徘徊。

表 39-4　东、中、西部地区不同年份农民收入水平与全国的比较

| 项　目 | 年　份 | | | | | | | | |
|---|---|---|---|---|---|---|---|---|---|
| | 1978 | 1980 | 1985 | 1990 | 1995 | 2000 | 2005 | 2006 | 2007 |
| 东部地区 | 1.27 | 1.29 | 1.36 | 1.48 | 1.57 | 1.59 | 1.62 | 1.62 | 1.41 |
| 中部地区 | 0.86 | 0.93 | 0.94 | 0.89 | 0.86 | 0.92 | 0.91 | 0.91 | 0.93 |
| 西部地区 | 0.93 | 0.89 | 0.82 | 0.75 | 0.67 | 0.72 | 0.72 | 0.72 | 0.79 |
| 全国平均 | 1 | 1 | 1 | 1 | 1 | 1 | 1 | 1 | 1 |

资料来源:1978—2006 年来自朱启臻主编.《中国农民问题研究报告》. 中国农业大学出版社;2007 年数据来自国家统计局

从东、中、西部农民收入来源的统计数据中可以发现,东部地区农民收入增长相对较快的一个重要原因在于该地区农村居民的工资性收入大幅增长,以及工资性收入的比重占人均纯收入的比重明显高于中西部地区。从表 39-5 中还可以发现,1980 年,东、中、西部农民的人均纯收入中,工资性收入所占的比重差别并不大,中部地区的工资性收入比重甚至还高于东部地区。到 1990 年,东部地区农民人均纯收入中工资性收入所占的比重,已经明显高于中部和西部地区。2000 年以来,这种差距也没有缩小的趋势。且对于中西部地区,由于从外部获得的工资性收入较少,所以家庭经营性收入仍然是收入的主要来源。1990 年,这些地区的家庭经营收入在农民纯收入中的比重超过 80%。从 2004 年开始,中西部地区农户家庭经营收入所占比重虽有所下降,但仍然在 65%以上,明显高于东部地区,东部地区此时的家庭经营纯收入所占的比重已经降至 50%以下。到 2006 年,中西部地区的家庭经营性收入所占比重下降至 60%以下。

表 39-5　东、中、西部农民收入来源构成情况

| 年　份 | 工资性收入所占比重 | | | 家庭经营性收入所占比重 | | |
|---|---|---|---|---|---|---|
| | 东 | 中 | 西 | 东 | 中 | 西 |
| 1980 | 51.47 | 54.23 | 51.66 | 30.92 | 32.72 | 36.26 |
| 1990 | 27.95 | 13.55 | 13.87 | 67.49 | 83.06 | 81.32 |
| 2000 | 38.02 | 25.43 | 23.24 | 55.19 | 70.92 | 71.49 |
| 2001 | 41.58 | 27.45 | 25.7 | 52.08 | 68.38 | 68.29 |
| 2002 | 43.55 | 29.25 | 26.76 | 49.63 | 66.57 | 66.87 |
| 2003 | 44.09 | 30.52 | 28.05 | 48.95 | 65.06 | 65.27 |
| 2004 | 43.41 | 29 | 27.41 | 49.27 | 66.12 | 66.07 |
| 2005 | 46.57 | 35.60 | 28.35 | 45.35 | 60.03 | 64.64 |
| 2006 | 47.89 | 38.27 | 30.75 | 43.40 | 56.94 | 61.38 |
| 2007 | 47.75 | 38.81 | 31.18 | 43.01 | 55.50 | 60.48 |

资料来源：1980—2004 年数据来源于《农民增收问题的理论探讨与实证分析》，经济管理出版社；2005—2007 年数据来源于国家统计局网站

## 三、城乡居民和农民之间收入差距的变化

**(一)城乡居民的收入差距变化**　城乡居民收入差距问题已经受到学者们的广泛关注，他们从不同角度对此问题的成因做出了解释，并提出了相应的对策。有的从城乡分割的二元经济体制和歧视农业的政策角度来阐述其成因(陈晓华、张宏宇，2005)。我国城乡二元分割体制是在 20 世纪 50 年代末期为配合实行重工业优先发展战略而形成的，通过实行户籍制度，它不仅限制了城乡之间的人口和劳动力流动，而且也通过计划手段在城市和乡村之间建立了不同的投资、就业、分配、教育、医疗、社会福利和劳动力保障等体制，彻底割断了城乡之间产品和要素市场的相互整合，形成了城乡之间不可逾越的利益鸿沟。还有学者从资金转移的角度来说明其成因的(马从辉，2002)，认为城乡居民收入差距拉大的原因是从农村转移的资金太多，包括通过工农业产品价格“剪刀差”的转移、预算转移、诱发的资金外流、对农业投入的减少、扶贫资金的转移及农村居民其他资金的转移。长期以来，人们往往用经济增长或发展来解释收入差距的扩大，特别是根据西蒙·库兹涅茨的“倒 U 形假设”来解释发展中国家在经济起飞过程中收入差距的扩大(Simon Kuznets，1995)，结合到我国的具体实际来探讨我国城乡收入差距的成因，加入了经济增长或发展、经济改革或体制变迁、经济政策及其变化等因素(赵人伟、李实，1997)。除了不同体制安排、非均衡发展战略的惯性推动城乡差距继续扩大外，城乡之间的产业特征的差别、城乡隔离政府对农副产品价格的控制和农村居民承受了不合理的税费负担也是城乡差距扩大的主要原因(郭玮，2003；刘文勇，2004)。蔡昉(2003)把我国的城乡收入差距纳入制度经济学的分析框架，考察其变化的几个临界点。1978 年的城乡收入差距水平，打破了传统城乡关系政策赖以存在的制度均衡，导致农村经济改革。在改革期间，城市居民运用其特有的“投票”和“呼声”机制，影响着城乡关系政策，阻碍农村劳动力的永久转移，继续维系着城市偏向政策。然而农民仍然可以通过“退出”机制即“用脚投票”，最终推动城市偏向政策的改变。当城乡收入差距回复到改革之初的水平时，制度变革的条件将成熟，导致户籍制度及

其相关政策的改革。

人们通常用农民收入的年度增长率或城乡收入比较(农村为1)等指标来衡量农民收入。城乡收入比越大,表明农村与城市的收入差距越大;反之亦然。表39-6显示了用名义收入所作的我国城乡收入比较。1984年以前,由于农民收入增长快于城镇居民收入增长,城乡居民收入差别逐步缩小,从1978年的2.57∶1缩小至1983年的1.82∶1。但是从1984年开始,城乡收入差距不断扩大。1992年收入差距开始超过1978年的水平。近几年的城乡收入差距呈扩大趋势,2007年达到3.33∶1,超过了改革开放以来任何年度的水平。

**表39-6 1978—2007年城乡实际和名义收入差距及变化**

| 年 份 | 农村居民纯收入 | 城镇居民可支配收入 | 城乡收入之比 |
|---|---|---|---|
| 1978 | 133.6 | 343.4 | 2.57∶1 |
| 1979 | 160.2 | 387 | 2.42∶1 |
| 1980 | 191.3 | 477.6 | 2.50∶1 |
| 1981 | 223.4 | 491.9 | 2.20∶1 |
| 1982 | 270.1 | 526.6 | 1.95∶1 |
| 1983 | 309.8 | 564.0 | 1.82∶1 |
| 1984 | 355.3 | 651.2 | 1.83∶1 |
| 1985 | 397.6 | 739.1 | 1.86∶1 |
| 1986 | 423.8 | 899.6 | 2.12∶1 |
| 1987 | 462.8 | 1002.2 | 2.17∶1 |
| 1988 | 544.9 | 1181.4 | 2.17∶1 |
| 1989 | 601.5 | 1375.5 | 2.29∶1 |
| 1990 | 686.3 | 1510.2 | 2.20∶1 |
| 1991 | 708.6 | 1700.6 | 2.40∶1 |
| 1992 | 784.0 | 2026.6 | 2.58∶1 |
| 1993 | 921.6 | 2577.4 | 2.80∶1 |
| 1994 | 1221.0 | 3496.2 | 2.86∶1 |
| 1995 | 1577.7 | 4283.0 | 2.71∶1 |
| 1996 | 1926.1 | 4838.9 | 2.51∶1 |
| 1997 | 2090.1 | 5160.3 | 2.47∶1 |
| 1998 | 2162.0 | 5425.1 | 2.51∶1 |
| 1999 | 2210.3 | 5854.0 | 2.65∶1 |
| 2000 | 2253.4 | 6280.0 | 2.79∶1 |
| 2001 | 2366.4 | 6859.6 | 2.90∶1 |
| 2002 | 2475.6 | 7702.8 | 3.11∶1 |
| 2003 | 2622.2 | 8472.2 | 3.23∶1 |
| 2004 | 2936.4 | 9421.6 | 3.21∶1 |
| 2005 | 3254.9 | 10493.0 | 3.22∶1 |
| 2006 | 3587.0 | 11759.5 | 3.28∶1 |
| 2007 | 4140.4 | 13785.8 | 3.33∶1 |

资料来源:《中国统计年鉴》数据整理计算

(二)农民之间收入的差异分析 农村居民总体的收入分配差距持续扩大。改革开放以来我国农村居民收入差异呈持续扩大趋势,但近年的扩大速度有所减缓。1978—2005年,农村的基尼系数由0.2124上升至0.3751,提高了16.3个百分点。从基尼系数的提高程度看,近年扩大速度有所减缓。1980—1990年10年农村居民收入分配的基尼系数提高6.9个百分点,年均提高0.69个百分点。1990—2000年10年提高4.4个百分点,年均提高0.44个百分点,扩大速度比前10年下降0.25个百分点。2000—2005年提高2.2个百分点,年均提高0.43个百分点,扩大速度比20世纪后10年下降0.01个百分点(唐平,2006)。

按照农户人均收入水平进行5等份分组,近18年不同收入组农户收入持续增长,但低收入组农户增速相对较慢。2007年低收入组农户人均纯收入1 346.89元,比1990年增加1 051.89元,年均增加58.44元,年均名义增长9.34%(未扣除价格上涨因素,下同);中低收入组农户人均纯收入2 587.15元,比1990年增加2 117.75元,年均增加117.65元,年均名义增长10.62%;中等收入组农户人均纯收入3 658.83元,比1990年增加3 050.83元,年均增加169.49元,年均名义增长11.13%;中高收入组农户人均纯收入5 129.78元,比1990年增加4 323.78元,年均增加240.21元,年均名义增长11.5%;高收入组农户人均纯收入9 790.68元,比1990年增加8 411.68元,年均增加467.32元,年均名义增长12.22%。与高收入组相比,低收入组农户收入年均增长速度低2.9个百分点,年均增加额相差408.87元(朱启臻,2008)。由于低收入农户收入增长速度相对缓慢,增加的收入较少,在总收入中所占的份额持续下降,高、低收入组农户收入差距持续扩大。

## 四、影响农民收入增长的因素

目前,要想从根本上解决农民增收难的问题,必须理清制约农民收入增长的主要因素,才能对症下药,切实增加农民收入。学者们从不同视角对影响农民收入的因素进行了分析,粮食主产区农民收入问题直接关系到国家粮食安全、农村经济的发展和农村社会的稳定。李小军(2005)以定性与定量分析相结合的方法,将影响粮食主产区农民收入增长的因素归结为:①宏观经济的增长。②农业产业结构调整。③种植业内部结构调整。④价格与成本。⑤国际贸易。⑥市场风险与灾害风险。⑦规模与组织化程度。⑧公共基础设施投资。⑨农户投资。⑩自然条件。⑪农户家庭特征。⑫科技进步与人力资本。⑬政策。⑭制度。陈晓华、张红宇(2005)则将影响农民收入增长的宏观经济条件具体化为经济增长与收入分配、工业化和城市化、农业投资和农村税收、贸易条件和农业开放等因素,这些因素对农民收入增长的作用机制有些是直接的,有些是间接的,有些在短期内起到作用,有些存在着长期的影响。通过了解这些因素作用的机制和时效,有利于更进一步优化农民增收的外界环境。张小兰(2003)将影响农民收入的因素分为制度性因素和非制度性因素,并提出制度性因素是影响农民收入增长的决定性因素,从而决定着农民收入增长的长期走势;而非制度性因素对农民收入增长的短期影响很大,也是不可忽视的。具体来说,制度性因素包括农村土地制度、农村税费制度、农产品价格制度、户籍制度与流动制度、农村社会保障制度、农村金融支持制度,非制度因素包括宏观经济运行、农业科技进步、农民的文化教育水平和加入WTO的影响;石晓楠(2006)将影响农民收入增长的因素归结为影响农业收入的因素和影响非农业收入的因素,影响农业收入的因素有农业生产、农业结构、农产品市场和工商业对农业的盘剥,影响非农业收入的因素有劳动力的内部转移和劳动力的跨地区流动。

## 第二节 农村居民生活质量现状

农民生活质量既是乡村社区经济综合实力的体现，又是综合社会经济发展水平的一个重要标志。生活质量是人口素质的外在表现，一定的生活质量是一定的人口素质的培养基。追求农民生活质量的提高，实质上就是要使农村的人口素质实现飞跃。农民的生活质量是农业生产力水平和农村社会发展程度的集中体现，其水准高下与农业现代化和农村工业化成正比。而工业化和现代化的高度发展，必然导致农村人口素质的进化。因而考察和研究农民生活质量，实际上就是探索农村经济发展途径的一种视角。无论在发达地区或者次发达地区、欠发达地区，都具有深远意义。

### 一、农村居民消费结构的变化

"小康"生活是几千年以来中国人孜孜以求的理想生活，但在半封建半殖民地的旧中国，这只能是人们的梦想。新中国成立到改革开放之前的29年时间里，人民生活有所改善，期间虽然有一定的曲折和反复，但消费结构还是发生了很大的变化。1954—1965年的11年间，农民人均生活消费支出增加35.54%。而1965—1978年的13年间农民人均生活消费支出仅增加20.95元，1978年比1965年提高22.03%。显然，1954—1965年间农民人均生活消费支出比1965—1978年间提高的幅度大(卢嘉瑞，1996)。

消费结构变化及消费结构序列的变化见表39-7。从中可见，改革开放之前，农村居民的食品消费一直位居首位，且比重没有多大变化；而文化服务消费一直排在最后，比重一直在2%左右徘徊。

**表39-7 1954—1978年农民消费结构的变化**

| 年 份 | 生活费支出合计 | 消费结构序列 | | | | | |
|---|---|---|---|---|---|---|---|
| | | 1 | 2 | 3 | 4 | 5 | 6 |
| 1954年 | 100.00 | 吃(68.59) | 穿(13.08) | 用(6.97) | 烧(6.58) | 文(2.72) | 住(2.06) |
| 1957年 | 100.00 | 吃(67.75) | 穿(13.44) | 烧(10.03) | 用(6.94) | 住(2.10) | 文(1.74) |
| 1963年 | 100.00 | 吃(63.30) | 烧(11.21) | 穿(9.32) | 用(8.79) | 住(4.71) | 文(2.67) |
| 1965年 | 100.00 | 吃(68.46) | 穿(10.51) | 烧(8.31) | 用(7.18) | 住(2.83) | 文(2.71) |
| 1978年 | 100.00 | 吃(67.71) | 穿(12.70) | 烧(7.11) | 用(6.57) | 住(3.16) | 文(2.71) |

资料来源：林白鹏等著《中国消费结构学》，经济科学出版社，1987年12月第1版，第158页

改革开放以来，家庭联产承包责任制极大地调动了农民的积极性，促进了农村经济的发展，农民生活水平提高，消费方式也由自给半自给的方式向商品性消费转变，在结构、方式和观念上都有很大的变化。

表39-8表示了改革开放以来农民消费水平和恩格尔系数的变化。联合国粮农组织曾规定：恩格尔系数在59%以上，称为绝对贫困；50%～59%，称为勉强度日；40%～50%，称为小康水平；20%～40%，称为富裕；20%以下称为最富裕。依据该规定可以看出，进入21世纪以

来，我国农村居民的恩格尔系数由1980年的61.8%。下降至2000年的49.1%，以后的恩格尔系数也在逐年下降，说明食物消费的比重在逐步下降，人民生活已经步入小康水平。但是，我国学术界对"恩格尔定律"能否在我国应用，在认识上存在分歧。有些学者认为它不适用于我国，不可盲目应用；也有学者认为恩格尔系数可以反映中国城乡居民生活水平变化的趋势。从人均消费金额来看，1980年人均生活消费支出为162.2元，1990年为538.1元，2000年为1 670.1元。到2007年，生活消费额达到3 223.85元。可以看出，随着经济发展，人均生活消费水平呈现出逐年上升的趋势。

表 39-8 农民居民的消费水平及恩格尔系数的变化

| 年份 | 平均每人生活消费支出（元） | 家庭恩格系数（%） | 年份 | 平均每人生活消费支出（元） | 家庭恩格系数（%） |
|---|---|---|---|---|---|
| 1980 | 162.2 | 61.8 | 1996 | 1572.1 | 56.3 |
| 1981 | 190.8 | 61.0 | 1997 | 1617.2 | 55.1 |
| 1982 | 220.2 | 60.5 | 1998 | 1590.3 | 53.4 |
| 1983 | 248.3 | 59.3 | 1999 | 1577.4 | 52.6 |
| 1984 | 273.8 | 59.0 | 2000 | 1670.1 | 49.1 |
| 1985 | 317.4 | 57.8 | 2001 | 1741.1 | 47.7 |
| 1990 | 538.1 | 58.8 | 2002 | 1834.3 | 46.2 |
| 1991 | 619.7 | 57.6 | 2003 | 1943.3 | 45.6 |
| 1992 | 659.0 | 57.6 | 2004 | 2184.7 | 47.2 |
| 1993 | 769.7 | 58.1 | 2005 | 2555.4 | 45.5 |
| 1994 | 1016.8 | 58.9 | 2006 | 2829.0 | 43.0 |
| 1995 | 1310.4 | 58.6 | 2007 | 3223.85 | 43.1 |

资料来源：《中国统计年鉴》1979—2008年数据整理

消费结构的变化首先表现在我国农村居民的膳食结构逐步优化，营养有所改善。1978年以前，农民食品消费以主食为主，主食中又基本上以粗粮为主。从表39-9中可以看出，1990年，我国人均粮食消费量为262.08kg，到2007年，人均粮食消费量下降为199.48kg，下降了23.89%，蔬菜人均消费量下降了26.13%，肉禽、蛋、奶、瓜果及它们各类的制品消费都有上升，分别为63.15%、95.85%、220%和230%。表明农民的食物结构有明显的改善。

表 39-9 农村居民家庭平均每人主要食品消费量 （单位：kg/人）

| 品名 | 年份 | | | | | | 2007年相对于1990年的增减幅度比（%） |
|---|---|---|---|---|---|---|---|
| | 1990 | 1995 | 2000 | 2005 | 2006 | 2007 | |
| 粮食（原粮） | 262.08 | 256.07 | 250.23 | 208.85 | 205.62 | 199.48 | −23.89 |
| 蔬 菜 | 134.00 | 104.62 | 106.74 | 102.28 | 100.53 | 98.99 | −26.13 |
| 肉禽及制品 | 12.59 | 13.42 | 18.30 | 22.42 | 22.31 | 20.54 | 63.15 |
| 蛋及制品 | 2.41 | 3.22 | 4.77 | 4.71 | 5.00 | 4.72 | 95.85 |
| 奶及制品 | 1.10 | 0.60 | 1.06 | 2.86 | 3.15 | 3.52 | 220.00 |

续表 39-9

| 品 名 | 年 份 | | | | | | 2007年相对于1990年的增减幅度比(%) |
|---|---|---|---|---|---|---|---|
| | 1990 | 1995 | 2000 | 2005 | 2006 | 2007 | |
| 水产品 | 2.13 | 3.36 | 3.92 | 4.94 | 5.01 | 5.36 | 151.64 |
| 食 糖 | 1.50 | 1.28 | 1.28 | 1.13 | 1.09 | 1.07 | −28.67 |
| 酒 | 6.14 | 6.53 | 7.02 | 9.59 | 9.97 | 10.18 | 65.80 |
| 瓜果及制品 | 5.89 | 13.01 | 18.31 | 17.18 | 19.09 | 19.43 | 229.88 |

数据来源:国家统计局《中国统计年鉴 2008》整理

其次,消费结构变化还体现在耐用消费品拥有量增加。家用电器进入大部分农民家庭,并有了较快增长。2007年,农民每百户家庭拥有彩色电视机94.38台、电话机66.38部、移动电话77.84部、洗衣机45.94台、摩托车48.52辆。在1978年这些家用设备对于大部分农户来说,都是非常陌生的东西,如今在农户家中已经非常普遍。而对于自行车、缝纫机、钟、手表,这些传统的"老四大件",现在已经再普通不过,有些甚至已经被淘汰。令人欣喜的是,家用计算机、电冰箱、空调机和抽油烟机已进入部分农民家庭,而且增长较快。2007年以来,平均每百户农民拥有电冰箱26.12台、空调8.54台、家用计算机3.68台等。

最后,消费结构的序列发生显著变化。按各项支出在生活费支出总额中所占比重大小排队,1978年的序列为吃、穿、烧、用、住、文。到1984年的序列变为吃、住、用、穿。烧、文交替排在第五和第六位,穿由第二位降到第四位,住和用分别上升到第二和第三位。表明农民在解决了吃穿问题后,在住房改善上增加了投入,并注重添置生活用品。1988—2007年,文化生活服务支出从第六位上升至第四位,交通设施支出上升至第三位。另外,农户在医疗保健上的支出超过了在衣着上的投入,表明广大农民在解决温饱问题后,消费观念发生了变化,开始注重文化等精神消费和服务消费。

## 二、人民健康水平不断提高

按照世界卫生组织确定的标准,衡量一个国家人民健康水平主要有三大指标:一是人均期望寿命,二是婴儿死亡率,三是孕妇死亡率。根据世界卫生组织的标准,当一个国家的人口平均预期寿命超过70岁,就进入了长寿社会。1996年我国人口平均预期寿命超过70岁。2007年我国人均期望寿命为73岁,表明我国已经进入了长寿社会。古诗云"人生七十古来稀",而如今"人生七十"已是十分寻常的事实了。我国人口的健康和死亡率转变曾经被西方学者称为"贫穷国家死亡率下降的道"(Caldwell,1986)。我国人口的平均预期寿命从新中国之初的35岁升至1957年的56岁,20世纪70年代早期的64岁和1981年的68岁。由于这些数字很可能低估了实际的死亡率,因为在死亡登记中存在着普遍的漏报,所以许多学者对于死亡率做出了不同的估计。Banister(1987)的估计结果表明人口的平均预期寿命在1957年为50岁、1970年60岁、1981年65岁,明显地低于原来的未调整的数据。然而,即使依照这些较低的估算,在这一时期我国仍然取得了巨大的成功:平均预期寿命以每10年10岁的速度不断提高。这种提高不仅明显快于西方国家历史上死亡率下降,同时也超过了日本、韩国和我国台湾省,他们用了40多年的时间完成了相同幅度的死亡率下降。我国死亡水平持续下降的原因归结于社会经济发展带来的重大变化。至少有5方面的变化促进了死亡率的下降。一是经济高速发

展，人民生活水平大幅度提高；二是城市化迅速推进，先进的医疗服务体系覆盖越来越广大的人群；三是贫困人口大幅度减少，即使是贫穷、弱势群体也有较大幅度的收入和生活水平的提高；四是全民受教育程度的大幅度提高，促进了卫生和健康知识的普及与提高；五是我国的计划生育，推行少生优生，控制生育间隔，有利于降低育龄妇女死亡率、产妇死亡率和婴幼儿死亡率。另外，近年来免除农业税和推行免费义务教育，将对农村尤其是贫困地区农村人口的生活水平的提高起到积极作用，有利于未来健康水平的提高。

30 年前，在很多农村地区，妇女生孩子都要请“接生婆”。那时，“接生婆”是一个很吃香的职业，每接生一个婴儿，不仅能吃上一顿好饭，还会受到婴儿全家的感激。但是绝大多数“接生婆”没有经过专业培训，只凭经验接生。如今“接生婆”这个古老的职业几乎消失。目前，全国孕产妇住院分娩率达 91.96%，母婴安全得到有效保证。例如，婴儿死亡率由 50 年代初的 150‰下降至 1970 年的 80‰和 1980 年的 50‰，2000 年为 32‰，而 2007 年为 15‰（卫生部，2008），可以看出婴儿出生死亡率在逐年下降。

## 三、住房和储蓄的变化

1978 年农村新建住房面积 1 亿 $m^2$，人均居住面积 8.1$m^2$。2007 年新建住房面积 7.75 亿 $m^2$。1978—2007 年，累计新建住房面积 176.67 亿 $m^2$，人均居住面积达到 31.6$m^2$。如图 39-2 是自改革开放以来农村居民新建住宅面积和人均住房面积的变化。可以看出，自 1978 年以来，我国农村居民人均居住面积在稳步上升。农村新增住房面积自 1985 年以来变化趋于平稳，在 7 亿 $m^2$ 左右波动。可见，农民居住条件越来越好。

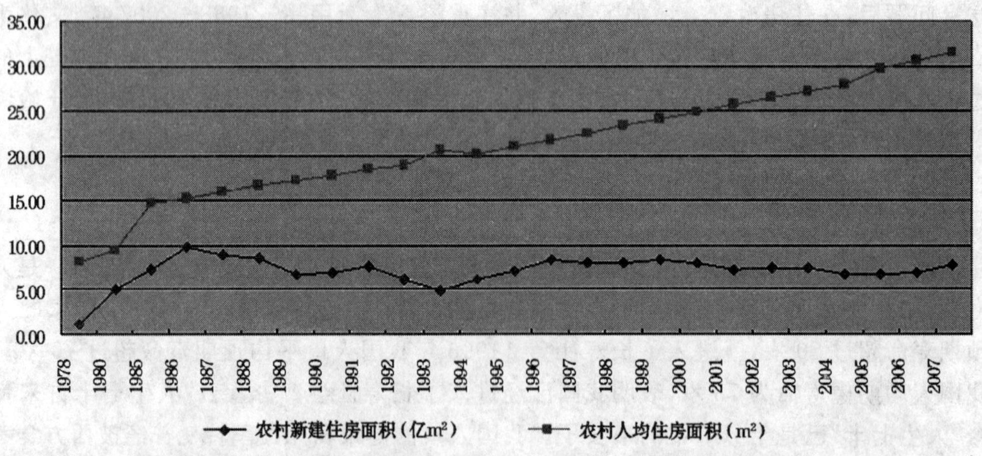


**图 39-2 1978—2007 年农村居民人均住房面积和新建住房面积**

数据来源：国家统计局《中国统计年鉴 2008》

传统的经济理论认为，人们的储蓄倾向与收入水平是同向变化的。收入越多，储蓄的倾向越明显；收入越少，储蓄所占的比例就会减少。而行为经济学的有关研究表明，当收入增加时，人们购买汽车、住房、保险等耐用品的愿望更强烈，旅游、娱乐等支出所占的比例也明显增加，储蓄所占比例则相对减少。而当他处于不利的境地时，出于谨慎，则会尽量多储蓄，以备不时之需，储蓄率反而上升。我国农村居民的储蓄存款总体呈上升趋势。1978 年，我国农村居民的储蓄总额为 29 亿元。其中定期存款 17.2 亿元，活期存款 11.8 亿元，以后逐年增长，到

1996年，存款总额达到了8 858.5亿元，其中定期存款7 095.2亿元，活期存款1 763.3亿元。以后又呈小幅下降趋势，到2000年存款总额降低为4 976.7亿元，其中定期为1 310.3亿元，活期为3 666.4亿元。此后，储蓄存款总额又开始上升，到2006年我国农村居民的储蓄存款增加至20 544亿元。2007年的存款总额为10 967.1亿元，较2006年减少了46.62%，比1978年增加了近400倍。

## 四、农村居民文化生活丰富多彩

"当今时代，文化越来越成为民族凝聚力和创造力的重要源泉、越来越成为综合国力竞争的重要因素，丰富精神文化生活越来越成为我国人民的热切愿望（中国共产党第十七次全国代表大会文件汇编，2007）。"这是我们党对新时期文化建设地位的科学判断（王丽琴，2009）。而我国作为一个农业大国，13亿人中近9亿人是农民，如何发展农村文化建设一直都是我国发展建设中的一个重要组成部分。新中国成立后，我国在进行大规模经济建设的同时，也进行了大规模的文化建设。现以改革开放为界，简述新中国成立以来的社会主义农村文化建设以及农民文化生活的发展与变化。

**（一）改革开放前农村文化建设以及农民文化生活** 新中国成立初期，我国国民普遍的文化水平偏低，文化生活几乎没有。如文盲比重非常之高。据统计，1949年在全国5.4亿的人口中，文盲占80%，达4.32亿之多。而这些现象在农村生活的人群中就更加突出。为此，我国广泛进行了马克思主义、共产主义思想的宣传教育工作，开展了规模空前的文化扫盲运动，到1964年全国近7亿人口中，文盲半文盲只占总人口的38%。进行了比较集中的知识分子的思想解放运动，进行了初步的教育改革，文学艺术、科学技术、卫生体育、新闻出版、哲学社会科学等各方面均取得了巨大的成绩。

与此相对应的是，我国农村文化建设也以前所未有的态势向前发展。我国有2 000年的封建统治历史，人们受封建思想影响严重，而生活在农村的居民封建思想更是根深蒂固，深受其害。此外，我国是农业大国，农民占人口的绝大多数（这里指新中国成立初期），所以解决了农民问题就是解决大多数人的问题，所以改变这种状况的要求就显得更加的急切。在农村，各种思想教育运动、农村扫盲活动都在蓬勃的开展，以农村生活为主题的文学艺术作品也竞相涌现。

这里引入一组概念，即"公共文化资源"和"私性文化资源"。依据文化资源的供给（或产权）主体不同，将文化资源划分为"公共文化资源"和"私性文化资源"。前者是指由政府或公共组织而非个人或家庭提供；后者是指其所有权属于个人或家庭，是个人或家庭为了满足自身的文化需求而进行自我供给的文化资源（吴理财、夏国锋，2006）。在这一历史阶段，丰富多彩的农民文化活动、文化供给几乎完全来自于公共文化资源，并且发展迅速。以我国农村图书馆为例，大跃进以来，随着农业生产的发展和农村人民公社的建立与巩固，农村的图书馆也取得了巨大的成就。这主要表现在两个方面：一方面是农村公共图书馆遵循了毛泽东主席指出的为农民服务的方向和普及与提高相结合的方针，在工作中有了很大的贡献。另一方面是农民自己也发展了图书馆。根据1959年12月的初步统计，全国人民公社举办的图书馆（室）有28万多个。全国平均每个人民公社有11个图书馆（室）。在绝大部分地区，从公社到生产队，层层都有图书馆（室）组织。也就是说，农村的图书馆网已经基本形成（把农村图书馆工作推向新阶段，1960）。

**(二)改革开放后农村文化建设以及农民文化生活**　改革开放以来,随着"科教兴农"战略的实施,农村教育发展迅速,农村文艺、广播影视、农村的新闻出版等文化事业也获得了迅速发展,涌现出一大批反映农村生活,为广大农民所喜闻乐见的文艺作品;全国绝大多数农村居民能够观看和收听到电视和广播;近年来,全国各级出版机构出版发行了大量关于农业生产技术和农村物质文化生活方面的图书、报刊、杂志。农村文化馆、文化站、文化活动室等文化网点建设和农村卫生体育设施建设也成绩卓著。这不仅提高了我国广大农民的教育水平,也丰富了他们的日常文化生活。

进入21世纪,农村文化问题得到了我国政府与学术界更高的重视,农村公共文化服务体系建设也得到加强。近几年,我国文化建设投入的力度不断加强,文化事业经费逐年增加,为农村文化建设提供了有力保障。比如,2004年文化事业费达113.66亿元,比2003年增加19.63亿元,增长幅度为20.8%。2004年全国人均文化事业费则达到了8.74元,比2001年增长了3.04元。最近几年中央和省级财政设立了专项扶持资金,加大对农村地区特别是老、少、边、穷地区文化建设的扶持力度。"十五"期间前4年对农村文化投入达到98.53亿元,占全国文化事业费比重的27.2%(周虎元,2008)。在其他方面,与改革开放前相比有了新的变化,如农村私性文化资源较为丰富,而农村公共文化资源缺乏。据华中师范大学中国农村问题研究中心的调查报告显示,大约37%的家庭已经安装了有线电视系统,有11.3%的家庭还安装了卫星接收设备,能够在家上网的农民家庭也有0.6%。从统计情况来看,高达79.8%的农户安装了家庭固定电话,72.8%的被访农户拥有手机,其中18.2%的农户拥有2部或2部以上的手机。同时,电脑成为了现代信息资源和文化生活需要的载体,调查数据显示已有3.3%被访农户家庭拥有电脑设备(吴理财、夏国锋,2007)。但是当前农村基层政府所提供的公共文化资源不仅数量有限,更缺乏多样性,难以满足农民日益增长的健康文化需求。

2005年,我国政府颁布了《关于进一步加强农村文化建设的意见》,将新时期农村文化建设提升到国家发展战略的高度(财政部教科文司、华中师范大学全国农村文化联合调研课题组,2007)。《意见》指出加强农村文化建设,是全面建设小康社会的内在要求,是树立和落实科学发展观、构建社会主义和谐社会的重要内容,是建设社会主义新农村、满足广大农民群众多层次多方面精神文化需求的有效途径,对于提高党的执政能力和巩固党的执政基础,促进农村经济发展和社会进步,实现农村物质文明、政治文明和精神文明协调发展,具有重大意义。它是今后一个时期农村文化建设的纲领性文件,表明党和政府已经将农村文化建设纳入了经济社会发展的全局,农村文化由自发建设转变为自觉建设(方亮,2008)。

各地方为了改善我国农村公共文化服务质量,丰富农村文化生活,保障农民群众文化权益积极探索新方法。山西省长治市全面启动农村文化低保工程,对贫困农村实行"文化低保"的惠民政策:把人均年收入在1 000元以下的贫困村列为"文化低保"村,由市、县两级财政共同投资540多万元,年内确保每个贫困村能演1场戏、放映6部电影、人均1册图书。青岛市实施"新农村文化家园"工程,市政府提出要经过3年努力,基本建立起设施完善的文化服务网络,实现"一镇一站、一村一室、一人一册"和1村1月放映1场电影的目标。山东省与中组部农村党员干部现代远程教育工程合作,在全国第一个建成了覆盖全省的全国文化信息资源共享工程服务网络(新华社)。

而在江苏省吴江市自2003年开始每年都举办"文化联动"。所谓联动,就是村村镇镇编演节目,不但自娱自乐,各村镇间还相互演出。每次活动都持续几个月之久,上百个节目轮番出

场，观众多达40多万人。沈泉生说："文化联动"源自当地正在树立的公共文化概念，在市文化馆和各镇文化站的带动下，人们逐渐发现，文化不仅可以孕育自己的情操，还可以增进与别人的情谊，促进相互间的关怀。如今，"文化联动"已经向外拓展到县、市之间。吴江市下辖10个镇，根据每个镇的特点，市文广局还发起了"一镇一品"活动。比如，盛泽是丝绸、桃源是酿酒和儿童画、震泽是养蚕植桑、芦墟是山歌、同里是旅游，镇镇都树立自己的文化品牌，有的还建立了文学社和期刊。吴江市图书馆最早推广了分馆制，使全市的藏书资源可以镇镇共享，率先解决了村镇读书难的问题。

根据调查（疏仁华、胡松年，2007），在安徽省文化生活的显著变化也体现了农民文化消费的不断增长。目前，安徽省农村民营文艺团体有1 300余个，这些民间剧团活跃于农村的田间地头，以自编自导自演的方式，丰富着农民的文化生活。仅以怀宁县为例：据怀宁县文化部门的不完全统计，全县现有注册的民间剧团20多个，每个剧团从10人至20人不等，每年演出少则几十场、多的近千场。据保守估计，这个县的剧团每年演出的场次高达4 000多场，每场演出都吸引来成百上千的观众。这些剧团的足迹已遍及安徽、江苏、浙江、江西、福建、广东等6省的农村。

解决好农业、农村、农民问题，事关全面建设小康社会大局，必须始终作为全党工作的重中之重。而从改革开放30年来的实践看，无论是农业的发展、农村的进步、还是农民的致富，都离不开文化的哺育和支撑。

## 第三节　农村居民农业生产状况和就业能力的变化

### 一、农业生产状况

农村居民1年中绝大多数时间都是在从事农业生产，他们主要的经济来源和生活资料也来源于农业生产，因此农业生产是农村居民生活的重要组成部分，农村的机械化程度和信息化程度严重制约着农业生产和农村居民生活质量的提高。

#### （一）农业机械化和农业信息化的发展历程

*1. 改革开放前（第一阶段）我国农业机械化发展回顾*　1966—1978年这段期间，国务院先后召开了3次全国农业机械化会议，工作重点就是调动全国的经济力量，增加对农机工业和人民公社在农机方面的投入。到了1978年，全国农业机械总动力达到了1.17亿kW，农用大中型拖拉机达到55.7万台，农用小型及手扶拖拉机达到173.7万台。这时的农机作业主要以机耕为主，全国机械水平达40.9%。这段时期主要是由政府制定政策、指导农业生产，同时注意农业生产技术的推广，增补和改良农机具，并且注重推广新式的农机具。虽然此阶段我国农业机械化的作业程度和水平不高，但是农业机械服务农业生产的保障体系得到了建立。

*2. 改革开放以来（第二阶段）我国农业机械化的发展*　改革开放30年来，我国农业机械化发生了重大变革，农机所有制由国家、集体所有转向个人所有，农机经营机制由自营自用为主向市场化服务转变，农机发展体制由农民自主发展向政府扶持促进转变，我国农业机械化进入了一个最好的发展时期。2004年《农业机械化促进法》颁布实施，首次明确了农业机械化在农业和农村经济发展中的法律地位，从科研开发、质量保障、社会化服务等方面促进了我国的

农机化事业进入了快速发展时期。2004年中央一号文件首次制定了农机具购置补贴政策，对农民和农业生产经营组织购买农业机械给予直接补贴。直到2008年每年国务院发出的中央一号文件都明确提出加快推进农业机械化的要求和措施，中央财政农机具购置补贴资金从0.7亿元增长到40亿元。我国农机装备总量增长示意及改革开放30年我国农业机械化发展统计见图39-3，表39-10。

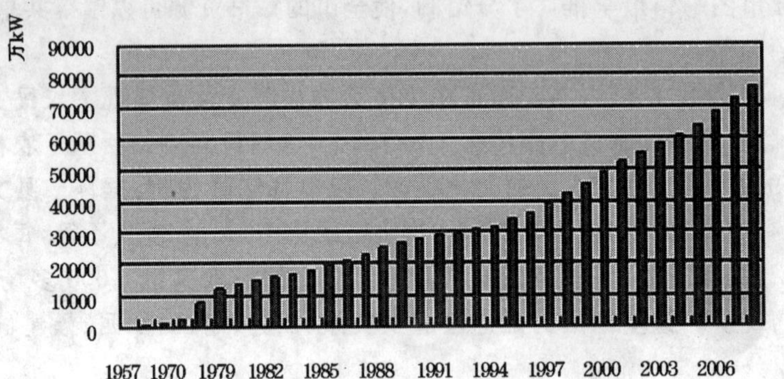


图39-3 我国农机装备总量增长示意

数据来源：中国农村统计年鉴、中国农业统计公报

表39-10 改革开放30年我国农业机械化发展统计

| 年 份 | 农业机械总动力（万kW） | 拖拉机（万台） | 联合收割机（万台） | 机耕水平（%） | 机播水平（%） | 机收水平（%） | 耕种收综合机械化水平（%） |
|---|---|---|---|---|---|---|---|
| 1978 | 11749.90 | 193.04 | 1.9 | 40.9 | 8.9 | 2.1 | 19.66 |
| 1979 | 13379.50 | 233.78 | 2.3 | 42.4 | 10.4 | 2.6 | 20.86 |
| 1980 | 14745.70 | 261.89 | 2.7 | 42.4 | 10.9 | 3.1 | 21.16 |
| 1981 | 15680.10 | 281.5 | 3.13 | 38.4 | 9.7 | 2.7 | 19.08 |
| 1982 | 16614.20 | 309.94 | 3.39 | 37.7 | 9.4 | 3.2 | 18.86 |
| 1983 | 18021.90 | 359.08 | 3.57 | 39.6 | 8.8 | 3.2 | 19.44 |
| 1984 | 19497.20 | 415.19 | 3.59 | 39.1 | 8.6 | 3.3 | 19.21 |
| 1985 | 20912.50 | 467.64 | 3.46 | 38.93 | 9.43 | 3.55 | 19.47 |
| 1986 | 22950.00 | 539.25 | 3.09 | 40.85 | 9.12 | 3.41 | 20.1 |
| 1987 | 24836.00 | 618.1 | 3.38 | 43.63 | 10.8 | 4.49 | 22.04 |
| 1988 | 26575.00 | 682.82 | 3.5 | 46.69 | 11.66 | 5.37 | 23.79 |
| 1989 | 28067.00 | 739.12 | 3.66 | 48.13 | 12.96 | 5.95 | 24.93 |
| 1990 | 28707.70 | 779.45 | 3.87 | 51 | 15 | 7 | 27 |
| 1991 | 29388.60 | 808.85 | 4.4 | 52.45 | 16.47 | 7.78 | 28.26 |
| 1992 | 30308.40 | 826.59 | 5.11 | 53.75 | 17.72 | 9.1 | 29.55 |
| 1993 | 31816.60 | 860.46 | 5.63 | 54.5 | 18.13 | 9.73 | 30.16 |

续表 39-10

| 年 份 | 农业机械总动力（万 kW） | 拖拉机（万台） | 联合收割机（万台） | 机耕水平（%） | 机播水平（%） | 机收水平（%） | 耕种收综合机械化水平（%） |
|---|---|---|---|---|---|---|---|
| 1994 | 33802.50 | 892.98 | 6.39 | 55.27 | 18.97 | 10.48 | 30.94 |
| 1995 | 36118.10 | 931.82 | 7.34 | 56.32 | 20.04 | 11.15 | 31.89 |
| 1996 | 38546.90 | 986 | 9.64 | 57.81 | 21.38 | 12.03 | 33.15 |
| 1997 | 42015.60 | 1117.39 | 14.13 | 60.66 | 22.6 | 13.87 | 35.21 |
| 1998 | 45207.70 | 1194.58 | 18.26 | 63.06 | 24.67 | 15.07 | 37.15 |
| 1999 | 48996.12 | 1278.67 | 22.6 | 65.02 | 25.59 | 16.29 | 38.57 |
| 2000 | 52573.61 | 1361.82 | 26.26 | 47.75 | 25.75 | 18.26 | 32.3 |
| 2001 | 55172.10 | 1388.07 | 28.29 | 47.41 | 26.06 | 17.99 | 32.18 |
| 2002 | 57929.85 | 1430.56 | 31.01 | 47.13 | 26.64 | 18.3 | 32.33 |
| 2003 | 60386.54 | 1475.76 | 36.5 | 46.87 | 26.71 | 19.02 | 32.47 |
| 2004 | 64027.91 | 1566.79 | 41.05 | 48.9 | 28.84 | 20.36 | 34.32 |
| 2005 | 68397.85 | 1666.49 | 47.7 | 50.15 | 30.26 | 22.63 | 35.93 |
| 2006 | 72522.12 | 1728.34 | 56.78 | 55.39 | 32 | 25.11 | 39.29 |
| 2007 | 76589.56 | 1834.31 | 63.24 | 58.89 | 34.43 | 28.62 | 42.47 |

数据来源：孙政才《农业农村改革发展三十年》. 中国农业出版社，2009

**（二）农业信息化建设的改革历程** 我国农业信息化起步较晚，1979 年我国从国外引进遥感技术并应用于农业首开信息化先河。1981 年建立了第一个计算机农业应用研究机构——中国农业科学院计算机中心，开始以科学计算、数学规划模型和统计方法应用为主的农业科研与应用研究。1986 年农业部提出了《农牧渔业信息管理系统总体设计》，制定了《农牧渔业部电子计算机应用规划》，同年农业部还成立了信息中心，开始重视和推进计算机技术在农业领域的试点和应用，并且也引起了农业信息工作的调查方法等一系列深刻的变化。

仅仅 20 多年的时间，我国农业信息化建设进展迅速，基本形成了全社会涉农部分共同推进农业和农村信息化的格局。特别是近几年来，在国家宏观政策的引导下，全国农业信息化建设更是迅猛发展，取得了许多显著成绩。随着国家信息产业部、农业部、科技部等部委启动的"金农工程"、农村信息化示范基地建设工程、"村村通电话工程"等项目，有力地推进了农业信息技术在农村的普及应用。总的来说，我国目前农业信息体系框架基本形成，基础设施逐步完善，但仍处于信息化普及和发展阶段，这一阶段的主要任务仍然是大力推进农业信息基础设施的建设，特别是计算机、网络的普及和应用。只有当硬件设施建设上升到一定水平，才能促进农村各种信息的快速流动和广泛应用(《中国农村信息化发展报告》，2007)。

**（三）农业生物化学技术的应用对农业生产的促进作用** 改革开放以来，我国农业科技事业蓬勃发展，特别是生物化学技术的应用，对农业产生了巨大的促进作用，也在很大程度上提高了农民的收入。主要表现在以下两个方面。

*1. 农业新品种的培育和应用* 随着中共十一届四中全会通过的《中共中央关于加快农业发展若干问题的决定》的实施，全国各地的农业科研和推广机构都已经不断恢复和发展，特别是作物的育种技术先后育成的杂交水稻、棉花"鲁棉 1 号"、玉米的杂交育种、大豆的常规育种

和杂交技术等都取得了重大突破。

2. 化学农药技术与植物的病害　改革开放以后，我国的农药研究取得了重大进展，这也有效地降低了农产品产量的损失。特别是近几年来，生物技术在现代农药中的应用日益广泛，如工程微生物农药和转基因植物农药的研发、农药新靶标的发现、仿生农药的生物合成、农药残留的生物治理和快速检测等。化学杀虫剂、除草剂、杀菌剂发展迅速，部分产品还能达到国际先进水平，如杀菌剂多菌灵、溴氰菊酯、甲霜灵等。还有就是作物的病害防治，对小麦、棉花、大豆、玉米等主要农作物已经成功研发了一系列关键的防控技术，取得了很好的防病增产效果。如我们已经成功研发出玉米螟人工大量饲养技术，还有应用转基因的抗虫棉花新品种以及以化学应急防治为补充的蝗害可持续控制技术体系等。这些农业化学和生物技术的应用水平的不断提高，也推动了我国现代农业发展的进程。

## 二、农村居民就业能力

(一)我国农村劳动力的转移　改革开放前，我国实施了优先发展重工业的战略，国家制定了严格的户籍制度、粮食统购统销制度等，农村部门的利润成为工业发展原始的资本积累，农村劳动力大多数都是在务农，剥夺了农村劳动力的就业自由，致使农村劳动力被长期禁锢在土地上，农村劳动力的转移相当缓慢。改革开放后，尤其是20世纪80年代以来，在乡镇企业就业成为农村剩余劳动力的主渠道；进入90年代，在邓小平南巡讲话推动下，东部沿海地区城市经济的高速增长，创造了大量的就业机会，农村剩余劳动力转移速度加快。但是在农村劳动力向非农产业和城镇转移过程中，主要从事加工制造业、建筑业以及环卫、家政、餐饮等服务业(表39-11)。

表39-11　改革以来农村劳动力在非农产业的就业结构　(单位:万人,%)

| 项目 | 年份 | | | |
|---|---|---|---|---|
| | 1980 | 1990 | 2000 | 2005 |
| 工业 | 916 | 3229 | 4109 | 6012 |
| 比重 | 26.4 | 37.2 | 27.1 | 29.5 |
| 建筑业 | 287 | 1523 | 2692 | 3653 |
| 比重 | 8.3 | 17.6 | 17.8 | 17.9 |
| 交通运输仓贮 | 129 | 635 | 1171 | 1433 |
| 比重 | 3.7 | 7.3 | 7.7 | 7 |
| 批零餐饮 | 127 | 693 | 1752 | 2046 |
| 比重 | 3.7 | 8 | 11.6 | 10 |
| 其他 | 2012 | 2593 | 5442 | 7268 |
| 比重 | 58 | 29.9 | 35.9 | 35.6 |

数据来源:宋洪远.《农村改革三十年》.中国农业出版社,2009

(二)我国农村居民就业能力现状

1. 总体文化素质不高　改革开放以来，我国农村劳动力的文化教育水平是在逐步提高的。1985年我国有将近1/3的农村劳动力不识字或者识字不多，到了2005年这个比例降至7%以下；1985年我国达到初中以上文化程度的劳动力比例不到35%，但是到了2005年这个

比例上升至65%以上。不过,我们仍然需要看到,目前,我国乡村劳动力文化水平仍然很低,受过高中及高中以上教育的劳动力占农村劳动力总量的比例不到14%,其中受过大学教育的仅为1%(宋洪远,2009),这样的人员只能从事技术简单或者较为低级的劳动,不能满足我国"新经济"条件下的人力资本的要求,与城市劳动力水平相比还是存在很大的差距。

2. 青壮年劳动力就业能力较强　目前,我国大量外出务工就业的农村劳动力中从其年龄结构来看,青壮年居多。一般来说,这部分的农村劳动力文化水平相对较高,甚至有一部分人还掌握了某种技术,并且对于这个年龄层次的人来说,其适应能力比较强,所以这部分的农村劳动力向外转移具有其自身的优势,其就业能力明显高于其他劳动力。1993年,农村转移劳动力在35岁以下的比例为71.8%,其中具有初中和高中文化程度的比例分别为45.4%、10.3%;到了2004年,农村转移劳动力的平均年龄在28岁左右,40岁以下的比例高达84.5%,其中初中文化程度占64.5%、高中文化程度占11.5%、中专及以上文化程度占4.6%,这些都说明了我国青壮年劳动力就业能力比较强。

3. 农村劳动力外出就业能力逐步提高　随着我国出台的《2003—2010年全国农民工培训规划》的实施,掌握一定技能的农村劳动力比例越来越多,2001—2004年,外出农村劳动力中掌握了一定的专业技能、接受过技能培训的比例从17.1%上升至28.2%。从参加培训的方式来看,通过政府组织参加培训的农民工占10.7%、参加企业组织的培训的农民工占30%、自己去参加培训的农民工占59.3%(宋洪远,2009)。

**(三)提高我国农村居民就业能力的措施**　随着市场经济的发展和经济增长方式的转变,社会各方面对劳动力素质的要求越来越高,这也无疑增加了农村居民的就业难度,制约了农村劳动力就业空间的扩展。目前,由于我国农村劳动力受教育水平比较低,使劳动力总体素质偏低,缺乏一些必备的文化程度和技能素质,对着产业结构的升级和调整,劳动密集型的产业对技术的要求也越来越高,这样就导致了劳动力供求的结构失衡,无法适应经济发展和就业需求,也已经成为制约劳动力就业能力提高的瓶颈。为此,要改变农村劳动力文化素质低的现状,除了要在农村真正普及九年义务教育、保证适龄少年儿童入学,为以后的就业打好基础外,更重要的是搞好农村的成人教育和职业技术教育,以加快农村人力资源的开发,提高农民的就业能力。截至2007年,我国农民高等学校只有2所,农民技术培训学校15.3万所,农民中学2 047所。我国农村劳动力资源丰富,提高这些劳动力的就业能力有助于提高劳动力就业竞争力,是解决农村劳动力就业难、增加农民收入、缩小城乡居民收入差距的有效途径。

1. 积极开展农村居民基础教育　美国发展经济学家舒尔茨认为农民的教育投资是促进农业发展的重要因素,教育无疑是提高农村劳动力素质的很有效的途径。目前,我国政府加强了对基础教育的投入,对农村实施九年免费义务教育,还不断改善了基础教育办学条件,以更好的措施来保证真正意义上的义务教育得到普遍实施。

2. 完善农村居民的就业职业技能培训　据国务院研究室发布的《中国农民工调研报告》显示,目前我国农村劳动力中接受过中等职业技术教育的占20%,接受过初级职业技术培训或教育的占3.4%,接受过中等职业技术教育的占0.13%,而没有接受过技术培训的竟高达76.4%(孙剑,2008),可见完善农村劳动力就业培训迫在眉睫。为提高职业培训的效果,最好以市场的需求为依据,有针对性地并且依据农村劳动力的特点开展各种技术培训,从而提高农村劳动力就业的竞争力。

3. 完善农村居民就业市场服务　一方面,在现有的教育培训资源基础上,改善和完善一批教育培训机构，加强基地建设，完善教学培训条件，建设一批能起示范和带头作用的农村劳动力转移培训基地；另一方面，建立规范的劳动力就业市场，统筹城乡就业，疏通农村劳动力流动渠道，取消限制劳动力流动的一些不合理的制度安排，还要强化对劳动力市场的监督管理，特别是农村劳动力的保护力度，切实完善农村劳动力的就业环境，提高农村劳动力就业的积极性。

## 第四节　农村居民的自然环境和社会环境分析

### 一、农村居民的自然环境

改革开放以来，我国农村经济快速增长，农村面貌发生了巨大的变化。但是由于化肥、农药等化学品的使用，农村环境问题却日益突出。特别是环境污染严重，直接影响了农民的身体健康，在相当程度上影响了人们的生活质量。2005 年 12 月 3 日发布的《国务院关于落实科学发展观加强环境保护的决定》第一次将农村环保作为环保工作的重点，要求着力解决土壤、农业和村镇污水、垃圾污染，推进生态农业发展，促进农民生活质量提高、乡村环境整洁。2006 年 2 月 21 日《中共中央、国务院关于推进社会主义新农村建设的若干意见》正式颁布，并首次将农村人居环境写入了中央文件，对新农村建设的重要部分——加强村庄规划和人居环境治理，提出了十分明确的工作要求。文件为新农村描绘了美好蓝图“生产发展、生活宽裕、乡风文明、村容整洁、管理民主”。因此，改善乡村人居环境，改变村容村貌，是新农村建设的重要任务之一。农村居民的自然环境改善对于加快新农村建设具有十分重要的现实意义。

**(一)农村饮用水安全及其治理**　农村饮水安全一直是个沉重话题。为解决群众饮水问题，新中国成立以来各级政府和人民群众都在不懈的努力。20 世纪 70～80 年代，解决农村饮水问题列入了政府工作议事日程，采取以工代赈的方式和在小型农田水利补助经费中安排专项资金等措施支持农村解决饮水困难。国务院于 1984 年批转了《关于加快解决农村人、畜饮水问题的报告》以及《关于农村人、畜饮水工作的暂行规定》，逐步规范了农村饮水解困工作。20 世纪 90 年代，解决农村饮水困难正式纳入国家规划。1991 年国家制定了《全国农村人、畜饮水、乡镇供水 10 年规划和“八五”计划》，1994 年把解决农村人、畜饮水困难纳入《国家八七扶贫攻坚计划》，通过财政资金和以工代赈渠道增加投入。至 1999 年时，全国共建成各类农村供水工程 300 多万处，累计解决了 2.16 亿人的饮水困难。截至 2004 年底，我国基本上结束农村饮用水难的历史。2005 年，经国务院批准实施的《2005—2006 年农村饮用水安全应急工程规划》，实现了农村供水工作从“饮水解困”到“饮水安全”的阶段性转变。从 2006 年开始，农村饮水安全工程全面实施。根据《全国农村饮水安全工程“十一五”规划》，到 2015 年之前全国将基本解决农村饮水安全问题，到 2020 年基本实现农村普及自来水(新华网)。

目前，我国农村的饮水安全形势十分严峻。根据 2007 年卫生部和水利部的初步调查，全国共有 3 亿农村人口存在饮水不安全问题，其中氟、砷含量超标的饮用水、苦咸水、污染的地表和地下水成为严重威胁农民身体健康的三大隐患。造成水质问题的原因有二：一方面是人为因素，如水源地污染，饮用水输送、处理环节不当等；另一方面是自然因素，即地质本身形成的高氟水、高砷水、苦咸水等。加强农村饮用水水源地的保护和农村饮用水安全建设是当务之

急。农村饮用水安全建设是一个非常复杂的系统工程,需要全社会的高度重视。只有加强投入,控制污染,改善环境,保护水资源,才能从根本上解决农村饮用水水质的安全问题。

经过一系列的改善治理措施,截至2008年底,全国农村改水累计受益人口达8.94亿人。其中自来水受益人口6.26亿人,占受益人口总数的70%;手压机井受益人口1.76亿人,占受益总人口的19.7%;其他改水形式受益人口0.92亿人,占受益总人口的10.3%。已改水受益人口占农村人口93.6%(见《2008年中国环境状况公报》)。

**(二)化肥、农药等化学品造成的环境污染及其治理** 我国人多地少,为了提高粮食产量,种植农产品使用的农药、化肥和农膜的数量也在明显地增加。化肥、农药、地膜等大量投入,一方面带来了农业产量的提高,另一方面也导致了农业环境的恶化。使用化肥造成的土地板结、土壤污染等问题严重影响了农作物的品质;农药的大量使用污染农村的水源,破坏了当地的生态环境,并且使人、畜安全受到了威胁;农地膜带来的白色污染严重破坏了农村生态平衡,影响了农业可持续发展和农村居民的生活安全。据统计,我们每年使用的化肥折合成纯量,目前在4 200万t的水平。在一些经济发达地区,每$hm^2$使用的化肥超过了400kg,已经远远超出了在一些发达国家被认为的化肥使用的安全上限225kg。我国每年施用的农药超过120万t,更突出的是其中70%以上是除草剂。而这些的除草剂中又有70%含有机磷,因此导致土壤的有害物质残留非常严重。

针对这些农药、化肥造成的大气污染以及土壤污染等农业环境污染,我国已经出台了一些比较重要的法律,如《环境保护法》、《农业法》和《大气污染防治法》等。我国虽然还没有专门的《农业环境保护法》,但是《农业环境保护条例》已经颁布实施。最近几年,我国在"三废"处理、低毒新农药应用等方面做出了显著成绩。只是土壤污染问题仍然相当严重,值得关注。据统计,我国受农药污染的耕地至少有1 300万~1 600万$hm^2$。

**(三)生活污水、垃圾的污染及其治理** 近些年来,我国农村经济飞速发展,农民的生活水平不断提高。农民在享受物质产品的同时也暴露出另一个问题,即农村生活垃圾与日俱增。在"第三届生态市(县)建设现场会暨2007年全国自然生态保护工作会议"上,国家环保总局副局长吴晓青指出,全国农村每年产生生活污水约80亿t,生活垃圾约1.2亿t。同时城市工业污染向农村转移趋势加剧,致使农村生态环境受到破坏,农村居民生活环境日益恶化。归纳其来源和特点:农村垃圾主要可分为生活废弃物和产业废弃物,其中有少部分为危险废弃物。

2005年,为解决生活垃圾和污水污染问题,农业部启动了乡村清洁工程示范建设,以村为基本单位,建设秸秆、生活垃圾、污水等有机废弃物处理设施,推进生活垃圾、污水的资源化利用。我国传统的生活垃圾处理模式是垫圈,即将产生的生活垃圾放入牲畜圈或厕所中,与粪便等共同沤肥,然后返还农田。2007年,为推进新农村建设的战略决策,农业部还组织实施了循环农业促进行动,重点推进农村生活垃圾和污水等的循环利用,建立循环可持续的资源化利用,如建"三位一体"的沼气大棚可以很好地将垃圾处理与再生能源结合起来。解决农村生活垃圾问题和污水是今后农村环境整治的难点和重点。

"新农村环境建设"专题政策研究小组对江苏省的调查发现,该省江阴市为加大农村环境综合整治力度,实现"农业向集约化集中、企业向工业集中区集中、农民向集镇集中、污水集中处理"的目标,全市村镇通过大规模建设村镇污水处理厂,实现由"分散治污"向"集中治污、集中控制"的转变,切实改善广大农村的水环境质量。从2003年开始,短短2年多时间,全市广大村镇相继建起了27座万t的污水处理厂,日处理能力达到了33万t,并保证了每个镇至少拥有1座污水处理厂，而工业企业密集的周庄镇甚至建成了7座村镇级的污水处理厂。

**(四)禽畜养殖污染及其治理** 改革开放以前，我国的农业经济结构比较单一，畜禽养殖一直以家庭为单元零星养殖猪、羊、鸡、鸭等为主要形式。随着农业和农村经济结构调整的不断深入，农户参与规模养殖的积极性不断高涨，集约化养殖的程度不断提高以及经营规模的扩大都给周围环境的空气、土壤、作物都造成了严重的污染。按污染负荷折算，1头猪相当于10口人，10只鸡相当于7口人，规模化养殖的污染问题严峻，养殖治理任务艰巨。禽畜每天排出的粪便数量很大，据资料分析，每头家畜1天的粪便量与其体重之比，牛为7%～9%，猪为5%～9%。资料显示，目前全国畜禽粪便年产生量约为17.3亿t，是工业废弃物的2.7倍，其中氮年产生量为1 597万t、磷年产生量约为363万t、COD(化学需氧量)年产生量约为6 400万t、BOD(生化需氧量)年产生量约为5 400万t，畜禽粪便进入水体流失率高达25%～30%，COD排放接近工业废水，氮、磷流失量大于化肥流失量，是农村面源污染的主要原因之一。我国环境污染正在转型，工业污染比重下降、农业污染日益突出，规模化畜禽养殖造成的有机污染已相当于全国工业污染的总量。

目前，我国畜禽养殖业法规体系已着手建立。《畜禽养殖业污染防治管理办法》、《畜禽养殖业污染物排放标准》和《畜禽养殖业污染防治技术规范》于2001年和2002年相继出台，畜禽养殖业的环境管理将逐步纳入法制化轨道。在操作层面上，采用传统方法还田已经不够了，必须借助于现代高新技术及装备，高效率地把禽畜粪便转化成有用的资源。例如，目前也有很好的处理方法，如通过干湿分开、固液分离得到的干粪；可应用高效菌种发酵转变成饲料；高浓度粪水可采用厌氧处理技术产生沼气、回收利用能源；也可利用光和细菌等高效菌种进行稳定化、无害化处理，并转化成液体肥料用于棚舍冲洗等。目的是把禽畜粪便视作一项可开发利用的资源，加以综合处理，以达到固体废弃物处理的减量化、无害化、资源化(边江凤等，2006)。

## 二、农村居民的社会环境

**(一)农村社会治安** 新中国成立初期我国的农村社会治安总体都较为稳定，这也与新中国成立后的一系列农村改革政策措施相关。农民精力集中在经济建设上，农村基本不存在贫富分化，“路不拾遗、夜不闭户”现象随处可见，农村治安状况良好。在人民公社体制下，农民的生产和生活完全限定在集体的界限以内，这时的公安机关的主要任务就是在农村清匪反霸、取缔各种反动会道门等。1951年5月，毛泽东同志在审批第三次全国公安工作会议的决议时就明确指出：“全国各地必须在此镇压反革命的伟大斗争中普遍地组织群众的治安保卫委员会”，“担负协助人民政府肃清反革命、防奸、防谍、保卫国家和公众安全的责任。”1952年8月，公安部正式颁布了《治安保卫委员会暂行组织条例》，对建立治安保卫委员会做了具体规定。我国农村以乡为单位设立了治安联防队，各村建立了治保会，这些群防群治队伍成为协助公安机关维护农村治安不可缺少的力量。

改革开放以后，我国经济持续快速增长，人民生活显著改善，社会治安大局保持稳定。随着社会主义新农村建设的全面展开，还有中央一系列惠农政策，农村社会治安保持了持续稳定，人们的安全感不断增强。2005年12月31日出台的《中共中央、国务院关于推进社会主义新农村建设的若干意见》，把“生产发展、生活宽裕、乡风文明、村容整洁、管理民主”作为我国建设社会主义新农村的基本标准。2006年党的十六届六中全会把构建社会主义和谐社会作为党和政府的现实任务和长远目标，并提出治安问题是影响社会和谐的问题之一。毫无疑问，治

理好农村的治安秩序是促进“乡风文明”和“社会和谐”的重要内容之一。

**(二)农村居民的社会交往**　社会学家眼中的人不是孤立的，一个人只有参与社会活动，不断与他人进行互动，才能证明自己的价值存在，因此社会交往对于个人需求的满足和价值的实现都是非常关键的，是决定生活质量的一个重要因素。根据有关研究发现，改革开放前农民的社会交往主要局限于传统农村的社会交往即基于亲缘关系基础上的一种单纯的实际情感的满足。但是随着我国农村市场经济的改革，农村居民交往的空间范围大大扩展，农村居民与商人的交往占了很大部分，这符合他们沟通商品生产与交换的信息的需要，成为农村居民交往的一大特点。还有一些通过自己实际的调研，研究发现农村居民对社会交往的满意度是非常高的(表 39-12)。但是社会交往的对象、范围、频率、深度等几个方面都明显地受到血缘、地缘和业缘关系的影响。影响农村居民交往对象的因素主要是地缘、血缘、业缘关系；影响交往深度的主要是血缘关系，具有血缘关系的人成为农村居民最主要的求助对象；影响交往范围和频率的主要因素是地缘关系。

**表 39-12　农村居民社会交往满意度**

| 社会交往满意度 | 个案数(人) | 有效百分比(%) | 累计百分比(%) |
|---|---|---|---|
| 很满意 | 93 | 37.2 | 37.2 |
| 比较满意 | 126 | 50.4 | 87.6 |
| 一　般 | 25 | 10.0 | 97.6 |
| 不太满意 | 6 | 2.4 | 100.0 |
| 很不满意 | 0 | 0 | — |
| 合　计 | 250 | 100.0 | — |

数据来源：周万全(2005)硕士论文

# 第五节　农业公共政策与农村社会公共品供给

## 一、农村社会公共品供给

**(一)改革开放前农村公共品供给**　新中国成立之初，农村公共产品非常有限。政府无力供给公共品，而农民对公共产品的需求促使了自助组和合作社等组织的产生。这些组织也承担起了部分公共产品的投入。互助组解决了最初制约农业生产发展的犁、耕牛、水塘等最基本的公共产品问题。而农业社则是大办水利的主力军，并由于国家无暇为农民承担教育职责，从而促使其开办了大批托儿所、幼儿园、中学、农业技术学校等。

人民公社建立后，农民被高度集中起来，各种生产资料全部上缴集体。此时农村公共产品是由乡村基层政府提供的。各地的公社普遍设有农机管理站、农技推广站、水利站、经营管理站、畜牧兽医站、供销合作社、粮站、文化站、广播站、中心学校、敬老院、卫生院、农民夜校等部门(黄丽华，2008)，为社员提供公共服务。在当时我国社会经济发展的背景下，人民公社较好地开展了许多公共事业，在短期内提供了急需的公共产品。

从新中国成立一直到改革开放前，全国兴建了大批农田水利工程，农田灌溉面积从1949年的2.4亿亩增加至1980年的7.3亿亩，新修了2亿亩梯田，修整了近20万km的堤防。1949—1982年间完成水库86 102座，库容488.6亿$m^3$，蓄水量达278.46亿$m^3$(刘斌、张兆刚、霍功，2004)。建立了合作医疗为重点的医疗保健制度，形成了县、社、大队三级医疗服务网，培养了一批赤脚医生。到20世纪70年代后期合作医疗在全国农村的覆盖率达到90%以上。人们公社时期的合作医疗制度被世界银行称为“发展中国家解决卫生经费唯一范例”。农村教育也有一定发展。新中国成立后国家经济极端困难，政府对农村是“取多予少”，无法投入大量资金兴办农村教育，只能强调“农村教育农民办”(周批改、叶敏，2006)。解放初期农村人口中的文盲，高达80%以上(宋洁，2006)。中央通过“以民教民”的方式解决了师资问题，大力开展扫盲运动，并获得了显著的成效。除了组织扫盲识字以外，农村初等教育的普及也取得了一定成绩。人民公社时期还开设了农业技术职业学校，培养了一批知识青年。

**(二)改革开放后农村公共品供给** 改革开放以后，农村人民公社解体，农村公共品原来的供给来源丧失了其功能，诸如农技站、水利站、文化站、广播站、粮站等基层组织逐渐涣散甚至瘫痪。政府开始成为农村公共品投入的主体。而此时城市改革刚起步，为了确保国民经济高速增长，国家依然采取了传统的主要倾向于城市、工业的政策，国家财政仍旧没有充足的财力顾及农村。改革开放后20年间财政对于农业和农村发展的投入比重维持在8%～11%，农业基建投资额占国家全部基建投资额比重更是从1978年的10.6%下降至1986年的3.3%。而农村教育方面，据统计1995年，各级财政对农村教育投入共300亿元，占农村教育总投入的50%以下，农村基础教育实际上还是“农民办教育”。

在这一阶段，一些原有的农村公共品遭到相当程度的破坏，农田水利设施淤塞，桥梁道路失修等。1980—1986年乡村办水电站数量连年下降。水利设施抗灾能力减弱，使受灾面积由1970—1979年平均每年受灾面积388万$hm^2$，上升至1980—1992年间的4 500万$hm^2$。1993年洪涝受灾面积2.5亿亩，由洪涝灾害造成的直接损失达630亿元。至1996年时，全国8.42万座水库中，已经有1/3属于病险库。水库容量由20世纪80年代初的4 500亿$m^3$下降至只占此数的30%～50%(张军、何寒熙，1996)。很多地区农村合作医疗也逐渐处于瘫痪的状态。1980年全国仍有68.8%的村有合作医疗，1986年下降至5.5%(卫兴华主编，1994)，1989年继续坚持合作医疗的行政村仅占全国的4.8%(郑功成等，2002)。

尽管国家财政对农村公共品的投入不多，但是农村教育在改革开放后一直受到国家重视。1993年《中国教育改革和发展纲要》明确了我国教育改革与发展的基本模式将是以基础教育为重点，提出了“双基”奋斗目标。这不仅为我国农村基础教育事业的跨越式发展提供了思路与方向，同时也对农村基础教育政策的继续调整与完善提出了更高的要求与期望(陈利华，2008)。1999年6月，江泽民在第三次全国教育工作会议上讲话时指出：“各级政府都要确保农村教育的投入，并不断加大投入的力度。”2002年“以县为主”的农村义务教育管理新体制走上舞台。当年，各级财政投入农村教育达到990亿元，占总投入的78%(袁桂林，2004)。农村基础教育开始由“农民办教育”开始逐渐向“公共教育”转变。2004年，温家宝总理在政府工作报告中指出：“实施新一轮《教育振兴行动计划》，重点加强义务教育，特别是农村教育…到2007年使西部地区基本普及九年义务教育，基本扫除青壮年文盲，中央财政将为此投入100亿元。”

随着国家经济的发展，工业开始反哺农业，农村公路建设也开始有了起色。我国农村公路

已经具有相当的规模，基本形成了连接千家万户的农村公路网络。据统计，我国农村公路已达290万km，其中县道48万km，乡道95万km，村道147万km。全国99.6%的乡镇、92%的建制村实现了通公路（李银星，2006）。

## 二、农业公共政策

**（一）农村税费改革** 新中国成立以来，党采取了重工业优先发展的战略。我国的工业化急需大量资金，在外无支援、内无资金来源的情况下，中央采取了以农补工的方式筹集资金，农村、农业和农民为中国的工业化发展做出了巨大贡献和牺牲（张富良，2006）。即使在改革开放后多年，以农补工的情况仍然没有改变。

20世纪90年代，农民人均纯收入增幅连年下降，以农为主的农户甚至出现绝对收入的下降，然而农民承受的税收负担却在不断加重。1990年，我国的农业税总额是87.9亿元；到2000年，这个数字达到了465.3亿元，增长了5.3倍。按照这个数字计算，农民的人均税赋大约为145元。但是同期城市居民的人均税赋只有37元。农民人均税收负担是城市居民的3.92倍（揭新华，2004）。农民不仅需承受农业正税，还要缴纳大量各种名目的非税收性收费。据统计，1997年农户人均负担195元，税收负担额占24%，同期税外费占76%（林敏慧，2004）。农民税费压力大，而收入又低，农村不合理的税费体制严重损害了农民的利益。为此中央政府决定实行农村税费体制改革，并于2000年率先在安徽全省进行改革试点。然而乡镇干部利益受到直接冲击，基层财政困难阻碍了农村税费改革的推进。为了保证改革试点工作顺利进行，2002年中央财政增加了用于农村税费改革试点的转移支付资金。2003年在进一步总结经验、完善政策的基础上，农村税费改革试点工作全面推进。该阶段农村税费改革的主要目标是“减轻、规范、稳定”农民税收负担。而2004年以后农村税费改革的重点转移到了“免征农业税”上来。2004年农业税全面取消提上日程。2004年实施减免农业税政策减轻农民负担234亿元。免征地区受益农民1.5亿人，人均减负约46元（黑龙江、吉林人均减负分别为142元和100元）。2005年全面免征农业税的省份达到26个，涉及农业人口约6.9亿人（巴志鹏，2006）。2006年全国彻底取消了农业税，我国农民负担了2 600多年的“皇粮国税”正式成为历史。

免除农业税不会对国家工业化和国民经济发展造成太大的影响，然而对于减轻农民负担却有极大的意义。不仅如此，取消农业税提高了农民的收入水平和实际购买力，刺激了国内需求与消费，推动了国民经济的健康发展；改善了农村的党群、干群关系，维护了基层的政治和谐，促进了农村的稳定（沈其新、田旭明，2008）。

**（二）补贴政策** 从农业补贴政策实施上看，我国农业补贴政策始于20世纪50年代末，最早以国营拖拉机站的“机耕定额亏损补贴”形式出现，之后逐渐扩展到农用生产资料的价格补贴、农业生产用电补贴、贷款贴息补贴等方面。1980—1992年政府主要采取放开农产品价格的政策，让农民在市场交换中受益，财政上的农业补贴相对较少。1992年后政府对农产品实行价格和流通干预政策，目标是控制严重的通货膨胀。在通货膨胀问题消除后，粮食价格不断降低，已失去经济学意义上的保护含义。而棉花则于1999年完全放开了价格，更谈不上保护（何忠伟，蒋和平，2003）。总体而言，在2003年以前，国有粮食企业按保护价敞开收购农民余粮，国家利用粮食风险基金对国有粮食企业提供超贮补贴，国家对农民的补贴主要通过补贴流通环节间接实现（侯玲玲等，2007）。

2003 年开始农业粮食补贴政策发生了重大改变。中央对粮食流通体制实行改革，调整了粮食补贴方式，将原来通过以保护价收购的方式给农民的间接补贴，调整为对生产环节进行补贴，直接补给农民。

中央根据粮食产销形势的新变化，先后出台了良种补贴、粮食直补、农机具购置补贴等一系列农业补贴政策，初步形成了农业补贴政策框架。粮食直接补贴资金主要用于粮食生产和粮食主产区。2004 年粮食直接补贴兑现补贴资金达 102.86 亿元，农民人均纯收入 2 936 元，比上年增加 314 元，实际增长 6.8%，是 1997 年以来收入增加最多和增长最快的一年（侯锐，2006）。良种补贴最初是在大豆上实行，取得了很好的效果。2004 年扩大到水稻、优质专用小麦、专用玉米等品种，补贴面积和补贴金额大幅提高，中央和地方共安排补贴资金 28.5 亿元。农机具购置补贴是对农民个人、农场职工、农机专业户和直接从事农业生产的农机服务组织购置和更新大型农机具给予一定补贴。2004 年中央财政安排农机具购置补贴资金 7 000 万元。据不完全统计，地方各级安排购机补贴资金达 41 045.06 万元，其中省级财政 20 950 万元、地市级 9 619 万元、县级 10 476.06 万元，计划补贴购置各类农机具 9.76 万台（套），受益农户数达 30 万户（侯玲玲等，2007）。这些政策的实施关系到广大农村居民的切身利益，有力地调动了农民的种粮积极性，提高了农村居民的收入，促进了农村居民生活质量的改善。

**（三）劳动力转移政策** 新中国成立后由于实行重工业优先发展战略和计划经济体制，我国建立起了严格的城乡户籍制度，在城乡之间形成了一道鸿沟，从根本上限制了农民向城市流动。一直到改革开放初期，党中央采取的都是强化城乡二元结构，对农村劳动力流动实行严格控制的政策。改革开放前农村劳动力转移基本处于停滞状态。

改革开放后，农村发生了重大变革，家庭承包经营制度的实行极大地调动了农民的生产积极性，促进了农业生产的恢复和农产品供给的全面增长，农民的物质生活有了基本保障，农村剩余劳动力开始寻找新的就业机会。而随着经济发展走上正轨，国民经济呈现出高速发展的态势，城镇就业的机会增多，也为农村劳动力的转移创造了宽松的环境。在这种形势下，一部分农民不满足温饱问题的解决，开始向农业、农村之外寻求就业机会，追求进一步的发展。

20 世纪 80 年代中期开始，中央出台的有关政策开始允许甚至鼓励农村劳动力向城市流动。1984 年关于农村工作的一号文件提出，允许务工、经商、办服务业的农民自理口粮到集镇落户。1985 年的一号文件又提出，要扩大城乡经济交往，允许农民进城开店设坊、兴办服务业、提供各种劳务，城市要在用地和服务设施方面提供便利条件。政府还允许国营企业招收农村工人，允许农村集体企业和农民个人从事长途贩运，支持和鼓励农民兴办交通运输业等。总体而言，80 年代党的农村劳动力转移的指导方针是“离土不离乡”，农村劳动力主要是就地向乡镇企业和小城镇转移。然而 1988 年中央“治理经济环境、整顿经济秩序”的决定使乡镇企业受到很大冲击，其吸纳劳动力能力下降，从而也使农村劳动力转移陷入停滞。

进入 90 年代，大量积压的农村剩余劳动力纷纷进城寻找就业门路，面对突如其来的“民工潮”，党中央提出，根据城镇和发达地区的客观需要引导农村劳动力有序流动。为了保持农民收入的稳定增长，党和政府把转移农村剩余劳动力摆到了更加突出的地位。1998 年 12 月，温家宝总理在中央农村工作会议上提出，要把发展乡镇企业和小城镇、加快农村剩余劳动力转移作为带动农村经济和社会发展的大战略。进入 21 世纪后，国家更是把农村剩余劳动力的问题上升到事关国家经济和社会发展的战备高度来认识。强调要取消城乡就业方面的各种不合理限制，引导农村劳动力合理有序流动，并希望逐步取消户籍制度，弱化城乡二元结构，实现城乡

劳动力流动的一体化，建立城乡统一的劳动力市场。

转移农村剩余劳动力是增加农民收入，提升农民素质和地位的重要途径。农村劳动力的转移能发展农村"劳务经济"、增加农民收入，为城镇经济发展注入新的生机和活力。同时还能带动农民的二次创业，培育农村经济发展新的增长点(郑万军、王成兰，2006；周萍华，2006)。

**(四)社会保障** 新中国成立初期，限于当时生产力水平与社会经济发展状态，农村的社会保障主要是农户自我承担和亲戚邻里的相互帮助，政府、社区适当扶助。社会保障结构单一，主要内容就是救灾救济和社会优抚。这个时期的农村社会保障只是一种临时救济型的保障体系。

在农业高级社普遍建立后，社会保障制度由自我经济条件下农户自我保障为主的模式走向以农村社队集体经济为依托、国家适当扶助的社会保障轨道，包含了主要针对灾民和贫困对象的社会救灾和救济制度，照顾、优待烈军属和复员退伍军人的优抚制度以及五保供养制度、合作医疗制度等新的内容。但由于农村生产力水平低，社会保障仍停留在低水平上，且各个地区的保障水平极不平衡(杨翠迎，2001)。

党的十一届三中全会后，经济体制的改革在给我国农村社会经济发展带来了巨大变化的同时，也导致了农村原来依托集体经济发展起来的各项社会保障失去了功能，大多数农民实际上又回到只能靠家庭来为自己提供保障的低层次上。自从"七五"以来，各地政府开始了建立完善农村社会保障制度的探索。在社会救济制度改革方面，1994 年以后开始了建立农村最低生活保障制度的试点；在农村社会养老保险制度建立方面，民政部从 1987 年就开始在有条件的地区组织领导进行探索和试点，1992 年颁布施行了《县级农村社会养老保险基本方案(试行)》并随后把试点工作从局部推向全国；在农村医疗保障方面，1993 年 11 月，党的十四届三中全会明确提出要"发展和完善农村合作医疗制度"。

尽管各级政府为农村保障的发展做出了很大努力，各地创造出了多种多样的保障形式，但总体成效不大，农村社会保障发展进展缓慢。2000 年，世界卫生组织在对 191 个会员国进行的医疗卫生公平性评价中，我国排在倒数第四位，其重要原因就是占人口 70%的农民无法获得医疗保障。1999 年 7 月，国务院指出目前我国农村尚不具备普遍实行社会养老保险的条件，决定对已有的业务实行清理整顿，停止接受新业务，有条件的地区应逐步向商业保险过渡(田凯，2000)。

我国农村社会保障还存在很多问题。农村社会保障项目少、覆盖面小、保障水平低，农村人口基本上无健全的社会保障。我国保障形式主要是农村社会救济、社会优抚、农村"五保"和少数地方推广的农村社会养老保险及合作医疗保险。保障的对象基本上是"困难的人"、"光荣的人"和"富裕的人"，农村大多数人还无法享受社会保障。在 1990—1999 年的 10 年中，国家和各级政府社会救济金的总和为 7.9 亿元，定期救助的人数也只有 52.8 万人(方青，2002)。农村社会保障无论是范围还是标准，相对于城市而言是很低的。据有关调查显示，占人口总数 20%的城镇居民享受 89%的社会保障，占人口 80%的农村居民仅享受社会保障的 11%(杨翠迎，2001)。

通过新中国成立 60 年来我国农村居民的收入和生活质量的变化历程，我们可以看出，农村居民的收入水平和生活质量已经取得了很多可喜的成绩，但同时也有一些问题值得警惕和思考，这些成绩和不足具体说来，主要有以下几点：①我国农民收入要持续、快速和稳定增长，缩小其“差异性”，克服“不公正性”，必须把调动农民的生产积极性作为农村经济政策的出发点和归宿。②农民的生产、生活方式和观念发生了彻底的转变，崇尚科学、尊重知识人才、自主创业，向往美好生活，已成为农民的普遍追求。③农村文化教育事业发展较快，九年制义务教育全面普及，各级政府还在不断拓宽各种形式的农村劳动力文化教育和技能培训，增强了劳动者的就业能力。④农村经济发展已进入新的阶段，建设社会主义新农村和全面建设小康社会，已成为农村发展的首要目标。⑤农村社会保障体系建设起步时间不长，地区发展不平衡、经费投入不足、保障水平偏低、覆盖面窄和基层管理薄弱等问题都很突出，应从全局和长远的角度，统筹规划农村社会保障体系，把增加农村社保投入作为实施积极财政政策、改善民生的一个重点，加大财政投入力度。⑥农村基础设施和公共服务设施落后于城市，进而也影响到农民生活质量的提高；最后，农村居民生活的自然环境仍有很大的提升空间，农村环境污染、垃圾处理等问题应受到进一步关注。总之，相信随着党的十七届三中全会对农业的高度关注和惠农政策的支持，农民的收入和生活质量将再次发生质的飞跃。

## 参考文献

［1］ Banister，Judith. 1987：China's Changing Population. California：Stanford University Press.

［2］ Caldwell，John C. 1986：Routes to Low Mortality in Poor Countries. Population and Development Review 12，No. 2.

［3］ Simon Kuznets，1955：Economic Growth and Income Inequality，The American Economic Review，March，1955.

［4］ 巴志鹏．新时期中国农民负担的历史演变．党史文苑，2006(9).

［5］ 财政部教科文司，华中师范大学全国农村文化联合调研课题组．《中国农村文化建设的现状分析与战略思考》. 华中师范大学学报(人文社会科学版). 2007，46(4).

［6］ 蔡昉．城乡收入差距与制度变革的临界点．中国社会科学，2003(5).

［7］ 陈利华．改革开放以来我国农村基础教育政策的历史考察．湖南师范大学出版社，2008.

［8］ 陈锡文．环境问题与中国农村发展．管理世界，2002(1).

［9］ 陈晓华，张红宇．促进农民增收与全面建设农村小康社会．中国农业出版社，2005.

［10］ 方亮．我国农村文化发展现状及对策研究．山西高等学校社会科学学报，2008，20(3).

［11］ 方青．从“集体保障”到“社会保障”——中国农村社会保障 1949—2000. 当代中国史研究，2002(1).

［12］ 郭建军．现阶段我国农民收入增长特征，面临的矛盾和对策．中国农村经济，2001(6).

［13］ 郭玮．城乡差距扩大的表现、原因与政策调整．农业经济问题，2003(5).

［14］ 何忠伟，蒋和平．我国农业补贴政策的演变与走向．中国软科学，2003(10).

［15］ 侯玲玲，穆月英，张春晖．中国农业补贴政策及其实施效果分析．中国农学通报，2007，23(10).

［16］ 侯锐．中国农业支持政策研究．华中农业大学出版社，2006.

[17] 黄丽华．中国农村公共产品供给制度变迁与制度创新．吉林大学出版社，2008.

[18] 揭新华．现代化进程中的农民生活质量及其提高．上饶师范学院学报，2004(2).

[19] 柯炳生．关于我国农民收入问题的若干思考．农业经济问题，2005(1).

[20] 李道亮．中国农村信息化发展报告(2007)．中国农业科学技术出版社，2007.

[21] 李敏．陕西省农村信息化发展研究．西北农林科技大学硕士论文，2008.

[22] 李小军．粮食主产区农民收入问题研究．中国农业科学院博士论文，2005.

[23] 李银星．吉林省农村居民生活质量评价研究．吉林大学博士论文，2006.

[24] 李远．禽畜养殖业污染防治不容忽视．环境经济，2007(1).

[25] 林白鹏，等．中国消费结构学．经济科学出版社，1987.

[26] 林敏慧．浅谈农村税费体制改革．建材财会，2004(1).

[27] 刘斌，张兆刚，霍功．中国三农问题报告．中国发展出版社，2004.

[28] 刘文勇．中国城乡收入差距扩大的程度、原因与政策调整．农业经济问题，2004(3).

[29] 刘振华．我国农村地区突出的社会治安问题及其防治对策．行政与法，2006(11).

[30] 卢嘉瑞．中国农民消费结构变化的历史考察．消费经济，1996(3).

[31] 马从辉．我国城乡居民收入差距原因分析．经济学家，2002(4).

[32] 马香娟，陈郁．农村生活垃圾问题及其解决对策．能源工程，2002(3).

[33] 祃海霞．中国农民收入问题研究．东北农业大学硕士论文，2001.

[34] 沈其新，田旭明．中国特色社会主义新农村建设道路的成功实践——改革开放以来我党在农村的四大阶梯式创新．武汉理工大学学报(社会科学版)，2008(5).

[35] 石晓楠．我国农民收入问题研究．首都经济贸易大学硕士论文，2006.

[36] 疏仁华，胡松年．安徽农村居民文化生活调查与建设问题研究．理论建设，2007(3).

[37] 宋洪远．农村改革三十年．中国农业出版社，2009.

[38] 宋洁．建国初期农村扫盲运动的特点．党史文苑，2003(6).

[39] 孙剑．中国农业发展与农村劳动力充分就业研究．中国人民大学博士论文，2008.

[40] 孙政才．农业农村改革发展三十年．中国农业出版社，2009.

[41] 唐平．农村居民收入差距的变动及影响因素分析．管理世界，2006(6).

[42] 田凯．当代中国农村社会养老保险的制度分析．社会科学辑刊，2000(6).

[43] 万学道，冯仲科．我国农业和农村信息化发展现状与展望．中国农业信息科技创新与学科发展大会论文汇编．香港：中国中外新闻出版社，2007.

[44] 王凤梅．1949 至 1978 年间中国农村现代化进程透视——以山东省为中心．山东大学博士论文，2007.

[45] 王国华，李克强．农村公共产品供给与农民收入问题研究．财政研究，2003(1).

[46] 王丽琴．关于新农村文化建设问题的思考．山西高等学校社会科学学报．2009，9(2).

[47] 王震．新农村建设背景下农村治安问题研究．苏州大学 MPA 论文，2007.

[48] 卫兴华．中国社会保障制度研究．中国人民大学出版社，1994.

[49] 吴理财，夏国锋．农民公共文化生活的衰落与复兴——以安徽省农村文化调查为

例．学习月刊,2006(8).

[50] 吴理财,夏国锋．农民的文化生活:兴衰与重建——以安徽省为例．中国农村观察,2007(2).

[51] 夏公义．目前我国农村社会治安存在的主要问题及治理对策．中州学刊,2007(4).

[52] 新华网,新华时政《追寻农村饮水工程建设 30 年风雨历程》http://news.xinhuanet.com/newscenter/2008—10/11/content_10179667.htm.

[53] 熊会兵．我国农村劳动力非农就业问题研究．华中农业大学博士论文,2005.

[54] 杨翠迎．我国农村社会保障制度的演变及评价．农业经济,2001(10).

[55] 袁桂林．农村义务教育"以县为主"管理体制现状及多元化发展模式初探．东北师大学报(哲学社会科学版),2004(1).

[56] 张车伟,王德文．农民收入问题性质的根本转变——分地区对农民收入结构和增长变化的考察．中国农村观察,2004(1).

[57] 张富良．改革开放前中国共产党农业税政策的历史考察．中共党史研究,2006(4).

[58] 张江华．工分制下农户的经济行为——对恰亚诺夫假说的验证与补充．社会学研究,2004(6).

[59] 张军,何寒熙．中国农村的公共产品供给:改革后的变迁．改革,1996(5).

[60] 张小兰．经济转型期农民收入问题研究．四川大学博士论文,2003.

[61] 张晓山．农民增收问题的理论探讨与实证分析．经济管理出版社,2007.

[62] 张祖庆．转型时期我国农村环境污染防治与对策研究．西北农林科技大学硕士论文,2008.

[63] 张磊,田义文．治理农村禽畜粪便污染的研究．安徽农业科学,2007(5).

[64] 赵人伟,李实．中国居民收入差距的扩大及其原因．经济研究,1997(9).

[65] 郑功成,等．中国社会保障制度变迁与评估．中国人民大学出版社,2002.

[66] 郑万军,王成兰．我国转移农村剩余劳动力的意义、制约因素及对策．经济研究导刊,2006(1).

[67] 中国音乐学院理论系,中国音乐研究所调查组．农村革命歌咏活动的大好形势——陕西户县、西乡、延安歌咏活动调查记．人民音乐,1965.

[68] 周虎元．我国农村文化现状与发展建议．农村工作通讯,2008(23).

[69] 周批改,叶敏．改革开放前中国农村教育的筹资方式及启示．当代教育论坛,2006(11).

[70] 周萍华．农村劳动力转移对我国农村经济发展的影响．特区经济,2006(12).

[71] 周万全．农村居民生活质量的调查研究．华中农业大学硕士论文,2005.

[72] 周玮．我国农村文化生活日益丰富,农民文化权益得保障．新华社北京,2008-10-6.

[73] 朱启臻．中国农民问题研究报告．中国农业大学出版社,2008.

[74] 把农村图书馆工作推向新阶段．中国图书馆学报,1960.

[75] 毛泽东选集(第 2 卷)．人民出版社,1991.

[76] 新中国五十年．中国统计出版社,1999.

[77] 中国共产党第十七次全国代表大会文件汇编．人民出版社,2007.

[78] 中国统计年鉴(1978—2008年). 中国统计出版社,2009.

(作者:张晋华 中国农业大学博士生,吴　萍 中国农业大学硕士生,
李　琪 中国农业大学硕士生,冯开文 中国农业大学教授、农经系主任)

# 第四十章 农村社会保障

我国对于社会保障的定义倾向于使用“大社会保障”的社会保障广义概念，即社会保障包括社会保险、社会救助、社会福利、军人保障等内容。我国政府自1986年制定和实施国民经济与社会发展第七个五年计划的文献开始，均采用了大社会保障的概念（郑功成，2005）。大陆学者对社会保障的定义大都以广义的社会保障为对象。但学者们对社会保障定义的具体阐述并不相同。陈良瑾（1990）认为，“社会保障是国家和社会通过国民收入的分配与再分配，依法对社会成员的基本生活权利予以保障的社会安全制度”。郑功成（1994）则认为，社会保障是国家或社会依法建立的、具有经济福利性的、社会化的国民生活保障系统。在目前我国政府各种相关公共政策、社会政策阐述范畴中，社会保障则是各种社会保险、社会救助、社会福利、军人福利、医疗保障、福利服务以及各种政府或企业补助、社会互助等社会措施的总称。

## 第一节 改革开放前农村社会保障发展历程

新中国成立之初，百废待兴，生产发展面临很多困难。在农村中，农业生产力低下，农民面临着诸多生存风险，农民的生活艰难。虽然，新中国成立后我国经济实力薄弱，但是在开始工业化和现代化建设的过程中，国家对城市人口实行社会保障的同时，也在农村建立了有中国特色的社会保障制度。尽管农村社会保障的保障水平比较低、保障程度有限，但是农村社会保障在帮助农民应对基本生存风险、保障农村稳定方面起到了重要的作用，为新中国成立后农村社会的稳定和新生政权的巩固起到了不可忽视的作用。在了解我国传统的社会保障思想基础上梳理新中国成立后至改革开放阶段我国农村社会保障发展历程，对目前构建我国农村社会保障制度体系有着重要的意义。

### 一、我国社会保障的历史传统

**（一）我国古代的社会保障思想** 我国是一个农耕文化历史悠久的农业大国，传统的农业社会中，农村的社会经济发展关系着整个国家的繁荣与兴盛。由于农业生产向来面临着巨大的自然风险，国家帮助农民应对自然风险成为王朝时期国家巩固政权的重要责任。我国针对自然灾害做风险保障的重视可谓源远流长，可以追溯到先秦时期，粮食积蓄和“移民就食”是我国历史上应对饥荒的两项措施。据《周书·文传篇》引夏箴所载“小人无兼年之食，遇天饥，妻子非其有也；丈夫无兼年之食，遇天饥，妻妾舆马非其有也”，“土广无守，可袭伐。土狭无食，可围竭。二祸之来，不称之灾。无有四殃，水旱饥荒，非务积聚，何以备之”（胡寄窗，1998）。这说明，夏代的后期就已充分认识到自然灾害对农业耕作和农民生计的危害，并提出了“积蓄以备荒”的措施。在周代，则把这一措施上升到维持国泰民安的认识高度，《逸周书·文传》载文王教导武王的话说“有十年之积者王，有五年之积者霸，无一年之积者亡”，武王克商后，向周公姬

旦问政，旦云："送行逆来，振充救食，老弱疾病，孤子寡独，惟政所先"（张杰，1989），因此，灾害救济在一定程度上可以看作是治理国家的头等大事，帮助农民度过灾荒是治国安邦的准则之一。西周较商代又有了进步，有"九谷之委积"，"设廪人掌米，仓人掌谷"（张杰，1989）。标志着开始将赈济看作是国家的责任，国家财政已开始发挥赈灾、救济的作用。

春秋战国时期，诸侯割据争战，人民生活在战火和动荡之中。因此，诸子百家中出现很多关注民生的重要思想，主张为百姓提供基本生活保障。如孔子曰："大道之行也，天下为公，选贤与能，讲信修睦。故人不独亲其亲，不独子其子，使老有所终，半有所用，幼有所长，矜寡孤独废疾者皆有所养"；"货恶其弃于地也，不必藏于己"；"是故谋闭而不兴，盗窃乱贼而不作，故外户而不闭，是谓大同"。"天下为公"是"大同社会"的最高境界，全体社会成员努力劳作，并共同享有社会财富，得到生活保障。同时代墨子和孟子也提出了同样的主张。墨子疾呼"兼相爱，交相利"，让"饥者得食，寒者得衣，劳者得息"，"有力者疾以助人，有财者勉以分人，有道者劝以教人"。孟子则劝说君主"制民之产"，给老百姓规定产业，使他们做到上能奉养父母，下能抚养妻子；宣扬"出入相友，守望相互，疾病相扶持"；"八家共井"，"九一而助"。（邓大松，1989，2000）魏文侯时的李悝则为灾害风险和市场风险提出了直接对策，即"平籴思想"，他说："是故善平籴者，必谨观岁，有上中下熟：上熟其收自四，余四百石；中熟自三，余三百石；下熟自二，余百石。小饥则收百石，中饥七十石，大饥三十石。故大熟则上籴，三而舍一；中熟则籴二，下熟则籴一。使民适足，价平则上。小饥则发小熟中国之所敛，中饥则发中熟之所敛，大饥则发大熟之所敛，而粜之，故遇饥馑水旱，籴不贵而民不散，取有余补不足也。"（胡寄窗，1998）

我国封建社会的社会保障，只有救灾、济贫和优抚等三大项目。其中，救灾项目可以分为赈款救灾、赈谷救灾、以工代赈等内容，它是旧中国社会保障制度的主体项目；与救灾措施相比，旧中国的济贫措施显得十分薄弱，基本上限于对部分无家可归、无力生存的孤老残幼进行有限的临时救助；优抚则是旧中国能够引起统治者重视的一个保障项目，它面向服役的军人，包括死亡抚恤、伤残抚恤及对军人家属的有关照顾等内容（郑功成，2005）。

我国自古以来就是自然灾害多发的国家，而且地域广大，气候复杂，使得农业生产经营面临着巨大的自然风险的挑战；另一方面，我国历史上不断经历着统一和分裂，王朝更迭，战争频发。因此，这种背景下产生的社会保障是以救灾和对军人的抚恤为主。我国古代朴素的"社会"保障思想是与王朝时期的"家国一体"和传统的"君臣"以及儒家的"仁政"思想联系在一起的。君主作为国家的代表，为了巩固封建王权、稳定社会和农业经济基础，也要重视给予农民基本的生产、生活救助。但是，我国古代传统的社会保障均因其非制度性和非权利性而只能算是社会保障发展进程中的初级阶段（郑功成，2005）。它与现代工业化基础上产生的现代社会保障制度还是有本质区别的。应该看到，这些朴素的"社会保障"意识也是后世我国建立农村社会保障制度的文化基础与思想渊源。

**（二）我国现代社会保障的萌芽（1840—1949）**　现代社会保障制度是工业化的产物。19世纪末，德国先后颁布3部社会保障法律，包括1883年的疾病保险法、1884年的工伤保险法以及1889年的老年残障保险法。这3部法律的颁布标志着现代社会保障制度的产生。继德国之后，其他欧洲国家和大洋洲、南北美洲的一些国家纷纷仿效，并于19世纪末至20世纪30年代建立了社会保险制度。

1840年鸦片战争以后，我国社会各界发起了救亡图存的运动，寻找救国的真理，开始了解西方的思想文化，学习西方的政治经济制度。在西方社会保障思想的影响下，并与我国实际情况相结合，不少政治派别也提出了关于社会保障的思想。孙中山先生的“三民主义”中借用古代词语“民生”多次阐释保障民众生活的思想。中国共产党受马克思的共产主义思想与前苏联社会福利和社会保障实践的影响，早期就已经提出了一些福利的理念。

中国共产党早期对社会保障的观点，主要体现为劳动者的“生存权、劳动权和收获权”思想与国家社会保障之责任方面。“在 1922 年 5 月 1 日，毛泽东同志在为纪念国际五一劳动节而写的文章中，就呼吁资本家要给劳动者以生存权、劳动权和收获权。”（刘贯学，2004）1922 年 8 月，中国劳动组合书记部拟定的《劳动立法原则》中提出：“一切保险事业规章之订立，均应使劳动者参加之”，“其保险费完全由雇主或国家分担之，不得使被保险者担负。”以后在中国共产党领导下召开的历次全国劳动大会通过的劳动法案和各种决议案中，也明确提出国家应该实行社会保险的基本主张和具体要求等。

受前苏联社会保障实践模式的影响以及新中国成立后“优先发展重工业”的发展战略，中国共产党早期社会福利思想和新中国的社会保障实践的重点也放在城市，首先要在城市中建立一套完整的“国家保险”型的社会保障体系。新中国成立后，我国农村社会保障主要是以维护家庭保障功能为目的，但是它依托的是“人民公社”这种体制，具有一定的新特色，并且强化了家庭保障的功能。中国共产党早期的社会保障思想主要体现在劳动权利、基本民生和国家社会保障之责任方面。

## 二、新中国成立后农村社会保障制度的形成

第二次世界大战以后，西方以英国为代表的资本主义国家和以前苏联为代表的社会主义国家的社会保障实践都得到了新的发展。1942 年，英国著名经济学家贝弗里奇受政府委托完成一份社会保障研究报告《社会保险及其相关服务》，提出在英国实行“全民福利”的社会保障制度。1948 年，英国在通过一系列的社会保障法律并加以实施后，正式宣布建成“福利国家”。随后，西欧、北欧国家以及加拿大和澳大利亚等也纷纷宣布建立福利国家。福利国家的思想在世界上风靡一时。苏联则实行了“国家保险型”的社会保障模式。在农村，苏维埃执政初期农民丧失劳动能力时的物质保障通过互助组织实施。在地主田产国有化的基础上组建的国营农庄的劳动者与工业劳动者一样享有国家社会保险。随着集体农庄的建立，农村中开始建立社会互助基金（廖成梅，2008）。

1949 年新中国成立之初，我国农村经济落后，农业生产水平低下，大多数的农民面临着多重的生存风险。在西方福利国家模式的社会保障思潮的影响下，特别是苏联的“国家保险型”社会保障模式的影响下，城市社会保障制度体系围绕“劳动保险”逐步建立，农村则在党和政府重视和组织领导下，随着国民经济的恢复和土地改革运动的发展，建立起以个体经济为基础、以农民家庭保障为主体、辅之以社会救济和优抚安置以及农民之间互助的传统型农村保障制度。

1956 年起，农业合作化的主流已经开始转向了“高级合作社”，农业高级社在我国的普遍建立标志着我国农村集体经济制度的基本确立。所以，1956 年以后，我国农村建立了以集体经济为基础，以家庭保障为主、集体保障为辅，包括农村合作医疗、“五保”制度和社会救济、救助、优抚在内的农村社会保障体制。逐步形成了以救灾救济、“五保”、合作医疗、优抚等为主要内容的初级社会保障体系。其中，合作医疗、“五保”制度的广泛建立，并在农村社会保障体系中占有重要地位，构成了我国农村社会保障制度中最具特色的组成部分。以“救助”、“补充”为

主体的农村基本社会保障制度对于有效缓解农村贫困，对于农村社会稳定和新生人民政权的巩固，都发挥了积极作用。

新中国成立后，政府颁布了有关农村社会保障的法律，建立了管理农村社会保障事业的机构。1949年起临时宪法作用的《中国人民政治协商会议共同纲领》和1954年《宪法》都规定：劳动者在年老、疾病或者丧失劳动能力的时候，有获得物质帮助的权利，国家举办社会保险、社会救济和群众卫生事业，并且逐步扩大这些设施，以保证劳动者享受这种权利；国家和社会保障伤残军人的生活，抚恤烈士家属，优待军人家属。1949年11月，内务部(民政部的前身)正式成立，作为我国社会保障的主要管理机构之一，其管理的社会保障工作包括农村救灾、社会救济和优抚安置等。从此，我国开始建立以宪法为法律保证的农村社会保障制度。具体体现为如下几个方面。

**(一)农村中的社会救助工作** 社会救助概念在表述和理解上，国内外学者各不相同。根据美国经济学家费里德里希·海依尔克的解释，社会救助是保证“每个人都能得到维持其生存的最少量的物质条件”(史探径，2000)。英国著名的“贝弗里奇报告”中将传统中一直称为贫民救济的概念改称为“社会救助”，其含义是因各种原因达不到国民最低生活标准的公民，应有权从社会获得救助，以达到这一最低标准。按照德国《社会法典》第9条的规定，社会救助是指“对不能以自己的能力为其提供生活费用或者在特殊生活状况下不能自助，也不能从其他方面获得足够救济的人，获得与他的特殊需要相适应的人身和经济帮助的资格，以使他有能力自助，能够参与社会生活，使其合乎人道的生活得到保障。”①。

国内学者对于社会救助有以下几种认识：“社会救济也称社会救助，是国家通过国民收入的再分配，对因自然灾害或其他经济、社会原因而无法维持最低生活水平的社会成员给予救助，以保障其最低生活水平的制度。”“社会救助是对社会上的老弱病残和生活困难的低收入者及遭受紧急患难或非常灾害的人或家庭，政府通过政策和法律给予多种救济和提供社会福利服务。”“社会救助，是指公民因各种原因收支难以维持最低生活水平时，由国家和社会按照法定的程序给予财物接济和服务，以使其生活得到基本保障的制度。”(时政新，2002)

综合这些认识，社会救助是指国家和社会通过国民收入的分配和再分配，运用资金、实物或服务等手段，依据法律规定对无收入、无生活来源、无劳动能力、生活在最低生活标准以下的个人或家庭，以及因自然灾害、不幸事故而陷入生活困境的人，提供一定物质帮助以保障其基本生活，并有能力摆脱生活困境的一种社会保障制度(邓大松、刘昌平等，2007)。

1949年新中国成立以后，百废待兴，社会救助的任务很重，社会救助的规模在我国历史上是史无前例的，但限于国家经济基础薄弱，救助标准、水平较低。

我国农村中的社会救助，主要可以分为灾害救助和非灾害救助。这一时期的非灾害救助主要以对“五保”(对生活没有依靠的老、弱、孤、寡、残疾社员，给予保吃、保穿、保烧，给予年幼的保教和年老的死后保葬5个方面的保障)为对象和贫困农民的救助为主。

*1. 农村中的灾害救助工作* 在农村，实行土地改革以后，贫困农民都分得了田地，使得大多数农民的生活困难问题得到解决。但是，我国是一个自然灾害频繁而又严重的国家，干旱、洪涝、滑坡、泥石流、台风、冰雹、霜冻、病虫鼠害等灾害频繁发生造成了新的农村贫困人口。灾区的自然灾害、饥荒和贫困是困扰着我国农村发展的重大问题。据1949年底统计，全国

① 参见《德国社会法典》(德文版)第1章第9条。该法典于1875年12月11日颁布，经1995年12月15日修改

4 500 万灾民中无口粮的有 800 余万人，另外还有数百万孤老病残人员（多吉才让，2001），迫切需要建立灾害救助制度。

1949 年 12 月，政务院向各地发出了《关于生产救灾的指示》，要求灾区的各级政府把生产救灾作为工作的中心，成立各级生产救灾委员会，发动、组织与扶持灾区人民生产自救。1950 年 2 月，中央救灾委员会明确提出了“生产自救，节约度荒，群众互助，以工代赈，并辅之以必要的救济”的救灾救济工作方针。同时，各级政府雪中送炭，采取了多项措施。一是发放救济粮款，全面救济贫困农民、灾民。1950 年政府发放社会救济粮食 5.5 亿 kg，发放救济寒衣 688 万套。1954 年 7 月至 1955 年 6 月这个粮食年度，国家调往灾区的粮食达 26.5 亿 kg。1950—1954 年，国家共发放救灾救济款 66 789 万元。二是全国实行节约，组织群众互济，发动募捐。各地人民政府的工作人员与人民解放军指战员率先自发地进行了每人每天节约一两米的运动，有的干部拿出了自己的全部津贴救济灾民。非灾区的农村发起了捐献“一把米”、“一件衣”、“一元钱”的救灾运动，支援困难群众。三是以工代赈。如 1950 年初苏北制定了兴修水利的两年计划，在第一年拨出水利用粮 106.5 亿 kg，不但使苏北的重大治水工程付诸实施，而且有效地解决了灾区农民的口粮问题。四是减免农业税收，对烈军属和贫困农民予以减免公粮。仅河南省 1949 年就减免公粮 460 万 kg（崔乃夫，1994；赵德馨，1989）。

1952 年 5 月 14 日，内务部发布关于生产救灾工作领导方法等几项指示，对救灾工作的组织领导、救灾工作内容和方法都提出明确要求。1957 年 9 月 6 日，国务院进一步发出做好救灾工作的决定，就救灾工作的组织领导、灾款的应用、发挥农业生产合作社在救灾工作中的作用等提出具体要求。

据统计，1950—1953 年，国家发放了近 10 亿元农村救济款。1960—1963 年，国家下拨 4.8 亿元，用于保障贫困对象的生活（宋晓梧，2001）。这在一定程度上保障了救济对象的基本生活，维护了农村社会的稳定。

*2. 农村中的非灾害救助*　农村中的非灾害救助政策包括对农村贫困户的救济和农村“五保”供养政策。

1956 年完成对农业的社会主义改造以后，建立了农村人民公社体制。农民的生老病死都主要由生产队负责，有生活困难的农民可以得到生产队的补助。

1958 年“大跃进”、“左”倾错误和严重的自然灾害，造成农业连年减产，农民生活困难，很多农户口粮不够吃，农村贫困户大量增加。国家在积极组织农民生产自救的同时，增拨大量救济款物救济农村贫困户。1960—1963 年，国家共计拨发农村社会救济款和灾民生活救济款 23 亿元（多吉才让，2001）。

新中国成立后，“五保”制度建立之前，国家对农村中的鳏寡孤独残疾人采取了特殊的保障措施。1951 年 3 月 16 日，内务部《关于春荒期间加强生产救灾工作的指示》提出：“……且更要注视那些无劳动力的老弱和极穷苦者——或带动其生产，或予以较长的救济。”1953 年，内务部制定的《农村灾荒救济粮款发放使用办法》，把无劳动能力、无依无靠的孤老残幼定为一等救济户，并规定：“一等救济户，按缺粮日期长短全部救济。以大米、小麦、小米为主食的地区，每人每日按十两（旧制，下同）计算。以玉米、高粱为主食的地区，每人每日按十二两计算”（李本公、姜力，1996）。鳏寡孤独残疾人是农村中的特困群体，是政府救灾救济和贫困救济的重要对象。政府的农村社会保障政策都向这一群体倾斜，有利于保障这一贫困群体的生活。

1955 年，毛泽东同志在他主编的《中国农村的社会主义高潮》一书的按语中进一步指出：

“一切合作社有责任帮助鳏寡孤独缺乏劳动能力的社员(应当吸收他们入社)和虽然有劳动能力但是生活上十分困难的社员,解决他们的困难。”①这为农村集体组织(合作社)妥善安排、照顾鳏寡孤独和残疾人的生活指出了方向。

1956年以后,我国农村中建立起“五保”供养制度。农村“五保”制度是一项面向乡村孤、老、残、幼的社会救助制度。总体来说,1956—1978年“五保”制度采取的是依靠“集体公益金”运行,由生产队或生产大队组织实施的“集体供养模式”。

1956年6月30日,第一届全国人民代表大会第三次会议通过了《高级农业合作社示范章程》,规定“农业生产合作社对于缺乏劳动能力或完全丧失劳动能力、生活没有依靠的老弱寡、残疾社员在生产和生活上给予适当的安排和照顾,保证他们吃、穿和烧材的供应,保证年幼的受到教育和年老的死后安葬”。1956年10月,全国第二届人民代表大会通过《1956—1968年全国农业发展纲要》,规定农业合作社对无依无靠的鳏寡孤独要做到“保吃、保穿、保烧(燃料)、保教(儿童和少年)、保葬,使他们的生养死葬都有指靠”。这两个文件是最早提出关于农村五保供养的法规性文件,都明确提出了对生活没有依靠的老、弱、孤、寡、残疾社员,给予保吃、保穿、保烧,给予年幼的保教和年老的死后保葬5个方面的保障,简称“五保”,享受这种照顾的人和家庭被人们习惯称之为“五保户”,有关这方面的政策也就称之为五保政策(李本公、姜力,1996)。

农业合作化以后,五保户的生活由农业生产合作社负责安排和照顾。“五保”供养经费主要从集体公益金中开支。对五保老人的供养方式分为集中供养和分散供养,集中供养是由社队集体提供经费建立的“敬老院”来实现的。1958年12月,中共八届六中全会通过的《关于人民公社若干问题的决议》指出:“要办好敬老院,为那些无子女依靠的老年人(五保户)提供一个良好的生活场所。”此后,敬老院迅速在全国各地发展起来。1958年“大跃进”期间,农村敬老院发展到15万所,收养农村中的孤寡老人300多万人(民政部政策研究室,1997)。分散供养则通过集体补贴的方式,由专门农户负责“五保”对象的基本生活。

“五保”供养制度在发展的过程中也受到过挫折。由于“大跃进”的失误和“左”的指导思想影响,加上之后3年的自然灾害,许多公社、生产大队无力承担敬老院的粮食和经费,敬老院难以坚持,陆续停办、散伙,敬老院里供养的老人大多回队。据1962年统计,全国敬老院仅存3万所,在院老人仅有55万人,均比1958年减少了80%(崔乃夫,1994)。但在1962年以后,各省、自治区、直辖市贯彻“调整、巩固、充实、提高”八字方针,制定了一些关于农村人民公社五保户、困难户供给补助的办法,并在各地严格检查五保政策的落实情况,使“五保”制度重新得到执行。

“五保”制度是新中国成立后我国农村社会保障体系中的一项重要制度,在一定程度上保障了农村中孤、寡、残、幼的基本生活,对新中国维持农村社会稳定起了重要的作用。但应该看到,“五保”制度是一种较低层次的以集体经济为依托的社区福利,缺乏社会统筹和国家的投入,并不是严格意义上的、符合现代社会保障原则和标准的社会保障制度。救济和保障的低标准和各地农村经济基础的差异等,使之很难起到长期有效地保障农村特困群体生活的作用。

**(二)农村合作医疗制度的产生与兴起** 农村合作医疗制度是指人民公社社员依靠集体力

① 《毛泽东选集》(第5卷),人民出版社,1977年版,第242页

量,在自愿互助基础上建立起来的一种社会主义性质的医疗制度,是社员群众的集体福利事业①。

抗日战争时期,合作医疗的这种形式就已经出现。当时,解放区军民响应毛泽东同志"自己动手,丰衣足食"的号召,组织各种形式的合作社,其中就包括了医药合作社(卫生合作社),这是农村合作医疗的早期雏形。1944 年,因伤寒、回归热等传染病流行,边区政府应群众要求委托当时的商业销售机构——大众合作社办理合作医疗,资金由大众合作社和保健药社投资,并吸收团体和私人股金,政府也赠送一些药材,实为一种民办公助的医疗机构。

新中国成立之初,特别是在 20 世纪 50 年代农业合作化高潮时期,山西、河南、河北、湖南、贵州、山东、上海等地农村出现了一批由农业合作社举办的保健站和医疗站。山西省高平县米山乡联合保健站最先实行了"医社结合",并采取由社员群众出"保健费"和生产合作社提供"公益金"补助相结合的办法,建立起合作医疗保健制度。

1956 年,全国人大一届三次会议通过的《高级农业生产合作社示范章程》中规定:合作社对于因公负伤或因公致病的社员要负责医疗,并且要酌量给予劳动日作为补助。从而,首次赋予集体介入农村社会成员疾病医疗的职责。农业合作化成为合作医疗的催化剂:生产、资金、农具、技术上的互助合作启发农民把互助合作扩大到医疗融资领域。可以说,"没有农业合作化运动就不会有农村的合作医疗运动"(张自宽等,1994)。

1959 年,卫生部党组在《关于全国农村卫生工作山西稷山现场会议情况的报告》及附件《关于人民公社卫生工作几个问题的意见》中,肯定了人民公社社员集体保健医疗制度,并提出了具体建议:"关于人民公社的医疗制度,目前主要有两种形式,一种是谁看病谁出钱;另一种是实行人民公社社员集体保健医疗制度。"与会代表一致认为,"根据目前的生产发展水平和群众觉悟程度等实际情况,以实行人民公社社员集体保健医疗制度为宜"。"即现在各地所说的'保健费'的办法,或'合作医疗'"。在这里,"合作医疗"的提法首次出现在中央文件中,但当时的标准提法依然是"集体医疗保健制度"(王绍光,2008)。

农村合作医疗是由集体和个人来承担医疗费用的医疗模式,强调合作社社员之间的互助共济。《农村合作医疗章程(试行草案)》第 6 条规定:"合作医疗基金由参加合作医疗的个人和集体(公益金)筹集","随着集体经济的不断发展逐步扩大集体负担部分"。集体经济一般承担了直接向合作医疗制度提供资金补助和资助合作医疗供方的职责。公社卫生院的运行在很大程度上依赖于社队财务的支持,大队卫生室则几乎完全靠集体经济维持。卫生室的房屋和器械由大队投资,流动资金和人员经费主要由生产队拨付。"赤脚医生的报酬要体现按劳分配、多劳多得的原则,可以采取工分或工分加现金补贴等方式,一般应相当于同等劳动力"。1968 年,安徽凤阳县规定半农半医的卫生员由生产队计工分,工分水平不低于同等劳动力;脱产赤脚医生按大队干部的报酬水平获得工分和现金补贴。药金从各生产队的公益金中抽取,作为药品周转金(朱玲,2000)。

当时农村合作医疗的基本做法是:①在乡政府领导下,由农业生产合作社、农民群众和医生共同筹资建保健站;②在自愿的原则下,每个农民缴纳几角钱的保健费,免费享受预防保健服务及免收挂号费、出诊费、注射费(免"三费");③保健站挂签治病、巡回医疗,医生分片负责所属村民的卫生预防和医疗工作;④保健站经费来源主要是农民缴纳保健费、农业合作社的

① 卫生部:《农村合作医疗章程(试行草案)》,1979 年 12 月 15 日,www.drcnet.com.cn

公益金和业务收入(药品利润);⑤采取记工分与发现金相结合的办法解决保健站医生的报酬(汪时东、叶宜德,2005)。

合作医疗制度是我国经济发展和社会制度建设初期创建的一种农村健康保健制度的有效形式。合作医疗与农村三级医疗预防保健网和"赤脚医生"一起,并称为解决我国广大农村缺医少药的3件"法宝",被世界银行和世界卫生组织誉为"发展中国家解决卫生经费的唯一范例"。合作医疗制度被称之为"开创了发展中国家人口大国较好地解决农村卫生问题的中国模式",一度享有"卫生革命"赞誉。虽然农村合作医疗是与低收入水平相适应,保障水平比较低,但基本上做到了"小病不出队,中病不出社,大病不出县",有效地缓解了农民"看病难"的问题,大大提高了农民的卫生健康状况。

*(三)农村公共卫生体系的建立* 卫生防疫工作是我国社会主义公共卫生事业建设的重要组成部分。中华人民共和国成立后,卫生部即设立了专管卫生防疫业务的公共卫生局,局下设有防疫、保健两个处,分别负责急、慢性传染病、交通检疫和环境卫生、食品卫生、学校卫生、劳动卫生和卫生监督等各项卫生防疫工作。

1949年9月,全国卫生行政会议召开。会议针对旧中国遗留下来的缺医少药、医疗卫生条件极差的状况,提出公共卫生建设总方针以预防为主,工作重点是保证生产和国防建设,并面向农村、工矿,依靠群众开展医疗卫生事业。

在1950年8月召开的第一届全国卫生工作会议上确定了"面向工农兵"的医疗卫生工作方针。会议确定发展医疗事业的首要目标是使农村从"无医无药"变为"有医有药"(徐杰,1997)。会议决定有步骤地发展和健全全国的基层卫生组织,要求农村每个乡都要建立医疗卫生组织。政府在推进农村医疗组织发展方面进展很快。到1952年底,全国县级卫生机构已从1949年的1 400余所增加至2 123所,遍及全国90%以上的地区(姚力,2007)。在基层乡村,政府的主要策略是鼓励个体中西医组建联合诊所,为农民提供医疗服务(曹普,2006)。

1951年4月4日,卫生部公布《关于调整医药卫生事业公私关系的决定》,提出要发展合作性质的联合诊所,强调各地卫生行政机关对私人联合经营的卫生机构应予适当鼓励、指导和扶助,并动员个别医务人员组织联合医院或联合诊所,使其成为公立医疗机构的助手,对合作性质的医疗机构应帮助发展(徐杰,1997)。

1952年,周恩来总理在第二届全国卫生工作会议上,提出把原来的卫生工作原则再加上一条"卫生工作与群众运动相结合"。两次全国卫生工作会议先后确定将"面向工农兵"、"预防为主"、"团结中西医"和"卫生工作与群众运动相结合"4项原则作为全国卫生工作指导原则。

我国农村医疗卫生工作是与群众性的爱国卫生运动结合在一起的。1952年,毛泽东同志提出了"动员起来,讲究卫生,减少疾病,提高健康水平,粉碎敌人的细菌战争"的口号,中央成立了爱国卫生运动委员会,周恩来总理当时担任了第一任中央爱卫会主任。全国人民响应毛泽东号召,掀起以反美细菌战为中心的爱国卫生运动,全国农村爱国卫生运动也蓬勃发展。人民群众在运动中提出了"八净"(孩子、身体、室内、院子、街道、厨房、厕所、牲畜圈都要干净)、"五灭"(灭蝇、蚊、虱、蚤、臭虫)、"一捕"(捕鼠)的要求和口号(李德全,1951),全国人民积极投入到爱国卫生运动中,取得了辉煌成绩。1956年1月23日,中共中央政治局颁发的《全国农业发展纲要(草案)》中提出:"从一九五六年开始,分别在五年、七年或者十二年内,在一切可能的地方,基本上消灭老鼠、麻雀、苍蝇、蚊子。"在中共中央的号召下,全国开展了一个更大规模的除四害运动。到1959年,以除四害、讲卫生、消灭主要疾病为中心的爱国卫生运动取得了巨大的成就。天花、鼠疫、霍乱等烈性传染病基本绝迹，血吸虫病、丝虫病、钩虫病、疟疾等几种严重危害人民健康的疾病，也得到了有效的防治（李德全，1960）。

新中国成立后开展的爱国卫生运动，成为我国农村医疗卫生体系的一个重要组成部分；为粉碎敌人的细菌战，迅速改变我国农村卫生条件和卫生意识极端落后的面貌，控制疫病流行做出了巨大贡献。实践证明，通过爱国卫生运动，已经有效地促进了我国许多社会卫生问题的解决。因此，它已经成为我国卫生管理资源一部分。

总之，农村中县、乡、村三级卫生网络体系的建立，党中央号召医疗卫生资源投入向农村倾斜，城市医疗机构对农村地区医疗援助成为制度性要求，以及全国爱国卫生运动的开展，构成了我国农村公共卫生服务体系，使得我国农村公共卫生条件得到极大的改善。同时，也配合了农村合作医疗制度的运行。

**（四）优抚制度的建立** 优抚是优待和抚恤的简称。优抚工作是国家、社会和人民群众对优抚对象实行优待、抚恤和抚慰的一项行政管理措施。我国社会优抚政策主要是针对军人及其家属建立的社会保障制度。

新中国成立后，在政府的领导和组织下，农村中对军烈属和复员退伍军人的优抚工作顺利展开。《中国人民政治协商会议共同纲领》规定："革命烈士家属和革命军人家属，其生活困难者应受国家和社会的优待。参加革命战争的残疾军人和退休军人，应由人民政府给以适当的安置，使其能谋生自立。"1950 年 12 月，内务部公布了《革命烈士家属革命军人家属优待暂行条例》《革命残废军人优待抚恤暂行条例》《革命军人牺牲、病故褒扬抚恤暂行条例》等。这些条例的公布和《共同纲领》的规定，奠定了农村社会优抚工作的法律基础。

全国各地对农村革命烈士家属、革命军人家属和复员退伍军人生产生活的照顾和优待，主要围绕以下几个方面展开：一是组织和扶助烈军属参加农、副业生产活动，并发给他们相当可观的实物和款项，以解决添置生产资料的困难。二是对因无劳动力或缺劳动力而造成生活困难的烈军属和退伍伤残军人，实行代耕土地制度。代耕一般以村为单位，由从事农业生产的劳力、畜力负担，其内容除了做到及时耕种、精耕细作以外，许多地方还帮助烈军属积肥、贷款购买化肥等。三是国家对生活困难的烈军属给予补助和对革命烈士家属、因公牺牲军人家属和病故军人家属进行抚恤。农村优抚工作，捍卫了刚刚建立起来的新中国人民政权，推动了战后遗留下的优抚任务的妥善解决，也成为农村社会保障的一个重要方面（宋士云，2003）。

**（五）其他的保障措施** 1956 年，农村实现了农业集体化模式，农村的养老保障模式也顺应了农村集体化的要求。政府对农民的养老问题进行了新的安排，即采取家庭与集体共担的方式。农民将自己的生产资料交给集体，同时换得获取一定集体经济保障的权利。这样一种模式根据农民青壮年时期参加集体劳动所挣工分的多少，在达到一定的年龄后，集体为他们每年提供基本的口粮。有劳动能力的可继续参加集体劳动挣工分，以分享劳动成果。同时，子女也负有直接的养老责任，集体则以一系列的制度直接或间接监督子女养老（郝书辰、董西明，2008）。

这一时期的养老保障模式是建立在集体经济体制的基础之上的，适应了当时集体化改革的需要。解决养老问题仍然是以家庭养老保障为主，集体保障为辅。虽然家庭承担养老的主要责任，但是集体和国家对孤寡困难老人的救助使部分老年人的养老压力得以缓解。

## 三、农村社会保障制度初创时期制度的特点

新中国成立后，由于受国际环境和历史条件的制约，在前苏联发展经济模式的影响下，我国选择了以优先发展重工业为特征的赶超型发展战略。这种战略的核心是要通过重工业的优先发展，快速实现国家的工业化，以实现对发达国家经济的赶超。而我国当时经济水平较低，以优先发展重工业为特征的赶超型发展战略与我国的劳动力丰裕、资本稀缺的资源禀赋特点相矛盾。面对这样一种困境，中央政府借助高度集中的计划经济体制，通过特有的制度安排来降低重工业发展的成本，减轻工业化过程中由于劳动力的转移而带来的城市化压力。由此形成了一整套包括统购统销、人民公社、户籍制度等在内的城乡隔离的二元经济体制。

因此，在城乡二元经济结构形成的基础上和户籍制度的强化下，城乡二元的社会结构也逐渐形成，并且这种二元结构被不断“固化”，最终导致一切依附于户籍制度基础上的制度都呈现出二元结构的特点。我国的社会保障制度正是建立在这种二元社会经济结构的基础上，因此具有二元结构的特点，农村社会保障制度在发展中逐渐形成了一套完全不同于城镇社会保障制度的独立体系。

总体来看，1956 年以后，我国的农村社会保障制度是建立在集体经济的基础之上，强调集体中农民之间的互助与帮扶，从而达到缓解农民生存风险的目的。而新中国成立后城镇的社会保障制度则是以单位保障为主。城乡二元分割的社会保障制度主要体现在以下几个方面。

第一，在医疗保障方面，农村合作医疗制度与城镇的医疗保障制度相互独立，二元分割。20 世纪 50 年代初，随着国民经济的恢复和发展，我国逐步建立了与计划经济相适应的医疗保健制度，即国家机关事业单位的公费医疗制度和企业的劳保医疗制度，这两种制度运行的共同特点是国家拥有医疗机构并为公有单位的成员以及他们的(部分)家属提供医疗保健服务，国家对医疗保健进行筹资、控制和组织并向医疗保健提供者支付工资。它们服务的对象、覆盖的范围却限于城市人口，而农村人口被排除在公共制度保障网外。在农村实行的是建立在集体经济基础之上的农村合作医疗制度。由个人和集体筹集医疗资金，除救助与公共卫生外，投入上强调集体内部农民之间的互助共济。

第二，社会救助制度主要是对农村的救济或救助。城镇人口被固定在“单位”之中，其生老病死都由单位负责。因此，社会救助主要是面向受灾和贫困的农民。

第三，农村养老主要以传统家庭养老为主，特困的“五保”老人由集体供养。城镇实行了退休养老制度。城镇劳动者被分割在各个单位中，退休人员从所在单位领取退休养老金，职工不需要缴纳养老保险费，其福利色彩非常浓厚。相比之下，农村的养老则更强调家庭成员代际之间的互助共济，养老仍靠家庭、子女养老。

## 四、文化大革命时期农村社会保障制度的发展和特点

**(一)农村社会救助制度的发展受到挫折** 10 年“文革”期间，由于受“左”倾路线和“文化大革命”的影响和干扰，从中央到地方随着民政部门的撤销，农村五保工作处于停滞状态。一些地方多年不进行五保评定工作，应保而未保现象十分普遍，五保对象底数不清，甚至把社队“公益金”用于五保供养当作对社员的剥削而受到批判。有些地方五保工作处于无人过问的状态，有的甚至放弃了五保工作，少数基层干部对五保工作漠不关心，对五保户的生活困难和疾苦熟视无睹。尽管当时有集体的“大锅饭”——平均主义分配作经济后盾，但许多五保对象仍

过着吃"瓜菜代"、住破烂房、穿烂衣衫的生活。这些问题,在社会上产生了很坏的影响,给五保制度的发展造成了较大的损失。

**(二)农村合作医疗制度的普及,成为这一时期农村社会保障的亮点** 到20世纪60年代中期,虽然我国农村已经建立起县、乡(公社)、村(生产大队)三级卫生网络体系,极大地改变了农村的医疗卫生健康环境,但是广大农村长期处于缺医少药的状况没有得到根本改变,由于多方面的原因,国家医疗卫生资源分配的重点仍在城市。据1964年统计:在卫生技术人员分布上,高级卫生技术人员69%在城市,31%在农村(县和县以下),其中在县以下的仅占10%。中级卫生技术人员城市占57%,农村占43%,其中在县以下的仅占27%。中医则大多数在农村。在经费使用上,全年卫生事业费用于公费医疗的占30%,用于农村的占27%,其中用于县以下的仅占16%。这表明,用于享受公费医疗的830万人员的经费,比用于5亿多农民的还要多(卫生部基层卫生与妇幼保健司,2001)。

因此,1965年6月26日,毛泽东对此提出严厉批评,在同身边的医务人员谈话时,毛泽东斥责"卫生部的工作只给全国人口的15%工作,而且这15%中主要还是老爷。广大农民得不到医疗,一无医院,二无药。卫生部不是人民的卫生部,改成城市卫生部、或老爷卫生部、或城市老爷卫生部好了",并且指示"把医疗卫生工作的重点放到农村去"①。1965年9月,中共中央批转卫生部《关于把卫生工作重点放到农村去的报告》,强调了农村基层医疗保健工作的重要性。1968年,毛泽东亲笔批示湖北长阳合作医疗"是医疗战线的一场大革命","解决了农民群众看不起病、吃不起药的困难"。1968年12月5日,《人民日报》头版头条详细介绍了长阳合作医疗的成功经验,号召全国人民学习这一做法。合作医疗很快在我国农村迅速普及,绝大多数地区的县、公社和生产大队都建立了医疗卫生机构,形成了三级预防保健网。同时,城市中的大中医院的医务人员不仅定期下乡巡回医疗,而且还帮助农村培养"赤脚医生"。

为了大力推动合作医疗,《人民日报》开辟专栏,在其后8年里连续组织107期"关于农村医疗卫生制度的讨论"(曹普,2006)。各地报刊也刊登了大量有关宣传、介绍、讨论合作医疗和"赤脚医生"的文章,数量可谓浩如瀚海。此外,还有不少介绍和宣传合作医疗的书籍也陆续出版。在强大的媒体推动下,1969年以后,全国兴起了大办农村合作医疗的高潮,使一度陷入停顿的合作医疗焕发出生机。到1976年,全国实行合作医疗制度的生产大队(行政村)的比重高达93%,覆盖了全国农村人口的85%(周寿祺、顾杏元、朱敖荣,1994)。

到20世纪70年代中期,农村实行合作医疗有3种形式。实行合作医疗的村,农民在村卫生室看病有的减免诊疗费,称为"合医";有的减免药费,称为"合药";有的两种费用均予以减免,称为"合医合药"。在经济较好的地区,到公社、乡里看病,都可免部分医药费(汪时东、叶宜德,2005)。

1978年12月,五届全国人大通过的《宪法》把"合作医疗"列入进去。1979年12月,卫生部、农业部、财政部、国家医药总局、全国供销合作总社根据宪法和当时的实际情况,联合发布了《农村合作医疗章程(试行草案)》,对合作医疗制度进行规范。

应该看到,10年"文革"期间,农村合作医疗不仅没有被破坏,反而得到了迅速的发展,成为这一时期农村社会保障制度的亮点。农村合作医疗的迅速发展不仅极大地改善了农村人口的卫生医疗状况,而且提高了农村人口的平均寿命。统计数据表明,我国的婴儿死亡率由新中

① 《建国以来毛泽东文稿》第11册,中央文献出版社,1996年版,第387页

国成立前的200‰下降至1980年的34.7‰，人口预期寿命由新中国成立前的35岁增长至1982年的67.9岁，成为该时期世界上人均寿命增长最快的国家之一(陈佳贵等，2001)。同时，农村合作医疗也成为保证10年"文革"动荡期间农村社会稳定的重要因素。

## 第二节 改革开放以来农村社会保障制度建设

改革开放以来，农村社会经济经历了一个快速发展的时期。社会保障制度体系也在逐渐完备。这主要是因为：首先，改革开放后经济的发展，国家经济实力有较大提高，财政收入增加使得国家增加对农村社会保障的投入、建立和发展农村社会保障体系成为可能，为农村社会保障的发展和完善提供了物质基础。其次，随着经济的发展和社会的进步，党的执政理念、对社会发展的认识等也在不断发生变化。从"效率优先，兼顾公平"到"在经济发展的基础上更加注重社会公平"，从让一部分人"先富起来"到"构建和谐社会、实现共同富裕"等理念变化，都说明民生问题、人民共享经济社会发展之成果已越来越成为执政党的指导思想和工作重点。经过30年来的思想解放和相互讨论，学术界、社会、政府基本上已经达成共识，关注民生、实现全体社会成员的共同生存与发展是维护社会稳定，实现社会可持续发展的必然选择和最佳途径。我国是一个农业人口占多数的国家，建立农村社会保障体系，维护农民的生存，实现农村的发展是重中之重，使这种理念和思想的转变成为农村社会发展的思想基础。最后，农村社会保障制度的建立和发展与城乡改革进程紧密相关。我国改革发端于农村，兴盛于城市。城乡改革不断发展，一系列新的社会现象、社会问题、社会矛盾不断出现。下岗、失业、民工潮、民工荒、留守家庭、留守老人等社会问题渊源跨越城乡，需要建立和完善社会保障体系予以解决，进一步促进城乡的改革。农村社会保障体系的建立和完善是其中十分重要的一环，是农村社会保障发展完善的"催化剂"。

中国共产党十一届三中全会明确提出了把党的工作重心转移到经济建设上来。1981年6月27日召开的党的十一届六中全会审议通过了《关于建国以来党的若干历史问题的决议》。该决议进一步指出，在社会主义改造基本完成以后，我国的主要矛盾，是人民日益增长的物质文化需要和落后的社会生产之间的矛盾。要解决这一矛盾，就必须把党和国家的工作重心转移到以经济建设为中心的社会主义现代化建设上来，大力发展社会生产力，并在此基础上逐步改善人民的物质文化生活。

我国改革开放最早是从农村开始的。1978年冬天，安徽省凤阳县小岗村18户村民"包产到户"开启了我国农村的一个新时代。1982年1月1日，中共中央批转《全国农村工作会议纪要》，指出目前农村实行的各种责任制，都是社会主义集体经济的生产责任制。1983年中央下发文件，指出联产承包制是在党的领导下我国农民的伟大创造，是马克思主义农业合作化理论在我国实践中的新发展。家庭联产承包责任制正式确立下来。改革30年来，我国农村社会经济取得了突飞猛进的发展，农民的收入水平有了大幅度的提高(表40-1)，农村社会发生了翻天覆地的变化。

表 40-1 我国主要年份农村居民纯收入及增长情况统计

| 年 份 | 纯收入(元/人) | 比上年名义增长(%) | 扣除价格因素后实际增长(%) |
|---|---|---|---|
| 1978 | 133.6 | 14.1 | — |
| 1980 | 191.3 | 19.5 | 16.6 |
| 1985 | 397.6 | 11.9 | 7.8 |
| 1990 | 686.3 | 14.1 | 7.8 |
| 1993 | 921.6 | 17.6 | 3.2 |
| 1995 | 1577.7 | 29.2 | 5.3 |
| 1999 | 2210.3 | 2.2 | 3.8 |
| 2000 | 2253.4 | 1.9 | 2.1 |
| 2001 | 2366.4 | 5.0 | 4.2 |
| 2002 | 2475.6 | 4.6 | 4.8 |
| 2003 | 2622.2 | 5.9 | 4.3 |
| 2004 | 2936.4 | 12.0 | 6.8 |

资料来源:根据历年统计年鉴制表

以家庭联产承包责任制为标志的农村改革拉开了我国经济体制改革的大幕。从此,我国的经济体制开始由计划经济向市场经济转变,开始进入社会主义现代化建设的快速发展时期。我国的改革经历了一个由农村到城市、由农业到工业、由易到难的过程。改革开放国策的实施,经济体制的改革,极大地促进了我国经济的发展和社会的进步。目前,我国已经进入了改革开放发展的关键时期。经济体制深刻变革,社会结构深刻变动,利益格局深刻调整,思想观念深刻变化。

相对于经济体制的快速、深刻变革而言,我国政治体制的改革相对比较缓慢。其中一个重要的标志就是目前我国仍旧沿用计划经济体制下的户籍制度,人为地区分城市居民和农村居民。身份不同,可以选择的职业、范围、享受的社会保障待遇也相差甚远。虽然近年来,一些地方开始对户籍制度进行改革,取消城乡、本地人口与外来人口的户籍差异,但从全国来看,这种改革动作不大,而且有的地方出现了反复、倒退的现象。因此,现有的城乡二元分割的政治管理体制在未来相当长的一段时间内仍将发挥重要的作用。

城乡二元分割的政治管理体制也导致了城乡社会保障体系的二元分割。一方面,相对于城市比较完善的社会保障体系而言,乡村的社会保障体系残缺不全,除养老、医疗等一些基本的保障之外,乡村福利体系几近于无。另一方面,乡村的社会保障体系建立时间相对较晚。农村社会养老保险制度、农村合作医疗制度、最低生活保障制度等,建立的时间都晚于城市社会养老、医疗以及最低生活保障制度的建立时间。但从历史的发展来看,改革开放基本国策的实施,社会经济体制的变革对农村传统社会保障的冲击力度并不弱于城市。首先,人民公社解体,集体经济衰弱,致使全国不少地区的集体公共积累大幅度减少。农村原来以集体经济为依托的集体福利制度,如五保供养等,面临资金不足的困境,因而出现了保障不足、发展停滞等问题。其次,农村剩余劳动力大量向城市转移,在促进经济发展和农民自身收入水平提高的同时也产生了两个影响:一是这些涌向城市打工的劳动力大部分是青壮年,不少人不再愿意回到农村生活,而且这些人赡养父母的观念也发生了一定的变化,传统的孝道观念开始淡化,加之计

划生育政策的实施，更使得农村人口结构的老龄化程度不断加深。这一切都使得原来颇为有效的农村家庭保障的功能弱化，特别是使得农村的养老问题更为突出。二是进城务工农民虽然在城市打工，但是由于其中的绝大部分人的户口仍然在农村，无法参加所在城市的养老、医疗、工伤、失业、生育保险。这样，农民工面临的风险就比较大，可能的损失也不断增加。

总之，改革开放以来，农村社会变化巨大，农民的社会保障需求增加，而农民的社会保障供给却明显短缺，社会保障需求与供给的严重失衡在农村日益显现(宋士云，2006)。

## 一、改革开放以来的农村养老保障

**(一)农村养老保障发展的影响因素** 改革开放以来，我国农村社会发生了令世界瞩目的变化。变化速度之快、范围之广、影响之深刻，前所未有。其中，我国人口老龄化、家庭规模小型化、农民收入增长缓慢、农村人口大规模向城市流动等因素对农村养老保障制度的构建和变迁影响深远。

*1. 人口老龄化严重* 依照联合国划分人口类型的标准，0～14岁少年儿童的比例在30%以下，65岁以上老年人口比例在7%以上，年龄中位数超过30岁，老少比在30%以上，是为老年型社会人口结构。依照这一标准，根据我国2000年第五次人口普查的数据，65岁以上老年人口占总人口的比重达到了7%，我国已经进入了老龄化社会。而且，我国老龄化的速度在不断加快。《2008年国民经济和社会发展统计公报》显示，我国60岁及以上人口已经达到了15 989万人，占总人口的12%。其中，65岁以上的老年人口为10 956万人，占总人口的8.3%。人口老龄化专业委员会报告推测，2020年和2050年我国65岁及以上老年人口将达到1.66亿和3.43亿，占总人口的比重为11.65%和23.97%。这段时间将是我国老龄化速度最快、最严峻的时期。

在我国人口老龄化的过程中，一个值得注意的现象就是我国农村人口的老龄化速度快于城市人口的老龄化速度。虽然农村的生育率高于城市，但是由于近30年来农村人口大量向城市迁移，而且这些迁移人口中绝大部分都是青年人，致使农村人口的老龄化速度快于城市。北京大学教授曾毅经研究预测，2020年后我国农村人口的老龄化速度要高出城市3%～6%。2006年全国老龄工作委员会办公室发布了《中国人口老龄化发展趋势预测研究报告》。报告指出，2000年，农村老年人口为8 557万人，占全国老年人口总数的65.82%，农村老龄化程度比城镇高1.24个百分点。这种状况一直会持续到2040年，到21世纪后半叶，我国城镇化达到一定水平之后，城市的老龄化水平才会超过农村，并逐渐拉开差距。

*2. 家庭规模小型化* 改革开放的30年，是我国社会由传统的农业社会向工业社会过渡的30年。在这种条件下，社会生产方式、生活方式都发生了变化，家庭结构也在不断简化，规模不断缩小。国家统计局抽样调查资料显示：1980年我国乡村家庭户均人口为5.54人，1990年下降为4.8人，1998年降低至4.3人，2002年时降至3.62人。

从1979年我国开始执行计划生育政策，严格控制人口数量，努力提高人口质量。通过30多年的努力，我国的人口数量得到了有效的控制，生育率下降明显。据统计，1986年我国人口生育率为2.42%，1995年下降为1.71%，2005年下降为1.24%。我国家庭代际抚养结构朝着“421”或者“422”的方向发展。即一个家庭由1对夫妇和1个孩子或者2个孩子组成。1对夫妇需要赡养4个老人，抚养1个或者2个孩子。

同时，由于人口流动频繁，家庭结构也出现了多样化。传统的核心家庭所占的比例在逐步减小，单身家庭、夫妻家庭、核心家庭、隔代家庭等家庭结构开始出现，其比率也在不断的上升。从发展趋势来看，不论是城市还是农村地区，核心家庭和隔代家庭在现在和将来所占的比重会越来越大。特别是在农村地区，由于青壮年劳动力大量向城市流动，由老年人和其孙辈组成的隔代家庭、留守家庭是这一时期农村一种重要的家庭形态。调查数据显示，江西、安徽、四川、重庆等人口流动来源区的隔代家庭、留守家庭的分布密度明显高于全国其他地区（周福林，2006）。

3. 农民收入变化　从纵向看，我国农民的收入水平随着生产力的解放和经济的发展有了很大提高。但是，近些年来，我国农民收入增长缓慢，对国民经济发展和整个社会进步都有不利的影响。

从 2004 年以来，党中央和国务院对农业、农村、农民问题的解决力度不断加大，中央创纪录地连续 6 年出台“一号文件”。支农惠农政策相继出台，农民收入连续几年都保持了较高速的增长（图 40-1）。但与其他产业相比，农业发展还是比较缓慢，农民收入增长缓慢。

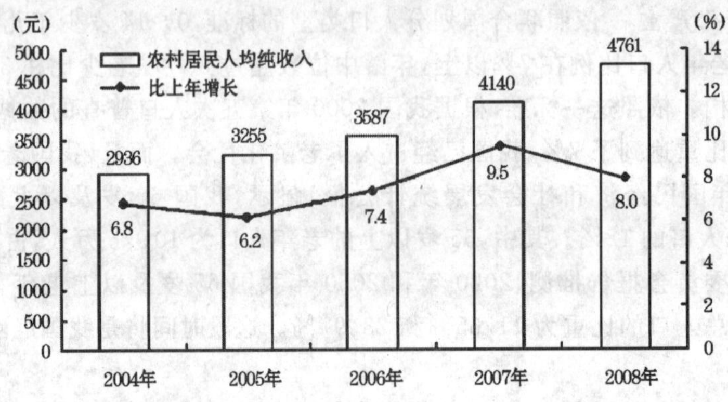


**图 40-1　2004—2008 年农村居民人均纯收入及其增长速度**

（资料来源：2008 年国民经济和社会发展统计公报）

另外，农村居民收入的增长速度明显比城市居民滞后，城乡居民收入差距加大。资料统计显示，2008 年，农村居民家庭人均纯收入为 4 760.6 元，城镇居民家庭人均可支配收入为 15 780.8元。城市居民收入是农村居民收入的 3.32 倍。

**（二）我国农村传统的养老方式**　我国历来重视尊老、敬老。老年人的养老问题一直是由家庭和家族来解决，对于外界的依赖程度相对较低。随着改革开放的深入和扩展，我国农村社会经济发展、社会变迁，农村养老方式也开始多样化了。按照养老的责任主体不同，可以分为 4 种形式：自我养老、家庭养老、集体养老、社会养老（郝书辰、董西明，2008）。

1. 自我养老　美国经济学家弗朗科·莫迪利安尼的生命周期理论认为，人的一生分为少年、壮年、老年 3 个阶段。除了壮年阶段外，人在其他两个阶段的消费都要高于收入。只有在壮年时期，其收入才会高于支出，有所剩余。理性人会在壮年时减少消费，储蓄必要的金钱，偿还少年时的欠债，并为年老时做储备。采用自我养老方式的老人，会在年轻有收入的时候储蓄一部分资金，等自己年老时，用这笔资金来养活自己。值得社会关注的是，随着农村的发展和社会的转型，这种养老方式正在成为更多的农村老年人自愿或无奈的选择。

2. 家庭养老　这是一种传统的养老方式。所谓家庭养老，就是以血缘关系或者姻亲关

系为纽带,由家庭或者家族成员为上一辈的老年人提供衣、食、住、行等方面的物质帮助、日常照顾、情感慰藉等养老安排的一种养老方式,是一种家庭或者家族内部的代际交换性质的"反哺式"的养老模式。在年轻时抚养、教育和帮助子女,以期年老时能够获得子女的赡养和扶持。家庭养老是我国,特别是农村延续几千年的维护家庭、社会稳定以及代际情感关系的纽带。我国的现行法律对此也给予了肯定。1996 年 10 月开始实施的《中华人民共和国老年人权益保障法》规定:"老年人养老主要依靠家庭,家庭成员应当关心和照料老年人",以法律的形式对老年人在从家庭中获得帮助做出了明确规定。延续几千年的家庭养老再一次成为了一种具有法律约束的养老方式。虽然目前家庭养老形式正在发生动摇,但在我国广大的农村地区,特别是西部农村,仍然是农民养老的第一选择。

3. *集体养老* 这种养老方式从新中国成立之后开始出现的。它指的是农村基层组织对本村丧失劳动能力、无依无靠、没有生活来源的"三无"老人提供保吃、保穿、保住、保医、保葬等 5 个方面援助的一种养老方式。集体养老一般采用集中供养和分散供养两种方式。集中养老就是将"三无"老人集中起来,住在养老院(或者敬老院),由集体提供吃、穿、住等方面的扶持和帮助,并派专人负责日常照顾。分散供养是指老人居住在自己家里,由村集体负责,提供资金和其他物质帮助,并由邻居帮忙照顾的一种供养方式。

4. *社会养老* 社会养老是国家和政府提供养老资源,通过特定的制度和具体的方式(如参加社会养老保险),为农村老年人的晚年生活提供基本保障的一种养老方式。这是目前世界上大部分国家和地区所采用的一种养老方式。

我国从 20 世纪 80 年代开始就不断探索适合我国国情的农村社会养老保险制度,力图以社会保险形式建立制度化保障体系,弥补传统家庭养老不足和为农村老年群体提供基本生活保障。

**(三)我国农村社会养老保险制度建设** 养老保险是农村社会保障体系的重要一环。一直以来,家庭养老是我国农村最重要的养老方式。但是,伴随着农村人口老龄化、家庭规模小型化、城市化进程的加快以及年轻人赡养观念的淡化,家庭养老面临前所未有的挑战(Wang, Dewen, 2006),并且开始从不少农村家庭中退出,传统的养老保障方式面临沉重的压力。很多调查显示,不少老年人在家庭中得不到应有的帮助和尊重,老年歧视、老年虐待现象已时有发生,在一些地方甚至不再是社会奇闻和个案。同时,老年人的心理状态也发生了变化,不少老年人对生活的担忧加剧,自卑感也在加强。甚至有的老年人认为"赖活不如好死",意志消沉,对生活失去信心。老人与子女因为赡养问题而诉诸法律的报道也在不断增多。据湖北省某县法院统计,该院 2002 年审理农村赡养纠纷案件 30 起,2003 年为 41 起,2004 年为 90 起,2005 年 1～7 月份即达 64 起(含虐待、遗弃自述案件在内),逐年上升(王洪、杨仕满、赵丽,2005)。另据媒体报道,老年人赡养纠纷案件正以每年 10%的速度上升。在所有的涉老案件中,赡养纠纷案件的比重为 13.5%,位列第一。此类案件中,财产分配与供养交织的纠纷案件最多。

另外,土地对于我国农民而言,一直具有承担生产资料和生活保障双重职能。但是,随着改革开放的不断深化和扩展,农业早已经成为了"弱势产业",与其他产业竞争处于不利地位。多数农产品提价空间小。加之农业生产成本增长迅速,小农分散经营效益低等因素的影响,土地对于农村老年人晚年的生活保障作用已日益弱化。我国城乡老年人口状况一次性抽样调查发现,我国农村老年人的人均土地占有量为 1.97 亩,扣除农业性生产开支后,从土地获得的年人均纯收入为 433 元,仅占农村老年人全年总收入的 19.4%。显而易见,目前农村老年人已经很难依赖土地收益来获取自己晚年生活之需了。

在这种情况下，农村的养老问题，老年人的晚年生活保障问题就不再是单个家庭或者家族内部的事情了，而成为需要整个社会和国家都需要共同关注的问题。有些困难老年人为了能够使自己的生活有所着落，被迫探寻各种途径。媒体报道的一个令人心酸和社会震惊的极端案例是，2008 年秋天，年近七旬的湖南省祁东县农民付达信"一劫成名"。他在北京站广场持刀连抢 2 名旅客，自述其目的在于"入狱养老"。在被北京铁路运输法院判处 2 年有期徒刑后，付达信不满意法官"判得太轻了"，竟自称抢劫是"为了反映生活困难问题"及"入狱养老"，恳求法官重判自己。目前，他打算"老老实实接受改造，但不申请减刑，希望能因此被招工留在监狱里，就不用为今后的生活发愁了"。虽然这是一个极端的案例，但事例并非只展现了个案的贫穷与无助，更揭示了整个中国农民养老的现实困境。必须看到，与付老汉处境相同或者相似的农村老年人并非个别，农村老年人的晚年生活保障问题正在成为我们社会无法回避的问题①。超过 1 亿的农村老人，依然靠农耕社会的"养儿防老"模式度过晚年已不现实。

因此，国家和政府需要对农村养老问题给予关注。通过适当的手段，建立一种社会化的养老机制，通过正式的制度方案来解决农村老年人的养老保障问题，免除他们对老年生活的担忧和不安。

1. 国外建立农村社会养老保障体制的条件　从社会保障的内在规律和世界各国、地区的社会保障发展历程来看，正规化、社会化的社会保障体系都是随着工业化的开始而起步的。而且，一个很明显的特点就是，社会保障制度是从工业延伸至农业，从城市延展到农村。这一过程都比较长，城乡之间存在一个时间差。社会养老保障制度的建立也是如此(表 40-2)。

**表 40-2　部分国家和地区建立城市与农村社会保障制度的时间差**

| 国家或地区 | 建立社会养老保险的时间 | | |
|---|---|---|---|
| | 城市(年份) | 农村(年份) | 时间差(年) |
| 德　国 | 1889 | 1957 | 68 |
| 日　本 | 1941 | 1971 | 30 |
| 丹　麦 | 1891 | 1977 | 86 |
| 美　国 | 1935 | 1990 | 55 |
| 加拿大 | 1927 | 1990 | 63 |
| 波　兰 | 1927 | 1977 | 50 |
| 中国台湾 | 1950 | 1994 | 44 |

资料来源：米红、杨翠迎著《农村社会养老保障制度基础理论框架研究》

从各国在农村建立社会养老保险制度来看，需要一定的经济社会条件(杨翠迎、庹国柱，1997)：①工业化的过度发展破坏了农业劳动生产率，农村经济衰退，社会问题突出，农业在国民经济中的地位显著下降，农业劳动及结构份额在 20%以下，农业在国民经济总值中的份额在 15%以下。②一个国家的人口需要经历一个由高生育率、高死亡率、低增长率到低生育率、低死亡率、低增长率的转变过程。在人口高出生率时期后的半个世纪，会有一个老龄人口的高

① 央视《新闻 1+1》：老人试图抢劫只为入狱养老 农民低保问题引关注，2008 年 12 月 26 日

峰期，社会负担开始增加。此时，农业人口在全国总人口中所占比例已经下降至50%以下。③工业化一般经历以农养工阶段、工农自养阶段和以工养农阶段。学界一般认为，只有当工业化水平处于第三阶段，城乡经济差异减少、经济水平整体较高时（人均GDP在2 000美元以上），才有条件建立和运行农村社会养老保险制度。

2. 我国社会养老保险制度的发展历程　我国农村社会养老保险的探索开始于20世纪80年代中期。1986年10月，民政部和相关部委在江苏省沙洲县（即现在的张家港市）召开“全国农村基层社会保障工作座谈会”，确定了包括进行农村社会养老保险试点在内的一系列农村社会保障制度的建设目标。以此为标志，我国开始探索适合中国国情的农村社会养老保险制度。到现在为止，农村社会养老保险体制改革大致可以划分为2个时期、4个阶段。2个时期是传统的农村社会养老保险时期（以下简称旧农保）、新型农村社会养老保险时期（以下简称新农保）。4个阶段为（赵殿国，2007）：探索试点、稳步推进、整顿规范、创新发展。其中，旧农保由探索试点、稳步推进、整顿规范3个阶段组成。新世纪以来的创新发展阶段属于“新农保”。

（1）探索试点阶段（1986—1991年）　党和政府在这一时期逐步意识到改革过程中农民养老问题、农村社会养老保险的重要性。国家“七五”计划指出：“抓紧研究建立农村社会保险制度，并根据各地经济发展情况，进行试点，逐步推进。”按照这个要求，民政部开始进行农村社会养老保险制度建设的探索。1986年10月召开的“全国农村基层社会保障工作座谈会”，将农村养老保障划分为3个层次：在农村贫困地区，基层社会保障的主要任务是搞好社会救济和扶贫；在农村经济中等发达地区，由于多数人的温饱问题已经解决，基层社会保障的主要任务是兴办福利工厂、完善“五保”制度、建立敬老院等，从解决残疾和孤寡老人的生活困难；在农村经济发达和比较发达地区，发展以小区（乡、镇、村）为单位的农村养老社会保险。此后，一些地区根据此次会议精神，开始试点小区型的养老保险探索，资金主要来源于乡、村的公共积累。

1989年，民政部选择北京市大兴县、山西省左云县作为农村社会养老保险的试点县，强调国家、集体、个人三者共同承担社会保险责任。两县探索出了一些好的做法，确立了以自我保障为主，辅之以集体、国家之必要支持，个人、集体、国家三方合理负担的基本原则。这些做法也成为全国农村社会养老保险方案的基础。

1990年7月，国务院总理办公会议研究了社会保险制度改革的问题。会议提出，由民政部负责农村社会养老保险的试点工作。1991年1月，国务院决定选择一批有条件的地区开展建立县级农村社会养老保险制度的试点。民政部有计划地选择了山东省烟台、威海等5地来进行县级农村社会养老保险制度的试点。

（2）稳步推进阶段（1992—1997年）　1992年，民政部在武汉市主持召开全国农村社会养老保险工作经验交流会，推广武汉市和山东省的经验。同时，当年1月3日，民政部颁布了《县级农村社会养老保险基本方案（试行）》（以下简称《基本方案》）。确定了“坚持资金个人缴纳为主，集体补助为辅，国家予以政策扶持；坚持自助为主、互济为辅；坚持社会养老保险和家庭养老保险相结合；坚持农村务农、务工和经商等各类人员社会养老保险制度一体化的方向”的指导思想和基本原则。在试点基础上向全国范围内逐步推广农村社会养老保险。随后，民政部在张家港召开全国农村社会养老保险工作会议。这标志着农村社会养老保险在全国范围内进入了全面推广阶段。到1992年底，全国已经有170个县基本建立了面向全体农民的农村社会养老保险制度，有3 500多万农民参加了社会养老保险，累积保费10亿多元。

1993年，国务院批准成立了农村社会养老保险管理机构，并出台了与《基本方案》相配套的各种规章制度和具体的操作措施。这些举措使农村社会养老保险的各项工作得到了有效的管理和规范,农村社会养老保险开始稳步发展。1995 年,国务院办公厅转发了民政部《关于进一步做好农村社会养老保险工作的意见》。此后,在“有条件的地区”积极稳妥地发展农村社会养老保险,并分类指导,规范管理的思想已经基本上明确。此后,全国 26 个省(自治区、直辖市)政府相继颁布了开展农村社会养老保险工作的地方性法规。截至 1997 年底,全国已经有 31 个省(自治区、直辖市)的 2 000 多个县(市、区、旗)开展农村社会养老保险工作,8 000 多万农村人口参加保险。

(3)整顿规范阶段(1998—2002 年) 1998 年政府机构改革,农村社会养老保险由民政部划入劳动与社会保障部,实行社会保险的统一管理。由于诸多因素的影响,全国大部分地区的农村社会养老保险工作出现了参保人数下降、基金运行难度加大等困难(表 40-3)。一些地区农村社会养老保险工作甚至陷入了停顿状态。另外,政府对这项工作的态度也出现了转变。

**表 40-3 1998—2002 年中国农村社会养老保险开展情况**

| 年 份 | 全国农村社会养老保险参保人数(万人) | 年末农村社会养老保险基金滚存结余(亿元) |
|---|---|---|
| 1998 | 8025.0 | 166.2 |
| 1999 | 8000.0 | 183.5 |
| 2000 | 6172.0 | 195.5 |
| 2001 | 5995.1 | 216.1 |
| 2002 | 5462.0 | 233.3 |

资料来源:《劳动与社会保障事业发展统计公报》(1998—2002)

1998 年底,全国已经有 2 123 个县(市)和 65%的乡(镇)开展了农村社会养老保险工作。参加社会养老保险的农村人口为 8 025 万人。全年农村社会养老保险基金收入 31.4 亿元,支出 5.4 亿元。当期结余 26 亿元。期末滚存结余 166.2 亿元。无论是参保人数还是保费都保持了增长的势头。但是,从表 40-3 可以看出,从 1999 年开始,农村社会养老保险的参保人数开始逐年减少,农村社会养老保险工作遭遇了发展危机。

1999 年 7 月,《国务院批转整顿保险业工作小组整顿与改革方案的通知》指出,对已经开展的农村社会养老保险要进行规范整顿,区别情况、妥善处理。其后,当时的劳动与社会保障部对农村社会养老保险提出了两个整顿方案:一是在有条件的地方继续开展农村社会养老保险的探索,条件不具备的地方暂不开展;二是政府定政策,市场来运作,实行商业保险。至此,农村社会养老保险作为一种全国性的统一制度不复存在。全国只有少数经济发达地区如北京、上海等地的农村,继续探索和开展农村社会养老保险。

必须看到,“旧农保”的建立和发展,对缓解社会转型条件下出现的农村养老矛盾和危机有积极的作用。首先,这一制度的实施有助于和谐家庭关系、减少家庭纠纷。传统的家庭养老主要是通过子女赡养父母来实现,因此在很大程度上需要子女道德观念的养成。但是由于传统道德观念的变化,子女不赡养老人的事情不断发生,这是造成农村家庭关系紧张的一个原因。实行农村社会养老保险,可以从经济上解决老人的基本物质需求,在一定程度上巩固家庭关系,缓解养老矛盾。其次,这一制度的实施促进了农村计划生育工作的开展和顺利实施。“养

儿防老”的思想在我国根深蒂固。在传统的家庭养老条件下，生育成为一种养老投资，子女可以看作一种“耐用消费品”。建立农村社会养老保险体系，农村老年人每月有了固定的收入，生活有了一定的依靠和保证，“养儿防老”、“多子多福”的观念在逐渐淡化，有助于农村人口生育观念的转变，从而有效地实现控制人口增长的目标。

但是，旧农保在经过一段时期的发展之后陷入停滞甚至衰退，说明其自身存在重大缺陷。首先，国家、政府对于是否应该建立农村社会养老保险、农村的养老是以家庭为主还是社会为主等问题的认识不甚明了。其次，在旧农保时期，国家财政的投入相对较少。在基金筹资方面，旧农保实行“以个人缴费为主、集体补助为辅、国家予以政策扶持”。这表明农民自己是保险基金的主要缴纳人。集体补助主要是从集体积累中支出，而国家只是在政策方面予以扶持。但从表40-1可以看出，农民收入增长缓慢，缴费能力有限；而我国的集体经济相对比较薄弱，除少数省份集体经济比较发达之外，绝大部分省份的集体经济都比较困难①。另外，在集体经济支出中，社会卫生福利事业所占的份额很小。在这样的情况下，集体补助也是非常有限。这种资金来源模式显然是与“社会保障”的特性相违背的。最后，20世纪80—90年代，虽然改革开放不断深入，但是相对于城市而言，农村在养老方面，“养儿防老”仍占据主流，家庭养老依然是绝大多数农村老年人的首选养老方式。农民参加社会养老保险的意愿不是十分强烈。在上述多种因素的作用下，旧农保发展出现挫折甚至停滞也就不足为奇了。

(4)创新发展阶段(2003年至今)　党的十六大以来，党中央、国务院对“三农”问题更加关注，对农村的社会保障日益重视。党的十六大报告指出，要“发展城乡社会救济和社会福利事业。有条件的地方，探索建立农村养老、医疗保险和最低生活保障制度”；党的十六届三中全会指出，“农村养老保障以家庭为主，同社区保障、国家救济相结合。有条件的地方探索建立农村最低生活保障制度”；党的十七大报告进一步指出，“加快建立覆盖城乡的社会保障制度，探索建立农村养老保险制度，完善城乡居民最低生活保障制度”；“十一五”规划纲要指出，“农村社会保险，要按照城乡统筹发展的要求，探索建立与农村社会经济发展水平相适应、与其他保障措施相配套的农村社会养老保险制度”。同时，从2004年开始，中共中央连续6年一号文件都在关注“三农”问题，关注农村社会保险的建设和发展。

在党和政府高度重视农村社会保障建设和完善的背景下，东部、中部以及西部一些地方开始恢复了对农村社会养老保险的探索。有别于旧农保的农村新型养老保险制度开始在一些省、自治区进行试点，发展较快。2006年底，全国参加农村养老保险人数为5 374万人，全年共有355万农民领取了养老金，比上年增加53万人，全年共支付养老金30亿元。年末农村养老保险基金累计结存354亿元。2007年末，全国参加农村养老保险人数为5 171万人，全年共有392万农民领取了养老金，比上年增加37万人，全年共支付养老金40亿元。年末农村养老保

① 杨立雄对2002年的农村集体经济固定资产投资额做了分析。结果发现当年农村集体经济固定资产投资总额为4 887.91亿元，其中：投资额超过500亿元的3个省(江苏、浙江、山东)占全国集体经济固定资产投资总额达44.5%；低于500亿元、超过100亿元的9个省、自治区、直辖市(河北、辽宁、上海、福建、河南、湖北、湖南、广东、四川)的投资额占全国集体经济固定资产投资总额的36.71%；低于100亿元的19个省、自治区、直辖市(北京、天津、山西、内蒙古、吉林、黑龙江、安徽、江西、广西、海南、重庆、贵州、云南、西藏、陕西、甘肃、青海、宁夏、新疆)投资额仅占全国集体经济固定资产投资总额的18.8%。这说明我国集体经济的发展很不均，而且绝大部分省、自治区、直辖市的集体经济薄弱(详见杨立雄：建立非缴费型的老年津贴——农村养老保障的一个选择性方案，软科学，2006年第2期)

险基金累计结存412亿元。2008年年末,全国参加农村养老保险人数为5 595万人,比上年末增加424万人,全年共有512万农民领取了养老金,比上年增加120万人。全年共支付养老金56.8亿元,比上年增加42%。年末农村养老保险基金累计结存499亿元。新型农村社会养老保险开始逐步发展起来。但是,也必须看到,新型农村社会养老保险的覆盖面相对较窄,参保人数虽然逐年增加,但所占应参加人数的比重仍然相对较小。

温家宝总理在2009年的《政府工作报告》中提出,2009年开展新型农村养老保险试点,要覆盖全国10%的县(市)。要达到这一目标,需要做的工作仍然很多。

新农保的探索,是对旧农保的弥补和完善。一个显著的变化就在于政府在新农保实施过程中责任的变化,政府部门加大了对新农保参保人的财政补贴,实现了多方共担,共同出资,符合社会保险的内在规律和发展趋势,有利于农村社会养老保险的可持续发展和保障功能的实施。

但是,现在新农保实行自愿的原则即自愿加入,退出自由。这与社会保险的强制性原则仍是相违背的,对新农保的可持续发展也存在不利影响。另外,我国目前没有一部专门的社会保险法,相关的法律体系更是无从谈起。没有法律保障意味着新农保并不是农民与政府、国家的持久性契约,存在很大的随意性和不确定性。行政力量、领导意志在很大程度上可以左右新农保的建立发展,但制度长久运行问题的解决仍有待于国家相关部门制定和完善相关的法律法规,出台相应的执行方案和财政投入机制,建立专门的执法、监督部门和奖惩机制。

3. 地方建立农村社会养老保险制度的实践和探索　在探索和创新农村社会养老保险制度的过程中,各地从当地的实际情况出发,形成了一些具有代表性的做法(赵殿国,2007)。

(1)苏南的做法　江苏省苏州、无锡等地,利用乡镇企业发达的优势,以社区保障为依托,以社会保险为取向,切实保障老年农民的基本生活。苏南地区农村社会养老保险模式的特点,一是实行大账户、小统筹,即以个人账户为主,同时建立小部分社会统筹基金;二是政府财政和集体经济对参保农民给予一定比例的补贴,提高缴费标准和保障水平,以适应当地的生活水平,切实保障老年农民的基本生活。常熟市2001年出台《常熟市农村养老保险暂行规定》,确定缴费基数、按比例缴费、统账结合,养老金由统筹和个人账户两部分构成。张家港市按全市上年农村人均收入的4%～16%比例选择缴费,用人单位和个人各负责50%。缴费基数的最高标准不超过上年农村人均纯收入的300%。上海郊区农村也基本上属于这种类型。

(2)东莞的做法　广东省东莞市2002年建立了农民基本养老保险制度,实行社会统筹与个人账户结合,保险费由市、镇、村和个人共同负担。农民基本养老金与参保人的缴费基数和缴费年限挂钩,并随社会经济发展水平做适当的指数变动。农民的缴费基数按每人每月400元核定,从2002年1月1日起,每年递增2.5%。2001—2005年缴费比例为11%,集体负担6%,个人承担5%。缴费比例的个人部分每5年增加1%,2016年后保持在14%不变。个人缴费的全部加上集体缴费的3%记入个人账户,余下的3%全部记入统筹账户。养老金的月领取标准为:150元的基础养老金,加上个人账户余额的1/20。

(3)北京的做法　北京市农村社会养老保险是由政府组织引导,农民自愿参加,以个人账户为主,并建立了待遇调整机制。个人账户资金由个人缴费、集体补助、政府补贴和利息等组成。市财政从2006年起,按照市与区(县)分税制财政管理体制,落实市级财政补贴资金,并根

据经济发展，不断提高补贴标准。区县财政部门应安排专项资金对本区县参保人员进行补贴。根据参保人员的年龄不同，实行不同的补贴标准。财政每年应安排一定比例或数额的资金，作为待遇调整储备金，用于调整已领取养老金人员的待遇水平。农村社会养老保险的缴费标准、按照预期领取的养老金不低于当地农村最低生活保障标准，不高于本市上一年城镇企业退休职工养老金平均水平确定。

2009年9月，国务院出台了《新型农村社会养老保险试点的指导意见》[国发(2009)32号]，按照加快建立覆盖城乡居民的社会保障体系的要求，逐步解决农村居民老有所养问题。提出新农保建立个人缴费、集体补助、政府补贴相结合的制度，实行社会统筹与个人账户相结合，与家庭养老、土地保障、社会救助等其他社会保障政策措施相配套，保障农村居民老年基本生活。2009年试点覆盖面为全国10%的县(市、区、旗)，逐步扩大。2020年之前基本实现对农村适龄居民的全覆盖(政府网，2009)。

新农保实现了制度和筹资方式的创新，变过去的“农保”由个人缴费为个人、地方和中央财政三方投入。基本年满60周岁、未享受城镇职工基本养老保险待遇的农民，不用缴费，就可以按月领取55元基础养老金。显然，具有“普惠性”。人力资源和社会保障部农村社会保险司司长指出：“真正的由过去几千年的家庭养老转变为社会养老。”这是仅次于取消农业税的具有历史意义的变化。

**(四)农村老年人的日常照顾和精神慰藉**　农村青壮年劳动力向城市流动、家庭规模的日益小型化等因素，使得农村老年人的日常照顾和精神慰藉问题日渐突出。2000年《中国城乡老年人口一次性抽样调查报告》显示，农村有38.8%的老年人担心自己生病时无人照料。农村独居老人担心生病时无人照料的比例更高，为48.8%。无子女老人的照料问题最为突出，担心无人照料的比例高达69.4%。在精神慰藉方面，农村有10.2%的老年人感到不幸福，有35.1%的老年人经常感到孤独。农村独居老年人经常感到孤独的比例更高，为55%。另外，农村由于缺少诉说对象，无配偶的老年人有孤独感的比例达到了45.8%。相对而言，有配偶的农村老年人孤独感的比例较低，为27.8%。由此表明，农村老年人的日常照料、精神慰藉已经和物质保障一样，成为需要国家和政府努力来解决的问题。

2008年2月底，全国老龄委办公室、国家发改委、教育部、民政部、劳动保障部、财政部、建设部、卫生部、人口计生委和国家税务总局10部委联合制定的《关于全面推进居家养老服务工作的意见》(以下简称《意见》)正式颁布实施。居家养老服务是指政府和社会力量依托社区，为居家的老年人提供生活照料、家政服务、康复护理和精神慰藉等方面服务的一种服务形式。它是对传统家庭养老模式的补充与更新，是我国发展社区服务、建立养老服务体系的一项重要内容。

《意见》指出，“十一五”期间，居家养老服务网络在城市实现全覆盖。在农村，依托现有的设施资源，通过努力使80%左右的乡镇拥有一处综合性老年福利服务中心，1/3左右的村委会和自然村拥有1所老年人文化活动和服务的站点，并在建成这些设施的基础上尽可能满足老年人的基本服务需求。

## 二、改革开放以来的农村医疗保障制度

我国是一个农业大国，但首先是一个农民大国。农民在全国总人口中占了相当大的比重。因此，农村卫生工作是我国卫生工作的重点，关系到保护农村生产力、振兴农村经济、维护农村社会发展和稳定的大局，对提高全民族健康素质具有重大意义。

农村医疗保障体系是国家和社会从农村的实际情况出发，依法制定的有关疾病预防、治疗等保护农民生命和权利不受侵犯的各项政策与制度的总和。从形式上看，农村医疗保障体系由农村合作医疗制度、医疗救助制度、商业保险、家庭保障等方面组成。从目前我国农村的实际情况来看，农村合作医疗制度、医疗救助制度是我国农村医疗保障体系的重要组成部分。

**(一)改革开放以来农村合作医疗的发展** 1978年，党的十一届三中全会召开，正式做出了把工作重心转移到经济建设上来的伟大决策。社会保障制度的地位和作用重新被确立起来，社会保障事业得到恢复。1978—1980年，农村合作医疗制度发展迅速。1978年3月5日，第5届全国人民代表大会第1次会议通过了《中华人民共和国宪法》，其中第35条规定："劳动者在年老、生病或者丧失劳动能力的时候，有获得物质帮助的权利。国家逐步发展社会保险、社会福利、公费医疗和合作医疗等事业，以保证劳动者享有这种权利。"这样，农村合作医疗便以国家根本大法的形式确定下来。1979年，卫生部、农业部、财政部联合下发了《农村合作医疗章程(试行草案)》，对农村合作医疗制度进行了规范。其第1条对农村合作医疗的性质规定为："农村合作医疗是人民公社社员依靠集体力量，在自愿互助的基础上建立起来的一种社会主义性质的医疗制度，是社员群众的集体福利事业"。第2条则承诺："根据宪法的规定，国家积极支持、发展合作医疗事业，使医疗卫生工作更好地为保护人民公社社员身体健康、发展农业生产服务。对于经济困难的社队，国家给予必要的扶持"。1980年，全国农村约有68.8%的行政村(生产大队)实行合作医疗制度，"合作医疗"与合作社的"保健站"及数量巨大的"赤脚医生"队伍一起，成为解决我国农村缺医少药的三大法宝。我国也一跃成为拥有最全面的医疗保障体系的国家之一。世界卫生组织对中国农村卫生事业所取得的突出成就给予了极高的评价。世界卫生组织和世界银行将其誉为"以最少投入获得了最大健康收益"的"中国模式"，并向其他发展中国家推荐中国农村卫生工作经验。

但是，从20世纪80年代开始，农村合作医疗制度开始衰落。在30年的时间里，农村合作医疗制度的发展经历了80年代衰落、90年代徘徊、21世纪新生几个时期的曲折发展历程(陈佳贵，2008)。

20世纪80年代，我国经济体制改革逐步推进，家庭联产承包责任制在全国实行。这样，人民公社不再是农业生产的基本单位，家庭开始重新成为农民生活和进行农业生产的基本单位。1983年，中共中央1号文件《当前农村经济政策的若干问题》，对人民公社体制的改革问题做出了规定。文件指出，人民公社的体制，要从两方面进行改革：实行生产责任制，特别是联产承包制；实行政社分设。各地政府根据文件精神，开始对人民公社进行改制。这样，基层行政组织在推动、兴办农村公益性事业方面显得力不从心。以集体经济和人民公社为依托的农村合作医疗也开始逐步衰退。随着人民公社的解体，除少数乡镇企业比较发达的农村地区外，农村集体经济力量变得十分薄弱，无力为农村合作医疗留存必要的资金，农村合作医疗就失去了重要的经济来源。此外，按照《农村合作医疗章程(试行草案)》的规定，农村合作医疗是一种建立在自愿基础上的医疗保险制度，农民可以自愿参加，退出自由。农村合作医疗制度原本是一种集体控制下的"社区集体福利"，农民无法脱离人民公社而独立存在，也就不存在是否参加农村合作医疗的"选择"问题。但是实行自愿原则之后，农民有了选择的权利，"逆向选择"问题也随之出现，部分农民特别是身体健康的中、青年农民、选择不参加合作医疗。因此，来自农民的资金也不断减少，而支出却随着医药价格的上升而不断上涨。从经济上来说，农村合作医疗已经失去了继续存在和发展的基础。随着农村集体经济逐渐解体，农村合作医疗制度也随之

解体。1983 年,全国农村兴办合作医疗的行政村(生产大队)比例由上一年的 52.8%骤然下降为 11%。如此大的降幅在很大程度上就是因为 1983 年人民公社正式解体,合作医疗失去资金来源造成的(王绍光,2008)。

这一时期,党和政府对解决社会经济发展的重视占据中心位置。从党的十一届三中全会开始,党和政府的工作重心就变为了促进经济快速发展,尽可能地提高生产力水平和国民收入。"效率优先,兼顾公平"就是在这样一个背景条件下提出来的。1978 年 6 月 23 日,中共中央"37 号文件"要求"任何部门和单位一律不准无偿平调社、队的劳力、财力、物力搞非生产建设,坚决压缩非生产性开支"。此后,一些地方把办合作医疗看作是"穷吃富",是"增加群众负担"。整个 20 世纪 80 年代,政府对合作医疗未有足够重视,客观上呈现放任自流的做法。在全盘否定"文革"的背景下,当时卫生行政部门不少人把合作医疗看作人民公社的副产品、"文革"的产物,要加以彻底否定。1980—1989 年 10 年期间,中央政府及省级政府基本上没有出台任何有关农村合作医疗(或者农民健康保障)的专门的政策、意见文件。1982 年宪法也悄然删除了"合作医疗"的字眼。

考察我国农村合作医疗的发展历史,一个很明显的特征就是囿于国情文化,这一制度的兴起与发展,与政府的思想认识、大力扶持和关注是分不开的。同时,也由于改革时期中央地方、各级政府决策重心的变化,农村合作医疗未能得到重视和改革支持。这种情况下,全国大多数农村的合作医疗制度便难逃停办或者解体之厄运。整个 20 世纪 80 年代,全国农村的合作医疗事业不断衰退。全国农村兴办合作医疗的行政村(生产大队)也在逐年减少(表 40-4)。卫生部 1985 年对全国 9 省 45 个县进行调查发现,1985 年全国实行合作医疗的行政村由 1980 年的 68.8%骤然下降至 5%,完全自费的农民占 81%。到 80 年代末 90 年代初的时候,全国只有上海和苏南地区还继续实行农村合作医疗制度,其他省份合作医疗奄奄一息,只残留在很少的地方,如湖北省麻城县和山东省招远县。随着合作医疗的解体,绝大多数村卫生室(合作医疗站)变成了乡村医生的私人诊所(中国卫生经济学会农村经济组,1986)。在享受合作医疗保障 30 年之后,我国大部分农民再一次沦为"自费医疗"的群体。世界银行 1998 年 6 月出版的《卫生保健筹资报告》指出,20 世纪 80 年代末,中国农村人口中已经有 90%的人要为自己看病全额买单(张德元,2005)。

**表 40-4 1980—1990 年全国农村兴办合作医疗的行政村(生产大队)比例 (%)**

| 年 份 | 全国农村兴办作医疗的行政村(生产大队)比例 | 年 份 | 全国农村兴办作医疗的行政村(生产大队)比例 |
|---|---|---|---|
| 1980 | 68.8 | 1986 | 4.8 |
| 1981 | 58.2 | 1987 | 5.0 |
| 1982 | 52.8 | 1988 | 6.0 |
| 1983 | 11.0 | 1989 | 4.8 |
| 1984 | 8.0 | 1990 | 6.1 |
| 1985 | 5.4 | | |

资料来源:卫生部卫生统计年报资料

20世纪90年代，农村合作医疗一直在徘徊中发展。由于80年代农村合作医疗的大幅度下降，农村居民不再享有医疗保障，医疗费用急剧上升。农民看病贵和因病致贫问题成为重要的社会问题，引起了中央的关注。90年代初期，时任国务院总理的李鹏代表中国政府向世界卫生组织做出承诺，到2000年时，中国将全面落实农村初级卫生保健工作。1990年，卫生部、国家计委等部门提出了"2000年人人享有卫生保健"的最低目标。目标之一就是在经济发达和不发达地区分别实现60%和50%的集资医疗保健覆盖率。到1991年，中央政府及其相关部门的文件开始大量出现建立"合作医疗保健制度"、推行"集资办医与合作医疗保险制度"等提法。同时，政府部门也开始进行农村医疗项目的实验(表40-5)。

**表40-5 20世纪90年代我国农村医疗实验项目**

| 项目名称 | 相关组织 | 执行环境 | 主要发现 | 政策建议 |
| --- | --- | --- | --- | --- |
| 中国农村健康保险实验研究 | 卫生部、美国兰德公司 | 1985—1991年，四川省简阳、眉山 | 收取保险费的标准，可以确定在农民收入的1%～2%。但保险费筹集十分困难 | 应研究如何贯彻国家、集体、个人三方分担，而以个人为主筹集的原则 |
| 中国农村合作医疗保健制度改革 | 国务院政策研究室、卫生部、WTO | 1993—1998年，全国7个省14个县 | 政府、集体资金支持会增加农村参加合作医疗的积极性；反之，国家和集体不增加投入，合作医疗就有滑坡的危险 | 政府对合作医疗负有资金投入的责任。政府目前没有能力投入和政府该不该投入是性质不同的两个问题。不能因为目前没有能力就否认或者回避应该承担的责任 |
| 中国农村贫困地区卫生筹资与组织 | 中国卫生经济培训与研究网络、美国哈佛大学 | 第一阶段(1992—1996年)在全国14个省114个县进行基线调查；第二阶段(1996—2000年)大规模干预实验，在8省10个国家级贫困县的23个乡镇开展了多种形式的合作医疗试点工作 | 1. 在贫困地区，大多数农户最多能为其家庭支付年人均低于10元的合作医疗经费；<br>2. 农村居民认为国家、集体、个人都应当为合作医疗筹资承担一定的比例，其中选择以国家投入为主的比例最高；<br>3. 为了测试政府财政补贴的作用，项目拨给各县10万元启动基金，并要求省、市、县、乡四级政府相应投入配套经费。政府财政资金的注入对项目顺利运行起了相当大的促进作用 | 1. 政府必须给予财政支持，以帮助贫困农民参加合作医疗；<br>2. 举办合作医疗应坚持"以家庭为单位，农民自愿参加"的原则；<br>3. 重点应放在建立以县为基础的抗大病风险的合作医疗制度上，防止贫困地区农民因病致贫和因病返贫 |

续表 40-5

| 项目名称 | 相关组织 | 执行环境 | 主要发现 | 政策建议 |
|---|---|---|---|---|
| 加强中国农村贫困地区基本卫生服务 | 世界银行、中国政府 | 1998—2005 年，中西部 7 省（自治区）71 个国家级和省级贫困县 | 在一些试点县，按参加合作医疗的农民每人每年给予 10 元补助的形式，模拟政府投入，进行新型合作医疗试点。试点的成功，表明政府投入是开展合作医疗的必要条件之一 | |
| 市场经济条件下合作医疗制度的改革与发展 | 卫生部基妇司、联合国儿童基金会 | | 财政部投入设立专项基金，是农民医疗保障可持续发展的关键 | |

资料来源：王绍光：学习机制与适应能力——中国农村合作医疗体制变迁的启示，中国社会科学，2008 年第 6 期

1992 年 9 月，卫生部和财政部下发了《关于加强农村卫生工作若干意见的通知》。提出要以资源为原则农村建立合作医疗。在筹资方式上，采取多渠道的筹资途径，受益群众、全民、集体企事业单位和社会团体多方筹集资金。为了修复合作医疗这个农村医疗卫生体制的“网底”，中央政府 1991 年拨出专款 2 000 万元，对农村合作医疗进行扶持。1992 年，此项款额增至 7 500 万元。据统计，全国 28 个省、直辖市 2 年从地方财政中增拨专项经费 25 亿元。财政资金的投入为奄奄一息的农村合作医疗注入了强心剂（薄先锋、董践真，1993）。农村合作医疗的发展呈现出欣欣向荣的局面。

1993 年，中共中央在《关于建立社会主义市场经济体制若干问题的决定》中提出，要“发展和完善农村合作医疗制度”。从 1994—1996 年，国务院研究室与卫生部一起，对合作医疗进行了专题调研，抓了 7 个省 14 个县，特别是河南省开封市和林州市的试点。1996 年 7 月，卫生部在林州市召开了全国农村合作医疗经验交流会，决定在全国进行恢复、重建合作医疗的试点工作。全国有 19 个省、自治区、直辖市共选择了 183 个县（市、区）作为省级农村合作医疗的试点，许多地、市也选定了一批试点县，合作医疗出现良好的发展势头。据统计，到 1996 年底，合作医疗行政村的覆盖率上升至 17.59%，比上年增加了 6.41%，达到了 1983 年以来的最高水平。同年年底，中共中央、国务院召开了新中国成立以来的第一次全国卫生工作会议。会议提出，加强农村卫生工作，关键是发展和完善农村合作医疗制度。1997 年 1 月，中共中央、国务院下发了《关于卫生改革和发展的决定》。提出以“民办公助，自愿参加”为原则，“积极稳妥地发展和完善合作医疗制度”。设定了“力争到 2000 年在农村多数地区建立起各种形式的合作医疗制度，并逐步提高社会化程度；有条件的地方可以向社会医疗保险过渡”的目标。1997 年 5 月，国务院批转了卫生部提交的《关于发展和完善农村合作医疗的若干意见》，对合作医疗的恢复和发展起到了一定的作用。

这一时期的农村合作医疗制度较 20 世纪 80 年代有所发展，覆盖面也有所扩大。但是，总体上看，农村合作医疗的恢复和重建工作成效不是很大。到 1997 年底，合作医疗的覆盖率仅占全国行政村的 17%，与一年前大致持平；农村居民参加合作医疗的比例仅为 9.6%。卫生部 1998 年进行的“第二次国家卫生服务调查”也显示，1998 年全国农村居民中参加合作医疗的比重降至 6.5%,全国农村居民中得到某种程度医疗保障的人口只有 12.56%(表 40-6)。农民“看病难”“看病贵”和“因病致贫”再一次成为中央领导关注的问题。

表 40-6 1998 年不同类型农村居民医疗保障方式及构成 (%)

| 村庄类型 | 合作医疗 | 公费医疗 | 劳保医疗 | 半劳保医疗 | 统筹医疗 | 医疗保险 | 其他形式 | 自费医疗 |
|---|---|---|---|---|---|---|---|---|
| 一 类 | 1.83 | 1.07 | 1.4 | 0.64 | 0.15 | 2.39 | 0.34 | 71.79 |
| 二 类 | 1.62 | 0.76 | 0.54 | 0.10 | 0.03 | 1.63 | 0.52 | 93.17 |
| 三 类 | 3.24 | 1.98 | 0.15 | 0.07 | 1.00 | 1.16 | 0.23 | 94.77 |
| 四 类 | 22.10 | 0.26 | 0.03 | 0.05 | 0.00 | 0.21 | 16.22 | 81.49 |
| 合 计 | 6.50 | 1.16 | 0.51 | 0.51 | 0.05 | 1.41 | 2.73 | 87.44 |

资料来源:《中国卫生年鉴 2001》

这一时期农村合作医疗的发展并不理想。一个重要的原因就在于国家对合作医疗的认识不是十分明确。20 世纪 90 年代,“三农”问题开始凸显,农民的负担比较重,减轻农民负担成为政府当时工作的重点。在这种情况下,一些部门错误地将农村合作医疗视作农民负担,成为“减负”的项目之一。1999 年,农业部等 5 部委颁布《减轻农民负担条例》,将合作医疗视作交费项目。列入农民负担,不允许征收,规定禁止向农民乱集资、乱摊派,不得强行推行合作医疗。不少地方的合作医疗重新陷入瘫痪状态。2000 年,中共中央《关于国民经济和社会发展“十五”计划建议》取消了“合作医疗制度”。农业部也再次批评“合作医疗集资在一些地方仍未禁止”,“自愿”仍是被强调参加农村合作医疗的重要原则。

要求农村合作医疗实行自愿原则。在筹资方面又以个人投入为主,集体扶持,政府引导、支持。这样,由于当时中央政府财力不足,不具备扶持和资助农村合作医疗的经济能力,显得心有余而力不足。1995 年,全国卫生基建投资额为 73.44%,仅占全国当年基建投资额的 0.99%。而且,中央一些部委对农村合作医疗的认识也不明确。除了上海各郊县、苏南各县、山东招远、湖北广济和西藏等部分地区合作医疗由于得到地方党政领导的强有力的支持能坚持下来并搞得好以外,基层各级政府只能放弃对合作医疗的恢复工作(邓燕云,2007)。连国务院政策研究室和卫生部的合作医疗试点河南省开封和林州两地的合作医疗也被迫停办。

进入 21 世纪,农村公共卫生服务体系的薄弱和医疗卫生费用的不断高涨,农民成为全国医疗卫生消费的弱势群体。“小病扛,大病躺,重病只好见阎王”成为当时的一种普遍现象。农村人均卫生费用从 1990 年的 38.8 元猛增至 2002 年的 259.3 元,迅速增长的医疗费用成为农民的巨大负担(表 40-7)。高昂的医疗费用和缺失的卫生保障直接导致农民有病不敢看,农村卫生状况不断恶化。另外,因病致贫、因病返贫的现象也不断凸现。社会主义新农村建设、全面建设小康社会、构建社会主义和谐社会都受到了严重的制约。

表 40-7 农村人均医疗费用支出情况

| 年 份 | 1990 | 1995 | 2000 | 2001 | 2002 |
|---|---|---|---|---|---|
| 农村人均卫生费用(元) | 38.8 | 112.9 | 314.9 | 244.8 | 259.3 |
| 农村人均卫生费用占人均纯收入的比重(%) | 5.7 | 7.2 | 14.0 | 10.3 | 10.5 |
| 农村人均卫生费用占人均消费支出的比重(%) | 6.6 | 8.6 | 18.9 | 14.1 | 14.1 |

资料来源:转引自陈佳贵主编《中国劳动与社会保障体制改革 30 年研究》

严峻的农村医疗形势引起了中央的高度重视，2001 年 5 月，国务院体改办、国家计委、卫生部、财政部、农业部联合提出了《关于农村卫生改革和发展的指导意见》，要求地方各级人民政府要加强对合作医疗的组织领导。重申了“自愿量力、因地制宜、民办公助”的原则，并提倡在有条件的地方实施以县（市）为单位的大病统筹。2002 年 10 月，中共中央、国务院发布了《关于进一步加强农村卫生工作的决定》。这是新中国第一个关于农村卫生问题的中央文件。文件明确提出，今后 8 年时间内，在全国农村基本建立起适应社会主义市场经济体制要求和农村经济社会发展水平的农村卫生服务体系和新型农村合作医疗制度，同时完善医疗救助制度。2003 年 1 月，国务院办公厅转发了卫生部《建立新型农村合作医疗制度意见的通知》。决定从 2003 年起在全国各省、自治区、直辖市各选择 2～3 个县（市）进行试点，取得经验后逐步展开。到 2010 年，在全国建立基本覆盖农村居民的新型农村合作医疗制度。这标志着我国新一阶段的农村合作医疗制度经由国家正式制度体系再一次建立并推广。我国农村合作医疗事业进入了一个崭新的发展阶段——新型农村合作医疗制度阶段。

从 2003 年下半年新型农村合作医疗第一批试点工作开始进行，此后又进行了 4 批试点工作。根据进展情况，2005 年 9 月召开的全国新型农村合作医疗试点工作会议决定，到 2008 年在全国农村基本建立新型合作医疗制度，比原定于 2010 年实现的时间目标提前 2 年。政府财政对参加合作医疗农民的补助标准也在原有每人每年 20 元的基础上增加至 40 元。2008 年 2 月，全国新型农村合作医疗工作会议决定，从当年起，各级财政对参合农民的补助标准将提高到每人每年 80 元，把补助标准再翻 1 番。2009 年通过的《中共中央、国务院关于深化医药卫生体制改革的意见》指出：“2009 年……全面实施新型农村合作医疗制度，逐步提高政府补助水平，适当增加农民缴费，提高保障能力。”农村合作医疗制度终于实现了跨越式的发展，达到了历史的新高度（表 40-8）。

**表 40-8 2003—2008 年新型农村合作医疗发展情况**

| 时 间（年・月） | 试点县数量（个） | 参保农民数量（亿） | 农民参合率（%） | 受益人次数（亿） | 本年度筹资总额（亿元） | 本年度支出总额（亿元） | 本年度基金使用率（%） |
|---|---|---|---|---|---|---|---|
| 2003.9 | 304 | 0.43 | 74.0 | — | — | — | — |
| 2004.12 | 333 | 0.80 | 75.2 | 0.76 | 37.6 | 26.4 | 70.05 |
| 2005.12 | 678 | 1.79 | 75.6 | 1.22 | 75.4 | 61.8 | 81.95 |
| 2006.12 | 1451 | 4.10 | 80.7 | 2.72 | 213.6 | 155.8 | 72.95 |
| 2007.12 | 2451 | 7.26 | 82.6 | 4.54 | 428.0 | 346.6 | 80.99 |
| 2008.12 | 2729 | 8.15 | 91.5 | 5.85 | 785.0 | 662.0 | 84.33 |

资料来源：2003—2007 年我国卫生事业发展情况简报；2008 年我国卫生事业发展统计公报

**（二）改革开放以来农村医疗救助制度的发展** 医疗救助制度是政府和社会向一部分生活处于低收入甚至贫困状态的社会弱势群体提供最基本的医疗支持，以缓解其因病而无经济能力医治造成的困难，防止因病致贫、因病返贫，增强自我保障和生存能力。它是多层次医疗保障体系中的最后一道保护屏障，是贫困人口最后的一道安全网（邓大松，2007）。

在我国农村，目前贫困人口仍然有几千万。这些人由于经济方面的困难，无力参加新型农村合作医疗，或者虽然参加新型农村合作医疗，但是由于医疗费用上涨迅猛而不敢看病。因病致贫、因病返贫的问题仍然十分严重（表 40-9）。因此，建立农村社会医疗救助体系有着现实的意义和作用。

表 40-9 2003 年不同类型农村居民因病致贫比例 （%）

| 类 型 | 一类农村 | 二类农村 | 三类农村 | 四类农村 | 平均水平 |
|---|---|---|---|---|---|
| 比 例 | 47.4 | 26.7 | 40.1 | 22.5 | 33.5 |

资料来源：第三次国家卫生服务调查分析报告

2002 年 10 月中共中央、国务院发布的《关于进一步加强农村卫生工作的决定》指出，要“对农村贫困家庭实行医疗救助”。2003 年 2 月，卫生部、国家计委、财政部印发了《关于农村卫生事业补助政策的若干意见》。指出，在实施和推进新型农村合作医疗制度时，县级财政要对农村五保户和贫困农民家庭实行医疗救助。同年 11 月，卫生部、民政部、财政部印发了《关于实施农村医疗救助的意见》，对医疗救助的内涵、目标、原则、救助对象和救助办法做了更明确的规定。2004 年 1 月，民政部和财政部联合下发了《农村医疗救助基金管理试行办法》。该办法明确了农村医疗救助基金的来源、管理和使用。在这些政策的推动下，我国从 2003 年开始探索建立农村医疗救助制度。到 2004 年，全国已有 30 个省、自治区、直辖市正式出台了实施农村医疗救助的办法、意见和方案。1 501 个县开展了农村医疗救助工作，建成示范点 347 个，筹集医疗救助基金 8.8 亿元(张菊英等，2009)。

从 2006 年开始，农村医疗救济的发展开始进入了快车道。《卫生事业发展“十一五”规划纲要》指出，要“完善农村医疗救助制度，帮助特困农民和农村优抚对象参加新型农村合作医疗”。同时，卫生部在确定 2007 年卫生工作要点时，也明确将农村医疗救济列入其中。2009 年通过的《中共中央、国务院关于深化医药卫生体制改革的意见》指出：要“建立覆盖城乡居民的基本医疗保障体系。城镇职工基本医疗保险、城镇居民基本医疗保险、新型农村合作医疗和城乡医疗救助共同组成基本医疗保障体系，分别覆盖城镇就业人口、城镇非就业人口、农村人口和城乡困难人群”。

这些政策的出台，在一定程度上表明：农村医疗救助，需要而且正在成为农村医疗保障体系一个不可或缺的部分。从实践效果看，农村医疗救助的人数、救助资金呈逐年上升趋势，发展势头良好(表 40-10)。

表 40-10 2006—2008 年农村医疗救助情况

| 年 份 | 农村医疗救助资金(亿元) | 农村医疗救助人数(万人次) |
|---|---|---|
| 2006 | 8.9 | 286.8 |
| 2007 | 28.1 | 603.4 |
| 2008 | 35.8 | 948.1 |

资料来源：民政事业发展统计公报(2006 年、2007 年、2008 年)

## 三、改革开放以来的农村社会救助制度

社会救助是指国家和社会面向由贫困人口和不幸者组成的社会弱势群体提供款物接济和扶助的一种生活保障政策。它通常被视作政府的当然责任与义务，采取的也是非供款机制和

无偿救助的方式。目标在于帮助社会弱势群体摆脱生存危机，维护社会秩序的稳定(郑功成，2000)。现阶段，我国农村的社会救助制度由灾害救助、农村优抚、五保供养制度、农村最低生活保障等部分组成。

**(一)灾害救助** 灾害救助是政府在自然灾害发生时或者发生后，采取积极的措施，帮助灾民消除灾害带来的破坏性影响，发展生产，度过灾荒(邓大松，2007)。我国自古以来就是一个自然灾害多发的国家，各种自然灾害频发；而且，随着我国社会的进步和发展，自然灾害所带来的损失也在不断上升。2008 年，全国农作物受灾面积 3 999 万 $hm^2$，比上年下降 18.4%；绝收面积 403.2 万 $hm^2$，比上年下降 29.8%。2008 年全国各类自然灾害共造成约 47 795 万人(次)不同程度受灾，因灾死亡 88 928 人(主要是汶川地震)，是自 1976 年唐山大地震以来因灾死亡人数最多的一年；倒塌房屋 1 097.8 万间，比上年增加 951.1 万间；直接经济损失 11 752.4 亿元，比上年增长 397.4%。改革开放以来，灾害救助得到了快速的发展。1987 年，民政部发布了《关于切实加强救灾款管理使用工作的通知》，规定救灾款有偿扶持用于生产自救的部分，以省、自治区、直辖市计算，不得超过全年救灾款的总额，以防止一些地方因只注重有偿扶持而忽视无偿救济，影响灾民的基本生活。1998 年 2 月，国务院召开了全国救灾救济工作座谈会。会议明确了救灾工作改革的主要任务，就灾害救助资金、救灾物资的筹集、管理、发放等做出了详细的规定。2005 年 5 月 14 日，国务院批准了《国家自然灾害救助应急预案》。其目的在于建立健全应对突发重大自然灾害紧急救助体系和运行机制，规范紧急救助行为，提高紧急救助能力，迅速、有序、高效地实施紧急救助，最大限度地减少人民群众的生命和财产损失，维护灾区社会稳定。该预案的颁行，标志着我国自然灾害救灾跨入了一个新的重要发展阶段。此后，全国各省、自治区、直辖市也纷纷根据当地实际情况，制订了灾害救助方案和应急预案。

从实践效果看，我国自然灾害救灾减灾效果比较明显。无论是 2008 年年初的南方雨雪冰冻灾害还是 2008 年 5 月 12 日发生的四川汶川特大地震灾害，灾害救助在安抚灾民生活、降低人员、财产损失、灾后重建等方面都发挥了积极的作用。全年一共启动国家救灾应急响应 38 次，先后向灾区派出 50 个救灾工作组，指导地方政府紧急转移安置人口 2 682.2 万人(次)，完成灾区恢复重建民房 631.5 万间。出台中央临时生活救助后续生活救助和“三孤”人员救助安置等政策。同时，提高救灾补助标准，增加补助项目，拓展救灾受益人群范围，切实保障灾时、灾后受灾群众基本生活。中央财政安排 384 亿元救灾款和 740 亿元恢复重建资金，迅速出台一系列支援灾区的政策措施，积极开展对口支援。

**(二)农村优抚** 优抚工作由优待、抚恤两部分组成。优抚是指国家和社会对优抚对象实行优待、抚恤和抚慰的一项行政管理措施。主要内容是褒扬革命烈士、开展拥军优属活动、进行思想政治教育、扶持优抚对象发展生产、落实社会和群众优待、做好抚恤补助工作、兴办和管理优抚事业单位等。而抚恤则由死亡抚恤和伤残抚恤两部分组成。

农村优抚在经济上主要是由群众优待，其对象是义务兵家属和生活水平低于当地一般群众的其他优抚对象。从 20 世纪 80 年代开始，为了适应改革开放的要求和农村经济体制改革的需要，农村优抚改变了过去“困难大的多优抚、困难小的少优抚、没有困难的不优抚”的做法，开始采用发放优待金的方式。1984 年 5 月，全国六届人大二次会议通过的《中华人民共和国兵役法》肯定了这一做法。各省级人民政府根据当地实际情况制定了优待法规。另外，在抚恤方面，从 20 世纪 80 年代开始，国家多次提高抚恤标准。从 1985 年起，国家开始推行定期抚恤制度，把原来“群众优待为主，国家补助为辅”的办法变成了“国家抚恤为主，群众优待为辅”的新办法，显示了政府在抚恤方面的责任和义务。

**(三)农村五保供养制度** 20世纪80年代开始，由于农村实行家庭联产承包责任制，土地承包到户，以集体力量为依托的五保制度发展艰难，有些地区甚至出现了损害五保户利益的现象。从1982年底开始，民政部组织了全国第一次五保普查。发现当时农村五保工作存在的突出问题有：五保供养不全面，供养标准低，群众负担轻重不一。针对这些问题，为了继续发展五保制度，保障五保户的合法权益，1979年，党的十一届四中全会通过了《中共中央关于农业发展若干问题的决定》，指出："随着集体经济的发展，要逐步办好集体福利事业。使老弱、孤寡、残疾社员、残废军人和烈军属的生活得到更好的保障。"1980年9月中旬，中共中央召开了各省、自治区、直辖市第一书记座谈会。这次会议最后形成了《关于进一步加强和完善农业生产责任制的几个问题的通知》，强调："在包产到户的社队，对军烈属、五保户和其他困难户，要有妥善的照顾办法。"1982年1月，中共中央批转的《全国农村工作会议纪要》中指出："包干到户这种形式，有一定的公共提留，统一安排五保户的生活，要求做好五保供养工作。"这些政策以及后续的相关政策的出台，大大促进了农村五保工作的落实和完善。为使农村五保户的生活得到切实保障，1985年，中共中央、国务院颁行的《关于禁止向农民乱摊派、乱收费的规定》指出，"乡和村……供养五保户等事业原则上应当以税收或者其他法定的收费方法来解决。在这一制度建立之前……实行收取公共事业统筹费的办法"(宋士云，2007)。

随着农村经济体制改革的深化，20世纪90年代中期分税制的实施，特别是21世纪以来的农村税费改革和农业税的取消，乡、村基层集体组织的经济能力被进一步削弱，对于农村五保工作的扶持和支持能力大为减弱。在这种情况下，1991年12月，国务院颁布了《农民承担费用和劳务管理条例》。该条例规定，"村提留包括公积金、公益金和管理费"。其中，"公益金用于五保户供养、特别困难户补助、合作医疗保健以及其他集体福利事业"；"乡统筹费可以用于五保户供养。五保户供养从乡统筹费中列支的，不得在村提留中重复列支"。这些规定就为新的乡镇管理体制下五保供养的经费来源做出了规定，保证了农村五保供养工作的可持续发展。1994年1月，国务院颁行了《农村五保供养工作条例》，以法规的形式对农村五保供养进行了规范。该条例进一步对农村五保供养工作的性质、资金来源、集体责任等问题进行了明确，对农村弱势群体基本生活的保障有积极的推动作用，为农村五保供养工作提供了法律依据，标志着农村五保供养工作进入了一个新的发展阶段。

2004年8月，民政部、财政部和国家发展与改革委员会联合发出了《关于进一步做好农村五保供养工作的通知》，再一次明确了农村五保供养工作的相关政策，为新形势下继续做好农村五保供养工作提供了政策导向。

2006年1月，国务院颁行了新的《农村五保供养工作条例》，将农村五保户的供养经费纳入政府财政预算。这一巨大变化将五保供养从农村集体福利发展到了国家福利。同时，民政部从2006年12月开始实施"霞光计划"。在"十一五"时期，利用发行福利彩票筹集的彩票公益金，努力解决各地农村五保供养设施滞后的问题。从中央到地方，力争用5年的时间投入50亿元左右，民政部每年安排福利彩票公益金不少于1亿元，用于资助农村五保供养服务设施建设，确保"十一五"末期能够基本解决五保对象的居住和供养需求。从实施的效果来看，农村五保供养工作的发展态势良好，基本上实现了应保尽保(表40-11)。

表 40-11　2006—2008 年农村五保供养工作发展情况

| 年　份 | 2006 | 2007 | 2008 |
| --- | --- | --- | --- |
| 五保供养支出(亿元) | 42.1 | 59.8 | 76.0 |
| 五保供养人数(万人) | 503.3 | 531.3 | 548.6 |
| 五保供养户数(万户) | 468 | 499.2 | 521.9 |
| 集中供养人数(万人) | — | 138 | 155.6 |
| 集中供养水平(元/人·年) | — | 1953 | 2176.1 |
| 分散供养人数(万人) | — | 393.3 | 393 |
| 分散供养水平(元/人·年) | — | 1432 | 1624.4 |
| 获得农村临时救济人次(万人次) | — | 646 | 831 |

资料来源:民政事业发展统计报告(2006 年、2007 年、2008 年)

**(四)从农村救助到农村最低生活保障**　在传统的计划经济体制下,城乡二元分割,农村是没有最低生活保障制度的。但是,面向特困户的临时性救助和面向"三无"老人的农村五保供养制度在一定程度上缓解了农村弱势群体的生存危机,对他们的生活有积极的帮助,客观上起到了最低生活保障的作用。

改革开放初期,整个 20 世纪 80 年代,国家和政府加强了农村五保供养、扶贫、特困户救助等工作的力度,提高其标准,并将对特困户的不定期、不定量的临时救济变成了定期救助。同时,1983 年,全国第八次民政会议通过决议,会议提出,要改变过去单纯的救济办法。把救济和扶持,解决农民生活和扶助灾民、困难户发展生产结合起来,将单纯的救济"输血"功能转化为扶持生产的"造血"功能。1985 年,邓小平提出了共同富裕的问题,引起了党中央、国务院以及各级政府对扶贫救济的高度关注。扶贫救济工作也由此而进入了一个新的发展阶段。这也开启了传统农村救助工作的改革历程,对 20 世纪 90 年代建立和发展农村最低生活保障制度提供了思路和启发。

1994 年,国务院召开了全国第 10 次民政工作会议。会议提出,到 20 世纪末,要"在农村初步建立其与经济发展水平相适应的层次不同、标准有别的社会保障制度"。按照这一目标的要求,山西、山东、河北、河南、湖南、浙江、广东等省列入了开展农村社会保障体系建设试点的首批名单。

1994 年,山西省在阳泉市开始通过试点进行农村最低生活保障制度体系的探索。当年 6 月,山西省民政厅颁行的《阳泉市农村社会保障试行办法》规定,县、乡、村根据各自经济发展的不同状况,确定基本保障线,对生活在基本保障线以下的贫困户,以户建档,逐年核定,实行救济,使其生活水平达到基本保障线。1995 年 3 月,山西省政府在阳泉召开农村社会保障制度建设现场会,在全省范围内推广阳泉市的做法和经验。

此外,广西壮族自治区武鸣县、山东省烟台市、浙江省分别于 1995 年底、1996 年开始通过试点探索建立农村社会保障体系。其中,浙江省在设计最低生活保障工作规划和框架时,决定推行城乡一体化最低生活保障制度,这在当时是一个非常大胆的举措。1998 年,浙江省农村低保全面覆盖,在全国率先基本实现了应保尽保。

在上述省份进行试点探索的基础上,1996 年 1 月,民政部召开了全国民政厅局长会议。会议明确提出要改革农村社会救助制度,积极探索农民最低生活保障制度。经济发达的农村地区要开始研究探索建立农村最低生活保障制度。会后，民政部选定山东省烟台市、河北省平泉市、四川省彭州市和甘肃省永昌县等发达、较发达以及欠发达3种不同类型的农村进行农村社会保障体系建设的试点工作。同年底，民政部印发了《关于加快农村社会保障体系建设的意见》，提出："凡开展农村社会保障体系建设的地方，都应该把建立最低生活保障制度作为重点。即使标准低一点，也要把这项制度建立起来"。此后，农村社会保障体系建设的试点范围进一步扩大到了256个县(市)。山西、河南、湖南、广西、河北等省(区)以政府名义出台了全省(区)的方案或办法。其中，广西壮族自治区出台了《农村社会保障制度管理办法》，成为全国第一个省级政府出台的农村社会保障制度管理办法。

但1997年以后，中央将社会保障发展的重心转向了城市。同时，由于政府机构改革等因素的影响，农村社保试点的步伐渐渐慢了下来。从1999年6月到2000年底，在全国农村最低生活保障制度的起源地山西省，低保实施县由87个锐减为67个，保障人口从5.4万人减少至5万人，保障资金投入由1 158万元减少至1 000万元。

进入21世纪，特别是党的十六大以后，中共中央、国务院对"三农"问题日益重视，农村的社会保障工作也成为中央关注的一个重点。党的十六大报告指出，要"发展城乡社会救济和社会福利事业。有条件的地方，探索建立农村养老、医疗保险和最低生活保障制度"。党的十六届三中全会指出，"农村养老保障以家庭为主，同社区保障、国家救济相结合。有条件的地方探索建立农村最低生活保障制度"。2004年中央一号文件提出，"有条件的地方，要探索建立农民最低生活保障制度"。2005年中央一号文件再一次提出，"有条件的地方，要积极探索建立农村最低生活保障制度"。党的十六届六中全会提出：要"逐步建立农村最低生活保障制度"。农村最低生活保障制度建设的步伐加快。

2006年，农村最低生活保障由试点扩展到全国，更多的农村弱势群体被包括进这个保障体系中。截至2006年底，全国有23个省份建立了农村最低生活保障制度，2 133个县(市)开展了农村最低生活保障工作，有1 593.1万人、777.2万户得到了农村最低生活保障，分别比上年增长了93.1%和91.4%。

2007年，温家宝总理在《政府工作报告》中提出，"今年要在全国范围建立农村最低生活保障制度"。这也成为当年《政府工作报告》中最引人注意的亮点之一。为落实这一目标，2007年5月23日，温家宝总理主持召开国务院常务会议，部署在全国范围建立农村最低生活保障制度工作，明确要求将符合条件的农村贫困人口纳入保障范围。2007年7月，国务院发出了《关于在全国建立农村最低生活保障制度的通知》，对农村最低生活保障制度的意义、目标、总体要求、保障对象、保障标准及其管理做出了明确而清晰的规定。在资金的来源方面，通知指出："农村最低生活保障资金的筹集以地方为主，地方各级人民政府要将农村最低生活保障资金列入财政预算，省级人民政府要加大投入"，"中央财政对财政困难地区给予适当补贴"。

2006—2008年是农村最低生活保障迅速发展的时期，农村最低生活保障制度在这3年间取得了巨大的进步(表40-12)。党的十七大报告指出，"加快建立覆盖城乡的社会保障制度，探索建立农村养老保险制度，完善城乡居民最低生活保障制度"。在中央明确的大政方针指引下，借鉴城市居民最低生活保障制度建设的做法和经验，农村最低生活保障的发展将会越来越快，对农村弱势群体生活的保障和社会主义新农村建设有重要的促进作用。同时，在全面建设小康社会，构建社会主义和谐社会方面也有巨大的推动作用。

表 40-12　2006—2008 年农村最低生活保障制度发展状况

| 年　份 | 2006 | 2007 | 2008 |
|---|---|---|---|
| 低保保障人数(万人) | 1593.1 | 3566.3 | 4305.5 |
| 低保保障户数(万户) | 777.2 | 1608.5 | 1982.2 |
| 低保人数增长率(%) | 93.1 | 123.9 | 20.7 |
| 低保户数增长率(%) | 91.4 | 106.96 | 23.23 |
| 低保费用(亿元) | 43.5 | 109.1 | 228.7 |
| 低保费用增长率(%) | 71.9 | 150.8 | 109.6 |
| 低保标准(元/人・月) | 33.2 | 70 | 82.3 |

资料来源:民政事业发展统计报告(2006 年、2007 年、2008 年)

中华人民共和国成立的 60 年,是国民经济不断发展的 60 年,是社会不断进步的 60 年,是人民生活水平不断提高的 60 年,也是农村社会保障体系发展和完善的 60 年。在这 60 年期间,随着经济的发展,社会的进步,人民生活水平的不断提高,社会成员对追求更美好的生活的需求也越来越迫切,社会保障体系也在逐步的发展和完善。在这 60 年间,农村社会保障体系在几乎一片空白的基础上从无到有、从某一方面到全方位保障、从单一层次到多层次保障、从社区型保障到国家社会保障、从以集体保障为主到以个人保障为主。新中国农村社会保障制度的变迁经历了一个曲折的过程(李迎生,2007)。到目前为止,农村社会保障体系已经相对比较完备,保障范围、保障水平在不断提高,保障效果有目共睹。从长远的角度看,实现城乡社会保障体系的一体化和统筹发展是未来农村社会保障体系建设和发展的指导原则和必然选择。

## 参考文献


[1]　胡寄窗．中国经济思想史(上)．上海财经大学出版社,1998.

[2]　张杰．保险史简论．西安:陕西人民出版社,1989.

[3]　郑功成．中国社会保障制度变迁与评估．北京:中国人民大学出版社,2002.

[4]　邓大松．社会保险．武汉:武汉大学出版社,1989

[5]　邓大松,等．中国社会保障若干重大问题研究．深圳:海天出版社,2000.

[6]　蔡昉．中国劳动社会保障体制改革 30 年研究．北京:经济管理出版社,2008.

[7]　郑功成．社会保障学．北京:中国劳动与社会保障出版社,2005.

[8]　邓大松,林毓铭,谢圣远．社会保障理论与实践发展研究．北京:人民出版社,2007.

[9]　郝书辰,董西明,等．新时期农村社会保障制度研究．北京:经济科学出版社,2008.

[10]　邓大松,刘昌平．新农村社会保障体系研究．北京:人民出版社,2007.

[11]　宋士云．1949—1978 年中国农村社会保障制度透视．中国经济史研究,2003(3).

[12]　宋士云．1955—2000 年中国农村合作医疗保障制度的历史考察．青岛科技大学学报(社会科学版),2007(9).

[13]　邓燕云．农村合作医疗制度的历史变迁．农村经济,2007(10).

[14]　夏杏珍．农村合作医疗制度的历史考察．当代中国史研究,2003(9).

[15]　李锋敏．中国历史上的社会保障思想与实践．甘肃社会科学,2007(3).

[16]　郭明霞．建国后农村社会救助制度的回顾与反思．社科纵横,2005(6).

[17] 陈良瑾．社会保障教程．北京:知识出版社,1990.

[18] 郑功成．中国社会保障论．武汉:湖北人民出版社,1994.

[19] 赵德馨．中华人民共和国经济史(1949—1966)．郑州:河南人民出版社,1989.

[20] 刘贯学．新中国劳动保障史话(1949—2003)．北京:中国劳动社会保障出版社,2004.

[21] 廖成梅．浅析苏联社会保障制度．社会主义研究,2008(2).

[22] 史探径．社会保障法研究．北京:法律出版社,2000.

[23] 时政新．中国社会救助体系研究．北京:中国社会科学出版社,2002.

[24] 多吉才让．中国最低生活保障制度研究与实践．北京:人民出版社,2001.

[25] 崔乃夫．当代中国的民政(下)．北京:当代中国出版社,1994.

[26] 宋晓梧．中国社会保障体制改革与发展报告．北京:中国人民大学出版社,2001.

[27] 李本公,姜力主编．救灾救济．北京:中国社会出版社,1996.

[28] 毛泽东选集(第5卷)．北京:人民出版社,1997.

[29] 民政部政策研究室．中国农村社会保障．北京:中国社会出版社,1997.

[30] 朱玲．政府与农村基本医疗保健保障制度选择．北京:中国社会科学,2000(4).

[31] 岳松东．呼唤新的社会保障．北京:中国社会科学出版社,1997.

[32] 陈佳贵,等．中国社会保障发展报告(1997—2001)．北京:社会科学文献出版社,2001.

[33] 卫生部基层卫生与妇幼保健司．农村卫生文件汇编(1951－2000)．2001.

[34] 汪时东,叶宜德．农村合作医疗的回顾与发展研究．http://www.jx－news.com.cn,2005.

[35] 王禄生,张里程．我国农村合作医疗制度发展历史及其经验教训．北京:中国卫生经济,1996(8).

[36] 宋士云．中国农村社会保障制度结构与变迁透视(1979—1992)．中国特色社会主义研究,2006(1).

[37] 国家统计局．中华人民共和国2008年国民经济和社会发展统计公报．国家统计局网站:http://www.stats.gov.cn/tjgb/ndtjgb/qgndtjgb/t20090226_402540710.htm.

[38] 张大勇,张彬瑜,冯帅．高龄化背景下农村高龄老人照料困境解决途径探析．安徽农业科学,2008(20).

[39] 周福林．我国留守家庭研究．北京:中国农业大学出版社,2006.

[40] Wang,Dewen. China's Urban and Rural Old Age Security System :Challenges and Options. China & World Economy,2006(1)

[41] 王洪,杨仕满,赵丽．透视225例赡养纠纷．乡镇论坛,2005(19).

[42] 中国老龄科学研究中心．中国城乡老年人口状况一次性抽样调查数据分析．北京:中国标准出版社,2003.

[43] 米红,杨翠迎．农村社会养老保障制度基础理论框架研究．北京:光明出版社,2008.

[44] 赵殿国．建立新型农村社会养老保险制度．中国金融,2007(6).

[45] 人力资源和社会保障部．劳动与社会保障事业发展统计公报(1998—2002)．中国

社会保障网:http://www.cnss.cn/zlzx/sjtj/ldbzbtj/.

[46] 陈佳贵.中国劳动与社会保障体制改革30年研究.北京:经济管理出版社,2008.

[47] 王绍光.学习机制与适应能力:中国农村合作医疗体制变迁的启示.中国社会科学,2008(6).

[48] 中国卫生经济学会农村经济组.农村的医疗保健需求与对策:第三次全国农村卫生经济学术讨论会综述.中国卫生经济,1986(1).

[49] 张德元.生命的呼唤——中国农村医疗卫生事业发展历程回顾与分析.学术中华:http://www.xschina.org/show.php? id=3095.

[50] 薄先锋,董践真.回来吧!合作医疗.中国改革,1993(2).

[51] 《中国卫生年鉴》编辑委员会.中国卫生年鉴2001.北京:人民卫生出版社,2002.

[52] 卫生部统计信息中心.2003—2007年我国卫生发展情况简报.2008年全国卫生工作会议参阅材料,2008.

[53] 卫生部统计信息中心.2008年我国卫生事业发展统计公报.卫生部网站:http://www.moh.gov.cn/publicfiles/business/htmlfiles/mohwsbwstjxxzx/s8208/200904/40250.htm.

[54] 邓大松.新农村社会保障体系研究.北京:人民出版社,2007.

[55] 卫生部统计信息中心.第三次国家卫生服务调查分析报告.中国医院,2005(1).

[56] 张菊英,等.我国农村医疗救助的现状研究.现代预防医学,2009(2).

[57] 民政部.民政事业发展统计公报(2006、2007、2008).民政部网站:http://www.mca.gov.cn/article/zwgk/tjsj/.

[58] 郑功成.社会保障学——理念、制度、实践与思辨.北京:商务印书馆,2000.

[59] 宋士云.新中国农村五保供养制度的变迁.当代中国史研究,2007(1).

[60] 曹普.改革开放前中国农村合作医疗制度.北京:中共党史资料,2006(3).

[61] 周寿祺,顾杏元,朱敖荣.中国农村健康保健制度的研究进展.中国农村卫生事业管理,1994(9).

[62]张自宽,朱子会,王书城,张朝阳.关于我国农村合作医疗保健制度的回顾性研究.中国农村卫生事业管理,1994(6).

[63] 徐杰.对我国卫生经济政策的历史回顾和思考(上).中国卫生经济,1997(10).

[64] 姚力.农村合作医疗:经验与反思.http://iccs.cass.cn/detail_cg.sid=267,2008-08-02.

[65] 田伟,张鹭鹭,欧崇阳,仇元峰,卢杨.我国公共卫生服务系统的历史沿革和存在的问题.中国全科医学.2006(9).

[66] 李德全.三年来中国人民的卫生事业.新华月报,1951(10):47.

[67] 李德全.以移风易俗改造世界的气概开展爱国卫生运动.新华半月刊,1960(8).

[68] 李迎生.转型时期的社会政策——问题与选择.北京:中国人民大学出版社,2007.

(作者:张大勇 中国农业大学教授,武友政 中国农业大学硕士生,
李灵毓 中国农业大学硕士生)

# 第四十一章　社会主义新农村建设

## 第一节　改革开放前的新农村建设

"建设社会主义新农村"的提法不是一个新的概念，早在1956年6月30日全国人大一届三次会议通过并公布的《高级农业生产合作社示范章程》，就提出了"建设社会主义新农村"的奋斗目标。在这次会议上，邓颖超在讲话中指出，高级农业生产合作社示范章程（草案）"是建设社会主义新农村的法规"。这是中央领导人中最早提出建设社会主义新农村的概念（古土，2006）。可以说，建设社会主义新农村是中国共产党几代领导集体孜孜以求的目标，更是几代中国农民群众心中的期盼和梦想。回顾改革开放前中国共产党对建设社会主义新农村的探索历程，对于今天的社会主义新农村建设，无疑具有十分重要的意义。

### 一、新中国头三年的农村建设

**（一）推进土地改革，解放农村生产力**　新中国的成立，是中华民族发展史上的一个里程碑，也是我国农业和农村经济发展史上的一个里程碑。新中国成立时，约占全国1/3面积的华北、东北等老解放区完成或基本完成了土地改革。在广大的新解放区内，约有2.64亿农业人口还没有进行土地改革。1950年中共七届三中全会决定利用3年（1950—1952）左右的时间，医治战争创伤，恢复国民经济，争取财政经济状况的根本好转。其中，党把继续完成广大新解放区的土地改革，作为解放农村生产力、迅速恢复国民经济的首要任务。

1950年6月28日，中央人民政府公布了《中华人民共和国土地改革法》，提出："废除地主阶级封建剥削的土地所有制，实行农民的土地所有制，借以解放农村生产力，发展农业生产，为新中国的工业化开辟道路。"此后，中共中央发出《关于土地改革中应注意防"左"倾危险的指示》以及政务院颁布了《关于划分农村阶级成分的决定》，一系列的政策法规保证了新解放区土地改革的顺利展开。经过3年的努力，到1953年春，大陆除一部分少数民族地区外，顺利地完成了中国历史上规模最大的土地改革运动，约有3亿多无地少地的农民分得了7亿亩土地。

新中国的土地改革是一场伟大的历史性变革。在经济方面，它废除了封建剥削的土地所有制，铲除了延续2 000多年的封建统治经济基础，实行农民土地所有制，实现了"耕者有其田"。在社会关系方面，由于废除了宗法社会的经济基础，封建地主作为一个阶级被消灭，农民在经济上对地主的依附关系被彻底废除，成为平等的、具有独立人格的人。而在政治上，土地改革则改变了农民的政治地位，改变了农村的政治结构，为新中国新型的农村基层组织政权的建立奠定了基础。从现代化的角度来看，它重构了国家与乡村的关系，强化了国家对农村的整合（汪志强，2004）。

**（二）恢复生产，重建家园**　全国土地改革的胜利，极大地解放了农村生产力，亿万翻身农民第一次有了自己的土地，发展生产、改善生活的积极性大为提高。他们早出晚归，修堤挖塘，

添牛买马，精耕细作，农业总产值逐年上升，1950—1952年分别比上年增长17.8%、9.4%和15.2%；到1952年，全国粮食总产量超过了历史上(1936年)的最高水平(牛若峰等，2004)，显示了一家一户的个体农民所有制的旺盛生命力。

这期间，在发展生产的基础上，广大农民群众的生活也相应地得到明显的改善和提高。据统计，1952年与1949年相比，各地农民的收入一般增长30%左右，平均每人的消费水平增长20%。1952年，农民每人每年平均消费粮食191.5kg，食油1.7kg，肉5.5kg，棉布4.15m，比1949年增长50%左右。农村中不少农户开始翻盖新房，添置生产资料，自行车、暖水瓶、搪瓷脸盆、胶鞋、雨靴等日用品也进入了农民的家庭(程同顺，2000)。

随着农村经济的发展，乡村的文化教育事业也有了恢复和发展。1953年下半年，全国农村的小学生数达到4 900万人，占学龄儿童总数的65%；县文化馆达2 436个，几乎每县有1个；区、乡文化站6 000多个，农村俱乐部、图书室达2万多个(方明、刘军，2006)。

**(三)多措并举，建设新村** 为恢复和发展农业生产，党和政府还颁布了一系列的政策措施：为确保农民分得的土地财产不受侵犯，颁发土地证；因地制宜，恢复和发展工副业生产；取消农业税地方附加，减轻农民负担；用于主要工业原料的农产品在价格上给予优惠，保证粮食、棉花、烤烟、麻类等经济作物之间的合理比价，各地供销合作社和贸易公司保证收购和运销；加强山林管理，严禁烧山和滥伐，鼓励植树造林，封山育林；保护耕畜，开展家畜家禽防疫运动，推行牲畜保险；提倡自由借贷，鼓励农民扩大再生产；鼓励兴修水利，加强河流治理，对群众出资出力、合作兴修水利而促进农产品增收的部分，5年内不征收农业税等。

针对旧中国水旱灾害频繁、对农业生产构成严重威胁的情况下，国家把水利建设作为恢复国民经济、发展农业生产的重点。毛泽东主席倡导的根治淮河，是新中国第一个全流域、多目标治理的浩大工程。3年间在淮河流域建成水库3座，蓄洪拦洪工程15处，可控制洪水100亿$m^3$，修复干支流2 190余km，完成疏浚工程2 800余km。这些工程的建设竣工，使淮河流域人民摆脱了水灾的威胁。除大型水利工程外，到1952年，全国共整修渠道、塘坝1 663处，钻井45.5万口，扩大农田灌溉面积2 290万亩(农业部产业政策与法规司，1999)。

为了帮助农民战胜自然灾害，中央人民政府政务院于1952年8月14日公布了《关于受灾农户农业税减免办法》，规定：凡农作物因水、风、雹、病、虫以及其他灾害而歉收的受灾农户，依受灾轻重，分为5等减免农业税。对于特大灾情，政府还要予以救济，并帮助农民重建自己的家园。这样，一批受灾严重的村庄也移地建起了新房。

## 二、农业合作化时期的农村建设

**(一)发展互助合作，提高农业生产力** 毛泽东主席曾明确提出："就农业来说，社会主义道路是我国农业唯一的道路。发展互助合作运动，不断提高农业生产力，这是党在农村工作的中心。"国民经济恢复的任务完成后，中国共产党开始引导农民个体经济逐步走向合作化道路，使我国农村走上社会主义的发展道路。

1953年12月中共中央公布了《关于发展农业合作社的决议》。1955年全国省、自治区、直辖市党委书记会议、党的七届六中全会召开和《中国农村的社会主义高潮》一书出版发行以后，全国农业合作化的步伐骤然加快。到1956年底，加入合作社的农户达到全国总农户数的96.3%，其中，参加高级社的农户占全国总农户的87.8%。这样，农村用了短短4年的时间完成了由个体私有制向集体所有制的转变。

农业合作化的完成，提供了进行土地整体规划、大规模农田基本建设和田间林网建设、大规模水利灌溉建设以及大规模农业技术推广等有利条件，这些都为我国农村生产力的发展打下了较好的基础。例如，水利建设，至1956年，全国共建设及整修渠塘1 400多万处，其中1956年修建400多万处；共建水井500多万眼，其中1956年增300多万眼；共增抽水机19.9万kW，其中1956年增12.5万kW。在农业技术推广方面，1952—1956年，全国推广化肥400多万t，其中1956年为160多万t；推广双轮铧犁150多万件，其中1956年为100多万件；1956年，全国已建成拖拉机站326个，农业技术推广站14 230个，畜牧兽医站2 257个，新式农具站207个(董辅礽，1999)。

**(二)通过农业发展纲要四十条，促进乡村建设发展** 完成了农业生产资料的社会主义改造，接下来是进行大规模的社会主义农村建设。1955年11～12月，毛主席在杭州和天津分别会见了15个省、自治区、直辖市党委书记，商定了发展农业的17条意见。1956年1月，在同各省、自治区、直辖市党委书记商量以后，形成了农业发展纲要40条的初稿。1956年1月23日，中共中央政治局会议通过了《1956年到1967年全国农业发展纲要》(草案)，并决定将《纲要》(草案)提请最高国务会议讨论。1月26日，中共中央向全国人民公布了《1956年到1967年全国农业发展纲要》(草案)。1957年，中共中央公布了《1956年到1967年全国农业发展纲要(修正草案)》。其中提出："农业合作社应当根据需要和可能，鼓励和协助社员在自愿、互助、节约开支和节省用地的原则下，有准备地、有计划地、分期分批地修缮和新建家庭住宅，改善社员的居住条件"，"按照各地情况，分别在7年或者12年内普及小学义务教育"，"在7年或者12年内基本上普及农村文化网，建立电影放映队、俱乐部、文化站、图书室和业余剧团等文化组织"，"在7年或者12年内基本上做到乡乡有体育场，普及农村的体育活动"，"发挥复员军人建设社会主义农村的积极性"等。农业纲要四十条成为我国社会主义农村建设的第一个中长期规划，给农业生产和农村建设指出了一个远景。

## 三、人民公社时期的农村建设

1958年8月中央政治局讨论通过了《中共中央关于在农村建立人民公社问题的决议》。《决议》对公社的建立做出了原则性的规定：公社的规模一般一乡一社，2 000户左右为适合，有的地方根据需要可由数乡组成1社，6 000～7 000户，至于达到万户或2万户以上，也不要去反对；实行政社合一，乡党委就是社党委，乡人民委员会就是社务委员会；采用集体所有制，逐步向全民所有制过渡，实行按劳分配，准备向按需分配过渡；实行组织军事化、行动战斗化、生活集体化。

人民公社化运动的实质是试图通过生产关系的变革，在生产力尚不发达的农村建设平等、平均、公平合理的社会，通过人民公社早日过渡到共产主义。这只能是一种超越阶段的空想，违背了生产关系必须适应生产力发展水平这一客观规律，挫伤了广大农民群众建设社会主义的积极性。

改革开放前的社会主义新农村建设取得了一定的成绩，农业和农村得到一定的发展，农民的生产生活条件得到一定的改善。国家提出了水利化、机械化、良种化、化学化等措施，毛泽东主席还提出了"水利是农业的命脉"，"农业的根本出路在于机械化"以及农业"八字宪法"等思想，并在全国兴建了很多水库和灌溉工程，这些工程很多到现在仍然在发挥着作用。在新农村建设中，中央逐步建立了包括劳动保险、困难补助、生活补贴、社会救济和农村"五保"供养制

度，1958年以后在人民公社建立了敬老院、合作医疗等简易的社会保障组织，在一定程度上改善了农民的生产生活条件。在新农村建设中，一些地方发扬"自力更生、艰苦奋斗"的拼搏精神，顽强地同大自然作斗争，把不利条件改变成了有利条件，迅速地发展了生产，改善了人民生活。

当然，这一时期的社会主义新农村建设也有偏差，比如，把建设社会主义新农村作为一种动员手段，其目的是要求农业支持工业、农村支持城市，导致城乡差别越来越大；国家对农村建设投入很少，地方和农民也没有资金投入到新农村建设中去；在新农村建设中过于强调生产关系的变革，强化意识形态，把阶级斗争扩大化，把大寨经验教条化，抹煞了区域差别和自然条件差别等。总之，改革开放前的新农村建设，无论是经验还是教训，都值得我们认真汲取。

## 第二节 新时期新农村建设的目标与内容

### 一、新时期提出新农村建设的背景及意义

2005年底，党的十六届五中全会审议通过的《中共中央关于制定国民经济和社会发展第十一个五年规划的建议》(以下简称《建议》)再次提出建设社会主义新农村，有着其现实背景和意义。

一方面，农村经济社会发展明显滞后，"三农问题"更加突出，制约着国民经济又好又快发展。我国改革开放以来，国民经济持续较快增长，但是，农村经济社会发展明显滞后，问题繁多。正如2005年中央1号文件所指出的："必须清醒地看到，农业依然是国民经济发展的薄弱环节，投入不足、基础脆弱的状况并没有改变，粮食增产、农民增收的长效机制并没有建立，制约农业和农村发展的深层次矛盾并没有消除，农村经济社会发展明显滞后的局面并没有根本改观，农村改革和发展仍然处在艰难的爬坡和攻坚阶段，保持农村发展好势头的任务非常艰巨"。而且，城乡差距呈现继续扩大之势。农村的生产要素大量外流，农村经济社会发展水平明显滞后于城市，农民的收入在总体上明显低于城镇居民的水平。同时，由于农民收入较低，依靠传统农业增收空间有限，有效的农村消费市场不能形成，致使我国贯彻扩大内需的方针不能够有很好的实施效果，我国不能像欧美国家那样依靠消费拉动经济增长，内需不足依然是制约我国经济良性增长的一大软肋。针对这些问题和矛盾，如果不及时进行解决，不仅直接影响农村经济社会的全面进步和农民素质的提高，而且影响到国民经济又好又快的发展，制约着全面建设小康社会和推进现代化的进程。故而，建设社会主义新农村，促进农村经济社会全面发展是一项伴随现代化建设全过程的历史性任务，紧迫而重大。

另一方面，我国经济社会已经进入城乡统筹发展的新阶段，初步具备了加大对农村发展支持的条件。近年来，随着我国经济的快速增长，综合国力明显提高。2000—2005年，我国国内生产总值平均增长速度保持在9％以上，GDP由89 404亿元增长至182 321亿元，人均GDP达到1 700美元，步入了中等收入国家行列。2005年，第二、第三产业增加值占整个GDP的87.6％，非农产业成为我国经济的主体力量，以信息和重化工为代表的产业，已取代了传统产业，成为经济发展的支柱。第一产业从业人员占全社会从业人员的比重为44％，第二和第三产业从业人员占全社会从业人员的比重分别为23％和33％。非农产业已取代农业成为我国

劳动力就业的主体。工业和城市发展水平大幅度提升，国家财政收入增长迅速，2000—2006年，财政收入从1.34万亿元增加到3.93万亿元；社会固定资产投资从3.29万亿元增加到10.99万亿元，居民储蓄从6.43万亿元增长到16.16万亿元(陈锡文，2007)。这些主要发展指标均表明我国的经济社会发展已进入了一个新的发展阶段，国家有能力通过调整国民收入分配格局，进一步加大对"三农"的支持力度。同时，经过半个世纪的工业化发展，我国已经进入了工业化的中后期，正处于工农和城乡关系调整的转折时期，已经初步具备工业反哺农业、城市支持农村的条件。

在以上这两方面的背景下，党的十六大明确提出了"统筹城乡经济社会发展"的要求，并首次在十六大报告中以文件内容的形式提出以城乡统筹的方式解决"三农"问题："统筹城乡经济社会发展，建设现代农业，发展农村经济，增加农民收入，是全面建设小康社会的重大任务"。党的十六届三中全会通过的《中共中央关于完善社会主义市场经济体制若干问题的决定》，首次明确提出了坚持以人为本，全面、协调、可持续的科学发展观，并结合我国现阶段的实际情况，把它具体化为"五大统筹"，即统筹城乡发展、统筹区域发展、统筹经济社会发展、统筹人与自然和谐发展、统筹国内发展和对外开放，并将统筹城乡发展放在五个统筹之首。在此基础上，还明确提出要"建立有利于逐步改变城乡二元经济结构的体制"。在党的十六届四中全会上，胡锦涛总书记在进行国际经验比较的基础上指出，"纵观一些工业化国家的发展历程，在工业化初始阶段，农业支持工业，为工业化提供积累，是带有普遍性的趋向；但在工业化发展到相当程度以后，工业反哺农业、城市支持农村，实现工业与农业、城市与农村的协调发展，也是带有普遍性的趋向。"随后，党的十六届五中全会审议通过的《中共中央关于制定国民经济和社会发展第十一个五年规划的建议》，正式提出要建设社会主义新农村的目标，并把其作为我国现代化进程中的重大历史任务。

从党的十六大、十六届三中、四中全会到五中全会，党中央进一步深化了新世纪中国特色社会主义现代化建设发展新阶段的指导思想和基本思路，全面落实科学发展观，形成了解决"三农"问题的总的思路、措施、目标和要求。建设社会主义新农村的提出，充分体现了中央统揽全局着眼长远、统筹城乡发展、解决"三农"问题的决心和信心，深刻反映了落实科学发展观与构建社会主义和谐社会的时代要求，集中代表了亿万农民群众的强烈愿望和根本利益，具有重大的现实意义和深远的历史意义。

## 二、新农村建设与既往提法的区别及联系

社会主义新农村建设的提出，不同于以前文件中"新农村建设"的概念内涵。其一，建设社会主义新农村是我们党通过深入总结我国和世界各国发展经验、科学审视国际国内形势，在认真分析和正确把握我国经济社会发展阶段特点的基础上，所提出的一项重大战略构想。它不但充分体现了解决"三农"问题的战略思路、战略取向，并将其进一步具体化，是落实统筹城乡发展、实施以工补农、以城带乡的战略举措，具有非常鲜明的与时俱进的时代特征。其二，建设社会主义新农村是一个综合性的概念，具有更加丰富的科学内涵，其不是侧重于农村经济社会发展的某一方面或某些方面，而是涉及到方方面面。它不但是要把村庄的建设搞好，还要把现代农业建设好，要把农村的各项改革搞好，要把对农村的服务覆盖到各个方面；它不仅涵盖了以往国家在处理城乡关系、解决"三农"问题方面的政策内容，更重要的是其目的在于建立城乡统筹的长效机制，通过工业反哺农业、城市支持农村，提高农民的生活质量，改善农民的生活环

境，提升农村自我发展能力，实现农村的经济社会全面协调发展。其三，建设社会主义新农村是党中央客观认识农业农村的新情况，科学把握农村经济社会发展规律，提高理论认识，尊重并切实突出农民自身的主体地位，因势利导地推动传统农业向现代农业转变，促进农民增收、农村发展所做出的重大决策，是解决“三农”问题的基本思想和思路的集中体现，是对“三农”工作指导思想的深化、升华和发展，是对科学发展观的贯彻和落实，反映出我国在长期的实践探索中已经形成了一套较为完整的解决“三农”问题的思路。

农业、农村和农民问题是关系现代化建设全局的根本性问题。无论是过去还是现在，有关农村的相关政策始终是连续的、稳定的，始终是致力于有效解决“三农”问题的。建设社会主义新农村是随着经济社会发展的阶段性变化，我们党对“三农”工作的认识不断深化的必然结果，是对“三农”政策的继承和发展。在新的发展阶段上提出建设社会主义新农村，就是把农业和农村工作放在现代化建设全局的更加突出的位置，要进一步地加强农业和农村生产生活建设，促进农村经济社会全面进步。

### 三、新农村建设的目标及内容

党的十六届五中全会提出的建设社会主义新农村的重大历史任务，是一项惠及亿万农民、关系国家长治久安的战略举措，包括20字的基本要求，即“生产发展、生活宽裕、乡风文明、村容整洁、管理民主”。这5句话是一个有机的整体，是一个综合性、系统化的目标体系，内容涉及到农村政治、经济、文化、社会管理等有关“三农”问题的各个层面，概括了社会主义新农村的基本内涵。“生产发展”是新农村建设的首要任务和基本前提，新农村建设必须坚持以发展农村生产力为中心任务，协调推进农村经济建设，促进农村生产力的解放和发展，为提高广大农民的物质生活、文化生活水平以及农村各项事业的全面发展奠定物质基础。“生活宽裕”是新农村建设的中心目标。新农村建设过程中要着力解决广大农民生产生活中最迫切的实际问题，切实提高农民的收入和生活水平，让农民享受到改革的成果，让农民得到实实在在的物质利益和实惠。“乡风文明”包括文化、风俗、社会治安等诸多方面，要不断提高农民的思想道德、知识文化水平，重建农村精神家园，丰富农村文化生活，形成崇尚文明科学、健康向上的社会风气，为新农村的各方面发展提供支持。“村容整洁”是建设新农村不可或缺的重要条件，要从根本上治理农村脏乱差的状况，改善农村基础设施状况、居住状况、生态环境等，为新农村的发展提供良好环境。“管理民主”是建设新农村的政治保证。要加强和改进党的农村基层组织建设，健全和完善民主选举、民主决策、民主管理、民主监督等村民自治机制，发挥基层党组织在推动农村经济社会发展中的积极作用。

2006年1月21日，中央1号文件出台，提出《关于推进社会主义新农村建设的若干意见》（简称《意见》），对于新农村建设的目标和内容进行更为全面、丰富的阐述，强化对“三农”领域的全方位支持，并提出许多新思路和新举措，引领和推进新农村建设。具体来说，围绕“生产发展”，提出推进现代农业建设，强化社会主义新农村建设的产业支撑包括7个方面：大力提高农业科技创新和转化能力；加强农村现代流通体系建设；稳定发展粮食生产；积极推进农业结构调整；发展农业产业化经营；加快发展循环农业。围绕“生活宽裕”，提出要促进农民持续增收，夯实社会主义新农村建设的经济基础。包括4个方面：拓宽农民增收渠道；保障务工农民的合法权益；稳定、完善、强化对农业和农民的直接补贴政策；加强扶贫开发工作。围绕“乡风文明”，提出要加快发展农村义务教育，大规模开展农村劳动力技能培训；繁荣农村文化事业，加强县文化馆、图书馆和乡镇文化站、村文化室等公共文化设施建设；推动实施农民体育健身工程；扶持农村业余文化队伍，鼓励农民兴办文化产业，开展和谐家庭、和谐村组、和谐村镇创建活动。围绕“村容整洁”，提出加快农村能源建设步伐，在适宜地区积极推广沼气、秸秆气化、小水电、太阳能、风力发电等清洁能源技术；以沼气池建设带动农村改圈、改厕、改厨；加强村庄规划和人居环境治理；引导和帮助农民切实解决住宅与畜禽圈舍混杂问题，搞好农村污水、垃圾治理，改善农村环境卫生。围绕“管理民主”，提出以建设社会主义新农村为主题，在全国农村深入开展保持共产党员先进性教育活动，加强农村基层组织的阵地建设；健全村党组织领导的充满活力的村民自治机制，进一步完善村务公开和民主议事制度，完善村民“一事一议”制度，健全农民自主筹资筹劳的机制和办法。同时，《意见》指出，要按照“生产发展、生活宽裕、乡风文明、村容整洁、管理民主”的要求，协调推进农村经济建设、政治建设、文化建设、社会建设和党的建设。并提出建设新农村的5个必须坚持：坚持以发展农村经济为中心；坚持宪法规定的农村基本经营体制不动摇；坚持以人为本，着力解决农民群众生产生活中最迫切的实际问题；坚持科学规划，因地制宜、分类指导；坚持调动各方面积极性，依靠农民群众的辛勤劳动、国家扶持和社会力量广泛参与。在推进新农村建设工作中做到“五要五不要”：要讲究实效，不搞形式主义；要量力而行，不盲目攀比；要民主协商，不强迫命令；要突出特色，不强求一律；要引导扶持，不包办代替。

建设社会主义新农村，根本途径就是要按照科学发展观的要求，统筹城乡经济社会发展，本着“农村生产力发展，农民生活水平提高，农村基础设施改善，农村社会事业发展，基层民主政治建设继续推进”五大目标的实现，建立五大机制：“工业反哺农业、城市支持农村”的长效投入机制；党和政府各工作部门合力、协调促进农村经济社会全面发展的工作机制；引导农民在国家政策扶持下发扬自力更生、艰苦奋斗，依靠辛勤劳动建设自己幸福家园的激励机制；引导全社会力量支持新农村建设的参与机制；逐步建立城乡统一的经济和社会管理体制。坚持以发展农村生产力为中心，加大对农业和农村的投入力度，尊重农民在新农村建设中的主体地位，调动农民在生产建设中的积极性，加强制度创新和机制创新，有重点、分阶段、统筹兼顾、科学合理地推进农村生产生活基础设施建设和社会事业建设，最终把农村建设成为经济繁荣、设施完善、环境优美、文明和谐的社会主义新农村。

## 第三节 农业和农村现代化

### 一、农业现代化问题

农业是国民经济的基础，无论经济发展到什么水平，无论农业在国民经济中所占的比重下降到什么程度，农业的基础性地位和作用都不会改变。回顾新中国60年的经济社会发展历程，农业所做出的贡献贯穿始终，光辉依然。在我国实现工业化的初期，农业承受并支撑起了工业化起步时的几乎所有重负；在工业化的中后期，农业依然承担着为城乡居民提供充足的农产品，为工业和城市部门提供所需的原材料和劳动力等各种功能，功不可没。

农业的发展状况关系到整个国民经济的持续稳定健康发展，实现农业的现代化是世界上许多国家和地区都在追求的目标。那么，何谓农业现代化呢？简言之，农业现代化就是用现代

科学技术装备改造传统农业，转变为现代农业的过程。具体来说，就是运用工业化的成果即现代资本、物质技术要素来改造传统农业，以先进的生产手段装备农业，以社会化的服务体系支持农业，以新的经营理念管理农业，最终使农业由过去主要依靠传统要素支撑增长转向现代要素，推动农业增长方式发生转变，实现农业高产、优质、高效、多功能和可持续发展的过程。各国经验表明，农业农村的发展总是伴随着工业化和城镇化的进程，工业化、城镇化与农业现代化互为条件，互为因果。由于传统农业资本收益率低下，在农业文明和工业文明不断地演进中，发展现代农业成为一个国家实现现代化的必由之路。纵观世界农业发展历程，它的发展大体经历了3个阶段，传统农业、现代农业、后现代农业，发达国家实现了这种转变，才实现了农业现代化。

新中国成立以后，我国为实现农业现代化进行了长期不懈的探索和努力，从制度和技术两个层面上对传统农业进行改造，农业和农村经济社会取得了较快的发展。自20世纪90年代后期开始，伴随着我国进入工业化中期阶段，我国的农业也进入了新的发展时期，出现了一系列新情况和新问题，农业发展面临着前所未有的困难和挑战，突出表现为我国一些农村依然是“农耕为生”、“土里刨食”自给自足的传统农业生产方式，农业发展严重滞后，城乡二元结构不断扩大，已经明显影响到我国整个现代化的进程。在这种情况下，从我国资源禀赋、经济社会结构变化出发，加强对于传统农业的改造，加快农业现代化建设，发展现代农业成为我国实现向现代社会和现代产业形态转变的必然选择。

## 二、农业农村现代化与新农村建设

2007年初，中共中央用1号文件印发了《中共中央、国务院关于积极发展现代农业扎实推进社会主义新农村建设的若干意见》，对2007年农业和农村工作做了全面部署，提出建设现代农业是建设社会主义新农村的首要任务和重要基础。党的十七大报告明确提出：在推进社会主义新农村建设的进程中，要“坚持把发展现代农业、繁荣农村经济作为首要任务”。

社会主义新农村建设的提出是要解决“三农”问题，“三农”问题涉及的方面很多，其中，农业的现代化是一个根本性的任务，是与2020年实现小康社会、2050年成为中等收入国家的目标联系在一起的。而且，发展现代农业是工业化达到一定阶段，经济社会进一步发展的需要。遵循世界农业发展规律，我国目前正面临从传统农业到现代农业转变的紧要关头，中央在这个时候提出建设社会主义新农村，促进现代农业的发展，其意义重大。

社会主义新农村建设是一个长期性的重大历史任务，最基础的内容是要发展农业生产，建设新农村20字方针首句就是“发展生产”，而发展生产就必须发展现代农业，即推进农业的现代化。现代农业不仅能够为农村地区创造就业岗位，促使集中在种植业、养殖业中的一部分农业劳动力，向农产品加工业、社会服务业等方面转移就业，还能提高农产品的竞争力，扩大农业规模经营收入，拓展农民兼业收入和农产品加工营销等后续收入的来源，增加农民的工资性收入和非农收入，改善农民的收入结构；而且，农业发展到今天，其功能发生了很大的变化，农业不但具有传统的食物保障功能、原材料供给功能以及就业增收的功能，还具有生态保护功能、观光休闲功能、文化传承等功能，如果农业生产不发展，生活宽裕、村容整洁、乡风文明等其他问题就无法真正得以实现或解决。由此来看，现代农业不但是建设新农村的产业基础，也是增加农民收入、实现新农村建设目标的基本前提。现代农业建设进程快慢和成果大小决定着新农村的建设进展和成效。此外，农业作为国民经济中的薄弱环节，面对工业化中期对农业的更高要求，特别是在"人增、地减、水减"的资源约束条件下，要继续发挥农业对国民经济的支撑作用难度越来越大。所以，大力发展现代农业不仅是社会主义新农村建设的重要着力点，也是统筹城乡和工农业发展，促进国民经济健康持续发展的物质保障和必然要求。

建设新农村和建设现代农业二者相互促进。从一定意义上来说，建设新农村就是助推实现农村和农业现代化的过程。新农村建设不仅要重视生产发展，而且强调农村基础设施、农村社区人文生态的发展。随着经济的不断发展、人口的增长和人民生活水平的提高，全社会对于农产品的需求会不断增加，需求结构会发生新的变化，对农产品的质量和品种要求也会越来越高，传统农业已经不能够有效满足这些需求，只能通过现代的要素、现代的技术乎段、现代的组织方式来提高农业，生产更多更好的、适合市场需求的产品。同时，现代农业的发展是可持续的，要维护土地资源、水资源、动物植物的遗产资源，不能造成环境的退化。新农村建设通过不断改善农村道路、水利、电力、信息网络等基础设施条件，优化农村市场环境，在促进农村居民生活消费，扩大内需的同时，有利于促进以市场为导向、以商品化农产品生产为目标的现代农业发展。新农村建设中，加大对于农业的投入，通过对于基础设施和生态环境的改造，用化肥、农药、灌溉、良种、农机、电力、信息等物质技术以及生物技术等要素，取代以畜力、人力和土地、水等为主的传统要素，大大提高了农业设施装备水平和科技水平，提高了农业劳动生产率；通过退耕还林、还草、天然林保护改造、水土保持等工程的建设，对山、水、林、田、路进行综合治理，提升农田、草地、森林、湖泊等生态系统的产出功能，提高资源利用效率通过对生产、生活废弃物实行资源化处理，对化学物质进行控制和合理利用，对农业野生资源加强保护和利用，对农村脏、乱、差等环境进行综合系统整治，恢复和营造农村的生态景观，为现代农业的可持续发展提供条件和保障。此外，这些举措还有利于增强农村景观生态的美学价值以及休闲旅游等功能，改善农村居住环境，促进人与自然的和谐共处、协调发展。总之，新农村建设所追求的整体目标包括村容整洁等要求，与现代农业追求的保护环境、清洁生产、绿色食品以及资源的循环利用是高度一致的，将有效促进优质、高效、安全、生态农业的发展，将引发农村新的生产、生活和生态产业的发展，从而促进农业农村向着现代化的方向转变。

## 三、推进农业现代化的现实路径

经过60年的发展，我国农业取得了很大成就，尤其是近年来，中央按照统筹城乡发展和坚持多予、少取、放活的方针，实行了一系列支农惠农政策，农业生产全面发展，粮食连续增产，农民收入持续较快增长，社会主义新农村建设得到扎实稳步地推进。但是，由于新中国成立后多年以来，为加速工业化发展所需资本积累，所实施的农业现代化让位于或者说是服务于工业现代化的战略的影响，使得农业欠账颇多，并未真正跳出传统农业的框架。当前，发展现代农业依然面临不少突出问题：农业投入不足、基础薄弱，农业设施陈旧老化，农业综合生产能力不高、比较利益低下，农产品市场体系不健全，农业生产要素市场发育不足，农业管理体制和农业服务体系不健全等。从世界各国的发展经验来看，工业化、城镇化的加速发展是现代化进程中的关键时期，如果农业不能实现现代化，不仅会制约农业和农村经济的健康发展，也势必会拖工业化和城镇化的后腿，影响到现代化目标的最终实现。能否立足于我国的发展阶段和农业现状，找到有效地推进农业实现现代化的路径显得至关重要。

受资源禀赋、制度及其他主客观因素的影响，不同国家实现农业现代化路径也不一样，大体上有两种不同路径，一条道路是在市场的主导下，通过市场渐次演变，依靠市场的力量推动

农业现代化，像美国、英国等都是以市场为主导，政府导向为辅。第二条道路是以政府导向为主，大量增加投入、技术进步，像日本、韩国以及我国台湾等，都是政府推动的作用较大(原松华，2007)。我国与上述国家不同，农业生产力水平较低，农业基础设施脆弱和技术进步缓慢，人多地少的矛盾、小生产与大市场的矛盾始终伴随着农业的发展，面对经济的高速增长和经济社会结构的急剧变革，如果单纯地依靠市场的力量在我国这样一个二元经济结构体内是很难实现的，我们必须在依靠市场发挥作用的同时，借助于政府宏观调控的力量，调动和集中公共资源，用以工补农、以城带乡的形式积极推进现代农业的发展。

现阶段中央关于发展现代农业总的思路和目标已十分明确。2006 年 12 月 22～23 日召开的中央农村工作会议上讨论了《中共中央、国务院关于积极发展现代农业，扎实推进社会主义新农村建设的若干意见(讨论稿)》，明确指出，用现代物质条件装备农业，用现代科学技术改造农业，用现代产业体系提升农业，用现代经营形式推进农业，用现代发展理念引领农业，用培养新型农民发展农业，提高农业水利化、机械化和信息化水平，提高土地产出率、资源利用率和劳动生产率，提高农业素质、效益和竞争力。为此，当前和今后一个时期，要重点抓好 6 个方面的工作：一是切实加大对现代农业建设的投入力度；二是务必高度重视并切实抓好粮食生产；三是加快构筑现代农业的产业体系；四是着力提高现代农业的设施装备水平；五是不断强化现代农业的科技和人才支撑；六是大力加强现代农业的市场体系建设。紧扣发展现代农业这一主题，2007 年的中央 1 号文件又集中推出 6 项新政，分别是推进生物质产业发展；促进农用工业的发展；发展适应现代农业需要的物流产业；中央和省级财政安排专项资金，对地方推进农村综合改革给予奖励补助；中央和省级财政要安排一定奖励资金，鼓励地方主动化解乡村债务；要进一步充实加强三农工作机构，而且还可以从优秀村干部中考录乡镇公务员，选任乡镇领导干部。在全国范围内建立最低生活保障制度，有条件的地方要探索建立农村养老保险制度。中央鼓励各地从实际出发，因地制宜，走出一条适合自己特点和地区实际情况的现代农业产业模式。2008 年 10 月 30 日，党的十七届三中全会审议通过的《中共中央关于推进农村改革发展若干重大问题的决定》是新形势下推进农村改革发展的纲领性文件，对推进农村改革发展做出了全面部署，不仅系统提出加强农村基本经济制度、农村土地管理制度、农业支持保护制度、现代农村金融制度、促进城乡经济社会发展一体化制度、农村民主管理制度等“六大制度”建设，为加快农村发展提供保障。而且把走中国特色农业现代化道路作为基本方向，从 7 个方面对现代农业的发展进行了部署：对确保国家粮食安全，突出强调各地区都要分担国家粮食安全责任，支持粮食生产的政策措施向主产区倾斜，加快落实全国新增千亿斤粮食生产能力建设规划。对推进农业结构战略性调整、加快农业科技创新、加强农业基础设施建设、建立新型农业社会化服务体系、促进农业可持续发展、扩大农业对外开放，除重申行之有效的政策措施外，又有很多突破和新的要求。比如，强化主要农产品生产大县财政奖励政策；落实农产品生产、收购、贮运、加工、销售各环节的质量安全监管责任；不断促进农业技术集成化、劳动过程机械化、生产经营信息化；突出加强农田、水利、农机 3 大关键环节基础设施建设，特别强调要集中建成一批大中型水利骨干工程；力争 3 年内在全国普遍健全乡镇或区域性农业技术推广、动植物疫病防控、农产品质量监管等公共服务机构，逐步建立村级服务站点；健全符合世界贸易组织规则的外商经营农产品和农业生产资料准入制度，建立外资并购境内涉农企业安全审查机制。

# 第四节 全面建设小康社会

## 一、全面小康社会的科学内涵

"小康"一词最早源于《诗经》,意为"安养、休息"。在儒家经典《礼记·礼运》中,"小康"被阐述为一种社会模式,即人们理想的自给自足、衣食无忧、安居乐业、和谐相处的小农社会。

古代的这一社会理想给予邓小平同志在社会主义现代化建设目标构建上以重要启迪。立足于我国现实的发展,邓小平同志给"小康"概念注入了崭新的时代内容。1979 年,邓小平同志首次提出了"小康"的概念,"我们的四个现代化的概念就是小康之家"。1980 年 12 月 25 日,邓小平在中央工作会议上正式提出:"经过 20 年的时间,使我国现代化经济建设的发展达到小康水平"。1983 年,邓小平同志考察江苏等地,提出小康生活水平的 6 项指标:一是人民的吃穿用解决了;二是住房问题解决了;三是就业问题解决了;四是人口不再外流了;五是中小学教育普及了;六是人们的精神面貌变化了,犯罪行为大大减少。1984 年,他又提到:"这个小康社会,叫做中国式的现代化。翻 2 番、小康社会、中国式的现代化,这些都是我们的新概念"。根据邓小平同志关于小康社会建设目标的设想,1987 年 10 月,中共十三大提出了"三步走"的战略:第一步,实现国民生产总值比 1980 年翻 1 番,解决人民的温饱问题,这个任务已基本实现;第二步,到 20 世纪末,实现国民生产总值的第二个翻番,使人民生活达到小康水平;第三步,到 21 世纪中叶,人均国民生产总值达到中等发达国家水平,人民生活比较富裕,基本实现现代化。至此,小康目标已经成为全党和全国人民在实现社会主义现代化道路上的奋斗目标。1990 年,党的十三届七中全会对小康目标做了更加详尽的阐述:"人民生活从温饱到小康,生活资料更加丰裕,消费结构趋于合理,居住条件明显改善,文化生活进一步丰富,健康水平继续提高,社会服务设施不断完善。"此后,经过"八五"和"九五"10 年的发展,我国经济社会取得了很大发展,到 2000 年,我国从总体上达到了小康水平,将千年以来的小康理想变成了现实。

2000 年 10 月,党的十五届五中全会提出了全面建设小康社会的新目标。2002 年 11 月,江泽民同志在题为《全面建设小康社会,开创中国特色社会主义事业新局面》的党的十六大报告中指出:"经过全党和全国各族人民的共同努力,我们胜利实现了现代化建设"三步走"的第一步、第二步目标,人民生活总体上达到小康水平"。但是,"必须看到,我国正处于并将长期处于社会主义初期阶段,现在达到的小康还是低水平的、不全面的、发展很不平衡的小康,人民日益增长的物质文化需要同落后的社会生产力之间的矛盾仍然是我国社会的主要矛盾"。"根据'十五大'提出的到 2020 年建党 100 年和 2050 年新中国成立 100 年的发展目标,我们要在 21 世纪头 20 年,集中力量,全面建设惠及十几亿人口的更高水平的小康社会,使经济更加发展、民主更加健全、科教更加进步、文化更加繁荣、社会更加和谐、人民生活更加殷实"。党的十六大报告还对全面建设小康社会的目标做了全面而深刻的阐述:经济建设方面,在优化结构和提高效益的基础上,使国内生产总值到 2020 年力争比 2000 年翻 2 番,综合国力和国际竞争力明显增强,经济制度和运行机制上,基本实现工业化,建成完善的社会主义市场经济体制和更具活力、更加开放的经济体系;政治文明方面,要使社会民主更加完善,社会法制更加完备,依法

治国基本方略得到全面落实，人民的政治、经济和文化权益得到切实尊重和保障；精神文明方面，要使全民族的思想道德素质、科学文化素质和健康素质明显提高，形成比较完善的国民教育体系、科技和文化创新体系、全民健身和医疗卫生体系，人民享有接受良好教育的机会，基本普及高中阶段教育，消除文盲；生态文明建设方面，要使可持续发展能力不断增强，生态环境得到改善，资源利用效率显著改善，促进人与自然的和谐，推进整个社会走上生产发展、生活富裕、生态良好的文明发展道路。2007 年 10 月，党的十七大报告在十六大确立的全面建设小康社会目标的基础上对我国发展提出新的更高要求：努力实现经济又好又快发展；扩大社会主义民主，更好保障人民权益和社会公平正义；加强文化建设，明显提高全民族文明素质；加快发展社会事业，全面改善人民生活；建设生态文明，基本形成节约资源能源和保护生态环境的产业结构、增长方式、消费模式。党的十七大提出的新的更高要求，是在新形势、新条件下对党的十六大目标的充实、完善和深化，进一步勾画出我国到 2020 年的宏伟发展蓝图，为全面建成小康社会指明了前进方向。

全面小康社会是社会主义初级阶段实现第三步发展战略目标的起点和基础，是最终达到基本实现现代化目标的一个不可逾越的阶段，相比于"总体小康"而言，内涵更为丰富，是一个更高水平、更加全面、综合均衡发展的小康社会。"全面建设小康社会"是我党对于小康社会内涵认识的进一步深化，是对小康社会认识的新飞跃。

## 二、全面建设小康社会的重点和难点在农村

一方面，农村是全面建设小康社会的重点，这是由"三农问题"的重要性地位决定的。我国是发展中的农业大国，农业为国家的经济发展和社会进步做出了重大贡献，在我国小康社会建设过程中也起着基础性作用。在过去的 30 年里，我国农村改革取得了一系列重大突破：突破了人民公社制度，突破了统购统销的计划经济模式，突破了单一的集体经济的所有制结构，突破了"以粮为纲"的单一的农村经济结构。正是这一系列重大突破，给经济濒临崩溃、僵化、和沉寂的我国带来了生机。农村改革不仅极大地解放和发展了农村生产力，带来了农村经济和社会的历史巨变，而且给整个中国经济带来了新的希望和启示，为工业和其他部门的发展，为此后进行的全面经济体制改革，打下了良好的基础（韩俊等，2006）。同时，农业是安天下的战略产业，是母体产业，任何非农产业的发展都离不开农业的支持；而且，无论经济发展水平如何变化，农业的基础地位不会改变，其对于国民经济的贡献是无可替代的。统计资料表明，2002 年，我国国内生产总值（以现价计算）中，农村各部门创造的产值比重为 49.2%。同年国内生产总值增长 8%，其中农业部门贡献了 3.27%，贡献份额为 40.9%（高启杰，李显刚，2003）。此外，农业在生产食物和植物纤维等产品的同时，还具有维护生物多样性、保护和改善环境、保持农村活力、保证国家粮食安全、保障农村就业、消除贫困、保留农村文化遗产等多种功能。这些都是我们在实现小康社会目标过程中必不可缺的内容。

另一方面，农村是全面建设小康社会的难点。党的十六大报告中强调指出，我们要建设的全面小康社会是一个"惠及十几亿人口的更高水平的小康社会"，"现在达到的小康还是低水平的、不全面的、发展很不平衡的小康"。其主要原因在于农村的现实状况，多数农村地区没有达到小康水平。依据 1995 年国家计划委员会与国家统计局修改完成的全国人民生活小康水平的基本标准所包括的人均国民生产总值、人均国内生产总值、人均收入（城镇人均可支配收入、农民人均纯收入）、人均蛋白质摄入量、城乡交通状况、恩格尔系数、成人识字率、人均预期寿

命、婴儿死亡率、教育娱乐支出比重、电视机普及率、森林覆盖率、农村初级卫生保健基本合格以上县百分比等16个指标进行测算,2000年未达标的有3项:农民人均纯收入、人均蛋白质摄入量、农村初级卫生保健基本合格以上县百分比,全部集中在农村。近些年来,在工业化、城镇化进程中,城市经济社会、各种基础服务设施等发展很快,但农村发展依然滞后,城乡差距和城乡居民收入差距不断扩大。此外,从农村自身全面小康的实现程度来看,地区发展极不均衡。2002年,东部地区农村全面小康的综合实现程度达到30.8%,中部地区为14.1%,而西部地区只有9.8%,全面小康建设才刚刚起步。2004年,全国农村绝对贫困人口还有2 610万人,还有4 977万低收入人口勉强解决温饱问题,这表明我国农村居民还有相当一部分生活处于较为困难的状态(丁火,2006)。这些情况的存在,使得实现全面建设小康社会的目标任务显得很艰巨。“没有农民的小康,就不可能有全国人民的小康。”

## 三、建设社会主义新农村是全面建设小康社会的重大举措

2003年1月8日,胡锦涛总书记在中央农村工作会议上的讲话中明确提出:为了实现党的十六大提出的全面建设小康社会的宏伟目标,必须统筹城乡经济社会发展,更多的关注农村,关心农民,支持农业,把解决好农业、农村和农民问题作为全党工作的重中之重,放在更加突出的位置,努力开创农业和农村工作的新局面。这是对于新时期“三农问题”在全面建设小康社会和社会主义现代化建设全局中所占重要性的一个明确判断和定位,为此后一系列政策决议的出台定下了基调,包括党的十六届五中全会所提出的社会主义新农村建设,其政策内涵上都是一贯的,应该说都是服从于实现全面建设小康社会目标的需要,是全面建设小康社会的客观要求。

首先,从经济发展的阶段性特征来说,全面建设小康社会是社会主义初级阶段必经的一个时期,是实现邓小平发展三段论中第三步战略的第一个阶段,是立足于现实谋求可持续发展所设定的承上启下的目标。如果现时期农村经济社会发展滞后,农村生态环境没有明显改善,发展就不可能真正做到全面协调可持续,那么,全面小康社会的目标也就不可能真正实现。故而,当“三农问题”成为实现这一目标的瓶颈时,以社会主义新农村建设为统领来进行解决问题便成为必然选择。

其次,从内容要求上来说,社会主义新农村建设是以实现农村小康社会为中心的。新农村建设二十字方针“生产发展、生活宽裕、乡风文明、村容整洁、管理民主”中,生产发展、生活宽裕是首要任务,主要是指物质层面,乡风文明、村容整洁是指精神文明和生态文明,而管理民主则属于政治文明范畴,五句话之间密切联系为一个统一整体,凸现出社会主义物质文明、精神文明、政治文明、社会文明“四位一体”全面发展的要求,符合科学发展观的基本理念,与全面小康是物质文明、精神文明、政治文明和生态文明建设全面均衡发展的社会内容要求高度一致。

再次,从具体目标上来说,全面小康目标的实现依赖于新农村建设的实施效果。例如,根据经济社会的发展要求,到2010年我国粮食综合生产能力应力争达到5 000亿kg左右,使我国粮食自给率保持在95%左右,维护国家的粮食安全;按照全面实现小康社会的目标,到2010年农民人均纯收入年增长率要达到5%以上。而粮食能否增产、农民能否增收是检验新农村建设的重要标志,是新农村建设的重要内容。2006年中共1号文件《关于推进社会主义新农村建设的若干意见》的第二部分——推进现代农业建设,强化社会主义新农村建设的产业支撑,以及第三部分——促进农民持续增收,夯实社会社会主

义新农村建设的经济基础，围绕着两个方面做了具体的安排。新农村建设工作实施效果如何将关乎全面小康的具体目标能否最终实现。

总之，推进社会主义新农村建设，是全面促进农村经济社会发展，实现全面建设小康社会的重大举措，不仅关系到农业、农村发展和农民富裕，而且关系到全面小康社会目标的实现，关系到国家长治久安和中华民族伟大复兴的重大战略部署。

## 第五节　构建和谐社会

### 一、和谐社会目标的提出

改革开放以来，我国经济社会发展所取得的伟大成就令世界瞩目，现代化建设的前两步战略任务全面完成，人民生活总体上实现了由温饱到小康的历史性跨越，人均 GDP 已经超过 1 000 美元。与此同时，随着社会主义市场经济体制的建立、经济发展和城市化进程的加快，种种社会不和谐现象也凸现出来，诸如经济增长与社会发展的矛盾、城乡之间、区域发展之间、不同利益主体、利益群体之间的矛盾等。国际经验证明，在当前这样一个经济社会结构快速调整的时期，是矛盾的多发期，如果发展战略和政策把握得当，能够恰当处理工农关系和城乡关系等，就能保持经济快速发展和社会长期稳定。反之，则会造成收入差距和社会矛盾扩大，影响和制约经济社会的又好又快发展。

面对这样的现实状况，社会的和谐发展问题被提上议事日程。党的十六大报告第一次提出社会和谐问题。报告在论述全面贯彻"三个代表"重要思想的科学内涵时，针对社会主义市场经济发展过程中，特别是在公有制为主体、多种所有制经济共同发展的格局形成过程中，社会阶层结构发生深刻变动的新情况，强调要"努力形成全体人民各尽其能、各得其所而又和谐相处的局面"；在论述要全面建设惠及十几亿人口的更高水平的小康社会的任务和目标时，针对城乡之间、地区之间和经济社会之间发展不平衡的新情况，提出要做到"社会更加和谐"；在论述政治建设和政治体制改革的任务和目标时，针对社会矛盾增多这一新情况，提出要"巩固和发展民主团结、生动活泼、安定和谐的政治局面"（梁丽萍，2007）。

党的十六届四中全会进一步提出了构建社会主义和谐社会的任务，强调形成全体人民各尽其能、各得其所而又和谐相处的社会是巩固党执政的社会基础、实现党执政的历史任务的必然要求，要适应我国社会的深刻变化，把和谐社会建设摆在重要位置。2005 年 2 月 19 日，在中央党校省部级主要领导干部提高构建社会主义和谐社会能力专题研讨班上，胡锦涛同志提出，根据新世纪新阶段我国经济社会发展的新要求和我国社会出现的新趋势新特点，我们所要构建的社会主义和谐社会，应该是民主法治、公平正义、诚信友爱、充满活力、安定有序、人与自然和谐相处的社会。第一次明确提出了四位一体的中国特色社会主义事业的总体布局和构建社会主义和谐社会的总目标、总要求。

2006 年 10 月，党的十六届六中全会审议通过的《中共中央关于构建社会主义和谐社会若干重大问题的决定》（简称《决定》），深刻阐述了构建社会主义和谐社会的重要性和紧迫性，阐明了社会主义和谐社会的性质和定位，做出了社会和谐是中国特色社会主义的本质属性等科学论断，明确提出了构建社会主义和谐社会的指导思想、目标任务、工作原则和重大部署，是构建社会主义和谐社会的纲领性文件。《决定》明确提出到2020年构建社会主义和谐社会的目标和主要任务是:社会主义民主法制更加完善,依法治国基本方略得到全面落实,人民的权益得到切实尊重和保障;城乡、区域发展差距扩大的趋势逐步扭转,合理有序的收入分配格局基本形成,家庭财产普遍增加,人民过上更加富足的生活;社会就业比较充分,覆盖城乡居民的社会保障体系基本建立;基本公共服务体系更加完备,政府管理和服务水平有较大提高;全民族的思想道德素质、科学文化素质和健康素质明显提高,良好道德风尚、和谐人际关系进一步形成;全社会创造活力显著增强,创新型国家基本建成;社会管理体系更加完善,社会秩序良好;资源利用效率显著提高,生态环境明显好转;实现全面建设惠及十几亿人口的更高水平的小康社会的目标,努力形成全体人民各尽其能、各得其所而又和谐相处的局面。和谐社会建设目标,既与党的十六大提出的全面建设小康社会的目标相衔接,又反映了民主法治、公平正义、诚信友爱、充满活力、安定有序、人与自然和谐相处的总要求,体现了既立足当前、又着眼长远,既量力而行、又尽力而为的科学态度。至此,社会主义和谐社会理论得到充分发展和完善,是我们党在坚持和发展中国特色社会主义过程中获得的一项重大理论成果,是对马克思主义关于社会主义社会建设理论的丰富和发展。

## 二、建设社会主义新农村是构建和谐社会的重中之重

党的十六届六中全会提出:"社会和谐是中国特色社会主义的本质属性"。社会主义本质是解放生产力,发展生产力,消灭剥削,消除两极分化,最终达到共同富裕。这就决定了社会主义在社会关系本质上应该是和谐的。然而,长期以来,国家为了加快工业化和现代化的进程,一直坚持牺牲农业发展工业、依靠农村支持城市发展的战略,国民收入分配格局一直向工业和城市倾斜,"三农"服从于整个国家特定时期发展战略的需要做出了巨大牺牲,同时也造成了"三农"发展滞后和城乡发展不协调、不和谐,城乡收入和生活环境的差距越来越大,矛盾愈益突出,已经阻碍经济社会健康发展。这显然与社会主义和谐社会的本质要求相去甚远。审时度势,党中央提出了建设社会主义新农村的重大历史任务,希望通过新农村建设来实现共同富裕,来促进城乡和谐关系的建立。

亿万农民是我们党执政和我国社会主义国家政权的重要群众基础,社会主义社会的和谐离不开广大农村社会的和谐。农村是我国发展的薄弱部分,农业是弱质产业,农民是全国最多的弱势群体,农业的发展状况如何、农民的生活状况如何,与社会和谐息息相关,关系到全国和谐社会目标的实现,决定着整个经济社会的发展。正所谓,农业丰则基础强,农民富则国家盛,农村稳则社会安。胡锦涛同志2005年6月26日在省部级主要领导干部提高构建社会主义和谐社会能力专题研讨班上的讲话中强调指出:"在我们这样一个农民占多数人口的国家里,农民是否安居乐业,对于社会和谐具有举足轻重的作用。广大农民日子过好了、素质提高了,广大农村形成安定祥和的局面了,和谐社会建设的基础就会更加牢固。"

世界上许多国家的经验也表明,当国民经济发展到工业对农业反哺期时,如果及时加强农业、支持农业,整个国民经济就会协调健康发展;反之,如果继续采取牺牲农业的做法,就会出现农业萎缩、城乡和地区差距扩大,加剧社会矛盾,甚至出现经济衰退和社会动荡。无论是欧洲、还是日本、韩国等国家和地区,在工业化、城市化进程中都有一个新农村建设的过程,而且有着各自的特点(王艳品、刘世轩,2007)。当我国经济发展进入工业反哺农业阶段,完全有条件通过调整国民收入分配格局加大对农业和农村发展的支持之时,实施新农村建设则是把握

经济社会发展规律，顺势而为的一种必然。曾庆红同志 2006 年 2 月在湖南视察农村工作时讲到："十六届五中全会进一步提出推进社会主义新农村建设，这是中央从全局出发做出的重要决策，是'三个代表'重要思想在我国现阶段农村经济社会发展中的重要体现，是树立和落实科学发展观、构建社会主义和谐社会的题中应有之义，真正代表了亿万农民群众的根本利益。"

新农村建设是促进农村经济社会全面发展，促进农村社会和谐的重要举措，是促进城乡社会和谐，实现共同富裕的根本途径。在构建和谐社会的进程中，解决"三农"问题始终是全局性、根本性的问题，而解决"三农"问题是统一于社会主义新农村建设之中的。和谐社会提出的"民主法制、公平正义、诚信友爱、充满活力、安定有序、人与自然和谐相处"的要求与新农村建设"20 字方针"在目标任务、建设原则、实践主体等方面有着内在的天然的一致性。党的十六届六中全会《决定》指出要扎实推进社会主义新农村建设，促进城乡协调发展。要贯彻工业反哺农业、城市支持农村和多予少取放活的方针，加快建立有利于改变城乡二元结构的体制机制，推进农村综合改革，促进农业不断增效、农村加快发展、农民持续增收。并为此进行了部署：坚持农村基本经营制度，保障农民土地承包经营的各项权利，发展农民专业合作组织，增强农村集体经济组织服务功能。强化支农惠农政策，增加国家对农业和农村投入，完善农村金融服务体系。加快农业科技进步，推进现代农业建设，发展农业产业化经营，提高农业综合生产能力。调整优化农村经济结构，积极稳妥地推进城镇化，发展壮大县域经济。加大扶贫力度，完善扶贫机制，加快改善贫困农民生产生活条件。各级政府要把基础设施建设和社会事业发展的重点转向农村，国家财政新增教育、卫生、文化等事业经费和固定资产投资增量主要用于农村，逐步加大政府土地出让金用于农村的比重。实行最严格的耕地保护制度，从严控制征地规模，加快征地制度改革，提高补偿标准，探索确保农民现实利益和长期稳定收益的有效办法，解决好被征地农民的就业和社会保障。加强对农民的宣传教育，加快培养新型农民，充分发挥广大农民在新农村建设中的主体作用。

### 三、社会主义新农村在建设中促进和谐

新农村建设与和谐社会的构建相辅相成。和谐社会的构建需要依靠新农村建设来完成，同时，新农村建设要通过解决农村中存在的一系列问题，消除农村中的不稳定、不协调、不和谐的因素，从而促进农村社会更加和谐、城乡更加和谐。

社会主义新农村建设的启动、实施依赖于政府主导作用的发挥。建设社会主义新农村是一项长期的历史任务。"从 21 世纪头 20 年实现全面建设小康社会的目标，到 21 世纪中叶我国基本实现现代化建设，社会主义新农村需要经过几十年的艰苦努力。"各级政府要充分认识这一基本国情，按照新农村建设的目标要求，遵照因地制宜、量力而行、分类指导、搞好规划、立足眼前、谋划长远的原则，坚持从实际和现有资源条件出发，尊重和把握自然规律、经济规律和社会发展规律，以科学发展观为指导，分解和确定不同时期的发展目标以及实施步骤，有计划、有步骤、有重点地逐步推进当地社会主义新农村建设的进行，防止急于求成，不顾农民的承受能力，搞达标升级。此外，要巩固和发展农村税费改革的成果，认真贯彻工业反哺农业、城市支持农村和多予少取放活的方针，不断增加对农业和农村的投入，不搞集资摊派，防止新农村建设中农民负担反弹。要切实转变乡镇政府职能，坚定不移推进农村综合改革，加快农村义务教育管理体制和县乡财政管理体制改革，逐步建立农村基层管理新体制、农村公共产品供给新机制和"三农"社会化服务新体系，充分释放新农村建设的体制性活力，保证农村经济社会的稳定

发展和新农村建设的顺利进行。

党的领导是建设社会主义新农村的根本保证，农村基层党组织是构建和谐农村与和谐社会的组织保证。全面发展农业和农村经济，推进社会主义新农村建设，必须以科学发展观为统领，转变发展观念。农村基层党组织要牢固树立发展意识，要充分认识到社会主义新农村建设是一个庞大复杂的系统工程，切实用科学的社会主义新农村建设理论指导工作实践，发挥主导作用，积极推进。要通过不断提高农村党员干部引领发展、服务发展和以实干求发展的能力与水平，把党员群众的全部智慧和力量凝聚到新农村建设上来，凝聚到发展农村经济上来，用发展的成果来促进和谐。要坚持把广大农民群众的根本利益作为建设社会主义新农村的出发点和落脚点。考虑问题、解决问题始终把群众正当利益与合理要求放在第一位，积极维护群众的利益，让群众实实在在得到好处。要增强农村基层党组织对于政策和法律把握和理解的准确性、发现问题的敏锐性以及维护农村社会安定的果敢性，建立健全科学合理的农村矛盾调处机制。在不断拓宽民意表达途径，为农民群众的利益诉求提供畅通、便利的渠道的同时，依据农村的实际情况，在尊重农民个体差异性的基础上，积累工作经验，提高处理问题的水平，对农民群众进行积极地引导、教育，减少和有效化解农村社会矛盾，促进农村社会的和谐。

广大农民群众是建设社会主义的主力军。农村是农民的家园，农民是建设社会主义新农村最直接的受益者，更是建设社会主义新农村最直接的参与者。政府要围绕农民需求谋划新农村建设，要依靠农民力量建设新农村，要强调和突出农民在新农村建设中的主体地位，充分调动广大农民的积极性以发挥他们的主观能动性，搞好新农村建设。要通过宣传教育，让广大农民真正意识到建设社会主义新农村是党和国家的惠民工程，是他们自己的事业，与他们的生产生活紧密相关，从而积极主动投入到新农村建设中来，切实解决新农村建设中“上面热，下面冷”的现象。要鼓励和引导农民克服“等、靠、要”思想，依靠自身的聪明才智和辛勤劳动，促进农村快速发展和进步。要抓好农民教育培训，提高农民思想道德水平，增强农民劳动技能，提升农民整体素质，促进农民主体作用进一步发挥。同时，社会主义新农村建设要“以农民为本”，在充分尊重农民意愿的前提下，给予引导和扶持。不能搞强迫命令，不搞强求一律，不搞包办代替，要通过规划引导、政策引导、典型示范等方式，组织和引导农民参加新农村建设，认真帮助农民解决新农村建设中出现的各类困难和问题，努力提高农民对建设新农村的积极性和主动性，确保社会主义新农村建设能够真正维护农民利益、增进农民收入、改善农村社会和谐度。

此外，新农村建设作为全国各地共同的历史任务，根本目标无二，但由于各地区经济社会发展水平不同，“三农”现状差异很大，再加上广大农村地区自然地理条件、民族风俗传统等也存在较大差异，推进新农村建设没有也不可能有固定统一的模式。新农村建设必须因地制宜，立足乡村特点，突出地方特色，尊重各地的传统习惯和风俗，注重实效，不搞形式主义，不搞盲目攀比。新农村建设要规划先行，对每个乡镇的建设、村落的改造、县域的发展，制定出科学的建设规划，切忌用一张图纸、一个模式、一种格调来搞村庄建设，切忌用大拆大建、强制拆迁、随意撤村来树新村样板等，要正确处理统一规划与尊重群众意愿的关系，正确处理当前建设规划与长远发展的关系。同时，在新农村建设中要高度重视节约土地、保护耕地，正确处理发展非农产业与确保粮食安全之间的关系以及粮食安全与农民增收的关系，正确处理新农村建设与城镇化的关系，更好地发挥各种生产要素和公共设施的效能，更好地在新农村建设中促进和谐社会的构建。

## 第六节 缩小城乡和区域之间的差别

### 一、城乡、区域发展不平衡是经济社会发展中的两大难题

新中国成立以来特别是改革开放以来,我国取得了令世人瞩目的发展成就。但是,我国正处于并将长期处于社会主义初级阶段的基本国情没有改变,社会的主要矛盾没有发生变化,经济社会发展过程中还存在很多亟待解决的问题,较为突出的,如城乡协调发展和区域协调发展,这是我国现代化进程中的两大难题。

我国是典型的城乡二元经济社会结构。城乡二元经济结构的存在是许多发展中国家在工业化进程中难以避免的发展阶段。建国初期,我国在特殊的历史背景下、在一穷二白的国情上发动和推进工业化,长期实行优先发展重工业的方针,原始资金积累只能主要依靠农业,农业和农民因此为国家的工业化做出了巨大牺牲和贡献。与此同时,户籍制度的建立以及相匹配的劳动就业制度、社会保障制度、教育制度、干部人事制度等的建立和完善,进一步强化了城乡分割状态和城乡二元结构。城乡二元体制的长期存在,致使城乡之间发展不协调,城乡居民收入差距持续增大,城乡居民收入水平也呈现拉大趋势。自20世纪80年代后期以来,随着城市改革和经济发展速度的加快,农村的发展和农民收入水平的提高越来越滞后于城市,2003年、2004年城乡居民收入差距分别达到3.23∶1和3.21∶1,到2005年,扩大为3.3∶1。城市居民收入增长速度快于农民收入增长速度。1996—2004年的9年间,城镇居民人均可支配收入平均增长7.9%(扣除物价因素),比同期农民人均纯收入年均增速4.3%高出3.6个百分点(李秉龙,2007)。这一状况制约着农村生产力的发展和农民生活质量的提高,同时制约着国内市场的扩大。尽管近年来中央采取了一系列惠农措施,但农民持续增收的难度依然较大,农村发展的滞后和农民收入增长的缓慢已成为影响国民经济持续快速增长的一大瓶颈。

此外,区域发展不平衡问题也日渐突出。新中国成立至改革开放之前的30年间,在地区发展上,我们实行的是均衡发展战略,强调的是各地区的共同发展和各地区"大而全""小而全"的自给自足的工业体系。这一战略的实施,尽管增强了中西部地区的经济实力,缩小了地区间差距,但并没有使内地从根本上摆脱贫困。而且,在一定程度上降低了资源配置的宏观效益,忽视了沿海工业尤其是轻工业的发展优势,使我国经济在很长的时间里一直低效运行,经济和社会处于落后停滞状态。依据邓小平20世纪80年代提出的"两个大局"的战略构想:一个大局是沿海地区加快对外开放,较快地先发展起来,内地要顾全这个大局;另一个大局是沿海地区发展到一定时期,要拿出更多的力量帮助内地发展,沿海地区也要顾全这个大局。我国政府开始转向非均衡区域经济发展战略,"一部分地区有条件先发展起来,一部分地区发展慢点,先发展起来的地区带动后发展的地区,最终达到共同富裕",实施优先发展沿海地区战略,发展和开放的政策明显向沿海地区倾斜,沿海地区迅速发展起来,也迅速地拉大了东部沿海与中西部地区的经济发展差距。1980—2003年,东部地区在全国经济总量中的比重由50%增加到59%,中西部地区所占比重却相应下降。从人均GDP来看,1980—2003年,西部与东部之比由1∶1.92扩大到1∶2.59,中部和东部之比由1∶1.53扩大到1∶2.03(王梦奎,2004)。并且,在由计划经济向市场经济转型的过程中,各地区体制转轨的程度不同,再加上历史、地理以及资源禀赋等因素的差别,地区间差距越来越大,不仅表现在经济发展的差距方面,而且不同地区社会成员之间享受基础教育、公共卫生、社会保障等公共服务水平的差距也在扩大。

城乡、区域之间发展失衡显然不符合国民经济协调发展、全面建设小康社会的战略目标。首先,国民经济的总体发展要求农村经济和城市经济之间的良性互动。农村经济和城市经济是相辅相成的,农村经济社会的发展离不开城市的辐射和带动,城市的发展也离不开农村的参与和支持。其次,区域协调发展也是保持整个国民经济持续快速健康发展的需要,东部的发展离不开中西部地区的发展,中西部地区的发展也需要东部地区的支持。再次,城乡、区域协调发展是全面建设小康社会的两项重要的战略任务,全面建设小康社会是全国都要实现小康,不仅是城市还有农村,不仅包括东部还包括中部、西部地区。在我国经济发展的现阶段,如果不从更高的层次来统筹考虑城乡经济社会的发展,不从根本上改变城乡分割的二元结构体制,不着力解决区域发展不平衡的问题,不仅会对扩大内需、繁荣市场、实现国民经济良性循环和健康发展形成制约,而且会进一步导致社会矛盾突出,进而严重阻碍经济转型和现代化进程。

## 二、统筹城乡发展与统筹区域发展

面对城乡和区域发展中存在的问题和矛盾,党的十六大以来,以胡锦涛同志为总书记的党中央提出了科学发展观等重大战略思想,并以科学发展观为指导,以“统筹兼顾”落实和推动科学发展观,努力促进区域间经济平衡,缩小城乡差距,全面建设小康社会。

城乡协调发展的实质,是解决“三农”问题,促进二元经济结构的转变(王梦奎,2004)。城乡二元结构是制约“三农”发展的最主要的体制性因素。党的十六大根据我国经济社会发展的阶段特点,明确提出了解决“三农”问题必须统筹城乡经济社会发展;党的十六届三中全会正式提出了科学发展观,强调要以人为本,坚持“五个统筹”,并把“统筹城乡发展”放在首位,促进经济社会全面协调和可持续发展。党的十六届五中全会站在科学发展观、统筹城乡发展的高度,从“两个基本趋向”的论断出发,提出了解决“三农”问题的新思路,即建设社会主义新农村。党的十六届六中全会着重从促进城乡协调发展的角度,提出要建立有利于改变城乡二元结构的体制机制,对推进社会主义新农村建设、促进区域协调发展和大力发展社会事业提出了新的要求。统筹城乡发展是党和国家调整城乡关系、谋求科学发展的一种战略思路,以工补农、以城带乡是党和国家调整城乡关系的一种战略取向,而社会主义新农村建设则是落实统筹城乡发展、实施以工补农、以城带乡的战略举措,是缩小城乡差距,建设全面小康社会的重要政策内容。通过统筹城乡发展和新农村建设,改善农村的生产生活条件,提高农民收入水平,缩小城乡发展差距,实现工业与农业、城市与农村协调发展,让占人口大多数的农民群众平等地共享发展成果,促进农民的全面发展,实现城乡经济协调发展。同时,拉动农村消费,解决当前经济社会发展中存在产能过剩等问题,进一步扩大内需,繁荣经济,推进我国的工业化和现代化进程。

区域协调发展的实质,是把握“两个大局”,促进共同发展(王梦奎,2004)。区域发展不平衡主要在于中西部欠发达地区相对于东部沿海发达地区的经济社会发展的问题。针对地区差距日益扩大问题,党中央和国务院从20世纪90年代末期开始着手对区域经济发展战略进行调整。1999年,以江泽民同志为核心的党中央提出了实施西部大开发战略,加快中西部地区发展的战略部署。进入新世纪,党的十六大进一步提出要积极推进西部大开发,促进区域经济协调发展。党的十六大以来,党中央提出了全面建设小康社会的宏伟目标,提出了科学发展观

和构建和谐社会的重大战略思想，充分把握“两个大局”，把区域协调发展放在一个更高的层面考虑，摆在了更为重要的位置。党的十六届三中全会明确提出要振兴东北地区等老工业基地，形成促进区域经济协调发展的机制。党的十六届四中全会要求促进中部地区崛起。在科学发展观指导下，按照统筹区域协调发展的要求，中央进一步明确提出了我国现代化建设区域发展总体战略布局。2005 年 10 月 11 日中国共产党第 16 届中央委员会第 5 次全体会议通过《中共中央关于制定国民经济和社会发展第十一个五年规划的建议》(简称《建议》)第一次完整表述了促进区域协调发展的总体战略：继续推进西部大开发，振兴东北地区等老工业基地，促进中部地区崛起，鼓励东部地区率先发展，形成东中西优势互补、良性互动的区域协调发展机制，形成以东带西、东中西共同发展的格局。《建议》按照落实科学发展观要求，从全面建设小康社会目标的实现和社会主义现代化建设的全局出发，全面部署了区域协调发展的总体战略，完整阐明了促进区域协调发展的总体战略布局，提出了按功能区构建区域发展格局和健全互动机制等实现区域协调发展的重大措施，对促进区域协调发展，逐步实现不同区域的人民共享小康社会幸福生活具有重要指导意义。指出要根据资源环境承载能力、发展基础和潜力，按照发挥比较优势、加强薄弱环节、享受均等化基本公共服务的要求，逐步形成主体功能定位清晰，东中西良性互动，公共服务和人民生活水平差距趋向缩小的区域协调发展格局。党的十六届六中全会《决定》就落实区域发展总体战略，促进区域协调发展，在加大对欠发达地区和困难地区扶持方面提出了以下政策措施：中央财政转移支付资金重点用于中西部地区，尽快使中西部地区基础设施和教育、卫生、文化等公共服务设施得到改善，逐步缩小地区间基本公共服务差距。加大对革命老区、民族地区、边疆地区、贫困地区以及粮食主产区、矿产资源开发地区、生态保护任务较重地区的转移支付，加大对人口较少民族的支持。支持经济发达地区加快产业结构优化升级和产业转移，扶持中西部地区优势产业项目，加快这些地区的资源优势向经济优势转变。鼓励东部地区带动和帮助中西部地区发展，扩大发达地区对欠发达地区和民族地区的对口援助，形成以政府为主导、市场为纽带、企业为主体、项目为载体的互惠互利机制。建立健全资源开发有偿使用制度和补偿机制，对资源衰退和枯竭的困难地区经济转型实行扶持措施。

2007 年 10 月 15 日，中国共产党第 17 次全国代表大会召开，十七大报告提出发展的根本方法是统筹兼顾，除了阐述统筹城乡发展、区域发展、经济社会发展、人与自然和谐发展、国内发展和对外开放“五个统筹”之外，进一步提出要统筹中央和地方关系，统筹个人利益和集体利益、局部利益和整体利益、当前利益和长远利益，统筹国内国际两个大局。明确指出，统筹城乡发展，推进社会主义新农村建设。要加强农业基础地位，走中国特色农业现代化道路，建立以工促农、以城带乡长效机制，形成城乡经济社会发展一体化新格局。要推动区域协调发展，优化国土开发格局。缩小区域发展差距，必须注重实现基本公共服务均等化，引导生产要素跨区域合理流动。要继续实施区域发展总体战略，深入推进西部大开发，全面振兴东北地区等老工业基地，大力促进中部地区崛起，积极支持东部地区率先发展。加强国土规划，按照形成主体功能区的要求，完善区域政策，调整经济布局。

2008 年 10 月 12 日，在改革开放 30 周年之际，为全面贯彻党的十七大精神，深入贯彻落实科学发展观，大力推动城乡统筹发展，加快推进社会主义新农村建设，夺取全面建设小康社会新胜利，中国共产党第 17 届中央委员会第 3 次全体会议通过《中共中央关于推进农村改革发展若干重大问题的决定》(简称《决定》)。《决定》做出了我国总体上已进入以工促农、以城带乡的发展阶段，进入加快改造传统农业、走中国特色农业现代化道路的关键时刻，进入着力破除城乡二元结构、形成城乡经济社会发展一体化新格局的重要时期的基本判断。提出要建立促进城乡经济社会发展一体化制度，并从统筹城乡规划，产业发展、基础设施建设和公共服务、劳动就业、社会管理5个方面进行了部署，力促公共资源在城乡之间均衡配置、生产要素在城乡之间自由流动，推动城乡经济社会发展融合。这是我们党对统筹城乡发展做出的重要决策，对于推进改革创新，打破城乡二元结构，加强农村制度建设，进一步推进城乡统筹，促进城乡经济社会协调发展，实现城乡共同繁荣富裕，实现全面建设小康社会的奋斗目标，具有重大意义。

## 第七节　不同地区农村建设的经验模式

新农村建设是一个复杂的系统工程，内容多、任务重。世界范围内，韩国、日本以及美国等国家都结合本国实际提出并实施了农村建设的措施。我国的台湾地区在“二战”之后便开始了农业发展与农村建设的相关工作。虽然不同地区农村建设方案实施的时间与形式不同，但是不同时期、不同国家或地区所面临的问题却大体相当，即如何改变国内或地区内农村贫穷落后的面貌，提高农民的生活质量，缩小城乡的现实差距，持续稳定地使农业得以长期发展等。它山之石，可以攻玉。认真分析并参考借鉴不同地区在推进农村建设方面的经验做法，必将对我国社会主义新农村建设带来有益的启示。

### 一、我国台湾地区的农村建设模式

1945年国民党政权接收台湾后，由于忙于内战，无暇顾及经济的恢复和建设，致使台湾经济在短短几年内近乎全面崩溃。首先，原来基础较好的台湾农业遭到巨大破坏：1946年时，台湾的米、糖产量为140.2万t和137.4万t，1949年却降至121.5万t和64.7万t，分别下降了23%和43%；其次，近200万军民从大陆涌进，使台湾这个小岛的人口由1946年的610万猛增到1950年的800万，造成衣食极为紧缺的局面；再次，农业生产下降和人口激增的直接结果就是物价飞涨，1949年的全岛零售物价竟比1946年时上涨了1 000倍（瞿振元、李小云等，2006）。面对以上严峻形势，台湾当局为了能在孤岛上站住脚跟，便开始了农业发展与农村建设的相关工作，其发展经验如下。

1. *重视农业发展的法制支持*　通过制定农业法制，农业发展获得了强大的支持，其目的是建立合理的制度以达到持续增长。主要内容有：对于规模经营发展优惠条件的法律保障；农业主管机关职能强化，包括对土地功能变更、加强耕地资源保护以及农产品进口提议等方面的主导权；筹拨经费改善农村生活环境，增进农民经营农业意愿，推动农民福利措施；建立农业保险和农业信用保证制度。

2. *重视农业发展的政策支持*　建立实施了“跨世纪农业建设方案”、“迈进21世纪农业新方案”等政策支持农业发展。例如，建立安全而均衡的粮食生产制度；发展高竞争力的农牧渔产品；建立农业经营管理辅导体制，开展培训活动；建立重效率与服务的运销体系，包含电脑拍卖；建立产销预警制度，以保证安定的农业环境；发展政策导向的产业科技；充分利用关税配额制度，并且建立农产品进口损害救助制度；调整农业生产结构，生产特色农产品，多结构共同发展；健全农产品运销体制；对农地进行调整，包括减小购买群体限制以促进所有权流动，扩大租赁范围以及优化综合规划农地使用等。

3. 注重增加收入和增进农民福利　从20世纪80年代初，提倡开展精致农业，提高规模效益，转变的目的是通过增加农民的物质财富，提高农民的生活质量。20世纪90年代开始，强调均衡、可持续发展。在此期间，增加农民收入从以往的以经济扶持手段为主，转变为社会福利保障为主。农业的基本目标是"发展农业生产，建设富丽农村，增进农民福利，缩小城乡差别"。主要农业政策方针包括3个方面，即：农业生产企业化；农民生活现代化；农村生态自然化。

4. 注重村庄建设　台湾村庄建设的目的是改善与增强农村居民的生活水准以及增强农村社会的整体品质与形象，其规划强调以下3个方面：重视如住宅、道路、沟渠、公共活动中心、集货场、电讯等基础设施的建设与维护；重视包括农业、矿业、工业、商务及服务业等相关产业的建设与发展；重视心理及精神方面的建设与发展，包括行为态度、风俗习惯、道德法律、宗教信仰与活动等。

## 二、农村建设的国际典型模式

### （一）韩国新农村建设模式

1. 韩国新农村建设的背景　20世纪60年代，韩国工农业发展严重失衡，农村问题十分突出。"住草屋，点油灯，吃两顿饭"是当时韩国农民生活的真实写照。1962年韩国人均国民生产总值仅为82美元，是世界上较为贫穷落后的国家之一。为了改变农村与国家经济社会发展不协调的状况，韩国从1970年开始在全国范围内推广"新村运动"，以政府支援、农民自主和项目开发为基本动力和纽带，带动农民自发进行家乡建设活动，取得了有目共睹的成果。据韩国内务部下的定义："新农村运动是为建设互相帮助的富裕农村，进而建设富强的国家而开展的地区开发运动。"也就是说，是消除贫困，建设跃动的社会，从而达到富国强国的最终目的的韩国型地区社会开发运动。新农村建设通过农村启蒙，提高农民思想素质，培养勤勉、自助、协同、奉献的新农民来建设新农村，促进农村经济和社会综合发展。政府财政支援分为无偿和融资两种，并在支援必要的资金和物资时，力求适时适期，以最大限度地利用闲置劳动力和其他可用资源。新农村建设的前10年是以农业、农村、农民为中心展开的，后来逐渐拓展到城市，变成全国运动（李水山，2006）。

2. 韩国新农村运动的主要内容　韩国新农村运动开展至今已取得了超出预期的效果，实现了一个发展中国家跨越式、超常发展的模式。具体阶段如下。

（1）基础建设阶段（1971—1973年）　这一阶段的目标是改善农民居住条件，自1970年起，政府采取重点扶持的办法，无偿向全国35 000个村庄支援、提供了大量水泥和钢筋，以激发农民的主观能动性和创造能力。中央内务部直接领导和组织实施，建立了全国性组织"新村运动中央协议会"，形成了自上而下的全国性网络，同时建立新农村运动中央研修院，培养大批新农村指导员。新农村运动经过基础建设阶段，初步改变了农村的生活居住条件，调动了广大农民立足家乡、建设家乡的积极性，妇女也开始参与各种社会活动。

（2）扩散阶段（1974—1976年）　这一阶段的主要目标为发展生产和增加农民收入。新农村运动迅速向城镇扩散，成为全国性的现代化建设活动。新农村建设的重点从改善农民居住生活条件发展为居住环境和生活质量的改善与提高。在这一阶段，农民收入大幅度提高，农业实现了连年丰收。与此同时，政府对新农村指导员、国家各级公务员、社会各界负责人分批进行新农村教育；对卓有成效的农村提供贷款，并在各方面提供优惠政策；动员理工科大学和科研院所的教师、科技人员轮流到农村巡回讲授并推广科技文化知识和技术。

(3)充实和提高阶段(1977—1980年) 这一阶段的主要目标是调整结构,配套完善软件和硬件设施。政府推进新农村运动的工作重点放在鼓励发展畜牧业、农产品加工业和特产农业上,积极推动农村保险业的发展。

(4)国民自发运动阶段(1981—1988年) 在这一阶段,政府调整了有关新农村运动的政策和措施,建立和完善全国性新农村运动民间组织,培训和信息、宣传工作改由民间组织承担。政府只是通过制定规划、协调、服务,以及提供一些财物、技术方面的支持来继续对新农村运动产生影响,新农村运动的重点也逐渐转为调整农业结构,进一步发展多种经营,大力发展农村金融业、流通业,改善农村生活环境和文化环境,继续提高农民收入等。农村居民普遍认为,他们的经济收入和生活水平已接近城市居民的生活水准。

(5)自我发展阶段(1988年以后) 随着韩国农村和农业经济的快速发展,农村居民和城市居民的收入差距进一步缩小。政府开始倡导全体公民自觉抵制各种社会不良现象,并致力于国民伦理道德建设、共同体意识教育和民主与法制教育。此外,大力发展优质、高效、高价的特产农业,通过建立城乡关系,直接出售当地的农产品,降低流通成本;鼓励城镇企业向农村辐射,以促进农村的现代化和城乡一体化。

**(二)日本新农村建设模式**

1. 日本农村建设的特点 从历史的角度看,日本的农村建设是分阶段推进的,具有长期性和综合性的特点。其基础在于以国内农业保障为目的,通过各级政府机构与农协等组织,结合农业和工业生产促成农村多重产业形态。此外,日本农村建设重视配套体系的建立,在政策上有明确的土地规划和投资体制、严格的环境保护机制以及农民参与机制。

日本在1949年出台了《土地改良法》,对一系列国土综合开发计划,对工业、农业和社会的发展给予宏观指导,对日本的现代化进程产生了积极的影响。在国土综合开发计划指导下,日本于1961年对此前的农业政策做了一定的调整,制定了《农业基本法》,大力倡导发展工业。以传统农村工业为基础的工业逐步在农村发展起来,使得日本在农民人数下降的同时,兼业化程度很高,以非农业收入为主的农民占日本农民的大多数,对地区的经济结构、地方财政和居民生活产生了重大的影响。1999年,日本公布了被称为新农业基本法的《食品、农业、农村基本法》,并制定了具体的实施计划,此政策的目的在于兼顾提高农业生产力和农业的多功能性。在日本,传统意义上的"农村"已经不存在了,"区域社会"作为新的社会形态出现了。日本政府在区域开发行动过程中把农业、农村、农民放到同等重要的地位。既重视农业基础设施建设,也重视农村社区建设和农民本身的发展,通过农协把过去分散的小规模经营农户集中起来,提供包括购销、教育、信贷、保险等在内的农村服务。这样既改善了农民的交易地位,又减轻了各级政府的行政负担,促进了日本农业和农村经济的现代化发展。

2. 日本农村建设的新措施 在现阶段,日本政府结合现实特点和面临的问题采取了支持农业发展的新措施:加大对山区农业发展的扶持力度,缓和地区之间发展不平衡的矛盾,提升日本农业的整体竞争力;增加培训基金支持人才能力建设;改善农业生产条件,重视农村环境建设;加快农业产业化建设,走"内源式"发展道路;维护农业保险政策框架不变,增强农业保险防灾补损的能力;改革农协组织,提高管理效率,增强服务功能(陈东琼、吕文林,2006)。

**(三)美国的现代农业发展模式**

1. 完善的农业立法 美国的农业立法在实施过程中具有至高无上的法律效力,保障了

农业实践和农村建设的发展。美国在由传统农业向现代农业转变的过程中，相继制定并实施一整套农业方面的法律和法规。进入20世纪30年代以来，美国国会每5年就要修改1次农业法，以适应农业的发展。到目前为止，美国已先后制定出31个不同的农业方面的法规，对农业税收、土地使用、土地所有权、合同、信贷、生资(包括种子)供应、产品运输、加工企业和环保等，都做出了明确的规定。现在，联邦、州政府和私人企业每年约花70亿美元用于农业的执法和监督。

2. *发达的农业教育*　美国的每个州至少都有一所以农科为主的州立大学，这就将农业教育落到了实处。美国的州立大学每年都要培养和输送一大批高级农业人才充实到政府农业管理、农业教育、科研、推广机构、涉农企业等部门，有的还直接去当农场主。目前，在农业行政管理部门、大学、科研和推广部门工作的职员大都具有硕士以上的文化水平，美国的农民绝大多数具有高中以上文化程度，并且已有一批具有学士和硕士文化程度的农民。

3. *健全的农业科研与推广*　美国农业部下设农业科研局，雇有2 600多名科学家从事长期和短期农业研究工作，年农业科研经费约6.24亿美元。在州一级，州立大学内往往都设有农业实验站，农业实验站的经费来自州政府和联邦农业研究中心。此外，农业公司和非营利机构也从事农业的科研与推广工作。3个层次的研究工作相互补充和完善，确保农业科研成果源源不断地产出和应用。

4. *运用高新技术*　为了保持农业的高速发展，美国不惜代价大力组织科研攻关，在农业的高新技术领域取得了重大突破，具体表现为：①大力开展遗传工程研究与生物技术利用；②狠抓计算机与信息技术的普及；③进行遥感、遥测研究与推广自动化技术。

5. *注重农业资源的保护和开发*　美国是一个农业资源极为丰富的国家，他们的水利、森林和草原资源都很丰富。但为了农业的持续发展，他们很重视资源的保护和开发，政府鼓励将森林和水利资源开发为农业旅游区。政府还通过补贴农民，鼓励他们将沼泽地和生产水平低的农田退耕还原。

## 参考文献


[1]　古土．中国共产党建设社会主义新农村的探索历程．中国党政干部论坛，2006(4).

[2]　汪志强．新中国土地改革对构建政治新秩序的影响．长江论坛，2004(6).

[3]　牛若峰，等．中国的“三农”问题：回顾与展望．中国社会科学出版社，2004.

[4]　程同顺．当代中国农村政治发展研究．天津人民出版社，2000.

[5]　方明，刘军．新农村建设政策理论文集．中国建筑工业出版社，2006.

[6]　农业部产业政策与法规司．中国农村50年．中原农民出版社，1999.

[7]　董辅礽．中华人民共和国经济史．经济科学出版社，1999.

[8]　陈锡文．增进农民福祉的新农村建设．中国发展观察，2007(4).

[9]　高启杰，李显刚．全面建设小康社会的障碍性分析．农业部软科学委员会办公室．促进农民增收与全面建设农村小康社会．中国农业出版社，2005.

[10]　丁火．建设社会主义新农村综述．建设社会主义新农村．人民出版社，2006.

[11]　梁丽萍．把构建社会主义和谐社会摆到更加突出的地位——访中共中央党校副校长李君如．中国党政干部论坛，2007(7).

[12]　王艳品，刘世轩．构建和谐社会促进社会主义新农村建设．党史博采(理论版)，

2007(5).

[13] 原松华．发展现代农业:新农村建设的着力点．中国发展观察,2007(2).

[14] 李秉龙．新农村:生活宽裕．中国农业大学出版社,2007.

[15] 王梦奎．中国现代化进程中的两大难题:城乡差距和区域差距(上篇)．新经济导刊,2004(8).

[16] 王梦奎．中国现代化进程中的两大难题:城乡差距和区域差距(下篇)．新经济导刊,2004(9).

[17] 瞿振元,李小云,等．中国社会主义新农村建设研究．社会科学文献出版社,2006.

[18] 李水山．韩国新村运动及启示．广西教育出版社,2006.

[19] 陈东琼,吕文林．新农村建设与农民素质教育．中国农业出版社,2006.

(作者:李　桦 中国农业大学教授、社科部主任,张　晖 中国农业大学副教授,
陈东琼 中国农业大学副教授)

# 结　语

## 总结历史经验，改变二元结构

# 总结历史经验,改变二元结构

中国是个农业古国,又是个农业大国,素以农业为立国之本,有5 000年悠久的历史,曾经创造了光辉的农耕文明,是东方农业发源地之一。自秦汉以来,农业一直处于封建制。鸦片战争以后,中国沦为半封建、半殖民地的社会,农业落后,农村凋敝,农民处于水深火热之中。农业始终是国民经济的基础,又是关系国家安全与社会稳定的特殊产业。“三农”(农业、农村、农民)问题,说到底是个农民问题。农民问题始终是中国革命与建设的根本问题。中国共产党成立以后,在毛泽东的正确领导下,依靠农民,建立农村革命根据地,实行农村包围城市的战略,经过28年艰苦卓绝的斗争,推翻了帝国主义、封建主义、官僚资本主义“三座大山”的统治,建立了中华人民共和国,开创了中华民族历史的新纪元。这是马克思主义中国化的第一次胜利,是毛泽东思想的胜利。

新中国成立以后,建立了以工人阶级为领导、工农联盟为基础的新民主主义社会。立即在农村实行土地改革,结束了2 000多年来的封建土地制度,实现了“耕者有其田”,极大地解放了生产力,使国民经济迅速恢复到“二战”前1936年的水平。在实行过渡时期总路线,推进工业化和社会主义改造中,采取工农业产品价格“剪刀差”的政策,由农民为工业化提供了巨额的原始积累,为形成独立完整的国民经济体系,增强国防实力,奠定了重要的物质基础。

在“左”的路线下,发生的“大跃进”与“文化大革命”两次全局性失误中,农民既深受其害,又能坚持生产,为保证城市居民的粮食与食品供应,减轻失误,做出了重要贡献。

在坚持实践是检验真理唯一标准的思想路线下,实行改革开放,由农村作为突破口,带动了城市乃至整个国民经济体制的改革,取得举世瞩目的成就,这是第二次农村包围城市,是马克思主义中国化的第二次胜利,是邓小平理论的胜利。

党的十六大提出以人为本的科学发展观,把“三农”工作列为全党工作的“重中之重”,实行“工业反哺农业、城市支持农村”的方针,统筹城乡经济社会发展,建设现代农业,发展农村经济,增加农民收入,全面建设小康社会,并采取了一系列相关措施,使农村面貌发生了重大变化。

但是由于城乡二元结构根深蒂固,农业仍是弱势产业,农村仍是弱势社区,农民仍是弱势群体。尤其是在新的工业化与城市化过程中,土地、资金、青壮年劳动力“三要素”的大量“农转非”,由农村流入城市,从而产生农村空心化、农业副业化、农业劳动力老龄化的“三化”与数千万的农村留守儿童、留守老人、留守妇女的“三留守”以及城乡居民收入差别、地区之间收入差别、人群之间收入差别的“三扩大”现象,影响社会安定与和谐,引起党和政府高度重视与社会广泛关注,党的十七届三中全会做了全面部署。最终实现城乡一体化,从根本上解决农民问题,还需要经过不懈的努力。可以说,城乡二元经济社会结构消失之时,也就是解决农民问题之日。

以史为鉴,前事不忘,后事之师。以历史唯物主义的态度,回首60年发展历程,实事求是地总结历史经验,吸取教训,展望未来,少走弯路,少付“学费”,增强建设有中国特色的社会主义的信心,夺取马克思主义中国化的第三次胜利,意义重大而深远。现以《未来10年的农村

(2007)》、《新的十大关系(2007)》、《总结经验,改变城乡二元结构(2008)》、《转变经济发展战略(2009)》,作为总结与展望。

## 一、未来10年的农村

未来10年中国经济离不开"三农",而重点与难点仍然是"三农"。特别是中国经济在进一步对外开放和走向世界的背景下,"三农"问题尤为突出。"三农"问题的解决又取决于城乡统筹发展的程度与质量,也就是在改变沉积太深的城乡二元经济社会结构形成的制度安排与政策方面能有多大的力度和发展水平。因此,筹划未来10年中国经济应当着重研究在消除二元结构方面的变化以及相关的对策。

### (一)人口问题

中国是第一人口大国,印度可能最终超过中国,那是未来多少年的事。中国人口大国也可以说是农村人口大国。在新中国成立以来,虽然在工业化过程中,产业结构有了很大变化,但人口结构变化不大。直到1978年改革开放之前,城市人口与农村人口之比基本上是2∶8。在改革开放以后,由于乡镇企业异军突起和农民工进城,使人口与劳动力结构发生了重大变化。据农业部最新资料,2006年底全国农民工有1.19亿人,乡镇企业职工有1.48亿人,两项合计为2.67亿人,扣除交叉重复,实际由农民转移为非农业劳动力总数为2.1亿人,如果将农民工的家属及子女计算进去,估计有2.5亿人。农村人口实际为6.5亿人,城市人口也是6.5亿人,城市化率大体为50%左右,比统计数据43%略高一些。从2∶8到5∶5的确是个了不起的变化。据此计算,每年平均转移农村人口为1 000万人左右。按照目前人口的增长水平分析,到2020年全国人口可能达到15亿,比现在增加2亿。在GDP年增长率保持10%左右的水平前提下,有可能新转移农村人口2亿人。这样就会出现农村人口保持6.5亿人,而城市人口增加为8.5亿人,城乡人口之比变为6∶4,中国的社会结构就会发生质的变化,由农村人口占主导地位让位于城市人口占主导地位,中国的现代化建设才能达到较高水平。如何在经济继续高速发展过程中加速农村人口向城镇转移,提高城市化水平,则是未来10年乃至20年必须着力考虑的战略性问题。

城市化一般是大中小并举,在以什么为主的问题上,一直存在着很大的争议。从中国的国情出发,着重发展小城镇,能就地转移农村人口,成本低,效果好,可以避免现代"城市病"。城市化必须提高容积率,不能走以牺牲农民土地利益为代价的老路。当然,由于分散也会带来一些负面的影响,需要注意防范。

### (二)耕地问题

人口多、耕地少,是中国的基本国情。改革开放以来,由于工业化与城市化的推进,耕地锐减,10多年来,已由19.5亿亩减少为18.3亿亩,减少1.2亿亩,人均面积下降为1.39亩。对此,中央把保护耕地作为基本国策,提出不得突破18亿亩的底线。但是这一目标很难保证实现。因为工业化城镇化必然要占耕地,加上目前实行由地方政府垄断土地市场的办法,耕地的"农转非"有强大的"以地生财"驱动力,可能发生在统计上保持18亿亩,而实际上达不到18亿

亩的虚假现象。正如过去为减轻农民负担提出农村的"三提五统"不得超过上年人均纯收入5%一样，从统计数字看，没有哪一年超过5%，而实际上农民反映"头税轻，二费重，各种摊派无底洞"，叫苦不迭，直到中央采取果断措施，取消农业两税与"三提五统"费用，才从根本上解决了这个"老大难"问题。目前控制耕地减少保持总量动态平衡的目标所采取的措施，都是治标不治本，难以实现。

为从根本上解决人口与耕地的矛盾，除了继续控制现有耕地的"农转非"并认真解决由于农民工进城而使土地荒芜问题外，还应打开思路，寻求新的空间。主要有两条：一是充分开发非耕地资源。目前中国的土地资源，耕地与非耕地之比为2∶8，非耕地资源包括山地、草地、沙荒地等开发潜力巨大。非耕地资源基本上处于尚未开发的状态，已经开发的由于指导思想与措施不当，破坏严重。如果将两者之比调整为5∶5，则作为具备生产与生态功能的土地比现在增加1倍以上。二是在国际化背景下，我国既要"引进来"，又要"走出去"，与一些人口少土地资源丰裕的国家特别是周边国家实行合作，建立第二农业战场，也有广阔的前景。应总结这方面的成功经验与失败的教训，采取切实可行的措施，建立粮食以及其他农牧生产基地。最近中央决定发行1.55万亿特别国债，用以购买储备美元，在境外建立企业，这是一项"走出去"的重大措施，不应局限在能源工业，而应将农业"走出去"作为重大选项。我们采取的是和平外交政策，实行双赢互利的合作，那些对我国怀有偏见而鼓吹"中国威胁论"，让其在实践中不攻自破。

## (三)环境问题

环境恶化是全球性的问题，特别是"温室效应"引起的气候变暖，已引起国际社会的广泛关注，我国与各国政府都在努力治理污染，改善生态环境，并取得了显著成效。但由于走西方国家工业化过程中先污染后治理的老路，环境问题十分严重，而环境问题在农村尤为突出。主要是生态赤字太重，包括水土流失、荒漠化(北方沙漠化，南方石漠化)、工业"三废"(水、气、渣)污染、江河水体污染、农业化学品面源污染等，已经严重威胁粮食与食品安全以及人民健康。尽管中央采取许多措施，但仍处于局部有所改善、总体继续恶化状态。前不久太湖事件就是一个典型。为此，必须坚决调整经济发展思路和经济增长方针以及考核党政领导人政绩标准，使经济规律服从自然规律，实现人与自然的真正和谐。

治理农村的生态环境，除了各级政府加大投入力度以外，还应总结与推广基层和群众创造的各种行之有效的经验，与新农村建设密切结合起来。特别是在农村经济结构中，把农业的生产链延伸到加工业与流通业领域，实现第一、第二、第三产业协调发展，形成农林牧、种养加一体化的良性循环。拓展农业功能的多元化，把我国传统农业的精华与现代农业先进技术融为一体，显示出强大的生命力，做到生产发展、生活富裕、生态良好。例如，目前在农村推行的生态家园富民工程，在调整农业内部产业结构中，把养殖业上升为主导产业，建立养殖小区，人、畜分离，利用人与畜禽粪便产生沼气，解决生活能源问题，不再燃烧农作物秸秆、木材以及煤等，经过发生沼气后的沼渣沼液又是无害化的优质有机肥料，生产绿色和有机农产品，形成植物—动物—微生物的良性循环。这项工程推行以来，已有2 000万农户使用了生物质能源，每年以国债25亿元扶持250万户发展沼气。其实每年用250亿元国债(扶持2 500万户)扶持农村沼气，也是很值得推行的一项德政。

### (四)体制问题

生产关系必须适应生产力,上层建筑必须适应经济基础,这是最基本的原则。在改革开放以来,生产力与经济基础发生了重大变化,而生产关系与上层建筑不适应生产力与经济基础的矛盾仍十分突出。这就是经济基础基本上已走上市场经济的轨道,生产关系的调整促进了生产力的巨大发展。但是在计划经济体制下形成的以政府为主导和部门垄断的格局,虽然也有一些变化,而层次繁多、部门林立的局面未根本触动。在这种情况下,生产要素包括土地、资本、劳动力等的流动,受到体制的重重障碍,影响土地的规模经营、农业的劳动生产率和农民收入,在新农村建设中农民的主体地位难以落实。中央提出以人为本的科学发展观和转变政府职能的要求,落实起来遇到体制的阻力也很大。改革开放以来,政府机构改革有 4 次,虽有一定成效,但都不成功,以至出现行政管理费的支出无论是总量和增量,还是占财政总支出的比重,都大大高于"三农"支出的不正常现象。在这种背景下"权钱交易"的腐败行为难以避免。为此,按照市场经济的要求,市场在资源配置中起基础性作用,必须深化行政管理体制改革,减少层次,合并部门,调整职能,真正做到为人民服务的政府。目前,推行的农村综合体制改革(办公室设在财政部),包括乡镇行政管理体制、金融体制以及教育体制改革等,尚未触及不适应经济基础的上层建筑的根本矛盾,需要从整体上深化政府机构改革加以解决。

体制改革的核心是让农民当家做主,还权于农民。目前推行的由农民创造的村民自治组织,实行四大民主(选举、决策、监督、管理),在使农民行使当家做主权利方面取得了显著成效,但不少地方流于形式,引起农民的不满。关键在于乡镇以上政府的干预以及与党支部的关系处理得不好。按照《村民委员会组织法》规定,乡镇政府与村民委员会不是上下级的领导关系,而是指导与协调,但实际上已将村民委员会当成乡镇政府的下级单位。本来,农村党支部与部队连队、学校班级、工厂车间、机关科室的党支部一样,通过党员的先锋模范作用,发挥支部的战斗堡垒作用,保证党中央的路线、方针、政策在基层贯彻执行。而现在强调农村党支部的"核心"与"领导"作用,一切由党支部说了算,甚至是党支部书记说了算,村民自治组织形同虚设,这是很不正常的。农村基层组织包括党支部、村民自治组织、社区合作经济组织,职责各不相同,干部可以交叉任职,而职能不能混淆,现在以党代政、以政代企的现象相当普遍,需要纠正。

体制改革的关键应保证农民的公民权利,实现《宪法》规定的在法律面前公民一律平等。但是长期以来,由于二元结构下形成的城乡不同制度安排与政策,改革还需要有一个过程,但这个过程不可拖得过长,应经过努力,尽量缩短这个过程,特别不应继续出台违背《宪法》而对农民实行不公正的政策,不能与城市居民享有同等的平等权利,这必然会增加新的矛盾,制造社会的不和谐,应予坚决杜绝。

实行城乡统筹发展,缩小城乡差别,是未来 10 年的一项重大任务。近些年来,城乡居民收入差别逐年拉大,2006 年为 1∶3.3。城乡差别不仅表现在收入方面,而且表现在公共服务与公共建设方面。为此,必须深化财政体制的改革,大力调整国民收入分配结构,不仅在总量与增量上,而且要在占财政总支出的比重上,增加对农村的投入,尤其是在教育、医疗、社会保障等方面着重加大对农村投入的力度,逐步缩小城乡差别。

## 二、新的十大关系

20 世纪 50 年代，毛泽东主席发表了一篇《论十大关系》的重要讲话，在国内外引起强烈反响。这篇讲话，总结了社会主义建设的经验，提出了处理各种关系的方针，是一篇十分重要的文献。现在与当时的形势相比已经发生了根本性的变化，而其中许多重要的思想，仍具有现实的意义。

改革开放以来，在经济高速发展和人民生活不断改善的同时，出现了许多新的矛盾，已引起党中央的高度关注。特别是在党的十六大以来，提出以人为本的科学发展观，构建和谐社会等，并采取了一系列政策措施，解决出现的各种矛盾，有了良好的开端。归纳起来，需要解决好十大矛盾，也就是处理好十大关系。

### (一)效率与公平的关系

中央提出效率优先兼顾公平的原则，强调了效率问题。这是针对在计划经济时代“吃大锅饭”的管理体制和“平均主义”的分配制度而产生的低效率提出的。在现实生活中，由于人群之间收入差别越来越大，分配不公现象越来越突出，人们的不满情绪越来越高涨，于是有人提出应修改效率优先的原则，把公平放在突出位置。在计划经济时代，实行按劳分配，实际上不是按劳分配而是低水平的平均分配，差别很小，然而人心尚能安定。但是这种分配制度的弊端也很明显，“干与不干一个样，干多干少一个样，干好干坏一个样”抑制了进取的积极性。当时由于物资的短缺，吃穿用等生活品不得不采取凭票定量供应的办法，这显然是不得已而为之，绝不是像有人说的是“社会主义制度的优越性”。在 3 年困难时期，13 级以上领导干部除粮油定量外，每月增发 0.5kg 肉和 0.5kg 鸡蛋，被称之为“肉蛋干部”，17～13 级干部每月增发 0.5kg 白糖和 0.5kg 黄豆，被称之为“糖豆干部”，未患水肿病。中国素有“不患寡而患不均”的文化传统，有分配均等的内在要求，这是可以理解的。但是平均等于贫困，贫困不是社会主义，平均也不是社会主义。毛泽东主席在革命战争年代曾经批评过绝对平均主义思想。改革开放以来，引入市场经济的竞争机制，实行按劳分配与按要素分配相结合的方针，让一部分人先富起来，然后带动更多人共同富裕，从而使收入差别逐步拉大。城市居民人均可支配收入与农村居民人均纯收入之比，1978 年为 2.4∶1，到了 1984 年，由于农村经济全面高速增长和产业结构的调整，农民收入大幅度增加，城乡居民收入之比下降为 1.7∶1。但好景不长，以后逐年扩大，到 2005 年扩大为 3.22∶1，2006 年扩大为 3.28∶1。如果把城市可支配的收入包括在社会福利方面的补贴计算在内，城乡收入之比竟达 6∶1。还应指出的是农民人均纯收入还包括自给部分的实物收入，如果再扣除用于生产资料费用支出后，实际能够用于消费具有购买能力的货币收入是微乎其微的。这是消费影响拉动 GDP 的重要因素。城乡差别拉大，已成为当今社会的突出矛盾，基尼系数达 0.46，进入“红灯区”。党中央十分重视这个问题，提出统筹城市与乡村发展以及工业反哺农业、城市支持农村的方针，免除农业税和村三项提留与乡五项统筹费，农村九年制义务教育免收学杂费，推行合作医疗制度，对种粮食的农民实行直接补贴、良种补贴、农机补贴以及生产资料综合补贴，开始实行最低生活保障制度等，对增加农民收入取得了一定成效，有助于缩小城乡差别。但由于城市居民收入增长幅度仍高于农民收入增长幅度，收入差距仍在继续扩大。这是当今中国社会最大的不公平,从而影响社会和谐与安定,还需要做出巨大的努力。

强调社会公平不等于效率问题不重要,在经济高速增长的背后,仍存在效率低下问题。主要表现在两方面:一方面是经济发展中"四高一低",即高投入、高消耗、高排放、高污染、低效率。经济的高速增长在很大程度上是以牺牲资源与环境为代价的,走的是不可持续发展道路;另一方面是在计划经济时代形成的高度集中的行政管理体制,由于多部门、多层次、多环节的政府机构而产生的官僚主义与形式主义,增加了管理成本,降低了效率,浪费了资源。增长≠发展,在保持经济高速增长和解决社会公平问题的同时,还必须高度重视效率问题。党中央提出建设资源节约型与环境友好型社会以及调整政府职能与改革行政管理体制等,还要加大力度。

### (二)经济发展与社会发展的关系

党中央提出的以经济建设为中心,强调发展是硬道理,落后就要挨打,发展经济是毫不动摇的第一要务等,这是对"以阶级斗争为纲"的"拨乱反正"。实践证明,这个方针是完全正确的,成效明显,有目共睹。但是还应看到社会问题日益突出,经济发展与社会发展严重失衡,既影响社会和谐与安定,也是经济发展的制约因素。城乡差别大不仅表现在收入方面,而且表现在社会发展方面。外国人说"中国的城市像欧洲,农村像非洲。"社会发展既有城市的下岗职工和社会保障方面的问题,更大的是农村社会发展严重滞后带来的一系列社会问题。这是城乡二元经济与社会结构和城乡两种不同的制度安排与政策形成的。在农业合作化和人民公社化运动中,农民有自留地、五保户、公益金、赤脚医生等,为农民提供了微小的社会保障,而通过工农业产品价格"剪刀差",农民为国家的工业化提供了巨额的原始资本。但农民并没有得到相应的社会保障,教育、医疗、养老等社会保障基本是零。同时,由于为了保证粮食的"统购统销"政策的实施,采取了严格的户籍制度,限制农民转为城市居民,农民成为"世袭"农民,祖祖辈辈面朝黄土背朝天,以至在工业化过程中,农业占国民经济的比重不断下降,而农村人口与劳动力没有相应减少,而且随着人口和劳动力的自然增长,农村人口与劳动力的比重与解放初期差不多,形成了不对称的畸形社会结构,诸多社会问题由此而产生。改革开放以来,农村率先改革,首先在保持土地集体所有的前提下获得了承包经营权,促进了农业的全面高速增长;改变单一的农业结构,发展离土不离乡的乡镇企业,分离了一部分劳动力;一部分青壮年劳动力离土又离乡,自发地进城务工经商,变为"农民工"或"两栖"农民,成为城市建筑业与服务业的主力军。这一切对改变二元经济社会结构取得了重大的突破与进展。目前,在农村4.5亿劳动力中,已有2亿劳动力从事非农产业,他们创造的GDP占农村经济总量的2/3,占全国的1/3。但是他们的身份仍然是农民,一些农民成为在国内外有重大影响的企业家,还是"农民企业家"。农民的社会地位与此相应的社会福利待遇,仍属于"二等"公民之列,在许多方面受到不公正的歧视,成为最大的弱势群体,处于边缘化状态,包括农民工的子女,处于双重边缘化地位。党的十六大以来,党中央提出以人为本的科学发展观,统筹城乡经济社会发展,建立逐步改变城乡二元经济结构的体制,在教育、医疗、文化等方面重点放在农村,重视农村社会保障,在改革户籍制度以及取消对农民工的歧视政策和维护农民工的合法权益方面,采取了一些积极措施,受到农民的欢迎。为从根本上改变二元结构,让农民获得公民的基本权利,享受国民待遇,消除对农民的歧视,促进农村社会的全面发展,使国家长治久安,还需要继续做艰苦的努力。

### (三)经济发展与保护环境的关系

我国的资源总量是很丰富的，包括气候资源、土地资源、水资源、矿产资源、生物资源以及人力资源等，但是由于人口基数太大，人均占有量又是很低的，这就不得不使我们十分关注节约资源、保护资源、合理开发和利用资源。但是遗憾的是我们犯了两大错误，一是人口政策的失误，人口数量太大超过资源的承载力；二是走了西方国家工业化先污染后治理的老路。人们称“吃祖宗饭，造子孙孽”。这两方面的错误给生态环境形成巨大的压力。改革开放以来，把控制人口和保护环境作为两大基本国策，实行可持续发展的方针，率先制订了《中国 21 世纪议程》，并在《京都议定书》签了字，对减少二氧化碳排放量做了承诺。在“十一五”计划中提出减少和降低能源消耗和污染排放的指标，关闭了一大批有严重污染而未治理的中小企业，在农业方面退耕还林、退牧还草，推行无公害、绿色、有机产品等，收到了相当大的成效。但是由于积淀的环境问题太大，有积重难返之态势，特别是由于错误的发展观和政绩观导致 GDP 拜物教与经济至上主义，把 GDP 增长与财政收入的指标作为政绩衡量标准，因而急功近利、短期行为难以避免。环保部门惩处污染事件的阻力甚大。为此还需要进一步调整经济发展的方针，切实保护环境，坚决实行绿色 GDP 指标体系，实现可持续发展，也就是经济与环境的协调发展。

### (四)城市与农村的关系

城乡关系也就是工农关系，党中央历来是很重视的。我国是以工人阶级为领导、工农联盟为基础的人民民主专政国家。毛泽东主席依靠农村，建立革命根据地，实行农村包围城市的战略，取得了革命的胜利。在党的七届二中全会确定党的工作重点由农村转移到城市时告诫全党不要忽视农村。在《论十大关系》中特别强调正确处理城乡关系与工农关系，要求全党在工业化过程中重视农业。他提出真重视工业还是假重视工业的问题，如果真重视工业就要重视农业，并且提出在安排投资时以“农—轻—重”为序，把农业放在首位。他还尖锐批评了斯大林向农民要得多而给得少是“竭泽而渔”的政策。但是我们在实践中，始终没有处理好工农关系。虽然强调农业是国民经济的基础，把发展农业放在发展国民经济的首位，增加对农业的投入，改善农业生产条件，提高农业抗灾能力。但是不仅在工业化初期，采取工农业产品价格“剪刀差”的办法，由农民提供原始积累，而且在农业的比重下降至 50%以下以后，仍然由农业支持工业，农村支持城市，使农业长期处于基础脆弱、后劲不足、生态环境恶化、抗灾能力下降状态，农业始终成为国民经济中最薄弱的环节。同时，由于人口多土地少，在实行家庭承包经营以后，每户经营土地 0.5hm$^2$ 左右，成为规模特别小的“超小型”农户经济，劳动生产率极低，尽管国家采取了一些粮食补贴的扶持政策，难以改变这种落后的局面。中央提出中国经济进入工业反哺农业、城市支持农村的新阶段，十分重要，需要有配套政策措施，方能落实。

**第一，调整国民收入分配结构，切实增加对农业的投入，加强基础设施建设，改善生产条件，提高抗灾能力。**党的十一届三中全会关于发展农业若干问题的决定，拉开农村改革的序幕，其中特别提出用于农业的投资占投资总额的比重达到 18%，但这一目标落了空，始终未能实现。以后又提出中央和县以上地方政府财政每年用于农业的投入增长幅度不低于经常性财政收入增长幅度，落实得不好。

2006 年一号文件关于建设社会主义新农村的决定 3 个继续高于上年，即财政支农投入的增量高于上年，国债与预算内资金用于农村建设的比重高于上年，其中直接用于改善农村生产生活条件的资金高于上年。2007年1号文件关于发展现代农业的决定新的3个继续高于,即财政支农投入的增量高于上年,国家固定资产投资用于农村的增量高于上年,土地出让收入用于农村建设的增量高于上年。这里强调的都是指“增量”,而不强调“比重”。由于财政收入的大幅度增加,2003年突破2万亿元,达到21 715亿元;2005年突破3万亿元,达到31 649亿元;2006年超过3.6万亿元。而用于农业与农村的投入虽在“增量”和“总量”上有所增加,而在比重上却有所下降。因此,是否真正体现工业反哺农业、城市支持农村,应看财政支出的比重是否真正有所增加。特别应指出的,用于行政管理费支出的总量、增量以及所占的比重,都高于用于农业的1倍以上,如何能体现农业的基础地位和对弱势产业的扶持以及“多予少取”的方针呢?这里还要指出的,一些部门强调农民是投入的主体,这是不确切的。农民是简单再生产投入的主体,社区集体经济组织也是农业投入的主体,而大型基础设施建设、生态环境的改善,政府是投资主体,把农民说成是农业投入主体,掩盖了政府投入的责任,降低调整国民收入再分配结构的必要性和紧迫性。

**第二,调整农业经营的政策,延长农业生产链,促进农工商经营,提高农业的附加值;在有条件的地方,坚持自愿互利的原则,促进土地使用权的流转,形成一批农业经营大户或家庭农场,实现土地的规模经营,提高农业劳动生产率,从根本上缩小工农和城乡差别。**当前在农村社会保障覆盖面还很小的情况下,土地既具有生产功能,又具有生活保障功能,在完成由“世袭”农民过渡为“两栖”农民后,由“两栖”农民过渡为“现代”农民,是一个必然发展趋势,又是一个相当长时间的过程,不能操之过急,只能水到渠成。

### (五)计划与市场的关系

在工业化过程中,开始时由于缺乏社会主义建设的经验,只能向苏联“老大哥”学习,以俄为师。而且有156个大型工业项目是斯大林援助的,管理方法与制度完全是学苏联的。斯大林把社会主义概括为公有制+按劳分配+计划经济,并且强调有计划按比例发展国民经济是社会主义经济规律,计划就是法律。因此,在很长的一段时间里,我们把计划经济看作是社会主义,把市场经济看作是资本主义。邓小平指出计划与市场不是社会性质的属性,解决了这个意识形态化问题。市场经济不是按劳分配而是按要素分配的,市场在资源配置中起基础性作用,是竞争经济,不是没有计划的无政府主义经济,是由政府依法实行宏观调控的经济,也可称之为法治经济。虽然在国家干预问题上出现过分歧,产生了新自由主义,但不存在政府无调控功能的问题。我国在引进和推行市场经济过程中,加了社会主义的定语,意在区别于资本主义的市场经济,关键在于是否以公有制为主体作为衡量标准。我们所说的公有制包括国有和集体所有两种。属于国有经济的国有企业,经过20多年的改革,先后实行政企分开—拨改贷—利改税—债转股—抓大放小—资产重组等一系列措施,最终形成包括控股与参股在内的多种所有制结合的股份制混合经济。集体所有制企业一部分转为股份合作制或股份制企业,大部分变为个体和私营企业。关系国计民生的部门仍由国有经济居于垄断地位。值得重视的,这些居于垄断地位的国有企业,在实施股份制改造中,原来的政府官员变为控大股的经营者,利用垄断的权力和国家的资源,成为巨富,被称之为“权贵资产阶级”,这种表述是否准确?还可探讨,但不可否认的是成为目前收入悬殊甚至两极分化的重要标志。

在市场化过程中另一个值得重视的问题是“泛市场化”,把市场经济看成是医治百病的“良药”,无边际地引入文化、教育、科技、医疗等各个部门,甚至渗透到党政机关以及意识形态领域

之中，腐蚀了健康的价值观，败坏了社会风气，造成了严重的不良后果，特别是使年轻一代误入歧途，国内外社会反映十分强烈，急需引起极为高度的重视，采取强有力的措施，加以返正和正确引导。

## (六)中央与地方的关系

毛泽东主席在《论十大关系》中十分强调发挥中央与地方两个积极性，两个积极性比一个积极性好。自古以来，中央与地方的关系始终是治国中的一个重大原则问题，也就是中央集权与地方分权问题。中央集中太多，影响地方的积极性；地方分权太多，影响中央的集中统一。在国防与外交方面必须集中统一这是无庸质疑的，世界各国不论何种社会制度无不例外。我们在新中国成立后，一直实行中央高度集中的制度，对迅速恢复社会秩序和国民经济以及医治战争创伤起了决定性作用。在开始工业化建设时，是由中央有关部门实行垂直管理，人财物“三权”集中在中央有关部门，国有经济成为“条条专政”的部门经济。在改革开放以后，中央逐渐把经济与社会发展权下放给地方政府，发挥了地方的积极性。在 20 世纪 90 年代后期，为了使中央集中更多的财力兴建一些关系国家实力的大型工程，决定实行中央与地方的分税制，取得了十分显著的成效。目前中央财政收入占 50%以上。对此，地方特别是县级政府反映强烈。尤其是财权与事权分离，财权上收而事权下放，使地方处于十分困难的境地。他们说“中央财政是美日子，省财政是好日子，市财政是紧日子，县财政是穷日子，乡财政是苦日子”。如何处理好“部门垄断”与“诸侯割据”的矛盾，是当前需要解决的一个重大问题。政令不通，中央的方针政策往往不能落实，尽管“三令五申”而“收效甚微”。互相埋怨没有用，原因是多方面的。大体为：一是由于我国各地的自然社会条件和经济发展差别很大，中央的政策有的过于具体，难以适应各地的实际情况，因而难以落实。二是中央的部门林立，分管的业务很细，又多习惯于自成系统，垂直管理，所谓“中央的一号文件很好，部门的二号文件好狠”，甚至“中央权力部门化，部门权力法律化”，地方政府在京的办事处，多如牛毛，“跑部钱进”，实际上使中央的政策成为“空中楼阁”。三是政府层次太多，中央—省—市—县—乡—村(自治)，在全世界是少有的，中转环节多，运行时间长，管理成本高，行政效率低，损失浪费大，腐败现象难以避免。四是地方诸侯缺严格的监督机制，特别是党委第一书记，权力过大，往往对中央的政策采取实用主义的对策，适者执行，不适者搁浅，甚至采取阳奉阴违的办法。五是政府职能错位，控制人财物的资源权力过大，必然会产生争权与扯皮的矛盾。解决中央与地方的矛盾，一是调整政府的职能，并把事权与财权统一起来。二是减少部门与层次，合并相关部门，取消临时协调机构；减少层次，把地市和乡镇变为省与县的派出机构，重点加强县级政府的建设。三是发挥非政府组织的作用。改革开放以来，先后有 4 次政府机构改革，都不成功，原因在于调整职能不到位，部门和层次越来越多，走了膨胀—精简—膨胀的老路，是治标不治本的结果。

## (七)民主与法治的关系

民主与法治是不可分割的整体，没有法治，民主就会是无政府主义，各行其是，自由泛滥，因而民主必须在法治的范围之内。只有法治，没有民主，法治就失去了群众的基础，法治也难以推行。民主与法治是有阶级性的，有资产阶级的民主与法治，也有无产阶级的民主与法治。我们是共产党领导的社会主义国家，自然是无产阶级民主与法治，维护无产阶级的权利。共产党处于执政地位，与各民主党派实行多党合作制，长期共存，互相监督，充分发挥他们参政议政的作用。全国人民代表大会是最高权力机构，人民政协是民主协商的机构，各司其职，为健全民主与法治而奋斗。一是执政党的活动必须服从宪法，在法律规定和允许范围之内活动，不论职位有多高，都不得凌驾于法律之上。二是推行基层民主自治制度，如农村的村民委员会，实行四大民主（民主选举、民主决策、民主管理、民主监督），有条件的地方，把村民自治延伸到乡镇，实行乡镇自治。三是健全民主党派的民主协商制度，政治协商主要在中央与省一级，县（市）多为基层组织，通过其上级组织参与政治协商，不必层层设政协。四是健全民主监督制度，包括开放新闻监督，特别是要加强对党政一把手的监督，不能自己监督自己。五是解决好党政不分、以党代政问题，党管好党。六是在各级人民代表中增加农民代表名额，以体现代表的公平性。毛泽东主席在早期为追求民主和自由而奋斗，但在晚年，滥用威望和权力，采取发动政治运动的办法，压制和打击有不同意见的人。“欲加之罪，何患无辞”，窒息了民主，出现了难以数计的冤假错案，甚至对待生死与共的亲密战友和共度患难的朋友，也在所不惜，使民主与法治遭到严重的破坏。在粉碎“四人帮”以后，邓小平、胡耀邦坚持实践是检验真理唯一标准的思想路线，反对“两个凡是”，坚决彻底平反了一切冤假错案，废止了宪法中有关大鸣大放大字报大辩论的规定，走上民主与法治的轨道，取得了初步成效。党中央提出“科学执政、民主执政、依法执政”是很正确的。关键是执政党如何实现科学、民主、依法执政。在这方面还要通过深化政治体制改革加以推进。

### （八）汉族与少数民族的关系

我国是个多民族国家，有56个民族。民族和睦是国家安定和社会和谐的重要基础。在民族政策上主张汉族离不开少数民族，少数民族离不开汉族，既反对大汉族主义，又反对地方民族主义。在我国悠久的发展长河中，历代开明君王，都十分重视各民族的团结，并作为一项治国的重要政策，汉、唐、清等盛世，都与实行民族和睦与团结的政策分不开的。红军在长征途中，由于与少数民族友好团结，渡过了难关，取得了胜利。新中国成立以后，实行民族平等与民族自治政策，实现了民族大团结。但也曾发生了一些民族闹事与动乱事件，多数是由于国外反动势力的挑唆和民族主义的猖獗所致，也与我们在民族政策执行中的失误有关。少数民族绝大多数是信教的，民族政策与宗教政策紧密相关。正确地执行民族政策与宗教政策是民族和睦与民族团结的基础。国外反动势力与国内反动势力勾结挑动民族主义情绪，利用宗教对我国的少数民族实行分裂以及恐怖活动，甚至鼓吹民族独立等，都需要保持高度警惕。少数民族大多数分布在山区与牧区，生产与生活条件都比较差，需要特别关照，在政策上予以扶持。海南、云南、贵州、青海等省，少数民族较多，可考虑建立自治区。各民族都要平等和睦相处，互相尊重，互相学习，取长补短，共同发展。斯大林推行大俄罗斯主义，压制其他少数民族，是苏联解体的重要因素之一。

各民族都拥有深厚的文化传统，在弘扬中华民族传统文化中，包括56个民族的文化，而不只是汉族文化，更不是儒家一家文化。应该看到在保持和传承民族文化中少数民族比汉族好，农村比城市好，海外华人比大陆好。应发挥各民族的原生态文化，并使其与现代文化相融合。在国际化、市场化大潮中，使中华文化走向国际，并与西方先进文化“嫁接”，创造有中国特色的新文化，为人类的和谐与进步做出贡献。

### (九)区域与区域的关系

我国地域辽阔，各地的自然条件差异甚大，经济与社会发展水平很不平衡，历史文化传统也不一样。中央把全国分为东、中、西部三大部分，提出东部建立4个特区和14个开放城市、西部大开发、振兴东北老工业基地、中部崛起等战略，就是为了发展区域经济，并已取得了显著的成效。在东、中、西部三大部分，也可以看作是中国的第一、第二、第三世界。东部是第一世界，而在每个省内部又可分为东中西三部分，中部与西部也是如此。近些年来三类地区在共同发展中差别逐渐拉大。中央重视对欠发达地区的开发，提出统筹区域之间的发展战略，并采取了一些扶持政策，以缩小区域之间的差别。区域之间的差别主要表现在农村的差别，城市的差别不是很大。因此，在关注和扶持欠发达地区的发展中，应特别关注农村的发展。西部地区是我国许多江河的源头，是东部地区的生态屏障，东部受益地区应对西部给予必要的生态补偿。西部地区具有丰富的自然资源，能够作为东部经济发展的后方原料基地，架起东西部合作的大桥，鼓励东部的企业到西部去开发创业，必然会取得双赢的成效。

### (十)独立自主与对外开放的关系

中国实行对外开放与和平外交政策，是走向世界的必然选择，不会再走闭关自守的道路。自改革开放以来，采取了一系列有效的政策，走出去，请进来，全方位地加强国际合作与交流，取得令人瞩目的成就。实践证明，开放促进了发展，增强了国力，缩小了与国际的差距，并对世界和平与发展做出贡献。农业在我国虽是弱质产业，但农业有悠久的历史，创造了光辉的农耕文化，具有浓郁的天人合一思想，积累了与自然和谐的丰富经验，又由于有丰富的自然资源，从寒温带到赤道热带，是世界上最大的天然生物基因库。因此，开展农业的对外开放，引进先进的农业科学技术和管理经验，促进我国的农业现代化；同时使农业走出去，走向世界各地，特别是发展中国家，开展农业的国际合作，具有十分广阔的前景，可以大有作为，成为推进和平外交、实现和谐世界的一支重要力量。在东盟、非洲以及拉丁美洲，农业合作已经起步，有了良好开端，需要因势利导，积极推进。福建农林大学林占熺教授创造的以草养食用菌技术，在亚洲、非洲、拉丁美洲国家受到当地政府与农民的欢迎，正在大面积推广。

在对外开放中，既要保护好自己的生物资源，又要防止外来的有害生物入侵。在这方面必须要建立强有力的检测与监督制度，不能有丝毫的放松。

在对外开放中，既要引进先进的技术，尊重和维护别人的知识产权，又必须保护好自己的知识产权，在WTO的规则框架下，开展互利的合作。中央提出建设创新型国家，意义重大。在科技方面提倡自主创新、集成创新、引进吸收消化再创新。其中自主创新特别重要，在这方面要向海尔集团和燕京啤酒集团等民族企业学习，他们提出弘扬民族文化、发展民族产业、办好民族企业、创造民族品牌，走向国际。

在对外开放中，坚持独立自主的原则，维护主权与领土完整，是神圣不可侵犯的权利。我国由于深受帝国主义的侵略、压迫、奴役、蹂躏之苦，绝不能容许这种现象重新出现。尼克松访华时，美国飞机只能降落在上海，由上海到北京，由北京到杭州，由杭州到上海，必须乘坐中国的飞机，因这涉及主权问题，基辛格对此深有感触，认为中国十分珍惜主权。在对外交往中必须克服“鹬蚌相争，渔翁得利”现象，要特别警惕内外勾结侵吞国家资产的行为。

## 三、总结经验,改变城乡二元结构

在纪念改革开放30周年之际,中共十七届三中全会通过《关于推进农村改革发展若干重大问题的决定》(下称《决定》),全面总结了农村改革发展30年的经验,提出了到2020年农村改革发展的目标和若干重大政策,对于在新形势下进一步推动农村改革发展,推进现代农业,建设新农村,增加农民收入,缩小城乡差别,实现城乡经济社会协调发展,促进社会和谐,具有重大的意义。

### (一)农村改革30年的基本经验

中国的改革开放发端于农村,在实践是检验真理的唯一标准的思想指导下,亿万农民奋起改革,取得了重大突破,然后带动了城市乃至整个国民经济的改革,获得了举世瞩目的成就,促进了由计划经济向社会主义市场经济的重大转变。30年来,农村改革有四项重大突破,也就是农民的四大创造。

一是突破持续20年之久的人民公社制度,建立了以家庭承包经营为基础的土地制度。在保持土地集体所有不变的原则下,使农民获得了土地承包经营权和生产经营自主权,解放了生产力,促进了农业的全面快速发展。这项改革被人们称之为继土地改革后的“第二次土地革命”。美国著名的经济学家、诺贝尔奖金获得者舒尔茨认为土地的家庭经营是“中国农村社会进步的第一推动力”。

二是突破了单一经营的农业产业结构和所有制结构。“异军突起”的乡镇企业,促进了农村经济社会的全面发展,工业、交通运输业、建筑业、商业和服务业等五业并举,创造了具有中国特色的另一条工业化道路,不仅成为农村经济的主导力量,在转移农业劳动力、增加农民收入、发展农村社会事业、促进城镇化等方面做出了重大贡献,而且成为国民经济的重要组成部分,在商品生产、出口创汇、缴纳税金、改变城乡二元结构等方面居于举足轻重的地位。一位外国政要说乡镇企业是中国经济高速发展的“秘密武器”。

三是突破了政社合一的体制,建立了民主政治建设的村民自治制度,实行民主选举、民主决策、民主管理、民主监督“四大民主”和村务公开、财务公开“两公开”,开创了农民行使当家做主权利的先河,为进一步推进我国的民主政治建设,特别是县乡的民主政治建设,提供了极为宝贵的经验。美国前总统卡特在一个村参观了民主选举的全过程后说,“中国农民找到了行使民主权利的诀窍。”

四是突破城乡二元经济社会结构,进城的农民工已经成为城市建设与服务业的主力军,从职业上已是工人阶级的组成部分,有1.5亿农民从“世袭农民”变为“两栖农民”是农村社会的巨大进步,是史无前例的创举。农民进城务工是农民的“黄埔学校”,在市场经济大潮中,造就了一大批农民企业家,返乡第二次创业,成为带动广大农民脱贫致富的重要力量。

30年来农村改革的轨迹大体为“解放思想—群众创造—专家总结—领导认可—政府规范”,是不断突破束缚生产力发展的二元结构理念与制度的过程,是由计划经济体制向社会主义市场经济转型的过程,是由传统的农村、农业、农民向现代的农村、农业、农民转变的过程。农村改革遵循的原则与方法,一是以市场经济为取向;二是尊重农民的意愿与选择;三是循序

渐进；四是因地制宜。这样改革的好处，一是成本低；二是风险小；三是效果好。这种经验为落实《决定》的各项目标，进一步推进农村改革的顺利发展，提供了重要的依据。

## (二)农村改革走向的演变

农村改革发展的实践过程，是不断调整思路与走向的过程。集中反映在党中央一系列的决定。1978 年底党的十一届三中全会拉开农村改革的序幕，发布了经过四中全会正式通过的《关于加快农业发展若干问题的决定》；1982—1986 年连续发了 5 个一号文件；十三届八中全会通过《关于进一步加强农业和农村工作的决定》；十五届三中全会通过《关于农业与农村工作若干重大问题的决定》；2004—2008 年连续发了 5 个新的一号文件。这次十七届三中全会又通过《关于推进农村改革发展若干重大问题的决定》，是历次中央决定的延续和发展。回顾农村改革发展历程，大体分为两个大的阶段。从十一届三中全会到十六大，研究解决“三农”问题，基本上局限在农村的范围；从十六大到十七届三中全会，发生了重大变化，越出农村的范围。十六大首次提出“统筹城乡经济社会发展、建设现代农业、发展农村经济、增加农民收入，是全面建设小康社会的重大任务”。并把统筹城乡经济社会发展列为 5 个统筹之首。接着提出“三农”工作是全党工作的“重中之重”和“多予、少取、放活”以及“建立逐步改变城乡二元经济结构的新体制”，并采取了一系列重大举措，包括取消农业税费、免收九年制义务教育学杂费、推进合作医疗、推行最低生活保障、实行粮食的补贴、增加对农业的投入等，收到了明显成效，受到农民的欢迎，然而城乡居民收入差别仍在扩大。十七大提出推进社会主义新农村建设，走中国特色农业现代化道路，建立以工促农、以城带乡的长效机制，培育有文化、懂技术、会经营的新型农民。在深化产权制度改革上提出“探索集体经济有效实现形式”、“健全土地承包经营权流转市场”、“改革集体林权制度”等。三中全会的《决定》在总结农村改革 30 周年经验的基础上，分析了存在的问题，提出了农村改革发展的目标及相应的措施。《决定》指出，面临的困难与挑战：城乡二元结构造成深层次矛盾突出，农业基础仍然薄弱，农村发展仍然滞后，农民增收仍然困难。这正是农村改革发展要解决的问题。这就需要总结经验，推进改革，建立改变城乡二元结构的新体制。

## (三)农村改革的任务：消除二元结构

中国城乡二元经济社会结构，根深蒂固。由二元结构形成的两种制度安排与政策，冰冻三尺，非一日之寒。农村改革以来，特别是十六大以来，虽取得重大突破，是一个良好的开端，要最终实现城乡一体化，任务仍十分艰巨。消除二元结构，是一个深化农村改革的“牛鼻子”，关键是要把三中全会的各项决定真正落实到中央各部门与地方各级政府的实际工作中去。

第一，抓住应对全球金融危机的挑战与机遇，把经济的稳定快速发展牢固地建立在扩大内需的基础之上。把扩大内需的重点放在农村，大幅度增加投入，改变农业基础设施与农村公共服务的两个长期薄弱环节，缩小城乡差别，实现城乡经济社会协调发展的目标。为此，首先要动真格调整国民收入分配结构，真正向农村倾斜，体现我国经济进入“工业反哺农业”和“城市支持农村”的新阶段。近几年来，由于中央的重视，财政用于“三农”的支持虽然有较大的增加，但还存在以下 3 种现象：一是用于“三农”支出的增长幅度低于财政总支出的增长幅度。2005—2007 年财政总支出由 33 708 亿元增加到 49 565 亿元，增长幅度由 18.3%上升为 22.5%；而用于“三农”的支出由 2 975 亿元增加到 3 917 亿元(预算)，增长幅度由 13.3%上升为15.4%。二是用于“三农”支出占财政总支出的比重是下降的。2005—2007年由8.8%下降为8.4%。三是用于支农支出在总量、增长幅度、占财政总支出的比重都大大低于行政管理费的支出。2000—2005年，支农支出由767亿元上升为1 770亿元(注:支农支出小于“三农”支出)，占财政总支出的比重由4.7%上升为5.2%;而行政管理费由1 787亿元(预算内)上升为4 811亿元，占财政总支出的比重由11.2%上升为14.2%，与支农支出的反差甚大。这种局面应该在落实党的十七届三中全会的决定中能有重大改变，即用于“三农”支出的由于原有的基数过低而增长幅度应该更大一些，至少不低于财政总支出增长幅度，同时应该提高占财政总支出的比重。尤其在总量、增长幅度以及占财政总支出的比重都应高于至少不低于行政管理费的支出。这是能否真正改变二元结构和落实农业的基础地位以及“工业反哺农业”和“城市支持农村”的试金石。为了增强地方财政用于“三农”的支出力度，可考虑适当调整中央与地方财政收入的比例，使地方财政高于中央财政，这就需要改革现行的税收体制。

第二，拉长农村基础设施与公共服务两条短腿，在确保现有18.26亿亩耕地不再减少的前提下，把开发重点放在80多亿亩的山区与牧区以及水域，也就是开辟农业与农村经济的“第二战场”，实施大农业发展战略，实现区域的协调均衡发展。这是我国发展农业与农村经济、消除二元结构的根本出路。目前，不仅城乡之间差别很大(2007年城市居民可支配收入为13 786元，农村人均收入为4 140元，相差9 646元，差别为1∶3.33)，而且区域之间差别也很大(2006年东部地区农民人均收入为5 188元，中部为3 283元，西部为2 588元;低于全国平均3 587元的人口，东部占30%，中部占67%，西部占84%)。592个国家级贫困县大部分分布在山区和牧区，山区与牧区又是老革命根据地、少数民族聚集地和边疆地区，把发展重点转移到山区与牧区，对拉动内需、促进社会和谐以及保证国家安全都具有重大的战略意义，需要落实到国家的中长期规划与年度计划之中。

第三，大力发展村级经济，增强村级经济实力，缩小城乡差别。在改革开放大潮中，涌现出8 000多个经济收入超亿元的村，其中10亿～30亿元的村有163个，30亿～100亿元的村有52个，100亿元以上的村有15个，最高的华西村达500亿元。他们是村级经济的排头兵，创造了极为宝贵的经验。发展非农经济也就是村办企业，走工业化与城镇化道路，村办企业产值占全村总产值的比重在95%以上。不仅能够全部消化多余农业劳动力，而且还能够吸纳大量外地的农民工。工资性收入成为农民家庭收入的主要来源。通过以工补农、以工促农、以工建农，增加对农业的投入，加强农田基本建设与农业机械装备，改善了生产条件，增强了抗灾能力，提高了农业机械化水平和农业劳动生产率，促进了现代农业的发展。在税前利润中提取一定比例的资金用于兴办文化教育和医疗卫生以及社会福利事业，促进了社会事业的发展。有的村农民享受的社会福利待遇高于城市居民水平。这些村在改变二元结构中做出了突出的贡献。东部、中部、西部农村经济发展水平的差别主要表现在乡镇企业的发展上。目前，各地在改制中，把乡镇企业与城市中小企业等同对待，否定了在促进现代农业和公共服务发展的特殊功能，取消优惠政策，则是不妥的。应该强调指出，乡镇企业在微观上是为农民提供公共服务的载体，与国家宏观上的公共服务，形成两条腿走路，有助于缩小城乡差别，实现城乡居民公共服务均等化。在城乡二元结构尚未改变的情况下，乡镇企业的这种特殊功能是不能取消的。为此，在财政、金融、税收等方面给予必要的扶持，使其在市场竞争中不致处于不利地位。

### (四)2009 年农村形势展望

展望 2009 年农村形势，由于在投入 4 万亿元中有 3 700 亿元用于“三农”，在新增 1 000 亿元中有 280 亿元用于“三农”，在加强农村基础设施与公共服务两条短腿中会有所进展。虽然由于历史对“三农”的“欠债”较多，这些投入带有补偿性质，而且用于“三农”的投入所占比重还比较低，只占总量 4 万亿元的 9%，与农村经济占 GDP 总量的一半很不相称，对其成效不能估计过高，但毕竟有了良好的开端，农民是欢迎的。

2009 年面临的困难很多，对此需要有充分的估计。最值得关注和重视的有 3 项。

第一，农民工的大量返乡。由于全球金融危机的冲击，使大批出口企业的市场萎缩，被迫减产、停产，出现了改革开放以来少见的大量农民工返乡。其结果一是增加了农村就业与社会保障的压力，自然也会使农业劳动力的转移步伐放慢；二是减少农民家庭中的工资性收入，目前在全国农民家庭收入中，工资性收入占 1/3 以上，每年增加部分占 1/2 以上；三是影响土地承包经营权的流转和农业现代化的进程。目前流转土地面积不到 10%，农业的“副业化”与农业劳动力的“老龄化”现象十分普遍。农民工返乡会增加土地承包经营权流转的难度。

第二，粮食安全形势严峻。一是 2008 年粮食产量达到 5 285 亿 kg，创历史最高水平，连续 5 年丰收，带有恢复性质。自 1996 年总产量达到 5 000 亿 kg 以来，在 12 年中有 4 年达到5 000 亿 kg，其余 8 年低于 5 000 亿 kg，也可以说在 5 000 亿 kg 左右徘徊了 12 年。这一年除个别地区灾情较重外，基本上风调雨顺。按常规在 5 年中往往是二增二平一减。二是亩产量达到 330kg，创历史最高水平，基础大再增加亩产量，难度加大。三是虽然提高了粮食的 4 项补贴和最低收购价，但由于生产资料涨价增加了支出，很大程度上抵消了补贴增加的收入，种粮的比较效益低的局面难以改变。四是在 CPI 下降的情况下，粮食价格下行走低，甚至出现卖粮难现象，虽然在东北对玉米和大豆采取增加储备的收购，对缓解这一矛盾有一定的积极作用，而对提高种粮效益是有限的。在这种情况下，要确保 16 亿亩的播种面积难度相当大。

第三，增加农民收入难度更大。2008 年农民人均纯收入虽然比上年增加 8%，但由于城市居民可支配收入增长幅度仍大大高于农村，而城乡收入差别仍呈继续拉大的势头。2009 年影响农民收入因素增加。一是农民工返乡；二是乡镇企业的增长减缓；三是农产品价格下行走低。不仅中西部地区农民增收困难，而且东部地区由于第二、第三产业受到金融危机的冲击，对农民收入也将产生相当大的影响。2007 年农民人均收入低于全国平均线的人口占 58.8%，其中东部地区为 30%，中部地区为 67%，西部地区为 84%。2009 年这种情况会产生怎样的变化，需要观察。

## 四、转变经济发展战略重点

党的十七届三中全会的决定指出面临的四大困难和挑战：城乡二元结构造成的深层次矛盾突出；农业基础仍然薄弱；农村发展仍然滞后；农民增收仍然困难。这是切中要害的判断。全球金融危机，既是挑战又是机遇。中央强调把我们自己的事办好了，就是对世界的最大贡献。我们以为，把农村的事情办好了，就能把自己的事办好。拉动内需的重点应当放在有 9 亿人口的农村，把“救市”变为“救农”，在解决上述四大困难与挑战中能有重大进展，为由于金融危机导致大量农民工回流开辟一条新的就业门路。为此,建议:调整发展战略,实行六大转变。

一是把发展重点由城市转向农村,也就是把"工业反哺农业、城市支持农村"的方针真正落到实处,在改变城乡二元结构缩小城乡差别上有突破性进展,使农业是弱质产业、农村是弱势地区、农民是弱势群体的局面能有实质性变化。

二是在农村发展重点由东部转向中西部,缩小区域之间差别。2007 年全国农村人均收入为 4 140 元,低于平均数的人口占农村总人口的 58.8%,其中东部地区占 30%,中部地区占 67%,西部地区占 84%。区域之间的差别主要反映在农村的差别上。

三是在中西部的发展重点由农区转向山区与牧区。我国的耕地资源与非耕地资源的比例为 20∶80,非耕地资源主要分布在山区与牧区。山区占国土面积的 69%,是老、少、边、穷集中的地区,592 个国家级贫困县大多数分布在山区。有草地(包括草山草坡)60 亿亩,占国土面积的 41%。

四是由确保粮食安全转向确保食物安全。随着生活水平的提高,口粮消费逐年下降。1990 年与 2007 年相比,城市居民人均口粮由 133kg 降为 76kg,农村由 260kg 降为 205kg。肉类与水产品消费,城市由 32.8kg 上升为 45.1kg,农村由 15kg 上升为 25.5kg。由于动物性食品消费的增加,对粮食的压力主要来自饲料粮的增长,2006 年饲料占粮食总产量的 36%。

五是由农产品净进口转向净出口,由逆差转为顺差,降低农产品贸易的对外依存度。棉花、大豆、植物油、橡胶、纸浆、木材的进口数量很大,其中大豆进口 3 000 万 t,超过国内产量 1 倍。2006 年净进口农产品使用国外播种面积为 2.8 亿亩,加上进口大豆油 142 万 t 折算大豆面积共使用国外播种面积总量为 3.6 亿亩。

六是由以损害资源与生态环境为代价的发展模式转向高效利用资源与保护环境的可持续发展模式,确保生态安全。由于超载过牧使草原退化与覆沙面积达 15 亿亩,每年以 3 000 万亩的速度递增。水土流失与荒漠化以及酸雨面积仍在继续扩大。农业的面源污染仍在继续增加。

完成上述六大转变,就能实现城乡之间、人与自然之间、经济与社会之间、区域之间、国内与国际之间的和谐,为中华民族的复兴,从农业大国变为农业强国,从资源大国变为经济富国,打下坚实的基础,就会居于世界前列。为此,建议采取以下 7 项措施。

### (一)建立现代草业基地

立草为业,大力发展草业,是著名科学家钱学森院士最早提出来的,也是著名草原生态学家任继周院士多年倡导的。通过发展草业,使我国畜牧业产生五大变化:一是在农业总产值中使畜牧业产值超过种植业,上升为主导地位;二是在畜牧业中,使以粮饲畜牧业为主向草饲畜牧业为主转变;三是使以农区畜牧业为主向以牧区畜牧业为主转变;四是在牧区使以放牧畜牧业为主向舍饲畜牧业为主转变。五是使传统畜牧业向现代畜牧业转变。

第一步用 5 年时间建设 1 亿亩以紫花苜蓿为主的绿色蛋白质饲料生产基地,年产饲料 1 亿 t,可替代饲料粮 900 亿 kg。第二步到 2020 年再建成 5 亿亩绿色蛋白质饲料生产基地,年产饲料 5 亿 t,可以大大缓解粮食安全的压力。1 亿 t 绿色蛋白质饲料可以饲养奶牛 100 万头,肉羊 1 000 万只,肉牛 300 万头;年产牛奶 300 万 t,牛羊肉 25 万 t,牛羊皮 600 万张,羊毛 1 万 t。通过发展畜产品加工业与流通业,能够提高附加值,不仅有助于大幅度增加农民收入,使人均收入达到 1 万元以上,还能吸纳 100 万劳动力,受益家庭人口可达 300 万人。发展人工草

业，能够有效地改善草地生态环境，从根本上扭转草原退化现象，从源头上消除沙尘。

在仍然实行放牧的牧区，严格执行以草定畜方针，实行“三牧”(禁牧、轮牧、休牧)措施，扭转超载过牧现象，并通过飞机播种，改良草场，提高草地质量。恢复“天苍苍，野茫茫，风吹草低现牛羊”的景象。

建设1亿亩人工优质饲草基地，需要投资2 000亿元，总产值可达2 000亿元，扣除成本，年利润为800亿～1 000亿元，3年内可收回投资。5亿亩需要投资1万亿元。

### (二)建立沙产业基地

发展沙产业也是钱学森院士最早提出来的。我国沙地面积大，在治沙方面虽取得了不少成绩，但又有不断扩大势头，成为沙尘天气的源头。陕北榆林地区经过多年努力把毛乌素沙漠锁定，而农民收入仍然很低。在治沙中常规的树种多为“三沙”植物(沙枣、沙柳、沙蒿)，虽有一定的生态效益，而很少经济效益。植树造林的树种单一，形成北方“杨家将”和南方“杉家浜”。在退耕还林中，选种只有生态效益的树种，难以持久。因此，应把发展生态林与发展经济林结合起来。

一是立桑为业。桑业发源于中国，素有“农桑为立国之本”之说，具有悠久的历史。桑树根系发达，萌生力强，能够穿透沙层吸收地下水，具有抗旱的特性和广泛的适应性。在我国东南西北都有种桑养蚕的历史。北京圣树农林科学有限公司任荣荣教授经多年的研究，培育出一批主要作饲料用的桑树品种，即“饲料桑”，在国内多点试验，在降水量500毫米的沙地每亩可产鲜饲4 000kg，利润2 000元。桑叶是猪、牛、羊、兔、禽等畜禽的优质饲料。除饲桑外，还有蚕桑、果桑、药桑、皮桑(造宣纸)都有较广的发展空间。桑树根系深达1.5米，地下生物量占全株的56%，具有抗旱的性能，对于改善沙地与盐碱地的生态环境有良好的功效。吉林省白城子地区在科尔沁沙地植桑60多万亩，经济、社会、生态效益十分显著。全国政协副主席钱正英院士呼吁遏制毁桑之风，得到回良玉副总理批示，强调发挥桑业的综合效益。

二是发展速生杨。既有固沙防风、改善小气候的生态效益，又能成为造纸优质原料，有良好的经济效益。山东省齐河县在黄河沿岸的沙地上，种了80万亩速生杨，生长5年即可采伐，由无污染而清洁生产的造纸厂收购，每亩收入2 400～4 000元。在林下实行林粮间作，套种玉米、小麦、甘薯等，增加粮食产量。在林地饲养鸡、鸭、鹅等家禽和食用菌，粪便和菌渣成为优质肥料，取得了双重的经济效益与生态效益。这个经验值得推广。

三是发展枣业。我国有悠久的种枣历史，种枣既有较高的经济价值，又有改善生态的功效。新疆生产建设兵团224团位于塔克拉玛干沙漠南缘，在一片沙丘上开发建立起以冬枣为主的枣业生产基地，面积达12万亩。每亩可产1 000 kg。林间种植打瓜和紫花苜蓿，既有经济效益，又有生态效益。在宽带防、保护林的红柳树根接种药用植物大芸，人们称之为“沙漠人参”，每亩可收入1 200元。这个团采取由山东2万多户移民的办法建立起来的，每户拥有65亩土地，年收入数万元。建设了大型水库使用滴灌技术，节约了用水，提高了水的利用率。胡锦涛总书记于2006年9月6日曾经视察了这个团场。

四是发展沙棘业。沙棘是沙生灌木，果实被誉之为“维生素王”。在西北、内蒙古、山西、河北等地都有不少野生树种，产量很低。钱正英院士高度重视并积极推动沙棘产业的发展。新疆奎屯市，从俄罗斯引进大粒沙棘，在精河与乌苏两县大面积种植，加工成系列产品，收到明显的经济效益与生态效益，值得在沙地大面积推广。

## (三)建立木本油料基地

丘陵地与山区发展木本油料的资源十分丰富，发展木本油料是使山区农民增加收入、控制水土流失和改善生态环境的重要途径。

一是油茶基地。油茶是优质食用油，茶籽含油率40%～50%，属高营养的健康食用油，与地中海的橄榄油相媲美，为患心脑血管病的保健油料，是空军飞行员不可缺少的食用油，是南方丘陵山区农民致富的好树种。油茶由于根系发达，具有抗旱防涝和保持水土的生态功能。油茶籽榨油后的茶油饼，是优质饲料，有助于发展畜牧业。胡锦涛总书记、温家宝总理对发展油茶有多次批示，回良玉副总理于2009年在长沙召开的会议做了部署。

二是油橄榄基地。油橄榄生长于地中海，其油是优质食用油，被西方国家称之为“植物油皇后”，具有营养、保健、药用多种功能，经济价值很高。20世纪60年代，周恩来总理与阿尔巴尼亚领导人商定，从阿引进试种，由于种种原因，未能成功而夭折。近年来，四川西昌从以色列引进试验并筛选出几个品种在10多个乡建立示范基地，生长良好，经济效益与生态效益都十分明显，在南方类似地中海气候条件与地理条件的丘陵地区大面积种植能够发挥多种效益，具有广阔的发展前景。胡锦涛总书记在希腊特意参观了油橄榄农场，发展与希腊的合作。

三是麻疯树基地。麻疯树也称小桐子树，属大戟科，灌木或小乔木，原产于热带美洲，是一种新型能源植物。我国广东、广西、云南、贵州、四川等地都有半野生和栽培的麻疯树。其果仁含油率61.5%，成为替代能源的优良树种。麻疯树根系发达，抗干旱能力强，能防止水土流失，增加森林覆盖率，是退耕还林的优选树种。每亩麻疯树可产籽粒600 kg，每千克可产0.3 kg“生物柴油”(每亩180 kg)，有广阔的发展空间。

四是元宝枫基地。元宝枫属槭科乔木，是防沙治沙和改善生态环境的优良树种。根有主根与侧根，长有须状菌根，与土壤中有益真菌形成共生体，能够促进对水分与矿物质的吸收，具有耐贫瘠的特性。其叶既可作为饲料，嫩叶还可制成饮料。每亩可产籽粒480 kg，出油168 kg，油粕300 kg。元宝枫油的用途很广，具有药用与保健价值。从籽粒中提炼出来的神经酸，具有改善人脑的功能，价值极为昂贵，成为国际“人脑计划”的佳品。

## (四)建立新的植物油基地

世界三大植物油品种：棕榈油、大豆油、菜籽油已占我国食用油的75%市场份额。其中棕榈油100%进口，大豆及大豆油2/3进口。食用油进口依存度高达60%以上。为应对这种严峻形势，在努力扩大大豆种植面积减少进口外，应建立新的植物油基地。

花生与葵花籽不仅营养丰富，而且产量与出油率很高。花生出油率为45%左右，葵花籽出油率为51%～54%，菜籽出油率为32%～38%，大豆出油率为18%～20%。

花生系豆科作物，具有固氮能力，又是耐干旱的作物，适合在沙土地种植，并能与其他作物间套作，有利于改良土壤，改善生态环境。花生分布很广，在长江以北地区，尤其在沿黄河流域，有大量的贫瘠土地种植花生，效益很好。

油葵也是一种耐旱作物，更适合在盐碱地和沙漠边缘地区种植，特别是在河套地区由于次生盐渍化严重不适种其他作物，种植油葵，生长良好。

建立新的植物油基地，可以缓解进口压力，又有利于改善生态环境和增加农民收入。山东鲁花花生油集团，在传统的压榨工艺基础上创造了5S加工工艺，避免了化学溶剂的污染，保存

了花生的天然营养成分，去除了黄曲霉素，成为人民大会堂专用食用植物油，在北京市场占1/3以上的份额。胡锦涛总书记与回良玉副总理曾视察过这个企业。

## (五)建立生物质能源基地

我国生物质能源资源十分丰富，可用于生物质能源生产的原料资源潜力约为年产能10.6亿t标准煤，其中53%来自农林废弃物，其他有现有的薪炭林、木本油料(包括麻疯树、黄连木等)以及在低质土地上种植的能源植物(包括甜高粱、木薯等)。我们坚持"不与农争地"与"不与人争粮"的原则，如能建设一个年产1亿t标准煤的生物质油田，年产值5 500亿元，减排二氧化碳3.6亿t，农民可获得2 000万个就业岗位和年增收入450亿元，总投资3 000亿元。据石元春院士研究，如能利用50%的农作物秸秆(总量为7亿t)、40%的畜禽粪便(总量为15亿t)、30%的林业废弃物以及5%(1 500万亩)边际性土地种植能源作物，建设1 000个生物质工厂，其生产能力相当于5 000万t石油，成为"绿色大庆"(大庆年产石油4 800万t或2004年石油总产量的29%和净进口的35%)。为此，他提出建立粮食作物—经济作物—饲料作物—能源作物四元结构，开辟继农业与加工业之后的"第三战场"。有人称，生物质能源是待开发的"金矿"。

我国有盐碱地5亿亩，由中国科学院黎大爵研究员从澳大利亚引进的甜高粱品种，经过杂交改良，在新疆、内蒙古、山东等盐碱地种植生长良好。甜高粱含糖量高达22%，高于甘蔗，每亩产秸秆4 000～5 000 kg，产籽粒250 kg。每$hm^2$能产燃料乙醇6t，比甘蔗高30%，比玉米高3倍。糟渣又是优质饲料，有利于发展畜牧业，畜禽粪便又成为生产沼气的原料，形成"二次生物质能源"，沼渣沼液是优质有机肥料，形成良性循环的生物链。甜高粱具有耐干旱、耐盐碱、耐涝洼的性能，种植甜高粱不但不争现有耕地，而且还能改造不毛之地为耕地。在山东、新疆、内蒙古大面积种植，在实行"替代能源"中取得了良好效果。2004年9月有12位专家提出生物治理盐碱地的建议，温家宝总理、回良玉副总理已批给有关部门。

## (六)大力推广生物技术

在新的技术革命中，生物技术居主导地位，具有广阔的发展前景和强大的生命力。我们的科技人员在生物技术的研究中有不少在国际上居于领先地位的成果，急需大面积推广，使其转化为生产力。例如：

一是福建农林大学林占熺教授创造的以草养菌技术，在"三西"(甘肃河西、定西和宁夏的西吉、海原、固原)地区作为扶贫项目，成效显著。这个技术已经走向国际，在亚非拉40多个国家推广，受到当地政府首脑与人民的高度赞扬与欢迎。引进与培育适合不同地区的多种草本植物，发展食用菌、药用菌等，既能增加农民收入，脱贫致富，又能改善生态环境。

二是云南生态农业研究所那中元所长运用中医的理论，以中草药为原料，创制出"生物诱导剂"，不仅能使多种农作物增加产量、改善品质、增强抗逆性，而且在预防禽流感、猪蓝耳病等方面也有很好的效果。特别是他们培育出来的紫葫芦，能够清除污染水体的蓝藻以及在重盐碱地(8‰)上种植棉花、玉米、高粱、大豆等作物使用这种诱导剂，都获得成功，需要投入工厂化生产，广泛使用。

三是中国农业科学院范云六院士创制的用微生物测定与降解农产品农药残留，取得显著效果，并与比亚生物技术开发公司合作已投入工厂化生产，在两个奥运会期间使用，对确保食品安全做出了重要贡献。

## (七)推行生态水利建设

发展生态经济型水利学,走绿色水利的道路,是著名水利专家沈坩卿教授倡导的。我国人均水资源只占全世界平均数的1/4,而水的利用率低,浪费又很大。许多地方由于大水漫灌,造成严重的次生盐渍化。在平原地区由于过度采用地下水,使地下水位大幅下降,形成大面积漏斗。黄土高原水少沙多,由于利用不当,加剧了中上游水土流失,使下游成为"悬河"。为从根本上扭转这种局面,一是在黄土高原中上游把自然降水蓄积起来(包括西北地区的水窖),并与发展林业结合起来,既增加水量,又能制止水土流失。二是为解决牧区发展草业灌溉用水问题,内蒙古锡林格勒盟利用当地的褐煤将由葫芦岛引来的海水淡化,成本很低,又能带动盐化工产业的发展,增加地方财力,值得大面积推广。三是坚决治理和防止水体污染,特别是富营养化的污染。四是改善灌溉方法,提高水的利用率,发展水体养殖业和小型水力发电,提高水的综合效益。

以农村为重点拉动内需既是应对当前金融危机的需要,也是今后保持经济平稳较快增长的基本立足点。综合以上各项,可简称《大农业工程》(或称《林草兴邦工程》),是一个巨大而复杂的系统工程,涉及多个部门,需要以县域为单元,科学规划、统筹兼顾、因地制宜、分类指导。实施这个工程,就能把农耕文化(金色)、森林文化(绿色)、游牧文化(白色)、海洋文化(蓝色)4种文化统一起来,加上现代生物科学技术,使其不断丰富发展,形成具有中国特色的现代大农业文化。实施这项工程需要有较大的资金投入,由于长时期以来,对"三农"的"欠债"太多,这项投入带有还账性质。相信这项投入产生的效果既能为改变"三农"的弱势状态迈出实质性的一大步,又能为确保国家粮食安全、能源安全、生态安全做出应有贡献,使山区与牧区面貌大为改观,不仅表现在经济上有重大意义,而且在政治上有助于极大地改善党和政府与农民的关系,进一步加强党的执政地位,可收一举数得之效。

(作者:郭书田　农业部原政策体改法规司司长)

# 附　录

一、新中国农村60年变革回顾

二、新中国农业60年统计资料

三、新中国农业60年大事记

四、农业部60年组织机构沿革及领导人名录

五、新中国60年“三农”模范人物名录

# 附录一　新中国农村 60 年变革回顾

2008 年是中国改革开放 30 周年，2009 年是新中国成立 60 周年，这 60 年分为两个 30 年。改革开放前 30 年是改革开放后 30 年的基础，也可以说没有前 30 年就没有后 30 年。把纪念改革开放 30 周年同纪念新中国成立 60 周年结合起来，意义十分重大。新中国成立 60 年以来，中国发生了巨大而深刻的变化，由一个满目疮痍、民生凋敝的半封建、半殖民地的弱国，逐步转为具有中国特色的社会主义市场经济强国，是来之不易的。这是在中国共产党领导下，依靠全国各族人民艰辛奋斗的结果，也是不断解放思想、转变观念、调整政策、矫正失误、成长壮大的过程。实事求是地总结 60 年的经验，在理论与实践上都有不可估量的重大意义。

总结前 30 年与后 30 年的历史经验，一是要以历史唯物主义的态度，以历史事实为依据，不带任何偏见，还原历史的本来面貌，可以"以史带论"而不可以"以论带史"。即使在某些问题的认识上有争议，可以采取司马迁写《史记》的方法，"叙史不论"，离开历史事实的争论是没有意义的。二是不能把两个 30 年割裂开来，更不能以后 30 年否定前 30 年，要保持历史发展进程的连续性。在"文化大革命"中"四人帮"推行极左路线，全盘否定新中国成立 17 年的历史，是历史虚无主义，自然会遭到全国人民的反对。三是纪念前后两个 30 年，既要肯定辉煌的成就，又要实事求是地总结失误的教训，而不能"讳疾忌医"。二者在不同的发展阶段占据的地位和产生的作用完全不同，应有所区别。失误是付出沉重代价的，也是历史财富。在总结失误时，要采取对历史与人民高度负责的态度，不能"轻描淡写"。只有这样，才能以史为鉴，发挥"前事不忘、后事之师"的作用，避免"重蹈覆辙"和多付学费。四是在发生全局性的失误中(包括"大跃进"与"文化大革命"等)，既要看到造成难以弥补的严重损失，又要看到广大人民群众在实践中创造的业绩，不能把二者混同起来，不能认为在全局性失误中一切都是错的，因为这不符合历史。五是在错误思潮占统治地位的情况下，既要看到对党和国家造成的巨大危害和恶劣影响，也要看到那些不计个人安危而奋不顾身抵制的英雄事迹，如毛泽东提倡的"五不怕"反潮流精神，他们就像在昏暗中的一盏亮灯，这是中华民族"威武不屈"的优秀品德，是十分难能可贵的，需要大力弘扬。

## 一、前 30 年回顾

**(一)土地改革**　1950—1952 年，这是中国历史上的一次重大社会革命，结束了长达两千多年的封建土地制度，使农民获得了 7 亿亩土地，免缴地主地租 350 亿千克粮食，实现了"耕者有其田"。在土地改革过程中，也有左的错误，而农民分得了土地，是满意的。土地改革激发了农民的生产积极性，解放了生产力，促进了农业生产的发展，使国民经济迅速恢复到 1936 年战前的水平。1949 年与 1952 年相比，农业总产值由 271 亿元上升为 417 亿元；粮食产量由 1.13 亿 t 上升为 1.63 亿 t；棉花由 44 万 t 上升为 130 万 t；油料由 256 万 t 上升为 419 万 t；大牲畜存栏由 6 002 万头上升为 7 646 万头；猪存栏由 5 775 万头上升为 8 977 万头。有人认为台湾采取政府向地主赎买土地的办法，实行和平土改是成功的。台湾与大陆的历史背景不同，不能以台湾的经验否定大陆的土改。

**（二）互助合作**　1953—1956年，在土地改革以后，不失时机地把农民组织起来，走互助合作的道路。由临时性、季节性的互助组发展到固定性、长年性互助组，由互助组进而发展成为以土地入股为特征的初级农业生产合作社，被称之为"半社会主义性质"的合作组织，是由自给半自给的小农经济过渡到社会化大生产农业的必由之路，是由传统农业走向现代农业的必然选择。实践证明是成功的，受到农民的欢迎。在互助合作运动中，也曾出现过违背自愿原则、强迫农民入社以及无偿平调农民资产的错误，是局部性的，由于指导思想与方针正确，得到及时纠正。在推动互助合作运动的同时，开展爱国丰产运动，涌现出一大批劳动模范，包括李顺达、曲耀离、耿长锁以及连任十一届全国人大代表的申纪兰等，他们带动广大农民走上劳动致富的道路。1953年与1956年相比，农业产值由426亿元上升为508亿元；粮食产量由1.66亿t上升为1.92亿t；棉花产量由117万t上升为144万t；油料由386万t上升为509万t；大牲畜与猪的存栏也较大幅度增加。

**（三）高级农业生产合作社**　1956—1958年，在初级农业生产合作社尚未完全巩固的情况下，急速地建立高级农业生产合作社，把土地、大牲畜等无偿转为集体所有，作为消灭私有制而完成农业社会主义改造的标志，犯了剥夺农民的错误。毛泽东把坚持实事求是逐步发展的中央农村工作部部长邓子恢等斥责为右倾机会主义、代表资本主义自发势力，使合作运动急剧膨胀。1956年3月，加入高级社的农户占农户总数的54.9%；6月占63.2%；12月占87.8%；1957年末占96%以上。类似斯大林1936年"农业集体化"大转变的一年。有一些地方出现农民砍树与宰杀牲畜的事件，是对这种错误的抵制。毛泽东把这种现象称之为农民的"暴力反抗"。

**（四）人民公社**　1958—1978年。在急于向共产主义过渡的错误思想指导下，在高级社的基础上建立联社，出现了"一大二公"的人民公社，受到毛泽东的高度赞赏，迅速推广到全国，形成"政社合一"与"工农商学兵五位一体"的组织，被认为是通向共产主义（天堂）的"桥梁"。1958年8月，中央北戴河会议正式通过了决议。与此同时，由农民自愿组织起来的信用合作社与供销合作社分别演化为农业银行的附属物和第二国营商业。直至人民公社解体一直持续了20年之久。为了纠正全国各地出现"一平二调三提款"的"共产风"，将人民公社的"三级所有"（公社、大队、生产队）改为"三级所有、队为基础"，即以生产队（相当于初级农业生产合作社）为基础，把土地、劳力、牲畜、农具"四固定"到生产队。对制止"平调风"起了重要作用。1958年与1978年相比，农业总产值由550亿元上升为1 288亿元；粮食产量由2亿t上升为3.32亿t；棉花由196万t上升为205万t。

**（五）"大跃进"**　1958—1962年。这是全局性的重大失误，造成中国历史上最大的一场灾难。毛泽东把总路线（鼓足干劲、力争上游、多快好省地建设社会主义）、大跃进、人民公社视作"三面红旗"，不可动摇。农村是"大跃进"的重灾区，农业"放卫星"大刮浮夸风；抽出大批劳动力"大炼钢铁"；在"大办粮食"的口号下，毁林开荒、围湖造田、毁草种粮，加剧了水土流失与荒漠化；建立公共食堂，实行"供给制"和"吃喝不要钱"，被称之为"共产主义按需分配的萌芽"；在出现饿死人的情况，继续批判右倾机会主义、"拔白旗"，是一场激烈的"阶级斗争"；有的地方认为民主革命不彻底，还要补课；把"三自一包"（自留地、自由市场、自负盈亏，包产到户）认定为走资本主义道路，伤害了大批干部，造成了大量冤案。尽管如此，特别是在三年困难时期，农民为了活命，在暗地包产到户，只不过换个叫法"责任田"，真是"野火烧不尽，春风吹又生"。1958年与1962年相比，农业总产值由550亿元下降为430亿元；粮食产量由2亿t下降为

1.6 亿 t;棉花产量由 196 万 t 下降为 75 万 t;油料由 477 万 t 下降为 200 万 t;大牲畜与猪的存栏也大幅下降。

值得指出的是在“大跃进”时期留下有用的东西是水利建设,各地在“大办水利”的号召下,动用了大量劳动力,修建水库。虽然有不少水库质量很差,很快报废,劳民伤财,有些平原水库造成严重的盐渍化,大批水库移民未能妥善安置,形成很大的后遗症。但是保留下来的有效水利工程和在普及大寨县中,各地兴建农田基本建设,营造梯田等,对农业生产的恢复与发展发挥了重要作用。这是亿万农民的劳动积累,可以说是为改革开放后农业快速发展奠定的物质基础,也可以说是农业的“老本”。

**(六)农业学大寨** 大寨本来是出自于山沟的一个好典型,突出表现在不等不靠不要,发扬自力更生艰苦奋斗精神,修堤筑坝,治理水害,修造农田;积造高温堆肥,改良土壤,提高产量。但在受到毛泽东的赞扬并提出农业学大寨后成了推行错误路线的工具。如大队核算、取消自留地、封闭自由市场、取缔家庭副业、实行标兵工分等,提出“堵不住资本主义之路,迈不开社会主义之步”“宁要社会主义的草,不要资本主义的苗”“割资本主义尾巴”“批判集体经济内部的资本主义”等,影响全国。学不学大寨成了“两条道路”的分水岭。

应该肯定,大寨人的大寨精神是了不起的,是中国农民坚强不屈精神的体现。如今大寨在郭凤莲的带领下面貌大变,仍保持艰苦奋斗的优良传统,是值得称赞的。

**(七)农业发展纲要与“八字宪法”** 在毛泽东主持下,集中了一批科学家,研究制订了《1956—1967 年农业发展纲要》40 条。1956 年 1 月,中央政治局讨论了纲要草案,接着毛泽东主持的最高国务会议讨论后公布。1957 年 9 月,中央扩大的八届三中全会基本通过这个纲要的修正草案,分发全国农村讨论。1958 年 5 月,中共第八届二次代表大会通过这个纲要的第二次修正草案。直到 1961 年 3 月,第二届全国人大第二次会议正式通过并公布了这个纲要。应该说,这个纲要集中了广大科技人员的智慧,首次把农业划分为三大区域,分别提出不同的粮食产量指标以及相应的措施,是好的,对促进农业生产的发展,发挥了积极的作用,当然也不可避免地有些左的内容,有些不当的内容,如把麻雀当作“除四害”之一,经专家提出意见作了修正。

农业“八字宪法”,是毛泽东提出的。其内容为:土、肥、水、种、密、保、工、管,开始把水放在第一位,后经专家提出,把土放在第一位。应该说,这八项内容,大体涵盖了农业的主要元素,是科学的,对尊重科学和促进农业生产的发展起了积极作用。毛泽东提出“水利是农业的命脉”“农业的根本出路在于机械化”,提倡“养猪积肥”,说“一头猪就是一个小化肥厂”“农林牧是一家”等主张,是符合农业发展规律的。

**(八)人民公社条例(60 条)** 为了整顿人民公社,纠正出现的“共产风”等,毛泽东和党中央,经过调查研究和广泛讨论,于 1961 年 3 月,在中央召开的广州会议上,提出《人民公社工作条例(草案)》。这是继 1959 年 2 月中央政治局在郑州召开的会议提出《关于人民公社管理体制的若干规定(草案)》、同年 3 月,在上海会议上提出《关于人民公社的十八个问题》、1960 年 11 月中央发出《关于人民公社当前政策问题的紧急指示信》(即农业十二条)之后,集中各方面的意见修改而成的。1961 年 5 月,中央在北京召开工作会议,形成《农村人民公社工作条例(修正草案)》。6 月,中央发出《关于讨论和试行人民公社工作条例修正草案的指示》。1962 年 9 月,中央八届十中全会正是通过了《农村人民公社工作条例修正草案》。这个条例的核心是坚持“三级所有,队为基础”的体制,即把基本核算单位放在生产队。按照毛泽东的说法,一个生产队二三十户，群众看得见、摸得着。应该说，这个条例对稳定农业生产，纠正平调风，是有积极作用的。在公布这个条例时，把农民的宅基地宣布为集体所有，则是不妥的，是又一次对农民财产权的侵犯。

值得指出的是1970年在周恩来总理支持下国务院召开的北方农业工作会议。当时各地农村左的思潮仍很严重，把自留地、农贸市场、家庭副业作为资本主义自发势力加以批判。有的地方出现把核算单位由生产队变为生产大队，实行“穷过渡”。北方农业工作会议，就这些问题作了明确的规定，坚持生产队为核算单位，重申自留地、农贸市场、家庭副业不能取缔，这有助于减轻左倾错误造成的损失。在把“农业学大寨”升格为“普及大寨县”中，仍注意了坚持以生产队为核算单位的人民公社60条。

**(九)在“四清”于“文革”中的农村**　1963年5月，毛泽东在杭州召开的政治局与大区书记会议上提出在农村开展社会主义教育，并制定了《关于目前农村工作中若干问题的决定》(即前十条)。同年11月，中央发出《关于农村社会主义教育运动中一些具体政策的规定》(即后十条)。1964年9月，中央对后十条发出修正草案。1965年1月，中央发出《农村社会主义教育运动中目前提出的一些问题》(即二十三条)。所谓社会主义教育就是“四清”，由小四清上升为大四清，由经济领域扩展到政治领域，由农村扩展到城市，由基层扩展到上层，重点是“整党内走资本主义道路的当权派”，是发动“文化大革命”的前奏。

在1966—1976的10年“文革”中，学校停课闹革命，工厂停产闹革命，而且不少地方形成两派(造反派与保守派)发生武斗，从上到下许多领导干部被揪斗、打倒，一片混乱。农村除了少数地方(如河北的保定，广西的柳州)有些武斗外，不顾批判“唯生产理论”和“抓生产压革命”的压力，基本上坚持生产；顶住“抓政治保险，抓生产危险，抓管理险上加险”和“管卡压”的风浪，坚持人民公社60条，未乱阵脚，除了满足自身的生活需求外，对保证城市的粮食和副食品的供应，缓减社会动荡的形势，做出了不可磨灭的贡献。蒋介石不敢乘动乱之机反攻大陆就是因为农村基本稳定。1966年与1976年相比，农业总产值由640亿元上升为1 197亿元；粮食产量由2.14亿t上升为2.86亿t。

值得提出的是在“文革”中，毛泽东、周恩来等决定从国外引进13套年产30万t合成氨化肥厂，这是为农业服务最早引进国外先进设备的举措。农业科技人员在极端困难的条件下，从国外引进优良品种，创造了“杂交玉米”与“杂交水稻”，大面积推广。这对农业的高速发展，提供了重要的物质技术支撑。农业发展一靠政策，二靠科技，三靠投入。其中化肥投入与品种改良起了重大作用。

还应该提出的是在高度集中的计划经济和人民公社体制下，在“以粮为纲”的方针下，出现了社队企业，即公社与大队办企业，方针是“围绕农业办工业，办好工业促农业”，目的是增加社队两级经济实力，避免对生产队的平调。毛泽东称赞为“光明灿烂的希望就在这里”。改革开放以后，社队企业易名为乡镇企业，蓬勃发展，它的产、供、销全靠市场，因而成为我国市场经济的先导力量。到1978年底，社队企业产值占农村社会总产值近30%，在社队企业的劳动力占农村劳动力总数的近10%。这是改革开放以后乡镇企业快速发展的基础。

**(十)农林科教**　有两件事的教训值得记取。一是在50年代初期，北京农业大学在学习苏联米丘林遗传学中，批判摩尔根遗传学是唯心主义的、反动的、为资产阶级服务的，犯了“学阀”错误，在全国生物科学的教学研究中产生严重的不良后果。此事引起毛泽东等中央领导的高度关注，按照“百家争鸣”的方针，作了严肃处理，恢复了摩尔根遗传学的教学研究工作。二

是1958年根据毛泽东的意见，为解决农林院校的“三脱离”（脱离生产、脱离实际、脱离群众）问题，决定全国所有高等农林院校全部下放农村，使教学研究受到极大损失。在“文革”中推广朝阳农学院的“经验”，使高等农林院校又一次受到左倾思潮的冲击，产生了不良后果。

**（十一）知识青年上山下乡** 这是“文化大革命”的产物，有一千多万城市知识青年上山下乡，在古今中外历史上是罕见的。对此评说不一，有的认为是毛泽东的一条“罪状”，毁了一代人。我始终认为，毛泽东历来主张知识分子应走与工农结合的道路，是有积极意义的，不应否定。知识青年上山下乡有失有得，失的是学业，可以弥补；而得的是社会实践。他们到农村，接触农民，了解农民，感知农民，陶冶了求真务实的精神，对他们一生的成长有不可估量的作用。有些干部子女下到农村，农民欢迎他们说：你们的父母遭难，你们是“龙子龙孙”，我们要千方百计保护你们。这使他们深受感动。这些知识青年返城后都已成为各行各业的骨干，不少人成为省部以上党和国家的领导人。因此，对此也要“一分为二”。

**（十二）农垦与生产建设兵团** 中国从汉代以来就有屯垦戍边的悠久历史。新中国成立以后，毛泽东号召把成建制的人民解放军转业为生产大军，一手拿枪，一手拿镐，开发边疆、建设边疆、保卫边疆。最早建立的是新疆生产建设兵团，1950年由王震率领的二军、六军进疆，同国民党22兵团起义将领陶峙岳与新疆“三区”（阿勒泰、塔城、伊犁）民族第五军革命武装以及内地的支边青年组成，发扬自力更生、艰苦奋斗的传统，执行“三个队”（生产队、工作队、战斗队）的任务。1956年成立了农垦部。随后在黑龙江由10万转业官兵组成开发和建设“北大荒”产业大军；在广东（包括海南）、云南、广西、福建建立了天然橡胶垦区，创造了跨越北纬14°的奇迹；在内地各省建立了国营农场，成为农业上的“国家队”，在农业现代化建设中发挥示范作用。特别是在繁荣边疆经济、增强民族团结、维护社会安定、保卫国家边疆方面做出了突出贡献。

毛泽东说过，谁赢得农民谁就能成功，谁得罪农民谁就失败。蒋介石在退到台湾后反思在与毛泽东较量中失败的原因在于未依靠农民。在蒋经国执政以后，采取了一系列惠农措施，使台湾农业走入现代的行列。反思我国大陆前30年的历史经验，农民做出的最大贡献是为工业化提供了巨额的原始积累，通过实行工农业产品价格“剪刀差”的办法，支撑了工业化，为国家建成独立而完整的国民经济体系和增强国家实力，发挥了不可估量的作用。前30年的最大失误在于加剧和凝固了城乡二元结构，在二元经济结构的基础上增加了二元社会结构，形成双层的二元结构。在实行粮食及农产品的统购与派购政策的同时，采取城乡不同的户籍政策，使农民成为面朝黄土背朝天的“世袭农民”。在工业化取得巨大进展的情况下，未能转移农业人口，在困难时期，甚至让大量城市人口倒流农村。随着人口的增加，使庞大的农业人口滞留在农村，阻碍了城市化的进程。在农业的比重不断下降的情况下，致使城乡人口与产业结构严重失衡，形成城乡两种不同的制度安排与政策，农民成为弱势群体或“二等公民”。毛泽东的重大错误之一在于把农民看作是处于两条道路十字路口的阶级，每日每时每刻都在产生资本主义，因而认为“严重的问题在于教育农民”。党的十六大首次提出“统筹城乡经济社会发展，建设现代农业，发展农村经济，增加农民收入，全面建设小康社会，逐步改变城乡二元经济结构”，并采取了一系列政策，取得了初步成效。但是城乡居民的收入差别继续扩大，政治与公共服务非均等化的状况仍然严重，从根本上解决农民问题还需要作出更加实际的重大努力。

## 二、后30年回顾

中国是个农业大国,准确地说是个农业人口大国。"三农"问题说到底是农民问题。农民问题始终是中国革命与建设的根本问题。在战争年代,农民是革命的主力军,作出了重大牺牲;在建设年代,农民为工业化提供了原始积累,作出了重大贡献;在改革开放年代,农民率先行动,作出了重大创造。农民又是中国最大的弱势群体。

2008年是农村改革30周年。中国的改革是以农村改革为突破口,这是邓小平实施改革开放的重大战略决策。我们把它说成是"第二次农村包围城市",取得了举世瞩目的成就,并带动了城市乃至整个国民经济体制的改革。纪念这个改革意义重大。

新中国成立以后到改革开放之前,农村经历了土地改革、互助组、初级农业生产合作社、高级农业生产合作社、人民公社几个阶段。土地改革,结束了封建土地制度,实现了"耕者有其田",农民获得了土地所有权,极大地解放了生产力,为迅速恢复国民经济至战前的水平做出了突出贡献。在土改后克服了"三十亩地一头牛、老婆孩子热炕头"的思想,让农民"组织起来",开展互助合作运动,符合经济发展规律,以土地入股为特征的初级农业生产合作社以及供销、信用合作社,形成三足鼎立的合作制,符合马克思科学社会主义理论,毛泽东将河北省遵化县王国藩的"三条腿驴合作社"作为"五亿农民的方向"。但在随后不久,将土地等生产资料无偿变为"集体所有"的高级农业生产合作社以及后来建立的"一大二公"和"政社合一"的人民公社制度,从河南省遂平县第一个嵖岈山公社诞生起,遍布全国,认为"共产主义是天堂,人民公社是桥梁",供销社变为第二国营商业,信用社变为农业银行的附属物,使合作制变了形,长达20年之久。实践证明,这种制度违背了生产关系适应生产力发展水平的规律,扼制了亿万农民的生产积极性,是不成功的,导致生产发展滞缓、供应紧张、农民贫困、环境恶化,难以为继。应指出,即使在"大跃进"与"文化大革命"两次全局性的失误中,农民为保证城市居民的食品供应和社会稳定做出了重大贡献。在农村内部出现了供产销全靠市场调节的"社队企业",是市场经济的先导力量。毛泽东对此高度评价,誉为"光明灿烂的希望"。

农村改革30年的历程,取得了巨大成就,创造了丰富经验,也出现了一些失误。大致可分为4个阶段。

**(一)第一阶段**　1979年至1984年。即从1978年底和1979年初党的十一届三中全会为起点,在坚持实践是检验真理的唯一标准的思想路线指导下,克服了"两个凡是"思想,拉开改革开放的序幕,至1984年农业全面高速增长、农民收入大幅增加。人们称之为"黄金阶段"。

粮食产量从1978年的3亿吨增加为4亿吨,连续上了两个台阶(即由6 000亿斤上升为8 000亿斤,一个台阶为1 000亿斤),解决了长期"供给短缺"问题,第一次出现了"卖粮难"。

在粮食播种面积减少1亿亩的背景下,调整产品结构,棉、油、糖等经济作物大幅度增加。畜牧业、水产业同步快速发展,市场供应大大改善。

农民收入大幅度增加,年均纯收入在两位数以上。

社队企业有了新的发展,农业劳动力大量向非农业转移,在人民公社解体后建立了乡政府,第一个挂牌子的是四川省广汉县向阳公社改为向阳乡。社队企业易名为"乡镇企业"。

这一阶段农业高速发展和农村重大变化的原因有五:一是大幅度提高农产品收购价格(50%),加上实行"超购加价"政策(加价30%~50%),极大地调动了农民的生产积极性。二是以安徽省凤阳县小岗村为代表推行土地家庭承包经营制度,从"两个不许"(不许分田单干,

不许包产到户)到在边远与贫困地区"可以包产到户,也可以包干到户",到"社会主义生产责任制形式",到"马克思主义合作理论的发展",再到"农村的一项基本经营制度",反映了中央在这个问题上认识的变化过程。三是在"文革"中引进的13套年产30万吨合成氨化肥厂投产,提供了大量化肥。四是科技的作用,大面积推广杂交水稻与杂交玉米品种。五是多年积累起来的"老本",包括"大跃进"中兴修的水利工程以及"文革"中农业学大寨修筑的农田基本建设。

在这个阶段,中央书记处成立了农村政策研究室,指导农村改革。中央发出重要的文件,一是十一届三中全会关于发展农业若干问题的决定(草案),中央工作会议的75号文件以及四中全会正式通过三中全会的决定。从1982年至1986年中央连续发了5个一号文件,发挥了推动改革的重大作用。

总结这一阶段农业全面高速增长的基本经验:一靠政策;二靠科技;三靠投入。从包产到户到包干到户(去掉按工分分配的办法),是农村经济体制改革的重大转折,农户经营成为市场经济的主体,是农民的伟大创造。这一阶段的失误在于人民公社解体后,由于受到"谈合作色变"的影响,未能及时地把真正的合作经济组织恢复和建立起来,虽然提出"统一经营与分户经营相结合的双层经营",而社队企业薄弱的村成了"空壳村";同时由于社会化服务体系不健全,一家一户的农村经济缺乏有力的支撑与保护。

**(二)第二阶段** 1985年至1992年。由于1984年农业大丰收,出现了卖粮难以及收购粮食"打白条"问题,被认为是"超常规发展"带来"低水平过剩",导致了农产品统购与派购制度的改革,其基本动因是由于实行"超购加价"政策造成财政压力大。这一改革是对农产品流通体制走向市场的重大突破。作为第一步对粮棉油糖等一类统购的大宗农产品实行"双轨制",即"合同定购"与"市场议购"两部分,也就是"死一块,活一块";对畜产品、水产品等二类派购的农产品全部实行"市场议购"。这一政策实行的结果,是计划经济向市场经济转变的重大进展,一方面放开走向市场的部分农产品继续发展;但另一方面实行"合同定购"的粮食,由于实行"倒三七"价格(即70%是超购加价,30%是定购价),抑制了农民的积极性,特别是新商品粮地区以及"三靠队"(吃粮靠返销,生活靠救济,花钱靠信贷)(像小岗村)因无定购基数,销售的粮食全部是超购加价,而在实行"倒三七"价格政策以后,大幅度减少收入,使当年的粮食产量下降7%,棉花产量下降30%,随即出现了粮食生产的徘徊。

为防止粮食滑坡,实行微调政策,把"合同定购"又改为"国家定购",强调农民生产粮食既是任务又是义务,并采取适当提高定购价格以及定购粮食与化肥、柴油、预购定金"三挂钩"政策,使粮食产量有些恢复性的增长。在粮食逐步走向市场化过程中,在河南郑州市建立粮食期货交易市场。

乡镇企业在中央提出"整顿治理"(针对国民经济发展中两个失衡,一是工农业的失衡;二是基础工业与加工工业的失衡,为期三年。)中受到抑制,特别是信贷零增长,以及指责乡镇企业"以小挤大、以落后挤先进"的舆论,严重影响乡镇企业发展,导致农业劳动力转移零增长。

农民收入增长幅度大大下降,1989—1991年连续三年年均增长只有1.7%,其中1990年为负0.7%,跌入低谷。

放开农产品销售价格,1991—1992两年两次提高城市粮食销售价格,实现了购销同价,结束了近40年粮食统销的历史,取消了粮票,缓解了由于每次提高粮食收购价格而城市销售价格不变增加财政补贴支出的矛盾。

在总结广西柳州市宜山县三岔乡建立村民委员会经验的基础上,全国人大通过法律,推行村民自治，实行民主选举、民主决策、民主管理、民主监督，开创了农村民主政治建设的新局面。

推行生态农业建设，对抑制农业生态环境恶化发挥了积极作用，但水土流失、荒漠化、草原退化、农业面源污染等加剧。

这一阶段农业与农村经济出现了较大的波动，其原因之一是对 1984 年农业丰收形势估计过于乐观而采取了抑制生产发展的政策；二是在"整顿治理"中不加区别地在信贷上采取一刀切的政策，抑制了乡镇企业的发展和劳动力转移，使农民收入下降。这是宏观调控上的失误。

**(三)第三阶段** 1993 年至 2003 年。1992 年邓小平南巡讲话，解决了市场经济"姓社"与"姓资"的认识问题，促进了经济的高速发展。加上对粮食两次大幅度提高价格，粮食产量大幅度增加。1996 年粮食产量达到 5 亿 t，创历史最高水平。1998 年达到 5.1 亿 t，又创历史新高。但是从 1999 年至 2003 年，强调调整产业结构，连续五年粮食播种面积、总产量、人均占有量下降，出现了新的徘徊波动。

在 1998 年粮食丰收以后，放开了收购价格，实行"按保护价敞开收购、收购资金封闭运行、顺价销售"三项政策和一项国有粮食企业改革，使粮食库存大幅上升，财政补贴数量大量增加。

"异军突起"的乡镇企业继续保持两位数增长，吸纳农业劳动力有所增加。

实行退耕还林还草政策，为防止新的水土流失，恢复和保护生态环境发挥了良好的作用。

推进农业产业化经营，延长农业生产链，实现生产、加工、销售一体化，特别是在畜牧与水产业方面进展较快。

在推进工业化与城市化过程中，农民土地流失严重，出现了失地农民，引起农民不满。

在整顿金融秩序中，取缔了合作基金会，信用社不再成为农民的合作组织，农村资金大量外流，农民贷款难问题加剧。

农民负担日益严重，为控制"三提五统"费不超过上年人均纯收入的 5%，实行预算制、审计制以及负担监督卡，收效甚微，增加了管理成本。

这一阶段中央于 1998 年发了关于加强农村工作若干问题的决定，提出从政治、经济、文化三方面建设社会主义新农村；全国人大常委会正式颁布了村民委员会组织法。这个阶段农村改革滞缓，农村经济波动较大，城乡差别拉大，"三农"问题突出。

**(四)第四阶段** 2003 年至 2007 年。党的十六大提出统筹城乡经济社会发展，建设现代农业，发展农村经济，增加农民收入，全面建设小康社会。党中央、国务院强调"三农"工作是全党和政府全部工作的"重中之重"，实行"工业反哺农业、城市支持农村"和"多予、少取、放活"以及改变城乡二元结构的一系列方针。自 2004 年起连续发了 5 个新的中央一号文件，包括增加农民收入、提高农业综合生产能力、建设社会主义新农村、发展现代农业、加强农村基础设施建设。粮食连续 4 年增产，农民收入有恢复性增长。

在"费改税"的基础上，取消农业两税和"三提五统"费，从根本上减轻农民负担，农民增收 1 250亿元。

农村九年义务教育免收学杂费。

推行农村合作医疗制度，2006 年覆盖面达到 40%，2007 年达到 80%。

实行农村最低生活保障费试点。

取消对进城农民工歧视政策，维护农民工合法权益。

对粮食实行直补、农机、良种、生产资料综合补贴以及最低收购价政策。

加强对土地"农转非"的控制，以 18 亿亩为红线，将土地出让金纳入预算管理，对省级政府

实行土地"农转非"指标管理。

增加财政对"三农"支持力度，加强农村基础设施建设与改善生态环境建设。

加强扶贫工作的力度，农村贫困人口由改革开放前的2.5亿下降为2100万。

改革户籍制度试点，实行城乡居民统一户口。

颁布了《农民专业合作社法》，农村专业合作社、社区股份合作社等合作组织有了新的发展。

这一阶段把"三农"工作纳入统筹城乡发展的大战略之中，对改变城乡二元经济社会结构以及农民的弱势地位，有了良好的开端。但是二元结构形成的两种制度安排与政策产生的矛盾日益凸显，城乡居民收入差别继续扩大，1978年为2.5∶1，1984年为1.7∶1，2007年达到3.3∶1。

总结农村经济体制改革30年的基本经验是从不自觉到自觉走上社会主义市场经济的道路，亿万农民在党的解放思想、改革开放的战略方针指引下，获得了十大创造：一是土地的家庭承包经营，成为农村市场的主体，从15年不变到30年不变到长期不变。美国著名经济学家、诺贝尔经济学奖获得者舒尔茨在考察后说，"包干到户是农村社会进步的第一推动力"。二是"异军突起"(邓小平语)的乡镇企业，改变了农村经济结构，不仅居于主导地位，而且创造了具有中国特色的工业化道路，吸纳了1亿多农业劳动力，成为国民经济的重要组成部分。一位巴基斯坦领导人说，这是中国经济腾飞的"秘密武器"。三是民主政治建设的村民自治，开创了中国农村民主政治的先河，使农民直接行使当家做主的权利。美国前总统卡特在参观江苏吴县一个村的民主选举全过程后说，中国农民找到了行使民主权利的"诀窍"。四是进城的农民工，有1亿多农民成为工人阶级的一部分，是建筑与服务业的主力军，是中国农民的"黄埔学校"，一大批精英——农民企业家成长起来，是农村的希望。五是股份合作制。包括土地与乡镇企业，把劳动的合作与资产的合作结合起来，创造了集体产权的实现形式，使农民获得知情话语权、决策参与权、资产处置权、收益分配权、管理人员选择权等。六是农业产业化经营。延长农业的生产链，建立企业+合作组织+农户的利益共同体，实行种养加、供产销、农工商一体化经营，生产最终产品，提高农业的附加值。七是适度规模经营。有些地区在坚持土地集体所有和承包经营权不变的原则下，促进使用权的流转，由小农变为大农，形成农业大户——现代农业企业，提高农业劳动生产率和现代化水平。八是农业社会化服务体系。包括由政府主导农民参与的农产品市场体系、科技服务体系、产品质量标准与监测体系、环境监测体系、动植物检疫体系等，为确保农业安全提供有效保障。九是生态农业，由村—乡—县—市—省，把传统农业的精华与现代农业技术结合起来，提高农业资源的利用率，取得经济、社会、生态、文化的多种效益，创造了经济高速发展与保护生态环境统一的模式。十是走向国际。引进外资企业，提高农业的科技水平与管理水平；采取多种形式，建立农产品加工出口基地，增加出口；发展劳务输出，在国外建立生产与贸易企业，在WTO框架下，提高竞争力。

农村改革的过程可以概括为五句话：解放思想—群众创造—专家总结—领导认可—政府规范。农村改革的特点：一是解放思想，排除"左"的干扰，不带框框；二是尊重农民的意愿与选择，不强迫农民；三是总结群众创造的经验，加以推广；四是循序渐进，摸着石头过河，不一步到位；五是因地制宜，不一刀切。这种改革的好处有三：一是成本低；二是风险小；三是效果好。农村改革的实践，是农村社会的巨大变迁，使马克思的"联合体的自由人""重建个人所有制""劳动者与生产资料直接结合"等主张得到验证，是马克思主义中国化的体现。农村改革的过程是解放思想、不断创新的过程，是由计划经济向社会主义市场经济体制转型的过程，是遵循和按自然规律与经济规律办事的过程，顺应规律，农业与农村经济就会发展，背离规律，农业与农村经济就会波动。中国的市场经济是在国家宏观调控下的市场经济。国家调控市场采取了法律、经济以及行政多种手段，由直接调控为主转为间接调控为主，以行政手段调控为主转为以法律与经济手段调控为主，以计划调控为主转为市场调控为主。这个过程尚未完成。

党的十七大提出高举中国特色社会主义大旗，就要以科学发展观统领农村改革，完善农村社会主义市场经济体制，建设有中国特色的社会主义新农村，在推进政治、经济、社会、文化、党的基层组织五大建设中，实现物质、精神、政治、生态四大文明，建设和谐社会，以统筹城乡经济社会发展为纲，在改革城乡二元结构和缩小城乡差别方面有突破性进展。

促进农村经济、社会、文化、生态的全面协调发展，实现全面建设小康社会的目标。

调整国民收入分配结构，提高用于“三农”支出在财政总支出中的比重，加强农村基础设施建设和公共服务，逐步实现城乡公共服务的均等化。深化农村金融体制改革，着力发展农民的合作金融组织，解决农村资金大量外流与农民贷款难问题。

把 GDP 翻两番的目标真正建立在优化结构、提高效益、降低消耗与保护环境的基础之上，建立农村资源有偿使用制度和生态补偿机制，建设资源节约型与环境友好型社会，实现农村经济的良性循环。

促进土地、劳力、资本、科技等基本生产要素在城乡之间的流动与优化组合，提高利用效率。

在城乡一体化与国际化过 10 程中，推进农业产业化与合作化，提高农业的增值效益和劳动生产率，增强竞争力，确保粮食、食物、生态、生物安全。

推行政治体制改革，转变政府职能，扩大农村基层民主，依法保护农民特别是农民工的权益，建立与完善适应生产力发展的生产关系以及适应社会主义市场经济基础的上层建筑。

历史是人民群众创造的，相信群众，依靠群众，尊重群众的首创精神，维护群众的利益，充分发挥群众的智慧，就能创造出人间奇迹。中国农村改革 30 年的实践，充分证明了这一真理。

（作者：郭书田 农业部原政策法规司司长）

# 附录二 新中国农业60年统计资料

附表1 农村经济在全国经济中的地位

| 年份 | 国内生产总值(亿元) | 其中：第一产业 | 所占比重(%) | 社会消费品零售总额(亿元) | 其中：县及县以下 | 所占比重(%) | 财政收入(亿元) | 其中：农业各税(亿元) | 所占比重(%) | 财政支出(亿元) | 其中：支农支出(亿元) | 所占比重(%) | 城镇居民人均可支配收入(绝对数)(元/人) | 城镇居民人均可支配指数(以1978年收入为100) | 城镇居民人均可支配指数(以上年收入为100) | 农村居民人均纯收入(绝对数)(元/人) | 农村居民人均纯收入指数(以1978年收入=100) | 农村居民人均纯收入指数(以上年收入=100) | 城乡居民收入对比(农村居民收入=1) |
|---|---|---|---|---|---|---|---|---|---|---|---|---|---|---|---|---|---|---|---|
| 1949 | 358 | 245 | 68.4 | | | | | | | | | | | | | | | | |
| 1950 | 426 | 287 | 67.4 | | | | 65.2 | 19.1 | 29.3 | 68.1 | 2.74 | 4.0 | | | | | | | |
| 1952 | 589 | 340 | 57.79 | 262.7 | 137.1 | 52.2 | 183.7 | 27.0 | 14.7 | 176 | 9 | 5.1 | | | | 64.14 | | | |
| 1978 | 3645.2 | 1027.5 | 28.2 | 1558.6 | 1053.4 | 67.6 | 1132.3 | 28.4 | 2.5 | 1122.1 | 150.7 | 13.4 | 343.4 | | | 133.6 | 100 | | 2.57 |
| 1980 | 4545.6 | 1371.6 | 30.2 | 2140 | 1406.4 | 65.7 | 1159.9 | 27.7 | 2.4 | 1228.8 | 150 | 12.2 | 477.6 | 127 | 109.7 | 191.3 | 139 | 116.6 | 2.50 |
| “六五”合计 | 32401.7 | 10195.7 | | 15450.8 | 9406.5 | 60.9 | 7402.8 | 167.7 | 2.3 | 7483.2 | 658.5 | 8.8 | | | | | | | |
| 其中1985 | 9016 | 2564.4 | 28.4 | 4305 | 2430.5 | 56.5 | 2604.8 | 42.1 | 2.1 | 2004.3 | 153.6 | 7.7 | 739.1 | 160.4 | 101.1 | 397.6 | 268.9 | 107.8 | 1.86 |
| “七五”合计 | 73036.8 | 19215 | | 34611.5 | 19350.8 | 55.9 | 12280.6 | 341.8 | 2.8 | 12865.7 | 1167.7 | 9.0 | | | | | | | |
| 其中1990 | 18667.8 | 5062 | 27.1 | 8300.1 | 4411.5 | 53.2 | 2927.1 | 87.9 | 3.0 | 3083.6 | 307.8 | 10.0 | 1510.2 | 198.1 | 108.5 | 686.3 | 311.2 | 101.8 | 2.20 |
| “八五”合计 | 193030.5 | 39881.1 | | 76916.4 | 37411 | 48.6 | 22442.1 | 845.2 | 3.8 | 24387.5 | 2272 | 9.3 | | | | | | | |
| 其中1995 | 60793.7 | 12135.8 | 19.9 | 23613.8 | 10634.4 | 45 | 6242.2 | 278.1 | 4.5 | 6823.7 | 574.9 | 8.4 | 4283 | 290.3 | 104.9 | 1577.7 | 383.6 | 105.3 | 2.71 |
| “九五”合计 | 423443.5 | 72989.7 | | 167744.8 | 65995 | 39.4 | 50774.4 | 2054.6 | 4.1 | 57043.5 | 4938.9 | 8.7 | 4838.9 | | | | | | |

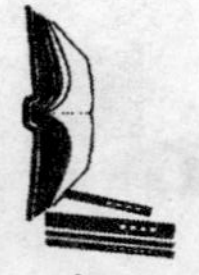


**续附表 1**

| 年 份 | 国内生产总值(亿元) | 其中：第一产业 | 所占比重(%) | 社会消费品零售总额(亿元) | 其中：县及县以下 | 所占比重(%) | 财政收入(亿元) | 其中：农业各税(亿元) | 所占比重(%) | 财政支出(亿元) | 其中：支农支出(亿元) | 所占比重(%) | 城镇居民人均可支配收入(绝对数)(元/人) | 城镇居民人均可支配指数(以1978年收入为100) | 城镇居民人均可支配指数(以上年收入为100) | 农村居民人均纯收入(绝对数)(元/人) | 农村居民人均纯收入指数(以1978年收入=100) | 农村居民人均纯收入指数(以上年收入=100) | 城乡居民收入对比(农村居民收入=1) |
|---|---|---|---|---|---|---|---|---|---|---|---|---|---|---|---|---|---|---|---|
| 1996 | 71176.6 | 14015.4 | 19.7 | 28360.2 | 13161 | 42.9 | 7408 | 369.5 | 5.0 | 7937.6 | 700.4 | 8.8 | 4838.9 | 301.6 | 103.8 | 1926.1 | 418.1 | 109 | 2.51 |
| 1997 | 78973 | 14441.9 | 18.3 | 31252.9 | 12753.4 | 40.8 | 8651.1 | 397.5 | 4.6 | 9233.6 | 766.4 | 8.3 | 5160.3 | 311.9 | 103.4 | 2090.1 | 437.3 | 104.6 | 2.45 |
| 1998 | 84402.3 | 14817.6 | 17.6 | 33378.1 | 13084 | 39.2 | 9876 | 398.8 | 4 | 10798.2 | 1154.8 | 10.1 | 5425.1 | 329.9 | 105.8 | 2162 | 456.1 | 104.3 | 2.51 |
| 1999 | 89677.1 | 14770 | 16.5 | 35647.9 | 13446.1 | 37.7 | 11444.1 | 423.5 | 3.7 | 13187.7 | 1085.8 | 8.2 | 5854 | 360.6 | 109.3 | 2210.3 | 473.5 | 103.6 | 2.65 |
| 2000 | 99214.6 | 14944.7 | 15.1 | 39105.7 | 14550.5 | 37.2 | 13395.2 | 465.3 | 3.5 | 15886.5 | 1231.5 | 7.8 | 6280 | 383.7 | 106.4 | 2253.4 | 483.4 | 102.1 | 2.79 |
| “十五”合计 | 708906.5 | 93532.7 | | 270385.2 | 92231.3 | 34.1 | 115050.7 | 3910 | 3.4 | 128022.9 | | | | | | | | | |
| 2001 | 109655.2 | 15781.3 | 14.4 | 43055.4 | 15676.3 | 36.4 | 16386 | 481.7 | 2.9 | 18902.6 | 1456.7 | 7.7 | 6859.6 | 416.3 | 108.3 | 2366.4 | 503.7 | 104.2 | 2.90 |
| 2002 | 120332.7 | 16537 | 13.7 | 48135.9 | 16759.4 | 34.8 | 18903.6 | 717.9 | 3.8 | 22053.2 | 1580.5 | 7.2 | 7702.8 | 472.1 | 113.4 | 2475.6 | 527.9 | 104.8 | 3.11 |
| 2003 | 135822.8 | 17381.7 | 12.8 | 52516.3 | 17908 | 34.1 | 21715.3 | 871.8 | 4 | 24650 | 1754.3 | 7.1 | 8472.2 | 514.6 | 109 | 2622.2 | 550.6 | 104.. | 3.23 |
| 2004 | 159878.3 | 21412.7 | 13.4 | 59501 | 19805.3 | 33.2 | 26396.5 | 902.23 | 3.4 | 28486.9 | 2337.6 | 8.2 | 9421.6 | 554.2 | 107.7 | 2936.4 | 588 | 106.8 | 3.21 |
| 2005 | 183217.5 | 22420 | 12.2 | 67176.6 | 22082.3 | 32.9 | 31649.3 | 936.4 | 3 | 33930.3 | 2450.3 | 7.2 | 10493 | 607.4 | 109.6 | 3254.9 | 624.5 | 106.2 | 3.22 |
| “十一五” | | | | | | | | | | | | | | | | | | | |
| 2006 | 211923.5 | 24040 | 11.3 | 76410 | 24867.4 | 32.6 | 38760.2 | 1084 | 2.8 | 40222.7 | 3173 | 7.9 | 11759.5 | 670.7 | 110.4 | 3587 | 670.7 | 107.4 | 3.28 |
| 2007 | 257305.6 | 28627 | 11.1 | 89210 | 28799 | 32.3 | 51321.8 | 1439.1 | 2.8 | 49781.4 | | | 13786 | 752.3 | 112.2 | 4140 | 734.4 | 109.5 | 3.33 |
| 2008 | 300670 | 34000 | 11.3 | 108488 | 34753 | 32.0 | 61316.9 | 1688.8 | 2.8 | 62427 | | | 15781 | 815.7 | 108.4 | 4761 | 793.2 | 108 | 3.33 |

说明：1. 1978 年以前，材料来自国家统计局编《国民经济提要》(1949—1985)，1978 年及以后年度材料来自中国统计出版社《中国统计摘要》

2. 各年都为当年价格

3. 1949、1950、1952 年的国民生产总值和第一产业产值系国民收入和农业净产值

## 附表 2 城乡人口劳动力变化

| 年 份 | 人 口 | | | 按三项产业分就业人口 | | | 按城乡分就业人员 | | | 在乡村就业人员中 | | 城市化程度 | |
|---|---|---|---|---|---|---|---|---|---|---|---|---|---|
| | 全国总人口（万人） | 其中乡村人口（万人） | 占全国人口（%） | 全国就业人员总计（万人） | 第一产业人口（万人） | 占全国就业人员（%） | 全国总就业人口（万人） | 其中乡村就业人员（万人） | 占全国总计（%） | 乡镇企业的就业人员（万人） | 占乡村人员（%） | 全国城镇人口（万人） | 占全国总人口（%） |
| 1949 | 54167 | 48402 | 89.4 | 18082 | | | 18082 | 16549 | 91.5 | | | 5765 | 10.6 |
| 1950 | 55196 | 49027 | 88.8 | | | | | | | | | 6169 | 11.2 |
| 1952 | 57482 | 50319 | 87.5 | 20729 | 17317 | 83.5 | 20729 | 18243 | 88 | | | 7163 | 12.5 |
| 1957 | 64653 | 54704 | 84.6 | 23771 | 19310 | 81.2 | 23771 | 20566 | 86.5 | | | 9949 | 15.4 |
| 1962 | 67295 | 55636 | 82.7 | 25910 | 21278 | 82.1 | 25910 | 21373 | 82.5 | | | 11659 | 17.2 |
| 1970 | 82992 | 68568 | 82.6 | 34432 | 27814 | 80.8 | 34432 | 28120 | 81.7 | | | 14424 | 17.4 |
| 1975 | 92420 | 76390 | 82.7 | 38168 | 29460 | 77.2 | 38168 | 29946 | 78.5 | 1792（1976 年） | 6.0 | 16030 | 17.3 |
| 1978 | 96259 | 79014 | 82.1 | 40152 | 28318 | 70.5 | 40152 | 30638 | 76.3 | 2827 | 9.2 | 17245 | 17.9 |
| 1980 | 98705 | 79565 | 80.6 | 42361 | 29122 | 68.7 | 42361 | 31836 | 75.2 | 3000 | 9.4 | 19140 | 19.4 |
| 1985 | 105851 | 80757 | 76.3 | 49873 | 31130 | 62.4 | 49873 | 37065 | 74.3 | 6979 | 18.8 | 25094 | 23.7 |
| 1990 | 114333 | 84138 | 73.6 | 64749 | 38914 | 60.1 | 64749 | 47708 | 73.7 | 9265 | 19.4 | 30195 | 26.4 |
| 1995 | 121121 | 85947 | 71 | 68065 | 35530 | 52.2 | 68065 | 49025 | 72 | 12862 | 28.2 | 35174 | 29 |
| 2000 | 126743 | 80837 | 63.8 | 72085 | 36034 | 50 | 72085 | 48934 | 67.9 | 12820 | 28.2 | 45906 | 36.2 |
| 2005 | 130756 | 74544 | 57 | 75825 | 33970 | 44.8 | 75825 | 48949 | 64.6 | 14272 | 29.2 | 56212 | 43 |
| 2006 | 131448 | 73742 | 56.1 | 76400 | 32561 | 42.6 | 76400 | 48090 | 63.0 | 14680 | 30.5 | 57706 | 43.9 |
| 2007 | 132129 | 72750 | 55.1 | 76990 | 31444 | 40.8 | 76990 | 47640 | 61.9 | 15090 | 31.7 | 59379 | 44.9 |
| 2008 | 132802 | 72135 | 54.3 | 77480 | 30654 | 39.6 | 77480 | 47270 | 61.0 | 15451 | 32.7 | 60667 | 45.7 |

**附表 3　农林牧渔业总产值及构成**

（产值按当年价格计算，以农林牧渔业总值为 100 计算各业所占比例）（单位：亿元·%）

| 年份 | 农林牧渔业总产值 | 农业 | | 林业 | | 牧业 | | 渔业 | |
|---|---|---|---|---|---|---|---|---|---|
| | | 产值 | 所占比例 | 产值 | 所占比例 | 产值 | 所占比例 | 产值 | 所占比例 |
| 1952 | 461.0 | 396.0 | 85.9 | 7.3 | 1.6 | 51.7 | 11.2 | 6.1 | 1.3 |
| 1957 | 537.0 | 443.9 | 82.7 | 17.5 | 3.3 | 65.4 | 12.2 | 10.2 | 1.9 |
| 1962 | 584.0 | 494.7 | 84.7 | 13.0 | 2.2 | 63.8 | 10.9 | 12.6 | 2.2 |
| 1965 | 833.0 | 684.3 | 82.2 | 22.3 | 2.7 | 111.5 | 13.4 | 14.8 | 1.8 |
| 1970 | 1021.0 | 838.4 | 82.1 | 28.6 | 2.8 | 136.6 | 13.4 | 17.4 | 1.7 |
| 1975 | 1260.0 | 1020.5 | 81.0 | 39.2 | 3.1 | 178.4 | 14.2 | 21.9 | 1.7 |
| 1978 | 1397.0 | 1117.6 | 80.0 | 48.1 | 3.4 | 209.3 | 15.0 | 22.1 | 1.6 |
| 1979 | 1697.6 | 1325.3 | 78.1 | 60.7 | 3.6 | 285.6 | 16.8 | 26.0 | 1.5 |
| 1980 | 1922.6 | 1454.1 | 75.6 | 81.4 | 4.2 | 354.2 | 18.4 | 32.9 | 1.7 |
| 1981 | 2180.6 | 1635.9 | 75.0 | 98.9 | 4.5 | 402.2 | 18.4 | 43.7 | 2.0 |
| 1982 | 2483.3 | 1865.3 | 75.1 | 110.0 | 4.4 | 456.7 | 18.4 | 51.2 | 2.1 |
| 1983 | 2750.0 | 2074.5 | 75.4 | 127.2 | 4.6 | 485.1 | 17.6 | 63.2 | 2.3 |
| 1984 | 3214.1 | 2380.2 | 74.1 | 161.6 | 5.0 | 587.3 | 18.3 | 85.1 | 2.6 |
| 1985 | 3619.5 | 2506.4 | 69.2 | 188.7 | 5.2 | 798.3 | 22.1 | 126.1 | 3.5 |
| 1986 | 4013.0 | 2771.8 | 69.1 | 201.2 | 5.0 | 875.7 | 21.8 | 164.4 | 4.1 |
| 1987 | 4675.7 | 3160.5 | 67.6 | 222.0 | 4.7 | 1068.4 | 22.8 | 224.9 | 4.8 |
| 1988 | 5865.3 | 3666.9 | 62.5 | 275.3 | 4.7 | 1600.6 | 27.3 | 322.5 | 5.5 |
| 1989 | 6534.7 | 4100.6 | 62.8 | 284.9 | 4.4 | 1800.4 | 27.6 | 348.9 | 5.3 |

续附表3

| 年　份 | 农林牧渔业总产值 | 农　业 | | 林　业 | | 牧　业 | | 渔　业 | |
|---|---|---|---|---|---|---|---|---|---|
| | | 产　值 | 所占比例 | 产　值 | 所占比例 | 产　值 | 所占比例 | 产　值 | 所占比例 |
| 1990 | 7662.1 | 4954.3 | 64.7 | 330.3 | 4.3 | 1967.0 | 25.7 | 410.6 | 5.4 |
| 1991 | 8157.0 | 5146.4 | 63.1 | 367.9 | 4.5 | 2159.2 | 26.5 | 483.5 | 5.9 |
| 1992 | 9084.7 | 5588.0 | 61.5 | 422.6 | 4.7 | 2460.5 | 27.1 | 613.5 | 6.8 |
| 1993 | 10995.5 | 6605.1 | 60.1 | 494.0 | 4.5 | 3014.4 | 27.4 | 882.0 | 8.0 |
| 1994 | 15750.5 | 9169.2 | 58.2 | 611.1 | 3.9 | 4672.0 | 29.7 | 1298.2 | 8.2 |
| 1995 | 20340.9 | 11884.6 | 58.4 | 709.9 | 3.5 | 6045.0 | 29.7 | 1701.3 | 8.4 |
| 1996 | 22353.7 | 13539.8 | 60.6 | 778.0 | 3.5 | 6015.5 | 26.9 | 2020.4 | 9.0 |
| 1997 | 23788.4 | 13852.5 | 58.2 | 817.8 | 3.4 | 6835.4 | 28.8 | 2282.7 | 9.6 |
| 1998 | 24541.9 | 14241.9 | 58.0 | 851.3 | 3.5 | 7025.8 | 28.6 | 2422.9 | 9.9 |
| 1999 | 24519.1 | 14106.2 | 57.5 | 886.3 | 3.6 | 6997.6 | 28.5 | 2529.0 | 10.4 |
| 2000 | 24915.8 | 13873.6 | 55.7 | 936.5 | 3.8 | 7393.1 | 29.7 | 2712.6 | 10.8 |
| 2001 | 26179.6 | 14462.8 | 55.2 | 938.8 | 3.6 | 7963.1 | 30.4 | 2815.0 | 10.8 |
| 2002 | 27390.8 | 14931.5 | 54.5 | 1033.5 | 3.8 | 8454.6 | 30.9 | 2971.1 | 10.8 |
| 2003 | 29691.8 | 14870.1 | 50.1 | 1239.9 | 4.2 | 9538.8 | 32.1 | 3137.6 | 10.6 |
| 2004 | 36239.0 | 18138.4 | 50.1 | 1327.1 | 3.7 | 12173.8 | 33.6 | 3605.6 | 9.9 |
| 2005 | 39450.9 | 19613.4 | 49.7 | 1425.5 | 3.6 | 13310.8 | 33.7 | 4016.1 | 10.2 |
| 2006 | 40810.8 | 20665.5 | 51.1 | 1593.5 | 3.9 | 11979.4 | 29.4 | 3938.0 | 9.7 |
| 2007 | 48893.0 | 24658.8 | 50.4 | 1861.6 | 3.8 | 16125.2 | 33.0 | 4457.5 | 9.1 |
| 2008 | 58002.2 | 28044.2 | 48.4 | 2152.9 | 3.7 | 20583.6 | 35.5 | 5203.4 | 9.0 |

## 附表 4　农业物质条件

| 年　份 | 农机总动力（万 kW） | 大中型拖拉机（万台） | 中小型拖拉机（万台） | 排灌动力机械（万 kW） | 联合收割机（万台） | 载重汽车（万辆） | 机耕面积（万亩） | 占耕地面积（%） | 有效灌溉面积（万亩） | 占耕地面积（%） | 机收面积（万亩） | 占总收获面积（%） | 农村用电量（亿度） |
|---|---|---|---|---|---|---|---|---|---|---|---|---|---|
| 1952 | 18.65 | 0.1307 | | 9.6 | 0.0284 | 0.284 | 204 | 0.1 | 29938.5 | 18.5 | | | 0.5 |
| 1957 | 123.1 | 1.4674 | | 41.2 | 0.1789 | 0.4084 | 3954 | 2.5 | 41009 | 24.5 | | | 1.4 |
| 1962 | 767.6 | 5.4938 | 0.09 | 452 | 0.5906 | 0.8239 | 12426 | 8.1 | 45818 | 29.7 | | | 16.1 |
| 1965 | 1114.5 | 7.2599 | 0.4 | 666.6 | 0.6704 | 1.1063 | 23369 | 15 | 49583 | 31.9 | | | 37.1 |
| 1970 | 2014.9 | 12.5498 | 7.8 | 1341.4 | 0.8002 | 1.5593 | 27333 | 18 | 54000 | 35.6 | | | 95.7 |
| 1975 | 7585.3 | 34.4518 | 59.9 | 3577 | 1.2551 | 3.9585 | 49805 | 33.3 | 69181 | 46.3 | 3444.8 | 1.54 | 183.1 |
| 1978 | 11917.4 | 55.7358 | 137.3 | 4820 | 1.8987 | 7.3770 | 61005 | 40.9 | 67448 | 45.2 | 4688.1 | 2.1 | 253.1 |
| 1980 | 14956.6 | 74.4865 | 187.4 | 5486.8 | 2.7045 | 13.4745 | 61485 | 41.3 | 67332 | 45.2 | 6543 | 3 | 320.8 |
| 1990 | 28708 | 81.4 | 698 | 6805.5 | | 62.44 | | | 71104 | 49.6 | | | 844.5 |
| 1995 | 36118 | 67.2 | 685 | 3839.1 | | 79.4 | | | 73921.5 | 51.9 | | | 1655.7 |
| 2000 | 52574 | 97.5 | 1265 | | 1.4449（1999 年） | 92.71 | 6171（1999 年） | | 80730.5 | 42 | 3434（1999 年） | | 2421.3 |
| 2002 | 57930 | 91.167 | 1339 | | | | | | 81532.5 | 43.2 | | | 2993.4 |
| 2003 | 60387 | 98.056 | 1338 | | | | | | 81021 | 43.8 | | | 3432.9 |
| 2004 | 63756 | 111.90 | 1455 | | | | | | 81717.6 | 44.5 | | | 3933 |
| 2005 | 68398 | 139.6 | 1527 | 8215.9 | | | | | 82544 | 44.1 | | | 4375.7 |
| 2006 | 72522 | 171.8 | 1567.9 | | | | | | 83635.8 | 45.8 | | | 4895.8 |
| 2007 | 76590 | 206.3 | 1619.1 | | | | 107573 | 58.7 | 84777.5 | 46.4 | 63335.4 | 28.6 | 5509.9 |
| 2008 | | | | 8668.7 | | | | | | | | | |

资料来源：1978 年以前材料来自国家统计局编《国民经济统计提要》(1949—1981)

1979 年及以后来自中国统计出版社历年《中国统计摘要》

续附表 4

（单位：万 t）

| 年份 | 化肥 | | | | 农药 | | | |
|---|---|---|---|---|---|---|---|---|
| | 生产量（纯量） | 施用量（纯量） | 进口量[①]（自然 t） | 出口量[①]（自然 t） | 生产量[②] | 施用量 | 进口量[①] | 出口量[①] |
| 1978 | 869 | 884 | 398 | | 53.3 | | 8.2 | |
| 1979 | 1065 | 1086 | 467 | | 53.7 | | 8.2 | |
| 1980 | 1232 | 1269 | 544 | | 53.7 | | 5.0 | |
| 1981 | 1239 | 1335 | 555 | | 48.4 | | 1.7 | |
| 1982 | 1278 | 1513 | 606 | | 45.7 | | 1.6 | |
| 1983 | 1379 | 1660 | 800 | | 33.1 | | 6.1 | |
| 1984 | 1460 | 1740 | 923 | | 29.9 | | 5.9 | |
| 1985 | 1322 | 1776 | 761 | | 21.1 | | 1.6 | |
| 1986 | 1360 | 1931 | 510 | | 20.3 | | 0.7 | |
| 1987 | 1672 | 1999 | 1090 | | 16.1 | | 1.0 | |
| 1988 | 1740 | 2142 | 1471 | | 17.9 | | 3.4 | |
| 1989 | 1803 | 2357 | 1393 | | 20.9 | | 3.7 | |
| 1990 | 1880 | 2590 | 1626.0 | | 22.8 | | 2.8 | |
| 1991 | 1980 | 2805 | 1818.0 | | 25.5 | 76.1 | 3.2 | |
| 1992 | 2048 | 2930 | 1859.0 | | 28.1 | 79.5 | 3.9 | |
| 1993 | 1956 | 3151.9 | 1021.0 | 36.1 | 25.7 | 84.9 | 2.3 | 4.2 |
| 1994 | 2273 | 3317.9 | 1266.0 | 59.4 | 29.0 | 87.1 | 3.1 | 6.1 |

续附表 4

（单位：万 t）

| 年份 | 化肥 | | | | 农药 | | | |
|---|---|---|---|---|---|---|---|---|
| | 生产量(纯量) | 施用量(纯量) | 进口量①(自然 t) | 出口量①(自然 t) | 生产量② | 施用量 | 进口量① | 出口量① |
| 1995 | 2548 | 3593.7 | 1991.0 | 97.5 | 41.7 | 108.7 | 3.4 | 7.1 |
| 1996 | 2809 | 3827.9 | 1857.0 | 149.9 | 44.8 | 114.1 | 3.2 | 7.4 |
| 1997 | 2821 | 3980.7 | 1649.0 | 156.7 | 52.7 | 119.5 | 4.8 | 8.8 |
| 1998 | 3010 | 4083.7 | 1387.0 | 118.4 | 55.9 | 123.2 | 4.4 | 10.7 |
| 1999 | 3251 | 4124.3 | 1335.0 | 171.5 | 62.5 | 131.2 | 4.7 | 14.7 |
| 2000 | 3186 | 4146.4 | 1189.3 | 252.3 | 60.7 | 128.0 | 4.1 | 16.2 |
| 2001 | 3383 | 4253.8 | 1092.0 | 289.9 | 78.7 | 127.5 | 3.4 | 19.7 |
| 2002 | 3791 | 4339.4 | 1681.9 | 252.9 | 92.9 | 131.2 | 2.7 | 22.2 |
| 2003 | 3881 | 4411.6 | 1212.9 | 544.1 | 76.7 | 131.5 | 2.8 | 27.2 |
| 2004 | 4805 | 4636.6 | 1239.7 | 726.2 | 82.1 | 138.6 | 2.8 | 39.1 |
| 2005 | 5178 | 4766.2 | 1396.5 | 455.9 | 114.7 | 146.0 | 3.7 | 42.8 |
| 2006 | 5345 | 4927.7 | 1128.5 | 539.2 | 138.5 | 153.7 | 4.3 | 39.8 |
| 2007 | 5825 | 5107.8 | 1176.2 | 1395.4 | 176.5 | 162.3 | 4.1 | 47.7 |
| 2008 | 6013 | 5239.0 | 619.0 | 927.0 | | | | |

注：①数据来自农业部《中国农业发展报告》

②农药生产量为统计快报数

**附表 5 农林水利基本建设投资**

| 项目 | 基本建设投资 | | | | | | | 新增固定资产 | | | | 固定资产交付使用率(%) | |
|---|---|---|---|---|---|---|---|---|---|---|---|---|---|
| | 全国总计(亿元) | 其中:农林水利 | | | 农林水利占全国总计(%) | | | 全国总计(亿元) | 其中:农林水利 | | | 全国总计(亿元) | 其中:农林水利 |
| | | 合计 | 农林牧渔业 | 水利 | 合计 | 农林牧渔业 | 水利 | | 合计 | 农林牧渔业 | 水利 | | |
| 1952 | | | | | | | | | | | | | |
| “一五”时期合计 | 588.5 | 41.8 | 16.3 | 25.5 | 7.1 | 2.8 | 4.3 | 592.2 | 34.5 | 13.7 | 20.8 | 83.6 | 82.4 |
| “二五”时期合计 | 1206.1 | 135.7 | 41.3 | 94.4 | 11.2 | 3.4 | 7.8 | 861.8 | 84.6 | 34.9 | 49.3 | 71.5 | 62.3 |
| 1963—1965 年合计 | 421.9 | 74.5 | 32.1 | 42.4 | 17.6 | 7.6 | 10 | 367.8 | 60.6 | 25.3 | 35.3 | 87.2 | 81.4 |
| “三五”时期合计 | 976 | 104.3 | 36.4 | 67.9 | 10.7 | 3.7 | 7 | 580.2 | 53.8 | | | 59.4 | 51.6 |
| “四五”时期合计 | 1764 | 173.1 | 72.7 | 100.4 | 9.8 | 4.1 | 5.7 | 1082.4 | 92.6 | | | 61.4 | 53.5 |
| “五五”时期合计 | 2392.2 | 245.6 | 92.7 | 152.8 | 10.3 | 3.9 | 6.4 | 1747.3 | 152.8 | 62.8 | 90 | 74.6 | 62.1 |
| 其中 1978 年 | 501 | 53.3 | 18.7 | 34.6 | 10.6 | 3.7 | 6.9 | 372.3 | | | | 74.3 | |
| 1980 年 | 558.9 | 51.5 | 25 | 26.5 | 9.2 | 4.5 | 4.7 | 442.7 | 35 | | | 79.1 | 68 |
| “六五”时期合计 | 3410.1 | 169.8 | 80.1 | 89.7 | 5 | 2.3 | 2.7 | 2516 | 140.5 | 60.3 | 80.3 | 73.8 | 81.3 |
| 其中 1985 年 | 1074.4 | 36.9 | 18.9 | 18 | 3.4 | 1.76 | 1.64 | | 30 | | | | 81.3 |
| “七五”时期合计 | 7349 | 242.8 | 110.1 | 132.8 | 3.3 | 1.5 | 1.8 | 5542.7 | 170.9 | 75 | 95.9 | 75.4 | 70.2 |
| | | | | | | | | | | | | 80 | 65.9 |
| “八五”时期合计 | 23584.9 | 699.6 | 257.9 | 441.7 | 3 | 1.1 | 1.9 | 14875.1 | 417.8 | 168.7 | 249.1 | 63.1 | 59.7 |
| “九五”时期合计 | 56326.8 | 3144.2 | 1150.5 | 1993.7 | 5.6 | 2 | 3.6 | 42062.1 | 1724.9 | 677.2 | 1047.7 | 74.7 | 54.9 |
| 其中 2000 年 | 13427.3 | 341 | 360.9 | 580.1 | 7 | 2.7 | 4.3 | 10431.7 | 572.9 | 213 | 359.9 | 77.7 | 60.9 |
| “十五”时期 | | | | | | | | | | | | | |
| 2001 年 | 14820.1 | 993.4 | 434.6 | 558.8 | 6.7 | 2.9 | 4.8 | 10112.7 | 506.5 | 189.6 | 316.9 | 68.2 | 51 |
| 2002 年 | 17666.6 | 1291.6 | 587.8 | 703.8 | 7.3 | 3.3 | 4 | 11989.7 | 636.8 | 238.9 | 397.8 | 67.9 | 49.3 |
| 2003 年 | 22729 | 1097.7 | 416.8 | 680.9 | 4.8 | 1.8 | 3 | 11777 | 702.1 | | | 51.8 | 64 |

**附表 6　全国 1980—2008 年全社会固定资产和农林水利投资完成情况**

| 项　目 | 全国全社会固定资产投资(亿元) | | | | 在全国总计中 | | 在城镇全社会固定资产投资中 | | 在农村全社会固定资产投资中 | |
|---|---|---|---|---|---|---|---|---|---|---|
| | 全国总计 (1)=(2)+(3) | 其中 城镇(2) | 其中 农村(3) | 农村占全国总计(%) (4)=(3)/(1) | 农林水利投资(亿元) (5)=(7)+(9) | 占全国总计(%) (6)=(5)/(1) | 农林水利固定资产投资(亿元) (7) | 占城镇固定资产投资(%) (8)=(7)/(2) | 农林水利固定资产投资(亿元) (9) | 占农村固定资产投资(%) (10)=(9)/(3) |
| 1980 年 | 910.9 | 777.9 | 133.0 | 14.6 | 137.7 | 15.1 | 52.7 | 6.8 | 85.0 | 63.9 |
| “六五”时期合计 | 7997.6 | 5770.5 | 2227.1 | 27.9 | 696.0 | 8.1 | 212.5 | 3.7 | 483.5 | 21.7 |
| 其中:1985 | 2543.2 | 1865.5 | 677.7 | 26.7 | | | | | | |
| “七五”时期合计 | 20593.5 | 14871.3 | 5722.2 | 27.8 | 1040.0 | 5.1 | 310.1 | 2.1 | 729.9 | 12.8 |
| 其中:1990 年 | 4517.0 | 3274.4 | 1242.6 | 27.5 | | | | | | |
| “八五”时期合计 | 63808.3 | 49619.6 | 14189.3 | 22.2 | 2528.2 | 4.0 | 860.4 | 1.7 | 1667.9 | 11.8 |
| 其中:1995 年 | 20019.3 | 15643.7 | 4375.6 | | | | | | | |
| “九五”时期合计 | 139033.2 | 109206.6 | 29826.6 | 21.5 | 7557.8 | 5.4 | 3480.8 | 3.2 | 4076.9 | 13.7 |
| 其中:2000 年 | 32917.7 | 26221.9 | 6695.9 | | | | | | | |
| “十五”时期合计 | 295531.1 | 245425.0 | 50106.1 | 17.0 | 13363.8 | 4.5 | 6787.8 | 2.8 | 6567.0 | 13.1 |
| 其中:2005 年 | 88779.6 | 75095.1 | 15909.3 | 15.4 | 3337.7 | 3.8 | 1680.4 | 2.2 | 1657.3 | 12.1 |
| “十一五”时期合计 | | | | | | | | | | |
| 2006 年 | 109498.2 | 93368.7 | 16629.5 | 15.1 | 4311.8 | 3.9 | 2024.0 | 2.2 | 2277.8 | 13.7 |
| 2007 年 | 137239.0 | 117464.5 | 19859.5 | 14.5 | 5387.4 | 3.9 | 2565.6 | 2.2 | 2821.8 | 14.4 |
| 2008 年 | 172291.1 | 148167.2 | 24123.9 | 14.0 | | | 3677.1 | 2.5 | | |
| 1981—2007 年总计 | 774285.7 | 635725.6 | 138560.8 | 17.9 | 34885.1 | 4.5 | 16251.2 | 2.6 | 18633.8 | 13.5 |

## 附表 7 耕地面积变化情况

| 年份 | 年末耕地面积（万亩） | 当年增加耕地面积（万亩） | 当年减少耕地面积（万亩） | 其中 | | | | | 人均耕地面积（亩/人） |
|---|---|---|---|---|---|---|---|---|---|
| | | | | 国家建设占地（万亩） | 生态退耕面积（万亩） | 灾毁耕地（万亩） | 乡村、集体和个人占地（万亩） | 农业结构调整占地（万亩） | |
| 1949 年 | 146822 | | | | | | | | 2.7 |
| 1952 年 | 161878 | | | | | | | | 2.8 |
| 1957 年 | 166745 | | | | | | | | 2.6 |
| 1962 年 | 154355 | | | | | | | | 2.3 |
| 1965 年 | 155391 | | | | | | | | 2.2 |
| 1970 年 | 151702 | | | | | | | | 1.9 |
| 1975 年 | 149562 | 1185 | 1489 | 192 | | | | | 1.6 |
| 1978 年 | 149084 | 1453 | 1201 | 217 | | | | | 1.6 |
| 1980 年 | 148958 | 1125 | 1411 | 147 | | | | | 1.5 |
| 1985 年 | 145269 | 883 | 2397 | 201.4 | 1403 | | 284.5 | | 1.4 |
| 1990 年 | 143509 | 727 | 701 | 99.5 | | | | | 1.3 |
| 1995 年 | 142457 | 130.1 | 931.5 | 167.9 | | | | | 1.2 |
| 1996 年 | 195060 | 1675.3 | 938.2 | 157.9 | | | 129.2 | | 1.6 |
| 2000 年 | 192365 | 920.6 | 2349 | 245 | | | | | 1.5 |
| 2001 年 | 191424 | 399 | 1340 | 295 | 885.9 | | | | 1.5 |
| 2002 年 | 188894 | 512 | 3041.5 | 294.5 | 2138.3 | | | | 1.5 |
| 2003 年 | 185088 | 515.3 | 4321.4 | 343.7 | 3355.8 | | | | 1.4 |
| 2004 年 | 183666 | 518.4 | 1719 | 217.7 | 1099.4 | | | | 1.4 |
| 2005 年 | 183100 | 4600.1 | 892.4 | 207.1 | 585.6 | | | | 1.4 |
| 2006 年 | 182700 | 550.8 | 874.2 | 251 | 509.1 | 53.9 | | 60.3 | 1.39 |
| 2007 年 | 182610 | 293.7 | 354.8 | 282.5 | 38.1 | 26.9 | | 7.4 | 1.39 |
| 2008 年 | 182581 | 344.4 | 373.4 | 287.4 | 11.4 | 37.2 | | 37.4 | 1.38 |

## 附表 8　水旱灾害情况

| 项　目 | 自然灾害面积 | | | 其中：水旱灾害合计 | | | 其中：水灾 | | | 旱　灾 | | |
|---|---|---|---|---|---|---|---|---|---|---|---|---|
| | 受灾面积（万亩） | 成灾面积（万亩） | 成灾率（%） | 受灾面积（万亩） | 成灾面积（万亩） | 成灾率（%） | 受灾面积（万亩） | 成灾面积（万亩） | 成灾率（%） | 受灾面积（万亩） | 成灾面积（万亩） | 成灾率（%） |
| 1949 年 | 14018 | | | 14001 | | | 13923 | | | 78 | | |
| 恢复时期合计 | 49231 | 21258 | 43.2 | 42039 | 20312 | 48.3 | 20298 | 12079 | 59.5 | 21741 | 8233 | 37.9 |
| “一五”时期合计 | 174300 | 86600 | 49.7 | 185400 | 73700 | 39.8 | 76900 | 51900 | 67.5 | 108500 | 21800 | 20.8 |
| “二五”时期合计 | 359900 | 381000 | 38.4 | 286200 | 119600 | 41.8 | 56800 | 30000 | 52.8 | 229400 | 89600 | 39.1 |
| 1963—1965 年合计 | 112000 | 64800 | 57.9 | 103900 | 62800 | 60.5 | 51900 | 35000 | 67.4 | 52000 | 27800 | 53.5 |
| “三五”时期合计 | 51300 | 19500 | 38.8 | 46100 | 18400 | 39.9 | 7500 | 3300 | 44 | 38600 | 15100 | 39.1 |
| “四五”时期合计 | 273100 | 73600 | 27 | 241200 | 63000 | 26.1 | 41300 | 16600 | 40.2 | 199000 | 46400 | 23.2 |
| “五五”时期合计 | 343800 | 128800 | 37.5 | 270500 | 104700 | 38.7 | 48000 | 22700 | 47.3 | 222500 | 82000 | 36.9 |
| 其中 1976 | 63700 | 17200 | 26.9 | 47500 | 13800 | 29.1 | 6300 | 2000 | 31.8 | 41200 | 11800 | 36.9 |
| 1977 | 78000 | 22700 | 29.1 | 58400 | 18000 | 30.8 | 13600 | 7500 | 55.2 | 44800 | 10500 | 23.4 |
| 1978 | 76200 | 32700 | 42.9 | 64600 | 28400 | 44 | 4300 | 1400 | 32.6 | 60300 | 37000 | 44.8 |
| 1979 | 59100 | 22700 | 38.4 | 47100 | 18300 | 38.2 | 10100 | 4300 | 42.6 | 37000 | 14000 | 37.8 |
| 1980 | 66800 | 33500 | 50.1 | 52900 | 16200 | 49.5 | 13700 | 7500 | 54.8 | 39200 | 18700 | 47.7 |
| “六五”时期合计 | 275866 | 133551 | 48.2 | 232916 | 112924 | 48.5 | 80918 | 42762 | 52.9 | 151998 | 70162 | 46.2 |
| “七五”时期合计 | 338340 | 165390 | 48.9 | 283980 | 133680 | 47.1 | 79395 | 41025 | 51.7 | 204585 | 92655 | 45.3 |
| “八五”时期合计 | 384735 | 195735 | 50.9 | 324025 | 87330 | 27 | 120705 | 69030 | 57.2 | 203320 | 18300 | 9 |
| “九五”时期合计 | 382860 | 206730 | 54 | 330215 | 76920 | 23.3 | 122300 | 59820 | 48.9 | 207915 | 17100 | 8.2 |
| “十五”时期合计 | 344400 | 191610 | 55.6 | 262250 | 77870 | 29.7 | 84170 | 49635 | 59 | 178080 | 28235 | 15.9 |
| “十一五”时期 | | | | | | | | | | | | |
| 2006 | 61635 | 36945 | 59.9 | 43110 | 26970 | 62.6 | 12000 | 6855 | 57.1 | 31110 | 20115 | 64.7 |
| 2007 | 73485 | 37590 | 51.2 | 59775 | 31905 | 53.4 | 15690 | 7650 | 48.8 | 44085 | 24255 | 55 |
| 2008 | 59985 | 33420 | 55.7 | 27930 | 15690 | 56.2 | 9720 | 5490 | 56.5 | 18210 | 10200 | 56 |

## 附表 9 农村住户情况

| 年 份 | 调查户数（户） | 平均每户常住人口（人） | 平均每户整、半劳动力（人） | 平均每个劳动力负担人口（人） | 年末住房面积（m²/人） | 年末生产用固定资产原值（元/户） | 平均每人经营耕地面积(1)（$1\times10^{-2}hm^2$） | 每百个劳动力中文盲、半文盲（人） | 每百个劳动力中小学程度（人） | 每百个劳动力中初中程度（人） | 每百个劳力中高中程度（人） | 每百个劳力中中专程度（人） | 每百个劳力中大专以上程度（人） |
|---|---|---|---|---|---|---|---|---|---|---|---|---|---|
| 1954 | 15292 | 4.69 | | | | | | | | | | | |
| 1957 | 17378 | 4.85 | 2.33 | 2.08 | | | | | | | | | |
| 1978 | 6095 | 5.74 | 2.27 | 2.53 | 8.17 | | 1.1 | | | | | | |
| 1980 | 15914 | 5.343 | 2.45 | 2.26 | 9.0 | | 1.3 | | | | | | |
| 1981 | 18529 | 5.50 | 2.53 | 2.17 | 10.16 | 31.8 | 1.5 | | | | | | |
| 1982 | 22775 | 5.46 | 2.58 | 2.12 | 10.73 | 263.8 | 1.5 | | | | | | |
| 1985 | 66642 | 5.12 | 2.9 | 1.74 | 14.70 | | 13.8 | 27.9 | 37.1 | 27.7 | 6.96 | 0.29 | 0.06 |
| 1988 | 67187 | | 2.95 | 1.67 | 16.58 | | 13.7 | | | | 6.84 | 0.41 | 0.08 |
| 1989 | 66906 | 4.9 | 2.9 | 1.6 | 17.21 | 1126.1 | 14.1 | 22.6 | 38.7 | 31.4 | 6.81 | 0.45 | 0.09 |
| 1990 | 66960 | 4.8 | 2.9 | 1.7 | 17.8 | 1258.1 | 14.0 | 20.7 | 38.9 | 32.8 | 6.96 | 0.5 | 0.1 |
| 1991 | 67410 | 4.7 | 2.8 | 1.7 | 18.5 | 1497.1 | 14.5 | 16.9 | 39.5 | 35.2 | 7.6 | 0.59 | 0.13 |
| 1992 | 67490 | 4.7 | 2.8 | 1.6 | 18.9 | 1644.0 | 13.7 | 16.2 | 39.1 | 36.2 | 7.82 | 0.6 | 0.12 |
| 1993 | 67570 | 4.6 | 2.9 | 1.6 | 20.7 | 1950.3 | 14.5 | 15.3 | 38.2 | 37.4 | 8.2 | 0.7 | 0.17 |
| 1994 | 67420 | 4.5 | 2.9 | 1.6 | 20.2 | 2308.2 | 15.3 | 14.2 | 37.2 | 38.9 | 8.51 | 0.82 | 0.21 |
| 1995 | 67340 | 4.5 | 2.9 | 1.6 | 21.0 | 2774.3 | 14.5 | 13.5 | 36.6 | 40.1 | 8.61 | 0.96 | 0.24 |
| 1996 | 67610 | 4.4 | 2.8 | 1.6 | 21.7 | 3605.1 | 15.4 | 11.2 | 35.5 | 42.8 | 8.91 | 1.2 | 0.31 |

续附表 9

| 年 份 | 调查户数（户） | 平均每户常住人口（人） | 平均每户整、半劳动力（人） | 平均每个劳动力负担人口（人） | 年末住房面积（$m^2$/人） | 年末生产用固定资产原值（元/户） | 平均每人经营耕地面积(1)（$1\times10^{-2}hm^2$） | 每百个劳动力中文盲、半文盲（人） | 每百个劳动力中小学程度（人） | 每百个劳动力中初中程度（人） | 每百个劳力中高中程度（人） | 每百个劳力中中专程度（人） | 每百个劳力中大专以上程度（人） |
|---|---|---|---|---|---|---|---|---|---|---|---|---|---|
| 1997 | 67680 | 4.4 | 2.8 | 1.6 | 22.5 | 3896.6 | 14.1 | 10.1 | 35.1 | 44.3 | 8.91 | 1.24 | 0.33 |
| 1998 | 68300 | 4.3 | 2.8 | 1.5 | 23.3 | 3970.8 | 12.7 | 9.6 | 34.5 | 45.0 | 9.15 | 1.46 | 0.37 |
| 1999 | 67430 | 4.3 | 2.8 | 1.5 | 24.2 | 4045.5 | 13.8 | 9.0 | 33.7 | 46.1 | 9.38 | 1.57 | 0.4 |
| 2000 | 68116 | 4.2 | 2.8 | 1.5 | 24.8 | 4677.0 | 12.7 | 8.1 | 32.2 | 48.1 | 9.31 | 1.83 | 0.48 |
| 2001 | 68190 | 4.2 | 2.7 | 1.5 | 25.7 | 4883.8 | 13.3 | 7.9 | 31.1 | 48.9 | | | |
| 2002 | 68190 | 4.1 | 2.8 | 1.5 | 26.5 | 5221.3 | 13.3 | 7.6 | 30.6 | 49.3 | | | |
| 2003 | 68190 | 4.1 | 2.8 | 1.5 | 27.2 | 5586.0 | 12.5 | 7.4 | 30.0 | 50.2 | | | |
| 2004 | 68190 | 4.1 | 2.8 | 1.4 | 27.9 | 5956.0 | 13.3 | 7.5 | 29.2 | 50.4 | | | |
| 2005 | 68190 | 4.1 | 2.8 | 1.4 | 29.7 | 7155.6 | 13.9 | 6.9 | 27.2 | 52.2 | 10.3 | 2.37 | 1.06 |
| 2006 | 68190 | 4.1 | 2.8 | 1.4 | 30.7 | 7647.1 | 14.1 | 6.6 | 26.4 | 52.8 | 10.5 | 2.4 | 1.25 |
| 2007 | 68190 | 4.0 | 2.8 | 1.4 | 31.6 | 8390 | 14.1 | 6.3 | 25.8 | 52.9 | 11.0 | 2.54 | 1.45 |
| 2008 | 68190 | 4.0 | 2.9 | 1.4 | 32.4 | 9055 | 14.5 | | | | | | |

本表材料来源：1. 1978 年以前材料来自中国农业年鉴(2000)

2. 1979 年及以后年度材料来自中国统计出版社出版的各年的中国统计摘要及农业部《中国农业发展报告》

**附表 10　种植业生产发展情况**

| 年份 | 农作物播种面积（万亩） | 复种指数（%） | 其中粮食 | | | | 稻谷 | | | 小麦 | | |
|---|---|---|---|---|---|---|---|---|---|---|---|---|
| | | | 总产量（万 t） | 播种面积（万亩） | 平均单产（kg/亩） | 人均产量（kg/人） | 总产量（万 t） | 播种面积（万亩） | 平均单产（kg/亩） | 总产量（万 t） | 播种面积（万亩） | 平均单产（kg/亩） |
| 1949 | | | 11318 | 164900 | 68.6 | 209 | 4865 | 38563 | 126 | 1381 | 32273 | 42.8 |
| 1952 | 211884 | 131 | 16392 | 185968 | 88.1 | 288 | 6843 | 42573 | 161 | 1813 | 37170 | 49 |
| 1957 | 235866 | 141 | 19505 | 200450 | 97.3 | 306 | 8678 | 48362 | 179.5 | 2364 | 41313 | 57 |
| 1962 | 210343 | 136 | 16000 | 182431 | 87.7 | 240 | 6299 | 40402 | 155.9 | 1667 | 36113 | 46.2 |
| 1965 | 214936 | 138 | 19453 | 179441 | 108.4 | 272 | 8772 | 44737 | 196 | 2522 | 37064 | 68 |
| 1970 | 215231 | 142 | 23996 | 178901 | 134.1 | 293 | 10999 | 48537 | 226.8 | 2919 | 38187 | 76.4 |
| 1975 | 224318 | 150 | 28452 | 181593 | 156.7 | 311 | 12556 | 53593 | 234.3 | 4531 | 41491 | 109 |
| 1978 | 225156 | 151 | 30477 | 180881 | 168.5 | 319 | 13693 | 51631 | 265.2 | 5384 | 43774 | 123 |
| 1980 | 219570 | 147 | 32056 | 175851 | 182.2 | 327 | 13991 | 50818 | 275.5 | 5521 | 43842 | 126 |
| 1985 | 215439 | 148 | 37911 | 162268 | 232.2 | 361 | 16857 | 49605 | 350.4 | 8581 | 43827 | 195.8 |
| 1990 | 222543 | 155 | 44624 | 170200 | 262.2 | 393 | 18933 | 49569 | 381.7 | 9823 | 46130 | 212.9 |
| 1995 | 224819 | 158 | 46662 | 165100 | 282.6 | 387 | 18523 | 46116 | 401.7 | 10221 | 43290 | 236.1 |
| 2000 | 234450 | 122 | 46218 | 162695 | 284.1 | 366 | 18791 | 44943 | 418.1 | 9964 | 39980 | 249.2 |
| 2005 | 233232 | 127 | 48402 | 156417 | 309.4 | 371 | 18059 | 43271 | 417.4 | 9745 | 34190 | 285 |
| 2006 | 229529 | 126 | 49804 | 157602 | 316 | 380 | 18172 | 43943 | 415.5 | 10847 | 34442 | 303.3 |
| 2007 | 230196 | 126 | 50160 | 158457 | 316.6 | 381 | 18603 | 43369 | | 10930 | 35588 | 307.1 |
| 2008 | 234399 | 128 | 52871 | 160190 | 330.1 | 399 | 19190 | | | 11246 | | |

**续附表 10**

| 年份 | 玉米 | | | 大豆 | | | 粮食播种面积占农作物总播种面积（%） | 棉花 | | | | |
|---|---|---|---|---|---|---|---|---|---|---|---|---|
| | 总产量（万 t） | 播种面积（万亩） | 平均单产（kg/亩） | 总产量（万 t） | 播种面积（万亩） | 平均单产（kg/亩） | | 播种面积（万亩） | 占农作物总播种面积（%） | 总产量（万 t） | 平均单产（kg/亩） | 人均产量（kg/人） |
| 1949 | | | | 509 | 12478 | 40.8 | | 4155 | | 44 | 10.5 | 0.8 |
| 1952 | 1685 | 18849 | 89.5 | 952 | 17519 | 54.3 | 87.8 | 8363.6 | 3.9 | 130 | 15.5 | 2.3 |
| 1957 | 2144 | 22415 | 95.5 | 1005 | 19122 | 52.6 | 85 | 8662.9 | 3.7 | 164 | 19 | 2.6 |
| 1962 | 1625 | 19226 | 84.5 | 651 | 14256 | 45.7 | 86.7 | 5246.2 | 2.5 | 75 | 14.5 | 1.1 |
| 1965 | 2365 | 23506 | 101.5 | 614 | 12889 | 47.6 | 83.5 | 7504.8 | 3.5 | 210 | 28 | 2.9 |
| 1970 | 3065 | 21843 | 140.3 | 920 | 12534 | 73.4 | 83.1 | 7495 | 3.5 | 228 | 30.5 | 2.8 |
| 1975 | 4720 | 27897 | 169.5 | 725 | 10498 | 69.1 | 80.9 | 7433 | 3.3 | 238 | 32 | 2.6 |
| 1978 | 5595 | 29942 | 187 | 757 | 10716 | 70.6 | 80.3 | 7299.6 | 3.2 | 216.7 | 29.5 | 2.3 |
| 1980 | 6260 | 30529 | 205 | 794 | 10840 | 73.2 | 80.1 | 7380.5 | 3.4 | 270.7 | 36.5 | 2.8 |
| 1985 | 6383 | 26541 | 240.5 | 1050 | 11577 | 90.7 | 75.8 | 7710 | 3.6 | 414.7 | 53.8 | 3.9 |
| 1990 | 9682 | 32102 | 301.6 | 1100 | 11340 | 97 | 76.5 | 8382 | 3.8 | 450.8 | 53.8 | 4.0 |
| 1995 | 11199 | 34164 | 327.8 | 1350 | 12191 | 110.7 | 73.4 | 8133 | 3.6 | 476.8 | 58.6 | 4.0 |
| 2000 | 10600 | 34584 | 306.5 | 1541 | 1396 | 110.4 | 69.4 | 60615 | 2.6 | 441.7 | 72.9 | 3.5 |
| 2005 | 13937 | 39533 | 352.5 | 2157 | 14390 | 149.9 | 67.1 | 7593 | 3.3 | 571.4 | 75.3 | 4.4 |
| 2006 | 15160 | 40457 | 359.6 | 1597 | 13920 | 114.7 | 68.7 | 8724 | 3.8 | 753.3 | 86.3 | 5.7 |
| 2007 | 15230 | | | | | | 68.8 | 8889 | 3.9 | 762.4 | 85.9 | 5.8 |
| 2008 | 16591 | | | | | | 68.3 | 8631 | 3.7 | 749.2 | 86.8 | 5.7 |

**续附表 10**

| 年份 | 油料作物 | | | | | 其中花生 | | | 油菜籽 | | |
|---|---|---|---|---|---|---|---|---|---|---|---|
| | 播种面积（万亩） | 占农作物总面积（%） | 总产量（万 t） | 平均单产（kg/亩） | 人均产量（kg/人） | 播种面积（万亩） | 总产量（万 t） | 平均单产（kg/亩） | 播种面积（万亩） | 总产量（万 t） | 平均单产（kg/亩） |
| 1949 | 6341.8 | | 256.4 | 40.5 | 4.7 | | 126.8 | 67.5 | | 73.4 | 32.5 |
| 1952 | 8571 | 4 | 419.3 | 49 | 7.4 | 2706 | 231.6 | 85.5 | 2795 | 93.2 | 33.5 |
| 1957 | 10398 | | 419.6 | 40.5 | 6.6 | 3812 | 257.1 | 67.5 | 3462 | 88.8 | 25.5 |
| 1962 | 6230 | 3 | 200.3 | 32 | 3.0 | 1952 | 110 | 56.5 | 2042 | 48.8 | 24 |
| 1965 | 7750 | | 362.5 | 47 | 5.1 | 2769 | 192.8 | 69.5 | 2733 | 108.9 | 40 |
| 1970 | 6783 | 3.2 | 377 | 35.5 | 4.6 | 2564 | 215 | 83.9 | 2180 | 97 | 44.5 |
| 1975 | 8478 | | 452 | 53.5 | 4.9 | 2816 | 227 | 80.6 | 3470 | 154 | 44.4 |
| 1978 | 9334 | 4.1 | 521.8 | 56 | 5.5 | 2652 | 237.7 | 89.5 | 3899 | 186.8 | 48 |
| 1980 | 11893 | 5.4 | 769.1 | 64.5 | 7.8 | 3509 | 360 | 102.5 | 4266 | 2384 | 56 |
| 1985 | 17700 | 8.2 | 1578.4 | 89.2 | 15 | 4979 | 666.4 | 134 | 6741 | 560.7 | 83 |
| 1990 | 16350 | 7.3 | 1613.2 | 98.7 | 14.2 | 4361 | 636.8 | 146 | 8255 | 695.8 | 84 |
| 1995 | 19653 | 8.7 | 2250.3 | 114.5 | 18.7 | 5714 | 1023.5 | 179.1 | 10361 | 977.7 | 94.4 |
| 2000 | 23100 | 9.9 | 2954.8 | 127.9 | 23.4 | 7283 | 1443.7 | 198.2 | 11241 | 1138.1 | 101.3 |
| 2005 | 21477 | 9.2 | 3077.1 | 143.3 | 23.6 | | 14342 | | | 1305.6 | |
| 2006 | 17605.5 | 7.7 | 2640.3 | 206.8 | 20.1 | | 1273.8 | | | 1096.6 | |
| 2007 | 16974 | 7.4 | 2568.7 | 151.3 | 19.5 | | 1302.7 | | | 1057.3 | |
| 2008 | 19237.5 | 8.2 | 2952.8 | 153.5 | 22.3 | | 1428.6 | | | 1210.2 | |

**续附表 10**

| 年份 | 糖料作物 | | | | 烤烟 | | | | 蔬菜 | | | |
|---|---|---|---|---|---|---|---|---|---|---|---|---|
| | 播种面积（万亩） | 总产量（万 t） | 平均单产（kg/亩） | 人均产量（kg/人） | 播种面积（万亩） | 总产量（万 t） | 平均单产（kg/亩） | 人均产量（kg/人） | 播种面积（万亩） | 总产量（万 t） | 平均单产（kg/亩） | 人均产量（kg/人） |
| 1949 | 186.2 | 283 | 1520 | 5.2 | 91.3 | 4.3 | 47 | | | | | |
| 1952 | 325.3 | 760 | 2329 | 13.4 | 279.1 | 22.2 | 79.5 | 0.4 | | | | |
| 1957 | 638.9 | 1189 | 1861 | 18.7 | 533.1 | 25.6 | 48 | 0.4 | | | | |
| 1962 | 355.7 | 378 | 782 | 5.7 | 264.1 | 12.9 | 49 | 0.2 | | | | |
| 1965 | 782 | 1538 | 1967 | 21.5 | 487.9 | 37.2 | 76.5 | 0.5 | | | | |
| 1970 | 879.6 | 1556 | 1769 | 19 | 436.9 | 39.9 | 91.3 | 0.5 | | | | |
| 1975 | 1239 | 1914 | 1545 | 20.9 | 690 | 70.1 | 101.5 | 0.8 | | | | |
| 1978 | 1319.2 | 2381.9 | 1806 | 24.9 | 919.5 | 105.2 | 114.5 | 1.1 | 4996.5 | | | |
| 1980 | 1383.4 | 2911.3 | 2104 | 29.7 | 595.5 | 71.7 | 120.5 | 0.7 | 4744.5 | | | |
| 1985 | 2287.9 | 6046.8 | 2643 | 57.5 | 1615.5 | 207.5 | 128.4 | 2.0 | 7129.5 | | | |
| 1990 | 2520 | 7214.5 | 2863 | 63.6 | 2013 | 225.9 | 112.2 | 2.0 | 9510 | | | |
| 1995 | 2730 | 7940.1 | 2908 | 65.9 | 1963.5 | 207.2 | 105.5 | 1.7 | 14280 | | | |
| 2000 | 2265 | 7635.3 | 3371 | 60.5 | | 223.8 | | 1.8 | 22860 | （2001 年）48422.4 | （2001 年）2118 | （2001 年）378.2 |
| 2005 | 2340 | 9451.9 | 4039 | 72.5 | | 243.5 | | 1.3 | 26580 | 56451.5 | 2124 | 433 |
| 2006 | 2670 | 10010 | 3749 | 79.8 | | 224 | | | 26100 | 54004 | 2069 | 411.9 |
| 2007 | 2700 | 12188.2 | 4514 | 92.5 | | 217.8 | | 1.7 | 25995 | 56452 | 2172 | 428.4 |
| 2008 | 2985 | 13419.6 | 4496 | 101.3 | | 262.3 | | 2.0 | 26820 | 59240.3 | 2209 | 447.2 |

续附表 10

| 年 份 | 麻 类 | | | | 茶 叶 | | 水 果 | |
|---|---|---|---|---|---|---|---|---|
| | 播种面积（万亩） | 总产量（万 t） | 平均单产（kg/亩） | 人均产量（kg/人） | 总产量（万 t） | 人均产量（kg/人） | 总产量（万 t） | 人均产量（kg/人） |
| 1949 | | 3.7 | | 0.07 | 4.1 | | 120 | |
| 1952 | 847.6 | 30.6 | 36.1 | 0.54 | 8.25 | 0.14 | 244.3 | 4.3 |
| 1957 | 943.6 | 30.1 | 31.9 | 0.47 | 11.15 | 0.18 | 324.8 | 5.1 |
| 1962 | | 13.2 | | 0.20 | 7.4 | 0.11 | 271.2 | 4.1 |
| 1965 | | 27.9 | | 0.39 | 10.5 | 0.14 | | 4.5 |
| 1970 | | 34.2 | | 0.42 | 13.6 | 0.17 | 341.2 | 4.6 |
| 1975 | | 70 | | 0.77 | 21.1 | 0.23 | 538.1 | 5.9 |
| 1978 | 1126.5 | 135.1 | 119.9 | 1.31 | 26.8 | 0.28 | 657 | 6.9 |
| 1980 | 999 | 143.6 | 143.7 | 1.46 | 30.4 | 0.31 | 679.3 | 6.9 |
| 1985 | 1845 | 444.8 | 241.1 | 4.23 | 43.2 | 0.41 | 1163.9 | 11.1 |
| 1990 | 750 | 109.7 | 146.3 | 0.96 | 54 | 0.48 | 1874.4 | 16.5 |
| 1995 | 570 | 98.7 | 173.2 | 0.82 | 58.9 | 0.49 | 4214.6 | 32 |
| 2000 | 390 | 52.9 | 135.6 | 0.42 | 68.3 | 0.54 | 6225.1 | 49.3 |
| 2005 | 495 | 110.5 | 223.2 | 0.85 | 93.5 | 0.72 | 16120.1 | 123.6 |
| 2006 | 420 | 89.1 | 212.1 | 0.68 | 102.8 | | 17102 | 130.4 |
| 2007 | 390 | 72.8 | 186.7 | 0.55 | 116.5 | | 18136.2 | 137.6 |
| 2008 | 330 | 62.5 | 189.4 | 0.47 | 125.8 | | 19220.2 | 145.1 |

## 附表 11 养殖业生产发展情况

| 年份 | 猪 | | | 年末大牲畜头数（万头） | 年末家禽存栏（万只） | 肉类 | | 其中：猪牛羊肉 | | 其中：猪肉 | | 奶类 | | 其中：牛奶 | | 禽蛋 | | 水产品 | |
|---|---|---|---|---|---|---|---|---|---|---|---|---|---|---|---|---|---|---|---|
| | 生猪年末存栏头数（万头） | 肉猪出栏头数（万头） | 出栏率（%） | | | 总产量（万 t） | 人均产量（kg/人） | 总产量（万 t） | 人均产量（kg/人） | 总产量（万 t） | 人均产量（kg/人） | 总产量（万 t） | 人均产量（kg/人） | 总产量（万 t） | 人均产量（kg/人） | 总产量（万 t） | 人均产量（kg/人） | 总产量（万 t） | 人均产量（kg/人） |
| 1949 | 5775 | | | 6002 | 4234.7 | | | | | | | | | | | | | 45 | 0.8 |
| 1950 | 6401 | | | 6538 | 4673 | | | | | | | | | | | | | | |
| 1952 | 8977 | 6545 | 88 | 7646 | 6177.8 | | | 338.5 | 6.0 | | | | | | | | | 167 | 2.9 |
| 1957 | 14590 | 7131 | 84.9 | 8382 | 9858.2 | | | 398.5 | 6.25 | | | | | | | | | 312 | 4.9 |
| 1970 | 20610 | 12593 | 73 | 9436 | 14704.2 | | | 596.3 | 7.3 | | | | | 88.9 | 0.97 | | | 318 | 3.9 |
| 1978 | 30129 | 16110 | 55 | 9389 | 16994 | | | 856.3 | 9.0 | | | | | 88.3 | 0.92 | | | 465.3 | 4.9 |
| 1980 | 30543 | 19861 | 62 | 9525 | 18731 | | | 1205.4 | 12.3 | 1134.1 | 11.6 | | 136.7 | 114.1 | 1.26 | | | 449.7 | 4.6 |
| 1985 | 33140 | 23875 | 78 | 11382 | 15588 | | | 1760.7 | 16.8 | | 15.7 | | | 249.9 | 2.38 | 543.7 | 5.09 | 705.2 | 6.7 |
| 1990 | | | | | | | | 2513.5 | 22.0 | | 20.0 | | | 415.7 | 3.65 | 794.6 | 7.0 | 1237 | 10.9 |
| 1996 | 36283.6 | 41225.1 | | 13360.6 | 23728.3 | 4584 | 37.6 | 3694.7 | 30.3 | 3158 | 25.9 | 735.8 | 6.6 | 629.4 | 5.47 | 1965.2 | 16.1 | 3288.1 | 23.1 |
| 2000 | 41633.6 | 51862.3 | 142.9 | 14638.1 | 27948.2 | 6013.9 | 47.6 | 4743.2 | 37.6 | 3966 | 31.4 | 919.1 | 7.3 | 827.4 | 6.55 | 2182 | 17.3 | 3706.2 | 29.4 |
| 2001 | 41950.5 | 53281.1 | 128 | 13980.8 | 27625 | 6105.8 | | 4832.1 | | 4051.7 | | 1122.9 | | 1025.5 | | 2210.1 | | 3795.9 | 29.9 |
| 2002 | 41776.2 | 54143.9 | 129.1 | 13672.3 | 28240.9 | 6234.3 | | 4928.4 | | 4123.1 | | 1400.4 | | 1299.8 | | 2265.7 | | 3954.9 | 30.9 |
| 2003 | 41381.8 | 55701.8 | 133.5 | 13467.3 | 29307.4 | 6443.3 | | 5089.8 | | 4238.6 | | 1840.6 | | 1746.3 | | 2333.1 | | 4077 | 31.6 |
| 2004 | 42123.4 | 57278.5 | 138.4 | 13191.4 | 30426 | 6608.7 | | 5234.3 | | 4341 | | 2368.4 | | 2260.6 | | 2370.6 | | 4246.6 | 32.8 |
| 2005 | 43319.1 | 60367.4 | 143.3 | 12894.8 | 29792.7 | 6938.9 | 53.2 | 5473.5 | 42.0 | 4555.3 | 34,9 | 2864.8 | 22.0 | 2753.4 | 21.12 | 2438.1 | 18.4 | 4419.9 | 33.9 |
| 2006 | 41850.4 | 61207.3 | 141.3 | 12287.1 | 28369.8 | 7089 | 54.1 | 5591 | 42.6 | 4650.5 | 35.5 | 3302.5 | 25.2 | 3193.4 | 24.4 | 2424 | 18.5 | 4583.6 | 35.0 |
| 2007 | 43989.5 | 56508.3 | 135 | 12309.3 | 28564.7 | 6865.7 | 52.1 | 5283.8 | 40.1 | 4287.8 | 32.5 | 3633.4 | 27.6 | 3525.2 | 26.7 | 2529 | 19.2 | 4747.5 | 36.0 |
| 2008 | 46291.3 | 61016.6 | 138.7 | 12250.7 | 28084.9 | 7278.7 | 54.9 | 5614 | 42.2 | 4620.5 | 34.9 | 3781.5 | 28.5 | 3553.8 | 26.8 | 2701.7 | 20.4 | 4894.9 | 37.0 |

## 附表 12 乡镇企业主要情况

| | 单位 | 1978 | 1980 | 1985 | 1988 | 1990 | 1995 | 1996 | 1999 | 2000 | 2001 | 2002 | 2003 | 2004 | 2005 | 2006 | 2007 | 2008 |
|---|---|---|---|---|---|---|---|---|---|---|---|---|---|---|---|---|---|---|
| 一、乡镇企业单位数 | 万个 | 152.42 | 142.46 | 1222.45 | 1888.16 | | 2202.7 | | 2070.9 | 2084.7 | | | | | 2250 | 2314 | 2391 | |
| 其中乡办 | 万个 | 31.97 | 33.74 | 41.95 | 42.35 | | | | | | | | | | | | | |
| 村办 | 万个 | 120.45 | 108.72 | 143.04 | 116.65 | | | | | | | | | | | | | |
| 其中：农业 | 万个 | 49.46 | 37.83 | 22.42 | 23.28 | 22 | 28 | | 16.5 | 15 | 13 | 32 | | | | | 17.96 | |
| 工业 | 万个 | 79.4 | 75.78 | 493.03 | 773.5 | 732 | 718 | | 673.5 | 674 | 672 | 628 | | | | | 285.3 | |
| 建筑业 | 万个 | 4.67 | 5.08 | 8.26 | 95.58 | | | | 82.55 | | | | | | | | 20.2 | |
| 交通运输业 | 万个 | 6.51 | 8.94 | 10.61 | 372.55 | | | | 412.66 | | | | | | | | 58.3 | |
| 商业服务业 | 万个 | 12.38 | 14.83 | 688.13 | 623.23 | | | | | | | | | | | | | |
| 二、乡镇企业职工 | 万人 | 2826.56 | 2999.67 | 6979.03 | 9545.46 | 9265 | 12862 | 13508 | 12704 | 12820 | 13086 | 13288 | 13573 | 13866 | 14272 | 14680 | 15090 | 15451 |
| 乡办 | 万人 | 1257.62 | 1393.81 | 2111.36 | 2490.42 | | | | | | | | | | | | | |
| 村办 | 万人 | 1568.94 | 1605.86 | 2215.69 | 2403.52 | | | | | | | | | | | | | |
| 其中：农业 | 万人 | 608.4 | 456.07 | 252.38 | 249.99 | | | | 247.4 | | | | | | | | 179.5 | |
| 三、总产值 | 万元 | 493.07 | 656.9 | 2728.39 | 6495.66 | | 68915.2 | | 108426 | 116150 | | | | | | | 290084 | |
| 乡办 | 万元 | 281.13 | 369.44 | 1138.95 | 2438.51 | | | | | | | | | | | | | |
| 村办 | 万元 | 211.94 | 287.46 | 910.54 | 1924.19 | | | | | | | | | | | | | |
| 其中：农业 | 万元 | 36.19 | 39.38 | 58.7 | 115.27 | 151 | 1018 | | 1392 | | | | | | | | 2098 | |
| 其他各业 | 万元 | 456.9 | 617.52 | 2669.69 | 6380.30 | | 67897.2 | | 107034 | | | | | | | | | |
| 四、利税总额 | 亿元 | 110 | 144 | 279.91 | 495.69 | 891 | 2799 | | 5392 | | | | | | 17700 | 20840 | 25010 | |
| 1. 国家税金 | 亿元 | 22 | 26 | 108.58 | 236.51 | 283 | 1267 | 1436 | 1789 | 2032 | 2308 | 2694 | 3130 | 3658 | 5181 | 6105 | 7366 | 8550 |
| 2. 纯利润 | 亿元 | 88 | 118 | 171.33 | 259.16 | 608 | 1532 | | 3603 | | | | 8571 | 9932 | 12519 | 14735 | 17643 | |

材料来源：1. 国家统计局《国民经济统计提要(1949—1989)》

2. 农业部《中国农业发展报告》

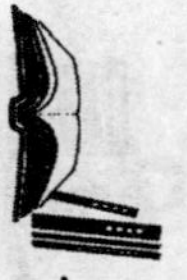

# 附表 13　城乡居民家庭收入和消费支出变化

| 年份 | 农村家庭人均纯收入 | | | 城镇居民家庭人均可支配收入 | | | 农民人均纯收入：城镇居民收入 | 农民居民家庭 | | 城镇居民家庭 | | 农村人均住房面积（$m^2$） | 城镇人均住宅建房面积（$m^2$） |
|---|---|---|---|---|---|---|---|---|---|---|---|---|---|
| | 绝对数（元） | 指数 1978年=100 | 指数 上年=100 | 绝对数（元） | 指数 1978年=100 | 指数 上年=100 | | 人均生活消费支出（元） | 恩格尔系数（%） | 人均消费性支出（元） | 恩格尔系数（%） | | |
| 1954 | 64.14 | | | | | | | | | | | | |
| 1957 | 72.95 | | | 235.4 | | | 1∶3.23 | 69.63 | 66.9 | | | | |
| 1964 | 102.28 | | | 227.0 | | | 1∶2.22 | 92.53（1965年） | 70.4 | | | | |
| 1978 | 133.6 | 100.0 | | 343.4 | 100.0 | | 1∶2.57 | 116.06 | 67.7 | 311.16 | 57.5 | 8.1 | 6.7 |
| 1980 | 191.3 | 139.0 | 116.6 | 477.6 | 127.0 | 109.7 | 1∶2.5 | 162.21 | 61.8 | 412.44 | 56.9 | 9.4 | 7.2 |
| 1985 | 397.6 | 268.9 | 107.8 | 739.1 | 160.4 | 101.1 | 1∶1.85 | 317.42 | 57.8 | 673.2 | 53.3 | 14.7 | 10 |
| 1990 | 686.3 | 311.2 | 101.8 | 1510.2 | 198.1 | 108.5 | 1∶2.28 | 584.63 | 58.8 | 1278.89 | 54.2 | 17.8 | 13.7 |
| 1995 | 1577.7 | 383.6 | 105.3 | 4283.0 | 290.3 | 104.9 | 1∶2.71 | 1310.36 | 58.6 | 3537.57 | 50.1 | 21 | 16.3 |
| 2000 | 2253.4 | 483.4 | 102.1 | 6280.0 | 383.7 | 106.4 | 1∶2.79 | 1670.13 | 49.1 | 4998 | 39.4 | 24.8 | 20.3 |
| 2001 | 2366.4 | 503.7 | 104.2 | 6859.6 | 416.3 | 108.5 | 1∶2.89 | 1741.09 | 47.7 | 5309.01 | 38.2 | 25.7 | 20.8 |
| 2002 | 2475.6 | 527.9 | 104.8 | 7702.8 | 472.1 | 113.4 | 1∶3.11 | 1834.31 | 46.2 | 6029.98 | 37.7 | 26.5 | 22.8 |
| 2003 | 2622.2 | 550.6 | 104.3 | 8472.2 | 514.6 | 109.0 | 1∶3.23 | 1943.90 | 45.6 | 6510.94 | 37.1 | 27.2 | 23.7 |
| 2004 | 2936.4 | 588.0 | 106.8 | 9421.6 | 554.2 | 107.7 | 1∶3.21 | 2184.65 | 47.2 | 7182.1 | 37.7 | 27.9 | 25 |
| 2005 | 3254.9 | 624.5 | 106.2 | 10493.0 | 607.4 | 109.6 | 1∶3.22 | 2555.40 | 45.5 | 7942.9 | 36.7 | 29.7 | 26.1 |
| 2006 | 3587 | 670.7 | 107.4 | 11759.5 | 670.7 | 110.4 | 1∶3.27 | 2829.02 | 43 | 8696.55 | 35.8 | 30.7 | 27.1 |
| 2007 | 4140.4 | 734.4 | 109.5 | 13785.8 | 752.5 | 112.2 | 1∶3.30 | 3223.85 | 43.1 | 9997.47 | 36.8 | 31.6 | |
| 2008 | 4760.6 | 793.2 | 108.0 | 15780.8 | 815.7 | 108.4 | 1∶3.31 | 3660.68 | 43.7 | 11242.85 | 37.9 | 32.4 | |

说明：1957年和1964年城镇居民人均可支配收入系这2年职工家庭平均每人生活费收入

## 附表 14 农村居民主要食品消费量

（单位：kg/人）

| 年 份 | 粮食合计 | 细 粮 | 粗 粮 | 蔬 菜 | 食用油 | 植物油 | 动物油 |
|---|---|---|---|---|---|---|---|
| 1954 | 221.7 | 95.1 | 126.7 | 70.7 | 1.3 | 1.1 | 0.2 |
| 1956 | 246.5 | 126.0 | 120.5 | 91.0 | 1.5 | 1.3 | 0.3 |
| 1957 | 227.0 | 110.1 | 116.9 | 102.3 | 1.6 | 1.3 | 0.3 |
| 1962 | 189.3 | 91.7 | 97.6 | 199.7 | 1.0 | 0.8 | 0.2 |
| 1963 | 208.0 | 94.4 | 113.6 | 134.9 | 1.2 | 0.9 | 0.3 |
| 1964 | 212.7 | 106.0 | 106.7 | 126.4 | 1.3 | 0.9 | 0.4 |
| 1965 | 226.5 | 113.0 | 113.5 | 130.0 | 1.5 | 1.1 | 0.4 |
| 1977 | 234.7 | 113.4 | 121.3 | 134.0 | 1.8 | 1.2 | 0.7 |
| 1978 | 247.8 | 122.5 | 125.3 | 141.5 | 2.0 | 1.3 | 0.7 |
| 1979 | 256.7 | 139.4 | 117.3 | 131.2 | 2.4 | 1.5 | 0.9 |
| 1980 | 257.2 | 162.9 | 94.2 | 127.2 | 2.5 | 1.4 | 1.1 |
| 1981 | 256.1 | 172.4 | 83.7 | 124.0 | 3.1 | 1.9 | 1.2 |
| 1982 | 260.0 | 191.8 | 68.1 | 132.0 | 3.4 | 2.1 | 1.4 |
| 1983 | 259.9 | 196.3 | 63.6 | 131.0 | 3.5 | 2.2 | 1.3 |
| 1984 | 266.5 | 209.1 | 57.5 | 140.0 | 4.0 | 2.5 | 1.5 |
| 1985 | 257.5 | 208.8 | 48.6 | 131.1 | 4.0 | 2.6 | 1.4 |
| 1986 | 259.3 | 212.2 | 47.1 | 133.7 | 4.2 | 2.6 | 1.6 |
| 1987 | 259.4 | 211.4 | 48.0 | 130.4 | 4.7 | 3.1 | 1.6 |
| 1988 | 259.5 | 210.7 | 48.8 | 130.1 | 4.8 | 3.3 | 1.5 |
| 1989 | 262.3 | 213.5 | 48.8 | 133.4 | 4.8 | 3.3 | 1.5 |

续附表 14

| 年　份 | 粮食合计 | 细　粮 | 粗　粮 | 蔬　菜 | 食用油 | 植物油 | 动物油 |
|---|---|---|---|---|---|---|---|
| 1990 | 262.1 | 215.0 | 47.1 | 134.0 | 5.2 | 3.5 | 1.6 |
| 1991 | 255.6 | 213.8 | 41.8 | 127.0 | 5.7 | 3.9 | 1.8 |
| 1992 | 250.5 | 210.6 | 39.9 | 129.1 | 5.9 | 4.1 | 1.8 |
| 1993 | 251.8 | 221.0 | 30.8 | 107.4 | 5.7 | 4.1 | 1.6 |
| 1994 | 257.6 | 212.0 | 45.6 | 107.9 | 5.7 | 4.1 | 1.6 |
| 1995 | 256.1 | 210.7 | 45.3 | 104.6 | 5.8 | 4.3 | 1.6 |
| 1996 | 256.2 | 206.5 | 49.7 | 106.3 | 6.1 | 4.5 | 1.6 |
| 1997 | 250.7 | 208.9 | 41.8 | 107.2 | 6.2 | 4.7 | 1.4 |
| 1998 | 248.9 | 209.0 | 39.9 | 109.0 | 6.1 | 4.6 | 1.5 |
| 1999 | 247.5 | 206.2 | 41.3 | 108.9 | 6.2 | 4.6 | 1.6 |
| 2000 | 250.2 | 207.1 | 43.1 | 106.7 | 7.1 | 5.5 | 1.6 |
| 2001 | 238.6 | 199.7 | 38.9 | 109.3 | 7.0 | 5.5 | 1.5 |
| 2002 | 236.5 | 199.4 | 37.1 | 110.6 | 7.5 | 5.8 | 1.8 |
| 2003 | 222.4 | 192.5 | 29.9 | 107.4 | 6.3 | 5.3 | 1.0 |
| 2004 | 218.3 | 189.8 | 28.5 | 106.6 | 5.3 | 4.3 | 1.0 |
| 2005 | 208.0 | 181.8 | 26.2 | 102.3 | 6.0 | 4.8 | 1.1 |
| 2006 | 205.6 | 178.0 | 27.6 | 100.5 | 5.8 | 4.7 | |
| 2007 | 199.5 | 173.8 | 25.7 | 99.0 | 6.0 | | |
| 2008 | 199.1 | 173.7 | 25.4 | 99.7 | 6.2 | | |

## 附表 15 海关出口主要农产品数量

（单位：万头、万 t）

| 年 份 | 活 猪 | 大 米 | 棉花（原棉） | 蔬 菜 | 水 果 | 水产品 |
|---|---|---|---|---|---|---|
| 1980 | 316 | 109 | 1.0 | 34.0 | 24.2 | 11.2 |
| 1981 | 318 | 59 | | 47.0 | 19.9 | 11.6 |
| 1982 | 324 | 47 | | 51.0 | 20.8 | 10.3 |
| 1983 | 321 | 58 | 6.0 | 54.0 | 19.6 | 10.5 |
| 1984 | 308 | 116 | 19.0 | 52.0 | 17.4 | 12.4 |
| 1985 | 296 | 101 | 35.0 | 51.0 | 21.4 | 12.0 |
| 1986 | 310 | 95 | 56.0 | 64.0 | 22.4 | 16.7 |
| 1987 | 302 | 102 | 75.0 | 64.0 | 24.4 | 21.8 |
| 1988 | 303 | 70 | 47.0 | 77.0 | 29.8 | 28.7 |
| 1989 | 297 | 32 | 27.0 | 82.0 | 25.2 | 29.4 |
| 1990 | 300 | 33 | 17.0 | 98.0 | 22.6 | 35.8 |
| 1991 | 285 | 69 | 20.0 | 104.0 | 16.0 | 37.8 |
| 1992 | 290 | 95 | 14.0 | 138.0 | 14.6 | 44.0 |
| 1993 | 272 | 143 | 15.0 | 137.0 | 32.0 | 48.0 |
| 1994 | 270 | 152 | 11.0 | 154.0 | 39.2 | 57.0 |
| 1995 | 253 | 5 | 2.0 | 158.0 | 39.8 | 61.0 |
| 1996 | 240 | 26 | 0.4 | 167.0 | 56.0 | 64.0 |
| 1997 | 227 | 94 | 0.1 | 167.0 | 68.0 | 72.0 |
| 1998 | 219 | 375 | 4.5 | 201.0 | 66.0 | 79.0 |
| 1999 | 196 | 271 | 23.6 | 225.0 | 73.0 | 109.0 |
| 2000 | 203 | 295 | 29.2 | 245.0 | 82.0 | 120.0 |
| 2001 | 196 | 186 | 5.2 | 298.0 | 81.0 | 154.0 |
| 2002 | 188 | 199 | 15.0 | 360.0 | 113.0 | 163.0 |
| 2003 | 188 | 262 | 11.2 | 432.0 | 146.0 | 158.0 |
| 2004 | 197 | 91 | 0.9 | 470.0 | 175.0 | 177.0 |
| 2005 | 176 | 69 | 0.5 | 520.0 | 200.0 | 176.0 |
| 2006 | 172 | 124 | 1.3 | 568.0 | 198.0 | 194.0 |
| 2007 | 161 | 134.0 | 2.1 | 622.0 | 240.0 | 183.0 |

注：水果 1996 年及以后为干、鲜果及坚果数据

## 附表 16　海关进口主要农产品数

（单位：万 t）

| 年　份 | 小　麦 | 玉　米 | 大　豆 | 棉花（原棉） | 食用植物油 |
|---|---|---|---|---|---|
| 1980 | 1057 | 163.8 | 56.5 | 88.5 | 9.2 |
| 1981 | 1300 | 67.6 | 56.8 | 80.1 | 4.4 |
| 1982 | 1380 | 156.9 | 36.2 | 47.3 | 5.6 |
| 1983 | 1111 | 211.0 |  | 23.0 | 3.5 |
| 1984 | 987 | 5.5 |  | 4.0 | 1.4 |
| 1985 | 541 | 9.1 | 0.1 |  | 3.5 |
| 1986 | 611 | 58.8 | 29.1 |  | 19.8 |
| 1987 | 1320 | 154.2 | 27.3 | 0.6 | 51.1 |
| 1988 | 1455 | 10.9 | 15.2 | 3.5 | 21.4 |
| 1989 | 1488 | 6.8 | 0.1 | 51.9 | 105.6 |
| 1990 | 1253 | 36.9 | 0.1 | 41.7 | 112.3 |
| 1991 | 1237 | 0.1 | 0.1 | 37.1 | 61.2 |
| 1992 | 1058 |  | 12.1 | 28.0 | 42.0 |
| 1993 | 642 |  | 9.9 | 1.0 | 24.0 |
| 1994 | 730 | 0.1 | 5.2 | 50.0 | 163.0 |
| 1995 | 1159 | 518.1 | 29.4 | 74.0 | 213.0 |
| 1996 | 825 | 44.1 | 111.4 | 65.0 | 263.1 |
| 1997 | 186 |  | 280.1 | 75.0 | 274.6 |
| 1998 | 149 | 25.1 | 319.7 | 20.0 | 205.5 |
| 1999 | 45 | 7.0 | 431.7 | 5.0 | 208.0 |
| 2000 | 88 |  | 1041.6 | 4.7 | 179.0 |
| 2001 | 69 |  | 1394.0 | 6.0 | 165.0 |
| 2002 | 63 | 1.0 | 1131.0 | 18.0 | 319.0 |
| 2003 | 45 |  | 2074.0 | 87.0 | 541.0 |
| 2004 | 726 |  | 2023.0 | 191.0 | 676.0 |
| 2005 | 354 |  | 2659.0 | 257.0 | 621.0 |
| 2006 | 61 | 7.0 | 2824.0 | 364.0 | 669.0 |
| 2007 | 10 | 4.0 | 3082.0 | 246.0 | 838.0 |

**附表 17 全国各年度农业各税和乡镇企业税**

| 年份 | 农业各税和乡镇企业税总计（亿元） | 占同期国家财政收入（%） | 农业各税（亿元） | | | | | 乡镇企业税（亿元） |
|---|---|---|---|---|---|---|---|---|
| | | | 合计 | 农牧业税 | 契税 | 农业特产税 | 耕地占用税 | |
| 恢复时期合计 | | | 68.2 | | | | | — |
| 1950 | 19.1 | 29.3 | 19.1 | | | | | — |
| 1951 | 21.7 | 16.3 | 21.7 | | | | | — |
| 1952 | 27.4 | 14.9 | 27.4 | | | | | — |
| “一五”时期合计 | 149.8 | 11.1 | 149.8 | | | | | — |
| 1953 | 27.1 | | 27.1 | | | | | — |
| 1954 | 32.8 | | 32.8 | | | | | — |
| 1955 | 30.5 | | 30.5 | | | | | — |
| 1956 | 29.7 | | 29.7 | | | | | — |
| 1957 | 29.7 | | 29.7 | | | | | — |
| “二五”时期合计 | 138.1 | 6.5 | 138.1 | | | | | — |
| 1958 | 32.6 | | 32.6 | | | | | — |
| 1959 | 33 | | 33 | | | | | — |
| 1960 | 28 | | 28 | | | | | — |
| 1961 | 21.7 | | 21.7 | | | | | — |
| 1962 | 22.8 | | 22.8 | | | | | — |
| 1963—1965 年合计 | 75.7 | 6.2 | 75.7 | | | | | — |
| 1963 | 24 | | 24 | | | | | — |
| 1964 | 25.9 | | 25.9 | | | | | — |
| 1965 | 25.8 | | 25.8 | | | | | — |

续附表 17

| 年份 | 农业各税和乡镇企业税总计（亿元） | 占同期国家财政收入（%） | 农业各税（亿元） | | | | | 乡镇企业税（亿元） |
|---|---|---|---|---|---|---|---|---|
| | | | 合计 | 农牧业税 | 契税 | 农业特产税 | 耕地占用税 | |
| “三五”时期合计 | 150.2 | 5.9 | 150.2 | | | | | — |
| 1966 | 29.6 | | 29.6 | | | | | — |
| 1967 | 29 | | 29 | | | | | — |
| 1968 | 30 | | 30 | | | | | — |
| 1969 | 29.6 | | 29.6 | | | | | — |
| 1970 | 32 | | 32 | | | | | — |
| “四五”时期合计 | 149.4 | 3.8 | 149.4 | | | | | — |
| 1971 | 30.9 | | 30.9 | | | | | — |
| 1972 | 28.4 | | 28.4 | | | | | — |
| 1973 | 30.5 | | 30.5 | | | | | — |
| 1974 | 30.1 | | 30.1 | | | | | — |
| 1975 | 29.5 | | 29.5 | | | | | — |
| “五五”时期合计 | 230.28 | 4.5 | 144 | | | | | 86.28 |
| 1976 | 29.1 | | 29.1 | | | | | — |
| 1977 | 45.4 | | 29.3 | | | | | 16.1 |
| 1978 | 50.36 | | 28.4 | | | | | 21.96 |
| 1979 | 52.06 | | 29.5 | | | | | 22.56 |
| 1980 | 53.36 | | 27.7 | | | | | 25.66 |
| “六五”时期合计 | 523.22 | 7.1 | 167.58 | | | | | 355.64 |
| 1981 | 62.63 | | 28.35 | | | | | 34.28 |
| 1982 | 74.13 | | 29.38 | | | | | 44.75 |

**续附表 17**

| 年份 | 农业各税和乡镇企业税总计（亿元） | 占同期国家财政收入（%） | 农业各税（亿元） | | | | | 乡镇企业税（亿元） |
|---|---|---|---|---|---|---|---|---|
| | | | 合计 | 农牧业税 | 契税 | 农业特产税 | 耕地占用税 | |
| 1983 | 91.84 | | 32.96 | | | | | 58.88 |
| 1984 | 113.97 | | 34.84 | | | | | 79.13 |
| 1985 | 180.65 | | 42.05 | | | | | 138.6 |
| “七五”时期合计 | 1592.19 | 12.97 | 341.82 | | | | | 1250.37 |
| 1986 | 221.67 | | 44.52 | 44.22 | 0.3 | | | 177.15 |
| 1987 | 272.65 | | 50.81 | 48.76 | 0.45 | | 1.4 | 221.84 |
| 1988 | 323.99 | | 73.69 | 46.9 | 0.68 | 4.95 | 23.16 | 250.3 |
| 1989 | 373.18 | | 84.94 | 56.81 | 0.95 | 10.25 | 16.93 | 288.24 |
| 1990 | 400.7 | | 87.86 | 59.62 | 1.18 | 12.49 | 14.75 | 312.84 |
| “八五”时期合计 | 4967.42 | 22.14 | 845.14 | | | | | 4122.28 |
| 1991 | 455.76 | | 90.65 | 56.65 | 1.89 | 14.25 | 17.86 | 365.11 |
| 1992 | 613.5 | | 119.17 | 70.1 | 3.61 | 16.24 | 29.22 | 494.33 |
| 1993 | 1073.56 | | 125.74 | 72.65 | 6.21 | 17.53 | 29.35 | 947.82 |
| 1994 | 1266.8 | | 231.49 | 119.51 | 11.82 | 63.69 | 36.47 | 1035.31 |
| 1995 | 1557.8 | | 278.09 | 128.12 | 18.26 | 97.17 | 34.54 | 1279.71 |
| “九五”时期合计 | 10256.45 | 20.2 | 2054.55 | | | | | 8201.9 |
| 1996 | 1676.08 | | 369.46 | 182.06 | 25.20 | 131 | 31.2 | 1306.62 |
| 1997 | 1923.79 | | 397.48 | 182.28 | 32.34 | 150.27 | 32.49 | 1526.31 |
| 1998 | 1981.78 | | 398.8 | 178.67 | 58.99 | 127.79 | 33.35 | 1582.98 |
| 1999 | 2212.97 | | 423.5 | 163.08 | 95.96 | 131.43 | 33.07 | 1789.47 |
| 2000 | 2461.83 | | 465.31 | 168.17 | 131.08 | 130.74 | 35.32 | 1996.52 |

**续附表 17**

| 年　份 | 农业各税和乡镇企业税总计（亿元） | 占同期国家财政收入（%） | 农业各税（亿元） | | | | | 乡镇企业税（亿元） |
|---|---|---|---|---|---|---|---|---|
| | | | 合　计 | 农牧业税 | 契　税 | 农业特产税 | 耕地占用税 | |
| “十五”时期合计 | 20282.92 | 17.63 | 3909.91 | | | | | 16373.01 |
| 2001 | 2789.79 | | 481.70 | 164.32 | 157.08 | 121.97 | 38.33 | 2308.09 |
| 2002 | 2813.39 | | 717.85 | 321.49 | 239.07 | 99.95 | 57.34 | 2095.54 |
| 2003 | 4001.9 | | 871.77 | 334.22 | 358.05 | 89.60 | 39.9 | 3130.13 |
| 2004 | 4560.52 | | 902.19 | 198.71 | 540.1 | 43.29 | 120.09 | 3658.33 |
| 2005 | 6117.32 | | 936.4 | 12.8 | 735.14 | 46.61 | 141.85 | 5180.92 |
| “十一五”时期合计 | | | | | | | | |
| 2006 | 7189.34 | 18.56 | 1084.04 | 41.73 | 867.07 | 3.52 | 171.12 | 6105.3 |
| 2007 | 8805.1 | 17.16 | 1439.09 | — | 1206.05 | 47.80 | 185.04 | 7366 |
| 2008 | 10238.85 | 16.7 | 1688.85 | — | 1307.18 | 67.7 | 313.97 | 8550 |
| 1952—2008 年总计 | 64776.36 | 17.24 | 12365.58 | | | | | 52410.78 |
| 平均每年 | 1136.43 | | 216.92 | | | | | 919.75 |
| 其中:1952—1978 年合计 | 815.46 | 5.78 | 777.4 | | | | | 38.06 |
| 平均每年 | 30.2 | | 28.8 | | | | | 1.4 |
| 1979—2008 年合计 | 63960.9 | 17.69 | 11588.18 | | | | | 52372.72 |
| 平均每年 | 2132 | | 386.7 | | | | | 1745.7 |

附表 18 金融机构人民币农村存贷款情况

| 年 份 | 年底存款余额（亿元） | | | 年末贷款余额（亿元） | | | 存款余额大于或小于贷款余额（亿元） |
|---|---|---|---|---|---|---|---|
| | 总 计 | 农业存款 | 农民个人储蓄存款 | 总 计 | 农业贷款 | 乡镇企业贷款 | |
| 1953 年 | 1.2 | 1.1 | 0.1 | 6.6 | 6.6 | | −5.40 |
| 1957 年 | 25.2 | 17.9 | 7.3 | 27.7 | 27.7 | | −2.20 |
| 1962 年 | 41.3 | 31.6 | 9.7 | 66.7 | 66.7 | | −25.40 |
| 1965 年 | 63 | 50.1 | 12.9 | 78.2 | 78.2 | | −15.20 |
| 1970 年 | 98.3 | 83.3 | 15 | 85.1 | 85.1 | | 13.2 |
| 1975 年 | 171.9 | 136.9 | 35 | 78.1 | 72.4 | 5.7 | 93.8 |
| 1978 年 | 210.1 | 154.4 | 55.7 | 136.8 | 115.6 | 21.2 | 73.3 |
| 1980 年 | 356.8 | 239.8 | 117.0 | 228.9 | 175.9 | 53 | 127.9 |
| 1985 年 | 614.4 | 449.6 | 164.8 | 597.3 | 416.6 | 180.7 | 17.1 |
| 1990 年 | 2234.7 | 393.1 | 1841.6 | 2412.8 | 2412.8 | | 178.1 |
| 1995 年 | 7391.8 | 1196.2 | 6195.6 | 4059.7 | 1544.8 | 2514.9 | 3332.1 |
| 2000 年 | 15228.93 | 2873.63 | 12355.3 | 10950 | 4889 | 6061 | 4278.93 |
| 2001 年 | 16904.4 | 3083 | 13821.4 | 12124 | 5711 | 6413 | 4780.4 |
| 2002 年 | 19169.8 | 3764 | 15405.8 | 13697 | 6885 | 6812 | 5472.8 |
| 2003 年 | 23075.68 | 4898 | 18177.68 | 16073 | 8411 | 7662 | 7002.68 |
| 2004 年 | 26292.17 | 5526 | 20766.17 | 17912 | 9843 | 8069 | 8380.17 |
| 2005 年 | 30810.37 | 6204 | 24606.37 | 19432 | 11530 | 7902 | 11378.37 |
| 2006 年 | 36219.12 | 7414 | 28805.12 | 19430 | 13208 | 6222 | 16789.12 |
| 2007 年 | 42333.26 | 9283 | 33050.26 | 22542 | 15429 | 7113 | 19791.26 |
| 2008 年 | | 10075 | | 25083 | 17629 | 7454 | |

## 附表 19 国家财政用于农业的支出

| 年份 | 合计（亿元） | 占财政支出总计的（%） | 支援农村生产支出和农林水利气象等部门的事业费（亿元） | 农业基本建设支出（亿元） | 农业科技三项费用（亿元） | 农村救济费（亿元） | 其他（亿元） |
|---|---|---|---|---|---|---|---|
| 1950 | 2.74 | 4.03 | 1.99 | | | 0.75 | |
| 1951 | 4.19 | 3.43 | 3.67 | | | 0.52 | |
| 1952 | 9.04 | 5.25 | 2.69 | 3.84 | | 1.25 | 1.26 |
| 1953 | 13.07 | 5.96 | 4.22 | 5.77 | | 1.43 | 1.65 |
| 1954 | 15.79 | 6.47 | 6.26 | 4.87 | | 3.74 | 0.92 |
| 1955 | 17.01 | 6.47 | 7.84 | 5.71 | | 2.27 | 1.19 |
| 1956 | 29.14 | 9.76 | 9.85 | 13.63 | | 3.10 | 2.56 |
| 1957 | 24.57 | 8.3 | 9.06 | 10.93 | | 3.07 | 1.51 |
| 1958 | 43.28 | 10.81 | 8.76 | 30.26 | | 1.50 | 2.76 |
| 1959 | 58.24 | 10.72 | 22.06 | 29.91 | | 2.70 | 3.57 |
| 1960 | 90.52 | 14.06 | 33.73 | 45.43 | | 5.47 | 5.89 |
| 1961 | 54.79 | 15.39 | 30.92 | 12.35 | | 7.35 | 4.17 |
| 1962 | 36.82 | 12.49 | 17.88 | 8.67 | | 5.22 | 5.05 |
| 1963 | 54.98 | 16.56 | 21.57 | 18.48 | 0.81 | 6.96 | 7.16 |
| 1964 | 66.98 | 17.01 | 20.74 | 26.17 | 1.00 | 13.55 | 5.52 |
| 1965 | 55.02 | 11.96 | 17.33 | 23.51 | 1.05 | 7.37 | 5.76 |
| 1966 | 54.14 | 10.07 | 18.86 | 23.70 | 1.28 | 5.20 | 5.10 |
| 1967 | 45.64 | 10.38 | 15.94 | 22.08 | 0.30 | 4.14 | 3.18 |
| 1968 | 33.24 | 9.29 | 12.66 | 12.23 | | 2.79 | 5.56 |
| 1969 | 48.03 | 9.13 | 14.87 | 17.92 | | 3.58 | 11.66 |
| 1970 | 49.40 | 7.61 | 15.91 | 22.52 | | 3.14 | 7.83 |
| 1971 | 60.75 | 8.3 | 19.65 | 33.27 | 0.05 | 3.14 | 4.64 |

**续附表 19**

| 年 份 | 合 计（亿元） | 占财政支出总计的（%） | 支援农村生产支出和农林水利气象等部门的事业费（亿元） | 农业基本建设支出（亿元） | 农业科技三项费用（亿元） | 农村救济费（亿元） | 其 他（亿元） |
|---|---|---|---|---|---|---|---|
| 1972 | 65.13 | 8.5 | 25.10 | 31.47 | 0.07 | 4.10 | 4.39 |
| 1973 | 85.17 | 10.53 | 35.49 | 37.48 | 0.08 | 5.08 | 7.04 |
| 1974 | 91.21 | 11.54 | 38.23 | 36.97 | 0.13 | 4.01 | 11.87 |
| 1975 | 98.96 | 12.06 | 42.53 | 35.56 | 0.10 | 7.42 | 13.35 |
| 1976 | 110.49 | 13.71 | 46.01 | 39.91 | 0.78 | 10.48 | 13.31 |
| 1977 | 108.12 | 12.82 | 50.68 | 35.98 | 0.93 | 8.40 | 12.13 |
| 1978 | 150.66 | 13.43 | 76.95 | 51.14 | 1.06 | 6.88 | 14.63 |
| 1979 | 174.33 | 13.6 | 90.11 | 62.41 | 1.52 | 9.80 | 10.49 |
| 1980 | 149.95 | 12.2 | 82.12 | 48.59 | 1.31 | 7.26 | 10.67 |
| 1981 | 110.21 | 9.68 | 73.68 | 24.15 | 1.18 | 9.08 | 2.12 |
| 1982 | 120.49 | 9.8 | 79.88 | 28.81 | 1.13 | 8.60 | 2.07 |
| 1983 | 132.87 | 9.43 | 86.66 | 34.25 | 1.81 | 9.38 | 0.77 |
| 1984 | 141.29 | 8.31 | 95.93 | 33.63 | 2.18 | 9.55 | |
| 1985 | 153.62 | 7.66 | 101.04 | 37.73 | 1.95 | 12.90 | |
| 1986 | 184.2 | 8.35 | 124.30 | 43.87 | 2.70 | 13.33 | |
| 1987 | 195.75 | 8.65 | 134.16 | 46.81 | 2.28 | 12.47 | |
| 1988 | 214.07 | 8.59 | 158.74 | 39.67 | 2.39 | 13.27 | |
| 1989 | 265.94 | 9.42 | 197.12 | 50.64 | 2.48 | 15.70 | |
| 1990 | 307.84 | 9.98 | 221.76 | 66.71 | 3.11 | 16.26 | |
| 1991 | 347.57 | 10.26 | 243.55 | 75.49 | 2.93 | 25.60 | |
| 1992 | 376.02 | 10.05 | 269.04 | 85.00 | 3.00 | 18.98 | |
| 1993 | 440.45 | 9.49 | 323.42 | 95.00 | 3.00 | 19.03 | |

**续附表 19**

| 年份 | 合计（亿元） | 占财政支出总计的（%） | 支援农村生产支出和农林水利气象等部门的事业费（亿元） | 农业基本建设支出（亿元） | 农业科技三项费用（亿元） | 农村救济费（亿元） | 其他（亿元） |
|---|---|---|---|---|---|---|---|
| 1994 | 532.98 | 9.2 | 399.70 | 107.00 | 3.00 | 23.28 | |
| 1995 | 574.93 | 8.43 | 430.22 | 110.00 | 3.00 | 31.71 | |
| 1996 | 700.43 | 8.82 | 510.07 | 141.51 | 4.94 | 43.91 | |
| 1997 | 766.39 | 8.3 | 560.77 | 159.78 | 5.48 | 40.36 | |
| 1998 | 1154.76 | 10.69 | 626.02 | 460.70 | 9.14 | 58.90 | |
| 1999 | 1085.76 | 8.23 | 677.46 | 357.00 | 9.13 | 42.17 | |
| 2000 | 1231.54 | 7.75 | 766.89 | 414.46 | 9.78 | 40.41 | |
| 2001 | 1456.73 | 7.71 | 917.96 | 480.81 | 10.28 | 47.68 | |
| 2002 | 1580.76 | 7.17 | 1102.70 | 423.80 | 9.88 | 44.38 | |
| 2003 | 1754.45 | 7.92 | 1134.86 | 527.36 | 12.43 | 79.80 | |
| 2004 | 2337.63 | 8.75 | 1693.79 | 542.36 | 13.22 | 85.87 | 2.39 |
| 2005 | 2450.31 | 7.22 | 1792.40 | 512.63 | 19.90 | 125.38 | |
| 2006 | 3172.97 | 7.85 | 2161.35 | 504.28 | 21.42 | 182.04 | 303.88 |
| 2007 | | | 3404.37 | | | | |
| 1952—2006 年总计 | 23684.40 | 8.26 | 15681.49 | 6154.21 | 172.21 | 1180.44 | 496.07 |
| 平均每年 | 433.9 | | 285.1 | 111.9 | 31.3 | 21.5 | 9 |
| 1952—1978 年合计 | 1570.19 | 11 | 625.79 | 639.76 | 7.64 | 133.34 | 163.66 |
| 平均每年 | 58.2 | | 23.2 | 23.7 | 0.28 | 4.9 | 6.06 |
| 1979—2006 年合计 | 22114.21 | 8.11 | 15035.7 | 5514.45 | 164.577 | 1047.1 | 332.41 |
| 平均每年 | 789.8 | | 537.7 | 196.9 | 5.9 | 37.4 | 11.9 |

（编者：雷锡禄　中国国际工程咨询公司研究员）

# 附录三　新中国农业 60 年大事记

## 1949 年

10 月 1 日毛泽东主席宣读中华人民共和国中央人民政府公告，庄严宣布中华人民共和国和中央人民政府成立。

12 月 5 日毛泽东主席颁发《关于一九五〇年军队参加生产建设工作的指示》。

12 月 8 日成立中央人民政府人民革命军事委员会气象局。

12 月 8～20 日农业部在北京召开全国农业生产会议。会议规定了 1950 年以恢复生产为主的总方针。

12 月 19 日政务院发布《关于生产救灾指示》，新华社发表社论《生产自救，度过灾荒》。

## 1950 年

1 月 13 日政务院举行第 15 次政务会议，通过《关于处理老解放区市郊农业土地问题的指示》。

2 月 6 日中国人民解放军遵照《关于一九五〇年军队参加生产建设工作的指示》，先后有 30 个师参加了农业生产建设。黑龙江、新疆、江苏、宁夏、山东等省、自治区陆续建立了一批军垦农场。华南的林建一师和林建二师在广东省的海南、湛江两地开始筹建橡胶和其他热带作物军垦农场。

2 月 24 日政务院举行第 21 次政务会议，通过《新解放区土地改革及征收公粮的指示》。

2 月 28 日农业部发出《关于一九五〇年农业生产方针及粮棉增产计划指示》。

3 月 12 日毛泽东主席发出给中共中央中南局并华东局、华南分局、西南局、西北局关于《征询对待富农策略问题的意见》。

3 月 20 日林垦部发布《关于春季造林的指示》。

5 月 16 日政务院发布《关于全国林业工作指示》。

6 月 6 日毛泽东主席在《为争取国家财政经济状况的基本好转而斗争》中指出“我们对待富农的政策应有所改变，即由征收富农多余土地财产的政策改变为保存富农经济的政策，以利于早日恢复农村生产，又利于孤立地主，保护中农和保护小土地出租者。”

6 月 28 日中央人民政府委员会第 8 次会议通过《中华人民共和国土地改革法》。

6 月 30 日毛泽东主席发布《关于实施土地改革法的命令》。

7 月 14 日政务院举行第 41 次政务会议，通过《农民协会组织通则》。

8 月 4 日政务院举行第 44 次政务会议，通过《中央人民政府政务院关于划分农村阶级成分的决定》。

9 月 8 日政务院发布《关于新解放区征收农业税的指示》。

9 月 14 日财政部发出《关于农场免征工商业税两项规定的通知》。

9 月 16 日财政部发布《关于农业税土地面积及常年应定产量订标准的规定》。

10月14日政务院发布《关于治理淮河的决定》。

11月10日政务院举行第58次政务会议，通过《城市郊区土地改革条例》。

11月18日中财委颁发《西南区森林收归国有实施办法》。

11月25日内务部发出《关于填发土地房产所有证的指示》。

## 1951年

2月15日政务院发表《关于1951年农林生产的决定》。

2月18日毛泽东主席在《中共中央政治局扩大会议决议要点》中指出"土改完成，立即转入生产、教育两大工作。"

2月28日政务院批准《中南区渔业暂行条例》、《中南区渔业权登记暂行规则》、《中南定置渔业管理暂行规则》及《中南区水产动植物繁殖保护暂行规则》公布试行。

2月农业部召开全国农业工作会议。

5月2日中央治淮视察团由北京出发前往淮河流域视察，视察团带有毛泽东主席颁发给治淮委员会及河南、皖北、苏北3个省(地区)治淮指挥机关的四面锦旗，上有毛泽东主席的亲笔题字"一定要把淮河修好"。

7月2日农业合作银行在北京成立。

10月23日毛泽东主席在中国人民政治协商会议第1届全国委员会第3次会议上致开会词，题目是《三大运动的伟大胜利》，他说"土地改革，除一部分少数民族居住的地区以外，即将于一九五二年全部完成。"

11月5日中央人民政府第13次会议决议，林垦部改为林业部。原林垦部的垦务工作移交农业部主管。

12月15日毛泽东主席在为印发《中共中央关于农业生产互助合作的决议〔草案〕》发出的党内通知中指示全党"把农业互助合作当作一件大事去做。"

## 1952年

2月15日政务院第124次会议通过了《关于1952年农业生产的决定》。指出"1952年农业生产总的要求是达到并超过抗战以前的生产水平"。

10月 农业部召开全国农业工作会议，总结1952年的农业生产工作，同时，研究1953年的任务。会上确定成立国营农场管理总局。

## 1953年

2月15日中国共产党中央委员会通过《中共中央关于农业生产互助合作的决议》。这个决议于1951年12月15日以草案形式发给各级党委试行，1953年2月15日中共中央通过成为正式决议，并做了部分修改。

7月28日农业部、粮食部联合发出《国营农场粮食产品由粮食部门统一收购的指示》。

10月16日中共中央发出《关于实行粮食的计划收购与计划供应的决议》。

10月26日至11月5日中国共产党中央委员会召开了第3次农业互助合作会议。

12月5日政务院公布《中央人民政府政务院关于征用土地办法》。

12月6日《人民日报》发表社论《必须加强党对农村经济工作的领导》。

12月7日农业部提出了《国营农场工作基本总结及五年发展计划方案》。

12月农业部召开全国农业工作会议。

## 1954年

1月8日中国共产党中央委员会发布《关于发展农业生产合作社的决议》(1953年12月26日中共中央通过。该决议不适用于某些少数民族地区)。

1月9日《人民日报》发表社论:《正确地贯彻中国共产党中央委员会关于发展农业生产合作社的决议》。

3月12日内务部和劳动部发出关于继续贯彻《劝止农民盲目流入城市》的指示。

4月24日中央防汛总指挥部、中央生产防旱办公室联合发出《关于恢复或建立防汛防旱机构的通知》。

5月18日《人民日报》发表社论:《认真组织国家领导的农村初级粮食市场》。

6月9日《人民日报》发表社论:《再论建立国家领导的农村粮食市场》。

7月7日《人民日报》发表社论:《贯彻党在农村工作的领导方针》。

7月中央批准成立新疆军区生产建设兵团。

7月铁道兵第一批人员到黑龙江省虎林地区建立农场〔即现在的八五〇农场〕。

10月16日武汉市防汛总指挥部召开总结庆功大会。经过3个多月的艰苦努力,武汉人民终于战胜了自有水文记录以来的最高洪水。

11月17日《人民日报》发表社论:《粮食统购统销对农民的好处》。

11月21日《人民日报》发表社论:《必须深入地对农民进行社会主义思想宣传》。

12月7日国务院常务会议通过《关于建设国营友谊农场的决定》。

## 1955年

1月7日新华社报道:中国共产党在农村中的组织有很大发展。目前全国已有70%的乡建立了共产党的支部。

2月19日《人民日报》发表社论:《帮助农业生产合作社培养会计人才》。

2月28日《人民日报》发表社论:《为什么必须重视农业生产合作社的巩固工作》。

3月9日《人民日报》发表社论:《迅速向全体农民宣传粮食的"定产、定购、定销"》。

4月24日《人民日报》发表社论:《立即依靠群众,整顿农村粮食统购工作》。

4月28日国务院、中共中央联合发出《关于加紧整顿粮食统销工作的指示》。

4月 中华全国总工会、农业部发出《关于专县农场工会工作的联合通知》。

5月7日《人民日报》发表社论:《不能忽视对互助组的领导》。

6月27日《人民日报》发表社论:《肃清暗藏的反革命分子,保卫农业互助合作运动》。

7月31日毛泽东主席在党的省、市、自治区党委书记会议上做了《关于农业合作化问题》的报告。

8月5日国务院举行第17次全体会议。会议通过《关于农村粮食统购统销暂行办法》。

10月23日国务院发布《关于将水产生产、加工、运销企业划归商业部统一领导的指示》,根据这个指示,农业部水产管理总局划归商业部领导。

11月10日国务院发出《关于发布农业生产合作社示范章程(草案)》的通知。

11月21～28日全国供销合作总社召开第三次农村私商改造工作会议。会议讨论了农业合作化运动的蓬勃发展和农村私商改造工作，做出了对于农村私商进行社会主义改造的全面规划。

12月21日毛泽东主席为中共中央起草的给上海局、各省委、自治区党委关于《征询对农业十七条的意见》的通知第11条中提出“在十二年内，平均每亩粮食产量，在黄河、秦岭、白龙江、黄河(青海境内)以北，要求达到200 kg，黄河以南、淮河以北250 kg，淮河、秦岭、白龙江以南400 kg。”

12月27日毛泽东主席为《中国农村的社会主义高潮》一书撰写了序言。

## 1956年

1月25日毛泽东主席召集最高国务会议，讨论中共中央提出的《1956年到1967年全国农业发展纲要草案》(1956年1月23日中共中央政治局提出)。

3月9日国务院举行第25次全体会议。会议通过了《农业生产合作社示范章程(草案)》，决定提请全国人民代表大会常务委员会完成立法程序。

3月17日毛泽东主席命令公布《农业生产合作社示范章程》。

4月3日中共中央、国务院发布《关于勤俭办社的联合指示》。

4月23日农业部发出《关于国营农场试行计件工资制的通知》。

4月25日毛泽东主席在中共中央政治局扩大会议上发表《论十大关系》的讲话。

## 1957年

1月14日国务院山区生产规划办公室发出《山区生产规划纲要》。

1月27日毛泽东主席在省、自治区、直辖市党委书记会议上的讲话中指出“全党一定要重视农业。农业关系国计民生极大。要注意，不抓粮食很危险。不抓粮食，总有一天要天下大乱。”还说“在一定的意义上可以说，农业就是工业。要说服工业部门面向农村，支援农业。”

2月7日国务院举行第42次全体会议。会议讨论通过了国务院关于向农民推销1957年国家经济建设公债工作的指示。

3月15日中共中央发出《关于民主办社几个事项的通知》。

3月19日国务院向各地发出《关于1957年预购主要农产品的指示》。规定1957年国家继续对粮食、油料、棉花、茶叶、蚕丝、各种主要麻类、绒毛和生猪等主要农产品实行预购。

3月23日《人民日报》发表社论:《社干部要参加生产劳动》。

4月12日国务院最近举行第44次、第45次和第46次全体会议。会议中通过了国务院《关于撤销中国农民银行的通知》。

4月28日新华社报道中共中央最近发出要求各地认真执行给农业社社员适当地增加自留地来种植养猪饲料的通知。

4月29日林业部向各省、自治区、直辖市发出《山区林业规划纲要》。

5月24日国务院举行第49次全体会议。会议通过了《水土保持暂行纲要》，并决定设立全国水土保持委员会，负责领导全国水土保持工作。

6月25日全国人民代表大会常务委员会举行第76次会议。通过了《关于增加农业生产合作社社员自留地的决定》。

8月8日中共中央发出《关于向全体农村人口进行一次大规模的社会主义教育的指示》。指示说，在目前农村中，有必要进行一次大规模的社会主义教育。实质上是关于社会主义和资本主义两条道路的辩论，是农民群众和乡社干部的社会主义自我教育，是农村的整风。

8月9日国务院举行第56次全体会议。会议通过了国务院《关于由国家计划收购和统一收购的农产品不准进入自由市场的规定》。

8月10日《人民日报》发表社论：《在农村中大放大鸣大争》。

9月20日至10月9日中国共产党第8届中央委员会在北京举行了第3次全体会议（扩大）。在这次会议上基本通过了《1956年到1967年全国农业发展纲要（修正草案）》。会议决定将这个修正草案分发到全国农村中进行讨论，然后提交党的全国代表大会讨论，再提交全国人民代表大会讨论通过，毛泽东主席在这次会议上讲了话，题目是《做革命的促进派》。

10月13日毛泽东主席召集最高国务会议，讨论整风问题和全国农业发展纲要问题。毛泽东主席在这次会上讲了话，题目是《坚定地相信群众的大多数》。

10月22日全国人民代表大会常务委员会第81次会议和政协全国委员会常务委员会第47次会议举行联席会议。会议基本通过了《1956年到1967年全国农业发展纲要（修正草案）》。

10月26日粮食部、农业部、农垦部、公安部发出《关于国营农牧场粮食统购统销的联合指示》。

11月13日《人民日报》发表社论：《发动全民，讨论四十条纲要，掀起农业生产的新高潮》。

12月6日国务院举行第14次全体会议。会议通过《国务院关于农业生产合作社公积金的决定》，这个决定提交人大常委会审议批准后执行。

12月18日中共中央、国务院联合发出《关于制止农村人口盲目外流的指示》。

12月24日农业部在北京召开的全国农业工作会议闭幕。会议总结了第一个五年计划期间的农业生产，规划了第二个五年计划期间和1958年的农业生产。

## 1958年

1月6日全国人大常委会举行第90次会议。原则批准《国家建设征用土地办法》，讨论通过《全国人民代表大会常务委员会关于适当提高高级农业生产合作社公积金比例的决定》。原则批准《国务院关于农业生产合作社股份基金的补充规定》。

2月11日第一次全国人民代表大会第五次会议批准国务院《关于1958年度国家经济计划草案的报告》。其中拟定了一些农业发展指标。

2月11日第1届全国人民代表大会第5次会议通过撤销森林工业部，与林业部合并为中华人民共和国林业部。

3月12日中共中央八届二中全会成都召开通过了《关于发展军垦农场的意见》。文件对解放军复员就业的重大意义、军垦的组织形式、军垦经费以及军垦农场的领导关系等问题做了明确的阐述和规定。

3～5月在毛泽东主席、党中央提出的“上山下乡”的号召下，几十万转业官兵参加农垦建设。其中，有十万转业官兵奔向“北大荒”，大规模地开垦建场。同时，全国各地也出现了上山下乡开垦荒地的热潮。其中规模较大的为江西省，有万名干部奔赴山区、农村，办起了国营农林垦殖场，并创办了共产主义劳动大学。湖北的湖区、甘肃的河西走廊和甘南地区，都出现了垦荒的高潮。

5 月 5～23 日中国共产党第八届全国代表大会第二次会议在北京举行。会议制定了“鼓足干劲、力争上游、多快好省地建设社会主义”的总路线，基本通过了《1956 年到 1967 年全国农业发展纲要(第二次修正草案)》，并委托中央委员会做必要修改后，把这个草案提交第 2 届人大第 1 次会议讨论通过，正式公布。

6 月 3 日全国人大常委会通过《中华人民共和国农业税条例》。条例规定，全国平均税率为常年产量的 15.5%。

7 月 8 日《人民日报》报道：最近湖南省邵阳、桃源县，湖北省公安县和福建省安溪县部分地区的农业社，经过试点举办公共食堂。

8 月 1～9 日召开全国第 1 次农村水电会议。会议提出，要掀起农村电气化的高潮。

8 月 6 日毛泽东主席视察河南省新乡县七里营人民公社，发出“人民公社好”的号召。

8 月 17～30 日中共中央政治局扩大会议在北戴河举行。会议讨论了农业生产和农村工作问题，会议在 8 月 29 日通过中共中央《关于在农村建立人民公社的决议》，以及中共中央《关于肥料问题的指示》、《关于今冬明春在农村中普遍开展社会主义和共产主义教育的指示》、《关于水利工作的指示》、《关于深耕和改良土壤的指示》。

8 月 29 日中共中央北戴河会议做出了动员城市青年上山下乡，参加边疆建设的决定，并责成农垦部负责进行此项工作。经国务院批准，内务部移民局合并到农垦部，负责移民工作。

8 月农垦部创办新疆塔里木农垦大学和黑龙江八一农垦大学。

10 月 25 日《人民日报》发表社论：《办好公共食堂》。

11 月 10 日《人民日报》发表社论：《饭好菜也好——再论办好公共食堂》。

11 月 16 日《人民日报》报道一条“绿色长城”的伟大工程，年内将在甘肃西部全线营造成功。这条“绿色长城”，从甘肃最西端敦煌县境的哈拉湖畔，沿河西走廊北部长城和腾格里大沙漠的边缘，向东延伸，经过 16 个县(市)，东至右浪县，与定西专区北部防护林带衔接。基干林带全长 1 600 km，平均宽度为 1.5 km。

11 月 19 日国务院发布《关于农副产品、食品、畜产品、丝、绸等商品分级管理办法的规定》，把上述产品分为中央集中管理的重要商品、中央实行差额调拨的一般商品和地方自行管理必要时由商业部组织交流的商品等 3 类。

11 月 28 日至 12 月 10 日中共八届六中全会在武昌举行。会议通过了《关于人民公社若干问题的决议》。

## 1959 年

1 月 13～26 日中共中央农村工作部召开全国农村工作部长会议。会议认为，人民公社应在国家统一计划指导下，实行比农业社更高的计划管理。会议要求，各地搞深搞透整社工作，使今后生产高潮组织得更好更全面。

1 月 18 日全国各省、自治区、直辖市的农业部门和商业部门的负责人，在北京分别签订了各地的 1959 年农产品产销协议书。这些协议书的签订，是为了把各地 1959 年主要农产品的生产、收购计划用合同形式规定下来，并进一步把人民公社的各项生产都纳入计划经济的轨道。

2 月 27 日至 3 月 5 日中共中央政治局扩大会议在郑州举行。会议的主题是人民公社问

题。毛泽东主席在会上做了重要讲话。

8月2～16日中共八届八中全会在江西庐山举行。会议期间，彭德怀同志就农村人民公社、大跃进等问题向党中央、毛泽东主席写了《意见书》。会上通过了《关于彭德怀为首的反党集团的决议》和《关于开展增产节约运动的决议》。

9月3日农业部发出《关于加强人民公社土地利用规划工作的通知》，指出全国第一次土壤普查已经基本完成，提出土地利用规划工作应贯彻“当前受益为主，群众自办为主，合理规划农林牧副渔等各项用地”的方针。

9月23日中共中央、国务院发布《关于组织农村集市贸易的指示》，对参加集市贸易的商品范围、市场价格、贸易形式和参加集市贸易的对象及领导、管理等问题做了规定。

10月15日新华社报道：国务院最近决定提高大豆、花生、甘蔗、甜菜、菜牛的收购价格和大豆、豆油、花生、花生油、牛肉的销售价格。

10月19日《人民日报》发表社论：《坚持农业“八字宪法”》。

11月2日《人民日报》评论员发表文章：《揭穿“包产到户”的真面目》。

12月中央军委决定复员4万名战士参加海南岛、湛江橡胶农场的建设。

## 1960年

4月10日全国二届人大会议通过《为提前实现全国农业发展纲要而奋斗的决议》。决议要求提前2年或者3年实现全国农业发展纲要。

10月12日中共中央转发湖北省委和福建省委的两个文件，指出：纠正一平二调的“共产风”，纠正强迫命令、浮夸和某些干部特殊化的作风，坚持以生产队为基础的公社三级所有制，是彻底调整当前农村中社会主义生产关系的关键问题，是在公社中贯彻实现社会主义按劳分配原则的关键问题。

11月3日中共中央发布《关于农村人民公社当前政策问题的紧急指示》即《农业十二条》。

12月28日新华社报道：我国农业生产今年遭受了近百年来没有过的严重自然灾害。全国有9亿亩农田受到不同程度的灾害，占总耕地面积一半以上。其中有3亿～4亿亩农田遭到重灾。今年的灾害是在1959年全国有6亿亩农田受灾后继续发生的，因此灾情更加严重。

12月29日《人民日报》发表社论：《坚持和不断完善“三包一奖”制度》。

## 1961年

4月3日中共中央发布《关于收购重要经济作物实行粮食奖励的指示》。

5月1日中国人民银行开始降低农业贷款利率，利率一律从现行的月息6厘降为月息4.8厘。

6月26日中共中央颁布《关于确定林权、保护山林和发展林业的若干政策规定(试行草案)》。《规定》对山林所有权，经营管理和收益分配，木材的采伐、收购以及群众造林等有关政策，做出了明确详细的规定。

7月30日毛泽东主席给江西共产主义劳动大学的一封信，赞扬了这一事物。

11月25日中共中央批转农业部和水利电力部《关于加强水利管理工作的十条意见》。

## 1962 年

1 月 23 日毛泽东主席在扩大的中央工作会议(即“七千人大会”)上发表讲话。讲话的中心是民主集中制问题,也讲到农业问题。

2 月 13 日中共中央发布《关于改变农村人民公社基本核算单位问题的指示》,提出把以生产大队为基本核算单位改为以生产队为基本核算单位。

9 月 24～27 日中共八届十中全会在北京召开。会议指出,贯彻执行对国民经济调整、巩固、充实、提高的方针,加强农业生产战线,已经取得显著成效。会议认为,我国人民当前的迫切任务是贯彻执行毛泽东主席提出的以农业为基础、以工业为主导的发展国民经济的总方针,把发展农业放在首要地位,正确处理工业和农业的关系,坚决地把工业部门的工作转移到以农业为基础的轨道上来。全会通过了《农村人民公社工作条例(修正草案)》(即“六十条”)、《关于进一步巩固人民公社集体经济、发展农业生产的决定》等文件。

11 月 2 日周恩来总理主持会议,讨论成立东北林业、农垦 2 个总局的决定。

11 月 22 日中共中央批转《国营农场领导管理体制的规定》即十二条。

11 月 23 日中共中央、国务院发布《关于发展农业副业生产的决定》。

## 1963 年

2 月 8 日至 3 月 31 日中共中央、国务院在北京联合召开全国农业科学技术工作会议。会议制定了全国农业科学技术发展规划。毛泽东主席及党和国家其他领导人接见了与会代表,周恩来总理做了报告。

3 月 27 日农垦部制定了《国营农场二十年发展规划纲要(草案)》。

5 月 20 日中共中央发布《关于目前农村工作中若干问题的决定》(即“前十条”),对农村形势、阶级斗争、阶级路线、“四清”、干部参加集体生产劳动等 10 个问题做了决定。

5 月 27 日国务院颁发《森林保护条例》。

## 1964 年

1 月 28 日至 2 月 9 日召开全国农业工作会议。会议交流了 1963 年农业生产经验,讨论了建设旱涝保收、稳产高产农田的问题,还介绍了山西省昔阳县大寨公社大寨大队等典型的经验,会议认为各地都有自己的先进典型。

6 月《中华人民共和国贫下中农协会组织条例草案》发布。《条例》对贫下中农协会的性质、任务、成员、组织机构问题做了规定,要求在全国农村普遍建立贫下中农协会组织,并且从中央到地方逐级成立这个组织的领导机构。

9 月 1 日中共中央转发《关于一个大队的社会主义教育运动的经验总结》(即王光美同志在河北省委工作会议上所做的《关于河北省抚宁县卢王庄公社桃园大队四清运动经验的报告》)。

9 月 10 日中共中央制定《关于农村社会主义教育运动中一些具体政策的规定(修正草案)》(即“后十条”)。

## 1965 年

1 月 14 日在中共中央政治局召集的全国工作会议上，通过了题为《农村社会主义教育运动中目前提出的一些问题》的讨论纪要(即“二十三条”)。

2 月 25 日农垦部党组扩大会议讨论通过《关于改革国营农场经营管理制度的规定(草案)》(即“国营农场经营管理十六条”)。

4 月 6 日中共中央批转了农垦部党组的报告和《关于改革国营农场经营管理制度的规定(草案)》。

8 月 6 日中共中央西北局发出《关于建立黄河中游水土保持建设兵团的决定》。(注:后来改称为中国人民解放军西北林业建设兵团)。

9 月 5 日中共中央、国务院发布《关于大力发展农村副业生产的指示》。

9 月 12 日中共中央、国务院批准宁夏回族自治区、陕西省建立农业建设师。确定宁夏为农业建设第十三师，陕西为农业建设第十四师。

## 1966 年

4 月 20 日河南省林县人民开山导河工程——“引漳入林”的红旗渠全线完工放水。

6 月 2 日湖南省第一个大型引水工程——韶山总干渠和北干渠竣工通水。

8 月 9 日《人民日报》发表《中国共产党中央委员会关于无产阶级文化大革命的决定——1966 年 8 月 8 日通过》全文。

8 月 14 日《中国共产党第 8 届中央委员会第 11 次全体会议公报——1966 年 8 月 12 日通过》发布。公报指出，全会完全同意 1963 年 5 月 20 日《中共中央关于目前农村工作中若干问题的决定(草案)》;完全同意 1965 年 1 月 14 日中共中央政治局召集的全国工作会议讨论纪要:《农村社会主义教育运动中目前提出的一些问题》;完全同意毛泽东主席近 4 年提出的一系列英明决策，主要是:关于工业学大庆，农业学大寨，全国学人民解放军，加强政治思想工作的号召，关于逐步实现农业机械化的规划和部署的问题。

9 月 14 日《中共中央关于县以上农村文化大革命的规定》发布。

12 月 15 日《中共中央关于农村无产阶级文化大革命的指示(草案)》发布。

## 1967 年

2 月 11 日中共中央、国务院、中央军委对新疆生产建设兵团的文化大革命做出了 12 项规定，并决定在文化大革命期间，对新疆生产建设兵团实行军事管制。

3 月 7 日中共中央发布《关于农村生产大队和生产队在春耕期间不要夺权的通知》。

9 月 2 日国务院根据黑龙江省革命委员会的要求，决定将牡丹江、伊春、哈尔滨和完达山四个林管局下放给黑龙江省统一领导。

10 月 6 日中共中央、国务院、中央军委、中央文革小组颁发《关于对林业部实行军事管制的决定(试行草案)》。

## 1968 年

8 月 17 日新华社报道:北京、上海、天津大批中学毕业生奔赴边疆、农村。

9月27日《人民日报》发表《全国农村广大干部和社员学大寨运动空前广泛深入,沿着毛主席"农业学大寨"的光辉道路阔步前进》一文。

11月14日《人民日报》发表山东省嘉祥县马集公社马集小学侯振民、王庆余建议所有公办小学下放到大队来办的来信。编者按语说要为此建议公开征求意见,展开讨论。

12月5日《人民日报》发表湖北省长阳县乐园公社实行合作医疗制度的一篇报道《深受贫下中农欢迎的合作医疗制度》。

12月22日《人民日报》发表通讯:《我们也有两只手,不在城里吃闲饭》。

12月23日《人民日报》报道:全国城乡庆祝毛主席关于知识青年到农村去,接受贫下中农再教育的指示发表,亿万军民热烈响应,掀起了知识青年到农村去的新高潮。

**1969年**

2月1日《人民日报》发表大寨大队文章:《贫下中农要做斗批改的先锋》。

2月在中共中央、国务院、中央军委批准筹建黑龙江生产建设兵团之后,内蒙古、甘肃、江苏、福建、江西、安徽、广东、浙江、山东、广西、湖北和西藏等地也陆续建立了生产建设兵团(或农建师)。

7月9日新华社报道:河南省林县红旗渠工程已全部建成,全县水浇地面积由解放前的不到1万亩,扩大到60万亩。

**1970年**

1月4日国务院、中央军委发出《关于下放农垦部直属的云南、福建、广东、广西垦区的通知》。

5月1日成立农林部。

9月23日《人民日报》发表社论:《农业学大寨》。文章指出,把大寨经验迅速推开,必须抓住阶级斗争这个纲。明确提出:昔阳已成为大寨式的县。昔阳能办到,你们难道不行吗?1年不行、2年不行,3年行不行?4年、5年总可以了吧!

**1971年**

9月16日《全国农业机械化发展纲要(1971—1980年)发布》。

10月1日《人民日报》发表商业部写作小组文章:《我国粮食战线的伟大胜利——初步扭转了南粮北调,粮食形势越来越好》。

12月26日中共中央发布《关于农村人民公社分配问题的指示》。

**1972年**

4月16日《人民日报》发表社论:《以粮为纲,全面发展》。社论指出,以粮为纲是就全局而言。就各个不同地区来说,要注意因地制宜。经济作物集中产区,应该以种植经济作物为主。牧区、林区、渔区,应分别以经营牧业、林业、渔业为主。

8月农林部制定了《关于1972—1980年生产建设兵团和国营农场开荒规划的初步设想(草案)》。

12月10日中共中央转发《国务院关于粮食问题的报告》。

## 1973 年

1月1日《人民日报》元旦社论刊登毛泽东主席指示:“深挖洞,广积粮,不称霸”。

1月24日国务院、中央军委批转外交部、海军司令部、农林部《关于发展外海渔业问题的请示报告》。

2月8日总参谋部、农林部向国务院、中央军委上报《关于生产建设兵团领导管理体制问题的调查报告》。

5月8日农林部向中央、国务院写了《关于生产建设兵团和国营农场试行工分制情况的报告》。

12月5日国务院、中央军委批转总参、总政、农林部报告,批准恢复东海区渔业指挥部。

## 1974 年

4月9日国务院、中央军委批转广州军区报告,同意成立南海区渔业指挥部。

10月7日《人民日报》报道:西藏在无产阶级文化大革命运动中,胜利地进行了农牧业的社会主义改造。目前,全自治区已经有90%以上的乡建立了人民公社。

10月21日至11月4日水电部在北京召开全国农田基本建设座谈会。会议指出,农田基本建设要以建设旱涝保收、高产稳产农田为目标,积极发展小型农田水利,抓好现有工程的保护和配套,充分发挥效益。会议还提出了建设旱涝保收、高产稳产农田的六条标准。

11月22日《人民日报》在《我国初步形成社会主义农村金融网》一文中报道:目前,全国基本上每个人民公社都设有信用合作社,1/3的生产大队建立了信用服务站。

## 1975 年

1月1日《红旗》杂志第1期刊登文章:《坚持无产阶级专政下的继续革命——开展农业学大寨运动的一些经验》。

1月10日《人民日报》在《扭转南粮北调是粮食战线的巨大变化》一文中指出:河北、山东、河南与苏北、皖北地区实现粮食自给有余,初步扭转了南粮北调这一历史上存在的大问题。

3月25日农林部、财政部在银川召开国营农场生产建设兵团学大寨会议。

5月16日农林部向国务院、中央军委写了《关于同意改变内蒙古生产建设兵团体制的报告》。5月24日国务院、中央军委做了批复。

7月26日《人民日报》报道:我国农业科学工作者培育成功异源八倍体小黑麦。

9月15日国务院召开的全国农业学大寨会议在山西省昔阳县开幕。

10月15~19日全国农业学大寨会议在北京人民大会堂举行。国务院副总理华国锋向大会做了《全党动员,大办农业,为普及大寨县而奋斗》的总结报告。报告指出普及大寨县是全党的战斗任务,提出建成大寨县的六条标准,要求到1980年全国要有1/3以上的县建成大寨县,要基本上实现农业机械化,各省、直辖市、自治区都要实现粮、棉、油、猪上《纲要》、超计划。

12月7日新华社报道:山东烟台地区成为北方第一个粮食亩产跨“长江”的地区。

## 1976 年

2月1日《人民日报》报道:西藏江孜县农业试验场1975年在“世界屋脊”上创造了我国冬

小麦单产最高纪录——平均亩产达到 850 kg。

7 月 23 日《人民日报》发表通讯:《农民办大学,农民上大学——记辽宁朝阳地区推广朝农经验》。

12 月 25 日国务院提出《关于 1980 年基本上实现农业机械化的报告》。

## 1977 年

1 月 19 日中共中央批转国务院《关于一九八〇年基本上实现农业机械化的报告》。

2 月 8 日国务院批准内蒙古原生产建设兵团战士由供给制改成工资制,并从 1976 年 7 月份执行。

6 月 22 日国务院批转农林部、轻工业部《关于把农村手工业企业划归人民公社领导管理的报告》。

8 月 2 日农林部向全国各省、直辖市、自治区发出《关于福建省处理破坏山林案件情况的通报》。

12 月 11 日《人民日报》发表社论:《加快农业发展速度是全党的战斗任务》。社论提出的奋斗目标是:到 1980 年,基本上实现农业机械化。全国 1/3 的县建成大寨县,粮食和经济作物都要超过《纲要》;其余 2/3 的县,主要农业生产指标也要上《纲要》、超计划。

12 月 19 日中共中央批转《普及大寨县工作座谈会向中央政治局的汇报提纲》。

## 1978 年

10 月 31 日至 12 月 10 日全国知识青年上山下乡工作会议在京举行。会议通过了《全国知识青年上山下乡工作会议纪要》和《国务院关于知识青年上山下乡若干问题的实行规定》。

11 月 19 日新华社报道:国家正式决定在我国“三北”(西北、华北、东北)风沙危害和水土流失严重的地区建设 8 000 万亩防护林体系。从新疆到黑龙江,沿着万里风沙线营造 7 100 多 km 的大型防风固沙林带,形成“绿色万里长城”。

## 1979 年

1 月 5 日国家林业总局“三北”防护林建设局在宁夏银川市成立。

1 月 11 日中共中央做出《关于地主、富农分子摘帽和地、富子女成分问题的决定》。公安部发出通知,要求迅速贯彻落实中央决定。

2 月 10 日国务院颁布《水产资源繁殖保护条例》。

2 月 23 日第 5 届人大常委会第 6 次会议决定每年 3 月 12 日为我国植树节。

2 月 26 日《中华人民共和国森林法(试行)》颁布。

4 月 3～7 日全国农业自然资源调查和农业区划会议在北京举行。成立了全国农业自然资源调查和农业区划委员会,各省、直辖市、自治区也建立相应的机构。

9 月 11 日国务院最近发布《关于发展社队企业若干问题的规定》。

10 月 5 日《中共中央关于加快农业发展若干问题的决议》公布。

11 月 2 日新华社报道:我国对安置上山下乡知识青年工作正进行重大改革,将由原来到人民公社分散插队,改为安置到专为他们举办的集体所有制农场。

12 月 2～9 日新中国成立以来第一次全国农村房屋建设工作会议在青岛举行。

## 1980年

1月31日至2月8日农业部在北京召开全国农牧局(厅)长会议。王任重同志在会上明确指出:今后不再开展搞大寨县运动和不再评选学大寨县的先进单位和个人。

4月9日《人民日报》发表文章《联系产量责任制好处很多》。文章指出,定产到田,责任到人(即包产到户)是联系产量计算报酬的一种形式,是在生产队统一领导下实行包产的个人岗位责任制。

4月13~19日水利部在山西省召开全国农村人畜饮水工作座谈会。研究了加速解决农村人畜饮水的方针、政策和措施,并讨论了《全国人畜饮水工作规划要点(草案)》和《关于农村人畜饮水工作的暂行规定(草案)》。

5月8日国务院批准颁布国家农委、农业部、农垦部、国务院科技干部局制定的《农业技术干部技术职称暂行规定》,这是新中国成立30年来我国第1次就农业技术干部的技术职称问题颁布的规定。

5月12日《人民日报》报道:最近,中国进出口管理委员会批准了中国种子公司向美国西方石油公司转让杂交水稻技术的合同。这是我国第一次出口农业技术。

7月3日《人民日报》报道:财政部最近在河南开封召开全国农业税工作会议。会议认为:对那些长期低产缺粮,收入水平低的穷队,从1980年开始,可以按照实行起征点的办法,给予免税一定3年不变的照顾。1979年国务院批准核减的各省、自治区、直辖市的农业税额,从1980年开始,原则上一定5年不变。会议指出,国家1979年对农业税实行起征点办法,减免农业税即公粮(包括地方附加)达236 750万kg,折合人民币74 600万元,约占1979年全国农业税征收任务的18%。会议要求各地要把国家核减的农业税额保证用于减免贫困地区社队的负担。

7月18日《人民日报》摘登《山西日报》的文章《抓典型上的严重教训》。文章联系对待大寨、昔阳这两个典型存在的问题,指出先进典型不是神。大寨在"文化大革命"中所以被神化,一方面是它本身的许多做法适应了林彪、"四人帮"的需要,另一方面是上上下下有不少人竭力地吹它,按照不同的政治气候,采用虚构、拔高等手段打扮它。文章强调指出,靠权力、靠压力、靠棍棒来推广典型的做法是错误的。

9月18日国务院办公厅转发国务院财贸小组《关于调整二类农副产品收购、分配政策的意见》。

9月27日中共中央批转9月14~22日由中央主持召开的各省、自治区、直辖市第一书记座谈会《关于进一步加强和完善农业生产责任制的几个问题》的纪要。

10月24日新华社报道:国家计委、国家农委、农业部、国家统计局联合发文,通知各地:在计划、统计工作中,不再用"牲畜年末存栏数"和"粮食耕地亩产量"作为衡量农业生产成果的考核指标。

11月12日新华社报道:国家农委和中央组织部联合举办的第一期农业领导干部学习研究班11日在北京开课。国务院有关各部的副部长和省、自治区、直辖市领导农业生产的书记、副书记、常委、副省长等领导干部参加学习。这是我国首次举办高级农业领导干部学习研究班。

11月23日中共中央转发山西省委《关于农业学大寨运动中经验教训的检查报告》,并做了批语。

12 月 16～25 日中共中央举行中央工作会议。会议确定了在经济上实行进一步的调整，在政治上实现进一步的安定的重大方针。

## 1981 年

2 月 24 日农垦部向国务院报送《关于海南农村社队并入农场的紧急报告》。建议“对国务院 202 号文件中有关场社合并的条文，需要很快加以说明，对社队要求并入农场要特别慎重”，批准并入或带进农场的社队，应仍实行集体所有制，单独核算，按工分分配。

3 月 2 日中央书记处第 88 次例会讨论发展农村多种经营问题。

3 月 11 日新华社报道：最近粮食部在北京举行全国议价粮油工作会议，明确提出积极开展粮油议购议销，调节社会需求。会议指出，要摆正议购和征购超购的关系，议购不能影响征购超购。没有完成征购超购任务的，集体粮油不准上市，不许搞议购，也不许把集体的粮油分给个人出售。

3 月 27 日中共中央办公厅转发国家农委副主任杜润生同志《关于农村经济政策问题的一些意见》。杜润生同志根据目前农村情况，认为：一、困难地区实行包产到户稳定几年，大有好处；二、统一经营、联产到劳是适应中间社队采用的一种责任制形式；三、建议在不搞包产到户的地方，适当扩大自留地的数量；四、要采取措施，稳定县、社干部；五、加强农村社会治安。

3 月 30 日中共中央和国务院就转发国家农委《关于积极发展农村多种经营的报告》发出通知。通知指出：积极发展多种经营是繁荣我国农村经济的一项战略性措施，我们的方针是决不放松粮食生产、积极开展多种经营。

4 月 24 日国务院批转粮食部等《关于调减主要稻谷集中产区 25 亿 kg 粮食征购基数的报告》。要求这次调减的粮食征购基数要集中使用，一定要调减那些产量高、商品率高、贡献多、超购加价款收入少的稻谷集中产区。

5 月 26 日新华社报道：我国多年吃进口油的历史已告结束。从 1980 年起，我国食用油脂的出口量已经超过了进口量。现在，全国食油的库存量已超过历史最高水平。

6 月 1 日农业部、林业部、农垦部向国务院写了关于颁发《中华人民共和国国内植物检疫条例》的报告。

7 月 13 日国务院发出《关于新扩大的自留地、饲料地照征农业税的通知》。

8 月 12 日《人民日报》报道国务院最近批转了国家物价总局等 8 个单位拟定的《农副产品议购议销价格暂行管理办法(草案)》。

10 月 5～21 日全国农村工作会议和农业工作会议同时在北京召开。农业工作会议除讨论国家农委代中央起草的《关于农村工作几个问题的通知(草稿)》外，还着重讨论了农业部的工作报告和畜牧、社队企业总局的两个专题报告，总结交流了经验，部署了今后工作，研究了如何加快农业发展速度等问题。会议明确指出，实行各种形式的农业生产责任制，要加强党的领导，坚持集体化方向。农业生产搞责任制长期不变，责任制的形式多样化不变，基本生产资料(主要是土地的)集体所有制长期不变。

12 月 3 日中共中央、国务院、中央军委发出《关于恢复新疆生产建设兵团的决定》。新疆生产建设兵团在“文化大革命”中被撤销。

12 月 13 日第 5 届全国人民代表大会第 4 次会议通过了《关于开展全民义务植树运动的

决议》。

### 1982 年

1 月 13 日国务院发出《关于实行粮食征购、销售、调拨包干一定 3 年的通知》。

1 月 25 日新华社报道：陈云同志约请国家计委负责同志座谈以计划经济为主，市场经济为辅的问题。陈云同志说，我们国家是计划经济，农业实行生产责任制以后，仍然要以计划经济为主。

2 月 27 日国务院、中央军委发出《关于成立中央绿化委员会的通知》。

3 月 4 日《中国农民报》报道：最近国务院发布了《村镇建房用地管理条例》。

3 月 8 日第 5 届全国人民代表大会常务委员会第 22 次会议决定将电力工业部和水利部合并，设立水利电力部。任命钱正英为水利电力部部长。

3 月 25 日农业部颁发《公社畜牧兽医工作站管理试行条例》。

4 月 6 日《人民日报》全文刊登中共中央转发的《全国农村工作会议纪要》。纪要共分 5 部分：关于农业生产责任制；关于改善农村商品流通；关于农业科学技术；关于提高经济效益、改善生产条件；关于加强思想政治工作和基层组织建设。

4 月 23 日经国务院批准，农业部所属全国畜牧兽医总站成立。

4 月 25 日中国新闻社报道中国农村发展研究中心最近成立。它是国务院领导下的研究咨询机构。其任务是遵循中央的路线、方针，联络全国研究农村和农业问题的各方面力量，协调研究计划，组织多学科攻关，在信息资料和成果交流等方面提供服务，在有关问题上向中共中央、国务院和有关部门提出建议，提供咨询。

5 月 4 日第 5 届全国人民代表大会常务委员会第 23 次会议通过的《关于国务院部委机构改革实施方案的决议》决定，将农业部、农垦部、国家水产总局合并，设立农牧渔业部。将第一机械工业部、农业机械部、国家仪器仪表总局、国家机械设备成套总局合并，设立机械工业部。设农业机械工业局，保留中国拖拉机内燃机工业公司、中国拖拉机内燃机配件工业公司、中国牧业机械工业公司、中国农业机械化服务总公司、中国农业机械进出口联合公司。农业机械化管理局归属农牧渔业部。国家水产总局并入农牧渔业部后，成立水产局、渔政渔港监督管理局，并先后恢复或成立中国海洋渔业总公司、中国水产供销总公司、中国水产养殖公司。

5 月 22 日农牧渔业部颁发《全国农作物品种审定试行条例》。

5 月 22 日《人民日报》全文刊载国务院公布施行的《国家建设征用土地条例》。

6 月 4 日国务院发布《中华人民共和国进出口动植物检疫条例》。

10 月 2 日新华社报道：经国务院批准，天津农学院于最近成立。

10 月 9 日《人民日报》报道：农牧渔业部、林业部、化工部、卫生部、商业部和国务院环境保护领导小组联合颁布了《农药登记规定》，自 1982 年 10 月 1 日起施行。

11 月 12 日《人民日报》报道：现在已有 18 个省、自治区、直辖市在 32 个县进行了供销合作社体制改革的试点工作。

11 月 29 日国务院决定撤销全国农田基本建设办公室。

12 月 5 日《人民日报》全文登载第 5 届全国人民代表大会第 5 次会议通过的《中华人民共和国宪法》。《宪法》在第 6、8、9、10 条中，就我国的社会主义制度，农村经济组织，自然资源所有权及利用，土地问题等都做了明确规定。

12月22日国务院决定成立“三西”(河西、定西、西海固)地区农业建设领导小组。

## 1983年

2月5日国务院发布《城乡集市贸易管理办法》。

2月6日《中国农民报》报道:国务院办公厅最近向全国发出通知,转发商业部《关于完成粮油统购任务后实行多渠道经营若干问题的试行规定》。

2月17日国务院批转了农牧渔业部《关于发展农垦农工商联合企业若干问题的规定》。

2月27日《中国农民报》报道:国务院于2月10日批转了国家体制改革委员会、商业部《关于改革农村商品流通体制若干问题的试行规定》

4月10日《人民日报》摘要发表中共中央关于《当前农村经济政策的若干问题》(即中央1983年1号文件)。

5月19日《人民日报》报道:中共中央、国务院发出《关于加强和改革农村学校教育若干问题的通知》。《通知》指出,办好农村学校教育,要坚持“两条腿走路”的方针,各地要通过多种渠道切实解决经费问题。

6月5日《农村工作通讯》第6期,摘要发表了中共中央1983年2号文件,即《关于加强农村思想政治工作的通知》及其附件。

7月19日新华社报道:中共中央办公厅、国务院办公厅最近转发国家科委党组《关于当前农村科技工作和体制改革的若干意见》

7月28日林业部印发《关于建立和完善林业生产责任制的意见》。建议各省、自治区、直辖市结合本地的实际情况做出具体规定。

9月1日国务院批转农牧渔业部《关于发展海洋渔业若干问题的报告》。

9月12日《经济日报》报道:我国第一所农村经济管理干部学院9月11日在河北省廊坊市正式成立并举行了首届开学典礼,

9月23日国务院发布《烟草专卖条例》。

11月22日新华社报道:中共中央、国务院发出通知,要求各地有领导、有步骤地搞好农村政社分开的改革,争取在1984年底以前大体上完成建立乡政府的工作,改变党不管党、政不管政和政企不分的状况。通知还对政社分开的一些具体政策做出了规定。

## 1984年

2月7日《中国农民报》报道:1月23日国务院发布了《农副产品购销合同条例》。

3月4日新华社报道:国务院于2月25日发布了《关于组织和发展农副产品就地加工若干问题的规定》。

3月9日《人民日报》报道:为扩大农副产品的销售,促进商品生产发展,国务院于2月25日发布了《关于合作商业组织和个人贩运农副产品若干问题的规定》。

3月11日《人民日报》报道:为活跃城乡商品经济,国务院于2月27日发布了《关于农民个人或联户购置机动车船和拖拉机经营运输业的若干规定》和《关于农村个体工商业的若干规定》。

3月17日新华社报道:中共中央、国务院转发了农牧渔业部《关于开创社队企业新局面的报告》,并发出通知。同时同意将社队企业名称改为乡镇企业。

3月28日国务院办公厅转发文化部《关于当前农村文化站问题的请示》的通知。

4月14日新华社报道:1984年国家和地方决定投资2亿元,进一步加强60个商品粮试点县(市、旗)的建设。

5月3日新华社报道:国务院办公厅发出通知,宣布成立国务院农村能源领导小组。

5月16日《新华月报》报道:国务院批准农牧渔业部、国家计委等部门《关于进一步开展土地资源调查工作的报告》,并通知各地人民政府和国务院有关部门贯彻执行。

5月16日中共中央、国务院同意成立国务院三峡工程筹备领导小组。

5月21日《人民日报》报道:国务院做出《关于环境保护工作的决定》。国务院环境保护委员会成立,李鹏任主任。

6月4日杜润生邀请新华社、人民日报社、中央人民广播电台、中央电视台等新闻单位召开会议,传达了中央领导同志关于清除"左"的影响的重要指示,并就当前农村宣传工作的任务提出了意见。

6月10日《人民日报》发表社论《抓紧供销社的体制改革》。

6月11日新华社全文发表了《中共中央关于1984年农村工作的通知》,即1984年1号文件。

7月4日第6届全国人大常委会第6次会议,林业部杨钟部长受国务院委托,向会议做了关于《中华人民共和国森林法(修改草案)》的说明。

7月25日《人民日报》报道:国务院19日批转了国家体制改革委员会、商业部、农牧渔业部《关于进一步做好农村商品流通工作的报告》并发出通知,要求各级政府要切实加强领导,一手抓生产,一手抓流通。

8月1日中国农村发展研究中心和国家经委联合发出《关于贯彻中共中央1984年1号文件抓好部分县发展食品工业试点工作的通知》。《通知》指出,在全国选择不超过100个不同类型的县,作为发展农村食品工业的试点县。

8月13日《人民日报》报道:国务院发出批转中国农业银行《关于改革信用合作社管理体制的报告》的通知,通知指出,信用合作社管理体制必须抓紧进行改革,把信用社真正办成群众性的合作金融组织。

8月30日新华社报道:国务院办公厅转发了水利电力部《关于加速解决农村人畜饮水问题的报告》和《关于农村人畜饮水工作暂行规定》。

9月4日《人民日报》报道:根据党中央、国务院指示,田纪云副总理宣布安民告示对农民出售余粮不得限制或拒绝收购。允许多渠道经营、在集市上收购各种粮食和长途贩运。

9月17日林业部公布了《植物检疫条例实施细则》(林业部分)。

9月20日第6届全国人大常委会第7次会议通过了《中华人民共和国森林法》。

10月5日农牧渔业部颁发了《国营农场职工家庭农场章程》(试行草案)。

10月6日中共中央办公厅转发了中共中央书记处农村政策研究室关于《建议开展农村社会经济典型调查的报告》。

10月15日经国务院批准,劳动人事部、城乡建设环境保护部发布《国营建筑企业招用农民合同制工人和使用农村建筑队暂行办法》。

10月20日新华社报道:中国共产党第12届中央委员会第3次全体会议通过了《中共中央关于经济体制改革的决定》。

10 月 21 日新华社报道：国务院 13 日发出《关于农民进入集镇落户问题的通知》，要求各级人民政府积极支持有经营能力和技术专长的农民进入集镇经营工商业，公安部门应准予其落常住户口，统计为非农业人口。

11 月 10 日新华社报道：农业部长何康向 6 届全国人大第 8 次会议做关于《中华人民共和国草原法(草案)说明》。指出加强草原的保护、管理和建设是当前保证畜牧业稳定发展的一个亟待解决的问题。

11 月 20 日《经济日报》报道：中国农业银行决定改革信贷管理办法，支持国营农场职工兴办家庭农场。今后，农业银行对家庭农场直接发放贷款，直接办理结算业务，增加贷款种类，扩大贷款方式，在信贷政策上，银行对家庭农场和国营、集体农场一视同仁。

11 月 29 日新华社报道：国务院发出通知，同意民政部关于适当放宽建镇标准的报告。

12 月 18 日《人民日报》报道国务院于 13 日发出《关于筹措农村学校办学经费的通知》，规定对农村学校在逐年增加国家对教育基本建设投资和教育事业经费的同时，要充分调动农村集体经济组织和其他各种社会力量办学的积极性，开辟多种渠道筹措农村学校办学经费。

12 月 25 日农牧渔业部、国家计委、城乡建设环境保护部印发《关于征用土地费实行包干使用暂行办法》的通知。

12 月 30 日新华社报道：中共中央 12 月中下旬在北京召开全国农村工作会议，确定今后农村工作的任务：在国家计划指导下扩大市场调节，促使农村产业结构的合理化。

## 1985 年

1 月 1 日《中华人民共和国森林法》开始施行。

1 月 1 日《中国农民报》从 1985 年 1 月 1 日起改名为《农民日报》。

1 月 6 日《经济参考》报道：国务院办公厅 1984 年 12 月 26 日批转国家经委《1984—2000 年全国饲料工业发展纲要(试行草案)》。

1 月 12 日《人民日报》报道：国务院发出通知，批转国家统计局《关于计算农村社会总产值和把村(队)办工业从农业划归工业的请示报告》。

1 月 26 日《农民日报》报道：党中央、国务院决定，从 1985 年起，除个别品种外，国家不再向农民下达农产品统购派购任务，按照不同情况，分别实行合同定购和市场收购。

2 月 12 日《农民日报》报道：历时 6 年的全国家畜家禽品种资源调查工作已于最近结束。全国现有畜禽品种共 260 个。这些畜禽品种已被列入新近完成的《中国家畜家禽品种志》。

2 月 14 日国务院颁发《家畜家禽防疫条例》。

2 月 15 日《人民日报》报道：国家决定从 1985 年起，集体林区取消木材统购，开放木材市场，允许林农和集体的木材自由上市，实行议购议销。

3 月 7 日《人民日报》报道：全国首次土地管理工作会议 6 日在北京召开。

3 月 8 日《人民日报》报道：国务院新近发布《借款合同条例》。

3 月 20 日《人民日报》全文刊登《中共中央关于科学技术体制改革的决定》。

3 月 25 日《人民日报》全文发表《中共中央、国务院关于进一步活跃农村经济的十项政策》。

3 月 29 日农牧渔业部印发《发展水产品加工工业技术政策要点》。

4 月 20 日《人民日报》全文刊登《中华人民共和国集体企业所得税暂行条例》。

4月29日农牧渔业部印发《农牧渔良种场改革意见》。

4月30日《人民日报》报道：国务院副总理万里4月19日在同中国食品工业协会负责人谈话时指出，农村乡镇企业发展食品加工是一个方向性问题。

5月8日国务院办公厅批转了水利电力部《关于改革水利工程管理体制和开展综合经营问题的报告》。

5月9日《人民日报》报道：国务院最近批转了民政部等部门《关于扶持农村贫困户发展生产治穷致富的请示报告》。

5月15日《农民日报》报道：建国以来我国第一次在广西、吉林两省（自治区）开始试办林木森林保险，填补了我国森林经营和保险业务的一个空白。

5月23日财政部发出《关于安排扶持优质棉基地县建设资金的通知》。确定今后3年国家共拨款2.3亿元扶持优质棉基地县建设。

5月25日《人民日报》报道：经国务院批准，从1985年起我国农业税由过去征收实物改为折征代金。

6月19日《人民日报》公布《中华人民共和国草原法》。

7月15日《人民日报》报道：国务院最近转发了商业部《关于进一步发展少数民族地区商业若干问题的报告》。

7月18日《农民日报》报道：我国第一次饲料业工作会议17日开幕。

8月15日《人民日报》报道：我国第一个农业投入产出表编制完成，最近在北京通过鉴定。

8月16日农牧渔业部颁发《中华人民共和国农牧渔业部对外国企业在我国进行兽药试验、登记管理办法》。

9月8日《人民日报》公布《中华人民共和国计量法》。

9月17日《人民日报》报道：经贸部决定对21种商品实行出口许可证管理，其中包括对虾、板栗等15种农副产品。

10月21日《人民日报》报道：首届全国农民运动会在济南市举行。

11月15日《经济日报》报道：农牧渔业部副部长朱荣受国务院委托，13日向全国人大常委会议做了《关于中华人民共和国渔业法草案的说明》。

11月25日《人民日报》报道：经中共中央批准，中共中央整党工作指导委员会发出《关于农村整党工作部署的通知》。

11月29日《经济日报》报道：商业部、国家物价局最近发出通知规定，合同定购以外的棉花，由各地棉麻公司按收购牌价收购，不加价不奖售化肥。供应时，要执行国家规定的供应价格，不得另行规定供应价格。

12月31日《人民日报》报道：1985年12月5～21日，中共中央、国务院在北京召开中央农村工作会议。

## 1986年

1月13日《人民日报》报道：历时6年的全国第二次土壤普查已获得丰硕成果。通过对全国农耕地、林地、牧地和荒地等的调查，基本查清了我国土地资源概数和各类土壤的数量和质量。

1月21日《人民日报》公布《中华人民共和国渔业法》。

1月25日《人民日报》报道:国务院7日发布《中华人民共和国城乡个体工商户所得税暂行条例》。

1月31日《人民日报》报道:国务院17日发出《关于1986年度粮食合同定购任务的通知》。

2月23日《人民日报》全文刊登《中共中央、国务院关于一九八六年农村工作的部署》。

4月3日《人民日报》报道:中共中央、国务院3月21日发出《关于加强土地管理、制止乱占耕地的通知》。

4月11日《人民日报》报道:国务院最近批转了农牧渔业部、对外经济贸易部、商业部《关于建立农副产品出口生产体系的报告》。

4月17日《经济日报》报道:财政部、农牧渔业部、水利电力部最近联合发出《关于分配发展粮食生产专项资金指标的通知》。

5月15日《人民日报》全文刊登《中华人民共和国森林法实施细则》。

5月16日国务院批准成立国务院贫困地区经济开发领导小组。

6月26日《农民日报》报道:第6届全国人大常委第16次会议通过《中华人民共和国土地管理法》。

7月9日林业部印发《关于改革和发展林业教育的决定》。

7月21日国务院办公厅转发财政部,农牧渔业业部和水利电力部联合起草的《关于加强发展粮食生产专项资金管理的报告》及《关于加强发展粮食生产专项资金管理的若干规定》。

7月28日农牧渔业部印发《农牧渔业第7个五年发展计划》。

8月5日《人民日报》报道:国家土地管理局正式成立。

9月12日农牧渔业部颁发《乡镇企业财务会计制度》。

9月15日林业部发布《关于加强对国营林场的管理和维护其权益的决定》。

9月15日水利电力部颁发《关于使用棉、布以工代赈解决农村人畜饮水困难的管理暂行办法》。

9月29日《人民日报》报道:根据国务院关于全面清理法规工作的要求,国务院有关部门对1949—1984年期间,经国务院(含政务院)发布或者批准发布的农(牧渔)业、林业、水利电力和气象方面的行政法规和法规性文件进行了清理,共清出应予废除的法规24件,已明令废止的3件,自行失效的76件。经国务院法制局复查和国务院审议,决定对应予废除的予以废止。

10月20日《人民日报》报道:国务院近日向全国发出《关于完善粮食合同定购制度的通知》

11月21日《人民日报》报道:中央农村工作会议10～20日在北京举行。

12月24日《经济日报》报道:国务院环境保护委员会23日审议并通过《中国自然保护纲要》。

## 1987年

1月1日《人民日报》报道:《中华人民共和国土地管理法》本日起施行。

1月13日农牧渔业部决定由农垦局归口管理全国各地国营、民营橡胶和其他热带作物的生产。

2月18日农牧渔业部印发《"七五"全国农业机械化发展计划》。

3月21日《人民日报》报道：国务院1日发布《中华人民共和国耕地占用税暂行条例》。

5月9日《人民日报》报道：6日下午3时大兴安岭林区发生严重火灾。

6月23日第6届全国人大常委会第21次会议通过《全国人民代表大会常务委员会关于大兴安岭特大森林火灾事故的决议》，会议决定撤销杨钟的林业部部长职务。

6月23日国务院召开常务会议，继续追究大兴安岭特大森林火灾事故责任。会议决定撤销董智勇的林业部副部长职务，并责成黑龙江省政府做出认真的深刻的检查。

7月17日《人民日报》报道：国务院发布《兽药管理条例》。

8月24日《农民日报》报道：我国县级农业资源调查和农业区划工作已基本完成。

9月12日《农民日报》报道：我国已在10个省、自治区建起14个规模不等、项目不同的农村改革试验区。

10月20日国务院批准施行《中华人民共和国渔业法实施细则》。

## 1988年

1月19日《农民日报》报道：为鼓励农民大力发展粮、油、糖生产，经国务院批准，1988年国家将调高收购价格，并从今年4月1日起执行。

2月1日林业部发出《关于印发〈南方平原绿化标准〉和〈北方平原绿化标准〉的通知》。

2月28日《人民日报》报道：中共中央决定，中央书记处农村政策研究室改为中央农村政策研究室。

3月26日新华社报道：李鹏代总理在政府工作报告中提出，发展农业生产是今后5年首项任务，到本世纪末我国粮食生产必须争取达到5 000亿kg，平均每年增产80亿kg。

3月29日至4月2日农牧渔业部、经贸部在南宁召开全国首次远洋渔业合作工作会议。

4月1日林业部发布了《林业部门社会总产值计算方案》。

4月27日《农民日报》报道中国农业开发信托投资公司在京成立。

6月2日国务院通知林业部，国务院同意实行林业基金制度。

6月2日国务院决定成立国家防汛总指挥部。

6月10日国务院第3号命令，发布了《中华人民共和国河道管理条例》，6月17日起执行。

6月11日农业部印发《外国企业在中华人民共和国注册兽药管理办法》。

6月12日农业部印发《关于推动乡镇企业出口创汇若干政策的规定》。

6月13日新华社报道：国务院今天发出通知，强调在完成小麦合同定购任务和议转平收购计划以后，还要随行就市，以略低于市价的标准积极组织收购。对超额上交中央的小麦，中央给各省照补加价款和差价款(每千克1角2分8厘)。

6月30日农业部颁布《兽药管理条例实施细则》。

7月1日《中华人民共和国水法》开始在全国施行。

7月10日《人民日报》报道：国务院最近决定将新疆列为国家重点棉花、甜菜开发区。新疆在1995年前将建设成为稳产高产的国家棉花、甜菜商品基地。8日下午农业部部长何康、新疆维吾尔自治区人民政府主席铁木尔·达瓦买提等在中南海举行的开发建设协议书签字仪式上签字。

7月25日中国林业科学研究院工作会议讨论通过《关于深化科技体制改革若干问题的暂行规定》(简称三十条)。

7月26日新华社报道：国务院总理李鹏今天主持召开国务院第14次常务会议，审议并原则通过了《中华人民共和国野生动物保护法（草案）》、《中华人民共和国土地管理法修正议案（草案）》。

8月18日《人民日报》报道：最近国务院批准同意国家统计局提出的《改革我国农业、非农业人口划分标准的试行方案》。

8月27日国务院发布《关于加强粮食管理、稳定粮食市场的决定》。

8月28日国务院发布《关于化肥、农药、农膜实行专营的决定》。

9月30日《人民日报》报道：国务院已决定将吉林省松辽平原列入国家重点农业开发区，并于近日在京签署了开发协议书。

10月8日国家机构编制委员会批准林业部机关机构改革“三定”方案，确定林业部机关设司局级机构15个，编制570人（部长1人，副部长4人，司局级领导1正2副配备，共46人）。

10月18日《人民日报》报道：国务院最近批准成立全国水资源与水土保持工作领导小组，同时决定撤销原来设立的全国水资源协调小组和全国水土保持协调小组。

10月29日新华社报道：中共中央政治局今天在北京举行第3次全体会议，就从现在起到“八五”计划期间深化农村改革和加速农业发展的问题，特别是明后2年农村工作问题进行了讨论。

11月3～8日中共中央、国务院在京召开全国农村工作会议。

11月8日全国第7届人大常委会第4次会议审议通过《野生动物保护法》和《全国人大常委会关于惩治捕杀国家重点保护的珍贵、濒危野生动物犯罪的补充规定》。并于1989年3月1日起实施。

11月20日《人民日报》全文刊登《土地复垦规定》。该规定自1989年1月1日起施行。

11月29日海峡两岸农业界人士在香港举行了40年来的首次正式会晤。

12月5日新华社报道：商业部最近就组织地区之间议价粮调剂有关问题做出新规定：国家对省间“议价转平价”的大米调拨实行指令性计划；完成合同定购后小麦、玉米、大豆及小杂粮继续允许多渠道经营。

12月11日国务院颁发《关于增加粮食合同定购挂钩化肥数量的通知》、《关于建立农业发展基金增加农业资金投入的通知》。

12月25日中共中央发布《中共中央、国务院关于夺取明年农业丰收的决定》。

**1989年**

1月14日国务院决定保留和调整全国农业区划委员会。

2月25日新华社报道：国务院决定从1989年起，中央和地方都适当增加粮食合同定购挂钩化肥的数量。

2月25日农业部召开机构改革新闻发布会。会议宣布改革后的农业部设有20个司（厅、局）。

3月9日《人民日报》报道：1989年新开征的国家预算调节基金，按中央和地方各自分得额的10%用于农业投入，支持和加强农业。对301个贫困县免征国家预算调节基金，新菜地开发基金也将免征。

3月13日国务院总理李鹏发布中华人民共和国国务院令，《中华人民共和国种子管理条

例》已于1989年1月20日经国务院第32次常务会议通过，自1989年5月1日起施行。

4月4日新华社报道国家工商行政管理局最近重申粮食市场管理政策，粮食没有实行专营，计划外的粮食仍由市场调节，价格放开，随行就市。

4月13日农业部根据《中华人民共和国渔业法》及其《实施细则》的规定制定了《渔业捕捞许可证管理办法》，该《办法》从1989年5月1日起施行。

5月31日林业部印发《关于加强林木采伐许可证管理的通知》，开始实行全国统一的林木采伐许可证制度。

7月10日农业部、商业部联合发出《关于国营农场执行化肥、农药、农膜专营决定的补充通知》。

7月10日农业部发布实施《核发〈兽药生产许可证〉、〈兽药经营许可证〉、〈兽药制剂许可证〉管理办法》、《进口兽药管理办法》。

10月10日《人民日报》报道：我国最大的农业科研建设项目——中国水稻研究所9日在杭州市近郊落成。

10月30日《人民日报》报道：国务院发出《关于大力开展农田水利基本建设的决定》。

11月17日新华社报道：国务院今天上午举行第50次常务会议，审议并通过了《森林病虫害防治条例(草案)》。

11月25日水利部成立农业水利开发建设办公室。

12月9日《人民日报》报道：国务院颁发了《关于依靠科技进一步振兴农业加强农业科技成果推广工作的决定》。

## 1990年

1月13日 全国农业工作会议在北京召开。

1月13日 国务院发出《关于完善化肥、农药、农膜专营办法的通知》。

2月14日《人民日报》报道：国务院发出通知，明确规定农民合理负担的项目范围和比例，要求各省、自治区和直辖市制定减轻农民负担的具体办法。

2月14日 国务院批准新疆生产建设兵团享有计划单列的某些权利，要求有关部委加强对兵团的领导和管理。

5月12日《人民日报》报道：国务院第59次常务会议审议并通过了《乡村集体所有制企业条例(草案)》。会议决定将《条例(草案)》进一步修改后由国务院发布施行。

5月17日《人民日报》公布《中华人民共和国标准化法实施条例》。本条例共分6章。从4月6日起正式施行。

5月21日《人民日报》发表国务委员陈俊生的题为《关于农村双层经营体制问题的调查研究》文章。

5月23日《人民日报》报道：农业部发出通知，切实保护乡镇企业的所有权，禁止改变其性质和隶属关系。

6月3日 李鹏总理签署中华人民共和国国务院第59号令，公布《中华人民共和国乡村集体所有制企业条例》，条例共分8章，45条。从公布之日起施行。

6月15日《人民日报》报道：我国从1987年4月1日起开征耕地占用税到1989年底止，3年共征收该项税款46亿元，全部用于农业综合开发并取得成果。

7月12日 林业部印发执行《林业部科技兴林方案(1990—1995)》、林业部《关于加强林业科学技术工作的若干政策性意见》。

8月3日 林业部印发《关于加强乡村林场建设若干问题的通知》。

8月4日《人民日报》报道:我国土地监察网络基本形成。从事土地监察的专兼职人员有20多万人。

8月6日《人民日报》报道:国务院最近就加强粮食购销工作问题做出决定,强调掌握足够粮食是社会安定团结和经济发展的重要保证。提出11项措施要求把农民需出售的余粮收购起来。

8月7日 国务院同意由全国农业区划委员会组织有关部门和地方编制农业区域开发总体规划。

9月1日 国务院批复《1989—2000年全国造林绿化规划纲要》并对实施规划纲要提出4点要求。这是我国造林绿化工作的重要指导性文件。

10月13日《人民日报》报道:我国第一家全国性省际间议价粮食调剂交易中心——郑州粮食批发市场经国务院批准正式开业。该市场由商业部和河南省政府管理,交易以现货为主,逐渐引向期货市场。

11月22日 农业部为首批"绿色食品"颁发绿色食品证书并正式向社会推出。

12月27日 农业部公布新确定的第二批沿海渔港共434个。到目前为止,全国已确定的渔港共713个。

## 1991年

1月1日经国务院批准,东北、内蒙古国有林区实行林价制度。

2月15日国务院发布《实施大中型水利水电工程建设征地补偿和移民安置条例》。

6月29日第7届全国人民代表大会常务委员会第20次会议通过了《中华人民共和国水土保持法》,自公布之日起施行。

8月28日第7届全国人民代表大会常务委员会21次会议举行大会讨论,提出要把水利建设放到基础产业的重要地位。

11月7日《人民日报》报道:《中华人民共和国进出境动植物检疫法》于1991年10月31日第7届全国人民代表大会常务委员会第22次会议通过,1992年4月1日起正式施行。

11月25日中国共产党第13届中央委员会第8次全体会议通过了《中共中央关于进一步加强农业和农村工作的决定》。

## 1992年

1月3日农业部与人事部联合颁发《乡镇农业技术推广机构人员编制标准试行》的通知。

1月9日《农民日报》报道:农业部长刘中一签署了8号和9号部令,颁布了《乡镇企业组建和发展企业集团暂行办法》和《乡镇联营企业暂行规定》。

3月10日《农民日报》报道:国务院发出通知要求在全国建立基本农田保护区。

3月18日国务院发出通知,自1992年4月1日起,提高粮食统销价格,实现购销同价。

4月1日《人民日报》报道:《中华人民共和国进出境动植物检疫法》今天开始施行。

4月18日《人民日报》报道:绿色食品标志获商标专用权。农业部将统一负责绿色食品标

志的颁发和使用管理，并发出《关于依法使用、保护绿色食品商标标志的通知》。

5月13日国务院发布经农业部、林业部共同修改后的《植物检疫条例》。

6月26日《农民日报》报道：农业部公布《家畜家禽防疫条例实施细则》，4月8日颁布实施。

12月8日《经济日报》报道：《中华人民共和国农业技术推广法(草案)》通过。

12月29日《经济日报》报道：国务院在北京中南海召开全国农业工作电视电话会议。李鹏总理提出了保持农业稳定发展的十项措施。

**1993年**

1月2日《人民日报》报道：我国第一个瘦肉猪专业市场在山东胶南市开业。

1月14日《农民日报》报道：农业部颁布《乡镇企业劳动管理规定》。

1月30日《人民日报》报道：国务院举行第121次常务会议，原则通过《中华人民共和国农业基本法(草案)》。

2月25日《人民日报》报道：国务院发布5项粮食产销政策：(1)国家定购和专项储备粮食实施收购保护价；(2)粮棉"三挂钩"由平价供应实物改为以货币方式付给；(3)主要农业生产资料实行计划外最高限价；(4)调低海淡养殖等大宗农林特产税税率；(5)增加农业投资，扶持粮食主产区发展经济。

4月8日《农民日报》报道：农业部筹划乡镇企业东西合作工程，以推进我国乡镇企业实现东西互补，优势互补，共同发展。

5月6日《人民日报》报道：林业部、财政部决定，从1993年起在东北、内蒙古国有林区森林工企业全面推行林木生产商品化，实行森林资源有偿使用制度。

5月28日由农业部和国家计委、化工部、广东省人民政府联合组办的华南商品期货交易所开业。

5月31日《科技日报》报道：中国绿色食品发展中心在北京正式成立。

6月2日国务院发出《关于印发〈90年代中国食物结构改革发展纲要〉的通知》。

6月3日《光明日报》报道：农业部正式公布"迈进21世纪乡镇工业环境保护行动计划"。

7月2日第8届全国人民代表大会常务委员会第2次会议通过了《中华人民共和国农业法》和《中华人民共和国农业技术推广法》并予以公布。自公布之日起施行。

8月1日国务院颁布《中华人民共和国水土保持法实施条例》，自即日起施行。

9月17日《中华人民共和国野生动物保护实施条例》经国务院批准发布施行。

10月10日《人民日报》报道：国务院批转了《粮食风险基金管理暂行办法》。

10月19日《人民日报》报道：中央农村工作会议18～21日在北京召开。中共中央政治局常委朱镕基主持会议，江泽民总书记做重要讲话。

11月15日我国第一个国家木材和林产品交易市场——北京(国家)木材和林产品交易市场在北京正式成立。

**1994年**

1月5～8日，全国农业工作会议在北京召开。国务委员陈俊生到会做重要讲话，刘江部长做报告。会议提出了以稳定增加农民收入和农产品有效供给为目标，稳定党在农村的基本政策,深化农村改革,推进科教兴农,促进农业和农村经济全面发展的1994年工作任务。

1月19日《人民日报》报道:国务院公布《90年代中国农业发展纲要》。

1月20日《人民日报》报道:农业部筹划推出“乡镇企业东西合作示范工程”。

1月28日《人民日报》报道:国务院发布《农村五保供养工作条例》。

2月2日《人民日报》报道:国务院发布《关于对农业特产收入征收农业税的规定》。

3月7日《人民日报》报道:国务院正式批复《全国水土保持规划纲要》。

3月24日《人民日报》报道:23日,中央农村工作会议在北京举行,中共中央总书记、国家主席江泽民提出了1994年农业和农村工作的基本任务,一是保证粮、棉、油和“菜篮子”的生产和供应。二是全面发展农村经济,增加农民收入。三是保持农村社会稳定。四是搞好农村基层组织建设。

4月14日《人民日报》报道:林业部颁发了《消灭宜林荒山荒地主要指标及要求》。

4月15日李鹏总理签署国务院第153号令,发布了《种畜禽管理条例》,7月1日起施行。

4月21日《人民日报》报道:农业部提出了《乡镇企业产权制度改革意见》。

5月9日《人民日报》报道:农业部决定,将种子体系建设、化肥深施技术、“一虫两病”(棉铃虫、畜病、虾病)防治和秸秆过腹还田4项技术作为今后一个时期农业技术推广工作的重点。

6月14日《科技日报》报道:13日,国务委员、国务院环境保护委员会主任宋健在北京国际会议中心宣布《中国生物多样性保护行动计划》正式实施。

6月28日国务院批准“农业部职能设置、内设机构和人员编制方案”。

8月18日国务院发布并开始实施《中华人民共和国气象条例》。

8月25日农业部颁发《全国生态农业示范区建设技术规范(试行)》。

8月28日《人民日报》报道:国务院发布《基本农田保护条例》,自1994年10月1日起施行。

10月13日《人民日报》报道:国务院发布《中华人民共和国自然保护条例》,自1994年12月1日起施行。

10月27日《农民日报》报道:26日,中共中央在北京召开全国农村基层组织建设工作会议,国家主席江泽民会见会议代表时强调,把农业和农村工作摆在经济工作首位。

11月20日《人民日报》报道:经国务院批准组建的又一家政策性银行——中国农业发展银行正式成立,并投入运营。

## 1995年

1月11日《人民日报》报道:1月10日,国家气候中心在北京正式建立。

1月20日《农民日报》报道:我国第一部荒山有偿开发的专门法规《云南省荒山有偿开发的若干规定》,由云南省人大常委会制定并颁布施行。

2月10日《农民日报》报道:林业部决定从1995年起在全国实行使用林地许可证制度。

2月24~28日《人民日报》报道:24日,中共中央、国务院在北京召开农村工作会议(28日结束)。

3月13日《人民日报》报道:国务院3月10~12日在北京召开了全国粮食、棉花、化肥工作会议。会议强调,我国地域辽阔,各地情况千差万别,在发展社会主义市场经济和实行新的财税体制的条件下,各级地方政府特别是省、自治区、直辖市一级政府,必须承担起保证本地区

粮食、棉花等主要农产品和化肥等主要农业生产资料供求平衡、价格稳定的责任，实行省长负责制。

3月13日《人民日报》报道：国务院办公厅向各省、自治区、直辖市和国务院各部委、各直属机构转发了国务院原则同意的、由农业部提出的《乡镇企业东西合作示范工程》方案，希望结合本地区、本部门的实际情况认真组织实施。

3月27日《人民日报》报道：第一家全国性的畜牧企业集团——中牧集团在北京成立。

4月27日《人民日报》报道：国务院批准，确定国家对沿海防护林带实行特别保护，国务院办公厅批转林业部的报告，正式把1.4万km的沿海防护林带划为特别保护林带。

5月15日《人民日报》报道：5月12日，中共中央政治局常委、国务院副总理朱镕基在国务院召开的全国农副产品收购资金管理工作电视、电话会议上强调，要充分保证农副产品收购资金供应，坚决做到不打“白条子”，绝不允许出现“卖粮难”，绝对不允许任何单位挤占挪用收购资金。

5月16日《人民日报》报道：5月15日，中华全国供销合作总社成立。

5月18日《经济日报》报道：《中国21世纪议程林业行动计划》经国务院批准将正式实施，

6月10日《光明日报》报道：国务院批转中国人民银行、财政部、国内贸易部、中国农业银行和国家粮食储备局等6部门《关于加强粮棉油政策性收购资金管理的意见》，并要求各地政府和国务院各部门认真组织落实。

6月18日《经济日报》报道：6月17日是联合国第一个“世界防治沙漠化和干旱日”，中国在北京召开纪念大会。

6月24日《人民日报》报道：6月23日，国务院环境保护委员会召开第6次会议，审议并通过了《中国自然保护区发展规划纲要》(1990－2050)。

6月27日《农民日报》报道：农业部、监察部联合发出《关于全面推行农民负担监督卡制度的通知》。

7月19日《经济日报》报道：国务院发出《关于粮食部门深化改革实行两条线运行的通知》，决定将粮食部门的政策性业务和商业性经营分开，建立两条线运行机制。7月18日在北京召开了全国粮食部门两线运行工作会议。

8月26日《光明日报》报道：8月24日，我国第一部农业白皮书——《中国农业发展报告’95》正式出版。

8月30日《人民日报》报道：8月29日，第8届全国人民代表大会常务委员会第15次会议通过了修改后的《中华人民共和国大气污染防治法》。

9月25日《人民日报》报道：地矿部门以1∶20万为主的我国960万$km^2$区域地下水资源普查已全部完成，全国地下水天然资源总量为8 700亿$m^3$/年，可开采资源为2 900亿$m^3$/年，其中平原、盆地及基岩富水地段占2 300亿$m^3$/年，有2/5集中在北方各大平原和盆地。

10月3日《科技日报》报道：我国第一部珍贵树种保护的专门法律——《云南省珍贵树种保护条例》，由云南省第8届人大常委会审议通过，将于12月1日起施行。

11月20日《农民日报》报道：中央组织部、中央宣传部联合发出通知，决定从今年冬天开始，对农村基层干部集中进行一次培训。

11月21日《农民日报》报道：11月20日，由原北京农业大学和原北京农业工程大学合并组建的中国农业大学在北京成立。中共中央总书记江泽民为中国农业大学题写了校名，国务

院总理李鹏为学校题了词，国务院副总理姜春云出席成立大会并讲了话。

11 月 30 日《光明日报》报道：中共中央办公厅、国务院办公厅转发了《中央宣传部、农业部关于深入开展农村社会主义精神文明建设活动的若干意见》，要求各地认真贯彻执行。

12 月 21 日《科技日报》报道：12 月 20 日，中华农业科教基金会在北京成立。

12 月 29 日《科技日报》报道：28 日，农业部"中农种业集团"在北京成立。

**1996 年**

1 月 9 日《农民日报》报道：8 日，中央农村工作会议在北京结束。

2 月 29 日中央农村工作领导小组第 18 次会议决定，由林业部牵头，10 多个部门参加，在全国开展山区综合开发示范县工作。

3 月 18 日国务院办公厅下发《国务院办公厅转发中国气象局关于加强人工影响天气工作请示的通知》。

4 月 13 日《人民日报》报道：中国科学家经过 10 年努力，在两系法杂交水稻研究方面取得了根本性突破，它将继三系法杂交稻之后为我国水稻生产再次做出巨大贡献。

4 月 16 日农业部与国家工商行政管理局联合颁布《农作物种子生产经营管理暂行办法》。

5 月 7 日《人民日报》报道：中共中央办公厅、国务院办公厅转发了《农业部、监察部、财政部、国家计委、国务院法制局关于当前减轻农民负担的情况和今后工作的意见》。

5 月 20 日《人民日报》报道：第 8 届全国人大常务委员会第 19 次会议于 1996 年 5 月 15 日通过《全国人民代表大会常务委员会关于修改〈中华人民共和国水污染防治法〉的决定》。

6 月 16 日《人民日报》报道：财政部和国家税务总局做出规定，国有粮食企业销售政策性粮油可免征增值税。

6 月 28 日《人民日报》报道：全国农业普查办公室公布第一次全国农业普查办法。

7 月 2 日我国林业系统第一家上市股份公司——常林股份有限公司成立。

7 月 24 日《人民日报》报道：农业部、劳动部联合发出《关于乡镇企业实行劳动合同制度的通知》。

9 月 13 日林业部发出《关于国有林场深化改革加快发展若干问题的决定》。

9 月 16 日《人民日报》报道：12 日，国务院召开的为期 3 天的棉花工作会议在北京结束。会议强调，1996 年继续实行棉花经营、市场、价格"三不放开"政策。

9 月 17 日《农民日报》报道：国务院做出《关于进一步深化农村金融体制改革的决定》。

9 月 30 日国务院发布《中华人民共和国野生植物保护条例》。该条例从 1997 年 1 月 1 日起施行。

10 月 23 日《人民日报》报道：农业部、国家计委联合向各地印发了《关于促进大中型乡镇企业发展的意见》。

10 月 24 日中国政府发表第一部粮食白皮书《中国的粮食问题》。

10 月 24 日农业部颁布《"九五""菜篮子工程"全国鲜活农产品批发市场建设规划》。

10 月 29 日第 8 届全国人大常委会第 22 次会议审议通过《中华人民共和国乡镇企业法》，于 1997 年 1 月 1 日正式施行。

11 月 19 日《人民日报》报道：经国务院批准，我国将在全国重点粮食生产省以地区（市）为单位，建设 20 个大型商品粮生产基地，这批大型商品粮基地由中央和地方政府共同投资建设，

总投资21.3亿元，计划2000年建成发挥效益。

12月16日《人民日报》报道：2日，国务院发布《中华人民共和国进出境动植物检疫法实施条例》，自1997年1月1日起实施。

## 1997年

1月1日农业部发出《关于加强进口粮食检疫有关问题的通知》，规定从1997年1月1日起正式实行进口粮食检疫审批制度。

1月15日《人民日报》报道：13日，为期4天的中共中央农村工作会议在北京闭幕。

1月27日国务院批转《农业部关于进一步加快渔业发展意见的通知》。

3月20日国务院发布《植物新品种保护条例》，自1997年10月1日起施行。

5月16日《人民日报》报道：5月8日国务院发布《农药管理条例》，自1997年5月8日起施行。

5月19日《经济日报》报道：中共中央、国务院发布《关于进一步加强土地管理切实保护耕地的通知》。

6月16日农业部制定了《农业生物基因工程安全管理实施办法》，以规范和促进我国农业生物基因工程的研究与开发。

6月21日《农民日报》报道：国务院办公厅转发了《中国人民银行关于进一步做好农村信用社管理体制改革工作的意见》，并要求各地区、各部门认真贯彻执行。

7月8日《人民日报》报道：7月3日，全国人民代表大会常务委员会第26次会议通过了《中华人民共和国动物防疫法》，自1998年1月1日起施行。

8月13日《农民日报》报道：国务院办公厅发出关于印发《国家扶贫资金管理办法》的通知，自1997年8月1日起施行。

8月29日第8届全国人大常委会第27次会议通过了《中华人民共和国防洪法》，自1998年1月1日起施行。

9月22日《人民日报》报道：12日，中共中央总书记江泽民在向中国共产党第15次代表大会所做的报告中指出，加强农业基础地位，调整和优化经济结构，坚持把农业放在经济工作的首位，稳定党在农村的基本政策，深化农村改革，确保农业和农村经济发展、农民收入增加，改造传统农业。

10月28日《水利产业政策》经国务院批准颁布实施。这项政策是我国在基础设施领域颁布的第一项产业政策，共5章35条。

11月15日，《农民日报》报道：截至11月1日，黄河1997年已断流201天，超过黄河断流历史纪录最长时间(1996年，136天)65天。

12月26日《农民日报》报道：国务院发布《生猪屠宰条例》，将于1998年1月1日起施行。

## 1998年

1月10日《人民日报》报道：7～9日，中央农村工作会议在北京举行。

1月12日《人民日报》报道：江苏省和浙江省内的贫困县全部脱贫，实现告别贫困县的目标。

1月18日新华社报道：中华人民共和国第9届人民代表大会第1次会议决定任命陈耀邦

为农业部部长。

1月26日《科技日报》报道：中国农业科学技术政策正式发布实施。

3月6日新华社报道：第9届全国人民代表大会第1次会议设立第9届全国人民代表大会农业与农村委员会。

3月10日新华社报道：第9届全国人民代表大会第1次会议通过关于国务院机构改革的方案。方案中拟保留中华人民共和国农业部，并列入国务院组成部门序列。

3月10日九届全国人大一次会议通过国务院机构改革方案。依据这一方案，国务院部委从40个削减到29个，林业部改组为国家林业局，列入国务院直属机构序列。

3月24日国务院总理朱镕基主持召开新一届政府第1次全体会议，通报国务院领导工作分工和国务院机构设置方案。中国气象局由温家宝副总理主管；中国气象局继续为国务院直属事业单位，并赋予政府行政管理职能。

4月10日《经济日报》报道：我国将于今年开始在东海、黄海实行新的伏季休渔制度。

4月17日新华社报道：针对目前国内棉花市场供大于求、销售困难的情况，国家将适当降低棉花收购价格，并引入市场机制，将长期以来棉花收购价格实行政府统一定价改为政府指导价。

4月29日中华人民共和国主席江泽民签署主席令，公布《中华人民共和国森林法》，自1998年7月1日起施行。

5月5日新华社报道：4月27～29日，全国粮食流通体制改革工作会议在北京召开。

6月4日《经济日报》报道：朱镕基总理3日在国务院召开的全国粮食购销工作电视电话会议上强调，坚决贯彻按保护价敞开收购农民余粮、粮食收储企业实行顺价销售、农业发展银行收购资金封闭运行3项政策，加快国有粮食企业自身改革。

6月10日新华社报道：4月18日，中共中央办公厅、国务院办公厅发出《关于在农村普遍实行村务公开和民主管理制度的通知》。

6月12日《经济日报》报道：6月1日，朱镕基总理签署中华人民共和国国务院令。发布《粮食收购条例》，自发布之日起施行。

7月16日新华社报道：农业部近日发出《关于当前深化乡镇企业改革有关问题的通知》。

7月27日新华社报道：中共中央办公厅、国务院办公厅发出关于《切实做好当前减轻农民负担工作的通知》。

8月29日新华社报道：第9届全国人大常委会第4次会议通过了《土地管理法》，国家主席江泽民签署主席令，公布这部法律。自1999年1月1日起施行。

9月28日《人民日报》报道：21～26日，中共中央总书记、国家主席、中央军委主席江泽民在安徽考察了农业和农村工作。25日，江泽民在合肥召开的安徽省党政领导干部会议上，发表重要讲话强调，深化农村改革，首先必须长期稳定以家庭经营为基础的双层经营体制。稳定家庭承包经营，核心是要稳定土地承包关系。承包期再延长30年不变，30年以后也没有必要再变。扩大农村基层民主，保证农民直接行使民主权利，当前重点要抓好村民委员会的直接选举、村民议事和村务公开制度等村级民主制度建设。

10月19日《人民日报》报道：14日，中国共产党第15届中央委员会第3次会议通过《中共中央关于农业和农村工作若干重大问题的决定》。

11月5日《人民日报》报道：4日，公布第9届全国人民代表大会常务委员会第5次会议

11月4日修订通过的《中华人民共和国村民委员会组织法》。自公布之日起施行。

12月24日新华社报道:国务院近期发出《关于深化棉花流通体制改革的决定》。国务院决定从1999年9月1日新的棉花年度起,棉花的收购价格、销售价格主要由市场形成,国家不再做统一规定。

12月28～31日全国农业工作会议在北京召开。

12月30日新华社报道:28～30日,中央农村工作会议在北京举行。

12月30日新华社报道:27日,国务院总理朱镕基签署国务院令,公布《中华人民共和国土地管理法实施条例》和《基本农田保护条例》,自1999年1月1日起施行。

## 1999年

1月7日《人民日报》报道:由国家计委组织有关部门制定的《全国生态环境建设规划》已经国务院常务会议讨论通过。

3月24日《光明日报》报道:农业部决定,从1999年开始在南海海域实行伏季休渔。我国所管辖的海域,大部分都实行了一定程度的休渔制度。

3月31日《农民日报》报道:农业部编制完成了《中国21世纪议程农业行动计划》,并于30日举行了新闻发布会。

4月12日《农民日报》报道:10日,中国对外经济贸易合作部部长石广生与美国贸易谈判代表巴尔舍夫斯基分别代表中美两国政府,在华盛顿签署了《中美农业合作协议》。

4月23日我国正式加入《国际植物新品种保护公约》,并成为国际植物新品种保护联盟(UPOV)第39个成员国。

4月29日《农民日报》报道:国务院办公厅发出通知,印发经国务院批准,由国土资源部组织编制的《全国土地利用总体规划纲要》。《纲要》以保护耕地和控制非农业建设用地规模为重点,确定了土地利用的目标、方针,对土地利用结构和布局进行了必要的调整,制定了实施规划的具体措施。

5月1日《农民日报》报道:4月30日晚,第22次世界园艺博览会在昆明开幕。

6月4日《经济日报》报道:5月29日,国务院总理朱镕基签署第266号国务院令,发布《饲料和饲料添加剂管理条例》。自发布之日起施行。

6月16日农业部第13号令,发布实施《中华人民共和国植物新品种保护条例实施细则》(农业部分)。

7月15日《农民日报》报道:6月24日,农业部部长陈耀邦签署发布《中华人民共和国水生野生动物利用特许办法》和《中华人民共和国管辖海域外国人、外国船舶渔业管理暂行规定》,自发布之日起施行。

8月5日《农民日报》报道:中国人民银行发布《农村信用社农户小额信用贷款管理暂行办法》。

8月10日国家林业局第3号令发布《中华人民共和国植物新品种保护条例实施细则》(林业部分)。

8月17日《农民日报》报道:国务院办公厅转发了农业部《关于当前调整农业生产结构的若干意见》,要求各地区、各部门认真贯彻执行。

9月12日《光明日报》报道:11日,西北农业大学、西北林学院、中国科学院与水利部水土保持研究所等 7 个教学科研单位合并组建西北农林科技大学。

11 月 18 日《科技日报》报道：中央经济工作会议提出，进一步稳定农业的基础地位，着力调整农业和农村经济结构，千方百计增加农民收入。

12 月 1 日《农民日报》报道：我国首批 20 项农业科技跨越计划正式启动。国家总投资 6 000 万元，主要集中于国际市场竞争潜力较大的农产品生产项目。

12 月 28 日《人民日报》报道：25 日，国家主席江泽民签署第 28 号主席令，公布《中华人民共和国海洋环境保护法》，自 2000 年 4 月 1 日起施行。

## 2000 年

1 月 5～8 日全国农业工作会议在北京召开。

1 月 5～6 日，中央农村工作会议在北京召开。

1 月 29 日国务院发布《中华人民共和国森林法实施条例》，自发布之日起施行。

2 月 14 日《人民日报》报道：中共中央、国务院发布《关于做好 2000 年农业和农村工作的意见》。

2 月 28 日《农民日报》报道：为了促进农业和粮食生产结构的调整，引导农民合理安排粮食生产，国务院办公厅发出通知，从 2000 年新粮上市起，黑龙江、吉林、辽宁省以及内蒙古自治区东部、河北省北部、山西省北部的春小麦和南方早籼稻、江南小麦退出保护价收购范围，长江流域及其以南地区的玉米也退出保护价收购范围。

3 月 9 日国家林业局、国家发展计划委员会、财政部印发《关于开展 2000 年长江上游、黄河上中游地区退耕还林还草试点示范工作的通知》，确定在长江上游的云南、四川、贵州、重庆、湖北和黄河上中游的陕西、甘肃、青海、宁夏、内蒙古、山西、河南、新疆等 13 个省、自治区、直辖市的 174 个县(团、场)，开展退耕还林还草试点示范工作。

3 月 20 日国务院颁布实施《中华人民共和国水污染防治法实施细则》。

3 月 29 日《农民日报》报道：国家发展计划委员会、国家粮食储备局、国家林业局、财政部、农业部、中国农业发展银行联合出台了退耕还林还草粮食供应的暂行办法。

4 月 15 日《人民日报》报道：中共中央、国务院最近发出通知，决定在安徽全省和由其他省、自治区、直辖市选择少数县(市)进行农村税费改革试点，探索建立规范的农村税费制度和从根本上减轻农民负担的办法。

4 月 17 日《人民日报》报道：1999 年有 7 个省、市未实现耕地占补平衡。国土资源部发文重申，凡建设项目占用耕地的，必须“占一补一”，对补充耕地所需费用不落实的，土地行政主管部门不予受理建设用地申请。

4 月 18 日《人民日报》报道：安徽省委、省政府 17 日召开全省县、市以上党政主要领导干部动员大会，全面部署并正式启动农村税费改革试点工作。这次改革的主要内容是：三个取消、一个逐步取消、两个调整、一项改革，即取消乡统筹费等专门面向农民征收的行政事业性收费和政府性基金，取消农村教育集资，取消屠宰税；逐步取消统一规定的劳动积累工和义务工；调整农业税政策，调整农业特产税政策；改革村提留征收使用办法。

4 月 21 日《人民日报》报道：我国正在建立起有权威性的、国家级的农业技术发布制度，以便更有效地宣传、推广、转化农业新技术、新成果。

4 月 27 日《经济日报》报道：26 日，38 项农业植物新品种第一次被农业部授予品种权。这

标志着我国开始对农业植物新品种实施知识产权保护。

4月28日《农民日报》报道:以长江、黄河中上游为重点的全国七大流域水土保持生态建设工程全面启动。

4月29日《农民日报》报道:28日,国家林业局发布了《长江上游黄河上中游地区2000年退耕还林(草)试点示范科技支撑实施方案》,并开始在174个试点示范县实施。

4月30日《人民日报》报道:29日,中华人民共和国主席江泽民签署第32号主席令,公布由第9届全国人民代表大会常务委员会第15次会议于2000年4月29日修订通过的《中华人民共和国大气污染防治法》,自2000年9月1日起施行。

5月11日《光明日报》报道:我国成为国际湿地第57个会员国。

5月22日《人民日报》报道:农业部和财政部决定从今年开始设立财政专项支持农业行业标准的制定和修订。

5月26日《人民日报》报道:新的中日渔业协定将于2000年6月1日正式生效。这是我国与周边国家在《联合国海洋法公约》框架下开展渔业谈判后达成的第一个协定。

6月10日《人民日报》报道:9日,经国务院批准,专门负责中央储备粮油经营管理的中国储备粮管理总公司今天在京成立。

7月4日《人民日报》报道:为了支持西部大开发,中国农业银行新增贷款要适当向西部倾斜,贷款年增长比例要高于全国平均水平。对西部开发的重大项目,总行将通过系统调度资金,积极予以支持。

7月5日《人民日报》报道:中共中央、国务院近日出台《关于促进小城镇健康发展的若干意见》。《意见》指出,当前,加快城镇化进程的时机和条件已经成熟。抓住机遇,适时引导小城镇健康发展,应当作为当前和今后较长时期农村改革与发展的一项重要任务。

7月11日《人民日报》报道:8日,国家主席江泽民签署第34号主席令,发布第9届全国人民代表大会常务委员会第16次会议通过的《中华人民共和国种子法》,自2000年12月1日起施行。

7月24日《农民日报》报道:6月23日,农业部部长陈耀邦签署农业部第32号令,发布《肥料登记管理办法》,自发布之日起施行。

8月21日《人民日报》报道:今年是1978年以来全国农作物受灾面积最大的一年。全国20多个省(自治区、直辖市)先后发生了严重旱灾,有的地区连续几年干旱,东北、华北、西北及南方部分受灾地区的农户不同程度缺粮。

8月26日《科技日报》报道:8月8日,我国常驻联合国代表王英凡代表中国政府签署了《〈生物多样性公约〉的卡塔赫纳生物安全议定书》,使我国成为世界第70个签署国。

9月2日《光明日报》报道:9月1日,经修订的《中华人民共和国大气污染防治法》正式生效施行。

9月9日《科技日报》报道:8月18日,全国首家农副产品交易平台——中国农副产品市场(网)在乌鲁木齐开通。

9月14日《人民日报》报道:中国人民银行决定将邮政储蓄机构今年在县和县以下吸收并存入人民银行的居民储蓄存款333亿元,以再贷款方式借给农村信用社,支持农民开展生产经营。

9月22日《农民日报》报道:农业部部长陈耀邦签署第37、第38号农业部令,发布实施《新饲料和新饲料添加剂管理办法》和《进口饲料和饲料添加剂登记管理办法》。

9 月 26 日《人民日报》报道：9 月 10 日，国务院发布《关于进一步做好退耕还林还草试点工作的若干意见》。

11 月 1 日《人民日报》报道：第五次全国人口普查于 11 月 1 日正式开始。

11 月 3 日《人民日报》报道：10 月 31 日，国家主席江泽民签署第 38 号主席令，公布由第 9 届全国人民代表大会常务委员会第 18 次会议于 2000 年 10 月 31 日通过《全国人民代表大会常务委员会关于修改〈中华人民共和国渔业法〉的决定》，自 2000 年 12 月 1 日起施行。

12 月 1 日《人民日报》报道：11 月 28～30 日，中央经济工作会议在北京召开。

12 月 2 日《人民日报》报道：1 日，《中华人民共和国种子法》开始施行。

12 月 7 日《人民日报》报道：6 日，国家林业局局长周生贤宣布，经过 2 年试点，国内外瞩目的天然林资源保护工程正式启动，工程总投资 962 亿元。

12 月 19 日《人民日报》报道：中国储备粮管理总公司自今年 5 月 18 日正式成立至今，其在全国按经济区域设置的 14 个分公司已全部挂牌成立，中央储备粮垂直管理体系已经初步建立。

12 月 26 日《人民日报》报道：12 月 6 日，中共中央办公厅、国务院办公厅发出关于在全国乡镇政权机关全面推行政务公开制度的通知。党中央、国务院决定，在全国乡镇政权机关和派驻乡镇的站所全面推行政务公开制度。

## 2001 年

1 月 6 日《人民日报》报道：5 日，为期 2.5 天的中央农村工作会议今天在北京闭幕。

1 月 7 日《人民日报》报道：全国农业工作会议闭幕。

1 月 9 日《经济日报》报道：中共中央办公厅发出《关于在农村开展“三个代表”重要思想学习教育活动的意见》。

2 月 1 日《人民日报》报道：国土资源部部长田凤山日前宣布，今后 5 年我国要争取基本实现耕地总量动态平衡，各省、自治区、直辖市建设占用耕地做到占补平衡。我国将继续实施世界上最严格的措施加强耕地保护，确保“十五”期间全国耕地保有量不低于 1.28 亿 $hm^2$。

2 月 13 日《人民日报》报道：中共中央、国务院发布《关于做好 2001 年农业和农村工作的意见》。

2 月 22 日《人民日报》报道：全国农村税费改革试点工作会议于 17～19 日在安徽召开。国务院副总理温家宝出席会议并做重要讲话指出，推进农村税费改革，事关农村改革、发展、稳定的大局。各级党委和政府要从全局和战略的高度充分认识这项改革重大而深远的意义。总的要求和方针是加强领导，完善政策扩大试点，积累经验，周密部署，配套推进，切实减轻农民负担，确保农村税费改革取得成功。

3 月 14 日《人民日报》报道：中国人民银行日前发出《关于做好当前农村信用社支农工作的指导意见》。

3 月 16 日《农民日报》报道：农业部发布《主要农作物品种审定办法》、《农作物种子生产经营许可证管理办法》和《农作物种子标签管理办法》。

3 月 20 日《人民日报》报道：2001 年及“十五”期间，全国农业系统将重点推广的十大农业机械化技术是：水稻生产机械化技术、玉米收获及育苗移栽机械化技术、机械化旱作节水农业

技术、秸秆还田机械化技术、粮食产地烘干机械化技术、设施农业工程机械化技术、经济作物生产机械化技术、牧业机械化技术、农产品加工机械化技术、农用航空技术。

3月31日《人民日报》报道:30日,国家海洋局发布2000年《中国海洋环境质量公报》、《中国海洋灾害公报》、《中国海平面公报》。

5月24日《人民日报》报道:23日,新华社播发了国务院4月28日发布的《农业科技发展纲要(2001—2010)年》。

6月7日《农民日报》报道:23日,国务院总理朱镕基签署第304号国务院令,公布《农业转基因生物安全管理条例》,自公布之日起施行。

6月25日《人民日报》报道:农业部和国家环境保护总局近日发布了《中国渔业生态环境状况公报(1999—2000年)》。这是我国第一部关于渔业生态环境状况的公报。

7月28日《农民日报》报道:农业部出台《关于进一步加强节水农业工作的意见》。

7月31日《经济日报》报道:30日,农业部、国家计委等9部门公布了《农业产业化国家重点龙头企业认定和运行监测管理暂行办法》。

8月30日《经济日报》报道:江苏省盐城市宣告成立全国首家农村合作流通协会。协会涵盖了农民经纪人、运销大户、各种营销组织、龙头企业、农林技术推广部门等多个方面。

9月1日《人民日报》报道:54岁的杜青林今天被任命为农业部部长。国家主席江泽民签署第57号主席令,公布了由第9届全国人大常委会第23次会议今天通过的这一决定。

9月3日《人民日报》报道:8月31日,国家主席江泽民签署第55号主席令,公布2001年8月31日第9届全国人民代表大会常务委员会第23次会议通过的《中华人民共和国防沙治沙法》,自2002年1月1日起施行。

9月6日《农民日报》报道:农业部发布《乡镇企业发展"十五"计划》。

9月11日《人民日报》报道:国务院办公厅转发了国务院体制改革办公室、国家计委、财政部、农业部、卫生部《关于农村卫生改革与发展的指导意见》。

9月11日《农民日报》报道:农业部、建设部、国土资源部联合发出《关于促进乡镇企业向小城镇集中发展的通知》。

9月14日《人民日报》报道:国家计委近日发出《关于实行涉农价格和收费公示制度的通知》。

10月11日《光明日报》报道:10日,国土资源部发布《"十五"西部国土资源开发利用规划》。

10月13日《人民日报》报道:12日,中国科学院、国家计委、科技部在北京联合宣布,中国水稻(籼稻)基因组"工作框架图"和数据库已经完成,并将公布数据,供全球无偿共享。

11月13日《人民日报》报道:农业部组织制定了《农业部关于加强农产品质量安全管理工作的意见》。

11月19日《人民日报》报道:国务院办公厅日前转发了农业部《关于加快畜牧业发展的意见》。

11月21日《人民日报》报道:历经20年艰苦努力,由国务院决定开展的全国土地资源调查工作圆满完成。

11月29日《人民日报》报道:经中国人民银行批准,28日,国内首家农村商业银行——张家港市农村商业银行正式挂牌营业。

12 月 7 日《农民日报》报道：国务院印发了《中国食物与营养发展纲要(2001—2010 年)》。

12 月 8 日《人民日报》报道：11 月 29 日，国务院总理朱镕基签署第 325 号国务院令，公布《国务院关于修改(兽药管理条例)的决定》，自公布之日起施行。

12 月 9 日《人民日报》报道：11 月 29 日，国务院总理朱镕基签署第 326 号国务院令，公布《国务院关于修改(农药管理条例)的决定》，自公布之日起施行。

12 月 10 日《人民日报》报道：11 月 29 日，国务院总理朱镕基签署第 327 号国务院令，公布《国务院关于修改(饲料和饲料添加剂管理条例)的决定》，自公布之日起施行。

12 月 11 日《人民日报》报道：10 日，中国人民银行颁布了《农村信用合作社农户小额信用贷款管理指导意见》。

**2002 年**

1 月 8 日《人民日报》报道：7 日，为期两天的中央农村工作会议在北京闭幕。

1 月 9 日《农民日报》报道：农业部决定，自 2002 年起在长江流域试行春季禁渔制度。

1 月 11 日《人民日报》报道：10 日，全国农业工作会议结束。

1 月 17 日《农民日报》报道：15 日，针对违法使用“瘦肉精”等较为严重的问题，农业部发出紧急通知，严令各地有关部门加强防疫检疫力度，让群众吃上“放心肉”。

1 月 31 日《人民日报》报道：中国人民银行宣布，为促进农村信用社依法合规经营和做好支农服务工作，将实施加强农村信用社监管的 8 项措施。

2 月 2 日《人民日报》报道：国家发展计划委员会 1 月 30 日公布了《农产品进口关税配额管理暂行办法》。

3 月 8 日《人民日报》报道：国务院办公厅转发财政部《关于农业综合开发的若干意见》。

4 月 9 日《人民日报》报道：历时 3 年的第一期全国农村电网建设与改造已经完成，农村(县及县以下)用电量增长超过 10%，首次超过城市。农村电网改造后，农村供电电压合格率由网改前的 78%提高到目前的 90%以上，供电可靠率由网改前的 87%提高到目前的 95%，一些地区农村供电可靠率达到 99%。同时，全国农村到户电价平均每千瓦时下降 0.13 元左右。全国每年可减轻农民电费负担 350 多亿元。

4 月 17 日《农民日报》报道：国务院办公厅发布《关于做好 2002 年扩大农村税费改革试点工作的通知》。

4 月 30 日《光明日报》报道：29 日，农业部首次向社会发布《中国海洋渔业水域图》。

5 月 17 日《农民日报》报道：国务院办公厅发出《关于完善农村义务教育管理体制的通知》。

5 月 27 日《光明口报》报道：国家发展计划委员会、水利部与有关各地签订责任书，保证 3 年基本解决农村饮水困难。

6 月 11 日《农民日报》报道：10 日，卫生部、国家发展计划委员会、财政部、农业部、国家环境保护总局、全国爱国卫生委员会、国家中医药局正式公布《中国农村初级卫生保健发展纲要(2001—2010 年)》。

7 月 27 日《农民日报》报道：农业部出台《全面推进“无公害食品行动计划”的实施意见》。

8 月 19 日《人民日报》报道：中共中央办公厅、国务院办公厅发出《关于进一步做好村民委员会换届选举工作的通知》。

8月30日《人民日报》报道：29日，国家主席江泽民签署主席令，公布《中华人民共和国农村土地承包法》、《中华人民共和国水法》。

10月2日《人民日报》报道：9月30日，国家发展计划委员会向社会公布了《2003年重要农产品进口关税配额分配实施细则》、《2003年天然橡胶进口配额分配实施细则》及《2003年羊毛、毛条进口关税配额管理实施细则》。

10月30日《人民日报》报道：29日，全国农村卫生工作会议在北京召开。中共中央、国务院发布《关于进一步加强农村卫生工作的决定》。

11月5日《人民日报》报道：中共中央发布《关于做好农户承包地使用权流转工作的通知》。

12月13日《人民日报》报道：12日，中国科学院、国家科学技术部、国家发展计划委员会、国家自然科学基金委员会在北京宣布，中国水稻（籼稻）基因组"精细图"已由我国科学家正式完成，这是全世界第一张农作物的基因组精细图谱。

12月18日《农民日报》报道：17日，农业部在北京召开第一届国家农作物品种审定委员会成立大会。

12月26日《人民日报》报道：14日，国务院公布《退耕还林条例》。

12月27日《人民日报》报道：26日，中共中央政治局召开会议，听取有关方面关于农业和农村工作的汇报。会议强调，全面建设小康社会，加快推进社会主义现代化，必须统筹城乡经济社会发展，更多地关注农村，关心农民，支持农业，把农业、农村、农民问题作为全党工作的重中之重，放在更加突出的位置，努力开创农业和农村工作的新局面。

12月28日《人民日报》报道：27日，举世瞩目的南水北调工程开工典礼在北京人民大会堂和江苏省、山东省施工现场同时举行。

12月29日《人民日报》报道：28日，国家主席江泽民签署第81、第82号主席令，公布第9届全国人民代表大会常务委员会第31次会议修订后的《中华人民共和国农业法》和《中华人民共和国草原法》，自2003年3月1日起施行。

## 2003年

1月3日《人民日报》报道：《中华人民共和国环境影响评价法》将于2003年9月1日实施。

1月9日《人民日报》报道：8日，为期两天的中央农村工作会议在北京闭幕。

1月10日《人民日报》报道：9日，全国农业工作会议在北京闭幕。

1月11日《农民日报》报道：经国务院同意，我国自2003年2月1日起正式实行全长江禁渔期制度。

1月14日《人民日报》报道：国务院办公厅印发《关于促进农产品加工业发展的意见》。

1月16日《人民日报》报道：1月5日，国务院办公厅发出《关于做好农民进城务工就业管理和服务工作的通知》。

1月24日《人民日报》报道：国务院办公厅转发了卫生部、财政部和农业部《关于建立新型农村合作医疗制度意见的通知》。

4月1日《农民日报》报道：农业部下发了《关于发展农产品和农资连锁经营的意见》。

4月25日《人民日报》报道：农业部决定，长江上游（葛洲坝以上）2月1日至4月30日、中下游(葛洲坝以下)4月1日至6月30日实施禁渔期制度。

4月30日《人民日报》报道:29日,财政部、卫生部发出紧急通知,要求各地切实做好农民和城镇困难群众“非典”患者救治工作。

5月18日《人民日报》报道:新华社发表《国务院关于全面推进农村税费改革试点工作的意见》。

5月29日《人民日报》报道:国家发展和改革委员会、国家粮食局下发了《关于2003年粮食收购价格有关问题的通知》,明确要求今年粮食主产区要继续坚持保护价收购制度。

6月11日《人民日报》报道:财政部、国家税务总局发出通知,要求实施农村税费改革试点的地区按照国务院统一部署,逐步取消农业特产税。

8月10日《经济日报》报道:全国农业工作会议8～9日在北京召开。

8月16日《农民日报》报道:上海市决定全面免征农业税。

8月29日《经济日报》报道:15日,国务院总理温家宝签署第288号国务院令,公布《中央储备粮管理条例》,自公布之日起施行。

9月11日《人民日报》报道:新华社发表《中共中央国务院关于加快林业发展的决定》。

9月21日《人民日报》报道:新华社发表《国务院关于进一步加强农村教育工作的决定》。

10月2日《人民日报》报道:国务院办公厅转发教育部、中央机构编制委员会办公室、公安部、国家发展和改革委员会、财政部、劳动和社会保障部《关于进一步做好进城务工就业农民子女义务教育工作的意见》。

10月6日《人民日报》报道:农业部、劳动和社会保障部、教育部、科学技术部、财政部、建设部等6部门联合制订了《2003—2010年全国农民培训规划》。

10月29日《人民日报》报道:国务院28日在北京召开农业和粮食工作会议。

12月1日《农民日报》报道:11月27～29日,中央经济工作会议在北京召开。

12月11日《农民日报》报道:11月14日,农业部部长杜青林签署第33号农业部令,发布《中华人民共和国农村土地承包经营权证管理办法》,自2004年1月1日起施行。

12月26日《人民日报》报道:25日,中央农村工作会议在北京闭幕。

12月27日《农民日报》报道:25日,全国农业工作会议在北京召开。

12月31日《人民日报》报道:12月,8省、直辖市农村信用社改革实施方案已经国务院批准,这标志着深化农村信用社改革试点工作进入全面实施阶段。

## 2004年

1月6日财政部会同国家发展和改革委员会公布了取消、免收和降低标准的15项全国性及中央部门涉农收费项目。取消的涉农收费有3项,包括检疫证书费,兽医卫生条件考核、发证和定期技术监测收费,户籍管理寄住证工本费。对农民免收的收费有8项,包括:水土流失防治费,河道工程修建维护管理费,取水许可证费,农民生活用水和农业生产用水的水资源费,建设用地批准书工本费,营业性运输的农用三轮车、农用拖拉机公路运输管理费,自产自销农副产品城乡集贸市场管理费,农村义务教育借读费。降低标准的涉农收费有4项,包括:畜禽及畜禽产品检疫费,农机监理费,渔业船舶检验费,海事调解费。

1月21日《人民日报》报道:国家税务总局20日公布5项涉农税收优惠政策。一是已缴纳农业税、牧业税的,不缴纳个人所得税。二是取消农业特产税、减征或免征农业税或牧业税

后，农民取得的农业特产所得和从事种植业、养殖业、饲养业、捕捞业取得的所得，仍暂不缴纳个人所得税。三是取消农业特产税，减征、免征农业税或牧业税后，农民销售自产农产品的所得，仍暂不缴纳个人所得税。四是农民销售水产品、畜牧产品、蔬菜、果品、粮食和其他农产品，月销售额不到5000元或每次(日)销售额不到200元的，不缴纳增值税。五是流动性农村小商小贩，不必办理税务登记。

2月9日《人民日报》报道：2003年12月31日，中共中央、国务院发出《关于促进农民增加收入若干政策的意见》。

2月10日《人民日报》报道：2004年中央财政的支农资金将比上年增加300亿元，达到1 500亿元以上。新增的支农资金主要用在4个方面：一是用于支持农村税费改革，增加中央对地方的转移支付；二是用于生态建设，加大林业和水利建设的力度；三是用于农村社会事业发展，特别是教育、卫生和对青年农民的培训；四是用于农村中小型基础设施建设和农村扶贫。

2月12日《人民日报》报道：安徽省政府决定，从2004年起全面取消农业税附加。全省可直接减轻农民负担近6亿元。

2月26日《光明日报》报道：25日，国务院总理温家宝主持召开国务院常务会议，研究部署进一步深化粮食流通体制改革工作，会议原则通过了关于进一步深化粮食流通体制改革和实行对种粮农民直接补贴的实施意见。

2月26日《经济日报》报道：农业部发布公告，从4月21日起依照《农业转基因生物安全管理条例》及《农业转基因生物安全评价管理办法》、《农业转基因生物进口安全管理办法》、《农业转基因生物标识管理办法》对进口农业转基因生物实施正常管理。

3月31日《人民日报》报道：国家林业局宣布，2004年全国将安排退耕还林400万 $hm^2$，其中退耕地造林66.7万 $hm^2$，宜林荒山荒地造林333.3万 $hm^2$。

3月31日《人民日报》报道：2004年，中央财政资金安排4 000万元，正式启动对农民购买农机的补贴。

4月1日《人民日报》报道：为支持农民春耕备耕，中央财政向湖南、湖北、江西、安徽、黑龙江、吉林、辽宁7省预拨了南方早稻和东北粳稻良种补贴资金9.4亿元。

4月3日《农民日报》报道：2日，国务院总理温家宝主持国务院常务会议，讨论并原则通过《国家优质粮食产业工程建设规划(2004—2010年)》。

4月8日《农民日报》报道：农业部、财政部、劳动和社会保障部、教育部、科学技术部、建设部在北京人民大会堂宣布，农村劳动力转移培训“阳光工程”正式启动。

4月13日《人民日报》报道：为鼓励和支持农民使用先进适用的农业机械，提高农业综合生产能力，农业部、财政部共同制定了《农业机械购置补贴资金使用管理办法(试行)》，从2004年4月5日起施行。

4月17日《人民日报》报道：财政部和农业部制定下发了《水稻良种推广补贴资金管理暂行办法》。

4月20日《人民日报》报道：农业部19日宣布，2004年国家加大投入力度，将良种补贴作物范围扩大到大豆、小麦、玉米、水稻四大粮食作物，并已确定了良种补贴的有关政策。

5月1日《人民日报》报道：国务院总理温家宝签署第404号国务院令，颁布《兽药管理条例》，自2004年11月1日起施行。

5月20日《人民日报》报道：为改善农村卫生服务条件，卫生部正会同有关部门编制《农村卫生规划》,以加快农村卫生基础建设。2004 年已决定投资 10 亿元作为试点启动资金,计划利用 3～5 年的时间完成建设任务。

5 月 26 日《人民日报》报道:经过多年努力,长期制约我国水稻生产机械化的栽植和收获两个关键环节的技术难题已基本解决。同时,我国油菜生产机械化技术也已取得重要突破,研制出了符合我国国情的油菜联合收割机,成功探索了配套的机械化直播种植技术。

6 月 2 日《人民日报》报道:1 日上午,棉花期货在郑州商品交易所正式上市交易,率先上市的是一号棉花期货合约。这是期货市场经过多年清理整顿后开始交易的第一个品种。

6 月 4 日《人民日报》报道:5 月 26 日,国务院总理温家宝签署第 407 号国务院令,公布《粮食流通管理条例》,自公布之日起施行。

6 月 24 日《农民日报》报道:我国已有 8 个省份免征或基本免征农业税。

7 月 12 日《人民日报》报道:中共中央办公厅、国务院办公厅下发《关于健全和完善村务公开和民主管理制度的意见》。

8 月 3 日《经济日报》报道:国家发展和改革委员会、财政部发布了《关于全面清理整顿涉及生猪饲养、屠宰、销售环节收费的通知》。

8 月 10 日《农民日报》报道:财政部、国土资源部联合制定了《用于农业土地开发的土地出让金收入管理办法》,规定土地出让金用于农业开发的比例不低于土地出让平均收益的 15%。

9 月 6 日《光明日报》报道:农业部决定从 2005 年开始选择若干个超级稻主产省区启动超级稻示范推广计划。

9 月 18 日《人民日报》报道:17 日,经中国保险监督管理委员会批准,我国第一家专业性股份制农业保险公司——上海安信农业保险股份有限公司正式成立。公司注册资金 2 亿元。

10 月 19 日《人民日报》报道:商务部、财政部、农业部、中国人民银行、国家税务总局、国家质检总局、国家认证认可监督管理委员会联合发布《关于扩大农产品出口的指导性意见》。

10 月 21 日《人民日报》报道:以取消"三提五统"等税外收费、改革农业税收为主要内容的农村税费改革试点工作,自 2003 年在全国全面铺开以来成效显著。全国农民普遍"减负"30%以上,共计减轻农民税收负担 280 亿元左右。

11 月 11 日《人民日报》报道:2004 年国家又安排国债资金 4 亿元,支持 119 家农产品批发市场两大系统的建设。

11 月 13 日《人民日报》报道:国土资源部发布《关于完善征地补偿安置制度的指导意见》,确定了征地补偿标准。

11 月 25 日《农民日报》报道:我国大陆第一部农民专业合作组织法规——《浙江省农民专业合作社条例》在浙江省第 10 届人民代表大会常务委员会第 14 次会议上获得通过。

12 月 17 日《农民日报》报道:农业部发出《关于贯彻落实〈国务院关于深化改革严格土地管理的决定〉的通知》。

12 月 30 日《人民日报》报道:28～29 日,中央农村工作会议在北京举行。

12 月 30 日《人民日报》报道:28～29 日,全国农业工作会议在北京举行。

**2005 年**

1 月 29 日《人民日报》报道:为稳定化肥市场价格,保障春耕用肥供应,保护农民利益和种粮积极性,国家建立化肥淡季商业储备制度,通过招标方式确定化肥淡季承储企业。国家发展

和改革委员会、中国人民银行发布了《关于2004—2005年度化肥淡季商业储备资金供应有关问题的通知》，明确对承储企业收储淡季商业储备化肥给予信贷支持。

2月1日《人民日报》报道：1月31日，全国扶贫开发工作重点县"两免一补"工作会议提出：从2005年春季学期开始，592个国家扶贫开发工作重点县农村义务教育阶段家庭贫困学生将全部享受免费教科书、免杂费政策。

2月11日《人民日报》报道：2004年，我国共有29个省份实施了粮食直接补贴，安排粮食直补资金116亿元，约6亿农民直接得到了国家补贴的实惠。

3月29日《光明日报》报道：国家发展和改革委员会透露，"十一五"期间，国家将投入1 000亿元资金，对全国所有县、乡公路进行改造和道路升级。到2010年，东、中部地区所有的村和西部地区的所有的乡镇将全部实现柏油路。

4月5日《人民日报》报道：4日，农业部正式启动奶牛良种补贴（试点）项目。

4月9日《人民日报》报道：8日，农业部启动测土配方施肥行动。

5月9日《农民日报》报道：为贯彻落实《中共中央、国务院关于进一步加强农村工作提高农业综合生产能力若干政策的意见》精神，促进农民专业合作组织健康发展，农业部印发了《关于支持和促进农民专业合作组织发展的意见》。

5月10日《光明日报》报道：浙江台州市路桥区大红袍果业合作社和台州市农友园艺合作社等10家农民专业合作社从台州市工商局领到了《企业法人营业执照》。这是我国第一部农民专业合作组织法规——《浙江省农民专业合作社条例》颁布以来，全国成立的首批农民专业合作社。

5月31日《农民日报》报道：商务部、农业部、国家税务总局、国家标准化管理委员会决定在全国范围内开展农产品批发市场标准化工作。我国计划用3年左右的时间培育2000个标准化管理的农产品批发市场，逐步建立布局合理、功能互补、产销结合的农产品批发市场体系。

6月3日《人民日报》报道：为提高我国粮食主产区生产能力建设，国土资源部实行国家投资土地开发整理项目向粮食主产区倾斜。

7月15日《农民日报》报道：为适应防控重大动物疫病和提高动物产品安全水平的需要，我国将推行官方兽医制度和执业兽医制度，逐步建立起与国际接轨的兽医管理体制，兽医管理体制改革全面铺开。

7月23日《农民日报》报道：由国家发展和改革委员会制定的《2005—2006年农村饮水安全应急工程规划》获国务院正式批准，计划在2年内使全国2 120万人告别饮水难。

8月13日《光明日报》报道：为妥善解决农村寄宿制学校建设工程实施过程中的一些问题，国务院办公厅转发了教育部、国家发展和改革委员会、财政部、国土资源部、建设部制定的《关于进一步做好农村寄宿制学校建设工程实施工作的若干意见》。

8月26日《经济日报》报道：25日，由信用社改制而成的上海农村商业银行股份有限公司正式成立，这是全国第一家省级农村商业银行。

8月28日《人民日报》报道：9月1日起，《江苏省征地补偿和被征地农民基本生活保障办法》将正式实施，在全国尚属首例。办法规定，各县（市）人民政府从土地出让金等土地有偿使用收益中，提取一定数额的资金进入被征地农民基本生活保障资金账户。

9月18日《人民日报》报道：中国农业大学建校100周年庆祝大会暨世界农业论坛开幕式16日上午在人民大会堂隆重举行。

9月20日《农民日报》报道：2005年财政部安排2亿元资金，用于推动开展测土配方施肥试点工作。

10月11日《农民日报》报道：为确保基本农田总量不减少、用途不改变、质量不降低，国土资源部、农业部、国家发展和改革委员会、财政部、建设部、水利部、国家林业局等7部门联合下发《关于进一步做好基本农田保护有关工作的意见》。

10月25日《光明日报》报道："十一五"期间，我国将投入1 000亿元，用于支持和引导农村交通持续快速发展。

11月28日《光明日报》报道：全国有96%的行政村已经开通了电话，原来确定的到"十五"末全国95%行政村通电话的目标提前实现。

12月29日《农民日报》报道：27日，全国农业工作会议在北京召开。

12月30日《人民日报》报道：中央农村工作会议28～29日在北京举行。

12月30日《人民日报》报道：国家主席胡锦涛签署第46号主席令，公布《全国人民代表大会常务委员会关于废止〈中华人民共和国农业税条例〉的决定》。《中华人民共和国农业税条例》自2006年1月1日起废止。

**2006年**

1月16日《人民日报》报道：全国"五纵二横"鲜活农产品流通绿色通道网络建成并开通运行。覆盖全国所有具备一定规模的重要鲜活农产品生产基地和销售市场。

1月20日《人民日报》报道：国务院总理温家宝18日主持召开国务院常务会议，审议并原则通过《国务院关于解决农民工问题的若干意见》。

1月27日《人民日报》报道：1月25日，中共中央政治局进行第28次集体学习，学习内容是关于建设社会主义新农村。

1月27日《人民日报》报道：21日，国务院总理温家宝签署第456号中华人民共和国国务院令，公布《农村五保供养工作条例》，自2006年3月1日起施行。

2月2日《人民日报》报道：全国湿地保护工程正式启动实施。国务院批准《全国湿地保护工程实施规划(2005—2010年)》。

2月4日《农民日报》报道：2006年我国将全面开展食品和农产品认证。

2月9日《农民日报》报道：为进一步加强对草原的保护和管理，农业部制定并公布了《草原征占用审核审批管理办法》，于2006年3月1日正式实施。

2月17日《人民日报》报道：2006年，农业部将重点制定、修订农业国家标准和行业标准350项左右，启动首批100个国家级农业标准化示范县(场)建设，重点建设部级农产品质检机构15个，带动各地建成标准化农产品原料基地200个，出口基地60个。启动20个放心农资下乡进村部级试点县，重点选择10～20个农资市场创建农业部定点农资市场，保证农民用上放心农资。

2月22日《人民日报》报道：2月21日，新华社发布《中共中央、国务院关于推进社会主义新农村建设的若干意见》。

2月25日《经济日报》报道：2月17日，国务院总理温家宝签署第459号国务院令，自2006年2月17日起废止《国务院关于对农业特产收入征收农业税的规定》和《屠宰税暂行条例》，对烟叶收入，另行制定征税办法。

3月1日《人民日报》报道:国务院批准并印发了《中国水生生物资源养护行动纲要》。

3月2日《人民日报》报道:3月1日,国务院总理温家宝主持召开国务院常务会议,审议并原则通过《农村卫生服务体系建设与发展规划》。

3月2日《农民日报》报道:3月1日,新修订的《农村五保供养工作条例》正式施行。

3月4日《人民日报》报道:国家发展和改革委员会、财政部、国家粮食局和中国农业发展银行4部门联合发出通知,公布了2006年稻谷和小麦最低收购价格。

3月8日《人民日报》报道:国务院总理温家宝签署第460号国务院令,公布《取水许可和水资源费征收管理条例》,自2006年4月15日起施行。

3月9日《光明日报》报道:我国启动高校毕业生"三支一扶"计划,从2006年开始连续5年,国家将每年招募2万名高校毕业生,主要安排到农村基层从事支教、支农、支医和扶贫工作。

3月11日《人民日报》报道:3月10日,中国动物疫病预防控制中心和全国畜牧总站正式成立。新组建的中国动物疫病预防控制中心承担全国动物疫情分析、处理重大动物疫情防控、畜禽产品质量安全检测和全国动物卫生监督等工作。全国畜牧总站和中国饲料工业协会合署办公,承担着全国畜牧技术推广、畜禽牧草品种资源保护、畜牧品种资源保护、畜牧经济运行分析、饲料和奶业技术服务、畜产品质量安全认证等工作。

3月17日《光明日报》报道:根据中共中央的建议,建设社会主义新农村被列入《中华人民共和国国民经济和社会发展第11个五年(2006～2010年)规划纲要》。

3月28日《农民日报》报道:新华社发布《国务院关于解决农民工问题的若干意见》。

4月13日《农民日报》报道:4月12日,国务院召开常务会议,审议并原则通过《国务院关于粮食流通体制改革政策措施的意见》、《中华人民共和国濒危野生动植物进出口管理条例(草案)》。

4月18日《人民日报》报道:农业部启动"农业科技提升行动"。

5月1日《农民日报》报道:《中华人民共和国农产品质量安全法》已经第10届全国人大常委会第21次会议审议通过,将于2006年11月1日起施行。

5月8日《农民日报》报道:财政部、教育部联合印发了《农村义务教育经费保障机制改革中央专项资金支付管理暂行办法》,将农村义务教育经费保障机制改革中,中央财政负担的免费教科书资金、免杂费补助资金、公用经费补助资金、校舍维修改造资金等中央专项资金纳入国库集中支付管理。

5月12日《人民日报》报道:国务院总理温家宝签署第464号国务院令,公布《中华人民共和国烟叶税暂行条例》,自公布之日起施行。

5月19日《人民日报》报道:国家电网公司与江西省政府在南昌市安义乡罗丰村举行江西省农村"户户通电"工程启动仪式,拉开了国家电网公司农村"户户通电"工程的序幕。按照国家电网公司最近提出的"新农村、新电力、新服务"的农电发展战略,该公司供电区域的农村在"十一五"期间将全面实现户户通电。

5月21日《光明日报》报道:5月20日,三峡大坝全线建成。

5月21日《人民日报》报道:中国农业发展银行下发《中国农业发展银行农业小企业贷款试点办法》,今后,农业小企业生产经营活动中的资金需求可从中国农业发展银行获得信贷支持。

6月8日《人民日报》报道：国务院总理温家宝7日主持召开国务院常务会议，研究了改革和加强基层农业技术推广体系建设问题。

6月10日《农民日报》报道：国务院办公厅发布关于推进种子管理体制改革加强市场监管的意见，提出种子生产经营机构与农业行政管理部门的分开工作要在2007年6月底之前完成。

6月18日《人民日报》报道：中国动物疫病预防控制中心16日正式运行，这标志着我国兽医体制改革取得重大进展。

7月3日《人民日报》报道：6月30日，国务院总理温家宝主持召开国务院常务会议，部署深化农村税费改革和推进农村综合改革工作。

7月5日《农民日报》报道：国家发改委发布了《2006年政府支农投资指南》。

7月15日《农民日报》报道：7月14日上午，农业部、中国科协、中组部、中宣部等14个部门在北京正式启动农民科学素质行动。

7月16日《人民日报》报道：国务院总理温家宝签署第470号国务院令，公布《国务院关于修改〈棉花质量监督管理条例〉的决定》，自公布之日起施行。

7月24日《人民日报》报道：中国在2005年停止接受联合国粮食援助的当年，一举成为世界第三大粮食捐助方，排名仅次于美国和欧盟。与上一年相比，中国对该署的捐助增加了260%，总数达到57.7万吨。

7月29日《经济日报》报道：国务院总理温家宝签署第472号国务院令，公布《黄河水量调度条例》，自2006年8月1日起施行。

8月21日《经济日报》报道：2006年中央财政全部支农资金达到3 397亿元，比上年增加422亿元。

8月31日《人民日报》报道：国务院总理温家宝30日主持召开国务院常务会议，审议并原则通过《全国农村饮水安全工程"十一五"规划》、《防治海洋工程建设项目污染损害海洋环境管理条例(草案)》。

9月1日《光明日报》报道：国务院总理温家宝签署第473号国务院令，公布《全国农业普查条例》。

9月4日《人民日报》报道：9月1日至2日，国务院在北京召开全国农村综合改革工作会议。

9月6日《经济日报》报道：财政部、水利部发布《中央财政小型农田水利工程建设补助专项资金管理办法(试行)》。

9月11日《人民日报》报道：中央20亿元农民工培训补贴资金已落实到位，加上地方配套资金，可使全国800万农民工获得人均500元的培训补贴。

9月12日《人民日报》报道：卫生部、国家中医药管理局、国家发展和改革委员会、财政部联合发布了《农村卫生服务体系建设与发展规划》。

9月15日《农民日报》报道：为应对高致病性禽流感疫情，继续扶持我国家禽业发展，财政部和国家税务总局联合发出通知，将根据国务院办公厅《关于延长扶持家禽业发展政策实施期限的通知》，为我国家禽养殖业提供更多税收优惠政策。自2006年7月1日至2006年12月31日，国家对属于增值税一般纳税人的家禽加工企业和冷藏冷冻企业加工销售禽肉产品实行增值税即征即退政策，并免征城市维护建设税和教育费附加。对家禽养殖(包括种禽养殖)、加

工和冷藏冷冻企业进行家禽养殖(包括种禽养殖)、加工和冷藏冷冻所取得的所得免征2006年度企业所得税。

10月12日《人民日报》报道:财政部发布《2007年国家农业综合开发产业化经营项目申报指南》和《2007年国家农业综合开发投资参股经营项目申报指南》。

10月26日《人民日报》报道:11月1日,《农产品质量安全法》将正式实施。全国人大常委会副委员长乌云其木格10月25日在《中华人民共和国农产品质量安全法》贯彻实施座谈会上指出,《农产品质量安全法》是继《农业法》之后的又一部综合性农业法律,标志着我国农产品质量安全工作迈入了法制化轨道。

10月27日《农民日报》报道:国家发改委、农业部、科技部和中国轻工业联合会联合发布了《食品工业"十一五"发展纲要》。

11月1日《人民日报》报道:10月31日,国家主席胡锦涛签署第57号主席令,公布《中华人民共和国农民专业合作社法》,自2007年7月1日起施行。

11月2日《经济日报》报道:2006年12月31日,我国将开展第二次全国农业普查,这是全世界规模最大的一次农业普查。

11月14日《人民日报》报道:中共中央办公厅、国务院办公厅下发《关于加强农村基层党风廉政建设的意见》。

11月30日《人民日报》报道:商务部编制发布了我国第一个农村市场国家级专项规划。

12月2日《农民日报》报道:国家发改委、农业部、财政部、税务总局、国家林业局联合下发《关于发展生物能源和生物化工财税扶持政策的实施意见》,国家将在四项财税政策上扶持生物质能源的发展。

12月8日《人民日报》报道:中共中央、国务院召开的中央经济工作会议12月5～7日在北京举行。

12月12日《人民日报》报道:全国农村义务教育阶段中小学生将全部免收学杂费。免除学杂费将惠及全国农村近1.5亿名中小学生。免除学杂费后,平均每个小学生年减负140元,初中生年减负180元,贫困寄宿生可减负500元。

12月16日《经济日报》报道:《全国粮食生产发展规划(2006—2020年)》正式发布。

12月21日《农民日报》报道:针对我国农产品出口频繁遭遇贸易摩擦和壁垒,中国出口信用保险公司专门设计了低费率、广覆盖、简便投保、快捷赔付的"农产品出口特别保险",为农产品出口提供一揽子保险和金融服务。

12月23日《农民日报》报道:为进一步改进和加强农村金融服务,支持新农村建设,中国银行业监督管理委员会22日公布了《关于调整放宽农村地区银行业金融机构准入政策更好支持社会主义新农村建设的若干意见》,率先在6省(自治区)适当调整和放宽农村地区银行业金融机构准入政策,涉及放开准入资本范围和境内投资人入股比例、取消营运资金限制、放宽业务准入条件及范围等一系列改革措施。

12月24日《人民日报》报道:中央农村工作会议22日至23日在北京举行。会议讨论了《中共中央、国务院关于积极发展现代农业,扎实推进社会主义新农村建设的若干意见(讨论稿)》。

12月25日《人民日报》报道:2007年,国家将加大购机补贴资金投入,农机购置补贴将实现"五扩大"。一是实施范围扩大。二是补贴机具种类扩大。三是补贴试点范围扩大。四是县均投入规模扩大，并向粮食大县和农牧业大县倾斜。五是单机补贴额度将适当扩大，并适当提高血防区农机补贴的比例。

12 月 28 日《人民日报》报道：中央财政用于“三农”的支出，2006 年预算数为 3 397 亿元，比 2005 年增长 14.2%，高于 2006 年中央财政预算总收入 11.7%的增幅。

## 2007 年

1 月 1 日《人民日报》报道：2006 年 12 月 31 日 24 时是第二次全国农业普查的标准时点。

1 月 13 日《农民日报》报道：由国家发改委会同农业部、财政部、国家质检总局、国家林业局联合编制的《全国动物防疫体系建设规划(2004—2008 年)》发布。

1 月 18 日《人民日报》报道：国务院总理温家宝 17 日主持召开国务院常务会议，讨论并原则通过《中华人民共和国动物防疫法(修订草案)》。

1 月 23 日《人民日报》报道：银行业监督管理委员会公布了调整放宽农村银行业准入政策首批 6 省(自治区)36 个试点单位名单，同时强调积极稳妥推进调整放宽农村银行业准入政策试点工作。

1 月 30 日《科技日报》报道：1 月 29 日，新华社受权全文播发《中共中央、国务院关于积极发展现代农业扎实推进社会主义新农村建设的若干意见》。

2 月 4 日《人民日报》报道：2 月 3 日，国家林业局新闻办公室发布了《退耕还林工程总体建设情况报告》。1999—2006 年，国家共安排退耕还林任务 3.64 亿亩，其中退耕地造林 1.39 亿亩、宜林荒山荒地造林 2.05 亿亩、封山育林 0.2 亿亩。

2 月 5 日《人民日报》报道：银监会发布 6 项文件为新型农村银行业金融机构服务“三农”提供制度保障。这 6 项行政许可实施细则文件包括：《村镇银行管理暂行规定》、《村镇银行组建审批工作指引》、《贷款公司管理暂行规定》、《贷款公司组建审批工作指引》、《农村资金互助社管理暂行规定》以及《农村资金互助社组建审批工作指引》等。

2 月 26 日《人民日报》报道：中国银监会核准四川仪陇惠民村镇银行有限责任公司和四川仪陇惠民贷款有限责任公司等 2 家机构开业，批准吉林东丰诚信村镇银行股份有限公司、梨树闫家村百信农村资金互助社和青海乐都雨润镇兴乐农村资金互助社等 3 家机构筹建。至此，5 家新型农村银行业金融机构获得批准，将陆续挂牌对外营业。

3 月 10 日《农民日报》报道：3 月 9 日，吉林省梨树县闫家村百信农村资金互助社正式挂牌营业，这是全国首家经中国银监会批准、由农民自愿入股组建的农村资金互助社。

3 月 21 日《农民日报》报道：农业部出台了《“十一五”农业植物新品种保护发展规划》。这是我国首个农业植物新品种保护发展规划。

4 月 15 日《人民日报》报道：今年中央财政决定拿出 10 亿元进行政策性农业保险保费补贴试点，试点省份已确定为吉林、内蒙古、新疆、江苏、四川、湖南 6 个省(自治区)，中国人保、中华联合和吉林安华 3 家保险公司将参与试点。

4 月 19 日《人民日报》报道：经银监会批复同意，农发行获准全面开办农业小企业贷款业务。

5 月 22 日《经济日报》报道：经国务院批准，2007 年中央财政在继续保持去年 120 亿元农资综合直补资金不变的基础上，新增 156 亿元农资综合直补资金，同比增长 130%。

5 月 24 日《人民日报》报道：国务院总理温家宝 23 日主持召开国务院常务会议，研究部署

在全国建立农村最低生活保障制度工作。

6月2日《农民日报》报道:《山西省农民工权益保护条例》1日经山西省第10届人大常委会通过,2007年7月1日起正式实施。这是我国第一部通过省级人大常委会立法保护农民工权益的地方性法规。

6月6日《人民日报》报道:国务院总理温家宝签署第498号国务院令,公布《农民专业合作社登记管理条例》,自2007年7月1日起施行。

7月2日《人民日报》报道:7月1日,第二次全国土地调查拉开序幕。

7月3日《人民日报》报道:农业部发布《农业生物质能产业发展规划(2007—2015年)》。

7月3日《人民日报》报道:国土资源部发布2006年《中国国土资源公报》。

7月4日《人民日报》报道:7月3日,国家发改委向社会公开发布了《2007年政府支农投资指南》。

7月23日《人民日报》报道:农业部日前发布了《特色农产品区域布局规划(2006—2015)》。

8月14日《人民日报》报道:为贯彻落实党的十六届六中全会精神,切实解决农村贫困人口的生活困难,国务院决定,2007年在全国建立农村最低生活保障制度。

9月3日《农民日报》报道:国家发改委发布了《现代农业示范项目建设规划(2007—2010年)》。

9月11日《人民日报》报道:国务院下发关于完善退耕还林政策的通知。

9月18日《农民日报》报道:经国务院批准,2007年中央财政安排15亿元专项资金,对全国253个生猪调出大县予以奖励。

10月5日《农民日报》报道:2007年9月,我国获得联合国粮食及农业组织(FAO)批准,正式加入国际水稻委员会。

10月29日《人民日报》报道:日前,正式下发《2008年国家农业综合开发产业化经营项目申报指南》。

11月30日《人民日报》报道:经国务院批准,财政部、教育部印发了《关于调整完善农村义务教育经费保障机制改革有关政策的通知》,决定从2007年起3年内,新增经费470亿元左右,用于调整完善农村义务教育经费保障机制改革有关政策。至此,2006—2010年全国农村义务教育经费保障机制改革累计新增经费,将由原来的2 182亿元至少增加到2 652亿元。

12月5日《人民日报》报道:国土资源部、财政部、中国人民银行联合制定发布了《土地储备管理办法》,明确规定储备土地必须符合规划、计划,优先储备闲置、空闲和低效利用的国有存量建设用地。

12月7日《人民日报》报道:胡锦涛主席签署中华人民共和国第74号主席令,公布《中华人民共和国城乡规划法》,自2008年1月1日起施行。

12月7日《经济日报》报道:温家宝总理签署第511号国务院令,公布《中华人民共和国耕地占用税暂行条例》,自2008年1月1日起施行。

12月19日《人民日报》报道:12月18日,中共中央政治局召开会议,研究推进农业和农村发展工作,会议强调,要全面贯彻党的十七大精神,按照形成城乡经济社会发展一体化新格局的要求,走中国特色农业现代化道路,突出加强农业基础建设,积极促进农业稳定发展、农民持续增收,努力保障农产品基本供给,切实解决农村民生问题,扎实推进社会主义新农村建设。

12 月 22 日《人民日报》报道：农业部、财政部 21 日在京联合召开"现代农业产业技术体系建设试点启动大会"，力争构建围绕产业发展需求，以农产品为单元，产业为主线，建设从产地到餐桌、从生产到消费、从研发到市场各个环节紧密衔接、服务国家目标的现代农业产业技术体系，这标志着我国农业科研创新体系取得实质性突破。

12 月 24 日《人民日报》报道：中央农村工作会议 22 日至 23 日在北京举行。

## 2008 年

1 月 10 日《人民日报》报道：1 月 3 日国务院下发《关于促进节约集约用地的通知》。

1 月 26 日《人民日报》报道：国务院办公厅发出《关于进一步加强鲜活农产品运输和销售工作的通知》，决定从 2008 年 1 月 26 日至 2 月 5 日，启动鲜活农产品运输应急机制。

1 月 30 日，新华社受权全文播发《中共中央、国务院关于切实加强农业基础建设进一步促进农业发展农民增收的若干意见》(即改革开放以来第 10 个涉农的 1 号文件)。

2 月 1 日国务院新闻办举行关于持续低温雨雪和冰冻天气的新闻发布会。今年 1 月 10 日以来我国发生了 50 年一遇的大范围持续性低温雨雪冰冻极端天气灾害，截至 1 月 31 日 18 时，持续低温雨雪和冰冻天气已造成全国 19 个省、自治区、直辖市及新疆生产建设兵团受灾。据介绍，持续低温雨雪和冰冻天气共造成 60 人死亡(因房屋倒塌、滑倒和溺水等原因)，失踪 2 人，紧急转移安置 175.9 万人(含铁路、公路滞留需救助 66.7 万人)；农作物受灾面积 7270.8 千 $hm^2$；倒塌房屋 22.3 万间，损害房屋 86.2 万间；因灾直接经济损失 537.9 亿元。南方多个省份部分道路中断、电网毁坏、受灾人口达 1 亿多人。

2 月 9 日《人民日报》报道：2 月 8 日，国家发展和改革委员会宣布，为促进粮食生产发展，2008 年国家继续在稻谷、小麦主产区实行最低收购价政策，并适当提高最低收购价水平。

2 月 15 日《人民日报》报道：2 月 7 日，国务院总理温家宝签署国务院令，公布《土地调查条例》，自公布之日起施行。

2 月 22 日《人民日报》报道：2 月 21 日，国家统计局宣布，第二次全国农业普查历时近 3 年，取得圆满成功。这次农业普查是世界上规模最大的一次农业普查。

2 月下旬，深入学习实践科学发展观活动试点工作正式启动。

3 月 28 日《人民日报》报道：截止 3 月 26 日全国耕地受旱面积 2.91 亿亩，比常年同期多 7000 万亩，为近 5 年最严重的一年，受旱区域主要集中在东北、华北大部和西北地区。

4 月 14 日《人民日报》报道：2008 年，中央财政首次设立了现代农业生产发展专项基金。

4 月 20 日，根据第 11 届全国人大常委会第 2 次委员长会议的决定，全国人大常委会办公厅向社会全文公布食品安全法草案，广泛征求各方面意见和建议，以更好地修改、完善这部法律草案。

4 月 28 日，中共中央政治局召开会议，研究部署推进集体林权制度改革、建立健全惩治腐败体系、实施党代表大会任期制等工作。

5 月 12 日 14 时 28 分，在四川省汶川县(北纬 31°，东经 103.4°)发生 8.0 级地震。当晚，中共中央政治局常务委员会召开会议，全面部署当前抗震救灾工作。全国投入抗震救灾工作。

7 月 14 日，中共中央、国务院发布《关于全面推进集体林权制度改革的意见》，决定在集体林地所有权不变的前提下，将林地经营权和林木所有权承包到户，承包期为 70 年，期满可以续包。

7月25日，中共中央政治局召开会议，决定今年10月在北京召开中国共产党第17届中央委员会第3次全体会议，主要议程是，中共中央政治局向中央委员会报告工作，研究推进农村改革发展问题。

8月13日，国务院总理温家宝主持召开国务院常务会议，审议并原则通过《全国土地利用总体规划纲要(2006—2020年)》。新修订的《纲要》围绕全面建设小康社会的总体目标，从保障粮食安全、经济安全和社会稳定出发，提出了坚守18亿亩耕地红线的目标，到2010年和2020年，全国耕地保有量分别保持在18.18亿亩和18.05亿亩。

9月1日，中国实现了城乡义务教育全部免除学杂费。

9月5日，中共中央政治局召开会议，决定从9月开始，用1.5年左右时间，在全党分批开展深入学习实践科学发展观活动。

9月11日，卫生部指出，近期甘肃等地报告多例婴幼儿泌尿系统结石病例，调查发现患儿多有食用“三鹿牌婴幼儿配方奶粉”的历史。9月13日，卫生部党组书记高强在三鹿牌奶粉重大安全事故情况发布会上指出，“三鹿牌婴幼儿配方奶粉”事故是一起重大的食品安全事故。9月13日，党中央、国务院启动国家重大食品安全事故Ⅰ级响应机制，成立应急处置领导小组，全力救治患病婴幼儿，并对2008年8月6日前生产的“三鹿牌婴幼儿配方奶粉”全部停止销售，立即下架销毁，对所有奶制品实行全面检测，同时彻查事故责任。

10月6日，国务院总理温家宝主持召开国务院常务会议，听取婴幼儿奶粉事件处置情况汇报，研究部署奶业整顿和振兴工作，审议并原则通过《乳品质量安全监督管理条例(草案)》。

10月9～12日中国共产党第17届中央委员会第3次全体会议在北京举行。会议主要议程是研究推进中国农村改革发展问题。全会听取和讨论了胡锦涛受中央政治局委托做的工作报告，审议通过了《中共中央关于推进农村改革发展若干重大问题的决定》。10月19日，公布党的十七届三中全会通过的《中共中央关于推进农村改革发展若干重大问题的决定》。

10月23日，经过长达数年的研究论证修改，国务院决定实施的《全国土地利用总体规划纲要(2006—2020年)》由新华社受权发布。纲要规划期内全国耕地保有量2010年和2020年分别保持在18.18亿亩和18.05亿亩。

10月29日中国政府首次发表《中国应对气候变化的政策与行动》白皮书。

10月美国爆发次贷危机，引发世界性的金融危机，影响到中国经济。

11月5日国务院总理温家宝主持召开国务院常务会议，研究部署进一步扩大内需促进经济平稳较快增长的措施。会议确定了当前进一步扩大内需、促进经济增长的10项措施。

11月10日新华社报道，国务院总理温家宝主持召开国务院常务会议，会议决定，自2009年1月1日起，在全国所有地区、所有行业推行增值税转型改革。

11月13日国家发展和改革委员会公布了《国家粮食安全中长期规划纲要(2008—2020年)》。

12月10日国务院总理温家宝主持召开国务院常务会议，部署做好当前农民工工作。会议指出，必须采取更加积极的就业政策，尤其要高度重视农民工的就业，这直接关系农村经济发展和农民增收，关系经济社会发展全局。切实做好当前农民工工作，一要广开农民工就业门路。二要加强农民工就业能力培训。三要扶持有条件、有能力的农民工返乡创业。四要确保农民工工资按时足额发放。五要做好农民工社会保障和公共服务。六要切实保障返乡农民工的土地承包权益。

12月27～28日，中央农村工作会议在北京举行。

**2009年**

1月4日《人民日报》报道：中央农村工作会议2008年12月27～28日在北京举行。

1月11日《人民日报》报道：今年我国将解决6 000万以上农村人口饮水安全问题，提前6年实现联合国千年宣言确定的饮水不安全人口比例降低一半的目标。

1月11日《人民日报》报道：作为连续多年的全国产粮状元县，吉林省榆树市农机大市场正式启动，将成为吉林省县一级范围内规模最大的农机市场。

1月16日，中国农业银行股份有限公司挂牌成立，至此，持续5年多的国有商业银行股份制改革基本完成。

1月21日，国务院常务会议审议并原则通过《关于深化医药卫生体制改革的意见》和《2009－2011年深化医药卫生体制改革实施方案》。

1月23日第17届中共中央政治局进行第11次集体学习，中共中央总书记胡锦涛主持，这次集体学习安排的内容是中国特色农业现代化道路研究。

1月23日，新华社报道，自2009年1月1日起，我国对外资企业和外籍个人统一征收房产税。从而彻底结束了我国对内外资分设税种的历史。

1月24日，国家发改委宣布，国家决定2009年继续在稻谷主产区实行最低收购价政策，最低收购价上调幅度约16%。

2月1日，新华社受权播发《中共中央、国务院关于2009年促进农业稳定发展农民持续增收的若干意见》，即2009年1号文件。

2月1日，从今日起，家电下乡将推广到全国范围。同时，把摩托车、电脑、热水器和空调等产品列入家电下乡政策补贴范围。

2月15日《人民日报》报道：国土资源部日前印发《关于做好第二次全国土地调查工作的若干意见》，要求各地在全面推进第二次土地调查的基础上，重点抓好农村土地调查、基本农田调查以及城镇各类专项用地面积统计。

2月15日《人民日报》报道：2009年，住房和城乡建设部将建立健全农村建筑工匠管理制度。加强农民住房建筑工匠的业务技术培训。对经考核符合条件的工匠个人，颁发农民住房建筑工匠资格证书。

2月15日《人民日报》报道：日前，卫生部发出通知，要求各地结合本地工作实际参照执行新制定的《2009年农村卫生工作要点》。要求全面实行参合农民在统筹区域内定点医疗机构自主就医、出院即时结报的办法，逐步推行在县以上定点医疗机构实行出院即时结报，方便农民就医和报销。

2月22日《人民日报》报道：全国总工会近日启动“千万农民工援助行动”，这一行动将对1 000万名农民工实施以就业援助为重点的综合援助措施。为支持农民工自主创业，工会系统将争取政府和社会资金，为农民工提供多种形式的低息或者无息贷款。

2月25～28日，在京举行的第11届全国人大常委会第7次会议，表决通过了食品安全法、刑法修正案（七）和修订后的保险法。

3月1日《人民日报》报道：我国已基本建立了“从农田到餐桌”全过程的食品、农产品认证认可体系。认证的类别包括饲料产品认证、良好农业规范（GAP）认证、无公害农产品认证、有

机产品认证、食品质量认证、HACCP 管理体系认证、绿色市场认证等。

3 月 2 日，国家减灾委、民政部发布消息，经国务院批准，自 2009 年起，每年 5 月 12 日为全国“防灾减灾日”。

3 月 15 日《人民日报》报道：中央财政日前向各地预拨了 249 亿元农业补贴资金支持春耕备耕，其中农作物良种补贴 149 亿元，农机具购置补贴 100 亿元。财政部表示，中央财政此次加大农业补贴资金的预拨力度，意在支持各地春耕备耕，减轻冬春旱情对粮食生产的影响，稳定粮食生产能力。

5 月 4 日，国务院常务会议讨论并原则通过《关于支持福建省加快建设海峡西岸经济区的若干意见》。

5 月 17 日《人民日报》报道：日前全国粮食清仓查库工作在北京正式启动。从 5 月中旬开始，全国粮食清仓查库工作部际联席会议 10 个成员单位将联合派出 10 个抽查工作组，分别对河北、山西、吉林、黑龙江、江苏、安徽、河南、广东、四川和陕西等 10 个重点省份粮食库存状况进行随机抽查，重点抽查中央储备粮、地方储备粮、国家临时存储粮和国有粮食企业商品粮。

5 月 17 日《人民日报》报道：我国今年全面启动小水电代燃料工程建设。到 2015 年，基本解决生态环境特别脆弱、以烧柴为主的 200 万户农民的生活燃料问题，户均年生活用电量不低于 1 200kW · h。到 2020 年，基本解决退耕还林区、天然林保护区、自然保护区和水土保持重点治理地区 1 000 万户农民的生活燃料问题，户均年生活用电量不低于 1 500 kW · h，农村能源结构进一步优化。

5 月 17 日《人民日报》报道：经过全国水利行业 3 000 余人 2 年多的努力，水利部发布了全国农村水能资源最新调查评价成果，全国农村水能资源（单站装机容量在 100 kW 至 5 万 kW（含））技术可开发量为 1.28 亿 kW，比 1980 年普查的 0.89 亿 kW 增加了 44%。

6 月 7 日《人民日报》报道：中国人民银行、财政部、银监会、保监会和国家林业局日前联合发布《关于做好集体林权制度改革和林业发展金融服务工作的指导意见》，要求切实加大对林业发展的有效信贷投入，引导多元化资金支持林改和林业发展，积极探索建立森林保险体系。根据《意见》，林业贷款期限最长可为 10 年，小额林农贷款的实际利率负担原则上不超过基准利率的 1.3 倍。

6 月 14 日《人民日报》报道：据财政部有关负责人介绍，中央财政已累计下达 2009 年农村基础设施及农村民生工程建设资金 1 381 亿元。这 1 381 亿元资金主要包括南水北调等重大水利工程 185 亿元，病险水库除险加固 158 亿元，大型灌区及中部排涝泵站 30 亿元，优质粮食工程 8 亿元，农村饮水安全工程 202 亿元，农村电网完善工程 82 亿元，农村公路改造工程 170 亿元，农村沼气工程 80 亿元，大中型水库移民后期扶持发展资金 171 亿元，农产品质量安全检验检测体系等其他项目 295 亿元。

6 月 14 日《人民日报》报道：住房和城乡建设部近日出台《2009 年扩大农村危房改造试点的指导意见》。根据《指导意见》，2009 年扩大农村危房改造试点的任务是完成陆地边境县、西部地区民族自治地方的县、国家扶贫开发工作重点县、贵州省全部县和新疆生产建设兵团边境一线团场约 80 万农村贫困户的危房改造。其中，东北、西北和华北等三北地区试点范围内 1.5 万农户，将结合农村危房改造开展建筑节能示范。2009 年中央将安排 40 亿元补助资金，补助标准为每户平均 5 000 元，在此基础上，对三北地区试点范围内农村危房改造建筑节能示范户每户再增加 2 000 元补助。

6月21日《人民日报》报道:为了防止生猪价格过度下跌,稳定生猪生产,经国务院批准,商务部于6月13日启动了冻猪肉的收储采购工作。

6月28日《人民日报》报道:我国将自7月1日起取消小麦、大米、大豆等粮食产品以及部分工业品的出口暂定关税,并对化肥及化肥原料的出口关税进行调整。自7月1日起,黄磷、二元复合肥等产品的特别出口关税将取消,我国将对黄磷继续征收20%的出口关税,对其他磷、磷矿石继续征收10%至35%的出口暂定关税,对合成氨等化肥产品统一征收10%的出口暂定关税。

6月28日《人民日报》报道:农业部与中国电信共同建设的海洋渔业CDMA移动通信系统近日启动。双方将共同在全国50多万艘小型海洋渔船上推广使用CDMA终端设备,为渔民安全生产和日常生活提供快捷便利的通信服务。海洋渔业CDMA移动通信系统平台可实现定位监测、信息发布、报警处理等功能。船用(手持)终端设备可实现语音通信、短信、遇险报警等功能,在有条件的地方可实现手机对讲等功能。

6月28日《人民日报》报道:中国农业银行将于明年起全面推行农户小额贷款网上审批。此举旨在提高办贷效率,降低办贷成本,强化风险控制,促进农户小额贷款业务健康快速发展。

7月5日《人民日报》报道:为进一步加快小型农田水利建设,近日,财政部、水利部印发了《关于实施中央财政小型农田水利重点县建设的意见》,决定在全国范围内正式启动小型农田水利重点县建设。据介绍,2009年,全国共安排400个县作为第一批全国小型农田水利重点县。

7月12日《人民日报》报道:财政部、住房和城乡建设部9日联合对外宣布,我国将以县为单位,实施农村地区可再生能源建筑应用的示范推广,引导农村住宅、农村中小学等公共建筑应用清洁、可再生能源。

7月12日《人民日报》报道:2009年江西省将选择5万个左右自然村和500个左右的集镇,开展农村垃圾无害化处理试点,探索建立"市、县为主、省级奖励、镇村共担、农(居)户适当缴费"的垃圾无害化处理经费保障机制。

7月19日《人民日报》报道:提高新农合筹资标准,卫生部、民政部、财政部、农业部、国家中医药局5部门日前下发《关于巩固和发展新型农村合作医疗制度的意见》,提出各地要逐步缩小城乡居民之间的基本医疗保障差距;逐步提高筹资标准和待遇水平。从2009年下半年开始,新农合最高支付限额要达到当地农民人均纯收入的6倍以上。

7月19日《人民日报》报道:农业部与中国移动通信集团公司签订"共同推进农业农村信息化战略合作框架协议",未来3年中国移动将投入700亿元,用于农村基础通信网络和信息化建设。中国移动计划每年实现10 000个以上自然村的网络覆盖,确保全国行政村通信覆盖率达到100%。

7月19日《人民日报》报道:农业部16日发布《关于加快推进乡镇或区域性农业技术推广机构改革与建设的意见》,提出通过一系列改革与建设措施,建立健全运行高效、服务到位、支撑有力、农民满意的乡镇或区域性农业技术推广机构。

7月30日国家工商行政管理总局公布《流通环节食品安全监督管理办法》和《食品流通许可证管理办法》

8月9日《人民日报》报道:截至8月4日,全国作物受旱面积8 930万亩,其中重旱3 145万亩,干枯651万亩,有368万人、387万头大牲畜因旱发生饮水困难。干旱主要集中在内蒙

古、山西、新疆、甘肃、宁夏5省(自治区)。国家防总近期已派出工作组奔赴重旱区。

8月15日国务院办公厅发出“关于进一步推进三北防护林体系建设的意见”[国办发(2009)52号],力争2020年建成一批区域性防护林体系。

8月21日农业部发出《农机作业补贴试点方案》。

8月23日《人民日报》报道:为保证农村中小学秋季开学后正常运转,近日,中央财政下达了2009年秋季学期农村中小学公用经费补助资金178.5亿元,同时要求各地本着向规模较小学校、薄弱学校倾斜的原则,尽快分解下达补助资金,合理分配农村中小学公用经费,满足学校正常运转需要。

8月23日《人民日报》报道:日前,新组建的北京市人力资源和社会保障局专门设置了农民工工作处。这是全国首次建立专设的农民工工作机构。专家认为,此次专门设置了农民工工作处,表示将来农民工的保障问题将由专人负责。随着保障制度的完善和发展,农民工的保障也有望实现全方位衔接。

8月23日国务院发出“关于进一步深化化肥流通体制改革的决定”[国发(2009)31号]。该决定的要点是:放开化肥经营限制、规范企业经营行为、鼓励连锁集约经营、强化市场监督管理。

8月27日,中国农业银行表示,近日农行制定下发了《中国农业银行2009—2010年“三农”和县域信贷业务政策指引》,明确了三农和县域信贷业务8个重点投放领域。

8月28日,经国务院批准,农业部和国家发改委联合印发了《保护性耕作工程建设规划(2009—2015年)》。

(编者:何秀荣 中国农业大学图书馆馆长、教授,李雪原 中国农业大学图书馆馆员,孙会军 中国农业大学图书馆馆员,李 平 中国农业大学教授)

# 附录四　新中国60年农业部组织机构沿革及领导人名录

## 第一时期:新中国成立至文化大革命(1949.10—1966.6)

根据1949年9月27日中国人民政治协商会议第一次全体会议通过的《中华人民共和国人民政府组织法》规定,在政务院下设农业部。农业部于1949年10月成立,11月1日正式办公,下设13个厅、局,干部编制500人。农业部的职能为主管全国农业行政、农业生产、农业教育及农业技术的研究与推广事项。

1949年11月1日政务院决定,水产工作由农业部领导,当年12月13日中央财经委员会通知,将水产工作划归食品工业部。同年年底政务院决定原由农业部管理的垦务工作划交林垦部,国营农场管理工作仍归农业部。

1950年4月,政务院秘书厅通知,林垦部改为林业部,垦务工作交回农业部主管,同年12月食品工业部撤销,渔业部分划归农业部领导,农业部设直属水产处(工作人员30人)。

1952年5月,政务院决定将农业部农田水利局并入水利部。

1953年,为了加强领导,农业部设国营农场、水产和畜牧三个管理总局,共有总局、司、局14个,直属处2个,干部编制557人,年底实有干部894人,勤杂工人170人,共计实有人数1 064人。

1954年12月起,林业部的特种林业司划归农业部,改称热带作物司。这一年根据中央关于精简机构、紧缩编制的精神,调整和合并了司局机构,设农政、农业生产、水产和国营农场4个管理总局,共有总局、司、局8个,编制人数800人。

1955年,经国务院第七办公室审定,农业部编制为687人。同年,调整机构,撤销农政总局、农业生产总局,设国营农场、水产、畜牧、农业机械和土地利用五个总局,共设总局、司、局15个,直属处1个。

1955年10月23日国务院发布《关于将水产生产、加工、运销企业划规商业部统一领导的指示》,11月10日水产管理总局正式由农业部划归商业部。

1956年6月,农业部国营农场管理总局和热带作物司划归农垦部。

1958年4月,国务院决定农田水利局由水利部划归农业部领导。

1959年农业部撤销各管理总局恢复局建制,增设副食品生产、农田水利及对外联络局,共有司局17个,干部编制571人,实有603人。

1960年3月10日国务院批准农业部编制714人,增设农业科技管理局,共有司局17个。同年第四季度根据中共中央精简机构、下放干部的指示精神,司局减到10个,编制428人,其中干部340人。1961年再次精简,到1962年编制减为340人,其中干部296人。由于机构设置和人员编制不能适应农业生产发展的需要,1963年3月,国务院批准农业部的报告,设司局15个,同年7月编委同意农业部行政编制606人,其中干部546人。

1964年国务院决定农业部农田水利局再次划归水利部。1965年国务院决定农业部农业机械管理局划归第八机械工业部。1964年6月根据中共中央决定成立农业部政治部,1966年

1月合并到中央农林政治部。到1966年"文化大革命"开始前,农业部设司局15个,行政编制466人,其中干部412人。

这个时期农业部的部长、副部长、政治部主任、顾问、部长助理分别为:

部　长　李书城(1949.10.19 — 1954.9)

　　　　廖鲁言(1954.9.29 —"文革",1964.7 带职下放)

副部长、代理部长　江一真(1964.9.18 —"文革")

副部长　罗玉川　刘瑞龙　王观澜　张林池　蔡子伟　顾大川　杨显东　吴觉农

　　　　何基沣　魏震五　程照轩　朱　荣　吴　振

政治部主任　王振扬

顾　问　邹秉文　左　叶

部长助理　李菁玉　朱　敏

1956年1月,中共中央提出《1956年到1967年全国农业发展纲要草案》,其中规定国家应当有计划地开垦荒地,办好国营农场。为了管理开垦荒地,建设国营农场,1956年6月全国人民代表大会常务委员会决定成立中华人民共和国农垦部。

农垦部主管全国国营农场和开垦荒地的工作,设厅、局11个,编制300人。原农业部国营农场管理总局和热带作物司划归农垦部,橡胶生产和橡胶农场归农垦部领导;原由新疆军区领导的新疆生产建设兵团和由铁道兵领导的密山农垦局(后改名牡丹江农垦局)的军垦农场划归农垦部直属;原由总后勤部管理的14个军马场也于1956年移交农垦部管理(其中5个军马场为农垦部直属企业,9个军马场分别于1957—1958年间下放给所在地政府领导)。

1958年8月,中共中央发出《关于动员青年前往边疆和少数民族地区参加社会主义建设的决定》,并决定"这个工作,中央由农垦部管理",经国务院批准,内务部移民局划归农垦部。1960年下半年,根据中央指示,各有关省、自治区,停止移民,积极贯彻中央"调整、巩固、充实、提高"的方针,对已经安置下来的支边人员进行了必要的调整,加强了巩固工作,解决遗留问题。1962年下半年撤销移民局。

1961年6月8日国务院为了恢复和扩大军用马的生产;加强对军用马场的领导,同意总参谋部、农垦部1961年4月6日关于将下放给各省的军马场收回交回由总后勤部、农垦部共同经营管理的报告,由双方共同组成军马局,随后不久,军马局迁到总后勤部。

1962年11月,中共中央、国务院批准国务院农林办公室关于国营农林牧渔场安置家居大中城市精简职工和青年学生汇报会议的报告,由国务院农林办公室负责组成专门的领导小组,领导小组办公室由农垦部、林业部、水产部联合组成,办公地点在农垦部。

1962年11月,中共中央,国务院"为了加强黑龙江省东部地区现有国营农场的领导,提高劳动生产率和粮食的商品率,开发三江平原,建设商品粮基地,更有利于农林牧副渔的综合经营",决定成立东北农垦总局。东北农垦总局是农垦部的直属局,是农垦部在东部地区的派出机构,同时受中共中央东北局和黑龙江省委的领导,任务是直接领导和管理农垦部直属的牡丹江农垦局、合江农垦局所有企业,农垦部副部长张林池兼任总局局长。

1963年1月20日国务院编委批准农垦部编制为308人,1963年9月27日国务院批准行政编制333人,1964年6月19日国务院批准编制为348人,1965年3月26日国务院批准编制为363人。到1966年"文化大革命"前,农垦部设厅、局14个,人员320人。

这个时期,农垦部的部长、副部长、部长助理分别为:

部　长　王　震(1956.6—“文革”)

第一副部长、代理部长　陈漫远

副部长　张林池(兼任黑龙江省合江地委第一书记与东北农垦总局局长)　张仲瀚(兼任新疆军区生产建设兵团第二政委)　姜齐贤　刘　型　肖　克　江一真　张省三

部长助理　刘培植　彭达彰

1956年2月20日商业部认为水产事业逐步发展,任务日益繁多,水产业既有工业性质的捕捞、加工、冷藏、造船等生产,农业性质的海、淡水养殖生产,又有商业性质的物资供应和产品销售业务,同时无法对互助合作等方针政策进行指导,因而向国务院总理周恩来和副总理陈云、李先念报告,建议成立水产部,掌管全国水产生产供销工作。1956年5月12日,全国人民代表大会常务委员会第40次会议决议设立中华人民共和国水产部,毛泽东主席任命许德珩为水产部部长。

1956年5月30日水产部正式办公,逐步筹建机构,配备干部,至1957年上半年设司局13个,人员350人。1959年1月精简机构,下放干部,司局合并为8个,人员226人(包括设计所40人)。以后又经过多次变动,到1966年“文化大革命”前,厅司局10个,人员410人。

水产部的归口也有过变动,1956—1959年归财贸口(国务院五办),1960年以后归农口(国务院七办)。

这个时期水产部的部长,副部长、部长助理分别为:

部　长　许德珩(1956.5—“文革”)

副部长　高文华　张雨帆　金　城　杨扶青　袁也烈　史　敏　肖　鹏

部长助理　金　城

## 第二时期:文化大革命(1966.6—1976.10)

1966年6月,“文化大革命”开始,农业部、农垦部、水产部的主要领导逐步全部靠边站,业务工作陷于停顿。

1967年12月,中央派军代表小组进驻农业部、农垦部、水产部。

农业部的军代表　庞坦直(1967.12—1968)　高子明(1968.9—1970.2)

副军代表　居建新　向　行　刁炳章

农垦部的军代表　郝建刚(1968.1—1972)

副军代表　王明远　张致敬

水产部的军代表　胡鹏飞(1968.1—1970)　李树荣(1970—1972)

副军代表　林　青　王树森

1969年,农业部、农垦部、水产部的绝大部分干部下放“五七”干校。农业部“五七”干校在河南省西华县,农垦部“五七”干校在江西省永修县,水产部“五七”干校在河南省叶县。

1970年6月7日,中央批准由国务院农林办公室、中央农林政治部、农业部、林业部、农垦部、水产部等六个单位合并成立农林部革命委员会。农林部革命委员会于1970年7月成立,委员会22人(军代表5人,部局级干部6人,群众代表11人,)设9个组、室,原来的几个部都分设为组,编制319人(合并的6个单位共有职工2911人)。中央气象局归农林部代管。

1973年初,农林部成立局室16个,人员陆续由干校调回,增加到700人。

1973年3月,国务院根据农业机械化领导小组组长余秋里提议决定,将一机部农机局农

机化小组 9 人划给农林部和农林部的农机化领导小组合并组成农机化局。

农林部革命委员会的主要领导人：

主　任　沙　风(1970.6.7—1975.1.)

副主任　李树荣(水产部军代表)　郝建刚(农垦部军代表)　刁炳章(农业部副军代表)　李广勋(林业部军管会副主任)

(以上 4 名军代表从 1972 年 8 月后先后回部队)

杨立功　梁昌武

1975 年 1 月 17 日，第四届全国人民代表大会第一次会议任命了农林部部长，根据中央决定取消了革命委员会的名称。

这个时期农林部部长、副部长分别为：

部　长　沙　风(1975.1—1978.1)

副部长　杨立功　罗玉川　梁昌武　肖　鹏

## 第三时期：改革开放(1976.10—1987.10)

1978 年 3 月 5 日第五届全国人民代表大会第一次会议任命杨立功为农林部部长。农林部成立了落实干部政策小组，推倒了受"左"倾处理的干部的不实之词，绝大多数干部又重新走上了工作岗位。

1978 年 2～4 月，国务院决定成立国家农垦总局、国家水产总局和国家林业总局，农林部分出 3 个国家总局后，设 14 个厅、局，编制 950 人。

从 1978 年 1 月到 1979 年 2 月，农林部的部长、副部长、顾问分别为：

部　长　杨立功(1978.1.27—1979.2)

副部长　张根生　肖　鹏　罗玉川　赵　凡　朱　荣　郝中士　李友九　何　康　张福元　王常柏　刘锡庚　张林池

顾　问　刘　型　刘瑞龙　杨显东　荀昌五　吕　清

国家农垦总局、国家水产总局、国家林业总局分别于 1978 年 2 月、3 月、4 月成立。3 个国家总局局长分别由农林部副部长赵凡、肖鹏、罗玉川担任。3 个国家总局由农林部代管。

国家农垦总局对新疆、黑龙江、广东、云南 4 个垦区实行农垦总局和省、自治区双重领导，以省、自治区为主的体制。国家农垦总局设局室 8 个，编制 200 人。

国家水产总局于 1978 年 3 月成立，设局、室 12 个，编制 250 人。国家水产总局直属国务院，1978 年 3 月至 5 月由农林部代管，1978 年 5 月国务院决定水产总局划归财贸口，由国务院财贸小组代管，1979 年 12 月国务院又决定水产归农口，由国家农委代管。

1979 年 2 月第五届全国人民代表大会常务委员会第六次会议，决定撤销农林部，成立国家农业委员会、农业部、林业部、农垦部、农业机械部和国家水产总局。

新的农业部于 1979 年 2 月成立，设司局 18 个，较"文革"前增设了公社企业局和农业工程局，畜牧为部内总局，编制 1,000 人. 1981 年设司局 18 个，编制 830 人。

农业部的部长、副部长、顾问分别为：

部　长　霍士廉(1979.2—1980.10.4)

林乎加(1981.2.25—1982.5)

副部长　张根生　朱　荣　刘瑞龙　郝中士　李友久　何　康　王常柏　刘锡庚

赵　修　邢崇智　蔡子伟　郑　重　杨显东　徐元泉　曹冠群　刘培植　杜子端

顾　问　王观澜　李子元　陶桓馥　邹秉文　魏震五　秦化龙　左　叶　朱　敏　万众一　王志远

1979年5月国务院决定，将国家农垦总局组建为新的农垦部，设厅局10个，编制410人。

农垦部的部长、副部长、顾问分别为：

部　长　高杨(1979.4.7—1982.5)

副部长　赵　凡　张修竹　张省三　杨　岩　董绍杰　王发武　吕　清　杨　煜　张林池　边　疆　孟宪德

顾　问　高文华

1982年5月4日，第五届全国人民代表大会常务委员会第23次会议通过《关于国务院部委机构改革实施方案的决议》，决定将农业部、农垦部、国家水产总局合并成立农牧渔业部。

农牧渔业部成立时，原农业机械部的农业机械化管理局划归农牧渔业部。设21个司局，其中农业、农垦、水产、畜牧和乡镇企业为部内总局，编制1 370人，1982年7月，根据国务院指示改总局为局。

1983年6月20日，六届全国人民代表大会第一次会议任命何康为农牧渔业部部长。

1984年农牧渔业部增设审计室，编制1 378人。同年国务院成立“三西”地区农业建设领导小组办公室，建制归农牧渔业部，增加行政编制10人。

1986年国务院决定将土地管理局并入国家土地管理局，1986年3月经国务院批准，农业区划局由国家计划委员会划归农牧渔业部，1986年仍设司局21个，编制1 373人(不含“三西办”)。1986年6月国务院成立贫困地区经济开发领导小组办公室，与“三西”办合署办公，增加行政编制15人，两办共有行政编制25人。1987年国务院批准增设能源环保局，同时将原机械工业部农机修理业务工作移交农牧渔业部，行政编制总数增至1 403人(不含“三西办”、“开发办”)。

农牧渔业部的部长、副部长、顾问分别为：

部　长　林乎加(1982.4—1984.6)

副部长　朱　荣　何　康　肖　鹏

部　长　何　康(1984.6—1988.4)

副部长　相重扬　陈耀邦　刘　江

顾　问　林乎加　边　疆　李友九　刘锡庚

1988年4月，第七届全国人民代表大会第一次会议决定农牧渔业部改称农业部。

农业部的部长、副部长、顾问的变动情况为：

部　长　何　康(1988.4—1990.6)

副部长　王连铮　相重扬　陈耀邦　刘　江　洪绂曾

顾　问　林乎加　边　疆　刘锡庚

部　长　刘中一(1990.6—1993.3)

副部长　马忠臣　刘　江　洪绂曾　张延喜　吴亦侠　万宝瑞

部　长　刘　江(1993.3—1998.3)

副部长　吴亦侠　刘成果　张延喜　白志健　路　明　齐景发

部　长　陈耀邦(1998.3—2001.8)

副部长　万宝瑞　白志健　路　明　齐景发　张宝文　刘　坚　范小健

部　长　杜青林(2001.8—2006.11)

副部长　韩长赋　尹成杰　牛　盾　危朝安　范小健　张宝文

部　长　孙政才(2006.11—今)

副部长　尹成杰(已调离)　危朝安　张桃林　牛　盾　高鸿宾　陈晓华

（本附录是在农业部机关党委组织部原副部长王玉玺根据上级要求于1988年主笔汇编资料的基础上整理出来的。当时参加资料整编的有农业部原人事司殷　红、原农垦部胡　中、原水产部袁　野）

# 附录五　新中国60年"三农"模范人物名录

（按姓氏笔画排序）

**2009年9月16日，农业部发布决定，授予丁颖等100名同志"新中国成立60周年'三农'模范人物"荣誉称号。**

丁　颖　广东大学（现名中山大学）农学院原院长，中国农业科学院原院长，中国科学院生物学部委员

于会怀　辽宁省辽中县六间房乡许家村农民、全国粮食生产大户标兵

于振文　山东农业大学教授、中国工程院院士

王　武　上海海洋大学教授、博士生导师

王一航　甘肃省农业科学院马铃薯研究所所长、研究员

王乐义　山东省寿光市孙家集街道三元朱村党支部书记

王洪兴　宁夏回族自治区农业机械化技术推广站站长、研究员

王福山　吉林省梨树县梨树镇霍家店村党总支书记

邓玉梅　江西省泰和县水产技术指导站站长

付华廷　黑龙江省齐齐哈尔市甘南县音河镇兴十四村党总支书记

冉元智　重庆市巴南区畜牧兽医站站长

卢志民　吉林省四平红嘴集团总公司总裁

卢良恕　中国农业科学院原院长、中国工程院院士

史来贺　河南省新乡市七里营镇刘庄村原党委书记

田　雄　北京市房山区韩村河村党支部书记，韩建集团有限公司党委书记、董事长

申纪兰　山西省长治市人大常委会副主任、西沟村党总支副书记

石元春　原北京农业大学校长，中国科学院院士、中国工程院院士

任继周　甘肃省草原生态研究所原所长、研究员、中国工程院院士

刘乃兰　天津市华明集团公司董事长兼总经理

刘守仁　新疆农垦科学院名誉院长、研究员、中国工程院院士

刘身利　中国农业发展集团总公司董事长

庄巧生　中国农业科学院作物科学研究所研究员、中国科学院院士

朱元鼎　中国水产科学研究院东海水产所原所长、一级教授

许振英　东北农业大学教授

达吾提·阿西木　新疆维吾尔自治区巴楚县琼库恰克乡土格曼贝希村党支部书记

邢　旗　内蒙古农牧业科学院草原勘察设计所所长

邢燕子　天津市北辰区人大常委会原副主任

齐　城　河南省信阳市农业局党组书记、局长

何晓林 青海省大通种牛场党委书记、场长

吴仁宝 江苏省无锡市江阴华西集团公司副董事长兼副总经理，华西村原党委书记

吴志君 广西农垦永新畜牧集团有限公司总经理

吴国珍 西藏自治区动物疫病预防控制中心主任

吴明珠 新疆维吾尔自治区农业科学院研究员，中国工程院院士

吴厚刚 辽宁省大连獐子岛渔业集团股份有限公司董事长、总裁

张玉安 河北省唐山市畜牧水产局副局长

张玉江 河北省唐海县农林畜牧水产局农林技术服务中心主任、农业技术推广研究员

张建好 广东省广州市杨箕村村委会书记、村长

张铁军 农业部农业机械化技术开发推广总站原总工程师

张献斌 浙江省丽水市莲都区丽新乡农技站原站长

张福军 河北省动物卫生监督所所长

李庆逵 中国科学院南京土壤研究所原副所长、研究员、中国科学院1955年学部委员

李学花 山西省太原市动物卫生监督所所长

李振声 中国科学院原副院长，中国科学院遗传研究所研究员、中国科学院院士

李竞雄 中国农业科学院作物育种栽培研究所原副所长、研究员、中国科学院院士

李登海 山东登海种业股份有限公司董事长，国家玉米工程技术研究中心(山东)主任、研究员

李殿荣 陕西省杂交油菜研究中心名誉主任、研究员

杨　勇 安徽省广德县生猪产销专业合作社理事长

杨惟义 江西农学院(现名江西农业大学)原院长、中国科学院学部委员

邱安全 浙江省舟山市普陀区渔业行业协会会长、舟山樟州渔船管理服务站站长

邱式邦 中国农业科学院植物保护研究所研究员，中国科学院院士

邹光友 四川省光友薯业有限公司董事长、总裁

阿牛伍来 四川省凉山彝族自治州农机局党组书记、局长

陈化兰 中国农业科学院哈尔滨兽医研究所、农业部动物流感重点开放实验室主任、研究员

陈文新 中国农业大学生物学院教授、中国科学院院士

陈宗懋 中国农业科学院茶叶研究所原所长、研究员，中国工程院院士

陈绍祥 贵州省贵阳市金关街道办事处金关村党总支书记

陈凌风 农业部原畜牧兽医总局副局长

周金玉 云南省植保植检站站长

周海江 江苏省红豆集团有限公司总裁

庞居勤 山东省棉花研究所原所长、研究员

林水英 福建省莆田市华林蔬菜基地有限公司董事长

范甲柱 辽宁省昌图县平安堡乡农业技术综合服务站站长

范振喜 河北省承德市滦平县周台子村党委书记

金善宝 南京农学院(现名南京农业大学)原院长，中国农业科学院原院长，中国科学院学部委员

侯光炯 西南农业大学原名誉校长、中国科学院学部委员

俞大绂 北京大学农学院原院长、中国科学院学部委员
姜德明 江苏省盐城市射阳县农技推广中心副主任
赵乃刚 安徽省农业委员会水产局原局长
赵心力 内蒙古自治区动物疫病预防控制中心主任、农业技术推广研究员
赵洪璋 西北农学院原副院长、中国科学院学部委员
钟　麟 中国水产科学研究院珠江水产研究所原所长、研究员
唐启升 中国水产科学研究院黄海水产研究所名誉所长、研究员、中国工程院院士
唐厚运 山东省荣成市渔业协会会长
唐耀平 湖南省邵阳市家禽疫病防疫站站长、农业技术推广研究员
徐兰香 海南省国营新中农场工会女工副主任
徐　治 新疆八一农学院原院长、中国科学院学部委员
涂润水 江西省南昌五星垦殖场五分场二十一大队大队书记、大队长
秦　蓁 四川省农业厅植物保护站党支部书记、站长
秦银科 湖北省国营熊口农场原党委书记
莫兆钦 广西源安堂药业有限责任公司董事长，广西壮族自治区乡镇企业联合会会长
袁隆平 湖南省农业科学院研究员、国家杂交水稻工程技术研究中心主任，中国工程院院士
贯　非 吉林省敦化市农机局局长
郭书田 农业部政策法规司原司长、高级经济师
盖钧镒 南京农业大学教授、国家大豆改良中心主任，中国工程院院士
盛彤笙 中国农业科学院兰州兽医研究所研究员、中国科学院学部委员
章文才 华中农学院原副院长、教授
隋凤富 黑龙江省农垦总局党委书记、局长
黄宗道 中国热带农业科学院原院长、研究员，中国工程院院士
黄耀祥 广东省农业科学院原院长、研究员，中国工程院院士
傅同良 贵州省贵阳市农业试验中心主任、研究员
傅廷栋 华中农业大学教授，中国工程院院士
程相文 河南省浚县农业科学研究所所长、研究员
董玉琛 中国农业科学院作物科学研究所研究员、中国工程院院士
谢华安 福建省农业科学院原院长、研究员、中国科学院院士
谢爱珠 广东省阳江市阳西县程村镇红光村支部书记、村委会主任
鲁冠球 浙江省万向集团有限公司董事局主席
群培次仁 西藏自治区仁布达热瓦集团公司董事长
裘维蕃 北京农业大学教授，中国科学院院士
蔡有华 青海省互助县农业技术推广中心主任
魏梁爱 海南省农垦八一分公司金川基地八队割胶工人

（编者：冯开文 中国农业大学教授、农经系主任）

# 后　　记

新中国60年对中国的“三农”(农业、农村、农民)来说,经历了满目疮痍、艰难曲折、改革开放、蓬勃发展的不平凡历程。如今,我们可以自豪地说,“神农之魂、大地长歌”,“三农”发生了翻天覆地的变化,谱写了中华民族发展史和人类社会发展史的光辉篇章。

民以食为天,“苍生俱饱暖”。在党和政府的领导下,我国人民,尤其中国的农民栉风沐雨,攻坚克难,奋斗不息,用占世界9%左右的耕地,6%左右的淡水,养活了占世界22%的人口,在希望的田野上谱写出壮丽的诗篇,创造了世界的奇迹!

鉴于以上原因,对“三农”做出贡献的中国人民解放军金盾出版社提出要把新中国60年来“三农”可歌可泣的奋斗史、发展史、辉煌成就作为“三农”的史书、辞书记载下来,编写一部长书。这事经与中国农业大学老科学技术工作者协会、中国农业大学关心下一代工作委员会的老同志们商量后,大家一致认为,中国的农民对中国社会的发展做出了巨大的贡献,编写这样一部长书,承前启后,具有重大意义,很有必要,也很珍贵。经与中国农业大学、农业部、中国农业科学院等单位老教授、老专家、老领导联系,大家积极响应,热情承担任务。该书由农业部原政策法规司司长郭书田任主编、中国农业大学原党委副书记、现关心下一代工作委员会主任、老科协会长唐运新和中国农业大学教授、博士生导师、农经系主任冯开文任副主编。农业部老部长何康同志亲自担任该书编委会主任并题写书名。《神农之魂 大地长歌》一书提纲出来之后,送到中国农业大学党委书记瞿振元同志手中,他表示大力支持,并在提纲上作了批示。送到柯炳生校长手中,他对提纲作了认真修改,并与瞿振元书记同任编委会副主任。原北京农业大学校长、中国科学院院士、工程院院士石元春同志打电话支持并任编委会第一副主任。对该书的编写出版,教育部关心下一代工作委员会主任田淑兰、北京老科学技术工作者总会会长叶文虎等20多位老领导、院士都表示支持。

本书41章,170万字,涉及新中国60年“三农”的方方面面,97位老、中、青作者参加了本书的编著。其中,有资深教授或学科带头人和司局级老领导55位(离退休30位、在职25位),在书稿编写进程中全面发挥了骨干作用;有18位在读博士生、硕士生在导师指导下参加了部分章节的编写,受到了锻炼和教育,对他们的成长、成才将产生积极影响。

在本书的编写出版过程中,许多生动感人的事迹令人十分敬佩。原全国人大常委、中国农业大学原校长毛达如教授,负责编写《农村教育》一章,他组织编写人员详细列出提纲,并一句句修改书稿;近90高龄的张仲威教授,把多年积累的资料整理出来,编写出具有鲜明特色的《农村庭院经济》一章,而且亲自送打印,校对;81岁高龄的林培教授反复修改书稿并亲自校对,特别认真;农业部国际合作司原司长朱丕荣、中国国际工程专家委员会雷锡录研究员、农业部政策法规司原司长骆友生、外经办原主任林干、乡镇企业局原副局长张毅、机关党委原组织部副部长王玉玺、中国农业科学院黄佩民研究员、中国农垦经济研究所原所长许人俊、国务院扶贫办政策处处长刘福合、农业部水产局原副局长李振雄和水产科学研究院研究员吴万夫、农业部农研中心研究员郑有贵与焦红波、林业经济杂志社副社长许勤等编写的书稿资料翔实,求真求实,工作特别认真、热情;在岗的中国农业大学思想政治教育学院李桦书记、工学院杨宝玲书记、图书馆何秀荣馆长及奉公、孙振钧、胡跃高、杜相革、义鸣放、沈火林、高万林、张大勇、李平、吴加志、赵广永等10多位教授在本身工作十分繁重的情况下，加班加点，高质量地写出书稿；已退休的刘巽浩、林培、蔡同一、刘少伯、陈伦寿、王连纯、杨培林、林家栋、郑大玮、魏淑秋等20多位老教授认真审查每一份书稿，有的还亲自撰写。

本书编写过程中最鲜明的特点：一是正值北京40年来连续高温天数最多的一年，在天气如此酷热的情况下，作者们为建国60周年献上一份厚礼，以对祖国、对党、对“三农”的深情，在有限的时间内用心、用情、用汗水写出书稿；二是书稿由近百位各行各业老、中、青教授、专家、领导及在读博士生、硕士生共同完成，充分显示出一种非常好的团结协作精神；三是该书各章相对独立，风格独特，可读性强，资料翔实、真实，可作为农的史书和辞书。在书稿编写过程中，中国农业大学退休老教授施森宝、李志民、史德宽、王清兰、莫永京、刘德伦等及中国农业大学动医学院分党委书记张立波、宣传部副部长周茂兴、继续教育学院邵辉及物业中心主任张欣、离退休工作处葛树林处长等、北京老科学技术工作者总会彭大年秘书长等各方面同志给予了大力支持，还有中国农业大学学生社团《农村发展研究会》、《老教授服务队》的马改彦、苏飞轮、常倩、周春蕾等10多位大学生参加该书部分章节的校对及信息联络等服务工作，在此，对以上为本书编写、出版做出贡献的同志表示衷心感谢。

最后，我们还要特别感谢教育部关心下一代工作委员会、农业部、北京市科协、北京老科学技术工作者总会、中国农业大学等单位领导的大力支持和热情关怀。

本书的编写由于时间紧，编者水平所限，难免有疏漏及不当之处，望批评指正。

编　者

2009年9月